U0812365

改革开放40年小说百家档案

主　编／於可训

副主编／朴　婕

第一卷

HAN BOOK 版
武漢出版社
WUHAN PUBLISHING HOUSE

(鄂)新登字 08 号

图书在版编目(CIP)数据

改革开放 40 年小说百家档案:全 6 册 / 於可训主编. — 武汉:武汉出版社,2020. 12

ISBN 978-7-5582-4061-4

Ⅰ. ①改… Ⅱ. ①於… Ⅲ. ①作家-人物研究-中国 Ⅳ. ①K825.6

中国版本图书馆 CIP 数据核字(2020)第 233368 号

改革开放 40 年小说百家档案(第一卷)

主　　编:於可训
副 主 编:朴　婕
责任编辑:杨建文
封面设计:刘福珊
出　　版:武汉出版社
社　　址:武汉市江岸区兴业路 136 号　　邮　　编:430014
电　　话:(027)85606403　85600625
http://www.whcbs.com　　E-mail:zbs@whcbs.com
印　　刷:湖北新华印务有限公司　　经　　销:新华书店
开　　本:787 mm×1092 mm　1/16
印　　张:29.5　　字　　数:520 千字
版　　次:2020 年 12 月第 1 版　　2020 年 12 月第 1 次印刷
定　　价:880.00 元(全 6 册)

版权所有・翻印必究
如有质量问题,由承印厂负责调换。

前　言

於可训

一、缘　起

从 2002 年起，《小说评论》杂志邀我主持了一个“小说家档案”专栏。迄今为止，这个专栏已历经李星、李国平两任主编，历 17 个春秋。有人戏言，这是当今中国最长寿的一个文学专栏。或问长寿的秘诀何在，答曰皆因主编不弃。所以在这里，我首先要对两位主编和《小说评论》编辑部的所有同志表示特别的感谢。去年，适逢改革开放 40 年纪念，就想借这个机会，把这个专栏为改革开放以来百余位小说家“建档”的成果，集编成书，名曰《改革开放 40 年小说百家档案》，今年在新中国成立 70 周年之际编成，以示对改革开放和新中国成立的双重纪念。

二、历　史

本书收录的小说百家“档案”，是改革开放 40 年来当代小说创作的历史记录，也是这期间的小说反映 40 年来中国社会的改革开放和小说艺术革新的历史存照。其中凝结了这期间的小说家为追求小说的现代化而积累的“中国经验”。编制这些作家的创作“档案”，是凝聚这份“中国经验”，也是促进当下创作，为今天的小说家提供借鉴的最好方式。为了便于读者从总体上把握这些作家具体的创作状况和艺术追求，从一个时代小说艺术革新的潮流，看翻腾在其中的每一朵浪花，有必要对这期间小说创作的整体状况和历史进程，作一个大致的介绍。

在当代文学中，小说是一个庞大的家族。这个家族不但作者人数众多，作品汗牛充栋，而且涉及现实生活的方方面面，也把触角伸向历史和人性深处，就其反映社会人生的深广程度而言，是别种文体所无法比拟的。当代小说因此被认为是“生活的百科全书”，是“一个民族的秘史”。

以1949年新中国成立为标志,20世纪初"文学革命"以后的新小说,被文学史区分为现代和当代两个阶段。事实上,当代小说某些区别于现代小说的新质,就孕育在属于现代阶段的根据地和解放区时期。新中国成立后的一个时期,具体而言,20世纪50年代前半期的小说创作,与40年代根据地解放区时期的小说创作基本上是同质的,是这一时期孕育萌芽的小说新质生长发育的结果。赵树理和山西作家群的创作是一个代表。当然,它更深处的精神纽带,仍然是与上世纪初"文学革命"后的新小说乃至中国古代小说的传统相联系的。

20世纪50年代中期以后,随着社会生活的变化和作家创作经验的积累,同时也受着这期间关于现实主义和典型问题的理论影响,从50年代后期到60年代的小说创作,逐渐淡化了从根据地解放区时期带来的朴素的民间色彩,转而追求宏大的史诗规模和高度本质化的典型性。占主导地位的现实主义的创作理念,也由主张"按照生活的本来面目描写生活",即"写真实"的真实观,向追求"生活的本质",即"写本质"的真实观发生转变。长篇小说尤甚。因为生活的"本质"总是与一定时期的社会历史联系在一起的,是一定时期社会历史"发展规律"的体现,所以,这期间的小说又热衷于从革命历史和"现实的历史发展"中取材,对表现社会生活的"史诗性"充满浓厚的兴趣,历时性叙事成为一种时尚。如果把这期间反映革命历史和现实生活的长篇题材连缀起来,则这期间的长篇小说几乎覆盖了从近代以来整个中国社会发展变迁的历史。从反映维新变法、辛亥革命、抗日战争、解放战争,到新中国成立后社会主义改造和社会主义建设的长篇作品,不难看到这样的一个历史线索。历史叙述的逻辑也一如这期间的政治对该时期社会生活的"本质"和"发展规律"所作的判断。由于与政治的高度同质化,这期间的小说热衷于英雄传奇、历史演义和对政治理念的"机械复制",虽然其间也不乏艺术成熟、影响很大的作品,如《创业史》《红旗谱》《青春之歌》《林海雪原》等,但因其工具性的特征日益凸显,渐失其思想和艺术的独创性。从60年代中期到70年代中期,十年间的小说沿着这条道路愈走愈远,终致走向彻底的工具化,由"复制"政治理念到成为政治理念直接的"传声筒"。

改革开放40年来的小说,是从反拨这种工具化的小说理念开始的。反拨的路径是重新恢复中国现代小说的艺术传统,"回归"中国现代小说奉为圭臬的现实主义。这种现实主义虽然曾经加上过诸如"革命"和"社会主义"之类的限制词,被作过种种的本质规定,但其本义却是对现实生活的真实反映。这期间的小说于是又由50年代中期以后追求的"写本质",反转到现实主义的本义——"写真实","真实性"于是成了这期间小说创作最基本的也是最高的艺术准则。以暴露"文革"伤痕、反思当代历史为题材的“伤痕小说”“反思小说”，被称为“抒真情说真话”的文学，是这种追求的集中体现。这是当代小说一个重要的转变时期，也是近40年小说发展的历史起点和逻辑起点。

由于“写真实”注重经验和表象，这期间的小说在表现种种真情实感和“生活真实”的同时，也质疑本质主义的典型性和高度逻辑化的情节中心论。非本质的心理活动和反逻辑的情节构造开始作为一种叙述方式和结构形式，被用于这期间的小说创作，成了这期间具有革新意识的小说家艺术创新的主要手段。这期间所谓意识流小说实验，与西方影响并无直接关系，实则是现实主义小说在对人的生活作真实的艺术描写的同时，也开启了人的心灵世界；在对人的生活按线性物理时空叙述的同时，也让作家的主观意识介入叙事组合。王蒙和茹志鹃是具有这种革新意识的作家，他们这期间被误读为意识流的作品，是这种革新实验的产物。一切都因为人的心理意识的维度，包括作品中的人物心理和作家的主观意识的介入，促成了这期间小说艺术的革新；这种革新同时也开放了传统现实主义的叙事时空，是对传统现实主义叙事观念的一次突破。这期间的小说创作对“人的因素”开发和利用的另一个表现，是对超出具体阶级属性的普遍人性和超出社会政治内容的人的生活习俗的关注。这种渊源深厚的创作旨趣，催生了汪曾祺、邓友梅、冯骥才等人风格独具的创作，是这期间小说的别样风景。上述这些方面的变化，都与这期间的主体性理论对个体主体性的强调，以及五四启蒙思潮中的人道主义有关，此二者是这期间小说艺术革新的思想理论基础和哲学依据。

开放现实主义的创作方法，加强作品的人性和风俗描写，只是这期间小说艺术革新的前奏，一场更激进的小说艺术革新，正在这个前奏曲中孕育。1985年，一批知青作家不满足于当时的小说仅仅反映现实问题和既有的文学规范，又受人性和风俗叙事的启发，发动了“文学寻根”。这些作家旨在通过“寻根”，从历史文化深处挖掘现实问题的症结所在，也借此探讨人性和人的生活习俗与文化的奥秘。韩少功、阿城、王安忆、李杭育等作家，是理论和创作上的代表。虽然因为拉美魔幻现实主义的影响，“文学寻根”后期一些作家迷恋蛮风陋俗和原始野性，偏离了正常的艺术轨道，但它对当代小说的革新意义，却不可低估。超越社会政治的视角，从文化的角度取材立意，是这场“文学寻根”给当代小说带来的积极后果。

与“文学寻根”同时或稍后，一批更年轻的作家把艺术革新的兴趣，由小说的文化蕴涵转向小说的形式技巧。在这批作家中，马原是一个处于过渡状态的作家，这位作家最初的作品虽然也带有“寻根”色彩，但他重视小说叙事本身和叙述方式的变化，把所谓元叙事的理念和方法引入小说，却对此后苏童、余华、格非、孙甘露等更年轻一代作家的先锋实验产生了直接的影响。先锋实验尝试了欧美现代主义（包括后现代主义）小说从意识流到法国新小说各派的方法和技巧，虽然带来了一种全新的叙事风格，但终因与中国固有的文化观念和文学理念不能兼容，后期又流于观念演绎和刻意炫技，终致难以为继，在80年代后期逐渐为后来的“新写实小说”所取代。80年代中期短暂的先锋小说实验，主要在观念上影响了当代小说的发展，恪守某种单一创作方法的理念成为历史的陈迹，兼容并包、自由书写成为此后小说艺术创新的主要理念。

80年代后期的“新写实小说”，是继七八十年代之交恢复现实主义传统之后，对现实主义（写实主义）一次更高意义上的“回归”。“新写实小说”扬弃了“寻根”和先锋实验的种种极端倾向，又与其中的合理因素达成和解，并在“写实”的基础上，重建小说与现实的叙述关系，是80年代小说经历一个否定之否定的历史行程所结下的果实。方方、池莉、刘恒、刘震云、李晓等作家的创作，把“寻根”和先锋实验积累的新鲜经验融入“写实”的方法之中，创造了一种从思想意识到形式技巧都较为开放的小说叙事样式。“新写实小说”存在的时间虽短，却浓缩了整个80年代小说艺术革新的宝贵经验。

进入90年代以后的小说创作，因为受社会剧变和市场经济环境的影响，呈现出三水分流的状况。最能体现被新兴的商品社会刺激起来的欲望诉求的文学叙事，是所谓欲望化或感官化写作。这类创作既体现于一些作品的叙事细节，也见之于一些作品的整体构思，是自有现代小说以来，被启蒙与救亡理性压抑的人欲在小说叙事中一次集中的释放。这种释放因缺少理性节制和价值指向而流于俗滥，却对这期间兴起的女性主义写作释放自我本能，书写身体欲望，产生了直接影响。林白、陈染是这股女性主义写作潮流的代表作家。与这股释放欲望和感官的写作潮流相对应的是一种积极介入现实的写作。这股被称为“现实主义冲击波”的潮流，以刘醒龙、关仁山等作家的小说创作为代表，直面现实变动所引起的诸多社会矛盾和人生问题，在大胆暴露这些社会人生问题的同时，也对世道人心的变化充满忧患意识。“现实主义冲击波”的小说创作潮流，集中了中国社会改革开放以来，文学所面对的历史和道德之间的矛盾与困惑，它存在的时间虽然不长，却深刻地影响了此后现实题材的小说创作。80年代后，在小说创作中，启蒙理性复萌，西方人文主义思潮，尤其是科学、民主、人性、人道，成为这期间的小说表现“文明与愚昧的冲突”的思想利器。这一思想脉络进入90年代以后，为“重建”人文精神的倡导所延续，成为一部分作家小说创作的主要思想资源。这股倡导人文精神的创作潮流，以这期间的长篇小说创作为主体，从历史、文化、宗教、人生等诸多方面展开，是近40年长篇创作收获最丰的时期。陈忠实的《白鹿原》、张炜的《家族》《九月寓言》、韩少功的《马桥词典》、张承志的《心灵史》、贾平凹的《废都》、史铁生的《务虚笔记》、余华的《活着》《许三观卖血记》、王安忆的《长恨歌》、阿来的《尘埃落定》、王蒙的"季节"系列长篇(《恋爱的季节》《失态的季节》《踌躇的季节》《狂欢的季节》)等是其中的代表。90年代的长篇小说创作因为置身于一个物化的社会环境，因而其意义和价值大多被阐释为对物化现实的反拨。事实上，这期间的长篇小说创作繁荣有多方面的原因，除了一些外部因素的刺激，更重要的是80年代以来创作经验的积聚，一些在80年代主要从事中短篇小说创作的中青年作家和已有长篇小说创作基础的作家，这期间先后开始长篇小说创作，是这种历史性艺术积累的结果。90年代以后的长篇小说，大多没能超出这期间的水平，说明这是当代长篇小说创作的一个黄金时期。

新世纪以来的小说创作，是90年代小说创作的历史延续。这期间的小说创作，因为没有一个相对集中的观念背景和文化支撑(如80年代的新启蒙和90年代的人文精神)，因此思想和艺术的追求比较分散，呈现出一种个体自为的状态。各体创作的发展，也不够平衡。长篇小说仍然一枝独秀，数量激增，中短篇小说文体思想和艺术都相对萎缩。小说创作总体发展较为平实，无八九十年代突起的波澜。在这种波澜不惊的平实发展中，也有一种新趋势在新世纪小说创作中逐渐壮大。这种新趋势是从八九十年代之交先锋作家从"转向"开始的"回归"倾向。这样的"转向""回归"倾向，在90年代尚属萌芽意识，处于试探状态，到新世纪已成为更多作家的共识和自觉追求。从90年代开始"转向""回归"的一批先锋和接近先锋的作家，如苏童、余华、张承志、韩少功等的创作，到新世纪以来更多先锋和非先锋作家如莫言、格非、毕飞宇、张炜、贾平凹、李锐、方方、迟子建、叶广芩、孙惠芬、柯云路等的创作，或主张小说叙事回到中国古代文史哲不分的原始的"书"的状态，或取法编年体、纪传体、地方志、风俗志著述体例，或化用文人笔记写法，或传承古典小说经验，总之是一改80年代小说一味模仿西方，向现代主义、后现代主义各派小说学习的风气，转而重视本土经验，取用本土资源，转化本国传统。这种新趋势，将引导当代小说"回归"中国文化的母体，在一个新的更高的意义上贯通古今、融汇中西，创造真正具有"中国作风和中国气派"的现代中国小说。

三、凡　例

本书保留了原“小说家档案”专栏的编辑体例。这个体例要求各专辑主笔首先要比较系统全面地研读该期选定作家的全部作品，比较系统全面地了解该作家的人生经历和创作经历，在此基础上，提出一个深度的访谈提纲，经主持人审定，再联系访谈。访谈尽可能地是面对面的直接对话(个别因为主客观原因，也有经作家本人授权同意或由作家本人提供材料综合改写而成)。在访谈完成之后，综合对该作家的评论、研究资料，包括该作家提供的“自述”材料或其他相关资料，选定一个特定角度，写成一篇评论或研究文章。在完成这篇文章之后，编定这个作家的主要作品目录，再由主持人统稿并撰写“主持人的话”，才完成该作家的“建档”工作。所以在每个小说家的“档案”里面，既有当事人(或曰档主)的生平和创作自述(类似于人事档案中的自传材料)，也有当事人与访谈者的对话(类似于人事档案中内查外调的问讯材料)，同时还有建档人的分析和评价(类似于人事档案中的评语和结论)，因此是该作家的一份比较完整的生平和创作活动的记录。

这个专栏的文章，在此之前曾有两次结集。一次是2005年，共收22位小说家的“档案”，书名叫《小说家档案》，由郑州大学出版社出版。一次是2009年，共收15位小说家的“档案”，书名叫《对话著名作家》，由河南文艺出版社出版。这次一并收入本书，加上后续未结集的专辑，共100位小说家的“档案”。同时改变两书的编辑体例，按小说家姓氏拼音顺序，统一编排，以方便读者翻检。又将每个专辑“主持人的话”改为“小引”，另增每个专辑的作家简介，在该作家“主要作品目录”中补充后发作品，并作统一修订。“小引”和“自述”均简去署名，其余则一仍其旧，除个别地方根据出版要求进行了必要的修改和处理外，基本上保持各辑初发时的原貌。

最后，我要再次对17年来支持本栏目的所有作家、评论家表示感谢，向本栏目各专辑主笔表示感谢，向参与《小说家档案》《对话著名作家》编辑工作的同志们表示感谢，向武汉出版社总编辑邹德清、副总编辑杨建文和参加本书编辑出版的所有工作人员表示感谢。

由于各种主客观原因，尚有许多合乎条件，包括一些已故的著名小说家，暂时未能入选“小说家档案”专栏，我们将在后续的工作中陆续补充，期待继续得到更多作家、评论家的支持和帮助。本书存在的诸多缺陷和不足，也期望读者不吝指正。

2019年11月23日写于珞珈山临街楼

改革开放40年小说百家档案

[总目录]

第三卷

第四卷

第五卷

[总目录]

第六卷

改革开放40年小说百家档案

第一卷 [目录]

阿　成

男，原名王阿成，1948年生于黑龙江尚志，祖籍山东博平。

小　引《

这个世界人多，中国尤甚。所以同名同姓的人，也就少不了；姓不同而名同的，更不可胜数。同名同姓或姓不同而名同，对于普通人来说，实在没有什么打紧的，反正凑到一起的概率不大，就算是偶尔搁一起搞混了，也容易分清，误不了什么大事。可对于名人，或按时下流行的说法，对于“知名的”或“著名的”人士乃至明星人物来说，那就是另外一回事情了。往小了说，这个人的肖像安到那个人名下，这个人的绯闻栽到那个人身上，搞不好就要吃官司；往大了说，这个人的作品被那个人认了，这个人的稿费被那个人领了，就牵扯到知识产权和经济利益问题。所谓悠悠万事，唯此为大，是断断不能马虎的，保不准会闹出什么大的动静来的。我孤陋寡闻、见识短浅，除了上面说的这些可能产生纠纷的俗事，在这个已经不兴内查外调、上挂下连的时代，实在想不出还有什么更多的麻烦。

好在这些麻烦都与我要说的两位基本同名的作家无关。说是基本同名，是因为一位作家姓钟，名阿城；另一位作家姓王，名阿成。阿城和阿成，音同而字不同，在一个凭形象认字的国度，只要读书时不是跟着字行溜边儿跑，就不难看出，这其实是两个不同名的人。当然要是搁在洋鬼子那儿，只听其声不辨其形，真可能要闹出一点麻烦。阿城和阿成，也不知是各自的大号，还是笔名，反正我所见者都是写小说时署的名字，说是笔名大约也不太错。这钟氏阿城，北京人氏，系著名电影理论家钟惦棐之子；王氏阿成，则出生在哈尔滨，父亲虽是知识分子出身的干部，因为位卑职微，大约只能算一介平民。就是这两个阿成（城），因为写小说让各自的名字碰到了一起，虽然迄今为止，没听说在他们两人之间闹出什么扯皮的事，但对于一些粗心的读者（内中甚至还包括一些号称学者和评论家的读者）来说，却至今还没有把他们掰扯清。这“扯皮”的事，就难免要发生在这些读者、学者和评论家之间：或者把此阿成的作品，都归到彼阿城名下；或者把彼阿城的作品，说成是此阿成的创作；抑或把两个阿成（城）的作品羼合在一起，像一道东北菜一样，“一锅出”。连孩子是谁家的都没搞清楚，又怎么好说谁家的孩子乖顺顽劣、智愚贤不肖，所以对这两位阿成（城）的评论和研究，也就难免要闹出许多“张冠李戴”的笑话。虽然当下的文学评论和文学研究，不太看重考据之学，但当这些作家和作品不再“当代”之后，我料定还是要难倒一些所谓吃文学史饭的研究家的。从这个意义上说，阿成先生借本期主笔、我的博士生张赟的提问澄清事实，倒也免了给后来的研究者留下一堆历史遗留问题。

说了半天因这两个阿成（城）而生的一些扯皮的事，是不是说，这两个阿成（城）就一点儿没有关系、一点儿没有缘分呢？不是的。恰恰相反，他们之间虽然不曾称兄道弟，甚至是否谋面，也未可知，但如果纯粹从文学的角度来看他们之间的关系，那缘分可深着呢。众所周知，钟阿城是以一篇《棋王》一举成名，被举为“寻根文学”的代表作家的。其时，王阿成虽然早已进入文坛，但真正出名，却在钟氏阿城之后，但王阿成的成名作《年关六赋》，又分明受着“寻根文学”的影响，至少是它所采用的所谓新笔记体，虽然论者多认为起于20世纪70年代末、80年代初，但真正被自觉地追求，进而形成一种创作风气，当在“寻根文学”勃兴之际。虽然不能因此就说王阿成就一定受了钟阿城的影响，但钟阿城毕竟有所谓新笔记体的小说《遍地风流》在先，所以王阿成后来的那些新笔记体小说，受了先前的新笔记体小说的影响，自然也就包括钟阿城的小说在内。不论事实如何，在逻辑上是完全说得通的。这或许也就是这两位“同名”作家所谓的缘分之所在吧。

如果再说牵强一点，新笔记体小说兴起于“文学寻根”的浪潮之中，有论者认为也是一种“寻根”的结果，即所谓文体的“寻根”。这样，创作过新笔记体小说的阿城，自然就兼有文化寻根和文体寻根二重的意义。如果可以这样说的话，则阿成在延续这二重的意义的同时，又向一个新的意义的层面有所拓进，即把阿城对抽象的文化理念（道、禅）的追寻，具体化到对一种社会人群的生存之根的探究。从这个意义上说，阿成的那些以黑龙江尤其是以他生长于斯的城市哈尔滨为题材的小说，特别是其中的新笔记体的小说，都可以作如是观。

说到对哈尔滨这样的北方城市的文化历史和生存样态的描写，很自然地会令人联想到同样是在“寻根文学”中以追寻抽象的文化之根（儒）为特征的作家王安忆。王安忆近期以《长恨歌》为代表的小说创作，虽然也从她当初“寻根”时的热衷于形而上，走到了如今关注一座城市的形而下，但她笔下的上海，虽然有诸多物象和细节的描摹惟妙惟肖，但从总体上说，毕竟不是或不完全是上海的历史和社会写真，而是她的一种文化想象的产物。笔者不久前曾在一个学术会议上，听到一位资深理论家对近期描写上海的一些小说的看法，认为他所见的上海（主要指1949年前），并非如此，或并非全是如此，其中被忽略了、被遮蔽了、被歪曲了的，甚至是上海的主要面目。

这位前辈理论家的话，虽然涉及一个复杂的创作理论问题，但若就一个“真”字立论，则阿成笔下的哈尔滨（当然也主要是指他描写的1949年前），就比王安忆笔下的上海真实得多。我无意说真实与否是判断文学成就高低的唯一标准，我想阐明的只是一种事实，即在当今中国作家的城市书写中，阿成笔下的哈尔滨，堪称灵肉皆俱、毛发毕现，仅此一点，即足见此一阿成的文学功力和艺术贡献。

自　述《

多攒了“生活”

我入写东西这个“道”是比较晚的。这可能因此占了点便宜——多攒了点“生活”。在国内文坛一些人已经大红大紫的时候，我还在犹豫，究竟干不干写小说这行呢？

先前，我并不知道国内还有“文学期刊”这种事。我真蠢得够可以的了。我没有想过要当一名作家。我读中学的时候，理想也是有的。我的学校挨着一个火车专用线，整天卸煤。每天中午放学，能看到一些光着脊梁用斗子车拉煤、送煤的汉子。他们的脸上汗渍渍的、黑兮兮的，一口白牙，特别欢乐。一天能挣五块多钱。我特别羡慕，想着中学毕业也能与他们为伍，多棒呀。一天能挣五块多钱，这是开玩笑吗？有了钱，可以随便地嘴对嘴地喝啤酒，说下流话，多痛快呀。我小时候崇尚的是个人自由。我没有远大的抱负，甚至是荣辱也不很清楚。我那时候小，不会分析，像一只小猫。小猫它在想什么？什么也不想，只想着觅食，逃避危险。

与此同时，我还有一个梦想。有一次我逃学，去那条俄式风格的中央大街上闲逛。我看见两个青年工人穿着劳动布的工作服，工作服的上衣兜都插着一个钢板尺（有一个还留着小胡子），牛哄哄地走，边走边说着什么。都是旁若无人的样子，还冲着路过的年轻姑娘挤眉弄眼儿。我真是崇拜极了。心里也想，假如有一天，我也能穿上工作服，插上钢板尺，该多潇洒呀。

小时候，我对民族和国家的概念是很模糊的。我对赖以生存的家和学校又很反感，以至于憎恨。我觉得只有一个人逃学，一个人在松花江边玩的时候才是最愉快的，即便挨父亲一顿打也在所不辞。当然，这并不是说我小时候很孤僻。我只是觉得没有适合的朋友。有钱有身份的人家不让他们的孩子跟我玩，怕学坏了。那时候，我愿意和当地的流氓歹徒混在一起。和他们在一起我觉得很好，很愉快。他们从不歧视我。我小的时候，表达上常常很拙劣，偏偏自尊心又强，面对一些大人和孩子的嘲笑，我觉得和那些比我大的流氓歹徒在一起有安全感，使人树立了自信心，打消了对明天或后天的盲目悲观。他们从未打过我，也没强迫我做什么。其实，他们的生活也分两部分，寻欢作乐与作恶。我是他们前者的朋友。我经常把父亲的烟卷偷出来给他们抽，他们夸奖我，我很幸福。如果，他们当中有谁被抓了，他们会招供说："我是流氓歹徒，阿成那小兔崽子不是。"在"黑道"这个圈里他们是讲义气的。我知道那些朋友不必去提防、担心。就是后来我当了作家，在街上碰见他们，我发现他们的眼睛里仍旧充满着慈爱。他们似乎知道我在隐瞒过去与他们有过交往的历史，因此他们从不主动与我搭话，也从不说："我认识这小子！"都是一张张很平静的脸。有时候，我一个人独自在家，很惦记他们的生活。我觉得他们活着并不是要去恨谁，他们把握手言欢看作是男子汉的精神。这就是我为什么一看美国影片《教父》和《美国往事》，一看见"教父"和"面条"时，就泪水涟涟的原因。我老婆便文绉绉地对孩子说："看，掉泪了。这就是你爸爸的根！"

顺便说另外的一部中国影片《本命年》，当我看到李慧泉得知方叉子从自己家逃走，再度亡命的时候，他痛哭起来。这一情景也让我流了泪。我很能理解这种感情。坦率地说，我有过这样的经历。请记住，这些人并不是些无赖。这戏写得好，无可挑剔，姜文演得也好，真实。

我们接着说前头的话题。

记得有一次，我去一个亲戚家回来，坐的是列专跑郊区的小票车。这种火车的乘客很少，都是木头座，非常简陋。我坐的那一节车厢里只有三个人：我和另一对年轻的母子。年轻的母亲无疑是一个工人。她对她的小儿子说："一定要好好学习，长大了，当干部。"我一边抽烟，一边看着从车窗外掠过的景色想，孩子长大了，要是当了干部，他这一辈子就算砸了。我对干部，挺什么的。我的父亲就是干部。他从小就"喜欢"打我们兄弟。在我的记忆之中，在我成家之前，从未在父亲面前吃过一顿饱饭（春节除外）。我从小就对干部有一种抵触情绪。我对他们既惧怕又漠不关心。我的父亲现在已经老了，七十多岁了。然而就是在现在，我一旦在这个老人面前吃饭还很紧张。他对他的孩子漠不关心，他有他自己的一套生活（这就是我为什么如此地喜欢汪曾祺老先生作品的一个原因。他的作品里充满着温馨、理解与宽厚——这是先生的人生境界）。我父亲在建筑设计与计划上是一个卓越的人才，但他却被他的同行要了一辈子。愚笨与才能，从来是死敌的关系。说起来，他挺惨的。别看他在家里那么凶，但在单位里却谦卑得很。等他明白过来了人已经70多岁了，想血性一下也没有机会了。他的对手有的已经先他死去了。有时候老人兀自"无端"地笑了起来，笑得不行了，眼泪都流出来了。他也想止住，眼睛里充满了痛苦，但他止不住。我的小妹妹就说："笑！笑！一天自己总是这么傻笑！"

老人总是跟我哭穷，他可能觉得自己没有安全感，他的老伴——我的慈母死了。我就给他钱，陪他说会儿话。因为他是我父亲。没有他就没有我。这是铁的事实。假如我与他之间有什么难以沟通的事，那是上帝的过错。

……

我中专还没有毕业，就经历了"文化大革命"。当时我对社会缺乏必备的了解。我对这个"革命运动"没什么特别的印象。我以为社会就是这样，没觉得哪不自然。我当时比较喜欢看书，尤其是古代的诗词歌赋。我还背诵它们，久而久之，石头也抱温乎了，我们彼此就有了感情。我甚至觉得自己和李白、杜甫、白居易等都是很好的朋友，我们在感情上经常交流。我还发现一个有趣儿的"问题"。当代人总觉得时代变化是很快的，甚至"快"到了年轻人无法跟老年人沟通共处的地步。每个年轻人都觉得自己的"发现"与"认识"是新的，先锋的。但是，当我们回顾五千年的中国文明史时，你会发现历史的进展是很慢的，慢吞吞的，包括认识上的一切的一切。这可能是个悲剧。在这悲剧面前，任何的叫嚷都没用，历史老人在默默地注视着你。这一点的看法恰好跟博尔赫斯那句"我知道这些新事物在本质上并没有任何新的东西，充其量不过有一些很微小的变化"巧合了。

好，不说这个话题。记得我有一次去四川看杜甫草堂。我坐在竹林里觉得伤心。我想我们前生有缘。当时，我读古人的那些东西并没有什么目的。我觉得自己没啥事儿，是个闲人。这期间我还读了五四时期一些文人的作品。我觉得我和他们也有相知相通之处。我也知道有些人会嘲笑他们。冷静地说，赶着我们这一代人死后，留名青史的能有几位呢？历史会把我们当中的许多人淘汰掉的。

我还看了一些洋书。现在我仍然买洋书读。让我觉得不公平的是：他们几乎无视中国的文学。

我后来写小说纯粹是无意的。这恐怕得原谅我，当时我不很懂事，我不大认为写小说是君子之为。是我的一个朋友从我的日记里发现了一则东西，说"这是一篇小说"，就拿走了，然后就发表了。1979年之后，我一年只发一篇小说，其他的时间，下围棋，或者是跟哥们闲扯。那个时候我还有一些"右派"朋友，他们都比我年岁大，学什么的都有，十几个呢，所谓物以类聚人以群分吧。他们大多是光棍，这些人天天晚上聚，酸着脸骂这个，批评那个。当然，也聊点知识，还有绘画、音乐和书法。我很羡慕他们。我知道他们向往绅士般的生活，可他们太性急，对脚下的土地缺乏科学的态度、嘴又不好，结果啥也没得着。赶着给他们平反了，他们也老了。我真的很爱他们。

我写东西真正“出名”，是在1988年末、1989年初。刘恒责编的我的一篇短篇小说《年关六赋》，后来得了个全国奖。我对刘恒是很崇拜的，小说和电影写到他那个份上，是一种做人的质量。他还是一个好编辑。他在自由来稿中发现了我。回信称我是“黑龙江第一杀手”。当然，这是戏言而已。人总是需要鼓励的。

我不知道我还应当谈点什么。后来我当了编辑。不久，又让我当了副主编、主编。刊物就像一只盛饭的碗，碗本身无所谓名贵不名贵，而是在于它里面装的是什么。我当然不希望干这个吃力不讨好的角色。干个普通编辑更好。不累。特别放松。

这几年，小说也写不少了。长篇也写了两三个。记得去年的春节，除了年三十儿，从初一到初六，我都在单位写东西。因此，我回家想矫情一把，说自己多么多么辛苦。没想到，我的小丫头说：“得啦。你是有瘾。”的确是这样。对此，我没什么好说的。

我相信我写的小说还是有人愿意看的。当然，其中也会有很马虎的。这不要紧，我们慢慢来。相信阿成会像从口袋里掏小银币一样，掏出一枚枚有趣儿的故事。你在你的工作岗位做好你的工作，我在自己的桌子上写好我的小说。我们分别驾驭着自己的马车，从日出赶到日落。

访　谈《

自由·自在·自然

——阿成访谈录

张　赟　阿　成

张赟：阿成老师，您好，首先感谢您接受我的访问！您是一位有一定知名度的老作家，同时还是《小说林》《诗林》杂志的主编。作家和主编，您更喜欢哪种角色呢？

阿成：这个问题实际上让我很难回答，严肃地讲，哪种角色我都不喜欢。我只喜欢做一个自由人。我不知道怎么理解自己，但是有一点我是明确的，只要在陌生人当中，在公众场合当中，换句话说在非文坛的环境里，我从来不暴露自己的作家、编辑和主编的身份。那样让我觉得非常尴尬。其实这没什么不光彩的，但是，我却有一种"不光彩"的感觉。这是一种很奇怪的心理现象。有时候与某某作家同行，在飞机上，或者在火车上，对方在大庭广众之下大声谈论文学时让我无地自容。为什么呢？我无法解释。总之，我不希望陌生人知道我是一个作家或者编辑。但为什么是这样一种心理，到今天我也搞不清。但我清楚地知道我无法克服这种心理。

张赟：我想我非常理解您，因为我自己也从来不愿在陌生的场合暴露自己的身份，甚至被问到时，还会有意隐瞒，好像怕丢人的感觉，尽管我只是个学生而已。

阿成：刚才你提到，我是有一定知名度的老作家，对这一点我想说一点不谦虚的话，我还不能算是一个有一定知名度的老作家，而是颇有知名度的老作家。但为什么你会使用"有一定知名度的老作家"，我想，是因为你可能把我和钟阿城混在一起了。到今天，还有把此阿成认为是彼阿城的。

张赟：哦，不，这您可误会了。

阿成：我刚刚参加了一次中国著名作家看云南的活动，我发现，在所有作家的简介里，只有我的简介最简单，上面写着：阿成，《小说林》《诗林》主编。因为他们没有足够的把握说，哪个作品是此阿成的，哪个作品是彼阿城的。为了把握起见，干脆一个作品都不写。再比如去年，在重庆，中国作协组织了一个中国著名作家看重庆的活动，在获得鲁迅文学奖这一栏的作家里就没有我，因为他们吃不准是这个阿成得了鲁迅文学奖，还是那个阿城得了鲁迅文学奖。其实，我从1979年发表作品时就开始使用"阿成"这个名字了，三年之后，那个阿城的《棋王》出现了，我在欣赏之余，还没有意识到这个名字会给我带来什么问题。到今天，混乱了已经差不多二十年，我从来没有对这件事说过一句话，但二十年了，有些人还会弄混。怎么说呢，至少近十五年的小说，大家看到的都是我这个阿成的小说。因为在海外，两个阿成的作品是放在一起的，因为是同样的译音，比如哥伦比亚大学的图书馆，我们两个的作品就是在一起的。但是，好在文坛内部和那些关注文学的人当中还没有出现这种错误。

张赟：是的，关心文学的人还是很多的，比如我要采访您，一个文艺学专业的同学就一脸羡慕地问我，是那个总写哈尔滨的阿成吗？我说是啊，况且另一个阿城好像已经不在国内了呀……那么您对自己这辈子选择作家这一职业有什么感受？写作给您的生活带来了什么？除了您常开玩笑说的散碎银子，乐趣、遗憾应该都有吧？写作给您带来的最珍贵的东西是什么？

阿成：我没选择作家这一职业，我是一个没有生活目的的人，是偶然的一篇日记被朋友看好，送到编辑部，然后就发表了，那是 1979 年，我上面说过，是使用“阿成”这个名字发表的。从 1979 年开始写作，到今天差不多三十年了，这几十年的光阴全泡在写作里，我认为未见得是一件仗义的事情，是磊落的人生。因为我看到，从事其他职业的人生活得也很好。我必须强调的是，写作给我带来的快乐不如带来的痛苦多。因为写作是件很严肃的事情，它需要用心来写，它的难度太大了。写作的道路就像在你面前不断展开的飞毯一样，你永远走不到它的尽头。我斗胆说一句，我看过许多作家的作品，包括被叫好的作品，常常令人迷惑，因为好的标准已经被瓦解掉了，其实那个标准是很明确的，就是能够感动大多数人，而不仅仅是少数人的欣赏。我在这个层面上，始终保持极为清醒的头脑。这种天然的状态，让我保持了冷静的头脑和努力的空间。我只是有一个简单的目的，但这个目的太难了，就是写一篇好小说，仅此而已。

张赟：在现在这种所谓的“媒体时代”里，和所谓的“眼球经济”的盛行下，您有这样的心态是让人敬佩的，也是一个纯粹的作家的心态。就像您的笔记体小说，有一种超越尘嚣、超越功利的感觉。说到笔记体小说，我想到你说过的一段话：“笔记小说，是一种文士风度，也是一种人生境界的艺术化手段。这完全不同于那种亢奋地打扮与装修式的小说，似乎也不大煽情与矫情，或者很政治地浪出一些满不在乎的俏皮话，笔记小说骨子里的凌厉与尖刻是陈酿出来的，它的那股滋润新鲜劲儿，在于自信和平易上。这样的文体，能保鲜到头到 21 世纪。”您曾经写过很多优秀的笔记体小说，比如《沉塘》《甲子》《年关六赋》等等，但您现在的作品似乎变化很大，您为什么不再写那种有“清矍”之感的笔记体小说了呢？对曾经写过的笔记体小说有过什么样的反思吗？

阿成：我过去对笔记体小说有过那样的认识是不错的。笔记体小说是一种生存的滋味，用笔记体把它写出来，实际上就是用一种聊天的方式把它表达出来。我个人认为，其实，笔记体小说表达的是一种人生的无奈、尴尬、脆弱和一种淡淡的哀愁。当然，还会有许多成分在里面，但它的主要成分就是这些。然而，我一直没有注意到我在写作上有什么变化，我就是这么一路写下来的，一直写到今天。有人看到这其中有些变化，我很吃惊，我觉得一切都是自然的东西，小时候的模样和少年时的模样，包括老年时的模样应该是不同的，但骨子里还是我。中国有句俗话，三岁看到老。你会发现，我的小说精神是一样，可能在选材上有所不同，但那是感受的不同，是社会的原因。写作到了一定的年份，再去人为地追求什么变化，是可笑的。一切顺其自然最好。有的人，写写就没什么可写的了，这也是一种自然，有人越写越明白，文思如涌，这也是一种自然。有人经过重大的挫折，便会在小说中体现更深的人生认识，这也很自然。也许你注意到，我没有引用一些外国作家和评论家的话，这也是我的风格，同时这也是一种自然。现在是什么样，就让它自然地发展下去。如果用我个人的态度来说，我还欣赏我今天的东西。因为毕竟写得比较自由了。自由是通过锻炼、思索、研究，用时间陈酿出来的，其实话说得越“白”越难啊。这样的“白”是需要一个漫长的过程的，一上来就“白”，那是一种苍白，有本质的不同。这一点我不用说大家也明白，内行人就更不用说了。

张赟：所以说我察觉的变化就是您说的自然的过程，就是您的作品越到后期越自然、圆润和流畅，也就是老练吧。

阿成：我的确曾在写小说上比较雕琢，其实我是有意而为的。那时我希望我的小说更加符合传统的文化精神和韵味。我在坚持一种东西，或者在坚持弘扬一种古典的美。但是，这只能是练笔阶段，它的下一步应当是更自由、更洒脱的文字，而且是更加没有雕琢感、更加自由奔放的文字。我必须补充一句，如果没有前期的雕琢，也就没有后期的自由与奔放。

张赟：听说您是汪曾祺的学生，给我们讲一讲这段师徒之缘是怎样结成的好吗？汪曾祺先生对您的影响还存在吗？

阿成：我不知道你为什么说我是汪曾祺的学生。

张赟：哦，是听您说的，因为看到您在某个随笔里提到“汪曾祺老师”，再加上您的早期作品和汪曾祺先生很像，好像我犯了望文生义的错误。

阿成：其实，我并不是汪曾祺的学生，汪曾祺也从没收过我这个学生。他只是给我的第一部小说集《年关六赋》写过序。事情的经过是这样的。当时我在作家出版社拟出一本《年关六赋》的小说集，我的责任编辑杨德华可能觉得我的小说风格让汪曾祺作序比较合适，他就找了汪曾祺。后来，我知道了这件事，也看到了这篇序言。正如你在他的序里看到的，汪曾祺说，我很愿意给阿成的小说集写序。先生是我很敬佩的作家，我很喜欢他的文风，并深受他的影响。我觉得这种文风和影响与我的生活有关，就是说，那种谈得来的东西更多一些。后来，我到汪曾祺的家去过几次，其实也没聊什么，好像两个人都不怎么善谈。他送给我两幅画，我至今还保存着。汪曾祺先生过世的时候，我发了一个比较长的唁电。我觉得他是一个热爱生活的人,他对我的影响到今天也活活地存在着。其实,他对我的影响主要是人生态度上的影响。作为笔记小说,能写到汪曾祺先生这种水平的,在当代中国文学当中再无他人。

张赟:除了汪曾祺先生,您欣赏的作家还有哪些?除了您前面提到的要"能够感动大多数人",您认为好的小说还应该有什么品质,您自己的作品中哪几篇最好地体现了您的用意?

阿成:我看书有一个毛病,就是记不住作者,只能记得优秀的篇章和细节。所以,要我具体指出我喜欢哪个作家是困难的。我不可能喜欢一个作家的全部作品,只是喜欢其中的一部分,或者某个细节。但是,我印象比较深的、相当智慧的作家,一个是索尔·贝娄,一个是辛格。当然,还有一些苏联的作家。这里我不想一一地列举。如果列举多了,好像我光读书不写作了;如果列举少了,会以为我光写作不读书了。所谓好的小说的基本品质有两点,一个是真情实感,一个是超人的机智与幽默。我觉得我的大多数作品都在追求这一点,而且这一特征比较集中地反映在我的一些短篇上。如果你有时间可以找出读一读,我就不单独列举了。很多人是在读了我的小说集以后才对我有一个全面的认识。

张赟:我觉得在当代文坛上,您是个不追求时尚的作家,您看什么流行的先锋文学、打工文学、新写实文学、新潮文学、都市文学、乡村文学等等,好像都跟您联系不大,您的作品也是很难用一个命题涵盖的,这也是您喜欢做一个自由人的一种表现吗,还是作为一个老作家您的心态更为平和?

阿成:你谈到的各种主义的文学流派,我对这些比较茫然,知道得不多。显然,各种各样的流派有它们的道理,我相信每一个作家都在理直气壮地活着并创作着。我觉得作家的创作经历基本上分三个阶段,第一阶段是写自己的经历,第二阶段是写自己周围的朋友,第三阶段是关心整个人类的生存状态。你刚才说到心态,对我来说,不如说是一种责任感。我看到了许多人生活中的种种尴尬,我愿意就这一点和他们做一些交流,仅此而已。补充一点,其实我是一个悲观主义者,这话我在十年前就说过。为什么会有这样的说法呢?是因为我觉得一个作家的力量太渺小。

张赟:那我就明白了为什么您的作品里常常出现这样一句话:"这也是没有办法的事",总让我觉得您对生活的态度又有一点无奈和悲观。

阿成:是的。刚才你谈到,我的作品很难用一个命题涵盖。我觉得这是一个非常有趣儿的现象。的确,我不属于哪一个流派,但是,我自己认为,我很可能是一个全新流派的一个代表人物,那就是"后现实主义"。因为后现实主义,特别是中国的现实主义和现实主义有很大的区别。所谓中国的现实主义也分为多种形式，其中最有影响的是“革命的现实主义”。现实主义和新写实文学也不大一样，新写实实际上和现实主义之间是一种派生的关系，好像无意继承现实主义的某些特点。而后现实主义是在现实主义的基础之上出现的，是一种与时俱进的文学现象，它抛弃了以往的一些非文学的因素，更加关注普通人的生存和命运，并带有一种温情和幽默的色彩，它的洞察力不再依附社会性的总结而更加强调作家个人的思考。当然，骨子里所包含的批判现实的态度，常常是很无奈的样子。后现实主义最重要的特点，就是它的每一根神经都无法脱离现实主义的精神与传承。

张赟：对于目前社会上的文学时尚、文学消费，您怎么看？比如美女作家的身体写作或者少年作家的娱乐化、偶像化。

阿成：诚实地说，这些我接触得不多，差不多是“零接触”。但我知道有些人在争论这些话题，遗憾的是，我没有资格进入这种争论，因为我没看过这些作品。我想我该看看这些作品了。毕竟我也曾年轻过。

张赟：那您对中国当代小说的现状怎么看呢？

阿成：这是一个很大的问题。回答这个问题只能是片面的，不可能全面。我们在总结一年、几年或者十年乃至一个时代的文学状况时，常常是不全面的，很难说把所有的话都说到点子上，这是时间、个体和时代的局限。除非有超凡的智慧和超凡的人物来驾驭，那将另当别论。说到超凡的智慧，首先要有一个超凡的时代，在这个时代当中有一批超凡的小说。我们每一个时代有每一个时代的光荣，如果就某个时代而言，这个光荣说到怎样的巨大都不过分，但是纵向比较起来，历史地看，就会发现有很大的差距。这一点，既可以鼓舞人，也可以让人垂头丧气，或者怒火中烧。显然，从我上面说的这些话，可以猜得出，我对当代小说的评价。当代小说当中，具体评价到某人的作品显然是不明智的。但是，就普遍的问题可以谈谈个人看法。在我看到的一些小说当中，我发现，有相当数量的小说有故事而无文采，这个现象，似乎可以研究一下，为什么是这样？是否跟作者的出生环境、个性、艺术修养有关？我们中国人有一个习惯，就是喜欢唠家常。家常唠起来铺铺洒洒、漫无边际，这是人们打发时光的一种方式，特别是普通人打发时光的一种方式。这种情况，在城市，在农村，都普遍地存在着。现在的城市状况似乎好了一点，因为又开始新的“鸡犬之声相闻、老死不相往来”的阶段。这主要是住房的格局所决定的，常常是住一个楼，住上几年，邻居之间还不相识。这里有一种惯性的欣赏习惯，就是喜欢唠家常的人，在看到类似唠家常的小说时，会产生一种亲切感，会引起他的一段美妙的回忆。虽然这样的小说故事平平、语言平平，但是，读者把自己的情感加进去，就会变得不同寻常起来。阅读永远是一个值得争议的话题，要想在阅读的层面上获得公正，这几乎是不可能的。重要的不是这种现象的出现，而是这种现象没得到调整和批评，并且继续蔓延下去，这是值得注意的问题。当然，还有一种小说，有情节而无机智，有知识而无睿智，有感情而无深情，有思考而无深刻。这种情况，普遍地存在于一些小说当中。

我历来认为，小说是一种智慧，谈到智慧，我们应当给智慧下一个定义，特别是在小说当中，即小说的智慧是什么？除了基础知识，如结构、语言、悬念等等，最重要的就是真诚。这就是小说的智慧。在小说当中，真诚就是一种智慧。我看到央视播放的《走进非洲》，在介绍第二次世界大战埃及的北非战场时，其中，在一个普通士兵的墓志铭上，一个母亲对她阵亡的儿子写下这样一句话：对世界，你只是一个普通的士兵；对家庭，你是我的全部。这就是真情。真情是产生智慧的土壤，真情也是智慧的唯一源泉。当一个作者，在伪造感情写一部作品的时候，会错认为自己是一种智慧，其实那不过是一种低层次的谎言。

张赟：是的，对小说创作持真诚的态度对于作家来说并不是人人都能做到的事情。当代很多作家的作品也许很有名气，但是读起来却能感受到那种伪造出来的感情，并不能让人长久地感动。我想您的这番话对许多年轻作家来说是个重要的提醒。说到您的小说，“吃”是一个绕不过去的话题，《胡地风流》和《馋嘴日记》是两本专门写黑龙江的“吃”的散文随笔集，许多小说中的“吃”也让人难忘，侯家小馆里的“杀生鱼”、华梅西餐厅里的红菜汤、冰天雪地里小酒馆吃的杀猪菜等等，让我至今有着强烈的冲动想去品尝。“吃”不但决不能小看，甚至有着一种神圣的意义，您的投入和执着让人感动，我能感受到一种对生命的肯定和膜拜。

阿成：我注意到，在生活当中很多人对吃充满了兴趣。在好的吃食面前，他们有一种发自内心的、无法遏制的愉悦和兴奋。我不能忽视这一点，就尽可能地予以表达。其实，吃是一种短暂的幸福，但千百年来，它始终闪耀着迷人的光辉。

张赟：我发现您特别喜欢“忸怩”这个词，出现频率很高，不仅做了一部长篇的名字，在中短篇中也经常出现，为什么喜欢这个词呢？

阿成：的确如此。“忸怩”本身是一种生存形态。很多小人物被迫做出这样的姿态。这真是没有办法的事情。如果我们注意不到这一点，就会对普通人的生存状态缺乏一个根本的了解。只是，我这方面表达得并不充分。相信中国文坛也没给以足够的重视。中国人很虚荣。

张赟:您平时写小说、看稿子都是很累的脑力劳动,业余时间您喜欢做点什么呢?

阿成:我从不认为写小说是一件辛苦的事情,如果它真的是一件辛苦的事情,我就不做了。正相反,写作是一件非常愉快的事情,就像踢足球是快乐的一样,但你必须努力,不然就踢不好。其实,努力过程中的辛苦也是快乐的。一天愁眉苦脸地写作的状态,实际上是不多见的。其实,写作的快乐和劳动模范的快乐差不多。比如过去我在刚刚写作的时候就病态地给自己定了很高的目标,我几乎所有的星期天和节假日都不休息,因为当时家里的居住环境比较简陋,没有地方写作,所以,要骑上破自行车,带上简陋的午饭,到单位去写,并且非要带那种最差的食品,这一点有点类似苦行僧,你说苦行僧是痛苦的吗?绝不,他们是快乐的。记得有一次搬家,我写废的手稿差不多有一手推车,全部卖掉了。恰恰是这一手推车的废稿给我提供了许多快乐的时光。现在,我什么目标也没有了,仅仅是在平静想,再写一篇好小说吧。而且是想写就写,不想写就不写,并尽可能地控制自己少写。我搞明白了一件事,生活不该全部是写作、写作。我曾经在一篇文章中说过,过去我每年写二三十篇小说,现在我要控制在两三篇之内,或者一两篇之内,其他就写一些随笔。你问我写作以外我都做些什么,我稍微更改一下,就是我追求什么,一句话,能让我心平气和就好。能心平气和地活过每一天,就是我最大的追求。如果一定要谈到爱好,那就是旅游、逛街、散步。另外,我多少有一点购物狂的倾向,并总是在小女儿若楠的策应之下。总之,这些能让我非常放松。

张赟:我也发现近几年您的随笔散文类作品多了,近期您有什么写作计划呢?

阿成:我是一个业余作者,我之所以选择写作是因为它比较自由。我从没有什么写作计划,我只是想,明天再写一篇好看的小说。

张赟:谢谢您,和您度过了愉快的时光!再次感谢您接受我的访问!

阿成:我还是第一次和一个评论家谈了这么多。但是我必须强调一点,这是我2006年的感受。到了2007年,可能我上面的观点都被我自己推翻了。也谢谢你!

评　论《

胡天胡地尽风流

——谈阿成的小说

张　赟

说起作家阿成，人们脑海里可能同时会出现两位：一位是写过《棋王》《遍地风流》的钟阿城，另一位是写过《胡地风流》的王阿成，前一位阿城在文坛上已久不露面，本文要论及的是后一位。这里之所以要做一强调和区分，是因为文坛上确实存在着对他们的混淆。比如个别文学研究者把阿城和阿成混为一谈，或者把他们的作品看成是一人所为，然后再"二合一"地整合出一个创作特点来，[①]或者张冠李戴地把《遍地风流》误认为是王阿成所作，[②]或者明明论及的是阿成，却写成了"阿城"，这都是需要澄清的。

阿成是位不折不扣的老作家，从1979年开始发表作品到现在，在将近三十年的时间里，他笔耕不辍，为读者奉献了大量佳作。阿成的作品是以他鲜明的东北地域文化色彩闻名的。读他的作品，如散文随笔集《风流倜傥哈尔滨》《胡地风流》和《哈尔滨人》等，以及小说集《胡天胡地风骚》《欧阳江水绿》《安重根击毙伊藤博文》和《阿成自选集》等，读者感受最强烈的一定是扑面而来的东北风。在阿成的笔下，黑龙江雄奇的自然环境和特异的人文风情交相辉映，形成一幅幅神采飞扬的画面，这是阿成在把握了东北精神的精髓之后创造的一个别样的世界。

事实上，鲜明的地域文化印迹并不是阿成有意识地强加在作品之上的，仅仅因为它已经内化于他的生命和血液中，对它的继承和守望也就成了无意识、不自觉的了。阿成对黑龙江地域文化的坚守，固然包含着对乡土的眷恋和亲近，但更重要的还是他对东北特有的文化精神的展现和再认识。阿成曾说："我一直为自己诞生于、生活在这片土地上感到骄傲和自豪。我有一个浪漫的想法，那就是成为这片土地上

① 郭丽：《生活在生活中——论阿成》，《美与时代》2003年第3期下。

② 刘绍信：《论阿成的"笔记小说"》，《文艺评论》2003年第1期。研究者对他们的混淆一方面是由于名字的相似，另一方面也是由于都具有平和冲淡的创作风格所致。

的一名歌手，为生活在这里的人们热情放歌。”阿成已经实现了自己的初衷，因为他的书写使更多的人了解到黑龙江的魅力所在，也是真正的大东北的魅力所在。

悲情哈尔滨

哈尔滨这座冰雪城市又被称作“教堂之国”“音乐之城”“东方莫斯科”“东方小巴黎”等等。市区随处可见的古老的欧式建筑——它们或是摩登主义或是折中主义或是古典主义，蜿蜒穿过城市的美丽的松花江，再加上当地人中西掺杂的风俗习惯等，都在阿成不无自豪的描述下呈现。在阿成的眼中，全中国的城市里能和哈尔滨相媲美的仅有上海和青岛，因为那里也有地道的欧式建筑并与江海相毗邻。到底阿成的排名科学与否，我们暂且搁置，我们要看到的是，阿成笔下的哈尔滨是风姿绰约、富于浪漫色彩的，只有在那样的环境中文人才能迸发出艺术创作的激情，也只有在那样的环境的映衬下，在这座城市的历史长河中不断上演的故事才更加烂漫或更具悲情。所以说环境在阿成的笔下不是单纯的人物活动的地点，即无生命的静物或符号，无论是哈尔滨缤纷多彩的城市景观，还是市外雄奇的自然环境，阿成都赋予了它们以人格的力量、人性的内涵。但描写环境说到底还是为了体现环境里的人，环境本身不能构成小说的主体。所以在阿成描写哈尔滨这座城市的作品中，人与城市是相互映衬的。城市因为盛载着人文与历史显得凝重博大，而活动其中的人因为创造了城市和城市的历史才是城市的灵魂。

在阿成的哈尔滨故事里活跃着一系列鲜活的人物形象，给人留下印象最深的就是外国流亡者系列、历史人物系列以及小人物系列等。社会上的三教九流都是阿成观察和表现的对象，缤纷庞杂的各种人物带着他们各自的人生故事汇集成一幅中国最北方的城市特有的生活画面。

20世纪二三十年代，受二战的影响，大量欧洲流亡者的涌入使哈尔滨成为一座“流亡者的城市”。侨民们不仅留下有形的教堂、商店、旅馆等建筑，和无形的音乐、生活习俗等，更重要的是，他们的存在成为考察这座城市的历史不可忽视的部分。写生活在哈尔滨的欧洲流亡者的故事，在当代作家中绝无仅有，也是阿成小说中最具特色的部分。短篇《洋乞丐》《上校古巴列夫》《流亡地》《马兹阔夫生平》及长篇《马尸的冬雨》等，对这些在特定历史时期产生的流亡者有着细致的观察。①

《洋乞丐》中的洋乞丐们行乞，常常是演奏乐器。一个洋乞丐凄厉的小号声在作

---

① 原本流亡者中大部分是有一定经济基础的富裕阶层，但阿成关注的对象却集中于生存在社会边缘的乞丐、流浪者、平民、犯案人的身上。阿成的选择有他的理由，我们从中可以看出阿成确实有一种“平民情结”。

家的童年时期留下极深的印象，“我站在他面前，听着他的演奏。他哈下腰，用生硬的汉语说：‘小孩，喜欢小号吗？’”接着便又吹起来，缠绵幽怨的曲子给人以美丽忧伤的联想。还有一个因为战争手指不全却能灵活弹奏手风琴的俄国老乞丐，“他从来一声不吱，不管有没有行人，有无施舍，就那么一个劲地拉琴，充满激情……他的身上落满了雪，可他仍然那样亢奋地拉着……”这个外表像圣诞老人的老乞丐和他的手风琴声与哈尔滨的街道一起，定格在许多哈尔滨人和归国的俄国人的回忆中。

《上校古巴列夫》对古巴列夫的一生作了片段式的剪辑。他曾是沙皇军乐队的指挥，在对沙皇完全失望后来到哈尔滨，并爱上这里留了下来。在亲身经历这座城市的诞生后，他创作了大型歌剧《哈尔比恩》。然而流亡的生活和动荡的年代已使天才沉沦，不久以后在别人的眼里他已是个“肮脏邋遢的”老人。述说着哈尔滨的过去的《哈尔比恩》手稿在一个寒冷的冬夜被当作唯一的燃料点燃了。

《流亡地》中有《看尸人》和《死亡的姿势》两篇。看尸人的脸上总是“鬼气森森的”，他是个无国籍者，别人甚至认为他是个“隐藏得很深的杀人犯”，他“是哈尔滨唯一一个上街没人同他打招呼的人”。看尸人做的是没人愿意做的背运尸体、给死人化妆和穿衣的工作，他唯一的朋友是肉铺老板和一群野猫。在与死人为伴的孤寂凄冷的一生将要结束的时候，他伴随着一群野猫，悄悄地走进荒凉的街道消失了。因为他要自己像野猫一样，不把自己的尸体留在人们能够看到的地方。《死亡的姿势》讲述的是挪威医生基兰德的故事。基兰德医生是个有着极高艺术修养的业余雕塑家，他流亡到哈尔滨后在医院里做主治医生，后与来自匈牙利的护士尤利亚相恋了。尤利亚过度的纠缠和爱使基兰德医生感到窒息和厌倦，终于在一个夜晚掐死了她。死牢里的基兰德为了让自己被枪毙时有一个好看的姿势，进行了各种各样的练习，因为雕塑家对“造型”是很看重的，并最后决定采取“向后仰的姿势”……

流亡者们在哈尔滨的故事永远回荡着忧郁悲戚的旋律。流落异乡的人对故国和亲人的思念，使他们的日子永远带着凄苦和无根的漂泊感。但同时，他们对流亡地哈尔滨又是热爱的，充满深情的：洋乞丐以他们的自尊和美妙的乐曲赢得了当地人的尊重；看尸人忍受着别人的冷漠，默默地为这里的人们做着别人不愿做，又必不可少的工作；古巴列夫为这座城市的诞生创作了辉煌的歌剧《哈尔比恩》；基兰德医生要求狱友在他死后按中国的习俗为他烧纸，因为他死在中国……流亡者的故事似乎永远也说不尽，而我们也不再是事不关己的旁观者，因为他们曾生活在我们的城市，甚至是我们的身边，在今天的哈尔滨我们仍能感觉到他们的气息。

哈尔滨是座凝结着悲情的城市，悲情不光是流亡者的主旋律，它回荡在整个历史的时空。悲情还是作者内在的一种人生态度。阿成说自己是个悲观主义者,这是他在体会过人生变幻、看到过世事无常之后,对自身产生的渺小感和对世间一切保持敬畏的心态使然。

《安重根击毙伊藤博文》和《赵一曼女士》分别描写了发生在这座城市历史上的故事。刺客和革命者为国家和民族的自由付出的代价使这座城市增添了忧愤悲怆的色调。阿成在对历史材料进行整理后,进行了艺术的想象和虚构。原本呆板沉滞的历史事件和模糊平面的人物形象,在作者对细节的补充和发挥后变得丰满立体,小说的可读性和回味性增强了。

《安重根击毙伊藤博文》故事发生在1909年。韩国青年安重根因为祖国在日军的蹂躏下痛苦呻吟,不远万里奔赴异国,在哈尔滨火车站枪杀了来此地继续侵略行径的日本国枢密院议长伊藤博文。阿成对安重根的心理活动、衣着打扮,以及周围环境的烘托都有着细致的描写。安重根"穿着黑色西装,西装外面罩着一件绅士外套,头上戴着一顶运动帽。这种打扮,在当时哈尔滨的上流社会颇为流行"。他在行刺前后与一位中国军官进行了目光交流,蝴蝶"翩跹在欢迎队伍的人头上。与他同时仰头看这只翻飞蝴蝶的,是一个负责警卫的中国军官,那个年轻的中国军官有一双鹰似的眼睛,似乎一直在注视着他……但他不知为什么,觉得那是一双值得信赖的眼睛。于是,他冲他点点头,他也冲他点点头。然后双方都把目光避开了"。飞舞的蝴蝶和两人默契的目光暗含着同在日本帝国主义淫威下的两国人民对自由和平的向往。安重根对蝴蝶的注视也是对青春蓬勃的生命的留恋,在蝴蝶的对照下,他年轻的生命的陨落更让人痛心。

《赵一曼女士》描述的是1935年革命者赵一曼从被捕到被暗杀之间的那一段日子里发生的事。"赵一曼女士,是一个略显瘦秀且成熟的中国女性。在她身上弥漫着拔俗的文人气质和职业军人的冷峻。"她在日军的监禁下,奇迹般地把负责看守她的护士和警卫争取过来,并得到他们的帮助,在日本人的眼皮底下逃走,可惜最终失败了。文中赵一曼的形象充满了人性的光辉,她是一个富于魅力的女性,温柔端庄,使人信赖。同时,她更是位母亲。刑前赵一曼留给孩子的两封信流露出对孩子难以割舍的爱,读来更让读者的心为之颤抖。文中没有对赵一曼残忍的受刑过程作过多地渲染和铺陈,而是以波澜不惊的笔调叙述了赵一曼牺牲前后的过程,赵一曼的平静与从容更加给人以震撼人心的力量。对于上面两篇小说里的革命英雄人物的描写,阿成关注更多的是其人性的一面,而不是神性的一面。

在这两篇小说中,作者都运用了一种具有间离效果的叙述方式。叙述者在对历史事件的叙述中，不断穿插今昔的对比、议论：或是睹物思人联想到过去，或是以现代人的视角观照当年。这种叙述者对人物事件的穿插议论造成了事件与叙述之间的距离，形成一种框架结构。今昔的时空感能够消除革命暴力事件带来的恐怖感和血腥感，却能增强小说的历史感，促使人们从容思考曾经发生过的一切。在阿成的小说中，类似的作品还有《音乐之城》。

阿成小说里的小人物系列是其人物形象队伍里最为庞大的群体，就连在流亡者系列人物里，阿成描写最多的也是那些乞丐、流浪汉、平民和犯案者等小人物形象。阿成关注小人物的生存，是因为沦落在社会边缘的他们在生活中经历了更多的艰难凄苦，更懂得生活的滋味，他们一瞬间的感受也许富人们一辈子也体会不到。这些市井生活中的小人物所经历的卑微的喜怒哀乐在阿成带着偏爱的关注下牵动了更多人的心。因为阿成的这种平民关怀，有人称他为“平民作家”。[①] 当然，平民不一定是好人，或者好与坏常常难以界定。阿成笔下的人物复杂，有卡车司机、小酒馆老板、饭店服务员、跳舞爱好者、看尸人、看林人、社会无业人员、业余文人、傻子、“右派”分子、卖电影票的、妓女、渔民、小贩、杀人犯，也有发了财的商人、警察、护士、教师等等。尽管这些小人物身份各不相同，然而相同的是生活中都有太多的灰色，有时他们麻木得让人不可理解，但有时他们的行为折射出的人性光芒也更为动人。《死大爷和他的儿女们》中，面对父亲的尸体，儿女们只是发呆，或者尴尬地站着，“不太自然地拢拢头发”，父亲的尸体被拉进火化间后，看到烟囱上开始冒出黑烟的他们兴奋地喊着“开始炼啦”。《翁先生夫妇》里的父母在女儿结婚那天出门旅游去了，他们是一对“生活家”，家里一贫如洗是因为三十年来一家人都是在饭店吃饭……《天棚》里“我”终于知道，为什么小时候每次因为躲避父亲的惩罚而到邻居家的天棚上睡觉，都觉得他家的烟道那么暖和。原来那个从未有过交往的邻居每当听到天棚上的“沙沙”声，明白了状况，总是半夜起来烧一次炉子——他怕把小孩子冻坏。这样一个老人后来却因盗窃罪进了监狱。

阿成小说中最能体现小人物善良美好天性的作品是《良娼》。《良娼》是阿成1989年发表的作品，因为对妓女形象的不同寻常的描写角度在当时引起过很大的争论。作品描写的是一个叫江桃花的下层妓女与她的第一个客人宋孝慈之间的悲剧故事。在这两个主人公之间——我们通常称之为“妓女与嫖客”之间——绝没有狎邪和荒淫，而是令人赞叹的生死与共、相互支撑的忠贞的爱情，更像是苦难深重的夫

---

① 彭叶梅：《阿成小说的情思空间和审美意蕴》，《北方论坛》1999年第5期。

妻。有这样一个细节：要离开大陆的宋孝慈来到江桃花的墓前告别，“母亲用自己的碑影罩住他，深深地抚……”江桃花对宋孝慈感人至深的大爱，已使她不像是妓女而更像是一个贤良淑德的良家妇女。这样大胆的写法在当时的时代背景下引起了争论，有人认为阿成美化了妓女形象。今天我们再来读《良娼》，因为能够理解在当时的社会状况下小人物的无奈，会自然地觉得它真实可信，并感动于一个妓女身上迸发出的美好善良的天性，这都来源于阿成以他充满悲悯的目光对那个被人有意忽略的角落的细致观察。

多年来，阿成注视着哈尔滨这座处处洋里洋气的城市里发生的一切，在城市的建筑、河流、教堂的钟声映衬和渲染下，各种人物永不停歇地演绎着各自带有边陲风情的人生故事。而阿成对社会上三教九流的描写，是以他丰富的生活阅历为基础的。少年时期就开始品味的生活的艰辛已变成了一种人生财富。社会这所“大学”对阿成的“系统的混合教育”使他对生活的解读具有一种“传奇性”和穿透力。“传奇性”体现在故事情节和人物形象的新奇怪异、鲜有所闻上，再加上特异的环境的映衬，对读者是有着极大的诱惑力的。但阿成如果止于此，必定是失败的，会陷入街头轶事、深巷传闻的庸俗中去。事实上阿成的小说与浅陋无缘。对情节的精心筛选、视角的灵活切入，以及对复杂人性的开掘，阿成都是在看似轻松随意的叙述中完成的，读者在掩卷沉思之余一定会在心灵深处感受到某种不安、悸动或震颤，并赞叹：只有经历了丰富的痛苦、咂摸了人生滋味的人才写得出如此文章啊！

黑龙江风情

古来黑龙江就有“孤悬绝塞，马死人僵”之说，人们不自觉地把那里与寒冷、空旷、野蛮、荒凉、神秘、绝望等词语联系在一起。但同时，黑龙江也是一个盛产传奇、孕育浪漫的风情无限的地方，在阿成的小说中，展现在你面前的就是这样一幅幅独特的黑龙江风情画。黑龙江的风情体现在雄奇的自然景观上，体现在当地人独特的性格气质上，也体现在具有北大荒色彩的风俗民情上，而且这三者必定是交错杂糅在一起的。

《蟒珠河》是阿成的代表作之一。在这篇小说中，阿成以一个孩子的视角叙述了一个充满了神话色彩的关于爱的故事。茫茫的林区、白雪覆盖的雪峰山、装有俄式壁炉的木刻楞房子、湛蓝的天空、奔跑的野鹿，这一切构成了一个童话般的世界。可能是对自己童年时缺少父亲的宠爱的补偿，在这篇作品里阿成塑造了一个完美的父亲形象：他大学毕业后从城市徒步走到心爱的人所在的雪峰山下的林区成为一名当地人尊敬的兽医,他总是爽朗地笑着,全心呵护着自己深爱的妻子和孩子们。而母亲呢? 她美丽端庄,是林区小学的教师,她的动人气质使鄂伦春人“舅舅”一见钟情地爱上了她,但他永远恪守道德的禁忌,只是远远地望着她而从不走近。在父亲、母亲和“舅舅”之间有一种带着神性的圣洁情感,男人有着磊落、博大的胸襟,而女人则“是一首好诗”。

充满神秘气息的“舅舅”就在那虎狼出没的雪峰山上独自以狩猎为生,在泥石流就要席卷村庄的关键时刻,“舅舅”以他“萨满”所特有的预知能力拯救了临峰镇的大人和孩子。阿成是以其浪漫的情怀贯穿这篇作品始终的,文中赋予人与环境的神性的光辉更是阿成心中常常升起的宗教情怀的流露。

《鱼风》里结巴又跛脚的刘坤有着唱民歌和做“杀生鱼”的双重本事,为招待慕名而来的采风者,他凶狠地像杀仇人似的做了一道当地一绝的“杀生鱼”,喝了酒想起一生的遭遇,他轻轻地用嘶哑的嗓音唱了起来:

乌苏里江吆——娘的肠哎——
牵着坤儿——破衣裳——
乌苏里江吆——娘的脸哎——
看着坤儿——守空房——
娘吆娘吆——你别哭啊——
年年岁岁——儿也惦着娘哎——

他唱得很动情,其实他是个孤儿……

东北汉子在冰天雪地的酷烈生存条件下不仅显露出他们与生俱来的彪悍血性,也显露出在他们拙朴的情感世界里被人忽略的感伤、细腻和柔情。阿成笔下东北女性的气质也是耐人寻味的。如果说《蟒珠河》里的“母亲”是个生活在童话世界里的美丽女性,就像是高山上一株傲然的雪莲,那么《盐碱滩》里的“大荞”则是个在苦难的生活中历练出韧性的生命力的劳动妇女,就像是盐碱滩上随处生长的一株野荞麦。盐碱滩上的人们过着和他们的土地一样贫瘠的日子,“大荞”的第一个丈夫在路上被运煤车撞死了,守寡三年的她遇到单身的“老倌”,她大胆地表达了一起过日子的愿望,他们结合了……“老倌”最后也被运煤车撞死,“大荞”决定把孩子带走永远不回来了。“大荞”身上的刚烈、能干、敢爱敢恨是很能代表部分东北女性的特点的。

阿成笔下的黑龙江风情尤其不能忽视的是其对带有原始色彩的饮食习俗的描写。小说《蘑菇气》里一行人带着火药、猎枪乘汽船来到暴风雨来临前的蘑菇气。蘑菇气是一个类似洗脸盆状的四面环水的小岛,这里有上空飞翔着野鸭、江鸥,水汉蒿草间隐匿着野狼、毒蛇的大草甸子，这里的人们生活可能贫穷、原始，但却具有浓郁的浪漫情调和北大荒色彩。小孩子们在草甸子上烤蛤蟆、烤鱼、烤泥鳅、烤鸟，方法简陋，却对外来的城里人有着极大的吸引力。作家一行人在蘑菇气吃的第一顿饭是大碴子芸豆稠饭，菜是大葱蘸大酱、大葱拌大豆腐等等。大草甸子上打围后，回到农家吃的晚饭是大锅炖的狗肉和鲶鱼，累了就躺在烧得滚烫的大炕上烙背烙腰。吃在阿成笔下不但不能小看，甚至有着一种神圣的意义，他的投入和执着让人感动，那是一种对生命的肯定和膜拜。同时吃也是一种文化习俗的展示。

黑龙江人粗粝的生活方式原汁原味地在阿成笔下徐徐展开，它可能不精美不细致，但你又不得不承认它所具有的不可抗拒的魅力。在这样的生活中，人与大自然融为一体，河流、天空、土地和鸟兽禽类也仿佛与人类更贴近。阿成在小说中常常会表现出对这种生活状态的狂热迷恋，他反复地不由自主地，带着类似圣徒般的感情描写着，而事实上，这样的生活方式和生活环境毕竟是作家从茫茫水域中的小岛上或者是远离人群的高山林区寻来的，它并不是带有普遍性的背景。尽管它在黑龙江的历史上曾经是普遍的，可它现在已经在走向消亡，也正因为如此，阿成的描写中是隐藏着怕失去的痛苦的。

阿成是清醒的，他在充满骄傲地描写黑龙江风情的同时暗含着隐忧，他已经看到在整个时代的裹挟和外来事物的侵袭下，古老的生活方式正在走向没落，而更重要的是龙江人的精神特质也已逐渐不复当年，乌苏里江、松花江、黑龙江孕育下的龙江人狂放、粗犷和悲怆的人格力量和卓异气质品性正在走向萎靡和衰弱。

在小说《胡天胡地风骚》中，阿成把黑龙江的历史和现实作了交叉描写。现实社会的人是那么忸怩、猥琐，现实的坡镇是那么贫瘠、荒芜，人与景都了无生气。“山水的氛围，亦不如祖辈的雄烈与残忍。风过来得很和气，亦谦卑。”活动在这里的人物有装腔作势的各级领导，有生活得窝囊卑微的朋友老丁，有为了招待上级自己掏腰包的无奈的乡镇干部，这里的土地只剩下干涸的河床、光秃的山岭，资源已经枯竭。我们还能联想到在其他作品中描写的现实：哈尔滨市老火车站和圣·尼古拉东正教堂等许多具有不可估价的历史意义和审美价值的俄式建筑被毁；曾是“榆树之城”的哈尔滨市由于树木的大量被伐已经名不副实；小兴安岭林区被过度砍伐，失去了大森林和众多野兽的陪衬，黑龙江人已经逐渐失去了作为“古肃慎部族”的后代所应有的猛悍与凶残。

而对照之下的历史却是鲜活生动的：革命者赵尚志、赵一曼的鲜血曾抛洒在这里；即便是那些种毒品的、做土匪的也是活得风风火火，生命蓬蓬勃勃；保持着原始状态的自然条件尤让人向往——“打猎很不错。虎、鹿、熊、豹，不去说它，撞到枪口上，就是肉！”“山里平日的吃食，不必愁：花脸蘑，榆蘑，猴蘑，唾手可得；黄灿灿的金针花满山遍野，在你脚边就长出来，扔到锅里就是菜。”追溯更远的历史，《与魂北行》里一百多年前的北满大地作为大清帝国的发祥地有着这样的风光：“牛羊簇遍野，胡马奔若潮。碧落之上，翔有天鹅阵，旋有古苍鹰。碧落之下，草势如海，直扑无涯宇宙。其气派，洒脱，自信，自由自在，天籁人籁，旷古高远，不可一世。”活跃在这样场景中的祖先金戈铁马浴血奋战创造黑龙江的历史。面对历史，作者发出这样的慨叹：“肃慎人到了这一代，阳痿了，也无了先祖的猛悍与凶残，‘白山王气，黑水霸图’已荡然无存了。”阿成充满了愤怒和无奈。

在阿成的大部分小说中都有对历史的缅怀和对现实的忧虑。阿成在风俗描写中融入了自己对现实的思考和立场态度，可见他并非眼里只见山水而无疾苦的文人。他有着清醒的头脑，有着严肃的现实批判态度。然而作为一个文人，他似乎又毫无办法，他的作品常常透着一种无奈，“这也是没有办法的事”，他常会这样说。

阿成的小说前后期差别很大。前期因为对中国古典的文化韵味和美的迷恋，他创作了大量的笔记体小说。处女作《沉塘》、成名作《年关六赋》以及随后的一系列作品《田傻子》《上校古巴列夫》《居河岸者》《虚堂六品》《龟裂》《小酒馆》《放河灯》《纸美人》《甲子》《空坟》等等，都是中国文坛新时期以来笔记体小说中的佳作。这些作品具有明显的传统笔记体小说的特征，语言省俭精练、善用短句、精于白描、注重气氛的营造、整体古朴有韵味等等。可以看出阿成所受传统文化的浸润之深，也让人联想到他与新时期笔记体小说发起者汪曾祺先生的创作文风的一脉相承。笔记体小说的风格在阿成的作品中逐渐弱化，到近期作品中已不那么明显，但写人纪事“篇幅短小而意蕴深厚，语言简约而滋味隽永”，仍然保留着某种笔记体小说特有的神韵。

由于笔记体小说本身所要求的“清矍”之感，阿成在创作时有意地选用了冷僻的字词，句子简练精短，也因此留下刻意雕琢的痕迹。阿成在访谈中说：“这只能是练笔阶段，它的下一步应当是更自由、更洒脱的文字，而且是更加没有雕琢感，更加自由奔放的文字。”与前期相比，在阿成中后期的小说中我们确实能读出很大的变化来，那种圆润畅快的表达是一个作家在积累了丰富的经验之后才能获得的。收在《阿成自选集》中的作品大都是描写发生在普通人身上的人生故事，阿成的讲述从不故作高深，而是平易自然，传奇与玄妙都隐藏在平淡之中。语言上长短句参差错落，娓娓道来。这时他的小说文字很“白”，甚至用的都是常用字。在写法上他不玩弄技巧，永远是从容平易的铺叙。看阿成的小说不需要你憋着一口气花费极大的耐心去进入情节，阿成说："自由是通过锻炼、思索、研究，用时间陈酿出来的，其实话说得越'白'越难啊。这样的'白'是需要一个漫长的过程的，一上来就'白'，那是一种苍白，有本质的不同。"①

阿成小说的"无技巧"，其实是大技巧。他始终记得从一位外国学者那里得到的两点忠告——那时他才刚刚迈进文学的殿堂。第一点是作家在写作过程中无论经受着怎样的痛苦煎熬，都要让作品读起来给人轻松愉悦之感。第二点是作家在虚构情节时，无论怎样发挥想象，都要让作品读起来真实可信。虽然对于小说家来说，这只是文学写作入门所需的一点技巧，但我们却不能不注意到，这些传统小说必备的品质在当今流行的后现代小说语境里已经受到了挑战。而阿成的小说是坚持传统的小说品格的，他的作品中很少有受到西方小说技巧影响的痕迹。虽然阿成熟悉西方文学作品及其理论，并对其表示钦佩和热爱，但他却无法在自己的创作中表现出明显的接受和认同。这可能与阿成是在思想已经成熟，并已吸收了中国传统文化的营养后，才开始小说创作有着直接的联系——阿成是在三十岁之后，才正式从事写作这一行业的。

阿成的小说强调真情实感，他最反对的就是虚伪的感情。阿成小说的叙述者往往就是他本人，他常常毫无顾忌地表达自己的爱憎，并随时即兴发表议论，情之深、意之切是容易让人为之动容的。这颗跳跃在字里行间的赤诚的心，老练又不失天真，纯粹又不无固执，由它的引领你会不由自主地爱上那个城市、那块土地和那里的人们，并为那里的悲欢而歌而哭。这也是阿成小说的魅力之一。

（载《小说评论》2006 年第 6 期）

---

① 在这之前他做过司机、业余大学的教员、工会干事、俱乐部主任等工作。

主要作品目录《

长篇小说

《咀嚼罪恶》，百花文艺出版社1995年版。

《马尸的冬雨》，中国文学出版社1996年版。

《忸怩》，中国青年出版社1996年版。

《绝世风姿》，中国文学出版社1999年版。

《遗恨瓜洲》，中国文学出版社1999年版。

中短篇小说集

《年关六赋》，作家出版社1991年版。

《良娼》（法文版），中国文学出版社1994年版。

《空坟》（英文版），中国文学出版社1995年版。

《欧阳江水绿》，中国文学出版社1996年版。

《胡天胡地风骚》，长江文艺出版社1996年版。

《城市笔记》，安徽文艺出版社1997年版。

《胡天胡地胡骚》，北京出版社1999年版。

《闲话》，长江文艺出版社2001年版。

《东北吉普赛》，广州出版社2002年版。

《捉襟见肘的日子》，北岳文艺出版社2002年版。

《安重根击毙伊藤博文》，新世界出版社2002年版。

《哈尔滨故事》，昆仑出版社2004年版。

《中国当代名家小小说——阿成自选集》，河南文艺出版社2005年版。

《上帝之手》，春风文艺出版社2007年版。

《羞涩与凶残》，浙江文艺出版社2009年版。

《偷渡者》，文化发展出版社2016年版。

《私厨》，中国言实出版社2019年版。

散文随笔集

《哈尔滨人》，浙江人民出版社1995年版。

《春风自在扬花》，百花洲文艺出版社1997年版。

《哈尔滨人》（台湾版），台湾稻田出版有限公司1997年版。

《胡地风流》，中国青年出版社1999年版。

《影子的呓语》，昆仑出版社2001年版。

《殿堂仰望》，中国建材工业出版社2005年版。

《风流倜傥的哈尔滨》，吉林人民出版社2005年版。

《单眼看欧洲》，群众出版社2005年版。

《馋鬼日记》，群众出版社2005年版。

《远东背影——哈尔滨老公馆》，百花文艺出版社2006年版。

《风流闲客》，地震出版社2012年版。

《他乡的中国——密约下的中东铁路秘史》，武汉大学出版社2013年版。

《人生四季》，地震出版社2014年版。

《放松》，万卷出版公司2017年版。

其　他

《俯仰之间三级跳》，群众出版社2002年版。

《和上帝一起流浪》，重庆出版社2008年版。

《光荣与梦想——哈尔滨》，中国青年出版社2009年版。

阿　来

男，藏族，1959 年生，四川阿坝人。

小 引《

在中国现代文学史上，少数民族文学问题，直到新中国成立以后才受到应有的关注和重视。这一方面固然是因为少数民族的民族身份得到了新的确认，少数民族作者作为文学创作主体的民族认同感有所上升；另一方面，也与获得新的民族身份的少数民族作者自觉地追随时代潮流，用文学反映民族的翻身解放和生活变迁有关。少数民族文学也因此而成为当代中国文学的一个特殊的重要文学分支。因为从根本上说，少数民族是属于中华民族这个大家庭的一员，所以，中国的少数民族文学从一开始，就有别于西方国家尤其是美国的少数族裔的文学，它与处于多数地位的汉族文学，不是互相矛盾和冲突着的，而是一种交融和互补的关系。当然，在这个交融和互补的过程中，少数民族文学也难免要丢失自己的一些本性，甚至在某些时候还会被处于多数地位的汉族文学所同化。因此，对当代中国少数民族文学而言，也有一个如何保持自己的民族特性的问题。

说到少数民族文学的特性，人们很容易联想到20世纪50—60年代的一种文学现象，即在一种高度政治化的文学氛围中，文学风格普遍趋向热烈高亢。但却有那么一种清新明丽的文学风格，流动在某些文学作品的字里行间。这种文学风格不是来自传统的影响，而是因为沾染了少数民族地区的风土人情和生活习俗。尤其是西南边地少数民族的生活和风情，对这期间的诗歌创作更是产生了决定性的影响，以至于有学者把受这种影响的诗人群体称为“西南诗人群”。如果说，少数民族的生活特性影响当代文学，在这期间还停留在外在的风土人情的层面，那么，在20世纪80年代的文学“寻根”潮流中，影响当代文学的，就是少数民族的一种内在的文化精神。具体到与本辑有关的藏族的历史和文化而言，无论是在西藏土生土长的藏族作家扎西达娃，还是深入藏地的汉族作家马原，他们取用的都是藏族文化所特有的一种超验的神秘意识：前者以此传达神祇的召唤，索解变幻莫测的人生之谜；后者以此营造叙事的迷宫，击碎逻辑和理性的屏蔽。二者都难免思入空冥，行乎其上，远离具体的历史和现实，所以最后达于极致，也就难以为继。

接下来就该轮到本辑的主角阿来出场了。作为一个藏族作家，阿来获得茅盾文学奖，本身就具有一种文学史的意味，这意味，不仅在于作为一个少数民族作家，在他身上集中体现了当代少数民族文学为中国文学所作出的巨大贡献，同时还在于，他的创作，以其独特的追求，把当代少数民族文学影响中国文学进程的历史，推向了一个新的阶段。这个阶段的特征就在于，像阿来这样的藏族作家，他的创作不但在上述民情风习、文化精神乃至思维方式的不同层面保持了自己的民族特性，而且通过这种民族特性反映出来的民族历史和个体命运的变迁，又被作者赋予了一种普遍性的意义："讲的是一个人的命运，但往往映射的是一大群人的命运；讲的是一个民族的遭遇，但放眼整个世界，不同的民族在不同的发展阶段都有类似的遭遇。"这也就是阿来所说的一种"普世的价值观"。有了这种"普世的价值观"，像阿来这样的少数民族作家的作品，就不仅仅是沟通了与之血肉相连的中华各民族的历史和命运，同时也沟通了与之相隔遥远的世界各民族的历史和命运。一个中国当代少数民族作家的文学创作，于是也就走出了他的民族和地域的局限，成了"世界的"和整个人类的精神文化的一部分。阿来曾经引用佛经上的一句话的意思说："声音去到天上就成了大声音，大声音是为了让更多的众生听见。要让自己的声音变成这样一种大声音，除了有效的借鉴，更重要的始终是，自己通过人生体验获得的历史感与命运感，让滚烫的血液与真实的情感，潜行在字里，在行间。"这说明阿来所企望发出的"大声音"，不是抽象的玄言，而是深深植根于个体对于历史和命运的深切体验之中。这也就是本辑主笔、我的博士生易文翔把阿来的作品称之为"历史和人生的诗化寓言"的主要原因。也许在中国当代少数民族作家中，只有阿来所处的独特的地缘位置和民族身份，才具有这种得天独厚的条件，使他得以自由地穿行在汉、藏两个民族的历史文化和语言文字之间，在这种跨地域、跨文化、跨语言，或曰地域、文化、语言的交叉地带，进行他的文学上的戛戛独造，在这个经济全球化趋势日益消泯文化（包括文学）的民族性的时代，为民族文化通过文学的延续，在"民族的"与"世界的"之间保持一种适度的张力，提供了一种有益的经验。

自 述《

潜行在字间

一

我是一个用汉语写作的藏族人。

我出生于四川省西北部的阿坝藏族羌族自治州。从富饶的成都平原,向西向北,到青藏高原,其间是一个渐次升高的群山与峡谷构成的过渡带。这个过渡带在藏语中称为“嘉绒”,一种语义学上的考证认为,这个古藏语词汇的意思是靠近汉人区山口的农业耕作区。直到目前为止,还有数十万藏族人在这一地区过着农耕或半农半牧的生活。我本人就出生于这样一个在河谷台地上农耕的家族。

从童年时代起,一个藏族人就注定要在两种语言之间流浪。在就读的学校,从小学,到中学,再到更高等的学校,我们学习汉语,使用汉语。回到日常生活中,又依然用藏语交流,表达我们看到的一切,和这一切所引起的全部感受。在我成长的年代,如果一个藏语乡村背景的年轻人,最后一次走出学校大门时,已经能够纯熟地用汉语会话和书写,那就意味着,他有可能脱离艰苦而蒙昧的农人生活。我们这一代的藏族知识分子大多是这样,可以用汉语会话与书写,但母语藏语,却像童年时代一样,依然是一种口头语言。汉语是统领着广大乡野的城镇的语言。藏语的乡野就汇聚在这些讲着官方语言的城镇的四周。每当我走出狭小的城镇,进入广大的乡野,就会感到在两种语言之间的流浪,看到两种语言笼罩下呈现出不同的心灵景观。我想,这肯定是一种奇异的经验。我想,世界上会有越来越多的人加入这种体验。

我想,正是在两种语言间的不断穿行,培养了我最初的文学敏感,使我成为一个用汉语写作的藏族作家。

从地理上看,我生活的地区从来就不是藏族文化的中心地带。更因为自己不懂藏文,不能接触藏语的书面文学,我作为一个藏族人更多是从藏族民间口耳传承的神话、部族传说、家族传说、人物故事和寓言中吸收营养。这些东西中有非常强的民间立场和民间色彩。藏族书面的文化或文学传统中,往往带上了过于强烈的佛教色彩。而佛教并非藏族人生活中原生的宗教。所以,那些在乡野中流传于百姓口头的故事反而包含了更多的藏民族原本的思维习惯与审美特征,包含了更多对世界朴素而又深刻的看法。这些看法的表达更多地依赖于感性的丰沛而非理性的清晰。这种方式正是文学所需要的方式。通过这些故事与传说,我学会了怎么把握时间、呈现空间,学会了怎样面对命运与激情。然后,用汉语——这非母语却能够娴熟运用的语言表达出来。我发现,无论是在诗歌还是小说中,这种创作过程中就已产生的异质感与疏离感,运用得当,会非常有效地扩大作品的意义与情感空间。

在我的意识中,文学传统从来不是一个固定的概念,而像一条不断融汇众多支流,从而不断开阔深沉的浩大河流。我们从下游捧起任何一滴,都会包容了上游所有支流中全部因子。我们包容,然后以自己的创造加入这条河流浩大的合唱。我相信,这种众多声音的汇聚,最终会相当和谐、相当壮美地带着我们心中的诗意、我们不愿沉沦的情感直达天庭。

佛经上有一句话,大意是说,声音去到天上就成了大声音,大声音是为了让更多的众生听见。要让自己的声音变成这样一种大声音,除了有效的借鉴,更重要的始终是,自己通过人生体验获得的历史感与命运感,让滚烫的血液与真实的情感,潜行在字里,在行间。

二

我想谈谈自己的书《尘埃落定》。

这本书取材于藏民族中嘉绒部族的历史,与藏民族民间的集体记忆与表述方式之间有着必然的渊源。我作为一个并不生活在西藏的藏族人,只想在这本书中作一些阿坝地区的地理与历史的描述,因为这些地区一直处在关于西藏的描述文字之外。甚至在把西藏当成一种政治与经济考虑时,这一地区也常常处于一种被忽视的地位。阿坝地区作为整个藏区的一个组成部分,一直以来,在整个藏区当中是被忽略的。特别是我所在的这个被称为嘉绒部族生息的历史与地理,都是被忽略的。我想,一方面是因为地理上与汉区的切近,更重要原因还在于,这个部族长期以来对于中原文化与统治的认同。因为认同而被忽略,这是一个巨大的不公正。小说《尘埃落定》的出版,使世界开始知道藏族大家庭中这样一个特殊的文化群落的存在,使我作为一个嘉绒子民,一个部族的儿子,感到一种巨大的骄傲。虽然,我不是一个纯粹血统的嘉绒人,因此在一些要保持正统的同胞眼中,从血统上我便是一个异数,但这种排除的眼光、拒绝的眼光并不能消减我对这片大地由衷的情感,不能消减我对这个部族的认同与整体的热爱。

嘉绒大地，是我生长于兹的地方，是我用双脚多次走过的地方，是用心灵更多次走过的地方。当我开始写这本书的时候，我真的不知道该写些什么，但我希望去掉所有那些肤浅的西藏之书中那些虚无的成分，不想写成一本准冒险记，不想写成滥情于自然的文字，不想写成文明人悲悯野蛮人的文字。我想写出的是令我神往的浪漫过去，与今天正在发生的变化，特别是这片土地上的民族从今天正在发生的变化中得到了什么和失去了什么。如果不从过于严格的艺术性来要求的话，我想自己大致做到了这一点。最后，在这种游历中把自己融入了自己的民族和那片雄奇的大自然。我坚信，在我下一部长篇创作中，这种融入的意义将用更艺术化的方式得到体现。

《尘埃落定》出版以后，许多专业人士从西方文学传统中，从汉语言文学传统中，追溯傻子少爷这个形象的缘起。是的，不管我们属于中国这个民族大家庭中的哪一个民族，只要你用汉语进行创作，你就必须尊崇汉语言的深厚绵远的传统，自然而然地，就要从这个传统中寻求启示和滋养。而从20世纪开始，又有许许多多的西方文学经典被翻译为汉语，于是，通过汉语这种伟大的语言，我们的文学视野扩展到了整个世界。我们说这是个资源共享的时代，我想绝不仅仅是指物质资源的共享，更为重要的是文化资源的共享。所以，我非常乐于承认自己通过汉语受到的汉语文学的滋养，也非常乐于承认自己受到的世界文学的影响。一个令人遗憾的情况是，一方面西藏的自然界和藏文化被视为世界性的话题，但在具体的研究中，真正的民族民间文化却很难进入批评界的视野。

我曾经坚定地认为，作为一个写作者，不应该出来对自己的作品进行诠释与说明。但是，面临目前的情况，我不得不违背自己的规则，出来对这个故事，对故事里人物的民间文化来源作一些说明。因为这不仅关涉着我的某一部作品的诠释，而是中国很多少数民族文学的作家作品都可能遭逢到这样一个情形，至少，在我所接触到的有关藏族的作家作品的评说中，对民间文化影响的忽略应该说是一种广泛的存在。好像我们的知识之树越壮大，学科的分支越多，民间文化资源的开掘与整理和严格的文学批评间的鸿沟就越发巨大。两个学科的研究人员可能就工作生活在同一个机构，但在学问上完全可能老死不相往来。而创作实践中的我们，或者是我自己，却不能依据学科的分野来规划自己所创造的那个世界的疆界。我们可能就在这些学科之间的边疆地带获得很好的成长。

回到《尘埃落定》这部小说，在塑造傻子少爷这个形象时，我并没有很理性地告诉自己，为了一个生动的故事，为了一个能够超越一般历史真实与生活真实层面的故事，我需要一个既能置身一切进程之中，同时又能随时随地超然物外的这样一个人物。但当写作开始，小说的意义空间与情感空间逐渐敞开，我意识到了这样一种需要。这时，我想到了多年以前在短篇小说中描绘过的那个民间的智者阿古顿巴。憨厚而又聪明的阿古顿巴。面目庸常而身上时时有灵光闪现的阿古顿巴。在他一系列的故事中，他从来没有复杂的计谋和深奥的盘算，他用聪明人最始料不及的简单破解一切复杂的机关。于是，我大致找到了塑造傻子少爷的方法。那就是与老百姓塑造阿古顿巴这个民间智者大致相似的方法。我说大致，是我自信自己完全不必照搬这个模式，而应该有所创造与发展。

我的傻子少爷大部分时候随波逐流，生活在习俗与历史的巨大惯性中间，他只是偶尔灵光闪现，从最简单的地方提出最本质最致命的问题。因为人们习惯于复杂的思考，而在那些最简单的地方，却从未有人发言，所以，他那些话便几乎成了真理。是的，情形就是这样。所以，我知道民间文化的精华是怎样被忽视，被遗忘。而我生于民间，长于民间，知道在藏民族的日常生活中，强大的官方话语、宗教话语并没有淹没一切。在这里，我必须说，不是我开掘了这个宝库，而是命运给了我这无比丰厚的馈赠。

民间传说总是更多诉诸情感而不是理性。有了这些传说作为依托，我讲述这个故事的时候，就不必刻意区分哪些是曾经真实的存在，哪些地方留下了超越现实的传奇飘逸的影子。在我的小说中，只有不可能的情感，而没有不可能的事情。于是，我在写作这个故事的时候，便获得了空前的自由。我知道，很多作家同行会因为所谓的“真实”这个文学命题的不断困扰，而在写作过程中感到举步维艰，感到想象力的束缚。我也曾经受到过同样的困扰，是民间传说那种在现实世界与幻想世界之间自由穿越的方式，给了我启发，给了我自由，给了我无限的表达空间。

至于说，从一个古老民间传说的人物到一个现代小说中的人物，在这个奇妙的过程中，发生了怎样的流变，怎样幻化，又怎样重新定形，这是一个复杂的理论的问题，我相信在文学史上也应该存在着与之类似的现象，也有很多批评家进行过多方专门的探讨，并且希望这种有益的探讨能够继续下去。

今天，我之所以在这里指出《尘埃落定》从人物形象与文体两个方面所受到的民间文化的影响，是因为这种影响被长久地忽略了。但是，我又特别担心，会有人觉得有了民间文化便有了一切，然后，又把我这一番话当成对书面文学影响的变相否认。所以，我必须说，这部小说的成功，还有很多方面的因素。比如我在地方史、宗教史方面积累的知识，比如通过汉语言从各国优秀文学中吸取的丰厚的营养，比如我把我的故乡放在世界文化这个大格局，放在整个人类历史规律中进行的考量与思想。一本书的完成，是很多因素综合的结果，片面夸大某个方面，将其视为决定性的因素，都不是一个科学的考量方法。

最后想说的是，汉语言文学自有其深厚的幻想传统，但是，自从有了舶自苏联的文学观念以后，我们好像忘记了自己产生过《搜神记》《西游记》和《聊斋志异》这样一个优美自由的文学传统。当中国的汉语作家开始有意无意地接续上这个传统时，我们千万不要妄自菲薄，只从外国去寻找其遗传来源。

访　谈《

写作：忠实于内心的表达

——阿来访谈录

易文翔　阿　来

易文翔：首先感谢您接受我的采访。从最开始写作诗歌到现在，您从事创作已经有二十来年了，能否先简单谈谈您的创作经历以及如何从诗歌创作转向小说创作的？

阿来：我的创作经历没有非常特别之处。大概从1982、1983年开始写作，最初是写诗。虽然有人把诗歌看成所有文学体裁当中最难的、最完美的方式，因为它语言的纯粹性、形式的相对精练和完整，但另一方面对很多人来讲，诗歌也是最容易进入文学的形式。我在最初开始表达的时候，感觉诗歌是最容易的一种方式。创作诗歌的过程断断续续地延续了很长时间，写到1991、1992年才停止。在写诗两三年之后，我开始写小说。因为在写诗的过程中，我发现诗歌也许因为过于纯粹，尤其是抒情诗，它与人的内心之间，与我们更为丰富的现实之间，很难建立一种对应的关系。诗歌的表现力有限，它无法充分地表达我们内心的丰富性、现实的丰富性，它实际上是一种相对单调的文体，比如抒情，情感再细分也是可以归类的。当我写到五六十首诗的时候，我感觉到诗人实际上很容易重复自己。诗歌中的比喻物、意象是丰富的，修辞方式相对单一，情绪相对来说也是类型化的。比如叙写孤独，无非是在叙写的时候找到不同的对应物，这次是一只鹰，下次是一块岩石，一株树，一棵老树，等等。这也是现代中国诗歌没有解决的一个问题，就是怎样在保持诗歌审美特性的同时进行大的叙事，虽然三四十年代在解放区出过很多叙事诗，但严格来讲，那些作品称为诗歌都要存疑。一个真正有创新欲望的人，会发现诗歌这种有限性。

易文翔：是不是小说写作就解决了这个问题？

阿来：对啊。我在写作诗歌的时候，出现了一些倾向，那就是我开始对细节着迷，对事件着迷，而不是对情感的抒发着迷。如果说有情感的抒发，也是在对某一个细节的刻画当中，某一个事件的铺陈当中、叙写当中，顺便抒情。从我的文学观念和这么多年的写作经验来讲，抒情哪值得专门去做？顺便抒发一下就行了。

易文翔：您写的第一篇小说是哪一篇？

阿来：练笔肯定很多。第一篇发表的是《老房子》，1983 年发表的。

易文翔：刚才谈到，您在写小说之前，是一位诗人，曾出版诗集《梭磨河》，同时您也写散文，如《大地的阶梯》，我认为这三种文体写作集中于一身，应该存在某种内在的统一性。您的小说中流淌的诗意情绪及诗性色彩是否就是这种统一性的体现？

阿来：现在有人习惯于把各种不同体裁的文学表达方式截然分开。我觉得一个作家的作品有没有诗意、诗性，跟他是否从事过诗歌写作或者接受过诗歌这种表达方式的训练是没有关系的。诗性之美在我的文学观念中，是所有艺术应该有的东西。审美最基本、最核心的东西就是诗意。如果把诗意的东西抽掉，我不知道我们的审美原则还能确立在另外的什么样的学问的基础之上。难道审美可以建立在一个冷冰冰的哲学的基础上？还是建立在机器时代的什么东西之上？即使是机器时代，也有机器时代的审美。如果存在一个统一性，就不只是诗歌、散文、小说，而是所有艺术。

易文翔：我阅读您的小说，感觉前期的小说意象的运用较为鲜明，而且对景物的描写、刻画比较多，如《环山的雪光》，后来的小说故事性情节比较浓厚，这是您愈来愈对叙事的重视？

阿来：这实际上是一个作家成熟的表现。因为我觉得简单描绘一点诗情画意是很容易的，把风景、人物描绘得美一些，抒发一些情感，在读者那得到一点共鸣。但小说家真正的能力是叙事。长期以来，中国文学把小说的叙事与抒情隔离开来。叙事，从写作方式上来讲，是对细节、对事情进展的观照；从大的方面来说，就是对小说结构、节奏的把握。中国整个小说界，包括现在对小说叙事性的讨论，理论界、批评界对它的认识并不够。现在已经有些小说家萌发了这种意识，开始讲故事，然而却有批评家认为这是一个倒退。我想,也许有一些作家是倒退,退到“三言二拍”一样讲故事,当然是倒退。但是,如果在叙事的同时,小说原有的一些长处并没有因此损失掉,尤其审美特性没有受到损伤,而且还得到读者的认可,我说的是读者的认可,不是批评家的认可,那么中国文学还有希望。我们长期以来,在小说的叙事与诗意之间没有找到一个平衡,甚至错误地认为叙事就一定要丢掉审美的一些特性和成分、思想的成分。

易文翔:这只是一部分人的观点。

阿来:这也与一段时间以来将叙事通俗化有关,甚至有一段时间叙事成了通俗文学的代名词。实际上,叙事并不就是通俗。

易文翔:当然。您的作品大多是从较深的层次关注民族的、家族的、村落的历史,如《旧年的血迹》《尘埃落定》;关注被历史忽略了的边缘人、普通人和弱势群体的理想智慧,捕捉民间的真实,如《月光下的银匠》《行刑人尔依》,这是否与您的兴趣及经历有关?

阿来:这是必然的。我很少写当代生活是因为当代生活没有经过沉淀,另一方面也跟我的贫民出身有关系。藏族的文学从来就是上层的,它为上层服务,广大民众很少受到文学的关注。而21世纪的人道主义、人文主义肯定是越来越向下关注,不是向上关注。该贵族的早就贵族了,该宫廷的早就宫廷了,该学问的早就学问了。

易文翔:您的小说主要描写西藏的生活。对多数世人而言,西藏是一个遥远而神秘的梦,作为一名藏族作家,您生于斯,长于斯,您如何看待这令人们充满好奇的藏族文化?

阿来:对我来讲,西藏并不神秘。人们觉得西藏神秘,是因为对它不了解。就像我有一次去浙江乌镇,也觉得那里很神秘。神秘是因为陌生,陌生都会产生神秘。另外,西藏的神秘被有意地加重了。现代都市人、其他文化的人将自己文化中缺失的部分都附加给西藏,所以它的神秘主义变本加厉。我曾经在美国一所大学作过一次演讲:《西藏是一个形容词》,其中讲到这一点,就是“西藏”这个名词被形容词化,当我们不够平和的时候,我们觉得那里是祥和的;当我们很狂躁的时候,那儿是宁静的;当我们过于文明的时候,那里是粗野的……西藏对你们来说是一个形容词,对我而言是一个名词。西藏这个名词被所有在其文化之外的人形容词化,你需要它是什么,它就是什么,因为它就在你的想象世界。

易文翔:阅读您的小说,可以感受到汉、藏两种文化的影响。《血脉》这篇小说中涉及汉藏两种文化的差别;《尘埃落定》中的傻子,从文化上看,是一个混血儿(汉族的母亲与藏族的父亲），是文化杂交的产物。您认为这两种文化有何联系与区别？汉、藏两种文化交融对您的影响如何？

阿来：我认为在我的身上融合了两种文化优秀的部分。藏文化既然被形容词化，当然有很多美好的东西，同时它还有一个大家共同遵从的基本的伦理、基本的价值观、基本的自然观，有统一的关于世界的看法，这是汉文化所缺失的，但它的问题是僵化与保守，而汉文化开放、积极。

易文翔：您的小说民族特色非常明显，有着浓重深厚的民族文化底蕴，您是如何看待文学的民族性的？

阿来：民族性是中国人讨论得最多的问题。而且中国人一旦讨论民族性，如在学理的层面讨论民族性的问题的时候，也特别容易民族主义化。民族性不是民族主义，民族性不是民族本体主义，民族性更不是民族沙文主义。还有一种民族性，就是张艺谋的电影表现出来的那种民族性。

易文翔：那是一种西方视野中的民族性。

阿来：我觉得民族性是自然而然的一种东西。我觉得我们都太在意民族性了。在意有两种表现：一种是刻意强调，把所有的东西符号化，并不是注重真正的精神和气韵，而是彻底地将它符号化；还有一种是刻意地悖离，宣称寻找人类的共同语言，丢弃民族性。现在的文学无非是这两个东西。我觉得如果是真正浸润在文化当中，不需要做刻意的表达，自然而然就是了，只要忠实于你的本性，忠实于生活本质上的真实，比如我写藏族生活，写一个藏族人，不可能把他写成一个汉族人，他出场，在生活当中自然就是那种方式，不需要刻意。

易文翔：也就是说藏文化已经浸润在您的心灵之中了。

阿来：但这样又会导致另一种极端。所有的人都会有看似正确实际并不正确的大谬的话："越是民族的越是世界的。"这个观点是有前提的，就是我们表达所谓的民族生活状态、生活方式，最根本要做什么？我觉得文学跟别的东西不一样，文学的本质就是通过特殊的事物来反映普遍的情感跟价值观，文学从来就是这样——用特殊来表达普遍，讲的是一个人的命运，但往往映射的是一大群人的命运；讲的是一个民族的遭遇，但放眼整个世界，不同的民族在不同的发展阶段有类似的遭遇，也就是说反映一种普世的价值观，这一点我在《尘埃落定》的后记《落不定的尘埃》当中已经有很清楚的表述。在反映民族的东西时，背后需要一个普世的价值观。所有成功的文学都是如此。更经典的表达就是"这一个"，表达"这一个"，最后要激发的是所有的。所以我说文学"越是民族的越是世界的"这个观点需要加一个前提，即体现普世的价值观，在特殊性当中包含一些普遍的意义，而且这个意义是人类普遍价值观上的意义，不是简单的思想意义，不是某一个思想潮流的意义，一个政党的什么意志，甚至不是一个民族一个阶段大多数人的某种情绪。比如《简·爱》拍成电影，你想它不"英格兰"都不行。这就是文化决定的。但打动我们的是什么？是里面人物穿的衣服？住的城堡？都不是。打动我们的是命运跟情感。文学当中具有符咒一样的东西就是情感和命运。这就是文学的秘咒。无论哪个国家、哪个民族的文学作品，如果没有把命运、情感这两个东西表达好，再多的思想、价值观都是白搭。

易文翔：讲到命运，我觉得《尘埃落定》讲述的就是一个关于"命运"的故事，通过"既傻又不傻"的二少爷的极富人性本相的讲述，在诗意的传达中感受到"一种社会嬗变的起伏，一种命定的循环，一种人的生存景观或生命形式，一种永远使智慧与愚昧处于失衡或模糊状态的命运规则，甚至听到了一种历史与现实相互碰撞而终于难分彼此的沉重声音"。人是尘埃，人生是尘埃，战争是尘埃，情欲是尘埃，财富是尘埃，而历史进程的每一个环节，也同样是尘埃。您选择"尘埃"一词，是否来源于佛经？

阿来：不是。这与我的工作有关系。与很多中国作家比，我有一个优势，我懂很多科学的东西，从科学的、宏观的角度看，地球都是尘埃，更不用说地球上的人。从空间的角度，宇宙无边无际，整个地球的生命都是尘埃。只要对当代空间物理学有所了解，就足以使我们产生比宗教更强烈的宿命感。

易文翔：您讲到宿命，我觉得《尘埃落定》整个文本流露出来的就是一种宿命感。其中的傻子是一个乐天知命的人，知道自己的命运是怎样，他与别人的不同就是接受这种命运，到最后知道复仇者到来，却安静地等待，等待着死神到来，他并没有把死看成恐怖的事情。

阿来：是。这就跟藏族文化有关。我觉得只要相信宗教、有宗教感的人，都不会把死看得很严重。它是一个自然过程，即便不相信轮回，它也是一个自然过程。小说中的傻子为什么知天乐命？我有一个关于宿命、审美的更深的看法，一个常态的人，在常态的社会能够得到比较好的发展；然而当社会进入非常态状态的时候，就如一辆列车突然加速，不适应的人就会被抛下来。《尘埃落定》写的就是一个非常态的社会，按照历史正常的演进，土司制度终有一天会崩溃，但它瓦解、颠覆的方式完全不一样。就像中华帝国没有鸦片战争，封建社会也有瓦解的一天，有了鸦片战争，情况发生变化，这就是历史的加速。如果在常态下，傻子就是傻子，生活就是他父亲、哥哥的天下，还是按原来的游戏规则进行。但历史突然加速，按照原来的游戏规则、应变方式，已经适应不了，于是这些人出现失重，找不到方向。傻子却天赋异禀，先知先觉，他做的一些抉择恰好与加速的历史暗合。我觉得这是天意，而非人力。但傻子也有限，当整个制度崩溃的时候，还存在一个更大的力量，傻子起码知道这一点。这代表我的一个看法，一个时代的人就在你那个时代，不要生活在另外一个时代，即使活下来，也只是行尸走肉，重复过去的记忆而已。一个时代结束就淘汰掉一大批人，即便是最优秀的人。我不忍心让他再活下去。他自己也明白他应该死去了。这就是宿命。宿命不是简单的，当然有我们所说的天意的成分，宿命实际是一个大的时代的历史走向决定一个人的命运，一个人可以自己掌握历史长河的沉浮中小的起伏，而大的命运走向是命运决定的。我对宿命感就是这样理解的。

易文翔：这也就是您的一种历史观和人生观。

阿来：我这种人生观是带宗教感的。

易文翔：我觉得这是佛教的一种观念。

阿来：对。这与佛教有关系。但宿命感不仅仅是佛教。所有宗教都有宿命感。

易文翔：《尘埃落定》流露着一种挽歌情绪，陶东风曾说，《尘埃落定》追求的是一种近乎“夕阳无限好，只是近黄昏”的挽歌情调，我觉得从傻子对土司制度的复杂情感也可以看出这一点，这是您自己情感的一种流露吗？这是您的情绪投射到傻子身上，还是写到这个时候，傻子的情绪感染了您？

阿来：我觉得更多是服从小说，我们习惯了作者在小说中出现，作者老在作品中出现干什么？所谓的挽歌情绪肯定是主人公的情绪。小说写到后半部，就是小说中的人物在表演，我在记录，这是一个惯性的发展。人物有一个自我发展的逻辑。托尔斯泰写《安娜·卡列尼娜》就是这个经验，他原本想写一部谴责的小说，后来在写作过程中发现安娜·卡列尼娜有她自己的发展逻辑，于是作者就跟着人物走了。只要小说前面设计得好，写到后来跟着走就是了。

易文翔：也就是说，您写小说，在动笔之前只有一个大概的思路。

阿来：我写任何小说，从来不想结尾，只想开头。

易文翔：对于《尘埃落定》获得广泛好评和奖励，您如何看待？创作时想到这种结果了吗？您最初的创作是如何打算的？

阿来：没什么看法。这本小说是1994年写完的。写到三分之一的时候，多年来的困扰解决了，就是能够将叙事与别的元素结合好。那个时候，我说自己在写一部杰作也不过分。写完后，四年时间没有出版社出版，当时有出版社要求修改，我觉得那都是不懂小说。至于得奖，我觉得为了得奖而写作的作家是可耻的。我之所以从事文学，不是小时候有个什么梦想，我出生在一个贫困的乡村，二十几岁开始写作，那时纯粹是为了内心的表达。写作给我最大的收获是我在写作当中得到幸福，巨大的幸福。当然不是每一篇都如此。我在写诗，写短篇、中篇、长篇小说时都感受到了，文学已经用这种方式很好地报答了我。得不得奖，对我而言无所谓，因为我不需要为了获得经济酬劳而写作。写，就是为了内心的表达。

易文翔：您是如何选择了傻子这个人物？是否有原型？

阿来：傻子这个人物吸引我，故事本身吸引我。没有原型，完全是想象的。《尘埃落定》出来，也许会发生误读，认为一定是真实的东西。我觉得文学不需要找蓝本，要蓝本，那要小说家干什么？做历史研究好了。

易文翔：您是否觉得《尘埃落定》受到国外的关注，与小说选择西藏这一独特地域有关？

阿来：新中国成立以来有多少人在写西藏，那为什么他们的作品得不到认可？还是我刚刚说的，除了独特的文化之外，关键在于背后有没有普世的东西。

易文翔：很多人写西藏，比如扎西达娃，他的小说也为世人展现了西藏的文化，您认为您的小说与扎西达娃的小说最大的区别在哪些方面？

阿来：扎西达娃、马原这些写西藏的作家，解决了一个问题，即少数民族题材（不仅是藏族题材）现代化的问题，写出了当代的文本。他们的贡献是文体上的贡献，找到了一种当代的叙说方式。但是他们对待文化的态度，我是不认同的，还是有点像张艺谋的电影。他们得到文坛承认比我早，他们应该是西藏当代文学奠基式的人物。也许鉴于当时的写作环境，他们急于要得到承认，不得不从人家可能感兴趣的着眼点来选择进入西藏的方式，而不是自身的。而我写东西首先是表达我自己。

易文翔：您所认为的好的小说是什么样的？

阿来：我相信好的小说有很多种。这不由我们下定义。这可能是你对我前面所说的中国文学现状有误解。我说到中国文学一些现状，这些现状使得我们没有写出更多的各种各样的好的小说。我觉得，小说应该提供一个价值观，而且是积极的价值观。价值观消极的小说不会是好的小说。

易文翔：您觉得《尘埃落定》提供了什么样的价值观？

阿来：《尘埃落定》提供的是：遵从历史的大势。小说中所有的人都在跟命运搏斗，跟命运搏斗的人就是在跟历史搏斗。这些搏斗都是逆历史潮流的。刚才说到的唱挽歌，我不太同意，也许傻子在唱挽歌，但我看他们是在挣扎，他们那种挣扎很有意思，我很清楚那种挣扎最终是没用的，但他们愿意，我就把这种挣扎表现出来。藏民族个体都很优异，整个民族却落后，究其原因就是制度出了问题。我觉得那样的时代应该结束。从这个意义上说，《尘埃落定》是一部象征小说。

易文翔：您曾谈到国外一些作品对您创作的影响，国内作品如何？您觉得对您影响最大的作家和作品是哪些？

阿来：我与很多作家不同，对我来说，没有那种贯穿始终的影响。我觉得作家是成长的，如果一个作家把另一个作家作为终生偶像，那他第一不可能成为大作家，第二肯定没办法进步。一个作家是一个精神世界，一个精神世界就把你笼罩了，那还有什么你的东西呢？对我有过影响的很多，都是阶段性的，比如苏联索尔仁尼琴、肖洛霍夫，一些美国作家对我也有过影响，但我很难持久地对一个作家保留兴趣。一般来说，我是一段时间比较深入地研究某一位作家，这也对应到我创作中出现的难度和问题，而这些作家恰好是解决这类问题的高手。中国文学有两部作品，我曾经非常喜欢，一个是《聊斋志异》，另一个是鲁迅的《故事新编》。这两部小说承继了中国文学的幻想传统。

易文翔：在信中，您谈到一直想写一个藏族山村的中短篇故事集，《格拉成长》就是其中的一篇，您最后可否谈谈这一写作计划。

阿来：世界文学有这种形式的小说，放在同样一个背景之下，用中篇、短篇的形式来写，如乔伊斯的《都柏林人》；20 世纪 40 年代美国作家舍伍德·安德森的《小城畸人》，写一条街道；苏联作家阿斯塔菲耶夫的《鱼王》，写苏联北海岸线一带的生活；还有前些年得诺贝尔奖的奈保尔，他写的《米古埃尔街》，也是一些很精练的短篇小说。这些作品表面上是短篇小说，结合起来看也是一个结构松散的长篇小说，可单独发表，也可放在一起。我很长一段时间在考虑写当代生活，不是当下，是六七十年代的生活，写一个村庄，如果用原来的方式写，篇幅很大，小说没必要篇幅很大，这是第一。第二，要服从讲大的故事，很多人和事容纳不进去，讲故事要舍弃掉一些材料，而有些材料其实是非常有意思的。我在写《尘埃落定》时就有过这种很真切的感觉，写到一个小人物，放弃可惜，写呢，又会影响结构，影响叙事。长篇的写作还不是自由的写作方式。上面提到的作家给我提供了一种方式，写一个二三十户人家的小村子，每一个中篇或者一个短篇写一个人，以写人为主，最后描述出村庄的人物群像。这些人中的每一个在这篇小说是主要人物，到下一篇小说成了次要人物，互相穿插，浑然一体。松散的不以叙事为主的写人物，我觉得在文体上是一个创新。每篇小说集中写一两个人，但把所有人物结合起来实际上贯穿了一个村落的历史。而且这个历史是当代史。这种写作有如一种拼图游戏，一块一块地拼，最后拼成一个村庄。

易文翔:那我们等待这幅拼图的完成。

评　论《

历史与人生的诗化寓言

易文翔

西藏,以其特殊的民族风情和神奇的历史文化吸引着全世界的人,藏族文学在很大程度上也因为这种异质因素备受关注。20世纪80年代中期,扎西达娃以《西藏,系在皮绳扣上的魂》展示了藏文化的神秘,男主人公"塔贝"作为藏族理想国——香巴拉的追寻者,有意被作者符号化,这一象征性人物与荒凉的高原、喧嚣的城市、神秘的莲花生掌纹地组合成一幅类似意象派作品的图画。这种魔幻似的象征与藏地的神秘相得益彰,同时使西藏更加远离现世。与扎西达娃相比,另一位藏族作家——《尘埃落定》的作者——阿来则注重民族"集体记忆"的回忆,他"要在作品里化解这种神秘"[①],他的目光更为关注历史与人生。

一

初涉文坛时的阿来,带着对故土的崇敬以及受它感召所引发的诗意感觉,开始了对内心表达的探索。在写过一段时间的诗歌之后,他转向小说创作,而他特殊的文化背景及其诗人气质为小说的创作赋予了诗性的空灵。试看下面一段文字:

> 一阵沉雷般的轰响,隐隐横过头顶天空。金花举目四顾,湖蓝色的天空没有一丝云彩。天空高处若有风,这时就会有鹰隼悬浮,平展开巨大的羽翼。没有鹰隼。阳光直泻在环山积雪的山峰,映射出艳丽的光芒。而山环中盆状的草地上草叶摇动一片刺目的白炽光芒。只有盆地底部的那片湖水沉着而又安详。不断汇入其中的淙淙作响的融雪水使她越来越显得丰盈。[②]

---

① 阿来:《大地的阶梯·后记》,《大地的阶梯》,云南人民出版社2000年版。

② 阿来:《环山的雪光》,《旧年的血迹》,作家出版社2000年版,第26—27页。

这是一幅纯粹的雪原高地图景。这种诗化场景的描写是阿来早期小说创作的擅长之处，有些小说，如《奔马似的白色群山》，标题就是诗一般的语言。他用空灵的语言反复地描绘着青藏高原醉人的风光，同时也思索着生活在这片土地上的生命的价值与意义。

以诗性思维探索人类生命的某些原始形式，是阿来早期小说的一个主要特征。他的第一篇小说《老房子》讲述了一个有关土司家庭的故事。解放前夕，白玛末代土司扔下年轻的太太进城读书，太太被胡宗南残军轮奸后又与守门人莫多仁钦发生关系，娃娃因难产是死胎，末代土司做了新政权干部后要与太太离婚，太太在“文革”中自杀，莫多仁钦变成神志不清的老头，无法面对各种前来考察的外人。小说叙事由始至终穿插着莫多仁钦的视角，他始终没有弄清楚自己究竟死了还是活着，清醒还是在梦中，难以确认自己和女主人是否有过后代，无法明白土司为何会去做政府官员并且还要离婚，“许多年时光的皱纹交叠在一起，再也无法分清原来的顺序”。莫多仁钦这种“混沌”的意识正是一种原初思维，呈现某种生命的原色。他与女主人的关系犹如梦中组合的跳跃意境，他的人生就如一场梦。在阿来的小说中，梦与人生交织，有时梦甚至是人生命运的先兆。在《狩猎》中，司机秦克明的梦境如同不祥的预兆，阴影一般浮动在参加狩猎的成员心中。走进原始森林，就像步入了远古祖先原始的生活环境，远离现代文明赖以生存的物质条件，人们不由自主地回复到祖先的思维方式，视预兆与禁忌为神明。阿来在现代人身上复现和体验了原始预兆和禁忌文化，似乎有意深入一种集体意识的历史沉淀。《银环蛇》中的寓言意味更为浓厚和强烈，小说隐去了人物的姓名，而以丈夫、妻子、单身女子、江边人和山里人指称，人物更具有了某种普泛性。单身女子讲述了从《奥秘》画报上看到的阿拉伯贝都的牧人因为在沙漠里打死了一条蛇，结果引来了大群蛇报复的故事，这则故事成了一群从城市到山地冰川旅游者的危险经历的预兆。银环蛇报复的威胁，从预兆到应验，让每一个人都经历了死的恐惧和生命的挣扎，表现出了人类强悍而又软弱的两面性。这些小说虽然透露出来了神巫色彩，但阿来的本意并不在渲染那些不可言说的神秘，他似乎更将其视为现实生活中人类生存的一种状态，也似乎倾向于用寓言的方式反映人的生存状态。

西藏，对于外界是一个相对封闭的世界，藏地人们的生存长期以来也是一种封闭自足的状态。作为一名向下关注的作家，阿来凭着汉藏混血者的双重气质和多种文化语言混血生成的触觉，敏锐地捕捉到了长期处于封闭状态下的藏地人们的观念、心理与时代变革之间形成的反差。阿来进一步看到，对于新生事物，人们不仅是不理解，甚至会在这种不理解、不确定中伤害自己，从而付出代价，在《奔马似的白色群山》中，驾驶员雍宗的车镜是凸透镜，映入其中的事物歪曲了原来形状。“镜子”象征着看待事物的角度。雍宗站在自己的角度，不明白人们为什么弃车不坐而徒步爬山考察，也不明白一步一长跪的朝圣者“往日落方向走”如何到达东方；换一个角度，在徒步考察者的眼里，山里行车是寂寞的；在朝圣的人看来雍宗“坐车去拉萨”的劝告是一种“诱惑”。每个人都有自己的路，谁也不能在同步走时证明自己正确而他人错误。最后，雍宗加大油门奔向那“像一群群昂首奋蹄的奔马”的“无尽头的白色群峰”，引发了“雪崩”，被大雪埋葬。这里呈现的是藏地人们身处传统和变革之间难定取舍的心态，雍宗的结局象征着把握不住客观世界而追求文明时所付出的代价。《环山的雪光》触及的也是文明的灾难，藏族少女金花，受到图画教师启发，觉醒了“女性的敏感”，追求“纯真艺术”。文明扩大了感受世界的范围，同时也扰乱了心理平衡和行为节奏，她骚动不安，脆弱惶恐，丢失了本该获得的东西，只能依赖“回忆”打发时光，最后终因经受不住一连串打击而走上极端，用刮油彩的小刀刺杀了那位图画教师。文明的传播和接受在新方式与旧习惯的剧烈冲突中难以顺利进行。即使新事物进入了人们的生活，也有可能发展为反面，《电话》就是如此。一个连公用电话用户都不多的小镇在安装了过剩的私人电话之后，导致了电话成为小镇男女之间不正常交往的联系工具。电话带给小镇人的不和远远大于幸福。家庭，这个人类恒常的栖居之所，面临着崩溃的处境。文明的思想观念比新事物更难进入这个封闭的“世界”，就像阿来在《宝刀》中写到的，地质队来到乡村，为人们破除迷信，“地质队离开后，村里人说，科学回到他们自己的地方去了，迷信还在老地方”。以个体、生命、幻觉、异化等为基础，阿来对于人类的生存状态进行了独具文化意味的反思，尤其对于经受文化冲击的藏人所处的两难处境以及精神危机、生存意义等方面的探讨与描写，隐含了他心灵深处价值重筑的欲望。

二

像很多现实主义作家一样，阿来在关注个人命运的时候，总是将个人的命运置于历史的大背景之下，第一篇小说《老房子》已显示出了这一特色。同时，又因为阿来描绘的是藏族文化熏染的人物，所以他笔下的人物多了一层与众不同的传奇韵味。

发表于1987年的中篇小说《旧年的血迹》，讲述的就是一个关于命运的故事。身为若巴家族的子孙和当兵的经历，使父亲有一种荣耀感，精神世界非常“稳固”，即使被划为“四类分子”,仍然坦然孤傲地面对人生磨难。然而,当生活重新开始后,他反而被一桩“意外”变故击倒——一条猎狗死于非命,仇敌用的武器恰巧是若巴家族昔日行凶的刀。那刀“沾满黑血,刃口寒光闪闪”,铸成他“余生的形象”。这最后的点睛之笔为叙述抹上奇幻色彩。色尔古村庄三百年的历史和古旧的文化已经在村民的心中打下深深的烙印。生生死死、荣辱兴衰的不定,使村民深刻感受到祸福无常,于是用命运来解释人生世相,“命运必定如此”的恐惧心理导致他们对偶然事件无力应付。父亲面对政治压力毫无惧色,然而在面对为先辈偿还罪过的“原罪”时却失去了所有的勇气。“原罪”感早已困扰着他,一生动荡,阴沉落寞,在征战生涯中也未能摆脱孤独的重荷。如果说身负“命运”是悲哀,那么认识到“命运”的不可抗拒则是更大的悲哀。显然,小说旨在揭示命运沉重和世态艰危,不管一生和命运作过多么坚韧的抗争,最后必然归于幻灭。作家集中突出悲剧性一面:个人命运、家族兴衰和环境的动荡更迭。在对历史的理解上强调了人——人的活动,人的环境,人的命运。《旧年的血迹》让我们看到了命运的不可逆转性,谱写的是一曲命运的悲歌,从中似乎也看到了作家将个人放眼于整个历史长河中所感受到的宿命感。阿来在另一篇小说《永远的嘎洛》中,记述了小人物嘎洛曲折的一生。嘎洛对土地的情感,正如大多数农民那样有着素朴的眷恋与执着,因此他可以为了麦子受伤,为了获得土地吃牛粪,但最终仍避免不了财产被烧毁……从抗日到解放,从土改到现在,他的一生涵盖了历史的变动不居与颠沛流离,同时也具备了某种代表性:在风云变幻的时代,无数人被历史的变更与转换改写了命运,并为此付出了惨重的代价。但历史还有另一面的真实,阿来在作品中指出:“生活使一个人的命运充满回环曲折的起伏,但有时作为人生命的本质竟不能得到丝毫改变”,“确实,纵观嘎洛一生,我看到的不是种族的差别,而是一个农民所具有的本色,所有弱点与所有优点”,因此,嘎洛的命运具有了某种普泛性,这种写作呈现出普遍人性的指向。这正是阿来“化解神秘”的努力。

命运如此不可测,于是,人在其中的抗争以及由此产生的张力,成了阿来作品中极力表现的方面,也正是这种紧张使生命有了鲜活与力度。在《月光里的银匠》中,主人公达泽不甘心命运的框定,开始了一系列的挣脱:出走、学艺、寻求爱情、展示手艺、为爱赴死……这些单纯的行为构成了他生存的真实写照。他的死从表面上看来是因为想给自己心爱的人打制耳环而在制作银器时偷取碎银,更重要的原因是他打制的月亮出神入化,被人视为神明,由此冒犯了土司的权威。银匠用一生来完成的就是与拥有权力的土司进行较量与角逐,他最终用死来捍卫了自己的尊严,并赢得了人们的爱戴。银匠这种命运的挣扎说明人内心深处的生命精神内核是不会被击溃的。

如果说《月光下的银匠》展现的是藏族下层人民抗争的坚韧，那么《阿古顿巴》则将一种生存智慧呈示在读者面前。作家塑造了阿古顿巴这个黑头藏民的民间智者形象，他敏感、憨厚、聪明，比寺院喇嘛更具有佛性，他背弃了高高在上的贵族阶级，背弃了供他挥霍的财富，走入一贫如洗的民间、沉没的民间，与自卑的黑头藏民一起生活，用质朴的方式思索，用民间的智慧反抗，用最简单的方式解决生活和生存难题。佛学中人与自然的交感在阿古顿巴那里自然生成。这种方式也正是《尘埃落定》中傻子的方式，只是傻子的形象更具备象征性。

阿来的早期小说大多以民族区域为背景，以命运的神秘和文明的困惑为主题。作家试图对人的生存作出阐释，面对着传统和未来，他深感作为个人的渺小。这反映在笔下，不时流露出对艰难人生路程的感慨唏嘘和价值判断上的矛盾，出现了某种复杂乃至两难情绪，而这恰恰是作家关注历史与民族命运的体现。在现代社会，外部世界的文明之风终究会翻山越岭，将现代文明的信息带入相对封闭的藏地世界，冲破僵化停滞。这一切已经发生，它在人的性格上留下的投影以及在民族心理上引起的反应，是每个关注人生的作家所思考的问题。

三

长篇小说《尘埃落定》可以视为阿来小说创作的一次总汇与提升，此前的中短篇小说创作似乎都是为完成这部长篇所作的演练。这不仅仅因为《老房子》《月光下的银匠》《行刑人尔依》等中短篇小说的人物或情节再次出现在《尘埃落定》之中，更重要的是，《尘埃落定》是阿来创作理念的一次整合，就如由无数梦的片段连接成的一个完整的梦，融汇了人生与历史的寓言。

《尘埃落定》选取了“傻子”这一形象，巴赫金在《小说理论》之“骗子、小丑、傻瓜在小说中功用”一节中，分析了这三种人物在叙述时空体中的特殊角色意义，认为他们在叙述语气上造成了一种“不理解”形式，从而实现陌生化效果。毋庸置疑，《尘埃落定》的“傻子”在叙述上的确达到了这种效果，而土司制度的历史在阅读上同样具备陌生化特点，双重意义的陌生化，加大了作品的密度与可感性基质，这是《尘埃落定》成功因素之一。阿来以这种崭新的叙事记载嘉绒藏族的历史、文化和人的心灵，乃至人与自然、社会、宇宙万物的交流感应，他在生命意识和文化意识的交叉碰撞中，思考着人生的意义。

小说中的二少爷“既傻又不傻”，“傻”时让人哭笑不得，聪明的时候又让人出乎意料。其实这也是每个人的两面，只是我们在现实中已经无法分清楚哪是傻，哪是聪明。“傻子”每天早晨醒来总是问两个问题：“我在哪里?”“我是谁?”如果没有人回答，他就会丢失自己，一整天都不知道自己身在何时何地，他就会痴痴呆呆地忘记一切。这两个问题可视为对人的最初最原始的性灵的追问和思索，甚至是哲学上的思考。在这里，“我在哪里”可以说是对自己所处的历史时代的追问，既然有这种追问，说明“我”所处的历史时代的根基已经动摇，正如小说中写到的“从我记事时起，事情的发展就开始越出通常的轨道了”，这实质是对土司制度继续存在的一种质疑；“我是谁”与前一个问题是一致的，既然时代会改变，那么“我”的身份也会改变，尤其“我”现有的身份与时代有着共存亡的关系。这两个问题是对生命的终极思考，是人对自身的反省。“傻子”所处的时代是一个危机四伏、土司制度即将消亡的时代，翁波意西的改革意识、汉人的影响、鸦片的种植、贸易的发展……都给土司辖地的人们以强烈的震荡，同时旧的制度和思维没有退隐，时时不忘重新确立自己的权威。这种矛盾集中体现在了傻子的身上，他意识到了历史的前进性，但并不希望土司制度灭亡(这从他对权力的迷恋中可以看出)；他能接受新的事物(这从他对翁波意西的态度可以看出)，并开启着全新的事物(如在边境开展贸易)，但他对自己把握不了的未来并没有多大信心，故宁愿死于仇人的刀下。由于他的超前思维和眼光，他不得不承担新旧交替时发自内心深处的痛苦。在这种没人能够分担的痛苦里，他一遍又一遍地问：“我在哪里?”“我是谁?”这正表现出人生在一定生存状态下对自身性灵的回返式关注，也透露出被压抑的人类无法超脱现实包围的苦闷。与最开始的创作一样，阿来借助《尘埃落定》的“傻子”，试图还原人性原初的本态，渴望在性灵被遗忘的社会里唤醒人类对自身的注意。

在小说中，“傻子”是历史的亲历者、见证人，也是历史祭坛上的牺牲品。在险恶的权力角斗中，“傻子”以他的“傻”躲过了一次又一次的灾难和阴谋，并化险为夷，因祸得福，最后成为麦其土司的唯一继承人。“傻子”的象征意义独到而深刻：在残酷而恐怖的权力斗争中，愚蠢、傻冒反而被视为安全和正常。这可以说是一种身不由己的潜意识的自我保护。但是，就在“傻子”即将坐上土司继承人宝座的时候，风云突变，历史无情地选择了他最后不得不惨死于仇人的刀下的结局。这说明历史的大趋势是不可能改变的，即使“傻子”能够洞明世事，先知先觉，在种粮食还是种罂粟问题上判断正确，并且学会了商业、贸易、金融……一系列的行为似乎都顺乎潮流，但他所做的一切如果还是为了挽救垂死的土司制度，那么到最后仍然不可能成为历史的主导者。作家清醒地意识到“傻子”的局限使得他不可能再作进一步的超越，因此他只有随着他所处的时代一同消亡。在这里，阿来作为历史叙述者主体的内在精神力量显示了出来，他追求的“普遍的历史感”成功地使《尘埃落定》从异域的局部走向世界；由诗化的微观的具象，通往哲理的抽象的宏观整体。

因此，可以说《尘埃落定》是一部象征性小说。作为马尔康地区四土司之一的麦其土司家庭，就是一座带着残余奴隶社会色彩的封建城邦。从所谓“辖日”即骨头的不同，可见等级森严，土司及其亲属头人与家奴、百姓之间更有一道不可逾越的鸿沟。土司高高在上，“家奴是牲口，可以任意买卖、任意驱使”。土司拥有的极权可以将自由的百姓变成没有自由的家奴，“只要针对人类容易犯下的错误订立一些规矩就可以了。这比那些有经验的猎人设下的陷阱还要十拿九稳”。翁波意西的遭遇便是明证。从远地拉萨来的改革派僧人翁波意西为弘扬禅宗教旨，不远万里来到麦其土司的领地。然而，他的改革思想和渊博的学识，换来的是土司的忌恨，因此被割掉了舌头。当翁波意西割掉的舌头又第二次长了出来时，麦其土司为了维护自己的集权、专制和暴虐，又派行刑人第二次将他的舌头连根拔除，显示了以家族为本位的土司专制制度，对任何敢于违背土司意志的改革意识、改革行为，都通通拒绝采纳，并以血腥的暴力手段予以严惩。阿来指出了土司必亡及其灭亡的主体性特征，即权本位的极度异化，使得土司制度在新旧交替的时代愈加失衡。在小说的最后，“傻子”意识到自己将死，“我看见麦其土司的精灵已经变成一股旋风飞到了天上，剩下的尘埃落下来，融入大地。我的时候到了。我当了一辈子傻子，现在，我知道自己不是傻子，也不是聪明人，不过是在土司制度将要完结的时候到这片神异的土地上来走了一遭。”随后，阿来描绘了一个动态的意象：土司官寨崩塌，尘埃腾空而起，升起的尘埃散尽后，大地上便什么也没有了。显然，“尘埃”与土司官寨构成了互动关系，“尘埃”散尽落定是对土司制度土崩瓦解的一种寓言性象征。

阿来在《尘埃落定》中，大大超越了此前创作的中短篇中的窥视生活和历史的眼光，笔触涉及政治、权谋、战争、复仇、死亡、巫术、商业、金融、贸易……在这所有的描写中，阿来努力在创造着一个“想象的诗意的氛围”，把生命意识、文化意识和审美的思想触角，伸向那片神奇、古老而又陌生的土地，伸向在其中的生生不息的灵魂，为我们精心营造出了一个奇特、神秘而又浪漫的康巴土司世界，一个关于“最后的”土司的极富启迪意义的东方寓言。历史是什么？“历史就是从昨天知道今天和明天的学问”，这是翁波意西的话，也是阿来的观点，在《尘埃落定》中，或许我们也可以得到“从昨天知道今天和明天的学问”。

（载《小说评论》2004年第5期）

主要作品目录《

长篇小说

《尘埃落定》,人民文学出版社 1998 年版。

《空山 1》,人民文学出版社 2005 年版。

《空山 2》,人民文学出版社 2007 年版。

《空山 3》,人民文学出版社 2009 年版。

《空山——机村传说》(上、下),人民文学出版社 2009 年版。

《格萨尔王》,重庆出版社 2009 年版。

《狗孩格拉》,四川文艺出版社 2017 年版。

《机村史诗》(六部曲),浙江文艺出版社 2018 年版。

《攀登者》,人民文学出版社 2019 年版。

中短篇小说集

《旧年的血迹》,作家出版社 1989 年版。

《月光下的银匠》,长江文艺出版社 2001 年版。

《阿坝阿来》,中国工人出版社 2004 年版。

《阿来中篇小说选》,四川民族出版社 2004 年版。

《遥远的温泉》,四川民族出版社 2005 年版。

《奥达的马队》,四川民族出版社 2005 年版。

《孽缘》,四川民族出版社 2005 年版。

《尘埃飞扬》,四川文艺出版社 2005 年版。

《格拉长大》,东方出版中心 2007 年版。

《宝刀》,作家出版社 2009 年版。

《中国好小说·阿来》,中国青年出版社 2014 年版。

《红狐》,长江少年儿童出版社 2015 年版。

《蘑菇圈》,长江文艺出版社 2015 年版。

《阿来中短篇小说集》(3 册:《少年诗篇》《奔马似的白色群山》《行刑人尔依》),四川文艺出版社2015年版。

《三只虫草》,明天出版社2016年版。

《河上柏影》,人民文学出版社2016年版。

《阿来六短篇》,海豚出版社2016年版。

《阿古顿巴》,四川文艺出版社2017年版。

散文随笔集

《大地的阶梯》,云南人民出版社2000年版。

《就这样日益丰盈》,解放军文艺出版社2002年版。

《大地的阶梯》(图文珍藏版),南海出版公司2008年版。

《川藏》,华东师范大学出版社2008年版。

《看见》,湖南文艺出版社2011年版。

《草木的理想国——成都物候记》,江苏人民出版社2012年版。

《大自然从未离开》,重庆出版社2012年版。

《语自在》,重庆出版社2015年版。

《落不定的尘埃》,长江文艺出版社2016年版。

《阿来散文》,人民文学出版社2016年版。

《大雨中那唯一的涓滴》,陕西师范大学出版总社2017年版。

《从拉萨开始》,华文出版社2017年版。

《阿来散文精选》,长江文艺出版社2017年版。

《我只感到世界扑面而来》,山西教育出版社2018版。

《群山的声音》,四川文艺出版社2018年版。

《大地的语言》,四川文艺出版社2018年版。

《一滴水经过丽江》,长江文艺出版社2018年版。

《阿来散文集》(5卷),陕西师范大学出版社2019年版。

诗　集

《梭磨河》,四川民族出版社1991年版。

《阿来的诗》,四川文艺出版社2016年版。

文　集

《阿来文集》(4卷),人民文学出版社2001年版。

《阿来经典文集》,中国文联出版公司 2001 年版。

《群蜂飞舞》(小说、散文),辽宁人民出版社 2013 年版。

《灵魂之舞》(小说、散文),人民文学出版社 2013 年版

《有价值悦读·天火》(小说、散文),人民文学出版社 2013 年版。

其他

《生命之歌——中国四川汶川地震诗抄(英汉对照)》(阿来著、榕榕译),四川文艺出版社 2008 年版。

《草原上的太阳》(报告文学),四川科学技术出版社 2013 年版。

《瞻对》(纪实文学),四川文艺出版社 2013 年版。

《当我们谈论文学时,我们在谈些什么——阿来文学演讲录》,陕西师范大学出版社 2017 年版。

艾　伟

男，原名竹雄伟，1966年生，浙江上虞人。

小引《

最早见到艾伟的名字，是在“60年代出生的作家群”里。这个被一些批评家合力经营的作家群体，就像一家开在路边的旅店，人员进进出出，有常客，也有暂住的，像我等偶尔到店里逛逛的闲人，记不住每个客人，顶多留下点印象，混个脸面儿熟。就是在这家店里，我读了艾伟的几篇作品，算是有了一面之缘。到了评“茅奖”期间在北京西山读他的长篇小说《风和日丽》，我就自认为是跟他比较熟悉的了。我不知道别的评委怎样，我读这部作品，开初是很不得要领的，明明写的是充满疾风骤雨的阶级斗争年代，主人公的人生道路也是一路风雨泥泞，却偏偏要起这么个春光明媚的名字，叫作《风和日丽》。我想，这大约是作家的一点小聪明，或者是标题党常用的所谓悖谬手法，无非是想绕个弯子，多点曲折，让读者也动动脑筋，不至于一眼看透罢了。等到后来又读了刘庆邦的《遍地月光》，受了类似命名法的刺激，才回过头去细细咀嚼艾伟的用意，觉得这里面还真的有一些值得认真琢磨的东西，或者拽点文说，叫“有深意存焉”。这深意，可能是人性温暖的底色，可能是人生光明的质地，是人与人相互的理解所得的温情，是人与历史最终的和解所得的宽容，或者是其他与之相类的意思，总之，我琢磨着作者是要穿透风狂雨骤的历史，写出人性深处的那一点平和宁静，写出人生地平线上那一片风和日丽。就像刘庆邦要让他的主人公在逃出拘禁的夜晚，看到遍地月光一样，我想，这作者大约也是一个对人生和历史，都怀着希望的人，坚信人性深处的那一股暖流，终将化解历史的坚冰，给寒潮洗劫过的人间带来一片温情。他在作品的最后，之所以要让他的主人公杨小翼重回故里，听人们讲述将军和母亲的爱情故事，从这个爱情故事中回望她的生命轨迹，让杨小翼在老家二楼的阳台上，尽情享受那个冬日的风和日丽，我想，就该有这样的一点寓意在里面。艾伟的这一笔也着实煽情，以至于读到这里，我和他笔下的主人公一样，也禁不住潸然泪下。

这让我想起了近三十年来我的一些文学阅读经历。大约是从20世纪80年代初开始，具体一点儿说，是从所谓“反思文学”开始，文学作品中所写的父子(包括父女)

关系，就不那么和谐。甚至在有些作品中，两代人弄得恶语相向，反目成仇。这当然主要不是指日常生活中常见的那种家庭纠纷，而是一些带有政治性的社会人生问题。具体来讲，比如说“文革”造成的灵肉伤痕，此前的政治运动的遗留问题，以及当时所面临的许多社会积弊、生活困境和精神苦闷，等等。这时候，往往是年轻的一代批评年老的一代，甚者以至于说，中国就是被你们这帮人搞坏的。这无疑是把“文革”及之前的一些“左”的失误，归咎于老一代的作为。老一代于是成了历史的替罪羊，成了归罪的对象。这样一来，文学作品中的父亲，无形中也就被历史化了。对父辈的批评，也就成了对历史的批评；对父责的追究，也就成了对历史的反思。后来，好事者从西方引进了一个叫“审父”的新名词，这种反思于是又被称为“审父意识”。以至于在对《风和日丽》的评论中，仍有论者把作品的情节，归结为从寻父、审父到弑父的一个完整的过程。新时期文学中的这种审父意识，由反思文学中的政治审父，发展到寻根文学，就成了文化审父，即不仅要批评父辈的政治历史，还要挖父辈的文化老根，摆出了一副“刨祖坟”的架势。好在没有多久，经济大潮来了，这笔账也就暂时搁置下来，全力应付新一轮社会转型所面临的社会人生问题。等到这股劲慢慢缓过来了，再转念一想，两代人之间似乎也没有什么不可调和的矛盾，更没有什么深仇大恨，何苦来着弄得剑拔弩张的。再说，父辈的作为也有他们的道理，也是他们所置身的时代使然，就像自己今天的情况一样。两代人之间有了一点沟通与理解，也多了几分体谅和宽容。这样一想，温情和暖意自然又情不自禁地要从心底深处升腾起来。

这情况与五四以后文学作品中两代人的关系十分相近。最初也是社会转型、文化转轨，两代人之间往往容易爆发激烈的矛盾冲突。这种矛盾冲突，在五四启蒙阶段，是思想的，或曰文化的；在革命兴起之后，则是政治的，或曰阶级的。但是，到了抗日战争时期，情况似乎发生了一点微妙的变化，五四时期专制的封建家长，到了抗日战争时期，则成了维系一个大家族的精神支柱。如老舍的《四世同堂》，儿子不但不批判老子的封建思想，还要秉承老子的气节，从老子身上吸取勇气和力量。新中国成立后，虽然也有两代人的思想斗争，但那大半是代表新方向的儿子，领着留恋旧事物的老子前进，那里面其实已包含了很多的善意和亲情，如柳青的《创业史》等。到了“文革”结束后的七八十年代之交，甚至连背叛了父母、与父母划清界限的儿女，重又回到了父母身边。虽然有的已是悲剧的结局，如卢新华的小说《伤痕》，但毕竟挣脱了政治的绑架，重新回归人伦之情。

惜乎后来的发展没有沿着这条路线深入前进，而是在挣脱政治性的绑架之后，又遭遇各种现代文化思想乃至艺术表现观念的绑架，虽然这期间也有一些突围的表现，但从总体上说，离中国传统的“人情小说”或曰“世情书”，仍相去甚远。艾伟说，“在我这里，杨小翼就是一个人物，我试图写出杨小翼这长长一生的个人遭际，只是恰好这遭际和我们共和国历史相吻合”。“我更愿意把这部小说当作是一部关于生命的情感故事。在杨小翼童年到年华老去的生命历程里，她像所有人一样经历了苦难、幸福、爱和情欲。这个情感故事是小说的血肉，也是最有力的部分”。这番夫子自道，再明白不过地昭示了，《风和日丽》既是一部状写人情的“人情小说”，又是一部描摹世态的“世情书”。从这个意义上说，我同时也认为，《风和日丽》是艾伟在完成“先锋文学”蜕变的同时，向中国小说传统回归的一次成功的尝试。

自　述《

在一个碎裂的世界里写作

今天我们的现实充满了戏剧性。每天只要打开网络、报纸，我们仿佛置身于一个魔幻现实主义的场域中。读过一本叫《煤老板自述三十年》的书，一部纪实性作品。里面有一个煤老板，在香港看到蜡像馆，觉得很好，也想搞一个。中国农民都很有首创精神，别人搞过的他是不想再搞的。于是他决定造兵马俑。但他也不能搞得和秦始皇一样，所以，他决定搞一个当代名人兵马俑。他制作了一大批中国明星的兵马俑，其中之一是那个很有名的很胖的女歌手。他也想制作篮球明星姚明，但姚明太高了，工艺上有困难，只好遗憾地放弃了。现代名人兵马俑落成开馆后不久，他出了车祸，断了两根肋骨。这位煤老板从香港请了个风水大师。大师在厂里转了一圈，对他说，兵马俑不能搞，太阴，想当年把秦始皇都克死了。于是这位煤老板就把这批现代兵马俑埋藏于深山。他戏言，几千年后又是一批文物。

这就是今天的中国，什么样的事情都可能发生。现实的经验丰富、阔大、饱满，其中的滑稽、惨烈和惊悚经常让我目瞪口呆，同时也让我涌出这样的感慨，同现实比较来，我们的文学实在太苍白了。面对这样的现实，我时常有这样的感觉，我们既有的文学逻辑和人性逻辑难以描述今天的中国社会，几乎是失效的。我们的书写面临着巨大的困难。

如果要追究今天的状况，自然有其历史原因。曾经主导中国社会的革命意识形态是以“公”为核心的一种价值体系，它倡导公众“大公无私”。在这套价值体系中，“私”是必须去除的原罪。这里“私”的范畴是无比复杂的，它不仅仅是指私心、私利等，更指一切可以由个人支配的事和物，比如财产和身体。20世纪90年代，私人领域被打开，人的私心被合法化。但是，当原来的意识形态退出私人领域后，却没有新的有效的人心管理系统。社会的演进让原有的革命意识形态完全失效了，然而它依旧是官方规定的认识中国社会、认识这个世界的根本框架，它统治一切的地位导致别的体系（如基督教、中国的儒道）难以进入。于是当下中国社会就出现一个潘多拉盒子打开的群魔乱舞的景象。人心无法管理，人性的恶成为一个真理，人的德性反而成为难以彰显的需要隐藏起来的情感，否则会被调侃或嘲笑。

我相信善、勇气和尊严都在我们中国人的心中，从来没有消失过。只是今天的中国，在精神价值领域可以说一片荒芜，到处都是肉感的气息，人们自得其乐地在一个很低的价值平台上滑行，怀疑主义盛行，大家几乎什么都不相信。这就是我们的普遍经验。我们一无依凭。面对这样一个普遍经验，要书写人类正面的品质竟然成为一件无力的困难重重的事。我们无法庄严、宏阔、秩序井然。我们只能在更小的尺度和方向上，去描述这种人类的正面力量，和这些正面情感有细小的相遇。这或许是这一代中国作家的处境和宿命。

每一代写作者都有自己的使命。面对这个时代，即使书写再困难，还是要去直面它。某种意义上刚刚发表的长篇《盛夏》（《人民文学》2013年第2期）就是这种困难的结果。在《盛夏》中，着墨最多的人物就是柯译予。柯译予无疑是个矛盾重重的人物，他既是真诚的，同时也是虚伪的；他很自私，同时也很慷慨；他既有内心的柔软和挣扎，同时也有冷酷和无情。各种矛盾的气质在这个人物身上几乎是平行不悖的。这个疯狂的碎片似的世界把我们的内心也砸得粉碎。今天，我们身上的任何一种品质都经不起严格的检测。一个没有精神可以依凭的人看起来都像是“表演者”。柯译予也许也是这样一个“表演”的人。

所以，我用了这么一个复杂的结构。在《盛夏》里，有三条线索，相互纠缠，我在其中装入我们这个时代的重重疑难和矛盾，由此和柯译予这个人物形成一个相互对应的关系。我试图用柯译予的复杂性去理解我们这个时代精神生态的复杂性。身处这个时代，我们的内心就像“盛夏”这个季节，充满了焦虑、不安和无名躁动，我们一片茫然，前路充满了不确定性。

访谈《

重新回到文学的根本
——艾伟访谈录

何言宏　艾　伟

一、小说世界只不过是故乡的变形

何言宏：关于童年，你曾写过一篇一万余字的回忆性文章叫《河边的战争》，在那篇文章里，你回忆到20世纪70年代的乡村生活，你用“十分安宁”描述这段生活，你叙述了一个孩子对战争的迷恋，以及对战争的想象，主题是童年时期的“激情、审美和创造”。很多作家都谈起过童年对写作的重要作用，我想对你一定也同样重要。

艾伟：是的，那篇文章在《江南》发表时是被当作创作谈的。当然我写的肯定不是创作谈，他们这样编排，大概也是发现这篇回忆性文章和我的创作是相关的。关于童年对一个作家的影响，我愿意谈谈我启发学生写作时的情形。最近宁波大学成立了我的工作室，其中一项工作就是带几个有志于写作的学生，指导他们写作。我和他们交流就是从这个问题开始的，我请他们谈童年时期留给他们最深刻的记忆，让他们感到疑惑的记忆，或让他们感到震撼的记忆，我同他们说，这些记忆甚至不要有任何逻辑性，一个场景足够。我认为童年记忆有点类似神话，是有原型在里面的，只要挖掘它，就会发现自己最感兴趣的问题。而这些记忆或场景就像一颗种子，它会生根发芽。

我这么做，当然源于我自己的写作实践，我的许多小说都有童年或少年时期记忆的影子。比如我的长篇处女作《越野赛跑》即源自童年记忆——童年时我所在的村庄突然出现了匹白马，骑马者是解放军，然后这匹马跑到了我的小说中。《少年杨淇佩着刀》则和我中学时期的记忆相关，当时和我同宿舍的同学就曾半夜爬到女生宿舍。《乡村电影》打人的场景是我亲眼所见。就是在新作《风和日丽》中，也有我童年的记忆。我的奶奶曾在上海演过越剧，土改时回乡闹革命，我奶奶会很多戏曲曲目，我童年时就听她唱过《梁祝哀史》和《碧玉簪》，《风和日丽》中的王香兰身上就有我奶奶留给我的一些记忆。我们的记忆是有选择性的，我们记忆的一定是同自己最感兴趣的事物相关，并且这些记忆也在塑造着我们自己。

何言宏：你是个在乡村长大的孩子，所以你最宝贵的童年经验应该都在乡村。但你的作品却往往有“城市”性，你的四部长篇，除《越野赛跑》外，其他三部都发生在城市里。在中国，乡村题材的小说可以说是主流，乡村的经验经过一代一代的叙述，已变得诗意沛然，相对来说，也是容易想象和叙述的，而城市，似乎一切都是格式化、规模化和程式化的，中国作家也不太擅长写城市。

艾伟：是的，词语是有历史的，每个词语的背后都有长长的历史，中国汉字被打磨得最为动人、最为闪闪发亮的词语都在唐诗宋词里，几乎都是关于自然和乡村的，再加上现代以来，文学关注的是“启蒙”，针对的是普罗大众，所以我们多的是乡村叙事。而关于城市的词语大都来自西方，这些词语里天然地带着西方的想象和价值，带着所谓的“现代性”。而想象确实是需要一点一点堆积的，比如第一个把互联网写入小说的人其实是有难度的，因为在读者那里会有审美上的不适感，但叙述多了，也可以提升为诗性。所以，王安忆认为有些场景是不能写入小说的，比如官场。当然我并不同意这个说法。我认为不管你的故事是在乡村还是城市或是官场，都是一样的，最为关键是写出人，写出人的复杂性、信服力及人的命运感。

我的一部分写作和故乡有关，比如《乡村电影》《回故乡之路》和《越野赛跑》等，有一大批吧。《越野赛跑》里面很多细节都在我的故乡发生过，只是我用了变形和夸张的手法，因为有一个神奇自由的天柱在，有了幻想色彩。在我后期的写作，我确实把场景放到了城市里面。我1988年到宁波，已生活了22年，因我的老家和宁波近，生活方式也差不多，宁波也有一种故乡的感觉。自然而然，我愿意想象宁波，这个城市确实也给了我延绵不绝的想象的乐趣。你从《爱人有罪》中可以看到，我把这个想象世界定名为永城，因为宁波叫甬城，我谐了个音。在《风和日丽》中除了永城，还写到上海和北京，地理空间大大拓展。关于故乡我确实有个演变的过程，最初有一个具体的地方，后来，这故乡就是我纸上的世界，是我小说人物可以抵达的任何地方。当然，你可以说我的小说世界只不过是关于故乡的变形。

何言宏：你是什么时候开始喜欢文学的？为什么后来你会选择去读理工科？你的小说对结构非常讲究，节奏和控制力非常好，这同你学建筑有关系吗？

艾伟：我读中学的时代，是一个理科崇拜的时代，那年月我们经常说的一句话是“学好数理化，走遍天下都不怕”，陈景润是同学们的偶像。我真正喜欢上文学是在高中，在春晖中学的时候。春晖中学曾经聚集过朱自清、丰子恺等一大批现代文化名人，他们的气息或多或少对我的爱好有影响。记得我高中时期正是“朦胧诗”争论期，艾青写了一篇长长的批驳“朦胧诗”的文章——虽然我不同意艾青的观点，但我当时觉得他写得很好，即使写批判文章也诗情沛然。高三时要分班了，老师建议我读文科，但我认为只有笨蛋才学文科，所以我选择了考理工科。但事实上我整个大学时期，从来没喜欢过自己的专业，也不愿想象自己将成为一个工程师。我的写作完全是自学的——好像写作这事儿都是靠自学的。自学的好处是条条框框少，我倒是希望我的小说是自由的，有坚实的土地感，还有一点点浪漫。呵，浪漫这个词被我们的小说家蔑视很久了，几乎是浅薄的代名词。

何言宏：你好像至今没有写过关于你父母的文字。我很好奇，你出生于一个什么样的家庭，父母对你的写作影响大吗？

艾伟：我的父亲在乡村中是比较特殊的，他童年时在上海读书，后因我奶奶回乡闹革命也跟着回来了，他算是个乡村知识分子吧。他会绘画，“文革”时期，村子里墙壁上的毛主席画像都是他一笔一画画出来的。我经常看到他爬在梯子上画像，烈日灼人，他粘着油漆的衬衫被汗水浸湿。他画得最多的是毛主席标准像和毛主席去安源的像。我母亲则是隐忍仁慈的，几乎没和人红过脸。他们对我的具体写作当然没什么影响，但他们是我记忆中重要的一部分，特别是我的母亲，我一直希望我的写作有母亲的目光，那种对待世界宽厚而善良的态度。

何言宏：在你的另一篇回忆性长文《暗自成长》中，爱情或性是关键词，其中你描述了情感的疯狂和无可名状，还写到你对情感的恐惧和自制。我记得最后一句话是“现在我也许准备好了，有足够的经验去面对一个女人了”。在你的小说中，比如“爱人系列”里，里面的爱情是无望的，无助的，你甚至进入到深邃的无意识世界，你把两性之间的战争写得惊心动魄，血肉模糊。这是你的爱情观吗？

艾伟：总的来说我是相信爱情的。特别是在一个没有信仰的社会里，有时候爱情里面是有着信仰的成分的。当你爱上一个女子，这个女子就会住在你心里，你会在精神上保持一种持续的满足的状态，会有一种献身的激情。有时候甚至这种情感同性的关系也不大，性反而会使这种张力消失。不过，关于这个问题里面有非常细微的人性内容在，在此也是说不清楚的。关于我小说里的爱情，我还是喜欢放在社会各种关系的层面上，放在时代意志之下来展示，因为我总是想要写更多的内涵，而不是去写两个人抽象的爱情。所以，在《爱人同志》里，是一个英雄和一个圣母的爱情；在《爱人有罪》里，是一个冤屈的灵魂和一个赎罪者之间的爱恨情仇，是两个小人物在伤害的世界里相拥不能。我想在展示人性的过程中也能展示社会对人性的影响，对人性潜在的规约，或对人性的戕害。到了《风和日丽》，在这个问题上，我变得温和或温暖了，这你从刘世军和杨小翼之间的情感关系可以看出来，他们的情谊可以说是绵长一生。这和早期作品是不一样的，对我来说是一次蜕变。

二、先锋文学的歧途及其他

何言宏：在你早期的作品中，你对暴力书写比较偏好，比如男孩弄瞎了眼睛（《七种颜色的玻璃弹子》）、手掌被钉在桌上（《杀人者王肯》）、割腿肉下锅（《老实人》）、血肉模糊的爆炸（《回故乡之路》）等；但同时，你的作品里还有另一面，比如“眼泪”，在《乡村电影》里，最后那个恶棍的“眼泪”照亮了这部小说，让人感到这世上依旧有“人性”。

艾伟：早期的小说确实比较暴力，这可能同童年时期所见所闻有关。我的故乡属于绍兴地区，而绍兴在江南是个非常奇怪的地方，是异类，它有着南方地区少见的血性。在近代革命时期，绍兴出了秋瑾、徐锡麟这样的革命者并不奇怪，出了鲁迅这样的决绝者也不奇怪。我童年时期，村子里有一个打手，整天手中拿着一根棍子，他是个光棍，他不但打“四类分子”，还打牲畜，以割“资本主义尾巴”为名，把牲畜打死，自己烧了吃。我童年时非常怕他，但也觉得他很威风，像电影里的日本宪兵。我小说中的暴力可能同此有关。当然也是受到先锋文学的那种观念的影响，你知道先锋曾是我们文学的主潮，先锋的趣味是有些“嗜血”的。王侃兄很早前就给我写过一篇评论，认为我早期的写作是黑暗的，但尽头有光亮。这光亮大概是一点点人性的光亮。我人到中年，现在愿意怀着对人性的信任，我以为原来不相信，其实我的小说里早已埋下了这个种子，我不相信有完全的恶棍。

何言宏：那天在我们的长谈中，你屡次谈到自己对先锋小说的看法，谈到自己对先锋小说由起初的迷恋和深受影响，甚至是得以实现自己的文学启蒙，一直到后来对它的逐渐怀疑以至于在创作实践中的逐步背离，我觉得非常重要。

艾伟：先锋以来，文学确实有兴高采烈的孩童时代，大家像孩子那样玩得很高兴。我开始写作时是90年代，那时候先锋文学可以说是主潮，后来的所谓新状态也好，晚生代写作也好，也是先锋主流的一些变种而已，这里面还是有先锋意识和先锋价值系统存在的，比如世界的荒诞，生命的无聊，生存的冷漠，等等。这个主潮一定会影响我的写作，我也是从先锋文学开始的，出于对余华、苏童他们的喜爱而开始写作。比如我最早写的《敞开的门》，发表于1997年的《收获》上，就是写一个白痴的故事，明显受福克纳的影响。但现在回过头来看过去的作品，我发现我一直有古典的一面，像前面所说的《乡村电影》等，处理情感也好，人物也好，依旧是古典的方法，只是在叙事里有更多暴力的元素。我那时候也可算作是先锋的实践者、心仪者，在价值判断上当然是除了先锋，别的简直不算是文学。我1999年开始写第一部长篇《越野赛跑》，那完全是一部先锋气质的小说。

何言宏：《越野赛跑》确实是一部很有野心的长篇，你写了一个村庄的历史，而这个村庄的历史其实就是一个国家的历史。你这个小说分成两个部分，一个部分是十分现实的，当然有点夸张。而另一个世界是神话世界，你设置了天柱这个地方，这个地方比现实世界更自由，也更“人性”，好像也符合你“信任人性”的观念。

艾伟：当时，我觉得我写了一批中短篇，应该写一部长篇了。就这么简单。《越野赛跑》作为我的第一部长篇，写作负担也是很重的，我总是想在一部作品里融入自己全部的文学理想，想在这部小说里最大限度地把先锋技巧、叙述方法融入其中，我要玩出一些花样，要让这部小说飞翔起来。我确实这样做了。对我来说，这部小说有特殊的意义，就是写完这部小说，我才确立写作的自信，至少在写作长篇上，我不会再有畏惧感了。不过，写完《越野赛跑》后反思也会有的，虽然《越野赛跑》在想象力方面，在关于世界的寓言方面有很好的表达，但有些方面我不满足，就是人物的丰富性和复杂性方面，在这样一个文本里我无法展开。这也是这种寓言化写作的一个通病，在文本中有一个意向明确的隐喻，有时候是会损害人物的。我试图在接下来的一部长篇里解决这个问题。

何言宏：这是你在《爱人同志》里做的？张清华兄说，《爱人同志》是当代文学中一部罕见的真正独立和正面地触及“当代题材”的小说，其敏感性可谓是当代作家中的典范。

艾伟：在《爱人同志》里，人物精神和内心世界的复杂性方面我有很深的拓展，甚至进入了潜意识的领域，我专注于人物的深度，这是一部完全内心化的小说。但这样写完全无损于这部小说的寓言性。这部小说记录了20世纪80年代的道德英雄主义向市场经济转轨过程对国人精神的巨大冲击，这种冲击通过对一个战斗英雄和一个当代圣女的刻画反映出来，这两个人是和时代打通的，和时代的精神状态也是接通的，可以说这部小说记录了一个国家的痛苦历程。这部小说叙述了在这个转变中中国人的不适应感，一种被抽离被抛弃的精神状态，它是中国人在此历史洪流中孤苦无依的一个寓言。我自认为我是个现实感很强的小说家。

何言宏：不管你自认为你是在用先锋的方式书写，还是古典的方式叙述，在你的小说中，总是有历史背景，这一点很明显。

艾伟：是的，《越野赛跑》也好，《爱人同志》也好，以及到了《风和日丽》，历史在我的小说中一直存在。在我的小说里，我不回避政治、社会、文化风尚等元素，我觉得这一切是无法回避的。但先锋以来，我们的文学似乎一直在逃避这些内容，是去政治化的，去历史化的倾向也很严重。

何言宏："文革"后的中国文学由起初的"伤痕""反思"文学一直发展到后来的"寻根文学""现代派文学"和"先锋文学"等，实际上是有着复杂的历史原因的，我们在"创新意识形态"的支配下一直对这样的历史有着"文学史进步主义"的评价，肯定的居多，批判性的反思很少。现在看来，先锋文学，甚至是此前的"寻根文学""现代派文学"等，存在着很多问题，对于中国当代文学来说，未必不是歧途。

艾伟：先锋文学当然是历史的产物，有它的合理性，我也同意用历史的眼光去看待。说实在的，我们都受到过这一浪潮的滋养，小说也因为经历了现代主义浪潮后变得更为简洁有力。这些我必须承认并怀有敬意。但问题在于，先锋的某些观念到后来也产生了对文学的破坏性力量，我们有些画地为牢，把文学的边界框得很小。大家都觉得形式创新才是文学的康庄大道，似乎一定要魔幻、寓言才算得上是纯文学，好像那才是文学的正典，别的都不算文学。我常常感到文学界总是在期待新的东西，在期待一部我们从来没见过的小说。这种"新"的意识形态把文学界弄得很焦虑。我觉得我们现在需要的恰恰是"旧"，回到常识，回到小说最基本的价值元素，回到文学的根本，比如人物丰富复杂、情感的信服力、故事或命运感等，而这些都曾经以"先锋"的名义被我们忽略。我始终认为文学的正典应是那种脚踏人类大地的小说，是有人的温度的小说，是人物的行为可以在日常生活逻辑下检测的小说，而不是冷冰冰的所谓深刻的小说。

何言宏：我们提出，要重新回到文学的根本，其实这有着非常丰富的内涵，但最重要的一点，应该是重新认识到人性的问题对于文学的意义。我们今天的谈话，可能很多都是旧话重提，属于老生常谈，但这样的"旧话"与老生常谈在我们这个时代的文学与社会文化语境中，其意义与价值，还有我们的有关思考，应该不同于别的时代吧？

艾伟：这个时代是常识稀缺的时代，几乎在任何一个领域都缺乏常识，有时候甚至常识被当作低级的东西加以否定。在文学领域也是如此。本来在中国，写实的传统一直是非常强劲的，就中国人的思维模式来说，更擅长于写实而非抽象、隐喻。先锋以后，大家对写实有些不屑，热衷于搞抽象和隐喻。当然如果你搞一个纯粹的我们从未见过的先锋文本我没意见，可我发现，我们国家很多有名的文本和读者之间的"契约"经常出现问题。在《西游记》里，孙行者从石头里蹦出来，我们知道作者和读者之间建立了一个超现实的"契约"，卡夫卡也一样，当他在开头告诉我们格里高里变成了甲虫，我们知道这也是个超现实的文本。但现在你去审查我们的一些文本，你搞不清作者和读者的契约是什么，开头可能是一个现实主义契约，时间地点人物都是现实的，可是中间，他突然超现实了，隐喻了，寓言了。这种方式好像很深刻，实际上很不讲道理，往往不顾及人物，不顾及人性逻辑，作者想怎么干就怎么干。这不是先锋，纯粹是偷懒，先锋简直成了他们失去对人物的推进能力后作简单化处理的借口。

先锋的另一个破坏性力量是，从此后我们的小说只把我们的历史、现实、时代当成一个假想敌，从不让时代、现实、历史以生动的具体的方式进入文本，而是推到背景以外很远的地方，大家似乎都热衷于讲一个关于永恒的故事。

何言宏：谈到历史，我认为我们的革命历史、社会主义历史一直渴望着一部伟大的叙述，我基本上持这样的观点，就是认为伟大的中文小说一定是要通过这样的叙述才能诞生，很多作家也许都是这么认为的，所以在"文革"后中国的文学史上，向此目标奋力冲刺的作品才不断出现，我把《风和日丽》也看成是类似的努力。

艾伟：是的，文学如何处理社会主义经验，处理革命的内部问题，东欧及苏联作家确实做出了令人信服的努力。我曾谈到的《日瓦戈医生》《不能承受的生命之轻》或《一个人的圣经》都可称是这方面的典范。我们有如此庞大的关于社会主义革命的经验，可我们的写作却很少真正正面地触及这些问题。也不是没有触及，可能是我们在思维路径上出现了偏差。

何言宏：谈到我国的社会主义历史尤其是前三十年的历史时，我不太主张用"经验"这样的字眼，因为它很容易让人理解成简单的肯定，或者也可以用"实践"来代替？当然"经验"也可以是客观的说法。你说的偏差主要指的是？

艾伟：说成"经验"也好，"实践"也好，新时期以来，我们在处理社会主义经验时，往往是采取一种批判的、对抗的姿态。这种姿态如果仔细辨析，你可以发现一个西方的思路，即西方式的政治正确。这或许会把我们的经验简单化，使我们的经验只有一极——血淋淋的现实，而忽略了人世间另外一极，某种带着暖意、带着欢娱的生命指向。最近我看了两部电影，一部是罗马尼亚的，叫《无声的婚礼》，讲的是一个村庄，一对年轻人要办婚礼，婚礼正要进行时，斯大林死了，禁止一切娱乐活动。这可怎么好？杀了猪，宰了羊，亲戚们也带着彩礼来了，等斯大林丧期结束，猪肉羊肉都坏了，成本也太高了，于是，他们决定搞一个无声的婚礼。叙事的张力于是变得非常强劲，一方面是政治的高压，另一方面是在无声婚礼中人的创造力和幽默感。另一部也和斯大林有关，叫《给斯大林的礼物》，好像是土库曼斯坦的，讲的是土库曼斯坦的一个小站的老头，是铁路工人。由俄罗斯来的去西伯利亚的列车上都是流放犯，有些人可能在半道死了，所以，老头的一个任务就是埋葬从列车上清理下来的死尸。一次，在尸首堆里，他发现有一个孩子还有呼吸，于是老头儿救了他，孩子活了下来。这时，迎来全世界无产阶级的父亲斯大林同志六十大寿，全苏维埃发起给斯大林同志献礼物运动，当局说，礼物如果有创意，被斯大林选中，可以得到斯大林的接见，并可以向斯大林提一个要求。孩子希望斯大林把父母从西伯利亚弄回来，于是开始苦思冥想献给斯大林什么礼物……叙事的落脚点是老头和孩子之间的温情场景。我们再来看看获得奥斯卡最佳外语片奖的《窃听风暴》，我不太喜欢这部电影，我觉得它对社会主义经验采用了一种简单化的方式展示，在叙事中，完全展示的是西方的思维，一种西方式的自我拯救，叙事中的丰富性被格式化了，同我们熟悉的社会主义经验其实相去甚远。不过，我觉得像《窃听风暴》至少还是对经验进行了有效处理的，我们中国很多作家可能是没经过任何处理就扑上去了，所以，所展示的往往是一些"嗜血"的场景。

何言宏：这个问题比较复杂。不过，我们叙事背后的意识形态中确实存在一个西方概念。在西方的概念下，我们的现实必然和"嗜血"连在一起，这几乎是一种西方式的政治正确。

艾伟：是的。在先锋文学中，你可以发现有很多血腥的东西，其实都有一个概念摆在那儿，来自批判这样一种姿态，大家都在比力气，小说中总是出现类似"阉割""白痴""残疾"等，反正都是非正常的，变态的——我以前的一部分小说也是这样的。这种来自现代主义观念的小说往往是极端的，偏执的，单极的。我们总是口味很重。大家都喜欢寓言化的方式，通过变形或几个意象解决问题，很少展示真正的心灵问题，展示人在复杂革命语境中的个人选择，而我是有志于"心灵问题"的。我希望在小说里展示世态的多极性，不能老是盯着那所谓的"恶"，要写出世界的丰富和价值的多极来。

三、情感，以及文学的基本价值

何言宏：现在我们来谈《风和日丽》。你的长篇小说《风和日丽》发表和出版后，获得了文学界、读书界以及广大读者的热烈欢迎，但也给我们提出了很多值得思考的问题，比如我们前面谈到的文学的情感性、可读性，文学作品人物形象的塑造，和对我们的革命包括社会主义历史的直面与书写的问题。在《风和日丽》中，我看到你的创作出现了一些新元素，我没理解错的话，你的小说开始变得温暖了。

艾伟：确实是这样。这种变化在《风和日丽》之前的两篇小说《小偷》和《乐师》已初见端倪。我试图用更宽阔更公正的目光看待世界。我希望写出世界的丰富和多极，即使在悲凉人世，也有善和温情。在《风和日丽》里，我试图写出苦难人间的温情时光，写出爱、友谊、家庭的持久力量，写出绝望中的希望。

何言宏：你在《风和日丽》创作札记以及回答媒体的访问中，似乎在反复强调这部小说的情感因素——你说，“情感是小说的物质基础”，强调文学的基本价值。

艾伟：情感力量是我近几年来思考得比较多的问题。先锋以来我们普遍忽略这个问题，认为情感是很通俗的东西，我们很难在先锋小说里看到正常的情感。但我认为小说还是应该回到它的出发点。文学从本质上说它不是思想，它是生命中无以言说的血泪和欢欣，文学的根本功能是让我们窥见在这个世界上别的人的内心和我们如此相通，使我们不再感到生命的寂寞，使人与人的联系变得更为紧密。从这个意义上说，情感永远是文学最有价值的一部分，也是人身上最具普世意义的一部分。这就是为什么在我们长长的小说历史中，被读者喜欢的小说都一定有一个好的情感故事或爱情故事，《安娜·卡列尼娜》如此，《简·爱》如此，不胜枚举。

何言宏：《风和日丽》无疑是处理革命内部问题的，你通过“私生女”的视角去处理这个问题，这个视角很小，但处理的问题却很大，你在写一个人的历史，却要写出背后风云诡谲的大历史。这其间需要很好的平衡能力。

艾伟：关于杨小翼的成长史，我已看到很多评论，有人从血缘的观点去解读革命，有人用“后革命叙事”去理解，有人则从民族国家的想象和创建过程中的悲欢血泪去思考，这些都有道理。作为一个写作者，一部作品完成后就该沉默，读者或评论家如何理解是他们的事。所以，在我这里，杨小翼就是一个人物，我试图写出杨小翼这长长一生的个人遭际，只是恰好这遭际和我们共和国历史相吻合。我在接受采访时曾谈到，我更愿意把这部小说当作是一部关于生命的情感故事。在杨小翼童年到年华老去的生命历程里，她像所有人一样经历了苦难、幸福、爱和情欲。这个情感故事是小说的血肉，也是最有力的部分。我始终认为一部小说首先要让读者进入小说世界，让读者感同身受，要做到这一切，得靠情感的力量。小说首先是用来感受的，其次才分析其意义。

何言宏：阅读这部小说给我很强大的命运感。

艾伟：最近我读了《名利场》，一部非常了不起的小说。里面有一个比较次要的人物，就是塞德立先生，他在玩股票期货这种投机生意，后来破产了。到此一般小说家可能会停止其命运的发展，因为他是次要人物啊，但萨克雷不放过他，让他的命运继续演进。这位破产的塞德立先生每天照例去股票场所上下班，他还在借贷疯狂地投机，后来他几乎成了一个老年痴呆者，脑子里唯一想的还是投机，他把儿子寄给他们家的生活费都拿去投机了，然后欺骗家人说儿子没寄钱来，一家人的生活落入空前的窘迫。你瞧，好的作家就是连一个配角都不会放过，这是需要强大的对人的洞察力的。我们的小说没有命运感，首先是因为没有人物，没有人物是因为没有情感。命运感是建立在此基础上的。人物、情感、命运永远是小说最基本的价值。

何言宏：某种意义上说《风和日丽》是敏感的，因为它涉及敏感问题，比如你写到一位开国元勋，后来应该是国家领导人。在中国，这是禁忌，但你经过自己的处理，穿越过去了，我想这是“将军”影影绰绰的神秘的原因吧？你的《爱人同志》也是这样，也涉及敏感的历史问题。

艾伟：在中国写作，特别是涉及如此层级的人物还是有禁忌存在的。其实这部小说最初有一个附录，我拟了一个将军的官方年表，但被出版社删去了。如果允许，我想我完全有能力把将军落到实处，写他在哪个部门，主持什么工作，“文革”复出后又官至哪级，处理过什么关系到党和国家命运的事等等，但如果我这样写，这部作品恐怕没有一家出版社敢出。这不是说我写的将军有多坏，而是涉及这一层级的领导人几乎是不能碰的。现在的方法也是一种走钢丝的结果。我要穿越那禁忌达到目的，还要允许出版。这种所谓的“神秘感”是这一过程的产物吧。虽然在《风和日丽》这部小说中，我尽量想贴着人类大地写作，写日常生活，拒绝不经过日常逻辑检验的象征或变形，但“将军”这一形象还是有一些象征或寓言策略在里面的，所以，清华兄评论这部小说是写真性与寓言性的统一，我完全同意。

何言宏：在中国，革命意识形态就是我们的天花板，我们生活在其下，我们几乎不能逃出它给定的框架。在这个前提下，在写作时，你内心有惧怕和犹豫吗？

艾伟：我们这一代作家和上一代作家还是有区别的，我们相对来说，这种来自“政治”的恐惧没有像上一代那么有切身的感受。我个人的经验是，我如果想要表达某种反思也好，苦难也好，我还是会按我的想法进行下去的。并且我认为，一个作家的兴奋点其实是始终如一的，你不在你的兴奋之所进行下去，你也就难以为继了。如前所述，在中国写作还是有禁忌的，我知道规约在那儿，我承认是会有“自我审查”的。但好的艺术家，就是在规约中跳舞，规约从来就是艺术所必需的，我相信即使有规约，依旧可以想办法达到你想要的效果，也许反而更好。

何言宏：这几年很多作家都开始了对中国革命的书写和反思，像李洱的《花腔》、刘醒龙的《圣天门口》。《风和日丽》给我一个突出的感觉是对待世界比较公正忠直，可以说，你几乎弃用了新时期以来作家们惯用的解构方法，你这部小说同时也是建构的。令人印象深刻的就是老将军尹泽桂为外孙天安留下的温暖的墓志铭：愿汝永远天真，如屋顶上之明月。

艾伟：关于革命叙事，有很多代表作，《青春之歌》是一种，完全照革命意识形态叙事的。后来，在90年代，我们解构革命，在相反的方向上叙述革命。我试图公正地对待革命，对待这个壮阔的人类现象。革命在残酷的同时，也有着它特有的诗情和爱意。人性虽然会被意识形态左右，会变异，但人性终归是人性，我愿意相信它，人性最终会胜出。

何言宏：我很喜欢你对小说的组织，尤其是一些场景，其实是带有抒情性的。你很明显喜欢"干净"。"那年冬天，雪一场接着一场下，整个北京城变得像一个洁白的童话世界。晚上杨小翼躺在自己的小窝里，看到窗外白茫茫的一片，雪把夜晚映白了，从窗口能看到雪花从天上掉下来的情景，大朵大朵地往下扎，拖着长长的影子。在天空的时候还闪着微暗的亮点，接近陆地时变得幽暗，雪花很像烟花熄灭后落到地面上的灰烬。"看完后感觉从未有过的孤单。这种类似场景的写作很多，我最喜欢这些场景中蕴含的一种味道、调子，我自己认为这些场景接近你本人的一种精神。你的小说音乐感很强，就像命运交响曲，里面很多人的命运组织在一起。

艾伟：汉语是有自己的历史的，我们用汉语写作要对得起这种语言。在《风和日丽》写作时，我在修辞上确实下过功夫。总的来说《风和日丽》的写作是极其愉悦的，最焦虑的倒是起书名的时候。《风和日丽》将近尾声时，我感到这部作品在我的写作中是重要的，里面确实有一种不同于前期的风格，有一种日常的温暖的诗意在，在气象和格局上也更大，有人类正面的价值和情怀。我看重这种蜕变。有一次和毕飞宇兄电话聊天，他给我一个建议：如果你看重这部作品，还是从三部曲中独立出来。我接受了他的建议。然后接下来就重新定书名。2009年的春节，我满脑子都是书名，散步、吃饭、待客几乎都在想这事儿，我起了一百多个书名，像疯了一样。《风和日丽》是最早出现的，转了一个大圈子，最后发现还是这个书名妥帖。

何言宏：李洱说，你的小说是面对时代的一种艰难的发声方式：关于我们内心的虚弱、阴影和疼痛。这是一直以来你的小说的特有气质，这种特质的形成似乎与你忧郁的气质吻合，谈谈这种忧虑的形成缘由吧。

艾伟：这个很难说，我并不知道我在别人眼里是什么气质。童年和少年时期，我是个十分粗野的乡村孩子，我经常打架，有一些个人英雄主义。我记得那时孩子们经常玩一种战争游戏，在沙滩上用泥块攻击对方，冲到对方阵地就算赢。我是冲在最前面的那个人，经常被砸得满头是包。有些坏小孩还用石块砸人，有一次我被砸得鲜血直流。成年后，外在的性情大变，变得不那么好动，安静起来，但我想这只是表面，我的内心一直有一个英雄主义情结在的，所以我小说里的男人大都很男人，比较强硬。现在我的外面谦和，但我知道在内心那种不服输的劲儿从来没消失过。

评　论《

写作者艾伟

王　侃

一

之所以写下这样一个题目，是因为，每次提及艾伟，我通常会首先想到他早年的小说《杀人者王肯》。这也是我与艾伟首次遭遇时读到的小说。我对这个有着20世纪80年代先锋小说的叙事风尚的作品至今印象深刻。这是一个关于存在与本质之间分裂与聚合的故事，却奇妙地编制成了一个关乎尊严与人性的价值叙事；它精致的语言组织，回环流畅的叙事体，以及那种若隐若现似有似无的哲学气息，都让我深怀好感。此后的阅读里，在《杀人者王肯》中已然彰显的某些风格在艾伟的其他小说里继续相遇，而另一些新鲜的经验则扩大了艾伟小说的语义空间。及至《风和日丽》的发表，艾伟的全面、厚势、深邃，进一步提升了他作为这个时代重要作家的影响力。我喜欢艾伟对自己的某些定位，比如，他用"黑暗"来比喻自己在叙事探索中不断出现的方向性迷失，这时候，他的谦逊与他的自信一样可爱；当然，更为重要的是，他用"黑暗"来表明他将生命本质中幽暗和卑微的一面作为叙事聚焦的对象，这样，他实际上已经在写作中找到了立场。在他早些年间备受关注的短篇小说《乡村电影》里，由乡村宗法和权力级差造成的对立双方之间坚固的心理壁垒，霎时被电影《卖花姑娘》带来的苦难记忆所击穿："不但滕松泪流满面，连放映机旁的守仁也几乎泣不成声了。"在谈到这篇小说的写作时，艾伟自己写道："我一直找不到这个关于意志力的小说在什么地方停止。后来,我发现了他们的眼泪。当我找到这个结尾时,我有种通体透明的感觉。这是我在写作中感受到的光亮,我感到在暴力、欲望、强权之上存在着生命更高的法则:同情和怜悯。我相信,这是黑暗叙事的最终方向。”因为对这个“最终方向”的坚持,使他的叙事贯穿了一种悲悯的气质:它真实绵长,又超拔脱俗,并借助机巧的修辞达到了撼人的地步。

在艾伟的叙事学里,始终有一个我称之为“否定之肯定”的价值逻辑。比如,王肯以匕首刺掌的行为,来证明其“杀人者”历史身份的真伪,这其中,无论行为还是身份,都是价值的否定项,但最后却都与个人尊严相关,与个人存在的价值依据相关,因此在某种意义上它们又都是必须被肯定的。艾伟善于以这样的悖论来展现和探讨人性的困局,并从中开掘出丰饶的人性内涵,尤其是当他持续地在一系列暴力场景中展示人性深处的图景时,这种“否定之肯定”的逻辑总有撼人的叙事效果。我非常喜欢的中篇小说《回故乡之路》,是这一叙事学的代表作。在这个小说里,少年主人公解放因父亲不经意间犯下的“政治错误”而深感蒙羞,他离群索居,藏身在秘密挖掘的巨型弹壳里体味孤独与卑微。为了夺回做人的尊严,他不惜通过惨烈的自残、通过制造所谓的“英雄事迹”来重新唤回他人对自己的关注。当他幼稚的政治愿望被无情轧碎,当他再度身陷更为无情的唾弃时,他由极度的悲愤进而极度的癫狂,不断犯案进行报复,最后神秘地死在他栖身多日的巨型弹壳里。当人们打开弹壳时,发现他以红领巾拼成的国旗覆盖自己的躯体。这个小说充斥了血腥和死亡的气息,它深刻地揭示了一个被战争文化浸透的民族所提供给个人的真实的生存境域,特别是,当个人只能通过依附专制政治才能获得个人尊严的资源配给时,像解放这样的少年所遭遇的“成长的烦恼”就无法从自我、个性、力比多及代际冲突等纯然生理学、心理学或文化学的阐释图式中寻求解决。少年解放式的精神自赎,使我在阅读这部小说的过程中深感痛切。让尊严在死亡中绽放,让人性以反人性的方式体现,这样一种“否定之肯定”的悖论式的价值逻辑,构成了艾伟叙事理念的重要方面。

我注意到,作为这个价值逻辑的另一种体现,艾伟小说中不断出现以身体贬抑来获得精神救赎的自虐式人物。在其长篇小说《越野赛跑》中,步年只能学马走路,“四类分子”只有在“天柱”这样的虚设天堂里才重获语言资格;在《七种颜色的玻璃弹子》中,为了一颗玻璃弹子,少年弄瞎了自己的眼睛;在《风和日丽》中,刘世军为洗刷曾为战俘的屈辱,十年如一日地独自一人在孤岛上守护灯塔;在《去上海》中,“我”为了清洗深刻的耻辱,自沉江河,将生命推向毁灭;在《爱人同志》中,战斗英雄刘亚军不得不经受因年代更替而符号价值递减的精神痛苦,当他的尊严与外部世界发生尖锐对立的时候，他引火自焚……这一组组身体贬抑与精神救赎之间的对应关系，深刻地揭示了个人在历史或社会境遇中的位置与姿势。弱者在获取生存与尊严这些基本的人道指标时必须支付的身体剧痛，使艾伟的叙述不断传达一种不可名状的痛楚。无疑，艾伟的小说坚执了一种伦理质疑与伦理批判：不证自明的历史意志在碾过个体身体时，真的可以那么心安理得吗？势不可当的群氓意志在践踏个人尊严时，真的可以如此骄横跋扈吗？

我以为，正是这种清醒、坚定、锐利的批判意识，使艾伟的叙事摆脱了轻逸的美学抚摸和泛泛的道德咏叹，在对人性的不断反思中迈进了一个优秀作家所应具备的深刻。

二

艾伟是一个颇为全面的作家：他不仅有纤细的人性发现，同时还有独到的“历史分析”。当然，他所有的“历史分析”，全以人性为据。

他于2000年出版的第一部长篇小说《越野赛跑》，用一种看上去很繁复但实际上很简约的笔法，将从“文革”前夕到20世纪90年代的中国历史划分为“政治时代”与“经济时代”两个大段落。这样的划分是有创见的——迟至2005年，余华的长篇小说《兄弟》出版时，相似的历史段落划分法才被再次使用，并引起热议。艾伟的这部长篇小说同样讲述了两个不同时代所存在的严重的人性异化：在“政治时代”里，人格被压降，尊严被铲平，步年只能以学马行走方可获得生存自由，“四类分子”只能在“天柱”这个虚设的空间里飞翔；“经济时代”里，欲望被释放，人性被屈抑，生活进入了博彩式的隐喻之中，天柱式的乌托邦亦不复存在。在对这段历史进行阐释时，他紧握“人性”的钥匙，解开了看上去纷繁的政治行为与经济行为的密码。他试图凭据超历史的“人性”范畴来荡涤政治、经济等历史现象，最终抵达对历史的永恒注解。简单地说，无论小说的叙事有多丰饶，情节有多逶迤，人物有多沧桑，艾伟面向历史的发问却是直截了当、一目了然的：历史究竟是顺应了人性，还是屈抑了人性？历史在何处顺应了人性，又在何处屈抑了人性？尤其是，历史为何要屈抑人性？

关于《越野赛跑》，艾伟自己曾说：“写这部小说时我野心勃勃，我有一种试图颠覆宏大叙事然后重建宏大叙事的愿望。这部小说试图概括1965年以来我们的历史和现实，并从人性的角度做出自己对历史的解释。表面上看，这是一个小村演变的历史，但真正的主角是我们这个国家和民族。我当时还有一种试图把这小说写成关于人类、关于生命的大寓言的愿望。我希望在这部小说里对人类的境况有深刻的揭示。”艾伟在“颠覆”和“重建”之间进行的“越野赛跑”，使他既摆脱了主流与公共话语支配下的叙事惯性，又从所谓“新生代”中逸出——同样凭据个人体验切入历史和现实，与“新生代”普遍对当下感、现时感的强调不同，艾伟更注重对彼岸的眺望与涉渡。他用“寓言”这一现代主义方式使小说溢出了美学与感性的畛域，涵盖了民族、国家、人类、人性等意识形态性范畴，从而使小说重新进驻历史现场，进入“深度”之中。

的确，一直以来，艾伟都是个有野心的作家：他即使写一个村寨，也是为了在终极处指向民族和国家；他即使写一个人，也是为了指向人类；即使写一个时代，也是为了指向历史。他不止一次地试图借助“寓言”，努力让具体、多变的“经验”指向抽象、永恒的“存在”。因此，他的小说不会停留在细部和局部，不会停留在人物命运的迂回曲折，不会停留在人性伤痕的审察与摩挲。于是，在 2009 年我们等到了他的长篇小说《风和日丽》。我将这部长篇小说视为艾伟在叙事上的一次“远征”。因为这部长篇，我认为，某种意义上，艾伟已经有理由如自己所向往的那样将自己的写作命名为“宏大叙事”。

《风和日丽》是对中国当代史的一种反思。之所以用“反思”来定位这部长篇，是想指出，与艾伟之前的长篇《爱人同志》和《爱人有罪》中仅仅展示历史环境中的人性困窘不同，《风和日丽》想从某个历史原点出发，梳理出历史逻辑。同样是表现历史中的人性屈抑，但这一次，艾伟试图作出某种历史分析，给出某种答案，以使对历史有某种真理性的认知。因此，这部长篇不像之前的小说那样聚焦于人性的善或恶，而是直接将勘探的钻头凿进了历史的坚壁，以发现由革命意识形态所浇铸的当代中国历史的伦理内核与推演逻辑，据此解释人物与历史发生冲突的缘由，解释悲剧诞生的宿命，解释人性处境的必然。这部小说在一个主要层面上展现了鲜明的新历史主义的叙事取向，它让主人公杨小翼从个人体验与个人悲剧出发，对已板结为集体记忆的中国革命史展开了祛魅式的重述，并为横陈半个世纪的“幽暗和卑微”，寻找最终的方向。可以肯定的是，无论是其人性发现，还是其历史分析，这部长篇小说都属不凡。

三

艾伟曾说过：我们生活在一个怀疑的时代里。在这个时代里，猜忌与冷漠是人与人之间的常态，一切道德上的正当性都会遭受质疑甚至被否定。这是他对当下世态人情的一种判断，我因此愿意用“黑暗”来形容他的世界观。他迄今为止的几乎所有小说都在叙写黑暗中屈抑的人生与变形的人性。然而,值得注意的是,尽管艾伟对世道有清醒的智性认识,但对人性却持有理想主义的期待。他总是不遗余力地叙写黑暗中不屈不挠的人性,叙写人性在灾难深重处的光芒。比如《回故乡之路》里,少年解放对尊严的诉求;比如《乡村电影》里,悲悯的力量一举击穿由权力筑就的人性屏障。

这样的一种人性理念,在其长篇小说《爱人有罪》中得到大幅彰显。这个引起过很大争议的小说,直接将人物摆上了"罪与罚"的架构,在其间拷问和检验人性的极致与可能。在这个小说里,鲁建因为一宗被误判的强奸案而入狱八年,当事人俞智丽为此长期负疚。她此后热衷公益,信奉宗教,以缓释自己内心的负罪感。鲁建出狱后,俞智丽毅然抛夫弃女,对鲁建以身相许,借此自赎。某种意义上说,俞智丽代表了我们的道德谱系中富于宗教感的形象,近乎一个现代神话。她和鲁建分别代表了极度的坚忍与极度的暴虐,代表了人性中最大的善与最大的恶。在见识过世间太多的残酷和暴虐之后,艾伟显然试图想让俞智丽承载一下人性至善的重量,看看暴风骤雨般的施虐之后,人性中的善是否仍然能在铁屋子般令人窒息的黑暗中不屈不挠地伸出枝蔓,发出新芽。我认为,《爱人有罪》是在人性深渊里的一次道德历险。俞智丽这个人物无疑会引发争议,因为在这个充满怀疑的时代里,一个富于宗教感的道德圣女不仅是不可感知的,几乎还是不可想象的。或许,会有一些意见认为俞智丽的坚忍其实不过是性格的软弱导致,另有一些意见则可能会认为是"原罪"这样的宗教感支撑了俞智丽的救赎行为。但是,我更倾向于认为,在艾伟的写作意图里,是他对人性至善一端的充分信任,才使他对俞智丽寄予了顽固的期待:她并不软弱,也并非无助,相反,她本身就是人性的光芒。

对于人性的这种理想主义憧憬,也使《风和日丽》这样沉重的叙写始终存有亮色。这部小说也有一个颇多争议的人物:将军尹泽桂。这个人物,有诸多和普通人相似的身份,是多种身份的集合体,是恋人、丈夫、父亲、外公、朋友、同志、官员、军人、诗人等等;但和普通人不一样的是,他是"革命"的符号,是革命意识形态的完美体现者。他身上布满革命的凿痕,却鲜有人性的温度。他遵从革命伦理,克制世俗情感与欲望。在他的内心,"革命"总是一如既往轻而易举地占据上风,人性总是早早地偃旗息鼓望风而逃。但就是这样一个人,他在革命伦理所能允许的狭窄空隙里,最大限度地展示了他作为父亲、外公、诗人等角色的温情立面,以至于那个他一直拒绝相认的私生女杨小翼最终也在某个时刻与他达成了心灵上的默契与和解。显然,艾伟总是相信人性会在某个时刻胜出,而不会永远匍匐着;他相信人性自有其规律，它脆弱但又坚韧，敦厚而智慧，既讷又敏，无处不在；他相信人性总是蓄势待发，而在屈抑中闪现的人性光芒必定有着更为动人的品质。我相信这是艾伟塑造尹泽桂这个人物的缘由。

读艾伟的小说，有时会很自然地联想到雨果和狄更斯。他的《乡村电影》让我想起《艰难时世》，《越野赛跑》让我想起《九三年》，他的《回故乡之路》让我想起《雾都孤儿》，《爱人有罪》让我想起《悲惨世界》。他小说里的很多人物都让我想起奥列佛·特维斯特或者冉阿让。他的小说既有批判现实主义的坚硬质地，又有浪漫主义的温暖情怀。这其中，尤其是他对于人性的信念让我深为感动。其实在他看来，美好的人性并非一种浪漫期许，不是遥不可及的乌托邦，而是触手可及的真实存在；人性也不是被悬置的价值理想，而是现实世界中直接予人勇气的力量。

无疑，我愿意为这样的信念和这样的文学喝彩。

2013 年 3 月 12 日于菩提苑

（载《小说评论》2014 年第 1 期）

主要作品目录《

长篇小说

《越野赛跑》，《花城》2000 年第 3 期；人民文学出版社 2001 年版。

《爱人同志》，《当代》2002 年第 4 期；人民文学出版社 2002 年版。

《爱人有罪》，《收获》2006 年长篇专号（春夏卷）；春风文艺出版社 2006 年版。

《风和日丽》，《收获》2009 年第 4、5 期；作家出版社 2010 年版。

《盛夏》，《人民文学》2013 年第 2 期；上海文艺出版社 2013 年版。

《南方》，《人民文学》2015 年第 1 期；人民文学出版社 2014 年版。

中短篇小说集

《乡村电影》，华夏出版社 2000 年版。

《小姐们》，春风文艺出版社 2004 年版。

《水中花》，群众出版社 2004 年版。

《水上的声音》，山东文艺出版社 2004 年版。

《战俘——艾伟中短篇小说集》，浙江文艺出版社 2011 年版。

《整个宇宙在和我说话》，上海文艺出版社 2014 年版。

《七种颜色的玻璃弹子》（彩插版），辽宁师范大学出版社 2018 年版。

中短篇小说

《少年杨淇佩着刀》，《花城》1996 年第 6 期。

《敞开的门》，《收获》1997 年第 2 期。

《表姐和她的猫》，《山花》1997 年第 4 期。

《一个叫李元的诗人》，《天涯》1997 年第 6 期。

《乡村电影》，《人民文学》1998 年第 3 期。

《七种颜色的玻璃弹子》，《人民文学》1998 年第 3 期。

《到处都是我们的人》，《上海文学》1998 年第 9 期。

《老实人》，《湖南文学》1998 年第 10 期。

《杀人者王肯》，《天涯》1999 年第 1 期。

《去上海》，《人民文学》1999 年第 2 期。

《穿过长长的走廊》，《东海》1999 年第 5 期。

《标本》，《山花》1999 年第 7 期。

《重案调查》，《上海文学》1999 年第 5 期。

《1958 年的唐吉诃德》，《江南》1999 年第 3 期。

《回故乡之路》，《人民文学》2000 年第 12 期。

《说话》，《钟山》2001 年第 1 期。

《像一只鸟儿》，《天涯》2001 年第 2 期。

《传花击鼓》，《上海文学》2001 年第 7 期。

《绕城三圈》，《山花》2001 年第 7 期。

《水上的声音》，《收获》2002 年第 2 期。

《家园》，《花城》2002 年第 3 期。

《一起探望》，《上海文学》2002 年第 7 期。

《亲骨肉》，《山花》2002 年第 6 期。

《小姐们》，《收获》2003 年第 2 期。

《小卖店》，《江南》2003 年第 6 期。

《水中花》，《花城》2004 年第 1 期。

《寻父记》,《山花》2004 年第 1 期。

《菊花之刀》,《钟山》2004 年第 3 期。

《中篇 1 或短篇 2》,《当代作家评论》2004 年第 5 期。

《迷幻》,《收获》2004 年第 6 期。

《杀妻记》,《花城》2005 年第 1 期。

《喜宴》,《山花》2005 年第 3 期。

《田园童话》,《上海文学》2005 年第 12 期。

《诗人之死》,《上海文学》2005 年第 12 期。

《父亲的愿望》,《人民文学》2007 年第 1 期。

《小偷》,《收获》2007 年第 5 期。

《乐师》,《收获》2008 年第 3 期。

散文随笔集

《身心之毒》,浙江文艺出版社 2011 年版。

《河边的战争》,海峡书局 2016 年版。

文 集

《艾伟作品》,浙江文艺出版社 2011 年版。

毕飞宇

男，1964 年生，江苏兴化人。

小　引《

似乎是在社会学者谈论现代性的文章中读到“中国经验”这个词，当时就觉得新鲜。但这新鲜却不像以往的那些个新词让人觉着陌生，而是也勾起了我的沉睡已久的“中国经验”，所以新鲜得让人觉着亲近。这个词同时又让我产生了许多联想，这些联想有的与毕飞宇的创作有关，有的则牵扯到近20多年来文学创作的一些普遍性问题。毕飞宇说：“90年代以后，中国作家尤其是那批好的作家，全部回到中国的本土经验上来了。我们现在写的都是地道的中国小说。这是非常非常了不起的一件大事！”这话让人欣慰，也让人觉着振奋，甚至我个人也有类似的感觉和判断。但不知为什么，在欣慰和振奋之余，一种莫名的杞忧，却又禁不住油然而生。

经验是从经历中来的，这是一个常识，也是一个众所周知的事实。但经验有时候也不需要亲历，只需把别人的经验照搬过来就是，前人为此造了一个名词，叫“间接经验”，也就是从纸上或书上得来的经验。虽然陆放翁说过“纸上得来终觉浅，绝知此事要躬行”之类的话，但今人为了表现某种高蹈，却偏要把纸上的“浅”认作“深”，以别人的经验为自己的亲历，这就免不了要生出许多别扭。例如在物资匮乏的年代表现“物化”的经验，在一个无宗教信仰的中国人身上硬安上基督徒的心理，等等。20世纪80年代中期前后的先锋文学或现代主义实验，就难免这种嫌疑，因而注定不能长命百岁。后来的“新写实”号称回到了“原生态”，而且是不偏不倚的“零度情感”的纯客观叙事，心想这回该摆脱了套用“西方经验”的嫌疑了吧，偏偏评论家又在《风景》中找到了终极关怀，在印家厚(《烦恼人生》中的人物)的身上找到了存在主义，依旧脱不了“西方的经验”。看来，这是中国文学的一种宿命，任你怎么折腾也难以脱离。

但本辑主笔张均博士却说，毕飞宇的写作是“地道的中国写作”，换言之，也就是说，他写的是地道的“中国经验”。我读毕飞宇的作品，似乎也有类似的感觉。而且，张博士的评论又言之凿凿，由不得你不信。他同时还指出，在毕飞宇之外，近期有一大批作家也在写这种“中国经验”，也在从事这种“地道的中国写作”。如果这种感觉和判断不虚的话，那么，中国文学真可望走出长期笼罩着的“西方经验”的阴影，实实在在地写一回不是从“纸上得来”而是从生活中得来的感觉和经验了。这似乎又回到了老辈子说了一个多世纪的现实主义的老话上去了，甚至连毕飞宇本人也不讳言他的现实主义倾向。不过，他同时也声明，他所理解的现实主义，与恩格斯所谓的“现实主义”不同；要他回到那个“现实主义”，似乎也不可能。但根据他的理解，我似乎又觉得，这两种“现实主义”，其实也没有什么不可以相通的。

我无意在这里对现实主义作理论的辨析，而且我从来认为，真正的创作并不是靠理论来维持的，真正的作家并不一定按照某种主义的创作方法去创作，但问题是，不论你叫不叫什么主义或创作方法，与这种主义和创作方法有关的写什么和怎么写，却是任何一个作家都不能不思考的一个共性问题。写“中国经验”，自然是属于写什么的问题；用“毕飞宇式”的写法，自然是属于怎么写的问题。但这两个问题，无论放在怎样的主义和方法的显微镜下看，或不用这些主义和方法的显微镜，都不是那么单纯，或者说都是复杂无比的。我佩服毕飞宇对中国农民和女人的看法，也佩服他对中国社会所作的分析，从这个意义上说，这是一个中国作家的本土经验，属于“中国经验”的范畴。同样，对“毕飞宇式”的写法，我也深表钦佩，对他用这样的写法写出的《青衣》和“三玉”系列作品，更如许多读者一样，欣喜有加。而且，无论是对自己的“中国经验”所作的分析，还是对自己的写法所表达的看法，我注意到，毕飞宇的态度都是非常辩证的，也不回避自己所受的影响和曲折经历。在言及他的创作经历时，甚至也不讳言使用过别人的“拐杖”，等等。所有这一切，又分明在暗示我们：即使是像毕飞宇这样的用“地道的中国写作”写“中国经验”的作家，他本身的经验和写法，也是非常复杂的。其中就难免有从知识和教育，包括他的人生经历和创作历程中所接受的异质影响，也就是说，在他所写的中国经验中，也可能掺杂有非中国的抑或干脆就是“西方经验”的因素。

我当然无意在这儿与大家抬杠，也不想扫了我自己对“中国经验”的兴致，我的意思不过是说，在这个多元的、开放的世界上，原本就没有纯粹的事物，更何况中国社会自近代以来，万事万物包括个体的人的经历，都处在变动不居之中，而且这种变动又无一不受已成强势的西方文明的影响，无一不掺杂了西方事物影响的因素，因此，个体对这些事物的经验，就同时也不能不受这种西方事物的影响，包括其中所包含的价值观念和感受与理解事物的方式。文学作为一种经验和表达经验的方式，自然也不例外。更何况中国文学无论从五四算起，还是从所谓新时期算起，都经过了毕飞宇所说的一个“以西方文学作为先锋回到本土的”否定之否定的辩证行程，其中所接受的影响、掺杂的异质因素，就更为复杂。正因为如此，所以在文学中谈“中国经验”，包括它的表达方式，就不能不慎之又慎。否则，我怕这回的写“中国经验”和提倡写“中国经验”，像“新写实”一样，又是一次翻烧饼，翻过头了，自然又会有《卖拐》中的“赵本山”之类的人物出来忽悠，让你重新捡起“西方经验”的“拐杖”。如此反复再三，则中国文学永远不得触摸真正的“中国经验”，永远也找不到张均博士所说的“通向‘中国’的写作道路”。

自　述《

一人一世界

一

我喜欢许多东西，其中有一样叫“关系”，也就是男女关系的“关系”。我们活在世界上，自然和这个世界就有了关系。这个关系在哪里呢？在我们的感受和判断中。因为是“我们”的感受和判断，这一来就有意思了。人和人不一样，有些人是一块平整的玻璃，透过他，你看到了什么世界就是什么；有些人是凸透镜，从他的身上你只能看到放大的本体，真相永远是巍峨的，阔大的；有些人是凹诱镜，所有的一切到了他那儿就缩小了，千丝万缕，纤毫毕现；而有些人干脆就是镜子，他是阻隔，你从镜子里只能看见他自己，当然，还有一些被颠倒的东西。所以，可供所有人信赖的关系是不存在的，有的只是这样一个基本的事实：一个人是一个世界，一个人构成了一种关系。

“关系”这东西就是这样变得可爱起来的。它有了蛊惑人心的魔力。究竟哪一种关系是可靠的、真实的？你永远也不可能知道。但是，有一种人，他渴望知道，这个人就是作家。作家最渴望得到的是一个数据，那就是，你的感受与判断和这个世界能不能构成1∶1的关系。换句话说，你能真正地知道世界的真相吗？你凭什么就认准了这个世界是“这样”的呢？

由此，人与人成了一个核心的问题，我们彼此并不知道。它是写作的困境，也是“活着”的困境。

更可怕的一点还在于，这个世界上有极权，极权给我们下了死命令，它告诉我们："世界就是这样！"如果你认为世界不是"这样"，你就必须受到"教育"与"改造"，在"教育"与"改造"过后，我们变成了一个浩大的集体，中国人就是这个世界上最大的集体。我们在集体之中，我们为集体而活着。

在许多时候，一个普通的中国人，其实处在泰坦尼克号上。当泰坦尼克要下沉的时候，你只能往下沉。这就是我反反复复在写的东西。我与这个世界究竟可以构成怎样的关系？这是推动我进一步往下写作的基本力量。

二

我的小说，写了很多种类型的人物。但给读者留下较深的印象的，一是农民，一是女性。《玉米》《青衣》，包括我的新书《平原》都是这样。

五四之后，面对中国的农民，许多作家都做了很多很好的功课。但是我认为，除了鲁迅以外，大多数都做得并不好。我说做得不好，依据是什么？我的依据是，许多作家都有一个道德癖，在他作为一个精英分子出现的时候，他是带着感情来的，来干什么？来发放同情。我们的文学似乎有了这样的一个铁律：把同情心给了农民，然后，像模像样地洒一两滴泪，他的工作就完成了，同时，他自我美化的壮举也就完成了。鲁迅不这样。鲁迅面对农民的时候，他会仔细地看，正过来看，反过来看，甚至，翻过去看。鲁迅的"农民"立体感要强得多。就凭这一点，鲁迅高出了同代作家一大截。其实，在农民这个话题面前，作家是很难下手的。举一个例子，我有一次到南京师范大学跟同学见面。一个同学到我家去接我，接我的时候路过楼的拐角，几个农民正蹲在那儿。那个同学自言自语说："纯朴的农民。"我立即就停了下来，我说，你怎么知道他是纯朴的？你的依据是什么？我告诉他，"纯朴的农民"是一个判断，你这个判断是你的小学老师、中学老师、大学老师作为一种知识给你的，而不是生活给你的，不是你和农民在一起摸爬滚打，在一起构成了丰富、复杂的人际关系之后得出来的结论。如果你要说纯朴的农民，我希望你把你老师的话全部忘掉，等你和农民有了接触，和农民一起生活的时候，那时，你说纯朴的农民，我就信。我要说的是，农民身上有纯朴的一面，有绝对善良的一面，但是千万别忘了，农民身上还有极其残忍的一面。但是，对于农民身上的残忍，轻易地去批判，我恰恰又是不敢的。为什么？农民的残忍自有其原因，一旦他失去了残忍，他也许就无法活下去。所以，我首先要关心一个问题，在什么样的环境下面，我们的农民不需要残忍，他还可以体面地活下去！所以，关于农民，这几年我在反反复复地写，其实，每一次写的时候，我都特别地犹疑，特别地困惑。《平原》里写的也是农民问题，但我不敢说，我对农民有了发言权。对我来说，农民问题依然是个巨大的黑洞。

我的小说另外一个人物类型是女性。玉米三姐妹，《平原》里的三丫、吴蔓玲，都是我比较用心的对象。谈到这里，我可以引用一位哲学家的话："只有妇女解放了，社会才会解放。"我想，如果我这样说，很可能体面一点。但是，我不想说谎，我写妇女，动机不在这里。我的动机还是对命运和性格的好奇。在命运和性格面前，写男人和写女人是一样的。有人以为我是一个女权主义者，我不是。女权主义能否成为人文主义之外的一个主义，我是怀疑的。我每一次出门参加活动，都会有人问我同样的问题，你为什么总盯着女人不放？我的回答其实也是一样的，相对于文学来说，人物是无性别的。我没写女人，我写的是人。当然喽，在写作中，我不能犯常识性的错误。比方说玉米若是男人，我不会安排她去生孩子；比方说攸燕秋若是男人，我不会安排她去堕胎。但除此以外，人生中的一些境遇，人内心对疼痛的敏感，人对外部世界的体验，我觉得是一样的。如果作家关注的问题，仅仅是女性的问题而男性可以逃脱，反过来说，如果仅仅是男性的问题而女性可以逃脱，那么我觉得这个作品可以不写。对我来说是这样的。

三

在中国当代作家中，有很多优秀的作家，譬如一出道就达到了极高水准的苏童，他极有天分。譬如后天完成得特别好的王安忆。你问我最热爱谁？莫言。莫言是伟大的小说家。我喜欢他身体好。他身体好不好？我不知道，但我认准了他身体好。当我作为一个读者去看小说的时候，我有点怪的。透过文字，我喜欢看这个作家身体好不好，能不能吃。只要我认为这个作家有非常强健的体魄，我就一定会喜欢他的小说。我觉得莫言身体特别棒，在一次答记者问的时候，我说，莫言有两颗脑袋、三颗心脏、四个胃、八个肾，这个荒谬的感受就是莫言的文字给我造成的印象。透过莫言的文字你感觉到，他有惊人的能量。莫言的那双眼睛多么好，对色彩是多么敏感。你可以发现莫言的耳朵是多么的好，不管是公猫叫还是野猫叫，他一听就知道，说什么，他也听得懂。然后，你可以看到莫言的鼻子是多么的厉害。他的小说里大量地写许许多多的气味，他写水的气味、阳光的气味、大蒜的气味、女人身体的气味。你读的时候可以感觉到那个气味很厚实，具有亲和力，扑过来似的。读莫言你可以产生幻觉，然后，身临其境。当然，莫言的小说也有很多毛病，但是，他就是这样，我认为莫言是一个可以在批评面前获得豁免权的作家。他有毛病又怎么样？要求莫言完美是野蛮的。

（张均依据毕飞宇在中山大学的谈话整理）

访　谈《

通向“中国”的写作道路

——毕飞宇访谈录

张　均　毕飞宇

张均:毕老师,您好,首先祝贺您的《平原》的出版！它在当前写作中的意义我们稍后再谈。我们还是先从您最初的写作开始。我记得有评论家说您曾将自己的创作分为四个阶段:历史阶段、哲学阶段、世俗阶段与审美阶段。您能为读者就此作一点更为详尽的解释吗?

毕飞宇:我不太可能把自己的作品概括得那么准确吧,其实我的创作也没有这样清晰的发展脉络。但是如果你要我谈一下不同的阶段哪些作品是我自己比较偏爱的,我倒可以说说。第一个要提到的是短篇《祖宗》。《祖宗》是我在现实的空隙里找到的一种历史叙事方式,它的语言受到了翻译作品尤其是先锋小说的影响。这个作品写完了,我自欺欺人地认为,我跟上了当时的文学步伐,这是我喜爱这个作品最重要的原因。《叙事》写于1994年,发在《收获》上。我是把它当作一个自我总结来写的,它在形式感上有一些特征,你知道,先锋小说是非常注重形式感的。在《叙事》这个作品中,我使用了空间叠加的办法来推进作品,当时的确很得意的。不能不说的是《叙事》的语言,在我写作生涯中,我第一次被语言迷住就发生在《叙事》里头。我一直不知道我和这个世界会构成怎样的关系,写《叙事》的时候我知道了,它是通过语言来完成的。《雨天里的棉花糖》则是我的另一个尝试,也就是抒情。在情感面前,我一直有一种病态的害羞,我怕情感,尤其害怕表达感情。《雨天的棉花糖》不只是我的一个作品,它解决了我的一个心理问题。我感谢这部小说。但相对来讲,印象更好一些的还是《是谁在深夜说话》,它完全是可遇不可求的一篇小说。

张均:它的形式和内容结合得异常匀称,吴义勤据此称您是“感性的形而上主义者”。

毕飞宇:义勤主要是从这个作品来谈的。这篇小说也是我快要告别博尔赫斯时期写的。我要说,它的原创性还不够。它还不是“毕飞宇的小说”。这以后就写了《青衣》《地球上的王家庄》《玉米》等作品。

张均:在您2000年以前的早期作品中,存在着对历史的深刻反省,譬如对历史深处的宿命、历史中个人境遇等问题的考量。我想知道,为何“历史”会成为你早期创作的动力?

毕飞宇:历史一是指存在,一是指阐释。对存在,我们不能说什么,因为存在反而有它的虚幻性,但是,阐释是实实在在的。我那时候对“历史”这个词抓住不放,主要是针对“中国特色的历史阐释”的,尤其是对我们百年历史的阐释,那大多是理不直而气壮的“撒谎”。当时比较年轻,容易愤怒,所以有一段时间的作品在这里纠缠得比较多。还有一个外部因素,就是整个先锋小说和历史靠得都比较近。这是个大背景,它多多少少影响了我的思路。

张均:《是谁在深夜里说话》典型地反映了您的历史重构意愿。这篇小说同时交织着两条线索:“我”和妓女的故事、修复明城墙的故事。您能否谈谈您在其中所表达的历史思考?

毕飞宇:所谓修城墙,说白了就是历史阐释。我以为,“中国特色的历史阐释”就在城墙的修复当中了。这个小说首先表明了这样一个意思,作为60年代出生的人,怀疑主义几乎就是我们的基因和方法论。我们不信,你把城墙修成什么样我也不信。我们的历史阐释是极其卑鄙的,它最大的可耻就是逻辑严密。它像一个盗贼,洗劫一空之后布置了一个现场。这个现场之所以可恶,是它把疑点指向了一群无辜的人。

我喜欢这部小说还有一个原因。小说大致可以分为两类。一类是可以批发生产、重复劳动的。像《玉米》《玉秀》包括《青衣》这样的作品,我认为它们还不错,可是你可以不停地写下去。还有一类作品,像《是谁在深夜里说话》,是灵光一现的东西。那个夜晚过去了,类似的作品你就再也弄不出第二个来了。

张均:历史的本相是散乱的。整个80年代的先锋小说,包括后来的新写实、新历史等,都在致力于对抗、重构旧的历史阐述并恢复历史本相。您的早期写作即处于这一大潮流中。但是不是在这一状态中,您后来发现自己很难建立“毕飞宇式”的东西?

毕飞宇:在80年代的某一个阶段,年轻的作家都有一个基本心态,我把它称为“参军”。你首先得参军、入伍,穿上一样的制服,背上一样的武器,你才能跟得上革命的大队伍。怎么办呢？进“新兵连”。现在回过头来看，这种心态其实也很正常，因为那时你各方面的能力都达不到，仅仅有一腔热血，当然，是文学的热血。等你在军营里待过一段时间后，你对革命的大熔炉就有了一些新的看法，想早一点离开。你就想退伍，早一点进入自己的世界、自己的写作空间。

张均：您在90年代后期离开《孤岛》《是谁在深夜说话》那种反历史的寓言写作，转向都市人日常的生活状态，譬如《家里乱了》《九月九日或十日》，是否与此心态转变有关？

毕飞宇：两个原因。一是80年代“参军”了，这时开始考虑“退伍”。产生这个念头理所当然。还有一个很重要的原因，就是1997年儿子的出生。一个人当了父亲母亲之后，内心会有巨大改变。他会不由自主地对当下生活境遇充满关怀。这看似是一个很细微的内心变化，放大一下，你就会发现，它会改变一个人的人生。做了父亲之后，你要承担责任，当你带孩子的时候，要关注身边的一举一动，现实情怀其实是被生活的日常性给逼出来的。幸运的是，我感受到了现实的召唤。

张均：可能是由于这段时间您对世俗日常的关注，许多读者包括职业的评论家，都习惯于将您放在新生代作家里去理解、去讨论，但据我所知，您对新生代的认同是比较复杂的。

毕飞宇：一点儿都不复杂，我和新生代一点关系都没有。你可以把那时关于新生代的评论拿出来看，也可以把他们的大本营《钟山》杂志拿过来看，我是被排除在外的，那里头没我。所以，我可以平静地说，它和我无关。

张均：2000年后的王家庄系列和新生代确实已无太大关系。在其中您发现了一条属于您个人的别人难以重复的独特道路。这些作品，包括“三玉”、《地球上的王家庄》和《平原》，都有共同地域背景，即王家庄。在当代，地域与写作之间相互生成的关系令人瞩目，譬如莫言之于高密东北乡，贾樟柯之于汾阳县。您怎么看待“王家庄”之于您现在和未来的意义？

毕飞宇：这话还嫌早。“王家庄”是否能具有文学地理版图的意义，现在很难说。这取决于我有关王家庄的小说是否健康，是否长寿，是否能活下去。如果几年之后我的小说都被读者忘了，这些就都是扯淡。当然，现在有人这样说，批评家们给我这样的信心，我当然非常高兴。可是我想，我不可能把毕生的创作跟一个叫“王家庄”的地方捆在一起。以我的年龄和潜力，我想我还可以到别的地方去。现在特别想到另外一个地方去，像《地球上的王家庄》中的那个孩子一样，带上一群鸭子上路。到哪里去呢？我不知道。但是有一点我是铁了心的，我得走。头破血流我都得走。

张均:说到这儿我就想起您和莫言、贾平凹的区别。莫言、贾平凹的情感心理、审美感受得以形成的青少年时期完全在乡村度过,他们似乎很难在高密东北乡和商州之外获得成功,但您却经历了乡村、小镇、县城等不同的生活场域,这本身或许就意味着更多的可能性?

毕飞宇:这样看问题似乎简单了。可能性的确是迷人的,但是,有时候,它什么也不是。我愿意坦率地告诉你,心里要有念头,也还要有能力。这是很现实的问题。念头有了,能力不一定跟得上。当初我转型的时候,中间出现了大量失败的作品,比如《家里乱了》和长篇《那个夏天,那个秋天》。对此我必须清醒。一方面我需要开辟一个新天地,一方面又要告诉自己,要允许自己失败。

张均:批评会永远存在。没有一个作家能让所有读者都喜欢,但能让一部分读者非常喜欢就足够了。那表明他一定是有什么地方打到了人性的最深处,譬如《玉米》和《青衣》。

毕飞宇:这个话我非常喜欢。打到人性很深的地方……

张均:《玉米》是您最受读者喜爱的小说。但对于玉米,您曾说过,"如果玉米是我的母亲、妻子或女儿,这么说吧,如果玉米是我的邻居或办公室的同事,我将如何和她一起度过漫长的岁月呢?这个虚空的假设让我心慌。我对玉米一定是礼貌的,客气的,得体的,但我绝对不会对玉米说,你围巾的颜色不大对,你该减肥了。我感觉到了我们在气质上的抵触。"这是否表明,您对玉米这一形象持以批判的态度?

毕飞宇:这其实是两个问题,一是对《玉米》这篇小说的评价,一是对"玉米"这个人的评价。对小说《玉米》我是满意的,对"玉米"这个人我真的不爱。按道理说,一个小说家写出一个人物被人广为接受的话,你就应该对这个主人公有特殊的感情。是,我对她也有特殊的感情,但不是那么回事,我不爱她。我在整个写作过程中,就是做一件事情,就是不停地在和玉米掰手腕。这个女孩子的力量太大,我的人整个绷着,我始终在和她较量,她的一举一动,始终在侵犯我的内心。而我在一步一步地安排她的命运,这构成了一种相互侵犯的关系,互不相饶,互不妥协,所以我特别振奋。我真没想到《玉米》这篇小说我 40 天就把它写完了。我非常迷恋这个创作过程,那时候恨不得写得长一点,拖上一年半载的。可事实上,40 天之后,我就把它写完了。所以偶尔我还会回忆起来我写《玉米》的那个状态,好长时间魂不守舍。

张均:不少人都是从权力文化的角度讨论《玉米》的。

毕飞宇:是。不过这里头还是有区别的,我强调的其实是"极权文化",而不是"权力文化"。二者有天壤之别。

张均:您使用的概念和通常的概念可能有一定区别,批评家谈的"极权"指的是革命或者法西斯的一套体制,"权力文化"则与中国传统有关。您谈的"权力"则可能是人最基本的权利,更切近自由主义的概念。

毕飞宇:关于权力、极权,我们没有必要把福柯等一系列的哲学家拖出来谈。我不喜欢那样,那是学者们所做的事。谈这个问题,还是要从中国人的日常生活来谈比较好。对一个中国人来说,什么是权力?什么是极权?复杂吗?不复杂。福柯这个人真的是不讲理的,在权力面前,人是不自由的,这句话等于没说。权力就是专制,这句话也等于没说。我不喜欢穿衣服,可是,太阳有它的权力,在冬天,它跑到南边去了,天冷了,我们能不穿吗?

张均:其实,读者对玉米的理解可能与您和批评家都有一定差异。玉米是很有心计的,甚至也使手段,但最终呢,很多读者还是很喜爱她。这表明尽管您不爱玉米,但您的写作重现了一个人的基本权利。玉米做得不尽对,但她所以如此是因为她的环境。她需要那样生活下去,她不会因为您这个作家不喜欢就不那样。您把她的内心展开了,让读者在通常判断为错误或不正确的行为之下看到了人性。这人性不是黑暗,而更多的是苦难与合理,是忧伤,是承担。这或许就是您和她"掰手腕"的原因。您不喜欢她,但您写作的方法提供了她被读者喜欢的人性的光芒。所以,读者的喜爱应该在此,而未必是批评家所说的与曹七巧的相似。

毕飞宇:将玉米和曹七巧放在一起比较,挺有趣。其实她们完全不一样的,即使是相同的故事,在不同的文化背景下面,我都有信心把它重写一遍。

张均:说一句对张爱玲未必恭敬的话,她也许还没有挖掘出曹七巧更深的内心世界。

毕飞宇:王安忆说过大意是这样的话,她比张爱玲更宽,我不认为王安忆自大。张爱玲是一个温度计,她把自己贴在中国社会的末端上,拉出一具尸体,然后,把尸体的体温告诉了我们。张爱玲的贡献就在这个,所以,她是冷的。

张均:很多人还注意到了您"王家庄"系列中的权力文化问题,譬如汪政认为您的小说是"中国社会的权力镜像",李敬泽认为《平原》描写了"文革"中权力复制的荒诞及其对人性的扭曲。这类说法与您自己关于"人在人上"的"鬼文化"的思考有关。所以我想知道,权力对于个体的压制是否是您考虑的重心,或者说,权力对人的控制是否是您展开想象的基本动力?

毕飞宇:没错。权力,或者说,极权,一直是我关注的东西。每个作家都有他不愿意放弃的兴奋点,我的兴奋点是在这儿。说到这里就要谈理由了,一个作品,一个作家的理由到底是什么？对我来说，我的理由就是对极权的关注，也可以反过来说，我关注最基本的人的权利。我是热爱权力的人，而不是相反。我希望我们自己，我作品中的人，都有我们的基本权利。

张均：但我的感受是，“三玉”尤其《玉秀》《玉秧》用“权力镜像”一说还大致可以解释，但到《平原》我们就很难说是毕飞宇依靠某种模式写出来的。准确地说，它应该是您对生活记忆的捕捉、想象与呈现，如同古人所讲的“象”，混沌，且不可解释。

毕飞宇：《平原》毕竟是长篇，开阔得多。就像玉米那个小姑娘后面的辫子，《玉米》只有两三股，不管怎么编，你都能看到三股东西交织的痕迹，《平原》却远不止两股、三股。你刚才说到了“混沌”，如果《平原》有什么让我不满意的，恰恰就在此，它混沌得还不够。一个长篇，你不到三言两语概括起来把它打发了，它肯定是失败的。文学史上一个极端的例子是《红楼梦》，它写得非常实，像雕刻，诸如人物关系、打扮、饮食、建筑之类的细节，都纤毫必细。但是当你把这个很实很实的作品读完之后，你却发现它是空的。要是有人问你它写了什么，你简直不知如何说好。所以，《红楼梦》只能意会，它很宽，说不出来。它是真正把写实和混沌结合得完美无缺的一部巨著。在当代，我以为最成功的长篇之一就是《废都》，它有点意思了。虽然我对贾平凹的语言一直有所保留，但是，《废都》是一部杰作。说起《平原》，我又何尝不想把它写得更混沌一些，但是，它写实的任务实在是太重了，我又不愿意写得太长，兼顾起来实在是麻烦。这一点不写作的人是很难体会的。就篇幅而言，《地球上的王家庄》在这个地方做得似乎更好一些。

张均：《地球上的王家庄》是篇佳作，可惜有评论家把它读成了“文革”时代人的愚昧。它好就好在表现了乡村世界那种奇异的想象力，那种惶惑，那种奇思怪想。它打开了一个没有模式的丰富无边的世界。《玉秀》《玉秧》有模式，《平原》没有。但在后革命的今天，评论家已习惯于用专制与反专制的政治权力模式去解读所有“文革”背景的作品，譬如《玉米》里的权力本是文化意义上的权力而未必是政治专制，但仍有人说王连方、彭国梁、郭国兴三个男人反映了虚幻的革命话语的独裁与专制。我不知道您对这类模式化的解释如何接受？

毕飞宇：批评家对作品的解读我不作评论。这是他们的权利，他们得出这样的结论有他们的理由，我们没有理由去反对人家的一个看法。这是一。第二就是，千万不要以为原作者就有与生俱有的权威性，原作者在解读作品的时候，他没有特权。

张均：另外，您曾表示非常希望做一个现实主义作家。您对现实主义的感受和理解可能与“典型环境中的典型人物”有较大差异吧？

毕飞宇:我理解的现实主义就两个词:关注和情怀。就我们受过现代派文学洗礼的作家来讲,重新回到恩格斯所说的"现实主义"基本上不可能。《玉米》也好,《平原》也好,它是高度现实的作品,但又不是传统意义上的现实主义作品。它们的时空切换哪里还有一点传统"现实主义"的影子?它们的叙述自由得多,视角差不多全是主观的。《玉米》和《平原》最让我得意的地方就在于,它是标准的现代主义的作品,但是,几乎没有痕迹了。还有一点,传统的现实主义作品描写的比例远大于叙事,但《玉米》也好,《平原》也好,几乎没有描写,全部是叙事。所以,拿传统的现实主义标准来衡量我的作品,我想我是不及格的。然而,意义也许就在这里。我指的关注是一种精神向度,对某一事物有所关注,坚决不让自己游移。福楼拜说过,要想使一个东西有意义,必须久久地盯着它。我以为,这才是现实主义的要义。简单地说,我所理解的"现实主义",就是一颗"在一起"的心。别的都不重要。

张均:这是两种知识谱系的不同。譬如玉米,依照传统的描写,她要么是被启蒙界定为愚昧的国民,要么被革命描绘成革命新人。她的背后有一套知识谱系。您的"现实主义"恰是要抛掉这些强行喂给我们的知识,要"回到海拔零度",从零开始。这里关涉着八九十年代以后的文学变局。以前文学是依靠启蒙或革命的真理而写作的,都强调历史规律,故事结构讲究矛盾,人物讲究本质,写小说是要宣传革命与解放的道理。没有了历史,我们又该如何写作呢?您的"现实主义"应该是对此新局面的有效应对。

毕飞宇:这个话题说起来大了。我们往简单的地方说吧,只要现实不能让我的内心平静,我的"现实"写作也许就不会终止。

张均:这包含了您的创作价值,《平原》让人看得更清楚。虽然它还有待评价,但我以为它是一部"突围"之作。怎么讲呢?像刚才讲的,以前我们从五四一直到80年代的文学,都是依靠历史写作的。这一模式源于黑格尔和马克思。80年代以后先锋、新写实、新历史则是以反抗该模式为特点,问题是反抗本身也成为模式。这是一个悖论。包括您的早期作品,也在此悖论之中。但是,真实的生活总是比模式更宽广,更丰富,更为深邃博大。《玉米》尚有模式的痕迹,但它的语言弹性与节奏使此局限不明显。《平原》则是对黑格尔或马克思模式以及反黑格尔反马克思模式的一次脚踏实地的"突围"。当然,您自己未必这样认为。

毕飞宇:谢谢你对《平原》给予这样一个积极的评价。与此同时,我也想把我的想法告诉你。写《青衣》的时候,我想做一个尝试,写一个完全陌生的世界。我想完全通过想象的飞翔,通过一双翅膀,把我的感受还原成现实,其实,它是一次浪漫写作的尝试，所以，我在乎来自外部的评价。《平原》不一样，它是我“必须”写的作品，不管你给它一个什么评价，正面的也好，负面的也好，说到底我都不在乎，我一定要在四十岁前后，我最年富力强的时候，给我内心一个交代。正如我在书的封底所说的那样，写完了《平原》，我踏实了许多。我表达过这样的意思，70 年代的中国太重要了，也许对全人类都是重要的。对于这样一个重大的历史时期，如果我不发出自己的声音，那就对不起自己。尽管我对 70 年代并不喜爱，但从写作的角度来说，它是上帝给我的最丰厚的礼物。现在，我有了交代，我是为了给自己一个交代才写《平原》的，别人怎么说，我不在乎。

张均：批评者虽有自己职业的观察立场，但我能理解您这种“交代”的深刻含义！最后想请教一个问题：作为一位年青的亲历者，您对 1985 年以后当代文学这二十年来所经历的变化，有怎样的感受与理解？这些变化对于像您这样的写作者，又意味着怎样的挑战或机遇？

毕飞宇：其实是一个轮回。什么意思呢，五四时期中国文学是以西方文学作为先锋回到本土的，新时期以来的文学，依然是以西方文学作为先锋回到本土的。而这一次的“回”，比“五四”的“回”，回得更加有效、更加彻底。就是说，新时期的文学，依然是一个使用拐杖的文学，我当时使用拐杖，先锋小说家也在使用拐杖。这个拐杖是西方的拐杖，不是中国的拐杖。当然，90 年代以后，中国作家尤其是那批好的作家，全部回到中国的本土经验上来了。我们现在写的都是地道的中国小说。这是非常非常了不起的一件大事！

张均：在承认前人功绩的前提下，现在的文学走到一条真正的通向“中国”的写作道路上来了。这条道路无论我们对它的评价是积极的还是消极的，无论有多么复杂，它的开始肯定具有重大的史的意义。莫言、余华等人的中国书写，在这一点上具有非凡价值。

毕飞宇：你讲到这个话，我愿意用另外一句话为我们今天这个谈话作个总结：今天，我对中国当代文学有信心！

评　论《

“现代”之后，我们往哪里去？

张　均

在当代思想和写作经验的积累与变迁中，毕飞宇以《玉米》《玉秀》《玉秧》《地球上的王家庄》《平原》为代表的“王家庄”系列小说(2001—2005)具有殊异的价值。此系列小说在中国自我经验的表达上，与《九月寓言》《许三观卖血记》《马桥词典》《檀香刑》等当代杰作以及《呼兰河传》《长夜》《死水微澜》等新文学经典具有高度的共通性。相对而言，他在20世纪90年代青春叛逆时期的作品，就较少这种特质。当然，这并不意味着对毕飞宇个人创作史上的不同时期的价值判断，而毋宁说是文学史叙述体制的“权力”的反映。每个写作者都生活在他自己的时代的问题之中，对于问题复杂性的感受、体验与解决的深度，决定了写作者被认识、被阐释的角度与方式。十余年来，中国社会及其思想、文学的范式发生了巨大而深刻的变化。自五四以后长期为中国社会提供思想支持与叙事资源的现代知识与价值系统，在20世纪八九十年代之交全线崩解。这场思想变动结束了80年代以来知识界的新启蒙共识，引发了“新左派”与“新右派”的群体分化及双方在历史认识、国情判断与个人伦理诸领域的持续论辩。在文学领域，这场变动要求作家清楚地认识并有效解决如下问题：在“现代”倒掉之后，我们往哪里去？即，在丧失了现代知识系统所提供的普遍叙事模式的支持之后，写作者该如何独立表述日常纷乱、缺乏条理的中国生活呢？同样，在真理消失、现代价值系统解纽的情况下，写作者又该如何创造新的价值与意义呢？这一问题包含了当代写作的挑战与危机。依赖现代知识与价值系统而展开的反思、改革等写作潮流，以解构“现代”为标帜的先锋、新写实、新历史及个性化写作等潮流，都未成功解决这一问题。毕飞宇叛逆时期的写作也大致如此，但是，王家庄系列在毕飞宇的个人写作史上，首次集中表述了不再纠葛于“现代”的自在无碍的中国生活经验。在当下文坛格局中，它也使毕飞宇迅速摆脱自己在新生代中模糊不清的位置，并事实上与余华、莫言、韩少功、贾平凹、阿来诸人一起汇成一种新的写作努力。

一

毕飞宇把这种新的写作努力称为“地道的中国写作”。这也是毕飞宇借“王家庄”系列对“往哪里去”的时代之问的回应。其实在此之前，已经有评论家称誉他的《叙事》《武松打虎》《是谁在深夜说话》等早期小说是“感性与理性、抽象与具象、形而上与形而下、真实与梦幻的高度和谐与交融”，[①]但对此毕飞宇自己却比较低调。他表示，“90 年代初，我是那种拿着拐棍走路的写作，那时我跟着文学潮流走，写得不算差，不过是大路货。”[②]“拿着拐棍走路”是什么意思？应该是毕飞宇自指其写作对来自西方的现代知识与价值系统未必明确的依赖。在他看来，处于这种纠葛状态的写作与地道的中国写作是有较大差距的。

何为现代知识与价值系统？王晓明以历史进步规律为解释。他认为，历史进步规律自西徂东，构成了现代知识者的“现代天命”，“它的光芒覆盖了现代中国人林立世界的几乎每一寸土地”。[③] 王晓明说的“历史进步规律”实际上是指与启蒙理性并生的普遍历史观念，该观念认为人类历史遵循着理性的合理规划，有规律地、合目的地、不可逆地向前发展。这是与儒家德性伦理不同的新编码原则，它同时收编了中国社会生活与现代文化，审美、个人、国家、革命诸观念“最后都蜕变成为现代天命的一部分，成为历史进步‘规律’的派生物”，[④]现代文学亦概莫能外。这表现在它的叙事被“调节异质分布”的方法所引导。具体说来，就是写作者对族群与社会的描写，都被要求脱离古典的忠孝节义等伦理想象而体现出历史发展的正动或反动本质，譬如新和旧、传统和现代等等。当然，由于黑格尔与马克思对历史规律的阐释差异，五四传统与革命传统对族群与社会本质编码的方法也是不同的。五四传统多以自由与奴役、愚昧与文明等文化本质进行编码，革命传统多以压迫与反抗、无产阶级与资产阶级等政治经济本质进行编码。由此，历史为现代文学提供基本的解释模式与想象力。同时，由于历史为族群和社会分别配置的历史正动或反动的本质，又进而隐喻了该社会的道德与非道德、合法与非法，这就生产了明确的意义系统：旧亡新生乃属“天命”，个人只有通过消除反动、投身正动的正义行为才能获得历史救赎，反之则必受惩罚。这一意义系统形塑了自五四直至 20 世纪 80 年代前期的现代文学，它使文学在表达批判旧文化、旧政治（包括封建文化、国民党统治乃至“文革”政治）的意

---

① 吴义勤：《感性的形而上主义者：毕飞宇论》，《当代作家评论》2000 年第 6 期。

② 姜广平、毕飞宇：《毕飞宇访谈录》，《青衣》，长江文艺出版社 2001 年版。

③ 王晓明：《太阳消失之后》，《思想与文学之间》，人民文学出版社 2004 年版。

④ 王晓明：《太阳消失之后》，《思想与文学之间》，人民文学出版社 2004 年版。

识形态诉求时产生了巨大的动员力量。但是，随着八九十年代中国越来越深地卷入德里克(Drilik)所谓的“后革命时代”，历史编码所包含的对个我经验的压制、遮蔽与挪用等意识形态问题也日益暴露，终于自我耗竭。在此时期实验小说、先锋小说及新历史小说的持续打击下，以历史编码为内核的现代知识与价值系统对于文学的支配局面基本崩溃。

毕飞宇踏着“先锋小说的余绪”进入文坛，[①]他的青春叛逆期的写作以怀疑、反抗和解构历史为特征。先锋小说对历史因果律的拨弄，新写实小说对真理与意义的放弃，新历史小说对偶然性的推崇，这些非历史的纵深在毕飞宇那些以历史寓言、家族故事等为背景的小说中都可以发现。这种“对历史特别的怀疑”[②]的思想支持着《叙事》《楚水》与《是谁在深夜里说话》诸小说的叙事，譬如《孤岛》说：“历史这玩意儿偶发因素实在是太多，只要哪儿出了点问题可能就完全走样儿了。历史无所谓必然，所谓必然必须在事情发生之后。”吴义勤对于毕飞宇这一时期创作的分析是比较精到的。他认为，毕飞宇让人认识到“我们所熟知的‘历史’与那种隐藏在‘历史’帷幕背后的‘本真历史’常常是‘错位’的。而恰恰是这种‘错位’构成了‘历史’存在的本源与真相，构成了人类生存的最大悲剧与荒诞”[③]。但是，整体言之，毕飞宇早期对“历史之罪”的思考与先锋小说、新历史小说一样，并未真正逾出现代知识与价值系统的思想边限。这主要表现在“路径依赖”问题上，即因为过于执着反抗历史编码而形成的断裂、空缺和偶然性等新模式，其实也是一种编码，而且是反方向地从历史编码衍生出来的。没有历史，反历史写作亦失去了根基。而且，这种路径依赖还使叛逆者与其叛逆对象殊途同归。换句话说，若说历史编码是一架现代知识者幻视出来的风车，那么，叛逆者与风车不屈不挠的搏斗恐怕也难摆脱幻视的嫌疑。换言之，历史编码确是现代知识者为国族解放而不得不使用的意识形态工具，它是理论与概念，与丰饶的中国生活之间确实存在无数的破绽与缝隙，但叛逆者对它的反复纠缠与攻讦，恐怕也多半陷入了概念之阵吧，同样是遗忘了广阔的中国经验。毕飞宇在90年代后期对此问题产生了清晰的认识。他认为，自己的早期写作“沉迷于自己的玄思与想象之中”，“‘闭着眼睛’写作的”，“但是，生活迫使我睁开了眼睛。当我睁开眼睛的时候，其实‘另一个毕飞宇’就产生了。我是一只四月里的燕子，虽说还没有站在土地上，不过，离地面已经越来越贴近了”[④]。这表明，毕飞宇希望逃离历史/反

---

① 施战军：《克制着的激情叙事：毕飞宇论》，“北国看书”网，http://read.lnd.com.cn。

② 姜广平、毕飞宇：《毕飞宇访谈录》，《青衣》，长江文艺出版社2001年版。

③ 吴义勤：《感性的形而上主义者：毕飞宇论》，《当代作家评论》2000年第6期。

④ 贾梦玮：《“睁开眼睛”与“保护嗓子”：毕飞宇访谈录》，《语文教学与研究》2000年第16期。

历史、现代/反现代的话语纠葛，回到踏踏实实的中国土地上。

二

毕飞宇多次表达过摆脱概念干扰、“站在土地上”以探求“地道的中国写作”的衷愿。回到“海拔零度”，“睁开眼睛，低下头来，从基本的生活写起”①是此意，“我比以往任何时候都渴望做一个‘现实主义’作家——不是‘典型’的那种，而是最朴素的，‘是这样’的那种”，②也是这个意思。在当下写作中，这种剔除一切解释系统(历史或反历史编码)、直接面对中国大地上裸露的真实的诉求，已经逐渐成为共识。近年莫言摆脱魔幻诱惑而向猫腔小戏的“大踏步撤退”(《檀香刑》)，贾平凹对故乡丹凤“鸡零狗碎的泼烦日子”的白描(《秦腔》)，都提供了与现代话语系统相脱节的中国乡土生活，而“王家庄”系列是此共识的一部分。

但是，毕飞宇所展现的“朴素的”现实包含了其他小说家未曾发掘到的乡村生活经验与生存体验。读者不妨细读《玉米》开篇对20世纪70年代中国乡村层层叠叠的精彩描绘：

> 坐完了月子施桂芳胖了，人也懒了，看上去松松垮垮的。这种松松垮垮里头有一股子自足，但更多的还是大功告成后的懈怠。施桂芳喜欢站在家门口，倚着门框，十分安心地嗑着葵花子……样子出奇地懒了。施桂芳的懒主要体现在她的站立姿势上，施桂芳只用一只脚站，另一只脚却要垫在门槛上去，时间久了再把它们换过来。人们不太在意施桂芳的懒，但人一懒看起来就傲慢。人们看不惯的其实就是施桂芳那股子傲气，她凭什么嗑葵花子都要嗑得那样目中无人？施桂芳过去可不这样，村子里的人都说，桂芳好，一点点官太太的架子都没有……现在好了，生下了小八子，施桂芳自然有了底气，身上就有了气焰。虽说还是客客气气的，但是客气和客气不一样，施桂芳现在的客气是支部书记式的平易近人。

王家庄支书王连方的婆娘施桂芳这个似乎漫不经心的姿势，包含着中国社会的生活法则。对于施桂芳来说，抓革命促生产“过一个严肃而活泼的春节”的重要性甚至不如一根鸡毛，她连自己的男人在别的女人床上奋斗不止都无所谓，重要的是生儿子。更准确地说，生儿子尚非要紧，要紧的是王家庄人对她生儿子的关注。这给了她漫长的痛苦。现在她的自足、懈怠与气焰，就是要通过同样的关注让王家庄人

---

① 姜广平、毕飞宇：《毕飞宇访谈录》，《青衣》，长江文艺出版社2001年版。

② 毕飞宇：《〈青衣〉问答》，《沿途的秘密》，昆仑出版社2002年版。

感到她的浑身上下溢散着的幸福气息。显然，这样一个人，她不是生活在自己的世界里，而是活在王家庄的人前人后。在这种幸福感的背后，矗立着一个以关系为基本规则的乡村世界。“王家庄”的特异性，就夯实在“关系”这两个字上。对这一点，毕飞宇的感受异常深切。他说，在中国社会里，“抽象的‘人’是不存在的，存在的反而是人的‘关系’。‘关系’才是前提、根本”。[①] 这种看法可从政治社会学的研究中获得支持。美国汉学家白鲁恂(Lucian W. Pye)指出：“很少有其他文化像中国那样重视人际关系，从政治哲学到日常生活，中国人不厌其烦地强调人际关系的重要性。每当中国人谈到个人‘处境’的时候，他所指的就是周遭的人际关系。中国人认为这种解释是理所当然的，人际关系就像一张蜘蛛网，每个人都有他的定位，他的生活方向。”[②]毕飞宇通过王家庄系列，向读者揭示了个体在“关系”世界中的生命经验，包括其“完整性、丰富性、开阔的程度，以及弯弯曲曲的纵深”。[③] 这同时体现在个体的自我认识及其行为取向上。

在自我认识方面，王家庄人与西方人借自我实现来定位自己不同，他们通过“关系”世界中的他人认识来建构自我关于幸福与痛苦的观念。在他们看来，幸福就是“人在人上”[④]，就是在彼此关系中让人仰羡与嫉妒，反之，人居人下那才是叫人难以忍受的痛苦与耻辱。这种偏枯的自我认知，导致了王家庄人执着得几近痴迷的“心劲”。他们细腻、敏感、好胜，习于“韧性的战斗”，彼此间长期处于无声而有力的心理纠葛与厮杀之中。毕飞宇对这种日常心理“搏斗”的描写，可谓独步文坛。这种“人在人上”的“最日常的梦”塑造了王家庄人的集体欲望，也造就了他们三种特殊的“生活方向”。一，他们竭全部心力构造自己“人在人上”的个人形象及幸福感受，这种幸福感在很多时候甚至直接落实为面子的争取与炫耀。施桂芳的“气焰”是在展示自己“人在人上”的幸福脸面。玉米经历家变给镇武装部部长做填房后，最想得到的工作是到镇收购站做验磅员，为什么？因为那个地方在码头上，来来往往的王家庄人都可以看见她的荣耀与体面。脸面在王家庄不仅是瞬时的心理感受，它更构筑了生命的圆满与意义。把这一层写得更为无声而惊心动魄的是《平原》。在《平原》里，拖着油瓶儿子改嫁到王家庄的沈翠珍，几经“厮杀”降服了后夫王存粮，却在继女红粉那里折了锐气，幸福得很有限度。她的这个解不开的疙瘩一直等到多年以后，终于由长成人了的儿子端方强制完成了。端方几乎是使用暴力的手段，迫使红粉出嫁之

① 汪政、毕飞宇：《语言的宿命》，《地球上的王家庄》，新世界出版社2002年版。

② Lucian W. Pye：《中国人的政治文化》，台北风云论坛出版社1992年版。

③ 汪政、毕飞宇：《语言的宿命》，《地球上的王家庄》，新世界出版社2002年版。

④ 毕飞宇：《我们身上的鬼》，《小说月报》2001年第5期。

时喊了沈翠珍一声“妈”,算是替母亲在王家庄度过的漫长岁月扳回了脸面。这清楚地反映出,“人在人上”其实是一桩艰辛的事业。二,对于王家庄人来说,要想自己获得脸面就必须“踩”掉别人的脸面,因此,“人在人上”的梦驱使着他们陷入互相伤害的魔圈,不能自拔。王家庄人无师自通地精通于这种关系的秘密。端方替母亲争回了面子,却同时深深地伤害了姐姐红粉,使她“失声地嚎哭”。如果说端方“踩”红粉多少有些无奈,那么玉米报复那些与她父亲私通的女人们,却是积极主动地创造“踩”的机会与效果。她使用的方式就是揭露她们的隐私,剥她们的脸面,“玉米一家一家地站,其实是一家一家地揭发,一家一家地通告了。那些和王连方睡过的女人一看见玉米的背影就禁不住心惊肉跳”。三,这种反反复复的相互伤害、相互较量,直接导致的结果就是人与人之间难以沟通,缺乏爱的倾注。对此毕飞宇说,“在‘关系’里头,我注重的是情感。在情感里头,我侧重的是恨、冷漠、嫉妒和贪婪。”①恨与冷漠造就了关系世界里的压抑,也进一步形成了王家庄人最为普遍的生命经验:疼痛。在这里,没有真情,没有知音,有痛不能倾诉,有爱更不能传达。这是怎样压抑、干枯的人生啊。玉米爱着彭国梁想着彭国梁,可是彭国梁不知道也不看重。玉秧倾慕着楚天,吴蔓玲欣赏着端方,端方面对赵洁则感到无来由的羞怯,可是对方都不知道。毕飞宇为我们发现了中国乡村这些孤独而痛楚的灵魂。在那些被阻隔的爱的背后,他细致地描绘了无数的微弱的欢乐与漫长的痛楚。这种“疼痛”,是毕飞宇小说中生命经验的母体,也是他所发掘的最具价值的中国经验。

在王家庄,历史/反历史的编码都失效了。发生“文革”也好,不发生也好,对于玉米、端方和三丫,都留不下大的痕迹。一代代人的经验几乎不变地从他们身上流过,他们在麦收、歇夏、拉练、恋爱等过程中经历着自己的丰富、疼痛与惊心动魄的微妙。这一点,敏感的评论家亦曾注意到,“即使有‘文革’,有宏大的政治背景发出震耳欲聋的画外音,乡村少女玉米依然循着固有的轨迹走自己的人生:从小就有干不完的家务活,稍长,有人提亲,接着便是出嫁、为人妻、为人母……历史在她们面前显得迂阔,甚至有点大而无当了。”②这一个与“文革”与反“文革”都缺乏关联的饱满自在的乡村,为“现代之后往哪里去”的时代问题提供了切实可靠的中国经验。当然,其间也有反复。可能由于部分批评家对《玉米》中的“权力镜像的书写”③的过度强调,《玉秀》《玉秧》完全滑入权力模式,失掉了《玉米》本已具备的开阔。相对而言,

---

① 汪政、毕飞宇:《语言的宿命》,《地球上的王家庄》,新世界出版社2002年版。

② 董之林:《“身上的鬼”和“日常的梦”——关于毕飞宇的小说》,《文艺争鸣》2004年第2期。

③ 汪政:《“热闹”的毕飞宇》,《南方文坛》2004年第4期。

《平原》是从各种表述模式里真正获得了“突围”的作品。

三

面对现代价值系统的解纽，“王家庄”系列创造了新的意义。但这种意义主要不是来自现代历史/反历史编码释放出的批判性意义生产，譬如“鬼文化”批判与“文革”批判——不少评论家解读毕飞宇时仍然孜孜于此——来自毕飞宇特殊的语言审美系统。在“现代”倒掉之后，语言审美主义是当代写作者的主要选择，莫言、阎连科、李锐、东西等在此方面都有各自不同程度的探索。毕飞宇的语言品质与叙事风格也堪称卓尔不群。他在语言上作过多方面的尝试，譬如对通感方法的使用。[①] 但主要来说，他的语言审美主义可简括为：他通过对一种悖反式语言结构的控制，达成了特殊的语言弹性与叙事节奏。这种悖反包括两个方面，即及物的诗情与不及物的戏仿。前者从可能的悲剧中捕捉住溢散的诗意，后者则抑制着其政治、道德与人性层次上的悲剧指向。二者相生相制，形成了沉重与轻逸相交叠的风格。

及物的诗情乃是指向确定主体的诗情倾诉。在“王家庄”系列中，我们不时可以看到毕飞宇对于土地的叙述中流动着的俄罗斯式的诗情。譬如秋天的王家庄是如此的宁静与优美，“河面上的波光凝重起来，在满天的星光下面无声地闪烁。毕竟是秋天了，一些虫子在叫，空旷而又开阔的苍穹安静了。吴蔓玲和端方顶着满天的星光，在往回走”。而漫长冬季里的王家庄又是那样的安宁与祥和，“这是一夜的暴雪，特别的大。因为没有风，它就悄无声息了，不是飘，而是一朵一朵地往地面上坠。到了下半夜，大雪把里下河的平原封死了。村庄没有了，冬麦也没有了，大地平整起来，光滑起来。草垛却浮肿了，低矮的茅草棚也浮肿了，圆溜溜的，有了厚实的、同时又饱满的轮廓。可爱了”。另一方面，及物的诗意更以温暖而宽厚的力量，一层一层地涌向那些在关系世界中内心之爱被阻隔的受伤的人们。他们的爱在现实的王家庄无法诉说与传达，但这些忧伤的秘密在毕飞宇笔下化作了饱满而忧伤的诗，像飞翔的灵魂，轻盈而美丽地掠过王家庄的上空。譬如，玉米的忧伤与欢乐是怎样地闪烁着诗的光芒啊，“彭国梁的信几乎全是理想和誓言，决心与仇恨。到了结尾的部分，彭国梁突然问：你愿意和我一起，手拉手，和帝修反做斗争吗？玉米好像遭受了一记闷棍，被这记闷棍打傻了。神圣感没有了，一点一点滋长起来的却是儿女情长。开始还点点滴滴的，一下子已经汹涌澎湃了。‘手拉手’，这三个字真的是一根棍子，

---

① 在《平原》中，不时可发现莫言式的句子，譬如，“只是一会儿，炉膛里肉的香味传出来了。这一股子香味是一只大舌头，足足有八尺长，在端方身上舔。从上舔到下，从下舔到上，越舔越舒坦。”

是一根擀面杖，玉米每读一遍都要从她松软的身子上碾过一遍。玉米的身子几乎铺开来，十分被动却又十分心甘情愿地越来越轻、越来越薄。玉米已经没有一点力气了，面色苍白，扶在树干上吃力地喘息”；“玉米干脆蹲下身去，把脸埋在肘弯里头，全心全意地往伤心里头哭”。这样的描写，毕飞宇同样给予了在无声的夜晚陷入疼痛与孤独的三丫和吴蔓玲。他拯救了这些被拒绝的灵魂，他使那些历史或反历史编码中被遗忘了的声音重新获得诗性的光芒。

不及物的戏仿与及物的诗情相对而生。王家庄的压抑，以及从中生发出的诗情，都有可能与沉重的悲剧紧密相连。譬如玉米，何尝不可以理解为“鬼文化”下的人性悲剧；譬如三丫意外的死亡，又何尝不能理解为“文革”施虐的荒谬结果？尤其毕飞宇自己对极权的谈论，更易使人执着于此类读解。读者不难发现，毕飞宇的确描写了许多沉重的事件，譬如王连方利用职权接连不断地强暴妇女、村人为报复反过来轮奸玉秀姐妹、玉米屈嫁郭家兴、玉米对玉秀的控制、三丫的死、吴蔓玲的深夜受辱等，但是，这些故事经过毕飞宇的叙述都取得了异样的轻逸效果。这种化重为轻的显著特点成了毕飞宇的个人风格。洪治纲将此特点比之于卡尔维诺，“他不像一般的作家那样，常常被某些宏大的历史命题或深邃的理性思考所遮蔽，使叙事陷入某种正面强攻式的紧张状态，而是相当轻松地摆脱‘意义’对叙事的过度缠绕，通过一些轻缓柔曼的智性话语，在‘以轻击重’的逻辑思维中，迅速传达作品内在的审美意旨”。[①] 这是敏锐的感受，但毕飞宇是怎样“以轻击重”的呢，洪言之不详。这涉及毕飞宇的不及物的戏仿的方法。与李锐、阎连科的革命审丑不同，毕飞宇的戏仿并不以否定、指控、讥讽革命为目的，不以摧毁、戏弄旧概念体系为追求，它服从于对王家庄世界的表达。审丑是反历史，是“重”，不审丑就不及物，就脱开了历史或反历史，就成了“轻”，成了幽默与智慧。

不及物的戏仿集中表现在政治层面。毕飞宇戏仿政治的沉重，却闪开了对政治本身的质疑，譬如他对王连方漫长“床帏事业”的描写。这种关于村支书的迫害的故事我们耳熟能详，但毕飞宇的叙述是这样的，“长期和复杂的斗争不只是让王连方有了收获，还让王连方看到了意义。王连方到底不同于一般的人，是懂得意义和善于挖掘意义的。王连方不但要做播种机，还要做宣传队，他要让村里的女人们知道，上床后连自己都冒进，可见所有的新郎官都冒进了。他们不懂得斗争的深入性与持久性，不懂得所有的斗争都必须进行到底。要是没有王连方，那些婆娘们还一辈子蒙

---

① 洪治纲:《谈毕飞宇的小说》,《南方文坛》2004 年第 4 期。

在鼓里。”这种戏拟式的语言，使读者悄然错过“斗争”背后的沉重而不自觉。又如三丫的意外身亡，在李锐等人的“新右派”文本中无疑会成为攻讦极权与革命的关键场景，毕飞宇的政治立场或与“新右派”并无太大区别，但是他显然比李锐更为节制。他用语言将读者带到了批判之外、政治之外，给读者展示了一场围绕着三丫之死的真正狂欢，“所有的人都冲出了家门，他们在跑。许多人都在咀嚼，许多人的手上都还握着碗筷。他们冲到了孔素贞的天井，当然，扑空了。他们凭借着丰富的经验，凭借着对事态的发展无与伦比的判断，直接向合作医疗冲锋而去。在孔素贞的家与合作医疗之间，一路鸡飞，一路狗跳。王家庄沸腾了”。这种没心没肺的语言使毕飞宇从政治批判的边缘抽身而去。此类语言构成了毕飞宇小说叙述的主要部分，不胜枚举，如，“（魏向东的）老婆有了重新做人的意思，有了翻身得解放的意思。眼见得就要爬到魏向东的头上了。”“魏向东很心痛。痛恨这个叫‘谈美华’的女人，痛恨这个家。但是魏向东毕竟是魏向东，懂得并且能够化悲痛为力量，更加努力地投身到他的工作中去了”。这种不及物的戏仿在道德方面也有比较多的表现。譬如《平原》描写村人在公共场所发生的性嬉闹，“一般说来，闺女们再害羞也不会站起身来走开，一走开反而说明你听懂了，反而把自己绕进去了。你怎么能懂呢？很不光彩、很不正经了”。这里就挪用了道德话语，却事实上全无道德评价。在人性层面亦是如此，譬如《玉米》描写王连方与女人的“斗争”史时说，“在这个问题上施桂芳倒是明白人，其他的女人有时反而不明白了。她们要么太拿自己当回事，要么太忸怩。王裕贵的老婆就是一个例子。王连方一共才睡了裕贵家的两回，裕贵家的忸怩了，还眼泪鼻涕的一把。”这里眼看就要触到一个人性的悲剧，但毕飞宇硬是不再往深处看上一眼，“她的理论很怪”，“很不好”，他用王连方的感受轻快地了结了此事，从悲剧的边缘巧妙地滑走。这种不及物的戏仿的技术，通过政治、道德、人性三个层面若即若离的叙述，将“重”变成了“轻”。

这种以轻击重的审美效果是奇异的。不及物的戏仿与及物的诗情形成了一种奇妙的平衡，王家庄故事由此获得了一种舒缓的张力：它既让读者在一定程度上窥见政治、道德、人性等层面的悲剧内涵，却又不使读者跌入紧张与沉重；它既使读者在游戏的轻快的语言中体会到颠覆革命的快感，又不因对革命过于分明的价值判断被有识者断定为偏执甚至无知。在后一方面，李锐的《无风之树》、阎连科的《坚硬如水》、张炜的《丑行或浪漫》就显然难以摆脱思想浅薄的嫌疑。但是毕飞宇的谨慎与“保守”，反而使他在这个公共标准日益丧失的时代保证了文学自身的纯正品质。以轻击重同样使毕飞宇的语言充满弹性：它既像要朝着悲剧的深渊飞倾而下，又像是在深渊的入口处高高弹起，轻盈回旋，现出欲倾未倾的美。当然，这种语言在创造独特审美效果的同时，也因为与悲剧与人性有意保持的节制与距离，在一定程度上也影响了作品震撼人心的力度。

余 论

毕飞宇一直遗憾评论者没有从写作者的内心出发写东西，本篇亦得接受这一批评。现在回过头来，我们可以看到毕飞宇一直是在一种节制的面目下保持着内心的燃烧的。他的创作始终被几种动力交替推动着，大致可列述如下：一是家族的创伤记忆，包括毕家自20世纪30年代以至“文革”的动荡与不公正的政治遭际；二是对八九十年代中国社会思想与文学变局的敏感；三是他自己在乡村、县城与都市所历练的人生经验。他的早期写作，先是由重构家族形象的隐秘热情与反历史的知识冲动共同推动的，稍后则转入对周边日常世相的描绘。然而这些写作，尤其是其中饱含着毕飞宇个人激情的家族故事，并没有在文坛激起与后来“王家庄”系列同等程度的反响。这种局面或许让毕飞宇多少有些遗憾，但不是不可理解：在《叙事》《楚水》这样的家族故事里，毕飞宇的内心与人物有着几近相同的激动，他很难保持有节制的呼吸，因而不及物的戏仿很难大量生成，不能与张扬的及物的诗情形成平衡，获得舒缓的弹性。就是说，过于强烈的家世激情妨碍了毕飞宇独异叙事风格的形成，但面对王家庄他便不再有这种激情的绊扯。对于童年时代生活过的农村，毕飞宇的记忆可能已较稀薄，恨与爱的情感可能已淡远，这为他大量调用不及物的戏仿，节制内心的诗情提供了条件。也许，《玉米》的巨大成功对于毕飞宇多少有点意外，因为它既非他酝酿已久的写作对象，他对玉米这个人物的情感倾注也较有限，但恰是这种有限让他游离出了业已习惯的叙事经验，为当代写作创造了一个话语过后的村庄、一块“知识”被荡涤掉的土地。这是“意外”的收获，因为在一个作者与读者事实上都只拥有农耕经验的国度里，拥有了“王家庄”事实上就拥有了通向“中国”的道路。这是无比的重要。沈从文之于湘西、萧红之于呼兰河、孙犁之于白洋淀、莫言之于高密东北乡、贾平凹之于商州、贾樟柯之于汾阳县，都是最好的说明。然而，优秀的写作者总是尊重自己内心的激情的，对于毕飞宇来说，王家庄虽好，却未必是久留之地。与莫言、贾平凹不同，毕飞宇并不把自己看成是生于斯、长于斯、终生系于斯的“地之子”：“我不是一个讴歌土地的诗人。很简单，因为我没有通常意义上的故乡。”[①]对于

① 姜广平、毕飞宇：《毕飞宇访谈录》，《青衣》，长江文艺出版社2001年版。

王家庄来说，毕飞宇技术的投入大于情感的倾注。他更像一个偶发兴趣的过客，虽然在此获得了意外的丰美收获，但灵魂的声音却在更远的地方召唤着他，使他难以久驻，“写作是一条漫长的道路，在这条道上，写作者自己也会更新，会和自己的年龄一起成长”。[①] 毕飞宇会到哪里去呢，那个地方一定比王家庄更适于叙事的生长吗？我们愉快地期待着。

（载《小说评论》2006年第2期）

主要作品目录《

长篇小说

《上海往事》，今日中国出版社1995年版。

《那个夏天　那个秋季》，长春出版社1998年版。

《平原》，江苏文艺出版社2005年版。

《推拿》，人民文学出版社2008年版。

中短篇小说集

《慌乱的指头》，华艺出版社1995年版。

《祖宗》，中国华侨出版社1996年版。

《款款而行——毕飞宇短篇小说自选集》，百花文艺出版社2000年版。

《睁大眼睛睡觉》，北岳文艺出版社2000年版。

《男人还剩下什么》，时代文艺出版社2001年版。

《青衣》，长江文艺出版社2001年版。

《地球上的王家庄》，新世界出版社2002年版。

《操场》，浙江文艺出版社2002年版。

《玉米》，江苏文艺出版社2003年版。

《好的故事》，山东文艺出版社2004年版。

《毕飞宇小说》，中国社会出版社2006年版。

---

① 汪政、毕飞宇：《语言的宿命》，《地球上的王家庄》，新世界出版社2002年版。

《是谁在深夜说话》,春风文艺出版社2007年版。

《雨天的棉花糖》,上海锦绣文章出版社2009年版。

《哺乳期的女人》,上海锦绣文章出版社2009年版。

《林红的假日》,中国工人出版社2010年版。

《相爱的日子》,重庆大学出版社2011年版。

《人类的动物园》,人民文学出版社2013年版。

《中国好小说——毕飞宇》,中国青年出版社2013年版。

《叙事》,上海文艺出版社2015年版。

《明天遥遥无期》,人民文学出版社2015年版。

《虚拟——毕飞宇短篇小说选》,华东师范大学出版社2016年版。

《大雨如注》,百花文艺出版社2017年版。

《唱西皮二黄的一朵》,人民文学出版社2018年版。

《当代中国名家双语阅读文库·毕飞宇卷》,南京师范大学出版社2018年版。

散文、评论集

《牙齿是检验真理的第二标准》(毕飞宇、张莉),人民文学出版社2015年版。

《写满字的空间》,人民文学出版社2015年版。

《小说课》,人民文学出版社2017年版。

《我们小时候——苏北少年堂吉诃德》,人民文学出版社2017年版。

《小说生活——毕飞宇、张莉对话录》,人民文学出版社2019年版。

文　集

《沿途的秘密》,昆仑出版社2002年版。

《毕飞宇文集》(4卷:《这一半》《黑衣裳》《轮子是圆的》《冒失的脚印》),江苏文艺出版社2004年版。

毕淑敏

女，1952 年生于新疆伊宁，祖籍山东文登。

小 引《

自从高尔基把文学叫作“人学”之后，我们跟着鹦鹉学舌，差不多说了近一个世纪。这原本是一句大实话，只不过经高尔基的口说出来，就有分量，影响就大。就像今天很多大家都懂得的道理，大家都在说的话，经某些大人物再说一遍，就成了金科玉律，成了绝对真理一样。用一个时髦的词儿，这就叫名人效应。究其实，文学是写人的，又是为人写的，还是人写的，不是人学又是什么。所以在下总觉得高作家这句话其实并没有搔着痒处，有点大而无当、不着边际。换句理论一点的话说，也就是没有说出文学所特有的质的规定性，即它与别的“学”相区别的特殊性。除了文学，这世界上由人琢磨的、为人琢磨的和琢磨人的“学”多着呢，都能叫人学吗！想当初，高作家也不是像今天的博士写论文那样，要给文学下个定义，而是因为人家拉他去参加一个方志学会，他在一次讲话中说过“我毕生的工作不是地方志学，而是人学”之类的话，好事者就联系他的职业，又拉扯上他在别处说过的类似意思，附会了这个不是定义的文学定义。虽然文学从此有了人这个依靠，但为此倒霉的人，苏联本国不知道有没有，中国实在是不少。可不知为什么，前些年，却又听为此倒过霉的钱谷融老先生说，这句话最早是法国人泰勒（一译“丹纳”）说的，就是写《艺术哲学》的那位仁兄，如果那年月也讲知识产权的话，这回高作家算是“被”侵权了一把。

这当然是开玩笑。不管这句话是谁说的，文学跟人打交道都不容易。这是因为，人在常识中，本来就是复杂的，西人说一半是天使，一半是魔鬼。国人说“人之初，性本善”；或者说，人之初，性本恶；抑或说，无所谓善恶，皆本于食、色。“食、色，性也”，即人的本能，合起来，跟西人的意思大体相近。在我的记忆中，各个时代，因为各自的需要，对人的理解，又各有侧重。早先说人是社会关系的总和，就强调人的社会属性；后来说人是划分阶级的，则进一步在社会属性中强调人的阶级属性；忽然有一天又说人是感性的、肉身的，反过来又强调人的自然属性，张扬人的欲望本能。或者，一时说，人是政治的动物；一时说，人是经济的动物；一时说，人是文化的动物；今天又有人说，人是消费的动物，如此等等，总之是越说越复杂，越说越玄乎，结果是，谁也不能给人下一个完全的定义。不过，这样也好，不定义，人还是人，就是低头不见抬头见的你、我、他，就是吃、喝、拉、撒着的饮食男女，就是喜、怒、哀、乐着的芸芸众生。也就是文学家们经常说的有血有肉的活生生的人。

文学要写这样的人，也着实不容易。因为他不是抽象的，所以你不能只让他表现一点思想；因为他不是单纯的，所以你也不能只写他一个方面的表现。而且他的表现，有许多是你看不见、摸不着，也搞不清楚，甚至连他自己也说不明白的。要写这样的人，就得在生理和心理两方面下功夫。这其实还是一句老话，只不过换了一种说法。所谓生理者，即今之谓人的肉身，以前讲人的身体，也就是上述人的自然属性或动物属性。所谓心理者，虽然也附着于肉身或身体，即人脑（国人说是"心"）的活动，但从身体里激发出来的、在大脑里转悠着的，却是所谓情感和思想，也就是上述人的社会属性。兼有这两方面的功夫，庶几可以写人。

我不是说所有的作家，都得先去当医生，或都得当医生。但有当医生的经历，或现在还在当着医生的作家，无疑有助于写人。否则，文学史上就不会有那么多作家，是从学医或医生改行的。眼面前的一个例子，自然就是本辑主人公毕淑敏。她最初的创作也许只限于从一个医护人员或医生的职业视角取材，写着写着，就把医生的本能和特长带进来了，而且也像前辈作家鲁迅那样，不光要医治人的身体，还要医治人的精神。鲁迅是把这两项工作分开来做的，先想医治国人的身体，后来却放弃了医治身体的理想，转而医治国人的精神。毕淑敏却一勺烩了，既医治人的身体，同时也医治人的精神：以医术治人的身体，以文学治人的精神。我不是说毕淑敏因此比鲁迅伟大，而是说把这两者结合起来、合而为一，似乎更便于发挥医学和文学互补的功效。岂止如此，毕淑敏还有一个心理咨询师的特别身份，修完了正宗的心理学博士学位课程，这就让她的医道更进了一层，即在医治人的身体的同时，也医治人的精神（心理）。看样子，即使没有文学帮忙，医生毕淑敏也可以独立完成这两项任务。但文学毕竟是文学，自有它不可替代的功能和效用。否则，有了医生毕淑敏，也就无需作家毕淑敏了。作家毕淑敏的作用就在于，她不但要用笔解剖生理和心理的病症，抚慰人的肉体和心灵，同时还要让人明乎生命的意义和价值、高贵和尊严，让人增强活着的力量和信心。关于这一点，本辑主笔赵艳博士已经作了层层剥笋的分析，无需我在此赘言。如果说毕淑敏的这两份工作有什么区别的话，区别只在于，医生毕淑敏的诊断结果，要开一个处方；作家毕淑敏的诊断结果，却可以用作品来代替。这样的替代物虽然不能让人照方抓药，解除一时的病痛，但其效用却不亚于针灸药石。面对这样的一个具有双重功能的毕淑敏，当你接受她的心理治疗的时候，可以得到一种审美享受；当你读她的作品的时候，又可以享受免费的心理咨询。这样划得来的事儿，哪里去找！

自　述《

最初和最后的清洁

我的处女作中篇小说《昆仑殇》在《昆仑》杂志 1987 年第 4 期发表之后，《小说选刊》1987 年 9 月号最先给予转载。这对一个普通的业余作者来说，是巨大的鼓励和鞭策。那时，我在北京的一家工厂当医生，写作对于我来讲，尊崇而高渺。

我至今深切感谢最初发表和选编我小说的编辑——《昆仑》编辑部的海波先生和《小说选刊》的李国文老师。不仅仅因为他们编发了我的小说，给予一个名不见经传的业余作者那样厚重的重视和鼓励，而且由于这个过程中毫无瑕疵的洁净和纯粹。那时，我在整个文艺界举目无亲，不认识任何人，也不熟悉任何一家刊物的任何编辑。单纯地抱着对西藏阿里那片土地的不舍情怀，在医院值班室的日光灯下，开始落笔素纸，一鼓作气地写下我对那块覆盖着白雪和冰川的国土的热爱，写下我对牺牲在那里的年轻战友的祭奠，写下对那个铁血年代的困惑和反思。《昆仑殇》后来得了当年的文学奖，直到今年各种版本还一再收录和单册出版，并发行到了台湾。我爱人开玩笑说，你这个当年的“共军”，文章已在海岛登陆。

从那时出发，20 多年过去了。在一年等于几十年的剧变时代里，这段光阴，足以沧海桑田。每当我听到人们说起如果不懂得潜规则，作品就几乎没有可能被刊发或是得奖的时候，我总是会说，不，并不总是那样的。起码以我的亲身经历，可以证明这并不确切。不管怎样抹黑这个行当，最少我可以站出来言之凿凿地作证，一个女作者，不必趋炎附势，不必迎合潮流，不必卑躬屈膝，不必委曲求全，不必“潜”和“被潜”，依然能够沉稳地写作并安然地坚守。

当我知道若想发表文章或是得奖需要怎样的曲折时，除了惊愕，还饱含庆幸。庆幸在我初学写作的年代，还有那样诚挚负责的编辑，还有那样温暖公平的选刊。如果让我当初就猝不及防地见诸重重晦暗，对那时的我来说，文学之路的打击很可能是致命的。我会错愕之后拂袖而去，绝无勇气坚持下来。这既源于我自恃有医术在身不屑求人的孤傲，也是一种精神洁癖的追索。

最初的鼓励是何等的重要！最初的清爽无比珍贵！它奠定了我对写作这一行始终如一的敬畏和仰视，让我在饱经沧桑之后，依然相信正直和慈悲的力量遇挫弥坚。期待着这样的传统可以发扬光大。期待着如海波和李国文先生这样的好编辑、好老师的好品行，如同珍稀的物种，受到保护和尊重，在新时代的文学土壤中，枝繁叶茂。

今年春节，我在尼泊尔和不丹度过。加德满都的巴格马蒂河，是恒河的主要支流之一，被称为“圣河”，是当地最大的露天火葬场。印度教教徒，死后在这里焚尸，并将骨灰抛撒入水。到达河边的时候，正是夕阳西下暮色四合时分，烈焰沸腾触目惊心。在中国，死亡以黑色和白色为翅，驮载天人永隔的惨痛，而在尼泊尔，这一时刻是由橘色的鲜花、镶着褐边的火焰和金黄的柴垛组成。梵音缭绕中，尸身先在圣水中荡涤，洗去尘世灰埃，然后点燃柴堆，火苗渐升，在某一瞬间爆裂成一丛丛怒放的火舌，腾空起舞，光照四方……

大约四五个小时后，能燃烧的东西都化为无言的灰烬，人们把它撒入乌黑的河水。说河水乌黑，不仅是融入了炭灰，主要是天色墨透，万物失了色彩和形状。我注视着这个过程，以为自己会受到强烈撞击和震荡，可是，没有，稍微有点遗憾。突然间想到了写作，顷刻做出了一个决定。我热爱这个工作，在众人的帮助下，庆幸自己曾有如此洁净的开端。希望能有始有终，保持这支笔的纯洁，直到生命终结的那一天。故此，我决不为金钱和名利而写作，不再主动参加任何一种文学评奖，死后不开追悼会，不惊扰任何朋友，只需三两亲人陪伴，悄然遁去。

我当过医生，看到过死亡。如今又看到死后的情形在我面前如此栩栩如生地展示，庆幸啊。

记得吴冠中先生对自己的孩子们说过，如果你们想我了，就去看我的作品，我活在我的画中。我希望自己成为这样一个作家——活在我曾经写下的文字中。它们带着我的体温和血脉，在我死后依然温暖地流动。

访　谈《

"生命与死亡"是我创作的规定性

——毕淑敏访谈

赵　艳　毕淑敏

赵艳:大家对您的认识是从《昆仑殇》开始的。透过这一作品,我们既崇敬大自然和人的伟大,领受它对我们心灵的净化与提升;又失落于其中存在的不人道、压抑人性、狂热的理想崇拜。您自己在创作时是怎么考虑二者关系的?

毕淑敏:你说的这些方面的确都有,但因为这是我的处女作,所以并没有全面地考虑,只是觉得内心有很多想表达的东西,我想为那块土地、为那段生活、为那些战友发出一个声音,心里就是这么想的,所以就表达了出来。

赵艳:其中最让您感动的是什么?

毕淑敏:是我们曾经的勇敢,某种程度的愚昧,还有英雄主义。

赵艳:那您现在对其中愚昧的部分,有新的认识吗?

毕淑敏:我现在的看法没有改变,人类并不会因为过去几十年,就改变了,不愚昧了,或者说被完全克服,其实每个时代有每个时代的愚昧。

赵艳:这部作品给您带来了很高的认可度,从此,毕淑敏的名字就和雪域高原、军旅青春紧密联系在了一起,那您认为《昆仑殇》的文学魅力究竟何在?

毕淑敏:我想是在于这部作品特别真情实感。当时我在文学界不认识任何人,就是凭着对文学的热情,凭着对文学的很崇高的认知,我甚至觉得我当时的勇气现在都未必具有。但是,非常纯正的内心,还有内心的使命感,还有那些感动过我的东西,它们在我心中经过这么多岁月,并没有消失,反倒越来越强烈,我想,其实是文学最朴素的动力驱动我写下了这部作品。我是骨鲠在喉,不得不吐。

赵艳:《昆仑殇》这部少作在您创作中占据了重要地位,实际上,"昆仑"及其相关主题在随后十五年的时间里一直是您写作的重心。

毕淑敏:是这样。其实我是个写作时特别听从内心召唤的人,我不会特别注意现在流行什么流派,或者什么题材、哪种艺术手法比较红,或者评论家特别鼓吹什么，或者现在得奖作品朝什么方向倾斜，这些对我没有丝毫影响。我只是关注自己内心最想表达的东西。

赵艳：既然“昆仑印象”如此重要，那么请您谈一谈它对您创作的意义。

毕淑敏：可以说，是昆仑那样的地方和环境造就了我创作的心理和精神结构，我对文学的基本认识、我的写作的核心的东西都是在那个时候就已经奠定了的，到现在也没有改变。所以，虽然有的人会悔其少作，但我从来没有过。我现在也还在考虑回过头来写昆仑的作品，我觉得我最好的素材还没有用。

赵艳：“昆仑系列”中，您着重表达在极端严酷的自然环境下生命的脆弱，此后，您开始从生命本体角度关注作为生命大限的死亡主题。是什么深层的艺术动力促成了这一发展？

毕淑敏：其实，我一直关注的就是生命和死亡这个问题，从最开始就是。可能有一段时间在作品上反映出来特别集中突出，但是对我来说，这是一个贯穿始终的问题，是我所有作品的主线，甚至可以说，是我创作的规定性。比如我环游世界以后写游记，其中仍然充满了生命和死亡。其他的比如风土人情、自然地理等没有能特别打动我的，但是在尼泊尔的恒河边，当地人在焚化尸体，我就特别关注，我可以好长时间一直待在那里，看着尸体一点一点燃烧，直至灰飞烟灭。我觉得那是让我看到了我们平时完全看不到的生命化为灰烬的过程，特别打动我。

赵艳：您的规定性决定了您对这类事件特别敏感。

毕淑敏：对呀，心理学有个概念，早期经验对人很重要。我十七岁去西藏，那些亲历的生命和死亡的体验使我内心受到非常大的一个冲撞，这个影响将贯穿我一生，是很珍贵的一段记忆，一个非常强烈的、原始的烙印。后来我才发现这是人的一个终极问题，我感兴趣不是因为它是哲学命题，而真是从我的生命体验就决定了我特别能够接受这方面的消息。但是因为这个问题的残酷，一般人都选择回避，也有人大惊小怪，说出很多关于生命和死亡的很可笑的话，其实骨子里还是害怕。我想，其实我们不必回避，我们可以也应该面对。

赵艳：《生生不已》是“生命和死亡”主题中写得相当壮烈的一篇，母亲乔先竹为了新生命的孕育成功，历经磨难、九死不悔的形象令人印象深刻。这个形象是怎么来到您脑海中的？

毕淑敏：我当医生的时候，看到过很多小孩子死去，很难过，生命竟然那么短暂。有时我安慰孩子的妈妈，跟她说，你还年轻，可以再生一个，可是她说，这个不是那个。我对这句话印象特别深，我第一次深刻意识到，每个生命都那么不同，一个永远代替不了另一个。这个想法在我脑海里渐渐就生成了《生生不已》这部作品。其实，写作有某种神秘性，不一定是想好了，只是有个特别感动的东西，令人久久不能忘怀，最后就变成了一个小说。

赵艳：您刚才说到生命很悲伤的一面，但是在作品中，我们同时也看到，生命对生命的成全与牺牲竟然能做到那般地步！与其说那是一个生命故事，不如说它更像一个充满力量的生命寓言。我的阅读感受好像是一种生命的接力。您似乎想带给我们更多积极性的东西。

毕淑敏：其实我是个对生命很绝望的人，因为很绝望，所以要搞出一点儿希望来。你往骨子里想，有什么价值呢？其实没什么价值。所以要定个价值，弄个方向出来。

赵艳：所以您的作品很温暖。

毕淑敏：因为这个世界很寒冷。

赵艳：后来的长篇《血玲珑》从故事情节上看与《生生不已》颇多相似之处，我感觉像是《生生不已》的姊妹篇，您怎么看这两部作品的关系？是不是《血玲珑》更注重提出对生命伦理的拷问，也就是在那样一个两难绝境下，主人公究竟该如何抉择？

毕淑敏：我觉得人生有很多非常极端的苦难，和无法预知、无法抉择的困境，大家不了解我对人生的这种悲观，所以无法解读这部作品。

赵艳：也就是说，您关注的并不是从医学角度探讨生命伦理问题本身，而是展示背后的绝望处境。

毕淑敏：可以这么说，但我觉得她还不是最极端的，我不觉得她所经历的就是特别的苦难。其实，人生就是充满苦难，你碰到的还不是最极端，最极端的你无法想象。

赵艳：《预约死亡》和《红处方》是您深入临终医院和戒毒医院亲身体验之后的收获，它们分别从正反两方面提出了对生命和死亡的态度问题。肉体消亡与毒品麻痹导致的精神死亡可以说是生命的最底线了，为什么会考虑在这两个如此特殊的领域来展开"生命—死亡"话题的言说？

毕淑敏：这两部作品的缘起是《北京文学》发起了一个体验生活的文学活动。因为当时个人化的小说太多太多，当然，这也是文学需要的一部分。我做过医生，就考虑去医院，当时我知道北京有临终关怀医院，就决定去了。另外，那些吸毒者为什么明知道毒品的危害还要吸食？为什么这么愚蠢？我想是有原因的，我想从交谈中了解他们的想法。

赵艳:是否能说,您当时想从主体的精神层面了解生命与死亡这个问题?我觉得与以前的作品相比,比较明显地转入了主体的精神领域。

毕淑敏:是这样,但当时并没有明确的意识。

赵艳:《红处方》中的简方宁是生命的卫士,也是生命的殉道者。在您笔下所有的人物中,这是一个特别让人爱也让人痛的角色。她的孤立无援和死亡似乎都暗示着以生命的名义进行抗争的无望。您在创造这个人物时是如何考虑的?

毕淑敏:的确是很无望,很渺茫。人生并没有那么简单。有时我会想,人为什么有贪欲,为什么不能自我控制?人没有进化出自我克制的能力,我对人生充满了忧伤。可我们还是要做出节制的努力,因为看到晦暗的结局,所以要努力。

赵艳:这些作品因为强烈的体验生活的痕迹,被当时的文坛称为“新体验小说”。您自己喜欢这种提法吗?您如何看待真实生活体验与文学创作的关系?

毕淑敏:我是医生,所以我天然地在意体验。我个人觉得人生就是体验,即使没有身体的,也有心理的。否则,小说不能写。

赵艳:体验有两种,真实的生活体验和颇具深刻性、哲理性的生命体验,很多作家强调要超越自我所经历的生活,突入“人的存在”的本质,如阿城、王安忆、余华的“心灵体验”,陈忠实、韩少功的“生命体验”,都旨在对人的生存处境作深度的隐喻式的探寻。那么,您如何认识经历经验写作与探寻“人之存在”的写作之间的关系?

毕淑敏:我不能评价别人的写作,但是我是一个有特别经历的作家。我是医生,不可能说一个医生不亲自接触病人就作出诊疗,对我来说这无法改变,我只能如此。我想,这世界上有各种各样的写作者,也需要各种各样的写作者,就我个人而言,我必须身体力行,亲自体验。

赵艳:您曾经提过人性中有许多黑洞,生活中隐藏着太多陷阱,您想以自己的写作提醒人们的注意,这是否已经深入到人本生存的层面?

毕淑敏:人的恶确实非常多,我在这个问题上比一般人的看法还要消极。在人性中,善的成分比恶的成分可能只多出来一点点,所以我要针对人性的恶和生活的恶写作。至于是否深入到人本生存的层面,我希望做到这样吧。

赵艳:为什么会考虑写《心理小组》这样一部作品?

毕淑敏:中国人特别怕死、怕癌症,不谈论,假装没有,藏起来,但这是我们一定会遇到的问题。特别作为一个女性作家和医生,我深深感受到乳腺癌患者生理和心理的痛苦。我想表达出来。

赵艳:心理层面的关注明显超过了以往的作品,甚至大量渗透到了人的潜意识领域。

毕淑敏：是这样。我之前正好去北师大读心理系。

赵艳：您的选择是否说明您对深入写作的需要？

毕淑敏：可以这样理解，我对人的全方位感兴趣。我以前做医生时，是很好的医生，所以自然关注人的生理、人的极端心理，包括在某些特定情况下人的反应和表现。我对人充满了兴趣。

赵艳：《心理小组》和《女心理师》都是写人的“心病”的作品，除了这一共同点外，它们各自的独特性是什么？

毕淑敏：《心理小组》主要写乳腺癌病人，她们的心理和面对心理的过程。《女心理师》写的是我们这些从表面上看都很健康的人，其实在内心深处有着更深更隐秘的病。得了癌症的人肯定有心理上的巨大危机，这个大家都可以理解，也是一种很独特很容易引起关注的情况，而像《女心理师》中的普通人，如果他们不把内在袒露出来，就没有明显的标签，但他们确实有疗救的必要性和迫切性。

赵艳：那么我们回顾您的创作整体，您对人的认识客观上还是存在一个由外到内、由表及里、由特殊性到普遍性的发展过程。

毕淑敏：对。我想，如果有一个脉络，我最初关注的是生理的问题，然后觉得人是个整体，还有心理的构造，然后再去在各种遭遇和危机中看人的心理问题、心理动荡，就会发现，所有各式各样的人会有各种各样的问题。

赵艳：这是您经历积累的自然变化，还是创作中有意识的突破？

毕淑敏：不是有意识的。我想是随着我个人对人的理解的深入而发生的变化吧。

赵艳：说起毕淑敏，大家最关注的就是您对生命和死亡的探讨，但您是否认为您或者您创作中某些方面还没被注意到？也就是您想同我、同大家谈的问题，而不仅仅是我们想的问题。

毕淑敏：我想，应该是大家都没有注意到我其实对生命是很悲观的。

赵艳：所以虽然大家都说您的作品很温暖，但其中始终游荡着一个“病的人”的形象，从雪域高原中的思想激进病，到肉身的病与死，再到恶习与心理的病，几乎都是在生命的悬崖处着笔。

毕淑敏：生命本身就是这样的。

赵艳：我非常喜欢您的一些短篇小说，像《阑尾刘》《女人之约》《一厘米》，虽然短小，但是颇具智识、很有力量。与长篇相比，完全是另一套笔墨。好像是把人生哲思的闪光放置到短篇，而对生命的咏叹调则由长篇来完成。您是怎么考虑的？有没有打算做一些题材与体裁的跨界？

毕淑敏：的确是这样。生活中能够给我们深刻印象的片段，有时可以深挖成大的作品，有时候就是一小块东西。就像你从自然界得到一块原始的石头，有的是一大块，有的就是一小块。有的东西触动我，让我久久不能忘怀，好像一颗种子，一段时间后就会出现一些故事和人物把它围绕起来，但是有的东西就是一个点。可能有的人可以深挖，可能他后面还有其他储备可以帮助他完成这种跨界创作，但对我来说就是灵光一现的东西。

赵艳：您在创作中遭遇过瓶颈吗？就现有的创作而言，您希望还能在哪些方面有所突破？

毕淑敏：完全没有瓶颈的感觉，我总是一件事情刚做完，立刻充满兴趣投入新的作品，比如这次刚做完环球航海旅行的游记，我就兴致勃勃地想着再写阿里，我希望在我体力和精力还不错的时候，把我最好的素材写出来。

赵艳：我们也非常期待这部您心中最好的作品。那么在现有作品中，您自己最喜爱的作品是哪一部？

毕淑敏：还是《昆仑殇》。因为那时是一个毫无私念、非常纯粹的写作。

赵艳：那最喜爱的人物呢？

毕淑敏：最喜爱的是贺顿。她是一个遍体鳞伤的人，她付出的代价是惨痛的，人生的轨迹是悲惨的，可是即使是这样，她还是不断努力，不断想自我完善，我觉得她内心不愿屈服的状态令我很钦佩。

赵艳：是您的生命理想？

毕淑敏：是的。我当心理医生时看到了人性坚韧不拔的部分，当我听到别人描述他们的苦难，我真是非常惊讶。一般情况下，当心理医生是因为自己很痛苦，要救赎自己或者救赎别人，但是我的生活环境一直较平和，没有创伤性经验。我的心理医生经验就让我知道人性多么复杂、丰富、幽暗，也包括顽强，我深受感动。他们不但将他们做的事情告诉我，这已经令我不可想象，然后他们还给我说背后的逻辑，让我在某种程度上，感觉活了好多辈子。

赵艳：是否可以说这种丰富的人性体验帮助您在写作上达到了新的高度和深度？

毕淑敏：对。他们都是特别好的老师。

赵艳：那么外国作家和作品呢？您有特别喜欢的吗？

毕淑敏：我一直特别喜欢海明威。我喜欢他对生命的感觉，比如说《老人与海》，真的是非常之绝望，根本就没有收获，也就是从收益的角度讲完全就是一个零甚至是负数的结局，可是在那个过程中人所展示的精神，那种不屈服，虽然渺小，却不会被打败的状态很强大。

赵艳：您在他的作品中找到了精神上的共鸣。

毕淑敏：对。你不知道人在绝境中能承受多少打击，虽然会承受很多，但是精神仍然十分顽强，其实这正是我们不容易做到的，包括海明威自己，他得过严重的抑郁症，最后自杀，当写作陷入绝境时，他也没有挺过去，但不管结局如何，他发出了一种声音，他鼓励人的这样一种精神。

赵艳：请对喜爱您的读者说说，理解您作品的关键词是什么？

毕淑敏：其实有时候作家自己不一定能够很好地阐释自己的作品。我想理解时最重要的是真诚吧。我可以保证，我作品中说的不一定对，不一定全面，但一定是我所相信的东西。请大家用真诚之心来做个交流吧。

赵艳：您最近好像在进行新的创作，能给我们透露一下吗？

毕淑敏：我刚写完一个环球旅行的作品。2008 年环球旅行回来后，对世界有很多感受，不管怎么样，行程几万公里，就算走马观花也好，也是在短时间内绕地球转了一圈，有很多的感触要发。其实从最开始就知道写这样一部书的困难，因为我不是这方面的人类学家、地理学家或者社会学家，对航海、地理变迁也没有大的兴趣，只是作为一个小说家来谈我的感受。这部作品大约花了我两年时间，做完时特别高兴，觉得终于把一件自己想做而不擅长做的事小心翼翼地做完了。

赵艳：还有什么新的写作计划？

毕淑敏：打算写一部人和病毒斗争的科幻作品。其实已经准备了很长时间，“非典”时就开始准备了。

赵艳：这种题材和体裁的结合听起来很特别。

毕淑敏：但是我觉得人和病毒之间必有一场恶战。“非典”那场且不说，莫名其妙而来，莫名其妙而走，接下来又是禽流感，H1N1 流感，再有今年的超级病菌，一场接一场。

赵艳：病毒的发展之快、程度之严重，似乎已经超越了我们对现实的想象能力。

毕淑敏：对呀，人类为什么会面临这样的困境呢？

赵艳：您还将探索背后的原因吗？

毕淑敏：试着去做吧，尽力而为。我对自己其实是比较宽松的，尽力就好，我对写作的态度也是这样。其实大自然就是百花齐放，各种状态并存的，这就是世界的丰富性。自然随性就好。

评　论《

写在生命的悬崖边上

——论毕淑敏小说生命关怀主题的深化

赵　艳

王蒙在为毕淑敏小说作序时曾写下这样的句子："爱心是主干，责任是永久，使命是奉献。"[①]诚如其言，毕淑敏的小说一向以对生命的热爱和诚挚关怀为人称道。那么，这份爱与关怀将幻化出怎样的艺术世界呢？当我带着这个问题系统翻阅毕淑敏的小说时，遭遇到的却并非生命的良辰美景，而是满目的荒芜与疮痍。她将生命的反面翻过来，将笔触深入到险恶冰原、临终关怀医院、戒毒医院、心理诊疗室等种种自然、社会、肉身和人心的绝境，将实践爱心的使命交付临死者、吸毒者、心理残缺者这些极端化的生命样态来承当。可以说，她所有的文字都是写在生命的悬崖边上，因此，行走于她的小说世界，常常令人艰于呼吸。为什么她如此执着于这些冰冷彻骨的生命境地和残破不堪的生命形式？这些生命境地和生命形式之间存在何种内在的精神联系？她是如何走来，又将去向何方？她的助力是什么？这是我在阅读毕淑敏时一直探究的问题。

一

1987年毕淑敏发表了她的成名作《昆仑殇》。这部作品在壮丽奇崛的雪域高原背景下，展示了青春为"理想"而殇的故事。虽然这种理想只是历史激进思想的一个错误剪影，但作者对热血青年为追随信仰死而无憾的真诚是倾心赞赏的。一方面控诉给生命带来伤痕的历史，另一方面反思生命在历史假正义之名实施的暴行中收获的价值，似乎缺乏有别于伤痕反思文学范式的新意。但在叙述的微观处，一种颇具毕淑敏气质的艺术世界正悄然展开，这就是故事发生的辽阔时空背景——藏北高

① 王蒙：《藏地情·序二》，《藏地情》，中国物资出版社2009年版，第3页。

原，这里遍布“可以扫瞎你的双眼”的山风、“万古不化的寒冰”“高寒、缺氧、病痛……”“时时听到某人睡着睡着就过去了的传闻”，更有“无人区”见证生命的脆弱和易逝。这种高原景象壮且美，但更多地激起人们的畏惧，很多生命瞬间消亡了，还有很多生命在宿命般地走向消亡。这种生存处境不是一般地消磨意志或压抑人性，它不给你回旋反思的机会。死神时时游荡在你周围，直接将你逼到生命的死角，每一个生命分分秒秒都活在死亡恐惧之中。源于此，毕淑敏才感叹道：“注视着生命的短暂与无常，我在这一瞬，痛下决心，从此一生努力，珍爱生命。”[①]可见，极端严酷的生存环境使毕淑敏的生命体验在起点处就已经触到了人本生存的重大主题——死亡恐惧。

但是，当时的毕淑敏还没有力量把死亡作为生存事件来体验和表达，也就并未深入到死亡恐惧的生存论层面。无论归因于毁灭性的极端生存环境（藏北高原），还是错误的历史暴行（强行超越“无人区”的拉练），她的死亡恐惧都指向外在对象世界，并完全受其牵制，无暇反观自身，探究作为生命体验的死亡恐惧。因此，在与之对峙中，也就自然地将面对对象世界的英雄无畏气概作为了倚仗。她笔下的那些已经或者即将消亡的年轻生命总是坚忍无畏地生活、工作，他们无视死神的威胁，个个手捧血书参加穿越“无人区”的拉练，甚至他们在死亡瞬间的感受、思绪都透着明亮。毕淑敏希望从他们的英雄气概中得到傲视毁灭性的对象世界的助力，并从中获取战胜死亡恐惧的勇气和自我生命升华的想象。事实是否真能如此呢？恩斯特·贝克尔曾指出：“首要地说来，英雄主义是对死亡恐惧的反映。我们最为赞赏面对死亡的勇气，我们给这样的勇敢以最高、最忠诚的尊敬。这样的勇敢深深打动我们的内心世界，因为我们对自己将会有怎样的勇敢心存怀疑。当我们看到一个人勇敢地面对自己的毁灭，我们竭尽想象力一再传诵这最伟大的胜利。”[②]可见，英雄主义式的想象其实是一种死亡恐惧的移情或者说转化，它的诉求目标是征服对象世界，只能带给我们“人造不朽”的臆想，而无助于解决问题本身，即通向真正的解脱之道。因此，尽管毕淑敏的“昆仑意象”作为一种极致生存环境持久地带给我们净化、崇敬、畏惧、悲悯等复杂的审美体验，但她此阶段的生命关怀主题还停留在起步阶段，也为同主题的后继深化预留了大量空间。

① 毕淑敏：《雪山上的少女》，漓江出版社 2009 年版，第 95 页。
② ［美］恩斯特·贝克尔：《拒斥死亡》，林和生译，华夏出版社 2000 年版，第 13 页。

二

时隔十多年后，毕淑敏相继创作了《生生不已》《预约死亡》和《红处方》等一系列作品。与此前的“昆仑系列”相对照，我们看到一个明显的转变，即由对外部世界的被动感受、对生命和所处社会关系之间的外缘性思考转向对生命本体的观察与求索。以对生与死的思考为例，《生生不已》以寓言化的方式暗示出个体生命的独特性，以及生与死之间因循转化的可能。《预约死亡》则是她脱离开特定时空环境、专注于死亡问题本身后的收获。其中，她这样反思我们对死亡的态度：“我们崇尚的是壮烈的死，惨烈的死，贞节的死，苦难的死，我们蔑视平平常常的死。”“你可以拒绝一切，但不可以拒绝死亡……我决定探索普通人之死。”[①]这意味着她终于抛开死亡的一切附丽，将其作为生命必须经历的一个生理和意识环节来考虑，也由此得以深入到生命本体层面，细致呈现出了临终病人在生命弥留之际的生理和心理状态——他们身体的腐坏、精神的麻木或痛苦以及他们对死亡的想象或超验的感知。通过此番种种努力，毕淑敏力图实现一个死亡的去禁忌化，直面死亡和在生命的轮回中理解死亡中孕育的生机是毕淑敏此阶段在死亡这一生命大限面前的应对之策，较之于以前的英雄主义式想象已经有了很大的提升，即“怀着对死亡的自觉意识活在世上”[②]。

值得注意的是，对生命感觉的发现与执着关注既让毕淑敏的生命关怀主题进入了生命本体的生存层面，同时也拘囿了她在此空间的进一步深入。比较《生生不已》(1993)和《预约死亡》(1995)的创作时间可见，寓言式的对生命的感悟在前，而具体的对濒临死亡者的具象描绘在后，后者似乎是为前者的结论式认知寻求切实的现实逻辑支撑的产物。基于这种需要，毕淑敏直接找到了死亡最切近的具象呈现——临终者，希望以观察和记录的方式留住鲜活的生命经历。但是这些人中，大部分意识已经处在弥散状态，有的还是老年痴呆者或者被生理疼痛霸占了全部意识空间。也就是说他们的心灵和意识世界几乎是完全封闭的，因此，对死亡的“预约”大多偏向生理层面的生命感觉。而生理层面的生命感觉很难直接通达彼岸世界，只有如史铁生那样彻悟了生命的偶然与必然之后，才能令人信服地飞升出对生命轮回的理解与想象。而这些只属于超越肉身感觉的、心灵维度的空间。

经由这一缺失，毕淑敏再次出发，走进戒毒医院，于是有了《红处方》。之所以选择吸毒者作为言说对象，毕淑敏自言是想给我们看生命的禁忌，知可为与不可为。

---

① 毕淑敏：《预约死亡》，《补天石》，中国物资出版社2009年版，第219页。

② [美]恩斯特·贝克尔：《拒斥死亡》，林和生译，华夏出版社2000年版，第7页。

而从创作主体思维的连续性上考虑，我想还因为在生命链条上，他们是一群由毒品麻痹导致的精神死亡者，最靠近死亡边缘，这与毕淑敏此期关注的肉身生存范畴相当靠近，有自然过渡的可能；同时，又能够真实地切入意识空间，便于她去发现在精神层面人是如何病变并走向消亡的。在《红处方》中，她依然采取观察与记录的方式。那些吸毒者或者他们亲人的讲述，为他们在选择毒品、依赖毒品行为中的心理意象结构（即人物态度和行为的心理成因）提供了有力的支撑。这是毕淑敏由肉身生存向精神、意识生存过渡的有效尝试。同时，全书的灵魂人物简方宁值得关注。她是戒毒医院的院长，她博爱、无私、医术精湛，是戒毒世界中的"女王"。而与她的完美相伴的是彻底的孤独，她的戒毒医院危机四伏，丈夫出轨，导师景天星是个只谈戒毒治疗的科学怪人，唯一的好友沈若鱼时时希望她能脱离戒毒治疗的"苦海"。她的生命关怀行动四面楚歌，最后还被自己病人庄羽送的礼物中暗藏的毒品害死。在全书写实基调中，简方宁是一个颇具隐喻色彩的人物，集生命卫士与生命殉道者的双重身份于一身，在她身上既寄寓了毕淑敏于绝境中抗争的决心和希望，也昭示了毕淑敏对肉身生存的惰性、趋恶性的极度悲伤和失望：人性的恶远大于毒品的恶，专注于肉身疗救的行动未必能够承担生命关怀的重任。最后，简方宁宁可死亡，也不愿意切断大脑中的"蓝斑"得以存活，就是因为那样做会使她失去对世界的丰富的情感感知，而仅仅成为一个生理生存体。这番安排使我们有理由相信，毕淑敏在简方宁身上实现了对自己此前阶段生命关怀方式的拓展，意识到对生命的爱不仅止于对死亡和病痛（包括身心两方面）的意识、警示与疗救，还必须进入一个更深的人性空间。故事最后作为作者化身的沈若鱼要继续简方宁未完的事业——"到戒毒医院去"，她与简方宁最大的不同就在于她相当重视走进病人的生命历史和人性特质，因此也必将带来全新的生命关怀方式。这为下一阶段毕淑敏走进更加博大的心理叙述空间探寻人性的病痛埋下了伏笔。

三

怎样开辟新渠道走进人之性灵深处呢？2003 年出版的《心理小组》和 2007 年出版的《女心理师》是毕淑敏的回答。"在没有神父和忏悔的环境里，我只能找你。"[①]"我"是心理病人，"你"是心理师。心理病人和心理师交互助推，构筑了这两部作品层次丰富的心灵世界，经由此，毕淑敏最终得以直观切入人性最丰富也是最隐秘的

① 毕淑敏：《女心理师》，重庆出版社 2010 年版，第 428 页。

区域，实施她深度生命关怀的理想抱负。

在这一新阶段，毕淑敏放弃了她以往在面对对象世界时较多使用的观察和记录方式，转化为倾诉与倾听。这一转化也契合了她关注重心转移的写作实际。以前，她要展示生活和精神的黑洞，引起警示和疗救的注意，她是治病者，可以说，她是自上而下降生在她的作品中，即便她深入临终关怀医院和戒毒医院，看似融入对象的命运与呼吸，也终究是“体验”而非“实际经历”，因此，自然更趋向外观式的写作姿态。而一旦深入心理疾患领域，她就不但看到对象的病，也同时敏感到了自己的病，或者说人之共有的病。两部作品中，心理师形象的变化即是明证：《心理小组》中的程远青就已多次感受到自己与自己领导的心理小组组员们一起变化成长；《女心理师》更进一步，其中的贺顿也是一个心理重症患者，她在深度剖析病人的心理疾患时，也同步进行着自我反身心理问诊。因为从心理角度看，“人的一切弱点，心理师都有”[①]。也就是说，虽然心理师凭借专业的知识技能能够通达形形色色的心理病症世界，但她同时必然也是这些世界中的一分子。不管命运际遇如何，人在世生存就必然或多或少经受心理病痛的折磨，从这个意义上说，我们都是病人，这就是生存的宿命。对这种平等共在处境的清醒意识，决定了毕淑敏在此阶段必须使用更平等和更具效能的交际方式——倾听和倾诉。可以说，这一贯穿文本始终的心理治疗方式既是毕淑敏心理小说中所有人物最重要的心灵交互方式，也是毕淑敏新的创作姿态的隐喻。那么，通过这种方式到底达至了一个怎样的心灵世界呢？

首先，这心灵世界聚焦于人的无意识领域。众所周知，心灵世界包括人的意识领域和无意识领域。意识领域具有自明性，为人的行为和态度提供明确的因果支持。而无意识领域潜沉在心灵世界的更深处，是人物行为和态度背后隐蔽的动因。如鹿路在介绍自己名字时不经意地解释为五色鹿的鹿、小路的路，不同于一般人习惯且好记的梅花鹿的鹿和道路的路，而且与后者的中性色彩相比，前者明显更具悲剧色彩，这正传导出她无意识领域的某些讯号。毕淑敏心理小说首要的着眼点便是大量此类无意识心理事件。其中有对绝症或死亡的隐讳，如成慕海作为极少见的男性乳腺癌患者，平时以健全的男性形象示人，而在小组中则乔装为女性患者成慕梅；还有对自我罪行的规避，如卜珍琪幼年时无意间在父亲和大庭广众之前道出了母亲有私情的秘密，导致母亲羞愧自尽，从此，她以对父亲的报答来掩盖对母亲的愧疚，她不要个人意志、不要爱情，只求在仕途上晋升，以成为父亲希望的女儿；还有对过

---

① 毕淑敏：《女心理师》，重庆出版社2010年版，第393页。

往灾难记忆的恐惧，如贺顿时时感到的彻骨冰冷就源于儿时的惨痛经历，等等。他们的生命轨迹各不相同，但对这些创伤性记忆或情感的态度都是强制自己遗忘或向他者他物移情，既不肯示人也不肯示己，久而久之就成了驻扎在心底最隐秘处的“心魔”。根据心理学的解释，人在意识层面受到危险、恐惧、绝望等消极情感因素侵扰后，若无力反应或消解，就会将这些伤害性情绪向无意识领域驱逐，于是，无意识维度的心灵世界往往就成为心灵疾患的集中所在地。这个世界极度晦暗恐怖，但却是人心走向安宁健全的必经之地。我想，这也正是毕淑敏专注于此的原因。

其次，这心灵世界形象化地展示了“心魔”对人性的毒害机制。它完全破坏了人的完整自足性，使人从一个“我”分裂为两个“我”：“我”自以为的“我”和“我”不知道的“我”，或者说“我”接受的“我”和“我”不接受的“我”。如卜珍琪自以为对仕途的狂热是为了实现父亲的遗志，实际在她身上还存在一个因为羞死了妈妈而时时羞愧痛哭的幼年卜珍琪，这个因儿时罪感记忆无法释怀而再也长不大的卜珍琪由于被主体强行遗忘而遁形了，表象的卜珍琪对隐在的卜珍琪无知无觉，但一切言行意志均受制于她。这种人格的分裂最直观的呈现就是成慕海，他接受不了自己是男性乳腺癌患者的事实，就自创了一个妹妹成慕梅，由“她”来承受心灵的裂变。这种生命完整性的破裂导致了主体的深度迷失，有时这种迷失只指向自我，如安疆一生命运都由丈夫安排，从不具有自我意识，即便丈夫死后，她也能够在梦中领受丈夫的指示，拒绝接受治疗，期盼到另一个世界继续活在丈夫的生命中。但是更多的时候，这种迷失引发向外的伤害或报复行为，如卜珍琪的晋升就牺牲了丈夫理应得到的真实的爱情和家庭幸福；还有那些被周云若频繁更换的男友又何尝不是她“心魔”的无辜牺牲品。可以说，不管向内还是向外，“心魔”对人的毒害都是毁灭性的。通过对它的展示和剖析，毕淑敏提示了拯救行动的必须和迫切，同时也为主体的反常言行和意志提供了解释。

病因及其导致的病理征象已经昭然，依据毕淑敏医者仁心的惯性必然要为这些创伤性情绪寻求开释通道。那么，接下来的问题就是如何拯救？回避是拯救之途中最大的危险，“让心事自生自灭，是一件危险的事情。因为它绝不会真正消失，只是貌似离去，耐心地等待着卷土重来”①，甚至须臾不曾离开。只有通过痛苦的自问、回忆、倾诉、倾听等方式，才能发现真相和那个潜藏在无意识深处的自我，进而才有接受真相和隐蔽的自我、复归主体完整性的可能。《心理小组》中程远清和成慕海推敲

① 毕淑敏：《女心理师》，重庆出版社2010年版，第138页。

应该将小组命名为“会心”，因为在小组中的每次活动都是不同组员心与心的交会。我想，在更宽泛的意义上，它更倾向于明了自我和生活的真相，因为“会心”的解释是“领会别人没有明白表示的意思”，那么，我们也可以理解为领会了生命没有明白显示出来的阴森晦暗、恶魔化的一面，从而实现了自我与自我的会心。毕淑敏在小说世界中反复演绎的就是这一心灵拯救方式，她和她的人物不断地由意识层面进入无意识层面，将其中的心魔召唤到意识层面来，再在意识层面或解释、或疏导、或针锋相对。在这一从意识到无意识再到意识的过程中，要经历无数人心的险与恶，因此也尤其惨烈和艰险，“灵魂的厮杀”“心灵的蹦极”“千疮百孔的心灵漏斗”“精神裸露在惨淡的废墟上，骨刺穿过胸膛”等文本中经常出现的字眼和句子，勾画出了这个心灵炼狱的常态。而经受了炼狱的煎熬之后，心灵也将由地狱通达天堂。所以，那些起初萎靡憔悴的生命再次充满了生机。其中尤值一提的是安疆和乔玉华的转变：安疆在找回丢失多年的自我以后，给自己安排了庄严而幸福的死亡盛典，在珍爱她、懂得她的心理小组组员们的陪伴下走完生命的最后一程；乔玉华也在生命的最后时刻，明白了自己对101个洋娃娃固执的牵挂是由于一生中伤害过101颗无辜的灵魂，并恳请他们原谅，她“直面真相，对善和悔都恢复极度的敏感”，她“走得深刻而辛苦。但走到极致之后，就是拯救和逍遥”。

若此处我们稍加停留，对照一下毕淑敏过往和此时对死亡问题的思考和言说，不难发现其中的深刻变化：从一个生理事件到一个心灵事件，从接受生命大限、想象生命轮回到皈依自我完整性后的宁静平和，再到清理灵魂罪感后的坦荡飞翔，之间穿越了漫长的心路历程。王安忆在《心灵世界》中将小说中的世界称为心灵世界，她指出在面对同样的现实世界时人的认识之间存在质量的高低之分，而认识的质量决定了小说这一心灵世界的完美程度。① 从死亡意象的角度看，毕淑敏在逐步深入她所关爱的生命时，也在不断提升自我的心灵质量和认识质量，她笔下的心灵世界或许并不完美，但我们可以清晰见证她朝此方向的努力。

结　语

毕淑敏在《造心》一文中谈到要为心灵寻找新的生长点、避雷针，添加防震防爆性能，以使其可以休养生息、承受打击、维持蓬勃稳定。我认为，她很好地做到了这一点，从对抗外在世界的威压与摧毁起步，到对抗肉身生存的死亡与病痛，再到警示

---

① 王安忆：《心灵世界——王安忆小说讲稿》，复旦大学出版社2007年版，第209—228页。

精神生存中的恶劣惯性，最终直至勇敢面对无意识层面的“潜我”，她的生命关怀经历了一个逐步向内向深转化的过程，同时，她也由一个生命的观察和记录者转变成了一个生命的倾听和倾诉者。她发现了个体隐秘的心灵事件及其对灵魂造成的压迫，发现了个体灵魂的悄然质变与主体行为态度之间的隐秘联系，她提示我们对生命的自觉意识，敦促我们反思：我真的了解自己吗？今天的我如何生成？我受制于我的无意识秘密吗？它们是什么？

虽然她的小说世界充满了痛苦和扭曲，她的人物都是身心布满伤痕，但是经过这个世界，她不断地在现实与超越的层面尝试拯救与逍遥的途径，引领我们直面真相，向生命和自我的完整自足性复归。铁凝曾说：对生命真正的体贴和爱，“从最初穿越了很多困难、毁坏，甚至是地狱的某一段，仍然没有沉下去，而是一再地上升，最后达到的境界才是澄明”[①]。这应该可以作为毕淑敏生命关怀深化过程的注脚，帮助我们感受她写在生命悬崖边上的爱的世界以及其中爱的力量和光辉。

（载《小说评论》2011 年第 1 期）

主要作品目录《

长篇小说

《红处方》，北京十月文艺出版社 1997 年版。

《雪山的少女们》，明天出版社 1997 年版。

《血玲珑》，人民文学出版社 2001 年版。

《拯救乳房》，人民文学出版社 2003 年版。

《女心理师》，重庆出版社 2007 年版。

《鲜花手术》，明天出版社 2007 年版。

《心理小组》，作家出版社 2009 年版。

《我从西藏高原来》，二十一世纪出版社 2010 年版。

《花冠病毒》，湖南文艺出版社 2012 年版。

① 铁凝：《对人类的体贴和爱》，《小说评论》2004 年第 1 期。

中短篇小说集

《昆仑殇》,作家出版社1991年版。

《女人之约》,中国青年出版社1994年版。

《生生不已》,河北教育出版社1995年版。

《白杨木鼻子》,中国对外翻译出版公司1995年版。

《毕淑敏作品精选》,中国三峡出版社1995年版。

《预约死亡》,云南人民出版社1996年版。

《毕淑敏文集·生命》,群众出版社1996年版。

《毕淑敏文集·翻浆》,群众出版社1996年版。

《毕淑敏文集·源头朗》,群众出版社2002年版。

《毕淑敏自选精品集·小说卷》,中国社会出版社2002年版。

《紫色人形》,江苏文艺出版社2003年版。

《无限忠诚》,解放军出版社2003年版。

《女工》,海峡文艺出版社2004年版。

《毕淑敏作品精选——跨世纪文丛精华本》,长江文艺出版社2005年版。

《毕淑敏小说(学生版)》,吉林文史出版社2006年版。

《藏地情·毕淑敏小说精品集》,中国物资出版社2009年版。

《冰雪花卉》,漓江出版社2009年版。

《补天石》,漓江出版社2009年版。

《阿里》,江西教育出版社2010年版。

《梦幻小屋和蓝手镯》,浙江文艺出版社2011年版。

《银牦牛尾》,江苏文艺出版社2011年版。

《毕淑敏经典小说全集》,花山文艺出版社2012年版。

《毕淑敏医学心理小说精荟》,中国广播电视出版社2013年版。

《月晕而风》,花山文艺出版社2014年版。

《雉羽》,花山文艺出版社2014年版。

散文随笔集

《素面朝天》,海南出版社1996年版。

《走出白衣》,群众出版社1996年版。

《性别按钮》,云南人民出版社 1996 年版。

《提醒幸福》,珠海出版社 1996 年版。

《呵护心灵》,天津人民出版社 1996 年版。

《随风飘逝》,上海人民出版社 1996 年版。

《不宜重逢》,群众出版社 1996 年版。

《倾诉》,群众出版社 1996 年版。

《没有墙壁的工作间》,四川人民出版社 1996 年版。

《保持惊奇》,解放军文艺出版社 1998 年版。

《大雁落脚的地方》,中国妇女出版社 1998 年版。

《在印度河上游》,吉林人民出版社 1998 年版。

《非血之爱》,江苏人民出版社 1998 年版。

《毕淑敏随笔自选》,广西民族出版社 1999 年版。

《人生真实》,时代文艺出版社 1999 年版。

《有话毕说》,西苑出版社 2000 年版。

《附耳细说》,明天出版社 2000 年版。

《爱怕什么》,华夏出版社 2000 年版。

《儿子方程式》,安徽少年儿童出版社 2000 年版。

《心是美丽的小箱子》,新疆青少年出版社 2001 年版。

《面具后面的脸》,中国社会出版社 2002 年版。

《握紧你的右手》,漓江出版社 2002 年版。

《毕淑敏自选精品集・散文卷》,中国社会出版社 2002 年版。

《藏红花》,新世界出版社 2002 年版。

《哑幸福》,群众出版社 2002 年版。

《相信,所以不再注视》,解放军出版社 2002 年版。

《柔和》,群众出版社 2002 年版。

《风不能把阳光打败》,中国青年出版社 2003 年版。

《幸福与不幸永在》,花山文艺出版社 2003 年版。

《结婚约等于》,北京十月文艺出版社 2003 年版。

《能否预知你一生的苦难》,时代文艺出版社 2003 年版。

《养心的妙药》,时代文艺出版社 2004 年版。

《忍受快乐》,新华出版社 2004 年版。

《心灵拒绝创可贴》,国际文化出版公司2004年版。

《心灵7游戏》,北京十月文艺出版社2004年版。

《格布上的花》,群众出版社2004年版。

《点击成长》,明天出版社2004年版。

《我的五样》,中国青年出版社2005年版。

《我的故事》,中国青年出版社2005年版。

《我喜欢的女性》,中国青年出版社2005年版。

《我很重要》,时代文艺出版社2005年版。

《毕淑敏散文》,浙江文艺出版社2005年版。

《我的成长我做主——青少年心灵快乐游戏10+1》,漓江出版社2005年版。

《今世的五百次回眸》,漓江出版社2005年版。

《人生预知》,时代文艺出版社2006年版。

《我的人生笔记》,时代文艺出版社2006年版。

《千头万绪是多少》,江苏文艺出版社2006年版。

《写给女儿们的散文》,中国文联出版社2006年版。

《世上可真有一见钟情》,河北教育出版社2006年版。

《毕淑敏语录》,中国青年出版社2006年版。

《毕淑敏散文精品赏析》,学林出版社2006年版。

《毕淑敏散文——经世文库》,中央编译出版社2006年版。

《每天都冒一点险》,希望出版社2006年版。

《单人房双人床》,团结出版社2006年版。

《我眉飞扬》,中国画报出版社2006年版。

《毕淑敏散文(学生版)》,吉林文史出版社2006年版。

《从伊甸园带走的礼物》,中国画报出版社2006年版。

《儿子的创意》,中国画报出版社2006年版。

《心灵处方》,作家出版社2006年版。

《我敬畏生命的过程》,花山文艺出版社2006年版。

《心灵游戏》,北京十月文艺出版社2007年版。

《你永远不要说》,中国画报出版社2007年版。

《梦坊》,中国画报出版社2007年版。

《我的行走笔记》,时代文艺出版社2007年版。

《有个地方叫梦坊》,中国三峡出版社 2007 年版。

《西藏的故事》,中国三峡出版社 2007 年版。

《校门口的红跑车》,中国画报出版社 2007 年版。

《女儿拳》,中国盲文出版社 2008 年版。

《雪山女兵》,中国盲文出版社 2008 年版。

《毕淑敏作品 1·话说家庭》,时代文艺出版社 2008 年版。

《毕淑敏作品 2·话说孩子》,时代文艺出版社 2008 年版。

《毕淑敏作品 3·话说女人》,时代文艺出版社 2008 年版。

《毕淑敏作品 4·话说生活》,时代文艺出版社 2008 年版。

《毕淑敏作品 5·话说生命》,时代文艺出版社 2008 年版。

《毕淑敏作品 6·话说心情》,时代文艺出版社 2008 年版。

《写给女儿们的散文》,中国文联出版社 2008 年版。

《情感按钮》,华东师范大学出版社 2008 年版。

《毕淑敏感悟心灵》,长江文艺出版社 2008 年版。

《毕淑敏散文》,浙江文艺出版社 2008 年版。

《心灵眼睛》,中国盲文出版社 2008 年版。

《毕淑敏心理咨询手记》,中国青年出版社 2008 年版。

《心灵密码》,安徽文艺出版社 2009 年版。

《毕淑敏母子航海环球旅行记》,作家出版社 2009 年版。

《行走人生》,长江文艺出版社 2009 年版。

《毕淑敏散文精选》,长江文艺出版社 2009 年版。

《毕淑敏散文(插图珍藏版)》,人民文学出版社 2009 年版。

《中华散文珍藏版·毕淑敏散文》,人民文学出版社 2009 年版。

《精神的三间小屋》,中国文联出版社 2009 年版。

《女思考者》,中国文联出版社 2009 年版。

《谁是你的重要他人》,中国财富出版社 2009 年版。

《翡翠菩提》,中国物资出版社 2009 年版。

《拍卖你的生涯》,中国物资出版社 2009 年版。

《你不必苛求完美》,中国物资出版社 2009 年版。

《虾红色情书》,中国物资出版社 2009 年版。

《流露你的真表情》,中国物资出版社 2009 年版。

《当我们想家的时候》,中国物资出版社2009年版。

《幸福的七种颜色》,北京十月文艺出版社2010年版。

《破解幸福密码》,江苏人民出版社2010年版。

《毕淑敏自述人生》,时代文艺出版社2010年版。

《妈妈是孩子最好的老师》,新华出版社2010年版。

《我的人生笔记》,时代文艺出版社2010年版。

《心灵珍珠》,求真出版社2010年版。

《心灵百合》,求真出版社2010年版。

《心灵的力量》,长江文艺出版社2010年版。

《破译青少年健康成长密码》,二十一世纪出版社2010年版。

《爱最怕什么》,广东教育出版社2010年版。

《学生阅读名家美文·友情卷》,时代文艺出版社2010年版。

《毕淑敏养心妙语》,时代文艺出版社2010年版。

《昆仑殇(青少年励志版)》,二十一世纪出版社2010年版。

《蓝色天堂》,湖南文艺出版社2011年版。

《带上灵魂去旅行》,北京十月文艺出版社2011年版。

《西藏,面冰十年》,北京十月文艺出版社2011年版。

《送你一颗光芒海》,北京十月文艺出版社2011年版。

《没有一棵小草自惭形秽》,北京十月文艺出版社2011年版。

《垃圾婚》,中国文联出版社2011年版。

《生命的借记卡》,中国文联出版社2011年版。

《婚姻断想》,中国文联出版社2011年版。

《80后优质乐活书》,现代出版社2011年版。

《在雪原与星空之间》,湖南文艺出版社2012年版。

《你站在金字塔的第几层》,湖南文艺出版社2012年版。

《离太阳最近的树》,湖南文艺出版社2012年版。

《预约幸福》,湖南文艺出版社2012年版。

《最后一支西地兰》,花山文艺出版社2012年版。

《不会变形的金刚》,天天出版社2012年版。

《毕淑敏散文精选集》,北京十月文艺出版社2012年版。

《星光下的灵魂》,长江文艺出版社2012年版。

《没有人是一座孤岛》,湖南文艺出版社 2012 年版。

《旅行使我们谦虚》,湖南文艺出版社 2012 年版。

《北极光的微笑》,北京十月文艺出版社 2012 年版。

《切开忧郁的洋葱》,湖南文艺出版社 2012 年版。

《愿你与这世界温暖相拥》,江苏文艺出版社 2013 年版。

《柔和的力量》,湖南文艺出版社 2013 年版。

《预约财富》,湖南文艺出版社 2013 年版。

《幸福的尺度》,长江文艺出版社 2013 年版。

《毕淑敏心灵独白》,长江文艺出版社 2013 年版。

《你很重要》,二十一世纪出版社 2013 年版。

《毕淑敏散文精选》,长江文艺出版社 2013 年版。

《走,到阿里去》,中国盲文出版社 2013 年版。

《心灵幸福》,武汉出版社 2013 年版。

《毕淑敏:星期五的心理咨询室》,北京十月文艺出版社 2014 年版。

《恰到好处的幸福》,湖南文艺出版社 2014 年版。

《人生终要有一场触及灵魂的旅行》,湖南文艺出版社 2014 年版。

《愿你与这世界温暖相拥 2》,江苏文艺出版社 2014 年版。

《温柔就是能够对抗世间所有的坚硬》,湖南文艺出版社 2014 年版。

《藏在这世界的优美》,湖南文艺出版社 2014 年版。

《女生,我悄悄对你说》,中国青年出版社 2014 年版。

《男生,我大声对你说》,中国青年出版社 2014 年版。

《远行,与最美的世界相遇》,长江文艺出版社 2014 年版。

《轻轻走向完美》,红旗出版社 2014 年版。

《毕淑敏:和你一起幸福》,北京十月文艺出版社 2014 年版。

《心灵的盛宴》,长江文艺出版社 2014 年版。

《你要好好爱自己》,北京联合出版公司 2015 年版。

《让人生慢慢完美》,长江文艺出版社 2015 年版。

《教养的关系花园——四弦散谈》,生活・读书・新知三联书店 2015 年版。

《我喜欢辽阔的地方——四弦散谈》,生活・读书・新知三联书店 2015 年版。

《心理医生附耳细说——四弦散谈》,生活・读书・新知三联书店 2015 年版。

《写下你的墓志铭——四弦散谈》,生活・读书・新知三联书店 2015 年版。

《一个人就是一支骑兵》,湖南文艺出版社2015年版。

《白云裁剪的衣服》,湖南文艺出版社2015年版。

《你要学着自己强大》,北京联合出版公司2015年版。

《美丽是心底的明媚》,中国轻工业出版社2015年版。

《生活要有暖和光》,中国轻工业出版社2015年版。

《青春当远行》,中国青年出版社2015年版。

《欣喜是自酿的》,湖南文艺出版社2015年版。

《在不安的世界里,给自己安全感》,北京联合出版公司2015年版。

《出发和遇见》,中国青年出版社2015年版。

《做一个有香气的女子》,国际文化出版社2015年版。

《越读》,北京联合出版公司2015年版。

《柔软的时光》,国际文化出版公司2015年版。

《心宁归处是幸福》,中国轻工业出版社2015年版。

《优等的家》,花城出版社2015年版。

《优等的心》,花城出版社2015年版。

《迎接优等的自己》,花城出版社2015年版。

《为了雪山的庄严和父母的期望》,中国青年出版社2016年版。

《非洲三万里》,湖南文艺出版社2016年版。

《晚安·当一切入睡》,万卷出版公司2016年版。

《让美好现在发生》,云南人民出版社2016年版。

《远方并不远》,广西师范大学出版社2016年版。

《从此登录未来》,广西师范大学出版社2016年版。

《擦亮爱的那颗星》,广西师范大学出版社2016年版。

《领悟人生的亮色》,广西师范大学出版社2016年版。

《勇敢做自己》,广西师范大学出版社2016年版。

《与世界竞走》,广西师范大学出版社2016年版。

《晚安·夜风相伴(珍藏版)》,万卷出版公司2016年版。

《寻找你内心深处的芳香》,长江文艺出版社2016年版。

《所有的动力都来自内心的沸腾》,中国青年出版社2016年版。

《每一次卓越都来自倔强的孤独》,中国青年出版社2016年版。

《女子心智图》,漓江出版社2016年版。

《孜孜不倦地爱与被爱》,北京十月文艺出版社 2016 年版。

《每个人都有盛放的理由》,北京十月文艺出版社 2016 年版。

《一念三千里》,漓江出版社 2016 年版。

《海拔五千的青春》,漓江出版社 2016 年版。

《别给人生留遗憾》,中国青年出版社 2016 年版。

《用心触摸世界的温暖和美好》,中国青年出版社 2016 年版。

《毕淑敏散文自选集》,长江文艺出版社 2017 年版。

《美洲小宇宙》,湖南文艺出版社 2017 年版。

《世界如锦心如梭》,浙江摄影出版社 2017 年版。

文 集

《毕淑敏文集》,漓江出版社 2008 年版。

《毕淑敏作品精选》,长江文艺出版社 2009 年版。

《霞光下的阿里》,花山文艺出版社 2013 年版。

《毕淑敏文集》,湖南文艺出版社 2014 年版。

《毕淑敏精选集》,北京燕山出版社 2014 年版。

《毕淑敏作品精华本》,长江文艺出版社 2014 年版。

《毕淑敏精装典藏系列》,湖南文艺出版社 2014 年版。

《毕淑敏作品珍藏系列》,中国青年出版社 2015 年版。

《毕淑敏自选集》,国际文化出版公司 2016 年版。

蔡　东

女，1980 年生，山东德州人。

小 引《

刘悠扬在对蔡东的访谈中,提出了一个很有意思的话题,他说在蔡东的小说中,一个“自甘退步者”的人物群像正在浮出水面。这让我想到了韩少功说过的一句话:“进步的回退”。虽然韩少功说的是文学发展前进过程中的一种现象,但文学既是人学,它的发展前进,就不可能与人的生活进程或曰人生追求没有关系。换一句话说,韩少功的这个说法,也适用于社会人群,也可以用来观察人的生活进程或曰人生追求的某种态势或状况。这样,刘悠扬所说的蔡东小说中的这群“自甘退步”的人物,按照韩少功的说法,还是在朝向前进,或曰只是看上去在“退步”,而实质上是在“进步”。所谓看上去的“退步”,是指表面上的、某些行为上的、某种目标追求上的;所谓实质上的“进步”,则是指对人生意义的认识、对自我本质的确证、对一种理想的存在状态或生活状态的体认,等等。简言之,也可以说是以退为进。但这个进退不在一个层级上,也不属同一种性质。退的是物质的实利的追求,进的是精神的心灵的收获。虽然对刘悠扬所说的这些“自甘退步”的人们来说,未必有这么自觉的意识,但他们的“退步”状态,却明白地昭示了这一切。而且,他们个人的进退,又与社会历史的进退,有着密切的关系。

进入现代社会,人类告别了稳定发展的古典时代,受达尔文“物竞天择、适者生存”的进化论影响,都在拼命地追求进步。先是西方发展很快,跑在前面,后来东方也发展起来了,也在后面拼命追赶,现在差不多到了东西方竞走赛跑的状态。中国置身其中,自然也无例外。在这样一个被疯狗追着前进的时代,无论是跑在前面的,还是追在后面的,都觉得很累。所以,像一支云南民歌唱的那样,就不免有人顿生“歇歇”之念。前一阵子,大家都喜欢引用一则据说是美洲印第安人的故事,说是人走得太快了,要时时停下来歇一歇,好让落在后面的灵魂跟上来。印第安人的这个想法因何而起,我不得而知,但中国古代,也有一种“招魂”的说法。却是说,人死了以后,灵魂脱离了肉体,生者不忍心它流落在外,要召唤它回来与亲人团聚。这样的思想,被用之于文学创作,一变而以灵魂为受囚禁或被放逐的精神,要招它回到故国或安妥于自身，如《楚辞》的《招魂》。这些念头可能跟印第安人的想法不完全相同，但有一点，却是大体相近的，就是灵魂不能离开肉体，灵魂离开了肉体，肉体就成了一个空壳，灵魂也无所依归，不得安宁。总之是，都不愿让灵魂脱离肉体，都期望灵魂跟肉体在一起活着，一同前进。美洲印第安人的这个思想，后来有没有发展，我不知道，但中国古人的这个想法，后来却发展成一种"归去"的思想。这种"归去"的思想，也就是人们常说的"归隐"的意思。隐者虽然是带着肉身归去，但产生归隐的念头，却是肉身走得太远，走得太快，让灵魂不堪忍受。出门求官是走得太远，飞黄腾达是走得太快，都不合隐者固有之心，所以要让它回到肉身原来待的地方，如陶渊明的挂冠辞官，林和靖的终生不仕等等。从某种意义上说，这也是肉身在迁就灵魂。只不过印第安人是坐在路边等待落在后面的灵魂赶上来，中国古代的隐者却是回过头去与等在后面的灵魂会合。但凡隐者，大多有一个恬适安静的灵魂，在古代社会，最适合安妥这灵魂的地方，是同样恬适安静的山林或田园。故隐者多隐于山，多归于田。尽管有《招隐士》这样的作品，在吓唬隐士，说山中有多么凶险，但真的隐士还是要执拗地隐居山林，回归田园。因为只有那儿，才是维系他的生命存在的灵魂之渊。

蔡东笔下"自甘退步"的人群中，也有隐者，但这隐者已跟古代的隐者不是同一个意思。今天的中国，没有私家的田园，没有"王土"之外的山林，除了熙熙攘攘的城市和正在城市化的乡村，很难给隐者提供生存的领地。即便是一段时间人们津津乐道的终南山的隐士，最终也免不了要受别墅群事件的干扰。苏轼说，"唯有王城最堪隐，万人如海一身藏。"前些时徐则臣还拿这句诗做了一篇小说，题目就叫《王城如海》，但写的还是藏身在"王城"的普通人的生活、欲望和追求，并非如前人所说的隐于朝市的大隐或中隐之人。不过，徐则臣的小说措意于生活在满天雾霾的都市人，如何去除隐藏在心中的雾霾，倒是说到"心"上了。这也就给现代中国人开出一个药方——能隐的地方，唯有心灵。这似乎又说到佛家的修行上了，但让厌恶现代都市生活、倦于名利追求的人，都成为佛教徒，似乎也不切合实际，所以这心隐又须加以物化或外化，才是现实的人的生活。这物化或外化的途径有二：一曰日常，一曰艺术，或许还有自然，舍此无他。所以，蔡东的小说中，就写了许多"自甘退步者"，或耽于日常，或醉心艺术（包括其他技艺），都是抵抗尘嚣、归隐心灵的方式，也是为落在后面或留在后面的灵魂，寻找一个安魂之所。

蔡东的小说是丰富的，"自甘退步"，只是她的小说人物的一种精神元素。但这种精神元素，却切合现代社会普遍存在的一种精神现象。进入现代社会以后，我们在文学史上,看到过“多余的人”,看到过“局外人”,看到过失败的英雄,也看到过“最后一个”的形象,加上蔡东的“自甘退步者”群像,按照时下的观点,这都不是具有正能量的艺术形象。但我却觉得,正是在这些艺术形象身上,积聚了现代人在现代社会所遭遇的精神困境和寻求解脱的努力,所以它的意义和价值非同寻常。

自 述《

灵敏与广阔

大学三年级时尝试着写下第一篇小说习作,到现在已十几年过去。整体上作品数量不多,工作、世务和自我怀疑都曾令写作中断,好在只要真正喜欢写,坚持就不是一件苦差事。近几年来,写作跟我的生活不再是剑拔弩张的对立关系,它终于变得日常和自然了。小说会在恰当的时候自己浮现出来,毫不费力地找到我,彼此相视一笑,并在接下来的一段日子里朝夕共处,直到有一天,我们互相完成了对方,再轻声道个别,自兹而去。

回想一下写过的小说,最偏爱的是《往生》和《朋霍费尔从五楼纵身一跃》。两部小说都是关于衰老和死亡的,这是人活一世必然会面临的困境,可能因为对困境格外敏感吧,我的小说大多关乎于此。生活中我有退缩和回避的一面,所以想通过小说直面人的困境和难处,关注人在深渊中如何得救和自救。写的时候,我凝视着身处困境的人,凝视着人的一个闪念,把它们细细剖开来看,我相信某个闪念里可能包裹着一个星汉灿烂的宇宙。最新的中篇《来访者》也是关于城市年轻人精神困境的,当然除了困境,还有爱、希望、光辉。这些不是空洞堂皇的大词儿,反思是必要的,但一味的阴暗和绝望并不会让我们活得更好,也不会让读者读完对世界多点儿盼头,作家尤其要有爱的能力,有相信的能力,对人和世界怀有希望,通过作品为读者也为自己带来艰难人生之中的一点安慰。

写小说的年头够长了,越来越能体会到写作的乐趣,但写作的难度也一直存在。菲利普·罗斯曾经说:“我把开头打出来,发现写得一塌糊涂,更像是对我之前一部书不自觉的戏仿。”作为写作者时常面临这样的窘境,发现自己在一座旧房子里转来转去,找不到一扇可以向外推开的窗户。新鲜的空气,别样的景观,敞开的姿态,不断更新的视角和艺术观,灵敏与广阔,对写作者来说都很重要。灵敏是艺术感受力,是孩童般的好奇心,是“看到别人看不到的东西”,是刺破表层直抵深处的穿透性的眼光;广阔更是持续写作的必然要求。当下不少青年作家苦于找不到好题材,写法上也难以突破,大概跟越来越逼仄的个人世界有关,生活封闭狭窄,趣味单一,生命中缺少更深广的东西。也许除了大量的阅读,还应该尝试着去接触一个真实驳杂的世界,熟悉的不熟悉的都去了解和体会,再返回到写作中,活力和新意会伴随着生命内容的开阔更新,自然而然地到来。

写小说这些年,我也一直警惕,不要写得太滑熟了。小说作者经过多年的习练很容易在写作中变得技术化,所以时下欧美创意写作腔的小说越来越流行,这类小说往往有一个不错的发光的内核,手法也娴熟轻巧,小说整体看上去很平滑,没什么毛病,但这样的小说读来总是隔膜,个中的经验和叙说缺乏生命感,缺少繁密紧实的血肉。小说当然是虚构的艺术,关键是如何虚构,我倾向于小说是一种肉身沉重的文体,它需要大量的细节和坚实的叙述,需要长久的积累和储备,小说最终完成时,除了向外敞开遍布着跟世界的对接点之外,也应该跟作者自身的生命建立起血肉相连的关系。

我从小就喜欢读小说,自己写作以来,对小说这种文体也始终满怀信心、热爱不减,希望自己专注地待在这个领域里,不断写出满意的作品来。有时候会被问到关于故乡的问题,心里总是“咯噔”一下。这个问题让我茫然,老家和深圳好像都不是故乡,心理上都觉得遥远,虚弱感和悬浮感顿时显现出来。我想来想去,如果一个人需要故乡的话,我的故乡只能在小说里。作家史铁生说得真好:“人的故乡,并不止于一块特定的土地,而是一种辽阔无比的心情,不受空间和时间的限制。这一心情一经唤起,就是你已经回到了故乡。”小说能唤起这种辽阔无比的心情,写小说的时候,确实有游子归乡之感。现在读小说、关注文学的人日渐稀少,这是一个游戏业和影视业繁荣兴盛的时代,但任何时候都不要忘记小说固有的优势是什么。因为喜爱《安娜·卡列尼娜》《呼啸山庄》《傲慢与偏见》等小说,这些年我找过几个语种的影视改编版看,却发现原本深刻认同和理解的人物,通过影像呈现出来时,人物变得扁平了,情感逻辑变得莫名其妙了,内涵变薄了,两三个小时的视觉快餐,作为观者完全进入不了,也无法共情。上课的时候我对学生说,看电视剧《红楼梦》和读小说《红楼梦》是两回事,还是去看书吧!文学无须张望求变,无须担忧过时,有些艺术效果只能依靠文字的耐心和间接、文字的细密和低速才能实现,这是小说之长,也是小说应该自信的地方。与其一味仿效其他艺术形式,不如守住小说的根本,从容舒缓地去表现复杂和丰厚,一层层,一步步,累累地蕴蓄着力量,把小说能做的东西做到极致,这样的小说不会不好看,也不会不动人的。

访 谈《

“自甘退步者”群像正浮出水面

——蔡东访谈录

刘悠扬 蔡 东

刘悠扬:蔡东你好,今天想和你聊聊你近两年的最新创作。自从你 2016 年发表《朋霍费尔从五楼纵身一跃》之后,一年多没有新作问世。重新出现是《十月》2018 年第 1 期的《照夜白》,接踵而来的《天元》《来访者》《伶仃》《希波克拉底的礼物》,这五篇小说的气度,迥异于你以往的创作,透露出你的小说正在发生重大变化。从早期《毕业生》里拼命挣扎要求“进步”的郁金,到成熟期(《木兰辞》《无岸》)“退步”的中年男人和他们进退维谷的妻子们的群像,再到最近《天元》《照夜白》坚定从容选择“退步”人生的女人们——在我看来,16 年间,你在小说里完成了自我价值的进化和确认,在你笔下,一个“自甘退步者”的人物谱系正在清晰浮现。

蔡东:其实写作的时候,谈不上有一个特别自觉的规划。你这样一捋,我回头看看,确实能看到一道比较清晰的轨迹。你的描述也提醒了我,让我一下子意识到,我通过写小说来进行自我完善,而我的心智成长又反过来营养了我的写作。

有些读者可能觉得我在嘲弄和贬低“退步”的中年男人,这些男人包括《无岸》中的童家羽、《净尘山》中的张亭轩、《木兰辞》里的陈江流。其实我对他们的感情很复杂,不是一个词语或一种情绪能概括的,更多的还是爱惜和欣赏。不要被性别迷惑了,说不定他们更像我本人,我借助他们,裸露的是我自己。

如你所说,在最近的几篇小说里,这种理想和寄托回到了女性身上。《天元》里的陈飞白,一个热烈的生命,她要去追求她的爱情,守护她的价值,而男主人公何知微显得单薄了,他的饱满性不如陈飞白。

写《天元》的过程中,有一个很难忘的体验,这种体验大概会成为永久性记忆吧,因为它向我展露了写作的神秘,也给予我不足为外人道的隐秘幸福。何知微看到地铁上“一步致胜”的镜框广告，没有任何心理铺垫，他走近了，去摘镜框，我至今不知道这个动作是怎么出现的，这段文字突然显现在屏幕上，过了一会儿我才回过神来，看着这段文字，恍惚过后是狂喜。摘镜框的行为在我小说里出现了，它真的太重要了，这一刻我才意识到，我等它等了很多年。我开始真正相信某些东西了。

刘悠扬：相信某些东西，指的是什么？

蔡东：人身上的抗争性，或换一个更温和也更贴切的词：人身上的成长性。我笔下的人物逆来顺受居多，我内心有弱的一面，他们正好照应了我内心的怯弱，投影了我内心的疑虑。当自己没有力量的时候，也给不了笔下的人物力量。而这个力量在漫长的生活里终于生长出来，它通过我传递给了人物，人物身上的力量又反过来回馈我，这是一个多么美妙的循环，我个人的生活也受惠于此。

刘悠扬：《天元》是一个反“成功学”的样本，小说中充满了指向性明确的隐喻——棋盘正中央的星位“天元”被地产商宣传为城市的中心，“一步致胜”的围棋博弈理论被塑造为“成功观”，陈飞白与何知微都是围棋爱好者，他们的多场对弈也根据情节需要精心设置。这个作品的灵感从何而来？将围棋的哲学嵌入其中，又是如何考虑的？

蔡东：我对围棋感兴趣，也喜欢川端康成的围棋小说《名人》，《名人》写得很有耐性，有一种雍容感，那场绵延数日的棋局深深打动过我。围棋的规则很简单，在简单的规则下是无法穷尽的变化，那种变化的魅力让我着迷。我的计算能力不够，不擅长下棋，那就换一种方式接近围棋吧。

刘悠扬：强有力的女性形象、对“成功学”的反抗和质疑……《照夜白》是另一个版本的《天元》。很多人看了这个小说，可能都会心里犯嘀咕，“这是不是蔡东自己的故事？”

蔡东：不用辩白，哪怕经过一系列变形和变异，小说里依然闪烁着作者本人的潜意识。精神自传，自我裸露，或多或少都存在，也是必然的。小说写作在技术上可以躲闪和掩藏，在精神底色上不能伪装，伪装成就不了好小说。但我不认同这种对号入座式的阅读，一定要与现实一一对应。写作是很复杂的创造性活动，山重水复，曲廊蜿蜒，作者本人也无法精确地记录下或回忆起一部小说的诞生过程，不太可能完全还原的。阅读一部好小说就像探寻一大片深海，不是轻轻巧巧看一眼就能看到底的。《照夜白》这篇小说，这样说吧，里面没有一处情节在现实中真实发生过，但小说整体的感觉和气息是真切的。

刘悠扬：你极少在小说中触及自己的职业背景，是什么让你不吐不快，要在《照夜白》中塑造谢梦锦这样一个人物？

蔡东：我想通过书写教师群体来关注各行各业广泛存在的职业倦怠。《小说选刊》的编辑李昌鹏读完小说，点评了一句话：谁人不是照夜白，谁人不是谢梦锦。谢梦锦教的课程是"说话术"，她也精于此道，一个会说话的人抵触说话，这是吸引我去写的点。小说怎么长成枝叶纷披的绿树呢，那要看人物怎么生长，谢梦锦从一开始的假装生病、拒绝说话，到后面按照自己的真实意愿说话和上课，随着人物的成长，小说也自然地舒展开来。她在面对督导（权威或主流价值取向）的时候，作出了自己的选择，我觉得她特别棒。

刘悠扬：陈飞白和谢梦锦比较起来，我可能会觉得谢梦锦更纯粹一些。《天元》给陈飞白设置了一个特别理想化的情境，家境不错，有个收入不俗的男友，有"任性"的资本。但是谢梦锦多纯粹，自己谋生，要和不要都没有后路。

蔡东：如果一定要比较的话，我更喜欢陈飞白。陈飞白清明自足，她认真而质朴地生活，这不是以高消费作为支撑的，家境、收入并非关键因素。她住老旧的房子，见不到阳光，她说，"阳光不用钱，只要你愿意走上开阔的顶楼。"她的衣服还没有男朋友的多，但她坚持去顶楼晒衣服，把晒干的衣服熨得平平整整。她不买超市里的贵价有机肉，只是烹饪的时候格外精心。这个人物的底气不是因为她有所依傍，或者说，她依傍的并非物质层面上的东西。唾手可得的东西她主动不要，这个人物身上的力量感来自于这里。她也不是某种空洞理念的代言人，她在日常生活中践行自己的价值主张，最终也是生活的点点滴滴支撑和滋养了她。我喜欢陈飞白这样的人物，也希望人间多几个陈飞白。我们是被消费主义洗脑的一代人。城市流行的生活方式不乏弊端，层出不穷的好东西，华美，精致，新奇，诱惑着我们去追逐、购买和堆积，极大丰富的物质不会让人变得更自由，很多人的心态反而变得更糟糕，虚浮覆盖了真实，急迫取代了舒缓，难道我们再也无法回归有益于身心的简朴生活了吗？陈飞白回答了我的疑问，实现了我的一部分理想。

我考虑过人物的可信度，刚开始写的时候，想得不是很清楚，当然想得太清楚也没什么意思了。一笔一笔的，陈飞白的形象渐渐变得饱满和浑圆，她一点点鼓了起来，她让我坚信她存在。其实《世说新语》和春秋战国的故事里有很多这样的人物，只不过陈飞白出现在时下的语境里，大家会觉得有点儿突兀。

男友在为陈飞白遮风挡雨吗？未必。甚至从长远来看，陈飞白会成为男友的精神依靠。她身上有健旺的生命力，是一个源泉式的存在。我觉得陈飞白可能比其他人更成熟，她不是故意标新立异，凹造型，要个性，她的人生，是经过审慎选择之后的背道而驰。

刘悠扬:确实,陈飞白是一个有质感的人物,一个有生命活力、超然于主流价值体系的独行者,她身上散发的明朗清新之气,让她迥异于时下小说中惯常所见的城市青年形象。我也很喜欢《天元》的结尾,奇崛一笔,将小说推至另外一重境界,人物身上爱和信仰的力量感达到了顶峰。接着谈《来访者》吧,《来访者》是一部三万多字的中篇小说,我知道你为了写这篇小说花费了巨大精力,是因为它的心理学知识背景吗?为什么会写这样一个有关抑郁症的心理咨询故事?

蔡东:这些年我观察身边的人,发现很多人被成长环境和个人经历所造就的固定思维模式操控着,它非常强大,幕后操纵你的一言一行,乃至你的命运。写这篇小说,不是因为我对心理学兴趣浓厚,我也很警惕不要把它写成一篇心理学小说。我感兴趣的始终是人,是人身上的自我更新能力。

刘悠扬:在我看来,《来访者》写的是一个人与自己和解的故事。在《来访者》之前,你所有的人物都不试图解决问题,他们深受人生之苦,唯一的反抗可能就是逃离。在《来访者》之后,出现了陈飞白和谢梦锦这样勇敢的女性。这种勇敢是怎样生长出来的?我觉得《来访者》是一个答案,你在思考给你笔下的人物一个路径,让他们从之前的边缘者变成江恺,再从江恺变成陈飞白。某种意义上,江恺可能是一个转折性的、承上启下的人物。

蔡东:江恺到底患了什么病,小说里没有做定性描述。写《来访者》的动力,不仅仅是探究人精神痛苦的成因,我想写一个人如何觉知到自己的痛苦,再如何试图改变,自我拯救,让自己重新获得快乐的能力和爱的能量。“恺”字就是快乐的意思。

刘悠扬:《希波克拉底的礼物》同样关注人的精神痛苦,这个短篇小说有点像《来访者》的“副产品”。

蔡东:《希波克拉底的礼物》是修改《来访者》的间隙中写成的,大约在2018年夏天吧。同样是探讨人的精神、情绪、心理健康等问题,我换了一层科幻的外衣。小说的结尾不像《来访者》那么明亮,女主人公黛西发现身边的人全都接受了药物试验,人类丰富的情感被永远消除了,像机器一样冰冷也像机器一样强大了。这个小说挺悲观的,也许人永远无法驯服自己的情绪,无法治愈自己的创伤。但结尾黛西关于“眼泪”的疑问,表明她依然渴望情感,哪怕情感注定会给人带来伤害。就像张曼玉扮演的青蛇,最后她终于流出一滴眼泪,流泪让她感受到了幸福。

为什么会有这篇小说,可能是在修改《来访者》的过程中,自己内心积聚了太多迷惑和怀疑。《来访者》只有三万多字,但从写下第一句话到改定,前后花了八九个月的时间。写的时候，我要去深入理解甚至体验江恺的精神痛苦，过往的经历奴役着江恺的现在，他反反复复地在迷宫里转悠，一次次陷入相同的窘境中，轮回能否走出来？自我疗愈是否真的可行？我骨子里是一个非常珍爱生活的人，特别看重日常生活本身。而男主人公江恺和他的母亲是被架空的一类人，像黑洞般的存在，我很难理解他们的生活模式。为了写这个小说，我必须尝试着进入自己抵触的情境中，这耗费了太多的精力和情感，我其实蛮难承受的。写完这篇小说，生了一场病。

刘悠扬：所以《希波克拉底的礼物》其实是你对"自我疗愈"的一个反方向的思考？

蔡东：我见识到了创伤的力量，母亲对孩子的影响完全超出了我过去的想象。当然不要把精神痛苦的责任全部推卸给过往的家庭，人是能动的，人是可以做到终身成长的。

刘悠扬：《伶仃》是你的最新作品，这其实是一个老生常谈的弃妇故事，你处理得却很新颖，有超拔之气，语言也有韵致，诗化的风格明显，余味绵长，是特别动人的一个短篇。如果说你以前的人物陷在生活泥潭里面，这个故事的主人公主动或被动地，从生活的困境中挣脱出来了。

蔡东：几年前，跟读研时的同学联系上了，电话里她讲起毕业后的经历，重点说了她父母离婚的事情。我很惊讶，这太不寻常了，要知道她父母都六十多岁了，在人们惯常的认知里，步入晚年生活的夫妻哪还有离婚的必要？真实的生活就是这样有趣。暮年的父亲一定要走。女儿结婚后，没有任何征兆地，父亲向母亲提出离婚，拿了一点积蓄飘然而去，在一座海滨小城买了一间单身公寓，公寓旁边就是一家剧院。

这个故事在脑海里盘桓了很多年，感觉这里头有小说，但一直找不到合适的方式去写。生活中的父亲看起来很普通，多年前我跟他有过一面之缘。同学说，她在父亲出走后真正了解了他，此前她并不知道父亲喜欢听歌剧。一个普通而文艺的男人，有不为人所知的内心，这太像小说人物了，我很排斥，毫无写作愿望。另外一方面，我希望这个小说有更大的包容性，不仅仅是写实一个家庭内部的生活真相。去年某日，我坐在沙发上看书，忽然想到这个题材怎么去处理。不如从母亲的角度去写，一个困惑而愤愤不平的妇人，能不能让她辗转打听到前夫的住处，去跟踪他、观察他，并在观察的过程中省察自己的存在？

同学告诉我，母亲现在生活得不错，"她总有办法让自己过得很好"。同学说的时候，似乎对母亲不无嘲讽。但这句话坚定了我的写作路向。难道我们想见到一个披头散发、在阴影里蹲伏的怨毒妇人吗？"总有办法让自己过得很好"，这恰恰彰显了人的生命韧性。人这一生不知要经历多少次命运的拨弄,普通人身上的伟大之处,就在于能够一点点地往下活,过上好日子。大部分人经历各种生活变故,还是会咬着牙,一关一关地往前闯。通过“活”这件事本身,去超越之前的厄运。

小说的题目叫《伶仃》,不是强调人在世界上的孤苦无助,而是突出人如何在无助的情况下将生活往下延续,这里面有一种日常的悲壮感。

刘悠扬:《我想要的一天》的结尾,高羽离家出走了,麦思没有去找他。如果我们把《伶仃》看成《我想要的一天》的续集,其实卫巧蓉最终也得到了“我想要的一天”。

蔡东:可以这样说,卫巧蓉孑然一身、满怀希望地生活了下去。不难想象卫巧蓉被迫离婚后可能要经历几百个难熬的日子,不解、愤懑、强烈的被亏负感,但小说没有过多渲染痛苦,而是侧重于表现女性的蜕变和成长。我放弃了讲述“出走的男性”——这个更具文学性的意象。

刘悠扬:这也是你的一种立场,把关注的目光放在女性身上,放弃去描写一个文学意味更强的男性。

蔡东:也没有对性别进行刻意选择,主要因为这类故事里的男性,对我没有太大吸引力。我感兴趣的不是徐季为什么出走,或有没有合理的解释。我关注的是事情发生后,女性身上表现出来的强韧的生命力,吸引我的是这个部分。千百年来,世事从来无常,无常便是常态,人不就凭着心底的这股韧劲儿,转化为强大的适应能力和生存能力,才能一代一代活下去?

书写逃离女性的小说也很多,一般她们不得不回来,但假如一位女性被动脱出常规,连供她回来的所在都没有了,她的生活会怎样呢?我对此充满好奇并通过《伶仃》这篇小说作了一种呈现。

刘悠扬:你最近这几个新的作品,滨海城市的感觉出来了。《天元》的主人公本来就住在海边,还有抹香鲸的细节,《照夜白》有一种潮湿氤氲的气质,《伶仃》就是海岛上发生的故事。生活环境对你小说的影响是怎样的?

蔡东:我是北方人,从小到大早已熟悉了分明的四季,冬天就是冬天,毫不含糊,各种树木都变得光秃秃的,到了春天才敷上一层嫩嫩的绿,这绿色渐次变老,很有过程感。定居深圳后完全找不到春天来临的感觉了,这里无休无止的夏天也让人受不了。说到生活环境的影响,大概也有一点。深圳是个多雨的城市,这几年我的小说里出现了很多个下雨及雨后的场景。

刘悠扬:在深圳这个移民城市生活13年了,现在对深圳有家园感吗?

蔡东:毕竟在深圳待了十几年了,我的家、我的生活和工作都在这里,单是习惯的力量也会让人觉得安心。我到了别的城市，马上就会想起深圳的“好”来，不知道这是从家园的意义上考虑，还是从实际生活便利舒适的角度去考虑。我从没想过老死在这里，想到要老死在南方，还是挺害怕的。

刘悠扬：你的小说《福地》就涉及现代移民的归宿和家园问题。长久以来，评论界一直认为你小说中的两个地理空间——深圳和留州，代表了某种城乡对立。但我记得，你在一次座谈会上说过，留州跟深圳其实是一个地方，它们之间形不成冲突。能否谈谈你笔下的留州和深圳？

蔡东：至少我写的时候，不希望小说里有二元对立的东西，也不会简单地批判都市文明缅怀乡村，或反过来憎恨乡土讴歌城市。我对两个地理空间的认识也是不断变化的。从某种意义上说，留州和深圳有同质性，也有差异性，构成对照但不构成对立。这是一个连锁的世界，小地方的城市外观和商业都很接近大城市了，当然小地方肌理内部的东西仍然在。每次回老家，还是能感受到浓郁的人情味。但贴身式人际交往是双刃剑，一方面让你感觉亲切，另一方面，长期生活在其中，也可能会像《凌霄，凌霄》里的女孩那样被一小口一小口地吞噬掉。

小说中出现两个空间，有时候是出于叙述上的一种便利。留州是故乡所以就温暖缱绻吗？深圳是异乡所以就残酷无情吗？恐怕目前的小说解读不出这些来。和留州这样的小城市相比，深圳的容纳性更强。《我想要的一天》里，春莉说她想在大城市躲起来写作。大城市确实可以让人躲起来。有时候我挺感激深圳的，这些年深圳“收容”了多少人呀，城市简直就像一个巨大的收容中心。

刘悠扬：梳理你的小说创作，可以看到明显的三个阶段：第一阶段是2003年到2006年，《毕业生》《天堂口》《月圆之夜》《结发》等作品“致力于美好碎裂后的弥合”，故事里有“一份痴心”；第二阶段是2010年到2015年，《往生》《净尘山》《木兰辞》《无岸》等作品“不再尝试修复什么”，“更愿意深究人生之苦”；从2016年至今，这几年你的小说气质明显和前两个阶段不一样了，如果第一个阶段是稚嫩，第二个阶段是滞重，第三个阶段就是轻盈。经历了撕裂、尝过“人生之苦”以后，我以为，你的小说正在回溯某种原初的价值观，像鲑鱼洄游一样，回头找到了初生牛犊的那份珍贵，散发出理想主义的光辉。而这些，与你个人内心的成长息息相关，我特别为你高兴。

蔡东：可以说回溯，也可以说种子一直都在，合适的时候破土而出，于是陈江流们历经数年，长成了陈飞白的样子。陈飞白的从容很迷人，陈江流以卵击石的狼狈也焕发过异样的光彩。

从“滞重”到“轻盈”，我这样看待，没有经过滞重的轻盈不是一种真正的轻盈。

现在的轻盈感是从内心生发出来的，很真实，并非通过写作技巧刻意营造出来的东西。我也很珍惜那部分滞重的作品，那个时期我创作的激情和元气很丰沛。

另一方面，也是小说艺术表现的需要。比如说《往生》和《朋霍费尔从五楼纵身一跃》，题材近似，所以选择了不同的书写方式。重新翻看这两篇小说，我能觉察出自己写作上的变化提升，这让我很欣喜，写作给予我的快乐太多了。

你对我内心的成长以及由此带来的写作突破尤为关注，此前的一次访谈，评论家赵天成和刘欣玥也谈到过这一点。我觉得，具备一定天赋和领悟力的前提下，在一个领域里浸润钻研多年，有进益是正常的。我回忆不起来什么特殊的事件或明显的节点，这是一个缓慢渐进的自然的过程，是阅读的逐步开阔，是经历中不断的获得和丧失，是体验过的挫伤、遗憾和喜悦共同造就的。没有哪个人生而健全，只要具备自省能力，就有可能走出困住自己的无形牢狱，向着健全和自由再接近一小步。无论生活还是写作，都是如此吧。

评　论《

大城小事　浮城旧梦

——蔡东小说阅读札记

李　雪

一、从《我们的塔希提》回看蔡东

2014年《收获》连续在第4期、第5期组织了两期“青年作家小说专辑”，这颇有意味的集中刊发尤其彰显了“80后”作家的创作实绩。蔡东的小说《我们的塔希提》（后更名为《我想要的一天》）刊发在第5期上，这篇小说的出现或许会让熟悉《往生》《断指》《无岸》等蔡东之前作品的人不那么习惯，甚至会有所质疑。毕竟我们的“专业读者”在大多数时候会激赏那种抵达公共经验、表现广阔世界、充满写实细节的作品，而《我们的塔希提》貌似只编织了一场“80后”青年逃离城市的幻梦。这一主题的确不那么特别，可以说是“80后”作家一种惯有的书写路向，张悦然的《家》、文珍的《衣柜里来的人》《银河》、孟小书的《逃不出的幻世》、郑小驴的《可悲的第一人称》等，无论是文艺青年永远的“生活在别处”，还是城市生活高压下的逃避、晋升无路后的退却，逃离此在的生活已经成为都市青年的普遍情绪，并被多位作家的多部作品从不同角度予以细述。那么一向与其他“80后”作家在不同田地里精耕细作的蔡东何以要写作一篇关于逃离都市的小说，难道仅仅想在青年作家专辑中有意回归到“80后”作家的队伍吗？

《我们的塔希提》其实是一篇“伪逃离”小说，这样说不是以人物是否完成了逃离动作为判断标准，而是指小说的主导情绪是反逃离，努力地压制逃离心理，并将逃离视作危险的传染疾病。如若我们先将“逃离”这一惯于被用来理解“80后”文学的关键词从蔡东这里剥离，《我们的塔希提》中的另一层故事便会徐徐浮出，那是关于深圳一对年过三十的寻常中产夫妻的故事，小说呈现了已过而立之年、自觉不年轻的“80后”夫妻于“无事”生活中演绎出的丰富内心戏。正如蔡东自己所说：“对普通居民来说，衣食无忧之后，依然绝望，依然扭曲，依然低落，逃跑的冲动强烈涌起却终被深埋，人生朝着平庸无梦的深渊直直地坠落下去，如何管理自己的精神和情绪，如何令自己感到幸福和平静，也是值得探讨的文学命题。”[①]《我们的塔希提》实际上是作家实践自己理想中“城市文学”的典型作品，并由此从对“在别处”的精神空间的虚幻想象，转而明确“逃异地”的无效，从而开始思考人应该如何在客居的城市中安置自己的现代孤魂。无论是塔西堤，还是净尘山，都不过是人用于自我安慰的幻境，已经被固定到现代都市、被迫屈从于世俗规则的普通人即使对眼下的生活充满怨气，内在里却依恋都市文明，被消费欲望左右，被当下庸俗的价值观、资本运行规则规训。在此种时代背景之下，蔡东试图在日常生活的夹缝中辟出一个精神空间，这一精神空间的建立依靠的是个人对社会、历史、自身的反思，及反思后进行主体重建的可能性。

我们当然可以从《我们的塔希提》中看出蔡东的变化，写法上更节制，情节被有意修剪，讲述的语气不是从前那种急切的、充满倾诉欲的，只是缓缓道来，话留三分，人物更贴近作家自身经验，所以更能触到人物的痛点。但我们显然可以通过此篇小说辨认出此前一系列小说的面目。主人公麦思和高羽可以被看作成熟了的王果和铁帅(《天堂口》)、郁金和申安(《毕业生》)，三十多岁的麦思和高羽度过了二十岁时初闯深圳时的贫穷期，他们拥有了属于自己的一套房，各自获得了稳定的工作，在“平稳、混沌、微妙的制衡”中他们倦怠且暮气沉沉，这不是青春期时伪装的衰老，是

---

① 蔡东：《下一站，城市文学》，《深圳特区报》2012年9月17日。

与世俗生活肉搏后真正的无力。小说中麦思自述："我们都不年轻了，三十多了。我再也没法忍受一个新的男人深入我的生活，每天在我面前晃来晃去了。一想起来，仅仅是想一下，都觉得累。"①三十岁，便已经连更新生活的勇气都没有了，并且不断强化自己的"不年轻"，蔡东应该是"80后"作家中较早在小说中体现出中年心态的作家。比起这一代人漫长的青春梦，蔡东的梦醒得太早，也就勘破了太多的人间童话。

实际上，从创作伊始蔡东在对生活的认识上就表现得比同代作家更为成熟。在其2006年(时年作者25岁)发表的小说《嘿，天堂》(后更名为《天堂口》)中，尚未毕业的年轻女孩远赴深圳挽回爱情的方式竟然是委曲求全、殷勤侍奉，面对"出轨"的男友不质问，以非常"传统"的方式抓住男人的胃，在高压的深圳生活中与其同甘共苦，努力把自己变成男友的生活依靠。这个颇有"心计"的小妇人在爱情中如此现实，太懂人心，与其说这场爱情里有算计，不如说女孩过早地放弃了浪漫和任性，懂得相濡以沫方能长久，懂得有瑕疵的生活才是恒常。我们可以看出蔡东最初的写作目的便不是急于表达自我，她想要抓住生活的"芯子"，关注人世间的生老病死、每个人必须面对的衣食住行，她有着对生活底色和恒常的探知欲，因而从这个角度来看，无论男人、女人，中年、青年，并没有本质上的不同，他们终将面临相似的现实困境和精神难题。而蔡东的优势恰恰在于她除了对平常的日子有非常细腻的体验，还是一个细心的观察者，能够体贴地感受到他人的生活之苦。从外表上的疲态，到内心的伤疤，她对世人有所心疼，反过来，正是年纪轻轻便从别人的人生看到了生活的真相，也就明了那些别人经历的种种苦役也是自己必将经历的，于是便尤为怜惜自身。在这个意义上，或许可以说蔡东的悲与哀，不是因为太绝望，只是因为太爱惜生命，才不忍让生命在世间受损。她一方面认可生活或人生本身的悲剧性，另一方面又清楚地认识到现代社会—都市空间—资本运行规则—世俗生活—成功学、功利主义的难以抗拒，为了保护生命不被这一系列隐形却威力十足的武器杀伤，往往让笔下的人物主动退出社会的主场。这样说来，"80后"的麦思和高羽是可以超越年龄的界限和《无岸》中的柳萍和童家羽、《净尘山》中的劳玉和张亭轩、《木兰辞》中的李燕和陈江流对话的，在多篇小说的多种夫妻关系中，拨开世俗生活对人生理和心理的磨损那一层叙述，蔡东其实想要斟酌的是，在看透人生本身的残酷性和社会结构的制约下人如何自处的问题，她在思想上的纠结之处便在于是否"无为"、怎样"无为"。

批评家通常将蔡东笔下携带古风的陈江流、张亭轩、童家羽称为"多余人""局外

---

① 蔡东：《我们的塔希提》，《收获》2014年第5期。

人”，将麦思、高羽、陈飞白这样从个人奋斗的道路上抽身而出的年轻人视为时代的“失败者”，其实蔡东小说中出现的大部分男人、女人都不认同主流价值观，都有逃离世俗生活的欲望。只不过为了维持安稳的生活更多人物不得不忍辱负重，尤其对女人来说，当她们的另一半选择无所事事、虚度光阴，她们便只得一个人顶住生活的全部重压。对女性的同情可能会使读者偏离作者的写作初衷，反而从中读出对这些男性的讽刺。在《净尘山》中，张亭轩的确被塑造得“萧索衰老”，他在用刻意的、虚张声势的姿态维护着一个在世俗意义上失败者的体面。然而劳玉真的粗鄙到没有窥破丈夫表面道骨仙风、内里慌张颓丧的真相吗？事实是，当她与女儿一遍遍回忆丈夫的超尘脱俗时，当她配合丈夫将“钓鱼”说成“垂钓”时，其实是在艳羡丈夫的选择，那是她想要而不可得的另一种人生啊！与其说女人对男人的宽容、纵容来自单纯的牺牲精神，不如说蔡东笔下的夫妻在精神上具有同构性，张亭轩深知他和劳玉是同一类人，麦思当然理解高羽的爱与怕，他们在人群中辨认出对方，合为一体，却只能放任一半肉身享受更多的自由。实际上，那些避世、失意的男人是在尘世中受苦的女人的分体，是她们另一个更为理想的自我。在蔡东这里其实没有性别对峙，她心疼不够超越的女人，也欣赏惝恍的男人，他们共同体现着作者的理想与矛盾——人可以“无为”，但“无为”之后怎么办？

蔡东当然是现实的，她不会编造乌托邦神话，人可以“先莽撞地拒绝了世界”，但不久就会发现，“自己根本没有决绝这个世界的能力”。[①] 对主流价值观的规避，不能使他们真正从容自如，重建自足的主体。世俗生活中的失败、对现实生活压力的卸载，又使他们深切感受到自身在社会和家庭生活中的无能无用，加之并无强大的精神资源进行自我支撑，他们其实在不断质疑自我的“出世”。说到底他们不过是有着高洁追求的“软弱的凡人”，这种摇摆和自我质疑又加剧了他们“内心的溃败”。如杨庆祥分析的那样，这种“出世”后却纠结于现世失败的人，其实遭遇了双重的失败，“他们的失败并不仅仅在于他们在现实面前退步，更在于内心世界的溃败，他们完全不能坚持内心的法则去生活，相对于世俗的成功而言，这是更大的失败”。[②] 在《净尘山》中，张亭轩曾与友人讨论《红楼梦》秦钟离世那段，认为贾宝玉入仕为官、功成名就才能保住众姐妹的大观园，秦钟临死之前其实否定了浪子生活，对宝玉有所规劝。如果“功名利禄那条路，才是滋补理想的唯一正途”[③]，那么身处现代城市中的小资、

① 蔡东：《净尘山》，《当代》2013 年第 6 期。
② 杨庆祥：《小说即“往生”——读蔡东》，《文艺争鸣》2013 年第 11 期。
③ 蔡东：《净尘山》，《当代》2013 年第 6 期。

中产就更无法挣脱资本、外物的束缚，稍有懈怠中产很可能转为赤贫，那又何以在肉身无处安放之时获得灵魂的解放？如此我们就更能理解青年中产麦思的恐惧，她原本是主动偏离奋斗之路的“无为”者，却极力强迫自己和丈夫压制逃逸的欲望，不过是为了依靠工作带来的物质收益给自己提供生活上的保障，于日常生活的空隙过上那为数不多的“想要的一天”，这种有限的对自由的争取也在同时努力地规避风险，这恰恰体现了被现代都市塑造的现代人的逻辑。

我之所以要反复回到《我们的塔希提》，是因为觉得它是蔡东创作史上比较重要的一篇，具有连接点的意义。首先，它有效整合了此前的创作经验——留州与深圳双视角的渗入，日常生活的琐碎和对人的侵蚀，“无为”、抽离后内心的挣扎，以及重建生活之美的疗伤方式。它其实与《无岸》《净尘山》《木兰辞》等此前的小说是一脉的，只不过之前蔡东聚焦的是别人的故事，这一次她将自我经验、一代人的经验渗入到小说中，但她表达的并非单质的文艺青年式的逃离欲望和对意义的盲目寻找，而是想要写出被锁死在现代城市中的中产阶层、普通市民、新移民的生活方式和精神困顿，写出他们进退间的矛盾、退避后的彷徨。同时，此篇小说开启了《朋霍费尔从五楼纵身一跃》《照夜白》《天元》等此后小说的写作方向，既写细思极恐的残酷日常，又试图“打开日常生活下面的空间”，探讨人在退避之后如何自我安置。

二、从“无解”之处突围

《我们的塔西堤》是“无解”的，带着点丧气。蔡东可能对压抑与绝望有所警惕，而将春丽视作故事中的一道光，寄希望于世界向春丽敞开。小说的实际效果却是春丽无法喧宾夺主，她空有行动的热情却盲目而不自知，她并不是理想的引导者，她只是麦思和高羽生活中偶然的闯入者，没有能量彻底影响和改变他们的刻板生活，麦思和高羽终将回到原地。在这里，蔡东只是呈现出了人们内心的起伏，却不能赋予他们精神力量，具有丰盈内心的个体无法实现精神上的超越，他们是不彻底的抵抗者；而在之后的小说里蔡东更为专注地解决这一类人的“无解”之题，试探着为他们寻找精神支撑。《我们的塔希提》之后，蔡东有意地做减法，写法上越来越注意提纯、延宕、留白，故事被修剪得甚至有些寡淡，讲述的不过是城中小事、家务事，甚至是无事之事，人物的内心却波澜壮阔，又时常要压制着。同时，蔡东也在为笔下的人物做生活的减法，他们从热浪滚滚的都市生活中退出去，偏离个人奋斗的道路，经历最初退居到家庭生活中的恓惶、犹疑，到《照夜白》《天元》时，终于内心笃定、澄明。

发表于《照夜白》《天元》之前的《朋霍费尔从五楼纵身一跃》因为与《往生》中的

生活困境具有相似性，很容易被认为是蔡东写“病、老”的又一次尝试，但这次作者的意图或许不是让读者再一次直面“病、老”的窘相，虽然她仍提供了患病老人那么多日常又令人悚然一惊的细节。小说中的人物一出场就处于“死局”，妻子在情感上、道德上都无法从患有阿兹海默症的丈夫身边逃走，唯一的了断途径无非是如同那只叫朋霍费尔的猫一样“从五楼纵身一跃”，但放弃生命、轻言生死绝不是蔡东的方式。女主人公周素格在深切体验到生活的禁锢后，生发了行动的力量，她开始在“死局”中策划突围行动——被称为“海德格尔”的诗意行动。相比之前屈从、隐忍的女性形象，周素格重建生活的希望尤为强烈，这是因为一方面她曾经与丈夫心灵相通，感受过何为真正的理想生活，另一方面她体会到文学、哲学、艺术对受伤灵魂的疗愈作用，便更不甘于被生活的惯性制约而萌生更多期许。与此同时，作者让人物将自身置于历史长河中以寻求永恒、无限来抵抗眼下的卑微。小说在情绪的铺排中一点点祛除尘世的悲苦，于“死局”中拓展出无限的时间与空间感，从而使整体上变得轻盈、空灵。若说《往生》是一匹棉布，此篇则似一块杭丝。

小说中插了一段周素格的回忆：

> 她说，我想起来了，以前读过的古诗都活了，有自己的气息和体态了，我好像一下子能回到古时候，亲眼看见写诗的那些人了。你看看，唐朝的月亮，不也是这一个吗？他说，我知道，不用多说了。他们两人，心领神会，他们两人和月亮，也心领神会。久远古老的月光，雪一样轻盈地落在他们的身体上，又化成了水般流向地面。月亮是痴的，多少年它都没变。他们在月光下并排坐着。她全身松弛，只觉得安详，她在他脸上也看到了踏实和平静。那一刻，她确信，他们抓住了一点儿不变的东西。[①]

蔡东在深圳这座现代都市中做起了旧梦，想要“抓住一点儿不变的东西”，虽然她之前就写过颇有古风的人物，可他们大多空有仪式感，又身处内陆小城，而近期的作品却主要聚焦深圳，她对普遍的人生之苦的书写更明显地转化为对我们时代的具体批判。现代化、城市化以及由此带来的实用主义、功利主义、庸俗成功学成为其拒绝的具体对象，进而产生了对前现代文明的怀念；或者以更理性的态度来判断蔡东的这种倾向，这不是单纯的怀念，是她向古代文明寻求精神资源的一种尝试。

《照夜白》将批判的矛头直接指向实用主义，对成功的一元化评价标准予以否定。以讲课为本职工作的大学教师谢梦锦竟然不想说话，以假装失声躲避虚假的、

---

① 蔡东：《朋霍费尔从五楼纵身一跃》，《十月》2016年第4期。

程式化的发言。如果说蔡东之前塑造的人物对退避、"无为"有所挣扎，尚不能完全放下，到这里，人物对无意义的公共空间的拒斥则坚定、决绝。将不想上班简单归结为人近中年的职业懈怠，或城市人最为普遍的"慢性疲劳综合症"，实则低估了作者对人物主体性的确认。谢梦锦不想讲课的真实原因是职业工作与出自本心的劳动相悖，工作不能提供给人劳动的意义与尊严。可以说，这里表现的不是倦怠，是对无意义劳动的明确拒绝。谢梦锦以为主动退到闲职是一种抵抗，而可悲的是，她仍逃脱不了时代主流价值观的规定，需要讲授一门"你的口才价值百万"的应用类课程。当她在课堂上讲述文学、电影，希望照耀过自己的光也能照到别人身上，却遭到学生的质疑："我报名上课是觉得这门课实用性强，速成班，立竿见影的那一种。"[①]成功学、实用主义的价值观已经给当下的年轻人"洗脑"，使他们信之、遵从之，细想之下，这是多么"正常"又可怕的事情。需要注意的是，谢梦锦对成功的拒绝不是因为不能，而是不想、是不屑。这已然不同于马小淘《毛坯夫妻》中"宅女"温小暖以自然人性为借口对社会压力的回避，不同于霍艳《失败者之歌》中丧失了竞争能力的一家人在挣扎后的彻底放弃，更与郑小驴《可悲的第一人称》中小娄在逃到深山老林里继续复制城市奋斗神话的假"归隐"迥异。如同《天元》中的何知微所说，"不瞄准和瞄不准，完全不一样。"[②]以往软弱、不彻底的疏离者，终于在这里蜕变为内心笃定的抵抗者。

《天元》中的陈飞白则更为决绝，她连谢梦锦不想说话之前的挣扎、敷衍都没有，作为最容易在城市中获得利益的应用经济学硕士，她甫一毕业就选择退出奋斗、搏杀的名利场。小说讲述的依旧是蔡东最惯于写作的深圳中产夫妻的故事，全文围绕何知微探究陈飞白为什么不去面试展开，一点点进入"古典"女性陈飞白的精神世界。原来她拒绝的是公司的"狼文化"——"主动进攻，抢占先机，通过伟大的目标把员工凝聚成群狼，虎狼之师，枕戈待旦，常备不懈，时刻准备战斗搏杀"[③]，她反对"一步致胜"的成功观，更厌恶"天元"这一至美之词被地产商宣传成城市的经济中心。她不只对这一切疏离、抗拒，还有着强烈的对其进行破坏的欲望，当然这种破坏是有限度的。

小说开头作者便用寥寥几句指认了深圳：这是一座"浮城"——填海建楼，人与建筑皆漂浮在海上，没有根基，无家可归。这城里的人如同小说里搁浅在海湾上的

---

① 蔡东：《照夜白》，《十月》2018年第1期。

② 蔡东：《天元》，《人民文学》2018年第3期。

③ 蔡东：《天元》，《人民文学》2018年第3期。

抹香鲸，动不得，发不出声音，默默受苦。如果明了，为何就范？提早清醒的陈飞白看似柔弱，实则有着足够拒绝世界的力量。这力量，一重来自她对别人和自我的心疼，对生命的不忍，她理解看起来不那么美好的男友母亲并非原本如此，而是被生活消耗，卑琐老妇也曾是有着美丽名字的美好姑娘“夏清煦”；另一重来自古典文化的给养，她以古典的慢对抗现代的快，以审美对抗实用，以过程对抗结果。她之所以能够在人群中辨认出何知微，是因为他有“一丝古意”，提笔写的字是“小舟从此逝，江海寄余生”。前面我曾提到，蔡东笔下的夫妻表面看起来存有隔膜，实际是同一类人。不过这次，蔡东让女性自在，让女性看到光明，而让男性掮起生活的重担。不论前路如何抉择，在小说里他们理解、同心，结成了价值观相同的小共同体，在对弈时体验到宇宙的开阔，在观海时感知到时间的绵长。作者于现代都市写出了我们这个时代最古典的爱情。

蔡东虽然惯于以家庭关系为核心搭建小说，却对私密空间、个人私语有所警惕，她理想的人物状态是在葆有精神空间之后，不进行自我封闭，他人、社会、历史经验依然可以进入帮助补足这一精神空间，从而使自省的主体走向澄明，并作用于社会。谢梦锦的“照夜白”不仅照亮了自己，也让学生陈乐感受到了自由之光；陈飞白摘掉“一步致胜”的广告牌是害怕广告这种强化记忆的方式给更多的人“洗脑”。《我们的塔希提》气氛压抑，不安的情绪蔓延，麦思和高羽走到了困局，而到《照夜白》《天元》，蔡东越写越开阔，写到听风、对弈、观海皆有荡气回肠、天人合一之感。这或许只是现代人“无解”之后重温的古典旧梦，是思想上的调和与改良，但蔡东的确以此让人物得以放下、敞开，有诗情、有格局、有境界了。

我曾经对身为“80后”的蔡东写出《福地》那样的小说感到讶异，自然不是因为城市客居者对于故乡、根的追寻，而是惊讶于年轻作者能够发现乡村传统葬礼的美，在常人看来那不过是过于形式化的旧俗，小说却写出了哭丧的庄严与美感：“凤婶子不是哭，是吟唱出来的哭，是炫技，是咏叹调，声音里充满了戏剧腔和形式感，并有一种接近文学的品质。”[①]此篇小说或许暗示了蔡东对传统、古典的一种态度，即我们不可能退回去，但传统之美、古典之美却依然具有感召的能力，或许能够帮助现代人重建残损的精神空间。比如影响过蔡东的魏晋风度、晚明闲适，依然可以影响更多功利且焦虑着的城市人。这或许不能简单地被视作批判现代性之后进行的“返古”，从积极的层面考虑，这是获得趣味美、人格美的一种方式。

---

① 蔡东：《福地》，《天涯》2013年第6期。

做减法的蔡东，其小说越来越淡雅，精细而精致，将经验与形式都作了提纯、萃取，这当然是技术上更为成熟的一种表现，可是我又开始怀念她前期作品的那种绵密、充盈，那种生活的浓稠感。不只蔡东，已经“不年轻了”的“80后”作家，尤其是“85前”作家的小说愈发精致、细腻、个人化、内心化。不过有的时候小说写得“糙”一点、小说中的生活“糙”一点，其实并不有损小说的质感。

（载《小说评论》2019年第6期）

主要作品目录

小说集

《木兰辞》，作家出版社2014年版。

《我想要的一天》，花城出版社2015年版。

《月圆之夜》，海天出版社2016年版。

《星辰书》，北京十月文艺出版社2019年版。

中短篇小说

《面无表情地笑出声来》，《当代小说》2004年第4期。

《嘿，天堂》，《人民文学》2006年第3期。

《断指》，《芒种》2006年第5期。

《城南城北》，《辽河》2007年第1期。

《结发》，《长城》2007年第1期。

《凌霄，凌霄》，《山花》2007年第3期。

《木兰辞》，《山花》2010年第11期。

《往生》，《人民文学》2012年第6期。

《无岸》，《人民文学》2013年第3期。

《出入》，《光明日报》2013年10月25日。

《净尘山》，《当代》2013年第6期。

《福地》，《天涯》2013年第6期。

《通天桥》，《创作与评论》2014年第1期。

《我们的塔希提》,《收获》2014 年第 5 期。

《布衣之诗》,《花城》2015 年第 5 期。

《朋霍费尔从五楼纵身一跃》,《十月》2016 年第 4 期。

《照夜白》,《十月》2018 年第 1 期。

《照见》,《香港城市文艺》2018 年第 1 期。

《天元》,《人民文学》2018 年第 3 期。

《希波克拉底的礼物》,《香港文学》2018 年第 8 期。

艺术随笔

《来到别有洞天之处》,《文艺报》2013 年 9 月 2 日。

《写作:天空之上的另一个天空》,《文艺争鸣》2013 年第 11 期。

《神出现的那一刻》,《深圳晚报》2015 年 10 月 25 日。

《我们的幸运与匮乏》,《光明日报》2015 年 11 月 20 日。

《没人察觉到她们正身处绝境》,《小说月报》2016 年第 9 期。

《城市书写的独特语调》,《香港城市文艺》2017 年第 2 期。

《很多花都需要种在地里》,《西湖》2017 年第 3 期。

《李庄的雾》,《十月》2017 年第 4 期。

《读它们的时候,如重归故土》,《文艺争鸣》2017 年第 8 期。

《书写城市并构建一个审美的世界》,《名作欣赏》2017 年第 11 期。

《刘以鬯的实验小说》,《香港城市文艺》2018 年第 3 期。

残　雪

女，原名邓小华，1953年生，湖南耒阳人。

小 引《

1986年，我随湖北作协的一群青年作家到湖南参观访问，其间一个意外的收获，是认识了一位笔名残雪的女作家，同时还读到了她不久前发表在《中国》上的一个中篇小说《苍老的浮云》。除去喜欢不喜欢之类的因素，说实话，我们几乎都没有读懂这篇作品。后来又去访问了一边做缝纫个体户一边写小说的残雪本人，听她介绍了她的独特的写作方式，我们便送了她一个外号，叫“神秘的女巫”。其时，以古华、叶蔚林等为代表的文学“湘军”，虽仍未失其现实主义雄风，但它的代表人物之一韩少功却在倡导“寻根文学”。另有二三文学新进如何立伟、徐晓鹤和晓宫等，也都在尝试现代主义方法，虽然他们的作品颇多出人意料之处，但细细一想，又似乎都在情理之中，不像残雪这样违情悖理，难以索解。所以无论是在现实中还是在文学界，残雪似乎都有些“离群索居”。我依稀记得残雪的家所在的街巷有一个很古雅的名字，似乎是叫“赋闲巷”(也许记忆有误)。这条街巷的名字也让人觉着，这个叫残雪的女作家毕竟有些“边缘化”。

就是这个“边缘化”的残雪，从那时起，竟把她的独具一格的创作坚持了近二十年。这二十年来，残雪自然也遭到了许多冷落和误解，残雪的不能从众随俗，或者说不能大众化和通俗化，是她遭到冷落的一个原因。更深层的原因，则是那些自认不俗的文学精英或文化精英，不能真正读懂残雪，或误读了残雪。对残雪的评论和研究，于是就只有少数人堪当此任，极言之，甚至是一种“家族的事业”。好在残雪的兄长们谙于此道，尤其是有一个研究西方哲学、在西哲界颇有名气的哥哥，不断地在对她的作品进行同样独具一格的阐释和评论，残雪在这个世界上才算有了一点“知音”。虽然她对她的兄长们的阐释和评论，也不尽满意，但自古“知音难觅”，终究让她避免成为一个文学庙堂上的“孤家寡人”。

文学界或文化界的诸多精英之读不懂残雪或误读残雪，实在不是因为他们没学问，也不是因为他们不懂得怎么去读一部文学作品，包括那些晦涩艰深、佶屈聱牙之作，他们也都有破读和破解的办法。他们的读不懂残雪或误读残雪，在我看来，是因为他们不敢或不愿正视残雪所说的那个“自我”或“灵魂”。说到“自我”或“灵魂”，精英学者们或许又要引经据典，逐一说出它们的诸多定义和解释，但这些定义和解释，又似乎都不是残雪对“自我”或“灵魂”的定义和解释。残雪对“自我”或“灵魂”的定义和解释，或许与她的作品一样，也有诸多难懂甚至不免误读之处，但有一个明白无误的事实是，她的“自我”或“灵魂”都是属于潜意识范畴，都隐藏在人的精神世界的最深处。这个最深处的东西，不但是人所不能自知的，而且也是人所不能自为的，因而也就没有善恶美丑之分、尊卑高下之别，但它却有一种本能的理想和冲动，残雪把这种本能的理想和冲动称之为人的本质，她的作品所致力于揭示的，就是她认定的这种人的本质。她认为揭示这种本质有助于人性的提升，而且她还特别提请人们注意的一点是：“凡是那些最褴褛、最‘负面’的人物，往往是最本质、层次最深、凝聚了最多激情的。”我想残雪的作品中有那么多为读者接受不了的艺术描写，或许正是源于她对于人的本质的这种深层的追求。

我相信我的这番解释，也是对残雪的创作思想和作品的一种误读（读残雪总免不了有这种担忧）。但又恰恰是这种种对残雪的误读，使我们获得了诸多接近残雪的可能性，同时也使得残雪真正成了一个具有多种解读的可能性的作家。而这种多种解读的可能性的获得，正是一个现代作家之成为现代作家的重要标志。尤其像残雪这样一个以现代主义的艺术追求为己任的作家，更注定要像她所心仪的前辈作家卡夫卡一样，面临终生被误读和误解的命运。这是残雪的不幸，也是残雪的幸运。因为文学的生命，正在于这不断地被读解包括误读和误解之中。就说残雪从事文学创作这二十年吧，当年在现代主义的文学浪潮中兴风作浪的作家今安在？唯有残雪还继续在被人们所误读和误解。也许这正是一种文学创造的动力，所以，当诸多先锋和新潮们纷纷落伍、退隐，或回归、转向，残雪却仍在肩负着探索灵魂的重负踽踽独行。我的博士生易文翔把对残雪的访谈录定名为《灵魂世界的探寻者》，我要说，还应当在这个标题的前面加上“孤独的”这个限制词。而一个真正的孤独者，除非他最终放弃孤独，否则，他不是一个伟大的作家，就是一个伟大的哲人。

自 述《

艺术是人的本能

我从1983年开始写小说，1985年发表第一篇小说，到现在已经快20年了。当我在1985年发表作品的初期，曾有人断言我的小说是自我重复。这些读者没有想到，一种“重复”的创作竟可以持续20年，而且还要持续下去。

我将我写的作品称为纯文学，这是我的领域，是我的内部的精神得以成形的方式。按照我的理解，在文学这个领域里，纯即意味着深，意味着向核心的突进。世界上很多国家都有我这样的少数派的作者，我们的读者群不一定很大，但一位老练的读者在众多的作品中一眼就能认出我们，因为我们的语言完全不同于常规的语言，我们的语感也显得陌生而遥远，我们用难以捉摸的语气讲述着对于我们来说是生死攸关的大事情。在这漫长的20年里头，我发现在我们这个人口众多的国度里有了一批我的作品的爱好者，这些读者大都很年轻(至少是心态很年轻)；我还发现，经过这20年的创作，我已经完全不是原来的那个我了，其变化之大，令我惊讶。也许，我所从事的这种纯文学创作，就是促使一个人不断变化，不断否定对于自身的规定的文学。就我自己的体会来说，不论是读，还是写，都只能是创造性的，这种文学无现成的规律可循，你只能调动你内部的能量，在竭尽全力去“做”的过程中形成或“发现”属于你的规律。

现在我的小说的特殊性已经得到公认了。然而，如果有人直接问我：“你写的究竟是什么具体的故事？你是怎样写出来的？”面对这样的问题，由于内心深恐产生误会，我只能回答说：“不知道。”从通俗的意义上来说，我的确不知道。并且，我是一个有意地让自己处于“不知道”的状况中来写作的人。

由于信仰原始之力的伟大，我必须将其放在虔诚的、人为的蒙昧氛围中去发挥，以使自身挣脱陈腐常规的羁绊，让强大的理性化为无处不在的、暗示性的激励和怂恿。我不知道自己明天或下一刻会写出什么东西来，我也不知道促使我十年如一日地、源源不断地产生作品的“灵感”究竟同什么最有关，但我却明白无误地知道一件事：无论在什么样的困难情形下都要保持精神生活的质量。因为失去了这一点，仅仅这一点,我就会失去一切的根基。

在这个世界上,世俗生活犹如滚滚的车轮,碾碎一切。一个人,如果要在面对世俗强权的威胁时仍然保持他内心领地的完整,他就只有不停地分裂自身,不停地进行高难度的灵魂操练,以使自身胜任在那片无疆的国土上进行不懈探索的工作。我所感受的操练,就是在置身世俗的同时将目光始终不变地紧盯天堂;就是使灵肉分裂,并在忍耐中获得张力;它还是战胜肉欲,让肉欲在反弹中重新爆发的技艺。这种自我割裂的写作使人在无限的痛感中获取最高的快感,而世界,则不断展现出从未有过的空灵与澄明。

人是不可能全身心地生活在纯精神之中的,因为我们身处的,是一个高度粘连与渗透的世界,而纯精神的诞生地,就是我们那黑暗的肉体。也许我的写作,就是重返故地,在向黑暗深渊的挺进中解放被制约的欲望,让其转化为纯精神的结晶状态。这种写作的动力,仍然是对于世俗生活的永不消失的渴望。当胶着状态奇迹般地分解,当深渊的骚动清晰地传到机警的听觉中时,笔下就如获得神力。如果要追求最最纯净的语言,其代价必然是污浊、猥亵、暴力和血腥。你必须承受一切,你必须"心死"。如果你还想体面,装样子、摆姿态,你就写不了这样的小说。在这个意义上,是先有了我的小说,然后才有了我。

这种特殊的语言故事用强力为我开创了另一种生活,它与我的日常生活相互渗透,互为依存。由于它的介入,一切庸常的俗务都被赋予了隐秘的意义,人心成了最大的谜中之谜。于是日常的痛苦不再是不可忍受的,因为源源不断的灵感皆源于此。也许艺术工作者总是从那正在融会和消亡的境界里获得瞬间的真理,并使其凝聚成作品的。

我相信艺术是人的本能,艺术工作者就是能将本能通过强力抑制以达到最高发挥的人。我的领域,是艺术工作者的共同领域。当我进入这个领域时,我做的第一件事便是抽掉脚下的基石,让身体处于悬浮的准自由状态,然后才是有些神秘的冲刺。多年的反复实践已使我渐渐悟出了,成功正是得益于自身那强大的、杀人机器一般的理性,理性的制裁越严酷,肉体的反弹越凶猛,由此作品才能天马行空,匪夷所思,却又具有严密的深层逻辑。我并没有刻意地去写这种小说,从一开始,从那些信手涂鸦的习作之中,我就隐约地听到了命运的鼓点。自然而然地,我后来的生活就演化成了对那召唤之声的追寻。从我的道路也可以看出,艺术改变人生的能量是何等的大。一个人,不论是否写作,只要他保持艺术的敏感性,其作为"人"的素质就会得到很好的提高。所以说,艺术是最为符合人性与人道的,艺术也是最具普遍意义的人类对于美的梦想，其本质就是爱。

有人说，我这种小说没有用，什么都不能改变，也没人看得懂。对于这样的问题我是越来越有信心了。首先，20 年的小说创作已彻底改变了我自己，前面我已说到了这一点。其次，就我个人的阅读体会来看，虽然这类小说确实没有多大的“用”，大众也不会都去读，但对于少数极为敏感的读者却有着决定性的影响。也许这并非写作者的初衷，我认为这种小说要改变的是心灵，而非表面世俗的东西。总会有那么一些对于艺术、对于心灵探索情有独钟的读者闻风而来，在那个时候，这类小说便会以特殊的方式向读者发出信息，刺激着他们，呼唤着他们，促使他们一同来加入心的探索。

自我反省是创作的法宝，但这种特殊的自我反省不同于被动的自我检讨。这种反省是运用强力进入深层的心灵世界，将所看到的用特殊的语言使其再现，从而使灵界的风景同我们所习惯的表层世界形成对应，以达到认识的深化。所以艺术性的自我反省实质上是一种创造行为，是主动下地狱、自设对立面、自相矛盾，并在残酷的自我厮杀之中达成统一的、高度自觉的创造。其动力，则是艺术工作者要否定自身世俗的、肉体的存在的渴望。

为了满足内心那种渴望，我不得不每天进行这种操练。我所做的，是发动内在的能量，去追寻那些早就消逝了的、古老的记忆。我凭本能感到，这种操练没法停止。从很久以前直到今天，我就为它而活着。当我面对这个充满物欲的世界，并卷入其间充当角色之时，是这件事，仅仅只是这件事，为我的全部世俗生活赋予了意义。没有它，我无地自容、难以立足。现在有了它，我每天走火入魔似的进行艺术活动，将日常生活限制起来，为我的艺术活动服务，我感到自己空前的强大！

现代艺术从本质上说是无法顾及读者的。现代艺术不会去“顾及”各种层次的读者，它只会发出信息和召唤，使人在繁忙的日常生活中若有所思地停下来，然后自觉地来进行某种精神活动。因此可以说，现代艺术更接近人的本能，因为精神的追求只能是一件充满主动性的冒险的活动。一件成功的作品与读者之间的关系正如卡夫卡的《审判》中那位神父对 K 所说的：“你来它就接待你，你去它就让你走。”我在自己的小说中力图达到的，就是这样的自由境界。我想，写作者在坐立不安、两眼茫茫、似惊似乍的氛围里所营造的难以把握到的近似虚无的世界，只能通过那些敏锐的读者的肯定而存在下去。这样的读者必定是有的。我深深地相信，人类的灵魂有一个共同的居所；人是有理性的、善于自我批判的高级动物；人，会在深化对自我的认识的过程中不断发展高贵的理性，建立起与“丛林文化”永久对抗的精神机制。

1997年我开始写经典作家的评论，或称读书笔记，至今已出版四本这样的评论。读书笔记是我对先辈经典作家的解读，也许在国内，还从未有人用我这种方法来解读过纯文学，我把这归结为我努力学习西方文化取得的成果。找出艺术自身发展的规律，将纯文学对人性的探索加以揭示，是我长期以来的夙愿，也是我的小说和评论的宗旨。所以有些读者说，我在解读别人的同时也在解读自己。我很高兴得到这样的反馈，这说明读者跟上了我的思路。所有的纯文学、纯艺术都有一个相同的根，这便是人性之根。所以尽管表现方式千姿百态，深层结构都是一个。作为一名现代的读者，当你同作者一同经历了创造之后，你的心灵结构便会显现，你置身于永恒的澄明之中，以你独特的方式再现作者的境界。

访　谈《

灵魂世界的探寻者

——残雪访谈录

易文翔　残　雪

易文翔：您好。阅读您的作品，首先感受到的是一种与众不同的文学世界。这个世界使您能够独步于当代中国文学常规与文化时尚之外。您能谈谈是如何进入这个世界的吗？

残雪：迄今为止我所做的工作，就是将人心里面那些深而又深的处所的风景描绘给人看。我所描写的就是、也仅仅是灵魂世界，从一开始我就凭直觉选择了这个领域，在第一篇作品《黄泥街》里头，一些内在的描写也已经出现了。比如那种强力控制下的自发挣扎，不自觉地呈现了内在的精神原型。现在是越来越深入，越来越有意思了。从我决定写作的那一天起，我就发觉自己具有这种老天赋予的特异功能，那是一种有点神秘的能力，既让笔比自己先走，但又不是乱写，而是一种有条不紊的玄想，一种用强力排除世俗向虚无的突进。黑暗的王国是密不透风、令人窒息的场所，人在世俗中生出热的血、沸腾的力，为的是深入那种场所去探险，去体验那种可怕的自由与解放，因为那种场所对于艺术工作者的诱惑力总是大于它所引起的恐怖感。多少年来，一些艺术家的共同努力早已证明深层意识的大海是一个无边无际的黑色世界，这个世界有其与现实形成对称的自身的规律，但人决不能凭理性把握它的规律，在那里头辗转的艺术工作者只会获得“寻找就是找到”这样一种微妙体验。

易文翔：这种体验应该是孤独的，您是否有这种陷入孤独的感觉？

残雪：深入内心的创作只能是孤独的，这种孤独也给我一种痛快感。因为那是没有人去过的地方，所以充满了冒险的刺激。我总是将自我放在危机四伏的境地，不断地对他加以拷问，促使其生命力的爆发，将探索不断地进行下去。这是一种潜意识的创作，潜意识的领域里理性大有用武之地，它凭空挑起事端，让艺术的场景不断涌现。几乎每一次，作为主体的我都无法预测笔下的风景，而越难以预测，写作就越成功。

易文翔：潜意识是自我的领域，也就是说您的创作是指向自我的。邓晓芒在《残雪：灵魂的历程》一文中，着重论述了这一问题。在他那里，自我是一个哲学起点，从虚无出发。这也是西方哲学的思考点，所谓“我思故我在”，自我是存在的维度，是自己对自己在世的领悟和实践。对此，您有何看法？

残雪：自我到底是什么，这是一个最普通的精神文化问题，但是表层的和世俗的解释，通常视自我为狭小的世界，批评家也经常在这样肤浅的层面定义自我。凭直觉我更愿意接受西方理论家和作家笔下的自我，每一个人都以独特的自我通向精神世界。我认为，一个没有自我的平面人是动物性的人。对自我挖掘越深，信道就越宽，世界才越大。所谓不要陷入自我，就是教导大家做表面功夫，名曰关怀大众，这样的关怀会给大众带来福音吗？一个连自己都不清楚的人能关怀别人什么？有的批评家看不起非主流、漠视“狭小的”个人，依据却是不可靠的“大众关怀”“关怀大众”。在我看来，自我就是精神，决不人云亦云，一个作品的自我越强，越独特，其精神世界就越深广。自我的要素，一是冲动，一是理性，作为人而言，理性钳制冲动并承担冲动的后果才是有精神的人。当然自我并不是一个可以一下抓住的东西，这就是它的难度。通常人认为自我是一个世俗的表面的东西，这是中国人的习惯，根本没将自我当作一个精神世界看待。自我必是一个漫长的开掘过程，一个信道，在看不见的灵魂世界里，在人的丰富的潜意识之中，在数量化的物质世界另一边。所有的艺术家都是专注于灵魂世界、不断开拓与挖掘的工人，只不过由于个体的差异，专注的程度、深入的层次有所不同而已。

易文翔：所以您的作品深入了灵魂世界。在一般人看来，灵魂并不是那么容易就能把握得住的，您是如何把握的？

残雪:所谓灵魂世界就是精神世界,它与人的肉体和世俗形成对称的图像。艺术家要表达的精神领域是沉睡了几万年的风景。人通过有点古怪的方式来发动原始的潜力,唤出那种风景。这种工作表面上看对于人类社会没有什么作用,因为它改变不了社会,但它却可以改变人,让人性变得高尚一点。灵魂抓不着摸不到,只能存在于隐喻与暗示之下。当我用方块文字来展示灵魂世界的时候,这些字就告别了以往的功效,获得一种新的意义。如果读者不努力地读进去,这种意义就不存在,作品只是在黑暗中发出无声的召唤而已。所以方块字是我的物质基础,还有小说中的风景人物也是物质基础,只不过人物有点如幽灵般怪异,风景透出异样的色彩罢了,这是灵魂为了寄寓于现实中而与现实达成的妥协,字里行间都是这种妥协的痛苦。

易文翔:您的作品就是如此地呈现真实的灵魂世界。

残雪:我是否真实地呈现了灵魂世界,这个问题要由读者来证实,如果读者在阅读时看到了那个世界,答案就是肯定的。实际上,只要有一个读者,一件作品就可以成立。人数的多少对我来说并不重要,关键的是它能否引起我渴望看到的反弹。

易文翔:是否因为您把这种灵魂之光赋予了笔下的人物,所以他们无论处在什么样的境地,总能显示出巨大的热情或者说激情?

残雪:可以这么说。我的小说中的角色的激情来自不灭的理想,来自幽深处所的灵魂之光,也来自生命体的强大的本能的律动。虚汝华也好,述遗也好,麻老五也好,皮普准也好,不论他们的肉体是多么的卑琐不堪,看上去多么丑陋、阴暗和绝望,只要有了那一束光,一切就被照亮,如同魔术似的,丑变成了美。如果我们抛开我们那种所谓的浪漫主义,来凝视我们的生存状况,我所描写的难道不是人的本质吗?也许一般人就是习惯于假象,尤其是大多数人造出的假象,只有住在这种假象的世界里才心安。我小说中的人物都是我个人人格分裂的结果,自相矛盾的创造物。请注意一点:凡是那些最褴褛、最“负面”的人物,往往是最本质、层次最深、凝聚了最多激情的。我不是有意要这样写的,也不是一开始就意识到了这一点,直到这几年我解读了卡夫卡、博尔赫斯、莎士比亚、《浮士德》之后,才发现他们也是这样做的。例如《浮士德》中住在洞窟中的吓人的丑八怪、福尔库斯的女儿们,就以她们陌生的空灵之美打动了魔鬼梅菲斯特。将自我不停地分裂下去,是我的创作方式。

易文翔:《苍老的浮云》中的虚汝华和更善无就是自我分裂的两面。在这篇小说中,您也指出了灵魂分裂背后是“虚无”,您的很多作品都涉及“虚无”或“虚空”这一命题。这是否是您自身的一种感觉?

残雪:艺术工作者永远是站在世界的边缘,他的身后是巨大无边的空虚。他既要抵挡扑面而来的世俗，又要避免跌入虚空而消失。当他抵挡世俗的入侵时，他追求那种纯净的虚无；当他与虚无感搏斗之时，世俗又成了他的寄托。我想，一个没有虚无感的作家不会是一个好的作家，这说明他缺乏高贵的精神。从事艺术工作的人，一生都将与虚无感——自己生命的本质纠缠不休，这是不可摆脱的命运。你的生命力还未枯竭，你就得纠缠下去，否则就完蛋。

易文翔：您的作品注重灵魂，那么您对于现实如何看待？

残雪：我如何看待现实呢？也就是我如何看待世俗的我。作为一位具有分裂人格的艺术工作者，这个现实永远是他要摆脱的，是他一刻也容不了的，可以说正是可怕的现实在刺激着他的想象力。这便是创造中"入世"和"出世"的关系。但现实恰好是永远摆脱不了的噩梦，它对人的纠缠也是永恒的，这种千古不变的纠缠与摆脱的关系，引出了可歌可泣的艺术主题——一切诗人的主题。

日常的自我如铜墙铁壁一样，以它不可扭转的逻辑性将人逼进角落，人为了精神的张扬，必须调动内部的非理性的力量，一次又一次地做致命的飞跃，永远也不能松懈。双方的发展总是对等的，人飞得越高，现实（或自我意识到的日常）对他的钳制也越大。那么，除了飞得更高以外，还能有什么别的出路呢？人的日常自我在创作中的作用并不是负面的，现实的作用是不断设置障碍，为了什么呢？当然是为了让主体更努力地飞越它。

因为这种复杂关系，现代艺术作者的痛苦也是永恒的，写下的每一段话、每一个句子都会令他恶心，因为一切都是超越中的妥协，权宜之计。因为这种无奈，我现在只好断断续续地写，写几句话，在房里走几圈，将恶心的感觉克服下去。作为一名创作者，我在这方面的优势是十分明显的。

易文翔：您所说的优势包括技巧吗？

残雪：像我这种小说无技巧而言，只要会用方块字，语言干净，就可以写。我对有的人大谈技巧的重要性感到很怀疑，会不会是在掩饰着什么东西呢？当自然的造物比人工的雕琢还要美无数倍的时候，我毫不犹豫地向自然皈依。总之，使头脑一片空白，随笔写下去，才能感受到无限的自由和痛快。

易文翔：有人指出残雪的创作是在不断地重复自己，对此您怎么看？

残雪：我的所有的小说说的全是一件事，只是不停地变换角度而已。像博尔赫斯所说的那样，人的一生是有限的，但你可以把时间无限细分，只要创造的活力还没枯竭，就可以不断分下去。那么这件事是什么事呢？是时间的王国、灵魂的王国，或者说精神的世界、艺术的世界里的事。当今所有的现代艺术说的全是这件事，在我们这里刚刚开始,刚开始的东西还是很有生命力的吧。

易文翔:在您的作品中可以感受到某种女性意识,但却分明地感觉与当代文坛流行的女性写作很不同,这也许就是谈论女性写作一般没有把您的作品列入其中的原因。那么,您是如何看待女性写作的?

残雪:我认为当代文坛根本没有严格意义上的女性写作,这是我们的悲哀。同国外的女权主义运动和女性写作相比,我们这里的所谓"女性写作"甚至是一种反动。一些作品字里行间处处透出古代士大夫狎妓的口味,内容上不知不觉地迎合着主流文化意识,要么就是自恋狂,个人的一些鸡毛蒜皮的回忆,哪里谈得上什么性别意识。人家女权主义运动是为了同男人平起平坐,更好地享受生活,我们这里是自怜自叹,搔首弄姿,只想如何迎合男人的口味。穿的是三十年代的旗袍,流的是"香汗",最好别结婚,结了一定要离,还最好没孩子,即算有孩子也是她一个人的,与男人无关,这样才更有味,更有故事,男人也更爱看。就看过的一些这类作品而言大都是失望,完全没意思。

我认为只有彻底的个性写作才能把女性写作进行到底。我在我的长篇《五香街》里对这一点描写得很透彻,那篇作品是彻底个性的,因此也是女性的。我的美国翻译说,只有中国女性才写得出这样的作品,而她也是一位女性。这就是欣赏能力的问题了。只有那些真正的现代女性和想成为现代女性的人才会欣赏残雪。我对女性写作是这样理解的:它是一种对中国传统的反动,它的目标是彻底的个性化。中国女性在数量上确实倾向于传统的比较多,这是一个可悲的事实。改革解放了多少妇女呢?不管怎样,我要在艺术中大声呐喊,奋力张扬,告诉人们现代美究竟是什么。我这样做是出于我的天性。

易文翔:您提到了"传统",您的作品中有较强的反传统意识,您觉得我们的传统到底缺乏了什么?

残雪:中国的传统里面,缺乏理性精神和那种无中生有的幻想传统。所有的想象都只不过是触景生情。

易文翔:您大量阅读西方经典就是想实现西方"幻想之树"的中国移植?

残雪:中国是一个很大的国家,文化的根又深又长,想要撼动这株大树不容易。我认为当务之急是将西方思想引进来、消化掉。不是当代一些西方人的想法,而是那种核心的、经典的理性精神,在文学上则是幻想传统。当代西方也在没落,正在失去他们的传统。我在一套书的前言中这样说,我的思想感情像从西方传统中长出的植物,我将它掘出来栽到中国的土壤里,这株移栽的植物就是我的作品。

我努力学英语，就是为了阅读西方经典文学，我以后还要读荷马等人（的作品）。我一直不自觉地吸取西方的营养，直到这几年才恍然大悟，原来我在用异国的武器对抗我们传统对我个性的入侵。

易文翔：在这些“异国的武器”中，我想，应该是卡夫卡对您的影响最大。您是否能具体地谈谈您对卡夫卡的独特认识？

残雪：卡夫卡对我有过决定性的影响。我喜欢他那种高超的精神舞蹈，还有那种奇异的爆发性的生命力。卡夫卡的作品，我认为在中国没有人读懂了，全都是误读，曲解成是反抗、抨击什么官僚机构、法西斯等等。卡夫卡的作品在世界上也是被误读了很多年，除了几位杰出的作家与学者外，真正能破译作品之谜的不多。文学有很长的生命力，别人愿意那样读，也没办法。但假如我不写出来，在中国肯定就没有人像我这样去读了。比如《城堡》，我把它叫作“灵魂城堡”，这个“城堡”并不像有些评论家所说的是资本主义官僚机构的城堡。在我的评论里，城堡是人性的理想，这个理想同现实中的人性既脱节又密切相连。从脱节的方面来说，城堡排斥人，不让人进去；从统一的方面来说，城堡来自人的生命冲动，这种冲动就是要进去的冲动，冲动维系着城堡的生存。一个要冲进去，一个绝对排斥（排斥的目的是为了激发新一轮的冲刺），这就是艺术家灵魂的画面。至高无上的理念体现为人身上的一致的理性，生命的律动则化为人的冲力，相互之间钳制与反钳制的斗争不断激化，与此同时，精神不断繁衍，灵魂城堡的故事得以发展。实质上，这也是在讲我自己的作品，我认为自己是一位真正的灵魂的写作者。又如《审判》，从现实主义角度来说，是K受了冤枉，被那些官僚机构审判。而我认为恰恰相反，必须把眼光转过来，转向内心，“审判”就是“自审”，是自己对自己的审判，“K”是艺术家的冲力，所谓的官僚机构就是艺术家的另一个自我，即理性。从这个角度一层一层地去看，很有意思。

易文翔：这也是您解读文学经典的方式。

残雪：我搞的是一种纯精神、纯艺术的分析。越是纯艺术的，便越是个人的。分析了卡夫卡、博尔赫斯、莎士比亚以及《浮士德》和《神曲》，我用心灵感悟艺术法则，并将这种感悟贯通于我的评论里。这是一种艰苦的工作，但它能使我获得很高的快感。

易文翔：这些读书笔记，或者评论，也是您深入灵魂的一种方式吧。

残雪：我的所有小说都是精神自传，评论则是自我精神分析。我写的是深层的东西。大概真正的现代主义都是这样吧，现代人必须关心更有意思的东西。当然，能够看到这个层次的读者，需要较深的功力。有很强的排斥性的残雪小说同时又是向每个人敞开的，每个人，无论高低贵贱，只要他加入到这种辩证的阅读中来，他就会在感到作品排斥力的同时又受到强烈的吸引。对终极之美的追求贯穿了我的每一篇作品，这种追求已经断掉了我的后路。人的一生只是一段有限的时间，力图达到无限时间的人只能将每一段时间无限细分，所谓“抓住生命”。所以请信任残雪的作品，有决心的那部分读者总能体会到内含的诗意的。

易文翔：现在已经有不少读者能体会到了。最后，您可否谈谈对于您的这种探索灵魂的纯文学创作在商业化时代的处境？

残雪：纯文学作家开拓的世界同“耕地”有很大的不同，那是一个看不见、摸不着、没有边际的世界，也就是所谓“空灵”的境界吧。这个境界不为广大读者所理解，因为它高高在上，只有那些精神生活极丰富的人才有可能进入这个变幻莫测的领域。这个文学种类发展到今天，雅俗共赏恐怕是谈不上了(其实从来就谈不上)，但读者还是有的。不要因为读者的数量少就贬低纯文学，说到底，我们人类难道不应该为自己能产生出如此高级的境界而觉得鼓舞吗？此外，纯文学并不排斥商业，各国的经验已经证明了这点。一个国家的人民假如能够爱护、欣赏代表他们灵魂的那种纯文学作家，这个国家的文明程度就是非常高的。

(易文翔整理)

评　论《

执着于梦幻世界的突围与表演

易文翔

中国文学创作在经历一段相当长时间的“统一规范”后，进入新时期的文学注重强调个体的“人”，创作个性成为当代作家普遍的艺术追求。在这一点上，残雪做到了独一无二。她的小说在当代文坛可谓独树一帜，其个性一方面有如所谓“个人化写作”，在个体精神复杂性、个体与外部世界的冲突、存在的价值感、自由选择及自我超越等现代性命题上有“个人”的探索；另一方面突出地表现在她深入主体性中的无意识自我，并以此突破理性的拘囿，开拓人的内在经验的深层空间，与之相应的梦魇呓语般的表达，展现出来的怪诞奇诡甚至阴冷、丑陋、肮脏的世界，共同构成了残雪独行于当代文坛的“个人性”。而正是因为这种文字迷宫的晦涩难懂和意象的极度变形以及对传统审美的排拒，使得她的小说的被接受过程较为漫长，批评家的批评更是暧昧不明，至今也未必能给予一种确定性的解读。究其原因，窃以为源于残雪的创作理念，她不是在讲述故事，她所表达的是她自我的感觉，对生活、对艺术的主观感觉，这种主观性膨胀的结果甚至使小说变成非正常心态的主观情绪或者一堆抽象理念凝聚而成的文本。所以，对于她的小说，重要的不是意义的阐释，而是一种体验，感觉或者艺术的体验。那么我们就循着她的创作轨迹去体验她的世界。

生存之境的突围

米兰·昆德拉说：“小说家既不是历史学家，也不是预言学家，而是存在的勘探者。”[①]残雪最初的创作是从关注人的生存境遇开始的。《黄泥街》（虽然不是第一篇发表的作品，但确为残雪第一篇写成的作品）呈现在我们面前的是一幅令人恶心的肮脏污秽的生存图景：黄泥街人吃着长蛆的烂鱼、烂肉、烂果子，喝着阴沟水、死尸水，到处是垃圾、粪便，空气中弥漫着尸灰与腐臭，河里泡胀着动物和人的尸体，屋子里满是老鼠、毒虫、鬼笔菌，人的身上也长着脓疮，甚至连耳朵都会腐烂掉……然而，就是生活在如此污浊不堪的环境中的黄泥街人，并没有为自己的生存处境烦忧，却孜孜不倦地寻问着有关“王子光”的问题：王子光什么时候来黄泥街？王子光有没有来过黄泥街？王子光是谁？王子光这个人存不存在？王子光是什么？这种围绕着一个子虚乌有的名字的阐释与批判，成了黄泥街人对“此在”的突围方式——王子光会给黄泥街带来希望，即使没有希望，至少，“王子光话题”令黄泥街人感觉自己正在参与着“重大事件”——这便是无意义的有意义。而小说中大量特定政治术语所指代的背景——“文革”，被黄泥街人的这种活动所解构，这一点又可视为残雪在文学层面（尤其是形式）对一种政治话语的突围。

如果说《黄泥街》主要展现的是自然环境（包括人为因素造成的环境）对人的挤压以及人在这种挤压下勃发出的一种生命力，那么随着心灵探寻的深入，残雪进而观照个人在人与人构成的生活网中的生存境遇。在这种观照中，黄泥街人相互之间的恶毒和怨恨逐一具象化，而且这种人与人之间的敌意与冷漠发生在最亲近最应该信赖的家庭关系中，《污水上的肥皂泡》《山上的小屋》《公牛》《苍老的浮云》《旷野里》《阿梅在一个太阳天里的愁思》《瓦缝里的雨滴》等一系列小说凸显了这一问题。小

---

① 〔捷克〕米兰·昆德拉：《小说的艺术》，北京三联书店1992年版，第43页。

说中的父(母)子(女)、夫妻、朋友、邻居……或者在相互猜忌、提防、折磨中藏匿、潜行、逃遁,以至于虚汝华不得不把自己封闭在四面钉上铁条的屋子里;或者异常冷漠,过着各不相干的生活,日子就像"瓦缝里的雨滴",日复一日,年复一年,单调而冰凉。所有的敌意、窥伺、孤境和痛苦编织成一张令人焦虑而恐怖的网,它笼罩着个体的心灵,绾结成死结。如何打开这些死结,亦即如何从这种人生的困境中突围出来,述遗(《新生活》)的办法是搬到远离地面的三十层高楼,以此"剪掉生活中很多死结"。然而,事情并没有如她所愿,搬入高楼的她又心生恐惧,总是不由自主地回到地面来,结果反而与原来讨厌的人走得更近。显然,逃避的方式不可取。残雪的方法是回到自我的内心"自审",人只有得到自我的确证才能获得安宁。于是,残雪的笔下多次出现"镜子",照镜便是一种自我观照,一种人向自身探索的方式。通过镜子,人类可以发现自身的匮乏,并见到挽救自身的灵魂之光。《公牛》中的"我"和老关,分别代表着精神的自我与世俗的自我,"我"关心着玫瑰、公牛——爱情与自然原始生命力,从镜子里看到了紫光;老关只关心牙齿和饼干,总忍不住吃饼干——抵挡不住世俗的诱惑,导致牙齿被虫蛀——人身被世俗侵蚀,他最后砸碎了镜子,灵魂之光在那一瞬也一同死去,这似乎暗示着精神突围并不那么容易。在这里,残雪探讨了灵魂分裂的自我,这两个自我根本对立,要进入灵魂的内部世界就必须使两者相遇,达成默契,最终成为纯净的自我。《天堂的对话》(五篇)讲述的就是两个自我互相寻找,最后契合的过程。

两个自我的对立统一是建立在自我确认的基础之上的。自从苏格拉底指出"认识你自己"这一问题后,千百年来人类都因为自身的不确定性而深感不安。人类总试图确证自己以得到一个确定性的世界,现代科学发展即是明证。可是,当人类确证了一小部分时却迎来了更多的不确定性,失去了完整的世界。这种在不确定中反复地确证最终仍然落入不确定就是人类的宿命,也是人类生存最大的窘困。《两个身世不明的人》描述了这种焦躁与不安。"他"和如姝是两个没有根底的人,相识就是在"他"的焦躁中发生,两人都试图通过对方确认自己的身份,但终归徒劳,连住的房子也无法确定了。于是出现第三个人——老鹫,一个对自己的身世"确信不疑"、"荒蛮、静穆、坚不可摧"的人,只有老鹫可以给"他"一种踏实感。在这里,老鹫承担了信使的责任,信使帮助现实中的人暂时实现心灵的小憩。信使还可充当人与神交流的中介,人通过信使进入纯净的状态,如劳(《在纯净的气流中蜕化》)便是通过白脸人这个信使将头脑中的"尘事"彻底清除,从而使内心达到一种纯净的理想状态。

事实上,灵魂的安宁是非常困难的。人类内心中永远的不安与不确定其实就是最大的确定性，这才是永恒不变的真理，人的最本初状态。人类所追逐的真相就像烛光一样，当它照亮某个地方的同时，也必然造成对其他地方的遮蔽。人无法从自我的不确定性中解脱出来，同时还得面对生活中的种种无法破解的“谜”（《生活中的谜》），人与人之间的关系就像一个个的“谜团”，寻求解答或解释都只会是一种徒劳。现实的“高墙”很难真正“突围”。对此，《追求者》或许给予了某种启悟。小说中的“我”——一只被阉割的猫，将所有的欲望都倾注在“吃”上，“吃”成为它唯一的伟大的事业，然而主人却并不如其所愿，“我”因此遭受了皮肉之苦。处于痛苦之中的“我”意外地发现在梦中可以实现自己“伟大的事业”，从此，“我”一改此前的饕餮之状，以强大的意志力抗拒食物的诱惑，在梦中实现追求，结果反而引起主人的忧虑，愈来愈注重“我”的饮食，而此时的“我”已经将梦变成了一种习惯，口腹之欲在梦中可以得到满足。这一富有反讽意味的结局似乎预告了在现实中满足欲望的不可能性。残雪明白这一点，因此她在“突围”的沉重过程中同时开始了“表演”，X女士（《突围表演》）根本无视五香街民众对自己的窥视、辱骂、争辩乃至模仿的行为，她沉浸在自我的飞升之中，她所做的既是“突围”，又是“表演”；而远蒲（《永不宁静》《生死搏斗》）更是热衷于与云妈、老裴之间“戏耍”般的“表演”。由此，残雪的小说呈现出某种开放性，读者体验到的不仅仅是“此在”的痛苦，更多的是对生命力的张扬以及蕴涵其中的幽默气息。也许，“表演”才是最好的突围方式。

梦幻之境的追寻

残雪笔下的世界是一个梦幻的世界。她笔下的人物爱做梦，《种在走廊上的苹果树》中的“我”一连讲述了五个“梦”。即使不指明是梦，这些书写也呈现出梦的臆想色彩。

梦，是幻想的世界，是生命魅力的呈现。“幻想的世界是人类自远古以来就聚集发展起来的那种深层记忆，梦是艺术永远的源泉。”①

梦，体现着创造力，人只有借助它才能突破有限，进入无限之境去体验。残雪的小说始于寻梦。《黄泥街》开篇就出现了一个寻梦者的形象——“我”，黄泥街的故事是“我”在寻梦过程中遭遇到的一场噩梦，而“我”心中的梦早已破碎，“碎片儿落在我的脚边”。“我”所追寻的“梦”始终没有出现，这个空白实际上也无须填补，读者已经跟随着“我”经历了一场不同寻常的梦境——那幻化为梦或者被噩梦和怪梦淹没、吞

---

① 残雪：《解读博尔赫斯》，人民文学出版社2000年版，第46页。

噬的现实，人生的体验就在梦中。

《黄泥街》的“恶梦”在残雪的写作中延续下去，这种梦是与黑暗紧密相连的。残雪把自己的小说比喻成“黑暗灵魂的舞蹈”，她触摸的是人的潜意识与无意识，那是一个巨大的虚空，就像她笔下的“旷野”“海”，深不可测、难以言说。她给自己的“梦”抹上一层神秘：那个能感觉得到，却看不见摸不着的“小屋”（《山上的小屋》）；同样是能感觉到却看不到的女人（《双脚像一团渔网的女人》）；明明亲自进去过，事后却再也找不到的地下室（《算盘》）……这种种的不可理喻实质就是“神秘主义”在“作怪”。正如残雪自己所说：“我信仰的是一种神秘之物，我用有点神秘的方式来实践我的信念。”①由此，那带有神秘意味的幻想和梦境既成了残雪艺术创造的原动力，也是她的艺术追求。她以梦幻的形式进入了艺术世界，深入人类灵魂的内部，试图复苏沉睡在人类记忆中的创造力。

梦境与幻觉源于人类对真理（或真相）的追求，《公牛》中“我”见到的那道“紫光”，现实不存在的“山上的小屋”，《雾》中的母亲二十多年来一直寻找的那只子虚乌有的“蛋”……都属于此类。如前所述，人类追求真理的欲望永无止境，而真理却永远无法捕捉，即使捕捉到了，在残雪那里也是无法用语言言说的。这一悖论毋庸置疑地将人推向了虚无。虚无是梦幻的最高层次，是“从未描述过的梦境”，虚无的意境就存在人类充满想象力的梦境之中，但梦者自己却无法言传，人就是在言而不言与听而不听的等待虚无过程中体味到了虚无的意境（《从未描述过的梦境》）。

残雪在《苍老的浮云》中描画了对虚无的体认。小说男女主人公的名字：虚汝华、更善无，明白地透露出了“虚无”这一意旨。楮树花开的蓬勃自然生命力对应着人类生命力的匮乏，人如死尸在虚空中游荡。在虚无的面前，虚汝华的丈夫老况及其母亲，更善无的妻子慕兰、女儿凤君无法面对，只能用世俗填充自己：嚼蚕豆、将楮树花煮烂吃掉、炖排骨，甚至否认“虚无”，如老况的母亲就认为虚汝华“终究会自行消失”，“因为她从来就不存在”……这些行为未能使他们“实在”起来，反而完全地失掉了自己，生命只是无意义的延续。更善无有着与虚汝华同样的梦，说着同样的话，然而他却时时受到尘世生活的诱惑，摆脱不了外界刺激的干扰，最终无法达到真正的“虚无”境界，只能与妻子讨论着炖排骨的问题。虚汝华则真正体验到了“虚无”，她在楮树开花的季节看清楚了一切，她的身体变成了一块硬而薄的透明的东西，里面除了芦秆的阴影什么也没有。外界的一切对她而言毫无意义，她完全归为作为自

---

① 残雪：《艺术与交流》，《残雪散文》，浙江文艺出版社2000年版，第3页。

然存在物的自己。这种纯粹体验的极限就是:死亡。残雪在对虚无的最初体验中便意识到纯净的虚无是不存在的,除非死亡。面对死亡,人是脆弱的。在《名人之死》中,身患绝症的名人在被告知只有两个月的生命时,显出了"冷静而坦然"的"名人神态",结果死亡并没有如期而至,从此名人陷入了等待死亡的焦虑之中,生命一点点地在这种等待中耗尽。人是不可能与死亡抗争的,实际上生的本质就是向死而生:在《痕》中,主人公痕在与死神的"较量"中,终于意识到死亡的不可抗拒性,于是由恐惧变为坦然;《新生活》中的述遗,为摆脱尘事的烦扰搬入高楼,结果落入虚空的恐惧中,迫使她不断地回到地面,当她将所有的一切视为习惯后,恐惧消失了,她终于走进了那间放置修理工具的房间,在那里,她看到了以往没法看到的一切,同时感到"死亡已经从她的脚趾头那里开始向上蔓延"——人只有在与死神的对峙、对话中,才有勇气凝视虚无,获得绝对的自由。

死亡是关于彼岸的,在残雪的心目中,彼岸是存在的,《我在那个世界里的事情》中那个美丽如幻影般的冰的世界便是她勾画的理想彼岸。在那个纯净的世界里,丝毫没有"这个世界"的打扰和迫害,"我"与"你"手牵手升出海面,沐浴着冰的火焰,唱着孩子的歌。这种彼岸意识与她的自我心灵开掘结合在一起,更多的超现实幻象呈现出来:那个布谷鸟叫三声"我"便能遇到的"孩子"(《布谷鸟叫的那一瞬间》)、那边山里的歌声(《蚊子与山歌》)、大海的召唤(《海的诱惑》)……所有这些都是人走向纯净的一种方式。其中《海的诱惑》具有代表性。痕选择住在海边,渴望在海浪中思索,"海浪一波一波的,将他思维里的那些栅栏全都冲垮,这样就进入了一种完全模糊的地带,他的影子可以在那地带长久地逗留",痕就是如此借助海浪超越此在而构想着灵魂的可能状态。然而,感受大海的脉搏并非易事。痕的朋友景兰最终因为无法听到大海心脏跳动的声音而失踪,痕也因为外界的种种干扰,尤其季婆介入家庭生活而"第一次进入不了海的梦境"。几经挫折的痕终于领悟到自己对于海的主动性:"天还是那张天,海还是同往常一样伪装着自己,痕觉得自己正要向海的心脏游去,那里面会是什么样呢?"[①]在这里,残雪提供的不仅仅是梦想,更多的是对梦想的反思,是为了避免丧失梦想而付出的比实现梦想更多的努力。因此,残雪建构的梦幻世界不是精神的避难所、灵魂的栖息地,而是心灵探寻旅途中的一个驿站,走下去也许是更为艰难的路程。

---

① 残雪:《海的诱惑》,《蚊子与山歌》,中国文联出版社2001年版,第111页。

艺术之境的表演

表演，是残雪小说的又一个关键词。通过表演，艺术与人生合二为一，于是小说既是人生的表演，又是艺术的表演。

《突围表演》明白无误地道出了表演的实质。《山上的小屋》《苍老的浮云》中那种人人自危的“紧张”气氛消散了。“请不要窥视人家的私生活”这句在《苍老的浮云》中有如偈语一般的话语在《突围表演》中改写，“窥视”成为X女士与五香街群众联系的重要渠道。X女士在周围人的猜疑、窥视、干扰中奋力表演，在表演中“突围”，最后无须借助任何仪器就能制造出栖身于浮冰之上的幻境，实现自我的飞升；另一方面五香街人对于X女士富有无限热情，人人在乎她，就像黄泥街人在乎“王子光”，并且声称自己就是X，为了X争论不休，从这一点看，周围人的表演更胜于X。《突围表演》同时又是艺术的表演，残雪试图指出艺术阐释的不可能。五香街人无论怎样努力，甚至发动了高知、权威人士（譬如A博士），也无法接近X女士。原因就在于X女士与周围人属于两种对立的精神实体，二者根本不存在任何交叉的地方，愈是努力地阐释，距离愈远。在这里，残雪似乎暗示着自己作品的不可解读性。在其后的创作中，她更是突出了“不必解读”的观念，小说中的人物（很多时候是主人公）对于一些不理解的事物提出诸如“为什么”的疑问时，就会有一个人对其当头棒喝。如《算盘》中，皮普准看到秃头男子拨弄算盘，便问算什么，秃头男子放下算盘就朝他吼起来：“非得算什么吗？我什么都算，什么都不算！”显然，对应小说文本，即是“什么都说，什么也没说”。这是一种反传统的创作理念，它指出小说不是非得说明什么东西，也不是必须蕴涵某种意义。这种理论是否成立暂且不表，但它至少能引发我们在小说创作上的某些思考。

从《突围表演》开始，“表演”成为残雪小说最好的呈现方式，上述的“生存之境”与“梦幻之境”都可以在表演中完成。表演是人的存在方式，反之，人的存在亦即表演。残雪笔下的人物在这种表演中娱己娱人，这就是他们注重过程，而不注重结果的原因所在。在《艺术家们和读过浪漫主义的县长老头》里，艺术家们滔滔不绝，想尽一切办法讲演，而对于群众，讲什么毫无意义，他们只记得“掷骰子”这一决定发言先后顺序的形式，事实上艺术家们也只是陶醉于当时各自发言的“表演”之中，“表演”结束，一切也就结束了。正因为这种表演性，人物成了符号，痕、远蒲、述遗、景兰、长发、句了、阿娥、皮普准……这些名字代表的是否为同一个人已经不重要，重要的是他们完成了一次次的人生表演。

当残雪将小说写作视为表演艺术时，她就如同一个凌驾于表演角色之上的导演，在艺术中建构自己的理念。残雪的小说是一个自足的空间，传统小说那种明晰的、同一的历史背景相联系的理性时间，即线性的、因果联系的时间框架在她的小说中是不存在的，她有意造成时间的非历史性，与之相应，故事的发展、事件与事件的联结、场景的切换所依赖的原则也是非理性、非历史性的，为人的本能、瞬间的冲动或者某种神秘力量所决定。因此，在她的小说中，常常可以突然出现一个不速之客（不速之客可视为“信使”），打破主人公身份、地位，将其骤然抛出日常生活轨道的往往是不速之客，如《痕》《算盘》《长发的遭遇》等等，这些对于主人公来说完全陌生的不速之客却对主人公的一切非常熟悉，以至于主人公不由自主地跟随着他们追寻远方的目标（这个目标也许就是“虚无”）。这是残雪小说的一种程式，远方的目标并不是最重要的，全部的意义在于人与信使之间发生的种种，也就是追寻的过程。对于艺术形式的独特思维方式促使她质疑传统的艺术元素，其中她拷问最多的是语言。在残雪看来，人类语言是人类初始为了交流而创造出来的，但人类文明的进化使得语言逐渐脱离它交流、沟通的原义，而变成了征服世界的工具，代表着支配与占有，这种语言甚至不如原始的呼叫声。在《不祥的呼喊声》中，因为杀人逃亡到原始森林的老木西，刚开始还经常自言自语，随着说话的欲望越来越淡，他失去了过去语言思考的能力，却能自由自在随意准确地发出一些声音表达意愿。他再也无法习惯人类的语言，觉得“刺耳”，“完全是一种无聊的技巧的卖弄”，并为自己曾经那样说话“满脸涨得通红，无地自容”。《平凡的经历》中，老刘、老蒋、老于讲述的三个故事表面上毫无关联，实际上都在说语言的问题：老刘与父亲隔膜加深，最终沉默；老蒋坚持语言的沟通理解的渠道，因此他不停地说，结果却因为他不得不说的告密导致自身走投无路；老于则因为局长的一席话而无所适从。这些说明了生存状态的无法言说，人类的语言已经难以传达明晰的意义，难以构筑人与人之间真正沟通与交流的桥梁。人们无法依靠语言互相理解，反而因为语言造成扭曲与误解。于是，现代人的语言在残雪那里不具备交流的意义，成为她嘲讽的对象，所以残雪笔下的人物是自说自话的，都属于一种表演。

在残雪看来，表演是在模仿之后的创新，《思想汇报》中的发明家 A 努力地模仿“精神导师”——食客的穿着，后来为抵御严寒穿上棉衣，并自主地将袼布围在腰上的举动表现出了创造性因素。残雪的“艺术表演”也是模仿中的创新，《思想汇报》中 A 的“母鸡报告”脱胎于卡夫卡《致科学院的报告》中人猿“红彼得”的报告，A 放弃发明家的身份，接受食客对于自己的改造；“红彼得”放弃自然界的概念，主动接受人类的一切约束。《辉煌的日子》中的“我”为了得到身份的确认，每天等候着与科学院院长见面，却永远见不到院长，正如卡夫卡笔下的K永远进不了城堡。到写《历程》的时候，残雪从模仿中找到自己的形式，卡夫卡的艺术不着痕迹地融入到了她的“艺术表演”中。小说的主人公皮普准既有着类似A的思想改造的任务，也如同《辉煌的日子》中的“我”，接触不到心中的目标——离姑娘之“离”本身就包含了不可靠近之意。《思想汇报》中A接受对“自我”的改造；《辉煌的日子》中“我”永远接触不到院长，而这种“不见”正是“见”，就像传达老头所说；《历程》中皮普准对离姑娘的追求实质也是一个自我确证的过程，所以最后才会有在不得见离姑娘后认定一个陌生之处为自己的出生地的想法。这种对“自我”的追问正是残雪小说的核心，因此她的“艺术表演”仍是探寻灵魂历程的演练。在这些小说中，残雪充分发挥了作为“导演”的主动性，以艺术阐释自己的某些理念，因此又可被视为“以诗解诗”的小说。

结　语

残雪说，她的所有的小说说的全是一件事，只是不停地变换角度而已。所谓的“一件事”指的就是她对于人类心灵探索的执着。这种执着潜伏着重复自己的危险（已有论者指出了这一点①）。虽然残雪的艺术世界在当前的文坛依然呈现某种“先锋性”，但艺术是不可能允许作家裹足不前的，作家必须不断地突破自己创造的世界，才可能保持较为长久的创作生命力。残雪也在思索着从自己的程式中“突围”，近些年的小说脱去了以往着意渲染的“外衣”，倾向于底蕴的增厚。这种底蕴甚至走向了神秘主义，如《鹰之歌》中的“魔井”、《犬叔》中那个“无底的坑”、《地图》中那些小非无法理解（其实就是读者无法理解）的场景……正如她在《表姐》中所写到的：“人活得越久谜团就越大，到后来人就成了月光下的树影一样的东西……每一瞬间都完全不同。”一切无从解释，也不需要解释，残雪将自己的艺术贯彻到底了。

（载《小说评论》2004年第4期）

① 吴亮在《一个臆想世界的诞生》(《当代作家评论》1988年第4期)中指出残雪的小说“从个人化走向类化”的倾向。

主要作品目录《

长篇小说

《突围表演》,上海文艺出版社 1990 年版。

《五香街》,海峡文艺出版社 2002 年版。

《单身女人琐事纪实》,北京十月文艺出版社 2004 年版。

《最后的情人》,花城出版社 2005 年版。

《边疆》,上海文艺出版社 2008 年版。

《吕芳诗小姐》,上海文艺出版社 2011 年版。

《新世纪爱情故事》,作家出版社 2013 年版。

《黑暗地母的礼物》(上),湖南文艺出版社 2015 年版。

《黑暗地母的礼物》(下),湖南文艺出版社 2017 年版。

《赤脚医生》,湖南文艺出版社 2019 年版。

中短篇小说集

《天堂里的对话》,作家出版社 1988 年版。

《黄泥街》,圆神出版社(中国台湾)1989 年版。

《苍老的浮云》,河出书房新社(日本)1989 年版。

《天堂里的对话》,西北大学出版社(美国)1989 年版。

《种在走廊上的苹果树》,远景出版事业公司(中国台湾)1990 年版。

《布谷鸟叫的那一瞬间》,河出书房新社(日本)1991 年版。

《残雪小说集》,理论出版社(意大利)1991 年版。

《思想汇报》,湖南文艺出版社 1994 年版。

《辉煌的日子》,河北教育出版社 1995 年版。

《残雪》,人民文学出版社 2000 年版。

《在幽冥的王国里》,民族出版社 2000 年版。

《黑色的舞蹈》,民族出版社 2000 年版。

《通往心灵之路》,民族出版社 2000 年版。

《奇异的木板房》,云南人民出版社2000年版。

《蚊子与山歌》,中国文联出版社2001年版。

《长发的遭遇》,华文出版社2002年版。

《松明老师》,海峡文艺出版社2002年版。

《爱情魔方》,民族出版社2004年版。

《从未描述过的梦境——残雪短篇小说全集》,作家出版社2004年版。

《双重的生活——残雪小说精选集》,木马文化出版(中国台湾)2004年版。

《残雪中篇小说选》,上海社会科学院出版社2004年版。

《传说中的宝藏——残雪短篇小说代表作》,春风文艺出版社2006年版。

《末世爱情》,文汇出版社2006年版。

《天空中的蓝光》,新方向出版社(美国)2006年版。

《暗夜》,华文出版社2006年版。

《世外桃源》,Dong Na出版社(越南)2008年版。

《美人》,河南文艺出版社2009年版。

《垂直运动》,罗切斯特出版社(美国)2011年版。

《突围》,忘川出版社(瑞典)2012年版。

《从未描述过的梦境——残雪优秀小说集》,平凡社(日本)2013年版。

《保安》,江苏文艺出版社2013年版。

《残雪短篇小说集》,韦尔左内出版社(捷克)2013年版。

《侵蚀》,湖南文艺出版社2014年版。

《情侣手记》,湖南文艺出版社2014年版。

《一株柳树的自白》,湖南文艺出版社2014年版。

《紫晶月季花》,湖南文艺出版社2014年版。

《垂直的阅读》,湖南文艺出版社2014年版。

《神秘列车之旅》,漓江出版社2016年版。

散文集

《残雪散文》,浙江文艺出版社2000年版。

《美丽南方之夏日》,云南人民出版社2000年版。

《把生活变成艺术——我的人生笔记》,时代文艺出版社2007年版。

《趋光运动——回溯童年的精神图景》,上海文艺出版社2008年版。

《黑暗灵魂的舞蹈——残雪美文自选集》，文汇出版社 2009 年版。

《玫瑰水晶球——残雪散文》，鹭江出版社 2010 年版。

《艺术的密码》，河南文艺出版 2015 年版。

评　论

《灵魂的城堡——理解卡夫卡》，上海文艺出版社 1999 年版。

《解读博尔赫斯》，人民文学出版社 2000 年版。

《地狱中的独行者》，生活·读书·新知三联书店 2003 年版。

《为了报仇写小说——残雪访谈录》，湖南文艺出版社 2003 年版。

《艺术复仇——残雪文学笔记》，广西师范大学出版社 2003 年

《永生的操练——解读〈神曲〉》，北京十月文艺出版社 2004 年版。

《温柔的编织工——残雪读卡尔维诺与博尔赫斯》，边城出版社（中国台湾）2005 年版。

《残雪文学观》，广西师范大学出版社 2007 年版。

《辉煌的裂变——卡尔维诺的艺术生存》，上海文艺出版社 2009 年版。

《于天上看见深渊——新经典主义文学对话录》（与邓晓芒合著），上海文艺出版社 2011 年版。

《旋转与升腾——新经典主义文学的哲学视野对话》（与邓晓芒合著），上海文艺出版社 2017 年版。

《残雪文学回忆录》，广东人民出版社 2017 年版。

《沙漏与青铜——残雪评论汇集》，作家出版社 2019 年版。

《建构新型宇宙——博尔赫斯短篇解析》，作家出版社 2019 年版。

文　集

《残雪文集》（4 卷），湖南文艺出版社 1998 年版。

《残雪自选集》，海南出版社 2004 年版。

曹军庆

男，1962 年生，湖北广水人。

小　引《

曹军庆是“荆楚三杰”之一。我在谈及他的创作特点时，曾经说：“曹军庆虽然也执着于探寻世界的真相，坚信写作的伦理、作家的良知是追求真实，但他由相信文学能揭示世界的真相、抵达存在的本质，到认为世界的真相是多样的，作家所说的只是他能见到和能说出的那一部分，因而最终要通过折光性的写实，说出只属于他的那种真相或本质。”这段话，我认为，基本上能概括曹军庆对真实性的认识过程和他的创作追求真实性的态度。

在这个专辑的“自述”中，像此前在许多场合一样，曹军庆再一次谈到了这个让他困惑不已的真实性问题，可见这个问题与他纠缠之久。不妨再引一段曹军庆本人的话，来证明一下我上面的判断。他说：“既然我们都知道谎言是编造出来的，而小说里的故事恰恰也是编造出来的，那么谁能证明小说里的故事就一定不是谎言呢？这也是我的另一重焦虑，是扼住我咽喉的另一只手。我明明在虚构子虚乌有的事情，但是我不能撒谎。不能撒谎是写作者的基本道德。”“讲真话的途径在作家这里偏偏又是‘编造’，这个太有意思了。”曹军庆说的这个“太有意思”的问题，其实也就是巴尔扎克所说的那句流传很广的话：“文学是庄严的谎话。”

说到真实性问题，今人可能认为这不过是一个普通的文学概念。但放在三四十年前，这可是一个文学时代的关键词和核心问题。围绕真实性问题展开的讨论、争吵和斗争，在20世纪中后期的中国文坛，更是众声喧哗，不绝于耳。碰上一些特殊的年份，搅和进一些政治和人事纠纷，就更加错综复杂、扑朔迷离。不用细说，过来人都知道这其中的曲折幽微，有的也尝过这其中的滋味。最近40年来，真实性问题在七八十年代之交，直到80年代中期以前，还热闹了一阵，那主要是围绕当时的“伤痕文学”暴露伤痕展开的争论，后来开始实验现代派，讲“异化”，讲“变形”，真实性就成了多余的话题。再后来虽然有“新写实”在复兴写实主义，但那意思却不一样，“新写实”在观念上奉行日常主义，叙事持客观主义态度，艺术上兼容现代主义和后现代主义，已无限地放大了现实主义的边界，所以真实性已非题中应有之义。“新写实”之后，又有“现实主义冲击波”冲击了一阵，但还没有来得及让人细想其中的真实性问题，就被后一浪文学潮流推到了沙滩之上，真实性问题从此隐身文学江湖，很少有人提及。真实性问题在创作上迭经变化的同时，真实性作为文学批评的一种判断标准，在历史上也曾经发挥过“一言九鼎”的作用。但随着世运推移，这种作用也日趋式微。今天的批评家若说刘震云的作品很真实，未必是对他的褒扬，相反，若说残雪的作品不真实，也未必是对她的批评。如此等等，难怪这个问题要让曹军庆闹心。

其实，让曹军庆闹心的真实性问题，还不止这一层。这还只是讲它在历史上的沉浮起落，曲折变化，最闹心的，在我看来，似乎还不是这些历史问题，而是这个问题本身，从理论到实践，从来就没有人能掰扯得清。现在的学者都说，真实性问题是起于19世纪的法国文学，有的甚至落实到诸如左拉等具体作家艺术家身上，说是受了这期间自然科学和实证主义方法论的影响，这当然都是事实。但20世纪中国文学中的真实性问题，似乎更多的是来自斯大林的影响。斯大林号召作家在生活中学习，认为一个作家如果用艺术的方式写出了生活的真实，他就会达到马克思主义。胡风就拿这话作了他的“写真实”论的理论根据，他甚至认为“写真实”能弥补作家生活的不足和世界观的缺陷。但也有人不这样认为，说光强调“写真实”不行，还得看你是站在什么立场，用什么样的观点和方法去写，这也就是说，与立场、观点、方法相联系的世界观是起决定作用的。这一派的理论家同时认为，现实生活是复杂的，有主流，有支流；有现象，有本质。是写主流还是写支流，是写现象还是写本质，也要看你是什么态度，持什么样的立场、观点和方法，总之是光讲“写真实”不行，还得看你怎么写。实事求是地讲，这两派的观点，都有合理的地方，也有各自的局限和不足。主张“写真实”的，常常引用契诃夫的话说，要“按照生活的本来面目描写生活”。但生活的本来面目，也就是曹军庆所说的“真相”到底是什么，谁又能说得清楚呢。就算是自认为说清楚了，那也是言人人殊，不会有统一的结论。既然如此，那就写本质吧，但本质也是人抽象出来的呀，不同的人对同一生活现象的本质抽象，结果也不会相同。这样，就算是写出了你认为的本质，也未必就是生活的“真相”。说到这里，已经有点近乎绕口令了，但这个口令，还可以继续绕下去，诸如生活真实与艺术真实的关系问题等等。世界上的东西原本就是由人认定的，纯粹客观的东西似乎并不存在，所以但凡涉及主客二元的问题，从来就掰扯不清。

这掰扯不清，倒让曹军庆调和“真实”与“谎言”钻了一个空子。文学既是作家编造的“谎言”，是“子虚乌有的事情”，但编造这“谎言”的作家，态度又必须“庄严”，不存谎骗之心，说到底，也就是古之谓“修辞立其诚”的意思。这份真诚之心有了，则无论是用照相机照出现象，还是用X光透视本质，都是你能告诉读者的那一点“真相”，其他的，就只能由读者自己去琢磨了。作为小说家，你也只能告诉读者这一点“真相”，此外，你还能干什么呢？连爱因斯坦、霍金都不能说出这个世界的“真相”，你能吗？

自　述《

写作可以在我和世界之间达成某种平衡

我们都知道谎言是编造出来的，谎言是一块橡皮泥，你可以随意捏造。我们不知道谎言在多大程度上抹平了原有的破绽和裂口，在多大程度上掩盖了事实的真相或者直接改写了事实。我们也都知道谎言不仅仅是为了欺骗什么或达到什么目的，谎言有时候甚至只是某种掩饰或习惯。但是我们同样不知道那些谎言的动机以及那些谎言真正的源头到底在哪里。对于许多事情我们都曾经感同身受——却不一定能给出确切的回答和解释。这个世界就是这么复杂，真假莫辨。遭遇到谎言可能是我们极其普通的日常生活。谎言在手势或表情里，在语言里，或者干脆就是某个既成的事实。可是我们不能因此而嫌弃什么，也无法规避什么。世界并不完全是由事实构成的，实际上世界是由事实和谎言共同构成的。在事实里面嵌入谎言或者在谎言里面嵌入事实，才是这个世界的真实面貌。这样的想法可能有偏执的地方，或者有说不通的地方，但却是我开始小说写作的理由。我对我所看到的事情充满了疑惑，所谓看到当然迥异于一知半解的道听途说。看到就是看到。即便如此，我仍然怀疑那些正当的事情，那些表面上无比光滑并且永远能够解释清楚的事情。当我回忆从前，我发现怀疑精神到头来只能说是我即将写作的前兆。怀疑并不是要否定什么，而是想真切地记录什么。我记得怀疑曾经带给我痛苦，成为我生命中持久不散的迷雾。或许不止痛苦，比痛苦更深切的还有恐惧。恐惧其实是没有来由的，你不能明确说出你在恐惧什么，但你就是在恐惧。比恐惧更深切的是孤独。孤独意味着你不再有指望，你陷在井里，你的天空只有井口那一小片光亮。那一小片光亮照在你头顶，怎么看都只是巴掌大小的毛玻璃。这种时候我不知道除了写作还能干什么。

我说的这个时期大约是20世纪80年代中后期。稍早几年，我在武汉师范学院孝感分院即后来的孝感学院也即现在的湖北工程学院念书的时候就开始写诗了，我早期的梦想是成为一个诗人。我那时候曾经很固执地认为，诗人的写作可能比小说家和戏剧家的写作更容易抵达生命本质。写诗的经历对我而言不过是锻炼了我语言方面的能力。或者换一种说法，无非是让我对语言更有了敬畏之心，无论写什么都不敢稍有怠慢。我注定不会是个诗人，放弃诗歌写作是早晚的事情。1981年我从武汉师范学院孝感分院毕业后被分配到一所乡村中学，我在那里教了两年书。随后在名叫安陆的小县城里做小报记者和职员。我在前面提到的那个时期就是这个时候。从前满怀着美好幻想的诗意少年在此终结了。真正进入到社会里面我看到了很多事情，我开始怀疑我的诗歌写作在现实面前不过是隔靴搔痒。隔靴搔痒还是比较客气的说法，其实还可以说得更残酷些——那样的写作非常像是在光天化日之下搔首弄姿。光天化日之下如果又是犯罪现场（就算不是犯罪现场也有可能是别的什么现场，我这么比喻并不过分）——恰巧你还在那里搔首弄姿，这意味着什么呢？我苛刻地审视我自己的诗歌写作，一时间无比沮丧。那个时候非常困难。苛刻的自我审视像是给自己当头泼下冰水。把现实当作镜子，那些文字所显现出的面目实在苍白可笑。我能够如此内省现在回想起来还是要归结到我当时的怀疑精神。记得有天晚上我到一个朋友家里去，专门告诉他我将不再写诗了。好像这样的决定我告诉自己还不够，告诉别人的意思是我另外需要一个见证。有人见证可以加固我的决定。覆水难收，让这样的想法板上钉钉。当我那位朋友很惊讶地表示无法理解时，我又告诉他我觉得小说写作可能更适合我。事实上那个时候我还没有写小说。我也不知道为什么会说出这样的话，我就是执意要从诗歌的门里面转出来，再钻到小说的门里面去。小说的门里面隐藏着怎样的秘密我并不清楚，但是我有讲故事的冲动。把芜杂的现实中被遮蔽的秘密讲出来，把真相告诉大家，这是我急切想要做的事情。

所以我的小说写作在一开始的时候无疑是鲁莽的，不管不顾的。因为有一种焦虑掌控了我，扼着我的咽喉，即对于真实性近于歇斯底里的膜拜。真实性是我那时候最高的叙事标准。我努力去挖掘事情背面的隐情。我们亲眼看到的很多事情都是浮土而已，我的叙事有责任拂去那些专为人设置障眼法的浮土，再把深埋在土层下面的真相挖出来。那样的文字免不了会有阴郁、潮湿的气息，穴居的味道，让层层包裹在暗影之下的物质重见天日。我拷问现实拷问人性，目的是在已知的“秩序”之外去探寻别样的“秩序”。别样的“秩序”虽然我们看不见，却肯定存在于哪里。一个作家难道不应该去确认并打开那些别样的“秩序”吗？我相信真实的力量，因此我更强调内心的勇气。写作者内心有了勇气，才能够不容置疑地面对所有比表层世界更残酷的事实。虽然有评论家认为我是一个先锋写作者，但我始终坚称我是一个现实主义作家。我对于真实性的迷恋和捍卫几乎到了某种“原教旨主义”的程度。现在我承认有些偏执，太过刻意会不会一叶障目？你以为你掀开了一块“布”，可是你所揭示出来的东西会不会只是另一块“布”呢？或者还是拿浮土来做比喻，你以为你拂去了浮土，可是你挖出的真相会不会也只是另一些被重新埋入的浮土呢？对文学的甄别和评判向来都有问题。即使面对一部不那么具有阐释空间的文学作品，很多时候我们的认知也总是莫衷一是。但是我那时候之所以如此较真，原因在于我的写作姿态其实是源于对谎言的痛恨和摒弃，源于自身的恐惧和孤独。充斥着谎言的生活，以及那些因缺少真实性而沦为虚伪写作的文字让我深陷在泥淖中。我不能那样。如果我要写作，我就必须走我自己选定的道路。揭示真相竟然有那么重要，以至于它就像是一只紧箍咒，我强行把它戴在自己头上。我以为这才是正确的事情，写作可以在我和世界之间达成某种平衡。写作于是成为平衡术，来自现实的令人窒息的恐慌能够在写作中稍稍缓解，或者说现实的冰块也只能在写作中才有融化的可能。但是我的写作是不是能够真正抵达最为本质的真实同样值得怀疑。我的怀疑既是对他者和外在的怀疑，也是对自我和内心的怀疑。没有人能够站在哪个制高点上，这个世界压根就没有制高点。这就意味着我所讲述的故事也只是我自己的故事罢了。我的故事也只是说给这个世界的“一面之词”。似乎我们每个人都只能说出“一面之词”，没有人能够说出全部。

既然我们都知道谎言是编造出来的，而小说里的故事恰恰也是编造出来的，那么谁能证明小说里的故事就一定不是谎言呢？这也是我的另一重焦虑，是扼住我咽喉的另一只手。我明明在虚构子虚乌有的事情，但是我不能撒谎。不能撒谎是写作者的基本道德。你有没有撒谎——在你提交“一面之词”的证言里一目了然。作家最没有办法隐藏的就是他的文字，他可以隐藏他的生活，却绝无可能隐藏他的文字。作家的文字里有没有谎言几近于透明。你要么保持沉默，要么讲出真话。讲真话的途径在作家这里偏偏又是“编造”，这个太有意思了。虚构，唯有虚构才是作家得以讲出真话的神奇而又奇妙的“器皿”。

我在一座小县城里生活了三十多年，这座小县城名叫安陆。唐朝诗人李白在这里待过十年。李白在安陆的行踪我不是太了解，这方面的研究有专门的学者。就小说而言我的写作是从安陆开始的。写作改变了我，这种改变则是双向的，事实上我的写作也在改变。我曾经想把安陆这座县城写清楚。我熟悉县城，熟悉县城物质方面的特性，也熟悉它的人情世故或精神方面的特性。县城有诸多特性，缠绕着各种或明或暗彼此交织的关系。县城或许是中国最具文学意义的地方。里面有正在衰败消失的东西，也有新长出来的东西。我由此想到了动植物学家，想到他们制作的那些“标本”。我想把安陆写清楚的想法正是基于这样的渴望，那就是写出一个具有“标本”意义的县城。这当然是一个美好的愿望，却也是不太可能完成的任务。不过呢，我现在还想写点别的什么，比如武汉，比如其他一些目前还是未知的事情。世界敞开着，世界是被打开的，我只是这世界里一个微小的斑点。我所看到的并不比一棵站在旷野里的树所能看到的更多，我所思考的问题也并不比一块裸露在时间里的石头所能想到的更多。相信自己的局限性并且承认——承认自己的局限性是自己的宿命，承认我此生的写作必然是在自己的局限性里完成的。

访　谈《

文学是现实之外的另一重现实

——曹军庆访谈录

吴佳燕　曹军庆

吴佳燕：曹老师好！看了你的一些随笔和创作谈，发现成长中有两个人对你文学上的启蒙或影响特别大：奶奶和父亲。可以具体谈一下吗？

曹军庆：所谓我奶奶和父亲是对我的文学创作具有启蒙影响的两个人——这种说法其实更像是一种“追认”，是我在后来的回忆中强加给他们的。很多时候我们都生活在回忆里，通常只有到了未来才能对从前赋予意义，给出某种说法。事实上在当时我的奶奶和父亲并不知道他们在“启蒙”我，我也不知道我在接受他们的“启蒙”。奶奶爱讲故事，在我孤寂的童年，奶奶所讲述的那些故事可能是我唯一的慰藉。我承认那些故事温暖并照亮了我早年的生命时光。至于父亲，他对我的影响要稍晚一些。父亲也希望我能好好读书，他希望我好好读书的目的是要我以后能够出人头地做个官员。但是我的志向不在这里，奶奶的故事打开了我热爱胡思乱想的天性。有很长时间我和父亲在精神上是有冲突的，这种强烈的内心冲突在我的少年时期无疑强化了我的叛逆。所以我能走上文学之路奶奶的影响可能是正向的，父亲的影响则是逆向的。

吴佳燕：我们来梳理下你的创作轨迹。有几个时间节点，1986 年开始发表作品，主要是诗歌；很快转向小说创作，2000 年以后发表大量短篇小说；2007 出版第一部中短篇小说集《雨水》；2014 年出版第一部长篇小说《魔气》。你觉得早期的诗歌写作对你而言意味着什么？为什么会转向并选定持续的小说创作？

曹军庆：我开始诗歌写作从某种意义上说是受到了时代大潮的裹挟，那个时候的青年学生几乎都在写诗。后来我放弃诗歌一是因为我发现这种文体并不适合于我，二是我有了更迫切地想要讲故事的冲动。虽然我写诗的时间并不太长，但那样一段经历锻炼了我的文学想象和文字能力。我从诗歌当中学习语言的准确和精妙。我现在仍然欣赏诗歌，不过我不太可能重新再写诗歌了。诗人不仅需要后天训练，更需要先天性的气质。我缺少的正是这个。转向小说写作是一件顺理成章的事情，我想讲故事而小说正是讲故事的文体，于是我就写小说了。

吴佳燕：还记得你发表的第一篇小说吗？说出你最喜欢自己的短篇、中篇和长篇各一部。在你与文学期刊编辑打交道的过程中，有无特别的印象和感受可以谈下？

曹军庆：我的小说处女作是发表于《绿洲》杂志 1986 年第 5 期上的小小说《海的子孙》。当时的《绿洲》是乌鲁木齐的一本文学双月刊。写作是一门充满缺憾的艺术，我对以往的作品总能发现不足。如果一定要说出一部，我自己比较喜欢的短篇小说是《风水宝地》，中篇小说是《落雁岛》，长篇小说则是《魔气》。这当然没有什么道理，也不能证明它们有多么好，只是我自己比较偏爱而已。在我的写作生涯里，我和很多文学期刊的编辑打过交道。他们都很敬业也很专业，我敬重他们也感谢他们。

吴佳燕：曹老师，从写作题材来划分，你的小说创作可以划分为三个阶段和类型：乡土写作、县城叙事和城市文学。《魔气》为乡土写作的终结篇，你怎么看你的和当下的乡土写作？县城叙事是你最用力又坚持时间最长的，有何用意？新兴的城市文学写作对于你算一种“入乡随俗”吗？

曹军庆：对于你的上述划分，我个人觉得很有趣，可能你是为了更便于表述，可是在我的写作中并没有这种很清晰的自觉。比如说我并不认为我正在写的小说是哪种类型的写作，我可能就是在写一部小说。你提到的三个阶段和类型，或许是我在不同时期所关注的题材有不同的侧重点吧。至于乡土写作或城市文学，我的写作观念里没有很明确的“边界”。写作是内心想要表达的东西，那些故事是在城市还是在乡村上演，或者那些人是城里人或乡下人又有什么要紧？尤其在当下，城市和乡村的边界越来越模糊。怎么写更是和地域毫无关系。我一直在讲县城故事，这也与我的生活有关。我在内地县城里生活了三十多年，熟悉那里的一切。县城恰恰是个城市乡村混杂的地方。正因为如此，关于县城里的叙事，其实很难单纯归为乡土写作或城市文学。

吴佳燕：我最近读了你大量的早期小说，很有一些感受。阴郁，忧愤，陡转，老成而冷峻。感觉你是过早看透了这个世界，像个愤青或老者，又有些偏执。对世界充满怀疑和悲观，很少有温情的东西，人际算计也好，男女关系也好，都像一团乱麻或乌云，让人看了心情灰暗。你当时的写作观或者看世界的角度是怎样的？现在怎么看？

曹军庆：我早期是个悲观主义者，度过了很困难和迷茫的青年时期。每个人的青年时期可能都很困难，或许这就是人们所说的成长的代价。早年迷恋诗歌可能同时也训练了我心灵上的敏感，于是无意间放大了我从外部世界得到的刺痛。现实中有太多的谎言，揭示真相因此变得弥足珍贵。文学刚好又可以“置放”这样一些东西。我怀疑这个世界，相信文学的价值正在于怀疑和批判。那个时期已经过去了，随着时间流逝，我的内心也在变得柔软。我曾经在一篇创作谈里说过，小说原本就是虚构和想象，既然有那么多不好的事情，我为什么不能在文学里去想象一些比不好的事情稍稍好一些的事情呢？尽管从本质上讲我可能仍然是个悲观主义者，但是现在我允许自己去相信那些不一定值得相信的东西。

吴佳燕：为什么想到去写黑帮题材？你真正接触了解过小城里的黑社会吗？有没有受到一些通俗文学的影响？

曹军庆：你提到过“有密度的写作”，另一个评论家叶李说我的写作是“极限式写作”。大概你们表达的意思是相似的吧。我个人觉得原因可能在于县城正好是个有密度的地方。不知道我这么理解对不对？我认为县城有密度主要是指那里的时间和空间都经过了“压缩”，县城在写作意义上于是就成了一块所谓有密度的“模块”。这么说吧，县城是个很小的地方，我在那里生活，意味着我几乎可以接触到所有人。我差不多认识那里所有的人，他们的身份对我而言并不重要。或者说人们的身份和生活方式原本就很复杂。黑帮也好黑社会也好，这种划分可能也是你为了更便于表述才这么说。实际上我写作的时候从来没有这样想过，我不会在乎那些人是所谓黑社会的人还是白社会的人。有时候你在文字中很容易划分的事情在实际生活中却很难划分。所以我的写作只是在关注人。我关注社会中的人，关注他们深刻而又复杂的人性。

吴佳燕：你怎么看待当下的新闻化写作倾向？

曹军庆：可能是现在这个时代太丰富太光怪陆离了，人们在现实中看到的那些匪夷所思的事情比作家所能虚构的故事更令人瞠目结舌。自媒体加快了传播速度，突发的社会事件、热点新闻被放大，并迅速进入到人们的视野。现实世界与网络直播犬牙交错——这种既混沌又明晰的状态，为作家的写作带来了前所未有的困扰和焦虑。文学想象在强大现实的逼迫下一退再退，萎缩坍塌。有些作家干脆把新闻直接放进小说，但是文学和新闻永远是两种不同的东西。人们既然已经从新闻里看到了第一手的东西，为什么还要到文学里再去看第二手的材料呢？人们关注新闻的理由在于新闻需要回到现场，回到事件中去还原真相，甚至追索事件的前因后果。文学不一样，文学有时候需要回到现场回到事件中去，有时候不需要。但是文学更重要的还是要回到灵魂中去，回到人性中去，也就是说文学不只是要还原——有时候也可以不去还原，或者只说出一部分而有意遮蔽另一部分——生活中发生过的某个故事，文学在故事之外同时还有很多精神层面的追问和探索。我不认为“新闻串烧”式写作会有持久的生命力，就像我不认为在新衣服上面缝上补丁会很好看一样。

吴佳燕：我觉得你的小说创作还可称为“有难度的写作”，不断设置障碍，自我突破，避免惯性。相对应的是，对你的小说会否存在“有难度的解读”？你觉得你的小说好读好懂吗？你的理想读者或者理想评论者是怎样的？

曹军庆：小说发展到现在，确实积累了很多技术。自己为自己设置写作障碍，寻求突破，是作家必须做的事情。避免惯性写作是每一个作家不能回避的问题，我也不例外——说不定我也经常处于“惯性”中而不自知。求变，规避重复，应该成为我自己的写作座右铭。说到我的小说，我自己认为并不难读。只要耐心去读，就一定能彼此相通。至于你提到的理想读者或理想评论者，说实话我从不奢求。在这样一个时代里，能被人阅读就已经很幸福了。很多时候我都会怀疑我的作品其实没有多少读者。

吴佳燕：为什么你会反复强调自己是一名现实主义作家？

曹军庆：因为我觉得作家必须对现实发言。无论写什么，也无论怎么写，根须还是要扎在现实土壤里。改头换面也好，魔幻变形也好，里子里也总还是现实。我认为作家应该是他所处的那个时代的目击证人。

吴佳燕：你觉得虚构的能力和想象的能力对于一名小说家意味着什么？是什么

支撑了你小说中那么多神奇魔幻的想象?

曹军庆:虚构和想象是作家的基本能力,更像是作家的职业素养。如何保持旺盛的想象力在我看来既要贴住现实,又要和现实“隔”开一段距离。既在,又不在。需要留出打量和审视的空间,保持不间断的阅读,让灵魂变得深刻。灵魂里也有耳朵,能听到外面的声音,也能听到自己内心的声音。懂得享受孤独。偶尔陷入冥想是良好的习惯。如果丧失了想象,对作家是很可怕的事情。

吴佳燕:请谈一下先锋文学在今天的遗产以及对你的写作有无影响。

曹军庆:先锋文学对我的写作肯定有影响。我出生在湖北广水北部的乡村里,我的中小学教育是在封闭的乡下完成的。1978年我16岁时考入武汉师范学院孝感分院中文系。那是一个文学的年代,刚刚开始开放的年代。我在那时候接受到西方文学的洗礼。对文学而言我觉得我自己很像是《红楼梦》里的刘姥姥进了大观园。一批中国作家也开始先锋写作。在那之前中国的主流文学大多是以写实为主。我觉得那个时候的先锋文学从某种意义上讲已经改写了传统写作的基因密码。这样的一个判断主要是就叙事技术而言,当然还有语言。我们不得不承认先锋文学浪潮之后的叙事方法比先锋文学浪潮之前的叙事方法要丰富得多。即使是非常写实的作品也不再像从前那样老老实实地讲故事了。先锋文学的影子在当下的文学现场无处不在。事实上当代文学几乎都受到过先锋文学的影响,这大概就是所谓先锋文学的遗产吧。至于先锋文学对我的影响,我认为首先是写作姿态,无论哪个时代都需要这样的姿态。先锋性意味着革命性,意味着抵抗和冒犯。但是我一直坚称我是一个现实主义作家。文学的先锋性对我来说必须“及物”,我强调“及物”,恰在于我害怕因为先锋而让文学高蹈从而遁入虚空,害怕因为先锋而让文学变成空洞的话语狂欢。保持先锋的写作姿态和及物状态是我的个人选择。

吴佳燕:写作除了天分,往往需要个体别样的经历、生活格外的馈赠,或者一些文学上直接的滋养。写作是可以触发和造就的。你怎么看你的文学滋养和写作资源?比如除了家庭环境,你的大学生活,你的文学阅读,你的工作经历与现实阅历,有什么值得一说的?

曹军庆:我从来没有觉得我有特别的写作天分。阅读的时候我们很容易发现有些作家的确天赋异禀,读到那些天才的文字我们会欣喜若狂。如此说来写作天分确实是存在的,但我没有。我实际上是误入了文学这个行当。我参加高考的时候是个理科生,那时候尽管我喜欢阅读却并不知道写作还可以成为一种职业。但是我进入武汉师范学院孝感分院念书时被录入到了中文系,那是另一个故事。这么说吧,理科生误入中文系是校方摆的“乌龙”，是他们阴差阳错的工作失误造成的。我在进校的时候颇有些悻悻然，但并没有申诉。没有申诉是因为我父亲认为，只要能把我录进大学我们就应该感恩戴德。于是我穿着我父亲宽大的衬衫(那时候我没有自己的衬衫)不停地到图书馆去借书看。图书馆是座老旧的低矮的灰黑色砖楼，坐落在食堂旁边。我差不多天天或隔天就要跑进去，大量的阅读帮我度过了被改变专业的苦闷期，我也不知不觉被专业所改变。正是从那时候起，我开始写诗。回过头来看我的文学生涯是从一个“错误”开始的。我并不是文学世界的“闯入者”，而是跌跌撞撞被推进来的。我在写作之前并没有做好准备，我所有的阅读也都是杂乱的没有目的的阅读。因为没有准备所以仓促。我在写了几年诗歌之后不得不停止写作，差不多有十多年时间我不再写任何东西应该与此有关。说到写作资源，我长时间待在一个小地方大约就是生活给我的珍贵的馈赠。我没有在很年轻的时候就成为职业写作者——现在看来很可能是某种幸运，我所经历和听说过的所有那些故事是我取之不尽用之不竭的写作富矿。每当我坐在电脑前，我的脑子里就会浮现出县城故事。有些故事我写出来了，更多的故事我束手无策。

吴佳燕：你的小说调子一直比较阴暗，你觉得你的小说属于暗黑写作吗？怎么看待暗黑写作？

曹军庆：我并不知道所谓暗黑写作到底是一种什么样的写作。听到过这种提法，但并不清楚暗黑写作具体有哪些规定性。当然，我从不承认我的小说是什么暗黑写作。我相信我是很严肃地在写作。至于小说的调子是怎样的，比如说阴暗或明亮，似乎也不必拿出来单独作为一个文学的标准。小说的调子与小说的终极品质没有太大关系。回顾中外文学史，我们会发现许多伟大的经典作品，如果单从调子上看也可能会偏暗，却无不穿透了深刻的人性，表达了伟大的人类主题。书写悲剧，有时候恰恰是为了呈现崇高。

吴佳燕：你觉得小说成其为小说的根本特质是什么？写作对于你的意义何在？怎么看待当下的文学生态，比如排榜、评奖以及创作与评论的关系？

曹军庆：很多人都谈到过小说与现实的关系问题，也有人提到过镜子之类的影像意义。有些人会在意小说的隐喻性，也有人更注重小说的娱乐和游戏效果。把现实当成一枚钱币，小说有可能是它的正面也有可能是它的背面。但是我更愿意说小说的根本特质就是：它是现实之外的另一重现实。前面提到的文学与新闻的差异性也在这个地方。作家从现实出发，却必须创造(虚构)出另一重现实，另一重文学的现实飘浮在实有的现实之上。两重现实彼此映照，各自是对方的门。作家就站在两重现实之间，可以进到这扇门里面去，也可以进到那扇门里面去。对阅读而言，“理想读者”也可以像作家那样在两扇门里进进出出。写作对我的意义其实是我个人的事情，时间久了写作于我越来越像是一种生活方式。写作意味着自由。有时候我会想除了写作我还能做什么呢？既然什么也做不了那就还是安心写作吧。说到当下的文学生态，我个人认为所有文学的事情都是现实生活中的事情。即所有的社会现象在文学的世界里都能看到，也即所有的文学现象究其实终归都是社会现象。至于排榜也好评奖也好，我认为那是评论家和评委的事情，那是他们的工作。作家的事情和工作只能是写作。把自己的事情做好，做得体面做得有尊严，应该是作家和评论家的共识。

吴佳燕：你近期的小说好像有某种观念上的转变，有现实生活的一抹亮色和人性深处的善意。这种改变是怎么发生的？对于以后的写作你有什么打算？

曹军庆：我并没有刻意做什么，即使有改变那也是自然而然发生的。写作是一辈子的事情，顺从内心，对这个世界怀有敬意和善念，一直往前走就是了。

评　论《

现实人心的切片与证言

——曹军庆论

吴佳燕

曹军庆属于那种稳扎稳打的写作者。在蛰居内地小县城安陆的几十年间，他埋首硬写，仿佛沉潜在时间之水里，颇有点文学隐士的味道。他的创作实绩与所获得的文学名声还不相匹配。他是一个很难被命名和指认的作家，也许评论界对他曾有过的某种忽略或失语与此相关。曹军庆的小说一开始就具有鲜明的异质性，有对现实人心的深度介入与深刻洞察，又有超越地面、自由飞翔的想象与力量。叙事的技术层面和形而上思考都有独到的地方。创作轨迹随着他生活时空的转变而变化，即随着烟灯村—安陆—武汉三地的迁移，他的写作可以粗略划分为乡土写作、县城叙事和城市文学三个阶段。乡土写作多与作家的童年记忆密切相关，在隔着时空的打量与想象中，阴影被放大，美好被美化。曹军庆的乡土小说更多呈现出冷峻与迷茫，一些类似于记忆原型的细节和情节在小说中反复出现，可能与他的童年创伤和记忆固化有关。县城是曹军庆最熟悉深入的部分，也是他成年后长期生活的地方，他在这里韬光养晦、厚积薄发，思考它作为城乡接合部的丰富复杂性和深刻隐喻性。以虚构的幸福县为统领，他建构了一座纸上的小城，每一条街道、每一面生活、每一种面孔在他的文字里历历再现，映照和涵纳着深切的现实思考。城市写作则是曹军庆近几年来在武汉生活的印记，带给他新的写作生长点。东湖故事系列扎实体现了他在新的题材领域、叙事能力和精神指向上所能企及的创造力和可能性。

詹姆斯·伍德认为现实主义小说要具有"生活性"："页面上的生活，被最高的艺术带往不同可能的生活。它不应只是一种文类，相反，它令其他形式的小说看上去都成了文类。因为这种现实主义——生活性——是一切之源"，而且"所有伟大的现实主义者，从奥斯丁到门罗，同时都是伟大的形式主义者"①。曹军庆一直坚称自己是一名现实主义作家。他的小说有某种另类和自足，这让他脱离了对其进行代际分析的可能，成为有鲜明辨识度的这一个。写作于他更多是一种自我对话和挑战。他把写作的难度、限度不断往前顶，思考个人与置身的时代之间的复杂关系，追求文本的陌生化和精神性。他喜欢用"切片"这个词语："小说所需要勾勒、描述、呈现和保留的，恰恰是这两样东西：时间和历史。无论面目模糊或清晰，时间在现实和文字中的形态，最终将达成契合。作家穿透其间，将液态的、流动的时间固化，做成时间的'切片'。"②他认为作家作为现实生活的在场者，"应该成为一个时代的目击证人，诚实地提交他的目击证言"③。作为有重要观察、审美和记录功能的文学，他的一篇篇小说是不同历史时间的切片，也是各种现实人心的证言。

方寸舞台和隐形手术刀

米兰·昆德拉在《小说的艺术》里说过："发现只有小说才能发现的，这是小说存在的唯一理由。"小说家应该对现实人心特别敏感，就像医生和侦探，有深藏不露的职业本能和艺术直觉，在看似混乱不堪、毫无逻辑的世界里发现蛛丝马迹，寻找路径，建立联系。曹军庆从根底上讲仍是一个讲故事的人。他似乎从不缺乏故事，这是几十年基层生活的积淀和馈赠，你甚至会怀疑他的小说如此密实是因为他手上的素材实在太多用不过来的缘故。即便在现实远大于想象、越来越多的写作出现同质

---

① [英]詹姆斯·伍德：《小说机杼》，黄远帆译，河南大学出版社 2015 年版，第 179 页。

② 曹军庆：《24 小说·自序》，长江文艺出版社 2012 年版。

③ 曹军庆：《作家应该成为一个时代的目击证人》，《中篇小说选刊》2018 年第 2 期。

化倾向的今天,他讲的故事仍有许多与众不同之处。这依赖于他对世界的独特发现,还有他从未丧失的文学想象力。想象力支撑故事本身,也成为讲故事的方法。曹军庆常常会在正常讲述的现实生活或线性时间中旁逸斜出或者陡然转向,去完成小说的叙事策略或精神旨归。手到擒来的离奇故事或现实题材,先锋手法的处理变形,探险、冒犯、创新,曹军庆就像一个身怀绝技的人,不动声色地展现他的娴熟技艺和良苦用心。故事的套中套结构,视角的多种转换,人称的多重指代,叙事的突然中断、穿插、剪辑与拼接,构成了他小说的叙事迷宫和饶有意味的形式,让我们看到他对现实幽暗的多种凝视与思索,即如作家宁肯所言:“越是现实的越是先锋的,曹军庆以其内心独特的深度,将先锋与现实进行了决绝的诠释。”[①]综观曹军庆的小说叙事,有两个突出的特点,或可用两种意象概括:一为舞台,意味着叙事的限度与密度,戏剧性与场面感,就像戴着镣铐跳舞;一为手术刀,意味着风格的冷酷与奇崛,有深刻的怀疑与追问,就像在解剖世间的一切。

曹军庆的小说有一座看不见的舞台,借鉴了戏剧的诸多因素。充满场面感,有意让人物和故事在某个限定的物理空间里生长。设置奇情诱发观感,那些生活中的偶然性、人物命运的巧合以及奇异新鲜的见闻被经常讲述。语言简短、干脆,多场面描写和人物对话,犹如徐徐拉开的帷幕,让观众一眼便看见台上的场景和布局。短篇《雨水》开头便是男女主人公双手相握、四目相对的固定姿势,阴暗的房间里弥漫着雨季的潮湿与死亡气息,预示了文章的基调与女主的命运。《断刀》开篇简明扼要地交代120年前发生的杀人断刀故事,时间、地点、情节,为多年后的关联埋下伏笔,像是速写。《去南方》《风筝》《绑架》《一个人的对话》开头则用工笔:躺在床上看着天花板胡思乱想的男人,双峰山的独特地理风貌,把铅笔抵在太阳穴模拟开枪杀人、蠢蠢欲动的男人,摆在桌子上装着果汁的两只一模一样的玻璃杯,都留下足够的悬念吸引读者。还有穿插、跳跃的大段人物对话,就像直接从剧本里移植过来的台词,紧张精彩。

对叙事空间的设定是为了更深广地打开内部,更有力地翻转腾挪,从而带来巨大的叙事张力和事半功倍的叙事效果。这需要语言极简密实,故事精炼又充满戏剧性。《有房子的女人》自始至终在女人的房间里,故事靠人物对话推进,一个是不能继续被包养的二奶,一个是求职失败的毕业大学生。两人以相亲的名义在这一空间里短兵相接,各怀鬼胎。房子是女人的筹码,也是男人的猎物。逼仄的物理空间背

① 见曹军庆《影子大厦》封底评语,安徽文艺出版社2017年版。

后是人物心理空间的拓展和延伸，深刻隐喻着两类不同境遇的人在现实空间里的殊途同归、双双溃败。《时光证言》中两对女人的对话始终在同一咖啡馆的同一位置，她们不仅谈论的是同一个男人，还有相似的议题与语气，有隔空呼应的效果。四个女人的选择性讲述因为空间的限制和叙事的拼贴互相拆解补充，让人觉得荒诞而反讽。《云端之上》中青年宅男龟缩斗室，这是物理空间的封闭，然而互联网又让他可以在虚拟空间随心所欲、风光自得。这是对舞台空间的冲决及延展，并对应着具体的现实世界。三重叙事空间亦真亦幻、彼此映射，共同交织出新的时代背景下现代年轻人的生存坐标和普遍困境。

"隐形手术刀"是曹军庆的一篇小说名，评论家刘川鄂曾直接用它来指认曹氏的小说风格："他解剖日常生活中的残酷的真实，道德面纱下的血腥，文明外衣下的兽性，理性管不住的非理性邪恶。"[①]冷酷，客观，幽暗，奇崛，把自己所看到的一切置于解剖台，探寻现实裂缝和人性内里，在对真实的不断质疑与拆解中接近真实，在对世界的怀疑与追问中揭示真相，这是曹军庆小说的叙事风格和美学特征。他的确更偏爱于去探究世界的背面、生活的暗面、阳光下的阴影以及人性的黑洞，那是更容易被忽略、过滤、遮蔽、伪饰的角落，那也必定是真相的一部分。曹军庆在小说或创作谈中都提到过"缝隙"这个词，它指向世态人心中所有的不真实、不完善、不健全、不美好，捕捉现实缝隙里所折射出的幽暗之光。曹军庆的小说具有某种现实批判性，饱蘸着深沉的现实关怀，从狭缝中找到力量，于批判中寄望改变。他在叙事上通过怀疑抵达真实，跟他在调性上通过幽暗接近光亮如出一辙。

"手术刀"式写作在曹军庆的早期作品中尤其明显，也与他中短篇创作的精神气韵相称。冰凉，冷硬，陡转，甚至有些偏执和惊悚。零度叙事，旁观者视角，人物关系和情节设置易走极端。人物活得随意放纵，伦理道德观念淡薄，对待生死冷漠，什么都可以拿来交易、算计，包括尊严和耻辱。如《猪喜剧》中外出打工的男人在蒙受了双重侮辱（老婆与人私通并且调笑他）后解决的办法竟然是把私通者的唯一财产——两头怀孕的母猪赶了回来；《去南方》中诗人下海失败，为了吸毒让女朋友去卖淫；《雨水》中鬼气飘缈的村庄无所谓生死，"大概觉得一个人死了之后，不过是在雨水里迷失了身影"；《地下室》中男人因怀疑妻子出轨，竟然把地下室辟为行刑室，准备了一堆五花八门的刑具；《隐形手术刀》中男人因为童年目睹了一起碎尸案，竟然在多年以后鬼使神差地杀死了朋友的妻子，只因为她回头一笑的样子酷似当年的

---

① 刘川鄂：《冷峻奇崛的现实主义探索——曹军庆中短篇小说论》，见曹军庆中篇小说集《越狱》，长江文艺出版社2011年版。

凶手。语言的洗练，叙事的紧绷，情节的紧张，主题的沉重，让曹军庆这个时期的小说常常有用力过猛令人窒息之感。黑夜和黑帮，灰色地带和灰色人群，时代的暗影和幽深的人性，他沉溺于直面幽暗的勇气和力量，要看透和解剖他所看到的真相。那时的他对这个世界多少有些冷眼旁观和悲观情绪。

如果明白手术的目的是为了治病救人，“手术刀”也就没那么冰冷了。尽管主题和风格依然严肃冷峻，但从《魔气》开始，曹军庆的叙事逐渐脱离早期的冷硬、紧张，变得温润和自然，也不再有那么多眼花缭乱的炫技，有点洗尽铅华的意思。这种转变在他的中长篇小说里尤其明显。小说的体量和世事的体悟引发了他内心的柔软。曹军庆如此自白：“既然这世上有过太多不好的事情，我为什么不能在虚构的时候去想象那些比不好的事情要稍稍好一些的事情呢？我可以这样做。这样做不是为了嵌入什么或改变什么，而只是证明我还在相信什么。”[①]由早期的不相信到现在的愿意去相信，这真的是一件美好的事情和可以期待的改变。

江湖神话与人在迷途

在民间叙事中，江湖想象无疑寄寓过很美好的理想。传统的农耕社会其实是和江湖共生一体的，但是现在的江湖已经今非昔比了。江湖正在破碎，有关江湖的想象和书写实际上更像是现实写照。几十年的县城生活给了曹军庆不一样的滋养，让他接触和了解到别人难以涉足的领域。那些暗夜里游走在灰色地带的人群和故事，既是当下现实不可磨灭的有机组成部分，又是现实的映射和隐喻，承载着作者的现实思考和精神寄寓。或者说它就是曹军庆现实之外的另类建构，是他的叙事神话。这类作品刚开始还只是几个问题少年或小混混们手持刀棍打打杀杀、擂肥劫财（《街头少年》《报案》），或者明火执仗地去火拼，手臂上刺着各种文身（《和平之夜》《装在蛇皮袋子里的手稿》），到了《影子大厦》，已经具有一整套现代化的运作程序。他们西装笔挺，等级森然，不见刀光剑影，只有暗地里的各种恐吓、交易和算计，还有与官商中人千丝万缕的联系。他们有作为社会灰色人群真实性的一面，也有普通人的情感需求和人性闪光。《土匪李不了一生中的一段插曲》中少年土匪杀掉放羊的阿牛后冒名顶替，只为找回一段失去的母爱。《街头少年》中三个问题少年到南方经过一番惨不忍睹的闯荡之后，活着回来的人决定回归普通人的正常生活。《装在蛇皮袋子里的手稿》中响马寨夫人临死前叮嘱儿子要为父报仇，而要杀掉的正是自己的亲

① 曹军庆：《写作是我和自己的对话》，《中篇小说选刊》2018年增刊第1期。

生哥哥。《杀人犯》和《越狱》都传递出江湖中人凶悍背后的深沉情义。《影子大厦》中的黑帮老大和企业老总李贵书，一直在塑造自己仁义慈善的形象。

曹军庆的江湖叙事有江湖也有现实。江湖是重心，承载着他在现实生活中难以找寻的神秘想象和精神寄托，具有精神避难所的意义。现实是旁注，是一再地提醒和幻灭，让人从现实短暂抽身又最终回到现实中去。在此曹军庆一方面完成了关于神秘江湖的现代想象，一方面又对传统意义上的江湖祛魅，打通了江湖从想象到现实的通道。江湖与庙堂，想象与现实，表面与内在，暗通款曲、互为镜像。这也正是中国当下现实的某种映射：无处不在的官商勾结与黑白杂糅，无处不在的权力关系与人情网络。江湖成了追求现实利益的人们用来标榜情义、树立威信、自我陶醉的堂皇借口与华丽外衣，是被改造和设计的江湖，是丧失了江湖精神的现实。在令人好奇神往的江湖之水里，沉淀出的是难逃现实人心的沮丧与幻灭。

江湖里一直有群少年，他们以不同的面目出现在曹军庆的江湖叙事里。他们青春热血，生气勃勃，怀揣着梦想，想要寻求世界真相和世俗成功。成长、叛逆、英雄情结、成功的渴望，让少年们对江湖的想象、寻找和模仿从未停止。现实江湖还扩大到虚拟世界，比如电子游戏、网络江湖。在成长阴影和现实打击下，这种寻找传说中的江湖和另一种成功的愿望愈为强烈。它的神秘和力量激发少年的血性，让在现实中找不到存在感的他们在另外的天地重拾自信和尊严。《和平之夜》中的留守中学生林之前在学校不好好学习，又向往体面的生活。那些在小卖部听来的小道消息蛊惑着他，他想加入黑帮，买了一把刀子准备去广场搭救老大，可是广场上什么动静也没有，大失所望的少年愤而把刀子扎到胡诌的小卖部老板门上。《滴血一剑》中的好孩子单立人因为两个死党的极端行动，自己的精神也陷入黑暗，开始怀疑学习的意义。他离家出走到网吧迷上一款“滴血一剑”的网络游戏，花 97 天时间终于打完通关，结果令人啼笑皆非。《云端之上》中的宅男焦之叶因恐惧在现实世界幽闭，犹如可有可无的多余人，在网上却可以妻妾成群、唯我独尊。《影子大厦》中的几个年轻人都是因为现实碰壁后企望通过加入黑帮走向成功。他们的江湖迷梦都源于在现实中找不到出口或上升通道，如此渴望成功又如此投报无门，当通过高考或工作寻求功名的社会出路被堵死之后，加入黑帮或沉迷网络成为他们获得个人存在感的一种可能。他们共同经历了“想象—寻找—模仿—幻灭”的心路历程，折射出逃无可逃的内外现实，跟方方笔下的涂自强有殊途同归的个人命运。

青少年的梦碎有关社会的通道和成功的意义，成年人的迷途则有关时代的嬗变和人心的勘探。曹军庆塑造了很多失败者形象，他们身上带有不同的时代烙印和个体境遇，或被时代潮流所裹挟、改变，然而并未成功，又被时代抛弃；或坚持自我，不同流合污，被目为异类。《去南方》赶上全民“下海”，诗人和女友去南方想做个“一夜暴富的商人”并逐渐不择手段，底线下滑，最终还是一败涂地。《冬泳的人》正逢“上山下乡”运动，没有任何背景的女知青刘金月的农村生活与回城之路变得格外漫长和艰辛。她的个人奋斗史充满各种不甘、挣扎、算计、决绝，终于回到了最初的城市，却终生不如意、郁郁难释怀。有历史留给个体的深重阴影，也有现实对个人的各种打压。《林楚雄今天死在马鞍山》中坚持考研究生的保安林楚雄本该是一个正面励志的形象，然时运不济，屡考不中，因此被别人当成一个怪人和笑话。倒霉的林楚雄唯一的光亮是收获了教授夫人的爱情。为了改变现实处境尤其是物质困境，他又出卖了爱情。不想一张精心编织的阴谋之网铺天盖地而来，他的失败者命运从他跨越阶层、接纳教授夫人的那一刻就注定了。《从前的校花》与《鱼腥风》中的女性做人都纯真本分，却不见容于小城人际环境，在基层的政治人伦生态里就像一根刺。有那么多改变或坚持都无济于事的失败者，也有凤毛麟角的成功者。他们的成功，是建立在不择手段、忘恩负义的基础之上，身在迷途而并不自知。《林楚雄今天死在马鞍山》中的摄影师黄子麦以丑为美、把雾霾当作仙境是对这个时代病症的绝妙讽刺。他为了所谓的艺术置他人生命于不顾，为了成功直接谋害他人性命，这样的艺术和成功本身就值得质疑。《老鼠尾》中的崔国松上演新版“农夫与蛇”的故事。崔国松是一名靠吃百家饭和偷窃维持生存的孤儿，资助者的及时出现让他很快完成了从坏孩子向好学生的转变，顺利考上大学，毕业后当上公务员。然而崔国松的心思全然不在感恩，开阔丰富的城市生活诱发出他的勃勃野心，那些帮助过他的人成为他人生的台阶和云梯。他不仅在工作上借力打力、获得成功，还对资助者一家谋财害命，做着“可以不做贪官”却“可以不动声色坐享一辈子”的美梦。这些失败者或成功者，都折射着一定的时代现实，让我们看到世风的改变和人心之幽微。

曹军庆还塑造了不少官员形象。他们长袖善舞、八面玲珑，在各个场合自如穿梭，往往成为世俗社会的成功典范和风光人物。曹军庆主要从侧面切入，呈现官员的另外半张脸，他们作为普通人的一面，及不为人知的苦衷和虚弱。都说贪官没有好下场，那么一个不贪的官员为何在退休之后也会变得声名狼藉、走投无路？(《声名狼藉的秋天》)只要官员自杀都会说是因为抑郁症，那么一个没有做坏事同时也患有抑郁症的官员如何自证清白？(《我们在深夜里长谈》)官员落马、坐牢，出狱之后面临千疮百孔的生活、情感及内心复杂的罪感与悲凉。(《下水面馆》)官员已经自杀身亡，但是被有过亲密关系的三个女人谈论缅怀，假爱之名行谋害之实，拼贴出一个生前被称作道德楷模的男人混乱幽暗的情感生活。(《时光证言》)曹军庆笔下的官员反对被贴标签、被污名化,强调他们作为人的正常性正当性,但是他们又对那样一种官场生态和世俗逻辑无能为力,所以他们只能在表里不一的假面里生活,他们为此要承受更多的忧心痛苦。

曹军庆把青少年和官员作为切口,观察和思考人性,从而洞悉整个时代的世道人心。他们大多生活在小城和都市,置身于物欲充斥、芜杂多元的现实语境之中。成功是这个时代被追逐的幻影,事实上又是人为的陷阱。他们对成功的追求,对自我精神状况的体认,恰恰是一种对人生意义的探究。江湖历险或现实境遇,世俗成功或精神困境,都呈现某种迷茫和荒诞。他们失眠、焦虑、抑郁、忧愤,因为即便现实的成功也不能让他们获得生命之充盈、人生之意义与内心之安宁。浮躁与荒诞成为笼罩性的社会情绪与时代症候,它不仅仅存在于日常之中,还是一种无处不在的、让人置身其间日渐麻木的生命体验,成为一种抽象的、具有普遍意义的精神困惑和生命虚无。

为什么要向影子射击

恐惧是哈韦尔对于一种持久的、普遍存在的、危机的集体意识的分享,“这是那种可怕的蜘蛛,它的看不见的网直接覆盖整个社会;是那种所有恐惧的道路最后消失的尽头”,“如果在人们维护他们已有东西的防御性尝试背后是恐惧,那么变得日益明显的是,为赢得他们目前还没有占有的东西的侵略性努力的主要推动力是自私和野心勃勃”。[①] “可怕的蜘蛛”几乎涵盖了现代人所有的内心生活。跟哈韦尔“可怕的蜘蛛”建立起奇妙联系的是曹军庆的另一个动作和意象:“向影子射击。”它是曹军庆一个小说的题目。看不见的影子跟看不见的蛛丝一样可以作为一种具有普遍意义的精神意象。我们假想向“影子”射击,能不能也向哈韦尔的“蜘蛛”射击呢?“影子”可以是“蜘蛛”更是孤独,是社会通行又心照不宣的潜规则,是某种人生的幻影或现实的倒影,是内心挥之不去的创伤与恐惧,是看不见的对手或敌人;而“射击”是孩童的戏仿,是平庸生活与现实束缚之下的逃离与想象,是身心遭遇刺激和危险时的本能反应和主观抵抗,也是对所有现实幽暗的审视和批判。影子是内外一切引人注意又难以琢磨的客观存在,射击是主体的回应姿态或苍凉手势。曹军庆文字的触须深入到时代社会、人心人性的肌理和骨髓,让我们看到广阔复杂的时代内容以及人

---

① [捷克]瓦茨拉夫·哈韦尔:《给胡萨克博士的公开信》,崔卫平译,《黄河》1998年第6期。

的现实处境与精神状况。

日复一日的生活有多么平庸无趣，内心就有多少冲决和逃离。当人对自我的处境或残酷的现实感到不满、失望甚至绝望的时候，逃离是最本能的选择和最普遍的冲动，并越来越成为人生的常态和社会性心理。“向影子射击”就像一个孩子无聊时的游戏，也是成人对现实生活不满而去寻找刺激和出口。出轨与偷情，抢劫与被抢劫，没来由的破坏欲和受虐倾向，似乎都是要在死水微澜的生活中整出点动静。《什么时候去武汉》中“我”突然莫名其妙对朋友刘不宗充满仇恨，于是想勾引他的老婆张玉欣“搞他一下”。没想到张玉欣默认了“我”对她的暗恋。什么时候去武汉变成了通奸者的秘密约定和对日常生活的抽离，但又一再被延宕和破坏，武汉也就成了平庸生活里遥不可及的想象。《血书》中的女生早孕流产事件，因为男生的血书宣言，原来被认为无耻堕落的行为得到普遍同情，升华为真正意义上的爱情。《时间的背后》中有个富商儿子的老人希望自己能碰上一回抢劫但终难如愿。《情况》中在工作和情感上都找不到存在感的刘科，只有使唤和折腾清洁工马嫂，把马嫂当作自己的“情况”，最后连马嫂都看不上他。当现实的出走逃离难以成行，只有通过精神上的想象和幻觉加以实现。《听李东生讲故事》叙写一个被老婆戴了绿帽子的男人在苍白地表露他现实的窝囊、内心的创伤以及如何通过臆想中的血性与强大来进行逃离。《有没有一只着了火的鸟儿》中不能生育的女人以天天买醉的形式逃避现实；因讨薪丧命、器官被盗割的农民工兄弟，以“还魂”的形式进入曾经渴慕的角色；跑龙套的女子因为旧时名伶的“附体”，也可以逃离平庸无奇的命运；婚姻失败的画家想通过画一幅天价的奇画来逃离黯淡无光的现实生活。就像《煤球往事》中那些充满怀旧意味的老式物件和牵引人心的火车站、铁路等意象，也无不隐喻着对当下的逃离和去远方的召唤。

逃离源于深层次的生命恐惧。恐惧是曹军庆小说的重要主题。那些童年的创伤与孤独，过往阴影的牵绊和纠缠，他人和环境带给人的深度不安，以及授人以柄、受制于人的恐慌害怕，成为如影随形的人生梦魇和社会心理。《向影子射击》中两个人相同的童年游戏，诠释出共同的孤独与怯弱。《隐形手术刀》中刘志平突然杀死朋友的妻子，只为了释放童年目睹的惊悚一幕带给自己的长久阴影。《逃亡》是杀人犯对身份暴露的恐惧，《迷失》是贩毒者对于报应的恐惧。《越狱》中过上正常生活的逃犯有对于他人报复和自我暴露的双重恐惧。《兽皮》中迷宫式的郭家宅院折射出一个人谋财害命后的持续恐惧。《恐惧》中一对好友都活在对彼此的不同恐惧里，他们的友谊因恐惧而凝结。评论家王又平认为恐惧是“魔气”的真相，女人的失忆，权力的施虐，时代的病症，都与此相关。[①] 恐惧还是《额头上的暗物质》于小强的“天眼”，《魔气》刘胜利手中的账本，《影子大厦》棺材状办公楼，《云端之上》宅男的自困一室，《落雁岛》赵氏公馆，操控着处境的安危，也把持着人性的软肋。有人恐惧便可挟持，于是便有了各种恐惧的制造与逃避。人们常常既生活在有来由的恐惧中，也生活在无来由的恐惧中。恐惧恶性循环，就像影子一样无所不在，也便有了各种方式的“向影子射击”。恐惧或许是这个时代最本质的特征。

曾几何时，安全感成为人们最大的精神需求和心理焦虑。就像一个解不开的难题或悖论，物质越发达精神越空虚，社会越发展人越没有安全感。资本和权力事实上影响着也改变着我们的社会结构与人际关系，带来了巨大的资源分配和贫富分化的问题。那些看得见和看不见的安全问题，就像土地的荒漠、空气的雾霾一样日益寻常又无处不在，不断刺激和冲击着我们敏感脆弱的心理防线。土地、空气、水、食物、药品、化学剂，每一样都铺开巨大的网，以一种日常方式悄然侵蚀着我们的生活和生命。《工厂村》是一座化工厂对一个村子从水源、土地、植物、动物到人的身心的全方位毁灭。《向影子射击》中富人选择吸食人乳，而奶娘的儿子只能喝毒奶粉成了大头娃娃。《云端之上》中宅男宁愿自己诺亚方舟般地保存种子、种植蔬菜。《林楚雄今天死在马鞍山》中在化工厂上班得了肾癌的女人，给蔬菜使用农药的菜农，还有那个最终可能出炉的马鞍山配方，简直是人类未来生活的噩梦。这些体现了作家对于环境问题的持续思考和忧心忡忡，并引发出对于社会人文环境和科技环境的反思。生态环境的恶化加剧了人的不安全感和人际间的不信任，形成社会互害模式，也加剧了贫富分化和阶层固化，其根底在于我们的社会生态。商业资本的运作，消费主义的盛行，人的自私逐利本能被大大激发，反过来又加剧环境恶化。失德被忽略，造假被鼓励，恶行被默许。现代科技跟人工智能如同巨大的双刃剑，带给人的是机遇还是挑战，是惊喜还是噩梦，是进步还是自戕，需要时刻提请警省，尤其不能被别有用心的人所利用和反噬。

“向影子射击”每每让我想到鲁迅的“无物之阵”，无论我们的现实处境还是精神状况，都让人感到深长的忧患和普遍的不安。那些危机和暗疾、对手或敌人，到处都在又化为无形。我们看到了各种现实或心灵的影子，我们举起了手中的玩具枪或枪形的手指射击。可是多么悲哀无力，那只是影子和手势，我们也不可能射出一颗子弹。我们所有的逃离与冲决、恐惧与反抗不过是更普遍深切地感受到现实的荒诞与

---

① 王又平：《魔气·跋》，《魔气》，长江文艺出版社 2014 年版。

人生的虚无。于是"向影子射击"变成了一种形而上的精神姿态和价值理念,在怯弱中审判,在荒诞中救赎,在怀疑中笃信,在灰暗中趋光,在最诚实的虚构中抵达真实,在一切的不能中寻找可能。由此,我们看到曹军庆小说温暖积极的精神底色。他以有难度的自我设置不断实现在叙事能力和精神高度上的突破,他以现实人心的一个个切片和证言来把握时代的精神内核,探索人性的复杂真相,他以最丰富的叙事想象和最有力的现实洞穿来表达对这个世界所有真实性的渴望和人文性的关怀。

(载《小说评论》2020年第3期)

主要作品目录《

长篇小说

《魔气》,长江文艺出版社2014年版。

《影子大厦》,安徽文艺出版社2017年版。

中短篇小说集

《雨水》,中国文联出版社2007年版。

《越狱》,长江文艺出版社2011年版。

《24小说》,长江文艺出版社2012年版。

《向影子射击》,天津人民出版社2018年版。

中短篇小说

《邮票的故事》,《芒种》1987年第5期。

《森林中》,《当代小说》1987年第8期。

《忧郁》,《清明》1990年第1期。

《时间的背后》,《安徽文学》2001年第1期。

《血书》,《作品》2001年第8期。

《隐形手术刀》,《芳草》2001年第12期。

《谁在敲门》,《厦门文学》2002年第3期。

《恐惧》,《鸭绿江》2002年第4期。

《什么时候去武汉》,《长江文艺》2003 年第 9 期。
《逃亡》,《青年文学》2003 年第 11 期。
《地下室》,《安徽文学》2004 年第 4 期。
《兽皮》,《长江文艺》2004 年第 7 期。
《雨水》,《上海文学》2004 年第 4 期。
《暖冬》,《山东文学》2005 年第 4 期。
《迷失》,《上海文学》2005 年第 5 期。
《风筝》,《佛山文艺》2006 年第 1 期。
《预言》,《天涯》2006 年第 1 期。
《杀人者》,《长江文艺》2006 年第 8 期。
《大雪纷飞》,《芳草》2007 年第 4 期。
《桃花墓地》,《鸭绿江》2007 年第 6S 期。
《弥留之际》,《长江文艺》2007 年第 6 期。
《冬泳的人》,《芳草》2008 年第 4 期。
《贵人》,《中国作家》2008 年第 24 期。
《越狱》,《长江文艺》2008 年第 12 期。
《去南方》,《福建文学》2009 年第 1 期。
《救济之夜》,《长江文艺》2009 年第 8 期。
《猪喜剧》,《长江文艺》2010 年第 3 期。
《临时逃离》,《红岩》2011 年第 6 期。
《精神》,《芳草》2012 年第 1 期。
《工厂村》,《北京文学》2012 年第 3 期。
《有房子的女人》,《长江文艺》2012 年第 7 期。
《花工》,《广州文艺》2012 年第 9 期。
《滴血一剑》,《长江文艺》2013 年第 4 期。
《从前的校花》,《作品》2013 年第 12 期。
《请你去钓鱼》,《文学港》2014 年第 1 期。
《我们的来历》,《清明》2014 年第 1 期。
《请温先生喝茶》,《天涯》2014 年第 2 期。
《隐私之隐》,《北京文学》2014 年第 9 期。
《和平之夜》,《广西文学》2014 年第 9 期。

《下水面馆》,《长江文艺》2014年第11期。

《漂泊》,《山花》2014年第11期。

《听李冬生讲故事》,《十月》2015年第1期。

《我们曾经山盟海誓》,《作家》2015年第2期。

《额上的暗物质》,《作家》2015年第7期。

《月亮的颜色》,《花城》2015年第3期。

《云端之上》,《长江文艺》2015年第11期。

《风水宝地》,《天涯》2015年第6期。

《时光证言》,《十月》2015年第6期。

《胆小如鼠的那个人》,《江南》2016年第2期.

《落雁岛》,《十月》2016年第4期。

《煤球往事》,《滇池》2016年第6期。

《一桩时过境迁的强奸案》,《山花》2016年第16期。

《声名狼藉的秋天》,《长江文艺》2016年第11期。

《向影子射击》,《作家》2016年第12期。

《我和小丹在一起》,《江南》2017年第4期。

《林楚雄今天死在马鞍山》,《花城》2017年第6期。

《老鼠尾》,《长江文艺》2017年第12期。

《装在蛇皮袋子里的手稿》,《作家》2018年第2期。

曹文轩

男，1954 年生，江苏盐城人。

小　引《

我跟曹文轩很熟,但读他的作品不多,倒不是因为懒,而是自认自己的主业观照的对象是成人的文学,对儿童文学作家朋友的作品,就未能兼顾,不是非要写篇评论文章不可,平时往往疏于阅读。除了这一层原因外,我对把某作家叫儿童文学作家这个说法,始终有一种莫名其妙的怀疑,总疑心是有人挖的一个陷阱,要构陷某些人和某些作品。好端端的文学,一摊上“儿童”二字,似乎就降了等级,矮了辈分,牵连到这文学的作者,也要另眼相看。我自认热爱儿童、不歧视儿童文学,也认为文学没有年龄性别之分,所以就没有这等的势利眼,平日里对我身边的儿童文学作家,如徐鲁、董宏猷等,待之以友,尊重有加,对曹文轩这样的兼搞学问和创作的两栖作家,或曰靠教书吃饭的作家,则在尊重之外,还有一重同道的亲切感。

一个偶然的机会,曹文轩送我一本他写的长篇小说《红瓦》,翻读之下,竟不能释怀。心想,这不是照着我写的吗?林冰初中毕业那年暑假,眼角长了一个疖子,我初中毕业的那年暑假,也是因为腿上长了一个疖子而推迟了到高中报到的时间。我要去的高中是黄冈高中,现在很有名。连这细节都一样,这就奇了。又转念一想,这原本就是我们这一代人的事,只不过有些许的时间错位罢了。听说曹文轩此前还有一部非常有名的《草房子》,是写小学生活的,就赶紧从图书馆借来补读。读完之后,我竟有好长一段时间,不能从我的中小学时代的回忆中走出来。就想起路遥的《平凡的世界》,孙少平读中学的年龄与林冰相仿,也是在那个被称作“文化革命”的动乱年代,有过类似的人生经历和情感经历。又把这两位作家这些作品的接受情况,作了一番比较。我曾带学生对《平凡的世界》的阅读情况作过调查,发现高校学生尤其是来自农村的学生,无论文理,也无论贫富,许多人床头都放有一套《平凡的世界》,问其缘故,多数都说与自己的经历相似。曹文轩的《草房子》和《红瓦》虽然也印过数百次,发行达千万之数,但在成年的大学生读者中,却没有这样的阅读效应,更不用说参评国内某个文学大奖的遭遇了。私意以为,这样的差别,显然与儿童文学的命名有关。就又想起王朔的《动物凶猛》、余华的《在细雨中呼喊》和苏童的《河岸》《黄雀记》等，这些，都是以少年为主角的小说，或载入文学史，或得了某奖，都没有因主人公是少年而另眼看待。我倒不是要为《草房子》和《红瓦》抱不平、赚吆喝，曹文轩已得了国际大奖，这些作品的价值自不用说，何况曹文轩也不在乎他的文学史地位，“没有关于文学史地位的焦虑”，但作为一个文学问题，我觉得这件事还得要掰扯几句。

儿童据说是在五四时期发现的，此前在中国人眼里，儿童不是成人的附属品，就是缩小了的成人。说是附属品，是把儿童当了如同“道具牲畜”一样的东西，说是缩小了的成人，是说儿童不过是成人的复制品，是微缩的成人。前者是把儿童不当人，后者是把儿童不当成一个具有独立人格的人。把儿童不当人，是说儿童无须像成人一样得到理解，受到尊重；把儿童不当成一个具有独立人格的人，是说无须顾及儿童的想法和要求，“小孩子家的事，不用管它”，只管照着成人的意思做去就是，总之是无视儿童的存在。五四思想启蒙，倡言人的发现，儿童便是这发现的成果之一。受西方先贤如卢梭等人的影响，儿童也成了与成人完全平等的人，也有自己独立的人格和意志、欲望和诉求，于是就产生了满足儿童的精神文化需要的文学创作。最先发现儿童的周作人便把这创作叫作“儿童的文学”，据说这便是现代中国儿童文学命名的由来。在周作人心目中，这样的“儿童的文学”，应该是以儿童为本位的文学，是依了儿童内外两方面的生活需要，恰如其分地供给他，使他的生活得到满足和丰富的文学。要做到这一点，从事这创作的作家自然要设身处地地为儿童着想，要站在儿童的立场，了解儿童的想法，尊重儿童的意愿，写出属于儿童的言语和行动、感情和思想。当然也可以站在儿童身外去描写儿童的生活状况，但不论怎么写，都不能把成人的意愿和想法强加于儿童，不能老想着去教训儿童，也不能尽按着成人的模式去描写儿童的生活。这样的“儿童的文学”自然与成人的文学无高下轩轾之分，用那时候的话说，都是人的文学，说夸张点，都是大写的人的文学。

不知从什么时候起，这样的“儿童的文学”就变了味儿。由儿童本位的文学变成了成人本位的文学，成人把他们的想法和要求强加于儿童，按照自己的理想模式塑造儿童的形象，描写儿童的生活。儿童又成了成人手中的道具，成了按成人的模型浇灌出来的铸件。也许是成人文学的味儿先变了，由人的文学变成了工具的文学，由大写的人的文学，变成了小写的人的文学，连带着儿童的文学也难保它的原汁原味儿。成人的文学既由人的文学降为工具的文学，由大写的人的文学降为小写的人的文学，儿童的文学自然也跟着降等，连带着儿童文学作家的等级也不免下降，虽然没人敢明面儿上这么讲，但潜意识深处却不免有这样的想法。普通读者怎么想，我不知道，但我知道，在一些批评家看文学的青瞳中，却常常要对儿童文学另加一道无形的白边。

儿童，今天在我们这个社会，是得到了格外多的照顾，儿童文学也有专门的委员会管着。对儿童的照顾，不能光顾着让他们吃饱穿暖，还要关心他们的精神人格的成长。对儿童文学的关心，同样也是如此。不能光顾着让孩子“傻乐”，还要关心儿童文学的精神文化内涵。这精神文化内涵，在曹文轩看来，就是儿童文学的人性和审美，或曰人本位和文学性。他说，“儿童文学乃至文学，其功能是为人类提供良好的人性基础。”这话在今天听起来，似乎有点陈旧，也有那么一点不合时宜，曹文轩因而常常被人视为疏离了主流，甚至还有一点叛逆。但他所坚守的，正是五四时期人的发现的真理。正是在这个意义上，曹文轩的创作打通了成人的文学和儿童的文学，在成人和儿童之间找到了人性这个共同点，因而在他的作品中，我们读到的是人，是人性的真与善与美，而不是大人或小孩，成人或儿童。也正是在这个意义上，曹文轩说，“好的文学艺术品，没有特别专门的对象”，也是真理。

自　述《

边界与无疆

先说说我创作中的变与不变的问题。

我的所有作品，无论从外表看上去它们有多大的差异，但从根本上来讲，都是建立在我所体悟到的那些基本面之上的。文学要不要变法？当然要，但它的变法应当是在基本面之上的变法。任何一种被命名的事物，都有它的基本性质，我们只能在承认它的基本性质之后，才能谈变。我常喜欢拿普通事物来喻理。比如，我说椅子：什么叫椅子呢——也就是说，椅子的基本性质是什么呢？定义是：一种可供我们安放屁股的物体叫椅子。这就是“椅子性”。如果，这个物体不具有这个功能，那么它也就不是椅子了。事实上，椅子也一直在变法，我们能说得清楚，这个世界上一共有多少种椅子吗？四条腿的，三条腿的，两条腿的，一条腿的，没有腿的；还有，古今中外，有多少种材质又有多少种风格的椅子呢？但变的不是性质——再变，也不能变成剑，一把剑，是不能当椅子的。不信，你坐上去试试！

既是文学，就有文学性。基于这样一个朴素的理解，我在变法。在写了《草房子》《青铜葵花》之类的作品之后，我写了幻想类作品《大王书》，和之前我的作品相比，这部多卷本的长篇小说真的很不一样。从前，我写的大多是烟村茅屋、小桥流水、细树矮篱式的作品，有点温婉，有点小调。但《大王书》看上去颇有点气势，荒漠大川，天上地下，场面宏大，情节跌宕，是一种浪漫性的叙述。但从追求美感、倾向悲悯、着重人物、喜欢风景、留心细节等方面相比，我还是觉得它们都是我的文字，是在同一美学平台上的把戏。事实上，我在写任何一部作品时，都有顽强的突破和革新的欲望。

我对文学的理解和界定，显然是非主流的，也不是流行的。几十年来，我对文学的“伺候”，一直是按我的文学理路来进行的。因为我自认为我对文学的感受，是有文学史的背景的，它们来自于我对经典作品的体悟。我坚持认为文学是有基本面的，这个基本面从有文学的那一天开始就存在了，它是文学的天道。我更相信20世纪上半叶的文学家们对文学的理解。后来世道变了，“逆反”成了一种时尚，一种深刻的标志，凡已有的一切都是一定要颠覆的。如同布鲁姆在《西方正典》中所说的那样，现在要做的一件事情就是让那些已经死去的欧洲白色男性统统退场。因为，这些男性代表了从前的文学史，他们是西方文学的道统。文学的标准被人为地、强制性地改变了。

我经常在问一个问题：如果将那两个日本人——川端康成和大江健三郎生活的年代颠倒一下，让大江去川端的年代写大江式的作品，让川端降到大江的时代写川端式的作品，这两个日本人还会获得诺贝尔文学奖吗？我想，这个问题傻子都知道答案。那么，现在的文学依了新的标准，到底是合理的呢还是不合理的呢？回答这个问题很困难，但我们可以采用一个最简单的办法，那就是发问：那些彻底驱逐了审美价值的作品，那些极度夸张了人性之恶而将人性之善完全否定了的作品，那些阴森森的、只有无边无际绝望的作品，如果没有它们，我们的生活会不会更好一些呢？其实，我所持有的并不是什么文学的理想，而只是坚持文学的原旨罢了。我只想我的文字能让人对人性多少有点儿信心，对生活多少有点儿希望，对灵魂多少能有点儿触动，我不想让我的文字火上浇油、落井下石、釜底抽薪、心里添堵。如果一个作家的作品不能使人过得更美好、更像人，你即使说到天上、说出花来，我也不能接受你那深刻的一套。

谈到儿童文学乃至成人文学，我说我们的文学面临着“古典性的缺失”。“古典性”怎么理解？

首先，我们要明确一点，文学与其他东西不一样，我们不可以将它置入进化论的范畴里来论。文学艺术没有经历一个昨天的比前天的好，而今天的又比昨天的好的过程。文学的标准就在那儿，在《诗经》里，在《楚辞》里，在汉赋唐诗宋词元曲里，在《红楼梦》里，在鲁迅、沈从文的作品里，当然也在但丁、莎士比亚、托尔斯泰、契诃夫的作品里，千年暗河，清流潺潺，一脉相承。如果将文学置入进化论的范畴里论，那么，我们就会得出这样一个见解：今天的一个英国剧作家写的作品必须要比莎士比亚写得好——莎士比亚在那么久远的年代就将作品写得那么好了，你，一个今天的英国剧作家，生活在多少年以后的现代，难道还不应该比莎士比亚写得好吗？若没有比莎士比亚写得好，你还写它干什么？你该干其他事情去了，扫马路去，或者送快递去。可是，文学史所显示出来的是这样的景观吗？不是一峰更比一峰高，而是一座一座同样的高峰矗立在不同的时空里。当世界万物都在受进化法则的制约时，唯独文学是不在进化论范畴之中的，这就是文学的奇妙之处。古典没有因为今天而矮出我们的视野，而且我们还看到，文学的今天是与文学的昨天连接在一起的，是不可分开的，一旦分开，下游的河床就会干涸，五谷歉收，饥荒就来了。我们没有感到饥荒的临近吗？

古典的特质究竟是什么？大概是很难说得清楚的。“庄严”，大概算是一项吧？即使《西游记》《唐吉诃德》，诙谐之下也还是庄严。当下文学，是在快乐至上的语境中进行的，是反庄严的，谁庄严谁就是假正经、伪君子。文化的痞子性、无赖性、没正经，已渐趋渐浓。还有，就是它的“雅致”。小说虽然出自市井，但传统小说的主要倾向还是趋雅的。“雅”是古典的最为丰厚的遗产，但当代文学将这笔遗产放弃了。再一项就是它的“意境”——我说的是中国的古典。我总觉得，中国古典的一个个美学范畴，都是令人肃然起敬的。“意境”与西方确定的那个“深刻”，似乎还不太一样，是两个不同的境界。

我坚持文学是有基本面的。文学有文学的边界，就像权力有权力的边界，国家有国家的边界。边界是神圣不可侵犯的。人类数百年、数千年的战争，差不多都与边界纷争有关。古罗马有一种令人尊敬的职业，就是测量土地，确定边界。我们都还记得卡夫卡的《城堡》里那个土地测量员。他在测量城堡的边界，村庄的边界。“土地测量员”是一个具有象征意义的形象。儿童文学与成人文学一样，既是文学就必有文学性——恒定不变的品质。我将会永远提醒自己：要时刻明确文学的边界。守住边界，才能使你走向世界，从今天走向明天。这就是至高无上的辩证法。

访 谈《

“我没有关于文学史地位的焦虑”

——曹文轩访谈录

刘欣玥 曹文轩

一、文学梦与故乡本事

刘欣玥:曹老师好,非常谢谢您能抽空接受我的采访。这次访谈我想先回到文学“起念”的时刻。在您最初对文学萌生兴趣的道路上,作为小学校长的父亲似乎扮演了很重要的角色。父亲擅长讲故事,父亲办公室里的图书柜也给您开辟了最早的阅读天地。家教的熏陶看似水到渠成,但细想起来,文学之路的选择又很不寻常。在您的家里,还有您成长的年代和环境里,一个农村孩子的“文学梦”是被鼓励的吗?您是从什么时候立志要成为一个写作者的?

曹文轩:当时选择文学,是出于无奈,是出于一个极其实际的目的:离开农村。那时的农村与现在的农村完全不是一个概念。现在的农村,一个小伙子在地里干活干得不耐烦了,甚至连他手中的锄头都懒得拿回家,随手将它往地里一扔,拍拍手上的尘土,走了,去城里,到一家饭店刷碗洗盘子,或者是谋一份送外卖的活计,再不就去建筑工地上。也许他永远也做不成城里人,但养活自己并在城里耍着,看着城里的风景,还是可以的。但那时的农村是什么样呢?你生在农村,就只能在农村,生在此,长在此,也一定终结在此。城市是属于这个世界上另一些人的,这些人生来就是城里人,而你生来就是农村人,天生注定,别无选择。你能做的就是在这里死心塌地地活着。但我不死心。我是一个也许天生就有理想的人,天生就不会安于现状的人,天生就有奇思怪想的人。我要离开那个广阔但却绝对使人感到气闷压抑的地方,去外面,去一个无边无际的世界。但我毫无办法,我找不到出走的路径。就在这样的情形中,我选择了文学。也许它可以帮助我,助我一臂之力。我几乎将全部的希望寄托在了文学上。当然,我对文学也有兴趣。这份兴趣,是由父亲的两柜子书培养的。几部中国古典名著,一套鲁迅作品单行本,还有就是苏联的儿童文学作品和中国当时的儿童文学作品。这些书完成了我的文学启蒙。没有想到过要当作家，当然更没有想到当著名的作家。那时，也没有这些概念，那个时代是反成名成家的，成了“名”、成了“家”的日子都很不好过。对伺候文学的人没有好脸色，但对文学却还是高看的。不管怎么说，文学后来确实帮到了我。我一直在感谢我自己——感谢我当年那么智慧的选择。

有两个人必须要说——没有他们，也就没有我的文学生涯，也就没有我的文学事业。一是我的父亲。他是一名乡村知识分子。他的说理能力无人企及。我从他身上看到了理的力量。这种力量大到——用我母亲的话说——大到能将死人说活，能将打谷场上的石磙说得自己竖立起来。这地方上发生什么纠纷或争斗，最后往往都是在我父亲的出场斡旋和调解之后得以化解的。人跟理走——这是我父亲的坚定信念。“人不跟理走，不如吃屎。”这是我父亲的原话。而我以为，我父亲的说事能力更加令人着迷。他无论走到哪儿，永远是人群的中心。人们都愿意听他说故事。因他特别能说事，当地人故称他为小说家。我的童年是在他的故事中度过的。后来我写小说，也就是说事，说故事。一天二十四小时，世界只要是运动的，就一定有故事发生。故事永在。小说就是冲这些故事而产生的。父亲的说事能力影响了我。而那些故事，也有很多直接成了我小说的千里难寻的材料。二是我的文学启蒙老师李有干先生。那时他是县文化馆的馆员。1957年，他被打成了“右派”，主要就是因为他的小说。如果不是时代的原因，他应该是中国一位重要的作家——我说的是那种能够进入文学史的作家。他曾是丁玲担任所长的文学讲习所的学员。身为“右派”，他自己已不宜再进行文学创作了，但他可以帮助他人进行文学创作。他开始从县城走到乡下，为那些乡村从事业余创作的年轻人进行辅导。他经常会住到我家中，和我一起商量着写什么。我写完之后，他就对我的作品进行修改。他能将我的作品修改到几乎再也看不到我自己的文字。但，他却无私地将作品的署名权永远给予我，让我赶紧出名。他既是我的恩师，也是我的恩人。我懂文学，是从他这里开始的。他几乎没有对我说过任何文学道理，但我从他对我作品的修改中，知道了几本书都写不完的文学道理。

刘欣玥：每个文学少年的成长都无法脱离他所置身的时代气候和特殊制度。您是因为“文章写得好”而逐渐走向文学的。我记得您曾在访谈中说过，浩然的作品在您的文学写作中起到了奠基性的作用。在一条旨在培养“工农兵作家”的成长路径里，你似乎一直是那个备受青睐的“被选择者”，最后却成了一个似乎偏离航向甚至渐行渐远的作家。您如何看待那一段经历？日后写作气质上的疏离与“背叛”里，是否含有更复杂的情愫？你公开发表的第一篇作品《紧弦》，这个名字听起来充满了革命时代的气息，现在还记得里面写了什么吗？

曹文轩：任何人都是时代的产物，这些人看上去在政治上、伦理上、哲学上可能有很大差别，甚至是不共戴天的两极，是敌人。但却是这个时代，让他们成为这样的两极的。这是一种奇特的生活效应。和我一起走过那个时代的人，成千上万，但后来我走了我的道路，我看上去与很多人都不一样，比如我的文学观——我的文学观就是我的文学观，估计没有多少作家会认同我的文学观。我不光是作家，我还是研究作家的人。我看得很清楚，绝大部分中国作家所持有的文学观与我有很大的差别，甚至有天壤之别。造成这样的差异，其原因相当复杂，是很难说得清楚的。是个人性格使然？是个人生长的小环境使然？是某些偶然因素使然？是知识的来源不一样造成的？我们虽然是处在同一个时代，但，我们个人的经历不一样——对，就是因为个人的经历不一样，在很大程度上导致了同一时代的人却持有不同的政治主张，不同的文学观。个人经历中任何一次非同寻常的安排，都有可能导致后来的巨大差异。从某种意义上说，造物主的命运安排所造成的结果，要远远大于时代的影响力。

我想到了我的大学生活。那时的北大，绝非是现在的北大。没有错，它是一所大学，但这个大学是不让人读书的。这匪夷所思。但就是这样。那个时候的中国，是每时每刻都在这个世界上创造不同生存景观、生活景观、人文景观、政治生态景观的国家。世界没有这个能力、没有这个智商能够理解这个怪诞的国家。我是一个从农村来的孩子。我的所有观念都很朴素，朴素到像我家门前一棵苦楝树。我的想法很幼稚：我到这里来是读书的。我的这个想法一旦变成语言，便立即遭到了无数多疑目光的质疑。我很快陷入孤立无援的状态。那是一种很可怕的状态。我不停地被谈话，被大大小小的会议点名、不点名地批评。我在无边无际的困惑之中。后来，我们到北京南郊的一个叫西枣林的地方开荒种地、盖房子去了。树林里有个帐篷。这就是我们的图书馆。那里面摆放的书都是马恩列斯毛的哲学著作、政治学著作、政治经济学著作以及与这些著作相关的著作。从那时起，我开始了我的哲学阅读史，一读就是十五年。《反杜林论》《自然辩证法》《哲学笔记》以及《路德维希·费尔巴哈和德国古典哲学的终结》等，我都做过笔记。后来，进行了二次革命。二次解放后的中国开始了改革开放的过程。我开始从柏拉图、亚里士多德那儿，一路读下来，直读到波普尔、拉卡托斯等人的科学哲学。这十五年的哲学阅读史，对我的文学观的形成以及它在创作过程中所发生的作用是巨大的。哪怕今天写的只有几千字的绘本，可能都与那份阅读史有关。而这份阅读史恰恰是那个我们无论是谁都绝不愿再回去的时代馈赠于我的。这是存在辩证法。

从这个意义上说，我们依然是时代的产物。一个时代会产生顺应时代的人物，也一定会产生反时代的人物。我呢？疏离者？叛逆者？看看那些作品也许就知道。我大概不是一个激烈得与时代决裂并与其决然对立的人物，但也绝不是那个时代教化出来而毫无个性的产物。我走的可能是一条看上去与谁都不相干的文学道路。我可能是一个艺术至上主义者，一个唯美主义者。其实也不尽然。看一下《天瓢》和成人版的《红瓦》以及2017年出版的《蜻蜓眼》，也许就知道了。这里不妨说一个微带花边的往事：那年不是因为人事方面的原因，《红瓦》也许就得茅盾文学奖了。如果是那样，我今天又是走在什么文学道路上呢？不过这样的假设并无意义。

说说浩然吧。对世界上的某些事情，不可以作简单判断。怎么评价浩然？许多人想到的他是一个政治符号，他是靠政治观念进行写作的作家。在这些人看来，他在文学上是没有什么可说的，文学史给他这样的位置，就已经是名不符其实了。我不这样认为。我是一个有良心的人。我们必须承认，我们那一代人的文学创作，受到了他很大的影响。他是一个影响到一代作家的作家。有些作家，从文学性的角度讲确实是了不起的作家，是真正的作家。但有趣的是，他们几乎就没有影响到任何作家。事情就是这样不可思议，浩然的文学成就我们尽可以怀疑，但他就是影响到了那个时代的一批作家，而且他们中间还有后来的文学大家。这种奇妙的效果是怎么发生的呢？我们回到他的文本上来，就会发现，那些充满意识形态色彩的作品，却处处有文学，肖像描写、风景描写、心理描写、细节描写、故事编织、结构设计，应有尽有。对于那些公式化、概念化的书写，我们很厌烦，可是，他的作品就这样教会了我们怎么去刻画一个人物，怎么去推动情节运行。

像那个时期的所有文学作品一样，《紧弦》也是一个不是从生活出发，而是从概念出发的作品。但它已经显示了我日后进行真正的文学创作所需要的构思能力。

刘欣玥：您在多篇创作谈里都讲到了"童年的苦难"，比如苏北故乡的贫穷，劳动的酷烈，以及饥饿深入骨髓的经历，它们共同构成了您童年的底色。可否再具体地谈谈儿时经历的苦难？在这种"苦难"里，如何生发出讲故事的动力？"苦难"又是如何进入您最初的文学幻想的？对于一个孩子来说，这些记忆可以算得上是沉重的。但在以故乡记忆为原型的"油麻地"故事里，更多的是诗意、崇高和悲悯，这中间的转换是如何实现的？

曹文轩：是，别人总是在那里谈幽默、快乐，而我却更喜欢谈悲剧和苦难，有点格格不入。“幽默”这个概念是后来引进的。但这并不意味着过去的中国人就没有幽默。中国文学中有没有幽默？这是不言自明的事情。《红楼梦》《水浒传》《西游记》等，都有幽默。但我要在这里说：低级的幽默是产生庸俗的温床。也可反过来说，低级的幽默是庸俗的一种必然形式。所以说，你不能不看到在幽默名义之下的庸俗。这几年对幽默对快乐的强调，更是一浪高过一浪。我却更愿意讲一个与之对立的话题：文学更应有悲剧意识。我反对一个定义：儿童文学是给孩子带来快乐的文学。我专门写文章批评过这个观点。我说，这个定义应该修改为：儿童文学是给孩子带来快感的文学。快感包括喜剧快感和悲剧快感。我们在强调幽默、强调快乐的时候，别忘记一个事实：文学史——其中包括儿童文学史，它们实际上将大部分篇幅交给了悲剧性的作品。那些经常被我们挂在嘴边、被我们所津津乐道的经典，它们大部分是悲剧性的。安徒生的作品基本上属于悲剧范畴。让我们发笑、快乐的作品在他的全部作品中所占的比例并不大。在这里我不想举例，因为这是一个不争的事实。至于说成人文学，情况就格外清楚了。除了塞万提斯等少数几个喜剧性的作家，那些被我们称之为大师的作家，他们差不多都是写悲剧性的作品。尽管我们在理论上一直也给了喜剧很高的位置。我们在谈莎士比亚的时候，在比较他的戏剧作品的时候，我们从来也没有认为他的《哈姆雷特》就比他的《威尼斯商人》价值高。但我们在确定他在文学史上的位置的时候，首先想到的大概还是他的悲剧性作品，是这些悲剧性作品给我们塑造了一个深刻的伟大的戏剧家的形象。我们没有在理论上厚此薄彼，但我们在实际判断上，还是对悲剧性作品有所倾斜的。悲剧留给我们的东西可能要更长久一些，更深远一些，也更深透一些。

说今天的孩子很苦，很不幸，文学应该制造欢乐，于是就一个劲地幽默、快乐，一个劲地去制造喜剧性快感，怕是一个缺乏论证的论断。某重要人物在谈到儿童进剧场看戏时也是一副体贴入微的样子，说：要让孩子们高高兴兴走进去，喜喜欢欢走出来。我说，这是傻乐。儿童文学如果过分地强调幽默，过分地强调好玩，而不提醒自己，喜剧性仅仅是它若干品质中的一个品质的话，总有一天也要堕落到傻乐的层面上。这种好玩玩久了，是要将人头玩掉的。我们可以想见，一个孩子成天地乐，没有什么悲剧感，总是欣赏那些好玩的文学作品，而没有机会去浸润悲剧的美感，这个孩子将会怎样？一个没有悲剧意识，一个没有悲剧感的人，我们会认为这是一个有质量的人格吗？人的质量——我说的是质量，是与一个人的悲剧意识紧密相连的。忧伤、忧患、悲天悯人、同情、怜悯、深沉，所有这些品质，都离不开悲剧。另外，我们需要明确起来，幽默并非总是与严肃对立的。它在一些美学家那里，是被放入悲剧范畴看待的。

至于说我的作品总爱写苦难，我要说的并不是有意为之，不是刻意的，那是我的童年遭遇决定了的。我是在高度饥饿中长大的。饥饿到极致，有一种连石头都想啃的欲望。根据遗传基因，我应当是一个高个儿，但就在长身体时却严重营养不良。一段时期我有矮人的卑微感。“小矮子”，已经成为我的称呼。好在到念高中时，强大的基因还是最后一次辉煌，使我在一个春季里又长高了一些。有太多忧伤、忧愁、悲哀、悲痛的记忆，我没有办法忘记这样的记忆，我无法做到将这一切忘却而去乐呵乐呵。但我依然看到了苦难中的诗意，甚至苦难本身就充满诗意。

刘欣玥：就像福克纳的约克纳帕塔法，或奈保尔的米格尔大街一样，“油麻地”是您迄今为止投入时间最长，也最系统完熟的“文学生产基地”。虽然油麻地处处投影着您的老家盐城的风貌，无论是水路纵横、遍地芦苇的风景，还是充满了地域特色的食物，像菱角、莲藕、咸鸭蛋和水芹菜等等，但盐城从来没有直接在您的笔下出现，仿佛油麻地也可以是任何一处苏北水乡。为什么会选择这样一种“在”而又“不在”的处理方式？

曹文轩：大概是在1996年，我在日本东京大学任教时，住在吉祥寺附近，一天，我产生了一个念头：为我的作品中的故事找到一个共同的地方。那时，我正在写《草房子》。但却总是找不到一个令我满意的地名。讲学结束后，因台湾出版了我好几部小说，《联合报》名下的联经出版社邀请我去台湾访问。那时还没有实现“三通”，访问结束后，我必须经过香港回到内地。我下榻的宾馆所在的地方叫油麻地。当我第一眼看到这个名字时，我就喜欢上了，我觉得这是冥冥之中为我早准备下的一个地名。自从有了这个地名，我觉得我写东西时有一种很踏实的感觉。我已经忘记了那是一个来自香港的地名，而是江苏苏北里下河地区的一个地名，那里就是我的故乡，而原先在盐城老家那个叫“周家伙”的地名我却将它几乎忘记了。确定一个地名，在写作上有种种好处。当然，我有时也不会受它的制约，会离开它，去另外的地方，而这些地方有可能与油麻地毫无共同之处。这全看作品的需要。《大王书》那样的作品，沙漠平川、江河湖海，场面众多而巨大，不可能建立在一个叫油麻地的小地方。我会在油麻地与一个无比广阔的空间自由游走。从本性而言，我是一个不喜欢待在一个地方的人。

二、乡土写作的传统与变奏

刘欣玥：假如抛开儿童文学的维度，今天我们或许会将您视作一位乡土作家。

您的确很早就强调过自己的“乡村情结”，认为乡村固定了您的文学话语，将自己定位为大城市中“乡情脉脉的边缘人”，直言不讳自己永远是一个农村人、农民之子——换句话说，您是在城乡对照的逻辑里阐释自己的乡村立场的，讨论您的乡土身份，或许无法绕开城市对您的影响。如果我们将去北大念书视为您“进城”的起点，这种身份归属感有没有在您的城乡际遇中发生过动摇？您的早期作品其实也涉及了城市书写，在《头顶，一片星空》里，也出现过年轻人面对城乡阶层分立的身份焦虑。进城、还乡、再次进城的路线图里，是否可以说您的“农村人”身份和乡村写作意识，是在“进城”之后才更加笃定的？

曹文轩：文学与故乡是一个永恒的话题。从表面上看，我早已经离开故乡了——离开故乡四十多年了。但实际上，我并没有走出我的故乡。我曾说过：一个人永远也走不出他的童年。这句话也可说成：一个人永远也走不出他的故乡。你日后无论走出去多远，其实你都在家乡巨大的影子之下。不管怎么说，童年、故乡，是写作的最重要也最宝贵的资源。鲁迅写了那么多作品，但故乡永远是他取之不尽用之不竭的写作资源。他深知这份资源对他写作的意义。《故乡》《社戏》《祝福》《孔乙己》等小说以及大量散文，都是写故乡的，而一些看似与故乡无关的作品，其实，背后还是故乡。鲁迅与故乡，是一个永恒的话题。故乡于我而言，是我文学创作的立足之地。如果说我的写作是成功的，那就是我从一开始就意识到故乡的意义，将故乡看作我写作的资源。如果说我的作品是中国文学的一份独特的风景，那是因为我的故乡是独特的。

是，没有错，对乡村的认识、乡村成为我写作的资源、乡村成为我美学的发源地，就是因为有了“他者”——城市。但也会有一天，城市会成为我重要的写作资源。我在等待这一天。

刘欣玥：每个作家在找到自己明确的写作园地和美学风格之前，都会经过长短不一的摸索期。我注意到在您20世纪80年代发表、出版的作品里，乡村的面孔和您的立场其实是驳杂的。早期的《网》《癖》等作品承接的是鲁迅先生开辟的批判和启蒙传统，但到了90年代，您的乡土书写开始更倾向人性人情，田园牧歌般的美学追求，出现了更多沈从文式反现代的思考。为什么会发生从鲁迅传统向沈从文、汪曾祺传统的乡土写作的转变？这与您在现实生活中的经历有什么关系吗？

曹文轩：在没有看到我之前写的《网》《癖》《天瓢》等作品之前，我说我受到鲁迅的影响，大概不会有人同意的。实际上，即使我没有写此类的作品，我也要说我受到了鲁迅的影响，而且这种影响是十分深刻的。打个比方，一棵树受到太阳的照耀而长成了大树——我们谁都清楚地知道，没有太阳的照耀，根本就不可能有这个大树的成长，但我们可以从树的身上看到太阳吗？我们甚至连太阳的痕迹都无法发现。后来的作品为什么看上去与鲁迅的作品很远，而与沈从文的作品很近，是因为我总是从儿童的视角去写作品——一个孩子的眼中，只有沈从文的景观，而难以有鲁迅的景观。鲁迅、沈从文都是乡土写作，不一样的乡土写作。

对于我而言，如此写乡土是自然而然的事情。我生在水边，长在水边。那是中国大地上无边无际的水网地区。我的空间里到处流淌着水，《草房子》《青铜葵花》以及我的其他作品大多因水而生。2016年8月的一个晚上，在新西兰的奥克兰皇后码头，我在一个超大的宴会厅里参加了国际安徒生奖颁奖仪式，我的获奖演说结束后，七百人全体起立，掌声持续很久。而那篇演讲词，就是我很早之前的一篇文章，叫《水边的文字屋》。“我家住在一条大河边上”——这是我最喜欢的情景，我竟然在作品中不止一次地写过这个迷人的句子。那时，我就进入了水的世界。一条大河，一条烟雨蒙蒙的大河，在飘动着。水流汩汩，我的笔下也在水流汩汩。

水是流动的。你看着它，会有一种生命感。那时的河流，在你的眼中是大地上枝枝杈杈的血脉，流水之音，就是你在深夜之时所听到的脉搏之声。河流给人一种生气与神气，你会从河流这里得到启示。流动在形态上也是让人感到愉悦的。这种形态应是其他许多事物或行为的形态，比如写作——写作时我常要想到水——水流动的样子，文字是水，小说是河，文字在流动，那时的感觉是一种非常惬意的感觉。还有，水是干净的。造物主造水，我想就是让它来净化这个世界的。水边人家是干净的，水边之人是干净的，我总在想，一个缺水的地方，是很难干净的。只要有了水，你没法不干净，因为你面对水时如果再肮脏，就会感到不安，甚至会感到羞耻。春水、夏水、秋水、冬水，一年四季，水都是干净的。我之所以不肯将肮脏之意象、肮脏之辞藻、肮脏之境界带进我的作品，可能与水在冥冥之中对我的影响有关。我的作品有一种“洁癖”。

再其次，是水的弹性。我想，这个世界上再也没有比水更具弹性的事物了。遇圆则圆，遇方则方，它是最容易被塑造的。水是一种很有修养的事物。我的处世方式与美学态度里，肯定都有水的影子。水的渗透力，也是世界任何一种物质不可比拟的。风与微尘能通过细小的空隙，而水则能通过更为细小的空隙。如果一个物体连水都无法渗透的话，那么它就是天衣无缝了。水之细，对我写小说很有启发。小说要的就是这种无孔不入的细劲儿。水也是我小说的一个永恒的题材与主题。对水，我一辈子心存感激。

作为生命，在我理解，原本应该是水的构成。我已经习惯了这样湿润的空间。现如今，我虽然生活在都市，但那个空间却永恒地留存在了我的记忆中。每当我开始写作，我的幻觉就立即被激活：或波光粼粼，或流水淙淙，一片水光。水养育着我的灵魂，也养育着我的文字。我必须在这样的情景中写作，一旦这样的情景不再，我就成了一条岸上的鱼。

刘欣玥：接续上两个问题，您是当代文学风景书写坚定的倡导者，在文学课堂上很推崇柄谷行人的“风景的发现”之说。有趣的是，我在您的乡村书写里也看到了一个“风景的重新发现”的过程：早期作品中的风景描写其实没有那么多，更多时候充当背景与渲染功能，不具备非常明确的美学自觉，后来才逐渐出现具有主体性的、扮演了叙事的有机成分的风景书写——但其中依然保留了少年的清新和拙朴。您笔下的风景从自然书写到成一家之言，经历了一个怎样的变化过程？

曹文轩：毫无疑问，我是一个酷爱写风景的作家，像我这样将风景描写推到显赫位置的作家不多。我并不认为风景的发现是很后来的事情。中国古代诗人早已经将风景写遍了，对风景意义的理解，几乎没有再给我们留下需要我们思考的话题，他们几乎说掉了一切，包括柄谷行人所说的那些意思。实际上，我们后来连篇累牍的关于风景意义的理解，也只不过是先人们关于风景意义的延展而已。我们并无什么新的发现。柄谷行人的“发现”有点为理论而理论，他的学说面临的一大反例就是中国汪洋大海般的古典诗词曲赋，自然也包括他的故乡日本的俳句。在我看来风景描写是一件自然而然的事情。小说在写人，但人在环境之中——社会环境、自然环境。离开环境，这个人能够得到合理的书写吗？现代主义将工业化对风景的践踏、挤压夸大了。太阳还在，月亮还在，大海的潮起潮涌没有变化。关于风景的意义，我在我的《小说门》里有专门一章，这里就不再重复了。我倒要提及一篇短小的文章，那篇文章是评我的《根鸟》的，说到这样一个意思：风景描写是小说创作中最难的部分。

刘欣玥：在您的所有作品中，《红瓦》和《草房子》是我个人偏爱的两部，也将它们视作您的写作历程中极为重要的分水岭。尤其是《红瓦》，作为“文革”时期另类的青春叙事可以与《动物凶猛》构成历史对读，我认为其文学成就并不亚于久负盛名的《草房子》，但一直以来我们的讨论是不充分的。在这两部作品中，您前所未见地大面积启用了自己在小学、中学的成长回忆，从自传性写作的角度看，其实可以将它们视作彼此连贯的整体。相比于很多人将亲身经历写作作为文学创作的第一步，您为什么在写作了十几年以后才突然决定回归自我，深度开掘自己的成长矿藏？

曹文轩：在《草房子》和《红瓦》之前，我已经写了不少作品。这期间我一直在惦记着它们。我的写作总是这样：一部作品从“起念”到完成，都会经历很长时间的酝酿。不是十月怀胎，而是十年怀胎。动手却总是很快，真有点“一朝分娩”的迅捷。迟迟不动手写它们，还有一个重要的原因：我觉得我还没有足够的力量去动用这些弥足珍贵的素材，我必须将笔练到火候。因为这毕竟是动用我整块的生活资源。我知道这些资源的价值，我必须珍藏着。这就像你拥有一块上等的、奇缺的、树种已濒临灭绝的木料，不可以轻易将它制作成家具，必须将手艺练到家才能开始制作。我是依靠个人经验写作的人。我不缺想象力，但我知道记忆力对于一个作家而言，更加宝贵。最近我讲得比较多的一个话题就是想象力和记忆力。我看到一些年轻写手，都不再从写实开始练起，一出手就是上天入地、装神弄鬼。我是担忧的。我们何时用想象力的维度去评价过托尔斯泰和鲁迅呢？对从前的记忆，对当下的记忆，才是更重要的。对于我而言，回忆从前的经历、从前的故事，让它们从记忆的黑暗深处浮出，接它们来到这个世界，才是我最想做的，也是我最擅长做的。

三、时代浪潮中的为与不为

刘欣玥：许多人都注意到了您对文学主潮的疏离甚至反叛姿态，这或许是为什么研究者们虽然不满足于只在儿童文学的领域里谈论您这样重要的作家，但似乎又不容易在现有的当代文学史框架里找到您的位置。这种吊诡，可能也暴露了文学史书写自身的问题。您说过自己的性格里天生有叛逆的因素，这样的性格是否也影响了您的文学选择？在文学观念与精神资源上，您似乎更亲近于现代文学和西方现代主义兴起以前的文学，而与自己置身其中的当代文学现场始终有意拉开距离。您具有文学史研究者和作家的双重身份，会如何在当代文学中界定自己，又如何看待文学弄潮者们这种“入史”的追求与焦虑？

曹文轩：追求不朽，这是人的天性和基本欲望之一。靠琢磨一个个单词而破解人性真相的米兰·昆德拉，就曾用“不朽”为题写过一部长篇。我是人，一个还没有修行到佛界的人，自然也会受这一欲望的摆布。但我还算是一个有理性的人，一个看得比较开的人。我在意荣誉，包括青史留名，但我知道，这不是最聪明的人——最聪明的人，不会将这些看得至高无上。在最聪明的人眼里、心里，还有其他更值得迷恋的东西，比如专心致志地去做自己想做的事情，比如让自己有一个悠闲的心态好无牵无挂地凝望天空一朵云。生命匆匆，最值得做的事情肯定不是惦记着文学史。我是一个较为难以定位的作家。我说过，我写了孩子也能读的作品，我不太考虑我的作品的阅读对象究竟为何人。我在写作期间，考虑得最多的还是文学性、艺术性。

我知道，我的这种写作心态会一直维持到底。我没有关于文学史地位的焦虑。虽然不说风轻云淡，但可以说，我从不为这种个人无法掌控的事情纠结。写作，不是对文学史负责，而是对自己的灵魂负责，对自己的美学初心负责。

刘欣玥：任何的文学观念都不会是无源之水，正如任何的写作者都无法活在其自身时代的真空之中。您对自己诗性、庄重、纯美的古典文学追求有过非常系统详尽的阐释，而我始终好奇能否为这种观念的形成觅得一个现实的起点，您的文学观念里的核心因素，包括文学性、审美性和人性，恰恰是20世纪80年代初的“美学热”、人道主义论和19世纪浪漫主义思潮所强调的。现在回过头去看，这股潮流，是否曾对您造成了影响？

曹文轩：谢谢你提到浪漫主义。今天没有人再会提及浪漫主义。这是一个叙事时代，而不是抒情时代。所以浪漫主义已成为我们烟云缭绕的回忆，因为浪漫主义的主要特征就是抒情。而我对浪漫主义始终有着热情，总会从内心深处接纳它。我喜欢那样一种微微脱离尘世的状态，喜欢它的诗性——它和诗只是文类上的区别，我喜欢那样一种不落俗套的忧伤。我知道，当我在写《草房子》《青铜葵花》这样的作品时，骨子里的浪漫主义情愫总在发生作用。我的有些作品，比如《大王书》《根鸟》以及许多短篇，大概很难说得清楚它们究竟是现实主义的还是浪漫主义的。管它呢，心里愿意怎么写就怎么写吧。至于说它们是现实主义的还是浪漫主义的，无所谓。

刘欣玥：接续上一个问题，非常有意思的是，这种看起来孕育于20世纪80年代初期的文学信念，要等到您在90年代末以后才逐渐成熟、明确而集中地在小说内外输出。但那时文学的出版、制度、生产机制已截然不同，商业化与市场化成为无可回避的文学现实。《草房子》《青铜葵花》等众多作品创下的长销纪录，毫无疑问让我们看到了您在图书市场和商业上的成功。记得您曾说过，在创作《天瓢》的时候，一方面确信自己是会为了纯粹的文学性写作，但潜意识里也受到了商业观念的影响，希望它能够赚更多的钱。对您而言，如何维持这种文学与商业的平衡，它们之间是否存在清晰的边界？

曹文轩：我没有想过这个问题。我的文学观的核心部分，没有因时代的变化而变化。我说过，我的文学观来自文学史，来自我对文学经典的阅读，所以我会坚信。但我与那些标榜“我不在乎有没有读者”的作家不一样——我一直觉得这样标榜有点虚伪，你既然说你不是为他人写的，你是为自己写的，为什么要拿出来发表？可以锁在你自己的抽屉里嘛！我是很在乎读者的，我希望我的作品能有很多读者，多多益善。好作品就一定读者少，甚至就没有读者，这个结论是一个虚假的结论，是那些无望获得读者的作家为自己找的一个心灵安慰。《草房子》各种版本已经500次印刷，晚8年出版的《青铜葵花》也已经300次印刷。我的其他作品都有很大的发行量。我写它们自然会考虑它们的发行量，但这并不是我的优先考虑。写作的日子里，只想着我要写一部地地道道的小说，别无其他念头。当然，我也很愿意看到它们在商业化的语境中如鱼得水。

刘欣玥：《蜻蜓眼》是您获得国际安徒生奖后出版的长篇新作。写的依然是您擅长的成长主题，但在我看来，"历史"才是最大的主角，《蜻蜓眼》中令人印象最深刻的则是法国女子奥莎妮一家在非常时代的遭遇。您向来很少正面处理这种宏大题材，这些新的尝试，尤其是国际性视野中的人性书写，是否是一种有意的调整？您曾说《蜻蜓眼》是一个在心里珍藏了几十年的故事，对您个人具有特殊的意义？

曹文轩：是。这个故事价值连城，不是谁都能获得的。我得到它，也许是天意。这个故事，是一个可以走得很远的故事。明年英文版由英国沃克出版公司出版，全球上市。它无疑是我创作中一部十分重要的作品。其实，我还出版了另外三部规模稍微小一些的长篇，它们分别是《穿堂风》《蝙蝠香》《萤王》。这些作品与《草房子》《青铜葵花》等相比，有很大的变化，但细看，它们还是属于同一文学家族。

评　论《

曹文轩乡土美学的生成

——围绕"油麻地"文学世界的考察

刘欣玥

1997年12月与1998年4月，曹文轩在相隔不到半年的时间内接连出版了两部具有浓郁自传色彩的长篇小说《草房子》与《红瓦》，很快引发了文坛的热烈反响。曹文轩在这两部作品中前所未有地大量调动了自己的童年、少年回忆，分别讲述了小男孩桑桑与少年林冰在油麻地小学、油麻地中学的成长遭遇。两部小说主人公的成长阶段前后衔接，几乎可以视作浑融一体的成长叙事，共同对曹文轩酝酿已久的"古典美学"进行了一次集中、成熟的展演。颇为引人注目的是，《草房子》与《红瓦》的故事背景都发生在一个名为“油麻地”的苏北乡镇——这是“油麻地”首次在曹文轩正式出版的作品中登场，也推开了日后其笔下蔚为大观的“油麻地”文学世界的大门。[①]作者在访谈中坦言：“自从有了这个地名，我觉得我写东西时有一种很踏实的感觉。”正是以“油麻地”的诞生为标识，曹文轩为自己的乡土叙事找到了一个坚实、弥久的生产原点，也为自己“背对时代”的审美宣言找到了丰饶的实践阵地——“油麻地”在作家创作体系中衍生的潜力，早在两部作品问世后不久即被评论者敏锐地捕捉到，“像福克纳写约克纳帕塔法，马尔克斯写马贡多，莫言写高密东北乡，文轩也为我们虚构了一个油麻地”。[②]

以家乡为地理坐标，构建具有独特地域风情与文化传统的“纸上故乡”，这一写作策略在20世纪80年代以来的当代小说中屡见不鲜。无论是林斤澜的“矮凳桥”，贾平凹的“商州”，莫言的“高密东北乡”，还是苏童的“枫杨树乡”和“香椿树街”，对于以学者身份从事中国当代文学研究的曹文轩而言都并不陌生。但事实上，寻找“油麻地”这个名字乃至创作路径的过程，却用去了比作家本人的想象更为漫长的时间。在“油麻地”诞生之前，或者更准确地说，在《草房子》《红瓦》这两部成名作宣告作家找到自己的核心文学园地之前，曹文轩起始于20世纪80年代初期的创作历程，实际上曾走过一段不短的摸索与试验阶段。但今天的曹文轩研究更侧重于90年代以来的作品研读及创作分析，作家在80年代未成熟的写作事实以及“新时期”文学对其创作、思想与美学立场造成的潜在影响，在很多时候遭到了遮蔽或隔绝。

重新发现与整理“油麻地”文学世界的意义或许在于，能够沿着一条相对清晰的写作脉络，对曹文轩的创作进行某种全局性、历史化的考察。借用柄谷行人在谈论日本现代文学的起源时对我们的提醒，现代文学一旦确立了自身，其“起源”便被忘却。[③] 那么或许也可以说，随着《草房子》开启的“油麻地叙事”的经典化及其在图书市场的连年长销，人们已经习惯于将纯美、高贵、孩童视角下的乡村世界视作曹文轩写作风格的经典标签，继而忽视或忘记了“油麻地”自身的“起源”，以及这一“起源”背后作家的精神内面，与具体的政治、历史、文艺思潮乃至文学传统的纠缠与张力。换句话说，“油麻地”并非曹文轩笔下不言自明的天然世界，以《追随永恒》和《永远的

---

① 《红瓦》的出版时间晚于《草房子》，但创作时间其实早于后者。根据两部作品的落款显示，《红瓦》1993年5月18日动笔于东京，上部初稿完成于1994年1月28日，下部完成于1994年9月21日；《草房子》则是1997年10月18日完成于北京。

② 赵祖谟：《油麻地的歌——〈草房子〉〈红瓦〉浅释》，《小说评论》1999年第6期。

③ [日]柄谷行人：《日本现代文学的起源》，赵京华译，生活·读书·新知三联书店1980年版。

古典》两篇后记[①]为旗的审美理想，也不是世纪末文坛横空出世的无源之水。如果能将"油麻地"作为切口，或许可以从文学地理学和写作发生学的角度，更细致地辨析曹文轩的乡土叙事及所谓的"古典美学"的源头何在，进而为一直呈现出游离于当代文学主流之外状态的曹文轩，寻找更为隐秘、微妙的文学史结合点。

一、寻觅"油麻地"

1954年1月，曹文轩出生于江苏省盐城县一个叫周家伙[②]的小村庄里。在1974年被选拔进入北京大学图书馆系(后转入中文系)读书之前，曹文轩人生的前二十年都在苏北农村度过。这段较为封闭、纯粹的成长背景，造就了"一个地地道道的农村孩子"，也奠定了乡村主题在曹文轩写作中的绝对分量。"在我的全部作品中，写乡村生活的占绝大部分。即使那些非乡村生活的作品，其文章背后也总有一股无形的乡村之气在飘动游荡。"[③]在曹文轩七八十年代之交开始发表的作品中，由村庄、沟河水汊、芦苇荡、桥等景象组成的苏北水乡已具雏形。曹文轩曾经给小说中的地理空间取过各式各样的名字，如"白水荡大队"(《苦衷》，1981)，"响水湾"(《葫芦儿》，1983；《没有角的牛》，1983)，"小豆庄"(《山羊不吃天堂草》，1991)，"乌雀镇"(《渔翁》，1994)等等，但更多时候，独特的地域性与乡土气息，只是通过"苏北水乡""这片土地""这个村子""这地方上"之类的表述笼统交代。

在《草房子》诞生以前，作家早已萌生了为自己的故乡寻找统一命名的念头，为的是可以打造一片人性人情的试验田，"将各式人等都归置这一方小小的天地之间，看其面相，窥其内心"。"很多年前，我就有要将故事发生地统统集中在一个地方上的动机，但却一直苦于找不到我所喜欢的地名，为此我还通过有关部门查找了好几个县的乡村地名，都没有找到很理想的。"油麻地原本是香港的一个地名，其进入曹文轩小说世界的契机纯属偶然，却又不乏作家"踏破铁鞋无觅处"的良苦用心：1996年，曹文轩完成了在日本东京大学的任教任务，受邀从东京飞赴台湾参加活动。从台北返回北京时须经香港转机，而曹文轩在香港下榻的宾馆恰巧位于油麻地。"那

---

① 《追随永恒》是《草房子》的代跋，《永远的古典》是《红瓦》的代后记，后者由发表于《小说评论》1997年第6期的《无限的可能性》一文修改而成。曹文轩在这两篇文章中以学理化的语言系统阐明自己的艺术观念，被后来的批评家与研究者反复引用。根据胡少卿的观察，《永远的古典》"是曹文轩第一次公开亮出'古典主义'的旗帜。后来的许多批评家将曹文轩归之于'新古典主义'，其源头大概在《红瓦》的作者'代后记'"。胡少卿：《曹文轩小说三个隐秘的影响源》，《创作评谭》2017年第1期。

② 根据作家本人的介绍，"周家伙"是故乡的旧称，现为盐城县秦南镇龙港村。

③ 曹文轩：《乡村情结》，《追随永恒》，北京大学出版社1998年版，第64页。

个地名好像已存在若干岁月了，而它的存在就是为了等我有朝一日出现在它的面前。我一下子就认出了它来，它就是我要找的故事发生地。”①

继《草房子》与《红瓦》引起轰动后，曹文轩在新世纪迎来了创作生命中最重要的一段“井喷期”，“油麻地”也开始反复出现在他的笔下，作为核心意象，支撑起作家日渐完熟的美学范式。其第三次隆重登场，是在用十几场奇雨还原水乡生命与欲望的长篇小说《天瓢》(2005)中。随着曹文轩实现从儿童文学向成人题材的越界，《草房子》《红瓦》与《天瓢》也自然连缀成贯穿了童年、青少年与成年世界的“油麻地三部曲”。与此同时，作家始终在积极打造一个以油麻地镇为中心，由若干小村庄环绕而成的“油麻地体系”。② 如《细米》(2003)中的“稻香渡”，《青铜葵花》(2005)中的“大麦地”，以及后来的《小尾巴》(2014)中的“田家湾”等等，皆被有意识地安置在离“油麻地”不远的地方。随着人物的日常流动，油麻地镇的身影依然时不时地出现在这些小说中：“油麻地是一个大镇子，有轮船码头。城市来的知青从县城坐轮船到油麻地，随即就按男女编队分往油麻地周围的若干个村子。”③“方圆数十里，就油麻地镇有一家照相馆。刘瘸子除了在镇上坐等顾客外，一年里头，会抽出十天半月的时间在油麻地周围的村子走动。”④文本中的“油麻地”以唯美、悠远、丰盛的面貌，逐渐取代了位于盐城西部的褪色的“周家伙”，成为曹文轩念兹在兹的故乡。这也是在明确的美学诉求主导下，记忆与想象共同参与重构苏北水乡的过程。“我已经忘记了那是一个来自香港的地名，而是江苏苏北里下河地区的一个地名，那里就是我的故乡。”⑤理解这一方文学天地自身的建构性并不困难，但值得进一步追问的是，应当如何在文学起念、发生的意义上理解苏北水乡的地理文化对曹文轩写作的影响？

“油麻地”的原型是曹文轩生长于斯的苏北农村，但由于相似的水乡风光、人文韵调与水汽氤氲的日常烟火气，人们不时会将其地理坐标误认为是江南。⑥ 有必要澄清“油麻地”的苏北属性，因为曹文轩对苦难书写的偏爱与之密切相关。迄今为止，苏北与江南都不是有着明确划界的行政建构。在文学领域，它们更多时候是由

---

① 《曹文轩凭什么成为国际安徒生奖中国第一人?》微信公众号“新华一城书集”2016年4月5日推送文章。

② 其他出现了“油麻地”的小说还包括《甜橙树》(2002)、《我的儿子皮卡》系列(2009)、《丁丁当当》(2013)、《穿堂风》(2017)等。

③ 曹文轩:《细米》,天天出版社2012年版,第1页。

④ 曹文轩:《青铜葵花》,天天出版社2011年版,第78页。

⑤ 曹文轩、刘欣玥:《“我没有文学史地位的焦虑”:曹文轩访谈录》。

⑥ 比如陈晓明的《中国当代文学主潮》中就出现过类似的混淆:“曹文轩的少年成长小说多写他的家乡江南水乡的生活。”(《中国当代文学主潮》,北京大学出版社2009年版,第518页)天天出版社出版的《曹文轩说故事》也曾出现过“他生长于江南水乡,故乡婉转澄净的水色、温柔倔强的水韵成为流淌在他作品中的血脉烙印”这样的介绍语。

特殊的经济结构、人文传统与历史语境的变迁造成的富有象征意味的地理想象。“苏北不是一个客观的地方，而是代表一种对一个特定地区的地理、文化、语言和经济同质性的信念。而且，苏北同质性的信念本身是在历史过程中被建构的。”[①]可以确定的是，有别于江南的苏北曾凭借漕运在历史上繁华一时，却在19世纪中期因运河废弃与黄河改道失去了交通与商贸的关键地位，从此由盛转衰。曹文轩的家乡盐城所属的里下河地区，低洼多涝，常年受到洪灾、饥荒和战乱的影响，“随着水利失修，灾害连年，日益衰落。在解放前的近百年中，苏北人民悲惨的处境形成了至今还存在于一般人们印象中贫穷落后的面貌”。[②] 如果说江南象征着富庶与风雅，那么苏北则因为近代以来的历史变迁而成为穷乡僻壤的代名词，无论其内部是否驳杂多彩。正如曹文轩回忆童年故乡时所说的那样，“我的家乡苏北，是以穷而出名。我的家一直是在物质的窘迫中一日一日地度过的，贫穷的记忆极深刻。”[③]作为切身体验与文学想象结合的产物，典型的苏北小镇“油麻地”最令人瞩目的，并非如诗如梦的田园风景，而是其穷愁潦倒的底色，以及种种与饥荒、灾害有关的苦难回忆。对于此类苦难的艺术化表达，也以不同的方式扎根在曹文轩的乡土书写中。

因此，许多关于“油麻地”的故事，都含有苏北地区苦难的影子：比如《山羊不吃天堂草》《红瓦》《青铜葵花》中对饥饿年代渴望食物的书写，又比如包括风灾、蝗灾、饥荒与洪涝灾害给乡村带来的破坏。形形色色的历史性、想象性的苦难，让曹文轩笔下的孩子常常处于惹人怜悯的匮乏状态中。童年遭遇的刻骨铭心的饥饿，曹文轩曾在小说内外反复提及。比如在《红瓦》中，作家借助自传性主人公林冰之口生动地回忆道：“饥饿，是我18岁之前的重要记忆之一。”“它是一种到了极限时见石头都想啃的欲望。它能使人失去志气与尊严，从而使人变得猥琐，在心头笼上挥之不去的羞耻……饥饿像鬼影跟踪着人，撵着人。我巴望太阳早点沉没，让夜的黑暗早点遮住那些望见世界的渴望的眼睛，也遮住——干脆说扼死——饥饿的欲望。”[④]对人物形象塑造而言，比饥饿本更为值得捕捉的，是物质匮乏的童年，饥饿造成的营养不良，身体发育迟缓导致的少年心灵的过分敏感、自卑、羞耻乃至忧郁。“常常仰视，使我有一种自卑感。”[⑤]出于对儿时身材矮小、衣不遮体等记忆的耿耿于怀，被称呼为“小矮子”“公丫头”的童年阴影，一直没能在作家成年后的创作中被彻底驱散。这或

① [美]韩起澜：《苏北人在上海，1850—1980》，上海古籍出版社2004年版，第19页。

② 费孝通：《行行重行行：中国城乡及区域发展调查》(上)，群言出版社2014年版，第72页。

③ 曹文轩：《童年》，《追随永恒》，北京大学出版社1998年版，第61页。

④ 曹文轩：《红瓦》，十月文艺出版社1998年版，第125—126页。

⑤ 曹文轩：《童年》，《追随永恒》，北京大学出版社1998年版，第62页。

许可以解释为什么曹文轩的小说里总会出现身体存在残疾或缺陷的儿童,比如个子矮小的林冰(《红瓦》),病态尿床的明子与残疾的紫薇(《山羊不吃天堂草》),秃顶的秃鹤(《草房子》),哑巴哑牛、青铜(《哑牛》《青铜葵花》),口吃的杜元潮(《天瓢》),傻子兄弟(《丁丁当当》),患有梦游症的村哥儿(《蝙蝠香》),等等,他们伴随着残缺感的成长与深刻的心灵孤独,皆是不同程度的苦难的化身。

曹文轩对于这些从“油麻地”里生长出来的匮乏者的关注与悲悯,可以视作回忆苏北故乡时的自我投射,但这仅仅是其文学“起念”的一半。另一半,则是通过幻想和艺术性的腾空,实现对于苦难的疗愈和超越。事实上,“油麻地”文学世界始终保有一种向上的魅力,这正来自曹文轩对苦难诗学的经营。匮乏的年代可能使人走向阴暗、消沉与仇恨,但在曹文轩这里,苦难岁月与文学的相遇,直接推开了想象力的启蒙之门,并为他的创作带来了受用一生的韧性与精神世界的飞扬:“苦难给了我幻想的翅膀。我用幻想去弥补我的缺憾和空白,用幻想去编织明天的花环,用幻想去安慰自己,壮大自己,发达自己。苦难给了我透彻的人生经验,并给我的性格注进了坚韧。”[①]无论对于曹文轩还是其笔下处于成长阶段的孩童而言,艺术与知识,既是非常现实的改变贫穷落后命运的选择,也是抚平忧郁,从苦痛中寻找到诗意与美,并最终超越苦难的途径。或许正因为如此,“油麻地”故事的中心总是设置在小学、中学校园之中,作为美学趣味展示的文艺汇演常常扮演推动情节发展的纽带。作为落后乡村的“油麻地”对于读书和艺术的强调,始终闪烁着曹文轩对智性、诗意与精神向度的倚赖与信任。可以说,曹文轩苦难诗学的内核,正在于用艺术缓释乃至升华童年现实生活的苦涩,也因此调剂了苏北农村生活的黯淡与贫瘠。

2016年至2018年,在曹文轩获得国际安徒生奖后出版的新作《蜻蜓眼》(2016)、《穿堂风》(2017)、《蝙蝠香》(2017)、《萤王》(2018)里,苏北水乡依旧占据着无可取代的地位,“油麻地”的名字也再次出现在了《穿堂风》中。除了延续作家水洗的美学谱系,对于孤独、困苦的成长的诚实守望,其本身也构成了一个从“油麻地”走向世界以及更宽广的天地的隐喻。事实上,正如作家在访谈中所说的,“我会在油麻地与一个无比广阔的空间自由游走。从本性而言,我是一个不喜欢待在一个地方的人。”我们需要看到作家对于“油麻地”的经营,最终是为了走出“油麻地”,或者更准确地说,是为了让小小的“油麻地”走向更辽阔的世界,成为作家无须言明的、随身携带的美学理想与精神底色。

---

① 曹文轩:《童年》,《追随永恒》,北京大学出版社1998年版,第63页。

二、乡土变奏与美学转向

20世纪中国文学拥有丰厚而又绵长的乡土写作根脉，以鲁迅为代表的启蒙视角，以沈从文为代表的反现代的田园牧歌的归依，被建构为百年来并行不悖的两大传统。曹文轩自80年代步入文坛后的乡村书写，以早期的《网》《癖》《暮色笼罩的祠堂》等作品为代表，更多地流露出对乡村的愚昧、自私与落后传统的批判。比如发表于1983年的《网》，以自由经济放开后村民试图通过结网捕鱼谋利发家的失败，讽刺了农村人的自私、目光短浅与相互算计。《暮色笼罩的祠堂》中返乡与儿时玩伴重逢的悲哀心境，则处处可见鲁迅《故乡》的影子。直到90年代后期以“油麻地体系”的出现为成熟标志，《草房子》《红瓦》《细米》《青铜葵花》这些更为人们熟知的作品才转向对诗意、温情、淳朴的农耕文明家园的维护。胡少卿认为，曹文轩对乡土的态度呈现出从“鲁迅化”向“沈从文化”的前后转变，的确在不同程度上浸润、受惠于这两股源流。[①] 但是，比指认出曹文轩笔下乡土形象的嬗变更重要的，或许是发现这种变化背后的情感、思想根源与历史理由。

反观曹文轩本人从乡村到城市的经历：70年代第一次离开盐城乡村，只身来到北京读书，从此在这座真正意义上的大城市扎根。其间经历的无措与不适感，也在作品中留下了真实的痕迹。[②] 在《头顶，一片星空》(1986)、《山羊不吃天堂草》(1991)等作品里，曹文轩曾通过农村青少年“进城”后遭遇的物质与精神苦闷，触碰过阶层焦虑和城乡身份撕裂的问题。无法发自内心地拥抱冷漠的城市文明，促使曹文轩一再回望故乡，寻找曾被自己忽视的宝藏。在《草房子》《红瓦》出版后，找到了“油麻地”的曹文轩明显褪去了曾经夹在城乡之间的迷茫，日益向乡村乌托邦、牧歌情调靠拢。除了情感的倾斜，曹文轩也曾数次强调，他对于乡土的迷恋，本质上是一种有别于思想认知的美学选择，是为了彰显其自成体系的美学趣味与美学立场。“我希望不要从认识论的角度来看待这一问题。从美学的角度来看，似乎更合我的心意。我对农村的迷恋，更多的是一种美学上的迷恋。”[③]可以与之相呼应的事实是，在抵达“油麻地”这个理想的故事发生地之前，这趟旨在“必也正乎名”的寻找之旅，同样见

---

① 胡少卿：《珍重现世人生的情意——曹文轩小说论》，《南方文坛》2017年第4期。

② 曹文轩曾在《乡村情结》一文中回顾自己的进城心路：“后来，我进了城市，并且是真正的大都市。然而，我无法摆脱乡村情感的追逐与纠缠。我深陷其中，很难以灵魂进入都市。我是都市中的一个乡情脉脉的边缘人。”曹文轩：《追随永恒》，北京大学出版社1998年版，第65页。

③ 引自《草房子》出版十年之际唐兵对曹文轩的访谈：《文学是不死的》，收入曹文轩：《草房子》，天天出版社2011年版，第303页。

证了曹文轩对于乡土的“美学转向”。其中，对故乡风景的重新发现与命名，在曹文轩“美学转向”中扮演着至关重要的角色——在这里，曹文轩情有独钟的“风景说”，能够为我们提供一个有效的讨论入口。

在长篇小说《细米》中，作家曾写过一个来自苏州城的女知青梅纹如何引导乡下男孩细米学习雕塑的故事。在梅纹初到乡下时，细米曾带领她潜入芦荡深处，让这个城里姑娘看见了前所未见的秘密的、壮丽的乡村景观。但作为细米的美术入门老师，梅纹又反过来引导细米重新发现、感知乡间日常生活中的美。梅纹想让细米明白，并不只有秘境、奇观才能称为“风景”，真正的美可能同样隐藏在看似不起眼的烟火细节中，关键只在于细米能否“看见”。为了灌输“美的教育”，梅纹找到的例子是砖窑上空的“湿烟”与野草燃烧释放出的“轻烟”：

> 梅纹说：“你心里在说：这烟有什么好画的？可是，你不觉得这烟很好看吗？你看它的样子，摇摇摆摆虚幻不定。说是一股烟，可它在动，在生长。你能说它没有生命吗？它先是升腾、升腾，后来就融化在了天空里……”
>
> 她放下画笔，指着那里的烟说：“你看那烟，就不一样了。人常说，一阵轻烟——那烟才叫轻呢。它没有负担，没有拖累，轻得没有一点点分量，你看它飘起来时，多轻松，好像有，又好像没有。这世上的东西，你只要仔细看，其实都不一样的，它们就是它们自己……”[①]

曹文轩借梅纹之口，赋予一缕青烟以生命和人性化的品质，践行的正是他所欣赏的画家凡高说过的话：“一个真正的艺术家与大自然是一致的……如果谁在画一棵柳树的时候，把它看作是一种有生命的东西，如果他把自己的全部注意集中在同一棵树上，一直到赋予它以某种生命的时候为止，那么他会真正画得富有生气，然后周围的事物都跟着显得有生气了。”[②]这样一堂特殊的具有审美启蒙意义的“风景课”，让少年细米重新学会了“看”——“看见”自己习以为常的乡村的精灵，也收获了普通乡下孩子无法理解的审美快感。

作为当代文学风景书写坚定的倡导者，曹文轩始终对风景参与小说精神建构的作用深信不疑。需要强调的是，这一堂特殊的“风景课”，遵循的并不是单向度的启蒙与被启蒙的关系，而是融合了城市姑娘梅纹和乡村少年细米互为主客体的感动和

---

① 曹文轩：《细米》，天天出版社2012年版，第106页。

② [荷]文森特·凡高：《亲爱的提奥》，南海出版公司2001年版，第70—71页，转引自曹文轩：《小说门》，人民文学出版社2009年版，第314—315页。

启悟。换句话说,无论是“油麻地体系”的秘境奇观还是日常之美,曹文轩都不愿在小说中错过。这种先天与教养、内在视角与外在视角、现代与前现代的风景的并置,很好地诠释了曹文轩在掌握城乡双重经验后回归乡村、打造“油麻地”的立足点。“空间距离的拉大,非但没有使原先的生活在他们的视野或记忆中远去或消失,反而使那些生活向他们节节逼近,并且变得异常明朗,昭然若揭。空间的转换,使他们获得了新的审察视角和艺术视角。”[①]曹文轩曾用来分析“流亡文学”的话,用在自己的乡土书写变奏中也同样恰切。因此可以说,无论是曹文轩从思想批判到审美观照的转变,还是“油麻地”充满乌托邦意味的风景人情,皆是空间与时间双重距离的产物。距离与静观之于曹文轩的必要性,一方面是从乡村深入城市心脏以后,对“油麻地”乡村生活的折返与艺术感受力的重新激活;另一方面,也是写作者步入中年时分,经过岁月沉淀后对自我的询问,对美学初心的清醒拥抱。

但是,“油麻地”绝非是为审美而审美的诞生物,在它为乡村天真、唯美的风景人情歌唱时,同样也隐含了对政治高压年代、都市现代逻辑与媚俗趣味的抵抗。在创作《草房子》的过程中,曹文轩曾发出过“至今,我还是个乡下人”的慨叹[②],不难令人联想到沈从文关于“乡下人”的那段著名自述:“我是个乡下人,走到任何一处照例都带了一把尺,一把秤,和普通社会总是不和。一切来到我命运中的事事物物,我有我自己的尺寸和分量,来证实生命的价值和意义。”[③]如果说沈从文在塑造其笔下自然、淳朴的湘西世界时,是以退为进,以“乡下人”之眼透视半殖民地化的大都市的堕落、扭曲与人性异化,那么就抵抗城市现代化的冲击和腐蚀而言,冲和、淡远的“油麻地”不仅是对沈氏湘西的遥相致意,同样曹文轩也以另类的“文革”书写,为其美学增添了意识形态向度的反抗姿态。

迄今为止,曹文轩最具代表性的乡土书写,几乎都选择了20个世纪六七十年代,即“文革”前后作为历史背景。《草房子》以十四岁的桑桑离开“油麻地”前最后的回眸作为序幕,时间定格在“一九六二年的八月的一个上午”。在《红瓦》里,林冰的中学时代在“文革”期间挥之不去的失学危机、“读书无用论”与混乱茫然中度过。《细米》《青铜葵花》都是以知青下放到油麻地镇周边的小村庄为契机,由此衍生出下沉的年代里人与人之间的爱与帮扶,共同度过重重创伤的成长故事。直到2016年出版的具有宏阔时空架构的长篇小说《蜻蜓眼》,作家依然为“文革”时期的苏北乡村安排

① 曹文轩:《经典作家十五讲》,中信出版社2014年版,第173页。

② 曹文轩:《乡村情结》,《追随永恒》,北京大学出版社1998年版,第64页。

③ 沈从文:《水云》,收入《沈从文文集》第10卷,花城出版社1984年版,第266页。

了浓墨重彩的一笔：奥莎妮与阿梅随宋妈来到苏北水乡老家藏身，躲过了惊心动魄的抄家与追捕。在“文革”语境下，“油麻地”首先是一座远离斗争的避难所——为了抚慰像葵花、阿梅这样在政治风浪中遭受童年创伤的孩子，宛如护佑人性与温情的最后一片净土——这未必不是以沉默的方式，对时代悲剧做出的省思与抗争。对社会历史语境的疏离、模糊乃至轻逸化，向来是研究者对曹文轩创作的一项共识，①但只有注意到“故事讲述的年代”，才能看到曹文轩赋予“油麻地”乡村的特殊时代意涵。它并未溢出作家与“文革”相重叠的成长观察，也无法真正跳脱至历史洪流之外。“乡下人”本位的标榜，用“美”实现的历史救赎，本身就是一种清洁的、有尊严的主体性的突显。

三、“80年代”未展开的可能性

在《草房子》《红瓦》出版后不久的一次访谈里，曹文轩对于两部作品引发的关注与热议作出了自己的回应：“它们证明了纯文学在已经疯狂渴望商业化的中国还是有生存空间的……我心里明白，它们是中国文学当下格局中所空缺的东西。我没有理由容忍这种空缺的继续存在。”②很显然，曹文轩将自己划入了少数者的阵营。在他的逻辑里，自己的写作是一种在纯文学日渐式微的时代“填补空白”的写作。只要对20世纪90年代的文学场稍加一瞥，就能够明白曹文轩为何会将自己安置在“边缘化”的空缺位置上：整体性话语走向崩解，文坛正遭遇市场化大潮的冲击，1993年的“人文精神大讨论”尖锐地揭露了人文精神的坍塌。当纯文学失却轰动效应后陷入低潮，取而代之以通俗化、狂欢化的欲望游戏，曹文轩却依然在为永恒、美与“感动”摇旗呐喊，仿佛一个时间的不感症者：“感动他们的，应是道义的力量、情感的力量、智慧的力量和美的力量，而这一切是永在的……我唯一要记住的是，感动人的那些东西是千古不变的，我们只不过是想看清楚它们是在什么新的方式下进行的罢了。”③以表现人性与审美作为文学的最高职责，在世纪末的文坛显然是一个格格不入的异数。但曹文轩却展现出强大的话语自信，一心一意打造自己的“油麻地”：“我另一点根深蒂固、雷打不动的认识：人类的基本人性，或基本的生存状态以及基本的审美欲望，是不变的、永恒的。”“无论谁对这样的选择提出什么疑义，我都将一如既

① “时代的、政治的因素在小说中几乎不发生作用……历史时间并没有真正地进入小说，它们仅仅是提供了一种非常抽象的、‘虚化’的背景。”胡少卿：《珍重现世人生的情意——曹文轩小说论》，《南方文坛》2017年第4期。

② 《在喧哗与骚动中创造一番宁静与肃穆的“古典”——曹文轩专访记》，收入木斋：《与中国作家对话》，京华出版社1999年版，第104页。

③ 曹文轩：《追随永恒》，收入《草房子》，江苏少年儿童出版社1997年版，第278—279页。

往地坚持。我自认为我对文学的了解是到位的，是更合文学本质的。美、情调、意境、诗化、感动、悲悯、善，所有这一切，我都将它们看成是文学不可或缺的元素。”[①]

大概从这个时候开始，既与现实题材保持距离，又对文学现场主潮“负隅顽抗”的曹文轩，开始常常被批评家和研究者描述成一个“背向时代”的人。“在中国当代文学环境的历史演变中，曹文轩的文学创作始终与中国当代文学的‘主流’写作保持某种疏离，甚至有时成为‘潮流’中的‘反对者’。”[②]这样的作家形象学描述有其合理性，却很难说没有受到作家自述的引导与局限。而真正的问题是，“潮流之外的写作者”形象，其实同样是话语阐释与知识建构的产物——当人们接纳并日益熟稔地沿用这一形象，曹文轩与其亲历的文学现场、思潮乃至文学史的关系就会被悬置起来。换句话说，人们忘了要追问作家本人的文学认知与精神结构究竟从何而来。面对这样一位仿佛始终遗世独立的“反叛者”，如果能稍微偏离“油麻地”诞生的90年代，回到80年代的文学现场——作为曹文轩创作的起步与摸索阶段，也是文学观念与审美趣味的奠基时期——或许可以找到更多作家与文学思潮积极互动的蛛丝马迹，也为我们考察曹文轩乡土美学的“源头”提供另一种思路。在某种意义上，曹文轩的文学观念内在地生长于80年代的话语系统内部，只是要等到“油麻地”故事在90年代末瓜熟蒂落，才令曹文轩的创作在真正意义上得到广泛关注与肯定。这其中颇具微妙意味的“时差”的存在，让人们很难看见曹文轩与“80年代”的隐秘关联。

细读作家的夫子自道，首先引人瞩目的，就是关于“人”的话语策略如此深入地参与构建了曹文轩的小说理论。比如上文提及的《追随永恒》一文对“人类的基本人性”的坚守，比如其对于儿童文学的著名说法——“儿童文学乃至文学，其功能是为人类提供良好的人性基础”。对于“人”的救赎，也得到了作家的强调：“小说可以写美，写梦想——即使人已物化，在他的内心深处也仍然会有一种对美的向往和对梦的呼唤。这也是基本人性，大概也正是在这一点上，人才为之人，人也才有了被救赎的可能。”[③]概而言之，以人类、人性、人情、人文为表征，频密地出现在曹文轩的笔下的“人本位”的价值取向，实则内在地接通了曾经统摄80年代的“人道主义”思潮。“在70—80年代转型期乃至整个80年代，围绕着‘人’‘人性’‘主体’等问题的人道主义表述，无疑构成了最为醒目且持续时间最长的一组话语形态。”[④]对于“人”的主体

① 曹文轩：《关于我的写作——与唐兵的对话》，收入《曹文轩论儿童文学》，海豚出版社2014年版，第94—96页。
② 徐妍：《曹文轩的文学世界》，明天出版社2018年版，第2页。
③ 《与一位古典风格的现代主义者对话——曹文轩专访录》，收入徐妍：《曹文轩的文学世界》，明天出版社2017年版，第192页。
④ 贺桂梅：《“新启蒙”知识档案：80年代中国文化研究》，北京大学出版社2010年版，第51页。

性价值的抢救与肯定，文学中“人性”修辞的回归，曾经作为对“非人化”的政治高压年代的反抗贯穿了80年代的历史舞台。正如第二章讨论的曹文轩另类的“文革书写”，作为高度凝练人性美、人情美的避难所，在人间烟火中还原并庇护人性本真的“油麻地”，其核心的支撑逻辑高度契合于“新时期”初期人道主义的回归。在这个意义上，沈从文在80年代的回潮，还有在地缘文化上离曹文轩更近的汪曾祺，其高邮日常书写在80年代受到的追捧，都与曹文轩存在相当切近的内在亲和力与精神共振。作为强调“文学只应求永恒不变之美”[①]的京派文学传统在80年代的余绪，沈从文与汪曾祺为曹文轩带来的人性展示与美学牵引，或可视为作家内嵌于“80年代”的另一例证。

在曹文轩自定的文学经典清单里，从废名、沈从文到汪曾祺谱系占据了贯穿性的重要位置，其解读也处处闪现着自身美学理想的镜像投射。[②] 温厚、蕴藉、明净，凝结诗意与情感，又语含淡淡的悲哀，曹文轩的文学风格与趣味，也的确可见典型的京派风度的影子。“在京派作家看来，淳厚、善良、美好的人性除保留在农村以外，还往往本色地体现在天真无邪的儿童身上。因此，京派小说有不少是以儿童生活为题材，表现和讴歌童真美的。”[③]或许是因为无意间走过了与京派作家相似的道路——同是背井离乡，来到北京以后才开始对童年和故乡展开回望性书写，偏爱使用孩童视角写作——这样的论述用于形容“油麻地”故事显得格外熨帖。可以说，经由80年代对沈从文和汪曾祺的阅读，“京派”的审美与人性趣味确实在曹文轩处获得了历史能量的激活。且曹文轩以儿童文学或成长小说的方式，对这一美学范式进行了去芜存菁般的洗净与提纯。但值得一提的是，将曹文轩的写作归入“儿童文学”范畴而非一般意义上的纯文学的做法，本身也在一定程度上遮蔽了这种文学传统上的亲缘关系。

因此可以说，“油麻地”文学世界，其实坐落于沈从文的湘西世界和汪曾祺的高邮的延长线上。其执着于人性之健美的想象与描摹，正如沈从文在谈到《边城》时说的，“我要表现的本是一种‘人生的形式’，一种‘优美，健康，自然而又不悖乎人性的人生形式’。”[④]从这角度看，其实我们不应将“油麻地”与福克纳的约克纳帕塔法体

---

① 京派理论家李长之语，转引自严家炎：《中国现代小说流派史（增订本）》，高等教育出版社2014年版，第193页。

② 沈从文和汪曾祺是曹文轩谈论最多、最为欣赏的中国作家。曹文轩在《经典作家十五讲》中列出的20世纪经典作家名单中包括鲁迅、郁达夫、废名、沈从文、钱钟书、汪曾祺六位。废名、沈从文与汪曾祺三章，分别冠以大标题“圈子里的美文”“回到‘婴儿状态’”和“水洗的文字”。

③ 严家炎：《中国现代小说流派史（增订本）》，高等教育出版社2014年版，第195页。

④ 沈从文：《从文小说习作选·代序》，收入《沈从文文集》第11卷，花城出版社1984年版，第45页。

系、马尔克斯的马孔多小镇，以及直接受到他们影响的莫言、苏童等人的“文学圈地”混为一谈。正如莫言的“高密东北乡”始终与黑暗、暴力与欲望挂钩，以颓废、荒诞、扭曲的生命状态象征民族历史，苏童的“南方”也选取了相似的写作逻辑，致力于讲述淫靡、阴森、衰败的国族寓言。虽然同是描写“邮票大小”的文学与精神原乡，但莫言、苏童选择对民族历史压抑的、扭曲的、丑的、恶的一面进行夸张化和欲望化的书写，恰恰是曹文轩通过“永远的古典”立场所质疑和保持距离的“现代”做法：“现代派的全部注意力都在思想的深刻性上。这种对思想深刻的无节制的追求，到了后来几乎堕落为变态。”[①]在这里，“变态”的具体所指，包括“往阴暗里去，往恶毒里去，往垃圾上去，往乱伦上去”[②]的无节制的追求深刻的“审丑”书写。在曹文轩的话语框架里，“古典”代指的是19世纪浪漫主义与现实主义传统，但与其说它是一个不证自明的概念，不如说是作为80年代中后期在文坛异军突起的现代派书写的对立面而出现的。

相较之下，“油麻地”文学世界是向上的，追求真善美的，而且比之于一味地揭露与批判，更相信在价值失范的年代里文学应当发挥引导和抚慰功能。“当这个世界日甚一日地跌入所谓的‘现代’的时候，它会反而更加看重与迷恋能给这个世界带来情感的慰藉、能在喧哗与骚动中创造一番宁静与肃穆的‘古典’。人心总是倾向于古典的。”[③]曹文轩维护文学清洁、体面的理念，无论怎么看都更接近于沈从文《看虹摘星录·后记》所说的：“不管是故事还是人生，一切都应当美一些！丑的东西虽不全是罪恶，总不能使人愉快，也无从令人由痛苦见出生命的庄严，产生那个高尚情操。”[④]根据文学史提供给我们的叙述，80年代后期，当代文学在极力追赶现代化和“走向世界”的焦虑中，逐渐向着莫言、苏童所代表的现代方向发生倾斜。而在文学史的追光没有照亮的地方，曹文轩出于对人道主义、“古典”与审美立场的信仰，并没有随着80年代此起彼伏的文学浪潮持续向前——他几乎停驻在“新时期”回暖之初的某种纯真理想里，到了20年以后的90年代末，这一“起源”已经再难被人看见。在今天看来，这样的坚守，实则代表着“80年代文学”展开的另一种可能的方向：80年代的地域书写不是没有过善美明净的时刻，但它更快地走向欲望化、迷狂化、寓言化

---

① 曹文轩：《关于我的写作——与唐兵的对话》，收入《曹文轩论儿童文学》，海豚出版社2014年版，第95页。

② 曹文轩：《维护最起码的体面》，该文为人民文学出版社《曹文轩文集》序，收入《曹文轩论儿童文学》，海豚出版社2014年版，第122页。

③ 《在喧哗与骚动中创造一番宁静与肃穆的“古典”——曹文轩专访记》，收入木斋：《与中国作家对话》，京华出版社1999年版，第109页。

④ 沈从文：《看虹摘星录·后记》，收入《沈从文文集》第11卷，湖南人民出版社2014年版，第48页。

的一端，遏抑了更光明、更健康的美的潜能。那座看似悬浮在世纪末的，如同历史不及物一般的“油麻地”，其实隐藏着复杂的、此消彼长的文学潮流变迁的轨迹，其意义也早已超出儿童文学的层面，向人们抛出了更扎实、更严肃的对于文学史的反问。

（载《小说评论》2019 年第 1 期）

主要作品目录《

长篇小说

《古老的围墙》，江苏少年儿童出版社 1985 年版。

《山羊不吃天堂草》，江苏少年儿童出版社 1991 年版。

《草房子》，江苏少年儿童出版社 1997 年版。

《红瓦》，北京十月文艺出版社 1998 年版。

《根鸟》，春风文艺出版社 1999 年版。

《细米》，上海文艺出版社 2003 年版。

《天瓢》，长江文艺出版社 2005 年版。

《青铜葵花》，江苏少年儿童出版社 2005 年版。

《红瓦黑瓦》，江苏少年儿童出版社 2005 年版。

《稻香渡》，台湾民生报社 2006 年版。

《大王书·黄琉璃》，接力出版社 2007 年版。

《大王书·红纱灯》，接力出版社 2008 年版。

《大王书》（五卷），接力出版社 2012 年版。

《漂儿》，重庆出版社 2012 年版。

《丁丁当当》（七卷），中国少年儿童出版社 2013 年版。

《小尾巴》，明天出版社 2013 年版。

《枫林渡》，明天出版社 2014 年版。

《我的儿子皮卡》（十卷），二十一世纪出版社 2014 年版。

《痞子八哥》，吉林出版集团 2014 年版。

《火印》，人民文学出版社、天天出版社 2015 年版。

《蜻蜓眼》，江苏少年儿童出版社 2016 年版。

《穿堂风》,人民文学出版社、天天出版社 2017 年版。
《蝙蝠香》,人民文学出版社、天天出版社 2017 年版。
《萤王》,人民文学出版社、天天出版社 2018 年版。

中篇小说

《没有角的牛》,少年儿童出版社 1983 年版。
《埋在雪下的小屋》,广西人民出版社 1988 年版。

小说集

《云雾中的古堡》,重庆出版社 1986 年版。
《哑牛》,少年儿童出版社 1986 年版。
《暮色笼罩的祠堂》,中国少年儿童出版社 1988 年版。
《忧郁的田园》,北京十月文艺出版社 1989 年版。
《绿色的栅栏》,教育科学出版社 1992 年版。
《红帆》,安徽教育出版社 1993 年版。
《红葫芦》,台湾民生报社 1994 年版。
《蔷薇谷》,福建少年儿童出版社 1996 年版。
《三角地》,台湾民生报社 1997 年版。
《大水》,河北教育出版社 1998 年版。
《野风车》,江苏少年儿童出版社 2005 年版。
《小河弯弯》,贵州人民出版社 2008 年版。
《狗牙雨》,江苏少年儿童出版社 2008 年版。
《秃鹤》,江苏少年儿童出版社 2008 年版。
《岩石上的王》,北京大学出版社 2009 年版。
《灰娃的高地》,明天出版社 2013 年版。
《小尾巴》,明天出版社 2013 年版。
《沉默的田野》,吉林出版集团 2014 年版。
《艾香墓》,二十一世纪出版社 2015 年版。
《黑夜是把雕刻刀》,长江文艺出版社 2018 年版。
《火焰之舞》,长江文艺出版社 2018 年版。
《远去的灵魂》,长江文艺出版社 2018 年版。

《藏在月下的谜》,长江文艺出版社 2018 年版。

散文集

《少年》,台湾民生报社 1996 年版。

《追随永恒》,北京大学出版社 1998 年版。

《与王同行》,光明日报出版社 2004 年版。

《水边的文字屋》,二十一世纪出版社 2010 年版。

学术专著

《中国八十年代文学现象研究》,北京大学出版社 1988 年版。

《第二世界——对文学艺术的哲学解释》,上海文艺出版社 1991 年版。

《思维论》,上海文艺出版社 1991 年版。

《曹文轩儿童文学论集》,二十一世纪出版社 1998 年版。

《面对微妙》,泰山出版社 1999 年版。

《20 世纪末中国文学现象研究》,北京大学出版社 2002 年版。

《小说门》,作家出版社 2002 年版。

《阅读是一种宗教》,安徽教育出版社 2011 年

《新寄小读者》,安徽少年儿童出版社 2011 年版。

《曹文轩论儿童文学》,海豚出版社 2014 年版。

图画书

《菊花娃娃》,明天出版社 2010 年版。

《一条大鱼向东游》,明天出版社 2010 年版。

《最后一只豹子》,明天出版社 2010 年版。

《篱笆院》,二十一世纪出版社 2010 年版。

《马和马》,明天出版社 2012 年版。

《发条鼠》,江苏少年儿童出版社 2012 年版。

《鸟船》,明天出版社 2012 年版。

《失踪的婷婷》(瑞典文版),BONNIER CARLSEN,2013.

《飞翔的鸟窝》,明天出版社 2013 年版。

《烟》,二十一世纪出版社 2014 年版。

《罗圈腿的小猎狗》，明天出版社 2014 年版。

《画本草房子》，长江少年儿童出版社 2014 年版。

《第八号街灯》（法文版），EDITIONS DU CENTENAIRE，2014.

《羽毛》（瑞典文版），Forlaget Hjulet，2014.

《羽毛》（丹麦文版），Forlaget Hjulet，2014.

《羽毛》（日文版），Mighty Book Co，Ltd，2015.

《远方》，人民文学出版社、天天出版社 2015 年版。

《帽子王》，人民文学出版社、天天出版社 2015 年版。

《远方》（丹麦文版），ABC Forlag，2015.

《风吹到乌镇时累了》，人民文学出版社、天天出版社 2015 年版。

《小野父子去哪儿了》，人民文学出版社、天天出版社 2015 年版。

《烟》（瑞典文版），Vombat Forlag，2015.

《瞧瞧我的花指头》，人民文学出版社、天天出版社 2015 年版。

《鸟和冰山的故事》，二十一世纪出版社 2016 年版。

文　集

《曹文轩文集》（9 卷），作家出版社 2003 年版。

《曹文轩纯美小说系列》（10 卷），江苏少年儿童出版社 2005 年版。

《曹文轩精选集》，新世界出版社 2005 年版。

《曹文轩自选集》，长江文艺出版社 2006 年版。

《曹文轩经典作品》，当代世界出版社 2006 年版。

《曹文轩名作精品集》，世界图书出版公司 2010 年版。

《曹文轩作品集美绘版》（6 卷），少年儿童出版社 2010 年版。

《曹文轩文集》（14 卷），人民文学出版社 2010 年版。

《孤独是洗礼》，安徽少年儿童出版社 2010 年版。

《曹文轩经典美文分级阅读》（12 卷），青岛出版社 2011 年版。

《曹文轩美文朗读》（8 卷），北京大学出版社 2011 年版。

《曹文轩儿童小说精粹》（5 卷），少年儿童出版社 2012 年版。

《曹文轩作品》（4 卷），明天出版社 2013 年版。

《曹文轩纯美小说配音版》（10 卷），江苏少年儿童出版社 2013 年版。

《非常典雅系列》（8 卷），青岛出版社 2014 年版。

《曹文轩典藏拼音版》(10 卷)，人民文学出版社、天天出版社 2014 年版。

《曹文轩小说精品屋》(6 卷)，中国轻工业出版社 2014 年版。

《曹文轩小说馆》(20 册)，二十一世纪出版社 2015 年版。

《曹文轩经典品读书系》(4 册)，人民邮电出版社 2015 年版。

陈丹燕

女，1958 年生于北京，祖籍广西平乐。

小　引《

在当代中国人的心目中，上海往往代表着一种世俗生活的质量和境界，至少在史无前例的“无产阶级文化大革命”及其前后的一段时间是如此。饶有意味的是，“文化大革命”及其前一段时间的“反修防修”的革命，已经把人们世俗的生活欲望“革”到了最低限度，但上海产的日常生活用品连带使用这些日常生活用品的上海人的日常生活，依旧对内地的人们产生了无法抵抗的诱惑力量。所以，那年月，能弄到一点上海产的日常生活用品，是一种骄傲，能说几句上海话，是一种资本，能有一点上海的关系，是一种身份。总之是，在一个物质匮乏同时又压抑欲望的年代，上海无形中成了人们想象和追逐世俗生活满足的一个欲望的对象。

二十多年来，中国的改革开放极大地促进了经济的发展，同时物质产品包括日常生活用品的极大丰富，又充分地满足了人们日常生活的需求。内地人已经可以轻而易举地买到正宗上海产的日常生活用品了，自家的日常生活需求得到了满足，也就无须艳羡别人的生活，所以，海派产品和它们在日常生活中的形象，捎带着连同整个上海人在内地人心目中的形象，也就渐渐地淡薄了。更何况这期间还让港人港货和粤人粤货行时了一阵，多少也抵消了一点沪上的影响，此后的一段时间，上海在内地人的日常生活中，已为粤、港两地所取代，甚者竟至于湮没无闻。直到最近一些年来的开发浦东，上海经济腾飞，重振雄风，才再次吸引了内地人的眼球，不过，这时候的上海，吸引内地人眼球的，已不再是那些琐屑平庸的日常生活和日常生活用品，而是高楼大厦、地铁磁悬浮、股票地产、金融证券、富商大贾、豪宅香车等现代经济和现代生活的标志。

这说的是现实生活，现在该轮到文学创作了。以上海为题材的文学创作，就陋见所及，当始于近代，尤其是上海开埠后各种畸变的生活形态，更吸引了喜好猎奇的文学人士的目光。于是，写上海的青楼杂花，竟成一种文学时尚。到了“五四”以后，严肃的新文学作家也写上海的平民生活，时髦的新文学写手感兴趣的，则是对上海的全新感觉，当然也有如茅盾和周而复那样的，不惮其沉重和繁复，措意于写整体的上海社会和上海的历史变迁，这已经属于今人所说的宏大叙事，与写上海日常生活的风花雪月自有轻重之别。写上海日常生活的风花雪月，要追溯其滥觞，自然还是近代的写上海的青楼杂花，但新文学既将青楼换成了弄堂棚户，将“海上花”换成了阿三阿五，于是风月场上的“狭邪”也就变成了正经的日常生活。后来的张爱玲虽然把这正经的日常生活拘于家庭纠葛和男女之情的一隅，但她笔下的细节，毕竟是写上海的日常生活的极致。也许是张爱玲的影响太大，让许多人从她的作品中，品出了上海的日常生活的滋味，所以后来的许多作家，就纷起仿效，用日常生活的细节，去编织上海的繁华和热闹，以至于有作家认定，上海的特别，就在于它的日常生活，日常生活于是也就成了上海这座城市的历史和城市的精神的集中体现。读这些作家的作品，甚而至于会给人这样的印象，仿佛上海人就会过日子，上海的历史就是由这些平常的日子构成的，尤其是最会过日子的上海女人，仿佛这座城市的精神，就是由这些最会过日子的上海女人铸造而成的。这当然不是上海真实的历史和这座城市真正的精神之所在，借一句时髦的话说，说到底，这是这些作家对上海的一种想象，或想象上海的一种方法。而这种想象的资源，又显然不是来自上海的历史和上海的日常生活本身，而是来自某些流落到海外的曾经在上海生活过的中国人的童年或青少年时代的记忆。这种记忆的背景和经验之源，毫无疑问，是半殖民时代的上海，它们以一种文化的名义出现，在召唤人们已逝去的记忆的同时，也把上海的日常生活拉回到已逝去的年代。而读者对这类作品的兴趣，又显然不是对记忆的重温，而是如前所述，由来已久的对上海世俗生活的崇拜，以及由这种日常生活的拜物教所孕育的心理情结。

关于上海和写上海，陈丹燕在本辑“自述”和我的博士生周颖菁对她的访谈中，说了许多话。我注意到她说她对上海的兴趣，开始于对自己的探索，又说去欧洲旅行，使她发生了一次身份认同的危机，这种危机引导她对上海的探索，而后发现了整个上海的身份认同的危机。我不知道陈丹燕的写作和她笔下的上海的故事是否有效地解决了这种危机，以至于实现了对自我的精神探索，但我十分赞赏她的这种危机感和自我探索的创作旨趣。因为作为一个读者，看过了张爱玲笔下的上海，包括某些海外人士笔下的文化上海，对今天某些作家笔下的上海，难免也要产生一种身份认同的危机感，而解决这种身份认同危机感的有效方法，莫过于在创作中通过对自我的精神探索，去除顽固的怀旧心理和卑下的殖民情结的双重遮蔽。

自　述《

故乡与旅途

一

我没有上小学的时候，跟随父母和两个哥哥，从北京搬来上海。我父亲是延安抗大出身的学生，我母亲是一个从伪满洲国的富裕家庭里跟姐姐出来革命的女学生。从北京搬来上海，我家庭中“红色”但并非来自乡村的背景，使得我的家庭对上海有种束之高阁的清高。加上我小时候很少朋友，所以我对上海的市井生活一直是有隔膜的。回想我在上海的生活，总有种浮在水面上的油的感受。我对城市是熟悉的，但我对它的后街生活是陌生的。但这并不意味着我与北京——我的出生地有多少亲近，16岁时的暑假我第一次回到北京，发现北京对我来说，也是有隔膜的。在我的心里，始终有种漂流的感觉，没有过真正的对地域的认同，没有归属感。32岁时我第一次到欧洲旅行，在德国、法国和奥地利，处处看到上海的影子，处处想起在上海的生活，这是我第一次睁开眼睛看我的文化背景，第一次意识到在我成长的过程中，上海作为我成长的城市起到的潜移默化的作用，第一次发现我与上海之间的某种联系。对上海的兴趣，开始于对自己的探索。在居住了三十多年以后，我这才对上海产生了兴趣和感情，或者说，我这才发现它对我精神上的意义。这种精神上的关联并不是归属感，但它比寄居者与一个城市的关系要复杂和深切，类似人与衣服之间的那种既依赖又挣脱的关系。在此以前，我还没有经历过这样错综的感情，于是我开始写我的上海系列。（非常戏剧性的，上海随着经济起飞而一跃成为引人注目的地方。我对自己的探索也被人不由分说地称为对时髦的探索。）

我是一个城市人，赞同抽水马桶是20世纪最伟大的发明，烦闷的时候会想到去闹市的百货大厦买东西，构思小说的时候愿意去一家温暖明亮的咖啡馆坐着，在邻座的谈话声中想自己的事，最感到自在。真的在天地间静听天籁的时候，我的耳朵其实因为不适而嗡嗡作响，在自然中独处时因为巨大的空寂，我一直为自己唱歌。想到城市的边缘就有飞机场、铁路和公路网，非常方便离开或者回来，心里会感觉安全。让我感到乡愁的，是秋天的明月透过行道树和公寓的窗隔，明亮地铺满了窗前的地板的情形。我对泥土非常陌生，在郊外买房子，在自己的院子里种东西，陶渊明式的趣味，不是我的向往。我更喜欢住在寂静街区的公寓里，在花盆里种一棵容易活又不生虫的樟树，就满足了。我认同城市工业化的非牧歌生活，享受上海这样一个文化混杂、人群混杂、食物混杂、建筑风格混杂的殖民城市所呈现出来的奇特丰富性，喜爱移民和殖民带来的拼贴式的生活方式，它们有时让我想起了悖论。站在从20世纪到21世纪的摩天楼强劲的穿堂风里看大千世界，带着点卡夫卡甲虫的渺小，这应该就是我的立场。

作为一个人，我已经是一个定了型的城市人。作为一个作家，我只能将我的城市写好，不能做一个田园诗人。作为一个上海人，我庆幸自己生活在一个足够丰富和斑驳的地方，从这个城市里，我得到了成为作家所需要的足够刺激。至今，我可以说自己同情上海，但还不能说我爱上海，但我已知道，自己很感激它，它让我不以单纯的境界为满足。

二

上海是一个多元的城市，不同的人，来自不同的地方，对上海自然有着不用的感受。不同的人的感受，常常彼此矛盾、对立，互相不能认同，这在我看来，是自然的事。上海的这种包容性是我喜欢的，它给了不同的声音很大的自由。不同的人写了不同的上海，没什么可奇怪的。我想，每个人笔下的上海，所反映的，是这个人背景前的上海。所谓城市，多少都有消费主义的痕迹在，伴随着消费主义带来的虚荣、势利和见异思迁的态度，你也不能说，有的人这样写，就不是上海。我想更准确的说法是，那是他们感受到的一部分上海，由他们的立场和背景决定的。

上海这个城市在中国是个异数，像在一个保守困顿又内忧外患的家庭里，有个孩子却每天努力地奇装异服，他的引人注目又不受欢迎，都可以想见。大家看他的第一眼，就带着不快，从他的奇装异服去设想他的男盗女娼，从他突兀的样子揣测他身心的古怪。每个人站在自己的背景前对上海振振有词的误会以及对他人眼中上海的指摘，也是层出不穷。

对于复杂的上海，以及对上海描述的复杂，我想，也许学一点上海这个城市对自己在别人眼里形象的满不在乎，是需要的。站在上海闹市的街头一下午，就能想起小时候，在小和尚念经的蒙昧阶段就背过的老话：世界之大，无奇不有。

我对别人笔下的上海没有意见，我自己笔下的上海，是为了挖掘这个城市的精神，我认为，这是这个城市最容易被遮蔽、也最有价值的一部分。在它的混乱、嘈杂、时髦、欲望、梦想、失败、迷失、奋斗，林林总总之下，有一种恒定的、宽广的、痛苦的、公允的东西存在，我想那就是我要寻找和表现的这座沧海桑田的东方城市的精神。我在找的是它们，我向那个方向去。要向这个方向去，必须要翻检辽阔而纷杂的城市记忆，要去追溯这个城市的童年，用一点弗洛伊德对人用的方法，也许这会被人认为是怀旧。在这个过程中，一定会走错路，会有这样或者那样的错误发生，但我知道，我会按照自己的方向走下去。

1982年时，我翻译了E. B. White的幻想小说《斯图亚特・利特尔》，小说的最后一节是"向北方"，斯图亚特开着他的小车，向辽阔的北方去，他并不知道北方是否真的有他要找的小鸟爱人，但他觉得那个方向是对的。有时我想起自己在非常年轻的时候翻译过的小说的最后一节，我觉得自己也像小老鼠斯图亚特那样，虽然不明确，但心里觉得自己的方向是对的，于是就走过去。

三

我是在一个国门紧闭的时代成长起来的人，所以对个人自由地去想去的地方，读想读的书，看想看到的电影，听想听到的音乐，非常介意。对自己的国家归入世界，非常介意。我上大学的时代，正是思想解放的时代，解放和自由，对我有着圣经般的含义。所以，当我有机会的时候，我就要一走万里。

旅行的经历在我的生活中慢慢堆积起来，我看到了大千世界的不同，人的不同，人心的不同和相通。我接受不同，但深知人心可以相通，而且在不相同的人群之间，都可以找到普世的文明基础，作为共同的准则。在欧洲和美洲的十三年间断旅行中，我常常能想起那些著名的童话作品，我真的庆幸自己的学士论文是安徒生和格林以后的童话，那些童话中描述的人类理想，是真挚斯文和优美的，它们是全人类的，超越了民族。它们让我更倾向于，人类可以建立自己的普世文明标准。这是多年旅行的过程中，我最为确定的收获。我觉得我这个经历简单的人，都是在旅行中成熟起来的。如今我不是一个眼界狭窄的人，我愿意打开心胸，对不同保持兴趣，我想，这是旅行给我带来的成熟。

要是没有去欧洲的旅行，我想我不会对上海产生兴趣。欧洲使我有过一次身份认同的危机，这次危机引导我对上海的探索，然后，是对上海故事的写作。通过那些书的写作，我发现了整个上海对身份认同的危机。这种危机从上海成为城市的那一天就开始了，它与它真正的姐妹城市一样，比其他单一文化的城市更早，被身份认同的危机困扰，诸如孟买、香港、槟城、西贡，那都是些被“混过血”的城市。那种特殊历史遗留下来，而且一直强壮地生存着的东西，对我来说有着极大的吸引力。人要通过镜子才能认识自己，每个人都有属于自己的时刻，自己的镜子和自己的面貌。对我来说，认识上海，是透过欧洲这面镜子。听上去，这是如此偶然的发生，如此容易就会被错过。有时我想，我要是没有一次次去欧洲的旅行，在那里的痛苦、快乐和时刻都会发生的患得患失以及无法停止的追问，我一定对上海还是懵懂的，宛如1989年我写《谁是上海人》的时候，带着幼年时从北京迁移过来时就带来的文化上的沙文主义。常常一个作家会与一个地方有非常密切的联系，那个地方会不断地出现在他的笔下，成为他认识、探索和表达世界的重要工具，就像一些画家有他们终生的模特一样。一去万里的旅行，让我找到了自己的归宿：它不是一个理想主义化的地方，日本人喜欢称它为“魔都”，而至于我，它是一个充满意义和意象的存在。

在我开始旅行的时候，常常为的只是一时之快，只是想要看到欧洲的山水，想要吃德国冷牛肉丸子，想要再看看柏林东区的老教堂，没有想到竟会得到这样大的一份礼物，会让我可以花费十年的时间。而且如今回头去看，并无悔意。

要是我没有在欧洲认识上海，也许我也不会意识到欧洲是我的精神故乡。1994年，我和我的丈夫在俄罗斯旅行后，发表了我们的旅行日记，日记的名字就是《精神故乡》。我们这代人，将俄罗斯称为自己的精神故乡，似乎没有太大的障碍，因为俄罗斯知识分子的民粹主义传统，反而有某种光荣感，至少是可以得到理解。那本书的序言，我们请了在大学时代教授我们俄苏文学史的王智量教授为我们写。当时他教授俄苏文学史时，正是他“右派”平反之后不久，他给77级的同学们声情并茂的讲授，建立了我心目中的一个偶像。书是出版了，但我觉得我自己的精神故乡比一个白雪皑皑的俄罗斯要广大得多，它包括了法国的小说、油画和雕塑，德国的音乐和教堂、诗歌和建筑、墓地和土耳其人的小饭馆，英国的小说和散文、音乐和戏剧，奥地利的音乐和工艺美术还有咖啡馆和葡萄酒，西班牙的建筑和速写、油画，小旅店墙上席勒带着色情意味的画，区间火车那红色的铁皮车厢，还有钟声荡漾的天主教堂，它们渐渐成为带着乡愁般的记忆，滋润着我的精神。到2000年，我写有关旅行的散文书时，我知道了自己的精神故乡是在欧洲。那时，我为那套散文书起了个统一的名字：喜欢别人东西的滋味。这是矛盾的感情，对精神故乡的归宿感，仍然不能确定，对身份认同的危机，仍然没有消失。

在东西方的旅行看上去是来来去去，其实却是条不归路，引我走向如今的人生，成为如今这样的人。人生在继续，所以它的意义也在显现的过程之中，现在评论它，似乎还太早。但那些旅行真的是许多与我人生有关的重大决定以及确立某些价值观的发端，像铁轨上的道岔。我第一个到达的欧洲城市是慕尼黑，十年以后，2002年5月，我再次回到慕尼黑，回到我住过的那个区域，度过一个晚上。每个区域都有它自己独特的气味和声音，那个区域带着庄严的静，和加了柠檬香精的洗涤剂在清新夜气中的气味，还有隐约的凄惶，当年从达豪集中营走向行刑森林的犹太人，就路过这里。当年我在这里倾听着精神世界的地震声响，当年我在这里翻看着《爱丽丝漫游奇境》从16世纪到20世纪的插图集锦，看着爱丽丝的脸在世纪交替中变化，从维多利亚时代神经质的表情到列依时代的嬉皮气。十年以后，我在那里回首从前，感受着在我个人的宁静历史中的沧海桑田。就我现在的感受，我庆幸自己有这样走向世界的机会。

访　谈《

快乐涨满心灵的时刻

——陈丹燕访谈录

周颖菁　陈丹燕

周颖菁：陈女士，您好。我想先从您的长篇《慢船去中国》开始。我注意到《慢船去中国》的一个主要人物范妮来源于您20世纪80年代的一部作品《纽约假日》。两篇小说都讲述到了上海女孩范妮在美国和白人青年鲁的爱情故事。但我发现，对范妮和她的爱情，叙述者的态度是很不一样的。读《纽约假日》，我的感受是一个有青春期色彩的、甜蜜中带着苦涩和伤感的浪漫爱情故事，“中西文化”的冲突也被提及和彰显，但仍有因距离而产生的美感，两者的碰撞并不是剑拔弩张的。而到了《慢船去中国》，我认为范妮和鲁的故事已经超越了爱情层面，而成了一个悲剧性的象征。浪漫性完全消失了，它涉及一个带有半殖民印痕的家族在西方幻象中自我毁灭的命题。因此，《慢船去中国》可被看作第三世界国家在“后殖民时期”的一种寓言。

我不知道您是否同意我的看法。两者的差别是您无意为之还是有意使然？

陈丹燕：最终出现在我小说里的故事，常常是我在完成了小说以后也不能放下的故事，它们都有着极其逼真的底子，都有自己的生命力。我不是可以主题先行的作家，不是可以用概念作为框架，然后构筑整个小说世界的那种作家。我的小说需要生活逼真的影像步步相伴，所以我的小说，常常比我的散文更加逼真地反映着我周围的物质世界，和我的心灵世界。

因为这样，我常常有修改或者再写旧作的期望，我在十年以前写的某一个故事里发现了埋藏着的东西，就像我在成长的过程中，常常会对童年时没有理解但深深记得的某件事恍然大悟，随着自己的成熟，我终于明白了留在心里的那些人、那些事，到底包含了什么。这样的故事，对我来说，就好像是一套中国盒子，打开了一个，发现里面还套着一个，将那个打开，发现里面还套着一个，一个又一个的未知。

《纽约假日》和《慢船去中国》之间的联系，对我来说就是这样的。它们两本书最初的基础，是范妮，一个从上海去纽约的女孩子，不慎怀了孕，想回上海流产，但在家庭的反对下放弃流产，又回到纽约，在纽约流产以后发疯的传说。我在纽约听到了这个故事，它里面似乎有什么东西触动了我的心。1994年，我用它写了一篇小散文，叫《纽约爱情故事》，写的是一个上海女孩和一个白人青年萍水相逢的感伤与错过。那时，那个上海女孩叫简，她的故事发生在格林威治村。写完以后，它还留在我的心上。到1995年，我用这个故事带来的疑问和触动写《纽约假日》，写的是即使在一个上海女孩和一个白人青年之间有爱情，作为东方与西方，精神世界还是不能沟通的悲伤与失落。这次，上海女孩叫范妮，白人青年叫鲁。他们的故事还是发生在格林威治村的学生公寓里，同时出现了上海、爷爷，还有走投无路的凄惶。爱情故事里有着一种与感情无关的悲伤，像肉里的一根刺一样让人不能对它视而不见，又让没有感受的人无法相信它的刺痛。然而，此后，范妮和鲁的故事，有时仍然困扰着我。于是，就有了2001年开始写作的《慢船去中国》。这是一篇写范妮的家族、上海女孩在纽约的梦想、格林威治村和20世纪70年代悄悄在上海青年中风靡的欧亨利的短篇小说。上海，爷爷和奶奶，爸爸妈妈，还有婶婆爱丽丝以及叔叔们，还有纽约的亲戚们，还有范妮的妹妹简妮，以及妹妹周围的那些人，写这样一个曾经的买办家族在中国80年代如何安顿自己的家庭和历史，以及自己的身份和归宿。许多读者认为这是一个老家族如何振兴的主题，其实你是对的，我在书里无意讨论如何振兴，“振兴”这种感情对这样一个危机四伏的家族来说完全陌生。我要讨论他们为什么这样决绝地要从中国离开，“去”中国的可能性和危险以及徒劳。书名中的那个“去”字，对我来说，不是“到”的意思，而是“离开”的意思。它不一定是隐喻第三世界国家的“后殖民时代”，而是被殖民的城市如何安顿自己血液中的混血，怎样明确自己的身份。这便是我所意识到的上海故事，在这个东西方交汇的摩擦地产生了怎样的人群，它的风花雪月里掩盖着怎样的累累伤痕和重重疑问，怎样影响了人们的命运。

这本书花了我整整两年的生命，包括春花秋月的好时光，换来了创作上的许多得失心得，我在这本书的写作中成熟了一些，这是我“有意为之”的收获。

一些我笔下出现的故事，被我反复使用，那是因为我在那样的故事里，总想找到我已经感觉到的坚硬的深层。我想，也许这是我的写作方式，如同练习弹琴的人那样，一遍遍地来。在我写少年题材的小说时，也发生过这样的情况，比如1983年写的《当有人遇到不幸》到1997年的《我的妈妈是精灵》，1984年写的《1966年的玫瑰》到1992年的《一个女孩》，渐渐摆脱了事件温情的表面，走向坚硬的核心。

周颖菁：您的作品有很多怀旧的东西，如对老上海人和事的追忆，您创作的少年题材的文学，我也觉得是怀旧的一种表现。在文化心理上，您是否与当下社会的“新”与“变”保持着一定的距离？

陈丹燕：我更倾向于，你的感受是从我的作品中表现出的惆怅得出的。惆怅与怀旧有很多相似的地方，但它们是不同的东西。惆怅里没有怀念的暖意。我觉得，自己作品中的气息与其说是怀旧的，不如说是惆怅的。它在某种程度上，成为我的风格。

惆怅的风格，我想是来自于我的童年时代漫长的寂寞，和“文化大革命”中一个受冲击家庭长大的孩子内心的失落感。失落好像一直就是我最熟悉的感受，无所不在。在上大学时，我接触到弗洛伊德和皮亚杰的心理学著作，认同他们童年经历在人的一生中的影响的研究。我觉得我的童年经历影响了我的创作。现在，惆怅仍旧是我作品的底色，有时它是我看世界和看人生时的有色眼镜，也许也是我的宿命。

惆怅对于作家来说，是一种危险的风格，它与多愁善感的夸张非常接近，从开始写作以来，我一直能感觉到来自它的威胁。所以，在我开始涉足文学时，我写的是青少年作品，让自己叙述的笔调里，明显地带着木知木觉的滑稽与天真，就是想冲淡可能带着的多愁善感。后来我脱离青少年主题，那种孩子的滑稽与天真不再适合作为上海作品的叙述语气，我采用了平静的叙述方式，这种方式没有给多愁善感多少空间，但它也常常不能做到我想要的简洁，那是因为我个人的喜好里，还有一种绘画从中世纪向巴洛克过渡时的那种繁复，它有时不知不觉就来到我的笔下。

风格有时就像是一个人的气息一样，即使在主观上你不喜欢自己的气息，但并不能随心所欲地变化。这种出于主观的变化常常是非自然的，我希望安静而努力地等待自己自然的变化。在自己接近二十年的写作中，我意识到这样的自然变化是可能发生的。写作这种个体劳动说到底，是作家越来越有能力呈现自己眼中的世界的过程，而不是一个作家越来越社会化的过程。

周颖菁：从您的作品中，我能感受到持续的宗教性情感。之所以称之为“宗教性”，是因为它不是表现为宗教教义和体制，而是来自心底深处，表现为情感张力和生命哲学。您的作品中有温暖的宗教性的悲悯与爱意，如《上海的红颜遗事》中叙述者对姚姚命运的观照有基督教式的博爱和救赎，《上海的风花雪月》中 Daisy 这类女性在坎坷经历中人格和生命尊严的升华，也印证了基督教在苦难中灵魂向上升华的精神。您早期的作品《心动如水》写的是情与欲、情感与理性间的挣扎。这篇小说中，我觉得也有宗教性在里面，女主人公其实始终在叩问自己的灵魂，不断地反省和忏悔。在这种宗教式的反省和忏悔中，她节制了情欲，获得了内心的平静。请问，您是怎样看待宗教的？宗教，特别是基督教，与您对生命的感受是否有某种联系？

陈丹燕：我出生在一个唯物主义者的家庭，我父母这一代人是从内心深处将基督教看成帝国主义强加给人民的信仰，将佛教看成封建主义麻痹人民精神的鸦片，他们非常反感对神的敬畏，以他们坚定的无神论立场为自豪。虽然我的母亲一直喜爱唱诗的音乐，我父亲的母亲和姐姐都是吃长斋的佛教徒，但他们都认为对神的信仰是可笑的，甚至是愚昧的。他们那一代人的风气就是这样。在他们的影响下，我的姑妈虽然一生吃斋，每晚睡前打坐，但在嘴里也批判佛教的欺骗性。

但我从小就对神秘的事物有兴趣。

我在德国经历过一次精神危机，感到原来的心灵世界在崩溃，无所依傍，不知道自己是谁。我在德国住在一个严肃的天主教徒家庭里，他们邀请我一起去做礼拜，过宗教节日，饭前祈祷。那是我第一次在欧洲，参观了上百座大大小小的教堂，参加了各种各样的礼拜，在教堂的安静、幽暗和温暖里，我得到过类似母亲子宫的安慰，也感受到有信仰的人内心的宁静。那时候，我曾非常希望自己能获得信仰。我与神父认真地谈过话，我告诉他，我需要信仰，需要精神上的庇护，但我并不能从心里信服《圣经》上《创世纪》里面的故事，我不能相信“上帝说要有光，世间便有了光”。神父说，我还没有准备好，我还需要等待。

我相信自己的状况也是这样。我并不是一个无神论者，但要皈依宗教，却有世界观上难以逾越的距离。有时我想，要是我是一个学自然科学的人，大概能在对科学的探索中，找到解释世界运行的神迹，像牛顿那样。

我终于不能找到自己明确无误的宗教信仰，这是一种遗憾。我的问题在于，我需要它，但并不能完整地接受它，也不想在信仰的问题上自欺欺人。

我觉得一些宗教的理想，与人内心的理想是相通的。Daisy 也不是教徒，她也是精神上的那种从教会学校培养出来的摩登“新人”，她的内心足够坚强，是一个俗世中的圣者，St. Daisy，有时我心里这样称呼她。我想，从生活和命运本身散发出来的无关教义的爱和坚强，也许因为它更自然而更朴实真切吧。作家的工作，让我很容易在对生活的翻检中找到这些，并获得对世界和人心的乐观。这种挑剔的肯定，是我对世界的暖意的最根本的来源，也是支持我的精神世界的重要来源，那样的故事，是我俗世里的《圣经》。说起来，这是一个绝对唯物的发现过程。

其实，一部分的人是为了自己的内心需要而寻找宗教感，另一部分人是为了心中的理想王国而寻找传教士感，比如托尔斯泰。我心里也许有宗教感，但从来没有过传教士感。在我看来，这是在宗教名义下很不同的两种取向，一种面向个人和自己的内心，另一种则想要拯救世界和众生；一个想要完善自己的独立世界，另一个是要当上帝。

周颖菁：您写作是从写少年开始的。您作品中的许多少年，都是勇敢、自信、纯真的，用柔弱的力量坚韧地维护生命的尊严，敢于和污浊的成人世界抗争，不顺从成人世界的法则。少年世界是否是您心目中的理想世界？您塑造出了那么多成功的少年形象，请问您的素材和灵感是从何而来的？这段时期您没有这方面的作品发表，您是否还会继续这类作品的创作？

陈丹燕：有一句歌词，唱的是“蝴蝶飞不过沧海”，这也是我作品里少年世界的标语。我觉得，一个人在年少的时候，对将来和世界都抱着美好的梦想，这是他们长大、踏进成人世界的信心。而进入成人世界，开始自己漫长的人生，就是慢慢将自己对将来和世界的完整的美好梦想束之高阁的过程，慢慢地明白，有些美好的、精神上的梦想，其实是永远不会在生活中出现的。我的少年故事，在写的时候没有意识到，现在看起来，其实都是在这样一个主题下。我从来没有觉得少年世界是个理想的世界，我是觉得少年的心中，有着理想世界的影子，不论是谁，在少年时代，一定是对将来自己要去的那个世界有着一生中最积极和最单纯的向往。

2003年，我有机会再次从上海搭慢车到北京。乘上火车，才发现，这是趟慢火车，23个小时到北京，就是我十六岁的夏天，第一次去北京旅行时搭乘的那趟车。看着似曾相识的平原风光掠过，我想起了自己十六岁的时候。想起了那时候，自己曾经有过的理想、梦想、盼望和向往：我曾向往自己将来有一个十全十美的情人；希望在世界的什么地方，我将要去的，天永远是蓝色的，我这样在江南多云天空下长大的人，对蓝天是非常计较的；我希望过，街道上种满了花树，像安徒生童话书插图里的情形，盼望人们不再互相歧视和仇恨。过了将近三十年，我在那趟火车里，再次重温那些梦想，心里明白，它们是不会在我的生活中实现的，但是我也惊奇地发现，它们仍旧在我的心里好好地保留着。蝴蝶虽然断断飞不过沧海，但在沧海上飞翔的蝴蝶仍旧是令人心醉的情形。我还是为自己在少年时代建立了这样的梦想而庆幸。

我相信很多成年人，如果有机会突然回首，也会有像我一样的体会。那样的少年故事，是一个人离开了少年时代以后，才可能获得的角度。

我并不知道，自己什么时候会再次回到这个领域里写作。我相信会有这样的一天，灵感来了，但我想，这次一定与十年前的写作是不同的。你要是不问起，我都没有想到过，现在想起来，心里有种慢慢流动的东西，我想，因为它，也许我会再次写到蝴蝶与沧海的故事。

周颖菁：您的小说主人公基本都是女性。您对女性心理的描摹细腻独到，您写到了女性成长的美，也写到了她们的困惑，甚至于一些污浊和不堪。您的一部小说名为《鱼和它的自行车》，题目有强烈的女权色彩，但作品对"女权"的表达仍然是有节制的。请谈谈您对"女性"这一性别的思考。您在创作时，有明确的女性立场吗？

陈丹燕：我在创作时，有很明显的陈丹燕立场，我这个人，通过我的眼睛看到了世界和人，我用我的笔，表达我的看法和感触。我是个女人，所以我有女性的角度，但并没有更多的代言其他女人的诉求的期望。我从自己开始写作的最初，就明白我是为了自己，为了自己在漫长人生中建立一个独立的个人生活方式而写作。我写的是我的世界，没有其他任何企图。

我更喜欢做一个不群不党的人，也包括不与女人成群结党，所以，我即使用了一个女权主义的口号做书名，也不会考虑自己成为一个女权主义者。

我对女性的人生有很大的兴趣。女人的感觉细腻，即使是乏味的女人，她的人生也不乏味，因为她是感性的。在1990年，我为春风文艺出版社写了我的第一个长篇小说《绯闻》，1996年修改以后，换掉了这个奇怪的书名，这个故事成为《独自狂舞》。2002年，再次修改《独自狂舞》，再换书名，这个故事成为《鱼和它的自行车》。这个长长的过程里，女主人没有换，人物的基本关系没有变化，故事的框架没有变化，而是对故事的叙述变化了，通过叙述从故事里凸现出来的东西变化了。我觉得自己是从王朵莱的成长故事里，发现了自己从前没有发现的许多东西。我没有想到，一个虚构的故事，渐渐变成了一份逼真的生活。

在修改完《鱼和它的自行车》以后，我想，大概我以后会每五年修改一次这个故事，将王朵莱的一生，跟着我的一生一起，慢慢讲下去。我用我的一生对女性成长的兴趣，慢慢丰富这个虚构的故事。我相信它也会像被人佩戴多年的玉一样，慢慢变得温润而有人的气息。

对这个计划，我心里抱着期待。这是一个单线条的故事，一个人的视角，非常个人化，应该说用这样的方式写，会有许多局限，它与从个人化的角度观察世界一样，有着角度的局限。我想要实验的是，当它要负载这样漫长的写作过程，负载一个作家漫长人生中对一个女人心灵的认识，它的张力到底能有多大。通过这几次修改，我觉得作家心灵的成熟和丰富，是可以超越单线条故事结构的局限的，甚至可以发现它最贴近心灵的长处。

但是我知道，我对女性的兴趣，是因为她是个在精神世界的层面上更加精细丰富的人，而不因为她是被压迫的女人。我在写作的时候，也从来没有想到过自己是个女作家，要站在女人立场上说话，为女人的心灵代言。由女人组成的世界如同大千世界一样，是由彼此并不能沟通的各种族群组成的，我认为女性世界同样也存在无法代言的现实，一个人只能说出自己的世界。我想要站在我自己觉得最自然的立场上。

周颖菁：您的文字典雅精致，有温婉之气。您在作品语言上是否刻意下过功夫？或许有人会说典雅精致既是您作品的风格，也是您作品的局限，您有没有这方面的顾虑？

陈丹燕：我喜欢用我自己的那一套感觉舒服的词来写作。我觉得那是清爽精致，谈不上典雅。我想，我建立这样的语言，有点像画家锻炼自己的笔法一样，修拉用了许多点点来作画，那是因为他觉得这样的点点最能表达出他心中的世界。我用这样的语言系统，也是觉得它们能表达我想要表达的世界，我的那个世界。

这样的语言组成的世界，有人喜欢，有人不喜欢。我没有试图要按照别人的意见去改造我的语言，我等待它自己的改变。在我年轻的时候，我的语言比现在有更多颜色，更甜，带着文艺腔的酸气。现在，它们变得简单和有力，中间出现了一些空间。我想，这不是我努力向简洁的海明威学习来的，而是我的生活和我的世界现在需要这样的改变。对我来说，写作用的语言是很私人的东西，有点像牙刷。所以我一定要先满足自己的感受，才能顾及读者的感受。要是我自己用得不舒服，我大概就不会写下去了。语言是不能向某人学习的，也是不能因为读者的喜好而随时改变的，就像不能共用牙刷一样，它充满了最私人、最细致的感受。

有时，我看我作品的英文版，总是吃惊于它的陌生，还有因为陌生而在内心产生的抗拒。仅仅是语言微小的改变，感觉就像别人用过你的牙刷，你只要再用，一定马上就感觉到了一样。其他语种的翻译，我看不懂，但我想，一定也会有同样的感受。

我想，一个作家语言上的变化，一定是要顺其自然的。

周颖菁：当代文学中，潮流和主义众多，您却始终在各种潮流和主义之外，这就使您一直不在热闹的中心。您对自己在文坛上的这种状态是一种什么样的心态？

陈丹燕：我已经说过，我就是一个不群不党的人，这样的人，天生就是不热闹的。即使是想要热闹起来，也未必有那种承受和制造热闹的能力。所以，安静的状态对我来说，比较舒服和自然。反正我是单独的一个人，写的是自己的故事，表达的是独自的世界观，所以不必为口号或者主义而削足适履，也许在一个主义的旗帜下的人并没有这样的烦恼，是我多虑。

我在少年时代开始练习写作，想要此生当一个作家。那是“文革”最后一两年的时候，我并不知道自己是否可以真正当一个作家，那时没有作家这一说。那时要写作，和练习弹钢琴一样，是纯粹的个人需求。我想以写作为自己的人生目标，是因为想要在完全被禁锢的人生和完全被规定了的将来里，找到一点点独立的选择。因为在不是工人就是农民的将来中，只要可以有一支笔和一张纸，就可以写作。从这样的立场出发，我是想要通过自己的写作，探索自己和自己眼中的世界，以及自己对世界的反映。我最早的读者，是几个年长于我的朋友，友好、宽容、善解人意，时常还有一些点拨。我和读者的关系，是倾诉者和倾听者的关系。这种简单而干净，还有点情意绵绵的关系，仿佛是从我少年时代起就确认了的。

我从来也没有过在写作上真正与人志同道合，可以聚众结社的经验，我想，以后也不会有这种可能。我就是那种寂寞的，但总遇到可以珍视的读者缘的作家。

周颖菁：人们看您的很多作品，可能会感受到很多风花雪月的、柔性的、浪漫的东西。可看您的一些创作谈，我们会感受到您创作背后的艰辛，如《上海的红颜遗事》《上海的风花雪月》等搜集资料的不易，如《慢船去中国》四十多万字对作家文学积累、智力、体力上的挑战。请结合您的创作经历，谈谈文学创作对您而言，有怎样的苦乐滋味？

陈丹燕：因为热爱，从不以为辛苦，只怕自己还有力气没有完全使出来。我少年时代自己决定要终生写作，此后，真的是一步步地按照自己年少时候确立的理想在工作，上大学中文系，当编辑，当职业作家，靠写作安身立命。许多年来，我几乎没有想到自己的生活还有许多其他的可能。有一次，在一个高中演讲时，一个少年问，难道你从来没有觉得过，自己一生只有一个理想，实现的也是这个理想，这样的人生也许可以说是个乏味的人生。我时常在写作的时候，想起那个少年的问题。要不是真正的热爱，将自己干干净净的一生，交付给这样一个寂寞的工作，从没有尝试另一种生活的可能，那一定是乏味的人生。而我从来没有觉得写作乏味。

在我休息了一段时间以后，将要开始写作新书的时候，坐在自己的书桌前，准备开始工作，我会真切地感受到一种很大的快乐。在我七岁以前，我爸爸下班要回家的时候，我常常到我家院子门口去等我爸爸下班，我喜欢我的爸爸。当看到他黑色的苏制伏尔加车从院子大门外缓缓开进来，我的心会突然被快乐涨得满满的，充满了期待。此后的人生中，有许多这样被快乐涨满心灵的时刻，但它们在减少，我想这是因为阅历渐深以后，快乐就不那么纯粹了。但是，我在书桌前，还是能体会到那样的快乐。所以我知道，自己真是个非常热爱写作的人。要是这一生我没能写作，我大概也能建立自己充实而快乐的生活，但在什么地方，某个独处的时刻，心里肯定会体会到嗒然若丧。现在，我还能在我的孩子成功的时候，和开始写作的时候，体会到童年时代那种极其纯粹本真的快乐，那种灿烂的快乐。

在工作中能够感受到这样的快乐，是我这一生中最大的幸运。当我写完一本书，开始休息的时候，我看书，购物，睡觉，无所事事，但我的朋友常常同情地打量我说，“你一定要好好休息，不要再写了，你看上去太憔悴了”。但那时，正是我休息得最充分的时候。当我开始写作的时候，我的精神状态和身体状态都会到最好的状态。有时我数落写作时的辛苦，但不是抱怨，而是满足，如同登山者与危险的关系。

周颖菁：请谈一下您的个人文化背景。

陈丹燕：在文字上：安徒生、契诃夫、屠格涅夫、普希金、但丁、简·奥斯丁、左拉、王尔德、华兹华斯、巴利、玛格丽特·杜拉斯、圣埃克絮佩里、奈保尔、萨特、波伏娃、弗洛伊德、荣格、皮亚杰、辛格、茨威格、毛姆、彭斯、E. B. White、《古诗十九首》、苏轼、陆游、白先勇、张爱玲、施蛰存、刘真、三毛、川端康成。

在音乐上：圣咏、莫扎特、意大利歌剧、柴可夫斯基、《外国民歌200首》、列侬时代的歌曲、但不包括滚石乐队、保尔·莫利亚乐队、罗大佑、李宗盛、《红衣女郎》《莉莉·马莲》《二泉映月》。

在图像上：提香、波提切利、安洁力可、拉斐尔、乔托、马提尼、伦伯朗、贝尼尼、巴尔塔斯、伯纳尔、唯美主义画派、格列可、哈桑姆、德尼、凡高、比亚兹莱、奥古斯特·马克、康定斯基、毕沙罗、乌特里罗、塞尚、夏加尔、克利姆特、席勒、列维坦、达利、莫迪亚尼、胡泊、莫兰迪、分离派和新艺术画派、敦煌壁画和泥塑、龙门石窟、晋祠泥塑。

他们都是在某一个阶段，或者某一个时期影响或者震动过我的。

周颖菁：您现在既写小说，也写散文。请您谈一下进行这两种文体创作时的体会。

陈丹燕:小说是在虚构的保护伞下露骨的真实表达,而散文是在真实的前提下有节制的真实表达。

评 论《

俗世与宗教情怀
——陈丹燕创作论

周颖菁

“上海”二字,历来是世俗化和此岸性的代名词。在俗世诱惑和压力下,上海似乎无暇也无意为精神寻找上升的可能性。以“上海”为背景的文本,往往淹没在一片俗世的喧哗声中。俗世成就了上海,也束缚了上海。但陈丹燕的作品一向给人以宁静和唯美的感觉,俗世的诱惑纷争、命运的大起大落、历史的翻云覆雨,仿佛都能在她的作品中得到化解。陈丹燕的“上海”文本,诉说了一个具有独特精神品格的上海。它使人感到,上海以及上海人也是可以超越俗世具有超脱性和神性的,而这种品格,被众多诉说上海的声音遮蔽了。

陈丹燕不是宗教徒,但她的作品表达出了似隐又显的宗教情怀,文本呈现出独特的宗教情怀,可以被归为两个层面:一、俗世中的神性,二、俗世与基督教主题。

一、俗世中的神性

陈丹燕作品的立足点仍在俗世,她不是一个否定人间烟火而将俗世与精神、此岸与彼岸二元对立的作家。她的笔触,从未离开过上海普通人细细碎碎的生命质感和物质化背景。从销售量极大的《上海的风花雪月》我们就可以得到最直接的印象。这部作品被分为“咖啡”“房屋”“街道”“城市”“人群”“肖像”六个部分,每一个标题都在作者的叙述中被填充进了丰盈的俗世意义。“平平静静的音乐开着;后门的公共厨房里传出来炖鸡的香气;有阳光的地方,底楼人家拉出了麻绳,把一家人的被子褥子统统拿出来晒着,新洗的衣服散发着香气……”对俗世生活的描摹堪说异常细致,从中我们也可以看出叙述者对凡俗日子深切的热爱。陈丹燕从俗世中看出了“安祥”与“不会有绝望的情绪”。

从俗世的角度写上海，陈丹燕不是特例。远至张爱玲、苏青、刘呐鸥，近至王安忆、棉棉等，都用各自不同的笔触深入到上海的俗世层面。但是，读他们笔下的俗世上海，读者获得的印象与陈丹燕的作品是大不相同的。张爱玲从上海的繁华背后，挖掘出参差的人性和苍凉的命运；苏青的俗世上海，让人看到生命的局促和凡人的卑微；刘呐鸥笔下灯红酒绿的洋场，充斥着迷幻的眼神和分裂的灵魂；王安忆笔下的上海，有生猛的“地母”味道；棉棉类的作品让读者看到的是一个被商品拜物教所撕碎的非理性上海。不同的叙述视角、策略产生了各不相同的“上海”文本，但相异之中，又存在相似：上海的主体性被限定在了现实的层面，精神的飞扬被否定了。

但陈丹燕笔下的上海是不同的，人们浸润在浓重的俗世烟火中，有物质和精神上的困境，甚至面对人生和命运的绝境，但他们常能借助内心的力量与之对抗，保持人性的尊严和空灵的飞扬姿态；在上海红尘中，反而表现出隐隐的神性：超越俗世而达于纯净，超越卑微而趋向慈悲。他们或许没有宗教信仰，但在其思想方式和行为方式上却具有某种天然的宗教情怀。

《郭家小姐》中的Daisy，拥有炫目的俗世背景：她的家族创立了上海最早的百货公司，她拥有不同凡响的家世、财富、教养和美丽。历史巨变后，她失去了所有一切，但她从没有抱怨，而是以坚忍的耐力“坦然接受了自己的命运”，并在苦难的洗礼中完善了自己的人生，“她说，要是她一辈子安安静静在延安路上的大房子度过，她永远不会知道自己原来能坦然承受那么多生活里的崩塌，这一辈子，她的生命使她懂得自己原来是坚强的人”。看似柔弱的郭家小姐，在时代巨变中反能将命运之炼狱转化为精神之殿堂，坚守生命的尊严和洁净的精神，使灵魂在苦难中升华。Daisy的身世和命运，信手拈来皆是传奇，足以铺陈出一个个极具可读性的跌宕故事，但在作者笔下，“传奇性”被隐去了，凸显出的是生命在“无休止的冲突和漂荡中寻得解脱与和解”[①]的宗教精神。另外还有皮克夫人，和Daisy一样长于乱世。她和逃难到上海的犹太人皮克先生结婚。她历尽艰辛到维也纳后不久，皮克先生却在澳大利亚去世。她独自在人地两生的异乡生存，不懂德文，没有钱，但她未觉得穷苦、悲伤，相反，她庆幸地觉得“我在这中间度过了非常丰富的一生”。与Daisy相比，皮克夫人的出身可谓平凡，但她在磨难生涯中坚韧的精神，与Daisy又极其神似。

在某种程度上，或许我们可以这样认为，一个人是否信仰某种宗教与他是否具有宗教情怀并没有绝对对等的关系。宗教情怀表现为人的内在心态，在生命进程中

---

① [德]西美尔：《现代人与宗教》，曹卫东等译，中国人民大学出版社2003年版，第33页。

构建神性之域和超越苦难的精神品性。Daisy不是基督徒，我们不知道皮克夫人的宗教信仰，但她们从无论华美还是贫寒生活中显示出来的从容超脱，都令人感受到神性的光芒。从这个角度，我们也可以解读曾经是共产党员的张可的神性精神。“完美无缺”的张可小姐嫁给了激进青年王元化，与王元化一起度过了“黎明前的黑暗”。新中国成立后，张可“自动放弃了经过腥风血雨十二年的党龄”，当了一名讲授莎士比亚戏剧的大学戏文老师。王元化落难，张可默默守护在一旁，保卫着他，拯救着他，而“富裕的生活、得意的生活、愁苦的生活、屈辱的生活，什么都没能使她的心灵变质”。

Daisy、皮克夫人、张可都是经历生命大苦难的人。生命之苦，可以说是所有宗教的主题。以基督教为例，基督教认为，人类的命运就是一部受难史，人类的“受难史带有它的矛盾和冲突，带有它的不公正和不平等，社会的灾难，一切无可救药的病态和罪恶，一切无意义的命运和无意义的恶作剧：这是一条由鲜血、汗水、眼泪、痛苦、哀伤和恐惧、被弃、绝望和死亡所形成的河流”。[①] 苦难是人类命运的一部分，人不可避免要遭受到各种各样的灾难，在充满罪恶与不幸的世界上生存。苦难如何化解？Daisy、皮克夫人、张可并没有渴望某种救世主——属于某个宗教信仰的、具有位格的神，而是敢于自我承担、自我拯救。所有宗教的一个要务便是使灵魂得救，而灵魂得救最终是个人的事，人生价值是个体自决的。张可们对自我的命运负责，在各种外在力量的挤压下，坚韧地、有尊严地活着。她们并没有有意识地将自己的人生神圣化，但她们自我拯救的勇气、仁慈、宽恕、博爱的精神都成就了她们形而下的人生中飞扬的神性。王元化评张可说“她是仁慈的，超凡脱俗的”；Daisy对命运和人群没有怨怼，她拯救了自己，也宽恕了命运，“Daisy说：‘我只是不觉得真的有那么苦，既然你不得不要过这样的日子，那么就把它接受下来……’”；历尽坎坷的皮克夫人，“她的脸上看不出悲伤的神情，在甜蜜的眼神渐渐淡去以后，她的脸非常安静”。在她们身上，表现出的是心灵纯洁、真诚无伪、为维护自己的所爱不惜牺牲自己的宗教之善，张可“悉心地看顾了王元化的身体、灵魂，以及整个精神世界”，Daisy用“二十四元的收入照顾一个工程师儿子和一个跳芭蕾的女儿长大”。按刘思谦的说法，“女性相对于男性而言，是一个更靠近神的性别，千年如一日地被侮辱与被损害的孤苦无告的弱者处境，使她们更容易领悟人的有限性、短暂性和脆弱性，也更迫切地渴望将自己有限的生命与冥冥之中无限的至高至善至爱的力量联系起来。”[②]张可、Daisy、

---

① [瑞士]汉斯·昆：《论基督徒》，杨德友译，生活·读书·新知三联书店1995年版，第617页。

② 刘思谦：《“女性主义”与“神学”》，《读书》1999年第9期。

皮克夫人不是被侮辱与被损害的孤苦无告的弱者，在任何情况下，她们都没有屈服过，这是另一种体现“自由意志”的神圣，但她们的一生，同样体现出“至高至善至爱的力量”，因此，俗世中的她们，是“靠近神的性别”。她们的宗教情怀，已内化为她们生命本体的一部分，无须外在形式的规范与律令。

有人说王安忆《长恨歌》中的王琦瑶代表了上海的精神。王琦瑶是一个将灵魂置于极端世俗化中的女子，我怀疑这样一个沉湎于现实功利、让灵魂不断下降的女性是否真的可以代表一座城市，她的历史是否可以代表一座城市的历史。倘若如此，整整一座城市、一段历史岂不是太可悲、太无望了吗？俗世与宗教情怀并不是截然对立的。的确，现代社会是与传统社会不同的，以碎片化为特征的社会，从宗教中获取身份的完整性不再具有普遍意义，宗教逐渐丧失了在人类生活中的核心地位，现代人很难再忠心耿耿地信奉某种宗教。但宗教天性仍是人的一种天性，特别是在充满诱惑和困境的都市，人的灵魂更会无依。走进教堂或寺庙的人只是少数，但在俗世生活中，人也可以表现出神圣性：一种生存品质和感情所向。Daisy、张可、皮克夫人都是热爱俗世的，Daisy“她八十岁了，但依旧洋溢着女子的爱娇与精美”；张可1957年的家，“仍旧有意大利茄汁面、葡国鸡和乡下浓汤”；皮克夫人“漂漂亮亮地活下去，直到八十岁的白发上在春天午后的阳光下微微地泛出淡淡的紫色……”但她们与王琦瑶有不同的俗世人生，她们将尘世美与宗教美结合在一起，让神性下降到人间。她们是尘世间的普通女人，但拥有剔除了凡俗的灵性气息和圣洁品性。

陈丹燕不是一个高蹈的、将宗教的价值置于俗世价值之上的作者，她并不倾向于用宗教超越的视点和律令去指导俗世，以神性否定人性，她的作品契合的是西美尔的宗教观。西美尔说：“宗教重新回到特殊的、直接的生命之中，而不是飘逸于来自自身的、超验的世界。”[①]在现代社会，人们同样可以在俗世的边边角角中找到神性，成就尊严。神性之域并不是只能在彼岸建成，它同样存在于普通人的灵魂和命运之中。

二、俗世与基督教主题

在陈丹燕的一些作品，如《心动如水》《绯闻》《女中学生之死》中，包含不少基督教的隐喻和象征，也有对基督教主题的化用。

1. 情欲与圣灵相争

① ［德］西美尔：《现代人与宗教》，曹卫东等译，中国人民大学出版社2003年版，第29页。

《心动如水》是一个有关婚外恋的故事，涉及情爱与性爱，但情爱和性爱不是小说的叙述核心，在显性婚外恋故事的外衣下，有潜在的基督教主题。作家谢莲经历着乏味的婚姻生活，在作协夏令营中与王海平相识、相爱。经过一段狂热的爱恋之后，谢莲结束了这段感情，平静地回归了家庭。这是一个看似俗套的婚外恋故事，但大块的内心感悟、幻境、独白，使它具有了宗教式的内省精神，成了“犯戒—惩罚—得救”的基督教主题的现代版故事。

《心动如水》的背景与《圣经》中的伊甸园有相似之处。按《创世纪》记载，伊甸园花木繁茂，温馨静谧，是远离人间纷争的乐土。《心动如水》把谢莲和王海平也置于这样的乐土之中。它把他们从尘世的喧嚣拉进宁静的海岛，“她感到四周充满阳光的寂静如蜜蜂一样嗡嗡轻响着，楼房四周长满了巨大的树木，在中午的阳光里散发出树森凉的苦香。树的缝隙里，大海鳞光闪烁”。《心动如水》中多次写到阳光，“光”是基督教中具有原型性的意象，耶稣说，我是世界的光。而《心动如水》的背景：水，让人联想到基督教中洗去人污浊的原罪的水原型。光、水、树组成了谢莲和王海平的伊甸园。在《绯闻》中，“我”的一次次恋情也发生在自成一体的伊甸园中：“我”和英文老师的“涂满月光”的夜，和刘岛的“有旧旧的阳光薄片”的教堂，和沙沙的“蓝天黄沙中绚烂无比的金黄的大火”的西北大漠。在这些背景中，男女主人公之间的爱情也是纯洁的，不掺杂功利的目的。但是，这一段段美好的，从其他角度看去可被视为女性精神与肉体自觉的情感故事，何以峰回路转便成了“罪孽”的源头？谢莲“感到自己有罪”，“这到底要走到哪里去，马尾松的前方，会是怎样一座魔鬼的宫殿”，从她两情相悦的欢喜的眼睛看过去，看到“阳光下的金黄硕大的单瓣花朵宛如一些飞翔的树精，在大片大片的绿色之中沉浮，那花朵充满了野性的妖艳怪异……”这“妖艳怪异”的花朵使人想到伊甸园中暗示原罪的“禁果”，夏娃偷吃“禁果”而获得智慧，但也因之而堕落。谢莲和“我”因偷吃“禁果”而获得情欲和精神的快乐，但同时也因之而“犯戒”，将自我打入了“罪孽”的深渊，承受灵魂的自审与忏悔。拥有了情欲，而失去了乐园。在理性主义、伦理道德与肉体的快乐、感官的享受之间，谢莲和“我”承受着精神的分裂和痛苦，面临灵与欲的双重选择。他们的灵魂仿佛是两种对立势力争夺的对象，一种是欲望和激情，另一种是类似神谕的无声的召唤。谢莲想，“她怎么是自己的模样呢？她要到哪里去？怎么会这样做？但如果不这样做，又将怎样去做？”而“我”觉得，“现在终于是无路可逃”。“我”最终得到了“惩罚”：女儿得了神秘的大病，根源竟是“我”从新疆带回的地毯，作为欲望符号的“地毯”充当了“惩罚”工具。谢莲也悟出，“孜孜以求的结果是很深的绝望”。“我”和谢莲有了相同的选择，内心归于平静，心灵“得救”。

《心动如水》和《绯闻》对“犯戒—惩罚—得救”的基督教主题进行了两次完整的书写。这两部小说说明：人的内心世界充满欲望，罪孽难免，罪孽是人生存的难题，但罪孽必受惩罚，人必须自我承担、自我惩罚，以获得救赎。

灵与肉的冲突是文学的一个母题，从启蒙主义始，“肉”的自由被看作是人的自由的重要内容。至当代，各种女权主义也都把“肉”的自由看作是女权的一个重要的表现，“身体”背后是女性的权力话语。但是，“肉”的自由是否就意味着精神的绝对自由，失控的欲望是否会受到理性、伦理的质问？仍然是值得深究和重新思量的话题。《心动如水》和《绯闻》是陈丹燕较早期的作品，艺术上还显得稚嫩，但对情欲的逆向性思考却是当代文学中的异质性因素。谢莲和“我”放弃了婚外的感情，其原因没有任何社会因素和外在压力，只因为内心不断的自省以及潜意识中的宗教心境。这使我们看到，灵与肉的冲突是人类原型般的冲突，对“肉”的膜拜并不能代替人类心灵深处对“灵”的向往。“我”和谢莲一度认为，“欲”的自由可以拯救生的乏味，但她们最终的命运说明：“灵”的存在是无处可谒又无处不在的力量，不是可以轻易放弃简单否定的，一味追求肉欲自由值得疑虑。《心动如水》和《绯闻》对灵与肉和灵与欲关系别样角度的诉说，是有启示意义的。

从《心动如水》和《绯闻》中，我们还可以看出“女性主义神学”的特点。传统基督教是处于男性视点中的基督教，作为亚当肋骨的夏娃从诞生之时起便被强加上了依附性。《心动如水》和《绯闻》是在基督教主题框架中女性对自我身份的寻找、对自我意识及命运的确立。两部小说都是以女性作为叙述者的小说，她们对“灵”与“肉”的选择都不是依附于男性，而是跟随自己的内心，听到“我自己的大脑，我自己的身体在说什么”。[①] 她们在对自我的诉说中塑造着即使是“犯戒”、处于罪孽中也依然真纯的“夏娃”。

2.“天国”是努力进入的

《女中学生之死》的主人公是中学生宁歌，因为与周遭生活格格不入，选择了自杀。这部小说不同于一般青少年题材作品的地方是它充满精神张力，可以在不同的层面阅读。首先，它是一部现实主义小说，反映了中学生生存压力和精神困惑。此外，我们还可以把小说放置在基督教文化背景下进行深层解读，这是小说的光彩所在。

---

① [德]西美尔：《现代人与宗教》，曹卫东等译，中国人民大学出版社2003年版，第29页。

“天使”“上帝”在小说中屡屡出现，给小说营造出宗教色彩。例如，“上帝在他的天堂里吗？看得见我吗？星星旁边会飞翔着天使吗？”“听见有夜鸟睡意蒙眬扑打翅膀的声音，她认为是天使降临的声音。她心里涌起一阵欢乐，那是孩子盼望新年一样的欢乐。”

宁歌具有基督教流浪使徒式的精神品性。耶稣为传福音而四处流浪，“必须来来回回地渡湖涉水”[①]，遭遇冷遇和唾弃，承受曲解误会、嘲弄讥讽、诽谤中伤。而亚当和夏娃被逐出伊甸园后，不但居无定所，而且精神上也漂泊无依。宁歌是尚未成年的中学生，但表现出了鲜明的茕茕孑立的独立精神。她对现实和命运严肃审视，不盲从、不迷信，对真、善、美的苦苦寻求，使她不为现实所容，“这样愤怒而又这样伤感”，成为精神上流浪的使徒。宁歌痛恨学校枯燥单一的教导，不齿市民社会的庸俗，私生子的身份使她自小受到蔑视，但她依然能保持高贵的人格，追求自我完善，虽然四处受孤立但从不盲从。她发自内心深处的悲怆哀音无人肯听，却被视为“固执得可恨”的孩子。

《女中学生之死》在结构上表现出《圣经》式的二元对立的特点。“圣经文学的情节就是以善与恶之间的巨大神灵冲突为中心”[②]，小说在宁歌独白及记者视角复调的叙述中，构筑了宁歌理想中“善”的世界与现实俗恶世界、宁歌的反抗精神与他人盲从品性、悲观与乐观、绝望与希望之间的对立。宁歌在现实中的反抗不断失败，但她灵魂深处构建出的“善”的世界则不断地激励着她，给她以安慰，她“一心希望世上到处都充溢橄榄枝的清香，一切在欢笑和博爱中度过，人类能重返欢乐的伊甸园”。在善恶对立中，宁歌体现出了坚持不懈、自强不息的精神。基督教文化重视灵魂的纯洁和为信仰九死不悔的精神，宁歌的命运即是对努力进入“天国”的宗教精神的现实化书写。

3. 向生而死

基督教文化中，死亡具有辩证性，包含生与死的二重性和可转换性。基督教文化认为，人是有罪的，人只有通过死亡获得新生，才能成为新人，从而得到救赎。因此，生和死之间没有一条绝对的界限。“死亡”不是一切的终结，而是向崭新的、前所未有的、全然不同的状态转化的契机。

陈丹燕的小说中反复出现“死亡”。基督教认为，走向救赎之路是以正义者和纯洁者的死为代价的，人可以在生与死、善与恶、天使与魔鬼之间作出选择。宁歌由抗

---

① [德]艾米尔·路德维希：《人之子——耶稣》，张新颖译，广西师范大学出版社2002年版，第147页。

② [美]勒兰德·莱肯：《圣经文学》，徐钟等译，春风文艺出版社1986年版，第17页。

争而悲愤，终至绝望，最终选择了死亡。“猛一抬头，才看见已经走到死亡的门口了。如《圣经》上所说的一滴雨水又回到了海洋，与大的水溶为一体”，宁歌把死亡当作了安放心灵和精神的圣地，她无法战胜现实，于是选择在死亡中成为新人。

在《心动如水》和《绯闻》中，“死亡”意味着告别有罪的旧我，迎接新我的诞生。两部小说中，令主人公醍醐灌顶的场所都是墓地，“在墓地里，掩埋了的死亡里面，有一种断绝的美”（《心动如水》），“一块墓碑上写着‘此岸的人说，他去了，彼岸的人说，他来了’”（《绯闻》），“死亡”有如神启，在女主人公跌入迷途时给予召唤。在陈丹燕笔下，死亡没有恐怖色彩，反而闪耀出宁静的灵性之光，成为确认生命价值和渴望精神不朽的途径。

陈丹燕的作品表现出现代社会无法回避的宗教主题——肉体与灵魂、欲望与信仰、罪孽与救赎、世俗与神圣之间的分裂与挣扎，表达出上海这个现代大都市的一种“灵魂在场”、人们在俗世“谋生”中渴望“谋心”的双重诉求。陈丹燕没有将俗世上海“世俗化”，“世俗化”使“人的存在、人的日常生活与神圣的精神资源之间的关系被解构或者极大地削弱”[①]。陈丹燕的作品有“唯美的倾向”[②]，我以为，宗教情怀是其“唯美”品格重要的支撑力量。

（载《小说评论》2005年第4期）

主要作品目录《

长篇小说

《绯闻》，春风文艺出版社1992年版。

《一个女孩》，江苏少年儿童出版社1992年版。

《心动如水》，上海文艺出版社1993年版。

《独自狂舞》，上海文艺出版社1996年版。

《纽约假日》，上海文艺出版社1996年版。

《我的妈妈是精灵》，春风文艺出版社1998年版。

---

① 陶东风：《社会理论视野中的文学与文化》，暨南大学出版社2002年版，第14页。

② 陈丹燕：《唯美主义者的舞蹈》，文汇出版社2001年版，第2页。

《鱼和它的自行车》,上海文艺出版社2002年版。
《慢船去中国》,云南人民出版社2003年版。
《莲生与阿玉:关于信仰的事》,广西师范大学出版社2011年版。
《成为和平饭店》,上海文艺出版社2012年版。

中短篇小说集

《少女们》,重庆出版社1987年版。
《女中学生三部曲》,百花文艺出版社1988年版。
《女中学生之死》,台湾业强出版社1991年版。
《灾难的礼物:陈丹燕获奖小说选》,教育科学出版社1992年版。
《女中学生传奇》,安徽少年儿童出版社1995年版。
《校园情事》,新华出版社1996年版。
《上锁的抽屉——陈丹燕作品精选》,太白文艺出版社1997年版。
《晾着女孩裙子的阳台》,上海书店出版社1998年版。
《青春的翅膀能飞多远》,明天出版社1998年版。
《中国国外获奖作家作品集·陈丹燕卷》,云南人民出版社2001年版。
《百合深渊》,花城出版社2002年版。
《天使肚子痛》,上海文艺出版社2003年版。
《狗仔》,江苏少年儿童出版社2004年版。
《广场空荡荡》,少年儿童出版社2006年版。
《公家花园》,作家出版社2009年版。
《陈丹燕经典少女小说》,少年儿童出版社2009年版。
《我和精灵》,湖南少年儿童出版社2013年版。
《从前的女生》,上海书店出版社2019年版。

传记文学

《上海的金枝玉叶》,作家出版社1999年版。
《上海的红颜遗事》,作家出版社2000年版。

散文随笔集

《唯美主义者的舞蹈》,上海文艺出版社1994年版。

《裙上的花朵》,中原农民出版社 1994 年版。
《精神故乡:陈保平陈丹燕散文 40 篇》,华东师范大学出版社 1995 年版。
《遥远地方的音乐声》,文汇出版社 1996 年版。
《有爱的日子》,少年儿童出版社 1996 年版。
《上海的风花雪月》,作家出版社 1998 年版。
《清瘦的日子》,上海人民出版社 1998 年版。
《你将要去的那些地方》,新世纪出版社 1998 年版。
《于是有了一朵玫瑰》,湖北少年儿童出版社 1999 年版。
《心事真多》,浙江少年儿童出版社 1999 年版。
《咖啡苦不苦》,云南人民出版社 2001 年版。
《今晚去哪里》,云南人民出版社 2001 年版。
《上海色拉》,作家出版社 2001 年版。
《上海 Salad》,台湾时报文化出版企业股份有限公司 2002 年版。
《像鸟儿那样飞过》,沈阳出版社 2002 年版。
《偶遇》,文汇出版社 2002 年版。
《木已成舟——陈丹燕的欧洲》,作家出版社 2002 年版。
《柴可夫斯基不在家:陈丹燕看欧洲艺术》,台湾天培文化有限公司 2003 年版。
《陈丹燕和她的上海》,上海文艺出版社 2005 年版。
《漫卷西风》,上海译文出版社 2006 年版。
《起舞》,作家出版社 2006 年版。
《永不拓宽的街道》,东方出版中心 2008 年版。
《外滩——影像与传奇》,作家出版社 2008 年版。
《北纬 78°》,上海文艺出版社 2009 年版。
《我要游过大海》,上海人民出版社 2010 年版。
《走呀》,与陈太阳合著,中国福利会出版社 2011 年版。
《蝴蝶已飞》,浙江文艺出版社 2012 年版。
《问问陈丹燕吧》,湖南少年儿童出版社 2013 年版。
《中国少女》,湖南少年儿童出版社 2013 年版。
《我的旅行哲学》,浙江文艺出版社 2014 年版。
《我的旅行方式》,浙江文艺出版社 2015 年版。
《英特纳雄耐尔》,中国人民大学出版社 2015 年版。

《令人着迷的岛屿》,浙江文艺出版社2016年版。

《樱桃树下爱与弗》,浙江文艺出版社2016年版。

《捕梦之乡——〈哈扎尔辞典〉地理阅读》,浙江文艺出版社2016年版。

《驰想日——〈尤利西斯〉地理阅读》,浙江文艺出版社2016年版。

《陈丹燕散文精选》,长江文艺出版社2017年版。

《往事住的房间》,浙江文艺出版社2019年版。

纪实文学

《独生子女宣言》,南海出版公司1997年版。

《梯形教室的六个下午》,接力出版社2005年版。

《赤子之心:汶川地震青年志愿者访问记》,上海文艺出版社2009年版。

《热的心》,上海文艺出版社2011年版。

译　著

《永远长不大的孩子》,(英)巴里著,中国少年儿童出版社1997年版。

《小老鼠斯图亚特》,(美)怀特著,湖北少年儿童出版社2003年版。

《风到哪里去了》,(美)夏洛特·左罗托夫著,少年儿童出版社2006年版。

《天为啥是蓝的?》,(英)萨莉·格林德列、苏珊·华莱著,明天出版社2011年版。

陈　染

女，1962 年生，北京人。

小　引《

我见过陈染，是在一次中日作家、学者对话会上，苍白、瘦弱、少言寡语且索居离群，与陈染当时享有的先锋、现代的名声颇不相符，更与我在此前阶段见过的先锋、现代的新潮作家有天壤之别，当时就给人留下了一种世外高人的印象。后来读到陈染的许多作品，尤其是她的一些谈创作的文章，越发觉得陈染绝对不是她笔下的那些将“私人生活”在读者公众面前搬演的女性。古人有言：文如其人，从这个意义上说，陈染的文非其人，颇扫了古人的兴。

我说陈染是世外高人，并非夸张之词。她的高妙之处就在于：封闭了自己，却让她笔下的人物与这个世界较真。就拿陈染笔下的人物最纠缠不清的“恋情”来说吧，父亲是可恋的吗？陈染笔下的人物却脱不了恋父情结；同性是可恋的吗？陈染笔下的人物却热衷于同性的恋情。但与此相反，异性是不可恋的吗？陈染笔下的人物却往往规避异性的恋情；他人是不可恋的吗？陈染笔下的人物却常常醉心于自我的肉身。如此等等，这世界原本是被上帝或曰前人（叫历史也行）安排好了的，用一句行话来说，就叫秩序。父亲在中国称作父严，同性在中国叫作姊妹，与异性的结合才叫夫妻，自己爱自己则被视作怪癖。现在你要把这一切都颠倒过个儿，这不是自己给自己找不痛快吗？所以陈染笔下的人物大都不痛快。这不痛快也有一些专门的说法，叫作矛盾、焦虑或困境。陈染让她笔下的人物纠缠于这些矛盾、焦虑和困境之中，她自己却躲在一边享受那一份特有的清高和孤独。

或者说，读陈染这样的先锋、现代作家的作品，不能以常情常理断之，那么，好吧，就说西方影响吧，就说女性主义或女权主义吧，但偏偏陈染说没有受过这些影响，“我自己就这么认为的。我比较欣赏那种超功利、超性别之爱”。这就对了，原来她笔下人物的那些个不痛快，不是因为什么女性主义或女权主义的西方影响，而是源于她的这种“超功利、超性别”的“爱之观”。既然要“超功利、超性别”，自然就无人不能爱、无性不能爱，当然也包括对自我的爱。那缘何又有不痛快之说呢？殊不知，这不痛快的根源，同样是西方人的马克思（当然还会有别的西方人）早就预言过了的。马克思在谈到人的受动性时，曾经说过，人只要是感性的，就是受动的，所谓受动，就是受限制、受制约的。这种限制和制约，当然也适用于最具感性特征的爱之活动。既然感性的人的一切感性的爱之活动都是受限制的、受制约的，所谓“超功利、超性别”的爱，当然就只能是一种理想的状态了。因为有现实的不满足，才会有理想、有幻想，所以，究其实，陈染笔下的人物所有的不痛快，都是源于陈染在现实中遭遇的不痛快，不过这不痛快不会是或不会全是因为爱的原因，而是一种存在的烦恼和困境。这存在的烦恼和困境，在哲学上，是一些艰深的名词和命题，但对陈染来说，却是与他人沟通的困难与不自然。她把这种困难和不自然转化为一种自说自话式的内心独白，这种内心的独白无需听众，但也不拒绝听众；不期待与他人沟通，但也不拒绝能沟通的人。陈染就是以这种方式来表达她的“生命意识”和生存意识，以此来表现人的内在的丰富性和复杂性的。所以陈染的理想主义应该称作生命的理想主义或生存的理想主义，这理想主义是要让生命和生存本身按照它所要求的那样去行动，如弗洛伊德所讲的人的本能，但偏偏这生命和存在的现实有许多规矩和秩序，要让人去承担许多矛盾、忍受许多矛盾（“承担”和“忍受”是黑格尔用的词），让人不得自由自在地按照生命和存在本身的要求去行动，于是就有了人的许多痛苦。这痛苦弥散在陈染笔下的人物身上，于是也就有了陈染的小说和她的小说中的故事。

好在陈染现在已经走过了那个与世界较真的阶段（当然是通过她笔下的人物），开始进入到一种她自己所说的“心气平和”的状态，既不“难为”别人，也不“难为”自己。或者如本辑主笔、我的博士生杨敏所说，“与世界和解，与自己和解”，以平常心做平常事，平平常常地过日子。作为一个作家，这或许要被人指责为从先锋位置的后退，作为一个女人，这或许要被人认为变得庸俗。但在我看来，经历过这个灿烂之极的平淡，正是陈染作为一个女人同时也作为一个作家的成熟。这成熟也意味着她对人的受动性的自我意识，其中当然也包括对人之爱的受动性，以及表达这爱的写作活动的受动性的意识。这意识并不意味着宿命，而是意味着现实。有什么比现实更丰富更复杂的呢，又有什么比现实更亲切更迷人的呢？从这个意义上说，陈染的转变同时也是她的理想的一个终极的实现。

自　述《

“个人化”与我自己

一、写作是最好的交谈

对于我个人来说，写作是最好的交谈。因为我对于人的内在的丰富性和复杂性有着特殊的兴趣，这使我总是有许多想法和感受。但我不喜欢口头的表达。当语句从嘴唇里流溢出来时，它常常是游离了原来的本意，可能根本就违背了初衷，起码它无法涵盖内心里复杂而敏感的意图的全部。交谈对于我，很难贴近事物本身的那个微妙的分寸。甚至有时候，外边的那些“言词”如同月光一样，是一种伪饰的光芒，毫无意义。在这种时候，信奉交谈是一种慰藉，无异于信奉画一个面包可以充饥。

但是，写作这一种交谈，我觉得它的丰富性、多面性是埋藏在文字深处的，只有当我把它付诸文字，也就是说当我写作的时候，我才真正感觉良好。好像是独自“玩”着一种极为高级的智力“游戏”，我愿意为这个“游戏”放弃其他的游戏，我独乐其中。

如果说，我的写作这种交谈是一段清唱，那么它就是众口一词、同声齐唱中的一曲细语般的不强加于人的复调式或多调式的一人承担的独唱；如果说，它是一幅不安静的随时准备张嘴说话的绘画，那么别人的阅读就是一只栗色或黑色、认同或否定的画框，使之完整；如果说，它是一种“疾病”，比如是一种难以诊断的复杂的“传染病”（当然，最好是一种对人体有益的“传染病”），那么没有哪一种“传染病”会比它传播得更快，蔓延得更广。

我的写作这种交谈方式，的确是一种精神运动，一种血液运动，一种心跳运动，它使我的生命力不停地运转，得以更好地生活下去。

二、“个人化”与我自己

我看到不少批判“个人化”的文章，无非是“个人隐私的大汇展”“专注于‘小我’的生存品味”“忽视作为主流的‘大我’”“肤浅而无聊的境界”，等等。棒子抡得很圆。

使我惊诧的是,抡棒者中竟有急火火的十分年轻的人和并不太老的人。

想一想,可能有如下几个问题。

1. 小说的个人化不等同于写我自己。

批判者凭主观臆断把小说里的“我”当成了现实生活中的作家本人,于是说“这是隐私的大汇展”。批判者并不认识现实生活的作家本人,怎么认定这是他(她)的隐私呢?把小说里编造或想象出来的情节当成真实,显然是一个错误。以《私人生活》为例,小说中所涉及的人物,比如T老师、禾寡妇、男友尹楠,都是我本人真实生活中从未存在过的人物。再比如小说中的“我母亲”一开始就去世了,而在我的现实生活中,我母亲的身体十分健康,比我的身体还好。既然小说是艺术的创作,是对经验的想象的产物,那么与作家的个人隐私有什么关系呢?我的隐私是属于我本人的,它是永远不会公之于众的。

2. 个人化不等于“小”,群体化不等于“大”。

小说中的“我”即是一个个人,一个存在。没有个人,妄谈“人民”。没有个人,所有的高调都是空的。而所谓代表着“群体”的“大我”的脸谱,或者过度强调普遍意义的所谓“典型性”,这个陈旧的格式其实除了千人一面、雷同复制之外,什么也没有。张仲锷先生曾经专文谈论过小说的“小”,提到小说忌“大”,譬如大而无当,一写长篇就要反映一个所谓的全时代,造成主题雷同的匠气,小说就是要往“小”里“说”。我以为,若是非要往“大”里“提升”,那么对个体生命的探寻(即个人化写作),不正是挖掘人类意义的过程吗?另一位前辈作家也曾在《谁是“人民群众”》一文中呼吁:呜呼人民群众,多少好事假汝之名以行!

3. 缺乏个人化的文化是“贫穷的文化”。

我们都知道,拥挤的居住环境、不得已的群居状态,没有个人的物质空间,忽略个人的存在,是物质贫穷的结果。而没有个人色彩的文化、缺乏独特的个体思想的艺术,则是“贫困文化”的特征。动辄以“国家”“人民”的幌子强行抑制个人的声音(此处仅指艺术范畴),武断地以“主流群体”的名义覆盖个人的意识(此处仅指学术范畴),应该说是精神的文明仍处于蒙昧不开的社会阶段的行为。现代世界几乎所有的哲学家,从康德、维特根斯坦到克尔凯格尔,无一例外地大谈个人的重要性,个人是人类的基本单位,精神的个人化程度从某一侧面可以看作一个社会文明的标志。英国的人类学家利奇(Edmund Leach)在两百年前的《社会人类学》里就已经谈到“个人主义是现代社会以及现代艺术的中心思想”。这个个人,绝不是“老子天下第一”,而是文明社会的丰富、多元、平等和百花齐放。

4.小说艺术从某一侧面始于个人化。

在历史之初，所有的艺术形式的存在都是以社会功能为目的，比如音乐的节奏在劳动时可以协调人们肌肉的力量，增加劳动的效率；雕塑或绘画的艺人也只是匠人，由命令者出意图，匠人出卖艺技。艺术史家称之为“复制”。工业革命以前的大多社会，虽然存在着不少艺术活动，但艺术史家们似乎从来不说它们是艺术。在这一点上，小说和其他的艺术是一样的。所有的艺术包括小说的创作都是由个人化的进入而成其为始，它以是否融入了个人化的独特性来区分“复制”与“艺术”的概念。《牛津英文辞典》曾收录了1809年时艺术史家们的论述：现代创作已经变成个人的现身说法，设法说明塑造自己个性的各种影响以及影响最深的人际关系，透露自己行事的各种动机，试图把自己的生命作为一个连贯的叙述，并且借着这个过程发现生命的意义。

中国的古文化源远流长，曾辉煌于世界之林。而当世界文明发展到了今天，我们今人的艺术观念却仍然停留在这个早已不成其为“问题”的问题上讨论来讨论去，真是令人啼笑皆非。这个问题的存在令人羞愧。

悲哀的是，这个陈旧的艺术观念仍将存在下去，也许十年、三十年，也许更久。也许需要几代人来完成。

三、成长的代价

坦白地说，我现在的心理状态和我的小说里呈现出来的已经不尽相同了，我现在每一天的日子都过得很平常，不压迫自己，更不难为别人。其实，这辈子没人能压迫我，除了我自己！

有时回忆起青春期时候的状态，觉得有点不可思议，觉得太跟自己过不去了，拿来许多人生的重大哲学压榨自己——我是谁？我在哪儿？别人是谁？别人又在哪儿？干吗要和别人一样？别人和我有何关系？我干吗要寻找这种关系？这世界到底是个什么？男人和女人？生还是死？多少岁自杀？用什么方式了结？——太多太多沉重的问题，我硬是让二十岁的敏感多思的神经全部担起，而且一分钟也不放过，这似乎成为我的一种生活乐趣。我的青春期就是这样一路跌跌撞撞、歪歪斜斜、半疯半醒、濒临崩溃地走了过来，走的弯路太多了，偏执的东西太多了。

比如，人们普遍地认为，聚拢成群的状态才是真正的生活，而我那时候却坚定不移地以为独自的空间和思考才是真正的生活；再比如，我曾经有个论调，说写作是为了能够活下去，现在显然应该说写作是一种乐趣；我曾经号称能透过半句话、半个眼神看到事物的本质，其实事物的内在情况要复杂得多。这些不是对与错的问题，而是把问题绝对化了。

有时候想，今天出生的孩子会不会与我不再一样，他们一生出来就是一个比尔·盖茨或索罗斯，一生出来就忽闪着聪颖的大眼睛对妈妈说，你欠我多少钱的出场费？一生出来小脚丫底下的路就都通向——明确。我想，这样的人才在当今的社会肯定越来越多，但也还会有另外一些少数人拿出与我同样的问题"难为"自己，甚至思考一生。

我记得美国哲学家弗罗姆对现代人的目的性和明确性曾深深地忧虑，大意是我们把时间和精力都花在那些能产生结果的事情上了，而我们说的、做的结果无非是金钱、名望和地位，也就是我上面谈到的——明确。这当然无可厚非。有人也许会问，哲学或者那些严肃的文学多少钱一斤呢？这个问题的确难以回答。人们首先要生活，但生活还包含乐趣或者个人愿望——现代人越来越少考虑去做任何无目的的事情了，忘记了去做一些不能很快换来结果（利益）的事情。可是生活有时候并不是为了达到什么目的，而只是它本身过程的乐趣。在这样一种功名、利益和消费等外在目的过于明确的追逐中，我们已经越来越多地远离和失去了"乐趣"，以至于难以想象它的存在。

也许我的想法是为自己曾经的思想之路寻找一种合理性。但是，我心里无比感谢那些"弯路"，它使我懂得今天的日子要过得闲疏而平常，亲切而自然，懂得我们既要拥有财富又知不是一个"钱"字可以了得，懂得我们应该是既复杂又单纯、既有深的质感又有松弛自然的表情、既恪守自己又通透旁人的人。

终于从"难为"自己的漫长道路中走出来了，发现这世界其实还是它本来的样子，不免有点失落。但是，今天的我们对于那些问题，也许会自如沉着地一笑了之，把它积淀在更深的地方，含而不露，不再迫切地对结果忧虑。这是成长的经验，也是成长的代价。

访　谈《

写作:生命意识的自由表达

——陈染访谈录

杨　敏　陈　染

一、本色状态的写作

杨敏:你的创作应该有20年的历史了,其间作品的风格经历了较大的变化。你每一阶段创作风格的变化与心态的变化关系密切吗?

陈染:应该是密切相关的。以前的作品是靠情绪和激情支撑小说的框架结构,现在我没有那么饱满的情绪,就不那么写了,现在的心态就是像近年来发表的《梦回》《碎音》中表现出来的那种。

杨敏:你从1985年发表第一篇小说《嘿,别那么丧气》开始,之后的那些小说表达的主要都是青春期的躁动和叛逆,感觉跟刘索拉的《你别无选择》挺相似。

陈染:是,那时的年轻人受西方现代派文化影响很大,在北京的大学校园里都弥漫着塞林格《麦田里的守望者》的那股劲儿。我在徐星、刘索拉那一拨儿人里年龄最小(刘索拉大我7岁),但叛逆劲儿特足,现在想起来觉得自己特幼稚。后来徐星、刘索拉都出国了。刘索拉现在回来也没那股劲儿了,老成得一塌糊涂。

杨敏:你觉得那是幼稚吗?但很率真啊,是不是处于那个年龄的人都有那股劲儿?

陈染:确实很幼稚,很正常的一种幼稚。当然那种率真、执着挺可贵的。如果青春期就那么老成和有城府是挺可怕的。

杨敏:那时你的作品给人的感觉跟自己较真到非常极致了。你是不是从小就很敏感?

陈染:对,比较敏感多虑,特别是处于青春期很容易多愁善感。那时感觉内心与现实的碰撞非常激烈,又不愿妥协,激发出很多尖锐的刺激与感受,也就是你说的"较真"吧。我现在绝对不较真了。那时很幼稚,把生活等同于文学,同时也把文学给生活化了。现在的心态更成熟、稳定,也可以说更灰暗了,过去想不通的很多事现在都可以想通了。那时虽不成熟,很敏感、叛逆,但因为有向往,才去较真、执着,现在我已经没有那么深切的向往了。

杨敏:“小镇神话”这个系列的小说是在什么样的状态下写出来的呢?

陈染:那跟我大学期间的一次湘西之行有关。那时暑假我跟几个朋友去湖南的农村,住了不到一个星期,但感官上受到的冲击挺大的。我们去的那个村子村民都姓麻,在那里房门都是敞着的,木头湿得发黑,到处都是红泥地,下雨天人人都光着脚,拎着鞋,晚上蚊子多得要用毛巾蒙着头才能睡着觉,还有山啊、田啊……我从小在城市长大,在那里感觉特别奇特:世界上怎么会有这样的环境和生活?在那种新奇感的冲击下,我写出了《纸片儿》等小说,那是一个很独特的系列,跟我当时的精神状态和现实生活都不搭界。但现在再让我写,我也写不出了。

杨敏:那些小说像《纸片儿》《塔巴老人》《不眠的玉米鸟》等,给人的感觉是神秘气息特别浓,是否受了马尔克斯的影响?

陈染:当时确实受了马尔克斯的潜在影响,但跟马尔克斯的风格也不一样。我不像莫言,他有农村生活的体验,在艺术感受和表达上更贴近马尔克斯,我只能从皮毛上阅读和模仿一下马尔克斯。我当时特别追求神秘主义的风格,它表现的不是一种表面的神秘,而是从精神深处感受到的对于现实世界的捉摸不定。对于世界未知的事物,我一向很感兴趣。人在宇宙中是非常渺小的,对很多东西都是失控的,对于包括神灵、宗教在内的很多事物都缺乏更深刻的了解,其实这些都是神秘主义的一部分。我喜欢在作品中营造一种未知,没有答案,只把未知摆出来就是了。

杨敏:另外,这些作品的现实感都不强,人物与故事似乎都超越了时空。

陈染:对,其实到现在我也不愿作品中的人物和故事太具象或刻意去强化时代气息。这可能与不同作家的文学价值观有关系,有的作家故意强化时代感、政治感,展现特定的历史情境,让人一眼就看出这是写“文革”、这是写“知青”。但我觉得这样写是有局限的,比如你要强化“文革”,现在的小孩看了可能就不理解。我愿意去挖掘和展现人性中更永恒、更深刻的东西,使作品在不同的时期阅读时都能得到呼应。

杨敏:那你后来为什么彻底放弃了“小镇神话”这一题材和风格的写作呢?

陈染:想象力是需要建立在一定真实体验的基础上的,那实在不是我的生活。湘西之行只是很短暂的5天的生活经历,当时处于青春期,特别敏感、抑郁,感官接受外界信号刺激的反应特别强烈,后来就再也没有那种感受了。现在如果让我去一个陌生的环境，恐怕再也没有那么强的新鲜感了。

杨敏：所以后来你回到你熟悉的生活，走出大学时代的青春期，90 年代从《与往事干杯》《无处告别》开始的作品表现出来的都是成熟都市女性的感受。90 年代初期应该是你创造力最旺盛、写作量最大的时期吧？那时你在精神上似乎总探寻着什么。

陈染：这涉及很多话题，大多是哲学层面的，比如说人类的孤独、人与体制的碰撞与对抗、人在现实中的困境等。

杨敏：你一直在探寻，也一直在逃跑？

陈染：确实，那时候我对人群和世界都有一种逃避感。当然你可以将这种逃避升华为一种主动性，但对于我来说主要是被动的，也就是没有出路的一种选择。既然在这个世界上找不到一个合理的位置，就只好自寻一个干净的地方，不断地寻找与逃跑。

杨敏：现在回想起那种对抗，你怎么看？

陈染：那种对抗是很正常的。碰撞意味着当时我对于一些情境的不理解，我的内心与外界经常是对抗的，潜意识里总在问"为什么会这样"。我现在不像以前那么敏感了，也没有这么强烈的碰撞了。以我现在对生活的理解，没有什么是不可思议的，包括情感问题、腐败问题、体制问题，都是正常的，存在就是合理的。

杨敏：也许没有那么多的较真、碰撞，没有那么多的"为什么"，就不会有那些作品，这算不算是一种写作的动力？

陈染：是，这也是我如今写作动力弱化的原因。我觉得我不是一个勤奋型的、以写作为职业的人，即使没有什么想要表达的，也要坐在那儿堆字。我是一个本色的作家，那时与人的接触很不正常，无法进行正常的交流，写作是我自我表达、自我平衡的一种方式，通过它为自己寻找一种精神的出路。

杨敏：那么在艺术上你主要追求什么样的风格呢？

陈染：不同阶段不一样，跟每个阶段的精神状态有关系，像早期小说中以直白的语言宣泄青春期的躁动情绪，"小镇神话"系列的诡异神秘，90 年代的《与往事干杯》《无处告别》等小说的抑郁与紧张。到 1997 年之后基本上就跟现在的精神状态很接近了，像 2000 年之后的《梦回》《离异的人》，有神秘主义的东西，也有更加灰色的东西。

杨敏：你 90 年代小说的语言很诗化，情绪非常饱满，而且注重意象的营造（像"凡高的血淋淋的耳朵""乳房像梨子般散发着幽香"之类），你是不是一直有这方面的追求？

陈染：我现在诗化的语言没有以前那么强烈了，神秘主义还是一以贯之的，灰色的调子更足了。我觉得一个成年人说话不能总像青春期那么诗化，说话跟讲散文似的。我现在不太看重文字表面，什么“麦穗女”“秃头女”之类的，而是更愿意在语言的内涵深处作探究。

杨敏：其实语言的诗化没什么不好呀！人们会说，这（诗化的风格）才是陈染呢！

陈染：在语言上我也是一个很本色的作家。思维与语言是同在的，我当时把生活艺术化，日常生活中的正常思维与表达就是那种诗化的语言。现在我的语言基本上就是《梦回》这样的，简单、平实。

杨敏：除了语言，还有形式，比如小说中每个章节的小标题，它有着什么样的意味？

陈染：那种小标题比如“你是一个小对勾呢？还是一个人？”这在当时是很跳眼的，它也有内容，不是纯形式的。它有疑问，在当时确实是一种抗议的声音：在单位，在很多人眼里，你就是一个符号，一个小螺丝钉，没有人的尊严。但我现在不会再那么表达，以我现在的心理状态再那样表达，感觉很幼稚。另外像“女人像头发般纷乱”“向日葵的尖叫”这种意象化的标题我也不那么追求了。那时青春期的精神紧张感特别足，弦绷得很紧，一碰就断。以我现在的心理阅历，还那么“向日葵的尖叫”，很幼稚，不对了。我现在觉得对生活泰然处之是一种大境界。当然有些作家压根儿就没有那种紧张感，他们从现实主义老老实实地走过来的那种从容平和，跟我经历了一番挣扎后达到的平和在作品的张力上的表现还是不一样。

杨敏：的确，你近年来小说中的人物身份也已经变了，《离异的人》《梦回》都是写的平凡的女性特别是家庭中少妇的生活，人物心态看起来也很平和，然而还是流露出隐隐的焦虑和神秘的色彩。

陈染：在后来的小说中，人和现实的碰撞还是有的，只不过已经被隐藏起来了。在审美上神秘主义是我一贯的倾向。我对模糊感很迷恋，有时在作品中故意设置一种模糊不清的状态。生活是很复杂的，人也是多面的、复杂的，不可能那么鲜明、简单，我愿意制造人物内心的混乱感、纠缠感，表现生活深层的矛盾感、复杂感。

二、成长的飞跃与不写作的自由

杨敏：我记得 1995 年《花城》杂志曾发表你与萧钢的谈话录，你当时说，“写作是我活下去的理由”。现在还这样认为吗？

陈染:我那时的心理太混乱、倾斜,对抗的东西太多,脑子里总是乱糟糟的,能够用文字倾吐出来,对我来说是维持正常生活的一种出路。也许有人会说,你真矫情,会认为写作是活下去的理由,这说明你有饭吃。没饭吃,还怎么写作?他这么说是以他的阅历来理解的,当时的情境是我真实的状态,以当时的心理状态而言,写作确实是我活下去的理由。尤其对一个总在思考"为什么"、总在寻找答案的人来说,写作也是一个思维整理的过程,是非常重要的生活方式。当然我现在不这样认为了,现在我没有太多表达和交流的欲望,写作也不像当时那么重要了。

杨敏:现在写作在你生活中占有什么样的位置?

陈染:写作只是一项工作,当然是我比较喜欢的工作。

杨敏:是什么让你变化这么大呢?是时间,年龄,或是阅历?

陈染:我觉得是阅历。那时,总是以自己的想象去理解世界,认为一切都应该是明亮与美好的,这其实很傻。可能是我后来在现实世界中碰撞得太多了,也可能是我把现实世界想象得更灰暗了,现在我什么都可以理解,觉得什么都是正常的。这是一种心理状态,不一定与年龄有关。比如说,我妈那个年龄的一些老太太让我觉得特逗人。那天我妈接到一个朋友的电话,俩老太太好久没见面了,约着第二天早上6点钟到公园见面去谈心、交流,准备谈到7点钟回家。因为7点钟家里人都起床了,钟点工也来了,要抓紧这工夫谈心。还别说年轻人,就是一个岁数大的人,在企业界或是政界,他都不会这样。谈心,谈什么呀?谈心能获得多少政治上的资本或经济上的利润呀?只有他们这些退休的老人,要约着早上6点钟谈心一小时。当然她们是从理想主义的年代里成长起来的。

杨敏:是不是因为我们这个时代成长起来的人都没有这种激情了?

陈染:我是不敢代表时代说话的。当然现在的年轻人也有要倾诉苦恼的,但都带着很多实用的目的,他自己要"倒垃圾",而我现在连倾吐"垃圾"的欲望也没有。

杨敏:但生活中总会有烦恼的呀!倾吐一下可能会缓解一些压力,使内心轻松些。

陈染:唯一也就只是轻松一些。你叨叨你们单位的人际问题、腐败问题和你的情感问题,但说完就完,并不能拯救什么,不能真正解决体制中的任何实际问题,以及现实生活中的任何处境问题。

杨敏:你的作品给人的感觉是作者和作品中的人物总处于很紧张、焦虑的状态,生活中你是怎样逐渐化解的呢?

陈染:过去由于内心与现实的冲突非常激烈,得不到解决,焦虑是经常的。尤其在 2001 年前后，因为包括写作在内的现实生活中的很多问题，我患上严重的焦虑症和抑郁症。当时应美国一个大学的邀请去进行文学交流，带着我母亲一起去了美国，在美国感觉自己要彻底崩溃了。回国之后去医院看了病，吃了 8 个月的药，才慢慢好转。从那之后，人越来越想得开了。对于我来说，那是我生命中很大的一次成长跳跃。

杨敏：那时写作的问题主要来自哪里？

陈染：总觉得没有强烈的写作冲动。以前，除了去单位，每天就坐在电脑前写作、读书，但后来每天早晨起床后不知道自己该干什么，写作、读书的愿望都没有了，从生活惯性上我觉得是一种脱节。我觉得这是不应该的。但我实在又是一个很本色的人，没有表达的欲望就不愿难为自己坐在那儿写。这种矛盾和苦恼也是很多作家共同具有的。我曾经在《文学自由谈》上发表过《不写作的自由》，表面上是对别人说，实际上是在说服自己：我有权力不写作，为什么总要跟自己较劲呢？2001 年前后的这个阶段对于我来说是一个很大的坎儿，每天从一个在惯性中写作、读书的生活到想写作就写作、想读书就读书的性情生活。

杨敏：是不是经历了这个过程，对生活的很多方面都开始看淡了？

陈染：从写作的苦恼中解脱出来，走出这个阶段，我觉得自己太好了。我开始过一种比较正常的生活，包括对家居建设的热爱，以及 2001 年底收养三三（陈染家的宠物狗），其实这些都是我转移情感的方式。我的一个朋友说我收养三三是情感的成功过渡与转移。我要努力摆脱过去生活的所有痕迹，包括写作和个人情感方面的事情。

杨敏：三三对于你的生活很重要吧？

陈染：我非常爱它，每天照顾它吃喝拉撒玩洗，把它当作儿子。现在的社会那样的功利，它给予我的真挚感情，是我为它花费多少操劳也无法回报的。

杨敏：喜爱你 90 年代作品的读者了解了你的变化，也许会觉得不习惯。他们会说，那时的陈染才是陈染呢！

陈染：我觉得读者是和我一起成长的。我不能拒绝人家永远处于青春期，但也不能阻挡我走过青春期。

杨敏：90 年代的时候你也有 30 多岁了，你觉得那时还是在青春期吗？

陈染：那是青春期的蔓延。我的写作与思想状态是一脉相承的。我现在理解的大境界是心平气和、泰然处之，是把严重感消解成一种幽默，如果总跟生活一块紧张，证明你还跟它在一条线上，没有跳出来。

杨敏:是不是很多作家都这样？比如说余华,早期小说那种“先锋”的东西可能是一种极致情绪的呈现,后来他就回归到一种现实主义的平和。是不是很多作家都会经历所谓“从绚烂归之于平淡”的过程？

陈染:我觉得倒不一定是因为一个作家出了名才会这样,人只要不断往成熟的方向发展,就会归之于大气与平静。这是一个正常的过程。比如王蒙写《组织部新来的年轻人》的时候是很有质疑的,但有一次王安忆说王蒙现在没有质疑了,我觉得不对。其实他现在的质疑藏得很深,表现为反讽、幽默和戏谑,你不能说他麻木或没有抗议了。不同的心理状态有不同的表达方式。

杨敏:你一直都是个沉溺于思想和精神世界的人,但有时你又希望生活具体、琐碎得“没有思想”,你的内心似乎总是很矛盾。

陈染:是,人不可能表面安静了就消失了内心的疯狂。像王蒙那样的大家,让他放弃所有的矛盾和挣扎也是不可能的,他也是在不断自我完善。

杨敏:你在很多文章中说很想追求一种朴素、平静的生活,你觉得你现在达到了吗？

陈染:我没有,但这是我的追求。比如我现在还有焦虑,当然是多方面的。但每次回到家,看着三三那么纯真的眼神,所有的不合理、矛盾就会被消解,说一声“算了”。这或许是一种理智上的自我调节,在情感、心理上还会有挣扎,但我知道哪是我更往前走的境界。比如像佛之类(当然佛我是不敢比拟的),它不是无缘无故走到那种境界、达到那种高度的。它浑然天成的平和、大度和超然,是需要经历很多内心的挣扎的。

我觉得自己并不是像很多人理解的那样变得平庸了,而是一种成长。我的从前是一副“反骨”,现在虽然内心依然是敏感和反叛的,但由于阅历的增长我能把那些锋芒的东西内敛起来,所以表面看来我还是一个比较乐观的人。生活是需要不断妥协的,需要用一种达观、幽默的态度去消解冲突。我不觉得自己这是变得平庸了,而是一种成长。而且,平庸也没有什么不好,现实生活中的平庸也分很多层面,一个有文化感和有追求的人和一个没有追求的人的平庸是不一样的。人家怎么理解是人家的事,我还是愿意走自己这样的生命过程。

三、关于评论、读者与其他

杨敏:对于评论家的评论你怎么看？你似乎不太在乎评论？

陈染:也不能说不在乎,那时年轻气盛,说“你们爱写什么,我不在乎”,这对于人家的工作也是不尊重的。只能说我觉得评论跟我没有太大关系。人家说的体系跟你的体系是一样的,是人家的工作;人家说的跟你写的完全风马牛不相及,你觉得理解不到位,那也是人家的工作。人家可以从人家的角度进行评说,没有什么不可理解的,跟我的写作本身没有太大关系。

杨敏:评论界提及你的时候,总离不开"女性文学"和"个人化写作",你对此怎么看?

陈染:"女性文学""个人化"只是我创作的一个侧面,评论有它合理的一面,也有偏颇的一面。

杨敏:你1995年发表《破开》,非常直接地宣扬"超性别意识",感觉简直是女权主义的宣言。是否受了女性主义文学的有关评论或是国外女权主义思潮的影响?

陈染:没有,我就是这么认为的,我比较欣赏同性之间的情感,那种超功利、超性别之爱。评论文章我看得很少。在中国还是写作在前,评论在后的。

杨敏:人们总是将你和林白放在一起加以评论,你对此如何看?

陈染:我觉得我们还是不一样。当然我们两人的创作都是从80年代走过来的,都表达女性的个体生命体验。林白也追求语言的表现力,但她更强调感性的体验,而我一直是要把思想、哲学层面的东西强化到作品中去。

杨敏:你平时和其他的作家在创作上交流得多吗?

陈染:不多。作家之间基本上不谈创作,也就是斗斗嘴,谈些生活的俗事。作家其实是挺孤独的。

杨敏:创作过程中你如何看待读者的阅读反应?

陈染:到现在为止,我也觉得读者跟我没有太大的关系。虽然这样说有时会很冒犯读者,好像你不尊重人家。其实不是我不尊重读者,我觉得我写作的原始动力来自自我表达的欲望,写作是我内心的过程,如果我内心与读者有碰撞,那说明我们有缘分,而不是为了迎合读者写他们需要的故事。读者是什么样的呢?你不用去迎合他,但如果你的创作保持一个有质量的状态,也是会得到呼应的。我现在还有一个比较固定的读者群,在纯文学作家中市场还算是比较好的。

杨敏:你的读者主要是些什么类型?

陈染:很难界定他们的职业类型,我想应该是一群还不麻木的人,是一些还想探究生活是怎么回事、想一想"为什么"的人。

杨敏:你现在还经常外出远行吗?这种外出对你的生活和写作有无影响?

陈染:有时候也去外地旅行或参加一些活动,但对于我都没有什么太大的冲击和影响。每次回来,发现世界没有什么太大变化,去美国一趟也就那样。也许是因为人变得木然了,就像人家说的那样,你不敏感了,没有激情了。

杨敏:你现在的日常生活是怎样的状态?你对自己的状态满意吗?

陈染:我现在生活比较有规律,每天按时起居饮食,有时去一下单位,大部分时候在家读读闲书。写作量明显减少,特别是小说更少了,主要写一些散文。我现在基本上顺其自然,没有太多的焦虑和急迫的心理控制着、压迫着自己。无论是写作,还是出版社的工作,每一天对于我,如同一张光滑柔软的白纸,在早晨自然醒来时缓缓展开,我往上边涂抹什么、怎么涂抹都可以。当然,我的内心深处依然常常存在着若有若无的怅然若失,和隐蔽得连我自己都不易察觉的某种反省。我不惧衰老,更不怕死亡。我反复思量的是,我要如何面对未来几十年漫长而重复的乏味。乏味,这其实才是我们平凡生活的本质!只是,不同的人用不同的方法,积极的或者消极的,来对待罢了。

杨敏:你对今后的写作如何打算?是否想尝试去写另一个人群的生活?

陈染:我感觉,岁数越大,想说的话越少,经常是想一想之后,觉得不说(写)也罢,算了。我越来越理解张爱玲晚年的只字不写、闭门索居。当然,到今天为止,文学和艺术仍然是我最大的爱好。我是一个很本色的作家,不想靠写作计划过日子,而更愿意顺其自然。如果我内心积聚了很多东西,想表达了,就会坐在那儿“吭哧”“吭哧”地写;如果没有表达的欲望,也不想成天坐在那里堆字。

尝试写另一个人群的生活当然是我的一个愿望。我不想再去写黛二小姐,如果再写,黛二也成了中年妇女了。不一定要写知识女性的身份,但也不能脱开太远。你要我写农村妇女,我压根一点儿感觉也没有。你让我写一个政府的官员,我也写不来,但我可以写一写像单位的会计、有知识的管理者之类的人物。无论如何我要与过去的黛二小姐告别了。

杨敏:通过今天与你的谈话,感觉无论你的小说和个人生活都变化了很多。你曾说在20岁的时候,生活中的一个重大课题就是想把自己变成一个快乐之人,与这个世界和睦相处。随着岁月的增长,心态的成熟,你达到了吗?你现在是怎样理解快乐的?

陈染:我从20岁的时候,就一直在说服自己,可到今天也不能说我是一个快乐的人,但还是在不断说服自己。我觉得快乐是一种成熟的能力,用幽默的态度消解种种难题的能力,是悲哀过后想通人生、平和而愉快地活着,这应该算是我的一个追求吧。我觉得,一个智慧的人,他的人生走向也许是这样的,早年激烈的悲观主义,然后是温和的怀疑主义，再然后是明晰的乐观主义。这个乐观主义不是傻乐，这里边依然有怀疑，有否定，但是多了一层坦然，多了一层世事沧桑心事定的豁达，看开了，快乐也是一种阅历吧。

杨敏：你今后的人生目标是什么？

陈染：一个人即使设定了目标也不见得实现得了，顺其自然吧。我现在没有刻意定过什么目标，无法想象靠目标过日子。我基本上愿意做一个性情中人。

杨敏：祝你今后的日子健康快乐！

陈染：谢谢！

2004年8月13日于陈染家中

评 论《

论陈染小说人物的心理困境

杨 敏

陈染执拗，这从她80年代以来在中国文学主流之外的边缘小道上的孤独行走可见一斑。陈染的主要作品多发表在90年代，在这些作品中，陈染执拗地以类型化的人物与故事表达知识女性的个体体验与感觉，展现女性矛盾重重的内心世界，创造出颇具精神分析意味的独特文本。

一、寻找与逃离

不断地寻找与逃离，是陈染小说人物面对世界的姿态。循着她们生活的轨迹，透过一幕幕颇具象征意味的生活场景，可以看出情感的追寻与失落显然是她们内心生活的重要内容，其追寻的执着与失落的绝望展示了一个现代女性残缺的生存处境。

从狂躁的“九月”，从城南废弃的尼姑庵，那个十六岁的瘦弱女孩忧伤地走在成长的路上——她没有父亲，自小家庭不和，父爱的匮乏给“我”的生命带来残缺，父亲的身影成为一堵巨大的墙，阻挡着“我”走向世界。在陈染的小说中，恋父与审父两种心理始终是纠结在一起的。一方面，“我”仇视父亲，在家庭中他粗暴、专制，缺乏对“我”的关爱,使“我”感到恐惧、憎恶,以至于《私人生活》中倪拗拗在梦幻中将父亲变成囚犯,并亲手用剪刀剪坏父亲的新毛料裤子。与此同时,“我”又异乎寻常地渴望一个真正的父亲,他宽厚、温情,能够给“我”以心灵的依赖。在不同作品(如《与往事干杯》《巫女与她的梦中之门》《私人生活》等)中,“我”的初恋对象无论在年龄、外形与性格上都与父亲相似,还有《嘴唇里的阳光》里那个温情而权威的牙科医生,《无处告别》里以黛二为实验品的具有权威感的气功师,这些“父亲”形象的反复重现,无疑都是为了疗救自我心灵创伤而寻找的替代或补偿。父亲形象作为一种包含文化秩序的巨大象征早已内化为陈染小说人物的自我人格的一部分,同时她们自觉的女性主义立场又使渴望与拒绝相互纠缠,不断以精神分析者的姿态对自我的心理进行解析。被俄狄浦斯情结缠绕着的“我”始终未寻找到理想之父,这也阻挠了“我”对异性的正常健康的爱情,以至于小说中的异性之爱弥漫着伤害和宿命的悲剧意味,在痛苦的挣扎中,“我”一次次选择了拒绝与离去,到最后甚至对男性世界表现出一种决绝的告别姿态。

母女同构的场景在陈染小说中与恋父的场景具有同样重要的意味——女性人格构成中“恋父”与“恋母”的并置。在残缺的家庭中,母爱浸润着女儿成长,两人相依为命度过漫漫岁月,但表面的契合下隐藏着无休止的心灵战争,母亲失去伴侣而缺乏异性情爱,注意力和情感都倾投在女儿身上,也要求女儿同等回报,这就使母女间的生活显得异常尴尬与紧张。母亲有时对“我”来说,是“隔着门窗的边边沿沿的缝隙处察看她”的灼热焦虑的眼睛(《无处告别》),是凌晨半梦半醒之间俯身立在“我”床头的蒙面黑影(《另一只耳朵的敲击声》)。女儿的成长对于母亲来说意味着远离与背叛,帝王般的母爱成为捆缚女儿的绳索和阻碍女儿完成自我的监牢,女儿则怀着永恒的负疚情结抗拒这个最亲密却又最遥远的老女人。

同性之间的情感是母女之情在更为广阔的性别场景上的延伸,也是陈染小说的一大特色。早在《与往事干杯》中对于自己“恋父”故事的倾诉,其听众便是“我”的挚友乔琳,显示了“我”对同性朋友的信赖。对于那些饱受男性世界压迫与伤害的女性来说,同性之间彼此情感的慰藉成为生命中的重要依托,以至于到《空心人诞生》中的母亲与苗阿姨、《另一支耳朵的敲击声》中的黛二与伊堕人以及《私人生活》中的拗拗与禾寡妇,同性情感已超出友谊的界限,带有同性恋的倾向。陈染清楚同性之间的情感有时是相当危险的,在女性的情感领域只有个人竞争,知心朋友有时实际是心灵相通的敌人,如《潜性逸事》中的李眉与雨子,《饥饿的口袋》中的薏馨与麦戈,她们既是对抗男性的同谋者,又是同一男性的竞争者。而在《麦穗女与守寡人》中,

“我”和女友英子夜乘出租车，在一幕幕迫害妄想的场景中，“我”试图去庇护处于暴力阴影中的女友英子，于狂乱中杀了臆想中的阴谋制造者和“诱拐者”——出租车司机，结果被送上审判席。审判中，“我”寄希望于英子能出庭作证，指出“诱拐者”以救“我”出困境，而英子的手指却指向了“我”。这致命的一指无疑昭示着同性之谊的危险性。

在同性情感的探索中，“超性别的意识”是陈染倡扬的，在她的散文《超性别意识与我的创作》中，她宣称，越是思想深刻的女性和男性，越难于找到对等的异性伴侣。既然理想的爱人无法在异性中找到，她或他“有权力按自身的心理倾向和构造来选择自己的爱情，这才是真正的人道主义”。小说《破开》可以说是这种“超性别意识”的形象阐释。两个女子——“我”和殒楠渴望打破男权社会的生活、文化及艺术准则，彼此欣赏怜惜并决心永远携手相伴。两人甚至打算建一个真正无性别歧视的女子协会“破开”，以倡扬其“超性别意识”，这种意识在现实社会中具有强烈的先锋性，幻想与现实的相悖注定主人公走向一个窘迫、幻灭的结局，就像那滚落一地的石珠，使“我”的舌头僵在嘴唇里像一块呆掉的瓦片。

从异性到同性，从理想之邦到现实的窘境，陈染一直奔走于寻找与逃离之间，正如她曾经说过自己“最大的本领就是逃跑”①，对于世界她采取的是多重拒绝的姿态，拒绝与内心相悖的情感，拒绝现实体制的诸多规范，拒绝女性被约定的传统角色——她是一个叛逆者。因为与周围世界的和谐相处存在障碍，使得陈染小说的主人公在希望与绝望的双重真实中陷入孤独的境地。

二、一个人的战争

关注个体，倾听自我，在陈染自足封闭的私人空间里，女主人公们进行着心灵的厮杀与拼搏，而场场心灵战争的对手并非外在的他人，而是她们自己。

由于陈染小说的主人公大多成长于孤单抑郁的氛围中，而又敏感多思、颇具才情，使得她们常带有孤芳自赏、顾影自怜的自恋倾向。“那样一个十六七岁的纤弱、灵秀、永远心事重重的少女，端端正正从我对面的镜子里凝视着我，那皮肤白皙细嫩得可以挤了奶液，眼睛黑黑大大，黑得忧郁，大得空茫。”《与往事干杯》里的这一场景在不同的小说中重现，“我”欣赏着我，与自我对话，自我的镜像是“我”依恋和倾诉的对象，同时也在审视着自己，对自我进行解剖，在独自沉思默想中找寻生存的意义。

---

① 陈染：《一封信》，《陈染文集·女人没有岸》，江苏文艺出版社1996年版，第76页。

《私人生活》是“我”的成长史，其中的倪拗拗自小便爱与自我交流思想，她将自己的胳膊取名为“不小姐”，代表意志，将自己的腿取名“是小姐”，代表肢体。在“不”与“是”成长的“我”注定要为自己制造很多问题，因为这样才能使自己的思想“很热闹”。而一旦“我”的理想与现实发生冲突，这种“热闹”就会变成自我的纠缠。“我”是在纠缠中走过青春期的：“我”本应如野草和星星般，自然地生长灭亡，而“我”的思维却不安分地寻找得不到的东西。“我”不愿做机器般强加于“我”的东西，但“我”上课时却是听话的好学生；“我”渴望一个理想的父亲般的男人却又对之充满恐惧……伴随着成长，纠缠日益加剧，表现在对于情感的渴求、个体与体制的对抗、对于生命价值的探寻等诸多方面。

对身体经验的大胆书写伴随着陈染小说情感追寻的历程，也是陈染小说一个备受关注的特征。但有别于时下新新人类对于欲望的大肆彰显与渲染，身体的欢愉并不能使陈染的主人公们得到内心的满足，反而更多标示着其情感的匮乏和心灵的焦虑。《无处告别》里，黛二与朋友、黛二与现代文明、黛二与母亲，都因她纯粹的心灵之爱的理想而隔膜、疏远着，气功师的诱导使她恍然觉得找到了多年苦苦寻索的东西，然而精神之爱的渴求遭到了气功师功利性的利用和亵渎，这摧毁了黛二，使她明白灵肉统一的爱情不过是一个心造的幻影。在拒绝凡尘俗世的幽闭空间里，浸染着书香、掺杂着幻想的情感是难以为外人了解的，黛二在现实世界中难以找到一个能够与之沟通的心灵。但这并不妨碍她与异性的肌肤之亲，在精神上她向往一种纯粹的古典情怀，一种“尼姑庵情结”①，而当内在的欲望降临，她又显现出现代女性对于性爱的开放与随意，如《无处告别》里的黛二与琼斯以及《另一只耳朵的敲击声》中的黛二与“大树枝”，精神与肉体是各行其是的。“她既要解放了的现代女性的感官体验欲求，直接纯粹的身体行为；同时又无法摆脱深埋骨中的古典性的沉思冥想，她向着彼岸的圣界和此岸的感性，同时迈出她分裂的双腿”②。这样一个矛盾重重的成年女子，清醒地面对着自己的残缺，冷静地自我分析着，痛彻地进行着自我的建设与毁灭。从由异性身上寻求理想的爱到从同性身上寻找精神的支撑，一系列的矛盾与尴尬使得她的心灵无法得到安宁。正如前文所述的那样，陈染始终处于情感的追寻与失落之中，她之所以总处于情感漂泊状态，与她内心的动荡与漂泊有关，她无法认同现实生活，也无法被生活认同，从而无法保持自身的统一与完整。

关注自我，解剖自我，在个人的小天地中自我反省与斗争，这样一个“我”是深邃

① 陈染：《另一只耳朵的敲击声》，《陈染文集·沉默的左乳》，江苏文艺出版社1996年版，第206页。

② 陈染：《另一只耳朵的敲击声》，《陈染文集·沉默的左乳》，江苏文艺出版社1996年版，第192页。

复杂的,同时又是分裂与残缺的。陈染曾这样分析“我”的精神状态:“我是一个唯独没有现在的人。这是我与生俱来的残缺。而一个没有现在的人,无论岁月怎么流逝,她将永远与时事隔膜。所以,她永远只能在渴望孤独与逃避孤独的状态中煎熬。”[①]正因为人物现实感的缺乏,使得陈染小说文本在时间上呈现出回忆与眺望两种叙述姿态,从《与往事干杯》开始,到后来的《站在无人的风口》《巫女与她的梦中之门》《私人生活》等,在绵延的记忆中,“我”得以真实地面对自我,体味生命的快与痛。与此同时,梦幻又纷沓而至,从《时光与牢笼》到《与假想心爱者大梦中守望》《破开》,“我”反抗着现实,假想着属于未来的快乐,承受着梦想破灭后的困窘与绝望。在过去与未来的缝隙中,现在的“我”是孤独的,始终无法摆脱一个追求精神家园的现代女性所面临的生存困境。

三、何处是岸

性别的复苏与自我意识的觉醒是陈染小说中女性的共通之处,也是造成她们生存困境的首要原因。从异性到同性,她们不断地“寻找与逃离”,竭力反抗传统男权社会赋予女性的角色规范,进行着精神的追逐与流浪,从而也将自己置于极为苦痛的境地。

在陈染的小说文本里,幸福与快乐与主人公是绝缘的,由于过去的偏执压抑,沉溺于个人冥想,且长期为紧张、焦虑、忧郁等负面情绪所困扰,她们的心理常呈现出病态的表征。《另一只耳朵的敲击声》中黛二虚无绝望,“死亡经常缠绕在我的颈间,成为我精神脱离肉体独立成活的氧气”。《私人生活》中母亲去世后,倪拗拗成为一无牵挂的“零女士”,她断绝与外界的一切交往,患上不可救药的幽闭症,以至于只有躺在浴缸里才感到安全。《无处告别》里黛二甚至为自己设想了死亡的场景,“把自己安详地吊在树枝上……那是最后的充满尊严的逃亡地”。以生命的终结去逃离现有的秩序,这种反叛可谓彻底、悲壮,但又是那么的绝望、无奈,这难道是女性获得精神自由的途径?

“一个人身处在一个破碎的外部世界中,如果她不能及时地调整内在的和谐与完整,她就会和外部世界一同走向崩溃,她自己也会支离破碎”[②]。显然,陈染笔下的女性未能很好地实现自我的和谐与完整。她们不断地解构,解构着现存的秩序,也解构着自我。过于的逃离人群与社会,走向幽闭、与世隔绝,使得她们缺乏与外界沟

① 陈染:《与往事干杯》,《陈染文集·与往事干杯》,江苏文艺出版社1996年版,第62页。

② 陈染:《私人生活》,《陈染文集·私人生活》,江苏文艺出版社1996年版,第246页。

通的能力，更缺乏足够的力量去重筑一个新的世界。

陈染是一个理想主义者。她将追求完美而不得的焦虑与痛苦转化为文字，以诗化的语言创造出一个似真似幻的艺术世界，其小说人物的心理困境与其内心的诸多“情结”纠缠密不可分。陈染有部短篇剧作，演绎了与其诸多小说女性相类似的故事，剧本道出了她们的共同结局——“女人没有岸”。其实陈染过于悲观，走出心理困境的办法其实也很简单：既然理想只是一个遥遥无期的梦，不如放弃完美，以妥协的姿态走向世界，走向沟通与对话，与世界和解，与自己和解。陈染后来也确实这样做了，她要努力实现内心的平和，其小说艺术风貌也就自然告别了过去。

（载《小说评论》2005年第5期）

主要作品目录《

长篇小说

《私人生活》，作家出版社1996年版。

中短篇小说集

《纸片儿》，作家出版社1989年版。

《嘴唇里的阳光》，长江文艺出版社1992年版。

《无处告别》，时代文艺出版社1993年版。

《与往事干杯》，湖北辞书出版社1993年版。

《在禁中守望》，新世界出版社1994年版。

《潜性逸事》，河北教育出版社1995年版。

《站在无人的风口》，云南人民出版社1995年版。

《凡墙都是门》，华艺出版社1996年版。

《沉默的左乳》，江苏文艺出版社1996年版。

《陈染小说精粹》，四川人民出版社1998年版。

《残痕——私小说》，经济日报出版社1999年版。

《沙漏街的卜语》，时代文艺出版社2001年版。

《爱之初的诱惑》，云南人民出版社2001年版。

《另一只耳朵的敲击声》,作家出版社2001年版。

《碎音》,新世界出版社2002年版。

《管你爱不爱》,浙江人民美术出版社2003年版。

《离异的人》,生活·读书·新知三联书店2004年版。

散文随笔集

《断片残简》,云南人民出版社1995年版。

《阿尔小屋》,华艺出版社1998年版。

《独自在家》,陕西师范大学出版社1998年版。

《声声断断》,作家出版社2000年版。

《不可言说》,作家出版社2000年版。

《我们能否与生活和解》,作家出版社2001年版。

《时光倒流》,新华出版社2003年版。

《记忆比笔墨更深远》,时代文艺出版社2007年版。

《谁掠夺了我们的脸》,作家出版社2007年版。

《人语·物语·狗语》,江苏文艺出版社2009年版。

《流水不回头》,文汇出版社2010年版。

《与另一个自己相遇》,百花洲文艺出版社2015年版。

文 集

《独语人》(收录小说、诗歌和散文),北京燕山出版社1993年版。

《陈染作品自选集》(上下卷),光明日报出版社1996年版。

《陈染文集》(4卷),江苏文艺出版社1996年版。

《陈染文集》(6卷),作家出版社2001年版。

《陈染自选集》,现代出版社2006年版。

《陈染文集》(4卷),百花洲文艺出版社2015年版。

其 他

《陈染影记》(传记),河北教育出版社1998年版。

陈世旭

男，1948 年生，江西南昌人。

小　引《

我相信除了他的亲朋故旧，多数认识陈世旭的人，最初是通过他的作品，尤其是那篇脍炙人口的《小镇上的将军》。我自然也是这样认识陈世旭的。但在此之外，我与他的相知，还有一点后续的机缘。这机缘，便是他在我供职的武汉大学上作家班的时候。在这期间，我与他的关系，是亦师亦友：名分上是师生，实际上是朋友。而且朋友的成分要远远多于、高于师生的名分。这一方面因为我们本是同一代人，有着共同的“上山下乡”的革命经历；另一方面则因为我们的年龄不相上下。我虽然虚长一岁，但按照我们老家旧式的说法，勉强也可以与他拜个老庚。更何况他“上山下乡”比我早，称得上是前辈“知青”，我纵然后来比他早一点上大学，多这一点资格，又怎么好意思以老师自居呢！

其实，以朋友相处比以师生相处要自在得多。以师生相处，多少会有祖宗传下来的那一点顾忌，即使不刻意讲究，下意识深处总还是有一些的。以朋友相处，则没有这一层天然的厚障壁。除却了这一层厚障壁，也就容易见出一个人的本色来。

世旭的本色是冷调子的。至少从外在的表现来看，是如此。至于是否有内热，热到什么程度，除却他的作品，在日常生活中，是很少见他表露出来的。因此在他的同学中，他也就显得格外老成。无论是年龄还是做派，他在同学心目中，俨然都是一位老大哥。他的老成，不仅表现在为人处事上，同时也表现在求知问学上。也许因为职业使然，作家班的学员，常爱惹些公私方面的小是非，世旭在读书期间似乎未见有这类“非闻”。他似乎也不急于写作，而是一门心思扑在读书听课上。我常常担心他读着读着，就像我们一样读傻了，再也不能回去当一个小说家了。可听他谈读书听课的感想，又分明是地地道道的小说家言，全无我等的冬烘学究气息。不久以后读到他写大学生活的一些短篇小说，果然从中读出了一点学问的底气。方知世旭的读书问学，不仅在尽一个学生的本分，同时还在修炼一个小说家的内功。他后来写知识分子的小说，竟自成一个独具特色的系列。其中的材料虽不全是取自大学校园，但这段“恶补”知识的历史，毕竟也让他连带着对知识人多了一层新的认识和了解。从这个意义上说，世旭的好学，终归是对他的创作有所裨益。

也许这段读书问学的生活，让世旭沾染了太重的知识分子气，或许他的骨子里天生就有一种古代士人的气质，所以他的思想和艺术，在如今这个时代，才不合流俗。这一方面固然是世旭的幸运，让他保持了清醒地审视现实生活（包括艺术）的一份权力和勇气。他的作品的某些批判锋芒和道德理想，我想就该是源自他的这一点精神气质。但另一方面，也不免要让他陷入某些矛盾和困惑之中。因为这物质的和精神的流俗是如此的强大，且会愈演愈烈，历久不衰。面对这强大的流俗的力量，以世旭一人之力，显然是无法抗争的。在当代文学中，似乎又缺少巴尔扎克式的"批判现实主义"，相反，倒是有许多作家迎合这现实，追逐这现实，从这现实的俗务中，获取各自所需要的名利。这就不免要让世旭这样想坚持一点知识分子立场和人文精神的作家为难。虽然这样的作家也不在少数，但终究布不成阵，成不了气候，左右不了时势，也就无法挽狂澜于既倒了。但话又说回来了，文学也似乎从来没有这样的牛力。要不，鲁迅当年怎么会说大炮比诗歌厉害。更何况今天要面对的不是一个军阀孙传芳，而是千百万人心中的物欲这个万劫不灭的混世魔头，诗歌和文学自然就显得更加无能为力了。

好在世旭也不想一个人单打独斗地反潮流，更不想效法他的乡先贤张勋，组织一支"复辟"现实主义的辫子军，他只想在这个人欲横流、追名逐利的世界中，保持自己的一点精神人格的独立性。但真正要做到这一点，很难。所以世旭笔下的众生，无论是小镇人物，还是知识分子，都不免要陷入这两难之境。本期主笔江磊说世旭笔下的人物是在"夹缝中行走"：陷入了"困境"，又想"突围"，进退维谷，左右不是。这又何尝不是世旭本人的处境呢？千百年来，陷入类似"困境"的文学家实在不在少数，但又有几人真正成功地"突围"而出呢？所以这样的处境不啻是文人的宿命。

对这种宿命的意识，世旭也有一份难得的清醒。读着他在自述里附的那首自嘲诗："无事静坐，有福读书；偶得所感，作文遣兴；旧雨新知，淡酒薄茶；到水穷处，看云起时；鲲鹏扶摇，恭贺新禧；蓬间雀戏，不亦乐乎！"你或许觉得，他的这种态度，实在有些太过超然。但仔细想想，你又不能不说，这又不失为一个作家在当下可能有的一种明智的选择。虽然这种选择不是理想的极致，但却是一种精神的保全。文人毕竟不是政治家，他不能以他所拥有的物质力量去改造社会。但文人也不是出家人，时刻不忘把他拥有的东西"放下着"。他得坚持一点什么。这坚持的东西，不是像政治家的权力那样，是别人赋予他的，而是像一个一无所有的出家人那样，是他的自身所固有的。这自身所固有的东西，无非两样：一是肉体，一是精神。肉身只要不死，是无须坚持的，但精神相反，你不坚持，它必死灭。是故文人所能坚守的，古往今来，唯精神而已。

自　述《

写作的景观

人多有慕名趋名心理。因而凡名山名川名景名胜名楼名阁名园名刹名石名树，人们便趋之若鹜，五行八作，三教九流，呼朋引类，扶老携幼，摩肩接踵，往来如织。由此有了“泰山归来不朝岳，黄山归来不看山”的说法。如果仅仅是为了极言泰山、黄山之胜，没什么不可以。如果真以为从此无岳可朝，无山可看，恐怕就未必见得。

陶渊明“悠然见南山”，其心悠然，其身却并不在南山；李白的《独坐敬亭山》，后人赞之极具“独坐”之神韵，而敬亭山则不过是宣城外一座寻常峰峦，有名的只是六朝以来的江南名郡宣州；写了前后《赤壁赋》的苏东坡，在一个极平凡的月夜游了一座极平凡的寺庙，同样留下传颂千古的《记承天寺夜游》；欧阳修“醉翁之意不在酒，在乎山水之间也”，其山水除因东晋琅琊王司马睿避难而小有名气外，并不是特别的名胜。

自然形胜的奥妙无可穷尽：“会当凌绝顶，一览众山小”，何其高远；“大漠孤烟直，长河落日圆”，何其壮阔；江南秀丽，塞北苍茫；皇宫巍峨，村落淡远；标新立异的现代建筑固然大开视野，古老腐朽的废墟残迹同样启人深思。孔子说：“知者乐水，仁者乐山。”此中玄机，在于非止于目之所接，乃归于心之所得。因为人与人之间的种种不同，面对同样的景观，各人的感受完全可以是大异其趣的。

如今游人惊羡的北京故宫御花园，当年的末代皇帝却只醉心于百年老树上蚂蚁的自由爬行。曾在火车上见到一位来自塞外戈壁的旅游者，花了巨资专程来南方度假，并不寻访名胜，而是一味地晓行夜宿乘车坐船，他需要的只是这满世界的草与树的绿色，水与雾的湿润。平生但得机遇，能够北上南下东奔西走，甚至远涉重洋，历览五洲，自然是人生一大快事；然而，三五友人，浮生但得半日闲，相邀于所居既久的城市郊外，或疏林或荒湖，置几碟小菜，举几盏薄酒，诵明月之诗，歌窈窕之章，其兴不也足以使人不知东方之既白吗？

尼采认为应该把人生当作一个审美过程。倘若将写作当作一种人生，则写作也即是一种景观：阳光雨露、春华秋实是景观，冰雪风霜、炎夏严冬也是景观；才华横溢、少年得志是景观，艰难困苦、玉汝于成也是景观；豪门大宅、高官厚禄是景观，泥墙茅盖、粗茶淡饭也是景观；意气风发、前呼后拥是景观，闲居索处、吟风弄月也是景观；高朋满座、觥筹交错是景观，青灯一盏、黄卷一抱也是景观；指点江山、臧否人物是景观，独善其身、修洁自好也是景观；辉且煌矣、有名有利是景观，平而淡也、无愧无悔也是景观。

凡此种种，不一而足。而我的情状则是：

无事静坐，有福读书；

偶得所感，作文遣兴；

旧雨新知，淡酒薄茶；

到水穷处，看云起时；

鲲鹏扶摇，恭贺新禧；

蓬间雀戏，不亦乐乎！

访　谈《

写作是一种生活

——陈世旭访谈录

江　磊　陈世旭

江磊：陈老师，非常感谢您在繁忙的工作之余抽空接受我的访谈。请问您是什么时候开始写作的，或者说您什么时候有了创作的念头？您走上文学创作道路比较早，而且一开始就在小说创作领域取得了很好的成绩，您还记得自己发表的第一篇作品是什么吗？您的文学启蒙教育情况如何？

陈世旭：我真正走上文学创作之路，是从1978年开始的，尽管在这之前，已经从事过相当一段时间文字工作。对我个人来说，20世纪60年代，是一连串物质贫乏的日子，同时又是一些充满了理想主义激情的岁月。读初中的时候，我对文学产生了兴趣。下乡以后，有一些好心的大朋友送了我一些书，我在乡下翻来覆去地就是啃那几本书,一面竟野心勃勃地写起东西来。起初两年,我几乎每天都写诗,就像着了魔,一边干活一边搜肠刮肚,回来就边吃饭边写,弄得整个屋子里到处都是稿纸。在当时,文学是我最重要的支柱之一。

直到今天,我都常常觉得,我之成为一个专业文学作者,真是一场梦。一切来得这样突然,因而也就显得非常偶然。但是,单单是“偶然”,恐怕不足以把这一切解释得很完整。固然,初中开始对文学的接近,下乡期间啃的那阵“书本”,十几年来跌跌撞撞的际遇以及由此带给思想感情上的种种磨炼,都对这微不足道的成功发生了作用,但倘若没有时代在那一刻发生的那一场伟大变革,一切都是不能想象的。

江磊:您从事文学创作至今已经三十年了,这么多年以来,中国文学发生了翻天覆地的变化,各种艺术风潮、文学观念的变革主张层出不穷,作家队伍也一再更新,但很少有人能像您这样一直保持着如此旺盛的创作生命力和创作热情。回溯您的创作历程,我发现您前后的创作风格、艺术主张变化不大。在变动不居的文学浪潮中,除了《小镇上的将军》作为“伤痕文学”代表作在某种程度上推进了当时的文学新潮之外,您此后的创作并没有刻意地与各个时段的文学潮流保持一致。换句话说,尽管没有刻意走在文学潮流的风口浪尖,您却总能在文坛占据重要的位置。您怎样看待自己的创作与文学新潮的关系?

陈世旭:我的小说一直做得很笨(“做小说”本身就是笨,聪明人是“写小说”),主要依靠的是生活原型,没有灵气和想象力可言。这对一个以做小说为职业的人来说是很要命的。但我此生却又别无志趣,不得不硬了头皮把小说做下去。我曾经将自己的创作比作“弄树根”:把原生的生活形态加以删减,尽可能不弄巧成拙。我甚至由此建立起属于我自己的一条有些偏执、有些可笑的美学原则:艺术固然理应高于生活,但生活却常常让人无可奈何地高于艺术。谓予不信,弄一弄树根看。

江磊:您喜欢哪些中外作家的作品呢?他们对您有些什么影响?

陈世旭:说到读书,这是最让我惭愧的一个话题了。小时候有一本没一本地蹲在公共茅坑看过几本“三国”“水浒”“西游”的小人书。书是向家境好的同学借的,很好看,但始终也没看全。“文革”前初中毕业下农场谋生,八年后进县城打工,能读的书只有毛著和鲁迅的几种小选本。四十岁前去大学恶补过两年,最多是略知了一个大概的书目。因为没教养,一看书就犯迷糊。我本人读的名著很少,很多伟大的作品我都没有认真地读过。在这方面,我特别佩服那些书看得特别多、看得也特别深的作家。20 世纪 80 年代开始我就对海明威发生了崇拜,他在我的心目中永远是最为崇高的“纪念碑”之一。

江磊:回顾您的创作历程,我发现您不是一个技术至上者,您也多次在访谈中提到冯梦龙的那句话:"话须通俗方使远,语必关风始动人。"这是否就是您用来判断小说好坏的标准?从事创作这么多年,写作给您带来的最珍贵的东西是什么?

陈世旭:我喜欢文学,喜欢的是它本身,未必是它可能带来的别的什么,因为它本身已经足以使我快乐。我的生活由此而单纯、充实、从容、自在,心旷神怡,宠辱皆忘。文学丰富了我的人生和生命,使我的身心都获得相对充盈的空间。

江磊:我曾经采访过另一位重要的江西作家熊正良,我认为他的创作也总是有意无意地与时代的文学潮流保持着一定的距离。这样也许可以坚持自己的创作个性,却也因此在客观上造成了一种后果,那就是时至今日,他的实际创作水平和已有的创作成就同他在当今文坛上获得的关注、肯定是极不相称的。作为文学"赣军"的领袖,您怎样看江西作家的创作与所谓主流文坛的关系?文学"赣军"为什么没有引起学界的充分关注?

陈世旭:江西是个不为人注意的地方,虽然寂寞,却可以享受现代社会难得的宁静。江西之外,当然不少热闹,但凑不凑热闹,主动权在自己手里。很多年前,江西文坛就有人呼吁打出"赣军"旗号,我当时持最坚决的反对立场,开玩笑说我们最多是一支鬼头鬼脑的游击队,缘何成"军"?这个立场我现在依然不想改变。我想说的依然是:我们尚未成军,同志仍须努力。而其中的根本是:成军不在旗号,不在喧嚣鼓噪炒作,而在作品!对一个作家是这样,对一个地区、一个国家的文学也是这样。

当然,新时期以来,江西文学是有很大进步的。仅就小说而言,李伯勇、宋清海、傅太平、陈然的对乡村社会的文化把握,熊正良、杨剑敏的前卫叙事,丁伯刚的近于宗教感的思辨,80年代作家舟卉的锐利凝重,他们最好的作品在思想上和艺术上的高度和深刻,都是我的作品从来没有达到的。近几年,在散文、诗歌的写作上更是出现了相当一批引起相关的全国性报刊注目的新人。目前之所以较少为全国文坛所知,除了我们确实尚没有出现真正的大家和大作之外,与我们的评介工作缺乏力度也是不无关系的。

江磊:乡土情结和民间意识无时无刻不在影响着作家的创作,在许多作家内心之中,必定有一处可以放置所有苦痛和温情的"故乡"。从这个层面上讲,作家心里的故乡不再是具体的地理意义上的原乡。对您而言,您笔下的"小镇"应当就是您的"故地",它对于您意味着什么?"小镇"是否已经内化为您个人精神世界的一部分?您会再写"小镇"吗?

陈世旭:鄱阳湖是我的第二故乡。我的青春——人生最宝贵的年华,是属于它的。在长江中下游，鄱阳湖口的一个小沙洲上，我曾经生活了将近十年。我在这里播种希望，流了汗，还有血。生活，用巨大的甚至是可怖的风暴和洪水，同时也用暖人的阳光和鼓动帆的风，粗暴而又温柔、无情而又宽厚地铸造了我的“生命之洲”。

现在，我离开它将近三十年了。不仅如此，到目前为止，我的关于欢乐与痛苦的最深切的经验，我的最热烈与最深沉的情感，乃至我创作灵感的源泉、我的审美理想以及艺术追求的激情和情致，也都是同它联系在一起的。

江磊：下面我想具体聊聊您的长篇小说《将军镇》。您在作品的前言中这样谈到这部小说：“……凸现在时间之流上的是一长串人物，就像那些横过河床的卵石；而时间就像河一样冲刷、磨洗、浸润过他们。时间留下了痕迹，这便是人们常说的——历史。”我感兴趣的是，您认为文学家与史学家对于历史的看法和写作有何不同？这部作品对于故事的叙述相当成功，而我发现您在小说家中是比较注重讲述故事和叙述情节的，生活对您的创作意味着什么？

陈世旭：曾经有一位从事文论研究的朋友给我来信，说他和他的几位朋友认为文学到了这样一个时代，应该重新界定什么是文学，什么不是文学。我不认为这种探讨是没有意义的。但我又是在这样一个意义上来理解这种探讨的意义的：即这也是一种生活。每个人都在生存空间里寻找自己的立足点，寻找自己的生活。生存空间很大，给每个人都提供了足够的范围。

这同时也就是我对自己所从事的文学活动的理解：文学是一种生活。同伟大的政治家的工作和平凡的清洁工的劳动一样是一种生活，一种生存活动。我对我从事文学活动的自信，就建立在这种认识上面。

我写作，写各种亲见的、耳闻的和纯粹是想象的关于各种人的遭际故事，用一种尽可能能为更多人接受的语言方式把这些故事传达给更多的人，使他们多少添一些生活的热情，如此而已。写作是一种生活。我热爱生活，因此热爱写作。如果说在此之外还有什么愿望，那就是，我希望经过我的写作，使别人也热爱生活。

江磊：在《将军镇》《雨夹雪——波湖谣》等作品中，我们可以清楚地发现有关“文革”的经验和记忆是您这类小说中始终存在的、或隐或显的大背景，作为亲身经历过那个时代的作家，您对“文革”后的新时期怀有怎样的感情？

陈世旭：初中毕业，我下乡插队八年，然后在县城小镇待了十年，经历了那个年代的所有人都经历过的物质和精神的艰辛。而后来出现了千载难逢的历史机遇，出现了一个鼓励创造、鼓励个性、鼓励独立见解的时代，一个为国家和民族带来无限福祉、也使个人有限的才华得以纵情发挥的时代。我有什么理由不敞开胸怀去拥抱这样一个时代呢？到1978年写《小镇上的将军》的时候，我的思想基本上放开。我要极力表达社会的变迁，人生的坎坷，人世间不会泯灭的善良和人道之心。后来的事实是，小说居然发表了。我一下子获得了许多比我强得多的文学青年所梦想的幸运。小说获奖的那年，我被推荐参加了中国作协文讲所的学习，在那里，我有机会聆听中国文坛上大呼猛进的一代年富力盛的作家的讲课，又在同一辈人中，看到了许多足以令文学青年自豪的名字。他们的努力，正不断地刷新当代文学的水准，让我这样的低能者，不断看到进取的目标。

江磊：《青藏手记》是最让我感动的一部作品，我看到了人类世界最美好的情感和最珍贵的品性，我感受到了什么是崇高，更发现了您创作中展现出的真诚，您是怎么想到写这部作品的？我认为这部作品与您的其他创作有些不同，您的写作似乎进入了生命体验的层面，您自己是怎么评价这部小说的？

陈世旭：听到你说你喜欢这部作品，我很高兴，也很悲哀。这部小说在“反深刻、反崇高”盛行的当时几乎没有引起任何注意。这当然是我个人的悲哀，但又何尝不是时代的悲哀？在一个悲哀的时代，想做一个救世的写作者，能收获的也就只有悲哀了。我不敢自封是什么悲观主义者，但从那时开始，我已对人类的疯狂不抱太大的希望了。今天的写作，最多也就是聊以自慰罢了。

江磊：在这样一个悲剧性的故事里，在无比恶劣的环境中，读者却看到了世间真正的美好。我认为，对于美好境界的追求始终应该是文学存在的理由，您同意我的这种看法吗？

陈世旭：真正意义上的好作品，我觉得至少应该具备两个条件，就是老生常谈吧，一方面，作品应该具有强大的思想性。这样的作品给一代人，给一整个时代提供了一种至高的思想视野，把我们整个眼界和心胸展开到一个非常广阔的程度。另一方面，作品有非常好的艺术表达，作家所描绘的人物和这些人物的活动，都是非常生动的，他把文学的手段调动到了一个最佳的状态。如果文字很艰涩，不好读，人物也很表面化、概念化，结构又很松散，这都不好。很大程度上，作家的形象的表达最终是要传达自己的世界观和价值观。最好的作家肯定是有开创性的，他会达到甚至超过整个时代思想艺术层面所达到的高度，我认为伟大的作家都是这样的。说托尔斯泰和莎士比亚是两座高峰，不只是因为他们的作品有很多读者，而是他们的思维能力、思想能力所达到的高度是他们同时代的人所不能达到的。他们的表达也给后世的文化人提供了最好的文学和艺术的范本，供我们来参照。这当然就很伟大。伟大的纪念碑式的人物的产生绝不是随意的，是时代和历史选择的结果。我们可能永远达不到他们的高度，但我们可以崇尚他们，景仰他们，努力去接近他们，使自己的写作变得多少有些意义。

江磊：陈老师，您曾就读于武汉大学中文系，是我的校友和前辈，对于这一点我感到相当自豪，《裸体问题》等作品也让我感慨良多。这段高校求学经历是否对您的创作有某些特殊的意义？《裸体问题》是一部高校知识分子题材作品，您在小说中试图暴露的一些问题至今仍然存在，这不能不说是一种遗憾。您认为这部作品还有哪些至今仍然值得注意的地方？您对知识分子有着怎样的期待？

陈世旭：我经历中的第三个部分，就是和文化人的交往。首先是我自己进入职业化写作以后，成了一个专门从事文字工作的人，接触更多的是你前面提到的在我的作品中出现的知识分子，在和他们交往的过程中，包括我对自己的反省，我感到知识分子问题是中国变革历程中人们观念和心理嬗变的一个集中体现。我们讲这个意识，那个意识，其中包括农民意识，说到底不还是知识分子的意识吗？所谓意识，它的物化的结果就是书本。任何的理念、价值观，它的叙述者还是知识分子。在很大程度上，知识分子层面所集中表现出来的就是我们这个民族心灵的历史。如果我们来解剖知识分子的灵魂，来解剖他们思想成长的经历，就是剖析我们这个民族心灵发展的历史。我是从这个意义上来写知识分子题材小说的。

江磊：从《裸体问题》《世纪神话》到《边唱边晃》《一半是黑色，一半是白色》，您对知识分子阶层进行了批判性的文化审视。每一个以文学为命运和使命的人，都会自觉地成为知识分子群体中的一员。您认为在当今需要怎样的知识分子写作？您敏感地意识到了人文知识分子身处这个时代的苦痛和挣扎，勇敢而冷峻地解剖知识分子的精神世界，您是否认为中国知识分子缺乏独立自由的精神和自我批判意识？

陈世旭：在写作过程中，我的批判成分要多于赞扬成分。当然中国的知识分子首先是有脊梁的，许多知识分子在中国历史上作出了重大贡献，无论是在社会发展方面，还是在民族文化的成长方面。但总体来说，尤其是改革开放以后，我觉得知识分子在历史进程中所起的作用，更有值得解剖的方面。这种解剖在很大程度是一种自我解剖，我觉得这种解剖是非常必要的。需要说明的是，这些作品的思辨和文学的水准很有限，出版后的影响也很有限，只是一些平庸之作罢了。如果说有什么意义，就是证明自己尽力了。

江磊：我认为您的这类作品关注的焦点其实不仅仅限于知识分子这个群体，您有意无意地在某种程度上将视角投向了整个社会，包括商人、官员、普通老百姓等各种阶层。您试图探索这样一个问题，那就是处在这个社会中的人如何在欲望时代保持自己的精神独立，这其中当然也包含了对于人性的思考。您同意我的这种理解吗？

陈世旭：评论家周劭馨先生曾经在《文艺报》写过一篇评论拙作的文章，其中有两段鼓励的话我觉得可以借用来作为回答：

“一个国家的时代变革，能不能形成和发展一种新的文化精神，这种新的文化精神的品质如何，渗透程度如何，在很大程度上取决于知识分子的文化成色。可以说，知识分子的表情就是国民的表情。但是当代我国知识分子由于历史的与现实的、客观的与主观的原因，与这一期望尚相距甚远。陈世旭在他的四部长篇小说中，对当代知识分子的心灵历程进行了一次清醒、勇敢的凝视，深刻地揭示了这一常常被遮蔽的现实。”

“在消费社会里，消费成了生活世界运转的轴心，一切都是破碎的、异质的、分散的、多元的，并且都受制于消费选择。菲利普·桑普森令人心寒地指出：‘这种消费文化一经确立，就完全一视同仁，所有东西都成为一个消费类别，包括意义、真理和知识。’知识分子问题由此而变得越来越突出。这恐怕是一个全球性的问题。上世纪60年代，当美国高新技术刚刚步入产业化，市场经济出现新的起色的时候，左派社会学家米尔斯就看到了它的‘痴肥与惊恐’，惊呼‘美国知识阶层的道德懦弱已经登峰造极’。陈世旭对我国知识分子群落当下状况的冷静审视，其积极的旨趣正在于传达时代对知识分子的热切期待，希望作为思想文化的生产者和传播者的知识分子，心存良知，坚守正义，担当责任，警醒消费社会的陷阱，使社会朝着人性完善的方向发展。”

我显然没有足够的能力在多大程度上担当上面的任务，但我很愿意尽力担当这样的任务。就写作实际来说，还有一个因素是不可以忽视的，那就是我的写作常常与我的经历直接相关。在写作上我是个缺乏灵气、缺乏想象力的人，离开了自己熟悉的生活原型就不知所云。迄今为止，我的取材面主要是三块：乡村，小镇，城市。这也就是我的简历。城市里我接触最多的是文化人，这是我常常以他们为题材的一个最直接的原因。

江磊：我对《边唱边晃》这部小说的篇名很感兴趣。您曾经在一次访谈中说道：“我们每个人的生活正如《边唱边晃》这个篇名，何尝不是晃晃悠悠的呢？”我将您说的“晃晃悠悠”理解为一种“人的失重感”，这是当今人类普遍面临的一种精神困境，您认为我们能否、又应当怎样摆脱这种困境？

陈世旭：我对此保持悲观主义，至少目前是这样。

江磊:您的创作始终坚持着对于现实的批判态度,也经常旗帜鲜明地在作品中对于人和事作出某种道德判断,这是否从一个侧面反映了您的创作理想?您怎样理解作家的道德感?您是否在呼唤什么?

陈世旭:在这里,我想谈谈我所理解的小说的意义。随着思想解放的运动,人们逐渐意识到个体独立性的存在,进而意识到小说乃至一切艺术自身独立性的存在。小说在被作为狭隘功利工具的时候,其独立品格是无足轻重的,也丧失了自己的尊严。现在这尊严觉醒了。对于小说的解放这无疑是极大的进步。然而在很短的时间里,这独立性却走向了极端,文学将自己置于社会的对立面。大家叫喊着"逃离",避世俗及世俗的审美如避瘟疫。人们把形式强调到绝对化的程度,以至把形式看作艺术的唯一特性。形式在特定的情境下是可以成为内容的,一度对形式的极端强调所显示出来的对社会功利主义的反叛,不能说是毫无意义的,但这不等于说这反叛就具有了真理的意义。相反,将形式绝对化,将艺术纯粹化,或者将艺术同非艺术割裂和对立,结果只能是扼杀了艺术自身。艺术的全部美好恰在同人的生命过程、同人类的生存活动息息相关,艺术家的全部工作无非是艰辛地,当然有时也是很孤单地寻找沟通世界的道路。无论是亲善还是敌对,无论是热情还是冷漠,也无论是庸俗还是清高,他所构筑的一切都仍然是以社会为对象的。尽管有许多骄傲的"小公鸡"一再声明自己的不从众和不媚俗,但他们毕竟没有把自己本应孤芳自赏的杰作锁在自己的抽屉里。我从来不相信不理解也未曾见过有所谓纯而又纯的艺术。有提纯出来的蒸馏水,但没有提纯的艺术。所有的艺术作品,只要人们不是故意装聋作哑,绝不会追寻不到它的社会原因。

"诗言志"和"文以载道"正是中国文学的特质之一。我们现在要做的工作并不是要把"志"与"道"当作包袱从文学身上抛弃掉。相反,应该抛弃的只是传统的"志"与"道"的狭隘本质,而使之具有更广大更深刻的意义。我们所表现的社会,应该是由我们自己所领悟所认识的——整个的人文生态。我们所"为"的人生,应该是由我们自己选择的而不是由别人规定的人生。但这并不意味着我们作为个人同社会的分离。独立个性(包括个人品格与艺术特征)与科学理性最终同社会进步达成的默契和一致,我以为这正是小说的"大道"。离开这样的大道,则必然是小道。

江磊:在您的身上,我深切感受到了一个作家对于创作理想的坚守。我想知道,在这样一个纷繁复杂的时代,您是怎样调适自己,去坚守自己理想的呢?

陈世旭:作家是个寂寞的命,得有定力,板凳坐得十年冷。不甘于寂寞,坐不住,自己都会觉得很糟糕。禅宗六祖惠能听两个和尚争论风动、幡动。惠能说,风没有动，幡也没有动，是你的心在动。

古代有许多类似的故事，教我们沉静，教我们沉得住气。一个真正献身艺术的人，不要总巴不得天下风光占尽，什么好事都少不了自己，成天从一个会跑到另一个会，在各种各样的场合出头露面，恨不得天天上电视上报纸。这有什么意思？我有一个观点，不一定对，现在许多人在说写作被边缘化了，我认为这在某种意义上对写作是好事。真正有志于写作的人不仅不必抱怨边缘化，还应该主动寻求边缘化，使自己有一个安静独立的内部和外部写作环境。作家应该让自己的作品说话，作家最大的光荣是人家知道你的作品但不一定知道你的名字。反过来，有些人人家只知道他的名字却不知道他都有些什么作品，那才是作家最大的悲哀。

江磊：《立冬·立春》《立夏·立秋》是您去年的新作。您开始关注中国乡村社会的时代新变，以异常鲜明的姿态直接切入农村改革和建设的现实问题。在乡村急剧转型的当下，"陌生"的乡土经验使得某些作家发出了这样的概叹："乡村变化太大了，按原来的写法已经没有办法描绘。"对于您而言，时隔这么多年后重新进行"乡土小说"创作，面对乡村出现的新质，您的创作是否也在某些方面进行了自我调整？

陈世旭：我在写作的后期，重新回到乡村基层，很大程度上是在经历多年的写作之后，尤其是经历中国文坛在文体上的长期广泛探索之后，试图回到一种简洁纯净的状态，简洁纯净的语言、文字、故事、结构，乃至人物。而社会现实无疑是表现这些的平台。

江磊：具体看这几部作品。《立冬·立春》分别涉及了农村民主化和农村义务教育问题，在这两篇小说里，我感受到了一股清新之气。尽管农村民主文化还并不完善，但是农民已经开始展现了一定的积极性和主动性，中国农民的民主意识已经觉醒。我认为，农民个人主体意识的觉醒是中国农村发展建设取得成功的关键。同时，作为一位具有社会批评意识的作家，您的乡土写作并不只关注农村新变中美好的一面，《立夏·立秋》就涉及了农村经济开发和乡土生态保护问题，这两部作品表现了您对中国乡村经济发展现状及道路选择的思考与深切忧虑。您认为新世纪的乡土小说创作应当坚持什么？或者说您认为好的乡土文学是什么样的？

陈世旭：小说曾经被赋予过很重大的使命，作家也曾有过很自觉的担当，比如"干预生活"，比如表现深刻重大的社会主题，切入尖锐复杂的社会矛盾，"为民请命"，等等。这些都并不是错的。但事实证明，对于小说来说，这是很困难的。其原因有主观方面的也有客观方面的。我因此觉得，小说是不是可以更多地作用于人的灵魂层面，给小说自身赋予一种宗教精神，面对尘世的喧嚣，超越而向善升华。相对于一个物欲横流的世界,这样做也许尽管依然是无力的甚或无济于事的,但作为一种自认的价值,这至少支撑了写作者自身。

江磊:再次衷心感谢您接受我的采访,也非常感谢您在过去的三十年带给我们的那些精彩作品。在采访的最后,我很想代表广大读者问问您在近期的写作计划,是否有新的作品即将问世?祝您身体健康,谢谢!

陈世旭:谢谢。我最近新写了一个中篇《草圣》和一个小长篇《井·水和月亮》,后者即将在《江南》杂志上发表。

评　论《

夹缝中行走

——陈世旭小说人物的精神困境与突围

江　磊

陈世旭无疑是一位有着独立创作精神的当代作家,他曾经说过:“我在生活中和文学中都是个现实主义者,这个是不会改变的。”从20世纪70年代末进入文坛至今,陈世旭的创作生涯已经走过了30多个年头。在这漫长的文学旅途中,中国文学随着社会转型发生了翻天覆地的变化,各种艺术潮流、文学观念的变革主张层出不穷。特别是90年代以来,市场经济、消费文化观念的盛行使得许多作家放弃精英写作,忽视了文学的精神价值追求,文学地位的滑落使得人文知识分子的精神受到重创。但正是在这样的文学现状下,陈世旭的创作显示出其独特的一面:他一如既往地保持着一种平常心,始终坚持文学的批判精神和严肃性,不遗余力地展现着自己作为一名知识分子所应有的理性力量和思想锋芒,稳健扎实地在现实主义创作的道路上不断寻求新的探索和创新,不断实现着艺术的新突破。

从《小镇上的将军》《惊涛》到《将军镇》《青藏手记》,从《裸体问题》《世纪神话》到《一半是黑色,一半是白色》《边唱边晃》,从《波湖谣》到《立冬·立春》《立夏·立秋》,陈世旭始终将饱满的创作激情和冲动融入到时代的脉搏之中。正如他自己谈到的那样:“剥离流行和娱乐的外衣,真正的文学作品都应该在对现实的追问中体现它的思想价值。不是所有的作家都能做到‘以天下为己任’,但即便是洁身自好,他也应该关注生活现实，表达人的尊严，伸张正义……”陈世旭的小说创作在题材、主题的开掘和艺术表现方面，都显示了其本人对于社会、历史、文化的思考和洞见。他以超凡的冷静和执着书写社会万象、批判“过去”与“现在”，真诚而坚毅地将自己的文学观念付诸实践。在这个“时代的书记官”叩问现实的背后，是陈世旭对时代的精神困境和世道人心的深刻思索和批判。他力图以一个知识分子的自觉担当来回应外部世界的喧闹和嘈杂，以一种精神世界的发掘实现困境中的个体突围。正是因为在作品中体现的永恒的精神追求和文学创作精神的始终如一，陈世旭无可争议地成为当代江西文坛的领军人物和当代中国文坛的重要作家。

一

1979年，陈世旭以短篇小说《小镇上的将军》一举成名，这部小说作为“伤痕文学”的代表作在一定程度上推动了那一时期的文学新潮而获得了文坛的广泛关注，他也因此被作家王安忆称为“小镇上的作家”。此后，走出地域意义上的小镇进入大城市并由此获得了更大生活空间的陈世旭开拓了自己的艺术视野，创作了多部并非以“小镇”为中心题材的文学作品，但对他而言，承载了其深厚文化情怀的小镇当然是无法忘怀的。在从事其他题材小说写作的同时，陈世旭在80、90年代又陆续发表了多篇“小镇文化系列”小说(《小镇名人录》《镇长之死》《李芙蓉年谱》《遗产》等)，作家对小镇文化形态和文化性格的迷恋达到了一种令人惊讶的地步。陈世旭曾经这样描述他与“小镇”的关系：“到目前为止，我的关于欢乐与痛苦的最深切的经验，我的最热烈与最深沉的情感，乃至我创作灵感的源泉、我的审美理想以及艺术追求的激情和情致，也都是同它联系在一起的。”如果说《小镇上的将军》由于产生于“文革”结束之初这一特殊的历史年代，作者急于在其中寄寓自己的人文理想，因此使作品不可避免地具有某种“理念化”局限的话，那么走出小镇的陈世旭经过多年的艺术积淀和创作反思再次回归“小镇”的写作无疑包含了更为复杂的文化意蕴，由多部“小镇文化系列”中短篇连缀而成的长篇小说《将军镇》就是作家郁结于心的“小镇情结”的一次集中释放。有别于一般的现实主义小说，作品不以一个完整的故事贯穿始终，而是用类似于中国绘画的“散点透视”的方法，由20多个既相对独立又相互关联、相互渗透的人物传记连缀构成。每个可以独立成篇的传记就是小说的一章，这些章节从不同的角度和侧面摄取一个个生活场景和历史情境，使人物都置身于特定历史时期的独特背景之中。经过这样的处理，陈世旭将线性的历史叙述立体化，以小镇上具体的人和事以及人文地理环境作为流变的历史定位，他在作品的前言里写道：

"……凸现在时间之流上的是一长串人物，就像那些横过河床的卵石；而时间就像河一样冲刷、磨洗、浸润过他们。时间留下了痕迹，这便是人们常说的——历史。"在作家笔下，每个人物身上都有一部生动的历史，而个人历史又连缀成完整的小镇历史长卷。

巴赫金认为，小说中时空交会的定点往往是叙述动机的发源地。至于陈世旭，小镇人在特殊历史时期中的人生际遇和精神归宿就是这样的定点，足以引发其深邃的忧思。秉承现实主义直面历史的批评精神，陈世旭在小说中再次反思了这场荒谬的政治运动。在那个现代迷信大行其道的无序年代，小镇人从肉体到精神都受到了不同程度的迫害，经过时间的冲刷和岁月的侵蚀，大多数小镇居民都被时代裹挟而失去了自己的人生坐标，同时也失去了自己独立的意志、人格和尊严。洪艺兵就是这样一位被病态社会扭曲的小人物，由于他"出身不明不白""来历很复杂"，要想在"文革"时期求得生存，便只能对任何人都唯唯诺诺、曲意逢迎，他"给人的感觉是一只弹簧，总在长长短短、高高低低地伸缩，他一旦见到人，就永远是点头哈腰微笑。他戴着近视眼镜，有时眼镜被水汽蒙住了，看不清，但只要见到人影，他就点头哈腰微笑……别人跟他说话，他也永远是无比荣幸地点头哈腰微笑，不管别人说什么，他自己听清没听清，他的回答永远是'是的，对的，是是是，对对对……'"。不仅在为人处事方面谨小慎微，洪艺兵还时刻注意在革命领导和群众面前表现出自己政治上的严谨性和革命性，"平时他主动开口说话的时候很少。一旦开口，便往往是检讨。检讨又往往过分……"。被畸形的时代压迫，洪艺兵几乎完全丧失了自己的灵魂，他唯革命领导是听，唯革命文件是行，成了一个"引用政治术语的狂热分子"。受到严重的精神压抑，洪艺兵的生存之路是那样的艰难。可悲的是，洪艺兵并没有意识到自身的困境，他自觉不自觉地、甚至心甘情愿地接受了"文革"所带来的精神倾轧，虽然如愿以偿地进入了毛泽东思想宣传队，却也酿成了自己的人生悲剧。（正是由于他所具有的某种近似于盲目的原则性和缺少政治灵活性，洪艺兵最终还是难逃被群众批斗的命运。）在"文革"期间，小镇人物大都像洪艺兵一样缺乏独立思想而遭受着沉重的精神困境，他们都不可避免地陷入了荒诞而苍凉的生活际遇之中，如热衷于政治斗争的批斗狂"黄帽子"、在特定历史条件下发生身份错位成为政治明星却不懂权力斗争为何物的李芙蓉等。作家以自己浓厚的人文情怀，对他们的苦难人生进行了饱含深情的回眸。

陈世旭在《将军镇》的后记中坦言自己要"为小镇写一部风俗史"，这表明在他此时的文学视域中，"小镇"不再仅仅只是其取材的源泉，而已经成为一个极富意味的文化意象，一个可以作为中国社会文化缩影和象征的“历史空间”。陈世旭试图在这样的“历史空间”中实现“过去”与“现在”的对接，以历史、风俗的嬗变探寻民族心理的常与变。因此，《将军镇》并不只写“文革”，而是较为全面地讲述了小镇从“文革”到20世纪90年代中期几十年间的跌宕历史和复杂变迁，在这背后是作家对现代工业文明的观察和思索。在特殊的历史境遇里，传统文化与现代文化在小镇上相互碰撞、激荡和交织，共同塑造了小镇人纷繁驳杂而又鲜明独特的多重文化性格。在正义与邪恶、进步与守旧的对抗和裂变中，作家再次呈现了小镇人物在中国社会历史发展进程中人性的变异以及所面临的精神困境，谱写了一曲小镇芸芸众生在时代夹缝中艰难生存的悲歌。

何寡妇的儿子“憨包六子”从小就在小镇受人欺负，尽管“文革”后他考上了省城的大学，小镇人也并未对其另眼相看，反而嘲笑他被录取只是因为“吃屎的八字”。由于怯懦、自卑，又具有一种近似于“弱智”的“憨”，憨包六子“像是一架没有情感的仪器”，同样使得大学同学都很嫌恶他，“进了大学的憨包六子受歧视的境遇并没有什么改观”。最后由于车祸，憨包六子变得半疯半傻，只得退学回到小镇。尽管成为“文革”后小镇的第一位应届大学生，憨包六子却还是无法摆脱命运的捉弄。作为大城市与乡村的交叉点，小镇不仅承载了中国传统乡村纯朴、保守、封闭、愚昧的文化基因，又感染了现代城市市侩、喧哗、开放、浮躁的文化因素。时代的剧变并未让小镇人解除精神的枷锁，反而使处于文化冲突夹缝中的他们举步维艰。

“李八碗”是小镇辖域内的一个农业大队，大队书记殷道严在公社化时期就是这里的“土皇帝”，而在新时期的小镇，他仍然是一手遮天的人物。因为在“文革”中保护了受到批判的地区专员，殷道严与其成了莫逆之交，改革开放后，他在已经成为省委书记的“专员”帮助下一手办起了乡镇企业——江南制药厂，成立了李八碗农工商联合企业总公司，小镇也由此开始了最初的现代工业化探索。在殷道严的领导下，他们依傍那位“文革”时期失势来到小镇并葬于此的将军所具有的名人效应，大打“名人牌”“文化牌”和“舆论牌”，发动猛烈的宣传攻势，迅速成为“中国现代农村发展的典范”，获得了上级的政策、经济扶持，殷道严作为总公司的董事长也成了全国知名的乡镇企业家。然而，小镇人所特有的复杂文化性格阻碍了他们继续发展前行的脚步。总公司取得初步成功后，殷道严开始显露其好大喜功的一面：作为一名土生土长的农民，却要包揽李八碗所有的建筑设计；为了虚荣，不惜花费大量资金为自己立传；试图将总公司这个集体企业变成自己的家族产业……不单是他，大多数小镇人都缺乏继续拼搏的干劲和更为雄大的事业心，获得一点成绩就迅速地变得自满和固步自封，仅仅满足于外表上的风光和物质上的享受。愚昧、自以为是却又不失精明的“小镇性格”在殷道严身上表现得淋漓尽致。工业文明带来的金钱财富虽然在一定程度上改变了小镇的落后面貌，改善了人们的生活水平，却也在腐蚀着小镇人的心灵：对利益的追求极大地刺激了小镇居民的欲望，法制和道德、正义和公平对于他们已经不再重要。制药厂开始以次充好（拿党参和人参的“边角料”充当极品人参、拿红糖水充当蜂王浆），“他们手上出去的药，除了送检的样品，都是假药”，小镇的支柱产业——江南制药厂，最终因假药案而破产，总公司也从此一蹶不振……

在小说中，陈世旭对人类社会的发展演变历程持有一种审慎和忧患的态度：尽管现代化为人类的物质生产和科学技术创造了前所未有的发展，但与此同时，人类又遇到了与自我生存密切相关的、深层的精神困境难题。社会冲突的焦点已从单纯的经济利益和政治权力扩展到人的生存意义、价值层面，现代个体遭遇到了普遍的精神困境问题，而困境的核心就是个体道德的低下。事实证明，改革开放后经济地位的提高并没有使小镇人获得“新生”，从“文革”到新时期，民族劣根性的历史因袭、传统文化心理的重重积弊、新的工业文明所带来的精神危机等种种重负，时刻压在他们心头，而民族心理的“常”（新旧时代都存在的社会行为失范、价值体系崩溃）与“变”（社会公正、善良、正义在“文革”期间及“文革”后的逐渐流失）就是小镇人挥之不去的精神困境的根源。在揭示小镇文化心理积重难返之后，作者并没有选择回避，而是进一步提出要以道德正义作为人物生存的标准和价值，以此实现困境中的个体突围。

陈世旭在《将军镇》中努力从小镇人身上挖掘出来的善与美正是这部整体呈现“灰色调”的小说里最为难得的亮色，在“文革”特殊时期所焕发出来的人性闪光当然也就更能给生活在当今时代的人们以启迪和希望。从这个意义上说，作家时隔二十年后将成名作《小镇上的将军》收入长篇《将军镇》作为小说的一章，这当然不是简单的自我重复，而是要在一个更为广阔的社会历史背景下再次强调一种理应经久不衰的精神底蕴。在众声喧哗的现代性语境中，陈世旭力求通过对民族传统文化以及现代人性的追问反思使其所提倡的那种先验超俗的道德追寻具有某种时代意义：在“文革”时期失势的将军大义凛然、救人于危难，以一种强大的人格力量烛照着“连树叶掉下来都怕打破头的小镇人”，小镇人最终受到感染，以自己的方式表达着对正义的支持和呼唤……尽管故事情节没有太大变化，但由于脱离了单一的“文革”背景，在色彩更为斑驳的时代画卷中，“将军”人物形象的思想力度无疑得到了相当程度的提升。还有在“文革”中善于玩弄权术、具有铁腕手段，但为了保护女广播员，不惜欺骗、得罪“省革委会主任”的镇长“哈巴瘌痢”;缺少文化修养和领导艺术,在政治斗争中看不清形势而左右摇摆,却又心怀造福百姓念头的女镇长李芙蓉……在陈世旭眼中,这些平凡人物虽然不像“将军”那样是道德理想的完美典型,但他们身上所保存的善良质朴和人性良知,也分明体现了民族传统道德的深层积淀。

值得注意的是,在作家的笔下,对独立思想和独立人格的坚持和寻求同样是道德正义的有力补充,两者共同构成了小镇人实现精神突围的手段,《将军镇》塑造了一批能够始终保持自身独立性的人物。镇上的知青小丁被选入了县里的“文革胜利三百例写作小组”,在当时的政治环境下,参加“写作组”当然有着特殊的意义。听从上级的指示,保证路线的正确才是保全自己的万全之策。但是由于得罪了组长小冯,小丁在组里经常受到无端的刁难和打压,忍无可忍的他并没有选择沉默和退让,最终愤然离去,并被打为“反革命”。敢于思想、勇于抗争的小镇人物还有副镇长老杨。在“大跃进”时期,虚报浮夸风盛行一时,但老杨始终坚持实事求是的态度,冒着被打为“右倾保守分子”的危险坚决不肯向上级虚报亩产,最后被开除了党籍和公职。还有在“文革”结束后敢于质疑殷道严在李八碗绝对权威的殷元中。江南药厂假药案曝光以后,“李八碗”农工商联合企业总公司日益衰败,最终宣告破产。殷元中不顾叔叔殷道严的阻拦,组织李八碗人集资入股买下药厂的厂房和设备,并试图以招商引资的方式与外资企业合作。在他的领导下,小镇人又开始了新的创业之路……这些人物正是小镇几十年历史变迁中为其保驾护航的中坚力量。

笔者认为,道德正义感一直在陈世旭的意识深处,在他的作品中,道德是人的“立身”原则,是人“存在”的各种关系的基本联系纽带,他强调:“现代意义上的个人意识,并没有摒弃科学理性精神,并没有摒弃社会道德责任感。恰恰相反,觉醒的个人理性是对自己的社会行为完全负责的,是有勇气实践个人良知所发现的真理的。”如果说在困境中突围本来就是痛苦的,而道德正义在现实中又往往不能成为约束人们行为的硬性规定,那么始终坚持在形而上的精神层面强调道德力量的支撑,实现对人格节操的坚守,无疑显示了陈世旭作为一名具有人文情怀的知识分子的不懈追求。

二

从作为中国知识分子前身的“士”阶层开始,知识分子就是中国社会中的一个特殊群体,有着独特的历史地位和价值。从古代社会到现代社会,知识分子在很大程度上把握着民族的命脉,并长期成为决定社会物质生产和精神生产的关键力量,充当着先进生产力和生产方式的代表。正由于知识分子所具知识的不可替代性以及它所扮演的特殊社会角色,这一群体应当是社会精神的中流砥柱和风向标。萨义德在论及知识分子的代表时就认为:“知识分子的代表是在行动本身,依赖的是一种意识,一种怀疑、投注、不断献身于理性探究和道德判断的意识……”①费希特在论及公共知识分子的使命时也指出:“学者是人类的教师”,“应当成为他的时代道德最好的人”,“如果最优秀的分子丧失了自己的力量,那又用什么去感召呢?如果最出类拔萃的人都腐化了,那还到哪里去寻找道德呢?”②在整个20世纪,中国知识分子经历了剧烈的心灵动荡,但是在每一时期都有杰出的代表人物怀着以天下为己任的责任感,义不容辞地承担着社会义务和道德责任。

但是,20世纪80年代开始的中国社会转型和商品经济大潮却使知识分子的传统社会角色、社会地位及话语权陷入了空前的危机。“当代中国的知识分子正面临着一个严峻的生存挑战。商品经济的大潮以不可阻挡的气势席卷社会的每一角落,涤荡着既存的价值观念、生存准则和人际规范。人们仿佛突如其来地被抛出了久已习惯的生活轨道,愕然地注视着周围陌生的一切。偌大的神州,已放不下一张平静的书桌,神圣的校园,失去了往日的清高,安宁的书斋,也难以再抚慰学者们一颗寂寞的心……”③转型时期的困惑,人文学术的危机,文学商品化的现实使得知识分子群体无奈地走向了社会边缘。许多知识分子纷纷远离80年代的主流精神,文人下海现象不胜枚举,因此在20世纪90年代初期,思想界、艺术界掀起了拯救“人文精神”的浪潮。这一时期的陈世旭敏锐地察觉到社会价值观的整体性迁移对知识分子的影响,意识到人文知识分子身处这个年代的痛苦和挣扎。从80年代中后期开始,陈世旭把作品关注的焦点越来越多地投射到知识分子身上。以自身在高校求学的经历为背景,作家创作了《马车》《研究生院的爱情故事》等一系列中篇小说,开始了对于高校知识分子群体“人格弱化”现实的揭示,而1993年出版的长篇小说《裸体问题》无疑代表着他知识分子题材长篇创作的最初成果。循着《裸体问题》的思路,陈世旭以他一贯的批判性眼光继续对知识分子现实命运进行着反思,又发表了《世纪神话》《一半是黑色,一半是白色》《边唱边晃》等作品。与《裸体问题》重在呈现价值失落现状不同的是,稍后的这些知识分子题材小说穿透了喧嚣的现实生活,直接切入这一群体的精神世界,探讨了这样的核心命题:面对汹涌而来的消费主义、享乐主义和世

① [美]爱德华·W.萨义德:《知识分子论》,单德兴译,生活·读书·新知三联书店2002年版。

② [德]费希特:《论学者的使命 人的使命》,梁志学、沈真译,商务印书馆1984年版。

③ 许纪霖:《商品经济与知识分子的生存危机》,《读书》1988年第9期。

俗化浪潮,知识分子如何应对中心地位丧失后的角色危机?应当具备怎样的价值取向?如何在转型时期的社会整合中寻找意义的支撑以摆脱普遍的精神困境?2005年4月由上海文艺出版社出版的长篇小说《边唱边晃》是陈世旭这阶段创作的重要作品。

小说展示了知识分子在如今这个消费社会中的失重感和无归属感,表现了由商品经济所带来的人类精神家园的荒芜,正如编者在扉页中写到的那样:“其实,我们谁又不是在生活中边唱边晃?”在这个“终极意义”被不断解构的年代,怎样在理性与欲望的夹缝中实现突围?陈世旭在作品里审视着当代知识分子灵魂的最深处,并“为相当一段时间自在生活却时时经受精神煎熬的文人,描画出了生动又细致的众生相和浮世绘”。小说以青年作家何为的人生经历为主要线索展开叙述,努力呈现了其从道德坚守到欲望放纵,最终又从迷惘中再次艰难“寻找自我”的精神蜕变。

何为是一名刚刚出道不久的青年作家,最开始的他重道德、重理性,在身边的朋友都寻欢作乐、沉迷于美色的诱惑时,他却不屑一顾,对纯粹金钱交易的性爱保持着一种近似于清教徒般的矜持和少私寡欲。一次偶然的机会,他与大牌作家杨正中在笔会中同行,并了解了这位文坛大腕的放荡行为,何为丝毫不羡慕杨正中津津乐道的风流韵事,反而对此极为反感。他在内心十分抵制杨正中宣扬的性欲至上的观念,并将其称为“败类”,此时的何为无疑是一位具有良好操守的内省式知识分子,“他清楚自己需要什么”,他坚信“有谁比自己更知道自己呢”。但这次笔会也让他的内心有了最初的蠢动,“赵响的出现动摇了何为的信念”,在一次次的接触中,两人之间也有了爱的萌芽,一段纯美的爱情故事似乎即将发生。生活仿佛在跟何为开着玩笑,时刻坚持道德自律的他却无法获得真正的爱情,“灵肉合一”的宗教观点事实上成了一种悖论。原来赵响竟然一直都与杨正中纠葛不清,在赵响寻求解救的哀求中,何为选择了退缩……这段尚未开始却已经结束的爱情悲剧不仅成了何为心中永远的痛,更促使其逐步迷失在性爱的放纵之中。到底是整体社会环境导致了知识分子的堕落,还是他们自己对于世俗社会的妥协最终导致了精神的沉沦?过多地将人文精神失落的原因归结于时代,这是否是一种涉嫌“洗脱”自我罪责的方式?陈世旭以其超乎平凡的冷峻迫使“社会的良心”直面自己的心灵,直面这个不可回避的问题。在作家看来,知识分子对欲望的无止境追求正体现了其内心世界人格尊严的丧失和对道德理想的背叛。

在自己的第二段人生历程中,何为完全成了欲望世界里“快乐”的一员,他清楚地告诉自己:“别了,何为。”在大学进修期间,何为肆无忌惮地与有夫之妇“猴子”在宿舍偷情。这是段无比糜烂的性爱经历，两人似乎只是在不断地索取对方的肉体，我们看不到任何纯真爱情的影子。而在另一次笔会中，何为又毫不犹豫地与萍水相逢的业余女诗人姚虹发生了性关系。当姚虹问他是否会娶自己的时候，何为表现得十分游移，“何为一点没有准备。他没有想过，应该说还没有来得及想。他想的只是快乐：被一个女人打动，然后占有她，就是这样”。在这段始乱终弃的交往中，姚虹对何为其实有着真诚的爱恋，但何为却因为欲望的过度膨胀而早已失去了对于爱的想象。爱情的温馨光环被性的渴求所吞噬，传统的忠贞不贰的爱情故事被身体的欢愉所替代，何为的自我放纵引发了其畸形的爱情观和阴暗心理。

痛苦的是，迷恋于肉欲享受的何为却又有着清醒的理性认识，他不断地唾弃自己，在心底默念：“如果说他在猴子那儿完成的初夜使他觉得告别了一个白璧无瑕的何为，那么现在，那个不再纯洁的何为也死了。取而代之的已是一个涅槃之后的何为了。”在欲望得到充分满足的同时，自己能真正地得到幸福感和满足感吗？一种来自灵魂深处、难以回避的拷问始终缠绕在他的心间。答案是否定的，屈服于世俗享乐当然无法带给何为精神上的满足与平静，本能欲求对理性的冲撞及由此带来的迷茫使他迷失了自我，成为一种“虚无、迷惘的存在”。而他与别人的交往也因此而变得荒诞可笑，“当人把自己作践到那么不堪的程度的时候，受作践的就不只是那一个人，而是作为一个类的整个的‘人’”。一种深入脊髓的孤独感和失落感逼迫得他“有点想呕吐”，在一个“孤独寂寞的夜晚，何为忽然有点心酸，想哭”。进修期结束后回到单位的何为摈弃了过去混乱的私生活，面对自己人性被异化的事实，何为清醒地认识到自身道德人格的堕落。他急于寻找能释放情感的出口，却又不知怎样对自己的人生价值和社会位置进行重新认定，无比困惑的他在现实面前踯躅不前，试图以一种心灵流浪的方式进行自我放逐，于是他“彻底换了一个人……把先前那点没有死绝的爬格子的心思让它死绝了”，变得玩世不恭起来，直到一次下乡救灾的经历给予了何为寻找自我、实现救赎的契机。

在省里组织的万名干部下乡救灾活动中，何为与作协的老编辑秦友三一起被分到了城门镇，与当地领导一起指挥救灾工作，而下乡过程中的所见所闻让他受到了极大的震撼。何、秦二人奉命在全镇受灾最严重的石埠村蹲点，洪灾之后的村子几乎“一贫如洗”，村民的生活场景十分凄凉。但就在这样困难的时刻，镇上的领导却仍然大搞腐败，天天胡吃海喝、嫖妓宿娼，专供他们享乐的“城门宾馆”和美容美发厅“芭丹奴”日夜生意兴隆。不仅如此，镇里还拒绝实施省里规定的灾后免除一切税费的政策，私自增加村提留和镇统筹……干群之间的矛盾极为尖锐。怀着对村民苦难现状的同情，何为从最开始的冷漠慢慢转变为主动为村民的利益奔走，他甚至不顾旧情人姚虹的召唤，毅然投入到紧张的救灾工作当中。何为态度的转变还来自于秦友三的人格精神感召，这位差不多当了大半辈子编辑的老知识分子一直在单位里默默无闻，“无声无息像个木头人”，但是一到灾区他便好像“突然变了个人”，焕发了无穷的能量。他不仅在本单位组织捐赠活动，还真诚地努力化解干群矛盾。在得知自己争取来的修建村小学的救灾款被县里扣留了之后，他又将个人的利益置之度外，丝毫不考虑要同县镇领导搞好关系才能当上救灾先进模范（而这又关系到他是否能够顺利地评上副编审退休），一而再、再而三地到县政府上访，最终拿到了大部分钱款。为此他得罪了县领导，两人最终也没有获得“救灾先进个人”的荣誉，尽管如此，他们却无怨无悔。从乡下回来之后，广泛而真切地接触了社会的作家何为也“恢复了差不多已经放弃的小说写作……”，他在与底层人民亲密接触的社会实践中再次发现了自己的存在价值，实现了精神困境的突围。

在陈世旭看来，知识分子作为社会良知和理性的代表，不仅要展现思想魅力，更应该通过行动践履自己的理想追求，这与费希特的观点不谋而合：“我们不仅要用言传，我们也要用身教，身教的说服力大得多。”[①]作家坚信，对知识分子群体来说，在逻辑思辨层面进行思想启蒙和社会拷问当然是其超越个体利益的一种社会责任，但是能否勇于在实践层面对现行社会秩序进行批判，对弱势群体加以关爱，对特权群体施行监督，才是识别知识分子真伪的试金石。通过集中展示知识分子理想与官本位文化的矛盾与冲突，陈世旭不仅拓宽了自己的创作空间，而且再次显示出其独特的思想锋芒和深沉的现实忧思。

陈世旭多次强调：“作家最终还是要靠自己的作品说话。”对于一位成名已久的作家来说，三十年如一日、孜孜不倦地进行文学追求当然是令人敬佩的。我相信，作家在“像务农一样的写作”（陈世旭语）中寻找到了自己。尼采曾说过：“我们从未寻找过自己，我们又怎能找到自己？”[②]对于生活在当今社会的我们而言，也许已经到了必须开始寻找自己的时刻。

（载《小说评论》2010年第6期）

---

① ［德］费希特：《论学者的使命　人的使命》，梁志学、沈真译，商务印书馆1984年版。

② ［德］尼采：《论道德的谱系·善恶之彼岸》，谢地坤、宋祖良、程志民译，漓江出版社2007年版。

主要作品目录《

长篇小说

《梦洲》,人民文学出版社1990年版。

《裸体问题》,中国青年出版社1993年版。

《将军镇》,上海文艺出版社1999年版。

《世纪神话》,华夏出版社2002年版。

《边唱边晃》,上海文艺出版社2005年版。

《一半是黑色,一半是白色》,人民文学出版社2005年版。

《登徒子》,江苏文艺出版社2011年版。

《一生之水》,作家出版社2016年版。

《建国街》,江苏凤凰文艺出版社2019年版。

中短篇小说集

《带海风的螺壳》,上海文艺出版社1983年版。

《天鹅湖畔》,江西人民出版社1985年版。

《中国当代作家选集丛书·陈世旭》,人民文学出版社1993年版。

《青藏手记》,长江文艺出版社1999年版。

《一看就是个新警察》,湖南文艺出版社2010年版。

《波湖谣》,作家出版社2017年版。

《马车》,文化发展出版社2017年版。

中篇小说

《第一个和最后一个kiss》,《文汇月刊》1988年第3期。

《圣人余自悦正传》,《清明》1988年第6期。

《遗产》,《中国作家》1996年第2期。

《李芙蓉年谱》,《人民文学》1997年第2期。

《青藏手记》,《人民文学》1998年第1期。

《试用期》,《十月》2001 年第 5 期。

《救灾记》,《人民文学》2002 年第 8 期。

《爱的旅途(附创作谈)》,《北京文学(原创版)》2003 年第 6 期。

《波湖谣:四季》,《人民文学》2003 年第 6 期。

《李八碗春秋》,《十月》2003 年第 4 期。

《云之上》,《江南》2003 年第 4 期。

《海参崴红帆》,《长城》2004 年第 1 期。

《立冬·立春》,《人民文学》2009 年第 5 期。

《立夏·立秋》,《人民文学》2009 年第 9 期。

短篇小说

《徐家湾里一人家》,《江西日报》1974 年 3 月 3 日。

《小镇上的将军》,《十月》1979 年第 3 期。

《在小镇医院里》,《江城》1980 年第 7 期。

《遥远的地平线》,《百花洲》1982 年第 6 期。

《惊涛》,《人民文学》1984 年第 3 期。

《惊涛续篇》,《人民文学》1984 年第 9 期。

《下湾洲纪事》,《百花洲》1985 年第 2 期。

《小镇名人录·二》,《小说导报》1985 年第 8 期。

《保姆》(《小镇名人录·三》),《北京文学》1986 年第 4 期。

《三个女镇长》(《小镇名人录·四》),《人民文学》1986 年第 5 期。

《马车》,《十月》1987 年第 4 期。

《研究生院的爱情故事》,《当代》1989 年第 1 期。

《北京"面的"1818》,《人民文学》1993 年第 8 期。

《镇长之死》,《人民文学》1996 年第 2 期。

《柴达木人》,《人民文学》1999 年第 10 期。

《波湖谣》,《安徽文学》2002 年第 1 期。

《结婚》,《青年文学》2003 年第 4 期。

《泥巴人》,《清明》2003 年第 5 期。

《读韵》,《红岩》2003 年第 5 期。

《白板的墓志铭》,《人民文学》2007 年第 9 期。

《妖母娘娘》,《人民文学》2014年第9期。

《欢笑夏侯》,《北京文学(精彩阅读)》2016年第5期。

散文随笔集

《风花雪月》,百花洲文艺出版社1994年版。

《都市牧歌》,上海文艺出版社1998年版。

《陈世旭散文》,华夏出版社1999年版。

《人间喜剧》,西苑出版社2000年版。

《边走边想》,百花洲文艺出版社2009年版。

《陈世旭散文选集》,百花文艺出版社2012年版。

《谁决定你的世界》,地震出版社2012年版。

《精神按摩》,地震出版社2014年版。

《天南地北》,民主与建设出版社2017年版。

《海的寻觅》,华文出版社2017年版。

《大地文章》,上海三联书店2019年版。

其　他

《孤独的绝唱——八大山人传》,作家出版社2014年版。

陈应松

男，1956 年生于湖北公安，祖籍江西余干。

小 引《

陈应松是一个“大器早成”、文名晚著的作家。

作家出名的情况有多种多样。西方作家的情况我了解不多，在文学创作尚属业余活动的中国古代，作家青史（文学史）留名，大抵都是身后之事。因为当时的作家，在世的时候，既无今天的出版条件，也无今天的传播渠道，所以知道的人就少，作品也无法广为流传。像今天这样，一书既出，变着花样地炒作，一夜之间，就身价百倍的情况，古人大约既不敢想象，也耻于为作。所以也就只能等到死后让后人慢慢去品味，等品出一点味道来了，又有若干同好，自然就会有一个恰当的说法。这时候，如果有更多的人认可，名气也就出来了。据说，老杜（甫）的名气也是到了宋代以后，才逐渐大起来的。这也许就是今人所说的，经过了历史或时间的选择、淘汰吧。愚意以为，只有这样的名，才出得实在，出得长久，怎么说，也强胜昙花一现、烟云过眼。

我不敢说陈应松将来就一定会在文学的青史上留名，但从他的创作经历看，他是应该写得出青史留名的作品的。记得20世纪80年代初，刚刚认识陈应松的时候，他还是个诗人。读过他的一些诗，觉得很有灵气，文字也美。后来似乎参与过湖北的一些现代派诗人的活动，出过一本颇具现代派色彩的诗集，我读了之后，也觉得不同凡响。所谓不同凡响者，是很少常见的模仿痕迹，感觉的独特，意象的诡奇，皆由一己的心灵出之，颇有一点他的乡先贤当年所主张的“独抒性灵，不拘格套”的味道。所以我当时曾说，与其说陈应松搞的是西方的现代派，不如说他搞的是现代的“公安派”。后来，他把写诗所培植的这一点性情转用在写小说上，故而有一段时间的小说，尤其是中短篇小说，也都成了“见性情”的文字。我说的这个见性情的文字，不是什么小说的诗化之类的俗套，而是说生活中的任何一点细枝末节，他都能够用心灵去咂摸体味，然后把他咂摸出来的这点味道，用文字敷衍开来，尽管仍是人间烟火，却褪尽熏燥之气，满纸都是作者的人生趣味。所以他这时候的作品，不管有没有故事，情节浓淡与否，你都得细细咂摸，咂摸久了，也就放不下来。我曾说，这就是陈应松写小说的本事：不要很多的材料，随意点染，就能成篇，而且耐读耐看，经得起琢磨。

但这毕竟是很个人化的一种写作方式，偏偏而今的社会是一个大众的社会，而且是由所谓大众文化所培植的趣味，在左右读者的阅读选择，这样，陈应松在一段时间的被冷落，也就是情理之中、也是意料之中的事。实事求是地讲，陈应松这时候的创作，已经到了一种境界，只是尚未被普遍认可。这“普遍”二字，实则指传媒和被传媒控制的读者。我曾对陈应松说，他现在就差一篇照亮全体的作品。我说的这篇作品，是很世俗的获得某项全国性大奖的作品，或被传媒关注和炒作的作品。这篇作品本身也许并不重要或不很重要，但由此引起的关注，却可能使一个作家的文学价值受到重视，并由此获得恰当的评价。谁叫我们生在这样的一个大众化的社会，由大众媒体操纵生杀予夺的权力呢。所谓好酒不怕巷子深，固然难得有这份自信，但一种好酒，如果久置深巷无人问，等到成了考古发现的对象，只怕也要失去先前的成色。不说别的，就说当今的文学界，正不知有多少优秀作家，被埋没在“深巷”之中哩。所以，一个作家，一部作品，被传媒和读者热捧，固然不一定都是好事，也未必全都名符其实，或全不符合实际。但如果因此引来几双慧眼，能识得该家该作的真正好处，倒也不辱没了作家的一番追求的苦心，和读者对精品佳作的期盼。你说这种想法是功利主义的也可，但我觉得还不如套用一个创作方法的名词，说是现实主义的更加好听一点。

近年来，陈应松的创作，就遇上了这种现实的机缘。我不想具体地评价陈应松的“神农架系列”作品的特点、价值和意义，本辑主笔周新民博士已在他的访谈和评论中，作了十分精当的评析。我只想说，陈应松今天被人们所称道的种种，其实不但早露端倪，而且在先前的创作中，已有许多具体的体现，只不过神农架题材给了他一个集中展示这些才华的天地，同时也让他把长期积累的创作经验，发挥到了一种高峰状态。从这个意义上说，近二十多年来，陈应松由诗而小说，由“独抒性灵”而关注底层，直面自然和人生的一些普遍的和终极性的问题，这其中追求的种种艰难曲折、焦虑痛苦，都没有白费。

我与陈应松有师生之谊。20世纪80年代中期，他来武汉大学读作家班，我既是教员，又是主事者，与所有作家班学员，都结下了深厚的友谊。这其中，陈应松等湖北籍学员，因为创作都比较活跃，且卓有成绩，所以也就悉数网罗入校。记得直到开学报到的最后一天，还不见陈应松前来报到，经多方查问，方知他还在江上放排，只好破例保留了他的注册权利，让他尽快前来报到。这个细节，当时可能被视为野性未驯、不守校纪校规的表现，今天看来，又何尝不是陈应松的那一点特立独行的个性光辉的闪耀？所谓“独抒性灵，不拘格套”，为文如此，为人亦然。快哉应松，端的不愧为公安、竟陵后裔！

自　述《

小说是一种学问

一、关于现实主义

《太平狗》肯定是一部现实主义小说。但也有人说是一个寓言。我知道是一个寓言，但我不会把它当作纯寓言写，我要让它更像生活，更像生活本身，更具有真实性——这就引出了关于现实主义的话题。

我常常不愿谈“主义”，也不愿想“主义”。我写作的出发点是要感动、疼痛和尖锐——它包括所写的题材和艺术方面的特质。文学的本质是真实，文学追求的最高目标是真理。费舍说：“现实主义是为真理服务的。”还有一位老外说：让苦难有出声的机会，是一切真理存在的前提。让苦难发声，这是不是现实主义作为真理存在的某些特征呢？不谈“主义”，却被“主义”网罗进去了，都说我是现实主义，我也就认了，并且有一种自豪感。现实主义是有感召力的，并使作家有一种巨大的归顺感。这验证了某外国学者的观点：现实主义是无边无际的。现实主义有无穷的包容性，凡是写得好的小说，都应是现实主义的。因此，现实主义是一种苛求，是对作家的一种考验。难怪马尔克斯死活不承认他是什么魔幻现实主义的，他宣称他是地地道道的现实主义作家。

要我说，我所理解的现实主义，或者说我的现实主义，就是“打破头了往前冲”的强势介入生活和艺术的一种姿态。

生活本身是无比惨烈和残酷的，是痛苦的，是坚硬的，也是充满了理想的。那么，我所理解的现实主义应是残酷的、痛苦的、坚硬的、理想主义的。然而，它的出发点应是真实，就像高尔基所说：“现实主义就是赤裸裸的真实。”

现实主义被无数次阉割。当我们把现实生活恶意地想象成一片美好时，现实主义是不痛不痒的，充满了塑料花的芬芳。当我们把它全盘理想化之后，我们的人物只是一个概念，被无穷地拔高、典型化，却与现实生活的真谛无关。

现实主义经过漫长的自我剥蚀和认知后，现在才有点儿像现实主义了，才现出了她真实的面目。

在如今相对宽松的社会环境中，现实主义没有任何冒险性，倒是在强烈地考验一个作家脆弱的良知。在文学对作家的生存空间越来越狭小时，现实主义的美妙和她所承载的精神重量与指引的宽度，可能会让文学更加自重，并有可能使文学更加精粹，更加经典，它的强有力的触须将向社会的深处蔓延。也不排除有人借所谓"现实主义"向权力话语谄媚，不过这些人注定会被读者暗暗嘲笑并遭到历史无情唾弃。在光怪陆离的诱惑和浮躁面前，现实主义意味着一种坚守、一种严格意义上的写作。

现实主义不是现实。这一点尤其重要。有些作家将这二者等同，不注重其技巧的更新和探究，使轻视者们找到了口实。现实主义是一种文学的"主义"而不是其他。现实主义因为其技巧的太过成熟和优秀作家的汗牛充栋，使得后人难以超越而遭到妖魔化。这是人们畏惧她的结果。现实主义在摧枯拉朽的进程中，具有强大的更新力量，这主要是指她的艺术品格十分兼容，并不排斥其他。每个人因个体的经验和特殊的艺术嗅觉，为了使现实主义更具说服力和征服性，加入了许多新的时代的因素。为了达到真实，我就加入了自然主义的技法；因强调理想，加入了浪漫主义；因写作地域和时代审美的迫切需要，我加入了魔幻和荒诞，使其更具神秘感和反讽性。文学就是寓言，所以寓言的成分也是必不可少的。因这种"杂交"，作品就有了抵御文学界歪风邪气的优秀品质，以强悍的形象继续冲锋陷阵，为文学在这个时代的多舛命运作悲壮的个体抗争。

我认为，在当今这个时代，只有现实主义才能满足历史进程的召唤，她像"深喉"一样，说出了社会的真相，让人民在角落里欢呼。

现实主义将像细菌和病毒伴随生命一样——与文学生死与共，休戚相关。

如果要我给这种现实主义取一个名的话，我称她为：真实的现实主义。

二、小说是一种学问

对于那些以为抓到了题材（如反腐、下岗、希望工程等）就抓到了"跑红"和得奖密码的作家来说，21世纪之后也许有点生不逢时了。文以时变，这种变并非见风使舵，而是小说这种艺术一步步探索成熟的自然蜕变，如蛹而蝶，带有残酷的必然性和惊异性。法国批评家萨罗特在《怀疑时代》中说："现在小说的主要问题在于从读者那里收回他旧有的贮存，尽一切可能把他吸引到作者的世界中来。"照我看来，连最反对个人化的新批评派，艾略特、庞德、休姆等人，也从来没有说明白个人化的危害。艾略特说，必须要将个人精神上升到本国精神和欧洲精神。他一方面说要消灭个性，一方面又强调个人才能和经验，这种矛盾表述本身就证明个性的不可忽视。他强调历史感，但，历史感是通过个人的心灵和笔触来呈现的。《红楼梦》肯定不是清史稿，凯尔泰斯·伊姆雷的小说也不是犹太人的被屠杀史。当然，我也反对作家据隅哀叹，甚而如私小说最后成为变态的尖叫者和梦语狂，作家应该把自己融入时代的激流。然而，在这个时代的激流（而非岸边和凉亭）里挣扎和搏击，如果没有个人的呼喊，又怎么能够显示激流的形态以及他的灵魂的战栗、遭遇和命运呢？哪怕是撕心裂肺的呼喊或呻吟，都能显示激流的存在与氛围。而在岸边踱步——企图以不必费力的时髦写作、惯性写作、跟风写作来分取文学一杯羹的作家们又另当别论。亨利·詹姆斯在《小说的艺术》一文中说："一个人必须根据经验写作。"英国的批评家伊丽莎白·鲍温在分析小说家的技巧时候，指出了小说家个人经验的重要性，她说：小说一如其他形式的经验，"它必须把自己的某些东西添加给它的人的理解逐渐积累起来"。这句话因翻译的关系可能费解，但联系上下文，我们又能容易读懂。也就是必须加入自己的经验，使小说"能够长期存在，经受住时间的考验"。因为小说是"一种经验形式"，从而能与后来的时代和人们交流、沟通。

有的人离开了集体话语就找不着北了，而个人经验的渗入，使得如今的小说呈现出丰盈卓绝，千姿百态，有了成熟的个性化时代来临的端倪。"集体话语写作"作为某个物种的退化，是自然规律。它必须寻找新的父本与其杂交——像袁氏杂交稻一样，这父本必须是野生的，于是这个物种又重获了优良的品质，越来越强壮，具有抗摧折的力量和自信、野性的异质、自我表现欲，更适合人们的需求，口感、营养、气味、软硬度适中，等等。

法国学者和作家罗伯·格里耶一再强调作家和作品的谦虚品质，谦虚是指——"企图用小说来为某种政治目的服务，那是不合理的，即使我们认为那是正义的事业，即使我们在政治生活中为它的胜利而进行斗争"。这位老兄还告诫作家：即使读者要求我们去"讲一些事情"，你也千万不要预设某个主题和中心思想。"如何去讲，用什么方式去讲"，这才是作家至关重要的东西，是他构思的起点。他还说："只有上帝可以自认为是客观的，至于在我们的作品中，相反他是'一个人'，是这个人在看、在感觉、在想象，而且是一个置身于一定的空间和时间之中的人，受着他的感情欲望支配，一个和你们、和我一样的，书只是在叙述他的有限不确定的经验。他就是在这里的一个人，在现在的一个人，总之，他就是他自己的叙述者。"伟大的劳伦斯都曾谦虚地说:“每个人,包括哲学家在内,都以自己的指尖为界。”维特根斯坦也有类似的话:“我的语言的界线就意味着我的世界的界线。”我们看到,过去有作家声称是“人民的代言人”,然而无一例外地成了“政府的代言人”,文学如果缺少了起码的真诚,而变成了某些人沽名钓誉的工具,睁眼说瞎话,或者两边讨好,那么文学被人冷淡则是很自然的事了。如果你想揭露丑恶的现实,你莫非会比新闻媒体揭露出来的东西更耸人听闻?何况人家还有了时效性的优势;如果你想歌颂,你的作品也赶不上那些先进人物巡回演讲材料。与其这样,不如踏踏实实地做一点学问——把小说当作学问来做。其实小说本来就是一种学问。而且小说只能是小说,小说有它自己的使命,企图用小说去做别的,那将是徒劳的。马尔克斯虽然说过文学是火器,但他的《百年孤独》只是一部小说,小说的政治倾向是需要的,可你又不能奢望用小说去为选举拉票。

三、写作是一次突围

对文学我一直矢志不渝地追求,遭受过误解和冷落,可我一直想拥抱文学的最高境界。我在黑暗中摸索,人到中年时从大梦中醒来,去了湖北最僻远、最神秘的神农架深山。是神农架挽救了我,是神农架赐给了我力量,是神农架给了我浩然之气,为我打开了一扇生活和思考的大门,让我豁然开朗。

我现在想说的第一点是:作家永远是在黑暗中摸索的人,他对自己的作品没有绝对的把握。一旦他提起笔,他就进入了黑暗,去小心翼翼地摸索,战战兢兢,如履薄冰。因此,写作的人对他所书写的对象必须十分谦卑,懂得尊重他的故事和人物。第二点:文学是一次突围。即从文学的过度自恋突围到民间和人民群众中去;从“空手套白狼”的粗制滥造的暴富心理突围到扎扎实实的文学状态中去;从客厅写作突围到面向社会、面向大地的写作中去。如今有些青年作家(也有一部分沉不住气的中年作家),日思夜想的是干一次“空手套白狼”的写作暴富,在没多少感情投注、没多少生活投注、没多少艺术投注的情况下,企图靠炒作和包装来一夜之间红遍天下。这是一股传染性很强的文学逆流,也是一种文学的集体癔症。那些严肃的作家、有使命感的作家必须保持警惕,同时要用你的结实的、有分量的作品来同这股逆流抗衡。因为文学是有着它永恒的标准的。第三点:我一再强调,一再感谢生活,这是我发自肺腑的话。如果你不深入生活,不向鲜活的生活索取灵感,不进入到生活的角落,你的作品就不能保持住文学最宝贵的品质——真诚,就无法达到文学追求的最高目标——真理。我永远相信生活,生活给了我故事,生活给了我灵感,生活给了我思想,生活给了我感情,生活给了我才华展示的舞台,更重要的是给了我一种写作者的自信。

(周新民整理)

访　谈《

灵魂的守望与救赎

——陈应松访谈录

周新民　陈应松

周新民:陈老师您好,感谢您接受采访。您能首先跟我谈谈您的文学启蒙教育吗?

陈应松:这真的是一个非常复杂的问题。我最早的时候是学画画的。小时候很喜欢画画,但我作文又很好,在高中的时候开始写诗。高中的时候我的老师他写诗又画画,对我影响非常大,于是我开始写诗。

周新民:在您离开学校走上社会后,有哪些契机促使您走上文学创作的道路?

陈应松:离开学校后,我下放当知青,到了一个水利工地锤石头,因我会画画,就被借到指挥部政办。我在那里主要办墙报,写写画画,写的是鼓舞士气的快板诗之类。就这样写了大量的"诗"。

周新民:还有别的什么原因吗?比如说某些偶然性的因素。

陈应松:是的,促使我继续坚持文学创作的机会是一件很偶然的事情。我写了一些诗歌就寄到文化馆,但后来就没有回音了。我又到县城的电厂当"亦工亦农",相当于现在的打工仔。有一次回小镇,在车上和一位同学遇到,高谈阔论,后面一个中年人听到我们的谈话,问我是不是陈应松,因为我和同学谈话时互呼了名字,并且谈的是文学。我说我是,然后他说他是文化馆的,叫陈善文,他说他们的《革命文艺》发表了我两首诗,是我在电排工地写的,后来刊物寄过去又打了回来,说是查无此人。他就叫我赶快到文化馆去拿。其实我工作的电厂离文化馆很近,不足百米,但因为工作很累,我从来没有进去过,当他跟我说的时候我已经忘了寄的几首诗。然后去拿刊物,看到了自己变成铅字的作品。就这样认识了文化馆的老师,然后认识了县城的很多业余作者，这就继续写诗了。确实很偶然的，文学创作它真的很偶然，当然与你自身素质也很有关系，因为我本来就爱好写作，但因为我认识了文化馆的文学老师，就放弃了画画。到现在我还是非常喜欢画画，仍难割舍，不过一心不能二用。

周新民：除了这个极偶然的因素外，与您生长的地域是不是也有一点关系？因为公安在文学史上是很有名的，出过一个“公安派”。

陈应松：现在回想起来肯定是有影响的。从较大的地域因素来讲，我的出生地——公安，甚至整个荆州，是楚地的中心，这块地方文风浓厚，楚文化的博大使你不想受熏陶也不可能。公安又有“公安派”。“公安派”的“独抒性灵”，跟这块土地也有关系吧。此外这个地方有浓郁的民间文化，对我的文学创作的影响比较大。我的外祖母很能讲故事，我熟悉的乡人都能讲，特别是鬼故事，楚人好巫，在我的家乡尤其如此。从小我感受到的巫鬼气氛，激发了我的想象力，那种记忆是对文学最好的滋养。

周新民：您具体生活的环境，比如您成长的村庄、小镇对您的文学创作也有一些影响吧？

陈应松：我出生于一个非常小的小镇，小镇对我的文学创作有很大的影响。这个小镇里有一大批读书人，读书的氛围很浓厚，可以读到很多小说，当时的很多小说我都能看到，什么《青春之歌》《小城春秋》《红岩》《铁道游击队》《红旗谱》《清江壮歌》等等。我家里很穷，我是一个左撇子，当时有一种游戏叫“打波”，就是打分子钱，我这个左撇子是非常准的，总是赢钱，赢了钱，我除了买颜料画画，就是买书。小镇的供销社里有卖书的，鲁迅的书全有，那时的书很便宜，都是一两毛一本，我现在还保存着那时买的一套鲁迅的书。鲁迅潜移默化地影响了我，而且对我的影响很深。我起初写的一些散文都是模仿鲁迅的《野草》，现在我小说的语言里面一样看得到鲁迅语言的影子。

周新民：看来影响您的文学道路的因素还是很复杂的。

陈应松：是的。地域的影响只是一种潜在的影响，但是直接的影响有以下几个：第一是高中时老师写诗；第二就是我认识了文化馆的陈老师，我写过一篇文章怀念他，发在《湖北日报》上，他带过我县一大批的作者；第三就是小镇的影响，小镇的文化氛围对我有很大的影响。

周新民：在您写小说之前，您主要是以诗歌闻名，那时您写过小说吗？

陈应松：在那写诗的十年中，我也写过几篇小说，但那时写得很差，不多。真正写小说是在武大读书的时候，是 1985 年，从那时就慢慢退出诗坛。1986 年 6 月开始在大刊物《人民文学》和《上海文学》上同时发表了两篇小说《枭》和《火鸟》。

周新民：您写了十年的诗歌，怎么突然转到小说创作上？其中变化的原因是什么？

陈应松：还是受到了刺激。当时我们是武汉大学的插班生，一个班里大家都在写小说。他们很瞧不起写诗的，他们认为写小说可以得到大名，有几个人跟我这么说过。但我认为小说不能算作文学，我认为最纯粹的文学是诗歌，小说所表现的生活太芜杂了，它不纯粹。我是酷爱诗歌的。但是他们刺激我，总觉得我不会写小说，好像说我只能写那么几首小诗。当时，一个寝室有四五个人，都在写小说，所以我也就开始写小说了，并且相信我一定比他们写得更好。果然，我发的小说刊物比他们大。

周新民：还有没有其他方面的因素对您的创作发生影响？

陈应松：应该说学校的氛围对我转向写小说没有任何影响，主要还是别人的刺激，想自己为自己争口气。我写的第一个中篇《黑艄楼》也发在《上海文学》上，1987 年第 3 期。当时《上海文学》是非常有影响的。

周新民：您文学作品中经常提到"北纬 30°"，在您心目中它有什么特别的意义吗？

陈应松："北纬 30°"是后来发现的，后来发现我的故乡小镇穿过北纬 30°。我是个神秘主义者，我相信我们荆楚人或多或少都有一种神秘倾向。我发现北纬 30°很有意味，与我追求的东西不谋而合。刚好它是一个非常神秘的地域，所谓北纬 30°神秘文化圈，是从北纬 29°到北纬 31°，那里有很多神秘的东西，我是一个比别人更加相信神秘的神秘主义者。

周新民：具体而言，您发现北纬 30°有哪些神秘的东西呢？

陈应松：太多了，像百慕大三角、金字塔、野人，关于这方面的书我看了很多，也写了一些关于这方面的文章。比方说中国四大佛教圣地就有三个在这个纬度上：普陀山、九华山、峨眉山。再就是名山大川，比如黄山、庐山、峨眉山，包括神农架、珠穆朗玛、拉萨等都在这个纬度。它还是许多大河的入海口，比如密西西比河、长江、尼罗河、幼发拉底河等，它穿过的河流如印度河、底格里斯河、拉萨河，包括前面说的那些河流又全部是宗教的河流。在我们周围穿过这条纬度的也有很多神秘的现象，如鄱阳湖的老爷庙沉船区，洞庭湖水怪和呼救石，洪湖的水怪。我们公安和松滋有一种"吵闹鬼"，是一种很小的隐形人，它还会说话。这事在前年松滋的一本刊物上还登过一篇长文:发生在新中国成立初,还没破解的一个奇怪案件——就是发现有人在屋梁上讲话,却见不到人。梁上的腊肉移动,有个武装部部长不信,拿手枪打,怎么也没打到。这个“吵闹鬼”在湖北又叫“宵神”。神农架的神秘现象就更多了。

周新民:北纬30°算是一种神秘文化的符号,神秘文化在您的小说创作中反复出现,不仅在神农架系列小说中有很多神秘景象和事物、事件,在您早期的小说中,神秘文化也大量存在。看来它对您创作的影响很深。

陈应松:确实如此。我的神农架小说中的神秘事情不是我编的,是大量真实的存在。写神农架,你不想神秘都不行,这与我喜欢魔幻现实主义无关。我早期的小说如《将军柱》《火鸟》《枭》《黑藻》《羦羊》等,这又是与我童年的记忆很有联系。我童年遭遇过许多无法解释的事,巫啊鬼啊,这不能不反映到我的小说中。从一定意义上说,小说就是童年的记忆。我见到过“鬼”,见到过飞碟。在我们那个小镇,人与“鬼”没什么界线,人人都声称见到过“鬼”,且天天发生。我认为,这个“鬼”,与北纬30°有极大关系。所谓楚人好巫鬼,说不定就是地域自然神秘现象的一种表现。

周新民:从您小说创作的整体来看,您认为有没有什么阶段性的特点?

陈应松:这肯定还是有的,还是很不同的。刚开始,我还是比较喜欢莫言的小说,最喜欢的国内作家是莫言。我有些小说有他的影子,我给莫言讲过,但他说看不出来。还有一些“先锋文学”的小说,不喜欢当时的一些现实主义小说,从来没有喜欢过这类小说。刚开始是写船工生活,因为我在水运公司做过5年,像《黑艄楼》《黑藻》之类的东西,但没有得到文坛普遍认可。到后来又写过一些农村题材的,但还是没有什么起色。因为我老是在现代派和现实主义之间徘徊,因为我不喜欢现实主义,但现代派的很多东西我也不喜欢,于是就处于一种非常矛盾、徘徊的状态。那时并没有什么明确的写作目的,是典型的文学的流浪汉。就是你写什么都不被承认,最多只是在省内得到承认。到了40岁以后,就是去神农架,那里的生活给了我很大的触动。我喜欢那个地方,那里有很多朋友。刚开始去的时候也没有什么明确的目的,就是还没有想“写什么、怎么写”的这种目的,回来以后才慢慢明白了,心里就有个谱了。在过去,我是游走在现实主义和现代派之间的状态,那么我现在非常明确地向现实主义前进半步,向现代派后退半步。后来在北京我的作品研讨会上,《小说选刊》的副主编秦万里说,陈应松的成功是向现实主义后退了半步。他这话是对的。可就我本人过去的创作来讲,今天我是向现实主义前进了半步。而结果是在当下流行的现实主义里后退了半步。但是我这种现实主义不是惯常的现实主义,与现实主义是比较松散的、若即若离的关系,谈不上貌合神离,貌不合,神也离得很远。到神农架去彻底改变了我。

周新民:您早期的小说中您最看重哪些作品？为什么？

陈应松:我觉得还是《黑艄楼》和《黑藻》。原因是我喜欢这种表现方式,是比较诗意的,找到了一种语言的感觉,为我后来写小说增加了自信。不以故事的连贯性取胜,主要以情绪、人的感觉为主。从诗歌转向小说,是一个非常痛苦的过程,但是我觉得我的这种转换还是很有意思的,既不像诗也不像小说,不过就我来说,这些作品还是很值得怀念的。

周新民:我觉得您早期的小说,如《黑艄楼》起点很高,它直接加入到了20世纪80年代先锋文学的对话中。它没有明显的故事情节,只有对生活事件的心理反应,它注重碎片化的叙述,侧重对个人内心的深入开掘等,都使它接上了80年代文学的风头。

陈应松:《上海文学》当时就是先锋文学的一个重要据点,我当时的心态也比较贴近先锋文学,但我没有进入到先锋文学的主要阵营里,还是与我的功力有关,而且边写诗边写小说,分散了精力,也不刻苦。

周新民:与其他人关注您小说的侧重点有所不同,我觉得您的小说最大特点是注重人的心理世界的表现,对人的心灵的勘探进入了很深的层次。尤其是以"神农架系列"为代表的小说里面隐藏的一种与当下现实完全不同的价值体系,您呈现给我们看的,是一种现实,是一种神农架,是一个自然的或农村社会;而隐藏在文字里面的是热衷于对终极性价值的追问,对宗教、信仰的思考。

陈应松:应该还是有的。我看了大量关于宗教方面的书,必须思考一些具有永恒意义的东西,比如生和死、灵魂之类。

周新民:您为什么会突然关注宗教的东西呢?

陈应松:我首先关心的是佛教,一直和寺庙也有着联系,收到许多寺庙的内部刊物。我较多的是受佛教文化的影响。宗教是愚昧的,但是没有宗教是不行的。宗教就是信仰,信仰是没有什么是非的。人的灵魂是需要安慰的。当然我信与不信这是另外一回事。我也经常买基督教方面的书。我从来不做什么祷告之类。很难说我信基督教或是什么,但是我还是有一种强烈的愿望,我们要有信仰,不管你信什么。

周新民:您觉得它们与您的文学创作之间有何种联系?

陈应松:有巨大的联系。我为什么要到神农架去呢?并不是领导叫我去的,而是我自己要求去的,最简单的想法就是城里太嘈杂了,我想寻找清静,我想改变一种生活方式。寻找清静,这个清静里面本身就包含着宗教的因素,是寻找精神存在的方式，倾听自己的方式。

周新民：我突然发现，您的一些小说除了在精神上和宗教有着一些联系外，在故事上也有着宗教故事的痕迹。

陈应松：我的小说里有极强的善恶报应的道德说教和模式，对生命终极意义的追寻。再就是寻找模式，这是《圣经》故事的一种基本模式，就是不停行走中的寻找，寻找水源，寻找母亲，寻找幸福。基督教把这个有一个说法，叫“灵程”，灵魂之旅，就是寻找天国的路。佛教叫作往生，去向西方的极乐世界。

周新民：我认为在“神农架系列”里面，有两个二元对立的结构，一是城市和农村，二是农村和自然。更有意思的是城市和农村的二元对立里面，农村的价值是优于城市的；在农村与自然的对立里面，自然又是优于农村的。最终我发现了，城市—农村—自然，他们三者里面，价值最终是在向自然倾斜。我想知道，这种自然到底包括哪些东西呢？为什么您对自然界包括动物有一种痴迷的感情呢？

陈应松：这应该与我们内心所渴望的东西有关。这种自然应该是一种内心的自然，是一种精神向度的东西。它是一种精神存在，它不光是一种大自然，它也是一种符号。说不定它是一个精神的高度，或者是一个精神的坐标，我们的一切必须到那里去。这不是一般的旅游者所想象的那种大自然，它是我作为一个写作者所想象的大自然。它的世界，也有人，也有树木，也有石头，也有野兽，整个大自然的那种生机勃勃，那种非常陌生的境界，这是真真切切能够慰藉和安抚我们的一个世界。虽然它未必就是精神，但它和精神有关。是有一种信仰在里面，有一种感情在里面。

周新民：很多时候评论家认为，因为您到神农架去体验生活，深入生活，所以您的文学创作与前期有了很大变化。对这种评论您有什么态度、看法？

陈应松：我还是不太在意这些评论，有些时候也没有仔细去想，对这些评论，我也只是默认罢了。你问的也是一个很深入的问题。当你得到什么的时候，有时可能是意外的收获。当我写完《世纪末偷想》以后，我发觉我很能写这种思想随笔，有思想的，很精练的，并且是更深一层的东西。过去写诗就是写的这样一些东西，我还真想写一些关于森林啊，或动物啊这样一些随笔，写上了瘾，我这就去了神农架。不过去了以后，我发现森林并不是我所想象的森林。大自然是非常残酷的，这是我没有想到的。我第一次到神农架的时候，那真是太美了。高山草甸就像神仙种的，那些箭竹排列得非常漂亮，有规则，就像人工种植的。但也得到了另一种感觉，那就是非常贫瘠。农民那么贫穷，动物那么稀少，当你明白是怎么一回事的时候，你去那儿的初衷就变了。

周新民:了解到真实的神农架后,您会有自己的一些思考。

陈应松:是的。千年的树木都被砍伐了,砍伐了以后就很难再生,就长了这些草甸。而且它这种草盘根错节,即使树籽掉进去,都不能生长——已经没有了生长的空间。我发现自然界的生存法则真的是非常残酷的,我们对大自然的破坏也是非常严重的,不可逆转的。然后我就回来写《豹子最后的舞蹈》。我是怀着义愤,讲最后一只豹子是怎样死亡的。

周新民:看到了神农架的真实境况之后,您对神农架原有的看法完全发生了变化,脑海中诗意的自然被严酷的自然所代替,是这样吧?

陈应松:这种思想上的冲击,使我的想法发生了很大的变化。我也有了许多的反思。我们过去讲的那些山村的农民,那些非常美丽的村庄、村落、村寨啊,我们在少数民族作家的小说中经常接触到这种浪漫主义的山村生活,什么山里妹子多么漂亮啊,山里汉子多么强壮啊,什么村村寨寨欢歌笑语啊,那些很美的民俗啊,说得像诗一样美。其实全是谎话,我过去并不知道,我们这些写作者也是被文学所欺骗,像《五朵金花》《刘三姐》等等,多浪漫的。但事实不是这样,山里的生活非常的艰苦,农民穷得不能再穷。那么我思考的问题就是非常实在的,没有什么虚幻的东西,它改变了我生活的态度。那时流行的一些小说写农村的,写农村应该怎么改革,村长怎么带领大家致富啊等等,都是写这样一种东西,至少有一半的东西是虚伪的。从神农架回来以后,我就突然改变了看法。

周新民:您去的时候是带着寻找一种精神寄托的想法去的,但是去了后突然发现那里带给您的是一种现实的、很强大的冲击力,促使您有了新的看法。因此在您的小说中出现了很多对农村、对神农架地区人的一种生活贫穷、精神贫穷的关注。是不是也有这样一种想法在里面呢?

陈应松:对神农架我是满怀敬意的,现在想起来我最大的兴趣还不是贫穷而是他们那种生存的坚韧度。人在那种地方生存下去是不可想象的。山区在一般的旅游者眼中还是很美的,山寨啊,山上有人在那里耕耘播种啊,但是他们就没有想过在那么高的地方,人们是怎么生存的,这是城里人无法想象的。比方说他们的小孩怎么读书啊?假如生病了怎么办啊?要是得了病,他怎么到医院里去?他要走多少天?他怎么下来?怎么把病人背下山?他每天吃什么?他有没有水、有没有电?就是他怎么生存。想到这些具体的问题,它就给我造成一种巨大的冲击。人类真是太伟大了。我们说的一些不能生存的地方,这些人能够生存下去。我觉得生存的坚韧度是最值得赞美的。回来以后我写的这些小说就是关于他们怎么生存下去的东西。

这些与我们的精神生活有关，它是另外一种生存方式。

周新民：您觉得它是怎样一种生存方式呢？在那样一种环境里面他们是靠什么信念生存下去的呢？

陈应松：我认为他什么都不靠，就是靠他的本能，是靠人的韧性生存下去的。甚至说句不好听的，人就跟野兽是一样的。你想啊，野兽它慢慢地脱离平原，从低山到高山，它们先是在低山生活的，被人们追杀以后，慢慢跑到高山、高寒地带。它们能生存下去，人也能生存下去，作为人来讲，是非常艰难的。

周新民：在您"神农架系列"小说中，我比较喜欢这么几篇。首先是《松鸦为什么鸣叫》，这是这一系列当中比较早的一篇。小说主人公伯纬背死人，善待死人。对他来说，这是一种本能，也是一种很自发的行为，没有任何外在的目的在里面。但是在现代文明看来，背死人肯定是一种自觉的行为，有某种目的在里面。这一点给我的感受很强烈。

陈应松：我当时的初衷还是想冷静地写一种死亡，以一种幽默的笔调，例如他背死人，跟死人不停地说话。当时还是有宗教的考虑，生与死，例如公路带来的大量死亡。《豹子最后的舞蹈》也是这样。

周新民：在您的"神农架系列"小说里面，频繁地写到死，几乎每一篇都有死亡。我觉得这是很有意味的东西，这是您反反复复地在思考死亡的问题。

陈应松：死亡在宗教、艺术、哲学上都是永恒的话题，特别是在宗教中。我认为，宗教它就是解除人们对于死亡的恐惧。因为基督教说得很明白，它解决的是人类的三大问题：罪、忧伤，第三个就是死亡。但我认为死亡是永难解决的，特别是在文学中。

我喜欢写生死，我觉得它可能更有意义一些，这是我从神农架回来以后，刚开始的出发点。还是老话：它从现实后退了半步，它不直接关注到现实的某个问题，什么腐败、贫穷、贪污、改革，它不直接关注这些问题。我觉得那些非常好的小说，那些杰出的小说家，最好的小说就是写死亡的。

周新民：这又有另一个问题了，在您的小说里面，您把死亡问题当一个精神问题来对待，您在追求一个抽象的有意义的东西。但是您把死亡放在一个具体的环境中，最典型的代表就是《狂犬事件》。在《狂犬事件》中，一连串的死亡频频袭来。在这里面您在思考死亡的什么意义呢？我想您绝对不是简简单单地写乡村的一个具体生活事件和社会事件。

陈应松：《狂犬事件》我自己非常喜欢。因为在这里面我花了巨大的工夫，这是一般的人无法了解的，也没有看到这个评价。关于像这种用象征的，用一种瘟疫袭来或是什么其他的，比如《鼠疫》啊，还有很多这样的小说，写某一个事件所蕴涵的道理。包括卡尔维诺的《阿根廷蚂蚁》等等，写某一事件所造成的威胁。假如我没到神农架去，我肯定就写得像《阿根廷蚂蚁》，没有生活的实感，仅仅是一个象征小说，一个寓言小说，这又有什么意思呢？但是我在里面花了大量的工夫，我写成了一个非常实在的小说，村长，村长的家里人，这里面的所有人，像现实主义小说里面的一样，就是把寓言和现实结合起来了，表达了一种抽象的死亡问题。有了我在神农架得到的这样一些生活，使我有能力考虑到把一部象征的小说写得像生活的真实一样真实。这是非常之难的。过去我写过象征小说，但是你要写得非常有生活味道，非常有实感，丰富、真实可信，这是不可能的。很多写得有生活实感了，但又没有那种寓言色彩，没有那种象征性了。就写个生活，什么狗咬人啊，没有任何意义。在这方面，我觉得我付出了巨大的努力。你所说的死亡的意义，在这里，我一下子很难说清。

周新民：《牧歌》这部小说，题目看了都很美。读到前面让人感觉这个小说很美，后来突然一个事件，使整个小说发生逆转。《神鹫过境》也是如此，和《牧歌》类似。《神鹫过境》刚开始写丁连根准备把它送到动物保护站去，尔后他又把神鹫拿过来把它驯服了，充当抓鹫的工具。这样看来让人感到很意外，很有冲击力，在这个转折里面，您思考了什么问题呢？

陈应松：《神鹫过境》这部小说是我到神农架之前写的，过去我还是喜欢写些这种东西的。写人类的一种残忍，带有一种寓言性。通过驯服这只鹰，利用它去征服它更多的同类，所谓神鹫在他这个地方就是一堆肉了，在另外一些地方是神，神性在这里被一种报复心理给打败了。

周新民：人比动物残忍，《牧歌》这部小说，虽然题目是《牧歌》，但它是一种反牧歌的写法，它表现的是人和动物的冲突。在这种冲突里面，人和动物两败俱伤。其中让我感到非常有意思的就是张打一段话，他是个老猎人，打猎是出了名了。他到老了才发现原来自然界是那么生机勃勃，他认为动物应该也有自己的尊严，也应该有它自己的神性，人和动物的生命应该都一样。人应该敬畏动物，敬畏自然，敬畏生命。

陈应松：对，我觉得这个世界应该保持一种平衡，一个没有动物的森林是非常寂寞的，死气沉沉的。对大自然我们还是应该有一种敬畏，它有它自己的平衡方式，人类不应对自然进行过度的干涉和索取。

周新民:在您的小说里,我发现有这样一种观点,您既反对人类对自然贪得无厌的索取,也反对过度的环保主义。我们暂且把前一种叫"人类中心主义",把后一种叫"自然中心主义",两种观点您都是反对的。您还是认为,人与自然应该有一种关系,那么您认为人与自然之间应该以一种什么样的尺度共存呢?

陈应松:这个问题我真的还没有想好。我只能这样说,我写的东西,包括人对野兽的猎杀,野兽是否应该有它的生存空间。对此,我的小说里,比如在《豹子最后的舞蹈》里,我是怀着一种义愤,实际上,我不能说有一般的是非评判。我把这些写出来,把这些残酷的现实,人与自然、动物与自然之间的紧张关系,把这种真实的状况写出来,我认为是最好的,不做某种偏执的评判。

周新民:您通过对动物、自然界严酷的描写,表达了对自然中心主义的否定。人是不能按照自然的价值尺度来生活的,否则也是人的异化。

陈应松:我自己也是一个环保主义者,但是作为小说家进行创作的时候,就不能把这种思想带进去。大山里的现实是非常残酷的,人与动物之间,动物与动物之间,充满了搏斗,到最后人还是要猎杀动物,否则你没法生存。人要生存的话,必须猎杀动物,你不能说我在大山里耕耘的时候,周围全是豺狼虎豹啊,那多可怕,必须得把它们打死,要生存下来嘛。生存是很不容易的,充满了尔虞我诈,你死我活。一只老虎放到神农架去,那肯定是要打死它的,没有办法。

因此,我从来不写哪个动物很可爱。我们看到许多小说一写到动物,就把它们写得很可爱,憨态可掬,像童话一样,那样我觉得有些不真实。生活本来是一种严酷的现实,你不能说我们的周围山上到处是鸟语花香啊,到处都跑着野兽,这个肯定是不行的。到处都是动物,我们和动物友善相处,这肯定是不可能的。浪漫主义的诗人可以这么写,儿童文学家可以这么写,小说家千万不要这样写,这样写是很不负责任的。我尽量写出这种严酷的现实来,自然是非常严酷的。人与动物,动物与动物,人与人,人与自然界,人与整个森林、大山,都是非常严酷和紧张的。我就是写神农架这种严酷的、严峻的生活,不管人也好,动物也好,他们之间的关系也好,都充满着猎杀与被猎杀。人猎杀野兽,但野兽也猎杀人类,我的那些小说里也写到这点,比如人被熊咬死,在山里失踪,夏天遇冰雹冻死,在山上耕地摔下来摔死,等等。

周新民:我觉得更可怕的一点是,人用一种工具性的尺度对待自然:我要占有自然,利用自然。最终,这样一种价值尺度也被用在了人类社会中,那就是人和人之间,充满了一种利用和被利用的关系、算计与被算计的关系。因此,人和人之间,很难达到一种和谐,寻找到沟通的渠道。最终引发的结局是什么?是血案。我以为

《马嘶岭血案》要表达的就是这一点。

陈应松:谢谢你的发现。

周新民:《马嘶岭血案》最大的价值也就体现在这里。知识者和乡村人之间寻找不到沟通的方式。他们遭遇的事件其实很简单,问题是达不到沟通。知识者只是说,你不要把我的东西弄坏了,我的东西都很贵重的。但是没想到的是,挑夫想到的是什么呢?你的东西既然很贵重,我抢到手里,一辈子就发了。这里就是一种思想的分歧,没建立起一种很好的沟通关系。这种不能沟通的关系,工具性的利用心理,正是人与自然之间的关系在人类社会中的应用。这点您可能在写作的时候没有明确地意识到。在《马嘶岭血案》里,我读出的是这样一种味道。包括在您的其他许多小说里,都是人和人之间无法沟通的一种悲剧。《云彩擦过悬崖》传达人和自然之间的和谐关系。在这篇小说里,我读到人与自然之间互相理解、互相沟通的心态。

陈应松:可以这么说。

周新民:山上的观测员因为成年累月看守山林,看守瞭望塔,他的女儿也被野兽残害了,而不被妻子所理解,最后他们离婚了。但是,他对自然还是怀着理解的态度,很有感情,与自然和谐相处。他和人之间也有着非常和谐的关系,过路的人到他那里去落脚,他给他们吃的,和附近村庄的人关系非常好,义务为他们看护庄稼。即使是对和他离婚了的妻子,他也没有半点怨恨心理。单位因为他在山上工作了那么多年,问他有什么要求可以提出来,帮他解决。他提出的要求是给自己的前妻安排工作。总体上看,这部小说里,体现了一种人与自然、人与社会的和谐关系。我认为您所有的小说,最后要表达的观点,就集中在这里。

陈应松:对,充满了一种和谐的、互相理解的关系。一种“相看两不厌,唯有敬亭山”的状态。这也是一种很有价值的发现。

周新民:请您说得更透一点。

陈应松:一种理想。当然你这样分析是对的。《云彩擦过悬崖》也是我自己比较喜欢的一篇小说。写的时候我充满了感情,特别是在写云彩的时候,有批评者说,在一个中篇小说里,用如此大的篇幅,两三千字去写云彩,是一种失误。但这恰恰是我最喜欢的,饱含感情。那种状态我觉得非常令人感动,这种状态也是我需要争取的,但很难得。守塔人宝良需要与周围自然环境进行多年的搏斗,然后得到自然环境的认可,把自然当作自己的家一样的。

周新民:开始上山时,他老想退缩,想回家;临退休了让他回去,来接他的车到了山下,他突然不愿意回去,这是由于他和自然之间达到了一种非常好的状态。谈完了这些小说，还有一个问题，您是否认为，您的“神农架”小说和以前的小说是完全没有关系，还是对前期的小说有所超越？

陈应松：肯定是有关系的，一个人的道路多半不会出现断裂。我这次到北京开会，有一个湖南的作家，以前是不认识的，在一起吃饭的时候，他说，应松啊，你到神农架去了后可真是脱胎换骨啊。这个说法我觉得蛮正确，虽然有一些关系，比如说，还是同一个人在写嘛，语言风格方面还是跟以前差别不大。但我现在对生活本身包括对现实体悟更深，关注更贴近了，胸襟更宽阔了。写得也比过去更加凌厉和残酷，这是我自己认为的，不知道你们作为批评家是怎么看的。相比于过去，写的东西有更强的实感，现场感，这是我过去的小说所欠缺的。使小说充满现场感，像真的发生一样，但同时又是一个具有象征意义的、虚构的东西。要像生活，但不能完全写的是生活。

周新民：很多人都把您当作底层叙事的主要作家，关于“底层意识”和“底层叙事”，对这个问题我想听听您的看法。

陈应松：有评论说我的《马嘶岭血案》是底层叙事的重要作品，把我当作底层叙事的代表作家之一。不过我对这个不是很关注的，作家自己写自己的东西就完了嘛。说到底层叙事，明年3月，四川文艺出版社将推出一套“底层叙事小说丛书”，加入的是曹征路、刘庆邦、罗伟章和我。而《天涯》的主编李少君也编了一本《底层叙事小说选》，这其中包括有一些短篇。

周新民：收了您哪些小说？

陈应松：像《马嘶岭血案》《太平狗》《母亲》《松鸦为什么鸣叫》等。

周新民：对于很多人都把您当作底层叙事的主要作家，您认不认可？

陈应松：我还是认可的，因为我从来都是在写底层的。过去有些作品，虽然也描写了社会底层的生活，但是很不真实，它并没有什么底层叙事。比如说伤痕文学它是底层叙事吗？寻根文学也是底层叙事吗？现实主义冲击波、新写实都可以称得上吗？搞错了，角度不同，底层叙事非常真实地去写底层人的生存状态，写得非常的严酷。像“现实主义冲击波”里面，写到一个村长啊，一个厂长啊，他要改革，遇到了什么问题，这些问题当然也是很尖锐的。底层叙事不这样写，它不管典型化，它就写生活中的一点，它写一个社会问题，它没把问题典型化，它就站在底层这个角度，农民、打工仔，或者不以他们的身份写，也是非常向下的，向下向下再向下，它是身处在下面，而不是以一种俯视的姿态。而且它对这种生活不再作道德和时代意义的评判；它不对改革的得失用简单的两分法标准打分，完全以真实作为基础，没有任何浪漫主义和粉饰的成分。它的源头不是新时期文学，而是左翼文学。

周新民：您认为底层叙事，一是一种真实的坚守，二是站在底层人如农民、打工仔的角度，除此之外还有哪些？

陈应松：底层叙事的兴起和繁盛是抵挡不住的，在这个浪潮之下，肯定还会有更好的小说作品出现。因为，我认为它的出现有深层次的原因。我自己是这么想的：1.它可能是对真实写作的一种偏执实践，这就是小说必须真实地反映我们的生活，哪怕是角落里的生活；2.底层叙事是对我们社会暗流的一种逆反心理的写作活动，它的作品可能是新世纪小说创作收获的一个意外；3.它是一种强烈的社会思潮，而不仅仅是一种文学表现方法；4.它是对那些不健康的精神活动的一种抵抗、补充和矫正。如今的社会，我们的精神虽然遭受到伤害、困境，但还没有到崩溃和绝望的地步，我们的灵魂虽然迷失、变态，但还没有到撕裂和疯狂的地步。我们社会的富人越来越多，穷人越来越少，这更加凸现了穷人的悲哀和我们对贫穷与底层的忽略。我认为，怜悯仍然是作家的美德之一。在我们的社会变得越来越轻佻，越来越浮华，越来越麻痹，越来越虚伪，越来越忍耐，越来越不以为然，越来越矫揉造作，越来越"王顾左右而言他"的时候，总会有一些作家，自觉或不自觉地承担着某一部分平衡我们时代精神走向的责任，并且努力弥合和修复我们社会的裂痕，唤醒我们的良知和同情心，难道这有什么错吗？另外，就算作家醉心于底层的苦难，就算是写苦难，我想一个作家写苦难，总比不写苦难好。要我们在这么巨大的贫富差别面前写中产阶级，写底层人的莺歌燕舞，写那种酒馆进宾馆出、商场进情场出的生活？我认为我已经写不出来了。

周新民：苦难一直是您文学写作的一个核心问题，除此之外，还有死亡、痛苦。

陈应松：对，因为生存对他们来说，充满了痛苦，轻松的生活不属于劳苦百姓，他们很多人还在为温饱和生存而挣扎着，在贫困山区尤其如此。

周新民：您的作品，如果要贴标签的话，第一个标签是"底层叙事"，第二个是"乡土文学"。

陈应松：我还听说，我的作品被称为"打工文学"的最重要代表(笑)，比如《太平狗》，讲的是一个农民工进城打工的故事，因此被人称为最优秀的"打工文学"，在《中篇小说选刊》2006年第二期就有这么一篇文章。

周新民：不仅如此，其实您在底层叙事上早就作出了探索。您的长篇小说《失语的村庄》，很有特色。您能不能谈一谈这部长篇小说？

陈应松：这部小说也没有引起太多的关注，但我自己还是很喜欢的。我感觉到这样一种写作方式，我现在是很难进入了。写得那么沉醉，写人的内心，大段大段地描写人的内心，我自己还是花了很多心血的。但是非常遗憾，没有引起什么注意。这部小说还是和后来的作品有很多联系的，写人的贫困，人的内心，还有那种语言的基调，以及我内心想表达的东西，都和现在的小说有很大的关系。

周新民：我觉得这部小说在艺术探讨上也是走得比较远的，您觉得呢？

陈应松：是啊。可惜它的命运不好，一共只印了几千册。因为在过去我也没有什么名气，而且又是一家小出版社出的。

周新民：在这部小说里，有一个非常独特的地方，每个人说话都是用自己的内心来说，恰恰小说又名叫《失语的村庄》，您要让村庄说话，怎么说？每个人用自己的内心说，这种视角具有很深远的探索意义。在我们的印象中，农村题材的小说是传统意义上的小说，没有人用这种叙事模式写过，在这一点上，这部小说非常有探讨价值。

陈应松：我在《世纪末偷想》中，有几处写到了"失语"，不知道你有没有注意到，就是对这部小说的回应。失语是一种生理现象，但它也是一种时代疾病。不光是城市人失语，农民更失语，他们没有说话的地方。他们是没有话语权的，最没有话语权的是农民。文学界讨论什么"底层叙事"，说底层叙事，那么底层能不能自己叙事呢？不可能的，他们本身就是处于失语状态。我们说底层叙事，是从知识分子的角度，代替底层来叙事，帮他们叙事。你能让那一群书都没读、生活问题都没有解决的农民去写小说？不可能吧。甭说是写小说发表，就是写一封信给县里、报社，也没人理他们。知识分子是很可笑的，而且迂腐，讨论底层自己写自己，除非是江青，搞小靳庄，人人赛诗，这证明是个闹剧。失语是我们时代一个巨大的精神疾患，在《失语的村庄》后面有个后记，对于这个问题谈到了一些。

周新民：能谈一谈外国文学对您的启迪吗？哪些外国作家是您比较欣赏的，他们对您有没有一些启迪和影响？

陈应松：我欣赏的基本都是外国作家，中国当代的小说我不是太喜欢，主要是受外国文学的影响。像我们这一代作家，包括后面的60、70年代的作家，都受过外国文学的影响。我受中国文学的影响真的是很少，在现代作家中，除了鲁迅外，其他对我几乎没有影响。我主要是喜欢拉美和法国作家。拉美文学主要喜欢魔幻现实主义，法国文学则是自然主义对我影响最大。

周新民：一般意义上，20世纪80年代以来，中国作家主要是受现代主义文学的影响。您如何来看待现代主义文学，它和自然主义文学的差别在哪里？

陈应松：我现在觉得现代派作家很轻，并不是我狂妄，瞧不起他们，绝对不是这样，而是觉得他们写得很轻。而自然主义写得很重，分量很重，他们写一种坚实的生活。像吉奥诺的《庞神三部曲》，卡里埃尔的《马鄂的雀鹰》以及其他的一些作品，他们会告诉你什么叫真实，什么叫现场感，他们写实写得非常实在。比如卡里埃尔写那种山区生活，四季的景色，是十分沉醉地写的，细得不可再细，那种功夫让人折服。但这种写实又不像法国的另外一批作家，像巴尔扎克写这个房子，就写这个房子有些什么东西，一件一件道来，有些啰唆，甚至索然无味。自然主义不这样写，他们写得很诗意，语言很有味道，很有象征和寓言色彩。比如"秋天紫色的风""放荡、下流的乌鸦""在雨燕的鞭子一样的尖叫声中""在这深邃、清澈的天空中，人们的欲望会越走越远"……总的看来，自然主义文学强调的现场感、真实感，以及诗意的语言和有意味的形式对我的文学创作影响很大。因此我很喜欢左拉、卡里埃尔、吉奥诺等自然主义作家。

周新民：拉美的魔幻现实主义对您的启发主要体现在哪些方面？

陈应松：拉美的魔幻现实主义对我的启发主要是他们的魔幻色彩和寓言性质。那种魔幻色彩正好契合了我对神农架的感情，神农架本来就是一个很魔幻的地方，刚好我喜欢魔幻现实主义；他们的语言也是很有诗意的，所有的魔幻现实主义作家的语言都充满着跳跃性，开阔而富有穿透力，这是我非常喜欢的；他们的故事都是精心选择的有意味的故事，并且把生活写得非常丰富多彩，令人目不暇接。用一个中性词来形容魔幻现实主义，那就是"芜杂"，非单纯或单薄，芜杂恰恰是生活的本质，写得如此眼花缭乱，深邃难测，充满意外，这是需要本领的。

周新民：您能不能归纳一下您的小说观？

陈应松：小说应该用充满寓言意味的语言来表现具有强烈现场感的、真实的生活，要使小说充满着力量。小说一定要强烈，对现代麻痹的读者要造成强烈的刺激；要复杂，不能单薄；要丰厚、丰富、丰满、丰沉，所谓"四丰"；要真实，令人感动，还要让人疼痛！现在写小说跟80年代真的不一样了，现在是一个很难出作家的年代，这个时代不是一个文学的时代。也许，这就是作家和小说的宿命。

周新民：谢谢您的访谈，期待您更优秀的作品面世。

2006年12月10日

评　论《

自然:人类的自我救赎

——陈应松神农架系列小说论

周新民

人类的堕落、罪恶、文明的虚伪构成了人类面临的最大的问题,这是陈应松前期小说的基本主题。但是,他自己也面临着无法解决的困惑:人类的自我救赎之路在哪里?在这些小说中,他激愤地表达了对人类文明病的批判,但是并没有找到人类切实可行的出路。这一困惑在神农架系列小说中得到了解决。陈应松神农架系列小说通过对神农架地区自然、人文风情的描绘,寻找到了人类救赎之路:建立起合乎自然的人伦规范和生命价值观。陈应松认为,人类不仅要善待自然,珍爱自然,敬畏自然,更重要的是在人和自然之间建立起伦理价值关系。这种关系的核心是人类和自然的和谐共生。陈应松并没有止步于此,而是由此出发,走上敬畏生命、倡导神圣的终极价值观,以此寻找到在现代化的历史逻辑中人类的精神出路。现代化的历史征程也许无法避免,但是,人类应该去极力避免现代化所引起的精神困惑。自然为人类在现代化的道路上的自我拯救提供了价值参照。自然因而成为陈应松神农架小说拯救人类的根本路径和方法,也是陈应松小说的价值核心。神农架系列小说完成了陈应松小说创作的历史性蜕变。

围绕自然,陈应松的神农架系列小说建构了一个特点鲜明的等级世界,城市—乡村—自然构成了这个等级世界的三个梯级等次。城市作为现代化的标志,是彻底和乡村、自然脱离的世界,是现代化的典型象征。这里的乡村,主要是神农架地区的行政、自然的区划,是一个连接城市和自然的世界。它相对城市是自然化的,相对自然又是人化的,带有现代化的某些征候。自然,是指和乡村、城市完全不同的有着自己的生命律动的区域,它由植物、动物、山川组成。陈应松构造的神农架世界中,通过这样的结构方式,阐释了这样一个主题:对自然的漠视、扭曲、利用只能给人自身和社会造成灾难。自然不应单纯是外在于人的客观存在,它也是人的价值性对象化和伦理对象。

为了体现自然的意义，阐发上述主题，陈应松的神农架系列小说构造了两个等级系列，一个是城市（人）/乡村（人）系列，一个是乡村/自然系列。在这两个系列中，以自然因素的多寡构成了对立的两极。城市和乡村是对立的，因为城市是邪恶的，它漠视乡村，排斥乡村，单纯地利用乡村。在城市/乡村的对立项中，乡村充当了自然的象征。但是在乡村/自然的对立项中，乡村在自然因素上不及自然，因此，在自然的观照中，乡村又是邪恶的，它无视自然的法则存在，最终要受到自然的惩罚。这两个对立项中，自然构成了神农架系列小说的最重要的核心。陈应松通过上述两对对立项的构造，最终达到与自然和谐共生，以此拯救现代文明病。

一

陈应松的小说创作一直贯穿着城市和乡村对立的主题。他的前期小说基本上都表达了在城市和乡村的对立中对城市的唾弃和对乡村的热爱与留恋的感情倾向。他曾这样看待城市：

> 在城市，连寂寞也充满虚伪。
>
> 城市的膨胀是人心的缩影。
>
> 金钱像肮脏的树叶一样卷起人心的深秋。人们不再传递着季节的喜悦，唯一关心的是行情。[①]

在他看来，城市只有罪恶、虚伪和算计。而他对乡村则又是另外一种记忆："记得桑椹吧，记得红薯吧，记得碗堆的清汤和一把对夏天发言的蒲扇吧，记得父亲的驼背和庙宇的青苔吧。乡村是往事的海洋。已与诗十分近似，差不多都走进了诗里。因此乡村是我们精神的归途，是人生苦恼的伟大歌手。"[②]与对城市的印象不同，陈应松认为乡村远离了城市的腐朽与堕落，充满了诗意。对城市和乡村的这种绝然相反的看法，源于陈应松对现代都市的情感困惑，是他对现代人的生存困惑的表达。在小说中，这种生存困惑建立在城市诗意丧失的痛楚中，而乡村是作为都市人生存困惑的救赎存在的。

在陈应松神农架系列小说中，城市与乡村对立的结构模式依然存在，但是这种对立的基本点已经从诗意转向自然因素上面了，城市获得了更加清晰的对应点，乡村也获得更明了的内涵。

《松鸦为什么鸣叫》讲述了一个城市和乡村对立的故事。伯纬为了兑现承诺，把

---

① 陈应松：《世纪末偷想》，武汉出版社 2001 年版，第 163—165 页。

② 陈应松：《世纪末偷想》，武汉出版社 2001 年版，第 163—165 页。

修公路摔死的王皋从工地上背回家。此后，当公路修到伯纬家门口的时候，他就充当了车祸发生后背死人的角色。在伯纬那里，背死者、救伤者是他自发的动力，没有任何外在的目的和要求，就像松鸦看到了死尸要鸣叫一样自然。但是在城市人看来，伯纬的背死尸和救人一定有利益的驱动。小说中，自然的自发性和城市的自觉性就这样展开了较量和对比。在这里，自然的特性和都市的习气出现巨大的吊诡空间，从而让我们看到了城市和乡村的巨大分野。

城市和乡村的分野在更大意义上体现为生命态度和生命规约的差异，《人瑞》对此做出了精彩的写照。《人瑞》展现了自然和城市的对比。人瑞是乡村的一个年纪很大的老人，据说有105岁。这个老人是神农架大地孕育的生命。他按照神农架的自然规律生活，抽旱烟，穿脏衣服，长时间不洗澡。他和神农架融为一体，成为神农架不可分割的一部分。但是，随着现代文明、城市文明的入侵，他的生命渐渐枯萎。在商业化的现代文明逻辑中，他成为被都市人窥视的对象，成为传媒猎奇的谈资，成为旅行社的卖点。不仅如此，现代文明开始深入到了人瑞的日常生活，人们按照现代文明来规范他，给他洗澡，给他穿漂亮的衣服，给他抽过滤嘴的香烟，甚至给他喝在现代社会常见的保健品。在现代文明的侵袭下，这个和神农架同气相吸的生命最终走向了枯萎，即使是现代医学也无法留住他的生命。这是个自然生命和现代文明遭遇的悲剧。在这种对照的描写中，我们发现现代文明、城市其实是建立在对个体的自然生命阉割的基础上。

在陈应松看来，城市和乡村的对立主要体现在城市对生命的漠视，超越和忽视了自然。这也是城市罪恶产生的主要原因。《望粮山》中儿子到城市寻找母亲，但是已经成为有钱人的母亲并不看重和儿子之间自然的血缘关系，以5000元了断了和儿子的关系。《太平狗》对城市和乡村的对立表现得更加尖锐。城市—程大种—太平狗三者体现了城市和乡村的对立和冲突。程大种到城市谋生，但是这个城市一步一步地剥夺了他的生命。首先，他被城里的姑妈抛弃，这是城市给他的第一个教训，让他明白在城市并不存在自然的血缘关系，只存在利益关系。这种利益关系是城市后来不断馈赠给程大种的“礼物”。他被要求干各种重体力劳动，甚至危险的劳动，他最终被工厂折磨致死。太平狗在城市的遭遇和程大种构成了对应关系。它被主人拒绝带入城市，它被城市的屠宰厂所关，差点被杀。它成为宠物，但是最终被人所抛弃，并险些丧命。为了营救主人，它曾陷入生命的危机。最终，太平狗回到了它生活的村庄，但是在城市的遭际让它面目全非。一只健壮的、精神抖擞的狗，回到乡村的时候已经骨瘦如柴。无论是程大种还是太平狗，作为曾经在乡村自在而富有生气的生命，却被城市践踏和抛弃。城市就像一个巨大的怪兽无情地吞噬着所有的生命。

城市是现代化的主要体现，也是建立在去自然的基础上的。从物质基础上来说，城市是优于乡村的。但是从精神上讲，城市是乡村的自然价值观念的异化。通过城市和乡村的对照性叙述，陈应松建立起了城市和乡村的价值对照。在二项对立的结构中，陈应松在价值倾向上执拗地走向乡村。这意味着自然构成了这个二项对立结构的支点。作为人类的精神价值趋向，城市被否定，而乡村得到了肯定。城市的扩张建立在对乡村的掠夺基础上，自然被城市所抛弃。在叙事中陈应松提醒我们警惕建立在对乡村和自然的摧毁和掠夺基础上的现代化，自然、乡村构成了质疑现代化的对象。

二

如果说在城市和乡村对照性叙述中，陈应松确立了乡村在对自然的尊重上的优先性，确立了反思现代化的价值支点，那么，在人（乡村）与自然的对照性叙事中，自然以巨大的力量超越了乡村，显示了回归自然的必要性和充分性意义。

神农架地区的人生活在几乎与世隔绝的环境里，在和城市的对照中，他们具有较多的自然本性，因此在神农架地区人的参照下，都市的险恶、卑鄙得到了鲜明的展现。但是，陈应松的小说并不仅是在城市与乡村的对比基础上展开对城市的批判，而是以此为出发点，彰显自然力量、价值甚至伦理意义。因此，他的小说又构筑了另一个对照系列：乡村和自然的对照。在这个对照中，乡村又丧失了优先的价值意义。

这个对照系列展开了对自然价值和意义的追问。这个系列中的神农架人不再在外面闯天下，他们是神农架地区一般的猎人等，不与外界发生关系，直接和神农架的动物、植物、自然界发生关联。神农架人对自然的态度是工具性的，在他们看来，动物以及自然界的一切只是他们满足生活的必需品。他们忽视了自然本身也具有生命，也有尊严；忽视了自然和人类之间其实也存在着一种伦理关系。当人类把自然当作是工具的时候，人类必然要面临着惩戒和惩罚，人类的尊严和伦理意义也必然要受到自然的拷问。尊重自然，尊重自然的生命意义，构成了人类重要的伦理原则。这是陈应松在神农架系列小说中要表达的核心。

《神鹫过境》告诉我们，人类对自然的改造只是人类利己的自私行为，但是对于自然来说是残酷的虐杀，是对生命的无情毁灭。号是一只在迁徙途中掉队的神鹫，被丁连根抓获。丁连根通过熬鹫的方式，彻底地改变了鹫的生活习性。熬鹫的过程就是人类改变自然，把人的意志强加给自然的重要表现。最终丁连根熬鹫成功，鹫成了丁连根捕捉其同类的诱饵，号的叫声呼唤了过路的、迁徙的鹫，它们被丁连根一一捕杀。被改造了的自然，体现出的是人贪婪的物质欲望，这种欲望建立在对生命的粗暴掠夺，和对生命的意义的漠视上。

按照人类的方式改造自然、扭曲自然的本性，受到伤害的并不只是自然自身，这种伤害最终要还归人之身。在《醉醒花》中，巴安常养了一只小熊，并且和熊建立起了非常深厚的感情，熊和人之间出现了和谐的关系。但是最后吃了醉醒花的熊失去控制，吃了巴安常。在这个非常简单的悲剧故事中蕴涵着复杂的内涵。一方面，熊和它主人关系的友好源于熊的自然性情被改变，从这个角度来说，人对自然的改造是成功的；但是另一方面，也正是这种改造导致了悲剧的发生，因为也正是人，与熊建立起了友好关系的人——伐木队的冉二贱让熊吃了醉醒花而失去控制。人对自然的改造，带来好处的同时也许就埋藏了不可见的危机。《神鹫过境》《醉醒花》显示了当人把自然当作工具的时候，必然要受到来自自然的制约和惩罚，从而使自然显示出了自己的生命逻辑。

《豹子最后的舞蹈》《牧歌》呈示给我们的是价值理性意义。自然和人之间并不是简单的工具关系，还具有重要的伦理意义。当人将自身的伦理态度强加给自然时，自然会把同样的伦理态度反作用给人类。于是自然和人类之间就形成了一种价值交互关系。《豹子最后的舞蹈》描写了豹子家族走向灭亡的命运。人类对自然环境的破坏让豹子失去了生存的环境，使豹子无法觅食。豹子家族最后一只豹子，最后也死在猎人的手下。但是命运走向灭亡的不仅仅是豹子家族，在豹子家族走向灭亡的同时，打猎者的家族也同样走向灭亡。豹子的母亲、兄弟、妹妹、情人红果、情敌石头都被猎人老关杀死，这激起了豹子复仇的欲望。于是在豹子家族走向灭亡的过程中，猎人老关的一家也付出了惨重的生命代价，他的儿子们和孙子最后在豹子的报复下，走上了死亡之旅。

《牧歌》同样也描述了自然和人类之间的搏斗。老猎人张打狩猎一生，杀死动物无数。张打的小儿子张侠违反了正月不打猎物的禁忌，把野猪的猎物拖回来了，从此，张家开始走上了厄运。野猪来报复，毁坏了张家的房屋。在一次打猎中，张打莫名其妙地把张侠给打死了。把四只小老虎拦腰砍断的大儿子张胆，被虎妈妈追杀，被吓疯了。孙子张番，因为洗了泉水，视力很好，在晚上也能打猎，但最后被他父亲抠瞎了。张打最终明白，人类对自然的掠夺，让人类暂时增长了物质财富，解决了人类物质上的匮乏，但是人类也因此付出了惨重的代价。

“因为，当我们付出后，竟没有回报，土地和岩石一点都不仁慈，对我们板起千万年的面孔，以拒绝的方式订下了与我们的生死合约，那么财富究竟去了哪儿？变作浑浊的流水和云彩流向了山外？只有不停地砍树和偷猎才能使人稍微变得滋润一些吗？可是，对斧头和猎枪的操作是危险的，它危险万分。也是繁重的，压得你抬不起头来，就好像在岩石上挖一眼泉；树木和野兽都被这块土地吃掉了，不再让它们蓬勃地生长和发育，这块土地因失望而吝啬。对在这片山冈上生活的人们来讲，山冈是并不欢迎我们的，视我们为仇敌。因此，我们对世代生活的这块地方只会越来越感到生疏、沮丧和绝望。人和大地的亲密关系早就不复存在了，我们之间带着深深的狐疑、猜度和敌意，在对大地的凌辱中，以为大地不会说话而忘记了被施暴对象的存在，其实这种施暴，像迎风泼水，那水会飞回到你自己的头上。沉默的山冈愤怒无声。我们人类罪孽深深。被施暴的结果不是通过呻吟和愤怒还给我们，而是透过那些慢慢秃顶的山峰，透过越来越岑寂、干旱和没有滋味的日子表现出来。”①

在自然和人类的搏斗中，由于人类违背了自然的意志，最终遭受到了惨重的教训，付出了沉重的生命代价。在乡村和自然的二项对立结构中，陈应松的态度倾向了自然，显示了对人化的自然的一种谨慎态度。自然并不是仍由我们随意处置的对象，它具有自身的生命价值和伦理倾向。外加于自然的价值准则和伦理意义最终被自然还给人类。

三

陈应松在神农架系列小说中通过构造城市/乡村、乡村/自然的结构方式，让人一步一步地退回到自然，回归到无人化自然的目的地。陈应松并不是要让人在自然面前放弃主体性，而是强调要和自然寻求和谐的、自在的关系。这种建立在对自然价值基础上的人和自然的关系、人和人之间的关系，体现出了不一般的社会伦理意义。我以为，陈应松的神农架系列小说中自然成为找到人类出路的重要通道。回归自然，自然不仅是人类的生活对象，它还是人类的生活价值尺度。这应该是陈应松的神农架系列小说的重要主题。

自然并不是人类、现代化进程能完全把握的对象，自然的存在自然有着自身的价值。在陈应松的小说中，我们可以看到许多神秘的景象，如棺材兽、软骨人、天书、天边的麦子等奇异景观。有些细节甚至表现出人和自然之间并不存在着必然差异的情感倾向。《望粮山》多次出现人的动物形象的还原，余大滚一直强调人一天中有

① 陈应松：《牧歌》，《红豆》2005年第3期。

两个时辰是牲口，金贵杀死老树时说了一句："我杀死的是一只獐子，这个时辰他正是獐子。"《乡长变虎》描写了乡长身上长满了虎毛，差一点变成了老虎。这些貌似荒诞的细节正是表明了在自然和人之间并不存在绝对的界限，主体与自然之间并不具有等级的差异。

自然并不是可以任意由人类来处理的对象，它有着自己的尊严，甚至是生命。在《牧歌》中，打猎一辈子的张打幡然醒悟，自然其实和人类一样充溢着生命的情趣："回家的那个傍晚天象依然很怪，好像真有什么要别离似的，晚霞黛青，红鳞变成了卷云，一阵又一阵的大风把山冈都快吹歪了，河水拱起的浪涛像鱼背一样闪闪发光。各种树木因为大风的长驱直入到处响起折断的咔嚓声，仿佛在过一队大兽阵一般。真撩拨人啊，让人一下子就想起了过去野猪、鹿子挤满森林的情形，那些神秘的动物，它们有着鬼鬼祟祟的尊严，当你要打死它们时，它们跑得比风还快，真像是一群云精风神。可一忽你又觉得它们是本不该打死的，它们的徜徉极其优雅，一个个如绅士，行走的皮毛绚烂至极，多肉的掌子踏动山冈时无息无声，抬头望山望云时充满着伤感。你就会觉得它们真像你家中的一员，它们的情绪伸手即可触摸。"①

于是，我们发现，自然充满着生命的光辉，有着无上的生命尊严。在这里，陈应松在自然和人类之间建立了伦理关系。我们知道，自从文艺复兴以来，人类中心主义的思想影响甚为广泛。伦理关系、生命意义只存在于人与人之间，自然只是人类的工具，是人类欲望满足的对象。这种思想的盛行最终构成了人和自然的冲突，人类生存的环境日益恶化。这就是陈应松的小说中的人和自然的二项对立结构所折射的图景。在这个二项对立的结构所引起的悲剧性结局的思考中，他最后表达了人类应该尊重自然的理念。

《云彩擦过悬崖》阐释了在人和自然之间、人和人之间能够建立起和谐关系的理念。苏宝良是瞭望塔上的火情观察员，独自生活在山上。在长期和自然的独处中，他和自然建立起了和谐的关系。在他眼里，自然充满着生命气息，山上的植物、云朵、动物都是他的邻居和伙伴。虽然他的女儿被动物咬死，但是在他看来，动物一般的时候是不和人为敌的。正是怀着这样的信念，他在山上从不猎杀动物。在自然中建立起的伦理尺度，帮助苏宝良建立了和谐的人际关系。他和周围的乡民、过路客建立起了相互信任、相互关照的良好关系。在临下山的那一刻，他决定放弃下山的机会，长期据守在瞭望塔中。

---

① 陈应松：《牧歌》，《红豆》2005年第3期。

《云彩擦过悬崖》树立了人和自然、人类社会的伦理尺度。在人和自然、人和人之间的关系中，人和自然的关系是最基本的关系，因为人本身首先是自然物。在马克思看来，人本身就是自然的存在，“说人是肉体的、有自然力的、有生命的、现实的、感性的、对象性的存在物，这就等于说，人有现实的、感性的对象作为自己本质的即自己生命表现的对象；或者说，人只有凭借现实的、感性的对象才能表现自己的生命。”①作为自然中的一部分，人类要依赖自然，与自然融为一体，才能得以生存。功利性的思想、欲望的膨胀让人和人类社会的发展遭遇到了空前的危机。陈应松的神农架系列小说中的人和自然的二项对立结构，所要体现的思想就是人在向自然索取的时候，人把自然当作单纯的功利对象的时候，人类并没有因此获得幸福，相反受到了来自自然的抵抗、制约，甚至是报复。人类在自然面前并不能获得自由，也无法得到自在的生活状态，因而要像《云彩擦过悬崖》中的苏宝良那样，和自然建立起和谐共生的关系，甚至是伦理关系，这才是最为重要的。

另外，对于人类社会组织来讲，人和人之间的关系，其实是人和自然之间关系的另一种重现，自然的伦理意义也体现在这里。在陈应松的神农架系列小说所表现的城市和乡村的二项对立结构中，城市对于乡村的功利性的掠夺，不也是人对于自然的工具性态度的翻版吗？从这个意义来讲，人、自然、人类社会其实是一个整体。马克思早就对此下过断言：“整个所谓世界历史不外是人通过人的劳动而诞生的过程，是自然界对人来说的生成过程，所以关于他通过自身而诞生、关于他的形成过程，他有直观的、无法辩驳的证明。”②因此，马克思认为人和自然其实存在着整体性，人和人类社会的发展离不开自然的交换，同时，自然也在改变着人和人类社会。马克思据此认为自然是人的对象化存在。

因而自然和人之间存在着一种伦理和价值关系。人不是自然的主体，同样，自然也不应该是人的主体。因为人毕竟是按照人的尺度来生活的，而不能按照自然的尺度来生活。但是，自然、人自身、人类社会应该寻找到共同的价值尺度和伦理原则，三者的和谐共生就构成了宇宙的最高的价值准则。自然、人、人类社会的和谐共生的伦理关系，是个人对自由、自在生活的完成，同样也是自然存在的最有意义的体现方式。它也是人类社会的最高的理想——共产主义社会的原则：“共产主义是私有财产即人的自我异化的积极的扬弃，因而是通过人并且为了人而对人的本质的真正占有；因此，它是人向自身、向社会的，即合乎人性的人的复归。这种复归是完全

---

① 马克思：《1844年经济学哲学手稿》，人民出版社2000年版，第105页。

② 马克思：《1844年经济学哲学手稿》，人民出版社2000年版，第92页。

的、自觉的和在以往发展的全部财富的范围内生成的。这种共产主义，作为完成了的自然主义＝人道主义，而作为完成了的人道主义＝自然主义，它是人和自然界之间、人和人之间的矛盾的真正解决，是存在和本质、对象化和自我确证、自由和必然、个体和类之间的斗争的真正解决。”[①]在马克思看来，人、自然、社会统一于三者的价值和伦理中，只有在三者完全回复到同一的价值基本点上，人才能作为完全的人存在，社会才能寻找到完美的社会存在，自然也才能成为人与社会的自然。马克思对自然的强调，对我们重新思考社会与人的意义和价值体现方式不无启迪。陈应松的神农架系列小说的可贵之处正在于找到了人类社会和谐发展的主要支点——自然。

神农架系列小说对人和自然的和谐关系的强调，显然具有强烈的社会伦理意义，它突出了我们这个时代应该具有的价值观念和价值理想。人类社会组织形式建立的标准应该考虑到自然的因素，甚至人类社会的理想的实现，也应该考虑到自然的价值和意义。人类的伦理关系，不应该仅仅体现在人类社会中，也应该体现在人和自然之间。只有当人和自然的关系以及人和人之间的关系，体现出对自然应有的尊重的时候，人类社会才能寻找到福祉。

四

当然，陈应松小说中自然的伦理意义并不只停留在此。我们不能仅把他小说中所描写的自然看作是实体性、物质性的存在，在我看来，它是一种精神符码。陈应松在小说中执拗地要返回到自然中寻找世界的伦理秩序，应该有更加深层次的精神拷问。这种精神追寻就是寻找人类生存的形而上的意义和价值。

陈应松神农架系列小说不仅仅是具体生活细节和现场的呈现，自然也具有丰厚的生存论的价值意义。在生存论视野中，人和自然和谐共处，人和自然之间并非是一种算计或利用的关系。固然，人类的生存离不开自然，人类也要借助自然来维持生命，但是人和自然的关系是平等的，同时，人也应该小心地维护自然的神圣性。一个中世纪的农民在劳作时尽管也使用了诸如兽力、风力和水力等一些技术，但同时他也被“一个这样的认识所占据，即在神圣的创造委托中去行动；他在造物的名义下去开始并结束他的工作，对他来说，他的动物是减轻他的工作的唯一的‘力量源泉’；他知道土地、植物和动物本身都是由神创造的，并且得自于神；对他来说，生长过程还是一个秘密，是某种不可制造的东西，而且只能加以支持；他把他的收获品看作仁

① 马克思：《1844年经济学哲学手稿》，人民出版社2000年版，第81页。

慈的上帝的礼物。"①自然和人类在神的共同看护下平等相处,并且人类对自然的情感中包含有神圣的敬畏之情。

因此,人类应该从功利中走出来,对自然保持着神圣的感情,这是人寻找精神家园的主要途径。在陈应松的神农架系列小说中,他反复叙写的自然,也寄予着一种宗教般的情感。他曾说:

> 宗教对大自然充满了敬畏与仁爱之心,而宗教的感情或类似于宗教的感情正呼啸着离我们远去,或者说当她来的时候,我们走远了。
>
> 人在自然的迷失使他们内心狂躁、变态,时刻想君临一切,敌视一切。这多么可怕。人在互相排斥就像人以强盗的眼光恣意要折磨自然一样,他们除了掠夺就是算计。在算计中掠夺,在掠夺中算计。②

宗教意识很早就在陈应松的生活中留下了影响。他所生活的地域就充满了神秘的色彩,这种地域特征被他概括为北纬30°。在他成长的岁月里,他就深深感受到了神秘的生活现象。他在自传性文字中屡次提到青少年时期所遭遇到、所听说的神秘事件。在成为作家后的岁月里,这种神秘事物的影响仍然伴随着他。他说:"我相信命运,相信冥冥之中的主宰。我并没有皈依一种宗教,但这并不排除我对佛教典籍和基督教典籍的疯狂嗜好,它里面的所有禁忌和终极真理使我与教徒们一样充满了敬畏感。"③青少年时期的生活体验和以后对宗教的思考,使陈应松的小说形成了一个独特的现象:在他所描写的生活现实上,存在着一个高高在上的世界,这个世界以神秘的、不可测的面目审视着世俗的社会生活。在《松鸦为什么鸣叫》中,这个神秘的力量是人们无法解读的天书。在《望粮山》中,它是天边出现麦子的传言。《吼秋》中是傻子对未来的预示和"起蛟"的传说。《马嘶岭血案》中则是只开花不结籽,但是六月一开花是年就有洪水的千年老树。这些神秘之物超越了现实世界,构成了一个超越性的世界。对世俗的现实世界来说,它是神圣的。它在预示着世俗生活,审视现世人生。

和其构筑的自然的、超越性的神秘世界相对应的是,陈应松反复叙写了人世间的苦难和死亡。因此,陈应松的神农架系列小说还存在着一种二项对立结构:超验/现世。不同前两种是具象的二项对立结构,超验/现世是抽象存在的,它隐藏在城

---

① [德]冈特·绍伊博尔德:《海德格尔分析新时代的技术》,宋祖良译,中国社会科学出版社1993年版,第18—19页。

② 陈应松:《世纪末偷想》,武汉出版社2001年版,第47—48页。

③ 陈应松:《大街上的水手》,长江文艺出版社1999年版,第310页。

市/乡村、乡村/自然的二项对立结构之中。在上述对神农架的自然和乡村、乡村和城市两项二项对立结构的描述中，自然以超越的、高踞乡村和城市的姿态构成了对乡村、城市的审视和批判。正因为乡村失去了纯粹的自然特性，打上了人类活动的足迹，正因为城市抛弃了乡村的自然生活形态，最终导致了人类社会的灾难。苦难、死亡时时来临，完成了自然的神圣性的构造，完成了超验/现世的二项对立结构。

陈应松的神农架系列小说充斥着大量的死亡、灾变的叙述。几乎他的每一篇小说都有死亡。他如此频繁地写死亡，显然有着他自己的用意在里面，它体现了超验世界对现世世界的惩罚。在神农架系列小说中，《狂犬事件》和《吼秋》最具有这种形而上的意义。

《狂犬事件》在表面上看，并没有写到自然，但是它是自然的反题，描述了人间的非理性的生活状况。小说在"一只疯狗进村了"中展开叙述，这也成了村庄发生变化的重要原因。一只疯狗进村引起了乡村的混乱，乡村的狗一只接一只地疯了，乡村的牛疯了，乡村的人死了。在灾变面前，乡村的生活秩序大乱。我们仿佛看到了一只手在背后制造了乡村的死亡和灾难。它没有出现在具体的事件现场，但是它的确存在着，左右着乡村的命运。而《吼秋》则是一幅世纪末图景。山村面临着崩岩，一场巨大的灾难即将来临。但是，对于即将到来的灾变，生活在这里的人们并没有在意。生活秩序还在继续。镇上的领导为了举办蛐蛐节而忙碌，人们为了经济利益而奔忙。就在蛐蛐大集举办的时候，灾难降临：

> ……小镇像画片一样折叠起来……山像一张晾在竹竿上的竹席被狗的爪子抓了下来，它慢慢地、坚定地、沉重地向下矬着矬着，大家看到那山隆隆作响地冲进街上，巨大的碎石尘埃吞没了古把根的儿子。大梁子，高高的大梁子，晃眼间就只剩下半边了，像屠夫的剁骨刀剁去了一半，齐刷刷的。那山梁上一股泉水冲腾出来，顿时，一条巨大的瀑布垂挂下来，就覆盖了那个叫毛家沟的小镇。

毛家沟的这场灾难，显然是隐藏在背后的自然神对这些无视自然神的暗示的一种惩罚，在灾难中显示了自然的存在和力量，也表现了陈应松对人类生活的担忧和焦虑。

陈应松神农架系列小说对自然的坚定皈依，充分地表现了他对超越世俗、拯救世俗生活的一种设想和努力。陈应松不是宗教徒，但是他的小说最后由自然指向宗教意义，显然是对当下生存的一种思考。他的神农架系列小说中的自然，具有一定的宗教意味，但是，他所要表现的不是宗教本身。借助宗教母题，他所要思考的是在现代化境遇中人的终极性命运。终极性价值的关怀，才是陈应松构造的自然精神家园的最终的指向。它预示着对当下世俗生活的批判和反省，也是对当下浮华、堕落社会生活的尖锐的批判。当然，也寄予着对当下人类生活的救赎的理想情怀。

陈应松的神农架系列小说在所构造的“神农架”形象中，完成了艺术形象—伦理价值—生存论的思考。在陈应松的“神农架”中，自然是他全部小说艺术的支点，他围绕着自然完成了小说结构、形象的塑造。由此出发，陈应松还深入地思考了自然的伦理的意义，提出了具有价值的思想。更主要的是，他的这些小说还走向了更抽象的世界，把具体的社会和人生问题引入到了一个更加具有普遍性的追问上：人类该如何拯救自我？

现代化是人类无法回避的道路，同样，现代化所引起的思想困境也无法逃避。自现代化之路在古老的中国不可避免地展开时，中国的思想界和文学界就展开了无穷尽的思考、探索和追问。对于中国这样一个有着悠久的农耕文明的国度而言，“天人合一”的思维理路曾经是中国思想的核心。现代化的到来，意味着对传统农耕文明的抛弃，对自然的生活形态的摒弃。在现代化锐不可当、高歌猛进的征途中，回望农耕文明，构成了世界范围内反现代化的主要的道路。就中国现当代文学史而言，沈从文对湘西世界的描绘，痴情地对“希腊神性小庙”的构造，甚至在后期的小说《看虹录》中对自然神性的深情礼赞，开始表现出“自然”从现代化的轨迹中脱落的思想。原始性包括自然构成了沈从文对现代化历史道路的反思和审视。陈应松对神农架的“自然”的多层次的拷问，是否接通了沈从文反现代性的文化和文学的思维理路？我深以为是。这也就是陈应松小说的根本性的思想和文学的意义所在。

（载《小说评论》2007 年第 5 期）

主要作品目录《

长篇小说

《绝命追杀》，长江文艺出版社 1992 年版。

《别让我感动》，群众出版社 1997 年版。

《失语的村庄》，河南文艺出版社 1999 年版。

《魂不守舍》，花山文艺出版社2003年版。

《猎人峰》，上海文艺出版社2008年版。

《到天边收割》，江苏文艺出版社2008年版。

《还魂记》，江苏凤凰文艺出版社2016年版。

中短篇小说集

《黑艄楼》，中国文学出版社1993年版。

《苍颜》，海南出版社1993年版。

《大寒立碑》，中国文学出版社1994年版。

《大街上的水手》，长江文艺出版社1999年版。

《豹子最后的舞蹈》，春风文艺出版社2004年版。

《松鸦为什么鸣叫——陈应松获奖作品精选》，长江文艺出版社2005年版。

《马嘶岭血案》，群众出版社2005年版。

《狂犬事件》，武汉出版社2006年版。

《鲁迅文学奖获奖作家丛书·陈应松小说》，中国社会出版社2006年版。

《太平狗》，百花文艺出版社2006年版。

《呆头呆脑的春天》，河北教育出版社2006年版。

《暗杀者的后代》，群众出版社2006年版。

《陈应松作品精选》，长江文艺出版社2010年版。

《星空下的火车》，春风文艺出版社2010年版。

《野猫湖》，九州出版社2012年版。

《陈应松神农架系列小说选》(4卷)，九州出版社2012年版。

《一个人的遭遇》，花山文艺出版社2013年版。

《无鼠之家》，江苏文艺出版社2013年版。

《滚钩》，文化发展出版社2016年版。

《神农架往事》，江苏凤凰文艺出版社2018年版。

《八里荒轶事》，西安出版社2018年版。

《神农架·金鸡岩》，中国工人出版社2019年版。

《神农架·巨兽》，中国工人出版社2019年版。

《神农架·独摇草》，中国工人出版社2019年版。

散文随笔集

《世纪末偷想》,武汉出版社 2001 年版。

《在拇指上耕田》,武汉大学出版社 2002 年版。

《小镇逝水录》,百花文艺出版社 2005 年版。

《灵魂是囚不住的》,东方出版中心 2012 年版。

《所谓故乡》,地震出版社 2012 年版。

《春夏的恍惚》,地震出版社 2014 年版。

《写作是一种搏斗》,长江文艺出版社 2015 年版。

《穿行在文字的缝隙》,当代中国出版社 2017 年版。

《雪夜》,当代中国出版社 2017 年版。

《村庄是一蓬草》,万卷出版公司 2017 年版。

诗 集

《梦游的歌手》,长江文艺出版社 1991 年版。

《雪或者春雪》,武汉大学出版社 2017 年版。

文 集

《路标石丛书·陈应松自选集》,天地出版社 2017 年版。

《陈应松文集》(10 卷),长江文艺出版社 2019 年版。

其 他

《走向梦想》(报告文学),新华出版社 1991 年版。

《红星骁将》(传记),湖北人民出版社 1993 年版。

《山水云南》(长篇报告文学),云南人民出版社 2019 年版。

《飞蝗物语》(报告文学),浙江教育出版社 2019 年版。

陈忠实

男，1942 年生，陕西西安人。

小 引《

本辑主笔李遇春博士从西安回来后，对我谈及他这次访问陈忠实的感想时说："我觉得对于陈忠实来说，有一个'重新走进文学史'的问题，他的小说创作历程贯穿了20世纪60—90年代，中国当代文学的几次大的话语转型在他的身上有着明显的体现，而这个问题是我以前所没有意识到的。从柳青到陈忠实，从革命现实主义到开放的现实主义，从生活体验到生命意识……"李博士的这番话，既是对一个作家的文学史定位问题的重新认识，同时也触及到了当代文学史研究的一个重要的方法论问题。

长期以来，当代文学史研究因为受当代文学发展的某种历史"断裂"的影响，往往被人为地切割成若干相对独立且相互封闭的文学史段落，例如十七年文学、"文革"文学、新时期文学等。在这些文学史段落之间，人们虽然也在努力寻找一种"历史"联系，但寻找的结果，往往不免于迁就或沿用政治家或历史学家对历史描述的结论，用一般意义上的"历史"的联系，代替了文学的发展所特有的"文学史"的联系，上述所谓文学史段落的划分，就是以这种方式套用当代历史分期的结果。有时候，在这种一般意义上的历史联系之中，人们似乎也找到了某种属于文学自身的联系，例如20世纪50年代"干预生活"的文学潮流，与"文革"后"伤痕文学"潮流之间的联系；20世纪50年代孙犁、茹志鹃的诗化小说，与"文革"后汪曾祺、铁凝、何立伟等的诗化小说之间的联系，等等。但这种联系的建立，又大多停留于一种现象的或表现形式上的趋同或近似，均未能深究其内在的根由和逻辑。这种文学史研究的方法论，自然合乎近代以来中国人的一种求新求变的思想观念：去旧迎新、弃旧图新、破旧立新，等等。旧的既然都被"去"了、"弃"了、"破"了，就只需一门心思地研究"新"的就是，还要管它与"旧"的联系作甚。但问题是，新和旧之间的关系，又不是那么简单，不是说"去"就"去"、说"弃"就"弃"、说"破"就"破"得了的，其中还要经历一个复杂得不得了也深奥得不得了的转变过程，任何一个作家、任何一部作品、任何一种文体和风格，乃至任何一种方法和技巧，只要处在这个过程之中，哪怕是这个过程的一个具体的局部和某一细小的环节上，它就获得了文学史的意义。文学研究因而也只有将任一作家、任一作品、任一文体、风格乃至方法、技巧，置放于这一过程之中，或这一过程的一个具体的局部和某一细小的环节之上，才能深入地透视其文学史的意义，恰当地估定其文学史的价值。从这个意义上说，李遇春博士认为，对陈忠实来说有一个“重新走进文学史”的问题，是很有见地的。

包括笔者本人在内，对许多当代文学研究者来说，我们所熟悉的陈忠实，也许仅限于他的一部《白鹿原》，至多是与之相关的一些创作材料，并未系统深入地了解他的全部创作经历，深研他在创作发展的各个阶段上的诸多作品，因而，我们对这位作家的文学史定位，也仅限于他在20世纪90年代长篇小说创作潮流中所取得的突出成就，并未全面涉及包括他的长篇在内的全部创作对当代文学历史所显示的总体的意义和价值。如果考虑到这个问题的话，我们就不能不考虑李遇春博士所提出的“从柳青到陈忠实”的问题。这个问题实质上是整个中国当代文学历史进程中的一个带根本性的也是带全局性的问题，即中国当代文学是如何经过20世纪40年代的根据地（解放区）文学的孕育，到50年代开始确定它的雏形，而后又是如何把一种统一的文学规范推向极端，导致“文革”后的历史反拨，引发80年代的文学变革，进而在90年代进入一个真正开放的多元的文学时代的。解剖柳青和陈忠实的创作历程，以及后者对前者的承接关系，包括在这种承接过程中的超越和新变，几乎可以完整地展现这一文学历史的复杂演变过程，因而“从柳青到陈忠实”，无疑也就构成了20世纪下半叶中国文学的一个重要的历史侧面。尤其是这两位作家同处于一种悠久的文明和一场伟大的革命的发祥之地，由这一文明传统和革命传统孕育衍生的中国文学，是如何在当代中国发生种种富有意味的变迁，在他们身上，无疑也存有极为丰富的历史信息和文化信息，因而解剖这两位处于特殊地缘位置的作家的创作及其相互之间的承接递进关系，对深入地揭示中国当代文学与中国悠久的历史文化传统（包括革命历史文化传统）的内在联系，及其自身的发展演变规律，就更具典型意义。以上所说，无疑是一个极为重要的文学史研究的课题，完成这个课题，显然不是我们这个作家研究的专题栏目所能胜任的，但这个问题既然作为一个文学史研究的问题，被提到我们面前，我们当然就有理由期望它最终得出一个理想的结果。这个结果如果简化为一句话，那就是李遇春博士所说的：在当代文学研究中，让陈忠实“重新走进文学史”。

自 述《

我的文学生涯

我生长在一个世代农耕的家庭，听说我的一位老爷（父亲的爷爷）曾经是私塾先生，而父亲已经是一个纯粹的农民，是村子里头为数不多的几个能打算盘也能提起毛笔写字的农民。我在家乡解放后的第二年入学，直到1962年高中毕业回乡，之后做过乡村学校的民办教师，乡（公社）和区的干部，整整16年。我对中国农村和农民有些了解，是这段生活给予我的。直到1978年秋天，我调入西安郊区文化馆。我再三地审视自己判断自己，还是决定离开基层行政部门转入文化单位，去读书去反省以便皈依文学。1982年冬天，我调到省作协专业创作组。在取得对时间的完全支配权之后，我几乎同时决定，干脆回归老家，彻底清静下来，去读书，去回嚼二十年里在乡村基层工作的生活积蓄，去写属于自己的小说。我的经历大致如此。

我在小学阶段没有接触过文学作品，尚不知世有“作家”和“小说”。上初中时我阅读的头一本小说是《三里湾》，这也是我平生阅读的第一本小说。赵树理对我来说是陌生的，而三里湾的农民和农村生活对我来说却是熟识不过的。这本书把我有关农村的生活记忆复活了，也是我第一次验证了自己关于乡村关于农民的印象和体验，如同看到自己和熟识的乡邻旧时生活的照片。这种复活和验证在幼稚的心灵引起的惊讶、欣喜和浮动是带有本能性的。我随之把赵树理已经出版的小说全部借来阅读了，这时候的赵树理在我心目中已经是中国最伟大的作家；我人生历程中所发生的第一次崇拜就在这时候，他是赵树理。也就在阅读赵树理小说的浓厚兴趣里，我写下了平生第一篇小说《桃园风波》，是在初中二年级的一次自选题作文课上写下的。我这一生的全部有幸和不幸，就是从阅读《三里湾》和这篇小说的写作开始的。

随着阅读范围的扩大，我的兴趣就不仅仅局限于验证自己的生活印象了。一本本优秀的文学作品，在我眼前展开了一幅幅见所未见、闻所未闻的画卷：顿河草原哥萨克人矫悍的身影（《静静的顿河》），使人惨不忍睹的悲惨世界（《悲惨世界》），新世界诞生过程中铁与血交织着的壮丽的人生篇章（《钢铁是怎样炼成的》），人类争取自由幸福所表现出来的顽强无畏的气概（《牛虻》）……所有这些震撼人心的书籍，使我的眼睛摆脱开家乡灞河川道那条狭窄的天地，了解到在这个小小的黄土高原的夹缝之外，还有一个更广阔的世界。我的精神里似乎注入了一种强烈的激素，跃跃欲成一番事业了。自幼父亲对我的教诲，比如说人要忠诚老实啦，人要本分啦，勤俭啦，就不再具有权威的力量。我尊重人的这些美德的规范，却更崇尚一种义无反顾的进取的精神，一种为事业、为理想而奋斗的坚韧不拔和无所畏惧的品质。父亲对我的要求很实际，要我念点书，识得字儿，算个数儿不叫人哄了就行了，他劝我做个农民，回乡务庄稼，他觉得由我来继续以农为本的家业是最合适的。开始我听信他的话，后来就觉得可笑了，让我挖一辈子土粪而只求得一碗饱饭，我的一生的年华就算虚度了。我不能过像阿尔青(保尔的哥哥)那样只求温饱而无理想追求的猪一样的生活。大约在高中二年级的时候，我想搞文学创作的理想就基本形成了。

而我面对的现实是：高考落第。我们村子里第一个高中毕业生回乡当农民，很使一些供给孩子读书的人心里攒了劲儿。我的压力又添了许多，成为一个念书无用的活标本。回到乡间，除了当农民种庄稼，似乎别无选择。在这种别无选择的状况下，我选择了一条文学创作的路，这实际上无异于冒险。我阅读过中外一些作家成长道路的文章，给我的总体感觉是，在文学上有重要建树的人当中，幸运儿比不幸的人要少得多。要想比常人多所建树，多所成就，首先要比常人付出多倍的劳动，要忍受常人难以忍受的艰辛甚至是痛苦的折磨。有了这种从旁人身上得到的生活经验，我比较切实地确定了自己的道路，消除了过去太多的轻易获得成功的侥幸心理，这就是静下心来，努力自修，或者说自我奋斗。我给自己定下了一条规程，自学4年，练习基本功，争取4年后发表第一篇作品，就算在“我的大学”领到毕业证了。结果呢？我经过两年的奋斗就发表作品了。当然，我忍受过许多在我的孩子这一代人难以理解的艰难和痛苦，包括饥饿以及比鼓励要更多的嘲讽，甚至意料不到的折磨与打击。为了避免太多的讽刺和嘲笑对我平白无故带来的心理上的伤害，我使自己的学习处于秘密状态，与一般不搞文学的人绝口不谈文学创作的事，每被问及，只是淡然回避，或转移话题。即使我的父亲，也不例外。

我很自信，又很自卑，几乎没有勇气去拜访求教那些艺术大家。像柳青这位我十分尊敬的作家，在他生前，我也一直没有勇气去拜访，尽管我是他的崇拜者。我在爱上文学的同时，就知道了人类存在着天才与非天才的极大差别。这个天才搅和得我十分矛盾而又痛苦，每一次接到退稿信的第一反应，就是越来越清楚地确信自己属于非天才类型。尤其想到刘绍棠戴着红领巾时就蜚声文坛的难以理解的事实，我甚至悲哀起来了。我用鲁迅先生“天才即勤奋”的哲理与自己头脑中那个威胁极大的天才的魔影相抗衡，而终于坚持不辍。如果鲁迅先生不是欺骗，我愿意付出世界上最勤奋的人所能付出的全部苦心和苦力，以弥补先天的不足。

我发表的第一篇习作是散文《夜过流沙沟》，1965 年初刊载于《西安晚报》副刊上。第一篇作品的发表，首先使我从自信和自卑的痛苦折磨中站立起来，自信第一次击败了自卑。我仍然相信我不会成为大手笔，但作为追求，我第一次可以向社会发表我的哪怕是十分微不足道的声音了。我确信契诃夫的话："大狗小狗都要叫，就按上帝给它的嗓子叫好了。"我不敢确信自己会是一只大"狗"，但起码是一只"狗"了！反正我开始叫了！1965 年我连续发表了五六篇散文，虽然明白离一个作家的距离仍然十分遥远，可是信心却无疑地更加坚定了。不幸的是，第二年春天，我们国家发生了一场动乱，就把我的梦彻底摧毁了。我十分悲观，看不出有什么希望，甚至连生活的意义也觉得黯然无光了。我一生中最悲观的时期，就发生在这一段。我发现，为了文学这个爱好，我可以默默地忍受生活的艰难和心灵上的屈辱；而一旦不得不放弃文学创作的追求，我变得脆弱了，麻木了，冷漠了，甚至凑合为生了。

1978 年，中国文学艺术的冻土地带开始解冻了。经过了七灾八难，我总算在进入中年之际，有幸遇到了令人舒畅的文学艺术的春天。初做作家梦的时候，把作家的创作活动想象得很神圣，很神秘，也想象得很浪漫。及至我也过起以创作为专业的生活以后，却体味到一种始料不及的情绪：寂寞。长年累月忍受这种寂寞，有时甚至想，当初怎么就死心塌地地选择了这种职业？而现在又别无选择的余地了。忍受寂寞吧！只能忍受，不忍受将会前功尽弃，一事无成。忍受就是与自身的懒怠作斗争，一次一次狠下心把诱惑人的美事推开。当然，寂寞并不是永久不散的阴霾，它不断地会被撕破或冲散，完成一部新作之后的欢欣，会使备受寂寞的心得到最恰当的慰藉，似乎再多的寂寞也不算得什么了。尤其是在生活中受到冲击，有了颇以为新鲜的理解，感受到一种生活的哲理的时候，强烈的不可压抑的要求表现的欲念，就会把以前曾经忍受过的痛苦和寂寞全部忘记，心中洋溢着一种热情：坐下来，赶紧写……

小屋里就我一个人。稿纸摊开了，我正在写作中的那部小说里的人物，幽灵似的飘忽而至，拥进房间。我可以看见他们熟悉的面孔，发现她今天换了一件新衣，发式也变了，可以闻到他身上那股刺鼻的旱烟味儿。我和他们亲密无间，情同手足。他们向我诉叙自己的不幸和有幸，欢乐和悲哀，得意和挫折，笑啊哭啊唱啊。我的不足十平方米的小屋，是一个想象中的世界。在这个世界里，有山川河流，有风霜雨雪；四季变换极快，花草树木忽荣忽枯；有男人女人，生活旅程很短，从少年到老年，说老了就老了。这个世界具有现实世界里我经见过的一切，然而又与现实世界完全绝缘。我进入这个世界，就把现实世界的一切忘记了，一切都不复存在，四季不分，宠辱皆忘了。我和我的世界里的人物在一起，追踪他们的脚步，倾听他们的诉叙，分享他们的欢乐，甚至为他们的痛苦而伤心落泪。这是使人忘却自己的一个奇妙的世界。这个世界只能容纳我和他们，而容不得现实世界里的任何人插足。一旦某一位熟人或生人走进来，他们就全都惊慌地逃匿起来，不见了。直到来人离去，他们复又围来，甚至抱怨我和他聊得太久了，我也急得什么似的……

我在进入44岁这一年时很清晰地听到了生命的警钟。我突然强烈地意识到50岁这年龄大关的恐惧。如果我只能写写发发如那时的那些中短篇，到死时肯定连一本可以当枕头的书也没有，50岁以后的日子不敢想象将怎么过。恰在此时由《蓝袍先生》的写作而引发的关于这个民族命运的大命题的思考日趋激烈，同时也产生了一种强烈的创作理想，必须充分地利用和珍惜50岁前这五六年黄金般的生命区段，把这个大命题的思考完成，而且必须在艺术上大跨度地超越自己。当我在草拟本上写下《白鹿原》的第一行字的时候，整个心里感觉已经进入我的父辈爷辈老老老爷辈生活过的这座古塬的沉重的历史烟云之中了。这是1988年4月1日。在我即将跨上五十岁的这一年的冬天，也就是1991年的深冬，《白鹿原》上三代人的生的欢乐和死的悲凉都进入最后的归宿。我这四年里穿行古塬半个多世纪的历史的烟云，终于要回到现实的我了。掀开新的一页稿纸，便有一种"倒计时"的怦然。然而当每天的黑夜降临时，心里的孤清简直不可承受。

《白鹿原》出版后，我基本没有再写小说。我想读书，我想通过广泛的阅读进一步体验艺术。我不追求著作等身，只要在有生之年能多出一本两本聊以自慰死后可以垫棺做枕的书，就算我的兴趣得到了报偿。未来的创作是不是鸿篇巨制，是否要超过《白鹿原》，我根本就不思考这个问题。对我来说，《白鹿原》已成为历史，没有必要跟它较劲。我只是尊重自己的生命体验和艺术感觉，最终能形成什么样的作品，那就写个什么样的作品献给读者。既不重复别人，也不重复自己，只要有独立生存的价值，只要是实实在在达到了我所体验到和追求的目标，我就感到欣慰了，因为，它们都是我的孩子。

（本文由李遇春根据陈忠实的创作随笔摘抄、整理而成）

访 谈《

走向生命体验的艺术探索

——陈忠实访谈录

李遇春 陈忠实

李遇春：我注意到您在创作早期，具体说是20世纪80年代初期喜欢谈“深入生活”，但是从80年代中期以来，您又热衷于谈“生命体验”，您能解释一下发生这种提法变化的深层原因吗？

陈忠实：深入生活涉及作家与生活的关系，这是一个老话题。这个老话题实际上对任何作家来说又都是一个最简单、最基本的问题，因为没有生活就根本不可能写作。

李遇春：记得当年批胡风的时候曾经批判过他的一个著名观点，叫“到处有生活”。胡风的意思是，生活是一个非常宽泛的范畴，而当时的主流文学规范往往习惯于把生活的概念加以本质化的限定，规定只能写那种反映了主流社会本质的生活。

陈忠实：现在我们谈生活，它应该分为这样的两个部分：一个是作家所看到的社会生活，再一个就是作家所经历的社会生活。作家自己所经历的社会生活主要包括作家个人的生活经历，这就有两个层面的东西。比如说柳青在长安县搞合作化，作为一个作家深入生活，他主要看到了当地农业合作化开展时期的农村社会生活，当然他也通过挂职的方式直接参与了农业合作化运动，因此其中也包括了他个人的一些在合作化中所经历的生活，但不是他个人生活的全部，比如他的家庭生活、情感经历、思想发展经历等等。所以我们现在说生活体验或者体验生活，我在这点上泛指两种生活都有，既有客观的社会生活，也有作家个人的生活经历。总而言之，它们都是生活体验的东西，都是从体验生活中得来的。

我后来比较看重生命体验，这是我写作到80年代后期自己意识到的。无论是社会生活体验，还是作家个人的生活体验，或者两部分都融合在一块了，同时既是作家个人的生活体验，又是作家对社会生活的体验，在这个层面上，我觉得应该更深入一步，从生活体验的层面进入到生命体验的层面。进入生命层面的这种体验，在我看来，它就更带有某种深刻性，也可能更富于哲理层面上的一些东西。

李遇春：主张写作进入生命体验的层次，这种观点显然更符合现代人的价值观念，更加契合西方近现代以来的各种生命哲学或文化思潮的核心精神。

陈忠实：我觉得从生活体验进入到生命体验，它好像已经经过了一个对现实生活的升华的过程。这就好比从虫子进化到蛾子，或者蜕变成美丽的蝴蝶一样。在幼虫生长阶段、青虫生长阶段，似乎相当于作家的生活体验，虽然它也有很大的生动性，但一旦化蝶了，它就进入了生命体验的境界，就在精神上进入了一种自由状态。这个“化”的过程就是从生活体验进入到生命体验的一个质的过程。这里面更多地带有作家的思想和精神的色彩。

我可以举个例子。比如昆德拉，他的《生命中不能承受之轻》我觉得就是进入了生命体验的作品，而他在那之前的《为了告别的聚会》和《玩笑》，我看应该是属于生活体验层面上的作品。对于一个作家来说，他的创作发展也有一个从生活体验到生命体验的过程。有些作家能够完成这个全过程，而有些作家可能从来也没有完成这个过程，这是大量的。就我的感觉，属于生活体验层次的作品是大量的，而进入了生命体验层面的作品是少量的。

李遇春：在我对您的中短篇小说的阅读印象中，我发现专门从标题上就可以看出，您的有些作品是着意在写一个人，比如说《梆子老太》《蓝袍先生》《尤代表轶事》《四妹子》《鬼秧子乐》《轱辘子客》等就是这样的。我觉得这些作品有一个非常明显的特征，就是它们都写出了外在的社会文化规范对内在的人性的某种压抑，以及由此所激发的人性对外在规范的反抗。这实际上体现了您对人物的生命意识的艺术探求。我不知道您是否同意我的这种看法。

陈忠实：是这样的。对我来说，在写作长篇小说之前，从新时期开始，也经历了几个创作阶段。开始主要创作的还是纯粹的符合80年代初期现实主义文学规范的作品，像1985年、1984年以前的那些中短篇小说就是如此。这些作品有一个很明显的特点，它们几乎和现实生活同步发展，生活的变化在我思想上所引起的一些波澜，我就把它们凝结成作品了。所以这些作品中直接的生活矛盾冲突比较多，当然这里头也有人物，但大多反映的是当时生活变革的一些现实矛盾。

到了80年代中期，我自己觉得我已经开始从另一个视角去看生活，虽然看的也是当代生活，但视角已经不是一般地触及现实社会生活矛盾这些东西了。这主要是因为我这时接受了一种文化心理结构学说，并开始用这种视角来解析人物。你刚才提到的那些作品就属于这一类作品。这类作品主要从人物外化的性格进入了人物内在的文化心理结构,这样一个角度,我自己感觉是深了一层。我后来感觉到,你无论写人物的性格怎样生动,生活细节怎样鲜活、栩栩如生,但要写出人物的灵魂世界里的奥秘,写出那些微妙的东西、神秘的东西,你就必须进入人物的心理结构,而这个心理结构本身是由文化来支撑着的。

李遇春:现代文学的经典作品《阿Q正传》就属于这种写出了人物的文化心理结构的作品。

陈忠实:对。在中国文学中写出人物的文化心理结构,很重要的一点就是揭示出传统与现代的那种文化冲突。这种文化冲突造成了人物心理结构的、观念的改变,从而也就造成了原有的心理结构的平衡被颠覆、被打破。一旦新的观念形成,就随之形成了一种新的心理结构、新的平衡。对于我们这个民族来说,既有传统的道德观、价值观,也包括一些地方地域形成的民间风俗观念,它们跟当代文明、新的观念之间形成的冲突应该是深层的。而实际上我们这个民族从20世纪初,辛亥革命前后开始,一直到现在都在经历着精神世界的裂变,这个裂变其实就意味着原有的心理结构被颠覆了,不再平衡。

我觉得这方面很深刻的一个例子就是鲁迅先生的短篇小说《风波》。《风波》中的那个辫子是一个外化的东西,它外化了内心心理结构的一个平衡点。所有那个时代的道德观念、价值观念以及社会风俗观念已经形成的对人评判的全部标准都外化成了这个辫子,从而在这个辫子上形成了一种很稳定的心理平衡。然而辛亥革命把辫子剪掉了。剪辫子其实对人是没有任何伤害的,不伤皮不伤肉,头发要长就要剪嘛。然而,剪辫子实际上剪掉的是凝结在这个辫子上的所有道德观念和价值观念,观念被颠覆了,人物的心理结构也就被颠覆了。所以鲁迅先生的这个剪辫子的细节是非常深刻的,它实际上已经进入了人物的心理结构深层。这可以说是一个具有时代意义的最典型的例子。

李遇春:如此看来,鲁迅笔下的这个辫子其实凝聚了巨大的文化内涵,因此这个辫子是一个文化象征。

陈忠实:对,文化象征!它外化出来是辫子,而内在里进入了心理结构的形态。这一切平衡在一个辫子上头,一旦辫子被剪掉了,人的心理平衡也就被打破了,打破了之后人就陷入了心理痛苦,所以七斤说没有辫子怎么活呀,他都没办法过日子啦。这种痛苦是内在的。所以我就想尝试能够从文化心理结构的角度去解析我要了解的人物和生活。作为实践,最典型的、意识很明确的两个作品是《蓝袍先生》和《四妹子》。这两个作品都是从文化心理结构的角度去写人物的。

李遇春：其实，从文化心理结构去解析和塑造人物，这样产生的人物的灵魂往往在很大程度上就是一个民族的灵魂。那么您能解释一下您在早期主张的"性格说"和后期推崇的"心理结构说"之间的关系吗？

陈忠实：这两者之间应该说不矛盾，因为如果没有写出人物心理结构的微妙性，那么这个人物的性格就缺乏深刻性。在我看来，通过对人物的文化心理结构的解析，可以使人物的性格更鲜明、更生动，更具有内在的生动性而不是外在的生动性。

李遇春：从《白鹿原》来看，里面很多人物的很多细节都写得很鲜活，而且不仅仅是那种表面上的鲜活生动，而是人物内在地具有某种文化意蕴。这也说明了"性格说"和"心理结构说"之间并不冲突，相反，可以说"心理结构说"是对传统的"性格说"的一种深化。

陈忠实：是这样。

李遇春：接下来想请您谈一谈您的中短篇小说创作对后来的长篇小说创作的影响。

陈忠实：我觉得这没有什么直接的影响，因为那就是我小说创作发展的一个学习、探索的历程。一个人的写作从初学到一步步地深化，这个历程实际上主要就是完成一次次的突破，包括思想和艺术上的突破。他可能在完成突破后要相对地稳定一段时间，在这个突破的基础上他要有一批作品出来，把他这样的思想观念、艺术兴趣和艺术追求相对地持续一段时间。当他集中写过一批作品后，对这种艺术形式又会不太满意，于是便渴望进行新的突破，进行一个更加重大的突破。当然，一个作家的每一部作品一般不会与另一个作品相同，即使是在同一个突破层次上的作品之间也会有很大的差异。但是对于一个作家来说，能不能完成关键性的、里程碑式的突破，或者说达到质的飞跃的突破，这是一个非常致命的东西。譬如说，从生活体验能不能完成到生命体验的突破，既包括对人生的理解、对社会世相的理解，也包括对艺术的理解，这是一个关键。我的整个写作过程起码经历过两次突破。

李遇春：能具体解释一下这两次突破吗？

陈忠实：一次是在20世纪70年代末，当时文艺刚刚开始复兴。我此前在"文革"期间曾经发表过几篇小说，到新时期开始，我们要完成对极"左"思想，包括文艺思想的清算和批判。不光是在认识意义上，而且涉及艺术本身，都要打破极"左"的文艺禁锢，使自己能够尽快地接近真正意义上的艺术和文学。这样一个过程我是通过读书来完成的。这大约是在1978年的冬天，我记得很清楚。当时我集中读了一批书。你要去理解真正的文学，你就要阅读真正的文学，通过阅读来开拓你的艺术视野。

我当时就是想把我在60—70年代所经历和接受的极“左”文艺教条，通过真正的文学的阅读和理解，来把它们冲开，这应该是冲破那些僵化的文艺教条的一个原动力，没有这个你就冲垮不了它们。我记得我集中了三个多月的时间专门读书，一篇文章都不写！因为我那时候刚刚开始重新学习写作，主要目标就是掌握真正意义上的文学创作究竟是何物。我首先从短篇小说上面实践，我集中读了一批世界上各种优秀的短篇小说。

李遇春：主要是哪些作家的短篇小说呢？是不是欧美作家的作品要多一些？

陈忠实：有好多作家的作品，但主要是欧美作家的作品。我在这些作家中重点选择了两个作家：一个是契诃夫，一个是莫泊桑。在这两个作家中间我最后又集中在莫泊桑身上，因为我觉得莫泊桑的小说是情节结构的，而契诃夫是以人物来结构小说的，结合我当时创作能力的实际，莫泊桑显得要更容易接近一些。为此我选择了我比较喜欢的大概有一二十篇莫泊桑的小说作品，集中加以精读，主要看他是如何结构小说的。因为我生活不缺，我在农村生活了二十多年，我自己觉得对农村生活应该比较熟悉。问题是怎样打破极“左”的文学套路，进入真正意义上的文学写作。我觉得那个目的是达到了。所以从1979年的春天开始，我感觉非常好，就重新开始写作。这样一直写到大约80年代中期，我已经出过了两本书，而且作品也获过全国奖，尽管影响还不是太广泛，主要是在本地范围，当然在全国也有一些影响。问题在于我这时候对自己的写作好像进入了不满意的状态。当时我的思维比较活跃，这集中体现在《创作感受谈》那本书中。《创作感受谈》的写作实际上是对我以前创作的一个总结，在此基础上我希望能够再完成一次突破。这时候对我起了决定性影响的就是我前面说过的文化心理结构学说，它对我的写作意义是非常重要的。在80年代中期的时候，当时的整个文坛最是活跃，各种各样的文学理论绍介了进来，各种“主义”开始纷纷得到实践，文学的发展呈现出一种前所未有的繁荣景象。

李遇春：那是一个对中国新时期文学影响非常深远的年代。在1985年前后，“现代派”文学和寻根文学浪潮的兴起对长期以来在中国文坛独尊的主流现实主义文学产生了极大的冲击。

陈忠实：就在那个时候我广泛阅读和见识了各种新潮的文学理论。当时我觉得对于我最有用的就是文化心理结构学说，我就开始实践这个东西。然后就有了一批中短篇小说，包括短篇小说《轱辘子客》和《两个朋友》，它们都是那之后的作品。当然印象最深刻的除了《轱辘子客》之外，还有两个中篇：《蓝袍先生》和《四妹子》。这是我非常清醒的。无论是《四妹子》中写的当代生活，还是《蓝袍先生》中的历史生活背景，我都是从文化心理结构的角度去写人物的。我自己感觉人物的深度和厚度比以前要好一些了。

李遇春：实际上您已经达到了一个更高的艺术境界。

陈忠实：正是通过对人物命运的观照，我觉得我对生活的思考、对历史的思考，就不再是一般意义上的思考了，而是进入到了对人的一种合理的生存形态的思考。

李遇春：就是思考人在历史和现实的社会文化环境中应该怎样生存才是合理的。

陈忠实：对。我当时不好明说这样的话，我就说我是写四妹子的“不自在”的。那为什么不自在呢？就是因为它不是她合理的生存形态，处于一种不合理的生存形态当中才会感觉到不自在！生存形态合理了，美好了，她就自在了。实际上人人都在自觉不自觉地摆脱不自在，要进入自在的境地，我们的生活理想就是争取生活的自在，对不对？所以这就很自然地发展到长篇小说的写作中去了。如果说《四妹子》和《蓝袍先生》是我用文化心理结构学说作为一种写作的新的突破的实验，那么进入《白鹿原》的写作，我就自己感觉到能够比较自信地运用文化心理结构学说来塑造人物了。所以《白鹿原》的写作是一种自觉的、认真的，比较有把握和自信心的写作。

李遇春：您刚才谈了您文学创作生涯中两次大的艺术突破，我认为您的这种创作历程对于研究中国当代文学史的变迁很有个案价值。像您是在六七十年代开始文学写作的，然后在七八十年代之交开始第一次创作转换，即从那种“革命现实主义”文学规范向传统意义上的现实主义文学转变，此后又在八九十年代之交完成了第二次创作转型，从传统的现实主义转向了“开放的现实主义”，吸纳了强烈的现代生命意识和诸多现代小说技法。实际上您的这个创作转换过程与中国当代文学的演进历程是一致的。

陈忠实：对。基本上是一致的。

李遇春：在我的印象中，当代文学史上像您这样作品越写越好、基本上是一步一个脚印的作家似乎还是很少见的。在当年五六十年代初登文坛的作家中，许多人虽然在七八十年代之交的“伤痕”“反思”和“改革”文学潮流中曾经大红大紫，但在80年代后期至90年代以来，他们中的大多数人就星光暗淡下去了。而您却一步步地走向辉煌，在90年代终于呈现出大的艺术气象。这其实是很不容易的。

陈忠实：通过我自己的文学写作，后来我感觉到一个作家一个状态，不可类比！文学创作这个东西没有可比性，它跟工匠生产不一样，它不一定就越写越好。有的人的写作也许是这样，可能越写越好，但有的人可能就爆发那么一下，接下来就爆发不出来了。这种现象太多了。有的人的首发之作可能就是他终生的巅峰之作，他后来的所有更大量的写作再也超不过他的首发之作了。当然，文坛上各种作家、各种状态、各种现象都有，所以你很难说哪个是对的，实际上没有什么对与错，也没有什么规律可循！

李遇春：是的，每一个作家都在探索着属于自己的艺术创作道路。

陈忠实：这里面可能有作家自身的因素、社会因素，甚至包括生理因素。读者是很难把握的。

李遇春：我记得您曾经特别谈到过《初夏》这篇小说的创作。您说《初夏》写作得非常苦闷，简直到了写不下去的地步！由于在写作的过程中您一直想控制人物，但最后还是控制不住了，终于发生了人物的叛逃。那么，根据您后来的创作经验，您认为在创作的过程中，作家与人物之间究竟应该保持一种什么样的关系和状态才是比较合理的呢？

陈忠实：《初夏》可能是我写作以来写得最困难的一部作品！最初的草样只有四五万字，后来写到8万字，最后又写到接近11万字。前后经过几次改写，越写越长。这个作品最初的写作时间是1981年，从1981年写草稿到1984年发表，历经四年，仅仅是一个中篇小说呐。这是我的第一个中篇小说，而实际上大概是第二个还是第三个发表出来的，发表得比较晚，反正中间经历了这么个过程。我之所以迟迟写不出来，很重要的一点就是把握不住人物。

李遇春：主要是哪个人物？是冯马驹吗？

陈忠实：对，主要是马驹这个人物把握不住！其实这个人物我倒是受过生活中的一个人物的影响，尽管有一个生活原型的参考，但是我觉得把握不住他的精神世界。怎么写怎么觉得别扭！这个写作过程非常痛苦。第二次写的时候我躲到了太白县，夏天正热的时候，那时没空调，西安根本待不住，我就在那待了十多天。哎呀，那个写不出来呀，怎么写怎么别扭，怎么写怎么不顺，最后一点都没写成，把勉勉强强写成的那一些全部给撕掉，然后又回来了。

李遇春：我个人有一种感觉，不知道准不准确？有人说《初夏》写得像《创业史》，非常接近柳青的创作风格。我觉得您笔下的冯马驹和《创业史》中的梁生宝在许多方面都很相像，梁生宝是当年社会中“大公无私”的一个典型人物，而您笔下的冯马驹本来有更好的就业机会，但他为集体的事业放弃了个人的前途。显然，冯马驹的这种人生价值观念和梁生宝是相通的，但是与80年代改革开放初期的主导社会价值观念又是隔膜的。我相信当时的一般人不会选择马驹的这条人生道路。

陈忠实:是,普通的老百姓不会选择这条道路。但我当时思想很明确,就是要把马驹写成一个先进青年形象,因为他直接受到生活中的一个农村先进人物、一个英雄人物的影响,所以我在创作过程中脑子里始终有那个先进人物的影子。这说明我当时还没有摆脱掉过去的“革命现实主义”文学的影响。

李遇春:在当年的“革命现实主义”文学规范中,所谓文学典型,就是当时现实社会中先进人物的代表,因为那些先进人物就是当时的“时代精神”的化身,他们体现了“无产阶级”的阶级本质。

陈忠实:是这样的。所以在创作《初夏》的过程中我怎么样也无法从“革命现实主义”的文学窠臼中跳出来。为了迁就一些既定的东西,结果其他的很多内容反而进不去,所以人物就叛逃了。整个写作过程别扭得很!值得一提的是,在第二次写作失败的间隙里,当我觉得在第一稿的基础上无法提高的状况下,我把它放下了。在放下的空当里头,我对写作已经有所思索了。我随之写成了另一个中篇小说《康家小院》,写得非常顺,而且写得非常痛快!实际上在《初夏》写作失败的同时,我已经意识到了写作失败的原因,这就是必须面对生活的直接的感受性,而不能依赖于生活中任何既定的人物,让他去限制自己的创作思维。我写《康家小院》其实是打开了另一条艺术思路,因此写得非常顺,而且稿子一到编辑部,编辑来信非常热情,对稿子评价甚高!所以《初夏》两次修改失败的反反复复的经历,实际上对于我来说是一件好事,它使我更深一步地从原来的“革命现实主义”文学窠臼里头反叛出来,并且逼着我寻找真正的现实主义的本真的东西。

李遇春:现在学界一般认为现实主义最核心的东西还是“写真实”,不光是要忠实于外在的客观生活的真实,而且更重要的是要忠实于创作主体对客观现实生活的主观体验的真实。

陈忠实:对,“写真实”非常重要!当年写作《初夏》失败的教训逼着我重新探索现实主义,我的第一个产品就是《康家小院》。这样就把我的路子“规”过来了,从那条路上“规”到接近真正的文学的道路上来了。

李遇春:看来《康家小院》是您文学创作生涯中一部非常重要的作品,它实际上是您实现第一次艺术突破的标志性成果。通过《康家小院》的写作,您基本上已经告别了过去的政治化文学,而自觉地走上了真正的文学创作道路。

陈忠实:可以这么说吧。

评　论《

陈忠实与柳青的文化心理比较分析

——以《白鹿原》和《创业史》为中心

李遇春

一

陈忠实初登文坛时曾有"小柳青"的美誉。在中国当代长篇小说创作的里程中，前有柳青的《创业史》(第一部，1960)，后有陈忠实的《白鹿原》(1993)，双星闪耀、交相辉映，是上世纪五六十年代和八九十年代的长篇小说创作领域中两座不朽的艺术丰碑。这是两部厚积薄发的呕心沥血之作。对于柳青来说，《创业史》之前的所有文学创作仿佛都是为后来的这部"大书"所做的准备。陈忠实也是如此，《白鹿原》是作者此前二十余年文学生涯的一部集大成的作品，是一部作家百年后可以当"枕头"的书。

虽然柳青是陈忠实"最崇拜的作家之一"，而且陈忠实自认"受柳青的影响是重大的"，但他还是"决心彻底摆脱作为老师的柳青的阴影"。按他当时的自我估计，"什么时候彻底摆脱了柳青，属于我自己的真正意义上的创作才可能产生，决心进行彻底摆脱的实验就是《白鹿原》"①。这似乎意味着《白鹿原》和《创业史》之间存在着某种截然的艺术"断裂"。诚然，《白鹿原》的文化视角是对《创业史》的政治视角的一次质的跃进，但我们如果换一个角度，比如从创作主体的文化人格心理结构的角度考察，通过具体的文本分析我们将会发现，《白鹿原》和《创业史》中所凝聚的作家的灵魂之间，即所谓创作主体的文化人格心理结构之间，还是有着割不断的精神血缘。当然，由于历史条件的限制和文化语境的差异，较之柳青之于《创业史》，陈忠实外化到《白鹿原》中的精神世界或者文化心理结构无疑要健全和博大得多。

选择上述分析问题的角度并非虚言无凭。陈忠实曾经明确地说过，他写《白鹿原》"是想通过自己的笔画出这个民族的灵魂"，"至于这个灵魂揭示得深与浅关键在

① 陈忠实、李星：《关于〈白鹿原〉的答问》，《小说评论》1993年第3期。

作家自身的独特的体验”。在他看来，“作家对历史和生活的独特体验决定着他的作品的深度，鲁迅的《阿Q正传》和巴金的《家》，都是两位巨匠独特的生命体验的结果”。对陈忠实来说，创作《白鹿原》同样也是“想充分展示我的独特的生命体验”[①]。不仅如此，陈忠实还在柳青墓前发表过这样的祭词：“作家生命的意义在于艺术创造。而创作唯一可以依赖的只有作家自己的生活体验、生命体验和艺术体验。各个作家的那些体验的独特性，在胎衣里就注定了各自作品的基本形态。”[②]这是“柳青的警示”，也是陈忠实从柳青那里领悟到的最宝贵的文学遗产。这意味着，和《白鹿原》一样，《创业史》也是作者柳青的“独特的生命体验的结果”。这里需要指出的是，任何作家的生命体验的产生都将受到他的精神结构或文化人格心理结构的制约。鲁迅和巴金如此，柳青和陈忠实也不会例外。他们都将自己内在的生命体验和精神结构，通过艺术的方式外化在了自己的文学作品中，尤其是外化在了那些浸透了作家心血的力作中。因此，伟大的作家不光是用笔勾画了民族的灵魂，而且首先是勾画了自己的灵魂，他们都是以自己虚构的人物的灵魂为镜而看到了自我的镜像的。

当然，伟大作家的精神结构和人格心理结构从来都不会是单一的，因此伟大的作品中从来都包含了多种不同的文化声音和复杂的精神心理倾向。按照现代西方精神分析大师弗洛伊德的考察，人的心理结构由“本我”“自我”和“超我”构成。其中，“本我”是欲望化的原始人格，“自我”是在幻想中建构的独立个体人格，而“超我”是一种超稳定的集体文化性格。[③] 由于“本我”是一种非理性的反文化、反道德的生命冲动，信奉一种以欲望的满足为目标的快乐哲学，所以“本我”所代表的是一种功利主义的意识形态。“自我”追求的是个性独立、思想自由，这样它遵循一种理性化的现代人文主义意识形态或价值观念体系。至于“超我”，它由“自我”衍变而来，是固化和模式化了的“自我”，是对“自我”的异化或反动，因此它是一种超稳定的，以集体为价值本位的古典道德文化规范系统。这样，我们发现，弗洛伊德的人格心理结构理论其实还是一种关于人的文化心理结构的理论。因此，我们能够通过分析作家的人格心理结构来考察其文化心理结构。如果借用陈忠实所推崇的巴尔扎克的名言，接下来我们将通过解读《白鹿原》和《创业史》的小说文本，去努力发掘出作者隐藏在文本背后同中有异、异中有同的心灵“秘史”或精神“秘史”来。

---

① 陈忠实、李星：《关于〈白鹿原〉的答问》，《小说评论》1993年第3期。

② 陈忠实：《柳青的警示》，《告别白鸽》，湖南文艺出版社1998年版。

③ 参阅弗洛伊德：《精神分析引论新编》第三章，高觉敷译，商务印书馆1987年版，第44—63页。

二

白嘉轩和梁生宝分别是《白鹿原》和《创业史》的中心人物，小说中几乎所有的人物都与他们有着各种各样的关系。其中最引人注目的是两组父子关系，当然主要是精神意义上的父子关系。在《白鹿原》中表现为朱先生—白嘉轩—白孝武之间的精神接力，在《创业史》中表现为梁生宝对梁三老汉—郭振山—王书记依次的精神选择。如果说陈忠实在《白鹿原》中主要揭示了精神之子对精神父亲的人格认同心理，那么柳青在《创业史》中主要叙述了精神之子对精神父亲的人格选择过程。二者的共同之处在于都隐含了一种文化意义上的“恋父情结”，尽管各自“恋父”的文化内涵并不相同：前者迷恋的是民族集体无意识中的道德父亲意象，后者迷恋的是民族集体无意识中的政治父亲意象；或者说前者流露了陈忠实对中国传统儒家文化的依恋，后者表现了柳青对中国现代革命文化的皈依。

《白鹿原》的第一章写得耐人寻味，其中叙述的两件大事莫不具有一种潜在的象征意蕴。一件是白嘉轩神秘的六丧六娶，它向我们展示的是一个“性的人”（大江健三郎语）的形象，用精神分析学的术语来说，即展示的是白嘉轩的亟待社会化的“本我”人格。再一件是白父秉德老汉之死，这使得白嘉轩必须寻找替代性的精神父亲，这就像任何血气方刚、年少气盛的青年，如果要想被正常的社会文化秩序所接纳，他们就必须向自己身边的父辈（如父母、教师和上级等）人物认同，从而在自己的人格心理结构中生成一种“超我”人格一样。精神分析学意义上的“超我”其实就是指内化在主体精神结构中的父亲意象，及其所代表的权威文化象征秩序。果然，在第二章中白嘉轩的精神“代父”便及时出现了。他就是嘉轩的姐夫、“关中大儒”朱先生。白嘉轩对这位活着的“圣人”推崇备至，正是在朱先生的规范和引导下，白嘉轩很快形成了自己的“超我”，这是一个神圣完美的人格面具，白嘉轩那“挺得太直的腰”和一副“神像面孔”使任何顽童（如黑娃）都会油然滋生出一种时刻可能被征服的恐惧。小说的第四章集中叙述了精神之父朱先生为精神之子白嘉轩塑造“超我”人格的故事。朱先生奉命禁烟，但他首先犁的是白嘉轩赖以发家的罂粟地；白嘉轩与鹿子霖为买李寡妇的地陷入争斗，又是朱先生的人生箴言使白嘉轩幡然悔悟。朱先生的言传身教使白嘉轩领悟到了传统儒家文化的道德精义，这就是重义轻利、仁爱谦恭。当白嘉轩在第四章的末尾接过滋水县令嘉奖的一块铭刻着“仁义白鹿村”的石碑时，他的“超我”人格已经在无意识中塑造成型，换句话说，此后的白嘉轩已经成了他隐逸的道德精神之父朱先生的一个现实的影子，这就像“白鹿原上最好的长工”鹿三是

“白鹿原上最仁义的财东”白嘉轩最忠顺的影子一样。第四章之后的白嘉轩，无论是修祠堂、办学堂、筑堡墙、刻《乡约》，还是策动“交农”、率众求雨、“刺刷”孝文和小娥、修镇妖塔，抑或是在天灾、人祸和匪患面前不低头，多次以德报怨、援救“仇人”（如黑娃和鹿子霖），凡此种种，白嘉轩的言行举止中无不折射出朱先生“学做好人”的儒家道德理想主义精神的光芒。所以，当朱先生最后化作白鹿仙逝后，白嘉轩禁不住悲哭道：“白鹿原最好的一个先生谢世了……世上再也出不了这样好的先生了！”白嘉轩在这里对自己的人生导师或精神父亲的故去，表达了他内心无比的痛苦和巨大的心理失落，他从朱先生之死中仿佛直觉到了他的“超我”人格，及其所负载的传统道德文化价值观念必然衰败的命运。

新族长白孝武对老族长白嘉轩的文化人格认同，其实正是白嘉轩对朱先生的文化人格认同的“翻版”，只不过多了一层血缘关系而已，故而此处不再赘论。接下来要分析的是梁生宝对精神父亲的寻找与选择。有意味的是，《创业史》的“题叙”中出场的梁生宝是一个失去了父亲，只能与寡母相依为命的孩子，这和《白鹿原》的开篇白嘉轩丧父之间有着异曲同工之妙。与白嘉轩一样，梁生宝也必须寻找他的精神父亲。他的第一个精神“代父”是养父梁三老汉，少年时期的梁生宝一直认同的都是这位农民出身的父亲。父子俩一道艰难创业，然而屡屡受挫，直至濒临绝望。这时候“轰炸机”郭振山出现了，他是梁生宝的入党介绍人。“当听说梁生宝入了党的时候，老汉受了沉重的打击，在炕上躺了三天。”因为“梁三老汉没防备儿子这几年在外头接受了另外的教导，他已经对发家淡漠了，而对公家的号召着了迷。”这意味着，步入青年时期的梁生宝转而认同的对象是党的现实化身郭振山。郭振山已经在梁生宝的潜意识中取代了养父梁三老汉的地位，成了新的精神代父。这位新的代父干革命雷厉风行，与梁三老汉一辈子的善良软弱形成了鲜明的反差。郭振山是蛤蟆滩“穷佃户们崇拜的英雄，因为他满足了他们藏在内心不敢表达的愿望”。整个蛤蟆滩的村民都敬服郭振山，梁生宝最初自是不能例外，这只要看一看雄心万丈的梁生宝，在代表主任郭振山面前无意流露出来的那种一度无法驱除的“自卑情结”就可以观其大略。然而，梁生宝并没有始终执迷于对郭振山的崇拜，他认同的只是作为党的化身的郭振山，一旦郭振山褪下了身上的革命光环，他也就失去了在梁生宝心目中精神父亲的地位。实际上，梁生宝认同的是当时权威的政治意识形态，至于其肉身形象是谁并不重要。所以在抛弃郭振山之后，梁生宝又转而认同区委王书记。“就是这位外表似乎很笨，而内心雪亮的区委书记”，“给生宝平凡的庄稼人身体，注入了伟大的精神力量”。不难看出，梁生宝一直在寻找和选择他的精神父亲，并在现实中加以人格认同，直至自己最终完全变成那位理想化的精神父亲的人格替身。

需要指出的是，无论是在《创业史》还是《白鹿原》中，除了以上分析的两组父子关系之外，那种“恋父”的文化心态还隐含在了其他不同的人物关系结构中。比如在《创业史》中，梁生宝与改霞之间与其说是一种情人关系，毋宁说是一种父子（女）关系。改霞对少年老成的梁生宝的爱，本质上是一个党的女儿对党的现实化身的崇拜与爱戴。至于《白鹿原》里，浪子孝文和土匪黑娃的最终回归，不也说明了他们内心深处无法割断的恋父情结吗？这一切正如白嘉轩所坚信的那样：“凡是生在白鹿村炕脚地上的任何人，只要是人，迟早都要跪倒在祠堂里头的。”我相信，当陈忠实深沉地叙述黑娃以家族罪人的身份向老族长白嘉轩请求宽恕的时候，在他的潜意识中定然涌动着一股无法遏制的文化意义上的“恋父”激情。这是白嘉轩所信仰的、两千年来绵延不绝的传统儒家文化在中华民族的集体无意识中所酿成的一种文化“恋父”心理。众所周知，在中国传统的封建宗法社会体制中“家国同构”，国是大家、家是小国，君父同伦、臣子同理，因此君臣关系实际上是一种父子关系，在君权、父权和族权之间存在本质上的同一性。应该说，这种隐含着文化“恋父”心态的传统宗法社会体制和道德伦理规范即使到了20世纪50年代以后，也就是中华人民共和国成立以后，它们也并没有完全退出历史的舞台，而是以新的面貌重新出现在了历史的前台。正是在这个意义上，我们同样可以把《创业史》中所流露出来的、笼罩着革命意识形态色彩的文化“恋父”心态不仅视为是作者柳青的，同时也更是属于当时中国国民群体的一种政治集体无意识。

三

《白鹿原》和《创业史》中分别有一个被塑造得动人心魂的“被侮辱与被损害的”女性人物形象。这就是小娥和素芳。不过由于具体的历史文化语境的不同，小娥和素芳在文学接受中的命运却不一样：小娥在90年代的读者中博得了无限的同情，而素芳基本上被60年代的读者所忽视了，这是素芳的悲哀，更是那个革命年代的悲哀。与上文分析的两组具有“同一性”的人物关系不同，接下来要辨析的是两组具有内在的“对立性”的人物关系。在《白鹿原》中是小娥与族长白嘉轩和公公鹿三之间的对立，在《创业史》中是素芳与合作化带头人梁生宝和公公王二直杠之间的对立，这是一种广义上的父子对立，其间隐含着作者陈忠实和柳青的文化人格心理结构中的“自我”与“超我”之间的人格心理冲突。这种冲突显然表现了两位作家对现实和历史的清醒的理性批判精神，它是创作主体的独立自我人格和现代自由意志的艺术传达，因此也明确体现了创作主体的文化启蒙话语立场。如果说前面剖析的是两位作家的文化“恋父”情结，那么这里要探讨的就是他们的文化“审父”心态。区别在于，柳青在《创业史》中不仅审视了王二直杠这位传统道德父亲的灵魂，而且凭着艺术家的直觉，还敏锐地捕捉到了现代政治父亲梁生宝的灵魂中的封建性精神病灶。这应该可以说是陈忠实的老师柳青比他高明的地方。

小娥的存在是对白嘉轩和鹿三的人性的审判。小娥原本是一个穷酸秀才的女儿，后被迫沦为了年迈而变态的郭举人的性奴隶。黑娃的出现使小娥终于看到了人生和爱情幸福的希望。然而，小娥和黑娃大胆冲破封建礼教的束缚而赢得的自由爱情却在“仁义白鹿村”陷入了困境。不仅公公鹿三拒绝承认她的儿媳身份，而且族长白嘉轩也拒绝她进祠堂归宗认祖，当然这一切都是以传统儒家道德伦理规范的名义进行的，可以说，正是白嘉轩的精神父亲朱先生所亲手拟定的乡约和族规把小娥放逐出了“仁义白鹿村”这个道德的理想国。这使得在黑娃因政治避祸而远走他乡以后，孤苦伶仃的小娥不小心跌入了鹿子霖精心谋划的性陷阱。不仅如此，当小娥被动地充当了鹿子霖报复“花痴”狗蛋的性诱饵之后，老族长白嘉轩率领族人在祠堂里对小娥公开施行了名为“刺刷”的残酷刑罚，这等于是当众将小娥推上了白鹿家族的道德审判庭。最令人触目惊心的是，在小娥再一次无意中充当了鹿子霖报复白嘉轩的性工具，也就是引诱孝文并导致他浪荡败家以后，公公鹿三再也无法承受内心的道德折磨，他终于残忍地亲手杀死了自己的儿媳。更有甚者，面对小娥死后不散的冤魂，白嘉轩竟然不顾众族人的反对，不但没有为小娥修庙以超度亡灵，相反是筑起了一座“镇妖塔”，让冤死的小娥永世不得翻身。值得一提的是，“镇妖塔”是由白鹿原的圣人朱先生亲自“构思设计的(建筑)方案”。不难看出，通过对小娥的悲苦命运的叙述，作者无情地摘下了白嘉轩和鹿三乃至朱先生的完美神圣的道德人格面具，深刻地揭示了这种人格面具的虚伪性和温情面纱背后的施虐性。尽管这一切对于作者陈忠实而言并不是一件容易的事情，因为他从情感上并不愿意接受自己所崇拜的道德楷模最后陷入了人格破碎的境地。然而，陈忠实毕竟是一个具有现代意识的当代作家，他并没有对自己心爱的人物有丝毫的宽容，相反，通过叙述小娥死后鬼魂附体于鹿三的故事，进一步把作品的文化启蒙主题推向了极致。小娥借鹿三之口所做的冤情告白，大概会使每一个读者为之动容：

“我到白鹿村惹了谁了？我没偷掏旁人一朵棉花，没偷扯旁人一把麦秸柴禾，我没骂过一个长辈人，也没搡戳过一个娃娃，白鹿村为啥容不得我住下？我不好，我不干净，说到底我是个婊子。可黑娃不嫌弃我，我跟黑娃过日月。村子里住不成，我跟黑娃搬到村外烂窑里去住。族长不准俺进祠堂，俺也就不敢去了，咋么着还不容让俺呢？大呀，俺进你屋你不认，俺出你屋没拿一把米也没分一根蒿子棒棒儿，你咋么着还要拿梭镖刃子捅俺一刀？大呀，你好狠心……"

这是小娥屈死的灵魂的绝望的呼喊。通过神秘的鬼魂附体，小娥将公公鹿三，以及他最忠顺的族长白嘉轩推上了人性的审判庭。小娥在这里完成了她对白嘉轩等人曾经将她推上道德审判庭的大胆反叛，其间隐含着她对白鹿家族的封建父权的公开质疑和挑战。

让我惊异的是，早在革命的阶级论全面清算人性论的五六十年代，柳青就已经有限地冲破了革命文学的话语禁区，在《创业史》中塑造了一个和小娥同样不幸的女子素芳，从而顽强地表达了作者被压抑的现代文化启蒙理想。来到蛤蟆滩之前的素芳是一个被人诱奸后又遭人遗弃的苦命女子。但嫁给拴拴之后，她遭受到了更加粗暴的肉体虐待和精神折磨。愚鲁的拴拴在其父王二直杠的教唆下对素芳百般折磨、肆意毒打，目的不过是为了使她最终丧失"性气"，屈从于做老王家传宗接代的生育工具。实际上，不仅王家父子在封建的父权和夫权的名义下，在家庭和婚姻的合法幌子下对素芳恶意凌辱，甚至包括蛤蟆滩的整个下河沿区的村民们都或直接或间接地参与了制造这一场非人的人间惨剧。这一切正如少年任欢喜所意识到的那样，他们"都在起保证作用，监督作用，不让任何不规矩的小伙子，插进拴娃叔叔和素芳婶子中间去。大伙都在心里盼着：素芳快生娃子吧！"其中就包括革命英雄的现实化身梁生宝。初到蛤蟆滩的素芳一开始便爱上了梁生宝，但她的多次示爱都被梁生宝拒绝了。不仅如此，"有一回，生宝竟以村干部的资格，大白天日教训了她一顿。生宝板着脸要她好好劳动，安分守己和拴拴过日子。她向村干部生宝哭诉，她还没有解放。她没有参加群众会和社会活动的自由，要求村干部干涉。生宝硬着心肠，违背着他宣传的关于自由和民主的主张，肯定地告诉素芳：暂时间不帮助她争取这个自由，等到将来社会风气变得好了再说。"在这里我们看到了梁生宝完美的道德人格面具的专制的一面，他无视甚至践踏了一个被侮辱被损害的弱女子的个体生命意志，从而充当了传统封建主义意识形态的帮凶。虽然梁生宝也有拒绝被爱的权利，这就像素芳有爱的权利一样，然而梁生宝却并没有权力去剥夺一个人爱的权利。梁生宝可以不爱素芳，但他不应该利用手中的职权和话语权去扼杀一个人爱的自由。难怪素芳会发出这样的哀叹："民兵队长（指梁生宝）什么都好，就是对苦命的素芳生硬、缺乏同情心。"素芳没有意识到，正是积淀或残留在国民文化心理结构中的封建道德伦理规范暗中支使着他们变得如此冷酷无情，即使是像梁生宝那样隐藏在一个冠冕堂皇的革命人格面具的背后，也还是无法掩饰他内心人性的匮乏。总之，我们在《创业史》中看到了柳青双重的文化“审父”意识，柳青不仅和陈忠实一样对传统的道德卫士（王二直杠和鹿三、白嘉轩）进行了人性的审判，而且敏锐地把文化审视的目光投向了革命带头人梁生宝的心灵深处，这是柳青的过人之处，也是真正的现实主义胜利的结果。

四

以上比较分析了陈忠实和柳青的文化人格心理结构中的“超我”和“自我”两种人格，及其所负载的两种文化价值观或意识形态。需要指出的是，对于陈忠实而言，由于他的“超我”和“自我”人格几乎拥有同样强大的心理能量，换句话说，由于他的传统道德意识和现代启蒙意识基本上同样强烈，这就使得他的“本我”人格能够借助其道德人格和启蒙人格的心理对抗而获得一种“合理”又“合情”的表现。所以我们尽管在《白鹿原》中看到了大量的性描写，但是并没有留下滥情纵欲的不良印象。这说明陈忠实对“本我”人格是有清醒的理性认识的，他既看到了人的本能欲望冲决道德“超我”人格的合理性，同时也意识到了如果没有独立自我人格的引导，人的本能欲望将使人退回到非理性的物质主义或功利主义的陷阱中。然而，在柳青那里，由于具体的历史条件的限制，柳青的“自我”人格及其现代启蒙意识形态处于某种被压抑的状态，与此同时，他的“超我”人格因为有强烈的政治色彩而显得过于强大，这就注定了柳青的“本我”人格在其文学创作中不可能获得自由表现的机会。实际上也确实如此。

我们在《创业史》中见到的是一个“不谈爱情”的梁生宝，由于他固守着英雄主义的道德人格面具，因此他不得不压抑自己私下的本能冲动。梁生宝基本上是一个禁欲主义者，这在他和改霞之间的恋爱细节中表现得非常明显。所谓“英雄难过美人关”，梁生宝必须在英雄和普通人之间做出选择，准确地说，他必须在道德化的“超我”人格和欲望化的“本我”人格之间做出选择。当然梁生宝最终选择了“超我”，压抑了“本我”，这也使得改霞最终无奈地弃他而去。比如在第三十章中有过这样的一段爱情描写，有意味的是，这段爱情描写在1977年新版的《创业史》中被柳青主动删去了：

（先是叙述者的感叹：）“第一次亲吻一个女人，这对任何正直的人，都是一件人生的大事啊！”（接着是对梁生宝的心理描写：）“他一想：一搂抱，一亲吻，定使两人的关系急趋直转，搞得火热。今生还没有真正过过两性生活的生宝，准定一有空子，就渴望着和改霞在一块。要是在冬闲天，夜又很长，甜蜜的两性生活有什么关系？共产党员也是人嘛！"（但现在，）"他必须拿崇高的精神来控制人类的初级本能和初级感情"，（他）"考虑到对事业的责任心和党在群众中的威信，他不能使私人生活影响革命事业。"（人家等他开会，）"他在这里考虑着是不是抱住个女人亲嘴哩！顿时觉得自己每一霎时，都不应当忘记自己是什么人啊！生宝轻轻地推开紧靠着他，等待他搂抱的改霞，他恢复了严肃的平静，说：'我去开会呀！人家等组长哩。'"

这显然是一段描述梁生宝的"本我"和"超我"之间内心冲突的文字。在这场心理战争中，政治化的道德伦理规范最终击溃了性本能。值得一提的是，据阎纲先生实证调查，在新版《创业史》的修改中，"作者删掉最多的，是有关梁生宝与徐改霞的爱情描写部分"，而且在"这方面，没有内容上的任何增写"。① 据此我们应该可以推测，《创业史》中梁生宝的禁欲心理其实在很大程度上是作者柳青文化人格心理结构中被压抑的"本我"人格的外化。不仅如此，我们发现，柳青在《创业史》中还专门为革命英雄梁生宝设置了一个性诱惑的情节：素芳暗中勾引梁生宝，"但生宝的心是铁的，不仅对她没有一点意思，反而鄙视她"。然而，与梁生宝的性禁忌形成了鲜明对比的是，阶级敌人和政治对手姚士杰却暗中占有了素芳，被作者刻画成了某种性放纵者。这说明，性爱已经成了衡量一个革命英雄的道德人格的重要尺度。因此与其说梁生宝过了所谓"美人关"，不如说他捍卫了自己"超我"人格的尊严。

如果说柳青在《创业史》的写作中存在着某种性禁忌，那么陈忠实在创作《白鹿原》的过程中就真正做到了"用一种理性的健全心理来解析和叙述作品人物的性形态性文化心理和性心理结构"②。为了既避免媚俗，同时又直面人的本性，陈忠实选择了性文化的视角，深刻地透视和揭示了中国传统道德伦理文化规范给中国国民所酿成的深重的性压抑状况。这在白孝文和小娥的性故事中表现得最为令人震惊。孝文本是白嘉轩的长子，因此他原是白鹿家族的法定族长继承人，为此白嘉轩对孝文的管教较之他人也就更为严厉和苛刻。白嘉轩不仅时刻监督和规范着孝文公开的言行举止，甚至对孝文私下的性生活也未有丝毫的懈怠。他先是提请母亲和妻子警告孝文夫妇应该节制房事，在效果不佳之后他干脆直接教训孝文："你要是连炕上那一点豪狠都使不出来，我就敢断定你一辈子成不了一件大事。你得明白，你在这

① 阎纲：《新版〈创业史〉的修改情况》，《新文学史料》1980年第2期。
② 陈忠实、李星：《关于〈白鹿原〉的答问》，《小说评论》1993年第3期。

院子里是——长子!”在中国传统的家族制度中,“长兄如父”,孝文尽管年轻,但他必须以父亲和族长的威严形象出现在众人的面前。也就是说,他必须提前戴上那个冠冕堂皇的道德人格面具,时时处处都以“超我”自居,放逐“本我”,只有这样他才能够被传统的道德文化秩序所接纳。然而,由于在孝文的文化人格心理结构中“超我”长期压抑着“本我”,这就导致了孝文在与小娥的性接触中出现了尴尬:“勒上裤子行了,解开裤带儿又不行了”。直到东窗事发,孝文被父亲“刺刷”于祠堂以后,被正统家族秩序所抛弃的孝文才第一次与小娥完成了性行为。当小娥惊讶于孝文前后判若两人时,倒是孝文有着足够的清醒:“过去要脸就是那个怪样子,而今不要脸了就是这个样子,不要脸了就像个男人的样子了!”所谓“脸”,就是面子,就是人格面具,就是文化人格心理结构中的道德化“超我”,因此透过孝文荒淫的语言面纱,我们还是能够清楚地发现中国传统道德人格内在的自虐特征。

然而这只是问题的一个方面。实际上,陈忠实对孝文仅仅是给予了很有限的同情,相反,他对孝文蠢蠢欲动的“本我”人格表现出了足够的警惕。也许在陈忠实看来,一个冲出了道德“超我”人格的束缚,但又没有及时形成自己独立的“自我”人格,偏偏执迷于“本我”的欲望冲动的人是很危险的,他会给他人和社会带来无法预计的灾难。于是我们看到,孝文在被白嘉轩逐出家门之后变成了一个残忍粗暴(对妻儿)、寡廉鲜耻、行为放荡的浪子。一旦重新得势,当上了保安团长,他又摇身变成了一个势利小人。他阴险狡诈、报复心强、猜忌心重,信奉一种满足私欲的利己主义人生哲学。这一切在他设下圈套,暗中置黑娃于死地的卑劣行径中有着丑陋的表演。其实不仅仅是孝文,在《白鹿原》中另一个重要人物鹿子霖的身上也存在着同样的人格心理误区。鹿子霖从一开始就是一个摘下了道德人格面具并一头扎进本能欲望深渊的人。他举止淫荡,私通小娥、调戏儿媳,甚至在“仁义白鹿村”居然留下了无数的私生子(“干儿子”)。他设下美人计,恶毒地报复白嘉轩;他热衷名利,利用手中的职权大肆地攫取民脂民膏……总之,鹿子霖是一个既无“超我”又无“自我”,仅仅剩下“本我”欲望的人的空壳。他最后在疯癫中死去可以解读成一则人性异化的寓言。

以上通过《白鹿原》和《创业史》的文本解读,我们比较分析了陈忠实和柳青的文化人格心理结构的同与异。最后需要补充指出的是,我们从前面的分析中其实可以发现陈忠实和柳青的内心冲突。具体来说,无论是陈忠实还是柳青,在他们的“超我”“自我”和“本我”之间,以及在他们的传统道德意识、现代启蒙意识和本能欲望冲动之间都处于一种相互的心理对抗和精神悖谬的状态。这对于作为普通人的陈忠实和柳青来说无疑是痛苦的,但对于作为艺术家的陈忠实和柳青来说却无疑是幸运的。人们常说"痛苦出诗人",甚至有人说"诗人是缪斯的奴隶(俘虏)",我想陈忠实和柳青就是那样的诗人,就是那样的"奴隶"吧,他们把自己灵魂中的大苦痛化成了一个时代的人心的镜子。

(载《小说评论》2003年第5期)

主要作品目录《

长篇小说

《白鹿原》,人民文学出版社1993年版。

《白鹿原》(修订版),人民文学出版社1997年版。

《白鹿原》("中国文库"版),中国出版集团、人民文学出版社2004年版。

《白鹿原》(评点版),文化艺术出版社2008年版。

《白鹿原》,人民文学出版社、太白文艺出版社2010年版。

《白鹿原》(节选本),吉林出版集团、时代文艺出版社2011年版。

《白鹿原》(线装本),作家出版社2011年版。

《白鹿原》(手稿本),人民文学出版社2012年版。

中短篇小说集

《乡村》,陕西人民出版社1982年版。

《初夏》,上海文艺出版社1986年版。

《四妹子》,中原农民出版社1988年版。

《情梦》,西安出版社1990年版。

《到老白杨树背后去》,陕西人民教育出版社1991年版。

《夭折》,陕西人民出版社1992年版。

《陈忠实短篇小说选萃》,西安出版社1993年版。

《陈忠实中篇小说选萃》,西安出版社1993年版。

《陈忠实爱情小说选》,太白文艺出版社1993年版。

《蓝袍先生》,作家出版社1994年版。

《初夏》,陕西人民出版社1994年版。

《陈忠实作品精选》,新疆人民出版社1999年版。

《康家小院》,河南文艺出版社1999年版。

《村画》,中国文联出版社1999年版。

《走向诺贝尔奖:陈忠实卷》,文化艺术出版社2002年版。

《关东女》,人民文学出版社2003年版。

《鹿阳春曲》,人民文学出版社2003年版。

《蛮荒地》,春风文艺出版社2003年版。

《西河畔》,长江文艺出版社2003年版。

《关中故事》,昆仑出版社2004年版。

《苦柳》,青海人民出版社2005年版。

《关中风月》,东方出版中心2007年版。

《四妹子》,时代文艺出版社2008年版。

《陈忠实自选集》,海南出版社2008年版。

《第一刀》,北京十月文艺出版社2008年版。

《蓝袍先生》,北京十月文艺出版社2008年版。

《陈忠实小说》,文化艺术出版社2008年版。

《陈忠实精选集》,北京燕山出版社2009年版。

《李十三推磨》,作家出版社2009年版。

《回首往事》,中国盲文出版社2009年版。

《夭折》,长江文艺出版社2012年版。

《失重》,长江文艺出版社2012年版。

《霞光灿烂的早晨》,重庆出版社2013年版。

《蓝袍先生》,江苏文艺出版社2013年版。

《康家小院》,中国社会出版社2013年版。

《陈忠实小说自选集》,新世界出版社2013年版。

《日子》,上海文艺出版社2013年版。

《猫与鼠也缠绵》,人民文学出版社2014年版。

《陈忠实精选集》,北京燕山出版社2015年版。

《白鹿原纪事》,四川文艺出版社2015年版。

《中国名家成名作:陈忠实卷》,东方出版社2016年版。

《陈忠实小说精选集》,天津人民出版社 2017 年版。

散文集

《生命之雨》,陕西人民教育出版社 1996 年版。

《告别白鸽》,湖南文艺出版社 1998 年版。

《陈忠实散文》,华夏出版社 1999 年版。

《家之脉》,广州出版社 2000 年版。

《走出白鹿原》,陕西旅游出版社 2001 年版。

《陈忠实散文》,解放军出版社 2002 年版。

《原下集》,上海人民出版社 2002 年版。

《原下的日子》,太白文艺出版社 2004 年版。

《关于一条河的记忆》,中国社会出版社 2006 年版。

《凭什么活着》,时代文艺出版社 2007 年版。

《我的行走笔记》,时代文艺出版社 2007 年版。

《我的关中我的原》,学林出版社 2007 年版。

《乡土关中》,中国旅游出版社 2008 年版。

《陈忠实散文精选集》,新世纪出版社 2008 年版。

《秦风》,华东师范大学出版社 2008 年版。

《陈忠实散文》,文化艺术出版社 2009 年版。

《默默此情》,中国盲文出版社 2009 年版。

《俯仰关中》,江苏文艺出版社 2010 年版。

《在河之洲》,广东教育出版社 2010 年版。

《接通地脉》,作家出版社 2012 年版。

《陈忠实解读陕西人》,陕西师范大学出版社 2012 年版。

《拥有一方绿荫》,中国文史出版社 2013 年版。

《释疑者》,人民文学出版社 2013 年版。

《白鹿原上》,江苏文艺出版社 2013 年版。

《记忆》,中国社会出版社 2013 年版。

《白墙无字》,西安出版社 2013 年版。

《此身安处是吾乡:陈忠实说故乡》,华中科技大学出版社 2014 年版。

《悲欢离合总关情:陈忠实说文化》,华中科技大学出版社 2014 年版。

《梅花香自苦寒来:陈忠实自述人生路》,华中科技大学出版社2014年版

《生命对我足够深情》,时代文艺出版社2016年版。

《陈忠实民生散文选》,中国言实出版社2016年版。

《白鹿原头信马行》,四川文艺出版社2016年版。

《我与白鹿原》,天津人民出版社2017年版。

《原上少年》,未来出版社2017年版。

《我走在这活泼泼的人间》,湖南文艺出版社2018年版。

《人生就是欢声和泪盈》,贵州人民出版社2018年版。

《愿白鹿常驻此原》,河南文艺出版社2019年版。

文论集

《创作感受谈》,陕西人民出版社1991年版。

《陈忠实创作申诉》,花城出版社1995年版。

《寻找属于自己的句子——〈白鹿原〉创作手记》,上海文艺出版社2009年版。

《寻找属于自己的句子》,北京大学出版社2011年版。

文　集

《陈忠实小说自选集》(全3册),华夏出版社1996年版。

《陈忠实文集》(全5册),太白文艺出版社1996年版。

《中国当代作家选集丛书:陈忠实》,人民文学出版社2002年版。

《陈忠实小说自选集》(长篇卷、中篇卷),长江文艺出版社2004年版。

《陈忠实小说自选集:短篇小说卷》,长江文艺出版社2004年版。

《陈忠实文集》(全7册),广州出版社2004年版。

《吟诵关中:陈忠实最新作品集》,重庆出版社2008年版。

《陈忠实集》(全4册),北京十月文艺出版社、北京出版社2008年版。

《陈忠实文集》(全10册),人民文学出版社2016年版。

池　莉

女，1957 年生，湖北仙桃人。

小　引《

在当今文坛，池莉的创作已经构成了一种独特的文学现象和文化现象。这种现象的独特性就在于，一方面，她自20世纪90年代以来的作品几乎每一部都深得读者喜爱和文学报刊及出版部门的青睐，尤其是被改编成电影和电视剧之后，更获得了很高的票房和收视率。因为这样的原因，池莉有时候就难免要被人目为流行作家甚至通俗作家，她的作品也难免要被人看作流行文学或通俗文学作品。另一方面，从20世纪80年代末期池莉作为一个新写实的代表作家进入人们的阅读视野以来，许多读者尤其是一些职业的包括某些学院派的文学评论家，又从池莉的作品中读解出了一种新的带有某种平民色彩的人生哲学，有的甚至把这种新的平民的人生哲学也纳入到西方现代哲学（例如存在主义）的思想范畴，在这种情况下，池莉似乎又是一个带有一点先锋意味的作家，至少是在我们的习惯中所说的那种关注当下人生的现实主义作家。这两个方面的问题交织在一起，就使得池莉的创作作为一种文学现象和文化现象，变得十分微妙又十分复杂，其中也包含有一些应当引起我们深思的普遍性的文学问题。

我很同意本辑专栏评论的作者、我的博士生赵艳同学对池莉的创作所下的一个断语，说在她的作品“那些丰满、生动的生活画面之下凝聚着作者对生活的心得与感悟”。由此她说池莉的作品是由对感性生活的“参透”所得的“悟语”。通观池莉的创作，无论是她早期以《月儿好》等作品为代表的写自己直接的人生见闻和人生经历的作品，还是她的中期以《烦恼人生》等作品为代表的写自己深层的人生体验和人生感悟的作品，抑或是她近期以《来来往往》等作品为代表的写自己综合的人生观照和人生思考的作品，都贯穿了这种“参透”生活的创作精神。这好比前人说诗讲究“熟参”，要取得对生活的“妙悟”，就必须对生活的一应重大变动和细枝末节，都悉数“熟参之”。池莉的创作可谓得此中真谛。就她的作品所涉及的近20年来的重大生活变动对人的影响而言，有“文革”结束后的一代人的人生和命运的变幻，有改革开放之初社会生活转型人们所遭遇的生活困境，也有市场经济兴起、商品大潮涌来之际在生活的海洋中事业和人生的起落浮沉，如此等等。如果把池莉笔下的一些人物的人生道路和生活经历连缀起来，她的作品几乎写尽了近20年来一些普通的中国人的完整的生活经历和人生图景。从这个意义上说，说池莉是一个“为人生”的作家，似乎不算过分。

如同“为人生”可以泛指一切关注现实生活或现实主义作家的创作一样，池莉的创作在这一方面虽然与新时期以来的许多作家有共同之处，但具体到她的小说如何为这人生而作，却自有她独到的特色。这个特色就是我在上文中说到的，通过对生活的“熟参”达到对人生的“妙悟”。熟悉池莉作品的读者都知道，池莉的作品尤其是她的现实题材的作品，从情节到人物，都没有什么大起大落和惊险离奇之处，情节是取自那种平平淡淡的日常生活，人物也是日常生活中常见的那些普普通通的“芸芸众生”。这样，几乎每一个普通读者都可以从池莉作品中的同类人物和他们的生活中，找到自己和自己的生活的影子，或与自己和自己的生活大体近似甚至完全相同的地方，池莉的作品因此就让普通读者感到与他们和他们的生活十分切近。这是池莉的作品有别于一般意义上的通俗作品所独具的通俗性之所在，同时也是池莉的作品不同于一般意义上的流行作品而易于在普通读者中流行的奥妙之所在。池莉的作品也因此而成了普通读者的生活的聚光镜和人生的教科书。但是，池莉在创作中似乎又无意充当生活的摄影师和人生的教员的角色，她只是想通过这种方式，在对生活的平平涵泳和细细咀嚼中，咂摸出人生的那一点独特的滋味来。这滋味恰如参禅悟道最终所达到的那种“妙悟”的境界。池莉的许多作品尤其是她的一些中短篇代表作，如《烦恼人生》《热也好冷也好活着就好》等，都达到了这样的境界。这是池莉的独特之处，也是池莉的过人之处。从这个意义上说，池莉的创作似乎更接近中国文化中重经验、重感悟一派的传统。她的作品有哲理而不艰涩抽象，有细节而不琐屑繁赘，看似平淡却自有深意，形似通俗却内含雅趣，都是源于这种由“熟参”而达“妙悟”的创作旨趣。

作为一种复杂的文学创作现象和文化现象，对池莉及其创作的评价，已然有许多分歧的意见。就我个人而言，我更看重池莉的创作中那一点类似于参禅悟道的体验生活和感悟人生的方式，这也许是我20年前看多了那种刻板的写实，近20年来又看多了那种诡谲的现代所产生的一种逆反心理的缘故吧。

自 述《

创作，从生命中来

一、创作的原动力

我的创作原动力从哪里来？我想，它的绝大部分从我自己的生命中来。对于一个几乎在童年就选择了文学的人来说，我很高兴自己首先不是从书本和学理那里来认识世界，换句话说，不是从人类社会已经规整的、梳理的、逻辑的和理论的地面建筑来认识这个社会，而是从这幢建筑的最底层——地表之下，那最原始最毛糙最真实的生命发端处体会和领教这个社会，这种亲身的体会和领教对于个人生活来说虽然充满辛酸和苦涩，同时却也充满了文学因素和写作动力。当我还只有十五六岁的时候，我就觉得自己饱经风霜，已然苍老。很矫情，对吧？别的少女开始初恋，而我开始思考国家、体制、意识形态、社会各阶层的结构等问题。那时候，我迷恋的书，除了文学名著之外，还有毛著，还有苏联科学院经济研究所编撰的《政治经济学》，1957年出版的艾思奇的《辩证唯物主义讲课提纲》，1955年出版的罗森塔尔和尤金编辑的《简明哲学词典》，等等。前些日子读朱学勤的《书斋里的革命》，在读到下放知青聚集在一起，狂热又盲目地阅读与探讨整个世界的时候，亲切之感油然而生。我的年龄比“六八届人”还要小几岁，我只能牵着大哥哥大姐姐的衣角玩。想当年，深夜在那昏暗的知青小屋，我听着老知青们的高谈阔论，激动得像发热病一样一阵阵寒战，虽然后来我没有进入一个系统的理论调整阶段，但是那种毫无功利的阅读和探讨以及对人类社会的勤奋思考，强大地支持了我的怀疑论，决定了我的文学立场和写作视点。“只为你燃烧”的诗句，就是那个时候写下来的，我想最初的激情可能就是我永远的激情。

从我的主观意识来说，我的文学立场和写作视点，从80年代到现在一直都没有改变，只是进一步地在向纵深探索和发展。因为随着年龄和阅历的增长，随着阅读范围的开阔和阅读质量的增加，随着思想能力和辨别能力的增强，我越发感到地表以下生活的真实和深厚、深邃和奥秘，是中国这幢大建筑的坚实基础和生命核心所在,其纹理之缜密和结构之复杂是所有的现代高科技和人文理论难以描述和再现的,唯有文学能够贴近,唯有文学能够表达人性的温情的关怀。我穷尽此生的写作,大约都难以表现这种生活形态的九牛一毛,因此我不会改变的。

二、关于创作的转变

我的写作,一直都只是与自己天生的热爱、自己生命的成长、自己的内心情感、自己的思想变化和自己世界观的变化密切相关,与中国文坛所发生的一切都没有什么关系。想当年,面对80年代文坛流行的各种形式的探索,我都觉得可笑,觉得有一点小儿科,觉得外国文艺思潮及其文本形式和我们中国的民族文化和文学思想脉络有着本质的差距。当时我也如饥似渴地阅读翻译作品,也觉得人家的东西,像《等待戈多》什么的,的确有点意思。我承认和欣赏别人的精彩,但是一旦面对自己的写作,我就非常冷静了。因为我的个人经历使我成了一个热不起来的人,怀疑一切的人。童年时代穿羊毛衫牛皮鞋抱洋娃娃吃丹麦奶粉,人民群众都朝你巴结地微笑,"文化大革命"一来,整个生活天翻地覆,人们一定要把你置于死地。谢谢颠沛流离穷困潦倒备受歧视的生活,是它们引发了我对我们生活最初的也是最根本的怀疑与思考。冷眼看着别人时尚的外衣穿在我们骨瘦如柴的身上,勾起的是辛酸和感伤。别人的精神生活、文本结构和语言形式都产生于别人的现实生活,即物质文明高度发达的资本主义生活,而我们中国人呢?可怜的,被紧紧约束在一线天一般狭窄的意识形态之下,温饱都还没有解决,猪狗一样拥挤地居住在狭小的空间里,购买豆制品和火柴都还要购物票。所以,我当时的文学意识是:摆脱了漫长"文革"环境的中国文学,至少首先应该有一个对于假大空话语的反动和纠正,有一个对于中国人个体生命的承认、尊重、歉意和抚慰,有一个对于中国人本身七情六欲的关切,有一个对于在逼仄的意识形态下窘迫且穷困的现实生活的检讨和指责。

所以,我特别有冲动揭示我们自己的疮疤并抚慰我们自己,所以我就激动地写了《烦恼人生》以及后来的一系列小说,像《不谈爱情》《太阳出世》什么的。在当时,我的小说与整个文坛的文学气氛很不协调,是一种孤立的另外的从芸芸众生中发出的声音,看似写实,其实是用显微镜放大疮疤,许多人本能地护疼:难道我活得这么卑贱和平庸吗?这么多年来,我们对于小说的欣赏,已经习惯正面照"风月宝鉴",就是《红楼梦》中道士送给贾瑞的风月宝鉴,突然你将反面给我们照,里面是一个骷髅,我们自然就难免与贾瑞的反应一样,要骂人了:"混账,如何吓我!"所以我的小说从一开始就不讨文学庙堂的喜欢,被批评为苟活和小市民。幸而我早有预料和心理准备，我一点不生气也不着急甚至从来不反驳，因为我与别人看世界的视点完全不一样。我是从下开始的，别人是从上开始的，用文学界时兴的话说，我是从形而下开始的，别人是从形而上开始的，认识的结果完全不同。

三、在小说的内部

我偏爱生活的细节。我觉得人类发展了这么多年，大的故事怎么也逃不脱兴衰存亡、生老病死，只有细节是崭新的，不同的时空，不同的人群，拥有绝对不同的细节。我对生活细节非常敏感。我喜欢用密集的细节构成小说，我不想自己在小说里面一唱三叹说废话，因为我觉得自己远没有生活本身高明。我不想教导别人，我怕自己好为人师，也很怕累。

我的每一部小说都在求异，都根据选材的不同采取了不同的结构、语感、语言色彩以及贯穿整部小说的气场。比如侧重心理探秘的《惊世之作》与侧重客观生活的《生活秀》，阅读感觉是完全不一样的。

有人说我常常把人物写到骨头缝里，对笔下人物下手挺"狠"，这与我学医经历密切相关。学医的时候，解剖课考试，一个人面对一具尸体，我经常会出现脑子一片空白的瞬间。那种瞬间的失语深刻地留在我的记忆里，慢慢变成了一种生活经验和写作经验，提醒我看人或者写人都要往骨子里头去，那里和外表是不一样的。我痛切地感到，中国几千年的封建政治体制与被集权政治所掌握和毒化的文化对中国人人格的最大戕害就是虚伪。说句不怕社会科学家们嘲笑的话吧：我觉得，中国生产力进步缓慢的最大阻碍就是人性的虚伪！所以，我一旦提笔写人，就有强烈的撕开愿望，其中包括对我自己。我认为只有撕开了，只有揭示了本质，才是抚慰的前提，在虚假的语境里进行的虚假关怀和抚慰，对真实的生命和社会的进步毫无意义。

四、关于文学的"俗"

假如文学一定要用概念来进行类别的划分，我以为使用通俗文学和纯粹文学的概念比较合理。但是这两个概念却不适合在中国使用，至少到目前为止还不适合。只有在文化方面经过了文艺复兴阶段，在物质方面经过了资本主义工业化过程的发达国家，它们的文学，才适合以上概念。这是一个巨大的文学理论方面的话题，牵涉到政治体制、经济体制、社会形态以及宗教意识对于文学的作用。简单地说吧，在成熟的商业社会里，通俗文学为阅读者提供一种故意的虚构，使读者享受娱乐、游戏、悬念、刺激以及所有直接的简单的表浅的感官感觉，它们摒弃真实生活的常态，使用超密集的情节和悬念，鲜血、死亡、意外、暴力和性是它们永恒的主题，它们最注重的就是紧紧抓住阅读者的生理反应。而纯粹的文学则是文字的艺术，提供故意的真实，无论它用文字精心构造成什么艺术形式，其最终目的都是力图唤起阅读者的人生经验，使阅读者的心灵深处产生最隐秘的共鸣和震颤，从而使作品获得超文本的审美价值。从这种清晰的带有学术性质的分类标准来看，中国当代文学暂时还无法分类。我们还没有形成可以当作流派存在的通俗文学，没有知名的通俗文学专业写手，更没有产生成熟的通俗小说作家，只是一些通俗读物而已。流行读物则更时尚化更脂粉气更饮食男女，文学的含量极少，算不得文学。而从事文学事业的人们，在我看来，大家都很严肃。问题是，绷着脸的严肃对中国文学有多大意义？绷着脸批评他人的俗以表达自己的雅，对于中国文学又有多大意义？是否我们一严肃，文学流派就会清晰地雅俗分野？要知道这是中国！漫长的几千年的封建社会，早熟的政治专制体制，文人阶层虽然不乏有人位极人臣，但是在那虚火旺盛的庙堂之上，除了歌功颂德，哪里容得更广阔更自由更真实更人性的文学？因此，中国文学尤其是中国小说，其勃勃的生命力一直表现在庙堂之下，民众之中，形成了一部活生生的真实的中华民族的生存史和发展史。流传至今，拥有无数读者的一批古典小说如《红楼梦》《水浒传》《西游记》等都写的是什么？为什么它们成了名著，拥有了一代又一代的读者？因为在中国这种农业社会里，中国的小说只能在俗世获得生命力，获得艺术的源泉和创作的自由。我们的小说由祖宗到现在，从来都是一种通晓世俗蔑视庙堂的艺术；我们历代的优秀作家，无论是他们的艺术直觉还是理性思想都是在热情地肯定世俗生活借以求索和攀缘资本主义的现代精神，所以我们说大俗即大雅。

“俗”这个字在中国文学当中本意不俗，意思是有人有谷子，有了人有了粮食岂不是一个美好世界？追求美好的物质生活，追求私有财产和个人权利以及对于这些追求与权利的法律保障要求，这是合理的人性，是有效管制人类的自私本性和动物性的最基本条件，是构建宏大辉煌的社会体系的最基本起点，也是将贫困庸碌的小农社会提升为健康向上的市民社会的必须途径。追求、创造、认识和驾驭物质生活是精神世界提升的前提。我们缺乏的是什么？正是地表以下那厚实强大的生命力对于地表以上活力的输入。那么是谁在支撑中华民族？是最广大的人民，是最真实的普通市民，是我们九死不悔、不屈不挠的父母兄弟。正是他们在恶劣的环境里顽强地坚持了对于生活的热情才有了今天的我们！因此，我当然认为文学的因素在他们这里，几千年以来就在他们这里，今天依然在他们这里。更重要的是，他们不仅仅是他们，其实也就是我们。中华人民共和国建立以来，亿万人民地位同等，生活同等,思想方式同等,没有谁能够逃逸,当然也包括了文化人。我们谁能够不是小市民?谁能够不出没于市井?我当然不会介意别人说我是小市民或者说我是世俗作家,我永远不会否认自己的胎记、皮肤和头发的颜色以及自己生存的历史环境,不会否认自己的渺小和卑微。

五、读者是我的上帝

从我这里感觉到的读者阶层,成分是比较复杂的,层面也是比较广泛的,有从爱尔兰使馆退休回国的七旬老翁,也有毛头毛脑的初中学生,有一群中青年妇女,也有一批外企白领乃至做老板的金领。在银行、电信、医院、机场这些我经常出没的地方,读者们像我的地下工作同志一样将我辨认了出来,送给我一份他们那不掺杂任何个人利害关系的尊敬和信任,比之圈内的评价,要纯洁得多,超然得多,衷心得多。我从来不在乎圈内的动静,圈内真心喜欢我作品的人,我把他们归类于读者,以便我有一个统一的上帝。

80年代,对我震撼最大的是读者对我的接受和认可,《烦恼人生》发表之后,我乘坐去武钢的轮渡,被武钢的职工们认出来了,整条船一片欢呼,二楼的人们使劲跺脚与一楼呼应,有人当即为大家背诵《烦恼人生》的片段。在波澜壮阔的长江上,迎着初升的灿烂朝霞,听着自己的小说被传颂,看着几百人向你扬起真诚的笑脸,太好了!这种感觉实实在在地让我激动和狂热,真是太好了!它对于我生命力和创造力的激活毫无疑问地超过了所有的文学奖、专家评语和所谓的历史评价。所以,我得老实地承认,中国文学界的任何一次热潮是激动不了我的。作为人类的一员,我觉得自己的劳动创造能够激励和支持另一个人的生命,这便是我个人生命价值的最高体现,也是我作品价值的最高体现。

客观地说,我的创作激情也有一部分从我的读者那里来。假如二十年来,从始至终我都没有读者,我不敢说我将怎样。青年时代我曾经有这么一个打算:假如将来我成不了作家,我就寻找一个荒无人烟的地方,开辟一块农田,养一条看家狗,种地和阅读,写点东西自己看,自食其力地过活。幸运的是,现在我的文集续到了第七卷,从1995年初次印刷到现在,每年都重印几次,整套书大约已经发行了七十万册左右。我觉得,小说作家与读者建立的是一种密传式的心灵感应,传达独特的个人情怀和不可言传的私人审美感觉。在眼下这么昏热混乱的社会变革时期,在文化素质和理解能力普遍下降的情况下,在名利熏心个人欲望空前高涨的氛围中,十万读者就很令人满足了。面对我的读者,我宁可放弃青史留名,哪怕是为了他们中间的一个人写作，我都会激情飞扬。

（选自“金收获丛书”之《生活秀》，赵艳整理）

访 谈《

“日常生活就是本质”

——池莉访谈录

赵 艳 池 莉

赵艳：您从20世纪70年代末、80年代初就开始文学创作了，《妙龄时光》《有土地，就会有足迹》《月儿好》等早期作品流露出青春的诗意，洋溢着单纯质朴的气息，大多具有较浓的理想主义色彩，这也是这一时期许多作家作品的共同特点，您作为一个小说家的独特个性还未彰显出来。从80年代中期开始，尤其是90年代以后，您的创作发生了很大变化，您创作的个性也逐渐成熟，那么，您认为，相对于早期作品而言，后来的创作有哪些艺术上的突破，或者说，其新变和特色表现在哪些方面？为什么会发生这样的变化，以及您的这种变化是发生在一个怎样的文化背景和文学潮流中的？

池莉：就整个20世纪的文学潮流而言，18世纪、19世纪那种高屋建瓴的、恢宏的、巴尔扎克或托尔斯泰式的大篇幅的风格和方式，到20世纪80年代已经变成了涓涓细流从高山上下来，这种涓涓细流的特点是更深入、更细腻、更个性化，而且更深入我们的日常生活，它具有自己的风格。相对于世界文学潮流而言，中国的当代文学，在对人的关注、对人本身的重视、对人的境遇的高度认识方面，是比较滞后的，因为中国没有经过文艺复兴阶段。在这种风格和整个世界文学潮流的影响下，与经济上的改革开放相一致，中国思想界和文化界也有了一个新的窗口，大家有了新的观照、新的认识和新的追求，在整个大的走向上加强了对人本身的关注和关怀，对人内心的体贴和思考。

我们中国人包括古代人都习惯于使用大话语，在古代，皇家有权控制话语，古代的皇家文学使用的就是一套皇家话语，学文的为做官，读书、写文章、考状元，皇家喜欢什么文章就写什么文章，几千年的封建文化形成了强权文化、媚上文学，带来的直接后果就是我们文学中非常宏大的话语。20世纪六七十年代的“文革”过程,更是将这种宏大话语充分抽象,这一切从表面上看非常激动人心,但对文学本身而言,是有非常大的戕害的,因为文学是细腻的、个人的、任性的,而宗教抽象语言是集合化的、狂热的,带着对偶像崇拜的盲目激情。当代文学这样一路走来经历了很多,到了新时期以后才慢慢松动起来。像我这样从“文革”中成长起来的一批作家,可能我是比较早地开始注意到这一点。以前想法很多,看书也很杂,就不知道具体的方向在哪里,通过十几年慢慢地阅读,会见各种有思想见地的朋友,与他们交谈,和他们的思想相碰撞,听不同的意见,反复地思考,包括在世界各地走来走去,所谓见多识广,看看其他民族在想什么,他们怎么研究文学、对待文学,再看看世界文学的主流,看看人类生活的真实状态是什么。关键在这里,人类今天到底在做什么?作家应该怎么去反映?就这样慢慢地思考、体会,在自己的创作中表现出来,所以有了以后对日常生活的执着关注。

赵艳:刚才我们谈到了变化,那么,以《烦恼人生》为界,在这前后的变化之外有没有不变的、一以贯之的东西?

池莉:《烦恼人生》以前的作品只能说是一些习作,还处在一种练习的阶段和寻找的过程当中,作品反映出来就是非常不定型,带着生命年轻的冲动,模仿的痕迹很明显。那时的创作情况是这样的:在某一个阶段受到谁的影响就会在自己的作品中表现出来,呈现出与影响者相似的面貌,这也是一种悲剧,作家的悲剧。思想解放以后,在国家的和整个世界的气候影响下,我们终于明白了应该有自己的东西,这也就是一大批作家在创作的过程中寻找自己的东西的原因。要是这个过程再提早二十年就好了,那现在,我自己的,乃至我们整个的文学创作就会更加成熟。《烦恼人生》以前的那种模仿和幼稚的冲动的意义是不大的,应该完成在少年时期,因为那是一种儿童行为,是由于思想的守旧、国家意识形态的狭隘所导致的大家思想的划一。现在回过头来看以前的作品,我觉得都没有意义,我们都可以用共同的话语来评价,比如说清新、诗意、浪漫等等,这种评价是廉价的、毫无意义的,对任何一个人的作品都可以这样说,归根到底就是没有自己的东西。后来,经过二十年慢慢地思考,终于理清了一些东西。现在,我的思考方式,我对当代文学的认识,包括对我自己的认识都是和别人不一样的。我为什么要认识自己?主要是为了写作的进步,没有别的意义和目的。年轻时,二十来岁、三十来岁,内心有热情体验,但还是比较迷茫,各种思想在内心碰撞却清理不出来。我写了二十年,现在我认为非常好的就是已经比较清醒了,度过了那样一个时期。

赵艳:您在作品中对世俗人生百态进行了仿真写照,人本身的生存现状和处境、人与人之间的各种微妙的关联在您的笔下都得到了惟妙惟肖的展现,但是,在大量充满了生活质感的情节和细节之中,我也看到了许多其他的东西,比如,《锦绣沙滩》《让梦穿越你的心》的浪漫情怀,《细腰》《青奴》的诗意化,《凝眸》《请柳师娘》的感伤情结等等。是否可以说,您虽然致力于世俗生活的表现,但由于在内心深处您仍是一个具有浪漫气质、追求雅化的作家,所以保持了这样的艺术特色?

池莉:其实从最初到现在,我一直致力于个性化,致力于关注中国人本身,而不是别的任何东西,和雅俗无关。我们传统的文学研究方法常常提到雅与俗的问题,在我看来,所谓的雅文学,其一是宏大话语,革命之雅,如杨牧的散文,讴歌长江、太阳、民族等;其二是"空",或者说"虚",诸如"我的精神家园,你在哪里""我的土地,你在哪里"之类的盲目、空洞、虚幻的话语,其实自己都不知道在哪里。这样的文章往往很激动人心,它是半宗教式的。但是,我们所处的时代和环境已经改变了,还沿袭雅与俗的划分就是没有考虑到我刚才所说的关键问题,即我们的文学从哪里来,我们现在的文学在做什么。只有从源头到今天来把握和理解一个作家才抓到了本质的东西。我们很多作家,像莫言写他的高密、写农民,像我写城市或者写其他,像刘震云写《一地鸡毛》、写《故乡天下黄花》等,都在追求着什么,都在自觉不自觉地受着当代即整个20世纪文艺思潮的影响,想极力摆脱宏大话语、摆脱华丽辞藻,想深入到我们中国人的非常真实的生命本质中去。在这个过程中,几乎没有作家想到雅和俗的问题。雅和俗是形式的问题,我们没有考虑。当代作家没有条件、没有机会、没有时间去考虑。为什么呢?因为我们没有雅的生活和俗的生活的区分。雅,大雅,如孔子所说,指的是诗、礼仪、伦理的雅,而这些在生活中已经消失了。没有贵族,没有大家族,家里没有穿着黑礼服、白衬衣、戴着白手套替你开门的仆人,没有豪华的生活,没有星期天的沙龙,大家聚在一起朗诵诗歌,都激动得流泪,像革命期间的白俄贵族在逃亡的路上都带着诗歌朗诵,这种非常雅致的生活是从骨子里保存下来的,可是中国没有。如果说,我们的生活中没有,作家的骨子里没有,那么根据生活创造的文学怎么会有呢?所以,谈到这个问题必须认清当代文学的本质以及整个文学状况的变化。获得诺贝尔文学奖的作家格拉斯、奈保尔都是我们认为的非常非常世俗的作家,全写贫民的个人生活,而对这种贫民生活的描写又是作家引以为豪的。像格拉斯,他是个非常"左倾"的作家,他认为贫穷的人民、劳动的人民、琐碎的生活、破烂的生活是最有意义的,最值得去写的。我刚读完奈保尔的几本书,我认为非常不错,他的一些话,我个人认为非常明晰、公正。整个20世纪,从诺贝尔获奖作家看,他们写的都是贫民生活、个人生活，而且非常琐碎，非常具象，他们在世界上的确是一股潮流，而中国作家还远远做不到，和他们的距离非常远，写得没他们好，看得没他们深刻，这或者是由于写作气候的不好，或者是由于个人生活、写作条件、出版条件的不够成熟，更主要的是思想解放的程度还不到那一步。就我个人而言，我不是在有意模仿或跟随他们的潮流，像格拉斯、奈保尔生活在比较发达的西方国家，而我们生活在一个相对贫穷、落后、功利、保守的国家，但偏巧的是和他们取得了一致的立场，因为我们面对的就是这样的生活。有人认为世俗是一句坏话，其实是一句好话。有人说世俗是批评我，我却认为世俗是一种巨大的表扬，而且是一种我承担不起的表扬，因为我觉得我还没有做到。因为中国人的生活确实就是这样的，但我还没有入木三分地达到我预期的境界把它刻画出来，我很惭愧我还不够世俗。但可能有些人认为世俗有另外一种意思——认同，就是你写出来了就是认同了。这就是思维定式或语言定式给我们带来的后果，包括我自己，我身上早十年就有很多我称之为“毒文化”的东西，靠我自己慢慢地阅读，慢慢地思考、学习，才慢慢地清除，我花了近二十年的时间，才慢慢找到了我应该怎么写，我应该怎么分析看待文学。

赵艳：但在您的作品中的确有一股诗意化的情绪之流贯穿其中。如果说，您的作品是一个个日常生活的断片和剖面的连缀或渐次展开，那么，在里面起支撑和依托作用的正是一种诗意，由于这种诗意的存在，作品才浑然一体，充满了内在的生命力和凝聚力。

池莉：我的作品有诗意，我一点也不否认，一直都是这样，始终贯穿着的，我的宗旨从未变过。从《烦恼人生》开始，思想比较定型，就是一定要致力于把中国人的生命本质表现出来。其实，每个作家对生命本质的追求都是一致的，只是呈现出来的画面、状态不一样，具体到达哪一步不一样，只要是作家，都在追求对生命本质的表达或表现，包括卫慧、棉棉她们（当然，对她们创作的实际结果和影响我姑且不论），都有这样的追求，只是个人选取的生活面和人群各不相同。我不否认自己有追求，我当然有追求，我的追求就是要把中国人的生活非常逼真地表现出来，我的追求就是中国人的生命本质、日常生活的本质，而不是宏大话语，不是任何其他的东西。我正是认为没有人致力于表现中国人非常逼真的生命本质，所以我要表现。而且，我认为，这种生命本质是诗意的，无论丑还是美都是有诗意的，因为，丑陋也是美，是生命挣扎的一种美。生命本身，无论是贫还是富，是雅还是俗，是豪华还是破落，都不妨碍美的存在。美是不局限于任何具体事物的，任何物质碎片，哪怕是垃圾也可以很美，我们对美和诗意的认识范畴应该更宽泛、更个性。像罗丹雕塑的老年妓女，你不能说她很丑，因此，你也不能说描写穷困生活就是丑陋本身，认为描写太像就是认同。像河北的一个女作家描写农民生活的几个短篇非常漂亮，有的评论认为写得漂亮了就是认同了小农本质，其实呢，作者是揭示了生活的真实状况。最美的就是揭示得最逼真、最真实的，这在艺术上本身就达到了一种高度，它本身就提供审美了，就有了诗意。非要写农村多么美好、牧童炊烟就是美？没有这样简单。

赵艳：您所塑造的人物都非常逼真，不管是产业工人、小市民还是知识分子或者其他人物，简直就是活生生地从他们的生活环境、生活背景中生长出来的，他们的一言一行都贴切地吻合于人物的身份。但您作为一个作家，必然有您个人的思想、行为和言说的方式，那么您认为，在这二者之间是否存在矛盾，如果有矛盾，您是如何克服的？

池莉：作家和写作的人物之间没有矛盾，因为作家不是老师，不是牧师或者精神导师，要告诉世人去做什么，换句话说，他不是揭示真理，而是表现生活。我对人物重视的程度特别高，我每篇小说中的人物，哪怕只是个短篇中的人物对我而言也是非常重要的。我的人物，在写之前和写之后，他的出身、年龄、家庭在我这里已经活生生地存在了，有时我没有写出来，但我的笔记本上却记载得很详细，我对每个人物都研究得非常透彻，而且要感受到了他是一个活生生的人之后我才动笔写出来。比如《惊世之作》中的男主角列可立非常偶然地偷了钱，而后又把钱还回去，结果被抓住了，像他这样一个人物，我写出来就是一个很富于行动性的过程，但有关这个人物的所有细节在我的笔记本上都有。再如我的小说《看麦娘》，我写了女主角的行为，她到北京寻找女儿的整个过程、状态，我没有写她小时候如何，父母亲和家庭情况怎样，属于哪个阶层，但同样，这些在我的笔记本上都有。在我的作品背后有一个很丰富、很生动的人物形象群，每个人物，在我将他表现出来以前就活生生地存在于我的内心生活中了。我的作品好比水面上的冰山，在水面之下，我的人物还有很大的基底，只是我没有在作品中将有关他们的细节完全表现出来，我只写他在水面上的一部分，但是他更大的一部分我了然于心，我知道这是一个什么样的人。至于他的价值观和行为我是否认同，我没有太多地去考虑这个问题，我要求于我的关键问题是这个人是否打动了我，如果他的某一点或某些方面很深地触动了我，我就必须把他很真实地反映出来。如果说，我要是用我自己的道德规范和世界观、价值观去判断我的写作对象，那势必我的题材就会受到限制，我的人物就会受到限制，而我的理想就是要把各种各样的题材和人物都写出来。所以说，我和人物之间没有认同关系，我就是研究透他们。就像罗丹，在他的雕塑中有老年妓女，也有思想者，这是完全不同的人物形象，至于是认同思想者还是认同妓女，他一定想都没有想过。艺术家和艺术对象之间没有认同关系，只有雕塑关系。我就是强调：所有的文字浮现出来的形象的意义就是他在世界上存在，我就是要让他周围的很多人发现他的存在，而且从他身上突然发现自己内心深处的想法。比如说，每个人都有犯罪的潜意识，《惊世之作》就是想表现我们每个人内心的犯罪念头是怎样萌发的，也就是说，犯罪是存在于我们每个人内心深处的梦想，它只是有时偶尔闪现一下，在一般情况下由于道德或其他各种因素的限制不会萌发，但在特定的环境下它又会萌发出来。事实上，从改革开放到现在，物质关系发生了很大的变化，道德沦丧到了已经有很多犯罪行为是不可思议的，为什么？一个人怎么可能做出那样的事情呢？我认为，对这样的问题，简单的图解和解说是没有用的，必须靠艺术形象浮现出来，来让很多读者作为一面镜子或者作为一个朋友发现自己内心深处也有些什么，那么，他就会警惕或关注到自己。这就是一个人的成长和成熟过程。对我来说，我和我的人物之间，不管他们来自怎样的环境，有着怎样的性情，我都能够尽我所能把他们很逼真地表现出来，没有任何困难，就是把他作为一个客观对象尽力表现。当然，得有感情。我的感情和创作激情来自对人类的热爱，我喜欢我的民族和国家，我对他们有一种感觉和感情，我希望我能把这种感觉和洞察用艺术形象表现出来。

赵艳：在90年代，商品经济大潮对人的冲击和影响是非常大的，种种欲望和诱惑充斥于我们的日常生活之中，您的作品，像《你以为你是谁》《来来往往》《小姐你早》《化蛹为蝶》等都涉及这一问题，请谈谈您是如何处理笔下人物在欲望面前的矛盾与困惑的。

池莉：同样，我还是根据中国人在面对物质环境时的生存状态着手的，他们怎么做我就怎么写，我从来不去支配他们。我们的生活环境在不断地发生变化，但中国的传统文化仍然潜移默化地在人们的行为中起着或多或少的支配作用，所以，中国人在碰到问题时可能自觉不自觉地就采取了某种行动。我就是从他们的行为特征出发，看看他们怎么对待生命中遇到的各种问题，挖掘出中国人的生命特征来。这种获得是我从人群中获得的，而不是我自己思考和想象的，我得到了就表现出来，我告诉大家现在的中国人在这样做，而不是直接去说有什么样的文化传统或哲学源流。

赵艳：在您的作品中活跃着一批栩栩如生的女性形象，比如《你是一条河》中的辣辣、《生活秀》中的来双扬，她们的能干、对环境挤压的承受力令人感佩，《凝眸》中的柳真清、《让梦穿越你的心》中的“我”的率真也令人欣赏，她们是否或多或少有您的某些个性因素，您比较欣赏她们当中的哪些或哪一个？可否也借此谈谈您个人的生活态度，以及这种生活态度与写作的关系？

池莉：我没有喜欢哪个形象，无论是女性形象还是男性形象。比如来双扬，在我的个人生活中我是非常不喜欢的，我比较喜欢静。但是我个人的爱好不能妨碍我的艺术创作，所以我写各式各样的女性。我能够把她们从生活中提炼出来作为文学形象，我还是比较喜欢的，若是说从生活中欣赏的还都不是。而且，她们与我个人的反差很大，我崇尚简单的生活，我认为简单就是美。不是说有一个消毒的过程吗？从思想到生活始终都有这么一个过程。就我的个人生活而言，我认为多一层物质就多一层累赘，但我对生活也不是毫无要求的，比如我喜欢质量好的东西，喜欢读好书，听好音乐，看好歌剧。一句话，就是在精神上和物质上都喜欢尽量简单，但在简单的范围内又期望质量比较高的东西。而且，我个人对人际关系是很模糊的，但我写的人物当中却有很多很能干的，所以说，我个人和艺术形象的差别还是很大的。我选择作家这个职业就是因为一个人可以有一个世界，可以处理笔下的任何人却不和现实的人打交道。我喜欢一个人穿行在陌生人中间，研究各种人物，把他们写出来，像我写《生活秀》就是到吉庆街去，要了一点吃的、一杯茶，坐几个小时观察他们，完了就走了，就这么简单。我一直在营造一种权利：自己有自己的书房，能够安静地写作，完了以后出版社不是障碍，读者也很喜欢，这就是我过去十几年的追求，现在也还这样追求。

赵艳：在您的作品中，我们可以看到一些似曾相识的东西，比如张爱玲对生活的精到感悟。您是如何看待她的创作的，她对您有影响吗？如果没有，您认为对您创作影响较大的作家有哪些？

池莉：张爱玲是特定时代的书写者，她出身于豪门，从豪门出来后竭力从大众的角度写豪门来展示给大家看，写大家闺秀的凄美，写豪门没落的痕迹，她是特别的，最后一个。她写的东西才是雅的，因为她有着特定的出身、特殊的经历以及处于一个特殊的时代。她的情怀可以留给我们，我们可以欣赏她，这或许是一种幸运，但我和她之间没有任何联系。因为时代已经改变了，生活变了，作家也会随之改变，这是生活的必然造成的，因为作家是跟着生活写的。而且她的影响远远没有巴尔扎克、托尔斯泰那些作家深远广大，因为他们的作品是我们从小就读的。对我产生影响的作家主要是苏俄和欧美的一些作家，像雨果、巴尔扎克、果戈理、梅里美等等，我在早期读他们的作品读得很多。

赵艳：余华在文章中谈到他在写作中遇到的一些困扰，比如心理描写问题、语言问题等等，同时也谈到他在不同的作品中通过具体的创作实践解决了这些问题。您能谈谈您在写作过程中曾经遇到过的困惑吗？比如思维方面、情感方面或者文本形态方面(结构的经营、语言的表达等)。

池莉：不是每个作家的困惑都一样，我想我的问题就在于对中国人生存真相的认识，对自己的认识，对整个人类的认识。这是经过一个又一个阶段才能不断进步的，所以我经常看大量的社科书籍，如《论资本主义》等，就是想从他人的著作中把握住整个民族的生存真相，明白中国人到底在怎么发展，他们为什么会有这样或那样的行动和做法，他们在整个人类处于什么样的位置和状态。举个例子，前些天我看到一篇小报道说，武钢某食堂卖稀饭，菜一元钱一份，稀饭免费喝。一个工人去打了两碗稀饭，但没有买菜，而是就着别人的菜喝了两碗稀饭。完了以后老板要求他结账，这个工人说，我不应该交钱，我没有买菜，只喝了免费的稀饭，老板说不行，必须给一元钱。两人因此引起冲突、争论和殴打，结果这个工人一怒之下出门花六元钱买了一把刀，转回来一刀捅死了老板。一元钱，仅仅为了一元钱！为了一元钱花六元钱买了一把刀杀人，难道他没有父母、亲人、孩子吗？没有可值得留恋的东西吗？为什么他会在几分钟之内就决定做这样的事？我们中国人是怎么了？我们如何看待自己的生命和价值？奈保尔说，我的印度是多么的糟糕，我们的文明比起英国的文明来就像地狱，所以他写出来给大家看，英国人非常震惊。为什么？因为奈保尔写出了他的民族真实的生存状态。而我们中国人还没有把自己的状态清楚地表现出来，像我刚才提到的一则新闻就是非常震撼的，这些都是作家要研究的东西。一般，发生这样的大事，我都会赶到现场去看一看，包括农村，我都去过，我就是想比较深刻地了解中国人到底怎么了，他们处在一种什么样的状况，还需要做些什么才能进步一些、文明一些。以前总觉得我们的民族多么伟大，多么勤劳，这些当然不错，但这些全是正面的印象，代替了许多其他的东西。后来慢慢觉得有点问题了，就开始反省，首先是从自己开始，从自我检讨开始，这种自我检讨、自我思想的清理不是很容易的，从十七八岁开始我们就很容易被宏大的画面、华丽的辞藻牵着走，后来才一点点冷静下来，这种思想清理过程的重要性在于换一种思维来思考问题，看待世界。作为一个作家怎么到达生活，怎么去把握住一个人，这都要靠思想的清楚明白。作家必须保持清醒和坚持不断地学习，不断地思考问题，并通过各种渠道与世界交流，包括了解社会各层面的东西，像经济、科技等方面的情况。我的困惑就是要不断地突破和超越自己，主要是自己的思想和对整个人类的认识。因为我认为自己现在的认识一定是非常不够的，那么多书还没有读，那么多地方还没有走到，那么多想法还没有想到，但相对于年轻的时候、十年前、五年前，还是在不断地突破的。就文学本身的各个要素来说，我感兴趣的是语言，而且我的每篇作品的语言都很不一样，根据作品本身的特点来处理。像《让梦穿越你的心》是我到西藏去了以后回来就写的，当时我在海拔五千米的高原待了一夜，总看见一个藏族姑娘在织围巾，由于高山反应睡不着，出现了各种幻象，直到看见太阳出来，藏族姑娘还在那儿织……那个时候天那么蓝、那么高远，很有感触，而且我当时一个人待在军营里，其他同伴都不见了，心里觉得特别荒凉，回来以后就写出来了，我很喜欢，结构很紧凑，整个语言也很轻快，完全是心理化的，有点诗歌或者散文的感觉。《冷也好热也好活着就好》写汉正街的市民生活，写一只温度计破了引起人们的各种闲谈，然后引出一些街头趣闻以及一些生活的小场景等等，整个语言风格就是完全不同的两回事，主要写对话，把武汉人对话中的那种俏皮味提炼出来了。《看麦娘》与前两者又不同，通篇都是舒缓沉郁的调子。我写作的题材也很广泛，工人的、知识分子的，历史的、现实的，我都写。所以说像对话啦、用什么样的基调啦、题材啦，这些对我都不是问题，运用起来也很自如。关键问题是看什么能够打动我，比如刚才谈到的那个新闻事件，说不定就埋下了一颗小说的种子，慢慢地酝酿就会有一篇小说出来，就是一个对这一阶段中国人暴躁、不顾一切的性格的很好的展示和描写。像《云破处》最初震动我的是对生命的感伤，中国人有一个特点，就是表面上不动声色，不有话直说，讲究客气，讲究表面的礼节，其实在骨子里却是一种对生命的伤害，一旦涉及个人的利益就非常可怕，这也是很早震动我的，后来借《云破处》表达了出来。这样写出来都比较快，也很顺手，就像一颗种子，我一定要等到它的确发育成一株幼苗了我才去培育它，这样自然而然地就出来了，没有觉得有太大的困难或者困惑。

赵艳：《水与火的缠绵》是您新近创作的一个长篇，感觉上反而不如中篇紧凑、灵动和富有生气。余华曾说过您是一个中篇感觉很好的作家，并且对您的《看麦娘》评价很好。请您以《水与火的缠绵》为例，谈谈对这个问题的看法？

池莉：你谈到《水与火的缠绵》这个长篇不一样，它的确与中篇不一样，因为我完全是用细节来组织全篇的。我们习惯上都觉得长篇应该大结构、大故事，有一个人物贯穿，围绕他的命运展开情节等等，我的这种写法相比较而言可能是很忌讳的，因为我把传统的那一套都抛弃了，我就是写一个人从年轻到成熟的过程中哪些细节促使他内心的精神支撑发生了改变，比如曾芒芒在机场洗手间里的想法等等，这些全是细节，所以可能感觉上没有中篇好读。但它刚出来，还需要一定的时间来检验，像《烦恼人生》《让梦穿越你的心》都发表很久了，现在大家还很喜欢，我们才可以说，这个作品是好的。一段时间过去了，好或者不好才有分晓，现在还很难说。

赵艳：从1990年的《烦恼人生》开始，您的创作受到了当代文坛的持续关注，不少作品都获了奖。撇开这个层面不谈，您的小说也很受大众的欢迎，相关的剧本，如《口红》等观众反应很热烈；《生活秀》不但书俏销，而且很快就改编成电视剧、电影，电影版的《生活秀》也获了奖，并且受到了国外观众的好评。这对一个作家来说应该是一件很值得高兴的事。那么，您对这个问题怎么看，您个人认为，您的作品如此畅销的原因何在？

池莉：就像我在开始的时候谈到的那样，我们整个大的写作环境和背景已经改变了，因为我们的生活本身已经改变了，以前人们生活在皇权、神权等各种权力下，人总是小小的、小小的，现在，个人的生命本质被追问，生命价值提到了空前的高度，人们都在一步一步争取自己的个性，探讨自己的价值，必然地，日常化、个性化的生活也提到了空前的高度。我从最初的《烦恼人生》注重产业工人的生命价值开始直到现在的《惊世之作》《看麦娘》等都是围绕着这个问题，只是想从不同的角度、不同的深度，用不同的形象、不同的语言结构反映出来。我想，正是因为我把自己的创作坚持朝向日常生活，写日常生活的本质，写大众真实的生活状态，自觉地捍卫我们的本质生活，所以我才会得到大家的认可。我认为，有时候作家可能很隐蔽地伴随一个人的成长，伴随一个人从幼稚、年轻到成熟，我的很多读者说他们是看我的书长大的，从恋爱、结婚、养小孩到现在，一直都在看。我想他们说的没有别的意思，就是说很多人可以让你成为他们成长的密友。所以对我来说，我还希望有更多的读者，我认为能够伴随更多人的精神成长是非常重要的，超过一切的奖励或者文学史留名。一个民族的思想变化和思想进步要靠精神成长，这在中国是非常缓慢的，如果一个作家能进入人们的精神世界，我觉得这就是价值。我的精神动力和想法就是非常希望把我自己的触觉深入到社会各阶层各种各样的人的灵魂中去，把他们反映出来，再反馈到他们的精神世界中，和他们一起成长，我个人认为这非常有价值，所以乐此不疲，一直不停地写。说到读者的认可、畅销就涉及一个问题：读者怎样认可作家，这要有一段时间，他们要慢慢地辨别、选择，这种过程可能是没有明确的意识的，但他们的确是出于自己的良知。从他们身上我们可以看到中国的读者需要什么，因为中国人的精神生活非常贫乏，他们需要、非常需要找到自己喜欢的作家。这不能简单地归结为商业行为，阅读的商业行为是商业含量最低的。如果把一个人的消费分开来看大多用于买房、买车、买衣服、生活品、旅游等，很少有人愿意拿钱买小说。买小说是拿钱去买一样没有用的东西，但这种东西在精神上有用，所以，如果你能使他掏钱买,那一定是他内心有迫切的需要。有的媒体简单地认为读者多就是你比较商业化,其实我觉得商业化是一个客观消耗,人们买你的书,你的书畅销,这不可否认,但人们对这样东西的需要是吃是喝,还是别的什么,是哪些人在需要,意识到这一点是很重要的。现在看书的人都很执着,还有一点信念、思考和情调,真正浑浑噩噩过生活的人是不读书的,所以不能把书的畅销简单地说成商业化或者市场化。至于作品改编的问题,有的电视剧和电影反映是还不错,但实际上我的作品很不好改,像我的《小姐你早》《惊世之作》《看麦娘》都是大量的心理描写,很多制片商买去以后叫苦连天,有的作品也改得很离谱。但我不苛求,改编、拍摄活动我都不参与,因为影视是一种集体创作,大量的灯光、舞美等工作人员都参与其中,对一个要保持个人创作个性的作家来说就必须有所迁就。而我的写作一向比较自我,所以,我只管我的一部分,出了我的一亩三分地我就不管了。

赵艳:我读过您的一些谈个人生活和写作的文章,觉得您的创作活动与很多作家都很不一样,您的创作量很大,而且都保持了较高的水准,您是如何做到的?

池莉:认真吧。一般我不会为了应付而随便急就,其实凭这么多年的写作经验随便写个故事对我来说应该不是难事,但是我决不随便,决不迁就。我的生命享受就在于创作,我迁就了就没有那种愉快了。我坚持的一个原则就是没有成熟就决不去写,这样做的客观效果就是作品本身比较好,不会显露出仓促急就的痕迹。

赵艳:您长时期来一直生活在武汉,而且您的主要创作活动是在武汉完成的,作品中的很多故事场景也是在武汉,您认为您的创作与武汉的文化、武汉的城市性格之间是一种什么样的关系?

池莉:武汉是我的一个模特、一个观察对象,我通过武汉这个地方观察各色人等,它是我创作的一个载体。写人物必须有一个环境,武汉这个环境就很合适,而且对文学创作而言还特别合适。武汉人好说好动、行动性强、性格很外向,我出去一走就可以看到形形色色的人,他们吃、喝、打架,他们对各种事情的处理我都尽收眼底。不像到上海去一趟,大街上除了商店没有别的东西,它都藏在家里,你得呆非常长的时间才能抓到一点东西。不像北京,它太杂了,这里是一群东北人,那里是一群南方人,再那里又是一群外国人,你都不知道什么代表北京。唯独武汉,它虽然也比较庞杂,但武汉人的气势非常浓厚地笼罩在这块土地上。每个作家都有一个自己生长的生活环境作为他创作的载体,像福克纳写南方写了一辈子。武汉对于我来说也是这样一个地方,我在这里从内心到外在观察我遇见的每个人。特别是对于像我这样的人,我是不会进入他们的生活的,但他们可以让我看得到。我的确写武汉写得很多,有些读者说他们看了我的小说也很喜欢武汉，就到这里来学习、工作，来了以后又发觉不是那么回事，不像想象的那么好。我不是要把武汉写得多么好，像我以前有过挤公共汽车的经历，那时候，人们在上车之前你推我搡，车上女售票员的粗口之粗令人吃惊，这些都给我留下了很深刻的印象，后来多次出现在我的作品中，所以说我也并不都是写好的，我只是想把它从审美的角度写出来，把它生命中有趣味的、甚至是丑陋的地方都表现出来。要观察整个国家和人类的变化必须通过一个具体的标本，对我而言，武汉就是这样一个标本。

评　论《

池莉小说的叙述张力

赵　艳

池莉的小说常常被视为平民化写作的典范之一，因为从20世纪80年代末的《烦恼人生》开始直到今天，她的小说在题材的选择、人物的处理，以及表现方式等方面都体现了平民立场，与英雄化和理想化区别开来。在当代文坛上，池莉的可贵和独特之处在于她对日常生活、对我们天天身处其中的“日子”的自觉珍视和坚守，她以自己的写作把生活中那些微妙复杂的人际交往、那些无法言表的细枝末节惟妙惟肖地表现了出来，沟通了芸芸众生共同的日常生命体验。池莉说：“生活，我非常喜欢这两个字，它有着毛茸茸的质感，它意味着千奇百怪，包含着各种笑容和泪水。它总是新的新的新的，它发生着的形态总是大大超过了人们对它的想象。”①同时，她又强调：“我的小说全部都是重建的想象空间。不要在读小说的时候犹如身临真实生活就以为作家是站在大街上随意写的。有一种想象叫作仿真想象，它寻求的是通过逼真的诱导，把鼓点敲在人的心坎上。”②也就是说池莉写作的最终目的不仅仅要“逼真”，而且要通过“诱导”把“鼓点”“敲在人的心坎上”。

那么，怎么诱导？我认为池莉主要是通过饱含生活凡俗情味的感性悟语、诗意情结和智性反讽这三条途径实现了她最终的创作目的。在她的作品中，广阔的生活

① 池莉：《池莉文集4·写作的意义》，江苏文艺出版社1995年版，第245页。
② 池莉：《池莉文集4·想象的翅膀有多大》，江苏文艺出版社1995年版，第220页。

面的铺陈和纵向上的深入开掘相结合，使文本呈现出某种内在的张力。福勒(Fowler)说："一般而论，凡是存在着对立而又相互联系的力量、冲动或意义的地方，都存在着张力。"[①]据此，我把"叙述张力"界定为在文本内存在着对立、冲突而又相互牵引、拉伸的部分，并且由于这种对立而又关联的力的作用，使处于其中的部分形成一种互相拓展、点染和衬托的关系，这一特征贯穿于叙述内涵、叙述方式和叙述过程等各方面，从而使文本成为一个紧凑而又舒缓、富于弹力和深度的整体。由于这种张力的存在，池莉的小说在逼真的生活场景和生活细节的展开之下潜藏着一股诗意和智慧的潜流，从而超拔于对表象生活的摹写之上。

悟语：由感性生活参透

叶蔚林曾说过："不要忘记，读者也是有生活的，如果你从生活中看到的，感受到的，表达出来的东西，仅仅和读者一样，那么读者何必费神去看你的作品呢？从这个意义上讲，我们读小说其实并非重温生活，而是在读作者对生活的独特的发现。"[②]因此，感性生活是池莉创作的基石，但池莉的作品却并不止于生活本身，在那些丰满、生动的生活画面之下凝聚着作者对生活的心得与感悟。

这种体悟有时是随感式的，于行文之中自然呈现，它们在平缓漫长的生活河流里掀起了一朵朵浪花，跌宕多姿。《烦恼人生》中有这么一段话："印家厚头也不回，大步流星汇入了滚滚的人流之中。他背后不长眼睛，但却知道，那排破旧老朽的平房窗户前，有个烫了鸡窝般发式的女人，披了件衣服，没穿袜子，趿着鞋，憔悴的脸上雾一样灰暗。她在目送他们父子。这就是他的老婆。你遗憾你的老婆为什么不鲜亮一点呢？然而这世界上就只有她一个人在送你和等你回来。"几句话道出了 20 世纪 80 年代产业工人的灰暗、无奈而又不乏俗世温情的生活体验。同样，《生活秀》中的"这就是生活！生活会把结局告诉你的，结局不用你在事先设想"，也道出了普通人在历经希望与失望之后那份身不由己的辛酸慨叹。尤其是她的近作《水与火的缠绵》，借机生发的感悟俯拾即是，于叙事行程之中跳脱出来，由于不是虚发的感慨，最后又能收束回去。这种体悟往往是水到渠成的，感性的，带着生活本身的朴素，并不见得有多么复杂、高深，只是一语道破的简单与明白。它们在文中与对生活的传神描写水乳交融，毫不生涩，二者之间形成了一种点染和衬托的关系。

更进一步，这种感性悟语体现为一种态度和立场。《绿水长流》通过李平平与方

---

① 王先霈等主编：《文艺批评术语词典》，上海文艺出版社 1999 年版，第 287 页。

② 叶蔚林：《中短篇小说获奖作者创作经验谈》，长江文艺出版社 1983 年版，第 25 页。

宏伟、兰惠心与罗洛阳、宋美龄与蒋介石、姨夫姨母等人的故事传达出这样几条体验:初恋不等同于爱情;婚姻或者说过日子与诗情画意的爱情是两回事;贫贱夫妻百事哀,人与人出于怕孤独的本性结伴过日子绝不叫爱情;爱情永不圆满、永不完美。每个体悟都敷陈为一个故事,故事与故事各自独立,但都统摄在一个主题或者说一种关于爱情的生命体悟之下。与此相似的作品还有《以沙漠为背景的人与狼》《凝眸》《梅岭一号》等。在这样的文本里,作者的生活感悟起到了提纲挈领的效果。与前者不同,体悟不是生活历程的自然申发,而是作品所表现的生命历程的核心,文本形成一种辐射结构,整个故事或者几个故事围绕着一个一以贯之的态度和立场展开,互为阐释和注脚。这种辐射结构也存在于池莉的整个创作系列中,比如,《霍乱之乱》《白云苍狗谣》《紫陌红尘》等作品就是作者对世态炎凉、世俗纷争进行写照和审视的具象呈现,其中凝聚着作者对生活的思考和心得,作品不是一种散漫的生活之流,透过作品我们可以感到作者没有道出的体悟,这种体悟构成了文本无形的内在支撑点。

所有这些体悟融注着平和宽容与通达淡泊的情绪之流。若将池莉的作品作为一个整体来观照,我们不难发现她的人物体现为一个成长的序列,经由单纯质朴、天真浪漫的立雪(《锦绣沙滩》)、温泉(《一去永不回》)到沉稳、干练的印家厚(《烦恼人生》)、来双扬(《生活秀》)等等,人物在逐渐丰满成熟,在经历过梦幻的破碎之后,他们明白了缺憾、不完满是谁也不能逃逸的现实,从而在无数次的生活打磨之下理解了、认同了。池莉笔下的人物很少有在生活中顽梗不化、撞得头破血流的,最终,他们总是与生活握手言和了。她笔下的日子真如我们的日常生活一样,没有惊涛骇浪,只有些许的碰撞与摩擦。所以这些体悟流露出与生活和解之后所得到的平静和坦然,以及对生活既无奈又执着的一份复杂的爱。

同时,这些感悟又极具洞察力和穿透力。《凝眸》的结尾意味深长:"柳真清终生未嫁,对男性一概冷淡,以至于连男女混杂的学校她都不愿任教。沔水镇人都背后议论说她是因为年轻时情场受挫所致。只有柳真清认为自己绝不是什么情场受挫,她认为严壮父不是为了她,啸秋也不是为了她,男人有他们自己醉心的东西,因此这个世界才永无宁日。将永无宁日。"这样的感悟立足于特定的视角,抒发了一个女性对男性、对战争、对世界的独特感受和体会。再如《绿水长流》写道:"爱情不可能完美,总是缺憾,因为十全十美是人生的大忌,世上的事只可九九不可十足。"由爱情的不完美引发出人生的缺憾,沟通了人类某种历时性的生命体验,自然具有了穿透力。

无论是涉足历史,还是切近当下,池莉都善于选择一个特定的角度,或者在广度上凝聚,或者在深度上提炼,然后在看似不经意的叙述中娓娓道来。体悟和生活表象一为里一为表,一者深一者浅,但二者在池莉的作品中没有相互脱离,因为她坚持植根于生活的沃土,她的道理都是日子中的道理,从来不无端地上升到精神领域,从来不作抽象的演绎或思辨,所以,本来相互抵牾的反而相互拓展、牵引,使文本富于弹性和张力。

诗意日常化:新的生长点

诗意在池莉的作品中体现为更丰富的内涵和更广泛的外延。她在因袭诗意的传统质素的同时,寻找到了新的增长点:诗意情结充分日常化,与凡俗人生切近甚至交融。

诗意首先体现为一种浪漫的情怀,《让梦穿越你的心》最为显著地体现了这一点。小说讲述了一个被伙伴冷落的汉族女子在藏族高原上,在异族人那里获得了纯粹、无私、奔放的感情。在小说的结束部分,蓝天白云下,加木措骑马带“我”在草原上飞奔,把故事推向了高潮。这一幕集中体现了诗的某一方面:激情、梦幻、浪漫。这样直接明了的诗情表白在池莉的作品中是很少见的,这使其格外显眼,虽然它是一个个案,但由这一部作品,我们也看到了作者本人不轻易表露的内心的向往和情感的萌动。如果我们把一个作家的创作视为一个整体,那么,在这部作品和其他作品之间同样构成了互为反动的张力。以其奔放的特质为标准,诗意也可以理解为对变动不居、灵动生活的渴望,这就涉及她的一系列成长小说如《城市包装》《一去永不回》《怀念声名狼藉的日子》等等。肖景、温泉、豆芽菜,她们对处于父母羽翼之下的生活从内心里感到腻味、厌倦,生命中不安分的种子使她们寻求一切机会脱离现有的生活环境,一旦遇到合适的条件,她们就发生了裂变,在世人的眼里她们似乎都由乖乖女变成了坏女孩。就她们实现目的、谋求幸福的手段而言,的确有些不合乎常理,但她们真正成熟了,对于生活、爱情都形成了自己独立不移的态度和立场,体现出一种个性化的、与众不同的生命形态。她们奉行的不是忍让、忍耐的生活哲学,而是努力寻求自己的生活轨迹,尽量使年轻的生命张扬开来,这同样具备了自在、灵动等诗性因素。

感伤也是一种诗意化的特质。无论是出于博大情怀的悲天悯人,还是切近个体的一己忧思,都包孕着感伤的情愫,也是历代诗歌一个很重要的组成部分。出于对平民化立场的坚守,池莉没有从高处俯瞰芸芸众生,发空茫的慨叹,而是从小处着手,写出世俗人生的不如意和由此而生的生命中不可得的感伤。对这种感伤的表现在池莉的作品中是以细节的方式出现的，是以饱尝人生百味的心态打底的一种逆时性的回望。像聂玲之于印家厚(《烦恼人生》)，是多年以前一个美好飘缈的回忆，文中没有交代他们这一对曾经的情侣为何分手，只是通过一封友人的来信在看似不经意之间点出了一个令人深思的事实：多年以后，二人对彼此都保持着同样的缄默。缄默意味着不能释怀，意味着煎熬，意味着那一段经历、那一份情感在各自的生命中占据着一个十分沉重和痛苦的位置。戴晓蕾让康伟业(《来来往往》)领略了青春的梦幻色彩，但她没有在康伟业的生活中作任何停留，仿佛惊鸿一瞥，之后便消失得无影无踪。二人之间存在着一种微妙的错位，康伟业也许在戴晓蕾的生活中不会留下任何痕迹，但戴晓蕾却在无意识之中为康伟业开启了一扇新的生活之门，并对他以后的生活欲求和选择发挥着一种潜在的影响力。卓雄洲与来双扬(《生活秀》)的结局是意外与酸楚的复合体，隔得远了看不真切，走近了才发现料想与真实相去甚远，只剩下梦幻破灭以后的孤哀。它们是生命中的隐痛，平常人没有时间、没有精力、没有机会对其一再眷顾流连，但它们并没有被遗忘，而是在内心、在灵魂深处沉积，然后在漫长的生活流程中偶尔闪现。这样的感伤本是一种很细腻、很雅致的情感，与日常生活的粗糙、世俗是背道而驰的，但平常人也有一个从青春到老成、从浪漫到务实的过程，也经历过遗憾与失落，池莉很到位地抓住了世俗人生感伤的特点——夹杂着麻木的酸楚，并将这些感伤情愫混融在大量的生活细节之中，现实的厚重、沉闷、琐细在很大程度上消解了这些情愫的罗曼蒂克色彩，使它们以一种灰暗、模糊、不那么真切的面目呈现，和平凡人生固有的实在交融在一起，所以，印家厚、康伟业、来双扬还是一如既往过他们的日子，没有发包法利夫人式的慨叹。对这种世俗形态的感伤情愫的发现、捕捉和表现是池莉的一个贡献，这使我们不能简单地将她的作品称为过日子小说，她向我们展示了生活的多个方面、多个层次、多种特质。

池莉作品的诗性情结还体现在对风雅、清逸的思慕与追怀上。从90年代初的《预谋杀人》《滴血晚霞》到90年代末的《乌鸦之歌》《请柳师娘》，始终贯穿着对风雅、清逸的礼赞和向往。在这里，有必要提及池莉早期(80年代)的《细腰》和《青奴》两篇作品。《细腰》仅仅刻画了一个生活的片段，人物就是“他”和“她”，小说略去一切修饰和前因后果的交代，明净地凸显出了点到即止、心领神会、节制自重的生活姿态，赞赏之情流布于字里行间。《青奴》讲述了这样一个故事：青奴与泽浩给莽荒的小镇带来了文明和洁净的生活方式，但在改变小镇风貌的同时，泽浩也被小镇改变了，青奴成了小镇陋习的牺牲品。文本笼罩在一片神话氛围中，泽浩祖母的长生不死、“竹夫人”青奴的神仙风范、德先生的一瞬间白头等情节都有较强的魔幻色彩，小说倾心于一种清爽明净的生活姿态，并哀悼了世俗生活对其的吞没。这两篇都是较早的作品，在情调和时空方面与现实都有一定的距离，文中的场景以非日常化的形态展开，具有很浓的观念演绎的痕迹，正如池莉本人所说是不成熟的习作。之所以提到这两篇作品，是想从源头来看池莉的创作，并梳理出一条相对明晰的情感脉流。进入90年代以后，随着写作姿态的调整，以上所论及的情感倾向逐渐由显转变为隐，如果说以前还是在空中飘荡，现在则落实于生活的肌理之中。《预谋杀人》讲述王腊狗追杀与自己和自己的家族有世代冤仇的丁宗望的故事，以很多重要的历史事件和历史人物作衬底，这种安置本身就表明了小说的意图指向。故事本身形成一种自我复制和循环，简单地说就是一个“杀”与“杀不死”的故事，只是每次的时机、环境、背景人物和背景事件有所不同。王腊狗杀人总失算，丁宗望总也杀不死，仿佛一个怪圈。丁宗望只是一介市井乡绅，只重一己的处世为人，在各种时代的惊涛骇浪里，他都没有随波逐流，正是这样的一个人最终逃脱各种劫难活了下来，他是普通人，混融于大众，虽然是低姿态的人生，但杀不死的丁宗望暗喻了一种更加厚重、沉郁，可以长存的品格：性善、明达、淡泊。这与《滴血晚霞》和《乌鸦之歌》中作为对照物出现的爷爷的风雅高洁和外公的剑胆琴心取得了精神上的呼应。三部作品的共同之处就是看轻历史，看重个体的生活姿态。英雄、主流、风口浪尖与日常生活的凡俗忍耐、悠远绵长是格格不入的，但二者的悖反本性反而对彼此起到了更好的衬托效果，也使作者的轻重取向昭然若揭。与此前的作品相比，作者的主观情绪不再游离于具体生活之外，而且其胶着日益紧密。池莉通过创作展示了这样一种生活哲学：诚实地活好自己的本分，这就是平凡人的诗。而且池莉在作品中所思慕、倾心的风雅、淡泊、性善、侠义也切合了平凡人修身处己的理想，借柳师娘(《请柳师娘》)中的一句话来为这种绵长恒久的品格和生活作个注脚就是：“虽说世道在变，可日子总是流水一样的长啊！将来的结果，大家也是看得见的。好人家总是好人家，好日子总是好日子。”

新英雄人物形象系列是诗意情结一个不可忽略的重要部分。之所以说新英雄是因为他们不同于传统定义的英雄。“如果说‘英雄’的涵义曾经是肉体与精神的对峙，注重的是体力与智力，那么现在的英雄是合二为一，但更强调承受力。一个英雄可以貌不惊人才不出众，但他必须能够接受自然与社会的双重挑战，经历自我与非我的复合折磨，即使这种接受和经历并不从容自在，缺乏潇洒的风度和优雅的气度。”[①]康伟业、陆武桥、来双扬、辣辣是其代表。他们是市井之中的英雄，是过日子的

① 徐岱：《小说叙事学》，中国社会科学出版社1992年版，第147页。

英雄,是为无奈、苦楚、烦琐缠身的英雄。他们的成功不是建功立业,而是在生活的夹磨之下能够能干地处世为人,他们不是万众瞩目的焦点,而是你、我、他中的一员。其中,尤值一提的是辣辣(《你是一条河》),她年轻丧夫,独自拉扯七个孩子,遍尝人间艰辛,生活对她不可谓不残酷。她的孩子有的疯傻,有的偷窃,有的视家庭为拖累和噩梦而永远背弃了自己的家庭。她的生活目标和生活信念只有一个——活下去,凭着这一点,她熬过来了。如果说在她和生活之间有一场殊死较量,最终的胜利者当然是辣辣,在她身上,泼辣、能干、善良、宽容、坚忍交融为一体,显现出凡俗生命的庄重。她的生活没有丝毫诗情画意可言,日子里满布着贫穷、肮脏、丑陋、动荡、死亡,然而,丑陋也是美,是生命挣扎的一种美,能够捱过生活道路上的沟沟坎坎就是老百姓的功业。在这些"现代英雄"身上我们看到了池莉对于平凡生活中所蕴藏的崇高、诗意的自觉,她透过这些人物形象洞察到了中国人以柔克刚(以生命的韧性应对外界的风风雨雨)的传统生命哲学,与余华所塑造的福贵和许三观一样,窝囊与坚忍、自我麻木与自我承担在这些人身上结合为一体。这种生命形态本身及其与日常生活的磨难庸常之间都形成了某种张力,这种张力使文本中那些琐细的生活流程有了坚实厚重的依托,由此,整个文本才显得饱满丰厚。

智性反讽:在错位背后

池莉作品中叙述张力形成的第三条途径是智性反讽。反讽的对象是生活中各种各样的错位。

首先,是表象与真实的错位,以《云破处》《惊世之作》和《生活秀》为代表。《云破处》的题旨在标题中已有所显示,云破处是天,天与道在漫长的文明传承中已混合为一体,而"道"在道家哲学中属于本体论的范畴,指一切存在的根源①,是起初的那一个点,含有太初、真纯、无伪的意思,与真实在内涵上是互通的。《云破处》等作品就是要通过遮蔽天的"云"与云破处的"天"的并置突出表象与真相的错位。《云破处》描写了一个钢铁设计院里的夫妻俩白天相敬如宾、和谐恩爱,晚上则互相折磨、进行殊死较量,而且是一个人明白、一个人糊涂,黑幕中的斗争尤其恐怖。两套时空并行展开,对比和反差令人心惊。池莉说中国人表面上客客气气,骨子里却是对生命的残忍伤害,《云破处》就是这种生存体验的结晶。《惊世之作》把人们内心潜在的犯罪欲望提升到显在层面上来,说明我们每一个人都有着隐秘的犯罪心理,只是在社会

① 王岳川:《道德经·序言》,外语教学与研究出版社1998年版,第11页。

的道德制约和法律规范之下没有表现出来，一旦遇到某种特定的环境和动因就会萌发。这是人们自以为的“我”和真实的“我”的错位，同样揭示了人类的某一方面的生存真相。《生活秀》要表达的是本身的“我”与别人认为的“我”的错位。雨天湖度假村里，卓雄洲在描述，来双扬在听，越听越心冷，越听越无望。“可惜了两年多的梦幻和期待。”一句话，点出了生活、他人的真实面目与料想、感知的距离。

其二，是开端与结局或者目的与结果的错位。《两个人》中的主人公赵森林和钱和平在能力、才干、风度、气魄等方面都相去甚远，钱和平仿佛就是为了衬托赵森林的好而存在的，可结果却是赵森林在事业如日中天之时意外死亡，本来大难临头的钱和平则侥幸逃脱，而且还就此走上了坦途。《午夜起舞》的王建国本想利用假日写文章、与港商会面，结果一无所获，还被一些莫名其妙的问题所困扰。《谁在支配一切》中的张彬和李勇由于种种原因，极其不愿意见到王凭，于是，他俩就精心计划了一番，以为无论如何碰不到王凭了，却偏偏在非常不同寻常的时间和地点被他撞个正着。生活永在人们的想象和计划之外，从一个目的或一个起点出发，生活会把我们带向哪种结局是不可知的，往往是意外或者某种新的发现。

其三，是布景与前台的错位。《滴血晚霞》中的苏玉兰跟毛主席跳了一次舞后抛夫弃子，为了与伟人的下一次舞会等了一辈子。就像戏剧，舞台的布景已经更改，剧情在发展，人物应该及时调整自己的心态，转换到新的角色中去。苏玉兰的可悲甚至可笑就在于她无法完成自己的角色转换。同样的悲剧也发生在《梅岭一号》中的表姐身上。由于在毛主席居住过的梅岭一号当服务员，表姐始终无法完成从昔日的辉煌到今日的冷寂、从高贵到凡俗的转变。文中有这样一段文字：“人与人的关系，绝大多数都很简单。可就是有那么极少数的关系，似乎是没有什么前因后果，它们却不是那么简单。正如回音壁对于声音，正如涟漪对于湖水，正如广玉兰繁茂发达的根系对于泥土。彼此的抓攫，发生在不为人知的时刻，也许还是不为自身所感知的时刻。一切看起来雁过无痕，从此却是命运被操纵的最根本原因。”彼此在对方的生活中处于极不对称的位置，对对方发挥的影响力也相去甚远。只是由于某种神秘的“抓攫”，人物停驻在了某一段时空中，不能顺着生活的长河漂流而下，自然也就不能完成生活角色的转换，在已经更改了的生活场景中显得荒凉、滑稽、格格不入。

通过对生活中错位现象的反讽，池莉发掘出了生活表象背后某些隐在的事实、心理和关联，揭示了生活的意外性、偶然性和某些不合常态的方面，显出智慧的、深刻的特质。由此，我们也就可以理解池莉在《写作的意义》一文中谈到的话语：“我们的深刻我们的精神我们的现代意识生长在哪里？难道除了生活，除了切切实实每个中国人都感受到的生活之外，还另有土壤?”[①]这一方面强调了现实生活本身对于写作的重要性，另一方面也肯定了以生活本身为基点就能够激发出深刻、丰富、精神、现代意识等更深层面的东西。由于这种清醒的认识，池莉的小说不仅广泛书写形形色色的人物和他们的生活琐事，而且竭力凝聚这个层面以下的精华，所以，正像她希望的那样，她的文字敲击到了人的心坎上，道出了平常人心里有而又说不明了、说不生动的点点滴滴。

在这些作品中，池莉把捉住了广阔的生活画面以下潜存的暗流，触及了某些现代性命题，并且由此而取得了某种深刻性，但她依然保留了生活本身“毛茸茸的质感”(像以上所提及的《云破处》《惊世之作》《生活秀》等都是好读好看的作品)，不显观念演绎的痕迹。这就涉及一个叙述方式的问题，池莉很注重故事情节的好读性和细节的真实性。像《惊世之作》的主旨是要发掘人们潜意识中的犯罪心理，可以说已经触及了人们内心深处的暗礁，令人在读过之后猛然惊觉，反躬自省。但从叙述层面看，包含着探案、游戏、神秘、惊险等因素，又是一个很吸引人的故事。再如《请柳师娘》的结局部分，柳师娘虽轻言细语，但她的字字句句分量沉重，说中了某种具有时空穿透力的道理。就是这样一个沉重的话题，作者巧妙地将其置于一个儿女婚约、家宴操持的流程中，细细碎碎的如我们的日常生活一样可感可触，没有丝毫的隔膜。所以说池莉在创作中以现实主义的笔法包孕了非现实主义的主题，使作品呈现为这样的形态:浅近却没有流于表象，深远却不是无从把握。二者之间造成了适度的拉伸和牵引，不至于发展成背离或逃逸，从而丰富、拓展了文本。

以上，从三个方面论述了池莉作品中的叙述张力问题，虽然不能涵盖她所有的作品，但的确是池莉创作中一个不可忽视的因素。值得称道之处在于，池莉的作品无论是感性悟语、日常诗情，还是对生活现象背后的潜在面的揭示和反讽，都与世俗生活、平凡人生紧密胶着在一起，保持了生活的原汁原味，带着生动活泼的生命气息，不放逐具象又表现出向观念领域升华的倾向，为我们提供了别一种内涵和形态的“深”。同时，由于这种“深”的存在，池莉对世俗人生的描绘才显得丰厚、智慧、多彩，才真正实现了她表现中国人非常逼真的生命本质的创作理念，这也正是池莉作品中叙述张力的独特价值和意义之所在。

(载《小说评论》2003年第1期)

① 池莉:《池莉文集4·写作的意义》，江苏文艺出版社1995年版，第243页。

主要作品目录《

长篇小说

《黑鸽子》,明天出版社 1997 年版。

《来来往往》,作家出版社 1998 年版。

《小姐你早》,今日中国出版社 1998 年版。

《江河水》(池莉、小涓),今日中国出版社 1998 年版。

《口红》(池莉、小涓),江苏文艺出版社 2000 年版。

《水与火的缠绵》,华艺出版社 2002 年版。

《所以》,人民文学出版社 2007 年版。

《大树小虫》,江苏凤凰文艺出版社 2019 年版。

中短篇小说集

《烦恼人生》,作家出版社 1989 年版。

《太阳出世》,长江文艺出版社 1992 年版。

《预谋杀人》,中国社会科学出版社 1993 年版。

《你是一条河》,中国文学出版社 1994 年版。

《绿水长流》,河北教育出版社 1995 年版。

《一冬无雪》,江苏文艺出版社 1995 年版。

《紫陌红尘》,江苏文艺出版社 1995 年版。

《不谈爱情》,百花文艺出版社 1996 年版。

《你以为你是谁》,今日中国出版社 1996 年版。

《致无尽岁月》,江苏文艺出版社 1998 年版。

《细腰》,江苏文艺出版社 1999 年版。

《池莉小说集》,安徽文艺出版社 1999 年版。

《惊世之作》,江苏文艺出版社 2000 年版。

《云破处》,华夏出版社 2000 年版。

《池莉小说精选》,长江文艺出版社 2000 年版。

《不谈爱情》,南海出版公司2001年版。
《梅拉的蓝色之雾》,作家出版社2001年版。
《怀念声名狼藉的日子》,云南人民出版社2001年版。
《一夜盛开如玫瑰》,中国文联出版社2001年版。
《生活秀》,云南人民出版社2002年版。
《有了快感你就喊》,中国青年出版社2003年版。
《请柳师娘》,江苏文艺出版社2003年版。
《池莉小说精选集》,长江文艺出版社2003年版。
《汉口永远的浪漫》,中国文联出版社2003年版。
《被雨淋湿的河》,河北少年儿童出版社2003年版。
《池莉近作精选》,长江文艺出版社2003年版。
《乌鸦之歌》,春风文艺出版社2004年版。
《武汉故事》,昆仑出版社2004年版。
《看麦娘》,江苏文艺出版社2007年版。
《她的城》,江苏文艺出版社2011年版。
《让梦穿越你的心》,北京十月文艺出版社2011年版。
《汉口情景》,江苏凤凰文艺出版社2014年版。
《冷也好热也好活着就好》,江苏凤凰文艺出版社2018年版。

散文/摄影集

《怎么爱你也不够》,珠海出版社1994年版。
《总在异乡》,江苏文艺出版社1995年版。
《真实的日子》,江苏文艺出版社1995年版。
《对镜梳妆》,四川人民出版社1996年版。
《池莉影记》,河北教育出版社1998年版。
《池莉随笔自选》,广西民族出版社1999年版。
《池莉散文随笔文集》,内蒙古文化出版社1999年版。
《给你一轮新太阳》,经济日报出版社2000年版。
《池莉随笔自选》,广西民族出版社2001年版。
《老武汉》,江苏美术出版社2000年版。
《熬至滴水成珠》,作家出版社2006年版。

《来吧孩子》(纪实文学),作家出版社 2008 年版。

《石头书》,北京十月文艺出版社 2013 年版。

《立》,长江文艺出版社 2013 年版。

《奇迹总会有》,人民日报出版社 2018 年版。

文集

《池莉文集》,江苏文艺出版社 1995—2000 年版,2006—2007 年修订版。

《池莉作品选集》,中国青年出版社 1995 年版。

《池莉作品自选集》,中国青年出版社 1996 年版。

《池莉精品文集》,内蒙古人民出版社 1999 年版。

《中国当代作家选集丛书·池莉》,人民文学出版社 2000 年版。

《池莉作品集》,延边大学出版社 2000 年版。

《池莉——当代中国文库精读》,香港明报出版社 2000 年版。

《池莉经典文丛》,南方出版社 2002 年版。

《池莉经典作品》,北岳文艺出版社 2002 年版。

《池莉文集》,北岳文艺出版社 2003 年版。

《池莉经典文集》,北京十月文艺出版社 2010 年版。

《池莉自选集》,天地出版社 2018 年版。

其他

《池莉影视剧作品集》,北方文艺出版社 2000 年版。

《成为最接近天使的物质》(散文、诗歌、文论等),北京十月文艺出版社 2011 年版。

《池莉诗集》,湖南文艺出版社 2016 年版。

迟子建

女，1964 年生，黑龙江漠河人。

小　引《

“小说家档案”这一期为之“建档”的，是东北籍的女作家迟子建的创作。选择迟子建的创作“建档”，至少有如下几个方面的考虑。

第一，从文学地理学的角度看，迟子建出生在漠河这个被称作北极村的中国最北端的村镇，并且以她的全部童年记忆和人生体验写出了这个地域特有的自然景观和生存状态，在中国作家中，不但是独特的，而且是唯一的。

第二，在迟子建的作品尤其是在她早期的一些中短篇作品中，东北这块冻土地不独是寒冷的，同时也是温暖的，她是用一种温暖的充满人性的笔调去撩拨这块被冰雪封冻的土地，让它的每一个毛孔都发散出一种生命的热力，因此她笔下的人生，都有一种异乎寻常的从冰雪封冻的地层深处蒸腾起来的温暖气息，这种气息是十分让人心动的，比人工提炼的香水更动人心旌，这不能不让她的作品的读者为之着迷。

第三，迟子建的作品是“泛神”的或“泛灵”的，万物有神或万物有灵，可以看作是她的作品尤其是她早期的一些作品的一种主导的文化观念。尽管这种文化观念对于她本人来说未必是自觉的，但却浸润在她的作品的字里行间，使她的作品不独具有北欧文学那样因地域的独特所带来的幽深和神秘，更具有中国文学因文化的独特所秉承的感悟和灵性，这在当代中国作家中，亦属罕见，而且对消解当今社会日益强化的工具理性对感性生命的约束，无疑也具有一种独特的文化意义。较之某些作家剑拔弩张的解构行动，似乎更切近文学的本义，因而也更具有“人文”意味。

第四，东北作家群在20世纪30年代，就是现代中国文坛的一支劲旅，其中的小说家如“二萧”和端木蕻良、骆宾基等，尤为引人注意。虽然这些作家的创作在其后的30多年间未能有新的更大的发展，但近20年后起的一些新进的东北作家，如迟子建列举的马原、洪峰、阿成、张抗抗和谢友鄞、刁斗、孙惠芬等，仍然构成了一个不可小觑的创作群体。而且这个创作群体中的某些成员，对当今中国小说叙事艺术的革命，还起了一种导向先行的作用。迟子建作为这个新的东北作家群体中的一员，因为处于同一地域和相互之间的影响，在她的创作中，自然也可以找出这个群体所共有的某些特点，但她似乎更多的是属于她自己所特有的童年记忆、心灵感应和生命体验。如果说这一切与这个历史悠久的东北作家群体有什么关联的话，那就是她自己所说的，在她与她所喜爱且经历相似的东北作家萧红之间的一点灵犀相通之处。但迟子建又绝不是萧红的重复，无论是对自然和人生的描写，迟子建都比萧红开掘要深、格局要大，因而她事实上也就把萧红所开创的一种叙事风格向前推进了一步，使之达到了更加丰富、醇厚的境界。

第五，我注意到迟子建在她的长篇《伪满洲国》里，正在有意识地试验一种她称之为“用民间立场书写历史”的叙事方式，这部结构独特的长篇小说以编年体史书的体例，逐年叙述了伪满洲国从成立到覆灭的短暂历史，但叙事的重心却不是围绕这个傀儡政权的历史展开的政治和军事斗争，而是在这个傀儡政权下生活着的普通民众和皇帝、后妃、王公大臣的日常生活，是在这种日常生活中“隐藏”着的、“漫不经心”的又无所不在的屈辱和悲痛。如果用我们常说的折射历史的概念的话，这也是一种折射历史的方式，而且是一种难度更大更具有艺术穿透性的折射方式。虽然这部作品在对历史叙述所作的这种日常化处理方面，尚难免琐屑、絮繁之弊，但这种通过日常化的处理方式还原历史的努力却弥足珍贵，且在当代历史小说的创作方面是有开创性的意义的。

最后，我要说的是，迟子建向来不大热心接受媒体的采访，这次却对我们给予了热情的合作和帮助，而且表示愿意接受对她的创作的这种认真的研究和评论，这使我们在深受感动之余，也深感到认真的研究和评论对于当代作家一定是一种发自内心的期望和需要。我的博士生闫秋红对迟子建的创作评论，依例仍然只取了一个特定的角度，而且所论及的只是迟子建的创作中的一个问题。除了避免重复此前已发表的对迟子建的诸多评论和研究的角度外，“死亡”问题也确实是影响迟子建的小说叙事的一个重要的艺术问题，从中也可以窥见迟子建所独具的一种“亦真亦幻”的叙事特色。

自　述《

寒冷的高纬度：我的梦开始的地方

从中国的版图上看，我的出生地漠河居于最北端，大约在北纬53°左右的地理位置上。那是一个小村子,依山傍水,风景优美,每年有多半的时间白雪飘飘。我记忆最深刻的,就是那里漫长的寒冷。冬天似乎总也过不完。

我小的时候住在外婆家里,那是一座高大的木刻楞房子,房前屋后是广阔的菜园。短暂的夏季来临的时候,菜园就被种上了各色庄稼和花草,有的是让人吃的东西,如黄瓜、茄子、倭瓜、豆角、苞米等;有的则纯粹是供人观赏的,如矢车菊、爬山虎、大烟花(罂粟)等等。当然,也有半是观赏半是入口的植物,如向日葵。一到昼长夜短的夏天,这形形色色的植物就几近疯狂地生长着,它们似乎知道属于它们的日子是微乎其微的。我经常看见的一种情形就是,当某一种植物还在旺盛的生命期的时候,秋霜却不期而至,所有的植物在一夜之间就憔悴了,这种大自然的风云变幻所带来的植物的被迫凋零令人痛心和震撼。我对人生最初的认识,完全是从自然界的一些变化而感悟来的。比如我从早衰的植物身上看到了生命的脆弱,同时我也从另一个侧面看到了生命的从容。因为许多衰亡的植物,在转年的春天又会焕发出勃勃生机,看上去比前一年似乎更加有朝气。

童年围绕着我的,除了那些可爱的植物,还有亲人和动物。请原谅我把他们并列放在一起来谈。因为在我看来,他们都是我的朋友。我的亲人,也许是由于身处民风淳朴的边塞的缘故,他们是那么的善良、隐忍、宽厚,爱意总是那么不经意地写在他们的脸上,让人觉得生活里到处是融融暖意。当然,他们也有自己的痛苦和苦恼,比如年景不好的时候他们会为没有成熟的庄稼而惆怅,亲人们故去的时候,他们会抑制不住自己的悲哀情绪。我从他们身上,领略最多的就是那种随遇而安的平和与超然,这几乎决定了我成年以后的人生观。至于那些令人难忘的小动物,我与它们之间也是有着难分难解的情缘。我养过狗和猫,它们都是公认的富有灵性的动物,我可以和它们交谈,可以和它们搞恶作剧,有时它们与我像朋友一样亲密,有时则因着我对它们的捉弄,它们好几天对我不理不睬。至于猪、鸡、鸭等,虽然养它们的目的是为了食肉的,但我还是常常把它们养出了感情,所以轮到它们遭屠戮的时候,内心就有一种说不出的痛苦。但是大人们告诉我,这些家禽养来就是被人吃的。我想幸好人类没有吃花的嗜好,否则这些灵性的、美好的事物还有多少能被人“嘴下留情”呢?

生物本来是没有高低贵贱之分的,但是由于人类的存在,它们却被分出了等级,这也许是自然界物类竞争、适者生存的法则吧,令人无可奈何。尊严从一开始,就似乎是依附着等级而生成的,这是我们不愿意看到和承认的事实。虽然我把那些动物当成了亲密的朋友对待,但久而久之,它们的毙命使我的怜悯心不再那么强烈,我与庸常的人们一样地认为，它们的死亡是天经地义的。只是成年以后遇见了许多恶意的人的狰狞面孔后，我又会情不自禁地想起那些温柔而有情感的动物，愈发地觉得它们的可亲可敬来。所以让我回忆我的童年，我想到亲人后，随之想到的就是动物，想到狗伸着舌头对我温存地舔舐，想到大公鸡在黎明时嘹亮的啼叫声，想到猫与我同时争一只皮球玩时的猴急的姿态。在喧哗而浮躁的人世间，能够时常忆起它们，内心会有一种异常温暖的感觉。所以，在我的作品中，出现最多的除了故乡的亲人，就是那些从我的脑海中挥之不去的动物，这些事物在我的故事中是经久不衰的。比如《逝川》中会流泪的鱼；《雾月牛栏》中因为初次见到阳光，怕自己的蹄子把阳光给踩碎了而缩着身子走路的牛；《北极村童话》里的那条名叫“傻子”的狗；《鸭如花》中的那些如花似玉的鸭子等等。此外，我还对童年时所领略到的那种种奇异的风景情有独钟，譬如铺天盖地的大雪、轰轰烈烈的晚霞、波光荡漾的河水、开满了花朵的土豆地、被麻雀包围的旧窑厂、秋日雨后出现的像繁星一样多的蘑菇、在雪地上飞驰的雪橇、千年不遇的日全食等等，我对它们是怀有热爱之情的，它们进入我的小说，会使我在写作时洋溢着一股充沛的激情。我甚至觉得，这些风景比人物更有感情和光彩，它们出现在我的笔端，仿佛不是一个个汉字在次第呈现，而是一群在大森林中歌唱的夜莺。它们本身就是艺术。

在这样一片充满了灵性的土地上，神话和传说几乎到处都是。我喜欢神话和传说，因为它们就是艺术的温床。相反，那些事实性的事物和已成定论的自然法则却因为其冰冷的面孔而令人望而生畏。神话和传说喜欢以两种方式存在，一种类似地下的矿藏，我们看不见摸不着，但能嗅到它的气息，这样的传说有待挖掘。还有一种类似于空中的浮云，能望得见，而它行踪飘忽，你只能仰望而无法将其纳入掌中。神话和传说是最绚丽的艺术灵光，它闪闪烁烁地游荡在漫无边际的时空中。而且，它喜欢寻找妖娆的自然景观作为诞生地，所以人世间流传最多的是关于大海和森林的神话。

对我来讲，神话是伴着幽幽的炉火蓬勃出现的。在漫长的冬季里，每逢夜晚来临的时候，大人们就会围聚在炉火旁讲故事，这时我就会安静地坐在其中听故事。老人们讲的故事，与鬼怪是分不开的。我常常听得头皮发麻，恐惧得不得了。因为那故事中的人死后还会回来喝水，还会悄悄地在菜园中帮助亲人铲草。有的时候听着听着故事，火炉中劈柴燃烧的响声就会把我吓得浑身悚然一抖，觉得被烛光映照在墙面上鬼影幢幢。这种时刻，你觉得心不是自己的了，它不知跳到哪里去了。当然，也有温暖的童话在老人们的口中流传着，比如画中的美女每天在一个固定的时刻下来给穷人家做饭，比如一个无儿无女的善良的农民在切一个大倭瓜的时候，竟然切出了一个活蹦乱跳的胖娃娃，这孩子长大成人后出家当了和尚，成为一代高僧。这些神话和传说是我所受到的最早的文学熏陶了，它生动、传神、洗练，充满了对人世间生死情爱的观照，具有悲天悯人的情怀。

也许是因为神话的滋养，我记忆中的房屋、牛栏、猪舍、菜园、坟茔、山川河流、日月星辰等等，它们无一不沾染了神话的色彩和气韵，我笔下的人物也无法逃脱它们的笼罩。我所理解的活生生的人，不是庸常所指的按现实规律生活的人，而是被神灵之光包围的人，那是一群有个性和光彩的人。他们也许会有种种的缺陷，但他们忠实于自己的内心生活，从人性的意义来讲，只有他们才值得永久地抒写。

尽管我如此热衷于神话的传说，但我也迫切感觉到它们正日渐委顿和失传。因为生活正变得越来越疲沓、琐碎、庸碌和公式化。人的想象力也相对变得老化和平淡。所以现在尽管有故事生动的作品不停地被人叫好，但我读后总是有一股难言的失望，因为我看不到一部真正的优秀作品所应散发出的精神光辉。

还有梦境。也许是我童年生活的环境与大自然紧紧相拥的缘故吧，我特别喜欢做一些色彩斑斓的梦。在梦境里，与我相伴的不是人，而是动物和植物。白日里所企盼的一朵花没开，它在夜里却开得汪洋恣肆、如火如荼。我所到过的一处河湾，在现实中它是浅蓝色的，可在梦里它却焕发出彩虹一样的妖娆颜色。我在梦里还见过会发光的树、能够飞翔的鱼、狂奔的猎狗和浓云密布的天空。有时也梦见人，这人多半是已经做了古的，我们称之为“鬼”的，他们与我娓娓讲述着生活的故事，一如他们活着。我常想，一个人的一生有一半是在睡眠中度过的，假如你活了八十岁，有四十年是在做梦的，究竟哪一种生活和画面更是真实的人生呢？梦境里的流水和夕阳总是带有某种伤感的意味，梦里的动物有的凶猛有的则温情脉脉，这些感受，都与现实的人际交往相差无二。有时我想，梦境也是一种现实，这种现实以风景人物为依托，是一种拟人化的现实，人世间所有的哲理其实都应该产生自它们之中。我们没有理由轻视它们，把它们视为虚无。要知道，在梦境中，梦境的情、景、事是现实，而孕育梦境的我们则是一具躯壳，是真正的虚无。而且，梦境的语言具有永恒性，只要你有呼吸、有思维，它就无休止地出现，给人带来无穷无尽的联想。它们就像盛宴上酒杯被碰撞后所发出的清脆温暖的响声一样，令人回味无穷。

我对文学和人生的思考，与我的故乡、我的童年、我所热爱的大自然是紧密相连的。对这些所知所识的事物的认识，有的时候是忧伤的，有的时候则是快乐的。我希望能够从一些简单的事物中看出深刻来，同时又能够把一些貌似深刻的事物给看破，这样的话，无论是生活还是文学，我都能够保持一股率真之气、自由之气。

当我童年在故乡北极村生活的时候，因为不知道“山外有山、天外有天”，我认定世界就北极村这么大。当我成年以后到过了许多地方，见到了更多的人和更绚丽的风景之后，我回过头来一想，世界其实还是那么大，它只是一个小小的北极村。

访　谈《

“我只想写自己的东西”
——迟子建访谈录

闫秋红　迟子建

闫秋红：您最初是以营造童话般的氛围而引人注目的，许多中短篇都印证了这一点，但后来还是超越了“北极村”童话，创作日趋恢宏和厚重，近作《伪满洲国》极有典型性。您能就此谈谈对历史小说的理解吗？您把它定位在新历史主义小说的范畴还是传统历史主义小说的行列？

迟子建：我觉得历史是日常的，以前我们所了解的历史往往都是来源于教科书，比如说陈胜吴广起义、鸦片战争等等。这些历史都是英雄式的历史，它是一个个事件，是结论性的东西，而缺少一种具体的过程。国家的条例每时每刻都在颁布，但承受历史的还是老百姓，而不是制定这些条例的权力机构，那么还原伪满洲国的历史就要从底层的日常生活写起。《伪满洲国》的资料准备陆续用了近十年，我一直在图书馆资料室留意这方面的资料，我感觉到一头雾水，我发现所有资料都比较相似，都是结论性的东西，例如写抗联战士如何艰苦卓绝，老百姓如何痛苦不堪等等。我认为把伪满洲国还原到历史状态，其实就是柴米油盐婚丧嫁娶，当然在特定的历史时期也有民族仇恨，而它是隐藏在日常生活中的，是漫不经心的。我觉得写悲痛和屈辱用看似平淡的日常途径作为切入点更有深度，因为一个小说家不可能对一段历史作价值判断。

我不喜欢英雄传记式的历史小说。仅仅因为描写波澜壮阔的历史事件和生活场景就被冠之以“史诗性”的作品，这是对“史诗”的曲解，是荒谬的。能够不动声色地把时代悲痛融入老百姓的喜怒哀乐之中，通过整个人物的描述而令人感动，这才叫真正的史诗。这也许是作家们观念上的差异。戴锦华曾说过,《向着白夜旅行》从北极村童话的景框中胀裂开来,我认为评价是很中肯的。一个作家总在变化,总在成长的路上。现在回过头来看看二十多岁时的作品,我感觉非常幼稚但也很纯美,那完全靠文学的直感和少女式的忧伤去营造小说。一个真正的作家的成熟依靠自身的知识、阅历的不断增长,只要不断地写作就会有更新的想法,《伪满洲国》就是这样。我不想写大家都津津乐道的为人熟知的历史,其实支撑《伪满洲国》的还是虚构的力量。即使写皇宫生活也是侧重于人与人之间的日常关系,写溥仪就是围绕着他与几个妃子和大臣之间的交往展开的。在这些资料的准备过程中,对这段历史有了感情的积淀和直觉的把握,笔下的人物活动也有了根基,因而这些虚构和想象就不会成为无源之水。我在写作的时候,感觉到激情奔放,有一种涣然冰释的感觉,思绪驰骋在丰富的想象空间里,这是小说家的幸运。有的作家喜欢写刚刚经历的或私人生活的东西,但一个作家也不应该轻易放弃对文学的思考:虚构和想象。否则,作家就只能是一个高级摄影师,复制一些貌似美轮美奂的东西,其意义价值并不太大。对我来说,作为东北作家写《伪满洲国》是义不容辞的责任。这段历史已经过去了半个世纪,还很少有人把它写进小说里。我对东北土地有深厚的感情,我用民间立场书写历史,没有那种嘲讽调侃的意味。

闫秋红:您的小说语言清新优雅,充满了浪漫的诗意,即使像《亲亲土豆》这样的自然朴素的乡村故事一开篇也展现了不可抗拒的语言魅力。这种语言风格和情调又总是用来表现悲剧气氛浓厚的生活。您是怎样把这种悖论的关系协调在一起的?

迟子建:我表达悲痛的感情并不想带有十分张扬的爱憎分明的情怀,好作家用平静的语言叙述故事。我是不自觉地把二者协调起来的。张爱玲的语言比较老旧,读起来却很有滋味;萧红的语言俏皮幽默,少一些沧桑。当下很多小说的故事很好,但语言不好。沈从文和汪曾祺的小说语言都比较不错,有一种古典优雅的风格。他们之所以成为大家,是和这种精湛的语言密不可分的,说到底,文学毕竟是语言的艺术。我早期的语言和现在不一样。过去还算质朴,不花哨,但还有些华丽忧愁,到了后期像《秧歌》《香坊》等作品就更简洁更平实,更有表现力。王安忆的语言有魅力,耐琢磨。有些走红的作家的文学语言比较差,那么即使他的故事再新颖,我也不承认他是一个成功的人。

闫秋红:您的小说向来不注重情节的完整性,往往把零碎的片段巧妙地连缀在一起。您早期的作品虽有些稚嫩,但天然去雕饰,也很个人化,当然后来的作品更能代表您的实力。在《晨钟响彻黄昏》中,您设计了层层叠叠的人物关系网,这种庞大的叙事圈套再加上太多的巧合总给人一种不真实的感觉。您是怎样看待这个问题的?

迟子建:从小说文体的特点看,它不可能和话剧一样,人物一上场就是紧张连续的矛盾冲突,它可以更散淡更随意一些。小说中的风景描写、心理描写等看似边角废料,却在作品中起到很有成效的作用,能够使作品有特别的意味。考察屠格涅夫、川端康成的小说,如果去掉了散文化的东西,故事本身就失去了耐人寻味的韵致。也许我是女性作家的缘故,我的小说叙事节奏比较舒缓,形成了散文化的倾向。

《晨钟响彻黄昏》是一个特例,这是我的第一部反映都市知识分子的题材的长篇作品,完成于1995年,大致表现我回哈尔滨以后对都市以及都市知识分子的感觉。当时的创作状态不像现在这么沉实。在这种状态中容易借鉴别人的经验,自己的阅读经验以及头脑中对故事模式的渴望也会在不经意之中闪现出来。《伪满洲国》就没有这种情况,但这种锻炼对我来说仍然是有益的。有的作品在创作时激情洋溢,而后来再看就觉得不太满意,《秧歌》《向着白夜旅行》我觉得还可以。被翻译成法语的第一部作品就是《秧歌》,它在法国大受欢迎。《晨钟响彻黄昏》写于特殊的时期,可能个人的体验和思考还不够深入,如果现在写知识分子,肯定比这好一些。

闫秋红:您在小说中多次写到死亡,您是出于怎样的艺术动机来描写死亡的?

迟子建:这与我小时候生活的环境和经历有关。城市很大,人们的生活空间是相互隔绝的,都市的孩子不会遭遇到很多死亡的场面。我生活在北极村,那里只有几百户人家,街坊邻居都认识。东北乡村的葬礼很隆重,我很小的时候就参加了无数次葬礼,葬礼本身就是一种热闹。那时候,感觉死亡既是神秘的,也是经常发生的,好像死去的人也只是去了一个另外的地方。我写过的死亡都是漫不经心的,并不是刻意的设计,因为它往往是日常生活中突然的遭遇,而生活遭遇本身就是艺术的。祖父和父亲去世对我有一种深刻的影响,有特别心痛的感觉。有人说死亡是可以随时降临的,不是谁能把握的。生比死艰难,死是速战速决的,而生则是非常惨烈的过程。当然有时死亡在作品中也富有诗意,没有秦山的死就没有《亲亲土豆》的气氛。

闫秋红:您曾说过很喜欢萧红,那么请您具体谈谈对萧红的看法,您觉得她对您的影响有哪些?

迟子建:首先我和萧红是同乡,而且很巧,萧红和我母亲是同一天生日,都出生在端午节。萧红留下的作品虽然不多,但仅仅《呼兰河传》《生死场》和《马伯乐》就足以对后世产生影响。萧红内心透明,文字感觉好,敏感脆弱丰富的情感应该是最优秀的女作家所不可缺少的，而这些她都具备了。的确，她的小说有一种俏皮机智幽默，但更多的是忧伤委婉清丽。读《呼兰河传》中描写的东北生活我感到非常熟悉和亲切。我不想从文艺学的角度解读其历史意义，只想谈谈作为阅读者的文字感觉。她写大榆树、蜻蜓、蚂蚱、蝴蝶等等，感情是那么充沛。一个好作家对有灵性的万事万物有一种关爱怜悯之情，很多作家则没有。当代作家很多是居高临下的，那些所谓现实主义题材的反腐败小说、官场小说，弄得很张扬，似乎有一种要拯救山河的姿态。萧红以仿佛自己受了伤害的关爱看待人态世相，我觉得很了不起，可以称得上大家。她那种明净和忧伤，我很喜欢。

当然萧红也有一些局限。由于特殊的历史原因，她的创作数量不算太多，没有达到张爱玲的造诣，张爱玲更丰富一些，萧红则单纯一些，某些篇章稍显琐碎。总的来说我还是很喜欢萧红的。萧红关注民俗风情，我也恰恰喜欢这些。我们有共同的关注目标，又有相同的生活经历。她有后花园，我有一大片菜园，那儿也有蜻蜓、蚂蚱、蝴蝶，在那里我整天和一条大黄狗玩。童年记忆对人的一生影响至深，它为作家注入了创作因子。我们共同呼吸黑土地的空气，共同感受风霜雨雪，对自然场景都带着热爱之情，所以，我们之间有许多相似之处。

闫秋红：您的创作在90年代与一个女性文学勃兴的话语环境有关，请您谈谈对这期间女性文学潮流的看法和自己在这个潮流中的自我定位。

迟子建：90年代女性文学风起云涌，确有一批优秀的女作家以创作实绩证明其不可小视，但我并不觉得很乐观。女作家还没有太多传世之作，只是令人耳目一新，惊天动地之作太少了。女性文学不可能脱离90年代整个大的写作背景，女作家再写也不能让女的在天上写，男的在地上写吧。大家说我是女性作家无所谓，女作家就女作家吧，反正不可能是男作家。我喜欢全才型的并且与生活葆有一定距离完全靠想象去创造的作家，王安忆就是这样的作家，方方也是很优秀的，林白、陈染作为个人书写的代表人物，为女性文学提供了另一种蓝本，徐坤则写另外的一种风格的东西。我从来没有认真考虑过自己的定位，但有一点敢肯定，我从来不入任何潮流，谈女性私小说没有我，谈新写实新状态也没有我。没有被某种潮流认可，我觉得是一种幸运。这样，我可以很安静地从事写作，考虑写作的困惑，应对眼前的挑战，思考下一步的小说创作计划。我最怕谁定义我，这是很恐怖的。其实每个人都是多面的，尤其是作家的内心是十分丰富而复杂的，不可能完全定义在某一点。总之我只想写自己的东西，不考虑在女性文坛和整个文坛究竟占一个什么样的位置。

闫秋红：请您谈谈八九十年代以来东北作家在文坛的地位和影响。

迟子建:还可以吧。客观地讲不如上海和北京作家群。上海的王安忆、格非、孙甘露、李晓、陈村等人以及北京作家群像莫言、刘震云等人都是很有实力的,另外,江苏作家群在整个文坛上令人瞩目,有苏童、叶兆言、范小青、韩东、毕飞宇等一大批有才干的作家。东北的马原、洪峰、阿成、张抗抗、述平,还有谢友鄞、刁斗、孙惠芬等也是相当不错的作家,可惜马原已经离开了东北。虽然东北地处边缘,但东北作家很少有赶潮流的人,他们能够坚持走自己的路,思考文学本身的问题,也是很可贵的。文坛不可能是单一的,东北作家的创作丰富了当代文学,也同样有着不可替代的价值和地位。

评　论《

论迟子建小说的"死亡"艺术

闫秋红

20世纪80年代以营造"北极村童话"而令文坛瞩目的迟子建,随着自己生命体验的时空切换和深层感悟,在艺术上逐渐褪去了梦幻般的童话色彩,实现了对自我的超越,把笔致伸向更幽深更复杂的历史与人性的层面。尽管这样可能会留有某种遗憾和艺术欠缺,但是,对于一个年轻而有探索勇气的作家来说,走出自我艺术模式的窠臼显然是必要的和明智的。纵观她近二十年的创作生涯,空灵、浪漫、温婉的风格和情调贯穿始终,构建了"迟子建式"的特有美学品质。在另一方面,我们领悟到了迟子建笔下更神秘更内在的精神生活,即那个散发着死亡气息的另一世界。自"北极村童话"始,她就不断地倾心于对死亡的描述。在她的小说世界里有一种浓得化不开的"死亡情结"。

浅唱低吟——世纪末叶一曲悲怆、忧伤的呈给边地女性的挽歌

死亡情结作为一种内在文化心理机制,折射了偏僻封闭的边地人们的心灵世界,揭示了边地女性悲剧性命运产生的历史渊源。位于黑龙江边陲线上的北极村,从自然景色到风俗民情都充满了奇异的色彩和神秘的气氛。很多论者都曾指出,因为有了迟子建,人们才真正了解和感受到了大兴安岭的黑云白雪、极光鱼汛等迥异

于内地的边地景色，以至于人们认为是这片黑土地成全了迟子建，给了她创作上丰厚的沃土和不尽的源泉。当然，透过这些新鲜奇妙的自然风光的表象，我们发现了北极村还承载了太多太多沉重得令人惊奇的东西，这里还残存着许多令人窒息的封建愚昧野蛮的旧思想旧观念。于是“死亡”的悲剧就顺理成章地在这里持续上演，千年来身为弱者的女性至今也仍然逃不掉扮演死亡的主角的命运。迟子建把这种对女性悲剧命运的关注融入到对整个乡土现实的思考之中，在《沉睡的大固其固》中媪高娘的热情善良与愚昧迷信宿命般地结合在一起。她为了全村人能够躲过灾难，杀了自家的肥猪还愿，然而，她仍不免死于疯子手下。临死之前，她还惦念着让她一个人顶了灾难去，只要全村人平安就好。这不免令人联想到 20 世纪初叶的老中国儿女，将近一个世纪过去了，借“捐门槛”逃避灾祸的“祥林嫂”还在这偏僻的一隅顽固地生长着。迟子建笔下的“北极村”并非什么世外桃源，相反，这里美丽神秘的自然风光与人们的精神世界并不协调，死亡气息弥漫在这个小小的北极村，而这二者之间的反差恰恰产生了一种艺术张力。这片美丽而充满神奇色彩的土地是和原始迷信封建和偏狭紧密联系在一起的，有人说迟子建缺乏一种批判现实的力量，而这恰恰在某种程度上弥补了她的不足，即以涓涓细流的缠绵倾诉代替了洪钟大吕式的慷慨高歌。这种似乎不动声色甚至有些漫不经心地对死亡的展现，能够使人产生一种更加恒久绵延的震颤力量。在《北国一片苍茫》中，芦花和母亲备受野蛮粗暴的父亲的非人性虐待和折磨，最后母亲竟然被父亲用一把大火烧死。世纪之初与世纪之末，中国的整个社会现实已非同昔比，在整个社会迈向现代化的同时，偏僻封闭的边地上的底层妇女仍然是封建思想观念的殉葬品，仍然成为男性的附属品，这更加令人不寒而栗。

迟子建以死亡视角建构起一个独特的女性精神世界，她在为特定区域的女性轻轻吟唱着古老的挽歌。显然，她并不想以非常偏激和介入的姿态去倡导如何反封建的“问题小说”，而是侧重表现自然风光和地域文化背景下所蕴含的落后的民族心理惯势，及其给女性造成的精神摧残。尽管无意追逐文学潮流，她的“挽歌”的确又和 80 年代的寻根小说不谋而合。当然，她不像某些“寻根”人那样对远山荒村畸形变态的民俗习惯葆有猎奇的偏爱，她自己就是这片土地上的见证人；加之特有的委婉忧伤的不乏诗意的女性视角，其小说文本就处处闪现着别样的灵性和诗情的光辉。一方面，她打破了主流意识形态关于女性话语的书写；另一方面，她也没有像某些女性作家那样停留在女性私生活的隐秘体验上，而是代之以民间精神的温情观照，把女性悲惨的命运置放于神话传说、风俗民情和大自然之中，因此其小说在洋溢着哀婉伤感情调的同时又充满了丰富的地域文化色彩。

一种爱情模式的书写——痴情女子梦醒之后无望的选择

迟子建不仅是“童话”的出色编织者，也是女性立场的坚守者，她的作品始终张扬了一种鲜明的女性意识。在这方面她与萧红有着惊人的相似。她们一方面热情似火难以抑制，另一方面又是那样的冷峻清醒和理智。在热闹异常的东北民俗（诸如秧歌、野台子戏等等）的背后，往往隐藏着一股浓郁的伤感落寞，透视出人生舞台上的悲欢离合的真谛（也许称为“真相”更为准确）。女性既是善与美的化身，又是生活中情感悲剧的主角。在个人情感的世界里女性一直扮演着被动者，她们的喜怒哀乐乃至生生死死都毫不例外地为男性所左右。萧红的《生死场》中的金枝是那样美丽而充满青春活力，她曾经对爱情又是那样憧憬和向往，因此她不惜付出一切代价和自己的情人成业幽会。而在她迈过婚姻这道门槛时才体验到母亲那代人的沧桑和无奈，成业只是把她当作发泄本能欲望和生计牢骚的对象而已。比这更悲惨的还是村里最美丽温柔的女子月英，她那双多情的眼睛常使人感到“落到棉绒中那样愉快和温暖”，然而当她卧病在床的时候这一切就不复存在了，她的丈夫仅仅把她当作一个还剩一口气的鬼魂，每天都盼望着她快点死去。迟子建的《秧歌》简直是一场形形色色的女性命运的舞台演出，从女萝到“小梳妆”等各种各样的女性始终没有逃出男性的统辖，正如文中人物粳米所想的那样：“她觉得自己的女儿跟一条船似的被王二刀操纵了，用它时，它就得跟着风里来雨里去，而不用时，就任它孤零零地漂泊着。”这不只是女萝一个人的命运，而是相当一部分女性所共同的不幸境遇。

萧红和迟子建在对待爱情上都保持异常细腻敏感而又不乏清醒冷静的心态，她们看穿了女性悲剧的制造者就是男性中心主义和男性权威，而男性权威的默认与繁衍又造成了女性命运一代又一代的循环轮回。相比之下，萧红更突出了女性的隐忍和无奈，尽管身心疲惫，爱情无望，又加之异族铁蹄的践踏，王婆和金枝仍然顽强地挣扎在生死场上；而迟子建则张扬了女性追求理想的爱情失败之后而不惜以死对男权进行抗争的精神。《秧歌》中扭秧歌的“小梳妆”一出场就会出现万人空巷的场面，几乎所有的男女老少都被她异常的美貌深深迷住了，甚至竟有人为她害相思病而身亡。就是这样一个奇美无比的女子，却为了不可期待的爱情痴情地等待了大半生，最后在热闹喜庆的正月十五服毒自杀。同样，《回溯七侠镇》中的秀水也是一个追求爱情和理想的女性，在逃婚的路上她与南邂逅一见钟情，后来她只是说一句北比南高一截，南听不得这句真话于是就离开了秀水，秀水只能屈从于现实，委身于北。秀水是一个“真实”“轻信”“痴情”的不接受现实的女人，当她发现北的虚伪和欺骗之后，毅然选择了为爱情的理想殉身。萧红笔下的女性更贴近现实生活一些，无论生活压力多么沉重，精神上怎样受摧残，她们都一如既往地努力活下去；而迟子建所塑造的女性更浪漫更富有乌托邦色彩，她们恪守爱情至上的原则，一旦感到爱情理想的幻灭，死亡就不可避免地成为她们唯一的选择和必然的精神归宿。萧红更注重阐扬女性的生命意识，在流动的生活情态中展现女性的爱情历程；迟子建则偏爱揭示女性的情感之谜，带有一种纯情和唯美的倾向。

亦真亦幻——潇洒自如驾驭时空的叙事艺术

“死亡”演绎为一种特有的叙事艺术，死亡叙事既是一种内容，又是一种观照现实生活和表达情感的方式和策略。迟子建曾经说过：“也许是由于我生长在偏僻的漠北小镇的缘故，我对灵魂的有无一直怀有浓厚的兴趣。在那里，生命总是以两种形式存在，一种是活着，一种是死去后在活人的梦境和简朴的生活中频频出现。不止一个人跟我说他们遇见过鬼魂，这使我对暗夜充满了恐惧和一种神秘的激动。”迟子建是一个不袭蹈前人也不愿重复自己的创作者，她的小说文本是难以用现实主义或者先锋实验主义来概括和定性的，也超越了传统意义上的乡土小说或者新潮时髦的女性小说的范畴，她不追逐潮流亦不故步自封，而是坚持自己的艺术个性和风格特色。死亡成为她穿越时间和空间隧道的叙事手段，借以诠释变幻多姿的历史与人性的情感密码。在生与死的分界线上，往往袒露出人性最真实最本质的一面，而且，就生者与死者的关系来看，自私虚伪和世俗功利的因素已经不复存在，衣食住行人间烟火的喧嚣烦扰被纯粹的心灵和精神的交往所取代。在这种跨时空的心神默契交流之中，一种超验的审美体验和审美情感就自然而然地诞生了，造就了迟子建独特的亦真亦幻虚实相生自由驰骋纵横捭阖的叙事艺术。

无疑，《向着白夜旅行》就是最经典的例证。作为现实生活中“多余人”象征的幽灵马孔多，在死亡的状态下对待爱情仍然与活着的时候一样心猿意马放浪形骸，而“我”却一如既往地关爱着这个早已经和自己离婚的男人。虽然他已经遭意外事故死亡，但“我”仍然从感情和精神上对他难以割舍。在这次神秘的精神漫游中，在生者与死者之间，被世俗生活遮蔽的人性往往更能暴露无遗。这次充满“魔幻”色彩的伤心之旅，展现了大兴安岭一带富有地域文化特色的自然景观和市民生活图景，而这一切又都是围绕着“死亡”来展开的。饭店老板娘秋棠被丈夫谋杀，私人运煤船的神秘沉没，等等。显然，迟子建擅长把握这种出入生死之间的充满神话气氛的叙事策略。与其他先锋小说相比,《向着白夜旅行》缺少那种嘲讽解构、全面颠覆的意味,在从哈尔滨到大兴安岭的旅途中,抛开死亡意义上的人物和事件,“我”的所见所闻所感都太过于真切和实在了,非常接近迟子建本人的现实生活和心理感受。无论是分房子后的卑微满足,还是北方秋天封窗储菜的生活习惯,都道尽了北方特有的地域风味,从某种意义上说,《向着白夜旅行》完全可以视为“我”的一次故地重游而已。这种虚实相生收放自如的叙事方式,往往可以产生一种意外的阅读效果,它吸纳了现实主义和现代主义的叙事因素,既使读者(尤其是某一特定区域的人)具有一种感同身受的亲切感,没有丝毫的距离感,同时,又不至于因为过于熟稔老旧的故事圈套而令人感到厌倦乏味。这种兼收并蓄的风格正是迟子建之所以不同凡响之处。她对死亡叙事的艺术处理,超越了某些先锋小说那种冷漠残酷不动声色的黑色幽默姿态,她并不情愿把笔触停留在对死亡细节的精心描摹,而是过滤掉死亡或暴力的具体过程,把死亡本身作为一种特殊的叙事手段,使小说文本具有先锋实验的意义,又有别于一般的先锋小说。当然,在她的某些小说中,有一些模仿借鉴先锋小说痕迹的反而并不够成功,像《怀想时节》《遥渡相思》等飘忽不定扑朔迷离的时空转换,令人感到技巧的运用过度膨胀只能带来负性价值,看来要走自己的路,不入什么潮流和派别也未必不是一件好事。

迟子建曾说:“我写过的死亡都是漫不经心的,并不是刻意的设计,因为它往往是日常生活中突然的遭遇,而生活遭遇本身就是艺术的。祖父和父亲去世时对我有一种深刻的影响,有特别心痛的感觉。有人说死亡是可以随时降临的,不是谁能把握的。生比死艰难,死是速战速决的,而生则是非常惨烈的过程。”迟子建还是比较豁达超然的,她的小说虽然经常散发着哀婉和追忆的气息,但是死亡并没有使其笼罩上任何阴霾恐怖的阴影。也许在她的理解中,死亡是生命的另一种形式而已,死者也没有远离亲人,还在以特殊的方式与家人保持着精神上的联系。《白雪的墓园》《重温草莓》等悼亡之作既充溢着无限的亲情,又有一种哀而不伤的格调。已逝的“父亲”一直占据着亲人的心灵,并且影响和介入了亲人们的日常生活和情感世界。父亲的形象不是一个缺席者,而是无时无刻无所不在地与家人的情感息息相通,保持着默契的联系和交流。

迟子建仍然发挥了“死亡”叙事的特色,她借人物神秘的幻觉和梦境来营造一种亦真亦幻的气氛。就在这种气氛中生者与死者相互访问,他们在生死两个世界里进进出出,恍恍惚惚又真真切切,进行着最动人心魄的情感倾诉。作者把想象的体验和亲历的经验揉搓在一起,造成既扑朔迷离又实实在在的艺术效果。《重温草莓》中母亲对父亲思念已极，每天只能靠饮一点草莓酒维持生命，“我”则在梦幻之中与父亲在酒馆里再次相逢。父亲开始种植草莓，供给别人酿酒，他还打趣女儿是否找了男朋友忘记看望自己了。这种神遇充满了温情和诗意：“我必须埋下头，我埋下头的时候忽然觉得一片金色的光芒正徐徐地从我脚下升起，冉冉地爬上我的脖颈，接着，我觉得一双坚实的大手异常温暖地抓住我的手，那种久违的温暖令我战栗。”这种超验的想象使人物在梦里梦外自由自在地飞舞翱翔，也尽可能地发挥了创作者的大胆虚构和创造能力。死亡在迟子建的笔下熠熠生辉光彩照人，展现了人性和亲情最神圣最灿烂动人之处，一扫死亡惯常留给人们那种沉重、恐怖和绝望的印象。

此外，迟子建经常把死亡作为情节衍生和推进的原动力，她似乎并不喜欢制造紧张的矛盾冲突，相反，对诗意化地再现社会人生的悲剧性或情愫美却情有独钟。《树下》孤苦伶仃的李七斗备受姨妈姨夫的虐待和折磨，但是，这种现实生活中的苦难情结与人物之间的情感对立，都伴随着姨妈姨夫的晴天霹雳般的死亡逐渐淡化乃至完全消解了。人物之间的情感冲突所产生的情节张力被不断地还原为日常生活中那种波澜不惊的和谐平衡，李七斗对姨妈姨夫的仇视怨恨情绪因为他们的惨遭暴力屠杀而烟消云散，死亡似乎是一服最好的调剂药，解决了现实生活中存在的激烈冲突。李七斗就是在周围的人物一个个地死亡中不断地走向成熟，演绎着自己表面上看似无事的悲剧。《白银那》也是通过卡佳为寻找冰块不幸身亡才感化了马占军夫妇，终于使他们做出了让步。在这里，“死亡”唤醒了马氏夫妇为经济利益所束缚的正义和良知，也在情节上起到了推波助澜的作用，使村民与马氏夫妇之间本来已白热化的矛盾冲突突然有了一个峰回路转，以作家比较平和善良的愿望了结全局。

迟子建的小说很好地做到了日常性与神话性的统一，写小人物的看似庸常的经历，却又不流于琐屑和俗气，总是充溢着别样的灵性和光辉。似乎一个个并不新颖甚至颇有些老旧的故事却一样能够在她的笔下化腐朽为神奇，化平静为绚烂。她从初登文坛起就一直坚守这种禀性气质。她既没有渲染死亡的恐怖和绝望的气氛，更不是宣扬消极的灰色的人生观，而是通过死亡表现了对生命本身的过程的思考，或者呈现了亲情之间的刻骨铭心的感情依恋，或者诉说着人生和人性的悲剧，等等。她正是以“死”来突出“生”的艰难和惨烈，同时她也曾这样说过；“当然有时死亡在作品中也富有诗意，没有秦山的死，就没有《亲亲土豆》的气氛。”的确，死亡并不是她刻意设计和表现的艺术，绝不是为文造情，死亡只是她观照现实生活的一种方式而已，是她折射人生的一面反光镜，写“死”只是透视现实生活的切入点而已，写“生”才是思考和体验人生的最终目的。也许正出于“漫不经心”地在精神上与死亡人物相遇，死亡才能自然而然地化为迟子建小说的独特的魅力和神韵。

（载《小说评论》2002年第2期）

主要作品目录《

长篇小说

《茫茫前程》，上海文艺出版社1991年版。

《晨钟响彻黄昏》，江苏文艺出版社1997年版。

《热鸟》，明天出版社1997年版。

《伪满洲国》（上下卷），作家出版社2000年版。

《树下》，北岳文艺出版社2001年版。

《越过云层的晴朗》，上海文艺出版社2003年版。

《额尔古纳河右岸》，北京十月文艺出版社2005年版。

《白雪乌鸦》，人民文学出版社2010年版。

《晚安玫瑰》，人民文学出版社2013年版。

《群山之巅》，人民文学出版社2015年版。

《候鸟的勇敢》，人民文学出版社2018年版。

中短篇小说集

《北极村童话》，作家出版社1989年版。

《向着白夜旅行》，河北教育出版社1995年版。

《白雪的墓园》，云南人民出版社1995年版。

《逝川》，长江文艺出版社1996年版。

《白银那》，中国文学出版社1998年版。

《朋友们来看雪吧》，解放军文艺出版社2000年版。

《清水洗尘》，中国文联出版社2001年版。

《与水同行》，中国青年出版社2002年版。

《芳草在沼泽中》，中国青年出版社2002年版。

《雾月牛栏》，华文出版社2002年版。

《疯人院的小磨盘》，新世界出版社 2002 年版。

《格里格海的细雨黄昏》，江苏文艺出版社 2003 年版。

《逆行精灵》，中国文联出版社 2003 年版。

《踏着月光的行板》，北京十月文艺出版社 2004 年版。

《微风入林》，春风文艺出版社 2005 年版。

《世界上所有的夜晚》，人民文学出版社 2006 年版。

《原始风景》，上海人民出版社 2008 年版。

《世界上所有的夜晚》，上海人民出版社 2008 年版。

《起舞》，上海人民出版社 2008 年版。

《秧歌》，上海人民出版社 2008 年版。

《迟子建中篇小说集》，上海人民出版社 2008 年版。

《福翩翩》，湖南文艺出版社 2008 年版。

《鬼魅丹青》，云南人民出版社 2010 年版。

《北国一片苍茫》（迟子建短篇小说编年卷一：1985—1991），人民文学出版社 2012 年版。

《亲亲土豆》（迟子建短篇小说编年卷二：1992—1996），人民文学出版社 2012 年版。

《花瓣饭》（迟子建短篇小说编年卷三：1997—2003），人民文学出版社 2012 年版。

《一坛猪油》（迟子建短篇小说编年卷四：2004—2010），人民文学出版社 2012 年版。

《一匹马两个人》，上海文艺出版社 2012 年版。

《寒夜生花》，人民文学出版社 2013 年版。

《第三地晚餐》，重庆出版社 2013 年版。

《黄鸡白酒》，湖南文艺出版社 2013 年版。

《他们的指甲》，中国盲文出版社 2013 年版。

《酒鬼的鱼鹰》，江苏文艺出版社 2014 年版。

《日落碗窑》，人民文学出版社 2014 年版。

《布基兰小站的腊八夜》，人民文学出版社 2014 年版。

《鸭如花》，人民文学出版社 2014 年版。

《原野上的羊群》（英文版），外文出版社 2015 年版。

《雪窗帘》，百花洲文艺出版社 2016 年版。

《别雅山谷的父子》，百花文艺出版社2017年版。
《草原》，江苏凤凰文艺出版社2017年版。
《采浆果的人》，华东师范大学出版社2017年版。
《空色林澡屋》，长江文艺出版社2017年版。
《鱼骨》，辽宁师范大学出版社2018年版。
《炖马靴》，广西师范大学出版社2019年版。

散文随笔集

《伤怀之美》，云南人民出版社1995年版。
《听时光飞舞》，江苏文艺出版社1998年版。
《迟子建随笔自选集》，广西民族出版社1998年版。
《迟子建影记》，河北教育出版社1998年版。
《女人的手》，明天出版社2000年版。
《我伴我走》，中国青年出版社2002年版。
《假如鱼也生有翅膀》，湖南文艺出版社2005年版。
《我的世界下雪了》，山东画报出版社2005年版。
《北方的盐》，江苏文艺出版社2006年版。
《迟子建散文》，人民文学出版社2008年版。
《迟子建散文》，浙江文艺出版社2009年版。
《我对黑暗的柔情》，江苏文艺出版社2010年版。
《一滴水可以活多久》，湖南文艺出版社2011年版。
《会唱歌的火炉》，明天出版社2013年版。
《年画与蟋蟀——迟子建散文》，浙江文艺出版社2014年版。
《迟子建散文系列》，浙江文艺出版社2016年版。
《我的小时候——那个唱着说话的地方》，浙江少年儿童出版社2017年版。
《也是冬天　也是春天》，中信出版社2019年版。

文　集

《迟子建文集》，江苏文艺出版社1997年版。
《中国当代作家选集丛书——迟子建》，人民文学出版社2000年版。
《迟子建作品精选》，长江文艺出版社2006年版。

邓一光

男，原名邓渝光，蒙古族，1956年生于重庆，祖籍湖北麻城。

小　引《

最近十几年来，有一批当年的“大院子弟”，在文学创作上十分活跃。如邓一光、石钟山、都梁等。所谓“大院子弟”，即“文革”中和“文革”以前生活在北京或各地方军区大院的军队干部子弟。最早有王朔，据说也是“大院”出身。如果是这样的话，王朔的创作也就是“大院派”文学的先声了。只不过，王朔虽然拥有一个“大院”的出身，他的创作却并不直接反映“大院”军人的战争历史与和平时期的现实生活，只用在“大院”和因“大院”出身所养成的那一点看人看事的眼光，来观察和描写他自己的经历和社会人生。因为这一层原因，所以尽管当年王朔红极一时，读者却并没有把他与“大院”联系起来，更谈不上有什么“大院派”文学的说法了。

到了20世纪90年代，湖北武汉的作家邓一光，在结束了一个较长时间的试探摸索阶段以后，开始开发启用他所熟悉的“大院”生活题材，发表了中篇小说《父亲是个兵》和长篇小说《我是太阳》等一系列作品，很快便引起了人们的注意。同时，也让人想起了“文革”中，在某些政治文本和口头传说中偶尔言及的“大院”生活。加上随后又有根据石钟山的作品改编的电视剧和都梁的电视剧作推波助澜，一时间，“大院”题材的文艺创作，竟蔚为大观，“大院派”作家，也成为一个热门话题。本辑主笔、我的博士生杨建兵说，这都应当归结为邓一光的影响，我认为是说得过去的。虽然对这些作家和不同体裁的文艺作品的评价，难免见仁见智，但邓一光的创作在其中所起的启发和引导作用，却是毋庸置疑的。

说到“大院子弟”，对我们这些非“大院”的普通人来说，其实并不陌生。“文革”前，“大院”的生活十分神秘，就是在“文革”的动乱当中，“大院”在原则上还是受到保护的，不能随便冲击。尽管如此，当军队后来事实上已经介入了地方的“文化大革命”之后，尤其是当“大院”子弟和某些“大院”家属，也卷入了知识青年上山下乡和战备遣散的狂潮以后，实际上在无意中已经揭开了“大院”的神秘面纱，让我们得以窥见其中的真实面目。这时候，我们所见的“大院”子弟，多数有一个共同的特点，即见多识广，胆大妄为，聪明灵活，无所不能。极少数还有独特的思想，有组织能力和号召力。所以无论是走正道还是搞歪门邪道，都十分出众。虽然最终被树为先进典型的不多，但被认为是调皮捣蛋的却不在少数。像这样的知识青年，自然不会安心务农，所以一有机会，不是凭借关系和特权参了军，就是同样凭借关系和特权上了大学。到了改革开放的时代，还是他们中的一些人最先下海经商，依旧是凭借关系和特权，发了大财，有的则因为有更深的政治背景，进入政界，成为领导阶层。我们今天把这些人称为特权阶级，当年却用的是一个中性名词，连同地方的高干子女，统称为“高干子弟”。

不要以为“高干子弟”或本文所说的“大院子弟”，都是旧时代的纨绔子弟。恰恰相反，虽然他们父亲或母亲的社会地位很高，他们的生活条件，除“文革”中的某些特殊情况，在常态下，也要优于普通人，但他们从小所身历心受、耳濡目染的，却大都是出身于农民或一般平民家庭的父母灌输的吃苦耐劳、勤俭节约、忠诚老实之类的传统美德，或从学校和“大院”的环境中接受的革命教育和革命军人的影响。所以他们看起来调皮捣蛋，无“恶”（恶作剧）不作，骨子里多数其实是十分传统，十分正派的。所以其中便有许多人长大了以后真的有所作为，有的还干出了一番事业。

这当然只是问题的一个方面，问题的另一方面是，因为中国的革命，是起于农村，是中国共产党领导的一场现代的农民战争，且大半是凭借历次暴动建立的武装，所以这些“大院子弟”的父母，尤其是父亲，大半都是来自农村，是由传统的农民蜕变而来的革命军人。虽然经过了革命战火的熬炼和生死考验，也接受了革命理论的教育，养成了革命军人的作风，但大半却未脱尽、也不可能脱尽农民的本性，尤其是与家乡和土地的联系，以及某些根深蒂固的思想观念、思维方式和生活习惯，即使官居高位，也不免于此。加上和平时期的家居生活和进入暮年以后怀旧情绪的召唤，那些潜藏于意识和下意识深处的、未能被革命彻底改造的根性，难免死灰复燃。这就使得他们不但在没有战争的和平时期念念不忘冲锋陷阵，而且在成为革命干部甚至人民军队的高级将领以后，还以农民的方式思考问题和待人接物，这就难怪已经城市化了的而且很有现代感的他们的子弟，要觉得他们思想古怪、行为乖张、不可理喻了。这些子弟中有人当了作家，把这些思想和行为都不免悖谬的故事写了出来，并非是为了向西方人学习审父，而是因为他们觉得，在他们的战功赫赫、英雄盖世，从小就被他们视若天神、无限敬佩、无比崇拜，并引以为骄傲和自豪的父亲身上这些互相矛盾的东西，既可笑又可爱，值得一写。而且，在这些既可笑又可爱的思想和行为背后，似乎还隐含有一层更深的意义。这层意义不仅仅是指向个人的，同时还指向中国革命和现代农民战争的历史。所以，他们笔下的这一切，又不仅止于歌颂，也不仅止于嘲讽，同时还有一种对历史的反省和思考的价值在。

自　述《

我的读书简史

一、我的读书经历

我在学校受教育的时间不长。小学四年级的时候“文化大革命”开始，学校停课，师生们忙着写大字报、拖着“黑五类”上街游行、去全国各地搞串联，我那时年龄小，没能像大哥大姐那样当上红卫兵，四处威风凛凛；胆子也小，不敢像二姐那样满世界去看大字报，追着抄家的队伍去看“旧社会”留下的金条和旗袍，基本上待在家里自己玩。初中和高中分别是两年学制，其中初中的一年用来“学工、学农、学军”，高中的一年用来“反击资产阶级教育体制”，正经上课的时间不过两年，加上小学的四年，算是在学校里读了六年书。

我在学校受教育的时候不是一个出色的学生，准确地说，不是一个会读书的学生。读小学的时候成绩尚可，考试基本是双百分，偶尔考了98分，会委屈地哭一场鼻子，被父母说成是没出息。到了中学就成了差学生。也不知为什么，好像对那个动荡的时代很害怕，不能适应。

我在中学时学习成绩从来没有出色过，唯一露了一次脸，是高中时写作文，大概是老师让歌颂伟大祖国日新月异的面貌，我不知为什么，一时冲动写了一首诗交上去，当时挺得意，没想到被老师在课堂上当众嘲讽了一番。记不得是为什么嘲讽，就觉得当时挨了一耳光，又不敢还老师一耳光，那以后好长一段时间有阴影，一写作文我就紧张。

在学校读书的时间短，这个经历在我心里落下了后遗症，以后老想进学校读书。1977年恢复高考的时候，我在农村务农，当时我是知青标兵，青年突击队队长，得到消息的时候正带人挖沼气池，到高考前一个星期匆匆看了几页书，上了考场，只考了一个地区的师范学校。我那个时候想读复旦新闻系，以后当新闻记者，没去招生办报到。第二年忙着办理回城的手续，以后再也没有参加高考。到我真当上新闻记者后，又想进学校读书，有一年武汉大学招插班生，我去参加考试，结果没考上。

20 世纪 90 年代中后期，我已经年届不惑了，那一年听说华中师范大学办了一个在职研究生班，专业是现当代文学，我头一个去报了名，交了八千元钱学费。以后一年多时间，每星期两天天不亮就起床从汉口往武昌赶，赶到学校去听课。记得头一堂课是王又平教授讲当代文学史论，我认识王教授，也喜欢看他把胳膊架在讲桌上激情飞扬讲课的样子，不知是不是因为这个，或者受了漂亮的阶梯教室的怂恿，课上完后，我从座位上起来，抱着书包去讲台上和王教授讨论问题。我说王老师我不同意您的观点，您说一体化政治扼杀自由，市场经济带来自由环境，我认为自由经济同样是一种霸权范式，照样从根本上剥夺人的自由，现代文明没有自由可言。我话没说完，班上的学生上来群起而攻，纷纷指责我不尊重老师，竟然敢不同意老师的观点。我看出这里不是讨论问题的地方，是挨板儿砖的地方，便和王教授告别离去。我走了以后班上的同学们还生气，说哪儿冒出来个戗家子，以为他是谁呀？王教授痞笑道，告诉你们他是谁，他是邓一光。同学们说，哦，原来是他，难怪。

我个儿高，上课时坐最后一排。我很喜欢坐最后一排的感觉，特别是教授们在课堂里走来走去的时候，我老想，他们会不会走到我面前来和我讨论问题？要是这样，最好他先叫下课，让其他的同学出去抽烟或抄笔记，咱俩单独讨论，别让人说不把师道尊严放在眼里。那一年多，听了王先霈、黄曼君、孙文宪、王又平等一批教授的课，还在学校的学生食堂里和王又平教授喝酒聊天。都是中午吃饭的时候，在食堂里要两个菜，一瓶酒。王教授不喝酒时冷眼看人，人都看成类人猿，一喝酒就神采飞扬，上下五千年任由驰骋。我也属于驰骋类，且决不在四千九百九十年的时候被他丢下。但我只驰骋到一点五十分，一到一点五十分准勒住缰绳买单走人，把王教授丢在那里自己对付酒杯。有一次王教授不高兴，说你怎么把我一个人丢在这里，不礼貌嘛。我说您是老师，您课上完了可以不去，我是学生，我得去听课。王教授说你可以不去，我就不明白你来听什么课，人家交一篇作业你还交两篇，显摆你能写字呀。我说了一句话，那句话说过以后王教授再也没有生过气。我说我得去听智者说话。

我读完了那个班所有的课程。老实说，那一年多时间对我的知识结构并没有多大的改变，教授们也没有改变我的写作观，但那一年多的时间，人特别安静，小说也不想写了，还老爱叹气。我想我在学校受教育的历史真的可以结束了，没必要老惦记着往学校里钻了。课程结束后，班上的同学张罗着办毕业证结业证，老给我打电话，班主任也给我打电话，我没去办，从此再也没去过学校。

我的读书经历更多的属于自觉阅读。小学三年级的时候，我读到了第一本课外书——小人书除外。父母给的零花钱，我大多花在看小人书上。小学我读的是寄宿学校，星期六回家，我和二姐常常省下乘公交车的八分钱，去书摊上看小人书，然后怀着对小人书的思念，走很远的路回家——我读到的第一本课外书是小说《红岩》。那时我家在重庆，小说写的是在重庆发生的事情，讲一群隐匿了真实身份的革命者的故事，符合一个九岁孩子的阅读心态。以后读了《青年近卫军》《铁木尔和他的伙伴》《牛虻》等俄苏小说。"文革"开始后，有一次，当红卫兵的大哥从外面拖回一大箱子小说，里面有《红字》《十日谈》《一千零一夜》《白静草原》《人间喜剧》《叶尔绍夫兄弟》《罪与罚》《罗亭》，是红卫兵从图书馆里搜出来准备烧掉的。那时重庆的武斗打得正厉害，为了避流弹，家里人都躲进防空洞里，我独自躲在桌子下，一本一本读那些书。如果遇上停电，夜里我就点着矿石灯读，头发因此烧了不少回。那些小说让我知道，这个世界不光是我身处的世界，还有我没看见或者看不见的世界，它们给了我最初的美好诱惑。小说中的主人公还给了我一种怂恿，我从他们的命运中逐渐意识到，人的内心可以比他的身体自由，也可以比他的身体强大。

除了大哥拖回来的那些书，我还在组织上发给父亲的"内部读物"中读到了《红楼梦》《三国演义》《水浒传》《聊斋志异》《静静的顿河》。这些书是供批判使用的，父亲担心我学坏，不让我读，我就偷偷地读，有时候躲在被窝里打着手电筒读，有时候我把自己关在卫生间里读。我以为那样做很隐蔽，像神出鬼没的地下游击队，可父亲是正规军，他不会被游击队蒙蔽，而且他一点儿也不尊重游击队，我常常被他从被窝里或卫生间拖出来扇耳光——军人家庭，一般不喜欢读书的孩子，尤其不喜欢书读到迷迷瞪瞪的孩子，这是我长大以后才明白的道理。

我的成长期处于变革和动荡之中。我在少年时代几乎没有看到过安静的微笑，身边的人总是忧心忡忡，互相攻讦，包裹在厚厚的面具里，让人无法接近和信任。书本给我带来了另一个世界，我不知道故事是虚拟的，小说旨在想象，是人类的希望所在，不知道人有幻想的要求和能力，那些幻想是人类区别于其他生命与生俱来的权力，但书中世界的丰富和暖意对冷漠的现实世界的间离效果是起到了。从此我相信了一件事——看到的一切不是一切，还有另一个一切、若干的一切在不知道的地方，它们可以从书本中找到，可以在放下书本之后靠着想象找到。

高中毕业后，我下乡当了知青。那个年代，书本已经遭到过浩大的清扫，几乎已经无书可读。我从城里带到乡下的书，除了一本没头没尾的《牛虻》和几本《星火燎原》，就是知青办发的一套马列经典著作。那本《牛虻》为我带来了很大的名气，不断有知青来借，甚至有不认识我的知青，只知道我是“那本《牛虻》”的主人，大老远地跑来借，借去了也都准时还回来了。因为书没头没尾，我自己给书做了封面，有两三次，书还回来时换了新的封面，还给画上了人物肖像画。那段时间我开始生吞活剥地读马列著作，《资本论》和《反杜林论》我读了好几遍，根本没有读懂，能背一些文字激烈的段落，每逢和人辩论时就拿出来用，常常很管用，一招置对手于死地。

有一次，我发现大队轧面房里收了一些农民家里的旧书，用来包挂面，我就拿马列著作换回旧书，等“马列”换完了，就拿麦子换。我下乡的地方是山区，土地稀缺，粮食匮乏，吃不饱饭，一年分六七十斤麦子，一二十斤谷子，剩下的就是红薯土豆了。拿麦子换旧书时很心疼，还委屈，肚子里“咕噜噜”地叫。那段时间最恨的就是挂面，觉得要没它们书就没人要了，我能白得。

有一次，一个农民告诉我，生产队付会计家中有“古书”，我知道后就找付会计。付会计是我在队里最尊敬的人，他和他家里人很善良，还斯文，衣裳补丁摞补丁，却洗得干干净净，说话笑眯眯的，从不说粗话。付会计带我去他家，从箱子里翻出十几册书。书是线装本的，纸页焦黄，有《唐宋八大家古文读本》《庄子南华经解》，还有《又玄集》。我一本本地找付会计借，看完还了再借别的。后来付会计把那些书全都送给了我。那些书在煤油灯下伴我度过了四年，从农村回城时我什么也没带，就带上了那些书，如今它们仍在我的书柜里。

我当工人那几年，“文革”结束了，图书逐渐解禁，新华书店里偶尔会有一些新书买。新售的书种少而又少，每出一种，人们奔走相告，连报纸都提前登载消息预告新书出版，用很显眼的字号。新华书店比总理府热闹，谁认识书店员工比认识外星人还不得了。每当新书首发当日，我就和同事约好，谁当天不上白班谁早起床，凌晨去书店门口排队。我排过两次，买的什么书忘了。有一次凌晨两三点钟去，前面已经排了几十个人，到天亮后书店开门，一个挨着一个往前挪，挪出一身臭汗。第二次不到两点去，仍未排到头十名。售书数有限制，好像每人不得超过三册。书店员工大声呵斥，比宪兵还厉害。有人在书店门口打架，有人当场生病，有人因排队买书恋爱上。现在想起来十分荒唐，可那个时候一点儿也不觉得荒唐，觉得挺正常的。

那时的书价便宜，我手中一套《契诃夫小说选集》，上海译文出版社 1982 年版，每册定价在四毛二到五毛五，二十册没超过十块钱。

手抄本是早些年就流行开了，我读过一些，《第二次握手》之类。印象最深的是一本郭沫若的《李白与杜甫》，字抄得娟秀，工工整整，老厚一摞，读时老怕把纸翻破了，要小心翼翼。一个朋友送了我一本手抄的《飞鸟集》，我一直珍藏着。

那个时候读书很疯狂，每到手一本书，连标点符号都不放过，说贪婪一点儿也不为过。书读得很快，不快不行，每本书后面排好几个人等着，要想得罪人，不用向人借钱或借钱给人，超期两天不还书，下辈子都是仇人。读书读到凌晨这种事常有，读乏了用冷水冲头，还写读书笔记，那叫饿急了，撑死都满足。

以后的读书经历就没有这些激烈了，书越来越多，自己也挑剔了，反倒觉得少了一些什么。说不清。

二、我的读书习惯

书是生活必需品之一，如果不是旅途在外，基本上每天都会读。但不像一日三餐那么刻板，什么时候想读了，抓起来就读，有时读到打盹，也不硬把眼皮子支起来，书丢下就睡，或者起来去干点儿别的，把书忘掉。

到手的书未必读完。大多书读不完。没兴趣了或者别的什么原因。

读书从不在书房里。曾经在书房里放了一把躺椅，读过几次，没意思，而且老分心，觉得书房里别的书都在骚动，它们挺不耐烦的。以后就把躺椅搬出书房，也不在书房里读书了。

只在一种情况下坐着读书，旅途中，否则一定会躺着读。

三、我主要读哪些书

这是世界上最傻的问题。读什么书，视阶段而言。基本由着性子。

比如前些日子，对心理问题感兴趣，读了班克特的《东西方心理治疗的历史》、罗杰斯的《个人形成论》、恩普森的《眨眼与做梦》。比如再前些日子，看法布尔的《昆虫记》在书柜里歪着，替它整理齐，随手抽出一册，是说红蚂蚱的，站在书柜边随手翻，读得开心，又抽了两册放到枕边，那几天连读了好几册。

书读得很杂，难以归类。小说反而不似十年前那样热衷，少量的国外小说会看下去。最近读过的有胡赛尼的《追风筝的人》《灿烂千阳》，普鲁的《船汛》，施林克的《朗读者》。遇到曾经读过的旧小说，读进去了，也会再读一遍。

四、读书生活对我的启示

说不上来。一个阶段一个阶段吧。除了生命，没有什么事情会是一辈子的，或者一辈子意义不变。读书也是这样。但相信一点，有的书你读过了一辈子不会忘，但不等于它不变，再读一遍，会发现它变了，不是老朋友了，是新朋友。

五、我不喜欢的书

图书种类中的大部分基本没有涉猎或者完全没有涉猎，喜欢的方向窄，由此导致不喜欢的方向也窄。就我读到的有限种类中，传记是不大喜欢的。可能有不错的传记，比如传主自己所作。大多数传记作者远离传主，自说自话，内容取自传主，却让人觉得那是在写作者，读这一类书实在是受戕害。

访　谈《

仰望星空，放飞心灵

——邓一光访谈

杨建兵　邓一光

杨建兵：邓老师，您好！您在当代文坛已耕耘二十余年，在多种题材领域都取得了很大成就。但一提起您，读者首先想到的可能还是《我是太阳》和《父亲是个兵》，把您归入军旅作家之列。我们的话题也先从军旅开始。首先想请您谈谈您为什么以军旅或者说战争为背景来展开您的文学之旅？

邓一光：这个问题几乎是所有访谈者头一个就会提到的问题。我感到奇怪，这个奇怪不在于访谈者们关心的问题为什么那么一致，而是我对访谈者们“军旅作家”的界定弄不明白。“军旅”这个词我明白，《辞海》上的注释很简单，就是军队，也指有关军队及作战的事。“军旅作家”这个提法我一直没弄懂，是指身为军人的作家呢，还是指以“军队”或“有关军队及作战的事”为题材进行写作的作家？如果“军旅作家”指的是身为军人的作家，这种说法大体上还说得过去，但我不是军人，自然不在之列。如果指的是以“军队”或“有关军队及作战的事”为题材进行写作的作家，问题就出来了。

在我的阅读经验里，罗贯中、施耐庵，他们的作品写的是“有关军队及作战的事”，屈原、李白、杜甫、白居易、陆游、苏轼这些诗人词人都写过军队和战争，连鲁迅的写作都涉及过军队和战争。西方作家包括塞万提斯、歌德、莎士比亚、陀思妥耶夫斯基、博尔赫斯……你把文学史上所有熟悉的作家名单排出来，好像没有哪个作家的作品没有涉及过“军队及作战之事”，连罗琳的哈利·波特都在进行另类的魔法战争。是不是他们这些作家，包括《诗经》《左传》《史记》作者在内的所有作家都属于“军旅作家”？

“军旅作家”是狭隘的体制规定下带强烈意识形态色彩的界定，存在严重的概念模糊和混淆错误，你的问题建立在这样一个基础上，我无法回答。我只能这么说，战争是人类生活的一种基本姿态，是人类文明最大的灾难和原动力。战争情结是人类与生俱来的本我的重要构成之一，它让我充满了个人述说的欲望。

杨建兵：在20世纪五六十年代，出现了《林海雪原》《红旗谱》《红日》《苦菜花》《铁道游击队》等一大批军事题材的文学作品，这些作品代表着当时文坛的最高成就，有评论家认为它们是后代作家难以企及的现实主义创作高峰。我想知道这些作品是否对您的创作产生过一定影响？您又是如何看待这些作品的？

邓一光：我在少年时代读过《林海雪原》《红旗谱》《苦菜花》，另两部书没读过，但看过同名电影。我被这些小说和电影深深地打动过，为小说和电影中的人物遭遇流过泪，不光创作，就连我最初的世界观都受到过这一类小说和电影的影响。

这一类作品的内容和表达方式是单线的，主张二元对立的善恶观，无一不张扬信仰的追求、真理的坚守、道德的完善、人类大同世界的赞美，与一个多数人赢得生存权的变革时代形成互文，适应那个年代渴望世界具有透明度和热情的读者比如我的阅读。在缺乏更多其他题材作品的年代，它们占有着文学的几乎所有领域，有一种阶级立场指导下特有的神秘感、颠覆动力、苦难意识和担当精神。关于神秘感，我想到了20世纪中叶从事大型计算机运作的那些程序员，他们试图以机器的符号演算方式代替人的认知方式，创造了二进位制的语言。这些人在当时被人们看作怪物。关于颠覆动力，这是阅读最有力量的元素之一。关于苦难意识和担当精神，这是中国文化长期缺失的高贵品质。你说的这些作品也是一种充满力量的二进位制语言方式，以及用这种方式书写的时代叙事，它们在一元化时代建立了一种全民的文学观。

我在这里对你有一个小建议，不必把这些作品硬拉进“军事题材文学”的小圈子里，这样的视角无益于你的研究工作，譬如不必蹲在树林里观察一群鸟儿，你也可以去溪流旁、山峦上、大海边，甚至天空中，你在那里也能看到它们，而这所有的一切加在一起才是它们真实的生活。

杨建兵：塑造悲剧英雄是您战争题材小说的一个突出特征，也将您的作品与《林海雪原》等区别开来。不管是《父亲是个兵》中的父亲，还是《我是太阳》中的关山林，他们都是英雄，又都是悲剧英雄。您如何看待英雄主义？又如何理解英雄的悲剧？是否可以说英雄本身就是悲剧？

邓一光：英雄(HERO)这个词最早缘于古希腊神话，它含有三个意思：一是半人半神或非凡的人，一是悲剧和史诗的主角，一是统治者。英雄的悲剧性不是由“英雄”的词根决定的，而是由英雄自身的构成以及与时代的冲突这一性质决定的。具有天赋才能、卓越超群、代表着神的意志的英雄，他们始终处在颠覆旧文明和建构新文明的历史选择上，也处在如何把握自己颠覆旧文明和建构新文明的双重能力上。英雄具有警示时代、创造时代和奴役公众的双重欲望，以及在这一欲望推动下永远不会放弃的行动能力。不是他们不想做到，而是他们做不到在破坏旧秩序的时候不以暴力恃强凌弱，在自己成为新的秩序的维护者之后不成为新产生的那个秩序的代言人，悲剧由此注定。但这个悲剧是有意义的。人类的文明需要创伤，需要更递和更替，总得有人出来颠覆前文明，总得有人对现有秩序提出疑问，总得有人用智慧、力量或别的什么权力来提出一种更新文明的理想诉求，并且为了建立新的文明和秩序而付诸行动，这是一轮轮文明递进的前提。英雄的悲剧是注定的，这一悲剧的注定在于英雄的承担是孤独的，不自由的，不被当下文明秩序接纳的，甚至是不自主的，具有同一力量中破坏和建设双向选择后的悖论结局。没有悲剧性结局的英雄一定演变了，异化成新的体制权力，也就不再是英雄了。

杨建兵：20世纪90年代，中国确立了社会主义市场经济，中国文学也开始发生全面转型，突出表现在传统的“崇高”“英雄”“理想”“价值”等观念受到人们的质疑，甚至遭受唾弃。您如何看待英雄主义和崇高精神等在当下的命运？您是不是有意识地在作品中呼唤英雄主义、理想主义和崇高精神的回归？

邓一光：我不呼唤什么。我的小说中的人物也不担负呼唤的责任。他们只是生活在他们的时代里，被时代压抑和决定，而又不甘心这种压抑和决定；被他们自我内心的冲突压抑和决定，而又不妥协于这种压力和决定。他们恰好给了我想象中经历一次现实生活中不可能实现的虚拟旅程，我个人需要这样的旅程，我在这样的旅途中能够找到快乐，找到现实生活中不可能实现的一次次心灵的皈依。

对“崇高”“理想”“价值”和“英雄”的质疑不是20世纪90年代才开始的，“一战”结束后，被人类和人类文明在战争中的异端表现吓坏了的人们就开始质疑自身传统能量的前认定，甚至质疑科学这个人类桂冠产生的真正动因。哲学、宗教、文学和科学都参与了这场大质疑，这一质疑思潮到“二战”结束后更甚。普罗运动、工人运动和社区革命主义都以颠覆传统的“崇高理想”为宗旨，这当然也是一种权力再分配的诉求。这种人类对自身境遇的质疑和权力再分配的诉求表达着人类对自己理性生活的自觉要求，在整个人类文明的发展过程中都能找到，而且不会停止，会一次又一次地进行下去。

传统文化从来就是过去时，承传是文明系统性的要求，任何一片森林都不会凭空生长出来，都能在其中找到初始的种子和根系，种子和根系导向的是生长，而不是回归，也不应该回归。人类从来没有也不会放弃对自己神性生活的要求，不是呼唤，而是人类无从割舍的神性生活的要求决定，新的“崇高”“理想”“价值”和“英雄”会随着传统的“崇高”“理想”“价值”和“英雄”的坍塌而产生。这个我们已看到了，还会一直看下去，直到人类这一物种终结。

杨建兵：您也塑造了不少非英雄的悲剧，如《远离稼穑》中的四爷；还有战争中的女性悲剧，如《大妈》中的范桑儿、《想起草原》中的小姨等。据我的阅读体会，您在择取战争中的人物角色时，采用的是一种人性的视角。在这种视角下，所有的人物都无法逃避悲剧的命运。换句话说，您是在写战争的悲剧，从而表现一种深沉的厌战情绪和悲悯情怀。从这种意义上说，您的作品实际上是对20世纪五六十年代战争题材小说的一种消解。不知您是否同意这种理解？

邓一光：前面说过，我在我的小说中去做这么一次现实生活不可能出动和到达的旅程，这种旅程首先不是由观念决定的，而是我对现实生活有了疑问，历史资料说服不了我，我的理性思考也说服不了我，于是我凭借写作这一方式上路，去别的地方寻找那个答案。不是我反对什么或赞成什么，我去寻找反对或赞成它们的代言人，这个代言人成为我小说的人物，不是这样。

政治家认为战争是摧毁旧体制建立新体制的需要，经济学家认为战争是新经济的动力，民粹主义认为战争是发扬民族自尊和发展人种质量的催化剂，如此种种，不同权力主张下的人以不同的话语解释着战争。实际上，不管什么样的解释，有些问题是无法在国家语言民族语言文化语言这些语境中得到真实的抚慰，那就是战争是一部分人迫使其他人服从自己意志的暴力行为，是人类世界最无法被认定和自我把握的一种状态，甚至是人类制度中一个完整的杀戮或自我杀戮的主干。不知道是不是弗洛伊德说的，他说战争是一种集体犯罪，在和平年代，一个人杀了人是罪犯，但在战争中，杀人的人却是整个民族或国家的英雄。话题可能扯远了，但它很重要，这就是战争为人类带来悲剧命运的不可逃脱性的根本原因。

你可以注意一下，我们的主流文学一直在单纯地宣扬战争的合法性和必要性，单纯地宣扬战争中人的荣誉感和成就感，不只20世纪五六十年代，现在还在这么做，甚至有过之而无不及，这是令人恐惧的。国家这么宣扬有国家的理由，军事家这么宣扬有军事家的理由，这个理由在于它是国家或军事家，它的主张一定会建立在国家或军事家的战争观之上。但作家也站在国家战争观的立场上，在自己的文学中嗜血如花，丝毫没有警惕性和耻辱感，不要讲道德律和良知，连起码的真实也不讲了，这就不是一个简单的集体无意识现状了。而且几乎所有从事战争文学写作的中国作家都在大肆宣扬国家战争观，这种情况太让人不可思议。

杨建兵：儒家提倡"温柔敦厚"，中国文化从根本上说是一种柔性文化。您的作品为当代文坛注入了阳刚和血性、雄浑和大气，这是否和您体内流淌着蒙古族的血液有关？

邓一光：儒家文化是统治阶层文化，是汉民族文化，但汉民族文化在不断融入游牧民族文化的过程中经过了无数次改良，甚至遭受过摧毁，其实已经不纯粹了。儒家文化也不纯粹了，到南北朝之后，我们根本看不到单纯的汉文化究竟是什么。中国这个国家在强大的时候，在它拓展疆土的时候，在它分崩离析的时候，并非是"温柔敦厚"的，尚武精神是多个朝代的治国策略和主流精神，更是包括革命者文化在内的民间文化在寻找阶级或阶层出路时唯一可资利用的精神。中华民族和中华文明有阴柔和隐忍的一面，也有阳刚和血性的一面，有柳下低吟，也有迎风大歌。只是中国文化中有虚伪的一面，这一面不断强调"温柔敦厚"，借此掩盖始终存在的"铁血挞伐"。民族精神中本来很正常的东西，弄得像偷鸡摸狗似的，这就奇怪了。为什么中华民族不能像德意志民族，像犹太民族，像世界上大多数民族一样正视自己固有的血性？对一个历史悠久而又生机渐衰的古老民族，对一个身陷全球竞争场而又不断受到睥睨遭人算计的民族，阴柔不是优点，用不着假装绅士，没有人会相信这个，也没有必要让人相信这个。

一说"血液"问题就弄得有点儿玄，好像不说到遗传基因上去就说不清楚。这个我没有研究过，无法回答你。我对蒙古族文化不了解，对蒙古人的历史和现实生活不了解，至今没有去过蒙古，只是在想象中接近过它。我一直想写一部关于蒙古人和蒙古民族的小说，当然不是现实中的蒙古人和蒙古民族，而是我想象中的。这个想象并不建立在人们通常对蒙古民族的理解上，比如苍狼白鹿的祖上，比如萨满教鬼神崇拜，也许是别的什么，是它的忧郁和伤感的一面。我说过这样的话，等我写完手中这部小说后我就去蒙古看看，可能会在那里住上一两年。

杨建兵：接着上一个问题。在我看来，您和莫言都是当代文坛开风气之先的作家，你们为当代 20 世纪八九十年代文坛带来了一股刚劲之风。就军旅题材小说而言，石钟山的《父亲进城》、都梁的《亮剑》等走的都是《父亲是个兵》和《我是太阳》的创作道路，无论是人物性格还是构思细节都可以在您那里找到源头。这两部作品被改编成电视剧后受到热捧，而《我的太阳》和《父亲是个兵》虽然受到评论家的高度评价，但反响却没有《父亲进城》和《亮剑》那么热烈。您如何看待这种现象？对上述两部作品又作何评价？

邓一光：20世纪80年代末我开始战争题材小说的创作。最早的《红孩子》发表在1989年第10期的《芳草》上，在《父亲是个兵》发表前，已经在《当代》《人民文学》《青年文学》等刊物发表了《战将》《三丑》《院子》等一批中短篇小说。

你说的那两部小说我没读过。对战争的认识不同，我不读中国当代作家的战争题材小说，想来也不会有相同的世界观和表达式。

应该没有人用同一种方法来阐释小说和影视。小说和影视是两个文化系统，不说精神向度问题，就连方法论都是迥异的。小说是个人面对世界，影视是世界面对众多的个人；小说是质疑前文化，影视是导向时尚；小说是拒绝现实，影视是开掘现实；小说是私人话语，影视是公权文化；小说是仰望星空，影视是俯瞰众生。反响热不热烈不是小说的评价标准，这个恐怕应该是共识。

杨建兵：在战争文学中，女性和军人的家庭生活是作家刻意回避的一个话题。在您的作品中，这些都得到淋漓尽致的展现，也是您为当代战争文学开拓的新领域。您在创作之初是如何思考这个问题的？

邓一光：军人的战场生活构成他们身为军人的要素之一，而失去战场的日常生活则使军人陷入一种对自我力量狂热肯定和反抗外来强迫力量时所呈现出的精神品质和行动能力的缺失，一种不再建功立业的失落，一种混淆于市民阶层面目可疑的恐慌，一种身份丧失的危险。这是一个巨大的矛盾，人的社会职能的矛盾，但更是人在人性上抵达的可能性不再的矛盾。正是这个矛盾揭示了军人的重要方面，一是军人作为军人的现实目的，这一目的指向是战争；一是军人作为军人的终极目的，这一目的指向是和平。而后者恰恰给小说提供了一种比前者更有意思的可能。

无论是女性还是家庭，既是军人进入现实战争并在战争中顽强活下去的重要理由，又是和平生活的重要意象，那些在历史大叙事中被掩盖了的细节，那些在集体生存背景下被遮蔽的个人生命体验，总是最多也最质感地隐匿在女性和家庭生活之中。缺失了这一重要意象的战争文学无疑是不完整的，甚至是南辕北辙的。你可能看到了，我的这一类小说从来不从战场上开笔，也从来不结束在战场上，我的作品中的战场生活篇幅远不如日常生活篇幅那么多。《走出西草地》是唯一的例外。

战争所导致的视角无数，国家和民族的兴亡，文明的倒退或进步，人性的扭曲或抗争，这些都构成战争文学的关注点。就个体生命而言，女性和孩子绝对是战争伤口上最新鲜的那道伤痕。不管战争的目的是什么，妇女和孩子一定是最无辜的受害者，只要战争存在一天，妇女和孩子就是人类肌体上永远不会愈合的那道创伤。人类若不重视自己的创伤，就无法将自己的生命联系起来，联系成生命史。对创伤的重视同样需要联系的方式，即不光在写作中重视包括战争主宰者和参与者在内的个体生命所受到的伤害，同时更应该重视战争的受施者这些他者生命所受到的巨大伤害，这种伤害来自演变的时代、伤害的个人，以及个体之间互相的伤害。女性和孩子的特质符合这一写作的几乎所有充要条件。

杨建兵：您给人的印象是一条硬汉，粗犷豪放，充满阳刚之气。但有评论者称您是女权主义的同盟者。您也曾多次言称中国没有真正的女权主义。您对女权主义是如何理解的？《想起草原》是不是一个女权主义的文本？《一朵花能不能不开放》呢？

邓一光："君不见岩下井，百尺不及泉。君不见云中月，暂盈还复缺。"人性和人格的构成是复合的，印象这种东西，它的基本功能就是让人上当，靠不住。

我对女权主义没有研究，谈不上理解，不是什么同盟者。我说中国没有真正意义上的女权主义，缘于我对西方女权主义的阅读。中国既没有女权主义生成的文化背景，也没有建立在本土文化上的女权主义主张，当然不在真正之列。

我是一个男性作家，不可能写出女权主义文本。我已经说过，我的任何一部作品如果有主张，那个主张一定是人物的，不是我的。《想起草原》肯定不是任何一个主义的文本，它是一个人物叙事的文本。本来我想讲述一个自然人如何成为社会人的故事，那是一个具有深度可能性的尝试。我在讲述这个故事之前已经被人物感动了。我的文字充满了明亮的色彩和伤感的颤抖。但故事在写作过程中没有按照我的预料推进，它被写成了一个自然人如何不肯成为社会人的故事。我没有做到，做不到，而我对自己的没有做到自豪。

《一朵花能不能不开放》是另一次写作预谋。作为个体生命，我们有自我生长的诉求；作为社会生命，我们的个人诉求被集体道德和伦理律剥夺了，个人诉求被要求必须从属于社会需求，而那个社会需求是反人性的。我的疑问是，自然权是一切生命的初始权利，它凭什么被剥夺，而且是反复被剥夺？我们是怎样适应这一剥夺，并且成为剥夺行为的帮凶的？适应剥夺和成为帮凶后的我们是什么样的我们？

杨建兵：您对"战争"的定义似乎并不拘泥于硝烟弥漫的战场，没有战火的生活也是一种战斗。如《狼行成双》是写人与狼之战,《亲爱的敌人》是写亲人之间的战争,《梦见森林》是写“一个人的战争”……生活处处充满着“战争”。您同意我这种说法吗?您对“战争”是如何看待的?

邓一光:有形的战争或战斗伴随生命而来,这个生命不仅指人类,也包括动物和植物,地球上的一切生物都具有自身物种的武装,在为自身利益进行着生物链中侵犯、掠夺和反侵犯、反掠夺的残酷斗争,而任何自身利益的主张都具有政治性——草履虫也有草履虫的政治——只要这种斗争推进到物种自身安全的威胁境地,无一不是战争。

战争的社会学意义在于它只发生在武装斗争上,不仅事涉领土、经济、文化、政治、宗教和民族的利益之争,还在于战争情结和与生俱来的战斗本能是始终伴随着人类生活的。战争或战斗的基本形态是利益原则和暴力冲突下的对峙、对抗和征服,人类在我们所说的战争和战斗之外的其他生活形态中何尝不是这样?何曾摆脱过它们?生老病死是一场场战争,个体的成长史是一场漫长的战役,人与人的社会关系和战争关系的构成别无二样,自我内心冲突和文化的演进更是无休止的战争。我们的确产生和生活在有形和无形的战争中,就连我们离开这个世界,其仪式化也和战争的仪式化异曲同工。

杨建兵:和平时代的军事文学面临着严峻的挑战。一方面,硝烟和鲜血已成为陈迹,过去的战争历经文学的大浪淘沙,在现实主义的有限空间里已很难推陈出新了,故事不断翻新但面貌基本相似的军事文学已无法打动与改革开放共同成长起来的年轻人。另一方面,一些作家试图从军事演习、抗洪救灾等角度切入军营生活,勾勒现代军营内的生存状态,但沙场征战才是军人的理想价值所在,缺乏或少有了战争文学,尤其是具有历史纵深感的战争题材小说的创作,军事文学这一领域是很难支撑起来的。可以说,当下的军事题材小说如果不拓展新的艺术空间,将会陷入相当尴尬的窘境。您能不能谈谈对军事文学现状的理解?军事文学的出路在哪里?

邓一光:我不同意你就这个问题表达的一个意思,即题材的陈旧现象。文学不是材料学,题材不受衰减期影响。问题在于我们自己的写作是陈旧的,甚至是腐朽的,这样的写作当然没有出路。中国的军事文学在古典作品中不乏叹为观止之作,到近现代这样的作品越来越稀少,到了当代可以说基本是平庸的,原因不是题材陈旧了,而是题材被陈旧的观念以陈旧的方式反复表达着。

在一部作品成为一部作品之前,作家其实什么也不知道,正因为不知道,他想知道,他才借助想象推动这部作品由虚拟成为文本的实现。所以,作家不大可能对一种理论上的文学现状感兴趣，也无法指出任何出路。作家恰恰是在内心冲突没有出路，既不能上天堂又不能下地狱的扭曲时期开始他的写作，这种写作是一次拒绝现实仰望星空的过程，这个过程往往是没有结果的。文学的延续性正在于没有结果，你不能打通你和外部世界的这堵墙，你不能打通你和“你”之间的这堵墙，你需要写作来继续这个拒绝，否则你就妥协于现实了，但你在打通一堵墙之后面前又出现一堵墙，这是认知的宿命使然，也是构成写作而不是从事科学的动因。

不过有一点是肯定的，没有战争，也就谈不上你所说的那种军事文学。总不能说“国防文学”或“战备文学”吧？你看，文学的分类学实在是画地为牢的一种行为。

其实大可不必为没有战争这件事发愁，这个世界不缺少战争和战争素材，几千年的人类文明史同时也是一部战争史，题材从来不是问题。即使以和平年代军人生活为题材进行创作的作家，他选择这一题材从事他的写作，一定有打动或困惑他的原因，一定有他的恐惧和焦虑，这个原因不会受囿于是否存在有形的、根据字典解释出的，譬如 M-17 步枪如何发射出致人死命的枪弹这样的战争外部条件，而会借助恐惧和焦虑推动他的写作。

小说是一种穿越过去、未来和现在时空的认知范式，它的历史视角显然与即时和既是的社会科学不同，这种穿越是一次可能的竖切，如同考古队挖掘出的探方。在小说这个探方中，不同时代和不同文化的沉积物暴露无遗，战争预谋、战争恐惧、战争后遗症、战争想象……无一不是战争文学这个探方中的沉积物。需要说明的是，小说这个探方不在于揭露历史地质构成，比如它是战争的还是和平的，即便它的确具有批判的武器这一客观功能。生活和生活的背景是什么样的这一类解说词根本不需要小说家去完成，小说家若从事这一工作，将是一个非常糟糕的解说者。小说探方中分布着充满了历史经验之外的知识，充满了对历史学而言是病态的事物，那种超验的、不连续的、破碎的、由语言重组的事物，正是这些事物构成了小说家认知疗救的可能。

文学不是记录厨房的灶台前有没有做饭的柴火，而是凭借作家的生命主张创造田野里的幽焰和天空中的闪电。和平时代的军人的内心冲突、境遇窘迫和身份可疑恰恰构成了另一种军人题材的文学，只是中国作家没有做到罢了。

杨建兵：您似乎非常喜爱“飞翔”这个意象。您在文集“自序”里也明确地表示“我喜欢飞翔”，小说《想起草原》《西沙》《如果是孩子，能不能重新飞翔起来》等都表达对“飞翔”的渴望，甚至一个短篇小说的名字就叫《飞翔》。能就这个问题谈谈您的看法吗？

邓一光：地球上有两类生命的进化具有奇迹般的意义，一个是人类，他们在进化中拥有了发达的思维，因为具有思维能力而拥有了想象的天空；另一个是鸟类，它们在进化中拥有了发达的羽毛的功能而拥有了真实的天空。以个体生命方式真实进入并且拥有着天空的鸟儿具有飞翔的能力，也唯有它们具有这样的能力。地球生命目力所及的最广阔领域不是大陆和海洋，而是天空。天空是地球的子宫，是所有宇宙生命的来源，它是莫测的、神秘的，是地球人最大的想象区域，也是地球人最为渴望的想象方向。飞翔的意象一直对人类产生着跨越生命形态的不安分的怂恿，它暗示人类有这样一种存在，即你可能不是你，你可能是别的什么，你可能是一切，或者一切都不是。

飞翔对鸟儿来说不仅仅是从天空掠过，鸟儿不仅仅把天空当成一段旅途，不是这样的。雨燕在迁徙中每天要飞行一千公里，可以一次在空中停留两年之久，连吃喝休息、求偶交配、搜集筑巢材料这些事都在空中进行。飞翔的意象是来源和轮回，是前世和来世，它鼓励想象力完成抵达这一阶段性的终结，而不是停留在“那不是我的生活”“这才是我的生活”的恒常状态中。正如鸟儿一亿五千万年以前还是兽脚亚目恐龙，还在丛林中蹒跚跌撞一样，飞翔是进化的产物，它现在仍然在进化。想象力也有一个漫长的进化过程。它是否进化到如灵感一般掠过我们的身体和心灵，我认为真的是可以期待的事情。

杨建兵：军人以服从命令为天职，即使在战场，一个高级军官也不可能真正实现“飞翔”的梦想。您如何看待“军人”与“飞翔”之间的关系？

邓一光：这里有两个认知上的误解，一是对军人的理解往往浮于表象，一是对飞翔的理解过于片面。军人的集约性质亦即秩序化决定了军人必须压制个体特质而服从于军队的整体特质，从根本上说过着一种反梦想的生活。但军人的生命因为他的特殊生活领域亦即战争而变化万千。战争的强制性和残酷性让军人置身于非常态的特殊生存境遇之中，军人在这种特殊的生存境遇里比其他人更为直接地面对人性的选择和被选择——人格的显现、人性的张扬、自尊的压抑、肉体和精神的双重撕裂。军人一方面过着压抑梦想的生活，一方面又在内心深处激烈地反抗着这种压制，这种强烈的压制和同样强烈的反压制正是梦想的最好温床。军人的特殊生活要求他们必须是最优秀的，必须具备超越现实和自身的能力。而我们的确看到了一个事实，那就是优秀的军人全都是具有反压制精神的军人，全都是具有反前秩序能力的军人，全都是凭借不可思议的思想和行动能力超越极限的军人。他们的优秀正在于他们不是行走着而是飞翔着，否则无以呈现出优秀，这个事实是毋庸置疑的。

杨建兵：从网站上看到这样一则消息：由都梁担任编剧、根据您的长篇小说《我是太阳》改编的同名电视剧即将强势推出。您也是编剧方面的行家里手，请问为什么不亲自担当这部电视剧的编剧？

邓一光：编剧是一种创作，至少它应该是。我喜欢剧作家的工作，也从事剧本的写作，但影视业的剧作家不大能够拿到独立创作的权利，他们只能拿到一把零碎钞票，这使我的喜欢大打了折扣。我的所有小说被改编成影视，制作方都希望我担任编剧，但我对这些作品的差不多所有的想象都已经在小说的写作中完成了，或者它们已经消失了，不再有创作的原动力，所以我基本没有担任过自己小说的改编工作，只从事原创剧本的写作。

杨建兵：您的一部新长篇即将与读者见面，能粗略谈谈这部作品吗？

邓一光：一个难以回答的问题。小说是小说家唯一应该使用的语言权利和语言方式，让小说家用非小说的方式阐释自己小说，我认为做不到。访谈可能是一种机会，但前提是访谈者读过这部小说。如果你读过这部小说，我可以和你聊天。你说太他妈的不可思议了！我说当然，还能怎么样？你说怎么会是这样，完全不该这样！我说是吗，我没想到，可它只能这样。我们这么聊天，无论你说什么你都是对的，因为那是你的阐释。无论我说什么我都是对的，因为我的阐释不在你的阐释里。

这部长篇是我迄今为止最长的小说，有七八十万字，写作时间也是最长的，从2005年开始写，断断续续写了一年多，断断续续改了几个月。出版时遇到了一些困难，审稿时间长达一年，小说的一些重要内容受到质疑，幸亏遇到了一个出色的编辑，她基本上是用一个战斗者的激情和姿态勇敢地推动这部小说的出版。这几天有点眉目了，据说2008年初读者会读到它。

评　论《

战争神话的消解

——论邓一光的战争系列小说

杨建兵

陈思和在《中国当代文学史教程》中说，中华人民共和国成立以后，“新生的政权理所当然地要求文学为政治服务,要求作家们用中国共产党的历史观点来反映中国现代战争史,并通过艺术形象向读者宣传、普及有关新政权从形成到建立的历史知识"[①]。在此背景下生长的战争题材的文学创作只能是这个既定意识形态规范与创作规范的激情演绎和形象阐释,即突出战争对国家的意义而悬置战争对人性的戕害、塑造高大完美的英雄形象而放逐战争中的非英雄与女性、渲染战争的乐观主义而取消其悲剧精神,如此等等。《红日》《林海雪原》等红色经典便是这种战争观的最好注脚。

与西方的战争题材文学相比,中国的战争文学表现出一种明显的异质性。20世纪五六十年代,西方在经历了两次世界大战之后,对战争的残酷性、非理性及反人性的反思,对人的命运、人的生存意义和生命意识的哲学思考,构成了战争文学的基本主题;同样是反法西斯战争,留给中国人的则是对战争的歌颂与美化,甚至将战争上升为一种神话。不仅如此,正如陈思和所说,由于"从抗战爆发—1949以后—'文化大革命'这四十年是中国现代文化的一个特殊阶段,战争因素深深地描入人们的意识结构之中,影响着人们的思维形态和思维方式。尤其当带着满身硝烟的人们从事和平建设事业以后,文化心理上依然保留着战争时代的痕迹:实用理性与狂热的非理性的奇特结合,民族主义情绪的高度发扬,对外来文化的本能排斥,以及因战争的胜利而陶醉于军事生活、把战时军队生活方式视作最完美的理想境界等,可以笼统地概括为战争文化心理。这种文化心理在战后相当一段时间内不可能得到根本性的改变"[②]。陈思和将当代文学观念中的战争文化心理的特征概括为以下三个方面:一是明确的目的性和功利性,文学宣传职能与文学真实性的冲突;二是二分法思维习惯被滥用,文学制作出现各种雷同化的模式;三是英雄主义和乐观主义基调的确立,社会主义悲剧被取消。[③] 对于战争文化心理及其影响下的种种社会文化现象的合理性,不论作怎样的历史分析,它对中国当代文学乃至中国当代文化有着深远的负面影响则是不容置疑的。

80年代以来的战争文学摆脱了文学为政治服务规范的束缚,开始形成自己独立的文学品格,积极参与并推动一次又一次波澜壮阔的文学浪潮,几乎在每一波大潮中都留下了自己坚实独特的身影,从最早的《西线轶事》《高山下的花环》,到最近的《历史的天空》《亮剑》等,这些作品不仅对于战争文学,而且对于整个当代文坛,都是

---

① 陈思和:《中国当代文学史教程》,复旦大学出版社2005年版。

② 陈思和:《当代文学观念中的战争文化心理》,《中国当代文学关键词十讲》,复旦大学出版社2002年版。

③ 陈思和:《当代文学观念中的战争文化心理》,《中国当代文学关键词十讲》,复旦大学出版社2002年版。

一道鲜丽独特的风景。但不无遗憾的是,尽管有少数作品对国家战争观提出过质疑,却很少有作家像邓一光一样严肃深刻地反思战争,并以突出的创作实绩来逐步消解战争的神话。

邓一光是凭借《父亲是个兵》《我是太阳》等战争系列小说而确立在当代文坛的地位的。追求崇高的创作审美品格,对英雄主义的激情书写,是研究者对邓一光小说的基本评价,而对战争英雄、对被迫卷入战争的普通人、对战争中的女性直至对整个战争的反思却一直是被研究者忽视的问题。后者正是本文所要探讨的重心所在。

一

邓一光对战争的思考经历过几个阶段。在创作《战将》和《遍地菽麦》时,他显然还没有从影响至深的国家战争观中超拔出来,还在重走"红色经典"及《高山下的花环》等战争文学所开辟的旧路。《战将》中的赵得夫是一员红军战将,也是一个农民性十足的粗人,他是粗俗与勇武、狡黠与智慧的巧妙结合。在他身上,杨子荣等"红色英雄"的影子依然清晰可辨。如果继续追溯,不难发现他身上还附有"水浒英雄"如武松、石秀等人的"幽灵",尤其是审讯和报复地主邵王贵一节将他对血的嗜好与暴力的狂热演绎到极致。在赵得夫身上,我们可以准确地找到"英雄也是魔鬼"的注解。《遍地菽麦》中的启子和福子分属两大敌对的军事阵营,政治上的对立将这对亲兄弟推向了你死我活的尴尬境地。启子最后亲手杀死了福子,其大义灭亲的英雄壮举固然值得称颂,但无法抚慰启子被战争扭曲的心灵。寓之以义,战之以道,这是中国传统战争观的基本要义。战争,只要"师出有名",赋予它"正义"的含义,无论多么残酷和血腥,也无论有多少人为此丧生,都无力承受"正义"二字之重。从这个意义上说,《战将》和《遍地菽麦》传达的是一种典型的中国传统战争观,因此这两部作品被文学狂涛迅速淹没也是情理之中的事情。

到写作《父亲是个兵》时,邓一光的战争观开始发生变化,尽管这种转变对邓一光而言还处于不自觉阶段。战场上的"父亲"像其他红军英雄一样,足智多谋,骁勇善战。尤其是在惨烈的东北剿匪战中,父亲英雄的生命被挥洒得豪气万丈,激情偾张。但进入和平时期的"父亲"却始终无法找到自己在现实生活中的位置。的确,军人的身份需要在战场上得到确认,失去战场的日常生活无疑是英雄性格的一种放逐,不免使他们产生一种身份丧失的恐慌,一种英雄无用武之地的失落。于是,我们看到一幅近乎滑稽的画面:在远离了战场之后,"父亲"依然"永远穿着军装,风纪扣扣得一丝不苟,在最热的季节里,他也从不解开扣子"。"父亲"在失去"兵"的身份后依然徒劳地秉持着“兵”的形象，像孔乙己不肯脱下象征读书人身份的长衫一样，不肯脱下代表军人身份的军装。战争情结已内化为一种基因渗入到“父亲”的血液里，使他一辈子也无法摆脱。离休后在老家策划并指挥一场传奇性的“抢化肥事件”，老王跳楼自杀后他摘花骂娘拒进北京，便是他的英雄生命在晚年的两次激情演绎。但“父亲”并没有因此而成为战争的执着狂，尽管他在晚年也珍爱自己的军功章及所代表的英雄岁月，但与此同时他又流露和表现出了对战争的不屑和轻蔑，甚至是反感和厌恶。人们常言“好汉不提当年勇”，但前提恰恰是“好汉常提当年勇”。尤其对老年人来说，对往事的回忆往往是他们生活的基本内容。但“父亲”似乎是一个例外，他对自己当年的英雄战绩从来绝口不提，他甚至为自己当年杀人太多而愧疚，想必作为英雄的“父亲”应该对“一将功成万骨枯”的名言有着感同身受的真切体验吧。作为战争的胜利者，能够跳出民族和正义的狭隘立场，以人道主义的情怀表达对敌人生命的怜悯，这种形象在当代战争文学中是极难寻到的。不仅如此，他还坚决反对子女参军入伍，尤其让人惊异的是，当大院里参加对越自卫反击战的英雄子弟伤残荣归时，他还有一种莫名的痛心和反感。如此等等，都反映出“父亲”，更是创作者邓一光正在走出国家战争神圣光环的笼罩，开始走上反思战争的道路。

这种反思在《我是太阳》中又更进一层。在某种意义上说《我是太阳》是《父亲是个兵》的延伸和扩写，关山林和“父亲”在思想、性格、经历、命运等诸多方面均有相似之处。但作者对关山林的农民情结的遮蔽与关山林的英雄情结的强化，似乎暗示着作者对英雄主义的更激进的追求。在我看来，这是对《我是太阳》和邓一光的一种误读。战场上的关山林比起“父亲”来的确更勇猛更英雄，为了彰显关山林的英雄气概与“战将”风范，作者在前两部精心设计了几场艰苦卓绝的硬仗：关东剿匪，备战四平，攻打锦州，进军沈阳，兵败青树坪。抱着冲锋枪冲刺在前的关山林在战争中犹如猛虎下山（关山林外号即“老虎”），攻城略地，几乎是战无不胜。不过军人的现实目的指向战争，而终极目的则指向和平，因此，消除战乱建设和平国家才是军人的最终归宿。这里我们看到一个悖论：和平生活是关山林等战争英雄用鲜血和生命换来的，但和平生活似乎构成了一种异质因素，对习惯于在战争上拼杀的关山林们产生了一种强大的拒斥力量，使他们始终无法和谐地融入其中。从情节结构上看，作者的用心显然也不在战场，而是进入和平时期后的日常生活。小说有三分之二以上的篇幅都是围绕着曾为“战神”的关山林在和平时期以后的政治运动、人际关系乃至家庭关系中所遭遇的种种尴尬处境而展开。在战场上威风八面不可一世的关山林，一进入到和平生活中却像一个少不更事的孩子，处处碰壁，狼狈万分。从战争进入和平，从英雄沦为凡人，这是每一个战斗英雄必然要经历的一种角色转换。一般说来，越喜好战争，战功越大，这种转换所遇到的阻力就越大，反之则越小。关山林似乎天生就属于战场，他就是为战争而生，打起仗来不要命，听到枪响就发疯，对战争充满一种近乎宗教般的狂热和虔诚，在他身上"有一种品质，一种只属于英雄的超然品质，他渴望过一种冒险的、刺激的、征服性的生活，他渴望对手与挑战。如果失去了这一点……他就像一头被关进笼子里的豹子，无精打采，缺少创造的活力，烦躁并且孤芳自赏"。这种近乎病态的战争性格和战争心理是关山林在长期的战争生活中养成的，并在战斗英雄的光环中不断得到强化，从而使关山林因失去了战场而焦灼不安甚至异常痛苦，他像一个久困樊笼的猛兽，更像一个处于更年期的妇女。这种生活对他来说无疑是可怕的，更可怕的是此时的关山林刚刚人到中年，亦即意味着他的"更年期"还将持续几十年，而且性格的狂傲和偏执也使他不会主动地寻求与现实生活和解的办法，只会使他越来越偏执地走进与现实生活对抗的死胡同，一步一步走向悲剧的末路。

如果说战争扭曲了关山林的性格，使他始终无法与现实和平生活达成和解，那么乌云则是他现实生活的一面镜子，在这面镜子的映照下，关山林像一个脱光了衣服的婴儿，一览无遗地暴露在读者的视野之中。需要特别指出的是，乌云是作为一个军人妻子的角色而不是女革命者的身份出现在关山林的生活里的。这就决定着作者要有意识地摒弃乌云身上的革命因素而强化其女性特征与家庭责任。于是我们看到这样一幅场景：关山林像攻占敌人山头一样狡猾而坚韧地迎娶了乌云之后，由于乌云整日埋头于世俗的感情纠纷和家庭琐事，他再难寻找到当年追求乌云时的浪漫激情。尽管二人就感情而言彼此恩爱，即使有第三者的强大介入也无法突破他们的感情防线，但关山林不仅再也不能找到乌云对其英雄言行的激情回应，反而得到的是令人沮丧的冷嘲热讽。二人的日常生活之水就在无休无止的争吵中不知不觉地流淌，而就在这不知不觉中关山林的英雄壮举逐渐得到消解，英雄锐气也逐渐被磨蚀。有研究者指出："无论是关山林的英雄形象的建构还是他的英雄性格的消解，作为一种重要人物关系和环境因素，乌云在其中都有着举足轻重的作用和意义。"[①]此言甚是。不过，在我看来，乌云形象的重要意义还在于，她作为一种与战争生活相对立的和平生活的力量，使关山林的战争性格得到更合理充分的彰显。生活在和平时期的关山林，不仅还强烈地向往打仗，时刻准备着以最佳的身体和智力状

---

① 於可训：《什么是关山林性格及其文化内涵》，《当代作家评论》1998年第4期。

态重返战场，而且将乌云和孩子视为国家财产，对她们不管不顾，完全忽视了一个丈夫和父亲应有的责任。而事实上，关山林除了是一名出色的军人，几乎没有资格去做一个合格的丈夫和父亲。不客气地说，拥有关山林式英雄的家庭不仅毫无幸福可言，甚至构成了家庭的一种灾难性因素，因为在他的眼里只有战场和敌人。因此当关山林在和平年代失去了战场和敌人之后，只有将他的家庭和妻子作为这种战场和敌人的替代物。这已不仅仅是英雄主义被消解的悲哀，更是战争对英雄性格扭曲和心灵戕害的悲哀。更为可怕的是，这种战争性格和战争心理不仅仅只属于关山林式的战争英雄，而且深入到那个和平年代的社会历史和人们的心理深处，形成一种集体无意识，将那个和平年代的人们一次又一次地推向阶级斗争的漩涡里。

二

事实上，战争不仅仅是军人和英雄的战争，他们背后还有无数年老体衰的父母、望眼欲穿的妻子、等待爱抚的孩子……如果说上述几部作品邓一光主要将目光聚合在战争中的男性身上，那么在《大妈》中作者将目光又转向了战争中的女性。众所周知，五六十年代的战争小说由于意在表现战斗英雄的豪情壮举，再现中国人民如何在困境中最终走向胜利，因此，在题材选择上基本限于硝烟弥漫的战场，偶尔涉及日常生活，也是作为对战争支援与配合的大后方，作为整个战争叙述的一个陪衬物或者补充而存在，日常生活本身并没有独立的价值和意义。这种文学的限制性与规定性，使这一时期的战争小说自然规避了对英雄私人生活与家庭生活的叙述，甚至视之为不能涉足的文学禁区。

写英雄的私人生活和家庭生活必然会涉及女性，在中国传统文化看来，“自古英雄不好色”，“儿女情长，英雄气短”，写英雄的私人生活尤其是感情生活会有损英雄高大完美的形象。在中国古典小说中，几乎所有的传奇英雄都是禁欲主义者，他们似乎都有一副铁铸的“金刚不坏之身”，进而形成一种明显的“厌女症”倾向。尽管明清以后的才子佳人小说冲破了传统文学的禁欲藩篱，但风流才子已与传奇英雄相去甚远。“民族化”与“大众化”思潮催生下的五六十年代文学基本继承了古典式英雄的塑造模式，有意强化英雄的“侠骨”而回避其“柔肠”。在这种情况下，将英雄置于炮火硝烟中成为战争文学的不二选择与必然归宿，而不利于凸显英雄气概的个人情感和家庭生活的一面被严严实实地遮蔽起来。不过这并不意味着必须将女性排除在战争文学之外，尤其是中华人民共和国成立后，女性已获得与男性平等的社会地位，即使在战争时期，女性作为战争的主要后方力量也发挥着不可替代的作用。但战争毕竟是直面血腥的杀戮，是力量和智慧的角逐，因此男性在战争和战争文学中的地位是无法取代的，女性的地位则不可避免地遭受压抑，即便是双枪老太婆、江姐之类的“女中豪杰”，也不可能在战争中流露出一丝女性的温柔，更不可能去关心柴米油盐等日常生活之需。换句话说，她们之所以能走进文学作品，成为家喻户晓的经典英雄形象，并不是因为她们具有特殊的英雄品质，而是因为她们脱离了自己的生理性别身份异化为男性，从而获得与成岗、华子良平等的英雄地位。在这个意义上说，《青春之歌》是一部更值得关注的文本。由于杨沫将林道静的人生历程作为叙述对象，因此林道静的性格得以更加充分完整地展开。从某种意义上讲，林道静的成长过程与江姐的战斗生活构成了一种互文关系。从林道静身上，我们大致可以看到入狱前江姐的生命历程，而江姐的英勇就义，似乎也暗示着林道静革命生涯的最终归宿。更有意味的是，林道静的成长过程，也是她“去女性化”或者说男性化的过程。林道静只有彻底清除身上的女性气质而完全男性化，才能成长为一个真正的革命者。初版的《青春之歌》因林道静身上有太多的“小资情调”（在我看来，这种“小资情调”实质上就是“女性气质”）未能革除而一次又一次地被改写。改写后的林道静“女人味”越来越淡，“男人气”则愈来愈浓，最终将变成另一个江姐。又由于杨沫作为一个女性作家无法完全清除自身携带的女性意识，因此以自己为艺术原型的林道静或多或少还保留着“小资情调”或“女性气质”，这注定杨沫及她的《青春之歌》在“文革”风暴中难逃厄运。在“十七年文学”中，我们可以看到太多太多这样的女性形象，正是因为她们成功地完成了“变性”才跻身于中国当代群英谱，而普通的女性由于更多地纠缠于世俗的儿女情长和家庭琐事，身上缺乏一种强烈的革命激情，因此不是被文学史排除在外，就是作为与男性化相对立的“他者”的身份出现在文学史中。

《大妈》中大妈范桑儿的故事，并没有摆脱“巾帼英雄”的叙述模式，在中国古典小说和古典戏曲中（如《谢瑶环》）也不难找到这类形象的源头。尽管她仅仅是一个红军家属，但她在战乱中表现出来的行为壮举并不逊色于任何一位女革命英雄。结婚不过三天，大伯就带着简家三兄弟离开了家庭，走向他们的渴望、光荣和梦想，从此一去不归，将家庭的一切重担和一生的等待都抛给了大妈。年仅 17 岁的范桑儿早早地就开始替丈夫行孝，种地，跑反，送终，以柔弱的双肩默默承受着战争留给她的难以想象的沉重。她像一个战场上的英雄一样，超越了生命能量的最大限度，扛起了简家乃至全村红军家属的命运，并为此付出了惨重的代价：在跑反中因流产而失去了生育能力，后又将自己作为交易的筹码，嫁给了地主，从而失去了简家媳妇的身份，同时也将自己的后半生推向了无底的深渊，最后落得体残眼瞎，身心俱碎，生不如死，却无法得到她终身作为精神和生命寄托的简家的原谅和救援。“信而见疑，忠而被谤”，本是简家有功之臣，却被视为简氏家族的历史污点，直到身埋黄土，才换来简家实权人物——父亲的惊天一跪。故事以传统的大团圆式的结局而告终，多少冲淡了小说的悲剧色彩，这也是一个作家在探索期难免要走的道路。但邓一光将女性意象引入到战争文学中，对当代战争文学则是一次大胆的超越。

如前所述，长期以来由于将战争看作是男性的事业，女性理所当然地被排除在战争和战争文学之外。20世纪五六十年代的战争文学中虽然也不乏像江姐、林道静这样的女性，但她们都是男性化的女性，尤其是那些温婉柔美等本属女性的自然天性都被遮蔽起来。尽管大妈在行为壮举方面并不亚于女革命者，但邓一光并没有因此而掩盖其女人味，不仅如此，作者还在开头浓墨重彩、不惜动用一切艺术手法来渲染大妈作为一个女性的生命质地和生命美感。未出嫁时的范桑儿，美丽（是镇上最俊气的女子）能干（学过女红厨事），知书（念过四书五经）达理（背过《道德经》《女儿经》，自小被调理得恪守女人德行），而且性情极好。这样的描写在五六十年代乃至新时期的战争文学中都是极难寻到的。美人英雄，红颜薄命，守节（改嫁后仍默认是简家媳妇）尽孝，这些老话在大妈身上也得到印证。邓一光似乎在无意识中又走入了中国传统文学的模式。事实上这不过是故事的表象，从文学精神层面上看，给邓一光启发更大的还是20世纪40年代的解放区文学，尤其是丁玲的《我在霞村的时候》及新中国成立之初路翎的《洼地上的“战役”》等作品。《我在霞村的时候》中的刘贞贞是一个性格倔强的女孩，她与村里一个叫夏大宝的青年自由恋爱，坚决不服从家庭的包办婚姻，在不妥协的斗争中，她进了修道院。后来，日本人“扫荡”村庄，贞贞不幸被掳为随军妓女，也因此成了我方的情报员。她受尽折磨，得了严重的妇科病。当她回村探亲时，却受到了乡亲的蔑视和冷眼，被视为不知廉耻的“破鞋”。贞贞的巨大痛苦，不仅是来自敌人的肉体折磨，更是来自亲人邻里的蔑视和奚落。如果说贞贞的被歧视主要来自她的叛逆以及中国传统的贞操观，丁玲将批判的矛头直指愚昧的“国民性”的话，那么范桑儿的受污辱则主要源于她不为人知的牺牲以及中国传统的道德观，邓一光将锋芒指向我们长期积习的家族荣辱心理。在简家乃至全村人看来，范桑儿的改嫁不仅仅是对地主阶级生活的向往和追求，而且是对政治和阶级立场的背叛，因此将她视为另类也是中国文化的题中应有之义。邓一光以大妈的苦难，具体演绎着战争对人的肉体和精神双重撕裂的过程，以及历史对生命的轻薄和嘲弄。他站在更高的审美观照的视点之上，对战争提出深深的质疑，从而体现出一种更人性化的审美理解和审美观照。

三

《远离稼穑》是邓一光提供给读者的又一篇艺术佳品，他对战争的反思也达到了一种新的深度和境界。如果说在写作《我是太阳》时对战争的反思还停留在探索阶段和半自觉时期，那么到创作《远离稼穑》时战争反思已成为邓一光的自觉追求。小说并没有仅仅停留在战场的生与死的较量中，它关注的恰恰是那些有幸活着而又没有成为英雄的人们与战争纠缠在一起的另类问题。与“父亲”和关山林等英雄形象不同，四爷是一个非英雄甚至是反英雄的典型。不可否认，在父辈红军中像“父亲”和关山林这样的英雄毕竟是少数，绝大多数是像四爷一样，被迫离开赖以生存、生命得以舒展的土地，糊里糊涂参加了红军，从此一去不回。他们的人生目标也不像关山林那样崇高，仅仅是希望过一种“两亩地一头牛，老婆孩子热炕头”的平静而又平凡的生活。尽管他们在战场上也像战斗英雄一样奋勇杀敌，但在思想境界等方面与真正的英雄相去甚远。相较“父亲”和关山林，四爷褪尽了一切英雄主义的斑斓和豪情，是一个本本分分的穿着军装的农民，在他身上也难寻一丝英雄的踪影。在那个火热的全国“闹红”的年代，四爷对当兵打仗丝毫提不起兴趣，却对田野和庄稼情深意笃。初上战场，他窝囊得“如同一只受惊的狐狸没命地向前窜”，但在麦田里，他却迅敏得“像一匹油光水滑的旱獭儿”。就像关山林天生就属于战场一样，四爷似乎天生就属于田野。虽然也在战场上摸爬滚打二三十年，但严峻的战火并没有把四爷淬炼成如关山林一样的铁血英雄，土地和庄稼才是他一生不变的牵挂和信仰。但历史给四爷开了一个莫大的玩笑。在四爷近三十年的从军生涯中，他遭遇了职业军人最倒霉之事——被俘，而且不是一次，而是三次。红军时代被马步芳匪兵俘虏，抗日战争时期在日本人手下再次被俘，抗美援朝时期又成了美军的俘虏(打仗被俘本是寻常事，成岗、江姐等都做过俘虏，但如果是莫名其妙地逃脱而非死在狱中，与投诚便只有一墙之隔了)。他参加过红军、八路军、新四军、中国人民解放军、中国人民志愿军，参加过无数的战争，“身上满是战争遗留下来的创伤”。如不被俘，他将与关山林一样获得将校一级的军衔。但被俘事件不仅使他与这些名誉和荣耀绝缘，而且将他钉到耻辱柱上。不过四爷天生就不是军人，对中国历史(如“苏武牧羊”与“李陵事件”)和中国文化也知之甚少，最初并没有把被俘看作是一件多么丢人的事情，因此他屡次被俘又屡次逃脱，每次脱逃都是目标明确地奔向自己的家园，重归被他视为精神和信仰的土地。事实上战争结束后四爷本是有机会重回故土的，但父亲的适时出现阻止了他的归乡之途，以家族和军人荣誉的名义。"苟活"下来的四爷没有料到，一个鲜活的生命竟如此之卑贱——还不及一顶虚空的"帽子"，一个生命的幸存会带来如此严重的后果——生不如死。历史是由胜利者来书写的，因此历史叙述亦即是英雄叙述。它从来不去关注像四爷这样的战争的被动参与者和历史的重负者，而总是要求站在主流意识形态的立场上，对英雄论功行赏的同时将这些人物"打入冷宫"，并联合文化的力量以一种鄙视嘲弄的态度羞辱他们，却很少用悲悯的人类情怀去观照个体的生命诉求。对此，我们是否该严肃地反思我们的战争和文化呢？

邓一光之所以"钟情"于战争，是因为战争是成就血性英雄的历史语境，更因为战争作为人类社会的非常形态，它常常会暴露人性中最原始、最深层、最复杂的种种意识和欲望。个人的灵魂会在战争中呈现出它的丰富性和复杂性，而文学只有反映了这种丰富和复杂才有可能拥有醇厚长久的艺术魅力。从《远离稼穑》中我们看到邓一光的又一大转变，他把目光从关山林式的英雄投射到四爷式的非英雄身上，从而进入到战争的本质深处：战争之于人类，不仅是对个人生命（包括英雄）和家庭生存的践踏和扭曲，而且也是对人类精神的践踏和扭曲；战争不仅消灭了人的肉体，也消灭了人的灵魂、精神。从这个意义上说，邓一光超越了历史视点和文化视点，站在更高的审美视点之上，对战争发出了更为深刻的质疑和诘问，从而完成了对悲剧意识和悲剧精神的深度开掘，也完成了战争观念上的一次更有深度的跨越。

也许是对战争题材的偏爱，2000年创作的长篇小说《想起草原》尽管是一部关于在男权势力下女性生存的文本，但邓一光在文中又一次写到了战争，而且是继《我是太阳》与《大妈》之后又一次将女性（包括孩子）和家庭的意象引入到战争中。

毫无疑问，革命战争保护了国家的安全维护了民族的尊严，摧毁了旧制度建立了新体制，也成就了英雄的荣誉和事业，但战争对人性（包括英雄的人性）扭曲的一面却被长期以来的历史宏大叙事有意地遮蔽了。邓一光的战争题材小说正是要将被宏大叙事遮蔽的人性展露出来，让人们看清战争的预谋、战争的恐惧及战争的后遗症等问题。也许让人物仅仅驰骋于战场也能部分地实现创作的目的，但邓一光并不仅仅满足于此，而是独具匠心地引入了女性和家庭两个意象。在邓一光看来，无论女性还是家庭，既是军人进入现实战争并在战争中顽强活下去的重要理由，又是和平生活的重要意象，那些在历史大叙事中被掩盖了的细节，那些在集体生存背景下被遮蔽住的个人生命体验，总是最多也最质感地隐匿在女性和家庭生活之中。缺失了这一重要意象的战争文学无疑是不完整的，甚至是南辕北辙的。于是，邓一光有意加强了对日常生活的铺叙而减弱了对战场生活的书写，即使是写战场，邓一光也没有减少女性在作品中的分量。

在评价《我是太阳》时我们说过，女性和家庭意象的引入极大地消解了战争英雄的英雄成色，但邓一光的用意并不在此，他要借此进一步消解掉国家意义上的战争观。在邓一光看来，作家的战争观应与国家和军事家有所不同。国家和军事家为了政治、经济和文化等原因宣扬战争的合理性和必要性，宣扬战争中人的荣誉感和成就感，这是不容置疑的，但一个作家如果也站在国家战争的立场上宣扬战争，那就太令人恐惧了。“文学是人学”，这是文学的常识问题，而在战争文学中，人性的关怀和怜悯是其底线。妇女和孩子始终是战争中最无辜的受害者，是“战争伤口上最新鲜的那道伤痕”，但这个事实一直被国家战争观遮掩着，也很少引起中国作家的关注和深思，因此也难以产生像《一个人的遭遇》《静静的顿河》那样震撼人心的巨作。

如果说范桑儿本人的受害源于她红军家属的身份，被当作阶级敌人而屡受战争的侵扰，那么大妈肚子中的孩子无疑是无辜的，他（或她）还没有出世就早早地丢掉了自己的性命，不仅使大妈丧失了生育的能力，而且也使晚年的大妈生活在孤苦无依中。在《想起草原》里有这样一个镜头：满都固勒为了保全一千多个战友的性命，竟然要残忍地将自己年幼的孩子掐死。这本是在《遍地菽麦》中就出现的一个情节，不同的是启子亲手杀死了自己的亲兄弟福子，邓一光不仅毫无批评之意，相反持一种赞扬和激赏的姿态，而当满都固勒为了革命的利益要亲手杀死自己的亲骨肉时，邓一光的态度发生了巨大的转变。也许这就是战争，在战争中是没有“人”的。

近年来战争文学似乎又迎来了它的幸福时光，石钟山“父亲进城系列”的走红（后被改编成电视剧《激情燃烧的岁月》），《历史的天空》的获奖及《亮剑》的受捧……在这繁荣的背后我们可以清晰地看到邓一光对新世纪战争题材文学的强势影响。遗憾的是，虽然这些小说都走的是邓一光的创作模式，社会反响程度甚至比邓一光的小说还要强烈，但从审美视点上看，都难以实现对邓一光小说的超越。这些作品都无一例外地站在国家战争观的立场上来书写战争，宣扬战争甚至美化战争。如果说红色经典因与政治同步的需要，来不及反思战争而宣扬国家战争观是可以理解的，那么今天再对战争不加反思而盲目地宣扬战争，在自己的文字中嗜血如花，则是不可原谅的。

所有战争，无论是正义的还是邪恶的，最终都难免是生命的角逐。在你死我活的生命角逐中，对母亲、妻子、孩子以及那些生者和死者而言，战争其实没有胜者。只要是以死亡、杀戮为目的的任何行为，结果注定是悲剧性的。战争文学应该关注战争中的人，反映战争中的人性；一个作家应该具有更开阔的视野，更超脱的眼光，更清醒的认识，冷静而多向地看待战争，才能创作出具有振聋发聩的思想内涵的作品。邓一光已经为战争文学提供了一种新的视阈，但实事求是地讲，中国文学对战争的反思，似乎才刚刚开始。

（载《小说评论》2008年第2期）

主要作品目录《

长篇小说

《走出西草地》，中国青年出版社1996年版。

《家在三峡》，武汉出版社1996年版。

《我是太阳》，人民文学出版社1997年版。

《红雾》，长江文艺出版社1997年版。

《组织》，中国青年出版社1999年版。

《想起草原》，长江文艺出版社2000年版。

《一朵花能不能不开放》，上海文艺出版社2002年版。

《江山》，人民文学出版社2003年版。

《亲爱的敌人》，作家出版社2005年版。

《我是我的神》（上、下），北京出版社2008年版。

《人，或所有的士兵》，四川人民出版社2019年版。

中短篇小说集

《孽犬阿格龙》，中国文学出版社1994年版。

《红色贝雷帽》，海南出版社1994年版。

《遍地菽麦》，长江文艺出版社1997年版。

《怀念一个没有去过的地方》，北岳文艺出版社2000年版。

《狼行成双》，长江文艺出版社2000年版。

《远离稼穑》，长江文艺出版社2000年版。

《她是他们的妻子》，武汉出版社2006年版。

《左牵黄右擎苍》,四川文艺出版社 2012 年版。

《蓝猫》,四川文艺出版社 2012 年版。

《深圳在北纬 22°27′—22°52′》,海天出版社 2012 年版。

《猜猜我的手指》,四川文艺出版社 2012 年版。

《流浪者》,四川文艺出版社 2012 年版。

《一只狗离开了城市》,四川文艺出版社 2012 年版。

《八岁》,四川文艺出版社 2012 年版。

《从大地走向大地》,四川文艺出版社 2012 年版。

《你可以让百合生长》,海天出版社 2014 年版。

《深圳蓝》,花城出版社 2016 年版。

《坐着坐着天就黑了》,花城出版社 2018 年版。

中短篇小说

《女儿泪》,《青春》1986 年第 5 期。

《师生》,《少年文学报》1986 年第 33 期。

《伊甸岛》,《长江文艺》1987 年第 8 期。

《第一只苹果》,《广州文艺》1987 年第 9 期。

《窄街》,《青年文学》1987 年第 11 期。

《公平的太阳》,《青春》1987 年第 11、12 期合刊。

《流连》,《广州文艺》1988 年第 2 期。

《红妹子绿妹子》,《女子文学》1988 年第 5 期。

《鳝鱼车骑士》,《长江文艺》1988 年第 11 期。

《人蛇》,《芳草》1988 年第 12 期。

《孽犬阿格龙》,《长江》1989 年第 4 期。

《红孩子》,《芳草》1989 年第 10 期。

《空盒》,《长江文艺》1989 年第 10 期。

《文化人》,《长江文艺》1990 年第 9 期。

《草坪上,失落了……》,《广州文艺》1990 年第 10 期。

《院子》,《芳草》1990 年第 10 期。

《蓝猫》,《长江》1991 年第 2 期。

《子子孙孙》,《三峡文学》1991 年第 6 期。

《哪里才是我的家》,《珠海》1991年第6期。

《冯·菲拉波尔》,《青年文学》1991年第8期。

《挑夫》,《芳草》1991年第10期。

《三丑》,《人民文学》1992年第6期。

《休息》,《当代》1992年第6期。

《流浪者二题》,《三峡文学》1993年第1期。

《我们走在一座桥上》,《长江文艺》1993年第1期。

《月子》,《青年文学》1993年第4期。

《妇产科》,《长江》1993年第5期。

《生命之约》,《芳草》1993年第10期。

《鸟儿有巢》,《长江文艺》1994年第1期。

《城市无雪的冬天》,《人民文学》1994年第8期。

《老板》,《芳草》1994年第8期。

《节日》,《芳草》1994年第12期。

《掌声继续》,《长江文艺》1995年第2期。

《战将》,《青年文学》1995年第2期。

《体验死亡》,《当代作家》1995年第5期。

《子弟》,《珠海》1995年第6期。

《毒尿》,《芳草》1995年第8期。

《父亲是个兵》,《上海文学》1995年第8期。

《我是一个兵》,《芳草》1995年第10期。

《酒》,《芳草》1995年第10期。

《下一个节目》,《人民文学》1995年第12期。

《独自上路》,《长江文艺》1996年第2期。

《许继慎之死》,《西湖》1996年第3期。

《传说中有一只鸟》,《飞天》1996年第7期。

《遍地荻麦》,《青年文学》1996年第8期。

《城市童话》,《广西文学》1996年第11期。

《不要降落你的骄傲》,《广西文学》1996年第11期。

《大妈》,《人民文学》1996年第11期。

《向往森林》,《当代作家》1997年第1期。

《怀念陆地》,《当代作家》1997 年第 1 期。

《婚姻的模式》,《时代文学》1997 年第 1 期。

《大路朝天》,《芳草》1997 年第 1 期。

《一生》,《北京文学》1997 年第 2 期。

《远离稼穑》,《收获》1997 年第 4 期。

《狼行成双》,《钟山》1997 年第 5 期。

《一些纸片》,《文学世界》1997 年第 6 期。

《左牵黄右擎苍》,《长江文艺》1998 年第 1 期。

《一只狗离开了城市》,《湖南文学》1998 年第 1 期。

《士兵五羊》,《西南军事文学》1998 年第 2 期。

《燕子飞时》,《小说家》1998 年第 2 期。

《闪电》,《解放军文艺》1998 年第 5 期。

《生活在玩具与游戏之间》,《鸭绿江》1998 年第 6 期。

《消失在路上》,《青年文学》1998 年第 6 期。

《她是他们的妻子》,《小说家》1998 年第 6 期。

《大姨》,《人民文学》1998 年第 7 期。

《请把客厅的灯关上》,《海燕》1998 年第 9 期。

《扬起扬落》,《钟山》1999 年第 4 期。

《我们爱小鸟》,《大家》1999 年第 5 期。

《没有音响的日子》,《雨花》1999 年第 6 期。

《飞翔》,《长江文艺》1999 年第 6 期。

《西沙》,《解放军文艺》1999 年第 8 期。

《英雄满地》,《湖南文学》1999 年第 12 期。

《多年以前》,《当代》2000 年第 1 期。

《如果是孩子,能不能重新飞起来》,《东海》2000 年第 1 期。

《猜猜我的手指》,《小说家》2000 年第 4 期。

《怀念一个没有去过的地方》,《十月》2000 年第 4 期。

《绑架绑架者》,《红岩》2004 年第 4 期。

《上帝的几内亚猪》,《花城》2004 年第 5 期。

《在香格里拉吃饭》,《长江文艺》2004 年第 7 期。

《别动那些花》,《长江文艺》2004 年第 7 期。

《做天堂里的人》,《作家》2004 年第 8 期。

《穿城而过》,《北京文学》2004 年第 9 期。

《二人月》,《北京文学》2004 年第 9 期。

《杀掉板儿》,《芳草(网络小说月刊)》2004 年第 12 期。

《八岁》,《上海文学》2005 年第 7 期。

《事实生活》,《上海文学》2005 年第 7 期。

《热爱一只狗》,《小说月报》2009 年第 7 期。

《罗湖游戏》,《山花》2011 年第 9 期。

《万象城不知道钱的命运》,《中国作家》2011 年第 9 期。

《北环路空无一人》,《当代》2012 年第 6 期。

《你可以让百合生长》,《北京文学·中篇小说月报》2012 年第 6 期。

《一直走到莲花山》,《山花》2012 年第 19 期。

《她们现在一点感情都不讲了》,《长江文艺》2013 年第 7 期。

《如何走进欢乐谷》,《中国作家》2013 年第 13 期。

《雪山军人的家属》,《爱情·婚姻·家庭(生活纪实版)》2013 年第 10 期。

《一步之遥》,《山花》2014 年第 10 期。

散文集

《一种情歌》,长江文艺出版社 2000 年版。

《脚下地图》,武汉大学出版社 2002 年版。

《从大地走向大地》,湖北美术出版社 2003 年版。

文　集

《邓一光文集》,长江文艺出版社 2000 年版。

《邓一光文集》,四川文艺出版社 2012 年版。

改革开放40年小说百家档案

■主　编／於可训
■副主编／朴　婕

第二卷

HAN BOOK 版
武漢出版社
WUHAN PUBLISHING HOUSE

(鄂)新登字 08 号

图书在版编目(CIP)数据

改革开放 40 年小说百家档案：全 6 册 / 於可训主编. — 武汉：武汉出版社，2020. 12

ISBN 978 - 7 - 5582 - 4061 - 4

Ⅰ. ①改… Ⅱ. ①於… Ⅲ. ①作家 - 人物研究 - 中国 Ⅳ. ①K825.6

中国版本图书馆 CIP 数据核字(2020)第 233368 号

改革开放 40 年小说百家档案(第二卷)

主　　　编：於可训
副 主 编：朴　婕
责 任 编 辑：管一凡
封 面 设 计：刘福珊
出　　　版：武汉出版社
社　　　址：武汉市江岸区兴业路 136 号　　邮　　编：430014
电　　　话：(027)85606403　85600625
http://www.whcbs.com　　E-mail:zbs@whcbs.com
印　　　刷：湖北新华印务有限公司　　经　　销：新华书店
开　　　本：787 mm×1092 mm　1/16
印　　　张：28.25　　字　　数：495 千字
版　　　次：2020 年 12 月第 1 版　　2020 年 12 月第 1 次印刷
定　　　价：880.00 元(全 6 册)

版权所有・翻印必究
如有质量问题，由承印厂负责调换。

改革开放40年小说百家档案

第二卷 [目录]

刁　斗

男，原名刁铁军，1960年生，辽宁沈阳人。

小　引《

清人赵翼说:江山代有才人出,各领风骚数百年。这句话在20世纪80年代,被人改动了一个数量词,叫作:江山代有才人出,各领风骚数百天。有的甚至把这个“代有才人出”的“代”字,再改为“年”字,又依次把数百天也作了压缩,赵翼的这句诗结果就成了:江山年有才人出,各领风骚数十天。这都是说的20世纪80年代文学更新速度之快。有人形容文学更新的这种速度,说好比是有一条疯狗在后面撵着,连停下来撒泡尿的工夫也没有。这些话是说得狂了一点,也粗了一点,但你又不能不承认,这夸张和形容的,毕竟都是实情,谁叫咱们几十年一贯地维持一个固定不变的规范和传统呢,这就好比开闸放水,蓄之愈久,其发必速,后浪推前浪,汹涌向前,给人的感觉,自然就有点一哄而上、目不暇接了。

如果说20世纪80年代文学的更新换代,是对长期以来维持不变的历史惯性的一种逆反和突破的话,那么,到了90年代,当这种逆反和突破的使命已经完成,文学的历史已经走上正轨,甚至又形成了新的惯性的时候,文学界再有更新换代的事情发生,就不好又用这样的理由来加以解释和说明了。所以,当90年代的文学面对一个新的作家群体崛起于文坛,聪明的文学批评家就改用了一个新名词对之加以命名。这个新名词,就是“晚生代作家”,或者用一个后来更流行也更具体、更通俗的叫法:“60年代出生的作家”。不管怎么叫,总之,都是以作家出生时间的先后,而不是像以前那样,以创作方法或艺术风格来对一个作家群体加以命名。这代际的招牌一路挂将下来,依次从“60年代出生的作家”到“70年代出生的作家”,再到“80年代出生的作家”,如今已挂到“90年代出生的作家”名下了。好在最近几年炒得很热的少年作家中,有一些小到4岁左右的幼童作家,还没有注册商标,否则,最该叫的名称,就应当是“新世纪出生的作家”,抑或“00后”作家了。

上面说的,自然都带了点玩笑的性质,但又不全是玩笑。我实在搞不懂,对作家作这种时间短促的稠密的代际区分,意义究竟何在?如果说,只是说明性的,说明有这么一些作家,都是某某年代出生的,那就如同指着白菜说,这是白菜,指着萝卜说,这是萝卜，是只对尚无起码的认知能力的人，才是有意义的。如果不是这样，那又是什么呢？是表明这一代作家与上一代作家有着根本性的不同吗？如果这种不同，是指一般意义上因为年龄的差异所造成的不同，那就如刁斗先生在本辑的访谈中所说，“别说两代人，就是同一代人亲哥们，那区别也是又多又大的”，而且他也列举了他与上一代作家的区别种种。但是，同样是这位刁斗先生，同时又说，“文学是个大传统，精神、文化、修养、德性、趣味，甚至习惯，总以各种方式代代传承。”他甚至还说，不管“哪朝哪代的作家”，“既往那些乐于将小说引入智力游戏这个层面的作家，我都愿意引为同道”。刁斗先生是被人归入“晚生代作家”或“60年代出生的作家”之列的，是这一作家群体的代表人物之一，我想，他的这个意见，至少也可以作为作家不好以代际区分的一个证明。

我没有全读刁斗先生的作品，但就我所读过的那些主要的篇什看，以我的笨拙，并没有看出他与上一代作家或几代作家有什么根本性的不同，恰恰相反，我看到的，更多的倒是他们的共同之处，即作为“人学”的文学对人的问题的忧虑和关心。恰如本辑主笔、我的博士生张赟在评论文章中所说：“他敏锐地捕捉着现代人的灵魂世界，表现他们的精神的困境和灵魂的焦灼，同时，又把对人生世相的具体精确的描绘上升到形而上的寓言的层面，去探讨生命、欲望、人性、困境等问题，体现了刁斗对人类终极问题的关注。”“他认为，对于一个小说家来说，整个人类所面对的共同问题，才是他需要穷极一生去‘深入’其间的：比如痛苦，比如幸福，比如责任，比如背叛，比如信仰，比如绝望，比如仇恨，比如爱……”从这个意义上说，作为“60年代出生”的“晚生代”作家，与早于他十年、数十年，乃至百年、数百年出生的作家，是没有什么区别的。这使我想起了李晓早年间的一篇小说《关于行规的闲话》，如果说文学也是三百六十行中的一个行当的话，那么，这个行当也有它的行规，这行规用如今流行的一句话来说，就叫做“以人为本”，不论你是哪一个年代出生的作家，你从事文学活动的经历有多长，也不论你在文学的十八般兵器中，操的是何种兵器、会的是哪般武艺，概莫能外。往低了说，入了这一行，就要知道这一行是干什么的；往高了说，则是要懂得这一行的精义所在，心魂所系。否则，任你是哪个年代出生的都不行。靠一点年龄或出生时间的优势（未必就是优势），就睥睨当世，目空前人，以为唯我独新，唯我独进，是断断不能服人的。从这个意义上说，刁斗先生赖以服人的，决不是因为他是“60年代出生”的“晚生代”作家，而是他孜孜矻矻于文学事业的一片精诚。这精诚不仅在于他所得的“劳动模范”的美誉，同时还因为他是这个行当里的行家里手。这行家里手的表现，我以为可以用以下十六个字来概括，就是：表面“轻浮”，内里庄重；

表面"游戏",内里严肃。究其实,文学的真谛恰恰就在于这庄与谐、轻与重之间,不管你喜不喜欢刁斗的作品,我以为他是深得此中三昧的。

自 述《

向袁可嘉致敬

袁可嘉是位翻译家,除此之外,我对他一无所知:既不清楚他是住北京还是居上海,也不知道他的具体年龄或供职单位,更未尝闻说他是慈眉善目还是不苟言笑甚或怒气冲冲。为写这篇文章,为了使用这个题目,我曾想跟搞翻译的朋友打听一下。但我又放弃了这个想法。或许有必要做出声明的只是一句话:如果袁先生认为一个素昧平生的晚生后辈忽然多礼有些唐突,还请原谅。

截至1984年春天,把我读过的文学书鱼龙混杂地点数一番,没七八百本也有五六百本,其中外国文学那块,不会少于二分之一。翻译家的名字,像傅雷、汝龙、草婴、朱生豪,包括鲁迅、巴金这样的"票友",我也记得几个,但我从没认为,除了作品本身,对那些译者及至译文的出版者,还有什么需要分心想想的。可事情在1984年春天发生了变化。

1984年春天,我大学毕业半年多了,已有了收入可以自己买书,同时,也开始适应我的新闻工作了,其标志是,我学会了以领导的意志为我的意志,瞪着眼睛说假话已不再脸红。有一天,我当时供职的单位资料室处理旧书,我买到了上海文艺出版社1980年10月版的《外国现代派作品选》第一册(含上下两本)。从这两本书中,我第一次读到了一些与我过去读过的诗歌小说剧本完全不同的东西,也第一次记住了里尔克、庞德、斯特林堡、阿波利奈尔等人的名字,还第一次对一本书的编选者发生了兴趣:袁可嘉、董衡巽、郑克鲁。我觉得,他们能编出这样一本神奇的书,肯定本人也神乎其神,而为这套书撰写那个长长前言的袁可嘉,定然就是"众神之首"。说实在话,那两本书中的绝大部分作品我读不懂,甚至读不进去,也就是说,没有多少阅读快感;可奇怪的是,面对它们,我产生的"感觉快感"却异常强烈,只要一想到它们的莫名其妙,荒诞不经,装疯卖傻,阴阳怪气,别别扭扭,磕磕绊绊,我就会激动得浑身颤抖,血脉偾张,如同与女友在公园角落偷欢窃乐。这是我以前的阅读经历中没有过的——手抄本的禁书刺激或探案集的惊险刺激与此时文字的结构的思想的刺激是两码事。这时的我已有性经验了——在我这里，艺术与性的连体关系，即是从这时建立起来的。后来我想，那两本书之所以能让我身心俱醒，能让我产生那么美妙的“感觉快感”，除了作品本身带给我的新鲜体验，肯定与袁可嘉的“前言”及文中每个译者为自己所译对象写下的评介文字有关。

一种全新的阅读感受出现了，一个全新的精神世界降临了。

在那之前，我已接触到至今仍让我喜爱备至的卡夫卡了，对个别其他现代主义作家也略知一二，不过他们给我的震动，远没有《约翰·克利斯朵夫》或《静静的顿河》那类东西来得强烈。比如，我手头那本《城堡》购于1980年，可好多年里，我像K一样，只能徘徊在“城堡”之外。是的，1984年春天，我被袁可嘉和他所代表的东西迷住了，但那种迷，只是对一个梦中情人的暗中依恋，梦醒时分，我还得坐怀不乱地当“正人君子”。那情形可以称之为“阴奉阳违”。究其原因，一方面，除了“批判现实主义”，我不知道我还可以与其他“资本主义的产物”眉目传情，对自己的文学趣味更是缺少信心；另一方面，更主要的，也是作为一个中国式的功利主义者，我尚不敢为我的个人爱好去冒风险。那时我的理想早已是写作，是发表作品，可我视野里的客观现实是，按自己内心的指引去写，多半不会求得“正果”。马原、徐星、刘索拉，只是远处的风景，我需要的，是身边的作协领导夸我文字优美主题积极思想进步。“袁可嘉”只能作为我偷食的夜草，而不能名正言顺地化作乳汁被我挤出，甚至1986年和1987年，它分三次继续飨我以不散之筵，我挤出来的文学奶水，也还是“瞒”与“骗”这个大乳品厂批量生产的赝品水货。这怪不得别人，是我自身的问题。那时候，马原、徐星、刘索拉已经后继有人了，可我的脚步仍然踉踉跄跄。

我的书，都标有该书购于何时何地的简单记录，所以，1986年9月，我为什么去了长春或在长春见了什么人早记不得了，但一本厚达一千多页的精装本《外国现代派作品选》第四册，却为我的这次长春之行留下了痕迹。“袁可嘉”再次让我激动不已，虽然在这册书的起首和末尾，他的“引言”与附文《我所认识的西方现代派文学》已不再洋洋洒洒，让我读去不够解渴。接下来，1987年的5月和9月，既无“前言”“引言”又无附文的第三册上下两本《外国现代派作品选》和第二册上下两本《外国现代派作品选》，我在沈阳又分别买到了。啊，历时三年半，我的“袁可嘉”终于须尾俱全了。这后三册“袁可嘉”，第四册是1985年的初印本，第三册是1984年出版的1987年第二次印刷本，第二册是1981年出版的1986年第三次印刷本。

我时常想，如果这四册七本书是一次性地来到我手的，我的欣喜度与满足感，是不是会打些折扣呢？我说不好，但事实是，它们的到来，就像它们的文本自身那么曲折跌宕，我收罗它们，如同在领受上天点化我的一个莫测隐喻。我对它们爱不释手，好多年里，我枕旁总有它们中的一本；而对我，它们更是雪中送炭，不仅帮我了解了文学，更帮我了解了世界、社会、人，了解了生死、爱恨、苦乐。尽管直到80年代末，我才真正懂得了文学、懂得了自己，但我知道，在我"懂"的漫长过程中，不论怎样夸大"袁可嘉"的功绩都不过分。如今，多年过去了，"袁可嘉"所包含的大部分内容我不仅有了，还完整充实了，更有许多未曾镶嵌在它那有限空间里的落英遗珠，也陆续成了我的家私；可"袁可嘉"中，哪怕支离的，破碎的，误译误评的，语焉不详的，甚至个别让我反感的字词语句，我也依然视为宝贝，每每温习别有滋味。

其实，我的阅读从来都杂乱无章随心所欲，"袁可嘉"出现之前如此，"袁可嘉"出现之后的80年代中后期直至整个90年代以及现在，也都一样。我曾集中一两个月的时间，没日没夜地沉浸在金庸梁羽生的世界里大开杀戒；又曾坚持多年地每写完一篇小说，就立即跳进推理侦破的悬疑迷宫中左突右冲。在我的阅读书目中，没有"雅""俗"之分，在我的阅读目的里，极少"有用""无用"之别，什么东西好玩开心能刺激我，什么东西就是我的美味佳肴。但回头想想，"袁可嘉"之后，那些被名之为现代派后现代派的外国现代主义文学的中文译著，又的确一直是我超越阶段性和类型特点的固定阅读，因为唯有它，能始终如一地向我传递不安输送兴奋。"现代派"的概念算不算科学我说不清楚，借它定义我指称的东西，也不知道是否确切，而且，一般来讲，"现代派"这一收藏夹里的文件往往专属20世纪，顶多前推至波德莱尔，可依我理解，像斯特恩《项狄传》这样18世纪的小说，甚至17世纪的《堂吉诃德》与16世纪的《巨人传》，不赠它们一顶"现代派"的帽子简直是罪过。所以，我使用所谓现代主义暨现代派这样的名词，取的只是那么个意思。

"袁可嘉"以降的阅读与欣赏，尤其对小说的阅读欣赏，其最大意义，是让我为自己喜欢的那类作品找到了一个共同的主角，一个比"典型环境中的典型人物"还典型的主人公：叙事。叙事是对序列事件的再现，作为一套语义系统，它以自身独有的逻辑指向真实。当我被普鲁斯特无事生非的絮絮叨叨搞得如临大敌时，当我踩着科塔萨尔的节拍前后飘忽地"跳房子"时，当我被品钦的"V"戏弄得找不着东南西北时，当我作为剧场里的"观众"被舞台上的汉德克骂得狗血喷头时，我忽然明白了，我何以会对"袁可嘉"情有独钟。原来，在我观察到的真实与想象中的真实之间，是存在着一道晦暗裂隙的，这道裂隙所分割开的，不仅仅是形式美学的技术指标，更是伪与真、表与里、公道与私见、言传与意会这些艺术道义上的精神参数。前者用实在规定我的视域，只允许我按图索骥；后者则以虚有打通我的直觉，帮助我天马行空。这是叙事向我泄露的天机。捧读一部文学作品，若能超越故事地感受和体验叙事，进而把玩和整合叙事，那才是最有趣、最刺激、最诱人、最奇妙的身心享受呀，套用巴思一篇小说的题目就是，它能让人“迷失在开心馆中”——哦，我没说它是能让人“迷失”的唯一享受，我谈的也只是它对我的意义。

小说是门叙事的艺术，所有的小说都离不开叙事。从这个角度说，我大惊小怪地声称发现了叙事毫无价值，只相当于发现了人和大马哈鱼的既不同目也不同纲。换个角度说，我读过的小说，非“袁可嘉”的肯定数倍于“袁可嘉”的，它们不可能没有叙事，可为什么对它们的叙事我视而不见呢？算我眼拙，这我同意。可为什么“袁可嘉”一出现，我又能一搭眼就像找到了组织那样与它不弃不离呢？难道我忽然火眼金睛了？我还是我，有了变化的，其实是叙事这个特殊角色。说到底，叙事的过程也是修辞的过程，既是对所叙之事的理解，又是理解的方法和方式，即使作者是《嫉妒》中那个零度情感的叙述人，其立场与态度，也会像“柱子的阴影”一样，不仅能“将露台的西南角分割成相等的两半”，也能如同万花筒般，在读者眼前洒下明暗莫辨的斑斑驳驳。当非“袁可嘉”以确定的、明晰的、单一的、可靠的、僵死的、教条的、非此即彼的甚至蛮横虚妄的叙事去理解所叙之事时，为其服务的方式方法必然百嗓一声，千人一面，万众一心，呆板单调枯燥乏味。这就好比，你是最优秀的美食家或时装设计师，可在改革开放以前的中国，十亿人的主食都是窝头，十亿人的时装都是绿军装，除了果腹与御寒，那简单到极点的吃与穿，又能给你什么灵感呢？“袁可嘉”则不是这样，它食分菜系口味，装讲一款一式，向一切可能存在的叙事途径伸出触角，以求把对所叙之事的理解强调得比人和大马哈鱼的区别还淋漓尽致。如此一来，怎能不叫某些不甘心当填鸭的读者舒心爽神呢——比如我。

当然了，若你觉得果腹了御寒了就心满意足了，就和谐小康了，我也没话可说。但我不是大马哈鱼，我是人，我喜欢吃得花样翻新穿得五花八门，当我把读小说和写小说看得与吃穿同等重要时，我愿意让小说对所叙之事的理解也花样翻新五花八门，我尤其愿意，叙事能成为对所叙之事的参与和创造，甚至，叙事就是所叙之事。

文学是座大开心馆，不同的人能在其间找到不同的乐子，如果叙事这件大乐子没被“袁可嘉”演给我看，凭我自己的鼠目寸光，是否能够把它找到，或找到了，敢不敢让它与强大的狄更斯、巴尔扎克的典型环境和典型人物比肩而立，还真不敢想象。我记得，早夭的优秀编辑家闻树国说过：“如果卡夫卡的小说最初送我审读，我很可能没勇气发它。”我认为闻树国的自我判断除了普遍性，还有引申含义：若那样的小说已被人认可,他就敢发。他的意思是,没有鸟就没有飞机,而没有飞机火箭,神舟五号就不存在。是的,这世间没有无源之水无本之木,只要承认这点,就能看清巴塞尔姆的《白雪公主》并非格林兄弟那个《白雪公主》的敌人,而是姐妹,甚至就是同一个人。但许多东西,理论上承认非常容易,去具体实践中分辨识别,就太难了。不可否认,最初左右我追捧"袁可嘉"的那股热情,主要成分是五分钟热血,我的兴趣所在,也多为形式技巧上的标新立异与猎怪逐奇,就像一个不成熟的恋爱者,我看重的,只是恋爱对象的身高体重肤色长相。所幸的是,继我与"袁可嘉"偶然相遇后,新的"袁可嘉"后续的"袁可嘉"又翩翩而来了,它们犹如天女散花或星火燎原,以不同的方式从不同的角度浸润着我。通过对它们的多方考量、反复省察,我终于获得了透过身高体重肤色长相去关注脾气禀性的能力,也终于明白,我与它们之所以能一拍即合、一见钟情,更在于我的生存根脉与美学基点,我的整个世界观,都已"必然"地写在了与它们属于同一谱系的基因图上。也正因为这样,我一直回答不好是我选择了"袁可嘉",还是"袁可嘉"选择了我。这几乎成了一个宗教问题。我只能说:偶然之途,达及必然,必然所成,均赖偶然。

在我与"袁可嘉"热恋的同时,有一套"二十世纪外国文学丛书"也正由外国文学出版社(人民文学出版社)和上海译文出版社分头推出,现在仍能见到上海译文在持续地出它。尽管那里面的有些东西与我口味不合,我买得不全,但它对"袁可嘉"起到了极好的推波助澜作用,把文学那种海纳百川的包容精神与生生不息的传承特点大气磅礴地展示了出来,就像一阵自由的风,平等地吹进每一扇心窗,不管你是托尔斯泰的传人,还是乔伊斯的拥趸。这之后,刘硕良时代的漓江出版社异军突起,"获诺贝尔文学奖作家丛书"和设计别致的"法国廿世纪文学丛书"波涌浪迭,刘硕良、柳鸣九让我看到,外面的世界很精彩,外面的世界一点儿不无奈,如果我们仍然徒唤奈何,那只能是自己的事。后来的漓江社有点让我失望,能开垦出那么一片肥沃的土地多不容易呀,为什么又撂荒了呢?我不懂出版,此为乱说。

我知道,"袁可嘉"属于小众趣味,即使在精英文化传统未曾受到毁灭性破坏的社会环境里,喁喁私语与踽踽独行也是它的命运常态。可私语与独行,标志的不正是精神自由意志独立吗?一个时代,如果一言堂和齐步走代替了私语与独行,失声和迷途便会野草般蔓延,那时候,千言万语汇成一句话的悲剧,波及的就不仅仅是蕞尔小众了。这世界上,没有"袁可嘉",人们照样吃喝拉撒;但我相信,有了"袁可嘉",人们的吃喝拉撒定然可以更惬意些。人和大马哈鱼不一样嘛。所以,作为一个始终受惠于"袁可嘉"的文学读者和小说写作者,我愿意向云南人民、湖南文艺这类偶一为之地推出诸如“拉丁美洲文学丛书”或“午夜文丛”的出版单位脱帽敬礼，而对持之以恒地向我提供思想与艺术养分的上海译文、译林、三联、《世界文学》和《外国文艺》编辑部等出版单位，我觉得顶礼膜拜都不过分。我唯一的一点意见是，比如译林社，它电脑字库里不铺“林荫道”只砌“林阴道”，这让我看去很不舒服，尤其是“阴道”被“林”甩到下一行时。我不认为我这种吹毛求疵的阅读反应源于我的猥琐心理与低级趣味，我也不是一个像道德标兵仇视露脐装那样反对“阴道”的人，我的小说里，阴道从来都与心脏眼球脊椎骨后槽牙一样清白体面。我抗议“林阴道”，只是觉得，“阴道”由人体移入大自然时，以仓颉的规律习惯，加上草字头才更妥当。后现代也得有个“后”的语境呀。我也听说，规定“林荫道”为“林阴道”的，是些文字权威；但出版过冯尼古特的人，怎么能把一些所谓的权威的歪理邪说奉为圭臬呢？想想冯尼古特在《顶呱呱的早餐》(《优胜者的早餐》)中干的事吧，美国国旗，美国国歌，那是何等“权威”的东西，可他挖苦它们，就像玩扑克时，朋友们挖苦我出了把臭牌。另外，买个博士文凭当权威的，因为是×××的小舅子当权威的，已越来越多，没必要对谁都唯命是从。

20多年一闪而逝了，表面看去，“袁可嘉”在中国灰头土脸，即使不算全军覆没，在一片“回归”声中，它领地的大面积丢失也有目共睹。不说普通读者吧，单看从事文学写作的特殊读者，眼前也容易一片萧瑟。事情似乎是这样的，我的这部分同行，即“袁可嘉”的前目标读者，大概觉得径直扑向出版商的钱袋和作协领导的奖杯不大堂皇，又没什么晋见的贿礼，就总惦记着先把“袁可嘉”批倒斗臭再转过身去投怀送抱。他们说：玩了百年，那些东西在西方已黔驴技穷，明显没有生命力了，我们干吗还接着玩？赶紧悬崖勒马吧，也许还能减少些损失；他们又说，这路东西，有什么特别，不就是把我们所有小说的开头都归拢成了同一个开头吗？“多年以后，面对行刑队……”那么容易模仿的东西，必然是些雕虫小技；他们还说，二战以后，英美欧陆，没出一个公认的大师，要么是上了宗教领袖的通缉令的，要么是公开承认靠嫖妓满足性需要的，要么是把白花花的诺贝尔银子赏给抛家弃国的高行健或热衷于把玩性变态的耶利内克，这足以证明，垂死的艺术只能配伍堕落的人……可我倒以为，不论回头浪子和九斤老太们如何遥相呼应地诋毁“袁可嘉”，事情却并非那么糟糕——当然，我不会像有些“袁可嘉”的辩护律师那么“现实主义”，只拘泥于头疼医头脚疼医脚的枝节纠缠，以美国的监狱犯人喜欢《等待戈多》或哥伦比亚的确有人长出了猪尾巴作为地对空的“拦截导弹”，来说明贝克特其实并不“荒诞”，而马尔克斯的“魔幻”也有真实依托。我想说的是，就我目力所及的范围，我的所有同行，不论如何的九斤老太或怎样的回头浪子，都有过兴致勃勃地舞动着西方的刀叉勺子进食的经历，即使没把“多年以后，面对行刑队……”之类的句式用到小说开头，也在小说中间和小说结尾，留下了大肆化用套用它们的马迹蛛丝，而尤其说明问题的是，虽然他们已经自信得如同中国足球了，却仍然坚持谦虚谨慎，没好意思像有些吃新儒学饭的人那样，点着从美国的中国问题研究机构讨来的美元，拍着胸脯子鼓励同胞说：21世纪嘛……

21世纪刚刚开始，我不是诺查丹玛斯我不敢预测；但作为一个喜欢探头探脑的井底之蛙，我不会放弃自己回望过去的权利。回望中国文学的包括我自己的这20多年，我没法不承认，“袁可嘉”作为一种人文精神的流风余韵，作为一种艺术传统的源头活水，已“润物细无声”地渗入了中国文学的每一道思想缝隙，已“当春乃发生”地发酵和分蘖出了中国文学的真实叙事。我想，面对这样不容抹杀的实绩，感念“袁可嘉”，应该是每一个中国文学工作者应有的礼貌。

访　谈《

边缘是小说最合适的位置

——刁斗访谈录

张　赟　刁　斗

张赟：刁斗老师，您好，首先感谢您接受我的访问。您是一名60年代出生的作家，您认为您和以往年代的作家，比如知青作家有什么区别和联系呢？

刁斗：文学是个大传统，精神、文化、修养、德性、趣味，甚至习惯，总以各种方式代代传承，就这一点而言，古今中外的许多作家对我都有影响，影响自然是联系的一种方式。知青一代作家也不例外。比如马原，80年代中期开始，他小说中那种崇智的东西就征服了我，到现在他自己都背叛它了，可我仍喜欢。不过马原好像不是一般意义上的知青作家。还比如王小波，也不是你们那个意义上的知青作家吧，但90年代一看他的小说，我的认同几乎一瞬间就建立了起来。我的意思是，哪朝哪代的作家没有关系，既往那些乐于将小说引入智力游戏这个层面的作家，我都愿意引为同道。

说到区别，别说两代人，就是同一代人甚至亲哥们，那区别也是又多又大的，我感觉，就我和长我十岁二十岁与小我十岁二十岁的作家比，有个根本的不同可能是，对某些“政治上正确”的东西，上一代仍然相信，下一代完全不信，我呢，我理智上已经不信了，可感情上还愿意那些东西有可信之处。当然这也不尽然，马原的不信就像我的下一代一样坚定决绝。但我不知道，他的这种“无代沟”状况是否会造成他与自身背景资源的大面积脱节，而这种脱节，是不是导致他染上了后期萨特那种滑稽色彩的一个原因。

张赟：您提到王小波，让我想起您对王朔也很欣赏，您把注重“有趣”和“调侃”的他们引为同道，和您的“轻浮”的小说观念也有联系吧？

刁斗：当然，可惜我走过一段挺长的弯路，觉醒的时间晚了一些。好在醒了总比不醒强，能抛弃赝品找到真货让我很得意。

张赟：您的小说曾被评论家们归为新状态小说、都市小说、先锋小说、新生代小说、晚生代小说等等，对于文坛五花八门的划分、归类与命名，您是怎么看的？这些命名和定位有没有对您的写作产生影响？或者说当代文学批评对您的写作有没有积极的作用？您是否愿意按照批评家的思路调整自己的写作状态？另外，您自己是怎么给自己的作品定位的？

刁斗：给小说家归类可能方便批评家说话和出版商宣传，它对我构不成任何影响，同样，针对我小说的褒奖或贬损，我也都把它看成外界对我的鞭策之一种。我很清楚，每个人都是借他人的酒浇自己的愁。当然说我好我高兴，可说我不好我也不会生气。我的自我调整建立在我的写作实践中，它多半不受理论支配，连我自己的都不受；如果批评家的意见恰好与我的顿悟和取向吻合了，我会在心里对那批评家会心一笑。

我的小说是我观察自我、解剖自我的产物，是我的精神自传，所以它可能更适合与我相近的那类人看：有点闲钱买得起书，有些闲时间看得成书，最主要是对自己和他人那种情感化的、本能性的东西有好奇，感兴趣，对一些公理通识类的东西有质疑，不信任，也就是在精神活动中务虚的成分更大一些。一般来讲，在传奇与寓言两者中我喜爱后者，在记录命运与分析性格两者中我欣赏后者，在反映生活与发现世界两者中我看重后者。所以，我希望我的小说是寓言的，是分析的，是发现的。

张赟：您的作品中的主人公都是当代的精神漂泊者，在作品中您一遍又一遍地重复着精神流浪的主题，并将人物推至精神的绝境，如《游戏法》中的沈阳，《证词》中的铁军，《回家》中的“我”，他们都曾奋力反抗、自救，但却无法摆脱失败的命运。这里面是否包含着您的某种终极关怀？

刁斗：我喜欢“精神流浪”或“精神漂泊者”这样的说法。也许有点矫情，但它指向自由。我小说中的人物总在反抗和自救，争取身心自由，这是因为，不如此人就没法活——肉身还活着，心却死了。这就好像两口子，婚姻关系还在，可关心与体贴，帮助与照顾，甚至连性生活，都没有了，那这婚姻对人就只成伤害了，比没有这个婚姻关系更可怕更害人。我喜欢能超越一己利害去感受疼痛和喜悦的心灵。但反抗和自救能否成立呢？我又认为不能。人生来就是为了失败而存在的，所有短暂的成功，都只有在映衬永恒的失败时才有意义，失败是人的宿命，劫数，根本。这是我的宇宙观。那是不是基于这样悲观的意识我就干脆死了更好呢？这我又不同意。一了百了是因为失望，可我原本就没什么希望，怎么会失望呢？西西弗斯推石上山，不是因为他以为那石头还能推上去，他知道他不能；他推它，也许只为出汗暖身子，或练练臂力，好在与其他神的摔跤比赛中赢盒香烟。如果我有终极关怀，那就是希望我和我的同类在滚石上山的路上，能多出点汗，把力量练得更大一点。

张赟：您一直在作品中强调故事的真实性，有时把自己个人的一些真实资料都编了进去，比如说《去张集》中对您的职业、社交以及写作情况的交代；《证词》中“作者的话”对故事来源作了详细的讲述；《重现的镜子》中，甚至林建法老师也出现了。读到这些时，我觉得很有意思，这些仅仅是您为了增加真实感而采取的一种叙述圈套吗？

刁斗：主要是好玩，是一种修辞兴趣。我喜欢那种似真似幻真假莫辨的状态，一写下我熟悉的人名与地名，一想到他们/它们在生活中的情状与在我笔下的情状，我就开心，觉得摆布他们/它们，包括现实中的那个我，有创世的快感。掌控是种享受呀。我特理解当领导的为什么都喜欢给下属开会，可你让他参加上司的会，他就不愿意了。至于真实，对我个人来说，那种所谓生活中的真实我根本不看重，甚至它都不存在，具体的每个人每件事都是真与假的大杂烩，虚与实的混合体；只有在小说里，那种感觉上、经验中、意念里抽象出来的东西，才有真实的可能，这种真实才叫真实。具体的真实是物质性的，它短暂、偏颇、有迹可循；抽象的真实则是精神性的，它朦胧、圆融、浑然一体。两相比较，前者是有条件的小真实，后者是无条件的大真实。

张赟：您曾不止一次地强调，拓宽虚构的空间和舒展想象的翅膀对于小说家来说是多么重要，这一点不难理解。同时您也强调了“童年经验”的重要作用，联系到您对“欲望”主题的关注，不免让人想到弗洛伊德，尽管您曾声明自己并非弗氏学说的嫡嗣亲传。在《阅读与思考》（《当代作家评论》1996年第1期）一文中，您写道：“小说家所唯一必需的，不是他自己是否曾经或者正在当军人当工人当农民当官员当犯人，而只是那些他一生都不会忘记的、最早进入他生命深处的童年经验。”能在这里具体谈谈这个问题吗？

刁斗：有人说他小时受过苦，所以能理解工农大众，有人说他小时在农村长大，所以对土地满怀感情。我说的童年经验可以包括这个，但这些只是其间的几块碎片。我说的童年经验主要在精神层面。童稚的心灵是最简单也是最复杂的，简单在于那上面什么都没有，你怎么往上刻画那上面就能留下怎样的痕迹，并且那痕迹还允许你适当地修改增补；复杂则在于那上面又什么都有，是那种谁都无从意识但绝对五脏俱全的有，恰好在成长的过程中，哪一部分被不经意地淋了水施了肥，哪一部分就茂盛了起来，而这茂盛的部分，很可能特别不值得茂盛，反倒是另一块更值得茂盛的部分，由于未经水肥的偶然问津，只能像根本不存在一样隐匿在暗处，但它又天然地存在着，无从磨灭不容勾销。这种简单和复杂看似一个东西，其实又确实是两个东西，确实一个是简单的，一个是复杂的，而正是这简单的有意识的岁月留痕，与复杂的难以把握的朝花夕拾，构成了一个人的童年经验。一个作家此后的写作，不论怎样变动不居，花样翻新，都逃不开这个东西的框限，因为这个东西不是对小说的框限，而是对你这个人的框限，这与“性格即命运”的道理有点相近，也能解释为什么一母生九子会九子各不同。我这样说，有点像是故弄玄虚。但我真不是故弄，如果它玄虚，那是它本身确实玄虚。其实，对“童年经验”我还有更玄的理解，我还认为，人的经验本质上是人类共同的记忆，我们每个人的记忆，都可以从人类的远祖那里追溯而来，且受控于遗传基因的组合装配。可惜我医学的知识非常匮乏，有些东西我只能意会，却表述不好，就不多说了。

至于你提到欲望和弗洛伊德，好像希望从我童年的性经验中找到一把开启我小说中情欲主题的钥匙，可我只能遗憾地承认，我的性经验毫无特点，估计与百分之七八十的人都没区别。

张赟：您作品中的主人公常常与众多女性形成一种“众星捧月”式的关系，如《证词》中的铁军与安娜、米丽亚姆、梅花，《游戏法》中的沈阳与青青、雯雯、魏锋、姚小丽，《为之颤抖》中的方城与亚芬、亚芳、英文女教师，等等。我们甚至从中可以看到一个潜在的男性神话原型，并感受到一种男性中心主义和男性自恋的气息，您能同意我的说法吗？

刁斗：你说的只是我一部分小说的人物关系，肯定不足二分之一。我的许多小说，比如《父亲的花园》，比如《回家》，比如《延续》，出场的女性甚至连配角都算不上，顶多是“龙套演员”，而《欲罢》和《身体》《孪生》，则分别是一个女人与三个男人和一个女人与两个男人的故事。说到底，这世界是男人女人共同组成的，一个故事很难避开他们的纠葛，在小说里，男人如何女人怎样，谁多谁少谁围着谁转，那只能根据故事的需要。一个成熟的作家，即使他为了泄愤或示爱写作小说，当他离开实在的世界进入虚有的世界后，也只能遵循艺术法则，而不可以率性而为，否则，他的作品只能贻笑大方。

我不知道男性的神话原型是否出入过我的小说，我只知道我是男人，作为一个成年男人在生活和写作。因为我是男人就男性中心主义了吗？我不知道别人何以从我小说里看到了这些东西，反正在日常生活中我不觉得自己这样。我首先把人都看成一种平等的生命，然后由于某种原因欣赏或者讨厌一些人，当然对大部分人没什么感觉，在这一点上，不分男女。我不仅从未高看过男人，甚至还格外地喜欢女人，这大概是性吸引造成的不平等吧。这种不平等甚得我心。至于说我小说里有自恋气息，我不知是否与我的部分小说用了第一人称有关，而那第一人称的主人公还都不呆不傻，反倒伶牙俐齿。如果是这样，并且让人讨厌了，以后我会注意。其实人称的使用首先应该满足的是叙事需要，并非我用起其他人称来手头生疏，私下里我一直认为，我七八年前的《私人档案》，在20万字的篇幅里，对第二人称的使用绝对一流水准。

张赟：因为需要很高的文字技巧和语言能力，用第二人称叙事确实是极少有人敢于尝试的，但您却一气呵成个长篇，这也显示了您很强的文体自觉意识。几乎您的每篇小说都有独特的结构形式，除了这篇小说，还有《解决》的三个模块设置，《去天堂的路有多远》对故事结局的多种设想等。这些小说的结构让人耳目一新，是很好的尝试，但批评界一直有一种声音认为当代文坛整体上存在技术美学大于精神形式的倾向，对于这个问题，您是怎么看的？

刁斗：中国读者的欣赏趣味、欣赏心理普遍保守，对自由的艺术精神有种本能的恐惧感、排斥心，这致使技术美学的花朵在中国很难找到开放的园地，可以说，在中国小说的T型台上，令人瞠目的奇装异服不是太多而是太少。把精神的贫弱归之于技术的滥用，这是典型的拉不下屎来怨茅房的心态，难道放弃技术就有了精神吗？我不愿意把话扯远，但为了讲清问题我必须说，在一个个性毁损、意志破碎、思想寂灭的精神空间里，也许技术的整合还能榨出一点新的汁液，否则只能一片干涸。这就像为了防止一座房子的坍塌，在周边加几根柱子，至少可以暂时缓解危局；如果这时房子仍然塌了，却把责任推在柱子身上，实在是欲加之罪，何患无辞。当然谁都有权评价判断那柱子加得是否和谐漂亮,但那问题不是这么个讨论法。我不是技术至上主义者,但我欣赏技术,我也不是形式决定论者,但我相信形式即内容。不妨做点实际工作,对当下中国小说搞个抽样调查,就说长篇吧,入得人眼的那些,肯定哪本都是在形式技术上值得圈点的。

张赟:您能举个例子吗?

刁斗:例子很多,就以我的《私人档案》和《回家》为例吧。

张赟:您在1997年林舟的一次访谈中说:“我笔下的所有人物,最终都走向无奈,我笔下的任何美好,最终都归于毁灭,这就是我对生存的理解。”遍观您以往的作品,全无圆满的结局。死亡、暴力、暗杀的情节和焦虑、绝望的情绪总在文中出现,但近期作品《的》《去张集》《小说三题》《哥俩好》等似乎有了变化的苗头,少了跌宕起伏的情节,人物紧张的情绪也舒缓了,连故事性、悬念性也没有以往强烈了。这是不是由于您对生存的理解有所改变呢?

刁斗:如果说我的写作出现了变化,也许它更出于一种摆脱惯性勘探新途的美学需要,是风格的与形式的需要。这就好比某样东西好吃,我也认可它好吃,可总吃它也要倒胃口的。但必须承认,技术只是一个表面的理由,在潜移默化中,思想意识上的东西的变化才起决定作用,尽管,它是一股暗流我都不很自知,甚至它完全就由一些客观原因促成。举个例子,我今年发表的《哥俩好》受到不少朋友好评,而好几个人都特别提及它结尾处理得好。这就不能不让我拍拍脑门了。其实原稿的结尾,那个弟弟自杀了,从哥哥摔下楼去的那个窗口跳了下去。可程绍武和李敬泽都觉得那么处理太激烈了,尤其是程绍武的来信,很让我震惊,他认为我让弟弟自杀有偷懒之嫌。对我来讲,在小说上“偷懒”正如在创作上自杀。当时虽然我仍有保留,但尊重了他们的意见,加一千字,改成了现在这个样子。现在看来,我喜欢上了改过的结尾,屈服于生活确实比逃避生活更有力量。在此我顺便向程绍武、李敬泽这两位高质量的编辑表达谢意。

也就是说,我对生存的理解是始终没变的,但在如何看待我的理解和把握我的理解上,我有了超越,我比原来的自己大了一点,高了一点。我说的是心胸和眼界。

张赟:我在网上看见了这样一则消息,说今年6月在贵州凯里的一次笔会中,您说了这样一段话:“文学有承担,那么数学有没有承担?烹饪学有没有承担?厨师可能还有一种具体的承担;文学只承担一种内心的东西。文学可以对社会的承担很弱小,只需对自己负责任。”其实,类似的想法很多其他作家也表露过。那么,您认为作家们对文学“承担”的抵触,是对曾经的满载“承担”的文学的厌恶,还是由于文学的边缘化,作家已不被赋予使命,不能承担社会责任的一种无奈?

刁斗:这是个含有伪命题成分的话题,更是个容易被人抓住一点不及其余的话题。主观为自己客观为别人,承担的东西怎么能没有呢?我想作家不是抵触社会担当,而是抵触那种强加于人的假大空的东西,抵触那些不属于小说的非艺术的东西,这跟小说边缘不边缘也没关系。在人类社会中,处于中心地带的永远是政治和经济,它们在利益好处上能立竿见影;而某种意义上,艺术的事情与功利无关,边缘是小说最合适的位置。

张赟:在这次会上,马原又重申了他的"小说已经进入它漫长的死亡期"的观点,之前文坛上也一直有关于"小说死了?!"的争论,这个问题您是怎么看的?

刁斗:我认为文字不死小说就有生命力。当文字只用于书写合同书或广告词,而放弃了它的文学功能时,文字的死期就来到了;可如果人类还存在,并且在吃饱肚子之外还有别的欲求,比如表达和倾听,比如提炼和抽象,那它就离不开文字。文字能够分泌文学,文学又反过来滋养文字,这是文字的历史,而文字史,是人性史的一条辅助线。人之所以比其他动物高级,就在于他除了需要实在世界,也需要虚有世界,而驮起虚有世界的一对翅膀,就是宗教和文学。近些年,我对宗教的精神充满敬意,我知道它不是轻易就能被世俗化的;而对语言文字的使用,通过语言文字,以文学的方式去关注问题,考量人性,探究世界,它同样是任何高科技数字化与影视图像都无法替代的。当然,我只是一个个体的我,但我相信吾道不孤,相信不会有人不渴望出入虚有的天地,尽管,那出入的方式可以各有不同。

但预言小说死活之事,不论多么悲壮或多么隆重,40年前的巴斯也好今天的马原也罢,我都愿意把他们的危言耸听放在搞笑的层面来赏玩。想想球王贝利吧,他对历届世界杯的胜负预测,不都成了像世界杯本身一样让人解颐的乐子吗?

张赟:在您的作品中,我们经常看到外国作家的人名和外国作品里的人名(尤其集中体现在《证词》中)。像福楼拜、霍桑、卡夫卡、博尔赫斯、罗布·格里耶、索尔·贝娄、米兰·昆德拉等名字在您的作品和创作谈中举不胜举。显然您受外国文学影响很大,好像还尤为推崇法国新小说。那么外国文学都给了您哪些重要启示?另外,您有喜欢的中国作家吗?

刁斗:马原就是我喜欢的中国作家呀。随着阅读的不同和心境的不同,一个人在不同时期可能有不同的接受对象,但总体上对某种风格某种特点是有偏爱的。10多年里,我书房里挂的唯一一幅照片,始终是贝克特与新小说的格里耶、西蒙、萨洛特那几个人的合影,我对那些形式主义者的好感达到了什么程度可想而知。

我比较喜欢西方20世纪上半叶的现代主义小说，一方面，它们的叙述调子与构成方式符合我的美学趣味，给我带来的愉悦感更强；另一方面，它们对于普遍人性和日常生活的关注角度与关注立场更让我认同，更贴合我的参悟与感受。有人认为我以及与我类似的小说家把西方文学作为营养是喝狼奶，是对中国祖宗的大不敬。我觉得这样的发言既狭隘自卑，又文不对题。打个比方说，如果我爸的能力只够教我到高中，大学之后我另拜师傅，就不对吗？如果我爸只能教我数理化，我在文史哲上别投他门，就不行吗？再往极端处说，如果我爸吃喝嫖赌，不学无术，我不敬他责任在我吗？人类文明的薪继火传，没人规定只能继中国的薪，传汉族的火，小说在中国是叙事的艺术，在英法德俄西葡日，也并未变成社论檄文表扬稿呀。人性中那些基本的东西是共同的，区别只在于他为级别喜或者悲，你为收入喜或者悲，我为恋爱喜或者悲。

张赟：您能谈一谈近来的创作情况吗？有即将问世的长篇小说吗？

刁斗：平常没什么杂事干扰我，我每天的乐趣就在于看书写作和玩，我觉得我伏案的时间比大部分同行都长。但写作这东西，其实越写越心虚，或者叫要求越来越严格，越往前走越愿意自行设置障碍，让自己和自己掰掰手腕，所以我产量没过去高了。我总在否定自己，不断修改写完的东西，经常枪毙成熟的构思甚至成稿。也正因为这样，去年就开了头的一个长篇，一年多了还只有两万多字放在那里，倒是没事就看看改改，却不敢往下写，觉得它在它的虚有世界里还没熟透，我还不该去采摘它。这两年写了几个中篇，除了发在《人民文学》上的《哥俩好》，还有《的》《身份》《出处》和《虐恋考》，分别发在《当代作家评论》《花城》《山花》和《小说界》上，现在拟发的有《狗肉豆腐汤》与《三界内》，尚未出手但已基本定稿的有《梅杜萨之筏》。

评　论《

走进刁斗的“性灵生活”

张　赟

20世纪90年代开始在文坛崭露头角的刁斗是晚生代的代表作家之一。在松散庞杂、风格各异的晚生代作家群中，刁斗无疑是有自己鲜明个性特征的，他的作品以其丰厚坚实的思想意蕴和别具一格的叙述技巧赢得了文坛的关注。曾有批评家称刁斗为文学界一个始终"埋头拉车"而无暇他顾的"劳动模范",因为他未曾在任何文学潮流、派别上作过宣言或发表一番"鸿篇大论",他只是勤勤恳恳地在耕耘着自己的文学"一亩三分地",写作之外并无引人注目之举,始终是个"低调"的作家。然而,这决不等于说刁斗的作品是平凡普通的,在他奉献给文坛的一系列作品如《证词》《回家》《私人档案》《欲罢》《重现的镜子》《去张集》《哥俩好》等中,每一部都会给你带来不一样的新鲜感受,每一部都展示了他不断探索、求新求变的文学理念。他决不故步自封,而是不断从他人——不论是西方作家,还是中国同行——那里,汲取经验,丰富自己的创作,同时又决不重复他人,更不重复自己,显示了他开放而睿智的眼光。刁斗是以现代都市生活为主要创作资源的,他以自己对现实生活的敏锐、出色的反应力和再造力表现自己对文学的理解,对生活的感悟。他的小说总是散发着新鲜的现实生活的气息,他敏锐地捕捉着现代人的灵魂世界,表现他们的精神的困境和灵魂的焦灼,同时,又把对人生世相的具体精确的描绘上升到形而上的寓言的层面,去探讨生命、欲望、人性、困境等问题,体现了刁斗对人类终极问题的关注。"他认为,对于一个小说家来说,整个人类所面对的共同问题,才是他需要穷极一生去'深入'其间的:比如痛苦,比如幸福,比如责任,比如背叛,比如信仰,比如绝望,比如仇恨,比如爱……而这一切,皆源于他的性灵生活。"[①]这里,"性灵生活"我们理解成他的精神世界、心灵历程和想象空间,存在于他的头脑中,也对应在他的小说中。走进刁斗的小说世界,也就走进了他的"性灵生活",让我们尝试在刁斗的精神世界中游走,去体会和把握刁斗文学创作的某些方面。

一、"反抗理论"与"情欲主题"

刁斗认为,写作是一种反抗的方式。反抗什么呢?反抗主宰希望的虚妄、奠基快乐的痛苦,反抗生活中的各种矛盾、无奈、限制和束缚。刁斗说:"我的反抗情绪需要宣泄。我也算得上一个知书识礼宽厚友善的人了,可不知为什么,我却天生对许多制度化规范化及一切约定俗成的东西反感厌恶,越是外部强加于我的东西,我就越愿意与之抗争。"当然,刁斗也知道,他的反抗也许并无胜利可言,但"反抗即是自救,而自救没有终点"[②]。刁斗看重写作的反抗意义,是因为写作这种形式是"抽象的

---

① 刁斗:《生活》,《艺术广角》2000年第1期。

② 刁斗:《重现的镜子》自序,浙江文艺出版社2002年版。

反抗与本能的反抗”，是“精神的、纯粹的、形而上的”①，这是他尤为崇尚的。刁斗是在写作实践中提取如上思想的。细心的读者很容易就会发现，在刁斗的许多小说中都凸显或隐含着一个“情欲主题”②，这是因为，一方面，情欲本身的神秘性和永恒性使他乐于表现；另一方面，情欲主题的引入使他“对某些问题的发现和提出，获得了一种超越于情欲主题及我的个人趣味之上的意义与价值”③，由此而获得具体的表象和深厚的内涵。那么反抗理论是如何与情欲主题相联系的呢？在对“情欲主题”的书写中，刁斗告诉人们：“不论短暂的希望快乐还是长久的虚妄痛苦，都会像‘爱’与‘死’一样，与人类永远地相伴下去，如果我们不想束手待毙，就只能坚持不懈地奋力反抗，夺取希望快乐，阻击虚妄痛苦，即使，我的前世只是那个推石上山的西西弗斯。”④通过对刁斗一些作品的分析，我们可以更好地理解，情欲主题是刁斗反抗现实矛盾和冲突的武器，是探究和表现真实人性不可回避的环节，是折射现实人生的一面镜子。

《为之颤抖》描写的是高级知识分子方城的婚姻之内和婚姻之外的爱情生活。方城与妻子林亚芬是在“大串联”的火车上认识的，也有着美好的彼此怦然心动的初恋时光，然而结束“串联”后，林亚芬爱上了别人，轻易地抛弃了方城，也开始了她不幸的命运。由于出身的缘故，林亚芬成为阶级斗争的靶子，也被那个占有了她心灵和肉体的恋人“像出借一本有趣的故事书一样，不断地把她交给一个个男人换酒喝换肉吃”。下一次恋爱，由于对方的母亲知道了她的过去，她又一次被抛弃，绝望的她跳河求死，却意外地被方城救起，并隐瞒过去与之结婚。了解真相之后的方城对林亚芬进行了残忍的精神的折磨，并找了几个情人以摆脱内心的痛苦，但他自己还是感到了心灵和肉体的可怕的衰老。就是这段不堪回首的往事同时成为方城和林亚芬的梦魇，他们都为之痛苦，为之衰老，却又无论如何也摆脱不掉。最后在方城的冷漠和蔑视中，林亚芬自杀了。而在妻子咽气的那一刻，方城在多年的情人林亚芳的床上，正悲哀地感到力不从心。在这个悲剧中，方城无论如何也不能把林亚芬的过去跳过，尽管他也想，如果自己什么都不知道，就什么事情都不存在了。不幸的是，他什么都知道了，知道后就陷入精神的牢狱，他毁了自己年轻健康的生命应有的健康生活，即使是和相爱的情人林亚芳的情爱生活，也显得苍白痛苦。这也让曾无法主宰自己命运的林亚芬遭遇更严重的心灵打击，尽管深爱着方城，也只好死去。面对生活赐予的不幸，他们都选择了逃避，这是生活的限制也是人性弱点的限制。

---

①③④　刁斗：《重现的镜子》自序，浙江文艺出版社 2002 年版。

②　刁斗：《为之颤抖·后记》，中国社会科学出版社 2001 年版。

刁斗的这篇小说是以情感和欲望作为故事发生的基石和动力的，是对人性弱点的探究，揭示的是人们对命运的无力的无效的反抗，也是对人们心理限制的悲哀的无可奈何。主人公要反抗生活中的不幸，却无法摆脱性格心理的束缚，无法摆脱注定的命运。作品揭示了人们生活中普遍存在的一个精神现象，体现了一种可贵的人性光辉。

人类的欲望是千变万化无法穷尽的，刁斗竭尽所能地将人类欲望的各个侧面展露出来，而有关欲望的故事的结局都是无奈的、迷惘的、欲言又止的、欲说还休的、欲罢不能的。欲望有时会越过道德的界限，这时人的情欲本能与理性之间会出现严重对抗。道德的维度一旦暂时被遗忘，人就会被欲望所支配。而沉迷于欲望的海洋中的人们一旦从水面浮现，呼吸一下外面的空气，内心就会和道德发生激烈的冲突，这也暴露出作家本人思想传统的一面。所以《为之颤抖》中方城的女儿来找小姨林亚芳告之母亲去世的消息时，藏在林亚芳床上的方城会有无法面对女儿的尴尬；《作为一种艺术的谋杀》中丰丰一面与国沉浸在性爱的欢愉中，一面又时时面临自己良心的激烈的谴责和对丈夫黄海的强烈的愧疚。但是刁斗对情欲的态度绝非是批判的否定的，也绝非是"以前所未有的大胆毫无节制地叙述着赤裸裸的'性'"，以刺激读者的眼球，就像某些研究者认为的那样。细心而严肃的读者会得出这样的结论：刁斗对"情欲"或"性爱"的态度，是崇敬的、赞美的，而绝没有贬损之意，至多在某些时候怀有困惑和疑虑，他关心的是情欲的走向，而非"动作"，并以此作为支撑叙事的动力。刁斗曾在一次访谈中说："人是欲望的集合体，其中情欲是根本，我喜欢探究情欲，使它在我的小说中成为一种整合力量……至于在小说中对情欲主题的处理，我没有给予格外的关注……我只是采取一种顺其自然的态度……"[①]刁斗喜欢拿男女两性关系来说事儿，一男多女或一女多男是常见的模式，但深刻和可贵之处在于能够超越于表面，使"性"成为探索人性奥秘的一条通道。这就是他自己所说的"超越于情欲主题及我的个人趣味之上的意义与价值"。

《身体》这篇小说让人想起《安娜·卡列尼娜》。斯魅是个像她的名字般富于魅力的女性，有着在外人看来美满富裕的家庭、体面的工作。然而，她却在无法控制的激情和欲望的裹挟下，背弃了爱她的丈夫，走向能给她带来肉体狂欢的情人，并在感官的享受中爱上了情人。最让人吃惊的是，在情人因卷入一场"群交"事件而被逮捕后，斯魅发现自己竟然可以毫无芥蒂和保留地爱他、接受他，而一切道德的教条对她

---

① 林舟：《反抗无奈的写作——对刁斗的一次书面访谈》，《花城》1997年第6期。

已毫无意义。从结尾来看,这真是一篇惊世骇俗之作,肯定会有人反对这种性爱观念,但这里我们姑且求同存异,先来看看作者的意图。首先,作者肯定了斯魅对自己身体的发现,那是她在自己以往的平静淡泊的生活中所没有过的激情的喷涌,她获得了对自己身体的重新认识。其次,刁斗要人们正视自身的欲望,他说"许多人轻薄肉体,要么是虚伪,要么是他们的肉体已经不会燃烧激情,才去把责任、欲望、义务甚至习惯那些东西标榜为所谓的爱情。想想看,没有肉体哪有激情,而没有激情的爱能真实吗?能强健吗?虽然有了肉体不一定就会有爱情,但爱情却决不能离开肉体……"对人自身的全面关注是社会进步的标志之一,这里我们可以看到刁斗的用意与某些女性主义者的私人写作有相似的动机。情欲在刁斗笔下并不是邪恶的,它有时是人们在反抗虚伪的生活、枯萎的爱情时找不到出路时的出路,是一种无奈的却暂时有效的反抗的方式。小说集《骰子一掷》的封底有这样一段话:"他把性爱作为一个参望孔道,去探索性欲的复杂性、道德的美丑、个人命运、家庭离合及人性的多重内涵。他揭示了现世生存与想象生存的基本矛盾。他旨在窥破现实的欲望化本质。"这段话也可以帮助我们理解刁斗小说。刁斗的作品并没有给现实的矛盾提供具体解决的办法,事实上,现实的复杂性神秘性就在这里,解决矛盾的答案是无解的。刁斗不是上帝,他比普通人高明的地方在于,他看到了并暴露了被遮蔽的矛盾,而不是习以为常和麻木地面对,这已证明了他所具有的超越性。作为作家,这足够了。

二、"形式"即"内容"

刁斗说:"小说家在喜新厌旧这一点上与俗世认同,但小说家通过标新立异来确定自己的位置,并不是为了廉价的喝彩声,而是源于对生命本能的珍重……机械的效仿与乏味的重复,一成不变的风格和轻车熟路的模式,都是导致小说衰弱与停滞的不治之症。"①可以说,刁斗感兴趣的主要是形式,在叙事上表现出一种别具一格的处理方式。他认为"小说家的责任,即一部小说的诚实和道德,集中体现在小说家的技巧运用上"②,他要用一定的讲故事的方式,赋予这个简单的故事内核以一定的外形结构,从而发掘出其中可能蕴藏的意义,也就是说,形式即内容。在一些高度实验性的小说如《解决》《孕》《捕蝉》《去天堂的路有多远》《的》等中,暗含着刁斗对小说的某种坚定的理解和几乎矢志不渝的追求。

---

①② 刁斗:《阅读与思考》,《当代作家评论》1996年第1期。

《解决》可以看作刁斗实验性文本的一个典型案例。它由三个相互独立的部分组成，即“严松方面”“衣丹方面”和“钟祥方面”。严松是一个无所事事的猥琐的男人，一次在对一个夜行的女人进行了性骚扰(在其屁股上摸了一把，再用树枝扎了一下)之后获得了前所未有的满足和愉悦。其后便一发而不可收，他经常寻机进行这种自己命名为“作记号”的活动，一时间成为这个城市女人们闻风丧胆的“刺臀伤害案”，严松的刺臀活动在其婚后宣告结束。接下来是第二部分。衣丹是个有着变态心理的未婚老女人，快到圣诞节时，单位分了大量明信片，她决定匿名寄给以前别人给她介绍过但未谋面的对象——钟祥。她在明信片上写满漫骂、攻击和无中生有的诽谤以充实她无聊的生活，并发泄她对男人的憎恨。在这个秘密活动中，她感受到了前所未有的年轻快活。接下来是第三部分。钟祥是个在机关里多年升不上正处的副处，且离婚一年。在人际关系复杂微妙的单位里，衣丹的恶意明信片所带来的困扰使他受到极大的伤害。钟祥认定这是他以前女友的妹妹干的，而报纸上关于“刺臀案”的报道给了他报复的灵感。小说的结尾，报纸报道困扰市民多时的“刺臀伤害案”宣告侦破。某机关工作人员钟祥在作案现场行刺未遂，自杀身亡。公安局还把未破的强奸案算到钟祥头上。结局充满反讽的意味。刁斗的这篇小说的语言、情节都很生活化，而结构又相当新颖独特。显然，如果不是这种三个“模块”相互独立的结构，《解决》恐怕很难成为一个多么成功难得的优秀小说，也很难被《收获》以头题推出。

刁斗有着很强的叙述自觉意识，在许多作品中的有意识的技巧运用都可圈可点，值得并应该引起更大的重视。长篇小说《私人档案》用的是极为少见的第二人称叙述，但通篇流畅自然，是个成功的尝试;《回家》用一个长篇的篇幅，讲述的是“我”一个白天和半个夜晚的外部活动和心理活动的过程，让人联想到《尤利西斯》;《重现的镜子》和《证词》都可看作是“伪侦探小说”，分别通过主人公“我”、铁军的步步深入，层层揭开事实真相，思考了独善其身和还原人性真实是否可能;《的》通篇未用一个“的”字，是对汉语写作语言学方面的一个崭新尝试;《去天堂的路有多远》对故事的结局做了多种设想，留下耐人寻味的思考空间;等等。以上都显示了刁斗作品对常规写作模式和读者阅读心理的挑战。通过对这些作品的分析，我们也更容易理解刁斗的“技巧不是装扮小说的花裙子，技巧是小说本身，是小说家的本能暗示给小说家的激动和热情”。当然，刁斗并不是单纯的形式主义者，在这背后他仍然表现了对当代人精神困境、情感、欲望和生存状态的极大关注。

20世纪80年代中期先锋作家的形式主义实验曾经有着繁荣景象，但现在已经销声匿迹，曾经的先锋文学领军人物马原、余华等要么已不再写作，要么已“回归故事”。这时，我们忽视了刁斗，刁斗小说在技术美学方面已达到很高水平，但却没有得到文学界足够的关注。刁斗的作品摆脱了过去先锋文学的那种曲高和寡的处境，也就是说没有因斩断语言、文体与外部现实的关系而脱离读者。在他的作品中，小说形式与内容已浑然一体，形式就是内容，内容等于形式。没有他巧妙构造的形式，故事就会显得没有生气，而且，显然他独特新颖的构思在作品中占据更显眼的位置。在文坛其他作家只是把叙述故事的方式放在不显眼的位置时，他仍然津津有味、自得其乐、我行我素地精心构思如何“写”小说。我们不能说刁斗的技巧如何高不可及，事实上，刁斗小说的叙述有时也确实存在着过于雕琢、刻意的毛病，但我们毕竟可以这样说：刁斗给文坛带来了以往所没有的新的东西。

三、“轻浮”的小说

刁斗曾写过一篇叫《“轻浮”的小说》的创作谈，阐述自己的某种小说情结。他说：“那些面容凝重忧愤弥胸的前辈高人们的训谕教导，还时常会回荡在我的耳畔：狄更斯、巴尔扎克、特罗洛普、雨果、左拉、托尔斯泰……他们确定了我最初看待人生的视角与视域。……但有了一些生活的阅历与人世的经验后，我必须承认，给那些炮制‘轻浮’小说的老顽童们当亲传弟子，倒更符合我的心愿，尽管，他们给我授课的地点不是高雅的讲堂而是低俗的酒馆，他们授课时的态度也不够端庄方正而是嬉皮笑脸。”①于是，塞万提斯、薄伽丘、拉伯雷、斯威夫特、斯特恩等作家成了他的最爱。刁斗“轻浮”的小说观念使他的作品有时呈现出“游戏”的性质和品格。“游戏”指的是刁斗以小说的方式发现生活的一种态度和精神：自然天真，率性而为，有时甚至挤眉弄眼，装傻充愣，似是而非，阴阳怪气。这种小说观念使他甚为推崇王朔和王小波。在如今倡导多元的文坛上，刁斗的想法应该无可厚非。小说中应该有仁义礼教之类的微言大义和规训教化，属于“严肃”小说的范畴，但这种小说从古至今已经统治文学太久了，变得虚伪而装腔作势。“轻浮”的小说就是在文学找好自己的位置后——刁斗认为“边缘”是文学最好的位置——“帮助日益僵化麻木的生命找回遗失殆尽的古老直觉，以润泽情感开启心智”②。

刁斗有时喜欢煞有介事地告诉读者，他的故事是真实的，为了证明这一点，他常常把自己当作主人公或事件的亲历者，并把自己的职业、住址、社交、写作计划等真

---

①② 刁斗：《“轻浮”的小说》，《鸭绿江》2005 年第 7 期。

实情况写进小说。比如《重现的镜子》开头先解释了一下自己为什么写小说时喜欢以电话开头，接着又说一个叫"林建法"的同事可以为他证明开始这个故事的神秘电话的真实性，但他与小说中的故事无关。《去张集》开头对自己怎样虚构一种花、一种药作了详细"揭发"，后又讲如何由一个虚构的城市"张集"引起了一场真实的欲望之旅。又比如，刁斗喜欢描写"沈阳"这座他一直生活着的城市，无论是"北陵公园""望花立交桥"，还是"泰山社区""北市小区"，包括街道、建筑都毫不含糊的真实，让熟悉这座城市的人发出会心的一笑。这与多数作家喜欢给故事虚构一个所在地的做法明显不同。刁斗说，这是出于"一种修辞兴趣"，"我喜欢那种似真似幻真假莫辨的状态，一写下我熟悉的人名与地名，一想到他们/它们在生活中的情状与在我笔下的情状，我就开心，觉得摆布他们/它们，包括现实中的那个我，有创世的快感。"对刁斗来说，"那种所谓生活中的真实我根本不看重，甚至它都不存在，具体的每个人每件事都是真与假的大杂烩，虚与实的混合体；只有在小说里，那种感觉上经验中、意念里抽象出来的东西，才有真实的可能，这种真实才叫真实。"这是刁斗的"真实观"，从中我们可以感受到刁斗的"轻浮"的小说观念反映的一个方面。我们也可从刁斗在小说中对"写作"行为本身的暴露中看到马原曾经乐此不疲的"叙述圈套"，但他对叙述行为的暴露已不再是为读者制造阅读障碍，而是增加了作品的趣味性、可读性。

刁斗的语言给人一种舒服、慵懒、自然流畅的感觉，小说中装腔作势的东西很少，他决不故作高深，决不空发过多的感慨和议论。他总是这样说新写的小说：挺好玩儿的。但刁斗的小说与浅薄简单无缘。刁斗说："在传奇与寓言两者中我喜爱后者，在记录命运与分析性格两者中我欣赏后者，在反映生活与发现世界两者中我看重后者。所以，我希望我的小说是寓言的，是分析的，是发现的。"在刁斗的部分非写实小说如《捕蝉》《孕》和《的》中，我们可以更好地理解他的"寓言性"追求。《捕蝉》讲述了一个关于"窥视"的故事。作家"我"搬到已去德国进修的未婚妻家居住，无意中发现地毯下有一个窃听器，于是对邻居2号家里年轻夫妻进行窃听成了"我"的嗜好，在这个过程中他发现2号一直在窃听邻居3号的活动，于是通过2号，"我"了解到3号家的老公公正在和淫荡的儿媳妇计划如何把妨碍他们通奸的儿子（丈夫）除掉。小说的结尾让人意想不到，由于3号也对"我"进行了监听，所以在知道自己的计划暴露了之后放弃了对儿子（丈夫）的谋杀。"捕蝉"取的是"螳螂捕蝉，黄雀在后"之意，窥视成了不可预料的循环，人们就生活在这样一个相互"窥视"的环境里。人们对别人的私生活总是有着无限的窥视的欲望，这种窥视其实并没有什么恶意，只是好奇罢了，但它却在乏味的生活中点燃了无聊的人们的久违的激情。这是刁斗对当代都市人心态的寓言化描写。你可以解读出人们的无聊、庸俗,也可认为“窥视”是人性本来就有的一种倾向,或者谁也逃不出被窥视的命运,谁都不能否认自己曾窥视过他人。

《孕》描写“文革”中一个美丽的大学女教师朱若红爱上了学生杨朝阳,这时军宣队的马向东向她求爱。杨朝阳被一颗意外而来的手榴弹炸成八块,已怀有杨朝阳骨肉的朱若红嫁给了马向东,并很快做了流产。此后朱若红八次怀孕却每次生下的都是人体的各个部分。一次老年的朱若红告诉马向东说,自己要死了,然后去了实验室。随后找来的马向东看见一个“身体的许多部位都明显地留有数条接缝啮痕的年轻小伙子”从实验室走出来,他喊出:“杨——朝——阳。”小说具有一种神秘阴森的气息。当然我们不必来考证故事的可信度,事实上,我们能获得这样的信息:一方面,在朱若红,一种记忆、一种痛或一种爱是可以长久地留在身体和血肉里的;另一方面,在被暗示为杀死杨朝阳的凶手的马向东,时间不能使他内心的罪恶的负载变轻,并迟早会在某一时刻受到潜伏在心口的恐惧与畏怯的进攻而暴露无遗。

《的》讲述了一个男人对一个只见过半边脸的女人的狂热幻想。在连续多日的跟踪后他发现她竟是自己对其裸体都不愿多看一眼的已分居的妻子。这也是个让人觉得现实生活中不大可能的故事,但它喻示了现代人的一种普遍存在的心理倾向:人们总是对不属于自己,或有陌生感和距离感的事物怀有敬意,也可以说是一种盲目性。

以上三篇小说都有一种非写实性,它们让人觉得虚假又真实,朦胧又清晰,让人在掩卷后凝神深思。刁斗把对日常生活的关注,上升到对人性的解读,暴露人性的真相和弱点,是有着终极关怀的指向的。

最后,与刁斗“轻浮”的小说观念有关,本文拟对刁斗创作与外国文艺的关系作一简单描述。前文提到刁斗在创作谈中提到很多外国作家对他的影响,如普鲁斯特、福克纳、霍桑、卡夫卡、博尔赫斯、昆德拉等,事实上,刁斗有时还直接用外国小说中的主人公的名字为自己的小说人物命名(这一点集中体现在他的《证词》中),并在小说中借人物之口表达对画家梵高、达利作品的欣赏。他的许多作品的名字直接来源于某些外国作品。《捕蝉》明显受到新小说代表作家罗伯·格里耶的《窥视者》的启示;《重现的镜子》的标题是对罗伯·格里耶的《重现的镜子》的借用;《伪币制造者》的标题是对法国作家纪德的《伪币制造者》的借用;《梅杜萨之筏》的标题是对法国画家席里柯的名画《梅杜萨之筏》的借用;等等。对一些名作名称的借用,不免让人觉得有投机取巧的嫌疑,但我们也应该看到刁斗在这其中所寄寓的反讽和对比的内涵。以上说明也足以见证刁斗对外国文学的广泛涉猎与热爱以及文学准备的充分。当然,更能引起我们注意的是,刁斗的作品确实在语言、叙述、结构设置等方面受到外国文学潜移默化的影响。从对刁斗的访谈中我们能感受到他对法国新小说尤为偏爱,他也说在他的书房里一直挂着一幅贝克特与新小说的格里耶、西蒙、萨洛特的合影,在这些形式主义者这里,他找到了共鸣。在这些外部影响下,刁斗在自己的艺术实践中形成了符合自己内质的小说观念。刁斗说:"在我这里,'轻浮'的小说更指向人类内心图景的精确与真实,它的核心是自省和自救,仅此一点,它的严肃性即毋庸置疑。需要声明的是,它的严肃是小说的严肃,而非严肃的小说。"

刁斗十几年的文学之路已为他积蓄了丰厚的写作经验,但越往后他倒越不愿轻易动笔了,他说:"越往前走越愿意自行设置障碍,让自己和自己掰掰手腕……我总在否定自己,不断修改写完的东西……"我们也可以把这看作作家成熟的标志。刁斗的作品还有需要改进的地方,我个人认为他有时过于追求细节的准确细腻,但有时会造成琐碎冗沓,缺少空白之美,或许不把话说尽更妙。刁斗的文学之路还很长,让我们祝他一路走得更好!

(载《小说评论》2005年第6期)

主要作品目录《

长篇小说

《私人档案》,作家出版社1997年版。

《证词》,上海文艺出版社1999年版。

《回家》,时代文艺出版社2002年版。

《游戏法》,江苏文艺出版社2002年版。

《欲罢》,春风文艺出版社2003年版。

《代号:SBS》,花城出版社2007年版。

《我哥刁北年表》,江苏文艺出版社2008年版。

《亲合》,作家出版社2011年版。

《圣婴》,作家出版社2018年版。

中短篇小说集

《骰子一掷》,四川文艺出版社 1996 年版。

《独自上升》,海天出版社 1996 年版。

《痛哭一晚》,作家出版社 1997 年版。

《为之颤抖》,中国社会科学出版社 2001 年版。

《爱情是怎样制造出来的》,黑龙江人民出版社 2002 年版。

《重现的镜子》,浙江文艺出版社 2002 年版。

《实际上是呼救》,文化艺术出版社 2006 年版。

《情书考》,敦煌文艺出版社 2014 年版。

《出处》,大连出版社 2015 年版。

《发现》,贵州人民出版社 2018 年版。

《我在》,江苏凤凰文艺出版社 2020 年版。

散文随笔集

《一个小说家的生活与想象》,作家出版社 2012 年版。

《虚有》,贵州人民出版社 2018 年版。

《慢读与快感——短篇小说十三讲》,上海文艺出版社 2020 年版。

东 西

男，本名田代琳，1966年生，广西天峨人。

小 引《

在“小说百家档案”所有专辑评论中，本辑主笔胡群慧的这一篇分析东西的《后悔录》的文章，是写得最为抽象，也最为晦涩的。虽然我把她的一些超长的句子，尽量用逗号截成短句，但读起来依旧绕人。我想，她对东西的作品既有如此独特的体验和独到的见解，就不能说她是在以艰深文浅陋，而且她正处在认真求学阶段，也没有必要去刻意糊弄读者。究其实，只有一种可能，就是她所谈论的，也是东西的作品所表现的这个身体的和性的问题，确实是一个无法具体谈论的话题。这倒不是因为什么道德观念的约束和禁忌，也不是脸皮太薄羞于启齿，在这个观念和行为都十分自由开放的时代，这些都不是问题。问题是，这个问题一经具体化，就纯粹是一个器官和器官之间的问题，而与文学所要表现的东西无关，或关系不那么直接，所以，胡群慧才要把这个问题扯到社会、历史、世道、人心上来，这就难怪她的文章要让人觉得晦涩了。

说西方人把精神与肉体二分，重精神而轻肉体，中国人又何尝不是如此？而且中国人还有一个独特的发现，就是当肉体包括肉体的器官被限制和摧残之后，精神反而会异常振作。最有名的例子，是司马迁本人的经历和他自述“发愤著书”的那一段话，他所举前人的那些故事，不是身体被囚，就是器官被残，但最后都因此振作精神，成就了一番事业。就连孟子说的那段有名的励志的话，也强调要折磨身体，才能磨炼意志，堪当大任。革命领袖毛泽东年轻时就对此身体力行，中流击水、冷雨浇身、跣足徒步，也是为了培养革命意志，为未来的革命实践作准备。轮到我们当红卫兵的时候，也模仿过一阵子，只是最终没用到正经的革命上，没有干成惊天动地的伟业，而是用来做工务农，养家糊口。说到做工务农，20 世纪五六十年代有一句流行语，就叫做“勒紧裤腰带子干革命”，这和当年江湖上说“把脑袋别在裤腰带上”的意思大体相近，都是说要干出一番大事，闯出一片天下，就必须舍得把身体豁出去。在那个艰苦的年代，中国人虽然亏待了身体，可终究赢得了革命和建设的伟大胜利，算算倒也值得。

但话又说回来了，人不能总是为了精神而戕害身体，古人所谓“身体发肤，受之父母，不敢毁伤”，是说身体其实并不是你个人的私有财产，它的产权是属于生养你的父母的，所以保护好身体，就是保护了父母的财产，也就是对父母尽了孝道。但这种说法，又似乎与现代为事业献身的精神矛盾，所以自古以来这忠和孝就不能两全。更何况身体又常常要受欲望的驱使，身体的欲望满足了，像曾广贤的父亲曾长风那样，有时候又难免要触犯种种的道德禁忌和社会规范，身体因此又要付出沉重的代价。如果说为事业献身，身体最终融入了事业，或像胡群慧说的那样，进入了历史，那是对身体的价值的一种提升，但如果为了一己的欲望而伤害了身体，那只能自认倒霉。所以人在这种情况下，往往是放弃肉体而选择精神，这就是为什么古往今来，总有许多富家子弟，甘愿放弃口舌之福，离开温柔富贵之乡，去追逐崇高的理想，建立不朽的功业。归根结底，人之为人，是很难处置自己的身体的，放纵身体的欲望，使之得到最大的满足，难免受苦；献出自己的身体，使它的价值得到最大限度的提升，也要受苦，而且可能更苦。左也是苦，右也是苦，倒不如像动物那样，只管身体欲望的满足，不管欲望以外的东西，反而自在快活。但人毕竟不是动物，所以人就注定要为自己的感性存在——身体和欲望——受苦。

性不过是人的身体欲望的一种表现，因为禁锢得太紧太久，所以显得神秘，谈起这个话题来，也就显得敏感罢了。在一个“掊物质而张灵明”（鲁迅语）的时代，身体作为一种物质的存在，既要为精神作奉献，就不免连带着也要将身体的欲望献出去，包括欲望之一的性。只不过这献的方式，不是供奉牺牲，让众人顶礼膜拜，而是深锁禁宫，隔绝人世，让它不得见天日。禁欲的时代于是便只有身体的影像，而看不到身体本身。性的描写在这个时代中，于是也便有了许多替代的符号或代名词。记得从前读周立波的《山乡巨变》，其中写到一对男女的性事，居然说是做了一个“吕”字，你不能不惊叹现代中国人抽象能力的奇妙和高超。当然更绝的是，古典小说和古代评书涉及男女性事，往往用“那话不谈”四字一笔（或一语）带过。中国的文学和文化千百年来就在对性的避讳和迂回的表达中，创造了别一样的同样灿烂的文明形式。

但这事终究不能这样长久下去。原因之一是社会总在不断地发展变化，要求献身的时代过去了，顾惜身体的时代或者就要到来；禁锢欲望的时代过去了，开放欲望的时代可能就紧随其后。何况社会的发展变化，同时还为身体的出场和欲望的开放提供了足够的环境和条件，就像今天这样，欲望大张，人欲横流，身体的欲望得到了空前的发挥和满足，这样的时代虽然也少不了精神价值，但却不一定要以牺牲身体和禁锢欲望为代价。恰恰相反，有时候还得借助身体和欲望的力量，来推动社会的发展和进步，比如说，我们今天所处的这个商品经济、消费社会，如果没有身体和欲望的需求，物质和精神文化产品的生产就失去了动力，社会和经济的繁荣就无从谈起。没有消费就没有生产，这是老祖宗马克思的意思。所以这个时代，不但不能禁锢身体和欲望，相反，还得充分地发挥它的价值和作用。关键就看你用什么方法，如何发挥身体和欲望的价值与作用。东西说他的写作，是从身体和欲望出发的写作；陈晓明说东西的写作是“用身体去穿越荒诞的历史现场”。不管怎么说，东西的写作都与身体和欲望有关，也与身体欲望的表现之一——性——有关。既然如此，我这些不着边际的话，就当是阅读东西的作品的一点额外的提示。

自　述《

相信身体的写作

今天，凡是和文学沾边的人都感觉到了读者的严重流失，曾经亢奋的文学不得不接受疲软的现状。有人说这是文学回到正常，有人说这是读者不思进取，也有人说不读《红楼梦》难道会影响生活质量吗？文学留给文学工作者一片哀叹和反思。但是，我分明又看见广告在寻找诗意，新闻在讲故事，短信在优化语言，网络在展开想象，影视在吸收思想。文学似乎又无处不在，它的寄生能力好像从来没这么强大过，人们对它的需求也从来不曾熄灭，只不过是把整车皮、集装箱似的进货变成了各取所需的零星采购，在过去“来单照收”的流程上增设了验货关卡，读者对文学的衡量不再是一把尺子，写作的标准因此越来越多。

过去作者们只为文学杂志写作，以能登上名刊为荣，也只有发行量大、影响广泛的刊物才有能力把陌生者变成名作家。文学杂志几乎是作者们成功的必经之地，想要出名就得先在这里接受考验，所以，大部分作者都在文学杂志的标准下构思。但是现在，写作的道路纵横交错，作者们完全可以绕道而行，不想上杂志的直接在出版社出书，不想出书的直接把作品挂到网上，也可以先写影视剧本再改成小说，或者让作品参加各种大大小小的文学评奖……每一种模式都有其标准：杂志有文学的基本标杆，出版社有市场判断，网络有点击率，影视看票房和收视率，评奖看主题。写作有了更多的去处，获得了更大的自由，再也不用担心吊死在一棵树上。

虽然多种标准让写作有了繁荣的可能，作者们曾经千呼万唤的创作环境也终于出现，但宽松的环境常常伴随降低标杆的危险，作者们完全有理由在各个标准之间游弋。获不了奖可以用发行量来安慰，上不了杂志能在网上赢得点击率，出版不了的小说有影视公司改编，卖不动的书或许能被评论家叫好。写作者们照搬阿Q的“精神胜利法”，在这里受伤到那里抓药，很少有失败感。写作变成了一件最容易的事，它受宠于过度的自由，最终把多种标准变成了没有标准。只有对此足够警惕的作者，才有可能维护文学的尊严。“因为对于我来说，每一本书都比前一本书难写；文学的进程越来越复杂了。”加西亚·马尔克斯就曾有感而发。

但是，对于我来说，写作绝对有一种不变的标准，那就是“身上响了一下”。这是爱因斯坦的理论，当他看到他的计算和未经解释的天文观测一致时，他就感到身上有什么东西响了一下。借用到写作上，“响了一下”可能是发现，也可能是感动，甚至是愤怒。没有人敢怀疑写作是脑力劳动，“思考”曾经是写作的最高追求，不少作家都有将小说达到哲学高度的企图。但是，格言不利于情感表达，说理不等于小说。有觉悟的写作者于是呼唤心灵，主张用心灵写作，忠实于自己的内心，批评过分的智力游戏，抛弃对脑子的过度依赖。这样的写作要求似乎已无可挑剔，然而纳博科夫却不满足，他说他的作品主要是为那些具有创造性的读者——那些不是仅靠心也不是仅靠脑，而是靠心灵、大脑和敏感的脊背一同阅读的艺术家——而准备的，这样的读者能从脊背的震颤中感受到作者想传达给他的微妙的情思。纳博科夫“脊背的震颤”就是爱因斯坦的“响了一下”，他们都强调身体的反应。由此可见，写作不仅是脑力劳动，还是心的事业，更是身的体验。所以，米沃什说：“诗人面对天天都显得崭新、神奇、错综复杂、难以穷尽的世界，并力图用词语尽可能地将它圈住。这一经由五官核实的基本接触，比任何精神建构都更为重要。”

这才是真正的“身体写作”，它不是“脱”也不是“下半身”，而是强调的身体体验和反应，每一个词语都经由五官核实，每一个细节都有切肤之感，所谓“热泪盈眶、心头一暖”都在这个范围。如果写作者的身体不先响了一下，那读者的脊背就绝对不会震颤。所以，每一次写作之前，我都得找到让自己身体响起来的人物或者故事，我愿意花更多的时间来寻找和发现。不管写作的标准有千条万条，我相信只有发现秘密、温暖人心、触动神经的文学，才会在低门槛前高高地跃起，才有可能拉住转身而去的读者。

访 谈《

从不背叛自己的内心

——东西访谈录

胡群慧 东 西

胡群慧:《后悔录》是你继 1997 年的《耳光响亮》后推出的第二部长篇小说,里面塑造了一个不断后悔的小人物曾广贤。我记得你曾经在创作谈中说过:"只有写出像阿 Q 那样的使我们脸热心跳的作家,只有把我们的秘密戳穿的作家,才会是真正的大师。"我可以把《后悔录》看作是你在写作上更上一个台阶的尝试品吗?

东西:小说不写人物,认为写人物就不时尚的毛病,是 20 世纪末落下的。我也曾在中短篇小说中那么时尚过,但是那样的小说基本上都没让人记住,更别说打动读者。所以,现在我写小说,就是坚定不移地写人物,从"曾广贤"开始。写人物不是画脸谱,也不是搞素描,更不是在人物身上贴 ABCD,而是写出与我们内心有关的人物,他们是我们心灵的一部分,我就是带着这样的目标去写的。我写曾广贤的"后悔",认为"后悔"与我们每个人都有关,是我们内心的秘密。

胡群慧:后悔确实是人们普遍会有的一种心绪。但事实上,可阐明这种心绪的具体事项应该会有很多。《后悔录》选择了将曾广贤的性欲望不遂作为故事的核心架构和叙事动力,这样写,有什么特殊的考虑吗?

东西:这是因为我在写后悔的同时,也想写一写这 30 年来中国人的性心理变化。20 世纪 70 年代,人们谈恋爱都得跟组织汇报,要是跟女朋友约会还得敞开门。可是,到了今天,说"爱"是那么容易,性终于获得了自由,甚至泛滥。没有作家梳理过这方面的变化,所以我选择了这个角度来写"后悔"。有人说我的小说喜欢写身体,具体就是写人的器官,比如《耳光响亮》中的抡巴掌,《没有语言的生活》中的聋哑瞎,《目光愈拉愈长》中的超常眼力,等等,而《后悔录》写的虽然是心理,但每一点感受都经由五官检测,尽可能准确地发自内心。我觉得身体的后悔才是最本能的后悔。

胡群慧:曾广贤是个颇有意思的人物。这种颇有意思可能并不在于他在读者看来有多么倒霉,在性事上一直不遂,不断地后悔。我常常会觉得,作为一个人物,他的“自白性”的自我叙述可能会比单纯的后悔心绪来得更重要。我不知道这个问题你怎么看？

东西：这种叙述也许是曾广贤后悔的最佳表达方式。“后悔”必须由自己说出来才真实可信，如果作者强行进入人物内心，去帮他后悔，读者可能会不接受。当然这种“自白性”叙述也有调侃，曾广贤其实是在跟一个按摩女叙述，他的后悔必须花钱才找得到听众，而读这本书的人所在的位置与按摩女等同。今天我们都很麻木，对于别人痛心疾首的事少有关心，我们听故事或者读书都会计较成本，都有可能按时收费。这种叙述关系，暗示了作者和读者的关系。

胡群慧：事实上，这部作品在发表后得到了许多人的赞誉，但我很想知道，就你个人而言，这部作品在多大的程度上实现了你要追求的目标？又可能在哪些方面是未能尽如人意的？

东西：《后悔录》除了在写人物上使劲，我还做到了语言的节制，就是不再用过去那种太夸张太泛滥的语言，也不会因为写得痛快而忘记了主线。我一边写一边警告自己：写作不是能写什么，而是不能写什么！另外，我还用了大量的细节，考虑了读者的阅读快感，注意了人物和情节的递进。这部小说应该是我写得比较好的一部，它回避了我过去写作的一些毛病，综合水平比以前的小说要高。如果要说遗憾的话，那就是它没有“史诗”的构架，没有那种吓人的架势，而那样的写作是我一直排斥的。

胡群慧：谈到“史诗”的构架，你的作品确实是没有。但我发现在你的这两部长篇作品中，你会选择一些颇具有节点性质的社会性时间来给你作品的叙事和主旨进行定位。比如《耳光响亮》中1976年毛泽东的祭礼带来的“沟壑”性质的时代变迁，《后悔录》中五六十年代的禁欲和八九十年代以来的欲望泛滥，都定位于我们这个时代的“欲望”景象。你有没有觉得这种定位让你作品的叙事和主旨有些单一？我不知道你怎么看这个问题？

东西：小说除了跟我的内心有关，还关乎现实。《耳光响亮》只是拿毛泽东的逝世作为小说的开场，并不是写毛泽东他老人家。《后悔录》从“禁欲”到“放浪”的变化，是发生在我们身边的事实。为什么写作者要回避事实呢？小说是什么？小说是想，是在事实面前去想。如果我的小说跟现实没有关系，我就觉得它不接地气，打飘。所以，我的小说，主要是两部长篇小说，都有历史的现场感。陈晓明先生说我是用身体去穿越荒诞的历史现场，这个概括是准确的。一个关注身体的写作者，免不了要写“欲望”景象，但是我不能说曾广贤的后悔仅仅是“欲望”的后悔，他应该给了我们一些身体之外的联想。而《耳光响亮》则有我青春期的冲动，以及最纯朴善意的情感。

胡群慧：你比较有自身特性的作品中的人物都是一些小人物的形象。你觉得这些形象和时下人们关注的"底层叙事"中的小人物有什么不同吗？

东西：我从写小说的那一天开始，就是这么写的。那时候没有谁提什么"底层叙事"。

胡群慧：因为你常常提到卡夫卡，所以我很好奇，你这样的一个写作向度有没有卡夫卡给你的启发呢？你认为你笔下的这些人物和你借这些人物来表达的主旨具有中国特性和东西特性的东西是什么？

东西：开始写小说的时候，卡夫卡还没读懂。写小人物是我的天生，或许那些人物就是我自己的某部分。我没法跟现在时髦的"底层叙事"进行比较，因为我没看过那些作品，只要是打着口号写作的作品，我一篇也不会看。我认为好人物应该让读者的心灵产生化学反应，应该让读者从人物身上找到感同身受的东西，而不是先给他们贴了标签再去写。我喜欢卡夫卡是因为他用变形的手法写出了我的内心感受，那些虚假的小人物比真实的还要真实。但是在中国像他那么写，基本上找不到读者，原因是中国的读者都很现实，只要一变形他们就不看（除了《变形金刚》）。所以，我只能稍微地变形，弄出一点黑色幽默来。卡夫卡思考问题的角度给我启发，他不是复制现实，而是用假来告诉我什么是真。我写的那些人物，有时就是我的念头。比如《我为什么没有小蜜》中的米金德，就是我真实的想法，他在我的内心怀孕、出生。这些人物都各自奔向不同的目标，他们唯一的特点就是黄皮肤、黑头发，而不是假洋鬼子，也不是一思考问题就非得进咖啡厅。你要是逼着我说出这些人物的共同特性，我还真说不出来，他们的差别很大，但有一点是共同的，那就是他们都与现实和心灵有关。

胡群慧：这个问题有些八卦——我怎么理解你刚刚说的《我为什么没有小蜜》中的米金德的想法就是你真实的想法？你也会时常感到社会上的某种普泛性观念对你的压抑，陷落在其中有些不能自拔吗？

东西：大多数男人都有这个德性，都渴望有"小蜜"，包括我。但是他们没有权，也没有钱，更没有身体。米金德似乎更滑稽一些，他只把"小蜜"当象征。某些时候我也有这样的心理，只不过它被强大的道德感压住了。我常常在写小说的时候解剖自己，挖掘自己最底层的秘密，在解剖和挖掘中慢慢健康。

胡群慧：很多人都注意到了这个问题，就是你的作品非常关注人们的身体，而且往往是从人物身体的一些官能性征候开始的。从高动的肢体残障，王家宽一家人的无视、无听、无语，王小肯不知疲倦的饕餮，失眠的“我”，不知微笑的人类直到曾广贤的性无能。感官的残缺与失控成为你颇多题旨的试验场。这种写作的趋向是有意为之还是无意识形成的？如果要你追溯它的来路的话，你怎样理解自己作品中的这种现象？

东西：这是我不自觉的行为。在一次研讨会上，李敬泽先生提出我的小说对身体器官的关注，当时我就吓了一跳，铁证如山呀！为什么会有这种现象呢？我自己揣摩自己：首先，我是个敏感的人，痛觉神经特别发达；其次，我每次写作都会把自己放到想象的现场去体验，对人物有认同感；再次，我的写作总是从内心出发，对身体、心灵的变化远比对大事件、对环境感兴趣。也许还有别的原因，容我再想。

胡群慧：你有一篇和你的许多作品不同的小说《痛苦比赛》，讲仇饼为了赢得征婚而迎合必须拥有最大的痛苦这样一个征婚条件，进而不断虚构、杜撰痛苦的故事。怎么会有这样一个故事想法？

东西：这也是一个有关身体的小说，我想追问一下“痛苦”。今天，我们的许多媒体都在展示别人的“痛”，但是他们是面无表情地展示，是不带感情地展示，仿佛在看一场表演。人们对痛苦已经麻木，所以我就想按按这个穴位，让那些没有痛感、合并痛苦、寻找痛苦的人最后都有了切肤之痛。

胡群慧：你从80年代起就开始文学创作了。在多年的创作过程中，你是否觉得有些阶段性的不同呢？有没有一以贯之的东西？

东西：肯定有阶段性的不同，开始主要是练笔，写得很少，每年一个短篇加几篇散文，偶尔写诗，这个时期没有目标，没有定法，多是些小感觉；之后，对先锋小说着迷；再之后，直到1995年写了《没有语言的生活》才找到自己，才开始真正地对生活发出自己的声音。多年来，我的小说里一直坚持“荒诞和幽默”“夸张和妄想”，从不背叛自己的内心。

胡群慧：我注意到你有几部作品都出现了作家的形象。比如《耳光响亮》中的牛翠柏，《睡觉》中的“东西”，《嫖村》中的秋雨。他们的创作观多少有些不同。牛翠柏是希望借创作以体味在纸上操纵他人命运的快乐。“东西”的创作则被《睡觉》中的“我”认为是游戏和手淫。秋雨也沉湎于将它看作是意淫自己的欲望对象以及想象中复仇的一种方式。这样的一些创作观只是文本表达的需要吗？它们是否和你在特定时段对自身的创作或者对他人创作的旁观得来的感触有某种关系？

东西：其实我的内心把写作看得比天还高，甚至把这个职业排在人生的第一条，否则我不会 20 多年对它不变心。是因为高看这一职业，我才去调侃它，从里面找点小快意。调侃的对象强大才能称之为调侃，否则就是瞧不起人。但这种调侃又恰恰说出了真相。

胡群慧：你觉得，在现在文学已经日益边缘化的今天，一个作家应该拥有什么样的创作理念才是好的呢？

东西：文学不可避免地已经边缘化了，作为写作者有时甚至找不到写作的强劲理由。所以，这几年我的小说写得相对少了，大多数时间都在写剧本和读书。小说的需求量在逐年减少，好作品或者我心目中的好作品的流行几乎成为不可能，小说能否畅销已经不是由小说本身的质量决定的，它必须借助外部因素，比如炒作，或骂人或成为偶像或靠媒体"放卫星"等等。文学的形势越严峻，作家就越不能急躁，越要下功夫，当大家都卖假货的时候，真品才会放电。但是作家们各怀心事，写作的目的也不一样，彼此的心态和理念就像北方与南方的差别。就我而言，写作是心灵的产物，是替忙碌的读者去发现和体验。我只对有心者供货，却做不到对大众的普及，所以，我写得慢，写得少，反正写多也没用，能做到写一个算一个那才叫不浪费自己和读者的时间。因为能写剧本挣钱生活，所以我写小说可以写得从容一些，精致一些，出人意料一些……我不为文学的边缘化着急，那是因为我从来也没有中心过，早习惯了。

胡群慧：在民院当驻校作家，要给学生上课吗？讲些什么呢？

东西：我在广西民族大学文学影视创作中心工作，主要是写作，其次是为学生们上大课，讲些创作和阅读的感想，传递一些新信息，刺激一下学生们的创作神经。

胡群慧：近期有些什么样的写作计划？

东西：最近在读书，在构思中短篇小说，在为突破自己皱眉头，在为小说找读者而咬紧牙关。

胡群慧：希望你能有所突破，也希望你的剧本能赚钱。

评　论《

后悔的"述"与"录"

——关于东西的小说《后悔录》

胡群慧

《后悔录》是东西2005年发表的一部长篇小说。在这部小说中，东西将历史的时间跨度和其间的意识形态内容整合进了人们的心理空间，拓展出了他的作品中少有的某种深度。

一、不遂的欲望历史

《后悔录》以主人公曾广贤跨越20世纪60年代至90年代的性欲不遂直至性无能的经历作为故事内容。故事刚开始的时候，曾广贤大概15岁左右，对性还一无所知。他和自己的父亲曾长风、母亲吴生、妹妹曾芳住在自家曾经用来存药的仓库里。同他们一起住的还有于、赵两家人。

这一天，他们意外地发现两只花狗正在交配。一群人用席子围住两只狗正围观得不亦乐乎的时候，赵万年出现了。他一边以"这是低级趣味，是要挨批斗的"吓唬他们，一边拿曾广贤找来的棍子朝两只狗的连接处狠狠地劈了过去。狗们来不及分离，仓皇逃离横穿马路时被迎面驶来的公交车轧扁了。紧接着，赵万年就以"姑娘就应该像白纸那样清清白白，不要被那些不三不四的东西给腐蚀了"为由让妹妹赵山河洗眼睛。吴生则把那两只轧扁的狗带去了动物园，用换来的钱买来了一箱肥皂，让全家人把身体洗干净。在她看来，只有身体干净了，心里才能干净。不仅如此，在吴生的意识中，身体的洁净作为灵魂圣洁的隐喻还被延伸到了外在的环境空间和生活行止的净化要求。面对曾长风希望与之过性生活的要求，她十年来都采取拒绝的态度。曾广贤天生的卷发、曾芳右手手心的黑痣也被她视为身体不洁的象征。

曾长风忍受不了无性的夫妻生活，找到了赵山河解决问题。但不幸的是，他们在某一天被曾广贤无意中撞破。曾广贤忍不住把这件事情告诉了赵万年。曾长风随即就被拉去批斗，身体特别是下体被折磨得不成人样。曾长风以生殖器需要为表现的性需求，最终被施以肉体上特别是针对生殖器的暴力和惩罚，成为曾广贤成长过程中一个抹不掉的阉割性场景。这让他在以后的生活中，有着某种难以言明的恐惧，以至于他有过性生活的机会时都不敢过。

抄家后的曾广贤去动物园找母亲，无意中看到动物园的园长意欲调戏母亲的一幕。踹开门的曾广贤冲着母亲直吐口水。第二天，曾芳失踪，吴生自杀。在曾广贤后来的追溯中，他认为母亲是因为自己被人摸弄，形象被毁而害羞死的。母亲死了，妹妹不知所终，父亲也因为好了伤疤忘了疼偷看色情杂志被儿子告发因而又不知道被拉到哪里去批斗了。曾广贤为自己没有一个可以依靠的亲人在身边感到害怕。他隐约地觉得什么地方出了差错，“好像我被人骗了，却还不知道那骗我的是谁”。

事实上，骗他的并不是具体的某一个人，而是整个时代对身体的管理规范。按照福柯的说法，对身体和与之相关的性的规范，可以理解为是在生存艺术和自我关注的艺术日臻精致的过程中，不断变化着的伦理和自我塑造为自己性行为的道德主体的方式。[①] 当然，这种塑造并不成为单纯的个体主体所能左右的事情。其中，各种政府扮演着重要的角色。它们希望通过对“社会众生”的监督和规训，让生命进入历史，把一个生物人整合在知识和权力的结构之中，成为符合各种规范的主体。[②]

这种塑造的具体内容指向是与西方文化中的哲学和宗教对身体和精神的两分法密切相关的。在这种两分法中，身体是罪恶的渊薮，代表着感性、偶然性、不确定性、错觉和虚幻的一面；精神则意指真理，代表理性、稳定性和确定性。禁欲资本主义利用了这种意识形态，一面将身体中的狂野能量严格限定在夫妻隐秘的床第之间，一面将身体的物质性加以强调，以充当生产的机器。由是，就有了被纳入生产计划和生产目的中的身体一说。身体只能作为一种工具性机器而存在：要么是生产性工具，要么是生殖性工具。为了维持这种机器的高速而有效的生产，现代性和资本主义既利用理性制度，也利用道德伦理来对身体加以控制。[③]

拿这样一些观点去理解中国在五六十年代的禁欲规范是有一定的参考价值的。此外，它也许还和中国的特定国情有关。一是当时的国家建设百废待兴，确实需要充分发挥身体的生产性功能；一是冷战的意识形态斗争，使得意识形态选择和这种选择下的身体规范成为国家民族身体化的象征。因为资产阶级意识形态对自我对身体进行规划的权力的强调，必然会使得对性和身体的自主权的要求成为资本主义化身体和性的一个表达，这是社会主义国家的身体和性难以接受的。除此之外，中

---

①② ［法］米歇尔·福柯：《性经验史》，佘碧平译，上海人民出版社2000年版，第538页、“译者序”第10页。

③ 汪民安：《身体的文化政治学》，河南大学出版社2004年版，第1页。

国的建设主体是农民，他们受封建主义的性规范影响较深。而且，在中国几千年封建主义文化的影响下，中国人一直有着对道德理想化的追求，而身体是人们道德伦理修养的一个绝好载体。

这样复杂的关系自然是单纯、蒙昧、不谙人事的曾广贤难以理解的。尽管如此，禁欲规范带来的对身体的惩罚与随之而来的心灵戕害是任何使其合法化的理由都无法回避和加以文饰的。在这个意义上，曾广贤的同事赵敬东因为经受不住表姐张闹美丽性感形象的诱惑，而给自己身边的狗取了个与表姐一样的名字，并以之作为泄欲对象的性变态事件，与被发现后因为害怕被批斗的自杀事件，就成为（继曾长风的身体惩罚与批斗，母亲的羞窘与自杀，小池与于百家的人格羞辱之后）禁欲规范带来的伤害的一个高潮性体现。

所有的这些——母亲的刻板僵硬以及热衷于对动物园老虎吞食死狗的血腥场面加以描述、父亲遭遇惩罚后仍旧强劲的性追求、赵敬东变态的兽交、假借工作的幌子意欲亲近母亲的赵万年和园长、动物园里何寡妇对曾广贤无所顾忌的放肆骚扰与前面我们谈到的性禁忌和性惩罚——一起交织成主人公成长阶段的两极化性教育氛围。压抑及压抑后的快感与恐惧让渐晓人事的曾广贤在身体渐趋成熟而萌发的本能欲望面前倍受煎熬。但张闹实在过于漂亮和诱人，以至于曾广贤暂时克服了自己内心的恐惧。在于百家的怂恿下，他深夜进入张闹的房间意欲向张闹求欢。但还没有行动，他就被听到张闹喊救命赶来的人们抓住了。仅仅因为张闹的处女膜破裂（事实上，张闹是个舞蹈演员），他就被当成强奸犯在监狱里度过了漫长的八年。

出狱之后的曾广贤毫无心理准备地进入了开放的新时代。在恣意纵情的环境里，性已不再被视为一个不可亵玩的情感私密领域。它是投机的资本、是待价而沽的商品、是打击对手的武器、是游戏的道具、是需要消费的欲望与激情的生物性载体。但昔日的欲望禁忌与惩罚以异样的形式延伸内化到了曾广贤现时的生活，使他失去了唾手可得的性爱机会。好几次，他按捺不住想在按摩小姐身上过一次浪漫的生活，但他却总是觉得这些女人的右手掌心上有一颗黑痣。而他只要“看见女人们的右手掌心有黑痣，就觉得她们不是我的妹妹，就是我妹妹的女儿”。因为这个，他没敢过一次性生活，他害怕自己的手摸到自家人身上。

由此，曾广贤的个人性史成为了个人欲望不遂的历史。它跨越了两个对性有着不同定位和理解的时代。禁欲时代的性规范在欲望时代不再起作用时，禁欲时代的惩罚恐惧又为欲望时代的乱伦焦虑所取代。考虑到东西在《耳光响亮》中对欲望在后毛泽东时代的越界和“乱伦”气息的暗示，《后悔录》中的曾广贤有这样一种焦虑就并不是无的放矢了。尽管就个体而言，存在这样的焦虑有曾广贤个体的敏感性，但它并不像有些人把它视作禁欲规范内化的延伸作用那样简单。这一焦虑有着更为复杂的心理动因和效果，而这一点是和曾广贤的后悔心绪密切相关的。

二、后悔的心绪沉迷

一个人竭力想做成的事情，却因为时代环境的变迁和个体的因素怎样做都没有做成，这自然是懊恼异常的事！何况这还是被社会视为最可衡量一个男人的身份与属性的性问题！何况在这个过程中，因为自己的无知，不仅伤害了自己还伤害了自己最为亲密的朋友和家人！曾广贤会后悔是再自然不过的事，但奇怪的是他似乎对自己所走过的每一步都感到后悔。在这每一步都不满意的心绪中，东西让我们注意到他在曾广贤身上找到的可供我们反观自身的“后悔”。

在东西的经验里，后悔是谁也没办法逃避的行为。它是排在食色之后的人的天性。它追问的是后果，是人们在结局跟预想不对等时的一种心绪。这话说出了人们为什么会后悔的部分原因。人们为什么会后悔呢？处于历史和生命时间中的主体随时都要根据自己当下的境况作出判断并指导自己的行为。当这一行为在时间的流逝中发展到此时（现在的当下），呈现出与彼时（过去的当下）的动机所追求的目标不一样的结果时，或者当这一行为在时间的流逝中实现了与彼时（过去的当下）的动机追求的目标一致的结果，主体此时（现在的当下）的价值评判标准却与彼时（过去的当下）有着很大的不同的时候，后悔就发生了。主体对事物的发展和自身变化的不可预测性是产生后悔心绪的两大来源。从这样的一个角度来看，后悔不是抽象的，也不是静态的。它是在时间的长河中，历史的意志和主体的意志在交错跌宕的运行中主体很自然地就会产生的悔不当初的情绪。从这个意义来说，后悔就并不只是个体主体的专利。群体主体、社会主体、历史主体也未尝不可窥见一斑。当然，他们往往需要个体主体作为代表。

《多余的话》所呈现的瞿秋白似乎是一个典型的例证。一个在历史洪流中曾经叱咤风云的人物，一个在生命历程中曾经风流儒雅的人物，在生命将尽的岁月里，以“历史的误会”和“脆弱的二元人物”这样的行文标题站在历史主体和个体性的生命主体的双重角度来给自己作一个生命和历史的总结，其间对自己生命历程的检视弥漫着的又何尝没有后悔的情绪。这种心绪与对历史主体和个体主体在历史、现实中的龃龉的检视一起，传达出他在历史长河中寻求生命主体意愿的全部努力与尝试。一些在死亡面前仍旧被写下来的“多余的话”表达出了瞿秋白谋求自己对历史和历史中的自己的同情性理解的要求,而谋求历史对历史中的自己的同情性理解又何尝不在其中。很难说这两者孰轻孰重。这种要求既是瞿秋白站在历史和人性的双重基点上对过往生活的伤悼,更是对个体命运无法承受的疼痛的温情抚摸。它充满了对个体和历史相互错位的勾连之间的悲剧性体悟。

而更多的人似乎在历史主体和个体主体的龃龉间寻找到了不言后悔的心绪平衡之路。张贤亮是一个典型的例子。在陈晓明看来,张贤亮在从身体机能的障碍来表现人在强大政治的压力之下所陷入的困境时并不彻底。“他笔下的男性主人公通过政治的治疗(例如:抢救集体财产,阅读《资本论》等)最终还是恢复了机能,并且重新成为历史主体,成为历史责任的承担者,开创历史之未来。他的人物与其说是对历史政治的反思,不如说是对历史之完整性的维护和补充。张贤亮终于表达过那种意思,那就是‘伤痕’具有美感,那是自我证明的依据,是历史的异化力量使得自我更加坚强,并且成为对未来承诺的依据。……同样是身体的困扰,张贤亮笔下的章永麟始终具有自我意识,他一直在努力寻求个人和历史平衡发展的途径,他寻求适应现实的方式,他终于寻求到了,不管是‘美国饭店’、马樱花还是黄香久的软玉温香,还是《资本论》指引的唯物主义道路,他的人物在那样的年代是有自觉意识的,也可以有自觉意识。”[①]而人们对知青文学作品中人物的“自我意识”让他们面对曾有的苦难和夹杂其中的自我选择时,集体性地表达出了对那段历史中的个人经历不言后悔的姿态存在的争议,也未尝不是类似典型的代表。

曾广贤对个人伤痛中的自我态度和后悔心绪与他们相比又如何呢?

事实上,曾广贤的后悔从追溯的事件性质上可以分为两类:一类是对自己在造成他人的不幸中所扮演的角色的后悔,主要以自己的多嘴对父亲、赵敬东以及小池等造成的伤害为内容;一类是对自己在自己的不幸中所扮演的角色的后悔。在这两类后悔中,曾广贤寻求的主要是自己在他人命运和自我命运中所应承担的责任,而不是历史在他人命运与自我命运中所应承担的责任,以及他人在他人自身的命运与自我命运中所应承担的责任。

曾广贤为什么不去寻求历史在他人命运与自我命运中所应承担的责任,以及他人在他人自身的命运与自我命运中所应承担的责任呢?难道说他没有质疑历史和他人的勇气或者能力?他的自我意识并没有或者未能搭上历史的列车作膨胀放大的处理?这会是东西竭力要控制来让我们接受的一个视点吗?他自身善良与懦弱

① 陈晓明:《身体穿过历史的荒诞现场——评东西的长篇〈后悔录〉》,《南方文坛》2005年第4期。

并存的品质、认识上不谙世事与不善评判的缺陷在这样的视点中又扮演什么样的角色呢？如果只是单纯地缺乏质疑的勇气而不是认识的能力，那么曾广贤就是世故而聪明的，他知道通过何种方式在保护自己的同时，又回避敏感性的话题赢得大家的同情。但如果并不是勇气的问题，而只是曾广贤认识能力的缺乏问题，那么曾广贤就是单纯、无知的。这单纯与无知反过来会指引我们去反观历史和他人的残酷。但曾广贤是否真的是无知无识呢？

在作品的开端，两只花狗被轧扁了以后，曾广贤指责曾长风应为两只狗的死负责，曾长风反问他是谁给赵万年递的棍子时，曾广贤傻了，心想："棍子不是我递的吗？我干吗要给他递棍子？我要不给他递棍子，而是把狗赶跑，那狗不就活下来了吗？"父亲对他的教训"不要动不动就赖别人，要学会从自己身上找原因"从此成为了曾广贤反躬自问的律令。由此看来，无知无识并不来自自身认识能力的缺陷，而是来自面对既成事实时寻求自己的责任而放弃对其形成原因的进一步追问和整体考察。曾广贤由此形成了自我批评的习惯。所谓"自我批评"，并"不意味着批评自身（把好的地方和坏的地方分离开来，从而达到纠正缺点的目的），而是说发现自己的错误以便能帮助指控者，以便能接受和证实指控"[①]。尽管这个指控者变成了曾广贤本人，他用他一生的欲望不遂和给他人造成的伤害来让他证实自己所应承担的责任有多么不容置疑。正是在这一点上，他充当了某种意义上的帮凶角色，他也必然成为他人命运和自我命运的心理上的承担者。就这点而言，曾广贤这个人物有些卡夫卡在《审判》中的人物K（因为被审判而寻求说服自己应该受审判的理由）的气质。但K是悲剧性质的，曾广贤却有着鲜明的喜剧色彩，尽管这种喜剧色彩里"含有某种想逃避生活紧迫感——乃至痛苦——的意味"[②]，"包含着失望和震惊，包含着希望的遭难和挫败，包含着表面和实质的差异，以及对适应不断变化的生活要求所感到的无能为力"[③]。

从这个角度来看，曾广贤后悔中的责任承担远没有我们习惯赋予的那样宏大的意义，因为不承担，他将无以自我安慰。后悔是在历史的无法复原和个体生命的不能回溯中对个体命运无法承受的挫折和伤痛的温情抚摸。他寻求的最终只是他人和自己对历史中的自己的同情性理解。人生沉溺，直面它是痛苦的！《天灯·起火》中的丑婆因为容貌的丑陋缺乏情爱体验而将强奸想象成了爱情，《祖先》中的冬草在

---

① ［捷］米兰·昆德拉：《被背叛的遗嘱》，余中先译，上海译文出版社2003年版，第221页。

②③ ［美］克林斯·布鲁克斯、罗伯特·潘·华伦：《小说鉴赏》，主万等译，中国青年出版社1986年版，第360—361页。

整个世界都成为陷阱无以逃遁时将强奸她的那片土地认作了故乡。懦弱小民如曾广贤者则找到了后悔这一心绪“在自己无法更改的荒诞的命运旁画出一道道幻想中美丽的枝蔓”①。

在这美丽的枝蔓中,他还有普泛化的“乱伦焦虑”(他认为所有女人都有可能是他的妹妹或他妹妹的女儿)给自己的性无能做最好的庇佑。它让他在可能逃脱一个更为原罪式的悲剧,使后悔变成侥幸②的同时,还让在充满越界与“乱伦”气息的欲望时代因为深受禁欲主义观念的影响而显得可笑的他有了傲视这个时代的某种理由!当亲情、友情与爱情因欲望的膨胀而受到伤害时,他却能因为自己没有动过赵阿姨而坦诚地面对父亲,因为放弃性爱而不再会伤害到自己的妹妹和妹妹可能的女儿时,谁又能说他不是在为自己昔日犯下的错误来弥补呢?谁又能说“在给定的命运中,这可能是曾广贤最好的结局”③不会是在欲望时代里广大的欲望不遂者最好的结局呢?在一个欲望不断膨胀的时代,无法遂愿的普通小民又何尝不从这“最好”的结局中看到自己可供庆幸与自我安慰的全部理由,感到和他共有的呼吸呢!就这个意义而言,东西借曾广贤给这个时代的欲望不遂者开出了富有时代气息的精神胜利的药方!曾广贤实在是“增广贤文”的世俗世界应对历史性的“匮乏”状态的又一小民典型呢!

三、“如果”的不休言说

在曾广贤的后悔心绪中,“如果”成为了表达这一心绪的关键词汇。小说在曾广贤“如果你没意见,那我就开始讲了”的叙述中展开,也在“如果我不这样,我那样,那我就……”的句式中回望曾广贤的来路。由此,“如果”的不休言说在成为表达后悔心绪的话语形式之余,有了某种语词内容化的效果。正是因为这种效果,曾广贤寻求的就不只是在后悔心绪中自己对自己的同情性理解,还有通过后悔心绪的语词化的外化表达与倾诉寻求他人对自己的同情性理解的要求。

那么,他需要谁的同情性理解呢?也就是说,他找谁来倾诉呢?在显在的文本层面,曾广贤向自己的父亲还有一个三陪小姐倾诉了自己的后悔。事实上,按曾广贤自己的说法,他还找过于百家、荣光明(曾广贤的又一个同学)、张闹等人,但他们都不愿意听他说话。于百家、荣光明是怕耽误他们的生意,张闹的拒绝也不难理解。剩下两个愿意倾听的,一个是成为植物人躺在床上的父亲,一个是付费招来的三陪

---

① 钟红明、东西:《其实每个人都有后悔——关于长篇小说〈后悔录〉》,2005年6月19日《文汇报》。

②③ 陈晓明:《身体穿过历史的荒诞现场——评东西的长篇〈后悔录〉》,《南方文坛》2005年第4期。

小姐。

寻求父亲的同情是比较好理解的,毕竟是他的告密让他的父亲在禁欲时期遭遇批斗,也是他的多嘴告诉父亲仓库归还了让老人家一激动成了植物人。但大家如果有兴趣关注的话,就会发现曾广贤对父亲的倾诉相比较对三陪小姐的倾诉而言是一个节略的版本,只剩下一连串的如果,只占据第七章“如果”一章的篇幅。这也比较好理解,毕竟父亲对很多事情都知道,曾广贤没必要过多地交代。

但曾广贤对三陪小姐的倾诉则占据了前面一到六章的篇幅。除了三陪小姐不知道情况需要多多交代外,还有没有其他的因素呢?小姐是付费而来的,只要完成既定的时间钟点,她就可以走人。而且,她的职业特性和自身的身份处境也不大可能让她对一个购买自己钟点的男人发生兴趣以至同情。要这样的一个听众对自己产生同情性理解的难度是相当大的。曾广贤要在“如果”的句式中建构自己的口述历史,就必然会不断地扩充细节,织就一个具有统一真实性的讲述文本。容量的扩张、场景的渲染、解释的不断延展、自嘲自解的戏谑言说、悲情的煽动、后悔心绪的“如果”想象与可能场景的对比……这一切都会在欲望不遂的无性中围绕着“性”这个敏感的话题充分地展开。

在这样的情况下,逝去时代的历史就成为欲望时代里世俗化的欲望载体——三陪小姐——好奇、惊异的一个具有“考古”性质的内容。没有立此存照的意义,只有诧异、惊奇、不可思议中对历史的怪诞面目的直感,而没有进一步严肃探讨的全部价值。与其说这是对历史的抗议与颠覆,不如说是在以这样的一种方式将历史悬置奇观化。历史在此就成为东西展开故事内容的一个景片与可能的框架。以“禁忌”“友谊”“冲动”“忠贞”“身体”“放浪”为标题的具有关键词性质的六章内容,填充的就只是人们对个体成长过程中的性历程和某一历史时期中人们的性历程日益定型乃至类型化的性爱认识内容,却缺乏任何富有意义的对既定的历史认识的挑战与突破。从中,人们既可以体会到对特定历史的戏谑性的快乐又不会因此而触犯敏感性的话题。

此外,对待历史的这样一种态度让曾广贤对禁欲时代的回忆与讲述,在“禁欲”的主题限定下充满了色情意味。性惩罚、性变态、性游戏、性骚扰、偷窥、梦遗、意淫……“无性”成为“性”的无所不在。在“无性”的表面言说中,恣肆放纵着的“性”这个唯一的话题,既满足了曾广贤因为生殖器官的无性表现而转移的口腔欲的快感,又与三陪小姐这个倾听对象发生着更为复杂的意淫关系。“以言词为根,耳朵为接收孔道"的讲述成为了性活动过程的模拟。①

《商品》中的二郎在列车上用一系列民间的黄色笑话成功地引诱了薇冬。与之相比，曾广贤讲的这个黄色笑话要庞大复杂得多，既有政治历史的背景、亲情伦理的镶嵌，还有"无性"的性暧昧。人们习惯于说男人是视觉动物，所以张闹对男人的杀伤力怎样强调都不过分。而女人呢？人们会说，她们是听觉动物。语言的引诱往往能够激发她们现实的激情。薇冬还没有下车就和二郎有了孩子，这个三陪小姐的速度也够快，还没听完就想撕扯曾广贤的裤子。但她是不是像张柱林所理解的那样对曾广贤的讲述失去了兴趣，不耐烦才那么急迫地要免费出让自己的身体呢？

考虑到小姐的举动是曾广贤讲了将近六章的内容，并已经谈到自己最近的性经历——与一位按摩小姐要发生关系时感觉对方可能是自己的妹妹——产生的乱伦焦虑让自己性无能的这样一种状况，小姐的这种反应就不会像张柱林说的那样简单。一方面，她的身份与按摩小姐类似，曾广贤的讲述很可能激起了她的好奇心，想看看他是不是像他所说的那样会产生这样的幻觉而性无能；另一方面，曾广贤的讲述很可能激起了她的同情心。考虑到三陪小姐自身的身份与处境的卑微，曾广贤那么深切的后悔、那么多的欲望不遂会不会让三陪小姐在两相比较的情况下觉得自己还要比他的处境好一些，想要试试自己能不能帮帮他、拯救他呢？这样的快感是三陪小姐同别的男人的性买卖中很难获得的。这两种情况都是可能的，而且文本的叙述也因为这样的两种可能给我们呈现了一种促狭的场面和效果。

此外，作为主人公的叙述者，曾广贤的讲述不仅是说给三陪小姐、说给他的父亲听的，实际上也是说给读者听的。站在曾广贤的角度探讨他的讲述对读者的作用是必要的，但同时读者的反应和阅读心理也是应该注意的。普泛意义上的读者自然包括那位三陪小姐，所以那位三陪小姐的反应也是一些读者会有的。读者会因为曾广贤的无边后悔和现实中性无能的悲惨处境而对之充满同情。这种同情多半是建立在自己的欲望有遂和认识上的优越感的基础上的。在这种同情中，很多读者也许会进一步同情自己，因为自己的欲望并不都得到满足，但他们会在曾广贤的"乱伦焦虑"含有的精神胜利法中获得解脱。曾广贤对自己欲望不遂的倾诉一方面满足了读者的偷窥欲望，给了读者拥有睿智和权力的飘飘之感，另一方面又会因个人处境的相似（欲望时代里有很多的欲望不遂者，尽管并不一定就是性爱不遂）而与之共享和沉湎。在这个意义上，曾广贤超越了《嫖村》中的秋雨和《耳光响亮》中的牛翠柏，他

---

① 张柱林：《〈后悔录〉：穿越现实的心灵欲火》，《小说评论》2005年第6期。

不断"如果"的后悔之述不只给自己提供了想象中的胜利与快感,还额外给听者和读者创造了一个语词化的精神胜利法的共享嘉年华。

考虑到创作过程本就是一个更大的"如果"的选择性的设想过程,东西的《后悔录》由此就并不只是对曾广贤后悔之述的客观记录。它有东西之所以是东西的秘密所在。我想这是尝试向鲁迅学习,认为"只有写出像阿Q那样的使我们脸热心跳的作家,只有把我们的秘密戳穿的作家,才会是真正的大师"[1]的东西没有预料到的!

(载《小说评论》2008年第3期)

主要作品目录《

长篇小说

《耳光响亮》,长春出版社1998年版。

《后悔录》,人民文学出版社2005年版。

《篡改的命》,上海文艺出版社2016年版。

中短篇小说集

《抒情时代》,海天出版社1996年版。

《没有语言的生活》,华艺出版社1996年版。

《目光愈拉愈长》,广西民族出版社1999年版。

《痛苦比赛》,北岳文艺出版社2000年版。

《永远有多远》,漓江出版社2001年版。

《不要问我》,中国社会科学出版社2001年版。

《我为什么没有小蜜》,四川文艺出版社2001年版。

《美丽金边的衣裳》,文化艺术出版社2001年版。

《送我到仇人的身边》,时代文艺出版社2001年版。

《时代的孤儿》,昆仑出版社2002年版。

《罢官》,湖南文艺出版社2002年版。

---

① 东西:《谁看透了我们》,《天涯》2003年第3期。

《好像要出事了》，中国文联出版社2003年版。

《猜到尽头》，深圳报业集团出版社2005年版。

《你不知道她有多美》，深圳报业集团出版社2005年版。

《救命》，江苏文艺出版社2011年版。

《东西短篇小说自选集》，新世界出版社2012年版。

《请勿谈论庄天海》，上海文艺出版社2014年版。

《我们的感情》，上海文艺出版社2016年版。

《肚子的记忆》，漓江出版社2016年版。

《私了》，江苏凤凰文艺出版社2017年版。

《保佑》，长江文艺出版社2017年版。

《东西六短篇》，人民邮电出版社2017年版。

中短篇小说

《祖先》，《作家》1992年第2期。

《相貌》，《收获》1992年第4期。

《故事的花朵与果实》，《作家》1993年第12期。

《原始坑洞》，《花城》1994年第5期。

《城外》，《作品》1994年第7期。

《没有语言的生活》，《收获》1996年第1期，《小说选刊》1996年第5期。

《睡觉》，《钟山》1996年第3期。

《慢慢成长》，《人民文学》1996年第7期。

《美丽金边的衣裳》，《江南》1997年第1期。

《原名〈勾引〉》，《时代文学》1997年第1期。

《目光愈拉愈长》，《人民文学》1998年第1期，《小说选刊》1998年第2期。

《痛苦比赛》，《小说家》1998年第3期，《小说选刊》1998年第9期。

《肚子的记忆》，《人民文学》1999年第9期。

《不要问我》，《收获》2000年第5期，《小说选刊》2000年第12期。

《猜到尽头》，《收获》2002年第3期，《小说选刊》2002年第7期。

《幻想村庄》，《花城》1992年第3期。

《商品》，《作家》1994年第5期，《小说月报》1994年第7期。

《荒芜》，《作品》1995年第1期。

《跟踪高动》,《山花》1995 年第 3 期。

《雨天的粮食》,《作家》1995 年第 4 期。

《溺》,《人民文学》1995 年第 4 期。

《一个不劳动的下午》,《大家》1996 年第 3 期。

《我们的父亲》,《作家》1996 年第 5 期。

《反义词大楼》,《山花》1997 年第 9 期。

《权力》,《东海》1997 年第 10 期。

《天上掉下友谊》,《漓江》1998 年第 1 期。

《好像要出事了》,《青年文学》1998 年第 2 期。

《关于钞票的几种用法》,《花城》1998 年第 5 期。

《送我到仇人的身边》,《作家》2000 年第 3 期。

《我为什么没有小蜜》,《山花》2001 年第 2 期,《小说选刊》2001 年第 4 期,《中华文学选刊》2001 年第 3 期,《短篇小说选刊》2001 年第 4 期。

《谁看透了我们》,《天涯》2003 年第 3 期。《你不知道她有多美》,《作家》2004 年第 2 期,《中华文学选刊》2004 年第 3 期。

散文集

《挽留即将消失的情感》,花城出版社 2009 年版。

《谁看透了我们》,江苏文艺出版社 2011 年版。

《叙述的走神》,上海文艺出版社 2016 年版。

《我们内心的尴尬》,河南文艺出版社 2019 年版。

文　集

《广西当代作家丛书・东西卷》,漓江出版社 2002 年版。

《东西作品集》,深圳报业集团出版社 2005 年版。

《东西作品集》,江苏文艺出版社 2011 年版。

《东西作品系列》,上海文艺出版社 2016 年版。

《路标石丛书・东西自选集》,天地出版社 2018 年版。

《狗窝》,辽宁师范大学出版社 2018 年版。

董立勃

男，1956 年生，山东荣成人。

小 引《

有一个流行的说法，说是不到新疆不知中国之大。是的，这个占全部国土面积六分之一的新疆，可谓大得没有边际。笔者前些年去新疆，就深有体会。单说问路一节，内地人问个路，回说几十公里、上百公里，就不免让人思谋着，还要费力走一阵子的了。可在新疆，回说几百公里，是掉在口边儿上的，不用过脑子想，一下子就溜出来了。真让人倒吸一口凉气。但就是这么大个新疆，要说景物，虽也有它的丰富繁茂之处，但那些个沙漠、戈壁，却难免给人以枯索单调的印象。可偏偏偌大个新疆，就主要是以这些枯索单调的沙漠、戈壁，来显示它丰富繁茂的蕴藏。且不说地面上的绿洲，那可是地道的人间天堂，就说地底下看不见的石油矿产资源，说它是取之不尽、用之不竭的宝库，丝毫也不过分。新疆就是以它这样简单朴素的外貌，来展示它内在的姣好。这可不是公园里那些人造的景点、游乐场内那些搭建的迷宫，以虚饰为美丽，以艰深文浅陋。这可都是实实在在的“干货”，是天山雪水的滋润、昊天杲日的蒸馏、沧海桑田的变迁，如《红楼梦》上说，不知历“几世几劫”，方才得到这么一点结果。新疆的宝贵，正在如此。

说了这半天闲话，是因为去岁在京度假，闲来无事，读了一些董立勃的小说，得了一些联想和感受。这个董立勃，就是新疆的作家，他的小说写的又都是新疆的事情，而且写法也颇特别，不像前些年的小说，要费老大的劲去琢磨作家的写法，等琢磨清楚了写法以后，才大约知道作家要表达个什么。可是，经这一琢磨，起先想读小说的兴味可就全没了。时间长了，也就不想再读这种小说了。想想也是，谁吃饱了撑的，放着什么也不想的轻松，去绞尽脑汁地找不痛快，用一句很不雅观的话说——这不是有病吗？可中国的小说，就有这么一段时间，是让找不痛快的人去读的，所以也就成了一种写作和阅读的病态。

读董立勃的小说，绝对不会有这样的问题。本辑主笔、我的博士生李从云在评论文章中说了许多董氏小说诗意的话，董立勃自己也说过，他是拿小说当诗来写的。但诗也有晦涩难懂的，早些年关于“朦胧诗”的争论，不就是因此而起的吗？再说，写诗化小说的，也并非董氏一人，前面还横着鲁迅、废名、沈从文、萧红、孙犁这样的大家，再来说董立勃的小说的诗意，就犯了当今扮“小资”的大忌：谁让你谈音乐提贝多芬啦，谁让你谈绘画提达·芬奇啦，谁让你谈京剧提梅兰芳啦，这样的谈法，俗！要尽挑那些不见经传的角色说，最好是胡编一个别人不知道的小人物说，这样，才见出你的不同一般，不合流俗，也才显出你的新潮，你的酷。

可谈董立勃的小说的诗意，认真地说，又似乎与这种忌讳无关。因为一则他本身就是一个才见经传的小人物，二则他的小说的诗意，也确实不同于鲁、冯（废名姓冯）、沈、萧、孙。这几位的诗意，是陈平原说的“情调”或“意境”，可称之为一种古典的诗意。可董立勃的小说的诗意，固然也不缺“情调”，不乏“意境”，但究其实，却是从字里行间透出来的一种生命的原汁。不说别的吧，如同大多数作家一样，董立勃也喜欢写女人，同时又是擅长写女人的。但他笔下的女人爱男人，只由着自己的性子，不管这男人是否能得到她，抑或是以怎样的方式得到她，都没有多少得失利害的考虑。这就把附着在男女关系上的那些外在的东西，都统统地抛到一边去了。抛掉了这些外加的东西，男女之间就得以赤裸裸的情和性相对了。这不是向动物和本能的退化，而是从人类生活中，剥去那些层层加码的观念的包裹，以及各种功利的世俗的枷锁，让活生生的生命的原汁无遮无拦地流淌出来。这种生命的原汁，正如新疆的沙漠、戈壁上的绿洲，和沙漠、戈壁下的宝藏，也是不知历“几世几劫”的天山雪水的滋润、昊天杲日的蒸馏、沧海桑田的变迁，所得的一点精华。这精华才是人间天上最美的诗意，这诗意无须雕刻谋划，只须用最简约的文字就可以表达，所以董立勃的小说就没有多少夸饰形容的语言，也无须去搭建曲里拐弯的叙述迷宫。整个儿的就是一个中国人在讲故事，说的是日常生活中的大白话，用的是祖辈儿传下来的“花开两朵，各表一枝”的老方法，要的是那一点吊人胃口、熏浸刺提的听觉效果，让你在不知不觉中轻松愉快地就这么跟着他的故事走。读这样的小说，这样读小说，才不至于落下毛病，才会让你健康长寿。

列位要说，这不就是当年赵树理的路数吗？没错，果真就是。可老赵偏偏没赶上先拜现代派作师傅，然后再撇开师傅走自己的路。有这一遭和没这一遭，可大不一样。这正如鲁迅的小说，虽则也注重画龙点睛式的简约，也用工笔白描的手法，可毕竟融进了许多西洋小说的典型化和细节描写的方法与技巧，与纯粹中国的《世说新语》《聊斋志异》和“三言二拍”，自是不可同日而语。董立勃也走过一段他称之为“描帖”的模仿西方小说的路，也写过一些西方的痕迹很重的小说，但最终还是找到了自己的路，而且把从模仿西方学来的本事，融进了属于自己的小说。所以他今天的小说似老赵又不全是老赵，而是我以前说过的经历过“灿烂”之极复归的“平淡”。这种“平淡”的境界自然不同一般。我并非因此说，董立勃一定比赵树理高明，而是说他从西方影响中所得的，是赵树理所没有的一种新的人生观念。这种人生观念，以日常状态为人的存在的本真状态。前些年中国年轻的诗人追求日常化，也就是追求这种本真的状态。如今，董立勃又用小说呈现这种状态，所以说他追求的也是一种本真：生活的本真和人性的本真。海德格尔有一句被人们反复征引，已经耳熟能详的名言：诗意的栖居。所谓诗意的栖居，我理解，也就是一种本真状态的存在。董立勃的小说写了这存在，所以他的小说才透着一种骨子里的（本真的）诗意。

自　述《

我的文学路

一个人长大了想干什么，能干成什么，一定会和小时候某些经历有关，我也一样。父亲种地，母亲也种地，不识字，家里没书。十岁那年，是1966年，我上四年级。隔壁家一个小女孩，拿了一本书来串门，书很厚，和一块砖头差不多，书名叫《水浒》。这以前，连书名都没听说过。翻开一看，字是竖着排的，还是繁体字。看了几眼，很费劲，看不下去，就扔下了。过了几天，闲着没事，又翻开看。这一看，看下去了，越看越有意思，再放不下了。突然觉得书是个好东西，书带来的快乐，比别的东西都大。从这以后，到处找书看，什么书都看。那会儿，“文革”已经开始，好多书成了坏书，不让看了。我不管，只要是书，能找到的，全看。和别的地方不同，这里的人，从全国各地来，什么人都有，下放干部，“右派”，支边青年……这些人都识字，家里会藏着一些书。一个连队，就几百人，一块儿在地里干活，不用多久，全都熟悉了，包括各家的孩子。孩子们凑到一块玩，其中一个节目，就是换书看。我有一个小木箱，里边装了好多小人儿书。见了别的孩子，马上问家里有没有书，有书的，赶紧拿来，用我的画书换来看。可以说，那几年，这一块地方上的书，画书字书，还有杂志，我全都看了。其实，全都看了，也没有多少，掰着手指能算过来。

那年头，闹“文革”，书都烧了，书很少，书是稀罕物。只是因为我对书特别喜欢，才会比周围的孩子多读了几本，读得还比较用心。这样一来，写同一个题目的作文，就可能比别的孩子写得好一些。记得有一次，作文交上去后，老师把我找过去。老师是个上海青年，姓陶。他问我，作文是不是抄的。我说不是，是自己写的。他听了后，没再说什么。第二天，校园挂出一块黑板，好多同学围着看，我挤过去一看，看到了我的名字，当然，名字后面，是我的作文。这件事，对别人来说，不算个啥，可对我来说，影响却是决定性的。头一回觉得，写东西这个事，可以让自己很了不起。于是，在这方面，便更加努力。弄了个小本子，看到书上描写景物的段落，就往上抄。抄满了一本，再抄一本，抄了好多本。一到写作文，就想法把抄到的词句用上，那会儿，写出的作文，几乎篇篇都要被老师拿到课堂上，当范文念。

到了高中，知道这世界上，有一种人，很了不起，有一种职业，很神圣，那就是作家。想当作家，也知道当作家不那么容易，要下大功夫。于是开始写诗，不知真正的诗是什么，看到报纸上登的诗，就学着去写。国家出了大事，过什么节日了，都要写一首诗。几年下来，不知写了多少首这样的诗。也往外寄过，给报纸寄，给刚复刊的《诗刊》寄，不过，没有一首被登出来。

我这个人，有一点好，不管啥时候，事没做成，不怨别人，只从自己身上找原因。面对一大堆退稿，我不绝望，认为还是汗流得太少。高中毕业后，下到连队再教育。白天干活，夜里趴在床头，在一盏煤油灯下，仍是不停地写，写诗，写日记。写得太晚了，早上起不来，干脆不吃早饭，听到上工钟响，穿上衣服，扛起坎土曼，就往地里跑。结果，这因写诗逼成的习惯，一直保持到现在。听说我不吃早饭，多少人劝我，说不吃早饭，有多少坏处。可没有办法，想改，改不了。试着改过那么一两回，反而很难受。

拼命写，写到了1976年。中国完全变了样子，可我写出的字，还是没有一个变成铅字。不过，因为我会写东西，不让我种地了，组织把我调到了宣传队，编了一年文艺节目后，又把我调到了学校当老师，教初中语文。别人看来，一个高中生，能当上老师，该知足了。父母高兴得不行，给我买了一辆自行车，算是对我的鼓励。可我，并不想当老师，还是想当作家。那段日子，认识了一个作家，姓王，是个劳改释放人员。见到他时，他拿出一本破旧的书，是20世纪40年代出的，薄薄的一本，是个童话故事。虽然，在知道的一串作家的名字里，没有这个姓王的，但一看到那本书，看到他的名字印在书的封面上，他还是像太阳一样，让我景仰。我把写的东西拿给他看，让他指点。却没有想到，这个刚走出劳改营的男子，因某种原因，似乎对青年女性更有兴趣，对我爱搭不理。看出了他的想法，我就不再拜访他了，重又独自埋头写诗。

写到1979年，有一首诗，写老师的，《诗刊》编辑回了信，说修改一下，我看到了希望，很激动，认真修改后，寄了去，却再没了消息。也是在这一年，我决定再考大学，考了两次没考上，说考最后一次，再考不上，就不考了。说真的，我没把考大学当回事，看许多名作家的经历，都没上过大学。尤其是那个叫高玉宝的，不识几个字，也写出了书，便觉得当作家和上大学，没啥必然关系。没有太用心，没下大功夫，结果考上了。分数不高，考到了新疆师大。想上中文系，却分到了政治系。不喜欢哲学经济学，还有别的一些课程，就不好好学。大量时间，跑到图书馆，恶补没读过的世界名著。大学给了我什么，现在想想，是让我开阔了眼界，有机会读到大量的文学精品。学政治，不想当政治家，还是想当作家。准确说，是当诗人。那一阵子，中国诗坛上，谁冒出来了，谁写了什么，发表在什么地方，没有自己不知道的。看得多，写得也更疯狂，差不多每天都要写一首诗，有一首还登在了大学的学报上。

就在这个时候，一个叫冉红的老师出现了，她教写作课。她看到了我写的一篇作文，给我写了一封长信，说我有文学才华，让我写小说。接着，她把我的作文，拿到了一家青年杂志社，当成小说发表了。这是 1981 年。也是从这一年开始，很少再写诗，开始写小说。很快，一家文学杂志找到了大学，一个姓萧的编辑来落实情况，他起初有些怀疑这篇小说是抄的。这个误会，和小学的一篇作文有点像。当然，误会很快消除，小说很快发表了，名字叫《夏夜的热风》，也是我发在文学刊物上的第一篇小说。很快，在新疆的文学圈子里，我受到注目。

我不再写诗，事实告诉我，诗是通灵的，我没有通灵，诗和我无缘，再怎么写，也写不出来。而小说，好像对我很青睐。看来，小说会让我梦想成真。不再多想，马上把心用到了读小说和写小说上。当时正赶上大量西方小说涌入国内，我有点像疯了一样，如饥似渴地从中吸取着营养。玛格丽特·杜拉斯、福克纳还有拉丁美洲的马尔克斯等一大批现代派作家，成了我学习模仿的偶像。

可能是相对身边的一些文学青年而言，我下的功夫更大些，所以很快就见到成效。在接下来几年里，不断有中短篇小说发表，其中一篇短篇小说被《小说选刊》转载，还有一篇叫《黑土红土》的中篇在《作品与争鸣》上引起了讨论。同时，还在北岳文艺出版社出版了小说集。当时，我三十岁不到，显得极富有才华。各种和文学有关的会议上，作为最年轻的作者，我被不断提到名字。许多文学前辈，都预言我将很快走向全国，成为新疆小说的一面旗帜。不但别人这么想，连我自己也这么以为。我踌躇满志，到处放话，说文学就是我的生命，这一辈子，除了写作，我不会再干别的事情了。那一年，我还去了鲁迅文学院，认识了一些当红作家，和一些重要期刊也有了些接触。似乎一切都在表明，用不了多久，一个叫董立勃的新疆青年作者，就可以像莫言、像余华、像苏童一样，写出轰动全国的小说，真正实现自己的作家梦了。

但接下来的事情，真的有点让我意想不到，不但没有轰动全国，连一些新创作的小说，都很难在杂志上发表出来了。就算是好不容易发表出来了，也只是像打了个水漂，没有任何反响。又是几年过去了，旗帜没有飘起来。什么原因，都在找。有人说了，边疆作者，离中心远，不被重视，还有的说我不会炒作，不会拉关系。我也在找原因，不过，别人说的原因，和我没关系。说到这一点，我还要表扬自己，不怨环境，不恨别人，一直是我做人的原则。写出的东西，没刊物发表，没有反响，不是别人的事，一定是自己的事。也就是说，我的小说创作，遇到了问题。知道有问题，可并不知道问题出在哪里。知道这么写下去，肯定不行，可怎么写下去才能写出一片新天地，自己没有方向。就是在这个时候，我的文学信念动摇了，开始对自己有了怀疑，怀疑自己根本不是搞文学的料。这一动摇，这一怀疑，就麻烦了。马上就没野心了，变得消沉了，懒得再去面对稿纸了。

这时已到了90年代，"下海"成了个流行词语。有个朋友搞文化公司，让我参加。正闲着没事，就去了。这一去，就去了差不多十年。十年里，浑水摸鱼，一把子胡整，钱没有少挣，也没有少花。到了有一天，盘点一下，发现自己快要五十了，仍然是要钱没钱，要事业没事业，心里真的慌乱起来。明白再这么下去，这一辈子，怕是真的就这么回事了。来世界一趟，总要干成点什么，否则，往大一点说，对不起国家，对不起人民，往小一点说，实在太对不起父母，对不起自己。

2001年夏天，去了一趟昆仑山，爬到了五千米高的山顶，知道了和田玉是怎么被采下来的。从山上下来，不知是不是昆仑山的神灵给了我什么暗示，或是把我的灵魂深处什么东西给唤醒了，总之，从山上下来，回到了边城，突然有了要写小说的冲动。并且要写什么，怎么写，全都在内心变得很明确。那些曾让我膜拜的西方小说大师，已经淡忘。文坛上正在流行什么，因为这些年的远离，也完全不知道。只知道我要这样来写，写我这样的故事，写一种让读者从中得到享受的小说。我想这样的小说，语言一定要朴实干净，像泥土和青草一样，散发着大自然生命的气息。故事一定要有悬念，要有逻辑性，要合乎情理，却不能太平淡。结构不能太复杂，千万别耍花枪、玩技法，不能把一眼就能看明白的东西，故意整得乱七八糟，故作高深，让人像猜谜一样看不懂，以显示自己的高深。还有，真善美也很重要。大家为什么要读小说，就是要从小说中寻找到现实中很少有的真实善良和美好，极少会有人对肮脏丑陋变态的东西充满兴趣。不过，这种真善美，一定不能是概念化的、生硬的。它一定是情感原野上绽放的花朵，人性山谷里温暖的河流。怀着这些种种的想法，在停笔了差不多十年后，我又开始了写作。大约也就是一个多月时间，真的是一气呵成，没费一点周折，好像整部小说，早就藏在了我的心房里，我只要把门打开，让它走出来就行了。

这一年的秋天，我有了重要的收获。长篇小说《烈日》杀青了。然而虽是写出来了，写得行不行，却没一点把握。没敢往外寄，一直放到了来年春天。很偶然，青年评论家阎晶明为出版社组稿，和我同住一个小区的作家刘亮程对我说，如果有长篇，可以寄给他看看。这时的刘亮程，已经在全国有了名气。阎晶明看过了稿子后，打电话给我，说写得不错。我不由一喜，接着，稿子到了漓江出版社，编辑也打电话来，说稿子上上下下都看了，都说写得好，马上会出版。当时，我的激动，很难形容。同时就想，如果这样写小说能行，我还能写出一串来。既然能写一串，为什么不继续写呢？文学梦，重又激荡。我马上打开电脑，开始写第二部长篇《白豆》。记得很清楚，2002年6月，世界杯开幕那一天，我写下了这部小说的第一行字。在接下来的一个月，几乎是没有出门，天天在家里，除了看足球赛，就是写小说。有时是边看边写，常常写得忘了吃，忘了喝。写最后一章的最后一部分时，我坐在凳子上，一动没动，一口气写了七个小时，这种写作状态，从来没有过，连我自己都吃惊。似乎是天意，世界杯闭幕那一天，《白豆》也写完了。

回想《白豆》的写作过程，有些惊心动魄，可当时，我完全没有意识到这部小说的重要性，完全不知道它对我的文学道路意味着什么。有一点不好，我这个人，向来缺少乐观主义精神，什么事都往坏里想。对《白豆》最大的期望，就是能有一家出版社看中，不用自己掏钱能出版就行了。事实证明，我并不是瞎想。《白豆》先到了上海，一家出版社和一家刊物都没有把它看在眼里，之后，它才去了北京。十几年前，《当代》一个叫周昌义的编辑到新疆来，我们见过面，不知道人家是不是还记得，就把稿子寄去了。也是没办法，死马当活马医。完全没想到，稿子寄出不到一个月，就接到周昌义电话，电话打了有半个小时，全在说这部小说。2003年第一期的《当代》，《白豆》被推出。

接下来的好些事情，对我来说，真的有点像做梦。《白豆》进了中国年度小说排行榜，成了各种媒体重点推荐的书目。而在《白豆》后写出的几部长篇，包括中短篇，再没有遭遇到退稿，并且稿约不断。有些人形容我的出现是个奇迹，有点不可思议。静下心来仔细想想，也觉得不无道理。中国那么大，不知有多少人做着文学梦，并为之奋斗献身，不知付出了多少代价，到头来，却是竹篮子打水一场空。远的不说，就是我身边，就有不少这样的人。所以，在各种场合里，问到我为什么会成功时，我总是说，不是我比别人强，是我的运气好。既然是运气，就会不那么可靠。也许，运气让我现在得了个作家的名号，并且被许多人认可，写出的东西，不管长篇、中篇还是短篇，都不会被退稿了。但离一个真正的作家，尤其是一个伟大作家的距离，还是很远的。那些发表出版的作品，包括获奖受到好评的作品，都有不同程度的缺陷。因此，在文学这条道路上，我只是个刚起步的写作者，要走的路真的还很长很长。对此，我会保持清醒，一直保持到我的生命消失。

访　谈《

我相信命运的力量

——董立勃访谈录

李从云　董立勃

李从云：您什么时候开始有当作家的念头？

董立勃：上中学时，就想当作家。只是那时没有想写小说，而是喜欢写诗。到了1979年，上了大学，已经有小说开始发表，真正迷恋的还是诗。但写诗老发表不了，小说是写一个发表一个。我的诗歌为什么没有写出来？现在看来，我不属于那种非常有激情的人，缺少诗人的天分。我喜欢有故事、有细节的诗，比如王小妮的诗，我一直很喜欢。我不能接受那种晦涩的、让人看不懂的诗。我以为的好诗，每个句子都是一幅画，要有细节，有实感。

李从云：在您的小说中有一种诗意。

董立勃：我在小说里面追求一种大的诗意。我是把对诗的追求放到小说里去了。写小说对我来说，就是写一首长诗，一首长长的叙事诗。在我的叙述里，语言看起来很平实，但一定会有一种诗意透出来。写小说时，常常会有诗歌的感觉控制我的情绪。

李从云：您怎样评价自己80年代的小说创作？

董立勃：80年代也写了一些东西，为什么不被人承认，不被人关注？我觉得在很大程度上是由于模仿的痕迹太重了，完全没有形成一种自己对小说的看法，更没有自己的表达方式。完全是在学习，有点像写书法，处在描帖的阶段。当时，像我这样的文学青年，在中国不知有多少。文学是一种创造性的艺术，总是学别人，是不可能学出来的。不过，学习和模仿还是很重要的，是一个艺术家一定要经过的阶段。十几年过去，我重新拿起笔写小说，其实还是依靠了当年练就的基本功，从许多国外的大师那里学来的技术，还是极大地帮助了我，比如客观、冷静、简洁，以及现代小说的叙述方式。只是，我们中国人有自己的讲话方式，我们的语言本身已形成了我们特有的韵味。这种韵味，是学不来的，是要让我们从民族的文化传统，从我们的民间生活，去吸收、去感悟的。一个小说家，有了自己的语言风格，那他写出的小说，就不会太差。我一直比较在意小说的语言。看别人的小说，如果语言太一般，不管你写的什么东西，马上就不想看。

李从云：那个时候您写的《走不出的小镇》《旧房子》等作品就有现代派小说的痕迹。

董立勃：是一种象征性的作品，《走不出的小镇》特别明显。《胡杨林没有眼泪》中的那个女人，写一句加一个括号，加上一个说明，那是从新小说派学来的。小说的形式很重要，但太注意形式，往往会对小说的本质有所损害。

李从云：哪些作家对您的影响较大？

董立勃：马尔克斯、福克纳、法国新小说派、玛格丽特·杜拉斯、海明威对我的影响较大。海明威的语言简洁，玛格丽特有很多偶然的东西在里面，不动声色、非常客观冷静、没有激情的叙述。我骨子里对现代派的东西更热爱，对传统的东西不屑一顾。如果那时能对传统的东西做到兼收并蓄，也许当时创作还会走得远一点。当时是走极端，就是学现代派。但是学得又不彻底，不成功。这些东西现在看来是一种养料。其实我现在的创作很多时候讲究小说好看，很在意故事。但在很多表现手段上，现代派小说家对我的影响更大一些。中国作家中，要说对我影响最大的，还是沈从文。上大学时那么困难，没有钱，省吃俭用，就买了一套《沈从文文集》，读得如痴如醉。20多年后，有人说，我的小说有沈从文的风格，我听了后，还是很高兴的。不过，我知道，在大师面前，我永远是个小学生，和他老人家是不能比的。这一点，我还是有自知之明的。我只是在努力把小说写得更像小说。写小说时，就想着，我的小说一定要让别人看懂，要让认字不多的人，也能看懂。这方面，我做了些努力。我的小说里见不到一句成语，也很难见到词组，一句话，尽量不用书面语去说，而是用口语。我生活的地方，有许多少数民族的同志，汉字认识得少，他们见了我，对我说："你的小说好，我们一下子就看懂了。"听了这话，真的让我很高兴。不过，同样也有汉族朋友，说我的一篇小说像小学生作文。我明白他话里的意思。在他看来，小说里的话，可不是平常的话。不少作者在写小说时，还不知好的小说语言是什么样的。

李从云：您尽量使用活的、感受性的语言。

董立勃：对，很朴实，很直接，更注重口语，远离书面语。一句话可用书面语表达，也可用口语表达，我选择口语，这是我写小说时有意为之的。

李从云：赵树理的小说语言也是口语化的。

董立勃：小时候看赵树理的小说，觉得是大白话，没有文采，没意思。长大了，再看他的小说，有些明白了。什么是大师，大师的语言是什么样的？像孙犁、赵树理这样的作家，是大家，很了不起。只是时代的一些局限，使他们的作品的深度受了影响，有些作品难免概念化。不过，他们的小说语言是非常了不起的。他们能让我们从语言中，感受到更多的东西，感受到一种妙不可言。好的小说，至少在语言方面是要有这种魅力的。

李从云：您的最初两部短篇《闪耀的星星》《一个醒着的梦》都是用女性的眼光来打量生活的。纵观您到目前为止的小说，绝大部分也是以女性为主角。为什么您会如此执着地关注女性？

董立勃：我这个人，由于出身社会的最底层，看到的、经历的苦难，可能比同龄人多一些。所以对现实失望的时候比较多，准确一点说，我基本上是一个悲观主义者。从来不自信，也从来不会说大话。在我的小说中，不管是什么人物，结局很少会取得胜利或大功告成。至于为什么在小说中，女性主人公会多一些，主要是和我母亲有关。如果现在要让我说谁是世界上最伟大的人，我一定会说是我的母亲。所有人类优秀的品质，我在我母亲身上全看到了。这样一来，我在写作中会不由自主地把美好的东西通过女性人物表现出来。男人尽管有一些很伟大的品格，但不像女人体现得那么完美，那么纯粹。在我的小说中，没有很坏的女人。女人有毛病，但再坏，也不会有多坏。女人干坏事，怎么干都是有限的。在一个男权社会中，男人建设性大，破坏性也大。

李从云：沈从文《边城》结尾的那句“这个人也许永远不回来了，也许明天回来”，留给人们无尽的想象与回味。您的长篇小说也很注意结尾的经营，譬如《米香》的结尾就有点“白发宫女在，闲坐说玄宗”的意味。米香的不知所终，您当时是怎么想的？

董立勃：我80年代的小说，很喜欢把人写死，觉得只有死，才能让主题深刻，才会有震撼力。大约是年纪大了些，多了些悲悯。现在写小说，写着写着，就和小说中的人物有了感情，像亲人一样，和自己有血缘关系。这样的人，让死掉，感情上很难接受，不忍心。但我又是悲观主义者，一个大团圆的结局，我不可能接受。没有办法了，只好让主人公用一种方式消失。比如《白豆》中的胡铁，比如《烈日》中的雪儿，还有《米香》中的米香。你说，像米香那样一个女人，那么美丽，那么善良，这样一个招人喜欢的女人，让她死掉，实在太残忍。当然，也完全可以处理成让她受辱自杀。让主人公死掉，很简单，也许我现在的处理方式也很简单，但我觉得这样比较容易接受。也确实找不到一种更好的方法。不想让她死，又没有更好的办法，只有让她走，暂时消失。

李从云：当作家是您的人生理想，为什么有将近十年放弃了写作？

董立勃：没错，我有理想，可我也是个平常人。一件事，总是做不成，就会灰心丧气，就不想再做了。那个时候，差不多一同起步、年龄差不多的一批人，全成了大作家，而我却默默无闻。想换个活法，也不奇怪。1992年的一天，我突然觉得自己再想往前迈进，迈不动了，也就是说，不知该怎么写了，觉得再按照这个路子写下去，也不会有突破，或提高很难了。自己感到没有力量往前走。这时我想放弃，但这是一种不得已。当时我没有那么理智地去想，但是我知道没办法了，我不得不改变自己，不得不去尝试做一些别的事情。然而在我的骨子里面，其实还是没有真正地放弃。现在想想，好些年不写，也许是正确的。与过去斩断，重新开始，会带来一种全新的变化，有时候，往前走，走不通了，不妨朝后退一退，退一步，常常是海阔天空，这话的确很有道理。

李从云：为什么又回来写小说？

董立勃：这个问题有点复杂，几句话讲不清楚。不写小说了，和几个人一块儿办了个影视公司，去挣钱。也挣了一些，也买了房，也开上了车。可商场如战场，一点儿也不假，在压根儿没有料到的情况下，突然一个早晨醒过来，发现身无分文，不得不去向朋友借钱过日子了。而这时，却再也打不起精神去挣钱了。不想挣钱了，也没钱可挣了，总不能等着退休养老吧。不甘心这么活着，还想干点事。这时就想到了写小说。现在想，如果我当时发了大财，我会不会写，真的是个问题。其实回头写小说，已经没有了当初的野心，目的似乎变得很单纯了。就是用小说来打发未来的日子，来充实今后的生活。到底会有多大作为，真的没有太去想。当时我就想，成不成不管，没别的事干，只管埋头写作，把我能写的、想写的全写出来。能发就发，不能发，也算是完成自己的一个心愿。所以，这时写小说，真的不那么功利了。到了这个年龄，当作家的梦没有做成，再继续做，也有点可笑了。当时我已经四十多岁了，已变得非常冷静。写《烈日》时我就是抱着这种想法。讲我的故事，用最简洁的语言，最直接的方法，再也不像过去那样对小说有那么多的想法。我的写作变得比较明确了。加上可能赶上了那么一个机遇，为什么不提前那么两三年？人有时没办法左右自己的命运。1996年、1997年我能这样子，那会有一种什么结果，没办法说。

李从云：是一种天意？

董立勃：后来我觉得真是天意。为什么我对偶然性的东西感兴趣，因为命运往往是由许多偶然性构成的。《烈日》写出来之后，我不可能往哪儿寄。这么多年没有发表作品了，我和所有的刊物都没有了关系。找一个朋友一看，觉得一般。如果不是漓江出版社出版“中国大西部长篇小说丛书”，我又偶然有机会把书稿给了他们，他们又认为不错，我咋可能接着去写《白豆》？我这个人信命，我一直觉得，我能写出这些小说来，能引起一些关注，不是我个人有多大能耐，而是命运的力量，成就了我，改变了我。

李从云：谈谈您创作《白豆》时的状态。

董立勃：当所有的事我都不想去干的时候，最想干的事情还是写小说。我想这是很重要的一点，它促使我对自己能有这么一次彻底的反省，开始一次不可思议的写作。我那时像疯了一样。记得写《白豆》最后一章的时候，我中午十二点起来以后，坐在电脑前，一直写到晚上八点钟。其间厕所没上过，一口水没喝，一口饭没有吃。那一段日子写作真是太顺畅了，好像天眼开了，面前一片亮堂，想要什么东西，都能找到。人也似乎变得很有智慧，没有什么东西可以难倒。好些细节，事先一点儿也没有想到，写着写着，自然就冒了出来。比如说那个红鸡蛋，就是写到那一段才想到的。这个细节，首先很真实，翠莲生孩子，白豆去看她，走时装上几个红鸡蛋，很合乎情理。这个细节很小，可真的很重要。没有红鸡蛋，《白豆》这部小说情节的发展就会很困难。

李从云：杨来顺、胡铁他俩对白豆都很好。

董立勃：是的，都想娶她当老婆，当然都对她好。我写的时候，尽量做到客观。就连白豆也说不上谁比谁坏或者好。在日常生活中，一个女人和两个男人之间，如果没发生什么大事情，是会觉得差不多的。只是有了苞谷地里的事，情况就不同了。人的好坏，有时就在一个念头上，在一个行为上。要证明杨来顺是坏人，红鸡蛋这个细节不能少。用什么能最终证明苞谷地的事是杨来顺干的？红鸡蛋有点意料之外，却又在情理之中。它最后成了一个非常关键的东西。记得当时想到了这个细节时，我兴奋得拍了一下胸脯。它确实解决了这篇小说的一个技术问题。要让小说变得真实可信，细节实在太重要。

李从云：也使写作变得顺畅了。

董立勃:这也是一个作家能力的体现。小说很多时候就是被很细小的东西卡住了,写不下去。写《白豆》时,没有写不下去的时候,写得真的很顺。这种顺畅,以前没有,后来写别的小说,也没有过。写小说,的确是一种不可重复的工作,包括工作时的状态。不过,就是在那样的状态下写出的东西,尽管知道不会太差,可还是不能自信,没法自信。写了那么多年,下了那么大功夫,都没能写出来,而这些年远离文坛,小说创作发展到了什么阶段,我一点也不了解。实在没有一点理由自信。

李从云:您有一种自我怀疑、自我否定的可贵精神。

董立勃:可贵不可贵不知道,只是我的确老怀疑自己,就是到了现在也一样。看着摆在面前的近几年出版的几部长篇小说,我还是不能自信起来。包括面对一些对我的赞扬,都没有能让我飘飘然。有人说我,有了名气,不摆架子,说什么做什么都很低调。其实我不是故意要这么做的,而是我觉得我实在没什么可骄傲的。我的同龄人,不少作家已经是大师,已经名扬世界。我算个啥,和谁能比?和谁都不能比。只能和自己比一比。如果说和以前相比有什么变化,那就是有不少刊物和编辑向我约稿。如果我能写得差不多,不会被埋没了,会有地方发表和出版了。我没有野心,写作这个事,能混到这份上,也算是没白喜欢文学一场。

李从云:您现在是不是有了更高的追求目标?《白豆》之后您计划如何写作?似乎您自己也一直在问这样的问题。

董立勃:对我来说,没有更高的目标。写作这个事,不像别的事,可以先定下个计划,然后按照计划去干,干成了,宏伟的目标就实现了。《白豆》之后,还写了几部长篇,都出版了。接下来怎么写,写什么东西,写成什么样子,说不想,不可能。可要说能想得很明白,也不可能,只能顺其自然。写小说像生孩子,怀上了,不想生,也得生。怀不上,怎么想都没用。我也问自己,还能写什么,还能写几部小说,却答不上来。只能说,我还会写下去。

李从云:可以说,您已经圆了作家梦。迫使您不断地去写作的动力是什么?

董立勃:那年,在北京开我的小说研讨会。一个评论家就对我说,要抓住这个机会,不要像流星,闪一下就不见了。我明白他的意思,这些年,我确实发表了不少东西。看起来,似乎是想证明点什么。其实并不完全是这样。你想,憋了二十多年,突然开了口子,能不有点像发洪水吗?听到一些人说我不够认真,有些重复自己,不能做到篇篇是精品,有些不负责任。我也明白,再发表的东西,不超过《白豆》,不如《白豆》,别人就会骂我。可说到底,我是个凡人,是个小作家,恨不得把自己写的每个字都变成铅字,也想有名气,也想多挣稿费。再说了,如果写了《白豆》后,再什么都不写了,我是不是能比现在赢得更多读者的敬意呢?

李从云:您认为文学在现时代有何价值、意义?

董立勃:文学这个概念太大,我不好说。说到小说,我以为它作为一种产品——精神文化产品——其实和许多产品一样,正在成为商品。人们享受它,就像吃喝一样,只是它满足的是人们另一个层次上的消费需要。千万不要把它政治化,也不要把它当作启蒙教化的工具,更不要当作刀枪来使。为什么80年代大家抢着看小说,现在很多人都不看了?不是小说退步了,而是读者的需求变了,但作家的小说观念还没变,还按着老一套去写,不知时代思想的解放,大家去看小说,不再想从中寻找真理了,而是只想得到一种轻松,一种愉快,一种精神享受。小说已经作为精神享受的一种产品,作为个人的一种阅读兴趣而发生作用。这个社会已发生了很大的变化,这种变化不仅仅是经济上的,也不是说人们只对钱感兴趣,而对文学没有兴趣了,真实的情况是,文学确实没有给人们提供更多精神上的享受。那种激动,那种兴奋,对人来讲是很重要的。只要活着,不管什么层次的人,都需要这种东西。所以从这一点上来看,小说的基本功能,并没有变化。80年代读小说,大家激动。21世纪了,大家读小说,还是渴望激动。只是怎么样能让读者激动起来,却对我们小说家提出了更高的要求。现在许多人不读小说,责任肯定不在读者身上,而是该从小说创作本身去找原因。

李从云:这种变化您是不是感受到了,把握到了?

董立勃:不能说我完全感受到了,或者是把握到了。但进入了新世纪以后,我明白了,再写小说,不能像以前那样写了。比如说,现在重新回头写小说时,我会想,如果我是一个读者,什么样的小说才会吸引我的目光?

李从云:您从一个读者的立场去思考怎样写小说。

董立勃:对。设想我是一个读者,我喜欢看什么样的小说。至少看这部小说时,我喜欢它的语言,从它的叙述,从它的故事中得到一种满足,得到一种快感。而这种满足和快感就是小说本身呈现的一种魅力,小说本身的一种东西。它带来的是一种很新鲜的感受,这一点可能是现在的读者对小说感兴趣的地方。一部小说,不可能满足读者的所有阅读需要,但你至少得让他们有某一部分的满足。

李从云:为了使小说好看,您是如何来设计复杂的人物关系的?

董立勃:小说里的人物关系一定要变化,一定要找到人物关系上的冲突。光有关系不行,关系还得有冲突,这才会有戏,矛盾才会往前发展。一个人物出现了,就一定会在矛盾冲突上发生作用:好的或坏的、否定的或肯定的作用。就像一支枪一样，如果你让它出现了，那你就得让它响。要么，就别让它出现。同时，小说里，一定还要有一些意想不到的东西。小说一开始是确定人物的大致关系。比如在《米香》中，宋兰开始肯定和一上海青年很好，但是到最后一定会让农场很底层、很野蛮的人和她结婚。一开始他们肯定不幸福，这是合理合逻辑的。但如果只写到他们的不幸福，那这小说也没多大意思。他们是否有幸福的可能呢？这里面有真实的影子。到现在为止，我认识的那个上海青年还在那个地方，她天天也是乐呵呵的，最近刚退休。就她个人来讲，她并没有意识到这是多么悲剧的命运。但把她放到社会大环境里，从知青的角度来看，却是一个悲剧。宋兰是一个我不很爱的人物，但米香是我心目中的女神。我对她充满了一种爱，她身上有非常美好的东西。坡儿多少有我自己的影子。当时我是一个小男孩，见了她们确实有一些朦朦胧胧的东西，她们经常送给我本子、铅笔。但我一定不把米香写成有文化的，有了文化，就和宋兰一样了。我写了一个很天然很单纯的女人，人世间乱七八糟的东西她不知道。《米香》由一部短篇发展为一部长篇时，一个米香就很难支撑起来，自然会想到她身边还有一个女人。

李从云：您的小说展现了人物的多重身份，比如《白豆》。您如何理解人性的复杂？

董立勃：现实生活中，好人干坏事，坏人干好事，多得很。也许人们看老杨是个坏人，但实际上他就是按照他的生活逻辑来做人。他未必是一个非常恶或者残暴的人。老杨无非就是太想得到这个女人了，他对白豆也不是太差。但白豆不生孩子，作为一个传统男人，他想要一个孩子。他也许做了坏事，但没办法，不得不做坏事。罗师长对党忠心耿耿，他可能干了很多好事。但是，当他处理胡铁这样一个小人物时，不可能工作那么细，不可能在意这么一个人的命运。

李从云：在《烈日》中，这种意识非常明显。

董立勃：其实，我的小说里，有一种东西，可以说是反复在写。《白豆》里这种意识也很明显。为什么最后我会选择那样一个结尾呢？就我个人对社会、对权力、对中国现实的看法，当时不可能会有一个领导出来为胡铁申冤、平反昭雪，让他过上幸福的日子。白豆这样一个女人的呼喊声，实在太微弱，不会被重视。我骨子里，是一个悲观主义者。作为活生生的一个人，不会天生是坏蛋。在《烈日》里，营长是一个好人，但出生入死的兄弟抓住了他的小辫子时，他一瞬间也做出了很恶的事。我想写出人性的复杂，这一点受沈从文的影响较大。

李从云：《红色雪》的背景就是"文革"。您为什么把武斗的故事放在大雪覆盖的荒野上？

董立勃:我想写的是,人性的恶不是在"文革"这样的环境里才产生的,它在任何时候、任何背景下都可能引发悲剧。每个人在任何环境下,人性恶的一面都可能表现出来。"文革"中为什么会发生那么多悲剧,将原因完全归结到极"左"的思潮上,并不准确。其实我们每个人都是有责任的。

李从云:"荒野"似乎是您小说世界的底色。在您早期的小说中,出现了苏兴滩、黄羊滩、胡杨滩这样一些地名,但并没有下野地。您在命名"下野地"时,是否有某种考虑?

董立勃:新疆真有这么个地方,就叫下野地。我从小就生长在下野地。小说的故事,总要在一个地方展开。对我来说,选择下野地上演我的人生戏剧,就是很自然的事了。其实下野地和世界上别的地方并没有本质上区别。我小说中的背景或环境过去和现在一样,没有大的改变。你可以叫它戈壁滩,也可以叫它荒野。那时候我正试图从生活的土地上挖掘出一点东西来。首先从地名上选择下野地完全是无意识的。地名已经用了好几个了,我现在用什么地名呢?下野地在我们那一块都知道。当时我们家从山东老家一来,就在下野地。下野地离共青镇也就几十公里。后来就在小说中用了下野地这个地名,没想到写出了一系列小说。很多事情有时连你自己也觉得莫名其妙,80年代写小说时,我也知道下野地,却从来也没想到过把它用在小说中。

李从云:从小就在那种环境下生长,您觉得很自然,很正常,没有外来者所感受到的强烈反差。

董立勃:对,我就没觉得有多苦。在我的小说中,很少写物质上的苦。因为我从小生活在那儿,很快乐。我觉得童年很幸福,很快乐,无忧无虑。让我写苦,真的没有那种感觉。

李从云:那您试图从这片荒野上挖掘出什么?

董立勃:我的父母亲是荒野上或农场里最底层的人,就是在地里干活的人。我为什么对权力始终充满仇恨或控诉?他们在那里受的苦,与吃、穿没有多大关系,很大程度上是对人性的摧残或对人的不尊重。

李从云:也许他们想的没有那么复杂,只是觉得活得窝囊,很不快活。

董立勃:是的。他们动不动就被欺负。我的父亲,包括我的母亲,对我讲的一些事,让人气愤。那时我还小,但有些事我也记得。那些连长对他们有些非分的想法啊,举动啊,要求啊,我特别能感受到。生活在最底层的人,很多时候是没有尊严的,更谈不上权利。所以在我的小说里,这一点是反映比较强烈的。很多小说的主题也一样，不管从哪个方面去写，也不管写什么，最后都写到对人的摧残、不尊重或对人性的扭曲。我倒不是控诉哪一个人。一个人的尊严被践踏，这种事太多了，只不过在每个年代表现形式不同而已。

李从云：您在城市生活了那么久，城市生活可能成为您的写作资源吗？

董立勃：我也想过，上述题材写得差不多了，是不是该换一换环境了。但作为一个作家，能写什么，不能写什么，看起来是你自己的事情，但一旦写起来之后，各种因素都在起作用。写作《烈日》《白豆》时，有一种冲动，一种力量让我把它写出来。写都市生活，往往是我还没开始写，就丧失了写作的信心或激情。写小说，一个最实际的问题，就是要有一个故事。这个故事，不能是别人的，必须是自己创作出来的。可往往就这一点难住了我。编出来的故事，总觉得有些似曾相识，也就是所谓的雷同。没有作家愿意去写一个别人写过的故事。这样一来，城市题材的小说，想写，也写过一些，但常常没有写完，就写不下去了。这件事，并不让我苦恼。我信命，能写出来，是命，写不出来，也是命。听从命运的安排，该出现的，早晚都会出现，别强求自己。写小说这件事，尤其不能强求。

李从云：下野地这个系列您还能写多久？

董立勃：不知道。只知道继续往下写，还会有一些发生在荒野地上的故事。还知道，目前我还很难进入现代都市题材的写作。也知道，不管写什么，至少要有些新鲜好看的东西。如果没有，读者看上一眼就不看了。所以我会很努力地让每部作品都有一些比较新鲜的东西。

李从云：从80年代开始，就有人在提倡西部文学。您对西部文学怎样看？

董立勃：对我们新疆人来说，西部不是一个很有意义的概念。相对于整个大西部，我们也不过是其中一小块。对写作者来讲，意义也不是非常大。人们不会因为你写的是或不是西部文学，就对你作品的看法发生变化。大概因为我们生活在西部，写了一些西部生活，人家把你说成西部作家，也未尝不可。

李从云：红柯也是写新疆的小说家，您怎样评价他的小说创作？

董立勃：红柯和我是一个地方的，都是奎屯的。他是1986年到新疆的，他对新疆更多的感觉是很直接的。他在新疆的十年一直在写，我们都知道他写得可以，但始终没引起反响。1996年重新回到他的老家以后，再回头看新疆时，他可能找到了一种自己的表达方式。很重要的一点是，他的小说满足了读者对新疆浪漫的、传奇的、神话的想象。人们认为大草原、山脉中应该有这些东西。红柯的小说，在目前中国小说中，是唯一的，不可替代的。

李从云：红柯笔下的新疆和您小说中的完全不同。

董立勃：很多时候，支撑他写作的是一种感觉，是一种激情。具体里面写了什么，他都不管了，他不太看重故事。不过近来看他的小说，也有了变化。故事的因素明显加强了。

李从云：您认为西部文学或者新疆文学在中国当代文学中处于什么位置？

董立勃：如果"西部"这个概念里，把陕西、四川还有云南也算在内的话，那么它的文学地位是什么样的，不用我说，大家都会明白。说到新疆文学，说到新疆的小说创作，必须承认，比起西部的兄弟省市区来说，还是有些落后的。细细看去，会发现，经典的作品，优秀的作家，多是诗歌和散文方面的。小说方面，能在中国文坛上有些影响的，好像实在不多。而小说，作为文学的重武器，一直是一个地方文学实力的标志。因此，小说创作的落后，也导致了新疆文学多年来在中国文坛无足轻重。近两年情况似乎有些变化，随着长篇小说《白豆》《米香》《英格力士》，中篇小说《我的大爹》等的亮相，以及引起的轰动，文学界开始关注新疆。甚至有专家说，新疆小说后来居上，正在崛起。新疆人听了，尤其高兴，因为盼望这一天的到来，已经许久。我步入文坛，说起来已经二十多年，新疆小说之变化，之发展，不仅目睹，更有亲身体验。为新疆小说之崛起，不知有多少人呕心沥血。当年壮汉，已经头发花白。就连我这年轻娃子，也要年过半百。可转身一看，辛勤耕种的荒野上，仍然没有果实累累。因此，面对一点收获，不管别人怎么想，至少我没有太高兴，仍然内心充满惭愧。在一些场合上，与兄弟省市区的作家一起，还是把自己当贫困地区来的。这个贫困，是文学的贫困。准确地说，是小说的贫困。也就是说，与自己比，我们是进步挺大，可是与别人比，在小说的数量和质量上，我们还很落后。什么事都有原因，落后也有原因。我以为，现在说新疆小说已经崛起，还有点早。我这样说，主要有以下三个理由。理由一，新疆优秀的小说家太少。准确地说，是全国知名的小说家太少。这个太少有新疆的特殊情况，新疆是个多民族地区，有不少作家是母语写作。尽管他们的作品很优秀，但由于语言的障碍，使得多数人无法读到他们的作品。这样，他们的影响只能是区域性的。再就是新疆用汉语创作的作家多是内地来的移民，一旦成名，就会像候鸟一样飞走。现在一些活跃的全国知名作家，如陆天明、红柯、邱华栋、温亚军等，都曾在新疆工作生活。如果他们不曾离去，那么新疆的小说，定会是另一番天地。理由二，新疆优秀的小说作品太少，准确地说，是优秀的汉语小说太少。优秀作家少，当然优秀的作品就会少。可我想说的是，新疆小说作家，似乎在小说创作方面下的功夫不够大，似乎不大承认小说创作是个技术活，是要扎扎实实练好基本功的，更忽略了文本的重要性。大家坐到一起，很少会谈小说的语言结构及形式，却不断地发牢骚，说自己处于文学的边缘，得不到重视。把作品的不能发表，归结到没有关系，却不从自己的作品本身去找毛病。在地球都变成了一个村庄的年代，真正的由地理原因造成的边缘，实际已经不再存在。新疆远离内陆，已经不是影响小说发展的理由。但新疆好多写小说的人，还没有认识到这一点。理由三，在如何利用新疆丰厚多样的文化资源的问题上，新疆作家的意识和做法大都有偏差和失误。关于一个地区的人文和地理，我一直认为，和别的地区相比，不存在优势，只有差别，或者说有独特性。这种独特性，常常和小说没关系。小说写的是人，因而一篇小说最深层的东西一定是人类共同的本质性的展示。新疆的许多小说，缺少的就是这一层东西，把小说变成了旅游宣传品，以为把新疆那些特色写进去了，作品就有了个性，人家就会喜欢看，却忘了小说如果不能让读者产生共鸣，读者肯定不会叫好。小说和别的艺术形式不同，它应该更关注内在，更深刻，更经得起回味。这三点，完全是我个人的看法。可能有点悲观，也可能会让一些新疆的兄弟听了不大高兴。不过，好在作为新疆的一个文学人，我也不例外。我想如果我说的这三个方面得到了克服，那么新疆的小说，真的不会再有理由不在中国文坛占有一席之地。同样，真正之崛起，黄金时代之到来，也定是指日可待。

评　论《

论董立勃的长篇小说文体

李从云

20世纪90年代以来，长篇小说的文体创新意识空前增强，出现了寓言体、词典体、年谱体、笔记体以及以地方志的形式来结构小说等诸多尝试。传统的长篇小说文体得到了丰富和发展。董立勃也在他2001年以来创作的“下野地系列”长篇小说中进行着文体探索。他师承了由“五四”小说家所开创的诗化小说传统，但他在追求小说的诗意的同时，又引进了为废名的《桥》、萧红的《呼兰河传》等诗化长篇小说所缺乏的故事性。正是这二者的融合，铸就了他的长篇小说文体。

一

按照陈平原的说法，“五四”作家喜欢以“诗意”许人，并自觉不自觉地在小说中追求“情调”与“意境”。① “五四”作家的这一追求经过废名、沈从文、萧红、汪曾祺等几代小说家的创作实践，形成了中国诗化小说传统。秉持这一传统的作家大多把自己的故乡作为现实人生的参照，借言说故乡来传达一种生活情趣、人生态度，或者把回忆故乡作为情感的慰藉。董立勃是这一传统的自觉追随者。早在20世纪80年代初，当进入城市成为董立勃的“一个醒着的梦”之后，“故乡的山，故乡的水，故乡的人”便成为他寄托情思的风景。当他在商海闯荡了多年之后，决定重新拿起笔来写小说的时候，故乡再次进入他的艺术视野。现实的问题是，他将以什么身份返回故乡？又会以什么文体样式来讲述那些他早已烂熟于心的父辈们垦荒的故事？

在20世纪80年代的写作中，董立勃以来自城市的外来者的眼光打量、认识故乡的垦荒者。垦荒者的价值和意义是被城市的外来者发现和赋予的。他最初的垦荒题材小说如《一支老垦荒的歌》《一个普通的女人》，通过城市青年对垦荒者从误解、理解到敬重的心理变化，来展现垦荒者的精神境界、情感世界。而《黑土红土》中的那位站在死者坟前的忏悔者，当他回忆昔日的垦荒生活时，甚至以一种在“新崛起的现代化城市”里才能捕捉到的“新感觉”来张扬人的原始生命力。不过，董立勃是带着叶落归根的人生体验返乡的：“人都有一个根。像树和草一样，有了根，才能往上长。对生长的地方的情感，随着年纪的增加，会越来越深，越来越强。是人都会这样，这和小说没关系。同样，这和离开不离开，也没有什么关系。不管你怎么写，写到最后，你肯定要写到你回忆最深处的那个东西。那个东西，别的地方没有，就在生你养你的那个地方。”不难看出，他对故乡的认同不再是基于因应城市的压力而生的反抗，而是源于对自己的过往人生进行反思之后所获得的生存体验。也就是说，故乡不再是现代性语境中与城市对立的乡村，而是存在意义上的故乡。套用海德格尔的“向死而生”来说，存在意义上的故乡就是“向故乡而生”中的故乡。“举头望明月，低头思故乡”“日暮乡关何处是，烟波江上使人愁”“枯藤老树昏鸦，小桥流水人家，古道西风瘦马，夕阳西下，断肠人在天涯”以及“少小离家老大回，乡音无改鬓毛衰。儿童相见不相识，笑问客从何处来”等等，都从不同侧面道出了故乡在人的生命中的意义。正是在这一层面上，城市与乡村才拥有了同等的价值与意义。也只有在此时，

① 陈平原：《中国小说叙事模式的转变》，北京大学出版社2003年版，第223—236页。

侨寓城市的董立勃才获得了以一个土生土长的垦荒者的后代来重新体验垦荒生活的可能。

在一个土生土长的垦荒者的后代的记忆中,荒凉的戈壁滩是他们儿时的乐园。那时的他们看不到父母眼中的荒凉。胡杨林,芨芨草,玉米地,雪山,河水,炊烟,木屋,构成他们生命中的诗。当调整了生活节奏的董立勃神游于故土时,一种温馨的诗意复活了。但是,在一个土生土长的垦荒者的后代的记忆中,也有青少年时代对父辈艰难的垦荒生活的体察。尽管董立勃对父辈的垦荒生活在很大程度上只是一名旁观者,一名听众,而且那些理想主义时代的苦难的亲历者,在回首往事的时候,叨念得最多的也许不是艰苦的垦荒生活本身,而是那些与自己的情感、精神密切相关的人或事。但是,作为垦荒者的后代,董立勃自然能更直接地感受并理解潜藏在这些人或事背后的悲剧性因素。这些悲剧性因素比苦难本身更能引起董立勃的持久关注。而且,对那些人世悲剧的制造者的愤慨,他比父辈多一些自觉的理性批判精神。当这两种记忆都闯入董立勃的心灵世界时,他会如何艺术化地表现这两种情绪?

董立勃2001年重返文坛之后创作的第一部长篇小说《烈日》是这样开头的:

你是开荒队的队长。你把那种叫玉米的庄稼不叫玉米。你说那是苞谷。你指着刚开出来的一块地,对大伙儿说:我们要在这里种上苞谷。

大伙儿都知道你说的苞谷就是玉米。你是队长,你把玉米叫苞谷。那大伙儿就全跟着不把玉米叫玉米,全把玉米叫苞谷。

你说,你要在这块地里种苞谷。你只说说,你不必举起坎土曼去挖一道道的垒沟,也不用弯着腰一把把撒种子。你只要说一声,你只要挥挥你的胳膊,大伙儿就一起走进那块地里种苞谷。

你只要站在一边,看看沟挖得够不够深浅,种子撒得匀不匀就行了。[①]

小说借播种苞谷这一农事活动来凸显开荒队队长的绝对权威。这种绝对权威正是人物悲剧结局的症结所在。叙述者抑制着愤怒的冷言冷语,透露出对开荒队队长的冷淡。从小说的开头可以看出,董立勃首先急于要表达的并不是儿时对故乡的美好温馨的记忆,而是对悲剧制造者的愤怒情绪。随着故事情节的展开,开荒队队长由昔日的英雄蜕变为罪人的种种劣迹被揭露出来。与这种抑制着愤怒的冷淡相反,叙述者对梅子、兰子、小凤、雪儿等女性人物的叙述语气则流露出温暖和爱意。小说中许多富有诗意的笔触和意境都源于这些女性人物身上洋溢着的真善美的人

---

① 董立勃:《烈日》,漓江出版社2003年版,第1页。

性。董立勃不仅通过叙述语气来传达自己的情绪，而且通过叙述人称的变化来实现一种结构性转换。小说的主体部分采用第二人称叙事，而尾声则采用第三人称叙事。第二人称叙事的效果，是使主体部分看起来像一个知情者在当面揭露佟队长的卑劣行径，语气平静，坚决，不容置疑。尾声用第三人称叙事，则不仅将佟队长置于雪儿与吴克的对立面，而且也将其置于兰子和梅子的对立面，使其由当事人沦为被谈论，甚至是被作践的对象。作者巧妙地利用叙事人称的变化，完成了小说的叙事从罪到罚的自然过渡，同时，也实现了从写实到写意的转换。小说开头的愤怒情绪在佟队长对雪儿的诬蔑中达到沸点，接下来，董立勃将笔锋一转，把悲剧的结局定格为永不融化的冰山。雪儿弹奏的琵琶曲犹如希腊神话中的自然女神柯里邦蒂斯对癫狂的病人实施拯救时演奏的管弦乐曲，它虽然没能拯救病入膏肓的佟队长，却使董立勃自己的愤怒情绪得到宣泄。美的毁灭的悲剧引起的怜悯和无奈，使董立勃的愤怒情绪转化为一种悲凉情调。另外，《静静的下野地》是董立勃迄今写得最温馨的长篇，它寄托了作者对故乡、亲人的眷眷之情。但我们仍然能在老赵、冯其与周青的关系中体味到生命的毁灭带给人的彻骨的悲凉。而《烈日》中的老朱、老根与小凤，《白豆》中的老杨、老牛与翠莲，《清白》中的李南、谷子与老葛头，这样一些被命运的丝线牵连在一起的卑微生命，与命运周旋时的可怜可叹同样增添了小说的悲凉情调。可以说，悲凉情调赋予了董立勃"下野地系列"长篇小说诗的品格。

二

在人的精神生活中，现在与过去总是相互影响。在落叶归根的人生体验中苏醒的时间意识使董立勃获得了从总体上把握20世纪50年代父辈垦荒生活的视野。他在故乡的自然风景中发现了结构小说的时间框架：

荒地不再荒
黑天也有亮
风吹来又吹去
天不下雨
发大水了
大路粗小路细
黄土有多厚
下霜了
好大一场雪

冬天还很长

这里的冰雪永远不化

这是长篇小说《烈日》各章的标题，把它们排列在一起，就是一幅戈壁滩上的风景长卷。从中我们不难看出，董立勃将这幅风景画嵌进了春秋代序的时间框架。他正是借在这一时间框架中隐含的春耕夏耘、秋收冬藏的农耕时序来叙述父辈们的垦荒故事的。通过这一自然时序，董立勃把故乡的山、水、人聚合在一个富有诗意的农垦社会里。这一富有诗意的农垦社会有如废名笔下的史家庄、萧红笔下的呼兰河小城，它寄托了作者的梦想和理想。但与废名的《桥》近乎移步换景式的摹景写意不同，也与萧红的《呼兰河传》没有贯穿全书的线索、故事和人物不同，董立勃的“下野地系列”长篇小说追求诗意，但也十分重视故事及故事的讲述。

董立勃在不同的场合反复强调小说要有好故事。“小说就是一种说话的调子。故事是写了很多遍的，但可以重新用不同的方式来说。”“小说一定要有个好故事，这是最基本的。有了好故事，在讲叙上，有自己的调子，这个调子，就是歌的旋律。只不过歌是音符，小说是语言。小说有了这两个东西，一般来说，就可以是个好小说了。小说家不是思想家，不是政治家。小说家骨子里还是个艺术家。所以，一般来说，小说家都会喜欢音乐，喜欢美术。我说小说要有个好故事，不是说别的东西就可以不要了。我这样说，只是觉得我们好多小说，把小说基本的东西给丢掉了。”这两段文字讲了三个方面：一、小说就是一种说话的调子，二、小说要有好故事，三、小说家是艺术家。其中，第三个方面是董立勃小说观念的出发点。正因为他强调小说家在本质上是艺术家，他才把小说要给读者带来艺术美的享受作为自己创作的核心理念。也正因为如此，他特别强调小说要有好故事，既注重故事本身的趣味性、独特性，又讲究叙事方式的新颖、多样。

董立勃所说的“小说就是一种说话的调子”，一方面强调小说的叙事语言应如口语，简洁平实；另一方面强调小说是“说”，应该让读者透过叙事的语气、语调“听”出情感、态度。

坐在马车上，车在虚土如浪的路上晃荡。路边的老胡杨，东歪一棵，西倒一棵。很粗很大，却没有几棵是活的。全死了。树死了，和人死了一样，模样会变得很难看。看上去，像是传说中的魔怪。

冯其抱着周青，周青依在冯其怀里。冯其说，这地方太荒凉了。

周青却说，我看挺好的，你看，天多蓝啊，还有鹰在飞。

天上真的蓝得没有一朵云。几只鹰在盘旋着，寻找猎物。这些风景，那些在大城市的人，一辈子也不会见到。[①]

这是《静静的下野地》中冯其和周青初到下野地时的所见所感。首句没有主语，给人的感觉像是马车正在从远处驶来，看不清谁坐在马车上。句式的长短变化，似乎与马车的颠簸晃荡相关联。如果说“抱”和“依”还只是让人看出了他俩的亲密，那么，接下来的对话，则让人听出了体谅、安慰。而“天上真的蓝得没有一朵云”一句，借写景暗示了两人的心情变化。短短的一百几十字，写景传情，惟妙惟肖。其文字的平实、简洁、富有表现力，由此可见一斑。

董立勃小说故事的独特性源于那个“没有寺庙，没有家族，没有祖传的家谱”[②]的特殊村庄——下野地。独特的组织方式、生产方式、自然环境以及男人多女人少的现状成为他的小说创作的历史与逻辑起点。他的长篇小说中的故事最早可以追溯到他在1983年发表的短篇小说《一个普通的女人》。小说叙述的是20世纪50年代这个西部戈壁滩上的垦荒女田子的爱情故事。田子喜欢上了和气能干、待自己很好的老铁，可来自农村的女孩不懂也不敢往男女之事方面想。一天晚上，害羞的田子因怕人瞧见老铁亲她，一急喊叫起来。这一叫使老铁被撤了班长的职，还被送到西山伐木去了。名声不好的田子在指导员的关心下和老李结了婚。结了婚，田子才明白自己应该嫁的是老铁。后来，老铁的腿在山上被树砸残废了，他见了田子头也不抬地说：“我冤啊，我是真心的，可没想使坏啊。”田子觉得害了人家：“害了人家，欠了债，该还啊。”于是常去帮老铁缝缝洗洗，也不管旁人的议论。外来女知青从最初反感田子，到最后理解了田子：“她是个人，是个女人，生活复杂，感情更复杂。有些事，也许不合理，然而却合情。”[③]小说对田子错位的婚姻给予了理解之同情，并借田子的生活表达了对那些把青春抛洒在这片荒原上的老娘们的敬意。这篇小说在情节、人物甚至语言方面都可以说是“下野地系列”长篇小说在创作上的源头。女主人公田子纯朴、善良，已经初具白豆、了妹、米香们的神韵。董立勃在用长篇小说重新讲述类似的父辈的垦荒故事时，充分挖掘出了这些故事的戏剧性、传奇性。在《一个普通的女人》中，田子的那一声尖叫，经《多风季节》到《远荒》，逐渐从心理分析发展为一个具有传奇色彩的故事；小说的情节模式虽然是一女两男的爱情故事，实际上讲的只是一个女人的故事。两个男人之间的关系与小说的情节展开毫无关联。这个爱情故事基本上还只是生活本身的实录。除了叙述语言外，董立勃的艺术加工主要体

---

① 董立勃：《静静的下野地》，上海文艺出版社2004年版，第96页。

② 董立勃：《骚动的下野地》，昆仑出版社2004年版，第3页。

③ 董立勃：《一个普通的女人》，《新疆文学》1983年第10期。

现在叙述视角的选择上。当他创作“下野地系列”长篇小说的时候，一女两男的故事模式及其变式被演绎得多姿多彩。借助这一故事模式，董立勃在小说中展现了20世纪50年代垦荒生活的多种可能性，尤其是两性关系的多种可能性。我们总是看到即将举行的婚礼生出诸多变故，从可能变为不可能。而那些看似不可能产生爱情的男女最终竟能走到一起。在《乱草》中，春草、冬梅、夏兰三个女子用不同的方式诠释着爱情的真谛。春草利用心计，得到的是男人，而不是爱情；冬梅与宋卓俩是患难见真情；夏兰与劳改犯郭洪则上演了一出荒野上的爱情传奇。董立勃透过男人对女人这一直接的、自然的、必然的人与人之间的关系来经营他的“像邮票那样大小的故乡本土”（福克纳语），他在这种关系中发现了小说叙事的推动力，从而使他的小说在相对稳定的情节模式中不断有新的可能性涌现。

三

董立勃把小说当作叙事诗来写，既追求诗意，又注重叙事。这样就改变了传统长篇小说重“史”轻“诗”的趋向，使他的长篇小说带给人的，首先是扑面而来的荒野气息，继而是蕴含在生活节奏之中的情绪的节奏，最后让你在情绪的回旋转折中对命运、人性有所悟有所思。而且，他所叙之“事”与传统长篇小说追求的史诗之“史”也不同。传统长篇小说意在全景式地反映一个时代的社会生活风貌，描述时代、家族或民族的历史变迁，其艺术理想，借用恩格斯的话来说，就是追求“较大的思想深度和意识到的历史内容，同莎士比亚剧作的情节的生动性和丰富性的完美的融合”①。因此，时间的长度、生活的广度、思想的深度是构成传统长篇小说文体的重要维度。但董立勃的长篇小说只集中笔墨写下野地人准军事化的垦荒生活，而且是以男女爱情婚姻为主线来写垦荒生活。他放弃了对“福斯泰夫式的背景”②的展示，只在简单的人物关系中展现社会生活的局部，而且，他无意反映时代生活方式的变迁，只截取一个片段，借男女关系来展现人性被扭曲、异化的悲剧。因此，与传统长篇小说的繁复、厚重相比，董立勃的长篇小说就显得简洁、空灵。诗意与叙事的融合，体现在小说的结构上，就是将线性情节与空间意象结合起来。以《白豆》为例，从总体上看，《白豆》的情节发展符合侦探小说“案发—侦破（冤案）—平反昭雪”的一般结构模式，而且权力、暴力、多角恋爱、性等引起大众好奇的通俗文学要素也顺利进入故事。小说以白豆为主线，讲了三个女人的婚姻故事。但是，翠莲和白麦的婚姻被卷

① 中央编译局：《马克思恩格斯全集》第29卷，人民出版社1972年版，第583页。
② 中央编译局：《马克思恩格斯全集》第29卷，人民出版社1972年版，第585页。

进那桩强奸案，成为小说情节向前发展的重要环节。董立勃成功地利用侦探小说拨云见日、逼近事实真相这一动力机制，增强了小说的可读性。与此同时，他设计了三个空间意象，即沙海、玉米地、胡杨林。当白豆、胡铁、马营长、吴大姐四人对面，要白豆做出选择时，白豆冲出营部，跑到沙海中。小说中有这样一段描写：

> 浪的颜色，不是绿的，也不是蓝的。竟是黄色的，金黄色的。像是火炉上烤出的玉米饼子。不是火，没有这么大的火，能把海的颜色烤掉。是太阳，一定是太阳，这里的太阳，要多毒有多毒，没有什么东西，在它的长久烤晒下，不掉色的。①

太阳是权力的象征，是炼狱之火。白豆先是经受了炼狱之火的煎熬，接着又在玉米地遭受暴力的袭击，最后才和胡铁逃向胡杨林，在那里度过了七天。胡杨林是他们的伊甸园，但是，他们还必须接受"末日审判"——誓师大会。在这里，不仅权力受到了审判，暴力也受到了审判。正是这些空间意象的设置，使人联想到但丁的《神曲》，从而使人领悟了作者创作的潜在意图，即通过对权力、暴力等人性恶的揭示、审判，引领人们守护人性的善与美。《米香》中的水库具有相同的结构功能。水是《米香》的灵魂。没有水，人物之间的关系无法关联，故事情节的推进也会受阻。更重要的是，米香是水做的骨肉，米香的魅力、品性，都源于水。下野地的水库也因为米香的到来而具有了生命和情感，它不再只是关乎下野地人的生存，而且走进了他们的精神世界。又因为作者所叙之"事"是此时此地的个人对旧事、往事的回忆，是在重新体验基础之上对旧事、往事的重写，所以，他的小说既不是对过去的实录，也不是现实的再现，而是在过去与现在的交汇点上，发现生活的共相。正因为他发现了人的尊严被践踏、人性被扭曲的现象大量存在，所以他才在小说中不断地重写旧事，这构成了他的长篇小说的主体部分；又因为他不愿、不忍看到美好的人性被扭曲、被毁灭，所以他总是试图在小说的尾声从主体部分的写实过渡到写意，希望真善美的人性永驻人间并得到张扬。因此，从写实转向写意，通过写意来超越写实，是他的长篇小说的一个重要的文体特征。

（载《小说评论》2006 年第 5 期）

---

① 董立勃：《白豆》，人民文学出版社 2003 年版，第 72 页。

主要作品目录《

长篇小说

《烈日》,漓江出版社 2003 年版。

《白豆》,人民文学出版社 2003 年版。

《清白》,春风文艺出版社 2003 年版。

《静静的下野地》,上海文艺出版社 2004 年版。

《米香》,人民文学出版社 2004 年版。

《骚动的下野地》,昆仑出版社 2004 年版。

《乱草》,花城出版社 2005 年版。

《远荒》,山东文艺出版社 2005 年版。

《烧荒》,人民文学出版社 2006 年版。

《天边的炊烟》,新疆人民出版社 2006 年版。

《白麦》,人民文学出版社 2007 年版。

《暗红》,广西师范大学出版社 2008 年版。

《青树》,北京十月文艺出版社 2008 年版。

《箫与刀》,百花文艺出版社 2011 年版。

《八月飞雪》,新疆美术摄影出版社 2014 年版。

《大路朝天》,新疆美术摄影出版社 2014 年版。

《下野地的女人们》,新疆文化出版社 2017 年版。

中短篇小说集

《黑土红土》,北岳文艺出版社 1992 年版。

《地老天荒》,新疆人民出版社 1994 年版。

《太阳下的荒野》,新疆人民出版社 2009 年版。

《红色雪》,新疆美术摄影出版社 2012 年版。

《苜蓿花开时》,敦煌文艺出版社 2014 年版。

《梅子与恰可拜》,漓江出版社 2018 年版。

中短篇小说

《一个普通的女人》,《新疆文学》1983 年第 10 期。

《雪花飘啊飘》,《福建文学》2003 年第 8 期。

《落花流水的日子》,《绿洲》2003 年第 3 期。

《风吹草低》,《当代》2003 年第 4 期。

《夜不太黑》,《清明》2003 年第 5 期。

《野草乱长》,《清明》2003 年第 6 期。

《荒草青青》,《钟山》2003 年第 6 期。

《麦草垛棉花垛》,《小说月报》2003 年第 4 期。

《竹箫和马刀》,《上海文学》2004 年第 1 期。

《某日》,《天涯》2004 年第 2 期。

《兄弟》,《人民文学》2004 年第 1 期。

《红色雪》,《十月》2004 年第 2 期。

《苜蓿花》,《红岩》2004 年第 6 期。

《不远处有一片胡杨林》,《布老虎丛书中篇小说》2004 年秋季卷。

《那个中午》,《青年文学》2004 年第 12 期。

《响泉》,《西部》2004 年第 12 期。

《暴雨》,《芙蓉》2005 年第 2 期。

《开在树上的花》,《山东文学》2005 年第 1 期。

《大雪天》,《绿洲》2005 年第 3 期。

《尖叫》,《朔方》2005 年第 4 期。

《野鹿》,《山花》2005 年第 5 期。

《老钟的故事》,《回族文学》2005 年 2 期。

《狼事》,《红豆》2005 年第 4 期。

《老步枪》,《作家》2006 年第 2 期。

散文集

《去远处看看》,新疆人民出版社 2013 年版。

范小青

女，1955 年生，江苏苏州人。

小 引《

说到苏州,很容易让人想起“上有天堂,下有苏杭”的俗谚。如果将这人间的天堂一分为二,苏州竟占了这人间天堂的半边,而且排名第一,可见其地位的重要。但话又说回来了,天堂毕竟是人想象的,没有人真的去过,所以并不知道它究竟好在哪里。有关天堂的种种好处,同样是人想象出来的。然则苏州不同,它却是实实在在地有许多人去过,照理说应该知道它的好处所在,要不,古往今来的骚人墨客也不会留下那么多脍炙人口的名篇佳句。有名篇佳句传世,就一定能说出苏州的好处么?我看未必。就像鲁迅笔下的狂人那句疯话说的:从来如此,便对么?原因就在于,骚人墨客,行事作文,喜好夸诞,总要在没事的地方找出点儿事来,把不怎么样的事情说得真怎么样。要不,敝乡黄州的一片普通的石崖,怎么会硬生生地让宋朝的苏轼先生造出一座三国的古战场呢?弄得后人一脑门子官司,不辨真假,至今还在为争旅游资源打着官司呢,可见骚人墨客的话不可信,或不可全信。

真正懂得苏州的,只有苏州人自己。往大了说,是热爱故乡的感情使然,往细了说,是对日常的生活细节刻骨铭心的感受所致。但真正能把这份好处说出来的,又并非所有的苏州人,而是苏州人中被称为作家的那一类。这就又说到骚人墨客的好处了,因为作家也是舞文弄墨的,在古代就称作骚人墨客。好在今天的骚人墨客,多少讲点现实主义,像苏东坡那样移花接木、借物遣兴的事,并不常见。即使是如前辈的苏州作家陆文夫那样,在《美食家》中“烧”出了一些并非一定是苏产的苏州菜,那也是融汇了苏州人的生活趣味和生活智慧的特色产品,并没有欺世盗名的意思。这不,有人按照《美食家》提供的方法,还真的烧制出了一款南瓜盅呢,可见所言不虚。这当然说的是苏州人的饮食习俗和生活方式,笔者在20世纪80年代曾在鲁院与陆文夫先生把酒闲话,听他谈苏州的饮食习俗和苏州人的生活,竟忘却杯中之物,便觉着一篇《美食家》,一个朱自冶,直让后人不敢再言苏州,不敢再道苏州人。说它是当世绝唱,实在一点也不为过。

在当代作家中,陆文夫无疑是最懂得苏州,也是最能说出苏州好处的一个人。

他不仅懂苏州的饮食习俗、生活方式、民情风习，还深谙姑苏文化的精髓。这是另外一个话题，按下不表。我现在要说的是，陆文夫这一代苏州作家，对苏州的观察和体验，也有他们有意无意地忽略或未及观照的地方。比如本辑主笔李雪所言范小青笔下的佛性，似乎就是。虽然在陆文夫复出的那个年代，已有汪曾祺等作家言佛，但毕竟不很普遍。故苏地民性中的佛性，在他们的创作中未及充分发掘。这或许也与他们长期受正统的唯物教育有关。范小青这一代作家，与他们的经历虽有部分重合之处，但毕竟欣逢盛世，观念要开放得多。用这种开放的观念来看苏州人的性情，在淡泊宁静、随顺知足的人生态度中，自然会咂摸出一点禅心佛意的滋味来。这同时也为学者和评论家阐释苏州作家的创作开辟了一个新的空间。这空间，在范小青，是独特的。如同陆文夫写世俗的苏州，范小青写苏州人的佛性，一样是无可替代的。

说到一个地方的民性，本是一个十分复杂的话题。敝乡鄂东，为禅宗成就之地，佛缘特深，禅风甚重，对乡民性情，确有影响，至于文化人，就更不用说了，从熊十力的“新唯识”学说，到废名创作中的禅意，都是这种影响的确证。就像范小青的小说一样，通过他们的著述和作品，也说出了本乡民情中的那一点佛根。但是，一样如同范小青，他们弘扬佛性，也不是为了传教布道，而是应对时势，因境而生。这样，在他们的学说和创作中，就不免要渗进许多时运的变化和今人的观念。说熊十力太理论化了点，就说废名吧，他笔下被人称作现代田园牧歌式的桃花源和天真未凿的人性，既可视作一种禅修的境界，又何尝不是五四新文化崇尚自然、追求真纯的文化精神的表现呢？由此看来，李雪在评论文章的最后，对范小青的作品建设“理想国土”所作的佛理阐释，实在不是牵强附会，而是佛的精神与现代人的生活理想期然遇合的表现。范小青写出了这种精神的遇合，所以她的这些作品有深意存焉。

我未全读范小青的作品，但如《瑞云》这样的作品，却让我怦然心动。一个人对着石头说话，这本身就奇，更让人意识不到的是，就在她向石头诉说的那一瞬间，她其实已化身为石，与对象合为一体。这在哲学上叫对象化，在心理学上叫意识投射，在中国文化的理念里，就叫物我同一，这其中就包括有佛教禅宗的修为、禅定的意思。传说禅宗初祖达摩在嵩山少林寺面壁十年，修成正果。瑞云受到众人的尊重，也可谓修成正果。由此可见，佛教禅宗的修持、禅定，也并非全是消极的东西，没准儿就是范小青所说的“韧”，即人的普遍的意志力的表现呢。可惜在历史上带头面壁禅修的达摩，竟是对南人失望，才以一苇渡江，北上中原的，尽管他对梁朝的皇帝不很满意，但他留下的精神却依旧在南方开花结果。可见无论南人北人，无论有佛无佛，只要有那一点慧根，就可以承接佛性。苏州人就是这样的一些有慧根的人民；范小青写出了苏州人的这一点佛性，所以她也是一个有慧根的作家。

自　述《

关于成长和写作

现在还记得小时候的与后来有关的事情很少了，上一年级时重重摔了一跤，跌掉了许多童年记忆。小学时的我，基本上是无声无息的，四年级以前一直是个闷嘴葫芦。后来“文革”就来了，“文革”中的一段时间，不用读书，我有了放开自己的机会，喜欢带着比我小一点的男孩女孩出去乱玩。可能大家觉得我性格比较内敛文静，其实也许是假象，或者是表面现象，或者是一个人的两面性，我小时候和长大后都有许多大胆的作为，说出来也不比男孩子差。后来就跟着家里的大人下放了，在江浙交界的地方，叫桃源公社。我们人在江苏的桃源公社，但上街却上到浙江的乌镇，因为乌镇离我们更近。在农村我们还不够劳动的年龄，却喜欢劳动，就一边在农村学校念书，一边劳动。再后来到县里上高中，父母也相继调到县委，1974年县高中毕业后，我又一个人远行，其实也不算是远行，就在县城附近的一个公社——吴江县湖滨公社——插队，这里也和桃源公社一样是半农半桑地区。但这次是一个人下乡了，不是远行也是独行。在农村卖力地劳动，还入了党，一边记日记说要扎根农村，一边也在想着什么时候能够上调。后来就考大学，没头没脑地，考大学的前天晚上还去看电影，内容早就忘记了。回来被哥哥骂了一顿，父母倒没骂。再后来成为江苏师范学院（现为苏州大学）中文系77级的学生。

一个人在农村插队时，环境差，条件差，内心却是敏感的，思想是活跃的，但没有书看，也没有人交流，只有到写作中寻找精神安慰。所以那时候就开始练习写作。在劳动之余，在笔记本上写一些古诗词，也写过一个所谓的“长篇小说”，但从来没有投寄过，也根本不知道往哪里寄稿，甚至没有投稿这样的概念。到现在这部“长篇小说”还在我的旧笔记本里待着呢。真正的写作开始于大学二年级，开始写短篇小说，投寄过几篇，大约到第三或第四篇的时候，就被《上海文学》录用了，那是1980年第9期，小说的名字叫《夜归》，写的是从农村进入大学的年轻人对自由的渴望。这是我写作生活的正式开始。

毕业后留校工作三年后，我就离开了苏州大学，到江苏省作协当了专业作家——这就是我的成长和写作的道路。

我从70年代末开始写作，一直坚持以小说为主，头些年主要写短篇，到1985年发表第一篇中篇小说，1987年出版第一部长篇小说《裤裆巷风流记》，以后仍以小说创作为主，也写过散文随笔以及电视剧本等。

经常有人会问，写作能给你带来什么？我总觉得，我是因为喜欢写作而写作。写作可以给我带来许多东西，其中最重要的就是快乐。写作对我的意义，就是它是我生活的一部分，这话可能比较通俗，但事实就是如此。也有人问写作是不是我观照生活的最好方式，我想说，它不一定是我观照世间的最好或最重要的方式，但它能给我带来精神上的极大收获和满足。

我在大学期间读了大量的文学作品，我比较喜欢托尔斯泰、海明威等。另外，在我小的时候，书很少，早年的《红旗谱》《青春之歌》《欧阳海之歌》《艳阳天》等作品都给了我很大的影响。他们对我的写作的影响是潜移默化的，渗入到骨子里。在我重视阅读书籍的同时，我更重视阅读生活这本大书，所以，我虽然较早就进入了专业创作，工作经历简单，但生活的经历并不单调，因为我时时刻刻关注、感受、投入丰富多彩的生活。

在成为一名专业作家以后，每天的生活基本上就是写作，记得年轻的时候最多一天可写一万字，现在一天大概能写两三千字。这么多年来，为了写作，为了将写作坚持下去，我一直坚持记笔记的习惯，点点滴滴地记录下在生活中看到、听到的与写作有关的任何内容。这些笔记对我的创作是必不可少的。另外，我觉得，前辈作家的影响和自己童年、少年生活的影响，都是形成我创作风格的重要因素。地域性的艺术视角也是来源于生活的影响和对生活的感悟，我在苏州写作的最大感受，就是我是一个苏州人，我与苏州是融为一体的。

经常有人说我的创作风格比较内敛，我想这可能属于艺术追求的个人品位，也可以说是一种小说的观念。说到小说观念，它是一直在变化着的，直到现在还在变化，所以很难说清什么是我的小说观念。我曾经觉得小说可以写得很清淡，要淡而有味，我曾经也一直这么写，但是现在我开始怀疑这种观念，一方面我的小说仍然是属于清淡的，但另一方面我觉得我近期的小说发生了某些变化。从前我认为写小说也应该和人生一样随缘一点，至少要做出和达到随缘的效果，现在我也怀疑这种观念。我过去觉得写小说的最高境界就是让人感觉什么也没有，但其实是有些什么的，这种想法也许得不到许多读者的认同，如果读者知道你的小说里什么也没有，他们为什么还要来读你的小说呢?

我写作的文化背景是传统文化和现代文化交织的一张网,我既生活在一个传统文化积淀深厚的古城,又习惯现代意识的思维。在现代的写作中,信息压力很大,但这就是信息时代,你想躲也躲不过各种各样的信息,生活中的事情超出想象时,只能让我感叹生活的了不起。所以我所理解的生活和文学的关系,就是写作者要敏感、用心,要艺术地学习生活、了解生活、感悟生活,才可能有文学。同时,作家还应该坚持自己的精神立场,而我的精神立场,则在我的小说中体现出来。

过去多强调作家关心现实,关心社会,这是毫无疑义的,但同时我觉得作家也应该关怀自己,我想,作家对自己的关怀,就是要尽量让自己在物欲的社会中保持平心静气。

我经常觉得自己的作品不能让自己满意,就是所谓的"写砸"。虽然"写砸"这个词比较含糊,但对我来说,自己不太满意的,都算是写砸了。其实怕的不在于写砸后的感觉,只怕明明写砸了自己却不觉得,那就无可救药了。

还想再说一点,我对小说的态度,也就是我对生活的态度,既无可奈何,又温婉谅解。我对我自己的创作的理解,就是始终不温不火,慢慢进步,中间也许还退几步,但无所谓,重要的是我一直在写,还会一直写下去。

访　谈《

写作的可能与困惑

——范小青访谈录

李　雪　范小青

李雪:您毕业留校三年后离开了苏州大学,到江苏省作协当了专业作家,您当时"改行"的原因是什么?仅仅是自然而然的喜欢还是有别的因素?开始时写得顺利吗?您遇到的最大阻力是什么?

范小青:就是因为喜欢写作。写作刚起步的时候,心情特别着急,希望全身心地投入,希望有更多的时间和精神的自由。在高校当老师,尤其是刚刚留校的青年教师,压力挺大,要钻研业务,要当辅导员,要进修外语等等,而且在高校工作,文学创作是不能算成果的，所以当时特别希望能够当上专业作家。非常幸运的是，正好有了这样的一个机会。

刚开始写作的时候，还完全是一种自然状态，只是知道自己喜欢写，就写，拼命地写，甚至判断不出自己作品的优劣，所以感觉是比较顺利的，至少写了就能发表，似乎没有更多的阻力，尤其是当了专业作家以后，写作时间上得到了保证，似乎没有什么可忧虑的了。但最大的忧虑恰恰是隐藏在没有什么明显忧虑之中的。后来才慢慢地明白了，最大的阻力就是怎么把小说写好、再写好，这是伴随一辈子的阻力。

李雪：地域性的艺术视角也是来源于生活的影响和对生活的感悟。您说过“我在苏州写作的最大感受，就是我是一个苏州人，我与苏州是融为一体的”，同时，也受到前辈作家的影响和自己童年、少年生活的影响。您能否具体谈谈有哪些作家对您产生了影响，您对他们的借鉴与超越体现在哪些方面，以及您是如何追求自己的文学风格的。

范小青：前辈作家对我的影响更多的不是在技巧或题材的选择上，而是在为人上、在对文学的理解和信念上，比如陆文夫老师，他对文学的执着精神，令我终生难忘。

我的小说创作在20世纪90年代前期就是一种苏州风格。欣赏的人觉得这种小说耐读，有韵味，但相对来说读者群小，许多人可能会觉得淡，找不到“刺激”。尽管我自己在主观上也想求一些变化，也尝试着发生一些变化，但始终还是在保持着苏州风格的基础上进行的。因为我与苏州是融为一体的，也因为习惯了一直以来的写作习惯，看似平平淡淡的，没有多少波澜，但内含的是人性的东西，是内在的精神冲突。

李雪：您能谈谈应如何理解您小说的地域文化主题吗？换句话说，苏州文化博大精深，您怎么看待这种文化呢？想表达的又是它的何种气质？

范小青：我过去近三十年一直在苏州写作，给人的印象，就是苏州作家的特色是小巷啊，清淡啊，等等，以这种风格为主的小说，文学观念也好，描写对象也好，似乎早已经定位了。这种小说我称之为状态小说或者情致小说，不是按照传统小说来写的，人物个性不鲜明不突出，故事不是大起大落惊心动魄的，讲究一种气场，比较符合苏州城市风格。苏州城市风格是由它的文化底蕴决定的，苏州人是干事情的，但不张扬，不外露，内敛，但又很进取，历史证明他们取得的成就很大，只是不习惯自吹自擂，风格上比较儒雅，但又不是出世的，而是入世的，只是入世的表现形态比较温和。我从小在苏州长大，受苏州文化影响很大，从事创作以后，我所描写的对象、创作的文学形象、营造的文学氛围肯定都是苏州化的，这种风格最显著的特征是淡而有味，小中见大，而不仅仅是精致精细，但这种追求可能会带来问题，苏州以外特别是口味重的北方读者可能会觉得太淡，淡得无味，会提出疑义。

李雪：您写作的文化背景是传统文化和现代文化交织的一张网，您既生活在一个传统文化积淀深厚的古城，又具有鲜明的现代意识。在现代写作里压力很大，您说作家应该坚持自己的精神立场，能具体说说您的精神立场是什么吗？

范小青：精神立场就是自己对社会对人生对历史对时代的独立思考和看法，而不是随波逐流，不是人云亦云。

李雪：福克纳说："我的像邮票那样大小的故乡本土是值得好好描写的，而且即使写一辈子，我也写不尽那里的人和事。"您说在觉得好像已经难以再继续写下去的时候，受到了福克纳的鼓励。福克纳虚构了一个南方精神崩溃的混乱世界，他的作品始终没有离开过那个世界，但福克纳小说世界的基调是绝望与忧虑，而您笔下的苏州则相当有喜剧色彩。那么，您从福克纳那里得到了怎样的启迪？又是如何使自己的创作与他的世界区别开来的？

范小青：关于福克纳的那一段话，许多作家都有所感触，受益匪浅。如果说我的一些小说作品带有某些喜剧色彩的话，那么我希望的是，这些作品能够透过表面的喜剧，表达出现代社会的许多无奈和荒诞，到底是否做到了这一点，得让读者来评判。

李雪：作家都想写出"好看"的小说，好看的小说首先应具备一些基本的东西，比如说要有一个好的故事，再比如说，要有好的语言，再有就是人生的智慧。您说："我不知道什么叫思想，我也害怕思想这样的话，思想这东西，并不需要我们努力地特意地去思想，它是时时刻刻都在我们这里的。"

那我们就先说故事，在您的小说《想念菊官》《六福楼》《瑞云》《真娘亭》《失踪》《城乡简史》等中，都是那种淡淡的、散散的语言，不讲究故事，就是那么一段事情，一种氛围，我觉得您始终着力于诗意的建构并因此淡化了故事情节。这是我的看法，您能谈谈您对这类小说的看法吗？

范小青：我的小说也是有故事的，只不过它们常常是散状的，开放式的，不讲圆的故事，或者是几个故事交叉着的，又或者是几个故事都隐在某个故事的背后，这是我比较喜欢的写作方式。还记得许多年前看的越南电影《四季恋情》，就是我最喜欢的风格，故事不一定要讲完讲圆讲彻底，也可以欲说还休，更多地让读者和观众去参与，去品味，去创造。

李雪:您说曾经在笔记本上写过这样的话:“汪曾祺的贡献在于:他使小说(可能于自觉与不自觉之间)开始了别种的可能性,使封闭式的传统小说变成了开放式的现代小说。”可能受这些影响,您也知道自己从前的小说多半没有完整的故事,没有典型的或者给人印象很深的人物,只有一团氛围,一种气场,把纷繁复杂的故事隐藏在背后,让人浮想联翩,余味无穷。您说,现在您要回头去寻找传统经典了。您主要是指什么呢?是回归主流,还是觉得很多人读您的小说半懂不懂的,而不再为难读小说的人,也不再为难自己?为什么要回头呢?觉得没有故事或只有一点点小事,这样写小说没有出路?那您又特别喜欢哪些文学经典?

范小青:做任何工作,办任何事情,都有变化两字,写作也一样,有些变化是带有主观意识的,也有些变化是不知不觉的,我想我在写作上的变化更多的是主观意识的。

因为一路走过来,时常有人说我的小说读起来不够劲道,散散淡淡的,这种意见听得多了,自己也会反省了,怎么才能让读者提起精神来呢?同时,从客观上讲,我们身处的环境也发生了很大的变化。十多年前,苏州的小街小巷还在,街巷里的老头老太、挑着担子走街串巷的乡村妇女还在,就鲜活地在你眼前,但是后来慢慢地消失了。再写小说时,好像主、客观条件都不让你再像原来那样写了,这时候变化就是身不由己的了。其实我很偏爱我原来的一些中短篇小说,但后来就觉得不能再这样写,内心有个声音,一直在提醒你,让你觉得要变化。1997 年我写了《百日阳光》,开始接触比较重大的题材,可以开玩笑说是“中年变法”了,写苏南的乡镇企业,还是苏州文化背景,但是人物、题材,都有变化,记录乡镇历史变迁,故事情节强了,人物个性鲜明了。有人说我变得大气了,从小巷子里走出来了。也有人痛惜我的变化,认为我不适合写这类题材,把自己变没了。从那时开始,我就一直处于变与不变的矛盾当中。2000 年前后我又开始回归,写出了一批像《鹰扬巷》这样的中短篇,但是写着写着还是觉得不行,如果硬要问为什么会觉得不行,我也说不太清楚,只是隐隐约约感觉到这是自己内心的声音。再后来就有了《城市表情》《女同志》,写政界、职场,改变了以往故事情节平淡的习惯,至少写了完整的故事、人物,像《女同志》,主人公有完整的奋斗经历,她的命运有迹可循。而在我过去的小说中常常是故意把命运隔断,跳开去写,制造阅读障碍,总觉得那样写小说才更有张力和言外之意。《女同志》似乎是一个回归,回归传统,读者容易共鸣。但是说心里话,我确实不知道这是文学的进步还是退步。

李雪:评论家杨扬说:“如果不是怀有某种艺术分析的期待,假如不是定下心来细细阅读,那是很容易被忽略过去的……这一路小说技法的作家,他们只能维持在某种阅读维度之内,不可能是流行的。"汪政也说您"在场"又"不在人流里"。您说他们认为您会坚持自己这种写作方式,一直写下去,但其实您是经常变化的,例如您的《裤裆巷风流记》《单线联系》和《天砚》的故事性都很强。您在追求变化的写作中总结了哪些经验?您认为在当代文坛中小说艺术的实验可能吗?

范小青:万变不离其宗。有时候我觉得我的小说已经变化很大了,但别人读起来,还说是从前那个味儿。一个人经过几十年的努力和塑造,某些东西已经浸入骨髓,所以,即使在我的一些追求情节的小说中,整体风格还是偏"淡"和"写意"的。

当代文坛中小说艺术的实验是有可能的,关键看作家能不能耐得住寂寞。

李雪:我个人也还是喜欢您的这类作品,像《天砚》具有小说的故事情节,但是并不曲折;您也决不刻意看重情节,只是借助情节的发展连缀人物的情感和记忆的画面,故事变成了小说意境的一部分,具有了明显的"写意"倾向。而这种"写意"的特点,始终是您小说中不可忽视的审美倾向,也使您的小说获得了新的品格。还有《赤脚医生万泉和》,好像一个名叫万泉和的"赤脚医生"的个人回忆录。在他那整齐地存放在头脑中没准还编了号的记忆里,以他为圆心,引出一组相互间有关系的人,小说在地理上从村子延伸到公社,只有不多的一点突进到城市,时间上覆盖了几十个年头,整个小说有一种紧密的连绵的黏劲儿,这种连绵一方面满溢出活力,一方面又消解了情节与情节之间的界限,这让整个小说看来没有什么重要事件,那些被写到的就像是被随意选中,从记忆的盒子里拉出一段来,作品叙述的节奏是舒缓的,不论是情节推进的节奏,还是叙述语言的节奏,都是那么不慌不忙。为什么要不慌不忙?因为这样才能把事情"说得很有情致",汪曾祺说:"要把一件事说得有滋有味,得要慢慢说,不能着急,这样才能体察人情物理,审词定气,从而提神醒脑,引人入胜。"(《小说笔谈》)这就涉及另一个话题——语言。您的小说语言平淡、温和又耐人寻味,也就是说看似静水微澜,却隐藏着巨大的感情和对生活的复杂思考。有评论家在面对您的作品时会感到为难,觉得您的小说令他们无从下手。您是如何做到这一点的?又是怎么看待这种写作的?

范小青:我怎么做到这一点,似乎并不是有意识"做"的,一拿起笔来,一敲起键盘来,就是那一种腔调,即便第一句就是"某某某杀人放火了",算得上刺激惊险了吧,但不知为什么给人的感觉仍然还是娓娓道来,不温不火,我也没有办法,似乎是与生俱来的。

这种写作需要读者的耐心,如果读者没有耐心(耐心也是一种文化),就只能像杨扬教授所说，维持在某种阅读维度之间。

李雪：生活原本是平淡的，然而语言文字却能够在平淡中营造出一种特殊的意境，使人们充分感受到生活的色彩斑斓。《赤脚医生万泉和》的重复叙事、《错误路线》《失踪》等那些内敛沉静的叙事等，绚烂至极却归于平淡，您有没有考虑过这种语言的平淡会带来阅读的乏味？你怎么看待这样的问题呢？

范小青：考虑过，也努力想做到不平淡，但正如前面所说，江山易改，本性难移，一下笔就那样子，如果逼着自己去写一种自己既不喜欢又不会写的东西，那写作就成了一件非常痛苦的事情，既然非常痛苦，为什么还要写作呢？

李雪：我认为您的作品最大的亮点就是哲理性很强。您的很多作品表现了苏州文化中的"佛性"品格。您曾经在长篇小说《裤裆巷风流记》的"后记"中写道："自三国时期佛教传入苏州，对苏州民风影响颇大，有人认为苏州人佛性甚笃……我以为，佛性与'韧'，似乎是有联系的。""苏州人是很韧的。"有评论家曾经讲："范小青的创作在两块园地里同时展开：一是通过佛教信徒或与之关系密切的人生故事呈现对佛理的感悟，这方面的作品有《瑞云》《还俗》《菜花黄时》《单线联系》等等；二是在普通百姓的故事中点化世事的神秘、顿悟命运的奇妙，这方面的作品则有《杨湾故事》《文火煨肥羊》《牵手》《动荡的日子》和长篇小说《天砚》等。"请问您是如何看待苏州人的"佛性"的？

范小青：苏州人的佛性很普遍，也很普通，平平常常，表现在生活的每一个细小之处，渗透在社会的每一个细胞里，不是看破红尘遁入空门的佛性，而是看破红尘爱红尘的佛性，正因为如此，我的作品中也就不可避免地会写到这一块内容，以佛写佛是难度较大的，以平常生活写佛，比较得心应手一点。

李雪：当代搞创作的人很多，但数得出来的也就那么几个。更多的人如同冰山的一角，深深地隐藏在水面之下。文学，这座自古以来的独木桥，还值得我们往上挤么？在文学日趋式微的当代，真正的写作日渐边缘化的今天，您认为文学与写作的意义何在？

范小青：一方面，文学是座独木桥，另一方面，文学是我们每个人心里的一盏灯，也许这个时代并不一定需要这盏灯，而且这盏灯的光亮也并不很强——我们的时代已经非常光亮，非常耀眼了，不一定需要文学——但是对一个写作者来说，很需要。我讲一件小事，前年冬天大雪灾，有一天我接到一个邀请，去一个乡镇参加文学社的活动，路很难走，冰天雪地，但走进会议室一看，里面热气腾腾，全是乡镇的文学爱好者，有的从乡下村子里赶来。这些文学社的成员，他们一直在坚持写作，但他们的作品也许永远也走不出去，只在自己的社刊上发表，或者在当地小报上发一点小豆腐块文章，然而对他们来说，文学和写作是他们生命中非常重要的一部分。二三十人中，有外地来打工的农民工，有本地的农民，有派出所政委，有银行行长，有老师，有学生，有离退休的老同志。有一位老同志说了他的故事，他是上海人，年轻时支援三线离开上海，现在退休想回去回不了，就只能在上海周边这个农村的小镇上落户了，对他来讲生活落差非常大，所以一下子得了抑郁症，后来听说镇上有一个文学社，他早年对文学感兴趣，就参加了文学社，以后他的抑郁症好了，现在精神面貌非常好，不光写作、爬山，还经常带着其他老同志到农民工子弟学校上课，做些很有意义的事，他的人生发生了很大的改变。从这些人的身上，我感觉到，现在文学虽然比较边缘，对现代社会来说文学也许不太重要，但是对有些人来说，文学就是一盏灯。一个人不读任何文学作品，一样可以成长，一样可以成为成功人士，但是对一个社会、对一个民族来说，如果没有文学，这真是不可想象的，所以尽管现在我们的纯文学受众相对比较小，但它同样是很重要的。

李雪：身为一个写作者，最可贵的说到底仍然是自始至终都要保持一种文学精神，文化气节，文人气度，人文情怀。您在写作中的表现让我不由想起《女同志》中万丽的表现，即她在官场的进取和挫折，以及她对现实的温柔反抗。您的这种写作是不是也是一种温柔的反抗？

范小青：或者从另外的角度说，是一种温柔的坚守，温柔的执着。

李雪：新时期以来文学作品有的是表现女性敢为人先、追求事业、积极向上的品格，有的是宣扬女性附庸从属、甘居人后的奴性心态，所描写的女性也始终离不开"关系、献媚、性"三个发展过程。而《女同志》的成功之处，就在于敢于反映机关女同志直面惨淡的人生，展现女同志在官场的成熟和独立。这是您和其他女性作家的区别。

范小青：不仅是机关的女性，任何地方的女性都一样。因为我认为女性的内心天生要比男性柔弱一点，细密一点，说得通俗一点，就是在工作中，在处理种种问题时，女性会比男性想得更多一点，更婆婆妈妈一点，正因为有这个特性，也许就会更多一点自我拷问和自我调整。

李雪：有些作家放弃了，我们还能鼓励他们继续那种纯粹的写作吗？您认为什么改变了一切？而发生这一切究竟又是谁的悲哀？新世纪文学已经成为评论界正在热议的话题。请谈谈您对新世纪文学的感想？

范小青：写作应该不是鼓励出来的，无论是纯粹的写作还是其他任何写作，当一个人的内心觉得他需要写作时、觉得他离不开写作时,他就一定会写下去。并不一定说坚持写下去就是对的,就是纯的,这只是一种选择,在选择中,写下去的人也许客观上坚守了某些精神层面的东西,但更多是他内心的需要。

关于新世纪文学,举个不一定恰当的例子,从前物质贫乏的时候,我们能吃到一颗糖,那简直就是甜到心里去了,那滋味是久久回味的,但是现在商品太多了,人们对任何滋味都已经不感兴趣,真正好吃的东西也都被淹没了,谁还能说当今什么东西绝对好吃呢?新世纪的文学似乎也有这种情况,太丰富,太多,仅小说而言,一年我们要出多少长篇,多少中短篇,多到大家都不想读以至于不读了,新世纪文学中的许多好作品就被忽视了,没有人或者很少有人了解。

李雪:您对各种文学奖好像不怎么热衷,但落在您身上的各种奖项可不少。

范小青:也不见得不热衷,即使看起来不热衷也不等于得了奖不开心,只是把开心放在心里并化为写作动力。我们写作不是为了得奖,但是得奖是对写作的鼓励,而且是很大的鼓励。所以在这里我要特别感谢这些奖项和评委们,他们对我的鼓励让我在文学的道路上越走越有劲。

李雪:现在,许多作家热衷于炒作,尤其是在新书出版的时候。您炒作过吗?您怎么看待炒作这种行为?每年一度的"作家富豪榜"又要颁布了,您怎么看?

范小青:我没有炒作和被炒作过,也不太适应炒作。但是就目前的社会多元状况来看,适度的宣介对作家和作品是有帮助的,过去我们对此很不以为然,觉得那和文学不是一回事,尤其是我们江苏的作家,都愿意躲在自己的书斋里安心写作,但是如果适度的宣介能够让更多的读者了解我们、读我们的书,那就不应该拒绝。现今社会,如果作家自己不向社会推介自己,谁会来关心你的作品?

至于"作家富豪榜",我觉得没有什么必要,即使作家需要宣介(炒作),也应该是宣介(炒作)他们的作品,而不是财富。

李雪:最后,作为一个读者,我喜欢《女同志》中万丽的不显山露水,喜欢她的矜持,喜欢她的自然冲动和家庭感知,她的美好不需要猜测,我想这和您的精神气质——评论家所说的范小青式精神气质——相同。但他们都没说范小青式精神气质到底是什么气质,是我感受到的万丽的气质吗?

范小青:万丽是我虚构出来的一个女同志,不是我自己,但她身上肯定有我内心的一些东西,我想,最主要的其实小说里也已经写到,就是:坚硬的进取和柔弱的反省,进的时候很残酷很痛苦,也很局限,省的时候内心充满柔情,天地无限之大,如果万丽或者我本人有这样的特点,那无疑是文学给我们带来的。

评　论《

范小青佛理小说主题诠释

李　雪

在中国文学史上，文学与佛教有一种特殊的亲缘关系。现当代有相当一部分作家的创作，都涉及佛教观念，或以佛教（禅宗）义理来阐释社会人生问题。如有论者认为，鲁迅的《祝福》《孤独者》和《野草》，是“依照佛学义理来体验与证悟死亡的意义”[①]，许地山在《命命鸟》《缀网劳蛛》中有“生本不乐的观念”[②]，废名在自传体小说《莫须有先生坐飞机以后》中以“传统唯识学和轮回观破进化论”[③]，丰子恺《缘缘堂随笔》的缘起性空思想，施蛰存在《宏智法师的出家》《塔的灵应》中以心理透视的手法表现佛家的忏悔意识与起信观念，都与佛教有关。当代作家扎西达娃的《系在皮绳扣上的魂》，则以宗教人文为背景，“去氤氲一种历史感，一种心理的和哲理的确定”[④]；央珍的《无性别的神》表现了佛教文化对藏民生活无所不在的影响。此外，从汪曾祺的《受戒》、熊尚志的《人与佛》，可以触摸人性与佛性之冲突或融汇的主题；从贾平凹的《白夜》以佛教轮回观念为依托的“再生人”形象，和采自搬演佛教故事的“目连戏”中的诸多文化意象，可以窥见作家以佛事对人生的象喻；如此等等，说明佛教对文学的影响，确实是一种普遍存在的现象。本文所论范小青的创作所涉及的佛教主题，在上述受佛教影响的作家中，别具一格，显出了风神独具的鲜明特色。

一

范小青长期生活在苏州，是在吴文化背景下成长起来的。吴地的文化环境赋予了她一个作家的佛教情怀和亲近佛学的宗教心态。历史文化名城苏州，有一枝神采独异的奇葩，那就是悠久的佛教文化。它以超凡脱俗的韵味和庄严古雅的丰姿为世人所瞩目。自从东汉末年佛教传入吴地，历朝历代兴建了许多寺观，梵宇道宫遍布

---

① 谭桂林：《20世纪中国文学与佛学》，安徽教育出版社1999年版，第206页。

② 谭桂林：《20世纪中国文学与佛学》，安徽教育出版社1999年版，第190页。

③ 谭桂林：《20世纪中国文学与佛学》，安徽教育出版社1999年版，第133—134页。

④ 曹文轩：《中国八十年代文学现象研究》，北京大学出版社1988年版，第206页。

古城内外，成为苏州一大特色。唐朝诗人杜牧对吴地的佛教文化景观描绘道："南朝四百八十寺，多少楼台烟雨中。"《吴郡图经续记》说："郡之内外，胜刹相望，故其流风余俗，久而不衰。"①明卢熊《苏州府志》说："东南寺观之胜，莫盛于吴郡，栋宇森严，绘画藻丽，足以壮观城邑。"故旧时称苏州为东南佛国。至新中国成立之初，姑苏城内仍留有大小寺庵二百余所，可见其佛事之盛。1997年初春，作为全国首创的佛教博物馆在姑苏城中的报国寺面世，博物馆以翔实的史料、丰富的陈列以及庄严肃穆的佛教氛围，在国内外引起巨大轰动。

佛教在苏州扎下根后就对苏州造成了深远的影响。千百年来，缭绕香烟、悠扬钟声是苏州社会最显著的文化标志之一。佛教文化对苏州文化个性的形成发生了巨大的作用，它熏陶了苏州人，培育了苏州人的心态，形塑了苏州人的性格。当然，苏州人并未像寺庙的和尚那样天天诵经，也不像宗教学者那样日日研究佛典。如同大多数求神拜佛的人们那样，他们的信佛，也有着强烈的感情倾向和现实诉求：或祈求福寿两全，或祈求身心康健，或祈求家庭和睦，或祈求升官发财，总之都是表达对现实生活的理想和向往。其目的是世俗的，是为了现实的幸福，而不是为了遁入空门。如同佛教流行的大多数地区一样，念佛、敬佛在苏州也不再是佛门里面的事，而是苏州地区社会世俗生活的一个重要组成部分。因为有这样浓厚的宗教气氛，苏州人在成长的过程中无不受其影响。佛教义理润物无声地渗入了苏州人的生活，成为苏州人一种深邃的精神力量，乃至心灵的家园。

苏州的佛教文化既有如此深厚的传统、如此浓烈的氛围，苏州作家的创作，自然要受其浸润和影响。一般来说，当代苏州作家的创作，在人们的心目中，是比较注重作品的文化内涵的。陆文夫曾经说过："有文化的苏州人不会让她的文化传统在她的土地上消失。"②他的《小贩世家》《美食家》《井》《围墙》等"小巷人物志"系列作品，通过琐碎的日常生活画面，勾勒出一个个生动的市井人物，在人情风俗、饮食起居的叙写中展现了苏州人的精神心理及独特的小巷文化；年轻一代作家朱文颖不管是在古典题材的《浮生》《禁欲时代》，还是在现代题材的《水姻缘》等作品中，都写出了一种带有自省和剖析意味的"苏州寓言"；叶弥的作品也是以苏州城市为背景的，《大笑上天堂》里潮湿阴暗的弄堂，《小女人》中的小巷子、秀园旁的杂货店、大公园的评弹，《天鹅绒》里的五窨花茶、鹅绒布料等，都散发出浓浓的苏州气息。

同是苏州作家，同样写苏州，同具苏州文化意蕴，范小青却写出了自己心中独特

---

① [宋]朱长文：《吴郡图经续记》，金菊林校点，江苏古籍出版社1999年版，第30页。

② 陆文夫：《老苏州》，江苏美术出版社2000年版，第171页。

的"这一个"苏州。樊星在《"苏味小说"之韵》一文中论述了范小青"苏味小说"的特色："她不仅多产，更以写实中透着空灵韵味的笔触描绘了苏州文化的丰富多彩，表达了对苏州文化的独到理解，在以苏州方言表现苏州民风方面，也做出了具有开拓意义的贡献。"①

除此之外，由于佛教文化对苏州乡风民俗的浸染，范小青写苏州，常常聚焦于苏州人的"佛性"。在长篇小说《裤裆巷风流记》中，范小青描绘了苏州市井小民的喜怒哀乐、庸常人生，但在小说"后记"中，却画龙点睛地说：

> 苏州人没有梁山好汉的气魄，可苏州人有精卫填海、愚公移山的精神……
>
> 自三国时期佛教传入苏州，对苏州民风影响颇大，有人认为苏州人佛性甚笃……我以为，佛性与"韧"，似乎是有联系的。苏州人是很韧的。②

这种"韧"性是苏州人骨子里的文化品格。他们气度从容平和、为人处世淡泊随顺、善于自我化解苦痛，无论社会怎么变化，他们都能保持自己平和冲淡的心境，自得其乐地过着自己的日子。这就是范小青所说的苏州人的"韧"。从心理学上说，"韧"本来是人的意志力的一种优良表现，范小青却把它与佛教的观念或曰佛性联系起来，表明在她的意识深处，确有一种亲佛的倾向。她的作品不但写出了这种她认为与"佛性"有关的"韧"性，而且涉及诸多佛教的核心观念。如"一切众生，皆有佛性"，"佛身是常，佛性是我"，以及"诸行无常""诸法无我"等等，在范小青的作品里都有所表现。但她又不是虚发议论，空谈佛理，而是将这些抽象的佛理落实到对现实人生问题的描写上，落实到解决人的心灵问题、精神问题的旨归上，使人们在喧嚣嘈杂的现代社会中，能够保持身心的安定和人格的圆融。佛性在民间本具有普遍的"心性"意义，所谓"常""我"蕴藏在众生的本性中，只要将其实现，那就是"佛"，就是"佛"的世界。人生及其所处的环境可以有生有灭，但其心即主体寂然不动，即是佛性。范小青在作品中或直依人生，增进成佛，或发达人生，进化成佛，力求将佛性安置在与时代潮流同行并进的地位，以除掉虚妄梦想，肯定世俗意义上"心"的功用。

二

生活中有许多烦恼，各家都有一本难念的经。然而，人在不断重复出现的麻烦面前有没有佛心的出现？有的话，那是什么？在短篇小说《瑞云》中，范小青将苏州

---

① 樊星：《"苏味小说"之韵》，《当代作家评论》1993年第2期。

② 范小青：《裤裆巷风流记》，作家出版社1987年版，第408—409页。

人的“佛性”做了诗意化的点染：吃素好婆因诵读佛经而充实、无畏、淡泊、慈善，她的养女瑞云因为深受好婆的影响而赋有了“佛性”的品格——平静地生活，笑对苦难，虽身残而心境淡泊，又因淡泊而散发出难言的魅力，“有一种现代女性少有的清秀温良，她有平静的笑和忧郁的美”，如同院里的瑞云石般无声无息地生活在这所宅院里。当院里的刘敏芬当着大家的面大声地问瑞云：“瑞云，你夜里和石头说什么呢？”瑞云很安静地笑笑，说：“我和石头说，你进屋来住吧，外面风吹日晒，不好过呢……”瑞云对瑞云石说话，在写出了瑞云的博爱胸怀的同时，也写出了人心与自然的相应。小说写到后面，瑞云石成为了文物，瑞云也渐渐被人们发现了人格之美，更进一步写出了命运的神奇——人与石的命运如此相似。这里，作家不仅表示了对骨子里“韧”的认同，更体现出作品对心性修持的强调。这一主题，后来在《还俗》《牵手》等作品中得到了进一步的弘扬。《还俗》中的尼姑慧文在被迫还俗以后依然佛性不改：她住在庵里，每天和里弄的妇女一起做活，收收小师傅送来的煤球，和送煤师傅拉拉话，照看街坊邻居，用莲心干刻一些佛珠，等等。她活得并不热闹，却也不觉得寂寞。她只是自然而然地在滚滚红尘中淡泊、清静地生活，“按照她许多年来的生活习惯继续生活下去”，以不变应万变，“和不还俗也差不多”。不觉得出家、还俗有什么应该不应该，也不觉得这些事本身有什么。慧文的“无心”“无念”仍是一种“韧”，一种本来的清净之心，无系无碍之心。《牵手》提出了两个富有意味的思考：盲人的世界到底是很单调的还是很丰富的？在盲人中，是先天的盲人更痛苦，还是后天的失明更痛苦？小说的最后，在一片叽叽喳喳的鸟鸣声中，曾明突然感到自己内心一片明亮，牵着刘主任热乎乎的手一起“看春”去。两个盲人能使这种自为的安乐成为可能，那是因为他们有内在的佛性。

世间有很多种苦可以说是始终存在的，苦在很大程度上是由于人对现实的失望，而佛性的终极意义是对这种失望的一种纠正和补偿。同时在失望与理想之间，人可以凭内在的“韧”性直接参与和改良现状。《临时的工作》讲周先生一辈子在县文化站当临时工，勤勤恳恳工作了几十年，有门路的同事都陆续找关系转成了正式工，而他依然如故。面对生活中的困境，面对物质上的匮乏，他对工作依旧认真负责，对生活仍旧充满了热情。他喜欢自己的工作而不在乎临时工身份，在不公正待遇面前也能心平气和，工资低且没有生活保障，他仍刚强笑对。这正是因他骨子里的“韧”性而达到的淡然达观的精神境界。由此可以看出，佛性的修为其实并不仅仅在“救苦”而在于“施乐”，所谓“乐”，是相对于“苦”而言，是从积极的方面着眼，告诉人们，人生是充满希望的，一个美好善良、丰盛欢乐的世界，完全能够凭借自身的力量，用自己的实际行动实现于人世间。“施乐”归根到底就是随顺佛性，乐善好施，不杀不恼，忍心如大地，令众“和合”，消解人的精神苦闷，调解人际矛盾，利益他人，实现佛性。佛家讲“众生本有佛知见分，但为垢障不现耳”[1]，“佛知见”便是佛性，是众生“本有”的，由于被烦恼尘垢所障而不得显现。所以，“成佛”也就是去除烦恼尘垢后发现本有佛性。

范小青在作品中不遗余力地以瑞云、慧文、刘主任、周先生等表达“心”的本性是自然佛性，显然来自对人生问题的深切而广泛的关怀，她试图从实践上解决人生苦难和烦恼，从理论上探索人生的价值、人生的本源和人生的归宿。这种创作姿态，能够在多大程度上得到社会的认同，那是另一回事，仅就其涉及的问题本身，已足以触动人们的心弦，尤其在饱经沧桑的人群中，极易引发共鸣。他们坚忍淡泊，他们以苦为乐，在平凡之中演绎生活的伟大，他们所表现出的精神气质对于浮躁的今天是一种劝善。这也正是范小青对她作品中人物进行展示和剖析之后要向我们传达的苏州人的“韧”性品格。值得注意的是，范小青的佛理小说所倡扬的佛教理念与佛门僧侣的佛教信仰有着明显不同，它主要是一种与平凡生活水乳交融的人生哲学，是人生经验和佛学智慧的有机统一。

三

苏州人因深厚的“佛性”而显得淡泊、玄远。但佛家讲“玄远则不测”，“不测”即“无常”，“无常”就是没有固定不变的意思。正因无常的客观存在，所以有情生命就处在一种逼迫、束缚之中。“色无常，无常即苦”。范小青在她的很多作品里都表现了这种人生无常的理念。短篇小说《城乡简史》中，一个城市居民不小心遗失的一本家庭生活流水账在阴差阳错间被一乡村孩子得到，“账本上的内容，对他来说，实在太离奇，实在太神奇”。于是，一本看似无用的流水账竟然打开了乡村孩子和他父亲的好奇心，使他们为了了解城市生活而毅然离开故土。作家就这样揭示了“偶然改变命运”和“无用”变“有用”的玄妙佛理。

同样主题的还有取材于抗日战争的中篇小说《单线联系》。小说主人公是一个智障的孩子，可正是这个愚钝的孩子，常常在危急时刻凭着神奇的本能帮助武工队化险为夷。小说中写道：“错误的认识或者是模糊的认识，这都是历史。”作家似乎有意写出历史的阴差阳错，同时也就写出了“愚者千虑，必有一得”的哲理。我们甚至

---

① 潘桂明：《中国佛教百科全书·宗派卷》，上海古籍出版社2000年版，第28页。

可以由此想到毛泽东的名言："卑贱者最聪明。"《顾氏传人》里的顾允吉生于繁华大家，愚不可及，当环境突变被抛入社会底层时，却能自食其力地生活，井井有条地行事，转而重回礼仪之家时复又痴顽不化。当他去浙江农村走了一遭后，又表现出令人惊讶的悟性。可以看到作家对佛家无常、诸行有归、色本虚无理念的思考。又如中篇小说《洗衣歌》，仍然是揭示命运无常这一主题：几个中学生在宣传队的琐碎生活中，常常有小小的烦恼和误会，而一切又显得那么平平淡淡。到后来一系列的意外事故接踵而至，所有的努力也归于虚无。剩下的只是对命运的感慨，以及殷老师、周福平淡然面对一切烦恼的超脱表现。范小青在作品中没有明确阐述佛的思想，可是我们在她平俗的生活叙事中，却可以体会到佛家坚韧、平和、乐观的现世生活理念。

出版于2005年的长篇小说《女同志》描写了女干部万丽在政治上凭借着自己的"韧"性步步高升的成长历程，聚焦于她小心翼翼地处理与几个上级的微妙关系和与几个女同事的激烈竞争矛盾上，从而揭示了官场中人如履薄冰的谨慎心态，又游刃有余地写出了作家对于女性与政治的独到思考。看得出来，范小青有意与女权主义立场保持距离。"作为一个聪明的老实人"，从政显然不易。"作为一个女同志，过于追求进步，总是让人有点接受不了，在大家眼里，一个女人，这么想当官，一定不是件好事情。"可另一方面，"权力欲不强的女人，别人就会认为她太软弱，没有能力"，真是左右为难(在左右为难之间，就有人生的悖论)。她的不断进步与老领导向问的大力提携分不开，也与老同学康季平的指点密切相关。耐人寻味的是，这样一来，她的进步实际上更多取决于男人的帮助。而作家有意在最后才点明向问与康季平的舅甥关系，也最终使万丽如梦方醒，对自己的能力产生了怀疑："什么才女，什么工作能力强，什么大气大度有魄力，难道这一切，都是因为康季平？因为向问是康季平的舅舅？"这样的恍然大悟耐人寻味，令人感慨：原来追求进步也绝非易事！原来"进步"不仅需要政治热情，还需要"关系"的照拂！这表达了世事无常，即使身居其中，也未必明了庐山真面目。

作家在命运无常的主题中同样揭示了生死无常的佛理。中篇小说《杨湾故事》写几个中学生在"文革"中挖空心思争取当兵的故事，但作家的立意却相当玄远。当作家写下"在陈小马这个年纪，常常偏重于'谋事在人'的唯物论，所以她有信心。这时候的陈小马还不可能明白'成事在天'的宿命论中的合理成分，所以很明显，陈小马是自信的，同时又是盲目的"这些话时，她也就相当含蓄地写出了"文革"中相当普遍的一种心态：因为偏信"唯物论"(其实是片面的唯物论)而过于自信。在这样的立意中，寄寓着作家对于“文革”的独到反思：“文革”的悲剧，不仅仅是政治的悲剧，也是思维方式简单化的悲剧。于是，作家意味深长地写出了一连串的悲剧：过于自信的陈小马在与舒波的竞争中暂时胜出，舒波竟然因此自杀。舒波的男友陈小龙虽然是陈小马的哥哥，可还是为此打了妹妹陈小马，并使陈小马突然瘫痪，从而也没能入伍。最后当上了兵的是谢红芳，可她终于还是在入伍以后牺牲了。在这样阴差阳错的日常悲剧中，作家揭示了命运无常、生死无常的主题。

到了新世纪，作家在短篇小说《我们的战斗生活像诗篇》中仍然表达并深化了这一主题：家中的三姐妹，姐姐是灵魂人物，母亲在干校时，由姐姐当家、管钱，但她的账目其实不准确。她利用管钱的便利带着妹妹去悄悄地享受生活，为此受到母亲的怀疑。于是，在母亲和三姐妹之间展开了侦察与反侦察的斗争，而斗争的结果是母亲的失败。后来，姐姐溺亡、母亲变疯，这样的命运悲剧还隐含了斗争到头来其实没有什么意义的叹息。当作家在“后记”中写下“妈妈把我们当成了她的敌人，她用尖刻的、警觉的甚至仇恨的眼光盯着我们，使我们不寒而栗”这些感慨时，实际上是入木三分地写出了一种荒唐状态：亲人之间也充满了猜忌与斗争，母女间的较量消解了“母女情深”的一般说法，而还原了人性的复杂，到头来，一切都归于虚无，都没有什么意义。

范小青有一双发现平凡生活中的玄机的慧眼。既然命运难测、生死无常、人世不可预知，这种人间真相在人们面前展现之后，范小青又是如何寻求解脱的呢？在《赤脚医生万泉和》中，范小青似乎给出了一个答案：在后窑大队替人医病的“赤脚医生”万泉和以他对工作的认真、对生命的尊重，几次将病人从那些所谓正经大夫手里挽救回来。在爱情生活中，他对刘玉的背叛和白善花的欺骗，也没有任何仇视和怨恨。生活对他来说，仅仅是生活本身，所谓的爱情、事业都虚无缥缈，没有任何意义。这些使有些神经质的万泉和如万泉河水一样清澈明晰。与之相对的是，让万泉和倾家荡产的裘奋斗最后却跪在万泉和跟前说：“万医生，忘记过去意味着背叛，忘记过去意味着幸福。”[①]很显然，范小青是试图以万泉和这种本真和坦然来超脱诸行无常的人间物事。

四

苏州包山寺有一副大和尚贯澈题写的对联：“事能知足心常惬，人到无求品自

① 范小青：《赤脚医生万泉和》，人民文学出版社2007年版，第371页。

高。”教人“知足”和“无求”。“知足”或“无求”对个人来说，是“心惬”“淡泊”“品高”的条件。但值得注意的是，范小青一方面写苏州民风的淡泊、玄远，另一方面又并不愿意苏州人止于此。在《栀子花开六瓣头》中，文化馆干部金志豪为人随和、淡泊无求。金志豪的采风之旅为什么收获不大？因为他对一切都无所谓，对于自己从事的工作也没有什么大的兴趣。结果在工作中因为缺乏应有的热情和韧性而与发掘民间文化遗产——长篇吴歌《九姑娘》——失之交臂。他为此感到了后悔，“不过他的后悔也不深，因为他对吴歌本来就没有什么大的兴趣”。当范小青点明“金志豪就是吴文化”时，作家对金志豪的那种“永远也提不起精神来”的态度显然是意存针砭的。本来淡泊无求的个性常常受到文人和世人的赞美，但作品中范小青触发了对于“淡泊无求”另一面的反思：对什么情感都不深、不持久，这样的人生是不是也太平庸了一点？过于散淡，对应的便是无所作为，淡泊的同时还要有进取之心。一切都是微妙的，一切也都是可以理解的。世间之事不能完全看空，有时在看空的同时又要有所为，《栀子花开六瓣头》就没有完全成为佛经的注释，而是有所超越。

如此看来，作家的心态是矛盾的。这矛盾的心态显示了作家面对佛教文化的复杂态度：有时是欣赏的，有时又是质疑的。由此也可以看出作家对佛教文化的微妙立场——既有弘扬佛理的庄严，也有不完全认同的深思。作家在《裤裆巷风流记》中写到苏州人“有种小家气，总龟缩在一块地方，对外面的世界，外面的天地一点不了解……没有大出息”，“苏州是有干事情的人才，没有干事情的气氛”。其症结所在，就像她说过的一样：“一方面是精雕细刻，另一方面是淡泊无求，这大概算是吴文化的矛盾统一吧。”[①]这样辩证看问题的态度和淡淡的口吻，既表示了作家对民风弱点的理解，也富有苏州文化的韵味。范培松曾经将范小青的创作特色归纳为“温柔思维”[②]，是颇有见地的。

接下来的问题是，范小青笔下的苏州人因先天因素和后天熏陶共同形成的温良的秉性、平静的心境，在当代社会中，是可以改变的，应该改变的，还是永恒不变的？苏州人传统的淡泊心性与当今时代所要求的积极进取，又是如何达到统一的？我以为，答案就在《裤裆巷风流记》《百日阳光》《城市表情》等作品中，以及作者对佛家建设“理想国土”理念的发挥中。

佛家的终极理念，是要建立一个人间的“理想国土”，即“人间净土”。“心净则国土净”，“理想国土”的建设虽然离不开心性的修持，但仅有这种精神的东西是不够

① 范小青：《文化与人》，《中篇小说选刊》1990年第3期。
② 王菊延：《蜕变与意义》，《钟山》1991年第4期。

的,是不能让“理想国土”成为现实的,还需要一个理想的物质条件,即有论者所说的“理想国……需要建筑华贵,交通方便,光明洁净,处处有树草花果掩映,清池流水分布的都市;更需要物质财富的极大丰富”[①]。如此等等。而这些物质条件的获得,在今天则有赖于改革开放的深入发展和社会文明条件的极大改善。这就使得范小青有可能将佛家的“理想国土”建设的理念,与现实变革的实践结合起来,创造性地转化这一佛教思想,在肯定佛家“理想国土”建设目标的同时,也肯定今人世俗的物质生活诉求。实际上,从《裤裆巷风流记》开始,范小青就在有意识地从日常生活的层面肯定人的物质生活诉求的合理性。到了《百日阳光》,则把这种合理的物质生活诉求,转变为为创造理想的物质条件而奋斗的强大动力。再到《城市表情》,更进一步写出了这种追求和创造在今天必然是以现代化为旨归。尽管作品中写到的城市建设在具体实践中要面对许多问题,诸如“住房缺乏,环境污染,交通阻塞,建筑杂乱,犯罪增加”等等,但同时也为提出“变”的要求提供了合理的依据。凡此种种,都表明范小青笔下的“理想国土”建设,不全是基于纯粹的佛家理念,同时也认同现实变革的历史实践。

综上所述,尽管范小青的小说创作题材广泛,但其基本的主题却常常是围绕着“佛性禅心”展开的。她善于从琐碎的日常生活中发现深藏的佛理玄机,善于通过对生活的哲理点化启迪读者去发现人生的辩证法,善于从人们熟视无睹的现象中感悟智慧。这样一来,她也就与那些一味地感慨欲望的可怕、世界的虚无的作家们区别开来。当她从平淡中发现了美(例如《瑞云》),从痛苦中发现了温馨(如《牵手》),从残障中发现了希望(如《单线联系》),从偶然之“失”中发现了必然之“得”(如《城乡简史》)时,她实际上是在这浮躁的世间点燃了希望的灯光;而当她从得意中发现了隐忧(如《栀子花开六瓣头》《杨湾故事》),从进步中发现了危机(如《女同志》)时,她也就在这个普遍追求成功的年代里指出了命运的无常。她不仅在小说中写出了“苏州人佛性甚笃”的精神,而且也常常在自己平淡、玄远的文风中,流露出随处感悟智慧、点染命运玄机的“佛性”。这种“佛理小说”与一般的“哲理小说”有所不同。在揭示人生与社会的复杂性方面,二者虽然没有太大区别,但比起“哲理小说”的形上思考,“佛理小说”更多一层对于人的命运的现实关注,这也许就是范小青的小说在当代女性文学乃至当代小说界的独特意义之所在吧。

(载《小说评论》2010年第5期)

---

① 杜继文:《中国佛教与中国文化》,宗教文化出版社2003年版,第103页。

主要作品目录《

长篇小说

《裤裆巷风流记》,作家出版社 1987 年版。

《个体部落纪事》,春风文艺出版社 1989 年版。

《采莲浜苦情录》,百花文艺出版社 1989 年版。

《锦帆桥人家》,上海文艺出版社 1990 年版。

《天砚》,人民文学出版社 1991 年版。

《老岸》,北京十月文艺出版社 1992 年版。

《误入歧途》,群众出版社 1993 年版。

《无人作证》,作家出版社 1995 年版。

《城市民谣》,花山文艺出版社 1997 年版。

《百日阳光》,江苏文艺出版社 1997 年版。

《城市片段》,人民文学出版社 2001 年版。

《于老师的恋爱时代》,春风文艺出版社 2001 年版。

《城市之光》,江苏文艺出版社 2003 年版。

《城市表情》,作家出版社 2004 年版。

《女同志》,春风文艺出版社 2005 年版。

《赤脚医生万泉和》,人民文学出版社 2007 年版。

《香火》,江苏文艺出版社 2011 年版。

《我的名字叫王村》,作家出版社 2014 年版。

《桂香街》,江苏文艺出版社 2016 年版。

《灭籍记》,北京十月文艺出版社 2018 年版。

中短篇小说集

《在那片土地上》,时代文艺出版社 1990 年版。

《看客》,群众出版社 1993 年版。

《还俗》,河北教育出版社 1995 年版。

《飞进芦花》,华夏出版社1996年版。

《昨夜遭遇》,江苏文艺出版社1997年版。

《单线联系》,江苏文艺出版社1997年版。

《范小青自选集》,人民文学出版社1999年版。

《一错再错:大家闺秀》,古吴轩出版社2005年版。

《像鸟一样飞来飞去》,春风文艺出版社2007年版。

《城乡简史》,江苏文艺出版社2011年版。

《哪年夏天在海边》,上海文艺出版社2012年版。

《人群里有没有王元木》,长江文艺出版社2015年版。

《父亲还在渔隐街》,山东人民出版社2015年版。

《今夜你去往哪里》,台海出版社2015年版。

《碎片》,江苏凤凰文艺出版社2017年版。

《浪漫的事》,长江文艺出版社2017年版。

中短篇小说

《错误路线》,《青年文学》1997年第2期。

《角色》,《钟山》2018年第5期。

《变脸》,《人民文学》2018第7期。

《遍地痕迹》,《清明》2019年第4期。

《朝去夕来人海中》,《中国作家》2020年第4期。

散文随笔集

《花开花落的季节》,知识出版社1993年版。

《贪看无边月》,江苏文艺出版社1995年版。

《怎么做女人》,群众出版社1996年版。

《又是雨季》,四川人民出版社1996年版。

《平常日子》,江苏人民出版社1998年版。

《走不远的昨天》,吉林人民出版社1998年版。

《苏州人》,南京大学出版社2014年版。

《一个人的车站》,南京大学出版社2017年版。

方 方

女，原名汪芳，1955年生于南京，祖籍江西彭泽。

小 引《

在20世纪80年代末期小说界兴起的一股“新写实”创作潮流中，湖北的女作家方方以一篇名为《风景》的中篇小说格外引人注目，成为这股创作潮流中一位引领潮头的作家。方方也因此在文学界获得了很高的知名度，以至于在一些学者的专著和文学史教科书中，提到这股创作潮流时，就不能不列出方方的作品作为代表。其实，方方在这以前就有很高的知名度，尤其是在一些青年读者中，她的名字就像20世纪80年代的一些知青作家一样响亮。只是到了80年代后期，她的创作才发生了较大的变化，才日渐走向圆满和成熟。为此，从80年代初期开始，她在创作上走过了一条不断探索创新的艰苦道路。

方方出身于一个知识分子家庭，有很深的家学渊源，曾祖和祖父那两辈人中，出过高官，也出过名气很大的学者。母亲的家族也是当地的一个名门望族。这样的家族背景，不但使方方本人的学养比较深厚，而且使她的创作，尤其是她的后期创作，多多少少有一些书卷气。方方的父亲属于那种跨越新旧两个时代的知识分子，他们这一辈人的跨越时代与他们的前辈老知识分子不同，他们还年轻，正怀着一腔报国的壮志和热情，希望为新的人民中国贡献自己的全部聪明才智，以遂平生之愿。但是，事与愿违，从50年代，到六七十年代，没完没了的政治运动，不但使方方的父亲这一辈人难遂平生之愿，而且连自己的聪明和才智乃至整个人格，也日渐萎缩，终至于身心俱损，抱憾终天。因为出身于这样的家庭，耳闻目睹(有些是身历心受)了父辈的这些尴尬而又悲哀的人生故事，所以方方看取人生就多了一份苍凉，也多了一份荒诞，相对于同龄作家来说，同时也多了一份深沉。方方的家世和这些人生感慨，在她的中篇小说《祖父在父亲心中》和长篇小说《乌泥湖年谱》中，都有所表现。这些小说大抵都取材于她的家族和生平经历。也有一些小说，如“三白”系列(即《白梦》《白雾》《白驹》)和《风景》《一波三折》《桃花灿烂》等，则借编造他人的故事，表达了她独特的人生感受。读方方的这些小说，总给人以一种沧桑老成的感觉，仿佛是一个阅历很深的老者，在向人们讲述他所经历的那些坎坷的人生故事。

说起令方方名声大噪的“新写实”小说，虽然从未在理论上取得作家与评论界的共识，但它却以注重写实的叙事倾向而为大众所欢迎。彼时文坛上先锋小说正大行其道，小说意念的形而上学，故事情节的支离破碎，以及陌生化的形式特征，都令普通读者望而生畏。这一具有实验性质的创作潮流虽然部分地表征了中国文学的现代性诉求，但一意孤行的创新欲望，却作茧自缚地远离了平头百姓。不过，话说回来，在“新写实”小说之前，不仅是先锋小说，整个当代文学又何曾真正地进入过市民阶层的生活？所谓的现实主义，在对历史规律、社会生活等历史现象的描写中，关注的始终是历史本质以及表现这种本质的“典型性”人物。而那些不知历史本质为何物，只管自己一亩三分地的普通人，却难以在当代文学的版图中一窥自己的平凡身影。“新写实”小说的出现，在部分程度上弥补了当代文学的这一缺憾。说是部分，原因在于“新写实”小说虽然在还原生活的客观叙述中描画了外在于历史规律的日常生活，但过度拘泥于生活的日常形态，又难免丧失了文学自有的价值。准确一点说，“新写实”小说在描写日常生活事实形态的同时，忽略了对这一事实中的价值意义的寻求。如果“新写实”小说只是“客观”地描写普通人生活的事实形态，那就意味着接受这些事实中实际存在的谬误、荒唐和虚妄。同样，若以为生活的事实形态是文化、历史形成的必然（事实），是人们谨遵的应当（价值），那便未免太迷信日常生活，将它神化为不证自明、天然可靠的价值根基了，这无疑陷入了另一种历史理性主义，就像现实主义文学对历史本质的迷信。文学的价值之一，便是在对“必然”的描写中寻求“应当”，表达作家认识论的同时，也体现他或她的价值论，并在这一价值体系中反观事实的价值取向。若以这种思路看待“新写实”诸家的创作，那么方方则是当仁不让地展示了文学价值意义的一位作家。在她的创作中，既有描画市民阶层日常生活的叙事努力，亦有在此生活中寻求意义支撑的价值诉求。无论是早年的《风景》《祖父在父亲心中》，还是后来的《乌泥湖年谱》，都充满着方方对普通人生存困境的考察和道德理想主义的价值拯救。在这个意义上说，方方的创作其实一定程度上远离了“新写实”小说的理论界定，而她的创作实践，也无疑成为在理论上重新认识“新写实”小说的重要参照。

自　述《

我的写作

一、我的文学创作道路

我自小就喜欢小说，并且从小就很会讲故事。从小学到中学，从我工作的单位到大学里，我讲故事一直有很高的知名度。大约搞文学创作对我来说大有一种天生的爱好。我在15岁时开始写诗，诗兴是因一次郊外劳动所发(这真有一点劳动创造了诗歌的味道)。一旦写了之后，便一直写了下去。语文老师也经常提供一些机会让我写作。比方办校刊，为文艺宣传队写快板书、诗剧、诗朗诵等。一直到我当了装卸工人之后，我仍然经常写诗，并且也偶有一两首得以发表。1978年考入武汉大学中文系之后，其实才真正地有机会系统地全面地对文学有所了解。而在此之前，仅仅有自己一点点爱好而已。我的文学理想也不过就是完成自己的爱好，写一点好作品出来。我觉得，一个人能有机会和条件去做自己正好喜欢的事，是一种幸福。

我的第一篇正式发表的文学作品，是诗。那是我当装卸工时所作，很幼稚，但也确实让我激动了好一阵子。真正写小说，却是因为写了诗之后，在《长江文艺》杂志的一次笔会上，认识了老编辑李文老师。那次笔会我与她同住一个房间。笔会完后，我忙于考大学、上大学，没有再写什么东西。大三时，我突然收到李文老师的信。李文老师在《长江文艺》杂志负责编小说、散文，为此她在信中说，在课余时间里，不妨继续写点东西，比方写点小说、散文等。这仿佛是点拨了我一下，从那时起，我便开始写起了小说，先写过一篇名为《羊脂球》的短篇，因结尾暗淡，没有发表，后来便写了《“大篷车”上》。一篇走红，便被人当成作家，其实自己心里发虚得很。在大学里，我一共写过三篇小说，发表过两篇，除了上面提到的两篇外，另有一篇名为《啊，朋友》，也曾被转载、得奖、改编什么的。后来我被分配到湖北电视台工作。电视台领导对我很好，以至于我能继续有时间创作。《风景》写于1987年。当时因为急着要还几个稿债，尤其是长江文艺出版社所办的《当代作家》已经跟我约了好久的稿，都是很熟的人，再拖下去也不好意思，于是便急急忙忙地写了《风景》。前一半还打了草稿，因我是个性急的人，草稿未完，便开始抄写，边抄边改，待抄到未写完处时，自己已不耐烦继续打草稿，便一口气写了下去。写完自己并没有什么特别的感受，只是觉得发表是没问题。写完这篇小说后，我又写了另两部中篇《船的沉没》和《白雾》，但《风景》发表在最后。这是 1987 年，是我进行文学创作以来发表作品最多的一年。除了上面提到的三篇外，另还有一篇《闲聊宦子塌》发表在《花城》上。这四部中篇从题材到风格都是那么的截然不同。它们一直都是我自己比较喜欢的作品。只是因为另三篇未被转载，看到它们的人比较少，以至于没有什么人注意到它们，尤其是我格外偏爱的《闲聊宦子塌》。自 1987 年的作品出来后，一些不太看好我的人对我刮目相看。同时也是自 1987 年以后，我更加喜欢写小说了，也可以说我更懂得应该怎么写小说了。《祖父在父亲心中》及后来的《桃花灿烂》也是常被人提及的作品。我个人更喜欢前篇，那是专为《上海文学》写的。这是传记成分很浓的一篇作品，其中祖父和父亲的故事基本都是真实的。但是写人的过程中，恰遇我的母亲病逝。我是家中最小的孩子，自小在母亲身边长大，深得母亲宠爱，连续离开她最长的时间是一个月。当父亲去世后，因我的三个哥哥均在外地，赡养母亲的担子主要由我来挑。我自 19 岁参加工作起，便承担着赡养和照顾母亲的责任，母亲去世时我 34 岁，也就是说多年来照顾她已成了我生活中一个不可缺少的内容。所以母亲的突然去世给我带来了最为深切的痛苦。办完丧事，答应寄稿的日期已近，故而我匆匆地结稿，将原来想写成的三代不同的知识分子的命运和生活，压缩成两代。评论界，尤其是知识界对我这篇小说给予了相当好的评价，而我自己则深知原本可以写得更好一些。

二、关于我的家庭

我一直生活在一个充满幸福感的家庭里。我有三个哥哥。虽然有政治运动的冲击，但因父亲只不过是一个无意政治的知识分子，既未有过历史问题，又未犯过现行错误，故而在他工作的那个知识分子成堆的单位，所受到的冲击相对来说不是很大。同时因父亲与母亲两人感情极好，以至于我们兄妹都能愉快地生活在一个和谐、健康并且有教养的家庭里。而这一切对于一个人的成长是至关重要的。从后来我们兄妹的发展看来，父母真应该为他们自己的成就而自豪。我的三个哥哥全都是学理工科的，他们均毕业于国内一流的大学。出国深造后，他们中现有两个是大学教授，一个是高级工程师。我父亲自小喜欢文学，这有点家传的味道。我的母亲过去也写过一点诗。实际上我们兄妹四人从小都喜欢文学，并且在学校都属于语文成绩很好的人。我二哥甚至还发表过不少文学作品，一度也是湖北作协的培养对象。

只是我的三个哥哥更爱理工科，比方我二哥，一有了上大学的机会，他便立即弃文从工，从此不写小说而一心搞科研了。

三、关于我喜欢的中外作家等

我喜欢的中外作家很多，不同的年龄有不同的喜欢，一时间也很难说全。上大学前，我曾喜欢过雨果，除了《悲惨世界》外，我似乎更被《九三年》所震动。在大学期间又一度非常喜欢《约翰·克利斯朵夫》，被罗曼·罗兰的激情所迷。又有一段时间，极度地喜欢《静静的顿河》，对那种大气磅礴充满向往。同时我也喜欢美国一批作家的作品，像海明威、杰克·伦敦等都令我陶醉过。还有一个作家是我很喜欢的，这便是雷马克，他的《西线无战事》和《凯旋门》都是我读过好几遍的作品。我喜欢他的那种机警和智慧。此外，像马尔克斯、福克纳等近当代作家的作品我也都很喜欢。但总的来说，相对国外作品，我读中国古典的作品可能更多一些。后来一些太现代派的东西，因阅读的艰难，读得少得多，处在只是翻翻而已的境界。我最为喜欢的还是中国古典文学，一向如此，觉得那之中的韵味是无穷的。在中国古代文人中，我又特别喜欢李白和苏东坡，他们的个性魅力都令我为之倾倒，我总觉得中国文化如果把这两人连根带蔓地挖走，整个中国文化史都会失重。

四、关于1986年我的作品“风格为之一变”的原因

此事还是虚提为好。那时我的低班同学（她曾经写过一篇在全国颇有影响的小说）虚构了一部中篇，叫《男神》（好像是这名字），发表在《花城》上。这是一篇写得很拙劣的小说，其中她将同她一起开过笔会的我们几个人的个人经历作为她作品中人物的经历，在此基础上虚构了一个乌七八糟的故事，大多都牵扯一些男女关系，很让人恶心。只要稍认识我们的人，一读作品便知道那个人物指向谁。可其作品中所发生的“男盗女娼”之类的事却是她任意虚构的。可惜当时不兴打官司，否则，非把她打得个落花流水不可。这件事对我刺激的确很大，从来也没有想到可以像她那样做人的。此前我们关系一向也还不错，受了伤害便浮想联翩。没地方出气，便以小说回敬。为此我写了《白梦》。把气出了，同时也悟出了小说应该怎么写。这是意外的收获。

五、关于属于“新写实”流派一问

对于我来说，属于哪个流派毫不重要，所以随便评论界将我归于哪里，我都觉得

无所谓。因为搞评论的总是需要将一些作品风格或题材相同或接近的人划归在一起进行比较，他们不能每划归一次便将作家一一提及，故树一个旗帜囊括他们认定的那些人也是很有必要的。对于作家来说，大可不必因此而同他们较劲。所以在这个问题上我持无所谓态度，随他们说去。其实“新写实”小说不能涵盖我十余年的创作。因为我只有部分作品可以同“新写实”对上号，只是因为他们已经把我算到了“新写实”里，于是把那些不算“新写实”的作品也都扯了进去。现在评论家也多如牛毛，但至少有三分之一的人不读作品，便指点江山激扬文字，且勇于放大胆子总结些囊括中华几千年文化并摆平全球文学的理论，气魄委实是要命的大。还有至少一半人，他们还不太会读作品或说读不懂作品。这一拨拉，剩下可以称作精英的也就不多了。评论家的现状跟他们眼里的作家也差不多。我以为评论家有会读作品的评论家和不会读作品的评论家，同时又有文笔好的评论家和文笔不好的评论家之分。一个作家摊上一个文笔好且又会读作品的评论家来评点作品，那就比较有运气了。碰上其他三类比方会读而文笔不好、不会读而文笔却好和不会读且文笔又不好的评论家，那么多少会令作家感到尴尬和难堪。以一比三的比例来看，后者总是多数。当然，这对评论家有些大不敬了。

六、关于我的作品主要分为什么类型

我的作品大致分两类：一是写城市下层人的生活，一是写知识分子。这显然同我自己的生活阅历有关。我出生在知识分子家庭，从小生活在知识分子堆里，现在的生活圈子也是同知识分子交往为多。我熟悉他们的心态、做派和为人（看到一些人写小说，凡写到知识分子便将他们畸形化，或作变态处理，真的很可笑）。另外，我曾经做过四年装卸工，对城市下层人的生存背景及思维和语言方式也比较熟悉。因为熟悉，写起来得心应手，便多写这类人了。

我的小说从表面来看，可以以1986年为分界线。虽然是有一件事促使人的转变（我在前面业已提到），但也不能说在那之前没有过思考。只是那时人年轻，一心想到处开笔会，想要旅行得“全国山河一片红”，故顾不得好好静下心来写作，只是应付，许多作品都近乎“急就章”，十分幼稚。1986年写了《白梦》之后，改变了我自己很多的想法，而从那以后，我出门也少了许多。所以1987年一口气写了四部中篇。可以说这四部中篇出来，让我感觉到我的读者对我刮目相看了。

访　谈《

为自己的内心写作

——方方访谈录

叶立文　方　方

叶立文:您好！首先感谢您能接受我的采访。要谈的话题很多,能不能先从您的创作道路开始?

方方:好的。我走上创作道路,完全是爱好的原因。我自小就喜欢看小说,并且从小就很会讲故事。从小学到中学,从我工作的单位到大学里,我讲故事一直有很高的知名度。大约搞文学创作对我来说是一种天生的爱好。我在15岁时开始写诗,诗兴是因一次郊外劳动所发,这真有一点劳动创造了诗歌的味道。一旦写了之后,便一直写下去。语文老师也经常提供一些机会让我写作。比方办校刊,为文艺宣传队写快板书、诗剧、诗朗诵等。一直到我当了装卸工人之后,我仍然经常写诗,并且也偶有一两首得以发表。1978年考入武汉大学中文系之后,其实才真正有机会系统全面地对文学有所了解。而在此前,仅仅有自己一点点爱好而已。

叶立文:从爱好出发,到小说观念的逐步成熟,在这个过程中您的文学理想和创作道路是什么样的?

方方:我的文学理想也不过就是完成自己的爱好,写一点好作品出来。我觉得,一个人能有机会和条件去做自己正好喜欢的事,是一种幸福。我的第一篇正式发表的文学作品,是诗。那是我当装卸工人时所作,很幼稚,但也的确让我激动了好一阵子。真正写小说,却是因为写了诗之后,在《长江文艺》杂志的一次笔会上,认识了老编辑李文老师。那次笔会我与她同住一个房间。笔会完后,我忙于考大学、上大学,没有再写什么东西。大三时,我突然收到李文老师的信,李文老师在《长江文艺》杂志负责编小说、散文,为此她在信中说,在课余时间里,不妨继续写点东西,比方写点小说、散文等。这仿佛是点拨了我一下,从那时起,我便开始写起了小说。先写过一篇名为《羊脂球》的短篇,因结尾暗淡,没能发表,后来便写了《"大篷车"上》。一篇走红,便被人当成作家,其实自己心里发虚得很。在大学里,我一共写过三篇小说,发表过两篇，除了上面提到的两篇外，另有一篇名为《啊，朋友》，也曾被转载、得奖、改编什么的。后来我被分配到湖北电视台工作。电视台领导对我很好，以至于我能继续有时间创作。《风景》写于1987年。当时因为急着要还几个稿债，尤其是长江文艺出版社所办的《当代作家》已经跟我约了好久的稿，都是很熟的人，再拖下去也不好意思，于是便急急忙忙地写了《风景》。前一半还打了草稿，因我是个性急的人，草稿未完，便开始抄写，边抄边改，待抄到未写完处时，自己已不耐烦继续打草稿，便一口气写了下去。写完自己并没有什么特别的感受，只是觉得发表是没问题。写完这篇小说后，我又写了另两部中篇《船的沉没》和《白雾》，但《风景》发表在最后。这是1987年，是我进行文学创作以来，发表作品最多的一年。除了上面提到的三篇外，另还有一篇《闲聊宦子塌》发表在《花城》上。这四部中篇从题材到风格都是那么的截然不同。它们一直都是我自己比较喜欢的作品。只是因为另三篇未被转载，看到它们的人比较少，以至于没有什么人注意到它们，尤其是我格外偏爱的《闲聊宦子塌》。自1987年的作品出来后，一些不太看好我的人对我刮目相看。同时也是自1987年以后，我更加喜欢写小说了，也可以说我更懂得应该怎么写小说了。《祖父在父亲心中》及后来的《桃花灿烂》也是常被人提及的作品。我个人更喜欢前篇。那是专为《上海文学》写的。这是传记成分很浓的一篇作品，其中祖父和父亲的故事基本都是真实的。但是在写作的过程中，恰遇我的母亲病逝。我是家中最小的孩子，自小在母亲身边长大，深得母亲宠爱，连续离开她最长的时间是一个月。当父亲去世后，因我的三个哥哥均在外地，赡养母亲的担子主要由我来挑。我自19岁参加工作起，便承担着赡养和照顾母亲的责任，母亲去世时我34岁。也就是说多年来照顾她已成了我生活中一个不可缺少的内容。所以母亲的突然去世给我带来了最为深切的痛苦。办完丧事，答应寄稿的日期已近，故而我匆匆地结稿，将原来想写成三代不同的知识分子的命运和生活，压缩成两代。评论界，尤其是知识界对我这篇小说给予了相当好的评价。而我自己则深知原本可以写得更好一些。

叶立文：评论界把您的作品归入“新写实”一派，您似乎不大认同？

方方：对于我来说，属于哪个流派毫不重要，所以随便评论界将我归于哪里，我都觉得无所谓。因为搞评论的总是需要将一些作品风格或题材相同或接近的人划归在一起进行比较，他们又不能每划归一次便将作家一一提及，故树一个旗帜囊括他们认定的几个人也是很有必要的。对于作家来说，大可不必因此而同他们较劲。所以在这个问题上我持无所谓态度，随他们说去。其实“新写实”小说不能涵盖我10余年的创作。因为我只有部分作品可以同“新写实”对上号，只是因为他们已经把我算到了“新写实”里，于是把那些不算“新写实”的作品也都扯了进去。现在评论家也多如牛毛，但至少有三分之一的人不读作品或不细读作品或只读几个熟人的作品，便指点江山激扬文字，且勇于放开胆子总结些囊括中华几千年文化并摆平全球文学的理论，气魄委实是要命的大。还有至少一半人还不太会读作品或说读不懂作品。这一拨拉，剩下可以称作精英的也就不多了。评论家的现状跟他们眼里的作家也差不多。我以为评论家有会读作品的和不会读作品的，同时又有文笔好的和文笔不好的之分。一个作家摊上一个文笔好且又会读作品的评论家来评点作品，那就比较有运气了。碰上其他三类比方会读而文笔不好、不会读而文笔却好和不会读且文笔又不好的评论家，那么多少会令作家感到尴尬和难堪。以一比三的比例来看，后者总是多数。当然，这对评论家有些大不敬了。

叶立文：确实，“新写实”的名号很难囊括您的大部分作品。比如《祖父在父亲心中》《乌泥湖年谱》等知识分子题材的作品就充溢着理想主义的激情，这跟“新写实”所谓的“零度写作”实在是不怎么相干。不过，像《风景》这样写城市下层人民的作品，倒的确表现了他们的边缘生活。

方方：我的作品大致分两类：一是写城市下层人的生活，一是写知识分子。这显然同我自己的生活阅历有关。我出生在知识分子家庭，从小生活在知识分子堆里，现在的生活圈子也是同知识分子交往为多。我熟悉他们的心态、做派和为人（看到一些人写小说，凡写到知识分子便将他们畸形化，或作变态处理，觉得很可笑）。另外，我曾经做过四年装卸工，对城市下层人的生存背景及思维和语言方式也比较熟悉。因为熟悉，写起来得心应手，便多写这类人了。

叶立文：1986年是您创作发生重要变化的一年，发生这种变化的现实原因您在《白梦》的创作谈里曾经提到过，我感兴趣的是这件事对您思想的影响，在当时有没有形成一种精神事件，促使您的创作在1986年后转向了对人生世相的揭示和对人生存困境的思考？

方方：那是肯定的，虽然以前也写小说，但我并没有静下心来思考社会中人的复杂性和人本性中一些根本的东西。过去只是喜欢写，小说有些浪漫而且简单。但那件事对我却是一个很大的刺激，我的思想发生了很大的变化。过去思想太简单了一点，没想到人怎么可以这样险恶，人性居然有这么多阴暗、肮脏或复杂的东西，它使我想了很多的东西。这件事其实帮了我一个忙，我开始尝试一种新的写作方式。至于这件事，还是虚提为好。那时我的低班同学（她曾经写过一篇在全国颇有影响的小说）虚构了一部中篇，叫《男神》（好像是这名字），发表在《花城》上。这是一篇写得很拙劣的小说,其中她将同她一起开过笔会的我们几个人的个人经历作为她作品中人物的经历,在此基础上虚构了一个乌七八糟的故事。大多都牵扯一些男女关系,很让人恶心。只要稍认识我们的人,一读作品便知道那个人物指向谁。可作品中所发生的"男盗女娼"之类的事却是她任意虚构的。可惜当时不兴打官司,否则,非把她打得个落花流水不可。这件事对我刺激的确很大,从来也没有想到可以像她那样做人的。此前我们关系一向也还不错,受了伤害便浮想联翩。没地方出气,便以写小说回敬。为此我写了《白梦》。把气出了,同时也悟出了小说应该怎么写。这是意外的收获。

叶立文:在我看来,您创作上的这种变化很明显地体现在对现实的认知方式上。您的许多小说在场景描写方面,似乎都打上了浓重的精神烙印,不大对生活细节做真实的摹仿,倒偏向表达人物当时的内心体验,这种体验甚至影响了人物生活的现实。您能否具体谈一谈这种依靠想象去虚构现实的叙述方式?

方方:我的小说虽然很真实,但靠的仍然是想象。小说不仅要写已经发生过的事情,同样要写有可能发生的事情。《风景》中写的都是有可能发生的事,也许这个故事在别处可能已经发生过,但我并不知道,因为我并没有生活在那个环境中,我只看到他们生活的表象,但对他们生活中一些根本的东西并不熟悉,那么我就根据他们的言谈、行为、生活的奋斗方式以至吃饭穿衣等去推测他们生活背后的东西。我的这种想象也许真实性太强了,才被看成是"新写实"的,实际上它仍然是虚构的。凭借想象去虚构的现实,虽然是想象的,但读者看到后却常常把它当作现实。这说明虚构的或者说想象的现实既有可能让别人看到虚构的一面,也有可能对于许多人来说,就是他们生活在其中、无比真实的现实,以致将这种想象的现实也当作了生活中的现实,这其实也可以说是另一种真实——想象堆积起来的真实。这么说起来,真实本身就是一个充满玄机的话题。

叶立文:您对现实的认知方式与许多先锋作家十分相近,比如对真实的看法。但也有一种说法,认为您的"新写实"小说是对先锋小说的反拨,这主要表现在您的小说中有很强的故事性和写实成分,那么80年代中期的文学创新运动对您的创作有着什么样的影响?

方方:80年代中期的创作气氛很好,大家都在寻找新的途径来表达自己的思想,每个作家都在试图创新。实际上我的《风景》写于《白梦》之前,大概是在1987年3月写的,编辑准备发头条,才拖到当年年底发出来。写完《风景》,我又写了《白雾》。我的创作并不能说受了先锋实验文学的影响,而是当时文学氛围总体就是一种创新的氛围，在这种环境中，我写东西自然会受到创新思想的影响，但我并不认可我的创作是对先锋文学的反拨。所谓的“新写实”，是评论家加在我身上的，我不争辩，并不意味着我的认同，实际上1987年在我发表的四部小说《船的沉没》《闲聊宦子榻》《白雾》和《风景》里，除了《风景》与“新写实”小说有点关系外，其他三部都称不上“新写实”。奇怪的是，也许我的小说不太好评，关于我的作品评论并不多，倒是划分流派的时候提得较多。其实我不太关注评论界对我创作流派的划分，不管我的小说属于什么流派，小说的可读性是我首先强调的。好的小说就应该好读，形式创新固然重要，但不管怎么做，我都更关注人物的命运或是人和社会的关系，不能说好读的东西就浅薄，作家可能在形式上玩得很深刻，但关键在于对笔下人物的理解，理解深了，自然会写出深刻的东西来。

叶立文：您所说的深刻大概指小说对人物生存状态的考察与反思吧？但我觉得，在表现人的生存困境方面，您不大像先锋作家那样全力关注人类生存的精神困境，反倒是对我们置身其间的价值废墟和人性的弱点怀有一种道德理想主义的拯救态度。像《乌泥湖年谱》《祖父在父亲心中》等作品中隐含的知识分子道德力量，对于《风景》《落日》中人物的生存困境和价值废墟是否有点救赎的意味？

方方：我首先觉得人本来不应该是这个样子，是许多其他的原因把人改变了。我笔下的知识分子与市民不完全一样，但他们本来都有正常和美好的生存方式，只不过有些后天的因素改变了人，这些因素既包括外界的原因，比如生活环境，也包括人自己的弱点，它们将人的生存方式变得近乎冷漠和残酷，我这么看问题也许就说明我是一个理想主义者。也许有人认为人类本来就摆脱不掉生存的困境，但我不相信人会生来如此。改变人的因素其实就是两方面，是两只手把人拉进了很险恶的生存环境。一方面是人自身，人不能离开自身的基因遗传、兴趣、性格以至天性的东西；另一方面是文化环境、生存环境、家庭环境的影响，就像一个小孩如果在不同的环境中成长，他的生存状态也会不同一样，人摆脱不掉这两种因素对自我存在的困扰。我多多少少有点环境决定论，当然我说的环境比较广义，但我相信人可以凭借理想、道德去改变自己的生存现状。

叶立文：确实如此，《风景》中用一个死者的眼光去看待现实，往往可以凭借一种距离消除现实的残酷性与紧张感。那么从创作技巧的角度来看，您是怎样处理《风景》这部小说的叙事方式的？

方方：我在写《风景》的时候，特别想让小说有一种叙述基调，这种叙述基调能一下子把读者卷进去。我用小八子这个死者的视角去叙述，可以让叙述者与笔下的故事拉开距离，我觉得第一人称叙述特别能把握小说的叙述基调，它给人一种沉郁苍凉感，可以造成悲剧效果，这种叙述基调我觉得比较成功。另外，在《风景》中，我把七哥的故事与他的几个兄弟的故事交错叙述，这种结构也是我创新实验的结果。我当时考虑的是如何写出新意，因为在当时的文学氛围中，人人都对创新有种痴迷，一天到晚都在琢磨怎么写出好的作品来，那时的文学有着今天所不具备的激情。其实《风景》并不是什么反拨先锋文学的"新写实"小说，像小八子这个人物是完全虚构的，他虽然是个死者，但并不具有多大的魔幻色彩。倒是从七哥这个人物身上可以看到我对现实的处理方式，他的性格压抑感，甚至变态心理都使他在寻求一种突破。七哥的梦游，实际上就是他突破压抑的方法，而且梦游的情节还表现了人物内心深处的生存欲望，这种生存欲望说明人始终有反抗存在困境的本性，同时也说明现实的丰富与复杂。所以我们不能因为《风景》里写了城市下层人的住房、家庭环境，就说它是"新写实"的，也要看到它对人的梦境与现实交错的描写，很多评论者都忽略了这一点。

叶立文：您作为一个女作家，似乎很少关注女性经验和女性意识，而表现这些内容的女性文学自20世纪90年代以来十分盛行，您能否谈谈女性文学和您自己创作之间的关系？

方方：我觉得"女性写作"这个概念很成问题，是评论界的问题。过去大家从传统的观念出发，认为妇女没有受过教育，所以只有男性写作，当一些女作家写了女性的婚姻、爱情、性的时候，她们的创作就被称为女性文学了。其实我认为在今天妇女的地位已经很高了，她们面对的所有问题和男性是一样的。过去妇女参与社会的事情很少，她们所面临的往往都是家庭婚姻问题，所以人们一度认为只有写女性家庭婚姻题材的文学才是女性文学。而实际上最近几十年来，女性的地位已经变化很大，城市女性大多是职业女性，农村女性也在相当程度上靠自己的劳动成为家庭经济的来源之一，那么妇女所面对的问题其实和男性一样，婚姻家庭等问题不再是女性关注的全部，妇女同样关注自己的事业和荣誉等问题。所以女性文学并不仅仅涉及女性的婚姻家庭等问题，不是说只有写性、婚姻才是女性文学。评论界所谈论的女性文学实际上脱离了现实中妇女的生存状况，忽略了妇女解放的程度，这和社会背景有很大的差距，我觉得这是一种传统的女性文学观念，眼光老套了一些。

叶立文：过去的女性文学毕竟很少关注女性隐秘的私人经验以及女性意识，90年代的女性写作的确与描写婚姻家庭的女性文学很不相同，您怎么看待这个问题？

方方：女性文学其实始终是有的，只不过到了90年代，女性文学的这块蛋糕才算做圆了。因为对女性意识和女性经验的书写在过去并不多见，女性作家在80年代之前，往往受男性作家的影响，甚至在他们的指导下写作，比如茹志鹃、草明等作家其实都是在鲁迅、茅盾等男性作家的影响和指导下写作。而现在的女作家已经不像过去那样崇拜男作家了，她们觉得崇拜自己就够了。过去的女性小说性别意识不强，所谓的女性特色往往体现在委婉的语言风格中，在观念上和男性作家没什么区别，原因是思想受政治的影响太大，她们的创作其实是一种公共性别的写作，是为政治写作、为官方写作，而不是为自己写作。我们这一代由于教育背景和思想观念的缘故，很少在作品中写我们的女性心理、情爱观等等，我们这一代很难摆脱时代的烙印。90年代的女作家就不一样了，她们身处一个女性教育程度大大提高的时代，她们生活在无拘无束的环境中，没有我们这一代人所受的政治压力，她们的解放程度和我们是不一样的，没有政治压力，也没有一种先在的文学观念困扰她们，所以90年代以来的女作家在写作上很自由，可以大胆地表现自己。在这之前的女作家，比如王安忆、铁凝、张洁、张抗抗都有表现自己女性意识的作品，只不过到林白、陈染这里，女性文学的这块蛋糕才算做圆了。文学史上当然不乏男作家写的表现妇女命运的佳作，像《红楼梦》，但林白她们对自我最为个人化的书写，却是男作家无法写出来的。至于我个人或者说50年代乃至更早时间出生的女作家，我们的小说与我们的私人生活无关，林白、陈染的小说与她们的私人生活有关，而棉棉、卫慧、九丹等再年轻一些的作家，她们的小说写的就是她们的私生活本身。实际上我认为女性文学可以从这个角度分为三个层次。总的来说，女性文学始终充满着反叛意识，对男权意识的反叛，但我的反叛是男性可以认同的，林白、陈染小说的反叛可能对男性作家来说已经出格了。至于卫慧这批作家，她们的小说其实更多引起的不过是男性对女性隐私的兴趣。在这里，我提出一个问题，就是女性文学的反叛到底要走多远，是不是你的性生活公开了，把自己的隐私暴露了就是对男权意识的反叛？反叛是在肉体还是精神层面上展开？是不是公开自己的隐私，抛弃伦理道德，才叫反叛？我认为这种反叛太表面化了。我觉得我的小说的反叛是一种精神上的反叛，这主要体现在思想的独立层面，这种反叛应当说比暴露女性隐私的小说有更深层次的内涵。当然我也有我的缺陷，从过去时代走过来的人，或多或少都要受到道德伦理的约束，这就使我的小说看起来好像有点与时代错位了。

叶立文：您所说的这种错位，如果放在文学与市场的关系层面而言，可以说失去了不少读者，与那些依靠表现自我隐私和走商业化路子的作家相比，您的读者在数量上似乎并不够多？

方方:从某种意义上说,一个作家的读者当然越多越好,但如果为了争取更多的读者而去改变自己,我不会做。这个时代大众的阅读趣味确实很俗。我觉得人们的审美品位越来越低,消遣性的通俗文化和一些怪异的美学趣味越来越主宰了大众的阅读取向。在这个时候我去写一些迎合读者的作品当然也不难,不过是编编故事而已,但那不是文学,我觉得作家应该始终遵循自己内心的原则去写作。文学几千年来之所以有魅力,就是因为有许多不同个性的作家按照自己的心灵去写作。但我也不排斥迎合读者的作家,有时候我觉得也需要有人去编编故事,抚慰一下读者的心灵,使他们感到愉快,但我始终强调一个优秀的作家应该坚持为自己的内心写作。

叶立文:如果您只遵循自己内心的精神原则去写作,那么您是否还关注自己的作品所产生的社会反响,换句话说,您难道因此就不注重文学的教化功能了吗?

方方:文学的教化功能当然很重要,像我本人也从中感受过许多文学作品的力量。但你不必强求每个作家都应持有教育读者的态度。文学是多元化的,我觉得每一种文学观念都有存在的理由,比如通俗小说可以抚慰读者,让读者打发打发时间,所以也很重要。多元化的文学创作可以让我们看到一个时代的各个侧影。至于我为自己内心创作的小说,即使没有一个读者去读,也没关系,因为它至少让一个灵魂得到了安慰。

叶立文:您的创作中存在着知识分子和市民两类题材,您觉得哪一类小说才更接近您的内心?

方方:因为我在一个知识分子家庭中长大,所以知识分子特有的人格气质始终与我血肉相连、息息相通,写他们的故事就是写我自己,我就是他们中的一员。而我写市民小说时所动用的生活经验,不过只短短的四年,像“三白”系列中的市民生活,我置身其中却实际上是个旁观者,所以写这些人物时我只是个作家,像个职业杀手,却不能用心血去写他们的生活。当我写知识分子生活时,感觉很冲动,有一种情感力量在里面,因此我更喜欢《祖父在父亲心中》《乌泥湖年谱》这些小说,那些人物是我的亲人,我身边的人,所以写起来用的就是心和血。其中很微妙的情感在这种创作状态下会比较敏锐地展示出来。所以要说起来,这些小说更接近我为自己内心写作的创作原则。

叶立文:在谈话结束之前,能否谈谈您在创作中的不足以及您最新的创作计划。

方方:我很清楚自己的短处,这个短处就是对细节的把握不好,我是个宏观感觉比较好的作家,但在细节描写方面比较弱。有的作家,比如王安忆在细节上的处理就非常见功力,我的短处正是王安忆的长处,她的细腻不是轻柔、弱小,而是很有力量的细腻，所以我很推崇王安忆。虽然我有我自己的风格，但在今后的创作中，我会在细节的把握上有所改进。至于我最近的创作计划，本来是在写完《乌泥湖年谱》之后，打算写第二部、第三部，但因为一些其他的原因，可能会过一段时间再写。

评　论《

伦理记忆与道德重构

——方方小说中的伦理问题

叶立文

“家是我们出发的地方。随着我们年岁渐老，世界变为陌路人，死与生的模式更为复杂。”这是艾略特《四个四重奏》中的诗句。1988年的方方在她的中篇小说《落日》里写下这些诗句时，也许谁也不曾料到，随着这篇小说故事的发展，当丁如虎兄弟将一息尚存的母亲送进殡仪馆时，“家”所给予我们的生存体验，竟然是生活在荒原之中的冰冷彻骨，那种感觉就像艾略特走在伦敦的街道上却感到仍然活在但丁的地狱里一样。从什么时候起，温暖感人的“家”蜕变成了冷漠无情的荒原？回想《风景》中七哥孤苦无助的童年，方方似乎在用冷酷的笔调叙述着一个个家庭伦理失范的故事。这种充满暴力与梦魇的伦理记忆同样弥漫于家庭之外的社会当中。《何处是我家园》《这天这年》《无处遁逃》《言午》等作品都在讲述着人物荒原般的生存体验。

什么是荒原？荒原就是秩序消失后的人类生活本身。当规范人们日常行为和生命体验的传统伦理荡然无存时，曾经以爱维系人类生存价值的道德尺度也变得混乱不堪。对于和方方同时代的许多先锋作家而言，这种荒原般的末世图景，让他们终于可以凭借叙事伦理的书写去颠覆制造传统伦理的历史理性了。这种历史理性，一度以客观规律为口实压制着人类个体的生命体验，传统伦理规定的善、德行、正义等道德尺度无一不体现着历史理性高高在上的绝对意志。先锋作家所关注的伦理问题，是讲述绝然属己的生命体验，并借这种曾经怎样和可能怎样的伦理感觉，反抗着规划个体生命体验应该怎样的传统伦理。前者便是现代伦理学家所说的“叙事伦理”：“它不探究生命感觉的一般法则和人的生活应遵循的基本道德观念，也不制造关于生命感觉的理则，而是讲述个人经历的生命故事，通过个人经历的叙事提出关于生命感觉的问题，营构具体的道德意识和伦理诉求。”[①]因此，20 世纪 80 年代的先锋作家在书写亲人之间的仇视与杀戮等伦理主题时，往往以个体生命体验至上的价值准则为叙事伦理披上了合法性的外衣。虽然这种创作意图具有颠覆历史理性、尊重个体生命的良苦用心，但传统伦理的价值崩溃和道德失范，毕竟无法改变我们荒原式的生存景观。而人类个体之间的交往，如果没有道德意识和伦理法则的规范，那么阴暗冰冷的生命感觉如何才可能被重新照亮？先锋作家忙于揭示人性的残酷，却对道德意识和伦理诉求有着不同程度的回避，这种态度使得冷漠无情的荒原最终变成了人类生存的真实之所。与此不尽相同的是，虽然方方在《风景》和《落日》等作品中仍旧像先锋作家一样讲述着笔下人物离奇可怕的伦理困境，但隐含于作家创作意图之中的问题意识，却具有一种道德重构的美好愿望。这种道德重构建立在作家对笔下人物生存状况的深入体察与同情当中。讲述人物的伦理困境，并不仅仅意味着展示人性恶的一面，它还传递着人类个体如何“在深渊最黑暗的所在”（波德莱尔）与命运相抗争的生存信息。而借助叙事伦理的声音去讲述这种挣扎与反抗，其意正在“揭出病苦，引起疗救的注意”[②]，从而在遍地狼藉的伦理废墟中召唤道德意识的苏醒。

但是，讲述绝然个人生命故事的叙事伦理，如果揭示的是人类生存的真实图景，那么，面对恶欲膨胀的伦理现实，方方如何能相信自己真诚而又单纯的道德理想呢？换句话说，叙事伦理在给出人类生存的荒原体验后，还能不能期待着道德理想的重归？

《风景》讲述了一个令人震惊的伦理故事。七哥从出生之日起，就在家人的毒打与谩骂中艰难地求活。他所遭遇到的生存困境，表面上看与恶劣艰苦的生活环境密切相关，诸如河南棚子的贫穷、家庭条件的简陋等等，这些似乎都足以构成七哥一如动物般的生存状况。但是，来自父亲、兄长和姐姐的敌视，却是七哥童年经验中最难以抹去的伦理记忆。即使多年以后，这种伤痕累累的伦理记忆仍对七哥发挥着决定性的作用：为了更好地生活，七哥可以昧着良心向上爬，种种不择手段的反道德行径，在七哥那里都演变成为向家人报复和示威的方式。因此，当七哥出人头地后面对家人的求援时，那些充满创伤的伦理记忆便再度浮现在眼前，他知道，所谓的亲人，只不过是与自己有着血缘关系的陌路人而已。相似的情形在《落日》中同样存

① 刘小枫：《沉重的肉身》，上海人民出版社 1999 年版，第 4 页。

② 《鲁迅全集》第四卷，人民文学出版社 1981 年版，第 512 页。

在，只是程度更加惊人罢了。丁老太婆含辛茹苦抚养成人的儿子，居然将她活活地送进了殡仪馆。这一极具谋杀意味的伦理事件彻底撕碎了传统伦理温情脉脉的面纱。无论是七哥，还是丁老太婆，他们所遭遇的生存难题都是一种令人窒息的伦理困境。在方方笔下，家庭伦理这一由血缘关系构筑起来的恒定秩序几乎彻底崩溃了。从某种意义上说，伦理关系的正常(合乎传统伦理规范)是人类个体向外界证明自身理性健全的重要方式。而当方方以写实的叙事姿态将传统伦理拆解得体无完肤时，人物个体的存在状况便必定陷入一种非理性的疯狂：无论父亲对七哥的毒打，还是七哥成年之后的报复心理，以及丁如虎兄弟谋杀母亲的罪恶行径，说到底都是传统伦理失范之后的反道德表征。这种背弃理性、违反道德伦常的伦理现实无疑揭示了人性中恶的一面。

问题在于，方方笔下人物的伦理困境，难道仅仅是贫穷的生活环境所决定的吗？虽然从一定程度上说，物质的匮乏确实造成了众多人物的伦理困境，比如《落日》中丁老太婆的死就与丁如虎沉重的经济负担有关。但这些人物的生命感觉，即一种为了更好地生活的利己主义，才是方方笔下传统伦理失范的根源之所在。这种利己主义的本质不是别的，正是人类在遵循个体化原理的前提下，满足自己欲望的方式。叔本华说："如果一个人还局限于个体化原理，局限于利己主义，只认识到个别事物和这些事物对他本人的关系，于是这些事物就成为他欲求的一些总是(花样)翻新了的动机。"①在这里，利己主义遵循的个体化原理是滋生一切欲望和罪恶的温床。对于方方笔下的人物来说，利己主义具体表现为满足个体的生命欲求，维护、追求那种绝然属己的生命感觉。促使《风景》中家庭暴力频繁发生的一个重要根源，正在于父亲对七哥血缘关系的怀疑。当父亲的生命感觉，即一种男性的自尊在这种怀疑中受到伤害时，他必定以毒打泄愤的方式来维护自我生命感觉(自尊)的完整与充盈。父亲这个人物所做出的有违伦常的举动，是他以否定别人的生命感觉为前提的。同时，当父亲在这种否定中只考虑外部世界对他本人生命感觉的影响时，殴打家人便成为显现他生命意志的方式，这是一种叔本华意义上的利己主义。在这里，我们看到，利己主义产生的前提，即个体化原理，恰恰是叙事伦理推崇个体生命体验至上的原则，是叙事伦理在表达个人的生命感觉时，忽视乃至压抑了他者的生命感觉。由此可见，利己主义和叙事伦理对个体生命体验的推崇，最终使其成为引发诸多反道德行径的根本动机。同样的状况仍然存在于七哥身上，对他来说，所谓的家庭温暖

---

① [德]叔本华：《作为意志和表象的世界》，石冲白译，商务印书馆1982年版，第519—520页。

永远只是幻想，而充满梦魇和暴力的创伤记忆，才是他早年的生命体验。七哥成年后面对社会所采取的反道德行为，都是为了满足自己生命欲望的手段，这正是他生命逻辑的延续。七哥童年充满创伤的伦理记忆，驱使他在与命运抗争的现实生活中，不再顾忌传统伦理规定的善与义，这种维护、追求自我生命感觉的叙事伦理，终于在个体化原理中为种种反道德的行径赋予了合法性。这种状况也存在于《落日》之中，隐含于丁如虎兄弟谋杀母亲这一伦理事件背后的真正根源，不仅仅是经济利益的原因，更为重要的是，当丁老太婆以家长的权威破坏丁如虎与月菊的幸福时，在丁如虎心目中，一种仇恨便会不可遏制地滋长。对于丁如虎而言，他追求爱情与婚姻的生命意志遭到了损害，即意味着生命感觉的残缺，为了维护这种生命感觉的完整，丁如虎最终所做出的疯狂举动也获得了一种生命逻辑上的自足。在这里，我们看到造成传统伦理失范的利己主义，恰恰是人类个体追求绝然属己的生命体验的结果。为满足自身的生命意志，人们不惜以否定他人的生命感觉，甚至以消灭他人为代价。所以这种人“单是求自己的安乐，对于别人的安乐则完全漠然，别人的生存对于他毫不相干，和他的生存之间有着鸿沟为界”[①]，冷漠无情的荒原体验就存在于这种反道德的利己主义当中。因此，方方笔下人物的伦理困境，实际上是一种叙事伦理的困境。当讲述个人生命体验的叙事伦理与遵循个体化原理的利己主义趋于一致时，即使叙事伦理指出了人类生存的真实处境，它也必定会陷入一种难以避免的生存悖论：维护绝然个体的生命体验，是叙事伦理的神圣使命，但具有利己属性的叙事伦理，终难建构起以利他为基础的伦理秩序，从而无法改变人类生活在荒原之中的生存景观。

值得注意的是，方方毕竟不是一个乐于沉浸在彼岸世界的作家，她所禀有的现实主义精神以及强烈的社会责任感，都促使她不得不召唤道德理想的回归，并希冀在那片冷漠无情的荒原中寻找到一片生命的绿洲。因此，从伦理废墟上重构道德理想，便成为方方小说创作中潜在的一个主题。但是，作家真诚的道德诉求能否超越充满创伤的伦理记忆，从而在叙事伦理的阴影中重构道德呢？

对于方方来说，重构道德的方式并不那么复杂，她所寻求的道德理想是同情和爱。《风景》中的七哥，虽然常常承受着父亲的毒打，但大哥却“不把他当白痴般玩物当一头要死没死的癞狗”，他对于七哥或多或少地具有一种同情心，这是七哥伦理记忆中难得的温暖感觉。在充满暴力的家庭伦理中，大哥用自己的同情心点燃了已经

---

① [德]叔本华：《作为意志和表象的世界》，石冲白译，商务印书馆1982年版，第497页。

衰微的道德之光。与此接近的还有二哥的生命感觉，他在与杨朗的交往中，感受到了这个女孩真挚细腻的同情心理，但是“一切仁爱（博爱、仁慈）都是同情”[①]吗？这种充满爱意的同情能否消除叙事伦理中隐藏的利己属性，从而建构起合乎道德的利他的伦理关系呢？一般意义上的同情，乃是“设身处地地替他人设想”，或将我之情移入他人之身。对他人感觉设身处地的情状体验，是以自己在类似境遇中经受或可能经受的感觉状态为根据的，由此生发的同情完全依据个体自己的生命体验，其目的是为了确保自己的感觉状态避免重陷类似的情感困境，看见他人陷入灾难便觉得自己也可能陷入灾难，于是产生同情感，其心理意向恰恰是为了避免自身陷入灾难的危险。这样一来，“同情就是个体生命的护身感觉、利己冲动的作用、自然生命的需要”[②]。于是，同情成为“功利性的手段，求生欲、生存欲、支配欲的表达式”[③]。说到底，一般意义上的同情仍是个体生命感觉自我保护的心理机制，从本质上依旧是利己主义的叙事伦理。因此，这种依据自我生命体验的同情，仍然难以达到道德重构的目的。尽管《风景》中大哥对七哥禀有一种同情心，但这种同情的利己动机，却始终无法改变七哥的生存处境。大哥的同情心理，浅一点说是对生命的尊重，但何尝不可以说是他自己护身感觉的向外投射呢？他的同情永远无法契入七哥的生命世界，使他免受痛苦与磨难。同样的道理，杨朗对二哥的同情，仍然也是一种切己的护身感觉，她不能给予二哥需要的爱。因此，二哥自杀时所说的“不是死，是爱”便具有了双重的象征意义：一方面，这是二哥对美好人性的呼唤，他希冀以爱的方式建立与别人的伦理关系；另一方面，又表明隐含在以利己主义为本质的同情中的爱感始终无法建构起合乎道德的利他的伦理关系。二哥的自杀行为其实就是对杨朗同情心理的拒绝。因为，隐藏在同情中的利己主义的属性，终究无法把爱引入二哥荒凉的内心世界。这表明，只有当同情中所隐含的爱感意向彻底脱离个体生命的叙事伦理，并身处不同个体之间的伦理关系中时，它才能够克服利己主义，趋向利他的道德重构。说到底，爱不植根于人，人才植根于爱，只有建立在两个任何差异性个体之间的爱，才能消除同情具有的利己属性。爱即意味着一种相互性，当我不依据自身的生命感觉，而是契入对方的生命体验时，爱才会显示出无私的一面，进而实现伦理意义上的道德重构。对于方方笔下的人物而言，由于道德重构的根基建立在个体生命体验的叙事伦理之中，因此这种以维护个体生命意志为目标的利己主义的同情，终究不能成为重构道德的方式。或者说，以同情和爱建构的道德理想，在利己的伦理

① ［德］叔本华：《作为意志和表象的世界》，石冲白译，商务印书馆1982年版，第514页。

②③ 刘小枫：《拯救与逍遥》，上海三联书店2001年版，第153页。

环境中，永远无法改变残酷的现实。其实方方本人已经在她的创作中意识到了道德理想的苍白。

在1989年的中篇小说《祖父在父亲心中》里，方方通过对父子两代人格的描写，进一步加深了对道德理想的认识。祖父所禀有的士人气质及刚强人格往往能够在最险恶的生存困境中绽放出生命之光。父亲同样继承了祖父的道德理想，但父亲在严酷的现实面前一败涂地。是什么力量使祖父与父亲的生命历程如此大相径庭呢？祖父在父亲心中留存的伦理记忆，为何无法支撑起父亲面对生存困境时产生的价值危机？对于父亲来说，当他被严酷的外部现实所侵扰时，他的生命感觉终究不能因为道德理想的精神力量而变得充盈与自足，他只能在抄家的造反派面前，“赔着小心默默地配合或低低地答一声‘是’”。父亲生命感觉的欠缺，表明道德理想的力量毕竟有限，它改变不了父亲心中荒原式的生存体验。方方在这部小说里对道德理想业已有所反思，虽然她仍在真诚地期待着道德理想的光芒，但道德理想无法改变人们可怕的现实处境却已成为一个不争的事实。小说叙述的祖父与父亲的故事，仍然是关于伦理的故事，父亲是祖父生命的延伸，而祖父是父亲生命的历史。在这两个人物的伦理关系中，祖父始终无法将自己面对残酷现实时的抗争作为一种生命感觉，通过伦理记忆传递给父亲。这表明，人们身处险恶生存环境时的伦理记忆，始终无法以道德重构的方式救渡自身。

至此，我们对方方小说创作中伦理问题的关注，便可整理出一条较为清晰的线索。作为具有现实主义精神的作家，方方在面对伦理失范后的现实环境，更准确一点说，是人与人之间的伦理关系时，必然会从道德层面去寻求教化的支持。但单纯的道德说教往往于事无补，要想寻求伦理关系中的善与义，就必得去直观我们置身其间的伦理现实。当方方通过体察人物个体的存在状况和生命感觉的方式认识现实时，却发现现实中的伦理记忆都充满了创伤，人们为了维护自己的生命感觉所做出的一切反道德行为都只不过是利己主义的生命冲动。面对这种道德失范的局面，方方如何可能从笔下人物的伦理记忆中去重构道德？比如同情与爱，终将因其叙事伦理的利己属性，在伦理记忆的影响下陷入苍白无力的尴尬境地。但无论怎样，在遍地狼藉的伦理废墟上重构道德理想，毕竟是我们这个时代的作家们义不容辞的重要使命。就这一点而言，方方的《风景》等作品毫无疑问具有积极意义。

（载《小说评论》2002年第1期）

主要作品目录《

长篇小说

《乌泥湖年谱》,人民文学出版社2000年版。

《何处家园》,长江文艺出版社2001年版。

《水在时间之下》,上海文艺出版社2008年版。

《武昌城》,人民文学出版社2011年版。

《涂自强的个人悲伤》,人民文学出版社2015年版。

《软埋》,人民文学出版社2016年版。

《乌泥湖年谱》(修订版),人民文学出版社2019年版。

《是无等等》,译林出版社2020年版。

中短篇小说集

《"大篷车"上》,长江文艺出版社1984年版。

《十八岁进行曲》,长江文艺出版社1986年版。

《江那一岸》,中国文联出版公司1989年版。

《行云流水》,长江文艺出版社1992年版。

《一唱三叹》,陕西人民出版社1992年版。

《随意表白》,湖北辞书出版社1993年版。

《中国当代作家选集丛书·方方》,人民文学出版社1993年版。

《行为艺术》,中国文学出版社1994年版。

《何处是我家园》,河北教育出版社1995年版。

《桃花灿烂》,(台湾)麦田出版有限公司1995年版。

《桃花灿烂》,百花文艺出版社1996年版。

《她们文学丛书小说卷·推测几种》,云南人民出版社1996年版。

《随意表白》,今日中国出版社1996年版。

《方方小说精粹》,四川人民出版社1998年版。

《方方小说精品选》,华艺出版社1999年版。

《过程》,解放军文艺出版社2000年版。

《暗示》,华夏出版社2000年版。

《都市谣言》,北岳文艺出版社2001年版。

《奔跑的火光》,长江文艺出版社2001年版。

《黑洞》,时代文艺出版社2001年版。

《祖父在父亲心中》,江苏文艺出版社2003年版。

《作家档案》,新世界出版社2002年版。

《有爱无爱都铭心刻骨》,四川文艺出版社2003年版。

《落日》,群众出版社2003年版。

《夏天过去了》,浙江人民美术出版社2003年版。

《树树皆秋色》,北京十月文艺出版社2004年版。

《闭上眼睛就是天黑》,武汉出版社2006年版。

《行为艺术》,人民文学出版社2006年版。

《方方小说精品》,长江文艺出版社2005年版。

《琴断口》,作家出版社2009年版。

《纸婚年》,新华出版社2010年版。

《风景》,浙江文艺出版社2011年版。

《刀锋上的蚂蚁》,东方出版中心2012年版。

《哪里来哪里去》,上海文艺出版社2012年版。

《声音低回》,海豚出版社2012年版。

《万箭穿心》,重庆出版社2013年版。

《中国好小说·方方》,中国青年出版社2013年版。

《惟妙惟肖的爱情》,花城出版社2014年版。

《水随天去》,安徽文艺出版社2014年版。

《埋伏》,湖南文艺出版社2014年版。

《在我的开始是我的结束》,人民文学出版社2015年版。

《风景》,人民文学出版社2015年版。

《埋伏》,人民文学出版社2015年版。

《有爱无爱都铭心刻骨》,人民文学出版社2015年版。

《祖父在父亲心中》,人民文学出版社2015年版。

《云淡风轻》,华东师范大学出版社2016年版。

《落日》,华东师范大学出版社2017年版。

《闭上眼睛就是天黑》,华东师范大学出版社2017年版。

《在我的开始是我的结束》,太白文艺出版社2017年版。

《名家小说典藏:方方小说》,浙江文艺出版社2017年版。

《中北路空无一人》,四川文艺出版社2018年版。

《时于此间:方方中短篇小说精选》,花山文艺出版社2020年版。

散文随笔集

《闲聊》,四川人民出版社1995年版。

《拈花一笑》,群众出版社1996年版。

《武汉人》,浙江人民出版社1997年版。

《雅兴》,江苏文艺出版社1998年版。

《方方影记》,河北教育出版社1998年版。

《出门看风景》,陕西师范大学出版社1998年版。

《听取自然》,上海书店出版社1998年版。

《又一个好人远行了》,明天出版社2000年版。

《拈花一笑——画与话》,西苑出版社2000年版。

《到庐山看老别墅》,湖北美术出版社2001年版。

《方方散文选》,浙江文艺出版社2001年版。

《闲说中国人》,中国文联出版社2001年版。

《阅读武汉》,南方日报出版社2002年版。

《汉口的沧桑往事》,湖北人民出版社2004年版。

《你我的往事》,湖北美术出版社2005年版。

《汉口租界》,湖北美术出版社2006年版。

《到庐山看老别墅》,人民文学出版社2006年版。

《我的人生笔记:一个人怎样生活无需要问为什么》,时代文艺出版社2007年版。

《生命的韧性》,江苏文艺出版社2008年版。

《客观》,生活·读书·新知三联书店2009年版。

《风景深处》,学林出版社2009年版。

《武汉人》,南京大学出版社2012年版。

《少年往事:方方寄小读者》,二十一世纪出版社2012年版。

《闲聊:方方散文》,浙江文艺出版社2015年版。

《拜访狼巢》,河南文艺出版社2019年版。

儿童文学作品

《有个小孩叫冬冬》,湖北少儿出版社1998年版。

《嘹亮的星空》(上、下),河北少年儿童出版社2013年版。

文 集

《方方文集》(全五册),江苏文艺出版社1995年版。

《方方自选集》,天地出版社2018年版。

其 他

《无处遁逃》,北京师范大学出版社1993年版。

《方方读本》,花山文艺出版社2002年版。

冯积岐

男，1953 年生，陕西岐山人。

小 引《

中国革命所走的道路是农村包围城市,中国文学所走的道路也是如此。这当然是指新中国成立以后的当代文学。20世纪五六十年代随着革命前进的步伐从农村进入城市的作家自不待说,就是"文革"后的新时期文学,也多半是由从农村改造回城的所谓"五七族",或从农村接受再教育回城的所谓"知青族"创造的。除了这些作家之外,在当代作家队伍中,还有一批从农村进城的作家,就是真正在农村土生土长的作家。先前有赵树理、马烽、西戎等山西作家,后来有路遥、陈忠实、贾平凹,包括本辑冯积岐等陕西作家。如果说前述作家是农村的过客的话,那么,这些作家就是真正的土著。我常常开玩笑说,中国当代文学作品,大半是农村来的作家写给城里的读者看的,所以在农村习以为常、见怪不怪的事,到了城里的读者眼里,就不免大惊小怪,觉得不同寻常。土著的农裔(或农籍)作家因而常常要占着这一点题材的便宜。

这当然只是玩笑话。其实,城里的读者要真正了解中国农村,还得看这些作家的作品。原因是只有这些作家,才真正了解中国农村,才真正熟悉中国农村的现状,才真正参透了中国农村的历史。如果说中国农村是一本打开的书,他们就是书中的字词句。他们的个体生命、个人经历、家族历史、家庭故事,以及他们的内心世界乃至下意识深处,都记录着中国农村的变幻,都刻印着中国农民的影子。用一个蹩脚的比喻,可以说,他们是中国农村历史的微缩景观,是中国农民命运的方寸微雕。冯积岐的长篇小说《村子》,就给了我这样的印象。从这个意义上,说他们的作品是用自己的人生写就的农村历史,是个人化了的农村史诗,可也。

我没有见过冯积岐,只读过他的部分作品和介绍他的一些文字资料及本辑的自述、访谈文章,从他的生平事迹看,《村子》无疑留有他的个人经历和个体经验的影子,烙上了他的个人情感和独特思考的印记。像《村子》所写的那些故事,虽然不过是近三十年间发生的,但在人们的记忆中,有许多已被遗忘或改写过了,不复是当初的那个样子。今天的年轻读者读冯积岐的《村子》,也许会感到陌生,因为在他们所接触到的诸多言论和文本，尤其是在一些主流的话语体系中，近三十年中国农村的变化，从大集体到联产承包，再到农民进城、新农村建设和土地流转，已然由中国社会这个历史家(套用巴尔扎克“法国社会将要作为历史家”的说法)认定了一种变化的逻辑，农民由贫困，而温饱，而富裕，由物质而精神的追求，其生活和命运的变化，也进入了这种逻辑的程序，作家的写作，或评论家说的当代农村叙事，只要按照这个逻辑程序，编织相应的故事，塑造相应的人物就行。至于某些特殊个体，如冯积岐笔下的祝永达和马子凯们的遭遇和感受，却可能因为与这个程序的某些理念和规则不合而难以为这个程序所兼容和接纳。这样，祝永达和马子凯们的遭遇和感受，也就有可能被这种逻辑的铁幕所遮蔽，在这种历史的逻辑中湮没无闻。今天的读者，尤其是年轻的读者，自然也无意在滚滚滔滔、奔腾不息的历史长河中去打捞这些经验和感受的细节，去收拾这些历史的漂浮物或沉淀物。但问题是，历史毕竟不是一种预设的或后设的逻辑程序，而是无数个体鲜活的生命和感知、经验和意志的集合物。只有这些个体的生命和感知、经验和意志，才是历史的细胞和血肉，才能显示历史的感性存在，才会赋予历史以欲望和激情，才有文学家所说的历史的生命，也才有他们所追寻的活生生的历史。否则，历史就是一页页了无生气的文字，一堆堆水渍虫蛀的故纸。

我说这些话，并非要在这里与读者讨论文学如何表现历史之类的问题，而是想借此说明，一种历史逻辑一旦形成，不管是钦定的还是公认的，就很容易让作家自觉不自觉地进入它的规范，有意无意地按照它设定的程序叙事，以至于落入新的公式化、概念化而不自知。我读许多反映近三十年农村变革的作品，就有这样的感觉。说这些作品千部一腔、千人一面，可能太过，但却大多是用文学的叙事为近三十年农村变革的历史作形象的注脚，却是事实。造成这种偏向的原因，可能有种种，但我以为，其中一个很重要的原因，是作者往往注重公共的、大众的、集体的或多数人的经验，而忽视了某些个体的独特经历和特殊经验。但恰恰是这些个体的独特经历和特殊经验，刻录了历史变化的过程，凝聚了被胡风派称作“原始生命强力”的、历史变化的动因和契机。比方说，冯积岐笔下的松陵村的历史，如果没有祝永达长期以来被压抑的欲望、被消解的激情、被扭曲的意志，也就没有他近三十年来改变命运的渴望、追求成功的冲动和百折不挠的意志与力量。同样，没有田广荣长期以来唯我独尊的地位、极度膨胀的权欲、极端张扬的心性，也就没有他近三十年来所经验的失落感，所施用的心计，所表现出来的奸诈、贪婪和疯狂。凡此种种，松陵村的历史，便是由这些独特个体的欲望和激情、经验和意志纠结而成的。包括一些女性的情欲，也缠绕其中。作家的责任，就在于写出这些欲望和激情、经验和意志，像巴尔扎克所说的那样，“编制恶习和德行的清单，搜集情欲的主要事实，刻画性格，选择社会上主要事件，结合几个性质相同的性格特点揉成典型人物”，写出一部真正属于当代中国农村的“风俗史”。我无意拿冯积岐的《村子》与巴尔扎克的《人间喜剧》相比，但就他所设定的创作目标和实际的艺术描写而言，无疑也是对中国农村近三十年历史变迁所作的“风俗研究”。从这个意义上说，冯积岐无意间也做了中国农村社会的一名“书记”。

自 述《

坚持个性化写作

我从来就认为，写作是自己的事情，是自己的一种生活方式和生存方式。自己的写作和别人没有多少干系，和任何团体、机构关系不是很大。三十年前，当我扛着农具在田地里劳动一整天，晚上躺在只有一间大的土厦房中开始阅读文学书籍的时候，只是想，有朝一日用文学作品把自己想表达的表达出来。后来，我尝试着写作，在消息闭塞而偏远的农村，只是埋下头去写。再后来，有了写作的自觉性，自己的想法依旧很单纯：把自己对人生，对人性，对这个时代的理解用一支笔固定在纸上，把笔下的人物固定在纸上，但愿我死去之后，纸上的人物还活着。那时候，我根本没有想到用手中的笔去获取什么。随后，我不再做农民，成了职业作家，头顶上有了几顶帽子。可是，我认为，我写作的功利还是写作。我对头顶上的微不足道的帽子看得很轻，对那些把因为写作而获得的副产品—荣誉—兑换成权力、地位、金钱或美色的写作者的作为不敢苟同。一个作家，留给后世人的只能是作品。坦率地说，我也在体制内，我拿着微薄的工资(作为一级作家，我的工资标准和单位上的司机差不多)。为此，我还是要感谢纳税人的。可是，我时刻保持着警惕，和这个时代保持着距离，不轻易认同，在诸多方面没有达成共识。写作对我来说是一种对抗——同自己的对抗，同这个时代的对抗。认同是简单而容易的，但显而易见的，和这个时代握手言和会获取某些利益或得到一定的褒奖，对抗给自己带来的是痛苦、恐惧、颤栗。从1983年开始发表第一篇小说开始，将近三十年了。可以说，我一直在忧郁、不安、自我煎熬和折磨中朝一个目标奔走。时至今日，留在我心底的是苦涩的绝望和凄凉的惨败感。失败的感触中不乏对我从事的这种劳动能够被承认的盼望。我不由地怀疑自己的选择，怀疑自己对艺术的理解。怀疑之后又是苦行。我依旧坚持勇敢地写作，有勇气地写作。

我多次说过，一个小说家，必须坚持自己的小说美学观，按照自己对小说的理解写出属于自己的小说来。对此，我很固执，很偏执。我觉得，轻易地认同他人或某个团体的规定性动作，就会淹没自己，失去自己。尤其是当一股风潮汹涌而至的时候，假如不坚守自己的小说美学观，在艺术之路上就会找不到北。小说就是小说，小说是美的符号。这种美，离不开形式的构架。因此，我以为，形式就是内容。一个有个性的写作者必定是在形式上有所创新的。古今中外的小说大师们不只给我们后代人在艺术长廊中增添了一个又一个使人难以忘却的典型形象，他们在艺术形式上的绚丽多彩、千姿百态，更使我们后世作家为之叹服。一个在艺术上没有追求没有创新的作家必定是平庸的写手。

这些年来，我在写作的过程中，不断修正自己对小说的理解，确立自己的小说美学观。我以为，小说就是人物的心灵史。一个好的写作者要善于揭示人物内心很隐秘的那一部分——包括人物自己也没有意识到的龌龊和丑陋。一个好的写作者要有能力窥视到生活背后的生活，有能力剥离"伪生活"，有能力表达边缘的东西。贴近现实固然是一条路子，但一不小心就会被现实迷惑，掉进陷阱。只有把笔伸到人物内心去探究才能得到底蕴。

我觉得，在我们这个圈子内，坚持个性化的写作者不是没有，而是太少。他们中的一些人被这个体制惯坏了，发表、获奖都没有门槛，难免骄横、势利、平庸或自以为是。在时代的大合唱中只见他们的身影或口形，而听不到声音。当然，坚持个性化的写作并非易事，而是一个痛苦的过程。坚持个性化写作就要有超前意识，超前就意味着可能被拒绝接受。毫不脸红地说，我至今没有获得过任何国内的所谓大奖。一个好的小说家，面对的不只是当下，更是未来；面对的不只是文坛，更是自己。只要自己不倒下去，文学的圣殿就不会坍塌。对于一个文学圣徒来说，永远在朝拜的路上。尽管道路坷坎不平，布满荆棘，可是，只要信念不灭，勇气不减，勇敢地走下去，文学的"城堡"是可以企及的，尽管它在远方。

访 谈《

写作是一种生存方式
——冯积岐访谈录

吴妍妍 冯积岐

吴妍妍：读您的小说，感觉您是一个有强烈批判意识的作家，您的短篇给我极深的印象，如《曾经失明过的唢呐王三》《故乡来了一位陌生人》。在这些作品中，您通过巧妙的写作技巧强化批判力度，触及权力与体制，这种批判力度在中国当下作家身上是不多见的。您曾经在《读小说笔记》中写道，布尔加科夫冒着被杀头的危险，写他自己想写的作品，他是一个负有历史责任感的作家，他不愿意加入虚伪、虚假的大合唱里去，他只能用“曲笔”、用荒诞构架自己的理想。我觉得在这一点上您和他并无多大分别。在知识分子世俗化的今天，是什么让您坚守了知识分子的批判立场？

冯积岐：首先谈谈我对小说的理解。我个人将小说命名为“第四版本”。什么叫“第四版本”？比方说，西安市建国路昨天晚上发生了一起凶杀案，新闻记者于第一时间报道了这起凶杀案，他们强调的是什么时间、什么地点、什么事情、什么结果，这是第一版本。出现在政府官员案头的文件中的这起凶杀案明显带着官方观点，这是第二版本。而民间，也就是“野史”所传递的有关这起凶杀案，绘声绘色，添油加醋，带着民间意识，这是第三版本。作家将凶杀案作为素材写进小说，有作家对这件事私人化的判断，有作家对这件事独到的理解，融入了作家的体验，这是“第四版本”，这就是小说。我以为，一个好的作家要对文学本身负责，要对历史负责，要对个人负责，要敢于说出真相，要像索尔仁尼琴、略萨、库切他们一样，拿出牛犊顶橡树的勇气来从事文学创作。尤其是在一个被扭曲的时代，尤其是当浊流滚滚而来的时候，有良知的作家要明白自己手中的那支笔的分量有多重，要向前辈作家鲁迅、沈从文、巴金学习，不被洪流所卷走，坚守人民立场，坚守艺术立场，坚守批判立场，这是一个好的作家最起码要遵循的原则。“文革”前的十七年中，很多作家可以说是才华横溢，也写了不少作品。可是，他们的作品很难留下来，一个不可忽视的原因是，他们把自己变成了工具，他们唱出的最强音其实只是那个时代的肥皂泡，他们误导了读者，歪曲了历史，并没有净化人民的心灵。一个清醒的作家必须和时代保持距离，用批判的眼光去审视，这是最低的起点。

吴妍妍：你有多部作品的主人公都是文化人，记者、作家、大学教授，这些人文知识分子在面对乡村权力、面对受难的亲人时，却是无能为力的，他们像是新时期的一群“多余人”，文弱、敏感、无法苟且于世俗，逃离是他们面对世界的唯一方式，这种设置，是基于什么样的考虑？

冯积岐：这和我的经历分不开，这和我的情感分不开，这和我面对的这个世界分不开，这和我对艺术的理解分不开。在我十多岁的时候，“文革”开始了，我的脸上被刻上了“红字”。最使我痛苦的是，我被剥夺了继续读书的权利。一个“狗崽子”的艰难人生我就不细说了——我开始了不是人的人生。我的生活状态如同卡夫卡的短篇小说《地洞》中的老鼠，即使在地洞中也是惴惴不安。在以后的青年时期和中年的前半期，我左冲右突，总是冲不出心理的囹圄。巴尔扎克自信地以为，他的手杖上写着：他粉碎了生活。而卡夫卡很悲哀地说，他的手杖上写着的是：生活粉碎了他。如果我有一根手杖，手杖上应该写着：我每天被生活粉碎着。我一直认为，我是一个惨败者，这和我渴望世俗意义上的成功心理分不开。但是，我没有成功。我虽然没有屈服于主流或世俗的定性，但主流或世俗确实没有承认我。大半生来，在强权面前，我从心理上在反抗，在蔑视，在嘲笑。可是，行动上只能逃离。当然，牛天星、潘尚峰他们的逃离有他们的时代背景，这也和他们的人生经历、情感历程和世界观分不开。逃离是消极的，但是，他们的逃离是一种反抗形式，最起码，他们不同流合污，不说假话，不做帮凶。一个不争的事实是，当下的许多知识分子是脆弱的。而最悲哀的、最可怕的是断了脊梁。文化的灾难，民族的灾难，与断了脊梁的知识分子是脱不了干系的。逃离不是最佳出路，但也算是一种有智慧的出路。

吴妍妍：您的散文集《人的证明》中有一篇《人的解放》，提到您1979年被纠正成分之后积极工作，不久加入共产党，为自己挽回了人的尊严，随后又投入创作。当时您还是一个农民，并且如您自己所说的“从1968年到1978年，十年间，和书本没有任何关系”，是什么动力激发了您的创作热情与勇气？是个人解放之后渴望证明自己吗？

冯积岐：在“文革”中，祖母把她保存了十几年的一张粉红色的“选民证”拿出来叫我看。那是1953年第一次全国“普选”时的“选民证”。祖母为了证明她是人民，不是地主分子。一个人把自己的“证明”建立在他人的肯定和承认之上是很痛苦的事情。从此以后，“证明”这两个汉字就楔入我的脑海中了。“文革”的结束，无疑是历史的一大进步，是对我和与我有着共同遭遇的一大批人的“解放”，同时，也给我提供了“证明”我自己的机会。我从十多岁就喜欢上了文学，读小学三四年级时，晚上点着煤油灯读小说，囫囵吞枣地读。那时候，父亲喜欢读书，家里有一些藏书。起初的写作是和自己强烈的爱好分不开的，并没有其他功利。起初的写作也不是为了向世人“证明”自己能干什么、干不成什么。写作就像自己需要吃饭、睡觉一样。后来，写作成了我的生活，我的生活就是写作。一天不读书或写作就难受得不行，成为一种煎熬。正如我的一个同学所说，你生来就是写小说的，其他任何事都干不好。我之所以激情不减，是因为我总是觉得，自己没有达到自己理想的高峰，总觉得，前面有一个很闪亮、耀眼的目标在吸引着我。我不可能像我的祖母一样，把自己在文学上的创造和价值建立在当代的某些人的认同或褒奖上。我顽固地相信，只有时间才是最好的证明。当然，这是要付出沉重的代价的。

吴妍妍：您的作品主要有两类，一是选择“地主娃”视角，揭示阶级斗争年代的历史真相；二是选择“文化人”视角，揭示改革开放以来底层农民真实的生存状态。这两种视角的选择与您的经历是有关系的，我想知道，在“地主娃”与“文化人”这两种截然不同的视角中，存在着怎样的逻辑关系？

冯积岐：这和我的人生历程分不开。我当过十几年的“地主娃”，做了二十年的农民，三十五岁之前生活在农村，三十五岁之后生活在省城西安。两种时代背景，两种生存环境，两种体验截然不同。对农村生活我十分熟悉，我以“地主娃”视角所写的小说，都饱含着我的体验，如菲力普·罗斯所说：“我的生活就是从我生活的真实情节里伪造自传，虚构历史，捏造一个亦真亦幻的存在。”长时期的写作使我意识到，我可以是农民出身的作家，但不能是作家中的农民。作为一个有追求的作家，他的笔触应当在两个领域内：一是已知世界，二是未知世界。我后来写那些文化人，可以说是把笔伸到了未知世界，因为我没有做教授、当学者的直接体验。可是，随着阅历的增加，对这个时代，对人性，我的体验越来越明朗。因此，我只能把自己的体验构架在知识分子、文化人身上。这两种视角是一种对另一种的铺垫，一种对另一种的补充。其目的都是为了传达自己对这个世界的认识，对人生、对人性的理解。

吴妍妍：您在小说中建构了一个“松陵村”世界，它是您创作的“背靠点”，体现了您创作的个性。但是很奇怪的是，您抓住这个“背靠点”，揭示的却是民族历史发展的一些共性问题，您更在意的是“真实性”问题，而不是彰显地域特色的“松陵村”文化，这也是有研究者提出的，您的小说对于周文化的忽略，以至于这个松陵村的地域性并不明显，它可以在关中的任何一个地方。您自己怎么看？

冯积岐：我的小说中的几乎所有故事都发生在一个叫做凤山县松陵村的地方。显然，这是我虚构的一个空间。这和威廉·福克纳笔下虚构的美国南方的一个叫约克纳帕塔法县的一个小镇是一模一样的。福克纳为了求得“真实”，还给那个县绘制了地图，标明某个镇某个村在什么方位。我以为，作家虚构的世界就是真实的艺术世界。福克纳长年生活在美国南方的一个小镇上，自己还开着拖拉机犁过土地，他自称是“农民”。可是，他不只是美国南方的作家，他是影响了并继续影响着全世界几代作家的大师。我以为，一个好的作家应该像福克纳一样关注人类共同关心的问题，你可以写一个小镇一个乡村，你可以写农民、工人、妓女、小偷。但是，您的视点要向上，要在人生、人性这个大课题上做文章。我笔下的人物在松陵村，可是，他们面临的是人类共同面临的焦虑、困惑、不安和迷茫。坦率地说，我卑视那些把所谓的文化充塞在小说中的小说家，因为那不是创造。把婚、丧、嫁、娶像填充物一样填充于小说之中，是小说家的无奈和悲哀。小说家的任务是给人物画廊中增添新的典型，是解剖时代和人性。在《红楼梦》中，曹雪芹开药方、写吃喝并不是点睛之笔。在陀思妥耶夫斯基、福克纳、海明威这些大师级的作家的作品中永远找不到这些文化充塞物。在当代世界名作家麦克尤恩、菲力普·罗斯的作品中更找不到所谓的地域性的文化产物。我以为，关键不在于你的小说空间构架在什么地方，而在于你笔下的人物既有典型性又有普遍性。阿Q不是鲁镇人，而是全民族的写照，中国大陆无论在哪里都有阿Q。

吴妍妍：您是一个有过苦难经历的作家，您走上文学之路也与别的许多作家不同，我感觉正是因为苦难使您与其他许多作家不同，您的作品立足底层，直面权力。能否说是苦难成就了您？如今这些苦难都过去了，您对于它是一种什么样的心态？

冯积岐：我确实历经了其他和我同龄的作家很少历经的苦难，这不仅是饿过肚子，要过饭，创伤主要来自人格的被凌辱、自尊心的被伤害、尊严的被践踏。心灵的苦难才是苦难的真正块垒。苦难后来成了我的精神财富，也可以说是苦难成全了我。但是，我并没有因为身份的转换、生活条件的改善而结束心灵上的苦难。心灵上的苦难肯定会伴随我到死。如果你在心灵上和这个时代保持紧张感，如果你和这个时代不妥协，如果你依旧是个理想主义者，如果你难以原谅人性的弱点，你就会处在精神苦难之中。为什么海明威、川端康成他们在获得诺贝尔文学奖以后依旧自杀了呢？除了病痛折磨之外，他们的精神苦难还少吗？

吴妍妍：读您的许多作品，能感受到叙事者强烈的焦虑感，这种感觉在《逃离》中尤为明显，您笔下的许多人物都是在两难境遇中孤独地挣扎沉浮，均在残酷的现实面前或妥协或遭遇失败，这种焦虑感源于何处？

冯积岐：好的作家都是理想主义者。我笔下的牛天星、潘尚峰也都是具有理想情结的知识分子。他们奋斗过、奋争过。在这个荒诞的时代，他们的奋斗和奋争不仅毫无结果，而且在这个过程中，他们的人性弱点也凸现出来了。他们的焦虑来自理想和现实的距离。这种距离不消弭，他们的焦虑也就无法解除，包括世俗意义上的成功的实现。我想，即使在世俗意义上成功了，他们还是焦虑的。对这种焦虑我有深刻的体验。

吴妍妍：您的多篇小说都有祖母的影子，您自己也谈到小说中的恋母情结，您有的小说中又有中年男性与少女的组合模式，这能否看成恋父情结？二者之间有什么内在联系吗？

冯积岐：听祖母说，我出生没几天就睡在了祖母身旁，一直到结婚的前一天晚上，我和祖母还睡在一张土炕上。我特别爱祖母，祖母也十分爱我。我的印象中，父母亲的影子较弱，可以说，被祖母取代了。年龄的差距是不是产生爱的源泉，我没有思考过。可是，年龄的差距使我更能产生爱。也许恋母情结和恋父情结都和人生的经历和性格的形成分不开。弗洛伊德把这种爱叫恋母、恋父情结，中国人俗语叫隔代爱。我试图从隔代爱中拷问人性。

吴妍妍：您有一篇小说叫《刀子》，屠夫马长义在妻子过世之后非常孤独，他的儿子马建华开了餐馆、舞厅。他认为儿子性生活淫乱，小说的结尾却是屠夫把一个女叫花子杀死后自杀了，我想知道您这样设置小说的目的。

冯积岐：《刀子》是一篇多义性的小说，十个评论家和读者会有十种理解。其实，刀子是有象征和寓意的——这是我的初衷。如果说破了，就妨碍了读者更广泛地理解，但你既然问到这里，我必须说破：刀子象征的是性和男性性器官。屠夫马长义很苦闷也很虚伪，他既渴望性，又惧怕性，也怕儿子的淫乱惹动了他，他拿上刀子乱抡，是一种性的宣泄。他杀死女叫花子是一种渴望而不能得的心理在作祟，他的自杀是绝望的选择，也是“刀子”的失败，性的挫伤。这足以证明，性有其两面性。无论读者怎么理解，作者写作时必须很清醒。

吴妍妍：外界对您的作品评价最高的是《村子》，参评了第八届茅盾文学奖，这是您目前为止最有分量的作品吗？

冯积岐：我以为，我最有分量的作品是《沉默的季节》。

吴妍妍：呵呵，这说明读者与作者之间可能需要进一步交流。那能否谈谈您创作这部小说的前期准备？你眼中的乡村是一种什么样的形象？

冯积岐：《村子》从1979年写到了1999年。这二十年间，我大部分时间生活在农村。我是1988年进城的，而举家进城已到了1996年。1995年，我依旧耕种着几亩责任田。这二十年间农村发生的许多事，我都参与过，经历过。我的头脑里储存着田广荣、祝永达、马秀萍、赵烈梅等形象。我不用搜集资料，在生活中就已经完成了形象积累这个过程。关键是要给这些生活注入更深刻的意义，这就考验着自己透视这个时代的能力。我也读过其他作者写这一时期农村生活的小说，他们写的“变化”是表层的。我给自己的要求是，不仅要写时代的变迁史，还要写人物的心灵史，写出人性的复杂性、变化性，写人的文化心理。要完成从生活真实到艺术真实这一个过程，力求客观冷静，控制个人情感。前期准备时间并不长，只是在写的过程中改了好多遍，力争使每个人物都有各自的面目，有各自的心理历程。20世纪的最后二十年间，乡村发生了深刻的裂变。分田到户激发了农民的热情，个人主义、自私自利、唯利是图等原来归属于“资本主义”的胚芽开始在农民心中形成、生长。儒家文化中的绅士文化、伦理文化受到了严重冲击。乡村的和谐局面自然而然被打破了，贫富差别拉大了，农民的经济地位在变化，心理在变化。乡村向城镇逼近的同时，原来比较和谐的农村受到了冲击，住上了大瓦房的农民精神上走向贫困。我所渴望的青少年时期的贫穷而温馨的乡村形象不会复而再现了。我眼中的乡村已不伦不类了。

吴妍妍：《村子》结尾的设置有些意思，马秀萍成了老板，祝永达回松陵村当村支书，您的用意是？

冯积岐：《村子》的结尾是一种暗示：祝永达和马秀萍的心理冲突在加深，不是减弱。祝永达所固守的古典式的从一而终的爱情观、贞节观受到了冲击，他们的婚姻是个变数。而马秀萍接受了商品时代自我发展的某些观念，试图在积累财富过程中寻找自我价值。祝永达秉承了父亲的“利他”主义的性格因子，还想为大家办些事，而马秀萍一心在自我发展中寻求出路。这种文化心理冲突其实也是当代中国许多人所面临的冲突。

吴妍妍：您20世纪80年代写的多为先锋小说，90年代转变为现实主义，还保留了现代派的写作技巧，这一转变是来自于外国文学经典吗？

冯积岐：其实，你说的是有关艺术师承的问题。“取法乎上，得乎其中。”一个好的作家必须从经典作品中汲取营养。再伟大的作家也不能网罗全部读者。读书，要读自己喜欢的作家，要读和自己性格、心理相合拍的作家，要读把自己彻底征服了的作家，要读被世界文学史证实了的经典作家。在80年代，我和大多数写作者一样，先从现实主义大师的作品读起，诸如契诃夫、莫泊桑、福楼拜、司汤达、托尔斯泰、梅里美、纪德、康拉德等等。当我读了福克纳的《喧哗与骚动》之后，对他的作品喜欢得不得了，凡是大陆翻译过来的他的作品我都找来读。一本《八月之光》读了五遍，一本《我弥留之际》读了三遍。从此，喜欢上了现代主义，海明威、辛格、吉卜林、卡夫卡、博尔赫斯、卡尔维洛、马尔克斯、加缪、贝克特、伍尔芙、波特、大江健三郎、川端康成等等，读了好多好多。有一段时期，我又迷上了陀思妥耶夫斯基，凡是翻译过来的他的作品我都细读，包括研究他的作品，我特别有兴趣。我甚至觉得没有陀氏就没有后来的现代主义。我理解的现代主义是用荒谬的目光看待荒诞的世界。我觉得，现实主义的再现原则不能传达我对这个世界的理解。我开始用先锋的手法写小说，写了一段之后，我又觉得，我这样写作拒绝了许多读者。于是，我开始践行我所谓的"现代现实主义"。我汲取了诸多现代主义的优秀东西。我以为，这不只是形式问题。在我看来，形式是内容的一部分。现代主义的精髓是夸张变形。我的故乡岐山是西周的发祥之地，青铜器之乡。我在七八岁的时候去县文化馆见到的青铜器上的饰纹就不是写实的，而是变形的。可见，现代主义并不是欧美作家的专利。而我们的小说家为什么要固守着"写实"呢？令我遗憾的是，当代小说在"好看"的旗帜下已变成了"故事大全"，没有什么艺术可言，也不讲究文体。大作家都是文体家。鲁迅、沈从文、张爱玲他们的文体意识很强烈。拿来他们的作品，抹去作者的名字，读几句就知道是谁的作品，决不会混淆。

要我具体地说受到哪个作家哪部作品的影响，我还真说不清。

吴妍妍：许多陕籍作家都受柳青的影响，把文学看得极其神圣，甚至"为文学卖命"，请谈谈您的文学态度。

冯积岐：对于柳青的小说，我暂且不谈。我觉得，柳青对文学的态度是我的榜样。我以为，文学依然神圣。只要人类不灭绝，文学就不会死亡。我写得很苦，整天从家到办公室，从办公室到医院——直到写得趴下起不来去医院打吊针为止。我说过，文学是我的一种生存方式。对我来说，文学的功利还是文学。当然，我很绝望，但是绝望并不等于放弃。我恰恰在绝望中产生激情。对我来说，不写作就等于没有活着。我已渐入老境，朋友和家人都劝我不要再写了。我只好说，菲力普·罗斯的好作品是六十岁以后才写出来的。写作是我的"癌症"，是我的"病"。

吴妍妍：有研究者说您是一位孤独者，您自己怎么看？

冯积岐：关于孤独，有好多理解。有人说，孤独是可耻的；有人说，孤独是可悲的。这位研究者对我的孤独的理解是独到的，深刻的。在我近几年的写作中，我常常有一种前不见古人、后不见来者的孤独感。我的思维方式、写作方式不合时宜，不顺应潮流，不按某些规定性动作去做。这是我的自我选择，说白了，是我自找的。我觉得，到了我这把年纪，只能按自己对文学的理解去写，写自己愿意写的作品。这样做的结果是，发表、出版都不顺畅。长篇小说《逃离》动笔于1996年，出版于2010年，中间历时十五个年头——人的一生有几个十五年？我的好多作品出版、发表后，都如石沉大海，发言者寥寥无几。有时候未免产生一种悲怆感，觉得陈子昂的“念天地之悠悠，独怆然而涕下”就是写给我的。自己在孤寂地奋争，很难找到一位知己。不过，令我欣慰的是，喜欢我作品的读者不少。《村子》在凤凰网上挂上去八个月，点击量将近三千万。《两个冬天，两个女人》有海外读者给了好评。

有位素昧平生的德高望重的北京老作家给我写信说，只要你的作品能出版、能发表，就是胜利。究竟是废纸一堆还是优秀作品，历史会作出回答的。其实，我也不指望什么。

孤独并未给我带来痛苦。因此，要我说，孤独是孤独者的乐章。

评　论《

在边缘处彰显自我

——论冯积岐的小说创作

吴妍妍

读冯积岐的小说，时常会产生无法排遣的忧愁。他笔下有一批“被侮辱与被损害的”底层人，他们浸染在苦水里，苦难生活压得他们喘不过气来，冯积岐写得却非常冷静严肃，他把生活中的丑恶一刀一刀划开来，让人不忍卒看却又不得不看。这与他自身的苦难记忆有一定的关系，他的苦难生活集中在“文革”时期的关中西府，作品也以西府乡村为“背靠点”。“文革”之痛是他创作的根源，这种“疼痛感”纠缠了他的灵魂，使他始终保持清醒的头脑，把自己看作一个被“批判”且与时下格格不入的底层，从《敲门》到《村子》再到《逃离》，无论是高中生丁小春、“地主娃”祝永达还是作家牛天星，这些人物无一例外都偏离主流，用他们独特的对抗方式面对权力，表现出柔弱背后坚强的“力量”。

一、底层立场与权力批判

冯积岐是一位自我意识较为强烈的作家，不是因为他说过“写作是自己的事情”①，而是因为他大部分作品都绕不开个人经历。他的人生经历了三个阶段：“地主娃”、农民、作家。他的作品也主要采用了两种视角，一是“地主娃”视角，二是“文化人”视角。两种身份迥然不同，但观照对象总离不开底层农民，在对权力与主流的批判上更是一致的。

在以往的文学作品中，“阶级敌人”多为与人民为敌的恶霸。冯积岐笔下的“地主”却有他祖父的影子，从《我的祖父是地主》中就可以看出，他的祖父是一个极度劳苦、节俭得近乎吝啬的农民，他用他“布满老茧的大手清清白白地书写了自己的人生史”②。这种刻骨的记忆不能被书本的套话所取代，冯积岐也不相信，祖父不能代表一批被错划为“地主”的农民，他要表达这种“不相信”，因此，祖父就成了他笔下地主的模板：克己、仁慈、勤劳、节俭。《我们村的最后一个地主》中的祖父就是靠不停歇的劳作与苦涩的汗水换来一份家业。与这个自律的“老财”相反的是，有老婆的长工广顺利用当地“撵香头”的习俗去睡别的女人。这一对主仆之间，主人勤俭自律，长工放纵享乐，丧失庄稼人的老实本分。因为长工违背了“存天理，灭人欲”的传统道德规范，主人自觉承担了道德监护人的责任，失手打破了长工的额头。类似的行为在《白鹿原》中的白嘉轩身上也发生过，白嘉轩成了“仁义村”的族长。祖父在阶级斗争年代就被广顺划为地主。广顺不是报仇，而是恩将仇报，这比鲁迅先生眼中的奴才更可怕，奴才做了主人，不过是摆架了比他的主人还十足、还可笑而已。广顺不是奴才，他的东家并未压迫他，他成了“主人”，不仅摆上了架子，还要“革”东家的命。广顺之所以能生“革命”之心、举“革命”之行，源于他的权力。

在社会学家看来，权力不过是一种能力。但当权力与活命、尊严等联系起来，就产生了威力。对抗权力，保存自我，可能失去尊严甚至生命；迎合权力，保存生命与尊严，却一定丧失自我。遗憾的是，对于某些阶层，并无选择。《大树底下》中的罗世俊“社清”前是村会计、“社教”领导小组成员，罗家被划为地主他就成了“敌人”，一夜之间脸色灰白、身体消瘦、憔悴、麻木。权力不仅让人精神萎靡，而且会让人因精神负担而器官残疾。小说中哥哥的视力好坏取决于阶级斗争领导者卫明哲的判断：“你是瞎子”，白天哥哥就看不见；“你不是瞎子”，哥哥马上恢复了视力。小说的结尾

---

① 冯积岐：《坚持个性化写作》，《小说评论》2012 年第 3 期。

② 冯积岐：《我的祖父是地主》，《中华散文》2003 年第 11 期。

写道，“四类分子”在扫雪，大松树被积雪压垮了，折下来的声音洪亮，他们竟全然不觉。在权力的极度压制下，遭受身心摧残的人们麻木到只剩下躯壳，彻底异化了。

拥有权力自然就拥有生存的保障，为了活命或尊严，一些漂亮女人对权力拥有者自甘付出自己的身体，如《大树底下》中的许芳莲、《村子》中的薛翠芳、《沉默的季节》中的宁巧仙，并非这些女性不自重，只不过在特定年代，男人拥有权力则高大，女人依附有权力的男人则荣耀。与此相反的是，身为政治底层的“地主娃”连最基本的爱的权力都被剥夺了，爱情、婚姻对他们来说遥不可及。身为“地主娃”的祝永达只能娶身份相同且患有心脏病的黄菊芬；周雨言则因为妹妹的换亲才得以娶妻小凤，爱自然是没有的，周雨言不过是传宗接代的工具。政治身份被剥夺，社会身份极其卑微，死与疯都是常态，何谈爱情？阶级斗争结束后，曾经被批斗的地主得以平反，恢复了政治身份。“平反”意味着早年阶级划分的错误，但除了一些钱，他们得不到任何补偿，然而即使是钱又能补偿青春、健康、生命吗？

与“地主娃”视角一样，“文化人”视角同样观照底层农民的无奈。这里的“文化人”不是具有能“向公众”以及“为公众”来代表、具现、表明讯息、观点、态度、哲学或意见[①]的知识分子，并非文化人不能成为知识分子，前提是他们有表达自己观点、态度、意见的语境。冯积岐笔下的“文化人”是记者、文人、大学文科教授。从社会身份来说，他们并不卑微，也非社会底层，但无钱无权无势，与权力之间少有平等对话的机会，面对遭受苦难的亲人时，唯有暗自忧伤，精神上备受折磨。《遍地温柔》中历史系教授潘尚峰的农民二弟潘尚地被卡车撞死，侄女潘爱丽脑部受重伤，肇事者是村干部的亲戚，已逃匿。弟弟潘尚天申诉无门，情急之下，带着一帮农民去派出所讨个说法，派出所的民警竟开枪将他打死。面对两个弟弟的死与侄女的受伤，潘尚峰无能为力。《我的农民父亲和母亲》中，主人公冯积岐身为作家，虽然他的报告文学在省城得了奖，但父亲被村里人欺负、侄女被误诊致死、兄弟遭村领导报复、姐妹婚姻不幸，他除了心酸，依然毫无办法。《这块土地》中的农民李宝成四亩八分地被村里收回了，省城作家冯秀坤找村干部通融，对方根本不买账。李宝成把村支书牛荣告到乡里、县里，各级官员均相互推诿，官司一拖再拖，最后，李宝成不慎砍了自己的腿，进县医院截肢，牛荣则荣升为凤山县乡镇企业局的副局长。不同的情节，一个故事：卑微者遭难，玩弄权术者得意，这种“善者恶报”的逻辑在冯积岐的小说世界里被一再书写，并非冯积岐不明事理，只是现实世界太过残酷，让冯积岐无法回避，唯有

① [美]萨义德：《知识分子论》，单德兴译，生活·读书·新知三联书店2002年版，第16—17页。

直面以呈现“真实”。

《我的农民父亲和母亲》中的农民父母到县城粮站卖玉米，收购员不收，还秽言伤人；《村子》中的祝义和到收购站卖猪，收购员见他拿了一包便宜的大雁塔烟，不屑地丢了出去，还拒绝收他的猪；《这块土地》中的李宝成因为与村干部有宿怨，他承包的四亩八分地被村里收了回去，李宝成欲告无门。粮食、牲口是他们生存的物质保障，这些东西的获取或出卖却要受到某些“人民公仆”的左右，因为后者拥有权力且滥用权力。“为人民服务”本应是他们的宗旨，他们却尽可能地操纵权力，榨取农民的血汗，甚至掠夺农民最基本的生存要素。当收购员听说祝义和的儿子是村支书，立刻把祝义和的猪验为一等，猪本身没有任何变化，收购员态度的变化是权力隐形运作的结果。

冯积岐通过两种视角的讲述，呈现“文革”时期到改革开放初期乡村底层的生存状态，以一种极其冷峻的笔调揭示权力对于底层的压制，同时又以怜悯的姿态描述底层对于权力的迎合，不被认同之后最终保持距离，强化底层的苦难、无奈乃至绝望，实现对于政治权力的批判。

二、身份焦虑与逃离情结

从冯积岐的散文作品中可以强烈地感知到他的忧郁情绪，这一情绪渗透到他笔下的人物身上。这些人物与这个时代没有先天的对抗关系，却始终处于一种游离状态。他们有属于个人的执着追求，以此证明自己，无奈现实太过残酷，尽管布满伤痕的心灵也曾被爱情填满，比如秋月对周雨言的爱、马秀萍对祝永达的爱都让后者获得了自我，但自由的爱情显然不是他们最大的追求。激情过后，空虚与落寞如潮水一般席卷而来，精神世界重又陷入困境。他们开始选择逃离，地域上与精神上的逃离，其目的都是渴望摆脱现有的生存状态，从家乡到异地，从都市到乡村，他们并无出路。

冯积岐多次在文章中谈到自己早年的身份焦虑，这种焦虑也一再出现在他笔下的人物身上。《革命年代里的排练和演出》中，村里组织文艺宣传队，许多“黑五类”和“地主娃”因为能进宣传队极为兴奋，他们无法摆脱现有的身份，唯一渴望的是不被看作另类，毕竟人的价值只有在集体、社会中才能实现，任何个体一旦离开了集体，就像被搁置在孤独的沙滩上，失去了“活着的某种意义”。汉民的父亲被斗死，白天他料理父亲后事，晚上照样排练革命样板戏；贺直家里断了顿，要了两天饭，儿子发高烧，在床上昏迷，想到回去也没有用，依然在唱戏。生存都无法保障，一批绝望的人还在拉着激扬的调子，这其中透视出政治卑微者摆脱现有身份的渴望。

相对而言，《沉默的季节》中的"狗崽子"周雨言的焦虑更为强烈，因政治身份的卑微带来的自卑感使他在贫农宁巧仙爱的攻击面前极其被动，他既要忍受随女性肉体的诱惑而来的煎熬，还要面对可能被人窥破后将无限延长劳改期的恐惧。意识被"阉割"，他们的需求其实也就停留在肉体上，于是在一次次心灵挣扎后，周雨言终于做了宁巧仙的"猎物"。周雨言感觉自己胜利了，但当宁巧仙在他刚躺过的炕上接待生产队队长六指时，他只有沉默。周雨言并不贪恋女色，他的目的不过是通过玩弄另一个阶级的女人，对这个阶级施行"报复"，以此证实自己、肯定自己，重塑自己的阶级身份。在周雨言眼中，一对男女的性爱行为也标上了政治符号。但对于宁巧仙来说，周雨言只是她感兴趣的男人。周雨言与宁巧仙相互间的不同态度，源于他们各自的身份不同，渴望也不同。在周雨言，身份焦虑是他最大的心理障碍，身份问题无法解决，性爱就成了一种寄托。

"地主娃"时期的周雨言最大的焦虑源于卑微的政治身份，"平反"后，他仍然在定位自己的身份，当上乡政府的脱产干部后，周雨言感觉自己获得了认同，但不久就发现自己的生存甚至思考被乡政府领导操纵，这时候唯一能够让他有成就感的是秋月的爱，而秋月的离开让周雨言感觉到彻底的失败，这对他的自我认同是一种打击，周雨言又陷入困境。"我是谁"这个问题纠缠着周雨言，哥哥周雨人靠"欺骗"而发迹，成了农民企业家，一个疯子竟然能够成功，这是他无法认同的；母亲住院、宁巧仙涉嫌投毒，周雨言为之奔波，得到的是他人的否定，他也感到自己的无力与无能。新时代的周雨言同样面临卑微的社会身份所带来的焦虑，因为害怕被人看见，他选择夜里出走，却并不知道"要去哪里""想去哪里"。

周雨言出走表明了"地主娃"面对社会的"逃离"心态，是人物无法正视残酷现实而选择的苍白的对抗方式。实际上，这种苍白的对抗是冯积岐笔下文人面对社会的通用方式。《遍地温柔》中的潘尚峰身为一个大学文科教授，面对潘家祖上血腥的历史，他保持了一个知识分子应有的良知，有拭擦历史尘垢的胆识；但面对乡村基层政权时，他却表现出不该有的怯弱与容忍。并非彼此的矛盾不够尖锐，也并非这个时代失去了阳刚与血性，因为潘尚峰的三弟潘尚天在二弟潘尚地冤死后还能带着一批农民闯入派出所。同一个人，面对不同的权力对象，竟然有"对抗"与容忍两种姿态，其中不难发现潘尚峰本人的身份焦虑。他认可自己的知识分子身份，还想坚守人文知识分子应有的批判品格，但同时，潘尚峰因为曾经坐过牢，妻子与他离婚，对于自身价值的判断也存在不确定性，面对缺乏批判的语境，他表现出与周雨言一样的

“怕”，无奈选择另一种背叛——逃离。

与周雨言有所不同的是，潘尚峰还有深山作为他的逃离之所，但事实上，深山并不纯洁。《逃离》中的牛天星带着南兰逃离喧嚣污浊的都市，躲进偏远、寂静的桃花山。寂寞的桃花山同样上演着一幕幕都市所有的欲望戏，牛天星也没有因此平静下来，他的内心在爱欲与道德间挣扎，身份在情人与教师间徘徊，爱欲最终战胜了道德，南兰怀上了他的孩子且难产。几个束手无策的桃花山人冒着生命危险一夜跋山涉水把南兰送进了医院，南兰大出血而死。“小隐隐于野，大隐隐于市”，地域上的逃离并不能解决心理问题，牛天星逃离城市，结果失去了精神上最后的依靠。

从周雨言的“出走”到潘尚峰的“逃往深山”，再到牛天星的逃离悲剧，冯积岐笔下的人物经历了逃离的三部曲，最终却是无处逃离，唯有选择精神逃离。“逃离”过程中包含两种心态，一是“怕”，二是“逃”。“怕”是因为缺乏正视现实的勇气，这其中揭示出知识分子的世俗化与批判意识的弱化，有冯积岐对于知识分子的审视。也隐约可见，他们曾在权力面前承担过责任，有过对抗，却一次次为专制社会所压制，其中的疼痛记忆刻骨铭心。《敲门》中的丁小春考上了大学，因为没有学费只得作罢；弟弟丁小青为了给哥哥挣学费出门打工丢了性命；妈妈和妹妹被人强奸，丁小春一次次将强奸犯告到法庭，结果并不如意。丁小春为此放弃了学业，告状成为他的事业。丁小春之所以如此执着地相信法律能主持公道，因为他是一个“理想主义者”，“理想主义者就是受苦主义者”。小说结尾是丁小春的老师史曼来看望他，丁小春说要娶史曼为妻，两人紧紧地抱在一起。我想，写到这里，故事是很难继续下去的，作者显然非常同情丁小春，也不忍让这个理想主义者因理想破灭而遭受精神折磨，于是安排了一个“好”的结局，但这并不是一个“好”的故事。设想丁小春经过多次失败之后，他还能有当年反抗权力的勇气与信心吗？

“怕”之后，人物选择逃离而非迎合，逃离是在努力坚持自我。周雨言、潘尚峰、冯秀坤、牛天星，他们其实是一类人：文弱、敏感，因无法苟且于世俗，亦无力改变现实，抑郁不得志，他们都是新时期的“多余人”，焦虑于自己的身份，对自己缺乏足够的信心，同时并不愿放弃自我，逃离就是必然的。

三、荒诞、暴力及其隐喻

冯积岐的创作从先锋文学起步，或许因为此，他在创作时考虑更多的是“怎么写”的问题。他的小说多从叙事视角、叙事结构等方面做文章，但没有停留在写作技巧的花样翻新，而是更深刻地传达出写的内容，即“写什么”。与许多先锋作家一样，他的作品中也有“荒诞叙述”，确切来说是叙述荒诞的故事，以此直刺生冷的现实。

《故乡来了一位陌生人》通过陌生人的出场，写村里三个人残疾的“荒诞”过程。第一个是聋瞎子张三，原先聋而不瞎，因目睹了松陵村两个村官野合，官人说他是瞎子，张三果真瞎了，只看得见那两位村官；第二个是傻子李四，自小聪明过人，八岁那年，县公安局来松陵村抓狗狗，李四说狗狗是好人，公安在李四头上狠拍了一下，李四就逐渐痴呆了；第三个是疯子王五，年轻时曾上山为寇，后被游击队收编，当了游击队中队长，一次政委设陷阱让他枪杀了对自己有救命之恩的一个拜把兄弟、一个手下以及自己的婆娘，他也被定为土匪，王五愤然离开游击队，两年后被抓获押赴刑场，当了陪杀，王五当即疯了。这是发生在“文革”时期的荒诞故事，三个底层农民均因恐惧权力而致残，村官、公安、政委的威慑力源于他们的权力。

《断指》的写法更为含蓄，“他”的祖宗三代都是贫农，村里召开批判大会，“他”竟主动上台站在“牛鬼蛇神”旁边接受批斗，大队干部要“他”写检讨，“他”切断了自己的中指，大队干部的中指也纷纷断了，不久村里成年人的手指也断了一根。批斗的对象他们自己或“祖宗八代”政治上存在“污点”，但这些批斗者自己是否绝对干净？《圣经》中，耶稣曾对那些要用石头打死妓女的人们说，“你们中间谁是没有罪的，就可以先拿石头打她”，结果人们一个一个地都离开了。自身并不干净的人去批判其他“有罪”的人也是一种罪过，“断指”何尝不是一种“惩罚”？

《曾经失明过的唢呐王三》中招了祸的王三失明，只能看见黄铜唢呐，但他并不悲伤，在他看来，即便能看见世界，因为看不清本来面目，其实也如同瞎子。他用感觉在“看”妻儿，恢复视力后，王三对于眼前的一切竟无法接受，于是戳瞎了自己的眼睛，自寻短见。因心理障碍，王三只能看清唢呐，唢呐是他的唯一寄托，他用感觉建构了一个理想世界，却再一次被现实世界刺伤。如果说王三的理想世界是合理的，那么现实世界就是荒诞的。再回到《故乡来了一位陌生人》《断指》，可见，荒诞的故事隐喻时代的荒诞本质。这个世界被权力主宰，底层无法对抗权力，荒诞的“致残”行为其实也是一种自我保护措施，是人物面对巨大的外力时无法抵抗而产生的心理障碍，致使肌体失常。

冯积岐笔下的人物在面对某种压力或冲突时，并非总是选择消极抵抗方式，也有暴力式的反抗，以毁灭他人同时毁灭自己的方式解决矛盾，这类故事多发生在改革时期。暴力叙述在新时期文学作品中不是一个新话题，冯积岐笔下的暴力并不一定是在矛盾双方之间展开的，也就是说，受暴者并非是压力的制造者，因此制造“暴力”也就制造了罪恶。但同时，作者在叙述上又极力铺陈暴力发生的“前因”，即施暴者受到极度压抑，以及如何挣扎在生存底线，由此淡化施暴者的罪恶，制造了一个道德上无法简单判断是非的难题。

《刀子》写的是“性欲与暴力”，屠夫马长义在妻子过世后非常孤独，性欲极度压抑，儿子开餐馆、舞厅，性生活极度淫乱，这对马长义的性欲是一种挑战，不停玩弄刀子的马长义把一个颇有几分姿色的叫花子杀死，后自杀了。马长义杀死叫花子是一种“性的宣泄”。《舅舅外甥》写的是“报复与暴力”，年轻的舅舅包了五十亩地，年长的外甥给他帮工，舅舅克扣他的报酬，愤怒的外甥便去偷，被舅舅抓住了。第二天外甥带了两个人夜袭了舅舅烤辣椒的烤炉房，杀死了一个工人，外甥也被抓获了。《牵马的女人》写了两种暴力，一是丈夫对紫草因欲望不能满足而施加的暴力，乡村被城市文化冲击后，部分农民开始产生享乐观念，紫草的丈夫也不再劳作，而是以赌博为生，输了钱就殴打紫草。二是紫草对丈夫因复仇而产生的暴力。紫草牵马时无意间把游客的腿摔伤了，以为自己闯了大祸，逃回家里，深深谴责自己的过失，对生活绝望了。当丈夫又一次因赌博输钱要打她时，压抑太久的紫草用刀砍向丈夫，“一直砍到丈夫没脸没头了”，后带着瞎儿子骑马到了山崖，马不肯走，紫草“挥起砍刀，朝马屁股上狠狠地砍下去”，马驮着母子俩跳下悬崖。

改革开放初期，城市的物质文明侵入乡村，农民不断遭遇外来的诱惑，他们的内心经历了一次次震荡，找不到发泄口，又无法漠视诱惑的存在，在冲突面前选择了暴力。可见，他们的内心还很懦弱，面对外力的冲击，他们无法超然物外，又无法改变自我，于是选择毁灭性的对抗。很难与暴力行为联系起来的苦命女人紫草，因摔伤城里的漂亮女孩而认为自己罪孽深重，感受到无法承受的苦难，她杀丈夫的第一刀可以说是正当防卫，后面则是故意杀人，是弱者的施暴，其中也有对于自己人生苦难的发泄。从杀人到跳崖，整个过程她都非常冷静，无法面对生活，却能无畏地走向死亡。这些施暴者平时多是保守而自律的，他们与这个纵欲、金钱至上的时代多少存在着隔膜，他们是时代的弱者，弱者的疯狂是疯狂时代的产物，在这一点上，暴力叙述与荒诞叙述异曲同工。从昨天的“荒诞”到今天的“暴力”，一出出丑恶剧在农村上演。

冯积岐曾说他的创作是“把我们身上的疤痕亮出来让大家看个明白以便于治疗”，“为我们的某些缺陷而自责、痛苦乃至羞耻”[①]。他的小说倾向于表现生活中丑陋的一面，呈现人性的弱点。在阅读这些小说时，我们能看到马长义他们怎样一步

---

① 冯积岐：《小说三十篇》自序，东方出版社1998年版，第3页。

步实施暴力，但遗憾的是无法感知到人物内心的复杂性，他们的角色在转变时，情感是如何推进的？感性与理性是否有冲突？道德感又是为何缺失或何时退场的？或许这些问题源于作者对小说创作的认识："只能写一头。要么，只写结果；要么，只写原因，不能两头都写。"[①]这"一头"或许省去了一些让人深思的内容。

冯积岐于自身的记忆中不断挖掘创作资源，他的小说选择"地主娃"与"文化人"的视角建构乡村底层的生存悲剧，审思专制与愚昧，批判权力；通过人物的身份焦虑及其逃离情结折射人类苦难的感情世界；在荒诞与暴力叙述中揭示时代的荒诞本质，展现人性的弱点。这样的乡村世界充满了悲剧与反思的双重氛围，冯积岐努力要为底层寻找出路，又偏偏以农村的现实困境暗示农民的"无出路"，于是悲剧意味力透纸背，这一点决定了冯积岐底层写作的思想高度。

（载《小说评论》2012年第4期）

主要作品目录《

长篇小说

《沉默的季节》，长江文艺出版社2000年版。

《敲门》，山东文艺出版社2005年版。

《大树底下》，太白文艺出版社2007年版。

《村子》，太白文艺出版社2007年版。

《遍地温柔》，中国社会出版社2008年版。

《沉默的年代》，中国社会出版社2008年版。

《逃离》，太白文艺出版社2010年版。

《两个冬天，两个女人》，文汇出版社2011年版。

《粉碎》，文汇出版社2012年版。

《非常时期》，文化艺术出版社2013年版。

《漩涡》，作家出版社2014年版。

《关中》，江苏凤凰文艺出版社2015年版。

---

① 冯积岐：《关于小说艺术》，《文学演讲录》，太白文艺出版社2011年版，第43页。

《重生》，湖南文艺出版社 2015 年版。

《渭河史》，江苏凤凰文艺出版社 2018 年版。

《西府关中》，安徽文艺出版社 2019 年版。

中短篇小说集

《小说三十篇》，东方出版社 1998 年版。

《我的农民父亲和母亲》，北京燕山出版社 1999 年版。

《刀子》，作家出版社 2006 年版。

《冯积岐短篇小说自选集》，陕西人民出版社 2012 年版。

《门和窗子都关着》，太白文艺出版社 2019 年版。

《突然心慌》，太白文艺出版社 2019 年版。

散文集

《凤鸣医魂》，陕西人民出版社 1992 年版。

《将人生诉说给自己听》，陕西人民教育出版社 1993 年版。

《人的证明》，太白文艺出版社 1998 年版。

《没有留住的》，当代中国出版社 2002 年版。

《挂职日记》，新华出版社 2006 年版。

《品味经典》，陕西师范大学出版总社 2018 年版。

格 非

男，本名刘勇，1964年生，江苏丹徒人。

小 引《

说到格非，人们的第一印象便是他是一个“先锋”作家或“现代派”作家。原因是他在20世纪80年代中期，与马原、洪峰、余华、孙甘露、残雪等人一起，推动了一股被时人称作“现代派”的小说创作潮流，显得十分“前卫”或“先锋”。但到了90年代，人们根据他的某些小说新作，又判定他“转向”了或“回归”了现实主义。我不知道让作家这样转来归去的，究竟有什么意义，又能说明什么问题。难道回归了现实主义，就是梁山好汉接受了朝廷的“招安”，由“现代派”的反贼，变成了现实主义的顺民吗？我倒觉得，对格非来说，转不转向、回不回归现实主义，倒可以另说，但他对中国小说历史传统的重视，却是一件值得称道的事，他所谈及的“中国小说的两个传统”，也是一个十分有趣的话题。

研究中国现代新文学的学者，眼光从来是向外看的，总觉得是因为有西方的影响，才有中国的文学变革，才有中国的新文学和新小说。而自家的传统，则是批判和扬弃的对象。就近现代文学改良和文学革命的某些现象来看，似乎也没有错，但却忽略了一个基本的事实，那就是，无论怎么改良和革命，中国文学的历史传统，总在明里暗里起作用。当初周作人在一次演讲中，就以“载道”的文学和“言志”的文学此消彼长的一条曲线，勾勒了中国文学历史发展的脉络，并将明末的文学与民初的新文学直接联系起来，认为“明末的文学，是现在这次文学运动的来源”。惜乎没有引起更多人的注意，原因是那时人们的眼睛大半向外看，热衷于各种各样的西洋镜，对祖传的玩意儿，倒不热心，甚或看成是个累赘，唯恐避之不远，弃之不快。倒是后来有些洋人（如有些捷克学者），颇重视中国人的传统，甚至认为中国近现代的文学改良和文学革命，大半来自这种传统力量的驱动，得益于这个传统提供的资源，与周作人氏的意见大体相近。传统对现代的作用，渐为研究者所重视。近些年来，更因强调现代化进程和现代性构建中的“本土经验”，而把祖宗传下来的那一点玩意儿视作应对全球化进程的最后一点资本，传统向现代的创造性转换，于是又渐成研究的热点。

我并不是说格非关于中国小说传统的想法也这样与时俱进，而是说从这个曲折的过程来看格非提出的话题，别有一番意味。在中国当代小说家中，我还没有看到哪一位作家像格非这样对中国小说的历史传统有如此系统、深入的研究和如此精深、独到的体会。他的独到之处，就在于论小说不以小说一体为限，而是放眼中国文学乃至中国文化的整个叙事传统。而且注意到中国小说的“向内超越”的特征，实在是不可多得之论。

中国小说就其起于民间的一面而言，本是今之谓闲言碎语、“街谈巷议”；就其与文人的著述相关联的一面而言，大半是诸子的寓言、设譬，史家的边角余料，加上一些巧言令色、哗众取宠之徒为博取高名盛誉而加的修饰，即庄子所谓“饰小说以干县令”者，起源本来就杂，一路走来，又融汇了诗词歌赋、话本戏曲、笔记小品、俗讲变文等文体因素，不像西洋小说那样由史诗而传奇(romance)进而到近代小说那样单纯，所以讨论中国的小说，也就不能照搬西方的标准。虽然中国现代小说也存在格非所说的那种受西方影响的“小传统”，但这个“小传统”最终要取代中国古典小说这个“大传统”而占据主导地位，却不是那么容易。原因不是别的，正是用来写小说的“汉语”，就是创造和传承这个“大传统”的物质载体。一个中国小说家，只要还用这种语言写作(即所谓“汉语写作”)，就免不了要受这种语言的约束，连带着要受这种语言所创造、所负载的文学传统和文化传统的影响，这是谁也逃脱不了的宿命。受外来影响的“小传统”只能改善和充实自家传承的“大传统”，而不能取代它，所以现代中国小说家无论受了多少西方影响，也无论他自己多么想“全盘西化”，最终仍脱不去这个“大传统”的胎记，只不过这胎记有颜色深浅、范围大小的区别罢了。

如前所述，格非是一个受西方影响很深的小说家，或者借用他自己的说法，是在那个受外来影响的“小传统”中浸润很深的作家，甚或就是这个“小传统”的构造者之一。我不想如上述转向论者那样，说格非如今的创作已由这个“小传统”转向或回归了那个“大传统”，这是不可能的，也是不必要的。因为事实上，当我们说这个“小传统”改善和充实了“大传统”的同时，从某种意义上说，这个“大传统”也融入了“小传统”，或体现于“小传统”，如此等等。我不想对这个问题作过多的“辩证”分析，我只想说，作为一个曾经以“先锋”和“现代派”名世的小说家，如今有这样的认识，确属难能可贵。我想，这该得益于他的教学和研究生涯，他在接受本期主笔、我的博士生余中华的访谈时就明确地表示：“就我的写作而言，我需要理论的训练，它可以开阔我的视野，那些深刻的思想是任何一个作家都需要的写作资源。”问题似乎又回到了作家“学者化”这个说了近三十年的老话题上了，但这回不同的是，在中国当代作家队伍中，已有不少像格非这样的学者型的作家，或正在“学者化”的作家，我期待这样的作家越来越多，这样，中国文学庶几可以结束纯粹的经验形态，而获得更多理论的自觉。

自 述《

中国小说的两个传统

列维·斯特劳斯曾说，一种纯粹和整体的知识不能从特定的政治现实以及时代状况中获得，而只能借助于追本溯源，回到“尚未损害、尚未败坏的自然”来获得。我不知道在“汉语写作”的整体视野或框架之中，什么是中国小说的“尚未损害、尚未败坏的自然”，但追本溯源无疑为我们困难的辨识过程提供了有益的途径。假如我们也就“中国小说”这样一个问题来作一番知识上的考古，进行回溯式的考察，许多一度为我们的惰性和褊狭所掩盖的重要问题便会立即从晦暗不明的时空背景中浮现出来。

中国古典小说的文类十分复杂。事实上，对什么是小说、什么是中国小说内在的规定性，历来的研究者并未达成一致意见。曾有人认为，中国最早的小说是《汉武内传》(旧题班固所作，但真正的作者现已无法考证)，但更多的学者倾向于将上古的神话和诸子的“杂说”纳入古典小说的系统，这样一来，小说起源的时间实际上要早得多。班固说，“小说家者流，盖出于稗官，街谈巷语，道听途说者之所造也”(《汉书·艺文志》)，并将小说家置于诸子之列。而到了明代，胡应麟将小说分为志怪、传奇、杂录、丛谈、辩订、箴规等六种，希望将所有的文类一网打尽。这种分类虽然影响深广并为许多研究者所袭用，实际上多有遗缺。比如说，宋元以后的话本和拟话本作为中国俗文学的重要组成部分而被遗漏，代表中国古典小说创作最高成就的明清章回体小说亦不在其中。除了这两个部分以外，神话作品、佛经变文、文人小品、戏曲传奇等等，也未进入胡应麟的视野。我之所以特别提到戏曲传奇，是因为它的形式和叙事方式深刻地影响到了章回体小说的创作。关于这一点，词话本的《金瓶梅》就是一个突出的例子。当然，也有学者提出，应当将史传一类的文献、汉赋、叙事性散文甚至诗歌一并视为古典小说的源头，这个说法看似荒唐，其实也不是完全没有道理。

正因为中国古典小说的文类包蕴甚广，十分芜杂，从内涵到外延都难以界定，以至于到了今天，仍有不少学者将它视为中国古典小说不发达、难登大雅之堂的明确证据。不过，在我看来，古典小说文类的复杂恰恰从另一个侧面说明了中国叙事资源的博大和丰富。一个不容忽视的现象是，近现代以来的小说对古典小说不同文类的重新书写和择取从未中断。鲁迅之于神话，沈从文之于唐传奇，废名之于汉赋、六朝散文和唐人绝句，汪曾祺之于明代小品，张恨水和张爱玲之于章回体，等等，都是十分明显的例子。

至于中国古典小说的地位和价值，学界的看法大多趋向一致。道家和儒家对小说的看法，影响最为深远。庄子说，“饰小说以干县令，其于大达亦远矣”。孔子的学生子夏说，“虽小道，必有可观者焉，致远恐泥，是以君子弗为也”。后来渐渐形成了较为固定的看法，即中国古典小说大抵属于劝善惩恶一类，价值不高，作者耻于小说，名多不彰。

作为另一个极端，到了1902年，梁启超突然将小说提高到民族国家兴衰存亡的高度，来论述它与“群治”的关系，并从此开创了一个全新的风气。对小说功能的过分强调，实际上也影响到了整个五四新文化运动，甚至影响到了毛泽东时代的小说观。如果我们辩证地来看，在中国漫长的文化史中，对小说的不重视固然会极大地影响作家的创作热情，但客观上也给予了作家较为充分的创作自由。由于很多著名文人耻于小说（如陶渊明、王世贞等），创作小说的动机并非为一己之名，这也给了小说创作的题材、手法更大的想象空间。相反，将小说与民族国家的兴废联系在一起，当然大大地提高了小说的地位，但过于重大的政治道德压力、过于明确的功利性目的也使得本来十分丰富的小说资源陡然变得单一和狭窄，并在一定程度上束缚了作者的想象力。

那么，什么是中国小说内在的规定性，或者说，什么是中国小说“尚未损害、尚未败坏的自然”呢？由于上文所提到的原因，要回答这个问题十分困难。我们不妨以明清的章回体小说为例略作分析。

在美国学者浦安迪教授看来，采用旧白话来创作的章回体小说不仅与笔记丛谈、志怪传奇一类的文言小说完全不同，与西方的长篇小说（novel）亦有本质的区别。他将章回体视为一个孤立的特殊文类。如果仅仅就章回体的特殊结构形式来看，浦安迪的看法当然不无道理，但问题是，章回体小说从叙事到文体与其他小说文类的“声气暗通”也不容忽视。我以为从文言小说过渡到章回体，其基本发展脉络也是十分清晰的，话本和戏曲等白话俗文学形式的成熟就是重要的催化剂。而章回体的最重要的源头甚至可以追溯到先秦的史传类作品。历史学家唐德刚教授认为，《史记》这样的史学著作，实际上就是小说。正因为如此，章回体小说的特点也可以传达出中国传统文化的许多重要气息。

首先，由于章回体小说与史家的渊源，它所采取的叙事手段主要秉承了史传的笔法。不管是脂砚斋、张竹坡还是金圣叹，作为中国古典小说最重要的批评者和理论家，他们所运用的基本概念范畴和评价尺度大都源于传统史学领域。另外，作家们“假语村言”一类的叙事笔法也都借重于《春秋》和《史记》一类的历史文本。这种隐晦曲折的叙事技巧也暗示了作者与叙事者之间的微妙关系。我们知道，西方小说直到19世纪末期，“作者退出”的理论才大致成型，而在中国的章回体小说里，叙事中对作者的严格限制已经是文学实践的平常现象。这当然得益于章回体小说的作者长期以来受到史家笔法的熏染。有人说，中国小说的“限制视角”是在五四新文化运动前后才由西方输入的，这一论断的武断和无知自不待言，起码也有违文学史的常识。

举例来说，司马迁对韩信的态度和评价，并不是由作者本人和盘托出，而是通过不同人物关系的对比自然呈现的。《淮阴侯列传》中的韩信形象与《项羽本纪》中的韩信形象并不一致，甚至互相矛盾。作者正是通过多次书写，使不同的人物侧面构成张力。作者的个人好恶并非没有，但落笔通常十分谨慎，把评价的权利交到读者手中；《水浒传》完全采取了类似的笔法，由于作者隐藏得太深，其后果是，历年来对于宋江这一人物的评价众说纷纭，至今莫衷一是。

在余英时先生看来，中国传统文化没有西方强大的宗教背景，代表最高价值的“道”与代表世俗权力的“势”相抗争的时候，无法得到教会的支持，可以依托的唯有个人的道德自觉。所以，中国传统文人特别重视个人的道德修养。这当然也影响到中国小说特色的形成。较为明显的两个后果，一是中国小说对作者经验提出了极高的要求，所谓文如其人；再就是中国的小说与传统文化的其他分支一样，特别重视内在的超越。我们知道，文学和宗教一样，都是超越现实的重要力量，但中国的超越是经由世俗完成的，“游于世俗，泯然无迹”。也就是说不离世间而超越世间。我认为，中国的章回体小说特别强调的“世情”“世事”和“人情”，既是描述的对象，也是超越的对象。《金瓶梅》所描述的自然是市井生活，十分芜杂琐碎，但在不知不觉中，读者就会看到作者的“佛心”所在，就会体会到强大的精神超拔的力量。《红楼梦》尽管有一个“太虚幻境”式的哲学外衣，但作品的内在肌理严密而细致，作者的写作目标之一，就是在对世情的描述上与《水浒传》一较高下。也正是这个原因，我们才能理解金圣叹为什么要“腰斩”《水浒传》，并对前70回进行改写。

我认为中国的章回体小说的重要特色，是建立在“向内超越”的价值取向基础上的。可惜的是，这一背景在晚清以后遭到了有意无意的忽略和误解：要么认为章回体小说只有“世情”，没有超越；要么认为它只有“凌空蹈虚”，而缺乏社会关注。

当然，要想全面了解中国古典小说的美学体系，我们还必须考察汉语的复杂表意系统，考察中国人特殊的时空观以及对于文化记忆的处理方式，限于篇幅，这里不再一一展开了。

我以为除了中国古典小说的这个传统之外，还有一个“小传统”，我指的是从近代开始受到现代性影响的小说传统。从某种意义上说，仔细观察这部分资源对于我们来说显得尤为重要，因为“世界”这个概念强行切入了进来，而且这是一个全新而陌生的“世界”（用陈独秀的话来说，面临巨变的大部分人只知有中国，不知有世界）。另外，这个“小传统”是建立在对“大传统”的批判、确认和改写基础上的，它在很多方面经历了脱胎换骨的变化，也留下了很多悬而未决的难题。

一般来说，自晚清至“五四”，在几千年未有之大变局中，中国的小说经历了前所未有的巨大变革。当然，我个人的看法是，这一变革时至今日仍未完结，一些核心问题甚至未经触碰。但不管怎么说，正是在这样一个特定的历史时段中，今天为我们所耳熟能详的“汉语写作”实际上才第一次真正作为问题被提出来。而在中国近现代文学的发展过程中，由于不同社会现实压力的影响，由于不同意识形态、文化价值观念的交互作用，同一个问题也曾以不同的历史面貌得以呈现：一度是民族文学，或者中国文学，最后是“汉语写作”。

这些概念，作为“现代性”的衍生物，无疑都指向一个共同的、既真实又在相当程度上是虚构的“世界”图景。实际上，地缘或政治学上的“中国”概念，是由于“世界”这个概念的切入才第一次变得具体而清晰起来。无论是魏源、龚自珍，还是严复、鲁迅、陈独秀，对世界认识的深浅或真切与否在一定意义上也直接影响到他们对于中国历史、现实、未来的一系列判断和界定。

中国现代小说生成的历史境遇亦大致相同。因此，中国小说与世界文学的关系实际上是一个陈旧的历史话题，它不仅有着自己特定的历史内涵，同时也有自己的问题和言说史。而这一话题本身又作为一个历史遗存，也总是和我们今天的文学现实以及“当下感受”发生着这样或那样的联系。我的意思是说，时至今日，当我们重新来思考中国小说与世界文学的关系时，一方面我们是基于今天特殊的现实境遇、文化格局、世界图景，对一个陈旧的问题进行思考；另一方面，我们亦必须将自晚清以来对这一问题的阐释史纳入我们的视线之中，并重新加以检讨。这样一来，我们至少可以获得以下两个重要的坐标。

其一是空间性的。世界文学的基本格局在过去的一百多年中，始终处于变化和发展中。所谓“世界文学”并非是一个一成不变的结构，更不是一个一经回答即可一直享用的战利品。粗略来看，肇始于晚清并一直沿用至今的“世界文学”概念——其核心内容是处于绝对强势地位的欧美或西方文学，处于相对强势地位的俄国、日本、印度文学——当然需要重新加以审视。由于历史局限，即便鲁迅那一批具有远见卓识的知识分子亦无法预料到当今欧美文学的日益分化、衰落的局面，亦无法预料到拉丁美洲文学、非洲文学的崛起，因此，他们也无法将世界文化格局中的阿拉伯文学、东南亚文学、东欧文学、加勒比海地区文学、西欧或美洲殖民地地区的英语、法语、西班牙语文学等单元纳入一个整体的系统加以考察。另外，即使在一度处于强势地位的欧洲和美国文学内部，移民文学、黑人文学和少数族裔文学的“复活”，也构成了另一个需要加以重视的文学景观。因此，什么是世界文学，这仍然是一个全新的问题，仍然是一个充满活力的课题，或者说，是需要我们重新加以审视的现实。

另一个坐标是时间性的。自中国国门打开以后，中国小说一直在寻求与不同地域、国家的文学的交流与沟通，但是这样的交流和沟通却是伴随着对自身的强烈质疑、批判或者抛弃的冲动而展开的。这就使中国小说的写作陷入一个巨大的矛盾怪圈中，事实上也造成了一代又一代作家深刻的现代性焦虑：由于小说叙事的遗产和“进步”世界文学之间存在的差异性，由于激进思潮的普遍蔓延，对一种新文学秩序的渴求同时意味着对旧的历史遗产（或历史包袱）的抛弃。而一旦彻底抛弃了这个包袱，比如说，按照某些人的建议用拼音取代汉字，通过社会文学制度的选择彻底抹去汉语写作的痕迹，且不用说小说创作，就连基本的言说和文化、身份认同都会成为问题。

因此，不管当年的现代性启蒙如何极端，小说的传统资源还是顽强地参与到了近现代文学变化的历史过程中。整个中国近现代的文学固然可以被看成是向外学习的过程，但同时也是一个更为隐秘的回溯性过程，也就是对中国传统的再确认的过程。正如前文所说，无论鲁迅、郭沫若、茅盾、沈从文、废名，还是萧红、师陀、张爱玲，这种再确认的痕迹十分明显。不管是主动的，还是犹豫不决的；不管是有明确意图的，还是潜移默化的，他们纷纷从中国古代的传奇、杂录、戏曲、杂剧、明清章回体、小品等多种体裁吸取营养。也可以这么说，在中国古代的小说史中，还没有一个作家能够完全自外于这种共时性的向内、向外的双向过程。但不可以否认的是，在巨大的现代性的压力下，这一回溯过程至今仍然被普遍看成是某种次要的、隐性的、不得已而为之的，甚至可以被忽略的文学进化史的附属品。

汉语小说在加入“世界性合唱”的过程中，伴随着历史焦虑和文化阵痛，全面参与了世界文学一系列的现代性话语和写作实践，同时也寻找、规范并确立了自身。这是中国小说、文学的第二个遗产。不管我们如何对待这笔遗产，它毕竟已成为我们文化和记忆不可抹去的一个部分。因此，我们在今天重新梳理整个中国小说或汉语文学的历史资源时，对这部分遗产再认识和思考就显得十分关键。

将中国小说放入世界性的文化空间中加以思考，同时将它置于中国文化、文学发展史的时间链中进行考量，我认为在全球化的今天具有特别重要的意义。但空间和时间是互相包孕的两个概念，每一个空间都沉寂了巨大的历史内涵；而反过来说，时间的线性过程本身就是一个认识理论上的假象，实际上它也蕴藏着丰富的空间性细节。

访　谈《

我也是这样一个冥想者

——格非访谈录

余中华　格　非

余中华：格非老师，您好，很感谢您接受这次访谈。让我们从您当初开始创作小说谈起吧。您是在大学毕业那一段时间，也就是1985年左右开始发表文学作品的，并且很快成为先锋小说的代表性作家之一。我们现在回过头去看，80年代确实是一个文学的黄金年代。我想问的是，您如何走上了小说创作这条道路，与当时的时代氛围有多大的关系？

格非：80年代的总体氛围固然很重要，但我开始创作与华东师大的校园环境亦有很深的关系。当时的中文系有一个不成文的规定：凡是从事文学理论、批评的学生，必须有一定程度的艺术实践经验，如音乐、绘画、诗歌、小说等，学生毕业论文也可以用作品代替。这也可以看出为什么华东师大的创作风气那么兴盛。我们班几乎个个都会学着写一点诗歌和小说。再加上1985年以后，我留校任教，几年中没有上课的资格，大量空闲时间无从打发，可以专心地写点小说。

余中华：您前期的那些作品，主要是以中短篇为主，故事写得很精致、细腻、机警。因此评论界有人将您视为“智性叙述”的代表，其言下之意是您无法绕开博尔赫斯。对此您有何看法？

格非：博尔赫斯也许不是最伟大的作家，但却是我最喜欢的作家之一。在我看来，他与卡夫卡、霍桑同属于一个类型，喜欢冥想，作品也带有强烈的超越性。他们的个人经验局限于自己较为封闭的活动半径。普鲁斯特亦是如此。由于我的性格较为内向，喜欢（或习惯）纵深思考，因此，开始创作的时候不免受到他们的影响。但90年代末以后，我个人的写作倾向发生了较大改变，开始喜欢那些历史感较强的一类作家。

余中华：相对于卡夫卡、博尔赫斯、罗伯·格里耶等人，您似乎更为推崇列夫·托尔斯泰，他的《安娜·卡列尼娜》和《哈吉穆拉特》深厚的哲学历史内涵以及恰到好处的叙述形式的确让后人敬仰。我想问的是，在您进入大学至今二十多年的文学阅读过程中，有没有阅读对象、阅读重心的偏移？是一个怎样的具体过程？

格非：列夫·托尔斯泰与陀思妥耶夫斯基读得较早，但真正有点理解，是在三十岁之后。原先不太能明白《白痴》《哈吉穆拉特》这样的作品究竟好在哪儿。经过不断重读，我可能会认为它们是最伟大的经典，它们历史与现实表达的深度，人性洞悉的深度以及修辞学的方法都令人心醉。说到重心的偏移，我自己的确有过这样一个阶段，尤其是对中国古代文史、小说的叙事传统有了更多关注，开始认真加以对待。

余中华：就文体形式而言，多数小说家总是在一段时间的中短篇练习之后，奔向长篇巨著的操演，似乎只有长篇才是小说的正宗，才能真正展示自己的功力。但是我认为，一个严肃的小说家选择何种篇幅，应该与他此时此地的全部现实与整个生存境遇有关，而不是为了长篇而长篇。1991年您推出《敌人》，走上长篇小说的创作之路。当时是什么样的情况促使这部作品的问世，并从此使长篇小说成为您主要的写作文体？

格非：《敌人》是我的第一部长篇，《收获》杂志社的鼓励给了我很大的信心。杂志社为了让我有一个好的写作环境，专门为我订了上海文艺出版社招待所的一个幽静的房间，我在那里工作了三个半月，写完了这部作品。现在看来，这部小说有许多不满意的地方，毕竟是第一次写超过五万字的小说，还是有点紧张。到写《欲望的旗帜》的时候，已经有了一定的自由。所以我认为，任何一种文体都需要训练，不断积累经验。至于说到以长篇为主要创作文体，我始终没有这么想过。可能是因为大学的教学日渐繁忙，能够挤出的时间很少，只能等到没有课的学期才开始创作，四至六个月的时间非常珍贵，当然会考虑用它来写长篇。

余中华：童年的经历对于一个人的影响是终生的，对于一个小说家来说，似乎有着更为重要的意义。在您笔下，乡村是想象力一再延伸的空间，在这片土地上，衍生的是暴力、诡谲的欲望和神秘的事件，而温情与温暖并不占多大的份额。这是您的乡村现实吗？与童年记忆有何关联？

格非：我对中国乡村的认识当然是基于自己的乡村背景。这个内核很顽固。说到中国社会近百年来的演变，乡村仍然是最重要的场所。它的变革尤其令人印象深刻。所谓“现代性”转型，毛泽东时代的革命实践，改革开放后农村社会的巨变，无一不在乡村展开。你所说的暴力、诡谲的欲望和神秘事件，来自于这样两个方向：一是童年经验，孩童的认知能力较弱，也容易变形；二是三四十年前的中国乡村仍然保留了较为丰富的传说、风俗等历史素材，可以给记忆或想象以足够的支撑。

余中华：另一个主要的故事发生地是高校校园，以及校园之外的城市。这也是您十分熟悉的生活场域。在城市中，欲望是显在的、外露的，金钱、性是您一再批判的主题。如果说乡村还存留有那么一丝值得想象的温暖，城市则完全是冰冷、无情的所在，即使是象牙塔式的校园。从文学表现的对象意义上，谈谈您对城市以及当今城市生活的看法吧。

格非：算起来，我十六岁到上海读书，已差不多在城市里生活了三十年。这三十年全部在校园里度过，我对城市的认识和表达，当然离不开校园这个中介。不过，曾经安慰过我的那种乡村式的温情，今天亦已不复存在。我并不是要批评“物理上”的城市，而是希望找到现实中的慰藉而已。可是今天，乡村社会价值单一化的趋势要远远超过城市，这的确令人伤感。

余中华：我认为，1994年的《欲望的旗帜》揭示了您写作的全部主题：欲望。欲望作为人的自然本性之一，首先要尊重；欲望又不完全受人自身支配，所以要批判。但如果小说只是在对欲望的批判层面上展开，仍然不能说是深刻的。通过对形形色色的欲望的描写，我们要抵达的仍然是对自身困惑与矛盾的思考，对人存在意义的探索，这是文学的终极目标。您一再强调自己的写作源于自身与现实之间难以沟通的困境，这与欲望主题有什么内在的联系？

格非：关键不在于“欲望”，而在于欲望的形式。你说得对，单纯对于欲望的批判没有太大的意义。可是当欲望被文化化了，这就需要我们认真加以思考。写作所表现的当然是人的处境。人一方面受到欲望的支配，同时也在自我欺骗，那么所谓“超越”从何产生呢？这是我一直在思考的问题。

余中华：在对欲望主题的书写上，《欲望的旗帜》《不过是垃圾》等无情戳穿了当代知识分子隐蔽的羞耻的欲望；欲望俘获了一切，即使是革命的爆发动力，也不过是对二姨太的性欲（《大年》），即使是胡惟丏这样有着强烈抗拒立场的人也梦想着过李家杰那样纸醉金迷的生活（《蒙娜丽莎的微笑》）——人处于欲望漩流中不可救药。但是，在《蒙娜丽莎的微笑》中，您再次使用了“梦境”这一叙述手段。胡惟丏说：“可是他大概不会想到，也许我做梦都想过他的生活。”胡惟丏是在叙述者的梦中说这句话的。通过这样一种意味深长的处理方式，您想要表达什么？

格非：写作《蒙娜丽莎的微笑》，是源于我的朋友胡河清先生的自杀经历。有一天，我忽然想，若是胡活到今天会是怎样的个人状况？答案可能会有两个，一是弃世（自杀，或者离群索居），一是同化。本来这篇小说的第一稿是写他被这个社会彻底同化，“我”与胡惟丏在摩洛哥见面时，他已经是地位显赫的商人了。可是写完后，心里总觉得不舒服，似乎辱没了我心目中那个纯洁的形象。“梦境”的安排，也是没有办法的办法。你使用了“再次”这个字眼，表明你已意识到了我写作时的痛苦。

余中华：读您的小说，总体氛围我感觉是一个“静”字。人物没有太多连贯性的行动，对话也没有强烈的冲突，内在的心理活动虽然十分频繁，但展示的手段主要是回忆。是否可以这样说，您的小说在某种意义上就是回忆？

格非：你说得对。写作就是回忆，但同时，回忆也是想象。

余中华：这种“静”的感觉使我想象在您的小说背后，隐藏着一个在无边的雨幕中枯坐的冥想者。“雨”是您割舍不下的意象。这个冥想者是孤独的，既有生理层面上的孤独，更有存在层面上的孤独。这个冥想者的形象与您自己在多大程度上有着重合与叠加？

格非：我得承认，你看得非常准确。我也是这样一个冥想者。大体上说，这个世界上的人可以分为两大类：一类是行动者，形形色色的行动者，或成功或失败，总是处于奔波的途中；另一类是冥想者，但冥想者无一例外都是失败者。从某种意义上说，失败是冥想者可以指望的成功。

余中华：第二个感觉，您叙述的整体速率是一个“慢”字，语调沉缓，随时出现联想，叙述经常停留于旁枝末节，情感被有力控制。相对于许多作家激情澎湃的大段独白、场面宏大的动作描写以及大起大落的情节构造，您一直牢牢地将叙述控制着，即使是《山河入梦》中姚佩佩在逃亡过程中写给谭功达的书信，也没有陷入感情的泛滥境地。这种强大的控制力也许与您的性格有关。理性的节制与激情奔放之间，您总是选择了前者。

格非:每个人的性格、气质、写作习惯、阅读趣味不同,对作品的控制方式也会有所区别。但控制力过强也不好,反之当然也有问题,二者之间需要恰当的平衡。

余中华:在1994年《欲望的旗帜》之后,直到2004年推出《人面桃花》,中间将近十年的时间,除了几个短篇之外您很少发表作品。我想,对于您这样一个对小说有着自觉意识的作家,肯定是遇到了难以解决的问题。

格非:简单说来,它与我自己的精神所遇到的危机状况有关。对我而言,写作的问题只可能是精神的问题。

余中华:我们已经谈论了写作的缘起、主题、风格、题材,现在我们谈谈写作的读者预设。您的小说,尤其是前期的小说,应该说受众面是比较窄的,主要是部分高校学生和文学研究者。但是这些读者的忠诚度却是非常高的,一旦喜欢上您的写作风格,便很少转移。您当初从事小说写作的时候,是怎么想象自己的接受对象的?您对自己的读者有着怎样的期待?

格非:写作中的读者都是虚设的,它是一个开放的结构。我的虚设读者首先是我自己,其次是那些在时间和空间中存在或不存在的人,写作就是寻找这部分与你感同身受的人。当这些人与我达成了默契,那便是我与世界的交流获得成功的时刻。我期待这样的读者。

余中华:《欲望的旗帜》《人面桃花》《山河入梦》这几部长篇的发行量还是比较大的。但总的来说,我认为您的受众面与您在中国当代文坛中的地位是不相匹配的。当然,这样的情形在文学史上屡见不鲜。您对这一局面有何想法?

格非:没有什么特别的看法。读者数量的多少,我并不是十分关心。对读者数量过于关心是十分愚蠢而危险的,因为这是写出坏作品的最可靠的保证。

余中华:您曾经说自己是一名业余作家,在做着专业作家的事。这就涉及您的生存状态。作为高校里的教师,主业确实不是写小说。在高校里,您主要教授哪些课程?我知道您开设了有关英格玛·伯格曼的电影课程。能谈谈电影与您的小说创作之间的关系吗?

格非:我没有说过这样的话,也许是媒体报道的失误。我仅仅是一名业余作者而已。在大学里,我开设的课程主要有"小说叙事学""电影与社会""中国当代文学专题""文学写作"等。指导研究生亦在小说理论领域。

余中华:人们习惯于认为一个作家在教书与写作之间,在理论与创作之间,应该会有出现"抵牾"的时候。但高校作家们往往否认这一点,相反他们认为二者交融的情况发生得可能更多。我想，在纳博科夫这样的教授作家身上，后一种情况确实更有说服力。

格非：在教书和写作之间，理论与创作之间，我并没有觉得“抵牾”，因为两项工作我同时进行了三十年，如仍有障碍，那我也太笨了。另外，就我的写作而言，我需要理论的训练，它可以开阔我的视野，那些深刻的思想是任何一个作家都需要的写作资源。

余中华：新媒介的出现在一定程度上改变了文学的写作。您目前仍然使用笔和纸张写作，有考虑过用电脑写作吗？许多作家仍然坚持用传统的工具进行写作，比如我所了解的阎真、红柯等人。工具的使用与作家的年龄有一定的关系。对您而言，纸笔的书写方式只是一个写作的习惯问题，还是有别的意味？

格非：通常是这样，我在纸上写，由学生帮我输入电脑，然后在电脑上修改。《山河入梦》全文是由我的研究生王清辉女士录入。她在酷暑中工作了整整两个星期，令我特别感激。我坐在电脑前，没有办法抽烟，这是主要问题。

余中华：接下来我们重点谈谈《人面桃花》三部曲，目前已经出版了两部。您似乎对这一个长篇系列有着很大的雄心。对于历史的纷繁复杂，每个人都可以有自己的理解。小说着眼于近代以来的中国乡土大地，将一百多年国人的“现代性”追求读解为对“花家舍”这一乌托邦的寻找。在陆侃、秀米、谭功达、张季元、王观澄、郭从年等人的内心，都有着浪漫的想法，那就是建立一个“花家舍”。实际上您对“花家舍”有着漫画式的处理：整齐划一的房子，将所有房子连接起来的风雨长廊等。敬佩与讽刺，赞美与叹息，您的立场与感情是非常复杂的。三部曲中的第三部会继续保持这样的复杂意味吗？

格非：请原谅，这个问题我不会回答你，因为第三部还没有完成。等你看到第三部，这个问题会有答案的。

余中华：从目前出版的两部小说来看，“花家舍”只是一个不可实现的梦，梦的最后命运似乎就是自身的彻底破灭，这将是第三部将要表达的内涵么？如果“花家舍”注定只是乌托邦，那么人的存在便只是一个彻底的悲剧。当然也可以说，意义在于过程，在于“在路上”，在于寻找。但这总是有点说便宜话的味道。在小说创作中，我们如何处理“虚无”这一根本性困境？

格非：这要看你在何种意义上理解“虚无”，同时以怎样的态度去面对这一困境。鲁迅先生是很好的榜样。首先是你必须认识并面对这种困境，而不是逃避，然后才谈得上超越。

评　论《

雨季·梦境·女性

——格非小说的三个关键词

余中华

格非的小说是一个混沌体。那些虚构的故事里,他故意为读者设置了一些陷阱,尤其是在叙述链条上暗地里卸掉一些螺丝,抽去某些关键的环节,于是一个平常的故事瞬间变得奇特,本来清晰的线索如草蛇灰线般模糊起来。这是格非在《迷舟》等文本中经常使用的招数,也是批评家们乐于关注的言说刺激点。

同时,格非的小说又是一个透明体。在那些看似扑朔迷离的故事外表下,我们总能感到有一些东西是那么清晰、亲切,与我们的物质距离是近的,心理感觉也是近的,并不遥远,亦不复杂。这些东西与他小说中的三个常见事物有关:雨季、梦境和女性。这些意象或形象是从整体上理解格非小说的最为核心的关键词。

雨季:通往记忆的道路

雨是一种自然现象。关于雨的描写在中国古典文学中十分常见。作为自然现象的雨季一直是中国古代诗人、词人们难以割舍的寄托情思的心灵对应物。一般而言,古诗词中的"雨"多用来书写忧愁的情绪,如李商隐的"巴山夜雨涨秋池"、柳永的"寒蝉凄切,对长亭晚,骤雨初歇",别离、思念、不舍,总之多是灰色的、向下的情绪。那么,雨或者说雨季,这个在古典文学史上占据了重要地位的经典意象,具体到格非的小说中,又具有哪些叙述功能和美学意义呢?我认为可以从三个层次上来进行理解——叙述的背景设置,通往记忆的道路,关于世界的本体性想象。

格非的小说有一种南方的湿漉漉的感觉。无论是在早期的文本还是近期的《人面桃花》系列,人物的出场、故事的发生、情节的转折等等,总是伴随着雨季的来临。就雨的形态而言,有蒙蒙细雨、骤然暴雨、霏霏淫雨,作家根据不同的叙述需要随意拈取不同的雨态。四季皆有雨,春雨、夏雨、秋雨、冬雨。但是格非小说中充溢的往往是绵绵的梅雨,时间总是在春夏之交的梅雨时节。这个时节的雨断断续续,时大时小，给人的感觉就是永不停歇、细密绵长。

为什么格非如此喜爱将故事设置在雨季，尤其是梅雨季节？根据丹纳的理论，环境对作家的写作有决定性的影响。从这个角度出发，格非的出生地就与他对梅雨的情有独钟有了某种潜在的联系。格非出生在江苏丹徒，到上海上学之前一直在丹徒生活。丹徒和上海，位于长江下游三角洲地带，属北亚热带南部季风气候区，年降水量在1000毫米以上，梅雨季节较长。格非长期生活在南方，作为他的写作环境和生活实景，漫长的雨季显然给格非留下了难以抹去的印象。在迁居北京之后，他曾经表达了对气候变化的担忧。“我一直在暗暗担心，北方干燥的气候不太适合于沉思和想象。”[①]可见雨季之于格非写作的重要性。

梅雨时节，因为空气湿度大，草木容易发生霉变和腐烂；而且梅雨季节时间跨度较长，给人的感觉是压抑和窒息。就叙述功能而言，正是梅雨季节特有的这种压抑闷热和霉变腐烂的消极情绪，在内在情感结构上与格非笔下阴郁的人物、神秘的故事和破败的世界实现契合。

格非小说中的人物似乎终年生活在阴霾的天空下，整个活动环境缺少光影的变化，外面的阳光无法照射进来。在暗淡的光线中，人物不擅于言语的表达，缺乏大幅度的行动，但擅长于思考和冥想。这与作家本身的气质有关。格非曾坦言：“我是一个喜欢独处的人，不喜欢共谋和合作，喜欢冥想而倦于人事交往。”[②]我们难以确认是作家自身的气质决定了叙述中梅雨的蔓延，还是现实生活中的梅雨决定了作家本人冥想的气质，二者之间的关系无法清晰地辨别。但显然格非在人物身上寄托了自我的愁思，那些静态的人物大多数时候也就是作家自我形象的完整投射。而作为故事叙述的整体背景布局，雨季赋予了格非小说一种特别的情感氛围：阴郁。

同时，借助雨季这一意象，格非自由地展开了回忆性质的叙述。回忆指向的是过去的历史。“所谓的历史并不是作为知识和理性的一成不变的背景而存在，它说到底，只不过是一堆任人宰割的记忆的残片而已。”[③]个人的历史是小历史，是微观历史，是关于童年、青年的种种人生经历。格非说，“回忆不是一种逻辑推理或归纳，它仅仅是一种直觉”[④]，对于记忆的复述只能依靠感觉，直觉是随机的，回忆也是随机的，它自身带有强烈的无逻辑的选择性。回忆确实不需要选择，它随机而发，但是这种无逻辑的回忆，在格非的叙述中总是通过“雨季”进行。

---

① 格非：《眺望》自序，《格非文集》，江苏文艺出版社1996年版，第2页。

② 格非：《塞壬的歌声》，上海文艺出版社2001年版，第3页。

③ 格非：《塞壬的歌声》，上海文艺出版社2001年版，第15页。

④ 格非：《塞壬的歌声》，上海文艺出版社2001年版，第12页。

心理学研究表明，作为精神活动的回忆并非无风起浪，它需要现实中的刺激来诱发、激活，回忆的内容和方式在一定程度上也取决于主体在现实中的现时状态。格非总是将人物搁置在雨季之中，目光所及皆是潇潇雨幕，它触发了叙述者的记忆神经，使叙述者瞬间忘记了现实，进入自我的过去。长篇小说《边缘》这部回忆之作第一节“道路”是这样开始的：

> 现在，我依旧清晰地记得那条通往麦村的道路。多少年来，它像一束幽暗而战栗的光亮在我的记忆里闪烁不定。我记起那是一个遥远的四月，阳光收敛，雨水滂沱。西风驱赶着一块块疾驰的流云，暴雨像鼓点一样追逐着装满麦秸的马车，将道路砸得坑坑洼洼……

对格非而言，主体自我的现时状态就是身处雨季。雨季牵动了所有的感觉，它就是格非通往记忆的道路，是激发回忆和想象的中介；借助雨季，可以随时随地地完成对往事的回溯：这便是格非小说中的回忆方式。

格非通过雨季展开的回忆之旅通常是碎片式的段落，侧重于情绪化的表达。这在他的那些没有完整故事结构的小说中尤其突出。《夜郎之行》作为一个短篇小说讲述了这样一个故事：“我”来到夜郎，这里正是四月，一年一度的梅雨已悄然降临。“我”在这里遇到一些人，说了一些话，做了一些事，如此而已。阅读过后，读者无法复述他读到了什么，只能感觉到充斥在叙述中的闷热潮湿、压抑忧郁、阴晦模糊的情绪。回忆的片段与片段之间没有内在的逻辑联系，这在某种意义上也符合雨的形态：雨丝是断裂的，一场雨与另一场雨之间也是断裂的。另一方面，在欲望的躁动之外，存在着沉静的冥想，这也符合梅雨的特征：梅雨停顿之间的间隙，天气是炎热的；下雨的时候却又是阴凉的。躁动／炎热、沉静／阴凉，形成了内在的张力结构。

“回忆往往是即兴的，跳跃的，而写作的活动从根本上来说也是即兴的。”回忆与写作在这一点上达成共识，格非由此认为写作就是回忆。“真正的小说不论其形式或效果，总是表现性的，小说艺术的最根本的魅力所在，乃是通过语言激活我们记忆和想象的巨大力量。”而写作的唯一主题就是回忆本身，就是“记忆的内容，回忆的方式和自我在写作中的现时状态”[①]。这正是格非的小说诗学。在此意义上，格非的小说诗学与叙述中雨季的设置形成了某种对应关系。由此，雨季也就不再是单纯的事件背景，亦不仅仅是营造叙述情感基调的手段，更是作家本人文学观念的承载体。

在第三个层面上，雨季是格非对整个世界的本体性想象。首先，与人物性格相

---

① 格非：《塞壬的歌声》，上海文艺出版社2001年版，第13页。

关，在人物身上发生的故事、人物所处的世界浸润了梅雨的特质。梅雨带来的潮湿让草木起霉、糜烂，象征着被腐蚀的机体和颓废的精神，而对破败世界的揭示正是格非写作的主题。在《戒指花》《蒙娜丽莎的微笑》《打秋千》《欲望的旗帜》这样一些接近现实主义的文本中，现实世界的真相就是欲望的泛滥、健康的毁灭和内心的空虚，生存只剩下荒诞感，历史与现实一同趋向颓败。格非的叙述总是将这样的主题置于梅雨时节，也许他是希望借助于雨的冲洗来重新洁净发霉的现实，正如同《红楼梦》中的无边大雪掩盖了大地的肮脏。

其次，当雨幕垂帘，将整个世界笼罩，雨季便成了封闭性的存在，或者说雨季本身就是一个独立的世界。而雨在这个世界中具有产生生命的能力，因为它是最初的存在，是某种意义上的本体。古希腊哲学家泰利士认为"水"是"绝对"的，是万物的"始基"，万物从水中产生，最后又复归于水，万物的生长、灭亡是一个源自始基又回归始基的循环过程。当我们将雨视为水的另一种称谓时，雨和雨季便具有了形而上的意味。

格非的故事具有的神秘色彩，一方面源于"空缺"的技术性操作，另一方面也得益于故事背景——雨季——的设置。"万物的种子就其本性来说是潮湿的，而水则是潮湿的东西的本性的本源。"①由此泰利士赋予"水"滋养万物的特权。同样的，在格非笔下，雨天发生的事无论多么偶然和匪夷所思，它都不足为奇，因为"雨"的存在赋予了离奇事件发生的特权。或者也可以这样说，雨季的存在赋予了神秘故事的合法性，只有在无边的雨幕笼罩下，离奇的事件才有发生的可能。《雨季的感觉》几乎就是格非梅雨情怀的全盘展示。整个故事完全封闭在梅雨中，雨季如一块巨大的布幔，将所有不合理的情节、纷乱的头绪、变异的欲望全部裹紧。在雨季中，人的感觉有充足的理由溢出理性的控制，明天发生的事情前移到了昨天，而昨天的事也可以后置到明天，正如结尾处褚少良一语道破："这些日子的梅雨把一切都搅得乱糟糟的。"时间的自然序列被打破，扭转常规的情节只能在非理性的大雨中运行。《欲望的旗帜》开头，曾山从睡梦中被一阵电话铃声惊醒，他抓起电话，对方却已经挂断了。此时曾山发现屋外下着大雨，他由此在雨声中展开了对这个神秘电话的种种猜测。叙述一开始便将读者引入悬念之中。《青黄》中所有离奇的事件都发生在雨季：载着张姓人的破船在仲夏时节的梅雨中到来，换麦芽糖的老人在雨夜诡秘地赤脚出门，一口棺材随着大雨出现在洪水中。《人面桃花》中陆侃老爷在即将来临的大雨中失

① 叶秀山：《前苏格拉底哲学研究》，人民文学出版社1997年版，第47页。

踪……格非通过自己对雨季、雨夜、梅雨等不断地重复叙述，赋予了雨一种神奇的魔力。雨，成为他小说中标志性的意象，是不可捉摸的神秘力量的符号，是抽象事物的具象表现。

雨的力量不但在事物的发生端得以表现，也在事物的毁灭端充分展示。格非的众多文本如《青黄》《边缘》《锦瑟》《傻瓜的诗篇》《背景》《褐色鸟群》等，叙述中不断出现下雨天；而《雨季的感觉》《夜郎之行》《戒指花》等篇目则以雨季从头到尾贯穿整个叙述。故事不但在雨季中发生，也在雨季中结束，人物、事件无论如何演绎、生发，都无法逃逸出雨的控制。在此意义上，格非文本中的"雨"就相当于泰利士的"水"，那些虚实参半的事件在雨中发生，又在雨中结束。雨是叙述的母体，故事开始于雨，最后回归于雨。

发生与毁灭，这种圆形的、闭合式的叙述远离了单向的、线性的叙事传统，它使文本弯曲，变形成圆球状的结构。作为一种精神或者风格，封闭的叙述也指代人生的宿命。从一个点出发，最后又回到出发的原点，生命、运动、意识、存在，在这个出发—回归的过程中似乎都失去了意义，人丧失了他的主体性，也失去了存在的依据。在有关雨季的叙述中，雨制造了一个封闭的场景和结构，它是对世界的隐喻，既指向现实的颓败，也指向内心的虚无，这是格非小说世界的本质。

梦境：逃离现实的方向

如果说雨和雨季是现象世界中真实的存在，那么梦境则代表着虚构的、脱离现实的想象物。格非小说中那些虚无缥缈的、神秘的叙述部分往往依赖梦境的催生，是梦境这一特殊手段，让他逃离现实的种种难堪与困顿，赋予了他的叙述通向真实、展开存在之思的能力。

根据弗洛伊德的理论，梦是一种短暂的精神病症。梦产生的导源是人在现实中无法获得满足的欲望，因为在意识领域受到驱赶和否认，而不得不暂时留在无意识领域。当人睡眠之后，无意识领域内的欲望逃过检测和抵抗，进入人的意识层面，以梦境的、变形的方式达到满足。人与外在世界的交流也是一种欲望，如果交流上出现了障碍，也就是欲望受到了阻滞，生命机体将通过别的方式进行疏导和释放，比如做梦，比如写作。因此，作为克服交流障碍、释放倾诉欲望的一种方式，小说写作本质上就是做梦，它"虚拟地实现了'真实世界'中未实现的一种可能性。对真实世界而言，每一作品都是无法取代的、有益的补充”①。

格非说：“当我企图与外界沟通，建立联系的时候，我想我所能做的首先是逃避，它使我的注意力转移到一些静态的或无生命的事物上去。”而“写作是一门独立的工作，它是不与人合作而生存的合法手段”②。这就是格非写作小说的初始心理逻辑。对外在生活的恐惧与担忧带来自我封闭的强烈意愿，当对外的交流之门关闭时，对内的交流之门开始敞开。格非认为，“唯一的现实就是内心的现实，唯一的真实就是灵魂感知的真实。”③“许多人对于这种‘感觉上的真实’似乎一直颇有微词，但我不知道除了这种真实之外还存在着其他什么真实。”④从“感觉真实”的文学观出发，梦境顺理成章地走进了格非的叙述，因为梦境指向的是人的无意识，是只有灵魂才能感知的部分，是人无法掌握的、神秘的、似乎比我们已明了的真实更为真实的领域。

从叙述学上说，梦境本身的神秘特质具有诱发神秘事件的叙述功能。格非小说的梦幻气息正是由于使用了梦境这一手段而弥漫在叙述中。我们在描述自己日常生活中的梦境时，常使用的句子是“我昨天做了一个奇怪的梦”。梦是无条理的、纷乱的、非逻辑的，它超出了我们崇尚理性、清晰、秩序的思维习惯。格非在使用梦境营造神秘气氛的时候，总是挑选那些现代科学无法解释的环节，比如梦境预兆，比如鬼魂报梦。因此，当我们面对《敌人》这样的文本时，获得的就只能是神秘、不可解释这样一些印象。

人们认为，事物是普遍联系的，一个人晚上做什么梦与他白天的经历有关，这是现代释梦学的基本观点。因此，梦只可能是对过去事物的反映，在时间顺序上处于已然事物的后面。但是现实中并非没有梦先于已然事物而发生的情况，梦作为未然事物的前兆、预示，提前透露神秘的信息，这是现代释梦学无法解释的。《敌人》中柳柳在死前几天的一个晚上梦见淙淙流水顺着树根一直流到她的两腿之间，她赤身裸体躺在青草上，一个男人用粗糙的手掌磨蹭她光光的肚皮，她的腹部隆起如气泡，最后“嘭”的一声炸裂了。几天之后柳柳就赤身裸体被谋杀在水中的苇丛里。梦境暗示了现实。此外，民间有鬼魂报梦的说法，死去的人来到梦中，向活着的人提供昭示。现代释梦学可以解释那些已经知晓死者死亡信息的人的梦境，但是，当远方的人们并不知道死者的死讯而梦见死者死亡的时候，科学解释便无能为力。《敌人》中，猴子和赵虎死后，外嫁他乡未知情的梅梅梦见赵虎在泛着血光的墨河边钓鱼，猴

---

① [美]希利斯·米勒：《文学死了吗》，秦立彦译，广西师范大学出版社2007年版，第51页。

②③ 格非：《塞壬的歌声》，上海文艺出版社2001年版，第6页。

④ 格非：《塞壬的歌声》，上海文艺出版社2001年版，第15页。

子从桥上跌落河里，她于是明白家里出了事。《人面桃花》中秀米未曾见过王观澄，却在王被谋杀的那个晚上梦见他血淋淋地来托梦。梦与现实之间的联系如何解释？读者只能付诸“冥冥之中”这样不甚了了的说法，而这正是格非要达到的效果。

格非是仿梦的高手，他制作种种梦境并非仅仅为了写作《敌人》这样的为阴影所笼罩的故事。在现实性较强的小说比如《蒙娜丽莎的微笑》中，梦境的处理与格非本人在复杂现实面前的无力感有关，它是解决现实难题的不得已而为之的折中方式。格非对现实有强烈的批判意识，但是他的批判锋芒是内敛的，他不是叫嚣勇猛的斗士，而更像一个冷眼的旁观者。这根源于他对现实的怀疑精神，不但怀疑现实，也怀疑对现实的批判。怀疑与困惑是一对孪生子，格非的困惑在于，当真实与谎言之间的边界消弭，那些“非如此不可”的本质真的可靠吗？这个时代的圣人胡惟丏自杀了，两年后他以西藏喇嘛的身份来到“我”的梦境，他对“我”说，也许他做梦都想过李家杰那种堕落的生活。格非在此似乎想说的是，胡惟丏的坚守是一种假象。但他又不甘心破坏胡惟丏的形象。在怀疑与信任之间，格非是矛盾的，他只好借助梦境来解决这个难题。

格非试图以梦境来调和自我与现实之间的矛盾，他笔下那些无法忍受空虚乏味的实际生活的人物，一个个都躲进了梦境里。《欲望的旗帜》里张末求助于童年时就有的那个梦：一个男人走过来，牵着她的手，把她带回家。这个梦代表的是爱情，对张末而言，它是未被尘世庸俗攻占的最后领地。曾山幼小的女儿最大的愿望是找个地方躲起来，躲到纸盒子里做梦，事实上她也这么做了。做梦，是属于自我唯一能掌控的行为；梦境，成了远离尘嚣的栖身之所。人唯有在梦境中才能获得真实感，这就是格非的哲学。

梦境不但是叙述人躲避现实的空间，也是作者本人逃离现实后的藏身领域。当我们把虚构写作视为清醒的做梦行为时，格非那些不断重复的对梦境的体认和感悟，连同他的写作一起构成了对世界的反讽。在这个荒谬的世界中，唯一剩余的自我不过是做梦时的自我。但不论格非如何怀疑整个世界，他的底线仍然是很清晰的，那就是对真实生活的向往，对真实性的追求。这便是理解格非梦境虚构的第三个层面：对关于虚假与真实的存在本质的思索。

梦境与现实的交织，这种叙事模式在现代小说中十分常见，毕竟做梦也是现实中真实存在的部分。二者相互交织的叙述结构仍然是对现实世界结构的模仿。在人们看来，一部没有现实、只有梦境的小说（科幻小说除外）似乎是难以想象的。但伟大的仿梦家博尔赫斯提供了完美的范例，在他的小说《圆形废墟》中，只有纯粹的梦境，完全超脱了《另一个人》和《1983 年 8 月 25 日》中一再出现的梦境与现实交织的叙事模式。在圆形废墟上做梦的人以为自己是真实的，当他为了保护自己梦中造出的虚拟人而走入大火时，他发现其实自己竟然也不过是另一个人的梦中之物。梦境可以不断向下繁衍，一个人的梦造出另一个人的梦。在西方基督教文化中，当我们顺着梦境往上回溯，那第一个做梦的实体只能是上帝。东方哲学中没有上帝的信仰，但同样有类似的关于虚实混淆的哲学思考。"庄生晓梦迷蝴蝶"，庄周梦醒时不知是自己在蝴蝶的梦里，还是蝴蝶在自己的梦中。庄周与蝴蝶，谁是现实，谁是虚幻？这是东方智慧带给我们的哲学本体论上一个让人迷乱的问题。

也许是受到了博尔赫斯《圆形废墟》的启发，格非根据李商隐诗歌《锦瑟》创作的小说《锦瑟》也是一部绝对的仿梦之作。小说由首尾相接、环环相扣的四个故事构成：隐士冯子存讲述了一个关于书生冯子存的故事；书生冯子存的姐姐讲述了一个关于茶商冯子存的故事；茶商冯子存讲述了一个关于皇帝冯子存的一场梦；皇帝冯子存讲述了昨晚的梦境，而这个梦竟然是关于隐士冯子存的。当故事临近结束的时候，却神奇地回到了开端。《锦瑟》无疑是对李商隐隐晦之诗《锦瑟》的一次重写，主人公冯子存以四种身份经历了四种方式的死亡：作为隐士，被某一族落以族规处以斩刑，接着作为书生吊死在寺庙的香樟树上，然后作为茶商病死于床榻，最后作为皇帝在儿子的利剑之下丧生。叙事的第一层面指向人的命运，指向不可逃避的死亡宿命，第二个层面则进一步探讨了现实与梦境、虚假与真实的关系。

人们往往倾向于认为梦境是虚假的，现实是真实的，因为现实可以凭身体的各种感官获得认知。格非在《锦瑟》中挑战了这种思维成见，冯子存永远只能出现在他人讲述的故事和梦境中，作为第一个讲述者的隐士冯子存并不是基督教中的上帝，因为他也不过是皇帝冯子存的一个梦。正是这种首尾连接的故事结构，使格非在存在本体的思索上走得很远。在《锦瑟》中，作为造物主的上帝是缺失的，一切从空中来，回到空中去。这是典型的东方古老哲学，与中国化的佛道有内在的联系。也正是这一点，使《锦瑟》在《圆形废墟》面前并不逊色，一个是东方的"空"与"道"，一个是西方的上帝和本质。

昆德拉在谈到未来小说的四种召唤结构时，认为卡夫卡式的"梦的召唤"将 19 世纪昏睡过去的想象力突然唤醒了，那些"梦与现实交融"的小说打开了看似无法逃脱的真实性枷锁。小说家中向来不缺乏伟大的仿梦者，如果说卡夫卡的梦更多地指向现实，那么博尔赫斯的梦则距离现实世界更远，但无疑他们又非常接近"真实"。而中国的仿梦者格非，也用他的才华呼应了世界级的大师们。"正如哲学家面向存在的现实一样，艺术上敏感的人面向梦的现实。他聚精会神于梦，因为他要根据梦的景象来解释生活的真义，他为了生活而演习梦的过程。”[①]如果昆德拉所言不虚，那么，梦的结构、梦的资源、梦的功能，在现代小说的创作中仍将是一个迷人的部分。

女性：爱情的乌托邦

依据小说与外部现实之间的距离关系，大致可以将现代小说分为两种：一种小说倾向于在真实世界中描述真实的事物，有完整清晰的故事情节、明朗的人物性格轮廓，比如巴尔扎克的小说，人们习惯将这样的风格归类为现实主义。另一种小说则倾向于在人的内心世界上铺陈笔墨，如语言学家雅各布森所说的，是自我反映或自我指称的“一套指向自己的语言”，其特征是情节的淡化、情绪的流动、行动与性格的模糊，比如普鲁斯特的小说，人们习惯将这样的风格归类为现代主义。当我们将二者与男女性别的特征联系起来，这样略显粗糙的分类便赋予了小说不同的性别色彩。男性是粗犷的、直接的、紧凑的，而女性是细腻的、委婉的、松散的。因此我们可以说，前一种小说是男性化的，后一种是女性化的。前者崇尚向外的行动，后者偏于向内的沉思。

以上述分类而言，绝大多数时候格非的小说属于后一种风格，他的叙述具有女性气质。语言上典雅清丽，富于书卷气，精巧修饰的句式不失华丽，抒情细腻，语速匀称。这与短促、急切的男性语言截然不同。在形象塑造上，人物性格内敛而不外露，惯于思考而乏于行动，稍有风吹草动，便立即将感觉的触角缩回内心；尤其是与作者的自我有较大重叠的男性叙述人，惮于行动而耽于冥想。在情节构造上，虽然并不缺乏吸引人的故事，极少意识流式的处理，但整体的神秘风格十分契合女性的阴柔气质。

格非小说的女性气质引发了另一个问题，它提醒我们注意其文本中的女性形象。事实上，格非对女性的描摹颇有功力，尤其在对女性面容、体态的观察上十分细致，富有想象力。比如对于女人的身体，格非习惯于用液体做比喻。“女人的身体像盛在杯中的水一样晃荡着。”（《青黄》）“她的柔软的躯体像浮在杯中的酒一样不停地晃动。”（《蚌壳》）由于对时间特别敏感，格非对女人的衰老有着深刻的认知。“她看上去五十岁左右，美的容颜像一支歌谣一样消失了，又如一只鸟永远飞出了它的巢穴。衰老仿佛是一道黑色的屏障，把她与以往的岁月隔开。”（《青黄》）“妻子容貌的

---

① ［德］尼采：《悲剧的诞生》，周国平编译，北岳文艺出版社2004年版，第4页。

衰变……那是一片蚕食后纤维毕露的桑叶，一段白蚁蛀空的朽木。”(《打秋千》)女人的衰老引发了悲悯，但这不是格非女性想象的主要部分。

格非对于女性的想象集中在90年代转型后的文本中，她们的代表是张末、秀米、姚佩佩。她们有着如下特征：美丽而矜持，性格温柔而坚强，情感激烈而内敛。其实在前期的一些文本中，格非对于女性的想象定位已经初现端倪。《傻瓜的诗篇》中的精神病人莉莉，《迷舟》中的村姑杏，《褐色鸟群》中穿栗色靴子的女人……她们都是美丽柔弱的，并且都曾遭遇伤害或污辱，而凶手无一例外都是男性。男性的龌龊/女性的纯洁，男性的暴力侵犯/女性的承受伤害，形成了格非女性想象叙事的基本模式。虽然前期文本中这些女性的面孔十分模糊，但在后来的《欲望的旗帜》《人面桃花》《山河入梦》等文本中逐渐清晰，并且延续了基本的性格特质和想象方式。

当然，并非所有的女性形象都是如此。格非也写了一些堕落的、欲望化的女性。《欲望的旗帜》女性群像中，图书资料员、苏辛、唐彼得的中国秘书们就主要是以丑陋暗哑的形象出现的；《不过是垃圾》中的王曼君沉沦于身体的欲望，从一个男人身边换到另一个男人身边；诸如此类。但是，女性堕落形象的设置不过是出于叙述的需要。“世界是一个欲望的加油站”，这是《欲望的旗帜》的核心主题，形形色色的人物都被欲望俘获，在欲望中死亡、疯狂，这当中必然要包括女性，因此图书资料员这样的女性就被格非拿来作为欲望的牺牲品。同样，《不过是垃圾》将世界视为垃圾场，除了李家杰、曹尚全、向国忠这样无可救药的男性，设置几个无可救药的女性也是必要的，因为这样才符合现实主义的精神。而众人暗恋的纯洁的象征性人物苏眉最终被李家杰的金钱征服，预示着最后一个干净的人也消失了。这个策略性的故事结尾表露了格非深藏的痛苦。正如李家杰所说：“自己辛辛苦苦搭起了一堆漂亮积木，它就像梦一样美好，何苦要亲手将它推倒呢?”这正是格非自己的心声，为了批判的叙述目的的实现，他不得不在叙述的尾声中亲手毁灭苦心建立的美好形象。因此，我们可以说，王曼君们并不是格非最真实、最期盼的女性想象对应物，只有前半部分叙述中的苏眉才是他魂牵梦萦的对象，她的纯洁维持着这个肮脏世界仅有的一丝信心。

格非近期的小说主要是围绕女性进行叙述的。就人物在叙述中的真实地位而言，《欲望的旗帜》《人面桃花》《山河入梦》这三部长篇小说的主人公并非男性，而是张末、秀米、姚佩佩这些女性。《欲望的旗帜》围绕“欲望”这个词语展开叙述，最终救赎的重担却落在了张末身上，只有她没有被招至欲望的麾下，与世界达成和解。《人面桃花》以秀米的一生来透视历史，那些男人如张季元、谭四不过是她破碎生命中的过客。“人面”指代的就是秀米。《山河入梦》表面上是以谭功达为中心的，但随着叙述的流动，姚佩佩在文本中的重要性实际上已经逐渐压制了谭功达的中心地位，她才是作家最想表现的、也是最能打动人心的人物。在对女性的想象中，格非塑造了一些美好的女性形象，但是她们并不是彻底的完人，至少在肉体上秀米、姚佩佩并不完整圣洁，秀米被掳掠到花家舍后多次遭受污辱，姚佩佩在挚友汤碧云的诱骗之下被金玉强奸。但是残破的身躯使她们更具有魅力，身体的毁坏反而强化了精神的高贵。这种残缺的美类似于维纳斯的雕像，比圣洁的处女更动人心魄。

在对女性的想象性叙述中，格非总是让女性身上承载巨大的负荷。《欲望的旗帜》中张末承载着抵抗虚无的任务，《人面桃花》中秀米身上承载着历史的变迁。与男性相比，女性的双肩过于瘦弱，格非却毫不怜惜地往她们肩上置放这些沉重的“物件”，让女性分担男性的负荷。我并不是说格非叙述中的男性没有承担这些，但贾兰坡、胡惟丏跳楼自杀了，子衿发疯了，张季元、王观澄被暗杀了，曾山、谭功达这些缺少强盛生命力的男人显然也无法做出点什么，男性在精神压力与责任承担面前统统被压垮了。由是，格非对男性作为历史与现实困境的承担者表示了怀疑，转而将希望寄托于女性。但显然，柔弱的女性不可能负载这么多的宏大叙事，格非的处理对女性来说是不公平的，也是不现实的。在《山河入梦》中，格非有意识地从姚佩佩肩上卸下了虚无、历史这些沉重的意识形态。得到了彻底解放的姚佩佩，举手投足间没有了张末、秀米们的装腔作势，女人本性的天然流露使这个人物形象变得鲜活，正如格非自己所言，她是他本人最喜爱的一个形象。的确，在人物塑造的完整性上，姚佩佩也是最为成功的一个形象。

破损的躯体以高洁的品质承担着拯救的可能性，这是格非女性想象的复杂之处。在这些复杂的女性想象背后，隐藏着怎样的叙述动机？作为男性的幻想结果，作为美好事物的具象表达，柔弱而坚强的女性对应的是爱情的主题。格非想象女性就是为了引出爱情这个古老的书写主题。爱情是人类感情中最重要的部分，文学中描写爱情的杰作比比皆是，从古代到现代，从西方到东方，无论年龄、性别、种族、阶级有多么不同，爱情始终占据了叙述的头条版块。格非的小说也不例外，大多有一个关于爱情的外在故事表壳，《欲望的旗帜》写的是张末与曾山的爱情，《山河入梦》写的是谭功达与姚佩佩的爱情。那么，爱情的书写对于写作者的意义在哪里？

《欲望的旗帜》中，格非在第二章第十五节专门谈论了这一话题。“在曹雪芹的全部哲学中，爱情成了他抵抗虚无的最后一块壁垒。”“一个人在无路可走的时候，强行征用爱情。”格非无路可走的时候，同样征用了爱情，这便是爱情故事出现在他笔下的最初逻辑。附丽在女性身上的爱情成了男性最后的乌托邦，它是革命党人张季元对秀米的暗中渴慕，是梦想家谭功达苦苦寻觅的花家舍。对于格非而言，爱情与女性不可分割，作为武器的一体两面抵抗思想贫弱的时代。

在对爱情的叙述中，格非插入了另外一个主题：每个人都是一座孤岛。相爱的双方无法达成有效的交流，致使爱情在一夜之间消失，或者永远只能在暗中生长。张末与曾山、张季元与秀米、谭功达与姚佩佩，他们一旦两相面对，爱情就奇怪地变形成厌恶、躲避、嘲笑；他们之间的爱情只有依赖时空的阻隔才显得真实。因此，当张末与曾山离婚回到南京，当秀米读着张季元死后留下的日记，当谭功达读着姚佩佩在流亡中从远方寄来的信件，爱情在此刻才真正属于他们。内心是一座孤岛，旁人无法靠近，这是格非对现实生活的认识。当孤岛的主题与爱情的主题并列展开时，作为抵抗虚无与冷漠的最后武器的爱情，竟瞬间丧失了力量。格非的叙述就是在这样的悖论中进行的，他一边强行征用爱情，一边又彻底怀疑爱情；建造与毁坏的力量相互抗衡，夹杂着浓郁的悲剧意识。这正是乌托邦的性质，它既指向理想生活的彼岸，又昭示理想生活的不可能。

评论家习惯于对作家的创作进行分期。格非在20世纪80年代的创作被定性为先锋小说，90年代以来的作品则被描述为向现实主义的回归。在这样的文学描述与论断中，格非的写作人为地发生了断裂。但是，我认为，就文学创作的规律而言，“断裂”性质的写作其实是不可能发生的，任何一部小说都是对前期自我的承接与延续，前期的经验也必将在后续的写作中继续发生作用、得到呼应。在格非的小说中，雨季、梦境、女性，这三个词语是前后延续的、连贯的事物。因此，从雨季、梦境、女性三个方面出发进行的解读，就使格非的创作重新成为一个不可分割的整体。它们弥合了粗糙的“断裂”描述所造成的裂缝，也清晰地再现了格非写作时的自我形象：一个在无边雨季中的做梦者，梦见一个美好的女性进入他的梦境。

（载《小说评论》2008年第6期）

主要作品目录《

长篇小说

《敌人》，花城出版社1993年版。

《边缘》，浙江文艺出版社1993年版。

《欲望的旗帜》，江苏文艺出版社1996年版。

《人面桃花》，春风文艺出版社2004年版。

《山河入梦》，作家出版社2007年版。

《春尽江南》，上海文艺出版社2011年版。

《隐身衣》，人民文学出版社2012年版。

《望春风》，译林出版社2016年版。

《江南》(共三部)，北京十月文艺出版社2019年版。

《月落荒寺》，人民文学出版社2019年版。

中短篇小说集

《迷舟》，作家出版社1989年版。

《褐色鸟群》，北京师范大学出版社1989年版。

《唿哨》，长江文艺出版社1992年版。

《雨季的感觉》，新世界出版社1994年版。

《当代作家文库·格非卷》，人民文学出版社1996年版。

《中国当代作家选集丛书·格非》，人民文学出版社2000年版。

《傻瓜的诗篇》，时代文艺出版社2001年版。

《青黄》，浙江文艺出版社2001年版。

《当代中国小说名家珍藏版·格非卷》，文化艺术出版社2001年版。

《格非作品精选》，长江文艺出版社2006年版。

《不过是垃圾》，春风文艺出版社2007年版。

《戒指花》，春风文艺出版社2007年版。

《蒙娜丽莎的微笑》，海豚出版社2010年版。

《锦瑟》,浙江文艺出版社 2019 年版。

散文随笔集

《格非散文》,浙江文艺出版社 2001 年版。

《塞壬的歌声》,上海文艺出版社 2001 年版。

《博尔赫斯的面孔》,译林出版社 2014 年版。

文 集

《格非文集》(全三卷),江苏文艺出版社 1996 年版。

小说理论

《小说艺术面面观》,江苏文艺出版社 1995 年版。

《小说叙事研究》,清华大学出版社 2002 年版。

《卡夫卡的钟摆》,华东师范大学出版社 2004 年版。

《文学的邀约》,清华大学出版社 2010 年版。

《雪隐鹭鸶:〈金瓶梅〉的声色与虚无》,译林出版社 2014 年版。

其 他

《朝云欲寄:格非文学作品精选》,华东师范大学出版社 2009 年版。

葛　亮

男，1978 年生，江苏南京人，现居香港。

小 引《

用葛亮新写的一篇《故城》作为作家自述，似乎有点不伦不类。一是此文不关乎葛亮的生平，二是也未谈及葛亮的创作。但要说与他的生平创作完全无关，似乎也不是如此。至少就我个人的阅读感觉而言，不是这样。葛亮笔下的“故城”圣彼得堡，也就是他笔下的“故城”南京，葛亮对“故城”圣彼得堡的观察和思考，也就是他对“故城”南京的观察和思考，所以，他对“故城”圣彼得堡的叙述，也就与他的“故城”南京书写异曲同工。他说：“‘南京’代表着我写作的内在肌理，也就是它不仅仅是我写作的题材，它也代表着我的文字审美、我的史观，代表着我如何去考察历史现场的因由，涵盖很多层面。”他写圣彼得堡也是如此。

说到底，这也就是葛亮书写南京这座“故城”的观念和方法。朴婕把这观念和方法归结为“层垒的‘南京’”。这“层垒”二字，大约就是顾颉刚的“层累地造成中国古史”的“层累”的意思。这倒是一个很别致的说法，也是观察葛亮的创作，尤其是他的“故城”南京书写的一个特别的角度。

说到“故城”，很容易让人想到故乡，想到故乡，搞文学研究的人，又会进一步想到作家的故乡情结。无论是土生土长一直扎根在故乡的作家，还是土生外长后来远走他乡的作家，故乡的经历，包括生活经历和情感经历，都是他进入社会的原初经验。因为这原初经验联结着生命的母体，发动于生命的本能，且未经社会文明的浸泡和污染，是一种澄澈透明的人生经验。这种纯真的原初经验，正是文学的最宜表现对象，所以，大多数作家都喜欢用自己的作品书写故乡。有些名气很大的作家，像外国的福克纳，中国的莫言，他们笔下的故乡，都有尽人皆知的名号，就像注册商标一样，如福氏的约克纳帕塔法郡、莫言的高密东北乡等。当然，你会说，这都不是或不一定是他们真实的故乡，而是真真实实、虚虚假假的故乡，是当不得真的。是的，没错，这都是虚构的，不是他们真实的故乡，但他们在自己的作品中，却都实实在在地把这“乌有”之乡，看作是他们真实的故乡，且切切实实地写进了他们自己关于故乡的记忆和童年经验，这也是事实。

这就说到了与文学作品中的故乡书写有关的另一个问题。

但凡写故乡的作家，都要依托对故乡的回忆。但这回忆，偏偏又是一件不太可靠之事。原因之一是时过境迁，过去的东西难以复原，原因之二是抚今追昔，难免要掺杂进回忆者当下的情绪。鲁迅说，他记忆中故乡有许多鲜美可口的蔬果，后来吃了，也不过如此。这是时过境迁。有一回，他终于回了故乡，却又说，“我所记得的故乡全不如此。我的故乡好得多。”这是掺杂进了他回乡时的情绪。他自己也坦言，“这只是我自己心情的改变罢了，因为我这次回乡，本没有什么好心绪。”回忆既然要受这么多内外因素的影响，作家缘何还要凭借回忆书写故乡？如果还是借用鲁迅的话来说，就是“回忆故乡的已不存在的事物，是比明明存在，而只有自己不能接近的事物较为舒适，也更能自慰的”。这就是所谓怀旧和乡愁，20世纪20年代初的一批乡土文学作家，就擅于写这怀旧和乡愁。中国古代作家似乎也大都如此。现代爱国主义思潮兴起后，更多作家想表达的，是一种与爱国同构的爱乡情绪，结果，这回忆中的故乡又难免被记忆所美化。说到对故乡的美化，让我想起了一段文坛八卦。20世纪80年代，作家刘绍棠的家乡冀东十八里运河滩，尚属贫瘠荒凉之地，但在他的作品中，却是风景如画，物阜民丰，豪杰并出，英雄遍地，在文学界名气很大。那时还没有旅游开发，一帮文友就吵着要去看看，有一次真的去看了，结果大失所望，回来都大骂刘绍棠骗了他们。可见，作家笔下的故乡，虽托名回忆，套用王德威先生的一句话说，其实都是关于故乡的想象。但这想象，又确实是以回忆为依托。要说欺骗，这骗子决不是作家的人格，而是作家的记忆。爱乡的作家，都愿意接受这样的欺骗，甚者如鲁迅，心甘情愿地说：“他们也许要哄骗我一生，使我时时反顾。”

葛亮的“南京”书写，似乎不是如此。对南京这座“故城”，他也有类似于乡土作家的故乡情结，但在写作中，似乎又不拘泥于怀旧和乡愁，也不仅仅执着于热爱和眷恋，而是另有一种别样的情愫。这情愫源于南京的绵长，源于南京的沧桑，也源于南京的繁复，源于南京的淡定和从容。葛亮为这绵长而缠绕，为这沧桑而震撼，也为这繁复而纠结，为这淡定从容而喟叹。如果说，从前乡土作家的故乡叙事，是把故乡作了母亲，那么，今天葛亮的“故城”书写，就是把“南京”作了祖父。他觉得他这个祖父就在眼前，又觉得他从很远的地方走来，他觉得眼前的祖父沧桑纵横，又觉得祖父的从前一定遍地风华，他觉得他很了解他的这位祖父，又觉得对他的这位祖父十分陌生。写这位祖父，他要靠家族史的传承，又要靠他的想象加以丰富和补充。结果是，愈到后来，他笔下的这位祖父年寿愈高，生平愈繁，交游愈广，行迹愈奇，涵蕴愈丰，就像顾颉刚说的，“时代愈后，传说的古史时期愈长”，“时代愈后，传说中的中心人物愈放愈大”，葛亮笔下的南京，也便这样“层累式”地造就成了。这种“层累式”的故乡书写，自然有别于怀旧和乡愁，葛亮也因此为文学中的故乡书写开辟了一个新的门道。

自　述《

故　城

今年夏天，我去了圣彼得堡。

这是个值得徜徉的城市。我在 Airbnb 短租了公寓。从窗子望下去就是格里博耶多夫运河，所以也常常下去转悠。运河上的桥很多，桥上有一些穿着宫廷服装的年轻人在兜售旅游照。他们多半很高大，脸上带着旧贵族的矜持和雍容。但是其中一个掏出手机来打电话，整个人就好像破了功。

这个城市也是如此，完整地保留了三百年前的风貌。天际线依然如帝国时代的低矮。十八九世纪的巴洛克与新古典主义建筑，规整有序地坐落于纵横水道的两岸。经过了彼得格勒与列宁格勒的历史跌宕，苏联解体后，由市民投票，重新回到了最初的名字。这中间或包含积蓄已久的眷恋。在这短暂的日子里，我每天大约只做一两件自认为重要的事。除此之外，活动范围仅限于基督喋血教堂与圣艾萨克大教堂的周边。据说那一带，是陀思妥耶夫斯基日常行走的区域。俄罗斯的饭菜并不算好吃，楼下的一间叫做 Mama Roma 的意大利餐厅，就成了我的食堂，因为比起西欧，这里价格公道、口味地道，于是我放弃了房东鼓励自己烹煮的建议。用火柴点老式的煤气灶，本身也是一件极需要技术的事情。所谓重要的事，其实也不尽然，不过是去冬宫看艺术品。冬宫的馆藏之丰，其实很见伊丽莎白与叶卡捷琳娜二世两位女皇的跋扈与强烈的占有欲。但是，大而精致的布局，却足让人流连忘返。在那里，遇到一个在列宾美术学院学习文物修复的东北人，当时他正在《浪子回头》的原作前驻足。大概彼此都站了很久，就开始分享对伦勃朗的看法，似乎很谈得来。从冬宫出来，他带我去了一家超市，买了一只烤鸡。开始坐在公园里分食，然后继续讨论这个国家与西欧壁垒分明的审美。的确，似乎很久没有这样酣畅地谈论艺术了。不远的广场上，是一个军事展，已经退役的装甲车与迫击炮，成了游客们喧嚣的背景。一些士兵，脸上带着喜气洋洋的表情，投入这热闹。

在圣彼得堡的停留，另一个重要内容是去马林斯基剧场看一场《天鹅湖》。这对我而言有朝圣的意义。即使不提柴可夫斯基的渊源，基洛夫芭蕾舞剧团出入过的那些巨星，已足以令它的光华不会因时间而黯淡。这里诞生了称霸西方芭蕾舞界的雷里耶夫、巴里什尼科夫和马卡洛娃，当然还有长着鸟的踝骨的尼金斯基。或许预期过高，此次的观看体验并不算很美好。这场演出令人体会到薪火的式微。我的印象停留在马林斯基剧场十年前的官方录像，洛帕特金娜与科尔松采夫依然有着神一样的光彩。所以即使这剧院陈设老旧，你会依然将之理解为某种传统的魅力。但王子的出场与失误，以及在大跳时的笨拙，的确有些煞风景。女主角是不错的，熟练但似乎缺乏激情。直到黑天鹅的段落出现，她才开始迸发出活力。在舞会上，黑天鹅以强势的方式吸引王子。最经典的是第三幕宴会独舞中的旋转，堪称是芭蕾舞炫技的极致。在这一点上，玛戈特・芳婷与安娜尼雅什维莉，都曾做出最好的示范。这个女主角，轻松地转了三十二圈后稳稳停住，是不错的表现。其实在这场表演中，最夺目的并非首席，而是小丑这个角色，有着令人惊艳的力量与技巧。但是到了谢幕时，却不见了踪影。旁边一个韩国人告诉我，很可能他是个外聘的演员，还有其他的演出要赶去。但是，谢幕作为表演完结的环节，似乎与尊重相关。韩国人摇摇头说，这些年轻人。

我想，他的感叹或许代表着很多人对这个国家的见识。最好与悠久的传统，渐渐徒具优雅的形式。它还保留着某些文化上的自尊，比如对英语的抗拒。但是，出租车司机也已会娴熟地运用谷歌翻译和游客交流。

晚间，格里博耶多夫运河两岸的集市散去，整个城市安静了下来。夜再深沉一些的时候，半梦半醒之间，忽然听到很响的声音，几成喧嚣。打开窗子，看到几架快艇迅速地驶过，激起层叠的浪花。快艇上缀着霓虹一样闪烁的灯饰，放着高分贝的音乐。这是一些在运河"飙船"的青年人，趁着河道通畅玩起了飘移。发现你在看，他们便得意地从船上站起来，向你挥手致意。而河的对岸，不知何时有了一支小乐队。电吉他的声音响起，也是喧天的。主唱的声音粗厚沙哑，让我想起洛・史都华，但摇滚的活力却是年轻的。因为太吵了，楼上的窗户打开，我便听见一个上了年纪的声音从喉咙管里发出来，我虽听不懂，却知道是清晰而有节奏的谩骂声。小乐队暂停了表演，主唱对着窗口，很绅士地鞠了一躬，动作华丽而有教养。他或许与同伴商量了一下，音乐再响起，很舒缓。主唱开了口，我心里一惊，竟是俄文版的 *Fields of Gold*。这是我大爱的歌曲，心随意动。他唱得竟然如此温柔。在这催眠曲一样的歌声里，窗子次第关上了。

这城市的暗夜，连接着无尽流淌的涅瓦河。在不远处的地方，浩浩汤汤。这条河曾出现在我的小说《北鸢》中。

十月革命之后，苏联政府宣布放弃俄罗斯帝国在华的特权，天津与汉口的租界自然也交还给了中国。只是，当时的北洋政府有大事要做，无暇顾及海河两岸的弹丸之地。如此，一时间，这里竟成了天津土地上著名的“三不管”。谁都不要好得很，沙俄的旧贵族们惶然间定下一颗心来。有了落脚之处，他们建立起自己的小公国，颇过了数年歌舞升平的日子。俄式的面包房、大菜馆，小到早上佐餐的酸黄瓜，应有尽有。认真起来，除了没有涅瓦河，比起圣彼得堡并无太大分别。

我外公的少年时，在天津的意大利租界度过，随他的姨父母。他的姨父褚玉璞，在北伐之前，是中国最有权势的军阀之一，曾任直隶省长与天津军务督办。外公依稀记得在督办衙门前放风筝的情形。这个衙门，后来被日本人炸毁。多年后，我曾有一次去天津寻访。马可波罗广场与祖父就读的耀华中学，都还在。但督办衙门如今已了无痕迹，原址建起了一个公园。

意大利租界乃至五大道一带，当时住着一些有来历的中国人。他们被通称为“寓公”。其中不乏满清的王室贵胄、下野的政要与失势的军阀。他们的人生，或许从未如此黯淡无望。久了之后，有人便甘心下来。如北洋政府的总统徐世昌，归隐自守，工于书画，写出了一部《退耕集》。自然，也有许多不甘心的，在天津这政治后院窥伺着北京，觊觎着东山再起。但无法否认，“大势已去”是这些人的人生共同的关键词。彼时的中国，各种力量经过洗牌之后，已进入了新的格局。昔日无论权倾朝野，或是纵横捭阖，都已经是明日黄花了。

儿时日子，对外公而言，并不很清晰。那些灰扑扑的中西合璧的陈设，楔入了他的记忆。但是，他却记得家中的客人们。大多是中国人，有着和姨父相似的面目与声气。外国人，则有英国人与日本人。有些来了，直接就进入了姨父的书房，许久出来后，便匆匆地走了。但唯有一个，与女眷有很深的交情，是一个旧俄的子爵，曾担任驻中国的公使，却因为国家的剧变而无法归乡。他的落魄与风趣，给外公留下了同样深刻的印象。他保留着旧贵族的自尊，但因生活所迫，这自尊日益淡去，却仍维持着表面的矜持。这令人觉得荒诞而痛楚。外公天性温厚，这俄国人与他形成了奇异的友谊。子爵怀恋故乡。外公记得他的讲述，有关圣彼得堡的一切——食物、建筑、女人以及财富。所有孩童似懂非懂的东西，如同长篇的连载。他在讲述的终结，会反复吟唱一首歌，关于涅瓦河。

在去夏宫的路上，打了一个电话给外公，说我在圣彼得堡。外公想了想问："替我看一下，他说的那个教堂，还在吗？"

在这个城市的市内与城郊，坐落着大小一百多个教堂，外公亦无法准确描述子爵提到的这个教堂的特征与位置。我也想了想，很肯定地回答他：还在。

访 谈《

变动不居，而又源远流长

——葛亮访谈录

朴 婕 葛 亮

朴婕：非常感谢葛亮老师拨冗接受我的访谈。提到老师，通常会想到您是"写南京的作家"，不知道老师您对此有何看法？是否觉得这种标签化的认知给您带来困扰，或者您也觉得"南京"可以代表您在精神上或是文化上的一些思考？

葛亮：作者总会带有很多标签，有时是地域标签，有时是代际标签，比如我曾被界定为"南京作家"或者"香港作家"，有时是"70后"有时是"80后"。我不会介意这些，但我也觉得这些标签不见得必要。每个作者都是一个写作个体，他可能会在某个写作状态或者环境里面，但我相信他作为作家呈现出来的特质，还是主要来自于他的个性、他自己成长的环境和轨迹，不是地域或代际可以一言以蔽之的。

不过南京有点不一样，它于我而言不是一个标签。我蛮喜欢别人说我是"南京作家"或者说我是"南京人"。"南京"代表着我写作的内在肌理，也就是它不仅仅是我写作的题材，它也代表着我的文字审美、我的史观，代表着我如何去考察历史现场的因由，涵盖很多层面。特别是它还是我的故乡。写《朱雀》的时候我也说过，写这部作品就是为了偿还我内心的一笔感情债。我在这个城市里生活了二十年时间，后来到了香港，所以觉得要为这座生长于斯的城市表达或者呈现一点什么。《朱雀》就是因为这个初衷而写作的。后来涉及史观方面，或者作为年轻人如何去触碰历史这些方面，主要是从批评界或者媒体的立场派生出来的。我当时写这部小说，初衷特别简单，就是想写一部小说给我的家乡。

朴婕：老师提及写家乡，似乎是自然而然发生的，您在《拾岁记》里也说"写下去就多是关于自己家乡的城市，南京”。那么这个情感发生的时候，是否有什么因素刺激到您，成为写作家乡的契机？

葛亮：我想这还是和来到香港相关的。南京是一个很舒服的城市，这城市所有的东西都变成了不需要去强调的前提。比方说它的历史感，比方说生活状态的松弛，比方说那种兼有粗砺和优雅两方面的复杂的审美结构。身在其中的时候我会觉得这些都是天然出现在我生命中的东西，不会感觉到它们，也不会特别想要为它书写或者表达什么。生活本身已经是某种文化的状态和立场，所以不需要通过写作或者艺术生产的方式再去强调它。但到了香港之后，香港这个城市的匆促感，以及多元文化碰撞的格局，会感觉和家乡是如此不同，也会因为这样的因由而躬身反照。我忽然觉得应该为南京写点东西，就是在这样的情况下开始写《朱雀》。

朴婕：您最初的创作似乎写了一些关于香港的作品？

葛亮：最初那些还是主要以内地为题材的，我真正完整的关于香港的小说只有《浣熊》。写香港对我而言还是需要一定勇气的，毕竟不是生长于斯。香港是很难写的一座城市，涉及一个选择视角的问题。有些作家，比如西西，是从本土性的视角去表达香港，或者说他们是通过这样的书写，来确定自己作为香港人的文化身份。另外一种，就像张爱玲一样，她就是一个过客。我觉得我两者都不是。我既不是完全的局外人，又不是生长于斯的人，书写角度就变得非常微妙。所以在没有做好准备之前，我还没有想集中触碰关于香港的题材。

朴婕：提到张爱玲，稍微岔开一句。将您和张爱玲作比较的评论蛮多的，但就我个人的阅读来说，我有时会感到您和白先勇的相似，不论是面对香港还是面对南京，都有一种反躬自省和寻找文化底蕴的感觉在。

葛亮：您所说的这种感觉，我想可能是源于两点。首先是在史观方面。白先勇的作品总是在表现人在大环境下的流徙的、变动不居的人生格局，需要有相当厚重的底蕴才能梳理清楚传统和现实、传统和现代之间的关联。这个层面恰恰也是我感兴趣的。我比较喜欢写一些过渡期的人、一些游走的人在时间和空间上流动的人生状态；另一方面，审美方面也可能有相似之处。

不过从我的角度来说，我写一部作品不会首先去考量他人的写作——如果是问我如何评价他人，那么我可以给出一些答案，但从写作来说，我想每个写作都是纯粹独立的，是以他们的家庭、成长与学养方面的经验为基础所产生的。

朴婕：您说南京是比较独特的所在，我也会从另一个角度来理解，南京是比较特别的，因为它虽说是中国的古都，但放在当代来看，它既不是政治中心也不是经济中心，是不是这种“不是中心”的状况也是您认为它能够体现出某种文化底蕴的原因？

葛亮：刚刚讲到我特别喜欢一种变动不居的状态，南京在这一方面是一个不错的介质。虽然说南京是“六朝古都”，但它从来不是某个大政治的、大王朝的都城。就像李商隐在《咏史》里所写，南京是“三百年间同晓梦，钟山何处有龙盘”，它以其他城市无法比拟的速度在很短时间内王朝更迭。或者说，南京的内里只有小王朝。这种匆促，可能使得南京人在史观上不会有特别大的厚重感和使命感，或者说不会感觉肩负历史的重担——即便南京的历史其实很厚重，但在南京人不会感觉到负荷。

有一次我跟叶兆言老师在香港做一个对谈，当时就提到对南京的界定，引到这么一句诗，说“金陵王气黯然收”。叶老师就说这个“王气”的“王”，更像是“死亡”的“亡”，因为南京一直以来是座伤城。它朝代的更迭非常频繁，不会有一个非常盛大的光华，它是以绮丽而略带幽暗的基调出现的城市。有关它的故事也都是这样一种基调，比方说孔尚任的《桃花扇》。它不会成为一种继承的，或者我们说的大叙事、大历史的那种载体。

朴婕：它可以不断接受新的东西。

葛亮：对啊，南京实际上是一座流动的城，虽然我们总是觉得它不临海，处在比较稳定的状态里，但它里面有一种时间的流动感，这是我想要去表达的。

朴婕：这样一说，我就大概明白了您为何在《朱雀》里安排了那么多的外国角色。

葛亮：对，我确实处理了很多外来的元素。我也曾说过，写《朱雀》有一个特别的机缘，就是在夫子庙看见了一家奇芳阁。那是一家百年老字号，专门卖些清真食品，但因为经营不善，一部分门面租借给了麦当劳。所以你会看到两种不同元素的拼接，上面是奇芳阁老字号，下面是个巨大的金黄的“M”。我想这种类似于后现代的拼接感可能代表着城市的现世。它不可能还是一个封闭的、稳定的文化格局，只能放在更大的世界语境中去看，才会得到一个比较中正和客观的答案。所以在《朱雀》里面会看到形形色色外来的人，还有主人公许廷迈是华裔，从小在苏格兰长大，他也以一双外来者的眼睛，去重新审视这座和他有着血脉连接的城。

朴婕：您说南京是一个变动不居的城市，但我曾在您的作品中读到一个场景，就是您在《小山河》中提到您在黔西遇到一位南京老人，写“阳光透过镂空格窗在她身上投下光影”。因为这一幕感觉特别美，所以我记忆犹新。从这里我感觉您还要表现出一种不变的东西，这个老人就好像是某种不变精神的化身。

葛亮：是说天龙屯堡吧？它实际上代表的是六百年前的南京。当时朱元璋让傅友德作为征西大将军，带着兵士和他们的家属到了黔西这个地方安营扎寨，本来是为屯种和操备，慢慢留下来成了一个独立的聚落。他们也存在两面性，一方面仍然保持着自己作为汉人的生活习惯，但另一方面也没有办法抵御时间的侵袭。当时我是专程到天龙屯堡，因为我知道他们和南京的渊源。这里的人们仍然保持着汉民族的习惯，比方说他们的建筑、他们的衣着服饰、他们内里的信念，比方说他们“离乡不离腔”，还保持着很浓重的南京话的痕迹。他们以前甚至是不和其他少数民族通婚的。在那一带实际上有很多的少数民族，比如苗族还有畲族。他们作为天龙屯堡人，在那里反而是少数。但另一方面也可以看到时间对他们有很严重的影响，可以看到这个堡里面留下来的人全都是老人，年轻人都出去打工。年轻人走出去以后，就打破了老一辈关于封闭和要保护自己文化独立性的这样一个原则。所以当初遇到了那个老人，就觉得还是挺感怀的。她仿佛活化石一样，在她身上会看到六百年前南京的印迹。

朴婕：我注意到您在《朱雀》《北鸢》中表现了一些术语可能叫“非婚生”的亲子关系，就是不太合乎传统礼俗和现代法理的家庭关系，为什么当时会有那样的设计呢？

葛亮：如果小说角色本有原型，我出于尊重，不会特别进行人物设置。《朱雀》作为更纯粹的虚构作品，里面想表达的就是有些血脉相连的东西不会因为没有被确认的伦理状态而被淡去和削弱，有一些很宿命的东西会逾越我们对于人的定义而存在。像楚楚或者程囡这样的角色，她们象征着某些历史的节点，象征着某些历史的意外，同时因为她们是意外，在她们身上才让我们看到历史的真相。她们身上有一些逾越规范的东西，但往往这些为大历史所不容的东西，可以代表本相。

朴婕：在大历史之外更有力量的东西。

葛亮：对，更加民间，更加鲜活，更加不拘于礼仪，或者说更加真实吧。

朴婕：还有一个方面的问题是，像王德威说您是“出身南京，定居香港，却首先在台湾崭露头角”，所以我想，您亲身体验过了各地文学的差异，包括可能有历史文化上的或者当下关注问题的不同。想请教您，从您切身的体验来说，您觉得大陆、香港、台湾的文学脉络之间有着怎样的异同或者相关性？它们对您的文学经验有什么影响呢？

葛亮：因为我除了作为一个作者的身份之外，也是一个文学研究者，所以自然会对三地的文学渊源、格局，特别是近现代发展上的状况，有一些自己的观察和体会。我觉得整个华文的场域确实存在着一些互补。举一个比较简单的例子就是乡土文学。我们中国文学有个很重要的传统，就是源于乡土，这和我们作为农业国家的基底是相关的，和庙堂文化为我们设定的主流文化积淀也是相关的。诗经传统也是如此，里面很多都在讲乡野。一直到近现代，鲁迅他们这些作家仍然是在回望乡土。而在台湾和香港都有他们自己的“乡土文学”。每个地方表达的方式、定义都不太一样，所书写的范畴也不一样，代表性作家呈现出来的气质也不一样。在台湾，乡土文学主要是针对后工业化时代，它也和“戒严”以及“解严”的大背景相关，所以它迸发出来的对乡土的强调，是和所谓的现代性抗衡的。像大陆在20世纪30年代有过著名的“京海之争”，而在台湾则曾经出现了所谓的“乡土论战”，乡土文学和现代主义文学发生了对峙。这和台湾当地的历史和文化大背景相关。比如你去看黄春明的作品，或者更早一些，看赖和的作品。同时香港也有自己的乡土文学，最典型的代表作家就是舒巷城。从地域空间的意义上来说，香港其实没有一个可以被称为乡土的地域，它的乡土更接近于民间或者街巷的定义，是与商业文明的壁垒相抗衡。这种文化批判的意识会出现在对于乡土文学的界定里面。所以同样是乡土文学，在两岸三地会呈现出完全不同的走向和气质。我觉得这是蛮有意思的一件事，就是文学存在气性上的交流，而在它不同的支流上，又因为各自的地域空间不同，因为各自的背景、取向、个性及历史渊源不同，又呈现出相异的状态。

而既然提到乡土文学，就要相应地提到现代主义文学。大陆也曾经非常看重现代主义文学，就是李金发的时代。到中国大陆成了闭锁的状态，现代主义文学发生断层之后，恰恰是港台两地的现代主义文学极度兴盛的时候。它们中间还有很多的交流。包括香港本地的马朗、昆南、戴天这些人，戴天甚至作为香港作家直接进入台湾现代文学发展的现场。为什么我说华语文学是一个互补的状态，就是当大陆这边出现断层的时候，在整个华语界，整个现代主义文学并没有消亡，在港台的地域上还获得了一些发展。

朴婕：您与各地文学之间的接触，对您的创作有什么影响吗？还是只限于文学研究的角度？

葛亮：对自己的文学创作，我觉得影响并不大。如果说有影响的话，可能是会影响到我的审美。这里面有两个元素。一个是我在南京成长的背景，另外一个是我从小在家庭中接受的有关文学的一些训练。文学训练主要就是阅读。因我父亲学俄语，我早期读旧俄的小说比较多，比方说帕斯捷尔纳克或者法捷耶夫的作品。这些现在已经很少有小孩儿在读，都是很厚重的东西。我当时也是似懂非懂。但它建立了我对于小说最早的格局感。所以进入长篇小说的写作时，平心而论没有觉得特别吃力，觉得是挺自然的、挺享受的一件事。我相信这些小说帮我建立了有关文学的某种门槛。

还有就是我父亲会让我着意去读笔记小说，最早像《世说新语》，后来还有《阅微草堂笔记》，包括冷门一点的《耳新》《东京梦华录》这些。它们帮我建立了对于中国文字的审美，特别是有关节制感的表达。像《世说新语》中，无论是人生经验、文字审美，还是语言构造、人物形象的勾勒，是寥寥几笔就表达出来的，它用最精简的笔法表达了最丰富的东西。所以我很相信最好的文学就是言未尽而意已达。不必讲得那么透彻，读者已经可以意会了。

所以包括您，还有很多评论者或者媒体，会说我的作品跟张爱玲、跟白先勇，或者一些现代作家之间好像有一种对话感，但准确来说我不是在跟他们对话，而是在跟古典文学进行对话，特别是跟笔记小说的传统进行对话。比如张爱玲也非常喜欢这样的东西，所以她的笔下存在着现代和古典传统的交融，我想这种交融是来源于她对于文学的比较深入的体认吧。比如她对《海上花列传》的喜爱，这也恰恰是我非常喜欢的作品。这些作家对于中国古典的看重，是我和他们有共识的部分。所以评论者说到的这种契合应该是我们共同地契合了某种中国古典传统，而不仅是互相之间的契合。

朴婕：刚刚老师也提及华文文学的部分。那么此前，王德威给台湾版《北鸢》作序时用"抒情传统"来评价它，想必是要把您放到"文化中国"的脉络里面。不知您对"文化中国"和"抒情传统"的问题怎么看？

葛亮：我很尊重王老师的评估和判断。最早的时候，《朱雀》这本书出版，是王德威老师把它纳入"当代小说家书系"里面，这是重要的认可与鼓励。可能迄今我仍然是那个书系里面最年轻的作家，虽然《朱雀》出版到现在也已经八年过去了。

无论是"抒情传统"还是"文化中国"，都是王德威老师在个人研究方面重要的面相。我相信是我的作品衔接到了其中的某些因子。"抒情传统"可以上溯到《诗经》以降的一些东西，内里有一些中国文学特有的文化元素，也包括汉乐府的部分，起兴的部分。我想这都是古典脉络的传承和衔接。这些东西也许真的在我的作品中能体会到。

并且我的作品在完成和出版之后，批评家把它们纳入什么评价体系当中，都是值得尊重的。从我自己的角度说，我是在按照自己的审美偏好来写作。很多时候我的初衷都相当单纯。比方说写《朱雀》就是为了南京，而写《北鸢》就是为了我的家族，都是比较个人化的原因。

朴婕：如果写作的时候还带着批评家的视野的话，恐怕会很不容易展开吧？

葛亮：对，特别是当你同时具有一个文学批评者的身份的时候，真的会去注意，甚至会警惕自己的发言。比方说我会把自己特别隐藏在文本背后,也许《朱雀》里面还会看到一点,而《北鸢》里几乎看不到我作为叙事者的声音。特别是当我的书出版之后,有一系列的对话或者采访,我会提醒自己不要做过多的自我阐释,那会影响到读者对这个作品的客观评价和判断。"作者已死"不是没有道理的。

朴婕:是,之前我也说您《朱雀》中还能比较明显地感觉到一些现代技法,《北鸢》就很压抑这一点。

葛亮:对,我会克制。关于技术性的元素,在《谜鸦》里面就更多了。《谜鸦》基本上就是实验性的小说文本。我相信很多年轻作家,最早可能会很自然地进入这种实验性的状态。所以我觉得《谜鸦》对我有着特别的意义,因为它会提醒我曾经也有过这样的状态。不过《谜鸦》之后,很快我的审美就发生了变化。你在《七声》里面基本就看不到了。

朴婕:不过《七声》里面还是有"我"的意识的,就是毛果的那个"我"。

葛亮:《七声》一定是会有"我"的意识的,因为《七声》从某种意义上是可以和《北鸢》进行对读的。因为在《北鸢》中我会把叙事者或者说我本人藏在一个大的文本逻辑的后面,但是《七声》里,这个隐藏的声音会跳脱出来。在第一篇《琴瑟》里面,跳脱得非常明显。从某种意义上还有对《北鸢》的阐释行为在里面。最后一篇《威廉》也是一样。因为这两篇一篇写外祖父母的暮年状态,一篇写祖父年轻时候的求学状态。所以《七声》和《北鸢》有着内容和气质上的呼应,但写作的技法又完全不一样。两本书可以对读。

朴婕:有个细节上的问题我很感兴趣,就是《朱雀》中的泰勒和《北鸢》中的和田都采用了中古音律做密码,我觉得这个想法非常有趣,但不知道是历史上真有这样的案例,还是您个人的设想?

葛亮:这是我想象的。因为我一直对推理和悬疑很感兴趣,我下一本书就是一本悬疑风的小说,可能明年春天会出。我一直很想在作品之中做这样一个尝试,就是表现在非常的状态之下,人性以及人的生存能力,会达到一种什么状态,他们的界限会在什么地方,这是我一直想要探讨的一个内容。像泰勒这样的角色,已经做出了一些这样的尝试。但是文字还是用了我一如既往的,相对来说比较古典的方式来表达。这一件事最近刚好还和一位媒体的朋友讲过,他说我的文字总是和古典衔接比较多,好像山水画一样。我就说你们之后将会在我的作品中看到山水画后面的密码,发现里面其实有很多逻辑的脉络。

朴婕:读到这一细节时我就一直在期待您未来写一部悬疑类作品,现在可是满足了。

时间也差不多到了，非常感谢老师能够接受我的访谈，也期待今后与您更多的交流。

评　论《

历史层垒与人间烟火

——葛亮的“南京”书写

朴　婕

几乎每个作家都有属于自己的一座城市或村庄。他们用自己的生命经验和文化体悟对它精心雕琢，让这一独家的空间成为他们的“神力词”，成为他们情感和思想的载体。于是关于一座城的书写，往往可以投影出一位作家及受其影响的人们的精神地图。近年来，葛亮凭借《谜鸦》《七声》《朱雀》《浣熊》《北鸢》等作品接连斩获台湾联合文学小说奖首奖、《亚洲周刊》“十大小说”、香港书奖、“中国好书”等各类奖项，被王德威、陈思和、莫言、韩少功、严歌苓等学者和作家盛赞为当代最可期待最具潜力的青年作家之一。在他最具代表性的一系列作品中，他刻画出南京在时间长河中的风云变幻以及游走于各个角落的南京人，构筑起丰富多元的南京时空，深深影响了读者的南京印象和历史想象。所以南京成为理解葛亮的一个切口，既可以据此分析其接受的文化资源，梳理其文学理路，也可以通过这位“出身南京，定居香港，却首先在台湾崭露头角”[①]的作家心中的原乡风景，看到当下全球语境下“中国”叙事的征候。

一、层垒的“南京”

2009 年初版的《朱雀》，是葛亮直言献给故乡的作品。在小说的扉页上，葛亮放上了一张照片，上面是摊开的 1912 年南京地图。地图上清晰的折痕，提示了地图本身的“物”性，仿佛那一段历史已化作了纸张，可以为人折叠封存；而地图上分明的字迹标明了这座城市曾经的布局，让人们可以借此将那一时代的记忆与想象落实到具

① 王德威：《归去未见朱雀航——葛亮的〈朱雀〉》，《当代作家评论》2010 年第 6 期。

体的空间关系中，所以地图又好像将当时的南京封印于其中，打开地图，便打开了那时的历史现场。地图成为那一段历史空间化为纸张的结果。而顺着地图的思路往下想，城市其实也是精神和历史的空间化，它的地貌，便是权力和文化的景观。每一代的历史都化作地层，时间不断带来新的土壤压在曾经的地层之上，再经过风沙磨砺之后，有些坚挺的历史文化仍然可以留在表面，又有些新事物覆盖掉了旧事物，于是在城市的平面上，显露出挤压在一起的过去与当下。在那张1912年的地图之上，也可以看到当时既有“夫子庙”，又有“南洋劝业场”，还有代表着新政权的“总统府”，不同时代和文化的印迹挤在一起，形成了南京的地貌。

小说开篇通过苏格兰华裔留学生许廷迈的眼睛，看到了拼贴画般鱼龙混杂的南京：扬子江畔汉白玉的工农兵像，显露着社会主义中国的印记；秦淮河畔的夫子庙，本应是纪念圣人的所在，却洋溢着迪士尼乐园般的资本气息；西市仿古的建筑里充斥着真真假假的文玩；林立的大厦间，深藏着底层人的赌场。同时，市井小民、地下赌徒、文艺青年，还有来自世界各地的留学生和商人，形形色色的人游走于南京城中，南京便像是一个展台，容纳下世界文化在上面留下的印迹。

而后葛亮在这看似驳杂无序的南京上切开一刀，展示出其表象之下的地层。从许廷迈在秦淮河畔遇到程囡，故事便随着两人交往的深入回溯出了从程囡外婆一代的叶毓芝和程云和、母亲程忆楚（楚楚）直到她为止的三代人的故事。并且通过三代人在南京城中的穿梭，从新街口到逸仙桥、从栖霞寺到圣约瑟教堂、从夫子庙到地下赌场，展现出不同历史时代南京的面貌。这些面貌又连接出了从抗日战争、“文革”直至当下的历史。所以故事虽未逾越南京的界限，但整个中国现代史却投射在南京一方土地上，塑造出了它不同时代的风景。而至今露在地表上的面貌，便是这层层垒积而又风化的结果。

三代人的血脉和情感联系，提示出这种层垒不是简单的堆叠，什么被消磨、什么能留存，有着主观意志的选择。当小说中感喟“这城市女人骨子里的烈”①，以及楚楚思考三代人命运时想到“这是血里带来的”②，表明有一种桀骜不驯的脾性贯穿于几代人之间：第一代人叶毓芝不计后果地与芥川相恋，生下私生女楚楚，而秦淮名妓程云和舍身拦住了日军的搜查，并在革命年代的离乱中辛苦抚养了楚楚和陈国忠；第二代的楚楚一往无前地追逐那个时代的“右派”分子陆一纬，虽因程云和阻挠未能追随他流放北大荒，但多年之后还是和陆一纬生下私生女程囡；再到第三代的程囡先

① 葛亮：《朱雀》，人民文学出版社2016年版，第79页。
② 葛亮：《朱雀》，人民文学出版社2016年版，第74页。

是执拗地爱上了几乎可以做她父亲的泰勒，当泰勒被证实为美国间谍时，她也不曾为自己辩白，随后她又在与许廷迈交往时同冯雅可产生感情，怀上了冯雅可的遗腹子并打算产下。她们的选择往往不合礼俗或者法理，但她们从不违背自己内心的真实感受。有一种气韵在她们的坚守中传承下来，葛亮借由这种传承，挖掘出内在于中国历史中不为政治体制所认同但又切实延续下来的地脉。

小说以许廷迈回到父亲的故乡展开叙述，是经典的“寻父”叙事，而当他以遭遇程囡为开端深入到了中国的历史与现世，他寻到的便是一个女性的传统。也许正如伍尔夫所说，“作为女性，我没有祖国”，这一以女性视角讲出的南京及中国历史，暗示了对男性历史的疏离。与三代女性交往的男性形象，隐喻近代以来在这一方土地上来来往往的“政治”：芥川是发现了“中国”的女性身体的日本人，这与近代中国通过日本而产生现代意识相扣；“右派”分子陆一纬、工人老魏等形象，也与20世纪50至70年代工农兵及知识分子的身份产生呼应；美国人泰勒、由“马雅可夫斯基”的名字演化来的冯雅可，都让人联想到从冷战到后冷战时代的中外关系。甚至叶毓芝与她父亲的关系，也反映出女性文化精神和中国传统政治之间的断裂。叶楚生表现为“父”性的中国，它是宗族体制的、儒道体制的，而叶毓芝以降的中国，表现为“母”性的、带有明确的现代自我意识的中国。身为“父”的叶楚生没有发现叶毓芝剧烈的痛经及至她怀孕，他的宗族体制性与叶毓芝的身体性就鲜明地分割开来，表明传统中国的体制也是外在于这种女性中国的气韵的。而当泰勒说“这城市是叫人亡国的。亡的是男人的国，却成就了许多女人的声名”①，表明这些女性所代表的精神气质，才是南京及中国的根基。

女性与南京在此是互文的。葛亮以几个女性的性情来指代南京气韵，同时南京在他的中国想象中，也占据了与权力话语不即不离而又源远流长的位置。它既是六朝古都，却又鲜有王城气象，不像北京那样构成政治中心而充满威严；它虽有世界经济与文化在其中，又不像上海一样构成经济中心、带着明显的现代资本光泽。所以南京既不够“传统”，又不够“现代”。用葛亮在《七声》中的话说，“南京好像个大县城……担着六朝古都的名声，南京或许是中国的大城市里面，现代化进程最为缓慢的一个。所以，地方官员要在南京取得政绩，是殊为不易的。南京人过日子，往往以舒服为第一要义，大多时候，是很真实的。其实，要是将上海话借用过来，说南京的生活观念是过日脚，也很不错，甚至更为贴切。因为这日子过得很砥实，对未来没有

① 葛亮：《朱雀》，人民文学出版社2016年版，第69页。

野心，生活就像被砖块一层层地垒起来。”[①]所以南京仿佛是政治和经济秩序之外的空间。葛亮还解释“七声”的意义是：“‘一均之中，间有七声。’正是这些零落的声响，凝聚为大的和音。在这和音深处，慢慢浮现出一抹时代的轮廓。这轮廓的根本，叫作民间。”[②]这个“民间”显然来自陈思和那个独立于国家权力和知识分子精英文化脉络之外的另一个文化空间。陈思和认为这一传统始终作用于中国人的文化和精神结构中，并且作为隐形结构始终潜在地影响到整个中国文学和文化的发展。[③] 自身就从事文学研究的葛亮对这一观点显然是熟悉的，他利用陈思和的这一概念，来凸显外在于国家权力和精英文化的“民间”。并且由于葛亮是在已然市场化的时代去展现“民间”，他相较陈思和更注意到了资本的操控力量，因此也绕开资本中心，来寻找政治和经济之外的“民间”和“日常”。

时间的风化让这种“日常”化作了习惯乃至近乎本能的生活方式，它并非沉积，因为沉积会因累加而滞重。葛亮强调的是一种轻便的状态，是当这种气韵已然进入骨髓之后，南京以及南京人能够举重若轻地应对各种变故与文化袭来。所以在《朱雀》中历史进入强权时代，“日常”被挤压殆尽之时，程云和仍然竭尽所能去做出一顿顿像样的饭食。这种气韵如同经络般虽然不可见却始终发挥作用，于无声中将地层联系起来，层垒出来的南京便成为一个有机体，游刃有余地消化传统和外来的文化。南京以及龙蛇混杂的夫子庙就像是兼容并包的中华精神在空间上的投影。它一方面看起来很后现代，另一方面又找得到传统的精神因由。

这种轻便让葛亮可以不像前辈文人和学者那样表露出强烈的对抗色彩，好像不对抗就将丧失自我一样。在层垒出来的南京上，葛亮看到了无论是侵略者还是任何大叙事，不过是留在地表印迹上的一部分，任何一种话语都不能彻底掌控南京如何生成。南京也不会拒绝它们，如果这些话语能够在生活中留下印记，便如同其他的柴米油盐一样化作历史泥土，参与到南京的塑造；如果它们不能，就只是表层的灰尘，终究会被时间的浪潮洗刷掉。在20世纪末以后形成文化观的人们，面对的是一个已然进入全球化的中国，所以人们早已明白多元文化是无法抵抗的现实，同时也明白无论是接受还是抗拒，自己必然是从自己所身处的文化所塑造出来的视角来看待世界，所以不必再自我怀疑，也不用执拗，不强求“进步”和发展，也不强求保留“自

---

① 葛亮：《七声》，中信出版集团2017年版，第23—24页。

② 葛亮：《七声》，中信出版集团2017年版，第6页。

③ 陈思和：《民间的浮沉：从抗战到“文革”文学史的一个解释》《民间的还原：“文革”后文学史某种走向的解释》，《思和文存》第二卷，黄山书社2012年版。

我”的独特性，相信只要顺势而为，便沿着自己生长的方向行进。就像《北鸢》中的风筝线，文笙向少年雅各解释道：“放风筝，其实就是顺势而为，总不能拧着它的性子。”[①]它以太极般四两拨千斤的力道消融了不同力量之间的斗争与纠缠，化作一股可以扶摇直上的助力。

所以这种气韵也不必强求留在南京，哪怕漂泊流徙，它依然存在。在《北鸢》中，葛亮将1926—1947年这一动荡年代间，从军阀、儒商、革命党、寓公、文人、名伶乃至侵略者和各国难民等形形色色的人物及其生存状态展现出来，每个人物身上都凝结着历史发展的一种选择，而小说通过展现其中主要人物如何在动荡和流徙中仍能持守住内心的本真，透视出历史真正的选择。故事虽然不发生在南京，但南京作为一种气韵也仍然蕴藏在主要人物的身上，甚至可以说，正是这些人事物离开了南京，倒让南京因为失去了它的肉身而更凸显出它的精神和文化特质。于是葛亮一方面以“南京”为轴，展开了这种精神在时间上的传承；又以《北鸢》的“民国”为时限，展现出这种气韵随着人们的流动在空间范围上的铺开。合称为“南北书”的《朱雀》《北鸢》，如同将“中国”精神气韵具象化为时与空，挖掘出在各种体制化叙述的“中国”皮相之下的血肉与筋骨。

二、历史回望与个体反思

南京的气韵不仅是葛亮表现对象的内核，也是他反躬自省的镜子。顺着《朱雀》中勾勒出的时间与《北鸢》中所展开的空间维度，可以摸索出葛亮的叙事视点。《北鸢》中的风筝线通过祖祖辈辈的生命传递到了当下叙事者的手中，这条线就构成了当下叙事者用以回望历史的媒介。《朱雀》中作为主要叙事视点的许廷迈，则可谓是葛亮的镜像互补：许廷迈身为华裔，深知自己与这片土地血脉相连，但又因为在外国长大，必然以外来文化的眼光去审视它；葛亮生长于南京，却在离开南京遭遇文化大不相同的香港之后，在比较中回望故土。许廷迈就代表着葛亮从外部审视原乡，同时也审视自己的视点。这些视点，都透露出葛亮在历史回望中的自我反思。

《朱雀》《北鸢》的巨大成功让葛亮横空出世般闯入大陆文坛，以至于很多读者对葛亮的接触就是从他的南京和民国书写开始的，忽略了葛亮最初对个体精神的思考。求学于香港是他创作的发端，全新的文化经验和港大相对孤立和僻静的生活环境，开启了他对生活的细腻观察和对自我精神的求索。最初的作品，还是聚焦在都

---

① 葛亮：《北鸢》，人民文学出版社2016年版，第201页。

市青年人的精神困境上。处女作《无岸之河》讲述大学教师在鸡毛蒜皮的物质生活中的挣扎，“无岸之河”这一意象仿佛展现了现代人的精神世界正陷入一片泥淖。随后，为葛亮斩获台湾联合文学小说奖首奖的《谜鸦》，讲述了一对都市青年夫妇受骗将一只乌鸦当作鹦鹉买回家，结果这只乌鸦带来了妻子简简的精神异常，她近乎疯狂地阻止“我”（毛果）要将乌鸦处理掉的一切举动；在乌鸦害死了他们未出生的孩子并导致简简丧失生育能力后，“我”杀死了乌鸦，而简简拎着空鸟笼跳楼自杀。乌鸦就是简简非理性的投影，她将乌鸦命名为“谜”，表明它象征着无意识中难以言说的部分。小说开头引述希区柯克的《鸟》，这部影片讲述疯狂的海鸥不断侵袭人类的生活直至人类无处可逃，鸟在此隐喻现代世界带给人的精神恐慌，这种源自人们精神内部的恐慌无孔不入地侵蚀人的意识，直至使人毁灭。小说看似是将乌鸦处理为简简的负面精神，但简简也同样是“我”的“谜鸦”，她的歇斯底里是“我”所无法解释也无法应对的局促状态。每个人都是当代社会中彷徨无措的孤魂，难以相互理解，陷在泥潭之中。

沿着对自我精神的反思，葛亮逐渐发掘到了记忆与历史的问题。随后的《七声》中，他所生长的南京就浮现出来了。来往于他从小到大的人生的亲人与朋友化作角色，眼见耳闻的南京草木化作纸上风景，沉淀出了他对人生的记忆轮廓。这种历史观察和思考继续锤炼，“有我之境”终于发酵出了时空，物化作《朱雀》中的“南京”和《北鸢》中的“民国”。所以“南京”与“民国”的家国时空仿佛就是“我”（毛果）的吐纳，吐则为历史与天下，纳则入于自身精神之内。

在以纯粹的第三人称限制视点来讲出南京和家国史的前后，葛亮总是会相伴着出版一部以第一人称主观视点为中心展开的个人或家族故事叙述，比如《朱雀》之前的《七声》，《朱雀》与《北鸢》之间的《戏年》，它们剖开“南北书”看似圆满光华的时空内里，拉伸潜藏的褶皱，让读者看到讲故事的人有着怎样的境遇。由于“我”的介入，《七声》《戏年》中的叙事视点受到了限制，故事总是充满了中断和戛然而止，“我”仿佛一个冰冷的视点，引领读者所在的世界侵入故事，去不断审视和发出质问。但在与故事世界交谈的过程中，读者最终会发现那个世界是一面镜子，所有投向它的视线和质问最终回弹到发问者身上。于是人们可以看到“我”是如何在与这些生命中遭遇的人与事的交往中逐渐形成的，看到这个看似冷静甚至冰冷的视点之下包孕着多重文化潮流之间怎样的消长。如果说《朱雀》《北鸢》是葛亮关于历史与世界的思考，那么《七声》《戏年》便是把这种思考拿到自身内部，与自我的意识进行反思与清理。

自20世纪80年代后，以个体精神或者家族意识来抵抗此前的革命历史叙述蔚为大观，特别是90年代后涌现出大量新历史主义创作，展现出大历史之下的小生命。但这种书写因为着力于对抗大历史，所以其个体甚至是身体书写，也让人感到是反思历史的时代话语打造了他们的身体，身体就是新的历史话语所凝结成的碎片。它们尚不能说做到了将历史与当下的个体反思结合起来，从当下的自我出发来反思历史价值。到了葛亮这一代，物质生活上的个人成功叙述到精神生活上的个体反思都逐渐成熟，个体价值观日益明确且稳定，在这种状况下的历史书写，便更清晰地体现出以个体凝视来进入历史时空。

葛亮对于生活与记忆的攫取常常带有镜头般的聚焦色彩，《戏年》中他还回顾了自己的电影对自己的思想和文学形成的影响。他在《浣熊》中提到，"我始终相信，我们的生活，在接受着某种谛视。来自日常的一双眼睛。一只猫或者一羽鹦鹉，甚至是甲虫或是螃蟹。"①他的叙述仿佛就是从这双不知何处而来的眼睛渗透到生活的每个角落，乃至渗透到人的内心。这个视点镜头般特写出彷徨的现代人内心的焦灼，以呈现葛亮对现代生活的反思。葛亮曾提到小说书写想要提供给读者以历史的"在场感"，可以说正是以自己为媒介，引领读者进入历史。葛亮曾介绍到《北鸢》本是受祖父的编辑之邀打算创作的非虚构作品，却在写作的过程中觉得"以小说的方式去勾勒那个时代会更加有温度"。他因此成就了一种历史反思。历史只有被今人消化进血脉中，才能展现价值。如果将它讲成一个非虚构的故事，反倒是在为民国建立一种魅影；消化历史，是在不断诘问中祛魅，让历史与当下的关系逐渐沉淀出来。历史孕育出了叙事人或者就是葛亮自身，葛亮又以自身阐释和勾画历史时空。可以说葛亮是以己身为舟，在时间和空间中漂泊，将眼见耳闻收入船中，让它们长成枝桠。

三、"人间烟火"的可能与局限

葛亮将《七声》《戏年》系列命名为"人间烟火"，道出了形成"我"的意识的关键在于日常琐事。因此由这个"我"所发出的反思历史的视点，便自然强化了历史的日常色彩。葛亮深知坚韧的东西并不必坚硬，所以这个能够举重若轻并经受得起世事变幻的气韵，往往是以温情来展现的。《朱雀》中程云和收养楚楚、楚楚收养老虎，《北鸢》中卢家收养文笙、文笙和仁桢收养豫儿，都戏仿般地出现了《红灯记》"爹爹不是你的亲爹爹，奶奶也不是你的亲奶奶"的结构。它因此颠覆了李玉和家族所证明的

① 葛亮：《浣熊》，中信出版集团2017年版，第1页。

阶级感情超越一切，而以温情组建起了家族。这种建立在养子和私生子叙述上的家庭，还同时拆解了传统宗族家庭和现代核心家庭的结构。家族成员完全基于人性本能的情感联系在一起，它是放松的，无需责任和压力。柄谷行人曾在分析夏目漱石时指出，夏目因为身为养子而对家庭关系的建构性产生了反思，因而产生了对现代体制的批判性视野。在此葛亮也通过养子（或私生子）的身份，让人们看到家庭体制的运作方式，又打破这种结构，以温情来凸显人与人不可分割的关系，证明情感可以超越现代家庭制度，乃至可以超越一切体制。

不过作为基础的这种“日常”，还有尚待追问的地方，即它到底是谁的日常？葛亮所提倡的这种温情，需要相对稳定的成长环境；他所期待的日常，也往往是有一定经济基础的日常。有着“祖父葛康俞、太舅公陈独秀、叔公邓稼先”这样令人惊叹的煊赫家世的葛亮，其耳濡目染的文化经验自然笃实，这塑造出他温柔敦厚的文字气息，加上他又多以身边人为素材来展开书写，所以经过他的视野所筛选出的人，就算是底层也往往有着不同凡响的气质。这样就造成他的“民间”恰恰在很多时候缺失了凡俗的平民。《泥人尹》中看似底层的尹师傅，实际上是名门望族的后代，只因“志”在泥塑才走上了手艺人这条路。他的本名“传礼”隐喻着一种传统道德精神的留存，所以他虽然是手艺人，但他尊师重道，甚至为师父行守孝三年的礼，是十足的士人。而以负面形象出现的泥人尹的儿媳刘娟，以及《阿霞》中阿霞的弟弟，是一些为了眼前利益而罔顾情谊和道德的人，但如果站在他们的角度考虑，他们的选择却未尝不是当今社会“日常”的一个部分，在他们的精神中也可能有着种种驱动力作用。进而，也可以发现在看似无所不包的《北鸢》中，并没有容下过于尖锐的声音。主要的角色还是出身大户人家或是知识分子家庭，便是也有底层的伶人和难民，他们身上的情与义也让人感到他们并非凡俗之辈。所以这种精神气质，在多数时候显露为“惟士为能”的精神。这作为一种个人的审美和历史选择固然无不可，但如若这种精神气质渗透在生活的肌理之中的话，它本应也在凡俗之人身上发生作用。

并且当葛亮要将这种精神提炼到极尽美好和纯粹的状态时，它反而因此显得脆弱。葛亮甚至会刻意打碎它们来让人感到惋惜与怀念，比如城市中世外桃源般的洪才家的拆除、智者般的洪才外婆的去世、阿霞的入狱，以及《朱雀》中三代人的饱受蹂躏、《北鸢》中仁珏的玉殒和充满人情味的革命者阿凤的牺牲，等等。《北鸢》结尾处相互依偎的文笙和仁桢，仿佛分享着历史大浪拍打过来之前最后的安定，每个读者都知道接下来的历史会发生什么。为了证明这种气韵绝无仅有且难以复制，葛亮倾向于通过不可挽回的逝去来让它们绽放最灿烂的光彩。

就像葛亮描写自己在黔西天龙屯堡遇到的南京老人，他们在远离故土的地方仍然“复制与传承着自己念念不忘的江南风物”，“遵循‘离乡不离腔’的祖训，依然是明代的江南口音，与昔日的老南京话同声同气”，而“我”这个外来之人，与一位老者“用一新一旧的南京话交谈”且没有障碍。老人就像是历史与文化的实体化，证明那段历史仍然存留于当下。然而现代浪潮已经不断侵袭世界，天龙屯堡在此刻仿佛一座孤舟，不知何时会翻覆。当葛亮描写到“阳光透过镂空格窗在她身上投下光影”[①]，仿佛时间在雕琢这种文化的美好，然而它也在转瞬即逝之间。

这段叙述不免让人回想起《台北人》中的《思旧赋》，在“屋顶上瓦片残缺，参差的屋檐，缝中长出了一撮撮的野草来。大门柱上，那对玻璃门灯，右边一只碎掉了，上面空留着一个锈黑的铁座子”[②]，而“石径两旁的蒿草，抽发得齐了腰，非常沃蔓”[③]的李宅，痴呆的少爷满身腌臜地坐在院子里，来访的顺恩嫂托起痴呆的少爷的头将他抱进怀里时，那句“少爷仔——你还笑——你最可怜——夫人看见要疼死喽”[④]，前尘往事透过这个被追忆起的“夫人”迸发而出。“夫人”就像是照在少爷脸上的光影，照出周遭的世界随着高速运转的时间呼啸而过，包围着李宅的早已是现代的高楼林立，而少爷和这座李宅永远活在曾经的时间里。

站在香港去回望南京、站在当下去回望历史的葛亮，与当年站在美国回望台湾并看着台北人回望大陆的白先勇，确实存在着内在的对话性。两人都因为离开了故土而回望原乡，试图找到时代变动与空间流徙中不可撼动的东西。游荡在台北的人们正是因为丧失了归去的故乡，才愈发自负于曾经拥有的繁华，他们几近于孤绝的高傲源自他们除了高傲便一无所有。白先勇书写台北人时正身在美国，就像台北人回望大陆时深知往昔不可回还，白先勇也正看着全球化的浪潮席卷台湾，不知曾经的文化底蕴是否还经得起现代文明的磨砺，也不知自己是否还受得住“中国人”的身份，所以从细微处寻找“中国人的生活方式”[⑤]。

这样悲剧化的处理固然是建立崇高感的常见方法，但葛亮本是相信这种精神是可以坚守的。当葛亮将“南京”气韵表达成一种轻便的消化能力时，他确信它仍然留存于生活点滴之中。《北鸢》最后写道：“暮色中，他们望见了一只风筝，飘在对岸某幢建筑的上空，孤零零的。飞得并不稳，在肃杀的秋风里头，忽上忽下，有一个瞬间，

---

① 葛亮：《腔调》，《小山河》，浙江文艺出版社2016年版，第38页。

② 白先勇：《思旧赋》，《台北人》，广西师范大学出版社2015年版，第90—91页。

③ 白先勇：《思旧赋》，《台北人》，广西师范大学出版社2015年版，第98页。

④ 白先勇：《思旧赋》，《台北人》，广西师范大学出版社2015年版，第99页。

⑤ 白先勇：《蓦然回首》，（台北）尔雅出版社1978年版，第174页。

几乎要跌落。他们屏息看着,看了许久,直到这只风筝远远飘起,越来越高,渐消弭于他们的视线。"[①]虽然之后风云变幻,风筝也随之有起有落,但这里风筝线没有断。而楔子中表明两人走过了漫长的风雨仍然相爱相知相守,这一刻文笙才切断了风筝线,借着远去的风筝向已逝的母亲说"风遂人愿,万事皆好"[②],断线的风筝反而成为阴阳两世之人交流的媒介,所以断线仍然是有情感之线在其中牵引。如果说后面正文中风筝主要象征动乱时代的人乃至中国,追问他们如何在飘摇中坚守自身,在这一刻风筝已经是精神炼化而成,所以能够"超过其他的,在云端里穿梭"[③],仿佛就算不像此刻风和日丽,它也能穿透风雨。相对于白先勇,葛亮没有脱离中国,所以他可以更加乐观和放松,不用怀疑自己的中国身份,不用怀疑自己的文化之根。这让葛亮的消亡之中总是包孕着新生,破灭总是引向涅槃。所以葛亮本意在表现的更应是变动不居的"常",即"常"恰恰是通过"变"来实现的,因为能够顺势而为,才得以生生不息,本不必总以震慑的方式来刺激人们意识到它的可贵。观念上的乐观与形式上的悲观之间的背反,也许源于当下尚缺少一种同时兼容这种精神之生命力以及它的光晕的方法,而这反映出当下还缺少一种理想的世界想象。葛亮以及当下的人们固然知道自己不要什么,却还不能将自己想要的世界打造成完整自足的时空,所以只能通过不断否定他者来获取这个世界的碎片,捕捉它乍现的光晕。

而持续使用这一方法的危险性在于,它容易为自己否定的他者所左右,在不断的二元对立中限制自我的想象力。在探索"中国精神"的问题上,就表现为被当下全球格局限制了想象"中国"的方法。表面上看世界已经认可中国占有独特的文化位置,还通过"在中国发现历史"[④]来反思西方历史叙述的霸权性;中国也日益对自己的文明主体感到自信,不再在西方话语的体系中"自我东方化",或带有后殖民色彩地去戏仿西方对东方形象的建构,而是日益清晰地表达自我。但是这样的中国到底是基于中国历史文化而来,还是响应世界格局所期待的中国叙事,仍然需要时刻保持警惕。黑格尔式的东西方二元对立的世界想象固然已经衰退,但多元格局的世界想象又开始作为一种范式在全球推广,并以一种看似柔和却难以抵抗的方式重塑各国或各种文明的自我定位。如果是基于和他者的对比来确认出"中国"的独特,反倒容易落入全球体系所给出的"中国"位置,限制了中国主动消化和吸收的能力。

比如近年来"民国热"方兴未艾,人们倾向于用"民国"来代指一段中国自身建立

---

① 葛亮:《北鸢》,人民文学出版社2016年版,第490页。

②③ 葛亮:《北鸢》,人民文学出版社2016年版,第2页。

④ [美]柯文:《在中国发现历史——中国中心观在美国的兴起》,林同奇译,中华书局2010年版。

起现代民族国家并合乎全球现代化的历史,并尝试证明"民国"有一套特定的生活方式。以此作为一种批判性视野来反思现代化历程和当代中国的发展状况自然是具有启发性的,但当这种"生活方式"或者"文化形式"成为消费化的标签之后,它就变成了一种姿态,从另一个方面限制了反思历史的能力。当葛亮在《北鸢》自序中说"这本小说关乎民国",是可以基于他的家族历史来打开被大历史叙述所遮蔽住的褶皱的,通过细节的真实来反思目前建构的历史叙述,找到一种进入历史并反思当下的方式。但如果这样的叙述被消费市场拉进"民国文化"宣传的话,就干扰了它原有的反思性。

与此相似,近年来王德威提出"世界中"的中国文学讨论,试图以"世界中"为一批判性视野来打破民族国家或区域界限,越出"文学"的概念局限,重新理解中国文学/文化与世界文学/文化交互共生的方式,也通过将"世界中"处理成一个生成的过程来反思"世界"。[①] 但随后便有学者将"'世界中'的中国文学"理解为将中国文学带到世界语境中去分析中外的交互关系,可见目前对于"世界"的想象仍然是搭载在一个线性发展的时间线、一张大航海时代以来就大致划定的版图上的,中国文学/文化是在为这种主流添砖加瓦,推进其完善并走向更"现代"。如何充分利用中国的文化底蕴和文艺形式来转化现代,建立起足以和主流"世界"想象相对话的世界观和历史观,至今还没有答案。目前的葛亮是为我们提供了一种可能性,即我们终将找到一种讲述"中国"的方法,一方面联系起当下的个体与历史反思,另一方面可以容下传统中华文明、五四"人的文学"、社会主义时代"人民文学"乃至海外华文文学等错综复杂的脉络。但具体的发展方法,还有待进一步思考和探索。

(载《小说评论》2018 年第 1 期)

主要作品目录 《

长篇小说

《朱雀》,作家出版社 2010 年版。

《朱雀》,台北联经出版事业股份有限公司 2015 年版。

---

① 王德威:《"世界中"的中国文学》,《南方文坛》2017 年第 5 期。

《北鸢》,台北联经出版事业股份有限公司2015年版。

《朱雀》,人民文学出版社2016年版。

《北鸢》,人民文学出版社2016年版。

中短篇小说集

《相忘江湖的鱼》,香港汇智出版有限公司2006年版。

《谜鸦》,台湾联合文学出版公司2006年版。

《七声》,台湾联合文学出版公司2007年版。

《德律风》,金城出版社2010年版。

《离岛》,香港文汇出版社2010年版。

《戏年》,台北印刻文学出版有限公司2011年版。

《阿德与史蒂夫》,三联书店(香港)有限公司2012年版。

《浣熊》,台北印刻文学出版有限公司2013年版。

《七声》,中信出版集团2017年版。

《戏年》,中信出版集团2017年版。

《谜鸦》,中信出版集团2017年版。

《浣熊》,中信出版集团2017年版。

《问米》,浙江文艺出版社2018年版。

《不见》,江苏凤凰文艺出版社2019年版。

散文集

《绘色》,三联书店(香港)有限公司2010年版。

《小山河》,浙江文艺出版社2016年版。

《纸上》,中华书局(香港)有限公司2016年版。

《小山河》,台北九歌出版公司2017年版。

评论集

《此心安处亦吾乡:严歌苓的移民小说文化版图》,三联书店(香港)有限公司2014年版。

葛水平

女，1966年生，山西沁水人。

小　引《

像所有后来成了作家，或后来可能会成为作家的人一样，葛水平提笔写作的历史也不算短，但等到她功成名就的日子，却年近不惑，这不能不说是姗姗来迟。用一句套话说，也可以叫大器晚成。古今中外就有不少这样的作家，向来为人们所称道，坊间传为佳话。葛水平自然也不例外，要不，怎么会被三晋士人引为骄傲。话虽这么说，但在如今这个什么都讲年轻化、低龄化的时代，你再看看那些十几岁甚至几岁就爆得大名的文学神童，多费了一二十年的墨水、稿纸，多占了数百千兆的硬盘、软盘，再怎么说，在走向成功的路上，葛水平所耗的写作成本，也着实太大。如果再算上焚膏继晷、点灯熬油、胼手胝足的劳作之苦，和牺牲节假日休憩欢娱的损失，那就更亏大发了。就这一点上说，葛水平与那些成了文学神童的孩子们比，用得上一句广告用语——输在了起跑线上。

但上天眷顾，没有给葛水平少年得志的幸运，却给了她中年成名的后劲。在当代中国文学史上，以一篇作品(或处女作、或成名作)成名的作家，不在少数，但像葛水平这样，在一炮打响之后，再来个“连珠七发”(“连珠”“七发”本是古代的一种文体，这儿借言其势)，实属罕见，故坊间有某年为“葛水平年”之说，虽不免夸张，但也足证葛水平的蓄势之足、后劲之猛。这样的势头，令我想起了京剧里一种叫急急风的锣鼓点子，后来有一种步法，也叫急急风，用不着翻书，也用不着有很丰富的京剧知识，单从这三个字的字面意思，就可以想见这种锣鼓点子或步法的气势。葛水平就是带着这样的锣鼓点子，用这样的步法，登上当代文学舞台的。如果葛水平的乡贤赵树理先生还在，像给他笔下的人物起诨名一样，送葛水平一个绰号，没准儿就叫“文坛急急风”呢。

说到锣鼓点子和身段步法这些戏剧术语，不能不让人联想到葛水平与戏曲的因缘。根据作者的自述，她从小演戏，演过丫鬟侍女之类的小角色，终究未能成角(儿)，这才转向编剧，而后顺理成章地走向了小说创作。这就像当年有个叫金敬迈的部队作家，写过红极一时的长篇小说《欧阳海之歌》，他此前也当过演员，演过话剧，当然也是特务甲、匪兵乙之类的小角色，最后由编剧而小说创作，才成就一时功名。我孤陋寡闻，不知道在当代作家中，从这一条道上走过来的人，还有多少，我所知道的，除了金敬迈之外，还有一个就是沈虹光。沈虹光是湖北作家，曾是省文联主席，也曾做过文化厅副厅长，说来也是一方文化大员。她也像葛水平一样，从小学戏，至于演过的角色是大是小，不得而知，但从她后来改当编剧这一过程看，也可能一样没演过多少正经的主角儿，否则，成了名角儿也就不会改行当编剧了。这位作家后来也曾一度专注于小说创作，写过《美人儿》《大收煞》等演艺题材的中短篇小说，颇受业界好评。如此等等。

我说了上面这两个由演员转而成为小说家的例子，是想借他们与葛水平类似的经历，证明在演员和作家之间，存在着一种极大的转变可能，甚至是一种潜在的必然性。这不但是因为，从常识的意义上说，戏剧和文学有许多共通之处，二者在许多方面都可以通约，而且还因为，演戏和写小说，是演绎人生的两种不同方式，演戏的时候，演员担当某一类人生角色，用自己的生命在舞台上书写人生，写小说的时候，代替演员的是作家，虽然作家无须具体担当某一类人生角色，但他却需要像演员一样，具备角色所应有的经历和体验。从这个意义上说，用一句理论一点的话来表达，演员和作家，具有质的同一性。而且，当过演员的人，不论他曾经扮演过的角色是大是小、是主是从，都习惯于把诸多日常的东西，通过表演加以放大，以收取视听的效果，大到所演绎的人物命运和故事情节，会跌宕起伏、曲折多变，小到所表现的生活细节和语言动作，会夸张变形、突出放大。这样的职业习惯，带进小说创作，往往会使这些作家笔下的人物命运充满戏剧性，会使这些作家笔下的故事情节带有传奇色彩，同时会使某些生活场景和生活细节具有特别的视听冲击力。虽然不能说每一个当过演员的作家的创作都是如此，但至少在葛水平的小说中，这些鲜明的特征，都不难得到具体的印证。从这个意义上说，葛水平与赵树理，是有很大区别的。赵树理虽受民间文艺的影响，也涉足过民间戏曲，但从他的小说创作所取用的民间形式看，更多的是民间故事和快板鼓书之类的说唱艺术。相对于戏剧这种在中国古代被称作“传奇”的表演艺术来说，与民间日常生活水乳交融、血脉相通的故事和快板鼓书之类的形式，无论从哪方面说，其色彩和强度、节奏和效果，都要冲淡、舒缓、平和得多。即使是写阶级斗争，如赵树理的《李有才板话》《小二黑结婚》，与葛水平写庸常人生的《喊山》《甩鞭》等作品相比，都没有那么紧张。虽然不能把赵树理和葛水平的区别统统都归结为民间文艺的影响，但从这种影响去看他们的区别，也许不失为一个可取的角度。

自 述《

写作是我另外一生的开始

在太行山的乡村,为了我的成长,我母亲把我许给一个石碾碌做干女儿。风把那个石碾碌风化得早已看不出它身上的凹槽,它竖在村口的一棵杨树下,树空心了,因为经了年月,有孩子们在树洞里捉迷藏。夏天的时候有蛇出入,枯干的皮囊通往天空,居然有绿叶长出来,阳光的日子里会有阴凉罩下,仰头望去,那郁郁葱葱的叶子让新生的杨树多了几分苍翠。石碾碌在它的根部,放置了多少年呢?八十岁的老奶奶记事起,它就是这样。一块朴素的石头,做了几代人的干大。世上人已经乱了辈分,它却依旧非常庄严地坐在树下,永不开口,让你无法琢磨它的生命里是否真有“干大”的力量存在。乡村的人们喜欢端了碗围绕在它身边吃饭,讲古今、时下、当前和乡村男女之事。我坐在石碾碌上听,有人会说,你敢坐你干大头上!我是给石碾碌烧过香的,也磕过头,原因是我家就我一个女儿,怕不好养,要找一个人来做干大。我母亲是乡村里的小学老师,小知识分子,文化文明了她的思想,却没有文明她对俗世的眼光。她明白,认一个人来给女儿做干大是多么麻烦的事,而她周围的人都是不如她有文化的穷人。就这样,我知道它是我干大,我叫它,它不应,或者,它压根就不知道我叫它,虽然有点儿遗憾,但也让神秘弥漫了我的童年。

我认石碾碌干大的时候,已经七岁了,是有原因的,那一年发生了一件事情。快过年了,年前的腊月里有一天是“吃炒节”,就是把豆子、玉茭炒了,吃的时候拌了蜂蜜,乡村叫“吃甜”。大概意思是日子一年比一年越过越要甜了。头一天的晚上,我的同桌秋苗对我说:“我有二两粮票五分钱,明天去公社买烧饼吃,你回家和你妈要,你妈是老师有钱。”我们是第二天一早从我妈教学的村庄郭北沟出发的,走到公社不到中午。各自买了烧饼,不舍得吃,先是经不住诱惑吃了半个,发现刚出炉的烧饼软,不经吃,大冷天,我们决定把烧饼放到石头上冷,冷硬的东西总是吃得慢。这也是我们以往吃零嘴的经验。一路往回走,一路用指甲掐豆粒大一块往嘴里放,是把烧饼含化了的那种吃法。走到郭北沟的小河滩上,天黑实了,村庄上空炒玉茭的香气飘下来。秋苗问我吃完了没有,我说,还有一块。我们把口袋里最后的烧饼掏出来，两块烧饼被团得像药丸蛋子大，比了比大小，她很激动，因为，她比我剩下的大。然后，我们放到嘴里，抿着嘴等它慢慢化开，它总是化得很快。河滩正好在山的风口上，很快风把我们身上的汗收走了，秋苗说她冷，我们拉着手往村庄走。我们还疯到后半夜。那一夜我尿床了，我妈第二天打了我，一条褥子晒在学校院子的铁丝上，整个村庄都知道我尿床了。秋苗第二天病了，高烧不退，乡下人不知道把她往医院送，只喝葱姜水发汗，汗发多了，人虚脱得瘦成一张皮。后来秋苗死了。我妈很害怕，要是死的是我而不是秋苗呢？她这一辈子就没有闺女了。这样，我才认了石碾礤做了干大。

我给石碾礤干大烧香，我妈问我："你求你碾礤干大保佑你什么了?"我说："我求它说话。"我妈说："你怎么不求它保佑你学习好呢?"我学习不好，尤其是算术。但是，我真的什么也没求，我没有理想，对未来从书本上已经知道了："2000 年要实现共产主义。"我把这一段童年的事情写出来，是因为，我知道村庄给我的记忆太深，人、事、村庄的气息和民风民俗，我一辈子忘不掉，村庄的事够我一辈子享用。

尽管我的童年因为我妈是老师，很少有玩伴，有时候想起来会很孤独，但是孤独中也有几分交织的快感和欣慰。我的文学梦想是从不断的失望中激发出来的，先是我妈不让我学文化，要我去学戏，我不喜欢学戏，这样，我必须改变自己的命运，而改变自己命运的唯一出路，只能是投己所好。我开始写诗，诗是我青春年少里最简短、最明丽的语言。我在不断成长的过程中有时候要停下来，不是为了喘息，而是因为一些不曾料想的简单的成熟。比如，我不想写诗了，我觉得我成熟了，我想，写散文比写诗字多啊，到后来想写小说，小说的字比散文更多么。我总是在做一个白日梦，用非常微小的细节来叙述我梦中的乡村。我写他们曾经和我一样活着时的喜怒哀乐，我写他们其实是写我自己。写我不同时代生活的影子，我要把我这一生用小说贯穿起来，在我还有思想，还年轻，还能努力的时候，我写我不同时代，不同社会，不同性别的生存状态。我始终清楚，我活着，而不应该仅仅是简单得无意识地按部就班地活着，我当与这片土地和土地上普通的人民共生、共度光景。这样，我活着的人生五味甘苦就是社会的五味甘苦了，我的青衣布裤与在春风中吹生的万物就相应、相生了，我的悲情爱恨就不是我自己的了，因为，我已经成为写小说的人了，这个时代所给予我的存活现象，我，必须知恩图报，必须懂得裹有一颗爱心，必须不断地继续努力下去！

生命是易脆的。人活着就是行走。写作对我来说，是文字的行走，就像我的情人，只要我不抛弃它，一辈子它都依偎在我身边。一个人既然背负了这样沉重的命运，就不要去设置背景和道具，只有行走，只有写作，才能让我寻找回岁月透露出的希望。每个人都有自己灵魂的行走，时间意义上的行走可能千差万别，而行走意义上的精神依托却是最为重要的。走过时间，走过山河。我的行走不仅仅是在时间中穿梭。我读群峰，遥想造山运动时，岩浆奔涌，地壳急剧强劲地自我搏斗之后，地质史终于迎来了一段珍贵的平静时光，自然过渡到了它运动的没有目的的合理目的性，找到了秩序。不仅使秩序具有了更强的生命力和无限的可能性，更让我，一粒细小的微尘，可以在浩渺的天地间自由舞蹈，尽情释放自己凝固已久的情感湖水与内心火焰。当我用自己的人生阅历、审美经验甚至生命态度回首行走留下的痕迹时，写作，宛如回应了我平庸生命中的贵族气质。行走潜在的目标，没有功利，没有矫饰。地理的奇妙组合为我的命运提供了太多的可能性，并赋予了我强劲的身骨，行走告诉了我，什么是速朽，什么是永恒，什么是肤浅，什么是本质，让我在时间流逝中获得了一种生命原始激情。我常常会想起我的出生地——乡村。我的干大——石碾碌。村口的杨树，窑内的毛驴，向晚的炊烟和归来的羊群，一切的一切让我结想成疾。我记得去冬的一领苇席，来年的夏日在院中央一铺，就等于给梦找了一个栖身之地。我听到了不远处的玉米地里，蛙鸣声弹着青玉米的叶子，明丽的月影朗照一切，我不敢大声喊叫，怕一不留神碰落了玉米的香气、青草的香气。老窑花纹繁复的窗栏板，一棵树宽的门扇，紫铜的门环，铁葫芦锁，还有那年节时的甩鞭，我的先祖们进进出出的背影，在我的生命中显影，我想，乡村的人对生活绝不是敷衍的，他们寻常的生活是具备音乐的韵律的，他们过着世界上最平淡本分的日子，无拘无束，他们也滋生一些死去活来的故事，但他们不屑与人表诉。星光下那旱烟锅粗大明灭的情怀，成为我写作中最幸福的怀念。当我再一次回到乡村，那棵杨树已经老死，曾经坐在它的叶子下守望幸福和丰收的人，早已不在人世了。他们的坟墓在对面的山坡上，夕阳落了，晚霞退了，在一切都可以颠覆的时间中，怀恋被放置在多维的记忆上，他们给了我精神的薪火传承。

我的小说记忆一直停留在我的乡村，这是我的弱点。有一点我想提到，我的乡村，没有完好如初的未来，只有无往不胜的岁月，生活没有因为活不下去时失去活下去的勇气，而活着，总能翻越心的大山。贫穷遏止了乡村对自由的向往，大山遮挡了乡村对理想的视野，但并不能让生长在这片土地上的所有生灵屈服。记忆里的乡村，阳光拂照着我，给我格外刺目的灿烂，云朵遮蔽着我，给我无穷的想象，道路牵引着我，遥远处，指向了我可能走出的山外。那时候，我根本不知道自己今后的命运会是什么。没有一个人告诉我，你可以这样或者那样。没有。多少年之后，为了生存，我去学戏，懵懵懂懂地走出了大山，由此改变了我的人生走向。然而，蜗居在城里的我却怎么也舒坦不起来，乡村的人和事一直在我的内心深处舒缓起伏着。闲暇时，我开始在纸上倾吐心曲。当有人说我的散文有小说的影子时，我才知道，我该用小说的形式来叙述乡村了。我想我的创作一直都源于我的生活经验和记忆。

前面讲过，我母亲是小学老师，以前的乡村小学老师调动频繁，夏天或秋天我和母亲坐着毛驴车拉着家当换地儿去另一个村庄教书，我走过了当时我们公社的所有村庄。零星的村庄大都分布在山腰或山沟里。直到20世纪80年代，这里依旧没有电，没有自来水，一年四季因远离一切文明的入侵，这里的人们只能卖劲地上山垦荒。日子过得四平八稳。村庄的孩子们在这样一种环境中长大，到上学的年龄，常常是从一座山到另一座山的村庄上学，间隔的距离在视线之内，却不能用脚步来丈量。他们渴望长大后走出大山。走不出大山，对他们来说也不是悲哀，生活的热爱在他们脚步的方寸间，早已安身立命。我在看到这些情景时，有一种奇妙的感觉，泪盈中心一动，我感谢我有一位走庄串村教书的母亲，我感谢她给了我生命的灵醒。我由我母亲的教书生涯写出了《地气》。

我想起我的24岁的婶婶。记得那一年春上，祖父牵驴出山跳马。腊月里驴生驴骡。叫驴跳马，牝马所生为马骡，儿马跳驴，牝驴所生为驴骡。老驴体弱无乳，祖父要祖母去和婶婶说，要她给小驹一口奶吃。月子里丧子的婶婶羞红了脸走进祖父的窑洞，祖父避羞走出自己的窑洞，婶婶解了衣扣，探乳相赠，小驹恍然惊惧退缩跌落在地上。祖母很是无奈地叫了叔叔来，叔叔后生气盛，从老驴身上揪下一把驴毛来，缠在婶婶乳头上。婶婶缓缓地躺在小驹身边，小驹平平地，极力地伸过嘴去，时是黄昏，可以清晰地听到小驹吸乳之声，那是生命繁衍的本源之声。年轻的婶婶，肌肤透亮，在黄昏的天青中流溢出丝绸的光泽。婶婶有泪流下，那是失子的疼痛中艰难赎回的幸福。多少日子，她就这样在悲伤的边缘上喂养了小驹。生命的等级超越了，那苍苍深山中血脉里流淌着的是一种什么样的伦理道德——款款情深啊。我认为，只有中国的女性才具有如此伟大的母爱！

人世兼善天下，乡村是一部负载着文明气息的大书。人们微笑着盯着日月，不冷不热；缘起的根，似乎埋得很深，又似乎放下了与自己体温共冷暖的土地，走近一切令他们心动的景象里去想象那些风花雪月中的未知情节。

如果一个人出生在乡村，童年也在乡村，一辈子乡村都会给你饱满的形象。而乡村，任何一个催人落泪的故事，都要在时间的流逝中消失。写故事的人，不是随意地看着过去的日子凋零，而是要在过去的日子里找到活着的人或故去的人对生活某种目的或是境界——虔诚的一面。文字不是无限强化它无限的痛苦、无限的漫长，而是要强化它无限的真诚和无限的善良。我在写它们时，我想到了，人生是一条不可知的路，把头抬起来，将目光送出去，目光就落在了遥远。遥远有多远呢？百人百样人生。人生赋予幸运儿的是平坦，但没有曲折的人生却是不完整的人生。小说是生活的艺术，一切该由读者自己的审美经验与人生感悟去进行不同的理解。写作是我另外的一生开始，我对这些认知恰恰是乡村给我的。

在我的转述中，歌哭笑骂也罢，述不完的无奈与辛酸也罢，我却无法穷尽人世间多样的人生。有多少美好深埋于时间中，亲情、友情、爱情，每一种情感中都会有我热爱的叙事，我想，生命的价值仅仅在于，我是否向真、向善、向美，即使目的地并未走到，但我是朝向这个目的地行走，行走得认真，摒弃了种种诱惑，走得执着。

傅雷先生批评张爱玲时说过这样一句话：我们不缺少天才，可惜都没有好的收场。我自然不是天才，但我希望自己不要有一个太坏的收场。

访　谈《

有一种气场叫善良

——葛水平访谈录

吴玉杰　葛水平

吴玉杰：您的中篇小说《喊山》获得鲁迅文学奖，您的创作近年受到广泛关注。您最初走上文坛时的写作和现在的写作，就创作动机来说有何不同？

葛水平：当时间和空间在氤氲日子中被分割为两段时，我的过去，理想对我的宽泛程度只有几亩地大，对未来，我唯一的写作是孤独日子的心迹记录。我的周围，每个人都似乎在期待什么出现，我似乎也在期待，期待日子将自己豁然剖开：我不仅是一个会做饭的女人，我肚子里还有才气养着。要说一开始的创作动机应该有两方面：一方面是不想唱戏。我出生在乡下的窑洞里，有现代人想象不出的贫穷。我父亲认为，活着能掌握一门技艺不吃闲饭就算活好了。父亲说你去学唱戏吧，有好扮相能唱成大把式的有的是。我是当时学戏的学生中最小的，主角都叫大一点的同学演了，我一直跑龙套，当丫鬟。当时的环境很不好，连对象都不好找，我看上的，人家认为我和人家不是一个平台，人家看上我的我不喜欢，人家觉得给了台阶还不顺着下。另一方面动机是，我莫名其妙地喜欢文学，想改变世人对“没有文化的戏子”的贬称。现在的写作动机，我想应该是：好多文字跟着我，不写我便心痒难忍。

吴玉杰：您的小说写了许多人尤其是乡村人们的善良品性，您也写过一篇散文《有一种气场叫善良》，在您的文本中也会经常使用“善良”或“良善”这样的词。可以说，“善”是您最朴素也是最高的追求，温暖的气场是您理想的氛围。但是小说中的人物有时是善意的动机，带来的却是悲剧；也有一些人正是因为他们的善，导致了个人的悲剧。可以说这些是关于善良的悖论，比如《连翘》《空地》《守望》《地气》等等。您是怎样看待这种悖论的？

葛水平：“善”是一个不敢随便轻慢的词。我认为，过日子，闻鼓角而动的劲头谁都有，世海喧嚣，在驾驭生存与精神、现实与目的这两驾马车的时候，我们心灵栖息之地的信念中，善肯定是生命存活的主因。中国文化有些有趣的东西：有“好汉不吃眼前亏”，有“兼济天下”，有“见人只说三分话，未可全抛一片心”，有“君子坦荡荡，小人常戚戚”，有“善行天下”，也有“斗破苍穹”，更有“善恶有报”。夹在这样的文化中，“善”探头探脑得叫人心疼。每个生命都有着自己与生俱来的生存能力，哪怕是毫不起眼的青草、荆棘和绿叶，活着，也只有活着才能面对自然张力四射。我的小说中，所有出现的人物都不是简单的无意识的按部就班的人物，能入了文字的人物，都有自己的锋芒，借我中篇小说《浮生》中的一句话：活人不生事叫活人吗?！生事的人，对生存环境的了解和参悟是令人敬佩的，善是退，恶是进。现在是春天了，我看到春天的土地上忙碌着人影，他们在日头下的背影诗意盎然，挥动铁镢，或是嬉笑怒骂，他们的身体、头颅与镢头一起晃动，在泥土、水和空气中活着，但是，我们该明白，他们的日子不是永远这样恬静，庄稼不出青苗的时候，他们会为了一渠水引到自家田头而大打出手，也会因为谁家的牲口吃了庄稼的小事生出大事，人不可能舍却作为背景的生存，活着，谁都会为了保护自己活着的简单口粮而争斗。我们不会像河流那样默默伸出自己，放弃所有，克制欲望，善是做人的底线，决不是不沾荤腥。

吴玉杰：您的作品也经常写到与“善”相对的“恶”，您说过：“我始终相信每一种恶的背后都有善的存在。”《天殇》中的上官芳是如此。但是，当文本叙述和权力、金钱欲望连在一起的时候，“恶”的背后又似乎看不出“善”的存在，比如《黑口》《黑脉》等等。是没有，还是以别的形式存在？或是您在文本中有特别的考虑？

葛水平：您让我再一次回到了您提到的几部作品的写作中。我写《天殇》，是在一条河流的西岸找到这个故事的。一条河的走向，是一条生命线；一个人的走向，是一个社会的生命线;一个女人的走向,是一部史书的生命线。我这样说,是因为女人更真实丰富的生活写照,浇灌了人类发展的原始土壤。我写一个女人的善恶,她的善是与生俱来的,她的恶,是她经历了梦中惊厥之后,才走向了死之绝顶。《黑口》和《黑脉》两部作品中我写了煤。煤,最大的特征,是它给予了人类暖,是自身的不停息的增殖和膨胀,仿佛滚雪球,最初只是一个小团,越来越大,直到成为庞然大物;而它所带给人类的灾难,便是那一团雪球得以不断吸附积雪从而扩张自身的雪地。在面对恶时,我不想矫情,我也不是时代的代言人,我只是想写:死去的人和出生的人一样善良,它带走的是俗世无比丰富生动的幸福,是活着时的爱!是“尊天之意,得天之命”,是“生死由命,富贵在天”,是老百姓广泛认同的一种世俗化的道德观念。我在报纸上看到,死亡只是煤矿的一个数字,由一到二,由二到三,它所呈现的结果是令人吃惊的大数,最后,又接近是除法,人到最后都成了可怜的零数。一个官员的死亡是拿钱换不来的,一个卑微的人,钱,是唯一解决问题的途径。“天道真纯,与善为邻”,我只是一个热爱文学的俗人,睁一只眼谋生存,闭一只眼保平安,我与我作品中的人物一样,只数得清衣食住行的家常平安,人死如灯灭,活着的用“退”“忍让”,善与恶的分内事此起彼伏永生不衰,我无法纠结清楚,假如有别样的形式存在,也只能由读者去理解了。更多时候善助长了什么?天知道。

吴玉杰:特别喜欢阅读您笔下关于人与动物、自然关系的那些文字。在其他作家的文本中,我们可以看到他们对狗、马、牛等动物的欣赏与赞美,而您却格外关注驴、羊等,除了和您的生命经验有关,其中是不是还包含您的审美情趣?

葛水平:有我自己的审美情趣。与人结伴过日子的是兽。何为兽,兽是哺乳动物,脊椎动物亚门中最高的一纲,有头、尾巴、躯干、颈,有四肢,有毛,胎生。动物与动物不同,山养的可以巩固自己的领地,享受自然的恩赐,家养的,却没有自己的领地,只在人家的院墙内仰人鼻息。人、猿相别,至今不过170万年,人与动物本是朋友,由朋友成为动物的征服者,如对牛、马、驴、犬的驯化,对猪羊的生杀予夺,仅凭大脑的差异人就奴役了它们。我心中的动物在我的成长中是一等一的好劳力,我的童年与家养的动物相伴而长,如我的亲人,它们呵护我,让我在山野间娇艳地开放着,由了我在它们的身体上撒欢,撕拽,我的审美情趣是伴随着我的生命成长的。我在乡间撞见它们,知道它们已不属于我童年的玩伴了,但是,只要闻到它们的气味,或者那种气味从我身边划过,一种遥远的、切近的、涌动的心绪,在我的内心交融着,长久地绵延渐逝,内心有酸会泛上来,我会想到命运乖戾,会想到岁月在日复一日地老去,我明白,没有任何东西可以超过我对它们的热爱了。

吴玉杰:和善相联系的,感觉您敬畏一切生命体的生命,而不仅仅是人的生命,任何生命体的生命在您看来都是神圣的。如您对笔下人物生命的敬畏,对猪、羊、驴等生命的敬畏。《道格拉斯/China》中一个有双胞胎的母亲把自己的乳汁挤给美国飞行员喝,《灰驴儿》中一个母亲用自己的乳汁喂养幼驴,这是一种广博的母性之爱,但用传统的伦理观无法解释。您是如何形成这种敬畏生命的伦理观的呢?

葛水平:不是有了小说才有生活,小说来源于生活,如果没有生活中的影子,请您相信我的智商,我不可能凭想象延伸出我笔下的人物,我是一个智商很低的人,想象力可以制约一个人的写作,想象总是在高处不胜寒的地方,那地方什么也没有,文学作品是在众生云集、裸露真情的地方成长起来的。文学的童年是一个质朴的神秘和粗陋的寓言兴盛的时代,每一个人、每一头动物都具有彼此的特征,都有恶行或美德的象征,文学一路走过来,并没有坚守住这一劝导上的高度。中国传统的伦理道德是在历史中形成的,并不完全是珠玑,而是混有沙石,是一个精华与糟粕并存的复杂的文化体系。"它既反映了封建统治阶级的利益与意志,同时也蕴涵着中华民族特有的善良、正义及表达方式。"传统伦理道德的存在与作用的发挥,有其特定的社会条件和生活形态,安土重迁的宗法社会和小农经济是其攀附的社会结构和经济结构。传统美德中的孝道、礼仪、诚信,我们文学童年时代已经告诉了我们,人与自然、人与动物之间的关爱,生物在亿万年进化中发展出来的重要能力无非知觉而已,而后才谈得上什么伦理道德。我们常常用伦理道德来衡量某件事情,我只对人性的丧失鄙视,我相信伦理道德更应该尊重维护人性的价值。

吴玉杰:您的作品给我印象最深刻的是关于"哭"和"笑"的描写,您写尽了不同情境中不同性别、不同年龄、不同性格人的"哭"与"笑"以及"哭笑不得"的情态,比如《喊山》中哑巴的"哭"和"笑",《黑脉》中柳腊梅的"哭"和许中子的"笑",《所有的念想都因了夜晚》中柴冬花的"哭"与"笑",《贿选》中疯女人海棠的长篇哭诉,《道格拉斯/China》中婴儿"笑得'咯儿'一响",《狗狗狗》中秋的"哭"、武嘎的"哭"和栓柱的"哭笑不得",甚至鬼子的笑都被写得有声有色。恐怕没有一个作家像您这样喜欢写"哭"和"笑"的,您为何如此执着?

葛水平:我不太喜欢一个人脸上没有表情,没有表情的脸,我不知道他内心想什么,有时候一个人对一个人神采飞扬是最高的礼遇。人常说:那人是性情中人。性情是什么?是鲜活生动,有令人称奇的一面,也有令人莞尔的一面。当然,这似乎与草头百姓不太搭调儿,百姓带了草字,便不假道学,不假斯文,不假装蒜,该哭的时候哭了,该笑的时候笑了。哭和笑是一个人最痛快的宣泄,当一个人以生命的形式消失掉时，活着时的性情“喜怒”会延续在人们的口碑之中。记忆中我的族人不太喜欢多话，脸上总洋溢着丰富的表情。黄土虽埋人，有时候黄土却不养人，肥料不足，遇上年成不好，水脉不畅时，他们表情不好，常凝眉愁目一脸哭相，年年清明上坟，我听我的女性族人哭坟，她们的哭不是哭埋在地下的人，是哭自己家的日子过得苦了，分担不了汉子的难，在散发着醇厚气息的泥土上跪卧着哭，哭声悻悻的，艳丽的春日下，哭声有序地抑扬，若舞若蹈。有庄里的人会停留在地头听她们，听得醉处，以往的磕磕碰碰都化地为肥了。就算是日子过苦了，庄稼人脸上不该哭的日子，总也挂着笑，笑给外人，叫对方放心的笑，种地打粮心中不慌的笑，忙月闲日子情趣盎然的笑。他们的哭笑在我的记忆中不时地出现，我很喜欢用哭和笑来描写我笔下的人物当下的心情，把文字闹动的第一时间里，我的心情也闹动了。

吴玉杰：您的小说有很多关于“坟”的描写或叙述，而这些描写或叙述在文中又很不相同，比如《比风来得早》中吴玉亭回乡给母亲上坟构成了主要情节，《喊山》中哑巴第一次出门就到了腊宏的坟上，《所有的念想都因了夜晚》中柴冬花唯一的希望是在坟中和丈夫相思相守，《我望灯》《天殇》《甩鞭》《狗狗狗》《贿选》《黑脉》等也都写到了坟。作为具象性的坟具有怎样的超象意义才引起您这么多的关注？

葛水平：我喜欢坟，它给我另一个世界的热闹。坟的好奇与诱惑是必然的，没有比生命最后的栖息地更叫人伤心的地方了，但坟又是人最后的欲望。有一年，我与一女友从宁夏租车去沙漠，进入戈壁滩时遇见大片的坟地，我们奔过去，在坟的中央半躺着聊天。连树都没有的坟赤裸着，有一阵子我们安静下来，有一些迷茫与晕眩感袭来。衰败的景象在春日里降临，我突然觉得坟很像雨后的春笋。当不再叫做人的“动物”生存空间缩小成坟的时候，一切真就都变得无踪无影无声无息了吗？坟让我在思维混沌的时候能够清醒地认识活着，与蓝天、白云、青草血脉相通，温暖地环绕。曾经的他们完成了一个怎样的目标？到最后又是平平静静的直到魂飞湮灭。坟比任何一种日历都更透彻更残酷地记录着日子的消减，每一座坟都有一个故事，深入着这个世界，在没有往事可继续的岁月下面，坟给我的想象以无限的伸展，并挑出我笔下人物的爱恨。

那一年，我清楚地听到租车的司机用电话和他的同行讲：“我往腾格里沙漠，拉了两个神经病。”我想，写作的人是不是在具象性的坟前用神经病的方式超想象地阔大自己的思维呢？

吴玉杰：现在您的生活远离乡村，您称自己是“蜗居在城市里的乡下女人”。在您的作品中乡村叙事和城市叙事有着怎样的关系？对于城市苦难和乡村苦难的叙事有着怎样的侧重点？在描写乡村女性和城市女性中有什么不同？为什么？

葛水平：我们每个人的出生都有一条长长的脐带，你永远无法将其割断，那就是“不出三代，你的故乡都在乡村”。我甚至永远无法把城市与一座同样大小的村庄分个明白。可一切又明白地告诉了我，出生在乡下的是乡下人，出生在城市的乡下人依然是乡下人。乡下人的盛典是用脚力走出来的，显示着生命的不屈。城市的叙事于我是胆怯的，高高耸立的建筑之中，虚情假意覆盖了我，隔断了我与土地的亲近，城市让我找不到故事的安静。高分贝的声波使一天的空气震动，上扬，门窗都不可以阻隔。乡村的叙事从雀子一早的鸣唱开始，阳光穿过林木一束一束散开，就连卑微的轻尘也在农人干净的吆喝中招引舞动，面对乡村我有一种献祭的冲动。城市的苦难是不断扩张的苦难，情感与心灵在日子面前焦虑不安，我的叙事没有路径通向宁静，植入我血液与神经的文字，让我在电脑键盘的敲击声中不敢直面窥见。乡村的苦难是简单的，他们只需要体力不需要更多的心计。墙头豁口上探出的笑脸，熏风和秋色也许是沉重的，但能让我的文字流出口水。

城市女性是从乡村女性身体里剥离开来的另一个自己，我惯常的思维里喜欢乡村女性，她们天生是属于文学的。城市女性天生是属于艺术的。她们都是上帝送给人间的观赏品，在描写她们的时候，特定的环境界定了我对她们描写的不同，如一条路的走向，分道处，一条延伸到了高山，一条延伸到了平原。不为什么，只因为道路的走向规划了她们。

吴玉杰：您多次谈到父亲和母亲对自己生活的影响，我觉得在您的作品中也是有两种力量，一种是母性的温柔，温暖的气场和温暖的善意；同时，也有一种父性的阳刚，有一种内在深沉的甚至有些“破坏性”的力量。我觉得这两种力量常常纠缠在一起。在小说中您张扬了这种父性的力量，但有时这种力量的背面却有些负面的东西，比如《甩鞭》中大度而阳刚的甩鞭英雄铁孩却是一个心硬如铁的杀人凶手。您如何看待文学表达中的这两种力量？

葛水平：父亲是祖先的使者，母亲是日子的气息。父亲是一个劳作的人，劳作是一种形式，崇高时出死入生，向有知的地方争夺，向无知的地方扩展。没有比男人更自私的动物了，虽然终其一生也翻越不过坟墓高的山岗。只要活着他们就喜欢生事。人的苦难不可能比一横断墙更深沉，男人想把苍穹眺望得更遥远的时候，常常要站立在墙头，墙头上真能望高吗？骄狂是他们的天性，掠夺也是他们的天性，面对欲望，胸怀只是一个口袋，装什么不装什么由不得自己，一念心起，三思而不得自定，一句不得自定，也见得了难，也临得起事。

母性是与日子挨得更近的气息，是门里门外的心情。女人是一个让男人俗得可言情的名字，我是女人，您也是女人，在我的笔下，女人永远是美丽善良的化身。

吴玉杰：同时，我还感觉有另外两种力量，一种是来自赵树理的，一种是来自沈从文的。前者源于地域文化，后者源于您的阅读经验。前者是晋地的，后者是湘西的。前者捕捉民间大地和俗世生活的真实与质朴，有尘世的石头般的坚硬质感，有一种疼痛，后者有民俗风情的淡雅与诗意，有超然的水般的柔，有一种温暖。风俗的审美使您别于赵树理，疼痛的质感使您别于沈从文。您是怎样把它们融在一起从而获得"我就是我"，"是晋地的，又是超越晋地的"我？

葛水平：我就是我，我只能是我。赵树理和沈从文是我敬畏的作家，亲切质朴的风格表达了他们对自己故乡的热爱。地域文化是一个作家文字的灵魂，没有哪一部流传下来的名篇其中的文字没有自己故乡的气息。他们文字的力量有共同的特质：一种贴近本原的生命的认知。诗意的沈从文对他的湘西有水乳交融得恰到好处的心动，每一篇作品都有他自己的边城。而赵树理，没有唯美的语词，直接体现的是语言文字和文字之外的人民平实的目光、颜面、行为，一切都在不可言说的状态中发现生活的趣味。我羡慕他们智慧的头脑，我不可能把这两种力量融在一起从而获得"我就是我"，"是晋地的，又是超越晋地的"我。写作是猜测生活的一个方式，他们用心发现，我却是阅读他们去发现，因此，我知道我就像沙滩上的脚印一样，水漫过，痕迹会抹平。我的文字会越来越模糊，有一天，我随我生命消失的时候，我的一切都会静止下来。我明白，我与我敬畏的人和敬畏的文字隔着巨大的距离。我越是阅读他们，越是感到写作的艰难。那些好文章真好，这世界上怎么有那么多真好的文章真好的聪明的作家呢？我有时候怀疑我自己的智商、我的想象、我的生活经验和我的贫乏，在宿命的挣扎中，在没有证明我不行之前，我只是有几分不舍得和不想放弃。

吴玉杰：读您的作品，隐隐约约感觉到一种似乎缥缈却又沉实的东西，比如《甩鞭》中王引兰对春天的渴望，《黑脉》中的柳腊梅、《天殇》中的上官芳、《守望》中的秋水等起初也都似乎相信生活的力量，感觉总有一种美好在前面招引他们。他们身上所具有的生命的韧性和乐观是不是和您的个性气质有关？

葛水平：每个人都不可能被命运牢牢地锁定在某个幸福时段，行走是人生，需要勇气和运气。勇气会让人可供选择的机会越来越少，会熄灭梦想中的幸福。听从命运吩咐，就是尊重自己的生命。运气，我只肯定一种：活着。活着对我已是奢侈。世上没有带路人，每个人都是事后诸葛亮，事前呢？刘禹锡诗：潭面无风镜未磨。有风呢？有风之后还会无风啊。每个人都会在无限微茫中产生明天的希望，我们可以借助睡眠把今天结束掉，但一生总不可能永远都是睡眠吧？我不太看重人世的苦乐，苦乐于人都是好处。我不可能因我的韧性和乐观去改变他们，小说的命运以人物的性格来决定，人物于小说中往往都是不知所措的孩子，愚顽而偏激的人物有的是，他们与我的关系是间接的不是直接的。

吴玉杰：您的小说写得朴实，不玩弄技巧，但文本叙事和结构又很讲究。很多小说不是按照线性时间的逻辑顺序叙事，经常插叙和补叙。所以，给人的感觉是您的写作传统得可爱而灵活。《第三只狗》和《陷入大漠的月亮》是您创作中的新尝试。您今后的创作是继续保持着传统中的创新还是进行更大胆的尝试？

葛水平：我想保持自己传统的写作方式。在写作的范围内，改变只是我某个心情下的无意识跳动，其实是失败的。我不想做更大的尝试。

吴玉杰：您有些小说是取材于自己的散文创作，例如小说《甩鞭》《地气》和《灰驴儿》，分别取材于散文《读父》《山中的孩子》和《驴》，您感觉在写小说和散文中寄予的情感和表达有何不同？

葛水平：抛开理论上的说法，散文是透亮明快的，小说却稳得很实。我的小说有一部分确实是取材于我的散文，我写它们时是因为我不能也不敢肯定我写得了小说。短而精的文章很适合回忆一个场景，一个片段，假如小说是一年里的四季分明，散文或者可以说是一个季节就可以了。散文中的人物有一些起伏和改变，它可以迎合我那一时一地正处于一个完全的精神状态下的情景，我满身满心的激荡，想把他们写出来，回忆也是简单的，我写一个段落，不知该表达什么中心，什么目的和思想都没有，只是情之所至。把他们转换成小说的时候，我的写作是谨慎的、冷静的，也是严肃的，我努力让自己回到当时的情景中，勾画出昔日动人的曲线，一步步将他们推向生活的末路，让读者看清楚所有的岁月的真相，我会为故事的结局委屈他们。散文可能让我的语言别有意趣地飞扬起来，小说则让我的激情埋在文字中，有不能释怀的沉重。

吴玉杰：您作品的名字前后有的有变化，比如《凉哇哇的雪》改为《贿选》，《米秋水的麻田》改为《守望》，《经典》又叫《第三只狗》，为什么会有这些变化？

葛水平：一开始写小说时，我情绪是高涨的，想用两个字的名字来决定小说的题目，一直写下去不变。后来自己又推翻了自己当初的想法，不想绞尽脑汁去较真。《凉哇哇的雪》用的是当地的一句方言，改为《贿选》是想在题目上敏感一下，我其实更喜欢前面的名字。《米秋水的麻田》是创作时的名字，发表时改了《守望》，感觉似乎更含蓄一些。《第三只狗》是写作时的名字，发表时编辑希望用两个字的小说名字,改了《经典》,我感觉不是太贴题,后出版时改了过来。

吴玉杰:您唱过戏,做过编剧,您的小说中也出现戏台、唱戏、听戏等情节。我隐隐约约觉得,您小说中好多的"哭功""骂功",一些人物精彩的长篇倾诉、讲话、对话等和您唱过戏、做过编剧有关。您是怎样看待您的这种经历对您的小说创作的影响的?

葛水平:经历是无法改变的,如同出生的定性。我曾经在一个县剧团里待过,没有唱过主演,也不如现在的条件好,那时的剧团流行着几句话:"一等人有床铺毡,二等人支桌蹬板,三等人就地铺摊,四等人满街乱蹿。"是讲唱主演的人一到了村庄人家就住进了农户的屋子里,知道是主演,户主自愿腾地方叫人家住。二等人也算有身份的,不唱主演也是拉板胡敲梆子的,教室里或者队部搬了桌子好歹也是床了。三等人在腾空的屋子里,地上铺了干草打通铺睡。四等人既不想睡地铺也睡不上桌,满村庄乱跑着找人家住。我属于三等人,随行就市。不能唱主演,便羡慕人家的台词,常常在皱巴巴的幕布两侧看人家蟒袍玉带的风光。戏剧只有在民间才有它生命的活性和通达,它对我的早期文学启蒙有胎教作用,除了有道德功能、教化功能外,它也点化了我对历史和地理知识的认知。我承认戏剧对我有文学酵母作用,并明显激活了我迟钝的思维,我难以滤清它给我的是一种什么滋味,但它肯定影响了我。戏剧是世俗生活的描摹和缩影,佳人越格,小生逾矩,都是很小说的场景,小说有时候还真有着再世俗不过的戏剧情节。有什么样的生活经历,便有着什么样的写作气场,我想是这样的。

吴玉杰:2009年10月,您和其他四位作家作为中国当代作家走向世界的代表出席法兰克福国际书展,您有何感受?出国对您的创作会发生影响吗?一直听说您正在创作长篇小说,进展如何?

葛水平:2009年10月的法兰克福国际书展,当时不是五位作家,大约有近一百位。我们五位作家是前期参加"德国柏林中德文化中心论坛"。当时有铁凝主席、莫言老师、余华老师、叶延滨老师和我。在德国有两件事情对我有很深的影响,一件是:在法兰克福陪同我们外出的导游是一名出国二十多年的北大高才生,他娶了德国太太,孩子都二十岁了。前年过春节他把母亲接过来,年三十晚上一起看春晚,看到小沈阳的表演,娘儿俩纵情大笑,太太几次从自己的屋子里出来看,然后严肃地叫起他问:"你们要不要看心理医生?"他讲到此处时,鼻头红了。第二件事是:我们在慕尼黑,夜晚十二点,从咖啡馆出来过马路,德国的马路很窄,夜很静,红绿灯亮着,我们在没有等绿灯亮起来的时候穿越马路,我无意间回头,看到一个德国老人很安静地等绿灯亮。我第二天问导游，他告诉我，德国人相信夜晚的十二点会有贪玩的孩子趴在窗户上看外面，如果他看到一个不守规矩的老人闯红灯，对他幼小的心灵会产生什么影响？那么，那个夜晚他看到一群中国人闯红灯呢？那个德国老人看到这一群中国人的行为之后会想什么呢？无以言表的负荷，我不能调整好我的心情，一群貌似有文化的人做了一件很没教养的事。我是这样认为的。我会在适当的时候把这些事情写到我的作品里。

我正在写一部长篇小说《裸地》，四十万字，接近尾声。

评　论《

穿越生命的灵舞

——葛水平小说创作论

吴玉杰

葛水平的心灵一直行走在故乡的山神凹。在《消失的生命与时间有关》这篇关于山神凹系列作品的创作谈中，她说："山神凹成为我生死的眷恋与诱惑。""我是它早已龇着嘴唇盟过誓的唯一的一个情人。""如果一个人出生在乡村，童年也在乡村，一辈了乡村都会给他以饱满的形象。"她的创作更多地源于她对乡村的记忆，在那些不是书写乡村的文本中，她也习惯于"环顾"乡村。她的心灵的行走，更是在故乡的精神气场中的行走。记忆中的故乡与族人，他们以特有的生命状态生存着。笑与哭，是他们留给葛水平记忆最深的"若舞若蹈"的生命表情，也许葛水平在心中建构起一座坟墓，珍藏着、保护着、书写着这些记忆。而当这一切从记忆的坟墓中走出，幻化成穿越时空的遐想、穿越生命的灵舞，这是葛水平与故乡的对话、与自我心灵的对话，又何尝不是她面对故乡的生命献祭呢？

记忆："别致亲切"的"心灵长跑"

葛水平的故乡山西沁水山神凹，这个在地图上找不到的地方，寄予着她全部的感情。文本中这块土地上已逝的历史或正在发生的现实，都来源于她心灵的记忆。对于"蜗居"在城市中的她来说，一次次对记忆的叩问就是一次次"别致亲切"的"心灵长跑”。海德格尔认为，体验即回忆，而回忆即诗。[1] 从这个意义上说，“心灵长跑”即成为葛水平的生存哲学与写作诗学。

葛水平说：“回忆是一次心灵长跑。”“在乡村，在桑园小石磨石台阶上，我听孩子们合唱一首抒情得可溢出血的歌，想歌声把乡村托举起来的激动，想那个在歌声中抒情的孩子，朝着我内心微笑，竟会是如此灿烂。”（《心灵长跑》）行走在乡村大地上的往事在记忆的画幕中频频叠至，而“有时候湮没在时间中的记忆，再回忆常常有着别致的亲切”。记忆与回忆总会给“蜗居”的葛水平以特殊的心灵震动。

行走在记忆中的葛水平徜徉于故乡的精神气场，她的记忆是关于普通人的记忆，她的文本是书写“普通人”的“寻常生活”。她说：“我念书不多，读书也不多，我只能从普通人身上去寻找生活。”在葛水平的自述中，我们发现，“普通人”似乎是她别无选择的选择，是一种被动，而我们可以从中看出她的主动——寻找生活，所以这种选择也正是她写自己熟悉生活的一种自觉的选择。而选择什么样的生活更可以看出作者的创作心态。葛水平说：“一个活在世上的人，我认为，只有寻常生活可见活人的精神。”她选择的是“寻常生活”，这是她寻找的结果，是一个更加自觉的选择。所以，“普通人的寻常生活”成为葛水平审美观照的对象，哑巴的喊山（《喊山》）、铁孩的甩鞭（《甩鞭》）、柴冬花的念想（《所有的念想都因了夜晚》）、老师在岭上上课（《地气》）等等，凝结成记忆的塑像，撞开读者的心扉，竟抵生命的深处。就是写抗日战争中故乡人的生活也是如此。虽然，从人类发展的历史来看，战争是一种非常态，但是，从特定的时空角度上说，战争恰恰构成那个时期人们最日常的、最寻常的生活。

葛水平不是写战争中英雄的故事，而是写战争中普通人的寻常生活。在抗日战争的英雄名录中，也许我们不能发现他们的名字，然而历史的天空同样有他们生命的回响，他们存在于葛水平的心灵世界。虽然小说里有武嘎（《狗狗狗》）和维持会长马宝贵（《道格拉斯/China》）这样一类英雄的人物，但更多的人物是，外形上看他们没有英雄的外表，更多的是唯诺、轻贱与软弱，和传统英雄有着根本的不同。或者可以说，葛水平不是把他们当成英雄来写，他们只是一个中国人，在抗日战争中表现出了作为一个中国人的民族责任，这是一种民族的尊严，一种历史的担当。《狗狗狗》中的栓柱和《道格拉斯/China》中的王广茂，作者最初写到这两个人都是斤斤计较的“小男人”，他们的眼里只有自己的家、自己的家人。在马宝贵看来，王广茂“不是个牢靠人，说话不思想，没有头脑”，马宝贵担心王广茂的软弱会导致出卖美国大兵甚至想

---

[1] 童庆炳：《现代心理美学》，中国社会科学出版社1993年版，第101页。

杀了他。然而在日本鬼子挑起他的孩子并把他丢进涝池的一刹那，王广茂大骂日本鬼子，大骂马宝贵(实际上是为了保护马宝贵)，谎称他知道美国飞行员的下落。是的，就是这样一个"瘦得只剩下筋骨"的王广茂，站立着是一个"人"。葛水平查阅史志知道，这个真实的美国兵留给太行的百姓一句话："中国始终是没有被征服的。"越是普通人，越是具有一种普遍性的意义，民族的尊严、民族的精神写在普通中国人的脸上。

回忆不是单维的作者的"心灵长跑"，而是作者和她笔下的人物共时性的"心灵长跑"。葛水平对人物的精细把握与人物的心灵共鸣，不在于艺术技巧的万般炫弄，而在于朴素的真诚。她说："我出生在乡村，乡村让我的精神饱满，让我有无法述说的喜悦，那些人事感动着我，时间长了，我想写出来。俗常人生，俗常看点，保持着乡下人的判断，事实上我在写城市题材里也有到乡下绕一圈的内容，乡下连着我的脐带，供我养分。……对事物最朴素的感情和判断帮助了我。"[①]"文学是从泥土里生长出来的树"，乡村给予葛水平的养分更像是一种生存哲学，或者说，葛水平在小说文本中表现的乡村的生存哲学成为她创作的诗学。

无论是在葛水平的一些创作谈，还是在她小说的文本中，我们经常可以发现这样的表述："活着得生点儿事。"其中包括三个方面的内容，一是"活着"和"事儿"是相伴的，不存在无事地活着，也不存在活着无事。小说《浮生》中有句俗语："活人不生事，那叫活人吗?!"《甩鞭》中的铁孩说："有些事情放不下，就得活。"这是生命的原生状态。二是"生点儿事"可能是出了意外，生活不是平静如水，而是充满起伏的波澜。《喊山》中的韩冲炸獾炸死了腊宏，《浮生》中的炸药炸了人，《地气》中的李苗误告了王老师，等等。这些意外是普通人寻常生活的一部分。三是指做些觉得对自己有意义的事，人不能无事，人总得找些事做。《空地》中的张保红一直本着这样一条原则："帮了人家我少啥，心里还很熨帖，我要不帮人家，我几天心里都不熨帖！能帮不帮那我活的还叫一个人吗?"《守望》中米秋水收养一个豁嘴的弃婴，等等。这些人以不同的方式"生事儿"，以不同的方式生存。

"活着得生点事儿"，对于葛水平来说，是告别了自己的"戏剧人生"、行走在故乡的精神气场、和记忆中的乡人进行一次次的"心灵长跑"，是完成自我的心灵补偿和生命献祭、达成"我写作我快乐"的至臻境界。卡西尔说："在人那里，我们不能把记忆说成是一件事情的简单再现，说成是以往印象的微弱映象或摹本。它与其说只是

---

① 韩石山、葛水平：《对事物最朴素的感情和判断帮助了我》，《文学》2008年第3期。

重复不如说是往事的新生，它包含着一个创造性和构造性的过程。仅仅收集我们以往经验的零碎材料那是不够的；我们必须真正地回忆亦即重新组合它们，必须把它们加以组织和综合，并将它们汇总到思想的一个焦点中。只有这种类型的回忆才能给我们以能充分表现人类特性的记忆形态。”[①]葛水平源于记忆的创作有一种从散文到小说的现象：从散文《一个听来的故事》到小说《狗狗狗》，从《读父》到《甩鞭》，从《山中的孩子》到《地气》，从《内窑黄昏》到《所有的念想都因了夜晚》等等，都是如此。虽然有人告诉她题材好可以再写成小说，但我们觉得最重要的是，她感觉在散文中她的书写还没有完全表达出她对那一片土地以及土地上生活的人们的所有感情，“意犹未尽”。这“未尽”的“意”，更是她对乡土的心灵“债务”。从文本书写来看，前者散文的创作是一个文本的完成，但并不是情感的完成；也就是说，在完成散文创作之后，她的情感仍处于未完成状态。而当小说文本完成之后，她的那种内心的激荡才逐渐舒缓。

对于马尔克斯来说，他写《百年孤独》是为了给童年时期的经验提供一种归宿。对于葛水平来说，她的创作是一种对故乡的“献祭的冲动”。“他们过着世界上最平淡本分的日子，无拘无束，他们也滋生一些死去活来的故事，但他们不屑与人表述。”(《我走过时间，我走过山河》)葛水平把她的乡村写给世界，面对乡村，她总有“献祭的冲动”。对乡村记忆的书写是葛水平永远处于未完成状态的心灵补偿。记忆有多长，记忆有多深，决定“别致亲切”的“心灵长跑”的长度与深度。

笑与哭：“若舞若蹈”的生命表情

在葛水平的记忆中，族人不善于表达或不屑于表述，但是他们的歌哭笑骂却总是那样深深地印在她的脑海中，清晰可见。笑和哭，作为生存的本真，闪烁着生命的光华。葛水平说，乡人的哭笑有序地抑扬，“若舞若蹈”。我们可以说，笑与哭，“若舞若蹈”的生命表情是葛水平关于乡人最鲜活、最灵动、最清朗的记忆。

米兰·昆德拉的《笑忘录》把笑和忘看作是人类的两大母题，小说第三章和第六章是关于笑的主题，笑对塔米娜来说是欢乐，是内心的宁静；小说中最具意味的是天使的笑声和魔鬼的笑声。笑和忘，是米兰·昆德拉创作的母题；而笑与哭，是葛水平创作的两大母题。在她的小说中写尽了不同情境中不同性别、不同年龄、不同性格人的“哭”与“笑”以及“哭笑不得”的情态。

---

① [德]卡西尔：《人论》，甘阳译，上海译文出版社1985年版，第65—66页。

亚里士多德说:“在一切生物中只有人类才会笑。”人的特征就是他是会笑的动物。人是笑的主体,又是笑的对象。笑有情采,是生命丰富性与复杂性的表现。笑,是一种生活的勇气,也是一种生活的无奈。笑在毁灭的同时,又在创造一些富有意味的东西。“在最崇高和最低贱的事物那里、在最神圣者与最平庸者面前,都有同样多的笑。因此,笑包含了生命与道德的完整领域:从善良到卑琐、从人道到野蛮。从本质上说,笑的精神似乎就是自由的精神,就是无视现实的扭曲、以笑打破隔阂,在人群中找到共鸣。”①

葛水平一般从三个方面考虑笑的情态:一是笑是生命中最真诚的一种流露,是一种豁然的美好,《道格拉斯/China》中的婴儿“笑得‘咯儿’一响”富有自然的质感;二是在笑的场域中不带有创作主体的自我色彩,一般只是一种客观性的描写,如《喊山》中说琴花的笑声“浪过来”等等;三是笑在不同的时境中有不同的生命含义,笑的深层结构是文本真正之所指,在这种情境中,她往往举重若轻。《黑脉》中的三兄弟在矿难中死去,然而他们的脸上写满了笑意:“想着靠体力活赚得的那份未来的幸福,想笑,笑给腊梅看。笑在心里藏着呢,藏着的那份笑就算是到了另一个地方,那笑依然在心里藏着,脸上能不挂出来吗?”葛水平书写三兄弟死后的笑容,这种举重若轻的叙述方式增添了文本的悲剧氛围。《所有的念想都因了夜晚》也是如此,“她看到娘脸上挂着被岁月揉皱了的笑”,然而娘的笑也不能给未来的女儿带来生命的欢笑。笑不过是一种无望的期待与幻想,柴冬花“自个儿搂着被子傻笑,笑着笑着睡了,笑还挂在梦中的嘴角上”,所有对丈夫的念想都在这样的夜晚凝结在被角和嘴角上。等待她的是五十年的心酸眼泪。所以,这时的笑和生活的苦难形成鲜明强烈的对比。表层的笑转化为深层的哭,是作者在咀嚼生命的疼痛。这时的葛水平和鲁迅一样,是最爱写“笑”的人,而自己却躲在哭泣的边缘。

葛水平对哭笑的描写有的是蜻蜓点水式的,只是在哭笑的前面加上一些简单的修饰语,却很具象与灵动。有的时候更注重写哭笑的感觉。《甩鞭》中王引兰在麻五死后的气绝之哭,想象以后过着不再想笑也不再想哭的日子。《天殇》中上官芳听到儿子被杀,“女人泼辣的东西一下吊在了她的胸膛,两行长泪挂下来。以往,一种忍耐的情绪,都在脑海里藏着,等待着一个契机被激活、被唤醒,现在它发芽了,它冒出了嫩头来。”接受这一事情之后,“她倒惊异了,十八年的苦真该哭一回,可是她突然没有了悲伤,她的哭到哪里去了呢?”这是欲哭无泪的感觉。作者有时候强调哭笑的

① [德]库舍尔:《笑:上帝和人的艺术》,周辉译,(香港)道风书社2008年版,第8页。

“效果”，写得具有质感。《道格拉斯/China》中日本鬼子的“那笑在雨中听起来像拧住了的绳子”，《狗狗狗》中“窑口的驴因为武嘎的笑声也对着外面的雨嘹亮地叫起来”，《玻璃花儿》写一个女性在成功复仇之后“在楼棚上大笑了几声，那笑声像风滚树梢一样在上空滚动，那笑落在人群里没有反弹，笑得人心有被什么撕裂了一般疼痛，人的噪杂声突然就闷了”。这些笑构成笑的气场。

葛水平的小说写得精彩的是，哭笑不仅是一个细节，更构成文本中不可或缺的情节。《比风来得早》中用了很大的篇幅写在吴玉亭母亲坟前不同人的哭诉，从家里人哭地底下昏睡的人苦，到数落自己的不好，哭自己的苦，再到村长媳妇哭村里人的苦，这长篇哭诉构成文本最重要的情节。哭苦是对死去人的怀念，也是诉说活着的艰难。

一个糟糕的小说家把情节变成细节，而一个高明的小说家把细节变成情节。葛水平的高妙之处就在于，她能够把笑与哭的细节写成并构成经典的情节，如《喊山》中哑巴的笑和琴花的哭。哑巴因为不能说话，所以她的表情就是她的一切。哑巴的第一次笑，“哑巴乖巧的脸蛋儿冲韩冲点点头，咧开的嘴里露出两颗豁牙，吹风露气地笑，有一点感谢的意思。”哑巴的第二次笑，是当会计王胖孩向哑巴讲述赔偿的问题：“哑巴像丢了魂似的听着，回头望望炕上的人，再看看屋外屋内的人，哑巴有一个间歇似的默想，抽回眼睛看着王胖孩笑了一下。这一笑，让有一种强烈的表现欲望的王胖孩沉默了。哑巴的神情很不合常理，让干部们面面相觑不知道她到底笑个啥。”哑巴的第三次笑，是韩冲给哑巴送面和米，“哑巴拉了闺女和孩子笑着站在墙角看他一头汗水地进进出出。韩冲想，你这个哑巴笑什么，我把你汉们炸了你还和我笑，但他不敢多说话，只顾埋头干他的活。”哑巴的第四次笑，是在腊宏坟上大哭之后回到粉房，“哑巴停下来抬手闻了闻手上的粉浆味儿，是很好闻的味儿，又伸出舌头舔了舔，是很甜的味道，哑巴咧开嘴笑了。这时候韩冲才发现身后不对劲儿，扭回头看，看到了哑巴的笑……哑巴突然又笑了一下，韩冲不明白这个哑巴的笑到底是羊羔子疯病的前兆，还是她就是一个爱笑的女人。”哑巴的第五次笑，是看琴花和韩冲父亲吵架，“哑巴笑了笑，回头看看每个人的脸，每个人看他们吵架的表情都不同，有看笑话的，有看稀罕的，有什么也不看就是想听热闹的，只有哑巴知道自己的表情是快乐的。”哑巴的笑与快乐是一种兴奋，过去她长着嘴却不能和腊宏吵架，所以，在她看来，吵架是一种快乐的表达，快乐的享受；而看吵架在这时也变成一种快乐的方式了，所以她的笑是对生活本真的笑。哑巴的第六次笑，是夜晚自己想喊山，走在乡间的小路上，“仰着脸笑了”，这是喊山仪式前将告别失语的惬意，是对自己将获得轻松与幸福的美好期待。她的笑是对现在的笑，更是对未来的笑。哑巴第七次笑，是"盘腿裸脚坐在地上剪谷穗，哑巴笑着，孩子坐在谷穗上笑着"，哑巴享受着劳动与生活的快乐。

奥地利当代著名动物学家洛伦兹觉得："无论如何，笑比热情更具意义，而且特别地有人性。"[①]哑巴的第一次笑，是表示对韩冲让他们住下的感激，说明她的天性。哑巴本有笑的天性，在她第一次坐车的时候，她最初是笑了，而当这车开出山沟之后，她脸上的笑从此凝固；哑巴的笑更多的是在腊宏死了之后，是天性被长久压制之后终得回归的精神释放，也是她的生命最精彩的绽放。

如果说，哑巴七次的笑具有神秘的力量推动情节的发展，那么琴花的两次哭不仅是情节的发展，更是走向揭开秘密的最重要的契机。哑巴的丈夫腊宏被韩冲的炸药炸死，哑巴不能哭，需有人作为哭妇为腊宏送行。琴花为韩冲之面，暂作为哭妇。但"琴花干哭着走近了哑巴，看到哑巴不仅没有泪蛋子在眼睛里滚，眼睛还望着两边的青山"。显然，这不哭和先前她的笑以及后来的不要钱构成了哑巴最重要的让人迷惑不解。琴花认定不会哭的哑巴"真是有病"。琴花做哭妇最重要的是韩冲答应给她一头猪。而琴花和韩冲之父吵架之后假装的"嚎哭"成为哑巴第一次说话的契机："哑巴走到琴花的面前坐下来，两手捧着碗递到埋着头的琴花脸前，哑巴说：'吃。'"这是哑巴在小说中说的第一个字。哑巴这时的开口有以下几个方面的原因：一是腊宏死去一段时间，哑巴获得自由，逐渐恢复自己说话的本能。她可以说，但不可能瞬间说很多，一方面是生理机能所致，另一方面还有心理的恐惧。腊宏虽然死了，但哑巴有时觉得他还活着。二是琴花是无理取闹落得被打的下场，围观者心情不同，没有人愿意拉她起来。但这时的她明显处于"劣势"，是暂时的弱者，哑巴走近琴花是善良天性使然。三是由女性之间的情感距离决定。从日常生活来看，哑巴和韩冲接触最多，也最有机会说话，但哑巴没说，更多的是笑，是感激。腊宏对哑巴的限制与"打压"在很大程度上造成哑巴和男性之间交流上的障碍与距离。如果不是琴花，而是一个男性，也许哑巴也能端碗粉浆，但不一定能说出"吃"。而哑巴面对琴花，是面对一个和她一样的女性（这个女性也正遭受着被打的命运，虽然原因大不相同），这时候的哑巴显然情绪更放松，情感更自然，没有恐惧，没有顾忌，有的是天然的贴近。所以女性之间情感距离的贴近让她说了一个字。

而此后哑巴的哭则更具深意。哑巴在腊宏死后第一次出门便到了腊宏的坟上。

---

① ［奥］康罗·洛伦兹：《攻击与人性》，王守珍、吴月娇译，作家出版社1987年版，第307页。

哑巴踢坟上的土，然后坐在地垄上哭。“哑巴哭够了对着坟堆堆喊，一开始是细腔儿，像唱戏的练声，从喉管里挤出一声‘啊’，慢慢就放开了，唢呐的冲天调，把坟堆堆都能撕烂，撕得四下里走动的小生灵像无头的苍蝇一样乱往草丛里钻。哑巴边喊边大把抓了土和石块砸坟头，坟头下的人让她悚然而栗，她要砸出他来问问他，是谁给他权力要让她这么无声无息地活着。”《喊山》中的这些笑与哭是作为情节的存在，写出了哑巴从主体性被动的消隐到主动的失语再到自我的回归的过程，所以不仅具有内蕴的深刻，更具形式美的价值。

在葛水平的印象中，“农村人是把喜怒哀乐都挂在脸上的”[①]。在访谈中，她说：“哭和笑是一个人最痛快的宣泄，当一个人以生命的形式消失掉时，活着时的性情‘喜怒’会延续在人们的口碑之中。记忆中我的族人不太喜欢多话，脸上总洋溢着丰富的表情。黄土虽埋人，有时候黄土却不养人，肥料不足，遇上年成不好，水脉不畅时，他们表情不好，常凝眉愁目一脸哭相……就算是日子过苦了，庄稼人脸上不该哭的日子，总也挂着笑，笑给外人，叫对方放心的笑，种地打粮心中不慌的笑，忙月闲日子情趣盎然的笑。他们的哭笑在我的记忆中不时地出现，我很喜欢用哭和笑来描写我笔下的人物当下的心情，把文字闹动的第一时间里，我的心情也闹动了。”“闹动”，是指以一种不平静的心情书写自己的乡村，乡村记载着葛水平全部的生命与爱。葛水平是一个容易让生活触动的人，作为一个在城市中蜗居的“乡下女人”，葛水平是带着记忆的色彩书写自己的乡村，记忆中的人总是以某种情态进入记忆的主体。她的心灵一直行走在故乡的山神凹，作为乡村载体的族人，也总是以鲜活而清朗的形象印在她的记忆中。

此外，葛水平对哭和笑的执着和她从事戏剧演出与创作的生命体验有关。她说：“有什么样的经历，就有什么样的写作气场。”戏剧演出要求演员充满无限丰富的表情世界，表和演是无法分割的，或许可以说，一个演员的成功与否在一定程度上取决于她的表情。葛水平喜欢听乡下人说书、听乡下人唱戏，她自己以前唱戏写戏，传统戏曲中角色的“喜怒于色”无疑会使她在小说中塑造人物时留下印痕，而唱戏本身加深了她对生活的了解：“唱戏的虽不足解释整个生活的道理，却能让你读出近乎绝情的哀恸。”(《泛着水波的回忆》)

笑与哭，是人类情感的真实流露。温暖的笑声与寂寞的哭喊，是生命的狂欢。从人物的哭与笑到创作主体暗含笑与哭的美学品格，是一种狂欢式的自我写作，它

---

① 王春林：《葛水平：心灵行走著美文》，《长治日报》2006年1月5日，第5版。

没有任何传统的来自主流的顾忌，是一种发自自我内心情感的张扬与挥洒。

坟墓：穿越时空的生命遐想

如果说，笑与哭是葛水平关于乡村人的记忆，那么，坟墓则不仅是葛水平关于乡村自然风景的记忆，更是她珍藏记忆的记忆。鲁迅喜欢坐在坟的中间，在《坟·题记》中称，他"造成一座小小的新坟"，"一面是埋葬，一面也是留恋"。葛水平坐在或躺在坟的中央，没有埋葬，有留恋，更有穿越时空的生命遐想。坟是两个生命的在场，是一个具有现场感与历史感的文化空间。

葛水平作为创作主体没有在文本中埋葬自己的过去，然而她时常让她笔下的人埋葬过去。坟是乡村自然风景的一部分，是日常生活场景的一部分，围绕着坟所发生的事却不仅仅是关于坟内的人，更是关于坟外的人。《甩鞭》《喊山》《天殇》等都有关于坟的描写。《喊山》中，"哑巴一屁股坐在坟堆堆上，坟堆堆下埋着腊宏，她从心里想知道腊宏到底是不是真的去了。一直以来她觉得腊宏还活着，腊宏不让她出门，她就不敢出门。今儿，她是大着胆子出门了。"她"绕着腊宏的坟堆走了好几圈，用脚踢着坟上的土"。腊宏死后，她才有机会出门，在腊宏坟上的哭喊是对腊宏的控诉，是对自己不堪回忆的过去的告别。而《比风来得早》的主要情节则是吴玉亭回乡给母亲上坟。这里涉及权力的冲突，发生在县政府办副主任吴玉亭与主任之间，与村干部、镇长、民政局局长之间权力的冲突。上坟竟然也成了权力的暗中较量，唱戏、放电影作为吴玉亭给过世母亲热闹的排场，却一个也没有实现。回乡上坟这一情节使一生错位的吴玉亭在权力的追逐中渐渐被甩出，只能被迫找回原来的那个写作的自我。权力扼杀了一个文学青年的梦想，作者通过吴玉亭的口说："我是权力的异类，而在人面前，权力是人的异类。"吴玉亭起初抛弃了写作，试图在官场上发展，甚至以自己的爱情与婚姻为代价，然而，官场还是抛弃了他；也许，作家才是他的真实身份，是一个真实的自我，从"吴主任""老吴""大毛蛋"的称呼的变化，可以看到他逐渐褪去官的色彩，回归自我。无论是哑巴上坟，还是吴玉亭回乡上坟，都是对自己过去的告别，无论他们是有意识还是无意识，无论他们是主动的决绝还是被动的接受。

葛水平小说的特别与深刻不在于她写出人物在坟前的埋葬，而在于她更写出人物对坟的期待与渴盼。《喊山》中哑巴的上坟是告别自己的过去，而《所有的念想都因了夜晚》中柴冬花造坟是对自己未来的期待。柴冬花在寒窑中苦苦等待几十年，她的丈夫却带回了另一个媳妇，她的等待只是一个凄凉的梦。然而，她又有了第二次期待,因为归乡的丈夫对她说,死后把骨灰送来与她合葬。上次是盼着丈夫活着回来,这次开始盼着丈夫死后回乡;上次是想过活着的日子,这次是畅想死后的生活。所以,她用丈夫留给她的钱打了坟地,并因为往坟地中搬日常用品而摔伤。柴冬花如此渴望未来的坟中生活,可以想象现实的等待曾给她怎样的重创。她死后丈夫的家人毫不犹豫地把她和早死的光棍合葬。一个女人把理想寄托在坟上,该是怎样的一种凄凉?死后的她若知道她对坟的期待也只是一种幻想,又将是怎样的一种绝望?女人在男人的承诺中等待,然而不论生死都只是一场幻梦。坟是她后来生活的全部,可见坟之于柴冬花的意义。

坟墓的意象在葛水平的小说世界中,是生与死的对话,是自我与祖先的对话,是现在与过去的对话,是关于过去的生命记忆,是关于现实的自我释放,是具有特殊审美情韵的对象化存在。《陷入大漠的月亮》中的朱米喜欢看死亡、荒凉和坟墓,认为它们是一种有深度的残缺的大美。她迫切地想看坟墓,和坟墓中的人对话,“坟墓里的人守着一间小屋,生活在一个小环境中,尽管失去了天空,失去了亲人和朋友”,但他们的灵魂“自由自在地飘,透明得没有一点精神负担,忽飘忽落,分享捕获着死之快乐”。于是两个女人到西夏王陵看坟。朱米期望静静地坐在一大片陵墓中间,“感觉生命眨眼间就去了,像童话”,“而活着的倒显得生硬”。朱米关于生和死的感觉发生倒错。贺兰山下的墓地被朱米看成是“梦中的天堂”,她“跑进大片铺开的坟墓中间,躺在一个墓堆上,好像一枚幸福坠地的果实”。她在墓地上聆听,她对坟墓的喜欢还在于“无数活着的欲望被埋着的下面,停泊着宿命的符码,安静自己的一生。夜晚的时候走出来轻盈地漂着,是另一种生命状态展开,无思想,无存在,无爱”。朱米躺在坟中央的“幸福感”源于坟是对于现实的疏离与规避,源于坟中自由自在飘忽的心灵,源于她穿越时空的生命遐想。葛水平在创作谈中说:“坟让我在思维混沌的时候能够清醒地认识活着,与蓝天、白云、青草血脉相通,温暖地环绕。曾经的他们完成了一个怎样的目标?到最后又是平平静静的直到魂飞烟灭。坟比任何一种日历都更透彻更残酷地记录着日子的消减,每一座坟都有一个故事,深入着这个世界,在没有往事可继续的岁月下面,坟给我的想象无限的伸展,并挑出我笔下人物的爱恨。”由此可见,朱米这个形象和作者具有精神的同构性。

古典而清美的葛水平对于坟的热衷与执着不禁使读者愕然,为何她对坟与死亡没有一丝恐惧,而有一种天然的亲近感?我们想,应该有几个方面的原因:一是坟是葛水平少年时代经常看到的乡村风景,也是她少年活动的场景。二是“乡村有我高祖的坟茔”,自己祖先的栖居之地,有着天然的血缘之亲。三是坟的意象源于战争中故乡的疼痛。坟中埋着一个民族的过去,坟中埋着一个个生命的故事。《黑雪球》中提到,坟中的一大堆骨殖是被日本人杀死的一百多口子男女,伍海清年年清明都要到他年轻时给自己打好的坟头上烧纸。这更是作者对逝去生命的凭吊。四是"坟是人最后的欲望"。死亡是生命的一部分,对死亡的书写是对生命书写的一部分,所以她很平静。《甩鞭》中王引兰搬家带着棺材,王引兰再嫁也还是带着棺材。作者有篇文章写到善陀小村一个老人的故事:他把先他而去的妻子埋在油菜花田,"以一种自在的心态浇灌坟茔上的树"。"那女人就在那里,油菜花田,她立在那里,等待着亲爱的未亡人",也似"等候城里归来的丈夫","守候着静止在四季轮换的油菜花田"。"等待""等候""守候"等字眼写出了女人的活态,没有生死的距离,这种穿越生死的平静使作者非常羡慕那些葬在花田的善陀人。葛水平曾经为父亲做好棺木,"并且躺在里边试了试身长"(《读父》)。关于坟墓与死亡的记忆使她平静地书写,这是一种普通人的寻常生活。当然,更重要的是,葛水平能够在坟中穿越时空放飞心灵,完成自己的生命遐想。

曾经封存在坟墓中的这些记忆跟随葛水平行走在乡村的精神气场中进行一次次"别致亲切"的"心灵长跑"。她穿越生命,不是超越,不是拯救,而是出于朴素的情感与判断书写乡村人的笑与哭,这种若舞若蹈的生命表情是一种本真的生命生存。葛水平是用一种韧性的执着、别致的感悟与飘逸的灵动绘写穿越生命的灵舞,是"另外一生的开始",她从中获取另一种踏实而富有诗意的人生。

(载《小说评论》2011 年第 4 期)

主要作品目录《

长篇小说

《裸地》,作家出版社 2011 年版。

《活水》,北京十月文艺出版社 2018 年版。

《同心云聚》,云南人民出版社 2019 年版。

中短篇小说集

《喊山》,春风文艺出版社 2006 年版。

《守望》，百花文艺出版社2006年版。

《地气》，北岳文艺出版社2008年版。

《所有的念想都因了夜晚》，春风文艺出版社2010年版。

《走过时间》，昆仑出版社2013年版。

《一时之间如梦》，二十一世纪出版社2013年版。

《甩鞭》，花城出版社2016年版。

《我望灯》，北京十月文艺出版社2016年版。

《一丈红》，文汇出版社2017年版。

《空山·草马》，太白文艺出版社2018年版。

《天下》，作家出版社2018年版。

《成长》，河南文艺出版社2018年版。

《望穿秋水》，中国文联出版社2018年版。

《守望》，开明出版社2018年版。

《喜从天降》，安徽文艺出版社2019年版。

《后来》，长江文艺出版社2019年版。

中短篇小说

《甩鞭》，《黄河》2004年第1期。

《地气》，《黄河》2004年第1期。

《天殇》，《黄河》2004年第3期。

《狗狗狗》，《小说月报(原创版)》2004年第5期。

《喊山》，《人民文学》2004年第11期。

《黑口》，《中国作家》2005年第5期。

《陷入大漠的月亮》，《小说月报(原创版)》2005年第3期。

《黑雪球》，《人民文学》2005年第8期。

《浮生》，《黄河》2005年第5期。

《夏天的故事》，《北京文学》2005年第11期。

散文集

《心灵的行走》，中国文联出版社2002年版。

《今生今世》，文化艺术出版社2010年版。

《带走两岸河水》,北岳文艺出版社 2013 年版。

《我走我在》,浙江文艺出版社 2014 年版。

《观色》,敦煌文艺出版社 2015 年版。

《幕后的私语》,海峡书局 2015 年版。

《绣履追尘》,高等教育出版社 2016 年版。

《繁华深处的街巷》,大象出版社 2017 年版。

《好生活着》,中国工人出版社 2017 年版。

《石碾滚干爸》,湖南少年儿童出版社 2019 年版。

《水在水之外》,上海三联书店 2019 年版。

关仁山

男，满族，1963 年生于河北丰南，祖籍辽宁丹东。

小 引《

在20世纪90年代中期闹"现实主义冲击波"的时候，就读过关仁山的小说。那时候，他虽然被拴在河北"三驾马车"上，但跑的姿势颇特别，给我留下了很深的印象。比如说他的一篇在当时很有影响的小说《九月还乡》，本辑主笔孟繁华教授拿它与莫泊桑的《羊脂球》作比，我认为眼光独到，很有见地。但"羊脂球"在牺牲了自己，解决了那群上等人的危机之后，却遭到了他们的无情唾弃，有着类似身份和经历的九月，最后却被淳朴的乡村和宽厚的土地所接纳。如果说莫泊桑作为一位批判现实主义小说家批判的是虚伪势利的法国上流社会的话，那么，关仁山的"现实主义冲击波"，冲击的就是陈旧的乡村道德观念。在其他"冲击波"小说关注转型期种种社会矛盾和社会问题的时候，关仁山关心的，却是像九月这样的漂泊者的精神情感或曰灵魂的归宿问题，可见其不同凡响。

也许关仁山的创作始终与现实结合紧密，所以现实主义就成了本辑的中心话题。孟教授在访谈中频频以现实主义提问，在评论中又从"现实主义——广阔的道路"切入，关仁山的回答自然也离不开他对现实问题和现实主义的看法。诘问应对、申述发明，俨然一个现实主义问题的高端论坛。把关仁山的创作归入现实主义范畴，绝对毫无疑义，但现实主义本身，在当今中国文学中，私意以为，却是一个难以说清的问题。从前论文学很重视创作方法，而且把古今中外的文学，都分封给现实主义和浪漫主义这两大诸侯，后来又出来了个现代主义，才有了三分天下的格局。但问题是，创作方法是苏联拉普派留下来的概念，虽然在拉普派以前，就有人用过这个概念，但拉普派却在这个概念中，塞进了许多私货，创造了一个"辩证唯物主义的创作方法"的新概念，后来拉普派的许多理论，包括他们创造的这个新概念，都遭到了清算，但却留下创作方法这个概念沿用至今。后人则援例把诸如现实主义、浪漫主义，包括现代主义，都归入创作方法的范畴，创作方法于是大行其道。根据拉普派的看法，创作方法，类似于哲学领域的思想方法，起决定作用的是作家的世界观或思想、政治倾向，也就是看取社会人生的立场、观点和态度。虽然拉普派的理论遭到了清算，但他们对创作方法的这种理解，却依旧在产生影响，中国的新文学理论，受影响更深。因为有这样的一段历史因缘，所以在诸如现实主义、浪漫主义这样的创作方法概念中，人们往往喜欢不断地给它添加前缀或限制词，例如“社会主义现实主义”“革命的现实主义”“革命的浪漫主义”“革命的现实主义和革命的浪漫主义相结合”等等。这样一来，被划入某一创作方法或自愿遵循某一创作方法的作家，在完成这一创作方法分内的任务之外，还要添加许多额外的工作任务。例如像关仁山这样的现实主义作家，放在三十年前，他在真实地反映现实生活之外，还要深刻地反映社会生活的本质，预见社会生活的未来发展，即理想前景。真实地反映现实生活，自然是现实主义作家分内的工作，深刻地反映生活的本质和预见生活的未来，就不免难为作家了，因为作家毕竟不是政治家，也不是社会学家，是无法完成连政治家和社会学家也未必完成得好的这些额外的工作任务的。正因为如此，在社会主义现实主义的原产地苏联，后来也修改了他们自己对社会主义现实主义的定义，去掉了其中附加的工作任务，只保留了现实主义作家应该做的工作，即“真实地、历史具体地去描写现实”。好在关仁山本人没有在自己所坚持的现实主义之前，添加这些多余的前缀或限制词，因而也就减少了这些额外的工作任务，关注他的孟教授似乎也无意强加于人，所以他借用秦兆阳先生的“广阔道路”论，来论关仁山的现实主义，也就恰到好处。

较之关仁山所心仪的赵树理、柳青、浩然这些农村题材的小说大家，他也许在艺术上确有许多未逮之处，但诚如孟教授所论，他看取农村现实和农民问题的眼界和见识，较之这些作家，却要“广阔”、深邃得多。上述作家因为要为政治服务，按政策写作，所以他们关心的主要是各种政策，尤其是农业合作化政策如何在农村落实，以及在落实这些政策的过程中，可能存在的或实际发生的矛盾和斗争，至于农民兄弟的想法或内在的心理活动，通常是把它们归结为一种思想问题，让他们通过艰苦的甚至是痛苦的思想斗争（主要是指中间状态的或落后的农民），最后统一到公有制或社会主义的方向上来。换一句话说，在这些作家笔下，不但农民兄弟外在的物质生活世界被政策安排好了，连他们内在的精神生活世界，也被政策安排好了。这样大包大揽的写作，自然谈不上关仁山所说的“从人性复杂多样的角度，来审视乡村社会所有人的行为动因”，“尊重农民，尊重他们的尊严”，“尊重他们生活的场景”，“尊重他们生活的逻辑”，“写出个体灵魂的煎熬、跃动，写出时代变革对人性的真正拷问”，更不用说“写出时代的荒谬与芜杂，写出人的挣扎中的繁复与卑微”和“属于这个时代的大悲哀和大欢喜”来。与上述作家不同，关仁山的这些写作主张，用一句流行的话说，是以人为本，而不是以政策为本。他要在精神文化的层面，着力开掘我们这个大变动的时代在农民的内心深处激起的巨大波澜，让他们的人性接受拷问，让他们的灵魂经受煎熬，同时也让他们在这个过程中，自己思考“究竟如何生活，可以如何生活，应当如何生活，是否还可以有另外的生活，生命价值到底是什么”。如果说在当代农村题材的小说家中，关仁山有什么特别之处的话，我以为，这就是他不同于前代作家，也有别于同代作家的一点“特别”之所在。

自　述《

在地为泥，在天为翔

春天来了，土地知道。面对土地，该付出怎样的爱……

我爱土地。我于1963年出生在冀东平原上一个普通小村庄。我从小喜欢故乡五月的麦地，时常钻进麦地里玩耍，搓麦粒，闻麦子的味道，那是一种享受。土地是沉重的，有时，还带有禅一般的明澈。我十岁那年，正在村里读小学，放学背着书包钻草棵子玩耍。蒿草高高的，没了大人的腰，我钻进去就没影了。听见母亲喊我，就从蒿草丛里钻出来，看见母亲领了一位手执竹竿的盲人，我一眼就认出是唱乐亭大鼓的。这位盲人给我算了一卦，算的细节记不清了，只记得瞎子说我长大“吃笔墨饭”。说完，母亲给了他一些黄豆和鸡蛋，他给了我一根麦穗儿。我有些不解，险些把麦穗儿扔掉，母亲说麦穗儿能避邪，保佑我平安。我在作品里多次对小麦进行描述，但并不知道，这就开始了对麦子的崇拜。对麦子的崇拜，也就是对土地的崇拜。

人在任何时候都要服从内心的冲动，服从灵魂深处的燃烧。说到土地，它就是点燃我心灵的火焰。我记得家乡过去有一座土地庙，乡亲们都叫它“连安地神”。我的故乡管地神叫“连安”。地神在民间被称为“土地”，而祭土之神坛则演变为土地庙。在民间驳杂浩繁的神圣家族中，土地神算得上是最有人缘的神了。村里可以没有其他神庙，但不能没有土地庙。土地爷神小，可管的事挺多，庄稼生产，婚丧嫁娶，生儿育女，每天都忙忙活活。传说连安有着非凡的神力，他的手里有一根“麦穗儿”，他想去哪里，把“麦穗儿”往两腿间一夹，就像鹰一样飞去了。这根“麦穗儿”有非凡的魔力。举个例证吧，有一年大旱，人们到土地庙祈雨，一道白光闪过，连安手里“麦穗儿”一挥，滂沱大雨就落下来了。这些传说，更加印证了小麦和土地的神奇。我的眼前激起了种种幻象。传说中的连安手里的“麦穗儿”，总是表达出对小麦的热爱，对善的呵护，对恶的惩罚。人只有脚踩大地，才会力大无穷。我塑造的农民就找到了力量的根基。

我想起了那一年麦收二叔的死。二叔有点倔，喜欢种地，本来子女都到县城打工了，可以搬到城里去，他家的主要经济来源已经不靠土地了，可他还是想种地。我的一个堂哥回村搞“土地流转”，几次给他做工作，他都不愿意把土地让出来，谁也说服不了他。说到土地流转，他有好多担忧和困惑。二叔耕种土地，一头牛，一架铁犁，牛拉着犁，二叔扶着犁，一点点翻动着土地，配合是那样默契。他家的粮和菜都能自给自足，过着与“市场”无关的小日子，自得其乐。二叔对我说：“别看你在城里住高楼，坐汽车，山珍海味吃着，我不眼热，哪如我这一亩三分地舒服？”可是，那年麦收，二叔赶着马车往麦场拉麦子，在河岸上与河南来的收割机相遇，不料马惊了，二叔从高高的麦垛上摔了下来，头朝地，后脊椎折了，当场就死了。这是咋样的交通事故？二叔尸体放在丰南县城医院，事情迟迟不能解决。后来二婶找到我，我托在乡政府当书记的同学给调解了。拖了二十天，二叔终于入土为安了。这件事情给我震动很大，二叔满可以离开土地的呀！后来我明白了，他是一个小农业生产者。他勤劳、俭朴、能干，满足于“分田到户”的传统生活，但在农村改革不断深化，走向集中化、机械化的时候，他充满了抗拒、敌对情绪。面对土地流转大势，他忧心、愤怒，成为农村变革的“钉子户”。这类农民，自私、狭隘、固执，把土地当作命根，没有长远眼光。从他们身上，我再一次看到了像梁三老汉、许茂这样勤劳而糊涂的影子。我的身边有好多这样的农民。我有一种担忧，如果都是这样的农民留在土地上，现代农业从何谈起？

那年的清明节我回故乡扫墓，给爷爷、奶奶的坟头烧纸。二叔下葬的第二年，没有埋在我们家族的坟场，我顺便到二叔的墓地烧点纸。二叔的坟头上，有金黄的麦穗儿铺着，二婶说二叔死在麦收，坟头要铺满麦穗儿。坟前还摆着酒菜、水果。二婶和堂弟用土把坟堆填高，用铁锹挖一个圆形土块儿，做一个坟帽儿放在坟尖上，压了几张黄纸。二婶跟我说，每当夜深人静的时候，她就过来和二叔说说话。我愣了一下，真的能说话？二叔能回话吗？二婶说她能听到二叔的答话。我淡淡一笑，心想也许这是二婶的幻觉吧。这是我写《麦河》中瞎子白立国与鬼魂对话的一个启发。小时候，我对乡村坟地非常恐惧。可是，坟里的人都是在这块土地生活过的人。他们曾经有血有肉，有叹息，有歌声。有一次，我陪同朋友到滦河畔的白羊峪村捡石头，那里河床的石头很有特点。听说到这样一个风俗，村里有点德性的人死了，就给他（她）捏一个泥塑立在坟头，这个泥塑就有墓碑的功能，比墓碑更形象传神。这种带有魔幻色彩的风俗，让我对乡村的生与死，有了新的理解，甚至减弱了对死亡的恐惧。小小的泥塑都活了，“他们”打着呼噜，“他们”谈天说地，“他们”为后人祈祷，饶恕一切，超越了时空。“他们”矗立在刺眼的光芒中，那是历史的复活，也是人性的复活。我被这个秘密感动着、鼓舞着。这个小小民俗，一下子让我找到了“诉说历史”的视点。让瞎子与鬼魂对话，虚实相间，增加历史厚度，还能节省篇幅，但是，这种尝试也让我惶恐不安，读者会接受吗？

我小时候，农民吃得不好，穿得不好，也没有啥娱乐生活，天一黑就搂着老婆睡觉。偶尔会听鼓书，特别是乐亭大鼓，或听一段评剧，要一要驴皮影，日子缓慢而枯燥。但是，一走到田野里去，看见了广袤的土地，一下子就来了精神。土地是物质的，同时也是精神的，让人感奋、自信、自尊，给心灵世界注入力量和勇气。正是这方土地的滋养，才有了我对民间生活的深切回应。瞎子白立国在与桃儿、与曹双羊、与乡亲们的来往中，有一种人情，一种心心相印的优美人情。有一天，我做了个梦，梦见一只鹰嘴里叼着一根麦穗儿飞翔。苍鹰是麦河的精灵，麦穗儿是土地的精灵。这让我很兴奋。最初，瞎子只是书中的人物，我想用鹰的视角来叙述全篇。尝试写了一些文字，因为我把握不好鹰说话的语气和节奏，就重新启用瞎子来叙述，让老鹰、虎子充当瞎子的“眼线”，替瞎子洞察这个五彩缤纷的世界。我熟悉鹰，也熟悉很多艺人，包括乐亭大鼓艺人，我还熟悉一些算命的盲人。工业化进程中，当人们用工业思维改造农业的时候，一切都在瓦解，乡村变得更加冷漠，最糟糕的是，过去相依相帮的民间情分衰落了，人的精神与衰败的土地一样渐渐迷失，土地陷入普遍的哀伤之中。瞎子白立国呼唤乡间真情，抚慰受伤的灵魂。我记得台湾作家陈映真说：“文学是使绝望丧志的人重新点燃希望的火花，使扑倒的人再起，使受凌辱的人找回尊严。”瞎子白立国就担负着这样的使命，他寄托着我的一些道德理想，他永远与弱者站在一起，让那些被欺凌被侮辱的失地农民得到安慰，找回属于自己作为人的尊严。我想他的力量来源于土地。我的心情与农民种地一样，是在惶惑、绝望、希望中交替运行的。

有人问我，为什么执着地写着农民和土地？我想，描写农民和土地的作品，就像麦子、玉米、大米、大豆和高粱一样，不昂贵，不起眼，但却是我们生活中最重要的东西，普通大众需要它。创作的时候，其实，我的内心都是孤独的，面对土地，我们有巨大的孤独，只有我们自己最了解。我想起了我在中篇小说《红月亮照常升起》中有一段描述:“在情感上她是失败者,岁月耗尽了她的全部激情,遮住了她的视线,是田园又把一切补偿给她。自己一意孤行地热衷于土地是对的,好好感谢它吧,感谢啊!她双膝一软,跪在了地上,像个淘气孩子,双手深深地插进蓬松的泥土里……”

广大农村发生的一切,众多农民的生活,是我们中国最基本的“国事”。我们再也不能用老眼光看今天的农村了。我们的农业文明和农业文化有着数千年的历史,农村题材文学经典摆在我们面前。但是今天,农村处在农耕文化气息、现代城镇工业气息和科技信息杂糅融合阶段,农民艰难地行进在农业文明向现代工业文明转轨的半路上。现实是我们文学的土壤,文化则是文学的精神。如何把握今天的农村生活?今天的农村生活五光十色,时尚冲乱了规律,思潮压倒了文体。我们的创作如果游离于社会潮流之外,其活力和价值就会减少。但是要表现好这个时代,还要多一些真思考。我想,要把握今天的农村和农民生活,首先要深入进去,但是光有深入和贴近是不够的,走马观花式的贴近只能使我们茫然。今天的调整和明天的政策,其实都属于“事件”,是瞬息万变的现象,是历史长河中的浪花,如果不把它们放在历史深层结构中去考察,我们就会被现象迷惑。所以说,我们还是应该贴近人心,体验农民的心灵,寻找属于这个时代的精神“内核”。换个说法,我们尊重农民,除了尊重他们生活的场景,还要尊重他们生活的逻辑。今天农民的心理是多层次的,历史的、文化的东西也必然沉淀到他们的心里,传统农民要转变成现代农民,要经过艰难漫长的路程。农村正以迟缓、渐变、多样的形式出现,就像春天的冰河,表面千里冰封,但在大河深层,坚冰在悄悄地消融,河水变得湍急。面对今天农村风云际会的宏阔背景,作家应该怀着一种以人为本的现代意识,从人性复杂多样的角度,来审视乡村社会所有人的行为动因,才能从新鲜的生活流里找到新意。农民每天都在投入一种新的生活,不仅要凭借好政策的外力,更需要战胜自身的障碍,这障碍包括历史渗透在他们心灵深处的小农经济意识。我们就是要揭示这种历史复杂状态。无论是同情式的还是批判式的态度都会失之偏颇。通过农村变革的具体事件来分析,透过这些事件就能洞察到那条时缓时动的时代之河,可以感受到沉重的历史同改革浪潮的剧烈冲突以及相互制动。

我们的农民兄弟不仅有物质需求,更有精神需求。二者都是来自生命本身的呼唤。他们怎么表达自己的意志?怎样表达他们的理想?这就让我们重新提起现实主义的理想问题。今天面对乡土应该呼唤这种理想。我们企盼给乡土以美好的环境,如果连理想都没有了,乡村还有什么希望?时代还能进步吗?我们不能否认,当前文学有嘲弄、亵渎理想的倾向。当然,我们崇尚的理想不是脱离农村实际的“乌托邦”，真正的理想应该建立在对现实深刻真实的洞察上，只有真正透析了“三农”问题，在现实揭露与批判之上的理想，才是真正现实主义的理想。盲目的理想可能使沉重的问题被消解，理想就显得廉价和泛滥。在这里，现实主义的人道力量和悲悯情怀非常重要。深沉的感染力和超越精神，是我们所渴求的。

创作时我心情苦恼，因为我认知农民和表现农民的方式有许多遗憾。有人说苦闷是我们创作阶段的否定过程，农村题材作品的市场有问题，我们不应该全怪市场本身，还要在创作上找原因。文学发展到今天，好多艺术探索尝试过了，作家依照自己的惯性在写，刊物依照自己的惯性在编，读者那里还在惯性地读。在这种惯性中，文学更加多元，读者却越来越少了。现实世界每天都给我们带来大量信息的强刺激，不久就来一个震惊，每个作家都在各种因素的干扰下写作，就少不了要思考：文学面对时代，面对市场，面对各种诱惑，应该作出怎样的调整？

市场使我们更加理智和清醒了。我不再相信过去的一些虚幻的东西，对自己的认知能力和技术水平也有了一个恰当的评估。我不再梦想虚幻的东西，更加实际了，我只是想根据自己对生活不断变化的认识，用我能够驾驭的艺术手段，为喜爱我作品的读者写作。市场不是一个简单化的东西，绝不能说面向市场就可以快捷和草率。市场的基本法则就是优胜劣汰，适者生存。市场是对普通读者感受力、理解力和审美能力的更大尊重。我们乡村的生活在改革中变化很大，农民的内心都经历着从没有过的震荡，他们都在思考，他们有时在借助阅读思考，他们需要有一种精神上的参与和心灵的再造。

我的小说情节还应该再复杂，复杂得令人炫目。我想，我们应该有一种兴趣和一种自信，去重新发现土地的秘密。我们的态度首先是真诚的，最后体现在艰苦的劳动中，体现在独特的眼光上，体现在痛苦的人生思考和艺术思考上，体现在创作勇气和艺术魄力上。我们有理由对明天的创作进行期待。苦难使农民具备了土地一样宽容博大的胸怀，他们永远都在土地上劳作，像是带着某种神秘的使命感，土地就像上帝一样召唤着他们，即使在最困难的时刻也不曾失去希望和信心，这是内心的勇敢、力量和尊严。这是农民式的高尚，我们应该像农民那样辛勤劳动，我们的文学只有沐浴了生活和人性的苦难才会有力量，才会有风骨，才会写进人的心灵深处。文学精神在于共享许多价值，一切文明层面上的努力，都是使这个世界变得更加美好，我们万万不能写丢了这种美好。美好是精神的，温暖而高远，显示出某种超越和飞翔的品质。

有人说，写作本质上更接近农业的劳作。有几分耕耘，就有几分收获。春天来了，土地知道。该耕种了，我们应该付出怎样的汗水？

访 谈《

现实精神与理想情怀
——关仁山访谈录

孟繁华 关仁山

孟繁华：20世纪90年代中期，你与河北作家何申、谈歌并称为河北“三驾马车”，成为“现实主义冲击波”的代表性作家。你的创作受到了广泛关注，之后，你接连创作出《天高地厚》等多部长篇小说，可以说，你的创作是与当下中国乡村生活关系最为紧密和切近的创作，同时也是一位坚持现实主义方法的作家，你如何理解现实主义？

关仁山：我被列入坚持现实主义创作方法的作家行列，心情很复杂。在创新的年代，许多人眼睛里，现实主义即使不是死亡了，至少是陈旧了、过时了。还有人认为，我们的创作不是真正的现实主义，原因是缺乏独立个性和批判精神。我理解的现实主义是一种现实精神，一种价值立场和一种表达生活的方式。我记得，1996年，当时“三驾马车”集中发表了一些作品，还有外省一些作家的作品，接续上了80年代前半期轰轰烈烈的“改革文学”的大潮，将中断了十年的现实主义重新拾起，吸收了探索小说和新写实小说的许多优点，显示了中国作家社会责任感的回归和高扬。这一潮流中的众多作家目光的焦点各不相同，但作品对现实生活的关注热情是一致的。我跟何申、谈歌两位老兄聚集在这一称号下，既有友谊，同时我也向他们学到很多东西。我们也常常讨论现实主义的传统是什么样子的。字典里这样说：现实主义是文学艺术上的一种创作方法，通过典型人物、典型环境的描写，反映现实生活的本质，旧称写实主义。现实主义要反映现实生活本质，但究竟什么是生活本质，恐怕每个人的理解都不一样。进行真实而有勇气的写作，看来要踏过“生活流”寻找生命的文本，实际上还是要确立“人学”的本质。如果小说仅停留在“问题”的展示上，那将会是肤浅的。中国这个大家庭，问题实在很多，现实主义创作贴近时代、触及问题，是我们作家历来介入社会、干预生活的一个传统方式。社会转型期，必然给社会带来各种艰难和问题。过去在“左”的路线下，现实主义走偏了，往往给文学赋予的东西太多，文学承担的也过多，有失文学自身的规律。可是文学远离现实社会，也是有局限的。我认为好的小说，既是社会的，也是走进心灵的。20世纪90年代中期的文学，还有还原民间的倾向，追寻生活本质。但是，通过对现实主义深入理解，我们的创作还需要调整，作家应该将现实问题转化为艺术的灵魂。我对自己的创作进行了反思，但是，批判锋芒还不够，锐气还不足。在下一部长篇中，我要对现实世界进行深入理解，反映到作品中，就要充溢着人生苦难和人性光芒。我很欣赏邵燕君博士在《与大地上的苦难擦肩而过》一文中的一段话：“相信当作家把自己的根扎回这片依然苦难沉重的大地后，对于作家的使命，文学的责任，‘写什么’和‘怎么写’的问题，会作出新的思考。但愿，劳苦人真实的血泪会重新灌满他们已逐渐干枯、轻飘的笔，写出‘庄严、严肃、深刻’的作品，重续起现实主义令人尊敬的传统，不再与大地上的苦难擦肩而过。”这番话情真意切，这是批评家对作家的期待。按我的理解，小说变得很迷茫，很功利，很轻佻，很圆滑，离真正的现实主义越来越远。作家重新思考的时候，就应该觉醒，真正的现实主义方法就苏醒了。苏醒后的作家会独立思考，会理性判断，会变成勇士。勇士总比懦夫好，思考总比麻木好。所以，必须在现实写作中注入更多的想象力和原创精神。现实主义不会消亡，现实主义应该不断发展、丰富和深化。

孟繁华：你是一位对现实生活比较敏感的作家，总是快捷地用小说反映正在发生的现实生活，比如《麦河》比较快地涉及“土地流转”问题，《信任》写到正在进行中的经济转型，《白纸门》写了渤海湾一个渔村的时代变革，等等。你及时地反映现实生活，非常难能可贵，我又感觉这对作家是一种挑战，你在创作上遇到的最大问题是什么？能否结合你写过的乡土、官场和城市谈一谈解决办法。

关仁山：我提倡作家贴近生活，贴近实际，贴近群众。所以，“贴近”是我的必然选择。我这人喜欢表现当代现实生活的小说，这是内心的热情。我感觉，小说绝非命定地与现实保持遥远的距离，长篇完全能够对当代社会问题和时代风貌作出及时而出色的描绘，引起读者的共鸣。日本作家大江健三郎说：“我更关心的是现在这个时代，因为时代在急速地变化，一个作家不应该回避他每天生存的这个变化的空间。”但是，贴近是有难度的，现实生活不好表现，在当下生活面前碰上了很大的困难。首先是认知的困难。为什么？因为没有拉开距离，这不仅是现实距离，同时也是审美距离。都说距离产生美嘛！当代性最难把握，现实生活是多变的、庞杂的，复杂性有目共睹。要把当今社会生活写得真切，具有强烈的感染力，非常困难，因为读者都在亲历，缺少陌生感和神秘感。我觉得，作家面对现实要迎难而上，硬拼。我把这种硬拼叫“人有多大胆，地有多大产”。没有距离的认知，损伤的审美，要在别处作艺术找补。比如，对土地流转是肯定还是否定？走哪一条道路都不通，因为从中央到地方，都在探索阶段。在创作《麦河》时，我就把这些大事件往背景上推，将土地流转的复杂性与农民的人性相连接，来表达农民对土地的情感，并让这种理想情怀飞腾起来，从而抵达生命本质。前几年，中央允许农村土地承包经营权流转，是继包产到户以来农村土地政策的又一次重大突破。农村土地承包经营权流转，是我国第三次地权改革。如今全国好多农村都进行了土地流转。“流转”中的农民更加自由，也不断增加着收入，但是，也是问题重重。过去对乡村约定俗成的看法，如今已经失效。不尊重生活的这种复杂性，就会犯一些幼稚错误，甚至会帮倒忙。其实，今天的复杂局面，就与过去的行政命令、长期照搬照套有关。比如，有人说要搞市场化，我们一试就十几年，还是有问题，于是有人又说，市场无效论。有人说，要想社会稳定，最好的办法就是把农民继续束缚在土地上，这一小块土地可以维持他们的基本生存，土地基本转化为农民的社会保障。可是，世界上有哪个国家把社会保障推给个人的？谁有资格让一个群体为另一个群体做出牺牲？我们觉得，今天不存在一个整体的农民，农民个体身份在分化，每个农民就是他自己，他有选择的自由，他有权利迁徙到大城市，当然他也可以选择留在乡村。农民只想通过自己卑微的劳动改变自己和子女的命运，任何人都不能扼杀他们的选择，凡是剥夺和扼杀，都是不义的。我们现在的农民不需要启蒙，也不需要同情，他们不再安贫乐道，更不愿意做牺牲品，他们也开始追求自己的幸福生活，他们需要城市，喜欢现代化，也喜欢美丽家园，更喜欢在蓝天下自由地享受生活。农村问题急迫而严峻。乡土叙事还处在模式阶段，怎样才能找到适应新情况的新的写作手法，让我们困惑，我无法面对这样巨大的农村变化。一个小村庄，有亿万富翁，有中产，有一般贫困户，还有很穷的农民。怎样概括它？这是一个严峻而复杂的问题。仇视城市吗？廉价讴歌乡土吗？展示贫苦困境吗？整合破碎的记忆吗？每一个单项都是片面的，应该理性看待今天乡土的复杂性。我把今天的土地流转放在一百年土地变迁中审视，看得就清楚多了，这只是大河中的一朵浪花，无法彻底解决农民与土地问题。农民在土地上要走的路还很漫长。

在当下这个物欲横流的世界里，文化精神多么重要。可是，不少人把尊严弄丢了，失去了文化精神。描写现实，不能放弃追问。比如我创作长篇小说《白纸门》时，小说主人公疙瘩爷心灵曾经是多么高贵，但随着物欲在他的生活中占有越来越高的位置，他一点点地变了，尊严也丢失了，变成了一个低俗而没有灵魂的人。老人的悲剧令人痛心。而在大雄、麦兰子这些后代人身上，也经历了尊严的拷问，他们在经济大潮拼搏中寻找到了丢失的尊严。所以说，我找到了一个认知的切入口，想通过对渤海湾渔家日常生活的描述，对四季变化的描写，向读者展示一幅波澜壮阔的雪莲湾渔村人物画、风俗画和风景画。在这样的氛围里寻找一个思想支点：尊严！对于转型期急剧变化的生活，作家应该有一个立场和价值判断标准。一般读者都愿意从朴素的生活中去感悟深刻的道理，从而审视现实、审视人的自身，甚至是在思考中追问。文学应该对世界的本质、人的核心问题进行追问。追问的前提是必须树立起明确的判断生活的尺度，树立起自己的价值观念。因而现实主义写作立场、看取生活的角度以及选择运用的形式技巧等，就应该是独特的。过去对生活中的丑恶有无奈的认同，缺少明确的善恶判断。所以，我在《白纸门》中力图通过对现实的再现，把自己的价值判断、精神姿态体现得明确一些，增加作品的批判性。批判、谴责丑恶，也是为了找回作为人的高贵和尊严。

描写城市生活也是一样。最近我创作了一些都市生活题材的小说，如《飘雪》《根》《马座陶灯》等等。我想，作家要努力把触角伸到时代深处，寻找，触摸，探究。我们这个时代，资本对伦理、灵魂形成了剧烈的冲击。每一个事件，都像一个石子，投入湖面，激荡起波浪。我们每个人的灵魂都有震荡。我感觉，这种震荡就是小说的触发点，震荡的结果是命运的转身和人性的变异。我们兴奋于、煎熬于这个时代，与这个时代同呼吸，与这个时代喜怒哀乐，我们追求，我们撞击，我们转身，我们变异。小说可能解决不了问题，但是能够记录这心灵的变异的过程。物质的负累，让底层百姓四面楚歌的时候，内心所涌现的陌生和绝望，是那样的鲜活和复杂。拿什么来拯救迷途已久的心？文学，小说。让小说来温暖我们的物质世界。找到了这样转身的触发点，就会写出时代的荒谬与芜杂，写出人在挣扎中的繁复与卑微，还能写出属于这个时代的大悲哀和大欢喜。

孟繁华：你是当下最活跃、最勤奋的作家之一。在我看来，你的价值还不在于你的活跃和勤奋，而是你对当下中国乡村变革——具体地说是对冀东平原乡村变革的持久关注和表达。看来写农民和农村的经典作品，对你有很大的影响。你喜欢赵树理、柳青、浩然吗？你对这几位作家有什么评价？

关仁山：我是唐山人，对冀东平原农村非常熟悉。我的母亲，现在还拥有一块责任田。这个地方是我的精神家园，我要永远关注这块土地。你说到的赵树理、柳青和浩然，都是我敬仰、崇拜的前辈作家。他们的代表作，对我的创作影响很大。比如

《小二黑结婚》和《李有才板话》是新中国成立前赵树理小说的代表作。《小二黑结婚》描写的是抗日根据地一对青年男女小二黑和小芹，冲破封建传统和落后家长的重重束缚，终于结为美满夫妻的故事。作品成功地塑造了二诸葛和三仙姑两个农民中的落后人物的形象。二诸葛胆小怕事、迷信，极力想维护家长制的权威，顽固地反对儿子小二黑与小芹自由恋爱结婚。三仙姑本是一个好逸恶劳、作风不正的妇女，不仅忌妒女儿小芹的幸福婚姻，而且还贪财出卖女儿。这些生动的故事，至今记忆犹新。赵树理在小说艺术的民族化、群众化方面，做出了重大的历史性贡献。他在人物塑造、情节设计和语言驾驭上，都开辟了一个崭新的世界，形成了独特的艺术风格。赵树理的风格，就是民族的、大众的风格。他所创造的老百姓喜闻乐见、具有中国作风和中国气派的小说形式，开辟了新文学发展的新生面，形成了"山药蛋派"。他们的作品对我有很大影响。但是，现在好像这样写就显得土气了。其实不然，民族化、大众化风格依然需要。我们要问，农民是人口主体，不是消费主体，还有哪个作家心中有为农民写作的想法呢？说到柳青的《创业史》，我们就想到梁三老汉和梁生宝。柳青对陕西作家影响很深，对全国作家影响也很大。农民往城市奔的时候，听说柳青带着家人到了陕西长安县皇甫村，创作长篇小说《创业史》，1961年开始写《创业史》第二部时，他向中国青年出版社预借5500元稿费，为皇甫村支付高压电线、电杆费用。1963年到1964年，柳青两次参加长安县的社会主义教育运动。他冒着风险，和打击一大片的极"左"思潮进行斗争，保护了一批农村干部，深得人心。今天哪个作家能在村里真正蹲得住？他真的让我们敬佩和爱戴。在20世纪五六十年代文艺政策受极"左"思潮影响那种特殊环境里，柳青以超凡出众之思想深度和艺术功力，创造了一次艺术高峰，这是同代人想做而没有做到的。对于我们这代人来讲，浩然的作品《艳阳天》《金光大道》有着非同寻常的意义。我与浩然老师多次见面，他人品好，待人亲切和蔼，还鼓励我为农民写作。记得当时常看这两部电影。他的作品，生活气息浓郁，人物塑造鲜活。我们记住了肖长春、焦淑红，也记住了马小辫、弯弯绕。小说生动抒写了那个时代的广阔的社会生活画卷。他对冀东农村俚语、方言的使用，很巧妙，很生动，我会常常学习。但是，他的作品属于那个"阶级斗争"年代，带着阶级斗争的观念创作小说，创作上留下许多遗憾和教训。我时时提醒自己记住这些教训。提醒归提醒，谁能比命运走得更远呢？

我认为，现实主义农村题材小说的亮点、波澜，不能仅仅停留在故事的曲折上，也不能仅仅靠塑造一些鲜活的农民形象，还应该有更大的问题要关注、要追问，那就是，当下的农民究竟如何生活？可以如何生活？应当如何生活？是否还可以有另外的生活？他们的生命价值到底是什么？

孟繁华：我在不同的场合说过，虽然“先锋文学”已经落潮，但是，是否受过先锋文学的洗礼，对一个作家来说大不一样。你同意我的这个说法吗？对你影响较大的西方作家有哪些？

关仁山：您的这个提法我非常赞同。我虽然没写过先锋小说，但我爱读先锋小说。我们在写作的时候，为思想、语言、结构焦虑，绞尽脑汁的时候，总会想到帕慕克的一句话：文学是什么？文学是用一根针挖一口井。当然，先锋小说给我们的最大贡献是叙述的创新和文体的探索。这对现实主义手法创新有很大帮助。当时，我读过苏童、余华、马原的很多先锋小说。

当然，我们还可以从《百年孤独》《铁皮鼓》中受到启发。文体的演变，还由重视外部世界描写向内部世界描写转变，即由情节小说向精神小说转变了。这样更加注重写人，开掘人物的内心世界。法国作家乔治·杜亚美说：“现代长篇小说就本质而言，是精神长篇小说，长篇小说要想寻求突破，必须从生活故事化模式中脱出来，向心灵化层次跃进，因为人的内心世界是丰富的。”经过先锋文学的摸索、实践，我感觉到，决定一部小说艺术质地的，是小说空间不能全被物象占据，应该更多地重视精神、灵魂、诗意和情感。这是感染人的地方，这样才能让文本飞扬。那些神性的、诗意的叙述，非常珍贵。比如《百年孤独》，中国作家都很喜爱这部名著。看过，我们就想，这种魔幻现实主义在中国该怎样表现呢？

记得巴尔加斯·略萨在他著名的《谎言中的真实》一书中谈到，小说的真实并不取决于它写下的是“真实事件”，而取决于小说的说服力，取决于小说想象力的感染力，取决于小说的魔术能力。我觉得真实而可靠的叙述，才能让小说具有说服力。小说是否真实可靠，说服力有多大，取决于作家叙述的控制力。小说只有具备很强的说服力，最后才能赢得读者。他还讲到小说的风格和秩序，认为风格是叙述故事的话语和文字，秩序是对小说素材的组织安排。他对结构的重视，给我们以启迪。这方面，我还不足，要继续磨炼。

谢有顺的批评文章，给我很大的启发。他讲到小说有自己独特的文体边界，其实，这也是先锋小说的贡献。小说确实跟诗歌不同，它必须能真实地描写和还原一个生活世界和物质世界，如果小说光具备这个方面，绝对称不上是好的小说。除了物质的还原，小说还必须是精神的。说到底，小说还要解释世道人心、探索人性、为人类的精神作证，这是小说深度方面的特质。好的小说，看起来是物质的东西，也可能藏着作者很深的思想。譬如说，像卡夫卡笔下的城堡和地洞，鲁迅笔下的村庄，你说这些是物质世界还是精神世界？这可能是一个物质世界，但同时也是一个精神世界。物质发达的社会，小说更应重视文学的精神功能。所以说，小说中精神不能缺席。

孟繁华：有批评家说你把自己放在“政治保险箱”中，你同意这个说法吗？你怎样理解文学的“主旋律”？

关仁山：有人说我是农村题材小说家，还有人说是“主旋律”作家。怎么称呼，我都不介意。作家是要靠作品说话的，看“主旋律”作家能写出什么样的作品。在我的小说《信任》研讨会上，有专家善意地提出我把自己放在“政治保险箱”中。我对这样的提法表示欢迎，这会让我警惕。《信任》这部作品是在创作前出版社就限定了方向和边界的。写作时心灵是自由的，但是，政治话题没有完全转换成文学话题。所以，我觉得人家的提法没错，给我今后的创作敲响了警钟。警钟响了，我能感受到是警钟，这是好事情。如果转换一个角度开掘，就可能有意外收获。人们有这样的普遍认识：政治上保险的作品，自然就淡化了艺术特征。人们普遍觉得“主旋律”作品，不缺少关注现实生活的热情，但是，往往缺乏现实感和批判精神，没有为读者提供认知生活真相的平台，缺少文学感染力，等等。我们有个通常提法：“弘扬主旋律，提倡多样化。”其实，我觉得“主旋律”创作是宽泛的，是能够在艺术上有所作为的，因为这个巨变的时代为我们提供了丰厚的创作源泉，这里有我们需要的精神资源。生活趋同化了，如果承认生活趋同的话，这个时候恰恰是在考验一个作家发现角度的能力，最能体现文学的价值和作家的功力。所以，我感觉这类作品，亟须加强思想的深度和力度，写出个体灵魂的煎熬、跃动，写出时代变革对人性的真正拷问。我们要在精神气度上下功夫。

孟繁华：在我们这个时代，最需要文学处理的是什么问题？现实精神和理想情怀的关系怎样处理？

关仁山：我们这个时代，文学已经边缘化了。我们面临的一个巨大的考验，就是市场化。市场和资本要求速度，资本是贪婪的，它要求利益最大化，而作家要创作出不平凡的大作品，需要耐心，需要耐得住寂寞，需要韧力，需要平常心。既要有速度，还要高质量，这种矛盾怎样解决？这样的文学问题怎么处理？需要才气和智慧，需要我们共同来探索。我感觉，对于急剧变化的社会生活，自己的思考、自己的艺术表达还远远不够。作家创作一个作品，要真正从自己的内心出发，出于自己内心的真实表达，这样会更真实一些，作品的文学生命力可能会更久远一些。

现实尽管很残酷，但是，我们还是想保存一种理想境界——生活是美好的，是有彼岸的。生活中美好的东西怎样保全？处于时代漩涡中的人将如何把握自己的命运？我们企盼一个让美好尽情绽放的环境，即便这是一种理想，也是好的。如果我们连理想都没有了，生活还有什么希望？时代还能进步吗？我想，文学还是向善的，是来温暖我们这个世界的。

评　论《

“现实主义——广阔的道路”

——评关仁山的小说创作

孟繁华

《现实主义——广阔的道路》是著名文艺理论家秦兆阳在20世纪50年代写的一篇论述现实主义的著名论文。我在试图评论关仁山的小说创作时，眼前顿时跳出了这个题目。仔细想来，仍然觉得这是评论或概括关仁山小说最好的题目。既然如此，我冒昧地借用一回秦老先生这个伟大的题目。

关仁山是一位有着强烈现实感的作家。他成名于“现实主义冲击波”的年代，与何申、谈歌并称为河北“三驾马车”。关仁山在20世纪90年代中期引起批评界和广大读者注意并非偶然——势不可挡的先锋文学大潮已经退去，20世纪90年代初期的思想文化空场也已过去。中国的社会生活发生的重大变化被所有的国人所感知，这时，是关仁山等作家首先表达了这一变化，特别是乡土中国的变化。《大雪无乡》《九月还乡》《船祭》《破产》《年前年后》《多彩的乡村》《大厂》《天下荒年》等作品一时洛阳纸贵，得到了广泛的好评。此后，关仁山一发不可收，先后创作了《天高地厚》《白纸门》《官员生活》《麦河》《信任》等长篇小说。特别是《麦河》的出版，这是一个转折点，使关仁山的创作有了巨大超越和发展，为他赢得了空前的声誉。当然，这是关仁山经年积累的结果，丰富的创作也使关仁山逐渐显示出了自己独特的个性。

一、对乡土中国的持久关注

关仁山是一位长久关注当代乡村生活变迁的作家，是一位努力与当下生活建立关系的作家，是一位关怀当下中国乡村命运的作家。当下生活和与当下生活相关的文学创作，最大的特点就是它的不确定性，不确定性也意味着某种不安全性。如果是这样的话，这种创作就充满了风险和挑战。但也恰恰因为这种不确定性和不安全性，这种创作才充满了魅力。关仁山的创作几乎都与当下生活有关。我欣赏敢于和坚持书写当下生活的作家作品。他自己说："改革开放的现实生活，是我创作路上的一盏灯，是我生命中的重要养分。我愿意为这个时代鼓与呼。""说到底，还是生活本身点燃了我的创作激情。"这并非是不着边际的即兴乱弹，这是关仁山发自内心的肺腑之言。特别是长篇小说《麦河》，几乎与生活同步。如果没有对生活的密切关注和热情，写出《麦河》是不可能的。

《麦河》是表现当下中国乡村正在实行的土地流转政策，以及面对这个政策麦河两岸的鹦鹉村发生的事。实行土地流转是小说的核心事件，围绕这个事件，小说描绘了中国北方乡村的风情画或浮世绘。传统的乡村虽然在现代性的裹挟下已经风雨飘摇，但乡村的风俗、伦理、价值观以及具体的生活场景，并没有发生革命性的变化，这就是我曾经强调过的乡村中国的"超稳定文化结构"。但是，乡村中国又不是一部自然发展史，现代性对乡村的改变几乎是难以抗拒的。因此，乡村就处在传统/现代的夹缝中——面对过去，乡村流连忘返充满怀恋；面对未来，乡村跃跃欲试又四顾茫然。这种情形，我们在《麦河》的阅读中又一次经验。有趣的是，《麦河》的叙述者角色是由一个"瞎子"承担的。三哥白立国是个唱大鼓的民间艺人，虽然眼睛瞎了，但他对麦河和鹦鹉村的人与事洞若观火、了如指掌。他是鹦鹉村的当事人、参与者和见证者。三哥虽然是个瞎子，但他心地善良，处事达观，与人为善和宽容积极的人生态度，给人留下了深刻的印象。在某种意义上他是鹦鹉村的精神象征。但作为一个残疾人，他的行动能力和处理外部事务的局限，决定了他难以主宰鹦鹉村的命运。他唯一的本事就是唱乐亭大鼓。但是这个极受当地农民欢迎的地方曲艺，能够改变鹦鹉村贫困的现实和未来的命运吗？因此，小说中重要的人物是曹双羊。这是一个我们经常见到的乡村"能人"，他见多识广、能说会道，曾经和黑道的人用真刀真枪震慑过黑石沟的地痞丁汉，也曾经为了合股开矿出让了自己的情人桃儿。这是一个不安分、性格极其复杂的人物，也是我们常见的乡村中内心有"狠劲"的人物。他是当上"麦河集团"的老总以后重新回到鹦鹉村土地上的。他希望村民通过土地流转加入"麦河集团"，实现鹦鹉村的集体致富。所谓土地流转是指土地使用权流转，土地使用权流转的含义，是指拥有土地承包经营权的农户将土地经营权（使用权）转让给其他农户或经济组织，即保留承包权，转让使用权。也有的地区将集体建设用地通过土地使用权的合作、入股、联营、转换等方式进行流转，鼓励集体建设用地向城镇和工业园区集中。其要点是：在不改变家庭承包经营基本制度的基础上，把股份制引入土地制度建设，建立以土地为主要内容的农村股份合作制，把农民承包的土地从实物形态变为价值形态，让一部分农民获得股权后安心从事二、三产业，另一部分农民可以扩大土地经营规模，实现市郊农业由传统向现代转型。

土地对农民太重要了，历朝历代只有处理好土地问题，乡村中国才有太平光景。对于农民来说，土地分下来容易合起来难。但土地流转不是合作化运动，它是充分自由的，可以流转也可以不流转。对乡村中国来说这当然是又一种新的探索。就鹦鹉村而言，由于曹双羊的集中管理和多种经营，鹦鹉村已经呈现出了新的气象，农民的生活和精神面貌发生了显著的变化。当然，小说是写人物命运的。围绕麦河两岸土地流转这个事件，《麦河》在描绘冀北平原风俗风情的同时，主要书写了鹦鹉村村民在这个时代的命运和精神状态。曹双羊是一个“能人”，但也诚如桃儿所说，他是一个患了“现代病”的人，被金钱宰制，现代人所有的问题他几乎都具备。但他最终还是回到了土地，对土地的敬畏才最终成就了这个能人。瞎子三哥的眼睛最后得以复明，这当然不是他说的“因果论”。但这个“大团圆”式的结局还是符合大众阅读趣味的。三哥是《麦河》塑造得最成功的人物，他是乐亭大鼓的传人，是一个民众喜闻乐见的人物。在他身上我们才得以感受典型的冀北风情风物。应该说，就是这个乐亭大鼓将《麦河》搅动得上下翻飞风情万种。可以肯定的是，关仁山对三哥这类民间人物和乐亭大鼓相当熟悉。三哥身边的苍鹰是个隐喻，这个鸟中之王，因为飞得高才看得远。三哥与苍鹰“虎子”是相互的对象，用时髦的话说，他们有“互文”关系。

《麦河》中桃儿这个人物我们在《九月还乡》中似乎接触过，她是一个来自乡村的卖淫女，但做过此类营生的人并非都是坏人。桃儿自从回到鹦鹉村，自从和瞎子三哥“好上”以后，我们再看到的桃儿和我们寻常见到的好姑娘并没有不同。她性情刚烈，但多情重义。她不仅爱三哥，而且最终治好了三哥的眼疾使他重见光明。这里当然有一个观念的问题。自从莫泊桑的《羊脂球》之后，妓女的形象大变。这当然不是作家的“从善如流”或庸俗的“跟进”。事实上妓女也是人，只是“妓女”的命名使她们必须进入“另册”，她们在本质上与我们有什么区别吗？未必。桃儿的形象应该说比九月丰满丰富得多。如果说九月是一个从妓女到圣母的形象，那么桃儿就是一个冀北普通的乡村女性。从这个变化可以看到，关仁山在塑造乡村女性形象方面有了很大的超越。

中国的改革开放本身是一个不断探索的过程。中国社会及其发展道路的全部复杂性不掌控在任何人的手中，它需要全民的参与和实践。事实证明，在过去那条曾被誉为“金光大道”的路上，乡村中国和广大农民并没有完全找到他们希望找到的东西。但麦河两岸正在探索和实践的道路却透露出了某种微茫的曙光。但这一切仍然具有不确定性，曹双羊、三哥、桃儿们能找到他们的道路吗？我们拭目以待。

二、发掘民间文化资源的努力

通过对新世纪小说创作的观察和分析，我曾提出了“边缘文化与超稳定文化结构”的概念。这一概念的提出，是缘于大量的小说创作对过去被我们忽略甚至批判乃至抛弃的文化资源，重新关注并注入了新的理解。这一现象的出现，一方面与西方强势文化的挤压有关，一方面与作家对本土文化新的理解有关。在西方强势文化的挤压和“形式的意识形态”的诱导下，我们的文学焦虑不安，在急于获得西方承认的心理诉求下，只能“跟着说”。这个结果伤害了中国文学的独特性。于是，从本土文化寻找文学资源就成为作家自觉的意识并逐渐形成潮流。关仁山的《白纸门》就是在这一潮流中意识和特点鲜明的作品，也是他试图努力发掘民间文化资源的一部分：

> 腊月的雪，疯了，纷纷扬扬不开脸。烈风催得急，抹白了一片大海湾。白得圣洁的雪野里零零散散地泊着几只老龟一样的旧船。疙瘩爷把腿盘在炕头，屁股上坐着一个红海藻做的圆垫子，烤着火盆，吧嗒着长烟袋，眯着浑黄的眼眸瞄了一眼门神，把目光探到窗外。荒凉海滩上压着层层叠叠的厚雪，撩得他猛来了精神儿。他心里念叨打海狗的季节到了。他别好徒弟梭子花送给他的长烟袋，挺直了腰，拧屁股下炕，从黑土墙上摘下一只明晃晃的打狗叉。叉的颜色跟大铁锅一个模样。他独自哼了几声闰年谣，拎起拴狗套，披上油渍麻花的羊皮袄，戴一顶海狗皮帽子，甩着胳膊，扑扑跌跌地栽进雪野里。

这是《白纸门》开篇描绘的一个场景。这个场景与其他地域日常生活场景的差异性显而易见：这是冀北海滨雪莲湾的冬季，一个略显萎靡、无所事事的渔民在火盆边吸烟袋。当他看到海滩上的积雪被烈风抽打的时候，职业的敏感使他顿时精神抖擞，然后便跌跌撞撞地栽到雪野里去了。值得我们注意的是，在这个开篇的叙述中，有几个独特的关键词是我们不熟悉的：红海藻、门神、梭子花、大铁锅、闰年谣等等。事实上，在《白纸门》的“引子”《鹰背上的雪》中，这样的关键词出现了49个，而这49个关键词也恰恰是《白纸门》49个章节的标题。我们不免疑惑，那已经给了注释符号的类似词条式的关键词，到最后作者也没有给出我们可以理解的注释，也没有做出任何说明性的文字。这是作者有意的遗漏还是无意的故弄玄虚？

这是一部表现当下农村日常生活的小说，但日常生活仅仅是作家现有经验的文学化呈现，比如当下农村改革的状况，变革的农村在向什么样的方向发展，等等。但我们看到的这些现实的生活在小说中更像是一个“由头”，更像是要通过这些“现实的生活”表达一种非现实的东西；这也是一部表现人性的小说，但这个人性不是我们惯常看到的人与人交往中流露出的善与恶，也不是在突发事件、在戏剧化的场景中所表达的人性极端化的心理或行为。而是所有的人性似乎都被纳入到了一种“规训”的掌控之中，一种超自然的力量使人性有了顾忌或敬畏，为所欲为在雪莲湾难以大行其道。

小说似乎是以麦家祖孙三代人——七奶奶、疙瘩爷和重孙女麦兰子的生活和性格展开故事的，但它又不是一部家族小说。这个家族与雪莲湾的民俗风情有密切关系，甚至可以说，麦家的历史就是雪莲湾的历史，麦家的风俗影响或塑造了雪莲湾的文化或生活方式；小说的空间在雪莲湾，但雪莲湾的时间源头却有不可考的久远历史。这个历史仍然与麦家有关：“古时候发海啸，雪莲湾一片汪洋，七奶奶的先人会剪纸手艺，平时就在门板上糊上剪纸钟馗，家家户户进水，唯独七奶奶先人家里没进水。这下就把白纸门传神了，家家户户买来白纸，请七奶奶先人给剪钟馗。明眼人一看，雪莲湾家家户户都是一色白纸门了。”与门文化有关的还有：谁家男人死了，要摘下左扇白纸门随同下葬，女人走了要摘下右扇白纸门下葬，新人入住要重新换上门，贴上七奶奶剪的白纸钟馗。雪莲湾的风俗就这样延续下来。这大概是小说对《白纸门》唯一做出注释的“词条”。其他没有做出注释的“词条”，都隐含在雪莲湾的生活词典里。也许在作者看来，民间生活的秘密是只可意会不可言说的，而这个不可言说的有意“省略”，恰恰是小说的高明之处。

疙瘩爷和七奶奶是《白纸门》的主要人物，也是雪莲湾“旧文化”的守护者和象征。疙瘩爷不仅面对社会生活恪守公平原则，认为公平本身就是对尊严的捍卫，而且在与动物的厮杀中，也要以公平的方式对待。他杀猎海狗不用现代的火枪，而是用“打狗叉”。他的理由一是祖传的规矩，一是不能干断子绝孙的蠢事。但当面对“现代”的时候，疙瘩爷不仅不能阻止年轻人的火枪，甚至他也难以左右自己。当他当上村干部之后，他雅努斯式的犹疑和茫然，也出现在他被民间古旧文化熏陶过的沧桑面孔上。传统遭遇了“现代”，传统的无能为力是因为“现代”的无所顾忌。七奶奶虽然敢于出头为村里讨债，但讨回的钱却让村书记买了轿车，“小吕子”书记虽然被绳之以法，但七奶奶的“规矩”还能够制约多少人或多长时间呢？因工厂的污染，雪莲湾大片红海藻“走了”，七奶奶竖起她的白纸门，但七奶奶能够挽留红海藻吗？

因此,《白纸门》表达了传统与现代的文化冲突,表达了现代没有边界的发展的困惑和隐忧,当然,它也检讨了百年来对传统文化彻底排斥、抛弃乃至毁灭的后果。

因此,《白纸门》给人印象最深的,就是它对民间文化或民俗民风的呈现与描绘。它像“箴言”或“咒语”,它不能改变现实却预言了现实。我们可以说它是“迷信”、是非理性,但它却是雪莲湾的民间信仰。“民间信仰,是对超自然力的信仰而形成的观念以及在观念统治下形成的态度和行为。这种超自然力,既包括人格化的力量(如神灵),也包括非人格化的力量(如法术)。一般来说,民间信仰缺乏统一的神系、固定的组织以及统一的教义,因而在形态上同制度化的宗教有较大差异,并因此而长期被人们普遍以‘迷信’相称,来强调它与科学的对立,特别是与狭义‘宗教’(高级宗教)的区别。但其实在本质上,它同各种高级宗教是一致的。从客观的经验来看,或者说,从科学的角度来看,它们均属于非理性的范畴。在人类学、民俗学当中,与制度化的宗教相对,民间信仰常被称作‘普化宗教’。对于中国的民间信仰,有些学者又常常称之为‘民间宗教’,并且把它看作中国民众自己的宗教。”①文化人类学或民间文化研究专家正确地指出了“民间信仰”的功能或价值。而《白纸门》重返民间文化,重新表达对神秘事物的敬畏和顾忌,意义显然重大。

《白纸门》与关仁山以往的作品相比,发生了极大的变化。他在谈到自己这部作品的时候说:“作家没有明确的民间立场也就没有明确判断生活的尺度,价值观念也难确立。经过这些年的思考,我认为现实主义作家确立民间立场十分重要。建立民间立场,即确立自己的独立精神。从《白纸门》的创作,我有意识地向民间立场迈了一步,尽管有点儿为难,可能还会丢掉一些利益,但还是值得的。”②在他的独白中,我们确实感到了他转变的艰难甚至犹疑。但他毕竟实现了超越自己的“突围”。值得商榷的可能是他所说的“民间立场”。事实上,我觉得《白纸门》恰恰是典型的精英立场,关仁山对传统文化的反省或检讨的自觉,站在纯粹的民间立场上是不能完成的。如果站在民间的立场上,可能仅仅会“风俗”性地对民间文化表示留恋或怀念,却难以表达这一文化形态的魅力和功能。而恰恰是这一文化形态本身,甚至为他的小说结构带来了新的面貌,这怎么会是“民间立场”呢?

就小说而言,我唯一不满足的,是小说在现实与传统之间还没有建构起无碍的内部关系,还没有达到不露痕迹的统一或融合,它们之间总像隔着还没跨越的沟堑。因此,那些传统的民风民俗就像庙会一样,有“策划”的味道。这种情况与作家的直

---

① 安德明:《民间信仰的功能》,2006年11月13日中国民俗网。

② 关仁山:《我心中的雪莲湾——与关仁山谈〈白纸门〉》,2007年4月13日新华网河北频道。

接经验不够有关,还是与传统渐行渐远痕迹难寻有关,我不能断言,但总是觉得在那些地方还没有“焊接”好。但无论如何,在一个没有敬畏和顾忌的年代,关仁山在乡村中国超稳定的文化结构中,重新打捞出了尘封已久的陈年旧事,重新将被压抑的民间文化呈现在我们的阅读中,使我们对“神秘的事物”有了新的认识和感知。仅此一点,他就功莫大焉。

三、开拓新的写作领域

对“官场”的书写,应该是近十多年来重要的文学现象之一。2009年,被坊间称为官场小说“二王”的王跃文、王晓方分别出版了《苍黄》和《公务员笔记》。这两部重头作品一问世,便成为媒体抢眼的话题之一。《公务员笔记》在故事和叙事两个方面都有所突破。比如小说一开始就写了东州市一位老领导患了“尿中毒”,而且作为秘书的“我”居然也陪着领导喝了多年的尿。这种荒诞不经的情节,使小说一开始就进入了一个普通人难以想象的世界。虽然有噱头之嫌,但它的可读性也是其他常见的情节不具备的。我更感兴趣的是作家在叙事方法上的探索和实验。这些探索和实验,使王晓方的官场小说介乎于严肃文学与通俗文学之间,或者说正是这些探索使《公务员笔记》有了雅俗共赏的可能。

关仁山的《官员生活》的发表,为这一文学现象添加了新的想象和理解。关仁山将这部小说命名为“官员生活”本身,似乎是有意为之的客观描述,同时也有一种同情、理解的意味蕴涵其间。于是,将《官员生活》理解为当下的“主旋律文学”是没有问题的。这是一个“多元现代性”时代,现代性之间的冲突已经成为这个时代的特征之一。在《官员生活》中我们发现:小说的主要矛盾并不仅仅来自权力争夺、权钱交易或情色演绎。小说的主线应该是发展与环境的冲突、社会主义现代性与资本主义现代性的冲突、国家规划与民营企业的冲突、理想主义者与世俗生活的冲突等,这些是“多元现代性”的冲突。《官员生活》虽然也不免写到官员之间的矛盾和争斗以及桃色事件、家庭问题、亲属关系等,但吕展的个人操守、高远抱负、理想主义精神魅力和从政才华等,使他并没有受到来自这些方面的更大威胁或困难。与他构成主要矛盾的是民营企业家周家富。在小说中,周家富不能在个人主义话语空间中讨论,他的身份不仅是一个民营企业家,同时还有黑社会的性质和与权力资本相勾结的性质。他的原始积累就是一个畸形的中国经验。不正常的交易成就了这个“民营企业家”,利益原则是他最后的原则。在这种关系中,吕展要么坚持国家整体利益,要么屈从于“民营资本家”利益。在与“民营资本家”的博弈中坚持国家利益无疑是正确的。

关仁山乐观的历史观,同样贯穿在新近的长篇小说《信任》中。这样的作品非常难写,特别是正面塑造干部的作品。小说取名《信任》,是因为今天存在的社会状况是普遍的不信任。要将信任重新建构起来,对作家实在是一个挑战。小说从抗日战争一直写到当下。主人公王竟明是县委书记,也是西柏坡人。到西柏坡上任后,遇到的问题是国内所有城市面临的共同问题,就是经济发展带来的环境污染。他首先果断地关掉了山庄集团的水泥厂和发电厂等一批污染较严重的企业,还停掉了山庄一个污染严重的项目——蓝天化工。这一举措与山庄集团老总苏大庄和山城县县长苏日亮叔侄发生了严重冲突。苏大庄的发电厂和水泥厂曾获得过巨大的利益,也给山城县带来了可观的经济效益。在王竟明的计划中,关掉这些企业后,山庄集团可以向风能发电方向发展,同时在建的西柏坡工业园区也给山庄的未来提供了很好的前景。但苏大庄不愿牺牲自己的利益。他把王竟明的所作所为看成是针对他个人的行为,并且是在做"政绩工程"。在用前辈情谊以及金钱收买无效后,苏大庄启用另一套办法竭力阻止王竟明想法的实现。他请出了北京的老领导尤长庚和山城前任县委书记李鸿儒。于是,各阶层的斗争在西柏坡展开,构成了这个革命圣地的浮世绘和日常生活图景。

王竟明和苏日亮都是红二代,这一点决定了他们在整体目标上的一致,也决定了苏日亮与叔叔苏大庄的不同。

虽然是一部"献礼"的"应景"之作,但由于关仁山忠实于现实生活,小说还是不经意地提出了许多值得思考的重要问题。比如,治理地方环境污染,为什么做出牺牲的一定是民营企业家?小说中的苏大庄是一个"恶人",如果不在道德层面谈论问题,或者苏大庄是一个好人,这样的矛盾将怎样处理?小说存在的问题是,除了一些带有西柏坡的文化符号,如"进京赶考"等,小说中讲述的故事和问题,可以发生在任何一个地方。但为了"献礼",副标题取为"西柏坡纪事",多少有些勉强。但这也是没有办法的事情。

自"现实主义冲击波"以来,关仁山的小说创作基本集中在长篇上,中、短篇小说写得不多。现在谈一谈关仁山的中篇小说《根》,让我们欣喜的是,小说在题材上有了变化。小说的内容并不复杂:女员工任红莉和老板张海龙发生了一夜情——但这不是男人好色女人要钱的烂俗故事。老板张海龙不仅已婚,而且连续生了三个女儿。重男轻女、一心要留下"根儿"的张海龙怀疑自己的老婆再也不能生儿子了,于是,他看中了女员工任红莉,希望她能给自己带来好运——为自己生一个儿子。任红莉也是已婚女人,她对丈夫和自己生活的评价是:"(他)人老实、厚道,没有宏伟的理想，性格发闷，不善表达。他目光迷茫，听说落魄的人都是这样目光。跟这种男人生活在一起，非常踏实。就算他知道自己女人有了外遇，他也不会用这种以牙还牙的方式。他非常爱我，我在他心中的地位，谁也无法动摇。我脾气暴躁，他就磨出一副好耐性。为了维持家庭的和谐，他在很多方面知道怎样讨好我，即便有不同意见，他也从来不跟我当面冲突。其实，他一点不窝囊，不自卑，嘴巴笨，心里有数，甚至还极为敏感。我不用操心家里的琐碎事。生活清贫，寒酸，忙乱，但也有别样的清静、单纯。”但是任红莉毕竟还是出轨了。任红莉的出轨最根本的原因还是利益的问题，而不是做一个代孕母亲。张海龙多次说服和诱惑后，任红莉终于想通了：“换个角度看问题，一种更为广阔的真实出现在我的视野。刹那间，我想通了，如今人活着，并不只有道德一个标准吧？并不是违背道德的人都是坏人。我心里储满了世俗和轻狂。我和阎志的爱情变得那样脆弱、轻薄。我们的生存面临困境了，牟利是前提，人们现在无处不在地相互掠夺与赚钱。赚钱的方式，是否卑鄙可耻，这另当别论了。他没有本事，我怎能袖手旁观？从那一天开始，恐惧从我的心底消失了。这一时期，我特别讨厌以任何道德尺度来衡量自己的思想和行为。可是，有另外一种诱惑吸引着我。资本像个传说，虽然隐约，却风一样无处不在。一种致命的、丧失理智的诱惑，突然向我袭来了。我似乎抓住了救命稻草，我要给张海龙生个孩子。”

任红莉终于为张海龙生了孩子。不明就里的丈夫、婆婆的高兴可想而知，张海龙的兴奋可想而知。任红莉也得到了她想得到的东西，似乎一切都圆满了。但是，面对儿子、丈夫、张海龙以及张海龙的老婆，难以理清的纠结和不安的内心，使任红莉在惊恐、自责、幻想等各种心理因素的压迫左右下，终于不堪重负成了精神病人。关仁山的这篇小说要呈现的就是任红莉怎样从一个健康的人成为一个精神病人。苏珊·桑塔格有一本重要的著作《疾病的隐喻》，收录了两篇重要的论文：《作为隐喻的疾病》及《艾滋病及其隐喻》。桑塔格在这部著作中反思批判了诸如结核病、艾滋病、癌症等疾病是如何在社会的演绎中一步步隐喻化的。这个隐喻化就是“仅仅是身体的一种病”转换成一种社会道德批判和政治压迫的过程。桑塔格关注的并不是身体疾病本身，而是附着在疾病上的隐喻。所谓疾病的隐喻，就是疾病之外的具有某种象征意义的社会压力。疾病属于生理，而隐喻归属于社会意义。在桑塔格看来，疾病给人带来生理、心理的痛苦之外，还有一种更为可怕的痛苦，那就是关于疾病意义的阐释以及由此导致的对于疾病和死亡的态度。

任红莉的疾病与桑塔格所说的隐喻构成了关系，或者说，任红莉的疾病是违背社会道德的直接后果。值得注意的是，这个隐秘事件导致的病患并不是缘于社会政治和道德批判的压力，而恰恰是来自任红莉个人内心的压力。在这个意义上说，任红莉是一个良心未泯、有耻辱心和负罪感的女人。任红莉代人生子并非主动自愿，作为一个女人，她投身社会的那一刻，身体也同时被男性所关注，因此，从某种意义上说，对女性身体的争夺是历史发展的一部分。《根》中描述的故事虽然没有公开争夺女性的情节，但暗中的争夺从一开始就上演并越演越烈。值得注意的是，男人与女人的故事历来如此，受伤害的永远是女人。但话又说回来，假如任红莉对物质世界没有超出个人能力的强烈欲望，假如这里没有交换关系，任红莉会成为一个精神病人吗？

关仁山在《根》中讲述的故事对当下生活而言当然也是一个隐喻——欲望是当下生活的主角，欲望在推动着生活的发展，这个发展不计后果且没有方向，因此，欲望如果没有边界的话就非常危险。任红莉与医生谈话之后，病情不但没有好转，反而更加严重了，可见作品对社会的批判和人生的警示。从另一方面看，一直书写乡村中国的关仁山，能选择这一题材，显然也是对自己的挑战。

多年来，关仁山一直在探索不同的写作对象，但他最突出的特点是对现实生活的书写和描摹——《天高地厚》写免交农业税，《麦河》写土地流转，《信任》写科学发展观，等等。我要说的是，这些政策不是不能写，但沉淀一个阶段，通过乡土中国的具体实践检验一下，可能会更稳妥或更准确。当年柳青写互助组、初级社，浩然写人民公社，由于他们深厚的生活积累，即便剥离了即时性的动机和热情，小说仍有巨大的艺术感染力。但是，如果《创业史》《艳阳天》没有那些应景即时的政策统摄其间，而只是忠实地书写乡土中国的生活和人物，小说肯定别有一番光景。当然，话又说回来，如果是这样的话，那还是《创业史》《艳阳天》吗？关仁山的创作在这个意义上就与柳青、浩然相似到了这样的程度。同时，我不得不激赏关仁山的胆识，他如此热情果敢地追踪当下中国乡村生活的每一步变化，并大胆地预言判断，乐观地预示光明的未来。这与关仁山的历史观有关，也与他对乡土中国，特别是冀东平原的认知、情感有关。事实上，任何一个书写当下中国现实生活的作家，都会面临这样的问题：中国的现代性就是不确定性。要表达现实中国，就意味着冒险和挑战。谁也不是算命先生，但是，如果要表达这个现实，就不可避免地要回答现实提出的问题。这是一个悖论。总而言之，关仁山的艺术积淀已经成熟，羽翼已经丰满，还会在现实主义道路上迅跑许多年，他还要坚持下去，我可以肯定地说——对关仁山而言，这是一条“广阔的道路”。

（载《小说评论》2012年第3期）

主要作品目录《

长篇小说

《胭脂稻传奇》(与杨帆里合著),长江文艺出版社 1988 年版。

《魔幻处女海》,长江文艺出版社 1991 年版。

《福镇》,百花文艺出版社 1997 年版。

《风暴潮》,人民文学出版社 1999 年版。

《不爱不明白》,群众出版社 2000 年版。

《唐山绝恋》(又名《唐山之恋》,与王家惠合著),作家出版社 2002 年版。

《天高地厚》,北京十月文艺出版社 2002 年版。

《共同利益》,花山文艺出版社 2002 年版。

《人生在世》(与谈歌合著),山东文艺出版社 2004 年版。

《权力交锋》,贵州人民出版社 2004 年版。

《白纸门》,春风文艺出版社 2007 年版。

《官员生活》,作家出版社 2009 年版。

《唐山大地震》(与王家惠合著),新世界出版社 2010 年版。

《麦河》,作家出版社 2010 年版。

《重生》,四川文艺出版社 2011 年版。

《信任》,河北教育出版社 2011 年版。

《日头》,人民文学出版社 2014 年版。

《黑凤凰》(与王松合著),作家出版社 2014 年版。

《金谷银山》,作家出版社 2017 年版。

《大地长歌》,长江文艺出版社 2018 年版。

中短篇小说集

《关仁山小说选》,花山文艺出版社 1994 年版。

《大雪无乡》,百花文艺出版社 1997 年版。

《神秘的死亡》,群众出版社 2001 年版。

《野秧子》,大众文艺出版社 2002 年版。

《落魂天》,花山文艺出版社 2017 年版。

《镜子里的打碗花》,花山文艺出版社 2017 年版。

《九月还乡》,河南文艺出版社 2019 年版。

散文随笔集

《真情与梦想》,远方出版社 2002 年版。

《给生命来点儿幽默》,河北教育出版社 2009 年版。

文 集

《关仁山文集》(全十卷),花山文艺出版社 2017 年版。

其 他

《小镇太阳神》,百花文艺出版社 1990 年版。

《飘落的风筝》,河北少年儿童出版社 2002 年版。

《执政基石》,河北教育出版社 2004 年版。

《感天动地:从唐山到汶川》,河北教育出版社 2008 年版。

《凤凰涅槃:唐山》,中国青年出版社 2008 年版。

《春天的奇迹》,河北教育出版 2011 年版。

《废墟上的石榴》,海峡书局 2015 年版。

鬼　子

男，本名廖润柏，仫佬族，1958 年生，广西罗城人。

小 引《

初见“鬼子”这个名字，相信谁都有些骇异，等你见了鬼子这个人，会觉得果然不同一般。我是在去广西的一所大学参加研究生论文答辩时第一次见到鬼子的：方脸、高瘦、长发垂肩——鬼子是否就应该是这个样子，当然不好说，只是觉得这人骨相清奇，像他的笔名一样，真的有点另类罢了。此前我与鬼子似乎有过一两次电话或通信联系，说的都是一些闲话，这次在饭桌上下，虽然依旧说的是闲话，但因为有足够的时间海阔天空地神聊，所以多少也算对他有了一点切近的了解，便觉得这个人其实很亲切、很随和，与“鬼子”的凶残和“鬼”的狰狞没有一点儿关系。

但鬼子毕竟是鬼子，依然有一些不同“凡人”之处，比如说他在这个专辑中写的“自述”，不按要求谈他的生平创作，而去大谈特谈年终填表之类的题外话，整个儿就是一篇反“自述”。我与本辑主笔、我的博士生胡群慧谈及此事，她说鬼子确实怕写这类东西，也不愿写这类东西，我才知道他这样做，真的不是故作姿态，而是他的一些极真实的想法。文贵乎真，既然如此，我还有什么可说的呢？不过，话又说回来，即使是在这样的一篇反“自述”的“自述”文字中，我们依然可以读出鬼子对文学的看法来。这看法，简言之，就是反对一种“等因奉此”（程式化）、人云亦云（无新意）、评功摆好（为自己）、刻意逢迎（为领导）的官样文学。由此，也可以看出鬼子的独特个性。既有文学观点，又见个性特征，两项要素皆备，这不是我们所要求的“自述”又是什么呢？这恰如文学史上被称作反骑士小说的《唐·吉诃德》和反武侠小说的《鹿鼎记》，如果反过来，将它们分别称作骑士小说和武侠小说，或曰反骑士的骑士小说和反武侠的武侠小说，又何尝不可。更何况后者还是公认的金氏新派武侠小说的代表作哩！可见，世界上的话，正说反说都无妨，只要是心中的那点意思就行。

尽管如此，我还是相信鬼子的判断：“一个作家最好的自述，就是他的作品。想真正了解一个作家，最好还是拿他的作品说话。”关于鬼子的作品，我想，不同的读者会有不同的说法，我要说的，依然是本辑主笔在评论文章中提出的话题，即所谓“文本中的文本故事”问题。这个问题被胡群慧的文章搞得很复杂。西方学者也有一个专门的术语叫“文本间性”，虽然不是专指这种现象，但也可以借用来说明这个问题。其实，这个问题说白了，就是一个文学文本生成之后，可以通过引申、转换、嫁接、反串等“改写”活动，生成新的文本。就像胡群慧的文章中提到的《卖女孩的小火柴》和《贫民张大嘴的性生活》那样，都有先前的文学文本作“底本”。这种文学“底本”与新生成的文本之间的关系，依旧可以用西方学者说明“文本间性”的一个比喻来表达：“就像将原有文字刮去后再度使用的羊皮纸，在新墨痕的字里行间还能看出早先的文本未擦尽的痕迹。”[①]这当然只是一个比喻性的说法，而且是相对于严格意义上的“间性”文本而言的，但我认为，这个比喻，同样也适用于对鬼子的诸多文本的阐释和理解。只不过胡群慧的文章，已经从这个问题引出了文本与文本之间的关系，让文本在生产、流通和传播的过程中，经由作家、编辑和读者之手，发生种种形塑和变迁。事实上，也就是将西方学者所说的“文本间性”的生成、衍变的过程，通过对鬼子的作品的阐释，作了一个动态的描述，在这个动态的描述中，同时又引进了诸多社会历史的、文化的和现实的影响因素。这样，鬼子文本中的“文本故事”，就恰如胡群慧所说：“并不只是关于文本的故事，它还是一个有关文本如何介入人们包括作家的生活的故事，一个有关作家如何利用文本的方式表达他对这个世界包括文本的认识的故事，一个‘世界、语词和言说之间的自我实现’的故事。”

其实，这样的“文本中的文本故事”，在现代中国文学中并不鲜见。往早了说，有鲁迅的《故事新编》，是有关中国古代神话、传说和哲学、历史文本的“文本故事”；稍后点，有施蛰存的《石秀》《鸠摩罗什》等，是有关中国古代文学和宗教文本的“文本故事”；晚近的，又有香港作家刘以鬯的《寺内》《除夕》《蛇》《蜘蛛精》《追鱼》等，则是众多的中国古代戏曲、小说和民间故事文本的“文本故事”。凡此种种，这些“文本中的文本故事”，虽然有各自不同的生成方式和表现形态，但终归都是拿先前已有的一个文本（或文本的残篇断章）说事。这种取材的方式，较之常说的那种一空依傍的所谓独创，似乎来得容易一些，但究其实，也毕竟不是一种文本的游戏，而是对先前的文本的一种新的阐释方式，这阐释，或带了对历史文化的新的看法，或带了对社会现实的新的感受，或带了对世道人心的新的理解，或者干脆就是为了表达一种哲学和人文理念，总之是各自依了各自的性情和兴趣，在先前的文本之中或之外或之后，极尽腾挪变化之能事。从这个意义上说，这又是中国现代小说极为自由又极富个性的一种叙述方式。

---

① ［英］罗杰·福勒：《语言学与小说》，於宁、徐平、昌切译，重庆出版社1991年版，第136页。

自　述《

请读作品

我不喜欢写自述。一听说要写自述,我就想起单位每年年底发放的那一张年终考核表,那张表里,最大的一栏就是"自述"。在那一个栏目里,并不是说你把一年里做过的事大体地记下来就可以了,而是有一种方法,一种你不太喜欢那样去写的方法,所以尽管是年年写,可我仍是年年看着那一栏脑子发懵,我总要问问身边的同事:写什么呢?怎么写?看看别人又有了什么新的点子。其实大家也一样不喜欢写,但又不得不写。有一些聪明的同事便总能找到一些聪明的方法,先是写一年里认真学习,而且突出政治,这主要是反映在关心国家大事上,不管是国家出了什么新的政策法规,或者是单位推行了什么新的施政条例,总是能上与中央保持一致,下与单位领导保持一致,尤其是单位领导,没有这一说是不行的,因为这个表最后要交到领导的手上,要有领导的签字,领导说"同意"了你的自述,你才能算是合格的员工,否则是要有麻烦的。你要是被认为不合格,他人得到的很多好处,你可能就没有;如果有,也会比别人少掉一些,这指的当然不是一两件年货什么的,而是留下来的那一张表将成为一个档案,成了档案就进入了你个人的历史。一个人的"历史"能对一个人没有影响吗?这自然是一件很可怕的事情。所以你得好好地写,一丝不苟地写,你丝毫不得马虎,马虎了,你的"历史"就出问题了。这只是其一,后边还要继续一点一点地往下写,比如遵纪守法什么的,这也是马虎不得的,你要是不遵纪守法,你还算得是一个好的公民吗?犯法的人是很少的,何况我们这些生性胆小的人,我们要是敢于犯法了,那世界就不是世界了,就是有机会让你犯,你也不敢。既然不敢,那你就是一个好的公民啦,所以你得写上你是一个遵纪守法的人。还有,我们国家这些年总是断不了哪个地方受个什么灾,遭个什么难的,单位总会让你捐钱捐物什么的,你捐了吗?你当然捐了!你怎么能不捐呢?这可不是政治问题,而是做人的最起码的良心,捐了你就也写到自述里去呗,反正自述的那一个栏目大得很。等你把这些大事都写进去了,然后,你再好好地写写你所做下的"业绩"。写完了,你也许松了一口气,可回头看时,便不禁暗自感到可笑得很,可这是没有办法的事,这是你不能不写的，因为你不是给自己写的，你是给他人写的，而其结果，到头来却又是为了你自己的“档案”，为了你自己的“历史”写的。

文学上的自述，会不会也是这样的呢？

答案应该是肯定的，所以，我是一样地觉得可怕，因此也就一样地发懵，一样地犯难。

我很认真地看了其他一些作家的自述，我不知道他们说的是否都是真话，但我却看到了一些作家的不同的自述。所谓不同，即是一个作家也许是因为不同的需要而写了不同的自述，“自述”与“自述”之间有着很大的差异，也不知道哪一个自述是真的，哪一个自述是假的，让人不知所以。

我因此觉得“自述”是值得怀疑的。

自述因为种种原因，有着太多的说不清楚的东西。因此有人说，也许只有犯人的自述才是真实的，其实这话不全对，你想想伊拉克的那位老萨吧，大家都说他是有罪的，而且罪该处死，可是轮到他自述的时候，他怎么说？他说他是无罪的。你相信他的话吗？

反正我是真正地怀疑过很多作家的自述。

有的作家自述写得很好，可作品却写得不怎么样，你会觉得这人像个侏儒，头大脚短，眼睛还斜，是自己把自己给说大了。如果不是这样，想想中国文坛怎么会还是眼下的这副样子呢？早就该是大师如云了。

有的作家作品写得不错，但自述却平静如水，那分明是有意藏着，你能怀疑他的真诚吗？或者你怀疑他不懂自述？你会希望他再好好学习，日后把自述写得好些？

其实，一个作家最好的自述，就是他的作品。

想真正了解一个作家，最好还是拿他的作品说话。

否则，很多优秀的作品，就不需要一再地研究了。

访　谈《

写作的力量

——鬼子访谈录

胡群慧　鬼　子

胡群慧:你有一篇作品《卖女孩的小火柴》,讲一个叫吴三得的作家编撰一个叫“小火柴”的小孩卖女孩的故事。他想象了“小火柴”与“卖女孩”之间的多种可能性,但最终却在现实生活中遭遇了一次真正的“卖”女孩的事件。当他的妻子要求他把这个事件放进作品时,他放弃了,转而去写“贫民张大嘴的性生活”。这篇作品让我想起了你的另外一篇作品《苏通之死》。我感觉它们从两个不同的方面谈到了作家应该如何对待和处理与现实以及文本相互之间伦理关系的问题,是这样的吗?

鬼子:其实,我觉得怎么说都是合理的,这是一个说法。还有一个说法,就吴三得而言,卖女孩这种题材不是他的长项,他的长项是写“贫民张大嘴的性生活”之类的。所以,他怎么编都不如生活里发生的,都不如现实的力量。现实永远在他的故事之上。你看他编了那么多种结果,那么多种可能性,可现实却极其简单,一件很残酷的事情就发生在你的眼皮底下:一个女孩不知不觉地把一个小孩给“拐”走了。一个作家的想象力与现实之间的冲突是不可调和的。现在的很多作家都说,作家只要有想象力就可以写出很多东西。我觉得只有想象力是不够的,最重要的还是你的想象是否有穿透力,或者说,是否有力量。

胡群慧:作家光靠智性编撰的一整套运作方式是不够的。

鬼子:所以很多作家的小说,你会说,哎哟,会编!可你觉得生活中很多现实比他们的小说更有想象力,更能震撼你的心灵。为什么?这个力量就在于它的结果。这个结果穿透了现实,穿透了作家的想象力。但《苏通之死》是另外一个层面的。不知道你的看法是怎样的,中国作家在某种说不清楚的环境里,很多人想成功,于是就都摇身成了投机分子。当然,人家的投机也是为了生存。如果你不是一个投机分子,如果你想从真正的文学的角度,去做你的文学,有时候是很难成功的。《苏通之死》里说的就是这个现象,这一点是很残酷的。我不知道别人有没有看出这一点:几乎所有的人都说他的那个小说写得好，但所有的人都叫他“修改”那个小说，不改便无法在现实里取得成功，可他不改，他坚信他写的是一部好小说，比那些在现实里已经获得了成功的小说写得更好，而结果呢？结果是那样的“好”小说，不仅被他的妻子烧掉了，而且被冲进了最肮脏的地方——下水道里。下水道是一个好的小说的归宿！我觉得我的这部小说，对现实对文坛是有一定的穿透力的，可惜没有引起关注。顺便说一句，我觉得中国作家其实最缺的不是别的，而是作家的独立的人格。

胡群慧：我的评论文章里谈到过一些涉及作家与文本、与现实相互关系的问题。我的角度和你有所不同。

为了了解你作品的整个发展脉络，我翻阅了你的一些早期作品。我发现还是能够找到一些共有的东西的，比如说，作品里那种孤冷的氛围，还有很多人谈到你早期作品的那种神秘。你能谈谈你的早期作品吗？

鬼子：那是很久以前的事了，那种小说写过了就过了。我早就觉得那些小说没什么意思了，所以我都没收到我的作品集里。我现在对小说的感觉很简单，小说确实不能神秘，神秘了往往就无聊了。小说本来是很简单的，却被一些不会写小说的人，一些没办法把小说写好的人，弄复杂了。小说其实也不需要太复杂，还是需要编故事。最有能耐的作家永远是在编故事，编出新的不一样的故事。故事里要有力量，要能把读者带进去，跟着你走，让人停不下来，那你的故事就算成功了。这东西说起来有点像漂流，一个作品就像是一条河，读者就是漂流者，你得顺着我这条河走，我有意拐弯，你就得跟着我拐弯；我让你兴奋你也许就会跟着我兴奋，我让你危险，你也许就得跟着心惊肉跳。一切都是我设置的，你自己想控制都控制不住。当然，这只是我眼下要的小说，别人的小说别人爱怎么写那都是别人的事。

胡群慧：我没看到你新出的两个作品是怎么写的，感觉还是有种内在的紧张。

鬼子：对呀，要的就是这种紧张。

胡群慧：这种内在的紧张是我替你感到紧张，我不是替人物紧张。

鬼子：呵，你的紧张是替我担心往下怎么写？

胡群慧：对。你要让读者感到紧张，肯定必须要有一些共通的要素和环节。比如说，很多人讲到你作品中的苦难，就拿你的三部曲来讲，你都有一个共通的人物结构：弱势和强势。这个强势可以是社会阶层意义上的强势阶层，也可以是个体所不能抵抗的所谓宿命的东西。这种宿命是通过一连串的厄运——我把它称作“多蹇”——表现出来的。在它的后面可能有强势的社会阶层的因素，也可能没有。这样要想产生穿透力，要想有震撼感，要想通过一种很残酷的东西激起读者的道德善，你的笔锋肯定在很大的程度上要倾向于强势与弱势之间的对比。那么,你可以做的是什么?第一种,从社会阶层意义上讲弱势被强势所欺压。譬如晓雷,最终把性命牺牲掉。第二种,那就是面对强势的时候,无可奈何,只能承受,这就是你所表达的"野草般的生命力",像寒露。我有时候会把寒露和陈村联系起来。就是说,陈村是寒露到了老年以后的一个状态。她年轻懵懂无知的时候,只能承受,说:"我只要找到父亲,找到父亲我的问题就解决了。"但等到了陈村那个年龄的时候,发现无论如何反抗和承受都没有办法解决问题,那就只能忍受。另外一种,像晓雨,她就迎合。她运用强势阶层给她这类女性设定的逻辑来运作。按这种逻辑运作的时候,她其实成了她以为可以获得某种解救的另一种意义上的猎物。还有一种就是在《大年夜》里出现的。我觉得《大年夜》里你的创作还是有变化的。当一个弱势人物相对于另一个更弱势的人物而拥有相对意义上的强势,在他造成更弱势的人物的悲剧时,他能够有所反省。我们可以经由这样一个层面来反观超过他这个层面的强势阶层。莫高粱采取了很多措施来挽回他的过失,为他所造成的死亡承担责任。但是比莫高粱更强势的社会阶层呢?是沉默,是空白。最后一种,就是处于弱势的阶层,当他们有很美好的愿望,不仅仅是为了自保或怎样,他们甚至是想去帮助别人时,反而会因为这样的举动遭受意外的灾难。譬如,《走进意外》中的李条,他当时到工地上去时有很多幻想,他有很多欲望没有得到满足。

鬼子:他当时是想去救另外一个人的。

胡群慧:对,他当时担心另外一个人被砸。他想去提醒别人的时候,反而因此导致很悲惨的境遇。而那个人不但不感激,反而担心自己会受牵连。我替你感到紧张,是因为我觉得这种强势与弱势之间的对比模式以及你如何安排它们相互之间的互动会有一个限度。我不知道《疯女孩》和《大年夜》是否是你尝试变化的努力。我感觉《疯女孩》不像你以前的作品给我的震撼感那么强,而且我感觉其逻辑体系也不是很清晰。可能我没看懂,我不知道你要表达什么。而《大年夜》,我唯一感到它有缺陷的地方是天堂里面的那种和解和对话。你的小说是要调动读者参与情绪的,本来读者在前半部分已经参与了,但突然一个天堂对话又把人拉出来了。我觉得这个想法是好的,但在操作层面有裂隙。我不知道你怎么看?

鬼子:《大年夜》是为我的另一部小说写的一块"敲门砖"。《疯女孩》是很早以前的一个小说,那个小说是为别人的电影提供一个故事蓝本,是一个命题作文,它不在我的故事方式里面。我跟你说一说《大年夜》。其实,我当时觉得《大年夜》的思路还是挺好的,但读者的两极分化相当严重。很多人说《大年夜》已经把我前面所有的小说给粉碎了，他们觉得有一种“毁灭性的感动”。而另一拨人，则觉得我的小说不该出现“温暖”，因为他们习惯了我小说中的残酷。我觉得这后一拨人是对这个小说缺乏理解。其实我那个小说结尾里的“温暖”不是真正意义上的温暖，而是有一种多向的意义，也许是他们看得不太认真的缘故吧。比方说，小说后面有一句说“仿佛这才是真正的人间”。有人说，这里让人看到了小人物终于找到了“温暖”，可有人却看出了另一层意义，感觉小人物“生不如死”，活着的时候是在地狱，死了却进了天堂，这是另一种更残酷的现实，他们感觉这样的现实比我往时的作品里的“现实”更加有力。还有，我在这个作品里还做了另一种努力，那就是有关“拯救”，我觉得这也是我们当下的文学好像一直丢失的东西。一个小人物，当他知道自己无意中犯下了一个不可饶恕的罪过的时候，想利用自己的力量去拯救被自己伤害的生命，这种行为是可贵的。当然，小人物其实是很难拯救小人物的，小人物可以经常忏悔自己，但小人物的忏悔往往是没有力量的。

胡群慧：就像你在《艰难的行走》中说的，小人物与小人物之间只能相互取暖，但不能解决实质性的问题。

鬼子：对，我要的就是这种感觉。所以他们虽然走进了天堂，道理却是生不如死，死了才什么都解决了，同时还会得到快乐。

胡群慧：问题就是你刚才说的，大家对你作品的阅读，已经有了一个定势。你以前的作品，是要请大家来参与的。但《大年夜》中，你突然写出了那样的一个场景，这在你以前的作品里是没有的，所以大家就会陌生起来，你打断了大家以前对你认定的路子，与大家隔离开了，造成了某种距离。我觉得这可能是造成两极分化的一个原因。

鬼子：这部作品原来的名字叫《鬼年夜》，是他们给改了。也许叫《鬼年夜》更好些，也许从看到小说的名字开始，人们就进入了那样一个场景，就不会等进入那一个场景时突然感到一种陌生，一种你说的距离了。“鬼年夜”不光指的是“鬼的年夜”，同时带有一定的情绪，有指责的情绪，而“大年夜”，则被化解了；作家的立场，也多多少少被改变掉了。

胡群慧：“大年夜”也是有情绪的，但没有“鬼年夜”那么浓，没有达到你原来所想达到的那个力度和强度。

鬼子：如果说是“鬼年夜”的话，读者也许一开始就会参与到“鬼”的世界里去了，就不会觉得突然了。

胡群慧：有可能。

胡群慧:你觉得你的思维方式、叙述方式的最大特点是什么?

鬼子:有人说,写苦难没有什么新东西。那你说,什么东西是新的?我们活着,我们所有的生活方式都是别人生活过的生活方式。你可以说写苦难有一万条毛病,就像面对一座高山,这高山不管你如何讨厌它,它永远会站在那里。只要文学还存在,我觉得苦难叙述就永远是一座高山。人只要有生命,就必然会有苦难。苦难有时候和财富、贫穷没有什么关系。比如说,一个很有钱的老头,亿万家产,在我们常人的眼里,他是够幸福的吧?可有人把他的儿子给绑架了,你说他的幸福还存在吗?而一个叫花子,是永远不会被绑架的,他每捡到一个馒头都无比幸福。

胡群慧:但你所定位的人还是与那些富裕阶层不一样。

鬼子:我觉得社会底层是这个道理,整个人类也是这个道理。人类永远逃脱不了苦难,而且人类的所有生命与生命之间的矛盾都是弱者与强者的矛盾,都是富与穷的矛盾。

胡群慧:所以你咬定了你的选择?

鬼子:我1995年进行了大量的阅读之后才做的这个决定。我发现苦难的叙述不知怎么被我们的文坛放弃了。看上去好像有人写,可说的都是以前的事,没有人写过当下的。为什么不写当下的?很多名著很多伟大的作品,写的可都是当时的现实。其实,不是说现实不可以写,而是看你怎么写,这当然需要一种胆识,需要一种力量。

胡群慧:关键有一个问题是,当你选择了某种你认为更需要某种胆识、某种力量才能走的道路的时候,你的吸引力、产生的效益在某种程度上可能会被人认为是投机的。因为在这个时代,文学在很大的程度上已经缺乏人们的注意力了。你怎样迅速地奠定你的地位,显示你的特点,形成你的影响,就是你不走大多数人走的路,你走大家都不走的路。这是一条捷径,但这条路有可能成为一个投机的对象。

鬼子:这种选择我以为不是“投机”,我更愿意选择另外两个词语形容,要么说叫智慧,要么说叫理性。我愿意把这看成是一种理性的选择。1995年大量阅读小说以后,回过头来写小说的时候,总想选择自己的路,就像马原选择成为中国的博尔赫斯一样,你必须有你自己的选择。

胡群慧:这样说是否更确切——投机是他人的评说,理性是你自己的选择。这种选择本身不管投机与否,不管你的评说在多大程度上符合主观出发点,即使有的话,它比那些选择不写当下的更需要勇气和胆量。这种勇气和胆量本身就是很多人缺少的。

鬼子:对。就是我上面说过的,中国的作家不缺想象力,缺的就是胆识和人格。其实敢不敢走现实主义道路跟人的人格有极大的关系。你的人格懦弱、媚俗,你就不能走,只能绕开当下走,这种绕开走当然也是理性的。如果有人能直接走过去,而且找到了一个方法,肯定是能成功的,我当时就是这么想的。我们眼下的这个时代,已经是一个经验的时代。经验的时代需要的就是理性的选择。所谓经验,无非是好的经验、坏的经验,成功的经验、失败的经验。我不知道学院派为什么老是说要跟现实拉开距离才能产生好的作品,可他们怎么就没看到阿 Q 并没有被拉开距离啊! 当然,他们的总结可能更多地是在茅盾的一些小说里发现了跟现实的这种冲突造成了某种损坏作品的东西。但不能因此而完全地否定呀,应该看到另一些成功的东西呀。我 1995 年读小说的时候,还发现了一种问题,那就是有些作品已经丧失了文学的魅力,为什么? 原因当然很多,而我看到的是作者在叙述的时候,完全掉到了现实里面去了。现实里面,有些东西是留得住的,有些东西是留不住的。有些东西是昨天的现实跟明天的现实所共有的,你要找到这种东西。生命的存在本身就是苦难的根源,环境当然也是苦难的根源之一,但我放弃了这个东西,至少我放弃了有关"环境"的叙述。我把人物直接扔到一个点子上,让那个点子成为生命旅程永恒发生的一个点,跟社会无关,这个社会会有,那个社会也许也会有。你什么时候阅读,都有可能认为它就是眼下的,因为人的情感是不变的。

胡群慧:我同你的想法不同。比如说,《瓦城上空的麦田》中的李四的苦难,还是有根源的,它并不是放在任何一个时代都是有效的。当这个社会不再成为由乡村父权掌控的时代,而是由城市父权掌控的时代,李四才会遭遇到那样一种苦难。这种苦难在现代化进程开启以后将会延续,穿越很长时间。但这个悲剧并不会成为前现代性场景下的悲剧。

鬼子:这种东西是你们思考的,你们怎么说都是你们的事。但我觉得故事本身提供的东西,是来自于生命的一种本能。这种本能将是永恒的。

胡群慧:父亲的身份本身就是一个源点,是亲情,维系人与人之间相互关系的一个本质意义上的东西。

鬼子:对。所以我觉得怎么叙述是最重要的。如果一个人走呀走呀,走了大半天,最后才掉到井里,那个走的过程,可能就会成为以后人们阅读的障碍,也就是我们常说的"过时"。所以我选择的方法是,故事一开始人物就掉到了井里,这口井是生命中永远被关注的"井",好像跟"现实"直接有关,而且好像是从"现实"里直接打捞上来的一块鲜肉,但这块鲜肉永远在流血,不会因时间改变而发臭。臭的是掉到井里之前的那些东西，那也是我们的很多前辈没有处理好的一些东西。

胡群慧：主要是让故事里的人物在井里怎么爬都爬不出来。

鬼子：这是一个方法。用这个方法的作家，我发现并不多。

胡群慧：这和你创作的思维方式有关。

鬼子：可以这么说。我选择了现实，或者说，我选择了现实里的最疼痛的东西，这种东西看上去是现实主义的，但我在叙述的过程中，则放弃了许多现实主义的方法，保留的只是现实主义的精神。比如说《被雨淋湿的河》，构思这个小说极其简单，走的就是经典小说的模式。一想到这个名字，我就想，我要写的应该是一个老人，写一个老人的生命如何走向枯竭。这注定是个悲剧。悲剧的一种经典模式，尤其是中国人的悲剧模式，即中年丧妻老年丧子。所以小说一开始就写主人公的妻子死了，后来他的儿子也死了，不同的是，我让他的女儿也不见了，就连他自己的生命，最后都了结了。小说的骨骼其实是旧的，我只是用了一种新的叙述方法而已。这种方法就是把现实里可以利用的东西抽出来，利用了一番，改造了一番，或者叫升华了一番。

胡群慧：这种说法有点像很多人讲的原型，或者一些基本的故事类型设置之类的东西，具体到他老婆怎么死，他儿子怎么死，他女儿怎么失踪都可以有不同的笔墨。你怎么选择决定了不同的细节、不同的表达。像《上午打瞌睡的女孩》，一个女孩最大的痛苦是：丧父，丧母，丧失童贞，然后失学，冒着被出卖的危险。

鬼子：一个女孩最大的悲哀和最大的痛苦是什么？我当时觉得是被人强奸后又怀孕了。这样的痛苦是比死了父亲更痛苦的。死了父亲是大家可以共同承担的，而且谁都知道父亲总有一天是要死的，但是哪一个女孩想过有一天自己会被人强奸而且还怀孕了？而且，她怀孕了还不能让人知道，因为她不是大人。任何有关女孩的经典作品无非是这样。我觉得文学的经典意义就是你用新的方式去演绎经典。文学是有血脉的，很多作家写不好，是因为他们不懂得如何把故事纳入经典的血脉或者用经典的血脉来改造他们的故事。比如说，为什么很多名著都逃离不了一定要写“偷情”；为什么都是你也写傻瓜，我也写傻瓜，比如阿Q、比如许三观、比如《铁皮鼓》里的奥斯卡，不同的只是给了不同的“现实”的精神罢了；为什么写得最好的爱情故事，都是得不到的爱情故事；等等。其实不要以为我们有多聪明，我们的聪明只是在以不同的故事来叙述这些经典的模式罢了。你可以不这么走，但大多数人的努力都是徒劳的。当你以为你创造了一个新的经典的时候，其实那可能是被前人所抛弃的，一种时间已经证明成不了经典的东西。

胡群慧:可能因为我是一个女性的缘故,我发现一个很有意思的状况,那就是你很少从相对比较单纯意义上的两性关系的角度去表现男人和女人的境遇。即使有这样的行文,比如说《男人鲁风》《烟和云的结果》《上午打瞌睡的女孩》《疯女孩》等等,给人的感觉也不是那么深入。像《学生作文》表面上态度很挥洒,但却给人很不放松的感觉。如果你认同我的感觉,你认为造成这种状况的原因是什么?

鬼子:这是有意的。小说中的男女关系,只是被我利用而已,这种利用是多方面的。

胡群慧:怎么讲?

鬼子:我举《被雨淋湿的河》的例子更好些。比如说,很多人以为那个寡妇跟陈村会发生一些故事。那么我就把你可能想要的东西,统统都拦住。但我利用你想看的东西,把你引到别的路面上去,以达到我真正的叙述目的。至于陈村和这个寡妇的故事,你可以自己去充实。他们肯定是有故事的,如果没有故事,她不可能对陈村的事了解得这么清楚。而如果我在这个故事里加进了他们两人所谓的爱情故事,那我这个小说真正想表达的东西,就有可能被破坏了。而利用是为了让你读进去,或者叫引你"上当",等你看完了,你会觉得这个故事也许这么写才是最好的。

胡群慧:你放弃了男女之间的故事。

鬼子:但我知道读者感兴趣。我会给读者搭这个桥,让读者进去,然后我说的是另一个故事。

胡群慧:也就是说,放弃这种男女故事的叙写是你确立自己风格的一个方面。

鬼子:你们怎么总结我觉得都可以,不同的评论家有不同的看法。

胡群慧:你在《艰难的行走》中曾经谈到过自己幼年的一段经历,讲自己在学习汉语的过程中如何因为诸多的问题而引发对于语言的"恐惧",并认识到"如果想走出那片土地,如果想与外边的人进行正常的交流和沟通,就必须掌握他们的汉语……这世界是属于汉语的世界,不是我们那种语言的世界!"我可以把这种对语言的恐惧看作不仅是针对语言的,更是由于语言性障碍的存在,缺乏进入汉文化的中介所引发的对被边缘化境遇的一种认识吗?

鬼子:可以这么说。这是一种地域的缺陷。

胡群慧:这种"恐惧"或者说焦虑,对你的写作有影响吗?除了选择汉语写作之外,对主题、对现实主义的选择有影响吗?换一句话说,当你作为一个少数民族,不仅仅是语言,可能很多方面都容易被边缘化的时候,你要进入主流,你必须要投其所好吗?

鬼子:这也不能叫投其所好,比如说,我们从进入学校开始,面对的课本,就是全国统一的汉语课本,你说我们是从小就投其所好吗?如果这么说,那这个人就有可能在这个国家里永远也长不大了。我为什么对我的前期作品不屑一顾,就是觉得它们太"广西"了。我1996年回过头去写小说的时候,首先咬定的就是不能再写"广西"小说了。我们既然选择了汉语的写作,那么汉语写作的前沿阵地在哪里,我们就应该奔那个前沿阵地而去。写作不是高考,你不能渴望少数民族可以加分。在选择的过程中,我已经抛弃了或者说已经跨越了这种恐惧。如果说地域有时候也有它优越的一面,而我把这一面优越,也放弃了。

胡群慧:这种优越有时候会成为一个很特定的标签往你身上贴。

鬼子:那标签一贴,你就算是被别人给活埋了。

胡群慧:那你觉得获得鲁迅文学奖对你来说有什么意义吗?

鬼子:获奖的意义是其他方面的,跟这无关。因为我的选择就是一种走进主流的选择。我觉得中国文坛有两个主流:一个是以政府的意识形态为主的主流,还有一个是民间的,向文学的本质方向发展的主流。我个人更愿意认同民间的这种主流。获奖和我的选择与被认同是无关的。当然,我不会拒绝获奖。

胡群慧:你对你以后的创作方向和定位有什么打算?你还打算继续这样写吗?

鬼子:苦难的叙述也许是我最大的一个写作的命题,但随着苦难叙述的深化,会不同于人们所认定的那些苦难。

胡群慧:你曾经谈到过"心灵苦难"的概念。

鬼子:对,心灵的苦难才是生命中最大的苦难。

评　论《

文本中的文本故事

——鬼子小说侧记

胡群慧

读小说是十分痛苦的事。鬼子的小说也不例外。这种痛苦并不因为鬼子的个人性而定位在某一个特定的角落。我的痛苦缘于我的无法完成任务,完成一项对鬼子的作品进行批评的任务。这种状态大多是在自己发现许多已为别人所发现而又无法超越的情况下产生的。我感到我无以把握文本而拥有"解牛"快感的沮丧。文本对于批评者而言,它的意义只是建立在这样的一个基础上吗?

文本对于一个像鬼子这样的以文学文本的创作为职业的作家(也许还应该包括他作为一个文学编辑对于文本的态度)意味着什么呢?了解这一问题的最直接的方式也许应该是去看鬼子的创作谈。创作谈是每一个作家都会说的,但并不是每一个作家都会像鬼子那样在他(她)的小说文本中借助于"文本的故事"表达他(她)对于文本的理解和认识。

文本故事的文学表达无疑有着创作谈所不可比拟的魅力。这种魅力不仅在于鬼子在文学表达中涉及的"文本"类型的多样①,还在于文学性表达逸出创作谈式的理性思考之外,所弥漫的对文本加以思考的多种可能性。这种可能性就是我所需要寻找的东西。

一

文学文本的故事,首先是从作家的手中开始的。

在《卖女孩的小火柴》中,瓦城的二流作家吴三得正在从事着名著的改写工作。他试图在安徒生的《卖火柴的小女孩》之外写一个卖女孩的小火柴的故事。"卖女孩的小火柴"与"卖火柴的小女孩"还有被他淘汰的选题"贫民张大嘴的性生活"以及源本的"贫嘴张大民的幸福生活"仿佛语词错位间的绕口令游戏,但吴三得却从中感受到了它给创作带来的智性挑战。

事实上,在迎接这样的挑战之前,吴三得已赢得了无数类似的挑战,并因为挑战的成功以及善于编撰文学文本的能力而获益匪浅。他的名字——吴三得("得名"

① 在鬼子创作的不多的小说当中,除了在本文中将要谈到的五部涉及文学作品、学生作文这样的文本形态外,还有六部作品(《伤心的黑羊》《烟和云的结果》《农村弟弟》《走进意外》《瓦城上空的麦田》《谁开的门》)涉及传媒文本,它们都以报纸为载体。这些传媒文本在作品中多起结构或功能上的作用:在《伤心的黑羊》中,主人公葛叶以这样的开场来展开自身际遇的讲述——"我叫葛叶。田野是我杀的。《瓦城晚报》上那个被轮奸的少女就是我";在《烟和云的结果》中,报纸上的文本曾是烟和云产生某种联系的媒介和纽带;在《农村弟弟》中,报纸文本关于农村青年成功改变自身命运的报道成为了主人公模仿的蓝本,并在主人公获得成功后成为新一轮的农村青年成功改变自身命运的报道;《走进意外》中有关李条际遇的新闻报道与鬼子文学文本中李条际遇的描述,以及《瓦城上空的麦田》中有关李四之死的新闻报道与鬼子文学文本中李四之死的描述之间存在的差距是理解文本主题的特有的张力因素;在《谁开的门》中,关于主人公胡子、胡子的妻子以及罪犯之间的报道不仅构成导致胡子犯罪的强有力的情节结构,还具有本体性的意义,它涉及探讨传媒文本对人性所可能产生的根本性影响的内容。此外,还有一篇《梦里梦外》涉及欲望的象征性变形文本形式,也具有本体性的内涵。在这篇文章中,为了自洽,仅探讨鬼子作品中的文学文本以及学生作文。

"得利""得了一位很漂亮的老婆")——就是这种获益的不无浓缩意味的语符表达。但鬼子的叙述重点不在于此。

鬼子的重点在于讲述吴三得从文本的编撰中所获得的自我"智性"及权力意志的肯定。"吴三得写作上最大的能耐就是善于瞎编,不管什么点子,只要交给他,好像一分钟之内,就能给你想出五六个方向的思路来,结果是,你明明知道他吴三得的东西都是瞎编的,却被他的真情实感给包装得一点都不像瞎编,而像是真的确有其事。用吴三得自己的话说,这叫做阉猪的有阉猪的方法,偷东西的有偷东西的路子,他吴三得有他吴三得的绝招。"话说得虽是粗俗了点,但却有着二流作家自鸣得意中无意识流露的真实面孔,我们不难从中体会吴三得在自如地控制和驾驭文本的过程中的自我肯定。套用马克思的话,甚至可以说,吴三得从他的文本编撰中找到了确证自我的本质力量所在。

吴三得就在这样的一种得意中开始了编撰《卖女孩的小火柴》的进程。他想象了"女孩"和"小火柴"的多种身世,设想了"小火柴卖女孩"的不同情节,构想了或荒诞或写实的文本风格,权衡了或深刻或浅薄的意义向度,拟想了或良心或人性的主题内容,甚至推想了作品成功后所需讲述的创作感悟。此外,他还不忘预先审查。他对他那认为唯有写实才有力量的妻子说道:"有些东西吧,只能荒诞你知道吗?不荒诞不好写,也不讨好,尤其是现在那些搞评论的,你写实了他们觉得大同小异,觉得司空见惯,说你没有水平,可你只要善于瞎编,你只要荒诞一点,他们就会说你不错,说你有想象力,知道吗?"这样看来,吴三得也并不是纯粹瞎编的。在他肯定自己的"智性"之前,还必须考虑"如何讨好"以满足批评者在文本解读中的"智性"及权力意志的肯定。他唯一没有想到的是现实生活场景中的小火柴是如何卖女孩的。构思闲暇中的一次偶然购物经历,让他邂逅了一次真正的小火柴卖女孩事件——一个小女孩趁人不备拐卖了另外一个小女孩。

这次经历颠覆了他所有的"智性"编撰游戏。在现实生活面前,作家对文本的主观操纵构成了一个辛辣的讽刺。现实生活中的实存苦难景象远比作家无体验的头脑臆想和包装来得直接、丰富和感伤。关键在于一个作家采取什么样的态度去面对并理解自身与现实、文本的相互关系。吴三得选择了逃避。在他的妻子以为他借此找到了构思的突破而要求把事件放进去时,他"愤怒"了,"放进去放进去,你就知道放进去,问题是我对这类东西不熟悉我怎么放进去呀。"他改而去写"贫民张大嘴的性生活",那才是他所擅长的东西。

事实上,与吴三得对文本的操控一样,鬼子也操控了整个吴三得的文本的际遇。

但鬼子的操控由于呈现了作家对文本的操控以及作家、文本对现实生活的疏离场景从而使他具有了直面和反省的姿态。由此看来，文本对于鬼子而言，不只是对自我智性的肯定，利益增值的工具，它还是一个极其重大、严肃而富有意义的存在。

“每一文学文本在某种程度上都负有其环境的重负，负有产生它的明显的经验现实的重负。”①正是在这种重负中，鬼子撰写的这样一个文本的故事才有了现实指涉并加以思考的意义。

二

在文本生产流通异常发达的今天，离开作家的控制之后，出版前的编辑一环是文本流通所不可避免的。在《〈猴子继续捞月亮〉的审稿意见》中，作家黄土路的作品《猴子继续捞月亮》就正在接受《瓦城》文学杂志社编辑们的审查。

这部小说借助于对审稿文本的模仿与套用，展示了《猴子继续捞月亮》这一文本在编辑环节中的际遇，并将其间的控制因素显露了出来。这种控制体现在了文本的符号与意义的多重层面上。首先是字词、标点符号层面。诸如“像”与“象”的不分，“的”“地”“得”使用的混乱都是编辑提醒作家应该切实加以注意的问题。其次是修辞层面。诸如将一个男人不能拥有两个女人说成“一个男人不能拥有两个厕所”这样的表达在编辑眼里是“于情于理，同样欠妥”的行为。再次是意义层面。审稿意见表中一系列“审查所需确认的项目”中，诸如有无“政治”“宗教”“民族”“法律”“道德”“伦理”等问题的判断都是编辑控制意识形态内容安全系数的有效方式。最后是文本所可能造成的世事性介入层面。“写从故事里走出来的猴子”“行贿的行贿，受贿的受贿，以及猴子办妓院一事太让人觉得把他们当‘人’了。猴子就是猴子，猴子的生活永远只是猴子的生活，可以不必往‘人’这边靠拢。以免读者读出别的什么东西，小心为好。”

编辑对文本的控制在某种意义上而言是“必然的”。作为体制内的组织成员，他们必然会考虑组织和个人的利益。对《瓦城》文学杂志社的编辑们来说，那会是来自政府的财政拨款，年终的期刊评奖，《瓦城》刊号的安全以及全杂志社二十多号人的饭碗。但编辑对文本的控制在编辑环节中并不是唯一的力量。在对文本的控制中，参与博弈的力量是多重的，以编辑部的预审机制体现出来的赞助者的控制就是其中之一。这种控制不仅来自政府的财政支持，政府的意识形态领导权的需要，甚至还

① ［美］爱德华·W.萨义德:《世界·文本·批评家》，郭燕译，《20世纪西方文论选·下卷》，高等教育出版社2002年版，第507页。

有着具体而微的政府形象塑造的需要。仅仅是文本中的猴子办妓院一事就让编辑联想到这对“瓦城暗娼流肆的现象”可能产生的影射，造成对政府工作力度不够的联想。此外，黄土路作为一位著名的作家所拥有的文化资本也是不可缺少的。责任编辑在初审时就写了“请复审和终审思之、慎之”，因为“作家系著名作家，组到著名作家的稿子，本来不易，此稿若退，此后欲求必难，难于上青天”。他们都是编辑生存链中必不可少的环节。

文本是冲突力量的交织网。[①] 问题是，在参与博弈的诸种力量中，由谁来判定胜出者的合理性呢？在诸种力量本身就相差悬殊、权力不平衡的情况下，人们会认为文学本身的审美标准是最好的裁判。但就如西方马克思主义文艺理论所讲，审美同样蕴涵着意识形态的内容，它本身就是多种力量争夺控制的对象。布尔迪厄也不无质疑专业人士的以此来圈定自己作为专业人士的文化资本的可能性。即令如此，在这篇审查意见中，审美标准也是所言不详和缺位的。对文本的编辑审查，是现实的世俗权力利益因素在起决定作用。

此外，吊诡的还有在《猴子继续捞月亮》的审稿意见表中作为责任编辑的鬼子署名与在小说文本《〈猴子继续捞月亮〉的审稿意见》中作为作者的鬼子署名。作为编辑的鬼子，在审稿中行使着对他人作品予以审查的权利。而作为作家的鬼子，他又必须让其作品接受他人的审查。在这种审查之前，作为编辑的鬼子是如何帮助作为作家的鬼子预先审查别人的审查，完成自我审查的？在鬼子“看”与“被看”的身份转换与交融中，在权力的施予与授予的调适中，鬼子给我们延伸了另一个潜在的文本：那就是鬼子的这篇作品在编辑环节里所可能有的际遇。在这种际遇中，是什么样的原因使这样一个呈现文本控制因素的文本得以顺利发表的？又是什么样的原因使这样一个完全不具备文学文本形式因素的文本以文学文本的名义发表的？是作家鬼子迄今所拥有的文化资本？是编辑鬼子在文本编辑圈内特有的关系网络与生存链？是发表杂志所拥有的赞助者乃至赞助体系的更换(如不是政府而是市场或专业人士的筹措)？是文本的世事性介入暗合了文化生产流通领域对当今文学生产流通过程的某种认识？这些都是在这样一个具体的文本中不断延展开的内容。作家鬼子将这些张力性的东西一一展现给我们，提供了一个对这些问题进行思考的视角。而这些也许是作家鬼子所预先看到了的。预先操控也是作家不肯放弃对文本的控制的力量显现吗？它会超越世俗性权力抑或利益的控制吗？

---

① [美]爱德华·W.萨义德：《世界·文本·批评家》，郭燕译，《20世纪西方文论选·下卷》，高等教育出版社2002年版，第507页。

卞之琳有一则《断章》，写的是“你站在桥上看风景，看风景的人在楼上看你”。我所写的这样一种认识按照鬼子的文本逻辑也是如此，它会不断地以“风景”式互文的方式延伸开来，形成旋涡性的嵌套式“回流”。

三

与鬼子不同，苏通的小说文本在编审的环节出了问题。虽然《瓦城》文学杂志社的编辑并不否认那是一部震撼人心的大作品，但对潜在的控制因素的考虑还是让编辑要求苏通修改“文本”，增加作品的“亮色”。而苏通的不可疏通也让他在这文本的“改”与“不改”的两极翘板中摇晃着走向生命的尽头。

苏通小说文本的际遇以及小说文本对苏通生命进程的影响是在苏通的故事、苏童的故事以及陈源斌的故事的叠合映射中予以表现的。无论是苏通的故事、苏童的故事，还是陈源斌的故事，都牵涉到他们各自创作的文本的际遇从而带来的作家的际遇问题。因此，这三重故事又可以进一步解析为：苏童在创作中凭借特定的文本成功的故事；陈源斌在创作中凭借特定的文本成功的故事；苏通在创作中渴望凭借对李后山的不幸叙事成功的故事。

苏童的文本际遇和作家际遇因为创作路数的不同而隐没为背景文本，只有一个欲望的推动作用。陈源斌的文本在创作手法、故事类型方面的相似性却对苏通的文本构成了一种竞争性的关系。如何在相类似的文本中确立苏通的文本乃至苏通作为一个作家的特征，就构成了苏通追求成功、确立自身作家身份的重要内容。而这种确立所争执的焦点最终集中在文本叙事的“改”与“不改”之上。

事实上，正如苏通自己所说，对文本他“不是不愿改”，关键是在这“改”与“不改”的背后，涉及他对文本、对作家以及现实生活的一系列信仰。这种信仰首先是对富有独特个性的作家以及真实的“我”的坚持。在李后山的故事中，亲历李后山不幸际遇的“我”虽然同情、悲悯他的不幸遭遇，但却并没有勇气去指点他什么。当编辑要求苏通将作品中“我”的失踪改写成到上边替李后山告状去时，他告诉编辑“那样一改，那小说里的‘我’就不是‘我’了”。“我”只是一个普通人，并没有勇气去拯救谁，也没有力量去改变他人的不幸际遇。此外，“加进一些亮色并不难”，但苏通却认为“那只是他们习惯的小说，而不是我苏通要写的小说”。对文本的叙事涉及作为作家和一个普通人的个人性和对现实生活的真诚性认定。其次是对文本摹写现实生活的真实性原则的坚持。在李后山的现实生活中，面对不公正的待遇，他选择了忍受，而“我”则选择了出走。“事情的结果就是这样，你说我如何忍心加进亮色。”“创作主体与审美对象距离的消解，农民李后山的遭遇才变成了苏通感同身受的疼痛。"[①]这是对现实生活的真实体验。这种体验让苏通"觉得生活并不是你想怎么改就可以怎么改的"。再次是对作品所应体现的审美力量以及作品本质的坚持。"你们怎么老是以为正面的反抗就那么容易呢。更何况那种反抗在作品中给人的力量，远远比不上甘于忍受给人的那种沉重而留下的力量更为强大。"最后是对作品的职责，审美功用的坚持。"小说的职责并不是要告诉别人怎么做，而是让读者在阅读的过程中增加对人类某一种境遇的更深刻的认识。"由此看来，文本的叙事、李后山的际遇结局不是可以随意改动的，因为在这"改"的后面将会是对苏通关于作家、作品、现实生活认识的一系列信仰的原则性改变。这些信仰一旦改变，苏通就不成其为苏通了。

但正如我们前面所说，成名对苏通而言是一个巨大的诱惑。在与陈源斌文本的比较中，他并不认为自己的文本叙事逊色。但事实上存在的文本际遇的反差以及由此带来的作家际遇的反差不可能不对苏通产生影响。从一开始面对编辑修改要求时"绝对不会改"的强硬态度到面对妻子路易"修改即成功"的假设时的保持沉默，苏通开始了他内心动荡的历程。

好在这种动荡并没有深入下去。一个偶然性的事件中止了苏通的这种状态。在被出版社炒了鱿鱼之后，苏通打算重整旗鼓，创作小说。即令是在这种情况下，他还是希望在和编辑搞好关系的情况下，而不是改写的情况下发表那部作品，然后再一直写下去。但路易却不知道出于什么样的原因把那部书稿焚毁了。路易的行为让苏通不得不重新选择。他选择了逃避，放弃创作，从而也中止了在"改"与"不改"之间可能有的动荡历程。如果说文本叙事及其际遇未能让苏通确认自我的话，那么他就将文本的尸骸扫进臭水沟。他要告别他所热爱的文学事业，在保有他未曾放弃的原则的基础上，在蝴蝶宾馆的深处蜕化成一只蝴蝶，在金钱和肉欲之间狂舞。

他用这种放纵的态度嘲笑别人并借以确认自己。但他的文本际遇却已如血一般融进了他的生活。他将它一次又一次地发表在妓女们美丽而滑稽的肚皮之上。文本发表媒介的娼妓性，只有标题、署名和封面却无实体内容的空洞本质让苏通体味着对文本加以操纵和蹂躏的快感时又备感痛苦。这种痛苦无意识地流露出了他在文本控制的某种潜在规则面前的挫败感受。他改变了他人生的走向，既然文本是可以任人涂改的，生活是可以任意捏造的，那么他又凭什么不可以在对金钱的掌控，对女人的掌握中体味自我的权力意志呢？放纵成为了一种变相的嘲笑。既是对自

① 冯敏：《血性描述中的悲悯情怀——我看鬼子的小说》，《南方文坛》2001年第6期。

己现有生活乏味本质的嘲笑,又是对现实中文本流通规则的嘲笑。

"我"的到来,却打破了苏通现有生活的平衡,撕开了苏通放纵后面所可能有的"文饰"。在"我"的劝说下,苏通和"我"一起观看了一期《焦点访谈》节目。这一期节目讲的是电影《被告山杠爷》如何被政府授予了华表奖。《被告山杠爷》叙事中特有的"亮色"再一次获得成功使苏通再一次陷入了动摇的境地。"刚一播完……像是心中的某一个地方被山杠爷撞开了,而被撞开的地方正是他一直坚守得异常牢固的领地。"他不禁怀疑,"我那小说如果愿意修改,哪怕是看完《秋菊打官司》之后,我也许还能成功?"他开始后悔:"如果当初我改了我的那部小说就好了。"

苏通重新陷入了动摇的境地,并且有了悔意。正是这种悔意和动摇使得他以往所坚持的信仰成为了滑稽可笑的东西,也正是这种悔意和动摇使得他的愤世嫉俗般的放纵成为了对自我的嘲弄。也许正是对这种动摇的察觉,让苏通感觉到自己借助于文本叙事而成为一个作家的欲望与肉欲和金钱欲望的等同。由此对文本的操控与在现实生活中对妓女的蹂躏与放纵才成为了一个意象和象征的叠合。战胜苏通原有信仰的依旧是尘根的放肆、欲望的奔涌。这样的一种认识对苏通而言无疑是一个致命的打击。这让他内心隐秘处对文学的信仰以及自我作为一个作家的确信遭受了全面的否定。在这种情况下,他唯有一死了之。他"责怪我来的不是时候",他说"我一个人是不会看什么'焦点'不'焦点'的",他预感到自己"可能会死在今天晚上"。

鬼子在进行创作访谈时,曾这样谈到这部小说:"这篇小说是有针对性的,针对的就是当下文坛的某种恶劣现状。有人总指责青年一代作家老是去写一些远离现实的小说,而这些作家逃离现实的原因却很少有人指出,因为指出来了很多人就难以接受。"苏通之死有着苏通个性方面的原因,文学生产流通过程中文本控制的潜在规则的存在却是其中十分重要的因素,编辑要求的"亮色"逻辑仅是借以表达这种潜在规则的一个构成要素。它传达了意识形态对作家"自我形塑"的规范要求。

四

同前面谈到的文学文本不同,《学生作文》中的故事讲述的则是两篇学生作文的际遇。学生作文同文学文本在本质规定上是不同的,但这并不妨碍它们在一些基本问题上的相通。

因为是学生作文,所以它的读者群必定涉及学生、老师和家长。因为是学生作文,所以它的素材来源在通常的意义上必须是真实的。《学生作文》中学生作文所引发的一系列变故，“不仅老师‘我’陷入了不可把握的命运走向，连学生作文的作者之一——刘水以及他的父亲都进入了生命的失控状态”①，都可以追溯于此。

引发祸端的两位学生是同桌。一个叫刘水，是一个普通商人、一介平民的儿子。另一个叫杨帆，是市长的女儿。他们的名字所含有的隐喻是非常有意思的。“杨帆”“刘水”（扬帆，流水）的联袂让人想起了有关“水能载舟亦能覆舟”的帝王之训。但文本传达的信息给我们的感受却有着另外一种逻辑。社会阶层和身份的悬殊必定会带来一些隐秘的问题，作文即是其中之一。对于作文，平日里刘水是一窍不通的，而杨帆则是个中高手。这不可避免地导致刘水经常性地对杨帆的文章加以模仿与盗用。有一次在老师的命题作文《我的父亲×××××》的写作中，刘水再一次从杨帆的作文题《我的父亲没有收过一份贿赂》中汲取了灵感，写出了《我的父亲没有杀过一个人》这样别具一格并多少让人有些心惊的题目。

刘水的模仿与盗用并不是毫无逻辑的。首先，它来自刘水对杨帆作文题目《我的父亲没有收过一份贿赂》所要表达的内容的不信任。“一看她的题目我就想，她爸爸不可能没收过一份贿赂。”其次，它源自刘水作为一介平民之子渴望平等的对抗性冲动。“就算她的爸爸没收过一份贿赂吧，也不值得以此来写她的爸爸呀。”“她的爸爸不收一份贿赂本来就是应该的事嘛，那就像我们的父亲没杀过一个人，道理一样的，这有什么值得写的呢？”杨帆作文题目中由于社会阶层的优越感而流露出的夸耀性质显然刺痛了刘水的敏感心灵。“既然她可以那么写，我为什么不可以这样写，何况我的爸爸也是绝对地没有杀过一个人。”刘水的逻辑有一系列的平民视点所带来的有关官僚的成见，并伴随着日常学习生活中的受挫体验。正是这些让刘水对杨帆的文本内容产生了不信任感，并对杨帆文本中由于权力感的渗透而暗示的文本等级产生了排斥。此外，由于“杀人”事件认定的公众性，虽然刘水不可能见证他的父亲没有杀过一个人，但他却可以依据老师的指导从父亲的秉性、脾气等角度加以无罪推定。而“受贿”“行贿”事件的隐秘性，决定了杨帆的文本不可能在超越个人见证的情况下确认文本所需要表达的内容的真实性（即使她可以像刘水一样从父亲的秉性等角度加以推定，也会由于平民对官僚的成见而被扭曲）。尽管她不可能每一次都见证父亲拒贿的场面，尽管社会阶层的优越感让她的文本内在地有了某种权力性的夸耀色彩（这种夸耀色彩有一定的基础，那就是她的父亲作为一个市长，在受诱惑的多样性及深度性非一般人能比的情况下，拒贿有着更为艰难和宝贵的性质），但这些

---

① 洪治纲：《宿命的体恤——鬼子小说论》，《南方文坛》1999年第4期。

并不能成为由此而否定杨帆在文本中所要表达的她对于父亲的真实性体验的理由。

老师的参与使这两个文本间的隐秘对立进一步加剧。老师"我"为了鼓励刘水写作文的兴趣,积极参与并促成了刘水作文的生成。他不仅家访帮助刘水进一步理清思路而且加入了自己的润色及修改工作。这种做法虽然有着作为一个老师的职责与本分所在,但不可避免地是在老师的行为背后有着与刘水同样的心理逻辑。当"我"课后询问刘水为什么写这样一个作文题时,"我发现一旁的杨帆,在往刘水的身上散发着一种十分鄙视的目光。她好像在说写呀写呀,写你的父亲怎样没有杀过一个人呀！为什么写不出来呢？说实话,在我的心里,有不少当官的子女时常让我感到厌恶,我觉得他们的毛病是时常地得意忘形。无奈的是,你得在表面上尊重她们(他们),那样的尊重虽然是虚假的,可你得那么尊重着。"老师的这样一种成见和日常生活中在权势阶层面前所受压抑的自尊很难保证他不去认同刘水的质疑,并对杨帆的文本产生不信任感和对抗性冲动。而无论是刘水还是"我"的这样一种成见都有着广泛的平民基础。也许正是由于这种隐在的不信任和对权势阶层子女的厌恶所带来的挑战性颠覆使老师也亢奋了一回,"我要在班里拿他的作文和杨帆的作文对照评讲。我说杨帆的作文每一次总是写得最好的,而你刘水每一次总是写得最差,这一次我要让全班的同学都为你兴奋一回。"

对照评讲和文本的并置,使得由于文本内容的特定性而导致的文本可信度强弱的对比被进一步放大。文本后面由于权势感的渗透所带来的文本等级高低也遭遇到了质疑,并构成了对杨帆文本所传达内容的真实性、价值认定以及情感的颠覆。在老师让刘水也站起来给大家朗读他的作文时,"杨帆那本来十分美丽而可爱的脸色骤然大变。她的父亲因为没有收过一份贿赂而给她留下的那一脸光彩,突然之间被刘水的作文剥离得一干二净。"文本的并置使杨帆作文中存在的缝隙进一步放大并加以公开化了。它使得杨帆对父亲的歌颂和敬仰成为了粉饰与矫情的东西。杨帆的直觉是对的,"她说我是在辱没他的父亲",因为这种公开化造成了对现实生活中杨帆的父亲收受贿赂与否加以追问的暧昧性问题。这一问题"因为她的父亲是市长",拥有切实的权力而被急剧地加以放大。并不是单纯的文本本身,而是文本的生成过程与互文并置"以一种隐喻性的方式隐秘地促动了强权心理"[①]。

作为杨帆的父亲——一位市长——而言,不论现实生活中受贿的真实情况如何,为了他的官员形象,为了他将来可能的仕途前程,在这样的一种情况下,他都会

---

① 洪治纲:《宿命的体恤——鬼子小说论》,《南方文坛》1999年第4期。

去捍卫杨帆作文所传达的作为女儿的真实性体验。这种体验也许并不符合事实真相,但在这种情况下,他必须让最初也许只是女儿一个人的真实体验成为所有人的,即使实际上这并不能够做到。老师的对照评讲将这种属于刘水、属于老师个人抑或是同样的平民阶层的对杨帆文本的不真实体验公众化了。而这也许本该是一个禁忌,犹如皇帝的新装一样。皇帝需要剥离平民的真实体验去捍卫自己对新装的愉悦。撤销老师的职务是情理中的事情。但正是这种权势介入本身又给了人们对杨帆文本的"不真实"体验以证据。一个利用权力为此服务的市长很难不是一个利用权力加以交换的市长。这是一个悖论,做与不做都是两难。但"做"的本身却可以证明权力的存在及其认同的真实性不容挑战的确定性。

刘水的父亲为了捍卫某种道义——也许是因为老师对儿子的关心、负责与期望所转化的感激——撞死了开除老师的校长。这是一种平民间的仗义。但正是这种仗义让他犯罪并与刘水的作文《我的父亲没有杀过一个人》构成尖锐的对比。"忽然觉得生命真有着一种叫人说不清楚的滑稽性(或者叫作荒诞性)。刘水写的是他的父亲没有杀过一个人,可谁能想到,就因为一篇作文,他的父亲竟然成了真正的杀人犯。"生命中的偶然与突转所传达的滑稽性并不源自刘水作文的文本性,而是源于老师、学生、家长的意志以及文本间性所传达的文本意志。对于文本的控制在作者、读者以及其他各种参与者之间进行着。它会导致文本的世事性介入,并由此生发着现实悲剧。苏通故事中编辑要求加入的"亮色"也不妨可以从这个角度去揣度。

"在我们自己这样的社会里,我们都懂得排他规则。其中最明显和最熟悉的涉及禁止的事情。我们完全明白,我们不能随心所欲地说话。我们有三种类型的禁止,包括事物、仪式和仪式周围的环境条件,以及谈论某一特定主题的特权或专利;这些禁止相互联系,相互加强并相互补充,构成了一个复杂的交织网,而且会不间断地得到修正。……表面上,言语很可能无足轻重,但是围绕着它的禁律很快就会揭示出它与欲望和权力的关系……言语绝不只是把冲突和统治体系语词化……它是人类斗争的真正目的。"把福柯的理解移用于上面的论述同样合适。

五

吴三得有一个颇有意思的理论。"他觉得在小偷的眼里,其实没有一样东西是他们的,可只要他想拿,又每一样东西都是他们的。吴三得觉得作家也应该是这样的。"这多少也许会是鬼子的心声。因为在《遭遇深夜》中,他就将三毛的文本《老兄,我醒着》明目张胆地"偷"入其中。

鬼子在“偷”,《遭遇深夜》中的“我”与某一个不知名的小偷一样在偷。那位不知名的小偷“为了盗取一笔可观的钱财,从列车上发现目标后一直跟踪到那位老板的家里;‘我’则为了赚取更多的稿费,不惜通宵为一个书商写通俗小说”[①]。因为时间紧迫,“我”不得不从各类书籍中猎取材料。三毛的《老兄,我醒着》就是“我”在“偷盗”过程中邂逅的文本。有意思的是这个文本讲的也是“我”(三毛)和一个夜幕中入室的小偷的故事。这原本各不相关的事件与文本因为一次偶然性的停电和小偷在逃跑中的偶然性坠楼完成了欲望和文本的双重聚合——小偷将窃得的三万元钱掉在了“我”的窗台上。小偷为了钱而丢掉了性命,而一心为钱的“我”如何面对这意外的巨额财产呢?[②] 他希望三毛的文本能够给他提供答案。在三毛的文本中,“我”最终以自己的镇静、平和、友善打消了小偷的犯罪念头。

“我”和“小偷”在不同的文本中的遭遇方式让《遭遇深夜》中的故事充满了无限的张力。夜成了诱惑和欲望弥漫的隐喻词。而个人如何面对欲望,如何在遭遇深夜的情况下选择何种行为以及人与人之间的欲望碰撞就不是在《遭遇深夜》这样的一个文本的容量内可以阐释清楚的。它提供的仅仅是一个思考的缘起而远非答案。这也许就是作为读者的鬼子在阅读三毛作品时刹那间的灵光闪现。三毛文本中的故事成为了鬼子探讨有关“人”的问题认识的一个切入口。对于这一认识的深入和拓展则需要鬼子其他的文本来进行。作为作家,他当然拥有用文学方式表达他对人生、人性也包括我们在这里谈论的文本的话语权力。同当年鬼子因为一部作品而改变自己的人生际遇中所蕴含的权力运作一样,它也是鬼子需要感激的权力。唯其如此,我们才认同他的“偷”的有理,并纵容我们自身的心安理得。

由此看来,文本对鬼子而言,是一个基于权力的事实。它既涉及文本生产、流通、传播过程中的控制与利用,也涉及作家利用文本对世事的认识加以话语性表达的特权。鬼子文本中的“文本故事”并不只是关于文本的故事,它还是一个有关文本如何介入人们包括作家的生活的故事,一个有关作家如何利用文本的方式表达他对这个世界包括文本的认识的故事,一个“世界、语词和言说之间的自我实现”[③]的故事。

(载《小说评论》2006 年第 3 期)

---

① 洪治纲:《宿命的体恤——鬼子小说论》,《南方文坛》1999 年第 4 期。

② 改写自洪治纲《宿命的体恤——鬼子小说论》。原文如下:这原本各不相关的事件因为一次偶然性的停电和小偷在逃跑中的偶然性坠楼完成了欲望的双重聚合——小偷将窃得的三万元钱掉在了“我”的窗台上。小偷为了钱而丢掉了性命,而一心为钱的“我”如何面对这意外的巨额财产呢?

③ [美]爱德华·W.萨义德:《世界·文本·批评家》,郭燕译,《20 世纪西方文论选·下卷》,高等教育出版社 2002 年版,第 512 页。

主要作品目录《

长篇小说

《一根水做的绳子》,人民文学出版社2007年版。

中短篇小说集

《谁开的门》,广西民族出版社1999年版。

《苏通之死》,北岳文艺出版社2000年版。

《遭遇深夜》,四川文艺出版社2001年版。

《被雨淋湿的河》,时代文艺出版社2001年版。

《上午打瞌睡的女孩》,北岳文艺出版社2002年版。

《艰难的行走》,昆仑出版社2002年版。

《广西当代作家作品丛书·鬼子卷》,漓江出版社2002年版。

《你猜她说了什么》,中国文联出版社2003年版。

《瓦城上空的麦田》,春风文艺出版社2004年版。

《鬼子小说》,中国社会出版社2006年版。

《两个戴墨镜的男人》,漓江出版社2018年版。

中短篇小说

《妈妈和她的衣袖》,《青春》1984年第9期。

《古弄》,《收获》1990年第6期。

《家癌》,《收获》1991年第5期。

《叙述传说》,《大家》1995年第1期。

《走进意外》,《花城》1996年第3期。

《谁开的门》,《作家》1996年第5期。

《农村弟弟》,《钟山》1996年第6期。

《男人鲁风》,《广西文学》1996年第1期。

《可能是谋杀》,《山花》1996年第12期。

《梦里梦外》,《小说家》1997 年第 6 期。

《学生作文》,《作家》1997 年第 9 期。

《替死者回忆》,《作家》1998 年第 1 期。

《遭遇深夜》,《漓江》1998 年第 1 期。

《为何走开》,《山花》1998 年第 1 期。

《你猜她说了什么》,《青年文学》1998 年第 2 期。

《罪犯》,《小说家》1998 年第 5 期。

《伤心的黑羊》,《作家》1999 年第 2 期。

《上午打瞌睡的女孩》,《人民文学》1999 年第 6 期。

《瓦城上空的麦田》,《人民文学》2002 年第 10 期。

《〈猴子继续捞月亮〉的审稿意见》,《红豆》2003 年第 3 期。

《卖女孩的小火柴》,《莽原》2004 年第 5 期。

《大年夜》,《人民文学》2004 年第 9 期。

《疯女孩》,《作家》2005 年第 4 期。

《爱情细节》,《羊城晚报》2005 年 4 月 24 日。

《贫民张大嘴的性生活》,《小说月报(原创版)》2005 年第 5 期。

电影文学

《幸福时光》,漓江出版社 2001 年版。

郭文斌

男，1966 年生于宁夏西吉，祖籍甘肃。

小 引《

初读郭文斌的《农历》，感到十分新奇。从体式上看，这部作品似乎不像小说，或不太像小说，但读进去了以后，却又放不下来，倒觉得比读通常的小说更感到温暖，且时常勾起一些童年的回忆，让人乐而忘返。所谓小说云云，这时候倒不去想它了，相反，却让我想起了从前读过的一本书，这本书的名字叫《荆楚岁时记》。《荆楚岁时记》也是一本与“农历”有关的书，是记录中国古代荆楚之地的岁时节令、风物故事的。只不过写法与郭文斌的《农历》大异其趣。它只实录其事，却无想象和虚构，所以不能叫小说，只能叫笔记。这又让我想起了我多次说过的笔记与小说的关系。笔记是中国古代的一种独特的文体，你说它是散文，它确实是一种散体的文字，而且某些特征也与今天的散文类似；你说它是小说，它确有许多篇什兼具今天我们所说的小说的某些要素，所以有人又把这一部分叫做“笔记小说”。但问题是，古人把小说也归入散文，因为它也是散体的文字。这么一说，笔记与小说的关系，似乎就有点复杂，二者既属同一家族，却又要分领不同的姓氏，怎么样都让人觉得有点搅和。这当然都是那些爱动脑筋的人把问题复杂化了，叫我这个头脑简单的人看来，你就别管什么散文不散文、小说不小说的啦，笔记就是笔记，你可以说它是散文有些又可能是小说，你也可以说它既不是散文也不是小说。我这样说，不是在胡搅蛮缠，有意混淆散文和小说的界限，而是因为所谓的散文、小说云云，用的都是西方的标准，拿来鉴别中国古代的笔记，并不恰当，或不完全恰当。如果硬要说笔记与散文、小说有关的话，那这散文也是中国古人心目中的散文，即所谓散体的文字，那小说当然也只能是中国古人心目中的小说，即活在笔记文中的那种小说，也就是前人所说的“笔记小说”。正是在这个意义上，今天的中国作家才可以用笔记的“散体之神”来改善已经全盘西化了的现代中国小说，才可以让笔记中固有的小说元素得以回生再造，成为今人所说的新笔记小说。

说到新笔记小说，人们自然会想到 20 世纪 80 年代中期前后的那股创作热潮。那时节受着文学革新的推动，作家们感到以前的小说太刻板、太写实、太人物中心、太典型化了，而且还要表现重大题材、时代主题，太不自由潇洒了，需要减减压，松松绑，于是便乘“寻根文学”翻腾先人遗物之机，顺手拣起了笔记文体，学着其中的样子做起了笔记小说，即后之所谓新笔记小说。因为写的人多，竟成一时之盛，演为一种创作热潮，很是红火了一阵。但时过境迁，再回过头去看看那时节衮衮诸公的新笔记小说，除了三几高手略有古意，或稍具文人雅趣外，多数也仅止于这改善小说一途，并未真得笔记文体三昧。等到我读了《农历》之后，始觉沉寂多年的新笔记小说不但在郭文斌这里又得复活，而且在各方面都进到了一个新的境界。这境界不仅在于《农历》的写岁时节令、民情风俗，如《荆楚岁时记》那样的实录其事，同时还在于这实录者，不是单纯的民俗事象、节庆场景和具体的风俗器物，而是人的全部日常生活，是由这些岁时节令和民俗生活编织起来的人的全部生存活动，以及贯穿其中的人的欲望、感受、期待、意想和全部精神信仰。从这个意义上说，《农历》又不是一般意义上的新笔记小说，而是一部民俗文化和民间生活，也包括民间信仰的“百科全书”。或者也可以说，是一部远比《荆楚岁时记》要丰富多彩的《西北岁时记》。我曾在一篇文章中说：“笔记就其总体而言，其内容可谓包罗万象，其写法则不拘一格。大到天下国家、自然万物、人间万象，小到身边琐事、市井轶闻、海外奇谈，皆可入笔记。这些不拘大小雅俗、纯杂奇正的题材，或经作者深思熟虑，或不过是偶然所得，但一入笔记，便沾染了作者的思想和性情，便是一种有文学性的文字，便可称之为一种广义的散文。”现在，我还要加上一句话：倘有五月、六月这样精灵式的人物游走其间，便可称之为一种中国化的小说。

说《农历》是一部中国化的小说，除了上面所说的理由，即它的“包罗万象”的生活内容，和杂糅叙事、抒情、议论于一炉的“不拘一格”的写法，包括穿插其间的各种文学的和非文学的、文人的和民间的、书面的和口头的、通俗的和雅致的文体等之外，还有很重要的一点，就是它所具有的教化功能和作用。中国文学向来重视对人的教化，小说、戏曲等通俗的文体兴起之后，文学的教化功能更为强大，所发挥的作用也更其强烈。后来因为受西方影响，加上某种功利因素的作用，中国文学所固有的这种潜意识的教化，似乎逐渐为有意识的思考所取代，同时也由无形的浸染，逐渐为有形的模仿所代替，文学的教化功能由是日衰，教化的作用由是渐弱。但在郭文斌的《农历》中，我似乎又看到了文学这种潜移默化、浸润无形的教化作用，在逐渐复苏。《农历》也许不会给你树立一个学习的榜样，也不会带给你艰深的思考，或引导你去追问人生的终极问题，却会让你沉浸其间，随着岁时节令的推移，让你通过日常生活的细节，通过世代传承的习俗，一点一滴地去体验生存的滋味和乐趣，一点一滴地去体味生命的意义和价值。它不指点你最终的去处，一切只在过程之中，也不预支未来的祸福，一切只在生之欢乐。这样的理念，也许就是郭文斌所倡导的“安详”哲学。他用这种包罗万象的笔记文体，不拘一格的现代写法，通过一部《农历》和他众多的作品、言论，向人们传播他的“安详”哲学，可以说是把文学的教化作用在当今社会发挥到了极致。就冲这一点，我们在接受郭文斌的文学“祝福”的同时，也应该对郭文斌报以深深的“祝福”。

自　述《

祝福与安详

谈祝福

在北欧访问的时候，有一位学者问我，为什么你的文字总是那么安详温暖，是否有意规避现实？我告诉他，恰恰相反，那正是中国真正的现实。如果把中华民族看成一棵参天大树，它的根部正是安详温暖的，否则，就无法保持五千多年的生命力。我的文字只是向此靠近，远没有表达出她真正的魅力。他又问，那又如何理解文学的批判功能？我说，在我理解，文学除了教科书上讲的认识、教育、审美、娱乐、批判等功能外，应该还有一个更加重要的功能，那就是祝福功能。近些年，我收集到了许多事例，证明了这一点。

我们村上有两位小伙，一同闯世界，一位因犯罪被判八年，另一位因为偶然读到两本书，走上改过自新的道路，2010 年还被评为孝亲模范。当那位被判八年的小伙子从狱中出来，这位因两本书而脱胎换骨的青年，孩子已经六岁了，这是多么让人悲伤的人生画面。几年来，我坚持和这位服刑的小伙子通信，发现他十分单纯，只是喜欢模仿一些书上的情节逞能。读着他的来信，我想，写这些书的作家是否想过，他们的文字可以把一个孩子送进牢狱？

细想起来，这是一个再简单不过的常识，人的心灵是一片田野，任何进入眼睛的信息都会成为一粒种子，这些种子构成人的潜意识，而人的行动是由潜意识支配的。古人甚至认为，潜意识具有异地成熟性，我们今天读到的一句话，可能在很多年之后开花结果。当一个人在关键时候脑海中闪过“执子之手，与之偕老”，他对婚姻是一种态度；如果闪过“不在乎天长地久，只在乎曾经拥有”，可能就是另一种态度。还有那些寻求短见者，很可能是当年读过的一本书或者一首诗成为他轻生的推力。也看到一些报道，某电视剧播出后，有不少小孩模仿剧情上吊，差点闹出人命。据报道，现在自杀人数已经远远超过交通事故死亡的人数，如此惊人的数字，除去全民焦虑的大背景之外，恐怕和传媒有很大的关系，而这些传媒的底本，却是文学。

曾有这样的体会：看到别人有好事，心生嫉妒时，赶快起诵《太上感应篇》中的“见人之得，如己之得”，就释然；送别人一件东西，不久又后悔了，赶快起诵《朱子家训》中的“与人不追悔”，就释然；帮了别人一个忙，却未得到对方的感谢，心里不快，赶快起诵《朱子家训》中的“施恩不图报”，就释然；想起曾经伤害过自己的人，心里不免会有怨恨，赶快起诵《弟子规》中的“恩欲报，怨欲忘；报怨短，报恩长”，就释然。可见潜意识中的句段对人的解脱作用。

另一个常识告诉我们，一个人在接受了欲望的诱导后，必须要寻找欲望的出路，那么满足欲望的行为就发生了。以性行为为例，在不少文章中看到，许多人的第一次性冲动都是在阅读（大阅读）中发生的。现在，全球每年有四千五百万人堕胎，有近七万人死于堕胎，不少为未婚青少年，这些青少年在性行为前，难道没有受过不良信息诱导？如果有，制造这些不良信息的人是否想过，正是他们间接地给这些人制造了不幸？

祝福功能必定来自于祝福性。在第22届图博会上，有位出版家说，他认为书没有好坏标准。我说书绝对有好坏标准，一个孩子走丢了，有责任感的人应该把他带回家，但也有人在干着拐卖的事，如果我们承认在带回家和拐卖之间有价值差别，我们就要承认书是有好坏标准的，因为有些书就是把读者带回家的，有些书就是把读者带离家园甚至拐卖的。一本书让人读完，就有孝敬的冲动、尊师的冲动、节约的冲动、环保的冲动、感恩的冲动、爱的冲动，无疑是好书，相反，自然是坏书。

也有人说，文学毕竟是文学，不是教育学，没必要让它承担教化义务。在我看来，这无异于说，菜不是主食，没必要讲究卫生一样。因为无论是主食还是菜，我们的孩子都在吃。

如果看过江本胜先生的《水知道答案》，我们就知道祝福不但是一种心理存在，还是一种物理存在，那么，接受一部带着祝福心态创作的作品，无疑就是自我保健，接受一部带着怨恨仇视心态创作的作品，无疑就是自我伤害。

我以为，要想保证文学的祝福性，写作动机和出版动机显得非常关键。就像为了孩子成长，有些父母也可能打孩子，骂孩子，但他们的出发点都是为了孩子好。有些人尽管甜言蜜语，却会把孩子带向歧途。所以说，一本书有没有祝福性，关键要看作家和出版家的动机。如果我们在下笔时，在出版时，心中没有读者，只有利润，祝福性是很难保证的。

那么，我们应该带着怎样的动机写作？依我浅见，“父母心肠”是一个底线。带着“父母心肠”写作，带着“父母心肠”出版，应该是作家和出版家最基本的品质。

在拙著《农历》的创作谈中，我写了这么一段话：“奢望着能够写这么一本书，它既是天下父母推荐给孩子看的书，又是天下孩子推荐给父母看的书，它既能给大地带来安详，又能给读者带来吉祥，进入眼帘它是花朵，进入心灵它是根，我不敢说《农历》就是这样一本书，但我按照这个目标努力了。”为了尽可能接近这个标准，我反复修改书稿。书稿排版后，我仍然让出版社寄来校样修改，同时复印多份，让同事、朋友包括妻儿看，对于他们提出的不妥之处，我基本都作了修正，一次又一次，直到第六次时，编辑说他作了几十年编辑，出了几百本书，没有见过像我这样追求完美的，他实在没有耐心再给我寄了，我才作罢，否则大概还要修改第七次、第八次……《寻找安详》等书也同样。这些拙著出版后有不少读者批量义捐，让我更加坚信，心灵感应是存在的。

当然，也有即使拥有“父母心肠”也难下手的时候，这时，找到一个基本原则就显得特别关键。2011年，浙江文艺出版社让我编选一部散文精选集，打开剪辑本，觉得每篇都喜欢，都舍不得，但书的容量毕竟有限，非常犯难。一日翻阅《禅宗公案》，当读到两则故事时，便有茅塞顿开之感，觉得它简直就是再好不过的标准。

一则是：百丈禅师每日上堂，常有一老人听法并随众散去。有一日却站着不走。师乃问：“立者何人？”老人云：“我于五百世前曾住此山，只因讲错了一句话，被罚作五百世狐狸，今服刑期满，乞师依亡僧礼烧送。”师应，老人乃去。次日，师令众僧到后山找亡僧，众僧不解，因未闻禅林近有亡者。师便带众在山后去觅，果无亡僧，却有一只黑毛大狐狸死在大磐石上。师告因由，僧皆大惊。遂恭然依亡僧礼火化安顿。

另一则是：盲尼听完晚课，师父说：“天已经很黑了，你打个灯笼回去吧。”盲尼说：“我一个瞎子打灯笼有什么用？”师父说：“有啊，你是瞎子但别人看见你手中的灯笼可以让开你啊。”盲尼说：“那我就打上吧。”不想半路仍和一个人撞了一个满怀。盲尼说：“难道你就没有看见我手中的灯笼吗？”对方说：“你灯笼里的灯早已灭了。”盲尼恍然大悟：原来一切外在的光明都是靠不住的，一个人需要找到自己本有的光明。

遂从近百万字的文字中，首先挑选在我看来不至于被罚作五百世狐狸的文字，从中再选在我理解多少有点唤醒作用的文字，多少能打开读者内在光明的文字，然后结集为书，名为《守岁》。在我看来，不被罚作五百世狐狸，是祝福的下线；能够打开读者本有的光明，能给读者提供正能量，是祝福的中线；能够把读者带进根本快乐，是祝福的上线。

而要“唤醒”他人，唤者要首先“醒来”。同样，要想保证文字的祝福性，写作者自己首先要拥有祝福力，最起码，要把生活方式变成祝福方式。只有把生活方式变成祝福方式，才能让我们的想象力成为有根之木、有源之水，也才能真正保证我们的真诚心和敬畏心。一个人如果没有登到山顶，肯定是无法描述真正登到山顶的体会的。因此，要写一本让读者“一览众山小”的书，作者就必须先登到山顶。现代社会之所以有那么多伪幸福学的书，就是因为写作者自己都没有找到幸福，却在大谈幸福，当然不能解决读者的心灵疾患。阅读也同样，一个没有登到山顶的人，也是无法理解“一览众山小”的境界的。人们之所以感叹读不懂经典，正是因为我们没有按经典去生活。也许有人会说，作家不可能把所有生活都体验到。这是事实，但生活虽然不同，爱的成熟度却可以类比。就像古人登到泰山之顶，我们登到华山之顶一样，最关键的是，我们都要登到山顶。见过大孝子王希海父亲的人都惊讶，一位卧床二十多年的植物人，身上居然没有疮痕，原来二十多年来，王希海都是把手放在父亲身下睡觉，当他感觉手掌被压麻了时，就给父亲翻身。如果没有实行，只凭想象，是很难写出这种孝敬方式的。

依我浅见，要想保证文字的祝福性，写什么比怎么写更重要，大米再简单地做，也是大米，沙石再精心地做，也是沙石。

依我浅见，要想提高文字的祝福性，方向比细节更重要，高速列车走错了路，显然要比牛车走错了路麻烦大得多。

依我浅见，要想提高文字的祝福性，安全性比精彩性更重要，原子弹投向人群显然要比石子投向人群更可怕。一部作品能给读者带来祝福，发行量越大越好，否则，发行量越大危害越大。

谈安详

安详作为一种生活理念，相对于现实生活，不同的人有着不同的见解。这些年来，多家媒体朋友就安详，或与安详相关，提了许多有质量的问题。

有问，作为一个安详生活的倡导者，如何看待时下盛行的“末日论”。

我说，事实上“末日说”我在很小的时候就听到了，但当时人们却没有像今天这样恐慌。在我看来，安详正好可以缓解人们的“末日”焦虑，因为安详是一种稳定的现场感，正是这种现场感，让我们不念以往，不思将来，只是安处于当下，当然也就远离了“末日”焦虑。换个角度来讲，只要我们能够遵从“整体”原则，把自己全然地融进“整体”，“末日”事实上也消失了，因为“整体”是无始无终不生不灭的。安详，在我看来，是最大的生机。

不可否认，人类到了天灾人祸最频繁的时代；同样不可否认，这是一个全民焦虑的时代。在我理解，天灾是因为大地失去了安详，人祸是因为人心失去了安详。因为安详的缺席，很多人才生活得如此痛苦，如此不快乐。其实，当年的我也不例外。比他人幸运的是我碰到了安详，把我从地狱带到天堂。

我的体会是，当一个人内心存有安详，仅仅从一餐一饮、半丝半缕中，就可以感受到世界上最大的幸福，否则，即使拥有世界，也可能和幸福无缘。安详是一种来自生命本身的快乐，一种只有向内求才能得到的快乐，一种无条件的快乐。只是因为我们没有“醒来”，因而感觉不到它；或者是因为它太简单了，我们不愿相信它。正如幸福就是我们“本身”，只是我们已经习惯了向“外”看，那束天生的打量幸福的目光就渐渐“睡眠”。结果是，我们本身开着幸福的车子，却满世界寻找幸福，以至于把车子都开爆了，最终却和幸福擦肩而过。

有问，不少知识分子认为，人生的本质是痛苦是悲剧，但你却讲根本快乐，是不是有些矛盾。

我说，这些知识分子讲的痛苦，恰恰是生命的现象，而不是本质。就生命现象来讲，确实是痛苦的、悲剧的，因为既然是现象，就不永恒，有生灭，因此痛苦；再好的良辰美景都会逝去，再动人的人事都会逝去，包括我们“自己”，因此痛苦。如果他们看到这个现象的背面到底是什么，就不会发出生命的本质是悲剧之叹。现象的背面是什么呢？全然的快乐。如何看到？需要我们走进安详。用思考永远无法找到生命的本质，生命的本质只有“过来人”才能告诉我们。因为意识本身是我们生命的一个局部，我们怎么能够通过局部认识全部？就拿眼睛来说，它甚至无法看到自己，怎么能够看到后背，看到五脏六腑，但我们没有看到，并不等于它们不存在。

因此，对于持“痛苦之见”的知识分子，更需要从知识走向安详。一个人要想不受噩梦折磨，首先需要醒来。一个没有醒来的人，他所做的一切事，都有可能是错事。这就像一个迷路的人，他走得越快，可能离目标越远；这就像一个人在梦中拼命完成了一件天大的工程，但是梦醒之后，全是懊丧。如果我们稍稍知道一些“醒来”的常识，就会发现，醒来的过程就是痛苦消失的过程。从这个角度来讨论，最有意义的事就是先让自己醒来，再把他人唤醒。很显然，没有谁愿意永远生活在梦中，而安详，正是生命“醒”的状态。

有问，安详会不会把人变成顺民，顺民会放弃对社会的监督。顺民根本没有现代公民所应具有的对社会的批评、监督意识和行动。

我说，安详不等于放弃责任，只不过它的方式方法会更加妥善，相对于反社会却没有建设力的人来讲，一个既不反社会又具有建设力的人，是不是更有价值呢？事实上最彻底的监督是让被监督者走进安详，因为安详力本身就是监督力。就像一个人愿意承认有天，就会承认“人在做，天在看”，就会自动约束自己。因此，要想真正实现监督，就要恢复人们的敬畏心。事实上，当安详成为人们的自觉，成为人们的生活方式，甚至不需要监督了。阻止作恶的最好办法是让恶自动终止，而让恶自动终止的最好办法是让它变得无聊，或者说无趣。而要让恶成为无趣，就要让人们尝到善的有趣。就像一个见过大海的人，河湖将不会成为他追求的目标。生命的意义无非是获得喜悦，如果我们现在就在喜悦之中，为什么还要舍近求远？如果一个官员没有找到比贪更快乐的东西，制度再健全，刑罚再严厉，他也有可能铤而走险，因为贪快乐。因此，让官员找到一个比贪更快乐的东西，就成了关键。安详正可以帮助官员找到这种超然的快乐，可以代替一切泡沫快乐的根本快乐，古往今来，有许多清官已经给我们作了证明。安详除了能够让人们对外在诱惑产生无趣感，还可以给生命提供多层次感和无限超越性。从这个意义上来讲，安详也许是最好的“制度”。

有问，面对社会两极分化、贫富不公，你能安详吗？

我说，一个人如果找不到自己真正的“富贵”，即便是亿万富翁，也是贫穷的；如果找到他本原意义上的“富贵”，即便是一贫如洗，也是富有的。当一个人心存这样的概念，他就会是安详的。当人一旦尝到安详的滋味，渐渐就不会“在意”贫富了，因为根本快乐不会因贫而少，因富而多，它是一种超越贫富的存在。因此，我们要不断提醒人们思考一个问题，一个人拥有亿万财富，却是零喜悦，另一个人虽然贫穷，却拥有亿万喜悦，谁更成功？更快乐？

安详是一种发自心底的快乐。请留心一下古人讲的“心地”这词，在我看来，它暗示了一种自然生发力，就像大地，它本身具有生长力。真正的幸福正是从这个心灵的大地上自然生长出来的，只要“春来”，就会“草自青”。这个“心地”，就是安详。再说，一个安详的人，他会明白，人的财富是一个总量，这个总量失之东，会补之西。

因此，对于不正常原因造成的贫富不公，包括许多读者问到的强拆强占，他可能会据理力争，但绝不会走极端动用非常规手段。

安详既能让富者贵，亦能让贫者尊。

有问，安详是克制欲望的武器，但欲望也是人类前进的动力，如果人人都没有了欲望，社会或许就停止了进步。

我说，在回答这个问题之前，我们得好好讨论一下这个"前进"，如果一种"前进"让我们丢掉了健康，丢掉了幸福，丢掉了安全感，丢掉了起码的生存环境，它还是"前进"吗？我的父亲今年已经八十七岁高龄，母亲八十二，但是任何时候，他们的脸上都是欢喜，可我从中年人的脸上已经看不到那种程度的欢喜了，在青年人的脸上又看不到中年人脸上的那种欢喜了。由此我想，我们一直在追求进步，这没错，但是当人们的目光中没有了喜悦，这还算不算进步？中国古人在"反动"中完成"前进"，或者说是保持"前进"，其逻辑是"天人合一"，是"天地与我同根，万物与我一体"。但是欲望逻辑疯狂鼓动人们，"天地"是我们消费的对象，"万物"是我们挥霍的对象，欲望膨胀的结果将是人类的末路。古人早就发现，人的欲望是一个巨大的惯性，如果没有一套"反动"机制，就会把人类带向灭顶之灾。安详的作用之一，就是"反动"。可见，社会越发展，越需要安详对人们内心的调养。就像一列列车，它速度越快，越需要保障系统安全无误，越需要轨道安全无误。发展的动力是刺激欲望，但欲望过度会毁灭生命。这就需要在欲望和灵魂之间增设一道润滑，在"发展"和"安全"之间增设一个制动阀，这个"润滑"，这个"制动阀"，在我看来，就是安详。

有问，安详能否在新一代青年身上发生作用。

我说，在我看来，新一代青年面临的主要问题正是安详的缺失。现在，有不少"80后""90后"缺乏孝敬能力、快乐能力、生活能力、抗挫折能力、爱的能力，一句话，缺少安详力。十几年的应试教育让他们成为考场上的高手，生活中的低能儿。但社会毕竟不是一次次纸上答卷，当他们踏上社会，一个巨大的不适应就以排山倒海之势到来。现在有许多年轻人轻生，有生活压力的原因，更重要的是以上原因。孝子是不会轻易自杀的，从小接受过挫折教育的人是不会轻易自杀的，懂得安详的人是在任何环境中都能安处的。这些年轻人，要想适应社会，补安详之课就成了当务之急。我的儿子就是"80后"，和别的孩子比起来，他还是比较传统的，但是当他走进大学，焦虑症几乎让他挺不过来，后来他接受了安详，同样的环境变成了天堂。学习非常用功，生活态度非常积极，又很快乐，最重要的是他从一个怨气冲天愁眉苦脸的人变成了一个快乐的人。

要想让孩子获得生命的灿烂，需要我们把目光投向根。如果根出了问题，叶和果都可能是昙花一现。换句话说，我们在给孩子构建生命大厦的时候，千万不要忽略了地基，否则，他们的一生都可能生活在不安全不稳定之中。这个地基，就是安详。因为安详的品质是“根”，是“性”，是“顺”，是“诚”，是“爱”，是“敬”，是“悦”。

有问，要找到安详，最关键的是什么。

我说，我的体会是首先要把傲慢放下，把偏见放下，把成见放下，然后把心灵调整到一种归零状态，读安详的书，做安详的事。事实上，每个人都是一个安详的拥有者，只不过它在沉睡，只要唤醒它就足矣；或者说，每个人都是一眼安详的清泉，只要把其中的泥沙淘尽就是。

访　谈《

最可怕的是假醒

——郭文斌访谈录

田　频　郭文斌

田频：郭文斌老师，您好！很荣幸您今天能接受我的访谈。您是一位小说、散文两栖作家，在您创作的作品中，您对中国的传统文化推崇备至，特别是对经典，比如说《论语》《老子》《庄子》等，您甚至认为这些经典可以带领我们现代人走出精神困境，重新回到人类的精神家园。请问，是出于什么样的信念或者经历让您如此执着地认为，这些与我们现代生活相隔如此久远的文学经典，能够发挥这么重大的作用？

郭文斌：生命是一棵大树，民族也是一棵大树。社会再怎么发展，总归离不开根的滋养。一棵千年老树，如果它的根有生命力，它的枝叶自会有生命力，《论语》也好，《老子》也好，《庄子》也好，这些经典，其实是我们的祖先对于生命根本规律的认识，是关于根本快乐的规律性认识，或者说是常识。

田频：您把经典认为是我们的民族常识？

郭文斌：对，有人说，它离我们如此久远，事实上，对生命来讲不存在久远不久远，这就像太阳已经存在了多少年，空气已经存在了多少年，大地已经存在了多少年，但是如果说因为它久远，就认为它过时，那我觉得有些偏颇了。

相反，愈是随着时代的发展，愈是随着潮流的更替，这些经典会更有生命力，因为它是根。

人有一个习惯，容易走丢，容易迷失。而越是容易迷失容易走失，根就越重要。这就像作为孩子来讲，任何时候都离不开母爱的滋养。如果一个人拒绝了母亲，他就是一个断根的孩子。而断根意味着什么呢？意味着我们要与根本快乐、根本幸福断流。我们都知道李阳家暴，表面上看，是李阳的感情问题、人格问题，事实上是他断根了。他的枝叶再怎么耀眼，花朵再怎么耀眼，也是一个可怜人。

田频：您说得非常好，您把我们中国传统文化看得如此重要，作为集中体现我们传统文化的民俗节日，自然而然就进入了您的创作视野。从您最开始创作的《大年》到您获得了鲁迅文学奖的《吉祥如意》，再到入围茅盾文学奖的《农历》，传统节日在您的笔下获得了全新的诠释。您用文学的形式对传统节日作考量，可以说是形成了小说节日史的一个创作体系。那么您是出于什么样的目的描述这些传统节日的？是否是为了重建国人的信仰？还是为了重新寻找什么？

郭文斌：不敢说重建国人的信仰，但我至少有一个愿望：希望我的文字能够唤醒沉睡在人们心底，或者说潜意识层中的那一份生命力。在长篇《农历》的创作谈中，我讲过，中国有两大文明传统，经典传统和民间传统，经典传统是会断流的，但是民间传统不会断流，没有哪个皇帝可以取消春节，不让人们过大年。我们都知道，一些大的王朝的更替，包括一些大的运动，让经典传统断裂，历史上的确有很多次，却无法让民间传统断裂。古圣先贤，非常智慧地把经典传统化存于民间传统中。换句话说，中国的民间传统，就是民间化了的经典传统，而且，相比于经典，民间传统更加生活化、趣味化，更加生动、形象、有血有肉，更有生命力，也更加润物无声。在一定意义上，它就是中国人的潜在信仰。我们知道，习惯成自然，养成近天性，一种自然，一种天性，一旦养成，要比单纯的理念更有力量。比如说，一个人一旦染上烟瘾，就很难戒掉了，尽管他明明知道抽烟有害健康。同样，一个人一旦形成一个好的习惯，也会让他一生受益。中国的民间传统，就是让我们在耳濡目染中形成和幸福美满对应的良好习惯。《农历》中的十五个节日，在我看来就是中国人精神营养的十五个重要元素，或者为蛋白质，或者为维生素，或者为铁，或者为钙，等等，不可或缺，没有这些节日，我们就会营养不良。事实上，它已经成为我们的血液。比如《大年》，它既是喜庆的演义、感恩的演义，也是祈福的演义，更重要的是教育和传承的演义。它让我们在一种带有基因性的精神狂欢中，体会生命的尊贵、温度和狂欢。这种民间狂欢我们在经典传统中很难体会得到，因为经典传统毕竟是通过文字来体现的。

从一定意义上讲，节日事实上就是我们中华民族的古典生活。

田频：对。已经融入了我们的日常生活当中。

郭文斌：在民间，二十四节气也好，各种纪念也好，每一个月都有节日，就是说每一个月，我们都在享受着精神大餐。

田频：我们注意到，您在大力倡导重新审视经典的同时，2006年又提出了安详哲学。您的好多作品都具有安妥灵魂、温暖人心的力量，比如说《寻找安详》《农历》等。著名评论家雷达就曾经说您的小说感动得他落泪。那么您认为在我们的现实生活中，怎么样才能获得安详，怎么样才能实现这个真正的安详呢？

郭文斌：寻找安详是一个渐进的过程。就拿拙著《寻找安详》来说，也是如此。现在已经七次重印，去年再版，今年出了精装本。在修订版里面，我用三分之一的篇幅，增补了走进安详的五个途径，即给、守、勤、静、信。

举个例子，我们每个人都会生气，可是没有几个人想过，人为什么会生气。如果我们把生气看作是一根一根羊毛的话，那么，用拔羊毛的办法是无法把这些生气的羊毛根除的。如何才能从根本上解决这个问题呢？“皮之不存，毛将焉附？”要让生气的羊毛不存在，就要让生气的羊皮不存在，要让羊皮不存在，就要让羊不存在。如何才能让羊不存在呢？就要把自我变成大我或者无我，那么，如何去变？只有通过给予：把你可能的财富给别人，把你可能的体力给别人，把你可能的智慧给别人。明白这个道理之后，我就去实践。

田频：是的，我们也注意到了。

郭文斌：当初呢，还是有些舍不得，有些心疼，但是当我看到因为我的捐助、带动，一些人从死亡线上回来，一些面临辍学的孩子能够继续读书，我尝到的快乐，比把那些钱装在兜里要多得多。当这样的喜悦积累到一定程度，突然有一天，我发现，财富的转移不再带给我很大的痛苦了。换句话说，通过给予，我的焦虑大幅度减少了。生命进入一种以前从未体验过的绵长的有温度的喜悦中。

田频：可不可以理解为无欲？

郭文斌：可以吧。你看《农历》里面，五月、六月喜欢在大年初一的早上打牌，为什么呢？没有焦虑。赢也是自家人赢，输也是自家人输，平常跟别人家打牌就会焦虑，因为五月、六月的心量是家。对于村长来讲，财富在村人之间转移，他就没有焦虑，因为他的心量是村。对于习主席来讲，财富在省和省之间转移他没有焦虑，把你们广东的财富或者湖北的财富给我们宁夏一些，他没有焦虑，他还挺开心，因为他的心量是国。

可见，幸福和心量成正比。事实上，在一定意义上，心量就是能量。天在下雨，它是公平的，你拿出去一只碗它给你一碗，你拿出去一个盆它给你一盆，你拿出去一个大海，它给你一个大海。你有多大的心量，就获得多大的能量。而安详，是需要能量的，助人是需要能量的，如果没有能量，我们就没办法去帮人。

我们常常去求人，那是因为我们没有能量，如果我们能量多了，我们就必然会去帮助人，因为这是自然规律。

这是通过“给”走进安详。还有守、勤、静、信，都很重要，因为时间的关系我就不说了。

最近，我又摸索到一些方法，编了一个顺口溜：三习二惯意纷纷，三途二径知道中。前者描述人的非安详状态，“三习”是非本质动机，非本质取舍，非本质占有，“二惯”是抱怨、生气，“意纷纷”是人非当家作主的一种状态，就像我们文学上讲的意识流，人就是被这种意识流带着流浪，直至忘了因何出发，从何出发。这不多言。

后者是探讨如何把人们从非安详状态带出来。“三途二径知道中”，哪“三途”呢？就是每天拿出一定的时间诵读经典，用直觉去读，不要去思考，只是把字音读准，文句读顺，尽管读就是。通过实践，发现它的好处非常多。

第一，你在读的过程中，没有焦虑，很享受，还有口水产生，甜津津的，说闲话时你会觉得口里有异味，但是诵读经典的时候没有；如果顺畅地读进去，身心会有一种愉悦感，会有微微出汗的感觉，非常舒服。一天，我突然明白，经典中为什么有那么多虚词、语气助词，你去试，把“学而时习之，不亦说乎？有朋友自远方来，不亦乐乎？人不知而不愠，不亦君子乎？”中的三个“乎”去掉，会一下子没了味道。我才明白，那些助词是多么美妙，多么重要，它是让我们来通过诵读享受生命的。古人真是太智慧了。

因此，如果文言文断代，将是中华民族的莫大悲哀。

第二，经典的能量高于普通读本，这个美国心理学家霍金斯已经证明。他认为，流行文化的能量级都在二百分之下，而经典极高。如此，我们读一小时经典相当于充了一小时电。这个我有切身体会。用直觉读一小时经典，人会神清气爽，但是读普通书特别是流行读物则相反。

第三，经典是圣人关于幸福人生的说明书，我们天天读它，就是预习幸福生活。

第四，经典是一面镜子，可以帮助我们改过。

所以，我们要改革现代语文教学模式，把那些用来分析段落大意中心思想的时间，用来诵读。看看现在的语文课堂，那么好的古文，我们让孩子用在诵读上的时间大概不到五分之一，大部分时间在分析段落大意和中心思想，太可惜了。

分析的过程我们用的是意识，诵读的过程，我们用的是潜意识，而潜意识处理信息的速度是意识的好多倍。我们把最宝贵的东西丢掉了。

这是“三途”之一的“读”。

二是写反省日记。有什么好处呢？训练我们的反省力。每晚把一天的生活回顾一遍，看看哪些正确，哪些错误，哪些需要改进。比如在今晚的反省日记中，我就要写，早上因为接一个电话，迟到了，让你们在办公室久等了。再比如，在前段时间的反省日记中，我就要考问自己，是否接受这次访谈，如果接受，动机是什么？是为了出名呢？还是为了读者的利益？如果只是为了出名，就不敢做了，为什么呢？《了凡四训》讲：“名者，造物所忌。世之享盛名而实不副者，多有奇祸。”如果是为了帮助读者，那么再大的代价我也要做，再辛苦也要做。

就这样，我每天反省自己的动机，反省自己的起心动念，反省自己的行为。天长日久，你会发现你的反省力提高了。而反省力对于一个人的幸福指数的提高太重要了。比如说两口子吵架，太太说你有本事就动手吧，老公说你以为我不敢？太太说你动啊，老公的菜刀就过去了，一条人命就没了。你说怪这一位菜刀先生吗？不怪，怪谁呢？怪他的父母或者他的老师没有教给他反省力。如果他有足够的反省力，那么菜刀在举起来的时候，或者说在举起菜刀这个念头刚起来的时候，他就能控制自己的念头，菜刀就不会落下去，悲剧就避免了。

再说，你想想，我们从现在开始写，将来几十本反省日记留给儿孙，比留给他们亿万家产更值钱。

田频：这让我想到了巴金的《忏悔录》。

郭文斌：是，更重要。那么这是“三途”的“读”和“写”，第三是“改”。人的意义就是改过，因为只有改过才能提高我们的灵魂等级。稻盛和夫讲，希望他走的时候比他来的时候，灵魂更高尚一点。

事实上，生命的意义就是提高我们灵魂的等级。

比如说，一块冰，它是一个低层次的能量状态。你看它的特征，一块跟一块是分割的，利用率也不高，给它加热，它变成水，就你中有我、我中有你，不可分割了，没有谁能够一刀把水切成两半，更重要的是利用率提高了。再给它加热，变成了汽，和水相比，不但有了流通性，还有升腾性。这个过程，就像生命的意义，不断地提高我们的能量状态。只有我们不断地提高能量状态，我们才能够享受到对等的状态带给我们的安详和快乐。

古人把鼻子到口中间的地方叫人中。有意思的是,其下的七窍里面,都是单开口,其上的全是双开口。你看,嘴、尿道、肛门,都是单的,鼻子、眼睛、耳朵,都是双的,在我看来,它是一个暗示,暗示生命要不断地向高能量超越。

而生命要从低能量超越到高能量,“读”“写”“改”是三个非常好的途径。“读”训练我们的直觉力,“写”训练我们的反省力,“改”训练我们的行动力。如此,生命就从黑暗走向光明,从不幸福走向幸福,从不安详走进安详,最后到达本质状态。

我在《农历》中写过一个故事:有一位盲人,在一个漆黑的夜晚,上完课回家,她的老师让她打上灯笼,她说她是盲人打灯笼有什么用呢,老师说你是盲人但别人看见你可以让开啊。她就打着灯笼回家,没想到路上还是跟别人撞上了,她就有些埋怨,“难道你没看到我手中的灯笼吗?”没想到对方说:“你灯笼里的灯早已灭了。”这个盲人就恍然大悟。她悟到了什么呢?一个人如果找不到他的本有光明,靠外在的光明是靠不住的,风大了它会灭,油尽了它会灭,摇晃了它会灭,但我们现代人更多的都在经营这个灯笼中的灯,而没有去寻找他们内在的本有的光明。

“二径”,即两个条件反射:一,看别人优点;二,看自己缺点。具体来说,常说“你真棒”“我错了”。那位菜刀先生,在太太说“你有本事你就动手吧”时,马上说“我错了”,菜刀就举不起来了,对不对?菜刀之所以举起来,战争之所以升级,就是双方都在说“你错了”,如果有一个人首先说“我错了”,战争马上停止。所以,要把说“我错了”训练成条件反射,就是用脸上的肌肉说出来,不要经过大脑。如果每个人都能做到这一点,这个社会马上就会成为和谐社会。

我们不但要学会从每个人的身上看到优点,还要学会从每件物上看到优点。比如,让孩子一天玩十个玩具和一天玩一个玩具,两种玩法,会造成两种活法。玩十个玩具的孩子,长大有一个特点,总是喜欢换。工作不好,换;房子不好,换;老婆不好,换。而只有一个玩具可玩的孩子,他必须在这个玩具上找到多处兴奋点,不然他再没什么可玩。我小时候就这样,一个泥巴,可以玩成一百个形状。这样的孩子,成人后自然比较专注、专一。

事实上,幸福和安详就是你的目光,天堂和地狱就在你的目光里,只要你把目光一变,地狱就变成天堂。但是现在我们好多人认为幸福在远方,到处去追逐,开着幸福的车找幸福,却跟幸福擦肩而过,让幸福成了一个灯下黑。

所以什么是幸福?幸福就是你静静坐下来,有一只蝴蝶就会飞过来落在你的肩膀上。但现代人说,哇!幸福就是蝴蝶,赶快去捕蝶吧,或者发明一种捕蝶的机器,完蛋了,蝴蝶永远飞走了,即使捕住,它美丽的翅膀已经被折断了。

为此，我讲过一个排比句：

我们追求财富，难道不是为了追求财富带给我们的喜悦吗？我们追求权力，难道不是为了追求权力带给我们的喜悦吗？我们追求爱情，难道不是为了追求爱情带给我们的喜悦吗？如果这一刻，我们就在喜悦当中，我们为什么要舍近求远？

古人是在最朴素、最简单的生活现场找到最丰富、最盛大的幸福，现代人正好相反。

“知道中”，就是我这些年一直在讲的现场感，就是说我们吃饭的时候要“知道”吃饭，睡觉的时候要“知道”睡觉，但是更多的人是不“知道”的。我们常常一碗饭都吃完了，却不知道饭是怎么做的。我也调研过，很少有人躺下听到自己的心跳，如此，我们就跟“人籁之音”错过了。

举个最简单的例子，通常情况下，我们把一个杯子放在桌子上，会“咚”的一声，不“知道”，正确的放法应该是轻轻地落到桌面上，这两种放法在内心的投射是不一样的。关门的时候，如果是轻轻地，你发现心中有爱发生，如果“咚”的一声，你的心里只有冰冷。

如果我们吃饭的时候错过吃饭，睡觉的时候错过睡觉，走路的时候错过走路，那么我们就会在幸福的时候，错过幸福。

不但如此，如果我们不“知道”，我们还会酿造悲剧，那位菜刀先生如果有过“知道”的训练，在现场的训练，菜刀举起的时候，他就会“知道”，一旦“知道”，菜刀就不会落下来。

任何一门学问，如果不能变成可操作的东西，它的价值就无法实现，我之所以编这个顺口溜，就是为了时时提醒大家回到现场中，不时念叨一下，“三途二径知道中”。生气的时候，“三途二径知道中”，抱怨的时候，“三途二径知道中”。用它来提醒自己。

人是需要提醒的，是时时刻刻需要提醒的，有人说，教育就是不断的提醒，我非常认同。

而在“三途二径”当中，最好操作最有现实意义的就是说“我错了”。当一个人能够把“我错了”说到条件反射，一开口就说“我错了”，这个人一辈子肯定就在和谐之中，幸福之中，因为“我错了”一出口，他的前面就是绿灯，他的周围就是和气；而一个常常看别人缺点的人，一眼看过去全是别人的缺点，自然就会抱怨，就会生气，就会吵架，就会动手，战争就是这么发生的。

所以我说，一个人如果不生气，不怨人，即使看上去没行善，也在行善，因为生气的时候，不但伤害了他人，更加伤害了自己。有人研究，分别在同一个女人的三种心情状态下提取她呼出的气体，进行液态处理后，得到三种不同颜色的液体。它们分别是：好心情状态下得到的是像湖水一样清澈湛蓝的液体，忧郁烦躁心情状态下得到的是浑浊而略显黄色的液体，极度愤怒和悲伤的心情状态下得到的是黑色的液体。分析发现，清澈湛蓝的液体无毒无害，浑浊的含有多种对人体有害的物质，黑色的含有大量致命毒素。将黑色的液体注入一只活蹦乱跳的小白鼠体内，小白鼠当场毙命。

田频：是吗？

郭文斌：是的，所以习总书记讲，我们要实现中国梦，怎么实现？在我看来，当我们每个人都面带微笑的时候，就已经实现了。在我看来，实现中国梦，首先要从两点做起，就是孔老夫子表扬颜回的“不迁怒，不贰过”。不迁怒于他人，同样的错误不犯两次。“不迁怒”说明什么？说明颜回的定力已经高到完全可以当家作主的程度，不然的话，他肯定会迁怒于他人；“不贰过”说明什么？说明颜回的反省力已经到了十分完美的程度，不然的话，同样的错误他就会犯两次。

最近，我还在日记的首页写了几句话：

“争分夺秒读经典，咬定牙关克欲望”，“浪费时间就是杀生，改正错误就是积福”。

为什么要争分夺秒读经典？除了上面讲的原因外，还因为经典既是镜子又是能量。因为读经典的时候，用的是大整体的能量，我们把电源插到交流电上了，如果离开经典，我们又用充电电池了，充电电池用完就没电了。所以我现在有一种体会，当你烦恼的时候，劳累的时候，就读经典，读一个小时就精神了。

为什么说改正错误就是积福？因为人的生命是需要福气作保障的，中国人讲“五福”：长寿、富贵、康宁、好德、善终，看上去是五福，其实是一福，那就是能量。就像一袋面粉，它有一个总量，你如果全拿它做面包，就没什么做面条了，如果你拿太多的部分去发财，那么长寿就无法保证了。因此，要正确分配它，而错误就是错误地使用能量。换句话说，错误就像我们面袋上的漏洞，如果我们改正它，就相当于缝上这个漏洞，是不是惜福呢？

另外几句话是：

“弃浮名，得智慧；弃浮财，得实学；弃浮躁，得沉静；弃抱怨，得欢喜”。

我现在常常鼓动一些企业家把他们的财富变成能量带走，我说你们想一下，这个世界上，哪些东西是将来能带走的？哪些东西是带不走的？凡是带不走的都不重要。房子能带走吗？存款能带走吗？如果能带走，汶川地震后，废墟下埋着多少存折，那些人带走了吗？那什么东西能带走呢？能量。

明白这个道理之后，我也在努力实践，比如把几千册书捐出去，看上去一下子几万块钱没了，事实上没了吗？恰恰相反，它存在你的永恒账户上了。为什么？当因为某本书，不孝敬的孩子变孝敬了，破碎的家庭变完美了，这让我产生的感动，已经自动存在我的能量账户上了，虽然我们并没见面。

人的不安全感来自哪里？得不到的时候想得到，得到了怕失去。而我现在都有意识地把我的东西拿给别人，还怕失去吗？就是说，我都主动把频道切换到“失”上，我还怕“失”吗？“患得患失”这个生命的负程序就不会对我起作用了。前段时间，我的钱包丢掉，我明显觉得不像以前懊丧了。因此，要“弃浮名，得智慧；弃浮财，得实学；弃浮躁，得沉静；弃抱怨，得欢喜。”

田频：听了您这番话，我觉得安详其实就要从我们身边的点滴小事做起，我们在日常生活中，就能获得安详。

郭文斌：是这样，就从一个念头做起。

田频：在阅读您的作品之时，总觉得您的作品继承了京派小说的一些传统，比如说沈从文先生，他对中国农村特别是湘西的民风民俗了然于心，《边城》中有“狮子龙灯”这样的民俗节日描写，也有评论者称您为“北方的汪曾祺”，但是您自己却说看他们的作品比较少。那么对于这样的文学现象，我理解为文学自身内部的传承，您是否认同？

郭文斌：您的这个判断，我觉得很有质量。为什么呢？因为从根本性来讲，文学肯定有一个根本的相貌，根本的体征，根本的规律。这就像大米白面，再怎么做，它的味道还是大米白面，土豆再怎么做，它的味道还是土豆。

实事求是地讲，因为家里穷，我小时候基本无书可读，即使上了学，小学中学压根儿就没有图书馆，考到师范，四年里基本都在忙乎功课。我们学的是小教，除了背那些教学法，就是忙乎小三门——音乐、美术、体育。农村出来的孩子，以前没有接触过这些，为之用去大量时间。第二年，得知获得三年“三好学生”就可以被保送上大学后，又努力把每门功课考过85分，因为学校规定，只有每门功课过85分，才有资格获评“三好学生”，又平均用力，每学期十几门课，样样都要考85分，更没有时间读文学类书籍了。结果拿到三年“三好学生”，还是没有上得了大学。毕业后到母校教书，养家糊口，根本无法像科班大学生那样系统阅读现当代文学作品，所谓的京派、海派等等，不怕您笑话，当时都没有听说过。后来考上教育学院，两年时间还在拼命读先锋小说，您提到的这几位作家的作品，恰恰是在评论家讲到我的作品像他们的时候，我才买回来看了看。说实话，一方面觉得自己跟这些大家还是没有可比性，另一方面，又觉得我们骨子里还是不同的。

田频：在您的作品中，我们不难发现您对文字怀着一种感恩和敬畏的心理，比如说您在作品中多次引用了掘藏师和百丈怀海的故事，在您的生活中，您也践行“文字养心”的原则，把《黄河文学》杂志办成了一份可以带回家让孩子看的杂志。在这个物欲横流的社会，您认为要最大范围地实现这种文学理念，应从哪些方面着手？

郭文斌：一定要先做出成效让大家看，中国古人关于教育的次第是，先演后说。“演”就是为人们做个好榜样，“说”就是讲理。但在我看来，“演”更重要。你看繁体的“圣”字，由三部分构成，左边为“耳”，右边为“口”，下面为“壬”。前二者好理解，后者是一个人弯腰站在大地上，组成一个意象：把你的所学讲给大家听，做给大家看。只听不说不行，只说不听不行，听说都做到了还不行，还得力行，大家才相信你。“壬”的意思是，一个人弯着腰立在大地上，极其谦虚的样子，也就是做出谦虚的样子让大家看。如果你讲得头头是道，但没做到，别人是不会相信的。古代如此，当今社会，更要如此。

为此，我和我的团队，这些年既在倡导，也在实践，《黄河文学》编辑部也好，文联也好，学会也好，都在做。比如说，汶川地震后，编辑部的同志，顶着 35℃ 的高温，忍着蚊子的叮咬，一本一本叫卖《黄河文学》，募集到一万多块钱，买了礼品和书，捐给在我们这边借读的青川的孩子，等等。

如是公益行动，确实感动了一些受众，使他们加入我们的公益行动中来。比如这次访谈的录音，我会发给四川一位名叫小川竹的大学生，她会连夜整理出来，她就是当年在这儿借读的一个孩子，那次捐赠活动后，一直跟读我的博客，之后自愿申请做义工，已经做了好几年了，我的不少录音，都是她整理的；拙著《守岁》的责任编辑，浙江文艺出版社的项宁女士，自己义购拙著向贫困地区大量捐赠；推荐《寻找安详》到中华书局的中山图书馆的吕梅馆长，已经向西海固地区捐了几十万的图书和文具；石家庄弘贤婴幼园的园长赫欣女士，陆续义捐《寻找安详》，大概已经超过五千册；承德的企业家董奎龙先生在宁夏西吉县新营中学设立了奖学金；等等。这是外地的同志，本土的就不用说了。

所以，每个人都可以被感染被点燃，只要你做到了。因此，人们不但看你如何说，更重要的是看你如何做。

田频：在您过去的小说中，我们似乎可以看到您对先锋文学的模仿和借鉴，比如

《陪木子李到平凉》，我就觉得和格非的《青黄》有某种相似之处。您能否具体给我们谈一下您是怎样成功摆脱了先锋小说阴暗、畸形的写作模式的影响，选择了诗意化和善意化的写作路径的？

郭文斌：很惭愧，当年确实写了不少现在看来有些不太健康的作品，而且赚了许多版税。记得当年有一家发行量在全国第一的地方文学刊物，要给我开专栏，一年发二十四篇，现在看来那些文字不少是不堪回首的。尽管当时责任编辑是出于好意，自己也觉得写得很过瘾。

我是如何摆脱那种状态的呢？打个比方，一个孩子在外面闯世界，当时很愤青，觉得离家出走很时尚、很酷，但在外面玩了一圈、流浪了一回，最后发现不好玩了，还是怀念有母亲味道的地方，有热饭吃的地方，有温暖的地方，他就回来了。这个时候回到家，是他的一个自然需求。或者说，有一个人打着灯笼在黑暗中行走，但突然发现太阳出来了，他就会"噗"的一口把灯笼里的灯吹灭，因为没必要了，跟太阳相比，这个灯笼再怎么好玩，毕竟还是灯笼，就这么一个自然的过程。

田频：您的创作历程也和绝大多数作家一样，经历了早期的彷徨和探索期，最终您找到了内心的安详，回归到平和冲淡及诗意化的写作，是不是很多作家都会在成熟后达到这种"天人合一"的境界？

郭文斌：这个我不敢评价，但根据我的观察，不是这样的。不敢说大多数，但可以肯定地说，多数作家一辈子都无缘走进这个"天人合一"。因为现代性写作格局本身就是一个欲望格局，作家们难免被欲望绑架，很少有人挣脱这种绑架。说得严重一些，如果不拼上性命，拿出斩腕断臂的勇气，很少有人能杀出一条血路，获得新生。

在今天，非欲望写作的作家太少了，就像我们西吉县有位农民作家，记者采访他说，听说你写了一部给奥运会的献礼作品，请问在哪出版的？他说，还没出版呢。主持人就很惊讶，哇，献礼作品没出版怎么献礼？他说，我把我心中的一份祝福写出来就已经献礼了。

我认为这才是纯粹的写作。但是当一个作家成名之后，不要说别人，就我现在，好多家出版社都在约稿，只要你愿意把稿子拿出去马上就会出版，马上一两万块钱就会到手。对于不少作家来说，这当然是暴发的好时机，但我却不愿意这样干了。

我的编辑今天也在场，他们知道我的许多书稿，比如说《农历》，出版社马上要印了，我又要回来修改，复印好多份，让大家看，不妥的地方，不能读给自家孩子听的地方，我都会认真修改掉。如此，一直修改了五次，在申请第六次的时候，编辑说："郭文斌，得了吧，我当了几十年编辑，出了几百本书，没见过像你这样追求完美的，我实在没有耐心再给你寄第六次。”我才实在不好意思再申请修改第六次，不然的话可能还会修改下去。如果再修改下去，就会错过上届的茅盾文学奖评选了。

一个作家要对他的作品负责任，一部作品一旦流向社会，就再也无法控制它了，你再想修改都不可能了。现在，我每当碰到当年出版的拙著，比如在旧书摊上，碰到一本回收一本，但是毕竟流到旧书摊的太有限了。

一个作家要想摆脱欲望的绑架，需要壮士断腕的勇气，欲望太强大了，不下狠心就会被它绑架。听说一些出版社，为了约到一些畅销书作家的书稿，会派出美女开展公关，看你动心不动心。要想在这些欲望面前不动心，确实需要定力，需要真正明白写作跟我们生命的关系。

所以我现在到媒体去演讲的时候，常常讲一个故事：

当年百丈老人讲完课，后面有一个老人站着不走。他问老人还有什么事，这位老人说，五百世前他也是一个讲师，只因为讲错了一个字，被罚做五百世狐狸。现在五百世期满，请百丈老人以人的礼节送他一程。百丈老人答应了。后来他的学生果然在后院的一块大青石上看到一只死去的狐狸。

看到这个公案，我非常紧张。人家讲错了一个字被罚五百世，这些年，我讲错多少？写错了多少？要罚，不知道是多少世！杳无出期！

现在，有多少作家明白这个道理？

文化工作者要做善事，是大善；要做恶事，是大恶。杀人不见血，指的就是作家。

就像你说的掘藏师的故事，这个世界上之所以有掘藏师，正是因为首先有一批不为名利写作的真正意义上的作家，他们能够把自己倾其一生写出来的著作埋在地下，等待缘分成熟，让后人去发现。现在的作家有几位有这样的耐心？写作之前，对不起，先签好合同。而古人的书，不但不强调版权，还“欢迎流通”。所以，我现在常常讲一句话，希望我的书被盗版，只是希望盗版的水平稍微高一点，不要有错别字。我从来没有到出版社查过账，比如版权页上的印数是三万册，实际上他们印了六万册。我从来不干这个活。我说你们印得越多越好，因为我也在捐嘛，你替我捐出去不是更好吗？只不过你在捐的过程中得了一点好处，没关系的。

在这方面，我们真要向古人学习，学习古人的心量。古人写作的目的是什么呢？渡人于苦海，看到有人落水了，把他捞起来。而我们现在的一些作家，明明看到那个人要跳楼了，不但不救，还推一把。不说别人，当年的我就没有做好，所以心存愧疚，将功补过吧，通过做公益来补偿。

田频：刚才我们谈到了“天人合一”的境界。现在有很多人认为我们中国古代文学强调了太多这种“天人合一”，而缺少自我批判、自我分析的精神，很多评论者认为当代文学要走出困境，就要向西方的经典文学学习，要重塑自我批判、自我分析的精神。您是怎么看待这个观点的？

郭文斌：我当然不同意这种观点。事实上，“自我”这个词本身就是一个局限，是一种沉睡状态，一种假醒状态，说得严重一些，就是一种病态。一个身处梦境的人，再怎么批判，还是梦境，再怎么分析，还是梦境。你都在梦中，都没有醒来，又怎么保证那个批斗不是梦呢？让梦游的人给梦游的人带路，只会是双倍的梦游，对不对？

就是说，这个论题从一开始，大前提就是错的。而中国古代文学强调的“天人合一”，正是中国古人的智慧之处，事实上也是谦虚之处。一朵浪花，要想批判大海，多少有些不自量力吧？一个婴儿，要想批判父母，多少有些不自量力吧？不要说批判，对于一个孩子来讲，如果母亲不告诉他，他都永远无法知道父亲是谁，更何况母亲经历的一切。个体生命太短暂了、太渺小了，在根本规律面前，在大自然面前，我们只有“合”的份，“顺”的份，何谈批判。再换句话说，真正圆满的自我批判，本身就是“天人合一”。

田频：对。

郭文斌：我个人认为“批判”这个词本身就有问题，所以刚才说了要多看别人的好处。

田频：看别人的优点。

郭文斌：要批判，就批判自己。浪花啊，你太渺小了，赶快融入大海吧，一旦离开大海，你就会干涸，就会消失，就会没能量，别再狂妄自大了。你看《周易》，所有的卦都是吉凶参半的，只有谦卦是吉祥的。浪花，谦虚一点吧。

所以，我个人认为，还是少批判，多赞美，少指责，多感恩，这才是正确的态度。多赞美祖先，多赞美父母，多赞美老师。

多少年来，我们在批判父母，结果呢？没根了；多少年来，我们在批判老师，结果呢？没秆了。无根无秆，花和叶怎么长久？

田频：难以存活。

郭文斌：和谐号列车，要想快速行进，需要双轨做保障，左轨孝道，右轨师道。现在，师道尊严丧失了，学生都可以在老师上课的时候把矿泉水瓶子扔过去，老师还怎么做？儿女们都可以拍着父母的肩膀叫哥们儿了，父母还怎么做？而没有了孝和敬，意味着一个人堵塞了精气神的通道，而一个人如果没有了精气神，是无法保持他的生命力的。所以还是少一些批判，多一些赞美，多一些感恩。

田频:我觉得您的少批判、多赞美、多感恩,这种文字理念在您的作品里面一直得到体现,发现您的作品故事性和戏剧冲突比较少。您的文学作品似乎都可以用一句话来概括,比如说《吉祥如意》是姐弟俩上山采艾的故事,《大年》是一家人过大年的故事,其实说情境更恰当。有的评论者用“慢”来概括您的文字风格,您是否同意?

郭文斌:我非常同意。我不但希望我的文字能达到一种慢的境界,我更希望它能达到一种静的境界,我还希望它能达到一种安的境界。就是读者一读就能沉静下来,这是我的期待。

田频:能获得内心的平和。

郭文斌:对,能走进安详,这是我的期待。实践证明,还不错。比如在《寻找安详》修订版附录中分享的那八位读者,就是首版《寻找安详》的受益者。有人借之走出了重度焦虑抑郁,有破碎的家庭借之破镜重圆,有叛逆的孩子借之走向正道,等等。这正是我期待的。

田频:我发现您的作品即使在描写上山采艾这样富有诗意化的故事中,都隐含着一种淡淡的忧伤,不知道您自己有没有觉得,是不是您的潜意识中间,有着对这种美好事物的幻灭的恐惧?

郭文斌:非常感动您看到了这一点。从总的生命色彩来看,它是忧伤的,因为相对于根本快乐,也就是安详,非安详地带的生命是忧伤的,因为生命的构成材料是“情”,而情这棵大树不可避免地要结成忧伤这个果实,这是一个自然过程。一个人要想彻底走出忧伤,只有到达我在《寻找安详》中讲到的那种“没有想法的地带”,而那个地带是反文字的,也就是说,它是一个“零词语”地带、“零意识”地带。而文学,又是意识的产物。虽然应用直觉写作的作家可能离这个地带近一些,但毕竟还是以文字为载体的,只要我们还用一丁点意识,就不可能完全走出忧伤,因为意识的另一面就是情感。

通俗地说,只要我们用文字,就不可避免地会走进忧伤,只要是文学,就不可避免地会走进忧伤。为什么呢?因为文学本身是一个情感的产物,而情感的另一面,就是忧伤。

我的写作更多地用直觉,这可能是跟别的作家不一样的地方,尽管用直觉,仍然需要一个载体,那就是文字。只要用文字,我们就不可避免地进入意识层,而意识的另一面就是情感。只要用文字,它就会有色彩,这种色彩,其实就是你说的忧伤。

再说得彻底一些,只要你是人,就不可避免地要经历忧伤,因为人的本质特征就是忧伤。为什么呢?因为只要是人,就有人的属性,人的属性是什么呢?生、老、病、死。这是不可避免的。古人认识到这一点以后,劝我们走出这个怪圈,为之创造了许多超越性的方式,包括儒释道,但最终都指归于一种不用文字的境界。

人是如此,而文学是人学,它就有不可避免的忧伤。我的忧伤跟别人的忧伤不同的是,希望更多的人都能走出忧伤,所以我的忧伤是来自于希望人们不再忧伤的忧伤。

田频:我发现您的作品中,有的作品不仅仅只有忧伤,比如《玉米》和《剪刀》。《剪刀》就是写一对贫困的夫妻没钱治病,他的妻子自杀的故事。《玉米》这个故事读到后面,给前面充满童真的游戏世界投下了巨大的阴影。这类作品在您的整个作品中不是很常见,您一般对这些苦难、对这种贫困写得很少,您在创作这类作品的时候,动机或者目的是什么?

郭文斌:目的只有一个,那就是以前我更多的是让人们看到钱币的正面,现在想让大家看到反面。以前想通过光明把大家吸引进光明中,现在想通过黑暗把大家推进光明中。让大家看到痛苦的那一面是不好玩的,那么我们就要赶快离开痛苦,走进根本快乐,走进安详。

田频:我们都知道,您的家乡曾被定义为人类不能生存之地,饥荒、贫穷在您的作品中也屡次出现,但是您把这些"苦难"视为人生存之"常",苦而不痛,难而不畏,有评论者认为您这是对饥饿、残缺的生活及理念的歪曲,您怎么看待这一观点?

郭文斌:我觉得他们这种看法恰恰是一种歪曲。为什么这么说呢?所谓"苦难",只不过是一个词语,这个世界上,不存在绝对的苦难,也不存在绝对的贫穷,就像一个亿万富翁,如果他没有找到根本快乐,他还是贫穷的,因为他得到的财富是一个"片段存在",不永恒;再说,一个人拥有天下,如果他的心中没有爱,他还是贫穷的;再说,一个人即使富可敌国,如果他的心是穷的,他还是穷的。

事实上,贫穷也好,苦难也好,都是外人"看"到的西海固,一个没有真正在西海固生活过的人,是无法真正"看"到他们心里的世界的。心,只有用心才能"看到",用眼睛是看不到的。

西海固人到底是不是就很苦难呢?我觉得只有西海固人有发言权。我曾经设想过,如果有一天我回到老家,看到西海固变成了香港,我想那也许是西海固人真正的苦难到来了。对不对?我现在回去,已经找不到当年那种幸福感了。当年,我常常喜欢一个人出去,晚上,明月当头,一个人在山顶,一伸手,明月就像苹果一样落在手上,真是手可摘星辰,那种安静,会让你一下子进入本质。在那一刻,你可能不会像商人一样,正在职场大把大把地往腰包里装钱,但你的心灵却装进去了一种无法言说的感动，那是一种大幸福。

我曾带一些博士到我们村上住过，他们向往得不得了。记得有一次，有一位天没亮就起床到山头去了，因为村里有狗，我就出去找她，不想她叫我别说话，让她安静地享受鸟叫的声音。

这时，说话都是一种打扰。你说这样的状态是苦难吗？

当然，西海固人确实生活比较艰苦。比如水的问题，上学的问题，但是苦难不苦难，我们要全面去打量。比如一个人现在是亿万富翁，但他的心还是穷的，那他还是一个穷人；而一个穷人，如果他的心是富的，高贵的，那他就是富翁。

田频：所以您更多地看重的是内在？

郭文斌：对，心灵跟环境有关系，但没必然关系。亚历山大征服印度之后谁都不想见，就想见第欧根尼，第欧根尼是个什么样的人呢？用减法生活的人。不要房子，不要老婆，甚至不要衣服，最后手上只有一件家产：讨饭的钵。突然有一天，他看到狗在河里喝水不用碗，就觉得很羞愧，心想，狗喝水不用碗，我为什么要用碗？就把最后一件家产扔掉了。亚历山大找到他后，他正在沙滩上晒太阳，他说，第欧根尼先生，请问我能为您做些什么？按俗常，他会说，给我一百万吧，给我个庄园吧，要么给我一个官职干干吧。但他没提这些要求，他提了一个什么要求呢？请你稍稍让开一点，不要把我的阳光挡住了。

我这样说，无意于代表西海固父老乡亲拒绝人们的帮助，没这意思。我们也很感恩外界对我们的帮助，这一份心很珍贵，但是要说西海固人活在苦难之中，这种说法至少是不妥当的。

《了凡四训》里有一个故事：

当年，有一位小女孩，到了一家寺院，身上只有两文钱，全部把它拿出来做了供养。方丈见之，亲自为她主持仪式。后来她发达了，进了王宫，做了王妃，带了数千金来供养，方丈却只让他的徒弟主持仪式。王妃就问，当年我只供养两文钱，你亲自为我主持，今天我拿了这么多金子，你却只让你的徒弟主持，为什么呢？方丈说，当年你虽然只供养两文钱，但是你的心是满的，现在你供养数千金，但是你的心是一半。

可见心的半和满与物质的多少无关。

所以，世界上不存在真正的苦难和幸福，只存在苦难的心和幸福的心。

田频：说得很好。我们觉得，您把价值的肯定评判全部给了您心仪的乡村文明，对中国的传统文化也是推崇备至。但是我们也知道，传统文化中，有它落后愚昧的一面，是不是您在您的作品中特意回避了传统文化中愚昧或落后的一面，而只展现积极的一面？

郭文斌：我个人认为，真正的传统文化不存在愚昧和落后。如果说传统文化中有落后愚昧的因素，那也是由传播传统文化的人身上的落后和愚昧折射出来的，借用一句非常朴素的话，是歪嘴和尚把经念歪了。经不存在落后，不存在野蛮，因为它是古人发现的生命根本规律。既然是根本规律，就不存在过时不过时，正如不存在唐朝的太阳和宋朝的太阳之不同，不存在唐朝的母爱和宋朝的母爱之不同。是太阳，就会照耀大地，是母亲，就会爱儿女。这种对大自然和生命根本规律的认识，就是传统。现在，我们有些人之所以大谈传统之落后，那是因为他们本身落在传统后面。就像一个马拉松赛跑队伍中的人，他本身落在最后面，还说前面的人有问题。还有一种，他懒得登山，在山脚下面徘徊，却说山顶上的那些人有神经病，山底下好好的日子不过，跑到山顶干什么？一个人如果不登到山顶，是永远无法理解登到山顶的人发出的生命之叹的。“会当凌绝顶，一览众山小。”这样的人生之叹，只有登到山顶的人才会发出来，可是现在，好多人连《论语》都没读过一遍，却对孔子指指点点。这种人不但可悲，而且可怜。

田频：现在是一个科技迅猛发展的年代，电视、传媒、网络等吸引了大多数人的眼球，当代文学在某种程度上存在一种退化的现象，您有什么好的建议能让当代文学走出这种困境？

郭文斌：要想让当代文学走出目前的困境，重获力量感和影响力，就要让当代文学成为人们根本快乐的资源，换句话说，要把它变成生命不可或缺的精神营养。科技再怎么迅猛发展，电视、传媒、网络再怎么吸引人们的眼球，也不能代替水、粮食、空气等这些资源。时代再怎么发展，社会再怎么变化，人们总归要吃饭，总归要喝水，总归要睡觉，总归要寻找安全感。只要文学不丧失作为人的精神营养的功能，只要它有一天还能够具备大米的品质、水的品质、阳光的品质、空气的品质、母亲的品质、哺育的品质，就没有人能够拒绝得了它，离得了它。而持文学要死了、要没落了的悲观论者，显然是因为没有看到文学的这种不可替代性。

文学，本来是人们的精神食粮，却被今天的人们抛弃，什么原因呢，我觉得不在时代，而在文学本身，是因为文学本身轻贱了自己，或者说，放弃了它的营养性。就像一个母亲，放弃了她作为母亲的责任，当然就要被儿女们抛弃了。

不说别的，当年我给《黄河文学》提出“三个倡导”：倡导办一份能够带回家让自己孩子阅读的杂志，倡导办一份能够唤醒读者内心温暖、善良、崇高和引人向内向上的杂志,倡导办一份能够给读者带来安详的杂志。当时同事也在讨论,如果过于纯净,将来我们没饭吃怎么办?我说没饭吃我带你们去化缘。

实践证明,这样的倡导不但没有影响我们的发行量,反而赢得了读者。一本市级刊物,连续进入国家新闻出版总署的农家书屋推荐目录,全国同类同级刊物中只有我们一家。

田频:那很了不起了。

郭文斌:2012 年,我们印到一万份,据《文学报》报道,全国每年印一万份的文学刊物也就十家左右。2012 年《人民日报》以整版篇幅刊发大型文章《文学期刊:差异性建构文学的共同体》,重点介绍了国内十余家刊物,《黄河文学》被作为话题之一,配封面与《人民文学》《中国作家》《收获》等国内知名文学刊物共同引介。我们编发的稿件,不但频频在全国获奖,持续被《新华文摘》等刊物转载,在由中宣部、中央电视台联合摄制的全景展示党的十六大以来文艺战线取得新成就、新突破的大型电视文艺专题片《为时代放歌》中作为文学类的成就被重点介绍。

田频:对。

郭文斌:从我个人的创作上,我也没有体会到这种悲观,我的第一本书,总印量才是两千册,现在,别人一次义捐就是两千册。《寻找安详》首版不到一个月就售罄了,好多人一买就是一二百本,甚至几千本义捐。《农历》和《守岁》也基本上是这样。现在,拙著只要出,首印没有低过一万的,基本上半年之内都会重印。像《农历》现在已经第六次重印了,《寻找安详》第七次。像我这样的非著名作家,还没有把文字变成地道的大米、阳光和水的作家……

田频:您太谦虚了。

郭文斌:大家都给了这样的捧场。我坚信,像那些大家,他们只要稍稍注意一下一个作家的社会责任感,读者肯定会更加拥戴。因此,正确的形势应该是,网络越发展,传媒越发展,文学会越发展。网络如果用好了,也是传播正能量的工具。这就像坐动车,有了它,我们不是到达目的地更快了吗?所以,网络不值得我们紧张,现代传媒不值得我们紧张,问题是我们得首先生产出可供网络装载运输的精神产品,不然的话,网上没有什么东西可刊登啊,只能刊登一些低级趣味的东西,对不对?

如果有一天网站成为人们不可或缺的主餐厅,成为人们获取正能量的平台,负能量的平台自会关闭。趋光是生命的本能啊。所以,我坚信,文学永远不会死亡,文学永远有市场。网络、现代传媒,我们用好了它们就是我们的朋友,就是我们的伙伴。

田频:谢谢您,最后还想问一下您最近的创作情况,或者您最近有没有什么创作计划?

郭文斌:实话说,我暂时停下了我的一部长篇小说的写作,也暂时停下了许多约稿,包括许多通常意义上文学作品的创作。现在我比较感兴趣的,就是想用一段时间好好地写反省日记,等哪一天,没有什么可反省了,再写长篇,那可能就是真正的正能量了。现在的我还有很多习气。一个带病毒的人,他生产出来的产品,多多少少是带着病毒的。所以,我现在不着急,只是结合改过,结合做公益,把反省日记认真写下去。将来一天,交给能够读懂它的人,他看到了,会想,有一个叫郭文斌的人,当年是这么改过的,是在这么寻找安详的,是在如此跟欲望作斗争的,是在如此一天一天地超越自己的,是在如此探索让文字更大限度作为种灯去点燃读者,作为大米去营养读者,作为唤归的声音去引导读者的,那我就知足了。

我的理想是,过上五百年,还有人在读我的作品。后人从他的书柜上拿出一本名叫郭文斌的作家写的书,很喜欢,很尊重,那我就含笑于我该含笑的地方了。所以,《农历》在上届茅盾文学奖评选中,在最后一轮投票中排名第七,有许多朋友安慰我说,别气馁啊,下一次就是你啊。意思是,要么你就冲进前五名,要么你就干脆别提名,第七名太可惜了。

田频:已经很了不起了。

郭文斌:说实话,对这个名次,我已经非常知足了,我非常感谢评委们把《农历》送到那一站。在这里,我要说的是,作为作家,一定要清楚,要清醒,获奖重要,但还有更重要的。陈建功先生讲过一句话,我特别赞同,他说,好作家只追求来世报。很对。现世报是重要,但现世即便很精彩,可是过了若干年再无人问津你的作品,你还是失败了。

田频:我们期待您美丽和安详的文学世界在您的笔下不断得到拓伸和延展,带给我们更多的惊喜,带领我们走进安详。

郭文斌:我也非常感谢武汉大学,感谢於可训老师,感谢田博士,感谢你们一行,也希望能够借你的笔把安详传播给更多的人,也传播给武汉大学的学子们,传播给《小说评论》的读者们,谢谢,辛苦了!

田频:谢谢您!

评 论《

“精神家园”的回归与重建

——郭文斌论

田 频

回归、重建“精神家园”，是人类社会进入20世纪以来出现的一种愈渐强烈的精神需求。对理想家园的憧憬和寻找，是文学责无旁贷的责任，也是“五四”以来鲁迅等知识分子一直苦苦追寻的“乌托邦”梦想。从一定意义上说，文学，作为一种精神产品，应该让自己成为“烛照人类前行的灯火”。这盏“灯火”在宁夏作家郭文斌笔下得到了传承。

“安详”哲学——回归之路

作为地球上万物之灵长的人类，自诞生之日起就一直在关注自己的命运，探索自己心灵世界的奥秘。中外文学史上那些优秀的文学作品之所以能够流芳百世，就是因为它们给人类提供了一片精神的绿洲，让在空虚和孤独中精神漂泊的人们得以重回“精神家园”。所谓“精神家园”，是指人类在长期的历史发展过程中形成、具有精神支撑功能的精神文化系统，它是人类灵魂的港湾和精神的栖息之地。然而曾几何时，这块圣洁的“精神家园”却随着现代工业文明的发展逐渐沦丧，以致难以寻觅。现代工业文明的先进成果，给人们带来了丰富的物质享受，同时也带来了人类精神生活的日渐空虚：暴力、乱伦、抢劫等丑恶现象愈渐加剧，人类正面临交流的失语和精神上的危机。当现代化的洪流势不可挡地席卷着世界每一个角落时，当物质的欲望越来越强烈时，人们该以何种方式寄托精神，滋养灵魂？如何回到失落已久的“精神家园”？郭文斌用他的“安详”哲学为我们搭建了一条通往“精神家园”的康庄大道。

郭文斌于2006年提出“安详”哲学，他的作品《寻找安详》，如天籁般纯净安详，被誉为具有安妥灵魂、温暖人心的力量。何谓“安详”？正如郭文斌在作品中描述的，“安详是一种不需要条件作保障的快乐，它是一种根本快乐、永恒快乐、深度快乐。

旨在帮助现代人找回丢失的幸福，让人们在最朴素、最平常的生活中找到并体会生命最大的快乐。安详既是生命的方向，也是生命的目的。它既可以让富者贵，也可以让贫者尊。它是对人的终极关怀。”说到底，“安详是一条离家最近的路。”①这里的“家”，就是我们苦苦寻觅的“精神家园”，安详是通往此地最近的路。对安详的理解，浸透着作家对生命的体悟，凝聚着作家对人生的哲思，体现了一个行者在经过心灵的万重苦旅之后的灿烂涅槃。隐含在文字背后的安详的力量，如黑夜闪烁的星光，将带领那些迷失了方向且正在困境中迷茫、徘徊的跋涉者走出心灵的沼泽，为他们照亮回家的路。

20世纪90年代，张承志用他一部辉煌壮烈的民族史诗——《心灵史》——让世人认识了哲合忍耶这个生长于西北大地上的穷人宗教教派。通过他们勇于牺牲和坚忍不拔的民族精神，张承志为自己找到了心灵栖息的港湾。同样以西北大地为创作背景，郭文斌用他“洋溢着浓浓艾香”的“小说节日史”创作体系，让世人阅读到了同属于西北大地上的一种诗意的美好，并借助“安详”哲学，一步一步将现代人带入人类最终的灵魂归属地——“精神家园”。

最初提出“安详”哲学，用郭文斌自己的话说，“纯属客串”。在2006年前后的一段日子，他发现传媒上的主要位置多是关于“天灾人祸”的报道，触目惊心。于是他不停地思索这个地球到底怎么了，最终得出结论：天灾是因为大地失去了安详，人祸是因为人心失去了安详。针对现代人精神生活等方面存在的弊病，郭文斌提出了“安详”哲学。但是不久他发现自己的“安详”哲学如空中楼阁，没有坚实的理论基础做支撑。于是，郭文斌把精力投向了诸如《论语》《弟子规》《了凡四训》等经典的研习，并且密切联系现实生活，结合自己的亲身体会，总结、完善了“安详”哲学。在《寻找安详》一书中，郭文斌用“给、守、勤、静、信”五字箴言指引人们怎样才能走进安详、获得安详。“给”就是劝说人们要奉献自己，回报社会。融化“自我”这块坚冰，清除这一通往安详道路的最大的障碍。“守”是让心归到本位，让行归于伦常。通俗来讲，就是回到“现场”。“现场感”的提出，是获得安详的一个重要方法。“现场感”意即让自己的注意力集中在当下正在做的事情或者说的话中，是一种身心全然在场又被“感”的状态，“这时”“这事”同时和“身”“心”“感”发生关联。只有拥有“现场感”，我们才能把生命变成和谐，把生活变成诗意，才能获得真正的智慧和安详。“勤”意味着行动力，它强调的是从生活中衣食住行、待人接物的每一个细节做起，不放过每一

---

① 郭文斌：《寻找安详》，中华书局2013年版，第30页。

个因缘。“静”不仅是一种生命力，还是一种跟踪力、观照力、觉察力，更是一种回家的方式，是一叶可以带着我们回家的美丽扁舟。拥有“静”，我们才能感受到世界的富有和美丽，才能获得和谐和幸福。“信”，是道德，是伦理，是因缘，是程序，它要求人们去行善。通过郭文斌的解读，读者领悟到获得安详的途径：“通过‘给’，我们把心路腾开，把心的空间放大，从‘小我’转变到‘大我’；通过‘守’，我们回到现场，回到本质，回到根；通过‘勤’，我们给自己不断‘升级’，同时不给习气以空间和机会；通过‘静’，我们的心湖能够映照明月，能够明察秋毫；通过‘信’，我们的心得到大定。”[①]最终，通过“给、守、勤、静、信”，我们走进安详，获得安详。

在提倡“安详”哲学之时，郭文斌提出了一个属于他自己的大胆解读。他认为《论语》就是一个大安详源，孔圣人一生所做的事就是教弟子如何找到安详。作家从一个独特的角度去透视孔子和他的《论语》，也为读者的视界打开了一扇新的窗户：向孔子学习安详。孔子提倡的“克己复礼为仁”，“吾日三省吾身”，“学而时习之，不亦说乎”，“仁远乎哉？我欲仁，斯仁至矣”，都是在教人们如何克服生命惯性、逐步回归人生初始状态，进而找到安详。再如孔子在《为政》篇中所说：“吾十有五而志于学，三十而立，四十而不惑，五十而知天命，六十而耳顺，七十而从心所欲，不逾矩。”这里的“学”，郭文斌认为，就是学习安详；“立”就是找到了安详；之后的二十年，则是经过了“不惑”，最终明白“天命”；又经过十年，达到宠辱不惊的境界，即“耳顺”；复经过十年，得到了大自在，从心所欲的大快乐，也就是郭文斌所指的大安详。郭文斌把孔子和现实生活紧密联系在一起，用孔圣人的话来教导人们怎样才能获得安详。在生活节奏不断加快，生存竞争日趋激烈的现代社会中，安详更是能起到温暖人心、引领人们回归到梦想中的“精神家园”的巨大作用。郭文斌用他自己的方式，告诉千万读者，只要我们以安详为路径，不仅可以得到心灵的抚慰，获得完全的喜悦，而且回到梦想中的“精神家园”也是可以实现的。

故乡——“精神家园”的地基

故乡，是形成人们早期经历的主要场所，凝聚着人类难以割舍的情感和无尽的眷恋。书写故乡，是作家表达情感和回忆的一种重要方式。晚年的汪曾祺曾说：“人之一生感情最深的，莫过于家乡、父母和童年。离开家乡很远了，但家乡的蟪蛄之声尚犹在耳。‘仍怜故乡水，万里送行舟’，不论走到天涯海角，故乡总是忘不了的。”[②]

---

① 郭文斌：《寻找安详》，中华书局2013年版，第30页。

② 汪曾祺：《平心静气——〈布衣文丛〉序》，《汪曾祺全集》（第6卷），北京师范大学出版社1998年版，第263页。

故乡，对于人类特别是远方的游子来说，是精神疲惫时得以休憩、享受心灵宁静的灵魂栖息之地。

书写故乡在中国现代文学史上是一个重要的文学现象。中国幅员辽阔，由于自然条件、历史、文化等诸多因素的长期影响，形成了各地特有的风俗习惯、生活方式。当作家描写自己故乡的时候，自然而然地会把故乡的地方特色表现出来，故乡既是作家们的写作资源和思想资源，同时也是其在写作方式上的自觉追求。这类以故乡为创作母题的小说，以其丰富真实的生活内容、绚丽多姿的地方色彩，赢得了读者的青睐。比如我们所熟悉的沈从文，用他绚丽多姿的笔触向世人描绘了一个神秘、绮丽、野蛮的湘西世界。另外还有赵树理的“山西小说”，贾平凹的“商州小说”等，都书写了他们各自迥异的故乡。郭文斌继承了现代文学中鲁迅、废名、沈从文等人开创的书写故乡的传统，在书写故乡西海固时，有别于人们对于西海固贫瘠、落后的固有印象，他最想突出的是西海固人民对生活美好、诗意的追求。汪曾祺曾说：“作家的责任是给读者以喜悦，让读者感觉到活着是美的，有诗意的，生活是可欣赏的……小说的作用是使这个世界更诗化。”[①]郭文斌用他的小说实践着使世界更诗化的梦想。他对记忆中的故乡“提纯”，用优美、诗意的笔调来滋润故乡西海固这片干涸的土地，旨在把西海固作为构建自己“精神家园”的地基，在自己的文学王国中建立一个超然淡泊、宁静和谐、充满爱和安详的世外桃源。

对于“精神家园”的寻找，鲁迅作为一个启蒙者，选择的是往前走，有着“绝不转回去”的决绝；而郭文斌却选择了回归，把找寻的目光投向了生他、养他的故乡。郭文斌的作品，绝大多数是以故乡西海固为背景的，书写故乡的事和故乡的人，浓厚的故乡情结，一直贯穿在他的主要作品中。如作者发表的《吉祥如意》《大年》《开花的牙》《永远的堡子》等作品，都是描写发生在这片充满诗情画意的土地之上的故事。郭文斌的童年和少年是在人类不宜生存之地——西海固——度过的。西海固位于中国西部宁夏回族自治区南部，1972年联合国粮食计划署确定其为最不适宜人类生存的地区之一，贫穷、饥饿、灾荒伴随着西海固人的成长历程。长久以来，作家们对西海固恶劣的自然生存条件的书写是一个显著的共同特征，他们用自己的笔描写着西海固“贫甲天下”“苦甲天下”“旱甲天下”的景象。然而郭文斌在描写故乡西海固时，却秉持着一种温暖平和的情怀，将西海固苦难的自然生存环境的描写提升到了一种祥和的文化生存状态，使得他笔下的西海固充满了安详与温暖。虽然西海固人

---

① 汪曾祺：《使这个世界更诗化》，《读书》1994年第10期。

生活在贫瘠的黄土地上，生活在过年才能吃到白面馒头的村子，但是就是在这样难以想象的艰苦环境中，人们心中没有对苦难的抱怨和仇恨，作品中洋溢着的是自给自足的快乐、天人合一的安详。正如郭文斌所说："对于西海固，大多数人只抓住了它'尖锐'的一面，'苦'和'烈'的一面，却没有认识到西海固的'寓言'性，没有看到她深藏不露的'微笑'。当然也就不能表达她的博大、神秘、宁静和安详。培育了西海固连同西海固文学的，不是'尖锐'，也不是'苦'和'烈'，而是一种动态的宁静和安详。"[①]他用平和的心态触摸、感受着隐藏于生活深层中的温暖和真实，在生活的苦难、困顿中发现美好和温情，在物质的贫乏、窘迫中寻觅真诚和诗意。

郭文斌结合自己的童年记忆和文学经验写出了对故乡西海固的热爱，对生活的理解，以及苦中作乐的生命激情和乐观情绪。在《农历》这篇小说中，郭文斌细细地回味了一家子过年的情境：

> 爹说，等你娘来了一块儿吃。五月六月就到厨房去叫娘。娘说，我正忙着呢，你们先吃吧。六月一把拽了娘的后襟子，把娘拽到上房里。娘说，我刚才把些馍馍渣子吃了。爹说，年三十么，一块吃吧。爹说这话时，五月端了一碗饭给娘，娘不好意思地接过，看了看，给爹说，我给你拨一些吧，我吃不完这些。爹说，你就吃吧。五月和六月跟上说，你就吃吧。说着，一人端起一碗长面，预备赛跑似的等爹和娘动筷子。[②]

这段关于童年往事的温暖的回忆文字，让阅读者感到既辛酸又欣慰。《大年》中的这一家人，面对着物质资料极度短缺的现实，却相濡以沫，相互关心，沉浸在无与伦比的快乐当中，浓浓的亲情在困顿的生活面前显得尤为可贵。郭文斌写故乡西海固的苦难生活时，秉持着一个温暖平和的情怀与超越此在的心态，在面对这些生存的苦难时，"苦而不痛，难而不畏"，把这些苦难视为人生存之"常"，以平静的笔触描述着这片土地上惯常的生存之艰。"贫穷就是贫穷，它不可爱，但也不可怕，人们可以而且能够像享受富足一样享受贫穷。贫穷作为一种生存状态，人们只能接受它，歌颂与诅咒都无济于事。"[③]这句话道出了郭文斌对贫穷独特的诠释，面对贫穷和苦难，郭文斌不仅写出了惊人的美好，更引发了人们对于生命真谛的思考。基于这样的生命观，郭文斌的作品就具有了内在性、深刻性和超越性的特点。在苦难面前，作者没有被打倒或被文学异化，反而在创作之中开放出美丽和幸福的花朵，使沉重的

---

① 郭文斌：《孔子到底离我们有多远》，宁夏人民出版社 2008 年版，第 171 页。

② 郭文斌：《农历》，上海文艺出版社 2010 年版，第 300 页。

③ 史佳丽、郭文斌：《〈十年〉，含泪的微笑》，《文艺报》2004 年 6 月 8 日。

生命有了轻松的飞扬，这就是郭文斌不同于别的作家带给人们的震撼。

作者把故乡西海固作为“精神家园”的地基，不仅仅是出于对故土的无限眷恋，也是一种叙事策略，他引领人们走向归乡之路，回归本源，去寻觅生命原初的光亮。通过作家的笔，让消失了的宁静安详重新浮现，让曾经的美好永驻心田。故乡，不再是传统意义上的故乡，而是作者有意搭建的具有复杂意象和多重视角审视下的精神世界，它是郭文斌心目中人性最后的救赎地的象征，也是人类灵魂最后的栖息地。郭文斌在这种诗意美学的创造中达到了对生命的回归与超越，在淳朴、安详的西海固，为人们重建了一个安详、和谐的“精神家园”。

传统文化——“精神家园”的梁柱

郭文斌并没有简单停留在对“精神家园”的寻找上，在把自己的故乡作为“精神家园”的地基的同时，他把关注的视角直接潜入中国传统文化的根脉中，从民族之根中汲取养分，来建设“精神家园”的梁柱。如果说沈从文是用“爱”和“美”来搭建自己的“希腊小庙”，那么郭文斌则是以“安详”哲学为指引，以“传统文化”为梁柱，在故土之上重建人类的“精神家园”。

郭文斌不仅有着深厚的传统文化修养，而且是中国传统文化的忠实推崇者，对于传统文化，他始终怀着崇尚和敬畏之心。在其作品中，读者随时可以发现关于传统文化的情感体验和价值认同。传统文化是我们的民族之根，儒、释、道三家文化是其构成体系中的主流部分。特别是以孔子为代表的儒家思想，经历代统治者的推崇，对中国社会的发展、演变起到了至关重要的作用。正如李泽厚所言，儒家思想“对中华民族起了任何思想学说所难以比拟匹敌的巨大作用”[①]。郭文斌创作的乡土题材小说，渗透着浓厚的儒家文化思想的内容。长篇小说《农历》，全篇都洋溢着浓浓的儒家情怀。作者在小说情节中植入了大量儒家文化思想及教育内容，爹对五月、六月的教育多选取儒家的文化信条。比如说“百善孝为先，万恶淫为首”，“慎终须尽三年孝，追远常怀一片心”，“非礼勿视”，等等，体现了儒家价值伦理体系在乡土民间所起到的道德规范的重要作用，也使得小说自然显出浓厚的道德力量，让读者不由得追怀起孔子所向往和推崇的礼乐时代。此外，郭文斌的小说更多时候是呈现出儒、释、道三者互为融合的文化内涵：仁爱谦恭的儒家、顿悟超脱的禅家、逍遥自得的道家，三者皆融会贯通于作品之中。《水随天去》这篇小说，通过描写父亲水上行

① 李泽厚：《中国古代思想史论》，天津社会科学院出版社2003年版，第27页。

从正常到怪异，以至最后离家出走的反常行为，追问了生命的真谛，探索了人类挣脱物质和精神束缚的可能性：禅宗的顿悟是否可以使人们放弃“现实之有”，进入“精神之无”？父亲代表的是集儒、释、道三家文化于一体的文化传承，他的生存哲学与人生观游走于三家文化的长廊中，可以说，是三家文化共同塑造了父亲这个典型的人物形象。父亲的仁爱、超脱等性格的塑造，给作品蒙上了一层神秘梦幻的面纱，传统文化也随之焕发出令人陶醉的光芒。

与儒、释、道等传统文化并驾齐驱地影响、滋养着世世代代华夏子孙心灵的当属传统节日。这些年复一年、一成不变的传统节日风俗，用它自身神奇的力量，滋养着一个民族的血肉，支撑着一个民族的“精神家园”。优美、温馨的传统节日不仅集中体现了中国文化，而且在过节这种喜庆的氛围中，可以让人们体会到与当今世俗完全不同的生活场景，感受到民俗的独特魅力。从最开始的《大年》，到获得鲁迅文学奖的《吉祥如意》，再到入围茅盾文学奖的《农历》，传统节日在郭文斌笔下获得了全新的生命演绎，他将自己的乡土生存经验集中表现在带有浓郁农耕文化气息的年节中，用文学的形式对传统节日做考量，逐步确立了自己独特的创作风格，形成了“小说节日史”的创作体系。

长篇小说《农历》，由十五个传统节日组成，书中按照时间顺序，以细腻明快的笔法，从新年的第一个节日“元宵节”一直写到年尾的“大年”，把各个节日中的纪念活动、程序、步骤等一一细细描写，全景式地展现了中国传统节日民俗的多彩风貌，堪称一部魅力四射的乡村文化百科全书。比如“元宵”要用荞面和荞秆做明心灯、吃长面、献月神；“干节”要燎干、打干梢、扬灰；“龙节”不能动针线，要换夹衣、围仓、剃头、敲梁劝鼠、炒豌豆；“清明”要买纸、做针线、上坟；“小满”要吃苦苦菜、稳麦穗；“端午”要发甜醅、门上插柳条、供神、采艾、佩戴红绳及香包；“七巧”要给牛找嫩草、给牛洗澡、晒书；“中元”要敬神唱戏、游村、还愿；“中秋”要下梨、挖土豆、烙月饼、献月神；“重阳”要抢山头、祭神、诵《孝经》；“寒节”要给已故的祖先烧送寒衣；“冬至”要祭神、吃饺子、守水、制《九九消寒图》、制画板；“腊八”要喝粥、供粥；“大年”要写春联、贴春联、上坟、祭神、分年、贴窗花、守夜；“上九”灶火出庄，要请神、游庙；等等。作者不厌其烦地描写传统节日中的点点滴滴，富有民族繁衍生息的厚重感，营造了一种小世界安稳吉祥的氛围。郭文斌对民俗的理解和运用，印证了户晓辉的论断：“民俗长期充当了寻求本真之物的一个工具，满足了逃避现代性的渴望。”[①]他用文学的形式切

① 户晓辉：《现代性与民间文学》，社会科学文献出版社2004年版，第61页。

入乡村文化的根基与血脉，铺展出一幅生机勃勃的中国乡村文化长卷，完整细致而又风趣典雅地对民俗节日进行了回忆，引发了人们重新关注传统文化所具有的真正价值，进而对现代生活下人性异化现象做出反思，重新唤起民俗文化的巨大影响力，如童谣般的安魂曲为现代疲惫流浪的人建造精神的故乡，帮助迷惘、孤独的现代人找到心灵安放的栖息之所。

五月、六月这两个精灵般的孩童的参与，使得作品中这些丰富多彩的民俗活动变得越发鲜活，充满了人间情趣和俗世风情。作者巧妙地用五月、六月相互问答的方式展开叙述："六月问，水为啥不争？""因为水是君子啊。""啥是君子啊？""君子就是不争的人啊。""那孔子的七十二位弟子都是水做的？""哈哈，应该吧？"[①]再如："忏悔就是洗心对不对？"六月问。五月直起身来，看着六月。六月说："爹说手拿了脏东西要洗手，眼睛看了脏东西要洗眼，那心想了脏东西也要洗心吗？"五月说："对啊，很对啊，赶快把你的心掏出来洗啊。"[②]这些看似简单、幼稚的对话，从这对未经尘世污染的姐弟俩口中说出，却蕴含着非常值得追索和深入研究的内容。这里，作者借用五月、六月的问答，从少年这个人生最美好的时段切入古老、坚韧的乡村文化，引领人们更加深入思考人生，从而关注心灵的安放意义。郭文斌的作品有意淡化故事与情节，远离政治和时代，却汇入中国主流文化的博大精深和民俗文化的静水深流，使人"感动得落泪"。《农历》描绘的只是西北地区一处乡村风俗画，但它讲述的却是生命的潜流和文化的根基。作者不遗余力地去展示故乡的民俗节日、婚丧嫁娶、吃喝拉撒等日常生活细节，并把这一切都放置在一个"天人合一"的世外桃源之中，为世人营造了乡土记忆中吸引着人们回归并重建的"精神家园"。

简言之，郭文斌的文学作品，具有清新脱俗的气质和感人至深的力量，"渗透着对青春生命，对黄土地上的生存图景，对人的精神世界和生命意义的现代思考。"[③]在他的文学世界中，没有苦难与悲痛，也没有欲望与暴力，只有人类苦苦追寻的快乐与安详。他怀着一颗赤诚的文学之心，用他独有的感性，坚守着纯净的文学理想，捍卫着文学的尊严与神圣，以"安详"哲学为路径，深入传统文化和民俗文化的根脉之中，体会生命的本真意义。在偏远的中国西北一隅，以传统文化为梁柱，为人类重建失落已久的"精神家园"，让人类旅行已久的心在"安详"哲学的带领下找到回家的路。

（载《小说评论》2016年第3期）

---

① 郭文斌：《农历》，上海文艺出版社2010年版，第258页。

② 郭文斌：《农历》，上海文艺出版社2010年版，第77页。

③ 钟正平：《苦难生存中的灵魂救赎》，《当代文坛》2000年第6期。

主要作品目录《

长篇小说

《农历》,上海文艺出版社2010年版。

《西夏》(与韩银梅合著),人民文学出版社2010年版。

中短篇小说集

《大年:郭文斌短篇小说精选》,宁夏人民出版社2005年版。

《吉祥如意》,宁夏人民出版社2008年版。

《郭文斌小说精选》,宁夏人民出版社2008年版。

《瑜伽》,上海文艺出版社2012年版。

《我们心中的雪》,作家出版社2018年版。

散文集

《点灯时分》,宁夏人民出版社2006年版。

《孔子到底离我们有多远》,宁夏人民出版社2008年版。

《〈弟子规〉到底说什么》,中华书局2011年版。

《守岁》,浙江文艺出版社2012年版。

《寻找安详》,中华书局2013年版。

《以笔为渡》,宁夏人民教育出版社2015年版。

《永远的乡愁》,中华书局2015年版。

《写意宁夏》,华文出版社2017年版。

《还乡:郭文斌散文》,浙江文艺出版社2018年版。

《醒来》,中华书局2016年版。

诗 集

《我被我的眼睛带坏》,宁夏人民出版社2007年版。

海 男

女，本名苏丽华，1962年生，云南永胜人。

小　引《

对女性文学这个说法，很长时间以来，我有一个无知的偏见，总觉得中国的文学，就其性质而言，似乎没有男女之别，古时候没有，现在也难得有。如果就作家论，当然有男作家，也有女作家，但男女作家想的事情，又似乎差别不大。比如说最早表现女性幽怨的弃妇诗，就未必是出自女性之手，后来为女性鸣不平、争自由的诗文，也大多是男性作家所为。就连《红楼梦》这样要为众多女性立传的作品，作家还是个男性。不是中国古代没有女作家，也不是中国古代的女作家不愿意说女人自己的话，或不愿意为女人说话，而是她们要说的话，能说的话，大体上男性作家也想说、也能说，加上男性作家人多势众，无形中也就担当了女性代言人的角色。至于女性想说而不能说或不便说的话，大体上都是当时的道德规范所不允许说的，男性作家自然也不去说它。这样，一部中国古代文学史，就几乎成了男性作家的天下。给少数女性作家留下的空间，微乎其微，除了写作的技巧和风格上的独特性，女性作家几乎没有多少特别的表现。有些本属于女性的题材和主题，在男性作家笔下，甚至被描写得更加深刻、细腻。这也不能归咎于男性作家的霸道，和女性作家的才力不逮，而是一种社会制度和文化的力量使然。在中国古代社会，女性从生命到肉体，从思想到情感，既然都从属于男性，男性对女性的事自然就全知全能，可以肆无忌惮地包办代替。

“五四”以后时兴反封建，女性求解放、争自由，在文学上似乎也该有自己的声音。无奈这时候的中国，求解放、争自由的，不仅仅是女性，而是整个国家、民族，是所有的中国人。在这些中国人中，仍然是在外面出头露面、见多识广的男性担当了思想启蒙的主要角色，女性虽也有先知先觉者，但在一些基本的社会人生问题上，又大多与男性引为同道。后来是不断的革命、连绵的战争，男人自然而然地又充当了主力军，有了更多说话主事的机会，这样，女性刚得到的一点求解放、争自由的话语权，又不得不让位于男性。而且这回男性的话语权，又是假民族、国家、人民之类的共名，女性不但不能享有特权，甚至连她们所特有的那一点似水柔情，暂时也得有所收敛。所以这期间即使是女性作家，也不敢放胆地在作品中谈情说爱，男女作家的性别差异，至少在文学的题材和主题上，泯灭殆尽。论者所谓女性作家男性化，说的就是这种现象。这种状况甚至持续到革命成功、战争胜利之后的和平建设时期，男性和女性都成了社会建设的主力，各自用劳动撑起了半边天，但既同在一个社会主义的公天下，女性就不能尽说自己的私房话，所以这期间的女作家也不写儿女私情。

改革开放以后，思想解放，观念更新，阶级斗争淡出政治舞台，革命战争遁入历史深处，吃喝拉撒成了社会生活的主流，饮食男女在日常生活中的地位开始凸显，儿女私情随之也受到了应有的尊重。虽然描写爱情仍是某些男性作家的强项，不是女性作家的专利，但女性作家因为压抑太久，积情太深，所感所思，见于笔端，就不免时有惊世骇俗、超凡脱众之语，如张洁氏，如遇罗锦氏等。到了思想观念更加开放，男女情爱无论在日常生活中，还是在文学中，已属见惯不惊的时候，女性作家就开始全面突破性爱描写的禁区，如王安忆氏的“三恋”等。虽然此前已有不少男性作家做过大胆的尝试，并为此付出过代价和牺牲，但在一个高度道德化的、男性中心的社会历史文化传统中，新时期女性作家的上述表现，也算是一种勇猛的挑战。女性作家也因此开始从长期以来男女作家的混成旅中分离出来，成了读者眼中的前卫和先锋，成了当代中国文学的一种独特的存在，斯时才有当代中国的女性文学。这当然还是我个人的一点愚见。学者可以把女性文学做广义和狭义的区分，但我以为无论是广义还是狭义，总得有那么一点独特性才行，否则，对作家做个性别鉴定就可以分别男性文学、女性文学，岂不是滑天下之大稽。

说到这儿，似乎还未入得正题。因为这种所谓女性文学，还缺了一个东西，就是西方人的女权主义或女性主义。虽然这些主义传到中国来并不晚，“五四”时期就闹过女权之类的新说，但真正对中国文学产生实质性影响，并由此催生了当代中国女性主义文学，毕竟是晚近二十年的事。如今有许多学者做女性主义文学研究，学生做学位论文，也热衷这样的选题，其述也详，其论也深，其说也新，无须我再饶舌。我想说的不过是，在这一轮女性主义文学潮流中，女性作家把艺术描写的笔触，指向自己的隐私和身体，虽然也受了外来影响，但在中国的历史文化传统，包括文学传统中，却堪称三千年来未有之大变局。这种变局，不但给喜欢填补空白的国人带来了一种心理的满足，而且也让号称人学的文学，尤其是中国文学，弥补了长期以来不知女人的不足。美国有一部电影的中文译名叫《闻香识女人》，凭借香水的气味识别女人，是片中那位男主角的绝活，听起来似乎不可思议，但殊不知所有人，包括女人自己对自己的认识，也大多是凭借长相和衣饰之类的外表。真正深入女性的内在，包括生理和心理的内在，而且那样真切细腻，深入骨髓，洞察幽微，又有谁能与这一轮的女性作家相比。海男是这一轮女性文学创作的翘楚，虽然她像大多数女性作家一样，似乎也不特别标榜女性主义，但愚意以为，她们的创作，是暗合西方女性主义题旨的，对女性的自我认识，乃至人在普遍意义上的“认识你自己”，是有独特意义的。关于这一点，本辑主笔梁小娟已从女性成长的角度，作了系统的论析。我只是因为对这个问题有骨鲠在喉，便借读海男的作品，肆意一吐。本不想饶舌，结果还是把自己绕进了女人堆里，做了一回长舌之妇。

自　述《

写作消磨着我的年华

在经历了时间的一系列反复无常的磨砺之后，许多东西都已经被我舍弃，剩下的只有写作。为什么写作是一种形而上的追问，仿佛那些无所不在的磁针之力，沿着个人的轨迹在前行，正是在这无所不在的递嬗中，我的灵魂在其中获得了安定。许多许多的时刻，我只相信宿命，在苍穹的笼罩之中，我获得了与语词搏斗的一个夜晚又一个白昼，一首诗歌让我活到了黎明，一部长篇的写作让我从春天活到了晚秋。这就是我为什么必须写作的缘由。面对时势，写作消磨着我的年华，消磨着那些从我眼前掠过的转瞬即逝的时间。正是这些时间让我透过微蓝的天际、打开的窗扉看见了从去年到今年的变幻和不测，从而也看见了一朵云的飘忽是为了寻找那云端的另一朵云。此刻，我不需要再害怕世间的行云流水的变幻，正是这一切，使我一次又一次地寻找到了云南的盆地山川，寻找到了言说的喜悦。

正像我在长篇小说《碧色寨之恋》后记中写道的：“我不知道为何要冥想碧色寨。对于我来说，这种冥想之路早就已经开始了，只是因为一个人、一件事——赴约的速度推迟或者加快了。”那是秋季，我小说中盛开的野菊花覆盖了碧色寨所伸延过去的路，我来到了碧色寨。如果不是这次偶然，我可能还会延迟进入碧色寨的时间。我触摸着枕木、铁轨，它们纠缠、幽暗，诉说并演变着历史，从而构成了新的历史。碧色寨百年以前的面貌已经蜕变，这是一个梦从树梢从胸口滑落湮灭的证据，这是一个悲伤伟大的佐证。

所以这一切都是我与写作相遇的宿命。

而当我回首往事时，可以寻找到与写作相关的多种图像：图像之一，那是20世纪60年代末期，我被父母带往了金沙江岸的“五七干校”，在被流沙和橄榄枝占据的时空里，我头次感受到了人世间的苦难。那个异常炎热的下午，当我与小伙伴在江边游玩时，突然发现了被江水推到岸上的一具女尸，几天前她还在干校的篱笆墙里尖叫，而此刻她的死亡让我发出了出生以后的第一次尖叫。自此以后，这幅图像随同她被江水泡胀的身体以及苍白如梨花的面容，永远地被我载入记忆。图像之二，我幼年时跟随农技师的母亲搭上一辆小马车奔赴的那座小镇，当时叫金官公社。这是我出生以后面对的一座自然和社会的摇篮。若干年以后，我在纳博科夫的《说吧，记忆》中读到了这样的文字：“摇篮在一道深渊上晃动，而常识告诉我们，我们的存在只是一道短暂的光缝，介于两片黑暗的永恒之间。”我对于社会和自然的一切认知力就源自那座小镇所编织的轮盘之中，从小镇出去到母亲经常出入的桑园，在这段距离中，世界上最完美和最残缺的事物都会向我扑面而来，我的心敞开了。图像之三，转眼我已进入十八岁，这时候我已在滇西永胜县城开始了我的文学活动。那时候写作于我似乎只是一种青春期的热烈，在一个到处诞生文学社团的年代，大家似乎都在做着文学梦。我全然没有意识到文学于我是什么东西。尽管如此，我在这一时期已经开始了大量的阅读，若干年以后，当写作已经成为我生命中不可分割出去的一种现实境遇时，回首往事，我意识到了，我之所以写作，是因为两种穿越时空之谜的历史促成了我的写作之路。第一种历史是源自读书的历史，是漫长的读书生涯，给予了我不断走进世界文学的机缘，读书培植了我的思想并形成了我个人对语词的理解力，除此之外还培植了我的激情和想象力。后者对于作家来说非常重要。这种激情已不是青春时的写作激情，这激情是被熔炉所熔炼过的，它在出炉之后冷却，这种过程使作家的激情变得恒久，它不会在时间的磨难中消失殆尽。第二种历史从我所经历的来自心灵的文学遭遇中开始，然后与时间和社会背景的历史相遇，从而延续了一个作家用语词探索世界的现实。这两种历史自始至终地陪同我，前往写作的崖顶和深渊，从而被语词所引领着继续朝前走去。

我为什么写作？这种追问仿佛使天空再一次呈现出明与暗的关系，正是在这两者之间，我经历了与无数写作相遇的时刻。现在，我刚完成《洱海传》，这座大理苍山脚下的湖畔曾无数次激荡过我的想象力。当我读埃米尔·路德维希的《蓝色地中海》时，作家写道：“大海的命运往往在波涛间与海岸边上演。但单调的万顷碧波是没有多少历史可言的。人类的种种奋斗都发生在海岸上，偶尔才延伸至大洋深处。

透过全人类的奋斗、功绩与创造，我们能听见大海的咆哮，瞥见大海的忧伤。风暴与乌云牵引人们驶向光荣之旅或灭顶之灾，桨橹、风帆、铁锚与灯塔将完整无缺地为读者再现当时的真实环境，而悬崖、草木、海风以及鱼群，则令这本岛屿密布的书生机盎然。”我走遍了洱海，在书中也写道：洱海的文明进程将我们带到了21世纪的现在。环绕洱海走一圈，你可以看到梦幻中曾经看到的鱼群，这是在不同时辰中出世的鱼，它们引领着水族的灵魂，我们已无法查证这些鱼群是在什么世纪寻找到了洱海，并在此繁殖生命。总之，我们眼前的鱼族们已经在洱海演变了数不清的世纪。现在，鱼族们正在忘情地游动，它们并不害怕人，因为自从洱海存在的那一天，人就来了。人来了，这是上天的派遣，人在这洱海边寻找到了镜面，在人类尚未发明玻璃镜面的时期，洱海已经成为了迁徙到此地的先民们的镜面。这些裸足者们居住在苍山，那时候，洱海不需要凭眺远望，因为洱海就在眼帘之下。只有被幻梦所造就的洱海可以造就人类的想象力和精神的熔炉。循着梦幻就可以寻找到南诏王阁逻凤黑色披风下的洱海深沉的梦乡，这梦乡从水上迷宫通往太和城，通往阁逻凤王的孤独。循着岸上的波浪我们可以寻找到洱海的四季：第一季是以春色织出的锦绣，第二季是用花团铺开的视野，第三季是用熔金辉映的山岳，第四季是被雪覆盖的圣境。写作这部作品之前，我的心一次又一次于私密中访问过洱海，这不仅是地理版图中的洱海，也是记载人类历史文明足迹的现场。

写作，再现了我生命中的现场，正是它引领我的生命获得了满足和快悦。感谢写作插入我生命的过程，并让我领受到了深渊之幽秘、崖顶之炫目的境界。写作，使我一次次地经历了内心的苦难，正像法国作家尤瑟纳尔所言：“作品中所有历尽苦难的那个人就是我自己。”也正是这些苦难使我离人类的梦境更近，简言之，我想用语词表述这种从现实到梦境的距离——从而使我开始了一次又一次的写作。

访　谈《

守候灵魂的写作

——海男访谈录

梁小娟　海　男

梁小娟:与您的小说结缘,是在我读大二的时候。当时是在一个秋日的午后在图书馆阅览室看到您的《蝴蝶是怎样变成标本的》,整个下午我都沉浸在那个凄美的故事中,小说给我心灵带来的震撼至今仍难以磨灭。十多年过去了,重读这部小说,我仍然可以触摸到当年那个下午的情景,脑海里仍不时浮现那个穿着旗袍的典型的中国女子提着箱子不停出走的画面,出现蝴蝶漫天飞舞的幻象。也是从那时候起,我就开始喜欢上了您的作品。您是一个多产的作家,也是一个非常勤奋的作家,从20世纪80年代开始步入文坛至今,您一直保持着持久的创作活力,新作迭出。迄今为止,您已经出版诗歌集、小说、散文随笔集等60余部作品,而与您同期出道的一些作家可能在短暂的创作高峰之后就步入沉寂,是什么力量一直支撑着您,给您的写作提供源源不断的滋养?您对自己哪一部小说最满意?

海男:写作源于20世纪80年代的激情,但那种激情是不稳定的,那个年代喜欢文学的青年实在太多了,从大学到边隅小县城,到处都奔溢着文学青年们的激情,无数的文学社团从祖国的大地上冒了出来。我也曾经在那个时代办过诗社,成为了激情洋溢的文学青年中的一员。尽管如此,时间会过滤许多东西,若干年以后的今天,那只神秘的沙漏已经在冥冥之中过滤出了白色的沙子、暗色的沙子、金色和绿色的沙子。我不知道我属于沙漏中哪一种时间,属于哪一种沙子。有一点是肯定的,直到如今,我仍然在那只无所不在的神秘的沙漏中滚动不息。我被时间载动着再也无法剥离出去。简言之,写作这件事仍在消磨着我所剩不多的年华。《蝴蝶是怎样变成标本的》也是我自己较为沉溺的一本书,其次我喜欢自己的两部长篇《女逃犯》《嫌疑人》,喜欢自己的十四行长诗《忧伤的黑麋鹿》,喜欢自己的散文《最漫长的煎熬》。当然我自己最喜欢的作品一定会在今后的日子中写出来的。

梁小娟:在您的小说中,多次引用梭罗、米兰·昆德拉、马拉美、曼德尔施坦姆、纳博科夫、加斯东·巴什拉、弗吉尼亚·伍尔芙等西方作家的语句，尤其是在您的跨文体写作《女人传》《男人传》中，对西方语言的喜好可谓有意为之。您曾坦言您的诗歌受到拜伦、歌德、雪莱、里尔克、普希金、叶赛宁、茨维达耶娃等诗人的影响。可以看得出来您的西方文学功底较为深厚，一些名言警句信手拈来，体现出您对西方文学的偏爱。在西方作家中，您最喜欢哪一位？或者说哪一位对您的写作影响最大？

海男：阅读是我生命中的一部分，这种习性已经根深蒂固。这种从滇西一座小县城培植的习惯多少年来一直是我获取阳光、眼泪和露珠的方式，我无法说清到底是谁影响了我的世界观，因为他们中的任何一位大师都是那么奇异，在奇异而迥然不同中我形成了自己的风格。正是这些不同的文学品质让我穿越了文学的迷宫。

梁小娟：正如您所言，文化往往以一种综合的方式影响着我们。您经常在小说中使用一个词——“笼罩”。我想，我们每个人其实都生活在传统文化的笼罩之中，那么，您的创作有没有受到传统文化的影响呢？如果有的话，具体体现在哪些方面？

海男：是的，我有一天一定会用“笼罩”写一本梦游之书，或者是逃梦之书。每当我与这个词相遇时，缤纷而阴郁的时刻就已经降临。这个源于形而上或形而下的时刻给我带来了写作的每一时刻和另一个时刻的交汇点。“笼罩”不仅是一片树篱上空的天宇，也是云壤的牵引力；“笼罩”是我们生命诞生以后看见的磁力，这个循环于我们生命之间的魔法，时时刻刻监禁着我们的生活，正是拥有了它，我们才寻找到了生命的桎梏。写作源于生命的喜悦和挣扎——那些在笼罩中飞翔或垂落的生命是多么壮观。

梁小娟：您的写作最初是从诗歌开始，然后转向小说创作的，读您的小说感觉就像读诗一样，文字忧伤，意境优美，诗歌与小说这两种不同的文体写作对于您的意义何在？您曾经说过，写诗会加速死亡，会给人绝望的暗示，而小说却给人带来活下去的希望，但您还是一样热爱写诗。同为传达情感抒发性灵的体裁，为什么您对诗歌与小说在表达心灵图像的理解上会存在如此大的反差呢？

海男：我写诗是一种宿命，归根结底我命中是一个诗人，或者是在我的前世已经与诗歌结下了无限苍茫的渊源，所以，在生命轮回中的今天，我仍然用内心藏满了诗性的符号。一年中的许多时光，我都在写诗，博尔赫斯曾说过，他之所以写作，是因为光阴的流逝让他安心。我用诗性虚构着小说，许多伟大而杰出的作家都是天生的诗人，比如，普鲁斯特的《追忆逝水年华》是一部荡漾着诗学的不朽之作。马尔克斯、略萨、博尔赫斯都是杰出的诗人。米兰·昆德拉的任何一部作品都是上好的诗性巨篇。尽管如此，纯写作诗歌的语词仿佛蝶翼飞扑进了时间和生命的全部苍凉，诗人在写作时又是如此的敏感，诗人的身心遭遇到的喜悦和忧伤是同等的。写小说则面对的是一个社会，这时候，小说的叙事是柔软而坚硬的。

梁小娟：20世纪90年代中期以来，小说、散文等文体间的界限越来越模糊，出现了一系列跨文体长篇小说创作，如韩少功的《马桥词典》《暗示》《山南水北》，方方的《乌泥湖年谱》，李锐的《太平风物》等，与这些创作相比，我感觉批评界对您的跨文体写作（如《女人传》《男人传》《身体传》《爱情传》）的关注还远远不够，跨文体写作给您带来了哪些收获？

海男：跨文体写作时的《女人传》《男人传》等作品使我获得了创作的快悦。那时是20世纪90年代中期到末期。在那些属于我个人的写作世界里，我的写作获得了探索的时间，这一切已足矣！

梁小娟：20世纪80年代中后期先锋小说盛极一时，您的创作一般被归入先锋写作，大部分作家在先锋小说高潮过后的创作都发生了转向，如刘索拉、余华、苏童、莫言等，作为一位先锋作家，您是如何看待先锋文学的？您在20世纪90年代创作的长篇小说《蝴蝶是怎样变成标本的》鲜明地体现了您创作上的先锋性，作为虚构者的“我”会经常跳出来，思考、质疑甚至是改变普桑子的生活，无论是在叙事形式上还是在小说对历史偶然性的解读上，都延续了20世纪80年代先锋小说的一些典型特征。而您最近几年的长篇小说如《桃花劫》《身体祭》《亲爱的身体蒙难记》可读性更强，您是否有意识地在改变您的先锋姿态？您的创作是否也存在一种较为明显的转变轨迹？

海男：我仍然记得我心醉神迷地从80年代末期进入90年代的文学活动，那时候我从云南到北京，之后又从北京回到昆明，所有辗转之地仿佛就是《蝴蝶是怎样变成标本的》原型地址，就是在这一时期我写下了大量的被评论家誉为先锋文学的作品。之后是我置身在云南的写作，这里拥有我的出生地，随同我置身于地理山川的境遇，我不再像年轻时代那样渴望出走他乡，相反，我更乐于在这片边疆地域生活或写作。作家所置身的地理环境决定了一个作家的语言风格，云南的地理类似拉美国家，拉丁美洲产生了一大批风格迥异的诗人和作家，这是世界文学一种奇特的现象。近些年，我在每年的不同季节都会前去探寻云南的地理。除了写作长篇小说之外，我也在写属于我自己的长篇散文，也许正是这些东西，使我的语言在变幻，仿佛有东西在牵引着我，去发现另外一种清澈如林间山溪的叙述方式。

梁小娟：您曾在写作日记中提到过您喜欢的当代作家有张炜、莫言。张炜曾经一度被看作是中国当代文坛的精神领袖，他的创作体现出对灵魂、精神和理想的执着追求,而您的小说也非常关注人的肉体与灵魂的挣扎,尤其是专注于描绘世俗世界中男女摇摆于肉身与灵魂之间的生存困境,给人带来清醒的思考和灵魂升腾之感,您和他的写作之间是否存在共同的追求?对莫言小说中的诗意的欣赏,是否与您写诗的创作经历有关?

海男:张炜和莫言都是我最喜欢的中国作家。我之所以喜欢他们,是因为他们的写作给我带来一种意外。这样的作家不多,也就是说,在图书林立的世界里,许多作家的语言都十分类似,如果涂去作家的名字,所有的书都是同样的语言。几天前在书城翻开了刘醒龙的散文《一滴水有多深》,这本书的语言迅速像水一样漫过来,在刹那间笼罩着我。这是我在今年读到的最优美的书之一。

梁小娟:语言确实最能彰显作家的个性特质。您在《大家》担任编辑期间,曾给当代大部分作家组稿,像您在写作日记中提到的就有张炜、莫言、周大新、张欣、林白、朱文颖、叶兆言等等,作为编辑,阅读作品也是您的工作之一,当代其他作家的创作会对您的写作产生影响吗?

海男:我曾在云南《大家》担任编辑,在那些十分美好的时光里,我有机会接触并阅读了大量中国作家的作品,是他们的写作让我的心灵感受到了那些美酒般的浸润。

梁小娟:我感觉成长是您的小说中关注挺多的一个主题,无论是在跨文体写作的《女人传》,还是在《蝴蝶是怎样变成标本的》《私生活》《县城》《桃花劫》《身体祭》以及近期的《亲爱的身体蒙难记》中,都体现了您对女性成长的关注。女性的成长往往又是与男性、与性和婚姻交织在一起的,女性在男人与婚姻中完成灵魂的涅槃。在女性的成长之途中,父亲经常处于缺席状态。这是否与您自己的童年成长经历有关?还是借此种方式来体现男女两性间的复杂关系?

海男:因为母亲是农技师,所以我从小就跟随母亲辗转于许多滇西小镇,那些平凡而自然的时光,直到如今,仍然像是逝水在身边轻盈流动。正是这些生活培植出了我对于生命的态度,即在凡尘中获得我的想象力与现实的文学关系。在我的写作中,除了写成长之外,男女之间的战争成为我研究生命问题的一种文字探索,这种写作追问也许贯穿在我的所有写作中,因为阴或阳类似我们的大地,像那永恒不变的月亮和太阳的存在——这是人类史和自然史中最为矛盾的冲突,正是因为有了它,我们的历史才创造了战争。父亲的缺席在很多时候是必须的,就像月亮和太阳的距离,我复述着这种苍茫的距离……

梁小娟:早在20世纪90年代初期您的中篇小说《鼓手与罂粟》中,您就开始关注吸毒群体，对这一群体的细腻描写体现出您对现实社会的密切关注和作为一个作家应有的社会责任担当，在当代其他女性作家的写作中，对于这一群体的描写较少，是否与您生活在云南这一地域有关？

海男：这个问题基于作家一个时期所感受的世界。那是90年代的一个春天，我随同几个公安朋友来到了云南边境上的一家戒毒所，我不仅看到了山坡上盛放的妖娆的罂粟，我也同时看到了在戒毒所的鼓手。之后，我就写下了这篇小说。

梁小娟：生活与创作往往是密不可分的。在当代女性作家中，您有明确的女性意识，您的小说几乎都描写到男女两性之间的冲突与对抗，在《蝴蝶是怎样变成标本的》中，两性之间的混乱关系使得普桑子一次次地逃离男人，最后在虚幻的蝴蝶标本中寻求灵魂寄托。到了《婚床》，两性间虽然存在猜忌、逃离、抛弃与背叛，但最后都会走向一个明朗的前景，两性会在婚姻中实现华丽蜕变。可以说，建构和谐的两性关系是您力求解决两性冲突的方式，这是不是也与您对两性关系认识的深入与转变有关？

海男：逃离和出走几乎是我许多女性小说中的现场。尽管如此，这些由女性身体蜕变的因素像水舌般述说着在这个身不由己的世界里，女性对于生活的叛逆和期待，正是这一切展现出了时间的幻境——人不是被希望所拯救，而是被无数的幻境所拯救。或许这一切正是改变男女冲突的最诗意的方式！

梁小娟：“肉身”“身体”可以说是解读您小说的关键词，您总是以细腻的笔触编织一个又一个与女性身体有关的故事，女性往往在肉身的沉重与灵魂的剥离中寻找出路，肉身是人存在的物质形式，而灵魂却大多游移出肉身。在读《蝴蝶是怎样变成标本的》和《亲爱的身体蒙难记》时，我有一种感觉，那就是普桑子和苏修其实就是同一类人，她们在混沌中寻找灵魂的出路，寻找女性的自由之途。对于肉身，您是否寄予了独特的意蕴？

海男：我从写作时就关注身体的体验，无论是阅读，个体的体验，还是芸芸众生的万物的体验——归根结底都是从肉身所产生的经验。人类的全部历史亦如此，是用人类的身体所创造的历史，水有它的身体，那身体就是贯穿于江河的所有清澈和柔软；磁石有它的身体，它的身体可以产生电磁场。所有万物都拥有它们身体的属性，并用这属性去经历时间的磨难。我在写作中不断地置身于身体的现场，正是它们的存在，构筑了世间万变的魔法。

梁小娟：在您的许多小说中，人物生活的背景都是在滇西南的热带小镇，小镇在您笔下已经成为了一种文化隐喻，这让我想起福克纳笔下的美国南方小镇、马尔克斯笔下的马孔多小镇和普鲁斯特笔下的贡布雷小镇，我感觉到您对笔下的小镇好似有种独特的偏爱，无论是在写实为主的《私生活》《夜生活》《县城》《亲爱的身体蒙难记》中，还是以虚构为主的《桃花劫》《身体祭》中，小镇都会成为一道美丽的风景。小镇对您的写作有什么独特意义？

海男：小镇，亲爱的滇西小镇以它们奇异的经纬度出现在地理中央，以它们诡秘而古朴的原形几乎笼罩了我出生后成长的岁月。那些热带的跃入我眼帘的小镇是写作中令我永不疲倦的叙事。简言之，那些被我反复叙述的滇西小镇，就是植入我生命中强大而辽阔的时间背景，正是它们的存在，我可以不断地转过头去，每次与这些忧伤而古朴的小镇相遇，我所遭遇到的都会是我个人生命中一场热烈而哀婉的文学事件。

梁小娟：在您的小说中，人物的生活往往又是因为空间的转换而发生显著的变化，与“小镇”相对，您会设置“省城”这样一个截然不同的城市空间，人物的命运大多在奔赴省城后会发生戏剧性的转变（如《私生活》《县城》《夜生活》《亲爱的身体蒙难记》）。在我看来，您深谙空间给人带来的变化。“旅馆”这一富有象征性意味的空间也多次出现在您的小说中：在《蝴蝶是怎样变成标本的》中，普桑子和王品的故事就是在旅馆中诞生的，《私生活》中落红与建筑设计师罗青剑的人生插曲始于旅馆也终于旅馆，《婚床》中杨福莲、刘龙在战争爆发后逃离到旅馆揭开了两个人生活的序幕。您还有两首诗就直接与旅馆相关（《住在旅馆中的时间有多少》《旅馆》）。“土豆”也是经常出现在您笔下的一个意象。能谈谈这两个意象吗？

海男：我所经历的时代正是一个国家的政治体制和经济发生重大裂变的时代。在我所有的小说叙事中都充满了出走和奔赴的意象，这种意象从我开始与文字符号相遇时，就不断地飘浮于我的眼前：我亲眼目睹那些寻梦者出走，叛逆者远走他乡的一幕幕场景。与此相同的是我也在出走，挤上了奔往滇西的大卡车、火车，使用多种方式到一个陌生的地域去造梦。与此相同的是栖居，我记得在20世纪80年代，我搭上一辆大卡车从滇西县城奔往省城的路上，出现了许多小旅馆，它们兀立于苍凉的滇西山脉之间，像是孤寂的小小城堡注视着世界。我曾无数次地下榻于这些小旅馆，并嗅到了多种多样的味道，看见了形形色色的人。也就是从那种滞留而缓慢的世界里，这些来来往往者，这些出现在我视野中的滇西旅馆，让我触及了世界周转不息的一颗颗跳动的灵魂……因此，“旅馆”，是我最喜欢的一个语词。土豆不仅是我最喜欢品尝的食物，而且也是一种世界风景和隐喻，在云南满山遍野的泥土下，都种植着奇异的土豆，我曾看见过那些幽茎上盛放的蓝色花朵，成片地摇曳着，正是这些从泥土中出世的土豆，让我感受到了自然的魔力。

梁小娟：在当代女性作家中，您最喜欢哪位女作家的创作？为什么？

海男：我最喜欢女作家林白与生俱有的写作中的活力，这种活力激荡起了一轮又一轮不断沉浮的时间。每次我与林白相遇，在短暂的时间里都会感知她奇异的写作梦想。就像我在不同时期翻拂她新书时的惊喜。

梁小娟：能否透露您近期的写作计划？

海男：刚写完长篇散文《洱海传》。准备读一阵书，写写诗歌。冬天适宜写诗，因为凛冽而苍凉的温度造就了诗人的忧伤。

评　论《

女性的妖娆与华丽蜕变

——海男长篇小说中的女性成长叙事

梁小娟

作为当代女性文学的代表作家之一，海男早在20世纪80年代就以其极具先锋性的诗歌为女性正名，90年代以来的长篇小说创作更是以细腻的笔触抒写了女性这一群体的生存境遇。对女性成长的关注，对女性命运的思考是海男长篇小说一以贯之的主题。作为“一位为着女性而写作的作家”[①]，海男以敏锐的视角发掘出女性生存的真实处境，用诗性的语言为女性的成长作传，记录了女性在漫长的历史暗夜中所遭遇的灵与肉的困顿与冲突，并用喑哑的声音为在男权社会中进行痛苦挣扎与突围的女性呼号。海男为我们展现了一幅幅女性千娇百媚的妖娆图，在经历了肉身与灵魂的炼狱后，女性会实现一场华美的蜕变，要么完成自我的主体建构最终走向自由之途，要么在沉重的肉身中以死亡的方式体验灵魂的升华。

一

莫迪凯·马科斯在《什么是成长小说?》中给成长小说下了一个定义：成长小说展示的是成长主人公经历了一次重大改变，要么是在对世界或他自身的认知上，要

① 丁克南：《蝴蝶的意味(代序)》，《蝴蝶是怎样变成标本的》，南海出版公司1998年版，第5页。

么是在性格上，或者兼而有之，这种转变会对主人公产生永久性的影响，使他摆脱童真，并最终不得不面对一个真实而复杂的成人世界。从这一定义来看，海男的大部分长篇小说都涉及女性的成长，而且在女性的成长中往往又伴随许多偶然性事件，这些偶然性事件对主人公的成长起着至关重要的作用。

虽然成长小说的“主人公主要是在 13－20 多岁之间的青少年，但这不是绝对的标准”①，普桑子出场时已是 30 岁，但从小说文本来看，《蝴蝶是怎样变成标本的》以隐喻的方式展现了普桑子作为一个女性痛苦的成长历程。十年前偶然经历的一场鼠疫给普桑子带来了无法磨灭的记忆和对死亡的恐惧，以致十年来普桑子惶惶不可终日，成为一个典型的精神病患者：外表羸弱、面无表情、眼神空洞、身体颤栗、彻夜失眠……当普桑子意识到“我已经三十岁，我的青春被房间里那些蝴蝶标本耗尽”后，为走出人生的困境，普桑子先后向三个男人求助——郝仁、王品、陶章。郝仁医生让普桑子体验到了性，为逃避性同时也为了证明对初恋爱人耿木秋的忠实，她选择出走。出走后普桑子在战乱中邂逅酷似耿木秋的王品并在其身上寄托初恋的情感，但和郝仁一夜情后的怀孕事实让她放弃了王品。普桑子的生活不断地被偶然事件所篡改。就在普桑子决定给腹中孩子一个完整的家而充满希冀地奔向郝仁医生时，他却已经结婚了。普桑子在母亲角色中体验到了成长的蜕变，女儿的出生让她感悟到生活的责任与重担，挂满蝴蝶标本的房间从此被锁了起来。长驻旅馆的王品怀着一颗爱的心追逐普桑子，却又拒绝不了妓女的诱惑，让燃起爱情热望的普桑子再次选择出走，奔向断腿的陶章。普桑子同情战争给陶章带来的苦难，以悲悯的心态与他同居，却发现他已有其他女人。夏天的那场暴雨导致陶章意外身亡，同时结束了普桑子对现实的逃避。普桑子别无选择，再次归家。耿木秋的虚妄与缥缈，郝仁的善良与被奴役，王品的动荡与不贞，陶章的软弱与无奈，让普桑子深刻意识到，自己曾寄予厚望的男人都不能拯救她，女人只有靠自我才能获得拯救。目睹了一次次死亡后，普桑子由对死亡的恐惧转而发展到淡然面对，并在蝴蝶标本中实现了灵魂的自我拯救与涅槃。普桑子的成长进程很缓慢，每一步都离不开男性，男性是她一次次出走与回归的最终动因。男性让她体验到了性，体验到肉身的诱惑，同时也将她引向心智的成熟。普桑子的成长与“诱惑—出走—迷惘—顿悟—失去天真—认识人生和自我”这一成长小说的典型情节模式相吻合。也是在对男性的一次次失望与洞悉后，普桑子才成长为一个有着悲悯情怀、能够坦然面对死亡的女人，在飞翔的

---

① 芮渝萍：《美国成长小说研究》，中国社会科学出版社 2004 年版，第 7 页。

蝴蝶中走向心灵的自由。

普桑子的成长笼罩在20世纪30年代战争的枪声中，但战争只是作为一种远景存在着，小说更注重的是其精神的蜕变。与普桑子成长背景截然不同，苏修(《亲爱的身体蒙难记》)的成长跨越了20世纪70年代末期至21世纪初期30多年的中国社会现实。15岁少女苏修带着对铁轨的好奇、对未来生活的憧憬奔赴铁轨，却偶然见证了一场人世间最肮脏、最恶心的罪恶：一个男人对一个女人最原始的肉体侵犯——强奸。在强奸事件发生的那一刹那，苏修失去了言说的力量，失去了面对人性恶的勇气，选择以晕厥来逃避强奸事件的现场。苏修也因此与受害者繁小桃的人生纠缠不休。这一事件给苏修日后的成长埋下了深重的心理隐患，以致苏修在往后很长一段人生中都无法走出这一事件带来的阴影。

女人的成长始终离不开婚姻。苏修大学毕业后分配在一家汽修厂当副厂长赵师容的秘书。在还没来得及细细体味爱情时，为摆脱副厂长的纠缠，苏修与大学同学冯明闪电结婚。表姐姚梅在苏修内心里一直是引导她成长并走向自由的力量，表姐果断地结束婚姻促使苏修也对自己的无爱婚姻加以反省并选择离婚。这场短暂的婚姻并未促使苏修完成灵魂的蜕变，苏修的心智仍像懵懂无知的少女一样，对于男人的诱惑还缺乏正确的判断，与郑旷远恋爱的同时，浑浑噩噩中做了赵师容的情人并在80年代末期与赵缔结了婚姻。婚后的苏修仍然像活在虚幻之中的天使，灵魂仍未扎根到坚实的大地。在发觉丈夫迷恋女色的本性未改、背着她与年轻女秘书偷情后，苏修毅然选择离婚。苏修就在目睹人世间种种罪恶与人性的龌龊中亲历自己的成长。离婚后苏修在写作中找到了灵魂的寄托之所，在时间的游走间顿悟人生的真谛。时间是可以改变一切的，也是可以抚慰一切创伤与疼痛的。经历了父亲、前夫、樊晓萍、肖等人的死亡之后，苏修一次次梦回铁轨旁，在时间的流逝中终于迎来了成长，并以宁静的心态感悟死亡。这是一次延宕了多年的成长蜕变。

多年以后，受害者繁小桃以灵魂拷问者的姿态质问苏修当时为什么没有喊出来制止那场困扰自己一生的历史噩梦，四处奔波寻找那个男人已经让她身心疲惫。也是时间治愈了繁，让她再次躺在事发地点时顿悟到过去的耻辱已随风而逝，终于放下了灵魂的重负。苏修作为繁小桃的同性姐妹，一直为其恪守那个秘密，并不自觉地扮演了繁小桃灵魂疗伤者的角色。男性给女性带来的肉体灾难和身体耻辱，最终在时间流逝中得以遗忘。

18岁，一般被视作青少年步入成人的年龄分水岭。但从心智发育来看，18岁还远未达到社会对成人心理承受能力的要求标准，还很难抵御与承担社会现实带来的冲击。在美国成长小说中一个常见的观念是罪恶与生俱来或曰“原罪”，成长主人公在走向成人的途中总有一天会发现世界并不像自己想象的那样美好，而是到处充满了令人恶心的罪恶。发现罪恶并不是成长的目的，成长主人公必须学会如何面对纷繁复杂的现实世界，并保持自我的独立，才能够算是真正成人。海男在小说塑造了一系列十七八岁的少女形象，并向读者展示了女性成长与蜕变的艰难。

18 岁的罗修(《县城》)在 20 世纪 80 年代的小县城里引领时尚，第三个穿上橘红色的喇叭裤，喜欢听邓丽君的歌曲，与货车司机李路恋爱后发生肉欲关系并怀了孕。为摆脱怀孕带来的不自由，罗修悄然来到一个小镇堕了胎。为拒绝沦为肉欲的奴隶，同时也是为了与世俗抗争，罗修放弃与李路结婚。罗修与咖啡商人、吹口琴的男人的交往使她意识到“男人可以制造快乐之谜，他们在旅途中不断地培植快乐，也可以不断地遗忘身后之事，所以，男人在前进，女人却在后退”，“女人是在不断后退中前进的”[①]。罗修在世人异样的眼光中坚持单身生活，并找到写作作为确证自己存在的方式。弟弟罗敏吸毒坠楼身亡后，罗修顿悟到人生充满了欲望，正是人对欲望的无止境追求给人带来了生存的困扰。从 20 世纪 80 年代到 21 世纪初期，罗修为保持个人那点微小的自由，在成长的过程中一次次地从男人身边逃离，当她意识到自己和李路之间的真爱后，二人准备结婚，却因李路的意外死亡而没有实现。从 18 岁到 30 多岁，罗修在生理上虽早已成为成人，但心智却是在困惑与彷徨中一步步迈向成熟。罗修的成长有得有失，父亲的死亡、李路的车祸、弟弟罗敏的坠楼让罗修更为坚韧，选择以坚强的方式应对生活中的苦难。

同样是 18 岁，大一女生华琳(《男人别敲门》)在步入成年后期待着一场刻骨铭心的青春之恋。在等待爱情的途中，华琳结识了 30 岁男人高伐，在高伐的金钱与物欲的双重攻势下，华琳很快迷失了自我。当意识到高伐迷恋的只是自己的美貌和青春，将自己当作炫耀、刺激前女友的工具后，华琳毅然选择离开，转而追逐大学期间暗恋的吴步涛。吴步涛将自己的生活梦想和人生目标强加于华琳，让她到酒吧唱歌。华琳终于发掘了自己的兴趣，为追求音乐梦想，离开了吴步涛。在对物质、爱情的一次次否定与扬弃之后，华琳找到了展示自我的舞台，逐步完成了自我的成长过程。

乌珍(《桃花劫》)作为一个受过现代女子中学教育的 18 岁少女，虽出生富裕家庭，但却命运多舛。8 岁的乌珍在后花园偶然目睹父亲将手伸进一个女仆的胸脯，这

---

① 海男:《县城》，人民文学出版社 2004 年版，第 179 页。

一场景给乌珍很大的冲击,乌珍感受到男性的淫欲和家庭生活中的腐败气息。从女子中学毕业后,乌珍带着对文明世界的向往和对新生活的渴望,与表哥逃离了封闭的岗寨,却被表哥拐卖到滇西南小镇一家妓院。在妓院这样一种畸形的环境里,乌珍的成长充满了仇恨与罪恶,并因此走向人生歧途。

少女落红(《私生活》)在17岁带着对生活的憧憬离开草坝镇,进入省城寻找父亲。在寻访父亲的过程中,落红以旁观者的身份审视了父亲、母亲的婚姻生活,并在与乌里奇、罗青剑的恋爱中完成了人生的顿悟。同为男人,乌里奇、罗青剑一方面要享受性的快感,另一方面又不愿承担婚姻的责任;父亲为逃避母亲的纠缠,抓住回省城的机会,迅速与一位空姐结婚却过着貌合神离的婚姻生活,并在每月给母亲的汇款中寻找心理慰藉。落红在父亲的生活中,感受到人是如何被历史所重压的,身体是如何被社会所捆绑的。在洞悉了父亲的私生活后,落红决定以出走的姿态来完成自己对自由生活的追寻。

出走是成长小说最基本的结构要素之一,出走意味着选择,人只有选择并付诸行动才会在路上有所发现,有所感悟。普桑子、苏修、罗修、落红等女性在面临人生困境时,都会不约而同地选择出走。出走即行动,意味着在路上,意味着出发。

> 几乎所有的女人在否定生活时所选择的就是拎着箱子走。走,似乎也是唯一的,在那一瞬间里。否定已经是另一条道路和箱子中被她的右手或左手轮流拎起来的、在边缘地带展开的、交织在她幻觉中的、另一种更有诱惑力的并将她现有生活否定的热情之火。出发不是在梦中召唤她,而是在被施了魔法的嘴唇上的一个词语。她总是因为找到了词汇而找到了一种方式,所以,她出发了。[①]

出走或曰出发,将成长主人公带入一个新的、陌生的人生环境,在空间的置换中,女性摆脱了旧有的世界,与过去的存在状态决裂,在与新环境、新世界的冲突和碰撞中,女性不断审视自我,在对自我的批判与提升中实现人生的顿悟。出走的结果,可能是踏上新的人生征程,开辟新的人生境界,也有可能是再次回归,如普桑子在逃离男性时一次次离开自己居住的城市,但最后又一次次地回来。"城"在普桑子的生活中,已然成为一种人生的隐喻,普桑子在"出城—入城"的人生胶着中,完成了对自由的追求。

与出发相对,死亡也是促成主人公成长的又一有力途径。"在经典的成长教育

① 海男:《女人传:一个女人的成长史》,安徽文艺出版社1999年版,第104页。

小说中，死亡永远都是一个情节事件，它所带来的往往是一个情节的戏剧性冲突或高潮。”[①]在海男笔下，女性的成长都伴随着对死亡的见证。普桑子在对鼠疫的回忆中一直伴有河面漂浮而过的肚子鼓胀的尸体，雯璐男友、刘水、父亲、陶章的死亡改变了普桑子对待生命的态度，在见证死亡的过程中普桑子悟到此在的意义。罗修在父亲死亡时刹那间悲哀地明白：“所有猛然间向我们的肉身袭来的幸福的证据、悲哀的颤栗、灾难的震撼，都是贯穿在我们生命中难以逃离的时间之镜，它像一面镜子在照着我们的卑微和我们佯装在脸上的自尊。”[②]落红在和父亲一起搀扶着奄奄一息的母亲去往父母年轻时约会的小山岗时，感受着母亲生命的气息一丝丝地流逝，在母亲对爱情的坚守与缅怀中，落红看透了父亲的懦弱与虚伪。母亲死后，落红经过一番灵魂的挣扎，决定拎着箱子离开父亲奔赴新的人生旅程。死亡意味着生命的结束，但对于成长主人公来说，死亡却意味着新生。

二

特里·伊格尔顿曾经深刻意识到：“我们作为‘文化’生物的程度并不高于作为‘自然’生物的程度，而文化的存在必须借助于我们的自然，这就是说必须借助于我们所具有的身体的种类和它们所属的世界的种类。”[③]身体是自我的边界，是自我在把握自身与外在世界关系时无法回避的首要问题。女性的成长，往往离不开对肉身的体悟，对肉身的感悟与超越是女性实现自我主体建构的必经过程。从肉身这一角度来讲，海男深谙女性写作的奥秘，即“写你自己。必须让人们听到你的身体。只有到那时，潜意识的巨大源泉才会喷涌。我们的气息（naphtha）将布满全世界，不用美元（黑色的或金色的），无法估量的价值将改变老一套的规矩”。[④] 借对女性身体的抒写，海男准确捕捉了女性的成长，找到了穿越女性肉体与灵魂的通道。

被誉为“女性身体的成长史”的《花纹》，描绘的是萧雨、夏冰冰、吴豆豆三个大学女生由女孩成长为女人的蜕变过程。对于少女和女人的区别，海男是这样理解的：“少女正在开始准备自己的身体，她们将为身体准备好承受一切负担的容器，比如：用花瓶来承担肉体的秘密，用镜子来承担自己的真实，用男人的影子来承担自己正

---

① 王炎：《小说的时间性与现代性：欧洲成长教育小说叙事的时间性研究》，外语教学与研究出版社 2007 年版，第 133 页。

② 海男：《女人传：一个女人的成长史》，安徽文艺出版社 1999 年版，第 88 页。

③ ［英］特里·伊格尔顿：《后现代主义的幻象》，华明译，商务印书馆 2000 年版，第 85 页。

④ ［法］埃莱娜·西苏：《美杜莎的笑声》，黄晓红译，《当代女性主义文学批评》，北京大学出版社 1992 年版，第 194 页。

在幻想中的那微妙而饱满的亲密关系；女人们呢，她们身心饱满地呈现出来，她们巧妙地掩饰着身体上的'花纹'。"[①]19 岁的萧雨读大学时回家拿相机，偶然窥视到母亲和一个男人的性场面，看到了母亲身上呈现的花纹后开始对性产生美好幻想。当萧雨准备将自己的肉身献给男友凯时，却发现凯已背叛了自己纯真的爱情；当萧雨准备与牙医好好谈一场恋爱时，却发现牙医已与诊所护士发生性关系；当萧雨抱着对流言的抗拒投入吴叔的怀抱时，吴叔的政治前途却使他无法离婚。萧雨每与一个男人交往时，都会在身体上、在心灵中留下深刻的"花纹"与烙印。夏冰冰怀着感恩之心自愿向赖哥献身，却为躲避赖哥妻子而被赤身裸体塞在衣柜里倍感屈辱，从此她看清了两人关系的实质，并毅然选择离开。进入广告公司后，夏冰冰在为老板的订单和事业付出时，恪守身体的尊严，最后在皮鞋商人那里寻觅到了超脱物欲的精神沟通。吴豆豆徘徊于简与刘季之间，终因一场车祸改变了命运，在脸上、身上留下了玫瑰花瓣般的"花纹"，围绕在身边的两个男人都弃她而去。吴豆豆在模特职业中寻找到了自我的梦想，冷静地拒绝了身边的男人，奔赴巴黎追寻自己的事业梦想。三个女生的成长，就是她们肉身觉醒的过程，这个过程离不开男性的启蒙，但也充斥着男性给她们带来的肉体与灵魂的伤害。

肉身是海男小说抒写女性成长的关键词之一，沉重的肉身与灵魂间无止境的纠葛是海男透过形而下的身体叩问形而上的灵魂的方式。在海男笔下，人必须正视赤裸裸的身体，在对身体的抚摸中真切地认识身体：

> 她怀着深深的好奇，自己开始对自己的肉体作一次真正的引领，双手就像她柔软的肉体中的符号，上帝让人拥有双手就是为了帮助人寻找到物和光圈，但上帝让人最早寻找的却是他们自己。……每一种生物都必须在最早时候了解自己的身体，这有助于它们的身体在赤裸之后穿上彩色的衣服，变成神秘的生命。[②]

肉身作为一种物质性存在的实体，可以借自身获得完满自足性，从而摆脱意识形态的重负。"整个一部西方'现代化'的历史，简单说在文化意义上就是以身体欲望为武器进行'去魅'和世俗化的历史，身体是意识形态矛盾最尖锐最集中的策源地。"[③]从这一层面来讲，海男对女性肉身的书写与张扬，已具有为肉身正名的意义。肉身或曰身体，都有自己的尺度，都会给身体带来记忆。无论是虚幻还是现实，身体

---

① 王千马：《海男：我对自己身体了如指掌》，http://blog.sina.com.cn/s/blog_588c684e0100023c.html.

② 海男：《女人传：一个女人的成长史》，安徽文艺出版社 1999 年版，第 48 页。

③ 樊国宾：《主体的生成》，中国戏剧出版社 2003 年版，第 188 页。

的记忆都会铭刻在心灵上。在海男笔下，女性肉身的展示不是为了猎奇，也不是为了媚俗，而是指向灵魂的向度，在灵与肉的冲突中叩问生存的价值："灵魂如何可以变得自由起来，从我们的灵魂在身体中会感受恐惧、罪恶、道德、爱情、喜悦、审判、回忆、味道、沉重……的那一刻开始，我们的灵魂就与肉体在相互低语着，如何透过自己的灵魂来寻找自由——成为我们生命中最为沉重的现象。"①

作为一部"身体的祭书"，《身体祭》为我们展现的是战争状态下女人的肉身与灵魂间的尖锐碰撞。年仅20岁的"我"在二战爆发后，带着对中国恋人李炽燃的思恋独自奔赴缅北，却不幸卷入日军军营，从此失去人身自由。在军营里，"我"亲眼目睹在非常态的情形下慰安妇的生活以及两性之间肉体的奴役与战争。贞子怀着对祖国和恋人的热爱被鼓动到军营来充当慰安妇，并自觉自愿为帝国的男性献身，哪怕是在堕胎三天后，仍又躺在帝国军人的身下。贞子对帝国的忠贞在军营里以一种肉体献祭的方式呈现，最终以死报国。东北女子李秀贞怀孕后却遭惨无人道的身体撕裂，在毫无麻醉的情况下，胎儿被活生生地从子宫中剥离，肉体在罪恶中被剥夺了存在的价值。军营中上至菊野子、野百合，下至贞子、贞玲，都被一种性别权力所驾驭、统治着，心甘情愿为帝国献身。在军营中，女性的身体成了男性主体唯一控制和支配的象征物。在军营这样一个远离社会伦理的空间中，"肉体是驯服的，可以被驾驭、使用、改造和改善。但是，这种著名的自动机器不仅仅是对一种有机体的比喻，他们也是政治玩偶，是权力所能摆布的微缩模型"②。权力对身体外在的、表面的规训在任何一个社会中都会存在，权力对身体的专制压服是规训的初级阶段，深入骨髓的心悦诚服才是规训后的最佳效果。军营中慰安妇们在身体的敞开中，灵魂也被驯服，在性的尖叫声中默默承受身体的凌辱。"我"在这一幕幕惨无人道的悲剧中，恪守人道主义精神，尽己所能帮助同性走出身体的深渊。"我"也不幸卷入慰安妇的行列，与日军军官岛野发生肉体关系，一步步地沦为战争的玩偶，已无法维护和捍卫身体的尺度，丧失了身体的底线和灵魂的城池。日军的溃败让"我"重获自由，战争却让"我"永远失去了恋人李炽燃。许多年过去，"我"在油画中终于摆脱了二战带来的那些奴役着"我"的沉重故事，在恋人的墓前获得了灵魂的自由。由20岁的妙龄少女到垂垂老者，二战军营的慰安妇经历是"我"人生成长道路上一段永远无法回避与忘却的痛苦旅程，在伦敦—缅北—滇西—伦敦的空间转换中，"我"的人性得以保持与提升，在对自由与人道主义精神的坚守中，实现了成长的蜕变，尽管这种灵魂蜕变

① 海男：《身体传：一个生命的精神史》，安徽文艺出版社2001年版，第189—190页。

② [法]米歇尔·福柯：《规训与惩罚》，刘北成、杨远缨译，生活·读书·新知三联书店1999年版，第154页。

刻满了屈辱的伤痕与烙印。

对肉身的体验，是女性成长之途的必修课，也是女性感知自我与他人关系、建构“我”与他者关系的起点。“一个人不能基于他自身而是自我，只有在与某些对话者的关系中，我才是自我。”[①]而一旦女性在认识肉身时，将自己置身于物的地位，那么，女性的成长就会误入歧途。乌珍(《桃花劫》)就是这样一个女子。18岁的乌珍被卖进妓院，昔日的女学生在命运的捉弄下摇身一变为驿馆的“第一枝花”。从一开始，乌珍抗拒着姚妈的“身体规训学”——搔首弄姿、毫无廉耻地出卖肉体赚取男人的钱袋，时刻保持着逃离的警醒。在短暂的抗争之后，乌珍将逃离驿馆的希望寄托在嫖客身上，开始了肉体的献媚与颓废。马帮商人吴爷的宠幸让乌珍暂时摆脱了其他妓女的命运，却让她的肉体彻底沉沦，灵魂已不再与肉体进行旷日持久的抗争。在妓院这一空间中，妓女只能被动地展示肉体的价值，“由于男性是视觉空间的主动者，男人的‘看’(looking)决定了视觉空间中的女性身体表象，并对这个表象加以控制和占有。男人——看，女人——被看构成视觉空间的二元对立，隐含深重的等级关系”[②]。在男人主宰的狭小天地里，妓女之间上演着同性间的竞争与倾轧。为保有驿馆“第一枝花”的地位，乌珍也会在黄昏出现在驿馆门口招徕嫖客。乌珍富裕人家大小姐的命运被一座驿馆彻底改写，“在她的命运中，他人的干预起着决定性的作用，这就是说，如果这种行动采取另外一种方向，就会造成完全不同的结果。决定女人的并不是她的荷尔蒙或神秘本能，而是她的身体以及她同世界的关系，通过他人而不是她自己的行动得以缓和的方式”[③]。在吴爷、白爷、二爷、黄家文等男性的纠葛中，在见证鸽子被强行堕胎致疯以及活埋的遭遇后，乌珍不再为任何男人保留肉身的位置，不再把希望寄托在任何人身上，一种复仇的野心渐渐在暗夜里滋生。乌珍借白爷的宠幸，习得一手好枪法，并通过身体骗取二爷的信任。乌珍杀害白爷后取而代之成为土匪王，并将复仇的矛头指向姚妈。在精心设计下，乌珍剥夺了姚妈驿馆的经营权，并将姚妈的女儿桃花带到驿馆成为妓女，这一系列的报复强烈刺激着姚妈，终于在一个夜晚姚妈将驿馆付之一炬。厌倦复仇生涯后乌珍与吴爷远走他乡，18年后在小镇与儿子不期而遇，乌珍顿悟到自己此前对命运的抗争充满着无耻与罪恶，以跳崖自杀的方式完成对肉身的忏悔。在乌珍的成长中，肉体的沦陷并不意味着灵魂的屈服，乌珍的灵魂时刻都蛰伏在看似驯服的肉体之下伺机而动。乌珍

---

① [加]查尔斯·泰勒：《自我的根源：现代认同的形成》，韩震等译，译林出版社2001年版，第50页。

② 王宇：《性别表述与现代认同》，上海三联书店2006年版，第205页。

③ [法]西蒙娜·德·波伏娃：《第二性》(Ⅱ)，陶铁柱译，中国书籍出版社1998年版，第820页。

对姚妈的复仇，看似一场女性之间的战争，实际是以一种极端方式呈现出来的女性对男权决绝的反抗。乌珍运用心计一次次试图扭转自己在两性之间“被看”的位置，改变自己作为男性欲望与权威的对象地位，借以颠覆长久以来存在着的强大的男权秩序。这种颠覆是在不自觉的复仇过程中一步步成为现实的。在乌珍的成长过程中，姚妈充当了反面引路人的角色，姚妈追逐爱情而后被弃的境遇让乌珍最初感受到男性的不可靠，姚妈对金钱的不倦追求让乌珍洞彻到人性的贪婪与无耻。白爷则将乌珍引上另一条道路，即对权力的追逐与掌控，在枪声中乌珍感受到人性的泯灭与荒芜。乌珍的成长向我们展示了女性在肉身的抗拒与沉沦中，是如何以一种极端的姿态抗争男权社会的。

实际上，在海男笔下父亲这一角色往往在女性的成长中以缺席的方式出场。普桑子的父亲在她出世之前就离家参战，30 多年后才以一座坟墓的方式来呈现父亲的形象；落红的生父在她 17 岁以前，是一张每月定期从省城邮寄来的汇款单；萧雨的父亲在她很小的时候就抛弃家庭，投入另一个女人的怀抱。父亲哪怕在成长中在场，也是被虚置为一种无力引导女性成长的背景。罗修的父亲大部分时候驻扎在省城而远离家庭，夏冰冰的父亲嗜酒如命，乌珍的父亲让童年的她过早背负肉欲的重负。父亲在女儿的成长中，一改传统文化菲勒斯中心的形象，而是一个无力的、软弱的父权文化的象征体。海男以自己的方式塑造了一系列猥琐的父亲形象，在父与女生命力的对比中，悄然瓦解父系的权威。从这一意义出发，海男是在用女性自我的肉身与体悟来颠覆男权传统。这种颠覆不同于陈染、林白笔下女性对自我的迷恋与偏执，也不以一种无法调和的两性冲突来呈现，而是一种缓慢的渗透浸濡了女性成长的历史与现实的天空，以男权的坍塌来映衬女性的成长。

“对那些不隐讳自己的女性身份的作家而言，写作与其说是‘创造’，毋宁说是‘拯救’，是对那个还不就是‘无’但行将成为‘无’的‘自我’的拯救，是对淹没在‘他人话语’之下的女性之真的拯救。”[①]毫无疑问，海男正是这样一位女性作家，她笔下的女性成长叙事也因此超越了性别的界限，直指向人类的生存之思，在历史的行进中叩问人类的灵魂。

（载《小说评论》2011 年第 6 期）

① 孟悦、戴锦华：《浮出历史地表》，中国人民大学出版社 2004 年版，第 43 页。

主要作品目录《

长篇小说

《我的情人们》,中国文联出版公司1994年版。

《坦言》,作家出版社1998年版。

《带着面孔的人》,江苏文艺出版社1998年版。

《我们都是泥做的》,百花文艺出版社1998年版。

《歌手的衰亡》,中国文联出版公司1998年版。

《蝴蝶是怎样变成标本的》,南海出版公司1998年版。

《女人传:一个女人的成长史》,安徽文艺出版社1999年版。

《你说开始吧》,花山文艺出版社2000年版。

《你活着吗》,云南人民出版社2000年版。

《男人传:一个男人的冒险史》,云南人民出版社2000年版。

《男人别敲门》,作家出版社2001年版。

《身体传:一个生命的精神史》,安徽文艺出版社2001年版。

《只爱陌生人》,花山文艺出版社2001年版。

《爱情传:男女感情史》,长江文艺出版社2001年版。

《美腿女人》,长江文艺出版社2001年版。

《勾引》,江苏文艺出版社2001年版。

《与染有关:一个男人私生活的腐败故事》,花山文艺出版社2002年版。

《马帮城》,长江文艺出版社2002年版。

《婚床》,春风文艺出版社2003年版。

《解药》,安徽文艺出版社2003年版。

《花纹》,湖南文艺出版社2003年版。

《私生活》,春风文艺出版社2003年版。

《裸露》,上海文艺出版社2003年版。

《跑吧,跑吧》,太白文艺出版社2003年版。

《情妇》,安徽文艺出版社2004年版。

《夜生活》,知识出版社 2004 年版。

《情奴》,花山文艺出版社 2004 年版。

《县城》,人民文学出版社 2004 年版。

《桃花劫》,人民文学出版社 2005 年版。

《女逃犯》,中国广播电视出版社 2005 年版。

《嫌疑人》,中国广播电视出版社 2006 年版。

《表演》,北京十月文艺出版社 2006 年版。

《妖娆罪》,上海人民出版社 2006 年版。

《花宴》,湖南文艺出版社 2007 年版。

《身体祭》,江苏文艺出版社 2008 年版。

《出轨:活在鲜活历史中的女人的私人故事》,上海人民出版社 2007 年版。

《亲爱的身体蒙难记》,百花洲文艺出版社 2010 年版。

《碧色寨之恋》,作家出版社 2010 年版。

《花纹》,湖南文艺出版社 2010 年版。

《热带时间》,江苏文艺出版社 2013 年版。

《缅北往事》,云南人民出版社 2015 年版。

《梦书:西南联大》,安徽文艺出版社 2017 年版。

《大西南》,江苏凤凰文艺出版社 2018 年版。

《青云街四号》,花城出版社 2020 年版。

中短篇小说集

《香气》,沈阳出版社 1995 年版。

《疯狂的石榴树》,云南人民出版社 1995 年版。

《私奔者》,华艺出版社 1996 年版。

《紫色践约者》,内蒙古人民出版社 2000 年版。

《像幽灵一样飞》,长江文艺出版社 2000 年版。

《海男短篇小说自选集》,新世界出版社 2012 年版。

《海男六短篇》,海豚出版社 2016 年版。

《再回首》,开明出版社 2019 年版。

散文集

《空中花园》,云南人民出版社 1995 年版。

《屏风中的声音》，东方出版中心1997年版。

《生命圣经：一个母亲在怀孕十个月中的絮语》，作家出版社1998年版。

《紫色笔记》，陕西师范大学出版社1998年版。

《心灵挽诗》，湖南文艺出版社1998年版。

《请男人干杯》，安徽文艺出版社2000年版。

《心魔》，东方出版社2001年版。

《边疆灵魂书》，学林出版社2001年版。

《香格里拉王国》，河北教育出版社2002年版。

《乡村传：一个国家的乡村史》，昆仑出版社2002年版。

《欢爱就是理由》，学林出版社2003年版。

《我的秘密之花》，知识出版社2004年版。

《我的魔法之旅：解开我身体之谜的云南高原》，花山文艺出版社2004年版。

《从亲密到诱惑》，中国广播电视出版社2006年版。

《我生命中的仙境：约瑟夫·洛克传》，学林出版社2007年版。

《我的人生笔记：水性人生》，时代文艺出版社2007年版。

《普洱茶传》，学林出版社2008年版。

《香烟传》，花山文艺出版社2009年版。

《独克宗古城》，江苏文艺出版社2010年版。

《永远的香格里拉》，江苏文艺出版社2010年版。

《边城耿马》，江苏文艺出版社2010年版。

《国有殇》，云南人民出版社2012年版。

《世界的庆典》，云南教育出版社2012年版。

《海男散文自选集》，新世界出版社2012年版。

《漫歌：秘境临沧》，云南人民出版社2013年版。

《永胜边屯记》，云南人民出版社2014年版。

《文化宫殿传》，云南人民出版社2014年版。

《游离书》，北京时代华文书局2015年版。

《光阴的魔咒》，海峡书局2016年版。

《造梦玉溪》，云南人民出版社2016年版。

《众神穿越的博南古道》，云南人民出版社2018年版。

《洱海传》，云南人民出版社2019年版。

诗歌集

《风琴与女人》,沈阳出版社 1992 年版。

《虚构的玫瑰》,云南人民出版社 1995 年版。

《是什么在背后》,春风文艺出版社 1997 年版。

《美味关系》,中国广播电视出版社 2006 年版。

《告恋人书》,花城出版社 2011 年版。

《忧伤的黑麋鹿》,云南人民出版社 2013 年版。

《穿越西南联大挽歌》,云南人民出版社 2015 年版。

《古滇国诗》,云南人民出版社 2015 年版。

《光阴之于我犹如酒杯之于嘴唇:海男诗歌精选》,云南人民出版社 2015 年版。

《我的心像鼓一样激荡》,安徽文艺出版社 2016 年版。

《海男诗画集》,云南人民出版社 2017 年版。

文　集

《海男文集》,长江文艺出版社 2001 年版。

韩　东

男，1961 年生于江苏南京，祖籍湖南。

小 引《

此前已经说过由写诗改写小说的张执浩，当时我就说，像这样改行或兼擅的人很多，果然，这回就遇上了韩东。而且在我的印象中，韩东似乎又是由写诗改写小说较早且较成功的一位，至少是那一批"转业"诗人中的佼佼者。

说到韩东，就想起了他闹"第三代诗"（或曰"第五代诗""新生代诗""后朦胧诗""朦胧诗后"）那阵子。那会儿，中国诗坛山头纷列，旗号林立，英雄好汉频出江湖，三十六天罡，七十二地煞，直闹得个天翻地覆。韩东似乎归在"他们文学社"的旗号下，是该派的创始人和执牛耳者。当是时也，倡"诗到语言为止"说，崇尚"语感"，与同道者于坚等致力于"口语诗"的创作，意在通过口语使诗更接近人的存在的本真状态，或曰"每个人的生命形态"，颇影响了一部分人。尤其是他本人的《有关大雁塔》，用日常姿态和口语化的表达，对此前杨炼的同题材诗进行了一番解构，成"第三代诗"的一大经典，从此告别了"崇高"、告别了"意象"，走了一条与风行一时的"朦胧诗"完全不同的路。

我这样描述作为诗人的韩东，自然会给人一个反叛者的印象，何况韩东后来又与朱文制造了一个"断裂"事件，更引起了一批学者教授们的讨伐，笔者当年似乎也卷入了这场讨伐战。那原因大抵是因为朱文、韩东们的说法，与学者教授们惯常的说法相反，或很不一致，所以招致批评和反诘。虽然当时双方的态度都很激烈，但现在想来，让大家说说也未尝不可，为什么非要把一种说法一说到底呢？换一种说法就塌天了吗？不就是一个文学问题吗？又不关乎国计民生，就算是关乎国计民生，让大家畅所欲言，集思广益，总比一个人在那里拍脑袋要好。所以韩东们的反叛自有反叛的意义在。

就说这由写诗改写小说吧，惯常的说法是，把写诗的经验和诗的表现方法与技巧尤其是意境和意象这些中外诗歌的构成元素带到小说中来，因而使诗人的小说有别于小说家的小说，包括由写诗改写小说的"转业"诗人的小说，带有一种诗化的色彩。但韩东不这样说，甚而恰给相反，他说的是，要"把小说当成小说来写，而忘记自己诗人的身份，不要有意识地利用写诗所积累的优势。扬长避短不可取。”这话似乎又不怎么合乎流行的说法，令人怀疑他不是故作惊人之语，就是蓄意抬杠。但我赞成韩东这样的说法。原因不是别的，而是我以前说过的，各种文体之间，实在没有必要，也不可能用此一文体去追求彼一文体的效果，否则，诗人写诗就是，何必要改行写小说，既写了小说，老老实实地写小说就是，又何必去追求什么诗化的效果，更何况效果不效果的，纯属阅读者的感觉，是不好作定量和定性分析的。让一个排球运动员折腾出篮球打法的效果来，那不是吃饱了撑的吗？可怜的观众与其看这种不伦不类的排球，还不如干脆去看一场篮球比赛得了。这原本都是一些寻常的道理，让文化人尤其是搞文学的文化人一说，就无端地高雅和神秘起来。韩东的言论就专破这高雅和神秘，所以我说他的说法自有他独特的意义在。

我读韩东的作品不全，但凭一点粗略的阅读印象，我也觉得韩东的作品很注重故事和经验。这原是小说之为小说的两大要素，而这两大要素，对一部好小说来说，又是互为表里的。经验是故事的底子，故事是经验的外化，不是从经验里长出来的故事，是胡编乱造的；没有通过故事讲述的经验，是家长里短，算不得小说。韩东的小说把这两大要素糅合得恰到好处。我想引用本辑主笔、我的博士生李勇的一段话来证明我的说法。他说：“韩东讲故事要‘规矩’很多。他总是以他特有的敏感和细腻娓娓道来，既不兴高采烈，也不眉飞色舞，而他所讲的也都是那些平常的人事——他所经历的现实和往事，身边的或旧日的亲人、朋友以及闲人过客等等；人事都是极现实也极平常的，没有波澜起伏的故事情节，也缺少大起大落的悲欢离合，所谓人生、所谓命运不是被‘挖掘’而是被‘展示’出来的。”就说最近博得广泛好评的长篇小说《扎根》，你说它是知青小说也好，说它是“下放”小说也好，或笼统地说它是“文革”小说也好，都与此前同类题材的小说大不相同。这不同不在别的，就在于它的不动声色，不事修饰，不刻意传奇，也不费力挖掘，只如实地把干部老陶带领一家人到农村“扎根”的过程讲述下来就是。当然这讲述的过程，既经过了笔头，更经过了心灵，就与当年实实在在“扎根”的过程不一样了，这不一样就是这篇作品的艺术性。有刻骨铭心的经验，必有刻骨铭心的故事，这其中的差别，只在于讲述者是否能如实地用自己的故事传达出这经验的刻骨铭心，倘能，艺术性自然就有了，倘不能，就是添加再多想象和思想的佐料、方法和技巧，也不管用。

关于创作，韩东的经验和感受，自然比我丰富得多，深刻得多，也复杂得多，但我仍要说，我对韩东印象最深，也最为赞赏的，还是他的日常主义的态度和口语化的追求，当年读他的诗如此，如今读他的小说，还是如此。也许这也是一种经验和故事的关系，有关于韩东的阅读经验，才有我讲述的关于韩东的故事。只不过，这故事已不是一篇小说，而是一个人对于另一个人，一种写作对于另一种写作的印象。

自　述《

抛砖引玉

小说不为西方独有，然而当代汉语小说的确是以翻译作品为模本的，小说的立意、构造及叙述方式皆来自于西方，只不过内容为中国的人事。对写作者而言，首先考虑的自然是小说的作法，而这作法多半出于因循，所处时代的风尚和标准是前提性的。当代中国小说的整体面貌可以说是不假思索的结果。明清小说可谓完全中国式的，但那是古代中国，与今天的中国不是一个概念。明清小说的荣光犹在，只是不再引起反射罢了。这以后，新旧交替，还不完全是一个时间变化的问题，同时伴随着地理上的文化“入侵”，新小说终于诞生了。1949年以后，万法归一，由于政治和意识形态方面的原因，不免闭门造车。一度，中国小说又呈现出某种独立的势态，但这独立如同闭关锁国一样，乃是十分脆弱的。改革开放始，小说写作又获得了生机。时至今日，小说的活力却在网络。是否可以将汉语小说笼统地归结为与全局变化相呼应的五个阶段：话本小说、新小说、革命小说、先锋小说和网络小说？目前最主要的自然是先锋小说和网络小说之角逐。先锋小说已不再先锋，而网络小说尚未登堂入室，成为当代汉语小说的正宗。

当然，有雄心的小说写作者并不关心这些。他们关心的是缔造一种小说的方式，既非常中国，同时又能适应时代的变迁。中国小说一路走来，受其国势和意识形态的影响过大，不免受制于此。颠沛流离中小说的作法和评判标准一再变换。不要诟病网络小说乃是追逐时尚的产物，其实，综观中国小说，皆对外界的变动趋之若鹜，缺少恒定性，缺少内在的自由，缺少自身演变的动力和目标。断裂不是一个口号，而是实际存在和发生的事。这不是一个理论能解决的问题，将“中国”和“西方”进行为其所用的嫁接属于异想天开，“全盘西化”或“回归传统”就更是一种绝望的表达。所面临的各种复杂而含混的因素皆不可回避，只因为它是创造的现实，是无条件地展现在我们面前的。但又不可以此作为借口，被动于所处的现实。我认为，人的问题在此极为重要,除非这块绵延至今的土地再无可能产生那样的人才,在其间生存、生长,独力地支撑起一角天空。就像曾经有过的先贤那样,生长于斯而拓落不羁,以适应性的创造为己任。

我在一篇访谈里曾经谈到,中国文学其实就是几个人的事。有了那么几个人,什么都有了。没有那么几个人,一切争论、呼吁、焦虑、筹划和展望都是枉然。目前的小说界众说纷纭、话题不断,但真正值得阅读和深思的作品真是少之又少。我们的文坛,有头面人物,有权威,有名流,有既存体制,有名利的盛宴,有庞大的教学研究机构、出版推广机构、奖励和检查机构,可谓一应俱全,但又有何用?套用一位诗人的话说:“连我都不在,他们忙活些什么?”这里的“我”当然不是韩东,我还没有高估自己到这个地步。但那坚忍不拔、全神贯注、心比天高且诚实静穆的写作者的确是希望所系。我的小说写作只不过是对他或者他们到来的一种呼唤,用作品而不是用空谈,所谓“抛砖引玉”。

访 谈《

我反对的是写作的霸权

——韩东访谈录

李 勇 韩 东

李勇:您是什么时候开始写小说的?转向小说是自然而然还是由别的因素触发?当时一开始写得顺利么?当下诗人转作小说似乎比较普遍,但是引起比较大反响的并不是特别多,您对此有什么看法?

韩东:我发表第一篇小说大约是在1984年,发表在《作家》杂志上,是一个短篇,叫《助教的夜晚》。这篇小说我后来再也没有看过,也没有收入小说集中,但也许是很有“价值”的。有一次,我和朱文议论出版界流行编辑大师们的代表作品集,编辑他们最优秀的小说,朱文说,何不将他们最差劲的小说选编一本呢?这样后来者读起来就更有信心了。大师们也不过如此,也能差劲到如此地步,何况我们?当然,只有当我真的成了“大师”,而《助教的夜晚》也足够差劲的时候,它才可能有那样的意义。这当然只是开个玩笑。我开始写小说的历史很久远,大概在我写诗三年之后就写了，但比较集中地去写，是20世纪90年代以后的事。肯定写得不顺利，我从来就没有顺利过。顺利，或者不假思索地写作在我一直是一个理想的状态，至今也是。不同的是，以前我把写作中的障碍和克服障碍的努力当成一件苦恼的事情，后来却认命了，觉得，也许这就是自己的命运吧。写得顺是一种效果，写得不顺还继续写是另一种效果。根据气质、经验以及对小说理解的不同，有人擅长前者，有人擅长后者，应该没有优劣或正确与否的区别。只不过，有障碍的写作比较折磨人而已。从一个诗人到小说作家的"转变"，我觉得最关键的还是注意力的集中程度，也就是精力投入的问题。还有可能就是，把小说当成小说来写，而忘记自己诗人的身份，不要有意识地利用写诗所积累的优势。扬长避短不可取。

李勇：您觉得作诗和作小说最大的不同是什么？

韩东：小说可以成为日常工作，而诗却不能。小说家的形象是苦力和劳工的形象，而诗人多少是神仙，是浪子。后者超凡脱俗，因敏感和爆发而短寿；前者世俗沉郁，苟活绵延而成为最后的幸存者、见证人。轻重有别，尖利和浑圆各异。

李勇：您的小说为什么基本上都是直接取材于个人生活经验？和个人的气质性格有关吗？还是刻意的选择？

韩东：我的确非常看重个人经验，对我而言，它是源泉性的东西。小说写作的刺激物、兴奋点是多种多样的，往往因人而异，书本、想象、逻辑和观念都有可能使写作者启动，使他们追踪而去。在我，涉及个人的生活经验才会觉得写得有余地，写作这件事有余地，才有脚踏实地的感觉。当然，个人生活经验并不是我的写作目的。我说过，把真的写假，可见它是另有目的的。最初的启动和最后的抵达不应该是同一个东西。从经验到经验和从想象到想象、从逻辑到逻辑一样，是了无生趣的。幻想性的东西本来没有任何问题，但从幻想到幻想那就是梦幻一场了。中国作家喜欢各执一端，在"写什么"的问题上争取名正言顺，太没有必要了。忘记的是神奇的转换，所谓的化腐朽为神奇，或者化神奇为腐朽也成，那也是神奇。"刻舟求剑"是其通病。我也写过《本朝流水》《双拐记》《同窗共读》这类非取材于个人生活经验的小说。《本朝流水》之所以不成功，就是因为从想象到想象，缺乏强大有力的转换。

李勇：《温柔的部分》是我喜欢的当代诗之一；《扎根》的语言和形式之外，其内容和题材是我更偏爱的。谈谈童年和下放的经历，以及这段生活对您人生和写作的影响吧。这种影响是不是非常深刻和特别？

韩东：我对下放印象很深，因为正值我的童年和少年时代。我们家在生产队、公社和县城里都待过，我的小学和中学基本上是在"下面"度过的。下放的经历除了与我的成长相伴随，还有各种丰富和好玩的因素。这些，都是文学的好材料。我已经写作了《扎根》和《小城好汉之英特迈往》两部长篇以及一些有关下放的中、短篇，也许还不够。我说的不够不是指数量，而是指需要有一部书是和这些经历或者经验相当的。

李勇：生活和经历对写作来讲是决定性的吗？为什么有的写作看起来和作者的生活经历非常接近，有的却相对十分淡远？这个问题和您所说的"写作和真理的关系"有关吗？"写作和真理的关系"到底指的是什么？为什么您说它是您写作面临的"最大问题"？

韩东：生活经历对写作来说应该或者可能是决定性的。当然，你还必须有一定的智力，还必须决定写作。当然还有性别、体质等影响力量。为什么有的写作和个人的生活近，而有的较远？原因不论，但即使是离生活较远的写作也能从写作者的经历中找到原因。相同经历的人有的写作，有的并不写作，有的做生意，有的也不做生意。所谓生活经历决定是指，当你回溯的时候是有蛛丝马迹可寻的，而不是说你非写作不可，或者非写成那样的不可。在这问题上我们不能倒因为果，应该是"存在决定意义"而不能是"意义决定存在"。我说"写作与真理"的关系，是因为深感写作的虚无，哪怕是再伟大的作品对写作者和阅读者而言并不可能一劳永逸地解决人生的问题，说到底，都是可有可无的。《红楼梦》和一部商业小说自然是有优劣高下的区别的，但也是相对而言的，可能在外星人看来并无多大的区别。将作品作为目标是虚无缥缈的事，可能只有过程——写作的过程——或许能使我们解脱。单纯的过程是无目标的，在目标这个点上应该是虚无的。但谁又能做到这一点呢？能做到这一点，任何过程都可以被作为真理来追求。"盗亦有道"，种田、当木匠都可以是"道"。文学写作领域充斥着一种不证自明的优越感，优越于其他的行当，这是它远离真理的证明。文学写作并无任何高级的意义，如果有，也就是这种自以为是的区别了。虚无，或者虚无掉这种自以为是就是向真理的迈进。不是说说而已，真的去做，加以实践，方能和真理扯上关系。

李勇：任何作家的写作可能都逃不开自己的生活经历，只不过有的喜欢反向出发，有的刻意回避，有的虽顺势而行但也东张西望，而您却非常"老实"，是刻意保持一种谨慎的态度吗？是出于风格的营构还是有更深层的原因？

韩东：可能我更注重"向自己学习"吧。这种向自己学习不仅是技术方式上的，也是经验、题材上的。和前者拉扯的力量相比，我更倾向于后者的推力。就这么松弛下来，信马由缰，看看你能走往何处。一方面我是放任自流的，另一方面我却很刻意——人总得有紧张的地方。令我紧张或者我使自己紧张的地方可能就是语言叙述、结构方法等的层面。“写什么”在我是天然的，甚至是命定的，而“怎么写”却大有讲究。我力图获得一种“自然”，但却是以一种“非自然”的方式去获得的。我的平易简单的背后是步步为营，真的不是那么简单的。随心所欲而不逾矩也许是每个写小说的人都想达到的境界。有的人只管随心所欲，无暇顾及那个“矩”，而我，首先是不逾矩，随心所欲尚不能成就。但我相信，如果你把写作看成一个完整的过程，它就会来临的。我有自己挥之不去的顽固的地方，这很重要。也有努力变化的方向，这也相当关键。强调自己之所长、所有，或者盲目追随都不是现阶段的我所要做的。

李勇：在您的文字中我发现，您一贯反对伪善、“僭越”和“扩张”，主张写作者保持诚实、谦逊和卑微，写作的时候这种自我要求时刻暗示着您吗？它有没有形成约束和障碍？您的东西写得很慢而且改得很多，和这个有关吗？

韩东：写作和生活一样，最大的障碍是自我。“忘我”不仅是一种出神的状态，也是一种需要努力达成的人生。说到底，什么样的人写什么样的东西，作品就是记录、档案、痕迹。自然有“邪恶的天才”，但那是一种分裂——专心致志的工作状态和自我中心的生活的分裂。但，最完美的天才是合一的，我相信最伟大的书只能由佛陀这样的人写成。我知道，我的这个观点肯定会引起异议、反驳，也危险至极。不过可以不把它看成一种道德规定，仅仅是合一而已。在具体的创作过程中，“忘我”如此重要，聚精会神如此重要，各种令其分心的欲望、表演、造作都会降低作品的品质。一个擅长于“忘我”的人，不仅在创作的时候忘我，在其他的事情上也能忘我。或者说，一个擅长于“忘我”的人，在创作的时候更容易忘我。当然说到底，写作一部杰作或者创造不朽的艺术不应该是人生的目标，完美的艺术应该理解为一种副产品，实现人生超越的副产品。卡夫卡之所以伟大，仅仅因为他的目标不在文学，不在要成其为伟大。应该在这样的认识前提下，努力地将写作活动与生而为人联系起来加以思考。障碍和束缚是有的，正是那个想成名成家、想成功的“自我”。

李勇：有人说您自我化的取材方式缺少挖掘的潜力，您怎么看？《小城好汉》也取材于个人早年经历，单就一种风格开拓的可能来讲，您有没有打算今后要尝试打破这种个人化的视角？

韩东：我本来想回避这个问题，因为它不成其为问题。注重个人经验，甚至取材于有过的生活经历应该是天经地义的事。只有在我们现在这个不正常的文坛才会被作为问题提出，才会成为一种否定提出。有不注重个人经验、取材于书本或想象的写作，难道就不能有其他方式的写作吗？为什么要争取这个“名正言顺”？为什么就不能多元？为什么就不能趣味各异？写作的“正宗”真的就是所谓的“虚构”吗？我说过，“虚构”是文学写作命定的方式，重点在于“方式”，也就是如何写，而不在于你到底写了什么。写想象、写幻觉、写书本、写假设的故事就是虚构了吗？写“假”的就是虚构吗？新闻报道中亦有很多虚假的成分，甚至充满谎言，难道它们就是文学了吗？新闻无论如何虚假，都是非虚构作品，就像文学，无论是否写了“真实”，只要是以真实发生的事为题材的或是以假设的事物为题材的，都是虚构的。难道说《西游记》是虚构的，而《红楼梦》就不是虚构的吗？或者说，后者就不是文学，或者在文学的价值上就略逊一筹吗？因此，是否虚构并不能以取材论之。就算以取材而论，我也写过很多并非以自己的经历为原始素材的小说，比如《本朝流水》《双拐记》《同窗共读》《交叉跑动》《房间与风景》《恐怖的老乡》《美元硬过人民币》《烟火》等等。如果你说的“个人化的视角”是指取材于个人经历，那就不存在“打破”的问题，在我这里，是不存在这样的限制的。

李勇：童年题材还会再写吗？《扎根》似乎已经写尽了童年下乡的总体，《小城好汉》是取其一个点，以后还会这样“取点”吗？

韩东：我手头至少还有十部长篇的素材，当然不完全是从我个人的经历出发的。我不限制自己，别人怎能限制我呢？也许有一天我会写一本自传，到时候可以对照我的小说阅读，保证你会大吃一惊的。通过作品窥探写作者的生活过于吃力，也不是一个良好的阅读小说的习惯，会忽略只有小说才能传达的东西。

李勇：《扎根》中一个情节印象很深，就是老陶讲故事。为了教育和培养小陶，他给他讲《复活》《九三年》等时，对原著进行了篡改，讲完之后他只记住了篡改的地方，原作竟真的被忘记了。对每个作家来讲，生活经历就是“原作”，写作完成后，“原作”可能已经被篡改，他记住的是自己的作品，而“作为素材的生活也将消失”——非常有趣的现象！写作能改变自己吗？写作能改变记忆吗？和历史相比，文学的“真理性”和魅力在哪里？

韩东：记忆是不可靠的，但面对历史，它又是唯一的。所谓的历史，说到底是由人们的愿望达成的。梦是愿望的达成，历史亦然，历史如梦似幻，因此才成了文学的材料。因此，无论你是否写了所谓的“真实”，它都是虚构的。只不过文学将虚构作为合法的积极的因素而接受。在学术研究中，虚构则是一个非法的消极的因素。学术研究中的“真实”实际上只是某种逻辑的真实，而不可能有时空逆转、情景重现。文学写作利用记忆，但目的并不是为了恢复记忆，更不是为了打捞历史。在文学写作中，记忆可能是出发的地方，但绝不是目标所在。写作改变历史是必然的，构成历史之上的历史也是必然的。存在是一回事,关于存在的记忆是一回事,根据存在之记忆的写作是一回事,对存在之记忆的写作的记忆又是一回事。在我看来,历史和文学都无所谓“真理性”,因为它们都是相对之物。但无论历史和文学都可能成为抵达真理的道路。承认它们并非真理,承认它们的相对性,便是一个可能的开始。文学的魅力也许就在于它主动地与虚幻共舞,甚至这虚幻也不是绝对的,而是相对于“真实”而言的。文学虚幻的舞姿是在与“真实”的张力中展开的。

李勇:谈谈作者和人物的关系吧。“新生代”作家(包括您)的小说里常常写到人的猥琐、阴暗,人们不一定展开道德批判,却常常忍不住拿它和作者对应,您怎么看?展示阴暗,可以是自我批判吗?怎么在作品中区分出它不是变态做作或哗众取宠?

韩东:将心比心是没错的。如果没有对人性的洞悉的话,写作将是一件不可能的事。这里面不应该有道德批判。在文学写作中,非道德就是它的道德。我说的是非道德,而不是不道德。对于少不更事的孩子或者精神病患者,你的道德观如何建立?对于毒蛇猛兽或者温顺的绵羊,道德要求又是些什么?小说中的人物及其行为应作如是观,他们存在于自己的世界而非你我的世界中。观察、注视、了解、欣赏、怜悯,有了这些就足够了。在文学中,无论是道德的或者是反道德的,还是以不道德为道德的,都同样令人厌倦。我常常自我反省,但很少会在文学写作中。你说的“作品中的变态做作或哗众取宠”是有的,当一个写东西的人拿道德说事,自以为可以赏罚分明,就是一种荒唐。当然,道德苦闷或者冲突是一个主题,但写作者应该探寻的是这样的一种状态,而非作出是非黑白的判断。

李勇:对我们这个时代来讲,展示美好和展示丑恶,哪个更有力量?我们的时代缺少的是什么,爱的能力,还是真诚?就批判的功能来讲,文学真的有助于我们“穿越”猥琐以及阴暗吗?或者退一步说,对作者本人来讲,写作是否有此作用?

韩东:艺术在定义上就是美好,难道不是这样吗?如果它展示美才能成为美,那不过是宣传,是广告,不是这样吗?艺术的力量不是它的广告作用,艺术自成一体,对于功利的事物而言属于无用。无用就是它的美,就是它的魅力所在。星空是无用的,但你取消它试试。我们的时代不缺少“爱”,不缺少“真诚”,不缺少所有的这些概念、说法,但的的确确,缺少对艺术之美的敏感、理解。艺术在我们的时代成了一件不可理喻的事情。批判的功能对艺术或者对文学而言是等而下之的,有助于我们“穿越”什么也是它极其粗俗的效用。文学艺术在普遍的理解中变得粗糙和狭隘了。对我本人而言,写作肯定不是为了批判社会,更不是为了克服心理的卑微,怎么说它也应该更加辽阔和有出息一些吧。

李勇：您说过自己的写作乐于关注情感和“关系”，对卑微和痛苦者感兴趣，而得意者是十分乏味的。这和您对人生、社会的看法有关吗？您好像对“滔滔不绝”的人特别厌恶。

韩东：不是说幸福是相似的，而不幸各有各的不幸吗？我说得意的人是乏味的，是指在文学写作中，他们没啥可说的。当然，在生活中我也不喜欢自鸣得意的人。人这玩意儿，谁不知道谁呢？有什么可装的呢？西蒙娜·薇依的说法令我印象深刻，她说文学中“善”令人乏味，枯燥陈腐，而“恶”则生动有趣，活力无限。这和现实相反。在现实中“恶”是极其乏味的，而“善”却无比生动。当然这并非她的原话。文学世界的法则和现实的法则常常是颠倒的。卑微、痛苦、委琐、变态、阴暗、困境、疾病、死亡、恐惧，诸如此类消极的因素在文学中的确更加具有活力，有它们的天地，而“善”在文学中往往就成了“伪善”了。顺便说一句，我对“滔滔不绝”的人并没有特别的厌恶，甚至厌恶也谈不上。我比较厌恶的是伪善，在文学中，伪善也被表达成了一种生动有趣的“恶”。

李勇：刚看了您一篇关于“乡土”的访谈，您平时关注农村（比如“三农”）吗？您的创作有一部分是和乡村密切相连的，同时代的乡村题材创作您关注吗？比如贾平凹，2005年他的《秦腔》比较轰动，还有同在陕西的您的大学好友杨争光等，您有什么评价？

韩东：我从来都不特别地关注乡村题材，也不特别地关注城市题材，在我没有这样的区分习惯。我写乡村是因为那是我熟悉的，我写的是我熟悉的乡村。今天的乡村我不太熟悉。贾平凹的《秦腔》没有读过，不好说。至于杨争光，我觉得他是一个天生的小说家，非常的独特。他非常了解中国乡村，了解那儿的生活和人性，并且具有不可多得的现代小说的意识。套用最近听说的一种说法，争光是一个大大被低估的汉语作家。

李勇：能否明确地说一下，从作家自身方面来谈的话，您反对的写作是怎样的？您认为真正的写作应该是怎样的？以此为标准，当代作家里面您认可或欣赏哪些？

韩东：我不反对任何写作，任何写作都有它的理由。我反对的是文学写作的霸权。理想的写作局面应该是多元的，各有各的天地，也各有各的吃饭的地方。霸权、垄断、以正宗自居，是对写作事业的伤害，是对一代人甚至几代人文学创造力的伤害。作为具体的写作者当然可以执其一端，按照自己对文学的理解写作，认为自己的写作才是“真正的写作”。现在的情况是，作为具体的个人并无信念，但作为一个利益共同体反倒壁垒森严。只要你足够有名有势，人家就拉你入伙，管你写的是什么呢。反之则不屑一顾。这是一个文学标准问题吗？非也，是一个权力或者利益得失的问题。我欣赏的当代作家首先是在这一问题上比较超越的，有公心的，有良知的。实际上作家的良知并不那么抽象，并不需要表达对人类、对世界、对底层的关怀、悲悯，在所从事的工作中有没有超越自身利益和地位的态度是关键。当年德高望重的高尔基读到无名之辈叶塞宁的诗，激动不已，马上要求见面，并给予对方极大的肯定和赞美。这样的事，可能出现在我们目前的环境中吗？都是多年的媳妇熬成婆，一代来了，一代又去，恶性循环。以前我喜欢就写作的成绩和意义开列我欣赏的作家的名单。在我开列的名单中，既有成功人士，也有无名之辈，但招来了一帮既得利益者的质疑和诽谤。原因只有一个：我开的名单和他们不一样，而他们开列的名单几乎完全相同。我的名单也只是一家之言而已，问题在于，这样的一家之言太少了。每个写作者的阅读范围和欣赏目光是不同的，各有各的偏好再正常不过。可是，这正常倒成了不正常。听见那帮文学成功人士整天唠叨着那几个人物，互相吹嘘，好像广阔的文学写作就是他们家的那一亩三分地，真是烦不胜烦。当代文学写作的深度和广度果真如他们划定的那样，那真的就是死路一条了。

李勇：您说过好的小说能"呈现被淹没的可能"，这似乎有点玄妙和笼统，可否以一个读者的眼光，告诉我您期望的好的小说是怎样的？它应该给您怎样的打动和印象？

韩东：好的小说妙不可言，体会到这一点是需要一定的阅读经验的。对于一个喜欢读小说的人才能谈得上小说的好坏。作品和读者是一种互动关系，不是说有一个好东西，你就一定能读出好来，能够体会这种好。作者首先是读者，你读了大量的小说，对好坏有自己的体会判断，然后，你才写小说，按照自己的理解把小说之好、之美妙贯彻到作品中去。问题在于，现在有多少喜欢读小说的人呢？为故事而读，为修养而读，或者为寄托而读并不能算得上一个好的读者。好的读者就是喜欢读小说的人。好小说培养好的读者，然后这些读者再去读小说，又碰上了好的小说，是这样的一个过程。好的读者不需要作者告诉他什么是好小说。好的作者也从不猜度读者可能的反应，好小说或者小说中的好是他们共同的渴望，是某种在长期的阅读和写作中达成的默契。吃中国菜长大的人才能体会到中国菜的精髓和它如艺术般的美妙。西方人也喜欢吃中国菜，但他们的体会到宫保鸡丁为止。小说如饮食，口味和制作相辅相成，是在长期的印证中形成的。你要是知道小说的好，或者知道什么是好小说，那就开始读小说吧。对于写小说的人来说，关于什么是好的教条是帮助不了写作的。个人的创作力依赖于集体的无意识，其表达不是凭空的。但又不能屈服于集体无意识，因为那将非常没有出息。盗版碟培养了一代电影观众的胃口，那么我们又将拿什么来培养小说读者的胃口呢？这的确是一个问题。好在读者和作者平等。盗版碟培养的不仅仅是观众，更重要的是培养了我们的导演。中国作家有时候很没有道理，将小说的好坏评价责任推给读者，首先得问一问，作者本人是吃什么长大的？作为读者他算不算是一个好读者？

李勇：您绝望吗？"断裂"虽然极端，但是它也许道出了某种人所共知的事实。"断裂"有震撼力，从引起的争议和喧哗就看得出来，但是对现实的改变似乎并没有太大的作用。我们这个社会似乎很多事情都是这样。

韩东：谈不上绝望，世间无善，就像人必有一死。就像你说的，"道出事实"也许是重要的，我从来不幻想改变什么。我一向认为"是什么"比"应该是什么"更紧要，这和一些人的想法不符。获悉"是什么"不是一件容易的事，虽然事实就摆在那里，但人们拒绝承认。"应该是什么"则非常容易，每个人都有自己的"应该是什么"，并按自己的想法作用现实，不免带来冲突和无穷的灾难。在功利欲望的驱使下，大家不求无过、但求有功。我还是觉得不求有功、但求无过更为重要。但求无过不仅指行动，更关键的是对现实不打折扣、去伪存真的认识。

李勇：谈谈您对文学评论的看法吧。在这个问题上，您给很多人的印象是偏激和极端的，但其实您也说过比较中肯的话，您曾讲过，评论家与作家"擦肩而过"很经常也很正常，只要"合法"就行，而且您自己也评论过一些朋友的创作。站在您的立场和角度，您觉得评论者应该怎样进入作家和作品？

韩东：评论有各种套路，但我比较欣赏的还是那种独立于作品的评论。具体的作品只是评论的材料，就像生活、观察是写作的材料一样。评论家的自我感觉也应该是一个艺术家，他可以评论差劲的作品而构成自己的杰出作品。评论家和作家的平等不应该是一项权利要求。我认为，好的评论和好的文学在价值上平等，差劲的评论和差劲的文学同样都是差劲的。不存在天然的"行业"优越，由此产生的种种自卑或者傲慢都是很可笑的。只有将评论当作文学的附属物时，评论家们才会不知道如何自处。不能一会儿要领导、规范、教训文学和写作，一会儿又显得那么唯唯诺诺，自觉低人一头。由于历史原因和因循的学院体系，目前中国的评论界情况堪忧，主要是缺少不拘一格的天才性人物，同时也缺少老老实实的本分之人。

李勇：今天的文学已经失去了往日的轰动，您怎么看文学的这种处境？是不是您早就盼望着了？（笑）有人认为文学会"消亡"，您怎么看待文学的前景问题？

韩东：文学的处境不好，不是因为它没有以前"轰动"了，而是对待文学的急功近利的倾向。作者的写作和读者的阅读目前都显得非常急躁。内心的贪婪和外在的急切不局限于文学写作领域，当然，文学写作领域也不能幸免。存在着某种"时代病"，全民皆病，文学家也不例外。要求文学的"轰动"，并为此得意或惋惜，正是这种病症的表达。我觉得，文学即使"消亡"，也会以另一种方式或者技术手段"再生"。消亡和再生的不过是方式，除非你认为文学就是一种方式，仅仅只是方式。只要文字存在，以此作为材料的艺术就会存在，还有什么可说的呢？方式的多样化、革新甚至传统印刷术的没落都未见得是一件坏事。退一万步说，就算文学注定要消亡，我们又何必为此痛心疾首呢？生死一体，寿终正寝的死亡总是值得欢迎的。

李勇：诗歌呢？诗歌与一般读者的隔膜是显而易见的，研究之外，我也是只读那些有"感觉"的诗，我觉得指责阅读者的口味和阅读水平是不太讲道理的，诗歌本身应该也存在问题，可能还有我们的现代汉语。而可以肯定的一点是，这和一些诗人的不负责有很大关系，诗人的写作难道只是面向自己，关起门来孤芳自赏吗？那些在此之下为自己的平庸和自恋寻找到借口的就更不用提了。固然有一些真诚、严肃而又明事理的诗人继续坚持和探索，但诗歌是否会因为这种不良的生长环境而进一步萎缩以至消亡？

韩东：读与写是互动的。诗歌的责任在于写诗的人，肯定也在于读诗的人。如今，读与写的和谐关系被破坏了，剩下的只是写诗的和读诗的或者写诗的和不读诗的互相指责，各自负气，这是一种恶性循环。写诗的人越来越不念及读者，而读者也越来越不买诗人的账。他们都可以各自生存，唯独诗歌缺少流动，犹如一潭死水。诗歌应是活水，这还有什么可说的呢？在目前的困境下，大家都看见了诗人的无能、自恋，但作为诗歌生存环境的一部分，你看没看见读者的无能和自负？看没看见传播渠道——例如出版、媒体的无能和自负？读者要求好的诗歌、好的诗人，但他真的出现、存在时，他们可能知道吗？认得出来吗？我们缺少好的诗人，也缺少好的读者，缺乏好的媒体以及评论，缺乏的真多！我觉得大家应该各司其职，首先做好自己。诗人不是给读者唱堂会的，读者也不是生来就应该给诗人捧臭脚的，这些都是一些最基本的认识。

李勇：写完了《小城好汉》之后，最近有什么打算？

韩东：这部小说在杂志上发表时叫《英特迈往》，出书的时候叫《小城好汉之英特迈往》。后一个名字主要是考虑到书的"卖相"，因为大家对"英特迈往"这个成语比较生疏。按照目前的频率，我两年写一部长篇。下面另一本书需要着手准备，搜集材料、思考以及身体的休息和调整。

李勇：谢谢您接受访谈，也希望见到您更多、更精彩的长篇。

评 论《

卑微，这唯一的高贵！

——论韩东及其小说

李 勇

很多时候，通过作品去推断一个作家往往会发生错误。钱钟书说“巨奸善为忧国语，热中人作冰雪文”，这是太过典型以至于极端的例子，更多的情况是很多作家和他们的作品确实相距较远，我们从作品中找不到他们的影子，那个若隐若现的面孔并不是他，即使凭理智从作品之间隙和裂缝处推测出一个判断和印象，事实又往往证明我们还是错了。当然，也有完全相反的情况，那就是作者和作品十分趋近，甚至不分彼此，一部作品就是他的一次心灵告白、一次哭泣或怒火中烧，比如佛陀、卡夫卡、尼采，他们的内心和对内心的表达都独一无二，并且相依相应：这些作家有着单纯的作品和单纯的面孔。

韩东喜欢卡夫卡，但他的情况看起来却不像卡夫卡那么单纯。韩东和他的小说有一种明显的不对应。主要原因是韩东现实里给我们留下了太过深刻的印象，现实里的韩东反叛、“极端”并且争议不断，然而他的小说却异常的“低调”、安静，这不仅是指那种朴素、冷静的叙述风格，也指那种“严格”的个人化取材，这种取材方式决定了他叙述时纯净的个人化视角，同时也决定了一种谨慎而不“僭越”的姿态。

如果说艺术的创造真的能够使人进入一个心无旁骛的境地，并坦承他现实所无法显现的灵魂内面的话，我们就不应该对韩东的情况表示不解；但是艺术的世界不会那么单纯，一个人的灵魂即使多面也不可能面面相隔，而韩东的小说不仅保持了取材和艺术上的“谨慎”姿态，甚至连内容也绝少那些张扬、猛烈的东西——这不是那个现实中常常袒露自己愤怒的韩东。从“他们”到“断裂”，他给我们留下过太深刻的印象，可是他的小说却如此宁静！联系到韩东是一个有着绝对清晰的理智能力和思维能力的人（全面阅读后得来的印象），这种错位耐人寻味。

一

韩东谈到他所喜欢的小说和语言时，曾列出以下几个特点：内敛、沉静、自然、质朴、庄重、细致、敏感、微妙、机智、严谨……韩东说这些都是极好的词，都是他所喜欢的。在这中间，他把“内敛”“沉静”放到了最前面，同时还说，“我喜欢清晰、简单，有时候笨一点的方式。造作、炫耀的东西我不喜欢”[①]。可见，在韩东心目中，对于好的小说来说，“内敛”和“沉静”是极重要的一点。

浏览他整体的小说创作，我们发现“内敛”和“沉静”也恰是他小说的突出特点。不仅小说本身，就连其写作也是如此：韩东的小说改得多写得慢，20世纪90年代至今，长篇不过《扎根》和《我和你》(新近出版《小城好汉之英特迈往》)，中短篇也不算多，和那些发表作品以月、以季度计量的“高产”作家相比，这样的速度无疑要“内敛”许多，而他那种几年磨一部、一部改数稿甚至常推倒重来的写法，如果没有一种沉静的心态，恐怕也是难以坚持的。当然，最能体现这种“沉静”和“内敛”的还是他的作品。

韩东的小说大部分取材于个人生活经历。他所有的故事和人物，几乎都来自于个人生活，小说里的主人公——“我”“小培”“小东”或者“小陶”——常常闪现着韩东自己的影子。和那些取材远离自我本身的作家相比，韩东的“个人化”取材方式首先就是沉静而内敛的，它有着一种老老实实的态度，似乎是为了确保诚实，韩东拒绝了自己视线之外的世界。与此同时，似乎是为真正实现和保持这种本分老实的姿态，韩东的讲述试图尽可能地去消除“个人化”所常有的主观、易感和激动，这一点在韩东的语言和整体叙述风格上体现得尤其鲜明。

韩东写小说也喜欢讲故事，但和那些“先锋”以及不少“晚生代”作家相比，韩东讲故事要“规矩”很多。他总是以他特有的敏感和细腻娓娓道来，既不兴高采烈，也不唉声叹气，而他所讲的也都是那些平常的人事——他所经历的现实和往事，身边的或旧日的亲人、朋友以及闲人过客等等。人事都是极现实也极平常的，没有波澜起伏的故事情节，也缺少大起大落的悲欢离合，所谓人生、所谓命运不是被“挖掘”而是被“展示”出来的。这种现实而平常的素材没有丝毫的枯燥乏味，全赖于韩东极具才华和控制力的讲述：他含而不露的幽默，他对人心令人叹服的精微把握，他对细节的雕琢经营和点到为止，以及他对人生、命运谦卑而冷峻的审视……小说《在码头》

---

① 安琪：《韩东访谈：看我们如何自处》，http://blog.sina.com.cn/s/blog_54434627010006t7.html.

和《革命者、穷人和外国女郎》所讲的无非是一场无意义骚乱和一个自欺欺人、让人怜悯发笑的单身汉，非要在里面挖掘出什么深奥的意义当然是可以的，但我忍不住感兴趣的是它们如何进入了韩东的笔下，同时又让我们读得津津有味甚至欲罢不能。而《花花传奇》和《小东的画书》则因为明显涉及命运和死亡，所以韩东无法再“无动于衷”，但仔细阅读我们会发现，在伤感止不住要弥漫的地方，韩东依然在极力地控制：《花花传奇》在写到那只美丽绝伦的猫死去时，作者只是非常自然主义地描述了“我”冷静、淡漠的举动与感受，似乎生的记忆和死的空虚真的就在那“淡漠”中一笔勾销了；《小东的画书》中写父亲去世多年后开始越来越频繁地降临“我”的梦境，作者所写出的无非就是那种历久弥新的悲伤本身，然而他没有延留，而是接着用一种年份罗列的方式呈现了父亲和“我”之间一种令人怅惘的生命对应——弹指一挥间，悲伤便被适时地稀释了；而《交叉跑动》《我的柏拉图》对男女情爱过程的描写则让我们看到了他对人性心理那种超强的洞察和把握能力，那些迂回试探、敏感和自卑、受控和失控、对灾难的直觉以及它令人绝望的应验……所谓存在的意义、生存的处境，所谓思考和追问，韩东都统统留给了我们，他所“乐此不疲”的是对情爱事件、心理的展示与追踪，他紧紧抓住心理和情感的幽微和曲折，不放过任何蛛丝马迹和风吹草动，向我们展示出幸福的来去和爱情的枯荣。事件和过程是不平静的，生活和心理的波澜甚至是剧烈的，但韩东的叙述始终像外科医生那样临危不惧，精确而镇定。

这种沉着、冷静的叙述风格还体现于他的语言。韩东的语言注重描写，并有着精细入微的雕刻般的笔法。他的小说注重细节的力量，无论中短篇还是长篇，它们总有一些让人过目难忘的细节。比如，他写一边跟“我”说话一边拨电话的警察朋友：“‘小杂种给了我一个地址，我要核实一下。’他说。‘钟二，最近打牌手气如何？’我正待回答，突然杜杰‘喂’的一声，目光变得遥远了。”(《乡间警察》)；他写爬山路上焦躁的游人：“下面，向上攀登的人不时停下，抬起头，瞧瞧还有多少级，然后再埋头爬一阵，再抬头看，涨得通红的脸上一副绝望的表情。”(《新版黄山游》)；还有那个为了住宿赖着不走的人：“据说已经磨了一个多小时了。若有人来询问就靠在一边，或代为回答说没有床位了。询问的人一走他又接上刚才打断的话头继续向埋头于小说的服务员诉说苦衷。”(《新版黄山游》)。这一类细节描写的是平常生活中一些最司空见惯的情态和场景，它们都富有瞬间的动感和情景特征，记忆往往自作主张地为我们保存这些没有多大意义却又生动无比的生活图影，韩东以诗人的敏感和精确为我们记录、重现了生活中这些琐屑的日常表情。对生活日常情态的捕捉和简约、精确的语言，让韩东的细节刻画具有了一种极其冷静和淡漠的效果，当这种笔法被带入对静态画面的描写中时，一种类似木刻画般的效果就出现了。《扎根》写到老陶在夏夜的星空下给小陶讲银河和星星，“爷爷”陶文江也坐在旁边，“由于肌肉松弛，他半张着没牙的嘴。从小陶的角度正好能看见他的剪影，镶嵌在星空的背景上。小陶不禁产生了某种幻觉：那灿烂的星河仿佛出自陶文江年老的口腔，就像是随着他的呼吸被吐出来的”。这样的描写给人一种呼之欲出的画面感，这画面凝固而永恒，甚至涤清了回忆应有的伤感，而只保留住一份凝神回望时的悠远和安宁。细节的雕刻让韩东的小说有很强的“质感”，他的小说在注重描写的同时绝少有直接的议论和抒情，他从来都是让事件自己说话，而绝不会主动告诉我们发生了什么或将要发生什么：他跟我们说一件事情，然后又说一件，可能还会说第三件——这时我们才明白生活正在起变化或者已经起了变化。这些都让韩东的叙述透出一种客观而冷静的风格。

个人化取材连同语言和叙述透露出的这种内敛和沉静，已经形成了韩东独特的风格。一种风格的形成既有作者个人气质和性格的原因，也有他着意经营和用心的原因，不然韩东何以抱守这种个人化取材方式而紧紧不放？难道仅仅是出于自发和无意？个人的生活经历和作家的创作固然有着密不可分的关系，但是一个作家始终以这样一种紧密的姿态追随个人经验几乎不越“雷池”半步似乎并不多见。不管怎样，这种沉静和内敛的风格和它背后透露出的谨慎、节制与现实中韩东给我们的印象确实不同。那么，是什么让现实里“放肆”“张扬”的韩东在小说中显出完全相反的模样？

二

其实，放肆、张扬这些印象式的东西都是表面化的，如果不深入了解，很容易落入片面和主观的境地。大闹天宫的孙悟空放肆、张扬到了极点，但大多数人都不会去指责，所以放肆和张扬仅仅被作为一个印象是无所谓的，但若由此推断出其人可憎甚至可杀那就是主观主义了。和人云亦云、鼓噪起哄相比，正确的做法应该是首先弄清楚为何放肆、张扬，其人反对的是什么，倡扬的又是什么。

全面的阅读之后，韩东给我印象最深的是他的愤怒，这和其反叛的姿态是相符的。很多人对韩东的愤怒和反叛报以怀疑和指责——认为这激烈态度背后包藏的是个人的私欲和野心，而反叛也不过是一种作态——却不愿意去了解韩东到底在愤怒和反对着什么。也许真正了解这一点需要更全面而细致的阅读，而很多人显然缺乏这种耐心。那么，韩东到底在愤怒和反对着什么呢？

韩东的愤怒和反叛首先是针对当前的文学界。当年和朱文发起的"断裂"和曾留下过的名言——"如果他们的是写作，那我的就不是；如果我的是写作，那他们的就不是……"他们的批判和反抗都关于文学："断裂"指向的是现有的文学体制，"他们"则是指那些因体制和其他因素而无法保持或干脆乐于放弃写作独立与自由的人。话说得激烈，但我们不得不承认韩东道出了一种大家都心照不宣的事实——还用再解释吗？我们虽然不愿承认，但心里都明白。韩东就是那个皇帝展览新衣时说真话的孩子。

韩东最为憎恶的就是伪善、欺世盗名，一切名义下的僭越和扩张。甚至可以说，韩东的所有愤怒和憎恶最终都是指向它们的。而这种愤怒和憎恶也绝不仅仅局限于文学。在接受安琪的访谈时他曾谈到自己对"学院"的看法。他说："既然学院是体制化的产物，它的问题就是先天的，前提性的。但像现在这样问题这么严重……当然无独有偶，这也不仅是学院方面的事，和社会的整体方向是直接相关的。学院是社会的一部分……这一认识可将学院的真相从不证自明的纯洁高贵中揭示出来，这就足够了。"这里间接地道出了他对社会的一种看法，而下面的话则更明确地表明了他对我们这个时代和社会的态度："对社会问题我一向悲观，这段时空下的人类早已罪孽深重，自作孽不可活了。"[①]社会应该有其好的和不好的方面，但至于到底是不是这样，或者说好与坏的方面谁是主要的、决定性的，各人有各人的看法，而韩东显然是极悲观的。

但在对社会的看法方面，令人印象最为深刻的不是他的悲观，而依旧是他的愤怒。他的言辞及激烈的语气已经鲜明地表现了这一点，而对任何形式的卑鄙和伪善他都报之以更为激烈的批判。最典型的就是他对"知识分子"的看法——"你真的以为'知识分子'和作家'分担'了什么吗？他们分担了荣誉、名声、精神的优越和物质的保障，除此之外还有什么呢？苦难、危险、煎熬、贫困那大概是昨天的事情了吧？……他们什么都想得到，两头做人，一头也不愿意落下，按老百姓的话说就是既要当婊子又要树牌坊。'知识分子'和'作家'就是牌坊，下面站着的是不是都是婊子我不敢说，但非要这块牌坊装点门面不可的却有很大的嫌疑。"他明确地表示："我拒绝与知识分子为伍，拒绝认为自己是一个所谓的作家，无非是对这种伪善的反感。"同时韩东认为这种伪善和恶劣的东西充斥了我们生活的四周，他说："我们的环境是

① 安琪：《韩东访谈：看我们如何自处》，http://blog.sina.com.cn/s/blog_54434627010006t7.html.

很恶劣的，因此，任何反抗、抗议、抗争或对立的声音都是有道理的，甚至于必要。”[1]韩东对于伪善和所有卑鄙无耻的行径都怒不可遏，而他的愤怒和对愤怒的表达也决不是意气用事、逞一时之快——伪善和险恶已经成为他对当代人群环境的一个基本判断。

在给友人的一封信中韩东曾打过一个比方，说他们（他和他的朋友）犹如行走在暗夜的途中，连前进本身和目的地也许都是一种虚妄，但他们依旧面孔朝前并对光线敏感。[2] 在这样的处境之下，韩东认为，我们应该而且必须追求和做到两点：一是怀疑精神，二是卑微。

他说：“我所谈论的怀疑精神当然不是一种智力手段，毋宁说它是一种与我们的生存直接相关的精神力量（或能力）。它针对的是确信者、神话或谎言，是保证我们不在途中停留的基本可能。”[3]环境的恶劣决定了怀疑精神是如此必要！怀疑是为了揭穿伪善，而唯有卑微才能求得诚信。韩东认为我们应该学会缄默，尤其是面对神圣之物，言说的背后则险恶万重，只有卑微才能抗拒伪善和险恶，才能保持住诚实，正如他所言——当人们的生活不堪忍受时，卑微就成了我们这个时代里一个崇高的主题。

对卑微的提倡，让他反对一切的僭越和扩张，包括在艺术方面。

韩东不喜欢史诗，他认为“诗歌的方向是自上而下的，是天空中缥缈的事物……而不是向下的挖掘，它不是煤”[4]，他不赞同那种失去灵感后仍死死支撑的诗歌写作，他觉得那是对诗歌和自己的折磨，他认为史诗那种明确的“非个人化”的东西包含的往往是“好大喜功”[5]。而在小说方面，他反对那种先入为主的观念化写作，他说观念上的东西不是不考虑，“但它似乎不能够单独的、作为一种分离式的考虑。我们不能把所有的希望都集中在那里，首先了解什么是小说，什么是高级的小说、最高级的小说，在此观念的引导下再去写作”[6]，他觉得这是一种功利的想法。

功利很容易倒向伪善，韩东非常厌恶那些整天把“崇高”“神圣”挂在嘴上的人，他说：“对某种东西的感觉是免不了的，都会考虑到的。但如果你拼命地强调自己在这方面的发言权，甚至你写作的价值因此而变得与众不同，你有这方面的权利，我觉

---

① 安琪：《韩东访谈：看我们如何自处》，http://blog.sina.com.cn/s/blog_54434627010006t7.html.
② 韩东：《怀疑与确信》，《韩东散文》，中国广播电视出版社1998年版，第232页。
③ 韩东：《怀疑与确信》，《韩东散文》，中国广播电视出版社1998年版，第233页。
④ 韩东：《关于诗歌的十条格言或语录》，《韩东散文》，中国广播电视出版社1998年版，第153页。
⑤ 韩东：《第二次背叛：第三代诗歌运动中的个人及倾向》，《韩东散文》，中国广播电视出版社1998年版，第133页。
⑥ 韩东：《谈小说写作》，《韩东散文》，中国广播电视出版社1998年版，第192页。

得那就大可不必了。”他认为人们在神圣之物面前应该学会保持缄默，同时要识别伪善：“实际上，在以神圣自居者那里神圣似乎并不存在。大家都很虚无，但他们从中受益。在虚无主义的这片废墟上充满了僭越的可能，反正没有上帝，我就是上帝，挟天子以令诸侯，就是这种感觉。真正的对神圣之物的那种卑微、那种诚信看不到。看到的就是这种僭越的欲望，太强烈了。”①

那么，既然先入为主的观念化写作不值得提倡，好大喜功的功利主义写作应该抛弃，所有喧嚣、鼓噪的声音也都值得怀疑，自然唯诚实和卑微的写作才是我们所应该追求的。

三

艺术上的诚实和卑微首先是一种写作的姿态，韩东是这方面的表率。昌切先生说，相对于“斗士”型的张承志、“商人”型的卫慧以及“官员”型的赵树理，韩东是个艺术家。韩东的写作拒绝了“道义”、规避了“市场”并且“断裂”于体制，如昌切先生文章所引的韩东自己的话说，他的作品写出来之后也希望卖个好价钱，“但这和写作是截然分开的”②，在写作过程当中，艺术家韩东是纯粹而独立的。坦陈写作的独立和艺术的纯粹，这不是艺术家的孤傲，而是一种卑微，因为他寻求的只是一种“断裂”——以此求得自处，这是他心目中排除任何形式的僭越和被僭越的唯一途径；而艺术之外的韩东并非不食人间烟火，他的诚实体现了他的坦然。卑微是这个时代崇高的主题，自处是这个时代高贵的品行，“断裂”后的韩东坦然而自信——这种状态也是他最乐意保持的。

我相信，这种明确而坚定的追求已经成为了一个渗透他全身心的精神指令，不仅让他在写作姿态上保持了诚实与卑微，也令他的艺术不自禁地浸染一种高贵的气息。高贵，“自处”的道德和能力是它的前提，还需要的是它优雅的态度和举止——这反映于韩东沉静、简约的艺术风格本身。

执着的个人化取材，沉静、内敛的艺术风格，这都是诚实和卑微的体现，尽管它也可能确实出于作者的无意，但当对某种德行品质的追求成为浸透身心的精神指令，那么与此相关的行为和忏悔是出于有意还是无意也许就不是那么重要了。

至此，我们终于可以明白，韩东和他小说表面的不对应其实暗含着内在的一致：他用叛逆、“极端”的方式表达着他现实的立场和愤怒，同时以艺术上的表率实践着

---

① 韩东：《谈小说写作》，《韩东散文》，中国广播电视出版社1998年版，第197页。

② 昌切：《谁是知识分子？——对作家身份及其功能变化的初步考察》，《文艺研究》2005年第2期。

他所倡导的卑微与自处。联系到文学是他的唯一职业,韩东的实践可谓全力以赴。

然而,这种努力给他的艺术创作本身又带来了什么呢?

四

首先自然是那种沉静、内敛的叙事风格。这种风格使得韩东的叙事展现出两种充分个人化的姿态:"回望"和"沉思"。它们对应于韩东小说的两种题材类型:一是童年记忆,二是现实经历。而这两类题材基本能概括韩东小说创作的全部,它们来自于他的童年,他的家族,还有他的爱情……

童年记忆尤其是下乡经历是韩东小说的叙事"热点"。这一段特殊的生活经历给韩东留下了深刻的记忆和影响,他在20世纪80年代作的诗中写道:"我有过寂寞的乡村生活/它形成了我性格中温柔的部分/每当厌倦的情绪来临/就会有一阵风为我解脱/至少我不那么无知/我知道粮食的由来/你看我怎样把贫穷的日子过到底/并能从中体会到快乐/而早出晚归的习惯/捡起来还会像锄头那样顺手。"(《温柔的部分》)韩东对现代人板滞的生活充满怜悯,他为那种从生到死都没有见过浩瀚银河的人生感到惋惜,对那种缺乏想象力的大众生活理想嗤之以鼻,然而这绝不代表他的小说是在表达对田园自然的向往和对现代文明的批判。《扎根》是他写童年下乡生活的代表之作,此前的创作中,对童年下乡和家族记忆的书写是零星、散乱的,如一次次不期然的回头,而《扎根》则汇集了几乎所有与童年下乡有关的中短篇作品,将不期然的回头化成一次长长的回望。"回望"姿态本身就充满着忧郁和哀伤,尤其当它指向的是童年、故地还有父亲。小说跨越了作者的整个童年和少年,几乎倾尽了他关于父亲的所有记忆,当成年后的梦境时时复原旧日时空下的一切,"扎根"便完成了它最终的历史反向运动——不是我和我的家族扎根在了三余,而是那段时空下的一切越过漫漫时间长途把根扎进了我的记忆。整个小说是平静而悠远的,然而内里却是抒情的、哀伤的,温馨和伤感是回忆的底色,回忆是属于作者个人的,所有对于时间、生死、命运的体验浑融其中,在这次长久的凝神回望中显得悠远而宁静。

然而,当涉及现实题材,这份悠远和宁静就不容易保持了。身处其间的现代生活决定了韩东的写作无法脱离对人的生存状态和生存体验的观照,如同人们所说的那样,《障碍》《我的柏拉图》等都写出了人面对他人、自我时所体验到的孤绝和困厄,韩东本人的《爱情力学》甚至专门就爱情的永恒悖论和困境展开了探讨,这显示了韩东的思考,这种思考同时也包含在了他的小说当中。《我和你》作为其爱情小说的代表充分表达了韩东对爱情的思考,在对"我"和苗苗的恋爱进行了全程展示之后,韩东难得一见地在小说中直接发表了自己对爱情的看法和思考，由爱情的永恒悖论到人生的滑稽和虚无，韩东的议论痛快淋漓，痛快的背后彰显的是他的焦虑。然而除了《我和你》这仅有的一次之外，韩东的焦虑都是深隐的，在《交叉跑动》《我的柏拉图》等作品中韩东唯一做的事情就是"展示"，并保持着他一贯的冷静，虽然展示本身也是思考的体现，但它无疑保持了足够的谨慎和卑微。他的小说尽力将事件的过程本身呈现出来，至于思考、判断甚至选择，则留给了我们。当然，韩东作为思考者的形象是清晰的，但这是一种沉思的剪影，有着静默的品质。

无论"回望"还是"沉思"，它们充分个人化的姿态显示了作者的真诚和卑微，即便是在具有超越性和普遍意义的问题上的思考，韩东往往也是静默的。

韩东是一个爱憎分明的人，爱的是他的同道和写作，憎的是狡诈、伪善和欺世盗名；同时韩东又有着清晰的理智和思维，无论诗歌还是小说，他都有着自己明确的观念甚至理论，这都显示了他良好的理智和智力，他应该是一个始终都知道自己在做什么和怎么去做的人。所以我想，他的小说所呈现的那种整体的风格至少应该在某种程度上是出于他着意经营的用心。也就是说，当他认为艺术应该追求诚实和卑微，那么他势必会用力，以使自己的写作趋向于这种理想，并最终呈现那种沉静、内敛的风格，而我们感受到的这种"力"就是其作品所隐隐透出的那种谨慎和克制。那种"个人化"的取材方式，那种"回望"和"沉思"的姿态，都是这种谨慎和克制的外化体现。

但是，这种谨慎和克制是不是有点束缚住了韩东的手脚？就像有人提出的——韩东个人化的取材是不是视角太过狭窄，执着于个人经历的写作是否缺少足够的发掘潜力呢？韩东曾经说过自己是一个对书写现实生活感兴趣的人，言外之意是那些所谓的幻想、历史题材可能与他是无缘的了。数一下韩东的小说创作，《扎根》几乎囊括了他6岁下乡到返城读大学的全部经历，在这部小说中被"一笔带过"的县城生活在新近发表的《小城好汉之英特迈往》里得到了充分的展开，但是进入的方式不同，那么记忆将永有可挖掘之处；而且生活的延伸自然会给他带来新的现实的素材，新途变旧途，肯定会有新的捡拾……可能这种小孩掰指头的算法有些好笑，但不管怎样，有些人总是摆脱不了这个疑问：韩东这种个人化的取材是不是确实有点"狭窄"了？韩东是不是有点太刻意了？

我想，任何的写作都是和个人经历相关的，韩东这种稍显紧密的取材方式首先应该是和韩东的个性气质有关，有些记忆和体验对于他来讲可能是永远都绕不过去的，他无法忽略自己敏感的内心——这正是一个诗人的天性和气质，和那些能够自由出入于他人世界和情感的“天生”小说家相比，诗人永远都无法逃避和忽略自己。但另一方面，这种取材方式和韩东对真诚、卑微的追求应该也有很大的关系，也许这种关系不是直接的，或者说韩东没有刻意这样去做——当他迈出第一步的时候，他没有想到(甚至没有想过)要留下怎样的脚印，踏出怎样的路来，一步步走开了之后一切才渐渐清晰明朗起来，直至自己的艺术风格开始形成，自我意识也便渐渐开始发挥作用，那种沉静内敛的气质、追求卑微真诚的内在观念便开始对写作发生作用力。这时，个人化取材便可能因其和沉静内敛风格的亲缘关系——后者是在前者中孕生和发育的——以及自身天然具备的真诚、卑微的姿态特征而受到韩东的青睐和“扶持”。

其实，在这里我只是想推断而不是下结论：韩东基于卑微和真诚的追求而坚持了自己个人化的取材方式，并保持了似乎有些过分的谨慎和节制。然而，这一点无关紧要，我想强调的是诚实和卑微这种精神信仰和追求本身，即便它们确实导致了某些人所认为的那种刻意，那至少更能证明一点：韩东是真诚的，而且心口如一、言行一致。至于所导致的后果，那是纯粹艺术上的事，在读完了韩东之后，我想强调和突出的已经不是艺术，而是他的“写作”——那种贯注了个人精神信仰和追求的写作。

当然，谁都不会承认自己没有信仰，所以信仰和追求什么才是关键。我相信，当韩东指斥我们的时代和时代的人们“恶劣”“罪孽深重”的时候，很多人并不同意，但是他们不应该反对另一点，那就是我们确实需要诚实和谦卑。卑微是一个崇高的主题，甚至可以说，是一种高贵，在一个喧哗不止的时代，它甚至可能是我们唯一的高贵！

所以，就算刻意那又怎样呢？我们无非是希望他能更“放得开”一些。也许还会提出疑问：写作固然无法脱离精神观念和追求，但是它难道必须要这么全神贯注、亦步亦趋？那么——这就够了吧，作家的路还要他自己来走，而一切的一切也许他早已经想到了。并且，我记得韩东说过，他的小说要写出那种“被湮没和潜在的可能”，对于一个写作还远未充分展开的作家来讲，建议倒不如化作希望，路还长，让我们祝福他吧。

(载《小说评论》2008 年第 1 期)

主要作品目录《

长篇小说

《扎根》,人民文学出版社2003年版。

《我和你》,上海文艺出版社2005年版。

《小城好汉之英特迈往》,上海人民出版社2008年版。

《知青变形记》,花城出版社2010年版。

《中国情人》,江苏人民出版社2013年版。

《爱与生》,江苏凤凰文艺出版社2016年版。

中短篇小说集

《树杈间的月亮》,作家出版社1995年版。

《我们的身体》,中国华侨出版社1996年版。

《我的柏拉图》,陕西师范大学出版社2000年版。

《明亮的疤痕》,华艺出版社2005年版。

《美元硬过人民币》,上海人民出版社2006年版。

《西天上》,上海人民出版社2007年版。

《此呆已死》,上海人民出版社2009年版。

《韩东六短篇》,海豚出版社2016年版。

散文随笔集

《韩东散文》,中国广播电视出版社1998年版。

《爱情力学》,上海文艺出版社2007年版。

《一条叫旺财的狗》,重庆大学出版社2011年版。

《幸福之道》,重庆大学出版社2011年版。

《夜行人》,重庆大学出版社2011年版。

诗　集

《白色的石头》,上海文艺出版社1992年版。

《爸爸在天上看我》,河北教育出版社 2002 年版。

《来自大连的电话》,香港中文大学出版社 2012 年版。

《重新做人》,重庆大学出版社 2013 年版。

《他们》,重庆大学出版社 2015 年版。

《韩东的诗》,江苏凤凰文艺出版社 2015 年版。

《你见过大海:韩东集 1982—2014》,作家出版社 2015 年版。

《我因此爱你》,浙江文艺出版社 2018 年版。

其 他

《交叉跑动》,敦煌文艺出版社 1997 年版。

《文笔天怀:韩东诗文选》,宁夏人民出版社 2005 年版。

《五万言》,四川文艺出版社 2020 年版。

韩少功

男，1953 年生，湖南长沙人。

小 引《

大约是在20世纪80年代中期，韩少功在文坛上闹过“寻根”之后，突然隐身江湖，蛰居在武汉大学一幢名为“老斋舍”的古朴的学生宿舍之内。据说他此行是来专修德语的，朋友熟人对他这次的行踪，大都不得而知。我虽身在珞珈山，亦未曾谋面。终于有一次，外地来的一位朋友一定要见到少功，我只好硬着头皮找到了少功在老斋舍的住处。人不在，但双层床上有零乱的被褥，自修桌上有同样零乱的书本、瓷碗和其他杂物。据说少功吃饭的瓷碗最大，早餐从食堂打回一碗粥，饿了就喝，有时要管一天。就这样，与大学生杂居在一起，潜心于他所专修的德语之中，何时离去，不得而知。

那次带朋友见了少功出来，我脑子里突然冒出一串类似于麻衣相士的术语：此公绝非常人，乃卧龙也，日后必有大成。

这当然只是一种听凭直觉支配的下意识活动，而且难免落入江湖术士的俗套，不足为据，但日后的事实，似乎又在不断地证明着少功的不同凡俗之处。如果我的记忆大体不错的话，这次修完德语之后，不久他便翻译了昆德拉的作品，虽然所据并非德文而是英文译本，但在创作间歇中偶一为之的这次译事，却引发了旷日持久的昆德拉热，对当代中国文学的影响，比之当初倡导的“寻根”，实在是有过之而无不及。这以后，他曾经有一段时间淡出文坛，到海南去办了一份在海内外广有影响的非文学类杂志，我在20世纪90年代初曾一度厕身海南，知其筚路蓝缕、艰难竭蹶，非常人可以想见。如果他沿着这条路走下去，没准儿会成为一个实力雄厚的实业家或报刊业巨头，也未可知。偏偏他又乘机收了摊子，急流勇退，回到书房，重操旧业。而后便有他的词典体小说的惊世骇俗，乃至《暗示》的“用语言来挑战语言”，熔具象与抽象、经验与理性、文学与哲学于一炉，臻于一种新的境界。世纪之交，少功又辞去了他主持改版、在知识界已广有影响的《天涯》杂志社社长和作协的领导职务，在他当年下放当知青的村子起了一幢小楼，一年有半数时间隐居于此，远离尘嚣，躬耕垄亩，潜心写作，实实在在地过起了诸葛孔明当年在卧龙岗上的隐士生活。言者、闻者，无不艳羡。尤其是像我们这些当过知青而今又做了知识分子的人，更属“虽不能至，心向往之”。然则不能至者，非财力之故，盖因未臻斯境，心力不逮故也。

我这样描述韩少功，并非要树立一个什么榜样，也不是出于朋友之私，而是要说明一个事实。这个事实就是：韩少功自出道20余年来，在文学上和思想上始终坚守着一种特立独行的超然姿态。这种超然姿态，既非思入空冥的形而上学，亦非无关痛痒的超然物外，而是与文学和思想的对象始终保持一种若即若离的适度距离。论中国作家讲究的紧跟时代潮流，这20多年来，从《月兰》的暴露伤痕，到《西望茅草地》的反思历史，再到《爸爸爸》的倡导“寻根”，韩少功在哪一股文学潮流中，都堪称得风气之先，或作为首开风气的“始作俑者”，从未落在时代潮流的后面。他的思想历程也因此可以套用一句时髦的话说，叫作与时俱进：从“伤痕”“反思”文学阶段激进的政治批判，到倡导文学“寻根”过程中深刻的文化反省，乃至近期主张的“传统的现代再生”，等等。在这个文学和思想与时俱进的过程中，尽管有人时而把他归入文化保守主义，时而又把他归入“新左派”之列，但他似乎并不十分在意自己所属何门何派，恰恰相反，倒是对强拉他去入伙的那些个左门右派，他都持有一定的怀疑和警惕。这怀疑和警惕，就使得韩少功在20余年来中国社会瞬息万变的思想文化（有时候也包括文学）潮流中，永远是本辑主笔张均博士所说的一个“不合时宜的‘少数’”。

这种“不合时宜的‘少数’”，或许正是韩少功在瞬息万变的潮流中所持的一种特立独行的超然姿态。在我们这样的一个人数众多的社会，少数的意见本来就容易被人忽视，时代又从一个革命的多数统治进入到一个世俗的多数统治的时代，文学媚俗，思想从众，要想做一个文学和思想上的少数，诚非一件易事。这不易就在于，作为一个以写作为职业的知识分子，你首先得切切实实地关切现实的多数存在，为现实的多数的生存和发展而思想、而写作，以不辱一个知识分子作家的使命。但与此同时，你又得与那些自称代表多数的思想和文学保持一定的距离，因为事实证明，它们往往更加自以为是或自相矛盾，并不一定真的就是现实的多数的利益和愿望的代表。在这种时候，你注定就得做一个不合时宜的少数，你的责任就在于，提醒那些现实的多数警惕他们在思想和文学上的代表，而后，你也并不想取而代之，不想以你的文学和思想来代表现实的多数；你所做的，依旧不过是尽一个知识分子作家的责任和良知罢了。如果我的这番议论还不太离谱的话，我想，韩少功20余年来在文学和思想上的特立独行，包括他一贯超然的生活态度和现今某种隐逸的写作方式，绝不是一种故作的姿态，而是以这种姿态，在争得一个不为文学和思想的多数所同化，而为现实的多数思考和写作的权利。

自　述《

文学传统的现代再生

对于一个文学作品来说，最重要的不在于它是否新，而在于它是否好。因为求新之作大多数并不好，正如袭旧之作大多数也是糟粕。但这样一个观点不容易被当代的人们所接受。在20世纪的100年里，中国的作家和读者大多习惯于一种对“新”的崇拜：从世纪初的“新”文艺，“新”生活，“新”潮流，到90年代的“新”感觉，“新”写实，“新”体验，这些文学口号及其文学活动总是以“新”来标榜自身的价值，来确认自己进步和开放的文明姿态。在很多时候，新不新，已经成了好不好的另一种表述。很多作家一直在呕心沥血地跟踪或创造最“新”的文字。于是批评家黄子平曾经说过：创新这条狗，追赶得作家们喘不过气来。

正是在这样一种情况下，“传统”总是被确定为“现代”的对立之物，是必须蔑视和摒弃的。我在1985年发表的一篇文章《文学的“根”》因涉及传统便曾引起各方面的批评。左派批评家们认为：文学的“根”应该在20世纪的革命圣地延安而不应该在2000年前的楚国或者秦国，因此“寻根”之说违背了社会主义现实主义的优良传统。右派批评家们则认为：中国的文化传统已经完全腐朽，中国的文学只有靠“全盘西化”才可能获得救赎，因此“寻根”之说完全是一种对抗现代化的保守主义和民族主义。可以看出，这两种批评虽然有不同的政治和文化背景，但拥有共同的文化激进主义逻辑，是中国五四新文化运动两个血缘相连的儿子。这两个儿子都痛恨传统，都急切地要遗忘和远离20世纪以前的中国，区别只在于：一个以策划社会主义的延安为“新”世界，而另一个以资本主义的纽约或巴黎为更“新”的世界。事实上，社会主义同资本主义一样，在中国都曾披戴“现代”的光环、“新”的光环，都曾令一代代青年男女激动不已。

从1985年以来，我对这些批评基本上一言不发不作回应。因为我对传统并没有特别的热爱，如果历史真是在作直线进步的话，如果中国人过上好日子必须以否定传统为前提的话，那么否定就否定吧，我们并不需要像文化守灵人一样为古人而活着。问题在于，10多年后的中国文学并没有与所谓的传统一刀两断，中国文学新潮

10多年来从“现实主义”到“现代主义”、从“现代主义”再到“后现代主义”，并且在一种“后现代主义就是世俗化和商业化”的解释之下，最终实现了与金钱的拥抱。无论前卫还是保守，似乎一夜之间都商业化了。妓女、麻将、命相、贵族制度等等，都作为“新”事物广泛出现在中国社会生活里，进而成为很多文学家的兴奋点。有一位知名“后现代主义”作家，竟用半本诗集来描述和回味他在深圳和广州享受色情服务的感觉。这当然只能使人困惑：难道金钱有什么“新”意可言？难道妓女、麻将、命相、贵族制度不是中国最为传统的东西？文化激进主义的叛逆者们，什么时候悄悄完成了他们从生活方式到道德观念最为迅速和不折不扣的复“旧”？

在这里，我对这种命名为“进步”的复旧不作评价，即使作出价值评价也不会视“旧”为恶名。我只是想指出：完全脱离传统的宣言，常常不过是有些人扯着自己的头发要脱离地球的姿态。事情只能是这样，新中有旧，旧中有新，“传统”与“现代”在很多时候是一种互相渗透互相缠绕的关系。正如阅世已深的成年人才能欣赏儿童的天真，任何一次对“传统”的回望，都恰恰证明人们有了某种“现代”的立场和视角，都离不开现代的解释，现代的选择，现代的重构，现代的需要。因此任何历史都是现在时的，而任何“传统”事实上都不可能恢复而只能再生。一位生物技术专家告诉我，为了寻找和利用最优的植物基因，他们常常需要寻找几百年前或几千年前的“原生种”，必须排除那些在当今农业生产环境中已经种性退化了的常用劣种。显然，这种似乎“厚古薄今”的工作，这种寻找和利用“原生种”的工作，不是一种古代而是一种现代的行为——如果不是因为有了现代生物技术，我们连“原生种”这个概念也断不会有。正是基于与此类似的逻辑，如果我们不是面对现代资本主义文明全球化和一体化的复杂现实，如果我们不是受到各种现代文学和文化新思潮的激发，“传统”这个话题也断不会有。

评论家单正平曾经在文章中用了一个词——“创旧”。这个词在中国语法规则之下是有语病的，读者会觉得很不习惯。因为“创(造)”从来只可能与“新”联系在一起，所以中国词汇中从来只有“守旧”“复旧”“怀旧”等等，而没有“创旧”的说法。但我需要感谢这位评论家，因为他对我们习以为常的时间观念来了一次深刻的怀疑，把“新”与“旧”、“传统”与“现代”的二元对立模式从语言上来了一次颠覆和瓦解。“新”出于创造，“旧”也只能出于创造，因为所有的“旧”都是今天人们理解中的“旧”，“创旧”的过程就是“旧获新解”“旧为新用”的过程。

这个评论家在使用“创旧”这个词时，是面对中国当今的这样一些文学作品：相对于都市里的“新”生活，这些作品更多关注乡村里的“旧”生活，比如张炜、李锐、莫言等作家的小说；相对于“五四”以来纯文学的各种“新”文体，它们更像是中国古代杂文学的“旧”文体，包括体现着一种文、史、哲重新融为一体的趋向，比如汪曾祺、史铁生、张承志等作家的写作。当然，更重要的，中国现代文学的“创旧”还在于人文价值方面的薪火传承。中国正在迅速卷入资本主义全球化和一体化的进程，正在经历实现现代化和反思现代性的双重挤压，正在承受经济、政治、文化、社会习俗各方面的变化和震荡。每个人在这个大漩涡里寻求精神的救助。在这种情况下，全球各种“新”思想、“新”文化大举进入中国是必然的，而这种进入如果是一种创造性的吸收而不是机械性的搬用，那么各种传统思想文化资源被重新激活并且被纳入作家们的视野也就是必然的。正像张炜先生指出过的：儒家在五四运动以后曾遭到来自官方和民间的全面的批判，但儒家“天人合一”的世界观，“重义轻利”的人生观，在物质主义、技术主义的商业流行文化的全境压进之下，正在成为一些中国人重建生活诗学的“新”支点。我相信，皈依伊斯兰教的张承志，信奉佛教的何士光，投身基督教的北村，这些作家也是在各种“旧”的思想文化遗存中，寻找他们对现代生活“新”的精神回应。

正像我不会把“新”当作某种文学价值的标准，我当然也不会把“旧”当作这样的标准。特别是在文学正在全球范围内高度商业化的当前，怀旧、复旧、守旧也完全可以成为一种最“新”的文化工业，产生太多华丽而空洞的泡沫和垃圾。在这个意义上，一切崇拜——包括“新”的崇拜和“旧”的崇拜，都很有些可疑，都可能成为文学创造的陷阱。在另一方面，我更不愿意把文化的“旧”“新”两分等同于“中”“西”两分，而很多中外学者常常就是这么做的。在这些人眼里，中国文化的时间问题也就是空间问题，“传统”就是“中国”，而“现代”就是“西方”。但上述中国作家的伊斯兰教、佛教、基督教从严格的意义上来说都并非原产于中国，而且同样也并非原产于“西方”一词所指的西欧和北美。这只是随口举出的一个小例子，不能不让我们的西方崇拜论者或中国崇拜论者谨慎行事。

我在一篇文章里说过，文化的生命取决于创造，而不取决于守成，任何创造都是“新”“旧”相因，“新”“旧”相成的，都是一次次传统的现代再生。因此任何一个有创造力的民族，都用不着担心自己在广泛的文化吸收中传统绝灭，正像任何一个有创造力的人，都用不着担心自己在“传统”继承中搭不上“现代”的高速列车。作家们将古今中外的各种文化成果都视为自己可资利用的资源，完全可以不关心也不研究自己的文化“年龄”或文化“肤色”问题，只关心自己能否把下一部作品写得更好。

访 谈《

用语言挑战语言

——韩少功访谈录

张 均 韩少功

张均:韩老师,您好!评论界一般将您的创作划分为三个阶段,1980年到1982年为"伤痕"阶段,1985年至1987年为"寻根"阶段,90年代以后的《马桥词典》和《暗示》则开创了一个新的阶段。在80年代您可谓"潮流中人",到90年代您却创造着潮流。不知您是否认同这种划分及评价?

韩少功:每种划分都只是为了讨论方便,不可避免地有所简化。对此我们不必苛求。

张均:您是以对"极左"的批判登上文坛的。您早期的控诉叙事极富诗意,《飞过蓝天》《风吹唢呐声》都异常凄美,但经过1983、1984两年短暂的"沉默"之后,评论界却感觉到您似乎放弃了这种可贵的元素。南帆就察觉到《爸爸爸》《女女女》等小说中抒情排比句少了而粗陋的字眼多了。是否存在这种转变呢?

韩少功:一个作者根据题材的不同以及当时心境的不同,确实会有不一样的表达。诗意是我始终非常关注的一个问题。我觉得写作有两种,一种是用脑子写的,一种是用心写的。诗意就是动心的美。但诗意又有多种表达方式,就像同样是画家表现爱情,有的画一个大大的红嘴唇,有的可能画一张忧郁的风景画。你可以说它们都有诗意,都是美,但它们又是很不一样的东西。所以我主张宽泛地理解诗意,不仅仅把诗意理解为多愁善感,甚至理解为催泪弹式的煽情。一般来说,凡是动心的写作都含有诗意,包括一些看似冷静甚至冷峻的作品。我在1985年以后的写作,大概由于年龄的关系,显得比以前要冷静一些,要心狠一些,但自己觉得还不是心如枯井。比如《爸爸爸》对山民顽强生存力的同情和赞美,包括最后写到老人们的自杀,写到白茫茫的云海中山民们唱着歌谣的迁徙,其实有一种高音美声颂歌的劲头。也许是一种有些哀伤的颂歌。很多评论家认为《爸爸爸》是一幅揭露性的漫画,但评论家李庆西觉得这里面有崇高。还有一个法国批评家,认为我的批判里其实有温暖,并不像有些同行那样阴冷。我为此感到很欣慰。这并不是说我是一个够格的诗意传达者和创造者，只是说我从不把揭露丑恶看成唯一目标。

张均：您是“寻根文学”的发起人之一，但您似乎不太愿意别人把您归为“寻根”作家？

韩少功：“寻根”关注的只是一点，而创作作为一个整体是由很多因素决定的，不可能因为一个观念就产生一系列作品。“寻根文学”的提法把事情简单化了。其实当时我关注的问题不限于“寻根”，比方说“85 新潮”一个很大的内容就是关注现代主义，关注确定性、独断论以及理性主义本身的弊端。在 1985 年以前，我们的作品中的因果关系很明晰，世界是由好人和坏人、进步和落后组成的。“85 新潮”就是要打破这种因果链。当时出现了那么多不合逻辑的句子，从某种意义上说，是在语言形式上对逻辑霸权的怀疑与挑战。我在新潮之前写过一篇借用“二律背反”的文章，还与一位评论家发生过争论。我认为二律乃至多律是正常现象，是辩证法的应有之义。当时王蒙先生也介入争论，表现得比较开明，说有规律但也允许有例外。我比他激进，认为例外就是律外之律，就是我们还未认识的规律而已。《爸爸爸》这一类作品的主题多义化，就与这种认识观的变化有关。很多评论家从“寻根”的角度谈论这些作品，当然没什么不对，但主题多义化并不是中国文化传统的专利，在外国文学中也很多见。所以“寻根”的话题之外，还有其他的元素，有其他的资源和动力，没法都归结到“寻根”这顶帽子下来。同样观念下的作家其实有很多不同，不同观念下的作家其实有很多相通，这是文学的正常现象。如果我们把某个观念当作唯一标准，并以此去划分流派和阵营，可能就会产生很多勉强。我们使用概念的时候必须明白，概念只是一个临时性的约定，而不是事实本身。事实要比概念丰富得多。

张均：丙崽是迄今为止您的创作中最受重视的人物形象，他与其他诗意象征物似乎不太一样。而且，小说结尾时寨中老人服毒死去，青壮年含痛远走他乡，唯独丙崽被遗留在山寨里。他显然未能参与山寨的将来。不知您当时是怎么考虑他的性质和将来命运的？

韩少功：丙崽这个人物是有生活原型的。我在乡下时，有一个邻居的孩子就叫丙崽。我只是把他的形象搬到虚构的背景，但他的一些细节和行为逻辑又来自现实。我对他有一种复杂的态度，觉得可叹又可怜。他在村子里是一个永远受人欺辱受人蔑视的孩子，使我一想起他就感到同情和绝望。我没有让他去死，可能是出于我的同情，也可能是出于我的绝望。我不知道类似的人类悲剧会不会有结束的一天，不知道丙崽是不是我们永远要背负的一个劫数。你可能注意到了，我写这个小说的时候，尽力抹去了时间与空间的痕迹，因此我的主人公不死是很自然的。他是我们需要时时面对的东西。

张均：看来史家对您是有所误读的。丙崽这一形象受到高度评价的原因在于他对阿Q形象的复活，但您的理解与国民性概念其实不太一样。您写丙崽包含有从丙崽自身出发的意图，而国民性批判写作的一个很大特点是不太让对方发言，比如我来表现你，你就不能发言，鲁迅表现阿Q，阿Q是不能发言的。

韩少功：有些评论家是从国民劣根性、民族文化弊端这方面来讨论《爸爸爸》的。他们的关切和思考不能说没有道理，但我对有些概念一直比较犹疑。比如说"国民性"吧。你说非黑即白的两极化思维是"国民性"，但能说其他民族文化里没有这种东西？为什么只说它是"国民性"而不说它也有"全球性"和"人类性"？丙崽说的那两句话，确实是刘再复分析的"两极思维"。中国在好长一段时间里确实是这样的，不是好人就是坏人，不是无产阶级就是资产阶级。但放开来看，这种思维病态是普遍存在的。比如布什总统眼下讲邪恶轴心和自由世界，有些恐怖主义者讲圣战与魔鬼，不管是这些说法有《旧约》的色彩还是用《古兰经》的语言，也都是两极化的。那么这仅仅是中国人的国民性吗？

张均：《马桥词典》完全摆脱了国民性批判的写作经验。如果说丙崽尚未摆脱被"观看"的处境，《马桥词典》则完全呈现了马桥人独立自在的主体世界。为什么会发生这么大的改变？

韩少功：一个作者发生变化的原因，无外乎几种。比如说生活本身的推动。1988年我到海南，生活变化很大，开始忙于一些报纸、杂志和学校的工作，包括想着怎么维持几十个人的生存，在生存的前沿摸爬滚打，有了一些新的感受和观察。又比如说知识和观念的推动。从20世纪80年代后期到90年代，我因为工作的关系，也因为个人的兴趣，涉猎了历史、哲学等方面一些新的知识成果，知识配置发生了变化，对社会与人生当然也可能产生新的视角。此外，审美疲劳也常常是作者们求变的原因。常常是没有什么道理好讲，写到一定的时候就不想写了，不想照老一套写了。有人说你的《爸爸爸》不错，但再写十篇《爸爸爸》又有什么意思？这样，由各种因缘推动，90年代中期就出现了《马桥词典》。应该说，从这本书开始，形式主义的实验已经降温，象征、神秘、野性之类的审美冲动也可能有些减弱，但小说与非小说的文体杂交，使自己突然有一种豁然开朗的自由感，有一种甩掉现代主义这根拐杖的冲动。现代主义在中国是有功绩的，但依我看，也害惨了不少盲从者。形式玩过了头，就成了一些有滋有味讲废话的人，成了一些不装弹的F16，"刷刷刷"倒是飞得让人炫目，但只是一些高科技风筝，在读者心里没有炸点。学我者生，似我者死。我们必须从死路上走出来。

张均：《马桥词典》给人的突出印象，是您对人生变得非常宽容，兼容并包，不再认为自己与真理相伴，不再批判，而尽量让生活以原生面目出现，其实马桥世界里的那些人生，在以前《飞过蓝天》《风吹唢呐声》等作品中，您是很有信心给予批判的。

韩少功：作者的价值判断也不是完全没有，即使不表现为直抒胸臆，也可能深深隐藏在对材料的选择和安排之中。只是作者对这个价值判断要非常谨慎，要敢于怀疑和放弃各种先入之见，严防它们在写作中的抢步和误导。这有点接近昆德拉的意思：道德在小说中总是迟到的。所谓伤痕文学和改革文学中，其社会政治批判自有它的功能，自有它的功绩，但光有这个是不够的，因为它完全没有办法涵盖生活的复杂性，就像一把尺子可以量长度，但没法量温度，没法量出重量和色彩。我们需要很多把尺子，或者说很多价值判断的坐标。比如《马桥词典》里那个懒汉马鸣，如果光用社会政治批判这把尺子，他就只能永远留在评价之外。你说他是值得肯定还是需要否定？恐怕是很难说的。但不少读者觉得这个人物很有味道。“味道”是什么意思？“味道”是不是隐含着意义？如果我们一时说不清这个意义的所在，只能说明我们已有的意义系统有缺陷、有问题，不能说明别的什么，尤其不能证明我们可以有理由对这个人物视而不见。你说这里表现了一种包容性，但严格地说，包容不是糊涂，不是来者不拒，不是放弃隐含着价值判断的选择和加工。“包容”常常只是价值坐标发生变化的通俗说法。

张均：您对当代文学新的贡献在此开始凸显出来，实际上它包含一种“用语言来反抗语言”的卓越努力。

韩少功：广义地说，作者们追求言外之意，意外之象，都是在“用语言来反抗语言”，只是没有理论的申明罢了。

张均：您挑战了以前革命时代那种讲故事的方法和价值论，不赞成对与错、好人与坏人的简单两分，其本身又是具有革命性的。但“用语言反抗语言”，是不是也针对着“五四”传统？

韩少功：“五四”已经成了一个传统，当然是一个很复杂和丰富的传统，甚至是一个有内在矛盾性的传统。全盘西化是“五四”的传统之一，民族自强也是“五四”的传统之一，两者之间有交集也有对抗，这就要看你怎么谈。好像是艾略特说过一段话，大意是：最好的创造顶多体现于作品的 40%，另外 60%必定是继承前人。我们对于“五四”传统恐怕也是这样。我们从“五四”传统受益，但儿子肯定不会重复老子，也不应该重复老子。比如五四新文学的初期，无论内容还是形式都相当欧化，我的《马桥词典》是力图走一个相反的方向，努力寻找不那么欧化或者说比较接近中国传统的方式。文史哲三合一的跨文体写作，小说与散文不那么分隔的写作，就是中国文化的老本行。《马桥词典》在美国出版，有些英语读者觉得很新奇——小说可以这样写吗？有评论家说：如果你对西方小说产生了厌倦的话，那么就应该读一读《马桥词典》。可见，现代小说从西方进入中国以后，我们也可以让中国的文体遗产重新复活，甚至向西方逆向流动。如果五四新文学开启了一个有创造力的传统，那它就不可能永远是一条单行道。

张均：在对人的理解与对人性的关注上，当然是有继承，但《马桥词典》可以说是第一次，至少是第一次这么成功地用中国语言讲述了中国故事，革命与启蒙用的都是西方语言。

韩少功：第一次说不上。现代汉语在晚清以后有一个逐步成熟的过程，这个过程到现在还在继续，远远没有结束。启蒙主义的“革命”也好，启蒙主义的“发展”也好，都是源于西方话语体系。这一过程的另一面，就是现代汉语受到西方语言的强烈影响，其中包括我们接受了很多外来语，也接受了他们的语法体系。但这个体系是否适合我们的汉语，有时是需要打个问号的。陈寅恪就说过：《马氏文通》其实不通。他觉得很多汉语现象，没法用英语语法来解释和规范。当然我们不需要排斥西方的语言成果，拿来主义的开放态度应继续坚持。但我觉得在这个“向外看”之外，还有一个更重要的任务是“向下看”，就是要进一步向底层人民大众学习语言，吸收他们的语言成果。这同样是五四新文学的一个经验，也是现代汉语继续发展和丰富的重要条件。人民大众的语言是非常有生命力和表现力的，是一种语言的资源宝库。就说最近那本胡兰成的《今生今世》吧，很明显，如果说他的境界可疑但语言还不俗，那么他的写作完全得益于吴语。吴语资源支撑了他的语言创新，形成了他的特点。这正像鲁迅、沈从文、老舍等作家，正像明清时期的四大文学名著和其他很多小说，也都是借助了很多方言资源，丰富了汉语写作。比较而言，“五四”以后有些洋腔、学生腔、党八股的写作，是无根之木，是五四新文学中的糟粕。

张均：《马桥词典》语言看似简单，却特别纯熟、地道、有味，《爸爸爸》就多少有些学习痕迹。但这涉及的还只是“用语言反抗语言”的语法、句子层面。如果把语言泛化一点理解，它也可以指一种语言系统和一套叙事方式。您更有意义的挑战应该是在叙事方式方面。我想《马桥词典》会因此在20世纪90年代文学中占有一个非常重要的位置。

韩少功:你的过奖让我有些晕头了。你提到的“语言泛化”倒是一个可以深入的话题。我读过一本英文书,讲的是英语语法。有意思的是,这本书居然把叙事方式,包括现实主义、浪漫主义、自然主义、现代主义什么的,包括主题、体裁、风格、虚构什么的,都当作自己的研究对象,都列为阐释的条目。这会让我们的很多教授愤怒。在我们的教育和研究体系里,文学与语言是分得很开的,语法和修辞也是井水不犯河水。讲修辞的老师决不讲语法,讲语法的老师决不讲修辞。其实,我倒是觉得那本英文书更有道理。从本质上说,语法与修辞能分得开吗?语言与文学能分得开吗?比如从文言文到白话文,比如从“文革”诗到朦胧诗,你的思想感情变了,叙事方式变了,语言肯定会跟着变,新的语法与修辞现象就会随之而来。这个过程反过来说也是一样。

张均:《马桥词典》前后一批作品,还大量写到了走鬼亲、飘魂、石磨子打架一类的事情,使小说显得生气勃勃,您希望读者以怎样的方式接受这类描写?

韩少功:什么是荒诞,什么是正常,往往因人而异,取决于我们头脑中的观念。我们理解中的荒诞,在另外一些人看来可能完全正常。比如说一个精神病人去读《狂人日记》,可能会觉得狂人并不狂,倒是我们这些正常人疯傻无比。以前有很多人,觉得中国山水画是写意,但亲身体验过中国乡下云雾山水的人,可能觉得这种画完全是写实,几乎就是照相。以前还有很多人觉得卡夫卡是玩荒诞,但李陀告诉我,他到捷克以后,碰到很多让人哭笑不得的事情,进而了解到那里杂乱的法律制度遗产以及很多人奇特的行为方式,才发现卡夫卡并没有太多的虚构,很多时候不过是原原本本地纪实。这就是说,我们常常被“洗脑”了,被一种生活经验和观念意识“洗脑”了,就容不下多种多样的“真实”和“正常”了,动不动就用“荒诞”“神话”来打发理解之外的事物。你说到了马桥的石磨子打架,可能觉得这不过是荒诞神话。但这只是你的看法。马桥人会怎么看呢?他们长期以来就生活在这样的传说里,长期以来就相信这种传说,这就是他们认定的“真实”和“正常”。你若是把这些东西都抽掉了,他们的心态和感受倒是不真实和不正常了。人类中心主义、理性主义、科学主义、进步主义是一些有色眼镜,把很多丰富的生活现象过滤到盲区中,值得我们小心对待。很多时候,文学就是要使很多不可理解的东西变得可以理解,使很多无声和失语的东西进入言说。这就是发现的责任。

张均:《马桥词典》还有一个迹象,是“人”变小了,知识分子变得更小了,变成了一双眼睛。而在您早期的作品中,知识分子叙述者的控制力量很强大,但现在这双眼睛退出了,除非碰到底线时才予以评价。您为何将知识分子声音削弱,压到一个最低的限度?

韩少功:我觉得中国现代知识分子一直有两个意识形态包袱,一个"革命"的意识形态,一个"发展"的意识形态,分别从法俄和英美两条路线而来。它们在"五四"以后对知识分子世界观的形成起了一些建构性的作用,对中国文化传统的改造与重建也发挥了重要的作用,但它们也常常成为一种束缚,在文学上,明显表现为那种对生活充满自信的、说教的、真理在握的、普救众生的姿态。这类意识形态对生活的解释往往失误。有些伤痕文学作品为什么缺乏生命力?不能说作者不真诚,无体验,或者不敢讲真话。问题是他们的真话也一讲就错,真话也一讲就假,以致中国经历了"文革"这样一个大事件,却没有很多好作品来表现。原因不是别的,就在于中国的作家们把意识形态的包袱背得太重。不管是要为"文革"辩解,还是要彻底否定"文革",一写就简单化,就概念化和模式化,无法让读者心服口服。我们说,一个作家完全跳出意识形态是不可能的,但我们要尽量把它的负面效应降到最低限度。对各种流行的和强势的观念要敢于怀疑,即使是面对真理,也要"好而知其恶",所谓"知水之害才能用水之利"。一个人的知识是非常有限的,他把知识用得最好的时候,往往是他对知识充满警惕的时候。

张均:这也可能是有些朋友对您还不够满意的地方,比如张承志和南帆。南帆曾希望您不要仅仅停留在平常心、包容心上,而要有更多肯定性的、建构性的精神。我想他是看到了我们正处在一个重建信仰的时代,需要一些好的作家走到前面去,对时代有所回答。

韩少功:应该是这样。我愿意为此努力。当然,信仰重建不仅仅是写几个正面人物和英雄人物,给读者树立一个道德样板。事情没有这么简单。用道德样板来重建信仰,容易变成重新造神,包括造英雄之神和造人民之神。我们不能回到这条老路上去。至于新路该怎么走,还得靠实践来回答,很难由我们坐在这里来规划。张承志写荆轲,写黑人领袖X,写各路精神英雄好汉,是一种很值得注意的尝试。但我现在还只能写一些比较复杂的人格。比如《暗示》里的那个老木,几乎是个混蛋,但他一喝醉酒就变得非常纯真和热情,酒后真言倒是一句也不混蛋。这种复杂人格也传达了道德信息。说实话,我非常想结结实实地写出一些感动读者的英雄,但我不知道自己的能力够不够,不知道生活能否成全我。

张均:《暗示》出来之后,评论界感觉到解释的困难。有人认为它是《马桥词典》的延续,因为《马桥词典》探讨的是词语与词语在交换中的转变,《暗示》探讨的是具象与具象在社会、人生中的传递,两者有自然的延续。但也有人认为是否定和超越的关系，因为具象具有消解语言的倾向。不论怎样，《暗示》都是一部非常丰富的作品，您是否可以解释一下？

韩少功：写完《马桥词典》之后，感觉有些东西没有写完，当时就想写另外一本书，但想法模糊，不知道怎样动手。《马桥词典》的关注点是生活怎样产生了词语，词语反过来怎样制约生活，制约我们对生活的理解与介入。但这一点显然不够，因为还有言外之意。绕开语言我们仍然可以得到意义，信息的传播不一定要依靠语言。这成了我写《暗示》的聚焦点。我必须重新回到生活中来，看一看我们的回忆、感受、想象、情感、思想是怎么回事，看一看具象是如何隐藏在语言里，正如语言是如何隐藏在具象里的。你知道，从英国到美国，文学研究往往是在人和语言的两元框架里思考，《暗示》考虑的则是人、语言、具象这样一种三边关系，我差不多是做了一件不自量力的事情。在文体上，这本书同样打破了小说与散文的界限，甚至走得更远。说实话，我也对这本书的体裁定位十分困惑，不知道它是什么东西。也许就是"一本书"吧。闲着的时候，给自己写"一本书"看看，大概也很不错。从发行以后的情况来看，许多读惯了小说的人，包括对我的创作有所了解的人，说对这种文体完全不适应，说读不懂你这本书里的意思。但也有一些低学历的人，包括一些退休老太太，一些青年学生，说这本书完全不难懂，甚至非常好懂。这让我想起一个作曲家朋友，他写了一首儿歌，里面有很多半音，同行很不理解，觉得很难唱。后来他让小孩来唱，只带唱了三四遍，小孩就全唱会了。道理很简单：小孩们没受过多少音阶训练，脑子里没有全音、半音这些成见，反而很容易接受他的曲子。

张均：《暗示》的启示意义不仅在文学中，而且在学术研究中也会存在。讨论一个关键词、一个形象的生成与转换，将是现代文学研究一个新的生发点。

今天我们暂时谈到这里。非常感谢您的支持，非常感谢您这十年来的作品带给读者的快乐和思考！

评　论《

仍有人仰望星空

——韩少功的1992—2002

张　均

1992—2002年大致是指韩少功“放弃自己完全不需要的胜利”①重返写作至小说《暗示》出版的这段时间。其间他还出版了《心想》《完美的假定》《马桥词典》等著述。通过这些文字在被赞许和被攻讦中的广泛传播，韩少功彻底告别80年代，被重新定位为一位前卫的小说叙事探求者和一位特立独行的“新左”思想者。在当下生存分割和话语重构的语境中，他的写作具有交互关联的多重意义：一、在20世纪90年代“个人”群起对抗宏大叙述的潮流中，韩少功兼取域外经验与本土资源，穿越个人化的陷阱，着力创构了一种“词典”样态的“微小叙事”，该形式内涵的革命性、解构性与开放性为当代文学的多元建构提供了一份至为难得的经验；二、他以小说、随笔等多副笔墨，广泛批判当下中国“新右派”“老左派”和后现代主义等文化现象及其意识形态“控制形式”，并因此成为我们时代“不太合群”②的思考者；三、他的叙事探索与近于解构式的批判诉求，没有走向后现代主义的价值虚无与犬儒主义，他为当代文学与思想探寻到了一种源于实践、归于实践的精神持求和一种基于底线正义的叙事美学。这三重意义在韩少功有关言、象及其相互关系的勘探与质询中都得到了充分的凸显。

一

20世纪90年代是各类“微小叙事”在宏大叙述内部生成并使之蚀损的年代。韩少功的两部词典体小说《马桥词典》和《暗示》，在糅合昆德拉小说与传统笔记小说的多重经验的基础上，“捕捉和囚禁”了一些词语和具象，揭示了它们的“密密繁殖，频频蜕变”以及衰竭与死亡(《马桥词典·后记》)。它们对语言、具象及其“相互生成和

---

① 韩少功：《南方的自由》，《完美的假定》，作家出版社1996年版，第173页。

② 韩少功：《熟悉的陌生人》，《性而上的迷失》，山东文艺出版社2001年版，第237页。

相互控制”的关系(《暗示·前言》)的辨析与追问,是这一时期文学“弑父”事件中最富价值的艺术探索之一。

90年代文学所欲篡弑的宏大叙述属于“现代”文学。它对日常生活的编码原则是“历史”。由于黑格尔主义历史观与马克思主义历史观之间的差异,“历史”在中国分别衍生出五四文学和革命文学两大传统。五四文学的历史编码由旧与新、愚昧与文明、三纲五常与个性解放、黑暗与光明等一系列旨在文化批判的二元对立符码组成,革命文学则由压迫与反抗、落后与先进、无产阶级与资产阶级、农民与地主等一系列旨在政治解放的符码组成。但正如黑格尔与马克思之间的一致性远大于差异性一样,五四传统与革命传统在叙事上共享的经验也远大于歧异:二者对于“真实”故事与人物的讲叙,都以符合“历史主线”(历史发展因果律)为原则,皆遵循“调节异质分布”(regulate the distribution of the heterogeneous)的叙述方法,即对进入故事的人物根据“历史”赋给他(她)一种抽象本质——文明者或愚昧者,革命者或反革命者,“我们”或“他们”,同质者或异质者。各种原生的人物因此被调节和区分,并在历史递进线上获得各自的位置与隐喻意义。他们的激情、喜悦与命运往往喻示着某种抽象本质的生长和衰歇,而各本质之间的冲突、斗争与权力转换又构成了“五四”后“民族国家”的成长寓言(杰姆逊)。历史及其方法影响了几乎所有的现代中国文学作者。70—80年代,韩少功曾先后受惠于这两类历史叙事小传统无远弗届的建构能力。90年代以后,他认识到了它的遮蔽性与排斥性,“我写了十多年的小说,但越来越不爱读小说,不爱编写小说——当然是指那种情节性很强的传统小说。那种小说里,主导性人物,主导性情节,主导性情绪,一手遮天地独霸了作者和读者的视野,让人们无法旁顾”,“(但)在更多的时候,实际生活不是这样,不符合这种主线因果导控的模式。一个人常常处在两个、三个、四个乃至更多更多的因果线索交叉之中,每一线因果之外还有大量其他的物事和物相呈现,成为我们生活不可缺少的一部分”。历史通过设置“有意义的/没有意义的”阈限将“万端纷纭的因果网络”删繁为一(黑格尔或马克思的唯一历史律):符合它才是有意义的,才能进入指定的区域被定义、被区分,而“不能进入传统小说的东西,通常是‘没有意义’的东西”,“(它们)被作者的意义观所筛弃,也被读者的意义观所抵制,不能进入人们趣味的兴奋区”。这种意义观以及其背后的历史律“只是一时的时尚、习惯以及文化倾向”和一时的意识形态霸权,作家对它的信从往往使写作成为历史意识形态的“自我复制”(《马桥词典·枫鬼》)。

《马桥词典》《暗示》都在抵制这种自我复制。萧红的空间切换方法,马原、洪峰的叙述圈套，格非、叶兆言的叙述“空缺”，韩东、朱文的现时欲望修辞学，都探索了摧毁历史自我复制意图的有效方式。韩少功在这项集体篡弑事件中另具慧心。他在广泛吸收昆德拉小说思辨化与散文化的特征和中国古代笔记小说片段化叙述的基础上，独创了词典体小说。它们以言、象为叙述的起点与归宿，万端因果毕现，打散了主线及历史律，同时，故事、人物边缘化了，与黑格尔或马克思式的历史想象相剥离，并脱出了“调节异质分布”方法的控制。

韩少功还捕捉到了比文体更具根基性的言与象。《马桥词典》对语言在上层、下层场域之间迁移时“歧音、歧形、歧义、歧规”现象（《马桥词典·后记》）的探寻，使革命和启蒙的宏大叙述下降为微小叙事。韩少功认为“语言本身就是一种意识形态”，“在语言的深处，有某些特定社会群体的价值观念系统在暗中驱动和引导”[1]。这一理解相当接近巴赫金对话理论的基本前提：“（语言）应理解为是一种社会现象”，“一切语言，不论根据什么原则区分出来的，都是观察世界的独特的视点，是通过语言理解世界的不同形式，是反映事物涵义和价值的特殊视野。”[2]从宽泛的意义上讲，“历史”也是人们观察、阐释世界的特殊“语言”和“视野”。韩少功通过重构语言一场域关系解构了这一宏大语言形式。“历史”是来自上层场域的精英语言，这种语言及其规则由文明进入村野、由上层转入下层，“总是出现涣散和松懈”（《暗示·野言》），马桥“词典”即以下层语言与规则伏击了这种上层“视野”。“呀哇嘴巴”罗伯的“打玄讲”对革命的伏击具有代表性。罗伯被队里安排去参加忆苦思甜一类的报告会，他需要按照革命的历史编码（即革命与反动、我们与敌人等编码）“报告”马桥的过去史，但他一说深了就忘记了发言稿，乱“冒玄气”，“他是歌颂红军的，是一直在歌颂红军的，说着说着就变了味，说红军好毒辣呵——有个排长拉老乡关系，结兄弟，新来的连长就把他当反革命杀了。连长才十六岁，个头又矮，砍人家的脑壳还要跳起砍，砍得血往天上喷，他就凑在颈根上趁热喝，骇不骇人？说到阶级敌人，他甚至流出了反动的眼泪。‘马疤子算什么坏人呵？正经作田的人，刚烈的人。可怜，好容易投了个诚，也是你们要投的，投了又说他是假投，整得他吞烟土，恤人呵……’”显然，罗伯“不是个脑壳的脑壳”以下层独有的语言、添油加醋的奇想搅乱了革命的神圣编码。小说还以类似方式，使启蒙的“历史”在通往下层的道路上屡遭伏击而被后者的符号资源与表意规则逐一收编，比如茂公与农业社的激烈矛盾，不是启蒙视野内的政治施虐与受虐，而是浮现于“冤”与“报”的循环。明启偷盗特批给县委首长的富强粉一

① 韩少功：《道的无名与专名》，《文学的根》，山东文艺出版社2001年版，第185页。
② ［苏］巴赫金：《小说理论》，白春仁、晓河译，河北教育出版社1998年版，第37页、第72页。

事，亦非迫害与被迫害的故事，而显现为乡间“话份”的获得与丧失。

《暗示》通过揭示具象在更多场域间的差异清除了历史的主线霸权。与马桥语言在上、下层间的迁移不同，《暗示》中具象隐义之间的互动与抵牾，广泛涉及社会各个共存的场域，比如左、右翼之间，中国、西方之间，城市、乡村之间，你、我之间。它更深地抵及当代社会杂语共生、杂象共生的内部景观。革命、启蒙“历史”在这种场域交错之处难以觅到不被污染的下脚之地，故事、人物都脱出了“调节异质分布”方法，从“有意义的/无意义的”等级阈限中逃逸四散。这是当代叙事中的“敞亮语法”[①]：上层历史编码断裂的同时下层的“暗夜”世界获得了敞亮，独断性编码断裂的同时多元的“暗夜”世界获得敞亮。

二

韩少功通过析言辨象完成的微小叙事的最高境界在于思想，而不是“叙述就是一切”[②]的浑然体验。《万里无云》《檀香刑》《坚硬如水》的作者都曾祈许“语言的洪水”裹来前无他人的视觉震撼与广场狂欢，但谦和的韩少功仍保持着文学必须“放血”的朴素追求：他十年来的著述实际上都是针对当前中国文化问题推出的“刮骨疗毒”之理性疗法。

韩少功在“新左派”与“新右派”（新自由主义）之争中被列名“新左”，主要不是因为《天涯》接纳或认同汪晖等人的文章，而是因为他的思考与当下知识界主流“新右派”扞格不入。80 年代，左右两翼知识分子在启蒙旗帜下“共享着许多逻辑与想象”，比如市场神话与美国梦，都“从当时各种触目惊心的极‘左’恶行那里获得了自己叛逆的信心”[③]。90 年代，由于社会利益与生存空间急剧分割，知识界不可避免地分化。韩少功没有像“新右派”那样将失业、三陪、官商勾结、资源掠夺等问题看成是现代化必须付出的成本和代价，也不愿将“被资本扩张进程抛进饥寒、屈辱、疾病、绝望乃至伤亡”的“个人”当成“‘落后了就该挨打’的垃圾”。[④] 这使他走向启蒙的背面，成为知识界中对自由叙事与市场神话始终保持警惕与怀疑的不合时宜的“少数”。借马桥谈“语言学转向”和借《暗示》谈庄禅哲学，是对他莫大的误读。

《暗示》和《马桥词典》疗毒对象广泛，包括极“左”思潮和后现代主义，但最主要的是“新右派”的“驯化形式”。后者在政治、经济方面倡导有限政府论与经济放任政

---

① 朱大可、张闳：《21 世纪中国文化地图·前言》，广西师范大学出版社 2003 年版。

② 李锐：《万里无云·后记》，山东文艺出版社 2002 年版。

③ 韩少功：《我与〈天涯〉》，《然后》，山东文艺出版社 2001 年版，第 221 页。

④ 韩少功：《个人主义是否珍视所有个人》，《在小说的后台》，山东文艺出版社 2001 年版，第 236 页。

策，在文学领域则相对局狭，主要是通过“遗忘”权力寻租、资本血腥和失业下岗等现实问题以及死死“咬定”极“左”政治的方式，打造自身叙事的合法性与权威性。近年来一大批以“反右”与“文革”为题材的作品如《牛棚杂记》《思痛录》《夹边沟记事》《中国的一九五七》等相继面世，同时理论界还通过重编现、当代文学教程和大学人文读本等工作，以极度放大了的“人与自我失落”的局限，坚持不懈地对革命及其文学遗产进行清洗。这两类“伤痕”写作，既通过“受害者”的历史拟想规训着人们对于历史真相褊狭的理解，又通过全面清洗革命及其有关社会正义的思考的方式，将“人民”“公正”一类严肃词汇涂改成了迫害与罪恶的代名词，从而清除了某些可以诊断当前中国现代化“陷阱”问题的可能思想资源。它们客观上起了为中国新贵阶层意识形态鸣锣开道的作用。

当代史尤其是“文革”史是“新右派”“重写”历史的重点，韩少功通过对言、象隐义及言、象关系的清理，揭示了这类叙事情境抽离的特征。“新右派”是以政治施虐/受虐的启蒙逻辑讲叙“文革”的。马桥人茂公、明启、铁香等的故事，显示了在启蒙“语言”之下，更为复杂的是下层场域关于“冤”“话份”与“情”的村野逻辑。《暗示》进一步揭示了逸出启蒙具象之外的生活真实（隐义）。按照“新右派”的拟想，跳忠字舞是典型的“政治铁幕下的奴化教育”，但在此之下更为丰富的却是青年男女对“鲜艳的服装，动听的旋律，新结识的伙伴，竞赛胜利的喜悦，异性动人心魄的肢体线条”的“激动”与向往。革命样板戏也是“新右派”一直描绘为极“左”意识形态征象并加以恶魔化的具象，但在此之下更为真实的是农民对于声色和节日欢愉的体验情境。显然，“新右派”在使用源自启蒙“视野”的言、象之时，并没有意识到它们实际上已被下层或其他“视野”通过“替代、置换、变相征服、系统推翻”[1]等方式盗用了，言、象与其隐义已经断裂。

韩少功还通过言言关系和象象关系的失衡，揭示了“新右派”叙事“片面的霸权”的病症。“新右派”施虐/受虐逻辑的另一种传播途径是通过真实情境里言对言、象对象的驱逐实现的。《马桥词典》通过敞亮下层语言结束了上层语言的霸权。《暗示》通过敞亮多元场域内的差异性实象挑战了部分实象的主线霸权。在《忏悔》一节中，韩少功以《干校六记》为例呈现了“新右派”作品内部象象关系的意识形态化。该书对红卫兵和“文革”的讲述是恶魔化了的，这并非说它们不真实，而是说它们的存在被当成了否定、遮蔽其他同样真实的实象的依据。任何实象皆取决于特定场域和

① [美]杜赞奇：《从民族国家拯救历史：民族主义话语与中国现代史研究》，王宪明译，社会科学文献出版社2003年版，第72页。

情境中的主体感受，对于同一过程或事件其实同时并存着众多真实实象，但“新右派”唯己是真，“杨绛的简单和轻率”武断地抹去了“人们出于不同的生活经历”所拥有的“记忆中不同的生活实象”及“不同的看法”。当“简单和轻率”成为潮流，成为“从官方文件、主流报刊、流行小说直到学校课堂”所要求的“必须如此”时，思想的暴力便以还原历史真相的名义扭曲了真相：“新右派”不但不能省察自身的片面思维，而且还利用媒体与学术资源驯化、“铲除和收缴”其他人“亲眼所见的另一些生活实象”。历史的多面向特征被钳制了。实象之间本无真伪之别，但“新右派”不能容忍落难精英以外“视野”的存在，他们构造“公共舆论”、戕杀任何“不顺嘴的某些个人故事”，“谁要提到当时无谓的折腾之外还有真实的社会矛盾，谁要提到当时不公和歧视所引起的造反是造反的一部分，谁要提到激进行为动机中还有合理与不合理的相对区别”，“就是为罪恶的历史辩护”，“公共舆论已经准备好了太多的理论、逻辑、修辞来伏击这种异端”。“片面的霸权”的标准来自普世的自由话语，它对“文革”、土地改革和革命的解读是不准确的：拥有资源控制权力的部分精英的个人自由受到限制（带薪劳动）是事实，但缺乏竞争成本的工农的生存获得普遍的保障、其人格尊严获得空前的确立同样是事实。《我们村里的年轻人》中底层的相对自由与《思痛录》中精英的相对不自由是并存的真实。但由于资源控制的绝对不对称，“新右派”以文化英雄的姿态重登“思想专制和新的极权”的高台，底层却再次丧失自己的声音与知识，沦为“沉默的大多数”。

《暗示》《马桥词典》通过言—象—场域的关联提出了较为辩证、客观的理解历史的方法。它分共时、历时两个面向。一、历史总是由多元场域中的不同语言和具象共同组成的，理解它“需要各种看法相互交流、相互补充以及相互砥砺”（《忏悔》）。杜赞奇认为历史是“一种同时兼具散失与传承的二元性或复线性的运动”[①]，对这种“复线的历史”（bifurcated history）概念略作扩充，我们便可将之解释为多重运动的并列、交叉和错叠。理解它应当在承认差异和彼此正当性的前提下寻求沟通和共识，“在差异和交锋中建立共约，在共约中又保持对差异的敏感和容忍。”[②]这是“新右派”超越片面霸权的必经之途。二、任何历史与事实都应该放在一个相对较长的时间背景和相对长时段的多场域因果关联中去考察，才能显出可靠和公正，“因为各种对历史的扭曲和误读无论怎样有效，总是面临着一定的极限。瓦釜雷鸣或指鹿为

① ［美］杜赞奇：《从民族国家拯救历史：民族主义话语与中国现代史研究》，王宪明译，社会科学文献出版社2003年版，第61页。

② 韩少功：《公因数、临时建筑以及兔子》，《文学的根》，山东文艺出版社2001年版，第179页。

马，往往只能得逞于一地一时。一切超过失真极限的历史虚构，往往经不起时间的沉淀和淘洗。”时间给予了历史“双重品格”，“（它）公正于大体，不一定公正于小节；公正于久远，不一定公正于短暂；公正于群类，不一定公正于个人。”[①]“新右派”的片面与失真在于认识不到或拒绝承认“大体”“群类”等概念中所包含的生命的声音。

韩少功从根基上动摇了“新右派”叙事的合理性与权威性。这类叙事在今天拥有最强势的资源配置和舆论支援，也在不断“招安”异己者，但它们在思考层次上未能进入言—象—场域的互动关系。韩少功为当代文学提供了新的可能与资源。

三

言—象—场域互动的理性疗法也适用于极“左”派和后现代主义，这些（准）极端思潮的“驯化形式”都与情境抽离、场域分割等问题有关。为抵制此类规训，除了在叙事中引入这一交互关系外，韩少功还提出了思考当前中国问题时应当持有的两个原则：实践哲学与底线正义。

韩少功的实践哲学是对言—象—场域关系的进一步发挥，与“实践是检验真理的唯一标准”的道理相近：言须象的检验，象又须在多重场域的交互中并呈，而欲达此认识层次则必着力于公共实践。他认为与“呼吸、血液、体温”相关的“生活实象是任何抽象理性最终落实之处和验收之处”（《疯子》），“语言运用要取得有效性和安全性，不能与生活实践有任何须臾的疏离，不能不随时接受公共实践的核对、校正、充实、弥补、滋养以及激活，不能没有大范围的和多方位的具象感觉以做依托。”（《极端年代》）韩少功相信公共实践可以消除“新右派”等极端“控制形式”。知青一代刻骨铭心的生活与思想历练可以证实，“在中国当代史上，美式或苏式的体制神话，有关富人或穷人的阶级神话，瓦解于知识群体的汗水、伤口以及晒黑了的一张脸，以及他们心灵中难以磨灭的生活印痕。”在20世纪七、八十年代，“知识群体主流对国情现实真切的感受，对底层人民大众大规模的接近和了解”终结了苏式神话、“文化革命”和极“左”意识形态。90年代，像韩少功这样的部分知识分子又以充满“生命底蕴”的实践结束了美式神话“幻视症”。但置之当下现实，他也知道实践原则并未发生普遍的作用：金钱与技术正在清除具象与没收感觉，“新右派”、后现代主义正在丧失“人道主义和公共关怀的感觉之基”。这并非因为这类知识分子完全不重视实践，而往往是因为他们的实践与感受被限制在局部，具有片面性和单一性。比如，封闭、分隔的

① 韩少功：《时间的作品》，《性而上的迷失》，山东文艺出版社2001年版，第283页。

生活空间使富人和精英难以亲身实感下层平民的实际生活，而只能通过媒体中的形象如入室的窃匪、绑票的暴徒等来了解，这自然使“新右派”在高谈改革成本与代价时易于不小心遗忘工人、农民的生命欲求，后现代主义者在谈论符号游戏时易于把弱势群体“真实的痛苦”混淆进去。更严重的是，生存分割与零散化所导致的实象的匮乏还是相互的，精英误读平民的同时，平民也在将精英误读成锦衣玉食、残酷贪婪的形象，“无论是富人还是穷人，都看不到对方生活中更丰富和更细腻的纵深，看不到那个纵深里很多可以理解和值得同情的细节。”(《地图》)相互分隔的结果是“多重意义被单向理解”[①]，丰富复杂的历史、事件和人生只能在片面的真实中失去真实。只有尽可能多面的实践，才可能使思想摆脱个人经历与意识形态包袱的限制，在差异与交流中达成理想的共同体意识。这种没有止境的实践也是当代文学消除已有极端叙事的良药。

底线正义的原则强调对“人民”保持一种保守主义的正义关怀，这源于韩少功对于不理想的社会现实的考量。在当代中国，80年代思想启蒙与经济改革的成果并未被所有人群所共享，许多人在新的权力、资本与知识的博弈中下滑成了民工、“三陪女”、下岗工人甚至罪犯。“新右派”对他们失业、失身等自由沦失的现实关注度不高，因为这些“均为愚劣的活该”[②]，“新右派”文学关注的是精英阶层昔日的“荣光”。这种“仅仅有利于少数人的个人主义”像一场瘟疫威胁着当代思想及文学。显然，在资源控制绝对不对称的当下社会里，“新右派”并无与底层人民“在差异与交锋中建立共约”的意愿与努力，人民要真正挣得“人”的地位、实现与精英之间的“对话”与制衡是很困难的。这种令人失望的现实驱使韩少功向现实中的弱者倾斜。他认为，“我们不能说一切尊严都是同质的，符号意义生成的符号长链或是源于大多数人的基本生存，或是源于个人的畸态虚荣，两种尊严，终究大异其趣。”(《真实》)他还表示文学“真要关心人，关切大面积人群的生命存在”，“要建设一种能够保护人生和健全人生的现代化文明”，他的《马桥词典》《暗示》和大量随笔的价值之一，在我看来，就在于“勇敢地抗拒某些不义而且无知的文化潮流”[③]，在于像拒绝“左派”罪恶一样拒绝“右派”罪恶，在于防止文学“再一次构成人间的歧视和压迫”(《残忍》)。韩少功同时又是保守主义的。他的正义诉求建立在某种底线之上，他尊重每一个生命和每一个事物，一个人甚至一棵树、一条河流，他都给予爱与理解，他不能接受任何不义力

---

① 韩少功:《多重意义被单向理解》,《在小说的后台》,山东文艺出版社2001年版。

② 韩少功:《个人主义是否珍视所有个人》,《在小说的后台》,山东文艺出版社2001年版,第235页。

③ 韩少功:《超主义的追问与修养》,《在小说的后台》,山东文艺出版社2001年版,第175—176页。

量对于个人生命尊严与伦理自主的戕害，而于此底线之外，他基本上是平和的和睿智的。所以他赞赏张承志对“歧视和压迫”的反抗，自己却无意将“人民”神化并走向激烈的道德批判，他与张广天不无灵犀相通之处，自己却对政治批判深怀警惕。他的不越界的“反抗与批判的品质”[①]在叙事中形成了一种特殊的美学形式：正义之美。这种美满溢着日常的诗意，又与贫贱者的“生命之美”[②]紧密相连。它包含着韩少功对于不理想社会的诗学诉求，“美是一种感动，是一种有内涵的外形，特别是在社会领域里，美永远和非权谋、非利欲、非技术的正义和同情相连”，“历史中一切有沉沉分量的美，从来离不开受压迫和受剥削的人民，从来离不开无法在耀眼位置上去哗众的多数。这决定了美的沉默地位，美的边缘地位。”（《包装》）

韩少功当然不是全无不足的作家。他的怀疑论色彩浓厚的反抗美学在解构右派、左派、后现代主义等各种极端“驯化形式”的同时，也约束了自己前行的步伐。他的小说“几乎不再以为自己能说明什么，不许诺任何可靠的终极的结论”[③]。他过于警惕革命的和启蒙的意识形态陷阱，因而拒绝了任何大的肯定性、建构性的信仰求索，这使他的作品在发人深省的同时却难以像托尔斯泰和陀思妥耶夫斯基那样以情感的饱满、精神的绝地肉搏撼人心魄。当然，这种过于古典的期待并不合于今天的文学语境：在韩少功只能也只愿以否定和怀疑的方式前行的背后，是他对我们这个时代文学命运清晰的洞察。

（载《小说评论》2004年第6期）

主要作品目录

长篇小说

《马桥词典》，作家出版社1996年版。

《暗示》，人民文学出版社2002年版。

《日夜书》，上海文艺出版社2013年版。

《修改过程》，花城出版社2018年版。

① 蔡翔：《日常生活：退守还是重新出发——有关韩少功〈暗示〉的阅读笔记》，《文学评论》2003年4期。
② 韩少功：《感觉跟着什么走》，《文学的根》，山东文艺出版社2001年版，第201页。
③ 韩少功：《多嘴多舌的沉默》，《在小说的后台》，山东文艺出版社2001年版，第49页。

中短篇小说集

《月兰》,广东人民出版社 1981 年版。

《飞过蓝天》,四川人民出版社 1983 年版。

《飞过蓝天》,湖南人民出版社 1983 年版。

《诱惑》,湖南文艺出版社 1986 年版。

《空城》,(台湾)林白出版社 1988 年版。

《谋杀》,(台湾)远景出版公司 1989 年版。

《爸爸爸》,作家出版社 1993 年版。

《北门口预言》,南海出版公司 1995 年版。

《归去来》,作家出版社 1996 年版。

《西望茅草地》,山东文艺出版社 2001 年版。

《领袖之死》,北岳文艺出版社 2001 年版。

《韩少功中篇小说选》,上海社会科学院出版社 2004 年版。

《报告政府》,作家出版社 2005 年版。

《暗香》,中国社会出版社 2005 年版。

《赶马的老三》,海豚出版社 2012 年版。

《西江月》,四川文艺出版社 2016 年版。

《红苹果例外》,四川文艺出版社 2016 年版。

散文集

《面对神秘而空阔的世界》,浙江文艺出版社 1986 年版。

《夜行者梦语》,上海知识出版社 1994 年版。

《圣战与游戏》,香港牛津大学出版社(中国)有限公司 1994 年版。

《海念》,海南出版社 1996 年版。

《心想》,天津人民出版社 1996 年版。

《灵魂的声音》,吉林人民出版社 1996 年版。

《完美的假定》,作家出版社 1996 年版。

《韩少功散文》(两卷),中国广播电视出版社 1998 年版。

《然后》,山东文艺出版社 2001 年版。

《在小说的后台》,山东文艺出版社 2001 年版。

《性而上的迷失》，山东文艺出版社2001年版。

《文学的报》，山东文艺出版社2001年版。

《阅读的年轮：〈米兰·昆德拉之轻〉及其他》，九州出版社2004年版。

《山南水北》，作家出版社2006年版。

《重现——韩少功的读史笔记》，江苏文艺出版社2009年版。

《历史现场》，香港三联书店2010年版。

《熟悉的陌生人》，上海文艺出版社2012年版。

《漫长的假期》，上海文艺出版社2012年版。

《革命后记》，香港牛津大学出版社（中国）有限公司2014年版。

《很久以前》，武汉大学出版社2014年版。

《空院残月》，安徽文艺出版社2014年版。

《草原长调》，江苏凤凰文艺出版社2016年版。

《感觉跟着什么走》，四川文艺出版社2016年版。

《孤独中有无尽繁华》，百花洲文艺出版社2016年版。

《四面八方》，海天出版社2017年版。

其他

《韩少功读本》，花山文艺出版社2002年版。

《进步的回退》，春风文艺出版社2002年版。

《大题小作》，湖南文艺出版社2005年版。

《夜深人静》，中信出版社2015年版。

《韩少功作品典藏》（全六册），安徽文艺出版社2015年版。

《韩少功自选集》，天地出版社2017年版。

《态度》，四川人民出版社2018年版。

《少年中国人文阅读书系：枪手》，辽宁师范大学出版社2018年版。

红　柯

男，本名杨宏科，1962年生，陕西岐山人，2018年因病去世。

小　引《

“文学的杂交优势”并不是一个新鲜话题，但在今天这个时兴谈论“中国经验”(或“本土经验”)的年头，再听红柯谈论这个话题，而且是用他的切身经验作根据，就别有一番滋味。我最近写了一篇文章，也谈“中国经验”，其中的一层意思是，没有纯粹的中国经验，不必要也不可能追求到纯粹的中国经验，那原因也是因为自近代以来，凡中国的人情物事，包括对这些人情物事的经验，都渗进了外来影响，都经过了一个“杂交”、融合的过程，都不可能是纯粹“中国的”。这原本是一个常识问题，因为作为中国人的社会人生经验结晶的中国文化和中国文学，在历史上就曾经过了许多的“杂交”和融合，没有哪一个时代真正地纯粹过，遑论国门大开的近、现代社会。这使我想起了“文革”中的一件往事：敝乡武汉当时有一派组织，为了标榜自己血统的纯正和出身的高贵，伪造了一条“最高指示”，说“××××(该组织的名称)大、纯、好”，其中的“纯”，就是指该组织成员的血统和出身都是纯粹的工人阶级。这不但在事实上是不可能的，按照那个年代的说法，在理论上也是违背毛泽东思想的，因为毛主席他老人家从来就不承认有绝对纯粹的事物，当然也就不可能发表这么一条“最高指示”，这个组织的命运和结局也就可想而知了。

红柯所说的这种“杂交的优势”，在当代文学史上，也有例可证。20世纪五六十年代，文学因受政治影响，从思想内容到艺术形式，往往都比较整齐划一，艺术风格也比较刻板单调。唯独这期间生活或工作在边疆地区的诗人、作家，包括一些少数民族作家，因受少数民族历史文化、山川地理和民情风俗的影响，融进了这些少数民族地区某些异质的元素，用红柯的话说，也就是进行了一番“杂交”，其创作才显得活泼灵动、摇曳多姿。如闻捷、白桦、公刘的诗，陆地、李乔、玛拉沁夫的小说等。在今天看来，这些诗人、作家的作品，在当时虽算不得“主流”，也称不上“经典”，但在总体上却显出了有别于“主流”和“经典”的格调。因为它们的存在，那个年代的文学才多少显出了一点多样的色彩，今天的文学史家才有资格说，当代中国文学，是一种多民族融合的文学。

当然，这融合、“杂交”的范围，后来也在逐步扩大。“文革”前虽然也有过向苏联老大哥一边倒的历史，但因为语言不同，当代文学从苏联文学接受的影响，主要是一些革命理念和创作的方法与技巧，基本上是在与一种同质的文学进行融合与“杂交”，结果是许多作家的作品，差不多成了苏联文学的拓本和翻版，显不出融合和“杂交”的优势。“文革”结束以后，越过苏联向西，融合、“杂交”的范围就大了，而且又都是一些异质的因素，即以前称之为资产阶级或资本主义，现在称之为现代派的东西。经过了这样的融合、“杂交”的实验，20 世纪 80 年代的文学才显得虎虎有生气、勃勃有生机，才成为当代中国文学的一个黄金年代。

红柯自己当然也得益于这种“杂交”和融合，这在他的“自述”和本辑主笔、我的博士生李勇对他的访谈中，已经说得很清楚，只不过不仅限于文学这一个狭小的范围，而是整个新疆少数民族地区的历史和文化。我观红柯入疆和出疆的经历，他起先虽然是抱着一个文学的梦想入疆的，但很快便转换了身份，把自己当作一个普通的陕西人，全身心地融入新疆的历史和文化，像他所说的世世代代入疆的陕人一样。当他真正被新疆“同化”了之后，他才开始提笔写新疆。这时候，他笔下的新疆自然就不同于匆匆来去的过客，也不同于土生土长的“胡裔”，而是“杂交”了陕人的历史和文化，融入了陕人的精神和气韵。李勇在访谈和评论中所称道的那些创作特征，大约就是这种“杂交”和融合的精神果实，也是红柯的独特性之所在。

我有一个古怪的想法，陕西这个地方虽是周人故地，并非殷人旧邦，但却留有商、周两代的文化影响。常识说殷人“尊神事鬼”，而周人“尊礼敬德”，这两种历史文化影响，在今天的陕西作家中，似乎都有某种历史传承，前者如贾平凹的奇谲诡异，后者如陈忠实的沉郁凝重，都分别暗合上述两代的文化精神。周武“革命”，商、周异代，但在文化上是否也有一种纵向的历史传承，或曰“杂交”、融合呢？如果说这种“杂交”、融合影响于后世的是时间性的话，那么，红柯与西域的“杂交”、融合，就是空间性的，他因此也就显示出了不同于上述两位陕西作家的文化特征。陕西有这样三位作家，以及众多与之相类或相近的作家，先后崛起、比肩接踵，纵贯时空、横绝异域，亦可谓当代一大文化景观和文学景观。孔子有言：“周监于二代，郁郁乎文哉！吾从周。”以夫子之意，观陕地之文，亦余心之谓欤！

自 述《

文学的杂交优势

“新疆”这个名称是清末左宗棠西征后出现的，宁夏、青海更晚，中华民国十八年即1929年前后设省，西汉开始嘉峪关以西叫西域。最早通西域的都是陕西人，从官方到民间，直到今天，天山南北的土著汉族大都是陕甘籍，西北通行陕甘方言，风俗习惯差不多。最早出现在西域的汉族人，普通百姓就不用说了，有名有姓的如张骞、班超父子、苏武、玄奘都是陕西人。秦腔也是新疆少数民族唯一接受的汉族剧种，常有维吾尔人扮演角色。《十二木卡姆》里就有秦腔的旋律。我对秦腔的喜爱不是在家乡关中时，我是农家子弟，刻苦读书的实用目的就是跳出农门，进入城市，中学时这个愿望强烈得不得了，全中国农村学生跟我差不多，那时我听到秦腔就头大。父亲当了先进，奖了一台小收音机，归我所有，每天晚上做完作业我就一个人躲在厨房里听世界名曲，以抗土得掉渣的秦腔，这个小收音机一直用到大学毕业。我根本没想到大学毕业后我能西行八千里，更没想到我在伊犁街头听到《十二木卡姆》时被其中古老的秦腔旋律所击中。在天山脚下用一千年的目光遥望我的故乡陕西关中渭河北岸那个叫岐山的小城，那也是历史上周王朝的龙兴之地，所谓凤鸣岐山。岑仲勉先生考证周人来自塔里木盆地，周人的原始农业与塔里木盆地的绿洲农业有着遥远的“血缘”。这大概就是文学的根。更不要说丝绸之路了，从长安经西域一直到罗马。向达先生著有《长安与西域文明》。公元8至9世纪从北亚蒙古高原分三支西迁天山南部的维吾尔人的祖先——回鹘人——跟周人一样也是在这块热土上从马背民族成为定居的农业民族的。天山所孕育的绿洲农业对人类功莫大焉，以至于人类学家把塔里木盆地称为人类文明的摇篮。11世纪维吾尔人诞生了两个文化巨人：喀什葛里与哈斯·哈吉甫。喀什葛里的《突厥语大词典》里把中原称上秦，大西北至西域为中秦，西亚至罗马为下秦。哈斯·哈吉甫的《福乐智慧》近于孔子，更近于同时代的北宋大儒关学创始人张载，他们思考一个共同的问题——知识造福于人类，造福于每一个人，也就是今天所说的幸福指数。所以一个陕西人在天山，那种亲和力跟一个山东人、河南人、上海人是不一样的。

费阿本德在《征服丰富性》中有一个主要观点：大自然本来是丰富多样的，理论则相反，旨在简化自然的丰富多样性。韩少功《爸爸爸》中的丙崽心中只有爸妈，而《三国演义》和《水浒传》中的张飞、李逵心中只有大哥。德勒兹在《差异与重复》中提出“他者理论”，即他者是一种可能的世界。小说就是写他者进入他者的世界，小说是城市文明，是资本主义精神，是工商业，而不是农业；是开放性的，公共性交往性的，而不是封闭的——唯我独尊、一山不容二虎。相比之下，关公更有近代工商业精神，关公的“义”包括了“异类”，在大哥之外有曹操，汉贼不两立，关公破了戒，容忍差异，尊敬他者，要高于存在主义的“他人即地狱”。《文心雕龙》里那颗“文心”，显然不是张飞们、李逵们那颗封闭狭隘的心，不是丙崽那颗简化到干骨头的僵化的心，“心”之为心，应该是开放的、丰富多样的，方可“雕龙”，雕的是龙，不是井底之蛙不是地头蛇。吉尔兹为此专门著有《地方性知识》，地方性知识完全可以跟普遍性知识平起平坐，使知识形态从一元化走向多元化。这种知识观的改变意味着必须学会容忍他者与差异，要有一种“在别的文化中间发现我们自己”的通达的心态。在弗莱眼里，人类学家弗雷泽的《金枝》可以作文学批评著作来读，《金枝》体现的是文化的整体观，文学也是一种整体关系，不要把疆界绝对化，这些疆界有无数的缝隙，可以接受来自世界上任何地方的影响。这种相互间的渗透与影响是文学发展的动力。“愈是生动有力的文学，就愈要依靠杂交授粉使自己繁茂地成长。”植物学、人种学上的杂交优势已成一种常识，文化与文学上的封闭与偏执依然盛行。而在越是同一化越带有地方性的社会里，我们从中学习“杂交优势”所得到的，就越是一些在朋友那里不断被重复，然后又受到媒体一再支持的偏见。“杂交优势”对应的就是“近亲繁殖”，强烈地排斥他人，从情感到血缘只有我爸我妈我大哥，整个家族只有一个精神到肉体的“种父”。在此，我们才能意识到司马迁《史记》的伟大，司马迁没有中心主义，“齐物论”众生平等，成者败者，皆有尊严。《红楼梦》更明显，大观园即刘再复所说的“大观”眼光，是禅眼，慧眼，天眼，不是猪眼。王国维《红楼梦评论》里所说的“宇宙意识”，用林黛玉的说法就是“无立足境，是方干净”。故乡在哪里？故乡就是茫茫宇宙，一个赤条条来去无牵挂的生命，到地球上走一回，还找什么“立足之境”？这就是《红楼梦》的宇宙境界，弗莱的加拿大多伦多大学校友、传播学家麦克卢汉干脆把地球称作“地球村”，与庄子跟曹雪芹一个意思。

访 谈《

完美生活,不完美的写作
——红柯访谈录

李 勇 红 柯

李勇:还是先从"生活"谈起吧,当年您为什么去新疆?

红柯:生活和写作的关系这种老黄历对我来说还是有很大的作用。我原来是写诗的,到新疆去的想法也是为了写诗。一个人的写作要根据自己的所长,要有所选择,你选择不好,到头来可能白忙活。新中国成立之后陕西文学的传统,从柳青到今天的陈忠实、贾平凹,小说一直是强项。我觉得自己在陕西写诗没前途,当时80年代大学毕业,诗歌正热,诗歌的思维跟小说不同,它不讲逻辑。毕业留校一年后,我走掉了,感觉留在大学不能满足自己青春的冲动。当时对新疆有一种自己的想象,但那都是来自书本和课堂上的。陕西曾经有很多人西去,自古就有人"走西口",现在想,那都是很表层的。去了之后头三年都不写东西了。那完全是一种震撼,一种景仰。震撼之后,提起笔来写不下去了,停止了。那种感觉没有任何防备,是一种休克状态,一下子歇掉了。当时做了一些挣扎,从1986年到1988年写了一批诗,在《绿风》发表了最后一首之后,我想,不行不行,算了,我没感觉了,原来的自己已经维持不下去了,新疆对于我的改变完全是脱胎换骨的!

李勇:您当时主要是待在奎屯,一个小地方,怎么会去了那里?

红柯:当时我是心甘情愿地被同化,我那时候待的是新疆伊犁州技工学校,靠边境了,在那里适应了环境之后,又适应文化,阅读了图书馆里的少数民族资料之后,感觉就是一个新发现。1990年提笔写的时候,写的不是新疆,因为凭着直感,新疆还写不了。那时候写的是批判现实的,反抗社会的,也就是当下作家们正在写的。他们现在写的,我当年都写过。去奎屯主要是想拉开距离,新疆的大城市是它的文化中心,乌鲁木齐、石河子,还有喀什、克拉玛依和中原文化的交流很发达,石油城克拉玛依的一个朋友当年常到我这里来,跟我讲《十月》《收获》的编辑到我们这儿来了……而奎屯根本没这机会。自己写了投,投了退,再写,再投……自己一个人写,很安静，现在想，那状态非常好，不停地打磨、刺激，不停地磨练自己，不停地研究经典，还有当地的文化，但是没什么生活负担，大量时间都放在了读书和写作上。

李勇：您在新疆生活了十年，对西部的书写也已经持续了十多年了，会一直持续下去吗？在对西部的书写之中（以及之外），还有什么是您想表达还没有表达的？

红柯：两个问号实际是一个。我给陕西师范大学学生开了一门选修课叫"文学与人生"，好几年了。其中讲文学的本质时有一小节，提到文学有个特点，即超理性、超逻辑、超技术，一句话，无法计算。机心太重就不能面对文学。歌德说了，生命之树常青，理论是灰色的。为什么是灰色的？理论有限而文学无限。小说也好，文学也好，原本就是雕虫小技，就是小人女子搞的，正人君子搞不了文学，一般摸不到门路。我写西部，写到什么时候我也不知道，文学这只鸟，我抓不住，也不想抓，更不想关进笼子里，我只想观其影闻其声，内心喜悦或悲伤。

李勇：有句话叫"量体裁衣"，在您书写西部生命精神的小说里，那种奔腾跳跃的叙述风格和"猛烈""绚烂"的语言特色与作品所讴歌的生命精神呈现了一种"对应"，这是一种积极、主动的选择的结果吗？总的来说，这应该是一种意象化和抒情化的语言，您觉得呢？您所欣赏的小说语言又是怎样的？

红柯：我是一个计划性很差的人，早在1997年，李敬泽在《飞翔的红柯》中就有一句话，说红柯是用心写作而不是用脑。脑与心是有区别的。2004年元月，陕西太白文艺出版社出版了我一本小说集《野啤酒花》，在后记中我自己总结这个集子有三类作品：一是你说的写西部生命意识的，一是批判现实的，一是黑色幽默荒诞实验的，比如长篇《阿斗》，短篇《林则徐之死》。还有"零度写作"那种冷风格。1996年曾发表过一篇短篇小说《表》，属先锋实验小说，李敬泽认为是当年最好的短篇，但无人注意。早在上大学时读到苏轼的"随物赋形""不择地而生"，开始对文学真义有所感悟，接着是《文心雕龙》里的"随物宛转""与心徘徊"，接着是庄子的"与物宛转"，同时又陶醉于贝尔的《艺术》与康定斯基的《艺术里的精神》。亲手抄了郭象的《庄子注》，从此扬庄子而抑老子。老庄不是一回事，庄子与卡夫卡是一回事，老子有阴毒的东西，权谋出自老子。我最恨权谋，有意思的是我读的第一本文学书是《三国演义》，后来写《阿斗》，反三国。文学是主观的、是精神性的，但我尊重"物"，不损物性，与物游，"齐物论"，认为"物"是有灵性的。

李勇：在您的一篇散文里，有一段描写我记得特别清楚，说在新疆，"你呆在荒漠里，坐在大石头上，你的心静悄悄的。月亮跟灯一样吊在天上，月亮暗下去，星星就出来了，星星就像是从石头缝里钻出来的……"那真是一种极旷邈的感觉！敬畏苍天大地，敬畏生命和自然，这种情感在当时就已经浸透了您的心灵吧，然而直到多年后回到中原才彻底表达出来，当时有表达的焦虑吗？时间和“哑默”给这种情感本身以及它后来的表达带来了什么？

红柯：不但当时有表达的焦虑，这种焦虑会困扰终生，甚至绝望。《北京晚报》的孙小宁写过一篇文章，大意是红柯“在时间消失的地方”写作。当你表达的时候，你发现文字无法表达，那一刻我才发现人类的无助与孤独，那一刻我想的不是文学，而是大地上各民族最初运用语言文字的人。仓颉造字感天地动鬼神，然而字是一种有限的东西，字的出现有一万个好，但也意味着对宇宙生命的损伤，世界不再完整，也不要老是西域中原的，我当时的真实想法是人与这个世界。在大漠瀚海，读《周易》，读庄子，读老子、孔子，读《圣经》《古兰经》《金刚经》特别有意思，我甚至读了《孙子兵法》。先秦那个时代，孙子征战写兵法也有一副菩萨心肠，孙子告诉我们，战争本来都是下策，无论输赢都是下策，是万不得已的一种手段，不是目的，善战者有和平思想。用字写书的人呢？落笔成文的时候世界就小了，你有损于这个世界，所以要尽量地减少损失，保鲜。这个世界和其上的生命，以及生活本身，是永恒的，是完美的，写本身不完美，是残缺的。我24岁至34岁在瀚海的体悟与我的天性及我早年的生活是一致的。

李勇：《西去的骑手》歌颂生命力，马仲英、盛世才都承载着你的梦想，但是有个东西好像被回避了——知识分子的身份和传统，您讲述的是传奇化的人物和历史，这更像是民间的态度。小说于是出现了一种内在的分裂，这典型体现在对血腥和暴力的书写上，比如“被兵刃撕开的脑袋和肢体仿佛大地的果子”等——有人认为您太过渲染了它们，然而这却是根源于您的价值取向和立场——对生命的赞颂。这里是不是真的存在这样一种分裂？《美丽奴羊》是绝好的小说，但好像也有这个问题。

红柯：其实作家的主体性与想象力都是有限的，当你面对一个客体时，跟物理学的力一样是有反作用的，“物”同时影响“人”，万物皆流，人在世界上是很渺小的，写活一个人物就意味着作家要倾注全部的智慧与力量，根本无法去想什么民间与知识分子立场，而你写活的这个人物是有生命的，生命是活的，变化的，他（她）分裂不分裂，作家无法控制。作家只能控制叙述的语调，最好给人物自由与空间。所谓分裂，可能是理论与概念上的。

李勇：您说过，有的小说是喂猪的，养饱了睡大觉，有的小说则是看了让人想换一种活法。您一直都有自己宏大的文学抱负和愿望（我相信这一点）。在一个人人都畏于（或不屑于）谈论理想、崇高以及其他宏大事物的时代，您对文学有着怎样的期望？

红柯：有个规律，大地上自然条件较差的地方，无论动植物还是人，都有着强悍的生命力，否则就活不了，颓废懒惰是有条件的。肯定性的背后有某种否定。

李勇：李敬泽先生说您的小说是“肯定性的”，昂扬而饱满，您也说自己往往是忘情于远方而忽略眼前。但有的作品却不是，比如《永远的春天》就是讽刺，《咳嗽的石头》透露出颓唐的现代情绪，《古尔图荒原》既写了贫困、不公这些尖锐的现实，又写了人的孤独和命运的荒诞，它们都打破了那种昂扬、饱满的诗意，呈现了您内心的另一面。我们见得最多的是您的昂扬和饱满，但它们真的是您内心世界的主导吗？它背后是否还隐藏着什么？

红柯：其实还是上面那句话：肯定性的背后有某种否定。

李勇：《过冬》我觉得很特别，您还是在写生命，但是里面却有一种内在的哀伤，这深深打动了我（李敬泽先生也推崇《过冬》，但他有不同的理由）；《美丽奴羊》里面写到牧人丢失了他的羊的时候，我们也体会到了一种虚弱；还有《西去的骑手》中写骑手孤独的那一段，“你赢不到女子的歌声只能怨你自己。你遭受孤独的同时还要照顾战马和钢刀……”有一种让人说不出来的感伤。在那些凸显生命力量的文字映衬之下，对“虚弱”的描写显得楚楚动人。而且它们看起来都不是刻意为之，而是“闲笔”、神来之笔，尤其是写骑手的孤独那一段，像暮时的烟霭，突然就弥漫开了。能谈谈您写作它们时的感受吗？

红柯：司马迁《史记》里有许多闲笔，垓下之围项羽兵败，别姬纯属多余；飞将军李广杀敌，后头也是多余。希罗多德的《历史》写希波战争，结果写了许多风俗传说。中学时有个语文老师讲课极好，题外话很多，我把这些题外话记在课本边上，讲课文的部分一句不记。我从教二十余年，也是漫谈式的，旁听同事的课，也见识过不少一句多余话都没有的老师，画上句号下课铃就响。我喜欢丰富繁杂的差异。小时候家乡修水利工程，一条水泥大渠把我们村一分为二，我在水泥大渠游泳，后来到河里去游，一下子就有了区别——水利工程与自由的河流相比有多么古板丑陋！这种河流的意识很早就印在我的脑子里，对我的写作影响更大。

李勇：您和张承志确实有相似的地方，和有的作家（比如鲁迅）批判“这个”世界相反，你们竭力展示“另一个”世界。我知道您对张承志评价颇高，也极推崇蒙古老学者孟驰北，那么在寻找民族发展的精神文化资源方面，您有着怎样的抱负？在这种寻找过程中，您给自己怎样的定位？或者说您觉得作为一个作家应该保持一种怎样的心态或姿态才是比较恰当的？

红柯:作家与世界最核心的关系是体验,用心也好,用脑也好,把感性上升到理性再还原到感性世界。我在长篇小说《阿斗》里表达了对计算谋略的极大蔑视,换一句话说,我只想写一本书,而很少考虑更大的发展,以及抱负什么的。我更不可能给自己定位。写一本书时有形式感,但实际生活中的形式感极差。记得大学时发表了诗歌,我一个同学打量我好半天问,你能写诗?后来我在《文学自由谈》上写了一篇文章,名叫《才华从脸上看不出来》。我怎么看也没有才华,不文学,不作家,提到文学姿态,浑身不自在。多说一句,大学毕业一直教书,业务之余才写小说,文学是我的业余生活,现在我每年都要上几百节课。

李勇:您对中原文化是持批判态度的,而对西域"胡裔"文化却推崇备至。空谈一种文化的命运和前途可能没有太大意义,反省和自审才是发展的前提,您通过自己切身的生命感受和才华在这方面做出了可贵的贡献,然而当前的文学总体来讲好像缺少这种抱负,其格局是不是太小了?

红柯:作家还是写,把握各个时期的文学风潮应该是理论家们的事。

李勇:我知道您并不认同别人把您的创作划归"西部文学"之列,我们也承认:无论题材还是语言,红柯跟其他人都不同,跟任何一个西部作家都不同。然而这里有个悖论,人的个性也往往成为人的束缚和牢笼,所以每个作家都想突破自我,是这样吧?批评家(包括读者)也希望看到作家变化,然而我们又总是在担心,如同网上有人说的,"我怕红柯变化,又希望红柯变化",这里反映出人们一种矛盾的心态。对这个问题,您是如何面对、处理的?

红柯:这个问题最早是李星老师提出来的,他的担忧是应该的,因为一个写作题材总有枯竭的时候。我2004年到的西安,其实在宝鸡的时候就很想写陕西,李星老师的话非常好,我是陕西宝鸡人,而且新疆题材从短篇、中篇到长篇自己都写过了,该得的荣誉也得了,想放弃,撂下了。去鲁迅文学院学习的时候,跟李敬泽老师讲了几个关于宝鸡题材的计划,他说,好啊,你写。但是写作和恋爱、结婚一样,看上、进攻、战胜,过程完全一样,而最后付出和收获不一定成正比,有时候还成反比,你掏心窝子人家也不领情,你歇她晾她,她反而更热乎。作家对素材和题材的把握也有这种感觉。2002年在鲁迅文学院学习,安静下来,又可以读书,那里的图书非常丰富,平日读书学习,周末便逛北京城,新疆的那些矿藏又起来了,这是我措手不及的,原来以为完了啊,结果发现还有好多好多,所以写了《大河》,从那时持续到现在。其实陕西的题材和计划有好几个,材料、冲动都有了,但是那头没有落下,感觉那还是个富矿。我讲写作课多年,跟学生也讲,观念很重要,观念变,写作也变,眼光变了,原来的东西就成另外的东西了,这和主题先行是两个问题。

当然,写作过程也是一个生命过程,有其自然的天性,作家自己也不能违背自己的天性。我喜欢这几部中国古书:《山海经》《史记》《庄子》,你也就明白我是个顺应自然的人,我从不刻意去干一件什么事,一切任其自然,做不到至人真人,做一个达人吧。

李勇:您大学的时候便读勃兰兑斯,他提出过这样一个观点:社会的风潮分上层和底层,相应地,作家的表现也分两种,一种是每个时代都有的、占优势的、投合时好的观念和形式;一种是新鲜的、尚未具体化的、弥漫于太空的那种观念。您的写作让我觉得您对自己的定位是属于后一种的,然而您对您所表现的那样一种"观念"有信心吗?

红柯:喜欢一个古词,混沌。我所有的小说写完后才找题目,好多散文也是这样。我不喜欢对一件事有太明确的洞见,太清楚意味着功利,我喜欢康定斯基对美的论断——美就是心灵的内在需要。内在的东西都比较模糊,就是中国古老的"混沌"与"气",可感不可言。

李勇:其实,我们已经注意到了,您的小说这两年已经有了新变化,《老镢头》《好人难寻》不再是写新疆;《乌尔禾》《大漠人家》虽是写新疆,但是笔调和情感特征已不同以往。凭直觉,我感到它们是一种酝酿,后面应该还有大的动静,不知道这直觉准还是不准?

红柯:河流时宽时窄,我不知道前方,陕西人的特点,馍蒸熟了再揭笼。

评 论《

陌上花开,可缓缓归矣

——论红柯小说创作新变

李 勇

有人称红柯的小说为"诗意小说",其实这种说法并不贴切,因为从总体来看,"诗意"所包含的优美和余裕并不属于他,他的小说更浑朴粗野,而在浑朴粗野中所流露出来的那种清净肃穆气,仅用"诗意"来形容又显得有些单薄。说"诗化小说"是不是更好一些呢？“诗化”不仅强调了结果，也强调了过程，而红柯小说的与众不同之处，不仅在于对诗意的传达，更在于其传达的方式和过程。

一

从20世纪90年代开始，红柯持续地向我们讲述新疆，讴歌并赞美西部大地的生命精神，至今已十年有余，在一种明确的价值立场的支配下，他的小说保持了一种强烈的单纯性和一以贯之的抒情态度。从早期的《奔马》《美丽奴羊》到《西去的骑手》乃至后来的《大河》，红柯一直处于一种“激情写作”的状态之中，他写西部大地的戈壁沙漠和草木生灵，写历史和现实中人身上的血性和神性，这一切都落实于他童话般的想象和暴雨似的言辞——这完全是激情迸发的形式。笔者有幸去过新疆，体会过面对千年戈壁时的那种震撼，因此也常想，这么多年来，红柯也许一直都没有从西部大地所带来的震撼中“摆脱”出来，他在新疆待过十年，天山曾像一幅画一样挂在他窗前；他还潜心收集和钻研了那么多西部民族的文化经典，这无疑又把那种震撼扩大了——从眼睛到心灵，由身体到灵魂。

十年沉潜带来的是十年之后激情的一发不可收拾，激情容易失控，然而红柯做得游刃有余，他找到了一种与他所颂扬的生命精神以及其个人的生命境界和生命状态相契相应的表达方式。这种表达方式无限接近于诗，具有极其强烈的主观色彩和感性气质，从而使得他整个的叙事都充满了力量和速度。

当然，激情是逐渐释放的，开始可能仅仅是一个试探。最早发表的短篇小说《奔马》《鹰影》都有着紧密连贯的结构，情节间的暗合与照应以及这种照应所显示的象征功能都体现出一种经营控制上的谨慎、用心；到了《树桩》《靴子》则放开了，情节被大大地淡化，人物也变得模糊，想象力则更蓬勃发达起来：人要长到树桩上和树联系在一起，靴子里升起骑手和戈壁的太阳——这里的人物和故事都开始显出一种醺醺的“醉态”；以至到了《阿里麻里》《吹牛》，“醺醉”几乎成了作品的主题，无论是徜徉在苹果与爱情香气里的少年，还是喝酒“吹牛”解闷的朋友，他们都不是作品的主角，他们的作用只是牵连起一片浪漫的抒情气氛，并给这种抒情氛围赋予一种动态的形式使之贯彻到底，真正的主角应该是红柯本人，是他的情感与想象。那“醺醉”了的从根本上说不是少年、马杰龙和他的朋友，而是红柯自己，红柯的“醺醉”传染给了他们，这也从根本上决定了这些作品的最终形态：具有整体的情感力度而缺少结构性的情节力度，人物缺少深层的心理功能却具有巨人般发达的身体功能。

然而，“醺醉”显然是不够的，它更多的是一种感官反应，心灵的震撼还需要更广阔、更有力的表达，而这种表达也必将能够融合其全部的身心与力量，因此，走向中、长篇是红柯写作的必然。《金色的阿尔泰》算是个过渡，接着便到了《西去的骑手》（中篇《跃马天山》乃其节选）和《库兰》。红柯终于开始触摸历史——西部大地的历史。时间的延伸是对抒情空间的拓展，而在历史题材这种最具限制性的写作领域之内，红柯的感性气质却更进一步显现了出来。在《西去的骑手》中，他选取盛世才和马仲英这样的乱世枭雄，从中挖掘出西地“先民”身上的一种血性，并加以崇拜与歌颂。从表面上看，红柯是在简化历史，然而这里受损的只是历史的宽度，历史在深度上却得以被拓掘。《库兰》中的普尔热瓦尔斯基临终前聆受了在马仲英身上没有完全展现出来的对天地和神灵的敬畏，库兰野马在生命野性之外还焕发出一种神性——红柯用叙说历史的方式发掘了西部生命精神中最本质、最深层的东西。两部作品可以说将红柯的想象力和抒情气质发挥到了极致，它们都是一种多线并行的结构形式，却见不出刻意雕琢的痕迹，转换和衔接之间都尽力保持了情感和气势上的连贯与畅通。小说有着松散却完整的情节，但它们只是为作品搭建起一个整体的架构，真正使作品体态丰腴的是它们的描写与抒情。而在红柯那里，描写和抒情又往往是一体的，甚至可以说，他的任何一处描写都饱含着抒情，而几乎所有的抒情也都蕴含在了描写之中，作品随处可见的是这样的句子：

> 哗！——数千把马刀举起来，旷野白煞煞仿佛天神降下的阵阵闪电。听！你听呀！尕司令用他的声音重新唤起骑手们的强悍与光荣。（《西去的骑手》）

> 伊犁的河水是灰白色的，河岸的草木闪出沉静的灰蓝，田野透着辉煌，那是欧洲美术界苦苦追求几个世纪也难以找到的色调。伊犁的美是从大地里长出来的。（《库兰》）

这就造成了一种气势，一种情感气势，澎湃的激情如滚滚湍流，景物和人事被冲决而下，如随波逐流的沙壤浮萍。想象力在这里往往发挥了关键的作用，它通过奇异的变形让难以遏制的情感得到了尽情的宣泄。可是，我们又能从多大程度上说，马仲英和库兰野马其实就是红柯的一种想象？这当然应该取决于红柯的抒情态度，而不是历史和文学的庸俗对应！红柯在这些作品里保持了他激情写作的状态，而文本本身也基于充沛的元气和激情呈现出一种狂飙式的力量和速度，这也正与其书写对象——生命的原力和血性——相呼应。

2004年发表的长篇小说《大河》延续了这种狂飙式的激情表达，小说充满了浪漫的想象和抒情，然而和《西去的骑手》《库兰》对历史的专注不同，《大河》开始更多地书写现实，并因此而展现出了一种更宏大的“融合”企图：白熊和人的世界的交叉象征着空间上的自然与人的交融，托海那如梦似幻的传说也将时间性的历史和现实进行了接通，红柯的想象力帮助他实现了对文本更高层次的精神运作。这种宏观上的“融合”造成了作品多线式的结构，以及多线索交叉联结而成的一种“团化”效果：白熊的故事、人和熊的故事、托海的传说、东干人的历史、老金和蔚琴的陈年往事、蔚琴和金海莉所勾连起的现实……这一切都相互纠结，最终又万川归海，如奔涌不息的大河。同时，作品虽然增加了对日常生活的细节描写，但他的语言在整体上依然保留着强烈的抒情和意象化色彩，从而与小说整体的抒情和意象化特点相呼应，使《大河》依旧显现着红柯此前的创作所惯有的那种力量与速度。

因此，如果我们想要用一个词来形容红柯早期的新疆题材创作的话，那就是“迅猛”。“迅猛”说的是其作品所具有的那种力量和速度，当然，立足于字面意义来理解，“迅猛”还体现于他的创作势头——从90年代中、后期到新世纪最初几年，红柯火山喷发式地创作出一大批新疆题材的作品，数量惊人。然而，在《大河》之后，我们发现，红柯的创作开始有所变化：他明显地“慢”了下来。

二

“慢”首先体现在创作速度上，新世纪的最初几年，红柯几乎每年有一部长篇问世，在此之前，中、短篇更是数不胜数，但是近年来(尤其是2006年到2009年间)，不仅中、短篇数量不多，长篇更只有一部《乌尔禾》。当然，“慢”更主要的还是指小说文本本身，和他前期作品的“迅猛”相比，近期的作品“缓慢”了许多，《乌尔禾》(以下简称《乌》)便是这“慢”的典型。

先从小说的开头看起吧：

> 两边大戈壁，中间一条河，叫白杨河，白杨河两岸肥沃的土地就是乌尔禾。乌尔禾的土地是后来的事情，刚开始全是密林、灌木，杂草、野兔多得不得了。你也能猜出来乌尔禾地方不大，东西狭长的小盆地，也就几十公里的样子，草木茂盛，可藏不住猛兽，老鹰从天上往下一瞥，也就是茫茫戈壁一片绿叶子嘛，狭小、肥沃、安全，难怪聚那么多野兔，准噶尔盆地最好的野兔全奔乌尔禾去了。

和《西去的骑手》《大河》那种直接进入叙述的开始方式不同，《乌》的叙事从描写开始，不同表达方式的背后体现的其实是一种心态的不同：前者显出一种迫切，后者则趋于平静，小说不慌不忙地对“乌尔禾”这一地方展开描写：它的地貌、它的景物、它名字的由来……红柯娓娓道来，镇定而从容。

《乌》仍然是讲的新疆故事，值得注意的首先是它的结构。《乌》的结构是一种单线式的，这和《西去的骑手》《大河》《库兰》那种数线并行、整体上“团化”的结构方式完全不同。整个作品以凡夫俗子王卫疆的成长历程为线索，穿插以父辈的兵团拓荒生活、后来的恋人小燕子和她爷爷奶奶的故事等等，但它们都是在宏观的时间序列上被呈现的，也就是说它们基本上是按照时间的先后顺序被排列的，所有的穿插都只是一棵大树上的若干枝柯，而不是像《西去的骑手》《库兰》等那样，在一棵大树之外又栽另外一棵(甚至几棵)。单线式的结构明显地突出了时间，而多线式的结构注重的是空间，许多评论者也早就看出红柯的小说具有一种“共时性”，其实说的就是一种“空间性”，多条线索齐头并进，此时和彼时、此地和彼地相接融，就像在《大河》中那样；而《乌》则开始注重时间，立足于一条线索，从头至尾，讲述一个人和他的生活，由此呈现出一种“历时性”。对时间和空间的处理绝不仅仅是一个技术性问题，它能充分体现出作者与他所创造的小说世界的关系，“历时性”和“共时性”相比，前者因为尊重自然时间的运行规律而尽力保持了客观世界的面貌和逻辑，后者则打破了时空的自然规律而更具人工痕迹。从“共时”转向“历时”，纷乱被替换为清晰，人力让步于自然，仿佛一幅缓缓打开的水墨画卷代替了令人惊异的现代影像，红柯显出了一种舒缓。

舒缓说的是一种节奏，它既是内在的，也是外在的，内在的主要是指情感，外在的自然是指结构和语言。在语言方面，我们发现《乌》最显著的一点是其叙述开始大幅度地取代了描写和抒情。在红柯早期的作品中，描写和抒情往往十分发达，而且如前所述，描写和抒情往往相互融合，大段的抒情和描写构成了作品叙事的有机部分，它们往往以一种溢出和膨胀的方式改变着叙述的正常进程，甚至将这叙述消解掉，因此也才有那么多人认为红柯的小说不像小说。他的抒情、他的描写、隐遁在其间的他的议论，辅之以蓬勃的想象，这最终造成了一种夸张、浪漫的惊愕语调。《乌》则大幅度地削减了抒情和描写，原本经常融合为一体的它们也开始分化、独立，它们在作品中当然没有完全消失，甚至还往往出现在一些关键性时刻，比如写到草原石人像、写到放生羊时。但是它们所占据的篇幅已经大大缩减，这就使得“叙述”更加流畅，因为延宕减少了，瞬间爆发式的激情减少了，代之以时间的连绵不绝和情感的自然流淌，节奏自然也就慢了下来。同时，“叙述”的增加也使得小说语言更趋平实，即便类似于开头部分的那种单纯性的描写也已经失去了早期作品语言的“猛烈绚烂”(李敬泽语)，甚至连“乌尔禾”这标题都能见出一种平实(它仅仅是一个地名，普普普通通的地名，虽然也有自己的历史和传说，但却远不及“西去的骑手”和“库兰”那般奇异和抒情），语言在这里丧失了来自语词本身的那种力度，转而获得了一种韧性，这种韧性并非源自语言本身，而是它背后的事物，尤其是那些日常性的事物。日常性事物赋之以平实化的语言——《乌》的舒缓是整体性的。

所谓“日常性的事物”，主要是和想象性的或者说意象化的事物相对的，“想象性”是从对事物的塑造过程来说的，“意象化”则更多地指涉事物的功能特征。马仲英、盛世才便是“想象性”的，库兰野马和《大河》里的白熊则是“意象化”的典型，但王卫疆却是“日常性”的。对马仲英和盛世才的塑造，红柯是用历史传奇的笔法书写英雄传奇（或“史诗”），而王卫疆则是在现实的日常生活中走出来的凡夫俗子，他扎扎实实、一步一个脚印地从一个地窝子出生的兵团孩子成长为一个手艺高超的修车师傅，在尘世中经受所有平凡人都经历过的福乐和悲苦，当然，最后的王卫疆在经过生活的磨砺和草原的洗礼之后，已经浸染了一种神明般的圣洁的光辉，但这并没有改变他凡俗的命根——他依旧不过是不平常的草原、戈壁哺育出来的一个平常人。《乌》中的人物是平凡人物，生活也是日常生活，唯一例外的可能是海力布叔叔和草原石人像，海力布叔叔的身世经历带有传奇色彩，对草原石人像的描写也充满了抒情与想象，他（它）们带有库兰野马和白熊身上那种强烈的象征意味，但是他（它）们在这里只是代表着一种精神上的旨归，王卫疆和他的生活经历才是《乌》的主体。这和库兰野马的情况有点相像，但是《库兰》本身便是传奇历史的形式，是想象和象征的完美结合，它不具备《乌》的日常形貌。“想象性”和“意象化”是反日常的，有时甚至也是反现实的，它们依循的是情感、理智和判断，而“日常性”依循的则是现实和客观，它尽力呈现生活的原生特征，自然而然地排斥夸张和变形，激情在这里是深隐的（当然也可以认为这是另一种激情），不会塑造直接性的精神和理想化身，也不会有“露骨”的情感态度和刻意的意境渲染。和《西去的骑手》《库兰》等相比，《乌》的“日常性”特征十分鲜明，它以平实代替浪漫，使整个叙事节奏趋于舒缓，而且激情深隐之后，那种空间的交错被代之以时间的绵延，小说也开始透出一种平淡和悠远。

当然，仅凭一部《乌》就断定红柯的创作风格发生转变可能有些武断，但是《乌》和早期作品相比确实显出了明显的变化：它的结构更清晰，它的语言更平实，它开始彰显情节与时间……而这一切的背后是情感的趋于舒缓，情感的变化改变的是说话的方式和语调，“倾诉”变为“讲述”，一切也都“慢”了下来。那么，究竟是什么造成了《乌》的变化呢？这变化是源于观念还是意志？也许有人会说，风格的变化不就是因为书写对象的变化么，写的东西不同当然风格就不同了，然而我们不得不问的是：为什么这样的生活会进入作者的笔下？为什么现在才进入他的笔下？

三

在红柯早期的生命叙事中，占绝对主体地位的当然是那种“迅猛”的激情，它昂扬、饱满，但在此之外，还有两种一直被“冷落”的异质性情感：一种是对生命“虚弱”的表达，一种是对生命“悲哀”的体味。在这二者之中，对“虚弱”的表达貌似“异质”，其实并不是，它和那种昂扬、饱满的情感是一体的。在红柯的观念里，一味“雄”“强”的生命就像没有淬火的钢刀，是欠缺的，只有经过“虚”和“弱”的淬化，只有发现和意识到生命中本来存在的“虚”和“弱”——就像《金色的阿尔泰》中成吉思汗在阿尔泰山面前完成的顿悟一样——生命才会真正变得刚硬和完美。“雄”“强”激发出生命的能量，它落实于血液和肢体；“虚”“弱”来源于对生命孤独和短暂的体悟，并由此引发出对永恒事物的敬畏，它作用于灵魂。“雄强”和“虚弱”是生命的两面，它们的结合是生命的完美构成方式，因此“虚弱”的异质性只是表面的，真正异质的是“悲哀”。

短篇小说《过冬》和《西去的骑手》中写骑手孤独的一段是红柯对“悲哀”的经典书写。前者写的是一个老人的孤独和伤感：儿子和女儿都搬去了城里，大雪静静地覆盖了院子，他一个人守着呼呼的火炉度过了整个冬天。小说用宁静的笔调写出了一种生命固有的哀伤——衰老和死亡；后者写的则是骑手的孤独：

> 你赢不到女子的歌声只能怨你自己。你遭受孤独的同时还要照顾战马和钢刀。没有女子之爱的骑手是石头中的石头。他们没有生命的春天，破阵时最先倒下的往往是他们……那是一种真正的孤独，上天给了他女人，他却无力从身上抽出那根肋骨。他冲向敌阵时没有铠甲，他去拼杀时后背是敞开的；他是那么易于受到伤害。没有女人之爱的骑手跟没有淬火的钢刀一样易于折裂。

这是异常忧伤的调子，恍若一首古歌，在小说全篇都在用无比热烈的笔调赞颂生命血性的时候，这段对孤独的描写却非常突兀地将我们投入了一种难以名状的绝望和悲伤境地。这种生命内在的“悲哀”才是真正异质性的，它意味着生命的残缺，一种单向度的性征，永远都无法趋于饱满和昂扬。

“悲哀”是我们人类情感的另一面，在某种意义上说甚至是更根本的一面，而且和那种慷慨、昂扬的激情相比，“悲哀”更接近于日常。在红柯早期的生命叙事当中，这种悲哀性的情感始终是边缘的，零星而且偶然，但是它们有着同样打动人心的力量，而且这种打动和激情带来的震撼不同，它更默然、更久远，我们能深切地感觉到作者内心脆弱、敏感的一面，它不经意间的显露更显出了它的固执和坚韧。然而，这种悲哀性的情感表达在红柯早期的生命叙事中并没有得到充分发展，一直到《乌》，它才开始大面积地出现。其实，我不相信马仲英就没有过骑手的孤独，他坎坷、悲壮的命运就没有让他体味过无奈与悲凉？在《过冬》中，当整个小说都让我们陷入一种生命固有的哀伤中时，又是什么促使红柯一再地突出和渲染那个呼呼作响的、似乎是在象征和暗示着什么的大火炉？

是的，在早期的生命叙事中，红柯总是有一种难以遏制的冲动和激情——就是这种冲动和激情让他无暇顾及其他，而倾力于对生命力量的歌颂。其实完全可以这样理解：红柯早期的那种“迅猛”的生命叙事（尤其是那些中、长篇作品）所表达的就是一种“震撼”，这是红柯面对西部大地时最直接的心灵感受，他曾经无数次描述过这种“震撼”，在新疆十年他没有写下任何关于新疆的文字，他把自己完全交付给那片土地，亲近它、拥抱它，从身体到灵魂，而“震撼”也不断地渗透他的身心，当若干年后再一次提起笔时，他所写下的首先便是（也只能是）这种“震撼”。早期作品集《敬畏苍天》收录的几乎全部散文所表达的就是这种“震撼”，一大段一大段文字的背后浮现着红柯惊愕的表情，这种情感状态决定了他说话的方式和语气，决定了那种“迅猛”。

然而，我们禁不住要问的是：从《奔马》《美丽奴羊》到《西去的骑手》以至《大河》，将近十年时间里，红柯一直维持着那种“迅猛”，难道这背后仅仅是“震撼”在起作用？实际情况恐怕不是这么简单。

浏览红柯的散文就会发现，在谈论西域及其文化的时候他往往也会论及中原，他总是有一种习惯性的比较，这可能与他西去又东归的“口里人”身份有关，这种身份决定了他对中原和西域文化差异性的体会尤深，于是“比较”也就在所难免。而在对二者的比较中，红柯所持的是一种鲜明的厚此薄彼态度，对西域的历史和文化，他充满钦敬和向往，对中原则正好相反。他说，“大漠几乎没有弱者的地位，乌孙人、匈奴人、回鹘人、汉人、唐人、蒙古人，民族和种族之外，又是佛教、儒教、伊斯兰教、古希腊文化的交汇点，毁灭与生存在这里显得更醒目。西域大地从本质上选择的是强悍的生命，中国两大民族史诗——《玛拉斯》《江格尔》产生在这里。从先秦时代进入西域的中原人，也几乎是中原的异类。诸民族总是在不同时期上演各自的创世神话”，而这种生命的特质“在中原地区很少见”，“中原文化，尤其是陕西，一个庄稼汉都充满帝王的韬略，每根毛发都在算计中”，更不用说中原文化步入现代以后，现代文明又为它带来了人种的退化和生命力的萎缩——“工业化、电气化、信息化、网络化过程中的人，基本上变成了虫子”[1]，西域大地上的生命则是最健康、最自由的，“十多个民族生活在一起，各取其长，互相影响，新疆汉人大概是全世界华人中最健康最自然的一伙了。没有传统文化的重负，十多个民族显示的都是各自的最佳生活方式和智慧，是人性中最辉煌的部分”[2]。西域/中原、雄强/羸弱、原始/现代、蓬勃/萎缩，这是一种鲜明的二元对立，在这里，批判和歌颂相辅相成，羸弱、衰朽的中原文化更激起他对西域文化的向往，蓬勃、雄强的西域文化也进一步促使他深刻地反思和批判中原文化。或者按其自己的话说就是，“肯定性的背后有某种否定”，早期生命叙事的那种“迅猛”其实也是一种激切，在他颂扬和赞美的语调背后掩藏着强烈的不满和否定，这种不满和否定来自于他的观念和判断，更具有理智的稳定性，正是它和“震撼”一起造成了那种“迅猛”以及其持久性。

否定是一种判断，当它调动了感情，便转化成一种对立性情绪，某些外向性的激情便往往来源于此，这也是典型的青年人特征，而随着年龄日长，否定性的观念可能依旧，但对立性的情绪很可能会逐渐平息——红柯的变化应该也和这种年龄变化的特征有关。在进入新疆题材写作之前，红柯的许多作品都带有强烈的现实批判性，愤切而又激动，按他自己的话说，自己就是“愤世嫉俗气狠狠的一个人”[3]；进入新疆题材写作之后，其生命叙事并非失去了否定性和批判性，只是它不是进行直接的否定，而是以肯定表达否定，以建构超越解构罢了，批判意识和对立性情绪所产生的直接后果则只是内在地造成了那种“迅猛”。而随着年龄增长，不满和愤懑会逐渐平息，“迅猛”自然也就会随之减弱甚至消失，“舒缓”继之而生。

年龄的变化会作用于观念，更潜移默化地改变着情感，然而，《乌》的“舒缓”也可能是源于意志，也就是说它可能只是作者的一种刻意追求。红柯的才华是多面的，《阿斗》《咳嗽的石头》等作品早就有过证明和体现，那我们凭什么说《乌》的新变就不是源于作家们都有的那种好奇和渴望超越自我的本能？红柯在他逾不惑之年写出的这部长篇大作身上究竟有没有潜伏着（或者潜伏着什么样的）他的生命讯息，从而让我们推翻上面的假设？那么，我们还是先回到作品内容本身，看它究竟写了什么吧。

四

《乌》写的是现实和日常生活。对现实和日常生活的描写是在《大河》中才开始

① 红柯、李敬泽：《神性之大美——与李敬泽的对话》，《敬畏苍天》，上海人民出版社 2002 年版，第 339、340、342 页。
② 红柯：《热土难忘》，《敬畏苍天》，上海人民出版社 2002 年版，第 40 页。
③ 红柯、李敬泽：《神性之大美——与李敬泽的对话》，《敬畏苍天》，上海人民出版社 2002 年版，第 338 页。

大面积出现的，而在此之前，红柯的中、长篇新疆题材作品多与历史有关，人物、情节也带有浪漫传奇色彩，为数不少的短篇小说倒是写的现实，但那里的现实更多的是在突出自然和自然中人，是一个个“诗意”的世界，它们缺少真正的现实和日常性征。《大河》的情况也有些相似，它虽然较以往加强了对现实和日常生活的表现，但是这里的现实和日常生活并不“纯正”，它们在作品整体的意象和象征结构中常常被虚幻和嫁接，抹不去那种强烈的浪漫主义特征。《乌》对现实和日常生活的表现则真正趋于平实，它不仅大面积地书写现实和日常生活，并竭力用客观的态度和朴实的语言对待这一切；与早期高度“意象化”的表现方式对生活的裁剪、幻化不同，《乌》开始“认真”地表现生活的真实性和复杂性，而最典型之处就是它写到了“伤害”。

红柯早期的生命叙事崇尚人物的力与美，身体性的生机、活力和精神上的欢愉构成了早期小说人物的主要特征，然而《乌》里的王卫疆却不是，他经受了生活的伤害，浪漫神奇的童年没有让他成长为马仲英和老金(《大河》中人物)那样的神奇人物和英雄，他只能在尘世中体验着凡人的苦恼与失落。这在马仲英们身上是没有的，他们昂扬、饱满，王卫疆却已变得“残缺”，他失掉了“前辈”们身上那种与生俱来的强悍与光荣。也正是从对“伤害”的表现开始，早期作品曾流露出来的那种悲哀性的情感被大面积地发展了起来，这里的“悲哀”已经不再源于生命本身，而是源于生活。王卫疆的痛苦是来自现实生活的打击，他的受伤害显示出的不是生命的脆弱，而是生活的残忍，所以，红柯在这里所展露的便不再是生命的传奇和浪漫，而只是生活悲哀和日常性的一面。至此，在他的作品中，人物和客观世界(尤其是社会)之间多元化的关系得到了修复，红柯甚至也顺其自然地开始探索人物的复杂心理，尤其是那种矛盾性心理(比如燕子和朱瑞在私奔前各自长时间的矛盾与痛苦等，红柯对此进行了详细的刻画)，这在其早期生命叙事中是极少见的——盛世才倒也许有过心灵的矛盾和挣扎，但马仲英们却永远都是体魄强健、内心欢愉。质言之，《乌》开始让我们看到了红柯早期生命叙事所未能顾及的那种生活的丰富性、复杂性和生命的立体性。

《乌》写到了现实和日常生活，写到了“伤害”，但这并不是它最终的主题。小说仅仅是从现实和日常生活入手，从“伤害”入手，写出的却是对现实和日常生活的超越，对“伤害”的超越。王卫疆在俗世经受了伤害，于是他回到大草原，他见到了海力布叔叔和白色的石人像，圣婴一般的海力布叔叔让他明白了什么是感恩、什么是真正的圣洁，他才开始真正地领受了那种博大、纯净的草原精神。他的恨消失了，痛苦也随之消失，他原谅了一切，并学会了感恩，生命也开始焕发出神性的光辉。是的，

《乌》写出的就是一种神性！理论是苍白的，红柯用文学塑造的经验的世界告诉我们什么是神性——它指的是生命在其身体性和物质性之外所具有的一种精神和灵魂上的超越性，它激发并包含着爱、敬畏等更具终极性和普世价值的情感，是使得生命开阔、大气、高贵、纯净的根本原因所在。

当然，红柯早期的生命叙事也写到了神性，比如《美丽奴羊》中写屠夫的生命受到感化后他的"天眼"开了，《金色的阿尔泰》中成吉思汗在阿尔泰山前完成了生命的顿悟而真正成为了蒙古人的大汗和神明，还有《库兰》等作品所描写的蒙古人和藏传佛教区人们身上那种令人惊讶的谦卑与宁静等，这些都是生命神性的表现。然而早期生命叙事对神性的书写并不占主体地位，对生命原力和血性的赞颂才是叙事的重心，就像《西去的骑手》所表现出来的那样，尽管马仲英始终保存着对神圣、阔大的事物的虔敬（他至死都长吟着《热什哈尔》符咒般的诗句："当古老的大海朝我们涌动迸溅时，我采撷了爱慕的露珠。"），但他身上最灿烂、最辉煌的仍然是那种剽悍的血性，而只有到了《乌》，生命的神性才成为整个作品的表现重心和主题。

更何况，王卫疆身上的神性与马仲英、成吉思汗身上的神性并不相同。《乌》写的是成长，王卫疆始于草原又归于草原，这是一条"迷失—回归"的寻找精神家园之路，在获得灵魂新生之前，王卫疆经历了现实苦难的历练，他生命的神性是在经过了被放逐和考验之后才获得的。马仲英和成吉思汗的神性更多的是源于生命与自然的赤裸相对——无论成吉思汗的顿悟还是马仲英圣徒般的虔敬都是如此，而王卫疆身上的神性却是来自人与"人的世界"的面对，"人的世界"即现实的日常生活世界。红柯已经让王卫疆走出了纯自然的世界（那里的人也是自然化的），开始让他面对其他人、面对自我、面对社会，如果说前一种神性更多地表现以一种"敬畏"的话，王卫疆身上的神性则表现以"感恩"——这是红柯在日常生活领域发掘出的神性，这是人性经过挣扎之后升华而成的神性。如果说神性是人性的最高形式的话，红柯在此日常生活领域发掘出来的神性才是真正的神性！

作为神性的"源头"，海力布叔叔是小说潜在的主人公，他独居大草原，以感恩之心度过平生。他的神性同样来自生活，来自早年战火中绽放的爱情之光和地窝子里一场夜半的"误会"，他一生不忘那个战场上洁白的女护士和天明之后微笑如常的女人，前者留给了他美，后者赠予他善，它们共同支撑了海力布叔叔的一生。海力布叔叔的世界是神性的世界，王卫疆穿越的是人的世界，戈壁、放生羊、草原则构成了自然的世界，这便是《乌》本身所包含的"三位一体"的宏观立体架构。红柯在这里明显是在追求一种更宏伟也更具说服力的方式，以实现其远大的艺术抱负——构建"异域”，唤起心灵的向往！

《乌》的结尾是这样的：

> 正好是太阳落山的时候。见过中亚腹地辉煌的落日吗？那几乎是血浴大地，从苍穹流泻下的雄浑无比的热血把王卫疆漂起来了。王卫疆站起来，走一会儿，又躺下了，又修起来了，那一招一式多地道呀！再也不是冥想中的车子了，是无垠辽阔的天空。薄暮时分，太阳的亮光越来越小，差不多成了王卫疆手里的喷灯，亮了整整一个晚上。白天了，白云从天上飘过来了，活活的一只大白羊！王卫疆一下子安静了，热泪从眼窝里流到脖子，流到地上，渗透了大地。

这里确实已经显出了一种天、地、人贯通相接的大境界。

《乌》的局部（比如写到大草原和石人像的时候）也还保留着激情叙事的痕迹，但在整体上它已经走出了早期生命叙事的那种“迅猛”，它在舒缓和平静中少了一种外在的激情而多了一份理性，这也正是他最近的创作呈现出来的新的特征：在短篇小说《大漠人家》中，孩子说出了“北京太好了，就是太偏僻了”这样余味深长又立场鲜明的话，《槐虫》和《大路朝天》等远离新疆的现实题材创作也让我们看到了作者视野的扩大——这都是理性的体现。由此也可以看出：《乌》的舒缓、平静不是偶然的，也不是刻意为之，从历史进入现实、由激情到理性，这种转变隐藏着作者个人的生命律动。

愤切和激动渐息之后，红柯正在变得恬淡而从容。胡兰成在《山河岁月》中说，“凡有一个大的境界，乃无高速度的感觉，火车在隧道中驶过才觉得快，而飞机在天空，火车在大平原，则惟见日月静好，山川回环”[①]，创作的大境界应该求慢，因为生命的大境界不可能不是一种宁静。《乌》写完之后，红柯有幸重返新疆，他说，“我再次看到乌尔禾绿洲时心里很平静，我已经用一部长篇完成了我的乌尔禾……”[②]，我想，这里的“平静”首先代表着一种满足，然而它更可能在开启着另一种心境，“陌上花开，可缓缓归矣”——《乌尔禾》很可能会成为一个标志，以此魔鬼之城为起点，另一个“新疆”也许正在开始。

（载《小说评论》2009年第6期）

---

① 胡兰成：《山河岁月》，广西人民出版社2006年版，第26页。

② 红柯：《乌尔禾·后记》，北京十月文艺出版社2007年版。

主要作品目录《

长篇小说

《老虎，老虎》，春风文艺出版社 2001 年版。

《西去的骑手》，云南人民出版社 2002 年版。

《天下无事》，河南文艺出版社 2002 年版。

《大河》，云南人民出版社 2004 年版。

《乌尔禾》，北京十月文艺出版社 2007 年版。

《阿斗》，中国青年出版社 2008 年版。

《生命树》，北京十月文艺出版社 2010 年版。

《好人难做》，人民文学出版社 2012 年版。

《喀拉布风暴》，重庆出版社 2013 年版。

《百鸟朝凤》，上海文艺出版社 2013 年版。

《少女萨吾尔登》，北京十月文艺出版社 2015 年版。

《石头与时间》，陕西师范大学出版总社 2017 年版。

《太阳深处的火焰》，北京十月文艺出版社 2018 年版。

中短篇小说集

《美丽奴羊》，百花文艺出版社 1998 年版。

《金色的阿尔泰》，花山文艺出版社 2001 年版。

《跃马天山》，长江文艺出版社 2001 年版。

《黄金草原》，浙江文艺出版社 2002 年版。

《咳嗽的石头》，漓江出版社 2003 年版。

《古尔图荒原》，大众文艺出版社 2003 年版。

《莫合烟》，春风文艺出版社 2004 年版。

《野啤酒花》，太白文艺出版社 2004 年版。

《太阳发芽》，山东文艺出版社 2004 年版。

《永远的春天》，新疆美术摄影出版社 2009 年版。

《额尔齐斯河波浪》,上海文艺出版社2011年版。

《复活的玛纳斯》,漓江出版社2016年版。

《狼嚎:红柯中短篇小说集》,陕西师范大学出版总社2016年版。

《奔马》,江苏凤凰文艺出版社2016年版。

《天尽头》,西安出版社2018年版。

《刺玫》,西安出版社2018年版。

《扎刀令》,西安出版社2018年版。

《昆仑山上一棵草》,西安出版社2018年版。

《红柯中短篇小说集》(全三卷),西安出版社2018年版。

散文随笔集

《手指间的大河》,中国青年出版社2001年版。

《敬畏苍天》,上海人民出版社2002年版。

《绚烂与宁静:西部各民族文化文学研究及黄河中上游各民族民间艺术考察》,北京十月文艺出版社2016年版。

《龙脉》,陕西师范大学出版总社2017年版。

虹 影

女，1962 年生于重庆，曾旅居海外，现居北京。

小 引《

20世纪五六十年代，对文艺问题的批评或批判，有一个流行的说法：让帝王将相、才子佳人占领了无产阶级的文艺舞台。言下之意，就是站在历史舞台中心的广大工农兵群众，却退居到了文艺舞台的边缘位置。虽然那时还不兴边缘化这个词儿，但意思却是再明白不过的了。结果就为这位置之争，让无数人遭殃倒霉。到了“文革”当中，帝王将相、才子佳人被赶下了无产阶级文艺舞台，工农兵群众果然站到了文艺舞台的中心位置，“帝修反”三大恶酋或“地富反坏右”五类“黑”人，则被灯光逼到了舞台的边缘，位置之争总算有个了结。

但曾几何时，这被赶下舞台的帝王将相、才子佳人似乎又卷土重来，“三恶”和“五黑”人物在文艺中也各归其位，无须在暗影中溜边儿，即使读者观众多数是工农兵群众，似乎也不大在乎这些人占了自己该有的位置，相反倒读得、看得津津有味。到后来，文艺作品又专挑前朝遗老、八旗逸少、江湖豪杰、市井顽劣乃至和尚道士做主角，说他们身上积淀有更多的历史文化，这些人虽然不是帝王将相、才子佳人，似乎也没工农兵群众什么事儿。当然这期间的文艺主流还是表现工农兵，但已不是或不完全是“文革”前的那些英雄模范人物，而是他们当中的芸芸众生，类似于邵荃麟当年所说的“中间人物”。而且写这些没有占据中心位置的芸芸众生，尤其是其中的一些边缘化的小人物，似乎更容易讨好。从早先徐怀中写《西线轶事》中的刘毛妹，到中间莫言写《红高粱》中的“我爷爷”“我奶奶”，再到晚近余华写《许三观卖血记》中的许三观，都是如此。记得当年闹“寻根”的时候，有个叫李杭育的作家，还专挑五行八作中的“最后一个”手艺人去写，如最后一个渔佬儿、最后一个画屋师爹等，也博得一片好儿。凡此种种，说明工农兵群众在文艺作品中的位置问题，并不决定文艺作品的优劣成败，当年的位置之争，说到底不是一个文艺问题，而是一个政治问题。

话又说回来了，如果真的要把这个问题作为一个文艺问题来讨论，那么，也许写处在边缘位置的人物真的要比写处在中心位置的人物更容易出彩。上面说的这种情况，当然有一点特殊性，就是“文革”和“文革”前的中国文艺，因为要突出工农兵这个政治的和阶级的主体，尤其是其中的英雄模范人物，自然就要冷落占人群绝大多数，也占工农兵群众绝大多数，难免有这样那样的缺点错误，不像英雄模范那样高大完美，始终处在社会边缘位置的芸芸众生。所以一旦作家写了这种被长期遮蔽的边缘人，就容易引起读者、观众的注意，激发他们的兴趣，激起他们的共鸣。这是中国文艺的特殊情况，事实上这也是近现代世界文学史上的一种普遍现象。多的不说，仅就中国人的文学常识而论，从巴尔扎克到高尔基，从莫泊桑到契诃夫，都是以写边缘化的小人物取胜。就连现代派作家如乔伊斯、普鲁斯特和塞林格、萨特等，也大多是通过边缘化小人物的意识和命运，来表现生存的焦虑和困境，说明边缘化的小人物确有非同一般的文学意义和价值。

以上说的都是一些现象，个中缘由，也不难理解。文艺这个东西，原本就是为边缘化的小人物准备的，那些占据中心位置的大人物，自然有一种叫做历史的东西去关心他们。他们被载入典册，青史留名，已经足够风光的了，无须文艺再去画蛇添足、锦上添花。文艺勉强凑上去，唱几句颂词，赞一番功德，大半费力不讨好。从这个意义上说，是不该让帝王将相过多地占领文艺的舞台。但古往今来那些处在边缘位置的小人物就不同了，历史是不会过问他们的生死荣辱的，就连稗官野史，记载的也大半是大人先生的趣闻轶事，细民百姓即使入了野史，也不过是一种点缀，不会让他们占据主角的位置。但文艺不同，文艺本来就是细民百姓创造的，所谓饥者歌其食，劳者歌其事，原本是自说自话的，后来的一些文人雅士有悲悯之心，代他们说话，在历史之外，就有一种叫做文艺的东西关心他们的命运，文艺于是就与细民百姓结下了不解之缘。但这样一来，也有一个问题，就是当细民百姓把自说自话的权利交给了文人雅士代言，自己就成了王小波所说的“沉默的大多数”，沦落为斯皮瓦克所说的“不能说话的底层”，偏偏这些文人雅士还要编出一些说辞，证明文艺要为大人先生歌功颂德，要顺着大人先生的意思去明理载道，说到底，无非是要让那些大人先生们在永垂青史的时候，还要戴上艺术的耀眼光环。

好在毛主席他老人家说过，凡有人群的地方就有左中右，在这个问题上也是如此，偏偏就有这么一些作家，不想顺着大人先生的意思说话，不想为大人先生树碑立传，而是反其道而行之，专写那些大人先生不屑、历史典册不载的小人物，在文学的大海洋里“溜边儿”。海外华裔女作家虹影便是其中之一。本辑主笔，也是她在复旦大学作家班的同学赵黎明博士，知人论世，挑出她的创作中一个十分有意义的话题立论，这个话题就是她对边缘人物的关注。她说：“我同情社会边缘人，尤其同情他们在不容许边缘人年代的命运。任何历史容不下他们，他们在社会演变之外。”我对她的这番话既表理解，也对她笔下的人物深表同情，于是借题发挥，发了这一通不伦不类的瞎议论。

自 述《

“我的写作就像我的名字”

一

早年我离家在外，刚从学校毕业，有了一份工作，却非常迷茫，看不到任何希望，那时期拼命写诗，也开始写小说，记得一个短篇是讲一个神秘女人的失踪，最后她不相信爱情，结束了生命。那小说笼罩着忧郁的气氛，与我当时的心情一样。

好在那时，能借到一些西方名著，便一头钻入，想在里面寻求答案，思考自己应该成为怎样一个人。

我经常带着英国作家多丽丝·莱辛的《金色笔记》流浪，也手抄了不少她的诗歌，她的生活经验和内心世界就像一面镜子照着我。“他不爱我。一点儿也不爱。为什么要爱呢?”那种无奈和彷徨，与我一拍即合。像我的长篇《女子有行》，写一个女子在未来世界里作为一个情人的身份的遭遇，那个小说包含了我所有的困惑。

我不能否认自己受到了莱辛写作风格的影响，以至于有评论者说我的小说与她的小说相似，一本书一种文体。

二

写长篇时，我关起门来六亲不认，得罪了许多朋友。我是一个完美主义者，有一种“改癖”，每部作品都是一改再改，不断改写，一直到满意为止。我认为自己二十四小时都在写作，因为是在用“心”写作。可以说，“心”的写作要较‘笔’的写作花更多的时间。

九年前我陷入《饥饿的女儿》一书所谓的“一女嫁二夫”的官司里，白天卷在官司的纷扰里，夜里就疲惫不堪，没办法写作。于是，我改变上午和夜里写作的习惯，在清晨写作。写《阿难》那部小说时，凌叔华的后人对号入座，又把我扯进官司之中。

当时我在恒河边，真想一头跳入河里，一了百了，极端绝望。

可是，我忍住了。我决定用写作来抵抗这场官司所带来的压力。每天清早坐在桌前，心平气和，心静如水，试图跨越人世污浊的河，超越生死间的种种苦难。我把自己的感情融入《阿难》，阿难是我塑造的小说人物，也是我自己。小说进行得很顺利，有朋友见了我感叹地说，以为我已被官司打死，没想到完成了一部长篇。

这之后，我还发表了《孔雀的叫喊》、“重写海上花”三部曲。国外这些书的外文版也陆续出版，对我也是一个鼓励。我承认命运的暴戾，只是不肯屈服，一直保持这样的心情。我于近日完成了新作《好儿女花》，这是《饥饿的女儿》的续篇，是关于我母亲的故事，那些长年堆积在我心里的黑暗和爱终得释放。

三

网络成了我最大的帮手，写小说时，需查大量资料，以前得去图书馆，现在可在网络上查寻。呈现给读者的10万字背后有100万字左右的资料累积。写作中涉及的场景需要亲自去过，甚至有的地方去了很多次，但一个地方无论去过多少次，也不一定真正了解，为求准确性，就上网查证，查不着，才去图书馆。《阿难》那部小说，涉及印度每12年举行一次的昆巴美拉宗教节。光为那节日，我查找了不可胜数的网页。幸好，网络发达，所需要的资料全可以在网上查到，不必去图书馆，省下了大量的时间和精力。

每个人都有自己的记忆库和知识库，往往如流星散落在脑海的某个地方，只要受到一些直观文字的刺激，那些流星就能被串联起来。我很幸运，不时相遇那些流星，一旦提起笔来，脑子里就将早已编辑成序的东西，源源不断地倾洒出来。

四

写作根本就没有男女之分。写小说是一件很苦的事儿，不少女作家便把大场面、大视野、大气魄让给了男作家，选择了一条容易走的路，避开写有历史背景的故事，借此自我安慰，自我怜悯，把女性写作当作了一颗定心丸。我认为自己之所以受到很多非议，就是因为没有按照大家认同的男女写作的规矩写，我所做的就是挑战自己的写作极限，努力尝试各种不同的方式，自然所花费的工夫往往比其他作家多。

作家和别的职业不同，所需要的条件其实非常低，纸笔或者最普通的电脑就可以。不少人认为先写一些商业化的东西，等赚够了钱再去实现自己的理想。那是他们没有弄清楚，只要陷入了商业的泥潭，就很难自拔，商业和自我追求格格不入。有位朋友在看了我的书后对我说:“虹影,你这写的什么啊,既不是畅销书也不是纯文学,还不是俗文学,我很失望。”我当时就说,你可说到了点子上。

我的写作就像我的名字:虹影,空里东飘,地上西移,若现若隐。这样好,适合作家这样的职业。

访 谈《

“我在黑暗的世界里看到了光”

——虹影访谈录

赵黎明　虹　影

赵黎明:觉得你的小说、人生都具有一种“天然”的边缘特质?你以为如何?

虹影:从未想过此问题。要认真想,该是从母亲那儿继承的血,她是这样一个人,认定的事,就把一切顾虑抛开,即使碰得头破血流也要去做。

赵黎明:“边缘”是不是你走向“中心”的道路?你为什么那么执着地写边缘人物、边缘人性?

虹影:不会从边缘走向中心,因为到了那儿,就无回头路可走了。因为我能呼吸到“边缘”的气息,听懂“边缘”的人的声音。他们很微小,很无辜,凭着直觉,不遵循世俗和传统地生活。边缘人性,都有点扭曲,不太常人化,多易受伤,敏感,性格都有些过分执拗。

赵黎明:我发现你的小说有一个母本,那就是《饥饿的女儿》,后来很多小说的主题可以说都能在这里找到源头。“童年记忆”在你心中、在你一生中真的那么重要吗?它对一个作家真的那么重要吗?

虹影:我在黑暗的世界里看到了光,那过程,也是我写作的源泉。童年记忆对我而言,是解开我所有作品的钥匙。我从小就看到人自杀,我们住的院子里就有不少人自杀。我看过各种各样的尸体,甚至亲眼目睹了五官流血的死。我到如今还时常回忆这些往事。至于这些年来,自己是怎么活过来的,是怎么走出死城的,我到现在还感到奇怪。每次开始一部新的小说,我就无法控制自己回到童年,那些阴影那些可怕的记忆,并未因时间的消失而过去,也许一年比一年淡了,可是一旦有相关的事发生，那些记忆便扑面而来。

赵黎明：你的文学总是与长江有关，长江对于你的创作到底有怎样的影响？再有，你的小说关注了长江上、下游两个滨江城市，重庆与上海，再说说这两个城市对于你写作的特别意义？

虹影：我生长在长江边上，我的父亲是长江上的一个水手，我的母亲就在长江边干苦力。我最近写了《好儿女花》，谈到母亲，也说到这条江在我命运中的重要，以及母亲模型对我的重要。没有她，也就没有我，包括我的语言，也是承继了她的风格，朴素，简洁，别致，但我还少了一点她的幽默。几乎我的每一部小说都发生在河流上面。无论后来我到哪里，全国跑全球跑，我依然是长江的女儿，我始终感觉自己站在河流边上，永远是那个在江边奔跑的五岁的小女孩，希望有一个人来救我，把我的命运彻底地改变。我发现来救我的人，只能是我自己。

我是长江的女儿，我睁开眼，看见的地方，也是记忆开始的地方。我大多数小说都是关于这条江的，《饥饿的女儿》和《孔雀的叫喊》是写长江上游的重庆和三峡地区，《K》《英国情人》是写长江中游的武汉，“重写海上花”三部曲是写长江下游的上海。长江上游，有非常多的巫术，以前老百姓看病一般不太爱到正规的医院去，都是请巫婆来唱念，或者是玩魔术，人死了就做道场。我从小的环境就是带有巫术色彩的。经常看到很多流浪艺人演出，像春节，家里人也会做些魔术。我觉得魔术非常让我着迷。长江就是一条魔江，你会发现突然它不高兴了，会把一条条船吞下去全部埋葬。它如果要让你活，你怎么想死都死不了。像我的三哥他在长江里游来游去，不管怎么涨大水，别人一跳下去可能就没人影了，可河水就是爱他，不会把他吞掉。因为我们在南岸，附近都是一些山，比如三块石，那里埋了死掉的人，你走进山里，会发现很多奇怪的现象，比如树跟你说话，花在你眼前一瞬间就开了，这是你心情很好时。你心情不好时，它们会发出一些很奇怪的叫声。这些都跟我曾经的生活环境有关。我写重庆和上海，是因为这两座城市变幻多端，充满魔幻，像一个巨大的舞台，各种人上台表演，我只记录那最打动我的演员和演技。

赵黎明：写上海也把你的父母捎上，这里有一种特别的纪念？

虹影：母亲的第一个丈夫是袍哥头子。我写《上海王》里的筱月桂，想到母亲，她是乡下姑娘，到了一个大城市，她把所有的希望寄寓到这里。她的命运起伏多变，一波三折。我父亲呢，故事就长了，父亲是抗战时被抓壮丁来到重庆的，重庆人叫他“下江人”。我父亲一辈子没学会说哪怕勉强过得去的重庆话，幸亏他是个木讷寡言的人，不得不开口时才开口。开口说话是天台宁波口音，很像上海话，与重庆话就隔了千里万里。只有我能听懂父亲的话，所以做了义务翻译，由此拣了几句半通不通的上海话。父亲生前有个愿望，希望骨灰回家乡。母亲和哥姐都不肯，怕父亲的魂回了老家就回不到重庆。所以那年我从伦敦回来，兄弟姐妹一起选择了面临长江的山坡，让他的坟朝向江水，以便他的灵魂可顺着江水去家乡探望，再顺江水回来。但是父亲的愿，我必须还。作为小说家，我有一个多年修炼得来的“移魂术”——我能让我的主人公替我还父亲的愿：在上海长大，冒险上海，征服上海，败绩上海。冥冥之中，我觉得父亲会喜欢这个故事，让我代他生活在上海。

赵黎明：可能由于诗歌创作的潜在影响，我发现你的小说中具有比较浓厚的诗味，说说你如何把小说与所谓的“诗意”结合起来的？

虹影：我现在也写诗，只是在大陆没有出版而已，不过去年在台湾出版了新诗集《沉静的老虎》。诗一直是我的生命，不可缺少。想起来，有诗性的语言，热衷想象，绝对与我的童年有关系。我家的堂屋里那些在夜里神出鬼没的蝙蝠，据父亲说，是医治不治之症的偏方。当用手电筒搭着木梯捉蝙蝠时，月光与乌云比赛漫过天井，父亲眼盲，他站在黑暗中，瓦片上有奇怪的脚步声。再看那堂屋的墙，黑暗中全是天书般的文字，写着一个个人的过去和未来，我在这种企图读懂的过程中明白了文字的力量。

赵黎明：小说《K》中，对于中国道家“瑰宝”房中术，你有着出神入化的描写。你对于性的描写与小说审美的关系，有什么需要补充的说明吗？

虹影：欲望确实是我作品中的主题。但我所写的欲望是以女性为主体的。首先，我以为性的欲望一直是可以粉碎世界的。如果强烈的欲望最终不得解脱，一定会产生灾难。在我的《K》中，“性”是以女性为中心的。我以为“情人”的身份最能表达女性的本性。女人一旦为爱而受苦，而牺牲，内心的世界也就变得特别丰富。在小说里，我尽量把女性欲望写成抒情的、道家的，但其重点仍是如何从欲望解脱出来的问题。

赵黎明：你说过你没有刻意用女人的口气去写小说，但是你的小说还是有一种女性主义的东西，总的来看，小说还是有一种“小女人”的气质。对于这个观点你怎么看待？

虹影：我不同意你的话。我也不认为应该把我归为小女人或大女人之类。我是女儿身男儿心。这男儿心也并非看不起女性，而是说性别在我身上不能说明什么，一句话，我的写作是超性别的写作。我的成长过程，没有受到一个女孩子应得的呵护，我必须比男孩子更加坚强，面对许许多多人生难题。这样好，因为这样我一生就从来没有把自己当作一个女人。我是说，女人应当有权享受软弱，享受手足无措，享受被人说“见识短”。但在我没有这事，我从来不期望这种奢侈。如果你把我这种人生态度称作女权主义，那就不太妙：因为没有多少女知识分子有过这样的成长经历，而现在的女权主义，过于知识分子气。我可以说是一个前理论的女权主义者，命运预设的女权主义者，行动的女权主义者。

赵黎明：关于你自己的作品，我发现一个很有趣的现象，大凡小说出来后，你总要为读者做一番“主题思想”的解释。你这样做是不是存在着怕读者读不懂或不被理解不被重视的“焦虑”？

虹影：总被误读，才会想到写一点心得。也只有《上海魔术师》做了这个工作，并非每本书如此吧。

赵黎明：你一直在雅俗之间寻找一条中间道路。你如何调和二者的关系，达到一种最佳平衡点？

虹影：台湾作家朱西宁先生生前说到我的小说，认为是雅俗共赏。我认为他在鼓励我，我还未真正做到这点。如何雅，如何俗，这分界线是什么，仁者见仁，智者见智。一不小心可能就滑到俗里了，稍走偏一点，就掉进了前卫中。没办法时，我情愿是前卫到踩地雷死了，也不肯俗到自己看不起。读者有权利读到一部既有好故事又有艺术性的小说。大俗大雅是一个境界。我一直在为此目的试验。

赵黎明：在写扭曲人性方面，我发现你和张爱玲有得一拼，你如何看待张爱玲及其小说？

虹影：从来没有任何一个中国作家有她那么下得狠心写小说。我曾说她的写作是无心肠写作，好作家就该如此。

赵黎明：你对在当代作家中的“位次”怎么看？你对于当今评论界对于你的“待遇”怎么看？

虹影：中国评论界问题大，并非对我一个人如此。我以前也参加过一些作家和作品研讨会，听到的基本上是赞歌式批评、小圈子批评，还有就是一棍子打死的批评、不读作品的评论、可以安在任何一个作家身上的套话。一句话，“伪批评”或“缺席批评”。在给文学评奖时就更出格，始终是暗箱作业。都说海内外华人文学是一家，轮到文学评奖时，却说，这人不是咱们的作家，不在评选之列。难道至今华夷有别？这样坐地划圈的奖，能超越诺贝尔奖？

赵黎明：你的作品在海外赢得了很多读者，也获得了不少大奖。对于“外面的世界”我所知有限。就你所知，海外对于你作品重视的主要原因在哪些方面？

虹影:国外的文学奖在评选标准上对艺术性和探索性很看重。以英国布克文学奖为例,关于其评选标准,我记得最近报纸上有篇文章用半讽刺半认真的口吻说,一本书有可能得奖必须具备三点条件:第一,书出版之后媒体发表了很怪的书评,记者读不懂;第二,读者发现书里面有很怪的词语,读不懂,需要去查词典;第三,书里面有大段的与故事无关的描写,让读者读得云里雾里,读不懂。从另一个方面来看,这样的标准难道不是在鼓励作家在艺术上做出大胆的探索吗?他们对我的作品重视,我想作品本身有其魅力,在艺术上在结构上有它的特质,敢打破一切陈旧。更何况没有人为的那些背后操作的因素。

赵黎明:你追求的小说的最高境界是什么?

虹影:在这儿我想说一个故事。多年前,我曾读过一首波斯长诗《鸟儿的故事》,里面有一群鸟儿历经千难万苦想寻找鸟王西姆格,一路上很多的鸟放弃了,有的开了小差,有的出了意外,有的吃不了苦停止不前,大多数鸟都死去了,终于有三十只鸟经历艰险和苦难到达西姆格国王所在的一座山上,见到了鸟王。鸟儿最后发现他们自己就是他们想寻找的鸟王,而且西姆格就是他们中的一只,或者就是他们中的一部分或全体。

评　论《

"无法归纳"的写作

——论虹影小说的边缘性特质及文学史意义

赵黎明

在当代文坛上,虹影是一个尴尬的存在:"享誉世界"的女作家,墙外开花墙外香,每一部作品问世,兴冲冲的作家遇到的往往是国内批评家的集体失声。陈晓明也曾苦于不好给她排"座次":"在文学界,虹影的位置在哪里呢?谁会给她排排座位呢?她在什么档位?一位作家只要稍有影响,就会在文学圈给定一个恰当的位置,但是虹影没有。这事有点蹊跷。"[①]至于"蹊跷"的根由,他没有进一步追问。实际上,稍微考察一下就不难发现,虹影本来就是一个最擅"溜边儿"的作家:游离于时代的

① 陈晓明:《专业化小说的可能性》,《英国情人》,春风文艺出版社2003年版,第180页。

“宏大叙事”，善于在人性的正与反、常与变的边缘地带选材发力。“我同情社会边缘人，尤其同情他们在不容许边缘人年代的命运。任何历史容不下他们：他们在社会演变之外。”[①]以深厚的人道关怀同情边缘人，挖掘那被扭曲的人性，寻找变态人性的历史文化根源，是虹影小说的最大特色，也是其小说艺术的自觉追求，“我自己就是一个无法归纳的人。我想把我这样的人写进一部特殊的历史”[②]。虹影小说为华语文学奉献了一系列边缘人物，其数量之多、类型之广、刻画之深，实为文学史所少见。因此，如果硬要排排座次，对“无法归纳”的人，进行“无法归纳”的写作，是她应该得到的位置，而这个“位子”在华语文学圈也称得上是一个唯一的存在吧。

一

为那些被男性历史所边缘化的女性正名立传，是虹影小说的第一大看点。如“女流氓”筱月桂（《上海王》），“造反女匪”债主、猫、妖精（《女子有行》），“白虎星”林（《英国情人》），等等。那些往昔被强势文化压抑、被历史妖魔化的人物，在虹影手里来了一次彻底的反转。在她的小说中，她们被描述成了推动历史进步、伸张正义、追求合理权利的“英雌”。“重写海上花”系列小说《上海王》《上海之死》《上海魔术师》，可谓是一套大写的“女人传”，颇有“为往圣继绝学，为万世开太平”的自信与底气。虹影不满于过去上海题材的小说“小姐小打算，小资小情调”的“小女人气”[③]，她要别立新宗，给我们看看上海的另一种“现代性”，这种现代性的缔造者，不是别人，正是昔日埋在深闺或躲藏于男人身影后的上海女人，她们才是真正的“上海王”。小说中的筱月桂，是一个具有广泛代表性的形象，既是她赤脚闯天下的母辈，又是往返于“地狱”和“人间”的作家自己。虹影说这是她的“虚拟自传”[④]，其实我看是虹影写给所有女人的自传。在《上海王》中，虹影呈现给我们的是，上海现代性的形成不能遗忘女人的大气：上海的繁华不光是男人的荣耀，也不仅仅是资本渗透的产物，它还是女人的一部分，它的骨肉里照样流淌着女人的芳香与血泪；女人的美是给女人看的，筱月桂在上海大红大紫很大一部分是靠她的女戏迷捧起来的，因此，上海的繁华是“女流之辈”捧起来的；男性在这本“女人传”中是一个无足轻重的配角，且不说那对她宠爱有加、改变她命运的常力雄如何色厉内荏，有勇无谋，也不说那阴险狡诈的黄佩玉如何机关算尽自食其果，单说那与筱月桂有着相同命运、相爱经年的余其扬，也

①② 虹影：《你在逝去的岁月里寻找什么》，《绿袖子·鹤止步》，文化艺术出版社 2006 年版，第 149 页。

③ 虹影：《上海王》，山东文艺出版社 2005 年版，第 364 页。

④ 虹影：《上海王》，山东文艺出版社 2005 年版，第 369 页。

是懦弱无力，首鼠两端，不值一哂。这些横行上海滩，似乎叱咤风云的所谓“英雄”，于情于智于才于力，他们何尝比得上一个柔弱的小女子？

如果说筱月桂参与了上海现代性崛起的历史进程，那么于堇则用柔弱的肩膀承担起了一个国家乃至整个世界生死存亡的重担。“整个战争的胜负，几百万人，几千万人的生命，全系在她于堇一个人身上。”[①]一个从小寄养在外国人膝下的弱女子，在国破家亡的危急关头，挺身而出打入敌伪内部，为了摸准日本海军的情报不惜委身于日寇；为了守住秘密，她毅然决然地坠楼赴死，以一个人的生命换得更多人的生命，“是一个敢于把一切独自承担下来的勇敢的奇女子”。也难怪，小说家把她的精神命名为那灯红酒绿的上海一息尚存的民族精神，她的死亡就是“上海之死”。

《绿袖子》则把满怀的同情给予了那个中日混血女人玉子，给了她那不伦不类的荒唐爱情。生在中日战争时期的东北，日本母亲早就跟人跑掉，中国父亲则在自暴自弃中暴死雪夜，玉子在错误的时间错误的地点来到错误的人间。在宗法社会，她十多岁便沦为孤儿，先在孤儿院做事，既而经历婚姻的一次次惨败：由于不孕不育，她不能传宗接代，和千千万万中国旧式妇女一样，她逃脱不了女人的罪与罚；第二次婚姻结束之时，“男人等着等着，看她就是怀不上，也就理直气壮地离开了，她觉得连被抛弃的权利都没有”。作为一个“女人”的身份在中国宗法社会根本无法确认。被驱逐出社会，她来到“满映”（株式会社满洲映画协会），被日本殖民者打造成了“中日文化同源的象征”，而与日本导演山崎的关系与其说是恋爱，毋宁说是生存需要或互相利用。因此她是动乱社会里的彻底的边缘人，没有父母，无法确认作为子女的身份；不能生育，无法确立作为女人的身份；没有国家，不能确立作为国民的身份。小说以中日战争为背景，却又跳出战争叙事简单价值判断的套路，以深厚的怜悯之情，对这类无法归纳的人的身份尴尬与爱情尴尬进行了有力的描述。从某种意义上说，小说既是反战的，也是人性的，它具有一种双重反思的效用。

虹影小说中的其他女子也大都面临自我辨认的难题，具有一种挥之不去的身份丧失情结。《环形岛屿》中的“她”，与《饥饿的女儿》中的六六一样，有着一样黑暗的少年记忆，有着一样无法自我确认的“身份焦虑”。饥饿是她的胎教，贫贱是少女时期的财产，父母无休止的争吵是她的精神食粮，“黑屋子”是她永远无法逃脱的梦魇。童年无法使她找到一个正常儿童的位置，青年便漂流在外，再也没有回到父母身边，靠着吃有妇之夫的“硬饭”来到英伦留学。男友的精于算计，心胸狭窄，刻薄自私以

---

① 虹影：《上海之死》，陕西师范大学出版社2009年版，第74页。

及鼠目寸光使她再也无法忍受，然而由于没有基本的生存之道，她还得一次次屈辱地乖乖回到他身边，“像一堆贱骨头”。在男友那里她的人格与尊严无法得到保证；伦敦如此宽敞的建筑中没有她的寄身之所；人们忙碌穿梭于生计，唯独她没有自己的工作。她是谁？她是这个世界多余的人，是被彻底边缘化的无法命名自己的人。

二

除了上述妇女亚文化群这类边缘人之外，介乎两种文化或民族之间的流散者是虹影小说关注的又一群落。《绿袖子》就描述了战争年代这类边缘人的极端故事，一个边缘人爱上另一个边缘人，因为“民族身份不明，没有任何一方愿意信任他们，他们实际上在夹缝中恋爱，设法躲开任何一方，生存下去”①。作品中的男主角“小罗”与被爱的玉子一样，经历着边缘人的典型情境：生来没有父母，也没有亲人，肤色和名字都无法确定。是叫“小罗”、李小顺还是叫“二毛子”，是黄种人还是白种人，统统都成了问题。滑稽的是，抗战胜利后，由于不知道他是中国人还是俄国人，因此连是“俄奸”还是“汉奸”这样的事都难以确定。尽管他们不属于任何一个族类，但与他们有关的任何一个民族的罪孽都少不了他们，不同的受害人都可以把愤怒倾泻到他们头上。帝国主义者制造罪恶和苦难，而他们不仅要承受苦难，还要代人受过。他们的爱情名分更是靠不上任何国家或文化的边儿，哪一方都无法也不愿接纳他们，只有仁慈的佛陀或高高在上的上帝在注视他们的苦苦挣扎。《绿袖子》揭示的是一种战争罪恶下的人性悲剧，是一个文化边缘者的爱情与生存悲剧。

《英国情人》描述的也是“同为各自文化中的边缘人物”②的爱情故事。号称英国自由主义诗人的裘利安，表面上践行着布鲁姆斯伯里式放浪不羁的生活方式，但是永远超越不了母爱的阴影，摆脱不了浓重的恋母情结；为了革命的理想来到中国，却被享乐世界深深迷惑，以至于完全忘记献身中国人民自由解放事业的使命。一方面标榜自由主义的爱情选择原则，一方面却又摆脱不了“种族主义”的可怕阴影。而闵呢，也是行走在传统与现代边缘的人物。作为深受五四新文化运动熏陶的新派作家，她具有五四时期“时代新女性”的鲜明特征，“我是我自己的”，自己有权利选择自己的爱人、选择自己的爱情，甚至在性方面也采取与传统女性迥然不同的主动姿态。然而某种程度上她又是一个“旧”的女性，比如，内心深处仍然存在着对男子根深蒂固的精神依附，肉体上也对裘利安产生了严重的依赖，最终还是拜倒在菲勒斯足下；

① 虹影：《绿袖子·鹤止步》，文化艺术出版社2006年版，第151页。
② 顿珠桑：《走进裘利安·贝尔的情感世界》，《英国情人》，春风文艺出版社2003年版，第186页。

此外，对于“旧文化”——道家房中术，她并没有像鲁迅等新文化运动先驱一样采取决绝的批判态度，对于愚昧野蛮的文化强加物“白虎星”，开始反抗，继之默许接受，并内化为一种自卑心理机制，等等。这一切都昭示着她的双重人格，“在社会上是一个西式教育培养出来的文化人，新式诗人；藏在心里的却是父母、外祖父母传下的道家传统，包括房中术的修炼”[①]，是一个集现代知识与封建文化于一身却同时被两种文化所拒绝的边缘人。

此外，虹影还塑造了一种被社会历史所遗弃的“时代孤儿”形象。与契诃夫相类似，虹影也有一种深重的“抹布情结”，她的笔下活跃着一群深埋于时代政治瓦砾下的蓬头垢面的时代孤儿和弃儿。她用她那枝温情的笔为这群受侮辱被损害的小人物画像，为她们制造遮风避雨的温馨世界。他(她)们是这样一群孩子：身体饥饿，性饥饿，精神饥饿，生活在恐怖的阴影里，走在被人盯梢的大街上，永远是社会、家人乃至自己的“问题孩子”，他们是社会视野中的盲点，但却时刻被社会小心提防。《饥饿的女儿》中的六六，《环形岛屿》中的“她”，《你一直对温柔妥协》中的小小都是这类角色，六六是所有这些灰色小人物的母本。

三

虹影不仅善写边缘人物，而且也善写“边缘人性”，在中国新文学史上，虹影算得上张爱玲之外描写变态人性的圣手。在人性的善与恶、美与丑、常与变的两分结构中，她习惯于从负面人性入手，关注那些被扭曲的因素，并寻求导致这种变态的社会文化乃至心理生理根源。这类作品寄寓了作家深刻的人性关怀与人类怜悯，是作家最具人道情怀、最具思想意义的所在。

与生俱来的“残缺”意识是虹影小说主题的基本面貌，而缺父与寻父、失爱与寻爱则是虹影小说的基本结构。《饥饿的女儿》最集中地体现了这一点。小说固然揭示了特定历史时期六六身体的饥饿、性的饥饿乃至灵魂的饥饿，但我觉得最核心的问题还是由于父亲缺位导致的感情追寻与补偿。她身后跟随着一个梦魇般的身影，那是她心中的死结，也是全书的文眼。小说从六六十八岁开始回溯，最让人难堪也最惹人好奇的，就是她背后那个闪烁的眼神。小说劈头就来一个，“我感到脊背一阵发凉——一定又被人盯着了……好多年我独自承担这个秘密。”[②]继之，谜团逐渐扩大，大姐的闪烁其词、母亲与养父的怪异表现，不断撩拨她的好奇心。一旦得知自己

① 虹影：《英国情人》，春风文艺出版社2003年版，第67页。

② 虹影：《饥饿的女儿》，文化艺术出版社2006年版，第2—3页。

的真实身世,她便产生一种罪责与追寻缠绕不清的消极情愫,一方面痛感自己是这个家、这个世界多余的人,“我的思想总是顽固地纠缠在一个苦恼中:为什么我总感到自己是一个多余的人?”[①]一方面又要多方寻找缺失的父爱。她与历史老师的那段反常感情与交往,可视为寻求父爱补偿的证明。正如六六所说,“我在历史老师身上寻找的,实际上不是一个情人或一个丈夫,我是在寻找我生命中缺失的父亲,一个情人般的父亲,年龄大到足以安慰我,睿智到能启示我,又亲密得能与我平等交流情感,珍爱我,怜惜我,还敢于为我受辱挺身而出。”然而,“三个父亲,都负了我:生父为我付出沉重代价,却只给我带来屈辱;养父忍下耻辱,细心照料我长大,却从未亲近过我的心;历史老师,我情人般的父亲,只顾自己离去,把我当作一桩应该忘掉的艳遇。”[②]寻求情人之爱、朋友之爱、父亲之爱,然而环环落空,这个小说讲的是一个寻爱与失爱的悲剧故事。

《饥饿的女儿》中的失父—寻父模式在《吸鸦片的女人》中再次上演,故事是以现代文学史上某著名女作家与文学大师的关系为原型的。作者站在女性角度,对历史中的“真人真事”进行二度处理。她以想象性的夸张细节,凸显了女主人公执拗的寻父情结。“个人的存在太凄苦。唯有大师,对她的爱情,才是她生存的目的。只要爱情还在她心中,她便不会灭亡。她就是为爱一个人而生的,不是为了写作,写作不过是她向这个世界表达爱一个人最直接的方式,最彻底的方式。”[③]小说中的“大师”仿佛是她生活的前定,一旦遇到就无法解脱,不论精神的还是肉体的,他对她都是一种终极性的存在:是她爱恋的偶像,也是她意淫的对象。作为大师的对照,小说刻意写了几个卑琐的男人如房东、侠客、书生等,这些经历过她生命的男人,“就像吸血虫,吸尽我,抛弃我”,然而实际上,“她”在这几个男人身上从来就没有放弃过追寻失落的爱的努力,只不过一次次的努力都以失败告终而已。对于大师,令“她”苦恼的是,永远只是支离破碎的献祭,没有一次完整的灵肉结合的奉献,“我思想与身体总是分离,从未达成一致。对大师,我奉献的只能是思想,肉体一直是我和他的禁地,当我想冲破这一切时,死神带走了他。”[④]以献祭的方式寻找父亲,是失爱—寻爱行为的极端形式。

---

① 虹影:《饥饿的女儿》,文化艺术出版社 2006 年版,第 38 页。
② 虹影:《饥饿的女儿》,文化艺术出版社 2006 年版,第 244 页。
③ 虹影:《康乃馨俱乐部》,江苏文艺出版社 2005 年版,第 8 页。
④ 虹影:《康乃馨俱乐部》,江苏文艺出版社 2005 年版,第 22 页。

四

孤独意识，特别是女性孤独意识的强化，是虹影小说拷问人性的一个重要方面，而正是这种特质使她的小说打上了女性主义与存在主义的双重烙印。由于存在主体的互为客体，人与人之间总是存在沟通的鸿沟，因此“他人就是地狱”成为了存在主义的经典概括。人生来就是孤独的，这是存在主义者对人性悲观的断言。虹影并没有在存在主义的一般原则上做文学演绎，她的小说揭示的是作为被男性文化边缘化的女性的具有历史实感的生存困境。上述“吸鸦片的女人”就是这样的实体，“我本来就是从地狱归来的女人”[①]，这种天问式的自责往往产生在主体与世界断绝了对话与交流基本渠道的特定语境。

《英国情人》主题的一个重要侧面也是揭示女人的孤独。尽管女主人闵能够主动出击，一次次用心、用出神入化的性，去征服裘利安，使他与自己身心结合，但是这个“客体”却总是有一个离心的力量——既享受这种温情，又时刻要摆脱这个爱的包围；其次，在她所处的文化环境之中，她感到的是左右为难，是一个既不被传统社会接纳，也不被现代社会容忍的文化“白虎星”。她毫无保留地邀请裘利安遨游她的世界，但这个傲慢的西方人一句不接受“强加”爱情的托词就把她推下罪恶的深渊，留下的只是她“被射倒的野兽般的嚎叫”，因此闵遭遇的是她与世界、与家人、与亲爱的人甚至与自我都无法沟通的可悲处境，是一种无处诉说的女性孤独。

某种意义上说，《环形岛屿》讲的是一个“异性无爱”的偏执故事，“女人之爱，可能更让人牵肠挂肚，更贴近我们生活的本身，甚至比我们的生活更真实。”[②]小说中的“她”，由于无法忍受男人的狭隘、自私、虚伪与霸道，便与英国女友维维安走在了一起。这个有着强烈自我意识、狂野古怪的英国贵族女子，对男友们颐指气使、喜新厌旧，但是对“她”却温柔有加，尊重有加，体贴入微，并给了“她”强有力的保护。而这种安全感是过去所有人（包括“她”的父母）都没有给过的，因此“她”不无情愿地就成了维维安的猎物。“真的，不管你跟谁，都不如跟我在一起好”，维维安的一席话虽然激起了“她”的反抗，但也确实道出了某种真实。因为异性之爱的失落，她们发展了同性情爱，从姐妹情到肉体之恋，“她”走过的是一条精神受难与灵魂再生的艰难之路。其他女性人物，如《绿袖子》中的玉子，《阿难》中的“我”，等等，都多少具有这种孤独气质。

---

① 虹影：《康乃馨俱乐部》，江苏文艺出版社2005年版，第31页。

② 虹影：《我们时代的爱情》，上海人民出版社2007年版，第2页。

面对生存尴尬，小说家有时候也会给她的人物以坚韧的救赎，而爱情则是这种救赎的一种有效方式。在处处压抑的冷色环境中，这多少给了人们一种痛苦的舒缓与人间的温暖。《绿袖子》中的玉子，身份的不确定使她既受尽苦头，也“得益”不少：虽然作为日本导演的姘妇享受主演荣耀，但是也被中国同事鄙弃咒骂；抗战胜利后，她力辩自己是中国人，但是日本导演山崎的一封遗书却使她成为了日本人，她被遣送“回国”因而免受了汉奸的惩处。

爱情方面，玉子的年龄是少年小罗的一倍，年龄的错位使他们的爱情不能见容于社会，人们咒骂他们“猪狗不如，禽兽，下流”，但两个出身暧昧的苦人儿，他们相互承担起了姐弟、母子、夫妻等多种责任，这个乱世不能容下他们，他们就靠这种相互取暖度过严冬。

不伦之恋是虹影小说经久不衰的主题，中篇小说集《我们时代的爱情》中，有四分之三的篇幅专门以世俗的眼光来看畸形的人伦感情，几乎涉及了“乱伦”主题的所有方面，俄狄浦斯情结、反俄狄浦斯情结、男性“同志”情谊以及女性嫘斯嫔，等等。

《鹤止步》写的是“同志”之间的情谊与情欲。汪伪时期的一桩政治斗争的血案，被作家演绎成男人之间的爱与背叛、期待与献身的凄婉故事。汪伪特工头目杨世荣在看守重庆方面的特工贺家麟时，不料他昔日的同性姘友——谭因——突然闯入，于是一场混乱的同性争夺便在这三个男人中间展开。发现这些秘密后，贺家麟对这对苟且同类充满鄙视。这让故事主角杨世荣既羞愧又恼怒，同时也为小流氓谭因没有操守、水性杨花极度嫉恨。搏斗中，谭因开枪杀死了贺家麟，于是闯下大祸。为平息事端也为掩护谭因，杨世荣编造了贺家麟逃跑时被击毙的谎言，宁愿把全部罪名背上。他受尽刑罚也死守这个秘密，为的是他那个混世、残忍、水性的“相好”谭因能记住他并忠于他们的感情。杨世荣在狱中满怀期待地等着飞黄腾达的昔日姘友的探望，然而期望总是一次次落空。不料，风水轮转，那不可一世的“血手哪吒”谭因很快沦为阶下囚，得势的汪伪另一派新贵开始重新审理贺家麟枪击案。虽然对谭因的不专、冷漠、背叛充满怨恨，但是杨世荣仍然坚守着那个秘密，直到他得知谭因已经完全招认之后，他突然决定代为执行死刑令，亲手杀掉这个无情无义的街头流氓。然而，令人没有想到的是，行刑的最后关头，他突然掉转枪头朝自己开枪，并把枪飞快交给谭因让他逃跑。他之所以有这个怪异举动，也许是为了最后的一刹那谭因那镇定自若的神态，也许是对自己这些年来误解对方的报偿，也许是为了自己的忠诚与许诺的纪念。总之，这是一个男人之间的爱恨情仇、忠贞与背叛、期待与报答、宽恕与献身的故事，是一个扭曲的爱的悲歌。

《你一直对温柔妥协》则是一则畸形感情的连环套，其中至少存在着六种不正常的情感与补偿形式：第一重，父与子之间爱的缺失与补偿。长期的家庭失和，长期缺乏父爱与母爱，使敏感的小小觉得自己是这个世界上多余的人。一方面他恨父亲，“生下来就恨”，但另一方面，却又一直在盼望父爱，而父亲到底没有给他需要的爱，这也难怪小小把这种爱那么容易就投射到辅导员高峣身上。然而，他对父亲的爱的渴望转化为了一种复仇行动，后面要说的他对父亲的情人的报复就是典型症候。

第二重畸形关系发生在小小与男老师高峣之间。大学班主任高峣在女朋友那里受伤后，很快就与小小发生了不伦之恋。高峣无微不至的关心与照顾，多少补偿了他那久已缺失的父爱，开始他们之间的情感多少是父子之爱的补偿，但不久这种感情就发生了质变，变成了既有肌肤之亲，又有心理之恋的同性关系。高峣不愿小小回家，小小成天盼望高峣来信，高峣追踪来到小小家里，直至双方在河边发生性关系，两个青年人之间相互依恋、冲突、占有、分合的线索贯穿小说始终。

第三重发生在父亲与母亲及后母之间。小说隐伏了一个男人与两个女人之间的爱情悲剧。照说，父亲与母亲是自由恋爱结合在一起的，作为“导演”的父亲与清纯可爱好学的母亲在船上相识，他们结合后也有一段令人羡慕的生活。但是这种生活很快出现了危机，按照小小母亲的说辞，父亲不管是洗衣服的、卖菜的、倒溯水的，只要是女人他都会要，“她每天都处于恐慌耻辱之中”，因此她不再让他进屋，不再让他碰她。如果母亲所说的这一切属实，那么问题其实很明了了——小说讲的就是一个市井登徒子猎艳的烂俗故事。但事实并不那么简单，因为父亲的相好恰恰是母亲的逼真“复制品”，不仅长相、气质，而且房间布置都与母亲极为相似。正因为这种酷似，乃秀能从小小父亲对她衣服的夸赞中猜出他母亲的衣着打扮。从世俗的层面上看，小说讲的似乎是人间爱的背叛与补偿的故事，但往深处看，则是一则无望的男子在追寻失去的爱情的神话。凡俗的日常生活往往会消磨爱情，将一方推向背叛的深渊，但内心深处却保留着对方的模型，不管这是人性的优点还是人性的弱点，都是人难以驾驭自己宿命的人性悲剧。

第四重在儿子与后母乃秀之间。后母是父亲按照母亲的样子复制出来的，儿子则是父亲的一个忠实翻版，这为儿子与后母发生不伦之恋打下坚实基础。“少年小小，有强烈的俄狄浦斯情结……他报复死去的父亲，与之情妇往来异常，最后用暴力占有她，仍是寻不到自己”，实际上不仅小小“寻不到自己”，后母乃秀何曾找到了自我？她以为在幻象世界里能够找到自己的爱情，或通过报复这个过去的情人来确证自我，但是这个梦想很快被完全击碎，她得到的仍然是作为别人代替品的报偿。

第五重在母亲与儿子之间。儿子与母亲之间的畸形关系到了令人触目惊心的程度。父亲，作为一个实体和符号，在母亲心中激起的涟漪是多层的，一层是因为不能独占父亲身心而心生毒怨，不与之和解、不与之同房；一层是心底保留着她与父亲蜜月时期的美好回忆，将这些幻影定格并内化为身心需求。因此她一方面绝不原谅父亲的背叛，一方面却又将小小作为父亲的代替品据为己有。她在小小面前故意装病并得到照顾，要小小为她洗澡擦身，并以此获得性幻想的满足。母亲一个人独处的时候，对着镜子如醉如痴地自慰的情景，像多米诺骨牌一样在他心里也激起连锁反应，“那种心悸瞬间传遍全身”。总之这是母子之间错位的爱与欲的投射。

第六种在小小与平平之间。平平这个残疾儿童在小小的世界中出现过两次，少年时期和青年时期。平平生下来就瘫痪，不能行走，只能靠两个小凳用手挪动，父母及周围人没有谁对他好过，因此这个极度失爱的孩子对小小有一种特殊的感觉，两个失爱的孩子于是接近，小小在平平眼里是一个顶天立地的男子汉。当平平用一种“异样柔和”的目光看着小小时，小小心中竟然产生了一种“类似恐怖的战栗，又觉得新鲜甜蜜”，这实际上也是一种同性孩子之间畸形的爱恋体验。小小有一次回乡时实际上又与平平相遇，虽然小小已经一下子记不起这个擦皮鞋不要钱的残疾人，但看得出来，平平心中依然对小小怀着复杂的感情。

五

物质的贪欲导致了人性的异化与人格的分裂，在这个物欲横流的世界，人的救赎能否实现？人能否找得到自己？这是现代人面临的一个共同难题，也是虹影小说的一大主题。《阿难》在公案小说形式下包藏的是现代商业文明腐蚀下的人性的堕落与救赎。首先，对金钱的无限占有欲望，导致人最本真的东西的沦丧，黄亚连就是人性堕落的典型；其次，由于人格都处于分裂状态，每个人都有两副面孔，艺术家阿难与罪犯黄亚连同体，“我”则由纯情的少女与婚姻危机中的妇女两部分构成。小说布置了若干个追寻线索，每个人的寻找既是现实的寻找，又是灵魂的寻找与救赎。主人公“我”来印度的目的，一是受组织委派，一是受好友苏菲委托，再有就是对破败的婚姻的短暂逃避与写小说的托词，但实际上叙述者来印度的真正目的是寻找少女时期的爱情偶像，实现少女时期的爱的梦想；阿难的神秘寻找，也许是为了寻亲，也许是为了逃避追捕，也许是为了寻找那个本真状态的自我即摇滚艺术家阿难，也许是为了在印度、在圣洁的恒河洗刷自己的罪孽，寻求超度……全世界迷茫的人众到恒河边上参加昆巴美拉节。这里，恒河是一个精神净化器，它的功能就是洗涤与升华。“恒河之水清兮，可以送我圆满，恒河之水浊兮，可以令我完成”[①]，但是这些迷途的人都能找到自己吗？这是一个未知数。阿难、黄亚连来印度是为了寻找舅父呢，还是寻找别的什么？黄与苏交往之后，现实的利益已经很难把阿难再变回阿难了，不唯阿难回到自身困难，想回到家也没有任何希望，小说探讨了人性的堕落与救赎的可能性问题。

虹影小说还讨论了爱情生活中的灵肉分离问题。《英国情人》中的裘利安是一个男女情爱交往中肉体主义的践行者，每次猎艳，都是他主动出击，而猎物一旦到手都是到性为止，绝不沾染感情的边儿，在中国，仍然打算坚持这一原则。不料情况出现了逆转。他首先成了中国女同事的进攻对象。“中国魔女”吸引他的不仅是乳房肌肤之类的肉体感觉，而且还有“另外一种东西”：爱情。在闵的精心安排之下，他们有一次难忘的北京之行，她的出神入化的东方房中术，把他撩得火烧火燎，不仅肉体被彻底点燃，就是精神也一步步被“请君入瓮”，他的防线彻底崩溃了。她的性把他的心揪得不能再忍，这个一直“害怕爱情”的登徒子，开始由单纯的性进入爱与性紧密结合的境界。闵在一步一步进入、吞食他的整个肉体与灵魂，直到他完全缴械，对自己的人生做重新打量：K 哪里是第十一位情人，K 分明就是第一，他第一个心爱之人。这里，小说家似乎在做一个颠覆性的试验，男人信奉的性趣至上的哲学是完全错误的。正如爱只有与性结合才是完美的爱一样，性只有与爱结合才是完美的性。本来浑然一体的东西，却被搞得支离破碎，这真是人性的犯罪。通过这个极端的故事，虹影对爱与性的结合部，进行了不无女权意识的人性反思。

虹影不仅以擅写边缘人物、边缘人性独步文坛，而且在艺术上也善走偏锋，使她成为新文学史上少有的边缘文体作家。首先，有意打破小说与传记的界限壁垒，使她的小说具有“泛传记体”特征。一般地，大凡小说多少含有作家的“自传”因素，但虹影小说的传记属性不单是这个意义上的。她的小说不仅有狭义的“自叙传”，如《饥饿的女儿》；还有广义的自传，即为所有女人立传，如“重写海上花”系列小说以及《英国情人》《阿难》《吸鸦片的女人》等等。这类小说要么取材于自身的经历，要么以历史上的真人真事为素材，因此她的小说中的人物往往在真实与虚构之间摇摆，“我就是我故事中的我”[②]，令人真假莫辨。她刻意淡化历史与小说的界限，认为小说与历史均是虚构的，但在某种程度上，小说比历史更真实，“历史也是虚构，只不过集中伟人大事，而且用意识形态加以拔高，因此历史是一种伪叙述；相比之下，小说关心

① 虹影：《阿难》，文化艺术出版社2006年版，第219页。
② 虹影：《康乃馨俱乐部》，江苏文艺出版社2005年版，第33页。

细节，关心人的感情命运，可能小说更接近历史真相。我自觉地用小说改写历史。"[①] 因为酷爱真人真事，长篇小说《K》吃了三年官司，衣带渐宽，荷包缩小，虹影自嘲终也不悔。有的时候小说的真实性表现在"元小说"特性方面，《阿难》是突出的例子。"首先我不能按照小说的形式写这印度之行的书了，我得尽量地诚实；其次不能照顾某些人，比如按苏菲的要求写这部书。我的良心告诫我，这是非常严重的历史事件……我必须尊重这段历史。"[②]作家在小说里老实交代写作背景，交代小说写法，在自己的小说中谈自己的作品，叙述者还参与了与作品中人物的对话，使小说在真实与虚构之间形成了一种想象张力。

由于执着于对人性的病态与残缺的描写，她的小说自然被赋予了一种"残缺的美"；又由于总游走于主流话语的边缘，与所谓时代宏大叙事保持着某种隔膜，她的小说自然也处于边缘位置。但她那对历史边缘人物的深刻悲悯与对边缘人性的人道主义古道热肠，却是任何一个有出息的作家必须面对的核心问题。这是虹影从边缘走向中心的正确道路，也是其小说的独特价值所在。

（载《小说评论》2009 年第 5 期）

主要作品目录《

长篇小说

《背叛之夏》，（台湾）文化新知出版社 1993 年版。

《十八劫》，上海文艺出版社 1998 年版。

《K》，花山文艺出版社 2002 年版。

《英国情人》，春风文艺出版社 2003 年版。

《女子有行》，知识出版社 2003 年版。

《孔雀的叫喊》，知识出版社 2003 年版。

《绿袖子》，上海文艺出版社 2004 年版。

《上海王》，山东文艺出版社 2005 年版。

《上海魔术师》，上海人民出版社 2006 年版。

---

① 虹影：《绿袖子·鹤止步》，文化艺术出版社 2006 年版，第 150 页。

② 虹影：《阿难》，文化艺术出版社 2006 年版，第 157 页。

《饥饿的女儿》,文化艺术出版社2006年版。

《阿难》,文化艺术出版社2006年版。

《好儿女花》,江苏人民出版社2009年版。

《上海之死》,陕西师范大学出版社2009年版。

《罗马》,重庆出版社2019年版。

中短篇小说集

《你一直对温柔妥协》,新世界出版社1994年版。

《玉米的咒语》,时代文艺出版社1995年版。

《玄机之桥》,云南人民出版社1995年版。

《双层感觉》,中国华侨出版社1996年版。

《六指》,华艺出版社1996年版。

《辣椒式的口红》,四川文艺出版社1999年版。

《脏手指·瓶盖子》,漓江出版社2001年版。

《火狐虹影》,远方出版社2003年版。

《那年纽约咖啡红》,百花文艺出版社2004年版。

《康乃馨俱乐部》,江苏文艺出版社2005年版。

《鹤止步》,山东文艺出版社2005年版。

《大师,听小女子说》,文化艺术出版社2005年版。

《我们时代的爱情》,上海人民出版社2007年版。

《我们互相消失》,陕西师范大学出版社2009年版。

《虹影中短篇小说自选集》,新世界出版社2012年版。

《奥当女孩》,贵州人民出版社2014年版。

《里娅传奇》,贵州人民出版社2015年版。

《你照亮了我的世界》,四川文艺出版社2016年版。

散文随笔集

《异乡人手记》,云南人民出版社1995年版。

《曾经》,云南人民出版社1999年版。

《虹影打伞》,知识出版社2002年版。

《谁怕虹影》,作家出版社2004年版。

《萧邦的左手》,学林出版社 2005 年版。

《离别后爱你不顾一切》,吉林文史出版社 2006 年版。

《我和卡夫卡的爱情》,时代文艺出版社 2006 年版。

《我这温柔的厨娘》,中国青年出版社 2009 年版。

《我们的痛苦,我们加糖》,江苏文艺出版社 2009 年版。

《小小姑娘》,译林出版社 2011 年版。

《53 种离别:一种自我教育》,江苏文艺出版社 2013 年版。

诗　集

《伦敦,危险的幽会》,中国文联出版社 1993 年版。

《白色海岸》,春风文艺出版社 1998 年版。

《鱼教会鱼歌唱》,漓江出版社 2001 年版。

文　集

《虹影精品系列》(全 9 册),陕西师范大学出版社 2009 年版。

改革开放40年小说百家档案

主　编／於可训

副主编／朴　婕

第四卷

武漢出版社
WUHAN PUBLISHING HOUSE

（鄂）新登字 08 号

图书在版编目(CIP)数据

改革开放 40 年小说百家档案：全 6 册 / 於可训主编. — 武汉：武汉出版社，2020. 12

ISBN 978－7－5582－4061－4

Ⅰ. ①改…　Ⅱ. ①於…　Ⅲ. ①作家－人物研究－中国　Ⅳ. ①K825. 6

中国版本图书馆 CIP 数据核字(2020)第 233368 号

改革开放 40 年小说百家档案(第四卷)

主　　　编：於可训
副　主　编：朴　婕
责 任 编 辑：杨童舒
封 面 设 计：刘福珊
出　　　版：武汉出版社
社　　　址：武汉市江岸区兴业路 136 号　　邮　　编：430014
电　　　话：(027)85606403　85600625
http://www.whcbs.com　　E-mail:zbs@whcbs.com
印　　　刷：湖北新华印务有限公司　　经　　销：新华书店
开　　　本：787 mm×1092 mm　1/16
印　　　张：29.25　　字　　数：515 千字
版　　　次：2020 年 12 月第 1 版　　2020 年 12 月第 1 次印刷
定　　　价：880.00 元(全 6 册)

版权所有・翻印必究
如有质量问题，由承印厂负责调换。

改革开放40年小说百家档案

第四卷 [目录]

刘醒龙

男，1956 年生，湖北黄州人。

小 引《

以苏东坡的流放地闻名的湖北黄州，旧府所属八县，曰：三黄（黄冈、黄安、黄梅）、两蕲（蕲州、蕲水）、麻（麻城）、罗（罗田）、广（广济）。黄安即今红安，是现代革命史上著名的黄麻暴动的策源地。蕲水即今浠水，蕲水县是唐时的名称，广济县则改成了现在的武穴市，黄州也早就不叫黄州府了，而叫黄冈专区、黄冈地区或今天的黄冈市。

旧制黄州府所属的这八县，地处鄂东，向来人文荟萃。古代的不说，今人所谓的将军县（红安）、教授县（蕲春），也暂且悬置不论，仅就我辈生活的现当代社会而言，除去政治上的领袖人物和其他领域的学术精英，与文学关系较近或本来就在文学行中的文化名人，粗粗数一下，就有黄冈的熊十力、殷海光、秦兆阳，蕲春的黄侃、胡风，浠水的徐复观、闻一多，红安的叶君健，和敝乡黄梅的汤用彤、废名等。

刘醒龙生于黄州，后随父辈移居英山，是土生土长的鄂东人氏。英山在宋时置县，原属与湖北接壤的安徽，故不在黄州府旧属八县之列，20 世纪 30 年代才由安徽划归湖北。到了 20 世纪 90 年代，英山新发现一座古墓碑，考证出发明活字印刷术的宋人毕昇的故里就在英山，也算为英山增添了一位历史文化名人。至于当今的文学名人，则除了刘醒龙，还有不久前以一部《张居正》获得茅盾文学奖的熊召政，和已故的小说家姜天民等。以一县而有此文学三杰，伙矣。

法国人丹纳说，文学像自然界的植物，它的生长也需要适宜的土壤和气候。这土壤和气候，他归纳为三个要素，即种族、时代和环境。鄂东地处吴头楚尾，起先，因为文化的重心在西北的黄河流域，所以斯地的文化并不十分发达。在文学方面，虽然也有类似苏轼这样的文人流寓其间，留下了《前后赤壁赋》和《念奴娇·赤壁怀古》这样的千古绝唱，但毕竟不是本土作家，不能借此就自诩人杰地灵。后来，文化的重心逐渐南移，在这个过程中，也就播撒了若干文化的种子，例如禅宗之成于五祖弘忍，吾乡五祖寺被称为“天下祖庭”，就与这种文化南移不无关系。明代有一个被后人称为“中国第一思想犯”的怪人李贽，盛年以后频繁出入鄂东，一度曾定居麻城，干下了许多离经叛道、惊世骇俗的事，甚至因此而被地方官驱逐出境。虽然他也是一个匆匆过客，但在那个理学盛行、思想禁锢极严的时代，李贽的言论和作为，不啻是划破黑暗夜空的流星，给深锁在大别山腹地的鄂东学子乃至细民百姓，带来了一丝诱人的光亮。到了近代就更不用说了，因为西学东渐，东南沿海得风气之先，文化重心由古之西北而转向东南，复渐次由东而西、由南而北，以逆古之势西征北上。当此之际，坐落于吴头楚尾的鄂东，正处在这（东）南（西）北文化运动的交汇口上。文化潮流的交互激荡，容易启发士绅学人的文心、哲思，鄂东由是人才辈出，代不乏人，终成风云际会之象。

上述南北文化迁移的观点，不是我的发明，大多采自文化史家冯天瑜的理论，我不过加了若干例证，做了一点发挥罢了。冯氏亦鄂东红安人氏，他在一篇题为《近世鄂东人文兴盛原因探略》的文章中，还谈到过鄂东人的性格特征，说"鄂东人性格豪强，有任侠之风，所谓蕲人'性并躁动，风气果决……视死如归'""刚强的性格，激越的情绪，浪漫的感情，是鄂东的民情特点""熊十力'天上地下，唯我独尊'的豪气，徐复观坚毅果决的性格，闻一多的奔放、勇敢和牺牲精神，胡风九死不悔的坚强个性，都与鄂东民风的熏陶有关，它们又是这些文化大师学术品性、创作风格的有机构成部分"。他最后把鄂东人的性格特点归结为"'开放进取'与'保守执着'二者兼备的双重性格"。笔者曾在民国时人胡朴安著的一本名叫《中华全国风俗志》的书中，同样也读到过谈鄂东人性格的文字，内容已不全，只留一些残片。仿佛记得谈到敝乡黄梅人时，说过"民畏讼"的话，还有一点与民风有关的，就是重视教育。说到邻县的广济人，用的似乎是争强斗狠之类的字眼，说到蕲春人，则言其好高谈阔论。以我对这三县民性的了解，觉得较为符合实际。但对比冯氏上言，终究不及生于斯、长于斯者所见真切，所感深厚，所论确当。

掉了这半天书袋，发了这半天议论，当然不是有事无事地在扯闲篇，而是为了印证本辑主笔周新民博士对刘醒龙的创作历史和创作特点的某些论断。刘醒龙自分自己的创作历史为三期：第一期作品重想象和幻想，较接近鄂东文化也是整个楚文化的诡谲神奇，呈"开放进取"的浪漫之态；第二期创作为"现实的魅力"所吸引，显然与冯氏所说的鄂东人的"保守执着"的性格有关；第三期则综合了"开放进取"的浪漫和"保守执着"的现实，取精用宏，思想和艺术渐入化境，颇合冯氏的"双重""兼备"之论。例如近作《圣天门口》，其中写到的暴力革命，自然是顺应时代潮流、天下大势，但又何尝不是鄂东地区争强斗狠、豪侠任性的民风所致。刘氏在作品中倡言基督精神，欲以仁爱之心和济世情怀化解暴力，这种主张似乎又与鄂东人所尊奉的佛理、禅心暗合。恰好本辑主笔周新民博士也是鄂东浠水人氏，他以“保守主义”和“自由主义”的文化眼光，论析刘氏对“激进主义文化”的反思，不知是否也合了冯氏的“双重”“兼备”之论。

自　述《

小说是什么

小说是一种奇迹

曾经得到过我不经意帮助的一位朋友，某天的一大早，突然给我送来一套不错的音响。这时候他已脱了窘境，并且拥有了一家颇有名气的广告公司。他告诉我这是通过“杜比”认证的产品。此前我不是没有听说过“杜比”，但一直没有往心里去，那天见到他说“杜比”时的神情，我才感觉自己不能忽视这种东西了，虽然我最终仍然没有去深究它，却从此不再将这个“杜比”视为与自己无关的东西了。“杜比”是家用电器行业里的一种国际标准，它所规定的那些技术数据，让制造商们既咬牙切齿又梦寐以求。在技术时代里，我们仿佛越来越离不开“杜比”这类东西了，如水的饮用与排泄标准，食品里的大肠杆菌个数，煤气罐的安全压强，电灯泡的使用寿命，食用盐里加碘的剂量，还有写作者一天到晚离不开的稿纸与信封的规格，以及男女交欢是否达到快感所给出的经常指数。如果允许对人进行克隆，连人的生产都可以立即制订出一个标准来。

技术时代将一切都量化了，这样做是为了快捷地判别一种事物的意义，使其高度专业化、职业化，以图对市场份额进行有效的瓜分。作为小说也有它的标准，譬如那个每千字几十元到几百元的稿酬规定。

小说的稿酬只会影响到写作者的心情。小说在世上的流传与淹没，却与写作者当初获取了多少钱财丝毫没有关系，也与阅读者花费了多少金钱购得此小说丝毫没有关系。它们的关系在于写作者的精神通过小说与素昧平生甚至隔朝隔代的人的沟通，这与比尔·盖茨的作品绝不一样。我们这些微软的客户完全是出于技术的原因而接触这个人和这个人的作品，如果说在感情上对其有点什么的话，那也只是天长日久所养成的操作习惯。小说完全不一样，没有不顾一切一去不回的投入，这种写作者唯一的出产便会无人问津。我们对小说以及其他艺术的需要，完全是出于一个人灵魂的驱使，而与饥寒饱暖无关。文字从发明出来以后，就是人在有限的生存时空里所享受的最美妙的东西，从来就没有人能够占有它，即便是有人在对文字的使用上超出他人许多，到头来受用这些文字更多的不是他自己，而是别人。文字是人在世界上实现物质与精神的沟通，跨越种种不平衡且从心理上维持平衡的最伟大的发现，而小说是人对文字使用的登峰造极。

历经沧桑不褪色的小说不会凭空而来，这个道理是人生命中的绝对隐秘。就像我们对着大海，就会景仰它欣赏它的壮丽磅礴和深奥，可大海真的就这么一说就清？我们在潜意识里就没有别的什么想法吗？难道就没有从海里进化而来的人的基因里至今还保留着对大海的亲和性的原因吗？在所有艺术形式里，小说最受偏爱，除了它最容易让人感动，难道就没有它包容了最多的欲望、最大的期望和最失败的情爱悲欢的原因吗？难道就没有小说可以向人提供一种虚拟的参与、虚构的发泄、虚妄的激情的原因吗？对小说的判断从来就是因人而异，在这一点上人的修养的差别并不重要，重要的是人在面对客观后，主观上的失望有多大。人总是深藏着失望而进入到小说里的，希望小说里有颜如玉黄金屋，希望小说里有黑包公白海瑞，希望小说里有自己未竟的理想抱负在心中共鸣共爆。在这样的条件下，是不可能出现什么标准的。这不是微软公司开发出来的软件，比尔·盖茨自己说了就算，他的标准就是所有人的标准。小说是写作者说了算，同时众多读者也得说了算。在小说里，写作者是主人，读者也是主人，因为这样，小说才如此经久不衰。

所以，小说是一个时代的奇迹。

在职业化浪潮不可逆转的时节，更能显出真正的小说写作是一种天职。这样的小说是黑暗中的一种光明，是平庸中的一种浪漫，是无奈中的一种反抗，是残酷中的一种温馨，是糊涂中的一种警醒；或者是与此完全相悖，是光明中的一种黑暗，是浪漫中的一种平庸，是反抗中的一种无奈，是温馨中的一种残酷，是警醒中的一种糊涂。小说截然不同的取向，决定了它是无法被约束的。在它身上有颇多的上帝意味，理论上，上帝永远只有一个，而进入到每个人心中的上帝却个个迥然不同。小说也是这样，写作者与小说的每一次遭遇所产生的结局都是不可重复的，因此我们见到的每一部小说都有让人惊讶的地方。一旦新的写作开始了，从前的一切经验便即刻变成青烟化去，只有那些空阔无边的想象在发挥着作用。而当一部小说渐入佳境时，那些先前绝没有意料到的语言与情节让写作者不免一边自我怀疑，一边自我赞叹。没有人要求写作者的写作，是因为没有人能够要求写作者的写作。一部小说的诞生是一个人生命升腾、灵魂出窍的结果。我们常在冥冥之中感受到一种召唤，随后心就被什么拿走，放进油锅里煎熬，这时候除了写作，我们无法自救。结果自然可以预料：还有什么能比在拯救自我中所表现出的忘我更让人回味无穷，更让人百读不厌！

在技术时代，小说是一种奇迹，标准对于小说，如果不是意味着死亡，起码也会将其拖入无聊与平庸的酱缸。

小说的好坏是小说魅力的一种，与一切标准无关。

小说是优雅、高贵

我想到长篇小说文体，就像传统中国家庭中的老大，注定要为命运承担更多分量。诗歌和散文可以是清风云霞，飞瀑流泉；长篇小说永远只能落实在茫茫土地上，任何浪荡花腔都会酿成可以预见的荒废与颓败。小说容易得到万千宠爱，同时也容易受到无情奚落，亦酷似现代人对茫茫大地的爱恨之切。说起来也是人之常情，当老大的总是吃力不讨好，又不能学弟妹们，不时地用精神撒娇放纵自己的原欲，往往如牛负重，沧桑早至。这种特质在当下尤为突出。

小说这种被人当作俗物的文体，本质上绝非俗物，只是因为写作的人低俗了，阅读的人低俗了。斑鸠在喜鹊弃置的几根细枝之上再添些许杂草，不是也成了鸟巢！而喜鹊不是这样，它是一位真正的小说家。为了搭建一座真正的窝，不惜舍弃已经形成的规模，它所弃如敝屣的开头，被斑鸠捡了去当成宝贝似的金窝银窝。喜鹊像呈现经典小说一样，将自己的窝发表在苍茫的树梢和现代化的高压线塔上，如同天造地设的风景。如果小说可以是一群鸟的生活，真正的小说肯定是在空中高蹈的喜鹊和喜鹊窝。那些必不可少的混珠，当然就是斑鸠和斑鸠窝了。小说精髓总是处在可望而不可即的位置上，没有人能独占，也没有人能够真正予以摧毁。所以小说的模样，正是喜鹊的模样；小说的声音，正是喜鹊的声音。无论是独立枝头，还是穿越云天，喜鹊是从容的、安详的、优雅的、高贵的，哪怕迫害就要发生，也还是有尊严的。斑鸠们除了正好相反的品行外，还有一些习惯让人生厌：鬼头鬼脑，从不正眼看人，永远有事没事故弄玄虚，好好的也要猛地一拍翅膀，发出惊心动魄的声响，不晓得的还以为真有惊悚悬念发生，定下神来去看，卖那么大的关子，根本不是要一飞冲天，往往只是蹿出百步之遥。实际效果，如同人之哗众取宠。

将北岛的诗句改一改：粗鄙虽是粗鄙者的通行证，优雅却非优雅者的墓志铭。

这是我对近年来长篇小说的总体看法。粗鄙是一种个人精神状态，优雅则是个人精神达到极致状态时的灵魂结晶。但凡粗鄙小说者，写作意志算不得太坚定，甚至就是正在学舌的孩子，听得几句从大人们嘴里冒出来的脏话，便好奇地在某个最不应该的场合里突然大声地说出来，使得一些人像遭电击那样发出种种强度不等的痉挛。这样的反应算不得审美范畴，以这种心境要想混迹在长篇小说领域，就不行了。长篇小说的写作状态不会招之即来，枯坐斗室的长期孤独也不会挥之即去。粗鄙是对他人的，须得营造一些嘈杂环境才能用武；优雅是为了自身，渴望独处的境界更高尚、更奇特。所以，进入长篇小说写作领域的人，需要达到较高的修养境界。这样想来就会发现，世上各类事物，形而上也好，形而下也好，一直被我们用艰难系数分解得清清楚楚。无法例外的写作，将长篇小说当成人所景仰的青藏高原，那样的海拔，那样的敬畏，完全由不得我们。即便是我等资深与熟练的写作者，一旦失去敬畏，生命在小说中延续的过程就会终止。我很庆幸，曾经一而再、再而三地重写开头，不惜先后废弃足以构成一部时下热门的所谓“小长篇”的近二十万字。这种潜意识表达，足以证实我对小说高原的深深敬畏。

长篇小说的神韵必须是优雅的，长篇小说的风骨必须是高贵的。优雅是一种神圣，高贵是一种神圣，尊严也是一种神圣。

还有一种优雅，童年时期为我留下许多终身无法释怀的记忆，其中又以“地主婆”为最深刻。在我心里还来不及建立优雅与高贵的概念的时期，这些被孩子们称之为“地主婆”的女人，政治地位已经低得不能再低了，就连牙牙学舌的乳牙小儿也敢跟在其身后，一声声地叫骂。奇怪的是，只要“地主婆”们一回头，孩子们就会望风而逃。“地主婆”们什么动作也不做，就算开口，也只能轻轻地说：你们这些细伢儿！当年不懂心中胆怯从何而来，是因为年纪太小。大了之后，多数时候记不起来，偶然记起来了，心里怦然一动，多年来时光匆匆，也没想到需要细细思量。假如没有这长达六年的书写，这种对自己的灵魂必不可少的梳理，不晓得又会延缓到何时。那个时代的“地主婆”，家境破败到极点，全家老少聚在一起，也见不到一件完好的衣服。在乡村，穿破衣服的人很多，但“地主婆”与其他人的区别在于，她会将衣服上大大小小的窟窿补得整整齐齐、错落有致，男人也好，女人也罢，眼睛有多干净，脸上就会洗得有多干净。优雅与高贵是人世间无法剥夺的精神资源，拥有这种资源就等于拥有巨大的魅力，旧时代的那些孩子，怎么会在“地主婆”面前胆怯哩？是突然出现的这种魅力，让他们因不知为何物而惊慌失措。小说的审美表面上千差万别，能否尝试和鉴识这种让无知者手忙脚乱头皮发麻的优雅与高贵，是最为需要和不可或缺的核心。小说的兴起，一定是此二者天衣无缝地结合到书写者的笔下；小说的衰落，也一定是此二者在书写者心里率先沦陷和沦丧。

写小说时，我有一道心理防线：我从不肯接受以北京俚语为要素的各种粗鄙的流行用语。无论它如何甚嚣尘上地表达出人与人之间的强烈亲近感和时髦相，我还会喋喋不休地诘问，作为政治和文化中心的首都之城，不去升华既有的民间人文精髓本来就是大错，那些在此基础上变本加厉制造文化垃圾的行为，就应该挨老祖宗的鞭挞了。不记得是谁写的，只记得那本书名为《被委以重任的方言》，就算是望文生义吧，起码对这句话我深有同感。有人评价说我在《圣天门口》里使用了大量的方言土语，其实不然，我常用的方言词汇也就二十来个：汏衣服、掇东西、啸水、闻风、打野、落雨、落雪、往日、昨日、今日、明日、后日、嘎白、晓得、吊诡、嘣几口等等。这些较为典型的鄂东方言与当下常用的同义语对比，明显具备高出一筹的优雅。这种特质犹如定海神针，一旦出现，就会让人觉得无所不在。仰仗民间人文底蕴的长篇小说，不可以视流行俗语为至宝。

在我的第一部长篇小说《威风凛凛》的开头，讲过这样一个故事：牧师和修女在路上走着，天上掉下一滴鸟粪，正好落在牧师的头上。牧师骂了一句：他妈的！一旁的修女于是提醒，这样粗俗，上帝会发怒的！一会儿，又有飞鸟将一滴鸟粪洒在牧师头上，牧师忍不住又骂了一句，修女当然又要提醒。等到第三只鸟飞来，第三次重复先前的那些时，天上突然响起一声惊雷，修女应声倒在地上。牧师正在发愣，忽然听到空中传来上帝的声音：他妈的，打错了！故事讲的正是小说的处境，是像修女那样优雅地死去，还是像牧师那样粗鄙地活着？有人担心，我是不担心的。想想上帝最后说的那句话，这世界有许多貌似不可逆转的事情，其实是一场错误。不要以为上帝每天都犯错误，也不要以为上帝真的能够宽容普天之下的一切过失。上帝说过粗话骂过人，不等于上帝已下定决心将这些作为自己的家常便饭。如果就此将上帝曾经在粗俗面前附和过的言说作为新的“圣经”，灵魂的世界就得崩溃。上帝的粗俗，是心里有数的粗俗。一滴唾沫，哪怕它来自上帝的舌尖，也还是一滴唾沫，不能当成是普降天下的甘霖。砰然倒地的修女，正如那些深藏于民间的珠玑般的方言。在现代信息狂潮肆无忌惮地泛滥之际，那些曾经不被注意的方言的重要性反而显著地提高了。绵绵不绝的方言是一种经典，稍加整理，就能透出神采飞扬的韵律。又因为基因遗传及文化熏陶等要素，精彩的方言和方言的精华，会使我们随着潜意识沉入博大的民间叙事和深远的人文理想中。

时下的中国小说，被时世逼到不得不做出抉择的岔路口上。这些年，小说的传统因素被各种各样的行为“反动”掉了，真正值得深思的反而是受到国际化潮流驱动，将勃勃雄心挂在世界文学的顶峰上，并试图搭乘直升机直达珠穆朗玛峰的现象。如此快速地登上“世界第三极”，也是一种文学的存在，只可惜这样登顶算不得登山。当我们将长篇小说看作是一座大山时，唯有真诚地从山脚下开始，并且每走一步都是向着顶峰，哪怕终止处是在半山腰，也能营造出独具风格的个人高峰。我深信，长篇小说并不在乎有新艳资源被发现，老练和持重对其生命力的延续更为紧要。同样，小说资源亦是无法掠夺和占有的，只要创造手法得当，那些貌似贫瘠和古老的，其中艺术元素的含量，不经意间就能达到震撼心灵的程度。在现代主义的世界性话语备受宠爱的当下，深藏在民间的陈年芝麻旧时事，反而会被映衬得分外辉煌。

长篇小说有着明显的生命体征，正如真正的登山者，每一点每一滴的超越，都会产生动物年岁、植物年轮那样的生长印痕。有人在读过我的文字后曾说过，你非常尊重我。这话听起来很有分量。人性中最基本的特质，正面的和负面的，莫不是与尊重相关。有了尊重才会有仁爱慈善，没有了尊重才会有仇恨凶残。对生命的尊重正在于认识到它是“轻轻的”。当我明白长篇小说是有生命的文体时，用“轻轻的”方式处理叙述过程中的关键，便契合了人生的优雅与高贵。

（周新民整理）

访　谈《

和谐：当代文学的精神再造

——刘醒龙访谈录

周新民　刘醒龙

周新民：刘老师，您好！非常感谢您在繁忙的工作中抽空接受我们的采访。您走上文学创作的道路比较早，在小说领域取得了很好的成绩。这么多年了，您还记得您发表的第一篇作品是什么吗？

刘醒龙：《黑蝴蝶，黑蝴蝶……》是我的第一篇作品，发表在 1984 年第 4 期《文学》上，这个杂志在 1983 年叫《安徽文学》，1985 年以后也叫《安徽文学》，就这一年叫《文学》。

周新民:您还记得它的具体内容吗?

刘醒龙:《黑蝴蝶,黑蝴蝶……》写了几个年轻人的事情,思考了人应该如何认识自己,如何实现自己的价值,表现了对前途、命运、青春的思考,也认定和思考了个人价值。现在看来这部小说还有些有趣的地方,有些可取的地方。小说中的一句话"机遇是只有少数人才能享受的奢侈品",到现在还经常看到有人在引用。

周新民:您的作品一下就切入了"人"的问题,基本奠定了您以后文学创作的大致走向。但是这样的思考在当时还是很"前卫",与当时主流文学创作的主旨有很大的不同。我想,当时的编辑选择您的这篇小说,也许是看中了您的这篇小说的其他方面吧!

刘醒龙:文学这个东西还得信点缘,我觉得我写这篇小说就是缘分到了。1984年我把小说给《文学》杂志寄过去,编辑苗振亚老师马上就给我回信了,随后还专程来湖北看我。他喜欢我的小说,主要原因就是他看到了我的作品中透露出的和皖西一带完全不同的小说气质,所以他想来看一下。《黑蝴蝶,黑蝴蝶……》虽然有些幼稚,但怎么说总还是有些生命力的。

周新民:在发表《黑蝴蝶,黑蝴蝶……》之前,您就没投过稿?

刘醒龙:不,不是这样的!前些天,我在浙江青年作家讲习班上提到,早发表作品不一定是好事。如果我要急于发表,1981年就可以发表作品。当时我给一家刊物寄出一篇小说,编辑部也是马上回信了,说可以发表,但提出了4条修改意见,我只接受了1条意见,我还写信过去驳斥其他3条意见。这当然让对方很生气,一生气就直接把我的稿子枪毙掉了。如果我遵照他们的意见修改了那篇作品,那就发表了。但是,那会儿我在心里建立起一根并不完美的标杆,认为文学就是这样的。我没有按照编辑的意见去修改,因为我的文学观念和他的文学观念不同。当时很多有名的小说,如《班主任》《在小河那边》《我应该怎么办》,我的那篇小说就是模仿它们的,现在看来都是一个笑话。这篇小说没发表倒是促使我继续思考文学的问题。《黑蝴蝶,黑蝴蝶……》只能算是我的习作,之后我写了《卖鼠药的年轻人》《戒指》等,然后就迅速转向了"大别山之谜"系列的写作。

周新民:看来您很坚持您的文学观。"大别山之谜"系列充满魔幻的色彩,充溢着浓郁的地方风情,您的创作是否和当时的"寻根"文学一样,都受到了拉美魔幻现实主义文学的影响?您的文学启蒙教育源自哪里?

刘醒龙:我的文学启蒙,更多的是受到了民间传说的影响。小时候,每到夏天,在院子里乘凉,爷爷就会给我讲很多民间故事,有《封神榜》这样的神话,也有当地的民间故事，这才是我的文学启蒙教育。

周新民：除了民间文学的教育外，您应该也接受过正宗的文学教育吧！

刘醒龙：尽管小时候我也读过《红岩》《红日》《红旗谱》，但是这些小说并没有在我的记忆中留下什么印象，只是为了阅读而阅读，我后来的写作和这些阅读简直就是毫不相关，根本原因就在于，一个人，特别是一个有艺术气质的人，他的艺术特征恐怕早在童年时就形成了。因为童年时没有经过后天的种种训练，童年时的认知主要是直觉，是无邪的，喜欢和不喜欢是没有来由的。艺术也就是这样，艺术本应不受任何其他东西影响。一切了不起的写作者，他的高峰写作一定是和童年经历有关的。艺术的选择在童年就完成了，至于你能达到什么境界，那才是后天的修养问题。

周新民：您觉得"大别山之谜"系列还有哪些地方到现在您还比较重视？

刘醒龙：我看重的是这种小说充分地展示了我个人对自然、对艺术、对人等一切通过文字来表现的那种想象力。我在这种小说里完全发挥了个人的想象力。但是问题也出在这里，就是想象力过于放纵了，毕竟写小说的目的还是要给人看，过分放纵自己的想象力，而不考虑别人怎么样进入到这种想象中，不考虑别人怎么样去理解你的想象力，这就形成了后来人们所说的"读不懂"。几乎没有人跟我说过能读懂我的"大别山之谜"，这些小说也许连我自己都不懂。也许这种写作是任性的，我在创作中完全展示了我的想象力。在后来的写作中，我就慢慢意识到了这一点：最好的文学，只有在相对收敛、相对理智的背景下才能把它写好。不然就算自己认为写得再怎么好，其实效果可能适得其反。

周新民：您认为您的整个文学创作经历了哪几个阶段呢？"大别山之谜"应该是您的创作的第一个阶段吧，那么第二个阶段的创作有哪些作品呢？

刘醒龙：我的文学创作明显地存在着三个阶段。早期的作品，比如《黑蝴蝶，黑蝴蝶……》、"大别山之谜"，我尽情挥洒想象力，完全靠想象力支撑着，对艺术和人生缺乏具体、深入的思考，还不太成熟。第二个阶段，以《威风凛凛》为代表，直到后来的《大树还小》。这一时期，现实的魅力吸引了我，我也给现实主义的写作增添了新的魅力。第三个阶段是从《致雪弗莱》开始的，到现在的《圣天门口》。这个阶段很奇怪，它糅合了我在第一、第二个时期写作的长处，而摈弃了那些不成熟的地方。

周新民：《威风凛凛》是第一个转折，也就是第二个阶段的开始。如果说第一个阶段您的文学创作过多地依赖一种想象力的发挥，那么从《威风凛凛》开始探讨人的精神问题，就是您以后的创作一个非常重要的线索。那么请您谈谈您对这部小说的一些看法。

刘醒龙:我同意你的说法,这个时期小说是对于个人精神状态的探讨和表达。“大别山之谜”写到后来,我陷入了迷惘状态,我突然不明白写作究竟是怎么回事,我不明白这样写下去的意义何在,我如何接着写下去。所以写到“大别山之谜”中后期的时候,也就是写到《异香》的时候,我很苦闷,我发现不能再写下去了。

周新民:是的,完全依赖个人想象力的写作是很难继续下去的,写作毕竟是一个复杂的过程。最终是一件什么事情,让您的创作出现了新的转机?

刘醒龙:有一个契机,大约是1988年,在红安县召开的黄冈地区(今黄冈市)创作会议上,省群艺馆的一位叫冯康兰的老师,讲到一首小诗《一碗油盐饭》:“前天我放学回家/锅里有一碗油盐饭/昨天我放学回家/锅里没有一碗油盐饭/今天我放学回家/炒了一碗油盐饭/放在妈妈的坟前。”在场的人有一百位左右,这首小诗对其他人也许没有任何影响,而我却感动至极,泪流满面。在听到这首诗的那一瞬间,我突然明白艺术究竟是怎么回事——原来就是用最简单的形式、最浅显的道理给人以最强烈的震撼和最深刻的启示。一首小诗只有三句话,三个意境,它所表达的东西却太丰富了。我年轻时藐视权威,甚至嘲笑巴金先生“艺术的最高技巧是无技巧”的箴言,是这首诗让我恍然大悟,并且理解了巴金先生之太深奥和太深刻。

周新民:在《威风凛凛》中,您曾提到了“百里西河谁最狠”这一暴力主题,请谈谈您对它的认识。

刘醒龙:《威风凛凛》是个承前启后的作品。后来,从《村支书》《凤凰琴》《秋风醉了》到《分享艰难》《大树还小》,总体上有一种一以贯之的东西,那就是对人的关怀,对生命的关怀,具体一点就是对人活在世上的意义的关怀。人活在世上的真正意义也许找不到,也不是小说所能解决的,小说的写作只是提供一个路径,引导你去运作,引导你去尝试。如果小说最后加个结论,告诉别人应该怎么做,硬去加上一些未卜先知的内容,就会无法避免地成为日后的笑料。

周新民:那您怎么解决这个问题?

刘醒龙:成熟的文学作品往往还表现出一定程度的迷惑的状态。比如后来的《村支书》,作品出现的时候引起了很大反响。多数批评家认为,在当时“新写实”那种灰暗的基调风行的时候,《村支书》表达了一种光亮、一种理想。就小说来说,它究竟表达了什么光亮、什么理想,人们并不知道,也说不清,通常会将其认定为表现人性的美的一面。其实并非如此简单。《村支书》这篇小说中,老支部书记是那么的可爱,深受当地人欢迎,但相对于时代来说,却明显落伍了。然而这种落伍并没有妨碍他的强大。我并非想通过这样的人物来表达自己的理想,而是为了在变化太快的现实面前，提醒时代关注——除了生存的舒适度外，还应该有更为紧要的人格强度和生命力度。

周新民：是否可以说您开始树立了一个道德理想主义者的形象？

刘醒龙：这个是你说的，我确实没想过这个问题。

周新民：您的作品开始涉及了一个道德救赎的问题：人要在历史困境、现实困境中，用精神力量、用信仰来拯救个体，实现个体的价值，彰显个体的力量。市场经济时代，是个人的精神和信仰受到冲击，个体的精神开始萎缩的时代，您在作品中却致力于塑造在现实、功利面前有着自己坚定的价值取向的主题，我想，这是您的小说深受欢迎的主要原因。

刘醒龙：是的，我作品中的人物大都面临着精神和利益的对峙。像《凤凰琴》，所有人都为转正名额明争暗斗，但当以转正名额为象征的利益突然来了之后，大家一下子都在想：它有什么意义？既然我不能离开这个穷山沟，这样的利益又有何意义？其实，拿到转正名额和没拿到转正名额，这里面并没有可以办成铁案的对与错，小说因此提供了一个极大的思索空间。一个人在一生中都会遇到这类问题，在道德上选择对了，以日常人生的标准来衡量却是错的。还有完全相反的一种选择，道德关乎人生，利益关乎日常。人面对一定意义上的对与错，总免不了在其间逆转，并且关乎人的一辈子。

周新民：在您的小说中，除了个人的价值与现实环境的冲突之外，还隐含了个人的精神价值、人格尊严、道德问题和历史趋势之间的矛盾和冲突，是不是呢？

刘醒龙：对。很多人认为《凤凰琴》是写教育问题的，这种认识没有看到文学的发展，其文学意识还停留在20世纪50年代。用旧的文学意识来套当下的文学，就像研究如何让神话里的千里马在高速公路上奔跑。不要以为当代中国文学只在现代主义上有了长足进步，现实主义的文学同样进步非凡，在艺术性与思想性等方面，其进步幅度甚至还超过现代主义在同一时期的表现。

周新民：您的作品开始关注在历史发展中个人的尊严和价值问题。个人在面对历史和现实的趋势时，如何从精神层面来应对现实和历史趋势。《分享艰难》这部作品遭受了很多批评，您如何看待这些批评？

刘醒龙：我是不赞同这些批评的。实际上，批评这部作品的批评家，不久之后就开始表示对自己当初批评的不认同，认为自己误读了。

周新民：您也这样认为吗？

刘醒龙：的确是误读了。这部小说本身写的是某种焦虑，批评家应当比我更理智。腐败等一系列早已存在的社会问题,仿佛是在1996年前后,在一夜之间突然爆发的。在此之前,大家好像都对改革充满了理想,以为只要今天改革了,幸福就会在明天早上降临。但在那一段时间里,人们才真正意识到,也许还不仅仅是意识到,而是不得不接受改革是不可能一蹴而就的这样一种事实。伴随改革而来的一些问题压迫着我们,文学界对《分享艰难》表现的焦虑远远超过我自己在这部作品中表现的焦虑。

周新民:这么说来,您认为对《分享艰难》的批评,在很大程度上是社会上普遍存在着焦虑的缘故?

刘醒龙:分歧最大的其实不在于我的文学观,而在于通过这部作品所表达的社会意识。那个时候,很多批评家尽管批评了这部作品,所使用的武器却是落后的。比如说他们之前一直批评的所谓“清官政治”,在此背景下的“清官文学”,早就被大家所抛弃了,这时候又突然情不自禁地重新捡起来。写这部小说时,我并没有直接的意识,是大家的批评让我清醒过来,思索自己为什么会这样写,然后我才明白其实内心有另外一种想法。我一直对庸俗的清官文学很是唾弃。清官文学喜欢解民倒悬,实际上只是一剂虚妄的心灵鸡汤。那些清廉的文学形象更是当年所谓“高大全”的盗版。如此我才明白,我的小说最大的不同点就在于,我懂得了人要活下去,社会要向前发展,必须在一定程度上认可特定的事物,包括对那些也干坏事的乡村政治家,因为他也会做一些好事。

周新民:我想问您一个问题,《分享艰难》要说的是谁分享谁的艰难?

刘醒龙:这也是批评家后来就一直在纠缠的问题:作为老百姓的我们为什么要为贪官污吏分享艰难?确实是这样的,没错,我们不应该为他们分享艰难,这是毫无异议的!但是,我们也还要想到另外一点,就是在这个社会上,我们是否应该承担一定的社会责任?我们不能只想享受改革带来的大量社会福利。

周新民:您就是说,我们也应该分担改革的艰难。

刘醒龙:对一个负责任的人来说,如果不是由每一个社会人共同分担改革带来的艰难,这个世界上还有哪些人能够替代我们分担呢?不改革,国家就完了,民族就完了。而改革,就会出现一些问题,那么谁来分担?靠官员,他们承担得了吗?我想表达的是,既然我们选择了,我们就要承担。但是,在当时,社会普遍处于焦虑状态。改革开放初期福利好,让人们只看见改革带来的好处、福利,没有想到改革也会带来那么多痛苦。所以理想一旦破灭,就把责任推到某些人身上,认为是某些人带来的,这就带来了一种全新的矛盾:我们该不该在以改革名义下出现可以谅解或者不可饶恕的种种错误的管治机制面前，承担时世的艰难？其实，这部作品表达的正确的意思应当是，作为社会人的我们，在分享改革带来的成果的时候，也应该分享改革的艰难，这才是现代的、健康的人。

周新民：有批评家认为，《分享艰难》缺乏人文关怀，您怎么看待这个意见？

刘醒龙：我跟几个批评家讨论过，其实他们不是说我的这个作品缺乏人文关怀，而是一说到《分享艰难》，就把这一类作品都包括在内了，就针对这一类作品统一来谈。如果读细一点，就会发现《分享艰难》与他们总在类比的一些作品有着根本的不同。在那些小说中，有些细节虚构得太离谱，比如老干部用好不容易到手的一点养老金，去保释因嫖娼而被警察抓起来的前来投资的外商等。这种事即便是真的有发生过，也是有违文化与传统的。说《分享艰难》缺乏人文关怀的批评主要来自小说中的一个细节：洪塔山把孔太平的表妹给糟蹋了。所有的人都认为不应该原谅洪塔山，我们怎么应该原谅这样的人呢？有批评者曾经著文说，孔太平的舅舅给孔太平跪下来，要孔太平放过洪塔山。在我的小说中，正好相反，是舅舅不打算公开追究洪塔山后，孔太平扑通一声跪了下来。从文化心理及太多的日常事实来看，这样处理是极为真实的。谁家出了这种事愿意张扬呢？这是和批评者眼中属于同类的小说里完全不同的情节。遗憾的是，处在比小说家更为激愤状态下的部分评论家混淆了两类完全不同的写作立场。

周新民：看来我们在阅读小说的时候要细致一些！

刘醒龙：写作粗糙不得，阅读小说更粗糙不得。

周新民：您的《大树还小》也引起了争议，您怎么看？

刘醒龙：针对这部小说的争议是最浅薄的。如果说《分享艰难》的争议还有它的社会意义，这一次的争议真的没有意义。其实根本就没有过争议，只有一方在骂街，我懒得同这些将文学常识丢在一旁的人说什么。

周新民：主要分歧在哪里？

刘醒龙：我在作品中，是要解释一个精神层面问题。我想在还原那个时期乡村真实的同时，借助下乡知识青年这样的群体来表达一种想法：有一类人总在控诉曾经遭受了磨难，但斯时斯地那些同样受着磨难，至今仍看不到出路的另一类人，他们的出路、他们生命的价值又何在呢？我其实要表达的就是这点，但他们却认为我在丑化下乡知识青年。

周新民：的确，您的追问确实很有意义。

刘醒龙：他们最恨的是小说中的四爹说的一番话：你们知青来这里受过几年苦，

人都回去了，还要骂一二十年，我们已经在这里受了几百年几千年的苦，将来也许还要在这里受苦，过这种日子，可谁来替我们叫苦呢？只要稍有良知的人都不会挑出这块地方来进行批判。小说其实是在提醒历史与社会注意这样一个“伪真理”：知青生活再怎么苦，几年后就离开了这个地方，然而，在这个地方土生土长的人，就该祖祖辈辈在这里受苦受难吗？

周新民：可惜，有这种思想和情怀的人太少了。您创作了许多优秀的中篇小说，您知道我最喜欢您的哪部小说吗？您可能想不到的，我最喜欢的是《挑担茶叶上北京》。

刘醒龙：那确实是没有想到。

周新民：《挑担茶叶上北京》有历史的与现实的内涵，同时包括政治思想与个人意志的较量，在思想、艺术、叙述和情感控制上都超越了您以前的作品。

刘醒龙：比较《挑担茶叶上北京》和《分享艰难》，应该说在艺术上，《挑担茶叶上北京》更成熟一些。《挑担茶叶上北京》和《分享艰难》是同时期的作品，是姊妹篇。

周新民：对这两篇小说，您怎么看？

刘醒龙：《挑担茶叶上北京》比《分享艰难》的小说味道重些，艺术气息更浓。

周新民：谈谈您的长篇小说。您在1996出版的长篇小说《生命是劳动与仁慈》，好像反响不是太强烈，在您看来，它是一部怎样的作品？

刘醒龙：有评论家说它是“打工小说的发轫之作”。《生命是劳动与仁慈》与我有很多的亲密性，属于精神自传吧。我把我在工厂生活、工作10年的所见、所闻、所想、所接触的问题在小说中都表现出来了。在小说中，其实我表现了我的困惑：普通劳动者的个人价值如何体现？对普通劳动者的价值的认定问题，很多时候是很无奈的。从个人感情来说，就是工人作为一个阶层在当下所面临的困境。我们到目前为止，对普通劳动者没有应有的认识。从1977年恢复高考以来，我们所有的教育都是精英教育。我在1996年写了这么一部不合时宜的作品。

周新民：但出版社似乎还很高调，人民文学出版社是以“探索者丛书”的名义出版的，出版社大概也意识到您的这部作品在某些方面的超前性吧！

刘醒龙：这部小说出版时，有人用所谓“先锋性”来怀疑我是否写得了探索小说。《生命是劳动与仁慈》在社会、在人的精神状态的层面上的追问，也许比现代主义旗号下的探索者走得更远，属于终极关怀的问题，当然需要探索。那些被忽略了的、我们所处的时代中的小问题，同样是需要探索的，因为这样的探索更能昭示某种大方向。一个小人物，尤其是一个社会地位低下的小人物；一类人，尤其是一类处在社会底层的人，他们的精神状态与生存状态，从来就是一条贯穿我的全部小说的命定线索。

周新民：《生命是劳动与仁慈》和其他只是拘泥于探讨人的终极性关怀的作品相比，也是一种探索。其实，您的这篇小说中也有一些很有意思的细节。

刘醒龙：小说中有个细节，有人在武汉这个大城市里开了个乡村风格酒店，有斗笠有蓑衣有水车等东西，当时很多人认为是笑话，他们说，这怎么可能呢？人们还没有享够福，怎么会怀念那些苦日子呢？我毫不怀疑，在城市的现代化过程中，人心中那种与生俱来的怀旧心理，特别是对乡村的怀念，肯定日甚一日，所以写作时我想象了这样一座酒店。现在，一切都被印证了。小说不可能是预言，但小说家一定要有预见。

周新民：您是哪一年到武汉的？

刘醒龙：1994 年。

周新民：您到武汉后，创作题材发生了某种转变，开始创作《城市眼影》《我们香港见》这些都市题材的小说。

刘醒龙：当时有种心境，想换个脑子写一写。但这不是我兴致所在，只是一种尝试，是为了表明另一种能力。这是一种性情文字，它不代表什么，我也不想向别人证明什么。

周新民：我们集中地谈一下《圣天门口》吧。我认为，《圣天门口》在当代长篇小说史上是一部集大成的小说，也是您个人创作历史上集大成的作品。有些人认为这部作品完全超越了您以前的作品，而我个人认为这部作品和您以往作品的联系还是很紧密的。谈谈您怎样认识这部作品与您以往作品的联系。

刘醒龙：《圣天门口》与我以往作品是有内在联系的。同我第一、第二阶段作品相比较的话，我认为它是取了二者之长的，它继承了我第二阶段对写实风格的痴迷执着和第一阶段对想象、浪漫的疯狂。可以说它综合了我第一、第二阶段的写作风格，而又在二者之上。

周新民：请您在革命历史题材小说的视角坐标上谈谈《圣天门口》。

刘醒龙：在刚刚结束的第七次全国作代会上，《文艺报》记者曾就文学如何创新的问题采访了我。在我看来，在现在的历史背景下，写作者对和谐精神的充分理解与实践，即为当前文学创作中最大的创新。中国历史上的各种暴力斗争一直为中国文学实践所痴迷，太多的写作莫不是既以暴力为开篇，又以暴力为终结。《圣天门口》正是对这类有着暴力传统写作的超越与反拨，而在文学中，契合并再造了“和谐”

这一中华历史上的伟大精神。

《圣天门口》相对于以往大多数写近现代史的小说的一个重要分歧，就是它不是在相互为敌的基础上来构造一部作品，来认识一段历史，而是最大限度、最有可能真实地接近那个时代的历史状态。就《圣天门口》来说，小说从头到尾写了那么多斗争、争斗、搏杀和屠杀，但我非常注意不让任何地方出现“敌人”这种措辞。《圣天门口》中有从“汉民族创世”到辛亥革命这条虚一点的线索，和从辛亥革命到20世纪60年代“文革”高潮这条实一点的线索，通过这种虚实结合的写法，来求证我们对幸福和谐的梦想。写任何一部小说都应有一种“大局观”，这是很重要的。从国共两党斗争开始后大半个世纪以来，种种文学作品一直纠缠在谁胜谁败、谁输谁赢、谁对谁错这些问题上，但是我们如果用发展的眼光来看，100年之后再来纠缠对和错、输和赢，这就显得一点不重要了。

周新民：您认为文学家和历史学家对历史的写作有什么区别？

刘醒龙：作为文学家，在写历史时，必须用现在的眼光而非当时的眼光来看待历史事实，应该有新的视角、新的意识，否则我们只能模仿别人、刻录别人。

周新民：最初触动您写《圣天门口》的机缘是什么？

刘醒龙：对我而言，那是内心的一种情结、感觉。从我出生那一天开始就有一种东西在积淀，多年的写作，一直没有很好表达出来。所以，我一直想写一部能够表达我成长至今的经历中最为纯朴、深厚的情感的作品。

周新民：请您谈谈《圣天门口》素材的积累。

刘醒龙：从我出生的那天开始，很多东西仿佛就在那里等着我去搜集，等着我去发现。还有一些民间流传的东西，具体讲，比如说我小说写到的那个小曹书记——曹大骏，这个人是有真人原型的，当时鄂豫皖政治保卫局局长兼任红山中心县委书记，“肃反”时错杀了很多人。小时候，大人都用“曹大骏来了”吓唬我们，那时候，我们总觉得这个人是个十恶不赦的家伙，后来却发现他竟是一位在革命纪念馆里挂有大幅照片的烈士。在写作《圣天门口》之前，这类可以化作文学元素的东西，可以说是早已在血液中流淌着，无须临时抱佛脚。

周新民：《圣天门口》标志着您的创作进入了一个崭新的阶段。由发表《黑蝴蝶，黑蝴蝶……》开始，您的小说开始延续着对人的精神和生存的关注，并在此基础上生发出道德救赎的主题。而从《圣天门口》开始，对人的救赎转向神性救赎，就是对人的生命的敬畏，小说中的一系列人物都体现了这个观点。请谈谈您对作品中梅外婆、阿彩、马鹞子、杭九枫等人物的感想。

刘醒龙:在谈梅外婆之前,我想先打个比方。我认为,一部好的作品应该是完整的,就好像我们说的一杯水,它应该是一个整体。它由水、杯子,以及杯子中没有水的空的那一部分这三部分组成,我们往往会忘记杯子中无水的空的那部分,不去写这一部分,而好的小说应该是完整的,应该包括这三个部分。《圣天门口》中的梅外婆就是杯子中没有水的空的那一部分,是需要充分的想象、完善和提炼的,它提供了一种艺术的空间让你去展开想象。中国小说以往的问题就在于把这些都割裂了,你要写什么就得写什么,不能写什么就不能写什么,其实藏在"实"的背后的,应当是一个时期的理想、梦想。梅外婆就是被视为这个民族过去、现在、未来的一种梦想来写的。想想我们在以往作品中所见到的那么多暴力、苦难、血腥、仇恨,如果仅仅只有这些东西,我们民族怎么能延续几千年?我时常在想,说中国人的阿Q精神,有人被处决了,而我们还在拿着馒头蘸那个人的血吃。中华民族如果仅仅就这样,那绝对延续不到现在。我们的文学,缺乏对一只杯子的整体表现与深究。杯子本身以及杯子里的水,普通人都能看见,文学除了这样的"看见"外,还要发现杯子中那些确实存在的无形部分,比如总让马鹞子和杭九枫感到敬畏的梅外婆,那才是脊梁所在。写这部作品时,我怀有一种"重建中国人"的梦想。我并不知道要做什么,但我觉得中国人有些梦想是要重建的,我们不应该继续采用暴力的方式解决问题,不能再崇尚以血还血以牙还牙。小说中,我写到巴黎公社那一笔,我以我的梦想来看这段历史,我认为巴黎公社没有失败,它是换了一种方式,不是用暴力的方式,而是用和平的方式,实现了理想。

周新民:很多人喜欢拿《圣天门口》和《白鹿原》比较,您对《白鹿原》这部小说是如何看待的?

刘醒龙:《白鹿原》写得很好,它是一部诱惑人的小说。从小说本身来说,它将陕北气质表现得淋漓尽致,从头到尾贯穿得非常好,它肯定会是中国小说的一个标志。

周新民:您的创作从文学题材来看,主要是表现社会底层人的生活,有很强的"底层意识"。您对"底层写作"有何看法?

刘醒龙:"底层"这个词语对我来说不合适,"底层"这样一个充满政治倾向的词语对文学来说更不合适,我认为用"民间"两个字更合适一些。我所有的写作,正是体现了来自民间的那些意识。

周新民:为什么您的作品有那么强烈的民间意识?

刘醒龙:除了我的文学启蒙教育主要是民间文学外,还有两点决定了我的作品充满民间意识。首先,我从小生活在这种地方,我没有见过大世面,既不知道主流是什么,也不知道大地方的人关心什么,大地方的生活状态是什么。我是1990年5月第一次去北京,那时已经30多岁了,武汉我也是20多岁才第一次来的,就连县城在我们少年时期也是不常去的。当时的这种环境使我们无法接触到"精英"和"主流"。且不说非正规的茶余饭后,就连正式的乡村课堂,也不过是一种换了模样的民间。其次,我的成长经历决定了我和"主流"思想、"精英"思想保持了一段距离。在别人眼里,"文革"是天大的灾难,可"文革"对我最大的影响是让我成了实实在在的自由人,这种自由自在很容易使我处于无政府、无组织和无"主流"的民间状态。所以"文革"时的"主流"成分,在我成长的关键时期也无法对我施以特别大的影响。正是这样的无拘无束,使得我习惯于当一种"主流"产生时,先下意识地表示一种不认同,回头再说理由。真正的写作确实需要以一己之经验,与外界保持距离。

周新民:您被看作是乡土文学的代表性作家,您是如何看待乡土文学的?

刘醒龙:乡土是我个人的情感所在。乡土在不同时期有着不同的意义,只要人在这个世界上生存,只要人还对自然、田野、山水怀有深深的留恋,乡土和乡土文学就一定会沿着它既定的模式发展下去。我对这一点深信不疑。

周新民:这就是您的文学作品一直弥漫着乡土气息的主要原因吧!您认为好的乡土文学应该是什么样的?

刘醒龙:中国乡村小说有几大败笔。第一种败笔是刮东风时写东风、西风来了写西风的应景之作,其间生硬地安插一些投城里人所好的所谓"乡村的变化"和极为媚俗的所谓"人性觉醒"之类的情爱,还美其名曰"敏感",这类写作的态度不诚实。有人媚俗,有人媚上,这种人是在媚自己,其笔下的乡村只不过是个人作秀的舞台。第二败笔是所谓时代的记录员,经常带着笔记本下乡,记到什么东西回来就写什么。当年的"现实主义冲击波"本是由主编《上海文学》的周介人联手雷达一起提出来的,但周先生却明确说过,他其实不喜欢有些人的写作。还有一个败笔,那就是将乡土妖魔化,还硬要说成是狂欢式写作。我对这样的小说总是感到深深的恐惧,读到最后很害怕,因为我所读到的全是仇恨,没有一点点爱与仁慈。

周新民:那么您认为真正的乡土写作是什么呢?应该站在什么立场上去看待乡土?

刘醒龙:首先不是上面说的三种。在乡土越来越弱势、边缘化的局面下,首先必须有一种强大的、深沉的爱和关怀,它既不应该是乡土的浅俗的"粉丝",也不是对乡土指手画脚者,而是把乡土当作自己一生的来源之根和最终的归宿的人。具体怎么去写,那是个很宽泛的话题。

周新民:您刚才说的关怀和爱怎样理解?关怀什么,爱什么?

刘醒龙:这是个很简单的道理,当然不是我们所说的爱心。爱乡村,不是要给乡村、乡村人提供多少物质援助,这种物质援助可能是一种恩赐,是一种居高临下。真正爱乡村是一种由衷的爱,你可以不给它任何东西,但是你的心应该和它在同一位置上。回到写作上,我说的这种爱这种关怀,应该是一种对乡土的感恩。没有乡土,哪来的我们当下的文化和当下种种的一切?

周新民:最后我想请您谈谈您的小说观。

刘醒龙:从长篇小说来讲,它应该是有生命的。在小说当中,中短篇小说确实依附于一个时代,如果它不和时代的某种东西引起一种共鸣,它很难兴旺下去。但长篇小说不一样,长篇小说是一个独立的生命体,它可以不负载当下的任何环境而独立存在,可以依靠自身的完整体系来充实自身。比如这几年一些好的长篇小说《白鹿原》《马桥词典》《尘埃落定》,它们和时代没有什么关系,但它们都有自身的丰富性,构造了一个完整的生命体。

评　论《

《圣天门口》:现实主义新探索

周新民

自20世纪80年代以来,变化着的文学形势逐渐突破了传统现实主义的规范。为了给这些突破赋予新的意义,文学批评家们创造了形形色色的现实主义文学名称,诸如“表现现实主义”“体验现实主义”“文化现实主义”“人文现实主义”“新现实主义”“批判现实主义”“结构现实主义”“魔幻现实主义”“心理现实主义”“形式现实主义”等等。这些命名隐含着现实主义内涵两个方面的新变化:一方面是随着社会生活的变化,现实主义的文学创作在不同程度上突破了传统现实主义的规范;另一方面,现实主义的形式因素得到了一定程度的重视。批评家们对现实主义的新变化无疑是敏锐的。的确,现实主义自诞生起就不是一个固定不变的概念。

对现实主义的产生和发展过程,伊恩·P.瓦特有着独特的见解,他认为:“‘现实主义’一词首次公开使用是1835年,它被作为一种美学表述方式,指称伦勃朗绘画的

‘人的真实’，反对新古典主义画派的‘诗的理想’；后来，它被杜朗蒂主编的杂志《现实主义》(1856年创刊号)作为一个特殊的文学术语献诸公众。”[①]这个术语后来又在福楼拜及其后续者那里“用作‘理想主义’的反义词”。通过对现实主义概念的梳理，伊恩·P.瓦特认为现实主义是一个历史性的产物，是和当时的社会文化历史紧密联系在一起的，而不是孤立的、普泛性的概念。的确，现实主义本身是一个发展的概念，社会生活的发展为现实主义的内涵提供了丰富的拓展空间，在和社会文化语境的对话中，现实主义拓展了自身的文化内涵和规定性。在长达一个半世纪的时间里，现实主义的内涵一直在扩展与丰富，因此，我们不能仅仅抓住它曾经有过的内涵来框切当下的社会生活，而应该依据当下的现实生活来发展现实主义，让现实主义始终能和鲜活的现实社会保持紧密的联系，维持自己对鲜活的现实生活的发言权。

此外，现实主义还是一个关于形式的概念，这一点被我们长期忽视。我们太在意现实主义文学与现实社会的关系，过分看重现实主义文学的社会效果，而作为形式的现实主义被我们遗忘了。在一些批评家看来，现实主义形式的重要性甚至超越了它的社会功能性：“所有的现实主义小说都是通过维护一种与现实的特权关系来获取其权威性的。然而，这一诉求不仅仅简单地是一种消极前提，它也是一个举足轻重的形式因素，在现实主义模式的所有样本中都留有运作的痕迹。每一部新作都有权重构这一诉求，由此显示它对现实的独特把握。因此，可能的思路或许是，悬置那些不可捉摸的认识论问题，转而将再现行为当作一种智力劳作来考察……其蛛丝马迹可以从文本中发现。现实或许可以看作为——至少是暂时的——仅是想象的产物。如此理解‘现实’(我将用大写的方式强调其修辞的而非本质的意义)可以使我们摆脱有关现实与文本之关系(反映论)的狭隘论辩，腾出手来探讨小说的创造性生成(发生论)、它的接受和社会效用……通过对最后两个范畴的详尽考察……我们能够越过现实主义的真实性诉求当中的认识论盲区，开始将它理解为一种美学形式的实践。”[②]将现实主义作为一种美学形式来理解，不仅能让我们更深刻地理解现实主义的内涵，更重要的是，它提醒着人们，现实主义形式具有多种的可能性。它应该越过现实主义社会功能的禁锢，展现出自身的独特的美学意义。

正是从以上两个方面来讲，长篇小说《圣天门口》显示出了其独特而跨越性的意义，它充分体现了中国当下现实主义文学新内涵，它突破了传统现实主义的规范性，

---

① [美]伊恩·P.瓦特：《小说的兴起——笛福、理查逊、菲尔丁研究》，高原、董红钧译，生活·读书·新知三联书店1992年版，第2页。

② [美]安敏成：《现实主义的限制：革命时代的中国小说》，姜涛译，江苏人民出版社2001年版，第8—9页。

高扬了个体生命的价值，提出了“人”是社会变革的基本准则的文化理念；同时，在文学形式的探索上，《圣天门口》也呈现出崭新的特质，构造了空间形式这一不同于传统现实主义的文学形式。这两个方面的变化，预示着《圣天门口》给中国现实主义文学带来了新高度。

“人”:《圣天门口》的内涵

自20世纪90年代以来，世俗社会生活逐渐显示出了其巨大的吞噬力：人们被金钱和欲望的魅力所迷惑，陷入了物质的狂欢之中，人们丧失了理想以及人的终极关怀，人的精神被物质挤压并萎缩。文坛也陷入一片喧嚣和躁动之中，变幻不定的各种写作旗帜、商业性的炒作以及对欲望写作的盲目崇拜等，这一切都昭示了人的信仰危机、精神丧失。

同时，就现实主义自身来看，从80年代开始，中国现实主义文学的发展遇到了挑战。一方面，现实主义文学要求再现现实生活，把时代思想情绪的表现作为现实主义文学的最高追求。在这种艺术追求中，小说中的人物仍然难以脱离工具性的地位。另一方面，在文学思想上，随着文学对“人”的价值探讨的深入，传统现实主义文学规范受到了普遍质疑。因此，现实主义文学陷入了对现实生活的再现和对“人”的价值表现的两难困境中。在“现实主义冲击波”文学口号提出之后，对现实主义的诘难彻底揭示出了中国现实主义文学的困惑，其中又以现实主义对人的关怀的迷失最受质疑。[①] 现实主义在对人的价值和精神表现上陷入了尴尬。

在这样的社会文化状况中，现实主义应该重新出发，寻找自己新的起点，它的内涵应该随着我们当下的社会文化现实而发展。我们今天的现实主义不应该只是对社会生活的真实的反映，对沉迷在物质欲望中的人的精神拯救应该成为现实主义的第一要素，人以及对人的终极关怀应该成为我们这个时代现实主义的出发点。

对“人”的关怀，成为刘醒龙解开现实主义文学死结的主要思想武器。在谈到《圣天门口》的写作时，刘醒龙谈道：“文坛上对所谓现实主义文学的评价也似是而非，而我又不喜欢用檄文发起论争。”“只好写这样一部小说来为现实主义文学正名。”对于现实主义，刘醒龙有着自己独特而清醒的认识：“看一个作家或作品有没有对现实功利的不屑与反叛，有没有对现实的个性梦想与人文关怀，决定着他们现实主义身份的真伪。”[②]在刘醒龙夫子自道式的语言中我们鲜明地感觉到，在他这里，现

---

① 童庆炳、陶东风：《人文关怀与历史理性的缺失——“新现实主义小说”再评价》，《文学评论》1998年第4期。

② 卜昌伟：《〈圣天门口〉出版，刘醒龙称批评者是盲人摸象》，《京华时报》2005年6月11日。

实主义文学的含义发生了根本性的变化：现实主义文学从对现实生活真实的反映，调整为对现实功利价值的反叛，注重人文关怀，张扬理想主义情怀。

个体生命的尊重和仁爱之心的张扬，构成了《圣天门口》的现实主义文学精神。在对激进主义革命文化的反省和对人的神性价值张扬的对照中，《圣天门口》提出了放弃暴力和杀戮、尊重人的生命价值的文化理念，倡导人类社会和谐发展的文化命题。这样的文化理念意味着现实主义文学不再把“人”作为社会和历史的工具和手段，“人”彻底成了现实主义文学的精神基础。

《圣天门口》首先反思了革命与暴力的关系。在激进主义革命文化那里，革命与暴力是不可分割的，暴力本来就是革命的应有之义。傅朗西在发动革命时就指出：“请大家记住我的话，温情脉脉代替不了革命！暴动免不了杀人，免不了要人头落地！失败的教训太多，我们再也不能重复过去的错误。虽然不能大开杀戒，但也不能只是小开杀戒！依我看中开杀戒是很合适的！”在这里，以摧毁人的生命为目的的暴力成为革命的首要手段，它显示出了激进主义革命文化对人的生命的蔑视。

《圣天门口》让我们看到暴力革命最终并没有带给人们幸福，留给人们的只有痛苦和悲伤。在天门口，甚至一户人家是“为独立大队先后死去了六个人的特殊烈属，婆媳三代共有四个寡妇”，他们最终也没有等到革命者曾经许下的关于幸福远景的诺言的实现。

《圣天门口》展示了在漫长的暴力革命过程中，人的生命价值和意义的消失。在对革命与暴力的关系的反思中，《圣天门口》显示了对生命的尊重，对暴力和杀戮的批判。

在反思暴力革命的同时，《圣天门口》张扬了神性救赎。“人”是雪家价值的核心。“用人的眼光去看，普天之下全是人；用畜生的眼光去看，普天之下全是畜生。”在梅外婆看来，所有的生灵作为生命存在都具有不可否认的平等价值，道德、意识形态的评价都不是生命自身的负载。当一直和雪家作对的杭九枫的性命危在旦夕的时候，在张郎中和撒播神性的梅外婆之间，就表现出了世俗的人性和神圣的人性之间的分野：“不是他（张郎中）不想救杭九枫，而是救了杭九枫一条性命，往后不知会伤害多少性命，梅外婆应该明白，应该在救一个人和救许多人之间取舍。梅外婆的态度依然坚定不移：救人就是救人，与任何害人的事无关，更不能去想这个人该不该救，值不值得救。今日能救一人而不救，来日才会留下无穷祸害。”在梅外婆看来，不论是谁的生命都是珍贵的，不应该根据任何超出生命之外的意义来判断其价值。

梅外婆、雪柠等对人的生命超出意识形态和道德判断的尊重，质疑了漠视个体生命的革命价值观。个体生命在革命者看来，只是达到革命目的的手段和工具，因此革命对社会的改造和拯救的方式是暴力，通过暴力革命、消灭敌方肉体的方式来达到建立新的社会秩序的目的。与革命者的拯救方式不同，雪家拯救的方式是仁爱和宽容，着重人的心灵的改造。在梅外公看来，“任何暴力的胜利最终仍要回到暴力上来”“革政不如革心”。梅外婆也认为：“很多时候，宽容对别人的征服力要远远大于惩罚，哪怕只有一点点的体现，也能改变大局，使我们越走越远，越站越高。惩罚正好相反，只能使人的心眼一天天地变小，变得鼠目寸光。”

以梅外婆为代表的雪家人，以不同于暴力革命拯救世人的方式，几十年来一直以宽厚和仁爱之心默默地拯救着天门口人。当天门口经历了数十年的杀戮后，人们恍然大悟：也许只有这种拯救方式才更符合人伦道德。

梅外婆们所代表的神性，正是对生命的敬畏。生命是人世间最珍贵的，它超出了现实功利的制衡。神性作为一种恒定的价值，不为任何世俗力量所左右，建立在暴力基础上的革命应该受到神圣生命的审视。在神性对革命暴力的审视中，《圣天门口》表达了对个体生命的尊重和敬畏。

通过对暴力革命的颠覆、对神性的张扬，《圣天门口》确立起了“人”的价值观念：敬畏生命、远离暴力和杀戮。《圣天门口》由此传达出在新的历史时期现实主义文学内涵变迁的趋势。

“田园诗”：空间形式

当现实主义文学确立了“人”的思想基石之后，现实主义文学的规范也随之发生了变化，传统现实主义文学无论在情节的提炼、环境的描绘，还是人物性格的塑造上都追求时间形式。在时间序列中延展的情节中的因果关系和事件是对时间形式的依从，人物性格的渐进变化也是时间形式的一种主要体现。同样，环境描写，包括作品中的地方风景、风情、民风民俗的展示都没有自身独立的审美意义，只是人物性格变化的一种依据和说明，被纳入到了时间形式的系列中。传统现实主义倚重时间形式，是因为它要复制“现实”，而当文学从对社会、自然的再现中走出来关注“人”的时候，空间形式就成为主导。正如约瑟夫·弗兰克所言：“复制一个自然和社会现实的经验方面，比起描绘个体精神的主观作用来，显得既无趣味，又不重要。这个新的中心转过来又要求其他小说形式的产生。正如阿兰·罗伯-格里耶在《为了一种新小说》中所论证的那样，巴尔扎克的小说对于表现后弗洛伊德学派的现实来说是一个不精确的，甚至是不相关的工具……它的线性结构、外部视角和经验定位，所有这些都妨碍了对精神状态的研究。这一问题，加上后浪漫主义对创造性的要求，导致了对现实主义小说的背离：空间形式。”①

当《圣天门口》把思想的重心集中在“人”的表现的时候，它的形式规范也就发生了巨大的变化，它放弃了传统现实主义的时间形式，而追求空间形式。《圣天门口》构造空间形式最主要的一个方面是：极力保持“田园诗”的自身空间形式，极力让它从革命历史叙述中独立出来。

把风景描写纳入时间的序列中，显然是世界性现实主义的传统规范，即使是对“田园诗”来说也不例外。对此巴赫金曾发表过真知灼见，在他看来，“田园诗”对立的世界是所谓的“历史时间”以及由“历史时间”这一概念派生出的诸如“现实主义”等现代性范畴。“现实主义”对空间化的“田园诗”的升华，正是对保持着不可分割的联系的传统生活方式的暴力性分割，因为“文学中乡土性的最根本的原则就是世代生活过程与有限的局部地区保持世世代代不可分割的联系”，这“原则要求复现纯粹田园诗式的统一……这里不存在广阔而深刻的现实主义的升华，作品的意义在这里超越不了人物形象的社会历史的局限性。循环性在这里表现得异常突出，所以生长的肇始和生命的不断更新都被削弱了，脱离了历史的前进，甚至同历史的进步对立起来。如此一来，在这里生长就变成了生活毫无意义地在一处原地踏步，在历史的某一点上、在历史发展的某一水平上原地踏步”②。正因为“田园诗”呈现出和现实主义的时间形式不同的空间形式特点，传统现实主义文学就要执拗地把它纳入时间形式的系列中。例如李杨在分析《红旗谱》时，就认为梁斌通过种种方式完成了革命叙述、阶级斗争叙述对“田园诗”的置换，坚持把《红旗谱》中的“田园诗”置于时间系列来描写。③

《圣天门口》摈弃了传统现实主义文学对待“田园诗”的方式，它坚持对天门口的风情民俗做细致而独立的描绘，从而确立了自身的空间形式美学风范。《圣天门口》通过不同的方式，维护了“田园诗”的空间形式。

首先，《圣天门口》运用了两种纪年方式，区分革命历史叙述和天门口“田园诗”的表现，从而让“田园诗”游离在革命历史叙述之外。《圣天门口》在记叙革命历史的时候使用的是公元纪年的方式，具体到月份，甚至是天，如“一九一八年十一月十六日”“一九三一年十二月最后几天”“一九三二年十月十九日黄昏”“一九三七年夏秋

---

① [美]约瑟夫·弗兰克等：《现代小说中的空间形式》，秦林芳编译，北京大学出版社1991年版，第167页。

② [俄]巴赫金：《巴赫金全集》(第三卷)，钱中文主编，河北教育出版社1998年版，第429—430页。

③ 李杨：《50～70年代中国文学经典再解读》，山东教育出版社2006年版，第139页。

之交”“一九三七年十二月二十四日的黄昏”“一九三八年十月二十五日”“一九三八年十二月二十五日”“一九四〇年五月的最后一个夜晚”“一九四五年八月十一日”等等。精确的时间标记着事件的发生和变化，革命历史在线性时间历程中得到了清晰的展现。

除了公元纪年外，《圣天门口》还有一套农历纪年方式。小说在叙述中经常出现农历纪年的标记，如“腊月二十七”“正月十五”“二月花朝”“中秋节前夕”等，这种记载时间的方式一方面为小说增添了民俗风情的味道，也在一定程度上冲击了线性时间。如果说公元纪年是线性的，那么农历纪年则是循环的。《圣天门口》对民情风俗的描写缺乏时间的线性特征，因为民俗总是在时间循环中发生，如“年年都是由雪大爹带头杀猪”“总是要到正月十五以后”，它以循环时间方式区别于革命的线性时间形式，这意味着《圣天门口》中的民俗风情以巨大的力量游离在革命历史发展之外。

此外，《圣天门口》表现革命历史与“田园诗”相碰撞的时候，注意让“田园诗”依然表现出相当的独立性。巴赫金认为，典范现实主义文学“确立了文学形象所具有的时间性质。一切静止的空间的东西，不应作同样静止的描写，而应该纳入所写事件和描述本身的时间序列之中”[①]。因此，面对“田园诗”，传统的现实主义文学为了呈现革命力量对“田园诗”的改造，把“田园诗”中的纯粹的民间、民俗打上了阶级的烙印。根据梁斌回忆，在酝酿、创作《红旗谱》的整个过程中，他曾经“反复学习了毛主席的《湖南农民运动考察报告》《中国革命战争的战略问题》《新民主主义论》《论持久战》《论联合政府》等著作，认真学习了党的各个历史时期的政策和文件”[②]，因为他相信“只有自己思想革命化才能有希望写出革命的英雄形象”[③]，于是在《红旗谱》中，阶级斗争、阶级的观点成为改造“田园诗”的关键点，自然的乡村被分为阶级对立的两个阵营。而《圣天门口》却不同，阶级的甚至敌对的思想都消隐在“田园诗”背后。刘醒龙曾说：“小说从头到尾写了那么多的斗争、争斗、搏杀和屠杀，但我非常注意不让任何地方出现‘敌人’这种措辞。”这实际上消解了“田园诗”中的阶级意识，让“田园诗”保持自身的相对独立性。因此，《圣天门口》中天门口的民情风俗受到革命活动的影响并不显著，革命活动对天门口的影响主要表现在人数的增减上，而不是民情风俗的变化上：

隔年的麦子和油菜全熟了。

---

① [俄]巴赫金：《巴赫金全集》(第三卷)，钱中文主编，河北教育出版社1998年版，第434页。

② 梁斌：《春潮集》，上海文艺出版社1980年版，第64页。

③ 梁斌：《春潮集》，上海文艺出版社1980年版，第139页。

与往年不一样,新熟的麦子与油菜上多出一层橘子皮的颜色。从天堂吹下来的风,跟在一起觅食的麻雀后面蹿来蹿去。田畈上的人比往年少。由于前一阵死人太多,像段三国家那样幸免的人屈指可数……辛苦半年,盼望收获的人们,懒得冲着这些伸手就能抓到的小东西吆喝。年年都是这样,每到割麦插秧,就将所有力气往心里攒……

从这段话可以看出,革命并没有找到"对象化",天门口的"田园诗"并没有得到根本的改变,而是徘徊在革命门口之外。

最后,"田园诗"和革命历史对应的表达方式是描写和叙述。典范现实主义文学排斥描写,倡导叙述。卢卡契认为,叙述总是把往事作为对象,从而在一种时间距离之中逐渐呈露叙事者的基本动机,因此,叙述是一种时间形式,而描写的对象是无差别的眼前的一切,描写把"时间的现场性"偷换成"空间的现场性",是空间形式。① 在卢卡契看来,叙述和描写具有浓厚的意识形态意味。他认为叙述手法揭示的是"人物的命运","描写则把人降到死物的水平,叙事结构的基础正因此而消失"。"叙述要分清主次,描写则抹杀差别。"由于描写的突出,将导致"细节的独立化,随着叙述方法的真正修养的丧失,细节不再是具体情节的体现者。它们得到了一种离开情节,离开行动着的人物的命运的独立的意义"②。叙述和描写的这种区分导致了传统现实主义文学偏向于叙述这种线性时间形式。

《圣天门口》广泛地存在着对天门口地区的"田园诗"式的描写,小说中多次写到天门口的民风民俗和农事活动,这些描写和小说的时间序列无关,它是天门口人的自然生活,和革命历史的发展基本无关;它是天门口人的日常生活,具有重复和循环的意义;它是天门口人的生活空间的展现,和外在的时间变化无关;它是天门口人自己的生活历史的表现,独立于外在的革命的历史潮流。

因此,《圣天门口》通过把天门口的"田园诗"从革命历史的叙述中分离出来的方式,让"田园诗"游离于小说情节的发展,也游离于小说人物的塑造,并独立于小说的故事时间,以自身的空间形式被编织在小说的叙事中,这和传统的现实主义文学有着根本性的区别。由于《圣天门口》执拗地对田园诗做出动情的描绘,从而和传统现实主义文学的时间形式分道扬镳,并最终构造了《圣天门口》的空间形式,建造了现实主义文学崭新的形式特征。

---

① 胡经之:《西方文艺理论名著教程》(下),北京大学出版社1989年版,第411页。

② [匈牙利]卢卡契:《卢卡契文学论文集》(一),中国社会科学出版社1980年版,第56—63页。

多维文化视野：空间结构

传统的现实主义小说大多在线性的叙述中展开，因此在结构情节时追求情节的完整性，尽力展示情节的开端、发展、高潮和结局，“一个故事或小说，它本身是一个矛盾的统一体。故事有头，有尾，有高潮，有变化穿插，这就说明了它的本身有发展。情节的变化穿插表现出故事的发展过程，同时也表现出这过程实在是交织着必然与偶然……小说有发展，是由于所表现的现实有矛盾，说得直白一点，是因为小说中有斗争，像戏剧一样。在小说中，我们把那些比较显著的斗争进行叫纠葛，纠葛的进行也就是情节的变化发展”①。

完整的、集中的情节成为传统现实主义形式上的重要规范，这样安排情节的目的是要通过叙述过程描摹外在世界，传达一个寓意。因此，在这样的目的之下，时间形式获得了重视，空间形式受到了限制：“一个与任何情节一样都依靠时间上的表现的观点，变成了艺术的特点……与对形形色色的事件的描写一样地成了线性小说的素材……人物转过来被挪用来完成某个行动，全部行动编成一个情节，情节转过来阐明某个普遍真理，或曰概念。但文学成了别的什么的载体的时候，当作品后面有一个明确的概念或意思的时候，其结果就是：通过故事使那个概念得到戏剧化的表现。一旦那种情况发生，空间的可能性就受到了限制。”②

《圣天门口》从一般性寓意的表达中走出来，要呈现的是“人”的价值，因此它并不注重情节的演绎。小说的主要叙述线索是从 20 世纪 10 年代到 60 年代中国革命的历史进程，但是小说的主要目的不是呈现中国革命历史，而是在多维的文化视野中反思激进主义革命文化伦理，由此确立人的价值观念。

汉民族史诗《黑暗传》以说书人说书的形式，自始至终穿插在《圣天门口》中，它从传统文化的角度来反思中国激进主义革命文化伦理。革命这一现代性思想建立在个人欲望膨胀的基础上，是现代性线性思维的具体表现。小说以《黑暗传》所体现的中国传统的历史循环论、“天人合一”的思想来观照现代革命，质疑革命的文化偏激性，它构成了整个《圣天门口》叙述的深刻背景。此外，以梅外婆为核心的雪家基督文化价值观，追问除了革命文化伦理之外，是否能够通过注重人的生命价值方式来改造社会，它构成了对激进主义革命文化伦理反思的又一层面。

天门口的革命事件和以梅外婆为代表的“神圣家族”构成了《圣天门口》的展开

---

① 姚雪垠：《小说是怎样写成的》，《姚雪垠研究专集》，姚北桦编，黄河文艺出版社 1985 年版，第 98 页。

② [美]约瑟夫・弗兰克等：《现代小说中的空间形式》，秦林芳编译，北京大学出版社 1991 年版，第 59 页。

线索，但是，结合二者的不是社会整体性面貌，小说要追求的也不是史诗性品格，小说的叙事动力也不是对社会面貌的深入剖析，而是在具体的事件描述中展现革命的暴力、杀戮与神性的救赎之间的对峙。以傅朗西为代表的革命力量（包括反革命力量）对生命的漠视以及“梅外婆们”对生命的尊重，成为小说叙述反复展开的基本构成力量。

《圣天门口》的这三条线索之间并不存在主要线索和次要线索这种等级上的差异。在小说中，当革命历史叙述每向前推进一步，就受到来自中国传统文化和基督文化的诘难，对革命历史的再现已经不能成为小说叙事的目标，因此，《圣天门口》叙述的中心是三条线索构成的三种文化伦理之间的对话和杂语。围绕三种文化伦理的对话和杂语，三条线索平行发展，共同构成了一个立体的话语空间，生成了空间结构，小说的叙述也就不可能是线性的时间形式，而是空间形式，从而使《圣天门口》突破了经典现实主义文学的时间形式。

由于受到多维文化的审视，《圣天门口》的基本叙事单位不是完整的故事或事件，而是叙述片段，事件的演绎在小说中不再具有决定性的意义。组成三条主线的不是完整的故事、事件，而是在事件中对个体生命的思考。虽然小说的确是在一个比较长的时间段内展开，小说有关于革命的比较完整的叙述，但是，对个体生命的思考统摄着事件的叙述，小说中事件与事件间的逻辑力量、因果关系等都被肢解，革命历史事件构成了漂浮在个体生命河流上的碎片。

在21世纪的今天，我们仍然对现实主义文学充满了信心，不过这种信心不是建立在现实主义概念的普泛性上，而是建立在现实主义概念的发展上。值得注意的是，这种发展是两个方面的。首先，现实主义是一个和正在进行着的社会文化思想具有密切关系的概念，它的意义要从它所处的特定历史时期的社会思想中去寻找。在今天这样一个物质和欲望泛滥的社会，高扬“人”才是现实主义最根本的选择。其次，现实主义还是社会文化思想的形式化表达，它是一个形式概念。在探讨今天的现实主义的发展时，我们也不应该忽视现实主义形式上的变革，束缚现实主义的形式内涵。如果把《圣天门口》放在这样的视野中去考察，它无疑是这个时代现实主义文学的高峰，启示着我们探索现实主义文学的道路。

（载《小说评论》2007年第1期）

主要作品目录《

长篇小说

《威风凛凛》,作家出版社1994年版。

《至爱无情》,群众出版社1995年版。

《生命是劳动与仁慈》,人民文学出版社1996年版。

《往事温柔》,漓江出版社1997年版。

《寂寞歌唱》,百花文艺出版社1997年版。

《爱到永远》,江苏文艺出版社1998年版。

《市府警卫》,群众出版社1998年版。

《痛失》,长江文艺出版社2001年版。

《弥天》,上海文艺出版社2002年版。

《圣天门口》,人民文学出版社2005年版。

《天行者》,人民文学出版社2009年版。

《政治课》,湖南文艺出版社2010年版。

《一棵树的爱情史》,北京十月文艺出版社2013年版。

《蟠虺》,上海文艺出版社2014年版。

《弥天》,上海文艺出版社2014年版。

《黄冈秘卷》,湖南文艺出版社2018年版。

中短篇小说集

《异香》,长江文艺出版社1992年版。

《凤凰琴》,中国青年出版社1993年版。

《秋风醉了》,长江文艺出版社1994年版。

《恩重如山》,中国文学出版社1994年版。

《黄昏放牛》,北京出版社1998年版。

《破产》(与关仁山等合著),华艺出版社1998年版。

《刘醒龙》,人民文学出版社1999年版。

《大树还小》,解放军文艺出版社 2001 年版。

《秋风醉了》,长江文艺出版社 2001 年版。

《城市眼影》,群众出版社 2003 年版。

《我们香港见》,群众出版社 2003 年版。

《菩提醉了》,文汇出版社 2006 年版。

《刘醒龙小说》,中国社会出版社 2006 年版。

《凤凰琴》,武汉出版社 2006 年版。

《挑担茶叶上北京》,作家出版社 2012 年版。

《刘醒龙中短篇小说自选集》,新世界出版社 2012 年版。

《中国好小说·刘醒龙》,中国青年出版社 2014 年版。

《菩提醉了》,安徽文艺出版社 2014 年版。

《赤壁》,文化发展出版社 2016 年版。

散文随笔集

《女儿是父亲前世栽下的玫瑰》,中国青年出版社 2007 年版。

《一滴水有多深》,作家出版社 2009 年版。

《寂寞如重金属》,北京十月文艺出版社 2011 年版。

《人是一种易碎品》,地震出版社 2012 年版。

《刘醒龙散文自选集》,新世界出版社 2012 年版。

《重来》,河南文艺出版社 2015 年版。

《抱着父亲回故乡》,重庆出版社 2015 年版。

《我有南海四千里》,万卷出版公司 2016 年版。

《我的河山,我的家》,贵州人民出版社 2016 年版。

《小路,才是用来回家的》,百花洲文艺出版社 2016 年版。

《上上长江》,作家出版社 2017 年版。

文　集

《刘醒龙文集》(共四册),群众出版社 1997 年版。

《刘醒龙作品精选》,长江文艺出版社 2001 年版。

《刘醒龙自选集》,海南出版社 2008 年版。

《刘醒龙作品精选》,长江文艺出版社 2008 年版。

刘震云

男，1958 年生，河南新乡人。

小　引《

在中国当代作家中，刘震云是一位把中国文学传统中以《儒林外史》为代表的讽刺艺术和以《官场现形记》为代表的暴露艺术发挥到极致，同时又兼具西方现代主义文学和哲学的反讽意味的小说家。这位河南出生的小说家，也许是看多了中原大地从古至今的种种天灾人祸、种种人生苦难、种种世道浇漓，所以内心的忧愤就显得格外的深重。这份深重的忧愤发于言表，就是他的小说创作自始至终都有一种令人难以释怀的抑郁之气，就好比刘勰讲“建安风骨”时说“良由世积乱离，风衰俗怨，并志深而笔长，故梗概而多气也”。用刘勰的这一段话来评述刘震云的小说创作，说他的创作是因“世积乱离，风衰俗怨”所激发，他的创作风格是“志深笔长”“梗概多气”，实在是再贴切不过的了。可见刘震云的创作与群雄逐鹿最后问鼎中原的曹氏父子所代表的“建安风骨”在某些方面确有许多共同之处，这也许就是当代学者所说的“皆因地域文化和文学的影响”使然吧。

说到刘震云的小说创作中的讽刺，就不能不提到他在他的成名作《塔铺》中最初流露出来的悲悯情怀。我相信刘震云对这篇作品中写到的这些乡村少年的人生奋斗是感同身受的，或者这些乡村少年的艰难求学就是他自己的人生经历的真实写照。他同情他们的遭遇，也是同情自身的遭遇；他为他们的遭遇不平，也是为自身的遭遇不平。这种由人生境遇的差异和社会公正的失衡给这些乡村弱势群体所带来的人生困境，无疑是激发刘震云创作《塔铺》，推而广之，也是他从事文学创作、走上文学创作道路的原初动力。因为怀着这样的一种悲悯情怀，所以刘震云的创作就十分关注小人物的命运，从《塔铺》中的乡村少年，到《新兵连》中的农村兵，乃至后来在《单位》和《一地鸡毛》中写到的机关部门的中下层干部和公务人员，甚至也包括“官场”系列中辗转于仕途的大小官员，刘震云虽然对他们的行事作为和道德品性不无褒贬，但对他们的境遇却大都报之以深切的同情。也许正是基于这种深切的同情，才使他得以看见他笔下的人物的生存困境和欲挣脱这种困境而不得的尴尬，于是，刘震云对他笔下的人物的态度，便由同情而愤懑，由愤懑而抗争，抗争不得，便连同他笔下的人物一起，陷入了一种无可奈何的尴尬处境。对外的抗争既不可得，就只有转向内心寻找平衡，自己与自己的不平抗争，于是自己也便成了抗争的对象。对自己的抗争自然不能像对身外的敌人那样剑拔弩张置于死地，而是重在“触及灵魂”，不能伤及皮肉，用现代的话说，就叫释放心理压力、缓解心理紧张。具体的做法便是将对外敌的揭露、控诉和斗争，改为对自身的嘲笑、讽刺和戏弄，反讽便因此而生。不论西方人对反讽这个属于他们自创的名词做何解释，用中国式的“望文生义”的解释方法，所谓反讽者，就是反身自讽的意思，也就是自己将自己作为嘲弄的对象。刘震云后来的一些作品，尤其是作为“新写实”代表作的《单位》和《一地鸡毛》等，便充满了这类反讽。人类历史上无论中外都有过英雄时代，无论英雄是神是人，是反抗自然还是反抗社会，都像鲁迅说的“立意在反抗，指归在动作”，这反抗和动作的结果不论如何，都表现了人的英雄豪气，因而这时代的文艺都追求庄严的正剧或崇高的悲剧。虽然这时代的人依旧如今天一样的渺小，却总要想象自己的强大，故而文艺就成了表达这想象的手段。现代人则实实在在地意识到了自己的渺小，实实在在地意识到了自己反抗外力(无论是自然还是社会)的不可能和无意谓，于是便转向了缓解外力加诸自身的压力和焦虑，反讽便取代了对外的抗争，成了现代人在现代社会平衡自身的一种艺术想象的手段和方法。从这个意义上说，刘震云的这些作品虽然不以现代派相标榜，却具有很深的现代意味。

我当然无意说刘震云骨子里就是一位现代派作家，他的其他许多作品事实上依旧在致力于反抗环境(包括历史和现实)加诸人的各种内外压力，例如他的“故乡”系列长篇作品就是如此，只不过这种反抗已经改换了一种方式，即我的博士生周罡在对刘震云的“故乡”系列小说的评论中所说的“戏谑”的方式。这种“戏谑”的方式，实际上也是另一种意义上的或另一种形式的反讽，因为当“故乡”连同它的历史已经内化为主体的生命和生活的一部分时，对“故乡”的“戏谑”也无异于一种反身自讽。当然严格地来说，这已经是刘震云所运用的反讽手法的一种深化和扩大了的表现形式。

自 述《

在写作中认识世界

一、写作的动因

给朋友写信，日期常错。我在时间面前，已经变得越来越糊涂了。记得我以前曾是一个十分成熟的人，现在变得越来越幼稚了，走路说话，与人相处，出门买菜，坐火车旅行，常显出这一点。但我常给自己宽心：不要紧张，老弟，没什么事。我知道，在这个世界上，我是一个微不足道的艺人。前有古人，后有来者，书籍与思想，情感与理智，浩如烟海，我越来越感到中外历史上许多人物的伟大——你们留下许多生命感应点和生命密码，你们本来应该活着，但你们走了，留下糊涂无知的我们。后来者也许比我们明白，但那是深不可测的未来。面对自己的书籍，我常常感到羞愧：我对这个世界的感受，到底有几分呢？当然，在这个世界面前，任何人都是输者，一想到这一点，我就感到由衷的恐惧，但恐惧之中，不也包含难以数计的复杂的激情吗？什么是写作的原因和动机呢？这就是写作的原因和动机。

二、对写作的认识

世界上没有一个作家是成功的，这一点可以用体育比赛来解释。

一般而言，比赛分为两种：一种是以成功作为结束，比如各种球类比赛，总要决出赢家；另一类是向自己挑战，比如跳高，最后大都是以运动员自己碰杆儿结束，也就是以失败结束。写作就是这样一种状态。

选择以写作为生，是因为我喜欢，它给我带来很多乐趣。每一个人对世界都是懂的少，不懂的多，每个人都会通过自己的方法来探索这个世界上不懂的东西。我用写作的方式摸索得多一些。

写作和其他的行业不同的地方是，它总是要面对一些说不清楚的东西，包括情感、情绪、往事、梦这些说不清的东西，对想要了解它们的人而言显得特别难。文学不是要把它们说清楚，而是把世间不可能的事情变成可能，然后留下来。

我刚开始写作时是讲述身边的事，很愉快，写着写着就不满足了，觉着单纯的讲述很低级。人的创造性其实很小，主要还是模仿，但关键是你模仿的是哪一部分，现在好多作家的模仿都是停留在对已知世界的描述上。

我的《一地鸡毛》也是对已知世界的描述，写的是物理时间里发生的故事，但小林心里的想法可能有80%没有写，我现在写东西写的就是那80%。一般人写书，只要对自己和自己的往事负责就够了，但对一个职业作家来说，要对本民族语言的想象力负责。如果读者每次见到的都是老朋友，那作家存在的意义在哪儿？如果读者永远看到的都是琼瑶、金庸那样的作品，我们民族的想象力就会有问题。作家和通俗作者最大的不同，就是作家要对大家的想象力负责。

作家是自己和自己较量的工作，作家的工作是封闭的。拍电影有很多东西可以借助，如灯光、道具、演员，写作没有，所有的东西都得靠自己。它对心态的要求特别高，你第二天的情绪要和第一天的心态接上茬，否则就是废笔，写了也白写。

汉语在秦以前，像庄子在《逍遥游》里对鲲鹏展翅的描述，非常有想象力，到秦朝统一之后，指令性语言过多，中国作家就要比别国的作家付出更大的代价。

鲁迅先生说的那种独自彷徨的状态，我现在特别能理解。如果说写作有什么愉快，是在这个地方；如果说有什么苦恼，也是在这里。

我写作时的状态和上班一样正常：早晨慢跑一小时，上午写三个小时，中午休息一会儿，下午再写三个小时，晚上基本上不写。有时也会遇到写不出来的时候，通常会调整一下自己。我的经验是，如果你觉得自己写的东西特别重要、特别麻烦，你就会着急。

今后我会在长篇上下功夫。短篇和中篇的语言是一棵小树，长篇才是一棵长成了的树。短篇要求语言更明快，人为的成分特别多，我已经不是特别喜欢了。

三、关于小说语言

小说应该去表现那些在影视、报刊上不能表达的东西，比如日常生活当中，在人们脑子里占据90%以上的胡思乱想的东西。《一腔废话》创作上的一个想法就在于此，它是一本批评与自我批评的书，也是一本笑话连篇的书。

还有一点，汉语这个语种对创作有了障碍。这种语种的想象力就像长江黄河的河床，在很大程度上沙化了，那种干巴巴的东西非常多，生活语言的力量被破坏了。这种语言用于以往那种“新理想”的创作，即使是夸张一点，也足够了。但是像《一腔废话》这样的，想用这种语言表达一种非常微妙的状况，就捉襟见肘，非常不够用。

一个作家存在的意义是什么？无非是对一种语种的想象力负责。这需要一个过程，我们的语言在沙漠里待得太久了。在江南水乡长大的女孩皮肤就是好，而长在西北的女孩，脸上就是有两块红。有人说那红很好看，可其实它就是被太阳、风沙损害了的，毛细血管被破坏的病症的体现。我觉得现在我们语言表达的困惑，就是西北女孩脸上的两块红斑。

还有，大众的想象直接来源于生活，又围绕着生活，高于生活，比生活复杂。我妈不识字，但是她有一次问我："有人写过'园子里有两棵树，一棵是枣树，另一棵还是枣树'吗？"我说写过，我妈说那你们写作不难……

四、故乡与我的创作

如果故乡是指一块地方，这个地方是指一个社会整体，即不但包括人、土地、环境，还包括社会政治、经济形态及生活方式。或者说，作为一个社区来考察的话，在一个民族内，这块地方与另一个地方没有太大的差别，风俗习惯虽有差异，但总是在统一的政治、经济、社会制度之下。二者相比较，前者显得微不足道，无非是在吃、穿、住、行等方式上的差异，但保证和维持吃、穿、住、行的方法是一样的。从这个意义上说，故乡就是国家，无论你生在哪里，都会给你身上和心上打上基本相同的烙印。如果不是从这种理智分析的角度出发，而是从情感的角度，从作家的情感与故乡的联系来考察的话，那么这个故乡就不是完整的了。情感的好恶，对故乡的反叛或者依恋，都和故乡中某些具体的东西相联系。我想后一种考察固然不科学，但对于考察故乡与作家的关系来说，也许更贴切、实际和生动。

在我的小说中，有大约三分之一与故乡有关，这"有关"不是主要说素材来源于这里或以它为背景等，而主要是说情感的触发点，长篇小说《故乡天下黄花》，中篇小说《头人》《新兵连》，短篇小说《塔铺》等，都与故乡有关。《塔铺》是我早期的作品，里面还有些温情，这不能说明别的，主要说明我对故乡还停留在浅层认识上；到了《新兵连》《头人》，认识就加深一些；《新兵连》的故事源于故乡的一个好友，他要读马列著作，却被认为是疯子，最后成为杀人犯；写《头人》与我看到在充满猪粪的街头蹒跚而行的支部书记有很大关系；《故乡天下黄花》是写一种东方式的历史变迁和历史更替。我们容易把这种变化变迁和更替夸大得过于重要。其实放到历史长河中，无非是一种儿戏。当然这里所说的，只是一种情感的触发点。具体写起作品来，只有这种触发点是远远不够的，一些与故乡没有直接关联的作品，如《单位》《一地鸡毛》和《官场》《官人》两个系列，表面看写的是城市，其实在内在情感的潜流上，也与故乡或农村有很大关系，因为在思维习惯和观察生活的方式上，中国的城市人与农村人的差异不是太大。作家与故乡关联比较大的原因，是因为故乡与作家的童年往往互相联系。童年时代对于作家是一个宝藏，因为童年时代的人是自然成长的，社会对儿童的要求不高，但人一旦和社会结合，社会就显出它的苛刻与功利性，功利性的生活没有哪一刻不带有或多或少的虚假。

五、影响我的人是姥姥

我喜欢听她讲她的幸福时光。

我的姥姥活了95岁，她个子不高，不到一米六，但因为地里的农活干得好，在方圆几十里特有名。在她打工的那个年代，东家是个财主，财主家的“麦趟子”特别长，别人可能割麦子才割到四分之一，姥姥就已经割完了，每一个工序都做得十分麻利，她老人家的经验是：“可不敢直腰，一直腰就再弯不下去了。”这是姥姥给我的最大的遗产，现在写东西也是这样，可不敢直腰，累了的时候想想姥姥，有割麦子累吗？

姥姥的幸福生活都和东家有关。每天干完活，吃饭的时候，只见财主提着一个香油瓶，来到下房就张罗上了：“嫂子，拌菜了吗？”“拌了。”“放香油了吗？”“放了。”“不够！”——咕咚，财主就得给她再来一下子。你想想，我姥姥在其他的长工面前得多有面子。我姥姥到谁家干活，谁家就忙着把儿子叫过来认干妈。

有一次我妈妈腿上长包，姥姥要给妈妈看病，回到了自己的村里。一到五更时候，财主家的儿子赶了三头骡子拉的车就来叫了：“妈，该起了，还给我妹妹看病呢。”我姥姥觉得特有荣誉感。

大概是1992年，有两个德国人要到我老家看看，我说那就去吧。一个高个子德国人懂汉语，一个矮个子不懂汉语。村里人一见来了外国人都叽叽喳喳的，只有我姥姥很见过世面的样子，往太师椅上一坐，说话落落大方，就像是过去的东家给她培养出的贵族气息。

姥姥问两个德国人：“你们从哪儿来？”两人回答：“姥姥，德国。”她又问：“你住德国哪儿啊？”“德国北部。”高个子说。“那你住哪儿啊？”“德国南部。”小个子回答。“你们怎么认识的？”“姥姥，赶集。”高个子德国人很幽默。“你们多大了？”“三四十岁了。”“嗯，赶上‘文化大革命’了。你们那里搞‘文化大革命’了吗？”“没有。”姥姥噌地一下就从椅子上下来了：“毛主席让搞，你们为什么不搞？”“德国人没听懂毛主席的话，所以就没搞。”“你们那儿划了多少地呀？”“八分。”高个子德国人没弄懂分和亩的概念，姥姥围着他转了一圈：“你吃不饱。”德国人又说：“八亩。”姥姥又围着他转了一圈："那你媳妇受苦了。"

后来两个德国人和我讲，这老太太实在是太神奇了。其实只不过是她的生活给了她那样一个状态。

六、影响我写作的是我的战友

我听他的，因为他聪明。

我当时的一个战友，是我见过的朋友里智商特别高的一个人，他一上车就写诗："老家在江南，新家安在长城端。"排长给他改："新家安在嘉峪关。"他就说，排长啊，跟着你可真学东西。我们当时看他，就跟现在的学生看明星似的。后来他回家了，带了很多马克思恩格斯列宁斯大林毛泽东的书，他说他要把这个世界搞懂。就是他有一天跟我说，写东西吧。我当时觉得他是一个特别有远见的人，人聪明，字也写得好，总之特别信服他，就开始写东西了。我在北大读书期间也写，只不过当时没人给发表，大学毕业了才有东西发表出来，所以现在简历里说到写东西的时间，都是从大学毕业开始算的。

一开始搞文学的时候，不知道文学是什么，渐渐地明白一点点。文学，我觉得跟其他学科非常不一样，哲学也好，政治经济学也好，包括自然科学、天体物理，它们力图把"可能"变成一种"可能"，它们力图要把这个世界说得特别清楚——但是，有一多半没说清楚。而文学跟它们恰恰相反，就是要把那些"不可能"的事情变成"可能"。我觉得人世上最大的可能，是我们的一种情感、一种情绪、一种回味，我们永不再来的青春，无法留住。

七、我对文学的展望

我觉得20世纪对于中国的文学来说是国际语流汇合的时代。这种汇合在20世纪有两个高峰，一个是在"五四"时期，一个是在新时期，而在这两个高峰中间基本上是空白。这种汇合彻底打破了过去大汉语写作的封闭系统，使我们有了更多的参照系，这是值得我们文学借鉴和吸收的。

20世纪文学中有两个亮点，就是文学回归文学本身以及对汉语想象力的重新发现和重视。

对于21世纪的文学，我所希望的是，文学应当在品格上像探针一样深入，也希望它能够达到一个新的高度。

访　谈《

在虚拟与真实间沉思

——刘震云访谈录

周　罡　刘震云

在世纪之交的中国当代文坛，刘震云以鲜活、奇诡、厚重的创作实绩，引起了人们长久的关注与思考。他的小说创作，引起了许多批评家的阐释冲动和批评热情，在新世纪初小说界也是一个亮点。2002年的春节刚过，在北京早春的暖暖春意中，笔者走访了作家本人。

周罡：您的创作起步于1982年，1987年以成名作《塔铺》正式登上文坛。在当时，“先锋文学”和“寻根文学”显然都渐趋式微，“新写实”思潮初露端倪，《塔铺》的创作似乎难以归入上述任何一类文学思潮。您对此作品受到关注的原因是怎么看的？

刘震云：我觉得“思潮”这个问题，好像是评论家总结出来的，有很大的人为因素，比如说“寻根”文学、“伤痕”文学、“反思”文学等，都是一种理论概括。其实，每一个写东西的人都是一个个体，把他归到一个思潮里，是挺中国式的做法。西方文学也有思潮性的东西，但从总体上讲，强调的是多元化，个案研究多、单个作品研究多，集体研究少；而中国人总是善于概括，善于整齐划一，强调一体化、单元化，集体研究多，这同中国几千年的传统文化思想相关。比如说大炼钢铁，全国都大炼钢铁；说“大跃进”，都“大跃进”；说与时俱进，我看每一个人的讲话稿里都有“与时俱进”。这是一个思维习惯的问题。至于《塔铺》，我想，无非是真实了一些，我写了一个非常传统的爱情故事，这个故事比较真实，大多数参加过高考的人和底层人物都有类似的经历。其实就创作来讲，这篇小说创新含量很少，小说痕迹、故事痕迹都很明显。塔铺是一个真实的地名，它是一个特别小的镇，我当兵复员回去，在塔铺当了中学的民办教师，和同学们接触多。那时生活很苦，孩子们每天从家里自带干粮，在学校里买一碗菜汤……所以是有生活原型的。因此，一部作品真正的生命力是从哪里长出来的？如果是从作者头脑里长出来，我觉得很麻烦。当然，也是从头脑中长出来的——通过头脑，从生活中长出来就比较好。生活是上帝创造的，上帝的力量是无穷的，上帝创造的生活是完美的，人们无法望其项背，作品能反映的生活只是真实生活的千分之一，但这已经很不错了。

周罡：我在阅读《塔铺》时，感觉小说中融入了您早年的人生经验，其中对农村的贫困、苦难的描写非常醒目，它似乎源于您的创伤性记忆。您认为农村生活经历对您的创作有何影响？

刘震云：可以肯定地说，在农村生活过的人，农村生活首先对世界观有影响，直到现在也一样。从这里（农民日报社）到天安门有四十里，你会很自然地想到，从塔铺到县城也是四十里。从物理距离上，我基本上是用早年农村生活的地理距离丈量现在的距离；如果是在城市长大的人，也会用城市距离去丈量农村。对于人来说，都会用过去的物理时间丈量现在的物理时间，在精神维度上也是如此。如果是农民的后代，农村的生活形成了基本的生活观念，自然会有强烈的平民意识，以此对社会进行丈量。城里的孩子吃一顿饭花一千元钱，他无所谓，因为平常就是这么吃的；而农村的孩子一顿饭吃掉一千元，马上会想到上次村里的二大爷买一头牛才六百元，一顿饭价钱比一头牛还高。我是姥姥抚养大的，我父母在县城工作，是姥姥把我从县城背到村里，走了四十里路。当时是三年困难时期，姥姥说一路上有人走着走着就一头栽倒在地上，再也没有起来，是饿死的。再者，农村生活对方法论也有影响。我曾在一篇访谈中讲过，有两个德国人，一个是德国北方人，一个是德国南方人，到村里同姥姥谈话。姥姥问德国人，你们俩的家离得那么远，是怎么认识的？开始怎么解释都不通，最后说是“赶集”认识的，姥姥理解了。姥姥又问德国人家里有多少地，德国人回答说八分地。姥姥就说：“你这么大个子肯定吃不饱了。”德国人纠正说，说错了，不是八分，而是八亩。姥姥就说：“那你媳妇可就受累了。”这是一种狭隘的经验主义，不是理智的，而是自然而然潜移默化，在农村滋长的。我听莫言说，他父亲到北京，晚上带他参观天安门，他父亲见天安门这么多灯，就担心地问晚上十二点后关不关灯，莫言回答说不关，他父亲就可惜地说：“哎呀，这该浪费多少电呀！”这些观点在现在来讲，可能就是后现代的。当我们读到有关南美文学时，我看马尔克斯谈创作，说他小说中写到的很魔幻的事情，当地土著其实本身就是这么认为的，也是这么说的。这就是生活对创作的影响，农村生活对我来说不是创伤，而是烙印。

周罡：从《单位》开始，接着《官场》《一地鸡毛》《官人》《头人》《新闻》等作品，确立了您在“新写实”阵营中的代表作家地位。但正如许多评论者指出的那样，您虽以“新写实”知名，但“新写实”一词实在很难囊括您这一批作品中的艺术个性。我从中能体会出您的“黑色幽默”意味和存在主义色彩。而且，文本中对人情世态、日常生活琐碎细腻的展示，给读者带来理解性的温暖，对小人物无奈、尴尬命运的展示并没有导向果戈理、鲁迅式的阴郁和绝望，这或许是您的独特之处。那么，我感兴趣的是您是怀着怎样的感情创作这些作品的，您对作品中人物的态度是怎样的？比如小林、金全礼等。

刘震云：这个我觉得同出身有关系。由于我从小形成的世界观、方法论，我对小人物有认同感，充满了理解，在创作作品时同他们站在同一个台阶上，用同样的心理进行创作，这同站在知识分子立场上的人是不同的，创作视角不一样。比如从城市人的角度看，民工特别讨厌，他们脏、爱占小便宜、爱小偷小摸等。但从农村出来的人，比方我，就特别爱和他们打交道，在他们中间感到一种温暖。我爱逛菜市场，去听他们那些充满生机和乐趣的语言。他们的一些缺点和毛病，也是贫困的生活给逼的。他们从事最底层的工作，生活在恶劣的环境中，有些可能过着非人的生活，但他们的生活不乏自嘲、自解、自乐，特别原汁原味、原生态。我觉得用知识分子话语的“新写实”不恰切，在创作中我是带有感情的，我打开了感情世界同艺术世界的通道，打开了这个通道才有创新能力。几千年来，中国历朝历代的统治者是反对创新的，认为创造是洪水猛兽，很可怕，他们赞同模仿，在政治、经济、文化等领域都是如此，语言习惯、生活模式不能动，动了就是大逆不道，使这个古老民族僵化了，安于模仿。今天，很多现代化的产品如汽车、冰箱、手表、沙发、电脑、电话等，都是别人创造的。善于模仿发展到极致就是作假，所以《单位》《一地鸡毛》等作品中的人物在虚伪卑琐中也找到了乐趣，这些乐趣构成了支撑他们活下去的精神支柱，他们在自己的生活中插科打诨，这种“伪生活”也有很多乐趣。

周罡：您的作品《故乡天下黄花》是被列入“新历史小说”的重要代表作品。“新历史小说”被看作是对以往主流意识形态、革命历史的反叛和颠覆，是小说虚构的民间历史、家族史、村落史，尽管其中民间文化史、风俗史的色彩给人一种真实感，但情节、人物的虚构也是很明显的。我也是从农村走出来的，以我的乡村经验而言，我认为《故乡天下黄花》比历史教科书更真实，它就是对乡村历史的再现。您或许不这么看，那么您对《故乡天下黄花》的创作是怎么看的？您当时的想法是什么？

刘震云：我觉得直到现在，看懂了《故乡天下黄花》的评论家不多，他们认为这是另一种真实的历史，而我写的时候强调的是文化，就是说在社会的整体框架中，到底是哪种文化更有生命力、更强大？是正统的力量大，是一代代革命的思想力量大（革命有个从不正统到正统的过程），还是民间文化的力量大？我看还是民间文化的力量大。民间文化几千年沿袭下来的道德、风俗、习惯是线性的力量,而一个时代的主导思想的提倡只是断面的。那种线性力量是一柄锋利的剑,而时代思想的断面则是一张纸,剑能轻易地穿破纸。民间文化是一片海,时代主导思潮是礁石,海能淹没礁石。因此,在民间文化的影响下,时代主潮很快就会变形,被妖魔化。宗教也是如此,佛教、天主教来到中国,很快都被农村吃掉了,成为家长里短的东西。中国民间文化之胃的消化能力是很可怕的,这一点是目前批评家没有说到的,倒是乡村里的文化人能体会得更准确。有一个乡村医生在《故乡天下黄花》中看到了"胃"的消化能力,他说,不管什么军队都是要钱、要粮,可是住在乡下的时间长了吧,就和咱们没什么区别。这是我想写的。

周罡:从《故乡相处流传》开始,您似乎改变了以往写实的手法,这从您的创作历程来说,应该算作是"断裂性"事件,其中渗透着西方现代主义、后现代主义的艺术观念,您对此是怎么看的?它是否标志着您艺术观念的变化?

刘震云:很难说是艺术观念的变化。从前期作品到《故乡相处流传》无非是创作关注面有些变化。可能我过去创作关注的是人的脚,人的路是怎样走过来的,也就是刚才说的民间文化,世界观、方法论呀,一辈辈人是怎么到如今的。我从《故乡相处流传》转到他们的嘴,关注他们对事情的叙述。过去是我对这些事情的叙述,《故乡相处流传》是他们对事情的叙述,我是通过他们的叙述来叙述,他们的叙述话语同知识分子话语是不一样的,这就是民间的传说性。每一个人对历史、乡间人、乡间事件的叙述都加入了他们个人极大的创造,按照他们的经验观念去看世界,自然而然就有了我们在书本上看到的所谓后现代、黑色幽默。小时候有件事给我留下很深的印象,村里有个姑娘死了,第二天人们就说她变成了鬼魂,老在坟头上转,脸有锅盖那么大,描述得绘声绘色。这种绘声绘色不是现实,而是一种艺术创造,也很有意思,给我一种启发,这是《故乡相处流传》创作的开始。《故乡相处流传》对我的创作历程意义非常大,是战略性的转移,不然的话,我还在《单位》《一地鸡毛》这类作品里转悠,那就特别可怜了。从《故乡相处流传》开始,我才懂得了创作为何物。我想写的就是"叙述中的传说和传说中的叙述",使"虚拟世界的真实"和"真实世界的虚拟"浑然天成。但《故乡相处流传》没有写好,只是找到了一种创作方式,叙述过于简单了一些,主观成分多了一些,"叙述中的传说和传说中的叙述"的丰富性没有表达出来。正是对这一点不满意,我接着创作了《故乡面和花朵》,在《故乡面和花朵》中对语言结构的把握成熟了一些,在三个虚拟的世界下面垫一个真实的世界,这种结构方式比较符合我们村里人的叙述方式、思维方式——总要在传说中的虚拟后面给一个真实的解释，这种结构方式可能触及了中国乡间文化的核心所在。

周罡：在《故乡面和花朵》里，您继续了《故乡相处流传》的实验探索。洋洋洒洒220万言的鸿篇巨制，在20世纪90年代中国文坛是极为罕见的，它注定是文学界绕不过的事件。您用了整整8年的时间创作一部长篇小说，可见您对这部作品的重视。这部小说完全打破了以往小说惯常的叙事伦理、时空界限，无规律的时空交织，纷繁的人物置换，仿佛把人带入一个梦魇世界，在前三卷几乎都是这样，而第四卷的写实性稍加强了一些。您曾在一篇谈话中谈到，您的想法是"打开了个人情感感觉与想象世界的通道"，其实作品呈现的是局部的可解性和整体的混沌性，贯穿始终的是怀疑和嘲讽的笔调，全篇整体的风格是统一的，在这样宏大的篇幅中保持一贯的叙述风格是很不容易的。您能谈谈这部小说的创作情况吗？

刘震云：我刚才谈到了一些，《故乡面和花朵》写了多长时间并不重要，写作是作家自己的事情，写8年和写8天没有什么区别。我觉得从叙述方式上看，《故乡面和花朵》同《故乡相处流传》不一样，《故乡相处流传》太理性了，所以有些单调，而《故乡面和花朵》对叙述的复杂性有了进一步的认识——一个人对虚拟世界的创造，一个人在地里劳动，其头脑中的想象是很丰富的。过去的作品写一个人在劳动，他劳动时想些什么并不重要，而我认为这是很重要的。我们不可能时刻都去考虑一些严肃的事情，在更多时间里，人的思想漫地跑马，自给自足，这占据了生活的95%，这种现象对于人的精神而言很重要。就我们的记忆来讲，几十年过去了，留下的都是一些"传说性"的东西、"细节性"的东西，而"思想性"的东西很难扎根，我写的就是往常被忽略的东西。在8年的创作中，遇到的困难就是难以保持一种同一的情绪状态。这种状态对创作是很重要的，常常会受到干扰，这需要我与自我较量。

周罡：《故乡面和花朵》叙述语言的自由是无限的，它呈现出一种"繁复"的风格，称其为"语言的狂欢"也不为过。语言的流泻似乎涨破了我们对文学语言的传统观念，比如说精炼、简洁之类的。我注意到《故乡面和花朵》里的语言实验意味是很浓的，您能谈谈您的小说语言观吗？小说语言同作品的总体构思之间是一种什么关系？

刘震云：我原来的作品语言是非常节制的，《单位》《一地鸡毛》中一句是一句，非常理智，像汇报工作、讲课、演说、总结一样，是非常正统的语言，而在《故乡面和花朵》中，语言有一种"爆炸""无节制"的状态，是一种"吵架"的情绪状态。吵架时，两人的语言都是喷涌而出，想起什么说什么，可能是一句八竿子打不着的话，但不管它，只管抡圆了去打。语言的爆破、历史细节的运用，非常鲜活、有创造性，对历史事件的改造、扭曲、夸张、变形也都是在“吵架”中瞬间生成。吵架时，事实可能并非如此，但为了证明自己对、对方错，可以把对方的缺点从一夸张到十，把自己的缺点从十缩小到一。“吵架”运用的材料都是历史、往事。有人说《故乡面和花朵》的语言繁杂了一些、啰唆了一些、凌乱了一些，王朔就曾说：“刘震云在《故乡面和花朵》中，能用一句话说清的事，刘震云用了三页来说。”我说有些事仿佛一句话能说清楚，其实是说不清楚的，用多少话也说不清楚。农村里两个媳妇吵架，很可能就为了一只鸡，一个上午也没吵清楚，吵架的逻辑是非常有意思的，《故乡面和花朵》的语言就是这样。历史让每一个人去叙述都有增减，每一个人都在创造历史，每一个人都在叙述历史，每一个人也都在扭曲历史，这种扭曲对文学太重要了。历史不仅仅是二次世界大战、火烧阿房宫，历史上一个村妇丢了一只鸡，其意义同滑铁卢大战是同样的。世界上没有一个人说的不是假话，这种假不是对错那种假，而是对真相的无意识增减。《故乡面和花朵》就是从语言的虚拟中呈现我对世界的真实感觉。

周罡：《故乡面和花朵》发表以来，引起了评论界的注意。许多评论者在充分指出《故乡面和花朵》的实验创新特色以后都表示，这部作品对已有的阅读兴趣、审美经验构成障碍，也就是说阅读它不会是一件轻松的事。您对此是怎么看的？

刘震云：首先从字数上讲，阅读它是一种负担。如果是几千字的短篇，阅读下来也是很轻松的。另外，阅读它比较困难，同我写作的方法也有关系。“吵架”本身也是一个艰难的过程，读起来不轻松是正常的，而且我认为作家的创作不能都跟着读者的阅读习惯走，读者的阅读习惯也是有惰性的。我觉得对创作来说，重要的是能不能每一次都有突破、有创新，提供一些新东西。中国有些作家也有惰性，总是在消费自己以前的作品，往后创新的很少。我觉得中国作家应该对民族语言和民族想象力负责，应该提高语言的创新能力。

周罡：人们常说，90年代是商品大潮、物质力量冲击文坛的时代，带有商业目的的写作与炒作是文坛一大景观，而您的小说作品却似乎反其道而行之，“先锋探索”的色彩越来越浓。您对此是怎么看的？

刘震云：文学有商业的成分，书卖了，它本身就是商品，但作为一种创造性的商品，同一般性的商品是不一样的。在另一种场合，无论什么杂碎汤、皮尔卡丹服装，都是标准化生产，讲究复制性，而书却不能这样，作家创作的东西每次都有变化，这才是他的价值。如果为了经济利益去写作，这是很傻的，因为随便干什么都比写作更容易发财。一个真正的作家写作，不是为了写而写，写作是他生命的一部分，他需要表达对这个世界的看法。

周罡:90 年代的中国文学,“边缘化”与“多元化”是用得最频繁的两个词,对此,您的看法是怎样的?电影、电视剧对于小说的影响似乎是双刃剑,有些作品搬上银幕能红遍全国,而更多人忙于看电影大片、电视剧,放下了小说,对此,您能就小说的状况谈一下自己的看法吗?

刘震云:现代媒体的发展把小说空间压缩得越来越小,这是人所共睹的事实,我觉得这很正常。过去小说膨胀得太厉害,承担了太多非文学的东西,现在小说回到了应该具有的状态。比如京剧,过去娱乐方式少,8 亿人都看京剧,现在小说送到了最喜欢书的人手里。电影也面临着这种情况,电影也是送到最喜欢电影的人手里。现在一个人想通过写作成为明星,太不识时务了,不如去演电影、唱歌、演电视剧。但世界上的事有两面性,有些事来得快,去得也快。我小时候知道的大明星,现在都鲜有人知了,但优秀的小说作品,从长远来看,它的影响应该更久远一些。

周罡:我还想问一下您下一步的创作打算。您的长篇新作《一腔废话》发表了,您能谈谈这部作品吗?

刘震云:《一腔废话》同《故乡面和花朵》相比较,它主要集中在一个侧面,主要讲舌头的作用,更啰唆。舌头每天休息 8 小时,工作 16 小时,仔细想想,说了多少话?很可怕,基本上都是废话。废话和有用的话,分两个层面来理解:一个层面,从生活的角度说,一天最有用的话是“吃了吗”,这也是废话,但也是最重要的话。一天就一句话有用,也是废话,说明废话是最有用的。另一个层面,我们每天在电视、广播、报纸上看到的也都是废话。人们整天都讲废话,这说明废话对人们的语言系统、生命历程都很有用。《一腔废话》从创作心态上讲,更自由一些,更平静一些。

(载《小说评论》2002 年第 3 期)

评　论《

乡村叙事:戏谑与重构

——论刘震云“故乡”系列小说的戏谑品格

周　罡

卡尔·雅斯贝尔斯论及现代的人们的精神处境时曾这样说:“与从前那些时代的人相比较,今天的人类可以说是连根拔起;他们意识到自己不过存在于一个其历史已被决定而且继续变动的处境中。这种处境,就仿佛存有的基础已经瓦解。”[①]“我们就像在茫茫的大海中航行,没有航海图,也找不到一处可瞭望整个海洋的落脚处。或者,换句话说,我们就像在漩涡里打转,我们得知事情真相,只是因为我们被卷在其中。”[②]类似的精神体验对处在社会转型期的中国人来说,感同身受。一切都处在变动之中,看不清前途和来路,人们曾以为坚如磐石的崇高、神圣、启蒙、理想正遭到质疑,社会正在不可逆转地冲向“物化”“平面化”“碎片化”。在这样的时代,曾经作为人类精神向导和灯塔的文学何为?小说何为?小说家又何为?

我们知道,经典的乡村小说叙述模式,或者我们称之为伟大的现实主义乡村小说,曾深刻地依赖于特定历史阶段的梦想的力量、“希望原则”,或者所谓“乌托邦力量”,一种特殊的“社会—历史”结构影响着20世纪中国现实主义乡村小说的结构与模式。所以无论是《红旗谱》《创业史》,还是《芙蓉镇》《乡场上》,小说叙事结构都深刻依赖历史中的希望原则和历史时间,因而小说叙事阐述的是“历史必然性”或者“历史的规律”。但是在20世纪90年代,这种社会历史结构已经变得七零八落,历史时间突然消失了,只剩下没有时间流向,沉闷而重复的日常生活。曾经为小说叙事注入巨大活力的“历史理性”已经式微,小说叙事的危机同“乌托邦话语”的破灭同时发生了。启蒙的明星沉落了,世界的黑暗(这里的黑暗指多元价值冲突的无序混沌状态)开始降临。

“在世界的黑暗时代,人们必须对世界的深渊有所体验。为此,需要有敢于进入

---

① [德]卡尔·雅斯贝尔斯:《当代的精神处境》,黄藿译,生活·读书·新知三联书店1992年版,第2页。
② [德]卡尔·雅斯贝尔斯:《当代的精神处境》,黄藿译,生活·读书·新知三联书店1992年版,第31页。

深渊，身历其幽暗，身受其煎熬的人。”[1]海德格尔的话在一定程度上可以看作对刘震云写作姿态的注解。在雅斯贝尔斯所说的时代情境中，刘震云在一无凭依中保持了对生活的畏惧，对“历史理性”的质疑，对“救赎”的警惕。从农村出来的他没有在都市的酒吧里放纵本能，也没有融入野地去安顿精神的家园，对于有着农民式的求实精神的他来说，这些不过是心造的幻影。他所要做的就是直面当下的时代语境，以自己的生命体验和审慎思索去呈现被传统“宏大叙事”遮蔽的真相。对于当下的中国来说，也许提出真实的问题，比浪漫化地解决问题更为重要。为此，刘震云从“新写实”无奈、尴尬、灰暗的生活中脱身而出，返身回到了他生活过的“故乡”世界，在那里，他似乎从故乡土地获得了神奇的灵性，以此写出了诡谲、奇丽的“故乡”系列小说。

刘震云的这种创作个性源于他的乡村记忆和时代语境的相互激活。个体心理学家阿德勒指出：“在所有心灵现象中，最能显露其中秘密的，是个人的记忆。他的记忆是他随身携带、而能使他想起自己本身的各种限度和环境的意义之物。记忆绝不会出自偶然：个人从他接收到的，多得无可计数的印象中，选出来记忆的，只有那些他觉得对他的处境有重要性之物。因此，他的记忆代表了他的‘生活故事’；他反复地用这个故事来警告自己或安慰自己，使自己集中心力于自己的目标，并按照过去的经验，准备用已经试验过的行为样式来应付未来。”[2]由此可见记忆往往就是思维运作的基础。刘震云的童年和少年时期是在贫瘠的中原农村度过的，而中原大地则浓缩着乡村中国农耕文化的全部秘密。所以刘震云对故乡的书写，不是地域文化意义上的书写，在更大程度上是对中国乡村历史的书写。刘震云记忆中的乡村：“……支撑父老日常生活的力量是什么呢？便是生、死，对类似交易的爱情或异性的向往及在吃粗浅食物做简易游戏中所获得的日常乐趣……从这个意义上讲，故乡在我脑子里的整体印象，是黑压压的一片繁重和杂乱。从目前来讲，我对故乡的感情是拒绝多于接受。”[3]黑暗和混沌是刘震云对故乡的总体印象，当他真正处于黑暗时，黑暗带给他的痛苦和惊悸使他几乎难以承受，他要反抗虚无带来的重压，也无法依靠“历史理性”的空洞承诺，于是他从乡村固有的“笑谑”文化那里汲取灵感和力量，以民间立场展开了对于传统乡村叙事的戏谑重构。

戏谑与重构是刘震云“故乡”系列小说最为显著的叙事品格。戏谑精神，不但具

① ［德］海德格尔：《诗人何为》，黄河文艺出版社 1987 年版，第 98 页。
② ［奥地利］A. 阿德勒：《自卑与超越》，黄光国译，作家出版社 1986 年版，第 66 页。
③ 刘震云：《整体的故乡与故乡的具体》，《文艺争鸣》1992 年第 1 期。

有叙事策略上的意义，它还是刘震云对于乡村历史、文化的独到而深刻的发现。它在形而下的最低视角上来审视这个世界，立足于人们生命活动的基本体验，以此作为重估历史、文化现实的尺度。这种观察世界的方法是广泛存在于乡村民间大地的，它安于低俗、安于生命的本真体验，有着“自低一等”的清醒意识，因此不必像官方史诗或悲剧那样一本正经、满脸严肃，它可以嬉笑怒骂、鄙弃正统、拒绝规范，可以否定一般性、崇尚当下情，它天生就具有一种反叛精神。所以，不同于以往在“历史理性”支配下的乡村史诗式作品的神圣、崇高与悲壮，刘震云笔下的乡村社会则到处充满了诙谐、哄闹、荒诞、奇异的场景和话语，带有鲜活的喜剧甚至闹剧色彩。在这里，戏谑是重构的前提，重构是戏谑的目的。如果说传统的乡村叙事是在一个封闭的结构中来论证历史发展的必然性、合理性的话，那么，重构的乡村叙事则是在一个开放的时空体中来质询和追问种种被“历史理性”所遮蔽的历史、文化本真面目。

一、乡村历史的生存化还原与民间重构

刘震云乡村叙事的戏谑重构，首先表现在对乡村历史的世俗化处理方式上，它打破了革命话语笼罩下的两个阶级的本质对立，一个阶级胜利了、一个阶级消灭了的历史进步论模式，力图围绕人物的基本生存问题展开叙事。他笔下的人物从来不是为了某种信仰和理论去决定自己的行动，而是从人生基本的欲望出发去夺取最佳的生存地位，因而对权力的争夺和运作构成了叙事的重心。在《故乡天下黄花》中，长达70年的故事轴心只是为了争夺一个小小的村长职务，竟然还引起了同宗家族几代人的恩怨仇杀，演出了一幕又一幕惊心动魄的话剧。如果说在此以前的创作，刘震云关注的重点是强大的社会生存压力、外部的权力机制带给人的屈辱、痛苦的话，那么在这里，刘震云由外而内地深入乡村叙事的核心腹地，以一个村落的几番沉浮、世事沧桑，发掘了“权力意识”和“权力崇拜”带给人心的腐蚀和人性的扭曲。小说选取了民国、抗战、土改、“文革”四个代表中国现代史上风起云涌的动荡时期来进行叙述，每一次的政治更迭在马村都要引起权力的再分配，而每一次占据权力位置的人都能够对村民颐指气使、耀武扬威、风光无限。像路小秃这样的村民，都会随着权力的指挥棒，左右摇摆、趋炎附势，而且即便是这样最后还是落得悲惨的下场。

权力的运作鼓动了人性中最卑鄙、最恶劣的私欲。因此，在权力角逐中的胜利者，往往是那些欺世盗名、泼皮无赖之徒，小说里的孙殿元、李老喜、赵刺猬、赖和尚、卫东、卫彪等都是历史大潮中泛起的渣滓，他们在乡村权力舞台上的表演，注定使庄严的历史变得面目全非，使血腥变作无聊，使正剧变成了闹剧。作品用冷峻、讥诮的

语言和充满喜剧化的故事情节对此进行了尖锐的嘲讽，如赵刺猬上台就是如此。在土改运动中，出于发动群众的需要，要揭发地主的罪恶，赵刺猬为了表现自己进而获得上台的机会，就把他母亲和已死的老地主通奸被人发现后自杀而死的事，篡改成老地主强奸了他母亲而使她蒙羞含冤而死的阶级压迫故事，并借此登上了乡村权力舞台，鱼肉百姓，横吃“夜草”。这无疑是对主流意识形态话语中革命历史庄严神圣面目的颠覆和重构。

小说结尾这样写道：“一年以后，村里死五人，伤一百零三人，赖和尚下台，卫东卫彪上台。”“文化大革命”结束，卫彪、李葫芦下台，一个叫秦正文的人上台，五年之后，群众闹事，死二人，伤五十一人，秦正文下台，赵互助（赵刺猬儿子）上台。在不动声色的平实语调中，呈现的是“争权夺利真忙”的历史画面。所谓“历史”就是“你方唱罢我登场的权力更换，所谓人民，也不过是权力欲驱动下，麻木的符码”。刘震云说：“《故乡天下黄花》是写一种东方式的历史变迁和历史更替。我们容易把这种变迁和更替夸大得过于重要。其实放到历史长河中，无非是一种儿戏。”[①]轻描淡写的语调下是透骨的悲凉。所谓历史，不过是围绕“权力”这个轴心的跷跷板游戏，一切的正义性、进步性、严肃性，在这里化作了“三十年河东，三十年河西”的宿命谶言，在戏谑的故事情节里蕴藏的是生存的酷烈、灵魂的死寂、自我意识的消灭。

二、乡村传说的戏仿与反讽

权力的暴力施加了无穷的苦难于乡村，但是乡村社会并不是逆来顺受地承受权力的蹂躏。他们总是从自己直接的生存体验出发，对那些貌似神圣不可侵犯的当权者进行精神上的嘲弄与解构，甚至对自己的糟糕处境也予以自嘲，借以获得精神上的胜利和心理的平衡，因此，在乡村也就流传着对于历史、历史人物的逸闻传说。这种逸闻传说有着锐利的解构锋芒，它能穿透一切伪装，使崇高变得滑稽、庄严变得虚伪，这就是民间“笑谑”文化的力量。刘震云在《故乡相处流传》中充分利用了这一文化资源。

《故乡相处流传》整个就是一部乡村的闹剧。作品中的人物，曹成、袁哨、小刘儿、孬舅、猪蛋、沈姓小寡妇、白蚂蚁、白石头……都是从古活到今的人物。曹成、袁哨是三国时候的曹丞相、袁绍的化身，作为“知识分子”的小刘儿是一个从古到今专为当权者捏脚的小文人，孬舅则是一个既惧权贵又慕权贵的民间俗物。从庙堂到民

---

① 刘震云：《整体的故乡与故乡的具体》，《文艺争鸣》1992 年第 1 期。

间以至士林大戏小戏都是这批人物登场，作品中时空交错、古今杂呈，具有十分明显的戏谑特征。这里运用的显然是存在于乡村的“笑谑”文化资源，以此对历史、对历史人物进行改写，并加入了民间世俗化的想象和嘲讽。比如曹丞相的形象是一个长着脚气、屁声不断、爱玩小寡妇的无赖形象，而慈禧太后的前身不过就是一个柿饼脸姑娘，这样的描写我们在元杂剧《高祖还乡》中的汉高祖刘邦身上也可见渊源。小说在叙事结构、叙事语言、叙事情节上整体采用了戏谑的手法，表现在：

一，通过对历史事件的转述、荒诞化处理，达到对历史权力本质的解构。比如曹操、袁绍的战争，在这里的原因只是为了一个沈姓小寡妇；而慈禧太后到延津视察，发动延津20万老百姓去捉斑鸠，目的仅仅是为了重温昔日与情郎的旧梦；朱元璋决定迁徙移民，竟然以抛硬币来决定村民的去留；小麻子陈玉成选美，采取的是吃猪肉的方法，谁的猪肉味道好，就选谁。对历史事件的世俗化、游戏化转述，在戏谑的荒诞情节中，权力运作实质的荒唐、可笑，昭然若揭。

二，通过小说叙述语言的戏谑化组合，造成语言原有意义的游离，从而构成语言本身的反讽效果。比如：“曹丞相说：交战不交战是个骨气问题；交战不交战，现在又有什么意义了呢？真为一个小寡妇去打仗吗？那是希腊，那是罗马，我这里是中国。”“这里朱元璋翻了脸。说个人苦乐，不能影响事业和大局，个人服从组织、少数服从多数、全体服从皇上。”“县官韩说：可以集资，发彩券，发奖券，发国库券……”以上用语在书中比比皆是，有对文学名著如《哈姆雷特》的模仿，对流行政治语言的挪用，现代语言与古代人物的对接等等，造成了间离的谐趣，语言的杂糅、语义的粘连，使语词原来为人所熟知的固有意义与固有语境在东拉西扯的语词延宕中变成空洞的能指，人物的言语行为因语词严重错置而变得虚假、可疑，文本中的语境同语词产生的源语境也构成了相互影射又相互消解的关系。因此，作品本身通过语言的嬉戏构成了一个开放的指涉古今的时空体。

三，在叙述结构上，由三国、明初、清末、20世纪50年代四个时段构成，在每个时段中的人物古今相传，人物身份地位都发生变化，权贵变贱民，土匪变县官，在身世的沉浮中构成对人物性格的立体观照，前倨后恭的对比，嘲讽意味更加明显。由于人物的古今相传、人物语言的古今一体，所以这四个时段的时间结构，实际上只是一场大戏的四个布景而已，历时千年而剧情依旧，这不能不是个巨大的反讽。

三、乡村精神的寓言狂欢

其实，正如前面所指出的，刘震云的乡村叙事同他置身其中的20世纪90年代文化语境有着密切的关联，一方面是时代语境造就了刘震云的乡村叙事姿态，另一方面刘震云又凭借乡村叙事重构写作反抗着90年代的文化语境。这一矛盾的心态推动着刘震云的乡村叙事愈来愈走向抽象、变形，乃至神化的狂欢状态。《故乡面和花朵》的出现可视为这一心路历程的淋漓尽致的表演。《故乡面和花朵》是一部狂欢化的作品，并将"戏谑""反讽"等狂欢技艺发挥到极致。

刘震云说："我希望通过这个长篇写作来表达我对一个完整世界的整体感觉。"[①]刘震云把创作从以往对社会关系、人物行为、乡村事件的关注上，进一步深入到乡村人物的精神意识领域，通过对古今乃至未来的穿梭陈述，使历史和现实、行为和语言、思想和情节紧紧地糅在一起、绕在一起，《故乡面和花朵》实际上成为一个难以尽释的线团，万花筒般的文本意象无疑是对转型期中国纷繁文化镜像的深层隐喻。

故事展开的背景依然是故乡河南省延津王楼这片土地，作品中的人物孬舅、瞎鹿、白蚂蚁、小麻子、袁哨、曹成、六指，不管身份怎么变换，言行举止还是一副地地道道的乡野草民做派——驴屁股上挂粪兜是贵族时尚，办公室设在村里的牛屋里。无论是异性关系时代，还是同性关系时代、灵生关系时代，他们聚在一起总是争风吃醋、钩心斗角、相互攻讦、互设圈套，胜利时得意扬扬，失败后畏缩、胆怯，既自高自大，又自卑自贬。他们生活在最为封闭落后的农村社会，却讨论着最为前卫的同性恋话题，他们的言论纵横古今中外、万物生灵，时时发出令人深省的言论。小说中的人物不但谈论他们自己，而且谈论写作本身，比如对本书叙述人小刘儿的语言，作者就会借书中人物的话发表一番看法："他从来没有在一个细节和一句语言上是描写适当的。正是因为这种全部的不准确性，所以到头来就是最模糊和最准确的了。他越是驴唇不对马嘴，就越是体现出我们驴头和马嘴的几分相似。历史从来不是由单纯的一个作用力在推动，那样一走就偏，肯定会以偏概全，历史就是在嘁嘁喳喳的合力中运动和滚动的。"[②]他们说话时仿佛真理在握，似是而非的语言仿佛富有哲理性和警言性，但转瞬间说话者就会在这种语言的流淌中走向他的反面。

作品整体的言说方式和精神图示同90年代的中国文化语境有着密切的关联，作品中通过一些荒诞的情节和语言对此进行了辛辣的嘲谑和调侃："扛枪到故乡闹革命的时代，已经一去不复返了，血草地上的孤独呼喊只是一种去不了三陪酒店在外边着急的顾影自怜的回忆。""大江南北已经快见不着一条不被污染的河流了，所有的水都是一团漆黑，所有的水都不明来路。这时，我们突然想到，我们吃的粮食和瓜

---

① 张英：《写作向彼岸靠近——刘震云访谈录》，《花溪》2000年第3期。

② 刘震云：《故乡面和花朵》，华艺出版社1998年版，第1307页。

果也不再是1969年的粮食和瓜果了,现在没有一粒粮食和一个瓜果是没有吸收过化肥的,所有的粮食都没有了粮食的味道,我们每天都像嚼着塑料,所有的西瓜打开都露出一条条宽大的白筋,麻子和秃子虽然少了,但是肥胖和臃肿、癌症和老年痴呆症、喃喃自语和胡言乱语者都越来越多了。蓝天和白云不见了,一年到头都是灰蒙蒙的天空。"[①]类似的,既有历史的反思,又有现实的批判,哲思性的语言在书中比比皆是。其他如东方与西方、古代与现代、方言与歌谣、城市与农村、魔幻与现实等镜像叠合交叉,构成了一个巨大的寓言文本和狂欢化、戏谑化文本。它既指向历史,也指向现实;既指向社会,也指向个人;既指向物质,也指向精神,甚至直指语言本身,从而使文本的精神寓意无限拓深。

"戏谑精神"在中国乡村是广泛存在的,它存在于村头、地边,存在于闲聊中、地方戏中,它在赵树理笔下曾体现过一些,但已经雅驯了许多。在国外,拉伯雷、塞万提斯、果戈理等大师都曾利用这一资源创作了不朽的杰作。它源于底层社会苦难无告的生活处境,用鄙俗的语言和想象对貌似神圣庄严的东西的嘲弄和鄙薄,把它们降低到同自己的生存处境、生存地位相等的层次,在粗鄙的语言与滑稽戏仿中往往蕴含着真理性的洞见。它类似巴赫金所说的"狂欢精神",根据巴赫金和昆德拉的研究,"狂欢精神"有许多特征,首先,它摒弃了官方的道德判断和价值体系;其次,它真正在想象和虚构的文本中表现了民主精神,使人物放弃原有的身份限制,参与狂欢;再次,它以正反同体、倒错、恶作剧等方式解构和嘲弄人们的理性、感知和情感;最后,它将一切可以吸收的语言形式拢在一起,大杂烩似的将它们拼凑在一起。这些特征在《故乡面和花朵》中体现得最为典型,小说开篇"丽晶时代广场"就是一个狂欢场面的展开,在这里,人物鱼龙混杂,场景变化莫测、似真似幻,舞会、模特、口号、标语充塞其间,其后的情节都是以狂欢集会的形式来构造叙事。刘震云借助"戏谑"的言说和寓言化的结构方式来传达他对90年代中国乡村乃至中国当下文化语境的整体情绪。

刘震云的"故乡"系列小说借助"戏谑"精神的自由无羁,充分表达了他对中国乡村历史现实文化精神的反思,勾勒了一幅诡谲的乡村精神图画。刘震云在这里不是布施"历史规律"的真理,而是追求虚拟与真实的契合。它自然有解构、有批判,但与其说写作是为了批判,不如说是批判的眼光成就了刘震云的写作。解构的状态给他带来了叙事的无限自由,但解构并不是最后的写作栖息地,也许这正是刘震云后期

---

① 刘震云:《故乡面和花朵》,华艺出版社1998年版,第1680页。

作品给读者带来审美阅读障碍的原因。

（载《小说评论》2002 年第 3 期）

主要作品目录《

长篇小说

《故乡天下黄花》,中国青年出版社 1991 年版。

《故乡相处流传》,华艺出版社 1993 年版。

《故乡面和花朵》,华艺出版社 1998 年版。

《一腔废话》,中国工人出版社 2002 年版。

《手机》,长江文艺出版社 2003 年版。

《我叫刘跃进》,长江文艺出版社 2007 年版。

《一句顶一万句》,长江文艺出版社 2009 年版。

《我不是潘金莲》,长江文艺出版社 2012 年版。

《吃瓜时代的儿女们》,长江文艺出版社 2017 年版。

中短篇小说集

《塔铺》,作家出版社 1989 年版。

《官场》,华艺出版社 1992 年版。

《一地鸡毛》,中国青年出版社 1992 年版。

《官人》,长江文艺出版社 1992 年版。

中短篇小说

《塔铺》,《人民文学》1987 年第 7 期。

《新兵连》,《青年文学》1988 年第 1 期。

《头人》,《青年文学》1989 年第 1 期。

《单位》,《北京文学》1989 年第 2 期。

《官场》,《人民文学》1989 年第 4 期。

《官人》,《青年文学》1991 年第 4 期。

《一地鸡毛》,《小说家》1991年第1期。

文 集

《刘震云文集》(共四册),江苏文艺出版社1996年版。

鲁 敏

女，1973 年生，江苏东台人。

小 引《

鲁敏在接受李海音的访谈时，提到她早年喜欢读的一本书，这本书不是今天的作家通常喜欢读的外国名家的文学作品，而是一本以“哲学”二字名之的理论书，即丹纳的《艺术哲学》。作家说自己喜欢读理论书，本不多见，像鲁敏这样喜欢得如醉如痴，更属稀罕，至少本栏目开设十余年来，在接受访谈时，很少有作家言及。也许是访谈的人疏忽了这个问题，但就我个人的印象论，作家即使不是理论的天敌，至少对理论也不怎么待见，这从作家读评论家的文章和在作品研讨会上的表现也可以看得出来。这是因为，在一般情况下，理论不但对创作没有多少直接的作用，有时候还难免碍手碍脚。就像一个厨子正在炒一样拿手的好菜，你却在旁边大谈盐的功能，说盐者，咸也，咸者，鲜也，一音之转，一义之转，音近义近，音同义同，所以要想炒出好菜，吃起来鲜美可口，一定要善于用盐。你说，这不是明摆着在恶心人吗？常听人说，理论能指导创作，那不过是理论家自神其教罢了，或者本身只是一种理论上的假设，抑或是沿用了“革命理论是革命实践的行动指南”的说法，实际的情形却满不是那么回事。我上大学时，教写作的老师就说过，我们这些教写作的人，不会炒鸡蛋还要教人家鸡蛋怎么炒，像鲁迅一样，他对教授“小说作法”的勾当也颇不以为然。美国有一个很有名的文学理论家韦勒克似乎也说过类似的话，他说，文学理论和文学实践是完全不同的两回事，它们之间的关系“是非常间接的”，甚至可以“忽略”不计，“文学史上始终存在着理论与实践的巨大鸿沟。三百年来人们翻来覆去说的是亚里士多德和贺拉斯的看法，辩来辩去还是这些看法，而且把它们编入教材，铭记在心——而实际的文学创作却完全独立地走着自己的路”。这自然是在说过时的理论会束缚创作。你也许会认为这也不能一概而论，那好，就换一个不过时的或行时的理论吧，比如说以前的正统，现在的时尚，那样就会好很多么？就不会束缚创作吗？举一个例子说吧，记得20世纪五六十年代，有一种改造世界观的理论，说是作家要想创作出无愧于时代、无愧于人民的作品，须得有一个好的世界观，而这种世界观的获得，又须得到工农兵群众中去接受锻炼和改造，只有把这世界观改造好了，才能写出好的作品来。这样的理论自然是正确的，而且是出自一些权威人物之口，写在一些堂而皇之的高头讲章里面，那就更加错不了了。按照那个时候的说法，这样的世界观不是一朝一夕就能获得的，而是要用一辈子的时间，活到老、学到老、改造到老。先不说这个理论本身如何，就说一个简单的事实，照这样下去，等世界观改造好了，人也老了，还能够写作吗？对这样的理论，在那年月，自然没人敢有所怀疑，就是脑子里有过一闪念，也觉得是在犯罪。胡风挨批判，就与他对这个问题的不同看法有关，至少这是他的"反动"文艺思想遭受批判的原因之一，可见这个理论问题的重大。

但这样重大的问题，到鲁敏身上，似乎就成了一场戏说。她在自述中给我们讲了一个故事，说是在"计生"开始的年代，她母亲怀了二胎，"进入了超生行列"，但当人们要"做掉"这个小生命的时候，她母亲却意外早产。于是，她那命大的妹妹，"不甘变作乡村医院手术室的一团血肉，连跑带跳、死赶活赶，完整、健康地降临到人间了"。这件事给了她很大的刺激，让她觉出了"人生的虚妄与戏谑"，成了一个"彻底的悲观主义者与虚无主义者"："我想我不论从事什么职业，怎样地过活，这一对人生的成见已深深地烙在我的脑里。"往大了说，这也可以归入世界观的形成与改变之列，至少是与对社会人生的看法有关。但这种改变，又似乎不是长期经营、刻意为之的结果，更不是到工农兵群众中去接受锻炼改造所得，而是得之于一种偶然或不经意之间。你也许会说鲁敏这是在小题大做，7岁的孩子，不谙世事，怎么会因为一次刺激而影响到世界观的形成呢？但证之她此后在创作中的表现，又似乎言之不虚。她用"我以虚妄为业"命名自述，李海音以"荒诞之极乐"为题谈她的世界观和写作，也都是一个证明。这事儿说起来，其实也不难理解，就以鲁敏的本家鲁迅为例吧，鲁迅看清人情冷暖、世态炎凉时，也不过是一个十多岁的孩子。他后来在日本看杀中国人的影片，也是经了那次刺激而改变了自己的启蒙理想和人生道路。这些事都不是照着理论书上说的去做的，也不是理论家可以预设或预见的，甚至连作家本人也不曾预料，但最终都对作家的人生和创作，或者也是世界观吧，产生了决定性的影响，可见其中复杂和微妙。

我这样说，并不是在宣扬理论无用论，也不是排斥文学创作中的理性思维，而是说在尊重理论的特殊性的同时，在文学这个行当，似乎要更多地关注创作中的这种复杂、微妙的因素。世界上有很多事情能够说得清来龙去脉，但也有很多事情的来龙去脉你永远也说不清楚，文学创作就属这说不清楚之列。鲁敏说她有一个亲戚是工程师，曾到西部修过铁路，就因为这，她写了一篇小说，但小说里却没有什么工程师。又说她小时候去看过一个瘫痪在床的小姑娘，纯属好奇，后来写了一篇有关这姑娘的小说，却是这姑娘所完全没有的生活和故事。她把这种现象归结为某种“灵感的无厘头的起因”，其实也就是那些说不清楚来历的东西在起作用，可见文学这东西还真是有些神秘莫测。这方面的例子实在是太多了，多少年来，也像韦勒克说的那样，被人们“翻来覆去”地说，反反复复地辩，却总也说不清楚、辩不明白，究其实，还是把文学这东西看得太实在、想得太明白了。就因为这实在和明白，所以总认为应该是说得清楚、辩得明白的，理论和理论家的自信，便由此而来，其实不然。从这个意义上说，鲁敏的以文学为“虚妄”，可能比那些自认为是清楚明白的理论和理论家还要清楚明白一些。

自　述《

我以虚妄为业

一

先讲一个“非虚构”。

1980年，计划生育政策刚刚开始，重男轻女的乡下女人们以及她们背后的男人们其实还是“不尿这一壶”的，尤其头胎是女儿的，怎么着也要碰碰运气的，最多就是罚钱，还能怎样？况且婆婆妈妈们都有生养过五胎六胎的实践经验，深谙性别鉴别秘诀，比如，胎动是晚上还是白天、肚子是圆头还是尖头、孕妇能不能弯腰、肚脐眼是凹还是凸、跨门槛是左腿还是右腿等，一些匪夷所思的“指标”。但凡上述指标达“阳性”的比例高达七八成的，那么这家人就不声不响准备好罚款，赌着要生儿子抱孙子了。

这一年，我妈妈也大起了肚子，进入了超生行列。她当时的综合得分还挺高，非常有希望替我赌出个弟弟，但她的后果可不是罚款那么简单，她是所谓的“人民教师”，算公职人员了，对公职人员的撒手锏便是开掉工作，并且提前演示——我妈妈显怀之后不久，便被勒令不准到学校上课了。

接着，大队支书、妇女主任、学校校长、生产队队长等络绎而至，踏破门槛，我家一时间真是热闹非凡。他们一进门都会给我奶奶敬烟——“大前门”，好烟。我奶奶接过，放一边，拿起自己的水烟壶"咕咕咕"地吸起来。除了"大前门"，客人们每一次登门都会有新的砝码。妈妈的教职不保已属定论，还有爷爷，他当时是大队会计，人称"鲁会计"，他整天打算盘，替公家算账，也经常替邻里乡亲算些豆腐账私房账，他干得很起劲，以此为晚年一大事业，但此次要被株连了："想要添孙子，那就做不成'鲁会计'！"再下一步，他们言之凿凿地说要到南京，找到所谓在省城"高就"（其实就是一介小工程师）的我爸爸，找他的单位……

这么一步步演变下来，事态就逐渐严重了，等于打仗冲到了最前线，局势越险峻却也越明朗。其实这时的输赢结果已没有悬念了，只是输的那方，需要台阶和借口——做"思想工作"的深知其道，他们反反复复用夸赞的口气历数我家的荣耀，大部分荣耀未免牵强附会，但归结起来不外乎就是你们家是出大学生出人才的，觉悟与眼界也必然要超过普通庄户人家云云。家里人苦恼地听着，先是精明地直摇头，后来又骄傲地点点头，带着一种被激发起来然后反过来束缚住自己的荣誉感，沉默中，同意了。

考虑到妈妈腹中胎儿月份大了，双方很友好地谈妥细节，待遇很好——第二天一大早，大队派拖拉机来接我妈妈去镇医院引产，同时享受这份待遇的，还有邻村两位产妇。大队部出一趟公车也不容易，几位产妇因孕期不同，有的流产，有的引产，总之都是说好在同一天搭这一趟公车去执行计划生育。

实际上，家里真正愿意让步，不全是所谓"家族荣誉感"或被株连开除公职的压力，另有一个秘而不宣的细节——就在前几天，肚子已 8 个多月的妈妈正在过桥，一位接生婆远远看到，大惊失色，她追上来拉住我妈：不得了了！你肚子里的小孩子翻身了，一翻我就看清楚了，是个丫头！接生婆何许人也？可以说就是最权威的 B 超探测仪。既然如此，不如顺势下坡。

一切的元素就此都指向同一个没有争议的终点：这个"二胎"，一命休矣。

命运却在黄昏时分"呵呵"了一声——就在当天晚上，7 点多，天还没黑，不知是连日来的精神压力陡然放松，还是终将失去的胎儿让妈妈既疲惫又伤痛，总之我妈妈突然肚子疼起来：婴儿早产了。我那命大的妹妹，她不甘变作乡村医院手术室的一团血肉，连跑带跳、死赶活赶，完整、健康地降临到人间了。

可是，这又是何等悲喜交加的人间啊，世界对她的欢迎又是多么的三心二意啊。为什么真的是她，而不是他！屋子里一片冰凉，没有人吭气，我妈妈明白了：接生婆的预言从未失误！她一下子昏过去。当时 7 岁的我，正拼命往人腿里挤，不住口地问：生了个什么？生了个什么？

次日清晨8点，公鸡母鸡们都起来了，早起的农夫们都下地了，拖拉机在路口“突突突”，拖拉机手都没有熄火，拉长嗓子喊：“王老师——”靠近路边的邻妇笑哈哈地：“不要鬼叫了！王老师不用去了！人家都生了！”

“生了什么？”车上的其他几位孕妇一齐发问，像关心她们自己的胎儿一样。孕妇们的声音在清晨的薄雾气里抖动。

二

这桩事情过去很久了。我妹妹如今都三十好几了，都结婚生子了，但人生的虚妄与戏谑好像从那时候就给了7岁的我以强烈的触动与印象，我想我不论从事什么职业，怎样地过活，这一对人生的成见已深深地烙在我的脑里。我是彻底的悲观主义者与虚无主义者，但我以积极的、投入的面貌呈现出来，似乎也过得有模有样，世俗的需求、搏击、占有、贪念，一样不少。但这种有模有样是有限度的——在日子的艾汁与奶蜜里浸泡得越久，对文学的贪恋程度就越高。年岁长了，并没有变得更宽容，尤其在通往并获得乐趣的途径上，更加挑剔了，饮食、男女、宴游、华服，都做不到纵情投入和信服。只有文字本身，反复确证，一直没有让我失望过，不管是写，还是读。

我从来都不是一个很强大的人，就像卡夫卡说的那样：任何灾难都可以击垮我。写作的过程就是不断地与各种误解、郁结、障碍、局限打交道，疏通了A，随即又产生了B，循环往复，永无终止——这件事命中注定，永远达不到心满意足。每一个与写作相关的夜晚，都是结结巴巴的，也是好到千金不换的。

有时我这么想：骄傲有多大，苦闷也就有多大。这种骄傲不是指其字面本意，不是出于道德，而是一种质地与态度。我像一个性情乖张的追求者，密切纠缠着文学，以一种不屑张扬但从不退缩的方式。

三

我与我的小说之间，有一条宽大的、波涛汹涌的河，我一个人孤零零地站在河的这一边，而另外一边，是两百万被我排列组合过的汉字，如一排静默而密集的树林。写了十几年，偶尔也会想到，大河这一边的我与大河那一边的树林之间的连接点是什么？直接或曲折的关系是什么？

有一个观点，人之所以成为某人，跟他吃过的食物有关、读过的书有关、交往过的人有关。这个说法很是通顺，最容易被推广至艺术领域——一个写作者的童年、家庭、学识教养、山水地域、所处阶层、所经之事等，总而言之，作家所拥有的那些往事，就是艺术准备上的一个腌制过程，生姜啊、烈酒啊、粗盐啊、陈醋啊，一天天地沤着、闷着，这种腌制最终把作家的血液调和成了某种特别的质地，从这个血液里所流淌出来的作品，必然就带有这个作家所独有的态度、风格与倾向，就成了大河对面的那一排树林。

可是，一定不仅仅是这些，不是一加二等于三，还有另一些连接点，即写作者所无法拥有、未曾经历、所渴求或力图背叛的那些东西：负一加负二等于正三。

就我个人的体验而言，就有这样一个因为缺憾而生发出的寄托：用写作来弥补、来放纵、来摆脱局限，发出陌生的呼啸。这种体验其实也极为常见：胆怯的家伙，反擅长邪恶美学；单调刻板的人，会爆发诡异的狂想。大作家里头，卡夫卡是这样，舒尔茨是这样，村上春树也是这样，这个名单可以列很长。所以我总是感到，与写作相匹配的情绪装备，是郁闷、苦恼、饥饿甚至愤怒与贪婪。我无法想象一个宁静、满足、水到渠成的写作者。

当然，所拥有的与所贫乏的，这两个连接点并无矛盾，其实是并行的、博弈式合作的，像左右两条腿，交织穿插出一种无伴侣的、仅属于写作者的骄傲舞步。这支独舞的基调就是对抗：对抗记忆浑浊的旧时之我，对抗起伏不定的行进之我，对抗狂妄理想中无法抵达的将来之我。这一对抗，陪伴终身。

话说回来，作家与作品的关系，其实也是一个虚设的问题，并不值得去进行逻辑式的科学探究。文学的脾气，有时偏就是反理性、逆科学的。写作者与对面那几百万的汉字树林中间，永远隔着一条不知所起亦不知所往、可能断流亦可能泛滥的大河。

四

想说一下局限性。

生而局限，有如胎记，这没什么不对，也无可避免。但具体到写作中，作家的局限却如陶器宝物上的裂痕，总会一下子令观者有所注意，并影响到其作品存在与流传的价值。低级的局限会使整部作品瞬间破裂，一文不值；因势利导的局限却又有某种积极的可能，甚至能够成为哥窑的“冰裂纹”“金丝铁线”。

写作这么些年，回想我曾经或正在发生的各种焦虑，那些昼伏夜出、如剑高悬的焦虑，究其实，都与自身写作中的那些“裂痕”有关。有的可能别人看不见，或看见了没有指出，或指出了但比较婉转、没有到位，但随便怎样，作为一个制作陶器的人，心里是有自知的，每一阶段，每一作品，其格局、气象，包括语言、节奏、形式，方方面面的毛病，如镜中影像，纤毫毕现。这种清楚就跟病人自知病症是一样的心境：有时深感无力，一心想着绕开它，装着没这回事；有时也会生出蛮劲，迎头而上，跟它打架，尝试变通，直至使之成为一个特质，像面补缀过的旗帜，无畏地飘扬起来。

五

关于我写的那些小说本身，并无什么特别的要说。我想它们不需要背景链接与使用说明书。

只是我一直丢不下我小说里的人物。我深爱这些从未存在又一直存在的人，以致舍不得他们遭遇非议直至遭遇非命。我是他们当中的一个，我病得同样的深。我常会在小说中写到他们的死，他们兴味阑珊地跃向虚空，他们自以为是地一意孤行，他们宿命地踏上最后一步——我一个字一个字地把他们写得死了，同时又像失去了至亲、失去了我本人一样的压抑，以及在压抑之后所获得的奇异欣悦——我自己无法也无意去判断这样的写法个中的高下与正谬，我只知道我的情魄为之耸动、日月为之凋色，我获得了数倍于我的我，我建立了我在这个世界上的空间。

六

许多作家都会说到写作对自身的重要与必须，我想我跟他们也差不多。作家与写作的关系，好得能上天堂，坏得也能下地狱，以致去发疯，去离亲叛众，直至去死——我很珍重这一听上去有些离奇的耸人听闻的关系。

电影《逃离德黑兰》中有一句台词，大意是：我这工作，就像矿工，即使回家之后，仍然无法洗净全身的黑。写作这差事也差不多，别人工作的时候，我也开始工作，但看上去像在休息，发呆、喝茶、打一点字。别人休息的时候，我也开始休息，但看上去还是像在工作，仍然是发呆、喝茶，甚至还删掉此前所写的字。这不是讲俏皮话，就是这样，就是没有彻底的放松与休息，大脑深处的某个地方，总是思虑沉沉，总是不得开颜，好像那里有一个野心勃勃但终身被囚的武士。

访 谈《

浸泡在虚构的甜蜜与毒汁里

——鲁敏访谈录

李海音 鲁 敏

李海音:据我所知,你从事小说创作将近15年了,产量惊人,而且始终保持着一种孜孜不倦的写作姿态。作为小说创作的主体,你一定思考过这样的问题:小说到底是什么?它有怎样的内在属性?

鲁敏:这就像问一个面包师,面包到底是什么?还真难以说清。小说起初可能应当是比较"朴实"的"小玩意儿",有一些基本的元素和特性,不过,被全世界操各种语言的人类玩了几个世纪下来,尽管其表面的样子依然是一块面包,但内部的"朴实"已经必须也必然的复杂起来了,复杂到哪怕仅仅是讨论一番也比较困难,充满分岔的羊肠小道。我没有能力有条有理地说出来,这不像探讨一个面包的配方与营养成分。

而且在我看来,小说没有定法,对它的分析、指认、命名或阐述都是局限的、徒劳的、一时一境的,人类不喜欢永远嚼着同一口烟草。写小说,虽是最古老的原始手工行业,但有着对新鲜质地的嗜血渴求,甚至可以说是唯一追求。它有强大顽固的传统,这个传统就是打破、覆盖,作家们一代又一代,既一口一口生吞活剥着大师们的血肉,又像躲避瘟疫一样地要逃离前辈与大师的脚印与气味。

李海音:但你一定知道什么样的小说是自己喜欢的,而且,事实上,的确有不少小说是大家共同喜欢的。那么你理想中的小说是什么样的?

鲁敏:"理想中的小说",不是所有人都喜欢的小说,是容易让人产生分歧的小说,是有点奇特和冒险的小说,但又有着对人世的善意、有爱与信任作为基础的小说。

李海音:就你自己的作品而言,最能代表你的创作理念和审美取向的有哪些?

鲁敏:我个人比较偏好《取景器》《暗疾》《墙上的父亲》《谢伯茂之死》,早期的"东坝"系列也曾经是一个偏好。

李海音:大部分人的写作都是一种自觉的行为,但只有真诚的写作者在写作过程中会忍不住质疑自己的写作行为:我的写作有意义吗?它将要通向何方?我是不是一个不愿长大的孩子,沉浸在自己的小说游戏中,并希望这游戏永远继续下去?因此,你可能会感到,当你把写作当作抵抗虚无、逃避现实的手段时,这手段本身却是虚无的。那么,你该怎么办?

鲁敏:生存和现世充满着虚无和悲剧,为了抵抗这些虚无,人们选择不同的职业、爱好、出口,比如有人搞数学、有人搞小提琴、有人搞扑克牌等,而我选择的是小说,如此而已。小说这个渠道跟其他渠道一样,你可以说它虚无,并且它也改变不了虚无。那请问,什么又不虚无?什么可以真的对抗虚无?

我从不质疑写作行为本身,就像不必质疑别的艺术行业或非艺术行业。所有这些行当,本质上是一样的,何以认为小说是游戏,做面包就不是游戏?某个角度来看,各种职业都是无聊的,也是有价值的——大同,没有区别。

对写作我从来不怀疑,那么多闪闪发亮的作家与作品,都是闪闪发亮的例证,但我对“我本人的写作”的焦虑和恐慌却一直存在,有时自卑,有时怆然,有时又骄傲极了。但这只是我对“我与小说之关系”的质疑与苦涩,比如我有没有资格、适合不适合做这个,我能不能实现我作为一个个体的价值,我能不能书写出我精神空间的最好部分,等等。如果以一个旁观者的角度看,其实这也是很典型的职业焦虑,跟一个咨询师或主持人的职业焦虑大致相似。经常有人把作家的焦虑弄得特别的神圣和高级,非常“有范儿”,并纵容、放大甚至激赏作家的喜怒无常,发神经、服药、自杀。尽管我焦虑起来也是不见天日,但内心深处,对自己这种所谓“作家式的焦虑”又相当地不以为然。所有人的焦虑都是神圣的,也都是平常而微小的,这就像你本人的重量一样,你永远得拖着,直到吐出最后一口气。作家的焦虑之所以被特别关注到,只是因为我们更善于表达和传递出这些绝望的时刻。

李海音:能具体谈谈你的“作家式的焦虑”吗?

鲁敏:可能跟大家都差不多吧。焦虑之中的作家是一种很不可爱,大概连家人也难以忍受的生物。我觉得这种焦虑有几分像抑郁症,既会难以入睡,也会不愿起床,因为起床之后要面对毫无建树的漫长白天;对社交全无兴趣,对享乐、饭局、热闹都有恶心和排斥感,显得非常的自私和自我;内心里很慌张、不踏实,像丢了东西,但不知丢了什么。我在焦虑时会拼命看书,看到好书,焦虑会减轻,但看到烂书,会更加绝望。这种焦虑不仅仅指自己写作本身,同时还包含了对整个生活状态、存在价值、生死区间等的焦虑和绝望。焦虑躲不开,就像碰上超高温的天气一样,只能大汗淋漓、一言不发地置身其中，等它过去，并且安慰自己：像很多次那样，会过去的。

李海音：我发现你的很多小说都有相应的创作谈。我想，编辑为了吸引读者要你写是一个很重要的原因，但也说明了你是一个迫切希望被理解和获得认同的人，这也可以解释为何你的很多小说中议论成分比较多。然而，你是否意识到你与文本的距离是大于读者与文本的距离的？这样很可能排斥鉴赏者个人的审美体验，从而影响作品的阅读效果。

鲁敏：所有那些被“要求”写出来的创作谈，不“说明”我迫切希望得到认同和理解，不“可以解释”我小说中的议论较多，我想这三者当中没有逻辑关系吧。

就我的感受而言，创作谈这种体例，是一个不自然的、被命名的、增生的文体。小说本身便是空中楼宇的虚构之术，要就这个虚妄之事再加以自我阐述，甚至还像解读说明书一样头头是道，我总觉得大失趣味。通常情况下，针对性太强的创作谈都是画蛇添足，破坏了小说的独立性与神秘感。

我不热心于创作谈，但不热心并不代表可以拒绝、不写。就像我一直不热心于日记这种体例，但事实上我写了许多年，从小学三年级一直到现在，跟睡前刷牙一样，除非大病，从未中断，却总是写得相当之短，以一种实用的、做家务似的态度在写，干巴巴的，全无文采。正是以一种类似写日记的态度，在各种“截稿日期、长度要求、本刊风格”等要求之下，我的确煞有其事地写了不少创作谈，每次一写完，就觉得冗余，隔了一段时间再看，更是“冗余”的 n 次方……但话说回来，这种“冗余”也是一种痕迹，跑偏的、畸形的、自恋的、多嘴多舌的——可能也具有某种意识流动和自我观察的价值。

关于我小说中的议论，我的一部分小说，如“东坝”系列，没有这个特点；另一部分小说，主要是写“城市暗疾”系列与女性成长的小说，议论较多，有时借人物之口，有时干脆自己跳将出来。效果正如所料，已经相当碍眼了。小说是否该插入议论、议论多少为恰当、作家该不该发声、作家与文本的距离，这是没有定论的。许多情况下，人们习惯阅读“纯粹的”“彻底代入式”的小说，不被打断、不做评点，作家全程隐匿、闭嘴，好像这故事不是作家“创造的”，而是自己“从地里长出来的”。这当然是非常出色的写法：封闭、自然、光滑、传统。但我们不会忘记，比如说俄罗斯小说、德国小说等，都有大幅议论的样本，以至于形成一种风气：作家就有指点臧否的特权，不管对与错、好与坏。议论之于小说，就像描写或记叙一样，是材质与手段之一，这三者的比例不同，对读者造成的阅读效果（顺滑或障碍、投入或疏离）也不同。而障碍与疏离，恰恰是我的主观追求。这个世界提供给人们的各种读物中，和顺的、甜蜜的、绵软的已经太多太多,我提供点别的。

话说回来,即便如此,议论依然只能是"盐"或"姜",是小说中的调料与辅料部分,有度、有投放时间、有预后效果,这个方面是需要加以考究的。但我会坚持这一点:我不追求阅读的无障碍。议论是我某一部分的天性,我的文字丛林里,的确会长出这些芜杂但必要的东西。

李海音:的确,在小说中议论本身无关小说的好坏。处理得当,议论既能够表达作家对人生对世界的思考和情感态度,也能够产生一种因"间离"而陌生的艺术效果。尤其是对你的"城市暗疾"系列来说,如果没有那些议论,大概是不会产生"黑色幽默"般的效果吧。你喜欢美国的黑色幽默小说吗?

鲁敏:不大喜欢黑色幽默,我喜欢纯粹的黑色小说,喜欢残酷、冷淡、爽利的东西,比如詹姆斯·M·凯恩,他的《邮差总按两遍铃》《双重赔偿》等,因为幽默是非常挑剔的一种气质,一旦匠心就很不幽默了。最近看国内新引进的冯内古特短篇小说集《看这儿,照相啦!》,他的《五号屠场》是我的心头好,但这组短篇小说我就不太喜欢。

李海音:我知道不少作家一方面声明自己在进行"本土化""民族化"的写作,要从传统文学中挖掘创作资源,另一方面又很少阅读中国的文学作品,尤其是现当代的作家作品,几乎难入其法眼,缺乏对中国文学与文化传统的认知与反思,只是一味地涉猎和吹捧欧美、日本现代文学。自五四运动以来,中西文学与文化遗产之争所产生的困惑,始终是作家们挥之不去的阴影,不知道你是怎么看待这个问题的?之所以问这个问题,是因为在我看来,你的"东坝"系列和"城市暗疾"系列小说尽管并行不悖,但仿佛又在暗暗较劲,共同呈现出你的一种特别矛盾复杂的文化心态。

鲁敏:作家必须吃"百家饭"——古今中外、琴棋书画,街头巷尾与旁门左道,哲学或谣言,等等。优秀的作家会从一切食物中敏感地贪婪吸收他所缺少的东西。关于中西文学营养的区别,我个人认为其实没有那么巨大。好小说,中国现当代的也好,日本当代的也好,英国19世纪的也好,只要是好东西,人们都会吹捧和迷醉,作家也不例外。

中外小说,其意象、环境、人物、风俗、矛盾、道德、思维,包括价值观,都会有跨文化的"口感"差异。外国读者读中国小说,也会同样受到陌生的教益。可能人们总是喜欢远方的风景,外面的东西永远比家里的好,家里反正得来容易,随时可取。这是人性的习惯性弱点,但并不恶劣,不会影响我们的文学方向,因为你只要一动笔,你写的就是中国小说,哪怕这是被解构、被分裂、被国际化、被"翻译腔"了的审美,依然是中式趣味的，是经过现实和世界反复折射后的中式小说。再说，中国小说的审美本来也正处于摇晃、交融、分裂和拼命洒香水的时期。

说到我的“东坝”系列与“城市暗疾”系列，以及我今后可能还有的别的系列，只是风格、方向、追求的不同，也是我写作时期的不同，但绝对不是矛盾的，它们是先后生长、并列而立的树。

李海音：你平时读得比较多的是哪种类型的书籍或哪些作家的小说呢？对你影响比较大或者以之为榜样的作家有谁呢？

鲁敏：这几乎是作家被问得最多的问题，我一听就张口结舌，因为我没有答案。“书”于人的影响，是如春风徐徐拂面、循序渐进之举，而无当头棒喝、醍醐灌顶那样的关键时刻。我是胃口蛮好的杂食者，为了口味的变化，也为了避免审美的固化，我对名家与非名家、经典与非经典的喜好也一直在变化、覆盖和矛盾之中……许多作家都会认宗归门到卡夫卡、博尔赫斯、马尔克斯、卡佛什么的，我还真凑不上去。

有一次被“逼”着要说出一本书，我想来想去，没有最好，但有最早。在早期的阅读中，丹纳的《艺术哲学》我愿意特别提出，我对它充满感激之情。丹纳是法国19世纪著名的文艺大家，此书其实是他在巴黎美术学校讲课时的教材，因是讲座笔记的方式，绝无哲学类著作常见的刻板与艰涩。它所涉甚广，跨越了地理、历史、宗教、雕塑、建筑等领域，所幸传到中国的译者是傅雷，他与丹纳二人在渊博精深方面当可比肩，所以全书读来，译文生机勃勃，热情、自信、优美。但尽管如此，这书并不“好”读，它需要读得极慢，因为《艺术哲学》的好处有点“藏”，一旦你找到，会更为喜悦。比方说，讲到荷兰的绘画，他会从荷兰特殊的地势与气候分析起，那种环境对画家性格的影响，对色泽与风格的影响；再如他对于莎士比亚和鲁本斯这两位文坛和画界巨匠艺术特点的概括：“暴烈、可怕的人物”“凶杀、离奇的结局”“突如其来的放纵的情欲”“混乱、奇特、过火而又辉煌的文体”……如此种种，他分析得真的太好。

记得当时初看，我还在邮局实习，把书随身带着，不免有邮局的同事问我所看何书，邮局的氛围比较的朴实，使得我总不好意思亮出封面，因为这书名：“艺术”倒罢了，还“哲学”！很像在攀附风雅。其实丹纳是很有体恤心的，面孔柔和，调子起得也低，只要稍有些文史底子和基本常识，便会一头看进去，进入他的实证主义体系：用自然科学的方法来剖析各艺术门类的历史起因、风格形成、流派分别……记得我当时是做了不少笔记的，有种得遇良师、拨雾见光的心境。我朦胧地感知到我中意什么，我对什么敏感，我应当如何喜爱那些美好的东西……一直混沌着的局面，好像就此有点生发开来。

当然，这跟我后来的写作也谈不上有多少直接的关联，只是说，在当时，我明确知道了一点，在这个世界上，我最愿意与之发生亲密联系的是美与艺术，其余皆可忽略或次之。

李海音：我们很容易从《逝者的恩泽》《纸醉》《思无邪》《颠倒的时光》《离歌》等"东坝"系列小说中感受到废名、沈从文、汪曾祺小说中的诗意浪漫和淳朴自然的人情美、人性美，而这些小说也的确比你的"城市暗疾"系列小说受到更多的好评，说明我们很多人依然保持着古典主义的审美趣味，在艺术作品中期待美的、善的、自然的东西。但我觉得这种审美取向对当代作家来说是一个巨大的压力和挑战。

鲁敏："喜乐""纯真""和善"，这是一种审美偏好；"倦怠""黑暗""深渊"，是另一种审美偏好。我建立过前者，现在致力于后者，将来指不定又跑到哪里去了。最好的文学生态肯定是多样化、多层次的，顺着某种古典的、被期待的诗意去写，这肯定就不是我了。这方面的压力自然也是有的，比如会有立竿见影式的名利得失，但我不介意，写作又不是商业投机，我追求的是创造性的风险，而不是稳妥的利益。

李海音：《逝者的恩泽》《思无邪》《纸醉》等小说中的故事在现实或历史的东坝确有其事吗？

鲁敏：没有这样的事，否则就是非虚构了。虚构是小说最好玩、最迷人也是最有空间的地方。我们可以完全撇开生活，把虚构做到最高级别。

写生活中既有的事情，写面前摆着的一张桌子，有意思吗？当然也有意思，但需要写者有非凡的眼光与高度，如何取舍以及解剖这张桌子。比如《寻路中国——从乡村到工厂的自驾之旅》《出梁庄记》，如果不是彼得·海斯勒，不是梁鸿，不是他们那样的情态与笔法，可能就是异国游记或学术干饼一块。到目前为止，除了《以父之名》，我没有写过非虚构的体例，我目前还深深浸泡在虚构的甜蜜与毒汁里——凭空捏造、瞒天过海、欺世盗名。

不过话说回来，一切的虚构也都有灵感的无厘头的起因，有现世里某种影影绰绰的东西。比如，我有一个很远的远房亲戚是工程师，年轻时在西部修了很多年铁路，就听人说过这么一句话，我不知怎么就写起了《逝者的恩泽》，其实这小说哪里有什么工程师！再比如，我小时候在老家，村里有一个人家，长年躺着一个雪白的姑娘，是个傻子同时又是个瘫子，很麻烦，吃喝拉撒全都要人照顾、还不知好歹，可父母加上兄妹五个都对这个姑娘特别尽心、心疼。我们这些小孩每次到她家去耍，主要目的就是去看这个整日待在床上的姑娘，怀着孩童的无知与无情，推推搡搡地挤进去悄悄看几眼。小时候也没有多想过什么，但有一天，写了个《思无邪》，我所写的却是那个姑娘所完全没有的生活与故事。

李海音：在你的笔下，“生”的主题可以说得到了淋漓尽致的发挥，也让读者见识了你不凡的才情，“死”你也时常触及，而且写得很有特色，比如《离歌》中人们对死亡的敬畏态度；《西天寺》《六人晚餐》中对上坟的细致刻画，传达死的庄重与生的轻浮；《家书》《墙上的父亲》《逝者的恩泽》《思无邪》《惹尘埃》等都设计了一个人的死亡对生存造成的影响。但我感觉“死亡”在你的小说中更多的只是一种叙事策略，不知道你对“死亡”有怎样的艺术思考？

鲁敏：我对死亡有偏好。活着的事情，人人都在殚思竭虑；死去的事情，虽天天都在发生，但人们常常佯装不知。死亡其实是我们最近的朋友，从一生下来，就默不作声地伺随着每个人，与我们同喜乐、同饮食、同睡眠。死亡的陪伴与制约，使得生活更有兴味、更有弹劲，更脆弱也更凶猛了。人生之所以还蛮好玩，是因为人人随时都会死去。死亡的阴影使人们相爱、占有、喜新厌旧、没完没了。我还是会继续写死亡的，用日常的而非戏剧性的方式。死亡就是我们的日常。

李海音：读你的“城市暗疾”系列小说，我不禁想到张爱玲，你们有一些共同之处，比如对人情世故都具有深刻的洞察力，然后从容不迫地点破其怪异荒诞之处，又不时诙谐地调侃几句，但你们对人性的态度又是迥然不同的。可以说，张爱玲对人性抱着一种绝望和虚无的态度，而你虽然同样揭示人性的弱点与缺陷，但你似乎并不认为这是与生俱来、不可纠正的，因为你特别重视家庭、社会、历史环境对个人的影响，人性的“暗疾”实际上是一种成长的创伤，在强大的现实背景下，人是如此的卑微和无力。因此，你对人性“暗疾”的揭示更多指向历史和现实，你对人性还是比较乐观吧？

鲁敏：谈不上乐观或悲观。讲实话，写这一个系列，我不是来找答案的，不是求结论的，我本身也处在暗疾与困苦之中。我不是一个批判、超脱、勘破的作家，我认为我没有这个权力，也许任何人都没有这个权力。我满身泥水，跟小说中的人们一样在无情的现实里拖曳。

你说得对，人性与处境和环境有关。我有时会寻找其中的关联，有时又想打破、玩弄和反抗这种关联。我太热爱人性了，它复杂、灵敏、多变、伤痕累累、汁液饱满！我愿意尽一切的可能去探究人性的深渊，哪怕悬空坠落、不知所终。

李海音：作为新世纪的小说家，你的创作环境应该说是极为宽松和自由的，但你一定也会遇到一些写作障碍，或者需要提防的东西。能简单谈谈吗？

鲁敏：应当说没有太多物质上的障碍，作家本就是“君子固穷”的，但其他的问题也许更多,像缠绵的阴雨天一样时不时光临——这阴雨不是对文学本身,而是落在文学之外。文学的核心是结实的,从无动摇,但文学的发生过程中总有太多华丽的干扰因素:传统审美的腐朽惯性、现代性的虚假口号、浅薄媒体的扭曲与消减、文化消费风尚对文学母本的腐蚀等。文学已经像别的行业一样精明且肥胖多脂了,浑身上下的口袋都塞得满满的,它看上去太中产太优裕了,时常会被恶趣味、恶话题、恶规则所绑架,保持某种有镜头感的假态与繁荣——内心深处,我仍然像置身旧石器时代一样迷信着文本的纯粹性,它真不该被那么多"外部的肮脏"所侵扰和伤害。

另外还有写作者认知局限上的短板、意识形态的倦怠与麻木,这更是危险的大问题。我们这一代的局限不是技巧或能力上的,而是思维与视野上的。好在阅读仍是可以依靠的一部分,像坏年份里的维生素一样,维持着小心翼翼的供给。尽管这个读物与那个读物跟我们视线中的其他东西一样,低级与高级真是差得太多。幸之,总有很棒的作品,异光熠熠,充满新鲜格局,让人深感有同道如此、有好货色如此,一切的怀疑都是胆怯和愚蠢的,我们所要做的仅仅就是继续,继续,再继续。

李海音:听你说,去年发表在《收获》第4期上的《荷尔蒙夜谈》预示着你将在此后一段时间关注"荷尔蒙"与艺术的关系。这似乎是一个文艺心理学的问题,也容易让人想到弗洛伊德的精神分析学说。实际上,你的很多作品中都有"心理分析"的成分,比如《六人晚餐》中的晓白、《墙上的父亲》中的王薇都有心理咨询的经历,而在《惹尘埃》《跟陌生人说话》《暗疾》等小说中则直接根据美剧 Lie To Me(即《别对我说谎》)中的情节设定,根据人物表情和动作来分析人物心理。你是不是读了不少心理学的书?你相信弗洛伊德的学说吗?

鲁敏:我一直感兴趣,也读了一点点关于记忆、幻觉、梦境分析等的书,但没有过系统和科学的训练。我主要凭阅读、直觉和一点小聪明来理解这一块。

"荷尔蒙"是很广泛的生理、心理、情感上的概念,不仅仅与性相关。人们有时一讲"荷尔蒙"就要讲弗氏学说,讲梦的分析与性欲压抑等,实际上,我更偏好福柯对梦境、对肉体的理解——他不同意弗洛伊德,他认为梦不能被归为"性欲本能这种生物性的东西",梦是"人类自由的整个冒险旅程",是"个人身上最具有个性的特质",是单个生命的"道德内涵"。再比如,对于性,他的阐述大致是:性在我们这样的社会里,没有仅仅被当作人类、家庭和个人再生产的手段,没有仅仅被当作获取快感和享受的手段,性被人们看成了一个"特权领域",在那里我们可以读到或表达出我的最深层的"真实"。不论喜欢与否,我们都注定了要透过性和性爱去说明我们"个人的"真实感,这个秘密在我们每个人身上都很细小,但它的密度却使它显得比任何其他问题都重要——同它比较起来，世界上所有的谜在我们看来都显得琐碎无聊。

你看他说得多好，性对个人的重大影响力是高密度的但又是无形的……在我偏执的理解下，“荷尔蒙”笼罩了人类生活的一切方面，像巨大的阴影，也像无孔不入的光线，实可谓人之大伦，亦是人生的困境与趣味。

李海音：你曾在多次访谈中提到你的写作依赖“灵感”，你在《荷尔蒙夜谈》中也指出“经验是艺术的敌人”“经验也是激情的敌人”，你是如何理解“经验”的呢？你的创作激情又是从何而来？你一定不会只是听凭“灵感”的召唤吧？

鲁敏：灵感肯定是必需的引子。不过，某种程度上，激情或灵感也就是一种借口式的、花样式的说辞，是这个宽容的世界送给可怜艺术家的一片“安慰剂”。好的时候，题目是灵感，句子是灵感，技术也是灵感，一切都是；糟的时候，什么都不行了，也什么都不是了，以灵感为首，万物都背叛和抛弃了你。

我也说不清我是否在跟着灵感写。写作，有时就像踏上自行车，说不清为什么就往前骑行了——写作是钻木取火般的原始动作，同时也是不可分解和解释的神秘动作。

李海音：我知道很多作家写到最后，要开辟一片陌生的领域，不得不通过阅读、采风、“挂职”等方式来获得创作的灵感，你呢？

鲁敏：以写作作为职业，有一个恐怖的前景：写不出来了怎么办？于是才有上述种种，以及更多的所谓“开辟新领域”之说。但我认为，虚构与生活经验本身不是呈现逻辑关联的。所谓“挂职”、采风，你不觉得这是很“计划”、很“农业”、很“目的主义”的办法吗？又笨拙又别扭，撒下种子就等着割庄稼，我不会的。

我因为现在还没有这样的危机，所以也没有设身处地去想。以我目前的想法，似乎觉得那种做法并不符合事物的秩序。写作是娇嫩的，也是顽强的，石头缝里能长出植物来，天天施肥却未必。“挂职”之类是对生活的不尊重，生活和生命不是为写作服务和献身的——这话听起来好像没有觉悟，好像很不敬业，但的确是我内心所想。写作必须是苦汁、汗水中天地野生的，不是圈地盖棚加温反季节培育出来的。

至于阅读，请不要把阅读贬低到为写作服务、用来提取灵感的地步，我和阅读的关系是独立自由的，阅读不是为写作服务的。就算我至今还一直在邮局做营业员售卖邮票、书，一定还会违反规定，把书藏在柜台的下面，趁着顾客稀少的时候看上几行。

李海音：爱丽丝·门罗获得诺贝尔文学奖，对女作家尤其是长于写中短篇的女作家是个极大的鼓舞吧。不知道你是如何处理家庭生活与写作的关系的？你的家庭对你的写作有什么影响吗？

鲁敏：烦透了门罗获奖之后一片乌泱泱甚嚣尘上的“短篇高级论”“长篇垃圾论”。第一，中短篇的好、精致与高度技术，这从来就不是新发现，不必因为门罗获奖，全世界才恍然大悟，这只能说明太多的人原来不太善于欣赏中短篇或不太习惯认同中短篇。门罗的意义是对圈外人的一次常识普及。第二，文体是平等的，同等高级或同等低级的，怎么可能对这个东西还进行阶层分级、站队？太没劲了。只有写不来的长篇，写不来的短篇。术业有专攻，医生还分科室呢，木匠做的活还分大件小件呢，有些作家长于这个，有些长于那个，很正常啊，哪有高下区别，更遑论因此来划分作家？对文体的傲慢与偏见，是一个“pH式”的标识，可以从作家、读者与评论家中分辨出山羊与绵羊。

我本人则是一个贪食者，对短篇、长篇都充满同样的野心和热情。读也好，写也好，欣喜其中——只要是好的。比如美国女作家安妮·普鲁，她的中短篇，包括《断背山》，我就是不喜欢。可她的长篇《船讯》，那种粗糙的质感、平淡但深沉的人际、对失败人生的亲切抚慰，是很好的。

至于写作与家庭生活的关系，作家必须有这个问题吗？还是女性更容易有这个问题？又或者说职业与家庭生活天生是一对矛盾体吗？我没法给出像样的答案，因为没有什么特别的，我没有从中感到困扰。家庭对人都是有影响的，人是环境的产物，家庭多多少少会决定某个人的情境与情怀。幸与不幸都是养料，崎岖与单调，都是你的。

李海音：相对你的中短篇小说，读者和评论者对你的长篇小说似乎比较冷淡。你觉得问题出在哪里？这对你的创作有何影响？

鲁敏：对我的创作没有影响。我有我自己的想法和道路，一如既往地坚定，也一如既往地自作自受，承纳褒奖或冷淡。对作家来说，时间会是最公允的读者与评论者。

在我们当下的长篇样本里，跨度巨大、人物众多、故事复杂的史诗类优秀作品，其存量已经足够丰富，也达到了相当的高度，即使从生态种类讲，我也情愿“不走寻常路”，为其增添一些现代性的品种。沙雕很大，微雕很小，各有其不可替代的美，从来就没有轻重大小之分。我们的长篇需要更多的意外和冒险，而不是推土机与大仓库。而且，我相信，这自古就不是一条孤独之路，《罗杰教授的版本》《邮差总按两遍铃》《我的米海尔》《别名格蕾斯》《毕司沃斯先生的房子》……这个清单其实可以列得很长，无数的前辈与同行，都在以“微雕”的方式通往经典——现代性的经典。

由此也可以看到经典的一个怪脾气：喜怒无常、不讲道理。它像一朵美得令人张口结舌的花，可能怒放在最贫瘦的一根枝头，却听凭庞大肥沃的园子里空空如也。你不能去跟它谈条件，谈政治气候、物质土壤或时代需要。不过，我就喜欢经典这怪脾气，它像毁灭性的地震一样难以预料。经典的产出与出现毫无规律可言，这正是它华美不可方物的地方——一切有规律的、可以推算和经营的东西，实际上多么乏味和面目可憎。

在我们的阅读经验中，总会注意到许多被忽略的“小个子”作品，它们还没有成为经典，或许永远也戴不上经典这顶大帽子，它们只被小部分人视若珍宝，它们在海洋般的阅读中沉浮不定……多少次，我替它们栏杆拍遍，感叹它们相对冷僻的命运。可是正是它们的存在使得写作这件事更加芳香迷人、充满抚慰：第一，我们现在所读到的所有经典，在诞生之初，一定都饱受折磨，满身的血水与泥泞，甚至命悬一线。第二，多少出色的令人悸动的作品，所得到的也只是黯淡的小簇光线，或者说，在通往经典化的路上，它们只是两侧的林荫，但它们所贡献的那种姿态与养分，某种意义上，更为尊贵，饱含文学经典之路的沧桑与世故。

评 论《

荒诞之极乐

——鲁敏的世界观及写作

李海音

一、与世界的相遇

鲁敏在一次访谈中曾提到她走上写作之路的一个偶然缘起：“25 岁的某个下午，写完当天的公文，站到办公室窗口，从所在的 17 楼往外看，往整个世界看，心念忽动，坐到电脑前，就此一脚踏上这条神秘多变的小说之路。”[①]那一瞬间，鲁敏经历了怎样的内心风暴？窗外的世界如何突然就改变了她的人生轨迹？我想，这是解读鲁敏首先要面对的问题。

① 鲁敏、李云雷：《鲁敏：与小说跳一场危险的舞》，《北京青年报》2011 年 1 月 6 日。

这个世界总是在逃避着我们，我们置身其中而浑然不觉，或浮于其表，始终无法卷入其精神风暴的漩涡。尽管我们带着对世界的深刻记忆和先验认知，也不能保证我们能够与之相遇。世界和人天然地存在着一种不太友好的关系，它沉默如谜，冷眼旁观卑微的人类艰苦而徒劳地挣扎，所谓“天地不仁，以万物为刍狗”。在这个世界非理性的大背景下，人类的存在显得如此的滑稽荒诞。鲁敏似乎比我们大多数人都更早地意识到这点，或许如她在“自述”中所说，7岁的她就已经被“人生的虚妄与戏谑”所触动，以至她成了一个“彻底的悲观主义者和虚无主义者”。但她对人生的这一“成见”直到她25岁的那个下午才酝酿出那片刻的内心风暴，使得她与这个世界真正地相遇，使她从一个旁观者变成一个生存的体验者。一扇窗户将她与世界远远地隔绝开，却又将这个世界鲜明地呈现给她，尽管依然是那熟悉的局部，却令她瞬间产生了难以预料的陌生感，世界以整体的荒诞撞击着她，使她对机械重复的生活突然产生了厌倦感，恍悟到写作的价值和意图——在语言的房间里，以文字的“取景器”为窗户，窥探和言说那个熟悉而又陌生的世界，从而对生活行使说“不”的权利和自由。正如鲁敏所坦承的：“我对整个人生的大基调是消极和悲观的，但写作可以从积极的作为上去抵抗、诉说和消解。”[①]

“荒诞之极乐，就是创作。”[②]在与世界相遇的瞬间，人生的虚妄变成了鲁敏创作的激情，也赋予了她在艺术上“我行我素”的任性和不蹈常规的叛逆气质。在不乏才情和想象力的“70后”作家中，以“最勤奋”或“沉稳”来形容鲁敏，都遮蔽了她的艺术锋芒。而且，鲁敏的独特性不在于她给读者呈现了一个诗意美好的精神原乡式的“东坝”，不在于她对人性“暗疾”的深刻洞察，也不是她赋予了“取景器”以诗意或哲学的象征内涵，鲁敏的写作仿佛是绝望与激情的一场生死较量，隐隐发力，却又不过是向虚空的世界掷去的拳头，那么无声无息，那么无能无力，因而绝望可以变成戏谑，激情可以化作虚无。但她的作品却始终含有罗素所说的某种“沉醉”的成分，她更像巴库斯的信徒，是“审慎”的反动者，她是如此依赖“激情”和“灵感”，而不惜冒任何的风险。于是，她写过成长的隐痛、妇女的哀怨，也写过男人中年的无聊与老年的孤寂；写过情爱的纠葛、物质的困顿、家庭的烦琐，也写过人性的芜杂、精神的空虚、社会的危机；既有底层小人物的辛酸艰难，也有中产阶层的苦涩孤寂；既有对乡土的诗意想象，也有都市中的贴地而行。她似乎已经将对生活全部的厌倦和否定转化成了对小说的全部热情，勾勒出如此纷繁的人情世态。然而，正如加缪所说，一个已经

---

① 鲁敏、张昭兵：《鲁敏：东坝是我的，但我不仅仅有东坝》，《青春》2009年第2期。

② [法]加缪：《加缪全集·散文卷Ⅰ》，丁世中等译，上海译文出版社2010年版，第138页。

意识到荒诞的人必将与荒诞为伍。无论鲁敏小说中的艺术主题和审美风格如何多样，无不表现出一种荒诞和残缺的意识，因为在骨子里她是执着于人生之虚妄和世界之荒诞的。

“东坝”系列小说对鲁敏来说固然重要，《逝者的恩泽》《纸醉》《离歌》《思无邪》《颠倒的时光》《风月剪》几乎篇篇意味深长、俊逸脱俗，为鲁敏赢得了不少鲜花和掌声，但“东坝”的成功更多地要归因于我们积淀千年的古典审美趣味，即对静美的田园牧歌的诗意幻想，对温情脉脉的集体伦理的母性回归。王国维在《红楼梦评论》一文中指出：“吾国人之精神，世间的也，乐天的也，故代表其精神之戏曲小说，无往而不着此乐天之色彩。”这种精神传统和审美心理对现代作家来说，既是一种诱惑，也是一个陷阱。时代总是在变动，一个严肃的作家总是细心地观察和捕捉生命流动的气息，而一个忠于艺术创新的作家总是试图抛弃传统赐予的神圣荣耀。鲁敏似乎清醒地意识到了这一点，于是她很快便悬置了东坝这个“乐天”的世界。“东坝”在鲁敏整体的写作中，作为一个温柔敦厚的传统乡土的象征，成了现代都市的一个对立的参照物。尽管东坝也有残缺的爱情（《纸醉》），有人性的暗疾（《风月剪》），有欲望的骚动（《白衣》），有生存的困惑（《颠倒的时光》），有生死的悲凉（《离歌》），以及理想的沉寂（《第十一年》），但这些缺憾是那么娇小、那么绵软、那么俏皮，不过是平静的东坝水面上浮荡的圈圈涟漪，都是为了装饰传统乡土的梦境而虚设的小白花。在熟悉的事物中发现陌生、发现人与世界的龃龉，人遭遇了荒诞、遭遇了虚无。对西方人来说，虚无问题在“上帝死了”的断言中产生，但对中国人来说，却是在传统乡土的消亡中产生。与都市相比，东坝的世界是如此的光明洁净，又如此的遥远陌生，以至于人只能沉醉于其间、物我相忘，很难真正地与之相遇，因为人只有把自己同自然分开，才能够达到真正的存在，而“一旦失落了同自然界的联系，人就头晕目眩又心醉神迷般地瞥见人的诸多可能性，瞥见人会变成什么模样”[①]。因此，是这个毫无诗意的现代都市，而不是记忆中和想象中的那个遥远的东坝，使鲁敏能够与之主客疏离，体验到荒诞的极致，确立她写作的基点。

二、平行与相交中的孤独

在空间和时间上远离东坝的现代都市，是由快递员、邮差、推销员、司机、秘书、记者、编辑、图书管理员、播音员、公务员、大学生、医生、白领、教师、家庭主妇、失独

---

① [美]威廉·巴雷特：《非理性的人》，段德智译，上海译文出版社2012年版，第173页。

老人等构成的错综复杂的生存网络。这里物质充裕,生活火热,人声沸腾,充满生机和活力。这是一个为我们所熟悉的日常世界,但这也是一个无关我们内心生活的世界。人与人之间失去了天然的有机联系,每个人都成了一粒原子,渺小封闭、面目模糊,在单一的社会角色中相互隔绝又随时可以相互替代,只是"活在地图上","从一个点到另一个点,从这条线到那条线,移来移去,蚂蚁一样"(《在地图上》),为了活着而忙忙碌碌,不知所向、不知何往,困顿厌倦、庸庸碌碌。即使是《细细红线》中爱书的"她",在图书馆工作久了,也感到"书境"成了"书禁",将她死死围困在里边,"竟动弹不得了"。这是"样板化、标准化,被切割被压榨的生活",每个人都过着"公共的、他人的、典型化的物质生活","从来没有过真正自由的意志"(《铁血信鸽》)。这样的生活是"无穷无尽的重复,重复讲罢了便忘掉的对话,重复空了又饱了的胃口,重复平息了又激昂的欲望"(《六人晚餐》)。于是我们看到邮差罗林那"僵硬麻木的微笑"(《致邮差的情书》),W公司门厅接待小姐那"永葆恶心的假笑"(《企鹅》),以及赵丽莉那只画了一边却没有人发现的眉毛(《一道眉》)。

于是有了"你站在桥上看风景,看风景的人在楼上看你"的另一种生存"断章"。在《致邮差的情书》中,看《参考消息》的老头儿、上访信的书写者、壮阳药贩子、等录取通知书的魔怔少女、收藏创刊杂志的秃顶教授、邮购品爱好者等在邮差看来是如此的怪异荒诞,而他自己在博客女孩M的眼里却是那么的枯燥和窘迫,当她决定给他写情书,为他的生活增加"一抹亮色"时,她的举动在邮差眼里也变成了一种无聊的行为。这种看与被看的多重关系彻底解构了传统生存方式的诗意风景,人们不再在相互的欣赏中融为自然的一体,而是在互为镜像的关系中互不相交。邮差与M,以及《企鹅》中的快递员与接待小姐,《烟》里的家庭主妇亦梅和烟贩阿丁,甚至包括《零房租》里的失恋少女小雅和失独老人胡文伦,本来不相干的两个人在鲁敏的"混搭"下发生了点瓜葛,但他们始终相互熟悉却又互不了解,只能在相互猜忌和防备中默默吞食着个人的孤独和苦闷。在"不可能"中寻找"可能",在"可能"中又证实"不可能",这不正是鲁敏对于人的荒诞处境的戏讽吗?不正是叙事的激情与绝望之间的较量吗?

最可悲的是,即使是"父母、儿女、恋人、夫妻,本质上都是音信不通的"(《零房租》),"生活像温开水,人与人之间的情感像气球一样光滑而轻飘"(《烟》),没有坦诚的交流,更没有贴心的慰藉。从《耳与舌的缠绵》到《博情书》(即《贞洁蒙尘》),从《烟》到《细细红线》,从《取景器》到《铁血信鸽》,鲁敏都在揭露着婚姻和爱情的荒谬,结实安稳的婚姻中盘踞着的是寂寞和厌倦,是空虚和无聊。曾经的爱意烟消云散,新的爱情又无处着落，谁也不敢动心动情，不再奢求灵肉的合一，爱与不爱都是一个错误，“每段婚姻都是一个误会”（《四重奏》），因为人跟人是不可能彻底地沟通和黏合在一起的。在新长篇《六人晚餐》中，鲁敏分别从六个人的视角、以第三人称的方式来叙述，可谓用意颇深，在自述与他述、反思与揣测、审视与被审视中，每个人物内心的隐秘缓缓地呈现出来，但我们发现，不能结合在一起的并非两个残缺的家庭，而是同一屋檐下最亲的人。晓白对家庭与爱的渴望只能记录在破旧的“练习簿”里，丁伯刚将生活中的不顺和潦倒倾注于“杯中物”，珍珍靠着她那天真的“影响力”与家人若即若离，苏琴因为她的“道德经”而解散了“六人晚餐”，丁成功在“玻璃屋”中痴守着爱情与事业的不可能，晓蓝则只能在成功学的“单行道”上越走越远。于是，在昏黄灯光下六人聚餐的那些夜晚，不断重复的不过是“嘴唇的开合中散发出无限的凄凉之情，一种共同努力着但并无改善的困境，赤裸裸、心知肚明的孤独”。他们都明白“人与人之间最大的伤害是软绵绵的漠视，满不在乎的离别”，却都有心无力，只是在相互揣测与试探中相互束缚和折磨，甚至是彻底的背弃、离别。

三、取景器下的暗疾

同样的取景器，不同的摄影师会对准不同的风景；同样的风景，不同的取景器会区分出不同的摄影师。照片拍出来的效果不在于取景器和景物本身，而在于选取的视角和拍摄的方式，但这一切最终都归结为摄影师的世界观和人生观。“文学之魅的奥秘同样在于‘取景器’。”[①]以“虚妄”为业的鲁敏自然不会错过人性“暗疾”这道风景，当她把“镜头”拉近，对准身边熟悉的人和事时，生存的荒诞便显现出来了。对鲁敏来说，最熟悉、最敏感的莫过于家庭，家庭是她一切困惑的来源，这里存在着最自然的血缘情感、最亲密的姻亲关系，寄托着我们每一个人的爱愿和希望，然而鲁敏却发现这里“暗疾”丛丛：要么残缺不全，在逝者的阴影下艰难地挣扎，在相互折磨和伤害中抱团取暖；要么相互隔绝和漠视，如同暗夜的荒漠，冰冷而枯寂。这就是荒诞，鲁敏在这么多年的写作中，似乎一直都在咀嚼着这种荒诞。

《取景器》中唐冠偷拍“我”家人的照片之所以引发离别，就是因为“我”在自己和最熟悉的人身上感到了陌生及由此引发的荒诞，感到了生存的疲弱和人性普遍的缺憾。“我”总是自以为是，以为“众人皆醉我独醒”，难以忍受家庭的琐屑与平庸，看不到枕边人的爱意与疾苦，只是观看着与己无关的那些阴暗角落。当唐冠的“取景器”

---

① 鲁敏：《我们的取景器》，《牡丹》2013年第12期。

对准自己时，才发现自己也是如此的窘迫困顿以至不堪入目，又通过家人最日常的照片发现背叛家庭和生活的是自己，而妻子始终都在坚守和奉献，却要承受“被冷落的命运”“短促而不可靠的情感”以及“有操劳而没有回报的日月”。但这种醒悟和忏悔并不能唤回“我”对妻子的爱意，因为“时间是最上等的腐蚀剂，是对爱情的侮辱与解构，最后，再怎么绝配的两个人，都会在共同的岁月中化为两具森森的白骨”(《博情书》)。

鲁敏无意对“我”进行道德审判，因为时间是非理性的，是永恒的，生命短暂的人置于其中，必然遭受无聊与痛苦，在激情的转瞬即逝中体验生存的荒诞。于是，鲁敏作品中总是存在着这样的一些人，他们对家庭和婚姻是矛盾的，一边拒斥、逃离，一边渴望与眷恋。如在《细细红线》中，“她”内心里“那么强烈地，发了疯地渴望反叛、渴望逃遁”，可面上却“如此波澜不惊，安于日常”。即使是《家书》中的斯佳、《惹尘埃》中的肖黎这样刚毅独立的女人，也是一面厌恶家庭细小琐屑的乐趣，誓与平庸的世俗相对抗，一面又“对家庭式的软禁产生淡淡的艳羡之意”。这种矛盾的心态导致了在婚姻中被困的男女始终没有勇气对生活说“不”，像亦梅、郝音、穆先生、央歌等有着精神追求、渴望激情的知识分子也纷纷失去了反抗的意志，在无爱的家庭中，既不会欢笑也不会哭泣，渐渐没有了理想，没有了诗意，也没有了爱的能力。

在“取景器”推近和拉远的过程中，现代人的暗疾被无情地放大，近到我们的眼前，远到岁月的尽头：《暗疾》中姨婆的便秘、父亲的呕吐、母亲的记账癖、梅小梅“购物—退货”的疯狂；《墙上的父亲》中王薇的贪吃和偷窃、王蔷的偷窥；《取景器》中妻子永不废弃的编织；《惹尘埃》中肖黎的不信任症；《死迷藏》中老雷与偶然的疯狂较量；《不食》中秦邑的“不食”怪癖。这些生理或心理上的强迫症都是“岁月的礼赠”，是人在其生存环境中被异化的表现和结果，是现代人精神残缺的写照。在现代社会中，人是被动的存在者，是荒诞的产物，人之为人的主体性被消解，不仅丧失了自由意志，而且无力改变自身的处境，只能任由历史和现实的摆布，以至于伤痕累累，疾病四处蔓延。

对现代人来说，最无法忍受但又不得不直面并时时体验到的便是生存的偶然，偶然是人类最大的“暗疾”，这是一种形而上的“暗疾”，是人最根本的残缺。虽然我们对个人出身、人际相逢、历史变革的偶然有所领悟，但对偶然的深刻体验不得不借助于死亡。死亡是深渊，是虚无，是“一种随时都可能把我们意想不到地猛掷进非存在中的偶然性”[1],“死亡并非按约定正点降临”是人们对偶然最痛心疾首的荒诞感受,但也是对自身处境最深刻的认识。根据海德格尔的观点,死亡是人存在的一种内在可能性,是各种可能性中最个人、最内在的可能性,只有把死亡带进个体生命内部,即直面随时召唤自己的死亡,本真的存在对个人来说才有可能。鲁敏对“偶然”的思考虽然还没有达到哲学的深度,但无论是在“东坝”系列还是城市题材的小说中,她都敏感地触及了这一问题:在东坝,有“新媳妇头胎难产去了的,活蹦乱跳夏天嬉水给拖走了的,喝醉酒落下茅坑起不来的,过大寿吃鱼给卡死的,造新房掉石灰坑里给烫没了的”(《离歌》);在城市里则有“阳台掉下东西砸死,煤气管爆炸,被疯子砍死,高架桥塌了,过马路被撞飞,吃错东西,入户抢劫杀人,大楼着火……”(《死迷藏》)。死亡无处不在,随时都可能把我们推进虚无的深渊,但除非这种偶然的死亡发生在我们亲人身上,否则人们会像巴雷特所说的“靠着‘习惯’和‘旁骛’这两帖特效‘止痛药’来逃避对这个问题的切近考察”[2]。

《死迷藏》中的老雷是一个比常人更具有悲怆感和生存危机意识的人,因为同事小钱下楼买奶茶的当儿被广告牌砸死,老雷对死亡的偶然性产生了极大的恐惧,但他相信通过理性的周密计划可以躲避它,却弄得夫妻决裂、父子成仇,最后彻底屈服于偶然,通过两杯橙汁(一杯有毒)这一人为设计的偶然杀死了儿子。老雷比任何人都更深切地意识到生命的不确定性,试图以人的理性来反抗世界的非理性,按照哈贝马斯的说法,这正是“现代性”的典型精神征候。这种对理性狂妄的执着表明了现代人生存的无根性,人们丧失了所有精神的支撑,面对死亡只有畏惧和恐慌,结果反而丧失了理性。老雷与偶然的较量虽是一出荒诞的悲剧,却触及了人类生存的本质,说明了在世界巨大的非理性中人类的卑微与有限。跟《离歌》里东坝人虽然意识到生命的脆弱,面对死亡却依然表现得从容和庄严相比,现代都市中的人们无论是生还是死都显得毫无尊严,要么像老雷一样畏畏缩缩、担惊受怕,要么像老雷的同事一样把头埋在尔虞我诈、没心没肺的日常生活的沙子里,“背死而生”,永远无法领受生命的启示,即自己目前的生活是毫无意义的,所谓的世俗的“成功”都是幻影。

四、父亲的遗产

从对于个人生理“暗疾”的揭示到把精神分析、行为主义心理学直接引入小说,鲁敏对个体心理学的戏剧化处理,也激发了读者将其个人身世与其写作结合起来考

---

① [美]威廉·巴雷特:《非理性的人》,段德智译,上海译文出版社 2012 年版,第 151 页。
② [美]威廉·巴雷特:《非理性的人》,段德智译,上海译文出版社 2012 年版,第 145 页。

察的兴趣,而鲁敏也从不讳言其个人的成长经历对于她的小说创作的影响:“我无法否认,也许在潜意识里,父亲过早的缺席使我产生了一种‘补偿’‘回溯’与‘强化’的心理需求。”[①]鲁敏的父亲可以说在她的一生中都是缺席的,父亲生前便与母女几人异地分居,他们之间的关系是陌生的、淡漠的,没有过贴心的交流,加之父亲的牢狱之灾,又导致鲁敏过了三年寄居生活,而她梦想的大学之路也由此间接地中断,这加深了鲁敏对父亲的隔阂与幽怨。回忆起这个曾经“惧怕过”“怨恨过”“伤害过”也“怜悯过”的父亲,鲁敏多年后不禁感慨道:“记忆里那个模糊的、零碎拼图般的父亲,越来越抽象了,连年纪这一点也不像了。他到底是我的什么人?”[②]这种复杂的人生体验对鲁敏的世界观和创作的影响是毋庸置疑的。在某种程度上,鲁敏的写作是对其父亲精神遗产的清理。

鲁敏父亲的过早缺席使她对于家庭的敏感度高于常人,因而她更专注于家庭伦理的叙事,父母、夫妻、姐妹之间的关系成了其小说的核心。因此,她笔下人物的“暗疾”也好(如《墙上的父亲》),良善(如《逝者的恩泽》)也好,都得在这种关系的张力场中才得以体现,使得她的小说具有独特的审美特质。另外,鲁敏小说中“父亲”的形象始终是被弱化甚至缺席的,如在《白围脖》《墙上的父亲》《缺席者的婚礼》《六人晚餐》《盘尼西林》《逝者的恩泽》中主人公的父亲都已死去,而《镜中姐妹》《暗疾》中主人公的父亲虽然在场,形象却很模糊,不像母亲那样具有人间的烟火气。而鲁敏对于父亲缺席带给个人的成长阴影、家庭的粗糙生活和人性的扭曲偏执的书写是最令人印象深刻的,如《墙上的父亲》中,母女三人在坚硬的物质生活中卑微地挣扎,在自嘲中抵抗生活的困顿,在相濡以沫中获得生存的勇气,又在父亲逝去的阴影中沾满世俗的灰尘。由于家庭的缺憾,鲁敏具有了很强的残缺意识,在她笔下,几乎所有的家庭都是不圆满的,即使是在“东坝”,如《纸醉》中大元小元、开音的母亲都是缺席的,《思无邪》中虽然兰小的父母健在,但兰小自己却是痴瘫,跟来宝可能美满的姻缘却因她的死亡而终结。

父亲的婚外恋到底在多大程度上影响了鲁敏的世界观,这是一个未知,但一向有意回避俗套的都市情感写作模式的鲁敏,也的确从中获得了一些创作的灵感,构成了《白围脖》《贞洁蒙尘》《取景器》《逝者的恩泽》《细细红线》《惹尘埃》等小说中的基本价值立场。在最先引人注目的《白围脖》中,通过主人公忆宁对父亲遗留的情感日记的解读,以及对婚外恋的失败尝试,鲁敏发现父亲在保守年代打破禁忌的爱欲

---

① 鲁敏:《十二年,这是一条写满寂寞的路》,《华商晨报》2010年11月10日。

② 鲁敏:《以父之名》,《人民文学》2010年第3期。

和情感体验是今人所无法企及的，而在极端开放、性爱自由的当下，人们却丧失了爱的能力，只剩下赤裸裸的肉体欲望。在《细细红线》中，“她”和“他”通过取消个人历史、身份地位和情感意志来逃离自我的“偷情”的方式，代表了当前一种普遍的情感模式。这些生活中没有“阻力”、没有“不堪”的男女们试图在肉体的施虐与受虐中完成生命的救赎，却在获得欲望浅薄短暂的满足后陷入了虚无的无底深渊。可以说，从父亲那里，鲁敏获得了一种历史批判的意识，一种切入现代人精神和情感世界的独特视角。

在父亲缺席和婚外恋相结合的模式的背景下，鲁敏对于婚外恋的思考摆脱了她自身对于父亲的复杂情感的影响。鲁敏小说中的男性都是受过良好教育的知识分子，缺席的父亲，如忆宁、晓蓝、王蔷的父亲则高大俊朗、浪漫潇洒，穿着风衣、搭着围巾，会吹口风琴；在场的男性，像《博情书》中的林永哲、《取景器》中的“我”、《铁血信鸽》中的穆先生同样文艺脱俗，对自身的处境有着清醒的认识，渴望实现对肉身的超脱。站在鲁敏的角度来看，前者都是父辈，作为叙事者的父亲生活在那个相对纯洁的年代，虽然死了却无处不在，始终活在亲人的记忆里，永远同庸俗鄙陋的生活不沾边；后者则是平辈中人，是生活在物质丰裕的当下都市中的丈夫们，虽然活得好好的，却心如死灰，不敢去爱也没有能力去爱，遵守着“今日忌有情”的流行规则，把婚外恋当作“行为艺术”，渴望激情却不愿放弃“正确”的生活，憎恨“白胖的肉身”却大口喝着鸽子汤，在空虚与无聊中苦苦挣扎。在这一对比中，父亲的死却成了一件值得庆幸的事，父亲免于沉沦，免于面对平庸乏味的生活和沉闷无爱的婚姻。父亲到底是一个英雄还是一个懦夫呢？鲁敏以偶然的死亡悬置了这个问题。在“偶然”降临的地方，生存的荒谬也显现出来了。英雄不是死在英勇的行动中，懦夫也不是有意叛逃，“偶然”消灭了勇敢与懦弱的界线，使一切化为虚无。“偶然”终止了父亲的生命和婚外恋，也终止了我们的道德判断。

如果从鲁敏整体的写作来看，父亲实际上是一个具有象征意义的符号，代表着一种生活秩序和精神支撑。失去父亲意味着生存的无根基，意味着像晓白、王薇一样只能停留在“傻乎乎的童年期”。如果说母亲是世俗的、琐碎的家庭生活的支柱，那么父亲则是个人能够超脱这世俗和琐碎的精神向导。因此，父亲偶然的死亡，是人被抛入这个世界的开始，意味着个体生命以偶然为起点，以卑微、孤独、残缺为本质，开始独立地承担自己不可捉摸的命运。我想，这是鲁敏小说所揭示的一种具有哲学内涵的现代情绪和现代精神。

（载《小说评论》2014 年第 6 期）

主要作品目录《

长篇小说

《戒指》,中国青年出版社2005年版。

《爱战无赢》,百花文艺出版社2005年版。

《博情书》,江苏文艺出版社2007年版。

《机关》,重庆出版社2008年版。

《百恼汇》,上海人民出版社2008年版。

《此情无法投递》,江苏文艺出版社2010年版。

《六人晚餐》,北京十月文艺出版社2012年版。

《奔月》,人民文学出版社2017年版。

中短篇小说集

《取景器》,山东文艺出版社2009年版。

《离歌》,春风文艺出版社2010年版。

《伴宴》,江苏文艺出版社2011年版。

《惹尘埃》,二十一世纪出版社2011年版。

《墙上的父亲》,新星出版社2012年版。

《九种忧伤》,花城出版社2013年版。

《荷尔蒙夜谈》,北京十月文艺出版社2017年版。

《镜中姐妹》,太白文艺出版社2017年版。

《与陌生人说话》,江苏凤凰文艺出版社2017年版。

《正午的美德》,长江文艺出版社2017年版。

《惹尘埃》,四川文艺出版社2018年版。

《思无邪》,四川文艺出版社2018年版。

中短篇小说

《白围脖》,《人民文学》2002年第3期。

《镜中姐妹》,《十月》2003 年第 4 期。

《青丝》,《花城》2003 年第 5 期。

《四重奏》,《人民文学》2003 年第 6 期。

《男人是水,女人是油》,《人民文学》2004 年第 8 期。

《方向盘》,《人民文学》2005 年第 8 期。

《耳与舌的缠绵》,《青年文学》2005 年第 23 期。

《一道眉》,《雨花》2006 年第 4 期。

《烟》,《人民文学》2006 年第 6 期。

《正午的美德》,《青年文学》2006 年第 15 期。

《跟陌生人说话》,《花城》2007 年第 1 期。

《逝者的恩泽》,《北京文学(中篇小说月报)》2007 年第 4 期。

《盘尼西林》,《作家》2007 年第 2 期。

《暗疾》,《大家》2007 年第 3 期。

《取景器》,《花城》2007 年第 3 期。

《致邮差的情书》,《人民文学》2007 年第 4 期。

《风月剪》,《钟山》2007 年第 4 期。

《思无邪》,《人民文学》2007 年第 8 期。

《颠倒的时光》,《中国作家》2007 年第 2 期。

《秘书之书》,《小说月报(原创版)》2007 年第 5 期。

《纸醉》,《人民文学》2008 年第 1 期。

《墙上的父亲》,《钟山》2008 年第 1 期。

《超人中国造》,《中国作家》2008 年第 5 期。

《家书》,《小说月报(原创版)》2008 年第 3 期。

《离歌》,《钟山》2008 年第 3 期。

《燕子笺》,《北京文学(中篇小说月报)》2008 年第 10 期。

《伴宴》,《中国作家》2009 年第 1 期。

《饥饿的怀抱》,《人民文学》2009 年第 3 期。

《细细红线》,《小说月报(中篇小说)》2009 年第 3 期。

《企鹅》,《小说月报》2009 年第 11 期。

《第十一年》,《花城》2009 年第 3 期。

《月下逃逸》,《钟山》2010 年第 5 期。

《铁血信鸽》,《人民文学》2010年第1期。

《惹尘埃》,《人民文学》2010年第7期。

《死迷藏》,《北京文学(中篇小说月报)》2011年第7期。

《缺席者的葬礼》,《上海文学》2011年第7期。

《谢伯茂之死》,《收获》2012年第4期。

《今日忌有情》,《芒种》2012年第7期。

《字纸》,《北京文学》2012年第10期。

《隐居图》,《北京文学(中篇小说月报)》2013年第5期。

《零房租》,《北京文学(中篇小说月报)》2013年第8期。

《荷尔蒙夜谈》,《收获》2013年第4期。

《火烧云》,《上海文学》2017年第1期。

散文集

《回忆的深渊》,昆仑出版社2013年版。

《虚构家族》,译林出版社2019年版。

《时间望着我》,译林出版社2019年版。

路 内

男，1973 年生，江苏苏州人。

小 引《

中国是一个重“名教”的国家。这“名教”的意思，大家知道较多、注意较多的，是所谓“纲常名教”，即以前常说的“封建礼教”；另有一个意思，与“纲常名教”有关，却又渊源更深、流布更广，这就是胡适引冯友兰的话说的“崇拜名词的宗教”“崇拜名词所代表的概念的宗教”，或用胡适自己更浅白的解释说：“便是崇拜写的文字的宗教；便是信仰写的字有神力、有魔力的宗教。”胡适在《名教》一文中说，我们起名字、讲名讳、念符咒、喊口号、写标语、供牌位、贴对联、搞纪念等等，举凡以“名词”“概念”为标榜的活动，大约都可归入这种“名教”活动的范畴。胡适在文章中列举了“名教”的种种害处和弊端，既有关乎天下国家的，也有关乎人情习俗的，我想补充，还有关乎文学创作和文学评论的。我读路内的“自述”，就知道他曾经深陷“名教”的苦恼。

在路内的文学生涯中，有两个名号曾让他深感苦恼，一个是“工人作家”，一个是“青春写作作家”。

先说“工人作家”。路内在“自述”中说，他经常被人误认为是“工人作家”，对这个“身份符号”，他感到很“不满意”。我读路内的作品，也觉得用“工人作家”来界定路内的身份，实在太不合适。这不合适的理由有三，其一就是路内自己说的，这称号太陈旧，太“老派”。在我的记忆中，20世纪50年代到70年代流行这样的叫法。这叫法不但是一种身份，同时还有一种特殊的含义。那时的理念，不但视工农兵为文学服务的对象，认为工农兵是文学接受的主体，同时也视工农兵为文学的创造者，认为工农兵也应该是文学创作的主体。叫了“工人作家”“农民作家”“军旅作家”，岂不就成了双重主体。那时节，也委实出了好些工农兵作家，有的还进了文学史，如胡万春、李学鳌、王老九、黄声孝、吴运铎、高玉宝等等。记得蒋子龙因《机电局长的一天》在文学史上被提及时，他的名字前面也往往要冠上“天津工人作家”的称号，如此等等。这当然都是往事，80年代以后就不兴这样叫了，现在又这样叫，岂不是太陈旧，太“老派”。其二就是这称号也不符合路内的实际情况。查路内的经历，岂止是他自己说的“在‘工人’和‘作家’的身份之间曾经有12年的广告公司从业经历，至少有10

年我是在一流公司度过的”，还有其他种种职业，也不好简单地用“工人”二字来概括。下面，是我从网上搜到的路内所从事过的一些职业：钳工、维修电工、值班电工、操作工、仓库管理员、营业员、会计、小职员、小贩、播音员、摄像师、广告公司文案、公关公司老板等等。这些职业，在今天虽然大部分可以归入蓝领的范畴，但也有些显然属于白领，或介于蓝、白领之间。所谓“工人”，在称“工人作家”的年代，主要是指在制造业从事一线工作的职工，或在铁路、矿山等部门工作的产业工人，跟今天诸多类似工作的职业特性不合，也体现不出工人阶级的阶级性。其三是这称号对阐释和评价路内的创作没有作用，不能说明任何问题。放在20世纪五六十年代，光“工人作家”这个称号，就可以给路内的作品加分，更何况还有工人阶级的属性，会让作品的思想性大大提升，包括工人阶级的审美趣味，也会提高对作品的艺术性评价。虽然现在的文学评论依旧讲“知人论世”，但从作者的阶级属性去论定作品的思想和艺术，毕竟殊为少见。所以，就算是叫了“工人作家”也是白叫。

再说“青春写作”。最近20年来，在我的印象中，“青春写作”最早似乎是指“新概念作文大赛”评出的那一批少年作家，如韩寒、郭敬明、张悦然等人，后来就逐渐扩展到一个群体，叫“少年作家”或“少年写作”，再后来便逐渐升级为名声大噪的“80后”作家群了。在他们还是“少年作家”的时候，我的印象中，大抵是写些中学时代的经历，表现青春成长期的烦恼和躁动，对学校和家庭教育颇为叛逆，作品中的一些青春偶像，为青少年读者所追捧。这些人后来虽已成年，也颇多分化，但那写作的路数还在，其中如郭敬明等甚至还将这种“青春写作”带入大众媒体，借助影视改编，进一步为更新一代的少年制造青春的偶像和“欲望的符号”。无论从哪方面说，这样的“青春写作”，都与过了而立之年才端上文学这个饭碗的路内不符，且路内笔下的人物，虽也在青春年少，但所遭遇的生存环境和怀抱的生活目标，却大不相同，因而其性情和作派也就迥然相异。实实在在地讲，路内的创作，从思想到艺术，都比所谓“青春写作”要深邃精湛得多。这样说来，认为路内是“青春写作作家”，哪哪都不搭界。

既然如此，为何还要给路内加上“工人作家”“青春写作作家”的名号呢？说到底，还是那个“名教”的情结在作怪。了解一个作家，评论一个作品，实打实地去调查研究，一字一句地去细心体味，难。加上一个名号就简单多了，从这个名头出发，就可以给作家定品性，给作品下判断。这样做，痛快是痛快了，殊不知要冤枉多少好人，造就多少冤案。文学虽然不论“冤”否，但“名教”造成的错判，却屡见不鲜。大到一个文学潮流的归类，小到一个作家身份的定性，都有可能以偏概全、名实相乖。路内说：“我一直以为身份符号是不重要的，重要的是作品本身。后来才逐渐明白，这是一句鬼话,任何有分量的评论都是从作家的生平研究开始的,作品本身很轻,被曲解的可能性很大,甚至有可能被套用。连同我这个作家身份,也在某种概念之下存在着。”我愿把这句话送给所有的读者和评论家。也想借这个机会,套用胡适在《名教》一文的结尾喊的一个口号:打倒“名教”,“名教”扫地,文学有望。

自 述《

没有“灰尘”的作品

在我迄今长达10多年的写作生涯中,最不满意的倒不是写作本身,而是随之而来的身份符号。其一是我经常被误认为是个“工人作家”——众所周知,这很老派。我在不同的场合多次解释过,自己在“工人”和“作家”的身份之间曾经有12年的广告公司从业经历,至少有10年我是在一流公司度过的,那鬼地方既冷血又繁忙,我一直做到创意总监和首席提案手(文学界的人不太知道这两个职务的重要性,反正我也无所谓啦),直到自己干不动。

我一直以为身份符号是不重要的,重要的是作品本身。后来才逐渐明白,这是一句鬼话,任何有分量的评论都是从作家的生平研究开始的,作品本身很轻,被曲解的可能性很大,甚至有可能被套用。连同我这个作家身份,也在某种概念之下存在着。

2006年我打算写《少年巴比伦》的时候遇到了一个书商,此公力劝我写一个关于都市广告人的小说。我呢,很不争气,只想写写自己待过的工厂。过了一些年,我出版了三部小说,又遇到这个人,他又劝我写个“所有人都爱看的小说”。我都快笑出来了,就我个人的经验来说,这事似乎很难。广告学认为,很难找到一个适合所有人的产品,只有那些定位清晰的牌子才能成功。从这个角度来说,我倒成了一个投机取巧的商人,而那位书商则有着远大的文学理想。

我被定位成一个“青春写作作家”也是没办法的事,虽然我40多岁了,还得吃这口冷饭,一点儿劲都没有。“追随三部曲”是我计划中的超长小说,它包括《少年巴比伦》(2006年)、《追随她的旅程》(2007年)和已经完成的《天使坠落在哪里》(2013年),它被我设计在一个叫作“戴城”的地方,从1990年到1998年的漫长时间,庶几跨越了整个 20 世纪 90 年代。这座虚构的城市有 2500 年历史，它最初是一个无聊的县级市，后来又变身为国有企业林立的衰败的地级市，最后它成为一个有着新兴开发区的淘金之地。主人公在这里从 17 岁活到 26 岁，从技校生（或重点中学高中生）成长为推销员、高级白领（他们其实并不无聊，而是一群极其上进的人）。直到最后一部小说的结尾，我觉得它图穷匕见，讲出了一个完整的故事。它和“成长”“青春”的关系不大，是一个比较意味深长的、现实版的寓言。

《云中人》（2010 年）是一个莫比乌斯环式的谋杀故事，它大概采用了齐泽克对拉康的一些哲学分析，但因我不幸将故事设计在一群应届大学毕业生中间，使它又显得带有“青春”的痕迹了。国内的评论家对齐泽克、拉康、希区柯克这些人不是很熟悉。至今我仍然认为，《云中人》是一个难写的小说，假如它是个中篇，问题会好解决得多，但它陷于长篇的格局中，它本身的重量使文本在崩溃的临界点上摇摆。有人对此给予恶评，我觉得很正常，这个小说所谈论的恰恰就是“崩溃”。

《花街往事》（2012 年）倒是一个故事脉络清晰的小说，它讲一个家庭和一个有歪头残疾的少年的经历，一部分年代风尚，一部分儿童和少年视角，一部分则类似情史。它是由 8 个中短篇所结合成的长篇小说，也有人说它不是长篇小说，我想，这又有什么关系呢？

我是个对小说趣味特别挑剔的人。这话说出来没意思，只能默默挑剔了。作家身份（或者说是它作为一个符号的存在）我也不满意，忍受下去恐怕是唯一的办法。回到文章的开头，在“工人”和“作家”之间究竟有多少是被隐没在阐释之中，被历史踩得粉碎的，被自身所创作的文本而杀戮的，恐怕是每一个作家都要面对的困惑。有人安心于此，我却觉得危险。

我希望把自己放在一个当代作家的位置上。一个具有现代性的作家，能够深刻地理解当下，同时能够在写作技巧上有所突破。如果一个小说追求的是让普通读者觉得好看的话，那么这个小说很有可能是简化的，世界观也是简化的，人物可能是扁平的，讲出来的东西可能是世俗的，如果你往这个方向靠拢的话，最后会导致所有的问题都降了一格。

我父亲是个新中国成立前出生的人，和《慈悲》里的水生稍微有一点年龄上的距离。小说里，水生这个人物绝对是共和国的同龄人，我父亲比他要大 10 岁。我祖父是新中国成立前在上海开车的司机。上海的工人和北京做小手工艺品的生意人一样，日子过得挺不错。我爸在父辈所提供的环境里养成了一身少爷气，很年轻的时候就在上海的舞厅里学会了跳舞，他的姑妈又是开赌场的，他 6 岁就学会了打麻将。

后来因为祖父的意愿，他去念了中专，进了国营工厂。1957年以后的近20年里，他基本被关在工厂里，人的生活只剩下家庭和工厂，没有娱乐。

20世纪70年代末，我已有点记忆，我爸跟我干爹在家偷偷地打扑克牌，赌点小钱。在1957年到1977年那20年里，他们的生活是非常枯燥、艰难的，跟小说里写得一样。突然，80年代来了，慢慢地，姑娘可以烫头发了，男孩子可以穿喇叭裤了，可以听邓丽君的歌了，我爸就在那个环境里。他不是文科生，而是个花花公子式的理科生，他能做的事情就是运用理科生的特长，出去打麻将赢人家的钱。他是聪明人，仗着自己当时还挺好看的，出去教人跳舞。刚改革开放的时候是没有人会跳舞的，到80年代，很多50年代学会跳舞的人已经白发苍苍，只有他头发还是黑的。他作为一个黑头发、会跳舞的人，很受街道妇女欢迎，也很受那帮哥们儿欢迎，满大街的人喊他"老师"。

我爸的生活比小说里这个人物要丰富得多，以至于我可以把他拆开了写，像胡椒面儿一样撒到所有的小说里。

我童年的时候，我爸我妈每天从工厂下班回来，在《新闻联播》开播之前一起吃晚饭，饭桌上会讲工厂里的事儿。我爸在化工厂，我妈在玻璃厂。我小时候每天像听故事一样听他们讲工厂里各种奇奇怪怪的事——哪个车间主任又把厂里的工人给训了，哪个工人又把车间主任给打了。补助是他们谈得最多的。那时候一个月工资也才几十块，有人能补到20块，相当于"年薪翻倍"。他们日常的谈资是谁谁又拿到补助了，谁没拿到，在工厂里哭呢。

等我爸老了以后，还经常讲当年的补助故事，当年帮人家要补助，真像民选一样。就像资本主义国家去竞选一个州长，要补助是要演讲的。这要20块钱就要演讲了，而且还不是为自己演讲，是为自己车间里的工人演讲。无论帮别人要到多少，他自己也不能要一毛钱，最多抽人家一包烟。

刚开始写这部小说的时候，我想确立一个普通中国人的价值观。当我写到一半的时候发现，如果你真的去阐释这个概念，会变得非常庸俗。关于中国人的价值观，关于中国人的信仰中相对比较好的部分，我既对此抱有希望，也不抱有太大的希望。因为一旦抱有太大的希望，它就是庸俗的。你去看鲁迅的《野草》，它强烈地表达了这样一种念头，他仍然抱有希望，但他也是绝望的。如果对此抱有热切的希望的话，就变成郭沫若了。

写到一半的时候，我确实停了一下。我反复跟人讨论，"慈悲"到底是好的还是不好的？最后我认识到，它是一个双重的力量，既有发自底层的、最基本的良知，也可能作为伪真理在世界上流传。它既可能是真的,也可能是假的,是伪的。我读伊格尔顿写的《文学阅读指南》,里面谈到《威尼斯商人》。伊格尔顿说,威尼斯商人大谈慈悲,但他做的事情是不义的。慈悲是一种美德,但它不是强制性的,而正义是强制的,慈悲绝不能建立在嘲笑正义的基础上。我非常认同。即使我在小说里谈的是真慈悲和假慈悲的问题,它背后依然指向正义。多产不是好事儿,但是我们要原谅某些作家在一生中的某一个时间段里,相当密集地写出他们的作品,这个时间段有时候是10年。比如福克纳并不会被称为一个多产的作家,但是福克纳一生中最重要的长篇全都是他30岁到40岁之间的10年里写的,40岁之后重要的长篇几乎就只有一本《去吧,摩西》,那个时候真是一年一本。《喧哗与骚动》《我弥留之际》《圣殿》《八月之光》那种级别的小说,一年一部地出现。如果你活在福克纳30岁的年代,你会说,这家伙写得太烂了,每年出一本小说。但他40岁以后不再写了。如果你不去看福克纳创作年表,你觉得他一生创作的作品并不多,但在那个时间点上,他的作品密度特别大,这与作家创作的状态有关系,等跨过了密度特别大的时段,又是另一种状态。

我们这一代作家较之前人遭遇的难度更大,哪怕现在和90年代相比一成不变,我们在文学上遭遇的困难都会比前一辈作家更大一些。汉语文学在20世纪80年代到90年代似乎经历了一个超强力的拉扯,在这个拉扯中间出现了很多好作品。其实"50后"作家比"60后"作家强多了,我自动把余华、苏童、格非算到"50后"作家里,他们出来的时候也是80年代。莫言是真正的"50后"作家,还有王小波、张承志、王朔、王安忆、孙甘露、残雪。以"50后"为主体的这个阵营的超强度拉扯,使得"70后"作家发现,要去写的阵地早就已经被炮火削平了。

过去说"70后"作家在夹缝中,意思是"70后"作家在文学与商业的夹缝中,这个说法我一点也不认同,我认为"70后"作家是在文学与文学的夹缝中。一个作家在文学和商业之间,我觉得并不是件坏事,反而会对好作家产生推动力。不过大量作家在写当代,却没有出现强力的东西,或者说,好的东西被遮蔽掉了,我们看不到。整个世界文学都一样,在确定经典的过程里有很多偶然因素和人为因素,就像塑造历史。很多作品不是被遮蔽了,而是所有作品上都蒙着一层灰。一个新作品出来的时候,其实是一个蒙尘的作品,时间并不会使灰尘增多,对于经典作品来讲,时间或人为的力量是在擦拭,把它的灰尘擦掉,把它越磨越亮。你会发现,像《围城》《平凡的世界》之类的著作,有人质疑它们文学上的价值,但是在经典性上,它们确实已经被擦得锃亮,没有灰尘。

访　谈《

在自觉与使命中前行

——路内访谈录

王　琨　路　内

王琨:路内老师,回望您的创作之初,您的《少年巴比伦》《追随她的旅程》连续被《收获》等国内顶尖文学杂志刊载,请问它们是一气呵成的吗?

路内:不是,我先写了《少年巴比伦》,还没发表,就写了《追随她的旅程》,我感觉《追随她的旅程》比《少年巴比伦》在文学性上讲稍微差了点(当然也有人说《追随她的旅程》更好看)。但当我感觉第二个比第一个差的时候,是有问题的,因为在创作的过程中,小说语言太顺了,两本40多万字,一路写下来,你会发现操作语言其实并不难,但即使语言很顺,在这个语境内,你可能仍然写不好这个小说。所以我放下了,也没有打算写三部曲,而是转去写了别的小说。大概过了6年,我才决定写第三部,也就是《天使坠落在哪里》。

王琨:那么您开始着笔写《少年巴比伦》是什么时候?

路内:2006年写作,2007年发表,2008年出版。过程挺漫长,也挺曲折。

王琨:您发表处女作的年纪,已过了而立之年,可谓厚积薄发,请问在此之前您的文学准备是怎样的?

路内:我没有那种常规意义上的坚持。2006年之前我一直在广告公司工作,担任创意总监的职位,很忙,只能忙里偷闲写作。2006年的时候,我的生活发生了变化,我的母亲在当年去世,我没有再去工作,一直在看世界杯,后来世界杯看完了,大概在当年九月份开始着手写。

王琨:您觉得写作是记忆的出口吗?过往的一些记忆结点会得到舒散吗?

路内:有一部分是。但在写完后,你会觉得有些记忆失效了,比如写《天使坠落在哪里》的时候,我会回忆90年代中后期的情况,比如1998年的洪水、金融危机,还有1996年到1998年之间第一批甲级写字楼的出现、大学扩招等这些社会现象,但是写完后,我不再想这些事情,它们变得稀薄了。不过写的时候我会被缠绕住,会惊讶自己怎么会记得这些事。但不管用喜剧还是悲剧的方式,写出来是不准确的,写作只是一种行为,以此为记忆塑型,但记忆在这个过程其实被解构了,它其实并不存在于你的讲述里。这种说法有点类似于禅宗公案。说到禅宗,其实牵涉到话语权,比如方丈讲的肯定是哲理,似乎不容置疑,但是在写作中,作家只能面对自己,塑型是考验小说家手艺的东西。

王琨:有人评论您的小说《云中人》,说里面的路小路较之《少年巴比伦》里的路小路有了很大的成长和改变,这让我想到后来的《慈悲》,感觉作为叙述者的您在"追随三部曲"之后的创作中发生了很大的变化,或者可以称之为叙述姿态的沉着稳健,但您可能并不这么认为。

路内:有人说小说家有点奇怪,就是当评论家或读者说他这儿不错的时候,他可能会觉得其实我那儿也挺好。我被人说过几次转型期、瓶颈期什么的,但我并不这么认为,我一直在创作,以往的创作是我在生命历程中不同时期的表达。

王琨:《少年巴比伦》更贴近原汁原味的青春,它承载了许多人在青年时期的迷茫、冲动和思索,作为隔代人的我,在其中也可以有许多共鸣。

路内:我刚写完《十七岁的轻骑兵》,属于三部曲的番外篇。

王琨:先跟我们讲讲好吗?

路内:这部作品主要是讲路小路他们更小的时候,一群青少年,骑着自行车,每天混迹于街头巷尾。小说没有时间轴,时间跨度小,集中于 1990 年到 1991 年之间,共 13 篇,我写了近 10 年,2009 年开始写第一篇,它受到巴别尔《骑兵军》的一点影响,但是我还做不到像巴别尔那么简洁。

王琨:您以前说路小路已经坐中巴车远去了,请问这种远去意味着什么?

路内:在路小路的青年时代,交通工具中最有特点的特点是中巴车,那种中巴车往返于 100 公里范围内,如果你要去远郊或者近郊,都要坐那种中巴车。坐中巴车去不了远方,只能去这些地方。在小说中路小路的朋友都坐飞机走了,但他就只能坐中巴车,在 100 公里以内兜兜转转。

王琨:这种安排有种宿命的意味。"追随三部曲"中女性都是以出走的方式离开路小路,但他就是走不了。您给小说中的女性人物以很大的自由和空间,她们可以自由伸展,不必因为性别限制自己对于自我的发掘和寻找。能谈谈您的女性观吗?

路内:可能与我的家庭环境有关。我是苏州人,我们那儿不以打老婆为荣,在其他地方往往并不如此,他们对女性可能更多的是索取。有些地方的男人是不工作的,支撑起一个家的往往是女性。我们那儿很珍爱女性,尤其在我们家,我的父辈比较有意思，兄弟六个，只有一个女性。我姑妈在家里排行第三，但是她的弟弟也管她叫妹妹。我姑妈在家里就是大小姐，她结婚后也能够承担娘家很大一部分经济重担，她得到大家发自内心的尊重和珍视。我母亲是家里的大嫂，但是家里都叫她“阿姐”，这是一种很亲的称呼，她被婆家人真正当成家人看待。其他五个婶婶都比她们的丈夫（也就是我的叔叔）年长一点，她们年轻时都是身强力壮，有主有谋。可以说一直都是姐姐们在带领着整个家庭，她们特别自尊自爱，对不太会持家或者不太靠谱的女性，她们会主动去教育、规劝。从父辈到我的同辈，如堂哥堂弟，对女性都特别尊重。

我们家规矩特别大，我的祖父在新中国成立前是司机，新中国成立后在朝鲜战场给军长开车，也运过武器，属于特级司机，回来后在50年代可以拿到一百多块钱一个月的工资。可能因为工作关系，他特别注重家里的规矩和礼仪。那个时候普遍穷，别人家的小孩都不好好打理，但是我们家，从我爸到我叔叔，都是穿白衬衫出门，衣服洗得干干净净。我奶奶是旧社会资本家的小姐，后来与做司机的爷爷因爱情结合，她一辈子不工作，和爷爷一起建立并传承家里的规矩。

王琨：您以后也会写父辈的故事吗？

路内：肯定会写。他们有许多故事，我还没有来得及写，我现在还在写20世纪90年代的故事。

王琨：路小路的青年时期像是挖掘不完的宝库。生命的前20年对一个作家来说，会不会比之后的岁月更重要？

路内：是挺重要，不过我认为30岁以后的经历也很重要。20岁之前的经历是带着出身痕迹、阶级烙印的，抹不掉，一个人什么出身就写出什么东西，这一点对一个作家来讲特别重要。

王琨：有些作家写得越多，自己的灵魂故乡或者说创作基地也会越清晰。您有没有有意识地构建自己类似红高粱一样的灵魂故乡？

路内：没有。“工厂”诚然是我迄今为止经常会书写的背景，但那不是唯一，《慈悲》里面的背景是安徽和江苏交界的一个地方，它不是我的故乡，当然它还是带有长江下游的特征，但那儿已经脱离了我的生活场域。

王琨：创作《慈悲》，您准备了多久？

路内：两三个月的时间吧。

王琨：感觉水生这个人物非常柔软，在与现实的相处中，他总是能够伸屈自如，不会与现实产生很强烈的对抗，有一种从善如流的柔软，包容一切，但对恶也能够有自己的处理方法。

路内:水生在生活中,在命运面前,他的主动性会多一点,与环境有很强的互动性。在小说的后来,他可以与别人商议:既然我们的厂已经被弄得这样糟糕了,我们干脆把它搞垮算了。他们也确实这样去做了。这种反应与他们所处的时代环境的变化有关,进入市场经济时代以后,个人在这样的环境下必须有自己的选择和取舍,时代赋予了他这种能动性。

王琨:您当初创作《慈悲》的动机是什么?

路内:写了《少年巴比伦》等作品之后,经常被评论说我只会写工厂苯酚车间那些事,这似乎是我的局限。其实我也可以把故事背景设置在高级写字楼,但是那又怎么样?我没有必要靠个人经历支撑写作,而与此同时,我认为我所知道的别人的故事更值得写。《慈悲》并没有我个人的经历,它来自我上一辈人的经历,里面写到的水生为工人要补助的事,是父亲给我讲述的他的亲身经历,而水生童年时挨饿的经历则来自我的岳父,这些经历我都没有。《慈悲》的背景仍然设定在那个工厂的环境里,它不是我的故事,可我仍然可以告诉你,在这个场域中,我也会演绎不同的人间故事。

王琨:您在作品中以一种相对宽松的方式呈现人物,您没有用道德绑架他们,他们的人性处于一种相对自在自为的状态,但他们依然向善。您在一次采访中也讲到,人性可能是天堂,也可能是地狱,您是怎样处理作者与人物之间的关系的?

路内:我觉得这涉及一个判断力的问题,如果说你与人物建立了一种非常亲密的关系,你熟悉他们,你会知道他们身上自带的那些品性。这个不能前置性地用道德概念去套用,更不存在道德绑架的问题,作家应该有自己的判断力。

王琨:您认为一个人可以靠另一个人得到救赎或启示吗?

路内:当然,很少有人能在一个孤绝、完全封闭的状态下建立自信或不自信,这些都是在与他人的对比中获得的,人性本身就是一个相对的东西。比如在奴隶社会,一个人只要不杀奴隶就是仁慈的,但在现今肯定不是。

王琨:回到《少年巴比伦》,您认为白蓝对于路小路来说意味着什么?也是救赎吗?

路内:(笑)10 年前的小说了,那时候的想法其实有点幼稚,白蓝在路小路心里是象征,她不存在于现实里,在小说里,她可能是路小路虚构的。但这个小说在 2014 年再版时,我加了一章,是后写的,就是关于澡堂试水比赛的那一章。后加的内容对白蓝的形象进行了一些补充,她不再是一个架空的象征式人物,她身上呈现出更多的弱点，不是缺点，而是自身自带的弱点。这样写可能是因为我对小说有了更多属于自己的想法。当初写《少年巴比伦》的时候，对于人性的认知还是浅。《少年巴比伦》里所有的人都是扁平的，但没办法，这个叙述人路小路本身看人就是不正确的——路小路会把人看得扁平。其实扁平人物远远没有福斯特说的那么简单，圆形人物也没有那么复杂。在所有的扁平人物中，白蓝是高于他们的，所以她更有象征性。在后来的修订中我会更注意这一点。

王琨：作为"70后"写作者，您觉得作家有没有书写时代的使命？您处理这些人物在时代中的变迁时，有没有一种自觉意识？

路内：当然有，但这不是必然的使命，而是偶然。在处理人物与时代的关系时，我一开始肯定是不自觉的，只想写场景，写记忆中打动你的东西。但长篇小说要立起来，需要时代的支撑，因此我越写越会有时代自觉。不过我更着重于表现人物在时代中如何安身立命，或者崩溃这一方面。作家呈现什么样的意识、观念特别重要，时代背景更像一个包装。其实你仔细看，一些作家笔下的时代是无所谓善恶的，在混乱的时候，人们也有日常，现在也是这样。作家没有必要用书写去判断一个时代，关于时代的好坏，历史和社科文献中早就已经有过定论。

王琨：您认为小说家的使命是什么？

路内：有一部分使命是文学的使命，比如写出的小说是否能达到诗意的境界，以及本质上能否写出好的故事。另一部分使命则是能否反映时代，也就是能否为人民服务。但这个东西不是求来的，是在写作过程中通过言说形成的。比如说狄更斯或简·奥斯丁，他们有那么强烈的意识要写英国的乡村或者城市吗？应该未必。狄更斯就显然不是，狄更斯一开始写的是娱乐性的，他没有受过很好的大学教育，可是他有创作天赋，他写小说很大一部分动力就是为了换钱。在那个年代，他的小说连载18次，得了两万英镑的稿费，还交版税，现在的小说家，即使是网络人气写手，肯定也达不到这个数。

王琨：您小说中的人物有一种流浪汉特质，这可以说是与狄更斯的不谋而合吗？

路内：有一点。狄更斯的小说创作，后期更显严肃，会有很多不同的东西呈现出来。他算是我推崇的小说家之一。

王琨：除了狄更斯，您还欣赏哪些作家呢？

路内：波拉尼奥，他是一位非常有自觉性的作家，他有一种文学青年的自觉，这种自觉有很强的颠覆、反叛意味，但也有传承的东西，这个对作家来讲不容易。另外福克纳也很好。

王琨:从以前的"暗地病孩子"论坛小说版版主到执着于写作的广告创意总监,再到一位专业作家,我认为您身上也有一种文学青年的自觉。

路内:如果有,我希望这种自觉可以保留下去。

王琨:我们知道您爱好摇滚乐,《云中人》的扉页上您提到的歌曲 Creep,它是打开您创作的一把钥匙吗?

路内:其实这是一首烂大街的歌,并不冷门,但是放到文学的主流语境里,不听摇滚的人,可能会觉得陌生。我当时选这首歌也是出于一个相对诡黠的想法,因为我知道,看文学的人是不听英式摇滚的,但是在摇滚境里,它是首烂大街的歌,这也是有意思的地方。摇滚一旦放到文学语境里,你要去深究才能靠近,就像你把莎士比亚放到摇滚圈,搞摇滚的人可能也不了解。这两个圈子互不相通,两者都目空一切,搞文学的人可能觉得这个世界只有文学,搞摇滚的人觉得这个世界只有摇滚。两个圈子都出才子,有才华的大有人在。

王琨:您最近在读些什么书?

路内:我的阅读范围很广,最近读的是关于欧洲 15 世纪到 17 世纪的历史书,另外《哈佛中国史》我已经读到宋朝,元朝、明朝是同一章,写得特别有意思,超出了一般史学书的写作范式。

王琨:读外国文学作品的时候,您怎么看里面的翻译腔?

路内:翻译腔其实是汉语构成的一部分,《新闻联播》用的也是翻译腔,我们的普通话和古汉语都不是这样的,电视新闻里的可以说是官方的翻译腔,文学里的翻译腔是合理的。

王琨:从一开始,您对叙述语言的驾驭能力就特别强。

路内:写小说肯定要有自己的语言,它也跟小说题材有关系,《慈悲》和《少年巴比伦》就用了不同的语言,我希望自己能够用不同的语言来创作不同的小说。像余华,他的创作语言是不一样的,从早期的先锋文学如《细雨与呼喊》《活着》《许三观卖血记》,到《兄弟》《第七天》,都有不同,好作家应该都能做到对语言有不同的驾驭方式。

王琨:您有没有受过余华的影响?当代作家里面您比较认可的有哪些?

路内:李洱、毕飞宇、格非、余华、王小波、张承志这些都是我认为的好作家。我二三十岁的时候受过余华的影响,因为当时《许三观卖血记》《活着》发表的时候,我都是第一时间买杂志看,你能感觉到他对小说语言的运用能力的变化。另外还有格非老师,他早期的《相遇》《褐色鸟群》,与后来的"江南三部曲"、《望春风》不太一样,他的创作语言独具匠心,语言的运用能力很强。还有李洱,在《花腔》这本书里,他运用了不同的语言表现方式。我有一次遇到他,问,李老师,您的《花腔》什么时候写的?李洱说,30岁。我说,30岁蛮厉害的。我很少说别人蛮厉害的,确实很不容易。

王琨:你有没有关于生命的焦虑感?

路内:现在可能每个作家对自己的生命预期都是活到80岁,但莫泊桑、欧·亨利、契诃夫这三大短篇小说家都是40岁过世的,还有简·奥斯丁,照现在的判断,属于英年早逝。那个时候对于生命的预期与现在不同,那个时候生命很脆弱,得个肺结核、梅毒可能就完了。如果预计自己生命的终点是40岁,在没有明天的生命预设里,作家会早熟。如果预计自己80岁去世的话可能会晚熟一点,30岁了,还觉得有长长的时间在等着自己去准备。这个跟一个人的生命节奏感有关系。

王琨:作为"触电"比较多的作家,您是亲自将自己的作品改编为剧本的吗?您放心把作品交给别人改编吗?

路内:《少年巴比伦》和《十七岁的轻骑兵》的剧本是我自己写的,但以后我只能选择将作品交给别人去改编,我也感觉人一生的时间有限,我不想把时间浪费在改编剧本上了,我想多玩一玩。邱华栋老师说一个作家要写够10个长篇才算及格,在过去的10年里,我写了两三百万字,但还远远不够。迟子建的《伪满洲国》一两年就写出来了,那很厉害了,她对一个大文本的控制能力就放在那儿了。

王琨:作为非常优秀的职业作家,写作给您带来多大的社会安全感?

路内:我以前在广告公司当创意总监,自己带team(团队),公司前景也很好,但因为写小说,实在做不了了,于是就辞职,专职写作。写小说其实与做生意是没法比的,随便一个生意人都比写小说的得到的报酬多。

王琨:您有没有过创作的焦虑期?

路内:从来没有,我不为这种事情伤脑筋。我知道这种焦虑可能不是来自文学本身,而是将文学作为一门生意后带来的焦虑。我如果为这种事情焦虑,我可能就不做这个了,回去做广告不是很好吗?现在的文学创作对作家来讲,有一个策略。为什么有的作家很红?为什么有的作家写得好但是不红?为什么有的作家死了以后才红?这不一定是宿命,而是看你整个的运行策略对不对,它是很特殊的东西。像体育明星,比如贝克汉姆,他不是一个非常全能的右路,但是因为他长得帅,商业价值大,出镜的机会就多。球打得好的,也不帅的,当然也能成为明星,比如梅西。整个出版圈有它类似的运行逻辑。

王琨:您怎么看当下的文坛?

路内:这两年的情况与之前的情况不太一样,前两年我们还在谈文学,谈得很多,这两年我感觉到大家不再谈这个,很奇怪。我其实不跟文学界过多接触,我不知是整个外在环境影响而产生的,还是媒体环境的变化原因,作家关注的更多的是作品出来后卖得好不好,有没有影视化,有没有海外版,显得非常国际化,像一个作家真正和出版界站在了一起。

王琨:您认为这样会影响创作吗?

路内:不见得。最近五年有一个小说家更替的过程,一些"50后"作家已经不写了,还在写的继续深挖他们的世界,但新的作家,比如"70后"作家,要建立自己的"文学共和国"还需要时间。这个过程对作家来说是蛮痛苦的,因为在这个时候就产生了甄别,外人会知道谁是好的作家,谁是略差一些的,而谁已经不写了。

王琨:您对《慈悲》在文坛上的存在有什么期许吗?

路内:没有。小说写出来交给出版社的时候,我是非常悲观的,我当时跟编辑说,能印个5000本就差不多了。我认为这个小说应该属于没人感兴趣的那种,放在10年前可能就已经没人看了,更何况在当下。它里面也没有什么狗血的情节,还是以工厂为背景。

王琨:《十七岁的轻骑兵》已经准备出版了,那么在这段时间会做什么?

路内:在写长篇,已经写到20万字了,但是还没有结尾的迹象。

王琨:能透露一下吗?

路内:是关于两个文学青年的故事,其他的就不便多说了。

王琨:还是谢谢您,非常期待您的新作品。您对现在很多想专注写作,却可能被生存问题困扰的文学青年有什么建议?

路内:没有问题,坚持写作,生命很长,慢慢来。

评 论《

路内小说创作论

王 琨

在当代文坛中，路内是一位厚积薄发的青年作家，自10多年前处女作《少年巴比伦》在《收获》上发表，他便正式开始了长足而踏实的文学创作之路。迄今为止，路内已分别创作了“追随三部曲”，即《少年巴比伦》《追随她的旅程》和《天使坠落在哪里》，以及长篇小说《花街往事》《云中人》《慈悲》，同时兼有短篇小说集《在屋顶上牧云：路内短篇小说选》和即将出版的《十七岁的轻骑兵》。在这些作品中，已有三部作品因为勾起了一代人广泛的青春共鸣而被改编为电影。作为一名生于20世纪70年代的作家，路内以自己的方式，叙说和解构着同代人与父辈的历史，因其对于个体存在状态的思考方式和切入点奇特而发人深省。他以对日常的充满热忱的叙事，无意中实现了对“虚无”的审视，引导读者进一步实现对个体存在意义的思考，在寻找与迷失自我之间探究现实的宏阔与坚硬，勾勒了几代人的生存境况，同时又深入个体普泛的生存肌理。

一

“追随三部曲”是路内根据自己早年的人生经历和思想历程著成的“伪自传”三部曲，从中可以折射出一代人的精神自传，路内在其中倾注了自己前30年的生活历练，融合了早年的众多存在体悟，但作者并未有意识地将这些感悟提炼、上升为一种生存理念，小说主人公对自我存在意义的迷茫、对爱情的渴求、对虚无的切身感受和言说方式，一一体现了路内更具个人性的文体实验特色。作者有意令主人公路小路一直徘徊于人生的灰暗区域，路小路一直处于浑浑噩噩之中，他没有理想，从技校到走向社会后的所有遭遇都令人泄气，让读者看不到这个年轻人的未来，作者也从未试图给他指明一条有启示性的发达之路，但这并不代表路内对于路小路人生的否定，相反，路内对小说主人公报以极大的热爱和忠诚，看似对于人生之旅的随波逐流，正是路内对于人生虚无本质的潜在的认同，他以构建迷途的方式完成了对人生的探寻。

“追随三部曲”的时间背景横跨整个20世纪90年代，小说以一个靠近上海的城市“戴城”为地缘中心，小说中的主人公路小路是一位始终生活在戴城的青年，他在命运面前表现出一种无意识的消极被动，这从小说的一开始就被注定了。他因为成绩不好，读高中、考大学无望，只能去读一个技校，以期在毕业后去父辈效力过的国营化工厂。小说从多年后的“路小路”对张小尹的讲述展开，作者在此以一种全知叙事的方式铺排小说，并且不时以当事人的姿态跳出故事，有意营造一种时空交错、物是人非的沧桑感，令人唏嘘。工厂像一个小型社会，从修水泵的师傅到清洁工，再到科室里的行政干部，他们共同完成了工厂的层级架构，各色人等以不同的姿态面对属于各自的人生，作为技工的路小路穿梭于他们之间，像一面镜子倒映出众生相。作者以诙谐幽默的笔调，将鲜活的日常叙述打上深重的时代烙印，而烙印的更深处是作者对现实的沉痛思考：“我”的师傅在工厂里工作了一辈子，作为一名底层技术人员，他习惯说黑话、在语言上调戏妇女，但不失淳朴和厚道，对弱者不失关护，性格耿直、正义凛然，作为一名手艺相对精湛的老“手艺家”，厂里500多个水泵没有他不会修的，他的梦想之一是退休以后骑着自己改装的车子去周游全国。他居住的地方是桩打在河里的两间平房，周围是垃圾和过往货船，而这所房子却在一个夜里因为过往客船的骚扰而瞬间倾覆于河中，紧接着等待老师傅的是光荣退休的结局。送行的场面里“别人都很喜庆，唯独我神色哀恸，假如我的内心也是一个世界，老牛逼就是这么死在了我的世界中”①。路小路虽然看似玩世不恭，经常以嬉笑的方式面对各种生存的难题，但他对于普通人生悲剧的体察却细微而敏锐，他以多年后的讲述来揭示时代所给予的鲜红烙印。科室里的女青年“小噘嘴”，青春洋溢，在幸福即将到来的时候，在飞来横祸中掉入滚热的下水井口，大半个身体被烫伤，却只得到一台旧空调的赔偿。作者写了诸多生命的不同存在状态，同时替时代铭记了他们生生不息的模样，其对于个人生存真相的重新发现，越出了普通工厂题材的表现力度和深度。

二

王安忆说：“路内小说的好处，在于无意间触碰到了90年代社会转型期间工厂里的矛盾、世情和人心，没有观念先行、刻意而为，故显得自然而又松弛，这才是路内价值之所在。”作为向成长献礼的“追随三部曲”以工厂为载体，将对父辈和同代人历史

---

①　路内：《少年巴比伦》，北京十月文艺出版社2014年版，第88页。

的凝视，聚焦为个体存在价值的探讨与发现，在嬉笑又感伤的文字下，隐含着关乎个体在特定成长阶段的普遍性迷茫与虚无体验。路内以精微的笔触、表面无谓实则隐忍的心绪，完成了对个人的重新发现。“爱情”是这个发现过程的有力工具，它折射出路小路更为具体的“虚无”表征。“追随三部曲”中分别出现的两位女主人公白蓝和齐小齐，尤其是白蓝，可谓路小路的精神伴侣，但她们最终选择了离开，去更大的都市寻梦。作者将人生升华的机会给予了女性，而路小路则留下来继续承受琐碎的人生。在传统文学的话语模式中，“离别”作为一个古老的文学主题，通常是男性挥别女性，女性则被动成为留守与等待的一方。但路内在小说中对“离开”的人物性别进行了置换，这里面有路内作为一个“70后”作家对于性别意识的崭新思考。不同于当代男性作家在一般意义上将女性客体化，并将其置于“被看”一方的惯性意识，路内给予女性以相对广阔的自由和生活天地，时代赋予女性的各种可能性，被路内敏锐而本能地捕捉到了。

路内小说中的女主人公知性、独立，有极强的自我意识，她们都有自我实现的理想，并努力践行：白蓝不甘心只做厂医，在工作之余复习考研；齐小齐画技不精且经济困窘，但在这种情况下，她依然要去上海学漫画。女性努力与现实相抗衡、充实自我的生存状态，折射出路小路的浑浑噩噩。路小路卑微却不庸俗，只是仍处于迷失状态。在《少年巴比伦》中，白蓝有一次问他，如果有一天他们分手了，他会不会害怕，路小路想了想说，会难过，但更让他害怕的是“三班倒”，因为相比较于前者的短暂痛苦，后者的痛苦更为绵长。这种态度似务实功利，但路小路又说：“理想之高，不必高到去拯救全人类，理想之低，也不应该低到不想上三班。”[①]虽然生活所给予他的是越来越多的无奈，但还不值得为摆脱窘境去摧眉折腰出卖自己。

关于恋爱中的二元关系，罗兰·巴特说：“无时不在的我只有通过与总是不在的你的对峙才显出意义。”爱情作为一种自我实现，作为爱情中的“一元”的女性，是路小路的参照，是他潜意识里的一种想象和自我精神救赎，意味着其始终无法抵达的自我。她们的到来，光照了他的生命，但他无法守住这爱情，就像不能左右命运。路内说：“路小路追随的对象看似是女性，其实他依然是通过自己的认知，对自身的舍弃去接近神。”[②]白蓝是一位在科室里的厂医，路小路只是一名游走于车间的三流技工，因为与白蓝的现实悬殊，他一再地消解爱情：“很长一段日子，我都认为自己无人可爱，所以只能爱你。我为这种爱情羞愧，但在这样的旅程中我无法为自己的羞愧

① 路内：《少年巴比伦》，北京十月文艺出版社2014年版，第286页。

② 洪鹄：《路内：追青春的人》，《南都周刊》2012年第12期。

之心承担责任，假如无路可走，那不是罪过。”[①]在灰暗枯燥的现实中，爱情曾光照过灰暗的生命。白蓝的离开在精神上留给他的是一些欢情的回忆片段，在现实的层面，则是带给路小路一段上进的历程。他接受白蓝的建议参加了高等教育自学考试，这段经历成为他日后离开工厂和戴城的跳板之一，并且彻底脱离成长为一个肥胖的中年工厂大叔的宿命。经过了许多人世的历练和浮沉，路内在后来的小说《慈悲》里，借由玉生的话说“活到三十岁，人就会荒凉起来”，20 岁的爱情像暗藏的枪眼躲藏在时间里，在 30 岁以后回忆起来时，几近将他痛击，“它就像一颗子弹射穿我的脑袋”[②]。

三

路内的人生经验相对于一些当代作家来说要丰富得多，他的职业经历有一长串，要更好地走进路内的创作，了解他的这些人生经验只是一个方面，更重要的是需要体察他的诗学理想，通过洞察语言在他作品里所钩织的丰富意蕴是一个基本的途径，不过这也并不代表必然会抵达他的精神故乡。路内是不缺少语言的，在早期的《少年巴比伦》中，他就已显示出了语言才能，这应该与他在此之前的文笔训练有关（在早年网络文学论坛兴盛的时候，他曾做过“暗地病孩子”小说版的版主，并且文字产量一直很大）。在已出版的部分作品中，他以诗意、湍急、冷峻、诙谐的文字重构现实，他对自己所居住的城市的书写和寄予的感情，为现代故乡和爱情的书写方式注入了更加个性化的表达。难得的是，路内并不沉迷于语言的迷宫，因为语言作为一种工具，最终指向的是人在生存面前所无时无刻都要面对的虚无。虚无是一种比个体的孤独体验和爱的寻求更为广博的存在命题，当代许多作家还在执迷于把人类普遍存在的“孤独”与“爱”作为一种发现，反复涂抹的时候，路内从一开始就已经实现了对此的超越。

路小路所置身的戴城在 20 世纪 90 年代是一个发展面貌日新月异的城市。城市的飞速发展，除了带给久居其中的人生活上的便利，还为他们营构了一个具有现代意义的喧嚣生存空间，而对于路小路来说，这座城市非常无趣。在路内的笔下，这座城市“位于上海和南京之间，这里的人都有几个上海亲戚，也有一部分苏北亲戚。可以托上海亲戚买缝纫机和呢子大衣，苏北亲戚带来的则是咸鸭蛋”[③]，在路小路少年

---

① 路内：《少年巴比伦》，北京十月文艺出版社 2014 年版，第 266 页。
② 路内：《少年巴比伦》，北京十月文艺出版社 2014 年版，第 266 页。
③ 路内：《少年巴比伦》，北京十月文艺出版社 2014 年版，第 304 页。

时对家乡近乎谐谑和冰冷的描述中，流露出作者路内的故乡信仰，即实地的故乡其实只是本应告别的此在，真实的故乡是需要穿越虚无才能抵达的彼岸，而很多的人在抵达之前就已被“虚无”淹没。与以往的乡土和新乡土作家的故乡不同，路内对于曾生于斯长于斯的城市表现出一种本能的淡漠，他所专注的往往是置身其中的人的生存状态和内心。当然这是通过对表象生存的描摹来实现的，但这种表象并不是对现实的简单临摹，路小路的生活环境始终围绕着新村、技校、工厂而展开，它们共同构成路小路的生存隐喻：荒诞、混乱。自小在都市成长起来的路内对乡土小说中故乡情怀的解构，映现了现代化过程中个体与地缘关系渐趋淡漠的这一事实。在工业化进程中，个人与共同体的关系在新的市场条件下需要重新被理解，人们与故乡的牵连也日渐让位于精神故乡对于个体人的召唤。现实里的故乡是不堪承受的困境、无法突围的堡垒，它无法承载路内的精神乡愁。相比于苏童对于枫杨林的无限追忆，莫言对于高密红高粱的浓墨渲染与想象，戴城更像是路小路痛苦的涅槃之地。作为20世纪70年代生长于城市的路内，对于故乡有不同于乡土叙事的审视视角，时间的流逝和空间的位移，启动了作家本人对于故乡的变相叙事策略。作者干脆让自己成为城市的虚无的构成部分——无从逃离，因为就置身其中，与之共生。路内将自我建构镶嵌进宏阔的现实，最终呈示的是生存的虚无本质。

路内对于精神故乡的找寻，在《天使坠落在哪里》里的线索更为鲜明。这部小说作为“追随三部曲”的终结篇，在《少年巴比伦》出版7年后才动笔写就，它依然以路小路的生活为主题，只是时间流到了90年代末期，此时的时代正在经历沉痛而欣欣向荣的转型，工厂转型、部分职工失业下岗、1998年长江沿线洪水泛滥，与此相应和的是第一批高级写字楼的涌现，以及大批白领的诞生。作者没有刻意放大时代对个人生命轨迹的影响，但也未曾完全忽略，而是将人物镶进时代里，将其以共生的方式来表现他们的个体生存困境。

戴城里三个年轻的好朋友杨迟、路小路和小苏，有着不同的职业、成长经历，但不同的命运经历，让他们在20岁出头的年纪有了殊途同归的短暂聚首。已经从工厂里出来的路小路，像一个流浪汉漂泊于故乡的各个角落，他在公园里为小朋友开过“飞碟”，在快餐店炸过鸡腿，在婚纱店卖过婚纱，每一个行当做下来都是半途而止，他在故乡的城市里，将“流浪”演绎得惊心动魄。杨迟与小苏他们虽然有各自的职业，但也面对着不同的困境，孤儿黛黛给三个男人带来了短暂的希望，唤醒了他们内心深处的温存。在路内看来，无论世界多么荒谬，人生的意义到底是什么，人性中对于爱的渴望和人的美好品质是永恒的。但黛黛后来被领养，杨迟和小苏最后都离开了戴城，唯有路小路依然在戴城坚守，他在对救赎的渴望中，了悟到自己才是救赎自我的天使。

在萨特看来，人没有意识到自己时，世界对他是一片虚无。虽然世界上有了他自己，这个自己却是本质空缺的自己，所以他面对的仍然是虚无的感觉。路内在书写中以琐屑的人间故事将虚无落到了实处，在他的笔下，虚无与琐屑共存。后来的小说《云中人》彰显了现代个体在世间被湮没的过程中的自我挣扎。《云中人》中路内将叙述者“我”塑造成为一个21世纪初即将毕业的三流大专学生夏小凡，“我”在临毕业期间有一段离奇的遭遇——小白离奇失踪，因为种种隐含的原因不便于报警，这件事像斯芬克斯之谜一样呈现在“我”的面前，“我”只能独自踏上寻找失踪者的艰难路程。在此期间“我”遇到的精神分裂的咖啡店女招待、被铁锤打破颅骨停止发育的杂货店老板、因帮自己寻找线索而被害的梦娜，这些人都在与“我”短暂相处后离开，“我”仍在迷失与寻找之间上下求索，而求索在这一时期成为“我”给自己命定的存在理由，因为在本质上，“我”也不清楚自己“到底需要一种什么样的生活”①。毕业离校的日子到来，寻找依然无果，“我”收拾行囊，发现除了那箱摇滚乐录音带，自己一无所有，而支撑摇滚精神的“虚无”，正是作者在《云中人》所隐含的主要命题。小说中所描述的混乱与荒诞，被涂上了一层末世的色彩，在夏小凡一次次试图瓦解的努力中继续坚硬地存在。“一阵风吹到我身上，黑暗依旧是黑暗。没有人出现，没有榔头，只有成人世界的虚无与我对峙着。”②类似这种在世体验，时时浮现出来，与坚硬的现实形成强烈的对比。

四

2014年路内出版了《慈悲》，它以崭新的面目刷新了读者对路内作品的阅读经验，同时给文坛带来了重要收获。在这部12万字的小说中，路内有意压抑了文字所带来的诱惑，书写变得更为节制，对现实的截取更具匠心。小说的背景从戴城位移到了另一座城市，这种背景的陌生化处理，使得小说的人物故事与作者本人的成长经验构成一种疏离。据路内自己介绍，主人公的原型是一位与自己隔着时代沟壑的前辈老人，但路内淋漓尽致地刻画了这位老人平凡而起伏的大半生。有人说《慈悲》有《活着》的影子，但路内并不像余华那样对现实以一种审视的姿态介入，无论是个人还是创作理念，路内所选择的都是保持与现实的亲密距离。“从伤怀到悲悯，从锋

---

① 路内：《云中人》，浙江文艺出版社2012年版，第118页。

② 路内：《云中人》，浙江文艺出版社2012年版，第118页。

利走向宽阔，路内的写作已不限于个人省思，而开始转向对平凡人生的礼赞，对日常生活肌理的微妙刻写。”[①]在他的文字里，处处可见对社会人情的描述和独到观察。透过小说主人公水生的经历，我们看到工人技术员所代表的群体在20世纪六七十年代的生命历程。水生在集体饥饿中突围，有幸被收养，后来接受教育，作为有知识的一代工人入厂做学徒，成为技术员，但他从来没有完全松一口气，真正地享受过生活：“以前日子过得很苦，但没有那么多东西要买，现在世道不一样了，钞票稍微多了点，样样东西都要买齐才开心，还是苦。”对水生而言，“活着则同时是一种对思考的放弃和对苦难的和解。从这个角度看，技工这一双重身份在《慈悲》中就意味着一种拒绝、抗拒与重写”[②]。水生在工厂里凭着能言善辩帮工人要补助，一路行侠仗义，不求回报，当然这并不是他形象的全部。路内认为水生在生活中，在命运面前，他的主动性会多一点，与环境有很强的互动性。进入市场经济时代以后，个人在这样的环境下必须有自己的选择和取舍，时代赋予了他这种能动性。水生在可承受的范围内，一再与命运抗争，哪怕是小小的进步都让人欣慰。

在《慈悲》的腰封上，路内写道：“活着，终会有好事发生，慈悲，则让我们获得免于恐惧与绝望的自由。我们可以不做任何背叛的决定，而用悲悯之心，弥合这个世界的裂痕。”即使历经世事沧桑，路内对于社会和人生仍报以最大的温柔，同时不乏狡黠的迂回，他小说里的主人公总会有与现实相处的办法，并且无往而不胜。而对存在中无时无刻不在的磨难，以一种平缓的节奏渗透进水生的命运，哪怕它露出狰狞的面目，水生却从未打算离弃或者去寻找一种宗教式的超然。他以积极参与人生的态度，与现实完成了某种意义上的和解，但在本质上，却是存在主义生存法则的具体映现。路内以一种积极应对的方式来完成对存在的消解，隐现的依然是个人在生存面前的虚无属性。在小说的最后，水生与早年失散的弟弟不期而遇，在对彼此悲苦多于欢乐的人生进行一番回望后，弟弟说：“阿弥陀佛，生亦苦，死亦苦，人间一切，皆是苦。”路内将带有佛家慈悲姿态和超然悟性的态度置入结尾，意蕴深远，此话从僧不僧俗不俗的弟弟口中道出，是对解脱之道的解构，从水生的态度中亦可看出作者对宗教泛个体启蒙倾向的拒绝。于经历过生活几乎所有磨难的人来说，这种解脱之道过于浮浅，缺乏真正安慰人心的力量，因此路内在后记中说：“慈悲本身并非一种正义的力量，也不宽容，它是无理性的，它也是被历史的厚重所裹挟的意识形态，真庙假庙都是一种虚妄，而人的虔诚和幸福是真的。”

---

① 第十四届华语文学传媒大奖年度小说家授奖词。

② 徐勇：《路内长篇小说〈慈悲〉读札》，《扬子江评论》2015年第6期。

人对于生活的虔诚才是真实的。“既然想不出出路（‘追随三部曲’和《云中人》），也无所谓理想目标，那就去生活吧。而事实上，对于大多数人而言，生活本身才似乎是最大的真理。只是没有想到，年龄还不算太大的路内竟然有了如此彻悟，这究竟是好事还是坏事？”①年轻的路内用他富于现实张力的创作提醒我们，生存的艰难与迷人，就在于它的坚硬与柔软、虚空与沉重。

主要作品目录《

长篇小说

《少年巴比伦》，重庆出版社 2008 年版。

《追随她的旅程》，中信出版社 2009 年版。

《云中人》，浙江文艺出版社 2012 年版。

《花街往事》，上海文艺出版社 2013 年版。

《少年巴比伦》，北京十月文艺出版社 2014 年版。

《天使坠落在哪里》，北京十月文艺出版社 2014 年版。

《慈悲》，人民文学出版社 2016 年版。

《十七岁的轻骑兵》，人民文学出版社 2018 年版。

《雾行者》，上海三联书店 2019 年版。

中短篇小说集

《在屋顶上牧云：路内短篇小说选》，华东师范大学出版社 2016 年版。

① 徐勇：《路内长篇小说〈慈悲〉读札》，《扬子江评论》2015 年第 6 期。

吕志青

男，1957 年生，湖北宜昌人。

小　引《

在湖北作家中，吕志青是一个很不安分的人。作家原本都不安分，给吕志青的不安分加上一个“很”字，意思已经很明显了。倘若在别的作家群中，比如江浙作家群，吕志青的不安分，也许不算太“很”，偏偏湖北作家一向都比较“沉稳”，就是有所变化，也是笔者曾经说过的，“在迭起的新潮中沉稳求变”。别的作家都“沉稳”，唯独吕志青不安分，这一比较，就难免要摊上这个“很”字。

我在《话说“荆楚三杰”》中曾说，湖北有许多晚熟的小说家。这晚熟的原因，有一半就得归因于这“沉稳”二字。吕志青也属晚熟的湖北作家。虽然我在整体上也把他归入“沉稳求变”之列，但观其作为，似乎“沉稳”不足而“求变”之心更切。不用细检他的创作，仅从本辑开头的“夫子自道”，就不难看出他这种急切的“求变”之心。如果要用男女之情来比喻，可以说，他在创作伊始，就没打算从一而终。一开始虽然也与朴实的“写实路数”结缘，但心里却暗恋“另外一种小说”。这暗恋的情感，一经“先锋”媒介的撮合，很快便移情，迷上了“传奇”的写法：“感性，幽晦，着迷于细节，夹带着混乱。”虽然这段“姻缘”也持续了10年左右，但毕竟好景不长，等到他得了域外高人卡夫卡的点化，意识到“传奇”与“神奇”的区别，或“传奇性想象”与“神奇性想象”的区别，幡然醒悟，复又改弦更张。但这回的改弦更张，不是浪子回头、退守糟糠，而是更攀高枝，朝向“新的小说理想”。这样努力了四五年，终于写出了被论者称之为近年来“叙事上最独特的小说”，颇为人称道。要论过日子，这就等于有人说你夫妻恩爱，生活幸福。放在别人身上，已够知足的了，可吕志青偏不，硬要把自己折腾到“不及物的抽象和玄虚”之中，而后才意识到文学创作“除了要有心灵之根，还要有现实之根”，这才走上了一条重拾“旧情”（“早年的感性”），“将感性和理性更好地融合起来”的自认较为理想的创作之路。就算这样，也很难保证吕志青不再花心。从他把这条理想之路看作是一条现代主义小道，就足见他“贼心不死”。因为现代主义从20世纪初闹到现在，就从来没停止过弃旧迎新，“但见新人笑，那闻旧人哭”，可见吕志青已为自己的移情别恋留下了伏笔。谓予不信，可引吕志青的话为证。他说，在未来，他还是要变，而且不是变一次，而是每次都要变，他说，只有这样“持续不断”的变，才是一种“真正的有效变化”。看来，就算是真的迎娶了现代主义这个域外新娘，吕志青也难与之相伴终身。

说到作家的变，这原本是一个常态，也是一件好事。往大了说，是“文律运周，日新其业”，变是文学的常态、是本性。往小了说，是读者的阅读心理喜新厌旧，不变不合读者的心意，不能满足读者的要求。再说，一个作家如果没有变化，或不思改变，写来写去，老是一种题材、一种写法、一种风格，甚至连具体的套路和招式都一样，看多了也确实让人生厌。尤其是某些作家，被人归入某种类型，戴上了一个脸谱，不但不想摘下来，还要硬着头皮去表演，这就更让人看着难受了。所以，聪明的作家都想着变，也都在变。只是这变的速度有快有慢，变的幅度有大有小罢了。在中国当代文学中，先锋作家是属于变的速度最快、变的幅度最大的一个作家群。20世纪80年代，曾经流传一个说法，说先锋作家的求新求变，就像有一条疯狗在后面撵着，连停下来撒泡尿的功夫也没有。因为有他们的求新求变，才有近40年中国文学日新月异的局面。清人赵翼说“诗文随世运，无日不趋新”，时代在变，文学当然也要随着变化。

就像革命者常常要被人视为强盗土匪、妖魔鬼怪一样，文学变法因为不守规矩、不循旧章，也难免要招致非议。别的不说，就拿善变的先锋作家来说吧，仅这滔滔人言，就够喝一壶的。开始变的时候，说始作俑者是为外道所迷，不走正路。等走成了正道，成为先锋了，又说后来者不过是跟风头、赶潮流，浅薄无知。就此止步吧，说你胆量不足；继续前进吧，不小心又可能掉进身内身外的陷阱。身内的陷阱是自家功力不足，火候未到；身外的陷阱，则是评论家的毒舌、读者的负心。倘若这些作家能把持得住自己也就罢了，反正横下这颗心，一条道走到黑，撞了南墙也不回头，倘稍有迟疑，便会生出许多疑虑。鲁迅笔下的狂人说，从来如此，便对么？你心中的疑问也会说，这样走下去，便对么？倘再细察来路，就会发现自己的脚步果然歪歪斜斜、高低不就，端的不是走在正道上。再看看人家，或鱼贯而行，或高视阔步，都不曾偏离，轻车熟路。虽然在这条求新求变的路上，自己也得了不少经验，但既非一条大路，再往下去，就免不了要中道徘徊，畏葸不前了。先锋的断送，大抵都在于此。近年的所谓“回归”“转向”，不过是旧家的族人给回头的浪子找的一个体面的说辞罢了。

好在吕志青不是一个纯粹的先锋作家，也好在他没有完全卷入先锋文学潮流。正因为如此，他才能在先锋潮流的岸边翻着跟头地变，变着法儿地玩，渴了取一瓢饮，湿了在太阳下晒干，看潮起潮落，波翻浪卷，朝夕如是，逝者如斯，没人说他无风起浪，没人说他随波逐流。从这点上看，吕志青到底是湖北作家，他的这个求变之路，端的还算“沉稳”。

自　述《

我的小说写作

我的小说写作最初基本上是写实路数，20 世纪 80 年代中期在省刊发表的两个短篇就属这一路。但作品一发表，我的兴趣就转移了。那时我心里憧憬的是另外一种小说：与生活保持着相当的距离，甚至是遥远的距离，神秘，晦暗不明，充满了想象力，如此等等。为此，我背上背包，跑进深山，听一些老人讲述他们或他们的父辈、祖辈曾经经历过或听到过的事情。那些事情因其遥远，近于传奇，对我有一种莫大的吸引力。随后这样的偏好开始出现在我的写作里。那时候，国外的现代主义作品正陆陆续续地出现在我们的视野中，国内则有先锋小说的兴起。我内心中的某种愿望正好和这一切形成了呼应，或者，被这一切勾引出来。这个时期的作品，发表在《人民文学》《花城》《小说》《小说家》等杂志上，近年收录在中篇小说集《时光在握》里面。现在回头来看，大而化之地说，那或者可算是我写作中倾心于传奇的阶段，也是纯然感性的阶段。感性，幽晦，着迷于细节，夹带着混乱，这样的写作持续到了 90 年代中期。到这时，在认真研读了卡夫卡的《城堡》和《诉讼》之后，我开始意识到了传奇和神奇的区别，或者，传奇性想象和神奇性想象的区别。简单地说，传奇是在外面，在作者的身外；而神奇在里面，在作者的自身以内。如果说前者是源自生活中的“有中生有”，后者则是源自心灵中的“无中生有”。当然，如果细究起来，心灵中的“无中生有”多半也并非凭空而来，很可能是与现实在暗地里相通，只不过十分隐蔽，不为作者所知罢了。在卡夫卡那里，源自心灵的神奇的非常，与生活的日常混淆在一起，穿透日常，透出一种形而上的奇异光芒。那是一种以散文体写成的伟大诗篇，一种立足于时代又超越时代的存在之诗。自此，日常中的神奇，成了我的新的小说理想，我决定重起炉灶。此时国内的先锋小说开始退潮，有的作家进入了调整期，有的则几乎全然退回到写实上去了。我不大赞同后一种做法，那与我的小说理想相悖。从策略上说，尽管不够明智，我仍决定冲着自己的新的小说理想而去，这意味着仍然坚持与全然写实不同的方向，同时要为改弦易辙寻找一条新的、具体的路径。为此，我埋头努力了四五年。

到1999年，我写出了《黑影》（载《山花》2001年第12期）。好友刘恪说，这个小说他看了三遍，打算还要再看一遍，这使我心里颇高兴：我的努力，终于被行家看见。2000年，我写出了《南京在哪里》和《穿银色旗袍的女人》。这两个中篇先后于2002年和2003年在《收获》发表，其中《南京在哪里》被林建法和谢有顺分别收入两个不同的年度选本。谢有顺在其选本的序言里说："这是我在近年里读到的叙事上最独特的小说之一，整个叙事细密而微妙，环环相扣却又不着痕迹……小说的叙事处理如同一个象征，但它却精妙地虚拟了一场精神漩涡，把置身其中的人的那种不由自主、不能自拔的状态写得极为生动……有趣而深刻。"这个小说于次年获得了第六届"上海长中篇小说优秀作品大奖"之中篇小说三等奖。

但接下来的情况却不大妙。随后的两三年里，我的写作一度陷入不及物的抽象和玄虚中。反省中，我意识到触及当下现实的重要性，即一个作品除了要有心灵之根，还要有现实之根，否则同样无效。顺便说一句，在我看来，当年"先锋小说"的退潮，其中一个重要原因就在于他们不怎么会处理当下的现实，此后"新写实"的兴起，正好就是某种意义上的一种"补偿"。这时，重读卡夫卡，我所看到的是他在触及现实、触及存在方面的强健有力。又是几年的努力，到了2006年，我似乎来到了一个新的起点上。在其后的三四年里，我发表了包括《黑暗中的帽子》《一九三七年的情节剧》《失去楚国的人》在内的一大批中篇，其中一部分被各种选刊选载，也引发了一些评论。最值得一提的是著名评论家程德培先生，他在《钟山》上看到了我的几部中篇之后，写了一篇长长的评论。这使我十分快慰，对一个写作者来说，再没有什么比一位行家看到了你的努力更能使你高兴的了。其时我与程德培先生还互不相识。还有来自南京作家罗望子的盛赞，其时我与他也是互不相识。现在回头来看，这一阶段的写作，我比较注重作品的整体及其力量，其中的许多作品都来自心灵并兼及现实，由核心意象带来的隐喻不是仅以片段呈现，而是演化成了一种结构上的特征。叙述上，与早年的作品相比，我这一阶段的作品明显偏重理性，这是来自陀思妥耶夫斯基、托马斯·曼、穆齐尔、昆德拉，包括库切等人的影响。其中更为有力的一个根据是：生活中本来就有带着思想生活的人，犹如带菌者。与传统的小说批评观不同，我并不认为对作品的思想的表现，仅仅只有包蕴在情节和细节中这一条路，相反，复调、多重对话，也是一条路。想想《卡拉玛佐夫兄弟》，抽掉其中的这些，它还会有如此的深刻和深邃吗?

2009 年以后我转向了长篇写作。尽管也曾写过、出过两部,但现在来看,其品质都要大打折扣。在新近发表的长篇小说《黑屋子》中,我有意保持了在中篇写作里的某些追求,同时想在前面两个写作阶段之间做一个综合,即重拾早年的感性,将感性和理性更好地融合起来。以福楼拜、托尔斯泰为代表的写实大师的作品,成为我的重读之书。《黑屋子》发表后,青年评论家刘保昌在其评论里说它"是先锋写作与现实主义结合的较好的新收获。其'先锋后写作'姿态及其策略值得我们充分地关注"。青年评论家蔡家园则认为它"为先锋写作创新提供了极有价值的参考"。罗望子则说,这部作品祛除了早期先锋写作的"表演"性质,从语言的狂欢转向了对狂欢的生命的多重追问,而这追问与质疑的不确定性,使其"显示出力透纸背的先锋气质"。我本人,在感谢以上诸位肯定的同时,更乐意将它纳入现代主义文学的影响中去谈论。理由是,"先锋"(作为现代主义文学在当代中国的一个分支)虽已退潮,但在世界范围内,现代主义文学从未偃旗息鼓。举例说,1998 年获得诺贝尔文学奖的若泽·萨拉马戈的代表作《失明症漫记》,就是一部典型的现代主义作品。有关这一点,从每年翻译进来的大量外国小说里也能看出来。这是说,现代主义文学一直就在更大的范围里持续发挥着影响。因此,如果换到这个角度来看,事情就乐观多了,那即是说,走在这条路上的人并不孤独。在未来,我将更加注重从传统中汲取养分,更加注重感性与理性的相互融合,保持创新意识,每次都有意识地做出一些小的改变。在我眼里,持续不断的小的改变,才是一种有所保守和累积的真正的有效变化。

访 谈《

于烟火处思考人生

——吕志青访谈录

方 舟 吕志青

方舟:在您的作品中有一些类似于"种子"的东西,比方说《南京在哪里》中关于"南京"这个问题的寻找,以及《失去楚国的人》中关于"倒立"这种活动的传播,都是从一个人出发,逐渐蔓延开去,好像一颗种子,慢慢地生根、生长、长大,最后长成一棵大树，而整篇文章最后好像也被这棵长成的大树所覆盖。想跟您探讨一下，您这样的创作方法是一开始就预设好的，还是在创作过程中随着故事的发展而不自觉进行的？

吕志青：一半一半吧。在一篇小说开始之前总归会有一些想法，尤其是得到了某个东西，我们叫它灵感，或者种子。几年前我在刘庆邦一篇谈论小说写作的文章里看到了他“种子”的说法，我颇喜欢。但实际上私下里我一直就使用这个说法，只不过我所说的“种子”与他所谈论的“种子”，在来源上不大一样。在他那里，“种子”属于“有中生有”。一般说，作家在得到了某些生活素材之后，在得到了“实”的部分之后，还需要某种灵感，而灵感所处理的是小说的灵动部分，即虚的部分。有了这个部分，原始的素材才能获得某种灵动和结构。这种灵感大多是从某个偶然的机缘中得到的。从刘庆邦的谈论中可以看出，在他那里，这个“种子”，“虚”的部分，也是从生活中得来的(比如他谈中篇小说《神木》的写作，就是如此)。因此本质上他的“种子”也仍然是“有中生有”，而非“无中生有”。“有中生有”仍是一种“实”，实在、实有，虽然就整个小说看，它充当着“虚”的部分，但它仍然是一种“实”。当它与另外的“实”——素材的“实”相加时，也就成了“实”与“实”的相加。与之不同的是另外一种“种子”，即源自心灵的“种子”。比如卡夫卡的《变形记》，其“种子”——人变成甲虫这一灵感，显然不是源自生活中的实在和实有，而是源自作者心灵中的“无中生有”。在《城堡》中也是如此。在我的小说中，两种情况都有。比如你提到的两个中篇小说，《失去楚国的人》中的“倒立”，显然来自生活中的实有；而《南京在哪里》中有关一个名词(以及它所蕴含的相关的社会历史信息)牵扯出另一个名词(以及它所蕴含的相关的社会历史信息)，以至漫漶无边这样的状况，就很难说它是生活中的一种实有。这篇小说发表后我曾在网上看到一件有趣的事：某地一位中学老师，在读过了这部小说之后，照葫芦画瓢，让他的学生根据某些名词进行联想，以期得到小说中所描述的那种连绵不绝、漫漶无边的效果，结果自然是失败了。这是因为他不明白这个小说所表现的并不是生活中的某种实有，而是一种可能，一种不可能中的可能，而这种不可能中的可能是难以在生活中加以还原的。从这个老师的“复盘”实验中我们可以看出，这个小说的“种子”有一种非实在性，它是一种心灵图景。不过我想说的是，心灵图景绝非与现实无关，毋宁说两者之间有着更深的关系，类似化学关系，而非物理关系。简单地说，我的小说，尤其是中后期的小说写作，的确往往发轫于某种“种子”。但这并不是说整部小说的各个环节或部分一开始就预设好了，一般说来，写作的过程往往就是不断找寻和试错的过程，一些突如其来的变化或转向也正是在这个过程中发生的。大体说来，似乎是一种预设与未预设、已知与未知的混合。

方舟：我发现您执着于对一些事物进行特别细致的描写，执着到有一些偏执。比如说《楚国在哪里》中，老康蓄胡须的过程中对饮食有所要求，您一口气列出了将近一百种需要注意的食品，《爱智者的晚年》中有大段关于植物品种的描述，《国王在那一年得了本章我们所描述的病》中也有关于身体内脏和组织的描写。我在阅读过程中，尝试过将这些部分删除，发现对阅读并没有什么影响，但是一旦再将这些片段加进去，似乎又带来了一些不一样的阅读体验。想请您对这种玄机进行解密。

吕志青：在我眼里，这类有关的生活知识，亦是一种小说材料。它能否进入小说，要看它是否合乎展开情节或描绘人物的需要。有时从情节看，它似乎没那么要紧，但从表现人物看，就有点不同。一个人孜孜不倦地专注于某事、某些细节，沉迷其中，甚至到了偏执的程度。这时，那些罗列和展示，或者就有了“无用之用”。有些时候，其中或许也隐含了作者的某种微妙态度。

方舟：我发现您作品中的地域色彩并不突出，对于很多作家来说，作品中或多或少都会留下地域痕迹，而您作为一名湖北籍作家，又是来自宜昌这种很有特色的地方，您的作品读起来却很少有地方特色。我想请问您在创作过程中是刻意回避这种地域特点，还是站在一个更高的视角看问题？您是否只是以一名“作家”的身份来创作，而不去纠结地域之类的问题？

吕志青：若干年前也有人问过我这样的问题。总的说，对于地域色彩，我一直既不轻视也没有特别看重。实际上我也写过一些地域色彩较为浓厚的小说，比如20世纪90年代初我的一些中篇，《沧浪曲》《时光在握》等等，就不乏三峡、宜昌的地域色彩，只不过没有一直贯穿下来。这是因为我没有特别看重它，至少我不认为它是最重要的。这涉及我对所谓民族性的看法。从前有一个时期，大家都在说，越是民族的就越是世界的，而我对这个说法是有点怀疑的。后来我发现博尔赫斯有一个有趣的发现，他说，他注意到许多国家选择了不是非常有代表性的人来代表他的国家，比如莎士比亚。在博尔赫斯看来，莎士比亚是最缺少英国人色彩的英国作家，因为英国人最典型的特色应是节制，或者说有节制地谈论某件事情，但莎士比亚却倾向于运用夸张似的比喻。他说，在法国，如果要选出一个代表作家，那么一般是雨果。雨果用词华丽，比喻层出不穷，在博尔赫斯眼里，雨果不是典型的法国人，而是住在法国的外国人。他举了很多类似的例子，包括他自己的写作经验。他说有一次他很认真地描绘了布宜诺斯艾利斯的郊外景色，是一种基于观察基础上的描绘，但他的朋友们看了之后说没有写出布宜诺斯艾利斯郊外的特点。而另一次，他用的是天马行空的方式，朋友们看了后说，嗯，这就是布宜诺斯艾利斯的郊外！为什么会出现这样的情况呢？实际上是因为艺术性。艺术性是需要放到一个较大的范围内去考察的。因此，从艺术上讲，如果一个作品是世界的，那它也就是民族的，至少它会被看成是某个民族的。只是在这里，我需要对所谓艺术性略加说明：在我这里，艺术性包括一个作品对于现实或存在的揭示深度，包括某种有力的打击。当然了，亦包括它不同的表现方式，我尤其看重那种表现的而非再现的作品。在我眼里，这些才是最重要的。比如卡夫卡，我们在他的作品中其实看不到太多的地域色彩。再比如若泽·萨拉马戈的《失明症漫记》，也没有什么地域色彩，但不妨碍它成就其绝高的品质。因此我们可以说地域色彩，甚至民族性，并不那么重要，至少没有人们喊叫的那么重要。当然了，细说起来，这两个词，地域色彩、民族性，还不完全是一回事。不同的民族，其生活方式、语言方式、思维方式、行为方式，以及对于某件事的反应方式，多少都会有所不同，但即便是这样，我们似乎也没有必要去刻意体现某种民族性。因为说到底，一个作家，总是与某个民族及其历史文化相联系的，那一切就在他的血液中，强调不强调，它都在那里。不过，我这么说也不意味着刻意排斥它，只不过我不会把它当成一个首要的条件，不会把它放在最为重要的位置上。这就是说，它不是我首先要考虑的问题，但我不反对在某些情形下，它自动来到我的笔下。我指的是地域色彩，如有需要，我亦欢迎它。

方舟：您的作品中有很强的知识性，这可以说是您博学的一种体现，我在阅读过程中常常被这种丰富的知识所折服。您认为渊博的学问对您创作的帮助体现在哪些方面？

吕志青：或许小说需要的更多的是生活知识，实际的生活经验。小说离不开俗世生活。至于书本知识，或者可以给我们提供一些看问题的不同角度。再有，书本知识在某些情况下，也可以作为一种材料进入小说。

方舟：您笔下的人物都特别鲜活，我这里所说的鲜活，指的是几乎没有一个人物可以简单地用“好人”或者“坏人”来概括，有些在一开始看上去讨厌的人物，随着故事的发展慢慢展现出讨人喜欢的一面，而有些一开始看上去很积极的形象，也会逐渐暴露出自己阴暗的一面。不管是哪一种，最后给人的感觉都是挺可爱的，让人不由自主地喜欢上这些人物。这让我想到《黑暗中的帽子》里臧医生所崇尚的“价值中立”。我想问的是，您在创作这些人物时，是不是也始终秉承着“价值中立”的立场？

吕志青：每个作家、作者，都会有他的价值取向。但是否任其赤裸裸地进入小说，各人却有不同的做法。我倾向福楼拜和陀思妥耶夫斯基那样的搞法，作者退出，因为我不喜欢作品里只有一个声音，而喜欢有多种声音。在多个声音中，我也不喜欢某个声音调门过高。我们也无法让某个声音调门过高，因为生活如此复杂，人们常常陷于“公说公有理，婆说婆有理”的状态中，而这也正是中心消散之后的世相特征。许多悖论纠缠在一起，而这也正是当今人们所遭遇的困境，或困境之一。当然，这并不是说作家就没有自己的态度了，只是说其态度比较隐蔽罢了。相较而言，我比较喜欢那种较为隐蔽的态度，而不喜欢过于显豁的态度。记得博尔赫斯在谈到散文写作时曾说，散文这种文体，之所以让他有所忌讳，或者不是特别看重，是因为在散文写作中作者总难免会显露出一种态度或意见，而他不知道他的意见是否重要。我觉得，这不仅涉及艺术观，也是一种谦卑，一种出现在写作中的必要的谦卑。

方舟：您的作品中有很多关于哲思的描写，包括海德格尔、苏格拉底等，而这也让您的文章更有深度。但是，这种深度并没有增加文章的阅读困难，相反，您的作品读起来很接地气。我想知道您是如何做到在文章中将哲学和接地气这两者完美融合的？

吕志青：这些东西只是作为材料进入小说的。小说中涉及一些知识分子，他们的生活中少不了这些。也就是说，思想是他们生活的一部分，但是，也仅仅只是一个部分。我所要把握的，就是把它们当作材料，而不是某种意旨的归宿，也就可以了。再就是适度，我不忌讳在小说中写到某个人物的思想，因为生活中就有带着思想生活的人。但可能需要把握好一个度。

方舟：您所说的这种“度”正是您作品的独特之处。在涉及哲学问题时，您并没有故弄玄虚，搞得晦涩难懂，哲学问题是随着人物及情节的发展自然出现的，因此并不会给阅读带来任何障碍。您曾用捷克诗人詹·斯卡塞尔的诗句来阐明您所理解的“存在”：“诗人们并不发明诗/诗在那后面某个地方/它在那里已经很久很久/诗人只是将它发现。”您提到，存在就是在“那后面某个地方”的东西。关于“存在”这个话题似乎有些老套，我想跟您探讨的是，我曾经听过一个当代诗人的讲座，他说在创作时偶尔会有这样的感觉，好像不是他在写诗，而是他受到神的指令，是神在写诗。既然您引用了詹·斯卡塞尔的诗句，那么我想知道您在创作过程中是不是也有那种被牵引的感觉，也就是说您只是将一些东西“发现”并呈现给大家？

吕志青：这是一个很有意思的话题。很多时候，听到那样的说法，我们或许会觉得有点玄，甚至觉得是某人在故弄玄虚，其实不然。相反，那正是写作中的一种“常态”，是一个作家、一个写作者长时间处于沉迷或虚静状态中会偶尔出现的“常态”。英国诗人柯尔律治在谈到他的《忽必烈汗》的产生时就说起过这种状态。我自己有个短篇《经典疑案》(载《人民文学》1997年第8期),就是这样产生的。那时我待在北京,某个早晨,一觉醒来——实际上是半睡半醒之间,整个小说全部浮在脑子里,全都浮在尚未睁开的眼皮底下,奇妙之极。我抑制着激动,马上起来,不洗不漱,不吃不喝,坐在写字桌前开始写作,或者说,记录。从早上8点多,写到下午3点多,一气写完,计有7000来字。次日誊抄一遍,仅仅改了几处错漏,送到《人民文学》编辑部。几天后李敬泽打来电话说,很漂亮的一个短篇。但这种整篇浮现的情形并不常见,多的倒是一些片段和意象。这些东西,我指的是其中一些品质较高的,往往蕴藏着丰富而深邃的内涵,清晰而模糊,其中一些就成了我的某些小说的"酵母"。但这仅仅只是某个作品的开始,离作品的形成还相距甚远,还有大量的工作要做,绝非现成的端上桌就完了。除非是像前面提到的那样,整个小说全篇自动浮现,而那样的情况是极为少见的。所以,它又是一种"非常态"。

方舟:既然您提到了《经典疑案》,那么关于这篇作品想跟您聊一下。这个作品我读了两遍,第一遍读的时候有些摸不着头脑,一开始我期待着巴警官的那个案子,在满怀期待中,这个案子却在讲解到一半的时候戛然而止,然后作品的后半部分转移到了宋警官身上,可是直到阅读完毕我也不知道发生了什么。等我重读这部作品的时候,我换了一个思路,于是读到了好几个"疑案":第一个疑案是巴警官那个悬置的案子(其实那个装置的内部构造总是无法被看到也是一桩疑案);第二个疑案是宋警官死亡的案子;第三个疑案就是我的这种阅读体验。换句话说,第三个疑案是您一手制造的,您让读者陷入了一种困惑,这种困惑就是看起来好像读完了这几个案子,但其实什么也没读出来。跟前两个疑案比起来,可以说您制造的疑案才是最"经典的疑案"。我很好奇,我的解读与您的创作初衷是吻合的,还是说有一定的出入?

吕志青:我觉得你的解读就不错。实际上,读者可以不去管作家的初衷是怎样的,读作品就可以了。但如果要我说,我或许会在你的看法上略加修正,比如,或许并不是"什么也没读出来",因你在这里得到了一些信息:第一,巴警官谈到了的案发场地或环境,或者还带出了一种气氛;第二,宋警官死于那个"杀人机器"。换句话说,巴警官没能讲出的部分,由宋警官的死做了"补充",这就产生出一种意味。当然,问题也来了:巴警官所破的那个案子,在那个案子里某个人的死法,与宋警官的死法是一回事吗?或者,有什么相同相似之处吗?这个问题是没有答案的。尽管没有答案,但的确有事情发生了,那就是宋警官的死。当然这里缺少几个东西,按我们的正常逻辑来说,我们会问,他是怎么死的?自杀?他杀?动因呢?动因是什么?如此等等。这些问题也没有答案。但这样正合适,否则也就不成其为"疑案"了。那么，它“经典”吗？或者说与一般的疑案有什么区别吗？或许，它的与众不同处就在于：其一，如前所说，这个案子的呈现，是由两个人，两个警官来完成的——一个用话语，一个用行动；其二，它不是先发生，再讲述，而是先讲述（不完全的讲述），再发生。生活的逻辑在这里发生了颠倒。至少，从文本，从“现在”发生的事件顺序看，事情就是如此。到这里，又来了一个问题：是否讲述本身诱导了凶案的发生？当然，这也没有答案。尽管没有答案，或者正因为没有答案，就给读者留下了想象的余地。不过说实话，这些也是我在事后，确切地说，在这会儿才想到的。也就是说，实际上这也只是一家之言。我说过，这个小说是自动来到我的脑子里的，在当时我所做的，只是凭艺术直觉感受到了其中不同寻常的意味，抓住它，写下来，没让它溜走罢了。对一个作者来说，做完这些也就可以了。

方舟：还有一个问题，是关于长篇小说《黑屋子》。这部作品似乎包含了很多东西，我想从其中一个角度展开，那就是“真实”。我数了一下，文章中一共出现了92个“真实”，是出现次数最多的词汇，同时作品中有一个关于“黑屋子”的情节，而这又是小说的名字。因此我很自然地就将“真实”与“黑屋子”联系在一起。可不可以这样理解，每个人都有一段经历，或者内心深处有一个角落，这段经历或角落如同黑屋子一般，与现实是割裂的。人其实是在不断探索、不断质疑：黑屋子和现实生活，到底哪一个才是真实的？但是探索并不能带来答案，反而会产生更大的质疑，于是陷入了这种“探索—质疑—探索—质疑”的循环往复的怪圈中。

吕志青：我的理解是，每个人的内心深处都有一个黑屋子，阴暗的，秘不示人，也就是人的罪性。这一点人人都一样，不一样的是各人对待它的态度。无视它的人会终生置身于黑屋子里，也就是说，他（或她）被黑屋子所包裹。这时，黑屋子既在其心内，又在其身外，这时他（或她）的现实、生命，就处于一种非本真的失真状态。失真，即失去本真，而这也就是人真正的堕落。到这时，这个人就不再存在，或者，只是一种阴影般的存在。于是，拯救出现。可这所谓的拯救终究只是发生在人与人之间，即发生在罪性与罪性之间，因此，拯救愈烈，堕落愈烈，离本真越来越远。

方舟：您在不同时期创作的作品具有各自不同的特点和风格，风格鲜明到即使不按照小说集来阅读，也能很容易判断出哪些作品属于哪一个时期。您认为是什么促使了您在写作上的转变？

吕志青：应该说主要是小说理想在起作用。我想每个小说家各自有着不同的小说理想，而且，这理想也不一定是一成不变的，在某个时期、阶段，他们或者会有所改变。在这个时期或阶段，他发现，或者他觉得他找到了他自己心目中最好的小说，或者小说理想,于是在其后的阶段里,他的写作就发生了变化。到这时,他已无法按照早先的样子写下去了,那样的写作已无法给他带来写作的快感了。至于所谓小说理想的变化,或许不仅涉及一个小说家对于艺术、对于小说本身的看法,也涉及他对于现实的看法,包括他对自己对于现实的看法的看法。

方舟:不断追求心目中最好的小说,寻找小说理想,能否解读为您的写作其实背负了一种使命感?

吕志青:呵呵,不好那么说吧。那样的话似乎显得太自负了。再有,“使命”似乎是一种外在之物,而这里,似乎只是出自自身,近乎本能。

方舟:有人将您的写作誉为“智性”写作,读完您的小说,我理解的智性是“智慧”和“性情”的结合。作品既展现着您的智慧,这种智慧是全方位的,从生存智慧到生活智慧再到人与人之间的智慧,又展现着您的性情,这种性情也是被生活打磨过的。那关于“智性”这个词,您自己是如何理解的?

吕志青:有关智性写作,是某些评论家对我的写作的一种看法。就我自己来说,并没有刻意地要去弄一种“智性小说”。我想,就小说的写作来说,不管是哪种类型的作家、写作者,都需要他投入某种智性,这是没说的。如果其中一些被人称为智性写作,可能与作者的性情、阅读习惯,包括他心目中的小说理想多少有点关系,简言之,是某种倾向的自然体现。比如就我的天性来讲,可能有不少时候沉溺在自己的思绪中,并且不自觉地显露在小说的写作中。而且,就我的倾向看,我比较喜欢那些引人深思的小说。当然了,就小说的表现来讲,能够引人深思的小说并不一定属于某种智性小说,这也就是说,是不是智性小说并不重要,重要的是一部作品要使人在读过之后能够有所回味,有所思考。因此,小说是故事,这个说法就显得过于简单了,或许我们可以说小说是有意味的故事。但即便是这样的说法,也有可能流于狭隘,因为有的小说已经没有了传统意义上的故事。以我之见,好的小说(暂且不管它是不是所谓智性小说),似应体现这样的特征:它是某种智力的创造,其中包括了作者对于现实的有力触及,对于人、对于人的精神状态的有力触及。简单地说,作品应具有现实之根和心灵之根。在这方面,我不是一个纯粹的现实主义者,也不是一个纯粹的唯灵主义者,我相信上佳的作品多半可能是从这两者之间的相互交融与互动中产生的。同时,一部小说,多多少少应能体现出作者在艺术上的探索和追求。这大体上就是我对小说写作的一个基本看法。或者可以这么说,尽管我自己并没有把所谓智性小说作为我的小说理想和追求,但在实际的写作中可能体现出了这方面的某些特征,也是说不定的。不过我想说的是,是不是属于智性小说,并不是一个判断作品高下的标准。

方舟:我同意您所说的,智性与否并不能作为判断作品好坏的标准,其实您的这种态度也体现出您前面所说的“谦卑”。但不可否认的是,一部智性的作品确实能让读者陷入一种思考,关于自身的思考,关于生活的思考,关于我们所处的世界的思考。这种思考并不会随着阅读完毕而终止,而是会持续一段时间。也许您并没有刻意设置,但不得不说您的作品都能够引人深思。像您前面提到的关于中学老师模仿《南京在哪里》的桥段,可以看出您的作品除了能让人思考,还会产生实践,不管实践的最终结果如何,都是一种对生活的启发,为循规蹈矩的日子提供了一些色彩。

评　论《

吕志青小说中的悬案设置

——以《经典疑案》为例

方　舟

吕志青从 1984 年发表第一部作品开始,到 2016 年刊出长篇小说《黑屋子》,已经有 30 多年的创作历程。其小说《南京在哪里》获得 2003 年第六届“上海长中篇小说优秀作品大奖”之中篇小说三等奖,及 2004 年第二届“湖北文学奖”。吕志青的作品带有哲思和智慧,同时不失烟火气,具有很强的可读性,正是这种独特的创作风格为他在同时期作家中赢得一席之地。而最能将吕志青与其他作家区别开来的,是他在作品中的悬案设置。

读吕志青的小说,有一种在探案的感觉,这种感觉从看到标题的那一刻就开始了,并且贯穿始终,也许等阅读完毕,还沉浸其中。这种探案式书写表现得十分鲜明,在《国王在那一年得了本章我们所描述的病》中,从头到尾看下来无法得知“所描述的病”到底是什么病,而“所描述”本身又是一种“未能描述”;在《回忆的诱惑》中,犯人到头来错愕地发现自己竟然是受害者本人,悬疑;在《闯入者》中,空降而来的男孩给小家庭带来了混乱,混乱过后的歇斯底里,让人回归了人最真实的模样。

短篇小说《经典疑案》将这种探案式的书写方式发挥到了极致。在这篇小说中,悬案的设置一共分为几个层次。第一层次是作品本身。所谓经典疑案,讲述的就是一个悬疑故事，随着故事的发展，疑点越来越多，整个案件变得愈发扑朔迷离，甚至衍生出新的案件，而故事的结尾同样也是一个未知数。第二层次是寻找疑案的过程，即读者的阅读体验。这一层次的悬案并不是由作者完成，而是由作者与读者一同完成的。读者在阅读过程中是否能发现文中隐藏的秘密，甚至挖掘出作者安排以外的内容，是这一层次悬案的关键。第三层次是作者用隐喻、象征等写作手法所埋下的不易被发掘的悬念，包括看似简单实则复杂的人物关系，对人生之谜的追问以及对世界的理解等。对于吕志青来说，他在创作过程中并没有刻意去安排这些悬案，只是在一个瞬间灵感被点燃，然后追随着灵感和内心的步伐，完成了创作。《经典疑案》也许算不上吕志青最好的作品，却是艺术上具有代表性的作品，正如他自己在本辑访谈中所阐述的那样，某个早晨一觉醒来，感觉整部小说已经出现在脑子里，于是不吃不喝地将这部小说“记录”下来。在这样非常态状态下完成的小说一定有不同于其他作品之处，而这些不同之处并不是简单的用眼睛阅读所能发现的。那么对读者来说，阅读这样的作品同样需要灵感，这种灵感一方面是为了与作者同步，另一方面是为了挖掘出更多宝贵的东西。因此，结合了作者与读者双重灵感的作品，也许可以称之为一件完整的艺术品，而《经典疑案》正是这样的艺术品。本文试图通过对这部短篇小说的解构，来打开吕志青的小说艺术世界，呈现他作品的基本风貌和特征。

一

面对“经典疑案”这四个字，读者的第一感觉便是这是一篇经典的与破案有关的小说，此时读者已经掉进了吕志青设置的叙述陷阱中。作为一个有多年写作经验的作家，吕志青对文章题目的构思、设置有自己的观念和逻辑：他不满足于将题目仅仅作为全文的概括和浓缩，而是要赋予其更多的小说艺术功能。

在《经典疑案》中，题目本身就是疑案的一部分，即“疑案”两个字，不只是告诉读者这篇小说与案件有关，题目中的这两个字也需要读者来破译。如果将标题中的疑案与文中的疑案割裂开，虽然不会影响阅读效果，但是阅读体验会大打折扣。这部作品中，第一层次的悬案是巴警官所描述的案件以及宋警官的死亡。出乎意料的是，巴警官所带来的那个经典的案例，虽然很快抓住了所有人的注意力，但直到这堂课因为意外的因素被打断，在场的人也无从得知这究竟是一个怎样的案件。故事叙述人，也是作品中的主人公“我”，极力想表现出那个案件有多么吸引人，但由于他自己也弄不清到底是哪一点在吸引着大家，因此所有的描述都集中在反复使用的“吸引人”这几个字,以及周围人在课堂上的反应上。所有的一切似乎都是在为那个案件做铺垫,然而当讲授进入高潮时,一个意外打断了这堂课。谁都没有想到,这堂被打断的课,再也没有接续起来。骤然停止的笔触,带来的是节奏上的变换,表面上紧张的氛围暂停了,给了读者一些喘息的时间,实际上这种突然的空白反而平添了更多的不安。

在这次案件中断之后,作者花了不少段落来描写日常事项,包括石榴林里发生的对话,那天之后“我”去值班的事情,以及最后去宋警官家里拜访。这三件日常的事情看似与案件无关,实则层层推进,终于引出了宋警官的死亡。关于宋警官的死,呈现在大家眼前的只有案发现场,除此之外没有任何推论和破解。在此,作者布置了一个黑色幽默:备受尊崇的警官死在了警察学校,杀人凶器是教学模具,而杀人凶手和杀人手法都不得而知。因此,这起案件是一桩完美的犯罪,或曰“经典疑案”。作者借助这些悬而未决的情节向读者抛出了一系列问题:巴警官的案件究竟是什么地方吸引人?宋警官到底是死于何人之手,被杀过程是怎样的?宋警官的死亡和巴警官的案件是否有关联?

仔细分析这两起案件,我们发现二者有一个共同点:案件的发生都与教学模具有关。然而关于这架模具,同样有一些疑点。首先是关于模具的内部构造。作者对模具的整体结构做了详细的介绍,呈现出一件具有空间感的机械作品,但关于模具的内部构造,作者写道:“我逼近地站在窗外,极力想看清楚它的内部构造,但看了好一阵也没能看清。”这种结构清晰、细节空白的描写造成一种冲突,似乎很快便可以对模具一窥究竟的时候,又被拒之门外。第二个疑点是机关的操作。作者在此采取了一种模糊化的处理:“他说着扳动了某个机关(我们并不能看到他的操作,只是这么设想和推测)。”“当时,巴警官打开了某个机关(我们不能看见,只是这样设想和推测)。”这是全文两处运用机关的描述,后者是对前者的回忆,可以看到二者保持了高度的一致,即巴警官到底是如何开启机关的,我们无法看见,只能推断。这个看似普通的情节,恰恰构成了另一个“疑案”:一个如此重要的“杀人机器”,拥有着逼真的外观,却丢失了最核心的环节——机关的启动步骤。

这台教学模具与宋警官之间也有联系。当宋警官见到教学模具启动时发出一声:“天呐,真像是一架杀人机器!”这句脱口而出的话,是整个授课过程中宋警官唯一发出的声音,给主人公“我”留下极其深刻的印象,多年来一直在耳边萦绕。而巴警官所讲述的案件与宋警官死亡之间的联系,其实就是这句对教学模具发出的感叹。宋警官被发现时,“他正被卡在那个口袋似的硬木过道中,向上瞪着惊恐的眼睛”。宋警官死于这架“杀人机器”，似乎有一种宿命感。这个他曾经感到恐怖的事物，最终结束了他的生命。第一个案件之所以经典，多数要归功于这架模具的使用，而宋警官的死亡，则完全由这架模具所引起，那把插入宋警官喉咙的直尺，是巴警官在课堂上当教鞭用过的。这种巧合，似乎又为宋警官的死亡增添了一丝悬疑和神秘的色彩，联想到宋警官曾经流露出的恐惧的神态和反常的行为，不仅让人思考：到底宋警官如何命丧杀人机器，那把直尺怎样插入他的喉咙，而那双惊恐的眼睛又暗示了什么？但是所有的疑问都只是疑问，答案我们不得而知，这个谜案背后的疑团也随着故事的结束被永远封存。

二

如果小说的内容构成了第一层次的悬疑，那么读者在阅读时寻找悬案及“破案”的整个过程，则构成了文章的第二个层次。吕志青绝不满足于创作出只有情节和内容的侦探小说，他是要以故事开启读者的思维之门，引起读者对纷繁的社会和复杂的人世的思考。根据吕志青的自述，他喜欢将丰富的生活经验融入作品，把那些看似高深的东西用接地气的方式表现出来，这样既不会失去作家的格调，也不会显得故弄玄虚，《经典疑案》就属于这一类作品。刑侦案件对普通人来说在理解上有一定的难度，但是吕志青换了一种方式来展开，小说中没有复杂的案情介绍，没有血腥的犯罪现场，更没有难以破解的杀人手法，有的只是平常的、娓娓道来的追叙和心理描写。正是这种看似不起眼的写作，蕴藏了很多玄机，并且从始至终都笼罩着一层悬疑的氛围。

这部作品之所以受到吕志青本人的推崇，源于他希望这部作品可以找到能真正读懂它的人。所谓的读懂，不是指能看懂这篇小说讲述的故事，因为这个故事并不复杂，读几遍就能够弄清楚其基本内容，而是指读者在阅读时能随着作者的布局一同思考，一同在字里行间寻找蛛丝马迹。作者在创作时充分考虑到读者的阅读体验，煞费苦心地为读者留下了一个个精心编织的“疑案”，这是对读者阅读能力的尊重。读者不光要找到答案，还要注意其中的阅读陷阱。吕志青在作品中布置的具有暗示作用的桥段，需要读者自己去揣摩、去思考，而不是一味地被其牵着鼻子走。文中有大量的“我想”“我猜”，即一种直觉判断，一种心理揣测，读者在阅读过程中很容易被这样的字眼影响，不自觉地跟着主人公的思维走，但过于主观的判断不一定符合事实，这时候就要靠读者调动自己的知识储备和智慧来辨别。除此之外，在描述主人公“我”的心理活动时，运用了大量的疑问句，如“这么做是什么意思呢？”“是否与今天巴警官的课有关系呢?”主人公抛出的这些问题,不仅是在问自己,其实也是在考验读者。这些疑问都与重要情节,甚至故事的走向有关,因此是需要读者思考和推理的。

在这篇小说中,作者隐藏了一个关键问题需要读者来寻找:所谓“经典疑案”,究竟何谓经典?是小说中的案件经典,还是这篇小说本身经典?通常情况下,在一个刑侦案中,杀人者、杀人凶器和杀人手法属于核心环节,而这三者也构成了一个完整的案件。然而吕志青将一个缺失杀人凶手、杀人凶器和杀人过程的小说取名为《经典疑案》,相当于又向读者抛出一个难题。在疑案被逐步挖掘出来后,我们已经可以看到,“经典疑案”这四个字绝不仅仅指的是一桩经典的案件,而是一种多层次的,由小说的内容、结构、读者的阅读感受以及背后的艺术特征所组成的综合“事件”。在不断地挖掘与探索中,读者既要发现现场遗留的蛛丝马迹,又要鉴别出这些痕迹中哪些是有用信息,哪些只是障眼法。大到文章的整体结构和布局,小到文章内部的细节,都值得反复推敲和思考。如果读者能够跟随作者吕志青的步伐,采取合理的推理和想象,那么相当于进行了一次完整的阅读旅程,也是一个精彩的探案过程。而这种奇妙的构思与作者的生活体验及知识积淀无法分割,既有学术派的理念支撑,又有人情世故进行点缀,读之给人一种逻辑严谨且不乏趣味的感觉。

这篇小说发表于 1997 年,属于吕志青早期的代表作之一。纵览中外文学史,不难发现,任何创作主体都会一定程度地受到其所处的文学语境的影响,它们不可能完全超越历史氛围进行创作。影响可能是一种正面的历史痕迹,也可能是一种负面的制约,任何优秀的作家都会正视并智慧性地处理这一问题,使自己成为所处时代独特的创造者,成为艺术上的“这一个”。20 世纪 90 年代的中国文坛充满生机,现实主义、现代主义乃至后现代主义之声合奏出特别的乐章,吕志青置身这样的文学氛围,势必受到某种影响。从《经典疑案》中,我们不难发现那个时期先锋小说的影响,整个小说的疑案设置,就是一种氛围渲染,使作品笼罩着一种现代主义的神秘气氛。但是,在题材选取、氛围制造、语言运用等方面,他又在倔强地探索自己的方式,《经典疑案》在侦探题材小说中,植入了一种现代主义修辞与氛围,这就是一种独特的开拓,彰显出一种艺术探索精神。曾有人这样形容吕志青:“他祛除了 80 年代先锋写作的‘表演’性质,从语言的狂欢顺理成章地转向对狂欢的生命展开了多重追问。”[①]一定程度上说,吕志青以《经典疑案》为代表的小说写作与艺术探索,确实为中国 90 年

---

① 罗望子:《再度突围——与吕志青有关的阅读札记》,《长江文艺评论》2016 年第 4 期。

代先锋小说艺术实验做出了自己的贡献，或者说他对小说的理解与实验，为中国当代小说创作提供了一种新的思路和可能性。

三

《经典疑案》所设置的悬案给读者带来阅读上的快感，但吕志青的创作带给读者的绝不止于一般性的阅读体验。有人用“智性写作”来形容他，所谓的智性，即创作者身上具有一种智慧，一种理性精神，以理性穿透生活，使作品具有一种智性力度。引人思考的智性或直接以哲学叙述的方式表达，或隐藏在看似平常的文字背后，《经典疑案》显然属于后者。我们无法将这部小说当作一个典型的刑侦小说来看待，毕竟其缺失了一个刑侦小说应具备的主要环节，我们可以将这个作品定义为一个“类刑侦小说”。这部小说的核心在于人心，人之初，性本善，但现代人却多怀疑，怀疑主义在现代艺术思潮占据重要位置。“经典疑案”中的“疑”，直指人的内心。因此，为了凸显出“疑”的成分，吕志青采取了第一人称视角叙事。这种选择所带来的直接结果是很多情节以及人物关系都是靠主人公的回忆和心理活动，甚至是猜测和推理来展开的，这是这部小说叙事上一个突出的特点。

小说中的主要人物一共有三个：巴警官、宋警官和“我”。很难说作者在此是不是故意设置了三个人物，因为任何涉及“三”的关系，都被认为是坚固的，牢不可破的。全文都是从“我”的视角看问题，因此巴警官和宋警官也由“我”联系起来。文中既有宋警官对巴警官讲课的评价，即“宋警官说，这个人的课有意思”；又有“我”对宋警官能力的描述，即“在整个警校宋警官的智慧和经验向来备受尊崇”；还有宋警官对其他课程的态度：“我的意思是说，宋警官通常是不怎么听人讲课的。”顺着这种思路来看，巴警官的能力至少不在宋警官之下，作者在此借助“我”的一系列叙述为二者建立起横向比较的关系。实际上巴警官和宋警官之间没有直接对话，而“我”与两人都有过接触。在课程结束后，“我”在回去的路上偶遇巴警官，两人同行一段然后分别，之后又碰见宋警官。这时的宋警官看起来与平时似乎不太一样，有点“萎靡不振”，“神态让我感到很陌生”，这种反常引起“我”的思索：“是否与今天巴警官的课有关系呢?”这种猜测并无任何依据，即“我”在此犯了一个逻辑上的错误，将事情发生的先后顺序当成因果关系进行猜测，这种猜测也误导了读者，如果不仔细推敲的话，读者会顺理成章地将宋警官的死亡与巴警官联系在一起。由此，宋警官、“我”、巴警官之间似乎建立起了三人关系，实际上这种三人关系是虚假的，或者说是经不起推敲的。从巴警官的角度来看，他与“我”产生直接关系，从宋警官的角度来看，他也是与“我”产生直接关系，因此作为二人纽带的“我”，被默认为建立了巴、宋之间的关系。在此，作者运用了一种“搭桥”的手法，即以第三者的口吻，通过观察、感受等方式，向读者呈现出二人之间存在的、可能的关系，但正因为是借第三人之口来讲述，因此这种关系存在一定的可疑性。而宋警官死亡的案件没有被侦破，不能下定论，所以也无法判断巴警官与宋警官的死之间的联系，因此二人的关系又增添了一层不确定因素。作者借此暗喻人与人之间的关系，很多情况下人们互相之间并不存在直接的关系，是通过其他人牵线搭桥等方式，才建立起某种联系，但这种联系却经不起推敲，一旦拨开掺杂其中的多余事物，会发现人与人之间的关系是多么脆弱。

《经典疑案》全篇只有7000多字，但其之所以具有独特意义与价值，是因为这短短的7000多字背后蕴藏着的关于社会关系、人际关系的象征意味。因此，“疑”不仅是疑案的疑，还包括了世界的疑、人生的谜，而破解疑案的过程就是在寻求人生之谜的答案。没有任何铺垫就出现的巴警官，带来了一个经典案例，足以吸引所有人的注意力，这种感觉如同人生中突然出现的谜题，吸引着人们不断去探寻、去思索。可是当人们真正开始探索谜题时，却发现旧的谜题还未解开，新的谜题一个接一个地来到。换句话说，整部小说也是围绕人生之谜展开。然而，就在一切谜题将要揭开之时，一位大人物的出现将这一切打断，此后再也没有接续上。在此，大人物的情节象征着人生中的一个过程，其实它就是一个普普通通的过程，人生就是由不同的过程组成的，任何别的人的出现，不管他是什么人，都可能改变一个人未来的走向。这里另一个人的出现是没有前因后果的，没有提前安排或者逻辑暗示的，作品在这里也许暗示着人生充满着必然的未知。

宋警官所提到的“规律”，是最具有象征主义意味的。他在知道主人公每日行走的路线时说：“让人摸准了规律是不好的。”话中暗示着做警察这一行被人摸准了规律具有一定的危险性。而此处的规律也指世间万物的规律，不管是人生的道路还是世界的运转，都应当遵守一定的规律。宋警官的提醒，是要告诫读者，在严格遵守规律之外，还需要一定的变通，不可迷信规律。这种对循规蹈矩的挑战，也点出了人思维中的盲区，通常某些不寻常的事，尤其是含有危险性质的事的发生，其落脚点就是人们的思维盲区。另一处具有象征主义特色的安排在于教学模具，根据作品描述，那架模具被做成一幢房子的形状，这幢房子与真正的房子几乎毫无二致，而其后来变成了杀人道具。一个用来居住的、安全的场所，成了杀人凶器，也许暗示着世间没有绝对安全的地方，为人处世须处处留心，也许最安全的地方反而最危险。

在探讨人生之谜的过程中，还出现了几处带有荒诞意味的情节，一处是“我”在强调疑案有多么经典时，对巴警官的外表进行了一番评述，说他“看上去更像是一个熟知庄稼的农民，一个淳朴的农民”，穿着廉价的西装，举止也毫无风度，表述中还时常带着方言土语，读者脑海里立刻浮现出符合描述的标准形象，但是这个形象又与警官的身份看起来毫不相干，因此很难说这样的描述是强化还是弱化了人物形象。这种反差式的描写愈发加深了人们的疑惑：到底是一桩怎样的案件，可以让听者忽略其他所有因素，只专注于这桩案件本身，甚至案件讲述者那与案件气质格格不入的形象也丝毫没有影响案件的精彩。第二处荒诞的地方是当“我”想骑着崭新的自行车回家时，发现自行车轮胎跑了气。这个看似微不足道的细节被一带而过，但里面荒谬的意味不言而喻：崭新的自行车，轮胎怎么会突然没有气呢？正是因为车胎跑气使我放弃了骑车，选择步行。作者在这里设置了一个逻辑缺陷，留下一个没有前因后果的荒诞情节，而正是因为这个荒诞的细节，使得主人公选择了步行，从而推进了故事的发展。第三处荒诞之处在于石榴林的描写。作者用“龇牙咧嘴的，的确好看”来形容这一片石榴林，而龇牙咧嘴是个贬义词，通常用以形容不好看的事物，之后为了强调它的好看，作者甚至加上一句“古里古怪的美”。这种颠倒审美标准式的描写，烘托出古怪、诡异的气氛，而从石榴林开始发生的对话和情节，也似乎透露着某种异常。这些荒诞的情节安插在小说不同的部分，象征着人生本就是一部荒诞剧，经不起推敲，而整个世界都是由充满荒诞意味的人和事组成。

至此，我们不难发现，吕志青作品中的悬案设置充满意味。《经典疑案》显然不是一部传统的侦探小说，而是一部思索人生为何物的小说，一部具有90年代先锋气质的现代主义小说。发掘侦探题材内在的人生秘密，扩张其意义，将侦探小说转换成为现代主义性质的先锋小说，这就是他在那个时期的小说写作的突出特点，也是他做出的特殊贡献。

主要作品目录《

长篇小说

《玩偶》，群众出版社1995年版。

《黑屋子》，《钟山》2016年第3期。

中篇小说

《雕花床》,《芙蓉》1991 年第 5 期。

《沧浪曲》,《小说家》1993 年第 2 期。

《时光在握》,《花城》1993 年第 6 期。

《废园》,《当代小说》1995 年第 5 期。

《1990 年的颂歌》,《小说家》1995 年第 6 期。

《少年哈谢或英雄模式》,《小说》1996 年第 2 期。

《酷暑》,《芳草》1999 年第 11 期。

《屋顶上的男孩》,《芳草》2001 年第 11 期。

《黑影》,《山花》2001 年第 12 期。

《南京在哪里》,《收获》2002 年第 4 期。

《穿银色旗袍的女人》,《收获》2003 年第 4 期。

《裸奔调查或青蛙时刻》,《山花》2004 年第 7 期。

《爹的婚姻》,《山花》2005 年第 10 期。

《包家的事业》,《芙蓉》2007 年第 2 期。

《守株待兔》,《青年文学》2007 年第 5 期。

《老五》,《中国作家》2007 年第 18 期

《闯入者》,《山花》2007 年第 9 期。

《爱智者的晚年》,《山花》2008 年第 8 期。

《失去楚国的人》,《青年文学》2008 年第 8 期。

《黑暗中的帽子》,《钟山》2009 年第 1 期。

《一九三七年的情节剧》,《钟山》2009 年第 5 期。

《蛇踪》,《山花》2009 年第 19 期。

《黄色花朵上的几个人》,《钟山》2010 年第 2 期。

《长脖子老等》,《长江文艺》2018 年第 2 期。

短篇小说

《霍老头的藤椅》,《长江文艺》1984 年第 9 期。

《等待》,《长江文艺》1985 年第 3 期。

《蓝色背带裙》,《芳草》1987 年第 10 期。

《梦游者》,《长江文艺》1990年第1期。

《故事》,《当代作家》1990年第2期。

《跳丧艺术家》,《芳草》1990年第8期。

《葡萄架下的女人》,《新生界》1993年第3期。

《结局》,《人民文学》1993年第8期。

《回忆的诱惑》,《小说家》1994年第3期。

《十梅》,《当代小说》1994年第3期。

《我们的埃玛》《最初回旋的地方》,《人民文学》1995年第12期。

《捅条》,《四川文学》1996年第3期。

《剧作家之死》,《山花》1997年第2期。

《经典疑案》,《人民文学》1997年第8期。

《生于水火》,《山花》1997年第10期。

《夷城暗语》,《四川文学》1998年第1期。

《你看见那个花园了吗?》,《春风》1998年第3期。

《破案》,《四川文学》1999年第8期。

《外婆一家》,《长江文艺》2000年第1期。

《消逝》,《青年文学》2001年第5期。

《切》,《长江文艺》2003年第10期。

《油壳鞋》,《长江文艺》2007年第7期。

《证据》,《文学界》2008年第2期。

《国王在那一年得了本章我们所描述的病》,《长江文艺》2008年第12期。

马 原

男，1953 年生，辽宁锦州人。

小　引《

20世纪80年代，有两个人改变了当代小说的形象，一个是韩少功，一个是马原。韩少功倡导文化寻根，让当代小说由表现社会学包括政治学的内容，到表现涵盖了又超越了社会学，包括政治学，甚至文化学的内容，此后的当代小说家虽然也有继续表现社会学包括政治学内容的，但多少都得有一点文化上的讲究，这样，当代小说也就由一个社会工作者和政工干部变成了一个文化人。马原实验叙述的圈套，则让当代小说由变着花样讲故事，到撇开故事，只管讲这“故事的花样的变”。此后的小说家虽然也讲故事，但如果不变个花样讲，就显得有点土气。而且这花样还不能是诸如倒叙、插叙、多叙、旁叙（议论、抒情）等老一套玩法，那还是为讲好一个故事服务的，而是要撇开一个完整的故事，或把一个完整的故事剁碎了，只管这有亦无的故事的讲法，让这讲法也成为一个故事，也有一个故事的意义，甚至比一个故事的意义还要多还要高。拽一句文，这就叫“形式的意味”。有批评家把马原的这套玩法叫“叙述的圈套”，这说法流传很广，也得马原的认可，但究其实，马原并不想把读者套在他这套玩法所设的圈套里面，恰恰相反，是要用这套玩法，让读者从他的圈套里走出去，就像而今有些旅游景点设置的迷宫或迷魂阵，不是要把游客困在里面，困在里面要管饭，而是最终要让游客走出去，走出去了，回头一看，才觉得这迷宫有意思。这时候，你怎么想它的意思都行，想人生太复杂，想世界真奇妙都行。这才是马原的用意，所以马原的这套玩法，又被人叫作叙述的迷宫。

韩少功的事，前面的专辑已经说过，按下不表，这回专说马原。马原的这套玩法，不止改变了当代小说的形象，同时也颠覆了读者对小说的看法。中国小说有很多定义，从庄子的“饰小说以干县令”到班固的“街谈巷语，道听途说”，说的都是今天的段子，而不是正式的小说，虽然有许多后来也发展成了小说，但比较正式的小说，却是从故事开始的。今之研究，多用西人之说，以为小说渊源起于神话传说，神话传说就是讲故事，鲁迅在讲汉以前和汉时的“古小说”时，除了类似段子的各家杂说外，就提到过托名班固所作的《汉武故事》。《汉武故事》之所以托名班固，大抵因为班固是史官，史官的特长是讲故事，所谓历史，便是这些史官讲的故事。但即便是秉笔直书的史官，也不是所有的故事都能写入历史，有些故事不便或不能写入历史，但却又有那么一点意思的，弃之可惜，记录下来，便成了后人眼中的小说。我多次说过这样的话，今天再来说它一遍。所以中国人读小说和读历史的心态大抵差不多，加之后代的小说多受历史影响，演绎历史成了小说的一大宗派，就更强化了写小说的作家和看小说的读者对故事的追求。

以上说的是小说与故事的关系，至于说这讲故事的小说家，是不是像众多论者所说的那样，也像史家一样沿着线性的时间线索，平铺直叙地把故事讲下去，那却未必。像马原说的《故事会》里的故事那样的讲法，今天的小说家中当然也有，但《故事会》之所以要与小说杂志分别开来，至少说明在观念上小说家是把故事和小说作了区分。事实上，从古人有意为小说开始，小说中的故事就与历史中的故事有不同的讲法。这不同首先是因为修辞，小说家最先把小说当文章写，不能不讲究修辞的方法和技巧，这一讲究就有了结构的起承转合，辞藻的华丽丰赡，小说中的故事与历史中的故事就判然有别。历史当然也能像《左传》那样写得很有文学性，那是因为那个时代的文史尚未分家，有了小说以后的历史如果再这样写，就不免要为人所诟病。后代的史书固然也有许多不乏文采，但都以不影响线性的历史时间和故事的真实性为前提，不像小说家那样，为了把故事讲得精彩，要用上许多夸张和形容、想象和虚构的修辞手法。民间说话兴起，在文章的讲究之外，又有许多说故事的讲究，比如话头，比如花开两朵、各表一枝，比如看官你道、但见但听、欲知后事、且听下回等等，让小说讲故事的方法比历史讲故事的方法更多了变化，这就是我前面说的变着花样讲故事。当然，这花样的变化，用马原的话说，还是形而下的。也有形而上的，如早先的小说信神仙方术，后来的小说崇庄老佛道，都有点形而上的意味，往往设一个虚无、轮回的构架，在这里面讲述人生故事，结果又证明这虚无和轮回。这形而上其实也在宗教和哲学的层面，只是中西的宗教和哲学有别罢了。

马原变的花样，因多受西方影响，故言及马原的实验小说，论者多用元小说、结构现实主义之类的理论方法嵌套其上。也有说中国古已有之的，指的就是我在上面说的话本作者介入故事讲述的套话。我以前也说过这样的话，但究其实，这都不是真正的原因，真正的原因是在这个专辑的访谈中马原谈到的，他那时崇尚唯心，相信有神，且在一个唯心和有神的地方生活过很长时间。持这样的观念，用这样的经验来写小说，纵然非得讲故事，这故事的讲法也不会跟大家一样。心神都是主观的，心之所欲、神之所游，都不受客观之限制，所以这故事的讲法，也就由不得发生的时空和过程的逻辑，而是由作者的主观想法所左右。有人要说，那不就天马行空、不着边际、没个管束了吗？曰，有。这管束便是马原要表达的那一点形而上的意思。也就是说，这讲故事的花样不管怎么变，还是要表达作者的一点意思。只是这意思不完全是或不是由故事本身表达出来，而是由或想由讲故事的花样变出来。西方20世纪的小说家大多有这样的念头，所以马原在西方作家那里找到了许多同道和知音。

马原现在回来了，这回来有两层意思，一层意思是马原由教书先生又回到本行写小说；一层意思是说马原的小说由不关心故事本身、只关心讲故事的花样，又回到故事本身来了。第一层意思是确确实实的，有马原近年来的新作为证，但这第二层意思，却未必。不要以为马原写了一点现实的东西，用了一点写实的方法，就回到故事了。须知，写实的方法可以讲故事，也可以不讲故事，现实的东西可以拿来讲故事，也可以与故事毫无关系，这都是不确定的。说来说去，对我们来说，真正确定的其实只有一点，就是马原的小说中经常出现的，“那个叫马原的汉人”。

自　述《

我理解的好小说的特质

我当过十几年老师，带来的身份转换就是，我过去是个职业写小说的人，而在最近十几年时间里，变成一个在大学里职业讲小说的人。这个身份转换有点奇特，而且在那段时间里我完全不写小说。我感谢不写小说的那十几年，使我成为一个讲小说的人。

可能很多人对小说都有自己的标准。过去都说“文无第一”，小说肯定是“文”之一种，很难有统一的标准，对好小说的认定因人而异。我有一个前辈朋友，比我大概大30岁，是过去沈阳文联的一个老作家。他原本是军队干部，因为在军队时就发表过一些小说，所以转业以后就分到文联当了副主席，分管作家协会。这个老先生管我叫小马原。有一天他找到我说，小马原，我想跟你请教个问题。我说您可别说请教。他说我想问你，有个叫海明威的作家你知道吧？我说知道，我说我大学毕业论文写的就是海明威。他说，这个海明威最有名的小说叫《老人与海》吧？我说也可以算，因为他得诺贝尔奖的时候，授奖词里面好像特别提到《老人与海》。他说你看过吧？我说看过。他说我们都是同行，我就想知道那个海明威为什么那么了不起，他还能得奖金一百多万美元的诺贝尔奖？那个《老人与海》薄薄的，几十页，算一个中篇吧？那么薄的一本，我估计他一个星期就能写出来，他一个星期写出来的小说就值一百多万，还是美元？他说这个事我想不通。还说，我仔仔细细看过三遍，你听听我的描述是否准确？——有个老头是打鱼的，几天几夜，一个人弄一个小船，抓到一条大鱼，这个鱼比他那个船大。我说是，那个书上写的叫马林鱼，好像是很大的鱼，像鲸鱼似的。然后他说，这个大鱼不能装在船上，他就拉着它走，最后这个鱼让别的鱼给吃了，是吧？我说是。他说不就这么点事吗？它凭啥值一百多万美元？我说老师你说的都对，肯定是诺贝尔奖的那些评委们瞎了眼。

我们不能说这个老先生不懂小说，《老人与海》本来就是写一个老头儿，这老头儿还有一个名字，叫桑地亚戈。只有一个人物的小说特别难写，但是我没跟他说难写，因为我要说难写，他说那以后我也只写一个人，那我也能得一百多万美元。我可不敢这么跟他说，因为诺贝尔奖我说了不算。

就从那次我突然意识到，其实我们古人说过"文无第一，武无第二"，刘翔破纪录那次谁第二？我估计在座的没有一个人能说出来，我估计那个人跟刘翔也就差百分之几秒，其实跟刘翔跑得一样快，就是肩膀谁在前边谁在后边，但是特别有意思，第二是不存在的，第二跟第八和第七十亿，跟最后跑得最慢的那个人其实一样。武只有第一，但是文，"文无第一"。

一下子，我从这个小事情上就悟到了一个关于小说的价值论的标准问题。我大学毕业论文写的就是海明威的《老人与海》。但我不敢卖弄，说你不懂我懂，这不是我做人的准则。还有一个原因是，要以我的标准去说服他《老人与海》的小说值一百多万美元，我觉得这个也不是我要做的事。同时我又觉得这个老先生说的也不无道理，他说的对啊，《老人与海》不就是一个老头儿桑地亚戈这个老渔夫打了一条鱼，他这条鱼最后被别的鱼吃掉了，最后他拖回去一个鱼骨架吗？

可能是因为当老师的缘故吧，那几年我尽心竭力、全力以赴，在学校每讲一次课都特别认真，因为从一开始就受到了两个人的重托，一个是我的好朋友格非。我比格非年长，我们刚认识的时候，他也挺年轻的，刚刚大学毕业，他们就特别愿意听我讲小说。在那段时间里，我们玩得特别愉快，我很多时间都在华东师大玩，华东师大有一些好朋友，他们也对小说特别着迷。我刚当老师的时候，我就请教格非老师，我说你这么多年一直当老师，你给我指一条适合我的路。格非就说，我们当年那么愿意听你讲大师、讲名著，你就做这个，这个肯定是驾轻就熟，肯定会特别好。

还有一个就是我前妻皮皮，她是一个小说家。她说："那么多年，你跟朋友们聊小说，我是很想记录的。"但是早年工具没有现在这么先进，没有这么方便的录音设备，现在每个手机都能录音，那个时候要用笔记。她说："你给朋友们讲小说，讲这些作家的时候，朋友们特别感兴趣。""我就觉得你要是当老师，是个功德无量的事情，而且你可以把你的讲稿、录音都留下来，以后方便出版。"这两位都是我同行，都是小说家，我就觉得"听人劝，吃饱饭"，也许他们的建议是我当老师的一个最好的原因。我连续讲了4年课，最后集纳了大概9本书，100多万字，都是讲小说的，讲大师、讲名著，也有一部分是讲电影。实际上讲电影和讲小说有一点像，因为都是在讲叙事文本。但是写的时候不一样，我写电影、写小说，个人的体验感差别非常大，电影是一个可能需要依据更多技巧去写的东西，很多东西都要事先设定然后再去写。如果小说以构造剧本的方式去写，那就出大问题了，那样写的小说一定很烂，因为好的小说一定不可以在预料之中。

我个人以为好的小说最重要的特质是一定要有一个好故事，没有一个好故事，一定不会是一个好小说。曾经有过大家以为是好小说、不是好故事的一些范本，比如在20世纪上半叶，甚至到20世纪中叶，被捧为小说高峰的几部没有好故事的莫名其妙的小说，你们每个人都知道的《追忆似水年华》。我身边有几个读完《追忆似水年华》的人，他们对这本书有比较高的评价，对此我是起疑的，我不知道这是不是他们的由衷之言。因为我一辈子就是个职业小说读家，我对历史一窍不通，我从来不看任何纪实类的东西，人物传记、正史、野史，我从来不看，因为我觉得生活已经有一点让人疲倦不堪了，我说的生活就是真实，事实已经有一点让人疲倦不堪了。像我的同行前辈加缪，他就总结过，他说一个人正常的一生就是几千天，你如果把这几千天稍微具体化一点，就是每天睡眠重复几千次，吃早点这件事重复了几千次，午餐几千次、晚餐几千次，如果你上班是从A地到B地，途中你也许利用同一种交通工具，所有这些事情每天都在重复。还有更残酷的事情，比如说我们一生中用得最多的器官是嘴巴，我们每天都要不停地咀嚼，咀嚼这个事情一直不停地重复。所有的事几乎都在重复，这就是事实，这就是我特别不耐烦的事实。

我有一个同行、好朋友，也是我的助手，今天也在这儿，在许多年里我写作的时候，她是我的助手，也是我关于所谓历史事实方面的顾问，我什么事都要问她。朝代的大脉络我知道，什么"夏商周""秦汉隋唐"这个大脉络我知道，但是具体的事情我完全搞不懂。不瞒诸位，前些日子是我这一辈子第一次读历史，因为我们谈到人类起源的时候说到夏，我说我接触过的资料说夏不存在，他们就说好像不是这样的。

不管是不是，我想知道夏存在不存在，然后我就想我是不是应该去拿一本权威的历史书去看一下夏存在不存在。我就委托他们帮我定了一本《中国通史简编》，作者是范文澜。我翻书的时候，突然特别高兴，原来我关于夏的印象记忆没错，在范文澜的《中国通史简编》里边夏确实不存在。

讲这些话我是想说，真实、历史一直让我特别疲倦，因为这个缘故我才去读小说，小说的本质是虚构。我不知道诸位各自对小说有什么定义，小说是不是就应该承载大家一直在讨论的很多内容，比如说历史感，比如说社会正义，比如说道德评判？因为人类有小说这个东西已经很久了，那么在这个过程中，小说究竟在我们这个族群、这个种群的历史当中承担一个什么样的责任和义务？我愿意从我的理解上去给小说做一个大概的定义。刚才我说我特别愿意读的是好的小说，首先它有一个好的故事，就是这个故事至少有一点是不一样的，有某一个点是不一样的。你想写好小说，你如果能抓住一个好故事，这是一个稳赚不赔的不二法门。你先找到一个好故事，一个好故事就能让你立于不败之地，但是有一个好故事肯定不是好小说的唯一标准。

把一个好故事稍微细化一点，分解一下，大家都愿意问，讲故事特别重要的一个点是什么？是悬念吗？就是说故事抛出来的时候，已经让听故事的人对你故事的前情、对你故事的结尾有某种期许，对前边发生的起伏跌宕有某种期待，让你能够在你自觉自愿的前提之下继续，让故事继续，让讲故事的行为继续，让你听故事的状态继续，这才能让一个故事真正称之为好故事，让一个故事能够最终被完成。一个是讲，一个是听。

实际上在有悬念之后，一个好故事还要具备另外一个东西——玄机。为什么他的故事你听完后转身，故事就不再存在了，而另外一个故事却能够在你心里逗留？一定是你在一个好的故事里边感悟到了悬疑，你自愿留在里边，愿意去跟故事里边的人物、跟故事里边的人物遇到的情景去纠缠。这个过程其实就是我们所说的讲故事的人有高下之分，好故事和平常的故事有高下之分，玄机就是这个高下之分。你能不能让你的读者、让你的听众留在你的故事之中，即使故事结束了？我是有这种体会的。去电影院看电影，电影演完了，观众噼里啪啦起来把椅子一掀就退场，但是有时候我愿意一个人坐在影院里边，我就觉得那时候我还没出来，我还在故事当中。我把这种故事里的，这种能把人、把读者、把观众留住的力量称之为悬疑——你愿意在故事里边徜徉，在故事完成的时候还去回味。

当然，更好的故事在结尾的地方一定要给读者、观众一把开悟的钥匙，要让读者、观众在故事结束的时候，会有一点恍然大悟，会有一点如梦方醒，这种时候好故事就成为好小说的一个最基本的前提。这个故事不一定是你的，也许是别人的，但是如果由你来讲，你也讲得非常好，节奏好，你也有把握玄机的能力，你也有给观众或者读者开悟的这把钥匙，你能把你的读者、你的观众留住，那么你已经具备一个好的小说家的素质。

当然，好的小说可能跟好的故事还有不同，比如，好的小说首先得有好的语言，语言是特别关键的环节。昨天李洱老师在我们聊天的时候，特别称道《大家》杂志登的一个长篇《女人之于女人》的语言，在此之前，我们聊到《女人之于女人》这个小说的时候，在座的北京的一位作家也表示特别喜欢这个小说的语言。作为小说家，我们有一个共同观点，就是好小说的语言首先应该是清晰的、到位的、流畅的。无论你要说什么，首先你要说得清晰，要说得精准，要说得到位。好的小说语言应该是流畅的，当然我也愿意在这儿说一个不同的方向，可以是清晰、精准、流畅，也可以相反，因为我们读到过完全不同的小说。我说完全不同的小说就像我刚才举的例子，就是意识流小说。

在20世纪意识流小说大行其道的时候，出现了非常多用那种断断续续、绝对缺少逻辑链条的语言方式，就是刚才说的与清晰、精准、流畅相反的一种语言，一种完全是在阅读过程中被人为制造出障碍的语言。最典型的例子是意识流小说的第一人乔伊斯。乔伊斯的大部分小说我都读过，我不喜欢他，但是我挺敬佩他，因为我知道乔伊斯确实是抓住了由心理学原有的一个支流衍生出的一个非常大的学术流派，就是意识流流派。意识流学说研究的是意识的方方面面，从意识流学说里面我才体会到人类的意识原来绝不像我们以为的那样简单，我们的任何行为，包括我们的言语，都包含了潜意识，包含了下意识，包含了婉转的心理流程，在这个过程里真正深得其道的绝不是前边提到的普鲁斯特，他的东西其实充满了线性逻辑，他只不过是把许多线性逻辑的片段集合成一个庞大的体系，让人觉得他是意识流。其实真正对意识流把握、了解最为精准的还是乔伊斯，尤其是他的《芬尼根的觉醒》或是《芬尼根的守灵夜》，这个译本不同译名也不同。

刚才我说到小说的语言曾经在100年以前有过一次巨大的颠覆，大概持续了二三十年，包括比他们晚一点的海明威。海明威的写作也有若干意识流的片段，海明威用得非常有分寸感，它仅仅是作为片段存在于海明威的小说里边。很多长篇里边都有片段，非常诗意，而且突如其来，回味无穷。

今天全国各地来了这么多同行，你们都写小说。我这一辈子最不愿意劝你们做的事情就是写小说，因为我觉得写小说对天赋要求很高。就是说，首先你得判断自己有没有这样的天赋，你是不是一个写小说的材料，你有没有对于语言的那种高度的敏感，使用语言的时候有没有那种节奏感、抑扬顿挫感，有没有那种把你要描述的东西含住的把控能力？这些方面其实特别难。很多人也许一辈子在写小说，但是他把自己定位得更像是一个讲故事的人。其实我认为有一些会讲故事的人，他们完全可以去做像《故事会》这一类以故事为主的刊物的撰稿人，因为故事对于语言的要求和小说对于语言的要求根本不是一回事，不是说能把一个故事顺畅地讲出来就会是一个好的小说家。我经常翻《故事会》，《故事会》是在中国发行数百万份的一个刊物，是一个讲故事的平台，很多人都到那上面试试身手。说心里话，我讲了一辈子故事，但我去《故事会》肯定只是一个很平庸的撰稿人，就是说我的故事不精彩，我不是一个特别好的讲故事的人。

所以我说，如果你想测试自己是不是一个好的小说家，是不是有做好小说家的潜质，我希望你先去拿一本海明威的小说集，去拿一本加缪的小说集，纪德的小说集，卡夫卡的小说集，博尔赫斯的小说集，随便他们谁，你去拿一本，然后你读他们的小说，如果你读他们没有心得，觉得没什么大不了，没什么了不起，你就不要再写小说了，因为他们实在是太了不起了，只是你看不出他们有什么过人之处。

那么我接着还想说，在有一个好故事的前提下，在有一个对语言的把控、对语言的敏感、对语言的熟练运用的前提下，好的小说还要有另外几个不一样的地方。比如刚才我们说的好故事，好故事是一个好小说的基础和前提，但是如果你有一个好故事，你却只能顺着这个故事的惯性前进、结尾，你的小说一定是失败的，所以结尾变得特别重要。所有的好电影，如果你要把它变成一个好小说，首先你得把它的“电影性”去掉，因为公众对于好故事的结尾的要求，和小说家及那些在有电视剧的时代还去找小说读的人群是不一样的。他们要的一定不是那个好的“电影的”结尾，因为好的“电影的”结尾有普世性，它一定是绝大多数人喜欢的，如果观众不喜欢这个结尾，那么这个结尾就一定得改掉，因为电影是一个由观众养活的产业。在现在这个时代，电影是一个工业体系，是一个巨大的产业，有非常高的成本，而小说则是一个成本低到不能再低的行业，所以小说早就不能称之为一个产业，小说只是一个行业，这就是小说和电影的不同。电影对结尾的要求一定是让绝大多数观众心里舒服、满意，不抵触，这样观众才会走进这个电影给他设的圈套，走进影院。而小说不一样，我写出的小说你不愿意读，就把书合上，或者压根视我的小说为无物，但是也许就有那些跟你差不多的个体，他们觉得我就是愿意读让人难受的小说，我就是愿意读别扭的小说。

我有一个小说家同行，他曾经写小说，如今已经有20多年不写了，他跟我说他最愿意读的是那些意识流小说和那些让读者不忍读的小说。比如说他特别喜欢卡夫卡，大家都知道卡夫卡的小说，最经典的、排在第一位的，也是最卡夫卡式的小说是《城堡》。你从书的第一页第一行开始一页一页读下去，当你把《城堡》读完了，会突然觉得你受骗了。《城堡》这种小说可以从任何地方去读，拿过来随便翻到一页，你往前读往后读都一样，没有关系，就像我们穿衣服一样，它没有反正、没有里外、没有上下，随便穿。我在西藏地区待得比较久，藏族有一个分支叫作工布藏族，工布藏族有一种服装叫氆氇。氆氇是什么？像一个毯子似的，只是在中间有个洞，拿过来把洞套到头上就把衣服穿上了，然后用个带子一扎。卡夫卡的小说就像工布藏族的这种服饰。说实在的，小说能写到像《城堡》那么妙不可言的，没有。因为你说不出哪是头哪是尾。

很多小说家都做过类似的事情，可能都买过保险，自己买过或者单位给你买过，各种各样的保险。保险这个行业也是妙不可言的一个行业。这个世界有永动机吗？保险就是一个永动机，保险公司是这个世界上最富的一个行业，超过银行。保险公司特别奇怪，它是永动机，每一个购买保险的人都像登上了一辆车，这辆车从哪来的你不知道，往哪去你也不知道，每个人都可以搭上一段，搭上一段你就得到了你要得到的，你搭保险公司的车，那么你做事情有了保障，你的健康有了保障，你生活当中的许多事情都有了保障。但它是怎么一回事呢？我们完全不知道。

卡夫卡的小说、保险公司、工布藏族的氆氇，这些东西都特别像，这些东西都是这个世界特别奇妙的东西。所以我说另外的一种好的小说，它和我们一直对好的小说的那种诉求不同。比如我，我绝对是一个卡夫卡的崇拜者，但是我从来没读完过《城堡》。我家里虽然有很多漂亮的镇纸，有石头的、红木的，各种各样的镇纸，但是我总是躺着看书，我从来不拿镇纸把那个书页压上，我有时候会顺便把看到的那页折一下，有时候不折。我看卡夫卡的小说就是这么一个情形，比如说我今天把《城堡》拿过来，从前边我看了两个小时，看了70页，也看了挺厚一叠了，然后我就因为没有拿镇纸把书页压上，或没有折页，下一次想看的时候，我就发现这儿也像，又不太像，那儿也有点像。

后来在读《沙之书》的时候我才发现，博尔赫斯早就发现了。《城堡》就像海滩一样，书的每一页都相似，你根本不知道你上次究竟看到哪一页。后来我用类似的方式看书，故意不折页，我今天看几十页，明天看另外几十页，每次拿过来随便翻，越翻越觉得他讲的是一个人要去述职，但是这个人永远都在途中，永远。所以我最后发现，有一个聪明的小说家，他把我们惯常对于故事的线性需求完全颠覆了，他把他的作品造成一个真正意义上的迷宫。迷宫是什么？西方迷宫不是我们理解的那个，西方的迷宫特别直截了当，就是把许多梯子摆在那儿，你在任何一个地方往前走都会撞墙，任何一个通道，前边都是被抵住的。向左还是向右，向右还是向左，循环往复。他把我们前边对于一个好小说的定义彻底颠覆了，人为制造出无穷无尽的障碍，让障碍本身变成小说的魅力，让障碍成为我们原来对叙事文本的需求的一个反动，而这个反动恰好构成了我们对于小说的全新价值的理解。

我刚才已经比昨天李洱和范稳二位同行说得多了，因为小说这个话题，小说的构造、小说的技巧、小说的奥秘是说不完的，每一个文本，每一个独创性的文本都会提供一个非常新鲜的小说奥秘，不能够穷尽。我就把今天的话打住，我特别向大家推荐一篇我认为是许多年里未见的非常奇妙的好小说范本，就是学群的《坏家伙》，它刊登在《大家》2015 年第一期上，我向大家推荐。它的篇幅很短，但是我认为它是我在近几年里，在本土小说中见到的一个奇葩——小说奇葩。

访 谈《

不变的虚构与激变的现实

——马原访谈录

吕 兴 马 原

吕兴：马原老师您好，谢谢您拨冗接受我的采访。从您搁笔从教到重新开始写作，中间整整间隔了 20 年，是什么使您重回文坛？

马原：我不知道，能回来其实是个意外。像沈从文、钱钟书这样中国顶级的作家都没回来，而我能够回来，其实就是个意外。我回到小说，应了余华的那句话：“马原最大的优点是幼稚。”不幼稚怎么能回到小说？是因为幼稚这个状态，或者这个心态本身比较容易接近于小说写作的本质吗？其实不是的。主要是因为写小说是要有幻觉的，写好小说必须得有幻觉。人生其实是越来越成熟、越来越世故的，可要是太成熟、太世故，就没有了幻觉。我离开小说 20 年还能回到小说，其实就是余华说的幼稚。只有拥有一颗赤子之心,才能不因年龄增长而成熟和世故。天真幼稚说的其实就是赤子之心。

吕兴:自2012年,您携小说《牛鬼蛇神》回归以来,您的写作风格和题材似乎就发生转变了,但是您自己并不认同媒体和评论家对您做出的关于转型的评价,那么您认为在您的创作之中一以贯之的东西是什么?

马原:我认为是虚构。我个人秉持的一个理念就是现实生活特别局限,每个人的现实生活都有着极大的局限性,阅读能使一个人在读别人的故事过程中突破自身生活局限,读者会通过别人的故事去想象另外一种与自己生活不同的生活。小说在19世纪有一整个黄金世纪,在这个时期里,小说原本的那种人类叙事的基本需求开始有所转变,小说变成了一个特别复杂的构成。19世纪的作家,已经几乎把小说的各种可能性都穷尽了,那么19世纪以后的作家,他们要想写出新意,一定要突围,这其实是个不容易的事情。20世纪的小说一直是处在各种不同流变的过程当中,它跟19世纪不一样。19世纪先是有了古典主义,慢慢地就有了积极浪漫主义、消极浪漫主义、现实主义,进而有了批判现实主义。这些流派,严格地说,它们都是在一个非常紧密的传统价值观之内,它们的故事都是那些发生在我们周围,看得见、摸得着的,但是20世纪的小说就不是这样了,它们开始变得子虚乌有、莫名其妙。这个过程其实给我们这些晚辈、后来者就提出了一个特别严酷的问题,就是小说究竟还有多少出路,小说该怎么走?作为后来者,我们经历了古典主义、积极浪漫主义、消极浪漫主义、现实主义和批判现实主义,还创作了一些心理小说。小说的整个历程就是这样。

我从小就一直在读小说,我从4岁认字以后,就一直在读小说。我读了几十年小说,我个人对小说的判断就比较清晰,我决定选择虚构,不是我们身边的生活,是另外的故事。我给自己确定的方向就是虚构,虚构故事。我为什么选择虚构故事?我个人以为就是因为前辈们把小说的各种各样的可能性几乎已经穷尽了,要写出新意,只能另辟蹊径。我想这个也是我们那一代所谓先锋作家们不约而同的选择,我们没商量,我们互相不认识,但是我们在想小说还有多少可能性。比如我就认为小说有可能出现转机,有可能我们会讲一些前人没讲过的故事,那么我就把出路选定为虚构。而且比较凑巧,就像当年莫言跟我面对面说的:“马原你那么早就去西藏,你真是捡了个大便宜。”我认为他的话是真的。我是从一个少有宗教信仰的世界突然到一个全民信教的氛围中,而且恰好我运气比较好,早在我去西藏之前,就已经认定了唯心,认定了有神。一旦到了这样一个世界里,我就会特别敏感,会有机会撞到一些意外，一些惊喜。我一直认为意外和惊喜是人活着最大的乐趣，如果一切都在预料当中，这个生活得多乏味。当时我就选择了一个看起来职业前景不乐观、没什么升职加薪机会的工作。其实去西藏本身就等于我在为自己预约，预约了以后的生活要有变化，实际上具体干什么我并不知道。后来我做过记者，也在群众艺术馆做过群众文艺工作。当然了，我最终还是秉持了我的虚构写作。应该说从 1982 年到 1989 年这 7 年西藏之旅，我给自己的人生算是交了一份比较满意的答卷。我写出了大概三五十万字的关于西藏的小说，这个也还算是给自己日后的生活留下了更多的想象空间。

吕兴：对您来说，因为渴望在小说写作上推陈出新，所以您选择了虚构这一创作方向，对虚构理念的坚持是否也影响了您在创作过程之中对形式和内容的认知？

马原：其实关于形式和内容，我一直认为形式比内容重要多了。内容算什么？古往今来，所有的故事都被讲过无数次，就是在一个人物关系极其复杂的文本里，所有的故事都可以分解成三角故事。所以说内容有什么重要的？换个人名而已，其实还是形式重要，方法论重要。天下本无新鲜事，就是看你是不是讲得有意思，你能讲出花样来，新意就出来了，而故事都是在重复先人的故事。

吕兴：所以可以说您借助虚构摆脱了对故事内容的依赖，从而能够进行更为深入的形式上的探索。但是虚构也意味着作者的生活阅历在写作中无法起到决定性的作用，那么您是如何从现实生活之中吸取虚构写作的养分？

马原：我从小就对这个世界构成的肌理特别感兴趣，所以我成为小说家天然有一点优势。我能明白“什么”与“为什么”这种关联问题，这个对写小说帮助特别大。有很多事情大家都不太在意，其实它们是特别奇妙的。写作就需要有各种各样的、有关联的知识。

我也是在不写小说以后，再看我自己的小说，才发现了一些有意思的事。拿《冈底斯的诱惑》来说，其中顿珠、顿月的故事，天葬的故事或者是寻找野人的故事，这些故事从表面上看没有什么关联，但是实际上它们是很有关联的，而我认为我发现了这些关联。我发现这些故事共同形成了那片大陆对我的诱惑，那片大陆有那么多奇异的东西，这些东西对我是一个复合的诱惑。顿珠、顿月的故事可以理解为民间传说；天葬的故事是这个族群面对死亡的一种态度；那个寻找野人的故事，就是人类的一种探寻，一直探寻我们从哪里来。这些事件，包括那个巨大的羊头，其实对彼此都不重要，但是如果发现了它们之间有一些虽然不清楚，但其实是特别有力量的特殊关联，它们就变得对彼此有意义了，这些关联使原本没有意义的东西变得有意义了。

想想北斗七星，这七颗星哪一颗星对彼此有意义？都没有。但是我们把它们规定成北斗七星的时候，它们对彼此都有了意义，后来我称之为“星座理论”。我不断地从生活里面、视线里面、经验里面那些看上去彼此没有关联的东西中去寻找它们的关联，寻找到后来就形成了马原的小说，用吴亮的话说就叫“马原的‘叙述圈套’”。20世纪80年代，大家都读马原的小说。我每写一篇新小说，读者们就看马原又出了什么幺蛾子，又搞了什么怪，其实被我的小说吸引的读者们自己也没意识到，他们就是觉得马原总是能发现不同事物、不同存在之间暗藏的那个关联。

吕兴：在您近期比较偏向写实的作品中，比如《纠缠》《黄棠一家》和《唐·宫》，虚构这一创作理念的呈现会不会有所不同？

马原：因为《纠缠》和《黄棠一家》，包括现在的《唐·宫》，这几个大部头让很多人都认为我的写作开始接地气了，同时说我回归了写实。这个在我看来其实是个挺大的误解，因为我回归文坛后的第一部“大部头”是《牛鬼蛇神》。《牛鬼蛇神》绝不是接地气的作品，绝不是写实的作品。那么《牛鬼蛇神》之后，我自己想换一个角度去写一些对我个人而言新鲜一点的东西，也就是说“接地气的”东西，或者是当下的生活。因为我一辈子没怎么写当下，等于是我自己给自己攒了一辈子对现实生活的感受，所以我就想写一个三部曲，就是已经出版的《纠缠》《黄棠一家》和尚未完成的《搞笑》，我当时戏谑地称之为“形而下三部曲”，就写眼前当下，以实在生活为背景。但是说实在话，一个一生都在以虚构方式写作的小说家，他即使写眼前当下，写现实题材，其实他的着眼点和落脚点仍然不是真正意义上那种写实。我的作品中所涉及的不仅仅是揭露社会阴暗面、针砭时弊，或者是像流行电视剧里边那些家长里短、柴米油盐，或升官赚钱。比如《纠缠》这本书，我关心的其实仍然是形而上，我关心的是在实在生活里边，我们为什么跟着大多数人的路数去生活。我们仍然会像卡夫卡的人物一样，陷入莫名其妙的纠缠中。我在《纠缠》这个故事里边，虽然写到的是当下，写到的是当下人们遇到的那些难题、困惑和尴尬，但是核心上我关心的还是卡夫卡所关心的，那就是人在莫名的纠缠当中怎么自处，怎么与他人相处，怎么面对，然后怎么挣扎。或者我更关心的是纠缠背后所蕴含的那种荒诞，那种无可奈何。所以我还是觉得尽管是写实小说，就算是写当下的小说，着眼点仍然还是形而上。包括《黄棠一家》，故事里黄棠这个名字的谐音“荒唐”才是我小说的主旨。为什么在一个时代里，所有看上去司空见惯的东西，都有那么荒唐的意味在背后？黄棠本身不就很荒诞吗？如果这是主旨的话，它还是一个惯常意义上的写实小说吗？当然这里边还有一个巧，就是我把一个早年写的唐代的故事转换成了小说，就是《唐·宫》。这是一个历史故事，哪怕其中有一点荒诞，有一点历史故事本身，它还是要塑造历史人物，还原历史的样貌，或者是提出作者对历史的观照，对历史的判断，对历史的好恶。这些东西，可能加上《黄棠一家》，加上《纠缠》，大伙儿会觉得马原这个大方向已经转向了现实，已经离开了先锋，其实我不是太认可。因为在这个回合里我还有另外一部分著作，比如还有童话，我的童话三部曲的着眼点一定是形而上的。另外还有我个人认为我一生中最重要的一本书：《牛鬼蛇神》。它完全秉持的是我 20 年前的那些理念、价值观，秉持的是那种虚构的原则。所以大家在看我写实作品的同时，没去考虑马原在创作写实作品的同时，为什么又有三本童话作品，又有一本大部头的长篇小说？这其实是与写实并行不悖的。此一时彼一时，说我转型到写实，不如说我尝试着写了一下实，然后我可能很快就会从写实回归到写虚。我还有好几本书要写，所以别再期待我会有一个大的写实的作品群出现。

吕兴：您一直坚持自己的创作理念，没有发生转变。但是您在文章中也说过，再写小说时突然发现原来对于小说一些理解，原来在小说中寻求的方向有了很大的改变。当您再度开始写小说时候，您对小说的理解发生了什么改变？

马原：因为我中间停了 20 年，就是 20 年没写小说，这个改变我个人觉得有可能是我对实在生活的理解不一样了。因为我停下来的时候大概 40 岁，再写的时候将近 60 岁。从 40 岁到 60 岁这 20 年里，我对世界的看法会有一些不一样。40 岁的时候，尤其是 40 岁之前，其实对世界的关照更多地停留在观念上。我很年轻的时候就选择了“唯心”，一直觉得生活还围绕着每一个个体的“心”展开，所以那时候我的人物、我的故事中，“心”还是占到了一个居中的地位，核心的地位。但是后来我越来越感到，年轻时把“心”看作是生活的中心、世界的中心、宇宙的中心，这其实是对生活、对世界、对宇宙的一个误读。对我而言“心”的取向和“心”的方向无比重要，但是其实一点都不重要。以人为中心的这种理念，就是人类对众生、对世界、对自然进行戕害的根源，所以我对“心”有了不同的看法，并且生出了抵触。当我换了角度，不再以唯心的方式，不再以自我为中心的方式去面对世界。我突然发现这个世界是不一样的，这时候的我可能比 20 年前的我更关心人群。

我关心人群的同时，更关注的不只是人本身，我更关心人之外的那个有生命的世界。这里边包括自然环境、动物、植物。我现在关心自然，同时也关心人在众生、自然当中的位置。这时候可能我的视野比原来宽一点，比原来泛一点，不像原来那么“专”，不像过去对价值、对观念、对方法论那么执着，或者那么钻牛角尖，这个差别是最大的。所以我新一轮的小说里面虽然也有当年对天、对自然的那些观照，可也增加了对身边的人、人群，对我们身在其中的这部分自然的观照，这个从我这一系列写实作品再到虚构作品当中其实都有展示。

吕兴：这种对小说理解的转变是否会影响到您对读者的态度？

马原：也许会，因为在我个人的阅读经验当中，我把自己放到一个被动的角度，我并不认为一个写作者、一个创作者就站在了主动的角度，我们应该从一个被动的角度去体味。你希望你的作品被阅读，希望给你期望中的读者以所谓的触动，甚至震撼。写作这个职业已经决定了你需要读者。我是真的羡慕那些能够写出好的东西，同时影响大范围读者的作家。我举个例子，比如说大仲马。大仲马他只写故事，他只关心外不关心内，他写了很多著名的作品，如《基督山伯爵》《三个火枪手》《玛格丽特皇后》《布拉热洛纳子爵》《黑郁金香》……这些作品似乎不那么深刻，不那么“高大上”，但是这些故事都特别有活力，特别生动，而且有那种人类精神的大方向。还有阿加莎·克里斯蒂这样的作家，她一直致力于启迪和满足人们对智力、对分析、对推理的那种热情，并且她还拥有数以十亿计的读者。我一直认为阿加莎·克里斯蒂的写作特别高级，尽管她是一个百分之百的畅销书作家，但是她的写作特别高级，因为她的作品体现的是一种智力的较量，一种对智力的热情和赞美，这个特别了不起。包括另外一类作家，就是在文学史上吃了一点小亏的大作家。就像毛姆，他生前有特别多的粉丝和读者，但事实上他在文学史上地位是有点偏低的。其实他有两部杰作，绝对可以比肩文学史上那些最伟大的经典，一部是《人性的枷锁》，另一部是《刀锋》。我觉得他的写作还是给我了很多启发。虽然我个人不是特别喜欢中国的畅销书作家，比如说古龙、金庸、琼瑶，或者是郭敬明。我不是特别看好这些写作，但是我知道作为同行，他们内心一定是满足的、是幸福的，他们以自己对世界的还原和再造的方式赢得了那么多的读者，他们一定是幸福的。

吕兴：所以在您看来，纯文学和通俗文学之间其实并不是那么泾渭分明的，两者之间其实是可以相互学习的，对吗？

马原：对，古典作家几乎都是通俗的，托尔斯泰就是这样的一位作家，他为什么被全世界所敬仰所尊崇？就是因为他被全世界阅读。所以通俗和经典，其实原本就是统一的，没有任何矛盾。最近100年，由于技术进步，这个世界突然开始细分，细分的结果就把原来比较模糊的、畅销和伟大集于一身的一种品质割裂了，就生出了可以说价值很低或者毫无价值的畅销，和几乎无人能够驻足其中的所谓的“纯文学”。就拿普鲁斯特来说，我很难相信有几个拥有普鲁斯特《追忆似水年华》这套书的读者从头到尾读完了它。我觉得读完《追忆似水年华》第二卷几乎是不可想象的，但是你看看，一些书，如《甄嬛传》《盗墓笔记》等，它们几乎没有所谓“收藏价值”，但是它们极其畅销。还有一个例子就是中国的一个小刊物叫《故事会》，累计读者数以亿计，可以说一直以数百万发行量横行在中国图书市场上。它们是另一个典型，一种极端。

吕兴：您阔别了文坛20多年，一回来呈现给读者的是与以前迥然不同的作品，大家对您后期的创作似乎褒贬不一，您自己怎样评价和看待您现在的作品？

马原：被公众偏爱和喜欢这肯定是一个写书人的幸福。但是对于写书的人而言，其实经常是与公众的期许相反的。书写出来，小说完成了，其实已经跟你关系不大了，它变成一个公众的东西了，读者喜欢与否，你个人完全不能掌控。我也希望被喜欢，可大家没有那么喜欢我，也没什么沮丧的，因为这就是我的能力，同时又是我正在做的。

其实我当年的书也没有那么多人喜欢，只不过我赶上了一个世纪末，特别是千年之末。人类特别愿意在每个世纪末的时候，对一个世纪的事情做一次归纳，做一次总结。当年大家对我的那个评价，有一部分是世纪末时，大家对这一个世纪的文学的“再发现”，所以年轻一辈的读者和研究者们接纳的更多的是这种“再发现”。媒体对我的评价，其实是世纪末时又一次被搬出来的褒扬或者肯定。我在当年也是小众，也是另类，也不入流。20世纪80年代开始盛行评奖，我没得过任何奖，这就证明其实我当年也不是受欢迎的。其实当年我的小说的境遇不一定比今天更好，可能更差，因为当年连名气都没有。我在这个世纪末被重新审视的时候，被赋予了很多价值和意义，那个时候其实已经不是我写小说和发表小说的时候了，那是十几年之后。现在马原的价值和意义其实是在世纪之交被挖掘出来的，所以今天人们在判断的时候，在评价的时候，依照的是世纪之交的“世纪钦点”“世纪归纳”的标准。

吕兴：您的阅读经验是否对您的写作有影响？

马原：有，比如说我早年的写作，现在也还可以见到一些。其实整个小说界都知道，马原早年最推崇的就是海明威。海明威是用最少的词汇，讲出了有弹性的故事，有多种可能性的故事。他在语言使用上特别“经济”。其实古龙有点类似海明威，他用短句，少用形容词副词，多用名词动词。但是80年代前期，拉格洛夫被介绍到中国以后，我突然有另外的感触。拉格洛夫是《尼尔斯骑鹅旅行记》的作者，我发现她的小说很怪，她的作品显得拉杂，用词不是特别“经济”，不像海明威那样惜字如金。我很好奇，这样一种拉杂的叙事，怎么会有那么大的故事容量？我看《尼尔斯骑鹅旅行记》也好，看她另外一本杰作《古斯泰·贝林的故事》也好，就觉得很奇怪，她的语言并不是那么“经济”、讲究，但好像她达到的那种效果、境界，也不在海明威之下，甚至可以相提并论。

那么这时候她的作品就给我提了一个醒，我就开始努力去寻找另外一种叙事风格。后来我又想起了少年时期读过的《弃儿汤姆·琼斯的历史》，这是菲尔丁的名作。菲尔丁可以被称为英美文学界的鼻祖，他写的是一个流浪汉小说，他的小说也特别拉杂，就是看上去磨磨叽叽的，没有那种干净利落的感觉，但是居然连海明威都要仰视他，都要为他折腰。我想起他的时候就突然明白了，其实不是只有一条路通向上帝，你不一定非得以对文字量斤斤计较的方式去写一个有弹性的故事。如果作者在选取这个故事时已经发现了它的弹性和可能性，那么其实用不同的方法也会让你的故事产生联想、玄机、奥秘。从那以后，大家觉得比较典型的马原小说可能就带一点小絮叨，虽然也不算很絮叨，我的写作比起那些汪洋恣肆的写作，还算是有节制的。

大伙看我的作品会发现，我会经常出现在故事里，有时候变成亲历者，有时候变成旁观者，有时候可能若隐若现，其实这些都是我在用不同的方法去讲一个弹性故事。所以我说，从我少年时期就挚爱的海明威、加缪这些用高度节制的语言去写作的巨人，到拉拉杂杂但是也写出了杰作的巨人，不同的阅读事实上慢慢帮我找到了不同的表达、不同的叙事方法。我早期有一些小说都带着那种特别节制、特别强的控制的气息，就是特别海明威式的。比如说《海边也是一个世界》《白卵石海滩》，包括《零公里处》。

吕兴：您近来的一些作品，包括《牛鬼蛇神》《纠缠》和《黄棠一家》中有大量对话出现，似乎不再像以前那样简洁，这是您是在寻找一种故事上的弹性吗？

马原：可能这么说比较合适，写实叙事确实很需要对话。写实叙事，其实就有点像电视剧，电视剧里很少探究形而上，全是形而下。对于形而下，其实最好的展开的方式就是对话。这和电影还不一样，有的电影台词就不多，因为电影它可以包含形而上的诉求。对话这东西不就是人类的语言冲撞？所以对话特别易于展开形而下的情节，而我后面的一些小说，因为有相对比较多的写实的倾向，所以就选择了用对话这种形式展开。通过对话来展开当下的生活，是比较便捷的，也是效率也比较高的，因为叙述经常会具有隐喻和象征意义，这些东西传达给受众会比较不那么一目了然，而对话就比较一目了然。其实在海明威手里，两个人对话主要是让读者听他的弦外之音。比如《白象似的群山》里那个女孩和男人的对话，海明威不展开，他把对话控制在一个不清晰的、混沌朦胧的状态里面。而现在所写的当下的故事，一定要把事情展开，因为在今天的写实写作中，大家都追求“效益”，就是说别猜来猜去的，说清楚到底是啥事，所以就会用对话。这种对话用最“经济”的时间完成最多的事，作品展开叙述的部分基本上都是场景，用场景推进整个叙事。所以我说在这一波写作里边，更多的还是参照那些当下的写实的作品，读者会发现我现在的作品中的对话好像比先前的作品多，那是写实作品的一个特点。在《牛鬼蛇神》里，叙述占的比重可能明显会比《纠缠》和《黄棠一家》要多。

吕兴：我发现您经常会谈起西方作家对您写作的影响，但是很少聊到东方作家，特别是中国作家对您的影响。东方的作品是否对您产生过什么影响呢？

马原：很少。我们的叙事基本上古往今来都是市井内容。比如说你在《虚构》和《冈底斯的诱惑》里读到的东西，你在《红楼梦》里是读不到的，在《水浒传》里是读不到的。因此我欣赏的还是西方这样一种有更多形而上内容的叙事体，我比较看重这些，而我们的文学传统里边就没有，所以我说甚少有一个东方的叙述体文本让我特别感兴趣。我特别感兴趣的是一本在文学史上名气不是很大的书，是明代的小说，就是李汝珍的《镜花缘》。我特别喜欢《镜花缘》，主要是喜欢里面的一些理念。比如《镜花缘》里边有一个情节是女孩子应试，女孩子应试之前是没有的，那是天上的一百才女下凡到人间来应试。这样一来作者就是把天上人间的距离打破了，故事就开始亦真亦幻，真和假的界限也被打通了。我在读书的过程里是有所求的，故事不应该止于终卷，不应该你看完了小说，故事也就消失了。传统的中国小说往往是一场打打杀杀，最后空空如也，所以中国小说对我没有决定性影响。除了《镜花缘》之外，《聊斋志异》也是我比较喜欢的，里边格局小了一点，就是把男欢女爱、生前死后的元素加进去。蒲松龄内心格局不大，但是蛮有趣。

现代作家对我的影响几乎没有。老舍的一些短篇是我挺喜欢的，长篇我就不太喜欢了。但是那一代人，他们有一点不一样，他们有大情怀，格局很大。你看巴金就能从一个大家族里面体会出时代的更替，喜欢不喜欢是一回事，但是能看出它的格局很大。我喜欢巴金、老舍和曹禺的作品肯定会比喜欢郭沫若、茅盾的作品多一点。在我看来能和读者暗通款曲，能够让我心生敬畏或者是产生归属感的作品就是好作品。

吕兴：您出版过一系列关于作家作品的评论集，如《阅读大师》和《模仿上帝的小说家》等等，在书中您讨论了很多颇有些“小众”的作家与作品，书中所谈论的作家与作品是否体现了您对好作家与好作品的判断标准？

马原：其实每个小说家自己心里都有一部属于他个人的文学史，我选择的肯定是那些影响过我的作家。尽管这世间好作家特别多，我也读过很多好作家的作品，但是真正能够影响我的小说家其实不是很多。我所说的影响是指他能走进你的心，他能够改变你的方向，这个是我选择作家进行谈论的一个主要的依据。那些影响了我的小说家，那些甚至在一定程度上改变了我写作方向的小说家，我去讲他们，是因为我心得比较多，比较丰富，有的放矢。比如你让我去讲巴尔扎克，我对他本来就不怎么感兴趣，那么我可能会讲不好，讲巴尔扎克的机会就留给另一个喜欢巴尔扎克，甚至是巴尔扎克影响了他的写作的小说家去讲，他们去讲巴尔扎克时可能比我有更多心得。

我一直觉得在我们的文学史里面，那些举足轻重的作家都不是很好的作家。我认为我们的文学史体系出了问题，或者是我和我们的文学史体系之间出现了严重的偏离。我还在读大学的时候，有一个前辈老作家徐迟，他写过一篇文章叫《文学源流表》，他说文学是有源流的，还列举了好几个他所认为的一流作家，有巴尔扎克、鲁迅、茅盾和托尔斯泰，在我看来没有一个好的，我就觉得托尔斯泰还不错。我当时就挺沮丧，为什么我和文学史之间有那么大的疏离，你也可以称之为背离。当我在做伟大作家的选择的时候，会有一些个性，会有不同的理解、不同的设定。

吕兴：您现在每天会阅读什么？

马原：阅读自然。我曾经读过利奥波德的《沙乡年鉴》，这是自然主义的杰作，在美国和世界文学史上的地位等同于《瓦尔登湖》。这本书的作者是个林务官，他的职业就是森林管理者，是他的思想催生了国家公园体制，以国家的名义保护自然，让自然按照它原有的生态模型，而不是按照人类的方式延展。就是他和其他有识之士把美国的大自然基本保存了下来，然后他们要把他们的这个理念推广到世界各地。我在读《沙乡年鉴》时就特别感慨，我很希望自己也是一个自然主义者，当然我做不到。我特别喜欢他们，我觉得他们的价值意义远在那些空口谈启蒙、谈思想的哲学家之上，因为他们确实促使人类向自然致敬。人类把自然视作母亲，他们让人类回归到自然中，成为自然的一分子。现在修建书院占去了我大部分的时间和精力，我暂时没有时间也没有兴趣阅读纸质书籍了。

吕兴：自2011年起，您就开始在云南南糯山上修建您的九路马书院，到现在这个书院已经粗具规模了。您当时为什么会想要在大山之中修建这个书院呢？是否希望在这个书院之中亲近自然？

马原：保护环境肯定是最重要的原因。我是一个职业小说家，传播和弘扬文学是我的另一个愿望。但是文学逐渐式微这是个不争的事实，是大趋势。我其实对弘扬和传播文学，仅仅也就是抱着“能做多少就做多少”这样一个比较消极的心态。

我把书院称为“书院梦”。我个人想，也许书院是中国文人古往今来秉持的一个理念，或者是一个传统。在我看来书院还代表着一种生活理念，一种心向往之的方向。我的这个书院是不以赚钱为前提的，所有到我书院中来的人，都是我邀请来的客人和自愿到这儿来的志愿者，我是不收费的。我不知道这个书院最终能走多远，但是我还是愿意走下去。我做了我所能做的一切尝试，比如我把上海的房子卖了，把资金投到山上来，而且眼见着这个投入得不到什么乐观的回报，但是我还是愿意这么做。书院更偏向梦想，更偏向理想。

吕兴：谢谢马原老师接受我的采访。在访谈结束之前，您想对您的读者说些什么？

马原：第一，我也许曾经不是，但我现在是自然之子。我希望你们也能是自然之子。我希望你们爱自然，能够为保护自然、修复生态做一点事。第二，我希望你们有空到九路马书院来看一看，看一看曾经被你们阅读的马原今天的样子，不知道是不是会对你们以后的生活有一点启迪，有一点警醒。

评　论《

“多余”的插叙与隐匿的声音

——论马原的《纠缠》与《黄棠一家》

吕　兴

《纠缠》与《黄棠一家》是马原 2012 年回归文坛后推出的两部新作。在这两部作品中，马原抛弃了昔日的先锋叙事和唯心思考，专注于对当下社会生活的书写，似乎走上了写实的道路。但是，充斥于这两部作品之中的烦琐的插叙，似乎把它们与传统意义上的现实主义作品分割开来，使这些作品打上了鲜明的马原的烙印。这些插叙不仅承担了一定的叙事功能，也证实了马原作为经验作者的在场性。借助这些看似多余的插叙，马原得以在看起来“客观”的行文描写之中发出自己主观的声音，尝试克服“去作者化”趋势所带来的文学表达的困难，逃脱故事对意义的压制。同时，大量插叙也违背了作者原本的写作意图，引起了对作者叙述立场的误读。

一、被误读的插叙

在马原创作之初，插入性叙事就是他经常用来构建叙事圈套的重要叙事手段，种种关于叙述的叙述、[1]游离于故事情节之外的“题外话”和“那个写小说的汉人马原”不断地进入故事之中。这些插叙破坏了浑然一体的故事情节，打碎了严整有序的故事结构，却又水乳交融地渗化在他的整个故事进程里，渗化在统一的叙述语调和十分随意的氛围里，[2]也因此改变了原有的对小说的定义，为小说的写作提供了另一种可能性。

在《纠缠》与《黄棠一家》这两部现实主义作品之中，同样也出现了大量的插叙，不过这些插叙在内容上和功能上都有着巨大的变化，其中虽然也不乏对他的早期创作之中插叙的内容的回顾和启用，但是受到写作题材和方法的限制，马原作品中的插叙似乎不复以前的天马行空，更多的是以所讲主线故事为经纬，进行相关信息的补缀，如《纠缠》之中所出现的诸多的法律条例、备忘清单和庭审问答等一系列提示性的文字，《黄棠一家》中关于股市、商界和政界的对话。这种不同于以往的插入性叙事，遭到很多批评家的误解和诟病，或是认为这些插叙“冲淡了长篇小说的叙事浓度与虚构魅力”[3]，或声称其“把读者的耐心逼到了极限”，把这些插叙看成了马原这两部近作之中的显著败笔。可若深入考察，便会发现这些看似多余的插叙分明承担着别样的功能，分明显示出马原在创作上的种种机心。一方面，他借助插叙制造出了独属于当代的“闹剧”气氛，企图在混乱与狂欢的叙述语境之中完成对当代成规的颠覆；另一方面，他又利用插叙打破了线性叙事结构的完整性，使书中人物有了冲破历史理性和时间权力的可能。

《纠缠》和《黄棠一家》之中的插叙所囊括的内容甚广，从文学知识、法律常识、建筑理论到自然环保，可谓是无所不包，它们或起到推动叙事发展的作用，或从旁揭示出了人物性格，但是由整体观之，最重要的还是共同营造出了作者所想要表达的当代社会之中“纠缠”和“荒唐”的氛围。插叙中所提供的有关现实世界中的大量细节，并非为了使马原笔下的当下生活看起来更为真实，而是以一种近乎夸张、戏谑的手法，放大了现实生活中所充斥的荒诞、无聊以及戏剧性，马原曾在一篇访谈里如此评价自己的作品：“他（马丁·杜迦尔）的是正剧，我的是喜剧。”[4]马原将自己的作品定

---

① 吴亮：《马原的叙述圈套》，《当代作家评论》1987年第3期。

② 吴亮：《马原的叙述圈套》，《当代作家评论》1987年第3期。

③ 段晓琳：《先锋之后：马原近作论》，《中国现代文学研究丛刊》2017年第11期。

④ 刘匪思、河西：《马原：他们玩正剧，我的则是喜剧》，《生活月刊》2018年3月刊。

义为喜剧，未免有些不够准确，从书中出现的各种令人啼笑皆非的事件和纷繁琐碎的细节来看，定义为“闹剧”似乎更为符合实际。学者王德威将闹剧定义为一种写作形态，这一形态专门揶揄倾覆各种形式和主题上的成规，攻击预设的价值，也以夸张放肆的喜剧行动来考验观众的感受。它通常强调一连串嘉年华式狂欢的事件，其中身体的动作（相撞、滥骂、揶揄、容貌丑化等等）暂时压过了理智和情绪的控制。[①] 当然，上述定义并不能完全适用于马原的作品，但是闹剧定义之中所强调的“颠覆”与“狂欢”这两个特性却与马原作品中的精神实质相通，只不过马原所追求的并非对社会整体道德观念的颠覆和人类精神上的狂欢，而是用纷至沓来的麻烦形成一种失控的、狂欢的气氛，以期表现当下生活中的无序，并试图打破当代人对逻辑性与理性的迷信。

以《纠缠》之中大量出现的备忘清单为例，这些清单内容或是待办事项，或是所需证件，或是必要资料，都具有语言简洁、序码清晰的特点，似乎为读者了解故事发展提供了一种逻辑线索。实际上这些备忘清单编织出了一张巨大而琐碎的叙述之网，把书中的人物与读者都网罗其中。换句话说，备忘清单的反复出现使事物的复杂与琐碎变得真实可感。随着清单上所列名目越来越复杂，备忘清单本来所具有的功能和在作者叙述之中产生的意义越发背离。从一开始只有短短几行的房屋过户手续清单，到有十几项待办事项的财产遗留问题清单，生活复杂、纠缠的一面随着备忘清单的拉长不断展现，隐隐透出失控的危险。而开列备忘清单这一行为的目的，显而易见是为了尽可能排除掉生活中的偶然性因素，让将要发生的每一件事都有序和可掌控，从这一意义上来说，开列备忘清单也就有了企图掌控自身命运的意味。姚亮不断开具清单的背后，是他期待利用理智与远见规避掉现实生活之中有可能发生的意外事件，让生活中的一切尽可能符合既定逻辑，尽可能在自己的理性掌控之中，但是清单的无法兑现却又使这种逻辑与理性轻易地被消解。以姚亮的经历来说，尽管他列出了详尽的清单，希望为生活之中所出现的问题做好准备，可是意外频发往往导致事情偏离了原来的轨道。费尽心思开具的清单，却总是因为意外百出而无法实现，这揭示出的真相就是生活之不可控与逻辑、理性之无效，是对人类企图控制自身生活与命运的戏谑嘲讽，也打破了“人定胜天”和“理性至上”的现代神话。从中也不难看出，马原所秉承的依然是其早期所形成的世界观，即他认为这个世界是无序的和非理性的。《纠缠》之中所出现的对于法律知识的索引和法律问答的记录

---

① 王德威：《从老舍到王祯和——现代中国小说的笑谑倾向》，《想象中国的方法：历史·小说·叙事》，百花文艺出版社2016年版，第189页。

与上述备忘清单具有同样的作用。文中有较多关于遗产法、保险法的知识，如姚明姐弟被起诉之时，作者对庭审之前、庭审之时甚至庭审之后的种种细节都进行了事无巨细、不厌其烦地记录。以律师与证人的对答为例：

辩方律师问："你能够确定姚清涧要清算的是哪一笔钱吗？"

证人答："是褚克勤养老金账户卡上的余额。"

问："你确认姚清涧说的余额包括那笔死后的二十一个月的养老金吗？"

答："姚清涧只是说清算，并没有特指哪一笔款项。"

…………

这一问一答，使得原本的叙事节奏被不断放缓，本该严肃且紧张的庭审因此变得无聊和荒诞，人物的所问所答都是对久远的日常生活的回忆，并非对法律条例的解读，法律的意义在这近似于家长里短的谈话之中被不断消解，且最终帮助姚明姚亮姐弟赢得胜利的并非法律，而是"人情"，是他们父亲姚清涧的捐赠行为成了其品格的有力证据，从而驳回了指控。所有关于法律的叙述最终指向的却是对法律的质疑，从这一层意义来说，作者对当代社会中以法律为代表的理性力量的质疑是不言而喻的。

这些插叙不仅在思想层面上否定了理性与逻辑的重要性，而且在叙事结构层面上也对客观时间和历史理性进行了拆解。在《纠缠》和《黄棠一家》这两部作品中，作家马原似乎没有再继续早先的形式试验，而是回归到了现实主义传统之中，用线性叙事讲述了整个故事，但是插叙却在局部破坏了线性叙事结构所具有的历史理性力量，造成了与早期创作完全相反的"大势逻辑、局部不逻辑、偶尔不逻辑"的局面。

由于线性结构反映了时间的流向和历史的趋势，是一种"客观"与"自在"之物，[①] 因此暗含着不可违抗的历史理性力量和因果逻辑联系。置身于这一叙述结构之中人物，被"客观"时间死死限定，从根本上失去了反抗现实的可能性。马原却利用插叙模糊了现实与虚构之间的界限，使小说中的人物具有了逃脱历史理性的可能，打破了线性叙事结构所制造的叙事神话。以《黄棠一家》的结尾为例，在卷三的章 3 部分，每个人的结局都已被交代，到此小说已经结束了，可马原却又多加了一章——《把颠倒的历史颠倒回来》。在这一章里故事并没有被推进，只是对发生过的事情进行回顾，同时那个"叫马原的汉人"再度回归，并且重新玩起了混淆时间的游戏，因

① 叶立文：《形式的权力——论余华长篇小说叙事结构的历史演变》，《文学评论》2015 年第 1 期。

此，与其将最后一章视为《黄棠一家》真正的结尾，不如将其视为基于全文的一段插叙。在这一章里马原绝不是想矫揉造作地玩弄已经过时的叙述手法，也绝不是自恋地自我宣誓，而是通过这一状似插叙的尾章清晰地表达出对历史和当下世界的看法。尾章的名字便是《把颠倒的历史颠倒回来》，那么这“颠倒的历史”具体是指哪段历史？这段颠倒的历史又将被倒回到什么时候去？尾章之中“马原”手机上的时间提示“今天应该是 2013 年 4 月 6 日星期六”，这与前文所提到的“眨眼之间就到了 2014 年的 4 月 30 日”是明显相悖的。作者想抹去的显然是 2013 年到 2014 年这段时间，而这段时间恰好是黄棠一家的故事发生的时间段，这段“颠倒的历史”毫无疑问指的就是黄棠他们一家活动、钻营的历史。作者从时间维度上抹杀了黄棠一家存在的可能，其实也就是在否认发生在故事里的所有事情。坍塌的大桥、神秘的地下河、怀孕的嘉宝和生病的黄棠……不管是家国大事还是个人琐事都因为这个可疑的时间节点而在真实性上大打折扣，线性叙事所具有的理性力量也被这个时间线上的疏漏所破坏。既然这些事件连是否存在都未可知，那么它们内部的因果联系与首尾完整还有什么意义？这不禁使人联想起了马原在旧作《虚构》之中对时间节点的模糊化处理。在《虚构》里，“我”出麻风村的日子与进入麻风村的日子存在着巨大的矛盾。后者与前者有着极大的相似之处，因为两者都是对当下时间的否定，都是对现实与虚构之间界限的模糊化处理。不过，两者之间又有着极大的不同，对于《虚构》来说，其叙述起点便是建立在“虚构”的基础之上，时间节点的模糊不明是为“虚构”这一目的服务的，尽管吸引读者的眼球，实际上却是在意料之中。但是出现在《黄棠一家》这部写实作品之中的时间上的矛盾点却隐含了作者不曾明说的态度和想法，马原希望通过操纵时间来抹杀黄棠一家历史的行为，透露出了他对这个物欲横流、光怪陆离的当代社会的不满与不屑。这一“局部的不逻辑”起到了四两拨千斤的效果，使得“大势”上的逻辑全面崩塌。而作者马原在作品中的多次“现身”则造成了更多逻辑上的漏洞，进一步瓦解了线性叙事结构之中所具有的历史理性力量。小说家“马原”的第一次出现是在洪静萍的老公蒙立远生病之时，他以蒙立远最好的朋友的身份出现在了小说里。尽管此时小说家“马原”的出现看起来颇为突兀，但是他无疑是属于《黄棠一家》叙述结构之中的，他的出现推动了小说情节的发展，使换肾这个故事得以顺利进行下去。第二次小说家马原出现是在洪开元的病榻旁，他被称为“特殊的同伴”，陪伴着洪开元康复并去见了黄棠和她的一家，直到最后他的身份才被揭露：“他叫马原，他是个小说家。他也就是我。我就是那个叫马原的汉人。”此时的“马原”成了黄棠他们一家故事的倾听者和旁观者，不再参与到黄棠他们的故事之中。显然洪开元那个“特殊的同伴”已经不再是作为蒙立远朋友的“小说家马原”，而不管哪个马原，都不是真正的作者马原。“小说家马原”是作者马原创作出来的一个叙事幽灵，“他”可以在叙事语境之中来回穿梭，现实逻辑与客观时间都拿“他”毫无办法，“他”也因此具有了逃脱历史理性的能力。

这些巨细靡遗的插叙所做的并非复刻现实，而是对马原所认知的无序世界进行了还原。完整的故事与单一的线性结构叙事不过是先锋作家马原的一种伪装，他天然地尝试着解构秩序，尝试着以偶然性战胜历史理性，他的写作仍然传达出一种启蒙的诉求：对历史理性进行最大程度的质疑，寻求个体超越现实的可能性。但是正如格非所说：“作者意图与文本意图之间的确存在着很大的差异，或者说通过阅读，文本实际上呈现的意图也许更为浩瀚复杂，有些内容甚至是作者没有意识到的无意识领域。”[①]庞杂的插叙一方面为解读文本之下的经验作者提供了线索，使得作家真正的写作意图得以被窥见；另一方面却又对作家之音进行了遮蔽，衍生出了一个连作者都不曾想到的意义世界。

二、“多余”的插叙对作者之音的遮蔽

对于马原来说，插入性叙事不过是提供细节、营造混沌世相的叙事手段，在他看来，小说本是舶来品，适合用美国式的量化手段，通过细节淋漓尽致地表现中国当下复杂、混沌的世相。[②] 但是看似客观中立的插叙却在不知不觉中消解了作者原本的写作意图。在《纠缠》与《黄棠一家》这两部作品中，作者对物质社会过于翔实的描摹直接导致了其批判立场的丧失，而状似客观中立的书写却引起了作者的失声和其价值系统的模糊，作者的真实意图被淹没在了无尽的细节之中。

马原从不曾掩饰对《黄棠一家》中黄棠等人所持的批判立场，他在《黄棠一家》的推荐词中曾说：“黄棠一家虽然表面上一切光鲜，有冠冕堂皇，有大房子，有汽车，有权有势，有各种各样的人生选择，可是最根本的东西却已经不再。曾经的理想，曾经的美好，曾经的青山碧水，曾经的价值都化作尘烟，唯余永恒的太阳和无尽的时间依旧。”《纠缠》的写作也更多的是基于对“原有的人伦秩序都在崩解或在崩解的边缘”[③]这一现象的揭示。从马原的各种创作谈和访谈中不难看出，马原对金钱、官场的批判是一以贯之的。不过吊诡的是，这种批判在他的作品中却难觅踪迹，甚至有读者

① 格非：《文学的邀约》，上海文艺出版社2016年版，第105页。

② 马原、宋宇：《“今天看全是俯拾皆是的热闹事”——马原新作〈黄棠一家〉内外的奇观与日常》，《南方周末》2018年1月18日。

③ 马原、刘婷：《马原谈新书〈纠缠〉：不愿对现状视而不见》，《北京晨报》2013年7月31日。

误以为马原在作品中变相炫富。

导致读者对其立场误读的原因，就在于马原对文本中物品的附加价值进行了不厌其烦的深入描写。以《黄棠一家》中的“戴安娜同款手袋”为例，马原不惜笔墨对这款包作了详尽的描述：“细密润泽的质感让她觉得它柔软到了极致。黄棠一直不喜欢金光闪闪的物件，但是她对它浅金色的金属配饰与如软缎一般柔韧的小皮革相衬在一起的视觉效果钦佩得五体投地，它们构成了那样一种无可言说的和谐，透着极致的高贵与奢靡之气。那张照片成了她的最爱，她不止十次不止一百次地对着照片发呆。现在画面上最吸引她的居然不是戴安娜的笑靥，而是她身前的手袋了。”在这段对“戴安娜同款手袋”的描述中，马原所侧重的并非它的真实形态以及使用价值，而是它的“高贵与奢靡之气”，是它作为消费资本符号的独特价值。而作品中三番五次提到的手袋的价格，如“到了中国的柜台上价格在三万到四万人民币左右”“凑足了四万五千元人民币”及至到了拍卖场上最后以“八万元”的天价成交，这都在提醒读者真正使其珍贵的原因并非它承载了21岁的黄棠的青春憧憬，也不是它传递了48岁的黄棠的内心的善意，而是它本身是一个奢侈品，具有增值和保值的可能。它之所以能够拍卖出高价，并不是人们认同这个手袋所蕴含的情感意义，而是看到奢侈品的利润空间。也许作者的本意是想通过这样的细节描写来讽刺消费主义文化主宰下丑态百出的人类，是对物欲至上主义的无情嘲讽，但这种着重书写物品的货币价值及其在身份、财富上所具有的重要象征意义，而忽视物品本身形态及其背后所具有的情感意义的行为，无意中却吸引了更多的人投身于消费大军，这也就是读者产生马原在炫富的印象的原因所在。

物品本身的形态和背后所具有的情感意义都不是被叙述的重点，反而是其货币价值和在身份、财富上所具有的象征意义被着重书写，这自然留给读者难以磨灭的炫富的印象。同样令人印象深刻的还有《纠缠》之中关于鸡血石的插叙。鸡血石的出现与整个遗产纠纷毫无关联，是姚明的朋友孙总邀请他们姐弟一起去会所做客，使姐弟俩有了观摩顶级鸡血石的机会。鸡血石自然与奢侈品手袋有所不同，与后者相比，它具有独到的历史感和文化内涵。但是在这段插叙之中，马原却并没有把笔墨放在对鸡血石的文化和审美价值的书写上，而是把目光投注到了“香港苏富比拍卖行1997年估价港币一亿元”，更有孙总的“好心”提醒：“姚教授，那是十六年前的估价。”鸡血石的本质在瞬间被揭示，抛开它的形成过程不谈，它其实与迪奥的手袋一样，也是奢侈品的一种，只不过更为昂贵，更不能为常人所拥有。所谓的鸡血石收藏不过是变相的奢侈品收藏，成了达官贵人们炫耀财富的一种手段。专注于对奢侈品和奢侈品象征意义的描述，使作者看起来似乎沉浸在对物质产品的欣赏之中不能自拔，以至于需要不断地提供更多的细节来阐释物品的珍贵，至于藏于叙述冰山之下的反讽或者批判立场却很难为读者所见。

客观公立的叙事态度似乎是使作者“消音”的另一重原因，与马原早期夹叙夹议的写作风格不同，作者更偏向于进行“显示”，即直接提供场景画面。[①] 他把注意力更多地投注到了场面的描写中，以大段的对话、人物的行动以及各色新闻事件为内容的插叙，对现实场景进行还原。就算是作品中出现的少量的针对人物行为的议论，也避免对人物的行为直接展开批判，更多的是就事论事。这样的做法似乎有助于屏蔽作者本身所具有的偏见、非理性以及自身经验所带来的限制，但是同时也使作者的态度变得暧昧不明。

在《黄棠一家》中关于洪锦江与黄棠之子洪开元飙车事件的叙述中，作者利用插叙展示了其不置可否的叙述态度。洪开元作为一名还未成年的高中生，飙车被抓面临牢狱之灾，他所想的并非害怕求饶，而是企图反咬警察一口，事件性质尤其恶劣，文中插叙却如此评价事件中的两位主人公：“洪开元就是这样一个看上去自信自负但其实还没有长大的孩子，他的肆意妄为甚至给他父亲一生仕途带来危机。而从表面上看这件事不大，既不是事关国计民生，也与父亲洪锦江的工作相隔十万八千里；但是如果事情恶化或者朝着洪开元设定的方向发展，洪锦江的声誉连同刘姓警官的政治前途都将会严重受损，因为事件的性质相当恶劣，所以其发展轨迹便很容易失控，失控会让后果很严重，其严重程度则难以预测。最后还是黄棠的公关功夫深厚，出手将一场潜在的大危机化于无形。”

洪开元罔顾法律、颠倒黑白、只手遮天，但是竟被评价为是一个“孩子”，而黄棠在整个事件中分明扮演的是一个游走于灰色地带，打法律擦边球的“和事佬”角色，却被评价为“公关功夫深厚”，这段评价之中自然有讽刺和揶揄的意味在其中，但是也无法否认作者就事论事，冷眼旁观的姿态。另外，更有大量关于政界、商界的常识性插叙坐实了作者马原不置可否的叙述态度。以《黄棠一家》为例，从黄棠想要开发朱子故居，祁嘉宝企图鲸吞万亩开发区土地，到孔威廉试图卖出价值千万的医药器材，种种商业行为背后都与官场有着千丝万缕的联系，游走于边缘地带的官商勾结行为早已经超出了正常的现代商业范畴，但是作者马原对其合法性和道德内涵不予置评，反而对其中的种种细节津津乐道。

---

① 格非：《文学的邀约》，上海文艺出版社2016年版，第227页。

通过上述细节可以发现作者马原放弃了"知天命的教导员"的身份，脱离了启蒙者的姿态，更像一个现实社会的忠实记录者，以一种宽容到近乎无奈的态度接纳了所有光怪陆离的事件。正如他自己谈到《黄棠一家》时所说："我有一点戏谑、玩笑，我觉得就是讲一点轻松的话，也是我这本书的一个主调，那么在我看来木已成舟，我们也不必沉痛，也不必担心我们自己的孩子，我们得认可当下的现实。"[①]作者马原的"失语"，可以看作是他个人文学乃至人生理念的转变所致，也可以看作是"85"一代作家放下了曾经执迷的启蒙神话，寻求艺术与思想上的双重转型。但问题在于，作者的"沉默"引起了读者认识上的混乱，当读者被故事所遮蔽，又无法通过层层叙述觅得作者之音时，他们自然会被叙述表象所迷惑，如当读者读到洪开元的冒险行为时，他们关注的已经不是他行为的对错，而是希望这个年轻人和他的家庭可以摆脱窘境。同时，这种失语也让写作流于表面，当对事件与物品的客观书写占据了大量篇幅之后，对事物背后意义的探寻以及对人类丰富内心世界的挖掘只能被悬置，一切都只停留在对光怪陆离的世界浮光掠影的记叙，却无法对这些现象进行更进一步的诠释。因此在有些学者看来马原的新作"仅仅囿于道德的焦灼不安与纸上的愤愤不平，雄心勃勃地要对中国现实予以'总体性'表现，而又将目光浮于社会表象的作家根本无力把握当代中国的现实真相，更无法在把握现实的基础上作出超越性的深度思考"[②]。

作品中的插叙达到发出作者之声与遮蔽作者之音的双重效果，造成了写作意图和文本意图相互解构的结果，展现出马原在彰显自我与沉默失语这两种写作状态之中的游移与摇摆。那么到底是何原因造成了马原在书写自我的过程之中暧昧不明的态度？

三、言说与失语的背后

马原借助插叙完成了对传统现实主义写法的颠覆，也表达了他对当代社会的真实感受，不过这种以插叙来达到客观公正的叙述效果的手法，也隐藏了他作为经验作者所发出的声音。对内、外两重世界的表达欲望，创作理念与市场需求之间的激烈博弈，使马原深陷表达自我与隐匿自我这两种相互矛盾的漩涡之中，难以自拔。

作为先锋作家的代表，马原在早期的创作之中始终表现出对内心的关注，对形而上精神世界的追求。他乐于在他的作品之中探讨人类内心的坚硬与柔软，精神世

---

① 马原、宋强、陈亮：《马原：一场大病把我变成了思想家》，人民文学出版社微信公众号，2017 年 11 月 15 日。

② 段晓琳：《先锋之后：马原近作论》，《中国现代文学研究丛刊》2017 年第 11 期。

界之中的真实和虚妄，现实生活与当下时代反而与他有着极大的隔膜，连他自己也承认“我知道我缺少某些当一个好作家所必需的基本的东西。对社会生活，我缺乏观察的热情和把握，缺乏透视能力和归纳的逻辑能力”①。而西藏这个神秘的地方又恰好为年轻的马原提供了逃离庸碌现实的可能性，被这片土地上的神话、传奇、宗教所深深吸引的马原是不屑、不想去触碰那现实种种的。但是当马原再度回归文坛的时候，情况已经有所变化。他不再局限于对个人内在经验的书写，转而对外部世界发生了巨大的兴趣。从他自身的经历来说，他已经逐渐意识到“其实就生活本身你还是活在当下，具体而微的生活其实都是形而下的”，而那场改变他命运的疾病则促使他从不同侧面来思考自己与现实的关系。在他自己看来，他生病之后突然离人群近了，在生病之后重新再写小说的时候，好像有了一点还债的心情，觉得原来还是欠了一笔债，欠了他周边的人们、读他的小说的那些读者一笔债，所以他忽然关心起当下，关心起人群，忽然形而下了。同时，在阔别文坛多年之后，马原已经清楚地意识到自己的写作面临边缘化的问题，他原来总是把自己的写作看得比事实重要，而实际上当他到了一定的年龄阶段以后，他的写作真的已经没有当年那么重要了，这就是边缘化。要改变这种与时代和民众的疏离之感，就必须建立起立足于当下的写作立场。马原独特的生活经历以及反映当下的时代要求，都促使着马原“由内向外转”。题材的转变必然带来叙述方法与叙述态度的转变，过于精致与独特的先锋叙事实在是难以支撑起对庞杂现实的书写的，现实主义的创作方法和客观公允的叙事态度无疑更适合于对当代生活的全景展示。一直强调“怎么写”比“写什么”更重要的马原，也不得不承认“写什么”同样会对“怎么写”产生重要的影响，因而在叙事策略和叙事方法上作出相应的调整，可是创作上由内向外的转变并非意味着马原就完全放弃了对个人经验的表达。受到20世纪80年代启蒙思潮影响的马原，仍然有着强烈的启蒙诉求，渴望着对历史理性进行颠覆，使个人的生存体验能够独立于宏大的历史叙事之外，他对于琐碎的现实和代表着历史理性的线性叙事结构有着天然的保留和排斥，因此他始终在尝试着调整现实与虚构的关系，找到能够同时对客观世界和主观真实进行表达的方法。可以说他复出之后的所有作品都在寻找着现实与虚构之间、外部与内部之间写作的平衡点，所以也就出现了在《纠缠》和《黄棠一家》之中游移、摇摆的叙述态度。他试图以一个旁观者的角度清晰、准确地对当代生活进行呈现，并以客观冷静的态度来记录那个纠缠和充满物欲的世界，同时他也抵挡

① 许振强、马原：《关于〈冈底斯的诱惑〉的对话》，《当代作家评论》1985年第5期。

不了形而上领域和早期创作经验对他的诱惑，一次次脱离现实主义写作对他的束缚，尝试在客观的描述之中发声。那些“多余”的插叙便是这两种表达诉求相互拉扯的结果。

市场的需求和作者的创作理念同样也在进行着角力，这进一步导致了马原在表达自己时暧昧不明的态度。自90年代初期以来，市场对于作者的创作有着越来越重要的影响。作为市场重要组成部分的读者则直接干预到了作家们的写作，他们的阅读习惯和阅读品味成为当今作家们进行创作时必须考虑的因素，就连曾经特立独行的马原也不例外。马原曾经豪迈地宣称他在写作时没有读者，没有想着为谁写，现在却也意识到“写作这个职业已经决定了你需要读者”。而当下读者的阅读兴趣和目的与80年代初的读者相比已经发生了极大的改变。首先，在讲究工作效率、贪图生活享受、追求轰动效应、崇尚新奇的现代社会中，[①]消遣娱乐成了大部分读者的主要阅读动机，因此能够带来阅读快感的“故事”成了吸引他们的不二法门。被电影、电视剧和各种影像类叙事产品宠坏了的读者，不断地要求作者们给他们提供更直接、更快捷的悬念与刺激，这意味着他们难以接受作品之中冗长的停顿。其次，由于信息渠道的多元，读者不再是特殊经验的饥渴的搜寻者，而是过剩信息的消费者，[②]他们有了更多的机会获得与作者相同的体验，两者之间的地位也因此发生了转变，作者作为启蒙者的角色难以继续扮演，而已经掌握了海量信息的读者也不甘心再成为被启蒙者，全知全能的叙述者口吻被读者所摒弃，作家被要求蜕变成一个忠实的记录者和故事的提供者。面对已经发生巨大改变的读者群，马原不得不对读者与市场进行某种妥协，重新开始审视故事对于叙事的意义。其实在他的回归之作《牛鬼蛇神》之中，他就已经在对以前支离破碎的叙述进行改写，力图为大众读者呈现出一个首尾完整的故事来。在《纠缠》和《黄棠一家》之中，故事的讲述更加成熟和完整，马原做到了情节上一波三折、悬念丛生，结构上简单流畅、逻辑清晰，语言上通俗易懂、晓畅明白，这样的作品完全符合当下读者的口味，已经具有极强的可读性。但是对于惯于玩弄“叙述圈套”的马原来说，他从来不会老老实实地去讲故事，他一定会在叙述方法上另辟蹊径，从而达到表达自我诉求的目的，那些看似“多余”的插叙就是极好的证明。这些插叙看似破坏了小说叙述均衡的节奏，导致了作品叙述的延宕和停顿，实则是马原利用它们在叙述中大玩扭曲时间的游戏，他不断在读者希望知道更多的时候停下来，延迟了事实真相到来的时间。彼时，故事的完整性和重要性

---

① 赵维森：《视觉文化时代人类阅读行为之嬗变》，《学术论坛》2003年第3期。

② 格非：《文学的邀约》，上海文艺出版社2016年版，第46页。

已经遭到了消解，在缓慢的叙述节奏中，读者跳脱出了对故事情节的执迷，因此也就有了时间思考意义层面的问题，这也就是为什么马原这两部所谓的现实主义作品中出现了那么多“虎头蛇尾”的故事。《黄棠一家》中祁嘉宝与洪锦江商量买地的故事就是一例，双方对于所买土地的面积进行反复讨论，作者还就买卖土地可能获得的极大的利润、商界与政界的博弈展开了详细的论述，交易的结果却一再被延迟，以至于没有人再关心这单生意是否做成了，转而对这单生意背后的各种缠绕的细节发生了兴趣，故事的因果链已经因为这些多余细节的插入而被斩断。马原通过对叙事节奏的操纵完成了对故事这一小说要素的消解，从另一重角度证明了他一直宣称的“写作比故事重要”。

综上所述，想要表达当代社会的野心与对读者需求的妥协使马原在写作的题材和方法上出现了一系列转变，他的写作似乎在向着现实主义靠拢。但通过对文本中的插叙的考察，仍然可以发现他始终受到早期创作理念与创作经验的影响，认为混沌才是生活的本质，期望以偶然性书写战胜历史理性，执着于通过写作传递个人独特的情感体验与认知。从这一层意义上来说，马原似乎仍然是那个“写小说的”先锋作家马原，现在是，将来仍会是。

（载《小说评论》2019年第3期）

主要作品目录《

长篇小说

《上下都很平坦》，上海文艺出版社1989年版。

《牛鬼蛇神》，上海文艺出版社2012年版。

《纠缠》，北京十月文艺出版社2013年版。

《黄棠一家》，人民文学出版社2017年版。

《唐·宫》，长江文艺出版社2017年版。

《姑娘寨》，花城出版社2018年版。

中短篇小说集

《冈底斯的诱惑》，作家出版社1987年版。

《西海无帆船》,西藏人民出版社 1987 年版。

《虚构》,长江文艺出版社 1993 年版。

《拉萨的小男人》,新疆人民出版社 1997 年版。

《游神》,浙江文艺出版社 2001 年版。

《悬疑地带》,海峡文艺出版社 2002 年版。

《喜马拉雅古歌》,云南人民出版社 2003 年版。

《1980 年代的舞蹈》,春风文艺出版社 2004 年版。

《马原中篇小说选》,上海社会科学出版社 2004 年版。

《马原自选集》,现代出版社 2006 年版。

《死亡的诗意:马原自选集》,花城出版社 2013 年版。

散文集

《马原散文》,浙江文艺出版社 2001 年版。

《拉萨地图》,西藏人民出版社 2005 年版。

《逃离:从都市到世外桃源》,浙江文艺出版社 2015 年版。

其 他

《中国作家梦》,长江文艺出版社 1996 年版。

《虚构之刀》,春风文艺出版社 2001 年版。

《阅读大师》,上海文艺出版社 2002 年版。

《两个男人》,南海出版公司 2000 年版。

《新阅读大师》,华东师范大学出版社 2005 年版。

《细读经典》,复旦大学出版社 2007 年版。

《小说密码》,作家出版社 2009 年版。

《电影密码》,作家出版社 2009 年版。

《湾格花园》,浙江少年儿童出版社 2015 年版。

《重返黄金时代——八十年代大家访谈录》,吉林出版集团股份有限公司 2016 年版。

《模仿上帝的小说家》,人民文学出版社 2017 年版。

文 集

《马原文集》,作家出版社 1997 年版。

麦　家

男，本名蒋本浒，1964年生，浙江富阳人。

小 引《

自从麦家大火以后，文学界关于纯文学和通俗文学的问题，重又成为一个热门话题。这个问题在现代中国文学史上，有很长一段时间不是一个问题。原因是自20世纪三四十年代以降，通俗化、大众化一直是文学追求的方向，而且不是一般的方向，还是一个带有很强的政治性的方向，或者就是文学的一个政治方向。事实上，在这个政治化的方向确立之前，近现代的文学改良和文学革命，都是朝着这个通俗化大众化的方向前进的，只不过当时没有这种说法罢了。这么长时间以来，整个文学，无论是严肃的还是通俗的，纯文学的和非纯文学的，都朝着这个方向，都在这条路上走着，道同而相为谋，还有什么好掰扯的，所以也就不成为问题。但是，到了20世纪80年代中期前后，大家看多了痛不欲生的"伤痕"，皱眉蹙额的"反思"，风风火火的"改革"，想换换口味，就从海外引进了琼瑶金庸，于是便有一种新的通俗文学兴起。这种通俗文学与此前的严肃文学（或曰纯文学）所追求的通俗性似乎大不相同，甚至完全相反，便想到该与此前的严肃文学（或曰纯文学）划清界限，这才成为问题，这才需要讨论，于是就这不同那区别地争论了一阵子，成为一时的热点。但还没等争出个名堂，不久又因为现代派异军突起，批评家忙着去抢占新的高地，这场争论也便不了了之。

文坛上的争论从来便是猴子掰苞谷——掰了后一个丢了前一个，但有时候，只要手上能拿，腋下有空，也会把前面丢了的那一个重新捡回来。上面说的这个问题，本来争一争也就过去了，没想到过了一些年之后，却从斜刺里杀出一标异军，打出一个异样的旗号，威风八面地站在三军阵前，这异军异帜，便是麦家和他的创作。麦家的出现，迫使这些本已休战了的批评家，只好又披挂上阵，重新开战。但这回的交手，争论的双方都不免要陷入迷魂阵中，因为他们所面对的，不是惯常所讨论的雅俗问题，而是一个压根儿就无法归类的问题。且听麦家是怎么说的，他说："我的小说具有无法归类性。""你说它是通俗文学，当然不是；你说它是严肃文学、纯文学，它和我们以往的纯文学又不是一样的东西。"连对象是哪路人马都搞不定，一旦争论起来,那还不是一场混战。所以,这回的争论从一开始大概就注定了结局,也只能是不了了之。

先不管这场争论,只说麦家的这个"无法归类性"。我对麦家说的这个"无法归类性"很感兴趣。我觉得麦家的这句话,是说到中国传统的文体或文类研究的点子上去了。对文学文体或文类进行分类研究,有各种各样的方法,从体裁上分,就是我们常说的诗歌、小说、散文、戏剧四分法,或抒情文学、叙事文学、戏剧文学三分法,无论四分三分,都是从西方来的,都不是我们自己的分法。也有从性质功能上分的,所谓严肃文学(或曰纯文学)和通俗文学,就是这种分法的产物。虽然雅俗的说法古已有之,但古人只把雅俗作为一个趣味标准,却没见谁拿这个作为标准去划分文学类型。说四大名著起先都是通俗文学,后来才变成纯文学的经典,那是今天的说法,不是古人的意思。把正统诗文和通俗的小说、戏剧等文体对立起来,那也是清末民初文学革新的造势,非要让后者推翻和打倒前者,并非从来如此,相反,在古代,二者倒是相互为用,相反相成的。说到底,纯文学的说法,还是从西人的纯诗套用而来的。有了纯的,自然就有不纯的,认为纯文学(或曰严肃文学)重在严肃的载道教化,非纯文学(或曰通俗文学)自然就意在不怎么严肃的娱乐消遣,这样又生出更多相对的概念,但这些概念最后大半都成了一种文字游戏。原因是谁也说不清楚什么是纯什么是不纯,什么是严肃什么是不严肃,包括什么是雅什么是俗,什么是通俗什么是不通俗,如此等等,都是一笔糊涂账。

要算清这笔糊涂账,很难。中国人自古以来便不喜欢也不太擅长用一个笼统的大概念对文章进行归类。用麦家的话说,也就是中国人很早就意识到文学的"无法归类性"。举凡纯杂、雅俗、庄谐,都是一些大概念,用这些大概念来归纳不同的文体或文类,在习惯本质化思维的西方人来说,也许并不困难,但对重视直接经验的中国人来说,就有点勉为其难。原因是,一种文体或文类的构成要素,无论其内部成分还是外部表现,都是十分复杂的。本质化的概念,只能抓住和说明其中的一个或几个本质性要素的特征,却不能抓住和说明它的全部要素和整体特征,这样,这种命名就难免以偏概全,也难免造成概念的混乱。纯文学和通俗文学的区别,就存在这样的问题。不用做很复杂的论证,仅就字面而言,你能说严肃文学(或曰纯文学)就不通俗吗?相反,通俗文学就不严肃或不纯吗?或者说,我说的严肃文学(或曰纯文学)和通俗文学,不是这个意思,那是什么意思呢?于是又得把严肃(纯)和通俗这些大概念再解释一遍,还要引出许多参照对比的类似概念,这样,又不免要玩起概念游戏,又不免要变成一笔糊涂账。大半个世纪以来,只要一接触到这个问题的讨论,就是这种重复了一遍又一遍的文字游戏,就是这种重复了一笔又一笔的糊涂账。

窃以为省事的办法,就是古人的就事论事。是什么文体属什么文类,就是什么文体属什么文类,所以刘勰在《文心雕龙》中分列了二十一种文体,诗是诗,骚是骚,赋是赋,章是章,表是表,奏是奏,议是议,都是当时流行的诗文和应用文体,倘用西人的办法,便只要三分四分或雅俗二分即可。我说上面这些话的意思,不是有意要跟大家抬杠,而是说,麦家的作品,自有麦家的作品的特殊性。刘勰说:“自《风》《雅》寝声,莫或抽绪;奇文郁起,其《离骚》哉!”麦家的小说,堪当此论,在当今文坛上,也是“奇文郁起”。既然如此,与其把麦家的作品强行塞进纯文学或通俗文学的大套子里,不如像古人称屈原的作品为“屈赋”那样,就把麦家的作品叫作“麦家体”或“麦体”,然后详论其要素和特征,庶几近之。

自 述《

短篇小说不是写生活,而是开创生活

我已经基本上告别短篇小说,不是因为挣不到钱。我早就不为钱写作,只为名。写短篇小说很难挣名,却容易败名。我好不容易挣了名,不想被短篇小说败掉。败在短篇小说上很吃亏的,人家会说,连短篇都不会写。

写短篇小说是走T型台,雪亮的聚光灯下,铁着面孔,挺着胸,收着腹,迈着猫步,甩着胳膊,迎着睽睽众目,一脚是一脚,一手是一手,腰是腰,胯是胯,款款来,妖媚去,近在咫尺,触手可及。所有眼珠子都瞪着、盯着、睃着你,目光炽热,在雪亮灯光的配合下,视线无可挑剔地全方位、多角度——你(男模)两孔鼻毛没修理,你(女模)蕾丝三角裤没穿正,都逃不出一双双贪婪的法眼。一套套行头精准地比着你身体裁剪,与其说是遮身,不如说是裸体,不是敞胸露怀,就是欲盖弥彰。

我有一友,男性,高智商,情商更是“高不可攀”,30岁发达,从废铜烂铁和炉膛里挖到第一桶金,然后造纸,然后造房,然后投资。一级市场,二级市场,南征北战,捷报频传,硕果累累。总之他特别有钱,文化却一丝没有,精神生活几近空白。他家里有一排书柜,摆的都是世界各地的旅游纪念品、画册,没有一本书。你送他书,是间接羞辱他。床前明月光,疑是地上霜,他跟着5岁的儿子学会这半首诗,会背。两年后儿子练书法，把两句诗写成对联挂在墙上——第一件书法作品，他不知这就是那两句诗。一句话，他是个文盲。他第一回去上海，不认识“海”字——这是30年前的事，至今也没什么长进，即便认得“海”字，我估量他仍认不得大上海遍地流光溢彩的霓虹灯的“霓”字。这方面，他是个混蛋，不思上进，并不以为耻反以为荣。另方面，他差不多也是混蛋，看片子只看黄片，讲笑话全是下半身，司机手机里存的都是那种场所、那种女人的电话。他有个宏大(也丑恶)的梦想，这辈子要让2000个女人从他床上挣到钱。如今，年不过半百，梦想已实现一半。有一回，他被人拉去看T型台走秀，回来煞有介事地对我说：怪了，看这个比看黄片还撩人。

其实不怪，黄片是下流故事，暴露、粗鄙、恶俗、淫秽，三观不正、五纲泥烂，裹脚布一样的臭、一样的脏、一样的不堪；T型台走秀是短篇小说，小台子、大舞台，简练、快速、精致、内敛、生动、闪亮——人头是精挑细选的，衣物是精心设计搭配的，手脚是晨钟暮鼓练过的，三点是坚决不走光的。总之，是要以精致雅、以小博大、以少胜多、以遮亮眼，匕首一样的，既锋利又精美，既是凶器又是饰物。牛皮套、铜链子，佩在腰间，威风头不亚于一枚钻戒。匕首是酷的，见光发光、见人吓人，也可以把玩，入袋为安。

诚然，匕首是小器，派不上大用场，打不了江山，正如模特很少成大明星。大明星是大舞台和时间量加大的，模特走秀，只是走、只是秀，场子小、时间短、速度快，走马灯似的，上去、下来，脚底板没走热，设计师像母鸡领一窝小鸡呼啦啦上台，谢幕了。因为一部长篇小说名垂青史者，古今中外，不胜枚举；因为一篇短篇小说成名当家，只有在中国的20世纪80年代。

我私想，若将友人与上千女人欢娱之事逐一记下来，或许可以当长篇小说看，文句好些，加些美食习俗、风土人情，是仿模《金瓶梅》的“金瓶桃”。若单拎一个女人写，不一定是短篇小说，除非你撞大运或倒大霉，遇见白娘子，撞上狐狸精、白骨精什么的，匪夷所思、破天荒。有一天，友人提着一箱钱，在偌大的欢场里寻不着一个女人爱(做爱的爱)，这才是短篇——因为这也是匪夷所思、破天荒。

生活往往不是这样，但短篇小说就是这样，不是写生活，而是开创生活、创世纪；不是拾级而上、顺流而下，而是暗度陈仓；不是大部队压上去，而是剑走偏锋、出奇制胜。打个蹩脚的比方，生活犹如一堆草药，带着山涧的露水，附着泥土气；短篇小说是一粒药片，匪夷所思的疗效，好像是上帝赐的，其实是那堆草药炼制的。

访　谈《

我的小说是一种新型小说

——麦家访谈录

但红光　麦　家

但红光：刚参观了您的"理想谷"，很是精致温馨，您为读者推荐好书，挑选版本，写读书心得，很花心思吧？您为什么要办这个？

麦家：我希望促进大家读书，陪大家读书。你看那么多房子，我又用不掉，就拿一个出来，作为向公众开放的书吧，我觉得也蛮有意思的。但我这里条件还不是很成熟，尤其对一些客驻写作者来说，我这里只可以吃中饭，晚饭和早饭要去外面吃，很麻烦。

但红光：这里的日常维护，时间、精力、经济上的投入比较多吧？

麦家：时间、精力不好说，经济上的投入，对一般作家来说当然是一笔很大的开支，一年少的时候也得四五十万，多的时候七八十万。这么多员工，这么大的场地，都要花钱的，但我觉得它对社会有意义。我的人生观、价值观、世界观非常正面，可能是家教的原因，我一直就是想为社会做点事。这个很多人听了，好像是客套话，对我来说真不是客套，我心里真这么想的。这可能跟我整个青春期在部队生活有关，我接受的是一些很正面传统的教育，讲公德、讲社会奉献。其实比我有钱的人多了去了，比我有名的作家也多了去了，但我觉得人各有志，不必标榜。我心里的真实想法是，一个乡下小子能到今天，都是文学给我的，我得了那么多名利，应该拿出来跟大家分享一些。

但红光：近期看您做了很多文学活动，您在"三味书屋"讲"同一堂课"，参加星光电影院线的"悦读咖"，带领大家阅读《老人与海》，您还在"知乎"开设公众号带领大家一年读48本书，还参加了央视的《朗读者》。

麦家：很多事情我都不想介入，人情磨不开才去的。作家名气不能太大，大了之后会被伤害、被消费，包括自我伤害、自我消费。真要想干，每天的事会很多。浙江作协我只挂名，不参加具体事务，否则事情会更多。比如前一阵网络文学周邀请我，平时各个大学邀请我去讲课，这一类事太多了，根本应付不过来的。我觉得作家最好的还是作品说话，一切都在作品里。

但红光：不过看网上，这段时间您影响最大的应该是“最美家书”了。

麦家：你说的是董卿的《朗读者》。这封信是我真实的感受，是我亲身经历，也是许多家长面临的问题。

但红光：感觉两个男人之间血脉相连，真的很难面对对方。您以前也写了父亲和跟父亲之间的情感，这次您写了您跟儿子之间的情感，我感到您跟父亲之间应该也是存在隔膜的。

麦家：对，我们之间有隔膜，这是一种很真实的感受。作为一个作家，你一定要表达自己的真情实感，这是写作教会我的，要么不说，说一定要说真话。我跟文学圈一直保持一种若即若离的关系，我不参与文学圈的一些事情，也不重视这个圈子。我感觉有些圈子是不正常的，许多人在一起自娱自乐，说一些不痛不痒的话，我觉得没什么意思。我觉得既然当了作家就应该面对自己的真情实感，面对真实，包括我的写作主题就是寻求真实。解密，什么是解密？就是寻求真相。这可能是最基础，也是最低级的文学的任务，你想，如果连最低级的都完成不了，又何谈高级的。

但红光：您有很多作品表达了隔膜这个主题。

麦家：我的作品的主题，一个是解密，一个就是揭示人的孤独。不管是《解密》《暗算》还是《风声》，每个人都面对一个人生的孤岛。因为主人公工作的特殊性，决定了他人就是地狱，所以他们都很孤独，包括《暗算》的这种结构，我也想表达人的孤独性，做事的人与人之间是不搭界的，这种形式就是内容。

但红光：解密题材对您表达真实的想法有影响吗？

麦家：从大家接受看来，我的作品其实一直在被人误读。影视把小说简单化，把文学的东西大众化。很多人实际上没有看过我的作品，但由我的作品改编的影视作品又很火，于是就把我变成了一个从镜头里走出来的畅销书作家。文人都有酸腐气，认为畅销的东西肯定是通俗的，你要这么想我当然也没办法。前不久看西南大学有人写了一篇文章，他对我的小说进行了分析，挺好的，也没有在褒奖我，他提出了一个概念，叫“反文典”，认为我的小说具有无法归类性，文体的独创性和题材的独创性，让人归不了类。你说它是通俗文学，当然不是；你说它是严肃文学、纯文学，它和我们以往的纯文学又不是一样的东西。我碰到很多评论家，他们说：“麦家，我想评论你的文学却不知道怎么下手，我找不到你的出处。”因为从中国文学的根上你找不到我的这种小说，你说莫言、贾平凹，人家会说那是民间、乡土，他们是有根的。你说我的是革命文学，其实它又不是，革命文学里的英雄人物都是“高大全”“假大空”，我的不是，我的英雄都是有缺陷的。

但红光：感觉学院派对您作品也会探讨，但是关注还是不够，您觉得是什么造成的？

麦家：一个原因我觉得是影视改编的影响。由于我的作品被影视化，我被商业化，而文学圈，一定意义上它是拒绝商业化的。说得难听一点，他是排斥心理，就是你火了我不想和你讲话，不想理你，就是有点“仇富”心理吧。再一个，我的小说确实是一种新型的小说，你就不知道怎么来看待。我们的文学还是比较单一，不管从题材还是写法，整体都是比较单一的。

但红光：对，您的三部“解密”经典，影响非常大，后来又写了《风语》和《刀尖：刀之阳面》。

麦家：《风语》和《刀尖：刀之阳面》，严格地说是失败作品。我觉得自己当时头脑发热，也是被影视改编鼓吹的，乱了阵脚。所以《刀尖：刀之阳面》之后，到现在 7 年了，我都没推出新作品。我已经发现了我的问题，这两部作品是我走的一个弯路。

但红光：什么弯路？

麦家：我当时想强化这种谍战的概念，我想在这个上面继续深挖，然后把规模做大。事实上，我的东西根本不是谍战。

但红光：那您之前的那些作品呢？

麦家：我其实并不擅长写谍战，虽然我的作品题材是这方面的，但我的写法完全不同，我擅长的是讲述人的命运故事。我是把人性放在一种特殊的环境，用特殊的环境产生一种特殊的压力、特殊的氛围，然后去拷问人性。这种方式我不能说是我独创的，但至少在中国确实很少，很少有人用我这种方式去挖掘人性。我作品中的英雄，不管是瞎子阿炳也好，容金珍也好，还是黄依依也好，我绕来绕去就是在把他们塑造成一个英雄，然后又把他们毁掉。是谁造就了他们的英雄？他们自己的天赋。谁毁了他们？日常。所以我经常说日常是最强敌，日常生活有很残忍的一面。你仔细去分析这些人物成名之后，高处不胜寒，是吧？他们在日常面前恰恰是弱智的，日常是他们的软肋。容金珍到最后，这么强大的一个人，被小偷的一个轻轻的、无意的小动作毁掉；黄依依也是这样，被一个泼妇害了；阿炳也是被一个善良的妻子害的。有时候日常真的很残忍，一方面日常充满人性的光辉、仁慈，但另一方面确实有人性残忍的一面。

但红光：英雄也都是普通人。

麦家:灾难面前,人人都是普通人。

但红光:您今后还准备再写这个题材吗?

麦家:不写。我为什么这么多年没有新东西出来,就是我在写一个具有告别性的东西。

但红光:记得您说想转写爱情题材?

麦家:这都是对媒体说的,有时候真是小说家言不可信。说实在的,我已经回到童年,在写故乡。我想从关于童年的故乡的记忆里寻求一个自我突破。

但红光:这和您过去的写作比,是很大的转变。为什么有这个转变?

麦家:我这次去哈佛,王德威也问了我相似的问题,他说你为什么现在不写间谍题材,你其实真的风生水起了,国际影响都出来了,为什么要换题材?是不是因为你素材积累出了问题?我坦率地说,我写这些东西从来没有可依据的素材,因为这个领域是很特殊的领域,真实的事情恰恰不能写。现在在国内,我名声在外,很多这个领域的人都想跟我交流,希望给我提供素材。一方面他们希望我来写,另外一方面他们也想展示自己的一些经历。人都有这种展示的欲望,但是我一一拒绝。

但红光:为什么?

麦家:因为他们跟我说的东西,我不能写。我要没有见过他,我可以乱写、虚构,如果有一天跟他们撞车了,对不起,这是我虚构的,我从来没有采访过你,你也没跟我说过,也没有别人跟我说过,只能说无巧不成书,是吧?

但红光:真有撞车的事?

麦家:关键是感情,我对这一题材的感情没有了,至少是稀泄了。我觉得写了几部之后,我对这一群人的表达欲下降了,对这种人物的感情淡了。好像在生活中,你本来很想去接触一个人,甚至想跟她谈恋爱,最后谈成功了,激情反而没了。

但红光:怎么会想到去写童年和故乡?

麦家:一方面是要自我挑战,另外一方面,我觉得一个作家写来写去,就是离不开自己的童年,离不开自己出发的地方。写童年这个愿望我还是要满足自己,我还很少去碰它呢。很多评论家都跟我说,麦家,你应该写《两位富阳姑娘》这样的小说。但我从来不认可这个观点,我非常知道该写什么样的小说。写完《日本佬》了,我当时想评论家肯定会喜欢,因为这就是中国的传统,所谓的传统的中国的纯文学。

但红光:您的《两位富阳姑娘》《农村兵马三》这些我是比较喜欢的,《日本佬》和《畜生》感觉您到了另外一个高度。

麦家:你比较喜欢,大概是因为主人公是一些普通人吧。《解密》《暗算》《风声》

里面的人都不是，他们是特殊的人。

但红光：这样很温暖，更贴近生活。

麦家：但我有一个我的文学观念，文学不应该是普通的，文学从来是要写奇人奇事，当然奇人奇事不能成为怪人怪事。小说其实就是要从奇、取奇。只是文学进了20世纪，出现了各种各样的流派，消解故事、消解人物，这本身是对传统文学的抗衡和打碎。但传统文学，不管是欧洲的还是俄罗斯的文学，非常重视的一点，就是小说的消遣性。欧洲小说有一个伟大的传统，就是消遣性，因为那个时候贵族都是在家里听小说，必须要有故事，传奇的人和事。但20世纪文学的潮流基本上是消解这些，强调形式，强调人类生存困境，强调知识分子写作，消解文学的消遣性、娱乐性，把娱乐功能基本阉割掉。

但红光：是的，中国文学很想载道。

麦家：什么东西都想要文学去承载，立言立德，什么东西都想让文学承担起来，其实文学没有也不应该承担那么多任务。我觉得不要给文学那么多任务，只要给它一个简单任务，塑造一个个人。那么人物靠什么塑造？靠故事。没有故事塑造不了的人。现在中国大量的小说都不讲故事，以讲故事为耻，讲一个人物，总是写他的日常生活，然后带着一些风土人情。没有故事，人物立不起来，像一个没经历的人，性格是长不出来的。

但红光：而且也影响可读性。我个人比较倾向于把您放在先锋作家行列，觉得您的先锋意识很强。

麦家：我的小说有非常强的先锋意识，但它又不是先锋小说。先锋小说有一个典型的特点，它消解故事。我相信小说离不开故事，一个不会讲故事的小说家，我觉得他是天生有缺陷，你可以去写其他的，去写散文写诗歌都可以。一个小说家必须要学会讲故事，要讲一个别人不会讲的故事，这个是我非常坚持的。

但红光：您前期的作品有很多先锋的元素，后来的小说感觉故事更加严整，语言非常讲究。

麦家：语言是我一直很在乎的，语言是文学的外衣，一个人的体面首先从穿着开始，一个作家的体面从语言开始。我觉得我的小说，像《解密》，在海外能够被人接受，就是因为我的写法确实是属于西方小说的写法，我小说的出处、来源，或者说营养主要来自欧美小说。我觉得先锋文学有个很大的特点，它的语言以叙述为主，很少写心灵，都是写外围。如果说我跟先锋文学有什么关联，那就是小说的叙述含量比较大，几乎不太有对话，语言应该是比较现代的那种。

但红光:对,您的语言非常流畅、精练。

麦家:我经常跟人说,我写作有洁癖,不许小说里出现"了"字,尽量减少"了"啊"的"啊。甚至还出现这种情况,用电脑写作的时候,我不能接受一行最后一个字是标点符号。一旦出现标点,我总是要把这一段重新顺一遍,标点要么往前提,要么往后排。这都是一种怪癖,其实对写作本身来说,这是不好的事情。但你没办法,它是你身上那种病,就像有人有洁癖怪癖一样,摆脱不了。其实我很清楚,就小说而言,语言没那么重要,尤其长篇,形式和结构比语言更重要。但归根结底,不管是短篇还是长篇,最重要的是你表达了什么世界观,这一点最重要。写作者要重视自己触摸人性的程度,你有没有摸到人性?不管是人性善也好,人性恶也好,你摸到了别人没摸到的地方,我觉得这个是一个作者最了不起的地方。语言上有才华的作家多了去,包括现在很多年轻人的语言,真是出手不凡,自成一体,要华丽有华丽,要奇峻有奇峻,有的有那种丝绸般的绵实。这些归根结底还是小说外围的东西,真正了不起的是你在小说里表达了或者说出了别人没说的一些东西。我记得大江健三郎说过,作家就是一个报信的人。我觉得这说得非常好,作家就是一个报信的,你报来的信息如果众人皆知,那就没有一点价值。你报来的信必须要新鲜,要有自己的体温,恰恰是自己的体温才是独到的。

但红光:您"回去"系列作品里的孩子,好像都是桀骜不驯,或者说不那么乖巧的。

麦家:其实这是一种写作技巧。一个乖孩子接触的世界往往狭窄,只有一个不乖的孩子,才可以上天落地,去触碰各个角落。一个乖孩子接触的人也好,接触的事也好,往往比较单一,只有一个不乖的皮孩子,那是上房揭瓦、下河摸鱼,什么事都干,然后他可以表现出一些生活的丰富性和人群的多样性。

但红光:确实。您叙述过程中通过一个少年牵出了很多人和他们的命运。比如《畜生》,您写的故事好像没有特别急于往前面走,没有把这个故事很快讲完,感觉触角比较多。

麦家:《畜生》是个很简单的故事,它和《汉泉耶稣》《日本佬》是一个系列的。就这个系列而言,我觉得《畜生》写得最简单,不管是主题还是故事本身都缺乏一定的复杂性。它的主题就是人不如畜生,老掉牙的东西。《汉泉耶稣》中的人物很鲜活,蛮有意思的,但也是比较简单。相对来说《日本佬》比较复杂,有一定的文学深度。比方说,怎么样表现抗日战争,我这里还是找到了一点新意。我没正面去写抗日战争,但对日本侵略者对我们民族犯下的一些罪行,包括我们中国人对日本侵略者的那种情绪，我都进行了一定的设计。我个人很欣赏的一个地方是，为了表现日本侵略者奸淫中国妇女的罪行，我用了一个细节，一个日本兵用一条鱼来手淫。这样一个家伙，在当时的中国，见到女人肯定要强奸的，他身体的欲望那么旺盛，那么不知羞耻，见到一个“花姑娘”能不奸淫吗？短篇小说主要靠细节立起来，《畜生》有一个细节也不错，说一个人是傻子，他跟人家帮工，人家请他喝酒，把一瓶白醋当白酒给他，他照样喝得津津有味，把它喝完了。

但红光：您希望外界怎样看您最近的几部短篇？

麦家：第一，我很少阐释自己的作品；第二，我也不在乎别人怎么看，也在乎不了。我从来不想当一个尖锐的人，不爱对别人说三道四，但是有一种现象是存在的——中国的小说很大部分写得过于自负。自负主要体现在我小说写什么，你读者爱看不看无所谓，另外经常写自己，写自己的日常生活。小说当然应该从自己出发，但又确实不应该是这样。你写出来的这个人物也好，故事也好，情感也好，应该属于别人，你自己的也是别人的，应该这样，这样你才能够跟读者有心灵上的沟通。还有一种现象，我发现中国很多作家，他是在为文学史而写，他很在乎文学史和评论家的关注，很在乎纳入评论的一个序列。这个坦率说，我不在乎。现在中国文学史上有几千部作品吧，既然有几千部，你不进入也罢了。这是我的一种写作态度，或者是我的一种做人原则。其实进入不进入文学史最后肯定不是某一个人说了算，我觉得归根结底还是看作品。有些可能今天没有进入，明天就进入了，因为这里面有非常大的偶然性，我自己很有体会。比如我有些作品现在在海外确实很火，翻译成三十多种语言，出版规模、档次都应该说是非常高的，高得完全超出了我的期待，但这并不是说我的小说比别人的更有世界性、更优秀，不是这样的。这里有很多偶然性，你碰到一个欣赏你的人，然后在各种机缘巧合下就发生了共振，这是想不来的，要靠运气去碰。

但红光：感觉西方对您的作品接受得更快，评价更高。

麦家：西方不是标准，虽然我们心理上把它们当作标准。在西方，现在不光是我的作品的英文版入选“企鹅经典”，西班牙语版也进入了西班牙语经典文学的“命运书库”，由普拉内塔出版社出版。“普拉内塔”的意思是“行星”，它是西语第一大、世界第六大出版社。我的作品在美国是由最牛的文学出版社 FSG 出版社出版，其总编是我的责任编辑，他非常喜欢《解密》。

但红光：说到《解密》，可能很多人看到的是神秘，西方会不会对这个感兴趣？东方的神秘，也涉及我们的军事，或者其他比较隐秘的题材。

麦家:这个我觉得不会,因为我里面没什么秘密,有秘密也只有文学的秘密,一本书如何和读者沟通的秘密。我写东西时就特别在乎这一条:和读者沟通。我一直倡导要写中国的小说,写有难度的小说。你说我爱炫技,其实归根结底我在寻找,我不想一个故事糊里糊涂地往下叙述,以时间为主线,流水账这么写下来。上帝的视角无所不知,当然好写,正因为好写,大家都可以写,没有挑战性。我给自己设计一个高度,然后争取去越过它,我觉得这过程其乐无穷。为什么我要写天才?就是这个原因,天才不是常人,天才肯定比常人难写,常人就是吃喝拉撒,说的都是正常人的话,做的是正常人的事。我现在要写个天才破译家,虽然故事可以虚构,但破译本身是一门学问,我要去研究它,研究破译,研究天才,把一个陌生的职业、天才的属性表达出来,这是有难度的。

但红光:如果您下一部作品又引起轰动,您希望是哪种轰动?

麦家:一部作品轰不轰动不是作家定的,当初我怎么能想到《解密》今天能火到这个程度?当初它可是正儿八经被退稿17次。所以我说我们的编辑70%不合格,大部分都是根据一个人的名气在判断一个作品。

但红光:我最初是在《人民文学》上看您的小说,非常精彩,好像是《风声》,《人民文学》也大力推介了。

麦家:当然,李敬泽是一个非常优秀的编辑和评论家。《风声》其实破了《人民文学》的一个纪录,是他们第一次全文刊发的长篇作品。我的《解密》出来后,李敬泽是第一个说好话的,他一直比较关注我。我写完《风声》就发给他看,是讨教的意思,因为他们不可能发长篇,但结果他留下了,说我们发。我说你们怎么可能发?他说为什么不可能,以前不发不说明以后也不发。从那一期——应该2007年第10期之后,《人民文学》开始发长篇小说,我有幸吃了第一只螃蟹。

但红光:看您最近写的短篇,好像有点鲁迅的感觉,比较关注民族的劣根性,或者民族的伤疤,或者人性的弱点,感觉特别有抱负。

麦家:抱负从来都是有的,难道你认为《解密》《暗算》就没有抱负吗?我不知道这些小说到底有没有成功,因为对人性的反思,对民族劣根性的揭露,很多作家一而再、再而三地表达过,他们可以说是粉墨登场。如果我只停留在这些方面,步人后尘,起点就不高。但从另外一个角度上来说,我又觉得我必须要写这些小说,一个人童年的记忆是抹不去的,辛酸的童年是我身上的尾巴,总拖在身后,写出来是为了甩掉它。

但红光:我看您城市题材写得比较少,在成都生活那么多年好像也很少写。

麦家：有些东西距离太近，反而没有写的冲动。坦率地说，我对日常生活不感兴趣。

但红光：那现实呢？我说的现实就是当下性。

麦家：当下性的东西，第一，我觉得它没有沉淀；第二，大家就生活在当下当中，是那么零碎的生活，那么庸常的生活。我的生活已经够零碎够庸常的了，还用小说来表达这种庸常，那么小说的神性在哪里？现在可以直接反映生活的东西太多了，微信、微博，网络上的各种视频都在反映这种生活，小说如果也这么直接的对现实生活进行反映，怎么能去跟那些东西比？我一直在寻找小说的神性，这种神性既是你的，又不是你的；既是当下的，又是过去和未来的。小说有虚构的特权，虚构不是为了虚假，而是为了更深入、更高级的真实。我一直在寻找这种东西，它对生活不是那种直接的反映，而是从根子上反映。它的外衣我不认为一定要是当下的现实，可以是超现实的、神奇的。所以我一直在书写那种传奇人物，我在寻找一种人物的神性，我要通过这种人物的神性，最后来抵达小说的神性。

但红光：您觉得中国当代小说家有谁达到了或者说表达出了这种神性？

麦家：我不会做这种评价，因为我觉得你说的这个等于骂人。我从来不是，也不想做一个尖锐的人，不会去批判谁。我可以沉默，我可以不与某一个人来往，但我从来不会跟某一个人去表达我的锋芒。人活到这个年纪了，我觉得一个基本的人生态度就是体谅。其实每个人，包括我，都不容易，我的小说可能有我的特色，但也有我的局限。对我来说，我已经竭尽全力去弥补这种缺陷，但可能你用 ·辈子的努力都弥补不了这个缺陷。所以我觉得要体谅别人，尺有所短，寸有所长，我们要允许差异的存在，允许人家比你好或者差。

评　论《

麦家的两次后撤

——论麦家的小说创作

但红光

文学创作大体有一定的潮流走向，从古典的雅致到现代的迷茫，到现今的多元杂呈式粗线条的表达。具体而言，社会政治形态、精神文化形态和个体审美范式对文学创作都有深刻而复杂的影响，使文学创作呈现出不同的面貌，如抗战时期国统区文学、解放区文学和敌占区文学迥异的特色。同时，在这种大趋势和背景下，不同作家、作品和创作方式，甚至文体与作家地域之间都潜在地存在着一条“鄙视链”，如严肃文学与通俗文学，先锋创作与传统创作，都市文学与乡土文学，前者对后者都有明显的优越感。虽然这种优越感并非有十足的说服力。就同一个作家而言，虽然其创作会随着时间的积累日渐成熟，风格会有一定出入，但通常他们的创作相对稳定，作品题材、关注的问题、叙事风格等都变化不大，有迹可循。另一方面，在潮流的走向和所谓的“鄙视链”的两端，很少会出现后撤的情形，即从当今主流的文学范式向此前的陈旧的文学范式回归，或从“先进”的文学样式向“落后”的文学样式撤退的现象。

综览麦家的创作，其作品隐约呈现出两次后撤的态势。第一次从先锋向传奇，从雅向俗，这大体以《解密》《暗算》等谍战题材为标志；第二次从传奇向批判，又从俗向雅，从流行化与类型化创作向启蒙的人性揭示的转变，这大体以《日本佬》《双黄蛋》等短篇为标志。

一、由先锋而传奇

20世纪80年代，在反思“文革”、解放思想的时代背景下，在声势浩大的“文化热”和“读书无禁区”“走向世界”“走向未来”的口号声中，大量的西方文化和文学典籍被译介过来，文学方面的译介热点是20世纪西方创作理论和文学作品，特别是“现代派”理论和创作。麦家和中国的先锋派作家①在这一背景之下成长起来，在当时的时代热潮之下，文学阅读和创作的“西化”和“现代化”无疑是更先进、更优等的价值取向，麦家的先锋写作就从此起步。由于此期麦家的作品数量有限和先锋文学潮流的迅速转向，很少有人把麦家纳入先锋作家的行列，但其最初的阅读和写作无疑都是现代的，和20世纪80年代中后期的先锋作家们同质的。

麦家的文学阅读和创作起步稍晚（始于1986年），给他创作带来大的影响的是博尔赫斯、卡夫卡、茨威格等作家的作品，而这些作家几乎是中国先锋小说作家共同的导师。关于博尔赫斯的作品带来的影响，麦家写道：“它全然改变了我对文学的认识，甚至改变了我人生的道路。”②具体而言，麦家惊叹于博尔赫斯的故事、场景、人物设置、材料、诡秘的叙述、精致和陌生的措辞与比喻——这些都是先锋小说作家关注

① 本文的“先锋”和“先锋小说”都是狭义的、文本实验意义上的先锋小说作品。

② 麦家：《博尔赫斯和我》，《人生中途》，浙江文艺出版社2009年版，第6页。

的形式元素。对于卡夫夫、茨威格等给自己的影响，麦家也都分别写过阅读心得表达，但更偏重于存在本身和个人内心的感受，“卡夫卡总是让我们感到无所适从，感到‘存在的荒谬’，这真是没有办法的”[①]，“他（茨威格）小说有种少见的令人窒息的文学密度和强度，随便读一篇都使我强烈地感到作家内心极其的丰富、敏感、脆弱、善良，而这些是一个作家最重要的”[②]。就在这些影响之下麦家开始了其小说创作。最先给他感觉的是《麦田里的守望者》，它让麦家的作品“回到一个人喃喃自语状态，就这样折腾出了一个近两万字的东西，我给它命名为《私人笔记本》”[③]。这篇与《麦田里的守望者》风格酷似的作品没有产生大的反响，但已经是一篇比较成熟的先锋小说，作品以个人内心独白的方式展示了一位28岁的单身白领对自身、社会、他人的认识和感受，语言粗鄙，基调颓废，形式近似日记却没有标注日期，叙述有意回避明朗清晰的表达，通过意识流和夸张变形等方式表达主人公内心焦躁孤独的感受和对存在荒诞性的混沌认识。其后他还创作了《寻找先生》《既爱情又凄惨》《第二种败》等一系列形式和内容类似的先锋作品。其中《寻找先生》的开头部分是这样的：“或者有个寻找先生的故事了。或者寻找先生也是寻找红帆船。”“棋（或者叫其，或者叫歧）在一个光辉无垠的下午，背倚千年古树力不从心地喘着粗气的时候，他知道自己作为一个生命和作为生命的一切已经走到尽头。”“你看出了这是故事的结尾，你想知道的故事的开头如下。”[④]作品极力构造陌生化叙述效果和语言的迷宫，隐喻地表明人生的虚妄和荒诞及历史和追求的虚空感。

在散文《八大时间》中他写道：“那段时间，写小说成了自我欣赏、甚至鄙视专业的一面镜子，极大地满足了我青春的虚荣心、反叛心。”[⑤]这里所谓小说即先锋小说。作者将他置于“鄙视链”上一个比较高等的地位，而对于传统的写实的小说，麦家是这样评价的：“坦率地说，在小说上我特别反感新写实主义。当然，小说怎么写都可以，但是怎么样才能更接近小说的本质？写实主义的东西，把生活琐碎的一面变成小说，我认为它不是在接近小说，而是远离。我们在日常生活当中，其实已经被生活压迫得窒息了，读小说本来就想摆脱这种现实，在一个想象空间里，寻求刺激。”[⑥]虽说麦家主要针对新写实主义小说进行创作，但麦家对现实主义的创作手法无疑是不

① 麦家：《卡夫卡的“爱人”和“罪人”》，《人生中途》，浙江文艺出版社2009年版，第16页。

② 麦家：《再看看茨威格》，《人生中途》，浙江文艺出版社2009年版，第22页。

③ 麦家：《八大时间》，《人生中途》，浙江文艺出版社2009年版，第159页。

④ 麦家：《第二种败》，《黑记》，浙江文艺出版社2009年版，第58页。

⑤ 麦家：《八大时间》，《人生中途》，浙江文艺出版社2009年版，第158—159页。

⑥ 麦家：《与文洁对话》，《人生中途》，浙江文艺出版社2009年版，第205页。

看好的，同时，这番话里还藏着另一个可能的创作类型——诉诸阅读刺激体验的类型化小说。

由于与读者的疏远及商业大潮的到来，先锋文学在20世纪90年代初迅速转向，主要因为先锋作家要么在写作上进行了调整，如余华由残酷的暴力转向温情的人性探索、格非由神秘的叙事迷宫转入细致的社会体察，或者沉寂，如马原、吕新等。麦家由于起步较晚，还没能得到大面积的关注，只能在不为人知的背后自己默默调整。2003年后，麦家相继推出《解密》《暗算》《风声》《风语》等极具传奇性的谍战题材作品，引起极大的关注，摘取了包括茅盾文学奖在内的多项大奖。但比较两个阶段的作品，不难发现其迥异的风格特征：前期作品大多为沉闷的个人独白，情节简单，故事贫乏，语言较为滞碍，而谍战系列则故事离奇，情节曲折，语言畅达。无疑，前期的作品属于严肃的纯文学，它有更多的文体抱负和对存在的探索，而后者更具有通俗文学的品质，猎奇性、娱乐消遣性较强。《解密》大火之后，麦家曾多次表示其创作有意对读者趣味的迎合和对商业大潮及目标市场的把握。这种臣服大众、挑拨读者好奇心以创品牌的理念和做法无疑是与先锋文学独立、反叛和自律的品格相违背的。

麦家是一个在创作上有抱负的作家，曾对于谍战系列作品的严肃文学品性一再申明，虽然其言说有一定的合理性，但作品的属性并非因作家个人的表态而改变，也不因他人的强加而不同。一般而言，严肃文学的目的在于探索人性、认识社会和人生，以达到启悟读者的目的；而通俗文学更倾向于营造情节、讲述故事，以吸引阅读和赢得市场为目的，淡化人性思考。虽然通俗文学作品文学价值不一定不如严肃文学，但整体而言，通俗文学的精神品格是要弱于严肃文学的。麦家的此次转变无疑是一次后撤行为。

二、由传奇而文化批判

麦家的横空出世是一个现象级的文学事件，是文坛的一大收获，他的作品为当代文学创造了一个新的文学类型和一系列新的英雄人物形象。尽管其作品在文学和商业上都得到了较高的认可——获得茅盾文学奖、被海外一系列经典文库收录，但是其类型小说的特色和商业化标签一样明显。文学上的认可和商业上的成功是每一个作家都希望拥有，但常常不能兼得的，许多作家甚至一个都无法拥有，对于有抱负又有实力的作家，这些却缺一不可，否则即为缺憾或痛苦。

作品会说话，麦家的创作的严肃性毋庸置疑。其早期的先锋创作自必不说，其20世纪90年代以来的一系列作品中短篇小说如《农民兵马三》《两位富阳姑娘》《飞机》《一生世》等作品关注小人物，关注命运和存在，温情且深刻，同时具有一定的批判力量。可惜这些都淹没在其“解密”系列小说的光环之下，没有获得应有的认可。实际上，即使在其“解密”系列作品中，读者也时时看到麦家作为一位先锋作家的技术癖。首先，在其每一部作品中，麦家都反复玩弄真真假假的游戏，让读者沉浸在虚虚实实的叙事迷宫中。在《暗算》的序曲部分麦家写道：“坦率说，本书就源自我的一次奇特的邂逅。”在《风声》的前言中，麦家又借一位开会遇到的潘教授之口强调：“这绝对是真实的，历史上有记载。”更别说在由“刀尖”系列小说改编的电视剧《刀尖上行走》上映过程中，作者反复造势说此书来自一对对他寄予重托的老地下党员王亚坤夫妇。其次，用多视角叙事。据说在《解密》中麦家使用了多达六种叙述视角，在《风声》和《暗算》中则通过作者、主人公和其他人等各种叙事角度来描述同一件事情。再者，多文本穿插。如在《解密》中就在叙事之外，插入访谈录、笔记本、书信、前言后记等多种副文本，作品中的语言的先锋印记更是俯拾皆是。

但麦家的谍战系列小说的印记实在太过突出，评论家包括麦家自己都意识到了这一题材的局限性。如已故评论家雷达就说过：“麦家究竟把自己塑造成一个什么样的作家，他的类型化写作最终走向哪里，也是一个值得探讨的问题。路有两条：一条继续剑走偏锋，仍走《暗算》《风声》的路子，不断循环，时有翻新，成为一个影视编剧高手和畅销书作家，可以向着柯南·道尔、希区·柯克、丹·布朗看齐。另一条是纯文学的大家之路，我从《两位富阳姑娘》等作品中看到了麦家另一方面尚未大面积开发的才能和积累。”[①]季亚娅也认为麦家“这两个系列完全是风马牛不相及，甚至是对立的”[②]，一个在天上，一个在地下。麦家也清醒地意识到谍战类型作品的局限性，多次谈到要改写其他题材，有一段时间他表达今后会写爱情，这似乎又陷入言情小说的泥淖，从一个坑掉入另一个坑。有幸，麦家最后避开了这一选择。几年之后，麦家推出了《汉泉耶稣》《日本佬》《畜生》《双黄蛋》等一系列短篇小说。这些回归故乡、回归童年，审视历史和民间文化心理的作品，实实在在地展示出麦家创作的另一种走向：文化批判。和以往的批判性作品不同，这种批判不是贴地而行地针对现实主义进行批判，而是兼具“五四”文学的国民性批判和新时期文学的文化批判和历史批判。

《汉泉耶稣》写的是“我”外爷爷通过信仰耶稣来抵抗仇家的风水压制，被村民当作鬼神，最后被政府制止的故事。小说反思了信仰与鬼神观念的相融相克的畸形存

---

① 雷达：《麦家的意义与相关问题》，《南方文坛》2008年第3期。

② 麦家：《与季亚娅对话》，《人生中途》，浙江文艺出版社2009年版，第250页。

在,民间的仇怨解决方式及权力与信仰之间的矛盾关系。《日本佬》则通过“日本佬”这一称谓将民族矛盾、家族仇怨、历史反思、人格尊严,以及人性与兽性等熔于一炉,多棱角地反思历史、文化与人性,极具张力,发人深思。《畜生》则直接将人性与兽性进行对比展示,通过特定历史时期的人们的看客心态和幽暗内心来审视人性。《双黄蛋》隐喻性地以“文革”时期的孪生兄弟毕文毕武(比文比武)一家的悲剧命运来探析历史和人性的罪与罚。这些作品无论是从形式还是内容上都迥异于此前的谍战传奇,作家着力走向历史、文化和人性的纵深处,直面最严肃的文化和社会课题,有很强的反思性和批判性,带有强烈的启蒙和批判精神,以及“五四”文化基因。这一转变不再顺应商品和信息社会的浮华潮流,是麦家的又一次创作后撤:从当前时兴的商业类型小说回归到文化批判小说。

三、文体的演进和个体的追求的冲突

从先锋向传奇的过渡是从文学的精英形态向大众形态转变,由雅而俗,是技术形态的转化;由传奇向文化批判小说转化则是从大众文学向启蒙文学的转变,由俗而雅,是精神内核的转化。麦家的两次创作后撤,从表层看是作家个人的创作选择——对作品题材和风格的选择,但实质是文体的发展演化与个体价值选择之间的矛盾冲突。

从文体演化而言,一个时代有一个时代的文学和文体,唐诗、宋词、元曲、明清小说,文体的演进和经济社会、文化精神的发展密不可分。古典的文学作品以相对统一的故事模板来宣扬传统的占统治地位的价值观念;启蒙文学则以居高临下的态度来完成教化;先锋文学则是形式的意识形态化,一方面通过语言、文体、叙事来完成对过去文学形式规定和意识形态严整性的反叛,主张文学的自由,另一方面通过叙事能指和所指的弹性来取消意义的规定性和历史的单一性解读。但在商品经济社会、信息化时代,逻各斯中心主义被解构,个人中心膨胀,社会生活复杂、多元,欲望的需求与满足也更加直接与多样,纯文学的自娱自乐必然导致读者的背离,而满足大众需求的新的文学形态应运而生。20世纪90年代以来,文学的通俗化、类型化日益明显,小说形态日益丰富。21世纪以来,以网络小说为代表,各种文学类型日益细分,文学的类型化、商业化、欲望化日渐走向深入。麦家的“解密”系列作品好读、离奇,有正面积极的引导和理想主义的形象塑造,自然成为大众理想化的精神食粮。正如麦家的成功经验谈:“就是我发现了中国老百姓的一个巨大好奇心。对国家秘密机构的好奇心。而我就用人的这种好奇心来结构这部小说,起码是心理结构……

这方面我是挑逗了一下中国读者。”①虽然传奇并非一种新的文体，也并不总受欢迎，但“解密”系列作品以新的类型、新的人物形象、新奇的故事满足大家新的想象。从元素构成来看，这类作品主要包含如下元素：英雄传奇、悬疑与探险、知识比拼和英雄悲剧，既有红色经典的正义，游戏打怪升级和刑侦探险的爽点刺激，还有知识的高端包装和悲情及神秘的渲染，可以说是糅合了传统的红色经典和现今“男频网文”的一系列畅销文本，既有继承又有开创，符合现代消费社会大众对文章好看的需求，再加上麦家深厚的文字功夫打底，走红也在情理之中。

另一方面，作品大卖、作家火速成名满足了作家被大众认可的浅层需要，但远非一个有抱负作家的追求目标。根据麦家的自我表述，他的追求至少包括如下几方面：一是被专业读者认可；二是被大众读者认可；三是被文学史认可，即经典化。② 作品的走红只满足了被大众认可的需求，而获得茅盾文学奖应属被专业人士认可，但要真正被文学史认可，真正成就经典作品和作家还需被业内业外，尤其是文学史的书写者——学院派公认。但学院派更倾向于严肃的纯文学，对商业元素太强的作品有一种基因传承的自律与净化本能。严肃文学重视对人性的探讨、对社会的分析与批判、对普世价值的彰显，和对文学本身的改造与提升。麦家作品的畅销使其获得了巨大影响，实现了其被大众评委认可的目标，但在专业评委眼中，其作品还待斟酌。虽然麦家此前也发表过一系列严肃作品，但其影响和数量与其畅销作品相比不可同日而语，正如雷达所言，麦家有两种可能的走向，要么通俗化、类型化，要么严肃起来，向纯文学靠拢。没有明确之前，麦家的经典化仍然难以十拿九稳。文学殿堂虽然没有看得见的门槛，但隐形的门禁还是存在的。根据前期的先锋作品以及在畅销作品热销期间发表的一系列中短篇可以看出麦家严肃作家的自我定位，即便是“解密”系列，其许多形式因素也可看出其严肃作家的素养。但一切靠作品说话，量变才能引起质变，所以麦家的第二次后撤实为一位作家在经典化路上的继续深入。

四、麦家的标本性启示

麦家的两次后撤，简单看是作家个体的选择和追逐文学理想的不懈奋进，是后辈学习的楷模，但从另外的角度看，却折射了现代中国社会文学和作家群体的某些共同特色和问题。

作为审美形态之一，文学自有其超越性，作家不问出处，作品面前一律平等。然

---

① 麦家：《与文洁对话》，《人生中途》，浙江文艺出版社 2009 年版，第 202 页。

② 麦家：《与文洁对话》，《人生中途》，浙江文艺出版社 2009 年版，第 207 页。

而在现代多元价值时代，作家群体的出处也各有不同，有的来自网络，有的来自草根，有的来自官员，有的本身即为商人、巨贾、流量明星，还有的是网络炒作的话题性人物，其成名自带有其出身属性，其作品受到追捧，并非全然是文学价值使然。虽然文学作品的接受不可避免地受题材、情节和语言等方面影响，但文学要实现其经典流传的目标，更重要的是遵循文学的本质属性：关注人的社会存在，深刻探讨人性，关注普世性的价值观念。

网络小说集中体现了这些问题。网络小说发展近 20 年来，在大众阅读方面异军突起，几成席卷之势。截至 2017 年底，网络文学读者多达 4 亿之巨，市场规模达 129.2 亿元，签约作者超过 1400 万，来源众多，[①]部分作家年入过亿，数十人年入超千万，他们创作的新的文学类型有 200 多种。这样的市场规模和回报，如此庞大的读者和作者群，创造出了众多的“IP 流量”，但真正经典的网文作者和作品依然不尽人意，纵使点击量庞大的《斗破苍穹》和《盗墓笔记》也无法脱出简单的“打怪升级”的重复套路。如开创“玄幻练功升级”网文先河的《斗破苍穹》，截至 2015 年 9 月 5 日，中国移动客户端的点击量曾高达 29.8 亿，[②]但很多读者“吐槽”它只有初中生的文学水平，是典型的“打怪升级”的“种马文”。网络文学真正凭文学价值进入经典的可能性几近于零。另一方面，严肃文学显示了其强大的征服力量，网络文学作家正不断进入作协，如代表作家、“网文大神”唐家三少，他的创作正一步步向纯文学靠拢，他近来多次号召网络作家注意作品的文学含量及作品的现实性和社会性。而作者猫腻也因其作品对现实和时代的关注以及“启蒙情怀”而被学院派接纳，被称为“最有可能入选大师的网络文学作家”[③]。可见，文学不因作家或作品的外在属性、商业价值和关注度而降低其“经典”的标准。

好的文学作品没有等级、身份之分，没有平台之见，严肃文学旗下也出现过平庸之作，通俗文学中也出现过名作，但文学经典却有其相对客观的标准。麦家创作上的后撤正是许多有抱负有情怀的作家的突围之路：在大众认可、商业价值之外，他们不断反省自我，锻造升级，最终走向文学的纵深，走向经典之路。

---

① 傅小平：《网络文学带来的不是危机，而是契机》，《文学报》2019 年 3 月 24 日。

② 邵燕君：《网络文学经典解读》，北京大学出版社 2016 年版，第 93 页。

③ 邵燕君：《网络文学经典解读》，北京大学出版社 2016 年版，第 298 页。

主要作品目录《

长篇小说

《解密》,人民文学出版社 2006 年版。

《暗算》,人民文学出版社 2006 年版。

《风声》,南海出版公司 2007 年版。

《风语》,金城出版社 2010 年版。

《风语.2》,金城出版社 2011 年版。

《刀尖:刀之阳面》,北京联合出版公司 2011 年版。

《刀尖:刀之阴面》,北京联合出版公司 2011 年版。

《人生海海》,北京十月文艺出版社 2019 年版。

中短篇小说集

《紫密黑密》,解放军文艺出版社 1994 年版。

《让蒙面人说话》,春风文艺出版社 2004 年版。

《充满爱情和凄楚的故事》,群众出版社 2005 年版。

《军事》,世界知识出版社 2005 年版。

《捕风者说》,作家出版社 2008 年版。

《黑记》,浙江文艺出版社 2009 年版。

《密码》,长江文艺出版社 2007 年版。

《麦家作品精选》,长江文艺出版社 2010 年版。

《陈华南笔记本》,江苏文艺出版社 2013 年版。

《纸飞机》,江苏文艺出版社 2014 年版。

《从军记》,江苏文艺出版社 2014 年版。

《两位富阳姑娘》,浙江文艺出版社 2016 年版。

《四面楚歌》,江苏凤凰文艺出版社 2017 年版。

散文随笔集

《地下的天空》,解放军文艺出版社 2002 年版。

《天外之音》,山东文艺出版社2007年版。

《人生中途》,浙江文艺出版社2009年版。

《非虚构的我》,花城出版社2013年版。

《八大时间》,人民文学出版社2013年版。

《接待奈保尔的两天》,浙江文艺出版社2016年版。

《最美是杭州》,浙江文艺出版2016年版。

《幸福就在我们身后》,辽宁师范大学出版2018年版。

莫　言

男，本名管谟业，1955年生，山东高密人。

小　引《

在“余华专辑”中，我曾经说到一个“灿烂之极归于平淡”的话题，其实，这种创作上的物极必“返”的现象，几乎是大多数先锋作家从20世纪80年代极端的现代主义艺术实验，到90年代以来经过对这种艺术实验的极端化倾向的扬弃之后，与其中的合理性因素达成“和解”，在一个更高的层次上进入一种新的境界所共同经历过的一条必由之路。作为80年代的一位先锋作家，莫言在这转变途中所走过的道路，自然也不会例外。

与大多数在80年代出现的先锋作家不同，莫言在80年代中期前后的“寻根文学”和现代主义艺术实验的浪潮中脱颖而出，有双重的意义。一重意义是他把“寻根文学”对原始野性的张扬发挥到极致，同时又赋予这种原始野性以一定的社会历史(如抗日)意义，避免了“寻根文学”在其后期普遍存在的原始主义倾向。在这个过程中，同时也转换了这种原始野性的文化语义，使之由表现一种动物性的低级的本能的冲动，转换为张扬一个民族的历史积淀的生存强力。另一重意义则是他把对原始主义的这种艺术的改造，与先锋作家对西方现代主义文学的表现方法和技巧结合起来，使之呈现出一种被我们称之为类似于“魔幻现实主义”的现代派色彩，从而使传统的现实主义表现方法和技巧，在经历了80年代初期的“意识流”小说和“诗化”小说之类的艺术革新之后，又得到了一次更带本质性的艺术改造。在立足于现实主义小说的艺术革新和艺术改造的过程中，莫言这期间的创作也不同于同一时期的先锋作家普遍热衷于对诸如“存在”问题的终极追问，而是倾向于利用西方现代主义文学的一些表现方法和技巧，深入探究人性的复杂和微妙，在钻取人性的燧火的同时，也用这种人性的微光去烛照那个浑浑噩噩的年代，从而又接续了中国现代文学的社会批判和国民性批判的文学主题，如此等等。在这些方面，都表现了莫言在80年代的先锋文学中的特殊意义。这种意义，归结到一点，就是无论莫言的创作在艺术表现的方法和技巧上如何“前卫”和“先锋”，都是以中国的历史文化和中国所特有的民族性与国民性为其艺术表现的前提和根基。从这个意义上说，莫言的创作从一开始，就既是20世纪在世界范围内广泛流行的现代主义文学潮流的一分子，又深深地扎根于中国的历史文化和民族生活的土壤之中，因而它既是世界的，又是中国的。莫言从家乡邮票大的一块地方出发，像他所心仪的福克纳那样，汇入世界文学的潮流，这也是他作为一个现代作家的必由之路和必然归宿。

正因为有这样的创作基础，所以莫言在进入90年代以后，才会有《丰乳肥臀》这样的作品，一方面继续发展了80年代的创作中就已经开始初露端倪的"非理性"倾向，同时又进一步融合了西方近代文化传统中某种民间文化因素，开始了一种比"红高粱家族"更带野性色彩的"狂欢化"叙事实验；另一方面又将这种极具颠覆力的叙事实验用于对长期以来被某种极端理性化和本质主义的逻辑建构的历史进行艺术的解构。后者仍然没有离开中国的历史文化这一特定的艺术表现的前提和基础。虽然莫言的这种解构历史的努力招致了来自不同方面的非议，但这种在80年代反思历史的创作潮流中逐渐滋长的一种创作萌芽，在《丰乳肥臀》中已然发展成一种解构历史的创作倾向，却是一个有目共睹的事实。这种解构历史的创作倾向，在例如刘震云这样的作家那里，虽然也有一个独立发展的道路可循，且表现出了与莫言完全不同的创作特点，但就其在90年代出现的时间先后而言，莫言在这一权且称作"狂欢化"的解构历史的叙事实验中，仍然是站在先锋和前卫的位置上。尤其值得注意的是，在这部作品中，莫言更加"执迷"于民间和民间文化的某种神秘的力量，这就为他在下一个阶段的创作中转向开发民间文化资源做了一个很重要的铺垫。

莫言称《檀香刑》是他"创作过程中的一次有意识的大踏步的撤退"，用他自己的话说，这种"大踏步的撤退"，也就是由"对西方文学的借鉴""撤退"到"对民间文学的继承"。这种"撤退"相对于80年代以来的文学面对西方所进行的革新趋势，似乎是一次倒退，但就莫言和众多先锋作家的创作历程而言，却是在经历了一个对既有的文学规范（民族化、民间化）的否定，尔后又在一个更高的层面上对这种否定式的文学革新，再次予以扬弃和否定的一个辩证的历史行程。正因为如此，莫言的这部长篇新作，也就不是对既往的民族化和民间化的文学历史的简单的重复，而是以一种经历过现代主义艺术实验和对民族、民间文化批判性改造的"过来人"的眼光，对民族、民间既有的文化和文学资源的再度开发和利用。这样，这部作品中所写的一切，包括它所借用的"猫腔"这种民间说唱艺术形式，也就不能简单地认定它就是民族的、民间的，而是借助民族的、民间的文化和文学资源，集中地再现了莫言在他的全部创作中曾经极端地表现过的那些原始的、野性的、残酷的、血腥的、愚昧的、麻木的、感觉的、官能的艺术经验。这些艺术经验与其说是民族的、民间的，不如说是借民族的、民间的形式复活了的西方的、现代的人生经验和文学经验。如同莫言的所有创作一样，对这部作品的评价似乎也褒贬不一，但不论这些意见的分歧有多大，都不应当否定莫言的这一次有意识的“撤退”对80年代以来先锋文学实验的意义。我的博士生周罡同学是从另外一条路线描述莫言的创作的，我说了如上的话，不过是想为研究莫言的创作提供一个可能存在的别样的参照系统。

自　述《

我的创作道路

一、故乡、梦想与我的创作

20年前，当我拿起笔创作第一篇小说时，并没想到这项工作会改变我的命运，更没想到我的作品会部分地改变中国当代文学的面貌。那时我是一个刚从我的故乡高密东北乡的高粱地里钻出来的农民，用城里人嘲笑乡下人的说法是“脑袋上顶着高粱花子”。我开始文学创作的最初动机非常简单，就是想赚一点稿费买一双闪闪发亮的皮鞋，满足一下虚荣心。当然，在我买上了皮鞋之后，我的野心开始随之膨胀了，那时的我又想买一只上海造的手表，戴在手腕上，回乡去向我的乡亲们炫耀。那时我还在一个军营里站岗，在那些漫漫长夜里，我沉浸在想象的甜蜜当中。我想象着自己穿着皮鞋戴着手表在故乡的大街上走来走去的情景，我想象着村子里的姑娘们投到我身上的充满爱意的目光。我经常被自己的想象激动得热泪盈眶，以至于忘了换岗的时间。但可悲的是，最终我也没能用稿费换来手表，当我穿着皮鞋戴着手表在大街上走来走去时，也没有一个姑娘把目光投到我的身上，只是一些老太太用鄙夷的目光打量着我。

在我刚开始创作时，当代文学正处在所谓的“伤痕文学”后期，几乎所有的作品都在控诉“文化大革命”的罪恶。这时的中国文学还负载着很多政治任务，并没有取得独立的品格。我模仿着当时流行的作品，写了一些今天看起来应该烧掉的作品。只有当我意识到文学必须摆脱为政治服务的魔影时，我才写出了比较完全意义上的文学作品。这时，已是20世纪80年代的中期。我的觉悟得之于阅读——那是15年前冬天里的一个深夜，当我从川端康成的《雪国》里读到“一只黑色而狂逞的秋田狗蹲在那里的一块踏石上，久久地舔着热水”这样一个句子时，一幅生动的画面栩栩如生地出现在我的眼前，我感到像被心仪已久的姑娘抚摸了一下似的，激动无比。我明白了什么是小说，我知道了我应该写什么，也知道了应该怎样写。在此之前，我一直在为写什么和怎样写发愁，既找不到适合自己的故事，更发不出自己的声音。川端康成小说中的这样一句话，如同暗夜中的灯塔，照亮了我前进的道路。

当时我已经顾不上把《雪国》读完，放下他的书，我就抓起了自己的笔，写出了这样的句子：“高密东北乡原产白色温驯的大狗，绵延数代之后，很难再见一匹纯种的。”这是我的小说中第一次出现“高密东北乡”这个字眼，也是在我的小说中第一次出现关于“纯种”的概念，这篇小说就是后来赢得过台湾地区的联合报文学奖，并被翻译成多种外文的《白狗秋千架》。从此之后，我高高地举起了“高密东北乡”这面大旗，就像一个草莽英雄一样，开始了招兵买马、创建王国的工作。当然，这是一个文学的王国，而我就是这个王国的国王。在这个文学的王国里，我发号施令，颐指气使，手里掌握着生杀大权，饱尝了君临天下的幸福。

川端康成的秋田狗唤醒了我：原来狗也可以进入文学，原来热水也可以进入文学！从此之后，我再也不必为找不到小说素材而发愁了，从此以后，当我写着一篇小说的时候，新的小说就像急着回家产卵的母鸡一样，在我的身后咕咕乱叫。过去是我写小说，现在是小说写我，我成了小说的奴隶。

当然，每一个作家都必然地生活在一定的社会政治环境中，要想写出完全与政治无关的作品也是不可能的。但好的作家，总是千方百计地使自己的作品具有更加广泛和普遍的意义，总是使自己的作品能被更多的人接受和理解。好的作家虽然写的很可能只是他的故乡那块巴掌大小的地方，很可能只是那块巴掌大小的地方上的人和事，但由于他动笔之前就意识到了那块巴掌大的地方是世界的一个不可缺少的组成部分，那块巴掌大的地方上发生的事情是世界历史的一个片段，所以，他的作品就具有了走向世界、被全人类理解和接受的可能性。这是美国作家福克纳给我的启示，也是日本作家水上勉、三岛由纪夫、大江健三郎给我的启示。当然，没有他们，我也会这样写，没有他们，我也会走上这条道路，但他们的创作实践为我提供了有用的经验，使我少走了许多弯路。

1985年，我写出了《透明的红萝卜》《爆炸》《枯河》等一批小说，在文坛上获得了广泛的名声。1986年，我写出了《红高粱家族》，确立了在文坛的地位。1987年，我写了《欢乐》和《红蝗》，这两部中篇小说引起了激烈的争论，连许多一直吹捧我的评论家也不喜欢我了，我知道他们被我吓坏了。接下来的两年内，我创作了长篇小说《天堂蒜薹之歌》和《十三步》。《天堂蒜薹之歌》是根据一个真实的事件而写，那里的贪官污吏扬言要打断我的腿。《十三步》是一部复杂的作品，去年我在法国巴黎的一所大学演讲，一个法国读者对我说，她用了五种颜色的笔做着记号，才把这本书读懂。我告诉她，如果让我重读《十三步》，需要用六种颜色的笔做记号。1989年，我写了《酒国》，这部长篇几乎无人知道，但我认为它是我迄今为止最完美的长篇，我为它感到骄傲。接下来的几年里，我写作了大量的中短篇小说，在创作这些中短篇小说时，我的心一直不得安宁，因为有一个巨大的题材在召唤着我，这个题材，就是《丰乳肥臀》。这部书给我带来了很多麻烦，当然也给我带来了新的声誉。如果把《酒国》和《丰乳肥臀》进行比较，那么《酒国》是我的美丽刁蛮的情人，而《丰乳肥臀》则是我的宽厚沉稳的祖母。

我曾经被文学评论家贴上许多的文学标签，他们时而说我是“新感觉派”，时而说我是“寻根派”，时而又把我划到“先锋派”的阵营里，对此我既不反对也不赞同。好的作家，关心的只是自己的创作，他甚至不去关心读者对自己作品的看法，他关心的只是自己作品中的人物的命运，因为这是他创造的比他自己更为重要的生命，与他血肉相连。一个作家一辈子其实只能干一件事：把自己的血肉，连同自己的灵魂，转移到自己的作品中去。

一个作家一辈子可能写出几十本书，可能塑出几百个人物，但几十本书只不过是一本书的种种翻版，几百个人物只不过是一个人物的种种化身。这几十本书合成的一本书就是作家的自传，这几百个人物合成的一个人物就是作家的自我。

如果硬要我从自己的书里抽出一个这样的人物，那么这个人物就是我在《透明的红萝卜》里写的那个没有姓名的黑孩子。这个黑孩子虽然具有说话的能力，但他很少说话，他感到说话对他是一种沉重的负担。这个黑孩子能够忍受常人不能忍受的苦难——他在滴水成冰的严寒天气里只穿一条短裤，光着背，赤着双脚；他能够将烧红的钢铁攥在手里；他能够对自己身上的伤口熟视无睹。他具有幻想的能力——他能够看到别人看不到的奇异而美丽的事物；他能够听到别人听不到的声音，譬如他能听到头发落到地上发出的声音；他能嗅到别人嗅不到的气味；当然，他也像《丰乳肥臀》中的上官金童一样迷恋着女人的乳房……正因为他具有了这些非同寻常之处，所以他感受到的世界就是在常人看来显得既奇特又新鲜的世界，所以他就用自己的眼睛开拓了人类的视野，所以他就用自己的体验丰富了人类的体验，所以他既是我又超出了我，他既是人又超越了人。在科技如此发达、复制生活如此方便的今天，这种似是而非的超越，正是文学存在着、并可能继续存在下去的理由。

二、我与文学大师的对话

我曾经说过，一个作家读另一个作家的书，实际上是一次对话，甚至是一次恋爱，如果谈得成功，很可能成为终身伴侣，如果话不投机，大家就各奔前程。我与世界各地的作家们对话，也可以说是恋爱的过程。在我的心目中，一个好的作家是长生不死的，他的肉体当然也与常人一样迟早要化为泥土，但他的精神却会因为他的作品的流传而永垂不朽。在今天这种纸醉金迷的社会里，说这样的话显然是不合时宜的——因为比读书有趣的事情实在是太多了——但为了安慰自己，鼓励自己继续创作，我还是要这样说。

几十年前，当我还是一个在故乡的草地上放牧牛羊的顽童时，就开始了阅读生涯。那时候在我们那个偏僻落后的地方，书籍是十分罕见的奢侈品。在我们高密东北乡那十几个村子里，谁家有本什么样的书，我基本上都知道。为了得到阅读这些书的权利，我经常去给有书的人家干活。我们邻村一个石匠家里有一套带插图的《封神演义》，这套书好像是在讲述3000年前的中国历史，但实际上讲述的是许多超人的故事，譬如说一个人的眼睛被人挖去了，就从他的眼窝里长出了两只手，手里又长出两只眼，这两只眼能看到地下三尺的东西；还有一个人，能让自己的脑袋脱离脖子在空中唱歌，他的敌人变成了一只老鹰，将他的脑袋反着安装在他的脖子上，结果这个人往前跑时，实际上是在后退，而他往后跑时，实际上是在前进。这样的书对我这样整天沉浸在幻想中的儿童，具有难以抵御的吸引力。为了阅读这套书，我给石匠家里拉磨磨面，磨一上午面，可以阅读这套书两个小时，而且必须在他家的磨道里读。我读书时，石匠的女儿就站在我的背后监督着我，时间一到，马上收走。如果我想继续阅读，那就要继续拉磨。那时在我们那里根本就没有钟表，所以所谓两个小时，全看石匠女儿的情绪，她情绪好时，时间就走得缓慢，她情绪不好时，时间就走得飞快。为了让这个小姑娘保持愉快的心情，我只好到邻居家的杏树上偷杏子给她吃。像我这样的馋鬼，能把偷来的杏子送给别人吃，简直就像让馋猫把嘴里的鱼吐出来一样，但我还是将得来不易的杏子送给那个女孩。当然，石匠的女儿很好看也是一个重要的原因。总之，在我的童年时代，我付出了巨大的代价，把我们周围那十几个村子里的书都读完了。那时候我的记忆力很好，不但阅读的速度惊人，而且几乎是过目不忘。至于把读书看成是与作者的交流，在当时是谈不上的，当时纯粹是为了看故事，而且非常投入，经常因为书中的人物而痛哭流涕，也经常爱上书中那些可爱的女性。

我把周围村子里的十几本书读完之后，十几年里，几乎再没读过书。我以为世界上的书就是这十几本，把它们读完，就等于把天下的书读完了。这一段时间我在农村劳动，与牛羊打交道的机会比与人打交道的机会多，我在学校里学会的那些字也几乎忘光了，但我的心里还是充满了幻想，希望能成为一个作家，过上幸福的生活。我15岁时，石匠的女儿已经长成了一个很漂亮的大姑娘，她扎着一条垂到臀部的大辫子，生着两只毛茸茸的眼睛，一副睡眼蒙眬的样子。我对她十分着迷，经常用自己艰苦劳动换来的小钱买来糖果送给她吃。她家的菜园子与我家的菜园子紧靠着，傍晚的时候，我们都到河里担水浇菜。当我看到她担着水桶、大辫子在背后飞舞着从河堤上飘然而下时，我的心里百感交集。我感到她是地球上最美丽的女人。我跟在她的身后，用自己的赤脚去踩她留在河滩上的脚印，仿佛有一股电流从我的脚直达我的脑袋，我心中充满了幸福。我鼓足了勇气，在一个黄昏时刻，对她说我爱她，并且希望她能嫁给我做妻子，她吃了一惊，然后便哈哈大笑。她说："你简直是癞蛤蟆想吃天鹅肉！"我感到自尊心受到了沉重的打击，但痴心不改，又托了一个大嫂去她家提亲。她让大嫂带话给我，说我只要能写出一本像她家那套《封神演义》一样的书她就嫁给我。我到她家去找她，想对她表示一下我的雄心壮志，她不出来见我，她家那条凶猛的大狗却像老虎似的冲了出来。我曾经说是因为想过上一天三顿吃饺子那样的幸福日子才发奋写作，其实，鼓舞我写作的，除了饺子之外，还有石匠家那个睡眼蒙眬的姑娘。我至今也没能写出一本像《封神演义》那样的书，石匠家的女儿早已经嫁给铁匠的儿子，并且成了三个孩子的母亲。

我大量的阅读是我在大学的文学系读书的时候，那时我已经写了不少很坏的小说。我第一次进了学校的图书馆时大吃一惊，我做梦也没想到，世界上已经有这么多人写了这么多书。但这时我已经过了读书的年龄，我发现我已经不能耐心把一本书从头读到尾，我感到书中那些故事都没有超出我的想象力，我把一本书翻过十几页，就把作者看穿了。我承认许多作家都很优秀，但我跟他们之间共同的语言不多，他们的书对我用处不大，读他们的书就像我跟一个客人彬彬有礼地客套，这种情况直到我读到福克纳为止。

我清楚地记得那是1984年的12月里一个大雪纷飞的下午，我从同学那里借到了一本福克纳的《喧哗和骚动》，我端详着印在扉页上穿着西服、扎着领带、叼着烟斗的那个老头，心中不以为然，然后我就开始阅读由一个著名翻译家写的那篇漫长的序文，我一边读一边欢喜，这个美国老头许多不合时宜的行为，我十分理解，并且感到很亲切，譬如他从小不认真读书，譬如他喜欢胡言乱语，譬如他喜欢撒谎。他连战场都没上过，却大言不惭地对人说自己驾驶着飞机与敌人在天上大战，他还说他的脑袋里留下一块巨大的弹片，而且因为脑子里有弹片，才导致了他的烦琐而晦涩的语言风格。他去领诺贝尔奖，竟然醉得连金质奖章都扔到垃圾桶里；肯尼迪总统请他到白宫去赴宴，他竟然说为了吃一次饭跑到白宫去不值得。他从来不以作家自居，而是以农民自居，尤其是他创造的那个“约克纳帕塔法县”，更让我心驰神往。我感到福克纳像我故乡的那些老农一样，在用不耐烦的口吻教我如何给马驹子套上笼头。接下来我就开始读他的书，许多人都认为他的书晦涩难懂，但我却读得十分轻松。我觉得他的书就像我的故乡那些脾气古怪的老农的絮絮叨叨一样亲切，我不在乎他对我讲了什么故事，因为我编造故事的才能绝不在他之下，我欣赏的是他那种讲述故事的语气和态度。他旁若无人，只顾讲自己的，就像当年我在故乡的草地上放牛时，一个人对着牛和天上的鸟自言自语一样。在此之前，我一直还在按照我们的小说教程上的方法来写小说，这样的写作是真正的苦行。我感到自己找不到要写的东西，而按照我们教材上讲的，如果感到没有东西可写时，就应该下去深入生活。读了福克纳之后，我感到如梦初醒，原来小说可以这样胡说八道，原来农村里发生的那些鸡毛蒜皮的小事也可以堂而皇之地写成小说。他的约克纳帕塔法县尤其让我明白了，一个作家，不但可以虚构人物，虚构故事，而且可以虚构地理。于是我就把他的书扔到了一边，拿起笔来写自己的小说了。受他的约克纳帕塔法县的启示，我大着胆子把我的“高密东北乡”写到了稿纸上。他的约克纳帕塔法县完全是虚构的，我的高密东北乡则是实有其地。我也下决心要写我的故乡那块像邮票那样大的地方，这简直就像打开了一道记忆的闸门，童年的生活全被激活了。我想起了当年我躺在草地上对着牛、对着云、对着树、对着鸟儿说过的话，然后我就把它们原封不动地写到我的小说里。从此后我再也不必为找不到要写的东西而发愁，而是要为写不过来而发愁了。经常出现这样的情况，当我在写一篇小说的时候，许多新的构思，就像狗一样在我身后大声喊叫。

后来，在北京大学举行的福克纳国际研讨会上，我认识了一个美国大学的教授，他就在离福克纳的家乡不远的一所大学教书，他和他们的校长邀请我到他们学校去访问，我没有去成，他就寄给我一本有关福克纳的相册，那里面有很多珍贵的照片，其中有一幅福克纳穿着破衣服、破靴子站在一个马棚前的照片，他的这副形象一下子就把我送回了我的高密东北乡，他让我想起了我的爷爷、父亲和许多的老乡亲。这时，福克纳作为一个伟大作家的形象在我的心中已经彻底地瓦解了，我感到我跟他之间已经没有了任何距离，我感到我们是一对心心相印、无话不谈的忘年之交，我们在一起谈论天气、庄稼、牲畜，我们在一起抽烟喝酒，我还听到他对着我骂美国的评论家，听到他讽刺海明威，他还让我摸了他脑袋上那块伤疤，他说这个疤其实是让一匹花斑马咬的，但对那些傻瓜必须说是让德国的飞机炸的，然后他就得意地哈哈大笑，他的脸上布满顽童般的恶作剧的笑容。他告诉我一个作家应该大胆地、毫无愧色地撒谎，不但要虚构小说，而且可以虚构个人的经历。他还教导我，一个作家应该避开繁华的城市，到自己的家乡定居，就像一棵树必须把根扎在土地上一样。我很想按照他的教导去做，但我的家乡经常停电，水又苦又涩，冬天又没有取暖的设备，我害怕艰苦，所以至今没有回去。

我必须坦率地承认，至今我也没把福克纳那本《喧哗与骚动》读完，但我把那本美国教授送我的福克纳相册放在我的案头上，每当我对自己失去了信心时，就与他交谈一次。我承认他是我的导师，但我也曾经大言不惭地对他说："嗨，老头子，我也有超过你的地方！"我看到他的脸上浮现出讥讽的笑容，然后他就对我说："说说看，你在哪些地方超过了我。"我说："你的那个约克那帕塔法县始终是一个县，而我在不到十年的时间内，就把我的高密东北乡变成了一个非常现代的城市，在我的新作《丰乳肥臀》里，我让高密东北乡盖起了许多高楼大厦，还增添了许多现代化的娱乐设施。另外我的胆子也比你大，你写的只是你那块地方上的事情，而我敢于把发生在世界各地的事情，改头换面拿到我的高密东北乡，好像那些事情真的在那里发生过。我的真实的高密东北乡根本就没有山，但我硬给它挪来了一座山，那里也没有沙漠，我硬给它创造了一片沙漠，那里也没有沼泽，我给它弄来了一片沼泽，还有森林、湖泊、狮子、老虎……都是我给它编造出来的。近年来不断地有一些外国学生和翻译家到高密东北乡去看我在小说中描写过的那些东西，他们到了那里一看，全都大失所望，那里什么也没有，只有一片荒凉的平原，和平原上的一些毫无特色的村子。"福克纳打断我的话，冷冷地对我说："后起的强盗总是比前辈的强盗更大胆！"

我的高密东北乡是我开创的一个文学共和国，我就是这个王国的国王。每当我拿起笔，写我的高密东北乡故事时，就饱尝到了大权在握的幸福，在这片国土上，我可以移山填海，呼风唤雨，我让谁死谁就死，让谁活谁就活，当然，有一些大胆的强盗也造我的反，而我也必须向他们投降。我的高密东北乡系列小说出笼后，也有一些当地人对我提出抗议，他们骂我是一个背叛家乡的人，为此，我不得不多次地写文章解释。我对他们说，高密东北乡是一个文学的概念而不是一个地理的概念，高密东北乡是一个开放的概念而不是一个封闭的概念，高密东北乡是在我童年经验的基础上想象出来的一个文学的幻境，我努力地要使它成为中国的缩影，我努力地想使那里的痛苦和欢乐，与全人类的痛苦和欢乐保持一致，我努力地想使我的高密东北乡故事能够打动各个国家的读者，这将是我终生的奋斗目标。

（周罡整理）

访　谈《

发现故乡与表现自我

——莫言访谈录

周　罡　莫　言

周罡：我想还是先从《檀香刑》（以下简称《檀》）引发的关注谈起，您说《檀》是您创作中一次大踏步的撤退。从《檀》本身看，它是对民间说唱艺术唱本的有效吸纳，无论是“凤头—猪肚—豹尾”的结构形式还是小说人物的语言、叙述腔调、猫腔曲词都是十足的色、香、味、声俱全的民间曲艺的盛宴。那么，我想问的是，在当今全球化、现代化的进程中，这是否表达了您的民族文化守成立场呢？您怎么看“民族性”和“现代性”的关系问题？

莫言：一个作家出面来阐释自己的作品，永远是出力不讨好的，容易误导读者和评论界。《檀》交稿之后，编辑非要让我写一个后记，推辞不掉，只好没话找话说，后来就引发了关于“民间性”“民族性”很多的讨论，我实际上没想那么多，也就是说即便没有“全球经济一体化”这么一个大的背景，即便没有目前很多我们关于文化这方面的忧虑，我还是要写《檀》。我在后记中也提到了，因为“猫腔”这个家乡的地方小戏给了我很深的感触，我迟早要在一部作品里表现出来，恰好《檀》出版了，我又写了一个后记，把它跟时尚联系起来。民间文化在我的理解里也不是这么狭隘，也就是说有如民歌、民谣被整理成文字的民间文化，再者，像汪洋大海般的老百姓口口相传的关于历史、人、鬼神的，这也是一种民间文化，民间戏曲也是民间的文化。它的奇特之处在于它是一种文字和声音的结合，也是一种文字、声音和表演的结合，更集中表现了地方老百姓心理的一种深层的结构。就是说，我们中国幅员辽阔的土地上，存在着几百种面貌大不一样的地方戏，每个地方的老百姓心理结构、思考问题的方法，每个地区的百姓性格都可以在戏曲中得到曲折表现。比如说秦腔的吼叫，河北梆子撕裂般的高音，江南一带越剧、黄梅戏那种柔美、温婉、抒情，跟当地自然风光社会人文有密切的关系。所以，我对地方戏的关注也完全没有必要放到世界这么大的背景去看，即便在中国这么一个背景下去看，研究每一种地方戏对于作家来讲都很有意思。我老家的“猫腔”和我小说里的大不一样，它也不叫“猫腔”，它叫“茂腔”，是一种地方小戏。这种小戏并没有十分奇特之处，它的唱腔确实非常凄惨，基本上是下滑腔，没有高亢的东西在里面，这个戏过去主要演给农村妇女们看的，所以，高密茂腔俗称“拴老婆橛子”，女人听了特别过瘾，里面的东西也都是非常传统的，什么负义男子呀，凄惨的女性命运呀，复仇呀，报恩呀，也没脱出中国戏曲大的圈套。因为它有特别浓郁的乡土气息，唱词根本不像京剧那么典雅，很多土话土语直接进入唱词，腔调悲切，老旦的唱腔和很多农村妇女在祖先坟头上哭泣的声音十分相似，我在小说里说是从“哭灵”演变而来。

我确实是一听到“猫腔”就百感交集，一下子把自己的童年、自己过去20多年的农村生活经验全激活了。小说初稿也没想到要把茂腔和抗德的故事结合起来，当时写的就是孙丙抗德的故事，他反对德国人修建胶济铁路，这有真实的人物、真实的事件的，在近代史上有所记载。德国人修铁路修到高密，老百姓搞破坏，导致了一场“沙窝”惨案。我写的时候也没想着要把茂腔加进去，写到一半的时候，觉得没有什么意思，就是写一个历史小说，就一个反侵略的故事，太单薄了，就搁下了。后来我突然想到当年孙文抗德的故事被演绎成了一个小戏，很粗糙的，由民间剧团来演出过，脑子里突然有了点灵感，把两个戏结合起来了。结合起来后意蕴就变得比单纯抗德的故事复杂。德国人修铁路是在20世纪初，西方列强纷纷在中国开矿修铁路。这个问题实际上也很复杂，在当时毫无疑问这是一种侵略行径，他们通过修建铁路对中国进行经济掠夺，但也确实让老百姓认识到了西方的工业文明。我小时候，那时是50年代了，每天看到火车在胶济铁路上来回穿梭，看到一列火车在原野上轰隆轰隆开过去，傍晚再开回来，有一种心灵上的震撼，就想，火车到底要开到外边一个什么地方去？外边的世界是什么样的？这么一个东西就建立了一个封闭世界中的少年和外边世界的联系，少年的想象力随着火车飞到很远很远的地方去。在50年代我还有这种想法，那么回到1900年，可以想到当时落后的中国，突然有一列火车来回穿梭奔驰，对老百姓的心灵产生的震动之巨大，难以估量。当然当时包括官府，包括老百姓，对铁路的认识就像对妖怪一样。我后来写过一个《胶济铁路的传奇》，说当时很多老百姓认为火车是吃草的，想它每天要吃多少草呀？还有一些人异想天开，一些造反头子在铁路上铺上谷草，撒上黑豆，想把火车从铁路上引下来，一直引到池塘里面，一头扎到池塘里去淹死。另外还说火车里的锅炉是黄金打造的，很多劫路贼就想把火车的锅炉切下来。围绕着胶济铁路有很多东西可以展开，那么一条铁路，火车在山东半岛上奔驰了100年，真是可以产生很大的作品。

周罡：这么说，西方现代工业文明同古老东方文明的相遇，两种文明的遭遇与碰撞对于世界文明史来说具有深远的意义。正是在他者文化的介入下，中国传统民族文化才确认了自身的优缺短长，也激活了沉睡不醒的文化自觉。比方说对中国酷刑文化的表现就是这样，《檀》中的酷刑描写确实具有狰狞之美，将种种血淋淋的场面描绘得充满观赏性，残酷与美的奇妙转化让人匪夷所思。您在小说中说：“杀人是一场大戏。”酷刑本身是让人厌恶的，它是对人类尊严的践踏。关于酷刑的书写，余华在《一九八六年》中有精彩展示。鲁迅先生也写过杀人的场面，那是对麻木国民灵魂的鞭挞，在您这里是对中国传统刑罚文化的审度、反思。刑场是生命的终结，也是正义、良知的悲壮登场。《檀》中的酷刑描写实际上有这样一个微妙处境——读者如果爱读，他无异于鲁迅先生笔下的看客，读者如果不爱读，《檀》本身的思想文化意义难以实现，您怎么看待这个问题？

莫言：我想肯定会有一批读者见到这些情节，不忍卒读，跳过去，但是肯定也会有读者他要把它读下来。也有一些读者来信和某些评论家私下跟我探讨，我在描写一些残酷的场面的时候心里是什么感觉？是不是我的性格中间有一些虐待、变态的东西？我在写的时候确实经常感到一种灰白的恐怖感在脑子中出现，但之所以能支撑着我写下去，是因为我把它当成“戏”来写。大家看到我写凌迟、写整个檀香刑的执行的过程，实际上我把它当“戏”来写。过去在农村的戏台上，无论什么样残酷的情节都是可以表现的，因为有戏剧舞台的存在，就给审美造成一种间隔、一种氛围，你知道这是戏，你就不会完全投入进去了。我记得当年在农村看《铡美案》，最后要把陈世美一刀铡成两半，在城市京剧舞台上只是象征性的表演而已，但在农村戏台上这样是不够的。他们真的搞了一个假人上来，假人中间装一个注满了红颜色水的猪尿泡，戏台上放一柄给牛马铡草料的铡刀，一铡两半，满舞台血水喷溅，老百姓一片叫好。如果是轻描淡写的象征，他们觉得不解恨，这样一来真是痛快淋漓，陈世美这个小人终于遭到报应。他们明明知道这是假的，但他们需要这种刺激，需要这种恶狠狠的东西，这就是戏剧和真实生活的差别。我写《檀》中的一些残酷的情节，确实是把它当成戏来写。我在写戏、写脚本时，自己首先有一个审美的距离，我希望读者在读的时候也应该有这个距离，就可以忍受了。

关于酷刑描写在小说里大段出现，也涉及一个美学问题，这种东西究竟会带来正面的还是负面的效应？确实我也一下想不好，总而言之，这不太符合中国老百姓的审美习惯。中国人还是喜欢那种柔和的、温文尔雅的东西，起码在文学圈子里，在档次比较高的读者中间，欣赏习惯是这样的。作为老百姓，我刚才讲了，农村里大家非要把陈世美一铡两段才过瘾，我们过去强调一种轻柔的美，事实上生活中残酷的现象不断发生，而且每个人的内心深处都有施虐、受虐、病态的这种趣味。我们看到两条狗咬架，都会围上来看，在城市里有人打架，上来劝架的人也很少，都是在一边看热闹。几十年前鲁迅描写的就是这样，再上去个几百年、几千年，也都是这样，无论多么好的人、多么善良的人，他的内心深处还是有这种阴暗的东西，一种动物性。这种动物性在动乱的、不正常的社会氛围里，如战争、“文革”那种环境中，人性当中那种不正常的东西就会诱导出来。战争就是要鼓励杀人，“文革”鼓励斗争、“革命”，所以在这个意义上讲，我觉得通过《檀》这种方式把人心中病态的、阴暗的东西揭示出来，也还是有它的认识价值的。余华小说中写的是一个自虐狂，是特殊的环境造就了病态的人，和《檀》还不太一样。《檀》是一把双刃剑，有它正面的意义，也有它负面的影响。负面的，可能在审美上造成一种恐惧和狞厉之感。正面的，我觉得还是有它的认识价值。

周罡：确实，《檀》在表层的、喜剧化的、夸张的、表演性的叙事中浸透着深厚的批判精神和颠覆性。有人认为《檀》是21世纪第一部重要作品，在本世纪初写上个世纪初的故事，二者之间存在精神联系吗？《檀》是否接着文化批判的启蒙路子走？如今有启蒙在20世纪90年代遭到消解的说法，您对此是怎么看的呢？

莫言：现在还有许多作家和评论家在完成鲁迅还没完成的任务。这有它的道理，但还不是太准确。我们毕竟已经进入了21世纪，由于科技的进步，我们获取全球的信息十分方便，和鲁迅那个时期确实大不一样了，如果我们正在做的还是鲁迅的工作，这也不太对的。毫无疑问，鲁迅小说中描写的这种国民性的丑陋、黑暗的现象，再过去100年、200年，还是不会消亡，永远会有，与生俱来，只能说这些东西受到压制而已。再者，鲁迅的启蒙在当时那个年代是十分必要的，它的意义是大大超过文学的，像梁启超对小说的评价，好像文学变成了社会革命的先驱、改造社会的利器一样，对小说的评价十分高了。我想鲁迅也没有把小说当作一种纯粹文学，他也把小说当作启蒙的工具、疗治社会的方法。现在的作家可能不会这么狂妄了，当然像五六十年代的作家，可能对小说的社会功能强调更多一点，越年轻的作家，越把文学当作娱乐的、自我的、个人的、私生活的，这我觉得很正常。我写《檀》没有想到要去启蒙什么，也没有想到要故意赶上一百年首尾的巧合，它是恰好碰上的。任何一个启蒙者都是需要被别人启蒙的，鲁迅小说中的批判的东西在鲁迅身上也是存在的，他的性格弱点也被他的仇敌描绘得很可怕。

周罡：所谓“乡土”“民间”是中国20世纪现代化语境中发现的语义空间，现代作家笔下的“故乡”同古代文人、游子的“故乡”在文化内涵、情感指向上有着截然不同的面貌和意义。在这个意义上，无论是“离乡”“归乡”的价值选择都是在现代语境下的文学现象，无论什么样的“乡土形态”都是被现代眼光透视后的选择。如果是这样的话，我们能回到本真的“乡土”“民间”吗？您笔下的“乡土”的驳杂风貌同您的语言风格一样绚丽繁复，您觉得您和故乡是怎样的关系？以后会不会走出故乡？

莫言：小说家、诗人的故乡是一个虚幻的东西，我小说中的故乡同真实的故乡相去甚远。我早期的小说，比如80年代的小说，人物、小河都是存在的，故事也可能是作家亲身经历过的，小说中是有这种痕迹的。但随着创作数量的增加，你过去的生活资源很快就会被穷尽掉，作家就需要超越故乡，这也是考验作家想象力的事。有的作家一部书写完就完了，有的作家可以源源不断地进行创作。我想我后来的小说完全可以把“高密东北乡”拿掉，或者换成河北的某个地方、换成山西的某个地方也是可以的，就是说小说的人物、故事可以来自别的渠道，我都可以把它引入“高密东北乡”这个文学地理中来，故事和人我都可以往这挪。在《丰乳肥臀》中，地理环境也进入虚构状态，像连绵的沙丘、沙丘上的红柳、沼泽地、芦苇荡，实际上在高密东北乡是不存在的，我可能在河北见过沙丘，在江南见过芦苇荡。为什么要这么做呢？这是为了保持创作的连续性、亲切感，一进入高密东北乡，这些东西就变成了我的生活，想象和现实融合了，创作起来就特别顺利。如果没有“高密东北乡”，就好像写的不是我自己的事情，只要我把故事放进“高密东北乡”，发生在黑龙江的故事也变成我的了。从这个意义上讲，“高密东北乡”是我精神意义上的故乡。我80年代小说中的故乡也不是我现实的故乡，在小说中都是经过变形的，是少年时期和青年时期的故乡。举个例子，《透明的红萝卜》里写的桥洞仿佛特别高特别大，到90年代我再去那个桥梁工地，那个桥实际上特别小，一伸手就够着了。这是因为那时我个头特别小，相对的，桥在我心目中就特别大。所以，青少年的记忆带有幻觉性的东西，也是不真实的，儿童和成人看事物是不一样的。故乡小说是文学很大的一个主题，永远会有人写。

周罡：我们回到您以前的作品中去，对《售棉大路》《民间音乐》和《透明的红萝卜》《球状闪电》《金发婴儿》做一比较，前期格调明朗乐观，后期沉郁激昂渐至恣肆狂放,语言、结构、风格为之一变。我注意到这期间您正在解放军艺术学院上学,可见一切契机与此有很大关系,您能谈谈军艺的生活学习和创作的关系吗?

莫言:我的文学创作起步是在80年代初期,1981年发表处女作,更早的创作是在1980年,当时我在河北保定当兵。保定是老作家孙犁的故乡,当时有一个刊物叫《莲池》,《莲池》上也经常刊载一些我的小文章。河北保定这个城市文学气氛是很浓厚的,产生了一些著名作家,像梁斌、李英儒、孙犁等,还有后来的铁凝。这时我很喜欢"荷花淀"派那种婉约清丽的风格,并且刻意模仿过一段时间。我早期的作品,像《春夜雨霏霏》《白鸥前导在春船》,明显可以看到孙犁小说的影响,《白鸥前导在春船》是对《铁木前传》的学习,描写水乡生活。当时《莲池》的一些老编辑也说我应该好好学习孙犁的风格,还带着我去白洋淀体验生活。这个时期什么叫文学,在我心里确实是一种模糊的状态,但也明显地感觉到"荷花淀"派本身的局限性。当时河北有一个叫韩映山的,亦步亦趋,完全是学习孙犁的,太像太像孙犁了。从维熙、刘绍棠他们也是在孙犁扶持下出来的,后来他们逐渐形成了自己的风格。他们知道如果只学习孙犁的话,永远也不可能写出超过孙犁的作品。我也意识到这个问题,在《售棉大路》《民间音乐》中也出现了一些和白洋淀风格不大一样的东西,恰好这时我就进入军艺。进入军艺后,我的创作发生了一个质的变化,在这之前确定什么是好的文学呀,什么叫小说呀,我并不是特别明白。首先,在军艺,我的创作时间有了保证。过去我创作是非法的,我是文化干事、理论干事,我要写小说,只能晚上偷偷到办公室去,领导知道了还要批评你,说你不务正业。进入军艺,文学和小说就变成了我的正业,我愈勤奋就愈受表扬。再一个,当时军艺请了很多有水平的老师,当时军艺文学系刚刚成立,没有自己的老师,就从北大、北师大、人大、社科院外文所请了很多名家来讲课,用一个词来说就是"八面来风",文学思想一下子就解放了许多。军艺对我的创作的影响,就是让我找到了自我。过去为了写一篇小说,挖空了心思,进了军艺,我发现我不是没有东西可写,而是有写不完的东西。过去认为毫无意义的事,现在都可以当很好的写作材料。这种变化是从《白狗秋千架》开始。《白狗秋千架》中第一次出现了高密东北乡这个概念,这是受川端康成的影响,受《雪国》中一句话的影响,后来就一发不可收,在1985年到1986年,我写出了一系列小说,如《透明的红萝卜》《球状闪电》《金发婴儿》等。就好像记忆的闸门一下子打开了,创作材料滚滚而来,越写越激烈了,抒情的温婉的都没有了。过去的作品可能是孙犁的,《红高粱》《欢乐》才是自己的,在军艺我就算找到了自我,找到了自己的故事、自己的语言,这批小说确定了我在文坛上的地位。

周罡:1985年到1986年是您创作的喷涌期,您受到了广泛的关注,加上当时西方文学思潮成为热点,也有人把您看作"魔幻现实主义"代表作家,认为您受到了拉美作家的影响,我觉得简单化了一点,您能谈谈你和外国文学的关系吗?

莫言:20世纪80年代出现的一批作家,如果说没有受过拉美文学的影响,应该说是不坦率的。如果没有翻译家的勤奋劳动,翻译了大量的文学作品,当代中国文学就没有现在的面貌。因为我们欠下了长时间的空白的债务,从50年代到80年代外国文学的发展我们是不清楚的,不了解的。我知道的只能是东欧的一些国家的文学,至于欧洲、美洲、拉丁美洲究竟发生了什么样的文学事件,有哪些文学流派,有哪些杰出的作品,我们一无所知。到了80年代,这些作品都铺天盖地地涌进来了,人家积攒了30年的东西,在三五年内全部到了我们面前,这对每一个作家的震动都是非常大的,就像马尔克斯在巴黎的阁楼上读完了卡夫卡的小说一样,激动不已。1985年我在军艺上学,一个编辑说《百年孤独》真是一部大作品,我就跑到王府井买了一本,一读之下,被那种语言气势给迷住了——这样写小说真是太痛快了。我的小说受《百年孤独》影响最明显的是《金发婴儿》,《金发婴儿》里有一个长着羽毛的要飞的老头就是这种影响下的产物。但《红高粱》《透明的红萝卜》是在我读到《百年孤独》之前创作的,《红高粱》第一句也有点《百年孤独》的影响,但这种影响也是在激发了我的创作灵感的意义上的。美国评论家托马斯·英奇说过这样的话:"没有福克纳的影响,莫言也会这么写。"《百年孤独》至今我也没读完,但我经常翻那么一两页,每一次读都觉得我非常了解这位作家,我不应该再读下去了,我应该赶快写我自己的东西,因为故事对一个作家来说并不是特别重要,编一个曲折的故事对一个作家来说并不太难,关键就是处理故事的方式,人家是怎么样来处理故事的,人家的道德观和价值观我觉得同我们的差别是非常明显的。至于编一个魔幻的鬼怪的故事,对一个在农村生活了20年的人来讲不是特别难,而且我们高密靠着蒲松龄老家很近的地方,当年荒无人烟,战乱导致人们大量非正常死亡,对老百姓的心灵伤害非常大,结果就导致了鬼和怪的故事、动物成精的故事、狐狸的故事非常多。后来人越来越多,鬼怪的故事越来越少了。鬼故事我小时候听得非常多。我在1986年意识到我们中国作家可以向西方作家学习,但绝不应该跟人家后面爬行。记得当时《世界文学》把我的一个课堂作业发表了,我说要避开马尔克斯和福克纳这两座灼热的高炉,否则自己就会像冰一样化掉了。但是要想完全避开也很困难,要尽量把人家的东西变成自己的东西,我觉得最有效的方式就是你要学人家的思想,学他的方法,不要去模仿一些表面的、技术性的东西。当时福克纳的《喧哗与骚动》出来以后,中国出现了大量不加标点符号的小说，这就太简单化了一点，是一种表面化的东西。你其实是硬不加标点符号而已，实际上应该加的。这种东西第一次使用还有新鲜感，我们再来学的话就太皮毛了。我觉得应该学人家深层的东西，你找到一种难以言传的感受，这个地方特别有戏，或他某一个情节让我一下子浮想联翩，激活了我的一片生活。我觉得好的作家的书能变成另外一个作家创作的酵母，他可以通过一个情节、一句话，把另外一个作家过去一大团处在朦胧状态的生活照亮，这是我读西方好作家的作品的一个非常强烈的感受，他的一句话可以让我构思出一篇小说来。

周罡：在此期间，对《红蝗》《欢乐》的评价，有赞扬也有批评，这曾给您带来了很大的困扰。我觉得您在作品中投射的感情是很灼热的，正像您说的，那是别人无法模仿的作品。时间过去这么久了，您觉得这两部作品在您的创作中起了什么作用？

莫言：这些作品可能是《红高粱》这种作品发展到后来的必然结果。《红高粱》强烈的个人宣泄、精神上的解放、极度的个性张扬，导致了《欢乐》和《红蝗》的出现。在其中也涉及我个人情感中的一些经历，表现了对都市文化的一种失望的心态，在《红蝗》里表现得特别强烈。我没上军艺以前是在当兵，处于一个封闭的状态，我的脑子里还是在农村的20年和在部队的几年，我跟都市是没有接触的，对城市文明是一种向往，没有认识到表面的华丽下所隐藏的肮脏的、龌龊的东西。在进入军艺以后，1986年之后，我对都市里人与人之间的关系有一种很深的失望，甚至是绝望，在《红蝗》中便曲折地表现了出来。《欢乐》是表现故乡中像我这样的年轻人在绝望困境中的一种精神状态，是对那种愚昧，对那种乡村家庭的一种彻底的否定，可以说是对土地的一种否定。《欢乐》是写得最快的，总共只用了9天时间。写《欢乐》是我第一次感觉到笔赶不上思维，特别是写到在田里喷洒农药那段，真是处于非常激情的状态。现在来看，这两部作品对研究我也是很重要的。《欢乐》我觉得应该是一部比较成熟的作品，我对"你"这个第二人称的用法比较娴熟。有的小说是理智小说，有的小说是情感小说，我想《欢乐》应该是在强烈的悲愤情感支配下产生的小说。《欢乐》同刘震云的《塔铺》是同一时段出现的同一题材的作品，但形成了很大的反差。

周罡：从您前期的创作来看，《丰乳肥臀》算是集大成者。《丰乳肥臀》是写给大地母亲的颂诗，也是民族生存的苦难史。这里有苦难也有抗争，有血腥也有温情，战争、灾荒、饥饿、死亡、瘟疫，大悲痛大欢乐激烈冲撞，体现了您一贯的天马行空、汪洋恣肆的文学想象力，对患恋乳症的上官金童病态人格的发现是对民族病态的深刻隐喻，您是怎么获得这种感悟的？您觉得作家在创作中的艺术直觉和理性思索是怎样的一种关系？

莫言：我在写的时候，最打动我的就是形象，我没有更多地考虑这个人物到底象征着什么，这个人物到底有什么意义，开始也没想到要写这么长。我也说过，90年代初，我在北京地铁里看到一个农村来的妇女抱着两个小孩，正在喂奶，在夕阳的照耀下，我感到这是一幅很庄严的画面。一个满面尘土、非常憔悴的农村妇女，抱着可能是双胞胎的婴儿，一边一个，我当时就感觉到关于生殖、关于哺乳，肯定可以产生一部很大的作品，超越了阶级性、地域性这么一篇纯粹的文艺作品，紧接着就想到了上官金童这个人物形象。当时也没想到要把他写成一个混血儿，假如有这么一个人，从小就娇生惯养，在姐妹众多的氛围中长大，母亲对他很溺爱，从小吃奶吃到很大，然后他变成了离开了母亲的奶自己就不能生活的这么一种人，结了婚他也必须要吃奶，跟自己的孩子争奶水，想写这么一种变态的人格，一动笔写就觉得这个形象显得象征性、习惯性太强，太单薄，于是就把高密东北乡当作一个大的背景来处理。一旦确立了高密东北乡这么一个文学地理环境，这个地方的历史就自然而然地展开了，所以，高密东北乡的历史事件依次展开，上官金童变成了其中的一个人物。后来，我在写的过程中直接感觉到上官金童这个病态人物肯定会有意义。他是一个混血儿，中国老百姓俗话说“杂种出好汉”，高粱杂交后产量就特别高，可为什么他后来就变成了一个废人呢？这就带有社会批判的意义，是对不正常社会环境的批判。但也不完全是这样，其实中国人中都藏着这么一个“上官金童”，现在人们对植物、对古董的迷恋，也是这样。对集邮者来说，邮票就像生命一样重要，对不集邮的人来说，这是毫无意义的。

周罡：当我们把您和福克纳、马尔克斯进行比较时，会发现你们都表现了这个世界的颓败感、混乱感。除技巧外，您怎么看待您的作品的精神和现代艺术精神的相似性？两者是相互影响还是汇合？

莫言：我想我眼中、我心目中的生活确实是这个样子的，像我们这种50年代中期出生的人，在“大跃进”时就有记忆力，然后是三年困难时期，物质上的极度贫乏，然后是“文化大革命”。在这种不断的社会动荡中长大，始终没有一种安全感，对我们这种农村出来的人来说，我们时刻处在惊恐不安当中，进入城市以后也天天处在一种战战兢兢的状态。回过头看看我们的父辈，他们就像一粒草籽在大河的巨浪中翻滚，随波逐流，无法把握自己的命运，这就是我体验生活的真实感受。这如果说是现代意识的话，只能说明我们生活本身就带有这种现代意义，我这样写也是必然的。如果没有马尔克斯，没有福克纳，当我发现了真正的自我之后，我也会这么写。我不可能写出“白洋淀”小说那么宁静的东西，我的生活、我的性格也不是这样的。

周罡：年初您对日本进行了访问，日本作家大江健三郎也对您进行了私人访问，您的多部作品如《酒国》《丰乳肥臀》也都被翻译成了日文，您能谈谈您的作品在日本的影响吗？您怎么看待当今的日本文学？日本文学对您有影响吗？

莫言：我曾在1999年去了一趟日本，当时是《丰乳肥臀》日文版出版了，我去参加首发式。我的小说像《红高粱家族》，在80年代就翻译过去了，《酒国》和两个短篇集《怀抱鲜花的女人》《透明的红萝卜》也都翻译了过去，《檀香刑》也正在翻译，还有《红蝗》等。我在日本的读者大致和中国一样，我的小说肯定不会成为畅销书，是一些搞文学、学中文、搞研究的人在读。我当时参加日本NHK电视台的《21世纪的开拓者》这个节目，大江健三郎是嘉宾主持，然后他就专程赶到高密看了看，到小说中写到的家乡的小河，还到我出生的地方去看了看。他也谈到了他出生的地方，他生在一个森林包围的小山村，同平原破败的地方有相同之处，也有差异。我们彼此读对方的作品都有一种心灵的感应，差异的地方是我们的作品风格不一样。日本当代文学我了解的比较少，现在正走红的像村上春树《挪威的森林》，好像是村上早期的作品，对中国年轻人有很大影响。他的东西我也读过，有值得我们学习的东西，像叙述的快节奏等，也有对道德、价值观念的突破，不光是文学技巧，而是他所描写的人物思想同现在的年轻人不谋而合。他的小说不会有川端康成和三岛由纪夫的女性、封建的东西，好像中国封建社会时期的“男女之大防”思想，在村上小说里的是彻底的解放。毫无疑问，他的小说是清浅的，但对我是有启发的。大江健三郎应是老一代作家，他们越来越陷入一种哲思之中，比如《空翻》是在思考生命的本源，和中国很像。

周罡：作为一名男性作家，您在作品中塑造出了非常优美的女性形象，如上官鲁氏、方碧玉、四老妈等，但有人说《丰乳肥臀》是男权视角下的作品，您是怎么看待这个问题的？您认为性别在写作中重要吗？您怎么看待“女性写作理论”的说法？男人写女人与女人写女人真的就有质的区别吗？

莫言：我没有想这么复杂，我觉得男性写女人，毫无疑问是用一个男性的视角，你不能说是男权主义，是写男人心中的女人，或者说是男人眼睛中的女人。我也看到一些男性作家用第一人称写女性小说，我看了觉得是那么的不舒服，就好像看一个“人妖”在演出一样，特别别扭。男性写女人，就是写男人心中的女人，这没有什么好挑剔的。曹雪芹写的《红楼梦》就成功地塑造了女性形象，但女作家写女性真的就那么令人信服？也不一定。好多女作家写女性是在迎合男性读者的趣味，好多都是讨男性读者的喜欢，把女性的许多方面都歪曲了、夸大了。你现在看到的有些女作家的小说有一种“妓女心态”。故意夸大一些东西，不自然。当然也有一些写得很好的作品。文学中的女权主义和生活中的女权主义是搅不清的东西。

周罡：最后想谈一下《霸王别姬》的剧本创作。您在面对历史题材时，有怎样的观念？您认为历史题材的创作原则应是怎样的？

莫言：一切历史都是当代史，这是克罗奇说的。一切历史剧也都是现代剧，这好像是毫无疑问的。历史剧都是有影射、隐喻的，20 世纪 40 年代的历史剧、郭沫若的历史剧都是这样，没有纯粹的历史剧。关于“霸王别姬”的历史记载很少，只在司马迁的《史记》里有过很简略的描写，这给后来的创作带来了很大的想象空间。我写的就是我心目中的“霸王别姬”，用现代眼光重新阐释历史，这给戏说提供了很大的空间。毫无疑问，这和历史中的楚霸王、虞姬是不一样的，但你不能说我写的不对，因为没有记载，我这么写也是合理的。《霸王别姬》太具有戏剧性了。中国老百姓一半的价值观、历史观、人生观，都是从戏剧中来的，我们的先辈在教育我们时引经据典的内容很大程度上都是从戏剧中来的，戏剧对老百姓精神世界的影响是巨大的。我写《檀香刑》也是意识到了这个问题。我们看到的“楚霸王”这种脸谱化的东西都是戏剧给予的，像三国戏，诸葛亮、周瑜的戏都是一种创造，实际上诸葛亮可能没有胡子，周瑜才有胡子，因为诸葛亮比周瑜小得多，而楚霸王也可能没有胡子，因为他很年轻，死时才 30 多岁。楚霸王为什么老是被人歌颂？这是司马迁《史记》定的调子。楚霸王是一个失败的英雄，是悲剧英雄。如果楚霸王当了皇帝的话，这个人也就没什么意思了。这个人确实是一个了不起的人物，是一个真正的英雄，他的命运那么凄惨，大家都同情这种失败的英雄。我爷爷以前老给我讲楚霸王的故事，讲楚霸王有过顶之力。什么是过顶之力？就是用手抓住自己的头发能将自己拔离地面，形容力气之大，这实际上是不可能的，但老百姓都这么认为。爷爷还讲他是龙生虎奶的楚霸王，说他是秦始皇的私生子，是老虎把他奶大的，讲他“气吹檐瓦”，他站在房檐下喘气的时候，一呼一吸，那房檐上的瓦都颤动，这都是具有传奇性、悲剧性的。历代戏剧家、作家都来讲述他，“霸王别姬”的审美性也就愈发丰富了。

评　论《

犹疑的返乡之路

——论莫言民间文化立场的回归与游离

周　罡

面对莫言的小说，犹如面对广阔无垠、深沉莫测的大地和惊涛汹涌的钱塘江潮，读者心底不由地升起对生命、民族、历史的深沉思考，激动、痛苦、忧伤、空虚、恐惧等一系列情感都会随着阅读一起涌现出来。莫言的小说也一向以汪洋恣肆的感觉、高昂奔放的激情、神奇诡异的想象、泥沙俱下的语言引起人们的震惊和关注。小说中一以贯之的是骚动、痛苦、忧郁而又欢乐、愤激、抗争的灵魂，它们在跃动。在他的“高密东北乡”的王国里，灰暗与鲜明，文明与愚昧、卑鄙与高尚、丑陋与美丽、邪恶与善良、困乏与丰盈总是梦魇般地缠绕在一起，充满了矛盾、对立和纷扰，迷离怅恍，如梦似烟。因此，莫言的“乡土世界”相对于文学史上的其他乡土小说总是别具一格。

莫言的乡土小说不同于“五四”一代乡土作家的作品，“五四”一代的乡土作家是经历了现代文明洗礼的游子，羁旅他乡，以略带“乡恋”“乡愁”的思绪，用启蒙理性的眼光去审视古老乡村的落后、愚昧、封闭、保守，清明的启蒙理性使他们对乡村作出了断然的价值否定。莫言的乡土小说也不同于沈从文、废名的作品“田园牧歌”式的宁静、坦荡、悠然，从苦难中脱身而出的他认为那不过是心造的幻影。当然，莫言的乡土小说更不同于革命话语笼罩下的十七年和新时期“乡土小说”，莫言无法赋予他的乡土世界以清晰的历史走向和一个乌托邦式的理想未来。在我看来，莫言的创作充满了对常规、秩序、主流的“反叛”精神，在反叛的意义上，他向民间寻求精神资源，认同民间文化立场，然而童年乡村生活的苦难记忆和现代文明合目的性的精神启示使他在对民间文化的开掘中不由自主地流露出审视批判倾向。因此，莫言的文化立场总是在“返乡”和“离乡”两端徘徊，游移不定，这种矛盾的心理是形成莫言文本张力的原因，也决定了莫言小说的风格。

一、红高粱神话的营构与倾毁

莫言是在1985年以《透明的红萝卜》走上文坛的。从早期的《民间音乐》《售棉大道》《岛上的风》《白鸥前导在春船》等作品看，大部分情绪明朗、笔触细腻、情节简约、格调明丽温馨，这对莫言来讲是一个学步阶段，和当时一般的文学风尚是合拍的。但在此之后，紧接着的《老枪》《枯河》《金发婴儿》《爆炸》等作品，新颖的表现风格让人耳目一新，这也是莫言获得独立风格和创作走向成熟的开始。莫言走向成功的原因是，在这期间，他 20 年来对农村生活的生命体验在时代情绪的感召下获得了一个恰当的表达方式。童年贫困沉寂的生活给莫言留下的是深深的创伤，莫言曾说："童年的印象特别深刻，终生难忘。要想去掉这烙印，只有连同那肌肉一起割掉。割去肉的疤痕又将是烙印。"[①]此时的乡村大地在莫言的小说中失去了自然的富饶、丰沛、静美和生生不息、春华秋实的循环，退化为生命触目惊心的荒野，压抑窒闷，旷冷荒芜，满眼是黑沙滩(《黑沙滩》)、苍白的河滩(《透明的红萝卜》)、枯竭的河道(《枯河》)，这生命贫乏的荒野笼罩着一片荒凉苍狞的气氛，乡村在荒凉中只能走向沉沦，生命在贫乏中只能日渐泯灭。沉沦的乡村更为沉重的变化表现在社会亲情伦理的淡漠与沦丧，在困苦贫乏的物质生活条件下，在专制的乡村宗法社会中，人们相互之间失去了关爱、同情、怜悯，只有趋炎附势的谄媚、为己私利的蝇营狗苟。在《枯河》中莫言通过小孩的眼光看到的是这样一幅异己的图景：

> 太阳落得很快，不圆，像一个大鸭蛋。他看到远远近近的草屋上，朽烂的麦秸草，被雨水抽打得平平的，留着一层夏天生长的青苔，青苔上落满斑斑点点的雀屎。街上尘土很厚，一辆绿色的汽车驶过去，搅起一股冲天的灰土，好久才消散。灰尘散后，他看到有一条被汽车碾出了肠子的黄色小狗蹒跚在街上，狗肠子在尘土中拖着，像一条长长的绳索。小狗一声也不叫，心平气和地走着，狗毛上泛起的温暖渐渐远去，黄狗走成黄兔，走成黄鼠，终于走得不见踪影。

这幅灰暗、冷寂、污秽的景象其实就是莫言童年乡村记忆的底色，熟悉而又陌生，真实而又荒诞，莫名其妙的伤害和默默无声的隐忍是乡村生活的日常现象。莫言的乡村故事几乎都是在这样的冷色背景下展开的，在《球状闪电》里"球状闪电"显示着惘惘的威胁，《爆炸》中弥漫的是混乱、狂躁、逼窄、郁闷的气氛，《金发婴儿》中人们在各自的私欲中挣扎、倾轧，相互背叛。人性在极困窘与极惨烈的生存状态中显露出邪恶的本相，这些都压抑着莫言，使他忧虑着人的命运和未来。在寂寞暗淡的童年与沉滞压抑的生活中开始的人生历程，使莫言不断聆听着那古老的血缘呼唤，

---

① 莫言：《几位青年军人的文学思考》，《文学评论》1986 年第 2 期。

回首于历史烟尘中祖父母辈中国人的奇异的往事，去寻找生命张扬的领地——他找到了祖先生活过的“红高粱地”。

《红高粱》的创作无疑表明了莫言力图反抗沉沦、寻求自己的精神家园的努力。他试图通过追慕和认同民间文化蕴涵的生命自由野性来超越人生的困境。他写爷爷彪悍无忌地杀人放火，写爷爷与奶奶在高粱地里的纵情野合，也写他们浴血无畏的顽强战斗，以及爷爷抛弃奶奶和恋儿的偷欢，和奶奶为达到报复的目的而采取的放荡行径……与此交织在一起的是他(她)们健壮的体能，强壮的气魄，敢爱敢恨、重生轻死的民间情怀。莫言在这里安顿焦灼的灵魂，生命的激情得以宣泄。由此莫言在《红高粱》的题首写道：“谨以此书召唤那些游荡在我的故乡无边无际的通红的高粱地里的英魂和冤魂，我是你们的不肖子孙，我愿扒出我被酱油腌透了的心，切碎，放在三个碗里，摆在高粱地里，伏惟尚飨！尚飨！”

莫言在写作《红高粱》时就痛感现代人人性的龌龊和生命力的萎缩，转而遥拜高密东北乡的英灵。在那一片粗犷野蛮的乡村大地上，发现爷爷奶奶们那种强悍的个体生命力，和自由自在、无所畏惧、朴素坦荡的生活方式。他们都有着对生命本能的热爱，都追求着自由自在的生活方式，生命的自然存在成了他们生活的最高意义。当生命的自然之火熊熊燃烧起来的时候，既定的道德规范、生活原则以及善恶观念都失去了意义，显得苍白无力。《红高粱》里奶奶戴凤莲光辉、俊健、超迈的形象便是红高粱精神的高度凝聚。她豪放坦荡、任情任性的生活方式洋溢的是生命的自由精神，正如她临死前所说：“什么叫贞洁？什么叫正道？什么叫善良？什么是邪恶？你一直没有告诉过我，我只按照我自己的想法去办，我爱幸福，我爱力量，我爱美，我的身体是我的，我为自己做主，我不怕罪，不怕罚，我不怕进你的十八层地狱，我该做的都做了，我该干的都干了，我什么都不怕！”莫言其实是借奶奶之口抒发了他对自由生命精神的理解和向往，他不遗余力地塑造“红高粱”式的自由野性的神话，寻找着民间文化里符合现代生命精神的因子，借此作为他回归民间的价值基点。

然而，我们在莫言不无浪漫和夸张的叙述中还是看出了所谓自由野性生命的民间神话的虚无缥缈。这里的自由主要表现在越轨的爱情、无忌的性爱、从容的生死上，所谓的自由就是自然生命欲望的满足和快意恩仇的洒脱。这种自由只是停留在生命自发的层面上，与现代意义上的自由相距甚远。爷爷余占鳌的一生即是这样，他杀人越货、伏击日寇，大碗喝酒、大块吃肉，外部经历起伏跌宕、惊心动魄，但其内心的世界却非常单调，全部行为几乎都是由生命的本能驱使着，他争强斗勇，最后不免落入失败英雄的末路。为了强化余占鳌的阳刚血性之气，和今天人性的萎靡、苍白相对照,《红高粱》着意渲染了他桀骜不驯、非圣无法的性格,在他的英雄性格上也罩着“义”的光环。余占鳌杀人似乎并不是滥杀无辜,他抗日是出于民族大义,他杀劫道的土匪是为了保护奶奶的贞洁,做他刀下鬼的其他人也都具有这样或那样的不为人所喜爱的缺点,如单家父子的猥琐、吝啬,花脖子的骄横、贪婪等,从而为这种民间英雄赋予了完美的道义色彩。尽管莫言极力美化这种精神,但他还是难以让这种具有草莽气的英雄性格代代相传。这种豪强气在父亲这一代就显得中气不足了。小说中特意写到父亲的卵子被去掉了一个,显然具有深层的隐喻的意义——这种原始混沌的野性自由是难以为继的,毕竟它不具有永恒的意义。自由是在生命自觉自省意义上的主动选择和承担,它不能被本能所奴役,因为本能是极容易获得满足的,一旦满足了,它就只能在低级的匮乏和满足中循环往复,在延宕中消磨,在消磨中衰竭。真正的生命自由是在不断超越自身的过程中获得永恒的意义和生命自身的丰盈。莫言在认同中也发觉了它的局限,他的痛苦表现在这样十分矛盾的语言中:“高密东北乡无疑是地球上最美丽最丑陋,最超脱最世俗,最圣洁最龌龊,最英雄最王八蛋,最能喝酒最能爱的地方。”这种尖锐激烈的情绪是莫言在“返乡”和“离乡”之间踌躇的文化心理的真实写照。

二、丰乳肥臀下的人格变异

莫言对于民间文化价值认同的第二个层面是对于民间生生不息的顽强坚韧的生命力、母性、生殖力的崇拜和赞美。民间大地在中国向来是作为民族生存的根基而存在,千百年来历经沧海桑田的变化,依然保持着种族薪火的延续。因此,大地、母亲、大自然作为生命的孕育者和守护神一直是文学表现的对象。在“寻根”文学那里,寻找民族生命的文化之根是一个共同的主题。在人类生活的早期,人类对大自然的规律知之甚少,自然界的洪水、猛兽、雷击、地震、干旱、瘟疫等灾害时时对人的生存构成威胁,人们应对灾害的唯一办法就是繁衍大量的生命,以量的优势战胜死亡,因而生命崇拜、生殖崇拜作为民族的深层文化心理传续下来。

莫言对于民间生命力的赞美主要是通过讴歌母性、生殖力的伟大来实现的。《丰乳肥臀》的题首写道:“谨以此文献给我的母亲!”在《丰乳肥臀》中莫言把故事开始的背景置于抗日战争那个战乱频繁、苦难遍地的历史时期,日寇、伪军、游击队、土匪你来我往、轮番杀伐、血流成河,正义、是非、人性都被淹没在海洋般的血泊中。在《丰乳肥臀》中,莫言似乎并不着意刻画“民气”的英勇与悲壮,也不铺陈乡村自由坦荡的生活方式,而是集中描写在灾难、饥荒、瘟疫、战火弥漫的大地上上官氏一家的纷乱、分裂、流离和破碎。上官家族的生存支柱其实是由女性来支撑的，上官父子在小说中是以猥琐、卑微、阴毒、贪残的畸人形象登场的，且很快在日本人的屠刀下死去了。家族男性的缺席，使家族里的女性成为主导，阴盛阳衰的家庭文化氛围使上官家族的女性们个个显得野性十足、敢做敢当——上官吕氏长得高高壮壮，打起铁来虎虎生风，让男人汗颜；上官鲁氏为了报复丈夫的虐待，分别和八个男人生下私生子。上官姐妹在时代的乱离中以各自的生命际遇嫁给了各路英雄，使上官家成了各种冲突的一个结点。在漫漫的战乱岁月里，各路英雄上演的血性壮剧如泡沫般散去后，真正的历史则是以上官鲁氏为代表的默默流淌的母性。她有着对生命源于本能的呵护与珍爱，她经历了人世间难以想象的苦难，但她凭着健壮的体格和旺盛的生殖力，一生养育了九个子女和子女的七个孩子。她不管他们的父亲是什么共产党、国民党、地主、土匪，在她眼里这些孩子都是一个个活生生的人，无论怎样艰难，她都要把他们养大。伟大的母性使她成为人间圣母的形象，因为她的存在，乡村才不再是荒凉的旷野，而是孕育生命的家园。这无疑是对母亲、母性、生殖至真至纯的赞歌，莫言在这里似乎找到了他对民间最为坚实的信仰——民间顽强的生命力、强大的生殖力足以抵挡任何灾难的摧残。“丰乳”和“肥臀”就是生命得以呵护和滋养的永恒象征。来自民间的“丰乳”与“肥臀”是莫言精神返乡的路标和灯塔，时刻慰藉着他疲惫焦灼的灵魂。

如果仅仅写到这一步，那么《丰乳肥臀》同一般的“寻根”小说就没有什么区别。莫言在讴歌母性、生命力、生殖力的同时也不无悲哀地塑造了个患有“恋乳症”的畸零人格形象，这是莫言的独特发现。民间的生殖崇拜、生命崇拜在宗法制的乡村社会会转化为家族意识和男性崇拜。在父权中心的宗法家长制度下，生殖是为了保持私有财产的承续，而这种任务只能由男性来担当。这种观念历经千百年来的积淀，已经转化为民族的集体无意识，以至于女人作为女人本身也天然地认为这是天经地义的道理。上官鲁氏生了七个女儿，仍然受到上官家的虐待，其原因就是她没有给上官家生一个传宗接代的男孩，上官鲁氏自己也因此感到抬不起头来。上官家的姐妹们追求的男人也都是充满阳刚之气的“英雄”，从某种意义上讲也不完全是两性的情爱在起作用，也有男性崇拜的因素在里面。然而，男性崇拜并不意味着健康合理的社会文化的生成，由于对男性特权的刻意强调，男性在社会中也就占据主体性的地位，男尊女卑的社会秩序得以形成。这种秩序强化了男性的自我中心意识，发展到极端就变成了男性的自恋情结。由于男女的地位不平等，男女之间很难产生基于人格平等基础上的爱情，男女之间的结合更多的是出于传宗接代的目的。女性处于一种卑弱的地位，这种地位决定了她对男性的依附性，构成了所谓的“夫唱妇随”的模式，但这绝不是真正意义上的爱情。这种模式在很大程度上压抑了女性的情感，使她们把这种情感转移到对子女关爱上，造成了中国传统社会女性特有的“有母性无妻性”的现象。鲁迅的《祝福》中的祥林嫂，死了两个丈夫并没有压垮她，但孩子被狼吃了以后，她的精神就彻底崩溃了，在精神恍惚中，她唯一惦念的就是她的阿毛。所以上官金童出世后，他自然就成了母亲上官鲁氏的命根子。母亲对上官金童呵护备至，宠爱有加。上官金童独占母亲的奶头长到十几岁，除了母奶以外不吃任何东西，一吃就要呕吐，他跋扈蛮横，他的胞妹上官玉女则只有吃羊奶的份，根本原因就在于母亲的溺爱。在这种母性文化氛围中，养成了上官金童以自我为中心的“自恋情结”，这种性格一旦形成就具有很强的封闭性和自足性，所以从他出生以来，除了对乳房（食）感兴趣，他对外面的世界是漠不关心的。他的生理年龄虽然成熟了，但心理年龄仍然处在婴儿水平，男性意识一直都在沉睡不醒。他对女性乳房的痴迷完全是自闭人格的天性使然，不带有任何的色情成分。像他这种人，在家庭内部是蛮横的暴君，走出家庭则是懦弱的绵羊。他的“老小孩”的心态使他完全失去了生存能力，也没有通过反省达到自强自新的人格基础。所以，在微不足道的困难面前，他所能做的只有投向母亲的怀抱，变成了一个完完全全的废物。

上官金童一生最辉煌的经历是当上了“美尔乳”公司的总经理，将他一生“恋乳”的哲学充分应用到商业上。他对乳房有着自己独特的理解：“乳房是人类世代进化的结果，对乳房的爱护和关心程度是衡量一个时期内社会文明程度的重要标志。女人要为自己的乳房感到自豪，男人要为女人的乳房感到骄傲。乳房舒服了女人才会舒服，女人舒服了男人才会舒服。因此，只有把乳房伺候舒服了人类才会舒服。一个不关心乳房的社会是野蛮的社会。一个不爱护乳房的社会是不人道的社会。……乳房是宝，是世界的本原，是人类真善美无私奉献的集中体现。”这实际上是对人类本能的近乎直觉的形而上的把握，也切中了现代人隐秘的原始欲望。因此，独角兽乳罩大世界开业后，奇招迭出，生意兴隆，财源滚滚，上官金童借助金钱的力量似乎实现了人生的价值。

然而好景不长，上官金童的“天才”在现代充满机诈的商业社会还是不堪一击。寡妇汪银枝看破了上官金童懵懂弱智的本性，用自己的乳房征服了他，迫使金童与她结婚，然后霸占了他的产业，将上官金童扫地出门。

上官金童的失败人生表明，一个仅仅由民间母性文化陶冶、难以摆脱自恋情结，无法独立站出来生存的人，在当今社会是没有任何希望的，他所代表的是民间的混沌生命形态，这种“民间文化”只能一步步沉沦萎缩下去，不能给现代人的精神以新的活力。莫言在此又在对母性、生殖、生命力的民间叙事中看到了扭曲、变异和退化，民间的生命韧性和混沌、蒙昧是一体两面，它不足以安顿莫言这个觉醒了而且痛苦着的现代灵魂，他的返回导致了他的又一次逃离。

三、猫腔的绚丽与悲凉

民间仿佛是莫言宿命，他难以回归也难以摆脱。在世纪之交的全球化声浪中推出的《檀香刑》再一次证明了这一点。在《檀香刑》的后记中莫言说：“民间说唱艺术曾经是小说的基础。在小说这种原本是民间的俗艺渐渐地成为庙堂里的雅言的今天，在对西方文学的借鉴压倒对民间文学的继承的今天，《檀香刑》大概是一本不合时尚的书。《檀香刑》是我创作过程中的一次有意识的大踏步撤退，可惜我撤退得还不够到位。”“就像猫腔不可能进入辉煌的殿堂与意大利的歌剧、俄罗斯的芭蕾同台演出一样，我的这部小说也不大可能被钟爱西方文艺特别阳春白雪的读者欣赏。就像猫腔只能在广场上为劳苦大众演出一样，我的这部小说也只能被对民间文化持比较亲和态度的读者阅读。”①莫言在这里明确表达了他对于民间文化立场的认同与回归，还带有对全球化浪潮的反抗意识。但莫言最后又不无遗憾地说“我撤退得还不够到位”，这一句话表明莫言对于其民间立场的不彻底性、游离性有着深切的体验。

《檀香刑》实际上是一个奇特的、众声喧哗的文本，它有最传统的民间说唱艺术的叙述形式和结构模式，采用民间戏剧道白的方式叙述故事，用“凤头—猪肚—豹尾”的结构模式来组织剧情，设置大量具有民族民间风情的情节内容来展现民间生活的特质（比如打秋千、斗须、比脚、设神坛、找虎须等），人物语言和叙述语言都尽量采用俗语、俚语、民谣、谚语等，把它们作为叙事的话语基调，造成一种“流畅、浅显、夸张、华丽的叙事效果”。在具体的叙述过程中，莫言又通过眉娘、小甲、孙丙等人物的民间化视角还原乡村社会的生存场景。莫言在这里充分调动了他对民间社会的情感记忆和文化感知来营造某种纯粹的民间审美风格。但是，在这种极致化的民间叙述策略之下，从文本中渗透出了解构性的力量，我们很容易感受到在热闹喧哗的语言背后，一个民族最为惨烈、沉痛的历史悲剧创伤，和对悲剧创伤进行喜剧化解读时的那份绝望和悲凉。文本的内在精神和文本的外在形式构成了尖锐的对立。

《檀香刑》主要通过一场惊天动地的酷刑，勾连起施刑者和受刑者双方的历史，

---

① 莫言：《檀香刑》，作家出版社2001年版，第518页。

围绕着刑场这个生死交接的特殊时空，尽情展示了中国源远流长的、隐秘的官方刑罚文化，和同死亡关联紧密的民间猫腔戏文化。这两者的主要代表人物是具有姻亲关系的赵甲和孙丙，二者更确切地说应该是民间文化在不同地位上的两种形态，它们共同形成了藏污纳垢的民间生活图景。

赵丙是民间奴性人格向统治阶级归趋并为虎作伥的代表，他体现了民间最为幽暗的嗜权变态心理。他出身于社会的底层，为了生计而走上了职业刽子手的道路，如果说起初这是生存压迫对人的戕害，那么当他意识到杀人也是一种特权，是替朝廷执法的时候，他就以干好每一件活、博得主子的欢心为人生目标了。他将自己的人生才智全部用于研究杀人上，勤学苦练，虚心求教。师傅余姥姥告诉他："一个优秀的刽子手，站在执行台前，眼睛里就不该再有活人；在他的眼睛里，只有一条条的肌肉、一件件的脏器和一根根的骨头。"赵甲心领神会，并将之发扬光大，将杀人当作了一门艺术。在他看来，行行出状元，他赵甲就是刽子手中的状元，他一生行刑数十年，杀人近千，这就是他最辉煌的成就。

他自觉地将自己的职业同朝廷的兴衰荣辱连在一起，用他的话说，就是："这行当，代表着朝廷的精气神儿。这行当兴隆，朝廷也就昌盛；这行当萧条，朝廷的气数也就尽了。"他的"忠心"和杀人技艺最终获得了皇太后的青睐，受到了进宫召见的奖赏。小说中，赵甲娓娓道来，讲述了五种不同的刑术：斩首、腰斩、阎王闩、凌迟五百刀、檀香刑。每种刑术都以达到残忍的极致境界为目标，它的精细、讲究、分寸和火候都是为了在行刑过程中最大限度地体现受刑者在肉体上痛苦、精神上恐惧的双重折磨，而这种惨绝人寰的酷刑作为中国历史上封建集权统治者残暴的高度象征，它所隐喻的不只是封建统治阶级近乎病态的非人道性、残忍的本质，还折射了中国封建文化在治人方面极为高超的诛心之术。正如书中德国总督克罗德所说："中国什么都落后，但是刑罚是最先进的，中国在这方面有着特别的天才。让人忍受了最大的痛苦才死去，这是中国的艺术，是中国政治的精髓。"[①]

我们在这里看到了权力对人性的摧残、扭曲的乖张历史，和通过一个刽子手的历史而呈现的鲜血淋漓的极权社会的罪恶，而更为沉痛的是民间社会对这种罪恶和恐怖的奇妙转化，每一场杀人事件都变成了民间的狂欢节，蒙昧的人们兽性的嗜血欲望在观赏行刑的过程中获得了极大的满足。在这些看客看来，杀人表演是惊险刺激而又赏心悦目的，是最精彩的大戏。正是民间的这种麻木的、疯狂的、扭曲的文化

---

① 莫言：《檀香刑》，作家出版社 2001 年版，第 113 页。

心理，使整个民间社会在混沌中堕入邪恶的地狱。

孙丙作为猫腔戏班班主，是民间文化中自由、道义、反抗精神的象征。他为人任情任性，豪爽放达，不畏权贵，争强好胜，敢于和县令钱丁斗须，酷爱猫腔艺术，具有一种民间浪子的情怀。他的反抗性格主要表现在抗德斗争上，德国兵害得他家破人亡，德国人修的铁路破坏了高密人的祖坟风水，而软弱的清朝政府在洋人面前只能奴颜婢膝、谄媚忍让。国仇家恨集于一身，他身上的民间正义精神在这场斗争中充分显露出来。但是这场充满了民族正义色彩的斗争从一开始就显露出了它的盲目、迷信、荒诞、滑稽的色彩："有孙丙，不平凡，曹州学来了义和拳。搬来了孙猪两大仙，扒铁路，杀汉奸，驱逐洋鬼保平安……学了义和拳，刀枪不入体，益寿又延年。学了义和拳，四海皆兄弟，吃饭不要钱。学了义和拳，皇上要招安，一旦招了安，个个做大官。封妻又荫子，分粮又分田……"[①]这种正义、私欲、平等、富贵、迷信搅在一起的封建小农思想也就决定了正义斗争的虚妄色彩，它注定是一场闹剧。孙丙在这场斗争中也像他平时唱戏一样进入了迷狂状态，他把自己想象成岳飞下凡，赋予自己一种民族英雄的使命。他设神坛，招募天兵天将和戏文中的英雄的魂灵，借他们神灵附体，妄图以神力打败德国人。在斗争失败以后，他坚持去领受那惨无人道的檀香刑，也正是想借刑场完成自己青史留名的英雄梦。莫言让他的一言一行都具有戏剧化的意味，带着癫狂的、浪漫化的、非理性的抒情色彩。他的戏剧人生和乖谬的现实格格不入，他空想似的反抗只能是闹剧一场。

莫言曾在访谈中说过，猫腔是他童年听习惯了的最熟悉的音乐，是伴随他成长的一种精神氛围，是猫腔最早开启了他对这个世界的感知。因此，作为一种萦绕于怀的文化情结，每当听到它就会感动得热泪盈眶。他说他迟早会在一部作品中表现它。作为一种地方小戏，它是故乡人的精神、情感、意志、欲望的综合体现，是一种文化结晶，也是人们一出生就被浸氲的文化母液，莫言从小就耳濡目染，所以猫腔就成了莫言的一种情感寄托与心灵的庇护地。同时猫腔又是从生活中升华出来的心灵的呓语，它与文化、历史、风物、人情血肉相连，包容着人们的爱恨情仇，因此，一部戏也能展现一部民间的历史。在这种民间艺术中，不乏浪漫、激情、英雄、正义等审美性的超越性因素存在，但在封闭的宗法乡村社会中，这些因素很容易被权力、贫困、欲望、愚昧所异化、扭曲、消解。莫言以民间化的姿态去讲述发生在故乡的民间历史，以此去寻觅自己的根基，却鬼使神差般地揭示了民间荒谬绝伦的真实，绚丽、喧

---

① 莫言：《檀香刑》，作家出版社2001年版，第211页。

闹、亢奋、热烈的情节下是人性的荒芜、扭曲、撕裂和泯灭。

莫言的民间立场在这里不得不痛苦地分裂，正如他对猫腔的感情一样，那凄凉、悲切的音调旋律总让他梦牵魂绕，但他永远也不能成为剧中人。他试图从民间寻找自由精神，寻找母性的庇护，寻找正义，以此来召唤在物质神话中迷失的灵魂，但每一次忘情的拥抱换来的是更深的伤痛。民间是他精神上的永恒牵挂，但他永远也无法真正融入进去，他只能在返乡和离乡之间徘徊。也许，正是莫言这种承担分裂的勇气，使他的作品获得了非凡的穿透力和难以尽释的空灵意韵。

（载《小说评论》2002 年第 6 期）

主要作品目录《

长篇小说

《红高粱家族》，解放军文艺出版社 1987 年版。

《天堂蒜薹之歌》，作家出版社 1988 年版。

《十三步》，作家出版社 1989 年版。

《酒国》，湖南文艺出版社 1993 年版。

《食草家族》，华艺出版社 1993 年版。

《丰乳肥臀》，作家出版社 1996 年版。

《红树林》，海天出版社 1999 年版。

《檀香刑》，作家出版社 2001 年版。

《良心作证》（与阎连科合作），春风文艺出版社 2002 年版。

《生死疲劳》，作家出版社 2006 年版。

《四十一炮》，上海文艺出版社 2008 年版。

《蛙》，上海文艺出版社 2009 年版。

《酒国》，上海文艺出版社 2012 年版。

中短篇小说集

《透明的红萝卜》，作家出版社 1986 年版。

《爆炸》，昆仑出版社 1988 年版。

《欢乐十三章》,作家出版社1989年版。

《白棉花》,华艺出版社1991年版。

《怀抱鲜花的女人》,中国社会科学出版社1993年版。

《金发婴儿》,长江文艺出版社1993年版。

《愤怒的蒜薹》,北京师范大学出版社1993年版。

《神聊》,北京师范大学出版社1993年版。

《猫事荟萃》,新世界出版社1994年版。

《会唱歌的墙》,人民日报出版社1998年版。

《长安大道上的骑驴美人:莫言中短篇小说选》,海天出版社1999年版。

《师傅越来越幽默》,解放军文艺出版社1999年版。

《老枪·宝刀》,上海文艺出版社2000年版。

《莫言散文》,浙江文艺出版社2000年版。

《冰雪美人》,文化艺术出版社2001年版。

《战友重逢》,解放军文艺出版社2001年版。

《生蹼的祖先们》,文化艺术出版社2001年版。

《莫言中篇小说集》,作家出版社2002年版。

《清醒的说梦者》,山东文艺出版社2002年版。

《什么气味最美好》,南海出版公司2002年版。

《小说的气味》,春风文艺出版社2003年版。

《写给父亲的信》,春风文艺出版社2003年版。

《北海道走笔》,上海文艺出版社2006年版。

《说吧,莫言》,海天出版社2007年版。

《莫言讲演新篇》,文化艺术出版社2010年版。

《莫言对话新录》,文化艺术出版社2010年版。

《莫言作品精选》,长江文艺出版社2012年版。

《姑妈的宝刀》,上海文艺出版社2012年版。

《与大师约会》,上海文艺出版社2012年版。

《蓝色城堡》,人民文学出版社2013年版。

《莫言作品典藏大系:1981—2019》,浙江文艺出版社2019年版。

中篇小说

《球状闪电》,《收获》1985年第5期。

《金发婴儿》,《钟山》1985 年第 5 期。

《爆炸》,《人民文学》1985 年第 12 期。

《透明的红萝卜》,《中国作家》1985 年第 2 期。

《红高粱》,《人民文学》1986 年第 3 期。

《高粱酒》,《解放军文艺》1986 年第 7 期。

《高粱殡》,《北京文学》1986 年第 8 期。

《狗道》,《十月》1986 年第 4 期。

《奇死》,《昆仑》1986 年第 6 期。

《筑路》,《中国作家》1986 年第 4 期。

《欢乐》,《人民文学》1987 年第 1—2 期合刊。

《红蝗》,《收获》1987 年第 3 期。

《你的行为使我们感到恐惧》,《人民文学》1989 年第 6 期。

《红耳朵》,《小说林》1992 年第 5 期。

《父亲在民伕连里》,《花城》1990 年第 1 期。

《牛》,《东海》1998 年第 6 期。

《三十年前的一次长跑比赛》,《收获》1998 年第 6 期。

《师傅越来越幽默》,《收获》1999 年第 2 期。

《我们的七叔》,《花城》1999 年第 1 期。

《野骡子》,《收获》1999 年第 5 期。

《司令的女人》,《收获》2000 年第 1 期。

《藏宝图》,《钟山》1999 年第 5 期。

《扫帚星》,《布老虎中篇小说卷春之卷》2002 年版。

《变》,《人民文学》2009 年第 10 期。

短篇小说

《春夜雨霏霏》,《莲池》1981 年第 5 期。

《丑兵》,《莲池》1982 年第 2 期。

《为了孩子》,《莲池》1982 年第 5 期。

《售棉大路》,《莲池》1983 年第 2 期。

《民间音乐》,《莲池》1983 年第 5 期。

《岛上的风》,《长城》1984 年第 2 期。

《雨中的河》,《长城》1984 年第 5 期。

《大风》,《小说选刊》1985 年第 8 期。

《枯河》,《北京文学》1985 年第 8 期。

《老枪》,《昆仑》1985 年第 4 期。

《白狗秋千架》,《中国作家》1985 年第 4 期。

《三匹马》,《奔流》1985 年第 9 期。

《秋水》,《奔流》1985 年第 8 期。

《草鞋窨子》,《青年文学》1986 年第 2 期。

《苍蝇、门牙》,《解放军文艺》1986 年第 6 期。

《复仇记》,《青年文学》1988 年第 10 期。

《马驹横穿沼泽》,《青年文学》1988 年第 10 期。

《白棉花》,《花城》1991 年第 5 期。

《战友重逢》,《长城》1992 年第 6 期。

《怀抱鲜花的女人》,《人民文学》1991 年第 7—8 期合刊。

《梦境与杂种》,《钟山》1992 年第 5 期。

《拇指拷》,《钟山》1998 年第 1 期。

《长安大道上的骑驴美人》,《钟山》1998 年第 5 期。

《白杨林里的战斗》,《北京文学》1998 年第 7 期。

《一匹倒挂在杏树上的狼》,《北京文学》1998 年第 10 期。

《蝗虫奇谈》,《山花》1998 年版。

《祖母的门牙》,《作家》1999 年第 1 期。

《倒立》,《山花》2001 年第 1 期。

《木匠与狗》,《收获》2003 年第 5 期。

《故乡人事》,《收获》2017 年第 5 期。

话剧剧本

《我们的荆轲》,新世界出版社 2012 年版。

墨　白

男，本名孙郁，1956年生，河南淮阳人。

小　引《

我与墨白未曾谋面，但读过他的一些作品，也知道他的名气，最近又因为这个专辑通过几次邮件和一次电话，如此而已。以这样的交往，自然不敢妄论一个作家的创作。好在本辑主笔高俊林博士对他的创作已发表了精当之论，无须我另添蛇足，倒是他在创作上的一些追求和想法，引起了我的兴趣。

记得前些年做余华专辑时，针对余华的创作转向，我曾经说过“灿烂之极归于平淡”的话，后来又赞赏过莫言向民间“大踏步撤退”，这些似乎都与我们经常吊在口边上的“回归”话题有关。所谓“回归”，自然是指回到我们自认为是离开了的传统。而我们心目中的所谓传统也者，除了老祖宗传给我们的那点祖业，就是从洋人那里趸来的正统（现实主义和它的各种革命变体），背离了这两者，不是欺师灭祖，就属逆子贰臣。余华和莫言等人在20世纪80年代，因为搞过一阵子现代主义艺术实验，已有“欺师灭祖”“逆子贰臣”之嫌，这回要“撤退”“转向”，按照市井间的说法，就是浪子回头，就是金子都不换的珍贵。而且，这种回头的浪子，据有些专家说，从20世纪90年代到21世纪，还不在少数。列名其中者，以笔者陋见所及，除上述余华、莫言外，还有苏童、李锐、格非等等，俨然已成一种趋势，号曰“现代主义创作转向”。

但就在这时候，墨白却说：“在小说的叙事上，我决不会倒退。小说叙事学的发展也决不会倒退。如果我们回到传统的叙事方法，那说明我们已经丧失了创造和想象的能力。”这几句话虽然给人感觉说得似乎过于决绝，但就凭这几句话，也足见墨白绝不是一个随风转舵或随波逐流之人。自古文人重特行，今之文人忌媚俗，从这个意义上说，无论以古、以今的标准来衡量，墨白都具有一个文人所特有的气质和精神。

我说这话，不是鼓动墨白和大家抬杠，何况上述“回归”“转向”的衮衮诸公都是当年的文坛骄子，而今的文学大家，墨白也犯不着与他们“作对”。我观其意，其中自有他所坚持的理由在。文学这玩意儿，原本是一个自由的职业，不像行军打仗，无须统一指挥、统一行动，谁写谁不写，谁这样写，谁那样写，原本可以听其自然，不必强求一致。这也正符合如今这个时代主张多元的时代精神。好事者今天说这是一个方向，那是一种趋势，本可以信，也可以不信，不过一家之言，是当不得真的，更何况说这些话的人多半是不搞创作或不会创作的如笔者这样的专家学者之流。既然如此，该怎么做，对一个作家来说，原本是没有约束力的。倘若谁真的听了这些专家学者的话，说现在该新潮了，大家都去新潮；现在该转向了，大家都去转向；现在该回归了，大家又去回归，那倒是跟风媚俗，犯了文学的大忌。墨白不跟风，不媚俗，坚持自己独立之思想，自由之精神，故值得我们表示由衷的敬意。

不过，问题似乎又有另外的一面：一个时期的文学有一个时期的文学具体个别的表现，一个时期的文学又确有一个时期的文学某种总体的发展趋势。这种总体的趋势，并不是一个简单的文学的平均数，而是由某些具有足够的整体影响力的作家所代表的，如上述诸公。中国当代文学，在相当长的一段时间，很注意这些有代表性的作家的榜样作用，甚者还要有意识地树立一些作家做标杆，就像生活中树的先进模范人物一样，要让大家向他们学习，走他们那样的道路，奔他们那样的方向。这种事不但官方在做，民间的专家、学者和评论家有意无意地也在做。这样做对大多数人来说并没有什么不好，前头的马儿跑出路，后头的马儿照路跑，倒省了许多麻烦和力气，只是苦了那些不想跟着一起搞集体生产，而想自得其乐地种点自留地的作家。他们因为不在某流某派，或不合某趋势、某方向，要么被世人所忽略，要么被史家所遗忘，终归是难成气候。君不见，一部现当代中国文学史（古代和外国文学史似乎也无多少例外），该被这种流派、趋势和方向观埋没、遮蔽了多少有个性的作家、有特色的作品。“五四”以降，世人总爱谈文学的个性，在口头上说说容易，可真要在现实中坚守一点，难。

然则，有个性的文学终归是值得提倡的，有个性的作家终归是值得尊敬的。但愿在这个大转向的潮流中，不要逼着仍想坚守先锋文学立场，或用高博士的话说“现代、后现代叙事”立场的墨白也去转向。墨白的坚守并非出于一己的执拗，而是有着清醒的理论意识和自觉的创作追求。既然如此，文学的天下之大，为什么就容不得墨白的这一份坚守呢？更何况，墨白所坚守的，或许更接近转向的本义，因为如今闹得正响的转向，并非完全的复辟旧制，而是创造性地转化成法。这转化中的创造性，实则仍源于转向者曾经先锋、前卫过的眼光和意识。从这个意义上说，又焉知余华、莫言者流的转向，不是以另一种方式对先锋文学立场的坚守呢？

自　述《

颍河镇地图

1956年农历十月初十，我出生在河南省淮阳县新站集。从出生到1992年的36年间，我长时间离开家乡只有两次，第一次是1976年到1977年，为了生存，我外出流浪。第二次是1978年初秋到1980年入夏，这两年，我考入淮阳师范学习绘画。其实这次并不算真正离开，因为家乡离县城只有四十华里的路程。毕业后，我又重新回到颍河岸边那个偏僻的小镇，在一个只有十个班级的小学校里，我一待就是11年。

在孤独和寂寞的乡村生活里，我常常想起凡·高。凡·高是一个极端孤独又无比热情的艺术家，尽管有弟弟资助，但仍然过着穷困潦倒的生活，但他从来没有放弃对艺术的追求。凡·高在绘画中注重个性和情感的表达，绘画成了他生命与精神的寄托。在他的绘画里，一个劳动者的形象，一块耕地上的犁沟，一片沙滩，一片云彩，一片夜间的星空，都是他精神世界的载体，这些和我在生活中经历的十分相似。尽管我已经是小学教师，吃上了商品粮，但我的妻子和儿子还都是农村户口，在颍河的河道里还有我要耕种的农田，农忙的时候，我仍然是一个下地干活的农民。我从凡·高的经历得到启示：一个艺术家，如果不把自己的生命融进自己的作品，那么他就很难使我们感动。同样，如果我们在一个作家的作品里看不到他强烈的生命气息，那么这样的作品也就很难打动我们。

应该说，我的童年和少年时代是在恐慌和劳苦之中度过的，我的青年时代是在孤独和迷茫之中开始的。苦难的生活哺育并教育我成长，多年以来我都生活在社会的最下层，至今我和那些生活在苦难之中的人们，和那些无法摆脱精神苦难的最普通的劳动者仍然惺惺相惜。2003年的10月，一个在芝加哥大学任教的旅美华人来到河南，他是一位人类社会学家，他想从河南农民的医疗状况入手，对中国农村目前的政治经济状况作一次梳理。我受朋友之托，陪他到我的老家做了一次社会调查。在这次调查的过程中，我们接触了各种各样的人物——镇党委书记、信用社主任、个体企业家、基督教徒，他们都是我的同学或在一起工作过的同事。第一天一块儿吃饭的还有我们县博物馆的馆长，当年他和我都是文学爱好者，在我任教的小学里，他还做过我的顶头上司。第二天我们先去见了一个乡村医生,他是我本家的一个堂兄,转业之前他在部队里做卫生员。接下来是几家农户,其中一个以榨油为生,还有一个汽车司机。司机是我中学时的同学,他父亲曾是我们镇搬运队里的工人,他接了父亲的班,搬运队破产后,他自己买了一辆东风汽车,到外地往我们镇上拉鸡蛋。另一个是木匠,木匠的父亲外号"朝廷",我们的这位"朝廷"却种了一辈子菜。别看他是木匠,可是个高智商的人,他说话幽默,而且是冷幽默。当然,他现在已经不做木匠活了,改砸白铁了。我说的这些都是我的街坊。那一天我们还见到了另外两个人,一个是我的小说《讨债者》里那个没有露面的个体户老板的原型,他整天到外地去要账,现在流落他乡,听我父亲说,他很少回来,人们知道他回来了,就会到他家里去要账。他以前做皮革生意,欠了人家十几万的货款,他不敢睡在家里,偶尔睡在家里,一听到外边有动静,就会起身翻墙而逃。那天他对我说,他现在上海某个企业做推销员。据我的经验,他说的话就像我写的小说一样,十有八九是虚构的。另外一个是我初中时的同学,毕业后他去北京参军,分到总政某个教导营,因为他是志愿兵,转业回来分到了县城。他回镇上的时候,胳膊上常常挂着一件藏青色的风衣,一手提着皮包,走起路都带风,盛气凌人。后来他回到我们镇上做市管会的主任,每天和那些小商小贩打交道,收钱的时候,就是碰上亲娘老子,他也会把手里的票据一撕,黑着脸说:五十!这些形形色色的人物,和我的写作有着密切的关系,但是,想把别人的精神融入自己的血液却很不容易。我想,要想进入他们的精神世界,就不能把他们当外人,就要把他们当成我自己。如果这样,那我就是那个整天无家可归的逃债者,我就是那个胳膊上搭着风衣盛气凌人的市管会主任,我就是那个乡村医生,我就是那个博物馆馆长,我就是那个榨油的个体户,我就是他们之中的任何一个人。我得先变成他们,设身处地为他们着想,像他们一样去思考问题。

在家乡小学里,在那些孤独和寂寞的岁月里,除去凡·高,我还认识了另外一些大师——夏加尔使我对记忆和梦境有了更深刻的认识和理解,达利使我看到了时间和人性的另一面,蒙克让我感受到了死亡的存在和生命的焦虑,莫奈使我认识到在生命的主题确定之后,形式和语言的重要性。那段时间我还阅读了大量的从西方传来的现代和后现代主义的文学作品。有许多人总把现实主义、现代主义和后现代主义断裂开来,实际上它们是相通的,是承上启下的。现代主义和后现代主义关注的是人类存在的时间和人类记忆的存在,这是更真实的现实。海德格尔在《存在与时间》中说,时间呈现的状态是当下、过去和未来,而我们生存的现实只存在于现实的一瞬之间。在存在主义看来,任何问题都是当下的问题。现代主义和后现代主义就是对时间和记忆的认识，是对人类存在的认识。我们都知道，记忆建立在时间的一瞬间，梦境、幻觉、经验、历史、生命的存在形式统统存在于一个人的记忆之中，所以我说现代主义和后现代主义是建立在现实之上的真实，但这又是现实主义叙事根本没有认识到的问题，也是现实主义叙事没法解决的问题，说到底也就是文学观念问题。时间和记忆的问题是文学叙事的根本问题，因为时间和记忆涉及人类精神层次的各个方面，它不仅仅是文学话题，更是哲学话题。

一个作家不论之前读过多少人的书，掌握了多少叙事技巧，有多少新的艺术观念，一旦进入写作，那么以前所认识到的那些都要抛开，要进入到和你生命息息相关的生活里去。也就是说，作家要靠直觉写作，他的写作要建立在他的生活经验之上，这很重要。所以，我生命里的颍河镇也就是我文学里的颍河镇，颍河镇对我来说，是什么都不能代替的。

我们常说，一个作家的写作最重要的是要面对自己。可有人发出疑问：这样，他写作的资源会不会干涸？我认为不会，一个作家为什么会有写不完的东西？那是因为他善于把他所看到的或者听到的别人的故事和经历视为自己的经历和感受，同时，他还善于把整个社会看作是以自己为中心的磁场。实际上，我们每个人都生活在一个磁场里。有一年，我二哥的儿子结婚，我回家参加侄子的婚礼，感触就很深。本来我那个侄子在深圳工作，对象是重庆的姑娘，他们完全可以不回来办婚事，可是二哥坚持在家办。为什么？二哥这些年一直在地方上做事，随了许多朋友和同事的礼，红白喜事，没有少过，不知已经出去了多少钱。你不在家结婚，这些钱别人怎样还你？另外，你孩子结婚不告诉人家，人家会觉得你看不起人家。什么叫朋友，只有遇上事了才能看出来。我侄子农历二十二结婚，农历十八就开始待客，第一天是县上的，第二天是二哥工作过的几个乡镇上的，第三天是我们本镇上的，最后一天才是我们的街坊。你看，这就是一个场，很难跳出来。作家就要强烈地感受到这个场的存在，你既要有能力从这个场里走出来，从外部对这个场进行观察，又要有能力走进去，把自己变成场中的人，要去切身体会这个场的存在。所以我一直认为我在写自己，写我对生活的恐惧与困扰，写我对生活的渴望与向往，写我对生活的迷茫和无助，写我的孤独和悲伤。

一个人能写透自己，并不是一件容易做到的事。你想写透一个人就这么不容易，那么你想写透这个小镇就更不容易。河大的一个博士生要以我的小说为题做论文，他问我有什么建议，我说了两点：一，你可以系统地做几张不同时期的颍河镇地图，当然，这地图的依据是来自墨白的小说。比如你先画一张20世纪40年代的颍河镇地图，这张地图是根据《失踪》《同胞》《霍乱》《民间使者》《酒神》等小说的内容构成的；接着再画一张50年代的地图，这张地图是根据《黑房间》《风车》等一些小说的内容构成的；接着再画一张60年代的颍河镇地图，这张地图是根据《梦游症患者》《苍凉之旅》《母亲的信仰》《红房间》等这些小说构成的，以此类推。等你画完了，你会发现不同时期的颍河镇地图已有很大的不同——40年代出现的地主大院，到了50年代已经成了镇政府；50年代出现的山峡会馆和城墙，到了60年代已经被扒掉了；60年代还在使用的颍河镇码头，到了70年代已经荒废了。你可以清楚地看出这个镇子的历史沿革。二，你可以做一个颍河镇的人物图表，通过这个人物图表，你会发现生活在颍河镇的人们在精神上发生了怎样的变化。我一直认为，一部作品一旦问世，那么它就属于整个社会，是人类共享的精神财富。所以，一个小说家也可以像别人那样回头去审视他以前写过的作品，也可以说三道四，所以，我才对那个博士生说了以上这些话。

有时我就在想，我了解家乡吗？尽管我已经写了几百万字的关于这个小镇的小说，其实，我对这个小镇的了解还很浮浅，对这个小镇里的许多东西，我还没有潜下心来研究。如果你看到小镇上的人只是一些灰头灰脑的人，那么你就大错特错了。这座小镇的丰富远在你的想象之外，生活在这个小镇里的每一个人，都有着丰富而复杂的内心世界。有时候你可能觉得他们是闭塞的，可他们之于我们，与我们人类之于宇宙有什么两样呢？对宇宙来说，自作聪明的人类仍然是闭塞的。同样，颍河镇人对于外部的世界来说是闭塞的，可与人类之于宇宙是相同的。颍河镇应该是人类社会的一个缩影，所以这个小镇太丰富了，丰富得就像一个海洋，我对这个海洋的了解还远远不够。颍河镇对于我的写作来说，就像博尔赫斯之于他的图书馆。博尔赫斯所管理的国家图书馆对于他来说是浩瀚的，颍河镇对于我来说也是浩瀚的。所不同的是，那个国家图书馆每个人都可以进去阅读，而从某个角度来说，颍河镇只属于我自己，只有我带着一把启开它大门的钥匙，一旦进入颍河镇，我想象的翅膀、我自由的翅膀、我语言的翅膀就会自动张开。一个作家要建立一个属于自己的文学领地是极艰难的事情，像马尔克斯，像福克纳，像沈从文。一个作家的文学领地是和一个作家的艺术生命紧紧相连的，颍河镇对于我来说，永远都是一座取之不尽的矿藏。

访　谈《

精神自由与人格独立

——墨白访谈录

高俊林　墨　白

高俊林:这些天我集中阅读了您与一些批评家的对话,在你们的对话里,其实已经涉及了有关您小说创作的各个方面。

墨白:这说明我以前说得太多了,这次我要多听听您的。

高俊林:我这样做的目的,一是想尽量避开你们曾经谈论过的话题,二是想以此为参照来审视我对您小说的阅读感受。在我阅读您小说的同时,我还从不同渠道搜集了一些批评家对您小说的评论文字,我从中发现了一个有意思的现象,评论家们从您的小说里发现了各不相同的论述话题,这些话题主要围绕在叙事学、社会学和精神活动这三个层面。在叙事学方面,评论家们主要指出了您小说的结构及其叙事迷宫,对叙事语言的探索,形式与伦理的关系,民间叙事与诗学记忆,叙事的荒诞性、象征性、隐喻性,虚构的颍河镇所构成的精神家园等这些话题上;在社会学方面,则是城乡二元对立、人性的异化、疾病的隐喻、历史的宿命、对"文革"的审视、对国民性的批判、人类生存的困境和精神苦难、您小说的历史观等等;在精神活动方面,则包括人生的寻找与生命的神秘性、现实即梦境、人生的游离性和命运的偶然性、对自我审判等这些人生主题,以及小说人物的失语、自卑、梦游等精神特征上。

墨白:您在最近的一篇文章中也提出了西方现代叙事与本土关系的论点。

高俊林:是这样,我把您看作是新时期以来在中国本土成长起来的,既具有现代先锋意识又包含着古典忧患意识的当代作家。我之所以不厌其烦地列举上面这些论点,一是想表明您小说世界的丰富性,第二就是想把我们谈话的内容放在这个基点上。我觉得,我们当前的后现代写作面临着一个非常突出的本土化问题。抛开具体的写作成就本身不谈,就本土化方面而言,为什么同样是东方世界,印度、日本甚至我国台湾地区做得比较好?您觉得是不是因为我们拒绝了自己的传统?

墨白:不是我们拒绝了传统,而是我们身上传统的包袱太重。在我们生活的环境里，从小到大，连空气里都飘荡着传统文化散发出来的气息，正是这些使我们深陷井底，挡住了我们的视线。我们应该先走出去看世界，然后站在世界的高处回头审视我们自己。

高俊林：但是在我看来，中国的后现代不是自然生长出来的，甚至也不是嫁接的，而是移植过来的。套用一句流行语，它是“被后现代化”了的，而不是自然而然地生长起来的。它将原来的树木连根拔出，传统被连根斩断，然后栽上了新的苗子。但我们都知道，文化的地域差异是一个普遍存在的事实。作为当代文坛上一个在后现代写作领域里做了很多探索的作家，您的写作不但引起了文坛的多方关注，也取得了非常突出的成绩。您在实际的写作过程中有没有过这样的困惑，就是一种远离传统的、无根的漂泊意识？

墨白：我相信，真正进行了探索的小说家，都会为此感到困惑，产生漂泊感。我们困惑，是因为我们并没有认识到文学的精神实质。后来我才明白，无论你掌握了多少现代和后现代的叙事技巧，你要关注的永远应该是你所处的社会现实，应该关注你所熟悉的那些人的生存状态和精神状态。无论你是哪个国家的小说家，无论运用什么样的手法，真正的文学精神都是相同的。

高俊林：在当下的小说界，由于现代叙事学的嫁接，中国传统小说的叙事可能一去不复返了。可我注意到今天在底层的人们依然喜欢阅读传统的评话体小说，而更为年轻的一代则倾向于消费一些文化快餐。您有没有想过尝试一种新的章回体式的写作手法，像20世纪40年代在延安解放区的一些作家所尝试过的那样？

墨白：没有。如果我们回到传统的叙事方法，那说明我们已经丧失了创造和想象的能力。文学史是创新的历史，这是常识。真正的小说家绝不能向读者妥协。如果你的小说不能给读者带来思考，缺少真正的文学精神，只从商业的角度考虑，那你不如去写电视剧，不如去写小品。看看人家赵本山，看看人家小沈阳，一个小品就老少皆宜，多风光。在这个时代，小说家是十分寂寞的。但有一点我们也不能不承认，小说艺术是人类最重要的精神母体、语言母体，许多好的电影、话剧、电视剧都是由小说改编而成的，这是事实。说到底，文学仍然需要面对复杂的人性和人像海洋一样浩瀚的精神世界，而不是面对钞票、浮躁、谎言和世俗。

高俊林：每一个作家都有自己的阅读资源，民间的、古典的、外国的、现当代的，您更趋向于从哪里获取资源？

墨白：在阅读上，我是一个泛食者。要说有所偏好，我更倾向于西方文学，因为我从小到大所受的都是中国传统文化的教育，我需要补习的是外国文学。但无论读什么书，都是发现自我和认识自我的过程，这是我的读书心得。也就是说，我无论读什么书，都是在读自己。我渴望从别人那里发现和认识自己，深挖隐藏在我记忆深处的那些被遗忘的经历，并不断地拓宽进入自己精神世界的航道。

高俊林：写作本身有着不同作用，例如对于孔子或者司马迁来说，是一种使命感；对于波德莱尔来说，可能是一种宣泄；对于卡夫卡来说，又可能只是一种随意性的个人习惯。所以每个作家的写作都持有一种姿态，要么是民间的，要么是精英的，要么是主流的。就我的阅读感受来看，您始终保持着一种民间的写作立场，在写作的时候，您是完全不考虑这方面的因素，还是纯粹从自我出发？

墨白：一个作家的写作就是他的命运。我在颍河岸边一个偏僻的小镇生活了30多年，我的身份就是农民。除此之外我还从事过搬运工、油漆工、木匠、石匠、小学教师这些工作，为了生存我外出流浪，这就是我的命运，这就决定了我写作的民间立场。我没法拒绝自己的命运带给我的这一切。

高俊林：您怎样看待目前这一时代作家创作的境遇问题？一个作家的创作受到哪些因素的制约？是来自政治方面、经济方面、文化方面的制约，还是作家本人有心无力的无奈？

墨白：制约一个作家的因素，主要来自精神方面。一个作家真正要面对的就是他自己，而不是别人。一个作家成熟的标志就是他的精神达到了高度的自由，他能抵制住来自金钱、权力、地位、世俗等各个方面的诱惑，他要敢于面对自己灵魂深处最黑暗、最肮脏的那一面。伯恩哈德曾经说过，只有真正独立的人，才能从根本上做到把书写好。我理解的这句话的含义是，一个作家最重要的是精神的自由和人格的独立。

高俊林：您怎样看待时间观念、空间观念？我的这个问题是在实际生活的层面上提出来的，当然也可以就小说创作中涉及的具体情境而言。因为我们知道，迄今为止，我们对于这个世界的感觉完全是建立在时间的假设与空间的限定上，您有没有想象过一种超越时间与空间的叙事风格？也就是说没有时间，没有空间，所有的事件与人物都无时不在又无处不在，它们完全超越了我们通常意义上的所谓时间与空间。

墨白：假如我在小说里写咱们今天谈话的书房，这个书房说不定就会消失。但是，假如我在书房这个空间前面写出具体的数字来象征时间——2009年11月26日，高俊林来到了墨白的书房，那么这个空间和数字就不会消失。数字就是时间的象征，有了象征性的时间，空间就会像迷宫、镜子那些东西一样，具有持久性。我常利用空间来解释时间，让时间变得可以触摸。就我的理解，时间应该存在于空间之中，如果没有空间，我们怎样才能解释时间的存在呢？比如现在我们所处的书房，空间存在于时间之中，而时间又是在空间中展开的。按照牛顿的说法，时间现在正流动在空洞的地方，时间在任何时刻都在以统一的方式流动。也就是说，时间在世间，在宇宙的任何一个地方流动。时间是河流，现在，每时每刻，我们都在流淌的时间的河流之中，而当我们行走在自己的时间河流里的时候，就没法进入别人与我们并行的时间河流之中。这就像赫拉克利特所说的一样，人不能两次踏进同一条河流。当然，现在我们坐在这儿交谈，就是时间的两条河流的交叉。如果这样理解，当我们在不同的地方看同一个电视节目的时候，当我们在不同的房间上网交谈的时候，也应该看作是时间的交叉；而当我们在不同的地方阅读同一本书的时候，应该说是时间的重叠。当我写《映在镜子里的时光》这本书的时候，所有的人都不在场，后来人们在另外的时间里阅读这本书，我认为这就是作者和读者的时间重叠。应该说，我们的时间可能会因为同一本书在多年之后重叠。关于时间的交叉和重叠，我是这样理解的：时间的交叉，是时间在平面上流动时产生的，是前后方向和左右方向的交叉；而时间的重叠，则是指时间的深度，是上下的，竖向的。博尔赫斯有句名言，他说，时间是一切哲学的核心问题。在这里我引申一下，时间同时也是现代小说叙事的核心问题。从记忆的性质来说，虚构的小说和源于具体环境的小说有着同样的真实，也许更真实。但环境瞬息改变，只有象征始终存在。这一点，卡夫卡做得最好。我一直在为创作一部具有象征意义的小说而努力。

高俊林：在时间观念上，您更愿意把握哪一种，是过去、现在还是未来？对您来说，哪一种感觉更为真实？

墨白：时间的长度，远远超出了我们这些凡人的想象。时间是永恒的，时间的永恒包含了过去、现在和未来。永恒是所有的过去，过去不知道从何时开始；永恒是所有的现在，这包括了宇宙中所有空间，包括我们人类居住的所有城市和乡村，当然也包括我们现在谈话的书房；永恒是所有的未来，尚未到来但永远存在着的未来。其实说明白了也很简单，对于我们来说，我们所有的生活都存在于现实的一瞬之间，而现实的一瞬，很快又会变成过去，所以失去的时间构成了我们过去的经历。但是过去对于我们来说却是不真实的，因为过去只存在于记忆里，对于我们来说，未来也是不真实的，因为未来只存在于我们的希望之中，只有现实的瞬间对我的写作来说才是真实的。可是，这个我们赖以生存的瞬间又是不确定的，是在变化之中的。所以我小说里的真实是建立在现实的瞬间的基础上的，在记忆和想象之间展开的。

高俊林:您的小说中所涉及的权力观念,您觉得是一种象征性的、具有普遍意义的现象,还是当下我们所置身的时代与环境使然,只是一种特殊的,或者一种历史性的现象?

墨白:权力意识在我们这个民族根深叶茂。皇权、父权、夫权,在我们的现实生活中,权力意识无处不在,权力意识隐藏在我们每一个人的内心深处。在我们身边,没有哪一个人不渴望权力,在现实生活中,当权力的宝座向你招手的时候,没有谁不动心。你说我不渴望,那是你没有真正面对自己的灵魂。我们一旦大权在握,就要维护它的独裁性,这是我们文化的本性。

高俊林:我前一段时间一直在看太平天国的历史,那些天国宫廷里的权贵们大多数一开始都是地地道道的农民,有的甚至是赤贫阶层,为什么一旦在大权在握,马上就堕落腐化至极?

墨白:应该承认,我们一些文学作品中的历史观对培养我们民族的思维方式和行为方式起到了重要作用。比如在说到农民起义的时候,一些文学作品里有一个关键性的词语,叫“杀富济贫”。这个词语是有情感色彩的,是褒义的,也就是说,我们自己认为这是正确的,是应该提倡的,是应该效仿的。这个词的潜意识告诉我们,一个人如果有了钱,有了财富,那他是有罪的,是应该受到仇视和惩罚的,就应该把他的财产“劫”过来,然后把人“杀”掉。这个词的另外一层意思是穷是有理的,这成了鲁迅先生所痛斥的“国民性”的特点之一。可是一旦“杀富济贫”成功,那些掌握了权力的人就会从这个极端走向另外一个极端,那就是我们刚刚说过的权力意识。等到自己的手里也有了权力,我们灵魂深处的恶习就开始泛滥,最初的目标已经被改变。

高俊林:在我们的生活现实里,当腐败变成了一种现象,甚至成了变成了一种重要现象后,文学对于某一个具体腐败分子本身的谴责已经没有多大意义了。我注意到您的小说中也写到了腐败,但您并没有停留在一般道德意义的层次上进行谴责,您关注的不是腐败现象的表面,而是关注腐败分子的生存境遇,他们的精神世界,以及他们人生的失意、痛苦、不安、焦虑和恐惧。我感觉您写得很平静,不露声色,这使我想起了鲁迅的小说。我最近一直在自我反思,其实我们每一个人都持有双重标准,例如我们对于腐败本身非常痛恨,但一旦在得知自己的亲戚朋友进入了官场,获得了职务,或者赚了钱,也就是说有了腐败的机会后,反而得到一种精神安慰。我们都来自社会的底层,就我们熟悉的底层人而言,一方面他们淳朴、率真,另外一方面他们又非常自私、狡黠。他们有时候温厚、善良,有时候又极端冷酷、残忍。“五四”早期的作家对他们进行了美化,其实他们也是在做19世纪俄罗斯作家曾经做过的事。前一段我读了陀思妥耶夫斯基早期的一些文章,他是一个贵族,对于底层民众充满温情,认为他们饱含着最为天真的性情。其实同时代的托尔斯泰、屠格涅夫、契诃夫都有这种倾向,直到 20 世纪 30 年代中国的沈从文、废名依然如此。您有没有觉得自己在反映底层人不幸遭遇的同时,作品中暗含的人道主义同情反而在一定程度上冲淡了您对他们各种痼疾的批判?您觉得自己在以后具体的文学创作过程中会涉及这些吗?您将以怎样的心态去面对这个现象?

墨白:首先,我们缺少的是对自己灵魂的审判和认识。2009 年,安贝托·艾柯加入了意大利知识分子发起的论战,抗议政府总理贝卢斯科尼起诉揭露其性丑闻的报纸,他为此回顾了意大利 1931 年的历史——墨索里尼的法西斯政权勒令全国 1200 位大学教授宣誓效忠,但仅有 12 人拒绝,他们为此失去工作,其余皆为保住教职而屈从。20 世纪 60 年代的"文革"之后,有多少那个时代的过来人对自己当时的行为进行过自我审判呢?前几天,我看到一则消息,说是因涉黑被双规的前重庆市司法局局长文某,他被媒体曝光的价值 3000 万的豪华别墅成了旅游景点。许多游客绕道也要去观看一下,并从内心里发出惊叹:哇,别墅好漂亮,真够豪华!这样的别墅竟能成为"风景名胜",而且你会感受到观看者都是由衷地向往和羡慕这种奢华的生活,这就是我们所处时代的荒诞,这和"文革"时期那些心怀无端仇恨的红卫兵前去揪斗"地富反坏右"时的情景有什么区别吗?没有。我相信,如果这些人一旦像那个贪官一样大权在握,说不定还能盖出比这更豪华的别墅来,这就是伯恩哈德所说的可恶的习惯势力。我们的生活实际就是由许多可怕的习惯势力所构成,我们每一个人都被习惯势力带着往前走,却很少思考习惯势力对我们的危害。我们深陷习惯势力之中,却麻木不知,这就是我们所处的社会的病症,这才是最可怕的。我生活在这个时代,我身处这种习惯势力之中,我身上同样有这样的恶习。所以,我的写作首先是要面对自己的灵魂。

高俊林:20 世纪中国文学创作中一个很突出的现象就是作家本身的出身问题,大学中文系科班出身的人往往成不了作家,医生、画家、军人等群体中反而涌现出了许多作家。您最初就是学绘画的,您怎样看待这一现象?能否从自己的亲身经历出发,谈一下心得?

墨白:科班出身的人大多从理性出发,理性认识往往会使我们成为学者,而成为小说家需要感性认识,在感性认识的基础上,还需要想象力和创造力。说到这,我想先说说赫拉巴尔。赫拉巴尔出身贫寒,自出生就失去了父亲。他一生做过许多不同的工作,他在公证处当过抄写员,当过仓库管理员,在铁路上当过铺铁轨的小工、火车调度员，服过兵役，做过小手工业基金会的代理人，在一家批发公司里当过业务代表，还当过另一家公司的推销员，等等。在这之前，他一直生活在捷克的一个小城里。他从小时候开始，便日复一日、年复一年地到酒馆里倾听人们面对困苦生活时的心声。他35岁那年来到了首都布拉格，住进了破旧的贫民区里一个由废弃车间改成的大杂院里，使用公共厕所和澡堂，连洗漱用水也要提着水桶到院外去打。他就在这样的环境里一住20年，这期间，他做过废纸回收站的打包工、剧院的布景工，更多的时候，他要到20公里外的一家钢铁厂去劳动。他在这里接触到了炼钢工人和技术人员，还有教授、工厂主、学者、小业主、银行经理、企业家、政治家、律师、普通人和囚犯。他在49岁那一年才正式出版了第一本小说集《底层的珍珠》，从此一发不可收拾，成为20世纪捷克文坛继《好兵帅克》的作者哈谢克之后又一位文学大师。可以说赫拉巴尔是一个从社会底层走出来的作家，太多的生活经历成就了这个热爱文学的人，他的不朽之作《过于喧嚣的孤独》和其他所有的著作都来自感性认识。但是，他在年轻时代就拼命阅读本国以及世界的文学和哲学著作，他崇尚哲学家康德、叔本华和克利马，崇尚诗人波德莱尔、阿波利奈尔和兰波。在他的朋友中有演奏家、画家和诗人，这些经历使他对文学有了充分的理性认识。所以说，一个小说家，首先需要的是对生命的感受，然后由理性的光辉来唤醒他记忆里那些沉睡的生活经历，并引导他走向新的境地。对于一个优秀的小说家来说，感性认识和理性认识，两者缺一不可。

高俊林：您绘画的经历显然为您的文学创作打上了深厚的烙印。我注意到您的小说中追求一种色彩感，您自己在创作中有没有自觉地意识到这一点？您又是如何把握它，以达到一种相对平衡的效果的？

墨白：任何艺术都是相通的。你可能注意到了，我在和别的批评家谈话时多次涉及这个话题，比如我说起过黑人蓝调音乐对我叙事语言的影响。蓝调产生于苦难之中，黑人用蓝调音乐表达他们对苦难生活的感受，可以说蓝调音乐的产生和他们在生活中遭遇的苦难有直接的关系。同时我也多次谈到电影艺术对我的启发。最近井冈山大学的龚奎林博士来访，我还和他谈起过夏加尔、达利、蒙克、莫奈、凡·高这些画家对我的影响。绘画对我的影响不单是叙事方面的，更多的是对我陈旧的艺术观念的更新。

高俊林：阅读您的小说使我想到了福克纳笔下的约克纳帕塔法郡、哈代笔下的威塞克斯、沈从文笔下的湘西，还有贾平凹笔下的商州、莫言笔下的高密。应该说，您为中国当代文学创造了一个颍河镇。您创造的颍河镇不再是某个人物的，而是用现代的文学观念再现了本土社会生活的丰富图景——现实与历史、日常与幻想、瞬间与记忆、真实与梦境、美好与邪恶、世俗与宗教等等,都在您颍河镇小说的系列里再现出来,并构成了我们这个时代的精神载体。您笔下的颍河镇是一个令人惊奇的世界,颍河镇既像一面巨大的镜子,反映着一切,又像一个巨大的磁场,吸引着一切。福克纳将现实的世界、破碎不堪的世界拾捡到约克纳帕塔法,而您在构造颍河镇的时候同时选择了福克纳与卡夫卡,这里既有福克纳的大气,又有卡夫卡的虚幻和精神渴求。当然,这是您自己的世界,颍河镇构成了您的创作母题和精神家园。对于您的小说创作,"颍河镇"是我们无法避开的话题,最终我们还是回到了这里。我感兴趣的是,颍河镇是您在下笔的时候自然而然地产生的,还是您一开始就有意为之,想以此来铸造一个具有规模的家园系列?您觉得对于一个作家来说,他早年的生活经历,和他生长的故乡,对其一生的创作是否发挥着至关重要的作用?

墨白:我和朋友谈起我的小说时,颍河镇是我无法避开的话题。但老说这个话题让我感到有些为难,一方面,关于颍河镇,我所想到的可能已经都说过了,我不愿意重复那些我已经说过的话;另一方面,你现在又谈到这个话题,如果我拒绝,那就显得我这个人有些不近人情。但是受你热情的感染,我还是要说两句。就像一个人无法选择他的出身一样,颍河镇对于我的小说创作来说,是命中注定,是自然而然。我现实中的一切都和我笔下的颍河镇不可分离,就像血与肉的关系,以前是这样,今后恐怕还是这样。在我今后的小说里出现的人物,他的精神故乡,我相信仍然是我熟悉的颍河镇。无论他走多远,哪怕他走到月球上去,我都不会割断他和颍河镇的血脉联系。

评 论《

游离于世俗化与诗意化两极之间的焦灼

——墨白小说创作浅论

高俊林

从 1984 年发表第一部作品开始,墨白的小说创作至今已走过了 20 多年的历程。如果要给他这些年来的大部分小说寻找一个具有涵盖性的关键词,我个人以为,当以“焦灼”最为合适。随意翻开他的一篇小说，几乎都能够感受到那种低气压般的无所不在的焦灼：环境的焦灼，人物的焦灼，情节的焦灼……你甚至可以体味到那种浓烈而炽热的焦灼气息扑面而来，它似乎已经渗透进了你浑身的每一个毛孔，令你感到窒息。

这种焦灼并非墨白独自一人的刻意臆造。事实上，如果你仔细观察我们所置身的现实环境就会发现，在今天，焦灼具有某种共通性与普遍性，已成了一种时代病或社会病。除非你闭目塞听或者视而不见、听而不闻，否则便无法不受到它的濡染。

对于一个写作者来说，焦灼当然不是所谓“感情零度”式的冷漠，与形形色色有意无意装扮出来的恬淡静穆更是相去甚远。它意味着作家对于其笔下人物与环境的深切关照，以及在此基础上产生的个人情感的矛盾纠葛与跌宕起伏。墨白与其他许多作家不同的地方在于，他没有奉行什么“鸵鸟政策”，而是敏锐地把握到了它，并将之赤裸裸地表现了出来。正是在这种焦灼心态的关照下，我们注意到墨白的小说在两个世界——世俗化的世界与诗意化的世界之间来回穿梭，游移不定。这两个趋于两极的世界，既相反又相成，并与时间存在着深刻的关联。如果说世俗化的世界是直指当下体验的话，那么诗意化的世界则包含了对温馨过去的记忆与美好未来的想象，而所有这些记忆、体验与想象，都共同需要一个具体承载的母体，于是那个名叫“颍河镇”的地方小镇便出场了。

颍河镇，是墨白绝大多数故事所发生的地域背景。在那些不同的故事里，它有时候是起点，有时候是终点，有时候又只是匆匆驻留的中站。但当我们把这些零零碎碎的故事连缀在一起的时候，一个以颍河镇为中心的宏大而具有规模性的家园系列便矗立在我面前。我揣测，这里面也许包含了作者在创作伊始的高度自觉。当然，这种自觉的试验已经取得了巨大的成功。

在以焦灼的心态围绕着颍河镇所展开的两个世界的描述中我们看到，墨白的作品对于世俗化世界的反映体现为一种常态——一桩桩鸡零狗碎的事件，一个个具体而微的人物，一组组藤缠葛绕的关系。而所谓诗意化的世界，只是一个映衬性的背景或参差性的对照。具体说来，墨白笔下的诗意化描写并非那种浓得化不开的大肆渲染，而是人物在世俗化状态下精神高度紧张时的一种暂时松弛，就像一个远途跋涉者在走累了，需要短暂休憩一样。但它并非人物自主性的自我调节或者张弛有度的着意安排，而是疲累到了极限以后迫不得已的喘息，其中隐含着一种深沉渊默的压抑。换言之，那是一座火山行将爆发前的暂时沉寂，或者一个潜水过久的人将头露出水面透气。

无论如何，墨白的小说都是一个复杂的存在。以下，我将从四个方面对之展开具体的阐述。

一、颍河镇：作为一种记忆、体验或想象

一个作家与其故乡的审美关系是在拉开一段时间与空间距离之后的冷静关照中逐渐形成的。故乡对于大多数生于斯长于斯的子民们来说固然是一种客观的物质存在，但对于一个离乡背井多年的作家而言，已经变成了一种以时间为计量单位的、凝固了的精神存在。它像琥珀一样，以过去完成时的形式，永远地被定格在那里，折射出作者曾经有过的爱恨情仇与休戚悲欢。在时间已经将一切都过滤得波澜不惊之后，作家才有可能近距离地客观观察它，如实地去表现它，因为这个时候的观察才最真实也最具理性，才可能既不美化也不贬低。

墨白与他笔下的"颍河镇"的关系也正是如此。他在一次访谈中讲道："我小说里的颍河镇已经像血液流进了我的体内，来到了我的现实生活里，我的生命已经无法和她分离。"[①]可以说，颍河镇既是墨白的生命之源，也是他在进行创作时源源不断的灵感之源。那里是世态的微观，也是风情的一角。在墨白的笔下，那里人物众多，身份各异，以浓缩的众生相，共同组成了一幅当下中国地方小镇的"清明上河图"。

如果我们再加以仔细的考察，就会发现，围绕着颍河镇展开的故事共包含三个层面。

一是叙述发生在颍河镇本土的故事，如《梦游症患者》《七步诗》《迷失》等小说。在颍河镇本土发生的故事是最为世俗化的，不带有任何诗意色彩，因为这个时候的颍河镇可感可触，是一种现实存在。例如在《局部麻醉》里，生活在颍河镇的医师白帆因为有过短暂的在南方求学的经验，所以极端厌恶这片土地，"他觉得自己和这里的人格格不入"。这片土地对他不仅没有任何诱惑，反而带来了巨大的压抑感。他以一个医生的眼光审视着那里病态的人们——身体的病态倒在其次，心理的病态无处不在。他们浑浑噩噩，或沉溺于鸡零狗碎的琐事，或沉陷于粗鄙不堪的娱乐，即使痛苦到了极点，也只会以自虐的方式寻求一种奇怪的解脱。

二是描绘颍河镇的出走者，如《欲望与恐惧》《航行与梦想》《尖叫的碎片》等。颍河镇见证了一代又一代人生生不息，但对于从那里走出的人物来说却具有双重意义，就像《裸奔的年代》里谭渔所感受的那样，"她给予了我生命，也使我背上了沉重

---

① 张晓雪：《我们应该怎样叙事——和墨白对话》，《天津文学》2008年第8期。

的负担”。出走意味着最初的不满与厌恶，以及最终的叛逆与决裂。在出走者的视野里，眼前的世界是一个自己极力要摆脱掉的否定性世界。所以，当后来的谭渔静观五光十色的繁华城市，蓦然想起颍河镇时，“那座肮脏的小镇在他的记忆里突然变得是那样的猥琐，在城市人的眼睛里那小镇如同一个身穿破旧棉袄蹲在阳光里取暖的老农”。这使他突然获得了安慰，有了一种“我现在也是城里人了”的身份认同和自我满足，这显示了他对于自己当初出走选择的肯定。

三是描绘回归者和闯入者，如《雨中的墓园》《霍乱》《民间使者》等作品。对于回归者与闯入者来说，颍河镇是以一个诗意化世界的形象出现的，那里或承载着温馨的记忆，或寄托着美丽的想象。回归本质上是出走者对于异地世界的另外一种逃避，颍河镇成了他们在现实中处处碰壁之后可以退守的根据地，它重新被赋予了诗意化的色彩。所以当《欲望与恐惧》中的吴西玉回到家乡以后，“那个时候我已经是一个离家漂流在外多年的游子，慢慢接近的故乡多少使我那颗终日焦虑不安的心慢慢地平静下来……我像一粒种子被安放在母体里，我渐渐地感受到了母体的温暖”。而在闯入者的期待视野里，颍河镇又成了一块世外桃源般的乐土。《民间使者》中的“我”一开始即是以一种近乎朝圣者的心态踏上那片土地的，“那块盛产着小麦大豆花生玉米和各种各样的植物的土地上，也同样盛产爱情故事和民间艺术家……那些充满了灰色村舍的黄土地，在那回荡着船工号子和少妇捣衣的棒槌声的河道里，到处充满了灿烂的阳光”。但无论是回归者还是闯入者，他们注定都是要失望的，因为颍河镇并非凝固不变，那里已经被现代工业文明污染了，变得千疮百孔、面目全非。就像吴西玉所感受的那样，那里没有了远扬的白帆与盛开的桃花，没有了捣衣少女与行脚纤夫，“那里现在已经不通航了，河里的水又黑又臭”，“河道里流着酱油一样的河水”。一旦长期扎根下来，必然会再度失望，诗意化的梦幻开始逐渐褪去，一场世俗化戏剧的大幕正在徐徐拉开。

不管是无奈的驻守者还是决绝的出走者，以至那些最后的回归者与突然的闯入者，对于他们来说，颍河镇是以一种或体验或记忆或想象的方式出现的。感受方式的不同自然会带来感受本身的差异，而所有这一切都源于时间的加工，近乎静止的岁月会让驻守者长期安宁的栖居形似一种折磨；流动的光阴则在给闯入者带来新鲜感的同时，往往又会将归来者早年那些污秽的记忆漂洗得干干净净。

二、政治话语笼罩下的暴力、情欲与道德

和当代其他一些小说家相比，墨白很少从正面去叙写政治，宏大的历史叙事从

来都不是他所关注的中心，但这并不表明墨白的作品远离政治。事实上，一个小说家只要从事创作，就不可能不涉及政治，因为政治是作品中所反映的社会生活的一个必要构成部分。

从本源上来说，政治是人类为了提高生存效率而群聚在一起进行自我管理的一种组织形式，它们或是依照着合理的法律契约，或是遵循着野蛮的丛林法则。前者出于自愿，能充分调动每一个个体成员的积极自主性；后者诉诸暴力，往往表现为极少数成员非分欲望的过度满足与大多数成员合理意愿的严重抑制。当政治使大多数成员的合理意愿被严重抑制时，意味着政治的异化。而对那些极少数欲望获得过度满足的成员们来说，这种异化了的政治必然包含着暴力的极端发挥、情欲的充分宣泄与道德上完全的自我优越感。在这个时候，一个人的政治身份便会大于其他一切身份，于是，获取重要的政治地位成为获取相应社会地位的最快捷径。小说《母亲的信仰》中的母亲便是这么一个角色。作为生产队里的妇女队长的母亲是勤劳能干的，也是善良的，然而无所不在的、强势的公共政治话语几乎将温情的私人话语完全淹没，母亲已经被政治严重地异化了。她一开始在公共空间与私人领地里左支右绌、狼狈不堪，逐渐公而忘私，最终完全失去自我。在这个时候，政治身份与母亲身份构成了最大的反差，政治身份越是突出，母亲身份就越是单薄，最后只有当政治身份被完全剥离后，才实现了母亲身份的重新回归。

当政治遵循着丛林法则时，必然会展现出一种权力的霸气，而权力又是以暴力为基础的，是暴力的一种隐秘的高级形态，它骨子里奉行着“拳头大的是哥哥”这一世俗原则，对人的心灵造成严重的毒害。小说《梦游症患者》即展示了在“文革”那个特殊年代里政治暴力的恐怖。三爷一家的遭遇可谓惊心动魄：夫妻反目，父子交恶，妇姑勃豀……政治暴力将私人领地一点点地蚕食殆尽。非自然的政治压抑了本来最为自然的人性，人为酿制的阶级仇恨替代了天然的伦理亲情。

除了滥用暴力外，政治还会扭曲情欲，它既可以最大限度地满足情欲，也可以完全压抑情欲。在长篇小说《欲望与恐惧》里，吴西玉周旋于两个女人之间，一方面是妻子牛文藻，一方面是情人尹琳，两方都走到了极端：尹琳是欲望的极端，牛文藻是恐惧的极限。欲望并没有带来新生，恐惧却让人觉得窒息。实际上，欲望与恐惧是一体化的，就像一枚硬币的正反两面。在由传统社会向现代社会过渡并充满了道德焦虑的当下，每一个欲望的背后都必然伴随着恐惧——吴西玉在面对妻子牛文藻的人性恐惧中获得了自己政治欲望的满足，在情人尹琳那里获得人性欲望的满足时也面临着丧失政治地位的恐惧。

情欲是人与生俱来的一种本能，是一种自然的呈现，它以瞬间的现实体验持久而深刻地影响着人的精神化存在，它随时都会冲垮理智的堤坝而泛滥成灾。墨白深刻而细腻地展现了这一点，他让我们认识到，在人性固有的缺陷面前，那些所谓最自信的坚贞其实也最为脆弱，尤其是在日新月异、变动不居的当下，面对着纷至沓来的各种世俗诱惑，当空间的距离即等同于爱情的距离时，所有纯美的爱情都只是缥缈的神话与传说，就像《裸奔的年代》里谭渔面临的小慧的考验一样。为了证明自己的爱情，小慧找了一个做“小姐”的女孩对谭渔进行诱惑，而谭渔最终辜负了小慧的信任。但谁又能说小慧的实验本身就是正确的呢？这个本来只适合在古典社会里上演的正剧，一旦搬到了现代社会的舞台上，便成了一部不折不扣的滑稽剧。

在某些特殊年代，当政治已经完全渗透进人们的日常生活中并成为主宰性命题时，政治已经泛道德化了，或者说，道德已经泛政治化了。公与私、人与我、集体与个人、政治与亲情……这是一种非此即彼，然而又必须做出的两难选择。当政治发生异化时，最优秀的公共政治道德必然也是最劣质的私人伦理道德，反之亦然。于是我们看到了《风车》中的队长借检查工作之名调戏妇女，《梦游症患者》中的文玉以“革命”的名义打死了自己的亲生父亲。这个时候所谓的私人伦理道德只是一个事后的观察者，它永远落后于利益当前时的判断，它只是事后人物在内在压力作用下的一种自圆其说，是当事人在心灵深处为自我发放的“免罪符”，以达成一种自欺欺人的效果。

三、苟活者的卑贱与死亡

墨白说过：“一个作家的写作立场不是他自己决定的，而是他的命运决定的，是与他的生活经历有关的。就拿我自己来说吧，我本身就是一个生活在社会最下层的人，这本身就决定了我的写作立场，没办法改变。”[①]正是早年的底层生活阅历，使得墨白在处理底层生活题材时，显得格外驾轻就熟。

在墨白的笔下，那些生活在最底层的人们，通常都是些默默无闻的被侮辱者与受损害者。他们的生活惨淡经营，日子平淡无奇，然而在风平浪静的背后，随时都有暗潮在涌动。在《寻找乐园》里，这些小人物的愿望已经降低到了无可再降的卑微：“我的嘴唇干裂，嗓子里像有一团火在燃烧，看着路边的小铺门口的冰箱里的冰糕，那火燃得就更加旺盛，我想，将来我有了办法，有了钱，我非可着肚子吃一回冰糕不

① 雷霆：《对文本的探索——墨白访谈录(随笔)》，《山花》2003年第6期。

可!”他们是进城的农民工,怀抱着寻找乐园的梦想离开家乡,城市是他们似乎触手可及的天堂,却又是最终可望而不可即的乌托邦。有时候,为了生存,他们甚至不惜铤而走险,在死亡的边缘里讨生计,像《幽玄之门》里的吴殿臣一家人不惧危险地制作摔炮。他们命如悬丝,为求生而向死。在这个时候,活着就是一切,卑微地活着,屈辱地活着,低贱地活着,“好死不如赖活着”。他们的生命只有长度而没有厚度,只具有数量的意义而没有质量的意义。底层人的生之艰难与挣扎,在这里得到了淋漓尽致的展示。

墨白也写到了那些小人物曾有过辉煌的理想,也曾做过瑰丽的梦,却最终都抵不过岁月的日渐磨砺。在《裸奔的年代》里,墨白以无情的笔墨展现了同样无情的时间与严峻的生活如何让人一步步地世俗化起来。那些昔日怀抱着纯净理想唱着甜蜜歌声的美丽女孩,那些曾令当初的少男们怦然心动、辗转反侧的安琪儿,现在已变得粗鄙至极,早已成了势利无比的市侩之人。她们人老珠黄,心理的皱褶与额头的皱褶一样多,言行的粗糙与皮肤的粗糙成正比,在聒耳的麻将洗牌声与放荡的嘲谑调戏声里丢失了曾经的可爱与清纯。至于那些曾有过高远志向的男人们,对于他们来说,生命一旦没有了寄托,便会日渐空壳化,最终沦为行尸走肉。那已经不是生活,而是活着;不是享受,而是忍受。于是“食色性也”的动物性本能在这里得到了最为充分的发挥:在“食”的法则的压迫下舍生忘死,在“性”的欲望的支配下醉生梦死。

然而我们看到了底层人惊人的忍耐力,令人产生一种说不清的复杂感受。即使被命运逼到了墙角,他们依然在那里默默地忍受。那是一种另外意义上的忍辱负重:忍生命之辱,负生存之重。在《寻找乐园》里,已经丧夫的秋兰嫂领着小女儿梅豆四处乞讨,只是为了凑钱要回被城市扼杀了年轻生命的丈夫的尸身。于是,在小说的结尾,我们看到了令我们触目惊心的这样一幕对话:

> 秋兰嫂从一个柱子后边闪出来,我一把抓住她的手就走,一直走到广场上我才回头看她一眼,我说,走。
>
> 雨水从我们的头上飘下来,四周一片哗哗的响声。秋兰嫂哽咽着说,我得把你哥带回去呀……
>
> 那就带。
>
> 可人家火葬场里要钱……

生的偶然,死的必然,活着的茫然,以及各种灾难的不期然而然,浑浑噩噩的当事人对一切都保持着麻木。他们自在地活着,随意地死去,生与死没有了明确的界限,甚至被完全泯灭。死亡的随意性甚至令人感到荒诞,就好像一首写得太坏的乐谱中毫无理由地突然迸出来的一个休止符。太多的死亡并没有唤醒什么，反而使人变得更加麻木，时间照样流逝，生活依旧太平。当然，我们也许可以获得另外一种安慰，因为“死亡就是通向可能性世界的唯一通道。死亡是一种奇妙的荒谬，因为它不停地将可能性的世界开启或关闭”①。虽然对于这些底层的人们来说，死亡并不是一种主动选择的救赎行为，但至少也是一种被逼无奈之后的消极逃避。

四、叙事革新与语言创造

用现代、后现代的叙事手法来反映中国当下生活，是墨白的小说一直追求和探索的，也是目前中国的先锋小说家运用同样的手法来反映当下社会的一个比较成功的范例。墨白从一开始就注意到了运用西方小说的叙事来关照切近的历史与身边的社会现实，正如他在《梦游症患者》后记里所写的：“在叙事语言里隐含一种诗性，使整个作品隐喻着一种象征性的主题，也是我的梦想。”这种努力就将他与传统的现实主义叙事者鲜明地区别开来，并为他自己打上了一份浓厚的先锋色彩。

但与其他一些在现代、后现代叙事方式上渐行渐远以致最终脱离现实中国情境的作家不同的是，墨白一直在进行着现代主义与后现代主义的本土化努力，因为他显然无法将欧美的后现代主义全盘移植过来，虽然在拒绝乌托邦幻想、追求大众化与否定天才理念等方面他们有着同样的追求。但墨白的中国当代“后现代叙事文本”怎么也无法在“愉悦”“轻松”等方面与西方对接，因为身处于当代中国已经断层化了的社会与撕裂了的现实，他的叙述语调不可能做到悠游恬淡、从容有致。现实语境中触目即是的种种荒诞，使墨白无法不形成自己独有的那份凝重而焦灼的风格，那种心灵深处的沉重感来自他脚下的土地，这必然使得他的笔触沉甸甸的。这种沉重感所带来的形式表达，主要表现为叙事革新与语言创造两个方面。

叙事的革新在墨白的作品里得到了多方面的展示，例如多重的叙事视角、几个不同叙事空间的重叠或交叉、被打乱了正常顺序的叙事时间等等，这里不再一一列举，只举一个例子——叙事人称的瞬间转换作为参照，如长篇小说《裸奔的年代》里的一段话：

在谭渔的感觉里，他如同坐在一间地下室里，一种孤独凄凉的感觉油然而生。屋里很静，空气仿佛凝聚了，仿佛有许多看不见的绳子缠绕在他的身上。他挣扎了一下，伸手拉开了窗帘。通过窗子我看到西边南侧的楼

① 冯俊：《后现代主义哲学讲演录》，商务印书馆2003年版，第168页。

房上已经亮起了许多陌生的灯光。几棵高大的法国梧桐耸立在他的窗前，桐树的枝杈上已经生长出许多淡绿色的嫩叶，由于夜色的缘故，他看不清树叶的颜色，那些淡绿色的叶子只是他的一种想象。这不一定准确。明天我一定要到楼后面仔细看一看，看一看在这个季节里的法国梧桐的叶子到底是一种什么样的颜色，还是多年前我在乡村里看到的那些树叶的颜色吗？即使在乡村，他也已经有好多年没有仔细观察过春天里的树叶的色彩了。

我们看到，在这一段文字里有着非常频繁的人称变换，“我”与“他”交替出现，作者试图以人称的置换来暗示观察视角的变换以及其中所包含着的时空流转。当然，在墨白这里，叙事的革新不仅服务于纯形式的创造，还隐含着对于叙事对象本源的另外一种更深层次的追溯。所以墨白很喜欢通过某些不可见的、带有神秘色彩的声音来传递一种本质上的真实，就像《同胞》里神秘的女人笑声，《光荣院》里磨鱼钩的声音，《隔壁的声音》里电锯的声音……墨白的目的在于表明，所有那些外在的、可见的一切都是幻象，它们有时候固然以绚丽的表面迷人心魄，而最终只落得一片空虚。真相其实被隐藏得很深，我们明明感受到了它，几乎触手可及，但苦苦追寻之后，却又渺然无踪。

现代主义与后现代主义的话语阐释既丰富了文学阐释的空间，也为当下社会的文学性解读提供了一种新鲜的，但并不是终极的解读方式。正如有论者所指出的：“不能够期望任何一种文学思潮、任何一种文学社会话语会拥有永久性的价值。文学社会话语，例如现代主义和后现代主义，是暂时性的，它们必然简化了阐释世界的模式，这在某些时候和某些环境下会是有益的。它们从来都没有完全取代已陈旧了的阐释模式的地位。”①所以墨白在运用现代主义与后现代主义叙事手法的同时，并不完全排斥传统的叙述模式。在很多场合，他将它们羼杂在一起，交替运用，充分显示了叙事手法的丰富性与灵活性。例如长篇小说《映在镜子里的时光》，就是这种方式的一个最佳注脚。

在尝试多种叙事方式革新的同时，墨白也一直进行着艰难的语言探索，因为“在一个不断大众化的社会，有了报纸，语言也不断标准化，便出现了工业化城市中日常语言的贬值……我们的头脑中塞满了五花八门的程式化的语言。逐渐地，当我们自

① [荷]佛克马、蚁布思：《文学研究与文化参与》，俞国强译，北京大学出版社1996年版，第115页。

己以为是在表达自己的感情时，我们只不过是在使用些陈词滥调罢了”①。墨白有一种非常自觉的语言创造意识，我想，这是任何一个读者都会赞成的论断。他有时候大笔挥洒，积极调动多种修辞手法，看似铺排，但其实并没有多少闲笔。像《风车》里：“冬天已经来临，太阳光哆哆嗦嗦地在树影里走来走去。”这已经不是简单的传统意义上的拟人手法的运用，而更是一种象征，是一个时代氛围的一种暗示。有时候他也大量运用比喻，那些比喻的对象既是外在环境的一部分，也是人的内在心绪的真实展示，传达着人物或喜悦或悲凉的情感。在《裸奔的年代》里，当谭渔从老同学吴艳灵那里得知自己以前深爱的女友锦的死讯时，“他怔怔地望着满天乱纷纷的雪花，那些雪花仿佛某个夏季里扬散的纸钱”。在《映在镜子里的时光》里，当叶秋与丁南谈话时，丁南忽然感觉到“她的目光就像一只温柔的小手”。这些比喻充满了人的物化与物的人化，既展现了人的心理，也客观地烘托了氛围。

当然有些地方，可以看出墨白的语言实验仍在继续，这体现了墨白作为一个优秀的小说家为语言革新所付出的代价。例如在《告密者》里：“他一边走一边从衣兜里摸出手机来，老西看他在上面按了几个号，就把那个有鸡巴长的小黑东西放在耳朵上。”这种描述性语言诚然符合作为观察者的真实身份，但却是对粗鄙化语言的过度模仿。而在《黑房间》里，也出现了类似“他领了一位猗猗菲菲光彩夺目的少妇”这样的句子，从叙述者的角度来看，又有过于雅化之嫌。至于《黑房间》里的另外一句话：“那会儿生产队里的五头黄牛四匹白马三头灰驴二头骡子都懒洋洋地看着他。”这种数字上的整饬排列显然是作者刻意为之，以达成一种反讽的目的，但其真实效果可能就见仁见智了。

墨白一直在努力实现突破，既是对文学常规的突破，也是对自我创作范式的突破，以此实现文学形式的多样性，因为“小说家的根本任务就是要传达对人类经验的精确印象，而耽于任何先定的形式常规只能危害其成功”②。墨白自己也说过，他有一个写作习惯，就是同时构思几部小说：“我不停地为这些小说积累素材，并不断地寻找着最佳的叙事方式和最佳的结构形式……写任何一部小说我都是十分用心的，至于能达到什么样的地步，那是另外一回事。每部作品都有自己的命运，就像《洛丽塔》。而一个作家所要做的是，尽自己的能力去写好它。”③基于此，我们也就有理由

---

① [美]弗雷德里克·杰姆逊：《后现代主义与文化理论——弗·杰姆逊教授讲演录》，唐小兵译，陕西师范大学出版社1987年版，第141页。

② [美]伊恩·P.瓦特：《小说的兴起——笛福、理查逊、菲尔丁研究》，高原、董红钧译，生活·读书·新知三联书店1992年版，第6页。

③ 刘海燕：《阅读之梦与写作之梦——与墨白对话》，《文学界》2008年第7期。

期待他在以后的创作中取得更大的成就。

（载《小说评论》2010年第3期）

主要作品目录《

长篇小说

《寻找外景地》,长江文艺出版社1999年版。

《欲望与恐惧》,长江文艺出版社2002年版。

《梦游症患者》,河南文艺出版社2002年版。

《来访的陌生人》,河南文艺出版社2003年版。

《映在镜子里的时光》,群众出版社2004年版。

《裸奔的年代》,花城出版社2009年版。

《手的十种语言》,作家出版社2012年版。

《欲望》,湖南文艺出版社2013年版。

中短篇小说集

《孤独者》,河南人民出版社1994年版。

《油菜花飘香的季节》,河南人民出版社1994年版。

《爱情的面孔》,花山文艺出版社2000年版。

《重访锦城》,长江文艺出版社2000年版。

《事实真相》,四川文艺出版社2001年版。

《霍乱》,群众出版社2004年版。

《怀念拥有阳光的日子》,河南文艺出版社2006年版。

《墨白作品精选》,长江文艺出版社2006年版。

《神秘电话》,吉林出版集团有限责任公司2010年版。

《六十年间》,四川文艺出版社2012年版。

《癫狂艺术家》,河南文艺出版社2013年版。

《光荣院》,文化发展出版社2016年版。

《记忆是蓝色的》,北岳文艺出版社2017年版。

《告密者》,河南文艺出版社2018年版。

散文随笔集

《梦境、幻想与记忆》,河南大学出版社2013年版。

《鸟与梦飞行》,河南文艺出版社2016年版。

宁　肯

男，本名宁民庆，1959年生，北京人。

小　引《

评第八届茅盾文学奖的时候，我读到了宁肯的小说《天·藏》，颇感新奇。我孤陋寡闻，以前读中国当代小说，也见过页下加注释的，那大都是就个别怕读者不懂而作者又不得不用的方言口语作的说明，通常是一两句话，且数量极少，几乎可以忽略不计。但宁肯的这部小说不同，注的不是方言口语，而是作者的意思，或作品中人物的意思。这意思自然也是不得不写的，因为这意思，无论是作者的还是作品中人物的，都关乎作品的题旨。但真要写进正文，我猜作者或许怕影响自己对情节的叙述和描写，也怕读者一下子看不懂，或影响读者看作品的情节，因此就不得不加个注释，起一点辅助和补充的作用。当然啰，这种注释，对正文中的意思也会有所引申和发挥，这样一来，注释的篇幅自然就短不了。《天·藏》中有些注释的长度甚至超过普通的学术论著，单凭这一点，从形式上直观宁肯的这部小说，就有点类似于学术论著，或者因此而夸张一点儿说，也可以称作是一种学术体的长篇小说。

近些年来，长篇小说的文体有很多新的创造，其中一个主要途径是把非文学的文体引入长篇小说创作，就随见所及，有词典体（韩少功的《马桥词典》）、编年体（方方的《乌泥湖年谱》）、方志体（孙惠芬的《上塘书》）、纲鉴体（柯云路的《黑山堡纲鉴》）、农书体（李锐的《太平风物》）、历法体（郭文斌的《农历》）、笔记体（叶广芩的《青木川》），以及杂糅书信、小说、戏剧的杂糅体（莫言的《蛙》）等等。这种借用和杂糅别种文体的写法，表明中国当代长篇小说确有一种文体创造的活力。文无定法，本是古今通则，长篇小说也不例外。虽然当代作家的文学创作，总有自己的传统或外来影响在暗中起作用，就小说而言，比如中国古代小说的传统和西方近现代小说的影响。但我们总不能老是照着祖宗传下来的和从“洋师傅”那儿学习来的方法写小说，总得有一点属于自己的写法，这就需要在祖宗的成法和“洋人”的定规之外有所变通，或另辟蹊径。上述借用和杂糅，就是这样的变通和新径。这也表明，20余年来，中国当代长篇小说正在走着一条文体创新的路，这样的借用和杂糅，因而弥足珍贵。从这个意义上说，宁肯正处在这一轮长篇小说文体新创造的先锋之列。

我这样说，并不是说给作品加一些注释就是学术体的长篇小说，就是长篇小说文体的一种新创造，而是说，这种为长篇小说添加长注的写法，是宁肯学术体长篇小说一种较明显的，因而也是较引人注意的外在标志。这种外在标志并非作者故作高深、刻意为之，而是由作品的内容和情节自然而然地生发出来的，因而是作品的整体的、有机的组成部分。我读这些注释，觉兴味十足，并不亚于读小说的正文，某些方面甚至尚有过之。当然，读中国古代的和外国的小说，有时候也要看注释，但那主要是解决一些名物、典故、语文、修辞、版本、校勘方面的问题，而且这些注释又多是后来的研究者或翻译者追加的，并不是或不全是作者的原注，前者如今版的《红楼梦》，后者如萧乾、文洁若译的《尤利西斯》等。混合原注和新注的，小说中我见得不多，但诗歌中却有一部很有名，这就是汤永雷、裘小龙译的艾略特的长诗《荒原》。艾略特本来就是一个爱用典故的人，瑞恰慈说，《荒原》如果没有这些典故，得用十二本著作来表达它的意思，所以艾略特就必得给自己的诗加注，否则读者就弄不明白他的意思。但就是这样，仍然不够，因为他是个有名气的大诗人，他的诗要传到外国去，本国的读者懂了，外国的读者不懂也不行，所以翻译这诗的人还要另外补充一些注。如此这般，注上加注，《荒原》就免不了要成为一部天书，或近似学者写的学术专著。

插着说了这么多艾略特，好像与小说创作无关，仔细想想，其实还是有关系的。这关系就是，加注不是学术论著的专利，所有的文学作品都是可以加注的，尤其是对那些思想深邃、修辞繁复的作品来说，更是如此。这就要说到宁肯的这部小说的性质了。宁肯为他的作品加注，显然不是因为作品的修辞有多么复杂，或用了多少典故，用了多么曲折隐晦的表现方法和技巧，而是因为这部作品写了思想，或以思想为描写对象。我这样说，只要不是存心曲解的人，就不应该往概念化、理念化的方面去想——事实上，宁肯的这部小说，是有鲜活的人物和情节的，也有很强有可读性——而应该想想，思想是否可以成为小说的题材？小说除了写经验，是否还可以写思想？

文学与思想本来就有一种天然的关系，世界上有思想的小说本来就不在少数。或者换一种说法，凡称为经典或至今流传的小说，多少都有一些思想，这是大家都知道的。但这些个小说中的思想，还有少数是作家自己要宣传的某种主义，如我们常说的托尔斯泰主义或萨特的存在主义等，都是通过小说表达出来的。多数情况下，文学作品中的思想，却是由读者，主要是批评家提炼、总结、归纳出来的。真正以思想为书写对象的小说，我虽然暂时举不出典型的例证，但巴赫金在他的著作《陀思妥耶夫斯基诗学问题》中，却引述过一个叫作恩格尔哈特的学者的说法，可以证明这种“描绘思想本身”或以思想为“描绘对象”的“思想小说”确实存在或完全有可能存在。

这位"恩先生"说:"如同在别的小说家作品中描写对象可以是惊险故事、趣闻逸事、典型心理、生活画面、历史场景,在他(指陀思妥耶夫斯基)的作品中这个对象就是'思想'。他培育出一种完全特殊的小说,并把它发展到异乎寻常的高度;这类小说不同于冒险小说、感伤小说、心理小说或历史小说,可以称作是思想小说。"虽然巴赫金并不同意这位"恩先生"的说法,但我却认为,这位"恩先生"的意见,完全可以作为理解和认识宁肯的这部小说的一个重要参考。限于篇幅,也限于思考,这个话题在这里我只能点到为止,余下的就留待以后有机会再发挥吧。

自　述《

一个人的道路

漫长的无明时代

我于1959年3月29日生于北京,此前两年,我的母亲带着我的两个哥哥和一个姐姐从白洋淀乘一辆小火轮到了天津,然后改乘火车到了北京。我是我们家第一个出生在北京的孩子,也是最后一个。我不在那条船上。我的老家距白洋淀还有一段距离,至少有50公里,我不知道这段距离他们是怎样走完的,是乘马车还是乘村前河上的小船,这事尚不清楚,就像很多事情都有盲点一样。

我的老家,河北省河间县(今河间市)留古寺乡宁庄,村前有一条河叫半截河,半截河也是村,是我们宁庄的邻村,以河为名。那时半截河应该还通航,我倾向于家人是坐河边的小船离开的。前不久我开车回过一次老家,没见到一个亲人,见到了那条河,河已经干了。宁庄还有个邻村叫诗经村,产生过一位民国名人,叫冯国璋。另外,诗经村是一个有故事的村子,顾名思义和《诗经》有关。听老辈人说,当年秦始皇焚书坑儒,《诗经》也给烧了。邻村有个姓毛的人悄悄藏了一本《诗经》,埋在了地下,汉朝的时候国泰民安,被挖了出来,《诗经》失而复得,从此得名"诗经村"。这些历史掌故传说不知道是不是真的,有多少是真的,对此我年轻时从不关心,因为我并不出生在这个村子。

我的出生让我的父亲母亲很有一种新鲜感,也有点骄傲,我的哥哥姐姐到北京后一直遵从着老家的习惯叫他们爹、娘，唯独我从一生下来就让叫爸叫妈，这让小时的我很是疑惑，但又说不出来。我脑子里总是并置着看似相关又不同的东西，有时脑子里混乱不堪，可能也和这个有关。我是我们家最后出生的人，后得好像有点接不上。出生时间离我最近的姐姐生于 1951 年，比我大 8 岁，二哥 1947 年生，比我大 12 岁，我们同属猪。小时我一直不太喜欢这个属相，但是也说不出来为什么。我大哥更大了，比我大 14 岁，我记事时他已经工作了，是个警察，非常威武，我有点怕他。有一次他把我高高举起来，我吓哭了。周围就都是比我大得多的人，或许我是不该来到这个家的人。面对一个完全的成人世界，我敏感、胆怯、退缩，好像总想退回到出生前的无明世界里去，好像希望有一种相反的时间。当然，后来时间强行地赋予了我很多东西，比如顽强，意志坚定，走南闯北，人生传奇，诸如此类吧，但我至今觉得它们仍不属于我，属于我的仍是那个出生前的温暖而无明的世界。

我出生时父亲已经 47 岁，这在寻常人家应属高龄。我父亲生于 1912 年，每每想到这个时间，我都觉得他离我太远了。我觉得凡离父亲太远的人内心都会注定有一种感觉：茫然与孤单。很多年后，我想起很多年前的父亲，可能他也是孤单的。我不知道他出生时的情况，但我想他的童年应该比我更茫然，更无助，因为他 13 岁就背井离乡去了远方。13 岁是什么概念？用现在的话说就是未成年。他经人引领到了天津当学徒，学一种修修补补的手艺。后来学艺有成，只身闯关东，走南闯北，结交朋友，月月给家里寄钱。到新中国成立前，我父亲寄的钱已使老家以我奶奶为核心的一大家人由一个朝不保夕的贫困户变成了一个拥有十几亩土地的小康之家，并使两个兄弟进入了河间县中学受教育，这在当时是非常了不起的事情。后来想想，若照此速度发展下去，再有几年我们家可能会在“文革”中被划为地主、资本家。1947 年，我的两个受过中等教育的叔叔在北京办起了织布厂，不久我父亲也加入其中。因为是家族企业，都是亲人，没有雇工，没有剥削，“文革”时父亲才没被划成资本家。尽管如此，“文革”时他还是被关了一段时间的牛棚。

我母亲是另一种情况，生于 1920 年，比我父亲小 8 岁，由于家贫，很早就到了父亲家，嫁给了我父亲。父亲常年在外，每年春节才回来。抗日战争爆发后，我母亲受到村里共产党抗日宣传的影响，背着我奶奶和远在东北的父亲参加了地下党活动。那时她很年轻，也不过是十六七岁，到了 1939 年正式入党时才 19 岁。在党内，我母亲化名为“红莲”，她本名叫王秀莲，有个莲字。多年后，我母亲回忆起那场战争，最让她感到骄傲的是一次村里住着许多八路军，日伪军得到消息到了村里，打头的伪军见着母亲便问看见八路军没有，母亲说看见了，刚朝东面去了。然后，母亲到地道里向八路军报告了情况，八路军立刻出动，抄了鬼子的后路，打了一个胜仗。我问母亲当时害不害怕，母亲说不怕，把脸抹黑了，一点儿也不怕！我问母亲有过枪没有，母亲说有过，是一种叫“杜撅”的枪，我不太明白这个词儿，母亲比画了一下，我觉得可能是一种土枪。母亲性如烈火，与宁氏一脉颇为不同，心思不重，没有孤独感，直来直去，非常豪爽。母亲割麦子比村里大多数男人都快，干活麻利，不怕吃苦，在村里是有名的一把好手。母亲做军鞋，支援八路军，对我父亲说不打败日本人就不生孩子。1944年日本人已呈颓势，我母亲由八路军护送，跨越数百里，来到敌后，有时就从敌人的炮楼底下穿过，还参加了“晋察冀边区抗日群众英雄大会”，获奖一辆纺车，被授予“抗日群众英雄”荣誉称号。八路军动员我母亲参军，我奶奶得知了这个消息后赶快通知了远在东北的父亲。父亲风风火火地赶回来，村里民兵怕父亲对母亲施加暴力，连续几天将我家团团围住，准备只要听到一点儿动静就立刻冲进去，结果一点儿动静也没。但我母亲还是坚持要跟八路军走，后来由于我姥姥声称如果母亲前脚走，那么她后脚就上吊，因此母亲就没走成。

我父亲在日本侵略者占领下的东北凭手艺闯荡江湖，我年轻的母亲在敌后抗战，这是我们家那个时代的传奇。1945年，长我14岁的大哥出生，母亲说抗战胜利后上山下乡生孩子，她说到做到。12年后，1957年，她已经认同了生儿育女的生活，带着儿女乘一条小船到北京投奔已经是城里人的父亲。两年后，我出生了，这使我母亲彻底忘记了那场曾经让她充满自豪的战争。

我的两个哥哥简直像我的父辈，他们性格中有我父亲的成分，也有我母亲的成分，他们都是强者，并且都有某种诡异的东西。1966年，我7岁的时候，他们已纵论天下，为某个观点彻夜辩论。他们目光炯炯，手臂挥舞，我像一个影子一样注视着他们，好像我不是他们的弟弟，好像是一个影子，甚至是影子中的影子。我的确就在他们的影子中。我与他们无关，与“文革”无关，我听不懂周围人所有人的语言，他们都已成年，而一声不吭的我还流着鼻涕，有时我15岁的姐姐给我擦擦，有时她也顾不上我。

我是他们的什么人？有一次我问母亲，是大哥大还是爸爸大？这是我童年时代一个著名的傻问题，但对我又是一个真问题。

这就是我整个童年的感觉。

我非常孤单，没有家庭中的玩伴，只有院子里同年龄的玩伴，这是另一回事。我的疏离感与不适感同样不能在与同伴的相处中消除，某些时候反而更甚，比如当我被欺侮的时候，被忽略的时候，被别人随便一拨拉就排除在外的时候。这种时候数不胜数,虽然我看起来像别人一样,上学,玩各种游戏,去公园,写作业,与别的孩子一起挤在门口看下雨,或到大雪中去玩,但这一切又好像都与我无关。这是所有人的童年,但不是我个人的童年。关于我个人的童年,我能记起的完全属于我的事情不多,印象最深的有两件事,一件事是夏天,我站在院子当中临摹一种古老的字。我从小就喜欢写字,还没上学时我就在雪中画字,画完了还端详,好像自己会写字一样。我还喜欢用铅笔把字写粗,然后用圆珠笔把边勾勒出来,再用橡皮把中间铅笔的部分擦掉,让它们变成空心字。这几乎是我小时候的一项发明创造,至少是无师自通。就在我这样干时,有一天,院中一个老人对我说,你临临大字吧。他给了我一本碑帖,那是一本很大的帖,上面布满怪异的字,隶书,汉隶《曹全碑》,字迹斑驳,蚕头燕尾,飘飘荡荡,是1000多年前的字,我非常喜欢,就临摹起来。12岁的我与1000年前的字好像没有隔阂,一拍即合。没人催我,我站在院中,在一个小凳子上临,好像有好几年光景。

但这并不意味着什么,我会写毛笔字,会写隶书,在班上却羞于示人。无论小学末期还是整个中学阶段,没人知道我会写漂亮的毛笔字,我也从来没有展示的机会。当我看到班里的墙上偶尔有红纸黑墨写的表扬名单时,上面的字那么幼稚,我也从没说"老师,让我来写吧",我说不出口。

另一件事是,我动不动就脱离地面,一个人到房顶上去玩。我想,渴望房顶也许是所有孩子的心理,对我尤甚。在房顶上,我能看到许多院子,许多胡同,许多街道,放眼望去,那一格一格的青瓦,种种倾斜度,院连院,院中院,那广阔总是让我出神,发呆。这是远看,近看也有特别的乐趣,那就是你看到别人,别人看不到你,即使有人偶尔抬起头,也在你的监控之下,你可以随时隐蔽,比他快多了。我看到了别人炒菜、做饭、如厕、写作业、跳皮筋、追跑打闹,就如同看电影一样,看得入迷。

房顶既是现实的,又是非现实的,如此日常又形而上,特别对总是怯怯退缩的我,这里的安全感简直令我着迷。我一个人待在两个高高的有飞檐的房脊之间,谁也看不见我,我面对温暖、强烈甚至刺眼的阳光,独自享受那种彻底的明亮与寂静,我如醉如痴。记忆中阳光如同暴雨,似乎有永恒的性质。

后来看卡尔维诺,特别是《树上的男爵》,我不能不慨叹人类有太多共同的东西。说实话我有点沮丧,我觉得卡尔维诺写出了我的东西。许多世界名著也是这样,比如《城堡》《1984》《动物庄园》,都该是中国人写的,但却不是,每每想到此我都会感到羞愧。我不知道卡尔维诺是否有过长时间的房顶生活的经历,尽管他极有才能,但是我觉得他对于"上面的生活"不如我体验的具体、细微,我仍有我的不可代替的空间。

变化:荒凉与圣殿

到了上初中二年级的时候,我的一个偶然的不可思议的举动,改变了在别人眼中可有可无的灰尘一样的形象。班上有一个孔武有力的大个子总是用小弹弓绷我,虽是纸叠的子弹,但绷到脸上也是很疼的,于是我举起了桌子盖向他冲去,他吓坏了,所有人都吓坏了。我并没有拍下去,被人拦住了,但那一刻犹如一道闪电照亮了我黑暗的生活,这道闪电让我看清了别人,也看清了自己。这闪电便是别人对我的害怕,我被认为是一个手黑的人,一个很粗鲁的人,一个不好惹的人,这给我带来极大的发现新大陆般的快感。事实上我是被认为的"人",那个被认为的"人"给我带来了很大的便利,此后我所做的全部事情都是为了维护那个被认为的"人"、虚假的"人",而我本身依然是那个内心害羞、胆怯、紧张、胆小的人,但别人还是十分买账,总是让着我、尊着我。我看到了人的懦弱,看到一群羊如同一只羊一样。我假装疯魔有人怕,我编造的在别处的"英雄事迹"有人信,有人开始主动臣服于我,到了初三,我已经是班里的孩子头儿,是最不可捉摸的闹将。我带头与老师作对,率众集体迟到,到教室门口齐喊老师的名字。当时正是反师道尊严的时候,我的种种表现或表演因此得以实现。任何一个老师要想把课上下去,首先得把我哄好,跟我谈判,只要我不带头折腾,要求于别人的均不适用于我。这是极为特殊的待遇,尽管我内心极其志得意满,但也时不时撕毁协议,显示一下自己的存在。同时我也知道这不是真实的自己,至少是人来疯,是被别人宠坏的结果。真实的自己或者房顶上的那个自己常常窃笑,笑别人,也笑自己,于是那个羞怯紧张的"本我"也有了某种反讽的成长,这对我后来的写作至关重要,说穿了,自我的虚假在现实获得了神奇的真实,显然具有荒诞特征,这个我很早就体验到了。

更为戏剧性的是1975年,新来了一个班主任,一个东北兵团回来的家伙,一米八几的个子,往讲台上一站,不像老师,像威虎山的人。我心里真是肝儿颤,但一次冲突之后——我是被别人"架"上去的,谁叫你是头儿,你不带头冲谁带头冲,不能服软——令我惊讶的事情发生了,大个头班主任留下我找我谈话,声称要让我当班干部。我以为我听岔了,不敢相信,不可思议,但我的确已有了贼性,没太表现出来。不过他这招真是灵,一出手已完全把我从心理上打倒了。那时正"评水浒批宋江",这不明显就是招安吗?别看我平时拿班干部不当回事,没一个班干部敢管我,其实内心深处还是向着"朝廷"的,真让我当班干部,我心里激动得有点发抖。他给我的职务是班里的五大班委之一：军体委员。我主要负责打铃进教室，维持课堂纪律，整队上课间操。这些都是最难的，但既然给我这么大意外的荣誉，我也真是玩命，真的管起了我的弟兄们。谁上课捣乱我先不干了，呵斥，瞪眼，反斥闹将。当然我也是又打又拉拢，白天弹压他们，晚上又混成一团，抽烟，逛马路，寻衅。我知道我不能失掉他们，他们是我的资本，我的权力基础，这道理我天然就明白。

课我上不下去，又不能带头违反纪律，于是看闲书，三国水浒，剑侠公案，说唐隋唐，西汉演义，虽是闲书，也让我长了不少智谋，我发现自己身兼黑白两道，这在古代也不多见。我虽身为班干部，但地位特殊，上课可以不听讲，不交作业，考试有人帮着蒙混过关。但是 1976 年 10 月之后，我的时代一夜之间过去了，学习开始受到重视，班级重组，学校把学生分成“快班”和“慢班”，即“好班”和“差班”，这是相当伤人自尊心的一件事，可我们的历史从不考虑个人感受，个人命运总是随之发生戏剧性的变化，这是我们的传统，我虽为一个小小的中学生，却也体会到了个中滋味。按考试成绩我是绝对要被分到差班的，但或许由于我余威尚存，成了一个特例。我没被赶走，但还是受到极大刺激，此外让我特别悲愤的是我那些弟兄们对此事毫无反应，让去差班就乖乖地跟俘虏似的去了差班，真是乌合之众。我看着老师，看他拿我怎么办，果真他没敢动我，我继续当干部，还是军体委员。

新的班集体环境变了，兄弟们都分到了差班，我依然站在集体面前整队、出操，喊稍息立定齐步走的口令，但我却觉得抬不起头。我的学习成绩不好，对数理化一头雾水，上课犹如听天书，一种无可名状的悲剧感几乎让我主动要求去差班。我在好班干什么？除了出丑不就是让人心里暗笑吗？我沉默，像过去许多时候那样低头看闲书。我把哥哥拿回来的苏联小说《人世间》又读了一遍。我以前读过，没怎么读进去，这次一下读入迷了。许多天，我沉溺其间不愿出来，不愿见人，不愿上学，就想一个人待着。《人世间》中的主人公和我有点像，这本书讲了一个养蜂人的故事。养蜂人原是一名卫国战争将军，时代变迁，他被强迫退休，无所事事，靠养蜂打发时光。他虽然只是个养蜂人，但又是个将军，并且仍然有着一辆伏尔加小汽车，这种反差特别打动我。作品主要描写了将军的落寞心情，时时怀念过去，反反复复听一首叫《路拉》的歌。当我在小说中读到“把一个人从他熟悉的岗位上强行拽开，就像把一个饥饿的婴儿从母亲的乳房上强行拉下”，“他出神地望着天花板，老泪纵横，万念俱灰”，我禁不住流下了眼泪，也望着自己家经常有老鼠迅疾地窜过的房子顶棚，自叹自怜。有一天，语文老师布置了一篇作文，题目叫《在党的十一大召开的日子里》，要求写一篇关于好人好事的记叙文。我对这种作文毫无兴趣，哪有什么好事，我正“万念俱灰”呢！我不想写，也不知怎么写，可心里又的确有什么东西，幻想自己发生奇迹。我决定自行其是，拿出纸笔就“写”了起来。

我写了一个叫王琦的人，这个人过去不爱学习，是班里的孩子王，一直过着唯我独尊的生活，“四人帮”被粉碎后，他的骄傲结束了，分到了差班。王琦不服气，感到耻辱、悲愤，想发奋努力把被耽误的青春补回来，但为时已晚，他觉得自己是被抛弃的人，每天“望着天花板，万念俱灰”。有一天过去的班长找到王琦，鼓励他，希望帮他补习功课。班长的真诚打动了王琦，王琦开始努力学习，最终以优异成绩回到原来的班级。

400字的作文纸，我一口气竟然写了11页，我那些闲书真是没白读，我为自己写了一个梦，写下这么多字而激动！但是激动很快就被不安代替——这是老师要求的作文吗？甚至这是通常的作文吗？我这么瞎编乱造老师能允许吗？我一直期待着讲作文，可老师老是不讲，终于这天我看到语文老师拿着一摞作文走了进来，我的心狂跳起来。像我预感的那样，语文老师第一句话就提到了我的作文，他先给大家念了一遍。这位语文老师叫宋书功，毕业于复旦大学中文系，我考上大学不久，他也被调到大学做了教授。宋书功操着一口南方方言，一字一句念我的作文，全班同学都凝神听着，念了差不多有半节课，然后开讲。他把我这篇作文定义为一篇小说，虽然未按要求写，但还是给我打了一个“优”。那是1977年夏季，天气很好，阳光灿烂，我从未得到过如此的殊荣，那是我人生第一个“优”，不仅是一篇作文，还是一篇人们闻之不解的小说！我怎么能写起小说来？我过去连作文都不会写，上中学后我就基本没写过作文，这种戏剧性真是让我惊讶。不用说，那一天，那一刻，决定了我的道路。

我的“小说”被拿到全年级去念，一夜之间我成了作文明星。一天，一个其他年级的女语文老师把我叫到办公室，问我作文里的王琦有没有模特，我不知道什么叫模特，语文老师说就是原型，“王琦的原型是谁？”问得我张口结舌。那是我有生以来第一次听到“模特”这个词。我觉得让那位女老师失望了，但事实上并非如此，我从女老师的脸上读出了她越发惊异的表情。也许我应该告诉这位老师有一本书叫《人世间》，我模仿了这本小说，或者告诉她写这篇作文就是做了一个梦，但当时我又如何说得出呢？

我不自觉地模仿了《人世间》，是个奇迹。《人世间》是我那时读的唯一一本外国文学作品，但也就是这一部外国文学作品影响了我！说起来，时至今日，《人世间》应该不算是一部文学名著，在后来的许多年里，我也从未听到有谁提到这部小说。我一直不知道作者是谁，这到底是一部什么样的书，直到最近在网上查了一下这部作品，才在雷颐先生一篇文章中看到《人世间》的一点影子。他在文章中写道：

> 1973年前后，与沙米亚京《多雪的冬天》同时流行的几部书还有：柯切托夫的《你到底要什么》，谢苗巴巴耶夫斯基的《人世间》，尤金邦达列夫的《热的雪》《岸》。“文革”一代处于一个特殊的年代，普遍没有受到过良好的教育，思想也大多受潮流影响，真正独立思考的人并不很多，但是由于那个年代普遍的失控和混乱，也使一小部分人因困惑怀疑而发奋读书，从而独立思考，许多人都受到了这批小范围内部流行书的影响，可以认为是“文革”中的启蒙。

这批书可谓大名鼎鼎，影响了一大批人，但我不知道《人世间》也是其中之一。也就是说，某种意义上讲，我是最早受到启蒙的，在我还是身兼“黑白”两道的时候？这让我越发感到生活就像掷骰子一样，是多么不可思议。或许上帝从来就有戏剧精神，《人世间》在那个混乱年代究竟给了一个懵懂少年怎样神秘的影响？难道说我的思想起点已经从读谢苗巴巴耶夫斯基就开始了？我不这样认为，我那时只有感受和潜移默化的份儿，不可能有思想，但文学不也正是这样对人产生作用的吗？

的确可以做出一些分析，《人世间》的潜移默化给了我一种“人”的东西，情感上的东西，让我具体感知到历史背景下的个人痛苦，使我关注到自己的内心与灵魂，并让我冥冥之中以感同身受的角度超越了当时的历史叙事与意识形态。我不能想象如果没有《人世间》这本书，我能否写出那篇关注个人痛苦的作文。

看看读《人世间》前后的时间我都读过什么吧：《平原枪声》《敌后武工队》《大刀记》《桥隆飙》《铁道游击队》《小英雄雨来》《沸腾的群山》《金光大道》《小五义》《大八义》《三侠五义》《说唐》《隋唐》《水浒传》《说岳全传》《封神演义》《三国演义》……我不能说这些书对我没有帮助，某种意义上说有很大帮助，它们对我参加文科高考起了重要作用。但就文学性而言，这些书缺少最关键的东西，那就是人的情感、人的心灵缺少忧伤、忧郁、痛苦。这些书中革命、武侠、演义是历史的风云际会，而“人”似乎是微不足道的。一本《人世间》孤立在那么多“非人”的书中，如此偶然又必然地改变了我内心的构成，这也说明对人影响最大的还是“人”。有价值的东西也许不需要很多，一点即可，这是因为有价值的东西是从生活和生命深处而来。

我无意贬低自己，但是当80年代欧美文学大批涌进，我像发现新大陆一样如饥似渴地阅读，越读越觉得难过，越读越觉得汗颜。我觉得就文学而言，我有多么荒凉就有多么孤独，读马尔克斯《百年孤独》，我感到我的孤独远胜拉美的孤独，我们是千年的孤独。假如我读《三侠五义》《大八义》《沸腾的群山》时读的是巴金、茅盾、沈从文、老舍、曹禺、张爱玲，我们的孤独感是否会少一点呢？我的整个阅读经历是在十年“文革”中度过的，那时根本不可能读到现代文学并不算丰厚的精华，仅有的一个鲁迅也不过是一个政治化符号。此外，由于那篇作文，我神奇地参加了高考，并考上一所大学，尽管是个四流大学。从那时开始，差不多长达10年时间，包括后来在西藏的两年，我一再读外国经典文学作品，小说、诗歌、传记、哲学、随笔和书信，也读当代的中国小说、诗歌、报告文学。80年代是一个巨变的时代，但在我看来所有的变化与心灵的变化比起来都不算什么。如果拉美有文学爆炸，那么对中国来说则首先是灵魂的爆炸。对我而言，爆炸的具体日期甚至都可以确定下来，那是1980年8月31日，一看似个平常的日子，我走进了国家美术馆。我知道沸沸扬扬的“星星美展”正在这里举办。时代与艺术不谋而合地要求一种新的间接的语言出现，因此，诗歌注入了画展，从地下浮出水面。在国家美术馆的墙上诗与画如此的隐晦变形，但谁都能感到这里正发生着存在于每人心中的核裂变反应。我在画展的“前言”面前久久驻足，我读到了一种对我来说全新的语言：

一年很快地融进历史。

我们不再是孩子了，我们要用新的、更加成熟的语言和世界对话。艺术本身就是一种标志，表明作者有能力抓住美在宇宙中无数反映的一刻。那些惧怕形式的人，只是惧怕除自己之外的任何存在。世界在不断地缩小，每一个角落都有人类的足迹。不会再有新的大陆被发现。今天，我们的新大陆就在我们自身。一种新的角度，一种新的选择，就是一次对世界的掘进。

现实生活有无尽的题材。一场场深刻的革命，把我们投入其中，变幻而迷蒙。这无疑是我们艺术的主题。当我们把解放的灵魂同创作灵感结合起来时，艺术给生活以极大刺激。我们决不会同自己的先辈决裂。正如我们从先辈那儿继承来的，我们有辨认生活的能力，及勇于探索的精神。我们在新的土地上扬鞭耕耘。未来必定是我们的。

我不知这是否出自北岛之手，我看着像。时至今日我仍认为这是一个历史性的宣言，或者中国的文艺复兴宣言，我和许多人都从这个宣言开始发现自己。我被墙上的诗配画震惊，仿佛在一个爆炸过程中。历史向我走来，并与我个人化的历史重合，即使如我这个刚开蒙的人，当晚都记下了这样的日记：

1980年8月31日　星期四

下午到美术馆看星星画展，虽然有许多画看不懂，但我却很喜欢。画，大部分色调暗淡，意义很隐晦，但给你极深的印象，使你觉得这里有某种深不可测的力量。

我的心感觉强烈，使我思考。中国人灵魂的火，在这里用一种变形的艺术爆发出来，一反古老的传统，有朝气，有力量，使你既深沉，又强烈，思索一些你头脑并不清楚的问题。总之，它让你思考，尽管不知在思索什么，你感到心充满要爆发的力量，通过变形的夸张，造型的怪奇，色调的突兀、怪诞，表达了一种强烈的火一样的情思：对丑恶的批判，对美好的赞扬，对光明的追求，对传统的挑战，对黑暗的控诉，要求解放，向往自由。

总之，星星美展，对我总的感觉是强烈，强烈，有力，有力，就是说，不能这样生活下去，要变，要变！中国人的灵魂要来一个大翻身，要在我们古老的民族的灵魂的废墟上，建立起崭新的民族之魂，未来属于这一代年轻人，中国人从此站起来了！星星啊，启明的星星呵，你是太阳到来前的先导，在黑暗中，你给了人们最初的一线光明，让我们满怀希望地在心中迎接那光辉太阳的腾空！

我有一种强烈的愿望，就是想看到同时代人这一天的日记，如果可能的话，有一天我或者会建议某个有眼光的杂志，征集那天或那几天的日记。那一天不属于个人，而属于中国。那一天对我是决定性的，甚至是革命性的，因为那天我知道了一种全新的语言，几乎一夜之间我的语言也开始换装。语言的换装即灵魂的换装，我走进美术馆时还是一个旧人，出来的时候已是一个新人。

我读的是一所大学的分校，是由原来一所中学改建的，没图书馆，用临时搭建起的一排活动房当作阅览室。学校倒也买了不少书，订了很多杂志，包括《世界文学》《外国文艺》等。书都是崭新的，主要是外国文学。就在那样简陋的图书馆里，我读了许多名著，印象深的有《九三年》《悲惨世界》《红与黑》《大卫·科波菲尔》《约翰·克利斯朵夫》《唐璜》《被缚的普罗米修斯》《当代英雄》《爱丁堡监狱》《复活》《红字》《安娜·卡列尼娜》《鼠疫》《老人与海》《城堡》《审判》《局外人》《橡皮》《鱼王》《喧哗与骚动》《百年孤独》《第二十二条军规》等。

我读得慢，仔细，细心，还记日记。读《安娜·卡列尼娜》，我的日记有这样的记载：

1981年10月12日

读《安娜》，认真仔细，托氏的作品有时很沉闷，开篇总是很精彩，天才的匠心。但就整体结构来说总给人一种堆砌感，事无巨细，冗长唠叨，典型的庞大笨重。但从细部来看托氏塑造灵魂的天才是无与伦比的，特别擅长刻画人物动态的思想意识活动，他的细致漫无边际。

1981年10月14日

《安娜》上部终于读完了，心灵正是在这样的承受着细致的漫长的苦读下成熟的。我相信这样的苦读精读对于我的益处将是深远的，对我的感觉器官更是一个成熟的促进。

近十年阅读外国文学经典名著的经历使我获益匪浅，尽管1989年后我的阅读量锐减，也放弃了写作，但1998再度回归到文学上来时也并不感觉吃力，几乎一下就上手了，我想这与那十年苦读不无关系，特别是在西藏那两年间的阅读，已如血肉长在了我的身体里。我想，十年的悉心苦读应该可以造就一个人，就算有着十年“文革”的废墟，在这废墟之上，我也已经建立起了一座人文的圣殿。

眺望：文学与远方

杨炼的一首诗中写道：“在大海停止之处，眺望自己出海。”

大海会停止吗？这个说法很新鲜，但是毫无疑问世界任何一个海边，哪怕一个伸向内陆的小港湾，都可以看作是大海停止之处。眺望自己出海，虽然只有六个字，却含义丰富。眺望是一个很普通的词，眺望远方，眺望大海，很好理解，很常见，但眺望自己，一下返回自己，这可能吗？眺望是主体，自己也是主体，双主体，可能吗？仔细想想当然还是可能的。诗人的伟大之处就是说出一些隐秘的东西，意想不到而又存在的东西。人有时会把自己当成客体，当你把自己当成一个客体或一个他者的时候，眺望自己就成了可能。

像“海边”是“停止”一样，每一处海边也未尝不是开始的地方。在这个意义上，“眺望自己出海”实际也隐含着“眺望自己归来”。当你是一个少年，眺望的是自己出海，当你已经中年，眺望的是什么呢？无疑是归来。

我很小就渴望远方，当我一个人站在房顶上的时候，看得最多的就是远方。我看到我生活的胡同像一条小河一样流向远方，我每天穿行在胡同里，就像舟楫一样。我居住的胡同叫前青厂胡同，位于宣武区（今西城区）东北部，东起琉璃厂西街，西至永光寺西街，有胡适、林海音故居，鲁迅也曾多次到这条胡同考察图书馆馆址，后来办了分馆。我父亲和叔叔们的织布厂最初就办在我们院里，公私合营后才迁到了别处。胡同东边不远连着琉璃厂，琉璃厂有西琉璃厂和东琉璃厂，它们中间隔着南北向的南新华街。与东琉璃厂相衔的是北京大栅栏，再往东到头是前门大街，这一连串首尾相连的胡同对小时候的我来说相当漫长，站在房顶是远看不到头的。我记得大概是上小学三年级的时候，我才完整地走完这条长长的胡同。远方是相对的，随着人的成长，远方会变得越来越近，仅仅在胡同里穿行已不能满足我对远方的渴望，我对大街以及大街上行驶的公共汽车着了迷。刚上中学的那个寒假，我专门打了一张月票，开始了乘公共汽车穿越城市的梦想(那时我还没偶然地举起桌子盖，还在逃避人群，喜欢一个人与世界相向，渴望城市的远方)。

那是一个有着丰富内心活动的旅程，因为免除了上车买票，因为想坐到哪儿就坐到哪儿，所以特别放松。通常快到总站查票时，我会搞一点恶作剧，装作是一个逃票者，半天拿不出票，最后当售票员要我出钱买票时，神奇地变出了一张月票。这时候售票员往往不相信一个小孩子会有月票，会瞪大眼睛仔细端详查验，我喜欢售票员那认真检查的表情，有一种恶作剧得逞的满足感。当然这只是乐趣之一，更大的乐趣是，相对于以往徒步穿越胡同的远方，汽车带给我的远方完全不同。在宽广的大街上，看到高大的建筑，穿过市中心，到了北城，城市边缘，比如马甸、北土城、中关村，这对我来说可真是远方了。1973 年，北京二环路外差不多就是乡村景象，河流、庄稼地，朦胧的远山、夕阳，我丝毫不觉得美，只觉得陌生，隐隐的恐惧。当作为“人”的自我还没发育完全时，我是不懂审美的，这时主要的感觉就是恐惧。尽管理智上我知道自己是绝对安全的，但情感不会因为理智存在就不滋生恐惧以及恐惧性的想象。但体验恐惧又正是童年的重要乐趣，听鬼故事也是这个道理，体验恐惧是人的天性之一。我放任自己的恐惧，不知道公共汽车会把我带向何方，前面有没有尽头，或者前面的尽头是悬崖，是一条大河，也许开到地底下去了。一场本来是好奇的旅行变成了一场越来越惊恐的旅行，但是最后售票员一查票，心里一块石头落了地，立刻因喜悦装作没票，转换之快不过瞬间，如同小说、戏剧。

这是一个十四五岁少年的真实故事，这个故事说明旅行过程是一个强烈地意识到自我与他者互动的过程，这种过程正是文学的滋生地之一。西班牙大哲学家奥德嘉·嘉塞曾经说过：“告诉我你关注什么，我就会告诉你你是谁。”人往往是通过自己关注的东西来创造自己的，不论我们将注意力投向何方，我们都会被它塑造。你关注远方，远方必定会塑造你；你关注旅行，旅行必定会塑造你。在这个意义上，奥德嘉·嘉塞进一步说：“生命本身就是一件有诗意的工作，人是他自己的小说家，因此生命事实上就是一种文学形式。”我觉得他说的对。

不过如果细分，旅行和远方虽然有关，但也有差别。远方具有终极性质，旅行则更像手段，远方不仅仅是行走，更重要的可能是停留。居住在一个想居住的地方或是被迫居住的地方，这时变化就不再仅仅是空间上的，更是时间上的。这时你在一个陌生之地一住就是几周，几个月，几年，甚至一生，都有可能。故乡是怎么产生的？就是由远方产生的——没有远方就没有故乡。而故乡一旦产生，也就产生了双方面的远方——你去的地方是远方；当你到了远方，住下来，一住几年甚至一生，你的来处也变成了远方，故乡由此诞生。故乡对作家的影响是不言而喻的，鲁迅、莫言、贾平凹、阎连科、刘震云，哪个不是在异地写作的作家？哪一个不是在远方抒写故乡？还有被迫走向远方的知青，像韩少功、王安忆、张承志、王蒙、张贤亮、从维熙，因求学或写作由小镇来到大城市的作家余华、苏童、格非，可以说数不胜数。

我的远方和上述这些同行们还不尽相同，我没有什么其他理由，只有一个很个人的理由，就是在一个地方腻了，想离开。我渴望陌生，渴望远方，渴望有一个故乡。我知道，如果我不离开，就是一个永远也没有故乡或第二故乡的人。而没有故乡的人在我看来是一个单维度的人，就如一个不知道镜子为何物的人。故乡好比是一面镜子，在镜子中你看到的不仅仅是你，还有世界，不仅仅是世界，还有你。你和世界隔着遥远的距离，但因为镜子，二者又是同一的。

1984年，北京对我来说已是一个极限，我必须离开。这一年，我大学毕业后，在北京一所中学任教一年，学校宿舍后面是一条铁道，每个夜晚都有火车经过的声音，这声音代表了远方。我的血液里有一种东西，一种我父亲的东西、我哥哥的东西，一种对他们是被迫，但是到了我这里却变成了躁动的东西。但我也有充分的理由，那就是为了文学，我应该读万卷书，行万里路。我给远方写信，给新疆写信，信写得像诗一样。此前在大学时我已在《萌芽》发表了诗歌，是当时的校园诗人。那时能在被称为"四小名旦"之一的《萌芽》上发表诗是相当不容易的。当我费尽周折与新疆农垦建设兵团一所中学取得了工作上的联系时，一个意外的消息传来，北京将组建援藏教师队支援西藏，我毫不犹豫地报了名，我觉得这是天赐良机，这下我将成为我们家族中走得最远的人，同时完成了对家族历史的对话。不离开，似乎我就不是这个家族的人，但一离开就这么远，也是我没有想到的。

西藏的远方、西藏的空间对我至关重要，巨大的陌生、巨大的遥远，会不会创造一个巨大的"我"或客体的"他"呢？我当时憧憬着自己，也眺望着自己。那时我已知道高更，知道塔希提岛，高更一到陌生原始的塔希提岛便画出了惊人之作。此外，80年代知青作家非常活跃，他们为什么成功？很显然因为他们曾有一个远方。他们的经历令我羡慕，他们的作品尽管描写的是苦难，但当苦难一旦化为文学，反而再次让远方成了召唤。那时我虽然已发表了一点诗歌，但感到自己生活经历贫瘠，不可能写出惊人的、有力量的东西，我觉得到了西藏会完全不同。既然西藏与众不同，自然也会让我写出不同凡响的作品，一鸣惊人的作品。我的想法应该说不错，是一个年轻人正常的想法，并且从现在来看，我也确实得到了这个结果。但是当初让我绝没想到的是，这一结果延迟了差不多20年之久。

20年是个什么概念？是一个人由少年变成中年的概念，从一个眺望自己出海到眺望自己归来的概念。有人在出海之初，也就是一到西藏，就写出了不同凡响的作品，像马丽华、马原，但我不行。艺术对生活，往往不是正面直取，但我却是一个接受正面挑战的人。我觉得青藏高原既然以正面的、全景的方式震撼了我，我就要以正面的、全景的方式表达这种震撼。我希望我的心灵就像一面大镜子那样完整准确映现西藏，结果我变成了像西藏一样的镜子，但我也完全消失在镜子之中。我说不出心中的西藏，许多时候一时激动写出了点什么，好像一切都写出来了，但就在我落笔的时候，就在密密麻麻的字里行间，一切又都神奇地消失了。文字，刚刚还像蚂蚁一样爬行，落在纸端却尸横遍野，全成了死的、干的。我不明白这是为什么，我觉得我缺乏才华，无能，我不是写作的料，信心被摧毁，就像上帝说："我要拯救你就先要毁灭你。"直到许多年后，我作为一个广告人，在北京大街上开着法国原装雪铁龙，听到朱哲琴的《阿姐鼓》，才明白了一道理：西藏是不适合用语言表达的，西藏有着全部音乐的特点，是抽象的、诉诸感觉的，也是心灵的、印象的、模糊的、隐秘的、非叙事的，谁要想表达这些，谁就是堂吉诃德。然而当时我不明白这个道理，我非常固执，固执得一如堂吉诃德大战风车一样。我认为是西藏的高度导致了我创作的巨大难度，而我又是一个不会绕过困难的人。我写的很少，写得非常困难，却对困难有一种执迷不悟的劲头，北京人管这种人叫"轴"，说这人特"轴"，指的就是我这种人。没错，我非常"轴"，我到西藏本来是为写作，结果西藏反而制约了我的写作，差不多把我囚禁起来。

我几乎放弃了写作，放弃了西藏，但西藏却并没放弃我。奇迹发生在差不多10年后，1997年，那时我在北京一家广告公司任总经理，我驱车去一家饭店与一位企业老板谈生意，车堵在了北京最繁华之地——东单的银街，我驾驶的是一辆原装法国雪铁龙，本是为了越野，现在却陷入泥淖。饭店已近在咫尺，可我却无法抵达，事情就发生在这最后的几分钟里。我的车经过一家装潢考究的音像店，附近还有一两家音像店，它们同时放着混乱的歌曲，正在这时，在噪声和混乱嘶声中，我听到了一脉来自高原的清音，我当时不知是《阿姐鼓》，但是感觉非常亲切，我感到一阵恍惚，一种迷失：

我的阿姐从小不会说话/在我记事的那年她离开了家/从此我就天天天天天天地想/一直想到阿姐那样大哎/我突然间懂得了她。

当时听得我魂飞魄散，不知自己身在何处，好像一下悬空了。我觉得遥远的我在呼唤我，年轻的我在呼唤我，梦里的我在呼唤我。西藏，我曾为了诗歌为了文学追寻到那里，在那儿整整隐居了两年。西藏巨大的孤独和自然界的伟岸曾经长时间塑造过我，高高的雪山与梦幻般的河流磨洗过我的眼睛，25岁的我像淬火一样身体发蓝，定型在那里。一切都不曾忘记，《阿姐鼓》穿越时空一举照亮我，我觉得身体透明，闪闪发光。

我像梦游一样辞去了广告公司的职务，将账目、车钥匙，以及一切事务全部交了出去，在回忆中重新回到远方。当年的写作难题奇迹般地消失了，往事纷至沓来，西藏纷至沓来，这时再次眺望自己，已不是出海，而是归来，或者既是出海又是归来。这时大海已不再单纯，而是像3D一般，是个立体空间，所有远方的鱼都向我游来，一切都身临其境，一切都信笔拈来。

《阿姐鼓》这张专辑共有七支曲子，我用感觉以及感觉到的文字对位写出了七篇散文，命名为《沉默的彼岸》，1998年发表在《大家》杂志的“新散文”栏目上。此前我已有六年没发表作品，我清楚地记得海男，这位另类的女诗人、小说家，只是翻了翻，问了问，随即拍板。它们偶然间成为“新散文”的代表作，与这个栏目的创作理念不谋而合。这组散文的开篇叫“漂泊”，完全没有拘束，是在音乐导引下流出来的文字，开头是这样的：

从无雨之河开始的漂泊与沉思，到了雪线之上突然中止了，鼓声从那里传来。正午时分，火山灰还在纷扬，鼓声已穿透阳光，布满天空，沿着所有可能的河流进入了牧场、村庄。所有的阴影都消失了，鹰从不在这时候出现，一群野鸽子正沿着河流飞翔。闭上眼，静静地躺在湿地和沼泽之中，面对天空，鼓声，阳光的羽毛。大片的鸥群从你身体上掠过，你摆着手，示意它们不要离你太近。但你的周围还是站满了鸟群，它们看着你，看着湖水，看着湖水流线型从草丛和你的身体上滑过。

一个人，躺在隆起的天地之间，有时也在刺破青天的山峰上，就像雪豹那样。那时积雪在你的体温下融化，阳光普照，原野的亮草弥漫了雪水。这些浅浅的像无数面小镜子的雪水汇成了网状的溪流，它们打着旋儿，流向不同，不断重复，随便指认一条，都可能是某条大江的源头。

不，不是所有的源头都荒凉，没有人烟。

在我的行迹中，生长着岩石，冰川，咕咕的泉水，同样，也生长出了帐篷，村庄，正午的炊烟。村庄或石头房子几乎是从岩石上发育出来的，经幡在屋脊上飘扬，风尘久远，昭示着时间之外的生命与神话，存在与昂扬。村子太旷远了，以致溪水择地而出，从许多方向穿过村庄，流向远方。桑尼的弟弟，一个三岁的男孩，站在时间之外，在没有姐姐的牵引下，那时候正走在正午的阳光里。

这是个没有方向的孩子，只是走着，时而注视一会太阳。

那个三岁的男孩，他来到门前一条小溪旁，小溪不过一尺宽，但自然界提示他不能过去，他站住了，他一无所有，于是蹲下来玩水。他没有任何玩具，手伸到小溪里，小溪流速很快，水就顺胳膊涌上身来，自然界的力量一下让他跌倒了。他的鞋湿了，他脱下了鞋，于是发现了鞋。他用小鞋舀水，站起来，倒下，就像他的姐姐汲水时的情景。玩了一会儿，或许是累了，他的小鞋不慎落入水中，一下顺流而下漂走了。他没有追，只是望着，眼睛里充满了好奇，待小鞋子漂远看不见了，他蹲下来拿起另一只，再次放到水上。小鞋再次漂浮，像船一样前行，男孩跟着跑了几步，摔倒了，再爬起来时小鞋已远去，男孩看看地面，再没什么了，又看看远方，这时他简直就像一尊小铜像，眼里没有迷茫，只是直瞪着，只是不解，无法越过的不解。他还不能思考，但思考已经孕育。

这是我在西藏住的那个村子里发生的一件事，这个村子与我教书的学校只有一墙之隔，那所学校坐落在拉萨西部圣山脚下，因山势延伸，操场是倾斜的，足球仿佛是在一个斜面上滚动，有几排石头房子，一个水塔，形同虚设的到处是洞的围墙。它周边是田野、牧场、沼泽、村子。穿过村子和一大片山脚下的卵石滩，就到了山上的哲蚌寺。站在村子的高处或卵石滩上的一块高大的飞来石上，可以看见拉萨河像天空一样的波光。我经常在村子里、寺院里散步，远一点我会走到拉萨河的几个小支流上，或者干脆走到拉萨河边，河边有许多大大小小像浴盆一样的水湾，有时我会脱光衣服躺到里面，任水鸟鸣叫着围绕着我飞翔。

在《阿姐鼓》的音乐中我回忆着、眺望着，一个早已存在的漂泊者、流浪者的形象在我心中完全孕育成熟。这是一个什么样的形象？什么样的形象才能承载我的西藏？我觉得只有罗丹的雕塑《青铜时代》那样一个走向原野瞻望人类未来的形象，或者像老子所说的一个赤子的形象、婴儿的形象，只有这些具有哲学意义或文化人类学意义的人的形象，才能承载我心目中的西藏。西藏在我看来是在世界高处开始的地方，那么这个形象也要有开始的味道。

我用了三年时间完成了这部长篇小说，塑造了一个叫马格的人，一个来自大城市的人，一个从中心城市走向边缘的人，一个家境殷实却选择了流浪的人，一个拒绝一切秩序的人，一个在自然中祛除了心灵之垢的人，一个总是接触水所以眼睛变得特别深远明亮的人。他眼中的拉萨是这样的：

马格站在拉萨河桥上，四月，流域沉落，残雪如镜。城市在右岸上，白色的石头建筑反射着高原的强光，一直抵达北部山脉。布达拉宫幻影一样至高无上，神秘的排窗整齐而深邃，仿佛阳光中整齐的黑键，而它水中的幻影更有音乐性，更像一架管风琴的倒影。窗洞被风穿过，阳光潮水般波动，能听到它内部幽深而恢宏的蜂鸣。拉萨河静静流淌，波光潋滟如一张印象派的海报。是的，这是个音乐般的城市，静物般的城市。

除了一些寺院呈出着绛红色调子，这是个城市几乎是白色的，高音般的白，但细部，比如雕窗则是鲜明的黑，整个看上去明快，抒情，单纯，单纯色构成不同的色块，简单，迷人。在马格看来，这是个童年的城市，积木般的城市，他想起小时曾搭建的那些好看的城堡，想起他在钢琴上幻想的一个积木城市。但那时他无论如何没考虑过这么亮的阳光，因此这甚至是一个孩子也无法想象的城市。但白色的拉萨，又的确是一个孩子的城市，多漂亮的阳光，全世界的孩子都应在这里与阳光相聚，与河流相聚，以决定他们的城市和未来。可以有一些白发老人，比如轮椅上的老人，推婴儿车的母亲，然后全是孩子。

西藏需要一颗赤子之心、婴儿之心，这两者都是干净的，只有干净才能呈现干净，只有水才能呈现水。这部小说叫《蒙面之城》，问世于2001年，2002年意外地获得了老舍文学奖。在人民大会堂举行的颁奖会上，我在简短的获奖感言中说，除了这部《蒙面之城》，我所有发表的作品加起来不过几万字。会后记者采访我，问我为什么写得那么少，我讲了我被西藏囚禁的情况。我说我得感谢这种囚禁，没这种囚禁我不会获得一颗赤子之心，一个罗丹雕塑那样的形象。

《蒙面之城》问世五年之后，我又投入了另一场大规模的有关西藏的写作，再次眺望自己、眺望西藏，这就是2010年问世的长篇小说《天·藏》。这部小说为我第二次摘得了老舍文学奖，以及首届施耐庵文学奖。如果说《蒙面之城》中的西藏还是一个局部的西藏，那么《天·藏》就是一个全景式的西藏，一个音乐般的西藏，就像我刚到西藏时，被震撼得无法言说的西藏。小说一开始就像一段具有叙事性的音乐：

我的朋友王摩看到马丁格的时候，雪已飘过那个午后。那时漫山皆白,视野干净,空无一物。在高原,我的朋友王摩说,你不知道一场雪的面积究竟有多大,也许整个拉萨河都在雪中,也许还包括了部分的雅鲁藏布江,但不会再大了。一场雪覆盖不了整个高原,我的朋友王摩说,就算阳光也做不到这点,马丁格那会儿或许正看着远方或山后更远的阳光呢。事实好像的确如此,马丁格的红氆氇尽管那会儿已为大雪覆盖,尽管褶皱深处也覆满了雪,可看上去他并不在雪中。

从不同角度看,马丁格是雕塑,雪,沉思者,他的背后是浩瀚的白色的寺院,雪,仿佛就是从那里源源不断涌出。寺院年代久远,曾盛极一时,它如此庞大地存在于同样庞大的自身的废墟中,并与废墟一同退居为色调单纯的背景。不,不是历史背景,甚至不是时间背景,仅仅是背景,正如山峰随时成为鸟儿的背景。

马丁格沉思的东西不涉及过去,或者也不指向未来,他因静止甚至使时间的钟摆停下来。他从不拥有时间,却也因此获得了无限的时间。他坐在一块突兀的王摩曾经坐过的飞来石上,面对山下的雪,谷地,冬天沉降的河流,草,沙洲,对岸应有的群山,山后或更远处的阳光,他在那所有的地方。

这是我离开西藏许多年后描绘的西藏,当年我是写不出这样的文字的。这里有一个非常重要的概念,就是时间。我前面也提到了时间的参与,许多处也都谈到了时间。这里我想说,远方绝不仅仅是一个空间概念,它还是一个时间概念。没有时间参与的远方,是一个没有生命沉淀的远方,一个走马观花的远方。为什么旅游文字通常写不好?是因为写作者没有成为重要的参与者。所以我说我被西藏囚禁起来,某种意义不如说是被时间囚禁起来。囚禁的意义我前面也说了,它使我的西藏变成了一个 3D 的西藏、立体的西藏,西藏本身使我获得了一颗西藏之心。我被远方所塑造,被时间所塑造。

关于我所描写的西藏是否和别人不同,我想引用一下上海著名的批评家程德培先生一段话,他在评论《天·藏》时这样说:“《天·藏》的叙述者是一位形而上的思考者,他聪明而饶舌,给我们讲述的却是沉默的内涵;他处理过去仿佛它就是现在,处理那些远离我们日常生活的故事,好像它就在眼前。对宁肯来说‘空间’总是慷慨和仁慈的,而‘时间’总是一种不祥的情况。小说力图向我们展示一种文化的全貌,这种展示既面向我们,也面向与世隔绝的人。”程先生这段话有两个关键词,一个是时间,一个是空间,这也正是我所要表现的。我觉得要表现西藏,就必须把西藏放在一个"慷慨的空间"和一个"不祥的时间"中。我想,我得感谢时间,感谢时间对远方的参与。没有时间,远方就只是空间。

双向的远方

但是,我是否已经走得太远了?那个疏离的孩子,那个目光如小动物般的孩子,那个长时间在房顶上眺望远方的孩子,那个打一张月票乘公共汽车走向远方的孩子,那个在院子里聚精会神临摹字帖的孩子,那个影子般、总躲在别人影子里的孩子,还在吗?那个问父亲大还是大哥大的孩子,还在吗?

有一天,我在一本笔记簿上写道:"有时的确需要回顾一下来路,别总急着往前赶。赶是一种盲目的心态,为了前方的一个风景,略过当下风景是划不来的。停下来,坐在一块石头上,不走了,倒可能是境界。要想想,到底要赶什么呢?其实中途挺好,或三分之二途吧;不必非要登顶,这儿挺好,一凳一亭,自己即是自己的庙。"当我写完最后一句,感慨半天。

那个孩子当然还在,只是非常非常远了。但月亮也是很远的,童年如同月亮,它存在着,挂在那儿,与我还有多大关系,似乎不好说。显然后来我更多的是与太阳发生关系,但我的核心却不是太阳,而是月亮。现在的我对于童年的我,同样是远方,有时我觉得我要是回到童年,是看不到现在的我的。

当然,对于童年,我有时也会感到非常非常陌生,就好像"少小离家老大回,乡音未改鬓毛衰",有时回望童年就像是参观自己的陌生的旧居,抚抚这儿,动动这儿,摸摸这儿,摸摸墙上的父亲母亲,遥远的战争,父亲13岁时的背井离乡,以及1912年、1920年、1939年、1945年、1957年、1966年。一切都好像和我有关,像一块沉默的大陆,从未进入过我的写作、我的小说。一直以来,我的写作甚至故意远离我的过去,远离我的父辈、兄长,我也不知道是为什么。我想还是疏离的问题,月亮的问题。月亮是羞怯的,好像因为童年的羞怯,我一直对羞怯感到羞怯,羞怯顽强地阻挡着我,把我推向远方。它好像说,不要回来,你走吧,走得越远越好。说真的,我有些伤心。

直到最近,当我决定不再向前赶了,当我感到"自己即是自己的庙",感到时间不再只有一个方向,还有许多方向,当我感到自己已经老了,我感到一种和解,一种融化,一种全面的和解,与童年、与疏离、与孤僻、与淡漠,与无尽的无明的往事。我感到那块同样沉默的大陆在慢慢苏醒,我是我们家的一员,从来就是,事实上是被他们爱得最多的一员。我是多么想念我的亲人,想念父亲,想念母亲,想念1966年、1957年、1945年、1939年、1920年、1912年。我当然知道这些时间在我的写作中实际上一直神秘地存在着，如果我真是我自己的庙，那么供奉在庙里的无疑是我的父亲，母亲，我的童年，还有那些重要的、神秘的时间。我小说的主人公马格、李慢、苏明、王摩诘，哪个没有我童年的身影？他们那种孤绝、幻觉、安静、偏执、固执，哪一个不是来自神秘的时间深处？事实上字里行间都布满了那些时间的编码。但神秘主义又是最容易的，不容易的倒是那片沉默的童年大陆我也还从未真正去过，但今后的道路已十分清晰：向后就是向前。身后，我的来路，更远，更长，更虚无，更宏大。

访 谈《

文学，生活的荒诞反映

——宁肯访谈录

陈 霞 宁 肯

陈霞：您出生在北京，1982 年大学毕业，是什么力量促使您背井离乡，放弃当时在北京的工作，转而去西藏呢？

宁肯：这与我搞创作是一个问题。我当时的感触是自己的生活经历太少，我认为一个搞文学创作的人生活经历要丰富，没有丰富的生活经历是很难进行文学创作的。特别是王蒙等人在其作品中对自己经历的书写，知青作家记录他们插队生活的经历，等等，这些都给我离开北京去西藏埋下了伏笔。这两种文学现象对我的影响非常大，于是我觉得一定要离开故土、去到远方，只有这样才能有创作对象。如果当时我留在北京，我觉得自己还在原地打转，依然没有生活经历。当时的想法是只要离开北京就可以，恰好有去西藏的机会，就去了。如果不去西藏也许会去新疆。

陈霞：是什么启发您走上了文学创作的道路？为什么想当作家呢？

宁肯：我发现自己有这方面的才能，并受到了鼓励。高一时，我写了一篇 4000 字左右的作文，老师说："这是小说。"我当时还不知道什么是小说，只是很惊讶。记得当时是 1977 年，老师出的作文题目是《在党的十一大召开的日子里》。我不是个按部就班的人，我看过一些小说，因此在这篇作文中写了我幻想的东西，那是我第一次模仿别人的东西写作。老师还给全年级学生读我的作文，这件事对我的鼓励很大。我当时还看了刘心武的《班主任》，我觉得自己比他写得好。作文事件出现后，我忽然成了会写作文的人，从那以后，我想我也许可以当个诗人、作家。然后就参加高考，大学上中文系，在我心里中文系就是培养作家的地方，必须会写作。我大学开始发表诗歌，算是校园诗人。

陈霞：您最初的文学创作是诗歌，后来又转向散文写作，现在主要是进行小说创作，为什么会有这一系列的创作转变？诗歌、散文、小说三者在您创作中有什么关联？

宁肯：我开始是想当小说家的，但因为生活经验的贫乏而未果。在阅读别人的诗歌时，我发现读诗歌一样可以了解世界、展现自己的生活，所以开始对诗歌感兴趣，但也一直坚持读小说。诗歌、散文比较短，容易发表，而且诗歌和散文需要的生活积累相对少些，哪怕只有一点积累也可以写得很好，而小说不同，小说需要丰厚的生活阅历，没有生活积累很难写好小说。所以当生活素材积累到一定程度的时候，我还是希望写小说。当然这对我来说也是不容易的事情，我40岁才开始小说写作。

陈霞：您一直强调生活经历对文学创作的影响，当然生活积累对作家创作确实很重要，但是想象力也不容忽视，文学毕竟来源于生活又高于生活。如果文学作品没有一定虚构、想象的空间，那么文学作品的创作恐怕会有模式化的危险——所有的文学创作都将是自然主义的手法。

宁肯：当然，这个不能一概而论。格非、余华20多岁就已经写出很好的小说了，他们用仅有的生活经验发挥想象就可以创作出好的作品，而我不同，我是个需要有丰厚生活积累的人。我生活在城市里，城市生活僵硬化、模式化，非常贫乏，想把小说写好不容易。乡村也许还好些，至少与传统还有些许的关联。在城市写诗还行，一点小的感触就可以写一首小诗，而小说需要丰厚的生活阅历来构建，因此生活经历对我创作小说的影响很大。

陈霞：一部优秀的文学作品，除了要具备良好的内容素材之外，作品的叙述形式也非常重要的。从小说的叙述形式上看，您的作品融合了多派别技巧，那么对您影响较大的小说家有哪些？

宁肯：我很难回答这个问题。我喜欢各个类型的作家，比如托尔斯泰、巴尔扎克等批判现实主义的代表作家我很喜欢，现代主义作家卡夫卡、卡尔维诺，拉美作家马尔克斯等我也喜欢。我的胃口很好，各个流派都喜欢。

陈霞：您喜欢各个流派的小说家，无形中汲取了各个流派的写作技巧。您小说的叙述模式非常灵活，可以说每一部小说的叙述方式都各具特色。所以，我认为您小说的叙述形式比内容更吸引人。

宁肯:是的,各个流派的写作技巧在我的作品中都有体现,具体说我受谁的影响还真有点儿说不清楚。我想我受自己影响更多一些,我用自己的方式将各个流派的写作技巧重新拼接,于是就形成了我自己的风格。我的作品已经深深地打上了宁肯的标识,我的小说有浪漫主义的因子,比如激情、理想等;也有现实主义、现代主义的因子,比如小说中的隐喻、象征、荒诞等手法的运用;当然也有后现代的东西。我的第一篇小说《蒙面之城》被学者总结为有“杂糅”的特点,我认为这个说法很好。

陈霞:有研究者认为您的小说是中国文坛上少见的“成长小说”,小说的主人公似乎都在长大的路上,这是否与您的个人经历有关?能谈谈您的成长经历吗?

宁肯:大概是1970年左右,那时我10岁,父母不在身边,哥哥姐姐又都下乡插队,就我一个人在北京生活,大概每半个月或十天家里会回来个大人看看我。我当时非常孤单,有一位老邻居在琉璃厂荣宝斋做裱画工,他推荐我从临摹汉隶开始学习写字,他算是我的早期学写字的启蒙者吧,在写字过程中我获得了一种忘我的感觉,觉得很新奇,这段生活经历在《沉默之门》主人公李慢的身上有一定的体现。

陈霞:因此,李慢身上有您童年的痕迹,或者说李慢的孤独也是您的孤独,您是在借用李慢的声音叙述自己吗?《沉默之门》中的李慢是否有您自己的身影?

宁肯:对,《沉默之门》是最接近我自己的小说。作家在创作的时候不经意间会将自己的生活经历赋予小说人物,有时候作家作品读起来有些像自传。李慢比较接近我自己,那种寂寞和孤僻很像,比如对字的迷恋。小时候我就特喜欢写字,还没上学就自己照猫画虎地学写字了,小学时开始自己写毛笔字,写的是隶书,很老的一种字体,汉代的字,从小篆进化过来,我特别喜欢,夏天在院子里写,非常入迷,那时也就十一二岁。

陈霞:李慢是孤独的,他用写字来反抗这份孤独,但他自得其乐,写字无形中成为反抗上司的方式。写字是否还有更深层的含义?

宁肯:其实李慢写字是一种隐喻,李慢代表传统文化在现代社会转型期的坚守。当大家都抛弃传统文化,更多地注重生存之道,不断地追求金钱、名誉、地位时,李慢体现出一种与众不同的生存方式——人可以换个活法,可以脱离主流社会的影响,过一种自我的生活。这种生活方式很像中国古代传统文人追求的隐逸、我行我素的生活方式,这种古老的文化传统在李慢身上得到传承。李慢写字不是反抗,而是宣布一种生存方式的存在。

陈霞:这种生存方式使李慢与社会有点格格不入,但确实有回归传统的味道。李慢作为中国传统文明的载体,您如何评价这个人物?

宁肯:我非常喜欢李慢这个人物。首先,他通过书法的方式传承了文化传统。其次,他身上有不适应现实的东西,非常可贵。他承载了一些东西,比如传统文化,他与时代格格不入,偏执、淡泊名利。

陈霞:李慢这些复古的品质在当今金钱至上的时代确实难能可贵,他为《沉默之门》增添了浓郁的向传统文明回归的味道。

宁肯:《沉默之门》中我更多的是想写出文化色彩。比如李慢爱读书,对知音显示自己的文化,对书的认同等。李慢身上承载了很多历史、文化的东西,而这些东西在特定的年代被强行禁止,传统文化被弃如敝屣。李慢在夹缝中求生存,并受到政治、经济两种伤害,因此他身上既有历史的东西,又有时代的东西。他看起来生活得很失败,但某种意义上说他又是胜利者——他有理想、有自己的价值判断。通过对李慢的塑造,我希望告诉读者有这样一种物质之外、精神至上的生活方式。

陈霞:您小说的主人公认为物质是可有可无的,他们更多的是寻求一种精神上的东西,即便他们回归了世俗社会,在回归之前都有一段不寻常的精神之旅。

宁肯:人是精神性的动物,人所需的并不是很多。当代人的迷失是物质推动的结果,当代人处于一种被动状态。其实应该是我要怎样生活才怎样生活,而非生活要我怎样生活我才怎样生活。前不久中央电视台提出"你幸福吗?"这个问题,我认为幸福或者不幸福其实是个哲学问题,是关乎人的存在、人为什么活着的问题。人是否幸福与其关注的东西有关,人能够自主才是最幸福的,放弃外界对自己的推动,放弃、拒绝物质的诱惑,通过减法来实现自己的幸福,精神上的富足使人更有幸福感。

陈霞:在《环形女人》《沉默之门》中除了对精神追求的主题之外,小说还充满了荒诞的意味。失踪的前科考队员被当作神农架野人的活体标本;人被制作成活死人,放在玻璃器皿内,靠营养液维持生命;李慢因为迟到而躲过一场火灾,幸免于难,荒诞似乎无处不在。

宁肯:荒诞是一种人生感受,是人对自我生命思考的结果。前人也曾对这种观念进行过探索,但是都很模糊,而卡夫卡将其明确化。托尔斯泰说战争、爱情是文学两大永恒主题,但我认为卡夫卡为文学又增加了一个主题——荒诞,一种宿命。荒诞与痛苦、忧虑不同,它本身就含有社会色彩。社会的运行规律本身就具有很大的荒诞性,社会的荒诞和人生的荒诞混合,构成了生活。当作家感触到这个主题时会有很强的表现欲。

陈霞:是的。文学源自生活,文学作品中的荒诞与生活本身的荒诞脱不了干系。

那么能否分享一个您经历过的比较荒诞的事情？

宁肯：我去西藏、走向远方是为了文学创作。但是，当我真的去了西藏后，我并没有成为凡·高，我被西藏震撼了，自我被封杀了，西藏没有给我创作灵感，相反却制约了我的写作。当时西藏给我的震撼是无法用语言表述的，我忽然间觉得自己非常低能。我去西藏之前正处于诗歌创作的高峰期，但是在西藏的两年里，我基本没有什么创作。西藏把我的精神胃口吊上去了，我的创作没办法达到我的要求，这与其他因西藏而成名的作家不一样，马原、马丽华等到西藏后都一举成名了，而我却被西藏囚禁了。直到多年后，我对西藏依然魂萦梦绕，并且这也成为我创作的新契机。这段经历我认为非常荒诞。有时候荒诞是在你等待的时候他没有给予你什么，但是忽然间又给予你很多东西，这是荒诞的一种吧。

陈霞：也许有的时候荒诞也是文学创作的积淀过程，当达到了一定的酝酿期就会爆发出无穷的力量。正如您在西藏的时候没法创作，而多年后它又为您开启了新的文学里程，其中包含了很多不定的因素。那么多年后是什么样的契机使您开始了对西藏的重新书写？

宁肯：首先，有一个长线的契机，那就是我一直没有忘记西藏，而且将它深埋在心底。西藏是需要时间去消化的。我在西藏的两年时间里，接触到西藏的宗教、文化、人、事等都需要时间沉淀、消化。回来后我处在各种情况中，有些告别文学的意味，但是依然关注西藏，哪怕是电视里一条很小的与西藏有关的新闻我也不放过，西藏一直埋藏在我心里。你知道酿酒吗？那需要长时间的发酵。另一个直接原因是有一天我开车经过一家音像店，在北京嘈杂的街头，忽然间听到音像店里飘出《阿姐鼓》这首歌的旋律，我当时一惊，感觉这是西藏的东西。当时有事赶时间不能停下来咨询，事后特意来到这家音像店找这首歌。那是 1997 年的事情了，距我离开西藏整整 10 年，我当时从事跟文学完全无关的职业，广告商人和营销人的双重身份使我已经不是我了，是另外一个我。西藏在我心里酝酿了 10 年，在听到这首歌的那一刻，所有有关西藏的记忆纷至沓来，曾经的生活场景历历在目，我又有了写作的欲望，非常强烈的欲望。我用了一年时间完全退出当时广告公司总经理的位置，尽管放弃不容易，但是我还是跟随了内心的声音，选择了文学创作。我听着《阿姐鼓》专辑里的歌曲，西藏立体地展现在我面前，如同 3D 电影一样清晰。我与西藏又在一起了，我们之间是零距离的，与 10 年前的零距离又不一样，我忽然间懂得了西藏，明白了西藏。于是，我按照《阿姐鼓》专辑里的七首歌写了七篇散文，记录了我对西藏的回忆，那是虚构与非虚构、真实与幻想的交织，我想，这才是文学！这几篇散文都发表在《大家》

上。然后我开始着手写我的第一本长篇小说《蒙面之城》，我觉得我要写一个与西藏相映的人物，这个人能承载我对西藏的感觉，他要是个流浪汉，走向原野，走向自然，有些原生态的东西，与大自然的性格是相契合的，马格就这样诞生了。

陈霞：马格用流浪的方式反抗着世俗生活。他质疑一切，甚至质疑自己的身世。他放弃了大好的前程，变成一个流浪汉似的人物，他似乎在寻找什么，最终也无法安定下来。

宁肯：我对西藏的感受产生了马格。马格到处漂泊，但是真正魂归故里的地方还是西藏。如果小说仅仅是写马格在西藏的生活，那么他的思想境界是无法超越西藏而存在的。他只有走出去了，还对西藏向往，那才是西藏真正的魅力所在。西藏给了我很多东西，那是一种智慧，是超越自我的东西，我对现实的距离感也都体现在小说的人物之中，这都是西藏给我的，我要还原这种最本真的东西。我见过西藏的高人，我学会了豁达的、形而上的东西，使我在现实生活中有一种超越自我的感觉。人生有时就是这样，你太投入反而适得其反，所以现实中的我很随和，人缘好，朋友多。

陈霞：但是您小说中的人物都很有个性，而且人缘不好，可以说与人群格格不入者居多，这与您本人的生活反差非常大。

宁肯：小说中的人物是这样的，他们要特立独行，没有人间烟火味儿，他们是我骨子里的东西。马格把我内在的东西表现出来了，现实生活中我的随和是自我保护的方式，我有自命不凡的一面，马格是我内心一个侧面的反映。文学创作要遵循两个规律，一个是社会规律，一个是文学可能性。我塑造小说人物的时候，会考虑文学本身的可能性。文学中的人物不能太理想化、太意料之中，文学需要悬置，不能给出确定的答案。如果马格在流浪过程中真的找到了什么，那么就不是文学了，而是教科书，那太过于理想化了。设置马格想回到世俗而又无法回归，更多的是从文学创作需要的角度考虑的。当然这也可以从社会学角度给个答案，但很多的东西是文学规律，不是我有多高深，我是从文学塑造人物的角度来考虑的。文学与人生的本质相同，文学与人生是一致的，都无解。我的小说不过是把我在现实中隐藏的东西表现出来而已，完全取自人的内心世界。

陈霞：您的新作《环形山》即将出版，据说这是一部描写爱情的小说。这部作品与以往您的作品有哪些不同之处？小说的叙述形式是否有新的尝试？

宁肯：我想先说明下其实《环形山》就是《环形女人》。小说刚刚完成时的名字就叫《环形山》，但是出版商觉得名字不够吸引人，于是更名为《环形女人》，其中有一定的商业考虑。但我一直觉得《环形女人》这个题目不符合我想表达的东西，还是《环形山》更贴合我的创作初衷。因此，现在有机会再版，就把名字改回了《环形山》。

陈霞：《环形山》是您目前出版的长篇小说中最具有悬疑色彩的，而且具备了畅销书满足大众阅读心理的因素，可是从《天·藏》的发表看，您似乎又回到了纯文学的创作上，为什么不继续朝畅销书的方向写作？

宁肯：我想这样发展，但是我想象中的畅销是不存在的。《环形山》虽然有了畅销书的时尚因子，但并没有改变我对人的精神、心灵的拷问，这本书依然只能满足部分小众读者的心理需求，所以我不再坚持这条路。我对自己的读者群进行了认真的分析，我的读者都喜欢精神、心理层面的东西。尽管我的读者不是很多，但是我很满足。写作就是一种孤独寻找另一种孤独，你在寻找第二个你。我要是普通读者，我也喜欢看轻松的东西，但人也有不想轻松的时候，当你衣食无忧，开始关注自己内心深处的时候，还是要看能反映你内心的东西。我相信这种心理肯定存在，尽管人数不多，但我愿意为他们写作。

陈霞：《环形山》提出了回归自然的主题，近年来生态文学在悄然兴起，迟子建的《额尔古纳河右岸》被称为“中国第一本生态小说”，您的《环形山》也涉及了回归自然的问题，并且叶子坚守了山庄的可持续发展道路，这是否是您的一个创作理念——回归山林，回归自然？其中是否隐含着您对现代文明的否定？您潜意识中对传统是不是无限留恋？

宁肯：我之前有在《中国环境报》的工作经历，所以我非常熟悉生态理念，也很认同这个理念。任何一种美好的东西，都不是文学的彼岸，不是文学的目的地，这些都是为文学服务的。我的作品要超越，我也要超越，我的目标不是为了环保，我只是涉及这个领域，我不会用文学的方式号召这个东西。我质疑现代文明的进步是无限的，科学是万能的。现代文明是以科技为核心的，但是科技也使很多事情发展到了一个不可控的地步。如果科学是一列火车，那么终有尽头，尽头在哪里？我们丧失了可持续发展的、质朴的东西。整个现代哲学都在质疑，比如对启蒙的质疑等。西方也在不断地反思工具理性带来的伤害，但吊诡的是一切都不能太极致，《环形山》中的简女士将环保推向了极致，她变成了极端分子，甚至仇视人类。有些作家在创作时没有把握好度，渐渐地丧失了文学立场，虽然表现了很多东西，但也毁坏了一些东西，忘记了对人的拷问：人是什么样的？人为什么这样？但我会在作品中追问这些问题。所以，有些东西你只能接近，但却捕捉不到它。真理是兔子，不断地跳跃。说起来比较玄。

陈霞:您小说中的女性形象都不是很美好,她们怪怪的,甚至有些不可思议。比如《环形山》中的简女士是个性变态,而罗一又长相丑陋;《天·藏》中的维格放荡不羁,却成了虔诚的宗教徒。您将女性人物形象塑造得这么另类,是您对现代女性持有批判态度,还是您对女权主义有所保留?

宁肯:没有,有时候文学技巧会被误认为是文学思想上的东西。其实还是文学问题,不是思想问题。如果她们太完美了,或者行为太正常了,那就没有什么表现的必要了。文学要表达遗憾、残缺、不俗的东西。在阅读中寻找自己的阴暗面,甚至是极端、残忍、愤怒,文学要表达被生活表面所压抑、不见光的东西。

陈霞:所以说阅读您的作品并不是件轻松的事情,读者要紧跟着小说的叙事节奏,不能有丝毫懈怠,如果任何一条信息线索被弄错,那么整部小说就会接近无解的状态,读者的阅读快感被不尽的思考甚至焦虑所替代。

宁肯:这与阅读目的相关。如果阅读的目的是娱乐、放松,那么可以选择通俗文学,这是通俗文学的一个重要功能,而我的作品则是被读者误认为是通俗文学,于是误打误撞误入进来的。我的作品其实是面向小众的纯文学,是给读者提供思考自我、探索自我的一个平台,在我的作品中他们也许会有许多新发现,对自己有进一步的了解,比如自己内心的痛苦别人也有。我坚持纯文学的创作理念不是迎合大众休闲,而是试图释放一些精神上的东西,我希望读者成为我的知音。

陈霞:您小说的主人公一般有两个结局:出走,逃离世俗生活;回归,重新回到世俗生活。比如《蒙面之城》中的马格以离家出走的形式反抗世俗社会,但是最终他又希望回归到世俗社会,他希望成为一名歌者,但是他失败了,这也暗示着他回归世俗的失败;《沉默之门》中的李慢也试图回归世俗,他与杜眉医生结婚了,这意味着李慢回归世俗社会的成功;《环形山》中的苏明最终选择与罗一结婚,他也成功地回归到了世俗社会;《天·藏》中的王摩诘没有被维格接受,最后出国远走他乡了,他依然无法回归世俗社会。您小说塑造这么多的另类人物形象,他们的精神世界与世俗社会格格不入,但在经历千帆之后似乎又都有回归世俗的意愿,这是否有什么其他含义?

宁肯:作家通过塑造不同的人物形象来展示他们内心的多个侧面。在不同作品中,作家往往选取自己的某一个侧面作为参照,进而设计文学作品中的人物形象。可以说马格是我,李慢是我,苏明是我,王摩诘也是我,他们是我的不同侧面。认识论问题的答案比较倾向一个完整的答案,即非黑即白。而实际上认识论不能回答所有问题,现实生活是非常复杂的,文学作品是由现实生活的碎片拼接而成的经验集合体。文学作品中的人物形象与作者的偏好有关,我对人的精神世界、心理感受、生存状态等问题比较感兴趣，所以我笔下的主人公形象多少都有点精神至上的味道，他们是我思考自己内心的结果。世俗生活是每天上班八小时，娱乐的方式也比较固定，运动、看电影、泡吧等，这些东西可以带来短暂的满足感，但是没有精神追求的生活总有一种缺失感。在这个娱乐大众的时代，我不想娱乐别人，我希望自己发出一点与众不同的声音，我希望能唤醒人们，哪怕只是一小部分人，引导他们回到自我的状态，告别这种模式化的生活状态。人也许无法达到自己理想的生活状态，但是可以无限地接近理想，精神上的满足就是接近理想生活的阶梯。

陈霞：《环形山》极尽迎合读者猎奇的倾向，将荒诞的故事情节发展到一种极致，而《天·藏》又回到了对人类精神的大讨论上，同时也加入了性、暴力、变态等元素，这种杂糅是为了不放弃对精神写作的关注，同时也兼顾读者阅读的心理而最终做的妥协吗？

宁肯：《环形山》在写作上确实有迎合读者的初衷，我认为这个题材很有吸引力，悬疑、刺激，很具有挑战性。庄园的女主人将情人制作成活死人放到庄园密室内等情节，我觉得读者也许会喜欢。但事实证明读者不喜欢，因为《环形女人》卖得并不好。荒诞是纯文学的东西，荒诞的东西读者不喜欢，因为太抽象了。读者喜欢清淡的、清晰的、简单的故事，不喜欢这么复杂的故事。我觉得自己可能不受读者喜欢，我跟蔡骏说，他的小说应该追求更好的东西，比如注重叙述手法的更新、故事情节的设置等等。但是，他说“不”，因为他知道读者的内心需要，写男人的忧郁，不能复杂，读者喜欢这样的小说。当时我很吃惊，因为我从来没考虑读者不喜欢荒诞而喜欢简单，看来我还是没有能把握住读者的阅读需要。

陈霞：中国人都喜欢大团圆的结局，很多小说、戏曲、话剧都会设置一个皆大欢喜的结尾，但您的长篇小说《天·藏》恰恰相反，男女主人公王摩诘和维格最终还是天各一方。在《天·藏》后记中您又说其实您本人是非常希望维格与王摩诘有情人终成眷属的，那么是否可以理解为其实您潜意识中也是倾向于小说有一个美满结局的？

宁肯：没有，文学是揭示人生困境的。我写遗憾、失落、逆境，这是文学。《水浒传》《三国演义》《西游记》《红楼梦》四大名著中，只有《红楼梦》写了人生的痛苦，而其他三本书并没有真正地贴近人生的痛苦。《红楼梦》对人物心理细节的把握非常精准。我认为文学作品就是要写人生的痛苦，文学要关注人的痛苦。文学承载着很多东西，比如对人性的思考，对人生荒诞的无奈，反思现代人的生活方式，等等，这些都应该成为文学关注的对象，而他们统一在人生困境之中。

陈霞：从您最初的长篇《蒙面之城》一直到后来的《沉默之门》《环形山》《天·藏》等几部作品，几乎每一部都或多或少涉及有关生态环境保护的话题，特别是《环形山》，更是明确地提出了这个问题。您为什么会对生态环境问题这么关注？

宁肯：我曾经是《中国环境报》的记者，大概有10年左右吧，一直关注环境问题。环境将整个地球联系起来。我对人类现在对地球的过度使用还是有一定的焦虑的。曾经人是原初的，环境还是原生态的，但在现代化进程中，越来越多的原初不断地被侵蚀，不断地消失。尽管西藏依然保留着它的传统文化，但是也还是无法抹去现代文明对其的影响。

陈霞：现代文明的发展对人类生存环境的破坏是一目了然的，但是其对人类精神信仰带来的危机却是不易察觉的。对人类精神信仰的重建是必要的，《天·藏》中您认为拯救人类灵魂的圣地是西藏，人类精神信仰的归宿则是西藏佛教，奇怪的是，《天·藏》中有关佛教信仰的讨论主要是在两个西方人之间进行的，而且马丁格与让-弗朗西斯科·格维尔还是父子关系，这是否暗示着东方文明终将担任拯救世界的重任？可是象征东方文明的王摩诘最后去了法国读博士，这是否意味着全球化语境下世界文化的融合？或者您觉得拯救世界信仰缺失的问题需要东西方相互合作来共同完成？

宁肯：我没有想那么多，这是文学本身的叙述问题。文学创作要求叙述角度新鲜、吸引人，两个中国人来参禅论道、谈论哲学并不新鲜，这些在佛经中早已经大量存在，我这样设置完全是为了小说叙述模式的求新、求变。让两个外国人谈中国文化很新鲜，而与此同时，让两个中国人来谈论法国文化也很新鲜。我是从文学新鲜感的角度来选择他们来谈论中国文化或者西方文化的，没有任何特殊的寓意。这样写完全是出于叙事策略的需要，让马丁格父子谈论中国佛教比较新鲜，而且也更加客观。如果都是中国人谈论就没有什么新鲜感可言了。外国人可以谈论最基本的问题，怀疑论科学家提出“为什么磕长头?”这反映常人的疑问，但也是很高深的问题，选择这样的叙述视角更具有表现力。

陈霞：但读者很容易在阅读过程迷失在这些哲学话语中，他们很可能纠缠其中不能自拔，甚至不知该如何进行下面的阅读，或者一直处于懵懂状态。

宁肯：有关这个问题，2012年12月在上海召开的“复旦大学宁肯作品研讨会”上，张新颖教授说得非常好，他说宁肯小说中的哲学是文学中的一个话题，是一个修辞。我个人同意他的说法。《天·藏》中哲学氛围的营造是塑造人物精神场域的需要，不必较真谁说的对谁说的错，这些东西都不是很重要，对错不重要，重要的是这种东西塑造了王摩诘。王摩诘在精神领域上是非常优秀的人,但是他依然有变态的东西,这是时代给王摩诘的创伤,也是对当代知识分子精神困惑的反映。所以你很难说王摩诘是一个真正的人还是不完整的人。王摩诘的精神领域已经完全国际化,但是他的人性受到牵制和伤害,这也是为什么他最终无法与维格在一起的症结所在。时代使他内心的黑洞无法改变,性虐是他释放自己对历史的恐惧的手段,这是拨开小说哲学场域,隐含在其中的东西。

陈霞:那么您对接下来的文学创作有什么打算吗?哲学思辨式的对话是否还将成为营造小说氛围的一部分而存在呢?

宁肯:我的下一部作品将进入一个新的阶段。我认为作家的创作是分阶段的,一般有两个阶段,第一个阶段可以理解为“我”的阶段,即以自身的经历、经验作为创作依托。从前我的几本小说都是基于我自己的生活积淀,可以说马格、李慢、苏明、王摩诘都是在我个人经历的基础上进行放大、虚构的结果。一个成熟小说家势必要走向第二阶段,即不再依赖“我”的第一经验,跳出自己的生活经验,站在一个更高的领域俯视、反思社会的种种症结所在。我一时无法命名这个阶段,但这是个危险的阶段,很多作家都是从第一阶段向第二阶段过渡时走向了失败。作家脱离自己熟悉的东西、超越自己从前的创作是件很有挑战也非常艰难的事情,能够走过去的人就是大师,他们能在更高层次上自如地对社会、生活进行审视,所得结论已经超越了自我的生活经历,完全来自客观世界。我的下一个阶段也将走向这条危险的道路,我会试着碰触现实中比较热门的话题,比如说腐败、民生问题等。一般来说对官场的描写是通俗小说的领域,纯文学很少涉及,纯文学站在批判的立场对这些东西进行批评,忽略了对其的关注,我希望用纯文学的笔触来碰触这些通俗文学所关注的东西。

陈霞:那就是说您将转变一直以来的创作重心,对人精神层面问题的关注会有所减弱,转而将创作重心转向大众的生活层面?为什么会有这种转变?

宁肯:我喜欢有挑战的东西。我觉得用纯文学的方式关注通俗文学表达的东西,是文学创作的一种突破。当然这种与众不同里面也困难重重,但我还是想挑战一下。

陈霞:您的作品最初是在网络上受到关注的,这与传统文学的传播方式大相径庭,那么您当初为什么会选择网络作为小说的传播途径?

宁肯:我的作品是具有鲜明的个人性的,当时不被主流社会所接受。我投过很多大型杂志,但它们都拒绝我的作品。偶然的机会,我将作品放到网络上,结果一发不可收拾，不但被认可，还成为网络文学的代表，并且获奖。安妮宝贝给我这名老文学青年颁奖，很荒诞吧？感觉一群小孩围着我一个中年人，时代的错位感很强。

陈霞：当时您的作品在网上的点击率应该是非常高的，并且受到广泛关注，这是对您作品的肯定。但是后来为什么没有继续网络创作？

宁肯：我当时正处于一个新的创作阶段，刚刚写了一批散文，又写了一部长篇小说《蒙面之城》。我也投稿给传统媒体，但是都石沉大海、杳无音信。最初把小说放到网上也是没办法的办法，当时网络中短篇小说非常盛行，很少有长篇小说，新浪网把我的长篇小说放到网上后取得了意想不到的效果，点击率非常高，为此新浪网还奖励了我3000元钱，我当时很激动，觉得自己得到了认可。《蒙面之城》放到网上大概一个月左右吧，陆续有一些杂志、出版社开始联系我连载、出版《蒙面之城》。

陈霞：文学作品被搬上荧屏拍成电影或电视剧已经成为一种时代潮流，比如余华的《活着》、刘震云的《温故一九四二》、莫言的《红高粱》、苏童的《妻妾成群》等等，都被拍摄成电影或电视剧，也取得了一定的成绩，您是否也有将自己的作品搬上荧幕的想法？

宁肯：有过。如果能拍成电影、电视剧搬上荧屏当然好，但是我的作品过于小众，非主流的东西比较多，不是很适合大众口味。确实有公司尝试过，但是将文学中抽象的东西具象化确实很难，目前看各方面的条件都不是很成熟。

陈霞：如果时机成熟的话您认为自己适合搬上荧屏的是哪部作品？

宁肯：《环形山》可以拍成融文艺与爱情于一体的电影吧。如果王家卫拍一定会很有感觉，是一部复调电影。一个跛脚的具有后现代色彩的侦探，讲述一个拥有七条山谷的女人，讲述荒凉、爱、复仇、思念、马、雨、青春，雷电映照的背影、湿漉漉的眼睛、穿越时光的瞳孔，以及重建家园。

评 论《

佛性与人心

——论宁肯的长篇小说《天・藏》

陈 霞

自新时期以来，一批描写西藏题材的小说创作在当代文坛产生了重大影响，代表作家有马建、扎西达娃、马原、阿来等。西藏地处高原，交通不便，信息闭塞，这种与世隔绝的生活状态也导致了西藏始终处于一种自我发展相对封闭的状态中，其不为外人所知的风俗习惯，以及延续千年的宗教信仰，都让人感觉神秘莫测。因此，上述作家对于西藏题材的倾力描写，均带有一种奇诡玄幻的神奇色彩。较之这些常见的西藏叙述，宁肯的小说《天・藏》显然独辟蹊径。这部作品通过对西藏地域文化的真实叙述，在反思现代文明弊端的基础上，深入探究了西藏文化的精神内质对于现代文明的某种纠弊意义。

毫无疑问，现代文明给人类社会带来了空前富足的物质生活，然而物质无法满足人的精神需要，现代人过度沉迷于对物质生活的追求而迷失自我，没有安全感、幸福感和归属感，对人生充满了迷茫与困惑。随着全球化进程的加剧，现代文明的弊端也逐渐暴露出来，精神信仰的缺失业已成为东西方共同面临的社会问题。《天・藏》中马丁格、格维尔、王摩诘、维格等人物带着各自的困惑来西藏寻找答案，他们举行了一场圆桌会议形式的对话，东西方代表全部出席，就如何解决现代文明给人类精神带来的负面影响展开了深入讨论，并达成了一定共识——藏传佛教在某种意义上成为了解决现代人精神信仰缺失的方法。马丁格等人将解决现代人精神困惑的方法聚焦于藏传佛教绝非偶然，面对全球化浪潮，西藏之所以没有被模式化的现代文明所吞噬，依然以其独立的姿态展示在世人面前，这一切都不可不归功于藏传佛教的精神力量。因此，当精神信仰的缺失已经成为全世界共同面临的难题时，藏传佛教成为解决现代人思想困惑和精神迷茫的一种方法。《天・藏》以东西方对话的方式，从各个方面对藏传佛教进行考察，试图解决现代文明弊端给人带来的精神危机。在西藏，马丁格获得了重建精神世界的信念，王摩诘获得了拒绝被现代文明同化的信心，维格则寻求到了真我，而这一切无疑都源于藏传佛教的博大精深。《天·藏》不但写出了不一样的西藏，而且为拯救人类的精神世界提供了另一种可能。

一

自西方文艺复兴以来，基督教信仰受到质疑，尼采甚至宣称“上帝死了”，精神信仰的缺失为西方现代文明的弊端增添了浓墨重彩的一笔。无论从哪方面看，作为现代文明传承者的马丁格都是完美的——他出生于西方上流社会，从小受到良好的教育，兴趣广泛，是最有希望获得诺贝尔奖的年轻科学家。但他毅然放弃了所拥有的一切，只身到西藏修行，十几年后成了具有很高修为的佛教大师。多年以后，马丁格解释了自己离开的原因：“生命形成之后的精神世界的形成远比生命形成更为复杂，这方面不但没有随着科学的发展而进步，事实上反而倒退了。”“科学可以解决物质问题，但不能解决内心的问题。”马丁格的离开意味着西方社会新一代继承者们开始对现代文明过度追求物质的一面产生了质疑，并开始了寻求精神家园的回归之路。马丁格作为西方社会承前启后的一代，责任重大，他放弃对物质文明的追求转而投身于对精神解脱之法的研究，显然具有时代意义。

一般而言，工具理性打破了西方人对上帝的崇拜，人被无限膨胀的物欲牢牢控制，而事实上，人类在追求物质文明之外，或者说在生存之外，还应该具有更重要的精神追求，即寻求解脱内心困惑的精神之法。马丁格敏锐地发现，自然科学无法满足人的这一精神需求，而重新构建精神信仰恰恰是解决现代人精神困惑与迷茫的重要契机。一次偶然的机会，藏传佛教进入了马丁格的视野，震撼了他的灵魂，于是他向藏传佛教寻求解决精神信仰危机的方法。修行藏传佛教，是他试图解除西方精神信仰危机的一次大胆尝试。让-弗朗西斯科·格维尔的出现是对马丁格多年修行成果的检测，他代表西方社会提出了对藏传佛教的疑问：“佛教真的能解‘我们该怎样生活’这一古老命题吗？佛教在哪些方面属于哲学范畴？它到底是一种哲学还是一种宗教？或者既是哲学又是宗教？”格维尔既是父亲又是考官的双重身份，意味着这场父与子之间的世纪对话意义非凡。这是两代西方人对现代文明的重新审视与思考，他们跳出现代文明对物质盲目追求的窠臼，站在全新的角度重估着物质追求与精神信仰之间的复杂关系，并对此做出了自己的判断。显然，两者对重建现代社会精神追求的看法是一致的，但至于选择哪种方式，则没有达成一致。格维尔认为应该在公元前6世纪到公元前16世纪时期的欧洲哲学中寻找答案，这是向西方传统哲学寻求解决精神困惑的方法，而马丁格则选择向藏传佛教寻求帮助，因为西藏以一种独立的姿态拒绝被现代文明同化，藏传佛教功不可没。藏传佛教的修行者们保持着最简单的生活方式，全身心地投入到对藏传佛教的修行中，所有的前尘往事都是尘世里的一粒沙，佛陀的光辉是精神世界的终极指南。所以，马丁格认为“我相信，最后一批伟大的哲人精神活着的榜样，就是现在这些居住在喜马拉雅山的西藏大师”。藏传佛教倡导的简约的生活方式与现代都市中光怪陆离的生活方式构成了巨大反差：一个注重精神追求，一个则沉迷欲望；一个是精神的，一个是物质的。这两者以各自的形式存在。马丁格在经历了崇尚物质与崇尚精神两种不同的生活方式之后，明确指出了在现实生活中，物质与精神的不协调发展实际上是造成人类精神困惑的主要原因，藏传佛教将成为人类灵魂最后的栖息地。格维尔目睹了藏传佛教的不可思议之后，也不得不对藏传佛教由质疑变为赞叹。马丁格对藏传佛教的肯定是新一代西方人对藏传佛教的肯定，对东方文明的认可与重新评估。

马丁格与格维尔之间就藏传佛教展开的哲学对话结束后，格维尔将两人的对话整理出版，并引起了西方世界的广泛关注，这是两代西方人通过各自的努力为现代文明提供的解决信仰危机的方案。对精神信仰的重新构建不仅仅是西方社会的当务之急，亦是整个现代文明纠弊的必经之路。

二

唐朝著名诗人王维，字摩诘，死后被称为“诗佛”，其山水诗被誉为“诗中有画、画中有诗”，而《天·藏》中的主人公王摩诘除了与唐朝诗人同名外，也与之有几分相似。王摩诘虽然无宗教信仰，但其对佛法的感悟能力颇强，他放弃了北京的工作，到西藏郊区的学校当老师，亲自开垦了一小片菜地。这种类似隐居山野的生活方式暗合了中国古代文人的隐士风范，但是他的这一系列举动完全是为了逃避现代文明，不被现代文明同化。

王摩诘在西藏除了上课、种菜、看书外，基本没有其他活动，这完全颠覆了他从前夜夜笙歌、纸醉金迷的生活状态。现代都市文明看似丰富多彩的生活方式对王摩诘而言并无任何幸福感，模式化的生活、娱乐方式将他彻底湮灭在了现代文明的物质大潮中，作为知识分子的王摩诘几乎丧失了对现代文明的评判能力。这个人物处于一种极度矛盾的生存状态中，一方面，他不断地被现代都市文明的生活方式同化，另一方面，他又不断挣扎，试图摆脱被现代文明同化的命运。于是，王摩诘逃离了现代都市生活，他来到西藏，“看到了荒草，牛粪墙，昏黄的村落，屋宇上飘扬的经幡。

如果不是经幡,没有那些风马旗,昏黄的村落就无法分辨,正如无法辨认沙漠中的巨蜥。经幡在自然界表明了人的存在,同时也是神的存在。人在这儿是一种多么可怜的存在。我不可能再翻越另一道山,进入另一重谷,那需要很多时间。那里仍可能有村落,但不是我所理解的村落”。在这些非现代文明的景象面前,王摩诘恢复了知识分子独立思考、反思现代社会的能力,他重新审视现代文明并对其进行批评。他认为现代人被物质追求蒙蔽了双眼,人在对物质的追求中不断迷失自我。现代文明带来的泛物质化倾向若不能被及时修正,人类终将会走上一条不归路——将一切有价值的东西垃圾化。人为了利益将一切有价值的东西无限复制变成金钱,而价值在一次次复制中不断贬值,最终变成垃圾消失。如果要终止这类悲剧的发生,重建物质与精神信仰之间的关系势在必行,即“其实一切应保持在心灵上,而不是物质上,心传比物传更牢靠,更长久。人类心传的历史有几千年,而物传的结果往往是泛滥,是最终一切都变成一次性碎片”。然而,西藏是为数不多没有被现代文明同化并保留自己传统的地方,藏传佛教强大的精神力量功不可没,它不但净化了王摩诘的灵魂,使他成功地摆脱了被现代文明同化的命运,而且也印证了王摩诘有关“心传比物传更牢靠,更长久”的判断。所以,藏传佛教为人类精神信仰的重建提供了新的可能。

作为马丁格和格维尔对话的参与者,王摩诘的加入使对话更具有全球性视野,他代表东方世界提出对现代文明的批评:“现在这个世界上有独特价值的东西还有多少?多元文化消失的速度像物种消失的速度一样快,甚至更快。我们的主体性已大大超过了赖以生存的客观性,客体不再制约主体,这是很危险的,技术过度发展是一条不归路。”总而言之,现代文明的泛物质化风潮不仅为西方社会带来精神信仰危机,对东方的精神世界亦具有毁灭作用。现代城市建筑模式化、生活刻板化,人们伦理道德沦丧、玩世不恭等等渐渐成为全世界的普遍问题,因此,重建精神信仰是对现代文明纠弊的重要一步。小说的结尾处王摩诘远走法国,成为哲学家格维尔的关门弟子,这意味着东西方社会在现代文明纠弊的过程中需要相互学习、共同合作,东西方文明不断相互交融、碰撞。现代文明的泛物质化是整个世界共同面临的问题,非一个人、一种文明能单独解决。

三

维格是中国、法国不同文化的载体,在多种文明相互交融下成长的维格对自己的身份充满了困惑。因为困惑,她开始了寻根的历程,因为困惑,她开始向藏传佛教寻求解脱："困惑是求识、求法的开始……之前佛陀也是困惑之人，佛陀就是因为困惑存在的。"困惑成就了维格的回归之路，同时也进一步说明藏传佛教不可思议的教化作用。维格谙熟现代城市生活的各种享乐方式且沉迷其中，然而她自始至终都没有归属感，她对自己的身份产生了质疑：自己究竟是谁？藏传佛教开启了维格对自我身份寻找的航程。"我"不仅仅是精神上的含义，还包含其对历史存在的真实性的探寻。因此，与马丁格、格维尔、王摩诘不同，维格不仅仅是到西藏来寻找精神归宿的，她还是个寻根者。

初到西藏的维格"看到了……自己在这里的独特的根系。这根系使她同过去的自己以及别人区别开来，一切都让她激动，她的一直沉睡的那部分血液涌遍周身以致沸腾。但同时这部分血液又让她陌生，甚至也让别人陌生"。维格是汉藏"混血儿"，但在别处的成长经历使她对西藏非常陌生，她对西藏的最初印象来自母亲锁在柜子里的那尊神秘的佛像。游历各地后她来到西藏，童年有关佛像的记忆逐渐清晰，她多年的疑惑被藏传佛教逐一解答，卡诺仁波钦的灌顶、马丁格的教诲使最纯粹的维格浮出繁华，藏传佛教一点一滴地渗入她的生命。维格皈依藏传佛教后坚持诵经、跪拜，严格遵守藏传佛教的仪轨，维格的转变在王摩诘看来是那么的不可思议，这也正是藏传佛教的魅力所在。在西藏，藏传佛教已经不仅仅作为一种宗教信仰而存在，更是一股强大的精神引力，指引人的精神方向。维格选择藏传佛教作为自己的精神家园，不仅仅是对藏传佛教的肯定，也是她对自我身份选择的结果。在西藏，维格感受到了在别处都没有的归属感，藏传佛教是她在西藏重获新生的主要原因。维格在选择自我身份的同时不停地寻找外祖母维格拉姆夫人，这是维格对自我存在合理性的论证过程，藏传佛教作为寻找线索贯穿始终。因此，维格眼中的藏传佛教与马丁格、王摩诘略有不同。马丁格看到的是藏传佛教博大精深的一面，是拯救人类精神世界的希望；王摩诘则认为藏传佛教具有强大的净化作用，是拒绝现代文明同化的一种方式；维格眼中的藏传佛教则是一种精神继承，是自我精神的归属地。维格无形中传承了家族女性的宿命——外祖母老维格夫人在经历人世沧桑后选择了出家修行藏传佛教；维格的母亲也在阔别故乡多年后重新返回西藏潜心修行藏传佛教；维格作为第三代家族女性也修行藏传佛教，并以家族传人的身份对这段历史进行梳理。所以，藏传佛教既是历史的，也是现代的。

维格作为马丁格与格维尔对话中的唯一女性，她以翻译的身份参与其中。尽管维格没有过多地参与讨论，但作为见证这一世纪对话的唯一女性，维格的出现预示了现代文明社会中女性地位的改变——女性是未来世界发展方向的制定者、实践者。维格以自身经历验证了藏传佛教的精神力量，她为世界未来的精神方向提供了自己的实践经验，她为被现代文明同化，寻找自我、质疑自我身份的人们提供了回归自我的可能。她的功劳还在于打破了男性一元话语权的主导地位，开启男女二元对话的模式，讨论未来世界的发展方向。

四

随着世界一体化进程的加快，现代文明的弊端逐渐暴露，尽管自然科学给人类带来空前的物质福祉，人的精神却陷入迷茫之中。因此，马丁格和格维尔进行有关现代文明纠弊的对话是十分必要的。

格维尔是西方顶级的哲学大师，他以考官和父亲的双重身份来到西藏，与马丁格展开一场重新评估现代文明的世纪对话。这既是一场父与子的对话，又是两代西方人对重建社会精神信仰的讨论会，父子双方分别代表两代人，从不同角度提出重建精神信仰的设想，格维尔试图从西方传统哲学寻找解决精神困境的方法，而马丁格则从藏传佛教入手，寻求解脱之法。两者的分歧意味着西方社会在寻找解决精神信仰危机的方法时，新一代的接班人背离了上一代人对东方文明的价值判断，他们对东方文明有了新的见解。马丁格认为“人都有困惑，没有没有困惑的人，包括在寺院修行多年的人，所以要寻出解脱之道，佛法就是解脱之道”，这不但是对藏传佛教的肯定，也是对东方文明的肯定。王摩诘与维格是马丁格与格维尔对话的参与者，他们代表东方出席了这场世纪对话。王摩诘对现代文明的批评更加具体地指向了现代都市生活的模式化方面，他以自身对现代都市生活模式化的体验为蓝本，深入批评现代文明给人造成的精神困惑。与此同时，他对马丁格藏传佛教大师身份的认同亦是对藏传佛教的肯定，维格通过不断地寻找自己的祖母维格拉姆夫人来证明自我存在的历史合理性。在翻译马丁格与格维尔之间对话的过程中，维格身上所散发出的美好是对藏传佛教强大精神力量的肯定。马丁格、格维尔、王摩诘、维格四人之间展开的有关藏传佛教的精神讨论是对重建世界精神信仰的思考，是在寻找回归人类自我的精神之路。

（载《小说评论》2014 年第 2 期）

主要作品目录《

长篇小说

《蒙面之城》,作家出版社 2001 年版。

《沉默之门》,北京十月文艺出版社 2004 年版。

《环形女人》,中国青年出版社 2006 年版。

《天·藏》,北京十月文艺出版社 2010 年版。

《环形山》,湖南文艺出版社 2013 年版。

《三个三重奏》,北京十月文艺出版社 2014 年版。

中短篇小说

《青铜时代》,《江南》1992 年第 1 期。

《后视镜》,《小说选刊》2005 年第 8 期。

《我在海边等一本书》,《中国作家》2011 年第 11 期。

《死于某年》,《文艺风赏·围城》,长江文艺出版社 2012 年版。

《词与物》,河南文艺出版社 2014 年版。

《维格拉姆》,长江文艺出版社 2015 年版。

散文随笔集

《大师的慈悲》,新疆美术摄影出版社 2012 年版。

《我的二十世纪》,东方出版社 2013 年版。

《说吧,西藏》,北京十月文艺出版社 2013 年版。

《思想的烟斗》,商务印书馆 2015 年版。

《未选择的路》,河南文艺出版社 2017 年版。

《中关村笔记》,北京十月文艺出版社 2017 年版。

《北京:城与年》,北京十月文艺出版社 2017 年版。

诗 歌

《积雪之梦》,《萌芽》1982 年第 11 期。

《最深沉的最热烈的——给M》,《西藏群众文艺》1985年第3期。

《草原的风》,《西藏文学》1985年第12期。

《雪顿节》,《诗刊》1998年第9期。

欧阳黔森

男，1965 年生于贵州铜仁，祖籍湖南。

小　引《

我与欧阳黔森有一面之缘，那年我到贵州讲学，蒙他盛情款待，留下很深印象。回来后我找了他的一些作品来读，印象益深，觉得他的作品既有何士光的余响，又有蹇先艾的遗风。说有何士光的余响，是因为当年何士光写“伤痕”、写“反思”、写“改革”，都不直接把灵肉的“伤痕”暴露出来，把“反思”的结论告诉读者，把“改革”的方案展示给人，而是把这些由社会学家、历史学家和政治家干的活计，都点化为一点因由，缩略成一种背景，而将全部笔力集中于人情和人性这个文学永恒的描写对象。凡是读过短篇小说《乡场上》的，应该都不会忘记那震撼人心的结尾。这结尾之处的震撼人心，绝不仅仅是因为冯幺爸的那几句肺腑之言或曰“豪言壮语”，而是冯幺爸在说这几句话时的精神状态，一个让贫困扭曲了身心的农民，终于伸直了腰杆，找回了尊严，这固然得益于社会政治环境的改变，但作者让我们看到的却不是社会学或政治学意义上的挣脱枷锁、获得解放，而是那一点不可磨灭的人性的光辉。同样，在《种包谷的老人》中，老人的那一点卑微的愿望，也不仅仅反映了新的农村政策带来的生活变化，而是人之为人的一点常情常性。何士光当年的别出机杼、高人一筹，也正在于此。在这个问题上，我同意周新民对欧阳黔森作品所做的分析，也同意他基于这种分析所得出的判断，即认为欧阳黔森的作品也像何士光一样，挣脱了政治学、社会学和历史学的拘囿，没有让人物成为再现生活的工具、成为时代精神的传声筒，而是让人物回到了人本身，恢复了人之为人的“本来面目”。

说他有蹇先艾的遗风，是说他的作品有乡土气息和地方特色。这虽然是句老话，但这些东西真要在作家的笔下表现出来，并非易事。鲁迅在为《中国新文学大系:小说二集》作序言时，曾特别拈出蹇先艾来，把他放在比他资格老、名气大的许钦文、王鲁彦之前，就是因为他的创作最能体现鲁迅所论“乡土文学”的特色。鲁迅说蹇先艾的创作“所写的范围是狭小的，几个平常人，一些琐屑事，但如《水葬》，却对我们展示了‘老远的贵州’的乡间习俗的冷酷，和出于这冷酷中的母性之爱的伟大——贵州很远，但大家的情境是一样的”。无独有偶，鲁迅在这段评价中也说到了蹇先艾的创作写习俗不止于习俗，而是从这习俗中写出人的至情至性，进而说蹇先艾的小说写的是偏远的贵州，但他所表现的人情人性却是普遍的。或许何士光正是受了蹇先艾的影响，而这影响又传承到了欧阳黔森，所以他的创作也就如蹇先艾和何士光这些前辈一样，有浓郁的乡土气息和地方特色。欧阳黔森说他的作品在表现他的家乡贵州铜仁的地方特色的同时，又兼有“楚味”，而这“楚味”是源于他的家乡旧属武陵郡，属楚文化范畴。可见这乡土气息和地方特色也并非说来就来、想有就有，而是要得之于独特的地域环境的长期浸染。欧阳黔森生长于斯，对黔、湘边界的民情风俗习染既深，又对这种杂糅了两种地方文化的历史人文勤于研习，所以他的作品中的乡土气息和地方特色，才别有韵味。这一点似乎也与蹇先艾有契合之处。蹇先艾的家乡遵义地区临近四川，也是杂糅了两种地方文化的边缘地带，他的创作如欧阳黔森一样，兼有两种地方文化的特色，也是情理之中的事。鲁迅说蹇先艾的作品写的是“老远的贵州”，“描写的范围是狭小的”，那是他不可能看到蹇先艾后来的作品，他后来的作品有很多不仅是写贵州，也兼写四川，兼有“川味”。他有一篇被评论家和学者称为“地方色彩最浓的”小说《在贵州道上》，就是一篇用川黔一带的方言写成的兼有两地特色的小说。这种契合绝非偶然，而是同一地域的作家跨越时空的精神文化传承。

从蹇先艾、何士光到欧阳黔森，这三位作家所处时代不同，在文学上的成就和影响也有轩轾之分，但作为一个历史链条上的三个重要环节，却共同串起了一部贵州文学的历史。这历史不像北京那样是驳杂的，不像关中那样是沉重的，也不像江南那样是轻灵的，而是兼有这驳杂、沉重和轻灵三种元素。与上述三地相比，贵州是一个很特别的地方。这特别，就文学而言，就在于它是孕育“乡土文学”的最佳土壤。早期“乡土文学”作家，也就是鲁迅所说的包括蹇先艾在内的那种“侨寓”北京的“乡土文学”作家，大多是出生于或来自边鄙之地，即我们通常所说的穷乡僻壤，也即是今天所说的“老少边穷”地区，或跟这些地区有着千丝万缕的联系和这样那样的关系。这些地区，因其偏僻，对外封闭，所以风俗保存完好，为“乡土文学”准备了最好的资源，又因其原始未经开发，所以保留了更多的自然野趣，最能显示“乡土文学”的审美特色。当然，也有许多早期“乡土文学”作家，包括蹇先艾，笔下写了蛮风陋俗，但对这种蛮风陋俗作批判性审视，同样也是早期“乡土文学”的鲜明特征之一。可见，无论从哪方面说，“老远的贵州”都是文学的一块风水宝地。这当然都是说的以往的贵州，或者说是狭义的现代文学历史上的贵州。今天的贵州用一句套话说，自然是发生了翻天覆地的变化。但不论怎么变，它的那一点独特的地域元素和文化基因却是不会消泯的。正如欧阳黔森自己所说:“每一个地域文化都是一粒宝石,该它闪光的时候,绝不会被淹没。”在欧阳黔森的创作中,我们就看到了这粒宝石所散发的光焰。

自　述《

我的文学理想与追求

一

于我而言,创作文学作品是我生活中最重要的部分。除了写作,我不知道还有什么能让我如此愉悦。

从事写作,算起来有30年了,减去8年下海经商,约有22年,其中15年为专业创作。说是专业创作,其实是半专业,我只有一半的时间创作,另一半我必须要服务、组织、联络。除了作协、文学院及“四刊一报”,还有文联的几个单位,我都必须管理,确实有些让人受不了。想起来,还是当专业作家那几年是我最愉快的日子。现在我才明白我的前任何士光主席为什么60岁还差一点就坚决不干了,原来在士光主席看来,创作比管理愉快太多。这10多年来,何士光创作的《今生》等作品真是让人有仰视的感觉。我认为当今文坛,别看有的人这样风光那样牛皮,百年以后,大多数人及其作品都会烟消云散,而《今生》这样的作品当永垂不朽。

白话文写作发展到今天,技术问题早已不是问题,随便弄出一个作家来讲,都不会差到哪里去。这个问题具有普遍性,也就是个大问题,也就是“有高原,没有高峰”,换句话说,现在是没有大师的时代。那么,诺贝尔文学奖是我们仰止的高峰吗?当然不是。举个例子,法国文学现象。法国有很多作家获诺贝尔文学奖,可是,这些诺贝尔文学奖获得者要想进入法国文学院,比得诺贝尔文学奖更难。法国作为一个文学大国,它有自己的文学精神和标准。这是法国人的自信,法国人的高度。从历史来看,中国无疑是文学大国,而且是很强的大国。说句自信的话,诺贝尔文学奖不给中国文学,不是我们的损失,而是它巨大的缺憾。不说我们几千年以来那些伟大的文学高峰了,就说当今像莫言这样优秀的作家,我们可以毫不费力地数出二十几位来。法国自信，中国当更自信。

贵州作家的文学创作是以短篇小说见长的。从蹇先艾到何士光，几十年以来，他们代表了贵州文学的最高水平。何士光在20世纪80年代四次蝉联中国优秀短篇小说奖，诠释了在这一文本写作中的王者风范。至今贵州文学仍然是由何士光、叶辛、李宽定来讲述的黔地文学史。叶辛的电视剧、李宽定的电影在那个时代是家喻户晓的，“何叶李”无疑代表着当时的贵州文学水平。

于我而言，诗歌、散文、小说、电视剧、电影都有涉及，写了约五百余万字了，也获得过十五次国家级奖项。再三思量，最令我满意的还是短篇小说，而恰恰这又是一个容易让人忽略的文本。每当人们谈起耳熟能详的那些电视剧时，我总是尽量避开。我很不愿意有人介绍我是编剧，甚至什么“金牌编剧”，我是一个作家，擅长短篇小说的作家，我更看重这一点，虽然前者有实惠的经济利益，而后者几乎无甚利益可讲，多半只能讲点精神追求。

于我而言，残存的这点追求，是一定要坚守的。

二

我为何对短篇小说情有独钟？自有我个人的想法。

我在还没有完全弄懂小说为何物的时候，就开始了短篇小说的创作，仿佛一个男人还不了解女子，便猴急猴急地结了婚。这是文雅的说法，其实“欺负”才是最准确的比喻。那时候以为小说很简单，短篇更不在话下，随便一写就会发表，或者一不小心就会因此出名，改变命运，活活欺小说太甚。

接连几封退稿信告诉我，小说是不那么好欺负的。失败的滋味当然还铭心刻骨，但就像历史总愿意书写好的一面那样，我也愿意回忆写作之初的美好冲动。夜深人静了，身体总憋着一股劲，或者说一口气，它需要吐出来，释入稿纸。吐这口气不需要太长时间，只一个晚上；也不需要太多的笔墨，只20页300格的稿纸，这便是我心目中的短篇小说。

据我的经验，短篇小说可称得上是一种让人快乐的形式。首先，它的篇幅短小，不需要太耗体力，在兴奋点还没有消失的时候就已经完成，所以常常给人以饱满、激动和完美的印象；其次，它是自由的，任何一个刹那的想法，只要你愿意，都可以变成短篇小说，特别是现代派小说被读者接受之后，短篇小说更是自由得毫无道理；再次，它能给人以成就感，无论长短，它毕竟是小说，况且世界上还立着那么几个靠短篇成为大师的榜样。于是乎，我这样的懒汉终于找到了借口，在没有写出大部头之前，无端便有了良好的感觉。如果说我在写长篇或者中篇的时候倍感痛苦和劳累，那写短篇的大部分时间里却感轻松和快乐。唯一不快乐的是领稿费的时候，短篇往往因字数有限而拿不到更多的“票子”。

但是谁又愿意为那些废话买单和浪费时间？在阅读人群和阅读时间都越来越少的今天，短篇显得尤其适合，它就像小说的浓缩液，能最大限度地去掉废话，能在最短的时间里给读者以小说的全部享受。

所以我以为短篇不仅是一口气写完的，它还必须能够让读者一口气读完。

三

熟悉我创作的朋友曾说过，我对贵州这块土地倾注了太深厚的感情。

生于斯，长于斯，当然热爱、关注这方土地的历史与文化。贵州的历史文化中，当首推古夜郎文明。人们知道夜郎，大多是因为有一句“夜郎自大”的成语。这句成语让很多贵州人有心理负担，其实在我看来，这是太俗太不自信的表现。首先，“夜郎自大”本身就是一个历史谬误，汉使到滇后来到了夜郎王处，夜郎王问汉使，你大还是我大？这原本没什么错，那时候没手机，更无网络，汉地与夜郎相距数千里，以那时的信息传播情况，互不了解太正常了。汉使来此的目的，不正是想知道夜郎有多大吗？夜郎王问一句你大还是我大，我认为这是一种谦虚谨慎的态度，不知道，我问一下，有何不可？这好笑吗？要说有自大情结的，一定是汉。当时的长安乃亚洲文明的中心，当然是大，自然有它大的胸怀和霸气。但汉武帝这样的千古一帝，绝不会狂妄自大，何况当时还有强大的匈奴让他夜不能寐。有自大情结的一定是长安城的士大夫和文人，在他们看来，除了长安人都是乡下人，在他们看来，你怎么能问你大我大的问题？本是一句谦虚谨慎的话，在他们眼里就成了不知天高地厚、狂妄自大。其实谁自大，一目了然。谬误就谬误吧，也没什么了不起，一笑了之。偏偏有些贵州人对这句成语耿耿于怀，当然也有许多贵州人不以为然，我就是这样。2004年至2007年我与贵州人民出版社策划了一套全国名家丛书，丛书名就叫“夜郎自大”，在几年时间内，我们推出了全国三十几位名作家的小说和散文集，也没有谁怕沾上“夜郎自大”。自大、自信其实就在毫厘之间，过之叫自满。自大是需要底气的，只要不自满，自大一回又何妨呢？再说了，当时的夜郎疆域包括了当今湖南西部部分、云南东部部分、四川西南部部分，还不大吗？

我在这里强调的是古夜郎，古夜郎的疆域更大更广，据考古研究发现，古夜郎文明已有六七千年的历史，这一发现就是考古界当年的“十大考古发现”之一——贵州毕节赫章县可乐遗迹。毕节彝文古籍中记载，西周王朝受到秦国威胁时，古夜郎第十七代君王曾出十万雄兵，维护天子尊严。这个题材，我准备做电视剧，毕节正在打造“古夜郎城”，助推当地的旅游业发展。夜郎在晋朝时被设为夜郎郡，在唐代时，夜郎依然名气不小，很多文人墨客的诗词中都有夜郎出现。据贵州《石阡府志》记载，李白得罪权贵曾被发配夜郎，至今石阡县仍有李白的传说。

还有一句成语叫“黔驴技穷”，也误给了贵州，让许多贵州人如鲠在喉，不舒服。其实对这样的谬误我也是一笑了之，不计较。初中生都知道，柳宗元说：“黔无驴，有好事者，船载以入。”再说，当时的黔也不是指贵州，当时的“黔中道”，分属现今湖北、湖南、四川、贵州、广西各一部。这一带秦时称黔中郡，汉称武陵郡，唐复称黔中道，到了明朝这一带分别给了五个省，即湖广的施州卫、永顺司、辰州府，贵州的铜仁府、播州司、都匀府，四川的重庆府部分，广西的桂林府部分。

贵州是一个多民族的省份，也是中国古人类发祥地之一，早在数十万年前就有人类活动的足迹。先民们在这里生息繁衍，创造远古文化，黔西观音洞、威宁鸡公山，桐梓人、兴义人、穿洞人，无不向世界诉说着在那个时代所发生的一切。贵州周边地区迄今仍与贵州保持着密切的文化关系。文化的多元并存、共同发展，形成了贵州文化的特殊性。战国、秦汉时期，贵州的古夜郎文化已初显繁荣，魏晋至唐、宋、元，贵州与外界的经济文化交流密切，贵州文化广纳中原文化及周边地域文化之长，经过融会贯通，明清达到繁盛。在战争年代，我们又拥有了长征文化、抗战文化。这些独特的文化元素无不代表着每一个历史时期贵州对本土文化的坚守以及与外来文化的融合，而这一切，已由我们所拥有的众多的文物保护单位以及令人眼花缭乱的非物质文化遗产彰显出来。

每一个地域文化都是一粒宝石，该它闪光的时候，绝不会被淹没。事实说明了这一点，几千年以来，那些伟大的名字和人们传播、留下的地域文化在历史的星空里依然闪耀着光芒。

放眼看世界也是如此。曾有人说，写邮票一样大的地方也能获得诺贝尔文学奖；有人说诺贝尔文学奖仅是一个文学奖而已，世界上许多大师并未获奖，像托尔斯泰等。但我认为获奖最少是一种佐证。

我本人的小说创作大多取材于贵州，在贵州题材中我又更偏重于我的出生地黔东铜仁市。《贵州府志》曾这样赞誉铜仁：“贵州各郡，独美于铜仁。”铜仁地处武陵山脉主峰梵净山脚下，是山美、水美、人更美的地方。贵州的铜仁府原隶属于湖广行省的武陵郡与黔中郡，属楚文化范畴，我的小说带有楚味也是一种必然。如果要举例的话，短篇小说《断河》《敲狗》，中篇小说《白多黑少》《水晶山谷》便是楚味的代表。文学与地域是母子关系，换一种说法就是，母亲的优劣关系到儿子的优劣，而民俗民风、行为方式、语言特点，确定文学的味觉。

访　谈《

探询人性美

——欧阳黔森访谈录

周新民　欧阳黔森

周新民：欧阳老师您好！我今天想和您聊聊您的文学创作。我注意到，您从事了很长一段时间的地质工作。地质和文学似乎是隔得挺远的两个行当，您能谈谈地质工作与您的文学创作的关系吗？

欧阳黔森：其实地质与文学很近，不少著名作家都学过地质专业，鲁迅先生在学医以前就学过地质。当代文学史上也留下了地质题材的优秀作品，像《年青的一代》《深山探宝》《沸腾的群山》等。

至于地质行业给我的影响，首先是地质行业的文学氛围给了我不少影响。地质行业非常重视文学，地矿、石油、煤炭、冶金等行业都先后成立了作协，特别是地矿部可谓作家众多，有文学创作的传统，像溪青、黄世英、文乐然、何建明均是出于地矿部。80年代，地矿部办有《山野文学》《新生界》等文学期刊，甚至各省局均办有文学期刊。贵州省地矿局1984年创办了《杜鹃花》文学杂志，我的第一篇文学作品就发表在上面。地质行业浓厚的文学氛围也深深地感染了我，也是引导我走上文学道路重要的推动力量。在良好的文学氛围感召下，我走上了文学创作的道路。

周新民：看来地质行业还出过不少文学大家和优秀文学作品呢！您的文学启蒙也和地质相关吧？

欧阳黔森：我的文学启蒙当然与地矿有关。1965年，我出生于贵州铜仁县（今铜仁市）国家地质部贵州局103地质大队。在我刚会说话的时候，文学书籍非常少，能见到的也就是《金光大道》《艳阳天》《难忘的战斗》《红岩》等，像《三国演义》《水浒传》《西游记》《聊斋志异》等都是听来的。当时，地质队的职工来自五湖四海，知识分子众多，在那个缺乏文化生活的年代，听人讲故事，是我儿时最深刻的记忆，而这种记忆就是我至今喜欢讲故事的缘由。

成人后，我进入地质队，在野外找矿8年，不敢说踏遍了祖国的山山水水，至少西部省区几乎都留下了我的足迹。地质工作的特征就是翻山越岭、涉险步危，最艰苦的地方我去过，荒无人烟的地方也去过，人差点丢在山野的事也没少经历。有了这样的经历，我就很满足于从事写作工作。当然，我不是说写作就不辛苦，特别是搞电视剧本，应急时一天写近两万字。有时遇见同行，都说编剧辛苦，也有不同行的人说我们辛苦，我不以为然，我说，地质队员我都当过，还怕当编剧？8年的找矿生涯，是一生中最苦又最值得回忆的时光，年近50的我，只要做梦，多半是梦到在野外找矿。我的小说创作，几乎有一半以上是与地矿有关的。应该说，走近大自然，与天地星辰做伴，对我的文学创作的影响是一生的。

周新民：接下来我想和您探讨下您的文学创作。20世纪80年代中期以来，中国文学出现了粗鄙化的现象，人性的恶成为文学作品的重点关注对象。我注意到，您的小说不流于世俗，往往关注人性中善良的一面。您是怎么考虑的？

欧阳黔森：古话说“人之初，性本善”，从这个意义上来讲，其实不然。如果性本善，孔子无事可做了，佛家也不用修炼了。修炼的目的很明确，就是去恶；孔子的目的很明确，教化育人，让人从小遵循仁、义、礼、智、信。文学作品也是这样，人说文如其人，谁爱怎么写、写了什么，当然是他的事，这本无关紧要，要紧的是这不能成为一个伟大民族的风气，或者是主流。我的作品关注人性的善良，与其说是我太理想化，还不如说是我太忧虑了。这说明什么呢？说明时下善良太可贵了。例子太多，就不一一列举了。在这么一个忧虑的时期，有谁在泰然呢？只要你眼睛不瞎，耳朵不聋，脑子还会思考，你一定会从忧虑上升到焦虑这个高度。是的，有了焦虑，就想要改变。说实话，作为一个作家，要想改变现实，肯定是说大话，但最好办法就是引导人向往真、善、美，虽然我们也未必做得到。世人说，作家是灵魂工程师，我们的灵魂充满冷漠、缺失温度，又怎么能温暖别人的心灵呢？

周新民：与上一问题相关的是，您的小说充满了浪漫主义气息。自从“新写实”小说以来，中国文学鲜有浪漫主义，您为何对浪漫主义情有独钟？您认为浪漫主义有何价值？

欧阳黔森：在几千年文学的历史长河里，在历史的天空里闪耀着无数伟大的名字中，如屈原、李白等，他们的作品，无不充满浪漫主义，中华文学传统中从不缺少浪漫。我从小阅读经典，尤其喜欢洋溢着浪漫主义的作品。浪漫主义文学着重表现作家的主观理想，抒发强烈的个人感情，具有主观性、重理想、重感情的本质特征，且崇尚自然。18世纪波及世界的浪漫主义思潮，于今天仍然光芒四射。

周新民：您笔下的女性形象很有特点。看得出来，您是把女性当作美丽与善良化身的。您能谈谈这样设置女性形象的意义是什么吗？

欧阳黔森：是我对母亲的崇拜。于我而言，母亲是我的启蒙老师。我母亲文化水平不高，但很会讲故事，中华传统文化中那些好故事，几乎都是母亲讲给我听的。母亲与她同时代的女性都有一个本质特征，就是很好地继承了中华女性的传统美德。在我眼里，母亲就是真、善、美的化身。而在现实中，时下的女性们离这些美德实在是很远，于是我便在我的作品中去希望，去向往。记得小时候，母亲哪怕是讲鬼的故事，也不会让我恐惧，这是因为母亲充满着母性的善良和仁爱。我的母亲如今快90岁了，虽然口齿不清，但她一说话，房间里就溢满慈祥之音。我这样设置我作品中的女性，是想告诉女性（包括我的妻子和女儿），无论我们的生活有着怎样的遭遇，我们仍然要有一颗善良的心去向往生活，热爱生活。

周新民：人与自然的冲突是您的小说一大主题，您在这一主题上倾注了不少心力。客观上讲，您是国内生态文学的重要作家之一，与其他作家相比较，您在这一领域的创作持续时间更长，创作数量更多。您能谈谈您一直倾注心力从事生态文学创作的动机与目的吗？

欧阳黔森：地球的生态环境已面临危机，这几乎是不争的事实，可是有多少人真正关心呢？又有多少人真正感觉到忧患呢？答案是绝大多数人根本不关心，没有忧患意识。当然，人与自然的冲突从古到今从未停止过，但今天尤为剧烈。正如我在短篇小说《断河》的结尾中写道："是的，当老虎岭没有了老虎，当野鸭塘没有了野鸭，当青松坡没有了青松，或者，当石油城没有了石油，当煤都没有了煤……人类多了，其他物种却急速消失。"这样的结果是人类最终自己灭了自己。我是搞地质出身的作家，关注人与自然是我的本能。我的作品有一半以上都对人与自然的冲突进行了反思，可是，于事无补，看看我们还有多少河流没有被污染，还剩下多少小溪依然流水潺潺？我之所以写了众多反映生态的作品，其动机与目的很简单，就是不断地警示。伟大的老子，早在2000年前所著的《道德经》里对此已经有了结论，人类认识不到，不遵循自然法则和自然规律，终将自食其果。

周新民：在您的笔下，自然充满了生机与灵性，森林、石头等都充满了灵性。这样来写自然界，是否包含您对于自然的独特认知？

欧阳黔森：古人说，万物都有灵性，我深以为然。无论动物植物，无论大小，自然界中存在的就是合理的。自然界有一物克一物之说，更有一物养一物说，也许一个物种的消失，带来的就是生存链条的断裂。这样的断裂尤为可怕，可能导致数十种甚至百种物种消失。有科学家断言，如果蜜蜂消失了，人类也只剩下四年的光阴。这并非骇人听闻，科学家的研究很有说服力，人类赖以生存的植物大多靠蜜蜂授粉繁衍。可怕吧！没有了小小的蜜蜂就会变成这样，所以我对自然充满敬畏。

周新民：我也注意到，您的小说还充满了地域文化色彩，贵州独特的地域文化是您小说魅力的重要来源。您能谈谈地域文化之于小说的意义和价值吗？

欧阳黔森：我的小说创作大多取材于贵州，在贵州题材中我又更偏重于我的出生地黔东铜仁市。《贵州府志》曾誉铜仁："贵州各郡，独美于铜仁。"铜仁地处武陵山脉主峰梵净山脚下，是山美、水美、人更美的地方。贵州的铜仁府原隶属于湖广行省的武陵郡与黔中郡，属楚文化范畴，我的小说带有楚味，也是一种必然。如果要这样举例的话，短篇小说《断河》《敲狗》、中篇小说《白多黑少》《水晶山谷》便是楚味的代表。文学与地域是母子关系，换一种说法就是，母亲的优劣关系到儿子的优劣，而民俗民风、行为方式、语言特点，确定文学的味觉。

周新民：您的小说充满了古色古香的传统小说意蕴，您怎样看待将中国古代小说创造性地融入当代小说问题？您是否在有意识地从事这样的创作实践？

欧阳黔森：传统小说的主要特点是自我立场鲜明、语言精练传神、人物刻画鲜活，从明清小说中可看到这些，可谓登峰造极，而当今小说缺失的正是这些古典小说的精要之处。传承优秀文化，在优秀传统上创新，才是汉语言写作者的明智之举。我熟读过各种古典小说，自然受其影响。当然，并不是古典小说都经典，也有看了觉得不好的，"古为今用，洋为中用"，其实可作为我们创作的指南。古为今用，当然是去其糟粕学其精华，洋为中用亦然。当然，我是黄皮肤、黑头发、黑眼睛的人，我知道我的根在哪儿。在洋为中用上，我的确欠缺。

周新民：您的小说除了厚重的思想文化内涵外，在艺术上也有自己的独到之处。我注意到，您的短篇小说并不注重写社会历史内容，而是常常将社会历史作为背景。您能结合具体作品谈谈您的思考么？

欧阳黔森：这个问题我常思考，但看了贵州省文联前任主席何士光先生为我的短篇小说写的文章后，觉得他比我深刻。现录何士光先生的文章如下，与君共勉："小说作品无论是短篇、中篇或长篇，无论写下来的是怎样的人物、场景和情节，都同样是一种叙述和诉说。在这种叙述的后面，都同样隐含着诉说者本人的形象。记得高尔基说过，契诃夫的叙述就像秋天的阳光，宽阔，明亮，又有淡淡的忧伤。瞿秋白当年则说鲁迅先生的文字，渗透着清醒的现实主义和坚韧的战斗精神。如果一部作品的后面能够有一种智慧、情怀和眼光，也就会有一种牵引人的力量，能够牵引着我们在岁月和人生中徜徉。”

周新民：我非常看好您的短篇小说，您能谈谈您的短篇小说观吗？

欧阳黔森：短篇小说是最难藏拙的，不像长篇，语言欠功夫，故事可以讲好一点，故事不好，人物可以塑造好一点，总之，可以弥补。写一个好短篇小说，不是你想写就有，别以为短就好对付，别以为短就可以一挥而就，我就是这样理解短篇小说的。所以在我的小说创作中，短篇小说数量并不多，从事写作20余年，我写了500余万字，细细一算短篇也就30余万字，数量是少了点，可只要有人与我谈我的小说，我总是情不自禁地讲到我的短篇小说上来。对我而言，我更看重我的这些很少的文字。短篇小说是小说创作中最快乐的一种形式，只要你思考，就会在一刹那间的触动中，或是在回忆的精彩片段中找到你的冲动，这冲动就是你可以马上提起笔，凭着饱满而激动的心情一挥而就。可惜这样一挥而就的快乐实在太少了。

周新民：我注意到您的多部长篇小说被改编为影视剧，您认为长篇小说与影视剧有何关系？

欧阳黔森：长篇小说与电视剧本没什么关系，是两种艺术形式，只不过影视剧较之小说太年轻了，特别需要在长篇小说中找到依靠。这几年改编自长篇小说的好的影视剧实在是太多了，早些时候，像《三国演义》等名著都不知拍了多少个版本，近10年以来，长篇小说改编成影视剧的尤其多，也非常成功，最近的一部就是路遥的《平凡的世界》，收视率奇高，好评如潮。

评　论《

欧阳黔森短篇小说艺术论

周新民

我起初知道欧阳黔森，是因为电视剧《奢香夫人》《雄关漫道》，为他的剧本创作才华所震动，后来才慢慢阅读了他众多的长篇小说、中篇小说、短篇小说。然而，短篇小说无疑是他倾注心力最多，所取得的成就也最高的。短篇小说无疑是颇有难度的文体，鲁迅、沈从文、汪曾祺、孙犁、苏童等以其骄人的艺术成就，把短篇小说这种艺术形式推向了极致。因此，要想在短篇小说领域取得成就，难上加难。然而，欧阳黔森在短篇小说领域潜心耕耘，取得了不俗的艺术实绩。本文尝试探讨欧阳黔森短篇小说的艺术成就，为丰富短篇小说的艺术版图提供借鉴。

一

短篇小说被认为是以片段来反映社会生活的艺术样式。以片段来反映社会生活的短篇小说艺术规范，要求短篇小说选材必须是生活的横断面。这一规定表明短篇小说所选取生活的时空跨度很有限，但是欧阳黔森的短篇小说似乎并不顾及这一规定，他的短篇小说所选取的生活，绝对不是生活的横断面，而是有较宽广的空间。欧阳黔森在短篇小说中所凸显的对于生活、人生的思考，有其独到之处，我们可以选取几篇短篇小说来做说明。

《断河》是欧阳黔森一篇有影响的短篇小说。这篇小说字数不多，大概在8000字左右，从字数来看，这肯定是一篇短篇小说。和一般的短篇小说不同，《断河》所叙写的社会生活时间跨度很大。这篇小说从麻老九的父亲写起，故事时间横跨75年，仔细叙写了麻老九从出生到晚年的生活，以及在这75年岁月沧桑之中，麻老九生父老刀和养父老狼两个家庭两代人的恩怨情仇。

《远方月皎洁》写"我"青春年少时的一段故事。"我"是一名地质队员，认识了小学教师卢春兰。卢春兰美丽清纯，"我"爱上了她，卢春兰也对我有意。卢春兰给了"我"一条小黄狗，这条小黄狗是"我"和卢春兰情感的见证。然而，"我"完成工作任务后不得不返回到城市，这只小黄狗也被地质队员打死了，黄狗的皮每夜垫在"我"的背上，延续着"我"和卢春兰之间的情感。小说并没有就此打住，而是继续写带有青春记忆的狗皮的命运。从小说叙述的故事时间来看，小说从与卢春兰分手后的第8年一直写到20多年后的岁月，故事的时间跨度有20多年。

《五分硬币》的故事时间起源于1966年，"我"在天安门广场上遇到了一位年轻漂亮的女孩子，在"我"饱受寒冷之时，她邀请我钻进她的帐篷避寒，"我"难耐饥饿之时，她及时给了"我"能买三个馒头的五分硬币。《五分硬币》并没有停留在这一生活的横断面上，紧接着写到"很多年很多年"后与这位女性相遇的故事。《五分硬币》所叙述的故事时间跨度也有30多年。

《兰草》的时间跨度也有30多年。"我"和兰草相遇之时，都是青春年少。那时在知青点，"我"对兰草关怀备至，"我"们的关系也比较亲密。兰草热爱文学，嫁给了一位诗人,后来又和诗人离婚。小说的故事时间跨度很大,一直写到30多年后“我”们再次聚首。

欧阳黔森的短篇小说时间跨度一般比较长,超越了一般的短篇小说截取生活横断面的特性。欧阳黔森短篇小说写法与当下短篇小说的写法有着较大的差异,其原因在于他的短篇小说受到了中国古典短篇小说的艺术滋养。

中国古代短篇小说并不在意时间跨度,往往借用编年的叙述方式,比较完整地描述人物一生的经历,和现代短篇小说截取生活的横断面、表现片段的规范有所不同。欧阳黔森短篇小说之所以故事时间跨度很大,其目的是改变短篇小说亦步亦趋地反映社会生活的艺术路数。

《断河》所表现的生活跨度长约几十年,小说在麻老九的一生中所要透视的不是社会生活的变迁,而是人世、世事的风云变幻。麻老九和龙老大为一母所生的异父兄弟,二人又有杀父之仇。龙老大为一强悍土匪,念及和麻老九为一母所生,定时给他送去钱财、女人,麻老九默默地为龙老大捕鱼,这种日子过了很长一段时间。这应该是小说的第一部分内容,就这部分的叙述内容来看,《断河》在叙述一段传奇。但是小说正文后还有两部分,一部分是小说的“后记”,讲述麻老九因为怀念生命中的第一位女人,坠河而亡。小说的“后记”后,再添“再后记”,写麻老九的儿子麻老大眼中汞矿的沧桑变迁。如果从小说的叙事角度来看,《断河》的故事时间从麻老大爷爷的青年时期写起,到其父亲麻老九,前后近百年,这样的时间跨度,明显和短篇小说要选取社会生活片段的规范有冲突,其故事时间显然是一部长篇小说故事时间的长度。《断河》的故事时间跨度之长,足够去展开一个家族、一个地区的生活史。不过,《断河》的重心显然不是要描述社会生活,更不是要叙述社会生活的变迁史,因此,欧阳黔森没有从常规的短篇小说法则入手,而是高明地通过长时间段的生活叙事来表现对于生活的体悟。《断河》可以划分为“正文”“后记”“再后记”三个部分,使在线性时间中发生的事情之间呈空间并置关系,切断了《断河》表现社会生活变迁史的可能性。我们可以发现,“正文”“后记”“再后记”这并置在一起的三个部分,其实有着共同的主题。“正文”部分叙述的是老刀与老狼的恩怨情仇、麻老九与龙老大之间的微妙关系。这一部分平静如水的叙述,实际上表现了时间无情、世事无常:老刀抢了老狼的女人,最终死于老狼刀下;老狼的儿子龙老大虽然强悍,最终难逃被歼灭的命运;麻老九看似弱小,却在多次历史事变中幸存下来。“后记”部分主要写麻老九的儿子麻老大与母亲的对话,表现了无情与有情的辩证关系。“再后记”部分表现的是曾经盛极一时的汞矿最终因为矿产枯竭而关闭,透露的是盛与衰的辩证思考。“正文”“后记”“再后记”空间并置的结构，改变了小说的线性时间关系，最终呈现出对于人生、人世、人事的辩证思考。这样的空间并置结构最终改变了《断河》的故事流、时间流，表现了作者对于宇宙与人生的复杂、诡秘的哲理感受。《断河》虽然故事时间跨度很大，但是经过欧阳黔森巧妙的艺术处理，使《断河》从对社会生活变迁史的叙述中抽身出来，表达了他对于人生、人世的深层哲理思考。

《远方月皎洁》《五分硬币》《兰草》从故事时间来看，也是跨过了二三十年。但是，同《断河》一样，这些小说拉长故事时间的目的显然不是要再现一段历史与社会生活，其目的是表现时间的无情。这几篇小说的前一部分几乎都毫无例外地叙述“我”与几位女性之间的情感，而在后半部分里，这些情感后来无一例外地变质了。《远方月皎洁》中寄托了卢春兰和“我”之间情感的狗皮，最终也被女儿丢掉了。《五分硬币》前半部分充分调动细节叙述的魅力，再现了“我”和一位姑娘在动荡时期相互关爱的动人情感，然而，20 多年后“我”们再次相逢，这份美丽、真挚的感情再也找不到了。这位姑娘给“我”的是讽刺与伤害，那份相互温暖的美丽感情被时间的长河洗涤一空。《兰草》叙述了兰草的人生际遇。兰草在插队期间和“我”有着一段情感真挚的生命体验，后来她嫁给一位诗人，婚姻不幸，最终离婚。多年后“我”们再次相逢，“我”以为“我”们之间还能找到美丽的回忆，然而时间无情，那份真挚、美丽的情愫不再存在。《远方月皎洁》《五分硬币》《兰草》虽然都有对一段很长的岁月的叙述，但是叙述目的不是再现生活的变化，而是叙写时间的无情。

总体看来，欧阳黔森的短篇小说借鉴了编年体的叙事方式，注重叙写相对完整的事件与人生经历，颇有中国古典短篇小说的风韵。但是，欧阳黔森的短篇小说又超越了中国古典短篇小说的“实录”精神，在哲理层面找到了现代短篇小说的艺术质地，表现了他对人生、人事的哲理思考。我以为这是欧阳黔森短篇小说的光彩之处，也给当今短篇小说的发展提供了有益的借鉴。

二

欧阳黔森的短篇小说没有截取生活的横断面，也没有把再现生活作为小说的主要目标，因而在刻画人物形象时，他也没有把人物作为某种观念的“传声筒”。从人物和他所处的时代来看，欧阳黔森的短篇小说并没有把时代的观念投射到人物身上。欧阳黔森的短篇小说摒弃了观念对于人物本来面目的遮蔽，回归到表现“人”的本来面目上。

《十八块地》是欧阳黔森的一篇重要的短篇小说，这篇小说的时代背景是知识青年上山下乡。反映知识青年上山下乡生活的小说是中国近30多年来小说的重要组成部分,这些小说已经形成了固定的叙事套路,要么反映时代给人带来的伤痕,要么回望知青时代理想、浪漫的生活,要么解释知识青年上山下乡的历史深层文化心理,每一种叙述模式都曾产生过许多优秀的小说。然而,这些小说无论是采取怎样的叙述套路,无一例外地叙写知识青年与时代之间的紧张关系,表现了具体的历史情境对于人的深刻影响。读完《十八块地》后,我明显感觉到这篇小说具有崭新的叙述视角,它不再在时代和人之间的关系中去做文章,而把时代虚化为背景,去展现在这一背景下人物的心理与行为。《十八块地》以纪传体的手法,叙写了知青时代三位知识青年的故事。小说分为"卢竹儿""鲁娟娟""萧家兄妹"三个部分,"卢竹儿"部分完全回避了知识青年在农场的辛苦生活,相反,在这里我们看到了知青与知青之间、知青与驻地农民之间和睦与温情的关系。这一部分作者选取了"我"和卢竹儿去老乡家吃腊肉并一同返回驻地的一段经历作为小说的叙事重点。"我"和卢竹儿去老乡家吃完腊肉后,在返回驻地的途中,在一个山洞里发现一只山羊正在产仔,卢竹儿担心知青们会因为饥饿宰杀山羊,要求"我"保密。但是,一不小心,"我"还是把山羊在山洞产仔的消息透露出去了,三只山羊最终成为知青们的腹中食。因为"我"不讲信用,卢竹儿从此再也不理会"我"了。这一部分内容完全避开了特殊的时代背景,着力表现了卢竹儿的善良。"鲁娟娟"部分在不长的篇幅里比较完整地叙述了鲁娟娟的人生经历。鲁娟娟是下乡知青,和一般知青的玩世不恭不同,鲁娟娟有着自己的人生追求,在承担着繁重的体力劳动之余,鲁娟娟仍在刻苦学习外语。也因为这一点,她后来成了柳阳中学的代课老师。"文化大革命"后,鲁娟娟上了大学,不过,大学毕业后,她还是回到了她曾经工作过的柳阳中学。这所中学因为位置偏僻,无人愿意去任教,只有鲁娟娟主动要求去那里。"鲁娟娟"部分虽然写到了知识青年在乡村劳动的艰苦岁月,但是小说的着力点并不是叙写时代的特殊情景,而是通过"文化大革命"和改革开放两个时代的对照书写,表现了鲁娟娟一如既往的认真做事的精神品格。"萧家兄妹"部分,虽然写到了萧子南去天安门广场悼念周恩来总理的事,但是小说并没有叙写萧子南悼念的始末,而是叙写在那段阴云密布的岁月里,知青们办年货的生活细节。时代的巨变丝毫没有波及这群知识青年,也没有影响到他们的日常生活,在他们眼里,所谓的时代巨变和他们的生活之间没有建立起任何关系。总体看来,《十八块地》中的人物,并没有成为时代的传声筒,在他们身上闪烁着人性的光芒。

《心上的眼睛》表面上看是一篇讨论英雄以及英雄传统的小说,但是小说最为核心的内容是讨论人性的光辉。小说故事发生的地点是娄山关，在这里，中国工农红军与国民党军队之间发生过激烈的战斗。毛泽东的《忆秦娥·娄山关》曾对红军的惨烈战斗有过描述，这首描绘娄山关战斗的词，被刻在娄山关的石壁上，成为著名旅游景点。小说在当下的娄山关与历史上战火弥漫的娄山关之间展开叙事。今日的娄山关游人如织，然而，人们对战火纷飞的娄山关记忆模糊。战火中表现出来的英雄主义精神在市场经济时代已经被淡忘，人们更加看重的是物质与利益，这是小说的表层意思。小说的奥妙在于塑造了一位智商比较低下的丁三叔。小说的开头极尽描绘丁三叔的傻，而这种描绘也并非没有意义，正因为丁三叔的傻，他和当下市场经济时代的价值取向之间保持了距离，从而也避免了成为时代的传声筒。小说高潮是丁三叔那种从内心生发出来的能量和本能，他帮助战斗英雄摸到了刻在石壁上的毛泽东的词句，“丁三叔在那幅字下，抱着一个男军人的大腿往上推，旁边还有一个女军人在帮忙。看来两人很吃力，几乎支撑不住那位高大的男军人的身体，那军人的手指总和石壁上的毛体字还有那么一点距离。山壁上那些潇洒而苍劲的字，我也不止一次在朗读中产生出想触摸它们的冲动，但终究因为我不够高而打消了念头”。男军人参加过边疆战役的救护工作，因公双眼失明，但是，他仍然有英雄情结。而小说的重心不是表现市场经济时代消费主义文化心理的强大吞噬能力，也不是歌颂这位双眼失明的军人的英雄主义情怀，而是要借丁三叔这个傻子的形象说明英雄主义精神不是源自功利主义，而是作为人性中无法泯灭的朴素情感，潜藏在人的心灵之中。这一主题，完全超越了对英雄主义的功利性表达，无疑具有永恒的价值和意义。

小说艺术的“质”的规定性当然是塑造人物形象，很难想象没有人物形象，小说怎能称其为小说。不过，中国现当代小说在塑造人物形象时，常常把人物当作某种观念的传声筒，因此作者在设置人物形象时，常常会设置出具有二元对立关系的人物形象。这些人物形象常常是善与恶、美与丑、崇高与卑微的化身。在这样“等级性”人物关系之中，代表善、美、崇高的美好观念的人物形象处于小说的中心位置，是主要人物形象；代表恶、丑、卑微的人物形象则处于次要位置，起到反衬主要人物形象的作用。不把人物形象当成某种观念的传声筒，拒绝设置具有等级关系的人物形象，这成为欧阳黔森短篇小说的最大美学特征。《断河》中哪一个人物形象是小说的主要人物形象？小说的叙述焦点是麻老大，但麻老大并非小说中具有突出性格的人物形象。你也很难把老刀、麻老九、龙老大看作是小说的主要人物形象，因为这几位人物形象都不是小说中具有“贯穿性”的人物形象。《十八块地》则明确以“卢竹儿”“鲁娟娟”“萧家兄妹”作为小说的叙述部分，你也很难确定到底谁是《十八块地》的主要人物形象。

我们再来看看《敲狗》这篇小说。《敲狗》设置了三个重要人物形象：厨师、徒弟、卖狗人。这三个人物形象没有被设置成某种观念的符号，《敲狗》也没有从善与恶的二元对立的角度来展开叙事。小说中的厨师是一位兢兢业业的厨师，他有着良好的职业道德和职业操守，也有着高超的职业技能。应该说，《敲狗》是从职业的角度来刻画厨师的，他身上并不负载着善与恶的道德评价。卖狗人是一位爱狗之人，之所以卖狗是因为家里实在缺钱，迫不得已才把狗卖给厨师，并且和厨师约定好了，等筹到了钱，是要来赎狗的。但后来厨师出于职业本能，不同意把狗赎给卖狗人。这一对矛盾冲突并非善恶冲突，只是各人因自身身份做出的选择。小说最有意思的地方并不是厨师和卖狗人之间的冲突，而是徒弟的纠结与选择。当卖狗人筹齐了一百元钱来找厨师赎狗的时候，厨师并不愿意还狗。为了打消卖狗人赎狗的愿望，他要求卖狗人支付两百元钱。等卖狗人回去筹款后，厨师决定第二天敲狗。然而，徒弟被卖狗人的执着所感染，夜半时分，偷偷地把狗放走了。虽然狗回到了主人那里，卖狗人还是很讲诚信，把两百元送到了厨师那里，并特别感谢厨师提前放狗回家。整篇《敲狗》围绕着人性的善良做文章，使小说在貌似平静的叙述之中，展开了关于人性的思考，从而回避了单纯地从道德角度来塑造人物形象，也摈弃了围绕善恶来构筑人物关系的陈规。

三

欧阳黔森的短篇小说大都以花为题目：《丁香》《梨花》《白莲》《兰草》《李花》。如此大量地以花为题，自然不是偶然，自有他特殊的考虑。这些自然中的花草被写进文学作品后，不再是单纯的自然物，而是被赋予了人格精神。这种以自然物的特性来比附人格精神的手法，即是中国传统的“比德”手法。“比德”在先秦时期就出现了，先秦思想家常以玉石、水来比附道德、精神。《周礼·春官·大宗伯》说：“以玉作六器，以礼天地四方，以苍璧礼天，以黄琮礼地，以青圭礼东方，以赤璋礼南方，以白琥礼西方，以玄璜礼北方”。《礼记·聘礼》：“夫昔者，君子比德于玉焉。”《论语》：“子曰：知者乐水，仁者乐山；知者动，仁者静；知者乐，仁者寿。”这种以自然物的某种特性比附人格精神，从而把自然物属性、人格精神融贯为一体的审美境界和思维方法，在文学创作中表现为类比手法，屈原的《离骚》是这种表现手法的集大成者。东汉王逸评价《离骚》的描写方法：“善鸟香草以配忠贞，恶禽臭物以比谗佞，灵修美人以媲于君，宓妃佚女以譬贤臣，虬龙鸾凤以托君子，飘风云霓以为小人。”这种类比的表现手法，是中国古代诗词歌赋常用的手法。

小说创作常常以自然物来比附人格精神，这种方法常常是以描写自然环境的方式出现的，例如通过环境描写烘托人物形象、预示故事的发展方向等。不过，还很少有作家以特定自然物来比附人物的精神品格。欧阳黔森的短篇小说却以自然物比附人的精神品格，并形成了鲜明的特色。

《十八块地》中的萧美文爱好文学，才华横溢。她“特别喜爱绿色和蓝色，她要么穿一身旧绿色军装，要么穿一身蓝色衣裤”。她还特喜爱兰花，她经常“去十八块地的小溪边。采来很多兰草，放在桌子上，床上，窗台上。一到开花季节，那小小的紫白色花儿开得很香很诱人”。这些文字从服饰颜色的角度建立起了萧美文和兰草之间的联系。接着小说进一步叙写萧美文的经历，她后来参军，并参加了对越自卫反击战，在抢救伤员时阵亡。小说写到这里，以诗歌的形式挖掘了萧美文和兰草之间的精神联系：

我爱绿色
你说绿透了就是蓝色
不信看天空，看大海

你走时，送了我一盆
绿油油的兰草
穿一身绿油油的军装
你说老山绿得美丽
你要去那儿救死扶伤

很多年过去
你没有如约
带来一株老山兰
我知道你已经化成了一株老山兰
永远长在了老山上

从此我热爱兰草
兰草博大，深邃
永远有一盆兰草

生动在我蓝色的窗口

小说以诗歌的形式构建了兰草与萧美文之间的精神联系，从而完成了以兰草的形状、颜色、精神比附萧美文的艺术过程。

《梨花》中的梨花是一名在乡村成长起来的副县长。梨花“美如花开，白洁无瑕”，她家境贫寒，单纯、质朴，考上省城的师范大学后，仍然回到这所乡村中学任教，并任副校长，后来升任校长。梨花是一名理想主义者，只顾埋头工作，凭借工作业绩，一步步成长为县委宣传部副部长、副县长。从工作上来讲，梨花无疑是成功的，然而，这位山里姑娘却是一名非常朴实的人，在道德上也追求完美。小说如果仅仅这样来叙述一名山村姑娘的成长之路，无疑是乏味的。不过，欧阳黔森采用类比的表现手法，通过李老师给梨花的情诗，在自然物梨花和梨花姑娘之间建立起比附关系，让梨花这名美丽的青年和自然物的梨花之间建立起审美联系，最终达到了“人”与“物”浑然天成的审美境界：

…………

梨树，叶青花白

静静地绽放

梨花白的清香呵

正从你身上溢出

如手指顶在我的腰上

…………

那夜后

我热爱梨花

热爱梨花的白

热爱梨花白的清香

…………

除了以插入诗句的方式完成类比，欧阳黔森的短篇小说还常常在叙述中完成以“物”比“人”的类比，这样构筑类比的代表作是《李花》。《李花》以从深圳来西篱乡扶贫的戴先生的视角作为小说的叙述视角。西篱乡地处偏远乡村，这里环境闭塞，耕地稀少，格外贫困，而比贫困更可怕的是这里的人思想僵化，重男轻女，不重视教育。戴先生来自深圳，家里很有钱，是作为志愿者来西篱乡扶贫的。小说以外来人戴先生的视角来展开叙述，展现了西篱乡人思想的闭塞与僵化。然而，戴先生在和西篱乡人接触过程中，认识了一位乡村妇女，这位妇女名叫李花。李花是乡村里为数不多的上过初中的女性，她的丈夫上过高中，参过军，复员回乡。这对夫妇与西篱乡其他人不同，他们大面积种植李树、桃树，依靠卖桃子、李子而发家致富。这对夫妇，尤其是妻子李花，思想格外开放，生下的第一个孩子是个儿子，跟着她姓李，这在这个闭塞的乡村曾掀起了轩然大波。李花作为一名乡村妇女，还十分关心国家大事，关心国家发展。《李花》如果仅仅如此叙述，小说的艺术魅力肯定受到限制。为了拓宽小说的艺术空间，《李花》采取了以“物”比“人”的写法，拓展了小说的艺术空间。小说在行文中，有这样一段精妙的描写：“人们喊起李花，自然想起春天那漫山遍野盛开的洁白清丽的李花。那李树是先开花后吐绿芽，然后结出青青的李子。李花洁白美丽，李花本人的确也是不辱没那漂亮的白花儿，在这一方面是美女了，虽已是生了俩孩子的母亲，但她那身段没有一点肥胖的感觉，那真是该凸的地方凸起该凹的凹起，脸蛋蛋微黑微红的显得非常健康，一双大眼睛再配上她那一条坠到脚跟的乌黑亮丽的大辫子，就是一个李春波的小芳模样。”

类比的写作方法，使欧阳黔森的短篇小说充满了诗情画意，营造出了人、物相互交融的审美情景。这在以表现社会生活为主题的现当代短篇小说史上，的确是匠心独运。

欧阳黔森的短篇小说，吸收了中国古代编年叙事、传记叙事、比德手法的有益滋养，创造出了具有中国民族特色的文学作品。欧阳黔森的小说创作，得益于其生活的贵州。贵州是少数民族聚居地，也是历史文化悠久的一块文化宝地。少数民族聚居地较好地保留了中国传统文化，其文学作品也因此保存了较多的中国传统文学的痕迹。在激进主义文化主导的文学史叙述中，保留较多传统文化与传统文学基因的文学常常被排除在主流文学史的叙述之外，无法得到真实的呈现。然而，正是在少数民族聚居地顽强地写作的作家们，维护了文学史的丰富性。在文学日渐开放的今天，在中国文学日渐走向世界的今天，这些带有中国文化与传统印记的文学，正逐渐起着改变中国文学生态的重要作用。

（载《小说评论》2015 年第 5 期）

主要作品目录《

长篇小说

《下辈子也爱你》,贵州人民出版社2004年版。

《非爱时间》,贵州人民出版社2004年版。

《雄关漫道》,贵州人民出版社2006年版。

《绝地逢生》,贵州人民出版社2008年版。

《奢香夫人》,贵州人民出版社2010年版。

中短篇小说集

《白多黑少》,贵州人民出版社2006年版。

《莽昆仑:欧阳黔森中短篇小说选》,作家出版社2015年版。

散文、诗集

《十二星座》,贵州人民出版社2014年版。

《水的眼泪:欧阳黔森选集》,广西师范大学出版社2017年版。

《枕梦山河》,中国青年出版社2017年版。

乔叶

女，本名李巧艳，1972年生，河南修武人。

小 引《

有一段时间，诗人纷纷改行写小说，其中有几个改得比较成功的，如韩东、熊召政者，在读者中有较大影响。这原因有两种，一是爱好文学的人，最先都喜欢写诗，写诗成了名，就成了诗人，等到有一天也写小说了，人们便觉得他是改了行。二是诗歌有一段时间不景气，在热乎了一阵子之后突然不热乎了，没有多少人看了，只好改行写小说。当然，也有诗人改行写散文的，如周涛、舒婷等，也很不错。但乔叶不同，她不是由诗人变成小说家、散文家，而是由写散文改成写小说，由一个著名的散文家，成了一个有影响的小说家。至于这种改变的原因，似乎与诗人的改行不同。她在接受本辑主笔的访谈中，除了谈到自己不愿沿着习惯的路子走下去之外，更多地谈到了散文和小说这两种文体不同的性质和功能。她的那些个形象的比喻，让我想起了今天称之为散文的这种文体，在历史上与诗和小说的一些因缘与纠葛。

先说散文与诗。在中国文学分类中，散文与诗本是两种相对的文体。诗讲究排比对仗，规范整饬，散文是散体的文字，是没有这些讲究的。黄遵宪当年闹诗界革命的时候说过一句话："以单行之神运排偶之体。"他把散文叫作"单行"的文字，把诗叫作"排偶之体"，就说出了散文与诗的区别。一个散体"单行"，一个"排偶"对仗，二者的区别大了去了。所以，写惯了诗的人转向写散文，要真正写好，颇不易。但话又说回来了，新诗毕竟不同于旧体诗，它一开始就是散文化的。胡适当年提倡白话诗的时候，就说过"要须作诗如作文"，也就是说写诗要像写散文那样，不必要古人的那些讲究。说来，这也是宋人革新诗艺的老办法，所谓"以文为诗"是也。早期白话诗人大都是照着胡适的法子实践的，有的还直接将外国的散文诗引进来做示范，散文化于是就成了早期白话新诗的一个鲜明特征。虽然后来在纠正过度散文化的弊端时，有人提倡过散文美，说散文化不好，散文美好，要反对散文化，追求散文美，这不过是对散文化既不满意又无可奈何的一种变通的说法而已，新诗的散文化终究成了一种不可逆转的趋势。发展到当今的口语诗，或曰口水诗，岂止是散文化，简直就是"大撒把"。如果不计较它的直白浅显，也算是实现了黄遵宪的"我手写我口"、胡适之的

"有什么话,说什么话,话怎么说,就怎么说"的主张,说来这也是新诗散文化的流弊所致。散文于诗,可谓成也萧何,败也萧何,呜呼散文,其奈尔何。

再说散文与小说。相比较而言,散文与小说的关系就简单得多。在中国古代,散文与小说原本都属于散体的文字,都可以笼而统之地以散文称之,在古人眼里,都是广义的散文,同属一个家族。在这种大一统的散文家族中,区别出小说来,又区别出狭义的散文,二者各自成为一种独立的文体。虽然有西方文学分类的影响,但小说这名称在中国典籍中却出现得早,据考,在先秦时就有。但这时候以及在以后一个相当长的时间内,小说不过是一种末流的文字,是不能与正统诗文(散文)相比,登不得文学的大雅之堂的。这以后,小说虽然异军突起,但这种卑贱的出身和末流的命运依旧没有多大改变。直到近代,维新派在小说界闹了革命以后,小说对社会人生的益用日广,才逐渐归了文学的正宗。但这时候,正统的诗文却走了背字,诗已由白话代文言自不待说,散文虽有恋旧者复兴晚明小品,但终究抵不住"essay"(随笔)的诱惑,纷而迎娶洋派新妇,于是杂感、语丝大行其道。再后来,散文以叙事、抒情、议论三分天下,已与小说成分庭抗礼之势,小说与散文渐次壁垒分明,小说家与散文家也名分各定,互不相认。

话虽这么说,小说和散文毕竟有上述亲缘关系,故小说体内仍存有散文的基因,流着散文的血液。现代的小说家在写小说的时候,虽然大多是照着西洋的章法,但总免不了时时要露出散文的马脚来,不但寻常笔法是散文的,而且在受西洋的小说作法束缚太紧的时候,还要求助于散文。散文化于是成了小说家的一剂解药,小说这时候也彻底地露出了散文的真面目,甚者很难分清哪是散文,哪是小说,历史上也因此成就了许多以散文化著称的小说家,如鲁迅、废名、沈从文、汪曾祺、孙犁等等。其实,在中国文学史上,就连这种散文化的小说也不乏成品,如后人所谓笔记小说者流。这类小说皆可以散文称之,或原本就是散文,称其为小说者,皆好事者为之。凡此种种,据此可知,由写散文到写小说,就像林黛玉进贾府,见过了姥姥再见舅,转来转去,都是一家子。

散文是一种原初的文字表达方式,具有很强的文体创生力和发散力。一个作家的文学表现能力的养成,不是源于讲究形式的诗歌,也不是源于崇尚虚构的小说,而是源于朴实无华、自由无拘的散文。形式化了的散文便是诗(至少是自由体的或散文化的新诗),虚构性强的散文便是小说。从这个意义上说,散文虽如上所述,可能会消解诸多文体,但也是创生诸多文体之源。乔叶初入文学这座神仙府第,便在散文门里修炼,是入了文学的不二法门。有了这一点"不二"的功夫垫底,则一切文体的区别，都可以忽略不计，或自认有别，其实并无差异。因为文体的转向，乔叶在散文与小说之间作了许多比较，说了许多差别，实则是把她自己修炼散文的经验、对散文的体认和感知都用到了小说身上。说这是散文家的移情也可，说这是散文主体的对象化也行，总之是因为乔叶受散文的浸润太久、情结太深，所以，到头来，她虽然说的是小说种种，却在在都是散文的性情，结果自然是连她自己也不得不承认，绕来绕去，无法说清。既然如此，与其在散文和小说——乔叶的这两个新欢旧爱之间强作区分，不如将旧爱注入新欢，让新欢容纳旧爱，即用散文的精神去写小说，让小说充满散文的精神气韵。这样，庶几在新欢旧爱的统一中，才有属于乔叶所要的“文字的欢爱”。

自　述《

树下的孩子

“写作对你的意义是什么？”

这是我曾无数次面对的问题，我常常沉默地笑笑，这个问题对我来说，太过珍重，太过严肃，以至于我只能沉默——我怕自己脱口而出的回答会显得轻率和轻浮。而诡异的是，有时候非常认真的回答发表出来之后却又显得夸张和矫情。有例为证——我曾经如此回答某个媒体：“如果不表达，这个世界怎么能够知道我对它的爱？我怎么能够梳理对这个世界的爱？我怕自己会被这爱湮没，我怕自己会在这爱中崩溃。像一个潮汐膨胀的海，台风掠过，海浪冲天。等到海面平静下来，沙滩上总会留下闪闪发光的珠贝和玲珑可爱的小蟹。我对这个世界的爱，是海；而我留下的文字，是珠贝和小蟹。”

每次想到这段话我都想笑，这不是我满意的回答，但在当时，我找不到更合适的话说。直到2010年11月，因中篇小说《最慢的是活着》获得了第五届鲁迅文学奖，在获奖感言中，我终于找到了最想说的话：

> 一个男孩一生下来，一棵树就爱上了他。男孩常来和树玩耍，他用树叶编织头冠，在树枝之间荡秋千，或是采摘树上的果子吃。玩累了，他就在树荫下休息。他很高兴，树也很高兴。

但是，随着孩子渐渐长大，他不怎么来找树玩了。有一天，他路过树下，树喊他道："孩子，来玩啊，来和我玩啊。"

男孩说："我不能再玩了。我要去挣钱。你能给我钱吗？"

树说："我没有钱。我只有果子，你把果子采去卖钱吧。"

男孩就把果子采了下来，果然卖了钱。

又过了一段时间，男孩又从树下走过，树又喊他玩，男孩说："我不能玩，我要成家立业，盖屋取暖。你能帮我盖个屋吗？"

树说："你可以把我的树枝砍下来盖个屋。"

男孩砍下了很多树枝，果然盖了个屋。

又过了一段时间，男孩对树说想要造个船去远方旅行，树就让他把树干砍了，造成了船。

很久很久之后，男孩旅行回来了，又来到了树下。树轻轻地说："孩子，我什么也不能给你了。我很抱歉。"

男孩也轻轻地说："我什么也不要，只需要一个地方踏踏实实地坐一会儿，休息休息。我太累了。"

树笑了。树说："孩子，来吧。我这个老树墩，正好能让你坐下来歇歇脚。"

忘记了在哪里读到的这个故事，但我一直记得这个故事。每当想到这个故事，我的心中都会涌起一种难以言喻的感动，这很像是在描述我和文学的关系。最初的最初，我和文学快乐地游戏，慢慢地，稿费、版税、影视改编权和各种荣誉如同树的树叶、树干、树枝和果实，都成了改变我生活状态的实用生计。但最终，文学就是那个扎根大地的老树墩，能容我停下来，踏踏实实地坐一会儿——不，可以坐很久很久，随便多久。

…………

文学就是这么一棵树，我们很多人都是爱着树同时也被树爱着的那个孩子。只要有了这种爱，无论我们走多远，最终都会回到这棵树下。我有归处——一想到这个，我就觉得无比踏实和幸福。我知道，我不能也不敢指望更多了。对我来说，这就够了。难道不是吗？

访　谈《

成为一个具有小说道德的小说家

——乔叶访谈录

吕东亮　乔　叶

吕东亮:您是在什么样的条件下走上创作之路的？当时是否想到能有今天的成功？您开始写作的时候，文学已经“失去轰动效应了”，是什么支撑您义无反顾地在文学之路上打拼？您是如何处理文学与现实生存(养家糊口)之间关系的？

乔叶:履历表上的时段显示，我的写作应该是从1993年开始，因为那一年我开始发表正式的文学作品。其实或许更早，因为在这之前的阅读和练笔都是引桥，可以称之为潜性创作。当然或许更晚——即使开始发表作品，也离真正的创作还有很长一段距离。但无论如何，1993年是值得记忆的。当时我在乡下教书，生活宁静、黯淡，没有合适的男人可以谈恋爱，只有大把的时间等待打发，于是就像无数的文学青年一样，开始写诗和散文。

我没想到有今天。其实今天也算不上成功，按世俗的标准，我既没有发大财也没有成大名。如果说成功只是一种生活状态或者是心灵状态的话，那么，就写作意义而言，我从最开始写作的那些日子，就已经成功了。因为喜欢，因为热爱，没有想去轰动谁，只想和自己说说话，打开自己，因此也不存在什么打拼。如果有打拼的话，也只是在和自己打拼、较劲。对外，我的作品发表、出版和获奖都非常顺利。在生计上，文学从来没有给我带来负累，相反，我从一个普通的乡村教师走到今天，物质和精神的日渐丰厚都拜文学所赐。

吕东亮:您最初的成功是在散文写作方面，后来为什么转向小说？很多读者和批评家都注意到你的小说中有散文的气息，这使您的小说别具一格。在从散文转向小说的过程中，您在写作姿态、经验处理、思维方式、语言表达方面有哪些变化？

乔叶:1994年，我在几十种社会期刊上发表了大量散文，其中很多篇什被《读者》和《青年文摘》这些发行量数百万的文摘杂志频频转载，再一年之后就是开专栏，出书……忙忙碌碌，高高兴兴，虽然是野路子出来，却也颇有些少年得志。到了2001

年，我居然已经出版了七本散文集。

不到 30 岁，出了七本散文集，有多少确凿的东西可写呢？很多都是虚构的故事。别人问起，就堂而皇之地说是艺术的真实。社会期刊的容量有限，我的故事很短，最长的也不过 3000 字。写着写着，就觉得散文已经不能满足我了，可又不知道该怎么把散文盛放不下的东西给倾倒出来。1997 年夏季的一个下午，刚刚下过雨，我突然特别想不限篇幅地写个故事，然后我很快就写完了，心想这就是小说吧？于是投给了《十月》。两个月后，收到编辑的回信，说用了。那个短篇发表在《十月》1998 年第 1 期，名字叫《一个下午的延伸》，责任编辑是田增翔先生。几年之后的一天，我在电视上看到了他，他很瘦，喜欢收藏石头。

小说的种子从此就种了下来，但我没有在小说面前停住，仍旧被散文推着往前走。我亦知道再往前走也不过如此，可热络的编作关系，边角料的时间，轻车熟路的生产流程……都滋养着我的惯性。直至 2001 年进入河南省文学院，我成了一名专业作家。

专业作家，不仅是作家，而且专业——这个特别的称谓让我在很长时间里都有些惶惶不安。体制替我把作家的身份确定了下来，让别人可以由此将我名正言顺地归类，可我自己始终是怀疑的。作，家，这两个字过于煞有介事，响亮得似乎有些无耻。与此相比，我更愿意称自己为作者。作，者，者的音节是那么轻微，说出来舒服多了。如果说作家这个词是西装革履的白领，作者这个词就是穿着休闲服的街头散人，我更喜欢这样。

专业作家不用坐班，以下岗的状态拿着上岗的薪水。一霎时，我自由得都有些手足无措。同事们也都是专业作家，且都是老资历的专业作家，我们见面的主要由头就是开作品研讨会。每有新著出来，大家都要聚在一起拳打脚踢一翻，为之活血按摩，决不客气，决不走过场。所有的研讨会里，小说的研讨会最多。张一弓、李佩甫、张宇、杨东明、李洱、墨白……都是河南小说的中坚力量。听得多了，时间也有了，我终于决定正式开始写小说。

对于我的转型，很多人都表示过不解。杰出的先锋作家、同事李洱曾在一篇文章里调侃说：“乔叶迄今是以‘青春美文作家’的形象出现在大众视野中的，国内各大时尚杂志以及发行量惊人的《读者》，都是她宣讲人生哲学的重要讲堂。在很长时间内，我都是她的忠诚读者。我也是个爱美的人、爱听故事的人嘛。她的文字简洁优美，故事深入浅出，她在山水田园和寻常巷陌之间流连忘返，去发现诗意和生活中的美。她的文章能使人想到早年的冰心，读她的故事，能让人感到自己的世故，就像吃了鲜鱼能让人感到自己嘴巴的不洁。我甚至觉得,她的每篇文章都可以入选中小学语文课本。究竟是什么原因让乔叶突然转向了小说写作,我至今不得要领……”

2001年至今,已经10年。10年来,面对媒体,面对文友,面对读者,我曾经无数次地应对着他们或惊讶或好奇的此类询问:“你已经写了那么多散文,也得到了那么多读者的肯定,取得了很好的成绩,为什么还要转写小说呢?你到底是怎么想的呢?”一般情况下,我会用最现成的答案来回答他们,而这个最现成的答案恰恰就在问题之中:“正因为写了那么多散文,也得到了那么多读者的肯定,取得了很好的成绩,这种滑溜和顺当让我觉得不满足。看着那一摞散文集,我不止一次地问自己:难道要这么写一辈子吗?答案是否定的。我知道自己不能再这样下去了。”

不那么现成的答案呢?是需要往心里深处挖的。如果说我的散文创作是鲜鱼的话,那么作为厨师,我怎么会不知道厨房里还有什么呢——破碎的鱼鳞,鲜红的内脏,暧昧黏缠的腥气,以及尖锐狼藉的骨和刺……这些都是意味丰富的小说原料,早就在我的内心潜藏。现在,小说的种子也经过了漫长的蛰伏,已然到了最合适的时候,于是就别无选择,只有破土而出。2007年,我因为小说《打火机》和《锈锄头》获得了第五届华语文学传媒大奖最具潜力新人奖,在颁奖典礼上,我发表了题为《小说是一个广袤的世界》的演说。当时所述,我至今认为对“为什么要转写小说”这个问题而言,是一个更准确、更深层的标准自我解答——小说是一个广袤的世界,这个世界对我来说是博大而新鲜的。在写小说之前,我曾写过多年偏哲理化的散文,获得了不少肯定和鼓励,用读者的话说:“歌颂真善美,纯净又天真。”进入小说创作之后,一些读者认为我堕落了,对此,我感到很遗憾,也觉得很欣慰。如果这是堕落,我愿意让自己继续堕落下去。我由一种小哲理,进入一种大哲理;由一种小的真善美,进入一种更丰富、更缤纷、更宽广的大的真善美。我想,没有比这更让我满意和沉醉的堕落了。

小说是一个广袤的世界,比小说更广袤的是世道人心。对待具体的生活内容我常常是弱智的,但小说却让我趋向坚定、平静、清晰和从容。我常常感觉自己是一个发现奇迹的孩子,左采一把花,右摘一颗枣,天苍苍,野茫茫,风吹草低见牛羊——不仅有牛羊,还有骆驼、大象、老虎、豹子、松鼠和蛇。它就像是个野生动物园,有着各种各样的声音和气息,我看也看不过来,写也写不过来,只好东一榔头西一棒,边看边学,边想边写。我相信,只要好好学习,即使不能够天天向上,也可以月月向上,或者年年向上。当然,向下也可以,只要向下的力量够强,深度够大,那么向下也是另一种意义的向上。

小说是一个广袤的世界。我很喜欢奥地利小说家布洛赫说过的一句话，他说，发现唯有小说才能发现的东西，乃是小说存在的唯一理由。从这个意义上讲，我希望自己能成为一个具有小说道德的小说家。通过小说更清晰地认识自己，认识他人，认识黑暗，也认识光明，同时也认识自己与他人、黑暗与光明之间的辽阔地带。我希望自己能成为一个诚实的写作者，一个心灵富有责任的写作者，一个有信念的写作者，同时也是一个不断拥有新的可能性的写作者。也许这只是所有写作者应该具有的基本要素，但是因为粗暴和浮躁，我发现这些基本要素已经成为很高的要求。我希望自己能够做到以上这些。我会用这个奖项来提醒和激励自己去做到这些……

"自散文而小说，对你来说这两种文体的创作感受有什么不同?"这是他们询问频率最高的又一问题。想来想去，有一个比方相对形象一些：小说是旗袍，散文是睡衣。旗袍选料讲究，制作精良，如果技艺不过关，穿上不仅不漂亮，还会使你瑕疵全现，出乖露丑。而睡衣呢，因它是睡时贴身的最后一层衣服，所以最重要的一个特点便是舒服，因此款式一定要宽大，便于最大限度的肢体运动，用料不是纯棉便是真丝，而且穿得时间越久越觉得舒服，旧的、褪色的、磨了边儿的、开了线的……都可以加浓对它的依恋。还有一个比方：散文是漫天生长的草。草坪，草地，草原……可草毕竟还是草。好小说是打进大地心脏的利器，能掘出一个个洞来，功力有多深，就能掘多深。我渴望自己能写出的好小说，就是这样，最好能深掘到百米千米地层下的河流、矿藏和岩浆。

这些比方很容易引起误会，似乎可以引申为小说是面子，散文是里子——不，这不是我想说的，它们都是里子。又似乎可以理解为小说要严谨，散文要自由——不，这也不是我想说的，它们可能恰恰相反：小说因虚构和想象的因子流溢，所以有一双强劲的隐形的自由翅膀，而散文因是以写实为依托的，所以于外在的自由中又有着一些难以言尽的拘束……这话似乎又有些不对，抛却文体的形式不谈，从本质上讲，它们应该都是贴着心的，都是自由的，它们的区别只在于旗袍和睡衣的表象，殊途同归的是表象下的那颗心和那个身。

绕来绕去，说不好了。反正它们都是我喜欢的，都是我想要的。一个新欢，一个旧爱。新旧的概念将会被时间之水冲刷一统，末了，它们剩下的只是欢和爱——我和文字的欢爱。

最初写小说的时候，特别怕自己写得不像小说，因此就特别注意故事性，想要把小说写得好看、好读，想要有读者缘。后来获得普遍的肯定后，就渐渐放松了，开始试图把散文的因素融合进来，居然也很被读者接受，也明白自己多年的散文写作也还是积累了一些有益的经验，比如语言要更讲究一些，也比较注重细节。小说中偶尔运用一下散文的语态，也会让整个作品的节奏感更好一些。《山楂树》《最慢的是活着》都是此类的散文化小说。总之，文体本身都无问题，关键看写作者自己怎么掌控。

吕东亮：在您的小说中，对女性生存处境的关注似乎是一以贯之的，这和您身为女性作家有很大关系吧？您怎样看待当今的女性问题和女性文学？

乔叶：应该是的。这是一种不自觉的入戏。身为女性去写女性，可能更感同身受吧。不过偶尔也会写以男性为主角的小说，比如中篇小说《锈锄头》《拥抱至死》等。当今的女性问题其实和当今不当今没关系，关于爱情，关于家庭角色，女性的不安全感，焦虑情绪，都是自古以来都有的，不过是换个衣服呈现出不同的表象而已。再往深里说，女性的问题其实男性也都有，因此我不怎么主张把文学进行男女性的分类，归根结底大家都是人，写的都是人性。当然，如果一定要分类的话，对于当今的女性文学，我非常看好，铁凝、王安忆、迟子建都是非常好的女作家。新生代里，我非常喜欢魏微和鲁敏。

吕东亮：您迄今为止出版了四部长篇，即《我是真的热爱你》《底片》《虽然·但是》和《结婚互助组》，但除了第一部《我是真的热爱你》之外，其他三部多由你的中短篇小说拼合而成，这样做是出于什么原因？是市场的召唤还是中短篇小说家常见的“长篇焦虑”？您怎样理解长篇、中篇和短篇之间的关系？

乔叶：对《我是真的热爱你》的写作，我有着强烈的主观意愿。2001年5月，我正襟危坐在书桌前，准备开始自己的小说生涯。虽然口口声声说要写小说，但真要写的时候其实是一头雾水。怎么写？不知道。写什么？也不知道。干脆一蒙头，傻子买鞋——冲大的去了。没错，我瞄准的目标就是一个长篇小说。动笔之前，著名小说家、时任河南省文学院常务副院长的李佩甫老师问我：“准备写小说了？”我答：“是。”他问：“长篇还是中短篇？”我答：“长篇。”他沉默片刻，道：“还是先练练中短吧。”我答：“我觉得我能写长篇。”他又沉默片刻，道：“那，你写吧。”

于是，鲁莽者的受训之路启程了。最初的一两章雄心万丈，写到一半便艰难万分，到了最后，简直就是生不如死的煎熬——脑力劳动堕落成了体力劳动，天天对自己咬紧牙关喊口号：坚持就是胜利，坚持就是胜利……用了将近一年的时间，我写下了这个长篇的初稿。写完后的感觉只是一个字：怕。半年后才拿出来给人看。在这个过程中，我无比真切地认识到了佩甫老师当初给我的建议是一种多么委婉的劝导。作为一个优秀的小说家,他心如明镜,对于一个完全不知小说为何物的懵懂者来说,没有中短篇写作的技术和经验作底,一个长篇小说的创作会出现多么严重的障碍和困难。回忆起来真是怕啊,我以初生牛犊不怕虎的无知无畏,经历了一次冒险。

还好,冒险者的运气不错。2003 年年底,这部名为《我是真的热爱你》的小说被《中国作家》发表,2004 年 4 月,长江文艺出版社出版了它,并且入选了该年度的中国小说排行榜长篇榜,获得了诸多评论家的关注和读者的认可,后来又被《长篇小说选刊》选载。

现在想来,怕虽是怕的,也很羞愧,却亦深感欣悦和幸福,因为我知道,我以后的长篇小说可能都比它成熟老到,却再也不会比它稚拙可爱。它是我小说创作的真正开端,是我小说创作青春期的产物,是我和小说的初恋。这样的青春期,这样的初恋,对于一个写作者来说,最为特别,也最为刻骨铭心。我不后悔,因为我明白:一,后悔无用;二,这部长篇的创作经历让我从另一个角度触摸到了小说,明白了小说原来是这样,原来是那样,原来可以这样,也可以那样。

至于其他的长篇,严格地说,都不是我心目中的长篇,之所以写它们,也不是因为市场意识和长篇焦虑感,只是因为这样那样的原因,没有原则地答应了出版社的约稿,到交稿的时候又没有合适的交,只好把几个中篇凑到一起串起来,或者把其中一个抻长了。那真是无知之事,以后再也不会了。

可以说,一个作品一旦在心中萌芽,就决定了它长、中、短的属性。打个比方,如果说长篇是一棵粗壮的大树,那么中篇就是一棵葱茏的灌木,而短篇则是一棵玲珑的小草。体积虽然不同,但它们一旦诞生就都是独立的、不能被替代的个体。比方得不一定合适,暂且这样说吧。

吕东亮:您就读过鲁迅文学院和上海作协作家班,这些学习经历对您的写作有哪些影响?

乔叶:是的,我在鲁迅文学院读了半年,上海那个研究生班读了两年,收获很大。听课是一方面,课下和同学们交流又是一方面。可以说,在课上扩大了视野,开阔了胸襟,丰富了知识,梳理了困惑,在课余通过深层的内省和吸收,通过与同学及同道之间积极的切磋和交流,放飞了创作思想,张扬了创作个性,丰富了创作实践,碰撞了创作理念,互换了创作经验,文学信念得到了进一步的建构和修整,价值观念和精神体系也得到了进一步的完善和健全,文学思维也有了更多的向度,当然文学品质也相应地得到了提高。

印象最深的是，2004上半年，我在北京鲁迅文学院第三届高级研讨班学习，很自觉地投入到了中短篇小说的创作练习中，补“小说课”。刚入校的时候，学员们照例被分组。诗歌组散文组都很亲，但我报的是小说组，导师是著名评论家李敬泽。在一次小课里，他和我们探讨了一个主题：小说的可能性。谈到当下小说写作的一些问题的时候，他强调了几句话，大意是说要破执着、破幻觉，要面对本心、白心和素心，破挡住我们眼前的东西，要真正地站在泥潭里去感受问题、提出问题，要扎扎实实地面对心灵的疑难，一刀一斧地去面对。也许这些话并不新鲜，但我突然感觉到，这正是我的真病。那次小课之后，我写了一个中篇，名字叫《紫蔷薇影楼》，写的是妓女，是一个妓女从良回乡之后和以前的嫖客邂逅的事情。我知道有人写过这种题材，但我也知道自己不会同他们写的一样。这次，我真切地找到了她的软、她的痛，她回归正常生活之后的坚定和清晰，暧昧和恍惚。我能够更贴近她这个人本身，而不是一个妓女的概念。我以我的本心感受她的本心，误差较少地沾染到了她的温度。这篇小说发表在《人民文学》2004年11期，被《中华文学选刊》和《小说精选》选载。

吕东亮：在阅读您的小说过程中，我常常感受到经典的痕迹，比如《解决》让我想起鲁迅的《故乡》，《取暖》让我想起郁达夫的《迟桂花》，还有一些作品让我想起张爱玲、王安忆、迟子建以及一些河南作家的作品。我想了解的是，您的写作资源来自哪里？您比较欣赏哪些作家？

乔叶：写作资源无他，永远是一个：生活。我前些时重读毛泽东《在延安文艺座谈会上的讲话》，其中的很多话语我重新读来，仍然觉得精准和适用。他说：“人民生活中本来存在着文学艺术原料的矿藏，这是自然形态的东西，是粗糙的东西，但也是最生动、最丰富、最基本的东西……它们是一切文学艺术的取之不尽、用之不竭的唯一的源泉。这是唯一的源泉，因为只能有这样的源泉，此外不能有第二个源泉。……有出息的文学家艺术家，必须到群众中去……到唯一的最广大最丰富的源泉中去，观察、体验、研究、分析一切人，一切阶级，一切群众，一切生动的生活形式和斗争形式，一切文学和艺术的原始材料，然后才有可能进入创作过程。”

我喜欢很多作家，国内的就不说了，国外的有福楼拜、略萨、奈保尔等等，最近我在读美国的诺曼·梅勒的《刽子手之歌》，写得太好了。这些优秀的作家会在不同的角度刺激我去认识世界和思考生活，从而更好地进行创作。

吕东亮：您的作品多取材于河南这块土地，不论是农村还是城市，特别是豫北地区，这使我感到很亲切，您写到的很多风土人情我的家乡一样有。您怎样看待河南这块土地以及所谓中原文化？在您的文章中您曾提及河南作家之间相互鼓励、相互支持、相互批评的风气，这种风气是十分美好和健康的。您怎样看待“文学豫军”以及“中原突围”？

乔叶：中原文化厚重丰饶，我深爱之。“文学豫军”精英荟萃，我深敬之。每一代的“文学豫军”都有优秀的作品，这是必然的。不过，“中原突围”这个概念我认为不合适文学领域。写作不是打仗，如果说是打仗，也只是作家在和自己打，用“自我突围”更合适一些。只要把自己成功突围了出去，我相信，每个作家都会写出优秀的作品。我对“文学豫军”的未来很有信心。

吕东亮：您创作的成功离不开一些期刊，您早期的散文主要发表在哪些刊物上？这些刊物以及背后的读者群对您的写作有哪些影响？您现在的小说写作在读者定位方面相比于以前的散文有哪些变化？您曾经参加过河南作协和新浪网组织的“文学豫军”的“文学冲浪”活动，网络对您的写作有哪些影响？您怎样看待网络文学？

乔叶：成功这个词不合适，只能说我是从报刊起步的。《中国青年报》《辽宁青年》《时代青年》《文友》《女友》——几乎当时所有的期刊都发过我的小散文，刊物的认可和读者的支持让我有信心将写作之路走下去，这种动力是非常珍贵的。另外，散文读者没有流失，我至今在《北京晚报》《新民晚报》还有散文专栏在继续，小说读者也有很多。这两部分读者也有交叉的，也有只读散文或者小说的，他们的存在对我来说都很重要。一个寂寞的写作者，非常需要读者“亲友团”的温暖。网络对我的写作没有本质影响。网络是一个重要的信息平台，但对于写作来说，有效的信息非常之少。不过作品完成之后，通过这个平台来进行传播，这倒是大势所趋。网络文学借助网络而生，但和所有在纸媒上诞生的文学没有任何本质不同，因此也不具备任何特权和优势。无论什么文学，好作品才是第一要紧的。

吕东亮：您十分年轻，大家对您的前景十分看好，您对自己未来的创作之路有哪些期待？近期有哪些创作方面的计划？

乔叶：我将近40，已不年轻，深感冯唐易老，李广难封。我希望以后能写出好一些的小说，近期准备写一个长篇。

吕东亮：我查阅了一些关于您的小说的评论，印象比较深的是李敬泽、郜元宝和王宁的评论，感觉很贴切，意见我也很赞同。现在文坛上有的作家很重视关于自己的评论，有的作家则不屑一顾，您怎么看待当今的文学评论？批评家可能会以“70后写作”或者“女性写作”等为您的创作命名，您接受吗？

乔叶：我看的评论不多，只挑自己感兴趣的话题或者自己喜欢的评论家偶尔看看，因此不发表观点。至于他们怎么对我的创作归类和命名，悉听尊便，我不介意。

评　论《

经验的生长及其写作症候

——小说家乔叶论

吕东亮

2001年左右，散文家乔叶开始向小说家乔叶转型。后来的创作实践证明，这一转型是非常成功的，而且成功来得又是那么迅即，那么饱满，那么坚实。这成功在使我们认识一个前景远大的新锐女作家的同时，也让我们思索当今时代的文学生态。

一、散文的馈赠

乔叶开始写东西是在1993年，那时文学早已失去轰动效应，但文学的生机并没有萎缩，而是换了一种方式继续蓬勃地发展。文学市场化是这种发展方式的鲜明特征，市场化打破了种种森严壁垒，给每一个热爱写作并渴望成功的人提供了机会，乔叶就是这些人中的一个。在最开始的写作生涯中，乔叶经营的主要文体是散文，她所获得的最大成功也是在散文方面。这种成功除了乔叶的聪慧和勤勉之外，还和散文当时的文体状态有关。

市场化状态下的文学消费讲求"短平快"，散文是最适合快节奏的文学消费的文体。相对而言，小说的技巧性要求较高，发表空间有限，阅读需求有限，产量因而也不高；诗歌虽然有很多人在坚持，作者队伍近年来也有扩大之势，但总体来说诗歌的公共性丧失殆尽，诗界的共识也不复存在，狭隘的圈子化生存状态和对于修辞的过度迷恋，使得消费者自觉疏离这种文体；戏剧创作由于无法摆脱剧场体制，也不可能真正地走向大众。如此文体格局中，散文显得"风景这边独好"，不仅专业文学杂志刊发散文，大量的社会性报刊也都为散文提供了发表的空间，散文成为真正的大众消费性文体，需求量自然是十分庞大的。在供不应求的情况下，报刊编辑们也慷慨地向默默无闻的写作者敞开了发表的大门。当时偏居豫北乡村从事小学教育的乔叶，有着大量的业余时间需要打发，她在读书看报时敏锐地意识到了这是一个机会，于是散文创作一发而不可收地展开了，成功也如期而至。乔叶在《我和小说》的创作谈中如实描述了这种成功的景象："散文的反响比较强烈。读者来信和编辑约稿纷至沓来。1994 年，我在几十种社会期刊上发表了大量散文，其中很多篇什被《读者》和《青年文摘》这些发行量数百万的文摘杂志频频转载，还被时尚杂志《女友》评为'十佳青春美文作家'，《文学报》也进行了相关的报道。再接着就是开专栏，出书……忙忙碌碌，兴兴头头，虽然是野路子出来，却也颇有些少年得志。直至 2001 年，我共出版了七本散文集。靠着散文，我成了所谓的专业作家，并且获得了首届河南省文学奖。"①就这样，乔叶从一个平凡的写作者成为著名的散文家，跻身于主流文坛。她称自己"野路子出身"，虽是谦逊，但是也说明了一代青年作家脱颖而出的典型路径。这路径"看似寻常最奇崛"，不易之中隐现着野性的活力。

乔叶的散文，以自己有限的人生经验为底气，以对生活的美好设计为依托，以理性而又柔和的语调为转型期社会浮躁慌乱的人们提供了情感的引导和抚慰。"她的文字简洁优美，故事深入浅出，她在山水田园和寻常巷陌之间流连忘返，去发现诗意和生活中的美。"②这是她的同事、小说家李洱对她散文的描述，贴切准确，是很多人都认同的。但这种准确的描述并没有凸显出乔叶散文的个性，反过来恰恰说明了乔叶的散文是一种类型化写作，自然散文的成功也是一种世俗的成功。如果仅仅是散文，乔叶的成就会十分有限，即便日后写得再多一些，也不过是一些低水平的自我重复，她所需要的是自我超越。而 2001 年成为河南文学院的专业作家为其提供了超越的现实契机，她开始尝试着写小说。此前，乔叶事实上已经感到经验的催逼。她说："我写散文多年，总觉得有些麻烦是散文无法解决的，于是便求救于小说。小说接纳了我的这些麻烦。她以她的博大、丰富、辽阔和深邃不但接纳了我的这些麻烦，而且很快让我认识到，我的表达在她的世界里是多么微如草芥，是多么弱小贫乏。小说世界之于我，如同海之于浪花。"③乔叶选择小说之后的沉浸，不仅仅是因为小说的世界比散文的世界"博大、丰富、辽阔和深邃"，也不仅仅是因为小说的文学品质更为纯粹，更重要的是因为青春美文类型的散文对经验有特定要求，这在一定程度上对丰富的经验和心灵的麻烦是一种压抑。这种压抑在大量的重复性的散文写作中愈积愈厚，一旦有了合适的突破口，便呈喷发之势，乔叶的小说创作因而一开始就量多质高，呈现出汪洋恣肆的活力。

---

① 乔叶:《我承认我最怕天黑》，山东文艺出版社 2007 年版，第 2 页。

② 乔叶:《我承认我最怕天黑》，山东文艺出版社 2007 年版，第 3 页。

③ 乔叶:《薄荷一样美好的事》，江苏文艺出版社 2010 年版，第 154 页。

长期的散文写作使乔叶积累了大量的生活素材，这些原生态的材料相当大一部分无法进入散文的写作，也无法在散文的框架中得到解释，但在小说中，这些积压的材料迅速鲜活起来，成为生猛的情节。乔叶的小说目前以女性情感婚恋题材居多，这种题材是乔叶写散文时经常遇到的。她所占领的期刊阵地如《青年文摘》《女友》《知音》等一直是女性情感的话语场。事实上，乔叶的一些散文中已经有小说的影子，有的散文本身就是小说的雏形，比如《没有什么会不见了》《透骨草》《最后的爆米花》这三篇散文就是小说《最慢的是活着》《指甲花开》和《爆米花》的雏形。也是在散文中，乔叶的人生经验开始走出了偏僻的乡村，乔叶本人也在面对复杂的社会情感问题时变得“世事洞明”和“人情练达”，尽管在她的散文中，那些纠结的情感都被理性和真善美所向披靡般地克服了，散文的写作惯性也不自觉地表现在她的小说创作中，成为其风格的标记，散文的舒缓调节了小说的叙事节奏，散文的自由使得人物的内心从容地敞开，散文的议论彰显了小说的叙事伦理。但从另一方面来说，散文毕竟不是小说，过于散漫可能拖累情节的推进，散文式的分析和揭示往往过于明确、过于严密地控制了叙事的衍展，有时甚至压抑和代替了人物的生命表述，这一样是值得注意的。

如上所述，散文给乔叶提供了向上的台阶，提供了不满，也提供了超越不满的经验支持。作为小说家的乔叶不能不感激散文的馈赠。

二、敞开本心的女性书写

在乔叶的小说中，最引人注目的是关于女性情感心理问题的小说，这些题材是乔叶的长项，也反映着乔叶较为成熟的经验积累。这些作品主要有《打火机》《紫蔷薇影楼》《月牙泉》《我是真的热爱你》《妊娠纹》《他一定很爱你》《那是我写的情书》《我承认我最怕天黑》《失语症》等，这类小说所讲述的女性情感危机主要是婚恋方面的，故事也都比较贴近当下的现实。这些小说的女主人公要么是因生活所迫而堕入欢场的风尘女子，要么是不安于平庸生活而出轨的职业女性，她们在浮躁喧嚣的社会追求一种情感的自由和欲望的满足，这种追求在很大程度上是不合乎伦理的。但小说并没有对这些人物进行伦理上的质问，而是让这些人物挣脱世俗伦理的束缚，自由地展现生命的灵性。乔叶笔下的这些新女性率真可爱、活力十足，敢于宣示自己的欲望，并将这种欲望付诸实践，而人性和真情成为这种欲望的新的伦理基础。这种描写很容易让人产生道德上的不适，但这种道德感正是小说家在叙事时有意摆脱的。乔叶有意识地敞开本心，去复原这种道德灰色地带的生命活力和情感强度，而且她有意识地体贴关爱甚至欣赏这种生存的原色。《紫蔷薇影楼》中的小丫并没有因为自己做过"小姐"而丧失生活的尊严，反而以自己生存的智慧巧妙地驾驭了这个物质化的时代，进而成为生活的强者。她的"小姐"生涯乃至婚后的偷情，不仅祛除了耻辱感，而且被赋予一种不容置疑的生命和生活的本然性。这种本然性用小说中的表述就是："白和黑放在一起，格格不入。但当把其间的色彩渐变过程一个细格一个细格地展开，就会发现这个世界其实没有什么让人吃惊的事情。一切都有因可循，一切都顺理成章。"①《我是真的热爱你》也一样肯定了冷红对于物质、对于舒适的生活的合理追求，甚至出卖肉体时所获得的生理快感也获得了正面表述，相反妹妹冷紫对于道德感的执着则显得有些"原教旨主义"，不仅在现实中处处碰壁，从根本上来讲也是虚假和虚无的。《打火机》《月牙泉》《妊娠纹》《他一定很爱你》《那是我写的情书》《我承认我最怕天黑》《失语症》的女主人公都是物质丰足、生活安定的女性，但都在情感上有所不甘，进而去寻求婚外恋作为生命的滋养。这种非常态的恋情都充满魅力、真挚浓烈，抚慰着日常生活中的隐痛，令人不舍。乔叶当然知道这种恋情的危险，但依然把它描写得很美。我注意到，乔叶多次论述过女性内心深处的"毒"和"坏"，她强调如果这种"毒"和"坏"长期受到压抑得不到释放，势必会造成女性生命的枯萎，这自然不是理想的状态。因此，这种在传统道德视为"饱暖思淫欲"的现象发生在女性身上，出现在乔叶的笔下，就显得自然真切、生动活泼。

必须承认，乔叶的这种女性书写是真实的，而且是令人触目惊心、刻骨铭心的真实，这是她有意识地敞开本心、祛除成见的结果。她所追求的挖掘生活背后"最深沉的悲伤、最隐匿的秘密、最疯狂的梦想、最浑浊的罪恶"②的目标也圆满地达到了。但问题是，这样的真实有何意义？在乔叶之前，陈染、林白在20世纪80年代的女性书写大胆而又强烈地表示了女性自我对现实的厌恶和拒绝，对身体欲望的迷恋和守护，这在当时具有明显的反对性别暴力和宏大叙事压迫的意义。而今天，不伦的文化正在以自己荒淫无耻的表象弥漫于社会各个领域中，乔叶的此等书写尽管真实得酣畅淋漓，却只能充当病态消费文化的鼓吹者。反过来说，乔叶的写作也不可避免地受到强势文化的侵袭，她的这些作品其实很像《知音》和《女友》等杂志刊登的女性情感告白，事实上，乔叶和这些刊物的熟悉和牵连使她一时间无法摆脱这种流行的叙述格调。即使是赢得很多人称赞的《打火机》，也不过是添加了精神分析学的内容，而这种添加既没有叙事逻辑上的必要，也没有提升小说的文化品质，只不过把女

① 乔叶：《最慢的是活着》，北京联合出版传媒（集团）股份有限公司、万卷出版公司2009年版，第253页。

② 乔叶：《我承认我最怕天黑》，山东文艺出版社2007年版，第4页。

性的性心理更加复杂化了，使女性的偷情多了一个强大的心理因由罢了。“打火机”虽然隐喻了女性内心的“邪火”，是一个值得深入分析的意象，但在文本中却是一个生硬的道具，并不必然出现也无法标示内心问题的解决。比较令人担忧的是，在很多描述女性出轨的片段中，乔叶渲染的笔触显得津津乐道，甚至无法保持应有的价值中性，因而即便是一些具有劝诫意味的篇章也往往在阅读效果上呈现出“劝百讽一”的悖谬情境。乔叶的创作态度无疑是认真的，追求的文学品格是纯正的，但这样的叙事很可能在通俗文化的场域中被粗暴地消费掉。那些看起来很本真很自我的身体欲望描写以及以此为基础的所谓“返身性”写作，事实上恰恰构成了消费时代最热衷的情色景观。

因此，一个真正的写作者，是应该警惕消费文化的侵袭的。对于乔叶来说，在收获文学市场的成功之后尤其要注意这一点。在今天的文化语境中，一个不自觉的、没有文化反省能力的写作者很容易成为消费文化的枪手。乔叶的一些小说从某种意义上来说正是消费文化的标本，比如对“真爱无罪”的宣扬和柔性叙述恰恰成为一些藐视道德者的证词。今天，在婚恋关系中处于强势的是权贵们，他们对性的占有无疑是霸道而贪婪的，他们作为有力的文化力量十分反感相互忠贞的性道德，反之真诚地欢迎对不伦之恋的粉饰，没有反省力的大众则把这种不平等的性政治作为艳闻和韵事来消费。乔叶小说中的婚恋男女在权力关系中往往是不对称的，女性恋慕的对象往往是权势集于一身的充满魅力的男性，尽管这种权势一度被真诚的情爱追求所遮蔽，比如《打火机》《那是我写的情书》《妊娠纹》《我承认我最怕天黑》《失语症》中的政府官员，《月牙泉》中的成功商人。《我承认我最怕天黑》中的女主人公虽然在黑暗中享受到民工带来的身体快感，却无法在光明中接纳他；《失语症》中女主人公的丈夫虽然也是一个官员，但她婚外恋的对象也不是等闲之辈，有可能发生婚外恋的男性则是丈夫的同僚；《他一定很爱你》中的男性则因为经常借钱而引起女主人公的怀疑，最终这段恋情没有达成，而男性在达成的恋情中则一直是以成功商人的形象出现的。“我们的身体就是社会的肉身”[①]，约翰·奥尼尔的话提醒我们，看似简单的两情相悦，其实隐藏着丰富的社会政治内容，作为私人空间的卧室，常常是具有政治压迫性的。而一个作家的承担，不仅仅是真实的书写，还应该包括冷静的反思和凌厉的追问。这当然需要作家思考力的提升，但无论如何，放任危险的世俗文化在文本中流动、推卸严肃的伦理责任都是不应该的，尽管我们无权要求作家提供一个

---

① [美]约翰·奥尼尔：《身体形态——现代社会的五种身体》，张旭春译，春风文艺出版社1999年版，第17页。

完美的社会伦理,但我们可以要求作家不要再为不良的文化主张推波助澜、增添魅惑,不要再软化、钝化我们的道德感,因为我们现时代的道德感实在是太过于松弛了。伊格尔顿对此形象地描述道:“规定你应该做什么的道德价值观给人以印象深刻的理想主义色彩,但显然与你的行为脱节;反映你实际做了什么的道德价值观则合理得多,只不过其代价却是不再能提供你行动的合法性。”[①]我很遗憾地发现,乔叶的这些小说所提供的道德感和伊格尔顿的描述若合符节。乔叶在深刻有力地描写现实的同时,也加重了我们内心的无奈感和悲凉感。

乔叶小说叙事伦理的缺失还表现在对于非主人公人物的生命意识的忽略上。与那些鲜活躁动的女性形象相比,乔叶笔下的男性形象较为模糊,小说中引发女性出轨的男性往往是女性欲望的投射物,或者说是女性心灵动向的对应物,他们所展现的形象只是他们在满足女性某一心理期求时的功能形象,没有自己完整的生活世界和心灵世界。即使是《打火机》中着墨较多的胡厅长,其成长经验和人格特征也没有必然的联系,生活的轨迹也是片段状的,除了蓬勃的情欲作为女性心动的功能符号之外,其身上应有的社会蕴含被男女之欲剥离了。相比之下,作为这些女性的丈夫的男性形象就更加模糊了,他们毫无情趣可言,生活世界相当简单,几乎从来不曾拥有妻子的真爱。这些男性作为被伤害者,形象的暗淡和话语权的被剥夺是一体两面的事情。同样,那些惨败的家庭主妇虽然是女性,其心灵世界也得到了忽视,比如《那是我写的情书》中的“梅”因为不自信,对丈夫产生怀疑,进而疯狂、惨死,但是她的悲剧没有得到叙述者的痛惜。叙述者对那些出轨的女性“万千宠爱加一身”,对守护家庭的女性则弃之如敝屣,不能不让人感慨叙述中隐藏的暴力。这些苍白的形象明显地标识了叙述的单声道特征,巴赫金所推崇的“复调式”小说的痕迹自然不见于乔叶的笔下。这一方面是由于乔叶在写作散文时常见的过于强烈的解释和命意的冲动,另一方面则是因为经验的不足使得她敞开的本心只能朝向笑傲红尘的潇洒女性。

三、面对复杂和微妙

在反映女性情感婚恋危机的小说中,《妊娠纹》《月牙泉》两篇是晚近的创作,显出了较为复杂的经验表达。《妊娠纹》中的职业女性自动终止了渴盼已久、即将实施的不伦行为,不是因为“发乎情止乎礼义”,而是因为自己渴望的纯洁恋情遭到了世

---

① [英]特里·伊格尔顿:《理论之后》,商正译,商务印书馆2009年版,第146页。

俗欲望的亵渎，自己因妊娠纹而生发不可能回到从前的焦虑，而婚外情的对象则只是把她当作类似于“公款嫖娼”的艳遇搭档，女主人公的真爱冲动终于在不可改变的生理特征和难以抗拒的功利现实面前崩溃了。《月牙泉》则写了一个在浮华的城市、在职场中如鱼得水的女性，在面对居住在乡村的姐姐的生存情状时所产生的感慨，两位女性在迷乱的现实中彼此温暖，实现真正纯净而又坚实的沟通。值得注意的是，作者对宾馆房间读物上宣传“婚外情是月牙泉”的文章进行了嘲讽，认为女性之间相互关心、相互支援的姐妹情谊才是人情沙漠中一泓清澈的月牙泉。这样的书写呈现出较为明显的反思特征，也显示了乔叶面对复杂经验时的写作姿态。

这种写作姿态主要表现为追问、体悟和悲悯，体现这种写作姿态的小说有《最慢的是活着》《指甲花开》《良宵》《旦角》《一个豫剧女演员的落泪史》《叶小灵病史》《山楂树》《像天堂在放小小的焰火》《家常话》《普通话》《语文课》《深呼吸》《轮椅》《不可抗力》等。这些小说同样关注女性的生存状态，不过视野更加广博，既有当下近景，又有历史远景；既有都市摩登女郎，又有乡村平凡妇女。在《最慢的是活着》中，叙述者二妞对自己祖母的情感认同经历了由怨恨到挚爱的心理过程，与此同时，祖母平淡而又坚韧的一生得以被描述，祖母对于苦难的承担以及化解苦难的情感方式、对于女性自我生存和情感爱恋的体验，看起来与叙述者的后现代式的闯荡生涯格格不入，其实却连接了永恒共有的女性生命本真，使得女性的生命“更加简约、博大、丰美、深邃和慈悲”。在这篇散文化的小说里，乔叶的笔墨显得格外洒脱，对祖母秘密和生存真谛的追问，对祖孙隔阂和同病相怜的体悟弥漫在字里行间，沁人心脾，此前的那种女权主义式的欲望释放和主体张扬不见了，乔叶似乎成熟了许多，对世间的一些事情看得十分通脱，对一些事情的复杂因素也都给以深切的理解，通脱和理解之中包含着一份慈悲。《指甲花开》讲述了情感困境和生活困厄中一对姐妹和一个男人相濡以沫的故事，两女共事一夫的世俗传奇在善良淳朴的心灵背景中被书写得凄美而又温暖；《良宵》写了一个女搓澡工在为破坏自己家庭的女性搓澡时的心理况味以及最后的通达，这通达的底色是生命的尊严和生活的勇气；《深呼吸》写了女性之间超越敌我、超越国界的生命沟通，笔触细腻、温婉动人；《家常话》写了大爱无私的母性对于震灾孤儿的抚慰，表现了女性身上平复灾难的信念和力量；《旦角》《一个豫剧女演员的落泪史》写了女性在艺术和人生之间的困顿和挣扎；《叶小灵病史》《山楂树》写了女性正常的生活理想和生命欲求在城乡文化壁垒中的辛酸遭遇；《像天堂在放小小的焰火》写了一个职业女性在生活涟漪中对异性的生命关爱以及由此而来的伦理尴尬；《语文课》《普通话》《防盗窗》写了底层女性幸福感的破碎与重建；《轮椅》《不可抗力》写了生活出现意外时所展现的令人心悸的残酷，这种人们不愿正视的真实给浮华的生活增添了一份斑驳的不安，给看似纯粹坚固的感情增添了一份惘惘的威胁。

这些小说可谓是乔叶迄今为止最好的小说。它们不是简单地类型化地书写女性的情感欲求，而是透视情感欲求生发的语境、所面临的诸种困境、所遭遇的挫折以及挫折之后的生命调整，与此同时，女性的承担意识、责任伦理和现实思考呈现了出来，女性书写也开始获得了自己的社会历史感，有了更为丰厚的经验基础和更为广博的想象空间。

在另外一些小说中，乔叶渐渐从女性视角走出，开始直面更为微妙的人生经验。《取暖》讲述的是一个刑满释放的强奸犯在一个大年夜外出躲避家人的嫌弃的故事。带着一身寒冷和萎缩的生活信念的男子遇到了一位被强奸之后声名受损的酒店女老板，女老板的丈夫因为给妻子报仇而坐了牢。女老板为男子提供了食宿，也为该男子提供了误导的性诱惑。躁动不安的男子终于被叫醒了，原来是女老板让他帮助放鞭炮。温暖而又响亮的鞭炮声显示了女老板在困厄之中对生活的乐观，也净化了男子非分的情欲，点燃了其重建生活的希望。小说对男子心理净化过程的描写极为精彩，让人想起郁达夫的名篇《迟桂花》。这种对不洁情欲的净化，我们不妨看作小说家对以往小说的净化和改造。《解决》则让人想起鲁迅的《故乡》，一群不常见面的亲人怀着各自难以解决的麻烦，因为奔丧而聚到一起，相互倾诉、相互排解，倾诉和排解伴随着亲情的再发现。面对已逝亲人，对于自我情感欲望的克制，对于生命悲情的承担以及其中蕴藏的生活智慧，活着的后辈似乎一下子找到了解决所有麻烦的办法。的确，在生命的博大和坚韧面前，一切麻烦都可以在回归生活本原的途中得到有效化解。《龙袍》虽然叙述者依然是一个时尚女性，但是小说的聚焦点则是一位有着顽固的信仰并守护过去的生活理想的前村主任老忠，他为人正直、大公无私、克己奉公，一直穿着被村民视为“龙袍”的上级奖励的中山装。他在改革开放之初依然掌控着村里的权力，坚持不解散农村集体财产，为村里留下了一个村办啤酒厂。他严格控制村民对于啤酒的索取，只是在毛主席生日那天免费让村民取用，现在则只能老而不死地偏瘫在床。与老忠形成鲜明对比的是叙述者二妞以及其周围的大哥大嫂、老女婿老李等诸多人物，他们具有这个利益时代典型的人格，他们绞尽脑汁、唯利是图，淡化一切原则和亲情伦理，心甘情愿地成为欲望的囚徒。在这样的世风中，老忠尽管不死，却只能成为一个怪物，没有人会正视他的理想。那件象征权力、荣誉、正直人格和共产理想的“龙袍”只能伴随着老忠的死化为粉末，随风飘散。这篇小说所触及的话题对于乔叶此前的创作来说是有些突兀的，乔叶没有去试图说明什么、批判什么，只是让两种不同的生活状态互相展示自己的合理和荒诞，以静默的无冲突的方式相互辩诘。这种叙事内容的凸现和叙述方式的选择对于乔叶而言，意味着一种新的可能性，即她有能力去捕捉和把握更为繁杂的社会历史经验。

小说《锈锄头》强有力地证明了这种可能性，它讲述的是两个不同阶层的男人之间的故事。当过知青的李忠民是一个成功的商人，他在出差的途中折返与情人共居的家，遇到了正在自己家里偷盗的农民石二宝。两人即将发生的冲突被挂在客厅里的一把锈锄头延搁了，石二宝不明白锈锄头为什么会出现在这里，李忠民则在讲述锈锄头来历的时候恢复了成功人士的自信。对于李忠民而言，锈锄头是知青生活的见证，是自己非凡成功经历的佐证，是自己人生丰富内涵的标志，是自己对农民不忘本的道德优越感的表现；而对于石二宝来说，锈锄头则是农民至今还处在被掠夺和被侵害的不公正境遇的象征。尽管两人之间的沟通渐趋深入，但两人都没有忘记自己的真正身份和现实处境，于是这把看似能够弥合阶层差异的锈锄头最终成了完成阶层冲突的杀人凶器。这真是一个深刻隐喻社会隔膜、矛盾与危机的悲凉的故事，值得注意的是，杀人者是李忠民，被害者是本来没有杀机的石二宝。李忠民是这个时代的骄子，拥有更多的智慧，对现实也有更深刻的洞悉和更黑暗的体会，他无疑把石二宝想得非常坏，他无疑有杜绝一切可能发生的危害的强烈企图，他太害怕失去目前的一切了，他也不能容忍一个农民用农民的哲学拆穿他成功背后的虚浮和狼狈。李忠民用锈锄头杀人之后的号啕大哭，哭的不仅仅是一个人生价值符号的破碎，还包括所有生活感觉的丧失，他的雄强男人的形象、农民亲人的形象、成功知青的形象都烟消云散了。这是李忠民的大悲哀，也是我们当今社会的大悲哀。

四、走向“非虚构”？

2011年，乔叶在《人民文学》杂志发表了两部“非虚构”文本《盖楼记》和《拆楼记》。这两部文本讲述的是处在开发区的农民为了获得征地补偿先盖楼后拆楼的故事，故事很真实，也具有普遍性，深刻地反映了当下利益格局中的矛盾冲突。作家对冲突表象的书写精彩绝伦、生气腾腾。满脑子拆迁发财梦的农民为了获得强大的对政策的抵抗力团结在一起，却又怀着各自的心思消解这种团结，这种各自的心思展现了农民之间不同的政治经济处境和心理状态；基层政府及官员承受着上级的督促和政绩的压力，怀着矛盾的心态，使出各种常态的、非常态的甚至是非法的手段和农民进行利益争夺；叙述者作为乡村的叛离者，感慨农村的急速而又忙乱的变迁，但同时给居住在乡下的姐姐撑腰打气、出谋划策，终于在劳心劳力之后用非常手段为姐姐争取到了有限的赔款。在这个纷乱的故事场中，具有活动能量的都市女性、捍卫正义同时又愿意被利益收买的记者、自私自利而一盘散沙状的农民、上访的群众和接访的工作人员、处心积虑的政府干部和村支书都穷形尽相，跃然纸上。在作者的笔下，这些人并不是大奸大恶，只是在利益的驱使下上演一幕幕“人间喜剧”。作者对他们不无批判的同时又充满了温情的理解，作者对农民不可能产生“哀其不幸、怒其不争”的知识分子居高临下的悲悯感，但又忍不住对他们利益动物的本质进行嘲讽，虽然嘲讽之中交织着对农民身上新素质的惊喜发现。对于官场中人，作者也没有简单地把他们脸谱化、妖魔化，很多时候还带着“分享艰难”的姿态同情他们的焦虑和压抑，但是作者还是活画出他们连欺带骗、不择手段地推进拆迁的丑态。叙述者作为利益中人，也有自嘲，她煞有介事却也难掩内心的虚弱，愤世嫉俗却又犬儒地按照潜规则解决麻烦，叙述语调中带有一种人无法逃出利益场的绝望。

在这两部“非虚构”的文本中，乔叶笔调粗粝而又细腻，“行于所当行，止于所当止”，随物赋形、收放自如，令人叹为观止，叙述者的介入以及自我心理活动的描写保障了这部文本的真实感。这样的文本虽然在书写的自由方面近于散文，但在经验的浑然性方面却更得小说的神髓。这里有必要讨论一下“非虚构”写作的意义。“非虚构”写作提出的背景无疑是当下现实经验的复杂化和戏剧性，而小说叙述的故事却显出作家经验的虚伪。从哲学上来说，“非虚构”是无法成立的，没有虚构，叙事就无法达成，之所以强调“非虚构”，那就是小说家的虚构出现了问题。这种问题主要表现在面对纷纭多变的现实，小说家丧失了高于现实的强大的理解力、思考力和介入力，以及在此基础上的丰沛的想象力，他们不可能洞悉现实的本质，也无法把准现实的病症进而提出“疗救的注意”，因此，他们越来越沉浸于私人小世界里虚拟而又狭隘的悲欢，对于外在的大世界手足无措，更遑论经验的判别、删选和再建构了，即使偶尔进行勉力的虚构，也很快遭遇“真实感”的破碎。在这种思想和行动的双重困境中，宏大叙事的重构成为一个遥远而迂阔的被遗弃的幻梦，“大处茫然、小处敏感”这种现代文学知识分子作家们的病症再一次复发。

具体到乔叶的创作，最具有真实感的无疑是那些关于女性婚恋的中短篇小说。《底片》《结婚互助组》《虽然・但是》虽然是长篇小说，但多由中短篇小说连缀而成，情节的推进虽然有章可循，但无疑是勉强的。《我是真的热爱你》虽然是长篇，但更像长期散文写作积压的素材和情感的一次集中喷发，虽然活色生香，但终究经验的整体性是欠缺的，介入社会历史经验的创作虽然出现了可喜的征兆，但小说的情节维系常常依赖巧合，虽然“无巧不成书”，经验的戏剧性也确实存在，但毕竟让人对小说的真实性心生疑虑。这些讲究情节的更像小说的小说，其真实感并不强烈，倒是那些散文化的小说，比如也带有“非虚构”特征的《最慢的是活着》，比如“非虚构”文本《盖楼记》和《拆楼记》，显示了难能可贵的经验的浑然性。难道“非虚构”才是建构真实性的经验来源？

无论如何，展现在乔叶小说中的经验状态及其写作征候告诉我们，突入生活、介入现实，攫取那些滚烫的情感和焦灼的心理，进而体悟、思考和书写，才是小说的真实感所在，也是小说家的伦理承担所在。在对乔叶的访谈中，我惊喜地发现，她十分认同毛泽东《在延安文艺座谈会上的讲话》中对于生活是源泉的论述，这是不是一个可喜的信号呢？

（载《小说评论》2013 年第 3 期）

主要作品目录《

长篇小说

《我是真的热爱你》，长江文艺出版社 2004 年版。

《虽然·但是》，河南文艺出版社 2007 年版。

《结婚互助组》，江苏文艺出版社 2007 年版。

《底片》，群众出版社 2008 年版。

《我的左手扶住你的右手》，山西人民出版社 2010 年版。

《拆楼记》，河南文艺出版社 2012 年版。

《认罪书》，北京十月文艺出版社 2013 年版。

《指甲花开》，台海出版社 2015 年版。

《藏珠记》，作家出版社 2017 年版。

中短篇小说集

《我承认我最怕天黑》，山东文艺出版社 2007 年版。

《最慢的是活着》，北方联合出版传媒（集团）股份有限公司、万卷出版公司 2009 年版。

《失语症》,中国工人出版社 2011 年版。

《打火机》,河南文艺出版社 2015 年版。

《取暖》,长江文艺出版社 2015 年版。

《旦角》,安徽文艺出版社 2015 年版。

《拥抱至死》,山东文艺出版社 2015 年版。

《一个下午的延伸》,作家出版社 2015 年版。

《在土耳其合唱》,北京出版社 2018 年版。

《塔拉,塔拉》,太白文艺出版社 2018 年版。

《像天堂在放小小的焰火》,四川文艺出版社 2018 年版。

散文随笔集

《孤独的纸灯笼》,上海人民出版社 1996 年版。

《坐在我的左边》,中国青年出版社 1998 年版。

《薄冰之舞》,长江文艺出版社 2000 年版。

《喜欢和爱之间》,中国国际广播出版社 2000 年版。

《迎着灰尘跳舞》,福建人民出版社 2000 年版。

《爱情底片》,浙江人民出版社 2000 年版。

《自己的观音》,中国青年出版社 2001 年版。

《我们的翅膀店》,中国青年出版社 2005 年版。

《天使路过》,哈尔滨出版社 2007 年版。

《五颗樱桃》,江苏文艺出版社 2007 年版。

《黑布白雪上的花朵》,安徽少年儿童出版社 2009 年版。

《薄荷一样美好的事》,江苏文艺出版社 2010 年版。

《让自己有光》,厦门大学出版社 2015 年版。

《深夜醒来》,当代中国出版社 2015 年版。

《走神》,河南文艺出版社 2015 年版。

《一盏心茶》,山西人民出版社 2015 年版。

《生活家》,江苏凤凰文艺出版社 2016 年版。

《天气晴朗,做什么都可以》,北京联合出版公司 2018 年版。

《一往情深过生活》,北京联合出版公司 2018 年版。

邱华栋

男，1969 年生于新疆昌吉，祖籍河南西峡。

小 引《

邱华栋是我的校友，他从新疆“保送”或曰“特招”或曰“破格录取”到武汉大学时，我在这所大学已供职数年。当年的华栋不光是一个文学神童，也是一位翩翩美少年。说他是文学神童，不是虚词，而是有所比较。从20世纪50年代过来的人都记得那时候有一个叫刘绍棠的“神童作家”，13岁开始发表作品，18岁时出版第一部小说集。无独有偶，华栋开始发表作品的时间，也像刘绍棠一样，是在十几岁读中学的时候，他出版第一部小说集时刚好也是18岁，可不又是一个“文学神童”或曰“神童作家”。但与刘绍棠不同的是(或许是我孤陋寡闻)，刘绍棠似乎只写或主写小说，未见或少见有其他文体的作品发表，华栋却不但在少年时就能使双枪，左手小说，右手诗歌，而且后来还兼写散文随笔、文学史、文艺理论、文化文艺评论，以及新闻、电影、建筑类的文章，算得上是全武行。虽说这十八般武艺未必样样都精，但既精其一二，也便可当之无愧地跻身高手之林。

说到华栋的多能，我又想起他在学校时的一些活动。那时节，文学界正在更新换代，那边厢，小说界的老营“五七族”和“知青族”，已被先锋实验新潮冲得七零八落，这边厢，曾经新潮过的“朦胧诗”也在一片“pass”声中为更新潮的“后朦胧诗”所淹没。这后一股潮流在大学校园波翻浪涌，自西而东，由南向北，颇泛滥了一些年头。武汉大学地处华中，当此诗歌新潮南北东西交汇要冲，加之代有传承，故诗歌活动异常活跃，且有每年一度校园樱花盛开时节的樱花诗赛推波助澜，更为世所瞩目。是时有学生文学社团曰浪淘石文学社，有诗歌社团曰珞珈诗社，又有学生文学刊物《大学生学刊》，这些社团、期刊，皆推华栋为执牛耳者，可见华栋在学生中的分量。我因教授当代文学，与学生文学社团接触颇多，常应邀参加一些活动，自然也少不了与华栋打交道。据我从旁观察，觉得华栋所主持的校园文学活动，一般来说都比较扎实稳健，不闻“pass”之声，少见“宣言”发表，都是一些实实在在的创作组织和文学竞赛，因而留下的实绩颇多，后来还编过几册校园文学作品集，除华栋外，也出了几个有影响的校园诗人。这些都说明华栋是一个很务实的人，即使被诗情点燃，为燃情添薪，他也会让这激情之火烧得清明澄澈、玄寂幽深，观之如疏星朗月，玉洁冰清，而不是遍地野火，烈焰腾空，徒炫人眼。

就想起这该与华栋写小说的经历有关。大凡小说家者流，无论持何种主义，用何种方法，总得讲点故事。故事的讲法固然因人而异，可虚可实，虚者如古之神魔、怪异，今之荒诞、魔幻，实者如历史、纪实，现实主义，但这故事本身，却是无论如何也虚不了的。与“故事”打交道久了，自然就变得务实了。说到务实，我又想起华栋与本辑主笔李海音讨论的历史小说。写历史小说自然要务实，也就是我们常说的历史真实，但这历史的真实，又曾经有一种讲究，就是不能只写历史的表面现象，还要透过现象看本质，写出历史的本质真实。偏偏这本质又是要人去归纳提炼的，归纳提炼的人不同，历史的本质就不一样。结果虽被说成是一种“更高的”“更深刻的”真实，其实只是一些抽象的概念，是不能真正落到实处的。后来虽然抛弃了这种本质的真实观，但也没有认真地回到历史真实的正路上去，而是没大没小地拿历史开涮，嬉皮笑脸地跟历史要贫，好玩固然好玩，但显然不是对历史的务实态度。历史老了，像人一样，难侍候，所以写历史小说，并非一件易事。

华栋从写都市小说转向写历史小说，用一句场面上的话说，是一个华丽的转身。但这转身又没有重蹈本质主义和解构主义的覆辙，而是另辟蹊径，别开生路。华栋说他本质上“是一个诗人，一个带有理想倾向的人”。按理说，这样的人写历史小说容易亲近主观的写法，如郭沫若写《牧羊哀话》那样的所谓“浪漫派”（再沿这“主观”往前半步，就到达“本质”了），或者更容易认同20世纪80年代以后种种解构历史的写法，包括“戏仿和反讽、滑稽和黑色幽默地处理历史”等等。但华栋对此似不以为然，他说：“我并不喜欢过于反讽，那样消解了历史本身的正当性，最终消解了作家自身。”他喜欢像尤瑟纳尔、艾柯和卡尔维诺那样，“对历史展开一种甜蜜的、亲切的、可感的、有趣的想象”，希望自己今后写出的历史小说，是含有“历史的声音肖像”，给历史赋予了现代意义，而它本身又非常具有趣味性和想象力。从他在访谈中对上述三位作家的阐释，我们不难看出，他心目中历史小说创作的三要素：一是尤瑟纳尔的“生动可感”，即他所说的“声音的身体的可感性”；二是卡尔维诺的“哲思和趣味性，还有一种奇特的想象的甜蜜感”；三是艾柯的“现场感”、猜谜一样的叙事，以及知识性和趣味性等等。把这些方面的要素归纳起来，可以说，他是想写一种可以用感官触摸的历史小说——能触摸的历史自然是实在的，但这实在的历史又不是僵硬的、冰冷的，而是生动的、温暖的，是带着作者的生命和体温的，是被作者的想象激活、被作者的声音唤醒的。就像一个失去知觉的人在爱人的召唤声中苏醒过来一样，这个过程一定是十分奇妙，也是十分甜蜜的，是容易引人联想，启人哲思的，因而又是充满知识性、趣味性和哲理性的。我不能说华栋在这方面已做得尽善尽美，但只要你读过他的“中国屏风”系列小说，你就不能不承认，华栋在传统的历史小说和新潮的历史小说之外，又培育了一个新的品种。

自 述《

最初的出发

我的文学生涯开始于少年时期。1984 年春，我买了一些文学杂志，有新疆昌吉州文联办的《博格达》，还有《人民文学》《青年文学》《文学青年》《青春》等。当时，我贪婪地闻着杂志的那种油墨的香气，感觉到那年的春天正在迅速地到来。杂志上油墨的味道是那样好闻，那可是文学的味道啊，使我的内心激动无比，从此我就开始学习写小说了。对于新疆昌吉，我有很多回忆，后来写了系列短篇小说《街上的血》，那是一本有 18 个青春蛮荒和死亡故事的短篇小说，小说的题记是：“在一个天山脚下的小城市里，一些人生活着。少年的他们在大地上留下的痕迹如同野草，就像是没有人看见草的生长，命运的苍茫和青春的荒芜，使意义匮乏和消失。唯有记忆使生命进入永恒。”

我记得，在 20 世纪 80 年代那 10 年间，中国诗坛的前沿阵地上涌现了一支浩浩荡荡、数量达上千万的“中国诗歌少年先锋队”。这些“诗歌少先队员”，凭借着对诗歌无比虔诚的热爱，以中学校园为展示才华的平台，写作诗歌、发表作品、创办报刊、组织诗会、自印诗集、组办社团，在校园内外掀起了一场中国自有新诗以来最辉煌、最壮观、最精彩、最隆重，声势浩大、轰轰烈烈的中学生校园诗歌运动。这场罕见的 80 年代中学生校园诗歌运动既是空前的，又是绝后的。如今参加这个诗歌运动的人，大都成为中国社会很多方面的中坚力量。

在中学的时候，十来岁，刚开始进入青春期，每个人的青春期因为生理、心理的变化，非常敏感，所以写作对我来讲，首先是一种爱好和兴趣，一种倾诉的手段。当时我写了很多跟新疆有关的小说，比如我的一个动物小说，讲一匹汗血马的故事，另外一个写的是一只银雕如何跟大自然搏斗。十来岁时，我还写不了太深的东西，这些小说都发表在《语文报》《中学生文学》《少年文艺》《儿童文学》杂志上。我还写过武侠小说，那会儿把金庸的武侠小说看完了，模仿着写了一个武侠小说，十来万字，算是一个长篇，在中学的时候就完成了，后来再看他的小说，就完全看不下去了。我还写过几百首诗，参加了当时的校园诗歌写作大潮。那会儿我每天写五六首，老师在上面讲课，我在下面写诗，搞得数学成绩很差。后来我想，可能有些人，像我，就是想象力丰富。

青春期的写作是一种历练，刚开始有激情，很多人刚开始写作都会经历这个阶段，一开始是自发的状态，想写点什么表达内心的激情和对周围社会环境的看法。后来我中学毕业的时候出了一本小说集，有十来万字，由四川少年儿童出版社出版，武汉大学特招了我。进了大学以后，我发现，大学的学生文学活动很多，有一个珞珈诗社和一个浪淘石文学社。武汉大学有一个有名的樱花诗会，有一条很漂亮的樱花大道，每年三四月份开的全是樱花，我们就在樱花树下开诗歌朗诵会。我们组织了很多诗会，把武汉各个高校的校园诗人们弄到一起朗诵诗歌，然后评奖。我当时觉得课本非常老旧，没办法看，我们就尽量读翻译过来的作品，到图书馆按照作家姓名的第一个字母的顺序，把大师们的东西读下来。比如这星期读海明威的短篇，七八十篇短篇全看完，然后回宿舍模仿海明威写一篇短篇，下一个星期读博尔赫斯，读完以后写一个短篇小说出来。后来，经过了两三年的历练，每个人都写了一大堆废稿子放在那儿，写作的基本技能就是这么模仿出来的。我慢慢地找到了一种文学的形式感，从一开始自发的状态，就变成比较自觉的状态。

在大学学习期间，我写了很多诗歌，还写过一部长篇小说，写的是大学时代的生活，因为80年代末、90年代初的大学生活跟现在不太一样，现在的人更活跃一些，生活的内容也更丰富和复杂一些。这个小说叫《前面有什么》，我模仿了秘鲁作家马里奥·巴尔加斯·略萨的结构现实主义，有五条线并行下去，广泛地展现社会的各个层面。我当时在大学里受他的影响特别大，我觉得，一个作家应该反映更广阔的时代和生活，而我当时正在经历大学的生活，所以写了一篇长篇，然后把这个稿子寄给一个出版社，然后稿子就消失了。你没有名气，没有人搭理你。2003年，出版社搬家，一个编辑忽然发现一堆黄色的稿纸，署名是我，就给我打电话说，我这儿发现你一个长篇小说手稿！我一下子想起来了我真写过这么一个长篇，大三的时候写完后就寄给了出版社，出版社往那儿一扔，不搭理我了，结果他现在要还给我。我一个朋友在另外一个出版社工作，他拿去看了，说你这个写得不错呀，干脆我给你出了算了，于是就出来了。我21岁写的长篇小说，到30岁了才出来。

我是80年代那些校园诗人中间坚持下来的一个，因为我想做一棵写作的树。当年很多写作的朋友，他们如今有的成了公务员、传媒人、商人和各行各业的从业者，都在社会上找到了自己的位置，但是大家仍旧不能忘记火热的文学的80年代。因为我也是从那时出发的，从此，我就走上了文学的道路。

如今，我每天都忙于文学的编辑、活动、阅读和创作中，正在走向更加宽阔的地带，但是我无法忘记我最开始的出发点：在新疆的那个小城市，1984年春天，一个少年拿着一本本文学杂志，将自己的鼻子深深地埋进了散发着油墨味道的杂志里，去贪婪地闻文学那充满了想象力的、香甜的味道。

访　谈《

在历史中体验自我
——邱华栋访谈录

李海音　邱华栋

李海音：关于您的访谈和评论有很多，基本上围绕着您的都市题材小说进行言说。的确，你的城市书写已经成了当代文坛上不可忽视的一道风景，但在我看来，您的历史小说可以引出不少值得探讨和反思的话题，所以这次我们就重点来谈谈您的历史写作。您的长篇小说"中国屏风"系列和《长生》，都是渐渐远离我们日常生活的意象和词语，但看了您的小说后才发现深意存焉，"屏风"遮挡了现实生活中赤裸裸的"物质"和"欲望"，"长生"则与现代人短促的生命形成反差。正如克罗齐所说的，一切历史都是当代史，"只有对现实生活产生兴趣才能进而促使人们去研究已往的事实"。您能结合您自己的创作体验，具体谈谈您对历史书写的看法吗？

邱华栋：一个作家的写作资源总是有限的，因此，作家在写作的时候，应该经常盘点一下你的写作资源有哪些。我的写作资源有一部分是当下都市生活，这是我身在其中的生活，这一部分的写作对于我是"与生命共时空"的写作，这是刘心武老师在1994年，也就是20年前，为我的一部小说集作序的时候写过的评价，很准确。这一部分的小说包括《正午的供词》《教授》等五六部长篇小说，100多篇中短篇小说。关于这个部分我还会写多部作品，有一些计划。都市小说就好像是我用左手写的小说。

一种题材写烦了、写腻了，一定要换换脑筋，于是我就想用右手写一些历史小说。也就是说，换换手，换换题材，换换感觉，换换脑子。就像做一个长跑运动员式的写手，需要歇歇脚，换口气。作家需要拓展自己的写作题材，不断变换风格。因此，最近10多年，我写了几部历史小说，眼下还在写一个中短篇历史小说集，今后也还有创作其他历史小说的计划。

李海音：促使您写“中国屏风”系列小说的契机是什么？

邱华栋：回想起来，我是在2000年的时候开始写“中国屏风”系列小说的。这个系列我今年刚刚完成了第四部《时间的囚徒》，前三部是《单筒望远镜》《骑飞鱼的人》《贾奈达之城》，这三本书在2007年由人民文学出版社出版。

这四部小说中我选取的小说主角都是在1840年之后来到中国的一些欧洲人，他们亲身经历了中国近代历史上的一些大事件，比如太平天国、义和团、国共内战、“反右运动”等等。外国人在中国的命运有其独特性，也是古老的中国与西方相遇和碰撞的一种方式。我有一段时间很喜欢阅读外国人来华见闻录，搜集了一百多种，以晚清和民国时期的居多。看那些书看多了，我就萌发了写历史小说的想法。

当然，这也还有一个契机。1999年我买了一套房子，是一套二手房，前房主是一个体操运动员，她嫁给了一个德国人，那个德国人非常喜欢中国的古旧家具和一些珍玩。我买下来的这房子里面装满了古旧家具，都是明清时期的。前房主回到德国，希望这些家具放在我屋子里一年时间，什么罗汉床、圈椅、官帽椅、案几、木柜、雕花床等等，满满一屋子，最让我惊奇的是四扇很高大的屏风，它们以滑轮的方式装在客厅的屋顶上，可以打开、展开，也可以合起来靠在墙上。我就经常打开这些屏风，这些屏风上有很多中国古代人的生活场景。辨识那些场景的内容，我花了很多工夫。要是早点认识马未都就好了，他一眼就看出来了。我那个时候不懂这个，我奇怪的是，为什么这个娶了中国女人的德国人会对中国的古旧家具这么有兴趣？他是怎么看待中国的？我一边翻着那些外国人写的关于中国的书籍，一边在想这个问题。有一次，我向这个德国人当面讨教了，他语焉不详，因为他一句中文都不懂，但他就是喜欢这些东西。

有一天，我打开了那四扇屏风，忽然觉得这中国屏风上假如有外国人活动的场景就有意思了。那么，我就写个“中国屏风”系列，将一些外国人在中国的活动写出来，于是我就写了这个系列的历史小说。2014年底，我会将《单筒望远镜》《骑飞鱼的人》《贾奈达之城》重新修订、扩充，原作是22万字左右，每一部都要增加几万字，到二十七八万字的样子，然后与新作《时间的囚徒》一起，在2015年出版一套“中国屏风”系列的新版，这个系列才算是完成了。

李海音：从20世纪90年代开始，历史叙事成了一个非常热门的话题，特别是“新历史小说”成了一股重要的创作潮流，后来当代文坛上有影响力的作家几乎都介入了历史的书写，但出于对“十七年”文学中“革命历史小说”有意识的反拨，基本上都是以小说的形式来表达对“历史”本身的认识，而且很多都只能通过家族、村庄来与历史接轨。

邱华栋：是的，在80年代末期开始，当代文学中出现了一种“新历史小说”的潮流。不光是先锋派、实验小说家如莫言、格非、余华、苏童、张炜写了不少中短篇历史小说，改变了当代小说的题材和形式的局限，拓展了想象历史的空间，还有一些面向大众的、写帝王将相的历史小说家，如二月河、唐浩明、熊召政等人，也很受欢迎。张炜、阿来的涉及家族和边地民族关系的历史小说，如《古船》《尘埃落定》，成就很高。2000年之后，李锐、叶兆言、苏童、阿来被邀请进入“重述历史”的全球作家写作计划，他们也写出了涉及中国历史与神话传说的长篇佳作。

因此，我觉得历史小说的写作在新时期文学中占据了十分重要的地位，也有着很丰厚的收获，但是其文学价值还需要有心的学者来仔细地研究。所以，我觉得当代历史小说的写作，超越了你说的“十七年”时期对历史小说的理解，也超越了你说的“以家族和村庄来与历史接轨”。其实关于历史的想象可以是无比丰富的，也是有无限可能的。

李海音：如何在通俗的传统历史小说与“新历史小说”之外寻找历史书写的可能性空间，这应该是新世纪以后历史小说努力的方向。您的历史小说倒是脱离了“历史本体论”思维的束缚，既没有强化历史，也没有虚化历史，又不同于一般追求传奇性的通俗历史小说。不知您在艺术趣味上有怎样的取向？

邱华栋：是的，我在写历史小说的时候，想的就是如何在二月河、唐浩明和熊召政的较为通俗的历史小说，和以格非、余华、莫言、阿来等人的先锋派实验“新历史小说”之外，再寻找书写历史的可能空间。

我想，第一个是题材的拓展，第二个就是如何想象历史，想象力可以如何飞翔。这方面，其实法国作家尤瑟纳尔、意大利作家伊塔洛·卡尔维诺和翁贝托·艾柯给我带来了很多启发。在题材拓展方面，我就选取了1840年以来外国人在中国的活动这一题材来写“中国屏风”系列，还以丘处机面见成吉思汗的历史故事写成了《长生》。

而想象的飞翔这一方面，在我正在写的一个历史小说中有所体现，我发表在《花城》上的中篇小说《安赫克森阿蒙》，是关于埃及法老图坦卡蒙的，就是这个小说集的其中一篇。

李海音：一个作家要变得沉稳大气，肯定会跨越时间和空间的限制。但一些作家在进入历史后依然显得很局促，因为历史的真实和艺术的真实的确很难把握。您在历史书写中是否也遇到过这样的问题？

邱华栋：是的，我在写长篇小说《长生》的时候，就遇到了这个问题。一开始，我是先写了一个中篇小说，发表在《作家》杂志上。出版社的一个朋友建议我扩写成一部长篇，由他们来出版，于是我就进行了扩充。这部小说的主人公是丘处机和成吉思汗，这是两位杰出的历史人物，是真实的，因此，在面对他们的时候，我就着重于历史的真实，并没有展开艺术的宏大想象。如果我有吴承恩的本事——他能将玄奘西行写成《西游记》，我也可以把丘处机和成吉思汗见面的事情写成天马行空、想象力奇崛的那种神魔作品啊。最后，我却老老实实地写了一部基本写实的历史小说，我在桌子上摆放了十多种如《元史》《长春真人西游记》等书籍，以及各类能够让我标示丘处机西行路线的历史地图集，再来写这部小说的。而且，丘处机的诗词引文也是原文，丘处机和成吉思汗见面的谈话，我是按照耶律楚材等人的记载来翻译的。所以，我对这部小说并不是特别满意。

之所以写成这样，出于我对丘处机和成吉思汗这样的历史人物的敬仰，遮蔽了我想象中的历史的那种艺术狂想，这是没有办法的事情。我在武大读本科的时候，就找到了很多丘处机的诗来做笺注，纯粹是一个爱好，这影响了我写这部小说。

李海音：虽然在您身上我发现题材其实并不那么重要，重要的是个体生命的体验，但一旦进入历史，就得对历史表态，是尊重还是戏谑，这决定了一个作家对于生命的理解。我知道跟您一样被视为“晚生代”的李冯在处理历史题材时，往往采用戏仿的模式，历史人物的性情也就完全变了，崇高的变得平庸，严肃的变得轻浮，这是后现代主义的写作特征。您的历史小说的内在精神却非常传统，依然维护着神圣和严肃的东西，这跟个人的性情有关吗？您对于后现代主义的“反讽”是怎么认识的？

邱华栋：李冯是我的老朋友，在90年代，他写了包括长篇小说《孔子》、中短篇小说《十六世纪的卖油郎》等带有后现代反讽和戏谑风格的历史小说，我很喜欢。但我个人在面对历史的时候，并不会采取这样的态度，这的确与性情和对历史的态度有关。

戏仿和反讽、滑稽和黑色幽默地处理历史，是20世纪美国一部分后现代作家很重要的手法，但是对于我，我看待我要写的历史片段，还是喜欢尤瑟纳尔、艾柯、卡尔维诺那种手法，就是对历史展开一种甜蜜的、亲切的、可感的、有趣的想象。所以，我并不喜欢过于反讽，那样消解了历史本身的正当性，最终消解了作家自身。李冯后来不就去弄电影了嘛。

李海音："中国屏风"系列(《贾奈达之城》《单筒望远镜》《骑飞鱼的人》《时间的囚徒》)切入历史的视角很新颖，您在选取这样的人物和这样的历史事件时，是偶然的还是有意识的呢？把太平天国运动、义和团事件、1947年英俄角逐的形势、"反右"斗争等作为历史大背景，有没有出于什么特别的考虑？

邱华栋：是有意识的。因为我手里有很多关于这些历史时刻的一些亲历者的回忆录，我是根据这些回忆录来写作的。而且这些历史的节点对于中国和西方的相遇，对于理解中国历史的发展，也有着不一般的地标性意义，因此，我就选取了这四个历史时间的基点。再说了，一共四扇屏风，选取哪一个时间段，的确是需要考虑的，就是1840年以来100多年的时间里，西方人是在哪些节点上与中国的接触更让人刻骨铭心，我就写哪个时间段。

李海音：我发现在您的《正午的供词》的第五章中有潘岳写的《屏风》，虽然是小说虚构的一部分，却可以把它单独拿来进行分析，非常具有先锋色彩，语言意境都很美，其中关于生命的毁灭、对爱情的追寻与诗人的命运的思考可以说在你的"中国屏风"系列小说中也有所体现。不知道您有没有注意到这个问题？

邱华栋：啊！我没有注意到，谢谢你这么细心。《正午的供词》是1999年写的，那一年我30岁。这部当代题材的长篇小说写法上很芜杂，我用了多种文体，也是为了试验写作技法。我在其中插入了很多故事片段作为补充，作为插入的一些花絮来烘托小说的主线。你说的"屏风"的部分的确是这样，我想，一个作家的很多想法是不断地生长的，有时候有些萌芽连作家本人都没有意识到。

李海音：这几部历史小说，包括最近的《长生》，您最满意的是哪一部？

邱华栋：我按照我的设想，正在修订、完善"中国屏风"系列，如果能修订好，我对这四部长篇小说还是满意的。《长生》相对单薄了一些。

李海音：《贾奈达之城》在2003年就出来了吧，当时叫《戴安娜的猎户星》，我没看内容之前以为是都市小说，没怎么关注。后来看了《贾奈达之城》，觉得这个名字改得很好，有助于加深读者对这部小说的理解，至少在我看来，它转移了我对戴安娜生平和爱情的注意力，让我更加关注她的生命体验，一种向着自由和圣洁攀登的审美人生。可见小说的名字还是很重要的，它很可能增加一部小说的哲理意味。不知您当初是出于怎样的目的改的名字？

邱华栋：最开始我其实也没有想到要写“中国屏风”四部小说，先写了第一部，这是根据1945到1947年生活在新疆喀什的英国领事馆的一位领事夫人的回忆录写的，她的真实名字就是戴安娜·西普顿，戴安娜的英文意思就是猎户星，所以由长江文艺出版社出版第一版的时候，就叫《戴安娜的猎户星》。后来，2007年人民文学出版社再版的时候我稍稍修订了一下，改成了《贾奈达之城》。“贾奈达之城”，是新疆的柯尔克孜族人对西昆仑山的高大雪峰顶端上神仙居住的城市的想象性名称，用后来这个名字，会使小说本身的意蕴和象征性更强一些。

李海音：您多次说您最心仪的历史小说家是尤瑟纳尔，是因为您和她的艺术取向一致，还是对人生的体验和认知方式相似？或者只是向往她以及她笔下人物的那种文化人格？或者是什么其他的原因？

邱华栋：是的，我最喜欢的历史小说家是尤瑟纳尔、伊塔洛·卡尔维诺和翁贝托·艾柯，我也写过关于他们三个作家的阅读评论。尤瑟纳尔给我的启发是，她笔下的主人公，无论是罗马皇帝，还是古代炼金术士，或者是古代的普通人，都带有声音的身体的可感性，她写的人物，在我看来是“历史的声音肖像”，是非常生动可感的。卡尔维诺赋予了历史小说以哲思和趣味性，还有一种奇特的想象的甜蜜感。艾柯的历史小说大都是关于欧洲中世纪的，他的现场感很强，他所有的历史小说都像是一种不断改变叙事策略的侦探小说，带有强大知识谱系的历史猜谜小说，因此也有趣味性。我希望我今后能写出这样的历史小说，就是说，含有“历史的声音肖像”，给历史本身赋予现代意义，本身又非常具有趣味性、有想象力的作品。

李海音：尤瑟纳尔对您的历史书写有什么启发和影响吗？我在看《贾奈达之城》时，发现戴安娜童年时看到白虎的情景和尤瑟纳尔《默默无闻的人》中的纳塔纳埃尔在岛上遇见熊的情景很像，他们都没有告诉任何人，好像与它们约好了似的。尤其是戴安娜的生命体验跟尤瑟纳尔很像，比如对永恒的追求，人与自然融为一体的宇宙观。

邱华栋：啊，我没有注意到这个细节。但是因为主人公都是女性，她们应该有相似的体验。

李海音：《贾奈达之城》中的戴安娜与真实的历史人物戴安娜之间的差别有多大？她的回忆录中有没有描写她的生命体验，以及对自然、人生和历史的认识？比如她在攀登雪山过程中所说的：“每一次旅途中的艰难险阻和困苦迷离，往往使我怀念家庭生活中最简单的生活乐趣；每一次在外面，尽快回到家里，总是我的一个渴望和慰藉。但是,中亚的群山给予我的东西,要远远地超过这种被动的欣喜和安慰,因为,它让我产生了一种最深的欢乐与幸福,使我在一瞬间超越了时间的羁绊,有了一种具有永恒价值的对大地的敬畏和感恩。”这些话是您自己的人生体验还是她的?

邱华栋:我觉得小说就是小说,离真实的历史人物会很远,甚至在我的修改稿中会更远。假如写的是真实的历史人物,的确是很难把握的,尤其是进入到人物的内心,那你写的就只能是你自己的那个历史人物了。

修改《贾奈达之城》,我会加强当时1947年印度和巴基斯坦分治在戴安娜的丈夫内心里引发的崩溃,这导致了他们夫妻关系的紧张。于是,戴安娜转而将视线投向了附近的群山和雪峰,才成为了登山者,于是获得了另外的、更为新鲜的人生经验。我在写这部小说的时候,还阅读了不少关于登山的书,比如雪崩的前兆,如何结绳,云彩的形状如何预示天气的变化,等等。

你挑选出来的这句话是我自己的人生体验。我每年都去新疆一次,我从小生活在天山脚下,我到达过天山、阿尔泰山的很高处,也去过塔什库尔干,攀登了一段昆仑山,遥望过那些有名的山峰。其实,一个小说家无论写谁,最终他写的可能就是他自己。所以,戴安娜就是我自己。

李海音:我觉得,跟《贾奈达之城》相比,其他几部历史小说对人物内心的描写和自然的刻画都显得稍微粗疏了一点,您觉得是什么原因呢?

邱华栋:这与我在另外几部小说中采取的形式有关。比如,《单筒望远镜》中出现了书信、剧本和日记三种文体,我现在将剧本的部分改成了回忆录,增加小说本身的文献性与可感性。《骑飞鱼的人》在写英国军官林德利参加李秀成的部队的时候,我引用了《山海经》里面四条怪鱼的想象,每次主人公、英国军官林德利病了,都会骑着那几条怪鱼飞行。《时间的囚徒》的人物故事,在1957年到1964年和1968年5月这两个时间段里交叉,有两个叙事人,一个是死去的小女儿亡灵,另外一个是儿子,写的是他变成植物人后的意识流,这样的叙事会使人物的形象变得模糊,但获得了印象派风格的那种感觉。

因此,你的提议对于我很重要,我会修改、完善好后面这几部小说。

李海音:我觉得您的历史小说其实引发了一些很深刻的历史话题,比如《单筒望远镜》引发读者对民族主义与普世价值的反思,《骑飞鱼的人》引发出对狂热的社会解放运动的思考,《时间的囚徒》引发出对当代中国犬儒主义以及革命与性的反思,不知道您自己写这三部小说的初衷是什么?

邱华栋:克罗齐说,一切历史都是当代史。换言之,一切历史小说也是当代小说。这四部历史小说，也就一定有当下的意义。穷究历史的原因是什么？是解决现实的困境。你说的创作初衷，我想肯定有你解读的这个层面。不过毕竟我写的是历史中的传奇人物故事，他们的个体生命的命运感，复杂、多层次的感受更为重要。小说家最关心的，还是一些生命个体的命运。

李海音：《骑飞鱼的人》虚构了四条飞鱼带着主人公林德利观战打仗，颇具魔幻色彩，是为了增加故事的趣味性，还是有什么考虑？而且从标题来看，四章中分别出现了水、石、风、火四个意象，感觉有点意思。

邱华栋：林德利在病中出现了幻觉，幻想自己骑着飞鱼观战和打仗，这与洪秀全通灵的时候看到上帝发出指令是一样的，除了增加趣味，还指出其荒诞。不过，我也是为了让林德利因此进入到那个年代的一些事件的现场，比如火烧圆明园等等。

水、石、风、火四大宇宙元素，也是所有人类历史在地球上的某种象征。用作章节名，使小说本身坚固了起来。

李海音：在《骑飞鱼的人》中，林德利和玛丽夫妇对太平天国内部的观察与评价虽然各自都存在着一定的局限性，但加起来却是对太平天国的理性客观的审视，形成了一种可靠的叙述。这些评价是您个人的一种历史反思，还是主人公原型人物的真实感受？

邱华栋：我在写这部书的时候还阅读了国内外研究太平天国最有代表性的、持各种观点的学者的书籍，因此可以发现他们对太平天国运动的不同看法。太平天国运动过去100多年了，其历史意义和现实意义都在变化，不同的当代人，有不同的视角和看法，我希望呈现其复杂性和最新的研究成果在里面，而我也将我的感受赋予了笔下的主人公。就是在当时，一些传教士在进入到太平天国的首都南京后，也提出了不少自己的观感和意见。

但是太平天国时期不过是小说的一个历史背景，我还想探讨主人公、英国军官林德利写的那本《太平天国亲历记》究竟有多少杜撰和虚构的成分，其实里面有很多都是他虚构的。要知道他是在那个时候就写了那本书，虚构着当时的一些场景。我就想把他的那种不可靠的虚构揭示出来，这就应和了艾柯看待历史的解构主义观点，在他的长篇小说《波德里诺》的结尾，叙述者不知所终，暗示所有的叙事和故事都是虚假的，我也有这个意思。你甚至可以认为，林德利就是一个英国冒险家，一个骗子。

李海音：《单筒望远镜》中通过一架单筒望远镜，让中国古老大地上的一切事物都显得极为荒诞，比如砍头示众，比如义和团的狂热行动，比如清政府对义和团的反复无常。不知道您在“引子”中讲述望远镜在中国的流布史有什么深意？“单筒望远镜”又象征着什么？

邱华栋：通过那个时代的单筒望远镜，我们能够看到什么？在义和团时期，混乱的世界让我们很难看清历史的逻辑，贫苦无望的义和团拳民绝望的挣扎，满清政府的无能统治，外部世界的巨大变化，传教士的复杂处境，西方工业革命的后果，全球贸易扩展的影响，都投射在小说的主人公身上。他们是历史中可感的人，他们也承受着那个混乱年代的撕裂感，最终成为了历史的牺牲品。

单筒望远镜就是单筒望远镜，它也许象征着一种希望瞭望到的更远的愿望，但它是从西方传过来的。

李海音：与《贾奈达之城》《骑飞鱼的人》和《单筒望远镜》相比，《时间的囚徒》的现实针对性似乎更强些。小说中的帕列里尼在经历了中国的政治运动，侥幸回国后，变得消极无为，除了对食物和性的需求之外，不再关心任何事情，包括社会的正义与自由。所以他的儿子质疑他：“我爷爷还是一个理想主义者，或者是一个永远不满足现状的奋斗的人。您呢，爸爸？”这真是发人深省的一问。当下中国有很多帕列里尼式的人物，安于现状，不思进取，还自以为世事洞察。但另一方面，您似乎也并不赞同狂热盲目的青年运动。不知道我这样解读对不对？能谈谈您的看法吗？

邱华栋：你的解读很准确。其实，小说中的父子两代人刚好是我内心的两个分身。作为一个中年人，我看待世界的方法是肯定不喜欢也不希望社会有大动荡的，那些指望通过激进的一次性革命就改变一切的人都是疯子。中年人不光有些安于现状，还有着深刻的怀疑精神，怀疑精神是最可贵的。这些年，我见过某些知识分子，谈起社会、国家、未来都是一套套的，可是涉及他个人的私利，马上就变得非常自私，比小人还令人恶心。你要按照他的蓝图去“改造世界”，纯粹是妄想。

但是，唯独年轻人有想努力改变社会和自身的强烈愿望。我不能忘记我1988年进入到大学读书的时候的那种启蒙的气氛，我也不能忘记我在20岁左右的时候内心里的激情。我们关心这个国家，希望她变得更好，希望变革，自己也有行动能力。但是有时候年轻人的激情是盲目的，变革本身也会带来痛苦，甚至变革的结果也许还不如不变革，这是年轻人想不到的结果，也是一个悖论。

所以，这两个人物的设计是我自己的某种分身，也是年轻人和中年人的普遍的境遇，是人的困境。

李海音：我认为《贾奈达之城》所揭示的是一种积极张扬的生命意志，在永无止境的旅途中认识自我与世界的审美人生，而《长生》揭示的却是一种非常传统的东方式的人生境界，一种在追寻“大道”的苦行中虚心忘我、普度众生的道德人生。“行走”可以说是您的历史小说的基本主题，而这也是一个非常深刻的话题，关系到东西方两种文化对于生命的不同理解。您觉得呢？您对于这两种人生有何体会？

邱华栋：你的归纳很精当。对于我个人，由于我是一个作家、小说家，我只有通过写作，通过我创造的文学世界来呈现这些东西。对于人生，我的看法就是尽量去过一种有创造性的生活，去过自己感兴趣的生活，这是最好的。

李海音：感觉您是一个对生命和生活充满激情的人，所以能够在繁忙的工作外写了那么多小说、诗歌，看那么多书，做那么多读书笔记。您有没有觉得自己也像戴安娜一样是个永不倦怠的旅行者？

邱华栋：是的，本质上我是一个诗人，一个带有理想倾向的人。另外可能我精力充沛，能够同时做几件事情。我总是提前规划了我的写作，使之成为可以完成的远景，这使我对未来抱有了希望和动力。

李海音：我感觉《长生》其实还可以写得大气厚重一些，也许是因为您采用的是第一人称的限制性叙事，所以很难挖掘丘处机、成吉思汗等人的内心世界。李志常对“行走”的内心体验也可以再细腻一些，对历史和自然环境的描写也不妨再细致复杂一点。不知道您是怎么看的？

邱华栋：《长生》的确可以再厚重些，现在只有15万字，是个小长篇，我还保留了最初的一个中篇小说版呢。前面我说了，其实这部小说可以写成《西游记》那样更加飞扬、疯狂和魔怪的小说，一路上道士们作法击退魔怪的故事。可是我不是当代吴承恩啊，我写这部小说是为了给另外的一个三卷本的历史小说的写作做一些准备，那部小说叫作《流沙传》，我还没有动笔。您这么说之后，我就在想，要不要今后有机会将《长生》扩充成新派武侠加神魔的道教小说《长生记》，与《西游记》比试比试。

李海音：看了您的历史小说后，对照您的都市小说，我总结了三个特征：在艺术风格上是浪漫主义的而非现实主义的，在情感立场上是抒情的而非反讽的，在生命体验上是动态的而非静止的。不知道您接下来的历史小说创作是不断突破自我还是不断积淀自我？最后，谈谈您接下来的写作计划吧。

邱华栋：我正在写一个历史小说集，暂名为《十一种想象》，收录了十一个中短篇小说，这些小说的主人公，有楼兰王比龙、斯文·赫定、鱼玄机、李渔、韩熙载、埃及法老图坦卡蒙和他的王后安赫克森阿蒙、帖木儿、色诺芬等等。由此可见，我的历史小说是对真实历史人物展开一种奇特的想象，以获得想象的甜蜜。这个中短篇小说集即将完成，部分中短篇小说过去发表过，新的也会发表出来。

此外，就是我一直想写一部关于西域从汉代到唐代这一段历时900年的历史小说，名字早都起好了，叫作《流沙传》。我写小长篇《长生》，就是为了未来要写的《流沙传》积累经验。这部小说我打算写三卷，99万字，我前后准备了10多年，一些作家，比如林白，见了我就问，你的《流沙传》写得怎么样了？我就很羞愧。因为我根本就没有写呢。

缺乏时间是最大的问题，因为我要忙于《人民文学》杂志的很多工作，我们还办了一个外文版，我们还搞了很多文学活动，有采风、评奖等等，涉及面很广。杂志社就是杂事多。因此，我还在积累这部书的材料和想象，我也不知道什么时候写出来。我估计我还是会写出来的，在未来的某一年，某一天。

评　论《

做一个永不倦怠的旅行者

——论邱华栋的历史小说

李海音

一

当一个人把写作当作一种信仰时，你再去追问他背后的价值立场是毫无意义的，因为此时的写作是不及物的，是没有所指的能指，他对写作本身的兴趣远远大于这个世界，只是由着语言去驱动他的思维。这是我从邱华栋身上得出的结论，他纠正了我过去常常首先对作家们进行价值判断和道德诘难的倾向。尽管邱华栋偶尔表明自己“关注社会、批判社会”的现实情怀，又说“人的精神的分裂、扭曲和异化”是他最喜欢的主题，似乎总在为西方异化理论寻找某种现实依据，但像他自己所说的：“对于我，更多的时候，写作纯粹是一种爱好——我是一个持之以恒的文学爱好者，像一个玩泥巴的孩子那样自得其乐。”[①]他的叙事激情更多来自写作本身，只不过他不得不借用现实生活的“泥巴”，经过艺术的构思，构筑自己心目中理想的“玩具”。这是一个创造的过程，在创造出令人满意的作品之前，他不会轻易丢弃已有的“质

① 邱华栋：《长生》，北京十月文艺出版社2013年版。

料”，于是他反复利用同一题材，刻画同一类人，关注同一个社会问题，比如在欲望中挣扎与失落的“都市寻梦者”，丧失了个性和灵魂的“时装人”，陷入了中产阶层精神困境的“社区人”。但这也是一个个体审美的过程，他没有义务为谁而作，只是凭着自己对语言的感觉和兴致去写，所以他的都市小说往往激情四射，语言符号不断自我繁殖，时代的信息裹挟着“欲望”的潮汐奔涌而来，让不少读者应接不暇，甚至有点被冒犯被吞噬的感觉，无怪乎有些评论家要把邱华栋与主人公、叙事人等同起来进行道德批判。[①] 但邱华栋似乎全然不顾，除非对某一题材产生了审美疲劳他才可能停下来。然而，叙事的激情又催促他不断拓展写作的资源，寻找另外的审美对象，使他的视野最终能够超越现实而走入历史的深处。

这是新世纪以后的事，邱华栋开始了历史小说的创作，先后推出了“中国屏风”系列的四部小说：《贾奈达之城》（即《戴安娜的猎户星》）《单筒望远镜》《骑飞鱼的人》《时间的囚徒》，以及最近的长篇《长生》。邱华栋说：“这些年，我在写完了一部当下现实题材的小说之后，就会写一部历史小说。这样的交替写作，使我获得了审美上的休息和题材反差的快乐，也获得了某种我还在继续成长的喜悦。”[②]与邱华栋的现实题材小说相比，这几部历史小说的确令人耳目一新，让我们看到了作为小说家的邱华栋的另一种叙事风格和价值诉求：语言简练舒缓，叙事的口吻冷静深沉，主人公理性又天真烂漫，神圣的爱情取代了无爱的性欲，对正义与自由的向往取代了对世俗名利的汲汲苛求，对永恒的精神追求取代了转瞬即逝的物质体验，生命不再困守于琐屑无聊的时空，而是漫游在广袤无垠的大地上。

但这并不意味着邱华栋笔下的历史与现实之间没有任何关联，或者像有些论者说的邱华栋“成功转型”了。实际上，此时邱华栋对现实、对城市的热情并未减退，只是不再痴迷于青年人“寻梦”受阻的悲剧，而更关注那些已然从城市边缘进入中心，驶入了生命的平缓地带的中产阶层。这大概是因为邱华栋已不再是那个对未来充满眩惑感的“外省青年”，他变成了城市的“新主人”，那种“闯入者”的焦虑与迷茫不再是他当下的生存体验了。可见，强调写作要“与生命共时空”的邱华栋的叙事焦点其实并不是城市，而是不断成长的自我，确切地说是为现代生活和世俗欲望而振奋又困扰的现代人。而邱华栋对历史的兴趣也不在于历史本身，而是那些充满生命激情的历史人物，在他们身上寄托着邱华栋强烈的个人情感和道德理想。克罗齐说，

---

① 参见王世诚：《虚伪的写作立场与欲望之奴——邱华栋论（晚生代论之一）》，《文艺争鸣》2001年第1期；贾丽萍：《自我书写的困境——邱华栋小说叙事批判》，《南京师范大学学报（社会科学版）》2004年第6期；吴义勤：《自由与局限——中国“新生代”小说家论》，《文学评论》2007年第5期。

② 邱华栋：《我写历史小说的缘起》，《文艺报》2013年12月13日。

一切历史都是当代史。特别是人生哲理型的历史小说，是无所谓现实的人和历史的人的区别的。从这个角度来看，邱华栋的历史小说与他的都市题材小说实际上形成了一种互补和对话的关系，“历史”在邱华栋这里不过是用来置换“城市”的空间场所，就像那四扇“中国屏风”一样，在躁动凌厉的物质世界中分隔出一个相对宁静淳朴的小世界，出入其中的还是同一个时代的人，因而这个“小世界”不会有雄伟壮丽的历史场面，没有什么真正的英雄或败类，不存在大多数历史小说中的那种激昂的政治理想、肃穆的历史意识或沉郁的文化情怀，但也并非用来躲避或抗拒现实的历史乌托邦或田园牧歌，没有什么超然物外的文人雅士。然而，邱华栋却借用“屏风”遮挡了现实生活中赤裸裸的“物质”和“欲望”，用“长生”表达了他对于现代人没有历史和未来的短促生命的忧虑，于是他对于个体生命的关怀变得更加沉稳有力，对现实的反思和批判也有了一种更自由的抒情方式。

二

应对现代都市的这种文化景观——身处其中的人一面沉浸在没有历史和未来的瞬间的欲望狂欢中，体验着自我失落的现代主义乡愁，自我与现实的关系变得暧昧不明，诺斯罗普·弗莱所说的喜剧或浪漫剧都已不合时宜，而悲剧也因为缺乏深刻性的根基而丧失了批判的力量，也许只有反讽才能适应这个“乏善可陈的冬季”[①]。反讽是喜剧与悲剧的杂糅，是对抒情和浪漫的拒绝，是对被现实所绑架的自我的质疑，是对任何静止的世界和凝滞的历史的彻底背弃。如果没有一种彻底的怀疑精神，缺乏自我反思与批判的主体意识，对由欲望所驱动的现代都市人生的言说很容易变成不自由的“新写实”，在冷漠的现象扫描或是激情的文本复制中融入一点感伤，把人变成没有自由意志和自觉意识，仅仅受生理和环境所支配的动物。然而，大部分中国作家骨子里都是浪漫抒情的，温柔敦厚、圆融中和、悲天悯人的文化心理已经成了一种集体无意识。这种文化品格虽然使他们避免最终沦为虚无主义者，但也使他们对于现代都市的言说有点无所适从，“现实主义”的静观也不是，“现代主义”的激愤也不是，最后一些作家只好去追念淳朴无邪的田园牧歌（比如鲁敏的“东坝”），或是虚构一个历史乌托邦（如阎连科《风雅颂》中的“诗经古城”）。

邱华栋也不例外。他具有浓郁的抒情气质，加上又是一位诗人，对生活充满热望和激情，因而面对混沌平庸的现实生活，他的小说基本上只能采取悲剧的形式。

---

① [加]诺思罗普·弗莱：《批评的剖析》，陈慧等译，百花文艺出版社1998年版，第275页。

吴培显运用结构主义方法对邱华栋的城市小说进行叙事分析,发现其大致的叙事结构是:自我价值实现的期待和自觉追索—边缘生存的奋争和流浪的窘迫—都市欲望的诱惑和无奈的观念跨越—欲海漂泊的迷茫和名利欲望的满足—理想色彩的蜕变和价值取向的扭曲—自我的异化和迷失—悲剧性结局。其叙事话语的展开逻辑则为:肯定—困惑—忧虑—怀疑—否定。[①] 这种叙事结构和叙事逻辑虽然只是对邱华栋90年代小说的一种抽象分析,却反映了邱华栋对自我与社会的体验和认知方式,实际上也对应了现实生活中许多年轻人的生命轨迹,可以说是现代人普遍的一种生存困境。然而,到底是生活的罪过还是个人价值的问题?"异化"和"迷失"是否是现代都市人不可避免的宿命?围绕着欲望而展开的个人梦想是否只是一种无根的幻想?早年同样作为"都市寻梦人"的邱华栋似乎并不十分关心,只是细致地呈现着现代都市人生的这种灰色悲剧。而且,邱华栋的小说基本上采用的是第一人称视角,叙事人往往是事件的主人公,或是事件见证者,或是貌似客观公正的记者,都是可靠的叙述,叙述声音与作者的声音基本一致,因而作者与叙事人、主人公之间无法构成反讽的关系。而且,小说中很少有戏谑和不屑的成分,有的只是无奈和同情,以及对城市的诅咒和抱怨,因而不能跳出文本,对自我进行冷静的审视和反思,对欲望的细致呈现反而导致了"劝百讽一"的效果,在很大程度上削弱了小说的思想深度和现实批判力度。但在历史小说中,邱华栋却找到了可以自由抒发性情的叙事空间。

在《贾奈达之城》中,作为印度政府林务官的女儿,戴安娜在印度茂密的丛林里度过了童年,回英国接受正统教育后又来到印度,认识了登山家艾瑞克,在攀登雪峰的过程中与之发生了爱情,但因为二战的爆发又回到英国,加入了"妇女农耕军",在离南安普敦不远的乡村农庄中参加劳动。1946年,因艾瑞克被任命为英国驻我国新疆的总领事,她便随着已是她丈夫的艾瑞克再次回到印度,开始长途跋涉,翻越中亚的崇山峻岭后到达喀什噶尔,在那里攀登了无数的雪峰,其间与柯尔克孜族的向导赛麦台萌生情意。但在他们向着慕士塔格峰的"贾奈达之城"攀登的途中遭遇雪崩,赛麦台为搭救他们夫妇而死去,戴安娜在喀什噶尔生活了两年后才离开中国。在邱华栋笔下,戴安娜秉性自然淳朴,俨然大地上奔跑的精灵,童年时就能与万物并生,具有与昆虫对话的"超能力",与蝾螈为友,连那只白色老虎也不伤害她,后来又主动亲近大自然,热爱大自然,渴望探索大地内部的奥秘,因而才能与登山家艾瑞克结下姻缘,也才能与"山中精灵"赛麦台萌生情愫。虽然后来她不得不被卷入混乱动荡的

① 吴培显:《邱华栋小说的叙事结构分析》,《中国文学研究》2007年第3期。

现实，体验人世的悲欢离合，内心却始终独立刚强，不以物喜，不以己悲。她积极追求个体精神的自由，不断超越自我，同时又理性大方，对于赛麦台的爱慕能够“发乎情，止乎礼”。她勇于承担个人的历史使命，而作为领事夫人，她应酬周旋，体贴丈夫，关心国家利益，同时又心慕正义与和平，没有宗教、种族、国家的偏见。但《贾奈达之城》不是邱华栋为戴安娜作的传记，也不是单纯地讲述她在中国发生的故事，而是他对于一种人生境界的浪漫想象。戴安娜的人格魅力与其说来源于她神秘的身世和传奇的生平，不如说是来自邱华栋赋予她的理想色彩，因而小说才能如此诗意盎然。为了与戴安娜丰富而纯净的内心世界相匹配，邱华栋细致而完整地呈现出大地上深邃又明丽的风貌——那由冰川雪山、海子湖泊、绿洲荒漠、日月星辰组成的“天地之文”。

“贾奈达之城”象征着永恒、神圣与完美，它是不可抵达的，但在向着它攀登的过程中，生命却不断充实，人的自由感也在这行走的途中慢慢提升。“心灵纯洁的人”才能够找到那个“幽谷秘境”，到达人生中的澄明境界。对艾瑞克来说，登山或许只是一种刺激的冒险体验，是无聊或失意时的消遣；对戴安娜来说，登山却是一种生命最内在的冲动，是来自苍茫的远方、来自神秘的大自然的深情召唤，是超越时间、追求永恒的渴望，也是不断克服艰难、超越有限个体和世俗欲望而与天地并生的自由意志。因此，当戴安娜和赛麦台找到了那个“幽谷秘境”时，她不禁感慨道：“每一次旅途中的艰难险阻和困苦迷离，往往使我怀念家庭生活中最简单的生活乐趣；每一次在外面，尽快回到家里，总是我的一个渴望和慰藉。但是，中亚的群山给予我的东西，要远远地超过这种被动的欣喜和安慰，因为，它让我产生了一种最深的欢乐与幸福，使我在一瞬间超越了时间的羁绊，有了一种具有永恒价值的对大地的敬畏和感恩。”

做一个永不倦怠的旅行者，这是戴安娜的个人梦想，或许也是步入中年的邱华栋的价值诉求。但对他来说，“旅行”绝不意味着逃离都市和居所，回到大自然的怀抱，不是身体的长途跋涉，而是不断超越自我的精神之旅。他不愿意看到生命的激情随着青春的逝去而消散，也不愿意看到欲望满足后生命开始停滞不前。但当建立在金钱之上的个人理想被金钱腐蚀之后，当一切可以用金钱来衡量和换取的时候，生命还能欲求什么呢？如果不是向着自由的精神回归，找到一种无法用金钱交易的更高的价值诉求，人最终只会陷入空虚无聊中。在“社区人”“北京时间”系列小说中，邱华栋为我们揭示了中产阶层的这种困境，但在戴安娜身上，邱华栋才找到了被城市毁灭的“本真的存在”，找到了一个真正充满活力的“自我”。这个“自我”的价值和激情不是由欲望所驱动的、充满“无限生命力”的城市赋予的，这个“自我”承担了历史和文化的重负，渴望纯洁与崇高，追求自由与澄明。

三

邱华栋说他最心仪的作家是法国历史小说家尤瑟纳尔，通过他的《贾奈达之城》，我们才明白了个中原因。尤瑟纳尔深受父亲的影响，钟情于漫游的生活，热爱陌生的远方甚于安定的居所，追求个性的自由和精神的永恒，“漂泊”也成了她小说的一个基本主题。《王佛脱险记》中林在流浪画家王佛的启示下对城市产生了厌倦，发现“这儿人们的面孔再也不能告诉他任何美或丑的奥秘”，于是抛弃自己的万贯家财，随着王佛四处流浪，居无定所，终于拥有了一个无比绚烂的世界。这是一种在流浪中体验人之自由与世界之美的人生。《默默无闻的人》中的纳塔纳埃尔也是在一生的流亡中体验着自己的生命本质，在《苦练》和《哈德良回忆录》中，这种“漂泊”成了反叛成规、探索未知的自由意志的象征，泽农、哈德良大帝身上充分体现了这种自由的精神。在邱华栋的历史小说中，我们很容易看到他与尤瑟纳尔之间的精神关联，发现尤瑟纳尔的审美取向和思想踪迹。无论是《贾奈达之城》中的戴安娜，还是《单筒望远镜》中的阿尔苏，抑或是《骑飞鱼的人》中的林德利、玛丽，都具有追求自由的“漂泊”意识，他们都对生命充满了激情，对神秘而陌生的世界充满求知的欲望，甚至为了纯洁的爱情和神圣的事业随时准备牺牲自己。

在西方人的意识里，“旅行”或“漂泊”或“流亡”都是一种自由的生命体验，是对一切束缚和成规的反叛，是为了更深刻地认识这个世界，热爱人类的生活，在自我放逐中体验孤独的生存本质。因此，在加缪那里，尽管上帝被放逐后，人类的终极处境变成了一种荒诞和绝望，西西弗斯依然要在周而复始的徒劳中把石头推上山顶，这是一种把“活着”本身看得比“活着的意义”更重要的精神。然而，中国文化却是一种静止的文化，虽也不乏“行者”，但都是为了“回家”——回到生命和历史的原点，无终点的“漂泊”始终是一种无根的生存悲剧。佛教徒虽四海为家，却是为了“不留空桑”，彻底摒弃自我意识和这个世界；儒学家虽然强调“知行合一”，所“行”之事乃人伦教化，最终是为了齐家治国，为了把自我融入一个更加舒适安稳的集体；道学家虽也承担孤独的命运，背弃世俗社会，却强调虚静无为，最终是要消灭孤独，消除自我与万物的界限。如果说邱华栋的“中国屏风”系列小说揭示的是前一种生存体验，那么《长生》则回到了本民族的文化内部，重新审视一种当前中国缺失但根植于传统文化中的人生之道。

《长生》讲述的是元代建制之初，道教宗师丘处机远赴西域为成吉思汗讲道，成就“一言止杀”历史功绩的故事。但小说叙事的重点并不在讲道本身，而是西行途中的见闻，因此可以说这又是一部关于在大地上“行走”的书。表面上看来，丘处机是叙事的焦点，他的一言一行都足以劝慰和警醒世人，随行弟子李志常不过是个旁观者和记录者，但小说基本上围绕着“我”——李志常的“寻道”来展开，“我”对“道”的认知和体验远比师父丘处机对“道”的阐释重要。因此，《长生》又不是一部谈玄说理的小说，而是一部关于“在行走中求道”的书。但这个“道”不仅包含着对自我的生命体验，也包含对世俗社会的人文关怀，因而这里的“行走”已不再是戴安娜式的“登山”之旅。

死亡是人生最大的困惑和缺憾，因而世人所求之道莫过于“长生”。虽然大家都知道人难免一死，但人们还是不依不饶。李志常渴望长生不老，从小就懂得要避乱洁身，后又弃绝爱欲与家庭，前往山东牢山隐居，潜心研究老庄，却备感孤独，发现“这种忘却时间和时代的感觉，依旧不是得道的状态”，又到天柱山去寻道。在老道长的启发和指点下，他得以与自然万物融为一体，明白“人都是有寿命的”，又拜到长春真人丘处机门下，后来跟随他一路西行，在他的言传身教下才得悟“大道”。李志常经历了修道的五个阶段：“避乱洁身”（保身），“忘却时间和时代”（忘身），“与万物融为一体”（忘心），“积德行善”（用心），“顺势而为，济世安民”（身心并用）。这样的一种“道”已经不再是道家“致虚极，守静笃”的“无为”之道，也不仅是道教的养生全身之道，它既维护人内心的澄明和自由，又强调人的社会担当和历史使命，但又不像儒家那样“知其不可而为之”，而是“顺应天时地利”，真正做到“人道”与“天道”的统一。全真教龙门派创始人丘处机继承王重阳的道教思想，引儒入道，力倡“三教合一”，使得全真教的学理方法近乎禅宗北宗渐修的路线，又富有传统儒家与宋代理学的精神。《长生》中夹杂了丘处机不少诗词，从中可见他对于“道”的理解兼容佛教禅宗和儒家思想，如“道本有为有作，原非枯坐空顽。修丹何必弃家园，混俗和光取便”，又如“实迹未谐霄汉举，虚名空播朔方传。直教大国垂明诏，万里风沙走极边”，再如“无极山川行不尽，有为心迹动成劳。也和六合三千界，不得神通未可逃”。李志常在自己“寻道”的漫长路途中渐渐领悟师父的道学思想，意识到“长生”者非肉体不灭，而在于精神不死。但要精神不死，不仅要修身养性，还要“赞天地之化育”，像佛家一样慈悲为怀，普度众生，因而人生“行走”也就不再是盲目的漫游和刺激的冒险，不是在行走的途中感受孤独的自我，从而在艰难的选择中体验生命的自由。这种中国式的“行走”以“大道”为终极目的，对自我的超越是一种螺旋式的精神提升，人人都可以通过自我修行成为“神仙”“圣人”，而不像“贾奈达之城”那样不可靠近，因此李志常才会满怀信心地说：“不管前面的路途有多么的遥远，我们是一定要走到底的。”

如果说《贾奈达之城》所揭示的是一种积极张扬的生命意志，在永无止境的旅途中认识自我与世界的审美人生，那么《长生》所体现的则是一种在追寻“大道”的苦行中虚心忘我、普度众生的道德人生。在这个物欲横流、道德缺失的时代，显然后一种人生态度更具有现实针对性。丘处机劝告成吉思汗要“减声色”“省嗜欲”“保全心神”，从而看到功名利禄不过是过眼云烟，人不可能永远占有任何东西，还要心怀天下，承担自己的历史使命，这番谏言在今天不是依然具有醒世警世、针砭时弊之功效吗？邱华栋在谈到他同时期创作的《教授》时指出，“知识分子的附庸性，以及知识分子的软弱和道德上的困顿与堕落，比一般的人要更加触目惊心”，“我觉得重建社会道德是一个很迫切的问题，也包括知识分子的道德问题”。邱华栋写《长生》的初衷由此可见一斑。然而，丘处机式的道德人格，依然是传统中国文人普遍追求的理想人格，“长生”不过就是名垂千古，虽然拥有这种文化品格的人可以像丘处机那样，面对世俗生活，能够“入乎其内，出乎其外”，但却面临着很大的文化困境，因为预设一个终极的道德目的往往导致对个性自我的抹杀，“行走”的意义被目的所制约和规定，若目的没有实现，那么“行走”也就丧失了意义。而历史的发展也并非有迹可循，当一个人必须对历史做出选择时，他依然会成为世俗政权的附庸，如果遇到明主，则可以像丘处机一样“一言止杀”，成仙成圣，若遇昏君，则无计可施，“大道”不成。因此，对李志常来说，生存不过是一种义务，“辛苦万端地存在于这个世界上，是因为尘世因缘还没有结束，肉身还必须在世间行走”(《长生》)。而戴安娜式的审美人格却更具有现代意义，它把生命看作是一种自由，否定人可以成为神，并不乐观地许诺一个完美的终点，把人生的过程看得比目的更重要，自我的救赎在于个体对苦难和爱情的承担，因而可以看到沿途的风景，体验到生命的自由与精神的永恒。尽管《长生》寄托着邱华栋强烈的道德理想，却依然需要接受现代价值观念的重新审视和反思，如此才能避免对历史人物过于理想化和表象化的书写。

四

“中国屏风”系列小说中的主人公虽然都曾被卷入了中国宏大的历史漩涡：《贾奈达之城》中的戴安娜见证了印度独立、苏俄对峙、十年内战；《单筒望远镜》中的阿尔苏遭受了义和团正面攻击和围困；《骑飞鱼的人》中英国海军林德利则加入了太平军，亲历了太平天国运动；《时间的囚徒》中的包若望则成了“反右”斗争的直接受害者。但由于西方人的特殊身份，他们能够冷静客观地再现历史的某个侧面。邱华栋以西方人为第一人称的叙事视角，采用回忆录、书信、剧本等多种体裁，并非只是形式创新或题材创新的问题，而是试图避开对历史场面的宏大叙事，在具体刻画个体生命境遇时，以西方的价值观念来重新审视中国的历史和文化。比如《单筒望远镜》中通过阿尔苏对教会和义和团的观察和分析，引发读者对民族主义与普世价值的反思；《骑飞鱼的人》则通过林德利和玛丽对太平天国的评价，引发出对狂热的社会解放运动的思考；《时间的囚徒》则通过中国“反右”运动和法国“五月风暴”的对比，引发出对当代中国犬儒主义以及革命的反思。但由于邱华栋的叙事激情大于他对思想观念的艺术化处理，对历史人物内心深处的挖掘缺乏更宽阔的历史哲学视野的观照，又担心文学的虚构大于历史的真实，所以这些问题都没有在文本中得到深化。

虽然邱华栋追求历史小说的现代性，但由于性格气质的原因，他的历史小说除了在艺术形式上别出心裁外，艺术的内在精神却是比较传统和写实的，因而有时候他的个性和想象力无法得到有效的展开。比如《长生》本于《长春真人西游记》，这容易让人想到吴承恩的《西游记》，取经或讲道都不重要，重要的是都要通过艰苦的跋涉去悟透宇宙人生。但邱华栋一心想要进入历史人物的内心，让人物自己发出声音，采用第一人称的限制视角，因而丘处机、成吉思汗等其他人物的心理意识很难得到有效的呈现，丘处机也被塑造得过于神圣，天下无人不知无人不敬，而李志常的内心又过于单纯，不像唐僧、孙悟空等人还有种种心魔如酒色财气的诱惑，他们的西行除了自然环境的恶劣外，便无其他任何阻碍了。因此，《长生》既没有《西游记》那样深刻的文化内涵，也没有那样丰富的艺术想象力。而同样被视为“晚生代”作家，同样想表达一种在追求自由的流浪中实现人性复归的李冯在处理历史题材时却具有很强的反讽精神，比如他的《孔子》《另一种声音》《我作为英雄武松的生活片段》等，都是以现代性视角对历史和文化进行重审，通过戏仿消解了前文本的意义和价值。不过，克尔凯郭尔曾指出：“反讽是自由的，没有现实的忧虑，但也没有现实的欢乐，没有现实的祝福。”[①]面对历史，特别是严肃而沉重的历史，如果采用反讽的方法，很可能把历史娱乐化、漫画化或虚无化。邱华栋天生不具备反讽的精神，虽然无法在都市小说中自由地施展拳脚，却在重建崇高与神圣、诗意与美善的历史小说中得到了“现实的祝福”，至少成就了像《贾奈达之城》这样艺术与思想相统一的作品。

---

① [丹麦]克尔凯郭尔：《论反讽概念——以苏格拉底为主线》，汤晨溪译，中国社会科学出版社2005年版，第226页。

尽管牧歌式的乡土已经远逝，但我们在文化审美的心理层面依然抵触现代都市文明的“恶之花”，依然向往一种宁静自然、澄明通透的人生，始终怀着对自由、神圣、正义、爱情的敬畏与赞赏。邱华栋在雄奇壮丽的新疆长大，那里的绿洲戈壁、冰川雪山以及深厚的人文底蕴必然会带给他一种自由神圣的生命体验，也必然会使他复归于戴安娜式的审美人生，使他做一个永不倦怠的旅行者。

（载《小说评论》2016 年第 2 期）

主要作品目录《

长篇小说

《城市战车》，作家出版社 1997 年版。

《刺客行》，群众出版社 1997 年版。

《夜晚的诺言》，江苏文艺出版社 1998 年版。

《蝇眼》，长春出版社 1998 年版。

《正午的供词》，中国青年出版社 2000 年版。

《花儿花》，作家出版社 2002 年版。

《夏天的禁忌》，北京十月文艺出版社 2003 年版。

《白昼的躁动》，新世界出版社 2003 年版。

《戴安娜的猎户星》，长江文艺出版社 2004 年版。

《青烟》，文化艺术出版社 2004 年版。

《前面有什么》，中国文联出版社 2004 年版。

《街上的血》，山东文艺出版社 2005 年版。

《贾奈达之城》，人民文学出版社 2007 年版。

《单筒望远镜》，人民文学出版社 2007 年版。

《骑飞鱼的人》，人民文学出版社 2007 年版。

《玻璃社区》，河南文艺出版社 2007 年版。

《教授》，长江文艺出版社 2008 年版。

《后视镜》，海豚出版社 2012 年版。

《长生》，北京十月文艺出版社 2013 年版。

《白昼的喘息》,漓江出版社 2015 年版。

《教授的黄昏》,漓江出版社 2015 年版。

《刺客》,百花洲文艺出版社 2016 年版。

《花儿与黎明》,漓江出版社 2015 年版。

《时间的囚徒》,江苏凤凰文艺出版社 2016 年版。

中短篇小说集

《不要惊醒死者》,东方文化出版社 1992 年版。

《城市中的马群》,华艺出版社 1996 年版。

《把我捆住》,中国华侨出版社 1996 年版。

《哭泣游戏》,长江文艺出版社 1997 年版。

《都市新人类》,中国广播电视出版社 1997 年版。

《别了,十七岁》,四川少年儿童出版社 1988 年版。

《摇滚北京:小说家感觉的都市新人类》,中国文联出版社 1998 年版。

《太阳帝国》,百花文艺出版社 1999 年版。

《黑暗河流上的闪光》,湖北教育出版社 1999 年版。

《西北偏北》,长江文艺出版社 2001 年版。

《出了问题》,中国电影出版社 2002 年版。

《走向诺贝尔·邱华栋卷》,文化艺术出版社 2002 年版。

《袋装婴儿》,中国文联出版社 2004 年版。

《午夜狂欢》,中国工人出版社 2004 年版。

《社区人》,上海文艺出版社 2004 年版。

《我在那年夏天的事》,中国文联出版社 2004 年版。

《鼹鼠人》,云南人民出版社 2005 年版。

《玻璃社区》,河南文艺出版社 2007 年版。

《来自生活的威胁》,广西师范大学出版社 2011 年版。

《可供消费的人生》,广西师范大学出版社 2011 年版。

《闯入者》,湖南文艺出版社 2011 年版。

《新美人》,重庆大学出版社 2012 年版。

《塑料男》,春风文艺出版社 2012 年版。

《邱华栋短篇小说自选集》,新世界出版社 2013 年版。

《邱华栋精选集》,北京燕山出版社2014年版。

《十一种想象》,上海文艺出版社2016年版。

《大鱼、小鱼和虾米》,百花洲文艺出版社2016年版。

《西北偏北》,百花洲文艺出版社2016年版。

《所有的骏马》,百花洲文艺出版社2016年版。

《十三种情态》,上海文艺出版社2016年版。

《爬着城市玻璃山》,百花洲文艺出版社2016年版。

《滋味与颜色》,江苏凤凰文艺出版社2018年版。

《空心人舞蹈》,江苏凤凰文艺出版社2018年版。

《时装人》,江苏凤凰文艺出版社2018年版。

《行为艺术家》,江苏凤凰文艺出版社2018年版。

散文随笔与评论集

《城市的面具》,敦煌文艺出版社1997年版。

《城市漫步》,中国广播电视出版社1999年版。

《酷的一代》(与师永刚等合著),中国戏剧出版社1999年版。

《集体作业:实验文学的理论与实践》(与李敬泽等合著),中国广播电视出版社1999年版。

《私人笔记本》,中国青年出版社2000年版。

《城市午夜的游走》,天津教育出版社2001年版。

《山之颜色》,云南人民出版社2001年版。

《影响世界电影100名人排行榜》(与杨少波合著),海南出版社2002年版。

《和大师一起生活》,云南人民出版社2002年版。

《北京的前世今生》(与洪烛合著),中国文联出版公司2002年版。

《世界电影大师108将》(与杨少波合著),云南人民出版社2004年版。

《挑灯看剑》,国际文化出版公司2004年版。

《金山银水　魂牵北疆:绝色喀纳斯》,广东旅游出版社2004年版。

《日本意象》(与祝勇等合著),中国旅游出版社2005年版。

《文坛高峰对话》,江苏文艺出版社2009年版。

《电影作者:101位世界杰出导演》(与杨少波合著),广西师范大学出版社2010年版。

《静夜高颂:对66位伟大作家的心灵访问》,江苏人民出版社2010年版。

《印象北京》,广西师范大学出版社2010年版。

《挑灯看剑》,地震出版社2013年版。

《同时代的写作者》,地震出版社2013年版。

《亲近文学大师的七十二堂课》,漓江出版社2014年版。

《游踪记》,河南文艺出版社2015年版。

《大陆碰撞大陆》,华文出版社2015年版。

《蓝色》,百花洲文艺出版社2016年版。

《从东西到南北》,江苏凤凰文艺出版社2018年版。

《真实与谎言》,江苏凤凰文艺出版社2018年版。

《虚构的真实》,江苏凤凰文艺出版社2018年版。

《想象的国度》,江苏凤凰文艺出版社2018年版。

《时光漫步》,江苏凤凰文艺出版社2018年版。

《去往归来》,江苏凤凰文艺出版社2018年版。

《碰撞与回响》,江苏凤凰文艺出版社2018年版。

《行走无疆》,江苏凤凰文艺出版社2018年版。

《创造梦境的人》,江苏凤凰文艺出版社2018年版。

《飘窗外的风景》,东方出版中心2018年版。

《作家中的作家》,广西师范大学出版社2018年版。

《光影之间》,江苏凤凰文艺出版社2018年版。

《城市的舞蹈》,江苏凤凰文艺出版社2018年版。

《来自天堂的声音》,江苏凤凰文艺出版社2018年版。

诗集

《从火到水》,漓江出版社1991年版。

《花朵与岩石》,接力出版社1993年版。

《光之变》,中国青年出版社2008年版。

《光谱:邱华栋诗选(1985—2015)》,长江文艺出版社2015年版。

《闪电》,黄山书社2016年版。

邵　丽

女，1965 年生，河南周口人。

小　引《

我读邵丽的作品不多，但她的与官场有关的小说——因为要指导一篇研究官场小说的博士论文——我是认真地读过的。我很赞赏她把官场看作现实生活的一部分，看作像其他的“场”（职业或行业）一样的“场”，把官人（借用刘震云的叫法）看作现实生活中正在“活着”（用邵丽的词儿是“生存”和“生活”着的）的一个人，像大家一样吃喝拉撒睡，有七情六欲、喜怒哀乐，具备一个“普通人”或“正常人”所有的生理功能和心理特征。当然，有这样的看法、持这样的观点的，也并非邵丽一人。除非你存心想美化官场、神化官人，一般人在谈到对官场和官人的理解时，大都会有这样的认识。尤其是讲究个人化和特殊性的作家，在谈到自己的官场小说写作或别人写作的官场小说时，更不乏这样的言论。但说归说，做归做，真正像邵丽这样把官场写得让人觉着哪哪不都是这样，把官人写得让人觉着谁谁不都得如此，或者说把官场的事儿写得放哪儿都是这样，把官场中人写得搁谁身上都得如此，能有几人？

这意思如果在通常情况下，像开头那样简化了说其实很顺溜，之所以还要绕这么个“口令”，是因为在这意思里包含了很多不怎么好简化，或简化了就说不清、道不明，抑或干脆就变了个意思的因素。就拿这官场的普通不普通，这官人的特别不特别来说吧，不管你说破大天去，普通人，其实也就是我们常说的广大读者，还是认为官场就是官场，它与任何其他的场，其他的行当或生活领域就是不一样，官人就是官人，他与其他行业的人或普通人也不一样。这并不是普通人或广大读者不开窍，而是事实也确实如此。你想想看，你整天与政府的人（官）、单位的领导（官）、大小办事人员（也是官）打交道，办事要找各级机构（官场所在）和各种关系（官场中人）……且不说其中有没有不正当或违法乱纪的东西，有没有办事机构和办事人员的有意刁难和不作为，就这样管和被管、求与被求的关系摆在你面前，搁在你心里，有时还让你蒙冤受屈、挨霉受气、添堵闹心，你还能说官人跟你“一样”，官场也很“普通”吗？从这个意义上说，倒不如像古人和西人那样，是属官的，干脆就以官名之得了，不搞那么多弯弯绕。就算你搞了，最终还得绕回来。这不，在这个问题上，我们羞羞答答了几十年，今天还不是“官方”“官员”地叫着，也没有人觉着有什么不顺耳，相反，倒比以前的那些明摆着矫情的叫法多了几分明白，少了几分别扭。所以说到底，官场就是官场，官人就是官人，你不承认它的存在是不行的，你换一个叫法也是不管用的。

我这样说，或许有读者要说，你这不是没事闲磨牙吗？刚刚肯定了官场和官人也很普通，一转身就否定了这种说法。看官莫急，这就是我接下来要说的意思。说官场也是普通的生活领域，官人也是普通人，是说可以从这个意义上去认识官场、理解官人，尤其是作为官场文学创作的一种前提，是有利于创作的突破和出新的。说这种想法不合乎实际，是说你千万别真的就按这样的想法去看待真实的官场，去理解真正的官人，尤其是不可以持这样的想法去写官场和官人。如果是这样的话，大家都“普通”了，“一样”了，还有什么官僚衙门、官场习气、官僚作风可言？还有什么清官、贪官，廉吏、污吏之分？文学作品还有什么矛盾冲突之说，惩恶扬善之用？所以说到底，官场小说写的还是官场和官人，只不过不能照着一个套子去写罢了。邵丽说：“过去我们的官场小说，要么官员就是两袖清风六亲不认，要么就是吃喝嫖赌无恶不作。”这种写法，就是一个套子，或者说是一种公式化、概念化。现在改变了认识，认为官场也要吃喝拉撒，官人也有七情六欲，于是无论好官坏官都加点个人欲望，无论大事小事都扯进日常生活，这样写就不是一个套子，就不是公式化、概念化了。从这个意义上说，邵丽的特别之处，其实不在于她对官场和官人有某种大家都可能有的认识，而在于她在创作中始终在警惕和规避着各种或新或旧的俗套。她笔下的王祈隆就是一个最好的证明。

说到这儿，我又想绕回去再说几句闲话。现如今大家都喜欢说，某某某也是人，具体来讲，就是上面说到的也要吃喝拉撒睡，也有七情六欲、喜怒哀乐。但大家知道，这大半是指人的自然属性，即人的生理需求或心理功能。其实在常识中大家也知道，人除了这种自然属性外，还有一种叫作社会属性的东西，即社会的政治、经济、文化及其发展的历史在人身上打上的烙印，其中就包括我们讲了多少年的阶级性。阶级性被我们讲过头了，大家都不待见，但即便如此，人的其他社会属性依然不能不讲，依然不能说不是人之为人的本质规定。所以即使你厌谈人的阶级性，也不能让人回到动物的本能，或把人的属性仅仅归结为同样与本能有关的欲或情，更不能以这样对人的认识和理解，让文学回到所谓“人学”的本位。我说邵丽不落新旧俗套，也是因为她的创作即便写官场和官人，也不仅仅着眼于人的日常生活和自然属性或动物本能，而是同时也有或更多的是人的社会存在和文化传承。依旧可以拉她笔下的王祈隆作证，她说：“王祈隆从进到退，是中国几千年官场文化的一种延续，也是新时代官场文化的一种变种。就他本人来说，他的经历、社会资源和文化储备，只能让他走那么远，就像一辆车一样，燃油基本快耗尽了，他走不了多远。”这样的王祈隆，又岂是吃喝拉撒睡就能了得？

自 述《

沉默与呐喊

不管别人觉得当一个作家多么光鲜，很多深谙内情的人却知道他们内心的苦闷和彷徨。其实写作就是一件非常吊诡的事——一个作家要把别人想不到或者想不透的事情想到想透，还得用一种艺术或者文学的方式告诉人家，这纯粹是跟自己过不去。据说作家是自杀率最高的一个职业——干上帝的活儿，帮人家拿捏命运，能落得个好吗？

在大多数时候，作家是一个沉默寡言的人，他/她生活在现实和虚构之间的边缘地带，而且界限尚不是那么分明。但他/她又是一个容易冲动的人，稍微觉得超出常识——物理、人情——他/她就会放声呐喊。他/她就是这副德性，因为他/她是一个作家。

然而，很多读者问起我为什么写作时，我常常无言以对。这是一个轻易就能拿起来，却很难放得下的问题。事情就是那么发生的，说不清楚为什么——从故事本身到我的写作，莫不如此。我想，所谓灵感，也许就是上帝之选，在合适的时间把某些东西交给合适的人去做。这件“东西”，肯定有它坚实的内核和内在驱动力，它是一件有生命的存在，作家仅仅是把它呈现出来，所能改变的无非是表现的方式，尽管带着强烈的个人印记，但不会改变它的本质和方向。这样说起来好像有点宿命，甚或有人认为是傲慢，不过如果有人非要我回答的话，我就只能这么说。

难道还有更合适的解释吗？我做不到，也不相信。很多人以为，小说家都是凭空编故事的人。这么说也许没错，但除非是用唯心主义或者先验主义的观点去解释这一切，否则是站不住脚的。故事从何而来？从形式上看，它可能是一场白日梦。可元故事不是这样的，它是生长出来的，它先于文字和作家存在。讲故事的人会死去，可是故事不会，它会永远活下去，直到最后一个人类被毁灭——不过，这也是一个故事。

也许到这时候,可以初步回答读者的提问了:故事就在那里,我忍不住要写出来。但这样又容易诱发另外一个问题,莫非所有的写作都来自生活吗?我的回答是肯定的。很多玄幻和科幻小说,它们横空出世,却又非常轻巧地嫁接在现实生活上,甚至连茬口都不留,好像生活本身就具有千奇百怪的N度空间。但是,我不禁要问,那些点石成金、穿越死生的人,他们面对的不是现实问题,解决的不是当下的苦恼吗?他介入我们的生活,不是否定或者改变了世界,而是改变了我们看世界的角度,或者处理与这个世界关系的能力,因而不管他是多么想当然,他是现实的,是活生生的,是接着地气的。

因为现实,我常常为笔下的人物忧伤万分,那是一种近乎绝望的无力感。也许就是这种绝望逼出了我的决绝,因而使我的作品有了态度。《刘万福案件》里的刘万福,每每想起他来,我总觉得非常惭愧。虽然我把他领到了读者面前,引起千万人的围观,可是那于解决他的问题、改变他的命运,并没有任何裨益。甚至往深处说,即使解决了他的问题,那孙万福、陈万福、张万福们的问题呢?

绝望——如果我们忽略了它的存在,整个社会都将被逼入绝望。

《第四十圈》里的齐光禄,是我笔下另一个杀人者。这部小说交出去很久,已经被《人民文学》刊发,被多家刊物转载,但他那带着风声的刀光还一直纠缠着我,有时候会在我独处的时候上下翻飞,嗖嗖作响。我相信,如果有一个正常的社会环境,齐光禄会成为一个好老板、好丈夫和好父亲,可是就连这一点卑微的希望之光,也有人一点一点地把它掐灭。说实话,当他怀揣着那把日本刀走向操场的时候,我的心情踌躇万端,写到这里,或者每每读到这里,我既血脉偾张又泪流满面,久久地回味着这个细节,五味杂陈。即使那是百分之百的错,我也不忍心让他停下来,那是他这一辈子唯一的一次生命绽放,如飞蛾扑火般决绝和神圣。我更不忍心指责他,因为我没有资格那样做。

我的两部长篇小说,《我的生活质量》和《我的生存质量》,有人说是官场小说,有人说是自传体小说。都对,也都不对。我写的确实是官场,但已经远远地"去官场化"。如果官场是一条大河的话,这两部作品应该是站在河边的反思。这两部作品有着内在的逻辑性,对于官场,从进入到退出,是一个轮回,也是一种升华。生命的疼痛不息,就是成长,我们最后能够面对它,既是坚毅,也是无奈。这就是生活。

从小秋、秋生到小舅舅,那是我看到的另一幕生活图景。与快意恩仇相伴,是大部分人对这个世界的依偎、眷恋和忍耐。小舅舅这样的人,不管生活在哪个时代,都会把不平和不公化于无形，因为他们更多的是为别人活着。这本无对错，这是这个古老民族的文化性格之一，并以此延续五千年的香火。而小秋则恰恰相反，她希望看到不变之中的改变，希望找到芸芸众生里的自己。她有目标、有性格也有态度，她给我们以希望和安慰。我的其他作品里的人物，我常常能想到他们现在的样子，我觉得我用词语创造了另外一个世界，他们让我牵挂，也让我踏实。

现在我们所处的是一个价值观多元且思想纷呈的时代，我们被信息所覆盖，也被它捆绑。我们写出来的，到底是被缚的感觉、解脱的愉快，还是对绳索的“斯德哥尔摩”式的依恋，很难说清楚。这很有意思，也着实令人苦恼。

访　谈《

文学与“中国梦”

——邵丽访谈录

张延文　邵　丽

一、从自我开始

张延文：20 世纪 80 年代后期，以余华、苏童、格非、陈染为代表的几位“60 后”作家甫一亮相，就以先锋的姿态迅速获得了文坛的关注，而您迟至 1999 年末才开始进行真正意义上的文学创作，和鲁迅先生 37 岁发表第一篇小说比较起来，都有些大器晚成的味道。请问您是怎么走上创作的道路的？在这之前是不是已经有了艰辛的准备过程呢？

邵丽：我觉得大部分人都有文学梦，因为我们对现实社会失望，会想用文学来矫正、修补和憧憬。而我的幸运在于，对这个梦想我一直没有撒手。其实高中时我就发表过小说，后来之所以中断十几年，除了被工作、家庭、孩子等影响外，还有对文学的打量和敬畏。我一直在阅读，也一直在思索，可能很多作品没有写在纸上，但是我心里一直在创作，有故事、细节，也有对话。这是一个非常有意思的过程，现在回想起来，我觉得它仍然是我文学创作的一部分。而我重拾写作，得益于在鲁迅文学院的学习，在那个氛围里，我所有的文学细胞一下就被激活了。我之所以上手很快，可能跟起跑的时候得到了这种助力有关系。

张延文:“60后”作家大部分都受过高等教育,他们的青春期正赶上20世纪80年代的中国文学的黄金十年,应该说是比较幸运的。“60后”的代表性女作家如陈染、徐坤等人的写作,都有明显的女性立场和先锋意识。您的作品立足于现实,叙事的立场是相对去性别化的,较少受到性别、年龄、地域等因素的影响,是什么导致这种差异出现呢?您的青春期经验对于个人的创作有没有直接的影响?

邵丽:我们那个时代的人,个人很难在时代的整体面相里显影,因此在更多的时候,“我们”往往成为“我”的一个指代,如果不刻意去显示自己的身份意识,就很难标明自己的性别意识。就我个人而言,这恰恰是我写作的一种自觉。尽管我后来的写作——比如《我的生存质量》——是纯个人化的,但叙述角度是很宽泛的,是读者轻而易举就可以进入的,我觉得它是我们集体记忆的一部分,只不过我个人的胎记更明显一些。

张延文:今年的3月8日,您在博客上发表了一首关于母亲的诗歌——《诗歌里的母亲》,“她必须比我们活得谦卑/也必须比我们活得坚强”,这样的一个“党龄比孩子们的生命都长”的母亲,对于您的成长历程有什么影响?母亲关注您的作品吗?有没有表达过赞许呢?

邵丽:她基本不看我的作品,有时候写到她,我拿给她看,她也是瞟一眼就丢到一边了,也不发表什么意见。那个时代的父母很有意思,一方面对我们的成长忧心忡忡,另一方面对我们的人生基本上不给予什么指导。他们最多会嘱咐我们听话,别乱说,有事学会忍耐,都是一些大而无当的东西。但是话又说回来,他们给我们的空间也非常大,没有检查过作业,没有问过学习成绩,像高考这等大事也不怎么当回事。

我母亲对我的影响,我觉得主要是她性格里面的坚韧和原则。她事事处处忍让,但忍让的边界就是原则。想越过她的原则,没门儿。吃苦和耐劳不仅是她的习惯,而且是她的生活态度。一直到现在,80岁的人,每天还要干家务,让她停下来她就会生病。家里有个这样的老人,许多东西我们都会看轻、看淡,但也有许多东西我们会看得很重。我母亲退休后一直跟随我妹妹在深圳生活,最近每一次见到我都要叮嘱:“别写了,眼写坏了,别再把人写傻了。”

张延文:您的作品个人风格特别突出,在小说的结构上也往往独出心裁,不那么循规蹈矩,在主题的表达上更是另辟蹊径,官场不像官场,案件又不像案件,让人在耳目一新的情况下得证大道。这种去除类型化的“邵丽体”的小说叙事为当代文学提供了一种全新的话语方式，这是个性使然，还是后天的生活经历对您的作品风格的形成带来了影响？

邵丽：刚刚开始在鲁迅文学院学习的时候，我跟我的导师开玩笑说，想怎么写就怎么写不行吗？导师说，那太行了！但是达到这个境界很难。后来我又看到周作人在谈文学创作的时候说到，作品无非是反映“物理、人情”，我豁然洞开，觉得写作只要奔着这两条，就可以想写什么就写什么，想怎么写就怎么写。开始大家对我的作品还不太认可，这么多年下来，我觉得我形成了自己的风格。有朋友说，只要一看内容就知道这小说是邵丽的。尤其是我写了《村北的王庭柱》后，我的导师跟我说，小说就是这么写的。

张延文：在您的小说、诗歌、散文的创作当中，都有大量的关于“父亲”的描写，您通过叙述、抒情等各种方式来塑造的父亲形象是时代的象征，还是个人生活的反映？

邵丽：我的父亲就是一堆时代的碎片，他生活的那个时代给他的东西，他到死都没有消化完。在他身上几乎不存在个人的思想空间，如果有，也是特定时代教给他的话语和思想尺度。对于人和事，他总是用过去的政治卡尺丈量——要是毛主席在，会怎么样。我觉得他的悲剧就在于，时代已经过去了，可是他没过去，他在那个暗影里非常坚定，非常自信，也非常孤独和愤怒。父亲的文字能力非常强，做了半辈子的地方领导，讲话材料都是自己写，或者不要讲稿。我们兄妹几人都善写，哥哥邵超是个诗人，中国作协会员，名气不够大，但出道很早；我妹妹是个专职太太，经常写些小文章在报刊发表。这大约是遗传基因。我和父亲的关系一直不够亲近，源于我5岁的时候划破报纸上一张毛主席像，使他背负了很长时间的政治负担，差点涉及全家的安危。他暴打我一顿，从此以后我们之间几乎拒绝交流，一直到他去世。他没跟我解释过这个，我也没有问过，但那种阴影一直在彼此心里，不是恨，但也不是寻常意义上的爱，说是痛可能更准确一些。所以我笔下的父亲，象征的意义更大一些。

张延文：命运感或者说神秘意识的获得通常是小说叙事的重要动力，而在您的作品当中，人物的宿命意识并不强烈，相反，他们往往倔强到近乎偏执，面对多舛的人生从容不迫，是不是因为有一种易碎的事物让他们感到了不去坚持就会发生动摇的恐慌感？这是否也来自您个人对于生命当中的磨难的价值的认识？

邵丽：上面我已经说过，“物理”和“人情”是我写作的基本参照，而命运感或者神秘意识，不管它有多大的偶然性，如果仅仅发生在某一个人身上，却是必然的。这个人对命运的态度，正是我要表现的，他（她）如何去面对、消解以及抗争，这个心理转变过程是非常惊心动魄的。我们评论一个事件（故事）可能更注重结果，而事实上，导致结果发生的过程，既体现着物之理，也就是事物发展的基本伦理，也体现着人之常情，也就是社会伦理。在我笔下，刘万福的忍受，是整个社会忍辱负重的真实写照；王庭柱的豁达，也是中国人用消极解脱积极的无奈选择。

二、现代性的困惑

张延文：自近代以来，在几代人呕心沥血的追求下，中国社会现代化的历史进程可谓一波三折。世纪之交，在市场化、国际化、信息化、城市化、技术化等混合动力的推动下，中国社会开始了持续、高效、飞速的发展，在“中国奇迹”的背后，是各种副作用带来的“现代化的困惑”。这对于身处其中的作家来说，既是一种幸运，更是一种考验。伟大的时代需要伟大的作家来进行民族精神的书写。您的创作恰恰是从21世纪以来开始的，面对剧变的社会生活，您创作的立足点或者说着眼点是什么？在创作时，有没有发生过困惑？

邵丽：我想说的恰恰是在现代化的过程中人的边缘化，甚至是异化。我写的很多是边缘人，他们的生活处境，左面是一堵墙，右面也是，只有一条逼仄的通道，还得偏着身子前进或者后退，多少发生一点变故，就会毁了他们的道路。他们对自己身份的认同和焦虑几乎成为他们生活的全部，无论是明惠还是马兰花、小秋，都是如此。但问题还不仅仅于此，您说到的民族精神，它到底是什么？或者换句话说，我们的民族精神被谁拿走了？我们有相同的精神和身份认同吗？这是我的困惑，抑或是创作的动力所在。

张延文：您获得第四届鲁迅文学奖的短篇小说《明惠的圣诞》引起了强烈的社会反响，明惠作为一个具有一定教育背景的聪明、美丽又要强的乡村女孩，同村进城从事“按摩”工作的昔日玩伴桃子却轻易地击溃了她的自尊和自信，那么她投奔城市就成了必然的选择，明惠最终也成了“按摩女郎”，并被别人包养，这些都是顺理成章的。但结尾明惠却在锦衣玉食的好日子里自杀了，这就出人意料。明惠的出走是对乡村的背叛和逃离，古老的乡村在城市的面前丢盔弃甲，毫无抵抗能力。为什么明惠在离开乡村时显得那么决绝和义无反顾，她甚至连自己的母亲都懒得再去理会？明惠的死亡，是一种无路可走的绝望，还是一种灵魂的救赎？

邵丽：那不过是她自以为的“尊严”。当明惠为了得到城里人身份的时候，她可以去做“鸡”，当她脱离“鸡窝”，被人包养而成为一个“贵妇人”时，即使是一句简单的玩笑话她也承受不起。这实际上是一个悖论：一个人越有尊严，他（她）的心理承受能力就越脆弱。一个学富五车的老教授，可能经不起学生的一句嘲弄而沉湖自杀；

一个老农被人指鼻子叫骂，只会一笑了之。这实际上说明我们所谓的“尊严”不过是面子而已，而不是真正意义上的尊严。

现在我们提城镇化，说关键是人的城镇化。人怎么城镇化？我们靠什么去“化”？如果只是就业、基础设施、产业集聚区，这个“化”还是空的，没有精神填充。怎么让更多的农民从精神上站立起来，怎么打造一个让我们的后代从身体到智能可以正常发育的社会环境才是最重要的。有一次在德国乡下，我看见一个老农坐在自己的家门口，捧着一部长篇小说在读，心里满是感动和感慨。对于这样的现代化图景，我们确实要走很长的路。

张延文：在新农村建设的大背景下，传统的乡村社会正在趋于消亡，《城外的小秋》中的小秋，她的人生要比明惠幸运得多，她爹在城市开诊所，通过经营实现了农村进入城市的理想，她还有一个宠爱她的奶奶，还有爱她的男人。小秋作为“逆城市化进程”的代表，对于城市生活天然厌恶甚至抵抗，她只有在乡村才能获得鲜活的生命力。同样的，还有《北去的河》里的雪雁，她从乡村到大城市，却找不到归属感，只有再回到乡村去。梁鸿的非虚构文学《中国在梁庄》以纪实的手法再现了发生在中原大地上、城市化进程中乡村的挣扎和呻吟，那么，表现类似的题材，您觉得作为小说叙事，它的优势和缺点在哪里？您是如何处理这些问题的？

邵丽：实际上，现代的乡愁已经变成一种比较功利的、只是为了得到安慰和解脱的精神图腾了，而真正倾心于乡村建设的人，又没有找到解救乡村危机的良策。在我的小说里，小秋和雪雁都回到了乡村，可是她们真的能回去吗？或者换句话说，小秋和雪雁回去之后怎么办？作为小说叙事，可以给读者留下无限丰富的想象空间，让我们暂时得到精神抚慰，可在现实生活中是做不到的，“反城市化”也只能是一句空洞的口号，没人会真心愿意待在农村，即使回到农村，也得自设一个微观的城市：交通、通讯、朋友圈、微博和脱脂奶。

我得承认，在这些问题上，我一样有无力感，有矛盾和纠结，有憧憬和批判，也有自我麻醉。

张延文：2008 年，您的长篇小说《我的生活质量》入围第七届茅盾文学奖，这部小说反映社会生活的深度和广度，以及它的思想艺术价值，包括后来发生的社会影响力，都不亚于获奖的四部作品。您是怎么看待文学评奖的？在您的心目当中，理想的文学奖应该具备什么条件？

邵丽：像鲁迅文学奖和茅盾文学奖这么大的文学奖项，其评奖公正性我觉得是不容置疑的，评出来的作品都是比较好的。如果现在再看我的这部作品，我觉得它还是有不足，它的时代感太强，有很多东西因为当时我站位太低，所以看得不够清楚，想的也不太透。它没获奖是我的幸事，否则我的后半生就要活在不安之中。

张延文：《我的生活质量》中对人物形象的刻画入木三分，为中国当代文学提供了一个典范性的文本——把官员还原成了人。王祈隆自乡村进入城市，经过个人奋斗，再加上机缘巧合，终于成了城市的管理者，但仍然无法摆脱作为“乡下人”的自卑感，乡村的宿命成了一种铭心刻骨的“原罪”意识，自始至终伴随着乡村知识分子的精神历程。改革开放初期，1982年路遥的《人生》当中的高加林从乡村进入城市并铩羽而归的人生轨迹，曾经引起过广泛的热议。在城市化的初期，高加林可以幸福地回归到大地母亲的怀抱。王祈隆作为中国乡土社会里“耕读传家”的“耕读文化”的受辱者形象，从某种意义上来说，具有鲜明的挽歌意味，其时代象征的意义是深远而持久的。您在创作时，有没有考虑过自己作品会对时代文化发生什么样的影响？

邵丽：正如您所言，当时我就是想把官员还原成人。他不是类型化的人，也不是某类人。官场和我们生活中的任何场一样，是现实文化的一部分。过去我们的官场小说，要么官员就是两袖清风六亲不认，要么就是吃喝嫖赌无恶不作，没有正常人。王祈隆从进到退，是中国几千年官场文化的一种延续，也是新时代官场文化的一种变种。就他本人来说，他的经历、社会资源和文化储备，只能让他走那么远，就像一辆车一样，燃油基本快耗尽了，他走不了多远。因此您用挽歌这个词，我觉得非常恰当。

张延文：近年来，随着中国社会城市化程度的深入，在文学创作当中，都市题材的作品已有超越之势。您的作品当中也有不少对于城市女性的描写，比如《迷离》中的安小卉，《寂寞的汤丹》中的汤丹，《亲爱的，好大的雪》中的杨妮，她们作为城市女性的代表，内心动荡不安。在变动不居的城市中，人是很难像在乡村里一样可以将脚踏在沉实的土地上的。《马兰花的等待》中从乡村到城市打工的中年妇女马兰花对于城市的繁华和时尚并不排斥，她每天都会从微薄的收入当中拿出一些来，在茶馆里安然笃定地享受两个小时的温馨时光。马兰花将勤劳朴实、善良忍耐的乡村传统美德带入城市，对于正在形成当中的中国都市文明来说，是抵制欲望化的都市的一剂良药。《明惠的圣诞》里的下岗女工，朴素、勤劳、笃定，令人肃然起敬。作为底层劳动者，她们恰恰是中华民族优良传统的传承者，是实现民族复兴的“中国梦”的真正的依托。城乡之间不仅有冲突，还有融合，其血脉相连之处，正是我们的民族魂。您的这种关注底层小人物的视角是从哪里获得的？这种生活体验好像和您个人的生活经验是比较远的吧？您是怎么去感知她们的内心世界的？

邵丽：小时候，我在乡镇生活过很长一段时间，对农村有一定的了解。后来虽然进城了，但是基本上都是在农业城市，而且很多亲戚还在农村，加之在基层“挂职”锻炼，接触农民较多，所以对农村、对基层还是有相当的了解。说起城乡之间的对立和融合，很多都是在我的眼皮子底下发生的。比如我原来生活的那个小城，开始的时候上班路上还能看到玉米田，后来即使跑很远也见不到了，都变成了高楼大厦。可是那些社区的人还是农村的生活习惯，把楼下的花拔掉种上菜，在阳台上养鸡，把消防栓打开冲澡。有时候想想很有意思，在这些琐碎里寻找小说资源就是接地气。

张延文：您在《光明日报》发表了《失落的何止是文明》一文，在谈及印度文明时指出：“如果人类不能自我救赎，神能给你解决什么问题？在这个有着几十万个神祇，但却没有统一的民族意志和核心价值观的国度，失落是必然的，不管是宗教的还是世俗的。这部小说虽然与全球化有关，与后殖民时代有关，与印度的民族纠纷有关，但与之更有关的是，全人类一致的人性和相似的境遇。难道我们每个人不是正在面临着各种各样的失落吗？它其实是关于我们每个人的故事。”您的这种国际化的视野，基于人类普遍命运的人性和人的生存处境的关注，是一以贯之的，是落在实处的。比如您去年出版的长篇小说《我的生存质量》，就是以三代人的家庭伦理观念的变化为经，通过家庭伦理的新变化来透视中国社会民族精神和社会文化的变迁，并为我们提供鉴别和衡量的伦理尺度。您是如何在纷纭的世相里准确把握时代的脉络的？和托尔斯泰的《复活》《安娜·卡列尼娜》等世界级的关于人类社会人性变迁的作品比较起来，您觉得还有什么可以改善的地方吗？

邵丽：与印度的作家比起来，我觉得我们的作家缺乏真正的政治解构能力和社会担当，比如对阶级意识的批判，对民主意识的培植，我们往往采取大而化之的办法，要么是一种虚张声势的嘲讽，要么是一种浅尝辄止的关怀。我们不能“进入现场”，因为对这些问题我们既缺乏经验，也缺乏观照。其实《我的生存质量》尽管对政治和社会生态多有涉及，但是也是先验的、形而上的东西多，鞭辟入里的东西少。不是不敢深入，是不能，我不具备那种能力，也没见到有几个作家具备那样的能力，所以这是中国作家共同的悲哀。

在这部长篇小说里，我希冀通过三代人精神的成长来反映中国社会的文化和政治变迁，从而达到某种和解——与社会、与父母、与孩子的真正和解。但与《复活》和《安娜·卡列尼娜》相比，不是需要改善什么地方，而是我们就没有那种“地方”——那种弥赛亚式的、具有宽博仁厚的基督情怀的和解。

三、“挂职”小说

张延文：近期您原发于《人民文学》的中篇小说《第四十圈》被多家刊物头条转载，受到广泛的关注和热议，这会不会有点出乎您的意料？这是您的第几篇关于“挂职经历”的小说？

邵丽：这是第几篇也没统计过，我在基层“挂职”之后，整个写作方向有了很大的调整。《第四十圈》能引起这么大的关注，确实出乎我的意料。但是，看看我们周遭的现实，可能就不会那么讶异了。厦门公交车纵火案也好，安阳公交车砍杀案也好，说明社会中存在一些暴戾之气。如果没有一个好的纾解机制，没有真正能解决问题的法律政策环境，那么，处于社会底层的“齐光禄”们的刀锋，就是高悬在我们头上的达摩克利斯之剑。

张延文：1996年12月，第六次全国文代会和第五次全国作代会上，江泽民指出，我们希望文艺工作者进一步深入生活、深入群众，向生活学习、向群众学习，认识社会发展的客观进程，认识人民群众的利益所在，认识人民群众的历史创造性和精神生活的进步。此后，出现了作家“挂职”锻炼的热潮。但这次热潮过后，却没有出现与预期相符的关于“挂职”生活题材的高质量的文学作品。能不能谈谈您的“挂职”生活以及您的“挂职”题材的创作？

邵丽：“挂职”的关键是“职”而不是“挂”，想挂在那里看个究竟，是很难写出真正的东西的，必须要沉底，与基层打成一片。即使现在，我与“挂职”所在的那个县的干部群众还有非常密切的关系，有什么好的故事，他们总是会兴冲冲地来找我。所以我每部作品出来，常常会看到那个县的网民的留言，说某某某就是某某某，哪个哪个事情他经历过，现在他怎么怎么样，我很开心。感同身受这种东西，既要设身处地，更要置身其中，去看，去想，去体会。

张延文：是的，这得益于您能够深入社会基层，并对当中存在的社会问题进行连续而持久的反思。您的“挂职”题材小说，包括《刘万福案件》《挂职三书》等，在当代文学里形成了一个引人注目的“挂职体”小说系列，在文体上也有创新之处，微言大义，春秋笔法，却也不乏思想和艺术上的闪光点。您是怎么把握这类作品的社会性和艺术审美的微妙平衡的？

邵丽：在我的“挂职”系列作品的热闹之中，如果认真看，是有很多深层次的问题的，或者说，这些问题带有根本性。像《老革命周春江》中的那些疑问，《挂职笔记》里的那些小把戏，它不是孤立的、偶然的，而是文化的、普世的。比如有一次，一个退下来的老领导跟我说，一个县最苦最累的是县委书记。如果没有经历过，这些话没人相信，可是事实上正如他所言。但要把这些底层智慧变成作品是很难的，要么干巴巴，要么太水、太作。所以既要还原它的原生态，还要抱持艺术趣味，这就要追根求源于上面所说的物之理、人之情。

张延文：如果有机会，您还会不会再经历一次“挂职”生活？您觉得生活的客观真实和艺术真实对于作家来说哪个更重要？

邵丽：当然，作为个人来说，我肯定希望再次沉下去。不过就目前的工作需要而言，再下去“挂职”的可能性很小。

对于作家来说，客观真实和艺术真实是一体两面的东西，客观真实艺术化就是艺术真实，所谓来源于生活而高于生活。如果非要把这两者作一个比较的话，我觉得把客观真实转化为艺术真实的过程中，应该把握住“客观为体、艺术为用”，不能为艺术而艺术。

四、梦境以及其他

张延文：自2010年起，先后有您的两部个人诗集《细软》《她说》出版。除此之外，您还有包括《纸裙子》《玉碎》等多部散文集出版。诗歌、散文、小说，您在各个文体方面创作收获都颇丰，著名诗人马新朝称您为“作为小说家的诗人”。不少作家早期写诗歌、散文，后来转向小说创作，但很少有早期写小说，后来转向诗歌创作的，而散文、小说、诗歌齐头并进的更为难得一见，您是怎么做到这一点的？

邵丽：我的标签是一个小说家，其实我写小说的历史远远没有写诗和散文的时间长。我一直坚持在写诗歌散文，只是过去没有拿出来发表过，后来被要稿子的编辑们逼急了，发表一些诗歌散文，还有随笔，“还债”的因素更大一些。所以我一直觉得除了小说之外的写作都是副业，是玩票。

张延文：您的作品有没有被改编为影视剧的？有没有这方面的创作计划？

邵丽：现在还没怎么想这事，而且也很怕。我的第一部长篇小说《我的生活质量》出版之后，版权就被广东的一个大型企业买断了，说是要改编成电视剧。那时我不懂版权这回事儿，后来很多电影公司来谈，就无法签合同。现在我很抵触这件事，不知道怎么弄，也不想费心弄它。

张延文：今年有没有大作推出？最想创作的题材是什么？

邵丽：我正在写有关家族的一个长篇，写了很久，觉得越来越难写。历史很难回望，也很难回去，因为夹杂了很多现实的因素，很难找到当时的那种语境。我最大的愿望就是把这个长篇弄好，给自己、家人还有喜欢我的读者一个交代。

张延文：作为一个河南作家，您觉得地域文化对于您的创作的影响大不大？怎么认识中原作家群的发展现状？

邵丽：河南文化对我的影响还是比较大的，尤其是思考问题的方式和方法，总有意无意地带着“天下”的情怀，这也是河南作家群体的集体特征。所以说“厚重河南”，它的“厚”和“重”，就是这种历史积淀和文化基因，我觉得不能也不应该改变我们的遗传信息。

中原作家群是有很高的含金量的，它在中国文学圈里的影响非常大，呈现出一种饱满、向上、可持续的姿态。在影响力方面，老中青作家都有所作为，而且相互提携，相互鼓励和帮助，这是非常难得的。相信河南作家很快会有好作品、大作品问世，因为这么好的气候和土壤，大家都不会辜负。

张延文：您对当代文学评论的现状满意吗？您是怎么理解作家与评论家之间的关系的？

邵丽：这个问题我很少想，我的习惯是作品发表之后就懒得再管它了。我对目前的文学评论不是满不满意，而是理不理解。文学评论虽然对文学创作具有导引和鞭策作用，但它是建立在文学创作的整体水平之上的，没有高质量的文学创作，就很难有高质量的文学批评。中国文化血脉从五四运动之后就遭到持续破坏，现在还处于恢复生长期，这需要作家和评论家共同努力，一起去修补、完善和创新。当然，善意的批评和合理的建议，共生而不是棒杀，是现在最需要的正能量。

张延文：在一个资讯高度发达的社会里，文学作品的传播方式和传播渠道对于其传播效果的影响越来越大。在全球化的背景下，中国文学的国际传播渠道相对有限，中国的文化产品在国际市场所占的份额微乎其微，这和当前国内繁荣的文学创作现状是不相称的。您的作品的海外出版情况怎么样？有没有这方面的出版计划？

邵丽：有几个国家的翻译人员集中翻译过我的作品，但是系统的出版还没有。最近加拿大和德国的一些出版商有翻译出版的意向，德国方面的已经开始翻译了。说到这些，我想顺便说一下我的看法。中国作家的作品靠现实、靠国情太近，翻译出去人家也很难理解。什么是“强拆”？“限购”是怎么回事？这些东西如果弄不懂，作品也很难弄明白，会影响中国作品的国际化。

评　论《

伦理价值与个人生活

——邵丽《我的生存质量》

张延文

通常，20 世纪 60 年代出生的诗人被称为“第三代诗人”，这批诗人大部分是在 20 世纪 80 年代中期前后登上文坛，引起了一定的社会反响。而 20 世纪 60 年代出生的作家，则一般被称为“新生代作家”，他们中的大部分到了 20 世纪 90 年代前后开始崭露头角。当然，以余华、苏童、格非为代表的几位“60 后”作家里的佼佼者是在 20 世纪 80 年代后期就博得大名的，他们是当时“先锋小说”的核心人物。“60 后”作家作为一个创作群体，实力雄厚，具有鲜明的先锋意识，和其前辈作家的写作有着明显的区别。在“60 后”的代表性作家当中，女性只有陈染、徐坤和邵丽等寥寥数人，比例偏低，这也是一个突出的现象。当然，所幸的是她们的写作均成绩斐然。

2013 年伊始，就有媒体公开宣称：“2013 是长篇小说大年。”事实恰如所料，在这一年里长篇小说热潮涌现，无论是在数量和质量上都可圈可点。名家纷纷推出新作，著名的评论家雷达先生将这种名家竞相登场的原因归结为两点：一是莫言获得诺贝尔文学奖后激发的效应，二是名家试图保持“在场”的努力。他还进一步指出：“除个别作品外，这些作品都表达了进一步‘接近现实’，对转型时代复杂的现实生活的大胆审美判断，表达出力图对现实发言的强烈愿望，这已成为当下长篇小说的主体格调。”[①]在雷达看来，这些小说写作“直面时代的勇气和思想艺术能力不逮的问题同时存在。一些长篇小说通过增强新闻性元素来‘亲近’社会热点话题，却并未奏效，反而引发了对小说表现当下现实能力的质疑”。由此看来，虽然文学界的新老作家齐上阵，并且都表现出了“亲民”的姿态，有的甚至不惜改变既有风格，力图接近大众生活，获得读者青睐，但事实上，读者好像并不买账。

那么，怎样在一个大的社会转型期，创作出既能体现时代风貌，又切合文化市场的作品，的确是一件难事。在当下，作家面对的首先应该是自我，只有认清了个人存

---

① 雷达：《2013 年长篇小说观察：对现实发言的努力及其问题》，《人民日报》2014 年 1 月 21 日。

在的现实,才有可能去观察周围的世界。这也应和了先贤孟子所言:“贤者以其昭昭使人昭昭,今以其昏昏使人昭昭。”作为“60后”女作家代表性人物的邵丽出道虽然较晚,2000年后才逐步为人所知,但她后发先至,大器晚成。评论家何弘先生为此做出过精当的评价:“在我们这个古老农业国家的现代化进程当中,社会的剧变使每个人都产生了身份的焦虑,内心都经历过阵痛,而邵丽以她丰厚的生活积累为支撑,敏锐地点中了生活的‘阿是穴’,触及了社会的‘痛点’,而且她能以悲悯的情怀、理想的眼光来对待生活的苦难,包容人性的复杂,并冷静地用有节制的笔触将其描画出来,而使人感到深深的理解和慰藉。”[①]邵丽以其新作《我的生存质量》向我们展示了作家以个人的生活资源来关照纷纭芜杂的社会生活的可行之道。

邵丽的第一部长篇小说《我的生活质量》和其新作的标题仅一字之差,题材看起来也大同小异,这两部小说的出版日期相隔将近10年,真可谓是“十年磨一剑”。《我的生活质量》推出后,好评如潮,作为“官人”的王祈隆的官场沉浮录只是一条暗线,真正夺人眼球的是他的情感经历和官场沉浮背后的思想脉络。邵丽的另类来自她的“端庄”,或者说,正是由于她过于“端庄”,才在一个喧嚣芜杂的红尘里特立独行。我们在阅读《我的生活质量》时,并不显得“隔”,她只是将原本如此的事物的“真身”和盘托出,将本该如此的想望说给我们听。在这本书的扉页里引用了海子《跳跃者》里的一句诗:“我走过许多条路/我的袜子里装满了错误”。虽然这本书的名字使用了第一人称,在正文内却使用第三人称进行叙事,这样便提供了更开阔的视角。

《我的生存质量》由《长篇小说选刊》在2013年第4期选载,在当期编者对作品介绍的“编辑手记”当中指出,与其说邵丽是一位女性主义作家,毋宁说她写作的内动力之一就是对女性主义的超越,因此,在她的小说中,我们体验到了在其他女性作家那里少有的硬度与质感,苍茫与豁达。在其近年的一些中短篇小说中,我们更是看到,她站在现实的河岸上眺望,眺望生活,眺望生命,眺望生存……然而,就在这眺望中,我们已经感觉到,一条独特的河流,一条只有女性——女儿性、妻性、母性——才能感觉得到,也只有女性才能把握得住的河流在漫溢,在涌动。在《亲爱的,好大的雪》中,我们已经听到了潺潺水声;在《糖果儿》中,已是水声哗哗;在《我的生存质量》中,这河流已经汪洋恣肆一发不可收拾了,已经把她立足的河岸冲垮了。然而,我们明明又看到,经由这河流恣肆的冲击,作家反而获得了一条更加宽广更加坚硬更加高耸的河岸,这必然让她未来的眺望更加生动,更加丰满,更加深刻,更加从容。这

① 何弘:《我看》,河南文艺出版社2009年版,第96页。

里强调的是叙事立场和叙事情态的问题，作家如何认识和处理她与世界的关系，决定了文本得以敞开的广度和深度。对此，邵丽是清醒而自觉的，她在创作谈里指出："我之所以把它写成小说，只是想找一个更客观的距离和一个温暖的外壳……这部作品是对过去生活一次郑重的和解，也是与未来的生活庄严地签订一个新的契约。当然，我对这部作品有很多不满意之处，说是坦然面对，其实更多的是逃离。也许，谁都无法准确地丈量自己的伤口有多宽、有多深。也许这些并不重要，重要的是对伤口力所能及的清理和听天由命的等待吧，这是消极之中的积极，是对时间深深的信任和依赖。"①

作为《中国作家》2013 年度最佳长篇小说推选入围篇目，《我的生存质量》虽然令读者充满期待，但相较而言，引起的反响要相对小一些，其中暗含玄机。应该说对于一部好作品的接受和评价，需要更为持久的时间来检验她的艺术成色——不盲从、不"讨好"，才能不被时代的洪流裹挟而去，从而得到凝聚和沉淀，这应该是一个成熟作家的艺术态度。和生活比较起来，生存显然要严肃得多，它是基础，是底线，包含着一些危机意识和透彻感。《我的生活质量》以写实为主，跌宕起伏，条理清晰，故事性强，它带有传奇色彩的开篇动人心魄。《我的生存质量》以"我"的所思、所见、所闻来带动情节的发展，这种尝试本身就带有很强的历险性，稍有差池就可能使叙述难以为继，并令读者厌倦。就像文中所言："我知道自己的叙述每往前走一步，就有可能离现实更近或者更远一些。有时候，这跟我的主观努力有关系，有时候一点关系都没有。故事会自己走，它有自己的逻辑和方向。但是，我还是小心地在现实和虚构之间寻找对称性——现实不应该如此疼痛，虚构也不必那么曼妙。"②这种看似摇摆的平衡术，只在叙事人的一念之间，这将直接考验阅读者的接受心理和承受能力。现实和虚构，主观和客观，悲伤与欢乐，这是叙事人在和自己较劲，在和庞大的虚无之物对抗。

在《我的生活质量》当中，贯穿始终的是人的情感，特别是男女关系当中情欲的部分。王祈隆的奶奶含含不顾一切地去见自己的情人吴克凡，并与其在战火之中发生了关系，导致了奶奶的父母未能及时出逃而死于非命，这就让她的情欲充满了原罪，毁了她的一生。而王祈隆自己由于未能控制住个人的情欲，被大学的女同学羞辱，更由于偷情而坠入了难以自拔的情感纠缠。王祈隆正是因为看清了这一点，才努力让自己在和其他女人交往时尽量不越雷池一步，从而在战战兢兢当中保全了自

---

① 邵丽：《从生活到生存》，《长篇小说选刊》2013 年第 4 期。

② 邵丽：《我的生存质量》，人民文学出版社 2013 年版，第 230—231 页。

己的前程。在细节塑造上，红尘俗世，饮食男女，一枝一叶都切实可感，总之是形而下的成分居多。就王祈隆的性格来说，他是来自乡村的知识分子，到官场谋职，凡事浅尝辄止，并不深究内里的因果："王祈隆说到底是个内里具有田园风格的人，什么事情，只要滋味尝到了，就会让他失去兴趣。"[①]当然，这也暗中切合男性的性别特点。

《我的生存质量》则是一部关于人的心灵世界的启示录，叙事人开宗明义："我要在历史和心灵之间进行一次艰难的旅行，因此，对于我写下的这些文字，很难说清楚它是一段经历，还是一个故事。"[②]这就为这部作品定下了基调，作者并不是想要去讲故事，她要在一个缺乏意义感的时代里省察自身，探寻在看似杂乱无章的现实存在当中被我们忽略了的社会价值趋向，并为我们提供鉴别和衡量的伦理尺度："我们已经进入这样一个时代，所有事情的意义正在被无情地解构。毕竟这既不是一个好时代，也不是一个坏时代。不好不坏也许并不意味着什么，但当它突然捕获一个人并将之纳入自己的逻辑和秩序的时候，则一定要意味着什么——好，或者坏。"[③]为了提供更为真实可靠的论据，叙事人现身说法，不惜打破传统的叙事人不应该随意出现在故事里的禁忌，甚至放弃部分虚构的权力，让这部小说的叙事带有一定的先锋性，使其区别于传统的小说叙事模式。

类似题材的长篇小说，王安忆的《纪实与虚构》比《我的生存质量》早出版 20 年。同样是女性作家，王安忆的《纪实与虚构》以女性视角来考察历史与现实的关系，特别是作为一个家族的历史和个人生活经验之间的关系。在《纪实与虚构》里，宏观的历史事件当中的英雄浪漫主义和琐屑的个人生活之间形成了强烈的反差，王安忆有意识地通过章节之间的平行结构来突出这种对比，而《我的生存质量》则只有微观的叙事，通过平凡到庸常的现实来进行对比关照，在叙事的结构上，历史和现实、个人和家族是混融在一起的，密不透风。在书的扉页上有这样一段话："献给我的父亲：他这一生一直在努力，因逃避痛苦而痛苦，因顺应屈辱而屈辱……他不仅让我们害怕，还总是让我们怀念。"而父亲的形象却并非那么切实可感的："真的，即使现在我们谈论起他，也会很模糊，只是一个指代和象征。"[④]在 20 世纪 90 年代初的中国社会，"大"的历史尚未完全退潮，个人的时代却已经风起云涌，《纪实与虚构》就是这样一部具有典范意义的文本，它在一个浪漫主义时代的末端熠熠发光。而《我的生存质量》在当今的消费主义时代里却完全陷入了个人主义的窠臼，褪尽了理想的光辉。

---

① 邵丽：《我的生活质量》，人民文学出版社 2004 年版，第 144 页。
② 邵丽：《我的生存质量》，人民文学出版社 2013 年版，第 3 页。
③ 邵丽：《我的生存质量》，人民文学出版社 2013 年版，第 3 页。
④ 邵丽：《我的生存质量》，人民文学出版社 2013 年版，第 34—35 页。

但邵丽将视角聚焦到了社会伦理上，特别是家庭伦理，这在当前中国社会文化当中是一个核心问题，同样有着启示性的意义。通过个人化的叙事，通过检索偶然性中的必然，叙事人想要做到的就是通过梳理家族的命运，发掘新的伦理体系当中价值和意义形成的可能性和关键点。

当前的中国社会，正处于一个前所未有的大变局当中，随着改革开放向着纵深推进，社会经济快速发展，改革方兴未艾，物质文明程度得到了相当大的改善，随之而来的却是精神文明的发展无法及时共进的突出问题。就伦理当中的人与人、人与自然之间关系的处理上，都存在一定的不协调，甚至一定程度上的失范现象。人类社会精神文明的发展在进入现代社会时期时，在信息化的语境下，人性出现了一定程度上的质变，原有的价值系统无力应对这种裂变式的局面，在新的价值体系尚未形成之前，判断人的行为的价值和意义的尺度亟待建立。在信息社会里，作家想要通过典范的事例来表现社会生活是一件非常困难的事，严肃的文学创作将面临一个左右为难、进退失据的困境。2013 年的小说创作，作家在以各种方式试图进入到时代文化的现场，抵达其本质，这种努力是清晰可见的。雷达指出："长篇小说的新闻性元素的增强，是近年来小说对现实发言而产生的一个趋势。"[①]在信息化的语境下，大众传媒作为新兴势力塑造出的新的叙事方式，对于大众生活的影响是润物细无声的，深刻而透彻，作家将"新闻性元素"融入小说叙事，不单是对此的顺应，应该还有领悟和超越的意图包含其中。

首先，读者在阅读时已经越来越不满足于故事情节，即使是小说这样的以虚构为特点的文本，读者在接受时也会在意是否能够从中获取有效的信息，阅读行为不再是一个简单的心理愉悦的过程。同时，尽可能为读者提供有效的信息，恰恰也是作家在进行严肃文学创作时需要坚守的底线与尺度。邵丽的《我的生存质量》在处理这个关系时，显然在叙事上进行了大胆的尝试。这部小说带有强烈的自述色彩，以真实的生活经验为基础，在处理虚构和真实的关系时甚至有意识淡化故事性，在文本结构上也去除了小说叙事遵循的时间顺序，而以人物内在的心理反应作为叙事的内驱力，这让其在文体的属性上有了散文化的趋势，也暗合了西方小说叙事当中的新的潮流，是对日益"散文化"的生活的回应。散文要求的"真实性"和小说的"虚构"之间，在邵丽看来并没有清晰的界限："没有人能说得清在虚构和现实之间，有多大的距离；现实是别无选择的虚构，而虚构则是瞬息万变的现实——甚至在很多的

---

① 雷达：《2013 年长篇小说观察：对现实发言的努力及其问题》，《人民日报》2014 年 1 月 21 日。

时候，虚构是现实的背书——在金地和苏天明身上，我更加弄明白了这种宿命和不测。对于自己和别人，我们所知甚少，所惑甚多。”[①]在小说文本里，叙事人“我”向女儿讲述自己的情感经历时采用了讲故事的方式，这样，在小说里就存在另外一个故事的结构，形成了一个连环套式的“中国盒子”。

在评点2013年小说创作状况时，有专家对《我的生存质量》给出了如下评论：“邵丽的《我的生存质量》，酷似一部沉思录。小说中不同的爱情是不同时代文化和情感生活的写照，既是一种检视也是一种比较。只有在比较中才能看清楚自己的爱情和婚姻，也才能看清楚这个时代，这也就是生命追问的‘价值’之所在。‘我’所经历的世间之恶并没有让‘我’充满仇恨，而是陷入深深的反思，力求自我救赎，这使得小说洋溢着一股中和刚正之气。”[②]将这本书当作“沉思录”，并看到其中的“中和刚正之气”，这个评价是比较中肯的。书中讲述了三代人彼此的人生浮沉，特别是对于爱情和婚姻的看法，以及长辈与晚辈之间的关系，通过家庭伦理来透视中国社会民族精神和社会文化的变迁。在中国传统文化当中，家庭伦理一直占有非常重要的地位，甚至整个社会的结构都隐含着家庭伦理的成分。传统的家庭伦理是建立在家长制的基础上，具体表现为男尊女卑、上尊下卑，同时重视家族的整体利益，以和为贵，遵守礼仪，而现代中国的家庭伦理有了根本性的变化，那就是提倡家庭内部关系平等，婚姻自由。原则上看，这些都是说得通的，但现实却千差万别，特别是在中国社会开始逐步具备了后现代的社会特点之后，家庭的伦理关系出现的新的变化趋势更加复杂和多元，很难对其做出一个合理的总结和判断。

在小说当中，叙事人公开谈论了自己的创作观念：并不完全具有话语权，同时写作也很难得到认可。一个作家很容易在现实和虚构的双重痛苦里徘徊游离，那么，“能在多大程度上坦率地述说自己的生活，我觉得是检验一个作家是否真正成熟的标志”[③]。而她要做到的是，首先必须有尊严，在生活中更真实，并通过写作来寻找自我，而这个寻找的过程显然是有孤独而无望的情绪伴随始终的。就像她在另外一部中篇小说《河边的钟子》当中发出的感叹：“试图述说别人的生活是一件十分吃力不讨好的事，这常常令我们非常沮丧。实际上，有时即使是一天之内发生的事情，要说起来也是惊心动魄的，何况是那么漫长的一生，更何况是变幻莫测的内心。”[④]在处理

---

① 邵丽：《我的生存质量》，人民文学出版社2013年版，第118页。

② 吴丽艳、孟繁华：《新文明的建构与结构上的整体转型——2013年长篇小说现场片段》，《光明日报》2014年1月13日。

③ 邵丽：《我的生存质量》，人民文学出版社2013年版，第80页。

④ 邵丽：《迷离》，河南文艺出版社2013年版，第311页。

人物关系时，特别是涉及那些重要的细节时，邵丽对于艺术真实的要求非常高，她显然并不满足于对于世相的简单描述，而是试图进入到存在的本质。叙事人尊重人物和事件的本来面目，这就让她的叙事行为显得充满了尊严感，这是邵丽的小说叙事获得现代性的关键。在价值和伦理失范的社会语境当中，个人首先得为自己的言行负责，然后才有可能去寻找与外界发生关系后出现的价值和意义的对应性参照物。

在三代人的关系当中，"我"在其中起到了承上启下的作用。父亲和母亲的婚姻是建立在革命的基础上，来自革命的需要、组织的安排，在他们的婚姻当中，"爱情"是无从谈起的。父亲的一生是革命的一生，或者说，是他自认为"革命"的一生。父亲很少和子女交流，一直用自己的价值观念来影响后代，但他却从来没有正视过个人生活的合理性。他是一个没有能力去自我认识的人，因为他没有独立的自我，也就缺失了自我反省的能力。父亲所谓的"革命"事实上不过是遵循了传统的"忠孝仁义"的老路子，并且是一个坚定不移的践行者。母亲和父亲平平稳稳地过了一生，对于自己的丈夫，母亲是顺从的，甚至有时候刻意"宠"着他的任性和固执。母亲是孩子们的家，一个温暖的庇护所。这种传统的家庭伦理，"我"是可以理解的，对于"我"女儿这一代，就难以理解了。当姥爷对外孙女进行说服教育时，外孙女觉得他是在"装"，根本不觉得外公爱国爱党的言论是由衷的。"女儿这一代除了信仰自己，谁都不信。她们的学习、事业和爱情都是事先规划好的……她们是这个时代最自信的消费者，也是最无奈的被消费者。她们越自信，也就越迷茫——因此，她们用不抵制来抵制这个社会，用遵守习俗的方式来破坏习俗。也许，只有在这一代人的身上，我们才能体会到真正的革命所具有的本质意义。"①

"我"的姥爷和姥姥在偏僻的乡下生活，勤俭朴实，自给自足，养儿育女，老实本分，活到了近百岁才去世。姥姥是一个善良的乡村妇女，她代表传统中国乡土社会的善的伦理价值："她把所有人都想象成好人，一切不好都是她自己的原因造成的。她因此让一切都好。"②宽恕与忍让，对个人操守的修持，对于传统女性来说，这是作为贤良淑德的好女人的典范，也是维系数千年华夏文明长盛不衰的永动机。姥爷和姥姥之间的爱是平静而深刻的，这种长久体恤产生出的亲情是"爱情"所无法比拟的，姥爷去世之后，"姥姥心如止水，目似深潭，没有一点动静。除了死，没有什么能够打动她了"③。即使是父亲和母亲这一代的婚姻，也没有"爱情"作为基础，都属于

① 邵丽：《我的生存质量》，人民文学出版社 2013 年版，第 163—164 页。
② 邵丽：《我的生存质量》，人民文学出版社 2013 年版，第 90 页。
③ 邵丽：《我的生存质量》，人民文学出版社 2013 年版，第 91 页。

传统的婚姻伦理。但在动荡的年月里，虽然历尽艰辛，他们仍然是不离不弃从一而终的。这种现实安稳的生活，令“我”和“我”女儿这两代以“爱情”作为婚姻伦理基础的现代式的家庭生活有了一个强烈的对比物。“爱情”的原则是男女平等、男欢女爱，遵循的是自愿、自由的心性。由于人会见异思迁，热情不可能一直存在，那么，以“爱情”作为婚姻家庭的伦理基础，无论如何都会遭遇不测的因素，难以持久，摇摆甚至破裂也并不稀罕，甚至在所难免。

如书中描绘，“我”对丈夫敬川的爱简单而直接，有着纯金的品质，但却缺乏幸福感，甚至会发生看不到未来的恐慌感。“我对自己的爱情坚信不疑，但是在我女性特有的细腻、敏感和小小的机会主义特性中，却又常常徘徊不定，形成一种既可以这样又可以那样，然后从本质上来说既不可以这样也不可以那样的解读方式，几乎随时把现实的感受换成当下的恐惧。同时，我又为如此广泛而深入地审视和批判自己的婚姻生活而惴惴不安——尽管我深深地知道，如此这般地追问是不是还有爱情，一点意义都没有：如果从来就没有爱过，有什么可后悔的？如果曾经爱过，还有什么可遗憾的？”①一个女性知识分子的爱情方式，充满了批判意识和独立的姿态。对于爱情，她并没有一个明确的概念，而是在长期的固守之后蜕变成了一种“信仰”：选择不假思索的坚信不疑。好在“我”是个囿于思想的知识女性，才有可能把这种惶惑通过叙述的方式将它软化，不至于汹涌澎湃而酿成现实的伤害。将城堡建立在移动的沙丘上，这是现代的爱情伦理之困惑。20世纪60年代的一代人出生时恰逢“文革”，青春期时遇到了改革开放，在战战兢兢地度过了毫无私人生活的时期，开始有了“恋爱”这样的“小资产阶级”情调的生活趣味时，“爱情”成为青年人“信仰”式的纯真想象，就没什么可惊奇的。“因为那个时代的人，开始的时候无路可走，等到有路可走了，却没人敢走。”②

“我”女儿幺幺出生于1989年，准“90后”幺幺从物质生活到精神生活都极端丰富，饱受宠爱。事实上，这段时期也是中国计划生育政策最为严厉的阶段，独生子女比例大，这个年代出生的孩子在不同程度上都有“独生子女征候”：极端的个人中心主义。它区别于西方社会的个人主义，那是一种相对成熟的文化机制，个人的权利是建立在义务对等的基础上。而中国的一些“90后”显然并没有真实体会这个原则的重要性，他们习惯索取，缺乏责任感，脆弱、敏感、多疑。在“我”看来，女儿绚烂的青春的背后带有隐忧：“孩子自小就与我们没大没小，她在单纯而自由的环境中长

---

① 邵丽：《我的生存质量》，人民文学出版社2013年版，第84页。

② 邵丽：《我的生存质量》，人民文学出版社2013年版，第126页。

大，我害怕她复杂。不管我们有没有青春，现在她正走在自己的青春里，当然可以放言无忌。我确实害怕，他们的青春如此喧嚣空洞。”[①]“我”对于父辈充满了反叛的意识，甚至有意识地与父亲对抗，但最终还是选择了与他和解。而对于女儿，“我”困惑不解，她是难以捉摸的。事实上，幺幺之所以会如此这般，自然也和她自小受宠，“没大没小”，缺乏传统的伦理教育有直接关系。当然，90 年代以后的中国社会开始进入到奉行市场经济伦理的消费型社会，连爱情婚姻都开始“市场化”了，幺幺对于妈妈的婚姻爱情是非常鄙夷的：“你们标榜是为爱情活着，也只是为了守住一个婚姻而已。你是为了婚姻迁就自己还是为了自己迁就婚姻？你独立的个性表现在什么地方呢？真正的爱情并不是从纯粹的感情出发的，而是计算和比较得来的。”[②]在幺幺看来，为“空洞无物”的所谓“爱情”加上“白富美”“高富帅”这样的关键词，实在是天经地义、必不可少的。这种功利主义的婚姻观，带着强烈的金钱和欲望的气息。事实上，如果恰如幺幺所言，一个女人为了计较就放弃婚姻，那么，要有多少个家庭破碎，孩子受到伤害。这种为所欲为的“先进”的婚姻伦理观显然是缺乏社会责任感的，是不符合伦理道德的基本原则的，也正是伦理失范的征候之一。幺幺这一代人生活在太平盛世里，没有像她妈妈那样经历过特殊时期，更没有像她姥爷那样经历过血与火的革命时代，对于社会的理解当然会有所不同，也不够全面和深刻，对于人性的“恶”缺乏切实的体验，无法形成经得起考验的伦理价值观念。

就当前的中国社会来说，家庭伦理观念是多元的。不同年代出生的人的生活经历各不相同，导致其伦理观念不一致，这是跟中国当代社会特殊的社会语境密切相关的。作为“60 后”女作家，邵丽人在中年，在夹缝之中更能体会到不同的伦理价值对其带来的多重影响。城乡文化差异，不同社会群体之间的文化差异，不同民族、宗教带来的文化差异，乃至东西方文明之间的差异甚至冲突，都对当前中国社会家庭伦理价值体系的形成带来了不同程度的影响。各种力量有着各自不同的利益诉求，一个作家通过一部小说，是无法穷尽其奥秘的。但邵丽通过《我的生存质量》对该问题做出的追溯和探询，以其特有的女性视角和知识分子的独立立场，提供给我们的是一份颇有价值的时代调查问卷，具有非常高的社会学价值。而且它涉及的问题的深度和广度，并不会随着时间的消逝而减弱。她在小说叙事、文体革新方面进行的探索与其价值也非同寻常，对于中国当下的小说写作来说，其标本意义影响深远。就像这本书的扉页上引用的话：“优秀的作家并不会对生活下各种结论，他发现的是

---

① 邵丽：《我的生存质量》，人民文学出版社 2013 年版，第 156 页。

② 邵丽：《我的生存质量》，人民文学出版社 2013 年版，第 159 页。

生活的质量。”以独立的视野来发现生活当中存在的问题，并进行省察和审视，这是一个具备了现代主体性的人生命的尊严和价值所在，而允许一个人在社会生活当中有基于个人立场的个体生活价值理念，也是社会巨大的进步。

对于“60后”作家来说，特别是女性作家，她的言论弥足珍贵。在书的开头讲道：“一个女人的故事，最好的开始是她成为女人的那一刻——她被另一个生命所充满，这个生命让她完成作为女人最伟大的使命。”①而在书的结尾，幺幺的孩子出生了，“糖果儿”是“我”给他的乳名，而“我”和生活之间的矛盾和纠葛也得到了和解：在“我”看来，祖母、母亲、“我”和女儿，几代人各有各的活法，但我们的生活本身却都是甜的，因为生命本身就是一种甜美。刚出生的婴儿，他们本毫无顾忌，是这世界上的天使，那么，每个生育过的女人，都是天使的母亲。

真善美的高妙之境

——邵丽艺术风格论

张延文

在东西方，对于艺术风格的研究源远流长，形成了不同类型的风格学说，其中18世纪中期法国学者布丰的“风格即人”的观点颇具代表性，强调了作家的个体价值在文学创作活动当中的主体地位。事实上，一个作家风格的形成既要受到时代、社会、民族、阶级等宏观社会历史条件的影响，也会受到作家自身的生活经历、思想观念、艺术素养、情感倾向、个性特征、审美理想等个人条件的影响，并受到艺术作品所采用的题材、体裁等文本要素的内在规定性的制约，是各方面的主客观因素综合影响的结果。一个民族在特定的历史时期，往往是通过当时社会代表性文类里风格最为突出的大家的创作来体现其社会思潮和审美倾向的。或者说，民族风格与时代风格既能影响作家风格的形成，同时，它们又是靠作家的风格体现出来的。因此，对一个时期内的代表作家的艺术风格进行考察和归纳，是洞悉当时社会文化趋向的方便之门。

在当下的中国社会，影视文学在大众生活当中占据了主流地位，但最适宜于表现这个时期的社会生活的文体类型却是小说，特别是长篇小说。在一个个人主体性逐步确立、由传统社会向现代社会转型的大时代里，长篇小说在表现广阔的社会生活上具有无可替代的优势。21世纪以来，一定数量的具有鲜明个人风格的作家的涌

① 邵丽：《我的生存质量》，人民文学出版社2013年版，第5页。

现，也是长篇小说创作日益繁荣的标志，这在2013年更为突出，甚至有人称之为“中国长篇小说的大年”，名家新手，争先恐后，颇有乱花渐欲迷人眼之势。面对复杂多元的社会现实，类型化的创作却占据了主流，作家在力图贴近生活，走近市场的同时往往缺乏整体把握的能力，陷入个人趣味、局部书写的迷局而难以自拔。

在长篇小说的长驱直入之下，中短篇小说的创作势头依然强劲。2014年伊始，女作家邵丽原发于《人民文学》的中篇小说《第四十圈》受到各方面的关注，被多家主流文学期刊头条转载。这是她“挂职”系列小说的新作。邵丽自登上文坛起就显示出了她独特的艺术个性，随着其创作实践的进一步发展，逐步形成了成熟、稳定的个人风格，创作了一系列富于时代特性又有审美价值的人物形象，丰富深刻，大气磅礴。邵丽在创作时具有“去类型化”的特点，她在叙事时的整体感和穿透力令人惊叹，我们不妨将其称为当代文学中的“邵丽现象”，那么，对邵丽创作风格的形成机制和内在特征进行系统化的研究，在学术探讨上也就具备了一定的典范意义。

邵丽在谈及小说创作时指出：“故事从何而来？从形式上看，它可能是一场白日梦，可元故事不是这样的，它是生长出来的，它先于文字和作家而存在。讲故事的人会死去，可是故事不会，它会永远活下去，直到人类最后被毁灭。”[①]作为一个作家，她只是将原本就在那里的故事讲出来：“所谓灵感，也许就是上帝之选，在合适的时间，把某些东西交给合适的人去做。这件‘东西’，肯定有它坚实的内核和内在的驱动能力，它是一件有生命的存在，作家仅仅是把它呈现出来，所能改变的，无非是表现的方式，尽管带着强烈的个人印记，但不会改变它的本质和方向。这样说起来好像有点宿命，甚或有人认为是傲慢。”[②]女性作家，就其性别特点来说，是敏感、善良而易于被诱导，理性较弱的，而邵丽除了普通女性常有的敏锐和同情心之外，她坚毅、稳定、沉静而富于理性，具有非常强的反省能力和洞察力，这种品质的培养是其作品独特的精神气质的内在保证。在艺术创作理念上，她的理念类似于柏拉图的“灵感说”，又有所超越。因此，这就要求作家首先在叙事时，尽量保持客观冷静的叙述情态，努力探寻隐藏在人物和事件背后的客观规律；其次，通过对于作家“上帝之选”的独特性身份的体认，也使得其写作有了对卓越性的追求而天然具备了高雅的纯净品质。同时，对于人物、事件的客观性的重视，也是对于人物生命尊严的重视、对于世界的敬仰，这种敬畏之心的获得和保持，使得邵丽的作品严肃、悲悯，向着艺术的形而上的层面靠近。

---

① 邵丽：《无言以对》，《文艺报》2014年3月12日。

② 邵丽：《无言以对》，《文艺报》2014年3月12日。

与在题材选择上的小心谨慎比较起来，在艺术形式的使用上，邵丽不拘一格，挥洒自如；在创作上，她是个多面手，小说、诗歌、散文等方面均有所成就。对于不同文体的文体特性的熟悉，使得她在文体的使用上可以取长补短，灵活运用，进行跨文体的文本拓展实验。邵丽已经出版的两部长篇小说，内容和形式都有所创新，对此，邵丽是了然于心的："我的两部长篇小说《我的生活质量》和《我的生存质量》，有人说是官场小说，有人说是自传体小说，都对，也都不对。我写的确实是官场，但已经远远地'去官场化'。如果官场是一条大河的话，这两部作品应该是站在河边的反思。从进入到退出，是一个轮回，也是一种升华。生命的疼痛不息，就是成长。我们最后能够面对的，既是坚毅，也是无奈，因此这就是生活。"[①]的确，这两部长篇在主题上是以"官场"为主的，但又区别于传统的官场小说的套路，把着力点放在对书中人物个人的日常生活，特别是精神世界的关注上，突出了他们在权力和欲望的挤压下仍然绽放出的人性的光辉。作品在体裁上带有一定的自述色彩，而作为自传体小说里的主人公的"我"却并非叙事的中心，"我"只是个旁观者，站在生命的河流旁边反思生存的价值和意义。这种不按正常套路出招的写法，在邵丽的中短篇小说叙事里也很普遍，比如她的"挂职"系列小说基本上也有自述的特点，以"官人"的身份切入，但故事的主人公却都另有其人，所言说的话题也不局限于"官场"本身。这种看似心不在焉的顾左右而言他，其实是一种"无招胜有招"的大智慧，需要从容的气度和巧妙的转化能力才能做到举重若轻、天衣无缝。

这就不免令人讶异于邵丽的"另类"的缘起，从而激起了"她是何方神圣"的好奇心。邵丽是河南周口人，周口是中华民族古老文明的发祥地之一，文化底蕴深厚，形成了良好的文学传统。在当代文学队伍里，周口作家的实力也不容小觑，可谓人才济济。作为中原作家群当中新一代的领军人物，邵丽通过对乡土文化传统的反思折射出的担当意识和人文情怀，是有着厚重的地域文化根源的。同时，邵丽出生于一个干部家庭，父母亲都是老革命，丈夫和自己也都有过公务员身份，这让她有机会近距离甚至零距离地观察中国的"官场"。应该说，"官场"就是邵丽的日常生活当中贯穿始终的重要主题，对此是不可能也不必要去忌讳和摆脱的。邵丽的这种生活经历和社会身份，使其有足够的便利去探析社会问题的症结，这为其创作提供了一个更为宽博的素材库。当然，仅有这些外部条件是不够的，还必须有作家认知上的能动性去实现它。对于自己的作家身份，邵丽是清醒而自觉的，她深知"作家"二字沉甸

① 邵丽：《无言以对》，《文艺报》2014年3月12日。

甸的重量。她是将作家当成了自己的天职，对于这种“处于理想与现实之间而产生的身份错位和焦虑，常常会把人逼入绝境”①的职业，她从来没有退却过，这种无所畏惧的勇气，一往无前的决绝，使得邵丽的创作显得纯粹自然，并被赋予了圣洁的光泽。作家，作为当代社会文化里的“公共知识分子”，在特殊的社会语境当中所承担的职能和作用是无可替代的。

时代对于作家艺术风格的塑形作用是最为核心的，邵丽的创作表面看起来独树一帜，却恰恰正是这种特殊的社会语境塑造的结果。如果说她有着与众不同之处，也不过是说她在某些方面走得更远、更彻底而已，她只是不顾一切地向着她身处的时代里的艺术极致无限地接近。邵丽强调了作家介入生活的重要性，她指出：“从某种意义上说，一部真正的小说是由作者和读者共同完成的，这是小说与故事的区别。对于《刘万福案件》这部作品而言，我希望更是如此。不过这又涉及另外一个问题，就是作家应该以怎样的姿态介入生活？这个问题是一个争论不休而又永远无解的问题，因为作家就是‘这样’介入生活的，他的使命感推动着他义无反顾地试水——我的意思是说，方法并不是一部作品生命力的终极标准，尽管它特别重要。”②由此我们可以了解到，邵丽的创作基调是现实主义的，强烈的使命感让她更加重视小说叙事对于社会现实的影响力。法国著名哲学家、文学大师萨特，终生站在被剥夺者的一边，拒绝和各种类型的权力机构合作。萨特积极倡导“介入”理论，他声称：“不管你是以什么方式来到文学界的，不管你曾经宣扬过什么观点，文学把你投入战斗；写作，这是某种要求自由的方式；一旦你开始写作，不管你愿意不愿意，你已经介入了。”③在萨特看来，一个作家，一旦他拿起笔来，就意味着他将要以某种话语方式来进行合乎自己目的的行动。文学行为本身就带有政治活动的意识形态性，将对读者的意志发生影响，因为写作是某种要求自由的方式，读者将会通过阅读行为与作者一起共同实现这种自由的理想，并通过思想转化来将其付诸实践。

邵丽的创作有着深刻的悲剧意识，这无形之中增加了其作品的艺术感染力。邵丽创作的悲剧意识的根源在于她对于普通人习焉不察的时代文化中存在的伦理价值“黑洞”的警觉，以及她对于“恶”的不隐瞒、零容忍。在她看来，刘万福、杨子龙、周启生等人的悲剧根源是普遍的、先验的、宿命的，因为“他们在中国这块特殊的土地和文化氛围里出生、成长、变化”④。同时，作家也面临同样的命运——无法摆脱社会

---

① 邵丽：《作为一个小说家》，《光明日报》2013 年 8 月 9 日。

② 邵丽：《玉碎》，河南文艺出版社 2013 年版，第 101 页。

③ ［法］让-保尔·萨特：《什么是文学？》，施康强译，人民文学出版社 2005 年版，第 142 页。

④ 邵丽：《玉碎》，河南文艺出版社 2013 年版，第 101 页。

局限，“正如作品中所言，‘看不透的不能说，看透的不敢说’。怎样把我们的身体倾斜起来，直到拿捏得与现实所允许的达到某种程度的平衡，才是我们在动笔前必须深思熟虑的”[①]。在邵丽的作品当中，经常会出现曲笔，以小见大，这种微言大义的“春秋笔法”，自然也是一种巧妙的平衡术，而非孔子著史时的“为尊者讳，为亲者讳，为贤者讳”式的“温文尔雅”。这在《挂职三书》《刘万福案件》等作品当中都相当明显，其中引而不发的暗流涌动往往更引人扼腕，令人心惊。恰似《挂职三书》中祁副县长的行为，组织部部长评价道：“想不明白很可怕，想明白了更可怕。”但她也并非总是隐忍，邵丽有着她自己的个性，有其不平则鸣的侠义精神，这对于一个知识女性来说更为难能可贵。比如在《第四十圈》里，她就塑造了一个拖着伤腿，在风声中一刀一刀手刃仇人的反叛者形象——“杀人者”齐光禄，描绘他被绝望逼出的决绝。在邵丽看来，齐光禄的悲剧在于，“就齐光禄本人而言，他对周遭世界的宽容和忍让，我觉得很少有人能做得到。如果有一个正常的社会环境，他会成为一个好老板、一个好丈夫和好父亲。可是，就连这一点卑微的希望之光，也有人一点一点地把它掐灭”。齐光禄的悲剧就是在同样的语境下生存的小人物的命运，而“丧钟为谁而鸣”？这恐怕也要包括作恶者。“我深深地知道，在一个文明社会里，别说对恶行赞许，即使对它过度沉默，也算是一桩恶行。但是，在现实的窘况里，往往使我们的选择如此悖谬和逼仄——我们追求进步，但进步不是以某些人的退步为代价的；我们创造文明，而文明如果没有公平作支撑，迟早会崩塌下来，跌得粉身碎骨。”一个社会如果丧失了基本的公平正义，那么就会和现代文明背道而驰，让社会失去和谐稳定的环境，对此必须防微杜渐，警钟长鸣。

邵丽在创作立场的选择上是坚定不移的。一个作家，只有站在道义这边，只有站在弱者这边，才会有善良，才会有希望，才会符合真和美的尺度。同时，邵丽在处理类似题材时，和一般意义上的国民性批判是有区别的，她没有把善恶两极化，没有把对立和冲突绝对化，甚至在很多时候，她采用的是“和解”的方式来对待“矛盾冲突”。这种“非对抗性的思维”非常重要，文学艺术带来的更应该是不同阶层、不同年龄、不同信仰的人彼此之间的信任和宽容，为民族文化复兴熔铸一座自由沟通、交流的精神殿堂，涤荡残存在人们心灵深处的冷漠、残忍、恐惧和悲伤。邵丽在创作当中大胆地、真诚地剖析自我，以赤子之心勇敢地面对生活当中灵与肉的双重磨难。在2013年出版的长篇小说《我的生存质量》当中，邵丽以第一人称的方式来对家族历史

---

① 邵丽：《玉碎》，河南文艺出版社2013年版，第102页。

进行观照，试图对处于转型期的中国社会出现的各种问题和困惑进行全面解析。邵丽将这部宏大叙事的作品的主题建立在对细致而富于弹性的日常生活的微观洞察上，避免了过于理性带来的僵化和呆板。这部小说的开头指出，这不是一个好时代，也不是一个坏时代，但这是一个价值重估的时代。在狄更斯的伟大著作《双城记》的开头，向读者展示了“这是一个最好的时代，也是一个最坏的时代”这一交织着智慧和愚蠢、信仰和怀疑、光明和黑暗、希望和绝望的极端景象，社会正处于矛盾激化的火山口；而《我的生存质量》则提供给我们富于东方文明传统智慧的和合之道，避免极端化，从而让矛盾消泯于无形之中。由此，我们可以发现，在审美追求上，邵丽的作品既蕴含着“天行健，君子以自强不息”的阳刚之美，也有温顺柔韧的阴柔之美，在整体上呈现出的是以正驭奇、刚柔并济的大气象。

在邵丽的作品里，很少有关于男女交欢场面的描写，除非必须要涉及的，才会进行简单化的处理。这种“洁本”式的写作就个人来说类似于一种精神上的洁癖，耐人寻味。在中国的儒家经典之一的《礼记》当中特别强调了男女有别的重要性，将其当作人异于禽兽的根本，而“男女之大防”在于“防乱伦”“防通奸”“防见物思淫”。在中国的传统伦理观里，男女关系显然是核心因素，而谨守男女之道，则是人性向善的根本。《我的生活质量》的开篇就写道：“含含做梦都不会想到，她竟然在这三天里从了三个男人。幸亏那时她的爹和娘已经死了，要是人死了真的有灵魂，他们非得从土里拱出来再死一次不可。”少女含含是受到五四新文化运动启蒙的新女性代表，她突破了传统的媒妁之言，自由恋爱，喜欢上了女同学的哥哥，私自跑去和他约会，两人发生了关系。此时，恰逢日本鬼子进城烧杀抢掠，含含的父母因为担心她的去向迟迟未去逃难，全家被残忍地杀害，含含也被日本人糟蹋。后来，含含就跟了她家的厨子回到了乡下。含含也就是书中主人公王祈隆的奶奶。含含的命运固然和国破家亡的大时代有关系，有不可抗力的因素，但她自己也难逃其责，在这里，脱离了正常范畴的性成了一种“原罪”，伴随着她的一生。王祈隆也曾重蹈他奶奶的覆辙，先是耐不住寂寞，自作多情，遭到女同学的戏弄，后来更是被有夫之妇引诱，成了别人的胯下之臣，遭受了情感上的折磨。痛定思痛的他幡然醒悟，对两性关系开始警惕，这既避免了不必要的麻烦，同时也成了他追寻幸福生活的心理障碍。从某种意义上来说，“官人”王祈隆的生活质量，在很大程度上取决于他婚姻家庭生活的质量，这必然会受到了男女关系，特别是情欲的制约。在《刘万福案件》当中，身处绝境的矿工靠讲粗鄙不堪的黄段子来对抗死亡的恐惧，这从侧面说明了对于底层的小人物来说，他们的性生活质量是极端低下的，这种荒诞不经的性幻想，是现实生活当中被严重压迫和挤榨的结果,也成了他们无法被剥夺的可怜而又可悲的“性福”生活。

对男女关系严防死守,这是专制社会的一大法宝。改革开放之后,男女关系的松动,是社会民主、自由的具体体现。邵丽对于男女关系的描写鞭辟入里,不动声色。随着社会的日益现代化,当男女关系进入到婚姻家庭的微观场域时,它的演化形态就更为具体和复杂。邵丽对于现代女性心理的刻画是非常精到的,乡村女性马兰花、小秋、木兰、明惠,城市女性汤丹、安小卉、杨妮、金地等等,她们在动荡不安的人生境遇里与不同的异性相遇,演出了一幕幕迷失与寻找的爱欲的活剧。邵丽通过性别关系的视角来展开的对于人性的观察,是切实而有效的,这也是折射中国当代社会伦理演变的一面镜子。在《我的生存质量》当中,叙事人通过对三代人的婚姻家庭生活的描写,立体多元地展示了这种趋向的脉络和依据。

20世纪60年代和70年代初期出生的作家,心理上容易患“阴影恐惧症”,他们在人生的早期,世界观形成之际,遭遇到了一个阴暗和紧张的非常时期;青年时,正赶上改革开放的春风吹拂,光明和黑暗的对比过于强烈,很容易焦虑不安。他们赶着集体主义的尾巴,进入到个人主义时代里讨生活,会有强烈的矛盾分裂。那么,这批人就很容易对最初的记忆产生怀疑,试图驱赶和毁灭它们,这也是“60后”作家在叙事上倾向于先锋式的实验冲动的内在动因。而“60后”的诗人更是将自己命名为“第三代”诗人,他们都急于和传统划清界限,以此证明自己是历史清白的新一代。这种身份的焦虑,在邵丽这里并不明显,她对于时代的认识采用了旁观者的立场,这种恰当的距离使得她在处理自身和历史的关系时更为客观冷静。对于过去,她是尊重、理解和宽容的,因为离开了过去,今天就是无根漂浮的状态,未来更加难以期待。对于优秀的文化传统必须坚守,这形成了她文学伦理的底线,比如对于传统女性的善良、朴实、坚忍、勤劳,基于母性的无私的爱与包容,融汇成了强大的自信和自尊,帮助她超越了时代生活的局限性。

邵丽的创作基调是现实主义的,这种现实主义既基于传统的集体主义的立场,又不乏富于个人主体性的现代意识的观照,这保证了她的作品在善和美的纬度上都有所体现。在叙事上,邵丽往往采用内视角,让阅读者有很强的代入感,生动鲜明,富于现场感。同时,邵丽还经常使用第一人称。在她的作品里,叙事人“我”有时会代表作者来现身说法,但“我”往往并不是事件里的主人公,“我”只是个旁观者,这种“旁观者”的叙事模式,特别是作者取代“隐含作者”直接出现在文本当中的做法,在小说叙事上并不常见,在传统叙事理论里,作者一般是不允许直接出现的。在《我的生存质量》的叙事上,这种模式更为明显,叙事人“我”自由穿梭在小说的时空场域里,“我”的所思、所见、所闻成了小说叙事的内在线索。在《刘万福案件》《第四十圈》等“挂职”系列小说里,作为“叙事人”的“我”则承担了真相探索者的功能,并为事件的发生发展提供外部的环境说明以及推进的动力。这种叙事方法,起到了一种将第一人称“我”和故事主人公的“他”纳入同一时空场域的作用,并通过议论和抒情与读者“你”进行现场沟通,达到了全方位的叙事效果。这种独特的“邵丽式”的叙事模式,拓展了小说文体在叙事上的新空间,也是叙事人对于艺术当中“真”的纬度的努力追求。邵丽的真诚、真纯、真实,不仅来源于她率真的本性,也体现了强烈的担当意识以及自我反省、自我奉献的精神。

我们不妨化用一下王国维的名言,作家必以境界为上,有境界者,自成高格,自有名作。邵丽的艺术风格丰富多元,又大道至简,这既是当前时代的文化特征的反映,也是作家个人独特的艺术追求的结果。邵丽集传统女性的善良、纯真、朴实、坚忍和现代女性的独立、自强、自尊于一身,发扬中原文化守中持重的忧患与担当意识,秉持知识分子的反省与批判立场,以自然流畅的笔法节制、隐忍地叙事,以真纯、优雅的气度,客观、冷静的情态,为我们提供了真善美兼具的当代作家艺术风格的经典样本。

(载《小说评论》2015 年第 1 期)

主要作品目录《

长篇小说

《我的生活质量》,人民文学出版社 2004 年版。

《我的生存质量》,人民文学出版社 2013 年版。

中短篇小说集

《碎花地毯》,大众文艺出版社 2003 年版。

《腾空的屋子》,中国文联出版社 2004 年版。

《寂寞的汤丹》,辽宁人民出版社 2012 年版。

《迷离》,河南文艺出版社 2013 年版。

《糖果》,河南文艺出版社 2014 年版。

《明惠的圣诞》,江苏凤凰文艺出版社2016年版。

《礼拜六的快行列车》,太白文艺出版社2017年版。

《北地爱情》,长江文艺出版社2017年版。

《北地爱情》,上海文艺出版社2017年版。

散文随笔集

《燃情岁月:漯河》,中国青年出版社2008年版。

《玉碎》,河南文艺出版社2013年版。

诗　集

《细软》,河南文艺出版社2010年版。

《她说》,河南文艺出版社2013年版。

《我在你的路上:邵丽诗集》,时代文艺出版社2018年版。

苏　童

男，本名童忠贵，1963年生，江苏苏州人。

小 引《

人们都说苏童是一个“才子型”的作家，此言不虚。中国古代“才子型”的文人，往往以多愁善感、长于文辞著称，以这个标准来衡量新文学作家，称得上“才子”的没有几人，而且这些够得上“才子”称号的作家又大半是徐志摩这样的诗人，在小说家中则以女性居多，如萧红、张爱玲等。男性小说家如钱锺书，虽然也才华横溢，不辱“才子”名分，但终究因为学问气太重而少了“才子”应有的那份空灵。近20年来的小说家中，配称“才子”的，虽不乏其人，但毕竟仍属凤毛麟角，盖因“才子”乃人群之异数，是不可能批量产出的，文学界的“才子”，也不例外。

在近20年的文学中，苏童就是这样的异数和例外。我这样说，并不是指苏童也如古代的“才子型”文人一样多愁善感，而是说他作为一个新文学作家，感悟人生和感知世界的方式，与一般新文学作家多有不同。这种不同，主要表现在一般新文学作家总要从意义入手来选取他的题材和人物，来叙述他的情节和故事，来决定他的主题和价值的取向。这是因为中国的新文学受思想启蒙的浸润太深，故选材、立意、结撰、叙事，都要借助理性的导引，意义的问题因而也就显得头等的重要。不能说像苏童这样的“才子型”作家就没有接受过启蒙思想的熏陶，而是说启蒙（包括它的变体）作为一种思想对文学的渗透，到苏童开始创作的年代，已日渐失去了它的决定性作用，这就使得苏童在创作中有可能放弃对某种外在意义的追寻，转而听从内在的心灵的号令，苏童的创作也因此有可能逸出理性的规囿，转而呈现鲜明的感性特征。凡此种种，所有这一切，都是在苏童出现的那个年代，有可能使他成为一个“才子型”作家的先决条件。

苏童的“才子气”，最终还要归结于他的一颗敏于感受的心灵。这颗敏于感受的心灵，可能源于他某种敏感的天性，也可能孕育、形成于他的童年和青少年时代。总之是由于这些先天的和养成期的诸多因素使然，他对个体生命的每一丝细微的冲动，对属人的本性的每一点细微的表现，都有着一种异乎寻常的感应能力和捕捉能力。正因为如此，在他近20年来的创作中，当他对他的创作动机尚无自觉的时候，仅凭对外界事物的直觉和心理感应，他就能够“从心所欲”地进行创作。他初期的创作往往表现出了这样的特点，这也是他的创作被人们视作有“才子气”的一个重要表现。当然，更多的时候，或者说是在他的创作日渐走向成熟的过程中，则是他对自己的创作动机已经有了充分的自觉，这种自觉有时候甚至能够让他明确地意识到其中的意义指向和价值目标，他却仍然坚持要把他的人物和故事从某种确定的意义框架和价值取向中剥离出来，转而专注于表现个体生命的冲动和对属人的本性的艺术刻画。这样，在苏童的作品中，虽然也有外在于人的历史，乃至体现这种历史的各种具体的政治经济和社会文化环境，但这种外在于人的历史和环境的因素，却不是制约人和决定人的力量，而是人努力规避和逃离的对象。这种规避和逃离在苏童的作品中的种种表现，周新民博士已在本辑的评论中做了详尽的分析。我在这儿要补充说明的是，在苏童的作品中，无论人置身于怎样的社会历史环境，具体的生活情境如何，对历史和环境这种规避和逃离的努力，都充分地显示了个体生命的亮色和自由的人性的光辉。这同时也是苏童的创作的“才子气”的一种真正内在的表现，因为无论怎么定义“才子气”的种种表现特征，最终都离不开个体生命的冲动和人的自由本性。正是源于个体生命的冲动和人的自由本性，所以“才子”多不容于秩序和规范，但又往往是秩序和规范中人心向往之的人生境界。我们从苏童的作品中读到的，难道不正是他的人物自由地挥洒生命，和创造这些人物的作家同样自由地挥洒才情的那份难得的人生境界吗？

虽然苏童在他的创作中“无限夸张人和人性的分量”，但作为一个小说家，并不等于他不懂得故事的重要。恰恰相反，在他告别了先锋实验，自觉地后退，并以后退为进步的时候，正是“重新拾起故事”这个“最传统、最中国化的东西”，最后成就了苏童。从《妻妾成群》开始，苏童的故事也已经讲了十几年了，他的故事和讲故事的方式也在不断发生变化，从陌生的讲到熟悉的，从历史的讲到现实的，从源于想象和虚构的讲到取材于真实生活的，从浅层的讲到深层的，从单纯的讲到复杂的，从平面的讲到立体的……但无论怎么变化，我们都不难看到，苏童总不能忘怀他笔下的人物在不断变幻着的人生故事中的命运。因此，无论故事本身和讲故事的方式怎样变化，他总要细心地捕捉并打开这些故事中的人物的“人生与心灵世界的皱褶，轻轻拂去皱褶上的灰尘，看清人性自身的面目”。从这个意义上说，苏童又是我们这个时代最富于人性关怀的作家，因而也是我们这个时代最具文学性的作家。

自　述《

关于文学的自述

我的过去

说到过去,回忆中首先浮现的还是苏州城北的那条百年老街,一条长长的灰石路面,炎夏七月似乎是淡淡的铁锈红色,冰天雪地的腊月里却呈现出一种青灰的色调。从街的南端走到北端大约要花费十分钟,街的南端有一座桥,以前是南方城池所特有的吊桥,后来就改建成水泥桥了。北端也是一座桥,连接了苏沪公路,街的中间则是我们所说的铁路桥,铁路桥凌空跨过狭窄的城北小街,每天有南来北往的火车呼啸而过。

我们街上的房屋、店铺、学校和工厂就挤在这三座桥之间,街上的人也在这三座桥之间走来走去,把时光年复一年地走掉了。

现在我看见一个男孩背着书包滚着铁箍在街上走过,当他穿过铁路桥的桥洞时恰恰有火车从头顶上轰隆隆地驶过,从铁轨的缝隙中落下火车头喷溅的水汽,还有一只苹果核被人从车窗里扔到了他的脚下。那个男孩也许是我,也许是大我两岁的哥哥,也许是我的某个邻居家的男孩。但是不管怎么说,那是我童年生活的一个场景。

我从来不敢夸耀童年的幸福,事实上我的童年有点孤独,有点心事重重。我父母除了拥有四个孩子之外基本上一无所有,父亲在市里的一个机关上班,每天骑着一辆破旧的自行车来去匆匆,母亲在附近的水泥厂当工人,她年轻时曾经美丽的脸到了中年以后,经常是浮肿着的,因为疲累过度,也因为身患多种疾病。多少年来父母亲靠80多元钱的收入支撑一个六口之家,可以想象那样的生活多么艰辛。

我母亲现在已长眠于九泉之下,现在想起她拎着一只篮子去工厂上班的情景,仍然历历在目。篮子里有饭盒和布绣鞋底,饭盒里有时装着家里吃剩的饭和蔬菜,有时却只有饭没有别的,而那些鞋底是预备给我们兄弟姐妹做棉鞋的。她心灵手巧却没有时间,必须利用工余休息时绣好所有的鞋底。

在漫长的童年时光里，我不记得童话、糖果、游戏和来自大人的过分的溺爱，我记得的是清苦，记得一盏十五瓦的黯淡的灯泡照耀着我们的家，潮湿的未浇水泥的砖地，简陋的散发着霉味的家具，四个孩子围坐在方桌前吃一锅白菜肉丝汤，两个姐姐把肉丝让给两个弟弟吃，但因为肉丝本来就很少，挑几筷子就没有了。

母亲有一次去酱油铺买盐掉了五元钱，整整一天她都在寻找那五元钱的下落。当她彻底绝望时，我听见了她伤心的哭声。我对母亲说，别哭了，等我长大了挣一百元钱给你。说这话的时候我大概只有七八岁，我显得早熟而机敏，它抚慰了母亲，但对于我们的生活却是无济于事的。

那时候我最喜欢的是过年，过年可以放鞭炮、拿压岁钱、穿新衣服，可以吃花生、核桃、鱼、肉、鸡和许多平日吃不到的食物。我的父母和街上所有的居民一样，喜欢在春节前后让他们的孩子幸福和快乐几天。

当街上的鞭炮屑、糖纸和瓜子壳最后被打扫一空时，我们一年一度的快乐也随之飘散。上学、放学、写作业、打玻璃弹子、拍烟壳——因为早熟或者不合群的性格，我很少参与街头孩子的这种游戏。我经常遭遇的是这种晦暗的难熬的黄昏——父母在家里高一声低一声地吵架，姐姐躲在门后啜泣，而我站在屋檐下望着长长的街道和匆匆而过的行人，心怀受伤后的怨恨。为什么左邻右舍都不吵架，为什么偏偏是我家常常吵个不休？我从小生长的这条街道，后来常常出现在我的小说作品中，当然已被虚构成“香椿树街”了，街上的人和事物常常被收录在我的笔下，只是因为童年的记忆非常遥远却又非常清晰，从头拾起，令我有一种别梦依稀的感觉。

我初入学堂是在1969年秋季，街上的墙壁上到处都是标语和口号，现在读给孩子们听都是荒诞而令人费解的了，但当时每个孩子都对此耳熟能详。

我记得我生平第一次写下的完整句子就是从街上看来的，那时候的孩子没有学龄前教育，也没有现在的广告和电视文化的熏陶，但满街的标语口号教会了他们写字认字，再愚笨的孩子也会写“万岁”和“打倒”这两个词。

小学校是从前的耶稣堂改建的，原先牧师布道的大厅做了学校的礼堂，孩子们常常搬着凳椅排着队在这里开会，名目繁多的“批判会”或者开学典礼。这间饰有圆窗和彩色玻璃的礼堂，以及后面的做了低年级教室的欧式小楼，是整条街上最漂亮的建筑了。

我的启蒙教师姓陈，是一个温和的白发染鬓的女教师，她的微笑和优雅的仪态适宜于做任何孩子的启蒙教师。可惜她年龄偏老，而且患了青光眼，到我上三年级时她就带着女儿回湖南老家了。后来我的学生生涯里有了许多老师，最崇敬的仍然是这位姓陈的女教师，或许因为启蒙对于孩子弥足珍贵，或许只是因为她有那个年代罕见的温和善良的微笑。

读小学二年级的时候，一场重病使我休学在家，每天在病榻上喝一碗又一碗的中药，那是折磨人的寂寞时光。当一群同学在老师的安排下登门慰问病号时，我躲在门后不肯出来，因为疾病和特殊化使我羞于面对他们。我不能去学校上学，我有一种莫名的自卑和失落感，于是我经常在梦中梦见我的学校、教室、操场和同学们。

说起我的那些同学(包括小学和中学的同学)，我们都是一条街上长大的孩子，彼此知道每人的家庭和故事，每人的光荣和耻辱。多少年后我们天各一方，偶尔在故乡街头邂逅，闲聊之中童年往事便轻盈地掠过记忆。我喜欢把他们的故事搬进小说，那是一组南方少年的故事。我不知道他们是否会从中发现自己的影子，也许不会发现，因为我知道他们都已娶妻生子，终日为生活忙碌，他们是没有时间和兴趣去读这些故事的。

去年夏天回苏州家里小住，有一天在石桥上碰到中学时代的一个女教师，她看见我第一句话就是："你知道宋老师去世的消息吗?"我很吃惊，宋老师是我高中的数学教师和班主任，我记得他的年纪不会超过45岁，是一个非常严谨而敬业的老师。女教师对我说，你知道吗，他得了肝癌，都说他是累死的。我不记得我当时说了些什么，只记得那位女教师最后的一番话，她说，这么好的一位教师，你们都把他忘了，他在医院里天天盼着学生去看他，但没有一个学生去看他，他临死前说他很伤心。

在故乡的一座石桥上我受到了近年来最沉重的感情谴责。扪心自问，我确实快把宋老师忘了。这种遗忘似乎符合现代城市人的普遍心态，没有多少人会去想念从前的老师同窗和旧友故交了，人们有意无意之间割断与过去的联系，致力于想象、设计自己的未来。对于我来说，过去的人、物和事只是我的小说的一部分了。我为此感到怅然，而且我开始怀疑过去是否可以轻易地割断，譬如那个夏日午后，那个女教师在石桥上问我，你知道宋老师去世的消息吗?

说到过去，我总想起在苏州城北度过的童年时光。我还想起12年前的一天，当我远离苏州去北京求学途中那份轻松而空旷的心情，我看见车窗外的陌生村庄上空飘荡着一只纸风筝，看见田野和树林里无序而飞的鸟群。风筝或飞鸟，那是人们的过去以及未来的影子。

关于小说艺术

种种迹象表明：我们的文学逐渐步入了艺术的殿堂。今天我们看到为数不少的具有真正艺术精神的作家和作品涌现出来，这是一点资本，我们不妨利用这一点资本来谈谈一些文学内部和外层的问题。不求奢侈，不要过激，既然把文学的种种前途和困境作为艺术问题来讨论，一切都可以做得心平气和，每一种发言都是表现。这就像街头乐师们的音乐，每个乐师的演奏互相联系又相对独立，但是你看他们的态度都是宁静而认真的。

（一）

形式感的苍白曾经使中国文学呈现出呆傻僵硬的面目，这几乎是一种无知的悲剧。实际上一名好作家、一部好作品的诞生在很大程度上有赖于形式感的成立。现在形式感已经在一代作家头脑中觉醒，马原和莫言是两个比较突出的例证。

一个好作家对于小说处理应有强烈的自主意识，他希望在小说的每一处打上他的某种特殊的烙印，用自己摸索的方法和方式组织每一个细节每一句对话，然后他按照自己的审美态度把小说这座房子构建起来。这一切需要孤独者的勇气和智慧。

作家孤独而自傲地坐在他盖的房子里，而读者怀着好奇心在房子外面围观，我想这就是一种艺术效果，它通过间离达到了进入（吸引）的目的。

形式感是具有生命活力的，就像一种植物，有着枯盛衰荣的生存意义。形式感一旦被作家创建起来，也就成了矛盾体。它作为个体，既具有别人无法替代的优势，又有一种潜在的危机，这种危机来源于读者的逆反心理和喜新厌旧的本能。一名作家要保存永久的魅力似乎很难，是不是存在着一种对自身的不断超越和升华？是不是需要你提供某个具有说服力的精神实体，然后你才成为形式感的化身？在世界范围内有不少例子：

——博尔赫斯，迷宫风格，智慧的哲学和虚拟的现实；

——海明威，简洁明快，生存加死亡加人性加战争的困惑；

——纪德，敏感细腻，压抑的苦闷和流浪的精神孤儿；

——昆德拉，叛逆主题，东欧的反抗与逃避形象的化身。

有位评论家说，一个好作家的功绩在于他给文学贡献了某种语言。换句话说，一个好作家的功绩也在于提供永恒意义的形式感，重要的是你要把你自己和形式感合二为一，就像两个氢离子一个氧离子合二为一，成为我们大家所知道的水，这是艰难的，这是艺术的神圣目的。

（二）

小说应该达到某种境界，或者是朴素空灵，或者是诡谲深奥，或者是人性意义上的,或者是哲学意义上的——它们无所谓高低,它们都支撑小说的灵魂。

实际上我们读到的好多小说没有境界,或者说只有一个虚假的实用性外壳。这是因为作者的灵魂不参与创作过程,他的作品跟他的心灵毫无关系。这又是创作的一个悲剧。

特殊的人生经历和情感丰富敏锐的天资往往能造就一名好作家,造就他精妙充实的境界。

我读史铁生的作品总是感受到他的灵魂之光,也许这是他皈依命运和宗教的造化。其作品宁静淡泊,非常节制松弛,在漫不经心的叙述中积聚艺术力量,我想他是朴素的。我读余华的小说亦能感觉到他的敏感,他的耽于幻想,他借凶残补偿了温柔,借非理性补偿了理性,做得很巧妙、很机警,我认为他有一种诡谲的境界。

小说是灵魂的逆光,你把灵魂的一部分注入作品,从而使它有了你的血肉,也就有了艺术的高度。这牵扯到两个问题:其一,作家需要审视自己真实的灵魂状态,要首先塑造你自己;其二,真诚的力量无比巨大,真诚的意义在这里不仅是矫枉过正,还在于摒弃矫揉造作、摇尾乞怜、哗众取宠、见风使舵的创作风气。不要隔靴搔痒,不要脱了裤子放屁,也不要把真诚当狗皮膏药卖,我想真诚应该是一种生存的态度,尤其对于作家来说。

诗歌界有一种说法叫“pass 北岛”,它来自诗歌新生代崛起后的喉咙,小说界未听过类似的口号,也许是小说界至今未产生像北岛那样具有深远影响的精神领袖,我不知道这种说法是好是坏,“pass”这词的意义不是打倒,而是让其通过的意思,我想它显示出某种积极进取的倾向。

小说界“pass”谁?小说界情况不同,无人提出这种气壮如牛的口号,这是由于我们的小说从来没有建立起艺术规范和秩序(需要说明的是艺术规范和秩序与百花齐放、百家争鸣没有对应关系)。小说家的队伍一直是杂乱无章的,存在着种种差异,这表现在作家文化修养、艺术素质和创作面貌诸方面,但是“各人头上一方天”却是事实。同样的,我也无法判断这种状况是好是坏。

实际上我们很少感觉到来自同胞作家的压力。谁在我们的路上设置了障碍?谁在我们头上投下了阴影?那就是这个时代所匮乏的古典风范或者精神探求者的成功,那是好多错误的经验陷入于泥坑的结果。我们受到了美国当代文学、欧洲文学、拉美文学的冲击和压迫,迷茫和盲从的情绪笼罩着这一代作家。你总得反抗,你要什么样的武器?国粹不是武器,吃里爬外也不是武器,老庄、禅宗、“文革”、改革,你可以去写,可以获得轰轰烈烈的效果,但它也不是你的武器。有人在说我们靠什么走向世界？谁也无法指点迷津，这种问题还是不要多想为好，作家的责任是把你自己先建立起来，你要磨出你的金钥匙交给世界，然后你才成为一种真正的典范，这才是具有永恒意义的。

有一种思维是由小说外走向小说内，触类旁通然后由表及里，进入文学最深处。具有这种思维的大凡属于学者型作家。

我们似乎习惯于一种单一的艺术思维，恐怕把自己甩到文学以外，这使作家的经验受到种种限制.也使作家的形象在社会上相对封闭。在国外有许多勇敢的叛逆者的形象，譬如美国诗人金斯堡，60年代他的巡回演讲和作品朗诵风靡美国；譬如作家杜鲁门·卡波特和诺曼·梅勒，他们的优秀作品《冷血》《刽子手之歌》《谈谈几个女神之子》中有非小说的文字，他们甚至在电视里开辟了长期的专栏节目，与观众探讨文学的和非文学的问题。我们可以把这种意识称为有效的越位，它潜伏着对意识形态进行统治的欲望（至少是施加影响），它使作家的形象强大而完整，也使文学的自信心在某种程度上得到加强。

我想，没有生气的文坛首先是没有生气的作家造成的，作家没有权利是你不去争取造成的。其他原因当然有，但那却构不成灾难，灾难来自我们自己枯萎的心态。

（周新民辑录整理）

访 谈《

打开人性的皱褶

——苏童访谈录

周新民 苏 童

周新民：1987年，您的小说《1934年的逃亡》出版，您和洪峰、格非等一起成为先锋小说的领军人物之一。该小说以别具一格的叙事方式、叙述语言，成为先锋小说的代表作。同样，这篇小说在您的创作历程中具有十分重要的意义。您还能回忆起您创作这篇小说时的情况吗？

苏童：《1934年的逃亡》是我的“枫杨树”系列小说的第一个中篇小说。写作这篇小说时，我身边好多朋友是南京艺术学院搞美术的学生、老师，平时与人的交流好多与画面和图像有关。这篇小说的写作是突发奇想，触动我创作的来源很奇怪，大概是几幅画。现在不清楚具体是哪一幅画触动了我，让我想写这么一个中篇小说。记得我没有具体的创作大纲，自己画了几幅画，这几幅画提醒了我人物线索、小说的主要情节，我就顺着这几幅画来写。这样的写作本身可能就具备实验性，画面图像用来作为想象的翅膀了。

周新民：《1934年的逃亡》是您的一篇实验小说，小说被称为实验小说的代表作，这篇小说呈现出和以前的当代小说迥异的小说观念，小说的传统要素都发生了变异，如人物不再是小说的叙事中心，完整的情节也没有了。同时，小说虽然描写了一个家族的命运，但是又和典型的家族小说有着明显的差异。您能否谈谈您在创作这篇小说时的一些设想？

苏童：这个小说的创作在我的写作历史中比较奇特，也比较重要。当时，马尔克斯和“文学爆炸”像风暴一样席卷中国文坛，年轻的写作者大多难逃其影响。大家关注人的“根”，从而引发了一批以家族史为素材的创作文本。《1934年的逃亡》中有一些比较流行的家族小说的痕迹，但是它其实又不是真正意义上的家族小说，因为我完全抛弃了一些家族小说中的重要因素，如描写两代甚至几代人物的命运，提取一个或几个家族成员做肖像式的细致热情的描写，我似乎没这么做。我把材料抽空了，只借了一个叙述轮廓。抽空了这些家族小说的重要内容后，小说几乎全部是碎片。小说由一组组画面的碎片、一组组杂乱的意象组成，而小说的推进动力完全靠碎片与碎片的碰撞，意象与意象之间的碰撞。传统小说的人物、情节等重要的因素在这篇小说中找不到了，因此，这个小说在我的作品中，实验痕迹确实比较重。

周新民：现在看来，这篇小说对您以后的小说有着什么样的意义和影响？

苏童：这是我第一篇引起舆论关注的作品，与当时其他一些青年作家的作品在一起，形成了一批实验或者先锋小说的具体文本。我不能说它是一篇多么成功的作品，但它是一个开始，对我最大的暗示是写小说可以一边破坏一边创造，破坏和创造有时候具有一致的积极意义。

周新民：在小说《1934年的逃亡》中，“枫杨树”是一个重要的意象，这个意象后来反复出现在您的“枫杨树”系列小说中。看起来小说中的“枫杨树”不是一个简单的物象，而是具有更复杂的象征意味，您能谈谈它的象征意义吗？

苏童：“枫杨树乡村”是我长期以来所虚构的一个所谓故乡的名字，它也是一个精神故乡和一个文学故乡，在它身上寄予着我的怀乡和还乡的情结。

周新民：怀乡和还乡的情结应该是您“枫杨树”系列的主题，它在您的小说创作中占据着非常重要的意义。您能谈谈怀乡和还乡的具体含义和意义吗？

苏童：所谓怀乡和还乡是文学理论在背后阐释的结果。我们这些写作者大多是生活在城市，其实城市人的心态大多是漂泊的，没有根基的。城市里由于众多的人口和紧张忙碌的生活方式，导致人对土地、河流甚至树木的情感割裂，一切都是公共性的，个人对自然缺少归属感，怀乡的情绪是一种情感缺失造成的。在文学创作中，所谓的还乡和回乡其实是有一个文学思潮在背后推动的。我写这个其实是“寻根”文学思潮比较热闹的时期，“寻根”文学思潮推动了我对我自己的精神之根的探索。因此，“枫杨树”的写作其实是关于自己的“根”的一次次探究，这探究不需要答案，因此散漫无序，正好适合小说来完成。通过虚构可以完成好多实地考察完成不了的任务。

我在创作谈中也写到，人会研究自己的血脉，这是一种下意识。中国处于农业社会的时间太长，大多数城市人，他们的血脉一边在乡村，一边在城市，这血脉两侧可以很近，也可以很远。一个人在精神上也是站在这个世界的两侧跳跃，他没有中心，这个中心是不存在的，只有通过写作来调和它。比如我的祖父、父亲是从乡村来的，我是在这个所谓的城市长大的，那么我是在哪一边的？我认同什么样的文明，什么样的价值观？精神和血脉联系的结果是分裂的、矛盾的，我难以找到一个统一的、和谐的点，这种困难也让你的处境复杂化了。复杂的个人处境对于作家就是一种具体的写作对象，至少是一种出发点。历史上好多作家都利用自己的处境写作，前提是你对所谓的“处境”必须要有“无事生非”的能力。从这个意义上说，我的“枫杨树”系列就是在对处境“无事生非”的探究下应运而生的，包括《米》。

周新民：“枫杨树”系列小说有着重要的实验痕迹，在小说艺术层面上，您抛弃了传统小说的艺术表现方式，如故事、情节、人物等；在小说艺术的精神层面上，您更多地关注的是精神的怀乡和还乡问题。在“枫杨树”系列之后，您的创作又有了一个十分明显的变化，这主要表现在从《妻妾成群》开始，您又在小说中写故事了。这个跨度比较大，我想请您谈谈您当时怎么想到这样调整自己的创作？

苏童：在《1934 年的逃亡》之后，我在考虑，在实验意味比较强的作品之后，我该怎样写下去。我自己在这方面有一个最大的恐惧，就是怕重复自己的作品。继续写下去的方式大概有两种，一种方式是向前走，一种方式是向后退，关键在于你怎么理解向前和后退。其实小说手段的使用上从来不存在先进落后之说，我这里说的后退具体是指故事和人物的运用，我退回来把它们又拾起来了。这说到底也是我的写作惯性，在语言的表述上，在故事的选择上，我渴望表现出独特性。例如，打碎故事，分裂故事，零碎的、不整合的故事，都曾经是我在叙述上的乐趣，但后来我渐渐地认为那么写没有出路，写作也是要“改革开放”的，要吸收“外资”，也不能丢了“内资”。

从《妻妾成群》开始，我突然有一种讲故事的欲望。从创作心态上讲，我早早告别了青年时代；从写作手段上说，我往后退了两步，而不是再往前进。我对小说形式的探索失去热情，也意味着我对前卫先锋失去了热情。而往后走是走到传统民间的大房子里，不是礼仪性的拜访，是有所图的。别人看来你是向传统回归，甚至是投降，而我觉得这是一次腾挪。人们常说退一步海阔天空，这不仅仅是人生观的问题，也是解决写作困境的一个方法，我要看看退一步有个什么样的空间。

因此在写了《1934年的逃亡》《罂粟之家》以后，我是有意识地撤退了，重新拾起故事，重新塑造人物。同时，我要寻找写作来源，我当时寻找到的最丰满的东西恰好就是最传统的、最中国化的素材，如《妻妾成群》，一个封建大家庭，男权屋檐下的女子的身影，我看见它背后潜藏着巨大的人性空间，够我写的了。

周新民：这种调整意味着您的小说进入了一个新的阶段，在这样的思考背景中，您又开始了一个新的小说系列，借用常见的名称，就是“新历史”小说系列，它包括您的《妻妾成群》《红粉》《我的帝王生涯》《米》。在这个系列小说中，传统的小说艺术表现方式重新浮现在小说中，但是，叙事方式的回归并不意味着您的小说的探索痕迹的消失。我以为，在这个系列中对历史与个人关系的探讨，对个人生存状况的勘察，依然可以成为一个文学时代的标尺。我想就这个问题探讨一下。首先我们来看《红粉》，在《红粉》中，我看到了一个十分重要的现象，在以往的小说中，人是龟缩在社会历史的阴影中，而且是社会历史的力量在带动人物的运动。但是在您的《红粉》中，个人从社会历史的轨道中脱轨而出。您这样看待社会历史和个人的关系具有十分重要的意义，它标志着在当代文学中具有独特意味的“个人”在诞生。我想知道您是怎样从这样的一个独特的角度来展开小说的叙事的？

苏童：《红粉》的故事发生在中国社会历史的一个十分重要的转型期，这是一个十分明显的具有社会标签时代特性的小说。但是，在写作时，我试图摆脱一种写作惯性，小心地把“人”的面貌从时代和社会标签的覆盖下剥离出来。我更多的是讲人的故事。

小说中的解放、妓女改造运动是人物活动的背景，必不可少。但解放和妓女改造等社会历史事件，你可以通过别的途径做更详细的了解，不是我要完成的任务。我在《红粉》中借助两个女人和一个男人之间的情感纠葛来拓展我小说中的那个“人性空间”。我觉得这个故事是一个传统的故事，人物的历史背景天生造成了它的沧桑感，天生地造就了人物的悲欢离合。悲欢离合中的人群是天生为文学艺术而生的，值得写。虽然这是一个传统故事，但是它反而使我有了创作它的欲望。

我赞同那时很流行的一句话：“老瓶装新酒。”我那时候的小说都想着“老瓶装新酒”。所谓的“新酒”当然不能沿用老的酿制方法，首先要摆脱的是对人物的主观批评，尤其是要摆脱泛泛的社会评判和道德评判。《红粉》涉及了人生活中的压力，我放大的是日常生活或者是私生活中的那部分压力。以前的小说文本通常是将人物潜藏在政治、历史、社会变革的线索的后面表现人的处境，我努力地倒过来，将历史、政治的线索潜藏在人物的背后，拷问人物不一定要把他们倒吊着，可以微笑着、伸着懒腰逼供。我想我自己认为的“新酒”就在这里。

写作当然也是以人为本，任何优秀的小说都是关注人的问题。人的问题之大，可以掩盖社会变革的问题。在小说之中，人性的细枝末节纵贯整个历史长河，也纵贯整个文学史，它的作用是不言而喻的，是明确的。但是许多人写作的时候会犯糊涂，他追求庞大的、恢宏的叙述体系。人们都说《战争与和平》伟大，是史诗，但要知道，托尔斯泰所做的是让一个个人物粉墨登场，让他们充分表现后离开舞台。常见的批评话语也有一种错误，如重大题材、宏大叙事、小众文学、边缘题材等等。我觉得文学中，没有大和小之分，更没有中心边缘之说，对“宏大”和“重大”的追求是追求另一种奇装异服。创作问题好多时候是看人的态度问题，态度决定一切。“人”是写不光的，作家一辈子都在实际生活和文字生活中，双管齐下地与人相处。能够以文字与人打交道，避开社会的潜规则，本来就是幸运的，如果能在写作中学会与人相处，是更大的幸运。所以我理解的小说好坏第一是“人”写得好不好的问题，人写好了一切大的问题都解决了。而我的创作目标，就是无限利用“人”和人性的分量，无限夸张人和人性力量，打开人生与心灵世界的皱褶，轻轻拂去皱褶上的灰尘，看清人性自身的面目，来营造一个小说世界。

周新民：小萼和秋仪的命运是悲剧性的，如此说来，小说《红粉》其实在叙写一个悲剧性的故事。您认为，这种悲剧性的东西是否和社会、历史相关？

苏童：所谓的悲剧命运，在文学中，以前习惯的目光是要寻求一个黑手，一个谴责对象，创作思路大都是搭好一座悬崖绝壁，然后把人物生拉硬扯地推下去。其实一个人物好好地在沙滩上度假，却要挖个坑把自己活埋了，这才叫悲剧。好的悲剧没有模式，悲剧性是在探索人性时候的衍生物，所以应该心平气和地出现。比如说到堕落，悲剧、喜剧都有得写，说到生与死，生不一定就是新生的喜悦，死也不一定是灭亡的伤悼。作家的目光可以迷惘，但不可以庸俗。《红粉》里小萼和秋仪的命运如果是悲剧性的，那后面的黑手也是无法寻找的，和历史、社会有关，也无关，和人性有关，但那不是人性的错。作家不可能全知全觉，你所塑造的东西也是未知数。我在写作时是尽量挽起人物的手，剩下的只能说是雄心壮志了，就像孙悟空那样变成一个虫子，潜进人物心灵世界，一番巡游之后，耳聪目明，他说的、想的、爱的、恨的，我全知道。

周新民：对社会、历史的忽略，对人自身的关注和重视，是您小说的主要创作主题。应该说在《红粉》中，这个主题得到非常明显的表现。这个主题在《我的帝王生涯》中继续出现，只不过它要显得抽象一些。它又是怎样出现在您的脑海的？

苏童：这个小说完全是一个天马行空的东西。我那时写小说，希望每一篇和上一篇都不一样，《1934年的逃亡》有一定的写作潮流影响，和当时的文学思潮有关，是当时的思潮和中外的相关文本在背后影响着我。《我的帝王生涯》却不知从哪儿开始，是我自己都想研究的。

写作这篇小说时，我完全处于一种冥想之中，冥想对象是一座雨中或雪中的宫殿。当时我的脑子里有无数的文学意象在打架，甚至有一些诗句。有一天我的脑子里突然想起小时候听的那些评弹，《狸猫换太子》《长生殿》什么的。我是苏州人，“文革”后期没有什么文学的熏陶，那么文学熏陶来自哪里呢？来自有线广播。这个广播是非常单调的，但是因为在苏州，所以一打开广播，除了天气预报、时事新闻外，每一天就是无始无终、慢悠悠的一些长篇评弹，其中有很多是宫廷故事。我觉得这种不急不忙的、天马行空的语调，那些民间口口相传的东西，用来叙述我脑子里这座宫殿再好不过了。在写作时，我当然用普通话，但我的耳边似乎是有一个评弹艺人在那儿帮助我舒缓地叙述下去，现在我对这篇小说的想法是，如果用苏州话来写，会不会比现在的好？

周新民：那么，在这个虚构的历史故事中，您寄寓着什么？这个小说在表达着什么？

苏童：我觉得我的这个小说是人生的一夜惊梦，但惊醒之前之后都是梦。为什么这样说呢？我把帝王的一生分成两半，前半生在宫廷里，是极尽奢华荣耀的假帝王，后半生是从高峰到谷底的平民，是一个杂耍人，都不真实，都有点夸张，悲喜交加。两种人生，而且是差异最大的两种人生，是对比，也是融合的，让一个人去品尝。

在这个一夜惊梦中，我试图对人生的符号进行思考：人生其实在印证某种符号。这是一个抽象的“人”的命题。在小说中，端白的第一个符号是错的，比如说，他是一个假皇帝。那么他怎样去摆脱这个符号？这次摆脱是被动的，他是被宫廷政变撵出宫流落江湖的。落魄使他寻找新的人生，这是第二次，他寻找新生活的过程也是去寻找一个符号，他寻找到了杂耍人这个符号，但是杂耍人也不是这个人的真实的人生归宿。僧人觉空教他做开明的皇帝，却没有教他做底层百姓。端白的人生是对符号的寻找和摆脱。最后，其实他是自我放逐在社会之外，最终成了一个与社会无关的人。

周新民：《我的帝王生涯》虚构了一个历史场景，在小说中这些场景是抽象的、不确定的，在它之前的《米》却要具体得多。《米》中写了许多具体的历史场景，有了具体背景，您在创作《米》时，是否有您的一些考虑？

苏童：《米》是我的第一部长篇小说，它的写作思维是由《1934 年的逃亡》发展下来的，经过细节的整合，铺开了对于家庭的叙述线索，人物面目变得清晰可见。我最初并没有有意识地把笔墨集中在米店家庭中，把那里作为某个现场，如此去展开写人性当中最溃烂的区域。最初我想写的是关于城市的新兴产业工人的生活，他们大都是离乡背井的农民，他们如何到了城市，他们到了城市后多半成了产业工人，成为城市贫民、城市无产者。同时我想的是失去了家园之后，他们能否拥有新的家园，新产业工人如何与城市的先来者共同生存，构成城市不伦不类的城市文化。我最初是这样的一个大的设想。

但是这个设想不符合我的写作轨迹，我的写作经常推翻设想。最终我还是回归到写“人”，还是变成了写人的境遇、人与人之间的关系，只是这个人的背景身份是来自乡村的农民，他突然出现在城市里，面对陌生的世界、陌生的文化和价值观。五龙这个人物出场以后始终动作幅度很大，对他的描写停不下来，最初那些设想的主题，于是都隐藏在“人”的背后。

周新民：回顾您的创作，“新历史”系列的小说所占据的分量要比“枫杨树”系列的小说重，和您的现实题材的小说相比更要引人注目一些。出现这种现象，是否意味着您对历史非常感兴趣？

苏童：我不是对历史感兴趣，而只是对一些“发黄”的东西感兴趣。比如说，一张今天的报纸，我并不感兴趣，但是如果茶水倒上去了，弄得很脏了，我一定拿出来看一眼。对于我来说，我的兴趣并不在于历史本身，在我的所有的小说中，具体的历史事件在小说中是看不见的，是零碎，只是布景，因此，我的历史表达从来都是不完整的，甚至有时是错误的。

所谓的历史的魅力，对我而言只是因为它是过去时态，它是发黄的，它是一大堆破碎的东西。我对它感兴趣，只是我觉得过去时优美，非常文学化，对我叙说的热情有无比的“催情力”。除了《武则天》是一个例外，在我的写作中，始终回避史料和历史记载，但是我可能拿一张旧照片来写作。

是历史的纸屑对我有吸引力。我的小说当中，人物不是当下的，而在历史中，但是在历史中，每个人都在顺着人性的线索，拼命地从历史中逃逸。我在这个层面上会更多地关注人性问题，而历史在这里只是一个符号。当小说中的历史成为符号时，历史和“人”其实就分不开了，但是在“人”的叙事中，我们还是可以窥见历史的影子。当人性无比柔韧地展开时，历史的面貌就呈现在人们的眼前，因为“人”的痕迹铺就历史。从这个意义上倒过来讲，表达“人”就是表达历史。

周新民：现在我们回到现实题材的创作。您的小说大致可以分为三个大的系列：“枫杨树”系列、“新历史”系列、现实题材系列。您对写现实题材的小说有什么样的体会？您满意的现实题材小说是哪些？

苏童：我写实的作品其实写得不够好，所谓写实是要对现实生活背后隐藏的东西进行挖掘，挖什么要明确，要舍得扔，想要的东西太多，结果可能是两手空空。我比较满意的写实小说是《桂花连锁集团》《肉联厂的春天》。

当下题材的危险性在于具有真实感，人人都可能会有体验。一个作家如果只是满足读者的认知程度，那就是失败的，作家应该远远超出别人对此的认知。当下题材和历史题材的最大的区别是想象力失去了作用。在当下题材的作品创作中，作家应该像外科医生和魔术师，像外科医生要刀刀见血；像魔术师，指东画西，障眼法过后必须令人惊喜，超越读者的认知。

周新民：写历史或者是您所说的“发黄”的题材中对“人”的关注，是您小说的主题。在写实题材中，您的主题是否变了？

苏童：不，在我的写实题材中，其实一直在表达人的处境，这是文学万变不离其宗的主题。从托尔斯泰、陀思妥耶夫斯基一直到卡夫卡，“人”仍然是现实的中心，“人”不仅表现在历史中，也体现在现实中，毕竟“人”是小说的万花筒。

周新民：谈到现实题材或者当下的题材，我不得不说到《蛇为什么会飞》，总的看来，这篇小说和以往的小说相比显得有些突兀，我想知道您怎样看待这篇小说？

苏童：这篇小说与以前的小说保持了一种隔断，这种隔断主要体现在两个方面：首先，在这篇小说中，我第一次将小说在当下进行，并且模拟了对现实生活的“打包集装箱”式的处理。小说里出现了集中场景——火车站，我让火车站成为叙述的靠山，也成为人物的靠山，情节、人物以火车站广场为中心向四周发散。其次，在小说中，我试图摆好直面现实的态度，并和现实平等说话。小说中有许多当下日常生活的符号，我企图把一个微型的社会景观放在小说中，然后让作家和读者的评判自然发生。

周新民：《蛇为什么会飞》的主题和以往的小说的主题相比，有什么变化没有？

苏童：虽然这篇小说在写作场景和写作姿态上和以往的小说相比有一些隔断，但我的兴趣仍然在写“人”，只是人物更具动态，在“人”的动态中表现“人”。千禧年、世纪末这个特定的时间，火车站这个特定的场景，人的高速流动意味深长，目的变得简单、单纯，行为却变得更加疯狂。世纪钟的钟声中，人主动地放逐自己，不是心灵需求导致的结果，是生存的本能引起的大规模的随波逐流。这样一个令人窒息的背景，让我们不得不思考现实社会与人群“面和心不和”的复杂关系。小说中，人们听见“城市”的召唤而流向城市，每个人都认为自己是城市的主人，但事实上，“城市”谁也不记得，城市在激进的发展改造之后也失去了记忆，自己都不知道自己属于谁。最终，每个人都一无所获，解决问题等待的是时间，所有人的未来其实都维系在广场的世纪钟上，那里留着人们和“城市”命运的悬念。如果让我解释，我对这个小说只能说这么多。

周新民：《蛇为什么会飞》的出现是否意味着您的创作会发生一些变化？

苏童：是的。在《蛇为什么会飞》之后，我的创作要拥抱现实。拥抱现实其实不是一个浮夸的口号，是对作家胸怀的一个很好的倡导。当然怎么个拥抱法，拥抱哪儿，这对一个作家更加重要。

周新民：《蛇为什么会飞》除了意味着您的创作目光投射到现实之外，我想，是否还意味着您的创作心态也发生了变化？

苏童：人的成长对于作家有利有弊。作家的创作冲动和年龄有一定的关系，年轻有年轻的优势和力量，人到中年以后往往想的比写的多。到什么山头唱什么歌，我有时想，如果现在把以前那些作品重写一遍会怎样？大概会匀称漂亮好多，但是野草地经过修整之后就是花园了，不是一回事。所以要我说自己的创作心态，一言难尽。我不认为年龄的老少能够决定写作质量。保持年轻是不可能的，但保持一个虔诚的文学青年的心态是可以的，那就是相信文学，相信写作，相信下一部作品是你最好的作品。

到了一定的年龄，不一定就变得成熟，但一个写作者的胸怀和眼界应该变得宽阔。写作与做人一样，脚踏实地更加安全。这有两层意思：首先，你写什么都要先挑逗自己，别先想着挑逗读者或者文学界；其次，心平气和的同时要意气风发，一个作家最害怕的是他的眼光对社会不够热情，切不可给自己规定一个作家的生活内容。

我从来不知道作家的生活应该是什么样的，只是强迫自己胸怀天下、耳听八方，如果街上卖豆腐的和卖茶叶蛋的小贩为什么事吵起来，我一定会听个明白，然后给他们评个理。

周新民：在开始写作《1934 年的逃亡》时，您以先锋小说家的姿态登上文坛；由《妻妾成群》开始，您的小说开始回归传统小说的叙事方式；到最近的《蛇为什么会飞》，您开始关注当下社会现实和社会心理。应该说，您的小说创作经历了非常大的变化，回顾您的小说创作历程，您有什么样的体会？

苏童：我的写作非常复杂。20 来岁，我是反叛的，反叛常规的，那时我认为按照常规写作是可耻的。按照这个意义来说，先锋就是反常规。按照常规写作，历史事件要有一个线索，人在历史中运动，人物要刻画性格，故事情节要有节奏，小说的叙述是线形的。但是，那时我的小说全部是碎块，是泼墨式的，这就是我反叛常规后的叙述方法。到了《妻妾成群》之后，我对传统小说方法有了兴趣。做一个永远的先锋作家不是我所追求的，我觉得一个作家的创作道路应该很长很长，我希望我与众不同，而且与自己不同。这种心态使我觉得往前走是一种进步，往后走也是一种进步，有时向传统妥协、回归传统也是一种进步。如果往回走，世界又大了，那为什么不往回走呢？在《蛇为什么会飞》中，我开始了新的探索，尝试对现实的立体把握，恨不能长六双眼睛注视，长六张嘴说话，这对我是个新的挑战。一个作家写得得心应手了就应该警惕，对于作家来说，最柔软的圈套是自己的圈套。因此我相信折腾，折腾是革命。

周新民：我们刚才对您的一些重要作品进行了一个比较翔实的了解。现在，我想和您谈谈您的小说中所表现出来的一些比较抽象的问题，这些问题涉及您小说的一些重要话题。首先，我想和您谈谈语言问题。您的小说的语言很好，您让我们感觉到一种富有抒情格调、具有绘画质感的语言。您能谈谈您对文学语言的看法吗？

苏童：我从来不觉得我的语言有什么特别，但是我认为在成为一个作家之前，语言一定要先百炼成钢，要锤炼。我最初的诗歌的写作对于锤炼语言帮助很大，所以我一直建议在写小说之前写一段时间的诗歌。

语言是一个载体，真正好的语言是别人看不出语言痕迹的，它完全化掉了，就好像是盐溶解在水中一样。最好的小说叙述语言，其实是让读者感觉不出语言本身的铺陈，只是觉得它的质地好，很柔顺或者很毛糙，似乎摸得到它的皱褶。

现代小说语言都使用现代汉语言写作，只有少数方言作家用方言写作，他们有着独特的标签。对于我们这些南方作家来说，用现代汉语写作，是对我们巨大的挑战，因为我们日常的口语和写作的语言是不一样的。但是，在写作时，我们必须克服这种语言上的差别，让人们感觉不到这种语言上的差别的存在。

周新民：在20世纪80年代，您的小说，比如“枫杨树”系列十分注重意象的运用，河水、罂粟、枫杨树等构成了您小说中十分醒目的意象，您后来的小说似乎不再注重小说意象的营造。您能谈谈您的创作上的变化吗？

苏童：在80年代，意象的大量使用是我写作的一个习惯，这习惯也许来自诗歌。在写作中，塑造人物形象也好，推进情节也好，都注重渲染意象的效果。意象背后潜藏的东西是有主题的，如孤独和逃亡、迷惘和苦闷等等，这是意象涉及的某一种主题。但是后来，我渐渐抛弃这样的一种写作方法，尤其从《妻妾成群》开始，我使用传统白描手法，意象在我的小说中存在是越来越弱。以前的小说看不出是什么画，现在的小说看得出是国画，而且是白描的、勾线的，不是水墨的。这几种创作方法，我不觉得哪种更适合我，我的创作的变数还很大，以后还会变，创作还要折腾。

周新民：阅读您的小说，我发现，您的小说大多关注的是社会中的小人物。您能谈谈您对这些小人物的看法吗？

苏童：小说多写小人物，是因为人们、对小人物有兴趣。判断人物是否是小人物，不能以社会分工标准来判断，其实一个部长、一个省长也可能是小人物性格，有小人物命运。小人物之所以“小”，是他的存在和命运对社会变迁特别敏感，而且体现出对强权和外力的弱势。对小人物的关注也是古今中外的文学遗产。其实不只是权力、财富、地位这些细节造就小人物，对于 ·个强硬的、以文献记载为准则的评判体系来说，未有记载的，都是小人物。那么小说就来记载他们吧。

周新民：我觉得您的小说在人物形象的关注上，除了小人物之外，还有一个形象写得很成功，那就是女性形象。作为一个男作家，您为什么这样关注女性形象？您为什么写女性写得这么好？您写女性的着力点是什么？

苏童：虽然男性作家写女性心理上有一点难度，但是，你必须去挑战这个难度。我觉得并不是我写女性写得多么好，而是有些男性作家不负责任，不肯好好地写一个女人。其实一个好作家，男性写得来，女性也一定要写好。像福楼拜《包法利夫人》中的爱玛，“包法利夫人就是我”，福楼拜这么说，其实是在点出作家与他所创造的人物的关系。就像创作在塑造一个作家，小说人物也在塑造一个作家。

周新民：写了这么多年的小说，您对自己哪类作品比较满意？这种喜欢程度和小说的题材有没有关系？

苏童：我只喜欢自己的短篇小说，我的中长篇小说没有让我完全满意的。我对题材没有特别的偏向。

周新民:在您心目中,有没有一个好小说的艺术标准?它是什么?

苏童:我没有一个固定的好小说的艺术标准。好小说的标准太多了,比如长篇小说《包法利夫人》《百年孤独》《喧哗与骚动》《我弥留之际》《城堡》等,这些都是好小说的艺术标准。我觉得,我还没有一部小说能达到这些小说的标准。

周新民:您关于好小说艺术标准的说法很有意思,您能否以这些作品为例,谈谈好小说的艺术标准?

苏童:行,我们可以一一分析。《包法利夫人》告诉我们,作为一个作家来说,具有足够的耐心、同情心就可以了,但是福楼拜拥有的比这还多。你写不出来一个堕落的女人让人疼痛的味道来,但福楼拜能让人感觉到情感是深渊,深不可测,让人在爱玛死前就对她的前途充满恐惧。这篇小说让人触摸到人类情感生活中几乎所有的肌理,而爱玛的自我沦丧就像人在狂风暴雨中走钢丝,最终掉下来了。这就是一种好小说。

《百年孤独》的好,不在于它被人颠来倒去地夸赞的叙述手法,在于它是一个关于想象力的运用的最佳小说文本。当然它是关于孤独的小说,但伟大的是它让你看见,一个人可以用天天给自己织裹尸布来对抗死亡,一个人可以带着毯子飞上天来抵御孤独。马尔克斯说,孤独的反义词是团结。说得好,我在这里跟着他胡说吧,想象的反义词是真实。也许这部小说就是一个词的反义词,是飞翔的反义词。飞得美,飞得远,当然是一个好的小说的标准。

《喧哗与骚动》是另一种好小说的艺术标准。心理流和意识流是评论家的赞美语汇,它让我感觉到五官享受到了文字的狂欢。白痴昆丁和他的妹妹都在五彩缤纷之中,你会有各种幻觉。比如在小说中,作者提到了忍冬,我从来不知道什么是忍冬花,但是通过文字,我感受到了它,我的感官享受到了忍冬的气味。

《城堡》大概是所有作家心目中的好小说,它要你全身心地投入。卡夫卡的哲学不是表达出来的,而是天生的,他只会这样写。他对哲学的运用,是他把他的哲学藏在他观察世界的目光中。城堡与人的距离是亘古不变的法令,这法令是卡夫卡颁布的,有谁能够逾越?这样好的小说,它不给你感官的享受,而是给你智慧的享受,这也是好的小说的一种标准。

《我弥留之际》也是好小说的一个标准,它的每一个章节就是一个人物,情节线索非常简单,围绕一个非常简单的情节——跋山涉水为母亲送葬,支撑了一个非常庞大的人性内容。亲情的后面是背叛,温情的后面是冷漠,让你为一部小说所能容下的空间感到惊喜。

周新民:您这一代人开始文学创作的准备阶段适逢改革开放的年代,接触了大量的外国文学,塞林格、博尔赫斯、马尔克斯、福克纳、海明威等作家对中国作家产生过很大的影响,您的创作受过他们的影响吗?

苏童:在这些作家中,塞林格对我的影响很大,他的《麦田里的守望者》是我在大学时读的。他的贡献不仅在于他贡献了青春期看人生的独特角度,而且他对青春期本身的描写也打动了我,他描写的青春期的人的心路历程和我很像。不只是塞林格的文学打动了我,也许是一种关于青春期的精确描述深深打动了我。好多文学作品打动他人,就是从情感上打动的。《麦田里的守望者》对于少年心的描写散漫而无所用心,却如闻呼吸之声。除了社会环境不同,《麦田里的守望者》和《九故事》中少年们的青涩心态、成长情绪、成长困难,都深深打动了我。我在80年代末有一批短篇小说都深受他的影响,我的小说集《少年血》中的一些作品和他的影响有关,我只是在写作时竭力控制,远离他的阴影。

博尔赫斯,我很喜欢,但在所有喜欢他的中国作家中,我敢说我是没有受他的影响的作家之一,在我的作品中没有他的影子。至于马尔克斯,他用想象力统治一切的写作手法对一大批作家的影响都很大,与其说迷信马尔克斯,不如说是迷信想象力,但恰好想象力是与生俱来的,怎么模仿?你谈到的福克纳,我很喜欢他,他作品的变化很大,每个时期作品的变化都很大,学习福克纳是可行的,可以学习一种对写作品质的要求,但模仿是不行的,因为无法模仿他。人家喜欢的海明威,他也是被认为最容易模仿的,许多文学青年都喜欢模仿他,但我在警惕他,有意识地避开他,因为你一学海明威别人就看得出来,说你的文字上贴着胸毛。

周新民:您的作品中是否有传统文化的影子?

苏童:我在写作的初期,读外国作家的作品比中国作家的作品多,这和我所处的时代相关。那时开放突如其来,我们还来不及接触中国传统文化,西方的作品就先进来了。我们那一代人与传统文化是隔断的,我现在对传统文化的了解是在后天补的课。

周新民:那现代作家呢?您是怎样看待现代文学史上的著名作家?

苏童:关于现代作家,我个人对三个作家的评价很高,他们在中国文学史上是举足轻重的,他们是鲁迅、沈从文、张爱玲。

鲁迅对我们而言值得学习的是他的姿态和胸襟,他的伟大在于他的精神,他在教育我们为人为文的品格。在我心目中,与创作的影响相比,他更是一座德行的山峰。沈从文的写作别开生面，他对湘西的描述时隔多年后仍然鲜活生动，这不光是由于他的文学目的清洁，他的小说语言在其中也立了功，是真正清新自然的、最简洁的20世纪三四十年代的汉语。在现今作家看来，许多20世纪三四十年代作家的小说观和我们有着十分明显的隔阂，尤其在语言方面，许多作家的语言在今天看来十分别扭，而沈从文却不同，他的语言直到今天还有许多值得我们学习的地方。张爱玲近年来忽然变成了一个时尚的作家，也不知道是好事还是坏事。就我的理解，她的好处是最大程度张扬了个人感受对群体世界的抵触，而且是通过汉语文字本身的张力和遣词造句的方法。我不知道怎么形容他们对我写作的启迪，启迪一定是有的，但我所关注的世界与他们的作品距离比较远，没有可以对应的文本来分析或者坦白。

周新民：您是作家中“触电”较早的一位作家，也是“触电”十分成功的一位作家。您的《妻妾成群》改编成电影，非常成功，您的小说《米》改编成了电影《大鸿米店》，《妇女生活》正在改编成电影《茉莉花开》。您是怎样看待您的小说被改编成电影这件事？

苏童：电影的写作其实和我的写作没有关系，我是被牵扯着进进出出的。从某种意义上来说，电影改写了我的形象，甚至有记者说我很商业。其实，我认为，电影和作家经常发生关系，这是一种非常简单的供求关系，供求双方都不可能为对方改变自己的创作生活。作家永远为文学写作，不是为电影文学写作，这是常识，也许不用多说。

《妻妾成群》被改编成电影，一炮而红，因为这个我被更多人认识。很多作家的作品被影视改编后，走出了文学的小圈子。电影改编对作家来说不是好事，也不是坏事，全看你怎样和它保持距离，而且这距离没必要人为造成，去拉长或者缩短。对待改编，大致说来，有两种办法。一种是不改编，有的作家为了保持小说自身的艺术特性，为了自己的小说不受伤害，拒绝改编，这是一种比较好的选择；另一种是我的做法，我觉得我的做法也比较好，把小说托付他人，改成电影，把它看成是我的小说的一种再生产的方式。改编成电影之后，就和我没关系了，我的小说永远是我的，一旦改成电影之后，它就不属于我了，我和电影之间只属于亲戚关系。

周新民：电影和电视的受众面非常广，作家的作品改成电影和电视是否有助于作品的传播？你是否满意对您的作品的改编？

苏童：如果我的作品改编成电视剧，我就要挑选编剧。我的小说改编成电影，运气比较好，张艺谋、李少红、黄健中等都是非常好的导演。

周新民：最后，我想了解一下您创作上的打算。

苏童：我的写作从来没有什么打算。最近我在改动我的一个短篇小说，可能要一段时间。我现在希望不要把我的小说写坏。这种心态不一定好，但一直是我对创作的一个要求。

我从来不去找小说，而是小说找我。一个作家，写作只是他的生活中的一部分，其余的都是精神世界，这个精神世界很可能就是小说世界，但不一定非得是小说世界。干什么都有干什么的难处，总之，作家的生活是艰辛的，其中的艰辛只有他们自己能体会。

评　论《

生命意识的逃遁

——苏童小说中历史与个人的关系

周新民

在中国现当代文化语境中，历史常常不再只是简简单单地对曾经发生过的事实的指称，它被神话化为社会发展的潜在的、不可抗拒的规律，被赋予最高、最有效的价值准则。在这样的文化语境中，历史成为社会个体——“人”——高不可攀的对象，它是个人的最高意义之源，皈依历史最终成为实现个人价值的根本途径，同时，历史也是个人最终的归宿。历史与个人的这种关系，在20世纪中国文学叙事中，特别是在叙述历史、具有史诗意义的一些小说经典文本，如《青春之歌》《红旗谱》《创业史》等中，有着鲜明的表现。在这些小说中，历史意义与价值总是以最高、最有力的规范与标准高居于个人的头顶之上，成为个人追求意义、完成自我的价值尺度。因此，在小说叙事的逻辑演绎中，历史与个人具有同构性。这种叙事策略，一直持续到了20世纪80年代中后期才发生根本性的改变。在这一文学史的重要时期，历史与个人的关系在两个方面开始发生变化。一方面，在李晓的《相会在K市》、格非的《大年》等作品中，历史的必然性及其意识形态的合法性受到质疑。这些作品里的个人，开始从历史的压力中探出脆弱的头颅，在对历史的质疑中，个人的生命意识、个人价值才开始有了独立的可能。就这样，《相会在K市》《大年》在历史自身的必然性溃败的叙事中，奏响了个人对历史反叛的序曲。另一方面，莫言的《红高粱》开始在历史叙事的规范中寻找到个人生命意识的合法性，把在以往的小说叙事中受到质疑的生命意识解放出来，从而在对生命意识的张扬中，把历史与个人的关系带到了新的境地。在《红高粱》中，个人的生命意识不再是历史意义与价值排斥的对象，同时，生命意识及其象征物也具有了同历史相等的价值与意义，它也因而共享了历史的价值，并且在相当程度上修补了历史叙事的不足与缺陷。因此，在《红高粱》的叙事逻辑中，作为个人表征的生命意识，在一定程度上分享了历史自身的意识形态的合法性。通过对历史价值与合法性的分享，《红高粱》改写了个人与历史的关系。

但是，从根本上改写历史与个人关系的是苏童的一系列小说，如《妻妾成群》《红粉》《我的帝王生涯》等，这些小说则把个人与历史关系的叙事推向了一个崭新的高度。在这些小说中，个人与历史的关系呈现出崭新的面貌：个人不再是历史忠实的奴婢，而以自身的生命律动与节奏，同历史意义及价值相分离，并最终摒弃了历史参照系，以自在自足的全新姿态，宣告了个人从历史规范中破壳而出。因此，在苏童的这几篇小说中，中国文学史上的个人与历史的关系发生了根本性的变化：个人从历史宏大的视野中走出，以个人的自在性抵抗历史的束缚，甚至，个人不再是历史的同路人，而是历史的陌路者。

在苏童的笔下，个人的自主性使历史成为碎片，个人不为历史的力量所掣肘，它以自身的力量与历史展开了较量。《妻妾成群》为我们展示了个人与历史开始分道扬镳的新图景。小说叙述了知识女青年颂莲在父亲死后，中断学业，自愿做地主陈左迁的小妾，在陈家与其他几位姨太太毓云、卓云、梅珊争风吃醋的故事。这是一个十分常见的、描写中国传统旧家庭大院内的故事，这个故事本身并没有什么新鲜感，让人感兴趣的是，《妻妾成群》是对历史经典叙事的戏仿。“五四”新文化运动掀开了中国历史叙事新篇章，在之后的诸多小说文本中，知识女青年们在新知识的启蒙下，勇敢地冲破旧礼教的禁锢，在社会中寻找属于自己的世界，并把个人的世俗幸福生活建立在对历史价值与意义的分享上。冲破旧礼教，张扬个人精神与价值，成为“五四”后新文学的典型叙事。在这样的叙事规范中，个人价值与历史逻辑紧密相关，二者甚至成为一个整体。随着社会现实的发展，当“阶级斗争”成为新文学的新的叙事范式时，这种个人与历史合而为一的叙事理念，表现为个人的价值与外在的社会历史价值的一致性上。颂莲所处的时代正是一个新旧历史时期的分界点，接受知识的洗礼，成为一名新青年，是历史的趋势与走向。《妻妾成群》里的颂莲虽然接受了新式教育，成了一名知识青年，但是她并不是以“历史代言人”的身份出现的，她的举动与历史趋势相违背:她主动地、自愿地成为陈左迁的小妾。促使颂莲做出决定性选择力量的,不是历史价值,而是个人自身的生命需求。因为父亲去世,个人生计成问题,她才决定做衣食无忧的陈家的小妾。在陈家,受到新知识洗礼的颂莲与其他姨太太一样,为争宠而争风吃醋,为满足年轻的生命机体的需要而偷情。颂莲渐渐远离历史价值与意义的播撒,随着她的个人欲望渐渐膨胀,投照在颂莲身上的历史的光辉渐渐暗淡,历史的脚步声在个人日益扩张的生命节律中,逐渐远离颂莲的生活。

我们看到,历史作为潜在的、涌动的河流,与颂莲擦肩而过。这个大学一年级的学生,在她身上体现出来的做派与陈左迁的其他几位姨太太如出一辙。梅珊与医生偷情,颂莲与陈左迁的儿子飞浦之间,何尝没有偷情的情感倾向与行为?卓云与梅珊为了争夺陈左迁的宠爱,互相陷害。颂莲对丫头雁儿的迫害,何尝又不是因为争宠?知识青年颂莲的做法,与其他几位姨太太之间,并不存在着本质上的差别。知识所代表的历史河流并没有携裹着颂莲一起前进,颂莲身上所体现出来的生命欲求,并没有因为曾受过知识洗礼的缘故被纳入历史的轨道,她与其他几位禁锢在旧时代的姨太太相比,并没有显示出新的历史趋势的独特性。生命欲望充溢的个人,以它自身的特性,与历史趋势形同陌路,这是《妻妾成群》给予我们的启迪。

《妻妾成群》所体现的是,在一定的历史趋势中,个人的独特性与自在性,它显示的是潜在的历史力量与个人生命特性之间的角逐与较量。在这场较量中,个人的源自生命欲求的力量,最终掩盖了历史的锋芒,而这种个人与历史间的较量,即使发生在历史价值已经占据着相当的、绝对的胜算的时期,个人的、自身的生命欲求同样能从历史的手掌中逃脱。《红粉》对此做了形象的阐释。与《妻妾成群》相比,在《红粉》中,苏童把历史与个人的分离关系表现得更加清晰。《红粉》叙述了喜红楼妓女秋仪和小萼在新中国成立后几年间的生活。新中国的成立标志着一个新的历史时期的到来,关于这个新历史时期如何把旧社会中的"非人"变成新社会中的"人"的叙事,是"十七年"小说的常规叙事模式。陆文夫的《小巷深处》(1956 年)就叙述了妓女徐文霞在新社会的帮助下,经过劳动改造蜕化为新人,并获得爱情的故事。在《小巷深处》中,徐文霞(徐文霞是新中国成立后取的名字,当妓女的时候的名字叫阿四妹)旧的历史——阿四妹的妓女生活——已成为过去,新的历史以巨大的力量重新塑造了她。在新的历史环境中,徐文霞感受到了新历史母亲般的生育和养育的温暖,蜕变为一个崭新的人。在《小巷深处》中,历史与个人是一体的,历史的意义与价值成为个人追求的最高目标,同时,它也宣告了历史具有巨大力量,足以改变个人的一切。另外,历史也为个人安排了幸福的世俗生活,作为个人委身于历史的回报。小说中,徐文霞获得了技术员的爱情，正是这种意识的体现。最终，这篇小说里，个人无法逃避历史的力量，接受了历史的规范，成为历史宏大逻辑中被演绎的符码，同时，个人也分享了历史的胜利。

与《小巷深处》一样，《红粉》也是叙写历史剧变时期的妓女生活的，但是秋仪和小萼却没有像徐文霞那样主动地接受历史对个人的设计与规范，而是从历史对人的铸造、改造中逃离。因此，与《小巷深处》宣扬历史与个人的同步于一体，进而彰显历史的神话功能不同，《红粉》则流露出历史与个人的分离倾向。在《红粉》中，秋仪主动地逃离历史的设计，她从被送去改造的车上跳车逃走，随后，她走上了一条与当时历史轨迹相异的道路——她逃到她的常客老蒲那里，当老蒲对她移情别恋后，她遁入佛门，终因生计困顿，嫁给了冯驼子。

与秋仪通过逃跑的方式逃避历史的规范不同，小萼虽然没有用跳车逃跑的方式来拒绝历史的规范，但她内心深处却在逃避历史的力量。在新的历史意识场景中，小萼并没有为新的历史到来而感到幸福，她感到的只是痛苦，甚至想到要自杀，这种痛苦很大程度上来源于她对新的历史对人的改造的恐惧。对她而言，每天缝完三十条麻袋的改造方式实在难以接受。相反，在旧的历史场景中，在妓院做妓女，让她这样无家可归、无父无母的人找到了归宿。对小萼来说，相对于个人的生存而言，个人身上所承载的社会历史价值与历史意义，与被妓院剥削相比，没有多大的优先意义。因此，新的历史对她的改造的社会历史价值和意义，要远远大于她的自然生命的承受力，她无法忍受社会历史价值与意义对个人自然性生命的压抑，她觉得这种力量带来的压抑与夺去她的自然性生命没有根本性的差别，因此，她曾选择用自杀来逃避改造。在小萼看来，个人对历史的评价、对历史的参与程度，取决于个人生命的承受程度，而不是历史自身的价值。因此，在小说中，当作为历史的代言者——女干部，以“历史”的形象来启迪小萼认同历史意义、价值时，小萼却执拗地维护自然性生命意识，逃离了历史价值的“招安”。

> 小萼，请你说说你的经历吧。一个女干部对小萼微笑着说，别害怕，我们都是阶级姐妹。
>
> 小萼无力地摇了摇头，她说，我不想说，我缝不完三十条麻袋，就这些，我没什么可说的。
>
> 你这个态度是不利于重新做人的。女干部温和地说，我们想听听你为什么想到去死，你有什么苦就对我们诉，我们都是阶级姐妹，都是苦水里泡大的。

我说过了，我的手上起血泡，缝不完三十条麻袋。我只好去死。

这不是主要原因。你被妓院剥削压迫了好多年，你苦大仇深，又无力反抗，你害怕重新落到敌人的手中，所以你想到了死，我说得对吗？

我不知道。小萼依然低着头看丝袜上的洞眼，她说，我害怕极了。

千万别害怕。现在没有人来伤害你了。让你们来劳动训练营是改造你们，争取早日回到社会重新做人。妓院是旧中国的产物，它已经被消灭了。你以后想干什么？想当工人，还是想到商店当售货员？

我不知道。干什么都行，只要不太累人。

好吧。小萼，现在说说你是怎么落到鸨母手中。我们想帮助你，我们想请你参加下个月的妇女集会，控诉鸨母和妓院对你的欺凌和压迫。

我不想说。小萼说，这种事怎么好对众人说，我怎么说得出口？

没让你说那些脏事。女干部微红着脸解释说，是控诉，你懂吗？比如你可以控诉妓院怎样把你骗进去的，你想逃跑时他们又怎样毒打你的。稍微夸张点没关系，主要是向敌人讨还血债，最后你再喊几句口号就行了。

我不会控诉，真的不会。小萼淡漠地说，你们可能不知道，这到喜红楼是画过押立了卖身契的，再说他们从来没有打过我，我规规矩矩地接客，他们凭什么打我呢？

这么说，你是自愿到喜红楼的？

是的，小萼又垂下头，她说，我十六岁时爹死了，娘改嫁了，我只好离开家乡到这儿找事干。没人养我，我自己挣钱养自己。

那么你为什么不到缫丝厂去做工呢？我们也是苦出身，我们都进了缫丝厂，一样可以挣钱呀。

你们不怕吃苦，可我怕吃苦。小萼的目光变得无限哀伤，她突然捂着脸呜咽起来，她说，你们是良家妇女，可我天生是个贱货。我没有办法，谁让我天生就是一个贱货。

小萼所固执的己见是，个人的生命意识与生命历程具有独立的、自在的存在，即使面对历史的力量，它也应该有自身的独立性、合法性。后来小萼在一家玻璃厂洗瓶子，她所从事的劳动算是最轻松的劳动。但劳动一段时间后，她主动闲居在家。在她身上，自然性生命的标准取代了社会历史意义与价值。小萼从形式上参加了社会改造，但是从实质上看，她抛弃了历史对她的铸造。在新的历史环境中，她的生活仍然只保持着对自然性生命的维护。她嫁给老蒲，追求物质享乐，最终，在经济的压力下，老蒲贪污犯罪。在老蒲入狱后，她为了个人的生存而抛弃儿子，远走他乡。

作为生命个体的小萼与历史之间的遭遇，显示了个人与历史之间的分离关系。在小萼看来，个人的生存境况与历史——无论这种历史被命名为新的社会还是旧社会——没有多大的关联。作为生命个体，人的存在首先是对自然性生命存在的维护，而不是追求历史意义与价值。新的历史无法改变小萼对自然性生命意识的坚持，小萼所做的一切表明了个人生命意识的独立性。个人生命意识的独立性，是作为人存在的基本法则，它与外在个人的历史法则是不相关的。在小说的结尾，从未体验过旧历史生活、生长在新的历史环境中的男孩冯新华(小萼与老蒲的孩子)，对胭脂盒天然的亲近，更加显示了个人的自然性生命对历史的拒绝，与历史的疏远，而与人自身的生命律动的亲和。很显然，《红粉》所表现的是人与历史是陌生人的关系。在这样的关系里，人的生存无法以新、旧历史来划分界线，个人的生存最终不必从历史那里取得任何的证明，个人也无法获得历史的支持，历史也无法为个人的世俗生活的幸福提供保障。《妻妾成群》《红粉》彰明了个人与历史间的分离关系，它们表明，在个人的自然性生命面前，历史的尴尬与无能、历史的威严与力量被个人的生命存在的执拗所嘲弄，历史的缰绳在个人生命自主性的冲撞下，显得疲软无力。

虽然在《妻妾成群》《红粉》中，苏童极力彰显了历史与个人之间的分离关系，但是苏童的目的显然并不在此。当历史与个人的关系确定之后，他的注意力和思想焦点，集中到个人存在的意义与价值的思考上：在一定历史氛围与历史时期里，个人的生命的意义并不是对历史意义与历史价值的追溯，而是对生命存在的关注，对生命体验的关怀。在这里，生命存在并不具有西方现代哲学里的意味。在萨特、海德格尔等那里，存在与一定的形而上的价值联系在一起，而在苏童的小说里，存在及生命体验显示的是自然性生命个体在具体历史环境中的生存感受，它显示了褪除历史重轭后个人的生命自由与冲撞。在这里，历史只是时间或是事件的标示，而不是个人生命的价值源泉。颂莲上学接受教育，并不是对历史趋势自觉的回应，她所追求的价值显然不是历史价值。正因为这样，她在父亲去世后，选择“小妾”这一与当时历史价值相违背的角色，从而放弃了历史的要求与召唤。对于秋仪和小萼而言，新中国的诞生，只是她们个人生命的一个事件，同时也只是个人生活方式改变的一个时间标记，她们所坚持的仍是生命存在的自主性方式。历史意义与价值在她们看来是与个人生命毫不相关的，当历史与个人相遇时，历史的社会意义与价值被抽空，历史萎缩为个人生存时间与事件，甚至淡化为个人存在的氛围。与历史的社会价值与意义被弱化、被淡化相比，个人生命存在被凸现，个人的生存遭际受到关注。在《妻妾成群》《红粉》中，当个人被叙述成从历史神话中分离出来的形象时，个人的存在的价值和意义已经开始受到关注，个人的生命存在浮出历史的水面，成为关注的中心。因此，在苏童的《我的帝王生涯》里，对具体的历史事件的价值与意义的判断被模糊，而个人的生存状况成为关注的焦点。在《我的帝王生涯》里，苏童在后跋中谈到这部小说的写作目的时说："我希望读者朋友不要把《我的帝王生涯》当历史小说来读，我在写作中模糊具体年代的用意也在于此，考证典故和真实性会是我们双方的负担。小说里的红粉鬓影和宫廷阴谋都只是雨夜惊梦，小说里的灾难和杀戮也只是我对每一个世界每一堆人群的忧虑和恐慌，如此而已。"这种突出人的生命存在、淡化历史的意图，被清晰地贯彻在小说文本中。在小说里，历史的社会意义与价值不再是超越个人、规范个人的力量，相反，在个人的生命体验面前，历史被掏空为时间和事件的符码，因而，个人不再是历史意义与价值的载体，相反，这个曾被历史重轭囚困的对象，却向历史发难，它所表现出的对生命体验的执拗，让历史步步退却为空洞的符号，在个人的生命体验的威逼下，淡化为环绕着个人的生存氛围。

《我的帝王生涯》中本应作为历史意义与价值的载体的帝王，在"我"的个人的生存体验面前，总处于被动尴尬的角色上。小说在帝王的历史价值被弱化、而"我"的生命意识得到强化的二元对立的叙事结构中展开。在小说的开头，"我"讨厌父亲的死，对他的去世没有一丝的忧伤。在听取司仪宣读遗旨这个重大的"历史"时刻，"我"的个人体验并没有迎合历史氛围，"我"所表现出来的只是作为一个少年的自身的意识，"我"的意识被祖母腰带上垂下的玉如意所吸引。在王冠加顶的时刻，"我"的体验仍然是个人的、生理性的，而不是具有历史感的："我"感受到了情绪上的害羞和窘迫，感到头顶的"冰凉"。"我"的这种来自生命自身的冲动和体验常常越过历史符码——帝王的边界，帝王这一历史角色常常被少年的生命律动所冲淡、稀释，甚至，被生命的跃动所颠覆。当"我"出巡到彭国地界上，"我"明知品州西王对自己并不友好，仍禁不住外边世界的诱惑，微服私访，和燕郎一起享受少年的快乐。在"我"看来，帝王本来就是社会历史符码，它并不能反映一个人存在的真实状况。在品州的这次微服私访的过程中，"我"和宦官燕郎做了一个换装的游戏，"我"发现，燕郎穿上帝王的服装，同样具有帝王风范；而真实的帝王——"我"却因穿上宦官的衣服，俨然真实的宦官。苏童通过换装的描写，把帝王的标志认定为帝王的服装，充分显示了帝王只具有符码功能的真实面目。镶嵌在历史链条中的帝王只是抽象的、空洞的皮囊，其具体的内容只能等待历史的填充。但是，"我"拒绝了历史对"我"的注释，在"我"的帝王生涯中，"我"的少年生命意识的勃发，阻隔了历史意义与价值的进驻。

宫廷惨烈的斗争、国家风雨飘摇的命运，并不能引起“我”的历史责任感，少年的“我”只是鲜明地感到对生命的恐惧与厌恶。“我”把更多的热情倾注在宠爱的妃子上，在与爱妃的共同相处中，感受到了作为人的生命欢娱。在小说中，苏童在帝王符码的空洞与少年的生命意识的勃发的对比描写中，展开了人与历史的对话与思考。生命意识与帝王角色的对比，以及生命意识对帝王角色的扩张，都只是作为生命个体的“我”在具体历史氛围中的生存体验。毫无疑问，这种体验是超出历史的规范的，同样也是历史自身意义与价值所无法涉及的。这种帝王与少年的二元对立的叙述在小说的后半部分中依然存在，虽然这时“我”已经不是帝王了，但这种二元对立结构转化为《论语》与走索之间的二元对立。走出宫廷之后，“我”沉迷于走索。早在帝王之位上时，“我”就十分渴望成为走索的杂耍人，当“我”的兄弟成功地发动了宫廷政变后，“我”的愿望才真正实现，“我”才从帝王的人生之壳中脱身而出，找回了真正的自身。与帝王这一历史角色的冷漠与失败相比，走索的人生才是“我”成功的人生，也是“我”真正的人生。在走索中，“我”谛听生命的节律，在绳索上完美绝伦地展现少年的真实的生命状态。而随身携带的《论语》，“我”总是无法静心阅读，治国安邦的历史遗训，“我”总是无法领会。“我”疏远《论语》，痴迷走索，最终完成了对个人生存状况的书写。

的确，历史与个人关系的常规叙事范式在苏童这里开始分崩离析。在《红粉》和《妻妾成群》中，个人的生命意识从历史中开始分离出来，显示了个人生命意识的自在的、独有的特征，他进而在《我的帝王生涯》中展示了作为生命个体的人在历史氛围中的生命体验。在这里，生命的存在状态远远地溢出了历史的疆界，成为个人存在的本真状态。当“我”还是帝王时，作为少年的“我”对自然性生命体验的关注远远超过了“我”对帝王这一社会历史符码的眷顾，当帝王这一历史外饰被抛弃后，“我”生命的本色显示出来了。这种生命的本色的显现在小说中体现为走索，走索集中地展示了“我”的生命律动，它表现了比帝王更为真实更为正常的个人的存在状态。在“我”的后半生，走索一直体现了“我”的本真生命状态。虽然后来在“我”出家后也读《论语》，但是，这时阅读《论语》，并不是从历史价值出发，它所显示的历史价值并不是“我”阅读的根本目的，而只是“我”对生命的体验方式。

在苏童这里，由于生命意识逃逸了历史的法网，它的存在并不仰仗历史的合法性，而是以自身的尺度存在，它存在的功能并不是修补历史的不足与缺陷，而是昭示与历史不同的价值尺度与规范，并最终彰示人自身的生存状态。颂莲、小萼、“我”从历史法则中的逃离，对自身生命的呵护，对生命存在的体认，无不都显示了这一主题。苏童在《妻妾成群》《红粉》《我的帝王生涯》中，就这样抒写了历史与个人生命意识之间的分离关系，进而把个人的生命意识作为个人存在的根本，探询了生命意识作为个人存在的状态。

生命意识的书写和吟唱是20世纪80年代中期以降文学的重要主题。个人自然性生命意识诚然是对历史理性与历史规律的解构力量，从个人生命意识的自然性与历史理性各自运行的理路来讲，二者是分离的。但是，作为社会结构之中的个人的生命意识必然迥异于自然界中一般性的物的生命意识。当面对社会结构中的历史时，个人的生命意识在多大程度上拥有自律性，在多大程度上与历史理性相对话？在历史这个社会的群体磨盘转动时，个人生命意识的叙事呢喃与之有何关联？与之有何种生命意识上的纠缠和冲撞？这是苏童小说从历史叙事神话走向个人生命意识的神话式叙事之后面临的一个重大挑战，同时，这也是在当下，当代小说必须要面对的一个具有时代意味的课题。

（载《小说评论》2004年第2期）

主要作品目录《

长篇小说

《米》，江苏文艺出版社1991年版。

《蛇为什么会飞》，云南人民出版社2002年版。

《红粉》，上海文艺出版社2004年版。

《武则天》，上海文艺出版社2004年版。

《城北地带》，上海文艺出版社2004年版。

《我的帝王生涯》，上海文艺出版社2005年版。

《碧奴》，重庆出版社2006年版。

《河岸》，人民文学出版社2010年版。

《黄雀记》，作家出版社2013年版。

中短篇小说集

《1934年的逃亡》，上海社科院出版社1988年版。

《祭奠红马》,江苏文艺出版社1991年版。

《妻妾成群》,长江文艺出版社1992年版。

《少年血》,江苏文艺出版社1993年版。

《世界两侧》,江苏文艺出版社1993年版。

《刺青时代》,长江文艺出版社1993年版。

《婚姻即景》,江苏文艺出版社1994年版。

《后宫》,江苏文艺出版社1994年版。

《末代爱情》,江苏文艺出版社1994年版。

《蝴蝶与棋》,江苏文艺出版社1996年版。

《碎瓦》,江苏文艺出版社1997年版。

《纸上的美女》,人民日报出版社1998年版。

《枕边的辉煌》,新世界出版社1999年版。

《江南味道》,南方出版社1999年版。

《水鬼手册》,江苏文艺出版社2000年版。

《妇女乐园》,浙江文艺出版社2000年版。

《枫杨树山歌》,中国社会科学出版社2001年版。

《像天使一样美丽》,广西师范大学出版社2001年版。

《一个礼拜天的早晨》,广西师范大学出版社2001年版。

《苏童》,人民文学出版社2001年版。

《你丈夫是干什么的》,广西师范大学出版社2001年版。

《当代中国小说名家珍藏版·苏童卷》,文化艺术出版社2001年版。

《妇女生活》,江苏文艺出版社2003年版。

《另一种妇女生活》,江苏文艺出版社2003年版。

《妻妾成群》,上海文艺出版社2004年版。

《罂粟之家》,上海文艺出版社2004年版。

《刺青时代》,上海文艺出版社2004年版。

《城北地带》,上海文艺出版社2004年版。

《菩萨蛮》,上海文艺出版社2004年版。

《向日葵》,上海文艺出版社2004年版。

《神女峰》,上海文艺出版社2004年版。

《骑兵》,上海文艺出版社2004年版。

《训子记》,上海文艺出版社 2004 年版。

《苏童中篇小说选》,上海社会科学院出版社 2004 年版。

《桥上的疯妈妈》,春风文艺出版社 2005 年版。

《训子记》,云南人民出版社 2005 年版。

《私宴》,文汇出版社 2006 年版。

《苏童精选集》,北京燕山出版社 2006 年版。

《苏童作品精选》,长江文艺出版社 2007 年版。

《苏童作品精编》,漓江出版社 2007 年版。

《狂奔》,人民文学出版社 2007 年版。

《白沙》,人民文学出版社 2007 年版。

《垂杨柳》,人民文学出版社 2007 年版。

《白雪猪头》,上海文艺出版社 2012 年版。

《十九间房》,辽宁人民出版社 2013 年版。

《中国好小说·苏童》,中国青年出版社 2013 年版。

《哭泣的耳朵》,河南大学出版社 2013 年版。

《苏童六短篇》,海豚出版社 2014 年版。

《苏童作品·精华本》,长江文艺出版社 2014 年版。

《拾婴记》,人民文学出版社 2016 年版。

《水鬼:苏童短篇小说选》,华东师范大学出版社 2016 年版。

《私宴》,江苏凤凰文艺出版社 2016 年版。

《万用表》,江苏凤凰文艺出版社 2017 年版。

《她的名字》,百花文艺出版社 2017 年版。

《夜间故事》,人民文学出版社 2018 年版。

《玛多娜生意》,人民文学出版社 2018 年版。

散文随笔集

《寻找灯绳》,江苏文艺出版社 1995 年版。

《捕捉阳光》,上海书店出版社 1996 年版。

《片断拼接》,西苑出版社 2000 年版。

《苏童散文》,浙江文艺出版社 2000 年版。

《虚构的热情》,江苏人民出版社 2003 年版。

《河流的秘密》,作家出版社2009年版。

《露天电影:苏童散文》,浙江文艺出版社2014年版。

《自行车之歌》,明天出版社2013年版。

《你为何对我感到失望》,北京联合出版传媒(集团)股份有限公司、万卷出版公司2016年版。

《活着,不着急》,中信出版社2019年版。

《夏天的一条街道》,山东画报出版社2019年版。

孙惠芬

女，1961 年生，辽宁庄河人。

小　引《

20世纪30年代中期，鲁迅在为《中国新文学大系·小说二集》所写的序言中，针对20年代初北京出现的一些青年作家如蹇先艾、裴文中、许钦文、王鲁彦等人的创作，曾说过这样的一段话："凡在北京用笔写出他的胸臆来的人们，无论他自称为用主观或客观，其实往往是乡土文学，从北京这方面说，则是侨寓文学的作者。"这段话后来就成了中国新文学史上对"乡土文学"的一个经典的定义。如果结合鲁迅对这些作家的作品所作的具体分析，我们可以看到，鲁迅所见的"乡土文学"，包含了他所说的三个方面的特征：一是"侨寓"北京的作者所为；二是对"故乡"的回忆之作；三是"隐现"了作者的"乡愁"。这三个方面的特征，后来就成了制作"乡土文学"的不二法门。因为是"侨寓"者的文学，所以现代的"乡土文学"因而也就离不开这"忆"和"愁"二字。这当然主要说的是鲁迅那个时代的"乡土文学"，因为旧式的乡村生活非常压抑，所以但凡有一点知识的年轻人，知道一点外面的事情，就难免不安分，要到他们所向往的"外边"(大半是城市)来找他们所要的新东西。但是，到了城里以后，又发现城市也不完全是甚至完全不是他想象的那样，有些地方甚至还不如他离开的乡村，于是，又难免要回过头去怀念乡村，但这回的怀念却是可望而不可即，这样就不免要平添出几份怀念故乡的愁绪来。"乡土文学"于是又被人称之为"乡愁文学"。

现代"乡土文学"作家的心灵，在城市和乡村之间这样来回折腾，令我想到了钱钟书在《围城》中那句已经被人传得俗滥了的话，套用过来，是所谓城里的人想下乡，乡下的人想进城；没进城的想进城，进了城的又想回乡。这样循环往复，终究没个了结。用现代哲学的说法，也许这就是一种存在的困境，也是一种难以挣脱的宿命。说到宿命，中国人常常会想到冥冥之中主宰我们命运的上天或鬼神，殊不知，真正掌握我们命运的，是那样我们所不知的或无法左右的现实的力量，比如上面说到的城市对乡下人的魔力，乡村对城里人的魔力。在鲁迅那个时代，城市代表了现代，代表了文明，乡村反之，是古旧、落后、野蛮、愚昧的象征。偏偏人心不"古"，不愿意老停留在古旧的乡村，要到新式的城市去呼吸一点新鲜的气息，所以知道这一层新旧之别的年轻人(又往往是知识青年),就对城市趋之若鹜。用一句理论的话说,这是现代启蒙精神的召唤。这些进了城的乡村知识青年,于是也就成了接受启蒙洗礼的新人。既然如此,何以又要怀念旧家、眷恋"父亲的花园"呢?这又得说到人的本性上来。人心不"古",喜新厌旧,是一种本性,但现代的心理学(或曰精神分析学),又分明说人有一种"恋母情结",这也是人的一种本性。乡村是人的母体,尤其是像中国这样的一个农业文明的历史相当漫长的国家,乡村更是我们全体生存的根。那些进了城的年轻人,头脑虽然新了,但毕竟只停留在现代人所说的理性的层面,偏偏这"恋母情结"不是换一套知识、换一种做派、换一种认识所能改变得了的,说浅层一点,它是一种感性的东西,说深层一点,它是一种本能的东西,无论多么强大的理性力量,都是很难移易的。中国人说,江山易改,本性难移,就是这个意思。可见中国人的经验,很早就与弗氏的学说相通。

本辑主笔、我的博士生张赟对孙惠芬所做的访谈,以及她自己的文章对孙做的评论,包括孙惠芬本人的自述,都涉及一个问题,就是在如今这个社会,她的心灵(或她所说的心情),也像 20 世纪 20 年代的"乡土文学"作家那样,在城市和乡村之间来回折腾。当然,孙惠芬的折腾,较之以往,已经有完全不同的意义。今天的文学研究者常爱谈一个社会学的问题,就是现代化,或由此派生出来的现代性。从世界范围看,当然首先是从现代化的发源地——诸多西方国家来看,现代化的过程,实际上是一个城市化的过程,至少城市化是现代化进程的一个重要表征。在这个过程中,西方人处理城市与乡村的关系,似乎用的是一种激进的手段,即用强力迫使乡村文明就范,所以"大英帝国"的历史上,才有"圈地运动"和所谓"羊吃人"的事情出现。不知当年被"圈"去了土地的英国农民被迫进城谋生后做何感想,可惜在他们当中没听说有"乡土文学"作家出现,否则,他们的作品,一定是今天的现代化学者或现代性学者研究现代化问题或现代性问题极好的文献资料。

中国是一个以德立国的国家,历来讲究德政,即使是搞现代化,也不用强制的手段,而是采取一种温和的渐进方式,所以在走上城市化这条现代化的必由之路以后,在处理城市与乡村的关系问题上,也就没有多少过激的现象出现,这样,也才容得像孙惠芬这样处在城乡之间的作家来回折腾。否则,像当年的"大英帝国"那样,把农民逼得离开了土地,又不准在城里流浪,结局就像他们失去了的土地一样,再一次落得个被"圈"的下场。当然,这回是被"圈"进了工厂,名义上是当了工人,成了我们好久以前所羡慕的无产阶级,实际上则彻底断了他们对乡村的念想。相比之下,如今的中国农民可不是这样,人是进城了,甚至家也搬到城里来了,但根却始终留在了乡村。这根有老婆孩子、兄弟姐妹、朋友恋人，也有父老乡亲、祖宗先人。他们与乡村割舍不断，就源于这根是深深地扎在他们现在的和故去的亲人中间，想起他们，就会有一种剪不断、理还乱的无限愁绪。说这种愁绪是“乡土文学”所谓的“乡愁”也行，但终归是现代化这种物质实践活动的情感分泌物或精神分泌物。于是，在中国的现代化舞台上，在城市化的这一幕演出中，就有了无数缠绵悱恻的人伦故事。孙惠芬专写这故事，所以她的作品是深深地介入了中国社会的现代化进程。像这样的作家，说她的作品是“乡土文学”也行，但究其实，又岂是一个“乡土文学”了得。

自　述《

“伟大的小说是分泌出来的”

鞍山市作家协会举办小说创作座谈会，文畅老师让我来谈谈小说创作，这给了我很大压力。其实谈小说本来是一件很愉快的事，特别对我来说，各种谈话，我最喜欢的还是谈小说，但那都是朋友在一起，一两个人，与这么多写小说的朋友谈如何写小说还是头一回，所以不免感到紧张。

这些年来，我写小说是有很多困惑的，可以说我是从困惑中走过来的。我最初写作是因为心情压抑，需要倾诉。其实我发表第一篇小说是在20世纪80年代，就是我回到农村参加劳动的时候写的一篇日记，在此之前，我内心一直有一个梦想，那梦想就是走出农村。刚才跟鞍山的朋友聊天的时候说，小时候我家糊墙的报纸上，常有黑体的标题，写着“工人阶级领导一切”，那时候看到这句话，心里特别的激动，就想将来有一天我一定进城当工人。可是在我初中还没毕业的时候，因为家里突然出现一些变故，初中没毕业就回到农村了。没有实现内心的愿望，我心里非常压抑，特别需要倾诉，在地里干活的时候，把日记当成了每天倾诉的对象。当这些日记得到发表之后，我也没想到将来要当作家，当时就是发表一篇还想写下一篇。这种发表给我带来了很多刺激，很多动力，然后就一篇一篇地写下去。

当我写了两年的时候，也就是小说处女作发表两年之后，大连文联就送我到辽宁文学院上学。到辽宁文学院是我从乡村走出来看到城市的最初，可以说进城对我来说是多年来一直向往的事，可是没有想到城市给我带来了压抑和苦恼。刚到文学院时我觉得自己都不会写字了，面对那些从城市里来的作家，我非常惶恐，跟大家交流的时候很有自卑感。这种自卑感来自许多方面，比如说，在举止言谈上，我说的庄河话很土，我的穿着也很土，条件也不好，所以心里非常自卑。因为自卑，自然就很压抑，在同学当中很少说话。我当时内心可能滋生着许多别的想法，这种想法在我的《小窗絮雨》中表达出来了。当我对城市有了一些了解的时候，我还得回到乡下去，因为在城市里感到压抑，就特别想家，想念乡下。我的家里有上了年纪的奶奶和父母，他们很想念我，我也想他们。我是家里最小的一个孩子，很小的时候就跟老人在一起。我当时几乎每个月都要回家，回家后，鸡鸭鹅狗那种氛围，我觉得特别亲切，可是待不上几天，我就想回到城里，回到学校这种氛围里，这两种氛围在内心的冲突特别大。还有，我小时候是在一个十八口人的大家庭长大，内心特别愿意替别人着想，比如说，我母亲有三个儿媳妇，因为我孝顺母亲，就要看嫂子们平常的脸色和表现，就愿意观察她们的内心，主要是想让婆媳之间、姑嫂之间和谐。所以当我进城之后，有时回乡就带回一些城市的东西，每次回去都大包小裹地带一些卷头发的发卷呀，纱巾呀，一些比较便宜的衣服呀，等等。从乡下回来的时候，我就想，城里人需要什么呢？我就带一些花生啊，地瓜啊。这种往返把我身心搞得非常疲劳，就是这种冲突，在心里积累了很多很多要抒发的东西，《小窗絮雨》就是写这种心理冲突，这是我在《上海文学》杂志上发表的第一篇受到关注的作品，是一篇没有什么章法的小说，完全是内心一种块状的涌动，乡村的很多图景在我心里，城市很多同学的声音在我的心里，可以说是在冲突中写完了这篇小说。现在回过头看，那篇小说其实存在非常多的问题，但是，它是我内心冲突的产物，它真实地反映了我的内心世界。所以说，小说对于我，是心灵生活的反映，是我个人心灵生活的反映，这一点是真真切切的。在《小窗絮雨》之后，90 年代以前，我所有的小说都是在那种不自觉的状态下创作的，都是像《小窗絮雨》那样，内心有冲突了，要表达、要写，就写了。应该说好多年，我也还是不自觉地写作，没有进入对文学的自觉追求。

《小窗絮雨》之后，有了一些反响，好多人说我写的是本色的生活，像本色演员一样。听了这话，我觉得别扭，挺不服气，我就想，我难道只能写本色，就不可以写别人吗？在这个时候，我就想怎么样超越自己。当然，想超越自己是对的，但是对本色生活的这种逆反，在当时是有一些不切实际的。在《小窗絮雨》之后，我又写了一个《变调》，《变调》也是个人内心冲突的反映。那时我刚从文学院毕业，回到庄河县（今庄河市）文化馆，文化馆是小城文化人聚集的地方，到了文化馆，十几二十个人在一起，大家又都是文化人，互相不敢多说话，每天办公室一点声音都没有，我就感到特别压抑，那种压抑简直要让我崩溃了，得了严重的神经衰弱症。后来，参加《鸭绿江》的笔会，我当时睡不着觉，也写不出东西。后来别人给我一片安定——那是我第一次吃安定，我不知道世界上还有可以让人睡觉的药片，吃下去之后，天晕地转昏睡了两天，两天睡好了，状态得到调整了，就写了《变调》，它反映的是我个人跟小城文化人在一起时的内心冲突，是理想和现实的矛盾。这篇小说和《小窗絮雨》是同期的，也是同样的一个水准，它反映的是我内心同样的状态。在这之后，我觉得我不想做本色演员了，可是呢，我就不知道该怎样写别人，完全不会写了。在1989年以前这段时间，也发表了一些作品，但那些作品我现在不敢回头看，写得很糟糕，有明显的模仿痕迹。那三年我确实很痛苦，不知道如何抵达别人。到了1990年之后，我觉得似乎又找回了状态，找回来的，就是还要回到我的内心，首先做"本色演员"，写自己，把自己内心对生活的感受写出来，然后再通过自己的内心去揭示别人的内心。到1990年的时候，我知道应该永远贴着自己的内心去写别人，写别人在想什么，别人在做什么。那时我写了两篇小说，《四季》和《中南海的女人》，这两篇小说我自己认为对我很重要。《四季》是在《鸭绿江》上发表的，《中南海的女人》是在《作家》上发表的，两篇写的都是乡村生活，但我好像有了一些虚构的能力，这是因为，一方面我知道该怎样贴近自己了，另一方面我大量地阅读，从优秀作品中吸取营养。状态调整了，也就焕发了想象力。我写的是乡村四姐妹，到小镇上开了一个饭店，她们到了小镇，打破了小镇的平静，而小镇上又来了一个马车夫，带来了客人，到了这个小酒店，这又打破了四个女人的平静。这跟我在那个时期对女人、男人、男女之间的体验有关。在那个时期我自己恋爱结婚了，对人性有了新的感受，能够把握，所以写了《四季》这篇小说。我觉得挺满意的就是能够从我自己走开，走到别人那里去，并且还不是一个虚妄的存在。小说是虚构的，然而又是符合生活真实的。有这个想法，应当说是我的一个明显的进步。

当然，小说写他人，进行虚构，也还是离不开自己的内心生活、内心冲突，理想与现实的冲突。从庄河到大连以后，自己觉得像再度落到深渊一样，没有人认识你了，自己变成一个不被任何人知道的自我，这个时候才知道庄河那段小城文化人的生活对自己的伤害。伤害是什么呢？即是小城很小，一个文化人被很多人认识，虽然天天见面打招呼，天天有沟通有交流，却天天渴望沟通，渴望交流，还有一种莫名的骄傲感。到大连之后，一下子落入深渊，心里很不适应。当然也是那时，才知道县城因为太小，里面的文化人有非常多的梦想，非常大的理想，大家彼此朝夕相处，比较了解，又窒息了这种梦想和理想，所以就形成了一些畸形的心态，觉得在这里无法实现自己，觉得只有到大城市里才会得到更多交流和释放。可是当我真正来到大连，我又知道，孤独原来是永恒的。我是说，到了大连以后，变成了不被任何人认识的一个人，进到那个群体里边，自己似乎消失了。我自己那两年非常痛苦，在痛苦当中我写了《歇马山庄》。其实《歇马山庄》这个小说的构思和写作，就跟我内心的这种痛苦有关。我觉得在我非常孤独的时候，希望内心有一个东西让我温暖。在乡下的时候，盼望进城，当进城以后，又觉得理想愿望在乡下，觉得能温暖内心的地方还是乡村，是我生活多年的乡村。所以，我的《歇马山庄》是带着对乡村的怀念来写的，因为这种怀念太巨大了，内心的这种渴望太巨大了，我写得很有激情，而恰恰是因为这种激情，调动了我多年来乡村生活的体验、感受，和整个对乡村生活的认知，使我在写作当中变得没有节制。现在回头看，《歇马山庄》是一部枝蔓横生的作品，因为我在写作时太有激情了。这部小说缓解了我内心的焦虑，使我找到了自我的存在。记得写到 24 万字的时候，有一种站起来的感觉，这个站起来，不是作为一个作家的站起来，而是作为一个人，一个不被任何人了解的单独的人。就因为有了自我，有了自信，觉得自己变得强大了，觉得可用这种方式使自我在芸芸众生中活下去了。《歇马山庄》对我的重要之处就是使自己找到了一个真正的自我，也让我感到养育我的乡村是我生命的源泉，是给我活力的地方。

这个小说写完之后，我还是继续寻找自我。从小说中出来，再一次感到惶恐，没有交流，也没形成联系自己的一个群体，也总想改变这种状况。记得那时认识的一个朋友，《大连日报》的记者马莉，她有一次打电话约我去采访一个案子，是一个强奸案。我非常乐意从家里走出去，跟她去了。这个案子，是一个 20 岁的男孩强奸了一个女中学生。我完全是因为无聊，在城里待着找不到救命稻草，找不到能抓住自己的东西和被自己抓住的东西，就去了。后来我写的小说《台阶》就和这次采访有关。在此之前，我从来没有靠采访来写作，全是源于自己的内心，自己的感受，自己多年来的积累和体验，但是在写《台阶》的时候，就变得比较理性。我采访了两次，一次是采访这个小伙子，他跟我们讲，看到一个女孩子在路上走，天天看着她，就喜欢上她了，就跟到她的学校去，下课的时候，进她的教室从书包里摸到她的钥匙，晚上跑到她家蒙面作案。我一下子想到当时姜文导演的《阳光灿烂的日子》，他这个故事特别像《阳光灿烂的日子》，于是我就问他，是不是看了这个电影，他说是。这个事一下子就触发了我的灵感，觉得这个小伙子在他青春萌动的时候，他的作案动机，跟我们人性美丽的东西有关。再一次是采访被强奸的女孩儿，这个女孩儿确实非常漂亮，给人的感觉就是特别让人喜欢。案件发生后，每天都由一名老警察保护她上学。这篇小说是以一个老警察的角度叙述，我想象我就是那个警察，带那个女孩儿天天上下台阶，天天护着她上学。老警察天天跟在漂亮女孩儿身边，能不能想到他的青春岁月呢？想到他的青春岁月，能不能理解了案犯的心理和动机呢？理解案犯的犯罪心理和动机，在审问时能不能说出自己的理解呢？就这么一连串想下来，我就写完了这篇小说。其实这个案犯对老警察青春时光的呼唤，以及老警察对这个案犯的理解，里面包含着很多人性的东西，很多人性里复杂的东西。我觉得我在这个小说里，第一次能够理性地贯彻自己这种对人性的理解和把握。《台阶》是我在《歇马山庄》写完之后写的一个短篇小说，这两个小说给我带来了很多鼓励，这种鼓励当然对我非常重要。但《歇马山庄》出来之后，好像有些虚假繁荣，在北京开了研讨会，研讨会上评论家们说了很多好话，这时就觉得自己的作品好得不得了，很长一段时间自己沉醉在一种虚无缥缈、虚假繁荣的内心喜悦当中，这种喜悦是让人不能写作的，我有好长时间激动得不能写作。我现在知道，不管是真正的荣誉还是你认为的荣誉，都足够摧毁你的创造力。我们对所谓的荣誉要有抵抗力，要有拒绝和审视它的能力，不然的话它就能够摧毁你。

恰好那时候大连有一些老的评论家、老的领导，他们看不上《歇马山庄》这样的小说，对小说写信告状的比较多，《辽宁日报》也发表了一些文章。我受到了很大打击，心里不痛快，觉得已经到了2000年了，怎么还会是这个样子？觉得文坛对我不公平。但是，恰恰是这种刺激，让我从虚无缥缈中跌落下来，让我又回到那种孤独的、跟芸芸众生一样的，每一天都过着平常生活的心境，我又重新找到了写作的基点，又继续开始写作。应该说，有了这次刺激，我作为一个写作者的内心有了新的变化，觉得自己好像更强大起来了。就拿对待获奖来说吧，我心里就发生了变化。获奖确实给了我鼓励，可是我知道，评奖机构是由人组成的，想让它评得很精确是不可能的，尤其是当今社会，评奖是件很复杂的事。我内心确实没把评奖看得多么重要。关键还在一点，像我们政府机构那种评奖，一向是注重端庄的作品，但文学作品有多种风格，有的人一生也不会去写端庄的小说，那他就一生也不会问鼎某些奖项，但是，他可能是最优秀最出色的作家。所以对评奖这东西，我内心还是清醒的，也很防范它对我的撞击。我觉得这次《歇马山庄的两个女人》获奖，就没有给我带来《歇马山庄》出版那段时间那种内心的飘，可以说一点都没有。

从2000年之后，我写小说就好像能够理性一些。《民工》和《歇马山庄的两个女人》就是我往理性深处走的一部分。我写《台阶》之后，那时离开县城已有好几年了，我要在大连买房子，去看房时，看到一些民工。有一天在我家楼下，看到一对父子背着行李，表情很痛苦，好像是回家奔丧。我突然想，他们要是回家奔丧，就离开了城市回到农村，那么民工进了城之后，他们和城市的关系是什么样呢？他们回到家乡，和家乡的关系肯定不是原来的样子了，他们看到亲人，和亲人的关系是怎样呢？那时我就想，如果他的亲人去世了，他们奔丧时将会有什么样的感受呢？就是这一系列关系，触发了我要写这个小说。其实，我能想到这些关系，还是与一些理性的思考有关，在《民工》这篇小说里，我写了民工与城市、民工与乡村、民工与亲人的关系。现在的民工纷纷离开家乡，民工的家乡到底在哪里？写这个小说的时候，有一种迷失的状态。其实我写出的民工，他们的经历，他们的苦难，他们吃不饱饭，最后只落在迷失上。这个小说就是以一个迷失的状态结束的，我自己在思考，也让人们去思考。写完《民工》之后我就想，你写的民工是男人，那么民工的女人是什么样子呢？民工在家乡的妻子们是怎么样呢？于是我就开始想，我的下部小说要写一写民工的妻子。其实在这之前，已经有了一个灵感，那来自一个朋友的一句话，不知为什么，他的一生总有一个人是他的对手，好像人的一生所要面对的就是两个人：自己和一个对手。他的话一下子触发了我，我当时想的不是对手，我想，其实人的一生，自己身边没有几个人，可能也就一两个人——你的领导、你的丈夫或者你的情人。在你的生活中，肯定一直只有一个最强大的占有你的内心的人，他会不断地在你的生活中替换着，一个时期又一个时期。人的一生就两个人，“两个人”就是一个灵感。但是当时我没找到一个载体，当我要写民工的乡下女人时，我就想到了把两个人安排给两个乡下女人，当她们的丈夫成了民工之后，她们两个变成了彼此最重要的一部分，彼此最为需要，因为乡村特别寂寞。

现在乡村的女孩子和过去不同了。现在的乡村在失落，失落了什么呢？城市的文明打碎了乡村原来的状态，使乡村人心里的梦想都飞出去了，飞出去之后，空了，精神家园不在了，我觉得失落在这儿。记得铁凝有篇文章，其中的一个说法叫“文明的强暴”，她是说，有一个乡村女人，她活得好好的，突然有一天，一个人把一辆拖拉机开进村，女人的农民丈夫就是扛铁锹的，泥里土里的，而现在，突然有一辆拖拉机在村里的路上响起来。本来她钟情的丈夫突然被她抛弃，她移情到开拖拉机这个男人身上。这个开拖拉机的男人有什么优点？并没有看到，其实这个男人身上承载了文明，是文明强暴了她，就是“文明的强暴”。“文明的强暴”这个词特别好，现在乡村人其实是被文明强暴了，这种强暴是不可抗拒的，强暴之后，乡村人的心里有迷失、有空白，我寻找的就是这样一种状态。我想写这两个女人，她们的内心彼此吸引，在乡村寂寞的生活中彼此吸引。她们对城市有一种盼望，一个是进过城的，一个是对城市有盼望的，两个人走到一起，因为孤独而互相体贴，女人的友谊在建立。但是，当她们真正建立友谊的时候，一个女人的丈夫又从外面回来了，另一个的没回来。她们之所以有友谊，是因为她们的丈夫不在家，当有一个女人的丈夫回来的时候，她们的友谊就会受到伤害。那么，丈夫没回来的女人的内心就很脆弱，那种脆弱就经不住人性的挑战。比如说，她一想到跟她有友情的这个女人，曾经在城里拥有过很多男人，就是做那种"小姐"吧，人性的这种东西立即就刺激了她。她在这种时候，身边既没有自己的男人，又没有"曾经的男人"，就使人性当中灰暗的、脆弱的东西显现出来。我就是想通过民工写女人、写乡村、写人性，当这种人性反映出来之后，其实反映的还是文明的强暴。

不管是原来不自觉的写作还是后来自觉的写作，这两种方式都是在写人的困惑，写理想与现实的矛盾。我曾经写过一篇创作谈，《民工》这篇小说出来之后，我记得报纸上说，现在作家开始关注弱势群体。我听了这话并不认同。我觉得文学之所以存在，因为它表现的是人的心理和精神，而在精神上没有什么弱者和强者。我当时在一篇文章中说，一个总统和一个乞丐，在某些地方，可能这个乞丐精神上是非常强大的，总统反而是很弱的。文学要反映人的心灵，心灵涉及强者也涉及弱者，所以我觉得文学关注弱势群体这种说法是不准确的。可能相对政府而言，相对体制而言，有弱势和强势，但对文学来说不存在。存在的是什么？还是人的理想和现实的矛盾，人在理想和现实的冲突当中，在精神上产生的一些东西。我写我们乡村人、民工这种理想和现实的矛盾。我没有去写总统，没有去写城市人，是因为我不了解他们，我写农民，是因为我相对了解他们。所以我一直以来写城乡之间的矛盾，就是写理想和现实的矛盾。

刚才有人问到写小说的一些技术问题，比如小说的细节是平时积累的，还是写作时创造的？从我的写作看，我觉得细节不是积累的，而是分泌出来的。美国作家苏珊·桑塔格说，伟大的小说是分泌出来的，而不是建造出来的。小说的细节其实是写作时分泌出来的。当你虚构了故事，开始写作了，你进入了你的故事和人物，那个人物就会带着你走。带着你走的时候，很多细节就会逐渐在你内心展开，这展开的过程，就是一次分泌的过程，是从心灵到肉体生长的过程。我们只能够积累生活感受和心得，平时积累的细节到写作时根本不管用。我们下来采风，其实也是来积累感受的。你有了丰富的心得和感受，你的创造力、想象力自然就焕发出来了，这个东西就像"发面"，发不起来，揉不进去，肯定还是"死面"。

（本文系孙惠芬在鞍山作家协会小说创作座谈会上的发言，根据录音整理）

访 谈《

在城乡之间游动的心灵

——孙惠芬访谈录

张 赟 孙惠芬

张赟:孙老师,您好！首先感谢您接受我的访问。略萨在与加西亚·马尔克斯的一次谈话中说,他有个感觉,在作家身上发生的某些事,在工程师和建筑师身上永远不会发生。人们总会问:作家有什么用?人们知道建筑师、工程师、医生能干什么,但是对作家,人们就有疑问了,甚至那些认为作家的确有某种用处的人,也不能准确地说清楚作家到底有什么用。您认为作家有什么用呢?

孙惠芬:看到你这个问题的时候,我正在读《世界文学》上略萨的一篇文章,叫《文学与人生》,他在那里详尽地阐释了他的看法,谈得特别好。他说,文学与科技不同,它过去、现在、将来都是人类经验的共同分母之一,通过这一分母,人类可以交流和对话,不管他们的生计与生命的打算有多么不同,不管各自所处的地理和社会环境有多大差异,甚至决定各自活动范围的历史时代有多大区别。他说,伟大的文学反复证明了这样一个道理,世界各地的男女应该是平等的,在男女之间确定种种歧视、束缚和剥削是不公正的,没有什么比文学更能让人看清楚,虽然有种族和文化的不同,但人类的遗产是丰富的,文学教会人们珍惜这份遗产,因为它是人类各种创造力的表现。文学让我们回到过去,让我们与过去时代的人们成为兄弟,而历史上的人们创造了作品,享受了作品,并把作品留给我们,今天这些作品又让我们享受,让我们产生美好的梦想,这一时间和空间上的集体归属感是人类文化的最高成就,只有文学才在一代又一代人身上为更新这一归属感的内容做出巨大贡献。

本是问我对此问题的看法,我却抄录了略萨的文字,是因为略萨不但说出了我想说而永远也说不出的话,且大大提升了我对文学到底有什么用处的看法和想法的深度,他让我看到伟大的文学超越伟大建筑的伟大作用。我的理解是,如果说建筑是凝固的艺术,那么文学艺术就是流动着的历史。是文学把历史中的人们永远保留在现实当中,而文学又把现实中的人们镶嵌到历史中去。有一年春节,我回老家过年，下了一场大雪，村子里没有了串门的人们，村里村外，天地自然，一片苍茫沉寂。在茫茫天地之间行走，我就在想，要是没有文学来记录每家每户此时屋子里的活动，这一瞬间是不是就像这苍茫大地，悄悄寂灭在流逝的光阴里了呢？当时不知怎么身子忽一阵热起来，似乎被自己是一个写作者而感动，尽管自知自己永远不会伟大。

张赟：我也被您的想法感动了。文学家记录了历史学家忽略的许多东西，文学还能以它特有的方式发现生活中存在的问题，使生活更好。文学家是伟大的，您也是伟大的。这些年您的作品不断得到文学界的推崇，您除了在辽宁省及东北地区获得众多奖项外，还分别在2002年和2005年获得了冯牧文学奖和鲁迅文学奖。您是位写农村题材的女性作家，人们不免要拿您和其他写作农村题材的作家如贾平凹、杨争光、陈忠实，以及女性意识强的陈染、林白等人相比较，您自己觉得您作品中的什么东西吸引了文坛和读者的眼光呢？或者说您自己认为您的独特之处在什么地方呢？

孙惠芬：不，我肯定不是伟大的，没有多少人能称得上伟大。我没有拿自己和写农村的作家比过，也没有拿自己和写女性的作家比过，我只是一直这么自然地往前写着。我喜欢写农村，是因为我生于农村长于农村，农村深入了我的生命；我喜欢写女人，或更擅长描摹女人，是因为我童年、少年在三辈女人同居一室的环境里长大。奶奶、母亲、三个嫂子，观察她们、体察她们可以说既是我无法逃脱的宿命，也是我后来在作品中坚持不懈地抒写人物心灵的历史的最佳训练。抒写人物心灵的历史，捕捉人物瞬间的情感变化，不知道算不算我的独特之处。如果算，我不知道是不是正是这一点吸引了读者，我不知道。

张赟：如果从一个读者的角度来看，我认为您的独特之处还在于，小说中您是以一种平等的角度在感受那些不同人物的遭遇，而不是以那种俯视芸芸众生的、略带怜悯的视角，您也不是要揭示农村人的贫困愚昧——也许这一点小说中也有所表达，而是要表现那些乡村人丰富宽广复杂的心灵世界，他们根本不像城里人想象的那样麻木呆板。我甚至觉得把您的作品和时下流行的打工文学放到一起是不合适的。

说到"捕捉人物瞬间的情感变化"，我想到您一向看重"日常"表面下的"波澜"，并认为"最好的小说，是写出了素常日子中素常人生的素常心情，是写出素常心情中蕴含着的素常人性"。您在创作中是如何避免让日常生活变得平庸和烦琐的呢？

孙惠芬：从平庸中发现光彩，这需要精神的提炼。事物如果没有精神，就会沦为平庸，所谓素常人生中的素常心情，就是指素常人生中的精神世界，这世界不管多么微小、多么短暂，都闪烁着金子一般的光芒。“微妙”和“瞬间”，其实只可能发生在精神世界里。

张赟：您的话使我联想到弗吉尼亚·伍尔夫，她反驳传统现实主义一味注重人物外部描写，强调对人物心理内容的描写。从这一点上说，您的现代性是很强的，而且这在您早期的作品中就显露出来了。您的《小窗絮雨》《来来去去》《变调》《闪光的十字架》等作品中有大量的，有时甚至是通篇的人物心理描写，您能解释一下那是从何而来的吗？是您推崇的沈从文还是普鲁斯特？

孙惠芬：你提到的几篇小说，都是我早期的作品，我无法说清受过谁的影响，那时确实读过沈从文，但肯定没有读过普鲁斯特，我那时都不知道普鲁斯特是谁。早期小说的选材多来自我的自身生活，那里的人和事都是我身边的，而恰恰是这一点受到沈从文的影响，是他对他身后那片湘西土地的热爱，他“读一本小书同时又读一本大书”的说法，让我把目光投到自己身边和土地上来，让我知道这一切是值得阅读的，并且是最有价值的。至于那几篇小说的形式，有许多模仿的痕迹，现在回头看，我都有些不好意思，除《小窗絮雨》外，几乎每篇都能找到别人的作品的影子。

张赟：其实相对于那些先锋派作家，您的作品在艺术技巧上是保守的，但有时也会在不经意中运用现代派手法，比如叙述者写作身份的有意暴露。在《歌哭》中：“这位在小镇上被誉为疯子的改良主义分子，他再次在我的书写中走到我的面前。在我的想象中，他中等个子……”《保姆》中：“后来，这是一个多么奇异的词语……是后来这个跟时间有关的词语，依仗着时间赋予的权利，将我的人生拉出一程又一程——后来，我的创作有了长足的长进，后来……”您的作品整体给人的印象是像萧红那样不十分讲究技巧的，或者说不讲究时髦的，那么是什么促使您的作品出现如上的变化呢？

孙惠芬：一个写作者的成长过程，就像一株稻苗的成长过程，正常年景的阳光雨露、风花雪月，灾害年景的干旱、多雨、病虫害、风沙，都可能在这株稻苗的身体上留下痕迹，即使它是坚韧的、坚强的、无坚不摧的，即使它最后依然是健康的，即使它有着自身成长不可抗拒的规律。我是说，我的变化跟我一些年来的阅读、吸收、消化有直接关系。当我阅读了一些先锋作品后，其中的营养自然而然就渗透到我的作品中，也许还有糟粕。我曾经在一篇创作谈里说，我最初的写作，不是为了讲故事，只是为了写心情。可是这几年，其实有意无意，我在学习讲故事，我在努力把故事讲好。这样的变化，是不期然的，也是阅读和吸收的结果。

张赟：如果说小说技巧上的改变是后天积累的，那么您的作品所体现的辽南地方色彩则是天生的。您有没有为了增强小说的地域特征，让人物说出更多乡村俚语呢？

孙惠芬：我在作品中流露出一些乡村俚语，我自己并不自觉，它可能只是身体的产物。我生长在那样的土壤中，自然也就长出那样的语言。我这么说，并不是说我不注重地域文化在作品的体现，不是。我只是说，在这样的表现中，我并不依赖于人物口语这种方式，而是着意挖掘辽南乡村这独特的地域文化带给人们的情感方式、思维方式以及道德观价值观的影响，着意挖掘这种影响产生在人物内心里的冲突和性格里的冲突。在我看来，只要关注人，关注人的心灵，也就关注了人类最普遍的人性。

张赟：您的大部分作品中都没有渲染性爱的过程，但是在《歇马山庄》中，开头就对月月和国军这对青年的性爱进行了淋漓尽致的描写，文中还有对其他几对农村青年的性爱过程的详尽描写，至少到目前为止，在您的作品中这简直是空前的，是什么使您发生了这么大的变化？您在描写时的尺度是什么？

孙惠芬：我觉得我尊重了生命的需要。我曾在一篇访谈里说过，性，在我看来它和爱一样，是至高无上的，即使它有时候和爱分离。在我所熟悉的精神生活相对贫乏的乡村，性比爱更能支撑男人过日子的信念，也包括一些觉醒了的女人的信念。我一直有一个感觉，在对性爱和身体的认识上，乡村人未必就落后于城市人，农民未必就落后于知识分子。一些知识分子在把爱看成是至高无上的精神生活的时候，往往放低了性的地位，这是对生命的一种不负责任，或者说是一种虚伪。乡村人可能从不知道对生命负责任，但他们最不虚伪。也许是一直以来这种想法鼓胀着我，到写第一部长篇时，觉得终于有了一个时机，于是就写得很恣肆。至于如何把握分寸，我没有多想，只是尊重作品的需要、人物的需要，尊重当时时刻的创作的直觉。

张赟：是的，作家在作品之外想得太多、顾虑太多，对创作来说未必是好事。您的长篇小说《上塘书》曾引起文坛的争论，它与传统的乡村题材小说以人物和故事为主线不同，是以“上塘的地理”“上塘的政治”“上塘的婚姻”和“上塘的历史”等类似“地方志”的模式结构全篇的，在获得好评的同时，也有批评家认为您的这种写法偏离了小说的品格。您一定有自己的想法和意图，您能在这里谈一下吗？

孙惠芬：我从来没有写地方志的意思，那样的形式是借鉴了毛泽东《湖南农民运动考察报告》和《寻乌调查》。所谓地理、交通这样的小标题，只不过想从调查入手，为“进入”找到一个恰切的方式。多年来，在拥有了在大城市与乡村之间游走的经历之后，我发现我心目中的乡村与外部世界有着本质上的相同，于是就相信一定有一种形式能够打通乡村与外部的通道，在这篇小说之前的所有小说，我写的都是人在城乡之间的困惑和纷争，只有这篇例外，我让一个乡村整体出现在小说里，困惑和纷争只是一个个局部，而把这局部联合起来，目的是让它对应一个更大的整体，建立与外面世界本质性的联系。很多人关心的是小说的形式，但对我来说，这里的内容更重要，那是上塘独有的精神世界，是一个形而上的世界，是外部生活的逆向延伸，这里的每一个人物、每一条道、每一个仪式，无不与外面世界的意义发生联系。我从不认为这部小说偏离了小说的品质，小说无定法，不只是传统的讲故事的小说才是唯一的小说，我讲的一个地方的故事，也照样是一个故事。误读总是可能的，误读也不是坏事。

张赟：是的，其实一个地方的故事讲的仍然是人的故事。您在2000年发表了《女人林芬和女人小米》这部中篇，虽然很多评论家都把您的作品纳入女性主义文学的研究视角，但您真正探讨女权意识的作品其实并不多。说《歇马山庄的两个女人》是表现女性姐妹情谊的实现与失败的一部作品，您不会反对吧？但它还不是很明确，但是在《女人林芬和女人小米》中，您描写了两个女人在男性社会中所遭遇的不幸和她们对彼此的依赖与扶持，以及最后不得不终结的友谊。小说中的人物对“男性社会”和“男性霸权”表示了强烈失望和不满，并对其进行猛烈的抨击，如“女人的办法，都是被男人逼出来的”，“不要相信男人，一定不要”，“不是坏男人都叫我们碰上，而是天下男人差不多都一个德性”，等等，这在您的作品中是极其少见的，您主观上有过明确的女性身份和女性意识吗？

孙惠芬：我不知道“女性主义”包含了怎样的内涵，我在写作时只考虑揭示人性。友谊的形成有它的土壤，当土质发生变化，友谊自然要考验、挑战人性，这两部小说都是基于这样的想法。只不过《女人林芬和女人小米》土质的变化产生于内部，是林芬最后爱上了一个男人，而《歇马山庄的两个女人》土质的变化产生于外部，是在城里打工的丈夫没有一起回来，这也是后一部小说比前一部小说更容易获得反响的重要原因——那个外部，其实就是我们所处的时代。《歇马山庄的两个女人》时代感更强些。其实，发誓一生独身的林芬又不期然爱上一个男人，改变了自己的想法，也有时代的因素，只是不那么明显而已。

《女人林芬与女人小米》中的那些对话不能说明什么问题，小说的结尾是告诉保姆不要相信男人的林芬又爱上了一个男人，而决心再也不会被男人左右的保姆小米看到女主人爱上男人，夜不归宿后，再也没有勇气直面被男人爱着的女主人，毅然离开了她，这才是最重要的。这说明这些看上去被“女性意识”笼罩的女人并没真正丧失对男人的希望，或者说那些话不过是她们借以保护自己的一个面具，就像溺水之时随手抓来的救命稻草。

张赟：其实女性真正的希望并不是把男性赶出地球，而是希望两性之间能够建立一个女性能够接受的和谐的秩序，这是男女两性的问题。您的作品里还有一个城乡之间的问题。您笔下的乡村人大都是淳朴善良的，有着美好的人性，即使是为了成为城里人而不择手段，这里的手段对女性来说通常都是卖身，比如《歇马山庄》中的小青、《天河洗浴》中的吉美，但您又没有对她们的行为和农村里价值观的堕落作道德上的批判，而是有同情、理解，当然也有隐忧。但您笔下的城里人的形象则是不堪的，比如《歇马山庄的两个女人》中的欺骗了李平的城里老板，《天河洗浴》中对吉美进行肉体虐待的火锅店老板。城里人很少在您的乡村书写中留下正面的形象，您不经意地在对这些人物形象的塑造中表现了城市和城市人的冷漠和肮脏，但是乡村人又向往着城市，这形成了一个悖论。我想我的理解您不一定赞同，那么，在乡村和城市之间，您的看法到底是怎样的呢？

孙惠芬：我的老家离小镇只有十里路，而距我家只有十里路的小镇是一个有着200多年历史的古镇，叫青堆子。我的老家因为地处黄海北岸，很早就与国外的朝鲜各地和国内的上海、烟台等“外面世界”有着贸易往来，很早就被注入了外来文明，所以与我从中原作家作品中读到的黄土地乡村不同，与我从沈从文老先生作品中读到的湘西乡村不同，我的乡村要少一些苦中作乐的自得和在悲剧生活中对喜剧滋味的把玩，少一些人们对于神秘力量的信奉。我现实中的乡村，因为很早就有着开放的气象，我的祖辈们只信奉“外面”，凡是外面来的就是好的，凡是外面的就是正确的，从不固守什么，似乎外面就是他们心中的宗教。因此，城乡之间的矛盾，外面世界与乡村世界之间无法调和的痛苦，很早就注入了父母的血液，又从父母那里注入我的血液。当有一天我也从乡村出发，当有一天我拿起笔来写作，“城乡之间”便成了我无论怎样都绕不开的主题。也是因此，我对每一个乡下人，不管男女，都有着切肤的同情和理解。

严格说来，在精神上，城市人和乡村人命运本质没有什么不同，就像有钱人和没钱人痛苦的重量是一样的，只是方向不同而已。但因为我只熟悉乡下人的精神世界，所以我只写了乡下人这一面。而在乡下人那里，城市既充满了诱惑又充满了险恶。城市之所以叫城市，就是有着这不同于乡村的深渊般的不确定性，外来者必定是这深渊中脆弱的一面、受害的一面。实际上，城市的扮演者未必一定就是城市人，那个包二奶的老板也许出生于乡村，只不过在城里奋斗而已。而深受城市伤害的乡下女子，只代表一种时代的普遍可能，并不是我写了包二奶的酒店老板，就意味着我就对立了城市与乡村，就意味着在我眼里城市就是肮脏的，乡村就是淳朴的。不能这么看。

张赟：您一直沉浸在对故乡和对自己切身经历的深情回望中，我们也能感觉到您的大部分作品中都有您自己的影子或是您的亲人的影子，您也不自觉地流露出对他们的偏爱。在自己熟悉的生活和心理基础上进行虚构和想象，当然对作家来说会得心应手，但是您有没有过这样的想法，想摆脱掉以往的经历的束缚，去天马行空地描写自己此时此刻所处的生活？比如您在大连生活很多年了，有没有想过去描写大连市民的生活，或进入到大连市民的心灵世界里去？《台阶》就是一篇与农村生活无关的小说，您会继续写下去吗？

孙惠芬：写作对我来说是情感从心灵往外流淌的过程。一直写乡村是因为我太熟悉乡村，一直有说不完的话。《台阶》是 1997 年的作品，那是在写《歇马山庄》时，突然遇到一个案子，受案子启发写成的。我没有刻意想过写城市生活，不过，城市对我来说还是比较陌生的，不管在这里居住多少年。

张赟：您从事小说创作已经有 20 多年了，从开始的单纯到现在的成熟，您一定经历了思想上的转变。请您谈一谈都有什么给您的创作带来大的变化？

孙惠芬：如果说有变化，也一定是循序渐进的，是不断吸收和磨砺的结果。但对我来说，最重要的变化还是经历了这样两个阶段：第一阶段，从乡村到城市；第二阶段，由城市到乡村。也就是说，我个人的成长历程和心路历程直接影响了我的创作。我最初写城乡之间，是我对城市充满向往，是城市既被我梦想，又被我抵御。而后来却不一样了，我人在繁华喧嚣的城市，还想着写作，我发现，乡村又变成了我在城市里的梦想，变成了我的怀念。也就是说，当理想变成了身边的现实，那曾经的现实又变成了我的理想。我的身体看上去离乡村世界越来越远了，可是心灵离乡村却越来越近了。不同的是，我的身体远离的乡村是一个真实的乡村，贫穷、落后，天高地远，日月漫长，心灵走近的乡村却是一个虚化的乡村，在这个乡村里，贫穷和孤寂助长了我的想象，使我写作的空间逐渐扩大。至于在这样的变化中产生过什么关于创作上的想法，那想法便是如何看待“日常”。这又回到你前面提到过的一个问题，就是为什么我认为最好的小说是写出素常日子间素常心情的小说。在我看来，日常状态是人性中最难对付的状态，说它难以对付，是说突发事件总是暂时的、瞬间的，而人在事件中，往往因为忙碌，因为紧张，体会不到真正的挣扎。事实上，人类精神的真正挣扎正是在日常的存在里，困惑和迷惑、坚韧和忍耐，使挣扎呈现着万千气象。我一直觉得，日常最具有极端的质地，它跟时间和时光抗衡，是流动着的存在。无论是写作着的我，还是我身边现实的各色人生，都不得不在朝向希望和梦想的前行中，跟它持久地对抗。于是，我的大多数小说都在写这种对抗，比如《蟹子的滋味》中的两个老人，《歇马山庄的两个女人》中的潘桃和李平，《歇马山庄的两个男人》郭长义和鞠广大，《一树槐香》里的二妹子，《狗皮袖筒》里的吉宽和吉久等等。

张赟：您在最普通的日常里融入了很深刻的哲理，这是您独有的对生活的发现和感悟，我想正是因此，您作品里的日子才有一种韧性和张力。我知道您刚刚用一年写了一部长篇小说，能给我们讲一讲这部小说的缘起和内容吗？

孙惠芬：这是关于一个懒汉的小说，是一部关于城市打工者的小说。几年前，在写长篇小说《上塘书》之前，我回了一趟老家，母亲跟我说，我一个表哥的姑娘在城里饭店端盘子，因为长得好看，不到两个月，就被一个小老板看中了，说让她回家等着，他马上就去娶她。表哥的姑娘就真的回来等了，天天上集上办嫁妆。听完这个消息我很振奋，我振奋不是说表哥的孩子有了嫁城里人的希望，而是突生一念：青春能等得住吗？万一这女孩在办嫁妆的过程中爱上别人怎么办？于是，这个想法就存在我的心里了，就想等长篇写完，一定以短篇的样式写一个在等待中移情别恋的故事。我当时就想好了，这女孩爱上的人一定就是马车夫，因为他在拉她办嫁妆时，马车在乡道上走，实在太富有诗意了，我已经好多年不曾有过诗意的表达了。谁知，长篇结束，又写了几部中短篇，再来想这个故事的时候，要写一部长篇的想法居然一发不可收拾。我在想，那女孩要是不期然爱上一个马车夫，她能不嫁小老板嫁马车夫吗？肯定不会。那么她嫁走了，这个马车夫在乡村还能过下去吗？肯定不会。那么他进了城，他能见到这个女孩，最后获得她吗？……这么一层层想下来，一个异彩纷呈的小说世界就向我徐徐展开。于是，在酝酿一年多之后，我开始动笔写了。现在小说初稿已经完成，其中还有很多问题没有解决，正待忘掉它一段时间后，再来修改。

张赟：听您这样讲，我真想马上看到这部小说！谢谢您接受我的访问，您的平和谦逊和亲切坦率真的让我非常感动，您使我对整个作家群体都充满了好感。谢谢您！

评　论《

心灵的道路无限长

——谈孙惠芬的小说创作

张　赟

自学成才的大连女作家孙惠芬已经在文学的土地上勤奋耕耘20年了。虽然她可能觉得这并不值得骄傲,“对于那些才华横溢的人来说,无论是创作道路还是现实道路,二十年,都足够他们绕地球走上十圈还有余”①。但是如果没有那么多年的坚守,不断的积淀和摸索,她肯定不会有今天的成熟。1982年,孙惠芬的《静坐喜床》在《海燕》杂志上发表,从此走上文坛。随后,作为活跃的东北女作家,她的一系列带有鲜活的辽南乡村生活气息的作品《小窗絮雨》《变调》《闪光的十字架》《赢吻》等都引起过一定的反响,但真正使她为更广大的读者所熟知,也标志着她在创作上进入成熟期的还是在1997年发表的长篇小说《歇马山庄》。这部作品反映了一群当代辽南农民在时代变革的大背景下所承载的重压、所寻找的希望以及内心的躁动和焦虑,也集中体现了孙惠芬作为一位始终把目光对准农民和农村的作家对现实生活的个性化诠释。作为人民文学出版社推出的重头长篇小说,它使孙惠芬获得了2002年的冯牧文学奖,这也标志着孙惠芬的创作得到了文坛更大的认可和关注。2005年,随着张纪中执导的根据孙惠芬的小说《歇马山庄的两个女人》和《民工》改编的电视剧《民工》在中央电视台黄金时段播出,孙惠芬更是走进了更多人的视野。近些年来她佳作不断,《上塘书》《街与道的宗教》《歇马山庄的两个女人》《给我漱口盂儿》《保姆》《蟹子的滋味》《台阶》等等,扎扎实实地体现了她的创作实力。当然,荣誉和名气都不是她所看重的,“搞文学创作需要一种‘不以物喜,不以己悲’,能耐得住寂寞的平衡心态”②,她更看重的是写作过程中所体会到的创世的快感,而且这个过程是神圣的,是被她视作生命的。

孙惠芬的一系列作品逐渐构成了一个完备、自成体系的“歇马山庄”系列。歇马

① 孙惠芬:《现实与心理,城市与乡村》,《城乡之间》,昆仑出版社2004年版,第65页。

② 王素梅:《文学不拒绝寂寞——访冯牧文学奖获得者孙惠芬》,《辽宁日报》2002年9月5日。

山庄是故事的发生地，也是作家现实的家乡与想象中的家乡的结合体。正如“高密东北乡”之于莫言、“香椿树街”之于苏童、“张集”之于刁斗，那里是作家生命与情感交接的地方，是作家以往的岁月积淀的回忆在灵魂深处反复碰撞的结果，那里有着取之不尽、用之不竭的创作源泉。可以说，是作家的生活造就了他们的文学世界。在孙惠芬的文学世界里，她以她性格中所特有的女性的温婉平和、纤细敏感和优雅细腻，深情地，又常常带着偏爱地描画着她的人物。那些带着乡野气息，又有着执着的生活信念的农民们——买子、月月、小青、庆珠、古淑平、林治邦、潘桃、李平、菊广大等等，带着他们丰富的痛苦，走进读者的视野，成为站立在当代文学画廊里又一批栩栩如生的群像。

孙惠芬以乡土作家的身份登上文坛，然而，对她的解读却使我们发现，她的复杂性和多元化远远不能被“乡土作家”这一名称所涵盖。在她的看似传统的农村题材的表象下，在她从容地对乡村世界里家长里短的叙述中，还有被人们所忽视的现代性特征：对无边无际的人的心灵世界的探寻，对心灵瞬间波动的捕捉和把握，以及对后现代艺术手法和艺术观念的接纳。

在小说里疯长的“心情”

孙惠芬在创作谈《让小说在心情里疯长》[①]中强调了她对“心情”的看重。她说：“在我很小的时候，心情在我的生活里无比巨大，它常常是排山倒海，挥之不去。我最初的写作，跟心情有关，跟故事无关。”“我在意时间，不是故事发生的时间，而是心情流动的时间。我的小说生长在心情里，心情在时间的缓慢流动中一定就有了不期然的走向。”而“心情”往往是发生在瞬间里的，并在瞬间里生发出许许多多，“瞬间就是历史，因为是这瞬间改变了人物和事物的命运”。

从孙惠芬的这段话中，我们不难读出她关于“心情”的两层含义：“心情”首先是作者自身在特定时刻所思所感的某种情绪，这种情绪使她产生创作的冲动，是她从事创作的原动力和灵感的来源，即“心情”里疯长出小说；“心情”还指小说世界里人物的“心情”，这是更易为读者所感知的“心情”，即小说里疯长出“心情”。无论是哪一层含义都昭示着孙惠芬对人的无边无际的心灵世界的关注，而对于面对文学作品的我们来说，从小说里人物的“心情”入手，应该是观察和领会孙惠芬的“心情”的最好途径。

---

① 孙惠芬：《让小说在心情里疯长》，《山花》2005年第6期。

孙惠芬在她从事文学创作的初期就开始了对“心情”的关注，《闪光的十字架》《来来去去》等写于20世纪80年代中期的作品展现了她敏锐的、与众不同的文学感觉：对人的广阔无边的内宇宙的洞察。这里的“心情”就是心理描写，包括人的有意识的、潜意识或无意识的心理状态，它们有时夹杂在现实主义的描写中，有时又带有意识流的时空跳跃闪回的特点。《闪光的十字架》这篇小说描写了一个一辈子操持家务的乡村老太太尤三娘的“心情”：“日子总要留下点儿什么给人想想。也许，她一个乡下女人不该有这种念头，可她打不消这个念头。”从内容上看，这段心理描写表达了尤三娘渴望看看外面的世界而又自责的矛盾心理状态，从句子的叙述上看，虽然是以第三人称叙述的，但事实上这是主人公以一个乡下老妇人的思维方式和话语逻辑对自我的审视。在尤三娘意识的流动中贯穿着对过去、现在和将来的交替联想：对千山之行的幸福回味，对自己所付出的代价——忍受巨大的病痛折磨的不悔，对儿子孝顺的满足，对自己未来生活的勉励。可见，孙惠芬的“心情”的瞬间里是包含着漫长的人物生命历程的。

《来来去去》描写了一个农村中的大家庭集体乘车去小城看望四叔的往返经过，通过内心独白的方式集中展现大嫂、厢琴、小芸、乐平、玉凤大姐等几个人物不同的行为动机及其性格历史。作者对人物的心理进行了精细入微的描写，暴露出他们隐藏最深、最不愿为人所知的隐秘欲望，可以说是挖掘到了人物灵魂的最深处。厢琴一直在嫉妒小芸，无论是她的“咬尖”，还是她的比自己富裕的生活，都让她时时处处心理不平衡。而事实上小芸并不像厢琴想象的那般如意，她虽然比一般村民富裕，然而，曾是下乡知青的她每次回到城里的娘家，她都会在城乡对比中感到刺骨的疼痛和不甘。在挤满了人的车厢里，最没资格去小城的是乐平，虽然由于她的加入，母亲要坐到寒冷的车斗里，但她并没有因此放弃旅行。她要去看看城里是什么样子，她是如此美丽的姑娘，她应该像城市的女孩一样过上舒适美好的生活，她还不知道母亲的真实想法是要亲戚给她介绍一个城里的对象……我们可以看出，在孙惠芬对这些人物的“心情”的描写中，不仅包括人物自身的生活历史，还蕴涵了特定的时代、历史的意义：农民们被新的社会生活、新的社会观念所冲击，他们努力向外挣扎，他们对生活、婚姻的意愿在历史巨变中显得迷茫和不知所措。

由关注人的“心情”进而关注人物心灵世界里瞬间的波动和事物发生发展的细微波澜，从中展现广阔无边的内宇宙和心灵瞬间孕育的永恒，这成为孙惠芬作品的标志性特征。“微妙，是我对小说至高的追求……微妙的形态，往往发生在瞬间的时间里。”“日常里蕴含着最奇崛的波澜。”[①]基于这样的认识，孙惠芬在创作中偏向于从平庸中发现诡异，在平常中挖掘深刻，就像在平静的海面下面隐藏着来自海底汹涌的暗流，她要人们看到人性的力量，她的许多作品都实现了这样的追求。

《蟹子的滋味》描写的是分别到儿子家住和到女儿家住的两个老亲家的故事。面对鲜美的蟹子，这两个老妇人却表现出截然相反的态度：一个压抑了一辈子的欲望，不去想也不去吃，另一个则始终顽强地表达着内心的需要。“吃”与“不吃”都是在过去的贫穷生活里形成的习惯，但此刻却掀起了她们彼此之间的内心冲突。从她们隐藏自身本性的压抑痛楚和无法实现内心渴望的焦灼难耐中，我们可以感受到人性一旦被思想习惯所禁锢，再想摆脱是如此艰难。

《歇马山庄的两个女人》中两个乡村新媳妇李平和潘桃因为共同的处境和“心情”结为最好的朋友，姐妹情谊在她们的丈夫在外当民工的孤寂日子里发展到高峰。她们结成同盟，共同对付代表着愚昧、顽固和世俗的婆婆和姑婆婆，她们相互倾吐着自己最秘密的心事，甚至是不堪回首的往事，友谊使她们在丈夫不在家的日子里过得充实而愉快。春节之前，李平的丈夫先回到家里，两个女人的频繁交往暂停了。此时两人的心境发生了变化，沉浸在幸福喜悦中的李平为了不使蟠桃难过而不再和她见面，孤独落寞的蟠桃却在和婆婆的聊天中有意无意地透露了李平曾当过“小姐”的秘密。秘密的曝光使李平被逐，自然也使她们的友谊画上了句号。两个乡村新媳妇原本平常普通的生活在孙惠芬的笔下是活泼生动、有滋有味的，而对复杂微妙的人性表象的揭示使人慨叹。由此我们也理解了孙惠芬的作品里讲述的大都是些日常性的生活片段，绝没有追求民族大义或描写正义邪恶的较量这样的宏大主题，正是源于这样的小说理念：日常里蕴含着最奇崛的波澜。她的小说的力量正是来自这样的波澜。

“心情”，通常就是指人的心理状态，尽管人们对于现实生活赐予的喜怒哀乐的感受大体上是相近的，但在细微之处却有着微妙的不同，正是这些不同预示着一个个形态各异的人生故事。在孙惠芬的小说中，“心情”更是与故事密不可分，或者说“心情”就是一则则“心情故事”。孙惠芬曾强调自己最初的创作“跟心情有关，跟故事无关”，我们可以理解为那时的她重视人物内心世界的勾勒，并不刻意强调故事情节的跌宕起伏，但是这不是说孙惠芬始终对小说故事冷漠，相反，审视孙惠芬的创作历程，我们会越来越多地从那些引人入胜的情节中发现故事与“心情”的渐行渐近，

---

① 孙惠芬：《让小说在心情里疯长》，《山花》2005年第6期。

甚至有时"心情"也会让位给对故事的讲述。

如果读过《小窗絮雨》，并为其淡化的故事情节下萦绕全篇的感伤情绪所打动，再读《歇马山庄》，你会发现孙惠芬小说所发生的变化。《歇马山庄》这部作品对月月和国军、庆珠和买子、小青和买子、月月和买子等几对农村青年多角缠绕的情爱关系进行了交叉描写，情节错综复杂。村子里最好的姑娘月月和最好的小伙儿国军结婚了。新婚之夜，由于"黑眼风"（指农村中因仇恨或嫉妒而放火烧别人家柴火垛的行为）的惊吓，国军失去了性爱的能力，月月在小姑子小青的帮助下积极寻找良药。在镇上开理发店的庆珠和外来户买子谈恋爱，买子因为庆珠的一句话"你为什么不是镇长"受到伤害而走开，独自夜归的庆珠却在途中意外落入河中淹死。庆珠的死使身为好友的月月走近买子，并在孤寂中爱上买子，进而暗中帮助买子成为村主任。国军的母亲撞见了月月和买子偷情，在家庭中公开，这时已成为村里卫生员的小青却宣布她和买子好上了……结尾小青离开买子走向向往已久的城市，而月月也打掉了和买子的孩子，并先后拒绝了国军和买子的求婚，因为她发现，她已经不爱他们任何一个了。在这部作品中，孙惠芬向我们展示了一幅带有新鲜泥土气息的当代乡村生活画卷，变革中的农村里那些孕育着新思想的青年们的形象真实可感，他们敢于去爱，敢于去选择，更敢于承担责任，他们的勇气和力量是通过波澜起伏的故事情节体现出来的，也是通过与情节相契合的心理状态描写呈现出来的，因而可以说作品成功的原因之一在于作者对"心情"和故事的巧妙融合。

在孙惠芬的其他作品如《保姆》《歇马山庄的两个男人》《春天的叙述》等中，精彩的故事也常常成为小说中的亮点，但让读者们在欣喜中体会到未曾有过的阅读快感的原因，又绝不仅仅是故事而已。孙惠芬虚构故事的能力和技巧固然高超绝妙，但这些作品获得成功的最重要的原因，还在于孙惠芬始终有意识地把目光对准人的心灵世界，这使得小说中的人物形神毕现、真实感人。因此可以说在孙惠芬的小说中疯长的"心情"，其实是促使孙惠芬小说成长的重要原因。

"散文化"的小说

孙慧芬的早期作品就表现出一种散文化的特征，这种特征在她目前的作品中仍然明显，我们可以把它看作是孙惠芬特有的风格。董之林很早就注意到了孙惠芬小说的这一特点："她的散文化笔调与萧红类似，东北大地，尤其东北农村沉滞凝重的气氛都以她们细致委婉的女性笔触表达出来了，表现了她们的灵气，有扑面而来的生活气息。”[①]作为东北女作家，孙惠芬似乎无法逃避萧红的影响，更无法逃脱被人与萧红相比较的命运，更何况她自己曾经明确地表达过对萧红的喜爱。

在小说“散文化”这一特点上，孙惠芬与萧红确有相似之处。例如，孙惠芬的许多小说采用了类似萧红《生死场》《呼兰河传》中那种短章连缀的结构手法，并且连缀全文的主线不是情节或人物，而是心绪或情结（在这里我们可以看出，孙惠芬小说的“散文化”结构是与她的“心情”理论相联系的）。早期的有《小窗絮雨》《变调》等，后来有《歌哭》《歌者》，近期的有《街与道的宗教》《上塘书》等，我们以后两部长篇小说为例来做说明。《街与道的宗教》是一部散文体自传小说，有时它也被称为“长篇散文”，由此足见它介于“小说”和“散文”之间的品格。虽然这部作品被刁斗称为“涉及了一些耸动视听的宏大主题：故乡、土地、家族、生死”[②]，但却是由一个个最平常的乡村生活场景组成，那些曾牵动过童年时的作者无边遐想的前门、后门、前街、院子、粪场、场园、小夹地，不分先后地挤在作者的记忆里，每一个狭小的场景都是一幅广阔的画面，这些场景加到一起便是一个独立自由的世界。那个在回忆中、在幼小的心灵里曾是无比宽广、浪漫的乡村，现实里却是让人沮丧的荒凉狭小、破败不堪。可以说，《街与道的宗教》很有萧红《呼兰河传》的神韵。而另一篇曾在文坛引起争议的《上塘书》更是因为“散文化”的写法成为一部不像长篇小说的长篇小说。《上塘书》最与众不同的地方在于它的章节设置，全书以“上塘的地理”“上塘的政治”“上塘的交通”“上塘的通讯”“上塘的教育”“上塘的历史”等为章节标题。有人说这是一种“地方志”的模式，但孙惠芬并不认同，她自己说只是“借鉴了毛泽东《湖南农民运动考察报告》和《寻乌调查》”，她想通过这种方式，“把这局部联合起来，目的是让它对应着一个更大的整体”[③]。我认为孙惠芬的这篇小说与韩少功的《马桥词典》有异曲同工之妙，都是从历史、文化、社会等因素入手，在想象中对某一地域进行真实的还原，虽然都没有贯穿始终的情节主线和主要人物，但都实现了一个更有意义的目标：创造了一个大于“局部相加”的整体。《上塘书》中作者独创了地理、政治、交通、通讯、教育、历史等名词的双重含义，除了我们通常的理解，还有发生在人们心灵世界及人际关系里的地理、政治、交通、教育等。

孙惠芬小说具有的“散文化”特点是由她自身的性格气质决定的，也就是说她在这种写作方式上找到了与她自身的文化心理结构和艺术趣味相一致的东西。孙惠

---

① 董之林：《孙惠芬、庞泽云、徐铎作品研讨会发言辑录》，《大连文艺界》1991年第4期。

② 刁斗：《语调》，《作家》2003年第4期。

③ 见本期访谈。

芬在这些具有散文的氛围、散文的笔法的小说中，真实而又质朴地再现了那些在地图上找不到标志的辽南乡村里的日常生活，刻画了农民们丰富的精神世界。但事实上，孙惠芬对散文化小说的偏爱，从某种意义上也说明了她要求文字表达的自由、不受限制，可以无拘无束地敞开身心，投入地融入“剧情”，并按照“心情”的需要随心所欲地安排结构，所以她对小说形式上的考虑较少，或者说她不想过多地考虑形式，那样会影响她的表达。对于自己的这一偏好，孙惠芬这样解释：“我不喜欢形式感很强的小说，这跟我的生活态度有关。我的生活态度就是朴素，有句老话，好看不过素打扮，我信奉这样的话。因为朴素是最容易深入人心的，就像生活中的平易近人。我认为最好的小说，首先它有着朴素的外貌……”也许对她的观点我们有可辩驳之处，但是下面的话又使我们知道孙惠芬并不是要将讲究形式的小说一棒子打死：“我一点也不因为自己的习好而排斥形式上的探索，就像走在大街上，我总要向那些打扮怪异的人送去敬畏的目光，我对那些在文本上不断创新的大师充满敬畏。我的不为，是我不能。”[①]从这一段话我们也可以看出，孙惠芬的看法是有矛盾之处的，她对自己所持的文学观点并不是绝对的自信。但是，也许正是她身上所具有的“特异”之处，才使她成为个性鲜明的“这一个”。

一位乡村的歌者

提起孙惠芬，总让我联想起沈从文。沈从文曾在《从文小说习作选》的代序中说过这样一段话：“我实在是个乡下人。说乡下人我毫无骄傲，也不在自贬，乡下人照例有根深蒂固永远是乡巴佬的性情，爱憎和哀乐自有它独特的式样，与城市中人截然不同！他保守，顽固，爱土地，也不缺少机警却不甚懂诡诈。他对一切事照例十分认真……”编辑冯敏曾说，孙惠芬与初识的人见面时经常说的一句话是：“我家是农村的。”我想，言谈举止从容娴静、典雅端庄的孙惠芬在说这句话时的心情一定和沈从文一样，也是既无骄傲，也无自贬的。当然，并不只是来自乡村、关注乡村这一点使我把孙惠芬与沈从文联系在一起，更重要的是，孙惠芬对农村题材的不倦书写，对农民日常生活画面的细腻刻画，尤其是在文本中透露出的单纯而执着的灵魂，也就是对乡村的深情和挚爱，与沈从文是有相似性的。

在孙惠芬文学创作的起步阶段，沈从文曾对其产生了巨大的影响，一本《从文自传》使她爱不释手，她说：“他的那种在身边事物的细微波动中发现历史波澜的能力，

---

① 孙惠芬：《好小说》，《城乡之间》，昆仑出版社 2004 年版，第 54 页。

他的那种在身边繁杂的生活中发掘哲学思想的能力，尤其他的悲悯情怀，他的以一个乡下人的姿态展开的对于人生、社会的阅读，他表达中的宁静，宁静中的淡泊，都深深震撼了我，那是我写作成长中第一个让我震撼的作家，也是第一本让我震撼的书。”[①]可以看出，这段话折射了孙惠芬文学创作追求的一种境界。经过了20年的磨炼，再读孙惠芬的作品，并联系本文前面的论述，这段话其实在某种程度上也诠释了她自己的作品。但是孙惠芬和沈从文毕竟还是不同的，沈从文笔下的湘西和湘西人带有浪漫的神性色彩，他们与现实世界有一定的距离，而孙惠芬对于乡村的描写是属于现实一派的。

孙惠芬从不掩饰乡村和乡村人丑的一面：偏僻落后和贫穷愚昧。她也书写乡村和乡村人美的一面：简单宁静和纯朴善良。但孙惠芬的可贵之处在于她永远不会进行单方面的夸大或聚焦。孙惠芬的作品不是田园牧歌，也不笼罩在可怕的贫穷愚昧中。对于乡村来说，孙惠芬不是一个外来者，对于孙惠芬来说，乡村是自己身体的一部分。血脉的联系使孙惠芬能够走进农民的心灵世界，描写出真实的农民形象，也能够捕捉到农民们的思想观念在社会发展进程中渐渐产生的裂变。

在《民工》《歇马山庄》等小说中，孙惠芬描摹了乡村的沉寂、乡村的苏醒、乡村在前进中的阵痛，并创造了鞠广大、老黄叔、古淑平、姜淑花等一个个内心丰富复杂的农民形象。他们与从鲁迅到高晓声等前辈作家笔下麻木呆板、惯于“线性思维”的农民形象不同，也与当代其他作家笔下永远在物质和精神的双重贫困中挣扎的农民不同。孙惠芬作品展示给读者的是那些挣扎在贫困中的人们——无论是仍旧守候在乡村的农民，还是离家在外劳苦奔波的民工——他们的内心世界是丰富的，他们对爱、对苦难、对亲情、对生活的感受是那么敏感而强烈，他们有着最易被人们忽视的精神和情趣。同那些衣着光鲜、举止文雅、生活优越的城里人相比，这些穿着破烂、举止老土的农民工对美好生活的憧憬更加强烈，他们为之所付出的代价也更加惨烈。孙惠芬说：“对社会的每一个人而言，生活的幸福与快乐都是相等的，社会地位也没有高低贵贱之分。”[②]孙惠芬在对农民进行描写时采取了平行的视角，而不是俯视，她关注他们的出发点是被他们丰富的内心世界所吸引，是曾经感同身受的血脉相连，而非仅仅出自同情。这是值得称道的，并且在当代中国文坛也是绝无仅有的。

在越来越多的农民工走向城市的时代大背景下，孙惠芬对农村社会在时代潮流的冲击下所发生的价值观念的变化是有清醒认识的。《歇马山庄》中的小青为了能

① 孙惠芬：《现实与心理，城市与乡村》，《城乡之间》，昆仑出版社2004年版，第65页。

② 李凤亮：《打工文学：在爱与痛的边缘徘徊》，《羊城晚报》2005年7月30日。

在毕业后留在城里，委身于卫校校长三年，毕业之际却得知校长根本帮不上她，无奈中回到了村里当了卫生员。在嫁给买子后，她又始终放不下对城市的梦想，终于遗弃了买子和乡村，去城市打工去了。《天河洗浴》中的吉美甘愿给饭店老板当二奶，换得的金钱满足了父母的虚荣，甚至还赢得了村里人的羡慕。而同在一个饭店打工的表姐妹吉佳因为长相丑陋、身材欠佳，只能在饭店里当普通的服务员，不能像吉美那样穿着漂亮的旗袍站在门口迎宾，尤其是放假回家后，她不能像吉美那样让父母得到金钱上的满足。吉佳的父母嘴上不说，内心对吉美的父母却是羡慕的。郁闷的吉佳去镇上洗澡碰上吉美，看到了吉美身体上被老板用烟头烫伤的瘀痕……但孙惠芬是厚道的，也是实际的，她没有对她们的堕落以及农村价值观念的沦落做道德上的批判，做出简单的善与恶、对与错的评价，她的同情与隐忧都暗含在对人物命运的叙述中。

值得注意的是，面对乡村的现实态度与孙惠芬的作品常常表现出现代性的品貌特征并不矛盾。作为一名乡村的歌者，孙惠芬的文学作品常常给人以舒适温暖的阅读感受，她的文字像农妇的絮语一样朴实无华，但是写乡村题材的小说，并不等于创作手段一定被传统的现实主义所主宰。孙惠芬的许多文学观点是从人生经历或者说是生活中得来的，里面带有切肤的个人感受，因而其中所暗含的现代主义特征就表现得更自然贴切。她于 20 世纪 80 年代中后期发表的《小窗絮雨》《来来去去》《变调》《闪光的十字架》等作品中有大量的，有时甚至是通篇的人物心理描写，以意识的流动连接人物的生平，结构全文。比如《小窗絮雨》里的“我”不断同想着城里的同学们和乡下的亲人们对自己婚姻的不同期望，内心在犹豫迟疑中反复变换着对乡下恋人的态度；《闪光的十字架》中的尤三娘在夏日的劳作中断断续续地回忆着她的千山之旅；《来来去去》中，也是在去某地的途中，作者以内心独白的方式展现大嫂、厢琴、小芸、乐平、玉凤大姐等人此行的不同动机及性格。80 年代中期的中国文坛最吸引人眼球的还是“改革文学”和其后马原、刘索拉等人的“现代派实验”，但初登文坛的孙惠芬并没有追随潮流，而是坚持自己，并一直持续到现在。现在我们仍然很难将孙惠芬归入哪一派别，她似乎更忠实于她内心深处、出自天性的思想冲动和情感向度，所以她似乎从不曾赶时髦。当然女性主义的观点也对她的思想产生过影响，我们能从她的作品《女人林芬和女人小米》中寻觅到这种痕迹。有时我们会发现她有意暴露叙述者的写作身份，如在《歌哭》中：“这位在小镇上被誉为疯子的改良主义分子，他再次在我的书写中走到我的面前。在我的想象中，他中等个子……”《保姆》中：“后来，这是一个多么奇异的词语……是后来这个跟时间有关的词语，依仗着时间赋予的权利，将我的人生拉出一程又一程——后来，我的创作有了长足的长进，后来……”由此可以说在孙惠芬的作品中，女性主义文学、打工文学、乡土文学甚至后现代文学，似乎都能找到印证，这是她“阅读和吸收的结果”，也体现了孙惠芬作品的包容性和她所具有的大家风范。她总是平和的，从不极端，无论是为人还是为文，她远离文坛时尚，不标榜先锋，也不标榜现代，而这种姿态是否也是一种先锋，一种现代呢？而难能可贵的是孙惠芬的这种姿态能够与她作为乡村歌者的身份如此恰当地合二为一。

孙惠芬是一位生在乡村的歌者，一位迁徙到城市却把根留在了故乡的歌者。她吟唱着一曲曲乡村的歌，里面有欢欣喜悦，也有深沉忧伤，但更多的还是像生活本身一样难以言说的感受。在她漫长的心灵的道路上，布满了对养育她的乡土和那里的人们的想象，布满了对人性弱点和辉煌的洞察。以“歇马山庄”为代表的乡村故事还在延续，孙惠芬探寻的脚步不会停歇。她在打开别人的心灵世界的同时，也把她自己的心路历程展示给读者。“如果不是文人用笔打开远处村庄房屋里人们流动的心灵，多年之后，这世界正如这雪野一样空茫一片。”①是啊，所以，感谢孙惠芬！

（载《小说评论》2007年第2期）

主要作品目录《

长篇小说

《歇马山庄》，人民文学出版社2000年版。

《上塘书》，人民文学出版社2004年版。

《吉宽的马车》，作家出版社2007年版。

《秉德女人》，湖南文艺出版社2010年版。

《致无尽关系》，中国工人出版社2010年版。

《生死十日谈》，人民文学出版社2013年版。

《后上塘书》，上海文艺出版社2015年版。

《寻找张展》，春风文艺出版社2017年版。

① 李敬泽、徐坤等，《小说的可能性与写作者的危机感》，《文学报》2003年2月20日。

中短篇小说集

《孙惠芬的世界》,大连出版社 1993 年版。

《伤痛城市》,春风文艺出版社 1997 年版。

《城乡之间》,昆仑出版社 2004 年版。

《歇马山庄的两个女人》,群众出版社 2003 年版。

《岸边的蜻蜓》,中国工人出版社 2005 年版。

《民工》,作家出版社 2005 年版。

《歌者》,湖南文艺出版社 2008 年版。

《赢吻》,春风文艺出版社 2010 年版。

《歇马七日》,新疆美术摄影出版社、新疆电子音像出版社 2012 年版。

中篇小说

《来来去去》,《上海文学》1986 年第 9 期。

《盆浴》,《海燕》1987 年第 8 期。

《春冬之交》,《青年文学》1989 年第 7 期。

《中南海的女人》,《作家》1990 年第 3 期。

《灰色空间》,《海燕》1989 年第 4 期。

《四季》,《鸭绿江》1989 年第 4 期。

《平常人家》,《鸭绿江》1990 年第 10 期。

《无字牌坊》,《海燕》1994 年第 3 期。

《肥土地》,《小说家》1995 年第 5 期。

《异地风光》,《青年文学》1996 年第 1 期。

《主旋律》,《清明》1996 年第 5 期。

《伤痛城市》,《鸭绿江》1996 年第 8 期。

《伤痛故土》,《青年文学》1996 年第 11 期。

《欲望时代》,《芒种》1997 年第 5 期。

《飞翔之姿》,《珠海》1998 年第 6 期。

《还乡》,《青年文学》1998 年第 8 期。

《播种》,《湖南文学》1999 年第 3 期。

《在外》,《长城》1999 年第 3 期。

《周末》,《青年文学》1999年第12期。

《南大沙》,《长城》2000年第4期。

《春天的叙述》,《当代》2000年第5期。

《歌哭》,《钟山》2000年第6期。

《舞者》,《山花》2000年第11期。

《歇马山庄的两个女人》,《人民文学》2002年第1期。

《民工》,《当代》2002年第1期。

《五月八号的一条红腰带》,《百花州》2002年第4期。

《歇马山庄的两个男人》,《北京文学》2003年第1期。

《给我漱口盂儿》,《山花》2003年第1期。

《歌者》,《中国作家》2003年第6期。

《岸边的蜻蜓》,《人民文学》2004年第1期。

《一树槐香》,《十月》2004年第5期。

《三生万物》,《钟山》2005年第3期。

《燕子东南飞》,《小说月报(原创版)》2006年第1期。

短篇小说

《水花村少女》,《海燕》1983年9月。

《沙包甸的姑娘们》,《芒种》1983年第12期。

《青映河偌大个河》,《海燕》1984年第1期。

《攀过青黄岭》,《鸭绿江》1985年第9期。

《岁岁正阳》,《海燕》1985年第10期。

《闪光的十字架》,《鸭绿江》1986年第1期。

《田野一片葱郁》,《海燕》1986年第3期。

《小窗絮雨》,《上海文学》1986年3月。

《变调》,《鸭绿江》1986年第10期。

《孤独者之歌》,《作家》1987年第7期。

《"号外"之歌》,《作家》1987年第7期。

《接壤》,《海燕》1987年第12期。

《乡村纪事》,《短篇小说》1988年第1期。

《姥姥,姥姥》,《小说林》1988年第6期。

《暮旅》,《上海文学》1988 年第 9 期。

《爱到三十》,《海燕》1988 年第 12 期。

《我的大哥》,《春风》1989 年第 2 期。

《四季》,《鸭绿江》1989 年第 4 期。

《春冬之交》,《青年文学》1989 年第 7 期。

《十七岁的房子》,《芒种》1989 年第 7 期。

《小城文化人》,《现代作家》1989 年第 9 期。

《十五岁的五子》,《上海文学》1989 年第 11 期。

《生命的雨季》,《鸭绿江》1990 年第 9 期。

《距离》,《芒种》1991 年第 2 期。

《卧龙谷》,《小说》1991 年第 4 期。

《天高地远》,《海燕》1991 年第 7 期。

《如歌往事》,《北方文学》1992 年第 3 期。

《一日风景》,《北方文学》1992 年第 10 期。

《亲戚》,《人民文学》1993 年第 10 期。

《生命之梧》,《芒种》1993 年第 1 期。

《升飞》,《清明》1993 年第 3 期。

《台阶》,《海燕》1996 年第 11 期。

《赢吻》,《北京文学》1997 年第 3 期。

《朋友》,《青年作家》1989 年第 7 期。

《一束绢花》,《鸭绿江》1998 年第 5 期。

《金叶》,《芒种》1999 年第 10 期。

《女人林芬和女人小米》,《百花洲》2000 年第 5 期。

《最后的乡村》,《芒种》2001 年第 3 期。

《五月八日的一条红腰带》,《百花洲》2002 年第 4 期。

《蟹子的滋味》,《小说选刊》2003 年第 8 期。

《狗皮袖筒》,《山花》2004 年第 7 期。

《天河洗浴》,《山花》2005 年第 6 期。

散文、随笔、创作谈

《关于〈小窗絮雨〉的通信》,《鸭绿江》1986 年第 12 期。

《渴望欣赏》,《鸭绿江》1995 年第 5 期。

《老乡》,《西南军事文学》1998 年第 5 期。

《在迷失中诞生:〈歇马山庄〉》,《当代作家评论》2000 年第 3 期。

《我的稻草时代》,《青年文学》2003 年第 2 期。

《街与道的宗教》,春风文艺出版社 2011 年版。

《他就在那儿》,河南文艺出版社 2018 年 10 月版。

文　集

《街与道的宗教》,陕西师范大学出版社 2002 年版。

《孙惠芬文集》(共七册),上海文艺出版社 2017 年版。

国家出版基金项目
NATIONAL PUBLICATION FOUNDATION

湖北省学术著作出版专项资金

改革开放40年小说百家档案

主　编／於可训
副主编／朴　婕

第三卷

HAN BOOK 版
武漢出版社
WUHAN PUBLISHING HOUSE

(鄂)新登字 08 号
图书在版编目(CIP)数据

改革开放 40 年小说百家档案：全 6 册 / 於可训主编. — 武汉：武汉出版社，2020. 12
ISBN 978-7-5582-4061-4

Ⅰ. ①改… Ⅱ. ①於… Ⅲ. ①作家-人物研究-中国 Ⅳ. ①K825.6

中国版本图书馆 CIP 数据核字(2020)第 233368 号

改革开放 40 年小说百家档案(第三卷)

主　　编：於可训
副 主 编：朴　婕
责任编辑：朱梦珍
封面设计：刘福珊
出　　版：武汉出版社
社　　址：武汉市江岸区兴业路 136 号　　邮　　编：430014
电　　话：(027)85606403　85600625
http://www.whcbs.com　　E-mail:zbs@whcbs.com
印　　刷：湖北新华印务有限公司　　经　　销：新华书店
开　　本：787 mm×1092 mm　1/16
印　　张：28.5　　字　　数：500 千字
版　　次：2020 年 12 月第 1 版　　2020 年 12 月第 1 次印刷
定　　价：880.00 元(全 6 册)

版权所有・翻印必究
如有质量问题，由承印厂负责调换。

改革开放40年小说百家档案

第三卷 [目录]

胡学文

男，1967 年生，河北张家口人。

小 引《

胡学文在接受金赫楠的访谈时，谈到一个很有意思的话题，就是本辑访谈录的标题所说的“人物之小与人心之大”。我们老家的村子有一个跑过江湖的老人，小时候常听他拿两个问题为难我们：世界上什么最浅？世界上什么最深？我们这些小孩子家懂的东西有限，就凭我们知道的瞎答一通，见过没见过的江河湖海、圹圹堰堰都说到了，但都答不对。他的答案却出人意料，既与江河湖海无关，似乎也无法测出深浅。这答案是：世界上人的眼睛最浅，世界上人的心最深。在今天的孩子看来，这简直就是一个脑筋急转弯的问题，与具体知识无关。直到我长大了，阅历渐深，才慢慢明白了，这位老江湖的问题确有很深的哲理性。

也许这个问题与胡学文所说的“人物之小与人心之大”没有直接关系，但这小与大的辩证法，与那位老人深与浅的提问，却有异曲同工之妙。民间有一种说法，叫人小鬼大，是说不要小看了孩子的想法。有时候，一个小孩子的想法可能比成人还要玄妙深远，还要神秘莫测。这原因没有别的，我想，该是小孩子的头脑中装的已知的东西甚少，留有空间想象未知的事物，而这些未知的东西，则是成人根据已知难以想象得到的。推而广之，胡学文所说的“小人物”，虽然是指普通的平民百姓，或底层黎庶，但相对于“大人物”，即那些达官显贵、大人先生来说，也是因为他们对外面的、上面的东西知之甚少，所以自个儿心里面预留的空间就大，就便于自由自在、穷根究底地想象和追求，所以胡学文就说他们心大。你想想看，这世界上的规矩都是大人物定的，这天下的事儿也都是大人物管着的，连你的脑子里的东西，有许多也是大人物塞给你的。大人物把该说的、该做的、该想的都干尽了，把天下的好处也占完了，无论心理的空间，还是物理的空间，都剩不了多少了，所以他们再要想点什么，就极为有限，无非是在既有的、既得的东西上打主意、兜圈子，所以他们的心也就大不了。小人物就不同了，他们一无所有，或所有甚少，因而他们总想得到一点，至少是属于自己该得的那一点，总希望得到，实在得不到，就用心去想，想可能得到，想怎样得到，实在觉得任他怎么想也难以得到的，就要刨根究底地去追问为什么，去寻找其中的根由。而且像胡学文笔下的某些人物一样,“一根筋”,就逮住了这件事,就认这个理,不像那些大人物,颠来倒去的,见风转舵,没有个准性,所以这些小人物的心就大。胡学文的小说,写的就是这些人小心大的小人物。他说:“我更愿意称自己的叙述对象为‘小人物’,而不是‘底层’。因为总觉得‘底层’两个字似乎不能囊括小人物的全部,或者说给人的感觉是只有人之小,没有心之大。从某种社会阶层的划分标准上看,他们是小,如果说我注意到这种小,那么我更注意小这层外衣包裹着的大,那种心的宽阔让我着迷。而尽可能地去发现和呈现这种‘小’之后的‘大’,是我对自己小说写作的期待和要求。”

我很赞同胡学文的这个看法。的确,底层这个从后殖民主义理论家那里趸来的概念,与殖民主义的文化语境有关,有它特定的所指和内涵,并非我们通常所说的下层劳动人民。而小人物、大人物之分,则可能超越时代和文化的局限,适用于一切社会身份和社会地位差异极大的人群,具有文学所要求的普遍性。我曾经说过“文学是为小人物准备的”之类的话,是因为大人物什么都有了,无须文学锦上添花,小人物多有欠缺,需要文学来补充。所以文学史上除了那些依附正史,或为现实中正在创造正史的大人物作注的文学,其余的大多是写小人物的。但文学史上写小人物的作品,也有它的问题。就我辈读得最多的现当代文学作品而论,要么是启蒙的,要么是革命的,或者说,要么是阶级论的,要么是人性论的。是启蒙的,多写他们的愚昧麻木;是革命的,多写他们的反抗斗争;是阶级论的,多写他们的受剥削受压迫;是人性论的,多写他们的被侮辱与被损害。虽则立场都站在小人物一边,但却很少有人关心过这些小人物的内心,或者明知道他们怎么想,也不把它当回事,依旧把自己的想法强加于他们。比如上面说到的几种写法,也许你觉得他们愚昧麻木,但他们却觉得人生无计、世事无奈;也许你觉得他们不知反抗斗争,但他们在心里已经杀死了他们的敌人;也许你觉得他们是被侮辱与被损害的,但他们却觉得自己有足够的人格和尊严;也许你觉得他们在忍受剥削和压迫,但他们却觉得是在接受命运的安排;如此等等。这些都可能是那个年代作家笔下的小人物有的想法和精神状态,是他们内心的复杂性的表现,但一旦被作家纳入了他们的或启蒙或革命或阶级或人性的想法,就变得千篇一律。在作家这一面,这种种的写法,就叫思想倾向;但在他所写的小人物那一面,这些强加给他们的“思想”,如果他们在作家的笔下有知,未必领情。

我读胡学文的作品,觉得他写的小人物没有这些预设的理念,也没有强加给他们的想法,而是实实在在地根据他们的生活背景和生存理念,充分地展开他们的内心。他不愿意让他笔下的小人物“被底层”“被苦难”,也不愿意把他笔下的小人物划入“贫”或“困”的圈，就像张北草原上的羊群，他只想尽其可能地自由放养，让他们“想多远，走多远”。可见小人物要在文学中表现“人心之大”，还得塑造小人物的作家有大的心量。从这个意义上，我要说，胡学文是一个有大心量的作家。

自　述《

故事和小说的通道

故事是小说的重要载体和材质，是小说的优势所在。过去是，我相信以后仍将是。通常情况下，小说需要好的故事。我说通常，是因为一些小说弱化或抛弃故事，在那类小说中很难寻到故事的影子，甚至闻不到故事的气息，但仍然是非常棒的小说，如卡尔维诺的《帕洛马尔》、伍尔夫的《墙上的斑点》。有的小说，虽然不排斥故事，但故事在小说中的作用似乎就是被肢解，残破的片断被丢得七零八落，如科塔萨尔的《跳房子》。这些作家不但能化有形为无形，还能塑无形为有形。文无定法，确实如此。

然而，多数小说是需要或借助故事的。有无故事不是衡量小说的标准，并非丢弃故事的小说就优秀，有故事的小说就逊色，关键是如何借助。故事不等于小说，这是每个作家都明白的，一个好故事不一定能成就一篇优秀小说，相反，一个细枝末节却能催生出很棒的小说。为什么？我想，重要的原因是故事作为材质起了不同的作用，即便同一个故事，经由不同的作家写出来，小说会有极大的不同。

故事在小说中起什么作用？说得再明确一点，故事其实是小说构筑通道的材质，是原料。没有材质没有原料自然不可，但更重要的，或尤其重要的是如何构筑，用什么样的方法构筑。顺着通道，我们才能走到另一个世界。是幽暗冰冷的世界，还是明亮温暖的世界，取决于通道的走向，也就是小说的指向。

小说呈现的可能是与现实很贴近的世界。当然，也不是简单的复制。贴近，却是读者在生活中无法进入的，那个世界的经验是读者永远不可能在生活中获取的，是不同于自己的他人的“现实世界”，有着他人的情感和温度。进入他者的“现实世界”，这种“偷窥式”的心理愉悦着读者，那也正是写作者的图谋。那个世界也可能就是你我熟知的世界，但庸常的生活、惯有的秩序使我们忽视了本不该忽视的东西，麻痹了本不该麻痹的神经。小说的任务就是让读者驻足或警醒。自然，写作者先要明晰，先要警醒。很近的世界，与生活息息相关，与生命息息相关。看起来，这个通道简单了些，也粗糙了些，但未必可以忽略。几十年后，几百几千年后，阅读这样的小说，仍然能触到时代的种种痕迹。

小说呈现的可能是与现实很遥远的世界，虽然有尘世之气，却完全迥于现实。我认为，这是小说之所以存在并仍将存在的重要原因。略萨是我喜欢的作家之一，他在《中国套盒》中提出"文学即反抗"的观点。他认为文学源于对现实的不满，在构建出的另类世界中抗衡现实世界，在想象的世界中让心灵得到愉悦。我认可这样的观点。抗衡，其实也是校正，校正生活、校正他人、校正自己。世界理应这样，就该这样。世界完全可以用这样的方式存在，人完全可以按这样的方式生活。现实让人冰冷彻骨时，在小说中仍能感觉到世界微弱的温暖；现实让人浑浑噩噩时，小说中的世界扑面泼来一勺冷水。永远不妥协，永远不驯服，这样的小说因此具有生命力，这个世界也因此具有吸引力。

小说呈现的可能与现实完全不搭，是变了形的，是魔幻的世界。看上去没有人间烟火，但细细品味，仍能寻到现实的蛛丝马迹。我认为，这类小说真正的价值不仅在于呈现了陌生的世界，更在于提供了一种审视世界的方式。

不止这些，通道尽头应该有更具魔力的世界。

我喜欢如上所有的世界，不同的世界带给我不同的体验。我无力搭建通向所有世界的通道，但作为一个写作者，我喜欢尝试各种搭建方法，尽管这一篇的方法可能与上一篇没有多少不同，但我从未放弃努力。写作的动力，就在于总觉得自己会搭建出他人从未搭建过的魔力世界。

搭建方法重要，小说的材质原料同样重要。

如今的小说面临着挑战。故事虽是小说的优势所在，但不再是小说的强项。这么说似乎逻辑上有些混乱，我的意思是，小说不该抛弃故事，但显而易见，故事已不是小说的专属。生活中不缺故事。这个世界每天上演着层出不穷的故事，夺人眼球，甚至杀人眼球。想到的想不到的，可能的不可能的都发生了。小说还有作为吗？当然有。

小说需要好的故事，这个好并非是传奇的或体无完肤的故事，而是能从故事中剥离出可以加工的元素。打个比方，如果故事是一棵树，那么，就要把这棵树肢解。要么把其中的一根枝条嫁接到另外的树木上，要么把树根挖出来，在坑内种上其他种子，要么把树叶做成装饰品，要么选取几段树干做成标本或家具，或者干脆把整棵被肢解的树埋到地下沤成肥料，然后在上面种植其他物种。即便沤肥，也是特别的，是市场上永远买不到的那种肥料。总之，不再是先前那棵树，必须彻底陌生化。

某次开会，一位作家说现在看小说少了，因为很多小说让人提不起劲儿。我有同感。固然有趣味变化的原因，但不可否认，小说中的故事雷同化模式化，让人生厌。没有一个作家愿意自己的作品与他人雷同，写出来和别人没有区别。写作者需要自省。确实，生活提供给我们的材质太相像了，世界用看似温情却残酷的方式抹杀着人与人之间的差异。要成为自己，就必须在构筑方法上动脑子。也许搭建的是危险的通道，甚至搭建的通道可能走进死胡同，但任何一个写作者都不该放弃努力，那是写作者的出路，也是小说的出路。

访　谈《

人物之小与人心之大

——胡学文访谈录

金赫楠　胡学文

金赫楠：从2002年的那篇《飞翔的女人》开始，我一直在阅读你的小说。一路读下来，发现你的小说创作一直专注于那些生活在乡村和小城镇的人，村夫农妇、基层办事员、个体小老板等等都在你的小说中充当着主角。我想知道，你的写作为什么如此钟情于这个人群？其实提出这个问题的时候，我有些担心你会不以为然，因为这似乎是一个最最老套的问题。但我仍然想从这个问题开始我们的对话，因为在我看来，这关乎一个作家面对生活时的兴趣取向和情感趋向，甚至说得严重一些，这关乎一个作家的文学世界观。

胡学文：其实我每次开始写作的时候，脑子里并没有关于人物"大"和"小"的明确概念，我只是在写我熟悉的生活和熟悉的人。作为一个写作者，我并不在意自己写作对象的身份——虽然一个人肯定是有某种身份的。因为我觉得一旦进入写作，身份不过是一件衣服，而我的小说想要触摸到的是衣服包裹的人，与衣服无关，或者说不是衣服决定一切。我自己就是小人物，为什么要写大人物？当然，这和我的经历不无关系，从童年、上学、参加工作到现在，我接触最多的人，或者说我身边的人，多是小人物,我没有理由不写他们。

当然,也不是说我就没有接触过别样的个体和人群,近些年,我也接触过官场中人等等一些所谓更高级一些的人,甚至还有亲朋好友知道我在写小说,时不时主动向我提供很多传奇曲折的身边故事,但这些人和事,却总是引不起我的太大兴趣,更没有将它们写进小说的意愿。我想这大概是因为每个作家都有自己的兴奋点或曰情感点,我的兴奋点就一直停留在那一群人身上。我把他们称之为"那一群人",因为"小人物"这个概念是他人评定的,是从他们世俗意义上的政治、经济、文化地位上定义而来的。

如果一定要界定的话,我更愿意称自己的叙述对象为"小人物",而不是"底层"。因为总觉得"底层"两个字似乎不能囊括小人物的全部,或者说给人的感觉是只有人之小,没有心之大。从某种社会阶层的划分标准上看,他们是小,如果说我注意到这种小,那么我更注意小这层外衣包裹着的大,那种心的宽阔让我着迷。而尽可能地去发现和呈现这种"小"之后的"大",是我对自己小说写作的期待和要求。

金赫楠:我倒是从未反感"底层叙事"这样一个概念。文学是文化的一部分,而文化的衍生与发展从来都内含着对于事物的命名,文学的基本载体——语言,本身也是有命名性的。无论从文学史意义还是从理论批评意义上看,所命名的"底层文学"对于真正的创作又会有什么损害或者妨碍吗?重要的还是作家本身对于流行叙事腔调自觉地警惕与疏离。近些年来,底层生活和底层人物的确成为一个时髦的题材参与着当下的小说创作,曾经不同风格的作家们如今都来赶"底层"这个热闹,底层叙事正在成为不同风格、不同背景的作家表达自己文学意图的力能场景和母题。我个人的阅读比较排斥的一种流行模式就是,拼命向读者展示底层生活的困顿与无奈,展示他们因为身处底层所遭遇的物质匮乏与精神贫困,然后居高临下地表达空洞苍白的同情,试图借此升华出作者悲天悯人的精英姿态。血泪交织、"站着干活,跪着做人"等等这些的确是底层生活的一种真实,但是过分渲染一种真实,往往容易遮蔽和忽略另外一种真实。如果展示困顿、表达同情与愤怒成了底层叙事惯有的异口同声,这个阶层与人群在叙事中的形象仅仅被定格为被侮辱与被损害者,那么文学之于底层,没有完成应有的担当与责任。

我一直在思考这么一个问题,底层叙事中是不是根本就存在这样一个悖论:真正身处底层的这些人们,囿于文化水平、资源占有、生存条件的种种局限,他们没有能力也没有机会来实现对自己生活的真实呈现以及对自己内心的准确表达。所以他们和他们的生活往往只能以人物和情节的方式进入作家的创作,通过作家的叙事来呈现和表达。在这个过程当中，人和事就面临着"被底层""被苦难"的可能。很多时候，即使作家原本来自底层，即使作家在情感上与他所书写的人是相通的，但是，终究是有隔膜的。所以，我从文学作品里面看到的底层世界永远都是作家化了的底层世界。这是一个我自己到现在也没有想明白的问题，但是我相信，即使悖论无法超越，作家也应该一直努力坚持超越。

阅读你的小说，我能明显感觉到，你对人物充满感情，知道体恤和心疼他们，更重要的是，你一直非常努力地去理解人物，这理解中包含着对人物的尊重。面对一个被伤害而又无力反抗的人，同情与愤怒都是很自然、很容易生发的情感。这几乎是每个健康的人都能做到的。而作为一个作家，情感的能力应该更多样、更深入。除了受苦遭罪之外，你看到了小人物面对这些厄运时内心激发出来的反抗力量，那种躲在角落里隐藏着的坚韧。

我想知道，你每每写作的时候，都是从什么视角、携带什么样的情感进入小人物的世界的？你在写作中怎样规避被同时期的底层流行话语所裹挟？

胡学文：一位作家曾说，要贴着人物写。据我理解，其含义一个是情感上的考虑，一个是叙事上的策略。贴着人物，就能触摸到人物的体温、心脏的跳动、情绪的起伏。言简意赅，此话甚好。但我觉得，进入人物会有另一种奇妙。如果作者在创作时完全进入那个人物，就会成为那个人物。我写《飞翔的女人》时，写荷子在地上像水一样流开，我就是荷子，那种无望击穿身体的痛，我摆脱不掉。

我曾说过，"底层"这个词没有出现前，我关注的就是那些人，或谓之小人物。当底层流行时，我笔下的人物生活中的地位和身份没有变。当底层被某些批评家诟病时，我笔下的人物仍是边缘群体。这没办法，除非我不写作。我不因底层叙事热觉得赶上了潮流而沾沾自喜，也不会因为批评家的批评而躲避、苦恼，那和我没有关系。我说过一旦进入作品中，人物没有大小之分，没有底层与高层之分。当然，我在写作中也力图避免被几乎大众化了的声音覆盖。比如苦难，底层有，但哪个群体的人没有呢？形式不同罢了。我不回避，但苦难并不是底层最突出的特征，把苦难与底层画等号是滑稽的，是某些人的想象，以至于许多作品为苦难而制造苦难。本来我不回避，可面对蜂拥的苦难，我躲开了。再如贫困，也是过度的想象与制造。我在一个创作谈中说："乡村这个词一度与贫困联系在一起。今天，它已发生了细微却坚硬的变化。贫依然存在，但已退到次要位置，困则显得尤为突出。困惑、困苦、困难。尽你的想象，不管穷到什么程度，总能适应，这种适应能力似乎与生俱来。面对困则没有抵御与适应的能力，所以困是可怕的，在困面前，乡村茫然而无序。"同样，如果困被更多的目光注视，我会躲开。

金赫楠：我们来谈一谈《一棵树的生长方式》。它被评论家提及得并不多，也许是因为它的整体调子并不符合当下流行的所谓底层叙事的主旋律。但作为一个读者和研究者，我是很偏爱这篇小说的。主人公姚洞洞遭受着命运最无情的压迫，他的成长充满着失意甚至屈辱。最终，被压迫到最低点的姚洞洞开始了他对命运决绝的反抗。这种反抗从一开始就带有一种报复情结，是精心策划之后的机关算尽和步步为营；当他牺牲了自己甚至家人的日常幸福，当他把宿敌逼进了绝境，始自维持生存与挽回尊严的抗争，最终沦为快意恩仇的恶作剧。

你之前和之后的大部分作品中，也都贯穿着小人物对于命运的抗争，不论是麦子、丁大山那种沉默的坚韧，还是吴响、左石、罗盘那种一根筋式的执着，甚至荷子式的近乎疯狂的歇斯底里，这些表面看上去有些极端的行为，都是随性而发的，没有什么计划性，且都是心存善念的，歇斯底里的背后不具有破坏性，最终目的也只是为了维护自己的基本权利。当姚洞洞从一个受虐者变成一个施虐者，当始自生活需要的反抗和挣扎一步步变成他的生活本身，我们从姚洞洞身上看到了底层世界的另外一种性格：一种狡黠、机巧，一种强大的忍耐力以及随之而来的巨大的爆发力。种种爆发本来是有合理性的，但是一旦偏执地走下去，也会渐渐生出恶意与破坏性——我把它称之为“反抗溢出”：溢出了它能够控制的范围，溢出了它原本的合理价值。我很好奇的是，作为这个人物的创作者，这里面寄托了你对底层世界怎样的思考？

胡学文：我的所有人物都来自身边的生活。这篇小说来自我对童年乡村生活的一次回望。姚洞洞，说实话，这也是我自己偏爱的一个人物。你的偏爱，我想还是来自评论家的兴趣点，按你的话说，这个人物足够复杂，可以提供更多阐释的空间，你关于姚洞洞的种种分析，有些的确也是我想表达的，有些却是我自己也没有意识到的——当然，好小说其实就是作家与批评家共同完成的。在我看来，姚洞洞身上携带着一种乡村智慧：在现实中，一个人不得不顾忌着什么，比如地位卑微者，可能不敢大声说笑，走路不敢直腰，眉眼不敢放肆，这也许是外界的重压使然。但没有什么权力或重压能深入其内心，至少还没到那个程度，他还保持着心的自由、智慧的绽放。而且，现实越是逼仄，那智慧越有光彩。在我生活的乡村，就有这样的人物。我对这种智慧充满兴趣，想要去探究它来自哪里，会对人物和生活产生什么样的影响。

金赫楠：你笔下那么多的反抗者，最后大都还是陷落在悲剧的结局里，好像只有姚洞洞取得了胜利——毕竟，他漫长的复仇最后实现了。但是取得胜利的姚洞洞，并没有得到自己预想当中的痛快淋漓，而是陷入了内心的恐惧与虚无。我的感觉就是，面对这个唯一“成功”的人物，你在叙事中没有直接评判，而是字里行间夹杂着质疑。对姚洞洞式反抗以及最终的所谓成功，你的态度是矛盾的。

胡学文：的确是矛盾的。我对姚洞洞的情感其实挺复杂的，他身上所体现的生存智慧吸引着我，但是对这种智慧除了感叹之外，我也觉得似乎还应该有一种警惕，这可能也就是对你所说的“反抗溢出”的警惕。在实际的写作中，这个人物被我给写失控了，我本来想让姚洞洞最后体面地站在那里，可是，作为一个赢家，他失去了赢家的气度。

金赫楠：人物自身的逻辑，战胜了作家的主观预设，写小说往往就是这样。不知道你是否留心，近年来的底层写作中，还有这样一种倾向，那就是因为贫穷、困苦，因为容易受到来自外部的欺辱与伤害，所以身处底层的人在丧失了资源占有上的优势之后，却被作家们赋予了道德上的优越感。姚洞洞这个人物的塑造，对这种想当然的道德优越感也是一个挑战。

胡学文：这还是属于评论家的发现。我在写作的时候，人物就是人物，他的性格也许很独特，但也是混沌的，他的举动是因着性格而发生的。人物出来之后，任由评论家寻找和分析吧。

金赫楠：你的小人物谱系中有这样一些人：老实得有些窝囊，善良得稍显软弱，苛求平安的同时难免怯懦，渴望摆脱贫穷、卑贱的努力中附带着个人主义，身处卑微庸常之中坚守着对理想的执着追求，在一次次的失望和伤害之后，主人公们仍旧没有泯灭自己内心深处的善良，沉默地，也是执拗地坚守着人生的道德底线，坚守着自己对理想生活的向往与努力。不过，这样的人物性格，在你的小说中其实并不多。我看到更多的，是另外一幕幕来自弱者的强势反抗。《飞翔的女人》是你2002年的小说，也就是这篇小说让我认识了小说家胡学文。主人公荷子，一位农妇，如果一直身处平静的生活之中，她一定就是那种不起眼的普通角色，如同蔓延在乡野大地上的一株野草。然而，赶集的时候走失了年幼的女儿，这样一个意外让她走上了一条寻找女儿的漫漫长路。寻找女儿的路上，荷子遭遇了风餐露宿、钱财耗尽，更有欺骗、要弄，甚至自己也被人贩子拐卖。丈夫放弃了，乡亲和朋友也都绝望了，而荷子却表现出了令人惊讶的倔强与坚持，她几乎豁出自己的一切，同人贩子集团做着可称是殊死决斗的对决。当读这篇小说的时候，我就被感动了。还有《麦子的盖头》中的女主人公麦子，不甘心接受别人为自己安排的命运，她逃跑和寻找，一定要过自己的生活。两个弱女子，都被逼上了一条出寻之路，她们都有一种不计后果、不惜代价的决绝，向命运的摆布抗争。尽管力量很弱小，但是姿态却很强大。

回头看看，你这些年的小说中，其实一直贯穿着这样几个关键词：刨根问底、一根筋、追寻。除了上述《飞翔的女人》《麦子的盖头》《命案高悬》《土炕与野草》《失耳》《像水一样柔软》《谁吃了我的麦子》《一个人和一条路》等等，还有最近的《谎役》。在这些小说中，当人物遭遇到命运的残酷时，都会迸发出一种与自身处境看似不相符的强大力量去进行抗争，执着地、执拗地，以一根筋式的信念支撑着一种刨根问底的追寻和坚持。而这些追寻和坚持又往往沿着相似的轨迹走进了相似的结局。

胡学文：“刨根问底”和“一根筋”，被贴上这样的标签，我基本上是不喜欢也不反对的。对于阅读小说的人来说，可能我写的那些人物确实是一根筋，什么事情都一竿子捅到底，非寻个水落石出不可。我不是有意为之，就是写着写着人物和情节就成了这样。非要仔细回想创作过程的话，我承认在写作初期，这样写有叙事策略上的考虑，比较容易使紧锣密鼓的叙事节奏和跌宕起伏的情节相扣，人物性格也在情节的推进当中更鲜明。但是在后来的写作中，就与叙事策略无关了。可能因为我喜欢有韧性的人，所以往往努力挖掘并放大了这种韧性，人物看起来都是一根筋。其实，每个人身上都有他自己坚守或者坚持的东西，人生不也就是一个不断追寻的过程吗？形形色色的人，形形色色的追求，各种方式的追求，我只是因为自己的偏好而放大了其中的某一点。

金赫楠：大家都说的“一根筋”，其实倒不是说这些人物不好。这些人物，为当下文坛的叙事贡献了一种对于人物性格的发现与体恤。说到这里，我得插一句，因为突然意识到，其实刘好、马兑这些看似沉默软弱的人，也不是一味逆来顺受，他们的身上表现出来的是一种原生态的质朴与善良，在磨难与艰辛面前，守住一份善良，心存一些温厚，坚持一丝理想，这本身也是一种反抗——尽管这种反抗是以一种柔弱的方式表现出来的。这更是一个民族、一个时代文明进步和发展的最内在的呼唤和坚实的基础，是对残酷现实看似软弱其实内劲十足的长久抵抗。

回头再说这“一根筋”。对一直跟踪你的创作并阅读的人来说，读多了，会对这种刨根问底式的追寻产生过分的熟悉感：那种不顾一切、不惜代价、不计后果的坚持与执拗，那种一根筋式的刨根问底，笼罩在你的多篇小说当中，以至于有段时间我看到你的新作时，从情节到人物不免略有似曾相识之感。

胡学文：你是不是觉得有自我重复的感觉？

金赫楠：是有点这个嫌疑。你为什么如此固执地钟情于这种一根筋式的人物和情节？关于这一点，我的理解是这可能源自一种写作惯性和对某一种人物性格的偏爱。

胡学文:我不过是呈现了这种追寻的艰难。我是个悲观的人,如果笔下的人和我一样悲观,不只是人物没有出路,我也会绝望的。也许没什么结果,但在追寻的过程中,我让人物也让自己看到了希望。这些年我在写小说的时候确实越来越注重对心理的描写。但是,其实我并不认为注重人物内心的描写就一定比关注人物的外部行为更高级。叙述的着力点侧重于什么地方,这是作家的喜好,也和写作时的叙述内容及所选择的叙事策略相关。写人物的外部行为,比如动作、语言,其实仍然可以传递出人物的心理变化,很多时候这样可能比直接写心理更有难度,所谓“不著一字,尽得风流”。

金赫楠:我同意你关于写外写内的看法。不过,具体到你近些年的创作,我仍然认为“由外转内”是一个突破和进步。还有一篇发表在《中国作家》上的中篇《虬枝引》,初读后我很是惊讶,一度翻回到首页来再次确认作者是否为我所熟悉的胡学文。这是一个关于外出打工者归乡的故事,但是你写得很魔幻——是的,我使用了这样一个原本和你的创作不着边际的词语——魔幻。主人公乔风,一个外出打工的男人,回乡与妻子商议离婚,却在回乡的路上发现自己的村庄消失了。于是他放下了原本回乡的目的,一门心思地开始了对自己村庄的寻找与重建,但是最后一觉醒来,发现那些曾经熟悉的一切终究还是回不来了,因此他也只能永远走在回乡的路上却回不到家了。

胡学文:评论家们总是认为我的小说很实,甚至是太实。虽然我并不认为这有什么不好,却也因此多少有了想要做些改变的跃跃欲试。不是都说我太“实”吗？那我就写一个“虚”一点的。写这篇小说的时候,我其实是满心苍凉的,按你的话说,《虬枝引》无论使用了一个怎样魔幻的架构,其创作灵感当然还是来自现实生活。你知道,我是从农村出来的,我身边也有很多像我这样来自乡间、现居城市的亲戚和老乡,我发现每每提到自己现在的住所的时候,他们的表述都不是“家”,只是说回什么什么地方去;而只有提到自己的乡村或者乡村所在的地域,才会使用“回家”这样的词。这种“虚”的确是我刻意追求刻意营造的,但我并不是随便逮住一篇小说就迫不及待地“虚无”起来。是对故乡的思考和对另外一种叙事策略的期待,碰撞出了这样的一篇小说《虬枝引》。

没有一个作家不想超越自己,问题是怎么超越,是否能超越。也许自己认为超越了,可那种超越并非有意义。但不改变是不行的。我不知道所做的努力会是什么结果,方向也不是很明确,就像勘矿一样,这儿测测,那儿试试。

评　论《

命运的魔咒与存在之思
——评胡学文小说集《我们为她做点儿什么吧》

周雪花

《我们为她做点儿什么吧》是胡学文新近结集出版的中短篇小说集，是"'河北四侠'集结号"之一，这部小说集让我们看到了叙事手法与形而上哲思结合得愈益精妙的胡学文。胡学文以往的小说大多被贴上了底层写作的标签，被认为是更用心于故事的讲述与人物的塑造，而他的小说集《我们为她做点儿什么吧》却让我们在他原有的叙事基础上看到了一些新质，或者说，通过这部小说集，胡学文将以往渗透在小说中不太被人留意的成分充分地放大了，这放大了的部分就是他对人的命运与生存境遇所作的形而上思考。在作者荒诞与黑色幽默的故事叙述中，我们仿佛感受到了悬在头顶的那把达摩克利斯之剑，它是隐形的，看不见，摸不着，却又实实在在地悬浮在某个地方。胡学文将这种不在场的"在"书写到极致，让我们在体味滑稽荒谬的同时顿生一丝寒意，这是人类的生存境遇，也是命运发出的咒语。你感受到它的威胁，想尽办法去解开这一魔咒，当你出发去寻找的时候却发现，一切的努力都是徒劳。而且极为奇特的是，在胡学文的小说中，他总是能通过一系列的事件将人物放置到这一荒诞的境遇中，并最终绕进关于人的命运与存在之思之中。于是，胡学文小说本身也成了一个魔咒，吸引着我们走进他的文学世界，去解开那隐藏在人物与哲思之中的创作之谜。

一、她是谁：悬浮的达摩克利斯之剑

初读小说集《我们为她做点儿什么吧》，我的心中闪出了一个问号，为什么是以这篇小说来命名整部小说集呢？感觉《谁吃了我的麦子》或《冬日里的套子》都比这篇小说更能代表我们所熟悉的那个胡学文，尤其是《冬日里的套子》，那冬日里的坝上荒原，那底层的艰难生计，那对于生的执着、对于爱的无奈，都是能被鲜明指认的、具有标志性特征的胡学文的小说。但是，当静下心来慢慢品味细细思考之后，会越

来越深切地感受到,《我们为她做点儿什么吧》这篇小说是能统领整部小说集的。

小说《我们为她做点儿什么吧》中的"她"是一个关键词,我们一直在猜测"她"是谁,但最终,"她"依然是一个谜。"她"被叙述为"我"的前妻,但"我"又不认识这个名叫朱红的女人,于是开始了寻找朱红之旅。这位名叫朱红的女子一直没有得到确切的指认,但"她"却左右着小说中的人物,介入他们的生活,搅动他们的神经,占据他们的思维与生存空间。"她"一直在场,却又从未出场,是缺席的在场,是不在场的出场。"她"的面目似曾相识却又模糊不清,因此,"她"成为一个符号、一个能指、一个悬浮在人的生活中的谜咒。不单是这篇小说,打开这部小说集会发现,作为能指与魔咒的那个"她"无处不在,只不过又换了另一个名字而已。

《审判张吾同》中的张吾同是主人公米高在厕所墙上随意看到、随口说出的一个名字,没有人和他有任何的关系;《关系》中的对门女人是谁,没有人知道她来自何方,又去向何处;《我们的病》中出租车上即将结婚的小夫妻要找的丈夫的前女友住在哪里,到底有着怎样的人生遭际,没有人能说得清。此外,《从正午开始的黄昏》中那个身手不凡的女扒手,其身世一直是个谜;《五月九日》中的"他"的真实面目如何;《脸》中有着多副面孔的那个男人是谁;《背叛》中因公牺牲的警察到底有着怎样的内心世界;等等。这许许多多的急需填补的空白没有被填补,一直呈现为敞开的状态。就这样,作者将一个个未解的谜团重重地抛给了我们。

而且,胡学文还有意将故事情节设置得有如侦探小说。在他的小说中,多讲述与警察、小偷相关,与侦探、审判相连的故事。小说《审判张吾同》中的"审判"二字立马就能将人的好奇引发出来:张吾同是谁,他犯了什么事,谁审判他,审判的过程怎样;《从正午开始的黄昏》中写的是两个身手敏捷的男女盗贼,虽然不是劫富济贫的侠士,但也不是丧尽天良的坏人,面对他们在城市夜空的登门入室,读者会时不时地为他们悬起一颗心;《背叛》中写到了一个警官之死,我们会想这是不是与一个什么大案相牵连;《与狼共舞》写的则是关于一家私人侦探公司的故事。也正是这些侦探性叙事策略的运用,使胡学文的小说具有了悬疑与迷幻的色彩,愈发吸引着读者的阅读兴趣。

但胡学文无意于将他的小说写成一般意义上的侦探小说,在设置悬念、揭开谜底,给读者一个恍然大悟的明晰结果上下功夫。在他的小说中,谜团一直缠绕着你,但他并不想揭开谜底,而且故事情节的发展也与案情无关,不是警察抓小偷、警官审判犯人,而是透过谜团发现潜藏在日常生活中的人与人之间、人与社会之间剪不断理还乱的复杂而微妙的关系。或者说,悬念只是手段,他真正想揭示的是人的生存境遇。如胡学文所说的:"我喜欢把人物推到一个特定的环境中,打破惯常的生活秩序,使其和世界建立新的关系,逼出他身上不为人知不为己知的一些特质。可以说他执拗,或说他一根筋,但我绝不是为表现或突出这种性格,我最大限度地逼,是想看清或确认那种新关系的可能。"①

因此说,胡学文小说中的故事不是警察与小偷那样黑白分明的故事,而是在黑与白、对与错的复杂交错中,让人陷入充满矛盾与悖论的人生境遇之中。或者说,胡学文有意抛给我们一些无解的谜,让它一直悬浮在文本的上空。于是,这些谜团中的隐形人不仅是个谜,他们还以不在场的形式侵入在场人物的生活之中,给他们的生活和心理带来莫名其妙的干扰。《审判张吾同》是极为典型的一篇以不在场的身份介入人物生活的小说。张吾同是谁,没有人知道,连说出"审判张吾同"这句话的米高也不知道到底有没有这个人。但就是这个子虚乌有的张吾同却打乱了米高平静而正常的生活——影响了米高与朋友、米高与妻子、米高与自己的关系——他成了一个精神分裂的人。就这样,不存在的张吾同成为小说事件中的主角。《关系》中的对门女人虽然只是一个没有出场的虚指,但她的影响却无处不在,成为一个话题,一个幻影,一个悬浮着的能指,一个给人的生活带来不安的符号,一个潜伏在暗处随时都会出现的危险。她随时会出现在"我"和妻子的嘴边,成为"我"和妻子之间隐形的第三者,使"我"和妻子处于精神崩溃的边缘。

这子虚乌有或莫名其妙的"在"或许就是胡学文对人的生存境遇本相的揭示:危险如同高悬着的达摩克利斯之剑,它随时会出现在你的生活之中,让你防不胜防。而且极为可怕的是,它以隐形的身份出现,你明明知道有一把剑悬着,却不知道它来自何方,也看不到它悬在何处,不安与恐慌油然而生并弥漫开来。

二、行走:一个人的"圣经"与荒诞

面对危险,不同的人会有不同的态度与人生选择。有的人会在绝望中哀叹并坐以待毙,但更多的人会选择与危险进行抗争,逃离悲剧性的宿命魔咒,这或许是人的本能反抗。在面对危机时,胡学文表现出矛盾而复杂的心态,他让小说中的人物义无反顾地前行,但是前行中又遇到了巨大的阻力,只好无奈地返回,但返回之后还是要决绝地前行,去抵达一个看似明确实则虚幻的目标。进化论的前行时间与循环论的往复时间交织在一起,使他笔下的人物充满了悖论的色彩。行走,既成为一个人

---

① 胡学文、姜广平:《"我想寻找最佳的路径"——与胡学文对话》,《我们为她做点儿什么吧》,花山文艺出版社 2014 年版,第 281 页。

的“圣经”,也成为一个人的荒诞。

与《等待戈多》中对希望的被动等待不同,胡学文笔下的人物是动态的,在行走中寻找真相,解除隐形人带来的神秘魔咒。可以说,行走是线性的时间叙事,是指向光明的人生探寻。“我笔下有不少执拗人物,但不是为了执拗而执拗,而是叩问世界的方式,也是小人物常可依赖的武器。如果没有这一点,只剩下被污辱被损害的形象,还有什么光亮可言?”[①]在其以往的《命案高悬》《一棵树的生长方式》《大风起兮》《逆水而行》等小说中就曾出现过这样执拗的人物,他们偏执地走上了对某种真相的探寻之路。在《我们为她做点儿什么吧》这部小说集中,虽然加入了些轻松与幽默,但胡学文依然让他笔下的人物以抗争的姿态出现,依然以一种孤独而决绝的姿态前行,因此,他们的行走也就成为以卵击石般的孤绝对抗,是“一个人的‘圣经’”。

《谁吃了我的麦子》中的吴根为了吃上自己地里种的麦子磨出的面,开始了他一个人孤独的行走。吴根穿行于散落在大地上的村村落落,只为了找见能把他的麦子磨成面的磨坊。他揣着自己家煮熟的麦子当干粮上路了:

> 吴根穿行于村庄,那些散落在大地各个旮旯的村庄。遇到热闹的镇,他就绕开。镇上肯定有面粉厂,未必都像营盘镇的面粉厂不对外加工,至少该去问问,但他没问。并不是一次被蛇咬怕了,他不是怕,不怕再碰见个阔脸男人,他就是想找找。想找见一个还有磨坊的村庄。他似乎不只是为磨面而寻找了。

吴根不停地走街串巷,为了寻找到能把他的麦子磨成面的磨坊,他的这种行走与寻找显得怪异而执着。但在寻找的过程中,故事出现了一个拐点,吴根“不只是为磨面而寻找了”,在寻找中,他找到了在路上行走的乐趣,他一路哼着小曲,想起了与妻子的初恋,重新找回了年轻时曾激荡在心中的性情。这种空间的转换带来了心情的改变,这是一个意外,也是一个收获。而吴根所要寻找的“磨坊”也就不再只是一个能磨面的实体,它还成为一个隐喻,那是一处圣地,一处受到现代化进程摧毁的,受到日常生活平淡琐碎消磨后的净土,是留存于内心最深处角落中的美好记忆与田园诗情。

《一个人和一条路》与《谁吃了我的麦子》有异曲同工之处,瘫痪在床的乔多多心中一直存有一个心愿,就是在他离开这个世界之前,希望能重走一回从家到镇上的路。那是他与妻子领结婚证时走过的路,那是他的有关青春与情感的温暖记忆。

---

① 胡学文、姜广平:《“我想寻找最佳的路径”——与胡学文对话》,《我们为她做点儿什么吧》,花山文艺出版社2014年版,第289页。

《我们为她做点儿什么吧》中的两个男子寻找朱红是想为她做点什么；《冬日里的套子》中的郝生一次次地走进冬日寒冷的坝上草原，是为了能捕到兔子，了却不久于人世的妻子的一个心愿；《〈宋庄史〉拾遗》中的“父亲”，甘愿跟着骗子去行骗，只为了完成他为家乡宋庄写史的使命，这是他的心愿，也是去世的妻子的意愿。这些人的行走与寻找是极为执着的，因为他们的心中有一个固执的信念，也许在别人看来微不足道、不值一提，但对他们来说，那是他们的神圣使命。

但现实生活中的不尽如人意使胡学文认识到行走的艰难，他不会给出一个廉价的光明的尾巴，他用冷峻的目光关注着笔下的人物，发现他们在一次次受挫后的命运遭际与人生态度。于是，胡学文在进行线性时间叙事的同时，又穿插了循环性时间叙事，让笔下的人物在追寻与行走中一再地遭受阻力，表现为出发—返回、再出发—再返回。在时间与过程的循环往复中，在一次次的寻找—失败、再寻找—再失败、又寻找—又失败的重复中，本来很有些悲壮意蕴的事件突然间发生了转换，呈现出荒诞的色彩，如同推动巨石的西西弗斯，在一次次单调的往返重复中，徒劳与荒诞油然而生。

其实，早在小说集《我们为她做点儿什么吧》之前，胡学文的这种重复式的荒诞叙事就已经开始出现，在其代表性的小说《一个谜面有几个谜底》《飞翔的女人》《在路上行走的鱼》《大风起兮》《命案高悬》中，作者就有意揭示这种荒诞，但在重复叙事与荒诞哲理关系的阐发上彼此还有些分离，故事和哲思如两张分得很开的套皮，自说自话。而在《我们为她做点什么吧》这部小说集中，重复性叙事与荒诞性存在之间连接得很自然，呈现出水乳交融的态势。

《谁吃了我的麦子》中的吴根为了寻找磨坊，走上了一条不断前行的路。但不同于鲁迅《过客》中的过客一直不间断地前行，吴根的行走与寻找是循环往复的，是从家出发，去往村落，又返回家的过程，这种循环使倔强的行走带有了某种病态。如果说“过客”还是一路行走中的孤绝英雄，那吴根则是“脑子出了问题”的偏执狂了。吴根最终找到了一个磨坊磨了面，但因兴奋过度喝得晕晕乎乎，在往回走的时候出了车祸，不仅车毁了，辛辛苦苦磨的面也不知去向。终于，他未能吃上自己的麦子磨的面，这一结局，又带上了黑色幽默的色彩。

《离婚》写的是乡村妇女秦月娥闹离婚。她与丈夫赵不忘闹离婚总共 6 次，每一次的闹都与赵不忘的“好色”相关。第一次闹离婚是因为丈夫与村里的女人有染，第二次是因为丈夫与一个寡妇私通，第三次是因为丈夫被怀疑摸了一个女人的屁股，第四次是因为丈夫遇见了一个陌生女人而丢了牛，第五次是因为丈夫遇见尼姑弄丢了钱,第六次是因为丈夫看男女情感电视剧。从二十多岁到六十多岁,秦月娥不能容忍丈夫的一再犯错,反反复复地提出离婚,每次都是轰轰烈烈始,不了了之终,最终婚也没有离成。这最后的结果使秦月娥来势汹汹、反反复复的闹显得虎头蛇尾、有气无力,成为村里的一个笑谈。

此外,《我们为她做点儿什么吧》中的"我"满大街穿来穿去地寻找女人朱红,《审判张吾同》中的米高一次次地辩解不认识这个张吾同,《关系》中的"我"和妻子宋佳一次次地试图摆脱对门女人对"我们"生活的影响,《背叛》中的崔小北一次次地寻找"第三者"想弄清丈夫的情感真相,《冬日里的套子》中的郝生一次次地下套去逮兔子,《〈宋庄史〉拾遗》中的"父亲"一次次地想弄清骗子的真相。但结果却是他们的行径越来越远离原有的目标,在一次次的重复中,正剧变成了荒诞剧。而这重复与荒诞使小说具有了更高层次的意义,如同汪晖在评价鲁迅作品中"轮回的心理经验"时所说:"真正惊心动魄、令人难以平静的,也许恰恰是那种对于历史与经验的悲剧性的循环与重复,历史的演进仿佛不过是一次次重复、一次次循环构成的,而现实——包括自身所从事的运动似乎并没有标示历史的'进化'或进步,倒是陷入了荒谬的'轮回'。"①而在这重复性的徒劳与荒诞中,胡学文的小说不仅具有了"被撕扯的痛感和软弱无力感",还具有了现代意义上的荒诞感:"对胡学文小说'先锋性'的忽略是集体的,大家注意到的是他对传统和现实主义的守成,甚至是某种'通俗性'——我不知道为什么会造成这种盲目,在他的小说中,你其实可以轻易读到先锋小说的诸多因子,它弥散,但和所谓的'现实感'一样清晰。"②

前行与往返、希望与荒诞使胡学文的小说充满了思想的矛盾性与复杂性,他让小说中的人物满怀希望地上路,却让他们不断地碰壁;他让他们不停地寻找,却又发现寻找的荒诞。前行的希望与荒谬就这样相互渗透与交织,形成无法摆脱的生存悖论。但这种悖论同时又指向一个方向,表达着作者的内心愿望,如同鲁迅所言:绝望之为虚妄,正与希望相同!在直线寻找与循环行走中,胡学文看到了生命的光亮,也发现了生活的矛盾与悖论,小说真切的现实感与先锋性的现代理念就这样相互纠缠与渗透,使执着与荒诞、悲剧与喜剧、绝望与希望相伴相生。

三、时代病症、骗术及其他

如果说胡学文小说是矛盾与悖论的纠缠,那么,下一个需要解决的问题是:这些

---

① 汪晖:《反抗绝望:鲁迅及其文学世界(增订版)》,生活·读书·新知三联书店2008年版,第160页。

② 李浩:《两个胡学文》,《文学界(专辑版)》2010年第7期。

心理上的矛盾、悖论与荒诞源于何处？深入小说文本我们会发现，这种矛盾与荒诞不是来源于哲学，而是来自实实在在的社会生活，来自时代进程中复杂的现实生活本身。不同于《等待戈多》中的无望守候、《禁闭》中的他人即地狱、西西弗斯被迫滚动巨石，胡学文小说中的荒诞不是静止状态下的人生境遇，而是在动态中呈现出的社会景观。小说中的人物以主动的姿态出发，沿途的风景就是这多种多样社会生活的组合。这些景观构成小说的潜文本，使作品中呈现的荒诞与悖谬不是形而上的玄思，而是植根于社会现实的深厚土壤；不是凭空想象，而是来自我们身处社会的时代病症。

翻开小说集《我们为她做点儿什么吧》，一个极为突出的字眼跃出纸面，那是一个大大的“骗”字。骗子、行骗、骗术，在每一篇小说中或多或少都会出现，“骗子”们以各式各样的嘴脸与表演构成了一幅光怪陆离的现代社会的生活画卷。

《我们的病》阐发的病症是一种很典型的时代病，是现代人普遍遭遇到的信任危机。小说以出租车司机“我”为叙述视角，由两条线索穿插进行，一条是一对即将结婚的小夫妻，妻子怀疑丈夫有外遇，外遇对象是丈夫的前女友。丈夫为证明自己的清白，与妻子一起坐上出租车去寻找前女友。另一条线索是“我”对自身故事的回顾。“我”还了借哥哥的五万元钱，妻子一定要哥哥写张收条。“我”认为这有伤兄弟情谊，妻子想了个办法，请哥哥吃饭时录音以作为还款的证据，这种做法惹怒了哥哥。这样两件看起来风马牛不相及的事交织在一起，共同指向了小说的题目“我们的病”。初看起来这种病是没事找事的病，本来很简单的一些事，干吗要折腾别人也折腾自己呢？如果细细分析会发现，这种没事找事其实已经构成了一种时代病症，这种病症就是信任危机。《我们的病》如此，《背叛》《关系》《从正午开始的黄昏》《与狼共舞》等小说都触及人与人之间的怀疑与猜测，尤其是关系最为密切的夫妻之间的情感伤害与彼此猜忌。

《与狼共舞》或许很能代表这个急速变革的社会中的人与人之间的关系，仿佛每个人都生活在互相怀疑、猜忌与不信任之中，骗的触须伸展到生活的各个角落，每个人既是骗人者又是被骗者。小说的落脚点依然在关系最为亲密的夫妻上，妻子或丈夫成为被窥视被侦查的对象。小说写得扑朔迷离，留下了许多空白与谜团，但并不影响我们对人物关系的把握。米川被第二任妻子小香玉盗走了保险柜中的全部财产，在追捕小香玉的过程中，米川发现了自己的一个特长——侦探能力，于是成立了一家私人侦探公司，专门对婚外情和债务进行调查取证，而且生意日渐火爆。后来米川暗示“我”，“我”的妻子范丽行为诡秘，“我”也不禁开始窥视妻子的行踪。小说结局出人意料，范丽原来是米川的前妻，小说最后的点睛之笔“其实我真正想告诉你们的是，我是怎么捞到这个宝的”让我们恍然大悟，“我”其实并不比米川高尚多少，米川不过是以其人之道还治其人之身而已。读完小说，让人情不自禁地发出感叹：怀疑和猜忌为何如此无孔不入地浸透与弥漫？人与人之间，尤其是亲密的人之间为何不能有效地交流与沟通？

胡学文不想做出简单的谁对谁错的判断，而是通过情节的发展一步步地揭示出这种社会现象与时代病症，或许现代社会的巨大诱惑与人的自由游走所造成的空间感是病症产生的一个重要原因，现代空间感带来的是人的距离感。正如《从正午开始的黄昏》中的乔丁，每隔一段时间都要出去游走，而游走则是为了换另一种身份和面孔生活。丈母娘每个月也要出走几天，为的是与旧情人秘密幽会。空间转换带来的是社会身份和家庭角色的改变，而秘密则隐在了他乡与内心。不同的空间转换使人的心理结构越来越多元，身份越来越复杂，但为了获得俗世的道德伦理和价值体系的认可，人就必须把太多的秘密包裹起来，给自己罩上一个俗世认可的假面，这假面终究会带来怀疑和猜测，而信任危机也由此产生。这时的欺骗更多的是指向一种谎言，是将自己内心的秘密隐藏起来的策略。而有时，秘密是只能隐藏在内心深处，无法与他人诉说的，可谁又能说那秘密和曾经的情感经历是可耻的呢？如同《从正午开始的黄昏》中写道的：“秘密是生命的一部分，从早晨到正午，从正午到黄昏，秘密随生命成长，成为饱满结实的果子，散发着诱人的甜香。”胡学文揭示了不得不说的谎言和内心深处无法排解的痛楚，这种内心的矛盾与纠结是对现代人复杂多样的情感世界的深度探寻。

如果说上述作品还集中在家庭尤其是夫妻关系的信任危机上，是对人的内心世界包括欺骗在内的多种情感的思考，那么，在《〈宋庄史〉拾遗》中，胡学文将他的探寻延伸到对更为复杂的社会关系的透视，这是一篇蕴含着多种文化内蕴的作品。

《〈宋庄史〉拾遗》讲述了骗子老条的故事，那是真正的、以骗取钱财为目的的行骗。老条是宋庄的骗子，他不仅骗人，还教人如何行骗，宋庄的经济快速发展，宋庄人的快速致富与老条的教导密不可分，因此，老条自誉为“能长树的粪”。为老条作传是一件不容易的事，曾是乡村教师的“父亲”为了写出老条的本性，专门追随老条当骗子，但最终也没能看清老条的真面目。你可以说老条是个靠骗术谋生的人，但你绝不能说他是个坏人。他的骗都是些不触及法律的小打小闹，或称之为“大忽悠”。他不仅骗人，还有一套行骗的理论：

在你眼里，我这个捉鳖的——好，按你的说法，我这个骗子一无是处，心烂掉了，腐掉了。不错，我是干了一些勾当，可我不是为我自个儿，我得到啥了？什么也没有，不外乎在各地溜达溜达。你再想想宋庄人，一个个都成了气候。……他们要么是企业家，要么是大老板，他们给社会创造了多少财富？养活多少人？做了多少好事？没有我，他们能么？你说我是粪，可他们这些人恰恰是从粪上长出来的。你能么？你不是能长树的粪，也不是从粪里长出的树，你什么都不是。

虽然老条在他的骗子理论中运用了诡辩术，但问题是，骗子和骗术何以会在光天化日之下大行其道？为什么行骗的人（如老条）在社会上过得风生水起，活得如鱼得水，在老条骗术理论教导下成长起来的刘老二、宋大道们都有了一番作为，而那些老实本分的人（如“父亲”）却步履艰难、一贫如洗？通过对骗子和骗术的揭示，小说敏锐地触及了一个极为难解的社会问题：商品时代的经济发展与人的道德良知的关系问题。“父亲”的迂腐终将无法逃脱被历史淘汰的命运，但他有些迂的品性又透着纯朴与可爱；骗子老条精明善辩，但他的流氓无产者的行径又让人有所不齿。老条“粪与树”的关系理论应被清理，但如何清理？在商品社会中，我们的民族文化应该如何健全？现代人又该具有怎样的社会文化心理结构？胡学文揭示了时代的病症，指出了现代思想文化的多元与混茫，但没有给出明晰的方法和答案，而这种多元与无解正是现实生活复杂性的文学再现。这也正是胡学文小说的可贵之处，是带有社会批判色彩的对人生肌理与多重文化心理的洞察。

在这部小说集中，胡学文更加着力于通过一系列荒诞的故事讲述，对人的生存境遇作形而上的思考与阐发，让你在没有任何戒备的轻松状态下进入故事，却让你读完故事后感受到极为沉重的命运与存在之思。这不得不让人感叹，胡学文在对故事、故事的叙述、故事所蕴含的哲思与文化意蕴上已达到了一个相当纯熟的境界，是“行走”与“飞翔”的结合。当然，也正如胡学文自己的感悟：呈现极端状态下的人性是一种方式，但不是唯一的方式，必须寻找更多的路径。[①] 但是，对于一位贴近社会民生的作家来说，只要现实生活中还存在着无法处置的矛盾与荒诞，小说创作中的轻松与惬意就不会有，他将依然背负着沉重上路。

（载《小说评论》2014 年第 5 期）

① 胡学文、姜广平：《“我想寻找最佳的路径”——与胡学文对话》，《我们为她做点儿什么吧》，花山文艺出版社 2014 年版，第 289 页。

主要作品目录《

长篇小说

《天外的歌声》,群众出版社2005年版。

《私人档案》,群众出版社2007年版。

《漩涡》,作家出版社2011年版。

《红月亮》,安徽文艺出版社2013年版。

《血梅花》,山东文艺出版社2016年版。

中短篇小说集

《婚姻穴位》,群众出版社2004年版。

《心急吃不了热豆腐》,群众出版社2005年版。

《麦子的盖头》,百花文艺出版社2005年版。

《在路上行走的鱼》,春风文艺出版社2009年版。

《命案高悬》,花城出版社2010年版。

《我们为她做点儿什么吧》,花山文艺出版社2014年版。

《奔跑的月光》,中国电影出版社2015年版。

《午夜蝴蝶——胡学文中短篇小说选》,中国言实出版社2016年版。

《一曲终了》,北京联合出版公司2016年版。

《闯入者》,百花文艺出版社2017年版。

《风止步》,作家出版社2017年版。

《从正午开始的黄昏》,花山文艺出版社2017年版。

《龙门》,北岳文艺出版社2019年版。

黄咏梅

女，20 世纪 70 年代生，广西梧州人。

小　引《

最近，在《新文学评论》杂志上读到黄咏梅的一篇谈创作的文章《小说家不是旁观者》，其中讲到她在媒体行业工作时的一些事情，说是跑社会新闻的记者，接到报料电话后，回问对方的第一句话就是：死了人吗？死了多少人？接下来，做社会新闻版的编辑，也按死人的多少安排记者提供的稿件：这则新闻死了5个人，头条；这则死了3个人，二条；这则闻所未闻，三条；这则既没死人也不新鲜，枪毙。这样的事，听起来好像是一个段子或是玩笑，但却在我这个普通读者这里，有了相应的反馈，或者说也得到了相关的印证。在都市小报十分兴旺发达的那几年，本市有几张报纸很受读者青睐，但订阅者却各有所选。一日，我与本系的一位同行闲聊，相互比较各自所订都市小报的优劣，半天争持不下。我最后拿出的杀手锏，就是黄咏梅所说的这个死人的标准。我问，你订的报纸今天死了几人，答曰一人；我说，我订的报纸今天有3条死人的新闻，结果自然是我订的报纸胜出。看官也许觉得我们这样近乎无聊，但如果细想一下这件本属无聊的谈资背后所隐含的阅读心理，就不难发现，寻找或追求一种超出生活常规的极端刺激，确实是今天这个连感官也日渐物化的社会普遍存在的一种现象。对于普通读者来说，这样的阅读取向自然无可厚非，但在这样的一个阅读情境或社会文化语境中从事文学写作，就不免要生出许多困惑。尤其是像黄咏梅这样从事叙事性文体创作的小说作家，更难免有左右为难之感。中国的小说自古就讲传奇，古人所谓无奇不传，说的就是小说家的选材“报料”都要新奇，否则就无人愿读、无人想看。按照鲁迅的说法，“始有意为小说”的唐人，甚至干脆把小说叫作“传奇”。想想中国古代许多有名的小说，虽然不一定都以死人的多寡为选材的标准，但选材的新奇却是笃定的。这些古典小说，能流传下来的，读者记得住的，也往往是其中的奇人奇事，这也就是与无奇不传对应的另一个说法——无传不奇。现代的小说，其实也是如此。多的不说，就说20世纪五六十年代的小说，现在还有人谈起的，还有人爱读的，还有兴趣改编（而且是循环往复）成电影电视剧的，主要还是如《林海雪原》这样的新英雄传奇。如果硬要扯上死人的关系，则古今中外的小说中，那些老去的壮士、牺牲的英雄、屈死的男女，总是最能牵动人心的。可见，读小说与读报纸的心理确有许多地方相同。

这当然只是问题的一个方面，问题的另一方面，还是黄咏梅说的，也是很多人这样认为的，不论作家的选材怎么传奇，作家给他笔下的人物安排了多少死亡的结局，都没有生活本身这样富有传奇性，都不像人的命运的最终归宿那样，统统都要走向死亡。所以黄咏梅说，作家的想象力总是跟不上现实生活，其实也超不出人的宿命。文学和现实生活、和人的宿命这种拧着来的局面，就让作家陷入了一个永远也挣脱不了的悖论。你要搞文学吧，你就得有想象力，可你的想象力再怎么高超，也超不出非文学的生活本身。这潜台词已经是再明白不过的了，就是你趁早别干这活儿了。可这活儿偏偏又是一种谋生的职业，许多人还指着它混饭吃。这样，在文学这行当内外，就难免有种种的不得已。写的人因为生计不得不将就着写，看的人因为好这一口也不得不将就着看。如果是大家都能这样将就，彼此相安无事也就罢了，问题是，偏偏有许多不能将就的作家，要另寻别路，也有许多不愿将就的读者硬要逼着作家这样做。这就有黄咏梅说的另一层意思，就是由"报道"新闻式的生活传奇，到进入人的内心世界，烛照人的灵魂，打动读者的心灵。用她的话说，是"沿着这些已经发生的新闻，缓缓地、艰难地挺进，从新闻人物的内心逐渐进入到读者的内心，一笔，轻轻地将人的情感'放倒'，将人们的冷漠、隔膜、躁郁、疑虑等等情绪统统'放倒'。这样的作品才动人"。有人会说，这样的想法也不是黄咏梅个人独有，很多作家都说过类似的话。我之所以在这里特别引出黄咏梅的话，是因为我觉得，正因为在这样的一个大家都将就的文学时代，还有像黄咏梅这样一些不能将就的作家，中国文学才有希望。这又让我想起前些年我与顾彬先生的一次闲谈。因为前有"垃圾"事件，我就问他对中国当代文学的真实评价，他说，中国当代许多作家的作品没有心。我理解他说的这个心，就是指黄咏梅说的人的内心，或曰人的心灵。这些作品仅流于表面故事，而没有触及人的灵魂。我当然不会认为一个外国人能当中国文学的裁判，也无意于把一个西方汉学家手中的鸡毛当作令箭，更何况顾彬的这个说法也不是什么高明之论，但是，如果将他的这个说法用之于观察当今汗牛充栋的小说和不计其数的小说家，只要你不想刻意护短，你就不能不承认，这个判断，还是比较符合实际的，或属切中肯綮之论。

也许是因为黄咏梅对当今小说这种"无心"叙事的状态有较清醒的认识，才有她的创作由追求新闻式的猎奇到追求"动心"的转变。论黄咏梅的创作，多离不开"日常"二字，但这"日常"的取材，在她那里，却不是没心没肺的"零度情感"，而是用全部身心去体贴笔下的人事，也借此去体贴读者的心灵，即由“日常”而深入“日常”覆盖下的人心。以我的眼光看来，这既是黄咏梅的创作深得人心之处，也是所有为文学者“入人”“化人”的不二法门。

自　述《

在日常生活中倾听历史的回声

这几年，跟我的生活一样，我在写作中开始有了强烈的年龄感。这种年龄感不完全是指中年的危机感，表现在写作上，是对这个世界不断增加的参与、表达的愿望。意识到这一点的时候，其实我个人反而变得越来越沉默，不再像过去那样，盼望能有机会向他人倾诉，并且期待得到一些理解和建议。从自己的角度谨慎地发出自己的声音，而不是尖叫、絮叨。这是我想通过写作传达出来的东西。我想，这也是一个中年人应该有的样子吧。

在我们家附近有一处地方，从我有记忆开始就被人们叫作“牌坊”。实际上，在那个地方根本没有竖着一座牌坊，就连旧建筑的痕迹也不存在，但是，人们约定俗成地还是叫“牌坊”。去年那里新开的一家烤翅店就叫“牌坊烤翅店”，我的小侄女跑过来问我，为什么叫牌坊烤翅店？我就按照自己的印象，其实也是听父母辈讲的关于那里立过牌坊的历史大致告诉了她。我在讲述的时候，忽然觉得太过于简单，甚至有的地方不可信，就去向我的父母求证，父母说我没记错，他们知道的也是这样的。我不甘心，去档案馆查了我们的地方志，才知道，我们口口传说下来的那段关于牌坊的说法跟真实记载还是有出入的。但无论如何，这个隐而不见的“牌坊”将会随着一代一代人、一个店面一个店面的命名而继续地存在着。

这件小事情让我想到了我的写作。日常生活无时无刻不被历史的泥土养护着，即使那些历史同样也是隐而不见的存在。我们“70后”这一代作家，总是被人说写得太小、写得太日常、写得太没有责任感，尤其是因为我们出生的年代决定了我们是一批历史意识淡薄的人，我们只会写当下、写自己、写人性。仔细想想，难道写当下就等于回避了历史？写日常就等于抛弃了意义？事实上，那些看似重复、经验、模式化的日常生活，以及作家笔下那些浓密的日常生活场景，都显现着其不可剥离的文化属性,而文化就是历史的另一种存在,这些历史与当下的生活一直发生着联系,并通过作家的主体感受和表达被赋予了新的价值和意义。

老家巷口的那个牌坊烤翅店,即使到现在,我们那里的人也并没有因为从没看到过“牌坊”而修改了这个叫法。历史留给后人的不仅仅是那些重大的事件和意义,还有那些看不见的留存、割不断的传承,以及如影相随的命运,只是我们总是会忘记问:“这个地方为什么叫牌坊?”

这样的询问引领我们纷纷寻找自己的路径进入历史。对于我来说,用自己的讲述写出那个不曾看到过的“牌坊”,而不再依靠父辈的转述;更为重要的,是用自己的感受,继续写出生活在这个无形“牌坊”下人们的悲欢离合以及岁月更迭。这是我所认定的日常生活里的“历史”。

这些年,我时常会问自己:“我为什么会成为这样的我?”在写作中,我勇敢地对准自己,不断地问:“我们为什么会成为这样的我们?”不断回首来路,试图建构自己的文化前史和精神前史。这些应答之声,是我们从日常生活中聆听到的历史的回声。我想一点点地写出这些回声。

访　谈《

忧郁的天堂及其现代生活方式

——黄咏梅访谈录

郭　艳　黄咏梅

郭艳:你近几年的创作有着明显的变化,这种变化是在一种淡然的平静中悄悄完成的。依然是翩翩裙角飞扬的金牛座做派,温润的细香中有着默默的妥帖与关切,然而,无疑走向了内心的阔大。你以一种更为自如的心态进行着同情之理解的叙事:或是叙述凡人小事中的悲喜交加,或是俗世红尘的现代性经验摹写,或是人性柔软幽微处的触摸与考量,或是艰难世事中普通人的自我怜惜,或是呈现强烈自叙传色彩的女性经验……在你笔下,更多人物开始了自己对于生活独特的观照,那种专注于自我的精神特质竟然成为贯穿于多个小说文本的一种共同特征——市井中旁若无人读武侠小说的丘处机,生活在别处的米嘉欣,后视镜中的父亲,甚至于那条躲在一隅的蓝鲨……这些都成为某种具有象征意义的精神符码。

黄咏梅:你说到了我近几年来写作上的一个自觉的探索,先谢谢你。写作无疑是对自我的一次一次的追问,这需要有很大的勇气。我很佩服那些用刀一样的笔锋将自我的每个角落都雕刻出来的作家,说实话,我做不到。我只能做到长时间地凝视自我,试图将自我通过小说中的各个人物渗透出来,表达真实的看法、真实的情感。很多坚固甚至执拗的想法和追求,是跟人的内心的逐渐强大有关,而能在文本中自信地表达出来,则跟作家对人的理解力有关。我有意识地对俗世生活中那些隐秘而坚韧的精神和理想进行书写,以期用文学找到生活之河的第三条岸。这是我写作的一种愿望。

郭艳:《河的第三条岸》无论是小说本身还是小说的符码象征都是对于好小说的绝佳阐释。作家的洞幽烛微显示出对于时代整体性情绪的把握,尤其是对于神经末梢的触动和摹写。你对现代都市有着一种独特的敏感性,在对人性幽暗区域的探索中,带着对于时代普遍病症的探究。《证据》是对于所谓中产生活的细腻刻画,在喧嚣的俗世红尘中,面具化的存在状态让生存本质发生着巨大的位移和转换,所谓成功人士的浮华成功背后是欺骗、权谋和心机,在欺世盗名的行径中过得声色犬马。

黄咏梅:《证据》是我在鲁迅文学院学习期间写的,起意于李敬泽先生在课堂上给我们讲"作家的初心"时提到的:"真诚之所以难,因为它真正支配着我们的生命,对它连我们自己都没有意识,连我们都没有给它一种语言,它是沉默的,它沉默不等于它不在,它就在这儿。"那么,那个沉默的"它"在哪里?就像鱼缸里那条与鱼群格格不入的、沉默的、孤单的蓝鲨,它就是沈笛那个沉默的"它"。最初,"它"还可见,终于有一天,"它"消失了。身为律师、"公知"的丈夫下了结论:"它"被那群血鹦鹉吃掉了,沈笛则坚持认为"它"越狱了。真相是什么?这是一个口口声声呼唤真相的时代,也是一个口口声声说着谎言的时代。小说里的律师大维,努力混成一个"公知",准确找到了"我在这里"的一席之地,拥有了话语权。他擅用自己的"话语权"化解一切危机,包括谎言的危机,无论面向公众,还是面向自己的妻子,他踩在谎言铺就的红地毯上,赢得了喝彩和信任。小说里他唯一的真话就是:"年轻的时候,我说了很多真话,也没人相信,现在,我说一句是一句,嘿,这世界……"这是他的初心唯一闪现的瞬间。我就像一个猎手,苦苦地去追寻着这些瞬间。

都说小说家是世界上很会撒谎的人,然而,他们的使命是用谎言建构真实的大厦,或者说,他们要用谎言逼出真相。如此,他们是痛苦和格格不入的,他们要懂得初心(即使初心肉眼难见),见到过自我(即使自我忽隐忽现),这样,他们才能像卡佛的《大教堂》里的那个人，跟一个瞎子，手把手，画出一座庄严的“大教堂”。

郭艳：很多以城市为背景和题材的小说其实是以乡土文化心理和价值诉求叙述现代城市生存，以某种悲情的方式来控诉城市及其所体现出的价值范式，但是缺少对个体人的现代世俗生存合法性的言说。我们很少探讨繁荣地活着及其背后的精神情感，以及由此所映射的中国现代性进程中国民性的新特质。当更多的中国城市人成为衣食无虞、薄有私产的人的时候，如何处理自己和世界之间的关系会成为一个严重的问题。所谓的现代病和都市现代性症候无疑都是这种关系的注脚。中产在中国社会是一种现象，还是一种幻想？中国式现代城市人格和现代人的心灵模式是什么样子的？或许，我们都是过渡性的人和城？

黄咏梅：物质越繁华，内心越荒芜。这种心理状态是一种普遍的中产心态，逐渐形成了你所指的“现代病”。这种状态使他们感到被边缘化。这种被边缘化更多指向的是一种心理感受，失落、漂泊，看似拥有很多实则什么都没有，在城市回望故乡，哼出的却是一首首挽歌，而在城市仰望星空，每每心里又在酝酿一个个乌托邦式的“逃跑计划”。这些边缘人群成为我们现在笔下最重要的主流人物，他们以边缘的姿态和心态，代表了我们身处这个转型时期的惶惑感。在我个人看来，真正的中产在中国还没有成熟，物质上也许具备了，但精神上却远远没达到。

事实上，现代都市题材或者说所谓的中产题材写作，在当下并不被看好，似乎写出来总是被认为轻浅、没有历史感、不宏大，光写人与人之间的关系，充满情义危机、恩将仇报诸如此类的。有评论家甚至认为当代文学中城市文学缺席。我们这一代以及我们之后的那几代作家，都生活在城市化进程中，经历的都是都市经验，就“70后”而言，有写进城打工的、写小镇的、写市井生活的，但真正去写那一幢幢新城里、穿着精良服饰、体面的那一群人，也就是你所说的“中国式中产”，的确不多。这类人会越来越庞大，他们呈现的现代性面孔也越发复杂，他们在某种程度上也体现了新一代人的国民性，不应该被当代作家忽略。

郭艳：城与人的关系历来是文学叙事重要的母题，然而中国现代城市与人的关系大多具有对抗性，或者说城市往往给具有乡土心灵的中国人带来逼压。从乡土田园牧歌情境和宏大叙事背景来看，现代城市生存无疑是灰色的，但是现代城市就是钢筋混凝土中物质主义的生存，以至于还能开出各色现代艺术之花。

黄咏梅：现在不少城市题材的小说，城市的面孔都存在同质化的倾向，是模糊的。随着现代城市生活方式的日益成熟，城市和城市人的日常生活几乎都很一致，如果你并不能够展现其精神风貌，那么你笔下的城市，替换成另外一个城市也是成立的。并不是说,你把城市的一些元素放进作品里,你写的就是城市小说。同样地,简单地将城市生活与物质主义的欲望、消费等符号连接在一起,也是一个作家与城市生活格格不入的表现。我想,作家写的城市并不是一个地名,而是写自己对一个城市的精神气质的理解;作家写的城市人,就是与城市的精神气质相契相生的人,就是与城市命运的伏线相互印证的人,就像狄更斯、张爱玲、村上春树等作家写的那样。

郭艳:对于中国当下文学来说,我们缺少的恰恰是狄更斯“维多利亚式的伤感”,张爱玲香港与上海镜像折射中的“沉香屑的炉香”,钱锺书“围城”的智性叙事。当然,村上春树是个独异的存在,有了村上春树,日本文学出现了对于现代性开阔视域的真正触摸,而非大和民族的日本故事和日式审美。目前,我更喜欢远藤周作。正如我十年前爱翻卡夫卡,现在更愿意时时回顾赫拉巴尔。

与此同时,和城市生活密切相关的是日常性。你非常擅长处理普通人的日常与小说虚构性之间的关系。《达人》的主人公丘处机是个下岗工人,手指有残疾,通常会被作家处理成底层的小人物。然而你赋予他主动的生活姿态和有选择的价值尺度,他依然是一个有“心”的人,这让人联想起早年你那个短篇《负一层》中的那个追星的女人。你用一颗温润的心来感受普通人作为“人”的憧憬、向往和白日梦,又微微带着些戏谑的笔触去呈现他们的小心思、小乐趣、小怯懦和小小的俗世智慧,这或许才是当下中国普通人某种更为本质的生存状态:带着天真汉的盲目性,在俗世的污浊中尽量保有一点点生的乐趣和尊严。

黄咏梅:日常的表达,如果没有渗入对人和时代的理解,会成为一本拉杂的流水账;如果没有精神的照耀,会充满俗气,成为一潭庸常的泥沼。近年来,我对写日常生活的重复性忽然有了一些警惕,没有形而上的思考和探索,无论作家如何生动地妙笔生花,这些“繁花”充其量就是假花,越艳丽越虚假。

如你所说,我很多小说都是在写这一类小人物,而不仅仅是在讲述故事。这些人有的有原型,有的纯属虚构,但这一类人代表的是普通人的生存状态。这些人很容易被脸谱化,就是你说的没有“心”。每一颗心脏都是独特的,不应该被潦草地表达。写日常生活如果总是在经验的道路上滑行,会变得平庸,在处理日常与虚构之间,我认为需要想象力使作家在超越经验的层面获得生机,寻找到自身独有的生命体验。日常性与独特性唇齿相依,独特性依靠日常性在必然的地方体现出不合情理,同时又在不合情理的地方体现出必然性。

郭艳:中国医者历来讲求医者仁心,将道与术完美结合。然而这种技艺、仁信和救世的情怀都在当下功利主义的行医方式中被侵蚀。《八段锦》是一篇回眸传统的小说，小说细致绵密，有风俗画的韵致，又呈现出现时代人心的不安与躁动，老中医的恬淡恰恰和世风形成了巨大的张力，从而让小说叙事行进在一种反向的时空维度中，有类似于阅读汪曾祺小说的感觉。有系列写作计划吗？近年来，越发感觉到你是可以在不同叙事腔调中转换的作家。

黄咏梅：《八段锦》是我写作中的一个例外。我的家乡广西梧州市，是一个小城，那里的人们很信赖中医，中医馆、凉茶铺、中草药铺随处可见。走在小街上，感觉时光在这里走得特别缓慢，不仅因为这里地方小，人们走路的步伐慢，更重要的是，那些传统的店铺、旧楼，打小就在我记忆中的东西，竟然不少还留存着，无论我在外面经历过什么，这里大有以不变应万变的样子。这种物是人非的感觉特别强烈。我在另外一个短篇《病鱼》里提到，每次返乡会有一种"倒时空差"的感觉。这么说有点夸张，但就是那种感觉，在大城市生活的时间和空间感，在这里忽然变慢、变小，在感叹之余，会有些不适，我就想写出这种不适。这方面我的感受很多，你启发了我，还真的是可以写一个系列呢。传统遭遇现代，快之中的慢，在我的家乡，这样的不适，就好像一个人去输液，既希望自己早日好起来，跟上正常人的步伐，但你知道的，那些药液输快了，进入血液会引起人的不适。我想写出这种不适的感受。像奈保尔的《米格尔大街》、舍伍德·安德森的《小镇畸人》这一类作品，我个人非常喜欢这两本书。

郭艳：巴黎是波德莱尔的出生地和故乡，他笔下的巴黎是忧郁的。而外省人眼中的巴黎则是浮华喧嚣的。故乡之于游子来说，正是那种近乡情更怯和乡音无改鬓毛衰的混合物。作为一个现代人，能够有一个永恒的故乡是幸运的，而更多中国人所经历的是故乡在心中的坍塌。曾经的慢、细腻、温情，这些都在隆隆的进步中化为齑粉。希望能够早些看到你的梧州系列。你是非常关心老年人的心境的作家，不是那种担心着老无所养的关注，而是体恤老年人的精神生活，且将"老"作为生活的一种样态来细细体察。《蜻蜓点水》中通过对老年人生活的观照，所言的是人的孤独，人与人之间的缘分与隔绝。《翻墙》写一对老年夫妻的丧子之痛，在隔壁男孩健康活力形象的映射下，这种痛在枝枝蔓蔓的叙事中渐渐呈现出老年夫妻凄凉的晚景。小说将冷暖自知和凄凉悲伤放到老两口的卧室和阳台上，日常场景中的情绪流动犹如深水中的激流，奔涌着剧烈的情感张力。同样，《父亲的后视镜》依然是通过父亲来写老年人的精神生活。你在处理这类题材的时候往往是于幽微处见体恤与悲悯。

黄咏梅：回过头看，我的确写了不少老年人题材的作品，不是有意的。我经常取笑自己有一个老灵魂。不过，仔细想想，每一个作家都是有老灵魂的，无此，写出来大概多是风花雪月吧。写老年人的精神状态，或许是我潜意识里处理衰老意识的一种方式？我没有细想过。我跟评论家曹霞聊天的时候，曾经说到一个有意思的问题，她发现我早期的作品很少有父亲的形象，近几年开始不断出现。这里边有你说的对老人精神的体恤与悲悯，当然也有戏谑和批判。现实生活中，父亲对我的影响很大，包括性格上的，年纪越大我觉得自己越像他，常常在自我反省的时候有这样那样的不满意。我想，写这一类题材的小说，是不是也隐含着一种自我成长的反省，还是衰老的隐忧？大概都有吧。

郭艳：如果小说会写到“衰老的隐忧”，那么你的确很勇敢。尽管我已经感受到了衰老的征兆，比如皱纹、眼袋和咔咔作响的骨关节，但还没有真正敢于想到老境。作为女性，对于衰老自然是敏感的，同时对于女性性别特征的叙事，更带着强烈的自我意识。《带你飞》让我想起了五四时期的自叙传小说，甚至联想到了《莎菲女士的日记》，女性的身心在何种向度上真正能够体现出自己真正的想法？无法表达来自地底下的声音，依然是女性自我最大的困惑。在这个短篇中，米嘉欣正是因为无法配合自己先生作为男性的权力话语而身陷精神苦闷之中。对于这样一类女性，如何在写作中赋予她们更多的自主性——她们如何出走？或者说在新的现代语境下，米嘉欣是否会重演娜拉出走？

黄咏梅：我觉得这些困惑无法有具体的答案。就像门罗的《逃离》那样，无疾而终，甚至折返回到原来的生存状态。“出走”这个主题，我想会是每一代女性写作的一个母题，不一样的是，随着时代语境的不同，生发这些“出走”的念头会变得不那么艰难，付诸行动不再惊世骇俗。就我的阅读视野来说，这个主题现在女作家们似乎不太爱去碰，也许觉得老生常谈，也许觉得再写也无济于事，这个问题并没有因为女性地位的相对提高而获得平等的解决。米嘉欣的自主性，其实也很脆弱，在中年之后才觉醒，也就是说，像大多数家庭妇女一样，在完成了对子女的基本抚养之后，才退回到自我的内核。而诱发她灵魂出窍的“出走”，竟然是一次在荷兰的奇妙旅行。这种偶然的诱因，其实是很虚幻的，如同丈夫喝醉了之后爬上叉车“带你飞”的豪情，在巨大的现实中，都是不堪一击的。但比米嘉欣更让人沮丧的是，有更多女性根本“看不见”自己，一生就那样过掉了。

郭艳：那么就写单身而独立的“剩女”吧！当下大龄“剩女”自然有着对于婚姻和家庭别样的理解。现代大都市豢养出她们精致享乐的精神和物质的身体，如何能够像传统中国女人一样，一辈子依附某一个男人，守着一个必须牺牲自我的家？当现代女性的心灵和身体适应了漂泊无根的生活方式，竟然活得很自足，哪里还会有“逃离”和“出走”?!《走甜》无疑是一个独特的文本，探讨女性与男性在性与爱上的勇猛程度的差异性。小说无疑戏谑了男性暧昧主义的首鼠两端和懦弱卑鄙，同时也在相当大的程度上嘲讽了自恋女性的幻想症。

黄咏梅：这篇小说，我是计划写“人到中年系列”的。直面时间，或者说，直面衰老，是我们这一代人势必要触及的。十年前，我们可以以孩子/后辈的视角去看待时间/衰老这些问题，这些视角可以绕过一些体验，以一个天真甚至无知的旁观者的姿态，赋予衰老这个命题无限的猜测和怜悯；十年后，我们再这样写，就显得有些撒娇了。面对岁月，女性是最敏感，而且是体验最丰富的。《走甜》虽然是写中年人的情爱，但也是在写人面对时间的生命体验中的那一下又一下的颤栗和领悟。

郭艳：中年人的情爱是个危险的话题，在这里，中年人被赋予了某种意义上暧昧的象征性。当中年人获得某种意义上的心灵颤栗的时候，人生的裂变是陷入黑洞般的沦陷，比如《廊桥遗梦》那种隐忍中让人“泪奔”的激情。其实，中年人对于时间流逝的感知是最为深刻的，中年人的心境无疑最能够体味五味杂陈的含义，这也是生命领悟最丰富的阶段。中年时期常常是与生活和解的时期，而《小姨》中，人到中年的小姨却代表着一种不与生活和解的力量，我们当下如何来看待小姨这一类人物？其实，你作品中的米嘉欣、丘处机、克里斯蒂等等都是小姨在当下的变形，只是没有小姨的激烈与强悍。毕竟时代不同了，小姨是个旧时代的影子，在新时代不合时宜却依然显示出时代旧影的戏剧性与象征性，然而，对于“后小姨时代”的人来说，仅仅剩下浅斟低吟的小性情和小挣扎。

黄咏梅：20世纪80年代那一大批理想主义者，如今已人进中年，就是我小说里的那一群人——“小姨”“克里斯蒂”“米嘉欣”……他们多半被现实吞没，用你的话说，进入了“后小姨时代”，他们已经不成为话题。“理想”这个词并不是哪一个代际所独有，它是每一个人在成长过程中都绕不过的一个词语。我最近经常想，为什么那个时候，人们喜欢称那些有理想的热血青年是“理想主义者”?“主义”表示某种观点、理论和主张，它是有群体性的，甚至有排他性的，那个时候，理想主义者是一个被推崇的群体。而现在，我们几乎不用这个词语去形容年轻人，因为这个词语的群体性已经被现实冲毁击溃，他们每一个人都是自己的王，他们自己就形成了个体的理想王国。钱理群教授以那个著名的名词“精致的利己主义者”来命名当下的这一代人，是很精准的。我想，要是这一大批精致的利己主义者像细胞一样占据了我们所处的现实生活，会怎样？人人有礼貌地、体面地、自然地抢占着自己的名和利，我们会不会称之为“文明”？有很多跟自己无关的事情，现在人们都并不觉得有多重大，更不会因此而丢掉一切。不合时宜造就了当年这批理想主义者与现实的难以和解，他们沉默甚至对抗，我看重这些对抗，我也尊重这些沉默的退场，我更愿意赞美这些在理想微茫余光下的舞蹈。

郭艳：我更喜欢用温和的方式进入历史，或者说在读者尚未察觉的时候，就进入了当下和历史。所谓宏大历史，因其主观建构性，往往体现出对于更多历史真实的遮蔽。《病鱼》的叙事是温吞的，然而情感和精神性向度却是锐利的。小说在温情的叙事中渐次揭开人性的伤痛，在对庸常生活的摹写中折射出两代人对于记忆、情感乃至历史镜像的认知与判断，小说中人的复杂性在体谅的同情中转换成为一种和解的力量。很高兴写《负一层》的你写到《病鱼》时，找到的是建构性写作——呈现伤痛是为了弥合伤口，而不是在伤口上抹盐。当下有着对于历史、革命和性的消费性写作，你的和解性写作更让我敬佩。

黄咏梅：我很高兴看到你对《病鱼》这样的解读。在写这个小说的时候，我并没有想太多关于历史的建构性写作，我只是想正视存在于人身上的某些隐疾。这些隐疾所呈现的病征不一样，缘由也不一样，有历史的，也有人性的，将其统统归咎于命运显然是粗暴的，而多数人，面对历史的思考往往一声叹息，如同人面对命运时那般束手无策。不可能像治愈一条病鱼那么容易，遗忘和麻醉不是一剂良方，而苦难式的抹盐显然也不能停止伤口的溃烂，只有直面伤痛、直面命运，并试图找到一种救赎与和解的途径。我很赞同你对作家处理历史的建构性观点，但这其实很困难。我们这一代作家，历来被诟病写不出厚重的历史感的作品，你知道的，厚重、历史感常常被简单地等同于沉重、苦难，那么，这种和解性写作会不会更让人觉得轻率？我想，每一代人都有每一代人进入历史的方法，我们这一代人，作为非亲历者、旁观者，对于历史的表达，摆脱了宏大叙述的魅惑，更愿意从个体的角度来进入，表达人在时代之下的生存和生命感，从日常生活的书写中呈现出其背后的历史文化属性，这才是我们这一代日常书写的出路和生命力。

郭艳：你生活在上有天堂下有苏杭的地方，自然，中国古代都市曾经的文化底蕴依然环绕在你的中产生活中，同时，现代城市的所有物质主义和审美也会以时尚的方式印刻在日常的一丝一缕之中。遥想杭州西子湖畔，我却想到了“忧郁天堂”这样的字眼，温柔乡中的忧郁代表着一种对于当下、历史和未来的反思性。站在历史之中的我们，在温润中打量自身的时候，才能够遇见那个更真实的自己，也趋向于更善、更丰厚的精神性。建构性写作是难的，然而依然是这个时代最为匮乏和需要的。

评　论《

形而上的旅程
——黄咏梅论

曹　霞

从2002年发表第一篇小说《路过春天》开始，黄咏梅的小说创作生涯迄今已经15年了。这些年来，她从岭南到江南，从报社编辑到专业作家，身份和地域的转换为她带来了新的叙事特征和格局。她的笔触从市井世俗转向了更为内在和深层的历史、时间、存在、生命、死亡等形而上的终极命题。那个充满南方烟火气息的作家，那个与琐屑的世俗、物欲、念想纠葛的小女人作家，蜕变成了一个具有普泛性视野和情怀的作家。

一、从日常生活到历史叙事

在前10年的创作中，黄咏梅在日常生活写作中游弋，她擅长在生活的褶皱里一点点勾勒和打开人性的丰富与驳杂。在《一本正经》《勾肩搭背》《关键词》《少爷威威》《白月光》等作品中，我们可以轻易地辨认出人在俗世之中的欲望及其与生活、他者、自我之间博弈的参差错落。她以松弛包容的姿态注视着笔下不断涌现的人，他们或试图冲破生活的罗网，或在其中挣扎着前行，这些人物均是勘察人性的最好标本。

黄咏梅的这种叙事姿态与精神上的自在舒卷，与她生活的广州、包括她的那个与广州同等气质的故乡梧州，都有着隐在的牵连和呼应。《草暖》里的家庭妇女陈草暖的口头禅“是但”（粤语：随便）可视为作家在岭南生活的领悟之一种。或许是因为偏居一隅，远离中原和政治文化的中心辐射，岭南一直须臾不离地保留着对世俗生活的热爱。一啄一饮、安居乐业的日常生活涵纳着人们的悲喜哀乐。一切精神上的激荡在这样踏实饱满的生活面前都会平定低伏下来。正因如此，黄咏梅的小说中少有大起大落、撕心裂肺，而多是微尘般的烦恼，琐屑的小情小事，她的笔触也是清明的，饱含着暖意和温情的凝视。在一些作家笔下会被放大和极端化处理的题材，在她那里最终都会自我化解，云淡风轻。比如在《骑楼》中，女主人公明知男友偶有背叛，但依然执着地按时存钱，梦想着爱情的小屋；《多宝路的风》中，乐宜是第三者，却没有上演狗血一地的苦情戏，而是在“薏米笑了”的境界中逐渐回归平常生活；《非典型爱情》中，虽有“非典”这样强烈的戏剧性冲突作为背景，但作家的着眼点依然是女收银员和卖臭豆腐男在失业与恐慌中追逐的微小快乐。

当然，这也并不意味着作家一成不变地浮游和满足于生活的表层。随着她在日常叙事中的持续探索，一些悲剧性元素也渐渐浸入到那些有着稳定暖意的故事之中。这些悲剧一方面保持着与日常生活的紧密联系，另一方面又与主人公独特的处世方式和人生经验密切相关。《契爷》中，契爷的生活貌似热闹实则终极孤寂，最后被小城人诬蔑和抛弃；《隐身登录》中的莫末身患癫痫，只能通过虚拟情爱确认心脏“偷停”的巅峰时刻；《把梦想喂肥》中，“我妈”被骗钱，最后跳进臭水沟自杀。松弛平淡地看待无常世事，同时自感无力地描摹那些恒常的悲剧，小说表面的市井气息与内里的通透阅世构成了双重叙事维度，这种矛盾恰好映现出一个作家复杂的内心景深。20世纪90年代以来，日常生活写作在当代文学中越来越重要。在思想上始终保持弹性的作家，对日常美学建构有自己的价值观。在意识到世俗化主导和席卷了人们的所有选择时，意识到琐碎的生活链条几乎就是一个人长达一生的全部内容时，他们要追问的是平静世相之下的漩涡，生活序列之中的混乱，在那里寻找关于人性之谜的答案。

一直关注黄咏梅的读者会注意到，从早期对日常细节的淡线条呈现，经由世事的观察历练与写作的深入，她开始领悟到历史进程之于人心和人生的影响，并最终认识到一切生活的形态、一切命运的脉络都是其来有自的。虽然像她这个代际的作家并不是历史的亲历者和见证者，但并不意味着他们放弃了观察和思考。更何况，在历史的深处，曾经爆发过一些惊心动魄的瞬间，它们沉淀在作家的记忆之中。当某些契机到来时，这些记忆便会推动着他们作出自己的理解和阐释。

在《小姨》和《献给克里斯蒂的一支歌》里，黄咏梅将对历史的反思放置在女性人物的故事和命运里，赋予了在历史颓败之后被挤压到生活与社会边缘的人以深切的同情。《小姨》讲述了一个“失败者”的故事。年逾四十岁的小姨在大学毕业后就成了一个异类，抽烟、喝酒、“打老K”、不婚、不合群，总之，怎么颓废、怎么让人不满意就怎么来，仿佛是积攒着全身的劲儿和这个世界相对抗。只有一个情节泄露了她曾经有过的少年热血和青春爱恋，就是她将自己打扮一番，去参加同学会，去见多年未见的师哥，在家里引起了一场婚恋大讨论。然而，小姨回来后却变本加厉地疯狂，直到在一场抗议活动中像“胜利女神”那样将衣服一把撸到头顶。如果说冷酷的现实都没有击垮小姨的话，师哥与世俗的和解甚至是合谋则让她彻底失掉了信念。曾经在历史中失败而负重难行的一代人，曾经以种种反叛行为对抗世俗观念的一代人，就这么“被疯掉”了！作家写小姨，悲凉绝望，又充满力量。以一己之力与全世界相对抗的小姨是西西弗斯，是堂·吉诃德，而她的“失败”恰好是一代人留下来的精神遗产。

这笔精神遗产也体现在克里斯蒂身上，只是更隐蔽，更难以察觉。在《献给克里斯蒂的一支歌》里，四十多岁的女主人公在外企工作，名字在任何部门都排在倒数几位，完全没有升迁的可能，她却从不在意，一心活在自己的文艺世界里。她果真对世界毫无想法、毫无欲求吗？不是，是因为她没有档案，从进公司就没有。在支持一次群众游行之后，她消失了。黄咏梅在小姨和克里斯蒂身上寄予了一种理想：在经历了历史的重创之后，依然有人在忍受、在承担、在抗衡。作家认为现实中那些所谓的“失败者”从没背叛过自己和过去，反倒比某些利用历史境遇而在经济、名利、声望上大获全胜的人保留着更多的生命本真与尊严。她也希望这个世界对“失败者”能够多一些温情和善意，所以，她在《小姨》和《献给克里斯蒂的一支歌》里都设置了一个同情她们的见证者，通过见证者的“凝视”来展现“历史”之后人们的精神状态。有意思的是，不管是“凝视者”还是“被凝视者”，都是女性。我当然不能以“女性主义”之类的概念来阐释作者的意图，只是可能在她的潜意识里，女性在承担和负载历史的荒谬结果时，更勇敢，更无畏。

历史的创痛更具体地表现在“死亡”事件中，那些在历史过程中丧子的父母永远生活在噩梦里。《翻墙》的叙事设置相当巧妙：一墙之隔，分别住着年老的陆老师夫妇和年轻的大学生徐梦龙，两套房之间用很容易翻越的护栏相隔，共享一个大露台，于是两家人有了交流的机会。陆老师夫妇的儿子不幸去世后，他们经历了“震惊、哀恸、疑惑、绝望”，在毫无意义的生活里即将抵达和儿子一样的“肃静”。年轻的徐梦龙则满脸写着电子化时代的盎然与冲劲，有一个喜欢“翻墙”、看论坛跟帖、网名为“往事如烟”的老爸。双重结构和双向叙事，意味着历史在某个节点上有着相似性，又在现实中同样遭到了反讽与解构。时代飞速向前，新一代拥有的是全新、无“污点”的生活，老一代则被定格在了某些历史瞬间。无论是陆老师夫妇的“哀恸”和“疑惑”，还是徐梦龙父亲在虚拟空间里的激进，都意味着他们一直活在“过去”的历史之中。他们的生活在某一个重大时刻就停滞了，日新月异的现实生活对他们而言形同虚设。

从旁观者和后来者的角度写出那些失败者的足迹、亡故者的气息，这是一种不动声色的智慧与勇敢。因此，我从不认同“70后”不写历史、没有历史观的说法。与前几代作家相比，这一代作家面临的不是历史的“在场”，而是“缺席”。随着现实生活飞快地向前攒动，这“缺席”一点一点地变得遥远虚幻，不可方物得如同“深渊”。当黄咏梅用“凝视”和“旁观”的姿态书写历史时，她意识到自己必须也只能通过这种姿态跑赢时间的流逝，将捕捉到的记忆在叙事的筛子里漏下斑驳光影。因此，即使作家只是掀起了惊心动魄的往事一角，只让我们看到了一丝历史的暗影，那也是可感怀和钦佩的。

二、从边缘人生到中年书写

与同代人相比，黄咏梅的创作从一开始就表现出了不同的叙事倾向和特征。她从来不写青春与成长的故事，而是将笔触对准了都市生活里的卑微者和游荡者。《鲍鱼师傅》《达人》《档案》《瓜子》等作品以独特的视角和构思再现了被现实生活及其规则压抑到变形的人生，《文艺女青年杨念真》《开发区》写的是现代“剩女”，女主人公代表的是不被主流认同的人生选择，《表弟》《快乐网上的王老虎》《粉丝》以现代都市时尚的网游、追星为题材，着力点依然是那些因不满于现实而在虚拟世界中寻求慰藉的边缘人物。在这些作品里，她常常不留情面地展现人间的残酷真相和生存的无量痛感。人生之苦、之荒芜、之千疮百孔，合力构成了边缘人生的主体形态。

联想到黄咏梅一帆风顺的成长历程，她的写作倾向不免令人惊诧和颇费猜测。她自身的生活与边缘人生的苦难相去甚远，她的人际关系、工作范畴也与此并无交集，而她却能将那些她不可能在现实里获得的人生写得那么纤毫毕露、生动备至。这一方面固然来自作家的写作才华与想象天赋，另一方面，我将之归结于她饱含着体恤、疼惜、善意、慈念的柔软心境。无论是写“每粒钟”（一粒钟就是一小时）挣九块两毛五的保洁员鲍师傅、生意破产丈夫去世的家庭主妇徐惠玲这类经济困窘的人物，还是写因嗜食而患肥胖症终日担心火葬场炉道能否塞得下自己的林求安、因“脑笋”有问题而被现实冰冷裂缝吞噬的阿甘这样精神状态有异于常人者，或是缺乏免疫力的“克隆人”小时、患有分泌性怪病的刘森森等“病人”，她都持着同等的温情与慨叹。而且写这类故事，她不会陷入“底层写作”的苦难焦虑症和民粹主义的窠臼，也不含哀怨和愤怒之音。有时甚至不乏谐趣和洒脱明亮的美感，她将之加于黯淡的生活废墟之上，从而使得这些卑微者在精神上保持着自足和诗性。掺杂着人生涩意的“暖”，或者说覆盖着生活趣味的“苦”，是她着力构建的杂糅复调的人生世相。

说到底，边缘人生是万千生活状态的一种，能否从中提炼出文学的价值，取决于作家的创作观与价值观，这里面酝酿着、涌动着一种奇特的美学悖论：凡身处其中者或带着阶层固化观的人，往往会用力过猛地将之写得血肉淋漓、狰狞可怖，反倒让人失却了对“底层”的同情；而那些置身其外或者多一些柔化观念的作家，却能够冲破底层坚硬冰冷的实利主义观念，在细致描摹又不失生趣的笔触里，让人感知到“底层”原来是有血肉、有温度、有自我期许的，从而建构起逻辑可信的“底层”生活美学形态。

在前10年的创作中，黄咏梅尝试写多样化的边缘人生，探索哪一种能够更有力量地揭橥人生之谜，那里面辗转迤逦的路径，往往令她愿意播撒心力，注目人心里浩瀚的幽暗，也赞叹人性里隽永的光芒。在近期的作品中，她的题材收“窄”了，不再广泛地捕捉边缘人生的脉络和形态，而开始集中书写她自己也未尝全然明了和透彻的人生经验：中年。跨过不惑的分水岭，似乎是一夜之间，“中年”带着淡淡的酸腐和朽败味道全面降临，浸渍着生活。作家被这种与时间深渊劈面相逢的“震惊”所深深攫持，她开始关注和书写一点点颓坏坍塌下去的人到中年的生活。这种变化是与作家对世事的领悟和年龄的增长同时到来的，这也是我一直寄望和感佩的叙事勇气：将自己同步裸露于时间的荒野，意识到自我面临的渊薮与困境，写出踏着时间河流前行的每一步惶恐、每一种惊怖。诸如此种在时间锐利锋刃上的试探，方不辜负逐日叠加的生命维度。

黄咏梅在中年书写中给自己规定的角色是一个糅合了时间感悟的观察者，一个将自身的生命经验渗入世俗故事的讲述者，这也是她一以贯之的写作观念，即强调主体经验进入作品的重要性，“每种经验因为有了他身涉其中，将变得丰饶多味”，小说才能“对抗经验的重复”①。在题材上，她继续书写情爱欲望等日常生活，但不再给予包容和祝福，更无心给出皆大欢喜的结局。《走甜》写出轨故事：中年女记者苏珊与某机关小领导童眉来眼去，互通款曲，眼看好事将近，作家却毫不留情地给了他们彼此重重一击：当两人情深意浓地互相试探时，苏珊身上的风油精味让童对这个美丽的女人失去了兴趣，那味道对他来说意味着“衰老、不支、无奈”。他落荒而逃，苏珊则愤怒羞耻而困惑地离去。剥掉那些光鲜时尚的枝蔓，《走甜》其实写的是“时间”褫夺了欲望、“中年”战胜了“爱情”。是的，苏珊和童之间的“爱”是很纯粹的，不存在任何潜规则和利益交换，但是，那又如何？一切的怦然心动、激情上涌，都敌不过时

① 黄咏梅：《精神出走》，《作品》2009年第1期。

间在暗处的窥探与冷笑。在小说结尾，回到丈夫身边的苏珊猛地感叹："中年，来了!"这真是当头棒喝，它赤裸裸地揭开了自我想象的温情面纱，让人看到了那随时间而来的悲凉与残缺。想想黄咏梅10余年前写的《多宝路的风》《骑楼》《非典型爱情》里那些相互呵护、体谅和深念的情侣，不由让人感叹"时间"的力量。不是作家不再相信爱情，而是她看到，在时间的摧毁之下，所谓"爱情""外遇"带来的蓬勃的新鲜、愉悦、刺激、快感都化作了一则则荒诞凉薄的笑话。

《带你飞》在"中年"点题上更加明确，开篇即以严行进照镜子让我们看到了一个典型的中年人："中年以后，胸脯以下有一条明显的分界线，那个隆起的地方骄傲得发亮。"这个中年人生活平淡，女儿上了大学，工作稳稳地滑行在正轨上。与他的寡淡乏味形成鲜明对照的是他的"奇葩"老婆米嘉欣，虽然也人到中年，却天真烂漫得如同来自另一个星球，于是也毫不意外地违背了不少我们这个星球上的某些规则，令人暗笑不已，甚至差点保不住工作。和苏珊相比，黄咏梅赋予了米嘉欣更多天真明朗的诗性气质。她的"反世俗"像是与时间拔河，希冀以此减缓时间向着深渊坠落的节奏与速度。对于这个不愿意被驯服于现实生活的中年女人，作家让她近乎完整地保留了少年的好奇心性。这无疑是作家赋予"中年人"的一种洁净纯澈的气质，企望来自内心的力量能够召回在时间河流里消逝的青春幻影。

想一想，古往今来，我们谁又能逃脱时间带来的"笑话"和"幻影"的陷阱呢？无论是"逝者如斯夫，不舍昼夜"和"对酒当歌，人生几何！譬如朝露，去日苦多"的慨叹，还是"高堂明镜悲白发，朝如青丝暮成雪"的夸张和"江畔何人初见月？江月何年初照人?"的天问，都是面向时间的万心同悲。黄咏梅拨开日常生活和情爱欲望的表层，重新接通了中国文化里延续千年的古老的感喟与浩叹。她在中年书写中要探索、要确定的是：作为一个领悟到时间收割机之势不可挡的人，自己是否能够承受青春的生活和精神被一块块剥夺的残酷和绝望？米嘉欣身上寄寓着作家的理想，但这个女主人公在现实生活中的处处碰壁无疑也阐明了一个悲剧性的道理：人到中年，就是中年人了。在这一点上，她与苏珊殊途同归。面对着时间阴影无处不在的巨大压迫，还有比这更残酷、更无望的领悟吗？

三、迫近终点的生命，或其"丧失"

书写中年，眺望时间的深渊，这意味着作家已经到了关注生命进度条的年龄，已经意识到了正在或即将遭遇的无情丧失：病痛、衰弱、变老……这些症状会逐一将生命从人身上摘离，直到一点点接近人生的终点。"对命运和死亡的焦虑是最基本、最普遍、最不可逃避的焦虑。所有抹杀其存在的企图都是徒劳的。”①严肃的作家应当对这些存在主义的本质问题作出回答。这不轻松,有难度,也未见有短期的实效性,但却是我们每一个人最终都要面对的紧迫问题。如果不去追索这些终极性的命题,不对生存和生命问题做出思考与评判,就会在历史“中间物”的链条上留下空白。

什么是黄咏梅这一代作家的精神特质?那就是,他们无须像前辈们那样违心地切割自己、按照固有格式去填空。其“缺陷”是,他们必须自己摸索着去寻找关于人生目的、生命本性和主体性存在等一系列形而上问题的谜底。这份寻找是渺茫无依的、含辛茹苦的,心智力量不够强大的人,或者沉溺于轻松发甜的故事的作家,就会在寻找的道路上半途而废,或者从不去寻找。

在黄咏梅前10年的作品中,死亡或者接近死亡的主题并非罕见。不过,在那些小说中,“死亡”是终极结局。比如在《负一层》中,阿甘自杀了,人世飞扬的纷扰也就结束了。在《何似在人间》中,“人生最后一次抹澡”成为松村人最大的念想。随着最后一个抹澡人廖远昆的意外死亡,围绕着这念想的历史恩怨、现实困扰、情爱纠葛都一一地画上了句号。这种将死亡和生命结束作为故事结局的方式,看重的是它们安顿各人、闭合故事的功能,而没有掺入作家自身对于生命的迫切感悟。

在黄咏梅的近作中,对于“老年”和“死亡”题材有了新的布局,它们不再是终结,也非意外,而是开始,是常态,是镶嵌密布在人们生活中的纤维丝缕。《金石》和《父亲的后视镜》可以作为平行篇来读,两篇小说的男主人公都是古稀之年,虽有儿女妻室却倍感孤独,既无为父的尊严,也无为夫的体面。与其说他们是被家人嫌弃,不如说是被社会通行的世俗原则所抛弃,他们于情、于利都是彻底的失败者。作家通过两个老年男人讲述了一个想象中的但也不乏现实寓意的判断:老年的孤独是根本性的宿命。为了反抗这样的命定,主人公集中最后的力量一跃而起进行绝地反击,但这反击带来的是他们在财物方面的上当受骗和惨重损失。“反击”被证明是可笑的闹剧和更加绝望的挫败。到终了,不独家庭和亲情无法依靠,就连生命本身也成了一个讨人嫌的累赘。在一天天走向枯萎和死亡的过程中,严重受挫、全面失败的老年主人公,只能在养老院孤独地聊度余生。

小说与其说是在写父亲和老丈夫的孤清,毋宁说是展开了一场眺望老年人的状态的“预演”。作家在老男人们的委顿里,看到了生命无可逃避的灰败。《蜻蜓点水》生动而不乏讽意地写到了老曾退休后的种种烦闷,还有中风患者老宋头对“年轻标

---

① [美]P.蒂利希:《存在的勇气》,成穷、王作虹译,贵州人民出版社1998年版,第34页。

致”的49岁保姆小吴的小心机。老宋头走路时总是将胳膊压在小吴的胸上，这在老曾看来“简直就是个老流氓”，也令他陷入了对初恋情人“两包鼓鼓的胸脯”的念想中。在小说结尾，老曾终于对“年轻”而白净的60岁女人下手了，趁她不注意，“蜻蜓点水”般地碰了碰她的胸脯，然后仓惶而得意地狂奔而去。作家将“老者”和“老年”写得如此令人不忍直视的猥琐，是因为她看到了人在生命即将萎灭时、因不甘于被死亡束手就擒而免不了要奋力一搏，企图证明、拯救和激活残存的欲望，但最终还是免不了姿态难看的失败。

在《蜻蜓点水》中，迫近生命终点的“老年”带来的是猥琐的形态，在《八段锦》中则表现为丧妻、“失子”的凄凉。事实证明，再宁静平和的人也经不起命运和死亡的消耗磨损。在《八段锦》中，宝芝堂67岁的傅医生医德好、脾气好，在梧城颇有口碑。妻子许珍在车祸中丧生，儿子因祸得福，拿着55万元赔偿去了德国，娶了德国老婆，用光了母亲的生命价值，再也没有回来，剩下傅医生独守宝芝堂，在大小中医馆被“群众药房”收购时苦苦支撑着。人们都健康旺盛、活蹦乱跳，傅医生却对生命有自己的切肤之痛：“永别，仅仅是指他那次站在火葬场，目送老伴被推进去，转眼成灰，身体、发肤、脉象、声音、气息……这些可以望闻问切的一切存在都荡然无存。永别仅仅是指这个。”只有真正经历过生离死别的人才有这种痛苦，他们意识到死亡就是如此唯一、具体和坚硬，凡加之于它的戏剧化、浪漫化都注定是虚妄的、可笑的。正如张枣在《哀歌》中所写：“死，是一件真事情。”

“老年”和“死亡”题材充斥在黄咏梅的近期小说里，它们最大限度地指向作家正在经历的与生命相关的精神思考。她愈是对生命形态进行反复考量和质询，便愈是清晰地确定作为存在的本质和走向，以及文学在这一过程中能够承担的超越性功能：“死亡只有通过写作才有可能超出庸常，因为作家歌唱着越过了它，即使看不见人了，但那歌声仍在。文学就是面对死亡、面对终极唱出的歌。”[①]面对着生命终将消逝的绝望，年轻时以为它迢遥得如同不存在，中年之后便知道无法躲避，并且越来越唯物地明白曾经的华美与丰盛都一去不复返，生命正在一步步地走向末端，老年人比年轻人更亲切，更容易接近。这个时候的感慨与书写，便不再是旁观，而是身处其中、身经其事，掺杂着真实的同感。

无论是作为旁观者与见证者的历史叙事，还是饱含着经验与感触的中年书写，

① 郭艳、黄咏梅：《冰明玉润天然色，冷暖镜像人间事》，《创作与评论》2016年第4期。

抑或是直面老年和死亡的凝神反思，都是黄咏梅对一系列形而上精神问题的追索。她意识到，她必须脱开平淡琐碎的日常生活和无目的性的游荡，进入到那个古老黝暗而对每一个个体来说又是全然陌生的时间通道，在那里凿壁开路，标识出自我精神能够抵达的刻度，使后来者免于疑虑和恐惧。如此，一代代人才能不断地拓展精神的维度和广度，为生命的尊严和勇气加冕。在这条道路上，她是孤独的，因为并没有那么多人愿意将自己在时间荒野中的惶恐与惊怖裸呈出来。她在多数同代作家止步不前的地方出发：时间如沙如水般流淌而去，曾经坚牢的生命将如雪山崩塌，我们都以为那是“他者”的命运、别人的故事，她却从中看到了普遍性和必然性。

从黄咏梅写小说以来，我一直对她怀有期待。15 年来，我看到自己的期待并没有落空。如今，我期待于她的，是能够沿着《小姨》《父亲的后视镜》开拓的叙事道路继续往前走。一些很久之前沉淀在暗夜中、被封存于体面和谐表象下的真相，需要被重新发掘和展示出来。如果人到中年的“70 后”都不想、不愿、不能承担起记录历史、时间与生命意识的责任的话，那就会在文学史上留下令人难堪的荒芜与空白。在这一点上，同为“70 后”，我愿意和黄咏梅一起保持着这份警惕与自省。

（载《小说评论》2017 年第 4 期）

主要作品目录《

长篇小说

《一本正经》，凤凰出版社 2010 年版。

中短篇小说集

《把梦想喂肥》，山东文艺出版社 2007 年版。

《隐身登录》，花城出版社 2010 年版。

《少爷威威》，山东文艺出版社 2014 年版。

《给猫留门》，作家出版社 2018 年版。

《后视镜：黄咏梅自选集》，作家出版社 2018 年版。

《小姐妹》，长江文艺出版社 2019 年版。

中短篇小说

《路过春天》,《花城》2002 年第 1 期。

《骑楼》,《收获》2003 年第 4 期。

《多宝路的风》,《天涯》2003 年第 6 期。

《对折》,《红豆》2003 年第 4 期。

《非典型爱情》,《作品》2003 年第 8 期。

《勾肩搭背》,《人民文学》2004 年第 6 期。

《草暖》,《人民文学》2004 年第 7 期。

《填字游戏》,《花城》2004 年第 6 期。

《负一层》,《钟山》2005 年第 4 期。

《关键词》,《文学界》2005 年第 10 期。

《天是空的》,《大家》2006 年第 1 期。

《单双》,《钟山》2006 年第 1 期。

《哼哼唧唧》,《中国作家(小说版)》2006 年第 6 期。

《把梦想喂肥》,《青年文学》2006 年第 9 期。

《暖死亡》,《十月》2007 年第 4 期。

《开发区》,《花城》2007 年第 5 期。

《隐身登录》,《钟山》2007 年第 6 期。

《粉丝》,《人民文学》2008 年第 6 期。

《契爷》,《钟山》2008 年第 4 期。

《文艺女青年杨念真》,《上海文学》2008 年第 8 期。

《白月光》,《作品》2009 年第 1 期。

《档案》,《人民文学》2009 年第 6 期。

《鲍鱼师傅》,《山花》2009 年第 11 期。

《快乐网上的王老虎》,《中国作家》2009 年第 19 期。

《瓜子》,《钟山》2010 年第 4 期。

《三皮》,《广州文艺》2010 年第 11 期。

《少爷威威》,《花城》2011 年第 1 期。

《旧账》,《作品》2011 年第 5 期。

《金石》,《人民文学》2011 年第 12 期。

《何似在人间》,《芒种》2012 年第 1 期。

《表弟》,《山花》2012 年第 11 期。

《达人》,《人民文学》2013 年第 4 期。

《蜻蜓点水》,《作家》2013 年第 7 期。

《小姨》,《十月》2013 年第 6 期。

《八段锦》,《长城》2013 年第 11 期。

《父亲的后视镜》,《钟山》2014 年第 1 期。

《走甜》,《江南》2014 年第 3 期。

《证据》,《回族文学》2015 年第 1 期。

《病鱼》,《人民文学》2015 年第 12 期。

《献给克里斯蒂的一支歌》,《北京文学(原创版)》2016 年第 1 期。

《翻墙》,《作家》2016 年第 1 期。

《带你飞》,《广西文学》2016 第 8 期。

散文集

《锦上添叶》,广西师范大学出版社 2018 年版。

诗歌集

《少女的憧憬》,北方文艺出版社 1991 年版。

贾平凹

男，原名贾平娃，1952年生，陕西丹凤人。

小　引《

如果以“五四”为界，那么，“五四”以前的中国古代文学，要是细加区分的话，应该有两个相互作用、并行不悖的传统，一个可以叫作民间的传统，另一个可以叫作文人的传统。民间的传统包括严格意义上的民间文学，和在民间文学直接影响下的文人的创作。小说中话本的原型及其演变，是典型的一例。文人的传统则是以正统诗文为代表的文学创作。当然，二者之间也存在着一种相互影响和相互渗透的关系，以至于在某些时候、某个作家、某种文体的创作中，很难加以明确的区分。但就其历史渊源和表现特征而言，这种区别毕竟是存在的，也是一种文学史的事实和常识。“五四”以后，这两种性质的传统都在发生变化。民间传统因其与民众的联系和形式的通俗化，而被创造性地转化为新文化和新文学的精神资源，并被逐渐确立为新文化和新文学的一种被称之为民族化的发展方向。相比之下，文人传统则因其负载了过多的“封建文化”的信息和僵化的形式以及对人性的窒息，从一开始便成为新文化和新文学的攻击对象，并逐渐为新文化和新文学发展的历史所摒弃。

在中国新文学史上，对文学传统的这种不平衡的传承关系，一直持续到 20 世纪 80 年代，才有所改变。这期间的中国文学一方面固然因为拨乱反正的需要，急欲接续中断已久的新文学传统，因而有意无意地强化了新文学传统中的这种“片面的”传承关系；另一方面，更因为革新创造的需要，深感已经接续和修复的新文学传统资源的匮乏，于是，在广泛地汲取外来的文学营养的同时，也深入地开掘古代文化和古典文学的深厚地层，希望从中找到精神和艺术的支撑。对中国古代文化和古典文学中文人传统的重新发现和重新利用，就是在这个背景下发生的。如同 20 世纪 40 年代的根据地（解放区）文学对民间传统的重新发现和重新利用造就了赵树理等一大批带有极强的民间化（或曰民族化、大众化）色彩的作家一样，80 年代对文人传统的重新发现和重新利用，也造就了一批有别于赵树理的带有较为浓厚的传统文人气质的当代作家。这批作家以汪曾祺等老一代带有传统文人气质的作家为先导，先后崛起于 80 年代的“文化热”和“寻根文学”的潮流之中，贾平凹是其中的一个代表。这些作家虽然不像这期间的某些先锋和前卫作家那样，形成了一个阵势和群落，也不像赵树理等作家那样，开创了一个崭新的文学时代，但他们却分别以一种个体的优势，复活了一种淹没已久也寂灭已久的文学传统。同时也在民间传统之外，为在这个全球化的时代保持和发扬文学的民族特色，创造性地发掘和转化了一种重要的传统文化和文学的资源。我以为，从这个角度去看贾平凹的创作和他的全部文学活动，会拂开人为地笼罩在他身上的那些神秘的面纱和某种“时鲜”的色彩，而直逼他的创作活动的文化内核，从中发现他的创作活动的别一番文学史意味。

当然，这样说，并不是说贾平凹也像当年的赵树理那样，只从某种单一的文化传统和文学传统中汲取营养，用他所心仪并沉浸其中的古代文学中的文人传统，去培育一种类似的现代文人传统，把自己也造就成一个现代的“士大夫”作家。恰恰相反，因为脱离了赵树理生活的那个二元对立的时代，加之置身于一个多元开放的社会文化环境，所以他就有可能兼收并蓄，从古今中外的各种文化和文学资源中择优取用，包括民族文化和民族文学中与文人传统相对的民间传统。故而在他身上，虽然有一种比较突出的传统文人（士大夫）的气质，但却同时也富于现代色彩，兼有民间文化的流风遗韵。正如他的创作既有一种主导的积极入世的儒家精神，同时也兼有超然物外、澄心静虑的道、禅境界一样。在艺术上更兼容了民族文学历史中的正统诗文、民间说唱、笔记话本和各种现代叙事文体，以及外国文学中的象征、隐喻、寓言、魔幻和荒诞、变形种种手法。像这样的兼收并蓄、兼容并包，无论就其内在的文化精神还是就其外在的艺术表现而言，对贾平凹来说，都不是对其中的某一个单项的生硬模仿，而是综合融汇了各种因素的创造性转化。又因为这种创造性转化，不是纯逻辑和纯技术的杂糅，而是立足于现实，是以对于现实生活的体验、感受为基础的，尤其是着眼于民族的历史文化应对现代化潮流的挑战与冲击而引发的忧虑与思考，其结果自然是现代中国人的生存经验和集体意识的一种艺术的体现，而不是古代或外国的某种文化或文学的变体。本辑李遇春博士的评论，从贾平凹的小说的叙述范式的嬗变的角度，实际上已经涉及这个问题，从中我们也可以大致体会贾平凹在杂取多种资源，创造性地转化传统方面所做出的宝贵努力。我当然无意说贾平凹的创作因此就臻于一个至善至美的境界，我只想借此说明，从这个角度来看贾平凹的创作，可能更易于凸显他的独特的文学史意义。如果是这样的话，如同陈忠实一样，对贾平凹来说，似乎也有一个“重新走进文学史”的问题。

自　述《

我心目中的小说

我的小说越来越无法用几句话回答到底写的是什么，我的初衷是要求我尽量原生态地写出生活的流动，越实越好，但整体上却极力去张扬我的意象。我相信小说不是故事，也不是纯形式的文字游戏，我的不足是我的灵魂能量还不大，感知世界的气度还不够，形而上与形而下相结合的工作还没有做好。

我的小说当然写得不尽如人意，但我企图尝试。现在小说的写法很多，小说的观念应该有所改变。我主张在作品的境界、内涵上一定要借鉴西方现代意识，而形式上又坚持民族的。

一、说话

小说是什么？小说是一种说话，说一段故事，我们做过的许许多多的努力——世上已经有那么多的作家和作品，怎样从他们身边走过，依然在走——其实都是在企图着新的说法。

在相当长的时间里，从开始成为一个作家，要留言的时候，我们似乎已经习惯了一种说法，即，或是茶社的鼓书人，甚至街头卖膏药人，哗众取宠，插科打诨，渲染气氛，制造悬念，善于煽情；或是坐在台上的作政治报告的领导人，慢慢地抿茶，变换眼镜，拿腔捏调，做大的手势，慷慨陈词。这样的说话，不管正经还是不正经，说话人总是在人群前或台子上，说者和听者都知道自己的位置。当现代洋人的说法进入中国后，说话有了一次革命。洋人的用意十分的好，就是打破那种隔着的说法，企图让说者和听者交谈讨论。但是，当我们接过了这种说法，差不多又变了味，如干部去下乡调查，即使脸上有着可亲的笑容，也说着油盐柴米，乡下人却明白这一切是为了调查而这样的，遂对调查人的作伪而心生厌烦。真和尚和要做真和尚是两回事。

现在要命的是有些小说太像小说，有些不是小说的小说，又正好暴露了还在做小说，小说真是到了实在为难的境界，干脆什么都不是了。在一个夜里，对着家人或亲朋好友提起一段往事吧。跟家人和亲朋好友说话，不需要任何技巧了，平平常常只是真。而在这平平常常只是真的说话的晚上，我们可以说得很久。开始的时候或许在说米面，天亮之前说话该结束了，或许已说到了二爷的那个毡帽。过后一想，怎么从米面就说到了二爷的毡帽？其中是怎样过渡和转换的？一切都是自自然然过来的呀！禅是不能说出的，说出的都已不是禅了。小说让人看出在做，做的就是技巧的，这便坏了。说平平常常的生活事，是不需要技巧的，生活本身就是故事，故事里有它本身的技巧。

所以，有人越是要打破小说的写法，越是在形式上想花样，适得其反，越是写得像小说了。因此，小说的成功不取决于题材，也不是得力于所谓的结构。读者不喜欢章回体或评书型的小说的原因在此；而那些企图要视角转移呀，隔离呀，甚至直接将自己渗入行文等的做法，之所以并未获得预期效果，原因也在此。

二、精神

我曾经在一篇短文里写过这样的话：道被确立之后，德将重新定位。对于文学，我对我的评判标准和审美趣味的变化而惊异。

当我以前阅读《红楼梦》和《楚辞》，阅读《老人与海》和《尤利西斯》时，我欣赏的是它们的情调和文笔，是它们的奇思妙想和优美，但我并不能理解他们怎么就写出了这样的作品。而今重新捡起来读，我再也没兴趣在其中摘录精彩的句子和段落，感动我的已不在文字的表面，而是那作品之外的或者说隐于文字之后的作家的灵魂！偶尔的一天，我见到了一副对联，其中的下联是“青天一鹤见精神”，我热泪长流，我终于明白鹤的精神来自青天！回过头来，那些曾令我迷醉的一些作品就离我远去了，那些浅薄的东西，虽然被投机者哗众取宠，被芸芸众生人云亦云，却使我不再受惑和被骗。

对于整体的、浑然的、元气淋漓而又鲜活的追求，我越来越失去了往昔的优美、清新和形式上的华丽。我是陕西的商州人，商州现属西北地，历史上却归之于楚界，我的天资里有粗犷的成分，也有性灵源里的东西，我警惕了顺着性灵源的路子走去而渐巧渐小，我也明白如何发展我的粗犷苍茫，粗犷苍茫里的灵动那是天然的。我也自信在我初读《红楼梦》和《聊斋志异》时，我立即有对应感，我不缺乏他们的写作情致和趣味，但他们胸中的块垒却是我在世纪之末的中年里才得以理解。

我是失去了一部分我最初的读者，他们的离去令我难过而又高兴，我得改造我的读者，征服他们而吸引他们。我对于我写作的重新定位，对于曾经阅读过的名著的重新理解，我觉得是以年龄和经历的丰富做基础的，时代的感触和人生的感触并不是每一个人都能深切体会的，即使体会，站在了第一台阶也只能体会到第二台阶，而不是从第一台阶就体会到了第四第五台阶。

在世纪末的阴影挥之不去的今天，少男少女们在吟唱着他们的青年的愁闷，他们其实并没有多大的愁，满街的人群步履急促，他们唠唠叨叨着所得的工钱和物价的上涨，他们关心的仅是他们自身和他们的家人。大风刮来，所有的草木都要摇曳，而钟声依然是悠远而舒缓地穿越空间，老僧老矣，他并没有去悬梁自尽，也不激愤汹汹，他说着人人都听得懂的家常话。

三、实与虚

十年前，我写过一组超短小说《太白山记》，我第一回试图以实写虚，即把一种意识，以实景写出来。以后的十年里，我热衷于意象，总想使小说有多义性，或者说使现实生活进入诗意，或者说如火对于焰，如珠玉对于宝气的形而下与形而上的结合。但我苦恼于寻不着出路，即便有了出路，处理得是那么生硬甚或强加的痕迹明显，使原本的想法不能顺利地进入读者眼中心中，发生了忽略不管或严重的误解。

当我再次做我的试验的时候，局部的意象已不为我看重了，而是直接将情节处理成意象。如果说，以前小说企图在一棵树上用水泥做它的某一枝干来造型，那么，现在我一定是一棵树就是一棵树，它的水分通过脉络传递到每一枝干每一叶片，给树的整体的本身赋形。面对着要写的人与事，以物观物，使万物的本质得到具现。

画家贾克梅第讲过他的一个故事，当他在1925年终于放弃了只是关注实体之确“有”的传统写实主义绘画后，他尝试了所有的方法，直至那个“早上当我醒过来，房子里有一张椅子搭着一条毛巾，但我却吓出了一身冷汗。因为椅子和毛巾完全失去了重量，毛巾并不是压在椅子上，椅子也没有压在地板上”，如隔着透明的水看着水中的世界。他的故事让我再一次觉悟了老子关于容器和窗的解释，物象作为客观事物而存在着，存在的本质意义是以它们的有用性显现的，而它们的有用性正是由它们的空无的空间来决定的，存在成为无的形象，无成为存在的根据。但是，当写作以整体作为意象来处理时，则需要用具体的物事，也就是生活的流程来完成。生活有它自我流动的规律，日子一日复一日地过下去，顺利或困难都要过下去，这就是生活的本身，所以它混沌又鲜活。如此越写得实，越生活化，越是虚，越具有意象。

以实写虚，体无证有，这正是我的兴趣所在。

四、中与西

中国的汉民族是一个大的民族，又是一个遭受很多苦难的民族，它长期的封建专制,形成了民族的政治情结的潜意识。文学自然受其影响,便有了歌颂性的作品和揭露性的作品。歌颂性的历来受文人的鄙视,揭露性的则被看作是一种责任,以致形成了一整套的审美标准,故推崇屈原、司马迁、杜甫,称之为主流文学。伴随而行的,几乎是平行的另一种闲适的文学,其实是对主流文学的对抗和补充,阐述人生的感悟,抒发胸臆,如苏轼、陶潜乃至明清散文家等,甚或包括李白。他们往往被称作“仙”,但决不能入“圣”。由此可见,重政治在于重道义,治国平天下,不满社会,干预朝事。闲适是享受生活,幽思玄想,启迪心智。作品是武器或玉器,作者是战士或歌手,是中国汉民族文学的特点。

而外国呢,西方呢,当然也有这两种形态的作品,但其最主要的特点是分析人性。他们的哲学决定了他们的科技、医学、饮食的思维和方法。故对于人性中的缺陷与丑恶,如贪婪、狠毒、嫉妒、吝啬、啰唆、猥琐、卑怯等等无不进行鞭挞,产生许许多多的杰作。愈到现代文学,愈是如此。

我的好处是静默玄想,只觉得我得改变文学观了。鲁迅好,好在有《阿Q正传》,是分析了人性的弱点;当代的先锋派作家受到尊重,是他们的努力有着重大的意义。《阿Q正传》却是完全的中国的味道。20多年前就读《阿Q正传》,到了现在才有了理解,我是多么的蠢笨,如果在分析人性中弥漫中国传统中天人合一的浑然之气、意象氤氲,那正是我新的兴趣所在啊。

(本文由李遇春根据贾平凹的创作随笔摘抄、整理而成)

访　谈《

传统暗影中的现代灵魂

——贾平凹访谈录

李遇春　贾平凹

李遇春:在您90年代以来的长篇小说创作中始终贯穿着一条精神线索,这就是徘徊在现代城市文明与传统农业文明之间。您一方面对现代城市文明感到厌倦,为现代人的精神异化和自我失落痛心疾首;另一方面,您又对传统乡村文明保持着足够的警惕。从理性上您对传统的农业文明是持坚定的批判立场的,虽然在情感上有时又不由自主地有所留恋。这种矛盾的文化心态在《高老庄》中表现得最为深刻。请问这种矛盾心态和精神痛苦是不是给您带来了巨大的创作动力，或者说艺术冲动？

贾平凹：从我们家族看，我属于第一代入城者，而又恰好在中国社会发生剧烈变革时期，这就是我的身份。乡村曾经使我贫穷过，城市却使我心神苦累。两股风的力量形成了龙卷风，这或许是时代的困惑，但我如一片叶子一样搅在其中，怯弱而又敏感，就只有痛苦了。我的大部分作品，可以说，是在这种"绞杀"中的呼喊，或者是迷惘中的聊以自救吧。

李遇春：我知道在中国现代作家中您非常推崇沈从文，据说沈从文的文集是您唯一自己购买的一套现代作家文集。那么我想问的是，您的这种矛盾的文化立场是否受到了沈从文的影响？

贾平凹：沈从文给我最大的影响是在文体上，至于文化立场上，我能理解他、认同他。

李遇春：虽然您很推崇沈从文，但在我的阅读印象中，您在个性气质和人格修养上似乎更接近郁达夫。您和郁达夫都是那种极具传统文人气息和古典名士风度的现代知识分子。准确地说，您二位都属于那种貌似传统而骨子里现代的矛盾型知识分子。在您二位的传统文人外衣下，其实隐藏着一颗现代灵魂。郁达夫当年写《沉沦》，因大胆的性描写被道学家恶意攻击，而您写的《废都》几乎遭到了同样的命运。那些批评者犯下了一个致命的错误，他们忽视了作者隐藏在文本深处的一颗痛苦的灵魂。请问您是否认可我对您和郁达夫的比附？您如何看待您身上的传统因袭和现代特质呢？

贾平凹：把我和郁达夫比附，这是我第一次听到。我是喜欢郁达夫的，尤其欣赏他的才气和率真，但并没有全部阅读他的作品，缺乏研究。在我的身上，许多人都以为传统文人的东西多，其实接触深入的朋友并不这样看。我也清楚我自己，我的意识是现代的，外人以我的衣着呀，相貌呀，收藏呀，书画呀，文言文的运用呀等方面来判断我传统，我并不反对他们的错觉，何必让别人那么清楚你呢？

李遇春：沈从文当年自称为"乡下人"，而您也以"我是农民"自居。您强调自己是农民其实是为了强调您写作的平民立场。这种平民立场往往被理解为当下非常时髦的"民间立场"。您能解释一下您的平民立场吗？

贾平凹：写作的立场是容不得伪装和矫情的。我的平民立场是我的生存环境决定的。

李遇春：虽然您是知识分子，但您并没有忘记对知识分子阶层进行批判性的审视。您写的《废都》和《高老庄》就是证明。鲁迅先生当年强调对农民进行文化启蒙的同时并没有忘记对知识分子的自我启蒙。这说明鲁迅当年并没有站在狭隘的知识精英的话语立场上，而是勇敢地把精神的解剖刀对准了自己。您是否认为中国当代作家普遍缺少这种知识分子的自我启蒙意识？

贾平凹：中国当代作家确实是普遍缺少这种知识分子的自我启蒙意识的。知识精英在支撑着我们的民族和国家，但知识分子并不都是精英啊，别的不说，我长期在文坛和教育界，可是见多了许多没有人格或缺少脊梁的人。

李遇春：近来很多作家都喜欢谈论鲁迅，表示要"回归鲁迅"，莫言、余华、苏童、张炜、李锐等人都说过类似的话。而您在《病相报告》的后记中也表达了面对鲁迅的惭愧。这和王朔以及部分新生代作家前几年企图"解构"鲁迅，说鲁迅是一块"石头"的亵渎论调形成了鲜明的对比。您能解释一下为什么会有这样两种截然不同的对待鲁迅的态度吗？

贾平凹：鲁迅之所以是鲁迅，是有社会原因和性格原因的。以我的体会，作为一个写作者，愈是写作就愈能理解鲁迅而感到鲁迅的伟大。

李遇春：我很喜欢您在八九十年代之交创作的那些"土匪系列"小说。我也很喜欢30年代的一位现代派小说家施蛰存的心理分析小说，特别是以《鸠摩罗什》《将军底头》《石秀》《李师师》为代表的"新历史小说"。我想问的是，您的那些历史题材的"土匪系列"小说是否受到了施蛰存的影响？

贾平凹：我记得我大学毕业后，读到了施蛰存的《石秀》，我非常喜欢，当时想找找他的别的作品，但未能找到，以后就没有再读。《石秀》给我留下很深的印象，主要是在语感上。当我写"土匪系列"小说时，在语感上或多或少地就记忆起了那个《石秀》。

李遇春：您的"土匪系列"小说中所内含的精神意蕴是绝对现代的，我从中解读出了您对人类生命存在困境的关怀和忧虑。然而，人们往往习惯于从中国传统道禅文化的角度去理解它们。那么，我想请教的是，您觉得中国传统的道禅文化与西方近现代以来的人文主义价值观念之间有相通的地方吗？

贾平凹：它们之间，我觉得有相通的地方。我的一些作品之所以会出现不同的理解，或许有许多原因，但有一点，在我认同和接受西方近现代以来的人文主义价值观念的时候，我总是要寻到一种符合中国做派的语感和表现形式。

李遇春：在我的阅读印象中，新时期陕西文坛三大家，陈忠实和路遥受正统的儒家文化影响要大些，而您则更多地接受了边缘性的道禅文化的影响，您觉得是这样的吗?

贾平凹:有宗教文化的影响,也受地域文化的影响,当然这仅仅是比较而言。

李遇春:您是陕南作家的代表,而陈忠实是关中作家的代表,路遥是陕北作家的代表。您能简单比较一下您三位之间文学创作风格的差异吗?这种差异是否和您三位各自家乡的地理文化环境有着某种联系呢?

贾平凹:陕北是高原,高,寒;关中是平原,宽,厚;陕南是山地,深,幽。陕西的地域差别是特别大的,地域的不同必然使文化和人的性格不同,也必然会影响到写作。

李遇春:您的小说中主要出现过两种类型的女性人物形象:一种是传统风格的"女菩萨"式的人物,著名的如《天狗》中的师娘,《浮躁》中的小水,《晚雨》中的王娘,《高老庄》中的菊娃,《白夜》中的虞白,《土门》中的梅梅,《病相报告》中的叶素芹,等等。再一种是现代风格的"女妖"式的人物,如《浮躁》中的英英和石华,《美穴地》中的四姨太,《佛关》中的兑子,《废都》中的唐宛儿和柳月,《高老庄》中的西夏,《白夜》中的颜铭,《土门》中的眉子,《病相报告》中的江岚,等等。您觉得在这两种女性人物系列的对比塑造之中,是否隐藏着您的某种矛盾的文化心理呢?

贾平凹:是的。也可以说是我的妇女观吧。以你所言的"女菩萨"式和"女妖"式的女性,我喜欢的,最好是两种特性能结合起来。但现实中这样的人少见。换一个角度,"女妖"式的女性,也可以看作现代性的吧,"女菩萨"式的女性是传统性的吧,我是倾心于前一个的,却也难以丢下后一个。我有时讨厌我自己,也就在这里。

李遇春:记得您在《浮躁》的序言中曾经说过,您今后的小说创作要朝着"意象主义"的路数发展,因为您觉得那种"现实主义"的结构框架似乎限制了您的艺术潜能的发挥。然而,在我看来,《浮躁》至今仍然是您的小说创作中不可多得的艺术精品。《浮躁》好就好在它是您"戴着镣铐跳舞"(闻一多语)的产物。《浮躁》在"写实"的基础上"写意",虚实结合,给人留下了深刻的印象。实际上,从您90年代以来的长篇小说创作来看,我个人觉得《废都》和《高老庄》这两部长篇小说要比《白夜》《土门》《怀念狼》写得好,原因就在于,《废都》和《高老庄》的"写意"是建立在牢固的"写实"基础上的,而其他的三部长篇小说,尤其是《土门》和《怀念狼》,由于过于强调"写意","写实"比较薄弱,因此给人留下了"概念化"或"理念大于形象"的遗憾。不知道您是否同意我的这种看法?

贾平凹:你讲得或许有道理。问题可能是这样的,《废都》和《高老庄》是从土里长出的苗,《土门》和《怀念狼》则是把苗圃里的苗拔出来栽到另一块地里。

李遇春:《怀念狼》中所试验的"整体象征"其实主要是"情节象征",三个主要人物由怀念狼到寻找狼，再到猎杀狼，最后又怀念狼，由此所形成的“情节圈套”象征了人类无法摆脱的生存困境。这种理念无疑是具有现代人类意识和人文精神关怀的。然而，您好像过于注重“情节”而忽略了“人物”。人物在《怀念狼》中基本上成了作者传达某种理念的符号。而我觉得作为一部长篇小说，如果没有写得比较有精神深度或心灵深度的人物形象，那是很难接受读者和历史的检验的。您说呢？

贾平凹：这是另一路的写法。小说创作已十分开放，每一路数都有它的长处和短处，用这一路的写法去套另一路作品是会出现难堪的。当然，《土门》和《怀念狼》应该写得再实在些就好了，它扶摇过分，沉着不足。

李遇春：您的初期创作是模仿孙犁的，这就像陈忠实的早期创作主要是模仿的柳青一样。柳青和孙犁分别代表了革命文学秩序中的两种风格：雄健与婉约。您能评价一下那一代革命作家的文学成就吗？

贾平凹：上一代革命作家的文学成就应该受到肯定，比如孙犁和柳青，他们才华横溢，作品虽受到时代局限，但过去产生过大的影响，以后还会产生影响。现在的作家在他们的面前是不能狂妄的。

李遇春：余华说他主要从川端康成的文学创作中学会了要重视细部描写。我想知道的是，您对川端的文学接受的“兴奋点”又在哪里？

贾平凹：川端给我启示的是他作品中弥漫的那种凄美的气息。

李遇春：您在《病相报告》的后记和最新小说集《听来的故事》的序言中都表达了这样的新的文学理想：“在分析人性中弥漫天人合一的氤氲之气。”对此，您能再具体解释一下吗？

贾平凹：我的意思是语境的改变。分析人性的种种缺陷，这方面西方文学比我们做得要好，西方有西方的哲学和表现形式，当中国人同样面临了一种生活困境时，我们该如何将我们的写作与当今的时代生活相结合，也就是说，以什么样的精神和姿态进入生活和写作，既是人类性的又要是中国式的。这一句话中我指的是两个方面的内容。

李遇春：记得您在《高老庄》的后记中曾经“检讨”自己说：“我的不足是我的灵魂能量还不大，感知世界的气度还不够。”那么，在现实生活这片巨大的泥沼里，您怎样才能够让自己的“精神如莲日日生起”呢？换句话说，您将怎样使自己达到一种博大的精神境界呢？

贾平凹：这得慢慢地修炼吧。比如关怀点，世界观，对世事的贯通，消除聪明和机巧，愚起来。

评　论《

拒绝平庸的精神漫游

——贾平凹小说的叙述范式的嬗变

李遇春

子曰:“智者乐水,仁者乐山。”(《论语·雍也》)贾平凹从故乡的商山丹水中走来,其人其文既包含着秦山的雄奇风骨,又流溢着楚水的灵秀之气。山是宇宙中静的象征,它浑厚沉雄,以不变的气魄睥睨万物;而水是天地间动的化身,它轻盈空灵、变幻万端,正所谓滔滔江河,绵延不绝、生生不息。在系统地翻阅贾平凹小说的日子里,我的意念中总是蓦然跃出这样两个中心意象:主静的山和好动的水。水从山中来,动在静中生,多少年来,贾平凹就是在山的静穆和水的灵动之间,在绝对的变换和相对的坚守之间向人们展示了一幅长长的、色彩斑斓的艺术画卷。

自其变者而观之,在贾平凹20余年的小说创作过程中,读者分明能够感受到作者那颗如奔腾的州河水一样躁动不安的心灵。这是一颗拒绝平庸的心灵,拥有它的贾平凹就如同《白夜》中握有“再生人”的钥匙的夜郎,他们都属于那种精神梦游症患者,终其一生都在生命的荒原上寂寞地寻找着安妥灵魂的栖息地。迄今为止,在贾平凹的小说话语中,大体上出现过三种相对独立完整的话语系统:其一是启蒙话语,致力于重铸国民的灵魂,《浮躁》等80年代中前期的“改革系列”小说是其代表;其二是生存论话语,关怀的是人的生存境遇,以八九十年代之交的“土匪系列”小说最为著名;最后是现代性反思话语,自《废都》以降,在90年代的长篇小说系列中,重新审视现代性话语的合法性一直是贾平凹小说创作关注的中心问题。由此决定了贾平凹小说中先后出现的三种不同的叙述范式或话语模式,即启蒙叙述、生存论叙述和现代性反思叙述。不难看出,善变的贾平凹在不同的创作阶段中还是有着自己相对固定不移的精神和艺术探索领域。倘若没有这些话语园地的相对坚守,那么贾平凹小说的流变过程将会留给人们一个无本之木、无源之水的浮躁印象。幸好实际情形并非如此。

一

《山地笔记》(1980)汇编了贾平凹的“少作”。初登文坛的贾平凹专意模仿孙犁，文风固然清新可喜，但作品表现的不外乎是“劳动人民(无产阶级)的人性美和人情美”，本质上并没有完全摆脱十七年文学时期盛行的“革命现实主义”文学模式的拘囿。此后，贾平凹对现实社会人生的态度逐步从微笑转向了沉思。但转变之初的贾平凹并没有及时形成自己独立的艺术视野。在“文革”后最早涌动的“伤痕—反思”文学大潮中，贾平凹也袭用了当时流行的“政治—人性”叙述范式，创作了《纺车声声》《头发》《二月杏》《冰炭》等典型的“伤痕—反思”小说。这些作品或书写了十年浩劫给自己的父母亲人所带来的政治苦难，或揭露了极左政治所酿成的人性扭曲和异化问题，但从根本上都没有跃出“政治文学”的窠臼。

不过，贾平凹80年代中前期的大部分小说作品并不是那种褊狭的“政治—人性”叙述范式的产物。早在80年代初，贾平凹就已经开始了挣脱政治叙述视角的努力。在《上任》《下棋》《山镇夜店》《夏家老太》《年关夜景》等一系列短篇小说(1980—1981)中，贾平凹显然择定了从文化视角反思国民性的写作思路。众所周知，这种“文化—国民性”叙述范式是以鲁迅为代表的五四启蒙文学先驱所正式创建的。正视我们民族的集体文化性格中的负面因素，以“揭出病苦，引起疗救的注意”为写作的精神指归，以便最终完成“改造国民性”的社会文化工程，这是现代中国启蒙文学话语的经典法则。这种启蒙文学精神传统虽然从20世纪30年代起逐步遭到了革命文学话语体系的挤压和排斥，但在“文革”结束以后，它开始在少数优秀的小说家，如高晓声和王蒙的笔下得到了回归。作为曾经被压抑的启蒙文学精神的延续，在贾平凹的上述小说中，人们同样可以发现作者对中国国民奴化人格的严厉拷问。如《山镇夜店》就让一群中国民众的奴隶心态——“拜官主义”进行了穷形尽相的表演。正当一群山民为争占店铺而发生激烈内讧的时候，突然传来了一位大领导要来住店的消息。具有讽刺意味的是，山民们顷刻间判然有别，先是争先恐后地让出了店铺，接着却又互不相让地争睹领导的尊容，那情形真仿佛皇上驾临一般。小说最后通过一个天真小儿的窥视，揭露了那位领导无比丑陋的睡态，从而使作品的文化启蒙主题得到了深化。

然而，在初露锋芒之后，贾平凹的启蒙叙述不经意间躲进了“改革小说”的政治外衣之中。在著名的“改革三部曲”(1983—1984)里，贾平凹在故事的人物设置和情节冲突方面也跌入了当时流行的“革新与守旧”或“先进与落后”的模式化陷阱。《小月前本》中才才与门门的对立,《鸡窝洼人家》中回回与禾禾、麦绒与烟峰的对立,《腊月·正月》中韩玄子与王才的对立,在各自的显文本层面上集中表现为革新者与守旧者之间的政治对立和经济(生产方式)对立。值得注意的是,从小说的潜文本来看,这种对立还进一步表现为两种文化模式或两种意识形态之间的对立。显然,由这种文化的对立而决定的人物的深层文化心理的对立才是贾平凹的叙事焦点。如果说才才、回回和韩玄子代表的是一种集体本位的传统伦理意识形态,那么,门门、禾禾和王才代表的则是一种个体本位的现代人文意识形态。这两种意识形态在价值观念、行为方式和理想人格等方面的反差潜在地酿成了小说中人物的各种矛盾冲突。正是以现实生活中萌动的新型人文意识形态为镜,贾平凹在作品中烛照出了变革时代里中国民众的传统文化心理痼疾,从而实践着自己的启蒙主义文学理想。这方面最著名的人物是韩玄子。他保守、狭隘、迷信、愚昧、势利、自私、虚荣、专制,坚信"是龙的还是在天上,是虫的还得在地上"。小说中尤其对韩玄子深入骨髓的官本位文化心态、温情脉脉背后的家庭专制心理进行了深刻的批判性审视。

贾平凹似乎很快便意识到了"改革三部曲"在政治叙述上的幼稚和简单化,正是在马书记、刘书记、王局长等所谓大人物的政治支持下,代表新型意识形态的"王才们"才轻易战胜了作为传统文化习惯势力的"韩玄子们",作品中因此而洋溢着一种廉价的乐观主义历史精神。值得注意的是,在随后创作的《商州》《古堡》《火纸》和《远山野情》等中长篇小说(1984—1985)中,贾平凹集中笔力写了四部悲剧,而且主人公的悲剧都是由于传统文化的心理惰性所直接酿成的。这种创作转变显然是对此前"改革三部曲"的文化启蒙主题的深化。如《商州》写了珍子和刘成的恋爱惨剧、《古堡》写了张家兄弟的事业和人生悲剧、《火纸》写了阿季与丑丑的爱情悲剧、《远山野情》写了香香的无声的婚姻悲剧。通过叙述这些变革年代中发生的各类悲剧事件,贾平凹无情地解剖和批判了现实里的中国民众的病态文化心理,尤其是揭露了传统伦理道德规范的"吃人"本质。不仅如此,我们在《商州》等作品中再也见不到那种力挽历史狂澜的政治风云人物,《古堡》中虽然也出现了马书记的身影,但马书记同样无法改变张老大的历史悲剧,作为超前的时代英雄,张老大只能在狱中独自咀嚼那份英雄的孤独——被愚昧麻木的民众所怀疑、孤立、敌视,直至抛弃。真正理解张老大的只有那些外来的电影摄制组的成员,他们在作品中是现代知识精英的代言人,因此他们的出现正是贾平凹当时的文化启蒙立场的体现。

与"改革三部曲"、《古堡》等悲剧性作品相比,写于1986年的《浮躁》在文化启蒙的精神深度上又有了新的开掘。贾平凹在这部长篇力作中将精神解剖的手术刀无情地对准了自己心爱的主人公金狗，而在此前的小说创作中，被解剖的从来都是守旧者，至于革新者，他们往往只是充当作者解剖守旧者时的镜子或工具而已。金狗是在新时期改革大潮中涌现出来的一个当代中国青年形象，在他的身上体现着强烈的时代精神或者说“高扬的主体意识”。金狗一心想冲出田、巩两大家族在当地的封建宗法权力网络，做一个有独立精神和自由意志的现代人，从而实现自己的人生理想和社会抱负。然而，金狗的个人苦斗行为结果总是适得其反，在一次次虚假的胜利后他品尝到的只有强烈的人格屈辱和心理失败。在上卷中，金狗痛苦地发现自己苦心经营的河运队到头来成了乡长田中正向上爬的政绩；金狗深爱着小水，但他最终只能无奈地与田中正的“女儿”英英订婚。在中卷中，金狗虽然制止了县委书记田有善准备召开的河运队现场会，营救了被田中正栽赃的雷大空，但为此他不得不违心地给工商管理局写正面报道，违心地对田有善好言相谄，违心地利用自己的记者身份威胁公安局局长，利用专员巩宝山来压制田有善……到了下卷中，遭人陷害的金狗甚至只能通过石华出卖肉体来摆脱牢狱之灾，而蹂躏石华肉体的人则是许司令的儿子，又一个为金狗所不齿的权贵人物。正是在这一系列权力的周旋过程中，金狗体验到了一种身不由己、无法自主的深深的屈辱感，它在本质上是作为一个非人或精神奴隶的痛苦与耻辱心理。在金狗这个清醒的堕落者或无奈的反抗者的身上，明显凝聚着贾平凹对中国当代社会变革的深深思索。这就是，改革不仅是一项宏大的经济工程、政治工程，还是一项更为深刻的文化工程。改革的中心问题是人的变革，是国民的灵魂的重塑，是对国民劣根性的批判和对民族集体文化性格的改造。

二

《浮躁》之后，贾平凹小说的叙述范式发生了明显的转换，即从启蒙叙述转向了生存论叙述。虽然直到1992年贾平凹还曾写过《佛关》这样带有神秘魔幻色彩的启蒙主义小说，作者通过男女主人公的爱情悲剧无情地批判了山民们愚昧、麻木、残忍、自欺的文化劣根性，但从总体上来看，80年代后期到90年代初期的贾平凹更热衷于从生存论的视角展开叙事。这期间(1986—1992)他创作了大量具有现代主义意味的小说，包括新笔记体系列小说《太白山记》，后被集中收入《妊娠》的《美好的侏人》《龙卷风》《故里》《马角》和《瘪家沟》，收入《逛山》的《美穴地》《五魁》《晚雨》和《白朗》，以及其他散见之作，如《烟》《油月亮》等等。

作为一种话语模式，生存论叙述无意于像启蒙叙述那样从文化的视角反思国民性，更无意于从政治的视角透视人性的变异与扭曲，生存论叙述习惯于淡化作品的时代性、社会性、政治性，乃至道德伦理文化色彩，故而其中心话语是关怀人的生命存在境遇，尤其是注重对人类生命存在困境的追问和表达。显然，文学上的生存论叙述来源于西方现代存在主义、生命哲学和弗洛伊德主义等非理性主义哲学心理学思潮的基本理念，因此它的叙述目标并不是企图建构一种终极的、理想的民族文化性格，而是旨在揭示出人类普遍置身其中的某种尴尬的生存状态而已，至于摆脱生存困境的出路则是十分渺茫的，可见生存论叙述染有浓重的悲观主义色彩。如果说启蒙叙述受西方近代以来的古典人道主义的影响，主张建构具有独立人格和自由意志的“大写的人”，那么生存论叙述的目的则在于拆解这种宏大叙事，还原“人”的本来面目，即贾平凹所说的“尴尬的生存”。贾平凹曾经在著名的《四十岁说》(1991)一文中这样写道：“人常常是尴尬的生存。我越来越在作品里使人物处于绝境，他们不免有些变态了，我认作不是一种灰色与消极，是对生存尴尬的反动、突破和超脱。”如此看来，贾平凹对生存论叙述其实有着自觉的精神追求。

其实早在80年代初期，贾平凹小说创作中的生存论叙述就已经初露端倪。在写于1981年的《晚唱》《人病》《好了歌》和《沙地》等作品中，贾平凹开始尝试着书写具有现代意识的生命存在体验。例如《晚唱》写了一个神经质的中年独身男人，他讨厌人群，但又太在意别人的存在，常常因为某一自我虚构的事件而陷入严重的心理焦虑甚至恐慌之中，从而带来了一连串的生存尴尬。贾平凹在这部作品中为古老的成语“庸人自扰”作了极富现代意味的注解。然而，由于当时的读者和批评家还固执于革命现实主义的文学模式，这些在不同程度上超越了现实时空的现代性叙事遭到了脱离时代、虚无主义、悲观情绪等批评。直到文学观念和文学研究方法论大变革的1985年，贾平凹曾经被压抑的生存论叙述在“改革小说”的外衣中再度出现。表面上看，《天狗》和《黑氏》这两部著名中篇小说都是关于现实变革年代的人伦故事，但作者在叙述中显然淡化了故事的社会时代背景，集中笔力透视了主人公天狗和黑氏的生命存在困境，揭示了他们在各自的生存尴尬状态中所体验到的深层心理冲突和无法解脱的精神悖论。

就黑氏来说，人们一般习惯于从文化启蒙的角度去理解她与三个男性之间的情感故事。如从黑氏没有勇气冲破与小男人之间无爱的婚姻，以及她出于道德的感恩再嫁给了老实巴交的木犊等情节中解读出反传统道德、反封建礼教等文化启蒙主题，并将黑氏最终与情人木顺私奔的行为理解为她大胆冲破封建婚姻的牢笼，主动争取个性自由和妇女解放的表现。然而，这种文化启蒙论的阐释还只是停留在小说的显文本层面上，并没有触及小说的核心潜文本。本质上，贾平凹在《黑氏》中关怀的是女性的情爱心理困境问题。黑氏的第一次婚姻只有性没有爱,此时的婚姻已经堕落为了性别奴役的合法化形式。然而离异后的黑氏并没有寻找到理想的婚姻,由于物质的贫困和生活的重压,她与木犊之间的婚姻日益沦为了一个既无爱又无性的空壳,但这种虚伪的婚姻却得到了世俗的普遍认可。无奈之下黑氏跟木顺私奔,去寻求灵肉和谐的理想爱情,但等待他们的却是一个尴尬而绝望的结局:他们的野合遭到了野蛮的暴力。这意味着,《黑氏》其实象征性地书写了女性乃至人类无法摆脱的性爱分离、情理相悖的生存困境。

无独有偶,人们常常习惯于从天狗的性压抑故事中提炼出颠覆传统伦理文化规范的合法性主题,而没有意识到《天狗》其实是一个关于男性的恋母情结的人类学文本,它揭示了男性的一种集体无意识的心理困境。具体来说,小说中天狗与师娘、师傅的关系可以还原为精神分析学意义上的"子—母—父"的关系,天狗恋母弑父的潜在冲动,以及由此所酿成的乱伦罪感或道德负疚心理在作品中得到了极富象征意味的表达。首先,小说中多处暗示了天狗对师娘的恋母潜意识。在天狗的心目中,师娘就是美丽、善良、宽容和博爱的"女菩萨",师娘就是天上神圣高洁的月亮的人间化身,而"天狗吞月"的神话故事恰好泄露了他心中不为人知的秘密。因此,原本只比师娘小三岁的天狗总是愿意在师娘的面前装扮作"没有成人的人、一只小狗",或者表现出"温顺得如只猫儿,用手一扑索就四蹄儿卧倒",总之是"变成一副受宠的样子,在这菩萨面前要作出孩子般的腼腆和柔顺"。与此同时,在师娘的幼子面前,天狗又竭力以僭越的"天狗叔"自居,而不愿接受"天狗哥"这一符合传统伦理纲常的称呼。凡此种种,使天狗恋母弑父的潜在冲动暴露无遗。终于,在一次意外的事故中,师傅成了废人,瘫卧在床,这意味着天狗弑父的隐秘愿望得以实现。然而,天狗随之陷入了巨大的心理焦虑之中,因为他无法挣脱由乱伦弑父所带来的沉重心理罪感。这样他只能用一连串善良的德行来无偿地为师傅治病、替师傅支撑着风雨飘摇的家,这其实是天狗隐秘的赎罪心理的表现。至于天狗被迫娶了师娘却始终不愿履行夫妻之实的奇异举动,同样可以看作是他内心深处巨大的心理负疚感的结果。尤其是师傅的自杀行为,更是给了天狗这个"忤逆之子"以最后的,也是致命的打击,因为天狗从此将再也无法赎回他的罪孽。这个中国的俄狄浦斯,他将终其一生都在由恋母弑父所带来的忏悔心理困境中越陷越深,焦虑不安,无力自拔。

虽然《天狗》和《黑氏》是贾平凹小说中生存论叙述的重要代表性文本,但1985年创作它们的贾平凹在总体上还处于启蒙论的叙述范式之中。如前所说,只有到了《浮躁》之后,贾平凹小说中的生存论叙述范式才得以从根本上确立。这一时期的重要作品有很多,如《太白山记》中的《寡妇》和《公公》诸篇注重探析人的潜意识隐秘和原生生存状态,《妊娠》中的《故里》集中表现了女主人公赵怡有家难回、无家可归的尴尬生存心态,等等。当然,最能够显示贾平凹小说中生存论叙述实绩的作品还是收入《逛山》中的四部"土匪系列"中篇,这些民间的历史题材故事被作者赋予了深刻的现代哲理意蕴。

先看《五魁》,小说中五魁与一个女人曲折的传奇经历实际上隐含着人生选择的荒诞感和人生价值的虚无感。五魁是一个出身贫贱的驮夫,在一次遭遇土匪的驮亲行程中他暗地爱上了即将成为柳家少奶奶的新娘。虽然五魁清醒地意识到了这份爱的虚妄,但他不知道正是这份虚妄的爱将他一步步地导向了矛盾和绝望的心理深渊。五魁的第一次重大选择是孤身入匪穴,其勇气来自他对女人的爱,来自他认为自己的行动必定会成全女人幸福的善良愿望。但令五魁难堪的是,他英雄的举动带给了女人婚后无尽的痛苦,因为意外瘫痪的柳家少爷总是想方设法对女人施加残酷的性虐待。为了摆脱内心日益沉重的负疚感,五魁再次选择了铤而走险,在纵火后劫持女人出逃到了荒山野岭。然而,由于传统的道德规范的束缚,更主要是由于对女人的爱和出于对女人的幸福的责任,五魁一次次理智地压抑了自己的性冲动,他不知道自己的这种选择再一次将女人逼向了痛苦的深渊,因为他所表达的爱对于女人而言其实是另一种残酷的折磨。这样就有了女人与狗之间变态的虐恋的出现,而正是五魁对狗的屠戮使女人彻底丧失了生命的尊严,因此,女人的坠崖其实表达了她对五魁和人生的深深绝望。而五魁在同样的绝望中最终选择了啸聚山林,他竟然成了一个好色的匪首,这不能不说是对他先前选择的一种嘲讽。如此看来,五魁的人生选择总是不能遂心如意,他仿佛是陷入了一种连锁性的神秘的命运圈套之中不能动弹,动辄得咎!

与五魁做驮夫一样,《美穴地》中的柳子言也有着一个专门为人作嫁的尴尬职业——风水先生。小说中,柳子言三次选吉穴的经历颇有黑色幽默的味道。前两次都是为别人造福,一次是慑于姚家掌柜的有财有势,一次是迫于土匪苟百都的武力淫威。只有第三次才是为他自己,可命运给他开了一个苦涩而残酷的玩笑,他亲手选定的吉穴并没有给他带来后裔的发达,其子只不过是做了一个戏台上的"达官贵人"而已。然而,柳子言人生的荒诞意味还不止于此,在他和姚家四姨太的爱情传奇故事中隐含着更为强烈的生存悲剧意蕴。由于出身和职业的低贱,柳子言的心灵深处被埋植下了不为人知的自卑情结。正是这种自卑情结导致了他在姚家四姨太的性诱惑面前体验到了深深的性屈辱。不仅如此,在偷听和想象土匪苟百都和四姨太的疯狂性爱活动中，柳子言体验到了更加强烈的生命屈辱。然而，就在柳子言终于从自卑中奋起，做了一回英雄，将心爱的女人拯救出来后，他痛苦地发现四姨太已经不再是原来的那个美艳妇人，她早已绝望地自毁其容！柳子言的人生就是这样充满了悖谬性，他的事业和爱情悲剧是对人生意义的颠覆、反讽和嘲弄。

《白朗》叙述的也是一个反讽性的故事。白朗是一个英俊的土匪，在他美如妇人的皮囊下隐藏着一股桀骜不驯的英雄气。不难发现，在小说的前两节和第三节之间存在着鲜明的反差。如果说前两节主要追忆和描述了白朗在落难前和受难中的英雄豪举，那么第三节则冷静地完成了对前两节的拆解，此时白朗的英雄气荡然无存，他陷入了深深的虚无和幻灭感之中。从叛匪黑老七的牢笼中脱逃后，最初的白朗仍然志得意满，因为他从陆星火的援救行动中再次确证了自己的感召力，更重要的是从与压寨夫人的旷世情缘中找回了英雄的尊严。然而，白朗很快意识到了自己的脆弱和虚妄，因为他无奈地获悉，正是无数人生命的馈赠才使得他顺利返回了王中之王的宝座。除了陆星火和压寨夫人之外，包括行刺未果而被自己误解的刘松林、严守秘密而以身相殉的丫鬟，甚至还包括客店的一对老板夫妇都因为白朗而成了无辜的鬼魂。刹那间，白朗不禁心身俱疲、神形苍老，他骤然从匪首的王座上倒下了。觉醒后的白朗选择了悄然退隐，与其说这是看破红尘，不如说是因为他深切体验到了人在天地间无力自由、自相矛盾的生存困境。

《晚雨》的主人公天鉴也是一个杀人越货的土匪。土匪本来属于被主流社会放逐了的边缘人，但小说中的天鉴在劫杀了赴任途中的新县令后却萌生了张冠李戴、回归主流社会的念头。他不知道这一次的选择将使他彻底失去昔日土匪生活的自由，他以假乱真的县令身份将使他陷入无力自拔的人生窘境。事实上，做了县令的天鉴举手投足都必须符合正统的社会规范和虚伪的官场礼仪，尽管不大适应，但他也只能被迫改造自己。更让天鉴难以接受的是，他不仅无法自由施展自己为民造福的政治抱负，甚至连独立自主的爱情权利也没有得到。天鉴在与树大根深的巡检的权力争斗中失败了，为了使天鉴摆脱尴尬，天鉴的得意下属严渠督也自杀了。最令天鉴痛苦的是，虽然贵为县令，但他只能眼睁睁地看着自己心爱的女人王娘凄惨地死去。绝望中的天鉴选择了自断尘根，他摇身变成了一个对民众实行禁欲主义统治的独裁者。不仅如此，天鉴居然还娶了巡检的妹妹为妻，从此在官场上春风得意，他忘了死去的王娘和严渠督，彻底地被权威社会同化了。在这个意义上，《晚雨》其实象征性地揭示了人在社会秩序中无法摆脱异化的命运，或者说隐喻了人类没有自由的悲剧性生存处境。

三

自1992年写作长篇小说《废都》开始，贾平凹小说的叙述范式开始了新的转换，即从生存论叙述嬗变为现代性反思叙述。如果说贾平凹80年代中前期的启蒙叙述带有鲜明的时代色彩，作为一种艺术反拨，其八九十年代之交的生存论叙述具有强烈的超越性，那么在很大程度上，贾平凹90年代以来的长篇小说系列综合了前两种叙述范式的时代性和超越性，既体现了作者对中国当代社会现实的深切关注，同时也传达了作者对现代社会中人的生存境遇的终极关怀。当然，除了这种合理的继承和延续之外，在贾平凹90年代的长篇小说系列中还出现了以前两种叙述范式中所没有的新质，这就是作者近10年来一直孜孜以求的现代性反思主题。在接下来的文本分析中，我们将会看到贾平凹这些年来在反思现代性的过程中所经历的精神或心理轨迹，其中既有绝望的批判，又有矛盾而困惑的进退两难。

迄今为止，贾平凹的小说主要涉及了两类题材：一类是以作家的故乡——商州的山地和乡镇为背景的乡村小说；再一类是以作家成年后长期生活的西安（“西京”）为背景的城市小说。从贾平凹80年代中前期创作的商州乡村小说中不难看出，当时他主要是站在启蒙立场上来批判性地审视故乡商州的乡村文明或农耕文化的，尽管其中也流露了作者对故乡的自然风光和淳朴民风的赞美，但那显然并不是作者的主导价值立场。然而，到了90年代的长篇小说《废都》和《白夜》中，贾平凹的文化价值立场发生了明显的转变。在这两部以西京城为背景的长篇里，贾平凹对当代中国的城市生活和现代城市文明进行了不遗余力的价值批判，尤其是深刻地揭示了当代人置身于现代消费社会中精神异化、无家可归的生存处境。

值得注意的是，贾平凹在《废都》和《白夜》中有意无意地虚构或预设了一个理想化的价值尺度，即淳朴美好的乡村文化，希望以此来批判和拯救日益沦陷的现代城市文明。这在《废都》中表现得最为明显，作者特意在小说中设置了一头从乡村进城的奶牛，它能够像哲学家一样思考人类的前途和命运。归结起来，贾平凹借这个动物哲学家主要传达了这样的观点：原始的乡村生活是令人向往的，因为人与自然相处和谐；而现代化的城市生活则是让人厌倦的，因为现代人丧失了生存的本真状态，他们日益沦为追逐欲望的奴隶。不仅如此，贾平凹还集中通过小说的主人公庄之蝶的复杂情感纠葛形象地传达了作者的哲学和人生思考。作为西京城的文化名人，虽然庄之蝶也有着超越平庸世俗的婚姻生活的合理愿望，但他却选择了一条以堕落来表现超越的颓废之路。从庄之蝶与唐宛儿、柳月、阿灿和汪希眠老婆等众多女性的情爱纠葛来看，他对理想爱情的潜在追求基本上被其不加节制的性欲浪潮给淹没了。庄之蝶企图通过性的放纵来排解自己内心的痛苦，但接踵而至的却是更大的精神痛苦和更难以承受的灵魂空虚。庄之蝶是一个心为身役、神为物役的现代知识分子，也是现代城市文明中滋生出来的一个畸形人。通过庄之蝶这个人物的塑造，贾平凹强烈地表达了他对现代城市文明或者现代性文化的价值批判立场。

在很大程度上，《白夜》延续了《废都》的现代性反思叙述。区别在于，《废都》中活跃的主要是一群“文化闲人”，而《白夜》中的夜郎、颜铭、南丁山、邹云等都属于现代城市中没有固定职业的“社会闲人”。其中，邹云是“二奶”；南丁山是一个草台戏班的班主；颜铭是歌厅小姐和时装模特，既被人误解又自我欺骗；夜郎则近乎一个无业游民，他惯于以非常的手段来应对社会的邪恶，在感情上又陷入了灵肉分裂的窘境。可以看出，从《废都》到《白夜》，尽管人物形象发生了变化，从知识精英变成了普通市民，但作品的主题是一以贯之的，这就是充分揭示商业语境中当代中国城市人的精神异化状况。这正如《白夜》结尾所引的民间戏曲《精卫填海》中的一段精卫道白那样：“如果它（大海）不溺死我的女儿身，我是以人的形象享受人的欢悦与烦恼，可它却把我变成现在这个样子，非人非鸟！”确实如此，小说中以夜郎为代表的一帮“社会闲人”，他们不正是在城市的滔滔欲海中蜕变成了一种“非人非鸟”的现代怪物么？

尽管《土门》写得有些概念化，在艺术性上不及《废都》和《白夜》，但《土门》的创作还是显示了贾平凹小说中现代性反思叙述的某种深化趋势。一个明显的区别是，贾平凹在《土门》中不再预设一种理想化的乡村乌托邦来作为批判现代城市文明的价值参照系，而是同时展开对现代城市文明和传统农耕文化的双重批判。《土门》中有两处很奇特的寓言化描写：一是描写一条狗由于受到城市化进程的威胁和恐惧，从此留下了亮鞭的后遗症。因此，书中那条被城市人所驱逐的狗其实恰恰隐喻了现代城市人无家可归的精神困境，而狗最终被仁厚村人接纳又恰好指明了现代人回归乡村文明的理想归宿。应该说，《土门》中关于狗的寓言潜在地揭示了作者批判现代城市文明的价值立场，这与《废都》和《白夜》的精神旨趣一脉相承。真正使《土门》区别于前两部作品的是小说中关于女主人公梅梅长了尾骨的寓言描写。梅梅是仁厚村所负载的传统农业文明的坚定捍卫者，她那不可告人的生理赘疣无疑象征了传统农耕文化的内在病灶和精神劣根性。当然，书中真正体现了传统农业文明痼疾的人物是村长成义。成义保守、顽固、独裁，热衷于暴力统治，喜欢个人崇拜，中国封建的纲常伦理观念已经深入到了他的精神血液之中。值得指出的是，直到小说结尾，成义作案伏法后,梅梅还在幻想着通过回归母腹重返已经失去的乡村家园。可以说梅梅对传统文化和乡村的眷恋正体现了她精神上的一种返祖意向,因此她那神秘的尾骨明显折射了她的保守主义价值立场。如果将书中两处寓言描写联系起来看,不难发现,写作《土门》时的贾平凹并不是一味地批判和全盘否定现代城市文明,而是在批判的同时也清醒地意识到了现代城市文化的正面价值,并在书中虚构了一个名叫"神禾塬"的地方,以寄托自己嫁接现代与传统的朦胧理想。

但在随后创作的《高老庄》中,那个理想化的"神禾塬"并没有出现,出现的是一个既让人向往又让人厌恶的"高老庄"——一个像仁厚村一样的"土门"。由此也可以看出《高老庄》对《土门》的精神延续性。不同之处在于,写作《高老庄》时的贾平凹已经失去了写作《土门》时的理想主义情怀和为现代性辩护的理性激情,此时的贾平凹陷入了在现代与传统之间无法做出选择的两难困境。书中大学教授高子路和妻子西夏在还乡过程中所发生的心态"反向"嬗变现象是颇耐人寻味的。高子路所经历的是一场"乘兴而来、败兴而归"的尴尬之旅。久居城市的文明人高子路,原本期望在这次衣锦还乡的过程中寻找一份美好温馨的乡村人伦情感来补救城市人的心灵缺失,但随着时间的推移,他对乡村人(顺善、蔡老黑等)的那种狡黠、愚昧、自私、野蛮的行径感到深深的绝望。高子路最终一个人孤身返回了城市。临行前他在父亲的坟前含泪说道:"爹,我恐怕再也不回来了!"这暗示着作者对传统乡村文明的理性拒绝。西夏不同于高子路,她是地道的城市人,因此她对高老庄并没有太多的期待,甚至对高子路还乡后流露出来的"乡气"表达了明确的反感和厌恶情绪。然而时间一长,城市人西夏便不再以启蒙眼光审视高老庄人,她被乡村的自然风光和原始民俗吸引,尤其是被蔡老黑身上所表现出来的原始野性和生命强力吸引,总之,她是在民间乡村文明中寻找到了疗治现代城市人"人种退化"的偏方。从高子路和西夏的心态错位中不难发觉,贾平凹在理智上是"同意"高子路最终选择现代性立场的,然而他在情感上又"同情"西夏皈依乡村的现代性批判立场。这意味着创作《高老庄》时的贾平凹是痛苦的、进退失据的,他还无法摆脱内心的精神困境。

果然,在《怀念狼》里,贾平凹的这种精神困境再一次凸显出来。如同《高老庄》一样,《怀念狼》里也有两种不同的声音:一种是由作为记者的叙述人"我"所传达出来的批判现代性的声音,再一种是由"我"的舅舅——猎人傅山所传达出来的保卫现代性的声音。"我"是从城市来到商州山地的记者,"我"对现代城市人的"人种退化"充满了忧虑,"我"寻找狼和保护狼的目的是拯救现代文明支配下日益衰颓的现代人。然而"我"的护狼初衷换来的却是狼种的灭绝,因为舅舅傅山必须要捕杀狼,否则他就会患一种软骨病而死去。这意味着，如果不猎狼，那么猎人将不成其为猎人。换句话说，如果不征服自然，人将不“人”。但一味地征服自然又将会导致“人”的消失或人类的末日，小说的结局就是明证：由于狼类的灭绝，傅山和他的山民们也都异化成了“人狼”。这种想象性的结局喻示着作者对现代性文明进程的深切忧虑。所以，《怀念狼》中批判现代性的声音在总体上还是占了上风。

在《怀念狼》之后，贾平凹写了《病相报告》，这部长篇小说叙述了一个非常古典的浪漫爱情故事。在这个商业化的世俗年代里，这多少显得有些不合时宜。然而正是在这个意义上我们可以发现贾平凹潜在的现代性批判情结。《病相报告》是“正话反说”，当这个时代的人们错误地将一场刻骨铭心的爱情视为一种精神疾病的时候，我们和这个时代是真的生病了。如果说《废都》是通过庄之蝶的“性”故事直接批判了现代城市人的精神异化状况，那么《病相报告》则是企图通过胡方的爱情故事间接地批判现代城市文明的世俗功利价值。《病相报告》可以说是《废都》的“反文”，它的出现意味着贾平凹小说中的现代性反思叙述范式已经走到了尽头：终点又回到了起点。贾平凹必须寻求新一轮的创作转换了。

关于新的创作转换，贾平凹在《病相报告》的《后记》中这样说道：“如果在分析人性中弥漫中国传统中天人合一的浑然之气、意象氤氲，那正是我新的兴趣所在。”当然，我们从这个既现代又传统的矛盾提法中一时还无法窥出贾平凹小说的新范式的面貌，我们只能期待作者提供更多的具有新质的作品了。

（载《小说评论》2003年第6期）

主要作品目录《

长篇小说

《商州》，北京十月文艺出版社1987年版。

《浮躁》，作家出版社1987年版。

《妊娠》，作家出版社1988年版。

《废都》，北京出版社1993年版。

《白夜》，华夏出版社1995年版。

《土门》，春风文艺出版社1996年版。

《高老庄》,太白文艺出版社1998年版。

《怀念狼》,作家出版社2000年版。

《病相报告》,上海文艺出版社2002年版。

《秦腔》,作家出版社2005年版。

《白夜》,中国社会出版社2007年版。

《高兴》,作家出版社2007年版。

《古炉》,人民文学出版社2011年版。

《带灯》,人民文学出版社2013年版。

《老生》,人民文学出版社2014年版。

《极花》,人民文学出版社2016年版。

《山本》,人民文学出版社2018年版。

《暂坐》,《当代》2020年第3期。

中短篇小说集

《兵娃》,中国少年儿童出版社1977年版。

《姊妹本纪》,安徽人民出版社1979年版。

《早晨的歌》,陕西人民出版社1980年版。

《山地笔记》,上海文艺出版社1980年版。

《贾平凹小说新作集》,中国青年出版社1981年版。

《野火集》,陕西人民出版社1982年版。

《小月前本》,花城出版社1984年版。

《腊月·正月》,北京十月文艺出版社1985年版。

《天狗》,作家出版社1986年版。

《贾平凹集》,海峡文艺出版社1986年版。

《故里》,中原农民出版社1987年版。

《晚唱》,百花文艺出版社1987年版。

《冰炭集》,陕西人民出版社1988年版。

《太白》,四川文艺出版社1991年版。

《贾平凹小说精选》,陕西人民出版社1991年版。

《贾平凹获奖中篇小说集》,西北大学出版社1992年版。

《晚雨·贾平凹民俗小说选》,青海人民出版社1992年版。

《贾平凹早期小说精选》,陕西旅游出版社1992年版。

《龙卷风》,陕西人民出版社1992年版。

《逛山》,浙江文艺出版社1993年版。

《黑氏》,作家出版社1993年版。

《佛关》,作家出版社1993年版。

《妊娠·逛山》,作家出版社1993年版。

《闲人》,作家出版社1993年版。

《油月亮》,作家出版社1993年版。

《鬼城》,中原农民出版社1994年版。

《商州:说不尽的故事》(共4册),华夏出版社1995年版。

《中国当代实力派作家大系·贾平凹小说精选》,太白文艺出版社1995年版。

《贾平凹中篇小说全集》,中国文联出版公司1998年版。

《制造声音》,作家出版社1998年版。

《观我》,中国文学出版社1998年版。

《喝酒》,陕西旅游出版社1998年版。

《下棋》,陕西旅游出版社1998年版。

《远山野情》,陕西旅游出版社2001年版。

《商州人·男人篇》,浙江文艺出版社2001年版。

《商州人·女人篇》,浙江文艺出版社2001年版。

《中国国外获奖作家作品集·贾平凹卷》,云南人民出版社2001年版。

《听来的故事》,人民文学出版社2002年版。

《饺子馆》,新世界出版社2002年版。

《阿尔萨斯》,江苏文艺出版社2003年版。

《美穴地》,蓝天出版社2003年版。

《梅花》,群众出版社2004年版。

《贾平凹中篇小说选》,上海社会科学院出版社2004年版。

《瘪家沟》,中国三峡出版社2005年版。

《远山野情》,中国社会出版社2005年版。

《匪事》,深圳报业集团出版社2005年版。

《古堡》,人民文学出版社2006年版。

《观我》,人民文学出版社2006年版。

《艺术家韩起祥》,人民文学出版社 2006 年版。

《猎人》,人民文学出版社 2006 年版。

《太白山记》,人民文学出版社 2006 年版。

《贾平凹精选集》,北京燕山出版社 2008 年版。

《饺子馆》,新华出版社 2010 年版。

《美穴地》,作家出版社 2012 年版。

《鸡窝洼人家》,译林出版社 2012 年版。

《五魁》,译林出版社 2012 年版。

《清官》,译林出版社 2012 年版。

《二月杏》,译林出版社 2012 年版。

《贾平凹中短篇小说自选集》,新世界出版社 2012 年版。

《贾平凹作品精选》,长江文艺出版社 2013 年版。

《美穴地》,花城出版社 2013 年版。

《看人》,人民文学出版社 2013 年版。

《贾平凹中短篇小说年编》(共 11 册),山东人民出版社 2013 年版。

《太白》,四川文艺出版社 2016 年版。

《贾平凹精选集》,北京燕山出版社 2016 年版。

《故事生灵》,长江文艺出版社 2017 版。

《晚雨》,江苏凤凰文艺出版社 2017 年版。

《人极》,人民文学出版社 2019 年版。

《活在人世间》,鹭江出版社 2019 年版。

《倒流河》,花山文艺出版社 2020 年版。

散文集

《月迹》,百花文艺出版社 1982 年版。

《爱的踪迹》,上海文艺出版社 1985 年版。

《心迹》,四川文艺出版社 1985 年版。

《商州三录》,百花文艺出版社 1986 年版。

《平凹游记选》,陕西人民美术出版社 1986 年版。

《贾平凹散文自选集》,漓江出版社 1987 年版。

《人迹》,广东旅游出版社 1990 年版。

《抱散集》,作家出版社1991年版。

《守顽地》,人民文学出版社1991年版。

《贾平凹散文选》,百花文艺出版社1992年版。

《贾平凹散文精选》,陕西人民出版社1992年版。

《贾平凹散文大系·第一卷》,漓江出版社1993年版。

《贾平凹散文大系·第二卷》,漓江出版社1993年版。

《贾平凹散文大系·第三卷》,漓江出版社1993年版

《贾平凹游品精选》,太白文艺出版社1994年版。

《坐佛》,太白文艺出版社1994年版。

《四十岁说》,陕西旅游出版社1994年版。

《贾平凹人生小品》,河北人民出版社1994年版。

《中华散文珍藏本·贾平凹卷》,人民文学出版社1995年版。

《树佛》,天津人民出版社1996年版。

《小石头记》,花城出版社1996年版。

《如语堂》,中国工人出版社1996年版。

《走虫:贾平凹日记暨散文新作》,中国青年出版社1997年版。

《做个自在人——贾平凹序跋书话集》,内蒙古教育出版社1998年版。

《造一座房子住梦——贾平凹散文选》,人民日报出版社1998年版。

《敲门》,作家出版社1998年版。

《我是农民——在乡下的五年记忆》,吉林人民出版社1998年版。

《贾平凹禅思美文》,广东人民出版社1998年版。

《贾平凹绝妙小品文》,时代文艺出版社1999年版。

《贾平凹散文大系4》,漓江出版社1999年版。

《贾平凹散文大系5》,漓江出版社1999年版。

《贾平凹散文随笔文集》,甘肃人民出版社1999年版。

《人草稿》,中国戏剧出版社1999年版。

《树上的月亮》,中国戏剧出版社1999年版。

《风里唢呐》,中国戏剧出版社1999年版。

《脚跟太阳》,中国戏剧出版社1999年版。

《在商山》,中国戏剧出版社1999年版。

《菩提与海枣》,中国戏剧出版社1999年版。

《美文珍藏本》，太白文艺出版社1999年版。
《老西安：废都斜阳》，江苏美术出版社1999年版。
《我是农民》，陕西旅游出版社2000年版。
《世界华人散文精品·贾平凹卷》，广州出版社2000年版。
《平凹散文》，浙江文艺出版社2000年版。
《贾平凹小语》，辽宁人民出版社2000年版。
《禅思抱散》，西苑出版社2000年版。
《说话》，陕西旅游出版社2001年版。
《西路上》，云南人民出版社2001年版。
《西路上·贾平凹手稿珍藏版》，三秦出版社2001年版。
《商州三录》，陕西旅游出版社2001年版。
《贾平凹短文》，四川文艺出版社2002年版。
《平凹画语》，漓江出版社2002年版。
《长舌男：贾平凹幽默作品选》，作家出版社2002年版。
《贾平凹长篇散文精选》，陕西人民出版社2003年版。
《贾平凹语画》，山东友谊出版社2004年版。
《平凹散文精选》，浙江文艺出版社2004年版。
《贾平凹散文》，人民文学出版社2005年版。
《邻家少妇》，作家出版社2005年版。
《朋友》，重庆出版社2005年版。
《老西安》，中国社会出版社2006年版。
《我是农民》，中国社会出版社2006年版。
《浑沌：贾平凹散文随笔集》，湖南文艺出版社2007年版。
《静水深流：贾平凹长篇散文》，河南文艺出版社2008年版。
《贾平凹散文精选》，人民文学出版社2008年版。
《孤独地走向未来——贾平凹散文精读》，东方出版中心2008年版。
《贾平凹散文选》，人民文学出版社2009年版。
《贾平凹散文选集》，百花文艺出版社2009年版。
《大翮扶风》，辽宁人民出版社2009年版。
《贾平凹妙语人生》，陕西人民出版社2009年版。
《天气》，作家出版社2011年版。

《定西笔记》,作家出版社2011年版。

《文章四家·贾平凹》,文化艺术出版社2011年版。

《我有一个狮子军:贾平凹寄小读者》,二十一世纪出版社2011年版。

《丑石》,上海三联书店2012年版。

《五十大话》,上海三联书店2012年版。

《我是农民》,上海三联书店2012年版。

《贾平凹散文自选集》,新世界出版社2012年版。

《一蓑烟雨任平生——贾平凹散文[卷一]·行走》,江西教育出版社2012年版。

《矮纸斜行闲作草——贾平凹散文[卷二]·风雅》,江西教育出版社2012年版。

《晴窗细乳戏分茶——贾平凹散文[卷三]·名物》,江西教育出版社2012年版。

《世事洞明皆学问——贾平凹散文[卷四]·人事》,江西教育出版社2012年版。

《人情练达即文章——贾平凹散文[卷五]·文牍》,江西教育出版社2012年版。

《君子赠言重金石——贾平凹散文[卷六]·序跋》,江西教育出版社2012年版。

《平凹自述:我是农民》,中国社会出版社2013年版。

《贾平凹妙语》,陕西人民出版社2013年版。

《前言与后记》,海豚出版社2013年版。

《舌尖上的西北》,武汉大学出版社2014年版。

《丑石——平凹散文》,浙江文艺出版社2014年版。

《贾平凹散文全编》(全8册),时代文艺出版社2015年版。

《四方城——贾平凹散文中学生读本》,北京联合出版公司2015年版。

《自在独行》,长江文艺出版社2016年版。

《愿人生从容》,九州出版社2016年版。

《心迹》,四川文艺出版社2016年版。

《生命是孤独的旅程》,中国友谊出版公司2017年版。

《南北笔记》,东方出版中心2017年版。

《贾平凹散文精选》,长江文艺出版社2017年版。

《等着一个送醴泉的人》,人民日报出版社2018年版。

《商州往事》,江苏凤凰文艺出版社2019年版。

《贾平凹散文选:汉英对照》,陕西师范大学出版总社2019年版。

《脚客》,上海三联书店2019年版。

《万物有灵》,长江文艺出版社2019年版。

诗 集

《空白》,花城出版社 1986 年版。

《空白:贾平凹诗集》,陕西师范大学出版总社有限公司 2013 年版。

文论集

《平凹文论集》,青海人民出版社 1985 年版。

《静虚村散叶》,陕西人民教育出版社 1990 年版。

《贾平凹书画艺术论》,陕西旅游出版社 2001 年版。

《关于小说》,生活·读书·新知三联书店 2015 年版。

《访谈》,生活·读书·新知三联书店 2015 年版。

访谈、评论集

《平凹之路》(与穆涛合著),青海人民出版社 1994 年版。

《平凹的艺术——创作问答例话》(与冯有源合著),上海人民出版社 1998 年版。

《学着活》(与夏菲合著),敦煌文艺出版社 1999 年版。

《贾平凹谢有顺对话录》(与谢有顺合著),苏州大学出版社 2003 年版。

《贾平凹谈人生》(与走走合著),上海社会科学院出版社 2004 年版。

《我的人生观》(与走走合著),云南人民出版社 2006 年版。

《穿过云层都是阳光》(与韩鲁华合著),北京联合出版公司 2016 年版。

书画集

《中国当代才子书:贾平凹卷》,长江文艺出版社 1997 年版。

《贾平凹书画》,陕西人民美术出版社 1998 年版。

《玫瑰园故事》(贾平凹题文、邢庆仁作画),湖南文艺出版社 1999 年版。

《贾平凹书道德经》,太白文艺出版社 2000 年版。

《当代名画家精品集·贾平凹》,河北教育出版社 2001 年版。

《大堂书录》,陕西旅游出版社 2002 年版。

《贾平凹书画》,花城出版社 2007 年版。

《平凹文墨》,新世界出版社 2011 年版。

《海风山骨——贾平凹书画作品选》,人民美术出版社 2012 年版。

文 集

《贾平凹文集》(8卷),中国文联出版公司1995年版。

《贾平凹文集》(14卷),陕西人民出版社1998年版。

蒋　韵

女，1954 年生于山西太原，祖籍河南开封。

小 引《

在张赟对蒋韵的访谈中，有一句话让我感触很深。张赟说蒋韵是一个“成就大于名望”的作家，就我读蒋韵作品的印象而言，确实如此。也许这是指蒋韵在一个特定时期的状况，事实上今天的蒋韵不但有很高的成就，同时也有很高的名望。而且正因为此前经历了一个“成就大于名望”的时期，所以今天这名望才不是“浪得”的，而是因“实”而“至”，即人所谓实至名归。

说到这个问题，我就想到了一种流行的作家归类法。批评家和学者为了自己的方便，常常喜欢把一些作家归到一种创作潮流或派别、“主义”之下，用这种归类方式来对作家的创作作总体的论述、评价。这几乎成了批评家的一种习惯，或已经流为学者的一种著述成例，笔者也未能或免。这样做虽然省心省力，但却留下了一个可称作“后遗症”的东西，即有些作家因为某种创作特征不够明显，或干脆不合潮流，不尊文统，不入门派，就往往难入批评家的法眼，或为学者的著述所不取。这对于一般作家来说，“不入”“不取”也就罢了，打个比方，就算你在梁山寨上入了伙，聚义厅也摆不下这么多交椅，何苦要硬着头皮往里挤。同样用这个比方，这种事倘若要放在像林冲、武松和李逵、鲁智深之类的“大咖”身上，那又是另外一回事了，就算他本人不计较，聚义厅上少了这些人，终归是一个损失，也会让梁山的历史减色不少。或者说，批评家和学者就这么重要吗？作家嘛，只要读者喜欢就行。这话不错。但问题是，这读者也有当时的读者和后来的读者之分，有生命力的文学，不但当时的读者喜欢，后来的读者也喜欢。批评家和学者的作用，就在于能为后来的读者提供好作家和好作品的信息，同时还能给你提供一些阐释、评价这些作家、作品的意见，供你参考。倘若他们压根儿就不理睬这些作家，后来的读者连这些作家的姓名和作品的名字都不知道，他的喜欢又从何而起呢？当然，你可以说，《红楼梦》不是凭着手抄也流传下来了吗，但那是没有专业批评家和红学家的古代，放今天试试，人家不评论你，不研究你，媒体不登评论你的文章，出版社不出研究你的书，你很快就被淹没在茫茫书海之中，今天的读者尚且无从打捞，凭什么让后来的读者发现你？从这个意义上来说，批评家和学者的工作，的确很重要。但问题是，让他们用这种归类法一搞，很多好的作家和好的作品，就难免被遮蔽，或被埋没。现当代文学史上，不知有多少作家、作品遭遇了这种被遮蔽、被埋没的命运。

有一个时期，蒋韵也遭遇了类似的困境。在“伤痕文学”于不经意间让她一举成名之后，她却没有继续跟着层层迭起的新的文学浪潮去“反思”历史、鼓吹“改革”、参加“寻根”和“实验”各种现代派，也绕开了喧闹一时的“新写实”，作为女性作家，甚至也未加入“女性主义文学”创作潮流，所以在这些旗号下，你很难从批评家和学者的笔下，看到蒋韵的身影。但在这些潮流迭起之际，蒋韵并没有闲着，她不太在乎文学的潮流，却唯恐生活的潮流流速太快，让人丢掉了不该丢掉的东西，失去了本该珍藏的记忆，她要用她的笔找回这些可能被人们丢掉或已经被丢掉了的东西，打捞这些还可能残存或可能重现的记忆。这工作就好比在后浪推前浪的长江岸边，有一叶孤舟在默默垂钓，被浪潮裹挟着前进的人们，也许当时并不在意，但事后一想，自己在急流涌浪中被冲刷掉的东西，可能在那位钓者那里都能找到。蒋韵所做的，用一句文词儿说，主要就是这打捞记忆、捡拾遗忘的工作。张赟说，“纵观蒋韵的文学作品，有若干情节母题或情节原点，如追忆80年代、死亡结局、青春绝恋、‘十年之约’、漂泊迁徙等等，通过对它们的生发、铺排，形成枝繁叶茂、面目各异的故事，最终升华为形而上的文学理想”，可以为证。有人说，“失去”“逃离”“苦难”“乡愁”和“生命悲情”，是蒋韵创作的母题，她自己似乎也不否认这一点。而这些东西，正是常常被我们这些所谓现代人，置身于这个所谓现代社会而忽略了的东西。我们常常因不知所失（包括所爱）而陷入迷惘，因逃离不得而进退维谷，因忘却苦难而身心空乏，因满怀乡愁而无所皈依，因感于生命悲情而流为虚妄，等等，现代人和现代社会也因此而有诸多精神病症。长期以来，蒋韵远离文坛“尘嚣”、默默无闻地在做的一件工作，就是用自己的笔，细心地检查这些精神病症，而后对症下药，以她所珍藏的青春、理想、生命、爱情、纯真、善良等精神的良药来医治这些顽疾，救助这些病人。也许她所开出的这些精神的良药都是“诗性”的，或如蒋韵自己所说是“抒情性”的，所以王德威才说她“关心的是诗，写的却是小说”。至于这诗和小说之间的关系如何转换，二者的矛盾如何统一，无须我来饶舌，最好是让蒋韵自己做一个说明。她说：

> 他（指王德威）认为我是用写诗的方式在写小说。这本身就是一个大矛盾。也许，这正是古典情怀与现代生活、现代社会之间的关系？或者，我们不用“古典情怀”这个词汇，换一种表述方式——诗的年代，诗性的年代，我想那应该是我，以及我小说中的许多主人公们乡愁所系的“前生前世”。

而现代、后现代从生活中所驱逐的，正是诗。这样的困境，不仅仅属于我小说的主人公们，也属于作者。但同时，我也必须承认，正是这深刻的困境成全了作为小说家的我，使我成为了我自己。

可见蒋韵终归是个诗人。

自　述《

无限丰富的启示：文学、家庭、社会

几年前，我和丈夫李锐曾经参加了一个名为“重述神话”的写作项目，并为此共同创作了长篇小说《人间——重述〈白蛇传〉》。在对这个中国人家喻户晓的神话传说故事的“重述”过程中，我们着重强调了一个有关“身份”的问题，小说中所有的人物几乎都陷入了一个“身份”的绝境之中：一半是人一半是蛇的蛇孩儿，为了在人群中掩藏他天性中的蛇性而备受磨难；无论怎样悲伤却只会笑不会哭的笑人，命中注定只能被人群判定为白痴；被使命和良心所绞杀的神圣的除妖者；无论怎样选择都必将是叛徒的男人；当然，最重要的，是那个选择了放弃“灵异”的身份而自愿做一个人间凡人的白蛇白娘子，我们强调了她的自愿放弃以及九死不悔，但她最终却没有逃脱被作为一个“妖孽”诛灭的悲剧性命运。应该说，我们赋予了这个老故事一些新的东西，也颠覆了一些东西。后来，有一天，一个年轻的女作家突然问了我们一个问题，她说：“我一直想不通一件事，白蛇为什么非要做一个人呢？她为什么非要生活在这么丑恶的人间呢？”

我们的小说中有这样那样的追问，对人性、对众生、对悲悯、对善恶等等，但我们就是没有追问过，白蛇为什么非要做一个人。那是我们整个故事的基石，假如，这块石头动摇了，我们的小说也就倾斜和坍塌了。但，我要承认，从此，这个追问，这个大大的问号，如同一只巨鸟的翅膀，在我心里投下了影子。

中国民间的许多传说故事中，不乏这样的文本，一个仙女，或者一个灵异的妖精，因为羡慕人间，或是被一个人间的凡俗男人所吸引，于是，毅然下凡，为此演绎出了一幕又一幕感天动地的故事，比如织女和牛郎，比如七仙女和董永，比如白蛇和许仙。她们无论是天神还是妖孽，无一例外，都渴望在尘世间、在茫茫人海中，拥有一个家，一个小小的家园；她们共同的理想，朴素而简单，那就是在这个凡尘里，和她们的爱人、孩子，过男耕女织的家庭生活。为此，她们不惜触犯天规、天条以及人间的律法，放弃她们神和灵异的身份，融入人世间。

毋庸置疑，赋予她们这理想的，创造了她们的，当然是人自身。所以，与其说那是她们的理想，不如说是人的理想、民间的理想、草根大众的理想。拥有一个家园，过男耕女织的生活，这理想诞生的前提，首先，应该是对自己生存的这个世界的肯定、赞美，甚至是诗意化。但是，这强大的信心来自何处呢？这个现实的世界是可以寄托人的信赖的吗？在千百年来几乎不曾间断的战乱、灾祸、饥荒、苦难的重重笼罩之下，是什么力量，让人相信，这个世界的美好、现实生活的美好，足以吸引天上的仙女下凡、洞中的妖孽入世？一个安宁的家，男耕女织的平凡人生，有什么样的魅力，可以使光辉的神仙岁月黯然失色？或许，它并不平凡，它是世世代代苦难中人对"此世"的顽强期许、诉求、寄托和希望，是人对自己柔情似水的缠绵安慰，那是他们用自己的方式对地上天国的描摹。

一个家。男耕女织，丰衣足食，相亲相爱。

如此简单，却又如此意味深长。

中国文学中永生的一个家庭，首先应该是《红楼梦》中的贾家：荣国府和宁国府。这是一个贵族之家，在这里，"男耕女织"被置换成为"金紫万千谁治国，裙钗一二可齐家"的模式。只不过，作者曹雪芹借男主人公贾宝玉这一块顽石的眼睛，清晰地、开天辟地无限伤痛地看出了这个"诗礼簪缨之族""温柔富贵乡"的"他乡"本质。"家"以及它所代表所象征的一切，比如秩序、比如伦理、比如功名、比如富贵，不再是一个归宿、一个理想，它们只是肉身、皮囊的寄居地和驿站；而灵魂，则是终究会化成一缕轻烟，归于无迹，不知所往。生命悲情由此而生，中国主流文学诗歌中的一个重要母题就这样被伟大的曹雪芹引入到了小说之中。于是，我们看到，世间最珍贵的东西——灿如春花的生命、洁白的青春、珍贵鲜活的少女之美、心心相印的爱情，这一切，在我们眼前，在这个被称为"家"的大观园里，毁灭、凋零。这里，"家"不再是一个理想、一个寄托，而是一个终结、一个叹惋，"忽喇喇似大厦倾"，还有，"落了片白茫茫大地真干净"。

关于这个家庭，这部小说，两百多年来有太多的联想与猜测、评论与评价、批评与赞美，由此而衍生的种种"红学"流派，无论是持何种观点，其实都是想找到这部巨著和诞生了它的那个社会以及时代的关系。时至今日，《红楼梦》仍旧是中国文学史上最大的一个谜。法国当代女作家帕斯卡尔·罗兹(Pascale Roze)曾经写过一篇小说——《给托尔斯泰的一封信》，其中有这样一句话，她说："谁能肯定托尔斯泰收不到我的这封信呢?"这句话，让我震撼和深深感动。我也很想模仿她，给曹雪芹写一封信，我有太多的问题想问他，请教他，有太多的话想告诉他。但我知道，曹雪芹是肯定收不到我的信的，因为，我想，就像他创造的贾宝玉一样，他愿意自己的灵魂也化为轻烟，归于无迹，他不会让这个世界的任何人找到他。

在中国文学传统中，有一个重要的母题——乡愁：家和家乡。作为一个被想念、怀恋的对象，千百年来，被中国的文人墨客，反复地、不绝地咏叹着，有多少千古名句，活色生香地留传至今。诸如"日暮乡关何处是，烟波江上使人愁"，诸如"浊酒一杯家万里，燕然未勒归无计"，再诸如"独在异乡为异客，每逢佳节倍思亲。遥知兄弟登高处，遍插茱萸少一人"……于是，中国的诗篇中，几乎处处留有"离人"的泪痕和感伤。它们穿越时空，一代又一代，濡湿了我们的心灵，牵动着我们的魂魄。那些春山、秋林，那些荒村、驿道，意味深长。"未老莫还乡，还乡须断肠""晓来谁染霜林醉?总是离人泪""人不寐，将军白发征夫泪""古道西风瘦马。夕阳西下，断肠人在天涯"……千百年来，无数的离人，不绝地、坚韧而缠绵地咏叹着，怀想着，感念着，于是，他们永恒地咏叹、怀想的那个"家"、那个"乡关"，就不再是一个天南地北具体的地方，不再是山东或是山西，不再是一个具体的张家庄或者李家店，而成为一个我们中国人，或者人类共同的故乡，成为一个可以永远让我们回望并寄托我们乡愁的地方。同时，我们也深知，那是一个我们这些"离人"——人类的孩子无法重归的故园，我们出来得太久了，也走得太远，所以，那咏叹才如此震撼人心。

我生活的地方，黄土高原上的山西省，保留和开发了许多当年富商巨贾的"大院"：王家大院、曹家大院、渠家大院等等。当然，最为著名的当属乔家大院，它因为同名的电视剧《乔家大院》和电影《大红灯笼高高挂》而闻名遐迩。这些大院，高墙深院，坚固、冷峻、端正、不露声色，和南方温婉而灵秀的建筑迥然不同。我想，这也是当年张艺谋把一个南方的故事移植到了北方大院中的原因：他强调了那故事中的压抑、饥渴和封闭。一个大院就是一个家庭，一个家族。在多年的湮灭和寂寂无闻之后，这些大院中曾经有过的辉煌和荣耀、兴盛与衰亡，生活在这里的人们或壮阔或卑微或成功或惨痛的人生，渐渐如同岛礁一般浮出历史的水面。有许多次，我跟在导游的身后，走过一幢又一幢的院落，感觉着从那仍旧坚固的青砖缝隙中渗出的森森凉意，似乎触到了一点历史的神秘的肌肤。大院犹在，而家族不存。也只有站在这重重院落的深处，也许才会更加清醒地、清晰地意识到，"家"的模式已经发生了怎样的改变；也可能才有更深刻或更困惑的追问，"家"到底是什么。

二十几年前,20世纪80年代,我和丈夫曾沿着山西省前人的脚步"走西口",徒步穿越了晋、内蒙古边界,曾经去过一处陌生人的坟茔。那是在内蒙古一个叫作"后大滩"的地方,坟茔里睡着的,是一个移民拓荒者家族几代的前辈先人。没有墓碑,没有任何标记,一片连天接地的空旷之中,几个坟墓组成沉寂的一小群坟茔。春天的阳光彻照着,有一种辉煌的凄清和灿烂的荒凉。我俩静静坐在那几座不知名姓的坟茔前,乡愁和正午的阳光一起涌进我心里。直到今天,我仍然记得那金子般的阳光和我的感动,我想,这沉寂的、无名的坟墓应该是一座生命的纪念碑,纪念所有那些为了寻找家园而倒在路上的人们。

访 谈《

为了灵魂的呐喊

——蒋韵访谈录

张 赟 蒋 韵

张赟:蒋老师,您好,非常感谢您接受我的访问!您从事写作很早,早在1979年,您的处女作《我的两个女儿》,就与郑义的《枫》一起成为新时期山西"伤痕文学"的发轫之作,您的文学道路算到今天有37年了,但后来您一直远离文坛流行的各种潮流,创作上的特立独行一直是您身上标志性的特征——众多研究您的论文都必定提到这一点。这30多年里,您的文学观念有过怎样的发展、转变?您曾提到2002年的美国之行对您影响很大,那之后的创作也有了新变,能详细谈谈吗?

蒋韵:在我最初写小说的时候,心里只有好的小说范本,还没有任何文学观念。我热爱阅读,我心里的好小说是《红楼梦》,是《战争与和平》,是《安娜·卡列尼娜》,等等,所以,我觉得小说离我很遥远。但突然间,卢新华的《伤痕》出世了,震动之余,也启蒙般地拉近了我和小说的距离。那时,我还在太原师专读书,我的同学们对我说,蒋韵,你也可以写呀,你作文写得那么好!那是第一次,有人把我的"作文"和"小说"联系在一起,我心里跃跃欲试。那个暑假,在我祖母的病榻前,我悄悄地写了《我的两个女儿》。

我的处女作,从写到投稿,完全是同学们的鼓动,那时我对投稿一无所知,对刊物杂志更是一片懵懂，但是，十年“文革”后那种倾诉的欲望，那种憋破血脉淤积在胸想喊叫的冲动，却是自觉的。这大概就是我写小说的初心——为了灵魂的呐喊。

80年代是我尊敬、热爱并永远怀念的年代，我有幸和新时期文学一起走过了黄金般的岁月，各种文学思潮、文学观念开天辟地地涌现、碰撞，对当时任何一个写作者，都不可能没有触动或影响。我也一样，我也曾努力地追随过新思潮，真诚地膜拜过那些耳目一新的表达方式。我也曾以为，在这个世界上，“新”的就一定是有价值有意义的，我同样不愿意当一个“落伍者”。我也曾左冲右突，试图跟在别人的队伍中。但是，渐渐地，随着新时期文学的深化和演变，我开始困惑，那就是：我自己的小说，一定要是别人的某种“副本文学”才有意义吗？或者说，我们的小说，一定要是西方某个大师的“副本文学”才有价值吗？这样的表达，是否真诚，是不是有灵魂的表达呢？

如你所说，2002年我和李锐一起，赴美参加了美国爱荷华大学著名的“国际写作计划”(IWP)。其实，赴美之前，我和李锐就一直在讨论，什么样的表达才是真正意义上“刻骨铭心的真诚的表达”？我们明白，真诚与否，其实，绝不仅仅取决于你自己的意愿。那一年，受邀同赴美国的，还有诗人西川、雕塑家姜杰、导演孟京辉、编剧廖一梅等朋友，我们发现，大家其实都在面对和思考同样的问题，那就是，怎样才能发出属于自己的真诚的声音？有许多个夜晚，在聂华苓老师美丽的“鹿园”里，我们几人，常常聊到深夜甚至是凌晨，这种跨界的、激情而严肃的讨论、争论和思考，仿佛把我们重新带回到久违的美好的80年代，对我来讲，这是一种幸运。

“IWP”的最后一个月是游历美国，我们在纽约逗留了一段时间，每天出入各个美术馆、艺术馆，参观人类最经典的艺术瑰宝，也看了许多最前卫的艺术试验；在百老汇看了一些经典的音乐剧，也在百老汇看了最“后现代”的舞台剧。那一个月，我其实很混乱，也很忧伤，纽约似乎在告诉我，人类心灵的想象力似乎在退化，越来越弱，而最新异的血肉丰满的创造转瞬间似乎就可以变成某种“制造”……我其实什么都没有想明白，只是无端地感伤着。回到国内，回到我生活的城市，写下的第一篇小说就是《在传说中》，那是我老家开封的故事，是我很早就听过的一些逸闻、趣事。从前，这些东西对我似乎不具备意义，但是在那个春天，它们突然变得无比鲜活、生动。写完这篇小说，我突然觉得获得了一种自由感。我想，也许，以前，无形中心里还是有藩篱的，那就是，别人告诉我的好的小说应该是什么样的。但是现在，我开始质问，那些所谓好小说的标准是谁制定的？它们对我有意义吗？于是，我感到了前所未有的自由，感到像是来到了一片天宽地阔的原野，心里又欢腾又宁静。这就是美国之行对我的馈赠。

张赟:这种感觉真好,跳出思想中潜在的藩篱,重新进入海阔天空的写作之境。我看过您追忆父亲和母亲家族历史的散文《生命之河》,明白了《旧盟》里的王七和《栎树的囚徒》里的范福生,人物原型都是您母亲的爷爷,觉得您的家族历史,还有您个人的人生经历,都充满了传奇,让人羡慕、神往,您怎样看待这种与生俱来的幸运呢?

蒋韵:说实话,我还从来没有想过这个问题,我自己的人生经历很平凡,我所经历的,不过是我的同龄人都曾经历过的,我没有觉得我的人生经历有传奇性。

至于家族的历史,在我成长的年代,那是一个禁忌,是一种黑色的耻辱,是我从来不敢去触碰的羞耻。从我上小学开始,最怕的事情,就是填写各类表格中"家庭出身"那一项,正是所谓家族的历史,使我在还是一个少女的时候,就被打入另册。也正是这一段梦魇般的岁月,使我一直到今天,都没能摆脱掉恐惧。恐怕终生,我都不可能真正摆脱掉它了。

所以,在那样的时代氛围下,家族的历史是被屏蔽的,在我特别幼小的时候,奶奶喜欢"讲古",喜欢坐在夕阳中说些家里的往事,后来,就被父亲制止了。妈妈偶尔也会说起她小时候的经历,后来也不说了。大家似乎在合谋消灭关于家族的记忆……后来,当这一切不再成为禁忌的时候,奶奶已经不在了,姥姥、姥爷也都不在了。真正知道家族历史的人,都离我而去,他们像树叶一样从家族的树干上飘落。那时我有了女儿,我母亲开始像我奶奶那样给我的女儿"讲古",一点一滴,东一句西一句,我听了进去,感到又温暖又心痛。

确实,当我以一个写作者的身份出现时,家族历史有了不同的意义。它们给了我珍贵的创作资源,激发我的灵感和热情,随着时间的流逝,越来越多地给我以滋养。但是,我以为能够成为一个优秀的小说家,丰富的、传奇的人生经历并不是决定因素,它们远没有那么重要,一切取决于你怎么来感受、体味、理解、发掘这些资源,使它重生,并赋予它灵魂。这是区别一个小说家优秀或平庸的重要因素。

其实,我常常羡慕我的某些同行们,羡慕他们拥有河山、大地和田野,拥有贫穷却自由的童年,拥有成为一个自然之子的一切,或者是拥有一座了不起的大城,比如北京、上海,或者是西安,最不济也让我拥有了一个有意味的小城镇。所以,对每一个写作者而言,你能够拥有的一切,生活给你的一切,都可能是你的幸运。

张赟:是的,其实每个人都有各自的幸运,重要的是如何感受和体味,总以为"生活在别处",反倒容易忽视自己的幸运。

很多研究者都会认为，您是个“成就大于名望”的作家，但我觉得也许10年前确实如此，现在这种偏见已不存在，鲁迅文学奖、赵树理文学奖的获得，全国各类选刊的频繁转载，我随便翻翻杂志，就在《新华文摘》上看到您的《晚祷》、《小说选刊》上看到您的《朗霞的西街》，您现在已经得到了大量读者真挚的喜爱和认可。比如，亚马逊网站和当当书店的那些读者评论（让人感慨于读者的审美理性和振奋于纯文学的力量），无数知名出版商、评论家、制片人，也都把目光投向您，您怎样看待自己已经无法默默无闻？

蒋韵：是吗？还没有人告诉过我这个，我不是特别爱上网，你说的亚马逊网站和当当书店的评论我都没看过，能让读者喜爱当然是一件最值得高兴的事，至于其他的，我觉得和从前没什么变化。一直以来我从没有过被大众所认知的知名度，从这个角度看，我的确可以说是“成就大于名望”的，直到今天，我认为依然如此。所以，即使有一点小小的风吹草动，对我这种年龄的人来说，还可能有什么影响吗？如果我是一个特别在意声名的人，我恐怕早已不是现在的我，也许我早已经不写了。

张赟：我注意到写于1992年的《旧盟》里面有一个情节，陈叔叔和隋小安“围炉而坐”“泡一杯茶”，在想象中进行一场旅行的游戏，这一情节在1999年发展完善成独立的一篇小说《完美的旅行》，两部作品都是一名少年在一个异性长辈的引领下进行一场精神之旅，以逃离黯淡纷扰的现实。您能谈谈这一情节的创作缘由吗？

蒋韵：其实，这是小时候我父亲和我们姐弟俩经常做的一个游戏。我父亲是个医生，却有着很广泛的兴趣，喜欢读书，他的历史和地理都很棒，我女儿上高中的时候，遇到历史问题还要向外公讨教。我们小时候，根本没有条件去旅行，我父亲就带我们做“想象之旅”。那时候，家里灯泡总是昏黄的，我们就坐在昏黄的灯下，津津有味地随着父亲的描述去往那些美好的地方。他会设想我们带了多少钱，设想我们坐什么样的车，游历了什么样的美景，在什么地方吃了什么样的美食……最后，我们回到自己的城市，走出老火车站——南站时，每人口袋里总是只剩下五分钱，父亲就问我们：“是买糖葫芦还是坐公共汽车呢？”我们的回答也永远没有悬念。于是，在想象中，我们举着一只鲜艳的冰糖葫芦，一路高高兴兴地走回家去……

这是我童年记忆中最美好的部分之一。后来，生活越来越险恶之后，这游戏也就终止了。但这记忆，仍然是我黯淡生活中稀有的光亮，如同闪烁的星光，是生活的诗意和审美，也是一种逃离。只不过，这星光太微弱了，它最终还是会被黑暗所吞噬，正如同我在《完美的旅行》中所写的那样。但是，从生活中出逃，在某种意义上，是我小说的母题之一。

张赟:这真是让人惊羡的童年回忆,神奇而美好。对于当时的父亲和小姐弟来说,想象之旅也是对按部就班的日常生活的出逃吧!

逃离确实是您小说的一个母题,有时以寻求精神救赎的面目出现。《旧盟》中的陈叔叔对谢萤的死无法释怀,“谢萤死了,我为什么还活着”,一直对自己进行自虐性的折磨,但多年后还是与现实生活和解——娶了平庸漂亮的妻子,打打桥牌。负罪—自虐—寻求救赎,这一情境后来出现在《晚祷》中,不同的是,《晚祷》中的女主人公袁有桃,在目睹了秦安康的死后,一生都没有停止对自己的惩罚,她用一生的幸福为代价来赎罪。从这两部作品中可以看出,相似的情境下,男性是妥协的,而女性则是决绝的。您绝大多数作品中的男女人物可以归入此列,如《栎树的囚徒》《隐秘盛开》《相忘江湖》《行走的年代》等作品中的人物。我能否得出这样的结论:您认为通常男性在本质上是妥协的、中和的,女性在本质上是彻底的、决绝的?其实,在您所有“彻底”的女性中,有一个例外,就是《琉璃》的主人公海棠。写在《琉璃》之后和之前的作品,您从没有让女主人公后悔或否定自己爱的追求。海棠在无望中坚守了十年之约,终究还是嫁人了。人到中年,一次与初恋的偶遇,对方的庸俗粗鄙击破了几十年的幻觉,这时发现故去多年的平凡的爱她的丈夫,她甚至没来得及爱过。我觉得您第一次写出了女性爱情理想的盲目,第一次写出了女性爱的追求被证明是错的,是对女性之爱的反思,为什么会有这样一个特殊的作品呢?

蒋韵:写《旧盟》,是 20 多年前的事了,那时我还未到不惑之年,人尚年轻,对人生的理解还有一种偏执或者说狭隘的激情。“陈叔叔”的原型,是我父亲的一个朋友,也是当年我认识的人中最具君子风范与才子情怀的一位长辈,他几乎是我少女时期的一个偶像。从小,我就从父辈嘴里听他的故事,他和他美丽妻子的缠绵恩爱、他妻子决绝的自杀、他对亡妻长久的怀恋……我以为,这样一个浪漫的形象将是天长地久的,或者说,是我期望的,甚至是我塑造的。所以,当后来我在读大学期间听到他再婚的消息时,有一种很深的怅然与失望。这种失望,可能在一定程度上影响了我后来的创作。

但我必须承认,那时我对人性的理解其实还是偏颇的、狭隘的,对人生的理解同样也还浅薄。确实,在我生活的周围,不乏彻底的、决绝的女性,比如“陈叔叔”的发妻、比如我自己的曾外祖母、比如小时候我家的邻居阿姨、比如我童年的小伙伴,她们都是在“尊严赴死”与“苟活”之间选择了前者,还有我的一些女性朋友,她们总是以飞蛾扑火的姿态毅然决然扑向不靠谱的爱情……这些,固然是悲剧的一种形态,壮烈而美丽,但是,悲剧其实还有另一种形态,比如,无可选择和最深的无奈,比如,一生的误解和隐忍，也许那是更深刻和深沉的悲剧。我想，这大概就是我为什么写了《琉璃》的缘故，应该说，这里有我对复杂人性的进一步认识，以及对我一直认为的那种肤浅的所谓浪漫情调而非浪漫精神的反讽。

张赟：我也觉得《琉璃》中“海棠”的故事沉淀着更深厚的生活感受，它描绘的是真实生活中一种更普遍的形态，其实隐忍一生的悲剧悲在分分秒秒漫长的日常，而决绝的悲剧却可以成为广陵绝响，但往往，生活中更多的是前者。

很明显您对女性人物是偏爱的，那么多动人的女性，潘红霞、海棠、有桃、梅巧、陈香、段金钗等等，数不胜数，但相比之下您极力塑造的男性人物不多，而“好男人”就更少了。我觉得您塑造得最丰满，也最完美的男性是《心爱的树》中的大先生、《朗霞的西街》中的赵大夫、《琉璃》中的崔护，他们是您作品中极其有限的“好男人”。我的读后感是，男性通常是作为您作品中的女主人公的陪衬而存在的，他们不具有独立的价值和意义，即便《行走的年代》里的诗人莽河也是陪衬，甚至不是作为人存在，而是作为精神象征存在，为什么会这样呢？您觉得女性相比于男性更具有审美价值吗？

蒋韵：确实有不少人问过我类似的问题，其实，我在上一个问题中已经间接回答了。首先，我并不认为女性比男性更具有审美价值，在造物者那里、上帝那里，他们应该是各自分担着这世界上不同的美。至于在我的小说中为什么好男人这样少，我也不知道，可能我更会写女性一些，更了解女性一些，也确实更偏爱女性一些。或者，说得更直白点，这可能也是某种隐秘的自恋——诗化那个想象中的自己。我微博中用的名字叫“水仙眼”，那应该说是我对自己的反讽。

张赟：哈哈，您虽然没有生理上的水仙眼，但您实实在在地以一双“水仙眼”在摄取世事进入您的小说世界，并且您的女性主人公们又何尝不是长着一双双水仙眼呢？她们常常是理想主义、唯美主义、精神至上的，她们对理想、爱情、自由的追求，执着得让人惊叹。她们又是有精神洁癖的，不能容忍情感上思想上的任何灰尘和瑕疵。您曾说，是因为现实生活中这样的人日渐稀少才创造她们，让她们成为我们精神的翅膀，代替我们飞翔，但您似乎并不完全褒扬她们，有时也有嘲讽和反思，比如陈香、海棠。我可不可以把她们的精神理想看成是您的精神理想，有时也会自我解嘲或反省？

蒋韵：是，可以这样理解。我是想创造一些这样的形象，成为我精神的翅膀。但在我的小说中，女性形象也并不都是“同一个”，比如潘红霞和海棠，她们其实具有非常不同的精神气质。在我20世纪90年代的小说里，我写了一些在生活中没有归属感的女性，我称她们为“生活中的外乡人”，她们精神上敏感、诗性、崇尚浪漫，而生活中却笨拙、四处碰壁，是那种阴差阳错把悲剧演成闹剧的人。就像生活是丰富的一样，我希望我的笔下人物也同样是丰富的、五光十色的。当然，她们身上都会留下我赋予她们的胎记，那里肯定有我的态度。

张赟：您是一位具有古典主义气质的作家，“乡愁”和“生命悲情”是解读您作品的关键词，而您也一直强调“乡愁”和“生命悲情”作为中国古典文学的“母题”在今天所具有的意义。现代世俗社会里的人们，只能被古典瞬间吸引，却不能持久，产生实践意义。您作品里的古典女性精神上茕茕孑立，充满了“乡愁”或“生命悲情”，她们“既不能做男人的情妇也不能做男人的老婆”，注定在现代生活中找不到自己的位置。这是您对古典在现代社会中的价值预设吗？古典情怀注定与现代生活对立吗？其实，我觉得您自己就是一个置身于现代生活的古典情怀。

蒋韵：“乡愁”和“生命悲情”这一中国古典文学的“母题”，它们与今天的文学的关系，我想我更关心的是这个。我应该是很早就思考这个问题的，但我一直找不到一个简洁的说法来表述它。现在我找到了，那就是“抒情性”。我不知道你是否看过王德威先生对我的评论，他有个说法很有意思，我也很认同，我现在手边没有文本，无法摘录，大意是，蒋韵关心的是诗，写的却是小说。

张赟：王德威先生的那篇文章叫《隐秘而盛开的历史——蒋韵〈行走的年代〉》，评论的是您的小说《行走的年代》。

蒋韵：他认为我是用写诗的方式在写小说。这本身就是一个大矛盾。也许，这正是古典情怀与现代生活、现代社会之间的关系？或者，我们不用“古典情怀”这个词汇，换一种表述方式——诗的年代，诗性的年代，我想那应该是我，以及我小说中的许多主人公们乡愁所系的“前生前世”。而现代、后现代从生活中所驱逐的，正是诗。这样的困境，不仅仅属于我小说的主人公们，也属于作者。但同时，我也必须承认，正是这深刻的困境成全了作为小说家的我，使我成为我自己。

张赟：死亡是您作品中主人公常见的结局，自杀、他杀不计其数，评论者们也对此极为关注。我感觉死亡常常是一种阻隔，将他们与不想面对的世事隔绝。死亡代表一种生存态度，所以是象征意义的死，这是我的理解或误读。您能谈谈您的主观意图吗？

蒋韵：不错，可以这样理解。

我 12 岁那年，一天早晨，在院子里刷牙，那时我家住平房院子。邻居阿姨从我身边走了过去——这一走，就再也没回来，她跳了我们旁边公园里的大湖。直到今天，将近50年了,我依然清楚地记得她那天早晨从我身边走过的样子,她脸上的神情。无数次,我曾这样想,她原来是去赴死……

19岁那年,我最好的朋友病危。在我少年和青年时代,我是一个极其看重友情的人,我像热恋一样地和朋友相处。那天我一个人守护在朋友的病房,她要喝水,我扶她起身,喂了她一口水,突然她大叫一声,身子一阵抽搐,就在我怀中咽气了……第一次,我用自己19岁的青春之躯、血肉之躯,拥抱了死亡。

2001年,受法国文化部之邀,我和莫言、余华、韩少功、蒋子丹等去法国访问,有一晚,在巴黎一个老建筑里,法国演员朗读中国作家的作品并且提问。那天,一个女演员朗读了我的短篇小说《冥灯》片段,然后问我说,在西方,死是一件最严肃的事,为什么我小说中的死亡好像很轻易?于是我告诉她,死,对任何一个人来说,都不是轻易的,无论种族、无论宗教、无论东方西方。但是对于死亡的态度、看法,可能是有差异的。于是我给现场的听众讲了中国腹地黄土高原上古老的习俗——放河灯,讲了一盏一盏河灯在黄河上漂流而去的那一份美丽和为亡灵照路的那一份慰藉和深意。后来,有听众通过翻译告诉我,他们非常感动。

所以,死亡对我而言,到底意味着什么,我其实也是说不清楚的。但我确实是常常感受到它的存在,感受到它对我的剥夺、威胁、诱惑、暗示、启发等等,不错,它永远是一个复杂、庞大、高贵的存在。

张赟:在《晚祷》这部作品里,我发现您运用了电影蒙太奇的技巧,时空的转换极其有画面感,这提醒我您在小说技巧上始终极为自觉,多重第一人称叙事,语言上抒情、议论、叙事的融合,都使人印象深刻,您在小说技巧上有着怎样的追求呢?

蒋韵:关于小说的形式,我肯定是有追求的,至于我追求什么,我却说不好。有一段时间,我对小说形式的注重,达到了一种极端的地步,我痴迷于讲故事的方式远胜过故事本身。像《相忘江湖》《大雪满弓刀》等,不用说,那里有一种刻意的痕迹。现在,那些刻意的痕迹大概少了许多,这是我的变化。我希望我的小说呈现一种朴素的大美,这是一种境界而不是技巧。我很高兴你看到了我关于形式的追求,看到了《晚祷》中的画面感等。确实,我对电影、舞台剧、绘画等等,都有着强烈的兴趣,甚至是热爱。几十年下来,它们无疑对我有着深刻的影响和塑造。我希望我的小说有种不动声色的丰富,安静的喧哗,有画面感、有诗意的色彩,甚至有味觉。有一次,无意中在网上看到一个陌生读者的评论,她说,我是她看到的写美食写得最好的一个作家,她甚至由此断定我一定特别会做饭,是个美食家。我极其惊讶,因为从来没有人从这样的角度赞美过我的小说,我当然特别高兴,特别开心。而我丈夫和女儿简直觉得不可思议的荒谬。是,我不怎么会做饭,但,在精神上,我是个美食家。

张赟:所以从您身上看到作家应该也是艺术家,懂绘画、建筑、雕塑、戏剧、影视等等,更是生活艺术家,比如精神美食家。我最喜欢的就是您的《心爱的树》这篇小说,我看过很多很多遍,每一次都深深沉迷,个人认为是您最好的作品。但还是有一个困惑,《心爱的树》开篇引用了高更《诺阿诺阿》一书里的一段话,那首毛利歌曲尤其打动人心,“……请你们到那里去寻找啊,寻找把我丢下的那个男人。他坐在一棵树下乘凉,那是他心爱的树。请你们告诉他,你们看见过我,看见过泪水满面的我”。我的理解是心爱的树代表一种爱情理想,席方平是梅巧心爱的树,梅巧是大先生心爱的树,您能说说《心爱的树》标题的具体含义吗?

蒋韵:其实,可能没有那么明晰的含义。就是看了《诺阿诺阿》,被那首毛利歌曲打动,喜欢歌里“心爱的树”这忧伤又内涵丰富的意象。一直以来,我们在颂扬高更在塔希提岛上的伟大艺术实践和成就时,有没有想过那曾经被他抛下的毛利女子呢?所以那首歌让我特别感怀和难过。那时我心里正在酝酿这篇小说,正好有一天和两个老同学聚会,其中一个同学讲了一件事,说他们家从前的院子里,有一棵老槐树,根深叶茂,浓荫蔽地。后来他们搬家了,再后来,因为城市改造拆迁,那棵树要被锯掉了。我同学他们闻讯赶来,为那棵树送行。同学说,锯子锯下去,老槐树的身体汁液四溢,就像在流眼泪,在哭……这棵树也深深感动了我,于是,我正在酝酿的小说就有了这样一个名字。它肯定是一个意象,我想,它象征那样一些事物:即使幻灭,依然美好,美得让人痛彻心扉。

张赟:您是地道的城市知识分子家庭出身,父母是医生,在太原上学,跳水、参加合唱队、演剧、跳舞、读名著等等,都是一个城市孩子的经历,但您的创作很少写都市题材,《我的内陆》这本书其实是写太原的,但只有《“花园”里的情和爱》算是都市小说吧,都市所意味的时尚啊、消费啊、爱情啊、白领啊等等都没有,太原对您来说更多是文化的、内涵的、古典的存在,是这样吗?也许您会否认,但我觉得您是一个“自然之子”,从您的小说里可以看出自然万物的深远意味,比如自由、狂放的生命力,诗意,远方,等等,自然风物对您来说是与都市相对立的存在吗?

蒋韵:谢谢你能这样评价我,可能做“自然之子”是我的一个理想,我前面说过了,我其实很羡慕有些同行拥有大江大河,拥有平原和山川,和他们相比,我觉得自己先天不足,很苍白。我生在太原,一出生被送回到老家开封,5 岁时回到这里,在这里长大,生活了太多年。但如果你看过《我的内陆》的话,你应该知道我和那座城市的关系,长期以来,我在精神上一直游离于这座城市之外,那是一种自我放逐,我在一些文章里说过，起初，我是这座城市的“外乡人”，但久而久之，就变成了生活的“外乡人”。不知你看过顾长卫导演的电影《立春》没有？那里面蒋雯丽饰演的女主角和她生活的城市的关系，是我特别熟悉的。我写《我的内陆》，是试图和我的城市和解。现在，随着年龄的增长，一天一天老去，我渐渐地感受着和它的亲，感受着它对我的善待。

但它仍然不是我精神的家乡。城市是养育不出“自然之子”的，所以，我也同样不是“自然之子”，或者“自然之子”曾经是我的前世，我在精神上怀恋她，那同样也是我的乡愁所在。

张赟：从作家同行的角度，您能简要评价一下李锐和笛安的创作风格吗？他们又是怎样评价您的呢？

蒋韵：这是我最不善于回答的问题，我一向不会概括、总结之类。我只能说，作为同行，他们两位都是有追求、有抱负、有才情、有心肝、有情怀的作家。我想他们也是这样认为我的吧？如果用建筑来比喻，李锐的风格接近故宫，而笛安呢，有点接近卢浮宫。至于我自己，我想他们可能会认为我比较接近徽州民居：烟雨蒙蒙中的古老民居吧？

张赟：我觉得您概括、总结得特别精准啊！古朴、厚重、绮丽、优雅、繁复、凄美、纯真这些词不足以形容，您的建筑比喻很贴切。最后非常感谢您在这些艰难的日子里和我做了这期访谈，我找到了想要的东西，非常感谢！

评　论《

精神之贵：一个被忘却的理想

——论蒋韵小说的情节母题

张　赟

人生是一种追求，是对真理、爱、美、善、尊严和自由的追求；人生是一门艺术，通过修炼灵魂才能成为真正意义上的人，这就是“精神之贵”。而一切高贵的事物，其难得正如它们稀少一样，“精神之贵”也是如此，因其被忘却、因其正在消失而珍贵。马克斯·韦伯曾说：“我们希望培养和鼓励人最有价值的东西：个人责任心，高尚的追求,对人类精神和道德价值的追求……帮助人们在不可避免的生存斗争及其苦难中,维护人最美好的东西——我们愿意为民族保留下去那些肉体和情感的美好品质。"[①]然而在物欲无限膨胀的当代社会,高蹈的精神理想越来越被视为荒谬。为物欲所异化的人们常常用粗俗、平庸和琐碎来印证已成常态的自私与委靡,泯灭精神理想的可贵,忘记人性中古老的善良和尊严,忘记被恩格斯称为"地球上最美丽的花朵"的人的精神,应该用来想象和担当诗与远方。

山西作家蒋韵37年的创作正是在提醒人们不要忘记,那是一种并不振聋发聩的呼喊,却用灵魂铸就了一个被忘却的理想——精神之贵。黑格尔说:"人既然是精神,则他必须而且应该自视为配得上最高尚的东西,切不可低估或小视他本身精神的伟大和力量。"[②]蒋韵始终执着于唤醒人们几被庸常、功利与物欲所淹没的理想与纯粹,那些诗、青春、追求、理想、激情、纯真与挚爱,最终将汇成一面精神的旗帜。旗帜下的蒋韵一人独占多数,似乎不合时宜,却成就了文坛上一个独特、酣畅淋漓又意味深长的存在。

蒋韵对"精神之贵"的寻找或坚守,总是弥漫着死生契阔的大悲哀,似乎是乡愁,又似乎是生命悲情,总之,"精神之贵"与生命同源同构,是宿命的、神秘的、幽深的、审美的存在,是生命意义之所在。纵观蒋韵的文学作品,有若干情节母题或情节原点,如追忆80年代、死亡结局、青春绝恋、"十年之约"、漂泊迁徙等等,通过对它们的生发、铺排,形成枝繁叶茂、面目各异的故事,最终升华为形而上的文学理想。"全体便有如许多圆圈所构成的大圆圈。这里面每一个必然的环节,这些特殊因素的体系构成了整个理念,理念也同样表现在每一个别环节之中。"[③]作为形成蒋韵"精神之贵"的各个环节的五种母题之间是相辅相成的,经由这些情节母题或原点,我们将进入这个固执地逆着时光行走的女作家所秉持的古典人文主义者的性灵空间。

一、80年代——追忆、内化、同构

要真正读懂蒋韵,必须了解她与80年代的关系,她曾这样阐释心中挥之不去的80年代情结:"我用我的小说向八十年代致敬,对我而言,那永远是一个诗的年代:青春、自由、浪漫、天真、激情似火、酷烈,一切都是新鲜和强烈的,无论是欢乐还是痛苦,无论是身体还是灵魂。同时,它也是一个最虚幻的年代,因为,生活似乎永远在

---

① [美]莱因哈特·本迪克斯:《马克斯·韦伯思想肖像》,刘北成等译,上海人民出版社2002年版,第44页。
② [德]黑格尔:《哲学史讲演录》(第一卷),贺麟、王太庆译,商务印书馆1959年版,第3页。
③ [德]黑格尔:《小逻辑》,贺麟译,商务印书馆1980年版,第56页。

别处。”[①]从80年代走来的蒋韵，生命里刻骨铭心地留下了80年代的烙印，那些青春、理想、激情与浪漫使她永远陷入80年代的致命诱惑中，她一次次满怀眷恋地去追忆、想象，最后将80年代所象征的精神内涵定格、内化。其实这是一个双向拥抱的过程，很难说是80年代改造了蒋韵、蒋韵迎合了80年代的精神内核，还是80年代翘首等待的就是与蒋韵的相遇，精神气质的神秘契合，使蒋韵自身成为80年代的化身。当然，这里的80年代不仅是一个历史概念，代表相应的时间背景、社会背景与思想文化背景，它更是一种精神文化象征。总之，走过80年代的蒋韵已与80年代同构。

80年代成为蒋韵小说的一个情节原点，如《行走的年代》《隐秘盛开》《琉璃》等。在这些作品中，蒋韵追忆了只属于80年代的爱情与理想的辉煌灿烂，也写出了灿烂至极后的空虚、黯淡，所以有关80年代的故事都是苍凉的悲剧。《行走的年代》以两条线索描写青春、理想的沦陷。大学生陈香怀着一腔崇敬的心情与“如同神迹一样美好，如同阳光一样光明”的诗人发生一夜情，随后奋不顾身地生下与“诗人”的孩子，“我的儿子，你身上流着诗人的血，诗人，他们是一群被神选中的人，你不能用俗世的标准来衡量他，也不能用俗世的价值观来判断他、评价他、约束他”。这是陈香对诗人的想象、定义，也是80年代情怀的集中显现，陈香投身于诗人的怀抱，从深层心理看其实是投身于80年代的怀抱，即投身于理想和信念。冒名诗人骗局的揭穿，直接造成陈香精神世界的崩塌，这是一个荒谬的故事，却隐喻了一个荒谬的现实，陈香对诗的信仰被冒名诗人所玷污，隐喻了80年代的纯情、青春、诗被污浊的现实击溃；就连另一条线索的主要人物真诗人莽河，在一路向西，也是一路向“诗”的朝圣之旅结束多年后，向现实妥协，抛弃了诗，成为房地产商人。遭到愚弄的不仅是陈香、莽河，更是诗，是80年代的精神和理想；《琉璃》的主人公海棠接过表姐死而未得的要“优雅的生活”的接力棒，奋力从泥淖般的生活中脱身，与自己、与丈夫、与生活搏斗了三十二年，最后才发现精心呵护半生的初恋只是一场虚妄，而所谓“优雅的生活”却伴随着悲哀、无奈、欲哭无泪，说尽了80年代精神理想在现实中遭遇的窘境；《隐秘盛开》中的潘红霞，穷尽一生单恋他人，生活在爱的信仰里，实现精神的完满。陈香、海棠、潘红霞何其相似，她们属于80年代，她们已化身为80年代。她们以无限丰沛的宗教般的圣洁情感，对待诗、生活或爱情，然而却遭到现实“无物之阵”的倾轧和嘲弄，这些可怜的女子，却并不需要他人的同情，她们因理想而强大并自尊。她们纯洁得如一首诗、一个婴孩儿，她们为80年代代言，也为蒋韵代言。在蒋韵看来，她们并

① 蒋韵、张滢莹、董倩：《书写那个年代是我的天职——蒋韵访谈》，《江南》2013年第3期。

没有错,80 年代的精神理想并没有错,错的是“精神之贵”遭遇了社会道德的沉沦以及人性的丑恶,错的是“一切坚固的东西都烟消云散了”。

蒋韵还有一些作品并没有直接描写 80 年代,甚至未曾提到这个历史时期,但是却将 80 年代式的精神实质、思想内核内化在作品中,如《完美的旅行》《心爱的树》《英雄血》《上世纪的爱情》等等,以想象中的旅行逃避污浊的现实、以德报怨一生无悔的真爱、幽怨凄美的单恋都是唯美而富于浪漫激情的,每一部作品都是倾心赞美一种在当时社会环境中极其缺乏的精神理想。80 年代造就了蒋韵,蒋韵也化身为 80 年代的象征。

二、死亡结局——拒斥、坚守、回归

蒋韵在诸多作品中都浓墨重彩地描写了死亡,如《栎树的囚徒》《隐秘盛开》《完美的旅行》《旧盟》《琉璃》《晚祷》《冥灯》等等,所以研究蒋韵小说不能绕过死亡这一话题,尽管这已是老生常谈,但却仍留下意义空间需要阐释。曾有研究者指出,蒋韵小说中的死亡是“诗意的栖居”,“让死亡成为了生命历程中最具永恒意味的灿烂时刻”。但这是不得要领的。事实上,死亡本身永远不会美好,不会充满诗情画意,更不会灿烂和永恒,美好永恒的只能是思想。本文认为,蒋韵小说中的死亡,意味着一种“精神之贵”,是对现实与人性丑陋的拒斥,是对美、理想、信念的坚守,是以个人对抗污浊现实不可得之后回归精神存在的决然悲壮之举。因此,无论死亡的过程多么炫美,都是为了映衬“精神之贵”,为了反衬现实与人性中存在的粗鄙与丑陋,哀叹理想之不可得。所以蒋韵小说中的死亡不仅是一个具体感性的事件,更是一种象征和隐喻,这样我们就不难理解蒋韵小说中的死亡并不悲惨,没有黑暗、恐惧、疼痛、挣扎和血腥,甚至用大量诗意的文字渲染欣然赴死的过程。女作家笛安曾在《东霓》中写道:“飞蛾们都幽然地漂了过来,凝聚在光晕里,那光的边缘轻薄得就像一层尘埃。都说飞蛾是自己找死,可是我根本就不觉得它们活过。因为它们慢慢地,慢慢地靠近光的时候,就已经很镇定,镇定得不像有七情六欲的生命,而像是魂灵。”在蒋韵小说中,那些义无反顾决然赴死的女人们即是如此,她们更多的是作为精神而存在。当无路可走,唯有死亡可以帮助她们维护精神世界的完整时,她们便毫不犹豫地选择死亡,平静而安详。以死亡来求得精神上的胜利,是对理想信念的另一种形式的坚守。现实是残酷的,如果无法主宰自己自由的生,便也绝不容忍苟且的生,那些“能豁出去”的女子们还能主宰自己的唯有死,可见,这仍然是一场现实与人性的丑陋摧毁爱与美的悲剧,并因死亡的选择而更加凸显“精神之贵”。

有人说悲剧是将美好事物毁灭给人看，在蒋韵的小说中，选择死亡的主人公们通常都是无限美好的女子，死亡使鲜活生命陨落、真情挚爱不再、青春绝恋难续，读者们不免扼腕叹息，可以说蒋韵的小说总是以悲剧做底子的。《栎树的囚徒》中的陈桂花、段金钗、关莨玉、小红，每一次死亡场景都壮丽无比。老祖母陈桂花为了掩护儿子投伊河而死，“祖母飞翔而下，像一片起舞的金叶，像一只纵情的鸟，像一条回家的鱼。祖母回到了河流的家，从此和伊水融为一体，汩汩东去，滔滔东去，奔向天涯”。范福生生命中最重要的女人段金钗，吞鸦片而死，“两百里外，洛阳城的牡丹盛开不败。六百里外，阳山的杜鹃盛开不败。牡丹杜鹃遥相呼应，为她壮行”。小红为男人挡枪而死，“她的美呈现出最皎洁、最辉煌、最美丽又最虚妄脆弱的百合花般的绝境”。《完美的旅行》中的陈忆珠在洗了热水澡后服药自尽，“那水是煮了干茉莉花、干菊花、干连翘花还有橘皮的水，温暖芳香”，她带着芬芳洁白地上路了。蒋韵将死亡与自然融合在一起。河流、花朵、蝴蝶是大自然的象征，在水中，在花的芬芳中，主人公回归自然。人从自然中来，死去化为自然的一部分，所以人与自然的亲近是天然的，自然不仅意味着山川河流、草木虫鱼，同时也意味着自由——人的生命的本质属性，蒋韵小说中的死亡描写固然写出了人物对回归自然的渴望，但更多的还是通过对大自然的描写寄托自由奔放的精神追求。

蒋韵以死亡书写探索现实与人性的光明和黑暗，人心的善良和尊严，毁灭中对理想信念的坚守使我们看到美与爱的永恒意义，回归自然即是回归自由的精神存在，进而回归人的本质属性，而在钢筋水泥覆盖的现代都市社会里，在一个令人眼花缭乱却又一切速朽的时代，这同样是一个几乎被忘却的理想。

三、青春绝恋——“一生只够爱一个人”

“南方来的微风啊，东方来的轻风，你们在我头顶上会合，互相抚摸互相嬉闹。……请你们到那里去寻找啊，寻找把我丢下的那个男人。他坐在一棵树下乘凉，那是他心爱的树。请你们告诉他，你们看见过我，看见过泪水满面的我。”这是高更《诺阿诺阿》一书结尾的一段文字，描写了一群包括他的塔希提新娘在内的女人们望着渐渐远去的轮船、轮船上的男人，哼唱起的一首古老的毛利歌曲。蒋韵将高更的文字放在《心爱的树》的开篇，渲染出感伤、悲凉、忧郁的情绪。蒋韵小说中的爱情故事大多如是美丽而忧伤，如《隐秘盛开》《晚祷》《上世纪的爱情》《琉璃》《心爱的树》《旧盟》《相忘江湖》等等，演绎出一场场纯粹、深沉、痛彻心扉，又永远得不到回应的一个人的青春绝恋，那些“爱的天才”——潘红霞、袁有桃、陈香、海棠、拓女子、凯、谢萤们,如木心的诗《从前慢》中所说“一生只够爱一个人”。她们在青春妙龄之际升腾起爱的信仰,从此便一头扎进爱的虚幻中,无论遭遇怎样的艰难险阻,无论怎样遥不可及都无怨无悔地将自己化为一座活的“望夫石”,她们等待的剪影坚不可摧,而她们深爱的男人甚至可能完全不知情,不知她们的疼痛、深情、纠结、渴望,不知她们的“泪水满面”,她们用一曲曲青春绝恋谱写成中国版的《一个陌生女人的来信》。

所以,蒋韵的青春绝恋在欲望喧嚣的时代被我们视为现代童话,所谓“情不知所起,一往而深,生者可以死,死可以生”,却是一个人的缠绵悱恻。这完全靠精神力量支撑的爱情让人联想到张洁在70年代末发表的小说《爱,是不能忘记的》,这篇小说也描写了一场柏拉图式的精神恋爱,女主人公终其一生爱着那位已婚的老干部,虽然两人最亲密的举动也只是握了握手,但女主人公仍然觉得幸福,并希望他们未来在天国实现相守。张洁与蒋韵两位女作家的爱情观似乎取得了遥远的共鸣,但她们之间的差异也是鲜明的。张洁写的是两情相悦的相爱,蒋韵的男女主人公却是错位的,他们并未“相爱”,但一场与对方无关的青春绝恋却仍然痛苦淋漓、蚀骨销魂。

虽然不能像流行的三角恋或多角恋在情节上可以起起伏伏、分分合合、跌宕起伏,蒋韵的青春绝恋却描绘出精神世界里的波澜壮阔。在描写爱的初体验时,常常寥寥数语,蕴藉丰富。才子佳人式的偶遇促成爱情的萌发,有时他们的一见倾心以张爱玲的方式进行,《琉璃》中海棠与刘耘生的相遇,《心爱的树》中席方平与梅巧的相遇,都以“原来你藏在这里,原来你在这里等着我……”开启爱的模式;有时是灰姑娘拯救落难公子式,《晚祷》中的苏慈航和《琉璃》中的刘耘生都在境况堪忧的流浪发配之地,悲凉地吟唱着“为什么,我苦难的命运,送我到——西伯利亚……”,这歌声伴着空旷的河滩、苍凉的野长城,永远是灰姑娘们内心无限柔情的一个秘密之源。袁有桃、海棠、潘红霞、张采们在青春年少时孕育出唯美的爱恋,然后在漫长的日月轮回中无望守候,然而她们却又是满足幸福的,“这时,他们刚好拐过一个弯,立刻,那一团光明,远远地,在黑暗的深处,尽头,像突然吐露的璀璨又神秘的心事,幽静地,出现在夜行人的眼前”(《隐秘盛开》)。爱一个人就如同那指引她们人生前行的“一团光明”,璀璨迷人。

一场场青春绝恋荡气回肠,是专注于“精神之贵”的女作家在“凭吊一个传奇”,在闪婚闪离、冷漠肆意的今天,这一不具现实性和实践性的情节母题却具有不可替代的意义,它与古典人文主义价值观取得了一致,精神的力量是有缺陷的,但却是永不磨灭的,它能够战胜个人的痛苦、疾病和苦痛。人的精神世界高于一切……

四、约定——“绝望之为虚妄，正与希望相同”

蒋韵作品中多次出现这样一个情节：“文革”风暴中的青年男女在艰辛而无望的现实生活中痛苦茫然，相约十年或二十年之后在某地相见，他们坚信那时的生活将充满阳光，那时的他们将有机会共同畅饮生活的美酒。约定往往不能按既定计划进行，中途发生的变故使两人从此失散在烟波浩渺的岁月里，但其中一方却执着地信守着承诺，纵使他或她清楚地知道，物是人非，对方已无践约的可能，自己已无践约的必要，但还是来到那个只有他们知道的地方缅怀过去的青春与理想，凭吊今日的庸常与乏味。这仍是一个关乎人的精神存在的母题，以一种“仪式”的庄严与神圣，演绎出绝望、希望与虚妄三者之间彼此既对立又交融的哲学内涵，即裴多菲所说的“绝望之为虚妄，正与希望相同”。

在蒋韵小说中，约定意味着对现实的绝望，也意味着对未来的期待与希望，等到践约的日子终于来临却又发现，当年的希望都已成虚妄。海棠与刘耘生的“十年之约”(《琉璃》)、袁有桃与苏慈航的“通信之约”(《晚祷》)、廖志平与凯的“二十年之约”(《相忘江湖》)都设定在相似的情境下：“文革”中的少男少女或青年男女；有着浓厚的小布尔乔亚的感伤；喜爱读契诃夫小说，唱苏俄歌曲；搁浅在困窘的现实生活的海滩上……约定的达成无一不是出于绝望。海棠绝望于无休止的劳作和精神的荒芜，对刘耘生说：“那就让我们相信……不过，未来有多远？十年够不够？假如，十年后，生活还是这个样子，我就死。”刘耘生回答：“这是咱们的‘十年之约’，你不能失约，假如你失约了，我，我会追进地狱和你算账……”凯与廖志平的对话：她说，二十年后，我们会在哪儿？他说，不知道。不管我们在哪儿，她说，二十年后的今天，我们在这里约会，好不好？他说，一言为定。苏慈航说，“袁有桃，你要给我写信”。袁有桃说，“好”。苏慈航又说，“袁有桃，放假了，你可要回来，你能回来吧?”。袁有桃回答，“能”。苏慈航又说，“一放假，我就天天来这里等你，你可不要忘记”。袁有桃点头，“不忘”。……

面对外力不可逆转的分离，男女主人公达成约定。琼瑶式煽情的对白是青春之爱浪漫唯美、浓烈圣洁又坚定不移的表现，更重要的是蕴含着对未来的热切希望，但不能忽视的却是其内里的茫然。源于“孤独和忧伤”的约定本身早已预示了注定的分离。但约定——不论是十年，还是二十年——终究也如爱的信仰一样，是黑暗生活中的“一团光明”，指引夜行人前行的方向。在约定的鼓舞下，主人公生活得更努力，以到达想象中的远方、实现“优雅的生活”，在追寻半生之后，他们得到了吗？《琉璃》中的刘耘生提前终结了“十年之约”与另外一个女人结婚了，三十二年后的偶遇，刘耘生已化身脑满肠肥粗俗可鄙的房产商，海棠半生的等待等来的是“梦破碎的声音”;《相忘江湖》中的廖志平与凯的结局正如标题所示，廖志平生活在“装修成三流宾馆格局”的家中，听着妻子沉重的鼾声，想到“二十年前他遥望、憧憬的未来的日子，原来就是这样”。作为对平庸乏味、令人窒息的生活的呐喊，廖志平用文字虚拟了一个离家出走的男人，而在现实中，“他老婆梅在喊他吃饭。他闻到了红烧牛肉的香味儿”，一切归于平庸。

所以，看似妙不可言的约定，从头到尾印证的却是那句“绝望之为虚妄，正与希望相同”，原先的诗意、浪漫、远方最后堕入庸常。当年的约定都成虚幻，徒留悲伤，未来的希望在哪里？人生已到暮年。但蒋韵拒绝悔恨。尽管约定预示了悲剧，却仍然肯定了“精神之贵”，庄严的约定正如一场“仪式”，它为平常形态的生活赋予了意义，它照亮和拯救了整个人生。

五、漂泊——精神家园的失去与找寻

蒋韵写过很多关于漂泊的故事，这种漂泊，不仅是地理意义上的迁徙，更指向人对精神家园的追寻。有两个人结伴而行，如梅巧与席方平、莽河与叶柔，但更多的是一个人的旅程，如天菊、苏柳、凯、米小米、袁有桃、海棠等等，一次次漫长的漂泊迁徙，似乎要走到天涯海角，走到地老天荒。在特定时空下，漂泊是具体的感性的时代呈现，但如果我们以宇宙空间的视角俯瞰，漂泊又是象征的、普遍的，喻示着人类在亘古的宇宙洪荒中漂泊无依的生存困境。对于蒋韵而言，漂泊是她个人内心情感的外化。借用《旧盟》中对陈周的描述：“这个城市待他不薄，但他在内心深处永远无法和这个城市认同。他想，我们是被放逐的一群人，我们失去了家园。他的精神上独立于这个城市，这使他充满一种悲剧色彩，充满乡愁。”如果在“城市”后面加上“时代”“社会”，则可以看作是蒋韵的自况。漂泊是因为失根，失去故乡，失去精神家园，失去过去的美好事物，所以被乡愁所笼罩的流浪迁徙的人们注定终生都在寻找，可能找到，可能找不到，然而漂泊本身就意味着意义和救赎。

《心爱的树》中的梅巧，抛夫弃子与大先生的弟子席方平浪漫出逃，两个心高万丈生死相随的有为青年辗转重庆、武汉等地，最终却落在了生活艰辛的窘境之中。为寻找母亲梅巧，凌香在纷飞的战争炮火中追随而至，见到八年未见的母亲后她重获内心的善良与悲悯。梅巧和凌香的一路漂泊各自不同，却都映衬着内心的焦虑、纠结、挣扎、不安的情感，都是为了重新安放内心的平静;《晚祷》中的缺乏父母之爱的袁有桃,少女时代在都市的父母家里和乡村的姥姥家之间多次往返,每一次都伴随着精神的阵痛;《栎树的囚徒》中的14岁少女天菊,孤身一人风尘仆仆,经历了世态炎凉,一心投奔表姐家所在的"草海";《琉璃》中的海棠,走出家乡,先是上大学来到初恋爱人的小城,后又到深圳;有着公路片电影风格的《行走的年代》,干脆以莽河与叶柔的"走西口"为主线;《相忘江湖》以凯的童年、青年、成年三个阶段的漂泊历程展现其一生的精神漫游……小说中的海棠曾说:"去远方。崔护,这就是我想要的,去远方。或者说,逃离,逃离庸常的、令人窒息的生活、人生。自由、美好、优雅、罗曼蒂克,和梦想,这一切,似乎,都在远方,只在远方。还有爱。"这段话是能在这些漂泊者们中间引起思想共鸣的。

蒋韵小说中的人物外在行为的漂泊迁徙与内心对精神家园的找寻是同一的,相互呼应的过程,共同塑造和演绎了人物的性格与命运。漂泊是现代人集体的情感底色,习惯于行走在拥挤的人潮中的现代人,却总是感受着被遗弃的悲哀,因为"生活在别处"的诗意想象,他们是命中注定的精神漂泊者。

"夸父与日逐走,入日;渴,欲得饮,饮于河、渭;河、渭不足,北饮大泽。未至,道渴而死。弃其杖,化为邓林。"因为执着于"精神之贵"这一被忘却的理想,蒋韵留给文坛的似乎永远是一个夸父式的背影,漂泊是小说中人物的命运,也是小说外作家蒋韵的命运。无论是80年代、死亡、青春绝恋、约定,还是漂泊,它们都是在蒋韵小说中反复出现的人物基本行为、精神现象和关于周围世界的概念,这些母题喻示着蒋韵与她的人物一起始终为精神而存在,并超越了具体和感性,获得了普遍和象征的哲学内涵,这正是蒋韵之于文坛的独特性与超越性所在。

(载《小说评论》2016年第4期)

主要作品目录《

长篇小说

《红殇》,内蒙古人民出版社1995年版。

《栎树的囚徒》,花城出版社1996年版。

《闪烁在你的枝头》,湖北少年儿童出版社1998年版。

《谁在屋檐下歌唱》,河北少年儿童出版社2000年版。

《我的内陆》，中国青年出版社2001年版。

《隐秘盛开》，北京十月文艺出版社2005年版。

《行走的年代》，上海文艺出版社2010年版。

《人间——重述〈白蛇传〉》（与李锐合著），长江文艺出版社2011年版。

《石榴树的秘密》，河北少年儿童出版社2012年版。

《我的内陆》，重庆出版社2013年版。

《你好，安娜》，花城出版社2019年版。

中短篇小说集

《我的两个女儿》，北岳文艺出版社1987年版。

《失传的游戏》，北岳文艺出版社1994年版。

《现场逃逸》，云南人民出版社1998年版。

《完美的旅行》，北岳文艺出版社2000年版。

《北方丽人》，群众出版社2004年版。

《绿灯笼》，中国社会出版社2005年版。

《心爱的树》，北岳文艺出版社2008年版。

《妹妹上花楼》，文化艺术出版社2010年版。

《晚祷》，作家出版社2016年版。

《我的两个女儿》，北岳文艺出版社2016年版。

《心爱的树》，太白文艺出版社2018年版。

《水岸云庐》，北岳文艺出版社2019年版。

散文集

《春天看罗丹》，云南人民出版社1998年版。

《悠长的邂逅》，知识出版社2002年版。

《活着就有眷恋》，湖南文艺出版社2014年版。

《青梅》，河南文艺出版社2019年版。

蒋子丹

女，1954 年生，湖南涟源人。

小 引《

20 世纪 90 年代初，我与蒋子丹做了近半年邻居。那时我流落海南，寄身作协，与她同住画苑小区的一栋楼内，她住楼下，我住楼上，就在她所说的那个“海南著名的古迹”五公祠附近。不过，这个供奉着唐宋两代被贬谪到海南的五个军政大佬的公园，又似乎没有她说的那么“荒凉破败”，相反，我倒觉得它那时还算清静优雅，所以也常常进去溜达溜达。

那期间，听韩少功讲过很多闯海南的故事，包括创办那份很牛气的杂志《海南纪实》的经历，让人心潮澎湃、热血沸腾，觉得湘人果真了得。而据我所知，在早期闯海南的各路人马中，湘人占其大半，海南改革开放的活力，多半有赖于湘人，故知海南必有大变。虽然《海南纪实》后来遭遇不测，一干人等也风流云散，但我从韩、蒋两人身上，又分明感到那胆气和灵魂还在，就想，迟早有一天，海南还会有这样的一份杂志出来，只不过未必还叫这个名字。

镇日无事，便跟蒋子丹一起编起了《天涯》杂志。原来的《天涯》杂志没有现在这么有名气，到我“染指”时，确如蒋子丹所说，“几乎已沦落为出卖刊号的地摊货”，所以也就见不出她当年编《海南纪实》的气魄和能力，相反，我倒觉得她颇有点敷衍了事的味道，等因奉此，按月出上一期，把上面拨的钱花完，不出问题就好。我不知道她是因为《海南纪实》的遭遇弄得心灰意冷，还是曾经沧海、冯妇难为，抑或还有别的什么原因，总之是以她当年的气魄和能力，《天涯》不致“沦落”如此。虽然我不负主责，但厕身其间，总不免思之怅然。

不久，我回到旧巢，忙着生计，便与她失了联系，更不知《天涯》的死活。再不久，突然收到一期《天涯》杂志，名称依旧，却面目一新。与原来的《天涯》相比，不但版式大方，装帧古朴，而且栏目新颖，文题卓异。且不说各体文学，与此前大异其趣，更有诸多栏目，越出了文学的边界，跻身天下国家、政经文化、人情世态、日常生活、流行时尚、民间语文等诸多领域，虽非完全的“纪实”，但又俨然是《海南纪实》的还魂再生。方知《天涯》已经改版，果然印证了我当初的料想。如今，改版的《天涯》杂志在读书界已久享盛誉，是知识人心目中一座精神的圣殿，一块思想的飞地。蒋子丹把改版的创意归功于他们的灵魂人物韩少功，我想，少功离了她这位坐镇中军的巾帼主帅(有时还兼冲锋陷阵的急先锋)，只怕没有这份东山再起的胆气。

子丹性格豪爽，为人仗义，表面上风风火火，骨子里却情柔心细。她家先生是海南著名的摄影家，新闻摄影和艺术摄影皆属上乘，但于日常生活，却疏于自理。但凡出差旅行，皆由子丹为之收拾行装。轮到子丹出差，饮食无着，则到敝处“搭伙”。我自然也得着他们不少的照顾和好处。常忆在她家蹭饭，见有一猫，色黑，体大，客来不惊，客去不唤，状若无人，悠闲自在，深得子丹夫妇喜爱，待若家人。前时听子丹言其老态，犹自垂怜，足见其慈爱之心。便想今日子丹之倾心动物生态，是否亦源自这一缕爱心！

说了半天与蒋子丹有关的闲话，似乎尚未及正题，但所谓正题者，对一个作家来说，又似乎与这些闲话有关。孟子曰：“颂其诗，读其书，不知其人，可乎？是以论其世也，是尚友也。”(《孟子·万章下》)因为交了蒋子丹这个朋友，又生当其世，所以读她的作品，就容易想到她的为人处世，或者反过来，由她的为人处世，亦可以推见她的作品。关于这个正面的话题，本期主笔张赟博士已经说得很多，我想说的，仍然不过是与蒋子丹有关的闲话。

张赟说，蒋子丹的经历“很富于戏剧性”，我说，这种“戏剧性”，不仅仅表现在她的经历的南北流转、急进急退、大“起”大“落”，更重要的是她的骨子里天生便有一股子“喜欢找新鲜”的劲头。以我的经验，一个人要改变自己是十分困难的，多半也是不情愿的，何况是一个天生便以家为本的女人。(冒犯了女权主义，罪过，罪过!)但蒋子丹却在频繁地，也是心甘情愿地改变着自己的人生和自己的创作。如果放在一般人身上，在她过去的人生和创作经历中，任一个时段的成功和声名，都可能给她带来较长时间乃至一生的享受和荣誉：她可以因实验现代派创作而留名文学史，因参与创办《海南纪实》而享誉海内外，因主持《天涯》笔政而跻身名编乃至名流之列，因担任作协主席而享受文化官员的待遇……然而，在这些“可能”面前，她都没有去进一步扩大战果，进一步更高地攀升，更多地攫取，而是相反：功成不居、急流勇退。这不是故作超然，也不是湘人的拗气，更不是要做隐士，而是顺乎一己的本意，回到一个作家的本位，回归她所热爱的文学自身。老子曰：“功成名遂身退，天之道。”其是之谓乎。

现在，蒋子丹终于回到了她的作家本位、文学本位。由主席到作家、由主编到作者、由编者到被编者，在这个时代，无论怎么说，都不能算是一种进步。我们这一代人追求进步惯了，每见朋友进步，则为之高兴。现在，我却要为蒋子丹的这种不能算进步的行为高兴了。因为她这样做，不但尽了自己的本分，而且有益于读者，有益于文学。这使我想起了老人家的一段“语录”：“一个人做点好事并不难，难的是一辈子做好事，不做坏事，一贯地有益于广大群众，一贯地有益于青年，一贯地有益于革命，艰苦奋斗几十年如一日，这才是最难最难的啊！”套用这段语录，我要说，一个叫作作家的人弄点文学并不难，难的是一辈子弄文学，不弄名、不弄利、不弄钱、不弄权，一贯地有益于文学，一贯地有益于广大读者，宠辱不惊、矢志不渝，艰苦奋斗几十年如一日，这才是最难最难的啊！

自　述《

这本书似曾相识

多年前曾听过一件康德逸事，这位大哲学家晚年最重要的工作，是每天认真研读自己早年的著作。记得当时在座的连我在内全是三十出头的青年，大伙闻之最直接的反应是哈哈大笑。其笑声虽然并无恶意，想来多少也含了些自恃年少的得意，以及对老迈之人的怜悯吧。

没想到匆匆二十年之后，甚至那一片不假思索的笑声犹在耳边，我自己却也无意间学习康德好榜样，干了一回自写自读的勾当。作家出版社要编辑一套“文学新星丛书”，约请二十年来入选“新星”的作者，每人写一篇相关的文章，于是从书柜的最里边翻出《昨天已经古老》，开始重读。一读之下，居然读出些许意想不到的感受来。

那些出于自己笔下的篇章，已然如此陌生。特别是最早的几篇，读着开章只模模糊糊记得一个结局，人物行为和故事细节全不在记忆之中，文辞句法看着眼生，还有些当时很时髦现在早就弃之不用的标点格式，诸如此类，怎么看也不过是似曾相识。恍惚间我从作者置换为编辑，很有了些看他人如何操作的好奇，说实话，这太叫我震惊，也太让我沮丧了。

当初我们为康德的研读哈哈大笑之际，正是《昨天已经古老》结集出版前后。作为湖南文艺出版社《芙蓉》杂志的编辑，我能背下所有相识作者的地址门牌以及电话号码,对文坛热读的作品,也是全部情节乃至经典段落都能毫不费力地复述。我的记忆力之好,在作者和同事们中很有口碑,亦给我的工作带来了便利。有个跟我同坐一间办公室的编辑,最爱听我复述小说,据她说无论长篇中篇,只要我看过,肯定能讲得有头有尾且重点突出,同时保留了最精彩的原文,比自己看还有意思。曾几何时,这些事迹都成了明日黄花当年之勇,看过的书或者只记得主要观点,或者只记得个别篇章,要完整而又不颠不倒地复述,几乎做不到了,只能自我解嘲为“得意忘言”。照理说近期记忆减退,远期记忆清晰,到了我们这个年纪也是人之常态,何必大惊小怪。可是这一次的阅读对我的打击,恰在于远期记忆也变得模糊起来,并且是对自己一个字一个字写下来的作品失忆,这就好比一个当妈的见了亲生孩子的老照片不认得,这还不够令人震惊和沮丧吗?

震惊和沮丧之后,我开始寻思,这些让我感到陌生的作品,在过去的二十年里,是否被我回顾过理会过?答案是否定的。要不是这回需要为出版社做这篇命题作文,我恐怕再也想不起要回顾和理会它们。为什么?我得想一想。

《昨天已经古老》是我的第一部小说集,从处女作《猴爷爷》到成名作《黑颜色》,都收入其中,时间跨度大约有五六年之久。整本集子可以分成截然不同的两部分,前半部为传统的现实主义小说,后半部有很明显的黑色幽默和荒诞色彩。之所以在同一本集子中,小说的写法大不相同,跟那个时期我对文学的认识有着剧烈的变化不无关系。

这五六年正好处在20世纪80年代中前期,中国文学日渐繁荣,我所在的湖南省是当时揭竿闹文学的队伍格外壮大的所在,文学沙龙遍地开花。所谓沙龙,当然不会是那种西方贵族式文艺沙龙,各路高人雅士济济一堂,有美貌的女主人、华丽的客厅、名牌香槟酒相伴,还有贫困潦倒的钢琴师演奏做陪衬,而只不过是青年人自由集合的文学小团体而已。用今天的眼光看,这些人的物质生活也许刚达到脱贫标准,可这并不妨碍每个人都怀着挥斥方遒的激情,心比天高。沙龙的成员们每天必做的功课,不是打麻将洗脚泡桑拿打口水仗,而是相互推荐新近读过的好作品,或者将自己尚在构思的小说拿来讨论,附带通报又写了多少字,又发表了一篇小说在哪一家刊物上了第几条。人人都把文学成就看得至高无上,发誓要写出又好又新颖的作品,与那些以现实主义见长的前辈作家一决高下。如此,技法创新变得格外重要。时值西方现代主义文化思潮随着国门大开汹涌而至,五花八门各种流派的文学作品都能在中国找到拥趸,这就给急切地想在写实主义以外寻求创作新途径的青年人,提供了巨大的精神动力和技法临摹的多种可能性。

我正是在这样的背景下被邀请参加了一个小沙龙，这个沙龙已有的四个成员，何立伟、徐晓鹤、王平和残雪，虽然当时还没有成就，不成什么气候，后来却都在文坛上各有表现。那天他们中间的两位到访我家，郑重邀请我参加他们的沙龙活动，在我还来不及表态的情况下，立刻以龙友身份对我进行小说创作辅导。他们对我说，不应该再写那种“穿粉红色风衣的东西”，不应该再看老托（托尔斯泰）老狄（狄更斯）老莫（莫泊桑），而应该把书柜最好的几层都摆上马尔克斯、加缪、萨特和卡夫卡。直到今天，我还得不讳孤陋寡闻之谦承认，这两个人简直就是世界现代文学大师联合派来的信使，让我第一次听到了来自正统现实主义文学之外的另一种声音。后来我一口气读了不少现代主义经典文学译本，其中最让我心仪的作家，先是海勒，再是加缪，还有一个不太见经传的法国作家埃梅，他们作品里的幽默和荒诞，被无拘无束地精妙表达，真让人在反复阅读中把栏杆拍遍。

我在 1985 年写的《黑颜色》《没颜色》《蓝颜色》以及《那天下雨了》等篇章，大约跟这段时间颇为称心的阅读有关系，是阅读产生的兴奋感催生了这一系列带有幽默荒诞色彩的作品。是它们让我一度跻身于“先锋小说家”行列，《黑颜色》作为我的成名作，还给我赚得些许评论家的褒奖和读者的赞扬。二十年之后重读它们，我觉得这些小说并没有印象中那么好。虽说写得聪明，也犀利地表达了我对现代社会人与人之间的关系的怀疑和思考，但它们的弱点显而易见，那就是过于注重技巧，过于注重细节的荒诞，在语言方面施行地毯式俏皮话轰炸，巧有余而拙不够。以我现在的认识，真正的荒诞小说，应该是所有的细节都真实可信（至少是貌似真实可信），没有一句话是让人费解的，没有一个词是用来胳肢读者以获取笑声的，却在骨子里横着一个荒诞的内核，这个内核中还包裹着某种险恶的真实。不过当时的我已经有点飘飘然，听到有人说你写的东西越来越叫人看不懂的时候，我并没有把这当成一种警告，相反还添了些居高临下的沾沾自喜。那年头读书界也正盛行以高深莫测为尊的风气，读不懂自有读不懂的妙处，不懂也得装懂。于是，《昨天已经古老》刚一出版，我对里边收入的《出国演出队名单》《话说老温其人》一类，曾经带给我鼓励和掌声，也带给我最初的创作自信的作品，已经有点不屑一顾了，因为它们写的人物，如同自家的邻居一样寻常，它们描述的事情，生活中每天都可能发生，没有任何高妙之处。但凡有人提起它们，我还会产生羞愧难当的感觉，好比女大十八变的淑女，被人拿了穿着开裆裤的照片来相认。

弗洛伊德对人的“有选择遗忘”现象很有研究。他的案例里有个人要寄出一封他根本不想寄的信，第一次寄出忘了贴邮票，第二次寄出写错了地址，第三次寄出不知又出了什么岔子，结果左寄右寄那封信始终寄不出去。这等于从反面说明了人的记忆其实是靠不住的。当往事一层层叠加，记忆一次次被覆盖，我们记得最牢的，极有可能是那些自以为有价值、自以为光鲜荣耀的部分，其他自以为平庸以为失误以为耻辱的部分，则有可能被淡化被修正甚至被遗忘。自己写出来的作品，白纸黑字在那儿撂着，想改是没辙了，想忘还是有办法的。翻书的时候，你哗哗地就把它们翻过去了，再编什么自选集的时候，你根本不给它们再露头的机会。眼下这种信息爆炸的时代，无论什么都在快速更新的时代，想记住什么难上加难，想忘记什么不只是太容易，简直是不可避免。既然你自己不想保留这些东西，记忆会乖乖地把它们从你的脑子里抹去。

就这样，我像读着别人的作品似的，读着被自己淡忘得已然陌生的篇章。读着读着，这部分早期作品给我的感觉，恰恰又不如想象中那么糟了。那些平常到每天都可能发生的故事，让我觉得有些滋味了；那些平常得如我家邻居的人物，不知不觉感动了我。这些看上去稚气未脱技巧平平，没有玩出什么花架子，也谈不上哪流哪派的小说，比起被贴了“先锋派”的标签，被自己重视也被评论家认可的作品，反而多了某种在当年不那么被在意的力量和感动。当大伙全心全意争当文学先锋的时候，技巧能力是衡量作家境界的重要标准，这种质朴和实在的东西很容易被忽视。

有一句堪称经典的话被广为传颂：高妙的艺术就是戴着镣铐跳舞。那时大伙对此达成的共识，似乎是将技巧当作“镣铐”，不同的镣铐标志着不同类别的舞蹈，为了标新立异，镣铐好像变得比舞蹈本身更重要了。经历了二十年的编辑与写作实践，重新体味这句话，我好像有了不同的心得：所谓舞蹈，就是精神与想象的飞扬；所谓镣铐，就是真切体验的制约。作为文学作品特别是小说，技巧当然是不可或缺的。20世纪80年代西方现代主义文学在中国文学界的普及，对当时一大批有志于此的年轻作者，进行了多种多样的技巧训练，大大开阔了作家的眼界，促进了文学形式的多元化，也提升了小说的艺术含量。但无论如何技巧只是文学构成元素的一部分，并不是小说的唯一，更不是文学的全部。它的功能应该有助于作品构建文学的真实，使文学的真实较之生活的真实更全面更概括更深入，而不是它本身自恋的炫技。我们在技巧上孜孜不倦求新求异的当儿，永远不要忽略生活中真切感动自己的那些平凡的面容和并非传奇的故事。

这个发现，让我在沮丧之余，得到了一丝欣慰。因为它不光使我修正了某种文学观念，还将在今后的创作实践中给我警示。为此，我得感谢“文学新星丛书”的策划者，给了我认真重读早期习作的契机，同时也是重新梳理创作思想与实践的契机。

这个过程从沮丧开始，以欣慰结束，对我来说也算得上一次前所未有的阅读经验。

2008年10月30日写于海口

访 谈《

写作:记载内心的历程

——蒋子丹访谈录

张 赟 蒋子丹

张赟:首先非常感谢您在百忙之中接受我的访问！在很多介绍您的文字中，都会提到您曾是一名话剧演员，对于最终成为作家的您来说，那一定是一段有趣的经历，它对您之后的生活或写作有过特别的影响吗？

蒋子丹:说起这件事真有点搞笑。我打小出生在北京，后来随父亲调动工作回到故乡湖南，满口的京片子在同学中有些特殊。不承想，就是这么一种连雕虫小技都算不上的本领，最终改变了我的人生。我从众多中学生里边被挑去当演员，只不过因为会“说话”，而我去当演员的初衷，只是害怕高中毕业后像下乡插队的姐姐那样，成了个连吃饱饭都成问题的知青。其实我做演员的前途并不被看好，也就是个跑龙套的条件，我父亲还特别不满意我的职业，他宁愿我老老实实读完高中再下乡插队，也不赞同我“学生不当当戏子”的选择。

我到剧团去了之后，觉得练功、上课、跑龙套的日子远没有想象中有意思，就此萌发了当编剧的奢望。我曾把一个独幕剧构思跟团里的编剧谈过，那人听了哈哈大笑了半晌才说，小蒋，你大概完全不明白剧本的创作规律，这里边必须有革命斗争的精神内涵、英雄人物的光辉形象，还得有跟英雄对立的反动派，你这里边呢？有什么？谁是英雄，谁是对立面？这怎么可以写成剧本呢？我被他说得无地自容，承认自己对写剧本一窍不通。编剧又给我做了一番革命戏剧三突出原则的启蒙，我心不在焉地听着，也不知他在说些啥。

总之，在1972年，我最初的文学创作冲动，就这样被专家的一通笑谈给奚落得烟消云散，试图当编剧的野心也随之云散烟消。后来因为父亲去世等家庭变故，我最终成了出版社的一名文学编辑，继而开始了文学写作，好像跟这段经历关系并不太大，充其量是给我提供了一点剧团生活的经验吧。

张赟：作为著名左翼老作家蒋牧良先生的女儿，您从您父亲那里得到过写作指导吗？您父亲对您产生的最大的影响有哪些？您父亲对您的期望是什么呢？

蒋子丹：父亲去世的时候，我才19岁不到，而从我12岁开始，父亲就一直在"文革"运动的政治漩涡里挣扎，挨斗被关遭抄家写交代，几乎完全没有可能顾及子女，更谈不上什么写作指导了。父亲对我的影响，恐怕主要体现在性格和为人处世的态度方面，这里边除了精神传递，或许更多的是血缘继承。比如说爱憎分明嫉恶如仇，讨厌阿谀之人也不屑奉承之道，遇事爱较真，认准了什么人什么事会很执着。比如说，他年轻的时候认准了鲁迅，解放后周扬等人在文艺界大权在握，他也从来不跟他们走动，宁愿被边缘化，无论谁在什么场合攻击鲁迅他准得跟人急。多亏他在70年代就去世了，要是活到今天，还不得被那些仇鲁言论给气疯喽。往大里说，这是湖南人地方个性的群体特征，按人们的说法，就是很"犟"。谭嗣同是湘人个性的代表，明知要杀头还不跑路，引颈向死。我这么说，其实并非自夸，这种"犟"气在现而今，未必算得上什么值得夸耀的优点，认死理不拐弯，轻者说是缺乏必要的灵活性，说重点简直就是不识时务而非俊杰也。

我要是自夸，倒是想说较之父亲，我还没有那么固执和呆板，在不妨碍大前提的情况下，懂得有所进退。比如说，我父亲在20世纪50年代末，亲手创建了湖南省作家协会，作为第一任主席，一直当到"文革"中被打倒。在当主席的十来年里，他放下自己所有的创作计划，一心一意做公务，特别是在培养新人方面花了大量心血，以致手头两部成形的长篇因为没有时间修改，在造反派抄家时，被他的"学生"抄走，不知所终。我呢，《天涯》主编做了八年，作协主席当了一届，自认为已经对文学事业尽了公益的义务之后，还知道换个岗位，给自己留下点时间来写作。据此可知，在处事的轻重缓急方面，我比父亲要有分寸。这可能受益于我的母亲。

我的父母的婚姻是典型的中国旧式婚姻，母亲在16岁的时候，嫁给了31岁的父亲，开始了他们相濡以沫一辈子的历程。母亲虽只有小学文化程度，却是一个聪慧绝顶、有悟性有胆识有担当的女子，遇到大事的时候，她的判断力和魄力都远在父亲之上。我一直在想，品质如母亲这般优秀的女人，当年要是有机会接受好的教育，肯定是个不让须眉的杰出巾帼。

父亲的死很突然，甚至没有时间留下任何遗言。作为六个子女中最小的女儿，他内心对我抱了怎样的期望我不得而知。父亲留给我的唯一赠言，用红色钢笔写在一张两指宽的小便条上。小时候我因学习成绩一直名列前茅，常常自鸣得意骄傲自满，父亲看到我很爱表现，大有一瓶子不满半瓶子晃荡的劲头，就写了那个纸条来告诫我：不要道听途说，做一知半解的知识“里手”。“里手”在湘方言中就是内行的意思。

我们这代人，尤其是在多子女家庭，孩子很难得到父母的特别关注，跟现在的孩子们一比，离自生自灭也差不多了。故我得到父亲的“警告”，已是受宠若惊。这张宝贵的纸条，一直伴随我的成长，直到我长大成人。它始终被贴在我的读书笔记本第一页，每换一本新本子，都不会忘记把它转贴过来。我想，这也许就是父亲对我的期望吧。

张赟：您的散文《浪漫的鬼魂》中有这样一段话：“那是一阵风的响动，它从京都童年的杨树吹来，吹过湘楚少年的泡桐与青年的银杏，吹过蜿蜒千里的南迁之路，停在我窗外中年的椰树上。”我觉得您的人生很富于戏剧性：童年时从北京到长沙遭遇环境突变；刚刚成年承受失怙之痛是为家庭突变；后到海南创业，经历《海南纪实》停刊的事业突变；《天涯》的改版基本上也是白手起家，功成名就之时您能急流勇退，到广州做一名专业作家。这些经历称得上多姿多彩、跌宕起伏，甚至险象环生。上边的几句话也暗含着您人生的几个重要阶段和生活过的四个城市：北京、长沙、海南、广州，您能形容一下这四个城市在您心中的感受或位置吗？

蒋子丹：这是我第一次听见有人说我的经历富于戏剧性。

记得当我刚刚发表了几篇小说，在狭窄的文学小路上迈开幼稚的步子时，曾经被一位老作家告知，你没有生活。得出这样一个结论，大概因为我的履历表过于简单：没下过乡，没当过兵，没进过工厂，没读过大学……等我出了几本集子，往下走去文学之路似乎越来越窄的当口，有个名噪一时的女商人对我说，如今，一个女人假如不失一次恋，不离一次婚，不辞一回职，不坐一通牢，就算不上完整，换言之就算不上一个完整的女人。这两次谈话，都足以让我背过气去。因为按他们异曲同工的说法，我争当达标女人的可能性已经不大，更遑论当一个“有生活”的女作者？曾几何时，这样的结论当真成了我的心病。也许我和教导我的人都忘记了，任何履历表从来不记载，也不可能记载一个人内心的历程。

你的这个问题让我特别感兴趣的原因，是你把我散文里的一些意象，当作我的经历来解读，让我觉得很新鲜，甚至勾起了我对许多陈年旧事的深切怀想。

北京是我的出生地，从我记事起，我家一直住在和平里2区20号楼中国作协的宿舍里。那是一片灰色砖砌成的两层小楼，每个单元有四户人家，楼门口种着一排又高又直的白杨树。全国人民都在搞“大跃进”，大人们各忙各的事儿，孩子们适得其乐，每天在外边疯玩，无忧无虑。白杨树看着我和同伴们一天天长大，见证着我们无忧无虑的童年生活。

9岁的时候，父亲正式调动工作携家眷搬迁湖南，我心里一千个不愿意，临走那天，还抱着一棵白杨树大哭了一场，最后捡了几片心形的树叶，夹在课本里，算作纪念。以后多少年，北京都是我时时向往，有机会就要去的城市，直到它被高楼大厦和甚嚣尘上的气氛弄得面目全非，我心中的白杨树再也无处可寻。

我在长沙度过了从9岁到36岁这段时光，也是我生命之船驶过的最有起伏最具变幻的航程，一切正常人由幼稚到成熟的过程，我都在这个时段里经历了。

潇湘地方多雨，直到今天，只要一想起我的故乡，首先进入回忆的准是淅淅沥沥的雨。雨在我的写作生涯中有着特殊意义，我也在散文《一个人的时候》里边，描述过雨天对于我的意义："你一直认为雨和夜合在一起，会给人一种出神入化的活力，在这样的夜晚，你常常觉得自己思维敏捷嗅觉发达联想丰富，你现实的感官视听可以穿越时空，把种种遥远的声音、气息、色彩、画面调动到你跟前……"

离开湖南之前，我在省文联大院里一住二十多年，围墙旁边有棵泡桐树正对着我的窗户。下雨的晚上，泡桐树上永远开不完的白花，会随着雨水啪啪掉在地上，就像有人用手指，一次次弹拨你的心弦，启发你释放由此产生的感想和情怀。我在那些绵长的雨夜里，如醉如痴地写着小说，上了一天班的劳累，会被一种令人心怡的清静一扫而光，有时直到东方既白还意犹未尽。这种状态使写作具备了某种爆发力，现而今再来回想，在1985年，《黑颜色》这样一万四千字的小说，不到一天一夜的时间（而且是用钢笔书写）就写完了，多少有点让自己也难以相信。当然，这只是一种可遇而不可求的极端状态，假如成为一个作者的常态，那就大事不好，他（她）非疯了不可。

银杏是一种特别美丽的树，树身挺拔树冠俊秀，扇形的叶子繁茂无比，每当正午的阳光从无云的苍穹一泻而下，它的树荫会在地面筛出无数光斑和摇曳的影子，给树下的人以梦幻般的感受，而银杏树只是静静地站立，稳稳当当地站立，绝不夸张和招摇，好比一个值得信赖的友人，既具备高远的志向，又不乏脚踏实地的作为。

1988年，我参与创办了轰动一时的《海南纪实》杂志。为了方便组稿与发行，杂志社在长沙市桐荫里一个幼儿园租了办公室，作为常驻内地的办事处。说是办事处，其实是大本营，这本杂志所有的重大策划、决策和实施，都发生在这里。桐荫里的路口有棵高大的银杏树，我们早出晚归都要从它匝地的浓荫下经过，久而久之，树仿佛就有了与我们气息相通休戚与共的灵性。1988—1989年，杂志社顺风顺水，几乎所有的员工都被突如其来的巨大成功鼓舞，上下齐心，意气风发，共同度过了一段激情燃烧的时光。作为那段时光的标志性记忆，银杏树在我心中永远定格的影像，今生今世都不会改变。

椰子树几乎是海南岛的代名词。假如你亲眼观察过狂风暴雨里的椰子树，才会知道是它出色的柔韧，使之与身处的地理环境浑然天成地契合。这样的生存道理，似乎也适用于人类，至少从我个人的经验中，可以理出这样的线索。

1989年，《海南纪实》由于众所周知的原因停刊，设在长沙的办事处也随之撤销，除我们几个创始人撤回海口，其他人员各奔前程。让我最有成就感的忙碌过去了，接下来是极端安静极端自由极端孤独的生活。在很长一段日子里，我所做的所能做的事情，仅仅是面对书扉上的黑字或者白墙上的斑点，思人间事家乡事，千头万绪无答无解，直到陷入虚无的心境。诚如我在《午后的雷暴》中所记录的，海口遍地都是热热闹闹然而也是我意欲远离的盛事，为新公司开业，为新酒店迎宾，为买进一块黄金地，为倒出一纸暴利的公文……随着我们付出大量心血与热情的乌托邦《海南纪实》解体，我对轰轰烈烈有了一种莫名其妙的戒备。这种戒备致使我在那段日子里，除了思绪一无所有，除了调动思绪一无所能。以前的文学朋友偶尔发个消息，常常会问我：你在干什么？我只能毫无底气地回答：什么都没有干。但我知道那是暂时的。

差不多用了两三年的时间，我终于度过了最低迷的时日，重新开始写一些东西，把我的所思所想记录在纸上，并再一次感受到以吾手写吾心的快乐，散文《乡愁》真实记录了我那个时期的心情。我那会儿的家，紧挨着海南著名的古迹五公祠，一个荒凉破败无人看管的园子，我常在黄昏时分去那里散步。海岛上每日一遭的暴雨刚刚过去，黛青的天空里，乌云仍然低垂，椰子树硕大飘逸的枝叶，已然摆脱了暴雨的纠缠，重新变得风姿绰约，在雨后的风中优雅地摆动。回想起它们刚才在风雨中挣扎的样子，我即刻就懂得了什么叫无坚可摧的韧性，并且对椰子树肃然起敬。

从1993年年底到1995年年初，我的文学再热身运动已经有了成果，至今我自己最喜欢的小说《桑烟为谁升起》《左手》《从此以后》《绝响》，都成稿于那个阶段。正在沉迷上瘾之时，新任海南作协主席韩少功找我谈话，希望我接手作协属下的文学刊物《天涯》，而当时的《天涯》几乎已沦落为出卖刊号的地摊货。经过几天的考虑，我痛下决心答应“友情出演”，接受了这个令人沉重的差事，同时也接受了一种不能轻视的信任。两个能供我讨价还价的条件，一是韩本人出任社长，二是我任主编时限五年，任满不续。话一出口，“你在干什么”忽然不再成为问题，我要回答的问题一夜之间变成了“你要怎么干”。

关于《天涯》,想必今天爱读书爱思考的读者并不陌生。当初社长韩少功经过深思熟虑所拟定的办刊方针,获得了众多高品质作家和人文学者的赞同,编者作者一同努力,很快使它具备了不凡的思想高度和独特的文体气质,并在书山刊海中崭露头角。而我作为具体实施计划的成员,也在付出辛勤劳作的同时,不断感受着某种新的快意。如果说,以前只有写作让我享受过个体创造的快意,主编《天涯》则使我在另一个维度,享受了群体的、似乎与个人成就关系不大其实息息相关的快意。

随着杂志越办越好,作家学者相参的作者队伍中高手如云,眼高手低的苦恼也随之向我袭来。等自己偶尔动了写写小说、散文的念头,刚开了一个头,立刻短去了往下写的信心,再来点什么事务一打岔,开头便永远成了开头,构思也永远只能是构思了。每到此时,我只能用这样的话来自我宽慰:假如你不是个野心勃勃又自不量力的家伙,应该明白一个人不可能同时抓住两条鱼——因为上帝只给了每人一个脑袋两只手。在快意与苦恼的交错中,一晃五年过去,可是我并没能按照当初的约定卸去主编一职,反而因为韩少功被调去海南省文联任主席,增任了作协主席的职务,成了主编兼主席的双料衔役。原因细说起来要费很多笔墨,那是另一篇文章所要完成的任务。总之,如此这般,又是五年。

2003年,我先将担任了八年之久的《天涯》主编交给了李少君,自己仍为杂志做一些组稿和审稿工作。2005年,我的作协主席五年任期将满,重归写作的心愿一天天随之强烈。正在苦思退出良策,广州市作协主席张欣突然联系我,要我帮她推荐可能调去广州做专业作家的人选,以配合广州市引进文学人才的计划。我向这位老朋友推荐了我自己,并经她引荐成为广州市文联的一名专业创作员。这件事曾经在文坛上引起了一点小小的波澜,在很多人看来,我辞去主席职务去当专业作家的行为不可思议,还有些人断定我可能有更深的算计,去当作家只是暗度陈仓。实际上,我的想法简单得不能再简单,就是想趁自己还有写作的能力和兴趣,趁自己头脑还算清醒没犯糊涂,把要写的该写的东西写出来,仅此而已。

去广州又快五年了,2008年在生活·读书·新知三联书店出版的两本书,算是我对接纳我的新单位有了初步的交代。记得当初听说我被调去广州,湖南的老朋友何立伟一改他平时的嬉皮做派,正色对我说,你都五十岁了还有人愿意调你,说明你还没贬值呀。经他这么一说,我才意识到,在我知天命之年,广州这么郑重地接纳了我,对我是一个多大的恩惠。在事务缠身的时候,我千百次地设想过每天想写就能写,没有任何事情来打扰的自由,现在自由从天而降,你再也没有任何理由原谅自己不写或者乱写。每天睁开眼，只有一件事等着你，就是写，认真地写。当然，这并不意味着写出的每个字都会变成印刷品，其中包含着写了删，删了再写的过程，也包含着写给自己这一个读者看的部分。

说来也巧，广州的市花是木棉花。木棉树开花的情形非常奇怪和特别，花开之前，树上的叶子就都落光了，剩下光秃秃的树枝，花苞像一个个小疙瘩，蛰伏在光秃秃的树枝上，等到某一天人们全不经意之间，突然竞相怒放，开得理直气壮，满树花朵犹如夕照映红一角。我觉得这有点像我对自己的期待，眼看生命之树繁密的叶子渐渐凋零落去，却还有再一次绽放花朵的能力和机会，以思索，以感动，以随着阅历加深渐渐扩大的胸怀，以知天命的善解人意关注世界的视角。倘若真能如愿以偿，等我的鬼魂来捡脚印的时节，或许能在木棉树下多转几圈。我要为此而努力。

张赟：您的《一只蚂蚁领着我走》和《动物档案》出版之后，有评论说您“当年先锋、实验的影子已荡然无存”“关注世界的视角以及写作风格都发生了巨大的变化”，是一个“华丽的转身”（不知道您是否赞同这种说法）。我觉得尽管从表象上看，您目前的作品与早期作品相比发生了很大变化，但本质上都显示出一种“前锋者”的姿态，仍是一种实验性文本。作为一个“喜欢找新鲜”的作家，在您的创作历程中，“变”是什么，“常”又是什么呢？

蒋子丹：你说我是一个“喜欢找新鲜”的作家，这话我同意，因为我的写作的确有喜新厌旧的倾向，从我已经写成的作品来看，的确给人以打一枪换一个地方的感觉。当我看到有的作家产量奇高，多年来一直坚持用同一种写法、同一种视角，写相同或近似的生活，而且连篇累牍孜孜不倦，就很不理解，难道他们自己就不厌烦？

我是很容易对自己厌烦的。有时候，想好了几篇小说可以成为一个系列，甚至有的还拟了简略的提纲，或者想好了令自己惬意的标题。刚写了两篇，被别的事务岔开，过了这个劲儿再去看那些半截稿子，已觉得索然无味。我自认为是个情绪型写手，情绪上不来，小说定然写不下去。排除我差不多一直是业余写作，大部分时间花在当编辑替他人作嫁衣这类表面原因，也许这才是我写写停停三天打鱼两天晒网，并且产量很低的深层原因。我觉得一个写手如果能不断变化，说明他有活力，活力是在变化中体现的，跟你对生活的认识、你的视野、你的心态、你的境界、你的悟性都有密切关系。真正有质量的变化，要求你在这些方面都得有所进步，不是你想变就变得了的。你要是想对自己的变负责任，就得牺牲产量，不能想起一出是一出。不着边际地玩技巧，花里胡哨云山雾罩，比那些以不变应万变的不过半斤八两，没有任何意义。有意义的“变”，在我看来，绝不仅仅只是体现在技法上，更重要的是作者的眼光视角之变，变得愈来愈开阔和多元，胸怀境界之变，变得愈来愈博大和高妙。我知道要做到这一点很难，难到我今生今世可能都无法企及，但它的确是我愿意追求的目标。我相信无论做什么事，有目标的人总比没目标的幸福，因为自己认定的目标能让人感到充实，让人觉得有奔头。

人们对我这两本新书的评论，我大体有个印象。这两本书出来之后，读者界一直把它们当成非虚构文体看待，按有的纯文学作家所拟定的标准，基本是“记者干的活儿”，因为它们离现实太近了，缺少想象和虚构的空间。这样的说法在我看来不一定准确，因为按我自己的标准，它们的想象与虚构空间，比起我的早期的作品，恰恰是前所未有地扩大了。至于为什么有人会觉得我当年先锋、实验的影子已荡然无存，可能涉及中国文学界对先锋文学的一个印象：以个性化感受为中心，不怎么关心现实社会生活。

其实20世纪初现代派文学的产生、形成和发展，与当时西方社会的剧烈变迁，与民众经历的巨大灾难有直接关系。危机四伏的社会现实，使作家们陷入了精神深渊，正如卡夫卡所说的：“目的虽有，却无路可循，我们称作路的东西，不过是彷徨而已。”有的人走向了幻灭，有的人走向了反叛，其中的佼佼者几乎都是以针砭社会、关怀底层、表现小人物生活见长，只不过他们的表现手法差异极大，给读者留下的印象是非常自我的。所谓先锋派作家只注重抽象的人性，或者说只注重内心活动与个人化生活的结论，恐怕是对他们的一种误读。包括我自己在内，20世纪80年代接触到西方现代文学经典作品的时候，特别着意于他们新颖的小说技法，对这个文学潮流的内在精神气质并没有太深的领会。

回到我自己的写作，即使是当年被评论家归为“先锋小说”的篇章，都是以现实社会生活为依托的，虽然人物行为有点荒诞或者说有点异化，但它们的关注点还是我们左邻右舍的人物命运和现实遭际。一直以来，我走的路子基本是关注现实的，长时间担任《天涯》主编的工作，无形加强了这方面的意识，因为这本杂志的定位决定了我必须强烈关注现实。对自然与生态问题的忧虑，也是在那个时候积累起来的。当然，我说的这种忧虑，并非抽象的概念所导致，而是由许多见血索命的事实和细节所构成。要是让我来做一个自我归纳，我想说，从出道至今，不管我努力在变化着什么，有一点始终没有改变，以后当然也不会改变，那就是关注现实。

张赟：您曾阐述过为了表达的便利，在《动物档案》和《一只蚂蚁领着我走》的创作中，以小说、散文、报告文学、诗歌等多种文体进行写作的想法。而在您创作的更早期，《桑烟为谁升起》中对叙事行为的暴露和拆解也是一种文体实验，这种自觉的文体意识在女作家中很少见，是什么促使您能保持关注文体的热情？

蒋子丹：《天涯》杂志的一大特点，是它文史哲不分家的文体风格。我在担任《天涯》杂志主编的8年中，曾经无数次被作者们的好文章激动和启发。回想起来我发现，这种激动和启发跟这些文字是否有明晰的归类，或者说它们是否符合某种文体的规范完全没有关系，叙之有情，言之有物，辩之有理，都会吸引我，让我受益。而后来，当我有机会重新开始专心一意去写作时，一些在心里琢磨了多时的想法，也就情不自禁地涌现出来，诱使我用自己的写作去试验和实践。

2001年出版的人文地理长篇《边城凤凰》，是我在文体上浅尝辄止的试验，可能是出于惰性，也可能是出于畏难情绪，最后我写来写去把它写成了“三节水火棍”或者说“标准三明治”。第一部分历史，第二部分传奇，第三部分现实，每个板块自成一体，把历史记载、小说叙事和实地采录拼接在一起了事，而不是把它们打开了、揉碎了，然后融为一体。当我开始写这两本书的时候，《边城凤凰》那种水火棍、三明治的写法已经在我的反省之中了，也就是说，从一开始我已经在警惕自己的畏难情绪或者偷懒的打算了。尽管如此，在写完第一稿的时候，这个问题并没有得到很好的解决，只不过三节棍变成了五六节棍，三明治变成了七八明治而已，并没有太大的改观。这说明对我们业已熟悉的写作形式进行改造，惯性的作用常常意想不到的强大，让我们心有余而力不足。我在写作过程中一次次推倒重来，除了思想和意识形态的原因之外，在很大程度上是因为文体上的障碍。经过好几年的打磨，它终于成了今天这个样子，我觉得自己为此付出的努力是值得的。

就我而言，说到文体自觉可能还为时过早，但这方面的感觉的确是在不断增加，越来越强了。其实，我们每个人的日常言说与思维都是夹叙夹议的，是杂文体的，这样写作不过是回到人的正常状态，先秦文章大多如此。后来司马迁写《项羽本纪》，柳宗元写《捕蛇者说》，归有光写《寒花葬志》，也不会考虑自己写的是史还是论吧？古人可以这样自由写作，为什么我们一定要画地为牢？我的初衷并不是要做一次文体游戏，刻意追求某种效果，只是为了表达的便利。这两部书因为涉及动物与人类关系的主题，方方面面格外复杂，并且难有定论，在写作的过程中篇幅一再增加，好像有说不完道不尽的故事、感受、现象和思考，需要我动用各种文学手段来表现。其中以小说元素为主的单元，里面的主要人物纯属虚构，所有行为都在想象的范畴，也有事件过程的叙述和推进，跟小说的写法没有什么不同，不过在结构上不如有头有尾的小说完整。而散文随笔部分方便直接表达我的感受和立场观点，论说部分方便直接讨论一些问题，报告文学及访谈记录部分才是真实的人和事，没有任何虚构，能真实地反映人的行为与动物的处境。相比之下，小说《桑烟为谁升起》虽然在写法上得到不少评论家的认可，也的确代表了我当时的一种探索，但比起这两本书来，似乎从技法上考虑得更多一些，或者说更具游戏性。

张赟：在您的近期作品中，动物问题成为焦点，您常常能够像体验自己的欢乐、忧虑和痛苦一样去体验动物的一切，实现与动物的“交互主体性”。我认为可以把这些作品称为“生态文学”。“生态文学”关注人以外的任何生物，除了以平等的心态描写动物，还在对自然环境的描写中表达对人与自然的和谐共处的追求，您一定也有过这方面的思考吧？其实这在您的一些作品中也有所体现，如《从前》中“辫子”在水葫芦、萤火虫、水塘、七星瓢虫的陪伴下度过的夏天；《偏爱小城》里对海口城市发展过快，终会失去其原有的“悠闲自在”的隐隐担忧；等等。

蒋子丹：《动物档案》和《一只蚂蚁领着我走》，是从生态现实、从人类生存现实的角度来切入生活的作品。动物与人的关系，是一个非常敏感并充满挑战的话题，它所涉及的现实社会、道德伦理以及历史、宗教、科学、心理、行为、情感、常识等方方面面，难度是我在写作之初没有预料到的。写作过程中我常常会陷入双重的绝望：一边要面对人类对动物愈演愈烈的利用、剥夺、虐待和残杀，另一边要面对自身根深蒂固甚至是无法超越的物种、基因以及精神的局限性。这使得写作过程格外艰难，这种挑战性在我看来是非常诱人的。当人类把自己所属的族群，放到生物圈这个大的框架中去看待时，我们就不再是什么高高在上的天之骄子，而只不过是千万种生命体中的一支而已。假如在过去的几百年中，人类不曾靠着工业化、高科技化手段大量攫取自然界的资源，把自己捧上万物主宰的位置，离自然界越来越远的话，我们就不会像今天这样，只注重人类社会的发展，无视地球上其他与我们一样，有血有肉有知觉有情感的生命了。

如你所说，在我以前的小说和散文里，有过这种观念的表达，但也许都比较零碎和浅显，这次写作实践，才使我在这方面有了比较深切的感受、比较系统的学习。应该说，让我受益匪浅。

张赟：在我看来，您是一位具有批评家眼光的作家，对文学与创作都有自己的洞见，那么您是否在意批评界对您的看法呢？有没有哪位学者的意见对您的创作产生直接的影响呢？

蒋子丹：自我开始写作，一直没怎么入批评家的法眼，除了戴锦华、王绯两位从女性主义写作的角度有所褒贬外，只有个别作品在发表之后，得到些零星的掌声。因此顺理成章，我从来不太在意批评界对我的看法，更没有哪位学者的意见对我产生过直接影响。

说到批评家眼光，那倒不奇怪，你别忘了本人就是从编辑岗位开始文学生涯的。称职的文学编辑，其实都是批评家，只不过批评家写得多，编辑说得多，只立说不著书，再好的见解也都随风飘散了。在过往的时间里，我当编辑的名声远远超出当作家的名声，还很荣幸地被人称为“名编”。虽然私底下我并不太珍惜这个称号，但平心而论，如果没有多年编辑工作的历练，如今重回创作中来，可能会没有后劲儿。所以我认为批评和创作，是一辆车上的两个轮子，最好能够一块转，哪一个转得太快或太慢，车子总是开不正的。像我这样，没有成为也不能成为批评家重点关注的写手，最好自己能有一点批评眼光和常识，做起批评与自我批评相结合的文章，也就方便了。

张瓒：对于一向谨慎下笔、不为产量所动的您来说，能够同时出版《动物档案》和《一只蚂蚁领着我走》两部共达50万字的书着实令人惊讶，掩卷之后我已经成为一个忠实的“动物福利主义者”，回味之余还是对您以后的作品充满期待。我知道，专一从事创作的愿望您已经孕育多年，现在一定积淀了太多太久的思考，会不会将思索最久，压在内心最重的情结留在下一本书中呢？

蒋子丹：最后一个问题，我可能要让你失望了，因为我现在开始学习写故事，手上刚开头的一部长篇，就是以讲故事为主要特征的。每个写作者肯定都有自己的所长所短，拿我自己来说，写故事从来就不是我之所长，写对话也不是，哪怕在我十多二十年前拉开架势写小说的时候，也会不知不觉地回避大段的对话，大篇幅的描绘，或者说特别曲折的情节。对那些写故事写得风生水起，写对话写得活灵活现的作家们，我一直很羡慕，这或许也是后来我比较热衷于文体实验的一个技术上的原因吧。经过了《一只蚂蚁领我着走》的高强度思辨之后，我突然想到要写一部好看的故事书试试，这可以使自己稍稍放松一些。说不定又是喜新厌旧之心使然。

2009年12月12日于海口

评　论《

文学之路上的前锋者

——论蒋子丹

张　赟

蒋子丹是以“编辑”和“作家”的双重身份活跃于当代文坛的。从《芙蓉》到《海南纪实》，再到《天涯》，编辑（或主编）的身份使站在文学幕后的蒋子丹不仅获得了“慧眼”，更获得了“慧心”，更使走上文学台前的她焕发出异彩。早在1985年，蒋子丹即开始创作了“颜色系列小说”（《黑颜色》《没颜色》《蓝颜色》），90年代初期，又有《桑烟为谁升起》《绝响》《左手》等作品问世，由于这些作品具有荒诞幽默等特点，蒋子丹常被视为先锋实验派作家。2008年，生活·读书·新知三联书店同时推出了蒋子丹的《动物档案》和《一只蚂蚁领着我走》两部书。在小说创作出现一段时间的停滞后，化身动物福利主义者的蒋子丹再一次惊艳文坛，生态主义思辨与跨文体探索再一次强化了她作为文学“前锋者”的姿态。“前锋性并不像某些人理解的那样，体现为声色犬马玩世不恭。恰恰相反，它将在很多中国文化人公开嘲弄文学的理想和崇高的时候，堂皇地重申文学的理想，呼唤文人的道义感、同情心和批判精神。同时，它应该是在审美形式上锐意创新且又充盈着真情实感的。”①这不仅是蒋子丹对一本理想刊物的设想，也是她在写作实践中的自觉追求。

蒋子丹在小说写作的同时创作了大量散文，如果说小说是她文学创作的原野，那么，散文就是她的后花园——她从未停止在里面的徜徉，在这里我们足以窥见蒋子丹的“真性情”：《手足》《遗憾》《两代人的驿站》使我们熟悉了蒋子丹的亲朋故友、人生轨迹；《一个人的时候》《遐想死亡》《女人四十》寄托了她对人生岁月以及生与死的天问式思索；《边城凤凰》是对湘西凤凰的历史人文的缅怀与追问；《文学的性别》《结束时还忆起始》《当悲的水流经慈的河——〈世界上所有的夜晚〉及其他》等创作笔谈则是蒋子丹理性总结创作心得、梳理文学理念的思想载体。总之，在蒋子丹的文学世界里，散文与小说交相辉映，构成了一种绮丽的文学景观。其中，女性主义话

---

① 蒋子丹：《结束时还忆起始》，《蒋子丹自选集》，海南出版社2008年版，第253页。

语和生态主义话语是蒋子丹文学创作的两个重要母题，即解构传统男权政治，寻求女性出路；批判人类中心主义，寻求人与自然的和谐共生。同时，蒋子丹一贯有着清醒的文体意识，早在80年代中期，她被西方现代主义经典所吸引，荒诞和黑色幽默的运用使情节结构变形、内容陌生化，她还不断尝试叙事人、叙事视角上的变化，并以多文体和跨文体形式实践"审美形式上锐意创新"，以更好地"充盈真情实感"。纵观蒋子丹的文学之路，她的创作始终追求"新鲜"①，不断丰富发展正说明了她创作力的活跃。

一、女性主义话语

批评家王绯曾将蒋子丹的作品定义为"一种新女性主义小说"②。确实，蒋子丹有其特立独行之处，在90年代女性主义繁盛时期，她并不盲从于这一文学潮流，甚至对这一理论持懵懂态度③，可以说她的女性主义话语并非自觉为之，而是心有所感使然。同时，当女性主义作家执着于"身体理论"，以女性"血肉之躯充当写作所依循的逻辑"④时，"身体书写"仍与蒋子丹无缘，她的作品从不以暴露身体隐私为切入点。其实，不跟随流行文学风向标的蒋子丹有着自己的逻辑，与他人相比，她的建立在现实感悟基础上的女性话语没有轻飘、雕琢之感，而是更深沉、更真实，也更富艺术感染力。

1.男权政治的解构——批判与自审

人类历史是一部男性叙事的历史，居于主导地位的男权文化不仅控制着历史形成的过程，也制约着历史书写的方式。现有历史文本往往将男性的存在神圣化、崇高化，甚至是美化、神化。当代女性主义作家一旦认识到从古至今延续的这一性别政治，即开始对男权社会进行口诛笔伐，她们往往不失夸张地将笔下的男性形象丑化、漫画化，暴露他们或懦弱猥琐或贪婪邪恶的本质，如王安忆《叔叔的故事》中的"叔叔"、张洁《无字》中的"胡秉宸"、徐小斌《双鱼星座》中的"韦"或"石"等等。然而作为非自觉的女性主义者，蒋子丹笔下的男性呈现出与上述不同的样态：他们总是生活得幸福美满，即便温和地暴露出自私的本质，也不影响其结局的顺心如意。而这样的男性形象显然更生活化，更真实客观，同时蕴含着更深刻的批判力。这是由于蒋子丹从不在笔端流露出愤怒或偏激的情绪，她只是从容淡定地将那些陶醉于自我

① 蒋子丹、单正平：《两栖人生——蒋子丹访谈录》，《作家》1999年第2期。
② 王绯：《蒋子丹：游戏与诡计——一种现代新女性主义小说诞生的证明》，《当代作家评论》1995年第3期。
③ 蒋子丹、单正平：《两栖人生——蒋子丹访谈录》，《作家》1999年第2期。
④ 南帆：《躯体修辞学：肖像与性》，《文艺争鸣》1996年第4期。

精神和智力优越感中的男性们的蠢笨颟顸显露于无形，同时不乏对女性的自审。

蒋子丹笔下的这些男主人公往往没有名字，用以指代他们的是职业或身体特征。如《等待黄昏》中“一直到他获得学位的那一天，他才把有关他妻子的事情告诉她”的“哲学硕士”；《最后的艳遇》中善于玩弄女性感情的“扁指甲男人”；《绝响》中黛眉为之付出生命代价却并未在黛眉的葬礼上出现的“有妇之夫”；《桑烟为谁升起》（以下简称“《桑烟》”）中希望自己能拯救大街上愁云满面的女人们的“生物学博士”、付账时忘了带钱包的“前拳击冠军”等等。显然我们不难理解其中的用意：对于作者来说是不屑，对于那些人物来说则是不配。

无论是“哲学硕士”“扁指甲男人”，还是“有妇之夫”，他们都是两性关系中强势的一方、获利的一方：或是独自在异乡求学之时得到身心安慰，或是在寂寞无聊之时得以自娱，或是在婚姻之外获得冒险刺激。似乎他们又并无过错，因为女性一方是如此迎合着他们的暗示，甚至如爱情乞丐一般乞求他们爱的施与，因此，当女性伴侣对于他们来说失去了时效性，他们就会转身离去，因为他们原本“不打算为一个即便是美好的东西去毁灭另一种美好”。

这里固然有对男性卑鄙行径的嘲讽，但同时我们也看到作者对女性自身的反省。正如执着于爱情幻想的女厂长在最终得知“扁指甲男人”并非对自己有意，他只是在做“扔硬币”的游戏时，觉得自己“很像一只落汤鸡”，所有被爱抛弃的女性无一不像“落汤鸡”。《等待黄昏》中的“我”甚至尊严全失，低声下气乞求得到的只是冰冷拒绝，全部身心换来的只是独自一人的爱情祭奠；《从前》中的伍彩因为建国而中枪、截瘫，以残疾为代价得到的是他的不再出现；《绝响》中的黛眉自戕也没能换来“有妇之夫”的伤心……代价的逐次升级，使我们在深感女性爱情的浓烈、付出时的毫无保留和结局的悲惨凄凉的同时，又不得不质疑这一切的价值和意义。蒋子丹在不动声色地批判男性政治的同时，也毫不留情地揭示出女性自身的弱点。

2.一种传统女性生存图景的颠覆

在漫长的历史发展过程中，父权文化以其无所不在的渗透力和影响力构成了社会文化的绝对主体，其对女性从肉体到精神的影响也是巨大的。在强大的男权文化的统治与遮蔽中，女性也逐渐地将这种外在的强制性规定内在化，从而心甘情愿地扮演社会所规定的角色。“母子共生”“天然母爱”即是这种女性内在规定性的一个重要方面。迄今为止，有大量文本赞美母子之间美妙的“共生关系”，如冰心的“母亲在小舟里，小舟在月明的大海里，我在母亲的怀抱里”，至今为人传诵。然而，“天然母爱”的宣扬使生儿育女成为女性不容置疑的天职，在某种程度上成为束缚女性自我意识的观念形态，女性要解放自身，就不得不冲破这种束缚。显然，这是一种冒险行为，因为在传统卫道者眼中，这将削弱现存道德伦理关系。蒋子丹所进行的正是这种冒险，并在这种冒险中揭示出一种"险恶的真实"[①]。

在《等待黄昏》中，蒋子丹倾覆了"天然母爱"这座一直受到人们顶礼膜拜的大厦，揭示出"母子共生"关系并非理所当然的美妙，更绝非真理。女护士苏密说："我们就像这些鱼，成熟产卵然后衰老然后死去，孩子活着，接替我们活着，生命才能延续。"当她意识到如此工具化的女性生命其实毫无意义时，便亲手杀死了自己的双胞胎儿子，她并"不需要别的生命代替她活着"。

作为苏密的朋友，"我""没有做母亲的愿望"，也不具备"母爱的天性"。"我"对母亲角色的不情愿以及怀孕的折磨使"我"产生了一个秘密的愿望：把胎儿呕吐出来。每次呕吐之后，"我"都坚持要看痰盂里的呕吐物，希望能在里边发现"胎儿的头发指甲或者另外什么器官的碎片"。尽管最终"我"成为母亲，但却与传统母亲形象迥然不同："我并不真正爱他，但仍然尽职尽责用生命之泉哺育他长大……因了我尽职尽责的假象，人们以为我可以做一个好母亲。我知道一个母亲假如不爱她的儿子，她就不要指望世界上有谁还会爱她。"

人们常常用"虎毒不食子""舐犊情深"来说明连动物都具备的天然母爱，然而母爱的本能对于人类来说却无法纯粹。由于父权文化秩序主导下的"母子关系"掺杂了过多的功利目的，女性有理由"憎恨"那些"欺骗所有的女人，说创造生命的事业高于一切"的诗人[②]。由此，蒋子丹笔下"母子关系"的对立转化为女性与父权文化秩序的对立，"子"成为父权制符号，"杀子"行为旋即成为颠覆父权文化秩序的象征。

3. 女性救赎之路的找寻

在蒋子丹笔下，女性的命运似乎都无法完满，她们的奋力挣扎终究无法改变悲凉的结局。无论是《桑烟》中的萧芒，还是《等待黄昏》中的"我"，抑或是《绝响》中的黛眉，都印证了女性在道德意识和日常行为上瞻前顾后、无所适从的现实。正如法国女权思想家埃莱娜·西苏所说："事事有罪，处处有罪：因为有欲望和没有欲望而负罪；因为太冷淡和太'热烈'而负罪；因为既不冷淡又不'热烈'而负罪……"蒋子丹为这些在现实中无所适从的女性安排了逃离——死亡的结局，而在女性救赎之路的寻找过程中，她们试图通过"姐妹之邦"获得勇气和力量，但"姐妹情谊"并不能帮助她们渡过最后的难关。

① 蒋子丹：《荒诞两种》，《作家》1994年第8期。

② 蒋子丹：《贞操游戏》，云南人民出版社1996年版，第205页。

女性逃离之路经历的重重险境，惨淡壮烈，其间诉说着女性被压抑的心灵史。《桑烟》中的萧芒在男性社会的挤压下，一次次逃向荒野。她来到西藏这个荒僻的少数民族地区，还是遭遇了男性的情感诱骗，这说明，即便是未被工业文明污染的圣洁之所，也并非女性重建精神家园的自由之地。当作者安排她乘上不知开向哪里的火车时，已经认识到女性出路的虚无，最终只能在西藏特有的"天葬"中燃起为她升起的桑烟。这是一种死亡暗示。种种逃离毫不例外地走向破产，直指死亡之谷。而死亡，意味着男性拯救的不可得，也意味着男性对象对她们的潜在希望。此外，《绝响》中黛眉留下的自杀之谜、《等待黄昏》中苏密的自取绝路，死亡无一不是逃离，不过是逃离的最极端方式。

当女性在爱情关系中失落时，作家试图以"姐妹"之间的(女性朋友，甚至情敌之间)相怜、相恤来冲淡苦痛，在尖利的追问和无望的叩询中寻找一丝爱意和温暖。如《桑烟》中的"我"与萧芒、萧芒与丈夫的情人、《等待黄昏》中的苏密与"我"、《绝响》中的黛眉和"我"等等，女性友伴联盟，不仅在抵御外界侵犯时发挥力量，同时也是女性在岁月流转中面对日常所必需的。在"姐妹之邦"中，同性之爱有时带有同性恋倾向。正如艾德里安娜·里奇所说："女同性恋的存在包括打破禁忌和反对强迫的生活方式，它还直接或间接地反对男人侵占女人的权力。"①《等待黄昏》中的"我""会像以往破坏她和任何一个男人的恋爱那样……把他们的关系彻底破坏掉"，想到苏密美丽的身体被一个男人蹂躏，"她很难让自己高兴起来"，在作家笔下，同性之爱是困境中的女性获取抵抗生活之痛的力量源泉，更是对异性爱缺失的一种无奈补偿。然而《桑烟》中"我"无法改写萧芒的命运，《等待黄昏》中"我"无法阻止苏密的杀子行为，《绝响》中"我"也无法挽回"黛眉"的被抛弃，"姐妹之邦"最终沦陷，说明"姐妹情谊"不能帮助她们渡过最后难关。然而，"姐妹之邦"的存在仍然具有积极意义，在女性免遭正统文化及其婚姻秩序中异性恋"物化"和"异化"的意义上，它构成了女性对父权制文化象征秩序的对抗姿态。

二、生态主义话语

如果从生态批评角度考察蒋子丹的作品，她的《动物档案》和《一只蚂蚁领着我走》是一种关注动物生存现状、为动物立言的生态主义话语。在这些作品中，动物不再是人类的陪衬，恰恰相反，它们成为文本的主角，不但有自己的名字，而且有独特

① [美]艾德里安娜·里奇：《强迫的异性爱和女同性恋的存在》，引自《女权主义文学理论》，[英]玛丽·伊格尔顿编，胡敏等译，湖南文艺出版社1989年版，第39页。

的性格。总的来看，动物们敏感、善良、有情有义、知恩图报，反倒凸显了人类的残暴、虚伪、自私和贪婪。这些平凡孱弱、被大多数人视为无关紧要的生命，原本都值得人们牵肠挂肚，它们的世界与自诩为万物灵长的人类同生共荣，大可等量齐观。

如此文本形态的形成是因为作者在人与动物之间实现了“交互主体性”：“承认自然界他者的主体性，要求个人主体首先设身处地、从他者的视角考虑问题，进而才有可能形成自己的主体与他者的主体之间的主体间际交流。”[①]作者从人类的主体性和主体权利推及动物的主体性和主体权利，进而充分体察到动物主体与人类主体之间不可分割的联系。正如大卫·休谟所说，自然授予我们一种共同体验他人命运的能力，它以此要求我们，像体验自己的欢乐、忧虑和痛苦一样去体验他人的一切。[②]这里的“他人”可以置换为包括动物在内的一切生物。有感于目前动物生存现状的凄惨和面临的危机皆源于根深蒂固的人类中心主义思想、征服和控制动物的传统观念以及日益泛滥的消费主义社会文化，蒋子丹不能不痛心疾首，对这些人类盛行的思想意识发出严正预警，并做出深入批判。

1. 人类中心主义批判

支配人类意识和行为达数千年之久的人类中心主义观点认为，“地球上的一切——有生命的和无生命的，动物、植物和矿物——甚至就连地球本身都是专门为人类创造的”。在这种观念的支配下，人们理所当然地认为，动物的存在是为了服务于人类，满足人类的需要。为了获取格陵兰小海豹的毛皮，人类向这些浑身长满白色绒毛的就像“冰面上无辜的水壶”的海豹幼儿举起了木棒，然后将其活剥；为了获得珍贵的熊胆汁，人类发明了“活体取胆技术”——将一根金属管植入熊的胆囊，另一端露在熊的体外，而每天抽取胆汁时，熊都会疼得凄厉地惨嚎；为了降低成本产出更多的鸡，现代化养鸡场里的鸡终生只能待在一张 B5 纸大小的面积上，爪子甚至长到笼子上，此外，生吃猴脑、活剐叫驴、生抠鹅肠等吃法以及各种名义下的动物实验等等，这些都昭示出，人类以自我为中心成为动物的法西斯的行径似乎罄竹难书。

当人类以残忍的手段对待动物时，只把动物看作“可以随意支配的物质，而绝非与人同生共处的自然生命体”[③]。其实，中西方都有与这种人类中心主义相对立的宣扬生命平等的传统思想，如中国古代有“劝君莫打枝头鸟，子在巢中望母归”的诗句，而尼采说，人“根本不是万物之冠，每种生物都与他并列在同等完美的阶段上”。然

---

① 王诺：《欧美生态批评——生态文学研究概论》，学林出版社 2008 年版，第 130 页。

② 蒋子丹：《一只蚂蚁领着我走》，生活·读书·新知三联书店 2008 年版，第 84 页。

③ 蒋子丹：《一只蚂蚁领着我走》，生活·读书·新知三联书店 2008 年版，第 141 页。

而，当“人类中心主义与唯物主义和无神论相结合，人心中从此没有了任何敬畏与顾忌”[①]的时候，施加给动物的利用、剥夺、残杀，手段便无所不用其极。

“人道主义”“以人为本”“文学是人学”等人类社会政治、道德、文化等领域中提出的理论都曾对社会发展起到积极的作用，然而，当这些理论经过几百年的发展和积淀，演变为仅仅从人的价值和人的利益角度，而不是从自然界整体的角度认识世界时，生态危机在人类生活的方方面面形成的消极影响已开始凸显。

在《动物档案》和《一只蚂蚁领着我走》中，蒋子丹不仅记录了人类在历史上和当前仍在进行的种种针对动物的暴行，同时也深入剖析了由于人类中心主义观念泛滥产生的道德危机信仰危机，作者用泣血的文字发出中国文坛第一声——“解放动物，就是再一次解放人类”的呼声。

2.征服和控制自然观批判

征服和控制自然观与人类中心主义伴随而生。培根曾在乌托邦作品《新大西岛》中描绘了一个完全被人类掌握和改造的未来世界：“运用技术我们可以使动物长得比同种生物更高更大，也可以反过来使它们更矮小，并停止生长……我们还可以使它们在毛色、体型、行动方式和其他方面都不同。”直到今天，人类的许多科学研究，甚至日常行为仍秉承着培根的传统，继续着培根的梦想，加倍地扭曲自然事物、干扰自然进程、创造人造的“自然”。

在蒋子丹的笔下，我们重新认识了种种司空见惯的人造“自然”景观：斗兽场、动物园、马戏团。它们有着共同的存在理由，就是用动物来取悦人类，而动物的感受被忽略不计。斗兽场中的动物们以鲜血和死亡换来人类对自然界野兽厮杀搏斗场面的复制，动物园和马戏团的动物们则以自然天性的丧失和对人类意志的服从换取饮食。更可悲的是实验室中的动物。人类打着科学研究的旗号对动物进行电击、高温、毒气、病毒实验，有时要证明的竟是：在货物装运中动物有时因热而死。而日常生活中，人们以爱的名义为自己的宠物手术整容、割除声带、戴上电击项圈……人类对动物的征服、改造和占有无所不在，并且都是建立在越来越广泛、彻底地掠夺和利用动物的基础上。

人类在自然的前面冠以“征服”这个动词，意味着人类还没有意识到，即便人类已经具备了能够改变并摧毁自然的能力，也仍然只是自然的一部分。当人类控制和改造自然的能力不再受到智慧的调节，仍以不负责任为标志，最终代价将是毁灭人

---

① 王诺：《欧美生态批评——生态文学研究概论》，学林出版社2008年版，第148页。

类自己。

蒋子丹在作品中对征服和控制自然观的批判，不仅使我们反思人类对自然的种种霸道态度、观念和做法，也使我们反思、批判和变革这种社会文化。正如生态学者卡森所说："无论在什么时候，只要我们毁掉了自然美，只要我们用人造的、手工的东西取代了自然物，我们就会在一些方面阻碍人类精神的发展。"①

3.消费文化批判

消费社会和消费文化里的"消费"，指的是满足超出生物需要的渴望和欲望的活动或生活方式，其目的不是实际需要的满足，而是不断追求被制造出来、被刺激起来的欲望的满足。消费文化引诱人们不是通过精神成就而是通过物质占有和物质消费来实现自我。对消费文化的批判正是蒋子丹生态话语的主题之一。在《一只蚂蚁领着我走》中，她说："假如哪种动物不幸具有了诱人的商业价值，杀戮就会光顾它们。"②藏羚羊、大象、鲸鱼、小海豹、黑熊等珍贵动物正是因此遭遇死亡甚至灭绝的危险。相比于珍稀动物遭遇"涸泽而渔"的困境，普通家畜也常常被利润最大化处理，如不良商贩为猪牛大量注水后再行销售，而伴侣动物则在消费主义文化的泛滥下，成为人们追求个人私欲、炫耀财富和地位的标签。名目繁多的宠物选美、宠物美容、宠物学校、宠物食品促使金钱成为衡量人们爱心的尺度："人与动物的相处，正在演变为动物邀宠的炫技，演变为由商业利益无形的巨手所左右的爱心购物大比拼。"③然而，当爱可以用金钱标注，它本身已经被扭曲和亵渎。可见，消费文化同样阻碍了人们精神和情感的发展。

尽管蒋子丹对人类中心主义等观念进行了深入批判，但事实上，她在写作过程中"常常会陷入双重的绝望：一边要面对人类对动物愈演愈烈的利用、剥夺、虐待和残杀，另一边要面对自身根深蒂固甚至是无法超越的物种、基因以及精神的局限性"，反映在作品中则形成强烈的思辨色彩。这种痛苦的思辨如同蒋子丹的两个矛盾自我在相互辩难——有时是主要人物之间，如"沉鱼"与"落雁"(《禁狗时期的心情》)；有时是叙述者与主人公之间，如"我"和"文婷"(《盛宠时代》)；也有时是两个主人公之间，如"杨杨"和"小黄"(《大水冲了龙王庙》)。内在的对话关系可以看作是两种声音的外化，两种声音都在自我申辩，同时又都在自我否定，而这种辩难性正是蒋子丹认知和把握生态问题及其过程中产生的矛盾困惑在文本层面的印证。

---

① 王诺：《欧美生态批评——生态文学研究概论》，学林出版社2008年版，第163页。
② 蒋子丹：《一只蚂蚁领着我走》，生活·读书·新知三联书店2008年版，第134页。
③ 蒋子丹：《一只蚂蚁领着我走》，生活·读书·新知三联书店2008年版，第56页。

三、自觉的文体意识

从蒋子丹早期的“颜色系列小说”，到后来的《左手》《绝响》《从此以后》等，再到目前的“动物系列小说”，荒诞幽默、多重叙事方式以及交叉文体实验等都体现出她始终自觉的文体意识。在《当悲的水流经慈的河——〈世界上所有的夜晚〉及其他》中，蒋子丹这样评析迟子建的一部作品：“写实、浪漫、轻度魔幻的技法相互渗透相互交织。但作者似乎并未在表现手法上刻意经营，精神意志的内在需求成为一只无形的手，支配着作者用不同的手法表现不同的空间……在好的创作状态下，往往内容就是形式，形式就是内容……使技法的转换和情感的辐射浑然一体不可分离。”[①]这其实也正是对蒋子丹自己所进行的文体实践的最好概括和诠释。

1. 荒诞两种

置身文学殿堂后的蒋子丹很快被西方现代主义小说所吸引，加缪、海勒成为她的最爱，“他们作品里的幽默和荒诞，被无拘无束地精妙表达，真让人在反复阅读中把栏杆拍遍”。在此影响下，蒋子丹先是创作了“颜色系列小说”和《那天下雨了》，后在90年代初期创作了《老M死后》《左手》《绝响》《从此以后》等。

其间，蒋子丹经历了从以“细节的荒诞”为主，到以“逻辑的荒诞”为主[②]的创作不断发展完善的过程。在后续作品中，蒋子丹以裕如的笔锋、洋洋洒洒多排比的语句，穿插幽默戏谑的情节，以人生的荒诞揭示人生的本真。它们是一则则现代寓言。

《绝响》中的女诗人黛眉爱上有妇之夫，最终为这段不可能有结果的爱情而自杀，她死得美丽而从容，因为她想以自己的死换来“他”的伤心，然而她的死被公安局定性为因总务科长“文大肥”分黄花鱼不公而负气自杀。追悼会上，“我”在签到处盯住每一个适龄男子看，最后终于看到了一个悲痛得非常突出的男人——黛眉恨之入骨的文大肥，而“他”始终没有露面。《左手》中的关先生耗费一生心血精心呵护儿子幼时因病迟钝的左手，却遭遇成年后的儿子向他开枪射击，因儿子以左手持枪，他终于笑着死去。《从此以后》中的闻布衣濒死的妻子通过手术与一位年轻时尚的女士换了大脑，在面对事实上已成为另一个人的妻子，始终以好男人好丈夫形象示人的闻布衣，内心充满了秘不可宣的乐不可支。以“逻辑的荒诞”为主并非抛弃了“细节的荒诞”，黛眉自杀前拍蚊子、公安局对自杀原因的定性、换脑等细节都充满荒诞色

---

① 蒋子丹：《当悲的水流经慈的河——〈世界上所有的夜晚〉及其他》，《蒋子丹自选集》，海南出版社2008年版，第269页。

② 蒋子丹：《荒诞两种》，《作家》1994年第8期。

彩。在荒诞的细节下面凸显了某种生活真相：女性之爱的极端与天真、男性潜意识的喜新厌旧、病态父爱的纵恶嫌疑等等。

还需注意的是，在这些文本中死亡意象无所不在。死亡成为传达人生荒诞的直接表现，由死亡展开的意义和感悟永远重于死亡本身的叙述，由此，死亡意象更加加深了荒诞文本的含蓄性与神秘感。总之，荒诞——无论是细节，还是逻辑——都是作家面对人性异化和畸变现象时，表达内心忧患的一种方式。

2. 多重叙述方式及文体

文体形式由文本审美内容直接生成，是一种“有意味的形式”。在叙事方式上对叙述人、叙述视角及文体等方面的拓展对于发掘小说美学空间有重要审美价值，在西方现代主义熏染下的蒋子丹对此有着自觉认识。

首先，蒋子丹作品中的叙事人有多样化的特点。主人公叙事以作品中的主人公充当叙事人，在文学作品中最为常见，也是蒋子丹早期作品“颜色系列小说”都采用的一种叙事方式。次要人物叙事是蒋子丹小说叙事上的一个亮点，作品有《左手》《绝响》《从前》等。“我”是故事中的人物，但只是处于故事的边缘，是一个旁观者，所谓当局者迷，旁观者清，所以旁观者叙事具有较强的客观性、真实性。如《左手》和《绝响》中的“我”，作为关先生的邻居和黛眉的朋友对事态的发展结果以及事件的悲剧性都有着清醒的预见。傀儡叙事或虚拟性叙事是作者为了造成虚虚实实、扑朔迷离的艺术效果而采用的，如《桑烟》。在后两种叙事人的叙述下，“我”以不同于主人公的价值观去评判故事、评判人物，都可产生多重艺术效果。

蒋子丹还注重叙事人称的变化。她主要采用第一人称(《最后的艳遇》《老 M 死后》《黑颜色》)和第三人称(《劫后》《从此以后》)以及第一人称和第三人称交叉的双重叙事(《等待黄昏》)。通常第三人称是全知视角，读者感觉到作者似乎是无所不在无所不知的权威，能够把事件和人物的方方面面都展现出来。但蒋子丹并没有把自己凌驾于小说世界之上，居高临下，洞察一切，而是采用了较为客观的限知视角，她只在有限的范围内叙事，只展现事件和人物的一部分，而不是展现全部。如《绝响》中的录音之谜、《左手》中小关的结局、《桑烟》中萧芒的归宿等等，显然，限知视角的使用使作品的余韵更绵延悠长。在散文中，蒋子丹采用第一人称以及第一人称、第二人称交叉的双重叙事。“你”是作家们最少使用的叙事人称，但在《一个人的时候》《遐想死亡》《岁月之约》等散文中，第二人称叙事使读者将自己的眼光与作者的眼光等同，产生身临其境之感，作者能够得心应手随心所欲说明她找到了最佳的叙事途径。

跨文体或交叉文体实验主要体现在蒋子丹近年的《动物档案》和《一只蚂蚁领着我走》两部书中，而这是蒋子丹有意为之："整体而言它的文体比较复杂，有的章节像小说，有的章节像散文或者接近报告文学，有的部分以论说为主，甚至还有一章诗歌……而我的初衷并不是要做一次文体游戏，刻意追求某种效果，只是为了表达的便利。"蒋子丹从《天涯》文史哲不分家的办刊宗旨中得到启发，使文体服从于表意的需要，显然，这一文体实验使她获得了更多的自由。

无论是叙述人、叙事人称的变化，还是跨文体或交叉文体实验，都体现了蒋子丹的一种创作理念："一面急切地寻找无拘无束的小说态势，一面又固执地认为小说是不可以放弃形式与技术的。"[①]总之，形式的高超精妙与内容的贴近现实人生，共同践行了蒋子丹对文学"前锋者"的阐释与追求。

（载《小说评论》2010 年第 2 期）

主要作品目录《

长篇小说

《长大不容易》，湖北少年儿童出版社 1999 年版。

《边城凤凰》，河北教育出版社 2003 年版。

《动物档案》，生活·读书·新知三联书店 2008 年版。

《一只蚂蚁领着我走》，生活·读书·新知三联书店 2008 年版。

《囚界无边》，人民文学出版社 2012 年版。

中短篇小说集

《昨天已经古老》，作家出版社 1987 年版。

《最后的艳遇》，广东教育出版社 1994 年版。

《桑烟为谁升起》，河北教育出版社 1995 年版。

《左手》，长江文艺出版社 1996 年版。

《贞操游戏》，云南人民出版社 1996 年版。

---

① 蒋子丹：《小说与散文》，《蒋子丹自选集》，海南出版社 2008 年版，第 287 页。

《蒋子丹小说精粹》,四川人民出版社 1998 年版。

《黑颜色》,北岳文艺出版社 2001 年版。

中短篇小说

《无伴奏短歌》,《萌芽》1984 年第 7 期。

《现在九点差一刻》,《文汇月刊》1984 年第 12 期。

《出国演出队名单》,《人民文学》1984 年第 11 期。

《橙红色的黄昏》,《文学月报》1985 年第 1 期。

《话说老温其人》,《文学月报》1985 年第 6 期。

《昨天已经古老》,《人民文学》1985 年第 7 期。

《黑颜色》,《上海文学》1985 年第 11 期。

《绿草坪的话题》,《北京文学》1986 年第 3 期。

《没颜色》,《上海文学》1986 年第 12 期。

《今夕是何年》,《人民文学》1986 年第 6 期。

《诱惑(四)》,《文学月报》1986 年第 4 期。

《蓝颜色》,《作家》1987 年第 3 期。

《圈》,《收获》1987 年第 2 期。

《等待黄昏》,《收获》1990 年第 1 期。

《劫后》,《花城》1991 年第 6 期。

《等待黄昏》,《收获》1992 年第 4 期。

《老 M 死后》,《花城》1993 年第 6 期。

《桑烟为谁升起》,《收获》1994 年第 1 期。

《左手》,《上海文学》1994 年第 4 期。

《从此以后》,《作家》1994 年第 8 期。

《绝响》,《作家》1994 年第 8 期。

《从前》,《小说界》1995 年第 2 期。

《野山羊》,《湖南文学》1995 年第 5 期。

《老狗三毛的遗言》,《天涯》2006 年第 5 期。

《禁狗时期的心情》,《上海文学》2007 年第 3 期。

《短篇二题》,《作家》2007 年第 4 期。

《狗殇》,《十月》2007 年第 5 期。

《风月@E时代》,《小说月报(中篇小说)》2009年第4期。

《球球与它的主人们》,《晚报文萃》2012年第22期。

《彭师累了》,《长江文艺》2016年第6期。

《闺蜜》,《钟山》2019年第5期。

《往事重现》,《作家》2019年第7期。

《女人与狗》,《北京文学(中篇小说月报)》2019年第6期。

散文集

《乡愁》,海南出版社1994年版。

《一个人的时候》,四川人民出版社1995年版。

《回忆冬天》,云南人民出版社1996年版。

《岁月之约》,上海书店出版社1998年版。

《当夏季再次来临》,明天出版社2001年版。

《当悲的水流经慈的河》,深圳报业集团出版社2007年版。

《烟雨凤凰》(与林刚合著),台海出版社2017年版。

散文、随笔、评论

《写在春天的深夜里——记我的父亲蒋牧良》,《新文学史料》1979年第5期。

《告别大森林》,《天津文学》1986年第12期。

《剪辑的回忆》,《收获》1986年第3期。

《终结》,《收获》1991年第6期。

《关于猫》,《芙蓉》1992年第5期。

《遐想死亡》,《作家》1993年第6期。

《午后的雷暴》,《收获》1994年第3期。

《大哥》,《啄木鸟》1994年第3期。

《一个人的时候》,《花城》1994年第4期。

《〈韩少功印象〉及其延时的注解》,《当代作家评论》1994年第6期。

《荒诞两种》,《作家》1994年第8期。

《自说自话蒋子丹》,《作家》1994年第8期。

《浪漫的鬼魂》,《书屋》1995年创刊号。

《命运》,《作家》1995年第7期。

《岁月之约》,《天涯》1996年第5期。

《云雾边城》,《作家》2002年第12期。

《结束时还忆起始》,《当代作家评论》2003年第5期。

《后话》,《钟山》2003年第3期。

《瞬间即逝》,《天涯》2003年第5期。

《读王平》,《芙蓉》2005年第2期。

《那天晚上》,《天涯》2005年第2期。

《当悲的水流经慈的河——〈世界上所有的夜晚〉及其他》,《读书》2005年第10期。

《我们家的摇滚青年》,《家庭》2005年第24期。

《瞬间即逝(外一篇)》,《佛山文艺》2006年第7期。

《七月过去,她没回来——悼萌萌教授》,《海南日报》2006年8月19日。

《萨帕塔的关键词》,《读书》2006年第10期。

《双向的沉重》,《天涯》2007年第1期。

《野象恩仇录》,《天涯》2007年第2期。

《魔方》,《芙蓉》2007年第2期。

《两代人的驿站》,《上海采风》2007年第4期。

《盛宠时代》,《散文(海外版)》2007年第4期。

《忧郁的达尔文(外一篇)》,《天涯》2007年第5期。

《狗年轶事》,《钟山》2007年第5期。

《悭吝的人道》,《读书》2007年第7期。

《狼狗羊志异》,《广州文艺》2007年第7期。

《她是六百多个孩子的妈》,《西部》2007年第9期。

《大自然的神性》,《人民文学》2007年第7期。

《爱狗生意经》,《佛山文艺》2007年第9期。

《解放动物就是再一次解放人类》,《绿色中国》2007年第19期。

《在冰岛想念蔬菜》,《绿色中国》2007年第21期。

《你看你看鹿的眼睛》,《江南》2008年第1期。

《方寸之间》,《天涯》2008年第2期。

《〈猫国物语〉:猫界代言》,《北京青年报》2008年12月27日。

《老家(放歌60年)》,《人民日报》2009年9月7日。

《新疆随感》,《民族文学》2010年第10期。

《他远离了死亡——悼念史铁生》,《天涯》2011年第2期。

《宁静的史铁生》,《少年写作(小作家)》2011年第3期。

《网上江湖履历》,《作家》2011年第23期。

《两代人的驿站》,《上海采风》2013年第1期。

《一个行动着的思想者》,《作家》2013年第8期。

《悭吝的人道》,《雪莲》2016年第3期。

《一个人的时候》,《雪莲》2016年第7期。

《浪漫的鬼魂》,《雪莲》2016年第11期。

自选集

《蒋子丹自选集》,海南出版社2008年版。

《蒋子丹自选集》,天地出版社2018年版。

金宇澄

男，原名金舒舒，1952年生于上海，祖籍江苏黎里。

小　引《

在当代小说史上，《繁花》是个另类，是个异数。《繁花》的作者金宇澄先生的许多文学观点，也可以归于另类、“异见”之列。我读他的创作谈，有很多异样的感受，其中，感受最深、印象也最深的，是他的改造方言之说。

在没有普通话的古代，小说家用什么语言写作，现在很难说得清楚。尽管古代也有一种通行于不同时期不同朝代的类似于今天的普通话的通语，或者叫作官话，一般是开国帝王的出生之地、龙兴之地或国都所在地的语言，当然不像今天的普通话这样统一规范，但在生活中尤其是在官场上，是可以流通的。古代小说家是不是用这种语言写作，不得而知。但中国小说最流行的作品，大多是白话小说，却是比较一致的看法。否则，胡适在尝试白话新诗之前，也不敢说中国已经有了成功的白话小说。按照学者的说法，这种小说所使用的白话，自然是中国古代的白话，而不是现代的口语。至于这种白话，是否就一定是当时的通语或官话，依旧不得而知，或知之不确。倒是有一种可能，可为这白话的性质提供证明。即作为古代白话小说的前身，或曰原始形态的“说话”，可能用的是市井方言，而不一定是通语或官话，否则，听者未必能懂，说者也未必能说。到了有文化的人要记录这“说话”，将之写成底本，即“话本”，进而到后来的文人要创作话本小说，又可能要由“说话”的方言，改用当时的通语或官话。由此可知，见于文字的古代白话小说中的白话，应该是类似于今天的普通话的通语或官话。学者当中，也有一种说法是，中国古代白话小说中所用的白话，主要是当时的通语或官话，其中保留有“说话”人所在地的方言成分，或夹杂了“说话”人自己所操方言的元素。有人又说，这些白话小说叙述的语言是通语或官话，对话的语言为了表现人物的需要，有些却用的是人物应讲的方言。不论怎么说，总之是，除了少数小说用方言写人物对话，方言进入小说，都经过了自觉或不自觉的改造。可见，改造方言，是小说家的通例。晚清有三部被称为方言小说的作品：《何典》（成书较早）、《海上花列传》、《九尾龟》，大致上代表了上述改造方言的诸种情况。《何典》的叙述语言和人物对话都采用方言，其中显然也夹杂有些许官话，是一部比较完全的方言小说。《海上花列传》叙述用官话，对话却用方言。《九尾龟》虽然叙述也用官话，但对话的语言却视人物身份而定，一部分是官话，一部分是方言。这些小说都以方言小说名世，可见，方言小说并非我们想象的是纯粹用方言写的小说，而是用改造过的方言写的或夹杂有方言的小说。从这个意义上说，《繁花》也可以称之为一部方言小说。

有人或者要说，干脆用普通话写小说得了，费这么老大劲干吗。要图省事，这话也对。问题是方言在小说中的运用，有些是历史的旧迹，抹杀不了，如由“说话”而话本，有些是当事人的母语，自然流露，如话本的作者，当然，也有因艺术表现的需要而有意为之。总之都是免不了会有会用的。除了这层关系，还有一个更重要的原因，是方言有普通话所不及的表情达意的能力。胡适说，“方言最能表现人的神理”和“说话的人的神情口气”。据笔者陋见，方言的表情达意，不一定全在字义词义，而在语调语气。例如在下生活的武汉，有个方言词汇叫“苕货”，“苕货”二字如从字面上解释，就是傻瓜的意思。但在日常应用中，说某人是“(个)苕货”，并没有骂人是傻瓜的意思，相反，在不同情境之中，用在不同对象身上，却带有袒护、爱抚、嗔怪甚至赞赏等多重意思。普通话当然也有类似的情况，但方言却显得更为普遍。问题是，这些方言词汇一旦用普通话写出，变成相应的文字，就失去了原来的多义，只剩下一个固定的意思。尤其是难以表达在特定情境中，针对特定对象的感情色彩，这就显出了普通话的局限。但真要用方言写吧，又难，这难就难在有些方言，是有音无字的，即一种方言的发音，无法用对应的文字写出来。这让在下想起了当年当知青那会儿，在生产队记工分，因为几个社员的名字的方言发音无法用文字写出，而为贫下中农所讥笑。虽然他们并无恶意，却害得在下郁闷了好一阵子。话又说回来了，就算这些方言发音，你能找到相应的文字写出来，又能如何呢，还不是个无解，这就叫作有字无义，与有音无字其实是一回事。佛经的翻译就常常有这种情况，所以才弄得有些经文佶屈聱牙，无人能懂。这种音译的经文，后人还可以从原初的语言中找到它的意义，而方言一旦用记音的方式写进了小说，读者即使拿着书找到说这种方言的人，他也未必能说得出意思，要是这样，可不就麻烦了。所以方言如不经改造写进小说，或写进小说的方言多了，是对读者不负责任的表现，甚至会将读者拒之门外。如果是这样，也就失去写小说的意义。从这个意义上说，金宇澄先生的改造方言，可谓处处为读者着想，苦心孤诣。这样的作家，在今天实在难找。为此，我要向金先生鞠躬致意。

方言和普通话，是一对冤家。写小说的不把这一对冤家的关系调理好，就别想写出好小说。《繁花》的好，就好在让这一对冤家能在金先生的笔下和平共处，所以金先生虽用上海方言，却写出了一部“普通”人都能读、都读得懂的好小说。

自　述《

《繁花》创作谈

《繁花》人物在南昌路公寓翻旧书（闻一多编《现代诗钞》），小毛说，姐姐要是喜欢就留下来。姝华面孔一红，翻到穆旦的诗，是繁体字：

静静地，我們擁抱在
用言語所能照明的世界裏，
而那未成形的黑暗是可怕的，
那可能和不可能的使我們沉迷。

那窒息著我們的
是甜蜜的未生即死的言語，
它底幽靈籠罩，使我們游離，
游進混亂的愛底自由和美麗。

这是穆旦《诗八首》里的一首，原是爱情诗，却反映了我写《繁花》的感受，一直在黑暗里摸索，用语言和感受摸索，小说后记也引用了这首诗，包括印在单行本封四上，《繁花》引这首诗3次，感谢穆旦给予我写作的动力。

网　上

《繁花》初稿是在“弄堂网”完成的，一个安静的说上海话的网站。记者问我，为什么写上海话，那是无意识的，这网上的网友都讲上海话，等于我对邻居用上海话交流，这种语言背景下产生了《繁花》。

2011年5月10日中午，我用“独上阁楼”之名，写了小说的开场白。从这天开始，我开始发帖，每天三四百字，五百字，六百字，欲罢不能阶段，一天写过六千字，是非常奇怪的经历。

评论家说,《繁花》的创作状态不一样,我每天贴出刚写的一节,等于连载。民国时期张恨水,早期英国狄更斯,都这样连载小说。

连载的好处是激励,考验作者的叙事逻辑,读者和作者的关系很近。西方有小说朗读的传统,新作朗读这类方式,前身其实就是作者给朋友读一段刚写的小说稿,请他们提意见。当年狄更斯连载《远大前程》,读者是通过写信劝说作者,希望某个人物别受苦、某人别死得太早等等。张恨水最有趣的连载叫《太平花》,20 世纪 30 年代的中国国情,是老百姓受水灾、兵灾的离乱之苦,他想写一个"我们要太平"的小说,边写边发,写到一半,突然一下子八一三事变了,日本人打进来了,张恨水就打算改掉"太平"的主题。因此说,在家闷头写作,不会发生这种尴尬,八一三事变后,国情成为"我们要打仗"的主题了,接下来就是"不太平"的打仗内容,等日本人投降,《太平花》准备做后记、印刷成书之时,又开始了内战……我的意思是说,作者初衷的改变,是因为贴近现实而且是即时的连载,会受这样那样的现实影响。

记得创作《繁花》初稿期,有个人物绍兴阿婆,死得要早一些,她从乡下回来,早上去买小菜,忽然就死了。当时网友跟帖说,这老太太蛮有意思的,这么早就让她死掉了?这句话引起了我的警觉,所以在给《收获》刊载前,我进行了修改,绍兴阿婆一直延续到了 1966 年"文化大革命"初期,才消失了——乡下回来她是生了病,又活过来,想吃一根热油条,就活过来了……

网友主要是推动和支持,有人甚至为我分行,认为我写得太密,看得眼疼;我不予理会,不是说什么我都听的,我有自己的立场。在网上我不是自己,而是一个陌生人,我觉得很自由,可以写错别字,可以随便改人物姓名,网友立刻会注意,也随便我的选择……整整大半年的时间,从 5 月份到 11 月份,《繁花》的初稿就结束了,尾声部分没有贴上去。大概写了 6 个月,我已经知道,这是一个很好的小说,结尾我跟网友打了招呼,然后整体做修改,准备给《收获》刊载。网上有个作家朋友一直潜水,从不发言,当时忽然贴出放烟火礼花的大照片,留言说,这是个好小说!你如果放进抽屉,仔细改 20 遍,差不多就是杰作了。当时我想,我这么好的内容文字,怎么还要改 20 遍?当时很骄傲,事后实际上,在等待《收获》发表,及第二年出版单行本,一年多的等待期中,我发现自己前前后后真的改了 20 遍,我心里非常感激他说这个话,而在当时,我是根本不信的。

语　言

"弄堂网"至今还挂着《繁花》初稿全文,前半部分上海话很浓,写到四分之一,意识到它是小说，我开始做提纲、结构，做人物表，心里想的是，不能仅让上海人读，20多年做《上海文学》编辑的警觉，一本面向全国的文学杂志，平时处理来稿的方言部分，一样是仔细对待，修改，转化，凡属方言文字，不能让读者有阅读障碍。

为什么有改良沪语的想法？我们都接受了长年的普通话强化教育，从来不可能采用家乡方言，主要是非北方语系的方言来思考写作。比如你有写上海话的机会，脑子里想的是上海话，写的也是上海话，每天都这么写方言，写几十万字方言——相信很少人有这样的机会和念头。文章里夹两句上海话装饰是可以的，整个长篇用沪方言思考和写作，叙事和对话都这样，在文学常识和经验上，肯定先就觉得不合适。上海作者，已经不可能在文学写作中长时间使用母语、地方语思维了。因为缘分，我这么每天在写，不知不觉，得到了返回到母语表达的一个通道，因此《繁花》写到后部，觉得非常便捷，写三五人或更多人来来回回地讲话，非常自由。过去我写过电视剧剧本，对话肯定用普通话，今天写完，明天早起一看，觉得很多语气不对——普通话不是我的母语，不会像北方作者那样活，把握不住它的自然和准确。为什么北京作家，比如王朔写得那么溜？北方话、北京话与普通话是通的，江、浙作家在这一点上明显吃亏，要多费文词工夫，因此写《繁花》才见识到沪语环境的美好。从读小学到现在，我从没感觉到那种开心和自由，有个章节竟然写了三大桌人吃饭，说明这时期我已无所顾忌，详细列出三大桌人的具体姓名，他们互相猜忌，争风吃醋，最后吵架，不欢而散，非常热闹。如果小说一开始我就做这种大场面，还真没这胆量，完全是因为写到后来对话流利至极的原因，让我相信任何一种母语与国家规定的标准语来比，在表现上更活、更亲切、更自由。

语言论者一直以为，某一种方言可以准确表达意思，某一种方言有缺陷。比如上海话就俗，无法表达所有内容；广东话就可以——其实大家明白，广东话的地位是香港的原因，是改革开放，香港作为一个样板，因此全国老百姓接受粤语歌曲，熟悉这方言的某些词汇，香港的影视、音乐曾传遍大地。在香港，粤语一直作为法定的语言，政府报告用它表达，但不是语言的原因，是政治原因。上海人至少已忘记，当年国母宋庆龄的讲演，是一口浦东上海话，老人家等于讲上海官话、上海书面语。官话或蓝青官话就是带各地口音的书面语，在千年的官场里，在没有普通话的漫长时代里，各地人等，是依靠官话相互沟通的。用简单的情感来判断地方语言的优劣，其实是不了解，也是普通话过于强势的单向思维。从1949年开始，上海、上海话，已经逐渐边缘化了。

上海网友问我，为什么要改成所谓的方言官话，你初稿那么顺口的上海话，就全变了，很可惜的——为什么用这种语言策略？因为上海话的边缘化。此外，上海这座城市一直被误解，怎样让外地读者都可以了解上海细节，大背景也和过去完全不同了。因此我解释过，《繁花》并不是继承前者的一种书写，包括韩邦庆等等的样式，在他那个自由时代，讲苏白就可以写苏白，不需要改；另外就是他们对方言的尊重，我们的前辈，比如我爸爸是苏州人，年轻时到上海就像当时来沪的大量前辈人一样，你到上海，首先就是学上海话。

现今为什么不这样？很多外来人在上海，第一时间就是对上海人说——请你说普通话。1840 年开埠后人口来去相当自由，从 1950 年到 1980 年，户口封闭了 30 年，语言停止流动 30 年。20 世纪 80 年代上海重开户籍，产生第二次最大量的外来人口迁徙潮，将近 2000 万人进入了上海这座城市。

大量有钱阶级来到上海，在浦东买房，一买 20 套——经济基础决定上层建筑——大量外地干部、管理干部奉调到上海，改革开放后处级以上、局级以上的干部大量奉调来上海，大量知识分子、大学生到上海工作，重要的是，他们和我们一样，全部都是统一普通话的教育背景，据说现在走进上海市政府如果讲上海话，有人会用异样的眼光看你。这一点我很理解，大家为什么不能一起像接受统一教育一样，讲我们共同的普通话呢？

去年参加上海书展，主办方请我用上海话读《繁花》，我说我不读，如果在座的有外地读者的话，在目前这种语言统一的态势下，要尊重这些人群，我的书也是这样，改去方言隔阂，希望大家看懂，因为什么？时代已经完全变了，我的任务是寻求一种沟通，不是拿上海话做一个屏障。我知道上海有一批纯粹上海话的保护者，研究沪语的人群，非常敏感、非常急，想各种办法热情推广上海话——我不属于这个群体，我要做的是文学上的一种沟通，希望所有的华文读者，能够看明白这本讲上海人的小说，看懂这本书的情感，看懂上海人的情况和生活。我不制造阅读障碍，不是方言推广者，这方面的事由其他上海朋友来做。

此外，我本人对上海话的生命力、上海话的未来，没有忧虑，充满信心。我的信心包括这座城市的非凡魅力，电影《霓虹灯下的哨兵》中的阿飞讲过，上海就是一个大染缸。只要你入住上海，你会感染到它的印记和颜色，这是跑不掉的，即使极其鄙视上海和上海话的新上海人，他们只要在这里扎了根，我相信他们的第二代第三代，都会认同上海话，都会为这座城市、为沪语的韵味而自豪。

《繁花》的用意是，保留地域的韵味，谋求非上海读者，因此前后改了 20 遍，叙事努力做到去除上海话的文字屏障，表现各式各样的普通上海人。上海有性格有腔调的人非常多,写这本书我更深的体会是,上海那么丰富,它无数的线索我根本无法把握,太像一个大海,无法不对这座城市敬畏,只能做出属于自己的一小块田地来。

因此,《繁花》的文字改良,它最后变成一种“双语状态”,懂上海话的人,可保证读到第五句会用上海话读这部小说;不懂上海话的读者,只要有耐心,完全可以明白,因为我一句上海话一句普通话这么修订的。有人问,这本书是否继承了比如张爱玲等等各位的上海文字传统,我说,应该真是没有。上海话目前面临这么大的沟通问题,在过去历史中,是从来没有的情况,改良方言的兴趣,过去的海派文学,都不在这意识和环境里,过去没有这方面的问题,哪会有人这么用心良苦,一字一句去熬,生怕外人看不懂的状态?前辈们一到异地是学当地语言,前人的听力和阅读非常敏捷,因此在上海的写作语言上,没有一位前辈会做这事;《海上花列传》用苏白,上海四马路的人物都说苏州话,来去客人都懂苏白,重要的是,当时没有统一普通话的教育背景,作者都是“我手写我口”,拉过一个人的对话,就可以照样写下去,照样发表,如今不是这样。

《繁花》制造的是一种上海官话语言,倾向于苏州口音的上海话,因为我爸爸是苏州人,在上海生活了60年,讲话非常有文采,因此《繁花》写到后来,我觉得耳朵边上有一个苏州口音的老先生在慢慢地说,只要记录就可以了。

有评论家讲《繁花》有旧腔调,民国腔。民国江南一带文人确实较多,那时候虽然有国语教育,但不是强制一统的教育,没有规范,你的语言不对,你要用简体字、繁体字也随便,民国时代已有部分简体字出现,好处是不统一,比如我们现在的标点符号,以及是用阿拉伯数字还是中式数字,都要统一,当时没有。当时尤其上海,发表小说的民国文人多少都带有各地方言母语,所谓官话味道。就像我用上海话思维,他们实际都是用自己的母语思维在写,形成一种味道,现在的小说味道和那个时代的很不一样。

2013年12月,王家卫导演跟我见了几次面,他要做《繁花》电影,用上海话做,我很惊讶。他喜欢这本小说,说他来找我,是要认识我这个人,刚谈了20分钟,他跟我讲,已经完全想好了,电影、电视他全部要做,我说,你不是从来不做电视吗?他说,不是做一般电视,要做美剧。我想来想去,《繁花》和美剧不是很有关系。他讲了一句我非常感动也很惊讶的话:全部做上海话。这非常感动我,也很为难——因为我自己并不提倡这样,但是可以说,一个导演在目前情况下敢说这句话,想来想去,也只有王家卫敢吧。

语言方面难免啰唆有争议,施康强先生在《东方早报》上发文章表示喜欢《繁花》，认为“不响”这两个字，用“不”字是不对的，应用“勿”字。我以为“勿”字其实也不准确，按旧上海写法，就是“弗”，“佛像”的“佛”去掉单人旁。很想告诉施先生的是，我本意就是沪语的改良，并不想用“标准”上海话，从来不想这么做。

《辞海》里有“闷声不响”这个词语，因此《繁花》出现1500次的“不响”这两字，我是这样拆用的，全国人民应该懂，不采用旧小说“勿响”或者“弗响”。“不响”确实是上海人最心领神会，为什么？上海人每天大概都要讲十次，起码用十次以上，上海人述说一件事，就会讲这两个字。是因为我用沪语思维，因此出现了这个词。此外整本《繁花》中不用“你”，也就是上海话的“侬”，不用“他”，即上海话的“伊”，包括“我们”——上海话“阿拉”，“他们”——上海话“伊拉”，这些人称代词，小说中最是频繁，但我不用，改为直呼其名，上海人也习惯直呼其名。因为我们设想一下，外地读者翻开这本书，间隔五六个字就是一个“侬”“伊”“阿拉”“勿响”“弗响”，相信他看不下去，虽然“侬”在古文里“你侬我侬”，非常文雅，但一本当代小说频繁出现这些字符，对阅读肯定不利。

整部小说，凡不通文的上海言辞都尽量不用。比如“毫稍”，上海话就是“赶快”之意，字面根本看不出来，如今上海小青年也看不懂不大用。“快一眼”，非上海的读者不理解——“快去看一眼”还是什么？改用“快一点”，上海话也可以这样讲，尽量忠实上海话的韵味、句式，选择大家都能看得懂的词，前前后后这样修订，用心良苦。

形象的上海方言字，我都会保留。有些词前头做一铺垫。比如“暗条”，就是便衣警察，“条子”大家都知道是警察。上海话的“瘪三”，全国都通行了，“铁板新村”，如果不加铺垫，可能会看不懂，两个人在吵架，一说“去火葬场！去铁板新村”，火葬场和铁板新村连在一起，基本知道意思了。“挺尸”是什么意思？阿婆和蓓蒂两人，阿婆给她吃菜，蓓蒂不吃，哭，因为小兔子死了。阿婆生气说：“我还没死，等我挺尸了，再哭。”有前缀，就知道了，这两字是江南一带非常形象的字，都是老头老太太讲的词。其他一般像“栀子花、白兰花”等等，适合当地语言背景。想要有生活特色，就在日常语言堆里挑选，写上海的语言，不能拉过来就写，要选取，如果真喜欢这语言，就要精选，不是美化，需要合适、形象。

另外，运用大量鸳鸯蝴蝶派的文字，五四运动后这些词语完全被判死刑、被抛弃，30年代小说里有时还用，经过左翼文学，经过1949年之后，不符合意识形态，写这类小说的老先生，据说到50年代没地方吃饭，没有饭碗，他们在20年代报纸上写连载小说，日子过得好，这时候没活干，只能到绍兴戏班子里写写字幕。这一类的传统书面句子，在《繁花》里出现，有一种旧瓶装新酒或新瓶装旧酒的意识，因为时代西化，小说文字也西化，但是西方的文学有一句话，你一旦缺乏力量，可以到传统中去寻找。

洋务运动出现时叫“中体西用”，中国体制用西方东西，也叫“牛体马用”，牛的身体马来用，我们开始学习西方，但洋务运动失败了，中国东西好像都败给了洋人，直到“五四”把所有传统推翻。

记得1989年看台湾《光华画报》，那时国人还不知道传统的价值，安徽、江苏有不少集装箱被运到台湾。尤其安徽很多老房子的构件，老门窗、老家具、老马桶等，三钱不值两钱，装一个集装箱卖给台湾。大陆海关有时检查集装箱，让运输方全部卸下，怀疑带毒品，箱里东西搬出来，布满灰尘的老旧东西，不像现在这么爱护。运输方很怨，摆得好好的都弄乱了，再放进去完全往里扔了，用脚踩，但到了台湾，中国这些传统破东西，台湾非常稀缺，人家也是中国人。人家怎么对待它，画报上一组开箱的大照片，台湾方面，人人戴白手套，就那么恭敬，那么看重这些传统旧物。

据说《收获》某编辑提出，《繁花》里的当代人怎么会说“轻摇莲步”。这是常识和眼界的问题，把叙事和对话搞混了，其实我们的叙事和口语一直使用某些旧词，即使鸳鸯蝴蝶派的句子，也算是传统了，是文字的某种灵魂。举例我们布置房间，如今老旧家具就非常贵，味道就不同，跟全新家具的房间味道不一样。经过了一段时间，传统依然展现了生命力，这是《繁花》的某种主张。有个记者算过，每年中国长篇小说有4000部到4500部，我已20年不写小说了，在这样大量的小说出版里怎么显示个性，很重要，《繁花》的细部特征也包括半新不旧的语态、简单标点、人物读到旧文就标繁体字等等，出现一种传统或旧影子的特征，可与其他的小说文本分开。我认为艺术作品需要个性。评论家说《繁花》有野心，我不知道，只是尝试一种显示、一种排他，是否可以这样？以不同的面貌。

我每天看来稿，很多的来稿没特色，把作者的名字盖掉，就不知道这人是谁了。编辑认为，每篇小说都那么有个性，小说的第一时间，是通过文字表达的，是作者面孔，应该有属于作者的个人语言。我记得20世纪80年代的作者，都热衷于对语言、形式的探究，很活跃。1990年后，完全转换到经济发展了，作家一部分牵涉了电视剧创作，跟经济更接近，对基本的一些追求，包括语言这一块也就慢慢薄弱，电视剧根本不管语言，故事好不好看才重要，那就不是小说的要求了。

另就是所谓的文学边缘化，常听别人讲，80年代中文成绩好的学生一定考中文系，肯定写诗写小说，当下从事文学的，其实不是80年代这个储备了，不是80年代这个背景了。真正中文好的能干的人，特别是文学素养高的人，一定是读外贸、经济，搞别的了。但是他们变成文学的读者，或者网上好文章的作者，因此对阅读的要求提高，小说作者是否能意识到这些？是否也这样提高呢？意味深长。

写作有各种目标，只有天才自有目标，无须顾忌都是对的，一般的作者，应该要有心中的读者，应该希望有更多的读者喜欢。有一次，我和一位“80后”作家说，如果我是你这个年龄，我如果20多岁，我一定会去研究现在最热的网络文学，研究他们怎么弄的，到底有什么诀窍，把这个东西融入我的创作中来。

结　构

我们所受到的教育，包括五四运动，各种文学的影响，我们学的包括1949年之后，基本就是长篇小说是有定规的，必须是一棵大树，像托尔斯泰那种，一分三、三分五这样的。实际上西方长篇小说，各式各样的方式的实验，早就有了，但不介绍，就介绍这一块。

《繁花》是把所谓大树样式变成一种灌木，非洲很多灌木也有千年历史，不是说只有大树有几千年，它也存在这么密集的方式，互相穿插，实际上，也省去很多拖沓，变成一块一块的互相交换。《繁花》用新旧交替两个结构交错，细心的读者可以发现，实际上，两部分的时间是不一样的。60年代这一块相对拉得比较长，有十几年；新时代这一块，尤其后面部分，汪小姐去常熟，到小说结尾怀孕即将生产，半年时间都不到，这是有意的安排。新旧交替的时间和长度都不一样，过去与现在，详细与简略的平衡对照趣味，不是呆板的简单分解，这比较复杂一点。我有一个《繁花》人物结构图，朋友把这个图弄到微信群里去，是《繁花》话剧的策划部门做的人物分析。他们把《繁花》拆开、人物群分，出现一种爆炸式的结构，这么多人，在一般小说里不会有。其实它也代表了你我每一个人的社会交往关系图。我们都有几个群落的朋友，我小学或者其他朋友圈，大学朋友或国外什么亲戚，只不过以图说话，它就出现一团密密麻麻爆炸式的结构，看上去头晕，实际上这是人们真实的社会关系网。

一般陈旧观念，小说方式就是把多人集中到一个人身上“塑造”，这说法，如今还在继续，是苏俄文学说法，也是我们受教育的结果。实际上，人的真实生态并不是这样，基本没有完整清晰的透明朋友，是浓淡自然的，有每天打电话的朋友，有十几年没联系的朋友，各式各样的朋友或你完全忘记的，半夜三更想到一个什么人……这是真实的人的状态或生态。

《繁花》的方式和西式小说的不同，很多场合挤在一起，举个例子，第22章，1200字不分行的一整块，包括了阿宝和雪芝调情；阿宝回到单位接雪芝的电话，想来曹阳新村玩，雪芝就来了阿宝家，下雪了，窗外腊梅花开；之后他们出门，碰到5号阿姨和小珍；第二天5号阿姨问阿宝，雪芝是不是“上只角”的女孩子；从此以后，阿宝雪芝只敢去公园，或者坐电车；阿宝到雪芝家下棋，结果被她爸爸看见了。

有对话、有场景，却是整块互相连接的文字，如果是在一般的长篇小说里，会写五页到六页，我只有紧密的1200字，所以有读者说，《繁花》是看不快的——它没有水分，挤在一起。我如果分行，按一般方式排列《繁花》内容，估计就有三到五大本了。传统叙事的每章就是一整块文字，有话则长，无话则短，把事交代了、主要的说了就完了，这是中国式的简洁。

另外是人物独白，比如黎老师的自述，经历坎坷，解放后她的男人不算是地下党，是汉奸，于是就被镇压。阿宝去看望她，头发雪白，眼睛瞎了，整块4000字讲了她的一生，怎么认识丈夫，结婚，解放前后怎样，邻居盼她早死，她如果死了，房管所答应这房子给邻居……不分段落，一个人把一生都说出来。按普通习惯的写法，这一块可写两三章，化到小说里，一会儿写一段、说一段，《繁花》很特殊，该讲就讲，起简单的作用，就是阿宝在这天下午静听一个沉痛的往事。

《繁花》的主题和内容，可以用这句话做题记，“爱以闲谈而消永昼”，古代文人的标准，等于旧时代笔记体的样子，几个人闲聊，消磨时光。按照博尔赫斯的话——他喜欢《一千零一夜》每天讲的故事，每天讲，大人喜欢听，小孩也喜欢听。大人小孩听了或者会睡觉，目的很简单，给人消遣和感动就够了。博尔赫斯说，作品不在于醒世，不承担这个责任。这表明我们应该允许文学的多样态。

1952年，丁玲召集京沪两地的文人开了一个会，批判了“爱以闲谈而消永昼”的样式。后来我们看到的长篇，包括《上海的早晨》，基本是醒世教化的，怎么改造资本家，《东风化雨》也是这样，还有电影《不夜城》，每部作品在当年都发挥了很大的作用，但有时效期。我们也应允许其他的种类，包括感动，闲谈，留住时代的声音，面影，表示城市普通男女的时光和生态。

在生活中，人际关系的边缘并不是清楚的，一般的写法是把人的边缘写清楚，很立体，这人是红的，那人是绿的，没有模糊部分。《繁花》有个女子喝多了，拉阿宝去跳舞，在舞池里忽然抱住他说，她现在就想叫阿宝一声“爸爸”，就想这样叫，没别的意思，可不可以？阿宝说，你自己没爸爸？她说，爸爸早就死了，我老公和我一般大，我们吵架了，我心情不好……这样的关系很模糊，或真是她的一种痛，并不涉及男女。

包括梅瑞和康总，两个人黏黏糊糊，但最后还是什么都没发生。生活中这样的事很多很多，有一笔提到某个老板，买了好多套房子，可是他老婆一住新房子，晚上就觉得有声音，睡不着，她必须回到闸北开封路的老屋去睡觉，他家以前最破的老房子，睡在里面才安心，所以她和老公吃晚饭后，晚上 8 点钟她就独自回老家睡觉，这是真事。他家有好几个用人，老婆吩咐怎么做明天早饭，安排好了，赶回到开封路一个钢丝床上睡，舒服。等到一早，司机接她回去吃早饭。写到这地方，书中有人疑问，这是真的假的？开封路老房隔壁，有她老情人也说不定呀，或者怎样……各种不确定的疑问，关系如何，可能是真，也可能有这种听不惯声音的病人……当下社会就有这样无数丰富的可能，是这世界的真实，小说如何表现？和过去我们熟识的写作应该不一样，甚至不能说，一解释就是错，到底怎么回事，只提出这些故事就可。

王家卫导演很喜欢《繁花》半夜三更女人洗衣服这一段，这个女人到底怎么回事，那么平凡也那么复杂，晚上 12 点拿着大包衣服去洗，当夜本来就准备洗一个晚上？因此跟到小毛家，就洗到早上 5 点钟，离开萍水相逢的陌生小毛，她是去哪里晾这些衣服？没人知道，小毛也说不知道，他从来不问，说只有知识分子才动这脑筋……也许很合理，底层男女的关系应该更谨慎，做保安的小毛，工资不多，遇到这女人，互相不讲话，虽然做了事情，提供了免费洗衣的条件，但不会拉住她聊天，也许包含了一种担心，和女人有了麻烦也就断了关系……小毛是穷单身汉，家里有小房，碰到这女人是合适，是谨慎，其中的可能性可以说，小毛没说，对方也要走就走，双方不说话。

城市之所以是城市，就有无限的人际关系可能，这样陈列，不解释，才可以触及人性无限的复杂和丰富，不是一般意义封闭的“塑造”，是无限延长的人物线头。《繁花》是这样做的，包括“花园饭店”，菱红认识一个日本高龄老先生，当场就请她陪着逛一下花园，这样连着几个下午，就是在花园里走，这两人是什么关系？后来日本老头告别，说下个月一定再来上海见面，结果是，再也没消息了，应该是老头死了。即使菱红这样讲了经历，小说里的听者都“不响”。最后菱红说，你们一定以为我是妓女，其实我不是，我跟他就这样在花园里走，我到现在还等他，等他来电话，已经等了几年了。

台湾的林太太和阿宝是什么关系？包括夜东京饭店的许多上海男女为什么吵起来？包括楼上一个阿姨，请小毛帮忙到床上推拿是怎么回事，是情色，是哀伤？不知道，我不做解释，体现城市的真实，也永远是模糊的、毛茸茸的生态。用这样的方式表现出来，不确定的样式来写，是我的发现，这样更真，这样的不“塑造”能够真，角度是新的，等于说，取人际关系的灰度、无限变化的灰度，是不是也可以说，这是一种极其正常的、平民的上海生活。

在我们以往的想象中，在我们读到的上海的老故事里，与上海闺秀们臆想和想当然的生活相比较，《繁花》的方式是否有很大的反差？有这种反差才有趣，我故意用了这种反差。

老舍先生教导，人物的丰富性在于滋味，要有专业关键词，“上知绸缎，下知葱蒜”。我看很多来稿里，比如写一个警察，就说他是警察，他是医生，他是什么，看不出来这人是警察，没有行话，没有腔调表现这人真是警察，西方有严密的逻辑喜好，西方纪录片纪实片和我国纪录片纪实片的差距也在此，设计细节研究的程度和深度都不一样。

我相信每一个作者，都有他们心中的读者群，你写的小说，就是给别人看的，要不写日记就可以，写了小说，显示自己与读者的不配合，反映了一种平等与否的关系。西方小说的朗读传统，是吸引读者的传统，写几页到沙龙里读给朋友听这样延续下来的。我在跋里写道，作者像说书人一样，注意底下的反应，显示丰富内容，才对得起自己的听众和读者。

《繁花》需要更多面的具体内容，固定上海的缩影，玻璃罩子保持起来的细节与特征，时代和时代的区别，要有这想法，至于做到什么程度，是另一回事。其中一节牵涉到帮会，这次第九刷又做了修订，是小毛的拳师，一个打拳工人回忆他自己的师傅，看了帮会的资料，感觉到上海的极端复杂性，不是外界讲的上海，过去是一个小渔村，历史非常短，怎么怎么样。上海是一个巨大的压缩文件包，完全相反，现在哪个上海人是小渔村子民？没有。上海人基本是外来的，上海周围是苏州、杭州、宁波这些千年历史的城市，中国最优秀的人、几代中外政治家、各地最能折腾的人，都跑到这里来，上海的旧弄堂旧马路像有千年老态，等于我面对大森林，只看见脚下一小块地方。

包天笑讲晚清时代的苏州人，都认为上海是个“坏地方”，好人家都不许子弟去上海，结果民国了，找人做县长、市长，发现最能干的人都跑到上海去了，苏州什么能干人都没有了，包陪一个上海中学老师到苏州去做县长，跟笑话一样。这就等于美国，一般就讲年轻的国家，但是看看美国的历史，就知道它和欧洲联系的纽带、文化纽带，最精英的人都跑到美国来，道理是一样的。

因此《繁花》写到太平天国、帮会的复杂内容，尽量做出一条线索，做一个线头，包括工人情况，地下党，资本家抄家清单，香港小姐被革命，教堂变迁，沪生看见一老师撞车自杀，眼珠子滚到阴沟盖上。这座城市的水特别深。

上海容易陷入小资、通俗这一块，百乐门是一般通俗方向。泰戈尔30年代来上海，徐志摩和鲁迅接待，上海记者提问他刚从日本来，对上海怎么看，泰戈尔说，日本是君子国那么干净有礼貌，上海是中国人的地狱、洋人的天堂，这句话不大有人提。

看30年代茅盾的作品，那时候的上海，处理都非常平衡，茅盾、穆时英写了市中心写字间、交际花，同时就写棚户区，写滚地龙工人、小孩在泥浆里打滚，一种公平的方法，表现上海一个平视的方法，不单写靡靡之音，当然靡靡之音写足了也好看，但写不足。这种靡靡之音，《繁花》有，但只充当一种反衬。

亲戚看了发表在《收获》上的《繁花》说，为啥不写写五原路，有一个人人知道的大资本家，解放后大房子大铁门从来不开，结果"文革"一发动，抄出来这家主人有六个老婆，五原路没人不知道。换一个通行的写法，这故事我可以铺开5个页码，但是我只照原话修订到单行本里，包括五原路有个流氓，夏天在小菜市场赤膊批斗，有人在他胸口挂了一块咸肉，苍蝇全部飞过来，浑身是苍蝇。事后才知道，男人只是菜场营业员，女人来买菜，就跟人家胡调几句，后来被人说他耍流氓，就批斗了。也是照这原话字数加到书中，我不做解释。

城市在动荡时代各方面出现破口，裸露出来，然后逐渐复原，描写动荡时代是表现上海最生动的时机。上次我跟王家卫导演说，"文革"时一户人家得了情报，明天就要来抄家了，家长连夜把黄金放在饼干罐里，叫他女儿，可能是读初一，转移到苏州河北面棚户一个女同学家，这个女孩子抱着一罐金子，走了很多的路，走到沪西一个棚户，交给同学就回来了。"革命"结束，家人叫女孩去把黄金要回来。找到女同学家，同学说不知道这事，肯定是记错了，肯定是给了某某同学，不记得，不相信随便看，家里没有呀。可以想象，他们家这么重要的财产转移后，在整个"文革"阶段，心理上可就特别稳定，因为有了希望，我家东西转移了，哪怕再斗我，哪怕再干嘛，我有希望，我家里的钱都在，没想到最后是这样。但是王导对这个结尾的反应，使我惊讶，应该有了前因后果的故事才有意思，但王导说，结尾没什么意思，最好的一段，就是那天晚上小姑娘抱一罐黄金的过程，她一定碰到很多事，又是下大雨，又是碰到人，又是什么什么……我现在想，这是电影和小说的区别，小说可以写到后面，电影必须是当场效果，留一个尾巴比较麻烦，电影强调一种在场感，但是没这个结尾，是否会变成小红帽那样的故事？小姑娘在森林里面走……应该是不同的，这我当然不和他再讨论。

关于《繁花》的世俗内容，有人提问过，说金老师你写的女人，怎么都很主动，要不就是很想那种事，好像没一个高雅的上海女人，没一种很雅致的，我们上海很雅致的女人怎么不写？我说，这种女人已经写了N遍了，《繁花》有意不再重复了，高雅不是你习惯的那种，要怎么来看，所谓高雅，都知道西方的传统。西方文学一直在反所谓贵族文学的，所谓庙堂文学，包括早期法国的《羊脂球》《茶花女》……据说有专业评论家觉得《繁花》就是乱七八糟的……这像不懂文学说的话。我给石剑峰发的文章也说了，文学不是卫生环保部门，等于我们知道，莫奈的《草地上的午餐》有一种嘲弄或者反叛，莫奈是仿15世纪非常圣洁的构图，但他把一个裸体妓女放在草地那个位置，当时都批判这画的流氓气，用这个构图，内容完全不一样。《繁花》开始的题记说到一个男人叼着烟在数钱，准备去打牌，用意就是说，这部小说在整体上，是用一种非主流视角看待上海城的。

《繁花》的叙述等于人的一生，一直在走下坡路，整个写法就是走下坡路，从蓓蒂失踪以后，一步一步都是不如意很坏的事。过去有句古话叫"篇终接混茫"，就是文章在结束的时候，连接到混沌和茫然，也接近"曲终人不散"的意思，"曲终人散"是彻底结束了，实际却可以这么重复下去，对众人讲就是这个样子轮回。有人说《繁花》的虚无结尾没有什么突破。李敬泽说，也许中国人就是这么想的，花无百日红，人生一辈子就是这样，中国人就是这么感觉的，一生一世的观念，和西方不同。

是读者总是要求作者给一些温暖、信心，还是作者在回避，不说真话？等于鲁迅说一个小孩过生日，大家都说他将来升官发财；有一个人说，这孩子将来肯定要死的，结果被别人打了一顿。是读者不希望看到人的真实，给我信心，给我麻醉一下也好？《繁花》要做成这种方式，是生的痛苦，或者说死的痛苦。海明威写的短篇小说，一个医生给女人接生，女人的丈夫和医生的孩子站在帐篷外面等，整整一个晚上，女人在里面生小孩，女人难产，等到太阳出来，小孩生出来，医生走到门外，丈夫已经自杀了，丈夫受不了整个晚上女人的嚎叫，不管是生还是死。小说要写到这种正常和非正常的苦痛。《繁花》的传统的走下坡的审美，是花无百日红，可能也是一种传统意义上的老套方式、真的方式。引作家无名氏的大实话，他是死在台湾一个空房子里，好几天才发现，他说，我们的时代，是腐烂与死亡。

《繁花》的结尾不是很讨喜的，一种如今少见的结尾，但我不是表现悲哀或者虚无，是更客观地注重人生。

访 谈《

现实有一种回旋的魅力

——金宇澄访谈录

王 琨 金宇澄

王琨:您对遥远事物的细节描写精准而富有趣味,对于人情点滴的记录不动声色而意味绵绵,我想这些都流露出您对于生活和人世的热爱与宽容,李敬泽认为《繁花》深得《红楼梦》"能无限地实,但又能无限地虚"之精髓,《繁花》的思想底色是喧嚷人生终归苍凉的虚无观么?

金宇澄:虚无是正能量,是对人生美好的珍惜。在这个世界上,人是无奈的,能够活着,领略美好事物就是一种享受。生命的意义无关长短、空白、缺失或者丰富,在于是否懂得珍惜。

王琨:您在东北插队的8年时光,对您以后的人生产生了怎样的影响?怎样看待出于他人所施加的"恶"?

金宇澄:小时候,我不怎么爱说话,当年读民办小学,《三毛流浪记》那种弄堂民居当教室的环境,常常换班级,常当"新同学"。那时我名字是"金舒舒",上海话读音很怪,常遭人嘲笑,因此始终对外界保持距离,经常逃学,觉得"恶"来自环境,在一群兴致勃勃的同伴中落落寡合。

16岁被迫把户口从上海迁离,去到东北务农,地点是嫩江农场,它的前身是苏联专家设计的大型劳改农场。当时农场的师傅,教我们怎样务农。在我的成长过程里,人产生的"恶"时常显现,亲身经历,耳闻目睹,很早我就知道,人最缺少的是宽容与善良。

王琨:作为各个时代的亲历者,您透过《繁花》向读者展现了各个时代宏大背景里的细节部分,它有没有较为显著的时代标签?

金宇澄:我确实对各时代的特征感兴趣,20世纪60年代和"文化大革命",都有不同于其他时期的特征。90年代政治动荡消退,就有了日常生活的本真。有人讲写90年代的《繁花》,也就是游走于各式饭局而已,为什么不呢?90年代这种中国饭局的社会风景，其实一直延续到了当下，一直吃到当下，有个小事就吃饭，中国就是这样的。社会进入相对平常的时代，也就重复小民的世相，是非常必然的存在，震荡回归于波澜不惊的日常风景里，陷入齐美尔讲的丰富的大城市暧昧里，异常复杂，也极其平庸的生活里面。

王琨：从您的随笔集《洗牌时代》和一些访谈中看出，您是一位自小就敏感而有艺术才情的人，文学创作是您一直以来的理想么？

金宇澄：我没有理想，也很早知道，所谓理想是不可能实现的，以前我确实一直不知道什么才是理想，一度喜欢植物，收集一阵子的植物标本，此外是喜欢写信，就这些。当年也不像现在人人都可以开帖子、自由投稿，当年如果"爬格子"，必须单位开介绍信，证明作者政治成分、出身，然后盖章，一起寄到发表单位。很早我就知道，自己条件不够，出身于"反动家庭"，因此没有发表文字的想法，只在通信里把北方生活告诉上海朋友，有些写不清楚，比如北方的火炕是什么结构，就用图示，比如北方怎么盖房子、做豆腐的流程之类。真正开始写作较晚，30岁出头才开始慢慢写，写得也不多，但从没有吃过退稿。

王琨：《繁花》中的那些图将来也许有史学价值。

金宇澄：哪里，这只是简单的说明图。《繁花》出版后，常被问为什么画图，确实是文字有时不如画图，用它来做文字的补充，比如上海老弄堂房子内部如何，写两万字也讲不清楚。《繁花》的画，不是一般的小说插图，是示意的辅助材料。

王琨：在文学失去轰动效应的当下，《繁花》横空出世，您希望它给文坛带来什么？

金宇澄：我是个老编辑，一直是希望作者注重观念方法，对日趋同质化的写作保持怀疑，希望找到一种自我的面貌。确实这样，我常给作者们建议，比如建立文本特殊性等等要求，重视方言、语言之类的话。去年碰见了湖南作家田耳，他说金老师你还记得吗？很多年前你也讲了那么多内容、形式要求的话，你根本不知道，我当时心里想什么。我说，你当时心里想什么呢？他说，我当时心里想的就是，嗨，金老师，你说了这么一大堆，那金老师你写一个让我瞧瞧？现在我看到《繁花》了，我无话可说。

这是否说明了另一个问题，编辑和作家，是两种人，作家是读经典，编辑是读普通来稿，对当下小说基本面应该更清楚。《繁花》确实是回应了这方面的问题，很多不同的书写元素是刻意所为的，比如一般用惯的内心描写，我不用；我们接受西式小说影响100年，对话和时空段落都习惯分行，我改用传统话本，一大块3000字以上，很多时空压在这大块文字内；我们早已习惯丰富的西式标点，我改用非常简单的逗号、句号，尝试这样写，不是要求大家都这么来做，是因为目前这种样式没人来做，我就可以做。艺术永远是排他的，需要我们独自的发现、独特的表达和立场。

王琨：80年代，您小试牛刀取得了不俗的创作成绩，之后断然中止创作，曾有过创作焦虑么？

金宇澄：80年代写了一些小说，当时非常希望越写越好，有个阶段天天待在家里，形容枯槁。邻居是一位老大夫，见了我大惊，警告我说再这样下去，身体肯定会出大问题。年轻作者常会逼迫自己，向自己索要灵感，或者经历种种挤压，其实，良性书写的获取有一个水到渠成的过程，并牵涉到写作方法等等问题，就是写你最熟悉的生活。通常所谓的焦虑，是写自己难以把控的内容，人不能逼自己写一个陌生的东西。

王琨：“上帝不响，像一切全由我定”中的上帝，是《圣经》中的“the Lord”，还是一种命运之神的泛指，《圣经》对您的创作产生了怎样的影响？

金宇澄：《圣经》的背景，小说里嵌入不少，开头沪生与陶陶关于捉奸的讨论，援引《约翰福音》典故，耶稣面对将受刑罚的行淫妇人对众人说：谁是没有罪的，先拿石头打她。这例子适合文学表达，小毛逝世时道出很多出自《圣经》的了悟，比如“白白得来，必定白白舍去”“上流人必是虚假，下流人必是虚空”等等。我对人生的复杂思考，很大一部分即源于此。

刚才说到“上帝不响”，书中第一次这样提问是母亲让春香结婚，嫁给一个她不爱的男人。她就向上帝祷告，试图寻找答案，但“上帝不响，像一切全由我定”。人是非常无助的，需要各方面都有启示，《圣经》提供一种方向和力量，但仅此而已。

王琨：对于在凛冽现实与依稀梦想之间挣扎的青年，您有何忠告？

金宇澄：简单讲就是珍惜美好时光，容易满足一些，不给自己更大的压力，一步一个脚印，慢慢来，欲速则不达，要细心了解自己，细心了解自己的变化，注意自身和环境的特点，尝试去做力所能及的事。

回望我年轻的时候，出门必带粮票，有钱吃不上饭，因为没粮票。当年的人不能到处跑，牵涉到“粮油关系”，不像现在的人可以去任何地方，就像你可以来上海找我，过去你从广州到上海就要带全国粮票，这东西贵重难得，上海人只有上海粮票，广州人只有广州粮票，到外面不能用，农民到城里来，除非自带粮食，因为农村不发粮票，只分粮食。那年头，事关生存一切的必需品，几乎都需要票证。

我务农时期，一次有机会到哈尔滨盖房子，大家都高兴得不得了，这是脱离农村进城的好机会啊，结果有人跟当地干部吵架，大概一个月不到，我们就全部被遣返了，当场就有人哭了起来。现在肯定不会有这样的情况，现在自由得多，你对工作，至少有自主的选择。此外，人生只能一步一个脚印这么走，年轻时吃一点苦，可以获得经验。我的体会是，我们所有的付出是不会浪费的，会是你的财富。

王琨：中国古典小说中您最推崇哪一部？

金宇澄：大概是《金瓶梅》。它的场景描写，丰富的市民气和画面，包括文学观念都另有一套。《繁花》无法效仿。其实《金瓶梅》和《海上花列传》我都没有从头看到尾，但作为中文的经典，也融化于我们的血液，是中国写作的某种源头，会引起中文作者的关注。

中国文学的根本是文言，"五四"切断文言，只留下白话，因此现在我们做不到兰陵笑笑生那么棒，他用的是文言基础的白话，非常中国。"五四"后就是白话了，加上西方翻译文本的影响，形成新文学。相比较西方文学，它们没这种截断的历史，比如法文不存在截断文脉的传统——西方文学和中国文学相比较，等于对方身体健全，我们是截断的、半截子的，三四十年代的作家们还有文言的底子，现今此刻，中国韵味肯定越来越淡，现今"80后""90后"作者某些稿件，全篇翻译腔也有了，中国韵味消失，产生的文学，永是在学习和矮化姿态，在亦步亦趋的状态里写作，在永远学习中的"好学生"条件下，截断本土依托的条件之下，难以健全自身，历史决定了这样的局限。

王琨：经姝华之口说出的蓓蒂和阿婆的离场方式，非常魔幻传奇，它几乎令小说飞起来了。请问您这样安排的用意是什么？

金宇澄：写实方式容易沉闷，那个小姑娘和老太太的结局肯定不是很好，增加一些颜色，出现不一样的味道，会给读者更深的印象，这种变化是临时想到的，主要是情感的原因，希望她们结局完美。

王琨：《繁花》初稿完成之后，您在网上另有《老去的青年》残稿，如果继续下去，创作路线会跟《繁花》有怎样的不同？

金宇澄：是《繁花》做单行本阶段搁下的一个稿子，当时写得很嗨，结果因为修订《繁花》包括画插图等杂事干扰，就冷了下来，一直希望能安静下来写完它，在叙事和语言上会有趣些，多一些变化。

王琨：在电视上看到您的一个推荐书单，里面有《鲜花帝国：鲜花育种、栽培与售卖的秘密》，您的阅读趣味看来非常广泛。

金宇澄：我一直喜欢看杂书，此外，写小说不同于专项的研究，杂书有益。博尔赫斯说，文学要点是"给人消闲和感动"，我很同意这个观点，小说要有消闲成分，种种杂项信息的趣味，“上知绸缎、下知葱蒜”是老舍先生的教导，表现丰富庞杂的人生信息。西方小说的描写精确细腻。写《铁皮鼓》的君特·格拉斯，在《猫与鼠》里写一艘废弃兵舰上几个小孩玩要的故事，兵舰陈旧，各种机械名称，枪炮位置，包括型号、螺丝钉名称，都有精细描绘，特别可读，是我注意的一种表达。这包括案头的准备，除了人物纠葛之外，更多掌握具体物质细节，如果涉及一株植物，涉及理发店、海员生存状态等等，看似外围内容，却是可以增色的背景。我发现很多来稿不愿意做功课，比如写一个大夫，那么他讲话就要有大夫模样，不是只给一个职称就算了。西方小说包括西方纪录片，都有严谨的信息传递，结结实实的细部，从不抒情和敷衍。

王琨：您在重要文学刊物担任文学编辑多年，如何看待当下的创作？

金宇澄：觉得和过去差不多，虽然纸媒面临困境，有种种的压力，文学杂志由于体制原因，仍然正常运行。我们的现状是文学出版社多、杂志多、作者多，大量的业余作者和译者，都和发表园地的宽裕有关，大量各个级差的低端杂志存在，形成低水平阅读和写作氛围，也就是说，再差的小说也可以发表，意味着也都有读者。观念和叙事的同质化现象，因此很明显。

记得80年代，作者对怎么写、写什么特别感兴趣，形式、语言这一块非常热衷。90年代搞经济了，可能是发展影视和可以翻译到国外的原因，对语言形式的要求相对淡薄，作品译出去或拍电视剧，和文字语言没多大关系，有“好故事”就行了。刚才讲过，我们一直是在努力学习的“好学生”心态上，学习西式经典的写作，举例比如魔幻现实主义，比如“很多年前”这样的小说开头语，大家都在用，包括“相濡以沫”这种大团圆模式，老一代优秀短篇如此，大家也一直效仿至今。人与人的关系极其复杂，需要个人的发现，独特的作者标签，语言、形式，缺失更多的拓展……对于网络文学这一块，被批为垃圾，其实圈内的“纯文学”垃圾也相当多，我觉得“类型小说”“网络小说”会分流，会出现“纯文学”的个性作品，我们正处在过渡的时代，值得期待。

王琨：创作的类同化与阅读背景的相似是否有关系？

金宇澄：非常有关系。刚才说了是刊物多，有大量需求，一个金字塔结构，最好的作品在最好的杂志发表，最差的在最差的内刊发表，无形中造就低水准的作者和读者群，写作和阅读水平上不去。另一个现实是，当下读者和80年代比，应该是超越的，那时代中文好的学生肯定考中文系，之后各届，更多的文学爱好者考大学，肯定报考其他科目了，从事其他行业，但作为潜在的读者，博览群书，文学鉴赏力相当高，我们在网上经常遇见无名高手，但作者们往往忽略了潜在的高水准阅读群体，甚至仍然以为自己是庙堂，在为“40后”“50后”一成不变的老读者写作。

如今的时代，是中国历朝历代文化水平最高的时代，有那么多人接受高等教育，与东西方自由沟通，按各自兴趣做各类研究，网络更提供了大量的空间和自由度，因此读者见多识广，如果我们继续按“50后”或更前辈作家的路子写，为“旧时代”的读者写作，对于当下的读者来说肯定不讨喜，他们有眼力，有自个儿判断的标准，以“人类灵魂的工程师”姿态，启示他人的姿态是不智的。作者不是圣人、哲学家，与读者日趋平等。如果你的书没人注意，基本是和自我拔高有关联。为读者写作仿佛一直是低下的立场，但你是写给别人看的，不是写私人日记，你就需要读者，为读者而写，为心目中最值得尊敬的读者写作，让他们觉得满意，这是我个人的立场。

王琨：作为一位男性作家，在《繁花》中您对于各种女性命运的书写，带着难得的宽容与温柔，您怎样看待当下的女性生存？

金宇澄：男女关系一直跟时代意识形态相关。《繁花》中有一章对于女人是越来越男性化，还是像水那样柔能克刚，表达了一种观点：女性应该回到本真状态里。比如有个台湾人来大陆很诧异，发现大陆女人对男人都用反问句和疑问句，在台湾是没有的。这是历史生存的反映，社会曾要求女子越来越能干，如果男女平衡关系进一步打破，有越来越“雄化”的女人，就会出现越来越“雌化”的男人。这是有意思的问题。

王琨：《繁花》中有一段，几位太太聊天，谈到女人应该像水，不知不觉，再棱角分明的石头都会磨成鹅卵石。我以为，确实是有意思的思考。

金宇澄：女性曾经提升到男性高度，鼓励斗争、反叛、开大卡车、开火车甚至在屠宰场杀猪。上帝创造男女，他们各有各的特点，各司其职，因为意识形态的改变，渗透为国民性的一部分，需要几代人的代价才能缓慢改变。女性有女性样态，这意识在年轻人中慢慢恢复，比如“80后”大部分女性说话都变轻，这微小的改观就是一种进步，与停止各种运动和政治呼喊、国家开放等等有关。公共场合说话最大声的往往是50年代的人，尤其女人在喧哗环境里生活，大声叫喊了很多年。男女彼此态度的复位，需要几代人努力。

王琨：《繁花》中的人物在现实中都有原型么？

金宇澄：都有原型，是拆散的原型。有一种说法认为，《繁花》是一种还原，难以代表上海。这其实是伪命题——我不可能代表上海，也很清楚没有一位小说家可以写一部代表整座城市的小说，城市是难以代表的，作者最多叙述它的某一局部，因为城市太复杂，上海太丰富。也有另一种陈旧的观念，上海是文化沙漠，没什么可写的，真正的中国文化是乡村，但是文化乡村的根脉，早在乡绅阶级被连根掘起后，气韵已散了，甚至汇聚到了比如上海这类大城市的皱褶中才得以遗留。上海历史是近代数次裂变而日益炫目的，它聚拢了近代最优异的人文底蕴，盘根错节，生动驳杂，靠一部小说，即使百部小说仍然道不完，等于一座原始森林，你只可以写到目力所及的区域，呈现四周的植被而已。面对这座伟大的城市，我从没读到过一本囊括它全部内涵的作品，从没见过一位对它完全了解的智者，这样的书、这样的作者是不存在的。就等于《战争与和平》不能代表俄国，是一时一境的局部内容。

《繁花》从它开头第一句话，深夜数钱出门打牌，到小说最后一句黄安的歌，“这是个不应该的年代，不如温柔同眠”，是这本书的主题。它概括的人群，我略有知晓。此外的干部阶层、知识分子阶层的上海人群，早有很多书写，不必多言。《繁花》落实在上海大金字塔根基的小市民阶层，包括这些夜不归宿的落魄人士，赌钱者，各种生意人，包括第三者、第四者的城市暧昧层，这大块的灰色部分没有作者注意，没有这类叙事，但它五光十色。这类群体不属于知识阶级，却藏龙卧虎，不乏饱读诗书人物，活在城市皱褶中，活在海洋底部，即使海面各种气象，他们处在另一个生存的世界，即使产业工人，也不是政治解读的工人阶级。

工人阶级在小说里，通常是空泛的政治字眼。具体的工人从不是铁板一块，大概有一百种分别，关于上海工人的研究文章细说了这方面的情况，包括 20 世纪 20 年代以降，上海的产业工人基本都参加“青红帮”组织，比如 1920 年共产党打入上海工人阶级，难以开展工作，几乎每个工人都“在帮”，只能先加入帮会，取得他们信任，这块史料一般读者并不知道。有一种最穷苦最底层的上海工人，即使共产党也没办法进行工作，上海的黄包车、三轮车车夫，几乎都是农民，农闲来上海拉车卖苦力，农忙再回老家种地，挣钱是他们的头等大事，共产党从不开展他们的工作。包括 1950 年上海向中央汇报，很多上海工人有小老婆，部分工人讲英文、穿西装、喝啤酒，食堂里乱倒饭菜，泡舞女，当时很多大店、各种工厂等等有各种背景，包括外资企业英商、法商电车公司等等。《繁花》借某个女子说，她解放前是纺织厂女工，每月发工资，她就去买金戒指，已经攒了一手绢包的戒指……这与我们通常所知道的工人阶级，活在水深火热中、受资本家剥削的工人形象不同。

政治概念化，导致笼统苍白的书写满坑满谷，难以反映人世的具体复杂，我为什么今天反复说这些？我们习以为常的“工人阶级”非常不文学。比如，农村所谓“阶级分析”相对还细致，计有地主、富农、贫农、上中农、下中农五个等分。城里工人，只一个工人阶级，设想恩格斯马克思老人家高瞻远瞩，如果很早断定中国农民可以分出一百个级别，工人阶级分两百个级别，才符合中国的现实。小说试图穿透苍白，带领读者观看上海的丰富背面，究竟怎么才是上海的真实和文学的真实？我后来做的几次《繁花》修订，着重是在工人这一块，太丰富复杂了。

王琨：小说结尾，阿宝说，其实女人想搞懂男人的心思，很简单，去买几本文艺小说，里面有很多男人的心理，看了两本，就都明白了。请问男人的心理是什么？

金宇澄：这是一种嘲讽了。主要是因为《繁花》没用内心描写，结尾时想到读者会有疑问，因此作此说明。我觉得一般意义的内心描写，是完全可以去除的，看了这么多中国小说，也真没觉得哪一部小说的内心描写曾经打动过我。有时想，我们确实不需要所谓的内心描写，一般意义的内心活动，读者基本都能预料。因此《繁花》用大量"不响"，代表人物的内心反应，我和读者就都可以明白。比如一桌人吃饭，某女人讲一段话，和她有矛盾的另一女人就会"不响"，也就是她不高兴了，或心有所动，或者如何，简单一笔带过。中国的传统文学，向来精短，要言不烦，并不注重表现内心，《史记》极其简洁，大量留白，读者都可用想象来填补。《繁花》是实验，不写心理是否可以？完全可以成立。

评　论《

金宇澄小说创作论

——以《繁花》为例

王　琨

一

晚清文学改良运动中，梁启超在《论小说与群治之关系》一文里，提倡将小说与社会改良相结合，强调小说的政治宣传与思想教化功能，欲以此达到"改良群治"和"新民"的目的，"故今日欲改良群治，必自小说界革命始！欲新民，必自新小说始"[①]。这一呼吁跨越时间的维度，"二十年来的读书人差不多没有不受他的文章的影响"[②]，在此基础上，鲁迅翻译的《苦闷的象征》，对中国新文学创作者影响亦不可小觑，它提

① 梁启超：《中国人的启蒙》，中国工人出版社2013年版，第176页。
② 胡适：《胡适文集》第3集，北京大学出版社1998年版，第222页。

醒那些致力于中国新文学建设的志士仁人:"文艺决不是俗众的玩弄物,乃是该严肃而且沉痛的人间苦闷的象征。"[1]改良后的现代白话小说并没有脱离中国传统中"文以载道"的窠臼。同时作为创作者,作家所拥有的"天命的教导员""灵魂工程师"的身份意识,令他们无意中背负了太多与写作本身不相关的社会责任。历经多个时代变迁的中国文学走到21世纪,在小说的艺术殿堂里,依然罕见真正以消遣为终极目的的小说文本,我们的作家拿起笔来总是容易陷入形而上的思索与启示的迷宫。

近几年出现的长篇小说《繁花》,表面上侧重于可读性和消遣娱乐性,同时不失对上海市民日常生活的现实关怀。作者秉着"爱以闲谈而消永昼"的创作意趣,如《一千零一夜》一样,旨在给人以消遣和感动,不再着重于醒世劝化,在日常叙事中细细描画着市民社会的悲欢。在传播方式上,网络媒体的发达给《繁花》的世俗化培育了直接的土壤,《繁花》起初连载在上海本土的一个论坛上,在产生过程中,渐渐引起关注,并引起广大反响和好评。在《繁花》的更新过程中,作者会根据读者的反应做一些相应的思考和更正。网络的自由化原则与受众需要,促使作者动用丰富的积累来讲述为大众所喜闻乐见的故事。然而作者的创作目的并不仅仅停留于此,《繁花》的精神内涵与艺术格局,并不止于对日常人情的描绘和大众通俗意趣的逢迎。

相较于当代的其他小说,《繁花》另辟蹊径,用书面状态的上海话,半文言半白话的叙述语言,作为对百年前旧白话小说的呼应,向我们证明了当代文学新文体试验的可能与可喜。在当代,以普通话为基底的白话小说已成为人们的阅读习惯,而作者"金宇澄遥承近代小说传统,将满含文化记忆和生活气息的方言重新擦亮,反复调试,如盐溶水般汇入现代汉语的修辞系统"[2]。上海话的《繁花》不只是上海方言书写的成功,它在社会上产生的强烈反响更预示着中国当代文学书写的一种新可能。而这种新,又遥应着古典的"旧"。对作者来讲,上海是他生于斯,长于斯的地方,"它的喧哗骚动沉默无言,让我感悟到城市和乡野密不可分,同样是普通生活最重要的聚集地,同样需要作者沉浸其中不断积累和最忠实的表达,需要作者投入更多的热情和感情,让我明白城市主题同样是打开文学视野的一把钥匙"[3]。虽然作者中间曾在东北插队8年,这漫长的告别,反而令作者对上海的感情在回忆中更加深厚。就像张爱玲所说,"长年住在闹市里的人大约非得出了城之后才知道他离不了一些什么,城里人的思想,背景是条纹布的幔子,淡淡的白条子便是行驰着的电车——平行的、匀

---

① [日]厨川白村:《苦闷的象征》,鲁迅译,人民文学出版社1988年版,第26页。转引自范培松:《中国散文批判史》,江苏教育出版社2000年版,第16页。

② 徐鹏远:《第九届茅盾文学奖授奖词及得奖作家的获奖感言》,凤凰文化2015年9月30日。

③ 徐鹏远:《第九届茅盾文学奖授奖词及得奖作家的获奖感言》,凤凰文化2015年9月30日。

净的、声响的河流，汩汩流入下意识里去”[①]。

二

《繁花》在最为平实的日常情节描画中，展露了上海普通人和上海这座城市的独特韵致。然而在现实中，上海风情正随着现代化的侵蚀而渐渐消逝、走味。如梅瑞对当下旗袍样式变化的见解，正是对走失了的老上海味道的批驳，“现在的旗袍，怪吧，全部是中式大花头，乡巴子，一副穷相，乡下女人，饭店拉门女人打扮……自以为斗艳竞媚，老上海人看见，要笑煞”[②]。梅瑞的母亲，在青年时代有着属于自己的风华绝代，她的一只樟木箱子里全是旗袍，“单，夹，呢绒旗袍，闪面花缎，四开纺绸，平头罗纺，坚点纀绸，颜色素静，也有‘雨后天’，桃玉，悲墨，淡竹叶颜色，每一件，腰身绝细”[③]，“服装以最直观的方式传达着关于一个人的所处的时代，他所属的民族，以及他的性别、社会地位、财产、教养等等的信息”[④]，作为女儿的梅瑞无形中承袭了母亲的品位，但无奈时移世异，女人的橱柜被列宁装、背带裤、布拉吉、海魂衫、连衣裙、T恤、牛仔裤等带有现代元素的衣服填充着，没有了穿旗袍的大环境，梅瑞也只能在爱马仕套装中哀叹旗袍走失的风华。

上海这座城市以它的丰富给作者提供了感受资源和言说空间，依着小说的引文，作者营构的上海意象可以在王家卫的电影里寻到相应画面，“《阿飞正传》结尾，梁朝伟骑马觅马，英雄暗老，电灯下面数钞票，数清一沓，放进西装内袋，再数一沓，拿出一副扑克牌，捻开细看，再摸出一副。接下来梳头，三七分头，对镜子梳齐，全身笔挺，骨子里疏慢，最后，关灯。否极泰来，这半分钟，是上海味道”[⑤]。作者说，《繁花》所表现的人物便是这些半夜出去打牌的人，和歌手黄安的歌声里唱的在不应该的年代温柔同眠的人。在故事的结尾，“沪生与阿宝在苏州河边漫步闲谈，听见一家超市里，传来黄安悠扬的歌声，‘看似个鸳鸯蝴蝶，不应该的年代，可是谁又能摆脱人世间的悲哀，花花世界，鸳鸯蝴蝶，在人间已是癫，何苦要上青天，不如温柔同眠’”[⑥]。这些人在上海的人物图谱中的色调是晦暗、暧昧的，红尘所以滚滚不息，完全是他们的欲望在牵引。小说中出现的人物达几十位之多，各自的遭遇不同、性格各异，却在

① 张爱玲：《流言》，北京十月文艺出版社2012年版，第25页。
② 金宇澄：《繁花》，上海文艺出版社2015年版，第89页。
③ 金宇澄：《繁花》，上海文艺出版社2015年版，第88页。
④ 转引自赵琴玉：《张爱玲小说中的服饰与人物》，《涪陵师范学院学报》2007年第1期。
⑤ 金宇澄：《繁花》，上海文艺出版社2015年版，开篇。
⑥ 金宇澄：《繁花》，上海文艺出版社2015年版，第442页。

命运的偶遇中交会、擦肩，用个体际遇和耳闻目睹的故事，努力诠释着人生不过是一场散了又聚的筵席这一苍凉寓意。人欲所织就的市井暖意，在《繁花》中盛开、繁华、凋谢，生生不息。只有基于生活的故事，才能够发散生活所蕴含的暖意，同时可以焕发使人走出心灵迷局的力量，因为真实生活本身就是文学创作最大的能量源。

《繁花》为我们呈现了一个无始无终、无边无际、无真无假、无善无恶的多维世界，其所超越历史评价、道德裁决的东西，是隶属于人性的，事关个体与命运，看似浅近直白，却蕴含着启人深思的生命箴言：在虚空的凡世里，“已有的事，后必再有，已行的事，后必再行，日光之下，并无新事”。李敬泽认为，“《繁花》深得《红楼梦》能无限地实，但又能无限地虚”①之精髓。在创作《繁花》的同时，作者的社会身份是一名兢兢业业的编辑，可谓耳闻目睹社会的一系列变迁，对于种种时代先声有着自己更为冷静的观察和思考。生于50年代的他，目睹了现实秩序、日常人世的一系列新旧更迭，“刮破他日常的表现，我们可以看出他的‘大悲’——对于人生热情的荒谬与无聊的一种非个人的深刻悲哀”②，然而在悲哀之余，作者却燃放着难抑的普世热情，以及对迷惘人生虚空感的终极抵御。

三

小说家毛姆认为一切文学的本质是消遣，是寻求安慰或刺激。作者主动卸去灵魂工程师的光环，以一位说书人的姿态要求自己，秉承着小说是“往小里说”的传统原则，以超脱的写作姿态，牵引读者在布满世情的故事里流连，忘记永恒与意义。对于《繁花》，可谓雅人赏雅，俗人赏俗，从大学教授到门卫保安，各种社会身份的人士都可以道出它所给予的惊喜和感动。雅与俗在《繁花》中天衣无缝地融为一体，使得作品成为一座发掘不尽的宝藏。日常是文学的永恒主题，新中国成立至70年代后期，日常生活被高度政治化，真正的烟火人生在文本中处于缺席状态。进入80年代，关于日常的点滴描摹才渐渐复苏。诞生于21世纪的《繁花》聚焦普通人的日常，描摹世态人情，用中国传统讲故事的方法，对于人物的描写简洁得当，没有多余的心理描写和暗示，这是作者对读者的尊重的一种表现，他深信读者已具备常规的判断经验。

小说中的三个主要人物分别是阿宝、沪生、小毛，他们来自不同的社会阶层，作者借着他们带读者领略了三个阶层在不同时代所呈现的面貌。其中对工人阶级多面性的描写最令人印象深刻，相比于习惯意识里的工人阶级形象，作者笔下的他们，

① 杨乃清：《金宇澄如何写〈繁花〉》，《南方人物周刊》2015年8月。

② 夏志清：《中国现代小说史》，复旦大学出版社2005年版，第257页。

更令人耳目一新。比如在阶级斗争激烈的时候，作为工人阶级的小毛的师父，按理说已经历了新旧社会的变迁，在外界看来本该是积极拥护时代号召的先进分子，而作者笔下的这位师父对于时下的社会运动，置身事外，始终持冷眼旁观的态度。他以旁观者的姿态认为，身边的那些投身于社会运动的人不过是政治的棋子，他不愿做棋子。作者在《繁花》里表现了工人阶级不为一般人所知的多面性、复杂性、深刻性。同样处于运动中青年主导力量的青年马头，出自社会底层，虽然在轰轰烈烈的集体运动中处于"叱咤风云"的领导位置，可在私下里，他始终怀抱着悲观的宿命意识。与以上两个人物不同，小毛同样来自社会底层，他身上散发着当代都市的传奇色彩，而这种传奇与这个人物身上所赋有的传统与现代相结合的因子有关，"上海有着更早接受平等的土壤，尊重女性，小毛也有这种上海特点，不惹是非，界限分明"①。作为单身汉的他经常告诫周围女人：做女人就是要漂亮，打扮最重要。同时他还叮咛那些可能与他有着暧昧关系的女人："做女人，先就要对自家老公好，就算外面有户头，有了外插花，对老公还是体贴，就是好女人，正常女人，聪明女人。"②小毛的这一观念在一定程度上表明，"无疑这上海的旧影，仍然深入人心"③。其实在《繁花》中不只是小毛，即使是资本家出身的阿宝，对于男女之别，亦有着非常典型的传统观点，"当时宝总觉得说，男人既然是石头，女人厉害的力量，应该就是软招和慢功，懂不懂，表面弱水三千，天下之物，莫文于水"④。

作者透过人物所传达的女性观，看似传统、保守，流露出男性对女性的期待，或者说规约，体现了作者对传统男女相处模式的呼唤。但作者清醒地知道，现代性已经对传统两性关系造成了相当的破坏，因此他对女性的客观认识也与时俱进。在小说描写90年代的章节中，作者将上海女人弄烟惹雨、媚体藏风的韵致表现得淋漓尽致。在饭局上她们钩心斗角、争风吃醋，因此而引起的罅隙、争吵，不胜枚举，日常人世的琐碎与可爱也在这个过程中尽收眼底。这些女人可能不是美人儿，不是出身高贵的千金，在这个男男女女都努力求得个人利益最大化的当代社会，她们以自己的姿态，忘情地拼尽全身力气，以求寻得安身立命的一方天地。

女人的风采和韵味在作者笔下得到自然展现，与之同时牵出的，还有她们不同的命运——那些令人扼腕叹息的宿命般结局。汪小姐怀孕后的尴尬处境，是她爱慕虚荣、贪图享乐的咎由自取；小琴为了获得上海户口，而将自己的感情作为跳板，对

---

① 严彬、金宇澄：《金宇澄文学访谈录：上帝无言，细看繁花》，光明网2015年9月18日。
② 金宇澄：《繁花》，上海文艺出版社2015年版，第389页。
③ 严彬、金宇澄：《金宇澄文学访谈录：上帝无言，细看繁花》，光明网2015年9月18日。
④ 金宇澄：《繁花》，上海文艺出版社2015年版，第181页。

陶陶百般温柔的背后，是她机关算尽的疲惫。小琴意外死亡的结局以及汪小姐生出的怪胎孩子，是人性偏离正常轨道后所结出的恶之花。与这些想要靠攀附男人取得上位的女性不同，李李独立、精明、不乏世故，但即便阅尽繁华，最终还是选择踏入空门，在与友人阿宝告别时，作者写道："阿宝说，一切可以解决，有的是时间。李李漠然说，女人觉得，春光已老，男人却说，春光还早。阿宝不响，李李双手合十，讲北方话说，宝总，请多保重。阿宝一呆。李李也就转了身，独自踱进一条走廊……"[①]这一场景寥寥数语却将二人剪不断理还乱的尘世情缘勾勒得寥落凄凉，同时不乏作者对世间男女之情的悲悯和哀伤。

四

《繁花》对那些不经意间闪动着人性光芒的细节描写，于细微处见深刻，能否善于发现、捕捉、剪裁、展露必要的细节，是判断一个作家艺术功力的重要标准之一。"比小说主人公们的性格更具决定意义的是他们如何融入周围的景观、事件和环境。"[②]无论对于人物还是事件，作者不做评论，以白描的手法，呈现各色人等的人生际遇，将生活的原样直录下来，呈现真实的生活，又不乏文学的空灵，作者对于写实技巧的运用，掺杂着西方现代主义艺术的创作痕迹，体现了其不循一般的写实主义创作高度。熟谙西方文学的作者，对于西方创作方法的运用毫无匠气，浑然天成，比如在小说中用蒙太奇的手法来表现经历一系列人世变迁后小毛的意识活动。妻子春香去世后，独居的小毛身边不乏诱惑，母亲警告他要守则，避免别人的闲言闲语，小毛立证清白，但当一个人安静下来，"天逐渐暗下来，墙上的十字架，逐渐模糊，淡淡映出春香的面孔，后来又化出银凤的面孔，两个女人，眼里全部是怨。苏州河的机驳船声音，由远及近，煤球炉味道飘过来，墙上的银凤春香，一直闷声不响"[③]，在小毛的意识里，复活的春香与银凤的沉默意味深长。用作者的话说，"不响"很多时候表示对一件与自己切身相关事件的态度，这两个女人的沉默想必折射着小毛对故人的歉疚。作者虽鲜用心理描写，却依然不妨碍人物心理活动的立体呈现。

在文本中，由于所写的两个时代有截然不同的时代风貌，20世纪60年代与90年代的微妙互变体现了作者的时间感和沧桑意识，"路对面，是几十年以后的高档铺面，迪生商厦，此刻，只是一间水泥立体停车库，一部'友谊牌'淡蓝色大客车，从车库

① 金宇澄：《繁花》，上海文艺出版社2015年版，第427页。

② [土耳其]奥尔罕·帕慕克：《天真的和伤感的小说家》，彭发胜译，上海人民出版社2012年版，第63页。

③ 金宇澄：《繁花》，上海文艺出版社2015年版，第366页。

开出”[①]。这种用将来回忆过去的倒叙手法与《百年孤独》的开头有异曲同工之妙。西方文学的艺术手法在“传统样子”的《繁花》中频频出现，时常给人带来参差的阅读体验，而最令人印象深刻的是作者对于蓓蒂和阿婆命运归宿的设计。在“文革”中，身单力薄的小姑娘和阿婆无枝可依，随波逐流、备受欺凌的结局注定惨淡，作者借文艺女姝华之口道出这一老一少的结局是变成鱼游进了黄浦江，这一充满想象力的安排可以说升华了整个小说的精神质地。整部《繁花》在“说书人”栩栩如生的讲述里，读者自觉沉入一个亦真亦幻的故事王国，仿佛一切都变得轻飘、意味无穷，就像少年时听阿婆讲古的阿宝，不知不觉间，“身体变轻，时间变慢”[②]。

《繁花》对于这世间纷繁多姿的书写背后，最终的指向是“人”的存在困境。人与人之间始终有着无法逾越的鸿沟，每个人都固守在自我的孤独牢笼里。人物中男男女女长期相互试探，小说里一千多个“不响”除了作为方言表现力的注解，更深一层地呈现了人与人之间的相互探寻与无法相通这一事实。作者用沉默表现人物波澜的内心、人性驳杂的本色，那些语言无法触及的所在，是个体人所固守的荒凉地带。饭局上每个人用琐屑、平淡去打发看似无尽的时光，折射出人在时间空间中的无助与渺小。“我们每个人生在世界上都是孤独的……因此我们只能孤独地行走，尽管身体互相依傍却并不在一起，既不了解别的人也不能为别人所了解。”[③]

姝华给沪生的信里写道：“人和人，无法相通，人间的佳恶情态，已经不值一笑，人生是一次荒凉的旅行。”[④]这番话将人生的无奈与悲哀尽现眼底，但也就是这位年纪轻轻就将人生看得如此悲观透彻的文艺女青年姝华，在去东北插队后，几年里杳无音讯，忽然回来的她精神失常，令亲友愕然、惋惜。但从客观来讲，相比较同龄人，她倒是显得并不孤单，她有人情上丰厚的收获，在插队的地方她很快地嫁人、生子，而不是像许多知青那样在艰苦的岁月里只能形单影只。他们向往异性，同时又畏惧，用拒绝的方式表达隐隐的期待。这种无性的交往方式有着时代和历史的双重原因，那时盛行的文化潮流是反性、反爱情的，受这种影响最深的是在这种氛围中成长起来的青少年。在一个社会群体里，个人情欲不只代表个人，更负载了同时代人类的普世价值。男女之情所引发的一系列悲欢离合，既是个体意义上的自叙传，也是群体意义上的风云史。其实不只是阿宝、沪生、小毛和他们的同代人，当下的我们也

---

① 金宇澄：《繁花》，上海文艺出版社2015年版，第19页。

② 金宇澄：《繁花》，上海文艺出版社2015年版，第16页。

③ [英]毛姆：《月亮和六便士》，傅惟慈译，上海译文出版社2011年版，第186页。

④ 金宇澄：《繁花》，上海文艺出版社2015年版，第197页。

是一样，负载着有自我烙印的孤独标签，“只看见自己的脸，苍白，渺小：我们的自私与空虚，我们恬不知耻的愚蠢——谁都像我们一样，然而我们每人都是孤独的”①。故事的结尾，沪生与阿宝在苏州河边漫步闲谈，听见一家超市里，传来黄安悠扬的歌声，“看似个鸳鸯蝴蝶，不应该的年代，可是谁又能摆脱人世间的悲哀，花花世界，鸳鸯蝴蝶，在人间已是癫，何苦要上青天，不如温柔同眠”②，作者用以结束故事的歌词，带着它明朗的喻义，给读者以无尽苍凉的启示。

（载《小说评论》2017 年第 3 期）

主要作品目录

长篇小说

《繁花》，上海文艺出版社 2013 年版。

《碗》，上海人民出版社 2018 年版。

中短篇小说集

《迷夜》，百家出版社 1992 年版。

《方岛》，上海人民出版社 2018 年版。

《轻寒》，上海人民出版社 2018 年版。

散文随笔集

《城市地图》，文汇出版社 2002 年版。

《洗牌年代》，文汇出版社 2006 年版。

其　他

《回望》，广西师范大学出版社 2017 年版。

① 张爱玲：《流言》，北京十月文艺出版社 2012 年版，第 59 页。

② 金宇澄：《繁花》，上海文艺出版社 2015 年版，第 442 页。

李洱

男，原名李荣飞，1966年生，河南济源人。

小 引《

我不认识李洱，但对李洱与本辑主笔魏天真博士所谈论的问题，很感兴趣。不妨先引李洱的一段话做个引子：

> 我所能写出的，只能是我感受到的一小部分，我无法做到“指哪打哪”“意到笔到”，我永远无法做到这一点。在意念和现实之间，那条鸿沟永远存在。这其实是所有写作者都会面临的问题，包括卡夫卡，包括曹雪芹，不然《城堡》和《红楼梦》也不会写不完。也就是说，有很多东西是说不出来的、写不出来的。
>
> 但是，最有意思的地方，就在这个时候出现了：你一定要尽力“说出说不出来的”“写出写不出来的”。你已经写出来的那一部分，要能够让别人感觉到，你确实还有一些东西没有写出来。甚至可以这么说，你已经写出来的这一部分，它的意义就在于显露出没有写出来的那一部分，那是个巨大的存在，它不可言说。你的言说的意义，就是让人知道还有些东西不可言说。但是，那个不可言说的东西，只有通过你的言说，才能够成立。

李洱的这一段话，其实有两层意思，一层意思也就是晋人陆机所说的“意不称物，文不逮意”的问题。所谓“意不称物”，用今天的话说，大意也就是你想要说的意思，不能正确地反映你所要反映的事物；所谓“文不逮意”，也就是你写出来的文字，不能完全抓住(表达)你所要表达的思想。他的这一段话的另一层意思，则是我们常说的“意在言外”“言有尽而意无穷”的问题。

这两方面的问题，都可以归结为写作活动的一种宿命，中国古人对此很早就有清醒的意识，所以才在“两难”之间创造了奥妙无穷的古代文论。只是到了近现代社会，因为有西方来的科学主义撑腰，写文章的人也自信能如科学研究那样穷形尽相、求实求真，“言”与“意”的矛盾自然就不在话下。鸿沟既已填平，剩下来的就看作家的本领了，古人谓：非不为也，实不能也。现在既已有可能，再要做不到，就得像对当今的某些行政官员一样，判你一个“不作为”，你也就当不成作家或不配当一个作家了。

奉现实主义为圭臬的作家，在这方面信心更足。因为现实主义本来就是以科学的实证主义为哲学基础的，加上现代中国功利主义的文学语境的作用，所以长期以来，真实性便成为文学反映生活的重要标准，有时甚至是唯一标准。殊不知，这“真实性”，也并非真的就是老人家所说的“客观存在的实际生活”，而是对“客观存在的实际生活”的一种意识和判断。说到底，也就是古人所说的“意”。且不说你这个“意”离“客观存在的实际生活”的真实情形和本来面目，究竟有没有距离、距离多远，就是完全没有距离或距离很近，你也不能保证你就一定比古人高明，就一定能挣脱文章的宿命，做到“意能称物”。我要提供的证明，是一个现实主义作家描写的自认为是“真实”的生活对象，在另一个现实主义作家笔下，却是另外一个样子；一部以现实主义的方法写出的“真实”地反映生活的作品，包括其中的某些优秀作品或今人所谓之经典作品，也常常难免被人以各种各样的理由指责为“不真实”。你当然可以说，前者是作者对“真实性”的理解有别，后者是读者评价“真实性”的标准不同，所谓仁者见仁，智者见智是也。但无论怎么说，既有这种差别和不同存在，就说明你对“真实性”的意识和判断，未必真能“称物”；你笔下的“真实”，未必真能“逮意”，否则，你用你的笔把你认为的真实生活（“意”）毫厘不爽地呈现在人们面前，而且与你要反映的生活（“物”）完全相称，又怎么会招来这么多的分歧和饶舌呢？

这就牵涉到文学所描写的人和生活的“复杂性”的问题，这也是李洱和魏天真讨论的另一个让我感兴趣的问题。古人谓“意不称物，文不逮意”，也许说到底，还是由于客观外界的“物”和主观内在的“意”都是很“复杂”吧。对这种“复杂性”的表现，后来的先锋作家往往责怪先前的现实主义作家将其简单化了，他们则要通过一种叙事形式和叙述方法上的革新，呈现这种“复杂性”本身，于是便有了马原等人的“叙述的圈套”的出现和其他形式技巧上的实验。结果复杂是复杂了，甚至有时候还难免让人眼花缭乱，但是否真的因此就呈现了人和生活的“复杂性”本身，还得打一个问号。因为，先前的现实主义作家被后来的先锋作家指责为简单化，无非是说他们按照某种意识形态的指令来运思措意，舍弃了其他各种存在的可能性。这些先锋作家则反其道而行之，致力于寻找被这种意识形态的指令舍弃了的各种可能性，换言之，也就是要打破先前的现实主义作家所迷信的本质性和规律性，代之以尚未纳入本质规定的各种随机性和偶然性。这当然是近20多年来中国文学革新的一个积极的成果，但有一点，却又不能不让人产生疑问，即先锋作家所实验的那些复杂的形式和技巧，就真的可以呈现人和生活的“复杂性”么？如果是这样的话，那无异于是说，他们的写作活动是可以做到“意能称物”“文能逮意”的，是可以挣脱写作活动的宿命的。

我相信没有哪一个先锋作家有这样的信心，也没有哪一个先锋作家敢于这样自诩高明。从这个意义上说，我宁可相信李洱的话，在写作活动中，你是永远也无法做到“指哪打哪”的；你得承认写作活动的宿命，正是在这种宿命的挣扎中，你才可能向世人显露那个巨大的“不可言说”的存在。有人说，先锋文学到了李洱，才是一种成熟的形态，我要说，李洱的成熟，就在于他没有先前的先锋作家那样的牛气，而是谦恭地以一个“掺了水”的后人的身份，从没“掺水”的“先人”(没“掺水”的“先人”叫李耳，即老子)那里传承了对“道”的一点感悟和敬畏。

自 述《

一个怀疑主义者的自述

我出书很少，只有几本薄薄的集子和两部长篇小说。同辈作家大都“著作等腰”了，我却是“著作等脚”。这倒不是因为手懒。吃的就是这碗饭，手懒不是找死吗？说来说去还是因为个人的脾性。

在日常生活中我特别容易轻信，很容易上当，但在写作上我却很少轻信。阎连科先生曾建议我出文集的时候，在文集的封面上标明，这是“一个怀疑主义者的文集”。打个比方，日常生活中有人告诉我公鸡会下蛋，我肯定会说，对，会下蛋，运气好了还会下个双黄蛋。但同样的事情放到小说里，我就要怀疑了。不光公鸡下蛋要怀疑，连母鸡下蛋也要怀疑了。母鸡下蛋？难道是只母鸡都会下蛋，都必须下蛋吗？既然上帝允许有些女人不生孩子，为什么就不允许有些母鸡不下蛋呢？具体到某篇小说，即便已经写了一多半，即便已经画上了句号，我还是会怀疑：这个故事到底有没有意思？故事中的那个家伙真的值得一写吗？这个故事到底有没有人写过？中国人没写过，外国人也没写过吗？你看到了吧，别人是“下笔如有神”，我呢，好像“下笔如有神”，其实“下笔如有鬼”，所谓疑神疑鬼是也。你说，这种情形下，我怎么能够“著作等腰”呢？

但我毕竟还是写下了一百多万字的作品。尽管怀疑主义情绪如同迷雾一般无处不在，但我每天还是要在那迷雾中穿行。帕斯捷尔纳克说，“我写作，因为我有话要说”。他讲得真好。“有话要说”这个伟大的动机,几乎会在每个作家的写字台前闪光。但对这个时代的写作者来说,更重要的可能是要说出自己的话,以自己的方式说出自己要说的话。这很难啊,它需要激情、勇气和学识,也需要作家在想象力、表现力和认知力方面进行严格的自我训练。拦路虎很多啊,每一只拦路虎都可能把你吃掉,吃了以后人家吐不吐骨头你都不会知道。但我还是写下了这么多作品。在午后时分,如果那迷雾尚未散去,它就会延续到深夜甚至黎明。时光漫长,与其等着给拦路虎吃掉,还不如趁着大雾弥漫穿越密林。如果能够侥幸逃生,那当然很好。如果无法逃生,我毕竟也做过逃生的努力,这总比坐以待毙要好一些吧?

所以,我还在写。

访　谈《

“倾听到世界的心跳”

——李洱访谈录

魏天真　李　洱

魏天真:第一个问题是关于60年代出生的作家,但愿我不被人认为是思想懒惰甚至神经麻痹。我并不认为用年代来把许多作家编派进一个群体的做法是恰当的,但60年代出生的作家是例外。60年代出生的人和他们(我们)前后的人相比,很不同。不是说谁坎坷谁平顺、谁丰富谁贫乏因而谁高谁低谁优谁劣的问题。这一个年龄段的人刚发蒙或正读小学时,是读语录的高潮时期,在其他年代,一个小孩很可能因为能诵读诗书或者单背唐诗而受赞赏,70年代的小孩受夸奖的程度要根据他背诵“毛主席语录”的情况来决定。一个孩子的心灵纯如白纸,本来可以“画最新最美的图画”,我们的白纸上写满了语录,很多语录深深烙刻在心里。成年以后我发狠地读古诗背古诗,想挤占一点语录的位置,但古诗忘得快,好像浮在语录面上的粉尘,一阵风就吹走了。这样的经验肯定会作用于一个喜爱文学的人。您怎么理解60年代出生的作家这个群体?

李洱:用出生年代来划分作家,其实很常见,国内国外都有。一来省事,谈论起来方便;二来也确实可以说明一些问题,比如童年记忆对写作的影响。但问题是,写作最讲求的是差异。相近的童年记忆，在不同的作家笔下，呈现出何种不同的面貌，为什么会有这样那样的不同？差异，也只有差异，才能把个人从群体中分离出来，写作也才有了意义。

当然，我承认，60年代出生的作家，因为成长背景大体相同，所以他们的写作肯定是有共性的，就像中国作家区别于美国作家，是因为各自都有一定的共性。具体说到60年代作家，我想，不妨把他们说成是“悬浮的一代”。与上代作家相比，他们没有跌宕起伏的经历，至少在90年代之前，他们很少体验到生活的巨大落差。不过，他们也经历了一个重要的变革，就是某种体制性文化的分崩离析。这个变革是什么时候发生的？他们的青春期前后！而他们的世界观，正是那个阶段开始形成的。对于如何理解这一代人，我想这是一个关键点。

我想，在他们的脑子里，很少有此岸与彼岸的概念，思维方式也不是非此即彼的，不是二元论的。与下一代作家相比，他们与商业社会有较多的隔膜，有抵触，有愤怒，有妥协，也有无奈。对主流的意识形态，他们不认同。同时，对于反主流的那种主流，他们也不认同。60年代作家，有“希望”，但没有“确信”。有“恨”，但“恨”不多。身心俱往的时候，是比较少的。他们好像一直在现场，但同时又与现场保持一定的距离。他们对各种临界点、界面，有较强的适应能力。他们的感觉、意念、情绪、思想，有些上不着天下不着地，悬浮在那里，处于一种“动”的状态，而这种“动”，很多时候又是一种“被动”。90年代中期，我写过一篇小说，题目就叫《悬浮》，当时我试图通过一个较为复杂的情爱故事，来表达我对这种状态的感受。我自己比较喜欢这篇小说，但却很少有人提起它。这足以说明，我的这种看法，其实并不被很多人接受。

还有一点，我想多说两句。如果再细分的话，60年代出生的作家，其实也有前后期之别。这一点，别的人可能不清楚，但这一代人都有体会。举个例子，“文革”歌曲、样板戏，我就不会唱，而比我大上几岁的人，却是张口就来，溜得很。而我呢，到了90年代才会唱。你一定记得，90年代初，大街小巷都在传唱“文革”歌曲。那些歌曲不是通过“文革”时的那种大喇叭唱出来的，而是通过磁带唱出来的，是出租车上的交通电台唱出来的，是在歌厅里唱出来的，是通过电视台的综艺晚会唱出来的。它是商业文化、娱乐文化的一部分，有“红歌黄唱”的意味，但又被主流意识形态所兼容。说来好笑，我就是在那个时候学会那些“文革”歌曲的。这跟比我大几岁，但同属60年代生人的经验，自然有很多不同。所以，我觉得60年代生人的经验，其实也是有很多细微的差别。

魏天真：您很早就立志当作家吗？

李洱：我很小的时候就看小说，也想写小说。我祖父对《红楼梦》《三国演义》熟得不能再熟。我父亲是个中学语文教师，早年也写过小说。这种家庭环境可能对我有些影响。我记得，我还没有桌子高的时候，家里就放着《红楼梦》《东周列国志》《野火春风斗古城》《暴风骤雨》。我父亲喜欢书法，迄今在豫北一带，有很多人家的门匾、墓地的碑文，还有些桥梁上的铭文，都是我父亲写的。但我父亲当初的愿望不是让我当作家，而是让我当画家，甚至为我请来了一位家教。他是县剧团的一位演员，在京剧《杜鹃山》里扮演反派人物温其久。除了演戏，他还负责画布景、画海报，那海报是直接画在墙上的，类似于连环画。有很长一段时间，我跟着他在野外写生。这个人当着我父亲的面，对我特别好。但是一出去写生，他就换了一个人。我向他请教问题，他也懒得搭理我。我只好蹲在旁边看着他画。不是照葫芦画瓢，而是看着葫芦，再看看他画的瓢，然后再模仿着他画的那个瓢，画一个自己的瓢。不管怎么说，学画的经历对我来说是很难忘的。这可能对我后来有一定的影响，比如无形中训练了我的形象思维能力，等等。

魏天真：作为一个60年代生人，您的文学、文化的启蒙如何影响了您的创作？

李洱：我真正开始系统阅读小说，是在上大学以后。80年代的华东师大，有一大批文学信徒。说"信徒"这两个字，一点也不为过的，大家都很狂热，好像活着就是为了写作。在和小说家张生的一次对话中，我曾说过，大学才是我真正的文化童年。80年代中期的文学教育、阅读和交流，使我受益匪浅。那个年代，文学气候也很复杂，冷热空气频繁对流，形成了各种各样的小气候。它使得人们对于启蒙、政治和文学，以及彼此之间的关系都非常敏感。那样一种特殊的语境，我想对于在80年代完成大学教育的一批人，是有深刻影响的。

当时，最新的文学潮流很快就会波及校园，甚至在它还没有形成潮流的时候，就已经传到了校园。举个例子，我记得阿城的《棋王》还没有发表的时候，我们都已经知道它要引起轰动。因为当时有很多年轻教师参加了那个著名的"杭州会议"，事先已经看过了手稿，并且和编辑有过讨论。对于寻根文学和先锋小说，我们都是先知道有人在写，甚至先知道了小说的开头、小说的语言、小说的主题，过了一段时间才在刊物上读到了那些小说。我们是一边听老师们讲课，听他们吹牛；一边摩拳擦掌，蠢蠢欲动。我很怀念80年代，它虽然有些浮于表面、潦草，但却很有冲击力。唉，那个时代确实一去不复返了。

魏天真：您写了一群知识分子，孙良教授、华林教授、吴之刚教授、侯后毅和他的弟子、费边和他的朋友等等。这些人给我的印象就是，他们是一群有专业（职业）的谋生者。因为要谋生，就免不了蝇营狗苟；因为有专业，他们总能为自己找到说辞，使他们的蝇营狗苟显得不一般。这些形象如此真实，切合我们的生活经验，因此更让人感到绝望。请您谈谈刻画这些形象的意图，您对知识分子还有所期待吗？

李洱：我熟悉校园生活，熟悉知识分子的知与行，我写他们犹如写自己。有很多人看到了我对他们的嘲讽，其实，如果说有嘲讽，那嘲讽首先是针对我自己的。我的描述也不仅仅是嘲讽，其中包含了我的祈祷。我相信，就对生活的复杂性的感受而言，知识分子肯定是最敏感的。知识分子是文化的神经，是文化灵敏的触角。我喜欢"复杂性"这个词，我喜欢描述复杂的生活、复杂的感受。写知识分子，刚好可以满足我这个愿望，可以表达我对写作的理解。

魏天真：您理想的知识分子应该是什么样子？葛任是您心目中的知识分子吗？

李洱：说到《花腔》中的葛任，我想，他确实是我心目中的知识分子。葛任所面临的精神困境和现实处境，在今天其实并没有发生根本性的变化。葛任的选择，即使在今天也是罕见的，或许是更为罕见的。关于葛任，我写过一篇短文，里面写到我对葛任的敬意，以及我的感激之情。我这么说，并不是出于矫情。哦，你自己先塑造了一个人物，然后你再对他表示感激，这叫什么事啊？但我确实非常感激这样一个人物，我不认为我这样说是在耍花腔。写这个人物的时候，我其实很难受。不是因为写不下去，而是因为这个人物要面对那么多的困境，这让我心中不忍。是这个人物鼓励着我，让我得以写下去。我相信，很多读者都能从葛任的经历中，看到一种存在的勇气，一种面对种种威胁而艰难地寻求自我肯定的力量。

魏天真：我非常理解您对葛任的敬意和感激，虽然我的理解可能与您不一致——我还没有读到您说的短文。我还想说，我读《花腔》的时候，除了敬意和感激，还体验到一种怜惜之情，那是我一次次读到葛任的"羞涩"时体会到的，您书中有不同的人以不同的方式谈及他的"羞涩"。并且，从许多我敬重的或喜爱的人物身上，也会看到"羞涩"，是不是因为现在的生活中和文学作品中，羞涩已经太罕见了，偶一闪现就格外耀眼？

李洱：写葛任的"羞涩"时，我记得我写过一句话，说那是"个体存在的秘密之花"。正是因为无法准确说出我所理解的"羞涩"，我才用到了"秘密之花"这个词，一个有生造嫌疑的词。

有童心的人，才会有羞涩。这样的人内心良善，不愿违背自己的意愿。不假言，不修饰，看到别人违愿，也会感到羞涩。这样的一个人，充满着对细微差别的感知和兴趣，并有着苦涩的柔情。对这样的人来说，"我"就是"他"，"他"就是"我"，和世界息息相通。学识、阅历和情怀，使得他对这个世界的体验，永远像是男女的初恋，但又比那种初恋深邃。在文学作品中要写出这样一个人，难度很大。写“假丑恶”很容易，写“真善美”就很难了，写“羞涩”就更难了。

魏天真：太美了！“个体存在的秘密之花”我记得是借一个法国人之口说的，我当时颇费思量，转念一想，我不能理解的言辞，也许人家老外正稀松平常呢，这句话就沉淀在记忆中了，是一种别致的印象。我在解读《石榴树上结樱桃》的时候大量借助《老子》的观念及相关阐述。我感到大作所描绘的生活现实和人物形象都是老子思想的反面例证，和魏天无谈及此，他说您曾称自己为“掺水的老子”，这或许是一句戏言，但我还是想请您谈谈。

李洱：那本是一句笑谈。别人说，你也叫“李耳”？我就说我是加了“三点水”的，有很多水分的。《石榴树上结樱桃》所写的乡村生活，可能跟迄今所有小说所表现出来的乡土生活不同。我并不是要故意如此，首先还是因为现实如此。老子的理想国从来没有实现过，以后也不会实现。从这个意义上，几乎所有描述现实生活的小说，都与老子的理想相悖。在所谓的全球化时代，某种现代的——干脆一点说——是西方的，那样一种制度化的设计，与中国乡村的古老现实结合在一起，就形成了一种前所未有的新的现实，一种意外的果实。淮南为橘，淮北为枳，但那种果实既不在淮南，也不在淮北，而是长在河心的那个荒岛上，所以它非橘非枳。既然是在河心，它就要经受洪水的反复冲击，忍受河流的污染。它自己很难受，有时还得忍受观光客的嘲弄。这样一种现实，在我试图描述中国乡土的时候，非常顽强地要从字里行间凸现出来，它要说话，要发出声音。

只要到现在的乡村走一走，任何人都会发现，它与鲁迅的未庄、沈从文的湘西，已经有了很多很多变化。沈从文的湘西只存在于旅游画报。我必须写出这种变化。你知道，很多乡土小说，喜欢去写所谓的永恒的人性，这个去写人性恶，那个去写人性善。有个朋友告诉我，写人性善的，当然是中国人的人性善，可以获国内的奖；写人性恶的，当然是中国人的人性恶，可以获国外的奖。我一想，哈，好像还真的是这样。但我不喜欢这样写。我喜欢写出文化上的复杂性，喜欢去探究复杂语境中人的存在状态。

魏天真：这番话真的让我开窍，所以还想问一下，是否有这样的时候，面对某一生活事件或者现实情景，您觉得所感悟到的复杂性比所能说得出的复杂性更复杂，您通常都有十足的信心传达出来吗？一般地说，您在写作中对读者有过设想吗？

李洱：我所能写出的，只能是我感受到的一小部分，我无法做到“指哪打哪”“意到笔到”，我永远无法做到这一点。在意念和现实之间，那条鸿沟永远存在。这其实是所有写作者都会面临的问题，包括卡夫卡，包括曹雪芹，不然《城堡》和《红楼梦》也不会写不完。也就是说，有很多东西是说不出来的、写不出来的。

但是，最有意思的地方，就在这个时候出现了：你一定要尽力“说出说不出来的”“写出写不出来的”。你已经写出来的那一部分，要能够让别人感觉到，你确实还有一些东西没有写出来。甚至可以这么说，你已经写出来的这一部分，它的意义就在于显露出没有写出来的那一部分，那是个巨大的存在，它不可言说。你的言说的意义，就是让人知道还有些东西不可言说。但是，那个不可言说的东西，只有通过你的言说，才能够成立。

对读者，我当然有设想。写作是一种对话。小说当中应该有多重对话关系：作者与自己的对话，作者与小说中人物的对话，小说中的人物之间的对话，作者、人物以及小说中的一草一木与读者的对话。写小说不是写日记，不仅仅是反抗遗忘。我不喜欢故意取悦读者，我认为那不是对话。故意取悦读者，其实是对读者的极不尊重。

魏天真：对话和对话关系，我希望还有机会专门就这个问题与您交流、对话。现在还是回到关于小说的人物的问题上。在女性主义的争论中有一种说法，说如果真的按照某些女性主义主张行事，那么人类至今只能待在母系氏族的茅屋里；与此类似，一直就有人说老子的理想是退回到原始的蒙昧状态，而老子思想中的一个重要主张就是守雌、贵柔，所以也有人把老子跟女性主义扯在一起。《石榴树上结樱桃》中两个最重要的人物是两个女人。这两个女人的行为方式自然和女性主义、和道家的原则是不搭界的，甚至是相反的，可以说她们奋斗在现代化的瓷砖房子内外（您书中曾专门讲述瓷砖），您对这两个女人的态度如何？

李洱：我孤陋寡闻，不知道已经有人把女权主义和老子挂上了钩。我没想过书中的两个女人与女权主义有什么关系，真的没想过。书中的一个人物，确实提到过“女权主义”，但那是为了写活人物，写那个乡村知识分子的无所不知，也写各种时髦的观点已经进入了乡村的日常言谈。坦率地说，我不知道该如何谈论书中的两位女性。我知道您对女权主义有深入的研究，所以我更不敢随便谈论这个话题。我只能说，写孔繁花，我只是照猫画虎。

魏天真：我想到这些，是因为孔繁花和小红这两个人物太不一般了，历来形容、评价女性的那些词汇，无论是褒义的还是贬义的都不适合她们，这两个人远远不止是工于心计的农村妇女。如果说老子思想在老子之后变成权谋术数，她们好像把这传统的权谋之术和现代政治手段熟练结合在一起了，当然这两个人又彼此不同（这也说明讨论性别的差异就像用一个年龄段来概括一个作家群体的特征一样，常常会不得要领的）。我不是要追究到底是老子教唆了后人——人们从老子那里窃取了权谋之术而后用于生存竞争，还是你争我斗本来就是人的生存本能，老子努力想要涤除它，不料反而使它变本加厉；而是想知道，面对这样的人物、这样的现实，尽管是它自己"非常顽强地要从字里行间凸现出来"，而您也倾心于"写出文化上的复杂性"，不过总还是有价值态度暗含其中的吧？

李洱：我还得回到文化的复杂性上来。我常常惊异于中国文化的那种一锅煮的能力，什么东西都可以放到一起煮。这种能力在一个农村妇女身上也能够表现出来。世界上只有一种文化可以把犹太人给同化掉，那就是我们的文化。神奇吧？太神奇了！我们的文化既是历时性的，又是共时性的。说到"一锅煮"，我就想到了"鼎"。"鼎"，本是三条腿的大锅，煮东西吃的，但它却成了中国最重要的礼器，成了国家和王权的象征。任何骨头到了"鼎"里面，都可以融化成汤。在这个煮的过程中，原本清洁的文化，也会不断产生新的变异，变腥、变臊；同时，本来腥臊的东西，在煮的过程中，也会产生新的变异，有些香喷喷的。林语堂悼念鲁迅，说，鲁迅有一副大心肠，狗头煮熟，饮酒烂醉，鲁迅乃独坐灯下而兴叹。面对这样一种文化现实，文人更多的时候似乎也只能是兴叹。

具体到孔繁花，我想说，仅仅把她当成一般的村干部，她还是好干部呢，有责任心，不贪污，还很想为百姓谋福利。但这样的人，一旦进入小说，人们就会对她有许多不满，或者说反感。说到底，这种不满和反感，正是对一种文化现实的正常反应，而这正是我想要的修辞效果之一。

魏天真：这应该也是文学的价值所在吧。最近在《读书》杂志上读到批评家称《石榴树上结樱桃》有"轻喜剧风格"，我以为要说有这种特点的话，并非这一部，您其他小说在形式上都有这种特征。比如"颠倒话"，可以说您历来的作品，基本上都具有某种"颠倒话"的含蕴，只不过那些小说里没有出现民谣和儿歌罢了。我想，对于人性的乖悖、现实的荒诞的体认，一直在左右您的写作。您怎么理解真实/真相和荒谬/荒诞的关联？

李洱：你说的是南帆先生的那篇评论吧？南帆其实对我有所批评的，我觉得他的批评有他的道理。他以前也写过我的评论，对我的小说比较熟悉。他所说的"轻喜剧风格"，其实也不单是指这部小说。他其实希望我能在小说中表达出一种沉痛感。

我在前面说过，很多60年代生人的世界观，从骨子里就是非二元论的，也就是说，这是非自觉的。至于我本人，除了这种非自觉，还有一种自觉，那就是自觉地反对二元论。我的很多小说，习惯于表达一种悖谬性的经验。但我不认为，这种悖谬性的经验，仅仅是对事物的荒诞性的体认。真理的对立面也可能是真理，与真理的对立面一定是谬误，对这样两种看法，我认为前者更有积极的意义。当然，我能够意识到，对这种悖谬性经验的呈现，容易给人以虚无之感。但虚无也有积极的意义。虚无，如果没有这个虚无的体验，人的存在意义可能就在于穿透这种虚无，这才是一种真正的存在的勇气。

我无法准确说出真实/真相和荒谬/荒诞的关联，首先我无法准确界定它们每个词的含义。还是让我试着说出我的感受。从写作角度来说，我关心的是真实，我倾向认为，真实是在修辞学的意义上成立的。但是，修辞学上的真实却可能更接近真相。这话说得好像有问题，那就让我再试着举个例子，把小说写作与新闻写作比较一下。新闻写作号称讲述的是真相，但是，正如我们已经知道的，很多时候，它是把一个个真相叠加在一起，最后形成一个谎言。而小说写作，它的人物、情节是虚构的，但最后创造出来的却是一个真实、符合历史的真相。有一个好玩的说法，说的是历史除了人名是真的，别的都是假的；小说呢，除了人名是假的，别的都是真的。所以，如果没有修辞学意义上的真实，所谓的真相其实无法指认。我还想说，这甚至是小说叙事直到今天还得以存在的一个重要理由，即小说通过虚构的方式，使得我们得以倾听到世界的心跳、真实的心跳。

魏天真：您说的南帆先生以前的评论，是不是《小说与历史的紧张》？这篇文章我还记得。也许是我执着于文学的价值和意义，认为形式或技术特别是小说的叙事技术，只是作家自我实现的副产品，通过使小说的意蕴更丰厚，使小说的意旨实现更充分，使人物更真实（应该说具有应有的复杂性）而获得价值。所以对南帆先生文章中的一些观点，例如《花腔》的叙事方式质疑了历史大叙事的合法性，拆解了历史得以形成的作坊等等，这些涉及价值判断的阐述我是由衷信服的；对另一些阐述比如《花腔》为什么是一部小说、它是怎么虚构的等等技术和形式方面的断言，则兴趣不大。《花腔》使我震惊，完全不是因为它的叙事的技巧，它让我联想到《1984》，它们表述的同一个主题是“个人”是怎么被消灭的。叙事方式则完全不同，甚至可以说一个正好是另一个的“翻转”。比如说，《1984》是预言式的纯虚构，《花腔》则是回顾式的仿历史；一个是情节单纯、线形走向终局，另一个从结局开始，情节线索经纬万端，但这些形式的差异并不重要，重要的差异是在这样的地方：一个主人公（温斯顿）曾经是一个顽强的个人并誓死坚守信念，但他吃枪子时已经彻底驯化，他的“个人”先于肉体死亡了；另一个主人公他的“个人”如此柔弱，在历史和群体中不堪一击，但在身体被干掉时，他的个人得到实现；等等。对读者来说，除了唤起我们对见惯不惊的事件的警惕，小说的叙事技术还有什么其他的意义？

李洱：其实，你的问话里面已经包含着答案了，这就是你说的小说的叙事技术，使得小说的意蕴更丰厚，使小说的意旨实现更充分，使人物更真实。小说的技术变革一直在进行，不是说作家一定要变，而是因为当他对世界的体认发生变化的时候，他必须找到一种形式，把这种体认表达出来。借用庄子的话说，小说就是一种“卮言”，所谓酒杯里的水，要不断地随物赋形。

小说叙事技术的变革，必然带来形式的陌生化，并可以此唤起读者对于习以为常的事物的警觉。这样一种“警觉”，说明对话关系已经建立起来了。在我看来，小说的叙事技术，之所以要不断变革，就是因为小说必须建立与世界的对话关系。比如说，因为传媒的空前发达，小说的部分功能有可能已经被传媒代替了，那么这个时候，小说就必须找到一种新的表现方式、一种新的技术手段，来重建或者说激活它与世界的联系。一个小说家，如果他足够敏感，并且有必要的勇气，那么，他就会去关注小说叙事与历史和现实之间的对应关系，并尽力呈现出这种对应关系。也正是因为这个原因，每当我听到有人说，“怎么写”的问题已经解决了，我就满怀疑虑。“怎么写”的问题永远也解决不了。它不只是先锋作家的问题，它是有责任感的作家都会面临的问题，而且是永远都会面临的问题。

魏天真：所谓一枚硬币的两面，只要有“写什么”，就有“怎么写”的问题。就“怎么写”而言，我感觉也有某种乖悖的特征体现在您的创作之中，比如，您小说的语言包括人物的语言大多显得嬉皮、滑稽，但从故事中、从对人物言行的描写中可以想见作者写作时的激愤和绝望的情绪；在许多十分放诞的、自我的表达方式里，却能读出对人的体谅和同情来；与此对照的是许多反映或者号称反映民生疾苦的东西，常常透着一股狎亵的气息，好像写出来的东西只是为了满足自我——这是我过去的一年受命研究“性描写”得到的感受。您是否意识到自己处于玩世不恭和忧世伤生、虚无和理想主义的矛盾纠葛之中？

李洱：我们不得不承认，历史以及个人生活，在我们的经验当中正在发生一种转变。我在小说《午后的诗学》当中，曾经就此发过一段议论。这个转变就是从悲剧向喜剧的转变。有很多让人感到崇高的事物，往往突然显得滑稽可笑，变得荒唐嬉皮。为什么会有这种转变？因为那些“伟大的”“崇高的”事物，在现在看来，它与历史和现实的联系所带来的却往往是一种悲剧性的结果，而且颇具压迫性。有些“伟大的痛苦”其实很苍白，很空洞。这当中，有很多经验，需要我们一一细加辨认，它是历史带给我们的深刻教训之一。需要说明的是，至少在我看来，作家的同情心并没有丝毫减弱，作家对崇高事物的向往也没有丝毫减弱，他只是多了一份怀疑，多了一份清醒，多了一份对悖谬经验的体认，小说因此不再仅仅是情感的倾诉，不再仅仅是喊叫。小说应该直面这种转变，在文本中呈现出这种转变。

说到我自己，我确实处于矛盾纠葛之中，似乎有些无可救药。我不愿意执其一端，也无法做到执其一端。对一些反映民生疾苦的作品，我还是很尊重的。当然，其中有很多假货，一些成名作家的作品掺杂其中。袁宏道有一句诗，很损，却不无道理，叫作“自从老杜得诗名，忧君爱国成儿戏”。

魏天真：如果有人说您《花腔》以前的大多数作品中，有“掉书袋”的嫌疑，您怎么看？到《花腔》，则变过去的掉书袋为对掉书袋的戏仿，您认为有此一转变吗？

李洱：《午后的诗学》曾遇到过对掉书袋的指责。我还是想说明一点，掉书袋也好，不掉书袋也好，都是为了塑造人物，都是为了表达作者的感受。诗人们在一起说话，外人很难听懂，不要说一般的外人，我想很多小说家都不知道他们在一起嘀咕什么。他们说的话，像暗语，像土匪黑话。批评家们在一起说话，外人也听不懂，诗人听不懂，小说家听不懂，也是黑话。你刚才有些问话、有些概念，我就没有听明白。现在，如果要去写诗人的生活，不来上几句他们的黑话，那就是不真实。所以，那种“掉书袋”就类似于插进了几句黑话。不过，在小说中，我通常会对那些黑话做一些解释，免得一般读者看不懂。《石榴树上结樱桃》就不存在这个问题，因为写的是农民，不需要掉书袋了，掉了，反而假了。当然，掉书袋对我来说，还有一个目的，就是增加小说的互文性，以使站在话语的交会点上，与多种知识展开对话。在我看来，这也是激活小说与世界的对话关系的一种手段。

说到《花腔》的“掉书袋”，我想它不是为了“戏仿”而“戏仿”。如果说是“戏仿”，那也只是对历史学的戏仿，它是为了能够一本正经地书写葛任的历史。

魏天真：很不好意思！前面我的有些话也可能让您听不明白，一是由于我没有说清楚，二是我可能不恰当地使用了“概念”，其实那还不是“不清楚”的缘故。想不清楚说不清楚了就搬概念、术语，是不少批评家都有的毛病。我还算不上批评家呢，如果不特别用心的话，这样的毛病自然会更多。我很认同您说的都是为了塑造人物，我关心的是另一个问题，来自您较早以前的小说的两个细节。它们给我留下了很深很深的印象，一是《喑哑的声音》中的孙良对情人说一直没有写东西，因为他觉得写的每一句话别人都早就说过了；另一处是《葬礼》中的华林教授，在火车上写安慰他情人的卡片，把两段分别出自某两位大师之手的文字拼在一起，读起来却天衣无缝又感人至深，华林为此得意不已。我猜测，您对孙良可能有同感，对华林虽带嘲讽却是出于同一理由。作为一个写作者，无论是小说家、诗人、批评家，当然是读得越多越好，可是，广泛深入的阅读是否也带来绝望呢？——面对如此众多的大师、经典，不由人不觉得什么样的表达都是在重复，怎么讲故事都会落入“窠臼”，任何创新的举动都踩着别人的脚步？

李洱：你问得好！孙良和华林，这两个人经常在我的小说中出现。这本身就能说明一些问题，说明我在很多时候与他们感同身受。不过，我得赶紧强调一点，我可没有他们那样的艳遇。

有时候确实会感到绝望。世界上已经有了那么多的书，多你一本，少你一本，都可忽略不计。我想，这不仅是小说家的感受，这可能是所有从事人文学科的人都会有的感受。索尔·贝娄曾经无可奈何地表示，在这个时代，写作者将被抛到脑后，在世界末日来临之际，人文学科的意义就是应召为地下墓穴张贴壁纸。够悲观的吧？开句玩笑，我想对中国学者来说，这种感受可能更强烈，至少要比小说家强烈，因为说到底，小说家的写作，更多的还是从感性出发的。

可能是每个人的兴趣都不一样，我本人反而喜欢那种广泛阅读后的写作。或者说，我喜欢在你所说的“绝望”当中写作。没错，写作需要想象力，但并不是所有的想象力都值得信任和尊重，对生活来说如此，对写作来说也是如此。我们通常所说的想象力，更多地与天赋有关，但我所信任和尊重的那种想象力，却更多地与我们的历史有关，与学识有关，与作家严格的自我训练有关。我很想称它为第二种想象力。这样的一种想象力，可能更为弘毅、坚韧，并充满着对话精神。从这个意义上说，我反而认为，我看的书还很不够。

写作的理由、道理太多了，讲不完的。世上已有的婚姻，成功的也好，失败的也好，都不妨碍我们自己走进婚姻殿堂，而且代代如此。虽然结婚与写作不同，但是拿来打个比方还是可以：结婚的理由有多么复杂，写作的理由就有多么复杂；结婚的道理有多么简单，写作的道理就有多么简单。对人来说，婚姻就是命运。对作家来说，写作就是命运。

魏天真：是的，就我个人而言，这种绝望伴随着我朝着成为学者的方向努力。还是用一个老套的问题来结束这一次的对话吧，能否谈谈您接下来要写的或正在写的书？

李洱：我原来计划，除了中短篇小说，这辈子只写三部长篇，一部关于历史的，一部关于现实的，还有一部关于未来的。《花腔》是计划中的第一部，《石榴树上结樱桃》是在准备第二部长篇时，临时插进去的。我现在正在写的，是原计划中的第二部，也就是关于现实的一部小说。内容比较复杂，篇幅也比较长，大概要写 30 万字，几句话讲不清楚，何时能够写完也不知道。计划中的这三部长篇，其实贯穿着我的一个想法：历史既是现实，也是未来。这句话倒过来说也行：未来既是历史，也是现实。当然还有第三种说法：现实既是历史，也是未来。

评　论《

李洱小说的“复杂性”及其意义

魏天真

一

李洱说，“我喜欢写出文化上的复杂性”。按照我的理解，这个“复杂性”应该包含了人物形象的复杂性、人与现实关系的复杂性、叙事方式和表达方式的复杂性，还有文学的处境、写作语境的复杂性等等。因此要讨论李洱小说的个性特质和他的文学追求，都应该也可以从“复杂性”如何在他的小说中体现入手。

在《花腔》《石榴树上结樱桃》中，复杂性是一种显见特征，读者会很自然地从中体会到复杂性的诸种所指。批评家们对此也给予了充分的注意和阐释。如南帆谈到，《花腔》“彻底颠覆了传统小说的叙述成规。拼贴，戏说，持续移动的能指链后找不到终极的所指——种种解构主义式的玄思妙想开始酝酿”，“有意呈现的多种陈述暴露了历史话语背后曾经隐藏的生动建构：七嘴八舌，东鳞西爪，莫衷一是；尤其有趣的是，许多分歧的问题并未在《花腔》的结局中出现一个尘埃落定的结论”[①]；还有人谈到《石榴树上结樱桃》的“叙事的缜密”和“隐喻的超越”[②]；等等。如果说长篇小说在表现复杂性方面有其文体自身的优势，不足为奇，那么中、短篇小说在这方面的

---

① 南帆：《小说和历史的紧张》，《读书》2003 年第 11 期。

② 徐德明：《〈石榴树上结樱桃〉：叙述和隐喻之间的对位与张力》，《当代作家评论》2005 年第 3 期。

作为，则更能说明作家看取现实的独具只眼和独特的审美气质。实际上，在发表于1999年的《遗忘》中，以上所说的诸种复杂性体现得更为直接和明显。即使在一些单纯的故事，例如更早的写于90年代初期的小说《加歇医生》《导师死了》中，对“复杂性”追求也是叙事的核心。《导师死了》的叙事人“我”是一位研究生，他的讲述语调是敬仰和谨慎的——自始至终将吴之刚称为“导师”即是典型例证。读者从中似乎可以体味一个学生对导师的一种理想态度，但是，我们经验中的学生对导师敬重、爱戴以及传统观念的师道尊严仅仅维系在这个称呼上，因为由“我”讲述的一系列亲历的事件、场景、细节，传达出的是导师那种畏葸和无奈的生存状态。作者赋予讲述者的叙事语气和态度与所讲述的事件构成了一种复杂的矛盾，学生越是要对导师报以尊重和同情，导师的形象就越显得琐屑；叙述语气越是克制、隐忍，导师那极度压抑下的情感情绪就越有可能潜藏着危险。在这个充满矛盾张力的语境中，即便读者明显感到主人公吴之刚在精神上仿佛已是扶不上墙的烂泥巴，但对待这个人物的态度却是十分的含混，无法在怜悯、激愤和唾弃中取其任何一种。直至小说结尾，“导师”的精神坍塌继之以肉体自戕，而归于彻底毁灭，故事已然了结，作家何以还要在写尽了导师的朋友（疗养院院长）、导师的前妻、导师的导师各色人等对导师的种种举动和态度之后，特别安排作为弟子的“我”和导师的恋人再次出场，一起为他的书设计了一个寓意“凤凰更生”的封面呢？从文本接受的效果来看，它除了再次突出、应验人心的复杂，更将文本的复杂性延续到读者心中，演变为一种反应机制。再如《加歇医生》中的主人公加歇医生，读者是在他得病之后的孤立无助、敏感脆弱的处境中认识他的，不由对他产生了共鸣和同情，他也因为病入膏肓而开始反省甚至忏悔，叙事人正是借反省和忏悔这种具有良知甚至圣洁意味的心理活动，暴露出他的过往行为的邪恶，使我们不由得在怜悯中对他抱有憎恶，但读者的愤怒的情感反应刚一产生，紧接着又看到弥留时刻的加歇医生怎样在内心深处悔罪，怎样返璞归真一如纯洁的婴儿。如果说，文本的复杂性得之于作家对待现实的怀疑主义态度，那么我们从这两个作品中感受到人物的复杂性时却看到了一种理想主义的情愫。

当许多真实的故事比任何传奇更富于戏剧性，当一些现实场景比恐怖电影和侦探小说更令人惊悚，当人心人性显示出来的深奥和怪异超过我们的想象的时候，虚构叙事在复杂性方面何所作为？比如《现场》，写的是抢银行的故事，我们看到抢劫杀人犯马恩，与那些无能而作恶的警察相比，他有一种浪漫纯真的性情，有一种带诗意的生活态度与表达方式。比如他在牢里，讲述自己的犯罪事实和作案经过时，却无意间表现出一种心理优越感——他认为那些警察没有信义廉耻、不值得交往。即便对《国道》里的那个死有余辜的警察，叙事人也给了一些机会让他表现他心中尚存的一丝柔软：写他在看到樱花的时候泪水涌上眼眶，写他意识到死到临头时更加牵挂有隐疾的儿子，等等。这一切皆属“感悟”的而非“说出”的复杂性，也就是说，作家通过描摹形象和捕捉细节来实现文本的复杂性。同时，作家又保有一种高度的自觉，常常借助语言的多义性和差异性，更经常的是借叙事人之口，对所叙述的故事、人物、现象进行评说、审视，以此向读者示例如何接受文本。虽然作家从来没有把自己的意见强加于人，相反，正如我们在《遗忘》《花腔》中所领教的，他一再鼓动读者抛开成规，按照自己的方式来理解、重组故事，得出“属于自己的答案”。我们仍然觉得，在操纵叙事的过程中，作者李洱事实上常常扮演着一个个性读者、一个批评家的角色，对叙事进行实时的监控和诠释，李洱的绝大多数小说，都因此而具有形象传达和理性言说并重的特征。

所以，我们在理解李洱的小说时，最好撇开“元小说”“复调”“话语狂欢”“解构”“颠覆”这些现成的术语，我这样说并不是因为它们曾经被不恰当地用来分析和评价他的小说，相反，因为它们被使用得如此轻便、稔熟，以致变成了“习语”而可能妨碍我们体察文学文本真正的独异之处。并且，当这些术语频繁地被用于作家作品分析，特别是成功地被用于具有先锋或前卫特质的文学文本的诠释时，它们事实上已经作为价值性的范畴，通过凸现小说的叙事技巧和形式特征而建立起自己的“标准”和“权威”，产生了技术至上的导向，这种成功并不是文学创作本身的成功——先锋小说也只是一阵短暂的浪头而已。一旦我们把作家的表达方式上的特质、对现实的怀疑和审视以及要在文体创新上有所建树的努力归结到这些范畴中时，也许评价越高，就越有可能遮蔽作品的真正的价值。无论如何，作品的主旨和内涵、文本世界与现实生活的关系才是文学写作的重点所在。因此，当作家李洱比批评家更在行地使用着那些技术手段，甚至在文本叙事中常常承担了“批评”的任务时，我们读者与其孜孜求索那些形式与技术的要津，不如探询它的效果，并且深究他为什么要使用这些手段。

二

为了写出种种复杂性，李洱最拿手、最成功的方略是反讽。如前所述，李洱的确像一个老到的批评家一样，对虚构方法和叙事理论有非常清醒和成熟的认知，也十分自觉地将这些理论方法用于写作。在我的阅读视野内，李洱大概是最充分意识到反讽的精义同时精于反讽的作家了。我们通常所说的反讽，其基本特质或要素，对于说话者(主人公或叙事人)而言是佯装,或曰佯谬、佯狂,就像我们在《遗忘》中读到的,叙事人兼主人公冯蒙,一边用尽心力地活在当下,一边高蹈于幻想的王国,他是那么严肃地嬉戏着,以考据和实证的方式一本正经地搜寻明知子虚乌有的历史线索;另一位导师故事的讲述者《导师死了》中的"我"以及诗人哲学家费边也是这样的角色,如不避简单武断,可把这些人物称为理性的疯子或聪明的傻瓜。就对象和客体而言,反讽必须具有矛盾、非此非彼、模棱两可等等特征,就像费边、孙良们的日常生活和存在方式,就像《导师死了》中的叙事人讲述导师时从容、虔敬的态度与导师的行为、心态的无奈和窘迫所形成的对比反差;还有,在《石榴树上结樱桃》中,读者就"先富起来的一部分人""治理污水""招商引资""计划生育"所获得的印象和感受,除了似是而非、乖悖、怪异、不是滋味,很难找到其他的词汇形容。就表达主体即写作者的立场而言,反讽的必要条件是超越,这个"超越"中包括游戏、审视、观望等态度。这正是李洱写作中贯穿始终的态度。如果一个普通的读者要在想象中建构起一个作家李洱的形象,在阅读了他的众多小说以后,形成的印象可能会是:谦逊而又孤傲,谨慎而又放达,执着而又随和,愤世嫉俗而又玩世不恭。总之,他的作品使我们感到,反讽即便不是他的人格气质,起码可以说有某种气质使他与反讽有着天然的契合。

所以,他的虚构之眼总是照见了现实生活中的反讽元素,而他在文本中苦心经营"反讽",并非刻意制造歧义和含混,也就是说,"复杂性"本身并不是目的,作家努力想要实现的是"对话"。他甚至把反讽直接理解为"对话"和对话性。无怪乎评论家称《花腔》是"对话主义"的(南帆语)。李洱多次声言对"对话"的重视:"小说当中应该有多重对话关系:作者与自己的对话,作者与小说中人物的对话,小说中的人物之间的对话,作者、人物以及小说中的一草一木与读者的对话。"我们很容易理解《花腔》的对话特性,三个不同的讲述者讲述同一故事时,互相的补充、验证和证伪——尤其是后者——就是讲述者之间的对话,也是他们作为讲述者和主人公的对话。虽然这后一种对话中照例充满了疑惑、隔膜和误解,而叙事人"我"针对三人讲述所做的补充、参证,即文本的 & 部分,以至形成了一个"笔记体",它既是作者与讲述者的对话,更是叙事人与读者的对话。与此类似,《遗忘》中频频出现的"本事"、"补遗"、考证、资料罗列等等,也形成了一种复杂而明晰的对话关系。但在那些故事情节都很单纯的作品中,对话性何在呢?那就是"文化上的复杂性""复杂语境中人的存在状态",这时的对话主要是作者和读者的对话,这种对话需要仰仗读者的独立性,文本向读者敞开,作者通过读者的阅读,和读者一起探询世界的真相和真理。当然,从某种意义上说，作家的作品，都是用来和读者对话的。李洱的不同，就在于他充分相信读者，并且召唤着读者的参与，他说："认为自己真理在握的人，往往会写出让人喘不过气的小说。我不认为自己手中握有真理。就是握有真理，我也能认识到，真理的对面也可能存在着真理。所以我不会去教导读者，我只是在和读者对话，并让作品中的人物展开对话。公说公有理，婆说婆有理，好，都说出来，让别人去判断。现在人们经常提到'反讽'，认为那是讽刺和自嘲，其实'反讽'不仅仅是修辞手段，'反讽'的意义更多地表现为小说的对话性，在我看来，它是现代小说叙事的本体性原则。"①所以，在他的小说中，他是"呈现"而不是"塑造"了一个个的人物，是"捕捉""传达"而不是"描绘""刻画"了一个个场景、细节。而他使用的这些人们通常理解为"纯客观"的手段实际上显示了他最强烈的主观意愿：表达"我自己"对世界的理解，并且——多少有点一厢情愿地——相信、期待读者有"自己"的理解。小说文本是现实世界的复杂性向读者的集中表露，也是作者向读者发出的吁请，理解复杂性的吁请。

三

今天，人们的言说方式及价值取向，与原来大不一样了。不妨拿我们熟知的安徒生童话《皇帝的新装》做个类比，对它的理解态度在我们的现实语境中已经发生了这样的变异：所有的人包括皇帝本人都知道皇帝没穿衣服，但人们还是要以虔敬钦羡的态度注视皇帝，仿佛他就穿着那著名的金缕玉衣正在发出万丈光芒——这是由于人们受制于某种看不见的规则，把强迫的臆想变成幻觉，又把幻觉变成实在。在这样的情景中，那个唯一的诚实直率的孩子不仅不会受到赞赏，反而会受到排斥，他发出的声音是不和谐的扰人的噪音，他作为噪音之源也将引起人们的紧张和防范。也许，指鹿为马的事件在人类历史上从没有间断过，但如今人们指鹿为马的本领越来越高明，越来越有技术含量，并且更加普遍了。当间接的暗示、威吓取代直接的呵斥和惩罚，忽略和无视人的存在代替剥夺自由和直取性命，乃至科学、民主、进步以及人多势众等等皆可成为指鹿为马者的依凭时，不同规格不同种类的"皇帝的新装"的剧目，就无时无处不在上演了！作家既已深切体认到这种语境，竟还如此热衷于对历史进行重述，执着地潜入事实的另一面，固然是为了揭示真相，但绝不仅仅是为了找到真相，毋宁是以身作则、现身说法，唤醒我们探询真相、面对自我的兴趣和能力。他认为，"小说家的一个重要工作，就是对已有的经验进行重新审视""我们需要

---

① 李洱、李静：《李洱：让表达成为一种公共关怀》，《人民日报（海外版）》2004年10月11日。

不断地重新讲述这段历史，不断地重回历史现场，不断地重新审视已有经验”“应该有一种小说，能够重建小说与现实的联系，在小说内部，应该充满各种对话关系，它是对个人经验的质疑，也是对个人经验的颂赞。它能够在个人的内在经验与复杂现实之间，建立起有效的联系”[①]。所以，揭示真相，这只是最显见的一层意图，事实上，在李洱的小说中，读者从来不会就某个问题或现象得到一个明确的答案或看到一种明确的态度，比如葛任之死的真相，村民自治和民主选举的内容，知识分子如孙良、华林之流的生存状态，爱情与友情的实质，等等，文本叙事所突出的是叙事人的寻找、发现和“重新审视”的行为本身，这与其说是揭示真相，不如说是力图改变读者的常识和对待常识的态度。

在《花腔》中，“常识”是葛任死于二里岗战役，作为抗日英雄而牺牲的。尽管事实全然不同。要改变人们都愿意接受的这个“常识”，叙事的重心放在对“讲述”行为的展示上，让读者看到人们如何说话，如何为行为寻找和制造理由。在《石榴树上结樱桃》中，从孔孟之道到民主自治等观念也是深入人心，可谓“常识”。但读者读得越深入，他的疑虑会越沉重：村民自治应该是这样的吗？民主选举值得信赖吗？换个人当村长果真会有所改善吗？如果我们不相信这一切，又该如何？要激起这些疑问，叙事特别注重“来龙去脉”，不放过每一个能带出背后“故事”的眼前事件。《现场》所动摇的是我们有关犯罪和罪犯的常识：马恩终于犯下了抢劫银行、杀人灭口的罪行，但读者在面对他那敞开的心扉时，将不得不思考，我们这些非犯人，比这个案犯在道德上更可取吗？因为小说在写他的罪恶念头如何萌发，罪行如何酝酿、实施的过程中，在记述他成为罪犯之后的自我表白中，突出了人的精神如何被空虚填充、人的欲望如何被偶然性裹挟，这常常是我们视而不见的。此外，作者通过种种叙事手段促使我们改变的还有：关于知识和知识分子的常识，关于英雄和传奇的常识，关于作家和写作的常识……

比改变常识更大的作为或更高的目标是唤醒、培育读者的“荒谬感”。面对某些事实，生活中的我们可能漫不经心，但在阅读中，同样的事实却使我们感到错愕和震惊。李洱深谙此理，他会不动声色地凸显生活世界的荒诞性，让我们在容易忘却和视而不见的地方驻足，甚至有意激起我们的难堪，在我们因屈从于惯性而致鲁钝的神经上敲打，迫使我们从接受灌输转向独立思考。之所以能做到这一点，除了前面谈到的形成文本的反讽和对话特性的各种因素，从整体上看，李洱的小说还非常重

---

① 李洱：《为什么写，写什么，怎么写——在苏州大学“小说家讲坛”上的讲演》，《当代作家评论》2005年第3期。

视小说的标题与故事的辩证关系。他的许多作品的题名都预示了故事和内容的“乖悖”特性，“饶舌的哑巴”“喑哑的声音”“石榴树上结樱桃”等等。更多的小说，题名很简洁，包容性强，读者理解的空间很大，但结合故事来看，仍然构成名与实的对立和紧张。比如“故乡”，这是一个诗意的、怀旧的、乡土气息和浪漫色彩很重的字眼，但《故乡》所讲述的内容却很快地使一个心中残存此类情愫的主人公，同时也使一个刚刚被唤醒此类期待的读者，在琐屑、粗陋的生活实景前遭到嘲弄。比如“悬浮”，它所引出的是从青春期直至成年的难以自控的沉坠肉身以及与此相伴相生的精神的无所归依。再比如“遗忘”，在此题下展示的恰恰就是侯后毅、冯蒙等人抗拒遗忘的荒唐行为，拒不遗忘的后果，以及与遗忘相反相成的“谵妄”。还有“花腔”，用它来命名的虚构叙事，所揭示的是在由历史的集体的政治的还有胜利者的繁复声浪构筑的背景中，一个“个体”的声音如何像一根游丝，若隐若现而又顽强地贯穿其间。这些标题与内容的关系，其“复杂性”远远超越了“矛盾和对立”所能涵括的内容，而形成一种结构上的反讽——如果说，小说的文本叙事已经展示出现实的荒诞，这种名实之辩则通过再次的“刺激”而催生人们的荒谬感，即培养人们对现实荒诞的关注和认识能力。

在人们习惯于被动接受，又遭逢市场规则掌控天下的环境里，在炒作、吵闹蔚然成风，讨论、发现和自省难觅踪迹的文坛中，李洱对于复杂性的追求乃是当代文学的功德之举，其最大意义不在于造就伟大的作家或思想家，而在于培育心智活跃的读者、心灵深广的凡人。

（载《小说评论》2006 年第 4 期）

主要作品目录《

长篇小说

《花腔》，人民文学出版社 2002 年版。

《石榴树上结樱桃》，江苏文艺出版社 2004 年版。

《应物兄》，人民文学出版社 2018 年版。

中短篇小说集

《饶舌的哑巴》，湖北教育出版社 2000 年版。

《破镜而出》,中国社会科学出版社2001年版。

《夜游图书馆》,浙江文艺出版社2002年版。

《遗忘》,漓江出版社2002年版。

《午后的诗学》,山东文艺出版社2004年版。

《白色的乌鸦》,新星出版社2011年版。

《喑哑的声音》,上海文艺出版社2013年版。

《导师死了》,上海文艺出版社2013年版。

《鬼子进村》,上海文艺出版社2013年版。

《儿女情长》,上海文艺出版社2013年版。

《从何说起呢》,长江文艺出版社2015年版。

《平安夜》,华东师范大学出版社2016年版。

中篇小说

《导师死了》,《收获》1993年第4期。

《加歇医生》,《人民文学》1994年第11期。

《动静》,《小说家》1995年第4期。

《抒情时代》,《小说界》1995年第5期。

《缝隙》,《人民文学》1995年第10期。

《鬼子进村》,《山花》1997年第7期。

《现场》,《收获》1998年第1期。

《午后的诗学》,《大家》1998年第2期。

《破镜而出》,《花城》1998年第5期。

《悬浮》,《江南》1998年第6期。

《葬礼》,《收获》1999年第1期。

《国道》,《时代文学》1999年第3期。

《遗忘》,《大家》1999年第4期。

《朋友之妻》,《作家》2002年第1期。

《龙凤呈祥》,《收获》2003年第5期。

《光和影》,《当代作家评论》2004年第4期。

《从何说起呢》,《北京文学(中篇小说月报)》2014年第11期。

短篇小说

《饶舌的哑巴》,《大家》1994 年第 4 期。

《悲愤》,《莽原》1995 年第 2 期。

《婉的故事》,《作家》1995 年第 4 期。

《退了鳞的鱼》,《作家》1995 年第 4 期。

《白色的乌鸦》,《山花》1996 年第 12 期。

《黝亮》,《大家》1997 年第 4 期。

《秩序的调换》,《作家》1997 年第 5 期。

《错误》,《人民文学》1997 年第 10 期。

《有影无踪》,《上海文学》1997 年第 11 期。

《夜游图书馆》,《钟山》1998 年第 2 期。

《喑哑的声音》,《收获》1998 年第 3 期。

《悬铃木枝条上的爱情》,《山花》1998 年第 3 期。

《奥斯卡超级市场》,《山花》1998 年第 5 期。

《如愿以偿》,《人民文学》1998 年第 5 期。

《堕胎记》,《花城》1999 年第 3 期。

《故乡》,《作家》1999 年第 4 期。

《去年的爱情》,《时代文学》1999 年第 6 期。

《窨井盖上的舞蹈》,《作家》2000 年第 7 期。

《儿女情长》,《人民文学》2002 年第 10 期。

《斯蒂芬又来了》,《书城》2003 年第 1 期。

《平安夜》,《山花》2003 年第 3 期。

《我们的眼睛》,《上海文学》2005 年第 2 期。

《我们的耳朵》,《上海文学》2005 年第 2 期。

《狗熊》,《花城》2005 年第 4 期。

《林妹妹》,《山花》2005 年第 8 期。

《你在哪》,《山花》2009 年第 21 期。

散文集

《问答录》,上海文艺出版社 2013 年版。

《熟悉的陌生人》,河南文艺出版社 2020 年版。

其 他

《光与影:李洱文学作品自选集》,华东师范大学出版社 2009 年版。

李骏虎

男，1975 年生，山西洪洞人。

小　引《

在“70后”作家群中，我“见”过李骏虎，也浏览过他的一些作品，但真正逐字细读的，还是他的长篇小说《母系氏家》。这仍然得拜茅盾文学奖所赐，给了我这样细读作品的机会和耐心。当时的印象现在已记不完全，只留了一点理念的残片，觉得在这部小说所写的三个主要女性身上，既有一种现代意识，也有一种世俗精神，此外，似乎还有一种类似于佛家的悲悯情怀。这三种观念的因素，虽然在这三个女人身上的体现，各有侧重，但从总体上看，却为我们展现了作者笔下这个“母系氏家”的一幅丰富驳杂的精神图像。

山西作家都会写女人，尤其是农村女人，李骏虎也不例外。不过，不同的作家有不同的写法，写作的意向，要表达的意思，也不尽相同，或完全不同。就拿大家都熟悉的赵树理来说吧，多的不说，只说从《小二黑结婚》中的三仙姑、小芹，到《登记》中的小飞蛾、艾艾，也可以说是写了一个“母系氏家”。但赵树理的写法，显然要比李骏虎简单得多，或曰单纯得多。也许是篇幅的原因，赵树理只写了这些女性的婚姻、爱情，及与之有关的家庭故事，没有涉及更多的社会生活内容。虽然在《小二黑结婚》中，也写了根据地的反封建斗争和民主改革，在《登记》中也写了“新婚姻法”的颁布，但那只是作品情节的一种背景性因素或推动因素，并不是作者着意要表现的东西。而且，赵树理似乎也不想把这些女性写得过于复杂，他只写了她们追求自由的爱情和自主的婚姻，最后达到了与相爱的人美满结合就戛然而止。这些，都与李骏虎的写法不同。相对而言，李骏虎笔下的女人，不但所经历的社会生活要复杂得多，而且她们自身的情感世界也较为复杂。作者着意表现的，也不仅仅是她们的爱情和婚姻，还有与之相关的欲望和命运等等。所有这一切，都说明，同为山西作家，都可以称为写女人的圣手，但写出来的女人，却截然不同。赵树理笔下的女人，虽然鲜活生动，但难免平面单薄，李骏虎笔下的女人，却显得立体丰满、有血有肉。我这样说，自然不是说李骏虎已经超过了赵树理，而是说，同是女人，在不同作家眼里，会生出不同的样子。个中缘由，首先自然是时代的变化使然，其次，则不能不说是作家在这些女人身上所灌注的创作理念。文学创作虽然切忌理念化，但作家为什么要写这个作品，他要把这个作品写成什么样子，则决定了这个作品最终会写成什么样子，包括作品所表现的社会生活和人物形象等等，说明作家的创作理念在创作中仍起着重要的影响和支配作用。

这让我想起了现当代中国文学中有关女人的一些故事。在中国历史上，妇女是一个受压迫最为深重的群体，这是一个众所周知的事实。但妇女的受压迫，常识中是由所谓“政权”“族权”“神权”“夫权”这“四大绳索”施加的，即来自社会各方面的外部权力的压迫。这些看得见、摸得着的压迫，可以称之为一种现实性的压迫。在这种现实性的压迫之外，其实还有一种看不见、摸不着的压迫，可以叫作话语性的压迫。这种话语性的压迫，就包括文学的话语在内。在文学的话语系统内，女性首先是一种被抽空了“感性存在”的观念的符号，而后又把这个符号拼写成诸如“淫荡”“祸水”之类的词语，成为一种文化符咒，以之禁锁女性的灵魂和肉身。后来虽然有一种新的文化出现，声明要解除这种文学话语的符咒，但在一个漫长的时间内，这解除活动本身，又成了一种新的文化符咒，女性由“淫荡”“祸水”之类的代名词，变成了“翻身”“解放”“自由”“平等”之类的符号。以至于到了20世纪90年代兴起女性主义文学运动，仍有人认为这是女性肉身，或性别、性征的一次“解放”，并未真正将其中的女性视作一个完整的、独立的“感性存在”。或者换一句话说，并未将女性作为一个完全的“人”或“常人”来看待。从这个意义上说，历史上的所谓女权主义，和今天的所谓女性主义文学运动，实则仍在将女性作为一个与男权社会抗争的符号，乃至测量整体的社会解放的普遍尺度，女性在文学中仍在受着自身制造的话语系统的压迫。我这样说，也许有人要问，到什么时候女性才不受这种压迫呢？这个问题，在专家学者看来，也许十分深奥、十分复杂，至少要一打以上的专家学者，花上十年八年功夫研讨、论证，但放在上面所说的历史过程之中，也许要简单、明了得多。既然历史上，女性在文学中常常作了符号和工具，那什么时候女性从各种观念符号，诸如社会性的观念符号、文化性的观念符号，以及性别化的观念符号等等中解放出来，什么时候不再被人、也不再被自己当枪使：在古代，是正人君子的枪，在现代，是文化斗士的枪，而是当“人”看或当“常人”看，女性才算挣脱了这种话语系统的压迫，才算获得了真正彻底的解放。或者再换一句话说，也就是把女性由种种观念的符号，由种种理性的工具还原成“人”，还原成一个不附加任何限制的“常人”，一个有着独立的主体意识和主体人格的个体，一个活生生的有血有肉的“感性存在”。这在一个整体的社会文化系统中，也许需要长时间的努力才能做到，但在文学的话语系统中，只要让这些被上述各种观念劫持的女性回了娘家，大抵就可以做到。这个娘家不是别的，就是李骏虎在访谈录中所说的，也是他在创作中孜孜以求的“现实”二字，或大家说习惯了的现实主义。这样说来，回过头去再看李骏虎笔下这些毛生生的女子，给人的感觉就是，他在赶着一头自家调教的现实主义的毛驴儿，驮着这些可能被那些观念的汉子强娶了去的女子，回了“现实”的娘家。

自　述《

用心灵思考和创作

坚信那个写《桌面》的作家会出大名的

我常常会怀疑，自己到底是不是块写小说的料儿？直到慢慢发现，好的创作状态和作品，不是出于脑子，而是源于心灵。

有研究表明，人的心脏是参与思考的，它不仅仅只是一个血泵。若干年前看到这则小小的奇闻，我是当作科普知识记住的。多年后我却在写作实践中笃信了这个说法。

无知者总是无畏的，和后来不同，我开始学写作的时候，是自信满满的。一个人一生会从事什么事业，有宿命的成分，也有外部条件和自我性格的因素在内。我会折纸片儿往地下甩，和人斗输赢的时候，还认不得几个字，但颇有些想成为文化人的萌动，为此，我趴在炕沿上，把父亲的藏书《水浒传》《吕梁英雄传》翻开，一页页地翻看，找到没排满的半页或者大半页空白纸，就用小刀子仔细地裁下来，然后从祖母的针线笸箩里翻出针线来，让目不识丁的祖母帮我装订成本子，打算给上面写点什么。祖母望着被我裁得七零八落的两本厚书，很担忧地警告我：“也不知道你爸这书还有用没用，你把人家的书糟蹋成这样，看挨打的日子在后面！”这件事情说明，我从一开始就是个爱搞花架子的形式主义者，但具有挑战权威无视经典的勇气。

父亲有没有因为我破坏了他的书打我，我不记得了，好像那个时候他也顾不上这些，当时正是文学狂热的20世纪80年代，作为村委主任的父亲，是方圆村里甚至整个甘亭公社最有名气的“写文章的”。和他一样为文学疯狂的还有本村的一个农民好友，30年后，父亲早放弃了文学，而那位跟着他学创作的叔叔至今还在写当年流行的“一袋烟小说”。每到下雨天，不能下地干活儿的时候，那位叔叔就会带着他的儿子来我家，他儿子和我在炕下“打纸片儿”，他和我年轻的父亲趴在我家土炕上研究“故事结构”。我忙里偷闲望了一眼他们的表情，他们面色庄重，一定是在商议什么惊天动地的大事。我支起耳朵，听到他们讨论一个人在公园里把手表丢了，是应该丢在长椅底下，还是应该丢在池塘边的草丛里。为此两个人讨论到掌灯时分都没有定论，他们父子还在我家吃了免费的晚餐。及长，我想起那个情景就纳闷儿，两个没去过大城市的泥腿子，怎么会知道“长椅”和“池塘”的呢？

再后来就有点明白了，为了学习创作，我父亲经常骑着公社奖给他的自行车去临汾城（当时的行署）里的邮政局买文学杂志，以至于攒了满满几大柜子《人民文学》《作品》《青春》《汾水》（《山西文学》前身），家里到处扔的都是文学杂志。他们关于公园的那点想象，一定来自刊物上别人的小说。所谓“纸上得来终觉浅”，所以他们最后没有成为作家。我曾不无遗憾地想过，假如当时父亲他们能有条件和视为神圣的山西文坛五老——马烽、西戎、束为、孙谦、胡正见一面，哪怕说上一分钟话，马老告诉文学青年的第一句话一定是“生活是创作的唯一源泉”，那父亲他们也许就会被一语惊醒梦中人，知道要从生活而不是从别人作品当中去寻找素材，知道要写自己最熟悉的生活，那现在我也许就跟李锐、蒋韵老师家的笛安一样，成为“文二代”了。这绝不是不切实际的幻想，因为大概20年后，我在山西日报社做副刊编辑，就有幸结识了马老和胡老，马老在他给我的若干便签中提到的最多的就是“生活是创作的唯一源泉”，我就代替我父亲成了作家，圆了他的梦。

父亲和那位同好叔叔没有实现文学梦想，他们失去了文学但是留下了梦想，这使他们成为晋南传统农民中的异类，他俩不安心种地，北上太原城，买回蘑菇菌种搞家庭经济，就在我家新瓦房的堂屋里搭起架子、附上塑料薄膜来养蘑菇，结果弄得菌丝乱飞，一家老小“吭吭咔咔”咳嗽了整个冬天。后来我父亲还当过养鸡专业户、种棉大户，熬过糖浆，种过果园，兴冲冲地转移着他未遂的文学理想，没对生活改善多少，倒是赚来正经农民的冷嘲热讽，他们说：“看看人家保玉，看着书本种地哩，也不知道是他日哄地，还是地日哄他！”父亲却始终不渝，不为所动，几年之后，他科学种田的理念开始深入人心，当年嘲笑他的农民每到节令总是手足无措地登上我家的门，毕恭毕敬地向他请教：“保玉，你看后半年种什么保险呢？棉花上的红蜘蛛应该打什么药？”而此时父亲对堂屋里那个黄色的柜子看守得也不那么严了，我偷偷用砸扁的铁丝撬开了柜门上的锁，结果大失所望，没什么值钱的宝贝，满柜子全是硕大厚实的牛皮纸信封,上面打着红色的印戳:退稿!我打开一个,抽出来,是厚厚的一沓信纸,第一页上用蓝色的墨水恭敬地写着“短篇小说,马房院的故事,李保玉”,呈“工”字排列。有一次在给家里养的牛铡麦秸的时候,我问起这件事,父亲很自豪地说:“那个小说已经通过了二审,三审没通过,差点就发表了!”退稿的是山西作协的《山西文学》编辑部。父亲还饶有兴味地跟我谈起当时山西文坛红极一时的“两座石山”,他还知道韩石山曾在汾西当过教师,最有名气的小说是发在《山西青年》上的《行路难》,而张石山的短篇小说《镢柄韩宝山》获了奖。有意思的是21世纪之初山西文学院让专业作家和签约作家“结对子”的时候,韩石山老师成了我的导师,而张石山老师如今经常和我一起参加文学活动,父亲却对文学和“两座石山”都失去了兴趣,他含饴弄孙,整日忧心的是在北京工作的我弟弟马顿买不起房子。

被父亲冷落的文学杂志,后来成了我的课外读物,印象最深的是在《人民文学》上看到的张贤亮的《灵与肉》,插图像题目一样触目惊心,可惜当时看不懂写的是啥意思。有一天放学后翻阅一本掉了前后封皮的杂志,看到一个叫贾平凹的作者写的短篇小说《桌面》,不长,一读就读了进去,被感动了,觉得写得好,有了模仿的冲动。后来的若干年里,我一直坚信那个写《桌面》的作家会出大名的,现在看来,我十一岁那个时候眼光就很准,还是有点艺术天分的。

他大声地喊出:“啊,陈染就是我的梦中情人!”

我没有问过父亲,他是否真的读过《水浒传》和《吕梁英雄传》,还是因为我把书剪坏了没钱买新的。我却是直到1995年都没有读过一本像样的外国文学名著,此前最可炫耀的是在上初中的时候,在看瓜棚里就着马灯读完了八卷竖排本的《红楼梦》,夤夜读到“昨夜潇湘闻鬼哭”,灯影摇曳,瓜棚外枯叶在风中哗哗作响,顿时寒毛倒竖。为了添补学费,我从十四岁上学做瓜农,每天晚上在瓜棚里看瓜,早上就用小平车拉一车西瓜和甜瓜去军营门口的国道边摆摊儿,支一张小饭桌,上面摆着一个最大个儿的西瓜做招牌,西瓜底下用草圈儿垫着。好歹是个读书人,嫌丢脸,就让我八岁的弟弟马顿坐在桌子后面的小椅子上,我在平车后面铺块麻袋片儿,躺在上面看张扬的《第二次握手》。有人来买瓜了,弟弟就喊我一声:“哥,别看书了,出来称西瓜。”我就抖擞精神像个老手儿一样出来和人讨价还价,抡起西瓜刀打开个三角口子,很自信地对买主说:“看,沙不沙?——都说了不沙不要钱么!”

那个暑假,我深深地爱上了美丽婉约的知识女性丁洁琼,为她哭得稀里哗啦,为她多年梦绕魂牵,虽然那本《第二次握手》最后一页没有了,却给我留下了无尽的遐想。30年后在网上看到老作家张扬打人的消息，我的第一反应是，不管张扬做什么都无可厚非，因为他写过《第二次握手》！

如愿考上中专后，我保持了在初中时给报纸副刊投稿的爱好，这样在补贴生活的同时，还可以获得女同学的青睐。但对于文学创作尤其是小说我是没有任何理论概念的，我不自信的原因是上初中时学校很有名的弄潮文学社竟然不吸收我当社员，我假装不屑，其实是那么渴望自己的作品能在那本油印刊物上发表。我不被吸收的原因是我的作文总是不能符合要求，喜欢胡思乱想，比如那年春天下雪了，老师让赞美雪景，我却想起来村里的老农常说的一句农谚："冬雪皆宝，春雪皆草。"我就写了很多春雪的坏话，以为老师会表扬，结果招来他的很多白眼儿。后来我父亲终于不能安心当农民，他报考了《山西青年》办的"刊授大学"，"八七版"《红楼梦》里演黛玉的陈晓旭当时也是学员，有一期《山西青年》的封面明星就是她，沉鱼落雁如黛玉附体。父亲靠着文学青年的底子获得了刊授大学的结业证，被公社一位独具慧眼的领导看中，要他去做党办秘书，在此之前，安排他去《临汾日报》副刊做实习编辑。父亲就辞了别人眼热不已的村党支部书记一职，去报社实习，数九寒天，戴着一顶雷锋式的"火车头"棉帽，蹬着自行车顶着呼啸的西北风每天天不亮出发，太阳下山才回来。而我却不得不跟着母亲去地里拉棉花秆儿，那是一个冬天做饭和取暖的燃料。正是父亲在报社做实习编辑的时候，他鼓动我学习写作，把我写的寓言故事和诗歌拿到副刊"新芽版"去发表，让我获得了最初的文学声名，感受到了作品发表后的愉悦和自信。或许就是从那个时候起，我认识到在中国的文坛混，除了写得好，还得有人脉。

我读书的山西广播电视学校听起来是个文艺类学校，其实是货真价实的理工科中专，也许图书馆是有不少典籍的，但我可怜的文学才情此时正值志大才疏不得其门而入的阶段，根本不知道该借什么书看，也基本看不进去什么西方经典。混了四年，记得借过的书就一本《冰心散文集》，而真正通读也读懂了的就是小仲马的《茶花女》，还是因为对妓女爱情的猎奇才被吸引。但我听说真正会写小说的人，读书都是不多的，你的生活和你自身的感知就能完成好作品，我的第一部短篇小说就是这样如有神助完成的。当时常借些杂牌文学杂志来标榜自己的文学理想，受到一种类似当时流行的电视剧《辘轳女人和井》这样风格叙事的影响，在于我如对牛弹琴的电工电子课上，百无聊赖时，动手把一个小时候听来的民间故事改写成小说，不知被故乡的什么鬼魅附体，居然就写成了。寄给了《山西文学》编辑部，然后就忘到了脑后。一个下午，正和同学在操场边的水泥乒乓球台上打球，同学捎给我一封薄薄的白色信封，是《山西文学》寄来的，我顿时有福至心灵的感觉，觉得事情成了。拆开一看，果然是《山西文学》的编辑祝大同老师约我去编辑部做个小改动，那封信祝老师写得龙飞凤舞，很多字我不认识，但还是看懂了。有生以来第一次去太原市南华门东四条，那条巷子对于我和所有文学爱好者来说是云山雾罩的，现在回想起来依然有朝圣的感觉。见了面才知道，祝老师约我来的意思，主要不是为改稿子，他要看看这个把小说写得鬼气森森的家伙到底是个什么样子，结果让他大失所望，是个毛孩子。他很隐晦也很艺术地问我："你这么小，那些描写男女性爱的经验从哪里来的？"我说："夜场录像厅的毛片。"他恍然大悟，长长地"哦"了一声。

但或许我是搪塞了他，因为那个年代有两个轰动全国的文学事件：一个是路遥的去世和《平凡的世界》获得茅盾文学奖，一个是贾平凹的《废都》因为里面的那些个空格成为禁书。《平凡的世界》太厚，我当时没顾上看，盗版《废都》却是窝在被窝里拿手电看得快流鼻血了，很难说我不是身心都受到了贾平凹那些个空格的影响。

就这样，我的第一部短篇小说《清早的阳光》发表的时候，祝老师在"编者手记"中表达了发现我的惊喜，表达了对这部小说的惊奇，同时也表达了对我昙花一现的担忧。很不幸被他言中，我之后的五年时间里，作品都没有达到《清早的阳光》的水准。

毕业后回到故乡，临时在县报社工作，我流着眼泪读完了路遥的《平凡的世界》，第一次感受到文学作品给予人的精神的伟大力量，但也从那句"早晨从中午开始"，知道了当作家其实是一件艰辛的事业。为了继续自己的文学热情不灭，我用稿费创办了一个小印刷刊物《文学爱好者》，像个山大王一样扯起文学大旗，乌合起二百左右喜欢写作的男女啸聚山林，自己写自己发，拖欠的印刷费托国家破产政策的福，县印刷厂改制时才被清零。想起初中时曾在日记本中写下豪言壮语："我的理想是成为文学家，我的理想职业是文学编辑。"不成想把个理想落实成眼下的情形，不禁感到万般凄凉。当时的环境中，没人和我畅谈文学，没人指导我阅读，也没人交流创作方法，就像在黑暗里摸索着行走，不愿意承认创作上穷途末路，却无计可施。这个时候，从晋东南师专毕业回来一个叫乔文波的家伙，自称中文系毕业，一副文艺青年的形象和文学大师的气魄，可惜他只是个实习生并且一文不名，我就让他做了《文学爱好者》编辑部的主任，让他替我看稿子干活儿。一个晚上，我带着一箱方便面去他寄居的县委大楼宿舍里，想和他谈谈文学。他飘洒着乌黑浓密的过耳长发傲慢地问我："你看过《百年孤独》吧？"我压根儿没听说过是个什么东西，他不敢相信地说："你不会连马尔克斯也不知道吧？"我说我当然知道，但看过太久，忘记了。他从枕头下拽出一本不太厚的绿皮册子说："你拿去看吧。"——那是我第一次触摸到《百年孤独》，那本影响了包括诺贝尔文学奖获得者莫言在内的无数中国作家的盗版书。可惜我对它是免疫的，因为我底子太薄了，不足以被它调动写作欲望，而且我写的《清早的阳光》基本上也是魔幻现实主义那一套，读《百年孤独》只是充当了我后来炫耀自己文学修养的谈资。

就是从乔文波嘴里，我第一次听到了当时中国文坛三位响当当的女作家的名字：池莉、方方、陈染。她们被相提并论，排名先后也是乔氏所为，但他最爱陈染，他有一个十六开笔记本，上面大段大段抄写着陈染的小说，——因为家贫，他买不起杂志，只能跑到图书馆抄写，——他激情四射地站在地上给我朗诵陈染的小说，读到高潮处，他大声地喊出："啊，陈染就是我的梦中情人！"

李巍期望把我打造成"中国的 J. K. 罗琳"

我此生最引以为豪的一件事情，就是 1997 年倾尽所有的积蓄为我弟弟马顿付了一半上大学的学费，并且尽我所能为他提供生活费用，最后的结果居然是拯救了我前途渺茫的文学梦想。山西师大中文系 97 级的大学生马顿，听了一个学期课后发现他自诩为作家的亲哥哥其实对文学的认知少得可怜，他像个导师一样把课堂上听到的大师作品买上几本，带给他可怜的哥哥恶补，换取不足的生活费。马顿是个爱书的娃，他把在校门口的儒林书局买到的名著，都认真地用画报包上书皮，然后在书脊上用他古怪的字体写上书名和著者，在他买给我的一堆书中，有一本是王永年翻译的《小径分岔的花园——博尔赫斯小说集》，很多名著我怎么都读不进去，但这一本很舒服地就读下来了，而且获得了洗礼般的快感和享受。博尔赫斯，这个被称为作家中的盲眼老人，在小径分岔的文学花园里，用他的拐棍儿为我指引了第一条通往世界文学殿堂的小路。

正是 1997 年，一位青年作家的死亡轰动了中国文坛，马顿适时地把他的"时代三部曲"带给了我这个在小县城里耳目闭塞的哥哥。像当时很多文学青年一样，我一下子就被吸引并且打开了。从 1997 年第一眼看到王小波的作品，直到 2007 年的 10 年间，我几乎所有的中篇小说都是模仿王小波先生风格的，有 8 篇 30 万字，我是多么地迷恋和敬仰他啊。记得 2007 年编辑中篇小说集，心中充满了怎样的温暖和欢悦啊，我像那些续写《红楼梦》的痴人，翻烂了原著，只觉得还意犹未尽，索性自己写给自己看。于是，就有了那本向王小波先生致敬的《李骏虎中篇小说集》。我是个无趣的人，是从王小波的作品里硬生生地体味到什么叫作"有趣"。我几乎拥有他所有版本的作品，那几年里，家里到处扔的是“黄金”“白银”“青铜”“黑铁”，随便坐在沙发上，靠在床头，或者蹲马桶上，抄起一本来，无论翻到哪一页，都能立刻读进去，嘿嘿地笑起来。坐在山西日报社的花园里捧读《红拂夜奔》，我埋着头呵呵没完，几乎被人疑为脑子有病。每天捧着一个本子，铺张报纸在大楼背后的角落里，练习“王小波体”。其实，我最钟情的是《万寿寺》，我的第一个中篇《雪落的声音》几乎就是临摹着它写的，洪治纲老师还写过一个很长的评论。我知道了早晨的雾气可以用扯开的棉絮来比喻，我知道了天空垂下来，像一颗没有瞳仁的眼珠子。一部《黄金时代》足以代表王小波，但《青铜时代》里的《寻找无双》《红拂夜奔》《万寿寺》，则真是王小波的“世界奇观”，无人能及。

我认为，评论界把王小波的小说界定为“黑色幽默”是浅显的，实际上，王小波的创作已经达到了艺术的最高境界：荒诞。小说中的讽刺意味与苦涩的幽默结合在一起，通过不确定的时空和人物来表现作品思想内容，将现实中的具体人物抽象化。他的小说已经达到了“在故作平淡无奇的日常形式中表达出反常的内容”，使不受制于现实的事件，显得“比真正的生活真实还要现实”。在当代中国作家里，无出其右，莫言也难望其项背。

1998年的冬天，我到太原应聘山西日报社的编辑，考完后到当年读书的山西广播电视学校门口的报摊买了一本黑色封面的《大家》，一个人在永济饺子馆就着素鸡和皮冻吃饭时，翻开其时影响巨大的《大家》，看到上面残雪等名家的小说，我暗自叹气说：“这辈子能在《大家》发表一个短篇小说就足矣！”没想到转过年来，我就在出租屋里接到了一个南方口音的电话，他说，他是《大家》的主编李巍，我寄去的小说决定发表，并且希望我再给他两篇小说和一张艺术照片。第二天早上，我6点钟爬起来，一天没吃没喝也没上厕所，一直在我的旧电脑前坐到晚上6点，12个小时完成了一个中篇一个短篇，然后跑到照相馆去拍了一张意气风发的艺术照。

正是《大家》的主编李巍老师给了我重新出发的机会，2000年第5期《大家》为我发了一个作品小辑，包括两个中篇两个短篇，使我真正浮出水面。他把我模仿王小波时疯狂练笔的那些习作，史无前例地一划拉全拿到他的刊物上去发，让我一起步就成了“master”。虽然我没有像李巍老师期望的那样，被他打造成“中国的J.K.罗琳”，但是他让我压抑多年的文学激情有了发泄的渠道。中篇小说《睡吧》是李巍先生策划，我完成的作业，当时他是那么兴奋，要发来年第1期的头题，他那么兴奋，以至于经常在我还没起床的时候就把电话打到我租住的房间，把我的破手机打得烫手，把我的电话费打光。虽然《睡吧》的写法遭到他们编辑部会上的质疑，最终没发出来，但我在老家砍玉米的时候，还是坐在玉米地头的牛车上，挽着袖子捧着手机，尽量地安慰他失落的热心。因此，当2012年的冬天传出消息，下野多年的李巍老师临危受命，正筹备《大家》复刊时，我猜他一定会找我，这个他当年鼎力扶持、如今已经获得了鲁迅文学奖的青年作家。果然心有灵犀，我很快又听到了那个亲切的南方口音，当年曾如同文学使者在替缪斯之神传达福音，虽然此时稿债压得我几乎直不起腰来，我还是毫不犹豫地答应了他在几周内写一篇解构类型的小说。而在创作当中，我意外地解决了这些年一直困扰我的不知如何切入时代、书写当下社会的难题，再一次，我的报恩获得了巨大的回报。

我不能记起来第一本《悲惨世界》是从哪里得来的，有前皮没后皮，确切点说是第二部《珂赛特》，只记得在一个百无聊赖的雨天时光里，我在老家的屋檐下拿起了它，然后就像陷入流沙一样被吸了进去，浪漫主义鼓荡起我没有信仰的魂魄，深深地记住了雨果和译者李丹的名字。我欲罢不能，读完后倒回去寻找到第一部《芳汀》，并在插页上看到了雨果的照片，他和我心目中的文学大师长得分毫不差。其后，我多年着迷于阅读雨果，搜集购买到他所有版本的全集和作品，凡我有书架的地方，都有一套雨果文集，他是公认的浪漫主义教父，但他笔下的芳汀的悲惨命运，主教对冉·阿让人性的转变，以及他对宗教的长篇累牍的评述，还有他笔下拿破仑的滑铁卢之败都是那样直击人的精神归宿和人类社会的本质以及人生的苦难。很多年里，我都怀疑雨果不是一个人而是一个神。和王小波一样，雨果对我的影响是巨大的，我所有的作品都摆脱不了他们的巨大阴影。

陀思妥耶夫斯基这个名字太长了

迄今为止，我认为自己最具有文学品质的长篇小说，还是第一部《奋斗期的爱情》。那是受到陀思妥耶夫斯基的《被侮辱与损害的》和卢梭的《忏悔录》深刻影响的作品，它几乎具有西方经典小说的所有元素，虽然笔触稚嫩，却格局合理、营养全面。正是在乔文波的介绍下，我在1998年应聘山西日报社编辑的时候，到他的同学杨东杰的出租屋里借住，以文学的名义我们一见如故。虽然同样出自晋东南师专中文系的杨东杰不像乔文波那样“傲慢”，却有着一种冷冷的“自负”，但我还是用自己的韧性从他那里获得了新鲜的补充。像乔文波问我知不知道马尔克斯一样，杨东杰问我知不知道陀思妥耶夫斯基，这个名字太长了，我不能复述，就无法假装知道。杨东杰嗜书如命，据乔文波讲，上大学的时候，他读西方大师的作品，都是把一个人的所有书借出，全部读完后再读下一位的，如此厉害的人物不是我浅薄的文学修养所能对话的。但我的精神胜利法是学以致用和“走着瞧”,因此我死缠烂打从他手里借出了陀思妥耶夫斯基的《被侮辱与损害的》,并且看了两遍。在此期间,他竟然打电话问我要了不下三次,生怕我丢掉。就是在杨东杰租住的平房里,他像乔文波向我灌输池莉、方方和陈染一样,让我知道了余华和朱文。其实早在我上中专的时候,就在一本杂志上读到过余华的《活着》,当时同宿舍的同学都出去玩了,我一个人躺在高低床的上铺边看边流泪,只是不知道作者就是余华,而《活着》是他最好的作品。但杨东杰坚持说余华最好的作品是《在细雨中呼喊》,并强迫我阅读它验证一下,我和他住在一起的那几天,一直在读这本书,我觉得并不如《活着》好。可怜那个时候我哪里能体味一部作品的文学品质啊。我能清楚地记得杨东杰站在他的藏宝洞一样的书柜前,给我大力地推介朱文多么有张力,他说得太专业了,我不能理解,我理解“张力”这个词,是李巍在第一次打电话时这样夸我的小说。但他的推介起了作用,我两年后读到了朱文,并且觉得朱文很厉害,我有几篇小说受他影响很深。后来朱文突然不写了,去拍电影,我着急看他的新作看不到,很不理解他那么有才气为什么要放弃。现在我理解了,朱文的写作激情来自年轻时和这个社会的对立情绪,后来年纪大了,人平和了,也就无话可说了。

我年轻时最狂妄的一个念头是,离开山西,搬到青岛的海边去从事专业写作。这个不切实际的想法是夭折在我第一篇小说的责编祝大同老师的口里的,在《大家》一次性发表四篇小说后,我在太原尔雅书店门口邂逅了祝大同老师和他的夫人,向他透露了我的雄心壮志。祝老师当时展露着他标志性的玩世不恭的笑容说:“我劝你还是别这么想,《大家》《花城》这样的刊物,文学标准不太靠谱,他们的认可不说明你就写成了,不信走着瞧。”不幸被他言中,不久李巍老师退休,又过了几年,《大家》居然停刊了!

被第一篇小说的编辑泼了一头冷水,使我成为一个安分守己的人。也是那次在尔雅书店买到了卢梭的《忏悔录》,没读几页就有了写部长篇的冲动,于是每天晚饭后,在山西日报大楼19层楼道尽头的开水间打一盆热水,回到办公室,放在实木的办公桌底下,把脚泡上,用山西日报专用的208个字的稿纸写三千到五千字,坚持了一个多月,完成了第一部长篇小说《奋斗期的爱情》。拿给《黄河》杂志的张发主编看,张老师很兴奋,给我发了个头题,转过年来,被李新华老师青睐有加,收入了长江文艺出版社著名的“九头鸟文库”,与梁晓声的《婉的大学》、方方的《何处家园》、阎连科的《斗鸡》并列,俨然成“大家”了!最使我引以为傲的,是《奋斗期的爱情》题目套用了马尔克斯的《霍乱时期的爱情》,章节标题参照了雨果的习惯和风格,叙事情绪深受陀思妥耶夫斯基的《被侮辱与损害的》影响，而在书的正文前面，我像西方作家常引用《圣经》的话那样，引用了卢梭《忏悔录》里的一句："虽然我的血液里几乎生来就燃烧着肉欲的烈火，但直到最冷静、最迟熟的素质都发达起来的年龄，我始终是守身如玉地保持住纯洁。"

省委宣传部分管《山西日报》的副部长的公子薛飞飞，是个内心风花雪月的散文家，我们成了好朋友，他送给我一套《博尔赫斯全集》，我兴奋得像老虎吃天不知从哪里下口。那是2002年的光景，我不能肯定是不是博尔赫斯看多了，以至于直到2004年，我所有小说的灵感和素材都来自梦境。日常生活的经验，常常在我的睡梦中反射成奇幻的故事再现，睁开眼睛后我抓住它的尾巴，很有感觉地敷衍成小说，然后取一个和名著相同的题目。为此，时任《山西文学》编辑部主任的鲁顺民老师干脆在刊物上给我开了一个"与名著同名"小说专栏。也是那个时候作品开始被转载和收入年度选本。2004年，我把12篇以梦境为素材的小说排列在一起，惊奇地发现它们从形式和精神上都是连贯的，自然就是一部长篇小说。当时网络上小说社区正如火如荼，我把它贴到了搜狐的小说社区，很快被一个书商的弟弟卢山看上，拿去出版了，就是《公司春秋》。

《公司春秋》的出版也暴露出我创作上一个致命的困境，那就是生活积累几乎用尽了，原料告罄，很多素材在多部作品上使用。就在这个时候，省作协选拔青年作家下基层挂职体验生活，我报了名，并最终入选。2005年的元月，我结束了省报文学编辑的生涯，被组织部一纸文件安排到故乡洪洞挂职锻炼，因为县政府还没给我安排好分工，其间，有了三个月的空档期，我便在网上连载了长篇小说《婚姻之痒》。因策划出版"布老虎丛书"驰名书界的春风文艺出版社总编辑臧永清致电给我，签订了首印4万册的出版合同，但是很快臧总被出版《谁动了我的奶酪》而走红的中信出版社挖去了，他签下的书稿成了悬案。就在这个时候，如今民营书商的大鳄磨铁图书的总裁沈浩波突然来到了太原，当时他是磨铁的前身铁虎文化的总策划，他找到了时任山西书海出版社社长的杭海路，希望通过杭老师来向我拿到《婚姻之痒》的书稿。而沈浩波的弟弟，时任新浪读书频道的编辑沈笑和我也是好友，正是沈笑向他哥哥推荐了在新浪读书"走红"的《婚姻之痒》(累计点击率4300万人次)。我不知道我为什么总是和书商的弟弟有缘，但我对沈浩波的承诺并没有抱太大希望，只是因为要下去挂职了，就把书稿给了他。沈浩波却让我见证了有别于传统出版机构的巨大能量，在他的策划下，《婚姻之痒》居然成为《当代》杂志统计的当年全国新华书店文学类畅销书第五名。

我一直认为一个好作家在任何时代都是可以用笔来养活自己的，刚参加工作时我验证过一次，1997年起靠投稿月入600元，当时县城正式干部月工资360元；世纪之交我验证过第二次，靠给报纸杂志写随笔月入6000元，当时省报工资1900元，只是怕把自己的聪明零售了，才在作家出版社结集出版《比南方更南》后，转而集中精力写小说；而《婚姻之痒》在网络上造成的巨大影响，和民营书商推动的畅销，使我彻底改变了自己的生活，靠着一部小说的版税和影视版权买到了一套房子。《婚姻之痒》在网上连载的时候，很多网友留言说这部书使他们决定保持独身，而很多夫妻把它打印下来作为生日礼物互赠。这部书使我坚定了一个作家应该影响时代的信念，虽然在某些评论家眼里看上去，一个有希望的青年作家正往非主流的文学道路上下滑。

如果不上鲁迅文学院，我可能已经不再写作了

在等待回故乡洪洞挂职的那3个月里，《婚姻之痒》交付出版后，衣锦还乡的骚动和对故乡风土人情的回忆，使我产生了创作的冲动，不知不觉开始写作一个跨度60年的晋南风俗史小说，在回忆中塑造了我出生的那个小村庄里一个叫兰英的传奇女人，以及她的命运遭际和抗争精神，可惜的是写了六七万字，县里就通知我回去工作。适值曾在《十月》杂志做过编辑的凌翼老师约稿，就给了他，发在《现代小说》2006年“寒露卷”的头题，他在卷首语中说：“这期的‘开卷’浓墨重彩地推出了山西作家李骏虎的中篇《炊烟散了》，这绝对是一幅让人耳目一新的乡村画卷，读者肯定能有赏心悦目的收获。”而此时他的赞扬激起的已经不是一个青年作家的文学情怀，而是一个全省最年轻的民主副县长春风得意的文化标签。

我挂的是县长助理，其实是民主副县长的角色，分管过文化、体育、新闻、广电、教育、保险、石油，协管过林业、旅游、科技。从2005年到2009年整整干了快满一届，建设了洪洞县文化活动中心，重修了飞虹影剧院，把洪洞县失去的全国文化模范县的称号又夺了回来；并且创造了一项至今全国各县无人能破的纪录，那就是同一个年份成功申报三项国家级非物质文化遗产项目。我分管教育的时候，完成了省属、市属三家国企的学校的数百名教师和数千名学生的移交地方工作。还当选为洪洞县的第十三届人大代表。至于上山下乡、走村入户那是家常便饭，想方设法帮助老百姓解决饮水困难等事情就更多了。至今洪洞人都喊我李县长，对当年的文化县长，那是“到处逢人说项斯”。一度，我觉得自己在政府工作方面比写作上有才气，如果不是遭遇安全事故引起的政治地震，我可能就从政了。如果不是那时省作协推荐

我去上鲁迅文学院的高研班，我可能已经不再写作了。

在挂职的那四个年头里，我几乎没有写任何小说，连阅读都变成了历史书籍，虽然有时候真的很手痒，但那种浮躁的心态是不能用来创作的。所幸，2007 年的 9 月，省作协推荐我去鲁迅文学院第七届中青年作家高级研讨班学习。在第一堂课上，我就发现自己其实一直在寻找着写作上一个质的飞跃，我一直没写作，是因为不知道该如何突破困境。在那堂课上，时任鲁迅文学院常务副院长的胡平老师用他略含嘲讽的思索语调说："一个好的作家，他写出的作品那是应该照亮人生、照亮灵魂的。"他提出："真正的好作品是这个时代绕不过去的，比如说陈忠实的《白鹿原》，茅盾文学奖想不给他都不行！"我就像孙悟空当年听到菩提祖师讲道一样心花怒放，心领神会。在鲁迅文学院的课堂上，我几乎获得了新生，每一次讲座都能有重大收获，《人民文学》主编韩作荣老师给我们讲诗歌美学，老诗人娓娓道来，引用了一个著名诗人的几句诗，最后一句是"前面就是夏天"。我一下子就被击中了，把这句诗写在笔记本上。鲁迅文学院的一个伟大之处是，调动你的创作冲动，然后给你大量的空闲时间，就在这样的理想环境中，我重新拿起那部写故乡风俗史的小说，为了试笔，润开我干结多年的笔头，我先用兰英的闺女秀娟写了一个中篇，同时是在实践着胡平老师关于小说的指导。回顾自己在外求学、工作多年，以及重新回到农村的这几年，我发现自己的血脉里流淌的农民的血液一点没有变质，我是那样地渴望回到庄稼地里去劳作，走在村里的大路上我感觉是那样的坦然，和乡亲们搭几句闲话都让我觉得快乐和幸福，我从灵魂深处对生我养我的那块土地充满了无法形容的热爱，想起这些，我的浑身洋溢着对故乡的土地、庄稼和人们的爱和幸福感。也是在鲁迅文学院期间，我的女儿出生了，我成了别人的爸爸，突然就懂得了人世间最大的幸福其实是付出爱，能不求回报、毫无保留地付出自己的爱，就是真正的幸福和快乐。我想，我应该写一部作品，献给那些灵魂纯净的人们和与他们的生命同在的大爱！完成后，我把韩作荣老师那句"前面就是夏天"拿来变通了一下，用作这篇小说的题目，它就是后来获得第五届鲁迅文学奖的中篇小说《前面就是麦季》。这是一部关于付出爱、关于乡村生活的诗意、关于生命的生生不息、关于灵魂的纯净的小说，但它首先是一部关于爱的付出的作品，付出爱，获得心灵的幸福和灵魂的安宁。这是主人公秀娟的信仰，是中国乡村女性的信仰，是和土地朝夕相处的人们的信仰，也是我这个泥土捏成的娃娃的信仰。

从前，我在《人民文学》《小说月报》等刊物上发表的写城市体验和梦境的小说，并没有成为无效信，我的鲁迅文学院同学郭海燕和毕亮到我宿舍看我时说："我们上大学时就喜欢读你的小说。”当时我还有些汗颜。而当著名作家刘醒龙老师来鲁迅文学院为他主编的《芳草》杂志选择“年度精锐”专栏作家时，作为《芳草》杂志编辑的郭海燕理所当然地推荐了我，这个专栏的第一篇作品就是《前面就是麦季》。

紧接着，《十月》的主编王占君老师约我写部长篇，我就在《炊烟散了》和《前面就是麦季》的基础上，完成了长篇小说《母系氏家》。《前面就是麦季》的精神向度使得这方面有所欠缺的《炊烟散了》也一下子有了灵魂和深度，使得我很顺利地完成了长篇小说《母系氏家》。2008年第4期《十月·长篇小说》头题发表了这部只有10万字的长篇小说。2009年，挂职结束调到山西作协工作后，我用了3个月的时间，把它重写过了。《母系氏家》是我心里最有底的一部作品，我对它寄予厚望，因此《十月》发表后，成书之前，我进行了逐字逐句的修改，增删过半。一来我希望它能成为我的代表作；二来我希望它能开一个从风俗史和人的精神角度去描写乡村世界的先河，我希望我呈现的乡村是醇香的原浆。而修改前的《母系氏家》达不到这两个目的，有三个原因：一是原先的结构和叙事都有明显的中国古典话本小说的痕迹，线索和人物关系都比较单一，不具备一部厚重的小说的复调结构和交响乐的效果；二是自然和社会背景过于淡化，时代感和风俗味不足；三是人物的精神世界缺乏广度和高度，造成作品的精神内核不够强大，感染力有余而冲击力不够。这些都不是简单的修改所能解决的，因此在和陕西人民出版社签订了出版合同后，我决定用比较长的时间来进行重新写作。这一重写，收获很大，发现原来的故事节奏过快，缺少闲笔。一部好的长篇小说，要把人物命运放到社会时代背景上去，既要把风云变幻写出来，也要把风土人情写出来，而且，在故事进行的过程中，要有意识地慢下来，或者干脆跳出故事，去谈点题外话，或者写写风景，这样才能更好地把握节奏，让小说离故事远一些，靠艺术近一些。再就是，小说的灵魂人物由原先好强的母亲兰英，渐渐转移到了善良的女儿秀娟身上，这个姑娘，终生未嫁，“质本洁来还洁去”，对她的世界里的人们给予了博大的爱和无限的包容，她是乡村精神世界里淳朴和美好的高度凝结体，她的灵魂是纯净和高贵的。要塑造这样一个菩萨和圣女般的人物，用中国话本小说的技法是无法完成的，只能借鉴西方名著的方法去刻画她的精神世界。好在，我阅读过许多大师们的杰作，他们能够像上帝一样指引迷途的羔羊，使它回到丰美的草地，也能使我的精神回到我笔下的故乡。

长达四年的挂职体验生活和短暂的鲁院学习生活，这一前一后真是个奇妙的组合，它们接力完成了对我的潜移默化，同时完成了自己的回归、转型和突破。在外界看来，我的转型似乎是刻意的，但我知道是遵循了自身的创作规律的，我在最有激情的年龄写个人体验，在走向成熟的年龄写自己最熟悉的乡村，在有一定阅历之后写历史，以后再在把握一段历史规律之后写当代，这都是有点“随波逐流”的感觉的。

实践一下小说的“去小说化”

我是个理念先行的作家，想得比写得好，目前说得也比写得好。对于小说创作的艺术理念，我固执地坚持己见，写乡土小说如此，写历史小说也是如此。

当年无心地写完《母系氏家》的前身《炊烟散了》，我知道自己完成了一部不同于从前的小说，一些朴素甚至原始的东西取代了我多年形成的艺术主张。我庆幸的是，它没有落入约定俗成的小说套路的窠臼，但也在能否得到读者和专家的认可上留下了悬念。我把它一改再改，想让它按照自己心目中的样子打磨得更精细一些，比如像沈从文先生的《边城》那样具有人与自然情景交融的神韵，我甚至把它做成了两个版本。但是给几家约稿的刊物编辑看过后，却是一片嘲笑声，有位德高望重的老师竟然说：“那就不是个东西嘛！”他建议我给故事设置悬念什么的，我觉得他根本不知道我要干什么，干脆把《炊烟散了》挂上网，然后下去挂职体验生活。没想到，已经升任《山西文学》副主编的鲁顺民老师把电话打到我挂职的县里，他说：“啊呀呀，我在网上看到你一个好东西，乡村就是你写的那个味，至少我没见过这么写小说的。”他夸张地说：“你别管别人的看法，按照自己的想法写就行了，这样下去不得了。”

后来我在《炊烟散了》的基础上完成了长篇小说《母系氏家》，由陕西人民出版社出版。2010 年的 10 月在绍兴领取鲁迅文学奖时，同获中篇小说奖的西安市文联副主席吴克敬老师热情地和我握手，他说：“你的《母系氏家》我看了，我很喜欢，是《美文》的副主编穆涛推荐给我的，这么多年穆涛只给我推荐过一本国内作家的书，就是你的《母系氏家》。穆涛对我说，你看看人家是怎样写乡村的。”吴主席还抄着陕西腔开玩笑地说：“我觉得你比老贾写得好！”2011 年在北京参加第八次作代会，《当代》杂志请客，席间陈忠实老爷子对我说：“你的《母系氏家》得了首届陕西图书奖，我是评委，写得非常好！”

我一直认为路遥、陈忠实、贾平凹随便拿出一个，都比别的省份一省的作家总和还厉害，能得到陕西文坛的肯定，我更加坚定了自己的艺术理念和创作道路。因此，在动笔写下一阶段的历史小说时，我就想着完全抛弃先锋派以来形成的叙事风格和小说腔调影响，实践一下小说的“去小说化”。

山西作协的办公楼，是阎锡山在太原的一处老宅，属于太原市的文物保护单位。

据说，“五妹子”阎慧卿生前一直住在这里，因为历史并不久远，这一点是确凿的。出了南华门东四条，左拐就是府东街，如今省政府的办公大院，就是阎锡山当年的督军府，也是后来的绥靖公署。我从开始写作就常跑作协投稿、开会，三年前又调到作协工作，每天进出于阎锡山曾经进出的宅第；张平主席又是山西的副省长，找他批文件就要去省政府——往返于阎氏老宅和“督军府”，没有想到有一天会拽着它顺藤摸瓜，探究才去不远的那段历史。

作为深受“山药蛋派”影响的山西作家，我的写作从现实主义起步，但审视自己的创作和作品，依然有大的不满足，尤其是长篇作品，明显缺乏大作品不可或缺的历史背景。没有对历史的参照和思考，对现实的表现和关注就是无力的。于是，就有了寻找一段可表现和把握的历史的想法，通过廓清历史，形成自己的认知观念，并为创作和作品提供一个深远而强大的背景。

于是，我想到山西在抗日民族统一战线时期的重要地位和复杂形势，就查阅了从阎锡山请薄一波改组牺盟会到“晋西事变”国共决裂的史料，一下子就陷入这段历史当中去了，并产生了强烈的创作冲动。这个时候，中国作协征求定点深入生活创作项目，我就顺理成章地申报了这个选题。申报通过后，我先后在晋西南乡宁县参观了当年著名的“关王庙战斗”遗址，还有阎锡山指挥第二战区反攻日军的云丘山“五龙宫”，以及这一带的人文地理遗址。在隰县，采访到了“山药蛋派”五老之一西戎的发小、和他一起参加牺盟会的92岁高龄的常培军老人。这次深入生活对我来说是一次历史常识扫盲，关于山西的重要性以及其对华北战线乃至全国抗战的贡献，还有随着抗战形势不断变化的政治和军事博弈，之前我还没有读到全面和正面表现山西抗战的大作品，有大量的一手资料和亲身经历者可以确证，以牺盟会为基础的抗日救亡统一战线的形成和山西新军的建立，全民抗战的发动，还有持久战、游击战等正确战术的运用，这些对中国人民抗日战争的最后胜利、对八路军的发展壮大、对后来的全国解放都是做出巨大贡献和具有决定意义的。而表现这一时期复杂的政治和战争形势、塑造山西战场的爱国将士的文学作品还相当匮乏，从这个意义上说，作为一名山西作家，我有这个责任和义务去完成它。

对于我来说，廓清这段历史还有一个意外的收获，那就是通过对历史真实的探究和认知，形成了历史观念和对现实的参照，有了这个参照，对于站在历史角度审视当下、反观时代和社会就有了一个质的变化。用历史眼光看当下，还是站在当下看当下，对一个作家的创作来说是两个概念，对于作家本身来说也是两种眼光和境界。我想我会用很多年来表述这段有着特殊意义的历史。同时它也解决了我一直以来的心结，一个作家，不了解一段历史，没写过一段历史，他的历史观是有缺陷的。我很感谢能和这段历史结缘，让我有机会去表述一个宏大的历史背景和人物。写作现在对于我来说，就是展现人的命运以及表现历史和当代的关系。

在创作上，除了找历史感之外，我想实践“去小说化”，对这部历史小说而言，我想让读者像读史书一样信任我的小说。这里面，还有一个原因就是这么多年，我对中国当代小说的拿腔拿调厌烦至极，我要去小说化，就是要摒弃这种讨厌的小说腔，让人说人话。为了给长篇小说做准备，我先用这个素材写了一个中篇小说《弃城》，得到杨新岚老师的认可，发在《当代》上。这个长篇题材已经被中国作协确定为2012年的重点作品扶持项目，暂定题目是《中国战场之共赴国难》。

现在，我打心眼里喜欢托尔斯泰，一遍又一遍地阅读《战争与和平》《安娜·卡列尼娜》，而且我已经理解，现实是文学上一切主义的起飞点和落脚点。我说最先锋的就是现实主义，正是因为现实的“超验性”。而我坚定现实主义的创作道路，也正是看到了它的包罗万象涵盖一切，在我的所有作品中，即使是最“现实”的作品，也总是不自觉地运用着“超验”，它仿佛神性的东西，赋予作品以灵性。我不认为现实主义的创作束缚了我以前作品里明显的超验性，相反，我觉得是现实赋予了超验更大的艺术表现力，超验之于现实主义，就像闪电在乌云和大地之间窜动。

阅读和写作这么多年，我发现自己对于所有经典都没有了排斥感，抓住就能读进去，而且非常享受。写作上也逐渐领悟到古人对音乐真谛的评价“丝不如竹，竹不如肉”，任何巧妙的构思，都不如发乎心灵的文字。

访　谈《

现实是文学上一切主义的起飞点和落脚点

——李骏虎访谈录

傅书华　李骏虎

傅书华：你的小说创作起步于对于城市生活的表现，但后来却又转向了乡村世界。为什么会发生这样一种关注视野的变化？可以谈一谈这个转型过程中的心理动因么？

李骏虎:其实,我刚开始写小说并不是写城市生活,1995年在《山西文学》发表的短篇小说处女作《清早的阳光》,是根据我小时候在农村听的一则民间传说写成的;1997年在《北方文学》发表的短篇小说《乡长变鱼》,当然就是写一个乡长的官场遭际和精神世界的。这些都是我最熟悉的人物和生活,也是我最大的资源。后来我从县城调到省城工作,环境的变换对我造成感受刺激,对社会和人性产生了诸多思考,也是由于当时正处在对爱情感受最强烈的年龄,这一切的生命体验造成创作的冲动,所以那个阶段写的有关个人城市生活体验、情感体验和精神世界的作品比较多。这在一个青年作家,是很正常的阶段。靠调动个人体验创作,时间长了必然面临资源枯竭的问题。就是在这个时候,我把笔触转回我生长了20年的乡村,开始写我最熟悉的那些人和事,其实中国并没有完成人的城市化,我们一直生活在一个大乡村,中国人的思维和精神都还是乡村社会的传统思想,所以只需写好乡村,足以把人的精神走向和政治生活表现出来。当然,写过去的乡村生活不足以表现当下的时代价值和社会状况,但文学的任务是分区域的,对于我来说也是分阶段的。我通过从过去到现在乡村的书写,完成从对个人生命体验到对更广大的世界的观照的过渡。从一个狭窄的视角,转为较为广阔的视角,这是作家走向成熟所应该经历的,是自然的阶段转变,而不是什么刻意的转型。

傅书华:那从开始起步到现在,经历了怎样的写作变化?

李骏虎:我的创作经历了和正经历着四个阶段:第一个阶段是写个人体验,是一个年轻人从农村来到城市后对爱情、人性、社会的感知书写。这个阶段有很多作品,短篇小说如《流氓兔》《局外人》《解决》,长篇小说如《奋斗期的爱情》《公司春秋》《婚姻之痒》,当然更多的文字谈不上是作品,只能说是练了笔,回报是当了一回畅销书作家并获得了庄重文文学奖。第二个阶段是寻根写作,回归到自己最熟悉的农村,以故乡的风土人情和人物为对象,书写他们的精神和生存方式。这是最得心应手的一个阶段,作品不多,但带给我的荣誉最多,比如中篇小说《前面就是麦季》获得鲁迅文学奖,长篇小说《母系氏家》获得赵树理文学奖。第三个阶段在我的计划中原本是要写当下、写时代、写城市和社会,但我发现我没这个能力,我把握不住时代脉搏,也看不清时代方向,更不知道这个时代人们恒定的价值观念是什么。于是为了锻炼自己的眼光和思考,我决定先选取一个历史阶段来做个深入研究,也就是说通过对历史的认知和历史小说写作,来锻炼自己的历史眼光,然后再用历史眼光来观察当下。于是乎第三个阶段就变成了历史小说写作,我选取了抗战时期对全国有着重要的战略意义的山西抗日民族统一战线,在中国作协的帮助下到晋西南定点深入生活,采访并搜集各种资料，原本打算写一系列的中篇或者一个长篇来表现当时全民族同仇敌忾的爱国精神，结果只写出了一个中篇小说《弃城》，发在《当代》上，后续的篇什因为我个人的情绪问题和其他一些原因搁浅了。我的终极目的是第四个阶段，能够像巴尔扎克一样书写当下，书写我们身处的这个时代，但我发现我还远远做不到。

傅书华：1995年就开始发表短篇小说，到后来的中篇、长篇，这种体量的变化是一种叙述的必要呢，还是为了证明自己？

李骏虎：其实我倒认为，作家写长篇还是写中短篇，是由自身特性决定的。有些人的思维和表达方式写短篇很精彩，比如林斤澜、刘庆邦和王祥夫，无出其右，但你要问他们写过什么长篇？恐怕没人知道。再比如我的好朋友乔叶和鲁敏，她们的中篇极负盛名，但长篇相对中篇就没那么有感染力。再比如陈忠实老师，《白鹿原》惊世骇俗，可老爷子的中短篇，谁能记得有什么？也就是说，擅长写什么篇幅的小说，是由作家本身的情商决定的，属于先天决定，努力也白搭。比如我自己，到现在总共写过三五个中篇，基本没摸着门道，没办法，对这种体量没感觉。最喜欢写的是短篇，写长篇纯粹是觉得非此不足以传达命运感。

傅书华：认为作家能够培养出来吗？可以谈谈鲁迅文学院的学习对自己的影响。

李骏虎：爱迪生有一句名言："天才，百分之一是灵感，百分之九十九是汗水。"这句话误导了太多的人。爱迪生说过这句话吗？说过，但这只是半句，人家后面还有半句，完整的是："天才，百分之一是灵感，百分之九十九是汗水。但那百分之一的灵感是最重要的，甚至比那百分之九十九的汗水都要重要。"就是说，写作作为一个艺术门类，第一要靠天分。我从22岁做报刊文学编辑起，至今也有十几年时间，其间看到被文学耽搁了青春，毁灭了人生的文学青年比比皆是，男的精神错乱的有之，女的贻误终身者有之，这都是我们六七十年代生人的文学悲剧，怀揣文学梦想者如过江之鲫，而成功者的比例比现在国家公务员的录用比例都要小。

但话说回来，就算你有文学天分，写作除了艺术感觉外，还是讲究方法的。在国外，作家培训班跟厨师和汽修工培训班一样，是个技术活儿，怎样开头，怎样结构，怎样设置悬念，怎样高潮，怎样结尾，那都是有很多方法的。我们是个矜持的国家，习惯把一切东西形而上，只重艺术不重技术，不知道怎样培养天才的成长，放任自流，毁灭了很多天才，《伤仲永》就是个典型案例。所以说，要想写好小说，它是有方法的。作家只顾闷头写作，不知道站起来审视自己的写作，不知道总结艺术方法，终究是成不了大器的。从这个意义上来说，鲁迅文学院对作家的意义就是当头一棒，唤醒你对文学的迷茫，引导你的艺术感觉。毫不夸张地说，我就是上了鲁迅文学院听到胡平老师讲文学要“照亮”灵魂，才猛醒的，写那篇获鲁迅文学奖的中篇小说《前面就是麦季》时，时时在想着怎样“照亮”；而这个题目，也是在鲁迅文学院课堂上听韩作荣老师讲诗歌美学时，听到他念了一句诗“前面就是夏天”，我变通过来的。

傅书华：你在一次受访时说：“这么多年我一直有个理想，就是能写出一本书（而不是文学作业），让它风靡全国，对人们的社会生活产生重要影响，同时对当下时代发展有反观、借鉴和推动作用。”“风靡”是否可以理解为畅销？

李骏虎：在我对作家这个行当的认知里，伟大的作家和好作家，他的作品首先应该是畅销的，能够影响最大范围的读者，换言之，能够影响最大多数的人，对他们的思想和生活产生重大的影响，也就是说对人类的精神生活和社会生活都产生作用。不可否认，文学创作的过程就是对社会和命运提纯的过程，但酿出来的酒是要给人喝的，而不是自我陶醉的。用人们的生活酿酒，然后醉倒他们，这就是我对文学的理解。畅销是风靡的重要考量数据。

傅书华：能谈谈挂职对自己创作的影响吗？作品和挂职之前发生了怎样的变化？

李骏虎：挂职体验生活，得以近距离地直面社会现实，亲身体验到老百姓的生存环境，深刻体会到生活远比想象要精彩，它就是作家取之不尽、用之不竭的创作源泉。四年的挂职体验生活，同样改变和形成了我的文学观念，使我从各种探索主义和先锋流派渐渐回归到现实主义的创作道路上来。通过对古今中外经典的阅读，我发现，其实现实主义才是最先锋的，走现实主义道路的作家，是最具有探索精神的，他们直面现实、直面矛盾、直面人的生存困境，同样直面人的精神困境，他们是时代的代言人，也是历史的记录者。放眼世界文坛，托尔斯泰、巴尔扎克、狄更斯等等，伟大的现实主义大师灿若星辰，那些引领着人类永不停歇的精神脚步的大师，那些烛照我们心灵的伟大作品，莫不是现实主义道路上的实践者和探索者。他们为人类留下不朽的精神财富，他们对芸芸众生的悲悯情怀，他们对人类博爱精神的讴歌，永远激励着我们前行的脚步，也成为后辈作家仰望的灯塔和精神导师。

傅书华：你是“70后”中有代表性的小说家之一，能不能谈一下你对文坛自己同代作家小说创作的理解和看法。

李骏虎：我们这拨作家基本都是20世纪90年代中后期开始文学创作，而那个时候由于体制的转型，国家的经济模式由计划经济向市场经济转轨，人们的价值观念发生了很大的变化，文学从关注中心突变为边缘化，因此注定了“70后”作家群是一个孤寂的群体，不会像前辈作家那样一篇作品就会著名。而“70后”又是延续了传统文学观念的一代，和独生子女群体“80后”的社会观念、人生价值有着严重的“代沟”，必然难以与“80后”读者群体产生共鸣，所以这些年我们的寂寞和被忽略是非常正常的。但我个人认为这种情况并不是什么尴尬的事情，它反而让文学趋于正常化，让作家的心态和社会处在同一脉搏上。为什么呢？我们没有像“60后”那样一篇成名的文学环境，也没有“80后”那样一呼百应的读者群，因此我们没有因为从事文学而带来命运的转变，相反我们从事的工作和社会上其他工种一样，随着社会的发展而变化，我们和所有行业的人一样普通，谋生、求职、就业、成家，体验着所有平常人的平常，焦虑着所有这个时代的草根的焦虑，这就使我们的思考具有现实意义，使我们的作品具有普世价值。相比被各种文学思潮挟裹的“60后”，我们的文学观念更加合理；相比“80后”，我们又具有文学上的理想主义和经典情结，因此“70后”的实力凸显和地位奠定只是时间问题，而且注定要超越过于文学的“60后”和失于文学的“80后”。这是自1995年开始文学创作以来我的真实观念，作为一个写作者，我从来都没感到过尴尬和被忽略，相反，每一点艰难的进步和收获都令我信心倍增，走到今天更加是这样。

傅书华：你认为“70后”作家能够走多远？如果存在着不足，那么这不足体现在什么地方？应该怎样克服？

李骏虎：我们“70后”这批作家，受五六十年代出生作家对文学的宗教般的膜拜流毒甚深，本身经历了很多命运坎坷，但生活稍微稳定宽裕一些，就很容易去追求文学修养了。所以，小格局、小格调的作品成为普遍，写农村写过去的作品成为主流，对文学艺术的单向追求成为这个时代作家的法宝：学习西方叙述结构，讲究语言特色，挖掘主题深度，提升思想高度，把握精神向度，技法越来越专业，手法越来越纯熟，而所表现的题材和所体现的作家情怀，却不能触及这个复杂多变的社会的多棱面，更无法折射其本质，也和现实生活的深度和广度渐渐脱节，成为高超的“缚龙术”，和社会与时代无关了。或者说，自以为表现的是这个社会和人群的普世问题，其实不过是戴着近视眼镜看蚂蚁打架。当代作家普遍存在的一个问题是精神的弱化和人格的矮化，在同样对生存环境和生活条件的基本追求中，我们不可避免地选择了妥协和认可。作为作家，我们并不比别人更高尚一些，因此我们没有像前贤那样，成为别人的精神的导师；我们的作品不是我们理想中的那个样子，也不是人们期待的探讨精神出路的伟大作品。从这个意义上说，作为作家，我们的路还很长，我们还远远没有写出应该写出的那种作品。这个时代太需要作家走出书斋，用敏锐和眼光和广阔的情怀观察、书写和观照了。

傅书华:你是一位山西作家,山西现当代文学史上,形成了一种可贵的小说创作传统。请谈一谈你对山西小说传统的认识与体会。

李骏虎:“山药蛋派”是中国新文学史上一个独一无二的文学流派,它发源形成于20世纪40年代,发展成熟于五六十年代,复兴于70年代末80年代初,如果从其奠基人赵树理最早开始文学创作的二三十年代算起,直到仍然对山西文学创作产生潜在影响的21世纪第一个10年,那么这个流派先后横跨两个世纪,历时近百年。这样绵长的生命力,在文学史上也几乎是绝无仅有的。毫不夸张地说,新中国成立后十七年的中国文学,是以“山药蛋派”为主导的,之后,改革开放初期的“晋军崛起”和新世纪以张平主席获得茅盾文学奖为标志的第三次文学高潮,都奠定了山西在全国的文学大省地位。而在这期间,不同时代的山西作家一脉相传的,就是坚定不移地走现实主义文学传统道路,以及反映时代、关注社会的情怀和担当。

傅书华:你认为自己应该在怎样一种意义上接受并转化这种创作传统?

李骏虎:作为新一代作家,继承山西文学的优秀传统,就要让自己的作品跟自己所处的时代发生关系,这也是古今中外的文学大师们共同遵奉的一个信条。真正的作家,是应该对他所处的时代有着思考、把握和表现,甚至对社会生活和历史发展产生重要影响的。我们要对社会发展进程中,人的普遍心态和价值观念的变化做深入的研究,也要对作为公共的生存环境和普遍的人性走向进行深入的思考,比如说,这个时代的人们的精神取向和创伤感以及幸福指数是什么?只有对这一切有了真正的了解和深入的思考,我们才能塑造出具有时代特征的艺术形象,并且赋予他们以灵魂和魅力,创作出真正能够属于这个时代的优秀作品来。

傅书华:作家应该有一种相对开阔的思想艺术视野,要想在创作上真正有所成就,就必须对于中国文坛的整体现状有深入的了解和思考。对于21世纪以来中国小说界的状况,你究竟做何种评价?

李骏虎:纵向来比较,从中国新文学的发端开始说起,实际上是1917年到1949年之间,这个时候是国难重重,作家们在作品当中表现了强烈的爱国情绪,忧国忧民,同时鲁迅这些人的作品对国民的精神、人性与尊严给予了好多反观与思考、批判。当时的中国作家的理想是建设一个富强、民主、文明的新中国,这就是1919年到1949年之间作家的理想,而当时西方文明已经很发达了。横向来比较,西方的作家在做什么样的研究?他们对当时很发达、富强的国力之下的发达的文明,人家已经开始反思了,他们在批判,甚至对宗教信仰也开始进行一种追问、反思、批判。无论纵向到新文学的发端，还有新文学发端当时这种国际上的横向写作比较来说，作家要写什么，写这个东西要干什么，他们都有精神向度。20世纪80年代欧美的一些文学思潮席卷了中国，产生了先锋派、开始很纯的文学写作；从那个年代到现在，又历经了30年，到了现在文学之所以被大众边缘化，实际上也是作家精神矮化的结果，出现了很多伪现实的作品，尤其是21世纪以来作家又沦为枪手，文学作品沦为影视的仆佣。

同时作家人格的矮化造成了英雄情结的丧失，作品视角全是些碌碌之辈，活得没有点心气儿。不能说，和平时代就不能有英雄情结，你看人家好莱坞的大片，英雄一直是永恒的主题，要支撑起民族的脊梁，需要作家有英雄情怀，能塑造出英雄人物！

傅书华：那么怎样才能够有效地提高中国作家的思想艺术创造能力？

李骏虎：我感觉21世纪以来小说家最缺乏的是怎样把握时代的脉搏的问题。这中间有许多作家，他们是非常敏感的，比如柯云路写《新星》，比如贾平凹写《浮躁》，写一个社会转型期，从以阶级斗争为纲转向以经济建设为中心的时候人的那种精神失落，后来又到《废都》，写计划经济向商品经济转型的过程当中人的信仰缺失，我觉得作为作家来说都是非常敏感的。但是现在咱们这个时代的脉搏是什么？我们已经把握不住脉搏，但是能看到一些表层现象，时代已经从一个多元化的价值观发展到一个很单一的价值观的时代，就好像卡尔维诺对19世纪作家们表现的那个时代有一个说法，我们现在也正是处在一个只以经济观点来思考的社会。为什么经济学家能够看到社会运行规律和本质，文学家看不透，正是因为咱们正处在一个以经济观点来思考的社会，我们能否看到现实，能否去判断它、去把握它、去表现它，恐怕是我们面临的一个理解难题，更是一个写作难题。

在当代的中国，我最服气的是陈忠实老爷子，或许和国外或者20世纪初的中国大师比他少些思想力，但在当代中国，比他会说的大有人在，而没有一部作品是能和《白鹿原》相比肩的。陈老师缺乏大师的思辨光彩，但他绝对是顶级的大作家。我个人认为的大师和大师作品，是能被一个国家和民族耳熟能详，并且对国家和民族的命运产生作用的，当然这个对象是全人类更好，比如说托尔斯泰。

傅书华：在很长时间内你曾经是创作与评论双管齐下的两栖作家。这种现象在你这一代作家中比较少见。请你谈谈你对评论与创作二者之间关系的理解。你觉得，你的文学评论在多大程度上对你的小说创作产生着影响？后来又为什么要淡出评论活动呢？

李骏虎:我个人理想中的大作家应该是有理论建树,能够指导自己的创作的。我涉足评论之初,并不是来源于自己的创作经验,而是对大师和经典的阅读心得。其实并不是所有读过的名著尤其是欧美经典作品都能理解,但总会读到一些让自己产生共鸣从而心花怒放甚至感到福至心灵的作品,这样的阅读体验对自己文学观念的形成非常重要,而其中的心得更多地转化到创作中。我现在依然偶尔会写一写文学评论,但跟从前一样,多数不是为了评论别人的作品,而是为了自己总结阅读和创作经验,修正和完善自己对文学的认识,逐步培养自己的观念。对于一个作家来说,阅读和创作都不是完整的,在此过程中产生自己的文学观念和找到自己认识人类精神的方向才是重要的。对文学理论的涉猎对我的创作帮助很大,我从懵懂混沌的创作状态发展到清晰地知道自己要写的是什么,写的东西会起到什么作用,以及能够看清自己未来的方向和阶段,都是由于对自己创作的总结以及在此基础之上和前人的比对。我并未放弃文学评论,只是不把它当主要形式,它本来也不是创作的主要形式,就是对创作产生作用力的形式,而在我,个人的理论只要能指导个人的创作和加深对文学的认识即可。

傅书华:作为一位曾经从事过评论写作、拥有相当理性思考能力的作家,你对于所谓现实主义、浪漫主义以及现代主义这样几种创作方法有什么样的认识?你的作品中经常会提及某些大师的著作,那么哪些中外作家、作品对你的创作影响较深呢?你以后的创作将基本上按照什么样的方向发展?

李骏虎:写小说写了这么多年,原来没有形成自己的写作理想。从刚开始的激情式的写作,到后来跟风玩什么主义,到后来慢慢回归,实际上有了自己的写作理想也就是近一两年的事情,我也没有想到后来非常想写一部现实主义的东西,这恐怕也是成了以后的越来越坚定的写作方向。我有一个什么样的理想?就是想写出一部对社会生活能够产生重要影响,同时对当下时代的发展能有反观、借鉴或者推动作用的作品。随着年龄的增长、阅历的加深,我自己感觉这个方向越来越坚定了。但是在学习上,对于现实主义、浪漫主义和现代主义,我并没有偏好。我阅读的第一本名著是小仲马的《茶花女》,第二本就是马尔克斯的《百年孤独》,第三本是陀思妥耶夫斯基的《被侮辱与损害的》,无论是现实主义、魔幻现实主义还是现代主义,都给过我精神的陶冶和视野的拓阔。后来我多年着迷于阅读雨果和博尔赫斯。一度我很喜欢米兰·昆德拉,他有一部中篇叫《认》,后来译名改做《身份》,我很喜欢。我终于开始写我最熟悉的乡村,是因为受到哈代的“人与自然及社会”三者关系的影响。现在,我打心眼里喜欢托尔斯泰,一遍又一遍地阅读《战争与和平》《安娜·卡列尼娜》，而且我已经理解，现实是文学上一切主义的起飞点和落脚点。

傅书华：你多数时间是生活在城里的，对于农村人物的刻画和语言的描写，怎么驾驭？全凭多年前的记忆或者生活体验？

李骏虎：贾平凹老师去年在《当代》发表了他的长篇《古炉》，今年又在《收获》上发表了新长篇《带灯》，对农村生活和农民精神刻画得细致入微，那是因为他从小就生长在那样的环境当中，风土人情了如指掌，写起来当然传神。我也是类似的情况，首先我的创作冲动不是冲着乡村题材的小说去的，我是冲着在我眼里从年轻一直活到衰老的那些人物去的，我想写他们的命运，同时想写他们的精神世界。对于我来说，完成这部小说是很享受的，基本不用进行什么虚构，因为我写的都是真实的人物，我甚至忠实地记录了他们的命运轨迹，只要我还有文本结构意识，只要我的语言还算朴实好读，基本上完成它就没有什么困难了。因为中国农村的传统风俗丰厚，老百姓的语言本身就非常形象和准确，我只是熟悉这些，尝试着把它们运用到自己的作品里。我不替人物去思考，我只是知道他们的思维模式，我也不替他们编织语言，我只需回想什么情形下谁是怎么说的，那种古朴的语言，是最有力量和味道的。

傅书华：汪曾祺曾说过这样一句话：我以为风俗是一个民族集体创作的生活的抒情诗。您怎么理解这句话？您觉得自己的作品是否达到了这个标准？

李骏虎：巴尔扎克也说过，小说是民族的秘史和时代的风俗画卷。实际上，中国的农村大同小异，中国的农民类型化很严重，他们的思维模式也雷同，不同的大概就是风土人情吧。我笔下的乡村人物并不是我的创造，我只是尽量如实传神地描摹他们，他们本身就是那么有心劲的人，争强好胜，不蒸馒头蒸（争）口气，在岁月的荡荡洪流中坚韧地活着。表现他们和他们的生活，我是没有匠心的，我不会编织高明的故事，我只是个漫不经心的记录者，只是，我知道他们在想什么。汪先生是个美感的大师，这方面我正在努力，我的作品离美学的差距还很大。但是我对乡村和乡亲的爱是刻骨铭心的，我也有我的文学理想，那就是我志在创造一幅心物合一、情景互渗的乡村画卷，给读者留下丰富而美好的阅读记忆。

傅书华：你的作品有多少万字？现在创作对自己的要求是什么？和过去一样吗？

李骏虎：我现在大概有300万字的作品，但大多数是现在看来算不得作品，只能算练笔。说实话，获得鲁迅文学奖之后对自己的要求严格了很多，写完一篇小说，不能超越自己，没有特色，宁可不拿出去发表。并且在对长篇的要求上，对艺术水准和社会影响的追求同样重要。过去追求发表和出版，现在开始怕发表和出版，没有好东西,绝不求其次。

傅书华:在创作上,你有过怎样的探索?是否也有状态不好的时候?你觉得自己最大的瓶颈是什么?

李骏虎:我走过很多弯路,但现在看来都没有白走,大量的废品生产过程中也获得了很多的宝贵经验。我自我感觉模仿能力很强,从王小波到雨果,都执着地模仿过很多年,写过很多作品,后来渐渐摆脱,但当摆脱后,他们的一些东西其实已经深入骨髓,所有作品中都浮现着不可磨灭的影子。我最苦恼的是,自己是一个理念先行的作家,说得比写得好,能想到但做不到,总是觉得写出来的东西没有想象中的好。但问题还得慢慢解决,经验还得慢慢积累,比如长篇小说的大历史背景问题、命运感的问题,人物塑造的问题,要达到自己理想中的样子,不是一日之功啊。

傅书华:最近有什么新作,感觉怎样?

李骏虎:十月中旬突然接到作家出版社张懿翎老师的电话,问我有没有长篇,希望我十一月中旬能给她书稿。正好2010年中国作协的重点扶持项目《小社会》还没改出来,我就集中一个月的时间修改完成。紧接着《大家》筹备复刊,李巍老师重新出山,希望我提供一个中篇,李老师于我是有知遇之恩的,我不能拂他的好意,就按照他的要求写了一个破案的小说《此案无关风月》,用一个案件表现当下社会的一个问题:人间险象环生,死亡如影随形。没想到居然解决了我一直无法切入当下的难题,真是意外的收获。

傅书华:最后一个问题,你希望自己成为怎样的作家?

李骏虎:写小说写了这么多年,原来没有形成自己的写作理想。从刚开始的激情式的写作,到后来跟风玩什么主义,到后来慢慢回归,实际上有了自己的写作理想也就是近一两年的事情,我也没有想到后来非常想写一部现实主义的东西,这恐怕也是成了以后的越来越坚定的写作方向。我有一个什么样的理想?就是想写出一部对社会生活能够产生重要影响,同时对当下时代的发展能有反观、借鉴或者推动作用的作品。随着年龄的增长、阅历的加深,我自己感觉这个方向越来越坚定了。托尔斯泰的终极追问,巴尔扎克的时代逼视,未必不能和福克纳浓郁的地气结合起来,试试总是好事情。

评　论《

对一代人精神历程的评析

——论李骏虎的小说创作

傅书华

李骏虎小说创作的意义、价值是多方面的，但我想从他作为一个在中国内陆地区出生的70年代生人，在面对中国社会历史性的社会转型中，所形成的精神演化形态、精神历程的角度，考察一下他的小说创作的意义与价值，并认为这样的一种考察，可能对我们如何认识中国与市场经济同时同步成长的一代人的经验形态、精神形态、价值形态，对我们如何认识自鸦片战争以来，中国现代文学的精神形态、价值形态的演化历程，有着一定的典型性的参考意义。

一

能够体现李骏虎第一个阶段小说创作代表性的成果，我想应该是写一代青年人在都市生活的长篇小说《奋斗期的爱情》《公司春秋》《婚姻之痒》以及《解决》《七年》《牛郎》等若干部短篇小说。在这些小说中，我们看到了一个从乡村来到都市的青年人，由最初的充满希望的雄心勃勃的奋斗，到对复杂的都市生活的深层品尝，再到一种在近乎无奈、绝望之后的对自我在都市的放逐与反思。现代都市与一代从乡村步入都市的青年人的相遇形态，在这些小说中，得到了非常深刻的血肉丰满的揭示。

《奋斗期的爱情》讲的是一个乡村青年“初次”与都市相遇的故事。我之所以强调“初次”，一是因为作品主人公对都市的感受是初次的；二是因为作品所写的主人公感受的都市生活形态，也是都市生活的表层形态。作品的主人公叫李乐，在都市郊区的一家报社做编辑工作，是一位想依靠自己的写作实力在都市立足的乡村青年人。作者做这样的安排，与我前面所说的“初次”形态是非常吻合的：正是都市郊区而非都市中心，才可以把都市的表层形态得以更恰当地体现；正是报社而非商业机构，才使得都市披上了一层精神的外衣，而想依靠自己的写作实力而非物质性力量在都市立足，正体现了主人公比较单纯的生命向往与精神追求。在这样的背景设置下，作者从以下几个方面给我们讲了这位青年人与都市的相遇形态：

第一，是作者反复所写的，主人公在喜爱他的女性面前，来自身体的自卑感。作品写主人公李乐是一位身体矮小、瘦弱，男性性征不强且心态时时处于被动的男性，而喜爱他的都市女性或者他所面对的都市女性，却无一例外地都身体丰腴、健康且性格主动。如是，主人公李乐在面对都市女性时，第一个直接的感觉，总是来自身体的自卑感："我始终坐在椅子上……我不能站起来，是因为看到张亮太高了，保守的估计也在一米七十五以上——我从不把高个子男人放在眼里，但女人就不同了，尤其是高个子漂亮女人，总是让我自惭形秽。""这家伙足有张亮那么高，于是我就躺着没动，不愿在陌生的漂亮姑娘面前暴露自己的缺点来。"这种自卑感，从实质上说，其实是传统文化、乡村文化在如何对待身体、根植于身体的欲望、享受在面对现代文化、都市文化的自卑感，其焦点是中国社会价值形态从传统的重社会伦理规范到重个体感性生命的社会转型中，不知如何面对、安置个体感性生命，或者说，不知如何面对、安置"身体"的迷茫与困惑、焦虑，如刘小枫所说的"沉重的肉身"。这样的一种来自"身体"的自卑感，在这种自卑感中所暗藏的对都市女性身体的向往，在中华民族在自身传统崩溃而面对现代社会、现代文化的现代化进程中，可谓是屡见不鲜，只是表现形态各异。最典型的莫过于在民国初期，中国赴日留学生笔下对中国男性与日本女性"身体形态"的文化身份的设定：中国男性的身体总是病态的、瘦弱的，性格是内向的；而日本女性的身体则总是丰腴的、健康的，性格则是主动的、外向的。郁达夫的小说《沉沦》是这方面最为典型的代表作，其中对中国男性留学生眼中的日本女性身体的描写，也因此成为这一文化"症候"的经典片断："他起初以为看一看就可以走的，然而到了一看之后，他竟同被钉子钉住的一样，动也不能动了。那一双雪样的乳峰！那一双肥白的大腿！这全身的曲线！呼气也不呼，仔仔细细地看了一会，他面上的筋肉，都发起痉挛来了。"这样的文化"症候"，在市场经济大潮促使中国社会形态在90年代全面转型时，显得特别突出，成为一个时代的"时代症候"：无时不在无处不在而又不知如何面对、安置的"沉重的肉身"，几乎成为一个时代的"流行语"。李骏虎的《奋斗期的爱情》在这一点上，也因此具有了时代的沉重感与历史的纵深感。

第二，是作者反复所写的，主人公在喜爱他的女性面前的物质上的贫穷感："那个阶段我正穷困潦倒，好长时间没来一笔像样的稿费了，幸亏经常光顾的那家小饭店肯赊账，否则我真要把嘴吊起来了。""可是在这种情况下，怎么好意思和别人借钱？况且这是多么煞风景的事呀。我心头狂跳不已，装作随便地从裤兜里摸了皮夹子，打开来——却看见里面除了那次给郭芙复印的那张黑色一百元压岁钱，竟然一个钢镚儿也没有了。我赶紧合上皮夹子，头上冷森森，胸中空荡荡，往日的自信和高傲荡然无存。”这种贫穷感，与我前述的身体上的自卑感，在性质上如出一辙，或者说，是我前述的身体上的自卑感的更为深层的原因所在：正是因为物质上的贫穷，才使得根植于身体的欲望、享受，失去了得以实现的前提与保障。这样的一种贫穷感，来自对传统的乡村经济与现代的都市经济相遇时真实境况的真实体验，也是传统的乡村经济在最初与现代都市经济相遇时的境况的真实体现。

第三，是作者反复所写的，主人公为了改变自身生存境况征服外在环境的奋斗精神："我每天晚上都至少要看三十页书，写两千字的文章。""勒紧裤带玩命写作我已习以为常。"这样的一种征服精神、奋斗精神，我们似乎并不陌生，在那些描写乡下人进入都市的中外作品中，我们似乎时时看到的就是这一点，并因之使这样的一种征服精神、奋斗精神被赋予了现代都市精神的含义。但李骏虎的《奋斗期的爱情》乃至李骏虎所有的写都市生活的小说，与我们所熟悉的那些描写乡下人进入都市并征服了都市的中外作品有一个很大的不同，那就是，他作品中的主人公，其征服精神、奋斗精神，不是体现在物质终于富有、都市生活形态的实现、都市身份的认可、都市文明的习得等等，而是体现在一种超越都市乡村之上的精神的实现上，这就是作者对主人公对实现文学写作的追求的设计。不是以对都市的占有来证明自己对都市的征服，对自己奋斗的肯定，也不是以乡村生活战胜都市生活来证明自己对都市的征服，对自己奋斗的肯定，而是以一种超越于都市乡村之上的精神的实现，来体现自己奋斗的价值。如是，作者写了几位都市女性对作品主人公的追求，但却没有如同我们所熟悉的那些描写乡下人进入都市的中外作品那样，以进入都市的乡下人实现了与都市女性的结合，来证实自己对都市的进入、征服与自己奋斗的实现。在李骏虎的笔下，作品的主人公虽然得到了几位不同的都市女性的青睐，但作品的主人公却并不因此而感到满足，或者说，并不能在这几位现代都市女性对他的认可中，体现自身价值的实现。如此的写作设计，既体现了作者对现存价值形态的拒绝，使作品具有了超越现存实然世界的价值诉求，具有了超越诸如现代性、都市形态等等"确指的经验性目标"的价值诉求，而成为一种类似"生命的自由自律的生存动姿"，使作品具有了与中国现代文学中的精神漂泊的主题一脉相承的意义深度，但在其主人公与几位现代都市女性的缠绵中，又不能不让我们有着某种深深的担心：主人公毕竟年轻，不可能具有如鲁迅在《过客》中所写的"过客"的坚定立场，对"小女孩"温情，对经验丰富的"老人"的"忠告"拒绝。这样的"青年"姿态，是中国最初从乡村走向都市的一种必然的价值形态、生命形态，只是这样的一种形态，当他深入到了喧嚣复杂的现代都市的深处，他的境遇又会如何呢？他又能走多远呢？这就是李骏虎在接下来所写的长篇小说《公司春秋》及《七年》《逆流而上》《牛郎》《解决》等短篇小说中所要告诉我们的。

在《奋斗期的爱情》的结尾，李骏虎所设计的主人公，终于如愿以偿地进入了现代都市的中心，但是，他在自己心向往之的都市的中心的境遇如何呢？李骏虎在《公司春秋》中，对此做了进一步的叙写：小说的主人公邵儿与年长于他的女同事阮姐情感相近，这本来无可厚非，孤独的男性青少年在其生命成长的过程中，往往是年长于他的女性成为他生命成长的引路人，传统中国中的妻子往往在生理、心理上长于丈夫；西方文化中，孤独的男性青少年在其成长过程中的情人，也往往年长于他，即均出于此。邵儿与年长于他的女同事情感相近，其最为深层的原因是：邵儿这来自乡村的生命，在都市的土壤中无法扎根，以及由此带来的初入陌生的都市所产生的情感的无可皈依。正是这些，使他总是对年长于他的都市女性情有独钟，譬如他与上司的妻子的关系是如此，与在出租屋相遇的成熟少妇的关系是如此，即使是与其在都市的恋人李美，我们也可以时时处处看到，在他们二人的关系中，李美总是处于主导位置，以至于连主人公自己也免不了发出感叹：我怎么总是与那些有夫之妇发生情感上的纠葛呢？

让我们再回到主人公邵儿初入都市时与阮姐的相遇：二人的关系本来是纯洁的，无可厚非，或者说，这是一个现代都市与传统乡村关系的隐喻，传统乡村男性的生命向往与现代都市女性感性生命对其的引诱，在这一隐喻中，有着极好的丰富的体现。但邵儿与阮姐的这一关系，却在单位闹得沸沸扬扬，二人最后终于把流言变成了现实，以至于伤痕累累无法收场。这或许可以算是邵儿进入现代都市的一个预兆、征兆，即上述二者所体现的传统乡村男性与现代都市女性的关系，因其存在环境的扭曲，最终却只能以一种扭曲的形式出现。其后，邵儿与上司妻子的关系、与出租屋成熟少妇的关系、与李美的关系均可以作如是观。

明了这一含义，我们对小说所写的邵儿与各种少女关系的描写，也就有了比较准确的把握。譬如说，他对妓女文静的感受：文静曾经是个两次因情而割腕自杀的多情女子，但最后却沦落成为人尽可夫的风尘女子。她外出时常常所做的让人无法认出的极为怪异的化装，正是其外在与内在完全割裂及人们对她根本无法认知的绝妙显现。如果说，邵儿与文静的关系，是男女之间截然割裂的极端性的体现，那么，邵儿与刘小姗则是在正常的日常生活中注定不能沟通的典型。刘小姗曾经是邵儿的一个梦想，但在她成为一个实际存在时，却因了种种利益的限制、算计等等，成了一个永远不能走近的存在。

以个人性的男女之间情感作为载体的精神追求、向往，让邵儿倍感失望备受伤害。作为社会性的人与人之间的关系，更让邵儿真切地感受到了世间人与人之间关系的残酷：大丁坑害“哥们”，携款潜逃；副总们算计老总，把老总在桑拿间抓个正着；同事给副总设套，用针孔摄像机取证；原本是老板手中玩物的李美，最终却成功地将老板玩弄于股掌之中；老总的夫妻关系，徒有虚名；等等。平安夜化装晚会上，邵儿看到“四个人，总共只有五只胳膊六条腿”的幻象，其实正是现代都市人在利益、欲望面前被“异化”“扭曲”的真实形象。小说中有一个颇有象征意味的道具“流氓兔”——被别人尽情地玩弄也尽情地玩弄别人，那正是现代都市人生存心态的形象写照。

生活在这样的生存环境中，是会让人极端厌倦的。小说主人公邵儿在小说结尾部分，不断地感到困倦，充满了睡意，时时在最热闹时分会突然睡过去，就表明了这样的一种厌倦感。在厌倦了曾经非常向往非常想进入也已经深深进入了的充满了刺激、动荡、诱惑的现代都市生活之后，作者的精神追求心灵港湾又会在哪里呢？

不要外面的风雨，也不要外面的彩虹，平平淡淡正正常常的普通人的家庭生活，或许可以安放这疲倦的心灵？这是一个从外在追求退回内在世界的合乎逻辑的非常自然的选择。但这样的一个选择又如何呢？李骏虎接着写了《婚姻之痒》。

《婚姻之痒》中的主人公马小波与妻子庄丽原本互相关爱且也满足于温饱型的日常生活，妻子要要小性子丈夫哄一哄，本来也使家庭生活别有一番情趣，但没有精神滋养的日常生活，终于磨损了夫妻之间的感情。马小波在苦闷之中偶尔的艳遇，不仅没能缓解自己的苦闷，反而导致了夫妻的分居，增添了自己更大的苦恼。与崇拜自己的刘阿朵的同居，也并不能够解决日常生活中夫妻之间的情感问题。马小波最终选择了重新回到庄丽身边，但长期的精神、情感的抑郁，终于引发了庄丽内分泌失调，最终导致了脏器衰竭而死亡，马小波则沉浸在终生的痛悔之中。如果对个人来说，连最基本的平平常常普普通通的家庭生活都不再是自己能够立足之地的话，那么，现代都市生活还有什么是可以让人留恋的呢？

从向往现代都市生活，到深入地进入到现代都市生活，再到在现代都市生活中连最后的立足之地都不存在，这就是李骏虎给我们讲述的乡村青年与现代都市的关系。可想而知，回望乡村，成了面对现代都市失望之后的必然选择。于是，我们看到了李骏虎在这之后的回望乡村生活的小说创作。

二

由于原本就是从乡村出发，由于在现代都市伤痕累累，所以，在回望乡村时，必然是充满了怀念之情："每次回乡，一踩上乡村的土地，就感觉到非常踏实。从村口步行回家，走在村巷里与晒太阳的老汉、抱娃娃的妇女简单打个招呼，就能给我一种力量，心中特别温暖。"在如此情感形态的对乡村的回望中，其眼中的乡村，必然是温馨的、多情的，所以，李骏虎的乡村小说，写的不是乡村贫穷、落后、残酷的一面，而是与现代都市情感缺失价值危机构成互补的文化形态的乡村。李骏虎的这一类的小说，给他赢得了巨大的声誉，文坛所称道的他的小说，譬如，他所获得的鲁迅文学奖、赵树理文学奖的小说，也是这类小说。这类小说中，最具代表性的，是长篇小说《母系氏家》、中篇小说《前面就是麦季》、短篇小说《用镰刀割草的男孩》《还乡》等。

《母系氏家》中写得最为成功的是兰英、秀娟、红芳这三个女性的形象，并因此构成了一个女性谱系。如果我们将这三个形象，与我们所读过的李骏虎写现代都市生活的小说中的女性来做比较，就会更清楚地看到作者的乡村情怀。

兰英本是一个如花似玉身健体美心灵手巧的女子，因为出身不好，受政治上血统论的影响，不得不嫁给了一个缺乏男子性征的矮子七星。但她却不甘心于完全被命运所左右，而是为了通过下一代来改变自己的命运，或纯然是利用，或不禁情动于中地与"一文一武"——一个公社秘书、一个"土匪长盛"，发生了性关系。与李骏虎写现代都市小说中，男女人物在性关系上，或者是利益关系或者是欲望横流或者是虚伪作态相比，兰英即使是与公社秘书的纯然利用的性关系，也仍然包含着对自身命运不公的反叛因素。兰英身上所体现的"恶"，她的尽其一生的对她身边的人的攻击性言行，是其旺盛的生命欲望不能正常实现，充沛的生命能量不能正常释放，强劲的生命力量不能得到正常的对象化体现与肯定的结果。其中，让我们感到愤怒与惋惜的，是病态社会对兰英健康生命的扭曲与吞噬，而不是兰英本身。

秀娟是一个"地母"式的女性。四十多岁了，仍然未婚，独身一人，但却安之若素且在与他人相处中，忍辱负重，与世无争，善济他人，慈悲为怀。她虽然自己的生活并不富裕，却尽自己之力在财力上周济他人；虽然自己并无多余住房，却将自家所居住的磨坊院子出让给乡村企业家以给乡人就业机会；在与乡人、家人的相处中，总是不取他人，却只求有助于人。最能体现其"地母"品格的，是其在家人孩子过满月的酒席上喝多了，被受副村长之托的两个年轻人送回她独居的屋子，但这两个年轻人却趁其酒醉偷了她辛辛苦苦积攒下来的七千元逃跑了，且给她带来了被这两个年轻人强暴的恶名。但秀娟对此却不加申辩，也不戳穿两个年轻人盗取她钱财却并没有强暴她之举的真相，面对众人的风言风语，她淡然处之，安稳地过自己的日子。直至事情水落石出后，秀娟也无意追究两个年轻人的责任，显示了其内心世界的强大，显示了其宽厚而博大的心胸。这与李骏虎现代都市小说中人物的精于锱铢计算，相互利用、损害、剥夺，恰成反比。

红芳是一个心身都比较健康的乡村青年女性。她对生活没有太多的要求，每天只是为着自己的小家庭忙忙碌碌；她对他人也没有太多的希冀，少心没肺的，不计较言语之间的冲突，也不太记恨别人。因此，她更多地生活在一种简单的快乐之中。与李骏虎现代都市小说中人物的追求功名，残酷竞争，被外在于人的各种利益形态所强力制作强力塑造的人生相比，这是一种人人都能够达到的平常人在最为普通的日常生活中的单纯快乐朴素的人生，是与大自然一样自然的人生形态。

正是这样的一种乡村情怀，使《母系氏家》中的邪恶女子，也透着一种本质上的大气与美好，譬如彩霞，对自己所从事的变相卖淫，毫无羞臊之意，且夫妻二人关系亲近融洽。通读作者对彩霞的描述，并不让人感到其淫荡、猥琐、鄙陋，却给人以温静、坦荡之印象。其原因，盖出于其存在于作者乡村情怀之中。

这样的一种乡村情怀，不仅使李骏虎乡村小说中的人物形象塑造充满着温馨亲切的人情味，也使他笔下的自然景色、情景描写，使他字里行间所流溢着的情趣，充满着一种人性、人情的暖意，《用镰刀割草的男孩》《还乡》等作品中，那些比比皆是举不胜举的出色的情景、景物描写及叙述文字，就是这方面成功的例证。诚如李骏虎本人所说：乡村“是有容颜和记忆能量、有年轮和光阴故事的，它需要视觉凭证，需要岁月依据，需要细节支撑，哪怕蛛丝马迹，哪怕一井一石一树”都是“有根、有物象、有丰富内涵的信息体”，承载着“记忆与情感，承载着人生活动和岁月内容”，并构成了“抒情的可能和心灵的基础”。

如前所述，李骏虎写乡村生活的小说每每为读者为文坛所称道，他自己也是属意于此的，并因之在相比较之下，对自己在此前所写的青年人在现代都市生活的小说，有所看轻，他说过这样的话：“我之所以要写农村，是因为我意识到作品要有思想力量和精神向度。这要求我必须回到大地，才能仰望天空。不能老写中国这种不成型都市的人的情感困惑，因为它是上不着天下不着地，是空中的东西。只有回到农村，脚踩大地，才能找到精神向度和思想力量。”我以前也是认可这一点的，也是把李骏虎写乡村的小说看得高于其写青年人在现代都市生活的小说，也是读其写乡村生活的小说，觉得更具有一种亲切感。但是，在我通读了李骏虎的小说后，我的感觉与想法却发生了根本性的变化。几千年乡土中国的传统，使我们一直对城市对现代都市有着一种对立感、敌视感。我们一方面羡慕都市的物质生活；一方面，又在精神上，将现代都市视为精神上罪恶的渊薮。面对今天现代都市的竞争、刺激、动荡、新鲜、残酷、享受等等，我们原有的心理图式、情感图式，受到了极大的冲击，有着一种非常难以适应的惶恐，在这种惶恐面前，我们会轻车熟路地很容易地退回到我们习以为常的原有的生活形态之中，或者在对原有生活形态美化的幻想中，置放自己不知何处安置如何安置的情感、心灵。这正是我们读到李骏虎乡村小说倍感亲切的主要原因。只是我原来以为，或者我原本有着一种期待，就是李骏虎这代人，他们的生命形态、经验形态、情感形态，是伴随着中国市场经济同步生成的，是与中国现代都市形态同步形成同步成长的，他们可能会在经过了与现代都市的一系列生死冲突、血肉搏斗后，把自己生命的根扎在现代都市的沃土中，把自己的生命之花开在现代都市的土壤上，会让现代都市成为一片新的可以让诗意栖居的大地，会给我们提供一种全新的生命形态、经验形态、情感形态，并因此而对我们习惯的乡土经验、形态，有着又一种全然不同的再观照。我没有想到，李骏虎会这样快地就撤退到了我们所习惯了的乡土家园之中，并成功地为这一家园增添了新的亮丽景色。面对着作者自己对打造这一亮丽景色的努力、付出的执着，面对着我们在这一亮丽景色中，由于心灵、情感得以安妥而带来的欣慰，总之，面对着李骏虎乡土小说的成功及对此的一片赞扬之声，我不得不感叹于乡土悠久历史的伟力、魅力，不得不感叹于现代都市形态在古老中国面前的脆弱。但是，在这一感叹中，我仍然在心底里有着一种挥之不去的隐隐的期待，期待着李骏虎这一代作家，在经历了对现代都市的渴望、进入、批判、绝望之后，在经历了重回传统乡土的精神洗礼之后，能够为我们提供出几千年来古老中国所没有的，超越了现代都市与传统乡土两相对立的新的现代社会的经验形态。这或许可以算作是对李骏虎今后创作的广阔空间、灿烂明天的美好期待吧。但在这一广阔空间驰骋，这一灿烂明天的实际到来之前，可能需要着时间的积累，需要着新的价值资源的引入与借鉴，而在其中，对历史的重新回顾与反思，清醒的创作意识，或许是必经的途径。在李骏虎近年对历史题材小说的创作追求中，在李骏虎日益清醒的对现实主义创作精神的认识与执着中，我就分明地看到了这一点。

三

长篇小说《母系氏家》及中短篇小说集《前面就是麦季》之后，李骏虎乡村小说创作的高潮暂时告一段落，虽然仍有一些写乡村生活或者直面现实生活的作品问世，但他把主要的创作精力用于对历史题材的小说创作之中，试图在对历史的重新审视中，寻求新的价值路向。这一创作努力的结果是初步完成了一部反映山西抗战史实的长篇小说，但却由于种种原因暂时搁置起来，但我们从其发表的个别章节仍然可以见出他努力的意图。这就是发表于《当代》2012 年第 1 期的中篇小说《弃城》。

《弃城》以真实的史实为写作基础，写阎锡山部下的一个旅长，带领自己的部队，在自己的家乡——隋唐时代所建的极为险要的军事要塞打击日本侵略军的故事。史料的引入，地理景观的如实再现，事件的构成，都显示出作者力求给读者以历史真实感的努力。小说的内容是坚实的，故事是吸引人的，人物性格的塑造也是生动的。但作品对于李骏虎创作的真正价值不在这里，也不在于将一度被遮蔽的国民党实力派在抗战中的真相予以"敞亮"——这样的作品在国内已经大量出现，且写作成功者也为数不少，《弃城》在这方面并没有大的突破。这部作品之于李骏虎的意义在于，李骏虎试图以此走进历史的深处，洞悉历史的真相，从而在观察今天多样、浮躁、平面的社会现实时，具有历史纵深感的眼光并以此作为支撑，因为只有具有历史的纵深感，才能对现实做出更准确更有力的判断。中国一向有文史哲不分家的传统，文学是对一个历史时段真相的揭示与洞悉，且在这种揭示与洞悉中，蕴含了社会、人生的哲理。克罗齐讲一切历史都是当代史。对于历史的关注，正体现了李骏虎打通文史哲，打通古今，并借此以用文学更深入地进入、理解今天现实的努力。

对文学与人、社会、历史关系的这一理解，必然决定了李骏虎对现实主义创作精神、方法的推崇。如果说，在他创作之始，他对此还没有非常清醒、鲜明的认识，但却由于自己的艺术直觉而在自觉不自觉中予以追求、实现，特别是在他的乡村小说创作中，更是如此。譬如，在我们前述的《母系氏家》中，在对三位女性形象的塑造中，我们即通过其性格的复杂性，能够真切地感受到这一点。只是在今天，在经过了长期的创作积累与实践探索后，他的这种意识是更为鲜明更为自觉了。他多次在不同的各种场合，表述过这样的观点：现实主义方法是最为先锋的创作方法。在我看来，李骏虎的这一判断，是非常深刻的，是极富现实意义的，且具有历史的纵深感。

中国的传统小说，受中国天人合一物我合一的"一个世界观"的影响，受中国抒情艺术诗歌的影响，是"意象造型观"。但伴随着中国传统社会结构的崩溃，这种"意象造型观"的创作范式也就走向了崩溃，其标志是《红楼梦》的出现。如鲁迅所说：一到《红楼梦》，传统的写法就全被打破了，"如实描写，并无讳饰"的现实主义精神，在中国文学自身的发展过程中，开始生长出来，并在生长过程中，合乎逻辑地借西方文学之力，开创了"五四"时代及 20 世纪 30 年代中国现代文学的现实主义潮流。这一潮流，是与其时新的资本经济、都市形态、社会结构的生成、形成“同构”的。所以，我们在这一时代的小说中，看到了资本经济对中国传统大家族的冲击，看到了金钱、欲望对生命的激活与损害，看到了都市形态与乡土形态的冲突。40 年代之后，伴随着资本经济的退场，伴随着中国传统文化的回归，从都市走向乡村，成为一个时代的主流，文学创作也从现实主义走向了与“意象造型观”有着某种“异质同构”形态的“社会主义现实主义”及“两结合”。但自 90 年代以来，伴随着中国市场经济大潮的再度汹涌，都市形态再次成为中国社会的主要社会形态，诚如西方社会批评学家戈尔德曼所说：一定历史阶段的社会经济结构与其时的文学结构、文学的叙事意识与社会的集体意识，“具有严格的同构性”关系。如是，与今天市场经济、都市形态、社会结构相对应的，现实主义也再次成为中国的主要的文学潮流，虽然在面对现代都市这个“魔影”时，各种非理性的现代主义感受也会时时出现在文学的世界中，但正如李骏虎所说，今天的现实主义，是一个包容性极强的创作方式，各种非理性的现代主义感受及其文学的表达方式，是可以丰富、深化今天的现实主义的。只是在我们经历了面对都市、乡村及传统、现代的困惑之后，我们或许会在对历史的重新审视中，在对现实的直面中，有着新的对自身、对世界的认识与把握吧。正因此，我非常重视李骏虎的小说创作历程中所提供给我们的精神演化形态、价值演化形态；正因此，我在李骏虎等新一代中国作家身上，看到了中国文学创作的广阔前景，并对他们的创作充满了期待之情。

（载《小说评论》2014 年第 4 期）

主要作品目录《

长篇小说

《奋斗期的爱情》，长江文艺出版社 2001 年版。

《公司春秋》，中国社会出版社 2004 年版。

《婚姻之痒》，朝华出版社 2005 年版。

《母系氏家》，陕西人民出版社 2009 年版。

《中国战场之共赴国难》，北岳文艺出版社 2014 年版。

《众生之路》，山西人民出版社 2015 年版。

《浮云》,江苏凤凰文艺出版社 2017 年版。

中短篇小说集

《前面就是麦季》,北岳文艺出版社 2011 年版。

《此案无关风月》,北岳文艺出版社 2015 年版。

散文、随笔、评论集

《比南方更南》,作家出版社 2000 年版。

《受伤的文明——李骏虎文化散文》,山西人民出版社 2014 年版。

《经典的背景》,北岳文艺出版社 2015 年版。

《纸上阳光》,中国言实出版社 2018 年版。

《毕竟东流去》,中国书籍出版社 2020 年版。

诗　集

《冰河纪》,北岳文艺出版社 2017 年版。

文　集

《李骏虎作品集》,中国书籍出版社 2020 年版。

李佩甫

男，1953 年生，河南许昌人。

小　引《

有评论家说，河南作家擅写乡村权力，点到的代表作家中就有李佩甫，似乎还处在领衔的位置。那依据固然应该是李佩甫的全部作品，但所论似乎又主要是他先前发表的长篇小说《羊的门》。《羊的门》出来后，颇“轰动”了一阵子，在我的阅读记忆中，至今还留有很深的印象。这部作品确实是像有的评论家说的那样，把乡村权力写到了极致。有人还把这种极致的乡村权力归结为一种权力加关系的模式，认为这种模式，是以权力为中心编织关系的网络，又以关系的网络维持权力的运行，二者相互为用、相得益彰，由是，乡村社会就处在这种由权力编织的关系网络的笼罩之下。

说到权力，人们通常会想到职务和地位所赋予或拥有的权力和力量，这当然没错。而且这种权力和力量，在权力系统中，还是主要的、显在的，是看得见，摸得着的，是权力的硬件部分或硬权力。但权力在西方一些社会学家那里，也有另外一种解释。比如法国社会学家福柯就说，“知识就是权力”，又因为知识是通过话语体现出来的，所以他又说“话语即权力”。无论知识的权力也好，话语的权力也好，都与职务和地位的权力有很大的不同。它不是直接的生杀予夺的权力，而是对人的思想意识或精神情感产生影响的权力。相对于职务和地位的权力来说，这种权力也可以称之为一种软性的权力或权力的软件部分。证之以历史，则无论大小，统治或控制的权力，都包含上述软硬两个部分。硬的是对人的行为或曰行动的统治与控制，软的是对人的精神或曰思想的统治与控制。李佩甫笔下的呼天成大抵也是如此。他虽然不是一个知识分子，没有多少知识，但他熟谙知识分子未必懂得的驭人之术，以一人之力，乾纲独断，手握生杀予夺之权，将呼家堡人的身家性命翻覆于股掌之上。他虽然不精文墨，讷于言辞，不是话语丰沛之人，却一言九鼎，以一意之决，行废立之事，将呼家堡的建制立法、风俗人伦，系于一己的好恶之间。我观李佩甫笔下的权力叙事，似乎兼有上述软硬两方面的内涵。

有人或许要问，呼天成不过一介乡野小民，何以会有此等呼风唤雨、杀伐决断的权力。评论家说，他善于经营“人场”，善于运用人脉。信哉斯言。但问题是，换一个国度,换一处人群,他也能这样吗?我没有材料证明能与不能,但在我读过的别国的文学作品中,似乎还没有见过这样的能人。就算是也善于经营“人场”,运用人脉爬上高位的于连和杜洛瓦,也少不了要有爹娘生就的一张漂亮的脸蛋、练就的一点风流本性作本钱,哪里像既不漂亮也不风流的呼天成这样,仅凭滴水之恩,就能收呼风唤雨之效。究其原因,除了呼天成本人深谙此中之道,还有中国社会不同于别国社会的一点独特性。

人常说中国社会是一个关系社会或曰人情社会。这意思不是说别国的社会就不是由人与人的关系构成的,别国的子民里的人与人之间就不讲人情,而是说中国社会更重视人与人的关系,更重视人情在社会生活中的作用,所以就有拉关系、说人情之论。人与人的关系或曰人情的重要,最先可能要追溯到孔子的思想,有学者用拆字的方法解释孔学的核心观念“仁”,说仁字既是由二人构成,而不是一人,就说明孔子强调的是人与人之间的关系,人与人之间的感情,而不是独立的个体,人各其人。孔子当然是想由此出发,去建立一个人伦关系的网络,以维持社会的运行,而不是要给今天的拉关系、说人情提供理论根据。但是,现实的人伦关系和人情,偏偏又不是黑格尔说的那种寓言式的抽象品,而是附着在各种物化活动中,是通过这些物化活动体现出来的。你总不能说孝敬父母,天天哭着喊着说,爹呀娘呀,我孝顺您哪,我孝顺您哪,你还得供给衣食、侍奉茶汤,拿出点实际行动来才行。当然喽,像这种亲缘关系中的物化行为,不会产生什么负面效果,只会加强人伦之情。但是,如果换一种性质的关系呢,比如说今天风险最大的官场和商场上人与人之间的实利关系,那就不同了,这种物化行为,就可能变成你来我往的交易。用以交易的可能是金钱、实物,也可能是地位、职务,还可能是才能、禀赋,甚至是声望、名誉等等。这些,在另一个法国社会学家布迪厄看来,都是“资本”。而“资本”在他眼里,也如福柯看待知识一样,不过是权力的同义语,用他的话说,也就是“权力的形式”。运用这种“权力的形式”,就可以对自己的未来和他人的未来“施加控制”。这样,这种物化的现实的人与人的关系,也就变成了能控制他人,也能保证自己居于控制地位的社会力量。从这个角度来看《羊的门》中的权力书写,就不难看到一幅以权力为中心、通过关系的网络运行的牧民图景。

这当然只是说了一个方面,即权力的生产。另一方面,这种权力被生产出来以后,要有效地实施,还得有另一方面的手段,这就是有的评论家所说的驭人。中国自古便有将百姓当牛羊放牧的传统,所以古代有一种地方官就叫州牧。但要将未经驯化的百姓,变成驯服的牛羊,诚非易事。得拿出一些手段。呼天成的手段,便是历代大小统治者惯用的伎俩,这伎俩一是强力,二是名分。强力的意思就不用说了,所谓名分,也就是一种说法。这说法又分两种,一种是正说,就像上帝跟人立约,你听我的,就有你的好处。一种是反说,也就是中国人说的恶名,给你加上各种恶名,要你抬不起头来,不得翻身。中国有重名教即名分之教的传统,无论是正说反说,只要有一个说法,老百姓都会敬畏,都得服从。当然,这说法须得出自权力者之口,呼天成就是这种有权制造说法的人。由此可见,仅凭这么一个呼天成,李佩甫就写尽了中国式的关系和人情,也写尽了中国式的牧民和驭人之术。也因此,他的这部作品,想不让它留在文学史上,也难。

自　述《

“平原”与我的创作

1953年,阴历九月二十九,也就是公历11月5日,一个男娃儿出生在小城许昌三间草屋的一堆将熄的草木灰旁,母亲用一把破剪刀就着将熄的火堆烤了烤,就此剪断了脐带。于是一个生命降生在人世间,那就是我了。此后,草木的气味一直留存在我冥冥之中的记忆里,伴我终生。

我虽出身于工人家庭,但少年时期,我有很多时间是在姥姥的村庄里度过的。那时,我也跟乡下的孩子一样,一手扢着草筐,一手拿着小铲,赤条条在乡野里跑来跑去,成了一个编外的割草孩子。也就是从那时起,我就认识了平原上各种各样的草:狗狗秧,甜甜牙,猫猫眼,乞乞牙,蜜蜜罐,灯笼棵,格巴皮,星星草,败节草,面条棵,剪子鼓,毛妞菜,猪耳朵棵,小虫儿窝蛋……草的形状和气味伴随着我一天天长大,它已浸润在我的血液之中。一个人的少年是可以影响一生的。在很多时间里,在人生行走的路途中,我觉得我也成了平原上的一株草。

1971年3月4日,我与当年的所有中学生一样,下乡当了“知青”,又成了一个地地道道的农民。在田野里,我同乡人一同劳作,干各种各样的农活,依然是与草木为伍。在有风的日子里,在灰蒙蒙的天空下,我在很长时间里与土地的颜色很一致。我知道,瓦块云,晒死人;我知道,麦忙不算忙,要忙还是桑叶长。那时候,天空的颜色与我的心情很一致,庄稼的收成跟我的心情很一致,麦芒扎在手上会有一种涩香味，玉米成熟时的腥甜与身上的汗味很一致，下雨的日子站在屋檐下，雨水滴答声会传达一种秋天的忧郁。农闲的时候，作为一个知青生产队的队长，我常与一群一群的支书、队长去公社开会，在这些腰里束着麻绳、吸着“老炮筒”（手工卷烟）高声日骂的灰色一群里，我曾很自豪地走在他们中间。此后，这些日子都成了我进入文学“平原”的铺垫。

1980年，阴差阳错，我成了一名半专业的文学工作者。于是，一个不善交际的人，有了一份可以单独面壁的工作，或者叫作事业。从此，我便有了在平原上行走的条件，也渐渐有了自己的写作领地。我很幸运，这应是上苍的厚爱。

平原是我的家乡，也是我的写作领地。它先是常年走动的一些城市和县份，而后就成了我心中的“平原”。它是我的生活记忆，也是虚拟化了的人生感悟。它是一株“草”与另一株“草”的对话，它也是“草”与大地的诉说。有时候，日子是很疼的；有时候，指甲也会开花……如今，从我发表第一篇作品开始，40年过去了。写作已成了我日常的生活习惯，是日子里很重要的一部分。

我感念我的平原，感念我的家乡。

访　谈《

知识分子应该是一个民族的先导

——李佩甫访谈录

李　勇　李佩甫

李勇：李老师，您好！感谢您抽出时间接受采访。想问的第一个问题是，您不是农村出身，为什么一直写农村、农民，农村经历是一方面，是否还有其他原因？

李佩甫：我出身工人家庭，是小城许昌人，许昌是汉魏古都，但它是小城市，几乎半城半乡。父辈是乡下人，他12岁时被送进许昌当学徒，我后来就在一个大杂院里出生长大，是底层工人家庭，亲戚朋友都是乡下人，我母亲又非常好客，隔三差五总有乡下的亲戚来。所以我跟乡村有千丝万缕的联系，这是其一。其二，底层工人的家庭生活条件差。我上学时，因为三年严重困难，大部分寒暑假是在姥姥家度过。暑期我就跟乡下孩子一起割草，赤条条的，穿一个小裤头，割草、下河，跟农村孩子几乎没啥区别，晒得很黑。不过精神上是很孤独的，毕竟不是乡下人，这里边还有点距离，就会产生一种较为分立的视角。其三，“文革”中期，下乡当知青，待了四年半，当过很长时间的生产队队长，各种活都干过。一个生产队，有几百亩地，自吃自种，我下乡的地方，原来有十个生产队，我们知青去了之后，单列了十一生产队。当生产队队长开会多，经常随着大队干部去公社，对基层干部比较了解。写农村、农民和以上这些经历有关。

李勇：后来您又是怎么开始想当一个作家的？

李佩甫：最初从来没想过要当一个作家。我们“50后”受的教育是很纯粹的，在我的记忆里，青少年时期就四个字：牺牲、献身。时刻准备着为国家牺牲、献身。究竟将来干什么，并不知道，没有大理想和人生目标。我家里穷，父母不识字，家里唯一有文字的东西就是挂历，那种大本黄历。而我从小对文字的东西特别喜欢，大概从小学三年级开始，到处找书看，四面八方找到的书我都喜欢看。那时识字不多，理解不深，父母不识字，我借本书，他们还不知道我干啥哩，要是有一定家学渊源的，他不让你乱看，父母不识字反倒成全了我。当时小，借本书不容易，别人给你限定时间，比如三天看完，我看不完，就乱看，找到什么看什么，可能是《林海雪原》，也可能是《三国演义》，甚至陈望道的《修辞学发凡》都看过。好多字不认识，阅读速度非常快，一知半解，但是喜欢。当然看的大多还是文学类的。影响我最大的是俄罗斯文学。后来写作，是沾了读书的光。

最早走上作家这条路比较偶然。1975年，驻马店发大水，我当时在技校上学，许昌有很多难民，各家各户都要烙馍给灾民吃。记得是刚开学第一天，学校办墙报，当时让写个东西，就写了一首诗，叫《战洪图》。有个老师看了说，你可以投投稿。当时投寄稿件是不要钱的，就寄到《河南文艺》了，过了一两个月，我问老师稿子寄出去没回音哪，老师问退稿没？没有退。老师说，不退稿就有希望。我的文学创作就是由此开始的。1979年我调入许昌市文化局，开始半专业创作，这时写得很苦。从《红蚂蚱　绿蚂蚱》开始，我才知道可以写我最熟悉的生活，写我姥姥的村庄。1987年之后当专业作家，1990年发表了《无边无际的早晨》《画匠王——一九八八》《黑蜻蜓》。这时期，我经常到省里很多地方，对生活掌握得也多了，开始觉得要有自己的写作领地，才找到平原。1999年《羊的门》发表，坚定了我占有平原的野心。

李勇：您说俄罗斯文学对您影响很大，具体是哪些作家、作品？

李佩甫：俄罗斯文学早期看得不系统，今天找了本《安娜·卡列尼娜》，明儿找了本车尔尼雪夫斯基的《怎么办？》，是乱看的，找到什么看什么，但是俄罗斯文学是影响我最大的,像《战争与和平》《静静的顿河》等。到青中年时期,就是苏联当代文学了,有好的,也有赖的。有两个作家我极为喜欢,艾特玛托夫和拉斯普京。苏联戈尔巴乔夫改革时期,总统委员会十六个委员,其中有两个是作家,就是他俩。艾特玛托夫的《一日长于百年》,获得苏联国家奖金;拉斯普京的《活下去,并且要记住》,也获得苏联国家奖金。他俩的作品,我几乎都看过,这是青年时期。早期看的多是俄罗斯19世纪文学,果戈理、托尔斯泰、契诃夫等。但是是乱看。

李勇:看《李佩甫评传》,说您父母在您之前有过三个孩子,都因惊风夭折,您出生后也害同样的病,但一支青霉素就救活了。这是否说明前面三个哥哥都是因打不起青霉素而夭折?

李佩甫:情况是这样的,我们家的孩子生活在底层,我的兄弟姐妹都没有去过医院,母亲生孩子都是在自己家生的,生在草木灰旁的。包括我妹妹,1966年,母亲一个人在家生,生一堆火,生完之后,自己拿一把剪子剪脐带,剪子在火上燎一下。这样容易感染出风,我前面死掉了两个还是三个,母亲说得不大清楚。到我的时候,据说也出风了,当时已经把拾粪老头找来了,就是拿个篮子挎着死掉的小孩,随便扔到乱葬岗。但我前面死了好几个了,有一个还长到了好几岁,父母亲就觉得我金贵了,父亲就借了三十块钱,打了一针青霉素,救过来了。当时青霉素是很贵的,底层老百姓当时都是死了就死了。当年我还打了一个耳洞,用一个耳坠缀着,怕不成活。上小学的时候,觉得太丢人,自己薅着扔掉了。

李勇:您笔下的人物很多都有一些"畸形"的经历,比如说《金屋》中的杨如意、《城的灯》中的冯家昌的父亲、《生命册》中的吴志鹏等,他们或是上门女婿,或是"带肚儿",或是孤儿。为什么这样去写他们?

李佩甫:许昌是小城市,我住的也是大杂院,属于底层工人集散地,各种各样的家庭都有。每天晚上我是在骂声中酣然入睡,邻居打架,夫妻吵架,整夜吵,有老太太常年骂街……大杂院里生活着各种各样的人,有一个罗锅子,拉架子车养活五六口人,还有蹬三轮的,什么样的家庭都有。我在这样的环境中长大,在骂声中茁壮成长,见识了各种各样的家庭、苦难,各种各样的人物。这对我影响很大。后来我到姥姥家,跟农村孩子割草,有个小孩,我七八岁时他都十七八岁了,但他没我高,他永远长不高。但他割草非常快,五斤草可以挣一个工分,他一个早上挣十个工分,我三四个都挣不到,很惭愧。在乡村,地里庄稼很多人都偷,我一个表姐经常带我去偷一点红薯玉米什么的。在当时,农民就是这样的,民间就是这样的。我写的是生命百态。

李勇:《黑蜻蜓》中的二姐、《麻雀在开会》中的表姐等,好像都是以您的表姐为原型，为什么如此执着地记忆着这个人物？

李佩甫：我这个表姐是有生活原型的。60 年代初期，是中国三年困难时期。我童年的时候非常饿，表姐经常带我偷东西吃。我这个表姐没爹没娘，跟我姥姥长大，她父亲死了，母亲跑了，童年害过一场病，耳朵聋了。我童年跟她接触比较多，农村苦，条件也差，我去时，她领着我去田野里，偷点红薯，偷点玉米，烧一烧。有次我记得很清楚，没啥可偷了，村里留的茄子种，很大，偷了一个，非常老，吃着跟棉花套子一样。她对我影响很大，我童年受她很多照顾。

李勇：从这个表姐身上，也许能看出您对农民的态度。中国作家对农民往往既同情甚至赞美，又批判，很矛盾。

李佩甫：对，很矛盾、很复杂。河南这片土地，宋代以前是最好的一块土地，《清明上河图》画的就是宋代，是宋朝郊外繁华的情景，但金兵打过来后，一次次杀戮。有文化的、有钱的、官员都逃到杭州了。后来我去杭州看，杭州最好的吃食其实是来自中原文化最精华的部分。所以历史上河南是最好的一块土地，一马平川，四季分明。四条大河，三条流经平原，黄河、淮河、济水。这里几乎是插根棍子就可以发芽的土地。但宋代之后，衰落了，是被彻底征服过的土地。后来我称其为“绵羊地”。人民像草一样，命很贱，独立意识很差，群体意识极强，但又吃苦耐劳、坚韧不拔。另外还有自然条件的原因，就是黄河，中华人民共和国成立前，黄河对河南人民来说是巨大灾难，是“害河”。你们山东人“闯关东”，一个“闯”字，是非常豪气的；河南人“走西口”，调子都低了一度。为啥“走西口”？背水而逃，西高东低，逃水啊。一直向西。对黄河的记忆是河南人最坏的记忆，我去豫北黄河看过，那边的人没有建设意识，淹一季，收一季，锅都在树上挂着，随时准备逃跑。不过，河南也是受儒家文化浸润最深的一块土地，传统的记忆信号仍然存在，尤其是豫中平原这块，受传统文化的影响巨大，糟粕含量大，但也有精华。我认为中原文化最好的、核心的部分就是五个字：仁、义、礼、智、信。支撑这个民族繁衍生息的，尤其是中原腹地最大的优点，就是它的包容性。我去以色列访问时，看以色列大流散博物馆，犹太民族号称世界上最不容易征服的民族，但在开封，当年那里第一次被灭国留下来的犹太人，却被中原文化彻底同化了。这是中原文化最大的优点。中原文化有无数个缺点，但有精华的部分。

李勇：您谈到对这片土地的情感，《羊的门》对农民的批判意识是很重的，但您刚才又谈到对传统文化、中原文化的认可，这是一个认识慢慢转变的过程吗？

李佩甫：对，有一个认识的过程。在某一部作品中，可能下手重一些，批判性更强一些，尤其是《羊的门》。《羊的门》当时是想写草的，把人当作这片土地上特定的植物来写，写草的生长状态，最好的草可以长到什么样子。

李勇：您生命中的两个村庄：姥姥家许昌市尚集镇蒋马村，插队时的苏桥镇侯王村。两个村庄在您的生命和写作中占据什么位置？我看到写《生命册》时，您还回到侯王村寻找感觉。

李佩甫：也不都是这两个村子，专业创作的时候我跑过很多村子。就是在村子生活的时候，也跑过很多乡村。特别是80年代之后，比如我去襄县的次数特别多，襄县、禹县（今禹州市）、鄢陵县、许昌市，周围五六七八个县跑得特别多。比如在哪个县看到哪个觉得很好的名字就会用一下。比如“画匠王”，当时我去长葛当副市长挂职了两年，特别喜欢那边的一个叫“画匠王”的村，借来用了。也用过“扁担杨”，禹县的很多村庄名我也用过。

李勇：《羊的门》里呼天成的形象源头又在哪里？

李佩甫：《羊的门》我准备了很长时间，了解过很多支部书记的生活。写得很快很顺，写了一年多，把中原的很多支部书记的形象集中浓缩在一个人身上，那个时候也是憋着一口气，之前老写不好，写完《羊的门》之后，我自己松了一口气。可以毫不客气地说，自己是个中国作家了，过去是不敢说的。当然后来《羊的门》出事了，写的时候并没有考虑这些问题。由于集中浓缩了很多支部书记，有好几个地方告状，他说写他的，他也说写他的。其实这是一个集中浓缩体。我见过很多大队支书，一个村几千个人，没有智慧领不住。农民是不好管理的，能管理得住的，不是一般人。

李勇：作品就像自己的孩子，在您的“孩子”中，您最中意哪一个？笔下的人物哪个塑造得最满意？

李佩甫：我觉得下功夫最大的还是《生命册》。《羊的门》，准备期限比较长，对支部书记的了解是足够的，选取最好的情节和细节，下了极大功夫。但当时批判意识强，写得不是很放松。到《生命册》的时候，也是准备了很长时间，把我50年来对平原的了解全砸上去了。另外，个人认识也不是那么极端了。写《羊的门》时我没太在结构上下功夫，写得比较自由、自主。《生命册》在结构上我是下了功夫的，以第一人称开始，写一个从农村走出来的当代知识分子50年的心灵史，结构上很吃力。心灵史嘛，第一人称是作品的主干脉，它是“以气作骨”的，写一个人对自我的认识。其次，结构上有很多分叉，像树枝一样，但枝干还是有紧密联系的，所以“树状结构”我认为是这部作品的独特设计。但写的时候，三四十万字长篇，不能散了，写得很吃力。《羊的门》便没有太讲究结构，仅仅前面有一个序言，是双线结构，写的时候精神上也是绷着的。现在依然有很多人说《羊的门》写得好，那可能是情节上更紧凑一点。写《生命册》整个精神相对更从容，过了这么多年，一个54岁的人对他的生命过程的重新认识，要更深沉一些。

李勇：写《羊的门》时生命状态究竟是怎样的？

李佩甫：是憋着一口气的。那时总是觉得写得不好，在《羊的门》之前，1990年我写《无边无际的早晨》，作品也被《小说选刊》《中篇选刊》《短篇选刊》等选过，有几次全国中短篇小说评奖的时候，我经常是差一票，投票的时候他们告诉我差一票，《无边无际的早晨》所有的选刊都是头条，《小说月报》《小说选刊》《中篇小说选刊》都是头条，那一年又不评奖了……《羊的门》是长篇，后来有人告状，没让评奖，中国作协一个领导打电话说要来看看我，我说不用看，不评就不评，算了吧。我也没有觉得特别委屈，那时候觉得不找我事都很好了，没有觉得非要评奖。《羊的门》是下大力气写的，去挂职两年，但去了几个月之后就回来了，在家写《羊的门》。

李勇：您写小说的时候很强调感觉，写《生命册》时，据说在书房台式电脑写不下去，后来到卧室用笔记本电脑才写成？

李佩甫：我写作有个习惯，开笔之始，要定下整个作品语言的行走方向与整体的语言情绪，找不到就觉得不行，老不对，有时候坐一个月两个月都不行。想好了，就是没情绪，就是找不到语言感觉，就没法写，一直坐着，这个阶段是很苦的。找到语言的行进方向对我来说很重要。但每个人的写作习惯都不大一样。

李勇：据说您小时候喜欢看戏，后来不喜欢了？

李佩甫：早年我家住许昌市现在的人民路，大概不到二百米长，那时应该是市中心，东边是许昌戏院，西边是个电影院，我们家就在中间。小时候家里穷，晚上有钱人都去看戏了，我经常在戏院门口，看男男女女进进出出，人家是有钱有票的，我没钱没票，又比较内向，经常是中场休息阶段，有些人因为某种原因不看了，出来后那票的副券，有小孩谁想看就给他进去看，我经常在那等这种情况。看一半戏，特别喜欢。大了之后，可能有些逆反，不再看了。后来我在许昌市文化局，拿着工作证就可以去看，却不大看了。直到现在，童年时，站在门口，看男男女女进出，让我有一种说不清楚的烙印。

李勇：戏剧讲究冲突，您的作品故事性都非常强，是不是跟那时看半场戏有关？

李佩甫：还是有关系的，经常看后半场，就不知道前半场是啥。

李勇：看您早年经历，童年时还读过《古丽雅的道路》。这好像是20世纪50年代翻译过来的很主旋律的苏联作品。

李佩甫：我是拿《古丽雅的道路》做比喻，其实未必是这本书，当年看各种各样的苏联文学，比较多，可能其中有这么一本书，能记下名字的就是这本书。俄罗斯文学对我的影响是一种生活方式的影响，吃饭要铺上桌布，还要挂上窗帘，但工人家庭生活条件很差，我从来没想过。我是很早在文字里吃到面包的，但真正吃上面包是很多年以后的事。最早在文字里吃到很多国外的东西，就是洋餐。文字对人的滋养是很厉害的，它影响一个人的格局和见识。

李勇：您小说里常有些神秘主义的东西，比如“汗血石榴”“人面橘”还有呼天成的草床等。它们的源头在哪儿？

李佩甫：早年本民族的神话对我影响很大，小时候，我姥姥给我讲了很多中原本土的神话，民间叫“瞎话儿”，每天晚上经常在姥姥的“瞎话儿”中睡着。六七岁时，我经常一个人从许昌出发到姥姥家，离许昌八里地，有个八柏冢，八棵柏树底下嵌着一个大坟，我都是闭着眼走过去的。所以我对平原的神话故事记忆比较多。其实“人面橘”没有写好，当年好好写，应该可以写个中篇的。

李勇：《羊的门》这样的作品，国民性批判是很强烈的。鲁迅先生对您影响大吗？

李佩甫：我们这个民族灾难深重，我一直期望、呼唤一种“骨气”，把“羊气”换成“骨气”。以气作骨，毕竟还不是骨，骨头被打断了，才勉强用气作骨的，这个民族还是应该长出骨头来。鲁迅看得早，而且都是在课本里看的，后来又看过很多，他的文字我未必欣赏，鲁迅的文字过于阴冷和刻薄，但是鲁迅还是很不得了的，是中国作家中最早对民族糟粕部分有强烈批判意识的。我觉得“50后”作家受影响最大的，还是80年代国门打开之后，西方各种流派大批进入，看马尔克斯的《百年孤独》，发现小说可以这样写：“许多年之后，面对行刑队，奥雷良诺·布恩地亚上校将会回想起，他父亲带他去见识冰块的那个遥远的下午。”现在很多书，还在用“多年之后”，要避开它是很困难的。这是开拓性的，形成了思维定式。

李勇：对80年代西方现代派文学的影响，现在也有很多反思。您自己是否也有一个受影响，然后逐渐摆脱的过程？

李佩甫：对，先是张开所有毛孔吸收，后来摆脱这种影响非常困难。受了滋养之后，血管里长着这种东西，到了一定的时间，自己成长到某种状态的时候，你要清洗掉，很困难。要化成自己的，尤其是在文本建设上，中国作家面对的难度极大。就是说，完全拿出自己的、纯东方式的文本，仍然很困难。但是中国作家走到今天还是很不容易的，像莫言的《生死疲劳》，他是试图想穿越，但仍然不是全部，六道轮回是中国的，但意识上仍有一点魔幻现实主义的影子。站在更高的角度上建设我们本民族的文本，不容易。

李勇：困难到底在哪里呢？是思想观念，还是技巧问题？

李佩甫：仍然是认识问题，不是技巧问题。认识是可以照亮生活的。比如想象力飞跃到一定程度，那不是说你抓住头发就可以上天的。飞机、宇宙飞船，都是从想象力开始的；原子弹是从相对论开始的，是先有理念，后有建设。想象力极为重要，代表着一个民族的高度。中国作家按说是借了力的，我不觉得这是坏事，1949年以来的当代文学是新中国成立后的高度，我觉得目前是最好的阶段。但在文本建设上，我们仍然有缺憾。像韩少功的《马桥辞典》，那是写得很极致的，正因为前面有了《哈扎尔辞典》，在文体上就受争议。所以，超越确实是有难度的，它和民族想象力有关。

李勇：您的写作，生活积累特别重要，但积累总会耗尽，这种危机怎么解决？

李佩甫：我每次写完后，都有抽空的感觉。写完一个作品，也就轻松那么一年。马上就觉得要补充新的生活，就下去走一走，重新认识生活。我一直觉得，认识是大于生活的，关键是怎么认识、怎么重新认识、从哪个角度认识。这是一个人的认识水平的问题，跟站的高度很有关系。

李勇：《羊的门》中有个细节我一直很好奇，在结尾，您写谢丽娟勾下头去对呼国庆说了一句话，她究竟说了什么？

李佩甫：《羊的门》写完后，我对结尾不满意，就停住了，大概有一个月的时间，我设计了九个结尾，仍不满意，编筐编到最后重在收口啊，必须得甩上去，甩不上去，这个小说就松下来了。想得很苦。后来这个结尾，我还是很满意的。至少对得起这部长篇了。有人说写得太灰暗了，不管灰不灰，整体上是对得起这个小说了。如果再放个10年写《羊的门》，情绪上就会缓一些，没有这么强的批判意识。老实说，谢丽娟要说的这句话，我自己也设计了很多，潜台词是有的，但我现在忘记了，毕竟过了20年，当时写下来没写下来，我都忘了。草稿本也忘了放哪去了。当时是留了悬念的，心里也设计了词，我还准备好，将来如果被问到，我怎么回答，但20年后忘掉了。

李勇：《羊的门》事件对您后来的写作有影响吗？

李佩甫：我之前并没有感受到过制约，《羊的门》出现问题后才感觉到。之前以为只有你写不好，不存在不能写的问题。当然，现在我意识里也没有禁区，我觉得我是写平原的，写这块地域的特定生活，写这块土壤和植物的关系、生命的状态。我没有意识上的反叛力和破坏力，我认为我是建设者，我在建设的时候，不认为我有什么不能写。我在精神上是无禁区的，这是实话。

李勇:《羊的门》和《生命册》相比,您觉得哪个写得更好?

李佩甫:可能对一部分人来说,还是认为《羊的门》写得好,但是我个人觉得《生命册》耗时更长一些,对社会生活、对这块土地的认识更宽阔一些。《羊的门》是往下走的,《生命册》是往上走的,是不一样的。

李勇:您笔下有寻求拯救的倾向,比如写刘汉香和吴志鹏,能比较一下这两个人物吗?

李佩甫:我一直期望平原这块土地能长出很健康的东西,长出“骨气”。我写《城的灯》的时候,最早不是这样设计的,最初写到一半时停下来了,我发现出了问题。原来计划写刘汉香也进城了,进城后经商成功,把三弟兄都干掉了。写到一半时觉得不对,生活当中还是有善的、美的、健康的东西的,我期望那种善的力量能够发扬光大,就把它扩而大之了。虽然后来有些人认为虚了一点,但我写作中发生了一些变化,我觉得原来那样写可能过于恶了,就又回过来了。

李勇:《生命册》中的骆驼是让我无法忘怀的一个人物。他身上有呼天成的影子,但您对他的态度要更柔和,所以他的悲剧性更强。他的悲剧是时代性的,您觉得拯救的力量在哪里?吴志鹏的“回归”是拯救吗?

李佩甫:这个人物的最初来源我给你讲一下,有一年,我和孙荪去北京开会,有个大商人,看过我的《羊的门》,就请我们吃饭。四五个年轻人,可能30多岁,都很优秀,全是亿万富翁。一人开一辆奔驰,饭店很精致,但不奢侈,人都很低调、不张扬,给我的印象还是很好的。那个大商人据说后来有资产两百亿,当时还不是。那之后,我专门在网上注意他的情况,后来他跳楼自杀了。骆驼最早的起点是从这开始的,写的时候我又加了很多东西。那时候我没想过写《生命册》,那时候这个事情跟《生命册》毫无关系。那个商人是很精神的一个小个子,不是骆驼那样。为了写这个长篇,我还炒过近一两年的股,就是小炒,也没挣到钱,熟悉一下这个领域。

李勇:陈忠实说《白鹿原》是他“垫棺做枕”的书,《生命册》是您的这样一部书么?或者还没写出来?

李佩甫:我倒是想再试一试,将来也可能会再写一部,不过不敢保证。现在没有咬牙发狠的劲头了,《羊的门》有点咬牙发狠,《生命册》就从容一些了。以后可能更从容一些,写还是要写的,但这个年龄了,可能会更慢一些,而且难度更大一些,要从之前写过的东西中走出来,我很害怕重复,有时候笔打滑、情绪打滑、意识打滑、语言表现形态打滑,那是很害怕的。

李勇:“知识分子”形象在您作品中多是尴尬和不光彩的角色。您觉得当代知识分子的困境在哪里?

李佩甫:中国知识分子首先在意识上没有彻底独立,这是很重要的一个问题,精神意识是附着的,必须附着在一个集体上,这精神就不可能强大。再一个是背景,每个人背后都是一串子,人是社会关系的总和,他不是个人,受到各种各样的关系制约,限制了中国知识分子应有的更大的创造力。创造力是知识分子最大的能力,无论精神还是物质上,知识分子应该是民族的先导。中国知识分子真正高贵或高尚起来,需要时间,不是一代能完成的。

李勇:您曾身在体制,担任过作协主席,您是如何屏蔽干扰的?退休后状态怎样?

李佩甫:在任时,干扰是难免的,只能自己调节。我不喜欢争抢,像作协分工,我是越少越好。另外,除了开会,其他尽量不参与。但人在位置上,手机要必须开机啊。我还分管过文联,文联的一个半楼都是我盖的。那年"五一",正在家坐着哩,突然说煤气管道挖断了,我站起来就走,出事是要负责任的,责任咱不能逃避。盖文联大楼时,在我办公室,几十个包工头围着谈判,4个小时,我当过知青队长,不怵他们(笑)……退休后,全部或百分之九十的社会活动都可以推掉了。退休的状态真好。

李勇:在写作方面,还有什么是您一直想写还没有写的吗?

李佩甫:我还是想写一部重新认识平原的作品,不同于以前的,从另外一个角度重新认识这块特定的地域。怎么写还没有想好,要慢慢来。

李勇:随着年龄增长,"50后"一代可能渐渐退隐历史舞台,您怎么评价你们这一代?

李佩甫:莫言等于给"50后"作家画了句号,不错了。国际上常说中国当代文学和世界差距大,实际上,我觉得中国文学至少跟亚洲比,像帕慕克、大江健三郎、泰戈尔等,差距并不大。我认为,改革开放后这40年是中国文学的一个高潮,但从世界文学来看,我们还是有差距的,得慢慢来。

李勇:谢谢您接受采访!

评　论《

李佩甫启蒙叙事论

李　勇

以鲁迅为代表的启蒙叙事，自“五四”以来代有传承、影响深远，但新时期之后，随着社会转型推进，丰富多变的时代现实日益对其提出挑战，如何更好地直面时代现实、更新认知，是新历史条件下重新激发启蒙话语活力的关键。而谈到新时期以来的启蒙叙事，李佩甫显然是无法忽略的一位作家。他自1978年以来，不仅以勤奋不辍的创作姿态为我们留下了数量可观的小说作品，而且也以这些作品中让我们熟知的人物、故事，为自己打上了一个“启蒙者”的标签。在他最为人所熟知的《羊的门》等名篇中，作家对愚昧和“权力—关系”文化的尖锐批判，给人留下了深刻印象。不过，从他40多年(1978—2019)的创作历程来看，他的启蒙激情并非从一开始便与其写作相伴而生，而是有一个萌发、生长、衰减的过程。审视这一过程，有助于我们把握李佩甫作为知识分子的心路历程——他的眷恋、悲哀、愤怒、犹疑；也有助于我们进一步思考启蒙叙事的当代困境与突围。

一、启蒙批判之路

如果说我们将李佩甫定义为一个“启蒙者”的话，我们更多联想到的可能是他创作成熟期那些有名的作品，如《羊的门》《城的灯》等，而不会联想到他早期的小说。然而，正是在他略显青涩的早期创作中，启蒙话语已经显形。

李佩甫1978年开始发表小说，大约至1986年，可以算作他的创作早期。1982年的《十辈陈铁事》写到了一个观念落后的乡村妇女，名叫“赖货家的”，她看不惯新事物、鄙视科学种田，甚至只知自己是“赖货家的”，而几乎忘了其真实姓名“巧巧”，这显然是个“愚昧者”形象。1983年的《蛐蛐》是李佩甫开始让人对其“另眼相看”的作品。[①] 小说写的是一个名叫蛐蛐的青年电工如何避开阻力，帮五保户王婆先装电灯的故事，蛐蛐遇到的阻力来自村里那些有钱有势者，他们为了先装电灯，以亲戚连

---

① 南丁：《李佩甫和他的小说》，樊会芹编著：《李佩甫研究》，河南大学出版社2015年版，第64页。

带、物质利益等对蛐蛐施以威逼利诱。这里，李佩甫比较隐蔽地指出了乡村的一种前现代属性——“权力—关系”结构。这种“权力—关系”结构及其影响，在同年发表的《小城书柬》中，借年轻男医生小高这个人物形象展现出来。小高是个怨恨故乡的人，原因在于他在乡村感受到的歧视——窝囊的父亲在饭场吃饭时，路人会和所有有头有脸的人打招呼，“单单不理他”。所以他发誓要出人头地，方法就是在医院广结人际关系，最终他也借此实现了人生跨越——从医院调到地区卫生局。“权力—关系”结构在1985年的《小小吉兆村》有更突出的表现，那里面的吉兆村前村长吉昌林是个“乡村强人”形象，他“强”就强在对乡村权力的把控和对关系之道的熟谙，靠着这种能力，吉昌林成了吉兆村“十八年不倒的‘铁旗杆’”。在1986年的《红蚂蚱 绿蚂蚱》中，“姥姥的村庄”里，德运舅娶亲时，村里人一边纷纷到他家帮忙，一边都偷拿他家的东西；公社要开斗争会时，男人们误以为全都要去接受批斗，所以慷慨悲壮、同仇敌忾，待弄清被批斗的只是文斗舅一人后，则纷纷庆幸，并将受难的文斗舅抛诸脑后。这两个细节都向我们展示了“愚昧”。

不过总体看来，启蒙话语或者说那些与启蒙有关的细节，比如“乡村强人”“愚昧”等，在此时期的李佩甫小说中都未占据主导地位：《十辈陈铁事》《蛐蛐》《小小吉兆村》是以“进步”的眼光肯定“改革”的，“愚昧”的人和事是作为“文明”的对照面或映衬方出现的，文明压倒愚昧、进步战胜落后是它们共有的故事结局；即便是意蕴相对复杂的《小城书柬》，它所牵涉到的“关系”批判，也更多指向了对转型初期复杂社会现实的整体揭露；而《红蚂蚱 绿蚂蚱》中的“愚昧”，则更只是小说清新美丽的乡村图画中几乎看不见的一丝暗影。

自1987年至1999年，大约可以算作李佩甫创作的第二个阶段。这是启蒙话语不断生长，并逐渐占据主导地位的阶段。1987年城市题材的《女犯》是作者扎根生活、深入调查的“结果”，小说所写的一个个失足故事中，那个“不想回家的女孩”的堕落，不是因为她的不慎失身，而是失身后老师、父母及周围人的陈腐道德观念对她的“二次伤害”；上海虹口区的“工商女皇”落马于“权力”和“关系”的麻醉与诱惑；那个当小偷的女孩虽改邪归正，却仍摆脱不了周围歧视性的眼光而再次沉沦……这些新时代的年轻生命，凋零于老中国的精神摧压。这种精神摧压，同样让《送你一朵苦楝花》(1989)中的小妹一次次离家出走，乡村之愚昧、封闭、落后，借由小妹的决绝叛逃尽显无遗。而到了《画匠王——一九八八》(1990)，乡村变得更令人绝望：村民狗剩在权势面前精神扭曲；铜锤因一沓钞票放弃捉奸不说，还和也想与嫂嫂“睡一回”的弟弟讨价还价起来。同年发表的《无边无际的早晨》中，乡亲们的“恩情”成为国挥之不去的精神重负，让他陷入精神上眷恋和肉体上逃离的人格分裂——这是“关系”带来的甜蜜与恐惧。1991年发表的《田园》在展示乡村愚昧方面并不突出，相反它写得深情款款、眷意浓浓，但主人公杨金令最终毅然拒绝了故乡的柔情，他的转身离去最能表达当时李佩甫对自己温柔的乡村情感的彻底告别——此后，他在批判的道路上一往无前。在1992年发表的《豌豆偷树》中，王小丢看到父亲去求酒足饭饱的村长和电工给他家多放点水浇地——

一伙人出来时，小丢爹上前拉住说：“村长，我那地才浇了尿一会儿，刚刚湿住地皮，就停电了。一停几天。叫春旺给复复水吧？”村长剔着牙，笑着骂道：“屌货！”春旺也笑骂道：“屌货！就你那事儿多。”小丢爹笑着求道：“复复水吧，才浇了尿一会儿。复复水吧……”村长不应，村长伸手朝小丢爹头上捋了一下，说：“屌货！”几个人也上去捋小丢爹的头，这个捋一下，那个捋一下……小丢爹笑着，转着圈儿给人说好话，人们就转着圈捋他的头，捋得他身子一趔趄一趔趄的，却还是笑，转着圈儿给人递烟吸。村长说：“不吸，不吸。”……村长的手晃晃的，醉眼乜斜着，一下子就把小丢爹递到眼前的烟打掉了，说：“屌哩，浇吧。”小丢爹喜喜地说：“中，我可浇了。”待干部们走后，小丢爹忙又把掉在地上的烟捡起来，那烟被踩扁了，他放在嘴边吹了吹，自己点上吸了……

而在《乡村蒙太奇：一九九二》(1993)中，出于嫉妒哄抢果园从而将保松逼上绝路的村民，不仅愚昧，而且面目狰狞。90年代的这几个作品中，作者激愤的情绪日益突出，直至1999年发表《羊的门》。

《羊的门》是李佩甫启蒙批判的顶峰。这么说主要基于以下几点：第一，它创造了呼天成这个独一无二的、足以令李佩甫在当代文学史上立足的人物形象[①]，而这个人物形象最大的特征便是对乡村“关系”之道的熟谙与精通；第二，作为呼天成相对应的另一面，小说也以无比辛辣和沉痛的笔触刻画了呼家堡愚民麻木可悲的灵魂，这些“灵魂”以孙布袋卖“脸”、徐三妮学狗叫等细节，刻画得入木三分；第三，小说同时还借由谢丽娟之口，对“关系”文化以及“平原”这块土地施以最尖锐的批判与嘲讽——正如她和呼国庆争辩时说的：“这是一个麻醉人的地方……你们这里的人个个都没有脊梁！……它是专门养小的，它把人养得越来越小。它吞噬的是人格，滋养的是狗苟蝇营。”也就是说，相较于之前零散化的启蒙批判，《羊的门》的启蒙批判

① “单凭呼伯这样一个典型人物，李佩甫在当代文学史上的地位就立住了。”参见邵燕君：《画出中原强者的灵魂——李佩甫和他的〈羊的门〉》，《中国作家》2010年第3期。

更尖锐集中、更猛烈。

《羊的门》耗费了李佩甫多年的积累，也释放了他的启蒙批判激情，之后几年的写作似乎都难以实现超越。2003 年出版的《城的灯》也写到了愚昧（体现于冯家昌屈辱的童年成长）和“权力—关系”文化带来的人性畸变（体现于冯家昌离乡后的“奋斗”），但人物、故事和之前的小说相比都无太大新变。2007 年发表的《等等灵魂》写的是商场风云，程德培说：“这是一个因急功近利、过度扩张而从辉煌走向毁灭的故事。但终因小说叙事的急功近利而让人颇感失望。”[①]真正实现超越的，是 2012 年发表的《生命册》。

《生命册》是李佩甫迄今写得最丰富博大的一个作品。小说中写到了城市，也写到了乡村。而正是在写乡村的部分，启蒙叙事仍在延续。不过仔细观察会发现，在《生命册》中所讲述的这些启蒙批判故事，让我们看到了李佩甫的变化：激愤情绪的削减。这首先表现于那些与启蒙有关的人物、故事本身。首先一个是梁五方，小说中的梁五方是一个“强梁”的木匠，因为技艺在身活得很“傲造”、很“各色”，这让他在运动中遭到了报复，由此妻离子散，并走上了上访之路——至此，梁五方的形象其实就是《羊的门》中的刘全等个性人物的“再版”或“合体”，他们的悲剧性遭遇凸显了乡村的愚昧。然而此后的叙述，则将梁五方的悲剧推向了滑稽：他开始上访，并在旷日持久的上访中千锤百炼成了一个压不垮、砸不弯，死皮赖脸却又风趣幽默的算命老头。他的遭遇和形象转变，让我们感受到了那种“笑中带泪”的体验。其次是虫嫂（“小虫窝蛋儿”），这个侏儒女人是乡村杂草般低贱生命中最低贱的一棵——她小偷小摸拿别人或公家东西，她为了吃食不惜出卖尊严和身体，她甚至在受到惩戒和家人嫌弃后仍不思悔改……然而这个女人所做的一切都是为了养活家庭：残疾丈夫，三个小兽一样的孩子。她用自己的方式，养活了这个家庭，甚至供养三个孩子读书、上大学，但一身骂名的她却被孩子鄙弃、仇视，最终老无所养……虫嫂的一生，让我们看到了愚昧，然而她的苦楚和无奈，她后半生的遭际与死亡，则让我们看到了一种至大无言的、令人泣下的悲悯。

除了具体人物、故事，另外展现这种启蒙态度变化的，是小说叙事者和主人公吴志鹏。吴志鹏是个孤儿，他受无梁村人集体哺育长大，之后读书、进城，进城后，同样和《无边无际的早晨》中的国一样，也受恩情和关系所累，以致从任教的大学落荒而逃。但是吴志鹏这个故乡逃离者形象和小高（《小城书柬》）、王小丢（《豌豆偷树》）、

① 程德培：《李佩甫的“两地书”——评〈生命册〉及其他六部长篇小说》，《当代作家评论》2012 年第 5 期。

国等完全不同，他没有对故乡的那种决绝的憎恨，相反他对故乡、老姑父、乡亲充满感情——他接到老姑父“见字如面”的纸条后，总是倾力帮助乡亲（后来只是因实在无力才逃离），而当他在城市闯荡后，他仍时刻念叨着“我是一粒种子”。而这个吴志鹏，本就是李佩甫理想的赋形。[①]

二、激愤的由来

纵观李佩甫启蒙叙事的轨迹会发现，其启蒙激情有一个萌发、上升、到达顶点、衰减的过程。如前所析，这个过程的脉络大致如下：若把《十辈陈铁事》等虽具启蒙意味，但主要表现“改革”的作品排除的话，那么最早具有文化批判色彩的启蒙之作应该是《小城书柬》；90年代其启蒙激情显著上升，至《羊的门》到达顶点；此后开始回落，《生命册》的表现最鲜明。而从主题角度来看，李佩甫对启蒙的表达，主要集中于两个方面：一是国民性（愚昧）批判，二是“权力—关系”文化批判。

追溯李佩甫启蒙叙事的根源，是一件颇有意思的事情。首先，李佩甫的启蒙叙事大多是借由乡村叙事完成的，这也使得我们很容易认为李佩甫出身乡村，其实不是。李佩甫1953年生于许昌市一个工人家庭，在城市出生、长大、读书；1971年下乡；1974年返城后读技校；1976年毕业后进入许昌市第二机床厂当技术工人（开机床），这期间开始发表作品；1979年调入许昌市文化局，1983年调入河南省《莽原》杂志。[②] 从这个简历来看，李佩甫唯一的乡村经历是三年“下乡”，但其实他与乡村渊源深厚。李佩甫父母都是底层工人，老家都在农村，平时便亲戚往来不断，三年困难时期更是将年幼的李佩甫长期寄养乡下：“60年代初，我八九岁时，总是很饿，那时候为了混三顿饱饭，每个星期六我都要独自一人步行二三十里到姥姥的村庄里去，为的是填饱肚子。那时候，一个小孩子在姥姥的村庄里走来走去，不自觉的会有一种外来人的视觉，他打量着村子里的一个个‘舅’们……”[③]由这段叙述可以看出，李佩甫与乡村最早的接触是以一个“外子”[④]的身份完成的，这种既属于又不完全属于、既进入又未彻底进入的状态，显然有助于李佩甫以相对冷静、客观的目光“打量着”乡村，看到它内部的阴暗与灰冷。

---

① 李佩甫说：“我个人认为，写得最好的人物是这个吴志鹏……我觉得他是我所有小说人物中塑造得最丰富的人物……他是不断地在认识自己，修正自己，对自己的生命状态和背景、出身环境有很清醒的认识。”参见《实录：河南作协主席李佩甫谈新书〈生命册〉》，http://book.sina.com.cn/news/v/2012-03-31/1511296905.shtml。

② 参见孔会侠：《李佩甫评传》，河南文艺出版社2018年版，第2、47、58页。

③ 孔会侠：《附录一 李佩甫访谈》，《李佩甫评传》，河南文艺出版社2018年版。

④ 参见孔会侠：《李佩甫评传》，河南文艺出版社2018年版，第112页。

然而在李佩甫这段叙述中，还有非常特殊的、值得注意的一点，即他与乡村的血肉关联：首先，他与乡村有着亲缘关系；另外，他是在饥饿中走向乡村的，而乡村也给了他相应的回馈与哺养。所以李佩甫对乡村总是充满深情——

我出身于工人家庭，在小城市长大。但童年的记忆，还更多是乡下姥姥家的。那或是风，有颜色的风，沙味的风；那或是雨，绵绵的，还记住了草屋或瓦檐下的滴水，一个个带沙音的滴声，那或是一碗水煮红萝卜，或是烧着地火的红鏊子，或是发了霉的红薯干；或是夜半的一声老咳……[1]

《红蚂蚱　绿蚂蚱》的开头，也是一段极为抒情的描写："已是久远的过去了，总还在眼前晃，一日日筛漏在心底，把久远坠坠地扯近来。便有一首小小曲儿在耳畔终日唱：云儿去了，遮了远远的天。在远远的天的那一边，有我姥姥的村庄……"

于是，在李佩甫早期的小说中，便显现着一种眷恋与批判相纠结的矛盾图景：在《蛐蛐》《红蚂蚱　绿蚂蚱》中，一方面是淳朴美好的田园画面，一方面却隐隐包裹着"愚昧"和"权力—关系"的暗影。到了1990年前后，纠结变得更为激烈起来：《送你一朵苦楝花》(1989)、《画匠王——一九八八》(1990)是表达批判；1990年的《村魂》和《黑蜻蜓》则是表达眷恋；《无边无际的早晨》(1990)、《田园》(1991)主要表达眷恋；《豌豆偷树》(1992)、《乡村蒙太奇：一九九二》(1993)则是表达批判……90年代之交李佩甫这种忽而眷恋、忽而批判的态度，尤为显著地体现着他的纠结。其中，《田园》可能最明显：主人公杨金令失恋回乡，重新回到土地、回到家园的他受到父母悉心照料和乡亲们最隆重的礼遇——打平伙，吃头肉，这唤起了他久违的田园记忆，然而最终他却选择了毅然转身离开。杨金令的离开，似乎是个"告别"的信号，李佩甫此后在启蒙批判的道路上一路向前，直到世纪末发表《羊的门》。

90年代的李佩甫为什么由纠结不定最终走向了激烈的启蒙批判？这里可能有三个方面的原因。首先，由其早期小说我们已看到，其最初的乡村记忆中，已经包裹着灰冷和阴暗——就像《小城书柬》中小高所描述的那个其父受歧视的细节一样。其次，李佩甫90年代的激愤应该也与这一时期日渐恶化的乡村现实有关。经过了80年代由"改革"带来的阶段性繁荣之后，农村在90年代进入了发展瓶颈期，社会问题丛生，而整个社会的转型加速又进一步加剧了乡村的边缘化。1996年前后文坛出现的"现实主义冲击波"便是在这个背景下产生的。李佩甫的《豌豆偷树》《乡村蒙太奇：一九九二》等，反映乡村经济破败、基层政权腐败、伦理道德滑坡等乱象，与刘醒

---

① 舒晋瑜、李佩甫：《看清楚脚下的土地》，《上海文学》2012年第10期。

龙、关仁山等当时的创作可谓一脉相承。

最后一点导致李佩甫90年代启蒙批判情绪激烈化的原因，应该是李佩甫知识的增长。李佩甫幼年便喜读书，父母虽不识字，文学教育也不系统，但他仍“读了大量的书”，正是读书让他“认识到什么是高尚、高贵，什么是卑下、低劣”。知青生涯结束后他读技校，1979年考入河南省电大函授班中文专业。80年代是个思想活跃、知识爆炸的年代，李佩甫的个人生活也趋于稳定，这更有助于他进一步学习提高，令他印象深刻的是他当时参加过的河南省文联文学讲习班，“当时只有一个信念：张开所有的毛孔吸收西方的、前人的文学经验。那是中国文学与世界文学接轨的一个时期。那时我们一方面阅读交流，一方面相互谈各自的构思……”[①]李佩甫的回忆让人管窥到一个火热的年代，那是一种思想的冲击。但80年代虽思想多元、潮流纷呈，但现代启蒙思想其实仍是主流，并不仅仅因为它和当时主流意识形态（“现代化”）方向一致，更因为它确实能烛照当时社会现实中仍存在的蒙昧和落后，对于生活在河南这块经济落后、传统精神思想因袭严重的土地上的李佩甫来说，他对现代启蒙思想的体味肯定并不止于一般口耳之学的程度。在被问到是否受到鲁迅启蒙思想影响的时候，他这样说道：

> 我与鲁迅先生无关……我只是在研究“平原”这块土壤。我们怎么就长成了这个样子？我们是怎么长成这个样子的？我们是在什么样的环境下长成这个样子的？我们吃了什么，穿了什么，学了什么？我们身后还有什么？等等。[②]

所以一方面是现实生活仍存在的蒙昧落后，一方面是不断丰富和提高的知识水平，再加上90年代日渐困难化的社会现实，使得李佩甫90年代之后变得日趋激愤。

然而，如果说激愤是因为外部（社会现实）和后天（知识）的刺激，那么从其内心原初和根本性的情感来说，他对乡村却又充满爱与温情。由此就造成了一种情感与理智的冲突。所以在1990年发表的《黑蜻蜓》中，我们一方面看到作者对于辛劳一世却命运多舛的二姐（二姐是孤儿，幼时双耳失聪，从小干农活，长大后嫁入更贫苦的人家，儿子当兵牺牲，自己常年劳累，四十七岁猝死在猪圈里）至深的爱与心疼，一方面却又愤懑不满地抱怨二姐在不公的命运面前“为什么不问一问呢？”。

---

① 孔会侠：《附录一　李佩甫访谈》，《李佩甫评传》，河南文艺出版社2018年版。

② 舒晋瑜、李佩甫：《看清楚脚下的土地》，《上海文学》2012年第10期。

三、遮蔽与敞开

启蒙批判激情的不断上升，不仅造成了情感的纠结，还造成了写作上的一种遗憾：一种更开阔的写作可能性的丧失。

在李佩甫早期的小说中，除了启蒙的声音之外，还有一种更占据主体性的声音，即对于转型期社会现实的批判（愚昧和“权力—关系”文化批判只是其中一部分）。比如在《小城书柬》中，作者主要描写的其实不是小高，而是小高的大学同学、医院同事鸥。小说主体内容即鸥写给妈妈的十七封信。通过这些信，我们看到了各种社会乱象：坐诊论资排辈，看病托关系找门路，医生拉关系、拢人情，有人则以权谋私、倒卖（送）药品……而在同年发表的《蛐蛐》中，小说借蛐蛐的眼睛让我们看到“改革”给农村带来的冲击：青年人正离乡进城，贫富不公加剧，基层权势者借“改革”牟利，伦理道德水平滑坡（五保户王婆无人关照），等等。两个小说生动展现了改革给城乡带来的冲击。

此后，李佩甫的写作继续沿着城、乡两条路线整体性地关注着社会转型。从1985年到1996年：《小小吉兆村》《红炕席》《送你一朵苦楝花》《画匠王——一九八八》《金屋》《豌豆偷树》《乡村蒙太奇：一九九二》是写乡村的；《车上没有座位》《女犯》《满城荷花》《钢婚：一九九二的永恒》《城市白皮书》《学习微笑》是写城市的。相对于李佩甫惯常和擅长的乡村叙事，城市书写尤能体现他这一时期社会转型叙事的多元丰富性。1985年的《车上没有座位》是个让人印象深刻的作品，小说写一个部队指导员退伍返乡途中的感受。退伍兵曾“当了近二十年的指导员”，“做战士的思想工作是有名的”，靠着对“集体”和“理想”的信仰（“我们是人民的铁道兵”），他和他的战友们奉献了青春甚至生命。但现在“他的好时光已经过去”：火车上的人们高谈着如何挣钱，广播里传出嘲笑革命英雄的相声，出轨的老婆正等他回去离婚……小说写出了一个理想主义时代的远去和一个世俗时代的降临，以及这一切给一个曾经的理想主义者的刺痛——这刺痛难道不也是李佩甫的吗？1996年发表的《学习微笑》写的是下岗女工的故事：食品厂亏损，厂长让女工“学习微笑”吸引投资，但女工刘小水既要照顾半身不遂的公公，又要想方设法营救被抓赌的丈夫，还要操心着夫妇二人难以避免的下岗……工作、家庭、情感的内外交困，终于使她陷入了崩溃。小说以细腻的笔触，生动展现了90年代国营企业的衰败和工人的困境。生活在城市的李佩甫，本就对城市“问题”有直接性的感受，这应该是他能写出《女犯》《城市白皮书》等城市题材小说的关键。虽然整体而言，他的这些城市书写的艺术性相较于其乡村小说还有差距，但它们显然意味着另一种写作面向和可能。

也就是说，李佩甫的写作本是植根于对社会转型的整体性关注，他是有着更大的问题意识和视野的。在《文学的标尺》一文中，他指斥当下的中国“已进入了精神疾病的高发期，而我们的文学却处于半失语状态”，“一切都与我们想象的不一样了：物欲横流，腐烂遍地，国民心理流氓化……这是一个巨大的挑战。文学是社会生活的沙盘。作家面对急剧变化中的社会生活，我们思考的时间还远远不够……”[①]

一方面是对社会转型带来的巨大精神危机的焦虑，一方面是对当下文学现状的不满和仍然不死的文学之心，这使李佩甫既充满痛苦，也心怀抱负。应该正是这种痛苦和抱负，让他写出了《生命册》。李佩甫说，写这个作品“几乎动用了一生的储备”[②]，这个作品“无论从宽阔度、复杂度，还是从深刻度来说，都是最全面、最具代表性的”[③]。正如前面所分析的，这个小说既涵盖了启蒙也超越了启蒙，它显现了作者激愤情绪的衰减。而正是由此，小说既恢复了之前作家社会转型叙事的那种丰富性(它既写到了乡村又写到了城市，既钩沉历史，又针砭现实，它以吴志鹏这个人物为线，将城乡和今昔勾连成一体，展现了中国近50年的社会转型史)；又在精神思想层面有了进一步的提升——李佩甫在书写50年社会转型的同时，又提出了一个在时代性“进步”和“发展”历史进程中如何安妥灵魂的问题。而这个问题并不是仅仅由“启蒙”和“现代”所能回答、解决的，恰恰相反，问题可能正由它而来。小说的城市书写部分主要展现了骆驼和吴志鹏的创业过程，这个过程浓缩和呈现了中国社会转型最跌宕起伏的一面：骆驼和吴志鹏的公司从无到有、从小到大、从起于微末到建起高楼，再到骆驼从楼上纵身跃下，这一切似乎是一场梦。而梦的起源是人内心的欲望(以骆驼为代表)，而这其实也是现代历史的起源，它从反愚昧、倡人性、倡自由开始，最终却导向了人本身的毁灭。李佩甫也由此提出了关于现代性反思的课题。这个课题在他之前的创作中或许也曾触及，但直到《生命册》，才更为显著地凸显出来。

所以，《生命册》是一部更开阔、更深沉、更丰富的生命之书。它呈现了作者自身的积累，展示了他本有的写作可能，更展现了他精神的成长。同时，李佩甫40年的创作历程，也让我们看到了启蒙叙事的时代性困境与新的发展可能。

---

① 李佩甫：《文学的标尺》，《文艺报》2011年4月22日。

② 李佩甫：《我的“植物说”》，《扬子江评论》2013年第4期。

③ 王晓君、李佩甫：《李佩甫：书写中国版的“变形记”》，樊会芹编著：《李佩甫研究》，河南大学出版社2015年版，第38—39页。

主要作品目录《

长篇小说

《李氏家族的第十七代玄孙》,《小说家》1986 年第 5 期。

《金屋》,长江文艺出版社 1990 年版。

《城市白皮书》,人民文学出版社 1995 年版。

《羊的门》,华夏出版社 1999 年版。

《非正常的正当关系》,春风文艺出版社 2000 年版。

《申凤梅》,长江文艺出版社 2001 年版。

《城的灯》,长江文艺出版社 2003 年版。

《会跑的树》,长江文艺出版社 2004 年版。

《离我们很近》,《长篇小说选刊》2007 年第 3 期。

《等等灵魂》,花城出版社 2007 年版。

《上流人物》,江苏文艺出版社 2012 年版。

《生命册》,作家出版社 2012 年版。

《平原客》,花城出版社 2017 年版。

《河洛图》,河南文艺出版社 2019 年版。

中短篇小说集

《李佩甫小说自选集》,河南文艺出版社 1999 年版。

中篇小说

《小城书柬》,《莽原》1983 年第 1 期。

《青春的螺旋线》,《奔流》1983 年第 7 期。

《小小吉兆村》,《奔流》1985 年第 10 期。

《红蚂蚱　绿蚂蚱》,《莽原》1986 年第 1 期。

《送你一朵苦楝花》,《莽原》1989 年第 3 期。

《画匠王——一九八八》(系列小说),《上海文学》1990 年第 1 期。

《黑蜻蜓》,《中国作家》1990年第5期。

《村魂》,《时代文学》1990年第5期。

《无边无际的早晨》,《北京文学》1990年第9期。

《田园》,《小说家》1991年第2期。

《豌豆偷树》,《长城》1992年第2期。

《乡村蒙太奇:一九九二》,《小说家》1993年第5期。

《红蚊子:城市白皮书之一》,《时代文学》1994年第4期。

《夏天的病历:城市白皮书之二》,《莽原》1995年第1期。

《长眼睛的树叶:城市白皮书之四》,《钟山》1996年第2期。

《败节草》,《十月》1998年第5期。

《寂寞许由》,《鸭绿江(上半月刊)》2013年第8期。

《杏的眼》,《小说月报(原创版)》2019年第1期。

短篇小说

《有这样一个厂长》,《奔流》1980年第5期。

《多犁了一沟儿田》,《奔流》1982年第2期。

《我们锻工班》,《奔流》1982年第9期。

《十辈陈铁事》,《奔流》1982年第12期。

《蛐蛐》,《长江文艺》1983年第9期。

《车上没有座位》,《广州文艺》1985年第10期。

《红炕席》,《奔流》1988年第12期。

《满城荷花》,《上海文学》1994年第3期。

《钢婚:一九九二的永恒》,《天津文学》1994年第4期。

《桃毛:特异功能诊所病例之三》,《牡丹》1995年第5期。

《麻雀在开会》,《莽原》2014年第6期。

散文集

《写给北中原的情书》,河南文艺出版社2020年版。

李　锐

男，1950 年生于北京，祖籍四川自贡。

小 引《

叶立文博士在本辑评论文章中说："在面对'诗人何为'的良知叩问时，李锐似乎更像一只刺猬，虽然他的读者在数量上永远无法和一些'与时俱进'的狐狸型作家相比，但他'不是为了观众和掌声'的写作，却始终证明着文学的力量。"李锐在中国当代作家中的独特之处，也许正在于此。

作为一位有过"知青"经历的作家，李锐在文学上是出道较晚的。当他写出他的代表作、实际上也是他的成名作《厚土》的时候，正如他的朋友、作家成一所说，其时"伤痕"已过，"反思"已过，"伪现代派"已过，总之，是在"文革"结束之后的新时期文学中，一切可以称之为"新"的文学潮流，都迹近成为过去。这个时候，有个李锐引人注目，就不再可能是因为暴露"伤痕"，也不再可能是因为"反思"历史，现代派实验似乎也与李锐无缘，唯一攀扯得上的就只有尚未完全成为过去的"寻根文学"了。李锐虽然不是一个有自觉意识的"寻根"作家，但他的创作对生命意识的注重和始终如一坚守的本土文化立场，却与这场文学"寻根"浪潮的文化取向有诸多共同之处。我不知道今人是如何评价这场已经成为过去的文学"寻根"浪潮的，不管初衷如何，也不管它后来的发展有哪些利弊得失，但有一个对新时期文学影响深远，乃至对中国文学的未来发展也不无意义的问题是：中国作家从对"寻根文学"影响至巨的拉美文学中所得的经验和启示。这种经验和启示，不仅是见之于一些叙事的方法和技巧（如包括李锐在内的众多作家受马尔克斯的《百年孤独》的叙述方式的影响等），更重要的是拉美文学在西方所产生的"爆炸"性影响，表明民族本土的文学传统和文化传统，也可以通过一种创造性的方式，向现代发生转化。如果说拉美文学的这种经验和启示，在20世纪80年代，还只是一种重振民族文学的信心和希望的话，那么，在"冷战"结束以后，全球化进程日益加剧的当今时代，就应当成为中国作家所坚守的一种文化立场和文化策略。从这个角度来看李锐的创作及其所坚守的文化立场，我以为会别有一番意味。

从李锐的创作"自述"看，他对汉语写作的前途是充满信心的。这种信心不是建立在一种狭隘的民族自尊的基础上，也不是某些“后新潮”诗人玩弄的“现代汉诗”之类的时髦，更不是以标榜“汉语写作”向“先锋派”的“西化”争夺话语的权力，而是对自己所经历过的新时期文学乃至百年中国新文学的一个自觉的历史反省的结果。中国文学自近代以后，百年以降，在从古典向现代转变和追求现代化的历史进程中，所遭遇的历史境况，确实是十分尴尬的。中国文学要走向现代，因而就不能不接受这种来自西方、由西方人所创造的现代经验和现代形式，包括它的某些现代的价值评价标准。这就是百年中国文学所经历过的大大小小的改良和革命，无一不是源于对西方的学习和借鉴。正因为如此，在这个过程中，中国文学又常常感到迷失了自己的民族本性，诸如中国社会所特有的一种文明形式，中国文化所特有的一种理性精神，中国人所特有的一种生存状态和情感状态，以及汉语言文字所特有的一种文化意蕴和表达方式，等等。这样一来，对现代化的追寻，又常常让中国作家有形无形地经历了一种西方的文学“殖民”和文化“殖民”的痛苦。对西方的批判于是又成了一种“历史的必然”。应该说，李锐是这种对西方的批判中较早获得自觉意识的作家，虽然这种意识的获得依旧是源于西方某些来自“第三世界”国家的学者（如赛义德等）的经验和启示，但对于中国这样一个同属“第三世界”国家的文学来说，这种经验和启示，恰如拉美文学的经验和启示一样，对在全球化背景下追寻中国文学自身的现代化，培育中国文学自身的现代性，重建现代汉语写作的自信心，无疑都是具有极为重要的意义的。从受孕于拉美文学的经验和启示中，确立自己的写作的本土文化立场，到在全球化的背景下，在反抗西方“后殖民”霸权的浪潮中，明白地宣示：“要用自己杰出的作品建立起现代汉语的主体性，要用自己充满独创性的创作建立起现代汉语的自信心。”最近 20 年以来，李锐所走过的是一条追寻现代民族文学自立于世界文学之林的发展道路。正因为如此，所以，最近 20 年以来，在各种新潮迭起之际，李锐似乎被湮没无闻，但当这些潮流过去之后，所见的又是他踽踽独行的坚实身影。

李锐绝不是一个只发宣言而无创作实绩的作家，或名实相悖、创作和宣言脱节的作家，恰恰相反，从 80 年代以来，他一直在一种坚定的信念的指引下，孜孜不倦地从事着他的独特的艺术创造。对他的创作评价，本辑已有叶立文博士的一篇评论文章。虽然他所取的只是一个特定的角度，但仅就这个角度所见，李锐的创作，也确如叶博士所说，“维护”了中国人的一种独特的生命体验和生存经验。我不知道热心译介李锐作品的马悦然先生看中的是李锐的创作的哪一点，作为一个世界性的文学奖项的评委来说，我想，他理应重视李锐的作品在思想和艺术上所提供的独特的“中国经验”。

自　述《

千百年来的故事

一、谓我何求

古人说:“哀莫大于心死。”可我的主人公却不幸死了两次。

几十年前,那时候我的主人公还是一个十八九岁的青春少年。他把自己的理想装进背包里,伴着嗡嗡嘤嘤的口琴声,沿一条叫作乱流河的荒水逆流而上,在吕梁山的崇山峻岭中走了九十里山路,来到一个叫作五人坪的小村庄。村口的老神树虬枝盘绕、浓荫匝地,不知把多少悠长的岁月吸干在满身枯裂的皱纹里。地老天荒,群山无语,木讷憨厚的村民们仿佛是山脚下散落的石头。我的主人公毅然决然地走进穷乡僻壤,是为了要让知识和理想的火光照亮这千年的长夜。琐碎平凡的日子像是落地的秋叶,年复一年,日复一日,仿佛一汪凝滞的深潭,生活渐渐变成了寂寞的牢笼。一场突然而至的燎原大火终于打破了凝滞的日子,从北京滚滚而来的“文化大革命”竟然让他理想成“真”。可是造化弄人,当初千真万确的真理和真实,转眼间变成了水里的月亮、镜上的鲜花。生活的浊流转眼间把先知和英雄变成随波逐流的木偶。一个为了理想不惜献身、不惜坐牢、不惜造神的“英雄”,到底没能唤醒他渴望唤醒的民众,到底没能以他的方式推动“行走的群山”。他最终在理想的火光中把自己烧成一片灰烬。在先后两次的造神运动中,他都被捕入狱,先是为了热血沸腾而坐牢,后来又为了随波逐流而坐牢。青春不再,人生苦短,可是一生当中他的心竟然不幸死了两次,当年为革命的神而死,如今为传统的神而死。那场因为祈雨而引发的大火最终把家园烧成一片焦土……

我的悲哀是,我写下这个悲剧,可却无法置身身外。我不能救我们,我更不能救自己。我甚至无法断定自己到底能不能把这个故事讲清楚,到底能不能把一个“真实”讲给人们听。按照传统的方法讲故事,是一个人讲,所有的人听。这方法很有效,千百年来有许多故事就以这样的方式流传千古。但是这样的方式有点像我的主人公——他希望用自己唯一的理想照亮无语的群山,他希望用一种言说的方式统领芸芸众生。在这样的方式里，像石头一样的山民们永无开口之日，永远是被别人导演的工具。

于是，我让故事里的人物们自己去讲，讲他们每一个人，把那同一件事讲一遍，让他们把自己摸到、看到、听到、想到、感受到的都讲给我们听。就像每一个活着的生命也都会带着自己生动的回忆一样，我让现场的事件和回忆的思绪缤纷混杂。然后，在最后一章，我自己再把那个当年的故事讲出。这是一个众声喧哗，许多人讲出来的故事，这是一首语言的交响曲。叙述不再只是叙述者笔下的工具和道具，叙述者也不再是君临一切的先知。由此，在叙述得到自由的伸展，在叙述对于读者的邀请中，叙述本身就成为小说的一切。在这样的叙述中，也许你得不到“真实”，可你肯定会得到许多刻骨铭心的体验和感受，你会听到许多感人肺腑的自白，你会得到许多感人肺腑的自白，你会得到一张多层面的近乎立体的全息摄影。我把他们的自白和我的自白一起写下来，留在那片触目惊心的焦土上，留给可能的阅读者。我知道，就像那个千百年来讲故事的老方法不是我创造的一样，这种讲故事的方法也不是我的创造。美国人福克纳用这方法讲过许多精彩的故事。可我也知道，用同样的方法可以讲出许许多多完全不同的故事，就像人们千百年来所做的那样。于是，我让吕梁山和那些山民们走进了我的画面。

吕梁山曾经给过我永生难以忘怀的经历和启蒙。在荒山野岭中一次又一次地春种秋收，一次又一次地经历日落月升，我终于明白，“在吕梁山干旱贫瘠的黄土塬上，‘历史’这个词儿，就是有人叫谷子黄了几千次，高粱红了几千次”。我不愿让自己的故事为历史作注脚，我对淹没了无数生命的“历史”有着难以言说的厌恶和怀疑。我叙述是因为我怀疑。我叙述是因为我厌恶。我把被历史无情淹没的生命打捞出来，我把被历史无情淹没的声音打捞出来，我在心底里盼望着自己能够听懂吕梁山悠悠万古的歌哭。

“知我者，谓我心忧；不知我者，谓我何求。”这千年的憾叹，说的是时过境迁，知心难得的悲苦。我并无要人知心的奢望，也并不觉得他人的知心会给我永远的慰藉。我倒是常常会把这千年的追问留给自己——你写下这些故事和自白到底要做什么？你到底凭什么以为自己的叙述会有人听？你到底凭什么以为自己的经历写出来会有人看？我不敢给自己肯定的回答。唯一尚可相信的是：

生命的悲剧没有语言和地域的局限。

有这一点信念我就还可以写下去。

二、春色何必看邻家

我们正在经历的新时期文学，比起20世纪初的新文化运动有着更为复杂的历史处境。从某种意义上讲，我们是在新文化运动的结局之中开始自己的。有一点是必须要指出的，发生于20世纪两端的白话文运动和新时期文学，有着完全不同的历史语境。当年文学革命所要打倒的那个“文言妖孽”和旧文化、旧文学，已经不复存在。新时期文学所要反叛、所要面对的是新文化运动以来的历史结果，无论是新中国的建立，也无论是“文化大革命”，还是“样板戏”，都和新文化运动有着千丝万缕的联系。任何人都没有逃离历史之河的可能。文体的沧桑之变所折射出来的常常是自己的局限和困境。当我们在“文革”浩劫的废墟上举步走进“新时期”的时候，几乎可以说是两手空空。与此同时，我们又遭遇了两次世界大战之后，后现代主义思潮对于西方知识体系的解构和颠覆，遭遇了所谓全球化的挑战和淹没。我们是从里到外遭遇了否定。本来，在这样艰难的历史处境中，需要的是更为清醒的历史理性、更为敏锐的语言自觉，是对于创作个体更为严峻苛刻的考验。这个双向煎熬的独特处境所给予我们的万千体验，本应成为新时期文学一切言说的源泉。可惜，在我们的“先锋”和“后现代”文本中，你经常看到的是获得“时髦”的满足，掌握真理的自诩，在那些一律向外的眼睛里，永远只有别人的风景。对历史的盲目和误会竟然成为一些人先锋的资本，这真叫人哭笑不得。在经历了将近一百年的探索和挫折之后，我们难道真的麻木到了自我殖民而不觉的地步？我这样谈论新时期文学的“先锋小说”，并非只是在指责别人。我自己的小说也曾经被人收进“先锋小说集”里。先锋小说在新时期文学中开拓创新的功绩有目共睹。我只是可惜，我们的先锋太轻易地在后现代的城市幻影中完成了自我满足，太轻易地从自己艰难的历史处境中飘离而去，甚至在别人的迷信中，竟然转过脸来嘲笑那条自己也身在其中的河流。

在最近一两年中国大陆长篇小说的创作中，有一个值得深思的现象。一批当年以先锋小说成名的作家在创作上发生了明显的转变。余华的《许三观卖血记》，苏童的《城北地带》，格非的《欲望的旗帜》，都明显地在叙述上回归“传统”，故事和情节再次成为作品叙述的主体。甚至连传统的“笔记体”也直接成为叙述的资源。对此，有评论家说这是先锋小说的倒退，是对于艰难命题的回避和推脱。但是，我不这样想。在我看来，推动文学转变的动力从来都是复杂的。仿照别人的处境和命题是一切艺术的大忌，只有从自己出发的努力才有希望达到无人可及的成功。世界文学需要的是汉语叙述的独特声音，而不是跟在别人身后的合唱。即便这个世界上真的有所谓超越特殊的“普世的真理”,那这真理也将因为汉语的叙述被丰富、被深化,而绝不是汉语对于“真理”的鹦鹉学舌。当中国的历史和现实再次成为文学开掘和表达的对象时,当中国的历史和现实再次成为文学反叛和批判的对象时,最具体也最独特的个人体验也将因此获得丰富深刻的呈现。

我自己也是在新时期成长起来的作家,回想起来我自己正在经历的语言自觉,也是一个长期、艰难的过程。10年前,我写出了自己的第一部长篇小说《旧址》,不妨引出它的第一句来看看:“事后才有人想起来,1951年公历10月24日,旧历九月廿四那天恰好是‘霜降’。”大家都知道,十几年前正是拉美的文学爆炸传到中国的时候。马尔克斯的《百年孤独》正风靡中国大陆,这部小说对新时期文学的影响可谓巨大深远。它的中文译本第一句话是:“许多年之后,面对行刑队,奥雷良诺·布恩地亚上校将会回想起,他父亲带他去见识冰块的那个遥远的下午。”两相对照,一眼就可以看出,我的那一句话是仿照马尔克斯的。这并非我一个人的刻意模仿,这是当时的流行腔。后来有批评家指出,马尔克斯那个著名的第一句,是翻译者的第一句。如果译者对句式另作安排,也许中国大陆文坛就会是另外的流行腔。坦白地说,我自己对《旧址》并不满意,一直觉得它的叙述太匆忙、太浮躁,虽然它并没有跟着也“魔幻”起来。我本心也并不那么喜欢《百年孤独》的芜杂和怪诞。但是这并没有能让我免俗,没能让我避开当时的语言流行病。这也是我在以后的长篇小说《无风之树》《万里无云》的写作中,回到口语倾诉的原因和动力。因为在方言和口语的海洋里,很少受到语言流行病的侵蚀,更没有所谓的语言等级。在新时期文学的整个过程中,一直有一个现象长盛不衰,那就是每次随着一个外国文学流派、一个外国著名作家的译著流行,文坛上随即就会有相应的文体和腔调兴起一阵仿制热潮,并且立刻就会有理论家来印证:这一切是多么多么的创新,多么多么的深刻和进步。成一先生把这叫作“副本效应”。这个现象从好的方面看,有打破文化专制、打破政治禁锢和丰富自己的功效。可如果几十年如一日的一直模仿来模仿去,一直以谁最先模仿为乐事、为“先锋”的标志,那这只能说明自信心的严重缺乏和对语言自觉的极端麻木。20年前,汪曾祺先生在“伤痕文学”和“反思文学”的流行腔中(其中苏联文学的痕迹尤为明显),发表了他清新优美的《受戒》,让文坛为之一震。就仿佛在麻辣火锅的盛宴上端来一盘水灵鲜活的青菜。回想起来,现在才看清了《受戒》更深远的意义——那是一次汉语文体和语言的觉醒。紧随其后的沈从文的被“重新发现”,张爱玲和《围城》的被“重新发现”,都可以看作是中国当代文学对政治扭曲和文化专制的挣脱。以文化自觉为旗帜的“寻根文学”的出现,可以说是被这些“重新发现”所直接引发出来的。这些沉寂了几十年的作家和作品被“重新发现”，是汉语觉醒的最佳证明。他们告诉作者和读者，现代汉语可以像世界上任何一种语言一样，鲜活生动、深刻丰富地表达自己。当代世界文学的版图，将因为汉语的叙述而被开拓、被丰富。伴随着这些“重新发现”，学术界展开了对于文体的讨论，并且提出了“重写文学史”的呼吁。比如李国涛先生，早在1986年就出版了研究鲁迅文体的专著《Stylist——鲁迅研究的新课题》。比如1985年发表的陈平原、钱理群、黄子平的《“二十世纪中国文学”三人谈·缘起》里也谈到文体的问题。再比如90年代以来李陀先生对汪曾祺、金庸文体的研究，对西方中心论和现代主义迷信的批判，对继承汉语文学传统资源的呼吁，等等，这无疑都是汉语文学在创作实践和理论阐述上语言自觉的共同努力。尽管这些努力可能包含了许多的局限和缺点。事实上，从80年代后期一直持续到今天，中国的新时期文学迎来了自己长篇小说创作经久不衰的大丰收。这样的文学现象，在当今世界可以说是举世罕见。

我们今天要面对的是全球化，这是前人未见的严峻课题。历史性的先天不足，决定了新时期文学文体试验的局限性。在遭遇所谓后现代主义“解构”的时候，语言很难逃脱时空错位和文不对题的误会与滑稽。在后现代主义理论的尖锐深刻的批判性被迅速抛弃之后，语言泡沫的四处泛起，文体试验的迅速走向技术化，文学创作转眼蜕化成为市场需求的量身定做，文学明星和任何别的明星一起被商业化地炒作制造，就成为新时期文学必然的时尚。权力与金钱合谋所制造出来的无限扩张的贪欲和对这贪欲的美化，正在成为没有国界的全球化的主流意识形态。让人痛惜的是，许多有才华的写作者陷入幻觉乐此不疲。如果说白话文运动的文体追求，还有一个建立新文学、新语言的自觉目标，还有一种深刻的历史批判性；那么新时期文学的文体试验，却更多地沦为模仿和畅销的快乐。在中国大陆，一个多世纪以来，文化自信心的缺失所导致的语言流行病，已经成为一种“集体无意识”，已经成为一种沉疴重疾。这是普遍的语言事实，绝不是猜测和幻想。所谓“蜂蝶纷纷过墙去，却疑春色在邻家”，人们总是觉得外国的月亮更圆，总是不愿意相信自己眼前的风景，总是用一种新的迷信来代替复杂丰富的生活，这常常叫人无话可说。

我看到一些理论家在呼吁：跳出东西二元对立的狭窄思路，寻求更为宽阔的历史视野和更为多样的文化资源，以此来对抗西方中心论的话语魔圈。可我也看到，只要一提出这类的问题，立即就会有人说这无非是“文化原教旨主义”的幻想，无非是“民族主义者”在设置莫须有的“假想敌”。“自我殖民”到了心甘情愿的地步，这也常常叫人无话可说。我这样说话绝无半点“独醒”的自诩和快乐，因为我自己也正在同一片语言的泥淖里挣扎、跋涉。

自从1902年梁启超先生在日本创办《新民丛报》和《新小说》，提倡“新文体”以来，已经整整100年了。现代汉语文学在文体表达上的自信和从容，本应是它成熟的标志，是必然的结果。这也是一切好文学的前提。方块字的万里长城早已经被打破、被超越。中国的历史早已经是世界历史最为丰富的一部分。我们不必总是看着别人花园里的风景写小说。弱势的文化并不意味着弱势的生命体验。用方块字所表达出来的生命体验，照样可以是深刻杰出的文学。正是在这个意义上，英语文学、法语文学、阿拉伯语文学，或者任何一种我们并不熟悉的语言文字所创造出来的文学都是平等的。正如100年前，我们的先辈们用白话取代文言，创建了“文学的国语，国语的文学”。如今，在这个所谓“全球化”的时代，我们这些后来者，要用自己杰出的作品建立起现代汉语的主体性，要用自己充满独创性的创作建立起现代汉语的自信心。这是每一个汉语写作者无法推脱的历史责任。白话文运动的主将胡适先生，在他的晚年曾经为此大声疾呼：“我们现在的责任是要继续那无数开路先锋没有做完的事业，要替他们修残补阙，要替他们发扬光大。”我深知，如此巨大而复杂的问题，绝不是我和我的这篇短文可以回答的。我更深知，“建立当代汉语主体性”这样的问题，已经远远超出了文学，也远远超出了所谓“民族复兴”的立场。面对全球化的历史洪流，当代汉语主体性的建立，必然是汉语文化或者说华文文化对于人类生存处境深刻有效的回答；这回答不可能是汉语的独白，必然是这个世界上所有语言众声喧哗的共同回答。百年白话在历史的长河中不过一瞬。对于一个有着几千年传统的语言，眼前这一切或许不过是它必然经历的一个过程。当历史的浮躁渐渐平息冷静之后，人们终会看到水落石出。何况，我们现在已经有了相当一批杰出的作家和作品。何况，汉语的写作早已经超越了国界的存在，日益成为一种国际间的普遍现象。更何况，我们这些说汉语、写汉语的人不过是些匆匆过客，而汉语在我们之前，在我们之后都会日新月异、地久天长。

访　谈《

汉语写作的双向煎熬

——李锐访谈录

叶立文　李　锐

叶立文:您好。在中国的当代作家中,能够对汉语写作持反思态度,并且致力于发掘本土文学资源的人并不多见。我记得您在一些文章中反复谈论到这个问题,即对中国文学传统的遗弃,是导致当代作家创作自信丧失的一个重要原因。而延续近百年的新文学史一直把对外国文学的"借鉴"当作中国文学现代化的必须手段。这种以追求"文学现代性"为名的文学思潮,到底在何种程度上背离了汉语写作的传统?

李锐:如果从语体、语言风格的角度来谈论汉语写作,那么,我们可以看到一个意味深长的现象,以彻底反传统和全盘西化为主调的新文化运动,却产生了一大批汉语特色极浓的文体大家,从早期的鲁迅、周作人,到后来的沈从文、老舍、张爱玲,无不光彩照人。所以,当"新时期文学"来临的时候,"西化"和全面借鉴别人,就成为汉语文学打破僵局的唯一出路。

叶立文:当时普遍存在的现代化想象也深刻影响了新时期的文学。似乎只有以更加坚决和彻底的态度融入对外国文学特别是西方文学的"借鉴"当中去,中国文学才能实现文学的现代性。在这种拿来主义的创作潮流下,您认为新时期文学的语言自觉做得怎么样?

李锐:本来"文以载道"是当年被新文学坚决反对的第一要义。可卸下"载道"的重担,却又不得不背上"打破"和重建的重担。历史的悖论从来就没有让现代汉语文学轻松过。在"拿来"的新奇和快乐中,在"废除汉字"和"打倒孔家店"这一类的全面反传统的主流话语中,同时产生了对汉语自身作为语言主体的遗忘和忽视。但是,文体不是汽车飞机、电脑电视,作为语言文字产物的主体,一旦脱离原来的语境,一旦脱离它原来派生的文化传统和历史处境,就会变得歧义丛生、南辕北辙。一个外来的文体被拿到中国来,并不自动产生原来意义上的创新和革命。"只要翻译成中文的，就已经是汉语的”，这样的立场是对于复杂的省略。更何况在一个被强势文化划定的语言等级阶梯中，在被强势文化“全球化”的历史潮流中，“只要翻译成中文的，就已经是汉语的”这样的文化立场，在很大程度上是一种对现状的默认，而不是对现状的清醒选择和抗争。在一味“拿来”的主流话语洪水中，在长期战乱和政治强制的主宰之下，汉语杰出的叙述者们所做出的贡献，大都是作家个人的写作行为，一直没有达成普遍的共识，没有得到充分的肯定。现代汉语文学也因此一直缺少本来应有的语言自觉，缺少本来应有的汉语主体性的建立。

叶立文：在我个人看来，20 世纪 80 年代的先锋小说的繁荣，是新文学史上一次规模较大并且能够体现中国作家现代化想象的文学运动。它同时也造成了汉语写作的困境，其表征之一就是汉语写作本土资源的匮乏。作为一位在 80 年代成长起来的作家，您是怎样看待这个问题的？

李锐：先锋小说在新时期文学中开拓创新的功绩有目共睹。在我的认识中，中国真正的先锋小说绝不只是流行的东西，它对于中国当代文学叙述形式的突破，对于文学观念的创新，对于现代汉语主体的丰富都是有相当贡献的。好的先锋小说是对中国人精神处境和中国文化传统深刻的内省与表达。我只是可惜，我们的先锋太轻易地在后现代的城市幻影中完成了自我满足，太轻易地从自己艰难的历史处境中飘离而去，甚至在对别人的迷信中，竟然转过脸来嘲笑那条自己也身在其中的河流。在我们的“先锋”和“后现代”文本中，永远只有别人的风景。对历史的盲目和误会竟然成为一些人先锋的资本，这真叫人哭笑不得。按照当时流行的看法，好像凡不是“先锋”的就不是好小说不是好文学，起码是陈旧、落后、过时的货色。先锋小说家和先锋批评家，在当时的中国和所有的进口货一样，代表着“先进”“高级”“时尚”和不容置疑的优越。那时候能被列入“先锋小说家”的行列是一件很荣耀的事情。于是，在某些批评家的笔下就出了一批很风光的“中国的卡夫卡”“中国的博尔赫斯”“中国的罗伯-格里耶”。似乎在每个中国先锋小说家的前面，都必须有一个外国的大师做比照招牌，才够档次，才够先锋。

叶立文：您的意思是先锋小说在语言传统乃至情感表达方面都有文化失语的倾向？

李锐：是的，先锋小说无论在形式上，还是在文学的主题，或者说是文学命题的表达上，都更多的是一个模仿，而不是一个对自己处境的深刻的体察和自然而然的流露。这个体察是什么？在 20 世纪 80 年代后期，当“西化”的原意，在一片所谓后现代主义的潮流中被“解构”、被“颠覆”、被“反本质”之后，现代汉语的“借鉴”和“西化”，忽然间在内外两个方面同时陷入“意义缺乏症”，我把这尴尬的处境叫作“双向的煎熬”。自己的传统是那样了，完全彻底地扬弃，然后自己拿来了所谓的理想之火，可理想之火又在中国烧出了一片废墟，当我们转过脸来再向别人学习的时候，我们发现后现代主义的思潮对整个西方知识体系有一个彻底的解构，包括所谓的人性、所谓的理性、所谓的科学这些最基本的西方价值观念都遭到了颠覆性的批判，而且非常尖锐。当我们再一次向西方学习的时候，别人已经在改造那个火了，这导致了我们非常艰难的处境。这个处境本来是可以产生最丰富的艺术和文学的，但非常可惜，很多所谓的先锋小说家只不过是看了一些外国作家的作品以后，再用汉字把它模仿一遍，至于说，对自己的精神处境、对自己的历史处境、对自己的那种最真实的感受，他没有多少感悟。从某种意义上可以说，中国的许多先锋小说家他之所以能先锋，是出于对历史的误会和麻木，这误会和麻木竟然成为他们先锋的资本。可以大胆地放手写，什么样的形式都可以为我所用。可是，在这个实验和写的背后根本没有那种最直接的生命感受，没有一种内心的自我需要，他只为写而写。

叶立文：我觉得先锋小说的一个明显缺陷，就是作家在表达自我情感方面的匮乏。在这种缺乏内心体验的写作中，先锋作家考虑更多的似乎是如何让自己的叙述更加“现代”，如何在写作中贯彻某种“先锋”的哲学思想。但远离内心的写作只能在西方价值趋于混乱时让自己无所适从。本土资源的扬弃和西方传统价值的自我解构，让许多作家不得不面对您所说的“双向的煎熬”，它更多的是一种中西方之争在汉语写作者内心的纠结。当一味从西方拿来的价值取向遭到后现代思潮的解构时，过度西化的先锋小说也渐渐远离了作家的内心，因为在他们的心目中，任何一种价值立场都难免有陷入本质主义的危险。于是，文学不再担当任何责任，写作成了一种语言游戏。在这种情况下，您如何看待当代汉语写作者普遍持有的解构主义立场？

李锐：自从后现代主义的种种理论，毫无阻碍地成为中国大陆知识界最时髦的“真理”之后，我一直有一个解不开的怀疑：为什么后现代主义理论对现代性的尖锐批判被扔在一边，而号称要坚持批判立场的知识分子，却一个个地在“解构”“反本质”的理论幻想中变成随风飘荡的“词语”，变成毫无立场任人践踏的烂泥？以这样的“知识”和立场，怎么能应对强势文化的淹没和同化？在现代汉语的发展过程中，文体上的“拿来”和语言上的欧化是同步进行的。在汉语不断欧化的背后深藏着新的语言等级观念。在这样的等级中，欧化的就代表着反传统的、新的、好的、进步的、世界通用的，等等；反之，则是守旧的、狭隘的、落后的、“方言”式的、注定了要被淘汰的，等等。面对着丝毫也不“解构”的国际垄断，面对着强势文化毫不留情的文化淹没，还要不断自我解构、不断自我反本质、不断进行自我阉割，不断为自己加上“文化原教旨主义”和“民族主义”的“原罪”，那我们真的只有万劫不复了，那我们真的是只好“废除汉字”了。我们这些至今居然还在用象形的方块字表达自己的人，岂不是全球化的最大障碍？

叶立文：其实语言本身就是一个充满了等级的权力场。新文学运动“废除汉字”的偏激之辞将几千年的汉语传统破坏得面目全非，充满翻译腔的欧化语言甚至扭曲了中国作家的情感表达。那么，汉语写作如何才能避免语言权力的规划，真正实现语言的平等呢？

李锐：中国自“文化大革命”结束以来，自改革开放以来，再一次从一种自我封闭的状态，无可回避地走进了剧烈变化的世界。中国当代文学也无可回避地走进了一张充满权力和等级的世界文学地图。然而，我们创作文学，我们坚守各自的语言叙述，不是为了满足权力和等级，而是为了刻骨铭心地表达生命，而是为了人永远不被权力和等级所限制、所奴役。在这个充满了权力和等级的世界上，权力和等级不仅常常成为别人不平等地看待中国文学的尺度，也常常成为中国现、当代文学丧失自我的弊病。这两方面的谬误交叉混杂在一起的时候，讨论中国现、当代文学就是一句空话。我在这里提出的实在只是一个最简单、最基本的问题。我在这里呼吁的不过是一种艺术审美的平等，一种语言表达的平等。但是，没有这个前提，也就没有任何深刻探讨的可能性。我必须指出的是，在这种双重的谬误之中，中国现、当代文学还是留下了，也发出了清醒深刻的声音和文字。在对别人也对自己的追问之中，在这能以言说的双向煎熬中，这些清醒深刻的表达，尤其显示了语言的丰富性，尤其显示了文学艺术的价值，尤其显示了人的尊严和创造性。这也是我们今天可以来讨论的应有前提。在我看来，在抛弃了那些权力和等级的偏见之后，鲁迅、沈从文、老舍们，是和乔伊斯、卡夫卡、福克纳、加缪们一样伟大的作家；而史铁生、韩少功、莫言、张承志们的代表作，和现在世界上所有杰出作家们的作品一样震撼人心。我曾经说过，“我们这些用象形的方块字写小说的人心里都明白，自己的写作首先是给说汉语的人看的”。这个“首先”很重要，因为这个看似不经意的不言自明的“首先”，给了我们一个难以违拗的出发点：在我们之前，这种从公元前221年就统一了的文字，已经被祖先们从未间断地使用两千多年了；这两千多年的叙述和使用，无论把它当作光辉的传统还是当作沉重的包袱，那都是一个命定的赋予；就好比父亲母亲的选择是一件由不得自己的事情。当然，这个命定的赋予并不意味着我们只能画地为牢，更不意味着我们的作品仅仅被拿来充当“大陆文学”“台湾文学”“香港文学”等这种分门归类的标本。如果真的是这样，那我们写出来的肯定不是作品不是好文学。现成的例子就在眼前摆着：用法文写出来的《巴黎圣母院》和《弗兰德公路》，用英文写出来的《哈姆雷特》和《喧哗与骚动》，用西班牙文写出来的《堂·吉诃德》和《百年孤独》，都不被我们看成是一种“地方文学”，或者仅仅看成是某一个国家、某一个地区、某一种语种的文学，我们宁愿把它们统称为文学。就像我们把《诗经》《楚辞》或是《红楼梦》也都不言自明地统称为文学一样。近一个世纪以来，以象形的方块字写作的华语作家们前赴后继，从未停止过自己的叙述，从未停止过对那个文学之峰的艰难的攀登。只是在迂回曲折的攀登之中，时常不免过于艰难。我们的叙述有时在别人的偏见之中变成一种“方言”的独白；有时又在自己的迷失中变成一种对他人的转述和重复；而且转述重复得天花乱坠、忘乎所以。这两方面的误会不免叫人常常感到透骨的悲哀，和这悲哀的无用。如果我们不想被别人的偏见和自己的迷失所淹没，我们就不能停止自己的叙述。在一个古老文明150多年分崩离析、生死交替的悲壮历程中，我们应当留下自己的叙述。在这叙述中，我们会刻骨铭心地看见自己无数的喜怒哀乐，无数的生离死别。

叶立文：就普通读者而言，都很喜欢《旧址》这部作品。小说里生命个体所承受的侮辱与损害，以及您对这种种悲剧根源充满感喟的叙述都让人难以忘怀。为什么您本人不太满意这部作品呢？

李锐：坦白地讲，我一直觉得《旧址》的叙述太匆忙、太浮躁，虽然它并没有跟着也“魔幻”起来。但是这并没有能让我免俗，没有让我避开当时的语言流行病。这也是我在以后的长篇小说《无风之树》《万里无云》的写作中，回到口语倾诉的原因和动力。因为在方言和口语的海洋里，很少受到语言流行病的侵蚀，更没有所谓的语言等级。我这样去写，是我对书面语的一种反抗。我用直接的口语，实质上并不是当地农民的口语，这是我创作的口语。这就好像我原本是在海上拾贝壳的，《厚土》是这样的，很凝练、很注意，拾起来一个一个的贝壳。而《无风之树》是我干脆直接跳进大海里，我在那个口语的海洋里所获得的那种自由、那种丰富性，是我在海边上拾贝壳根本达不到的。

叶立文：《银城故事》是一部充满偶然性的小说，许多猝不及防的历史事件往往左右着历史的进程。从这一点来说，《银城故事》对历史必然性的嘲弄仍然与《旧址》等反抗历史权力意志的小说有相通之处，即对历史自在演进这一同一性的瓦解。您要表达的是历史的无理性，而历史却经常是人类自身的欲望和行为所造成的。不知道是否可以这样说,《银城故事》在解构历史无视个人生命的权力意志的同时,也批判了人类自以为是的理性?

李锐:是这样的。很久以前我就在想这个问题,为什么最有理性的人往往给自己制造出最无理性的历史,无理性的历史和有理性的人几乎是一个无解的矛盾,人制造的历史总是使人陷于一种无理性的困境。人总是非常自觉地选择历史、制造历史、创造历史到最后总是陷入一种困境,一种无理性的困境。中国的历史是这样,西方不也是这样吗?他们有先进的科学,有发达的经济,有强大的军队,到全世界去推行他们的社会制度,推行他们的生活方式,他们自命为世界文明中心,但不正是在这个世界文明的中心爆发了两次世界大战,杀得一塌糊涂,把人类推向空前的浩劫?这种浩劫就源于这种所谓最理性最自觉的追求。我觉得这个问题的深刻性和悲怆感远远超出了人类自身。

叶立文:这个问题的后果就是历史无理性的残酷,人制造的历史反过来给人类自身施加了无尽的苦难。这岂不是人类最大的荒谬?

李锐:人的这种荒谬感给我一种很强烈的感受,我一直想表达这种感受。《银城故事》有两部分,一部分是写山崩地裂式的历史巨变,暴动、刺杀、血腥、惨烈的农民起义和被镇压,写那种荒谬的东西。另外一部分就是写那种非常恒久的,几乎是难以改变的,从某种意义上说,甚至和大写的历史无关的韧性的无微不至的生命,那种普通人的日常生活,那些屠户们、牛屎客、普通的市民们,我写那些牛,那么详细地写牛的感觉。我想写出浑茫的历史怎样从这么细微的生命之上淹留而过。甚至包括我写的山川风物,我写的竹子,都是小说中的“人物”,我甚至觉得我的小说中的有名有姓的人物并不比我的牛们更重要,写这些,我的选择、我的悲悯就在其间了。

叶立文:您的文学观念看上去并不复杂,就像您所说的,“古往今来,文学的存在从来就没有减少过哪怕一丝一毫的人间苦难。可文学的存在却一直在证明着剥夺、压迫的残忍,一直在证明着被苦难所煎熬的生命的可贵,一直在证明着人所带给自己的种种桎梏的可悲,一直在证明着生命本该享有的幸福和自由”。您几乎所有的叙述,都在试图捍卫生命的自由与尊严。像《传说之死》和《旧址》,集中表达了您对被侮辱与被损害的生命个体的维护,《银城故事》则是“从个人出发去追问人类普遍困境”的一部书。我想了解的是,在这个强调价值多元的时代,您认为用写作抗争一切禁锢生命自由的价值立场,是否就如您所说的,是“文学存在的唯一理由”?

李锐:现在人人都在讲多元化,实际上在人人讲多元化的时候,人的最基本的良知和最基本的道德却淹没在残酷的自私和血腥之中。面对这样的现实,你即使不是一个作家，你仅仅是一个会计、一个清洁工、一个小学老师，都会有自己的态度。我是一个作家，我肯定会有自己的态度。我注意到，你对作家的价值立场很感兴趣。可我想，作家们恐怕是很少从一种清晰的价值体系出发去写小说的。你很难要求《红楼梦》为我们提供直接的"价值重构"。可那其中的幻想破灭，对人的种种无奈，对生命的万千感慨，却一直在打动人，一直在让读者和作者一起思接千载。而这样的意义常常是溢出到小说观念之外的。但无疑这也是人类智慧和情感最深刻的"价值"的一部分。也许你是搞理论的，有对理性和理论的偏好，所以更愿意从理性出发探讨问题。这一次我只好抱歉了，也许以后我们有机会再探讨。

评　论《

他的叙述维护了谁？

——李锐小说的价值立场

叶立文

诗人何为？这个曾经被海德格尔反复思量的问题，如今已变得越来越难以回答。中国的小说家们，也许是受了利奥塔等人的蛊惑，往往在一种"怎么都行"的后现代语境中，用文学多元论的腔调轻而易举地解决了这个问题。但是，这种价值相对主义，在抹掉作家自身使命感的同时，也无限远离了文学。一个真诚面对叙述的作家，如果不知道自己为何写作，那么他的文学叙述就永远不会通达自己的内心。可以想象，远离了作家内心的写作，会成为一幅怎样的文学图景？当代文学的历史已经告诉了我们，那样的文学不是抽象的政治报告，便是可供改编的肥皂剧剧本。所以，真诚的作家永远不会停下追寻文学本质的脚步。也许前程渺茫、路途多蹇，但他们的每一次努力都在响应着海氏的追问，同时也在灵魂的注视下检验着自己的文学良知。

1994 年，作家李锐写下了一段这样的文字："当死亡和对死亡的自觉划破了永恒的幻想的时候，生命之火的灼烤是那样的分明而又疼痛。当疼痛袭来的那一刻，我忽然渴望一张桌子，渴望一支笔，渴望面对着一张白纸倾诉自己。不是为了永恒，不是为了金钱，不是为了庄子和萨特，不是为了曹雪芹和加缪，也不是为了观众和掌声；只为了那灼人的渴望，只是为了自己，只是为了那拂之不去的记忆。”如果说这就是李锐对“诗人何为”的回答，那么写作便是记忆的召唤，它源自作家内心深处对生命永恒的幻想和幻想破灭之后的悲哀。正如这篇文章的标题《留下的，留不下的》所暗示的一样，写作对于李锐而言，其实就是留下那些留不下的生命的方式。在我们每个人的生命中，留下的仅仅是活过的生命印痕，除此之外我们一无所有。相反，留不下的则是生命本身。在死亡没有降临之前，我们一直都在失去那永远留不下的生命。但是这并不意味着我们将只有失去而不会收获，因为“幸亏造化在给了我们死亡的同时，也给了我们回忆的力量和智慧”。回忆让逝去的生命在消失的同时也在重生，“每一秒钟留不住的生命，却也都会留下每一秒钟生命的记忆”。这些记忆会在生命不断消失的过程中重新激活我们的内心，让我们怅惘的同时感到欣慰，也令我们在无尽的回忆中重新触摸生命的印痕，并在触摸中唤起我们对过往岁月的全新体验。在这一过程中，写作担当了引领作家走向记忆的责任，它会在叙述中努力挽留那些无法留下的事物。这也意味着李锐对写作的忠诚，其实就是作家对生命意识的坚守。然而，这种生命意识却绝非仅仅是对自我生命的眷恋，如果是那样的话，李锐就不会写下这样的文字，他说：“终有一天，你会有幸获得一个感人至深的故事，你会有幸在一行诗里，在一瞬间，与人共度岁月千年。”与谁共度？是那些被写进故事里的人，还是被故事唤起了生命记忆的人？无论怎样，在李锐用小说编织的虚构世界中，一定有某些神圣的事物，被他用写作精神呵护。那么，他的叙述，究竟维护了谁？

在许多文学研究者看来，《厚土》无疑是李锐的小说代表作。但正如李锐的写作“不是为了庄子和萨特”一样，这部小说集难以让那些专好发掘微言大义的新锐批评家满意。不只是因为小说里的人物土得掉渣，还因为小说在叙述上并无“新小说”一类的技巧。与以往的许多农村题材小说不同的是，在李锐笔下，我们既看不到作家对农民政策的热衷，也很少看到吕梁山脉绵延起伏的奇峰异峦。“厚土”系列只不过是作家对自己生活中留下的某些生命印痕的书写，它始终隐含着作家对生命的记忆。在这个意义上，“厚土”系列的代表性其实并不一定意味着李锐的创作高峰，它还代表着李锐在未来的岁月中将铭记于心，并不断坚守和深化的价值立场。这一立场，便是作家对个体生命意识的捍卫。从这样的价值立场出发，李锐试图依靠叙事的力量，去对抗一切戕害个体生命感觉的外部压力。从李锐的小说来看，那些干扰、损害人物生命意识的外部压力，不论是以政治还是以伦理的面目出现，都压制着人们遵循自我生命意识去生活的正当要求。尤为反讽的是，种种“应当”的价值规范却往往以宏大正当的“看法”名目大行其道。在《厚土》中，李锐反对了这些理所当然的看法。他努力呈现的，其实是存留于记忆中的生命的真实。艾萨克·辛格的哥哥曾经说过：“看法总是要陈旧过时，而事实永远不会陈旧过时。”[①]这句话在说明看法靠不住的同时，也强调了事实的生命力。或许正因为事实不会像看法那样朝三暮四，所以优秀的作家才会在自己的写作中尽力追寻着事实的足迹。“厚土”系列表达了李锐认识生命的愿望，那就是抛开看法，依据自己的记忆在叙述吕梁山人民生活的过程中，捍卫生命的事实。他必须面对的敌人，就是种种掩盖、歪曲和规划生命事实的“看法”。这样一种小说的价值立场，其实从未远离李锐对那些留下的和留不下的生命的叙述。在“厚土”系列中，生命的事实就是活着的事实，它强调了在活着的事实面前一切生活形式的无能。在那些黑胡子老汉、婆姨以及学生娃的言谈中，庄子和萨特对生命哲学的思考远远抵不上面朝黄土背朝天换来的真理，他们仅仅是一群实实在在地生活的农民。不论生活多么艰辛，都无法阻拦人们对生命的热爱——艰辛的生活形式只会令他们苦中作乐。李锐的叙述就像他笔下的农民一样，平静而又朴实。即使对政治的消解，也蕴含在温和幽默的喜剧氛围之中。那些记录了生命印痕的文字，也许仍然留不住生命本身，但却建立了李锐对生命事实的敬意，并使他在以后的叙述中永久保持了一份温情。这份情感让他即使在叙述留不下的生命本身时，也能始终保持清醒，去面对那些破坏生命事实的形形色色的看法。

从《传说之死》开始，李锐叙述了一个个感人至深的“银城故事”。在银城这座虚拟的人生舞台上，欲望与理想、崇高与卑劣交相辉映，照耀着说不尽的银城故事。那些生活在故事里的人们，似乎从来都对生命的事实视而不见。他们的言谈与行动，永远指向与生命相悖的权力与欲望。无论是虚伪的伦理还是贪婪的情欲，都以禁锢生命的形式残暴地剥夺了生命的价值。直到六姑婆李紫痕毁容吃斋的那天开始，银城这座平庸世故的城市才开始了她惊鸿一现的传说。虽然这个传说与美丽无关，但六姑婆李紫痕仍然用她对生命的敬意，演绎了传说共有的高洁品质。《传说之死》的故事，其实就是被侮辱与被损害的生命的呢喃。虽然微弱无声，但仍在政治权力、家族伦理的重压下展示了生命无法被彻底剥夺的尊严。六姑婆李紫痕所在的家族，几乎是银城一切权力斗争的场所，这里有地主、盐商、军阀、长工等，亲缘关系的复杂使残酷的阶级斗争更显残酷，为了某种私欲，连亲人之间都可以互相倾轧。在生命不断毁灭的悲剧中，唯一能超越各种利益关系的人物，似乎只有李紫痕这样一个吃斋

---

① 转引自余华：《我能否相信自己》，人民日报出版社1998年版，第3页。

念佛的女人。她不懂政治,只是本着慈悲为怀的信念和善良的天性呵护着每一个趋于绝境的生命。为了九哥,她甘愿冒着杀头的危险加入了共产党,虽然对于革命的崇高目标一无所知,却仍然为革命奉献着自己的生命。对于她而言,参加革命不过是为了保护自己的弟弟,她并不理解革命,但却比许多革命者先知先觉地洞察了生命的事实。这一事实就是生命自有的价值,它不该因时代的变迁而有所减损。用李紫痕朴实的话说:"啥子时代也是一副肩膀挑起一个脑壳。"出于这种近乎自由主义的生命观念,李紫痕以自己的行为蔑视了一切蔑视生命的"理想"与欲望。她收养反革命分子后代的举动,在那些为现实利益斗得你死我活的人看来,无疑近乎愚昧。但谁能抚慰孤苦无助的生命个体,为他们轻轻拭去灵魂破碎的眼泪?不是乌托邦式的政治神话,也不是循礼守节的传统伦理,而是这个爱惜生命的女性。她的行为,无疑让现实中饱受摧残的生命感到了一丝安慰。在世人的猜忌、误解与怀疑中,李紫痕的故事超越了那个时代,并最终成为一个空谷足音式的传说。但是,传说毕竟是虚幻的,李紫痕历经沧海的生命忧伤终究敌不过尘世中人的欲壑难填的疯狂。故事的结尾,随着李紫痕的孤独离世,这个充满悲剧色彩的传说也终于昙花一现。李锐的叙述,虽然在与禁锢生命的权力抗争中试图维护生命的尊严,但仍然无法挽留那些逝去的生命。

1992年,李锐完成了他的第一部长篇小说《旧址》。故事与《传说之死》并无二致,只不过随着小说容量的增加,人物命运的悲欢离合、生命个体所承受的侮辱与损害愈发惊心动魄。李锐的叙述,也在目睹笔下人物生命逝去的过程中更显悲天悯人的素朴情怀。小说的主人公,从《传说之死》的李紫痕扩充成了李氏家族的几代人。尽管他们的命运在形式上各不相同,但结局都无一例外地成了各种权力斗争的牺牲品。在他们的悲剧故事当中,既有政治和伦理对生命个体的戕害,也有虚假意识对生命自由的蒙蔽。前者似乎成了历史进程中的常态:当历史以必然性名义展现出自己不可抗拒的力量时,任何有悖历史潮流的个人和群体都不得不面对毁灭的危险。因此,尽管像族长李乃敬这样一个颇具儒家道德圣人风范的生命个体,也不得不在革命的历史洪流中被强制性地赶下了历史舞台。与之相比,那些小人物的命运就愈发显得卑贱。所以,随着1951年公历10月24日听鱼池畔的枪声响起,李氏家族的众多生命便成了喘息在历史洪流之下的孤魂野鬼。彼时,唯有与这些生命血肉相连的李紫痕泪如雨下。她不懂历史规律的进步意义,她唯一可做的就是收养李乃敬的后人,为李氏家族保存一股血脉。类似的故事在《旧址》中随处可见,如果说这种悲剧故事的根源是历史的权力意志所致,那么另外一些悲剧则来源于人们的虚假意识。和小说中无处不在的传统伦理一样，革命作为一种取而代之的正统思想，具有社会学的特征，“它意味着有组织的集体对个性自由的权威，对人的自由精神的权威”[1]。革命其实就是以集体的名义使用暴力，强制性地让人们获得自由。对于李乃之等革命者而言，传统伦理代表的封建主义禁锢了人们的自由，唯有暴力革命，才能拯救苦难的大众。但是，当革命的风暴席卷李氏家族的时候，许多无辜的生命也为自由付出了惨痛的代价。那些卑贱的个体，在历史的必然性铁律下发出的哀号与呼告，足以让许多像李紫痕一样珍视生命的人们感到痛惜。

面对种种压制生命的看法，李锐的叙述展示了抗争的勇气。在李紫痕这个人物身上，寄托着李锐对生命意识的坚守。对于李紫痕而言，根本不存在抽象的人类观念，她只懂得每个生命都具有生存的权利。在这种素朴的认识中，李紫痕以自己悲悯的情怀收容了李之生和冬哥。她的抗争，充分展示了生命自有的力量。尽管从社会实践层面来看，李紫痕的所有选择都是不自由的，她并不能够提供正义与反动的价值准则，但她却在生命意识的层面揭示了自由的本真含义：自由是人的独立性，是人的内在个性的决定性，自由是人的创造力量。在生命意识的自由中，自由不是对提供给我的善与恶的选择，而是我对善与恶的创造。从毁容吃斋的那一天开始，李紫痕便创造了关于生命自由的价值准则，它是对所有政治伦理的背弃。支撑起李紫痕区分善恶的标准，不是政治意义上的进步与反动，而是对待生命的态度。在李紫痕看来，凡是戕害生命的一切行为，都是她抗争的对象。她始终相信自己的判断，即使在面对一切压制生命的强大力量面前，她也用对每一个人的爱反抗着。当李紫痕完成了自己的创造以后，她的生命也进入了自由的生存状态。这种状态通过死亡的形式展现了出来，她把自己的尸体“打扮得如一个华丽无比的盛装的嫁娘”，死亡成了另一种形式的再生：她以死亡的方式成了银城独一无二的女人，并在人们代代相传的传说中，获得了永生。李锐的叙述，也终于在超越尘世的层面上留下了留不下的生命。

从《旧址》开始，李锐的叙述延续和深化了隐含在“厚土”系列中的思想。这一思想的核心，就是以生命为本位的人道主义。这种人道主义思想与抽象的概念无关，它是作家对生命个体的价值关怀。对于李锐而言，无论遵循或是反抗历史的权力意志，都不应该漠视生命自身的价值。那些禁锢生命个体的“看法”，在侵害生命事实的同时，也扭曲了自由的含义。当历史以争取自由的名义展示自己的权力意志时，

① [俄]尼·别尔嘉耶夫：《自我认识——思想自传》，雷永生译，广西师范大学出版社2001年版，第54页。

生命个体的道德选择、政治取向早已没有任何自由可言。就连爱情也成了机关算尽的权力交易，八妹和杨楚雄、延安和歪歪之间的婚姻，不是传统伦理的家长意志，便是“政治正确”的需要。在这种情形下，自由越来越远离了生命个体的内在基础。从这个意义上说，《旧址》讲述的银城故事，就是政治权力、传统伦理对生命自由的戕害。李锐的写作，在揭示这种戕害生命事实的同时，也试图用叙述温暖那些被侮辱与被损害的人们的内心。他通过李紫痕这一人物的塑造，重新考量了自由的含义。自由不是别的，就是人的内在决定性。但事实果真如此的话，自由就意味着必须颠覆一切禁锢这种自由的外在力量。这种颠覆不仅仅表达的是对历史权力意志的愤慨情绪，它还必须在生命意识的层面颠覆传统的历史观念。《银城故事》就是这样一部建构在生命意识层面上的审视历史权力的作品。

在《银城故事》中，李锐展示了一种新历史主义的历史观。虽然自 20 世纪 80 年代起，反抗历史必然性、重视边缘历史叙述的众多作品业已表达了新时期文学的启蒙特征，但像《银城故事》这样完全以戏剧的偶然性编织历史叙事的作品，却仍然为当代小说颠覆历史理性的启蒙想象提供了一些崭新的质素。在小说的题记部分，李锐开宗明义地表达了对“那些漏洞百出、自相矛盾的历史文献”的怀疑。因此，《银城故事》的历史叙述就不是一部表现历史规律、描写历史进程的作品。虽然小说充分展示了 20 世纪 10 年代风云动荡的历史画面，但那些原本只是时代配角的历史潜流，却像“涨满性感的河水”的银溪那样，淹没了历史的河床。相反，本应支配历史进程的历史规律，却一而再、再而三地遭受了历史偶然性的嘲弄。但当刘兰亭、欧阳朗云、刘振武等革命志士准备为之抛头颅、洒热血的时候，一些措手不及的意外变故却令敌人聂芹轩兵不血刃地取得胜利。欧阳朗云自作主张的暗杀行动迫使暴动流产，援兵刘振武却与自己亲生父亲率领的农民起义军进行着殊死搏斗……种种情节的跌宕起伏完全背离了革命故事习见的情节模式，起义失败的根源不是敌我双方力量的悬殊，而是革命者出人意表的命运发展。假如不是因为刘三公的护犊心切间接导致了刘兰亭的自杀，又假如刘振武没有遇到天义军而遭受亲人的复仇，又或者欧阳朗云再坚强一些，没有供出刘兰亭……，或许革命者还能反戈一击，不致如此一败涂地。但正是因为没有这些虚构的历史想象，小说中的革命故事才展现了截然不同的历史面貌。在这个意义上，《银城故事》以种种偶然事件编织的历史故事，在颠覆习见的历史叙事模式、解构历史规律的同时，也间接表达了李锐维护个体生命的价值立场。因此，在这部小说中，我们看到了李锐对历史的拷问：“无理性的历史对于生命残酷的淹没，让我深深地体会到最有理性的人类所造出来的最无理性的历史，给人自己所造成的永无解脱的困境。”这种拷问始终质疑着历史无视人类生命、自在演进的本体性神话。也许是出于这种新历史主义的小说观念，李锐才未从历史规律的角度去评判自己笔下的人物，就像对待欧阳朗云这样一个事实上背叛了革命的人物来说，李锐的笔触也从未对他加以一丝一毫的责难。他尽力描绘的始终是这个人物内心的激情与怯懦。即使在叙事结构上，小说也在讲述牛屎客的故事中有意无意地疏远着以革命故事为代表的“历史进程”。种种迹象显示，《银城故事》这部小说事实上延续了《旧址》对压制个体生命的历史理性的反叛。虽然不像《旧址》那样饱含着对被侮辱与被损害的人物的深切同情，但李锐在《银城故事》中仍然通过对历史的重构，“从个人出发去追问人类普遍的困境”。更具体地说，即从个体生命遭受历史规律压制的事实之中捍卫人类的生命自由。这样的小说价值立场，实际上是在面对留不下的生命的时候，用叙述维护着生命的尊严。这也意味着李锐的写作本身，就是作家与自己笔下受尽侮辱和损害的人们的休戚与共：在共同承受和反抗历史施加的苦难与历程中，李锐渴望与他的人物一道去超越历史织就的权力牢笼，留下那些留不下的生命本身，并与之“共度岁月千年”。

希腊诗人阿奇洛克思有言，云“狐狸多知，而刺猬有一大知”①。虽然狐狸机巧百出，却不敌刺猬一计之防御。在面对“诗人何为”的良知叩问时，李锐似乎更像一只刺猬，虽然他的读者在数量上永远无法和一些“与时俱进”的狐狸型作家相比，但他“不是为了观众和掌声”的写作，却始终证明着文学的力量。“古往今来，文学的存在从来就没有减少过哪怕一丝一毫的人间苦难。可文学的存在却一直在证明着剥夺、压迫的残忍，一直在证明着被苦难所煎熬的生命的可贵，一直在证明着人所带给自己的种种桎梏的可悲，一直在证明着生命本该享有的幸福和自由。”这种价值一元论的小说立场其实是李锐用叙述展开的抗争，只有在陪伴与呵护个体生命的情况下，作家才能用叙述抚慰和安顿那些被历史权力意志碾碎了的孤单灵魂。他的写作，永远在维护被侮辱与被损害的生命的同时，未曾片刻远离对生命本身的敬意。

（载《小说评论》2003年第2期）

① ［英］以赛亚·伯林：《俄国思想家》，彭淮栋译，译林出版社2001年版，第26页。

主要作品目录《

长篇小说

《旧址》,上海文艺出版社 1993 年版。

《无风之树》,江苏文艺出版社 1996 年版。

《万里无云》,中国青年出版社 1997 年版。

《银城故事》,长江文艺出版社 2002 年版。

《人间——重述〈白蛇传〉》(与蒋韵合著),长江文艺出版社 2011 年版。

中短篇小说集

《丢失的长命锁》,北岳文艺出版社 1985 年版。

《红房子》,人民文学出版社 1988 年版。

《厚土》,浙江文艺出版社 1989 年版。

《传说之死》,长江文艺出版社 1994 年版。

《北京有个金太阳》,时代文艺出版社 2001 年版。

《太平风物:农具系列小说展览》,生活·读书·新知三联书店 2006 年版。

《高粱红了几千次》,鹭江出版社 2018 年版。

散文随笔集

《拒绝合唱》,上海人民出版社 1996 年版。

《不是因为自信》,湖南文艺出版社 1998 年版。

《另一种纪念碑》,山东文艺出版社 2002 年版。

《网络时代的"方言"》,春风文艺出版社 2002 年版。

《烧梦:李锐日本讲演纪行》(与毛丹青合著),广西师范大学出版社 2009 年版。

《出入山河》,河南文艺出版社 2019 年版。

文 集

《东岳文库·李锐卷》,山东文艺出版社 2002 年版。

李修文

男，1975 年生，湖北荆门人。

小 引《

在 20 世纪 40 年代的诗坛，就有人以“代”际之别来命名作家群体，始有“新生代”作家的说法。后来台湾的当代文学批评家和文学史家，也喜欢这样区分作家，于是就有诸如“前行代”“新世代”“更新世代”作家之类的命名。但这些说法和命名，毕竟都十分含混，并没有将这个“代”字，具体锁定在哪一个年代。到了晚近这二三十年间，情况就不一样了。虽然当年诗坛闹“第三代”（或“第五代”）诗潮的时候，也沿用过“新生代”的含混说法，但到了小说界用这个方法来区分作家时，就不再含混了，而是一个年代一个年代地数下去：起先是“60 年代出生的作家群”，后来干脆用洋办法简化为“70 后”作家、“80 后”作家，现在又有“90 后”作家现身。以此类推，我不知道新世纪出生的孩子将来当了作家怎么办，难不成又这么一个年代一个年代地再数一遍，倘如此，倒真是坐实了清人赵翼的那句诗——江山代有才人出，只可惜能领的风骚不过十来年，过了这个数，就有人要取而代之了。作家更新换代的速度如此之快，让你不能不感叹前些年流行的那句小品演员的话，说得实在太俏皮：中国人真是太有才了！

这是闲话，以博一粲。但闲话不闲，据说“70 后”女作家群的首次亮相，就是李修文当年在《作家》编辑部当编辑时策划的，所以对“70 后”作家的命名，李修文是开创者。而且无论从出生的年代算，还是以创作的成就论，他都理所当然也当之无愧地是“70 后”最有代表性的作家之一。

我和李修文的缘分不仅是同住一个城市，而是他在这个城市求学、定居之前，就有过交往。那时他还是一个中学生，大约作文写得好，已显露文学才华。现在才知道他曾经得过全国的许多作文奖，而且大多是一等。这对一个中学生来说，自然不是一件易事，也算是一个自信的资本。他跟我写信，谈的大约也是与写作和升学有关的事，其间似乎还见过面。后来就断了音信，再后来听说他保送上了另一所大学的中文系，再再后来又听说他在《作家》杂志当编辑。再再再后来就什么也没听说了。等到很久以后，应邀到他的母校参加他的长篇小说《滴泪痣》的研讨会，方才得知,他已经是武汉市作家协会的专业作家,且是当时全国最年轻的专业作家。于是,在我的脑海里,又叠印上了当年的李修文,只是从前的李修文似乎很秀气,面前的李修文却膀大腰圆,又剃着光头,很有点先锋、时尚的味道。

文如其人,他的作品果然很先锋、很时尚。因为作品的背景是日本东京,所以会上很多人提到日本作家村上春树的《挪威的森林》,说《滴泪痣》是受了它的影响。我买过《挪威的森林》这本书。记得还是多年前与一群作家到胶东半岛去转悠,跟着池莉赶时髦买的。池莉当然知道它的好处,我却不知。所以买回来也没怎么看,就不敢接这个话题的茬。只是心里在想,这本书分明写的是一对中国青年的事,缘何非要扯上别人的影响呢。就算是在情节、人物和写法上有某些近似之处,也不一定就是受了某某的影响。难不成非要扯上某某的影响,才有身价,倘如此,中国的文学也太没出息了。晚近30年,中国作家从学习、借鉴东、西洋文学中,确实受益良多。其中自然不乏亦步亦趋的套用、模仿者。李修文仿佛不是这样。尽管他把《滴泪痣》的人物和故事放在了日本,也让作品的主人公坐上了《挪威的森林》的主人公坐过的同一线路的电车,根据某个专家的说法,在《滴泪痣》的主人公身上,甚至还可以"隐约窥见"《挪威的森林》的人物的"投影",但我坚信,他写作的根须,依旧是扎在中国人的心灵和情感的深处,依旧是受着中国文化传统的浸润和滋养。

他说:"我认为日本文学的要旨中国文学从来不缺,只是因为我后来强调了日本文学,人们就以为我只跟日本文学有重要联系,其实我也在强调中国古典文学啊,但就没人去听了。"就拿他在接受本辑主笔、我的博士生阳燕的访谈时提到的,表现"极端"或"惨烈"情感的作品,除了《赵氏孤儿》和《霍小玉传》,在中国文学史上,戏剧如古之《牡丹亭》《窦娥冤》,今之《李慧娘》,小说如《搜神记》《幽冥录》《封神榜》《西游记》,乃至《聊斋志异》《阅微草堂笔记》等等,都可以作为例证。中国文学尤其是戏剧、小说,向来以"传奇"著称,所谓"无奇不传""无传不奇",其中自然颇多"极端""惨烈"的作品,只是中国的文化传统因为背着一个"中和"之美的盛名,主张"温柔敦厚""不语怪、力、乱、神""乐而不淫""哀而不伤""怨而不怒",所以就难免要给外人一个不写"极端""惨烈"的印象,一旦像李修文这样写了"极端""惨烈",自然就有人要说,那是受了日本文学的影响。因为日本文学也写"极端""惨烈",就断定二者之间必然有"恍惚神似"之处。

我希望《滴泪痣》与《挪威的森林》,也仅止于"恍惚神似"而已。因为一个作家接受文学影响,恰如一个普通人从饮食中汲取营养,你实在不知道自己的身体发育,最终是得益于哪一碗米饭、哪一杯牛奶。结果往往是爱吃米饭的说米饭,爱喝牛奶的说牛奶。可惜晚近30年来，中国的读者和批评家，也包括作家自己，太喜欢把中国文学的发育，归功于多喝了东、西洋的牛奶。可我怎么觉得，也喝过东、西洋牛奶的李修文，他的膀大腰圆，没准儿最终还是得益于中国人爱吃的那碗老米饭。

自　述《

写作和我：几个关键词

写作源头：每一个人爱上文学、爱上写作，成为一个作家的原因有很多，但是我相信其中肯定有一个原因是很多作品曾给心灵带来很大的冲击。

我们每个人的写作大都在对大师的模仿的基础上逐渐得以确立。

作家：我的确是一个“作家”，我钻过卡夫卡的地洞，在阿根廷的南部见识过博尔赫斯笔下的高乔人，还知道爱伦·坡是如何把一只黑猫埋进墙壁里去的。我不可能把这些同样让我惊骇触目的记忆送到九霄云外，那么好吧，我干脆让他们在我身上打架：卡夫卡配上汤显祖，爱伦·坡配上关汉卿，至于我，我只服从最后的结果。最后，我像一个失节的叛徒，带着前者的贺礼向后者投降，并且向更多人投降：蒲松龄、张岱、郁达夫、太宰治、谷崎润一郎、加斯通·勒鲁。

小说：小说有很多功能，一种是像博尔赫斯一样，很智慧地去发现这个世界的部分真相；小说还有一种功能是让一个人可以去体验、可以去重温、可以去倾诉一些事情，对我来说，我的任务不是去发现，就是去重温、去回忆。

故事：只有那些极端纠葛、极端浓烈的故事才能吸引我去写，故事对我完成一篇小说具有决定性的影响，必须有一个空间特别大的故事才能使我耐心地坐在书桌边。做小说家，首先要做的是一个能把故事讲好的小说家。

情感：小说的魅力仍旧是直接作用于心灵。仅仅需要一种非常强大的力量来驱使我写出第一句话，在我看来，这种力量就是情感。

细节：纳博科夫说，灵魂在细节处闪现。细节让人信服，作为一个作家，体验生活，特别是体验生活中的细节特别重要。我写小说有一个习惯，记到四五十个能感动自己的细节，就开始动笔。

日常生活中的“奇迹”：我所说的奇迹，是那些深植于日常生活中，散发出魔幻光圈，最终将人类生活的种种图景最大限度逼近作家视野的“奇迹”，它们使我重新发现司空见惯的一草一木，并且使我确信文学的魅力有很多一部分源自“空穴来风”。

对“奇迹”的信任在很大程度上可以理解为对自身判断的信任，我总觉得在文学的范围之内，从自身出发的判断是最值得信任的判断。

作家笔下的世界就和我们的爱情一样，它往往并不理会事情的固有布局，而是经常在自行设定的隧道里任意飞翔，不需要任何理智、妥协和救援。

历史戏仿：那些古怪的传说和发黄的典籍、绚丽的诗词和曼妙的丝弦、虚弱的帝王和潮湿的后宫、似曾相识的爱情和放荡不羁的诗人，这一切，长年累月在我枯燥的日常生活里徘徊不去，使我的每一天都过得像一场白日梦。到最后，我痛心地看到，这一场白日梦并没有伴随我的成长而消逝，而且还逐渐演变成了我不可回避的个人命运：写作。

人性困顿：拿过多的道德的东西去评价文学是不合适的，苦难、承担、责任这些词在中国文学中已经被过度彰显，而隐藏在个人内心的真实的东西却被忽视。

我的创作始终关注人性的困顿，在写作中投入了全部的感情。我对弱势的人天然有一种探究和关注，我要写的是一颗虚弱的心，而不是写一个有关弱势的概念。

怀疑和发现：我曾经怀疑历史典籍的真实性，后来确信古典文化、传统文化中的许多精神性的东西。在这个时代里，我应该重新具备发现美、相信爱的能力，要让一些最基本的词汇回到我的笔下：爱、善良、禁忌等等。

充盈之美：在我看来，文学最终考察的是一个作家对世界的综合把握能力，你必须通过努力使笔下的世界具有均衡与充盈之美，从这个意义上说，枪炮与玫瑰同等重要。

知行合一：写作，即不背叛自己的经历、气质乃至阅读，不背叛感动我的体验，我的小说态度不背叛我的生活状态。是小资的人就写小资的书，是流离颠沛的作家就写流亡小说。

凡我所写，一定是我所坚信。我的创作平行于生活。

过度的阅读：在长年累月的伪生活中，阅读成了许多人提升写作的唯一办法，实际上，我们都被过度的阅读给阉割了。

远方：我迷恋没有抵达过的远方。一个作家必须经常离开自己熟悉的城市，但完全脱离也会导致失语。我希望每年有两个月时间在外面，这种逸出带来的审美经验对我的写作有刺激感，每到一个地方，都有崭新的经验融入身体，并且跟我原有的条条框框规定内的生活拉开了一段距离。

写作的自由：我所遵循的就是一种不断“革命”的传统，这也是我不得已而为之的选择，因为我的天性注定了我仇视一切偶像化的东西。可以肯定，我在写作的绝大部分时间里都是满怀着莫名的仇恨的。

我希望自己就像老家的前村长，该哭的时候号啕大哭，该笑的时候仰天大笑，笑或哭之前不要想应不应当，更不要被异国消息、文坛风向、作品的起印数所牵制。

写作的自由是没有尺度的自由，而乱写根本就不会丢掉你自己身上的那种独特的气质，许多作家终其一生，实际上都是在强调那些他永远都丢不掉的东西。

困难的写作：所有得意洋洋的写作者都是可疑，乃至是可耻的，一个真实的写作者，应当是那个在狂喜与忧虑之间左右为难的人，他有一个永远无法抵达的目标，比目标更不幸的是，他还有层出不穷的注定无法翻越的障碍，要想在这世间安身立命，他所能够依仗的，更多的时候只有怀疑、虚弱和苦闷而已。

一部作品，能够解决我个人的困难，我就已经谢天谢地了。

时代：说起我们生活的时代，它远比我们的写作更加真实，也远比我们的写作更加虚伪，稍加留心，你就可以听到时代的体内一直在响动着噼啪生长的声音，它是宴会上的欢声笑语，是郁郁寡欢中的低叹，是无数苟且之后的哭泣，唯有仔细谛听心灵在时代之中的沉浮遭际，我们才可能获得可靠的感情源泉，而真实的感情是一切优秀作品的必需。

后半夜的说书人：我需要一双眼睛，还需要一颗柔软的心。眼睛和心将我带入新的造化：看那写字间，有人在办公室里昏厥，有人在打字机上痛哭；再看小酒馆，没喝醉的人在伺候身边的美人，喝醉了的在对着电话向妻子忏悔。从此等机缘旁边经过的说书人有福了——从摩天高楼之下到街衢巷陌之间，欲望飞翔，疼痛蔓延，它们，都在等着让我说出来。

新经典的诞生：我们被带到了一个从来没有过的时代。正如日常生活中普遍标准的混淆与丧失，在文学的范围内，我们所拥有的，可能只是一些杂乱的现实，是一块漫无边际的中间地带，那些在其中隐藏的事物，或幽暗沉默，或哭喊呜咽，但它们不是别的，就是矗立在经典标准和未来结论之间的强大事实和清晰处境。他们是那么难以辨查和观照，他们就像是一个个失去了庇护的孤儿，因为那些可以照料他们的“真理”已经自身难保，但是，写作者的幸福就在于此：即使连“真理”都无法和今日的现实发生关系，它们也仍然牵动着我们的身体与心灵体验，因为它们就是那些已质变的，越来越个人化的经典，是的，我们就生活在“经典”中。

访　谈《

“我们来到了痛苦的中心”
——李修文访谈录

阳　燕　李修文

阳燕:访谈大都会从“祝贺你的××新著问世”开始,但我的第一个问题是:你计划中“爱与死亡”三部曲的最后一部为何迟迟未见出版?而且《捆绑上天堂》之后几乎也没有见到你其他的小说作品?

李修文:我已经放弃了“爱与死亡”小说的创作计划,不写了。我这两三年几乎没去写作的主要原因是:我觉得不好写,很困难,很惶惑,我无法归纳我今天置身的这个时代图景。这就回到一个问题,即我们到底处在一个什么样的现实当中。无法否认,我们被带到了一个从来没有过的时代,自从网络出现之后,它整个地改变了人的说话方式、生活方式,改变了人的道德观、价值观,我们必须承认我们部分的甚至核心的东西也改变了。

阳燕:在这个复杂的时代里,你感受最深的是什么?

李修文:我觉得这几年的变化简直是摧枯拉朽的,这个时代和其他的时代确实大不相同,这个时代的现状就是分崩离析、泥沙俱下。

我从来都相信,中国式的崇高和美绝对还在,但是现在这个世界,物质在压迫人而且在空前地压迫人,在全球化背景下,人的焦虑都是一样的,正如哈维尔所说,“今天是欲望主导的社会,我们的体验都是他人曾体验过的”。出于对物质的狂热,我们自己甘愿被控制,因为没有一种坚硬的东西来告诉我们怎么生活,或者说以前信仰的东西都坍塌了。家庭对人也是一种折磨,因为物质的空前压迫导致整个家庭的概念、形式也发生了很大的变化,人和人之间、男人和女人之间充满了不信任。这个世界难得的是“不在”,而不是“在”,每个人都唯恐自己不在各种各样的现场,每个人都对传奇、故事,对发生在我们生活中媒体所宣导的日常奇迹越来越着迷、越来越信任,而且当作自己的生活准则,热衷于各种各样的排行榜,热衷于“你看看人家怎么怎么的”。这其实就是“本应属于我的心”越来越被别的东西所控制。

我是一个崇尚内心的写作者,物质的强大压迫对我来说是十分难以释怀的。

阳燕:你是说,时代的困境令你失语了?

李修文:我失语了。我不知道怎么弄才好,一个我眼前的处境,一个我精神上的困惑,使我对过去很多观点产生了质疑。

比如说爱情,我越来越不倾向它作为一种观念、作为一种生活准则,甚至作为一种生活哲学放在我们面前来指引我们,对我们产生作用,我越来越倾向让它存在于各种各样的各时各刻的片断当中。过去我笃信爱情,我把爱情看成是人应当有的那种指引自己往美好、往纯洁去的能力,但是我现在怀疑这种所谓的美与纯洁到底是否就是我们正确的人生目标。我觉得未必。也许怀着垃圾的人生才叫完整的人生,内心有黑暗、有厌倦、有恐惧的人生可能才是更加真实而完整的人生。

你也可以把这个问题视为一个普遍问题。一个普遍的背景就是,几乎这一代作家都对这个时代失语了。我每个月收到很多的杂志,包括很多朋友的作品,有多少能真正反映这个时代的面貌?有多少真正触及了这个时代的内核?我们前后同时出道的人有时在一起开会聊到这个问题,确实觉得不知道怎么弄才好。这本身就是一个问题,人越来越大,就越不知道自己要什么,而越来越不知道自己要什么就是这个时代的主要特征。不单是我,中国的很多作家都有"如何面临这个时代"的问题,对于一些作家来说,他们已经放弃了,不去感觉了,他们所写的与现在的生活毫不相干。

阳燕:时代的变化与你的创作就如此休戚相关吗?在我的感受中,你过去的创作与时代主调、与现实生活的距离都是比较遥远的。

李修文:一个作家不见得就要为他置身的那个时代写作,但我觉得一切作品不管写哪一个朝代,它里面实际上都有一个感情基础的问题,它必有一种结实而可信的感情基础。而这种结实可信的感情基础更多来自我们在当代的感受,来自当代的感受非常强大、非常有力,因为它是及时的、正在发生的、沸腾的,是和生活血肉相连、休戚相关的。

阳燕:我觉得你对历史的兴趣非常浓厚,戏仿小说是对于历史典籍的颠覆解构,《滴泪痣》和《捆绑上天堂》重新张扬古典化的爱情观念,两类小说在价值观念上走向正反两极,但都以历史为思考对象。你的创作是否一直试图与古典进行对话?

李修文:戏仿小说和"爱与死亡"小说这两类小说都是针对古典去进行创作的,但创作的内在驱动力却是我在当下生活中的感受、认知和体验,它们贴合我的内心并能够表达我是怎样的一个人。过去我是不信,时常怀疑历史典籍的真实性,后来我是信了，确信古典文化、传统文化中的许多精神性的东西。无论戏仿小说，还是“爱与死亡”小说，我都特别想要打破一个什么东西，想要打通古典和现代两个相距遥远的时代，但我又觉得很绝望，我打不通，写《滴泪痣》和《捆绑上天堂》时我试图用中国古典式的审美情怀和生活道德来弥补现代生活的某些缺损，但现在我发现它是没有用的。我的悲剧就是一个古典主义者在这个时代的全面溃败。

阳燕：你对古代文化、古典文学的热情从何而起？

李修文：从小处来说，可能是我家人、我的生活环境所给予我的影响。我父亲、我爷爷都是读书人，我们一家都有读书的嗜好和由来已久的阅读的习惯。我父亲退休了，他最喜欢做的事情就是不断地读《资治通鉴》；爷爷是个风水先生，他的蝇头小楷写得很好，90岁还写诗，喝酒后想起来了就用毛笔在墙壁上题写，这个祖父是过去的想象当中的祖父，但我祖父一直是这个样子。

此外，楚文化对我的影响既是潜移默化的，也是巨大的，我出生在钟祥，成长在荆门，这一带是楚文化发祥地，也是明朝嘉靖皇帝出生地，留有许多的传说和古迹。楚文化绮丽、妖艳、灿烂，它们都是有着强烈的生命力的东西，令我非常着迷。有一段时间，我非常渴望成为一个遭遇腐朽而在腐朽中发现奇迹、创造神奇的考古学家，还认真想过去考明史方向的研究生。

阳燕：在这浮躁喧嚣的影像化、快餐化时代里，你会有兴趣去读一本字体复杂、节奏缓慢的古籍书吗？

李修文：我可能是中国70年代的作家中读旧版书、古籍书最多的作家之一，我的大量藏书都是台湾出版的繁体竖排的各种书籍。我喜欢这种并无实际功用的学问，任半塘先生的《唐戏弄》，考证唐代戏剧的发展历史，广征博引，间杂还有许多闲散的史料，诸如各种歌辞如何区分、酒令怎么行、衣服上的花边怎么打等等，厚厚的上下两大册，上百万字，我都兴味盎然地读下来了。

从阅读上讲，更多的青年作家受西方文学的影响较大，我的身上则更多透露了东方的古典的文化传统，我在内心里特别贴合东方、古典的东西，与这种文化相结合我便神采飞扬。写《滴泪痣》和《捆绑上天堂》的时候，我的手边常放本沈复的《浮生六记》或者冒辟疆的《影梅庵忆语》，每当写不下去的时候，我就读一读这些书，往往能获得灵感和语感。

阳燕：说到你与古典文化的关系，很容易联系到你和日本文学、日本文化的关系，你能谈得更详细些吗？

李修文：其实也是一致的，我认为日本文学的要旨中国文学从来不缺，只是因为我后来强调了日本文学，人们就以为我只跟日本文学有重要联系，其实我也在强调中国古典文学啊，但就没人去听了。比如说，极端、惨烈，在中国的传统文化里头也是有的，日本的《春琴抄》惨烈，中国的《赵氏孤儿》比它惨烈十倍，为了赵盾的儿子，九个人的儿子都不要了，多少生灵转瞬即逝啊；还有《霍小玉传》，虽也是一个“痴心女子负心郎”的老故事，但“李君李君，今当永诀！我死之后，必为厉鬼，使君妻妾，终日不安！”。霍小玉临终前对李益说的这段愤激之语不也够极端吗？死了以后还把一个人，一个曾爱过的人恨成这个样子，这太不符合我们中国传统道德对女人的想象和叙事了。中国文学缺不缺这个东西？从来不缺！

阳燕：也许在日本的背景下大家比较容易接受、比较容易注意它？

李修文：在我从来都是一样的，我就是对这样激烈的东西天生敏感。

阳燕：除了古典文化、东方文化的影响之外，西方文学和流行文化在你的创作中也有明显的痕迹，是吗？

李修文：我是从西方现代派小说当中接受西方文化的影响的，从卡夫卡的小说里我体会到人类存在的精神困境和荒谬处境，我对那些黑暗的东西也颇为好奇、着迷，对西方现代派文化的理解，我更多是从整体上着眼的，是理性的、形而上的，但我对中国古典文化、传统文化则更细节化一些，更感性一些。我出生在20世纪70年代中期，齐秦、达明一派的流行歌曲，金庸、古龙的武侠小说，周星驰的无厘头电影，甚至美国、日本的动画片等等毫无疑问就是我身处其中的文化现实，在很多的场合中，我都表达过类似的观点，即博尔赫斯、卡夫卡与流行、通俗文化这两种明显对峙的东西在我的身上是共存的，它们都是我写作的养分，像血液一样和我如影随形。

阳燕：“历史戏仿”用了颠覆、破坏的方式将感情、人性和人的困境还以它本来的面目，而《滴泪痣》《捆绑上天堂》是以建构、张扬的方式来阐释人的困境以及爱情的美好，从“历史戏仿”到“爱与死亡”，你对“人性”的体认、表达有没有一些变化？

李修文：出于对先锋派文学影响下的新生代文学、“70后”文学产生怀疑，我开始写《滴泪痣》，我觉得他们的小说故事空泛，人物形迹可疑，跟人的内心不挂钩，我想返回来写我自己的内心。很多人以为，我写了一场传奇、一个故事，就是把小说还原到或者上溯到故事的演绎上去了，是迎合大众的，其实故事和传奇（包括大传奇、小传奇）它可以是一个人，一个人的内心。我对人性和情感的关注执着、广泛，始终如一，我一直是拿这个当养分的，我觉得我要写那种贴己的、可以说“小话”的小说，这种小话里头浸透了中国式的人情世故，很多文学看似在写小人物但它事实上没有说小话。就我们而言，指导一个当事者的准则和观念，更多的不是从精神上出发的，而是从肉体感受上出发的，中国哲学如此，中国民间的价值观、道德观也大都是这样的。

这里面既有一些我个人的趣味问题，也有我对文学审美的基本态度，如果把我前后的小说都联系起来看，你会发现我的小说里有一个一脉相承的东西，那就是：情感、人性、人的困境。实际上我写"戏仿"小说也有表现人性的目的，谁说潘金莲和西门庆之间就没有惊心动魄的爱情呢？花木兰代父从军也可能出于她个人的身体原因啊。我所描述的人物都面对着种种困境，李清照在流亡，唐伯虎身不由己地当了密探，孙悟空在一些无头案中折腾……他们各有各的烦恼，但究其根本都脱不了生老病死、爱恨痴嗔这些个东西，在最根本的人性层面上，古代人和现代人、东方人和西方人的困境都是一样的。

阳燕：戏仿小说中你经常用"身体/性"的日常性、世俗性来达到解构、重塑经典的作用，但在《滴泪痣》《捆绑上天堂》中，身体/性描述得很圣洁，也有人将其概括为从"情欲"到"情感"的变化，为什么有截然不同的表现？

李修文：写身体或性，是我思考人性、表现人性的一个角度吧。爱情和性，它们都是人的本能的愿望，都是美好的、向善的，都是生命力的象征，我从来都不觉得爱情和性是截然对立的两件事情。事实上，我写的《西门王朝》《金风玉露一相逢》就是很炽热的爱情啊。

如果有人读出来有一个从"情欲"到"情感"的变化，那只是说我的写作目的是不同的，戏仿的作品是破坏，关注物质性的身体多一些，《滴泪痣》和《捆绑上天堂》是为了表现美，精神性多一些。一个作家不可能只写爱不写性。

阳燕：《滴泪痣》和《捆绑上天堂》总体上给我一种比较"唯美"的印象，无论是"爱情故事"，还是"人物形象"，都是圣洁、美好的，几乎没有涉及其负面、异质的东西，这可能使小说招致单面、狭窄的批评。你怎么看？

李修文：我只想去写"美"的东西，而不屑于表现"不美"。

我自认为我是个非常早熟的人，相当复杂，当我对前一段时间开始不满、对那段生活开始厌倦的时候，我的内心里越来越对所谓的"崇高"或"美"产生敬意，或者说，我认为在中国复杂的现实境遇里，我们的心理越来越不宁静，应该有必要引进中国古典式的审美情怀以及生活道德。那些中国化的人情世故，比如"生老病死""悲欢离合"，那些中国式的道德准则，比如说"一日为师，终身为父""一诺千金"，它们既是审美的，实际上也是很理性的东西，我就沉浸在这种我所喜欢的氛围里，我去看《赵氏孤儿》《桃花扇》，每一个都让我觉得恨不得死在那个时代才好。

一句话搞定一本书，一句话成为信条指引我的写作，而且一定有我所中意的美在里头——在创作《滴泪痣》和《捆绑上天堂》的阶段里，我就是这样的极简主义奉行者。当然，实际上我觉得当时还是需要力量的，对我来说并不是复杂就表示特别高的能力，我过去不是没有复杂过，这时候我不管不顾了。我就是要写这点东西，而这点东西肯定成了我那个时期的主要人格。我就觉得这样好，没有任何的怀疑，也觉得没有任何其他的必要，非如此不可。

阳燕：《洗了睡吧》《地下工作者》《小东门的春天》这三篇小说都充斥着愤怒、冲撞、无理性的情绪，人物形象模糊怪异，语言和形式明显有先锋实验的痕迹，你为什么选择了这样的方式来展现现实生活呢？

李修文：这三篇小说大致上都写作于1999年左右。那时我离开了《作家》杂志社回到武汉，在一家报社做副刊编辑，我实际上也不想做报社编辑，就一个劲儿地泡在家里写作，我中断了许多年之后才写出《王贵和李香香》等几篇戏仿小说，但作品多处辗转，发表极困难，那一段时间非常焦虑、非常绝望。我的生活也很混乱，黑白颠倒的，还曾跟人在麻将馆打麻将打得昏天黑地，虚无得厉害。写作是我所喜欢的，但写作也让我更加虚无。不知你注意到了没有，《洗了睡吧》《地下工作者》中都有一个无所事事、痛苦不堪的写作者，他漂浮在乱糟糟的街头巷尾，那就是我吧，那些小说就是我当时心境、生活的写照。

阳燕：有人说你的《肉乎乎》《夜半枪声》是一种底层关怀的写作，它透露了一种怜悯之心，较你之前的“戏仿小说”的戏谑与嘲弄有了更多的温情色彩。你以为呢？

李修文：《肉乎乎》缘起于我姑姑的下岗，而且我回家乡一看到处都充满下岗的情形；《夜半枪声》也是我老家真实发生的故事，一个老太太精神恍惚，加上老年痴呆，她每天都帮别人家做事，只是没有小说里那些充满夜晚的细节。在写小说的过程中，我有意识地强化了亲情的成分，在《肉乎乎》中的下岗的父亲身上，还写到他中年丧妻，还加给他一个患尿毒症的儿子，面对发胖的即将死去的儿子，父亲觉得世界都是肉乎乎的。《夜半枪声》中的吕婆婆在儿子被押进大牢之后就陷入痛苦、忧虑、羞愧相交织的情绪中，心心念念都是儿子的命。当我想到这样一个故事的时候，我的内心里充满了悲伤，也充满了感动。在写作的那一瞬间我是真诚的，但是对于我的整个写作生涯来讲，我没有想过我就要去写这样的小说，也就是说，我并没有为了一个所谓的“底层写作”的目的去写《肉乎乎》和《夜半枪声》。

阳燕：也许从你的主观来说，你并没有刻意为“底层写作”而“底层写作”，是小说在某些方面的实际效果让读者得出了那样的结论。在我看来，《肉乎乎》和《夜半枪声》最大的特色在于它们的强大的写实力量，因为写实而产生了强大的力量，父亲和吕婆婆这两个人物都立体、丰富，他们体现的不是单纯的亲情之爱的伟大，还有内心的隐秘、卑微、痛苦、自欺、浅浅的坏、小小的蠢……这两个形象虽然脱开了你自己，却显示出你良好的驾驭小说叙述、人物、情感的能力。

李修文：但我告诉你，它们并不比我面对别的东西真诚，因为它不是根植于我的生命骨髓里头的那一部分。《肉乎乎》和《夜半枪声》不构成我小说创作的主要特征，它们只是我写作的一个尝试，而且是浅尝辄止的尝试，就算它是曾经埋伏在我身上的一点，但它总归是倏忽而过了。

阳燕：青年作家如果向底层靠近不也可以使自己的创作更加结实、大气？将来的某一天你有没有可能拓展自己的写作疆界尝试乡村题材的小说？

李修文：那要看是一个什么样的底层。靠近上层也很结实啊，重要的是看你是否知行合一，你在里头产生的感情是否真实可靠，这种可靠是很复杂的，它要作用于你以前的文学气质，作用于你过去的生命体验，以及你对文学的终极想象。从来就没有一个整齐划一的标准，说你靠近了底层你就怎么不得了，如果用这个标准去衡量，卡尔维诺怎么办、艾柯又怎么办？我讨厌那些得意洋洋的人，我对弱势的人天然有一种探究和关注，事实上我所写的小说人物几乎都是有各种各样困境和问题的人；我要写虚弱、弱势，我要写的是一颗虚弱的心，而不是写一个有关弱势的概念。

至于说乡村文学，对我来说更遥远了，我不可能抵达所有的东西。

你可以说我近来的创作在越来越靠近“底层”“写实”这个类型。“爱与死亡”小说之后我写到的一些散文作品，比如《每次醒来，你都不在》《郎对花，姐对花》等，都是我亲见的人和亲历的事情，都是底层的、普通人的辛酸和遗憾，以及那种人间最卑微而又动容的温暖。我越来越觉得不靠任何审美能力去驱使，不靠任何所谓知识系统、知识背景，凭我的身体、凭自己的感知能力我就站到了这一边。

阳燕：那你的“底层”理念与近来文坛不断疾呼的“底层写作”一样吗？

李修文：不一样。我不是对底层，而是对人类身上的虚弱部分特别着迷，就虚弱来说，我觉得针对任何人的内心它都不例外，对办公室的老板不例外，对一个走廊上的清洁工也不例外。我觉得在今天，我们身边充满了“过不下去”：我们是怎么过不下去的，我们怎么会到了这个地步？——这些问题才是今天这个时代的普遍的问题。

文学和道德的关系，近来我思考得特别多。在我的观念中，文学发生的原因及评价尺度有二，一是人性，一是美，而中国的文学长期以来都拿道德化的标准去要求小说，诸如良心啊，苦难啊，责任承担、直面心灵啊，它确是一个普遍的真理但并不适应于每一个具体的作家，因为每一个作家都是个体，对有的作家来说，“恶”就是他的召唤，那个写《小偷日记》的让·热奈，你怎能说他就不是一个好作家、一个优秀的作家？用道德评价体系支配文学，拿道德来压迫文学，我认为这是不公平的、不道德的，甚至是有害的，对文学来说，任何信仰，如果不是发自内心，实际上毫无意义。在2004年第三届中国青年作家、批评家论坛的发言中我发现，许多年轻的作家、评论家都在倡导文学作品要承担公共责任，我更加感到道德的枷锁无处不在，许多年前的另类、先锋，主张艺术本体化、文学向内转的人，都已经改变了观念。从这个意义上来说，忽略内心真实的底层叙事是毫无意义的底层叙事。

阳燕：不写“爱与死亡”小说之后，你的工作重心转向了哪里？

李修文：“爱与死亡”这一系列的小说我是不想写了。此后一年多的时间里我写了很多的散文，有的发表了，有的没打算发表。为了保持语感，我就不断地写散文，如果我还想做一个作家，还想继续写小说，语感一定要保持。散文的写作也是我表达现实观感的一种方式，比如说《每次醒来，你都不在》，这样的事情我一点点编造的痕迹也没有，它就是我身边真实出现的人和事情；还有《苏曼殊》，别光看文字如何具有古典气息，其实那何尝不是这个如热闹酒宴一般的时代的一个描摹——“在酒宴的两端，是尘世与佛陀！”，要看写作者他的情怀最终抵达到了哪里。

然后就是买书、读书，尤其是跟文学没有直接联系的书。像古斯塔夫·勒庞的《乌合之众——大众心理研究》、让·波德里亚的《消费社会》、马科斯的《蒙面骑士——墨西哥副司令马科斯文集》，我都非常喜欢，它们从不同的角度深化了我对这个被图像、网络、资讯强大控制着的现实的理解。

阳燕：许多信念不再了，许多观念改变了，那么你会就此放弃文学吗？

李修文：当然不会。即使我现在生活那么复杂，我所认识到的境遇那么复杂，但我不认为我现在的困难、质疑、认识是一个错误，其实我还有目的要抵达。对于文学我不是放弃，而是要重新抵达。

任何时候我都坚持，人之为人，他的生存一定要有一个纯洁心，一定要有一个审美心，我觉得我的主导人格还是这种东西，我心里总的核心还是指向一种崇高、一种美。正因为如此，它反过来对我发生了作用，我感觉到此时此刻的荒谬，对此时此刻的荒谬我没有方法开出药方，但是我可以揭示事实。

我特别喜欢沃尔科特的一句话，“改变我们的语言，首先必须改变我们的生活”，也就是说生活抵达到哪里，我们的语言（文学）才会抵达到哪里。反正我已经来到痛苦的中心，且让我先以我的这种感知能力去感受一下今天这个时代再说。

阳燕：应该说你只是暂时的停顿，停下来思考，而不是真正的永远的失语。

李修文：当时代崩塌、失序、虚无的时候，作家反而有福了。但这时，作家往往感到虚弱，一个内心不虚弱的作家是可耻的。一个真正的作家是不会对现实视而不见的，肯定会有些文本来分析、印证、探究原因、考量对策，但归根结底都是在路上。

我感觉到我已经开始拽到了它的尾巴。我现在不急于像过去那样，认识到一点之后马上就要倡导什么，马上就要呼唤什么，马上告诉你我看到了什么，马上要引进一个什么，不是这样的，我现在就是跟生活保持平行。

我越来越认识到生活和创作实际是一个人生涯的两大部分。我们这代作家，尤其落实到我个人的身上，面临的一个非常大的难题就是，我们以为语文教育，乃至文学教育会解决很多问题，但实际上它并不能。你没有在当代的沉浮遭际当中获得某种非常可信的感情源泉是不行的，我笃信一个作家，尤其是一个好作家应该需要有感情源泉，就像福克纳在他的黑人保姆的葬礼上的那段讲话，“他既是我认识这个世界的方式，也是我的所有情感的来源”。那么，我现在正在努力让我从我周边的世界，也就是我所置身的当代生活当中获得某种可靠的感情源泉，就像是我过去因为阅读、因为想象、因为审美能力，从古典当中滋生出来的能够支撑我写作的感情源泉一样。

阳燕：希望能早日读到你的新作品。

李修文：我肯定会写，也肯定会写好的，当我变得再次复杂之后。我是一个率性而为的人，这一辈子最负责任的事只有写作。所有的发表、出版欲望都激不起我的写作兴趣，我必须在真正的创作欲望引导下才能写，才会去写。

评　论《

李修文的文学资源与创作个性

阳　燕

任何作家都与既定的文化传统、现实氛围、时代语境、地域有着千丝万缕的血缘联系，这些外在的因素与作家的个人体验、精神气质、趣味禀赋相互作用、彼此影响，共同构筑了作家丰富而独特的艺术养分和文学世界。写作资源是考察作家创作的一个必要视点，它不仅是作家创作的土壤、源泉、动力，也是其素材选择、技巧运用、语言表达等风格特征得以形成的缘由。到目前为止，“70后”已成为中国极富活力和潜力的一代作家，因为历史经验的天然匮乏，他们的文学创作大体上围绕着个人的成长经历与平面化的当下体验来进行，虽然他们对20世纪90年代之后的中国市场化、都市化进程给予了真实的描述和记录，但他们的言说空间毕竟显得过于狭窄、单薄，其文学资源也没有得到充分的开掘和利用。

在整个70年代出生的作家群落中，李修文是一个另类，一个异数，从“历史戏仿”到“现实生存”再到“浪漫言情”，他的每一个阶段的小说创作都力图扩展自己的文学疆界，挣脱文坛潮流的裹挟和覆盖，追求“对世界的综合把握能力”并“使笔下的世界具有均衡与充盈之美”①。李修文的成功很大程度上源于其丰富多样的文学资源。广泛的“阅读”成为李修文弥补“70后”作家“历史经验匮乏”通病的有效途径，大量的历史典籍、现代经典、通俗故事、流行剧集成为李修文丰富的文学养分，古今中外有所偏好，包罗万象有所倚重，正是凭借着广泛的阅读与个性化的吸收，李修文建立起了自己芜杂而独特的文学趣味和资源版图。

从历时传承来看，李修文吸收了中国先锋文学的有益养分，同时也从先锋文学的转向乃至消逝中获得了重大的启示，从临摹“西方”退回到注重自身的文化传统与现实经验；从共时接受来看，20世纪90年代以市场经济为主导的社会转型生成了新的多元的文化生态，商业操作和媒体介入使文学生产日益工业化、消费化、娱乐化，这种变化了的文学环境必然也影响到了他的小说创作。现代主义的先锋精神、古典

---

① 李修文：《楼上的官人们都醉了》，《莽原》2001年第6期。

的传统文化和流行的大众文化，是李修文小说创作的主要文学源泉，这三种文学资源既各自独立又彼此交织渗透，共同促成了李修文小说众声喧哗而又个性鲜明的文学风姿。

先锋精神与叛逆之姿

在任何场合，李修文都毫不讳言中国先锋文学对自己的深刻影响，正是先锋小说打开了他的眼界，使他区别了“语文作文”与“文学创作”的不同，“过上了真正的文学生活”。在中国当代文学的历史序列上，20 世纪 80 年代中期出现的先锋文学无论如何是一次动人心魄的“旁逸斜出”甚至“脱轨”，无论是小说文体的试验，还是内在的精神气质，它都以一种令人瞠目结舌的面貌呈现，强烈地颠覆了固有的文学观念和审美习惯。从阅读到试笔，莫言、苏童、余华、格非等作家的先锋小说无疑帮助李修文建立起了他最初的艺术视野和文学标杆。如果说《顺河边的苇子》(1990)还是一篇比较中规中矩的清新习作，《桃花满天》(1994)则明显带有先锋文学的痕迹：经营杂货铺的父子两人同时爱上了河对岸孀居的丰腴美艳的茶馆老板娘，终年喝药的羸弱少年败给了自己生命强旺的父亲，少年终于杀死了那一对欢愉中的男女，并将自己的生命结束在一树绚烂的桃花之下。这是一个关于情欲、嫉妒、弑父、恋母、秘闻的叙事，李修文将小说放在幽深的小巷、湿淋淋的雨季、浓艳绚烂的桃花相并置的意境里，气氛既阴郁、黏稠又飘忽、恍惚，颇有几分苏童“南方小说”的韵味。

李修文的青春叛逆情绪在追新逐异、实验创新的先锋文学上找到了契合与呼应，“戏仿”成为他捣毁偶像、打破成规的有效途径。从 1998 年到 2000 年，他以“集束”的方式连续推出了大量的集青春体验、文学探索、中国典籍材料、西方文化视野于一体的小说。李修文的戏仿小说多取材于历史人物和文学经典，其创作动机与观察视点是现代性的质疑／反思理念，其叙写方法是典型的后现代的解构/颠覆模式，在《王贵与李香香》《大闹天宫》《心都碎了》《解放》等作品中，孙悟空、花木兰、林黛玉、郑和、李清照、唐伯虎、徐志摩等经典人物头上的光环和美质都被剥落打碎，转而呈现其世俗、恶俗甚至变态的面貌品行，政治权利、道德情感、知识文明等主流价值和传统理念被不遗余力地破坏摧毁。同时，李修文以戏谑、讥讽、幽默、夸张的笔调模仿原作、重述经典，或者填充正统历史典籍中留下的巨大缝隙，或者变宏大空洞的政治叙事为个体化、人性化的血肉叙事，对僵化、固定的文学创作模式给予了无情的嘲弄。

李修文不但以彻底瓦解历史正典与文化传统的决绝姿态继承了先锋文学的反

叛特性，在小说的语言修辞和叙述形式上也带有不同程度的先锋痕迹，暴露小说创作过程与表现手段等“真相”的“元小说”技巧随处可见，第一人称的抒情性句式和反常规的语词组织方式酷肖先锋小说“语言过剩”的特点。

李修文的《大闹天宫》最初发表时题为《作家实验室之一　母本的衍生》(1999)，是一次精心设计的极端化的小说实验。《作家实验室之一　母本的衍生》以李修文的“大闹天宫”作为小说母本，然后衍生出其他的各种文本：海力洪对李修文小说的补写、续写以及创造性的改写，张生对小说的阐释、评价以及理论遐思，李修文以“答问”形式完成的“创作谈”，李冯对整个实验过程的记录和整理。《作家实验室之一　母本的衍生》把创作的整个过程放置在同一文本中进行，将小说的创作及其引发的多重反应、彼此间的对话和交流穿插交织，将艺术的感性表达和理论分析混融在一起，展示了一个充满自由、活力、开放的创造空间。

同年，李修文还连续推出了《地下工作者》《洗了睡吧》《小东门的春天》三篇非戏仿的现实题材的中短篇小说，这三篇作品几乎就是先锋小说的翻版，它们分别有残雪的阴郁怪异的噩梦、余华的冷酷暴力、马原的“叙述圈套”以及格非的故事“空缺”。虽然小说书写的对象就是当下的人物和当下的场景，但这些现实场景中出演的故事却是可疑、怪诞、蹊跷的，其“现实”可以说是一种“心理现实”或“精神现实”：主人公往往是一些莫名其妙、盲目飘浮的疯子或准疯子，进行着不可理喻的攻击、自虐、梦游、偷窥等非常态行为，沦陷于无以名状的混乱心理世界，这些无因果、无逻辑、非理性的碎片式描述指向了生存的虚无、厌倦和荒谬。其时，先锋文学的形式实验热潮在 20 世纪 90 年代市场化转型的文化语境中早已偃旗息鼓，李修文的《作家实验室之一　母本的衍生》等实验之作堪称是一次对先锋文学迟到而由衷的“致敬”。

与单纯的形式技巧相比，先锋精神对李修文的影响无疑更加深入和持久。“自由、反叛、探索、创新、超越”的先锋精神塑造了李修文的文学理念，使他不断自觉地探求小说创作的新变，寻找一条既与众不同也不自我重复的个性之路。在李修文并不复杂的小说图谱中，其创作姿态几乎是一以贯之的“背向潮流”的姿态，他总是力图与同一时期有一定代表性、覆盖性的创作潮流拉开距离。“背离”(或者说“拒绝”)成为李修文小说创作潜在的动机：他反对古典的、既定的道德观念与思想意识，通过戏仿写作挑战、颠覆传统的价值尺度与文化理念；他反对时代风尚，在“抑灵张肉”的欲望化叙事氛围中，以《滴泪痣》和《捆绑上天堂》重塑古典浪漫的爱情理想；他还拒绝现实存在，无论是以自我为阐述对象的心理现实(如《洗了睡吧》《地下工作者》)，还是以底层视角展示他人的生存现实(如《肉乎乎》《夜半枪声》)，李修文皆以愤世嫉俗的笔调对人物身处其间的荒谬、虚无的世界表达了他的质疑和抗议。在“背向潮流”的创作脉流中，李修文的小说皆潜藏了一个现代主义的观照视角，作品在“人是痛苦无望的，世界是荒谬无序的”这个现代主义的主题下展开，“人性困顿”是其长久关注、反复书写的对象。“残缺”是李修文洞悉人生秘密的特殊角度，人自身所背负的“残缺”是人在世间最先面临的苦痛，它与生俱来、如影随形，李修文小说中的人物几乎都沦陷于各式各样的残缺境地：或者是肉体畸形（如花木兰的性倒错、孙悟空的生殖器匮乏、林黛玉的过度肥胖）；或者是身体疾病（《肉乎乎》《捆绑上天堂》《裸奔指南》都写到了“不治之症”）；或者是身世飘零与精神孤独（如《滴泪痣》中的男女主人公、《解放》中的徐志摩和朱湘、《夜半枪声》中的吕婆婆等）。身体的残缺之痛是所有苦难的基础和根源，而无可逃避的世俗磨蚀以及不可逆转的时间终结更强化了人性暗区的浮现。李修文笔下没有一个沾沾自喜的人物，每一个人都有自己的不幸和难题，李修文的小说在本质上是悲剧的、冷酷的，他对命运的无常、人生的荒谬、人性的芜杂所发出的追问达到了某种程度的深邃甚至偏执。这一切皆与先锋精神声息相通。

传统文化与“极端”之美

在先锋文学的影响下起步，李修文的小说创作始终浸润着先锋文学的超越性精神，但同时他也清醒地意识到“先锋已经成为我们头顶上的阴霾，摆脱它的影响的确是一个大问题，想要走出它的阴影非常困难”①。李修文的几次“华丽转身”，实际上暗含着一条不断“撤退”的曲线，李修文日益重视自身的文化传统与现实经验，在应对传统的态度上，李修文与中国80年代的先锋作家存在着某些差别。中国先锋文学有一个明显的“西方”现代主义及后现代主义背景，马尔克斯、卡夫卡、博尔赫斯、卡尔维诺等文学大师成为先锋作家们竞相模仿的对象，对20世纪90年代末期进入文坛的李修文来说，西方文学的影响力固然还占据相当大的比重，但其文学精神谱系上更多地连缀着日本文学的成分。从川端康成开始，日本的现代文学力求达到东西方文化的内在融汇，善于以自身的文化传统吸纳、调和西方的现代主义精神，日本文学所固有的东方情味与中国的传统文化、古典文化更能彼此对接，正如苏童的南方情调更契合李修文的文学气质一样。

李修文的戏仿小说在思想内核上是从属于先锋文学的，但其对历史人物、经典

---

① 姜广平：《“我希望走向开阔”——与李修文对话》，《莽原》2002年第6期。

文本、民间传说的取材无疑已经透露出作者对传统文化和传统文学的熟稔与热爱，“我的阅读主要以古典文学为主，所以，我的思维和写作在自觉不自觉中也只能在古典层面展开”[①]。李修文出生于钟祥，成长在荆门，这片鄂中平原既是楚国故都，也是明朝嘉靖皇帝的发迹地，丰富的文化内涵和神奇的文物景观使它获得了“大地博物馆”的美誉。在传统文化氛围的潜移默化中，李修文对历史故事和民间戏曲充满了好奇和迷恋，中国古典文学中所包含的报应分明、惩恶扬善、利落清朗、悲喜交集等特点一定程度上也影响到了李修文的价值观念与审美倾向。

如果对李修文的小说做全面的观察，将会发现他的小说有一个从颠覆破坏到建构树立、从否弃传统到回归传统的变化过程。李修文的戏仿小说曾用古代的材料进行现代的演绎，“爱与死亡”则在现代的都市场景与时尚氛围中上演古典浪漫的爱情剧目，在《滴泪痣》和《捆绑上天堂》中，李修文以忠贞不渝、不离不弃的古典主义的爱情观念以及抒情、意境、俗世传奇等中国古典文学的审美方式“回归传统”。

对于爱情，古典形态的文学作品在理性、理想、美感原则的引导下不惜用最美好的言辞去描绘它、赞美它，而现代形态的文学作品则常用生硬但深刻的方式去颠覆它、解构它，揭示爱情内里的种种颓败和荒诞。李修文笔下的沈囡囡、蓝扣子等人物几乎都在演绎着“同义反复”的爱情故事，表达出小说唯一（也可说是单一）的爱情主题，在进行生活与情感的文学开掘时，李修文宁愿损失其“深度”和“复杂性”，也不愿意放弃他的古典美追求。在小说的题记里，李修文分别引用白居易的“上穷碧落下黄泉，两处茫茫皆不见”和冒辟疆的“余一生清福，九年占尽，九年折尽矣”，将古典的情味融汇在《滴泪痣》和《捆绑上天堂》的现代故事里，传达出一种类似“爱还在，美不复存在”的叹惋。

在叙事上，《滴泪痣》与《捆绑上天堂》可称为李修文的“诗意”和“传奇”小说的代表，改变了他之前强调“文学技巧与形式”的创作偏向。在《滴泪痣》中，捧着爱人的骨灰为其寻找下葬之所，“我”在东京城一路流连、探访、回忆，见证过爱情的一切风物景色皆已物是人非、恍若隔世，叙述者悲喜交加的往事追忆、喃喃自语的独白语调，将凄凉感伤又热烈缠绵的悲情渲染到极致，使小说焕发出极强的感染力。《捆绑上天堂》虽然也有浓郁的抒情性，但更明显的是作者设计了大量曲折巧合、引人入胜、娱人耳目的情节，使作品自然而然地跟“传奇”靠拢，在这部小说中，李修文将自己命名为“后半夜的说书人”，他坚信当下的俗世红尘中布满了普通人的悲欢离合，

---

① 李修文、张生、海力洪、李冯：《作家实验室之一　母本的衍生》，《作家》1999年第1期。

坚信悲欢离合必然掩藏有人生的恒常与奇迹，而讲故事（说书）就是触摸生活、表达审美的最有效方式，作家就要“披上隐形衣，成了别人的一部分”，去听，去看，去说出“从摩天高楼之下到街衢巷陌之间”“那些蔓延的疼痛和飞翔的欲望”[①]。《滴泪痣》和《捆绑上天堂》是两部色彩感、画面感、场景感皆非常强烈的小说，在意境描摹和语言形式上都具有诗情画意的优雅韵致。诸如“且听我与你细说端详”“端的是”“如此这般”等叙述的语调，以及清风流云、晴天月蚀、雨打芭蕉等意象，将小说点缀得古色古香。在《滴泪痣》中，“花火”“卧雪”“樱时”“空无”“刹那”“惊鸟”“渔樵”等章节标题非常抢眼，既充盈了丰饶的意境美感，也熔铸了主人公哀婉凄凉的伤逝之情，其“无缘而生，又凭空消失，突至，但却一闪即逝”的意味与中国古典文化中缥缈、虚空、感伤的情调如出一辙。

对于中国传统文化，李修文除了“追慕”与“重返”，还有对“极端”之美的发现。李修文用“烟花”比喻爱情，爱情给人灿烂炫目的美感，能充分地激发起相爱之人的生命活力，但爱情也如烟花燃烧一般盛开即谢、转瞬即逝。“极端”之美既体现在小说女主人公对爱情“自我毁灭”式的强烈追求上，也体现在小说的情节设置与对比、反衬等修辞手段的运用上。《滴泪痣》和《捆绑上天堂》以极端纠葛、极端浓烈的生与逝、爱与死的对峙为情感基调，一边是浓烈纯粹的爱，一边是宿命的死，良辰美景和欢乐体验与疾病、横祸、流离、毁灭连缀在一起，中间甚至没有起码的过渡，在死亡阴影下展开的爱情故事呈现出“痛并快乐”的尖锐对立色彩，美好、幸福的片断根本不足以冲淡小说的悲剧气氛，反而更映衬出曲终人散之后的孤寂冷清。李修文的“爱与死亡”小说彰显出来的“极端”“极致”的审美让人联想到日本文学的“孤绝”之美，《滴泪痣》将日本小说《春琴抄》作为“潜文本”镶嵌在叙事当中便是一个明证，“为了和失明的春琴过同一种生活，年轻的管家弄瞎了自己的双眼”，这一惨烈的情节强化了小说的孤绝气氛。岛国心理使日本民族生成了“菊与刀”式的对立和谐的双重性格：含蓄又热烈、脆弱而坚忍、平和中蕴含极端、纤美里隐藏暴烈，恰如日本人对“樱花”的理解——生之绚烂与死之飘零互为诠释。在一般的观念中，“孤绝”被认为是日本文化特有的审美范畴，而在李修文看来，中国的传统文化里并不缺乏极端和惨烈这些元素，《赵氏孤儿》的惨烈比《春琴抄》更甚，而霍小玉临终前对李益喊出“我死之后，必为厉鬼，使君妻妾，终日不安”的极端之语也完全颠覆了中国传统道德对女人的想象和叙事。借助日本文学这座桥梁，李修文发现了中国传统文化里除“中和”

---

① 李修文：《后半夜的说书人》，《长江文艺》2003年第3期。

"辞微"的主流审美观念之外的另一种色彩——除了怨而不怒、哀而不伤、婉约内敛，还有"极端"之美。并且，李修文还以他的小说形式重新书写了这种极端之美。

大众生态与"趣味"之辨

"我对日本文学着迷后重新发现了古典文学的魅力，除了一些古文和诗词之外，我尤其着迷各种笔记小说，比如像《青箱杂记》《南唐近事》什么的，还有《断发记》那样的戏曲剧本。我发现它们虽说古典，但也时尚得要命，我想找出一条路，使这些东西能在今天这个时代的生活中焕发出崭新的美感来。"[①]李修文的这段自我剖白展示了他更大的创作野心，所谓"撤退"或"返回"传统的行为实际上还有其现实的指向，"爱与死亡"系列小说固然是针对肉欲泛滥、情感枯乏的时代症候而作，但明显地，李修文还为这古典的爱情披上了新鲜、时尚的外衣，《滴泪痣》和《捆绑上天堂》不乏古典意味，同时也被称为"时尚读本"。

作为20世纪90年代中国现代化、市场化、都市化进程的见证者和亲历者，李修文的创作无可避免地将与大众化、消费化、娱乐化的文化环境产生千丝万缕的关系。就李修文而言，大众文化进入其小说创作并不始自《滴泪痣》，在他的"戏仿"创作中就已经开始了。从思想内涵上看，李修文的小说着意于精神深度的开掘，用"戏仿"的形式质疑并解构了正统历史和主流观念的合法性、有效性，用"纯粹爱"的故事对"爱与死亡"这个人类永恒的命题进行了哲学性探索。而在外部形貌上，李修文的小说却带有明显的流行性趣味，或者应和轻松调侃、夸张搞怪的大众化审美心理，在戏仿写作中不断浮现王朔的痞子小说、周星驰的无厘头电影所特有的人物、情节和语式；或者以故事情节的戏剧化、曲折性，爱情情调的浪漫性、传奇性吸引读者强烈的阅读兴趣。

大众文化直观地表现为一种流行文化。《滴泪痣》和《捆绑上天堂》将啤酒、音乐以及大多数时代青年热爱的事物放在十分炫目的位置上，尽管男主人公的职业是偏僻清寂的(一个写作典雅的昆曲，一个看守古旧沉默的图书)，但这只是小说隐约的背景，作者并未做特殊的提及或专门的点染。两部小说流动着琳琅满目、活色生香、时尚优雅的现代生活内容，既有德彪西的音乐经典，也有ENYA、LARUE的现代歌谣，此间还穿插了岩井俊二的电影、宫崎骏的动画片、达明一派的歌曲，以及时装款式、电玩游戏、恐怖大片、CD唱碟等多种时尚内容。如前所述，《滴泪痣》的章节名称

---

① 刘斌：《李修文：后半夜的说书人》，《北京青年报》2003年3月20日。

古典雅致,《捆绑上天堂》的章节则多借用流行读物的标题,如“邮差总按两次铃”“再见萤火虫”“木马荡秋千”“在旧居烧信”等。除了这些显而易见的“时尚元素”之外,“男女性爱的另类与怪诞,故事情节的新鲜与奇幻,情爱叙事的纯、艳、惨、绝,哲理智性的穿透,诗性格调的铺展”等“新鲜、奇幻、诡异、反常的人生形态和艺术形式”将李修文的长篇小说构筑成了典型的“时尚读本”范式。[①]

大众文化的特性更深刻地表现为一种多元杂糅的文化经验,正如李修文所言,“纳博科夫和罗大佑对我的影响一样重要,《蜡笔小新》和莎士比亚对我的影响一样重要,它们对我来说,都是我写作的养分,像血液一样和我如影随形”[②]。李修文善于将古今中外、五花八门一切相干不相干的材料、可能不可能的元素结合在一个文本之中,为小说创造出一种特殊的斑驳混杂的效果。在《滴泪痣》和《捆绑上天堂》里,李修文将古典诗文、流行音乐、外国电影、传统戏曲、民间歌调等诸多的文化元素相融汇,将感性描述和理性哲思、古典的内核和时尚的外貌、精英化的追求和大众化的取向等多种创作技法相整合,具有一定的“复合”性美感。如果说,李修文的“爱与死亡”系列小说是通过有机的“整合”来体现多元的大众生态的话,他的戏仿小说则是通过刻意的、龃龉的“拼贴”技巧来展示“后现代”的文化精神。李修文的戏仿小说明显地洋溢着自由不拘的游戏色彩:过去时和现场感相重叠,真实的历史人物和虚构的行动事件相并置,性爱、变态、战争、武侠、无常、命运等诸种故事内容相交错,神圣与粗俗、崇高和卑下、伟大和渺小、明智和愚蠢等对立元素相混淆。在戏仿叙事中,李修文还兼收杂取各种艺术样式,将书面语、俗俚口语、流行歌、广告词、诗词、话本、名人名言、警句格言等煮成一锅粥。在李修文笔下,一切都散发出熟悉而陌生、别扭却又妥帖的气息,就在这生搬硬套、生拉硬扯、突兀冲撞之间,小说产生了近似滑稽的“狂欢化”效果,李修文的戏仿小说据此彰显了以笑/娱乐为中心的大众文化的审美风格。

大众文化终归是一柄双刃剑,它含有自由、平等、尊严等有益因子,也埋藏着隐蔽的陷阱。大众文化中的游戏性与时尚性都已成为李修文小说的关键词,甚至演化成了他写作中浓郁的个人“趣味”,为他的创作带来了褒贬不一的评价。戏仿写作和时尚写作固然有其特殊的审美价值,但同时更需要有清醒的辨识。戏仿写作游走在思辨和游戏之间,它极容易迷失方向,这类小说给予读者的空间是自由而巨大的,它既可能在快乐嬉闹的戏谑氛围中消解主流意识形态、反思传统文化理念、潜藏严肃

---

① 李俊国:《论“时尚读本”》,《文艺评论》2003年第4期。

② 魏天无:《70年代人的叛徒——李修文〈滴泪痣〉的主客问答》,《出版广角》2002年第5期。

的价值取向，也可能显露出油滑、单薄、失真的迹象，使小说徒剩游戏的面貌。另一方面，集知识、故事、情感、趣味、时尚于一体的“时尚读本”确实契合了人们生命感性的审美需求，但市场氛围的影响和商业效应的控制都可能给作品的艺术价值带来损害。所幸，李修文对此是有所警惕的，他意识到“趣味对一个想走得很远的作家是有着伤害的，某种趣味的时间保持长了，就反而没有趣味了”[①]，在任心随性的“趣味”写作中，李修文常常保留着对自己的质疑和反省，在写得熟练、顺畅的时候，他会自觉陷落到“困难”的意识当中，“停顿”下来，然后思考并尝试新的“转向”。

现代主义的先锋精神、古典的传统文化和流行的大众文化，这三种性质不同、形态各异的文学资源在李修文的小说中达到了较高程度的交流与融合，其间，传统文化起到了十分重要的“调和”或“化合”的作用。因为有了对传统文化和古典文学的审美精神的重新发现，先锋文学才能切实摆脱对西方现代派的生硬模仿，回到自己的土壤上寻找灵魂和根底，大众流行文化才能有效地祛除漂浮、肤浅的状态，获得真正的生机与活力。同样，对于传统文化和古典文学来说，只有与现世存在接续才能保持它的鲜活，并源远流长。于此，李修文丰盈而独特的创作个性才有可能发扬光大。

（载《小说评论》2009 年第 4 期）

主要作品目录《

长篇小说

《滴泪痣》，中国青年出版社 2002 年版。

《捆绑上天堂》，人民文学出版社 2003 年版。

中短篇小说集

《心都碎了》，湖北教育出版社 2000 年版。

《裸奔指南》，中国青年出版社 2003 年版。

《不恰当的关系》，人民文学出版社 2003 年版。

---

① 姜广平：《“我希望走向开阔”——与李修文对话》，《莽原》2002 年第 6 期。

中短篇小说

《桃花满天》,《芳草》1994 年第 7 期。

《王贵与李香香》,《江南》1998 年第 4 期。

《她的衣服从来不换》,《当代小说》1998 年第 10 期。

《作家实验室之一　母本的衍生》(与张生、海力洪、李冯合著),《作家》1999 年第 1 期。

《心都碎了》,《当代小说》1999 年第 1 期。

《洗了睡吧》,《新生界》1999 年第 3 期。

《解放》,《钟山》1999 年第 4 期。

《小东门的春天》(附创作谈《追忆逝水年华》),《当代小说》1999 年第 5 期。

《苏州》,《时代文学》1999 年第 5 期。

《不恰当的关系》(附创作谈《国家和我》),《作家》1999 年第 7 期。

《金风玉露一相逢》,《长江文艺》1999 年第 9 期。

《弟弟,弟弟》(附创作谈《悔过书或创作谈》),《东海》1999 年第 12 期。

《向大哥下手》,《当代小说》2000 年第 1 期。

《西门王朝》,《钟山》2000 年第 1 期。

《我的江湖》,《长城》2000 年第 2 期。

《肉乎乎》(附创作谈《何谓自由,而且作家?》),《山花》2000 年第 9 期。

《闲花落》,《作家》2000 年第 10 期。

《夜半枪声》,《收获》2001 年第 4 期。

《裸奔指南》(附创作谈《大雪五尺深》),《山花》2002 年第 5 期。

散文集

《山河袈裟》,湖南文艺出版社 2017 年版。

《致江东父老》,湖南文艺出版社 2019 年版。

梁晓声

男，原名梁绍生，1949年生于黑龙江哈尔滨，祖籍山东荣成。

小　引《

说梁晓声是知青文学之父，可能有点过头，也有点老派。知青文学既非梁氏首创，也非一人所出，所以他也就当不得这个老子。但老子也有各种各样的当法，倘若真把知青文学当作一个人，只生不养，是一种，就是说，写过知青题材的文学作品，但浅尝辄止，或偶尔为之，任其自生自灭，并没有真的把他当作一个儿子，着意把他养大成人，这算不得亲老子、好父亲。另一种是既生且养，不但供给衣食，且灌注精神，令其从身体到人格，都成为一个健全之人，这才是为人父的职责和本分。从这个意义上说，梁晓声仍可被称为知青文学之父。在中国当代作家中，具体而言，是自有知青文学以来的近40年文学中，没有哪一个作家，包括被冠以知青文学之名的作家，像梁氏这样不间断地关注知青从“上山下乡”到返城后的历史，也没有哪一个作家，像梁氏这样对知青一代的精神成长和心路历程，包括某些个体的思想情感的复杂变迁，给予这么系统深入的观照。在梁氏的作品中，令人不但能读到有关知青运动的许多历史细节，而且还能读到与知青运动有关的丰富的思想资料，尤其是诸如“青春无悔”之类的有争议的思想命题，不但是梁氏贡献于当代思想史的重要材料，而且也是当代中国一个重要的人生哲学问题。无论从哪方面说，梁氏的知青文学都有其独特的意义和价值。从这个意义上说，梁氏的知青文学是知青运动的百科全书，也不为过。

说到知青文学，就想到近40年来，有关知青文学创作和接受的一些问题。就知青文学创作而言，起先自然是与苦难有关。有过知青经历的人都知道，不论以多么冠冕堂皇的名义，把这件事情说得多么重大多么必要，一批二十岁上下，甚至十五六岁的城里孩子，在毫无思想准备和物质条件的情况下，突然被送到远离城市的农场或乡村，有的甚至是在数千里之外的边鄙蛮荒之地，不熟悉环境，见不到家人，由衣来伸手饭来张口到自食其力，靠从事艰苦繁重的体力劳动为生，还要独自处理许多琐碎复杂的人生问题，这自然不是一件轻松的事情；更何况还时有一些受伤害的悲剧事件发生，说是受苦受难也不为过，所以知青文学便有写这苦难的，与“伤痕”文学同质，这原本是实情。但偏偏文学这个东西又不满足于如实招来，而是要在实情之中写出一点意思来，这也就是所谓艺术的升华，或用那个年月的话说，叫高于生活。事实上知青在经历了一个短暂的慌乱和迷茫之后，便逐渐适应了所处的环境，熟悉了周遭的人群，也在其中投入了自己的思想和感情。更为重要的是，开始把自己的人格、意志这些所谓本质力量，在艰苦的劳动中，都灌注到自己的劳动对象身上，让自己的劳动对象不仅成为一己的衣食之源，同时也成为主体精神的外化。于是，一种意义便在这苦难中产生了，这时候再写知青的苦难，便要顾及这意义，这也是实情。何况中国文化本来就有艰难困苦、玉汝于成的理念，要不然，孟老夫子的那段苦其心智劳其筋骨的语录，也不会流传得那么久远。有了这层意义，加上知青事实上也确曾身心受益，所以当知青作家回首往事，就免不了要觉得受苦受难，皆有所值，无须悔恨，也不必抱怨，这大约便是铸就梁氏所谓“青春无悔”理念的历史背景和思想基础。所以，“青春无悔”在我看来，是一个历史的判断和审美的判断，不能单从道德的或功利的角度去考虑。当然，悔与不悔，放到个体身上，则因人而异，有得其惠者，也有受其害者，或受惠受害，兼而有之，不能一概而论。但无论个人的得失利害如何，历史最终都要省去这些细节，留下来的只是一个整体的模糊的影像，所以今天的知青怀旧，才不去计较悔与不悔的问题，只把那一段经历当作难忘的人生记忆，当作美好的青春记录，青春总是美好的，所以，那一段岁月也就不可能不美好。

知青运动的初衷，也许并不复杂，不管是基于政治的考虑，还是像今人说的基于就业的考虑，都是容易理解，也不难接受的。但一旦成了文学，就存在一些理解和接受上的问题。记得有作家曾从农村孩子的角度写过知青文学，所表达的意思，就不同于从知青本身的角度，或与知青有关的城里人的角度。那意思是说你们到农村来，不过是匆匆过客，就这样叫苦叫累，我们祖祖辈辈都在农村，那还不活了。虽然冒犯了正统的知青文学，但平心而论，也不是没有道理。然则，照这样的道理去写，城里人又都得下乡，都得到乡下去过过苦日子，才算是扯平了，好像这也不是个办法。好在知青回城后的日子并不好过，诸如住房、就业、婚姻、求学等等，处处受憋，这样在乡下孩子看来，也算是扯平了。文学是一件庄重的事业，当然不能这样没完没了地治气，但细想起来，这里面却也蕴含了一种创作上的道理，就是迄今为止，知青文学观照知青生活的角度，还过于单一。以前写过的，是知青的苦难和激情，现在写着的，是知青的骄傲与光荣，还有无尽的感慨和沧桑，这都是知青在自说自话，自慰自恋，一旦到了“尔曹身与名俱灭”的时候，知青文学大概也就该随之寿终正寝了。须知，知青运动如同所有的历史事件一样，虽带有一定的偶然性，但它终究是一代人参与的历史活动，其中有牵动整个社会乃至关乎人的终极价值的精神元素，它的影响因而不仅止于一代人的历史本身，而是比一代人的历史更加久远深入。为此，我们寄望于知青文学的，也就不仅仅是历史和道德，还应该有比历史和道德更高更具普遍意义的东西。

自 述《

关于小说《人世间》的补白

一

我的小说创作，从内容上基本可分为两部分。

一部分属于知青文学。知青是“上山下乡”运动中形成的特殊青年群体，都是“文革”亲历者，也是我们共和国的第一代儿女。整个80年代文学，被概括为新时期文学，一个显著特点就是反思。我认为，知青经历让一代人无论作为整体还是作为个体，都具有特殊时代见证人的切身感受。当年，我作为有知青经历的青年作家，必然会将反思作为文学使命之一。后来，不再年轻的我继续创作了《年轮》《知青》《返城年代》等，既是自己始终放不下的反思使命的延续，也是书写人类正能量的不泯激情的延续。我觉得，人性的美好如善良、正直、诚信等，越是表现在理智塌方的狂热年代，越值得作家发乎真情地大书特书。

我的另一部分小说创作大抵属于“当下”题材，即时代发展到90年代后，我的关注视角和创作理念都会伴随时代的进程有所调整。

小说家应该成为时代的文学性的书记员，这是我的文学理念之一。一路写来，我渐渐意识到一个时代过去了，一个时代开始了，时代和时代之间不可能像打隔断墙那样截然分开。前一个时代与后一个时代，总会或多或少地发生现象、问题、矛盾的部分重叠。诚如我们常说的，旧的问题、矛盾遗留下来，尚未完全解决，发展中的新问题、新矛盾接踵而来。二者彼此交融、纵横交错，中国各方面的发展成果都得来不易。

如果要将发展成果讲足，最有说服力的方法是比较。既要同别国进行横向的比较,也要同自己的从前进行纵向的比较。在这种比较中,民间的实际生活发生了什么变化,尤其具有说服力。于是,我就想写一部年代跨度较长的小说,尽可能广泛地通过人物关系描绘各阶层之间的亲疏冷暖,从民间角度反映中国近50年来的发展图景。

二

当代许多作家都出身农村,写农村生活信手拈来,好作品数不胜数,比如《平凡的世界》,而全面描写城市底层青年生活的长篇小说相对较少。我从小生活在城市,更了解城市底层百姓的生活。我有一个心愿:写一部全面深入反映城市平民子弟生活的长篇小说。

少年时代,我就喜欢读书,喜欢有年代感的作品,比如《悲惨世界》《战争与和平》《复活》等,但是创作一部有较强年代感的作品十分困难,也一直感到准备不足。到了六十七八岁,我觉得可以动笔,也必须动笔了。我不会用电脑,只能手写,写第一页时不知道书名,但知道必须写到三千多页才能打住。这时有朋友提醒我,不要写那么长,最好写二三十万字,好定价、好销售,写那么长谁出谁买谁看?我说,这不是自己考虑的,我只想完成自己想做的事。

创作《人世间》,就是想将近50年来中国社会的发展变化直观地告诉人们。只有从那个年代梳理过来,才能理解中国社会的发展变化。最近,我因为整理一些散文随笔,想到了从前的许多事,比如年货、布票、肉票、洗澡票、户口簿、厕所等。我很感慨,中国确实站起来了,确实发展了,各种变化之大,不回头比较,印象是不够深刻的。现在普通饭店的任何一桌饭菜,过去北方家庭春节也都几乎吃不到。当时见不到鱼虾,鸡蛋、粉条都凭票,我直到下乡前才第一次吃到点心。这种生活并非城市最困难家庭独有,而是当时普遍现象。1990年,我在北京家里第一次洗到了热水澡。因此,我想将从前的事讲给年轻人听,让他们知道从前的中国是什么样子。

我特别感谢中国青年出版社和《人世间》的责任编辑。小说从1972年冬季写起,当初有些出版社的编辑一看到这个开篇年代就有些犹豫,我自己甚至也产生顾虑。中国青年出版社的同志有全面把握书稿的水准,给了我很大鼓励,感谢他们帮助我完成了心愿。

三

我常常想,人类究竟为什么需要文学艺术?文学艺术是为了让我们的生活更丰富,更是为了让人类的心灵向善与美进化。我曾写过一篇文章《论好人文化的意义》,不是说“老好人”,而是对自己的善良心有要求的人。《人世间》里没有太坏的人,只有精神不正常的人才总是干坏事。我总是在作品中挖掘、表现人物好的一面。这也是我对文学的理解。美国拍了《辛德勒的名单》《动物园长的夫人》等一系列表现二战时期普通人见义勇为的影片。其实,我们国家民间的好人很多,文艺作品中却好像都在斗。有两件事让我颇受刺激。一次,我去一位外国朋友家,朋友的儿子正在看一部中国宫斗剧。儿子问朋友,为什么剧中人物都那么坏?朋友回答说,别相信,在我们国家人不是那样的。还有一次,一个中国朋友的孩子看一部外国电影《战马》。孩子说,妈妈,这几个人真好。孩子的妈妈说,别信,哪儿有什么好人?

究竟是什么原因,让我们不再相信有好人了?参加《人世间》首发式前,《午间新闻》就报道了几件好人好事。其中,有一辆大客车掉进了冰河,路过的吊车司机看到后紧急启动吊车,用高超的技术将困在客车中的人一个个救了上来。现实生活中还有很多很多这样的人和事。

创作《人世间》时,我要求自己,应表现出多数人本能地希望做好人的心愿。创作完成后,我可以肯定地对世界说,无论周围发生什么样的变化,我自己都不可能做坏人了。

四

我曾写过《中国社会各阶层分析》。我希望自己能创作一部文学性的、跨度50年的各阶层分析。我对民间特别是城市底层的生活比较熟悉,也比较熟悉知识分子、文艺人士近50年来的心路历程,与老革命式的干部们也曾有过亲密接触。这几方面比较熟悉,让我写起来不至于太不自信。

欣慰的是,在115万字的《人世间》中,一些内容是其他小说中不常见的,一些人物是文学画廊中少有的,一些生活片段也不是仅靠创作经验编出来的。它们都源于我这个作家独特的生活积累,都有鲜明的个性特征。

我认为,《人世间》也值得干部们来读一读,特别是对从前的中国及民间缺乏了解的年轻干部们。我希望能向他们提供一些鲜活的、有质感的认知内容。我认为,如果缺乏这方面的起码认知,就无法深刻理解当下底层民众的某些情绪的缘由,也很难与他们进行效果良好的对话。

作家是文学动物,而文学本身并不能解决什么现实问题。若那些有信心、有能力、有干劲解决现实问题的人,偶尔也想要通过文学来间接补充对民间的了解,而

《人世间》又能起到一点儿这样的作用，则作为作者，我自然也是高兴的。

访　谈《

有严霜，就有傲骨

——梁晓声访谈录

朴　婕　梁晓声

朴婕：感谢老师接受这次访谈邀请。一般我们对您的了解，都是从您的知青文学开始的，我们这个栏目因为要为您建“档案”，自然免不了也要谈到这个部分。不过关于这方面的访谈，您应该也接受过很多次了，所以我想我们这次反其道而行之，从您的新作《人世间》谈起。一来您写完没多久，比较新鲜；二来我们换个角度回溯您的创作历程，可能也会启发新的角度。

《人世间》我读后感觉和您此前的作品格局很不同，比如您绕开了很多以前常写到的知青还有知青返城的故事，把中心线索放在了留城青年周秉昆身上；还有您加强了父亲周志刚的“三线建设”部分；当然还有您加入了很多当下的故事，时间线索一直延伸到了 2016 年。我想请问您，是什么样的契机让您想写作这样一部作品呢？

梁晓声：有很多方面。首先你看当代文学中，城市内容的比例是相对少的

近代还不同，近代作品中还是有很多都市文学，包括茅盾的《子夜》。沈从文先是写城市生活的，后来觉得写城市生活没意思才回过头找他写《边城》的感觉。丁玲、张爱玲她们起初也是写城市。好多作家都是写城市的。但是进入当代后，文学的类型化区别很大。一部分主要类型是写抗日战争和解放战争，这类题材很多。还有一部分就是农村题材，像陕西、山西的作家群都是写农村题材的。城市题材就非常少。到 80 年代，新时期文学，还是这种格局的延续。复出的五七年作家群，他们写过一些城市题材。在这些作家中，有一位作家是比较被忽视的，叫张弦，他写了很多关于解放后女性的作品，《被爱情遗忘的角落》《挣不断的红丝线》等等。此外是知青文学的浮出，是写自己的知青经历，以知青视角写农村。后来有一些新作家群产生，有王朔、刘索拉、张辛欣、徐星等，写到了都市“新新青年”的形象，主要是短篇。长篇的都市生活的小说仍比较少。有一些写都市生活的作品，内容是 1949 年以前的题材，关

于家族的，基本上都终止在1949年。1949年以后的长篇作品，写城市、写城市青年尤其是写底层青年的作品，我觉得是缺少的一部分。

而我呢，与一些作家比如铁凝、张抗抗、王安忆、叶辛、陈建功等，有些不太一样的地方，就是我们本身是城市青年，成长过程中受城市文化影响过，作为曾经的知青，以知青的视角感受写了农村，然后又回过头来找到了自己作为城市人的现实感觉。而还有一部分作家，比如贾平凹、路遥、莫言、刘恒、刘震云、阎连科，是在农村背景下长大的，到现在对农村题材仍情有独钟。他们的根在农村，他们回望或回到家园的时候，又立刻回到了农村生活形态，这是自然的。而对于我，农村已经没有亲人了，回家乡也就是回到哈尔滨，还是回到了城市。这使我想还是要写一部书来反映城市青年。

在反映城市青年的时候，我觉得，当年哥哥姐姐们都下乡了，留城的青年很少，没有下乡经历，直接参加工作的当年的他们中，少数人可以参军、可以分配到好工作，大多数的平民子弟分配到的工作都是很差的，完全没有后门，只能被分到城市边边角角的小商店、街道的小工厂，这个群体得到的关注不足。第一，是对他们的社会关注不足；第二，他们也很少作为文学和影视作品中的主角而出现，基本上是属于极边缘的一个群体。但正是这个群体，他们在哥哥姐姐下乡时留城了，他们对城市形态有着更直接的关注。所以我想通过他们也能带出当年城市的形态。这是动机之一。

动机之二是，我是哈尔滨人，写了那么多作品，大多数都是以哈尔滨为背景的，写知青也是以写哈尔滨知青为主。我不太能融得进北京的文化氛围里；从技术上讲，背景放在哈尔滨市好处理一些，主要是有对家乡的感情。所以我就想，应再写一部《人世间》那样的作品，也算是自己对家乡有一个汇报。在这部作品里，假如我写上“献给家乡的父老兄弟们”，我觉得我自己还是比较中意的，我也只能做到这样了。就是在这样的想法促使下写出来的。

另外知青也确实是我有意要避开的，因为我已经写得太多了，连自己都对这个题材有种餍足的感觉。何况总是很难写到自己满意的程度。

朴婕：您说的前两个方面刚好就带出了我想问的另外两个问题。我读《人世间》感兴趣的一点是对城市的描摹，尤其一开始第一章您先梳理哈尔滨建立起来的历史，而且基本也会逐年地去写它有怎样的变化，到最后大哥秉义对它进行改建。通过哈尔滨的历史，讲出了新中国的发展史的一个感觉。

梁晓声：单就城市不敢这么说，不过是折射而已。

朴婕:或者更准确地说是写出了一种面相吧。而我感兴趣的另一点是,我之前看很多访谈或者评论里将您称为"北大荒"作家,而在我心中您是"东北"作家,这之间微妙的差别就是"北大荒"会强调一种拓荒感,有那种乡野的感觉;而"东北"作家,比如您很多作品都是写哈尔滨,更接近城市的氛围,不论是写知青还是写"平民",他们都是城市人。

梁晓声:对。你看平凹的作品,到目前为止还是非常照应农村,他有时也尽量要写到城市。平凹他一接触农村题材就非常有亲和感,城市题材很可能是他觉得应当要触及的。而我,严格说我写的大部分都不能归为农村题材,因为我写的农村和平凹他们笔下的农村根本不是一回事,几乎不是农村,农场罢了,农场中大部分人是知青、复员军人。所以它不是农村,其间的人也不是真正的农民。

朴婕:就算是那些农村,也是从知青眼中看到的农村,它投射出来的还是知青的感知。所以您的作品整体给我的印象就是城市的中国史。

而您笔下的知青又都是东北的。我为什么强调东北,就是因为我觉得社会主义制度在东北普及得非常好。东北非常适合搞社会主义,农业特别适合集体化,工业也是结构比较完整的重工业体系。

梁晓声:这个说法是非常具有概括性的。因为在东三省搞工业的话一定是大工业,大工业吸纳了很多城市青年,同时也有农村青年。知识水准怎么也要在初中以上。一个工厂动辄几千这样的青年,工资都差不多——工资都差不多非常重要。由于这些青年的存在,带来了新中国成立初期的工业文化。每个工厂都有宣传队,那时候叫"职工业余俱乐部",各俱乐部都搞文化活动,所以整个东三省的青年的精神面貌就不一样,有阳光向上的状态。这也是那一代人经常会回想的感觉。

朴婕:因为东北的工业文化很发达,所以新中国成立初期的"人民文艺"在东北这里就很适合发展。读您的作品我就会感受到有那个时期的一些文化印迹,当然我是说向上的那方面,不是说那些压抑性的部分。

那个时代的作家,比如我想起赵树理也好、柳青也好,他们做文学其实就是要文学参与到政治、参与到社会当中。那么您强调文学的"现实主义",强调文学对社会的批判力度,是不是和这个相似?

梁晓声:谈到"现实主义",我这代人其实经历了几个时期。我们从一开始就是接触批判现实主义这个概念的——不是"现实主义"而是前面一定要加上"批判"二字。为什么是这样呢?因为我们读的大多数作品都是启蒙时期前后的作品。那个时期的欧洲文学,批判性是很强的,因为"启蒙"首先是"批判"。到后来,我个人就开始有一点质疑:现实主义是不是仅仅意味着批判现实?

我觉得这二者是两个概念,或者说是其中一个方面被格外强调和突出出来了,突出了批判的功能。我很长时间对此都没能想清楚,现在也不能给出一个结论,但我现在比较喜欢雨果式的批判现实主义。

雨果的批判性有一个变化。当他写《巴黎圣母院》的时候,那就是彻底的批判。弗罗洛教士是一个靶子。那个"太阳王子"被刺杀就是教士干的,而且是出于嫉妒。"太阳王子"是当时巴黎的警备队长,他喜欢爱斯梅拉达。弗罗洛虽然是教士,讲的都是禁欲的言论,但是他也喜欢爱斯梅拉达,他出于嫉妒杀死了情敌,最后卑劣地把罪名安在女主角头上,力主处死她。这个教士就是年轻时的雨果刻画的假丑恶。真善美在爱斯梅拉达和卡西莫多身上,而可怜的吉普赛女郎还是被绞死了,总体来看这部作品是投枪式的。

但到雨果写《悲惨世界》时,他有了非常大的转变。他塑造了一个几乎接近孔繁森一样的好的教士米里埃主教。你要看小说前几章对他的介绍的话,主教的言行比孔繁森还孔繁森。主教本是贵族子弟,年轻的时候尽享风花雪月,极为风流倜傥。当他尽享那些之后,忽然感到生命不能承受之轻,因此他就要皈依宗教来为世上做好事。他上任时分到了很大的主教府,旁边是穷人救济院,他把主教府让给穷人来住,自己住到救济的破房子去。他养了几头奶牛,每天的头一桶奶他一定要送到穷人那里去。他向教廷要车马费,但他自己不花,都施舍了。教廷因此怀疑他是不是有贪腐行为,其实他自己为了节省车马费骑个小毛驴,到处访贫问苦。各个教区的语言还不同,为了直接听取底层人的倾诉,他要学各个教区的语言,以便和穷人沟通。

朴婕:《在延安文艺座谈会上的讲话》提到了"应当认真学习群众的语言"。

梁晓声:对。

朴婕:在《人世间》里,蔡晓光也说过类似的话。

梁晓声:可见我少年时读的这本书对我的影响有多深。雨果为什么有这种转变?在《悲惨世界》中他的批判的棱角仍然没有变,比如说对沙威,就是那个警长,以及沙威所代表的那个制度,雨果的批判是没有变的。各种官场的腐败等等,他的笔触都写到了,他的笔仍是投枪。但他同时又塑造了米里埃主教和冉·阿让这样的仁者和好人。冉·阿让偷了主教的银餐具,主教说那本来就是属于他们的,他只不过拿回了原本属于他们的东西。他说的这种话,即使放在今天我们重新探讨"新资本论",都有一定的意义。因此我们看到雨果他想从批判现实主义中找到一种在批判之外仍然能够承载的东西,就是他的理想,关于良知、救赎和人性高度的理想。

在考虑这些问题的时候,我后来得出了自己关于"现实主义"的认识,就是说我们不能一般地认为现实主义就是像镜子一样,镜子还有你主观上照哪儿和不照哪儿的问题,还有你取景是不是全面的问题。文学的自身宗旨更要比镜子高一些。它不能停留在"人在现实中是怎样的",这不过是镜子的功能,文学一定要表达"人在现实中应该是怎样的",表达每一个人的主体意识。我想每个人主体的意识,原本都一定是想做好人、善良的人。而不是反过来,天天琢磨着怎样变坏。如果我们忽略了这一点不去表达的话,也不会是全面的现实主义。

广而言之,全人类的文学和文艺,尽管五花八门多种多样,你会发现包括穿越系列、外星系列、僵尸系列、异形系列,内容都包含着亲情、友情、爱情,都包含着家庭责任、舍己精神。就说这样的题材中,也注入了男人应该像男人的个体意识。当男人和女人、孩子同时遇到危险的时候,他要做出一些义举来。哪怕平时很自私的男人也可能会做出义举来。这也是一种现实。现实中本就不乏这样的人。现实主义文学也要把握这一点。那么我对自己的要求就是,冷峻的现实主义进一步、再进一步,哪怕直抵尺度边缘,也不放弃观照。但同时,对人在现实生活中"应该是怎样的",也要尽量表达。

——你会觉得秉昆这个人物不可信吗?

朴婕:我倒没仔细想过这个问题,感觉他是那样一个形象也很自然。

梁晓声:他就是那样一个人,挺善良的,对哥们儿挺好的。

朴婕:是,可脾气不好的时候也是挺不好的。

梁晓声:但其实在现实生活中,这么对哥们儿好的人也已经不多了。

朴婕:我们的文艺作品中,这样的人物形象不多了。

梁晓声:我们看现实生活中,却还真有这样的人。如果现实生活中真有这样的人,而文艺作品中这样的人却不多了,文艺作品中更多是"他人皆地狱"的状态,那也是文艺自身应该思考的问题。

朴婕:这里您就说到了两个方面,一方面是对现实的批判,另一方面是人性的层面。那么我们一点一点分开来说。

先从现实和历史批判这个角度来说吧。小说里有个结构上的点我很感兴趣,就是上部到中部、中部到下部,结束的点都是秉昆入狱,因为这样小说就跳过了几个时代,这个是您故意设计的吗?

梁晓声:是。一来是有那么几年不方便细写,二来如果按照编年的写法,书也就没法结构了。现在一个回形针连在一起的结构，就是不断地倒回去，讲一讲过去的10年里大致发生了什么情况，再回到当下；然后再回去讲一讲，再回来，而不是逐年平铺直叙。

朴婕：即便如此，其实书里还是写到了不少我以为不太能触及的内容。

梁晓声：这一点上我很感谢中国青年出版社。书中包含那一些内容，尤其上部从1972年写过来，这首先就是很大的忌讳。整个上部都是“文革”年代，要是别的出版社肯定放弃了。我写的时候也想哎呀我怎么从这个年代开始写起，边写也边想能出版就出、出不来就算了，反正我总算是写了。还有比如第一章从刑场的场面写起，它从开篇就成了一个让人难以把握的状况。如果过分解读的话，这本书肯定就出不来了。中国青年出版社出版了《人世间》，说明他们对政策的原则和宗旨的把握是有独立见解的，他们看完后从整体上判断，觉得这应该还是比较好的一部书。

里面还写到工人下岗，有个叫肖国庆的人物，秉昆的哥们儿，他的父亲是被冻死的，而且是自己选择了那种死法的。

朴婕：肖国庆最后自己也卧轨了。

梁晓声：对。你想父子俩最后成了那样，明明都是好工人。还有另一个哥们儿孙赶超的妹妹，到南方去，染上病回来投江了。写那些下岗的老人在冬天里，在商店靠着暖气取暖，而且冬天里有冻死的流浪者。东三省的工人整体，在下岗时期所承受的压力是非常巨大的，这种压力如果通过纪录片的方式，或通过一些数据显示，也有说服力。但是我写的不是纪实，我只能通过特定的情节和人物命运，来代表这些人。通过那样的他们、最特殊的他们，来使读者推想整体是什么样。这在目前的文学作品里也很少出现吧？因此，我个人觉得《人世间》当得起“冷峻的现实主义”。

我也写到秉昆他们六个原来是“六小君子”，后来吕川当官了，秉昆还是秉昆，孙赶超和他差不多，这还多亏了秉昆他哥秉义拉了他们一把，这就看到老百姓的生活是多么需要在关键的时刻被人拉一把。另外，比如唐向阳他们卷进了什么案子……总之你会看到“六小君子”后来也分化了。吕川和秉昆他们分开之后预示着不太可能再来往了。你会发现现在的社会，阶层一旦分开后，距离拉大的速度是比较快的。我不知道你注意没有，《人世间》里写到郝冬梅她母亲从来没去过亲家家里。

朴婕：是的，而且亲家周志刚也不去她们家。

梁晓声：对。那个老工人很有个性，我很喜欢这个老工人。

朴婕：他的身上是不是有您父亲的影子？

梁晓声：有。我很希望以后能有评论写到那位老工人。他非常有个性。秉昆本身也没有踏入哥哥嫂子那个家，他只在院外见哥哥。那个环境对他的戳伤感太强了。他哥去世之后，他嫂子又回到原来的阶层里。他俩在街上遇到时，他不能再叫她“嫂子”，只能叫“姐”，彼此谈谈几句话就过去，再没来往了。

朴婕：您应该正是经历过那些曾经在一起的人们分化开来的阶段，到了我这代或者比我更年轻的人群，他们从出生开始就是分化开的，阶层已经固化的阶段，父母什么样孩子就什么样，他们也接触不到其他阶层的人。

梁晓声：我当然是有意识要触及这一点。也就是那个时代才能产生周家的大哥和人家副省长的女儿的那种婚姻——也许今天也能产生，但那除非是影视上的“小鲜肉”。特殊的“文革”时期才提供了那种可能性。回到你说的板结状态。其实我也写到了这一点。就是周蓉和蔡晓光到秉昆家看他的孙子，那是周家第三代中唯一姓周的孩子，长得又一般般，将来会怎么样？我们可以设想将来也不会怎样。甚至可以设想周家的好故事也就终结在这里了。

朴婕：我前面问到您的“现实主义”，就是说觉得您会希望文艺对现实有直接的批判性……

梁晓声：对。

朴婕：而我紧接着想要问的就是，您又会在批判现实的同时，讲个体应该有主观的意识，套用胡风的那个说法，就是个人应该有“主观战斗精神”。不管现实是怎样的，一个人还是应该有他自己的反思和担当。

梁晓声：对。这就是说，人在现实中应该是这样的。我觉得这是支撑我后来创作的一个支点吧，或曰“抓手”。从更广的文化含义上讲，人类发展到今天，全赖文化和文艺中的这种力量，不断地提醒我们，不要倒退，不要倒退。我们说的不要倒退是指人性的倒退。人性如果一倒退，物质和科技文明就没了意义。想象一下古罗马时期，角斗场上人们不分阶层，都在看人杀人，都在欢呼那种残杀。再往回看原始部落时期，一些人类俘虏了另一些人类，绑在树上，一会儿要烧，一会儿要烤，孩子们可以戳俘虏们的伤口，家长们看着开心。那时人类是地球上最残忍的一个种类。今天我们都不能忍受自己的孩子去虐待动物，而当时的人类一定是对孩子虐待被俘虏的人习以为常。你想人类是从那个起点上进化到今天，产生红十字会，讲战争法、讲人道主义。这有文化的作用，也有宗教的作用，而这几千年的文化和宗教的功德，归零也很快。

美国有一些表现“未来主义”的电影，中国人只看热闹或者觉得很垃圾，或是地球上都是水域没有土地了，或没有能源了，包括它的僵尸电影，僵尸泛滥只剩下极少人类，这时候人类为了生存会立刻回到比古罗马还古罗马的状况。他们的文艺始终包含两个方面，一个方面提醒我们人类在人性上还能再进化一些，就是我们还能比现在的自我更善一些，先不要说“真”和“美”，主要还是更“善”一些。无善，世上无美，亦无真。另一方面它也在提醒，如果不这样，只要一百年或者几十年的工夫就又会倒退回以前那样了。

朴婕：我会觉得您有些作品里包含着一些自我拷问。就像您写《泯灭》里的子卿，我不知是不是您身边真有这个人，只是他读起来就像是主人公“我”的另一面。

梁晓声：确实有这么一个人，是我的中学同学，而且是跟我非常好的中学同学。没下过乡。他在哈尔滨市当年也是比较出名的一家房地产公司老板。后来经济上就出了些问题，逃往美国，现在已经去世了。我跟他在一起的时候，就有小说里的关系。这里面就涉及过分追逐金钱的问题。钱这个东西是我们经常想到的很重要的东西，但一旦过分追求，会感到一种自我的丧失。

说实话，我经常拷问自己的某几方面。一方面是我经常想，如果我是一个官员，而且是职权比较大的官员，别人进了我的办公室，一张卡放在我面前，说：“很安全，存在瑞士银行里，有十万美金。”这时我会板起脸来说：“拿回去，友谊归友谊……”或者什么什么之类的话。如果他再说：“二十万。”“拿回去。”“三十万。”“拿回去。”……“一百万。”我会撑住。如果是一千万美金，我觉得我会立马被收买。数目太大的时候，它会具有对你原本原则底线的彻底摧毁性。我经常问自己能不能够经得住，尤其是在人家说“绝对安全”的前提下。

还有一点是我这种人是做不成真正的英雄的。当各种刑具摆在自己面前的时候，鲁迅也承认他做不成，他可能就是因为自己做不成，才呼唤真的猛士。

当我认识到这两点就知道自己的局限。但是，善良一点是能做到的，这么多年我也是一直这样活过来的。

另外我写的人里好像都有一些友情是吧？我是一个很幸运的人，我是被好人的友情簇拥着活过来的。我说“活过来”不是说不然我就活不过来，我没经历过那么大的坎坷。我是说我几乎是被友情所惯坏的人。在别人看来，我的人生马上就会陷入低谷，却往往有那么好的友情，那些友情又会簇拥着让我上升起来。我的实际生活中，这样的友情有很多。有一些很友爱地帮助过我的人，今天有的已经不在了，我曾经写过文章怀念他们。我当年的几名中学同学都对我非常好。所以我是一个友情饱满的人。这就决定了我看生活不会看得过于冷漠和过于无望，不会完全负面。如果一个人没有友情，生活压力又大，也许是另一个样子；而即便生活压力大，但有真友情在，你还是会觉得生活有暖意在。我的很多朋友对我是真的好，所以我看生活可能不像人家那么“深刻”——有些“深刻”可能是刻意出来的。

《人世间》这本书里好像没有太坏的人？

朴婕：这本书里应该没有，您90年代的书里比较多。

梁晓声：对，那个时候我写过《恐惧》……

朴婕：《浮城》应该也是90年代的吧。

梁晓声：《浮城》也是。我记得我写《浮城》时中国还没有那么多荒诞主义的作品。

朴婕：我也觉得《浮城》很有趣。里面空间的隐喻很耐人寻味，从中国断下来一块土地往西方漂，然后人们会在太平洋上自己把自己折腾到消失。印象特别深的是抢救生圈的那一段，那感觉就是人吃人的样子。

梁晓声：除了抢救生圈，还有一个我自己很满意的细节，是发布消息说“浮城”要靠向日本或是靠向美国了，这时有人发现了一汪清水，把脸洗干净，要以像模像样的中国人的形象出现在别国人面前。但又怕别人也这样做，就把水坑埋了。

所以我想深刻可能也就是这么回事，已经都写到这里了，再往下深刻还能怎样呢？回过头来想就觉得这已经不是主要的了，主要的是想给大众写一部书，让大众能从里面理解自己的父亲、母亲们，理解自己的兄长们，理解自己所生活过的城市，理解这个国家是怎么样走过来的。

这就是为什么我在某个场合说过或是写过“重要的不是思想而是善”，我已经忘了自己是在什么时候表达过这样的意思，但看到人家引用说就是我说的。这可能就是写过《浮城》《恐惧》那样的书以后，回过头来看觉得善还是主要的。也就是说，当雨果写《巴黎圣母院》的时候，他一定是觉得自己好“深刻”，那时候他的快感来自这里；当他更成熟一点，写《悲惨世界》的时候，他可能发现文学不只需要深刻。

何况今天是这样一个时代，今天谁又不深刻呢？许多人甚至比作家看得更一针见血、反应更快，可以在一个极小的事情上立刻就把它解读到一针见血的程度。因此，当大家都很深刻的时候，就要想深刻了之后我们还需要什么。

朴婕：这让我想起之前看您写的一篇叫《我看知青》的文章，您对知青的解释是——原话我记不得，大意就是他们是有各种理由堕落的人，但大多数都抵抗堕落。无论是说“善”也好，还是主观战斗精神也好，我想这是一个关键。无论是您笔下的知青，还是平民，或是您现在说的“善”，都是这个感觉。

梁晓声：对。知青这一代人，基本上都是1949年以后成长的，都是在那样的文化背景下成长的，又经历过“文革”。好多人说知青是苦难的，我个人宁可认为知青经历未尝不是对自身的一种救赎。可能正是在是知青的过程中，有些人会有所反思。

朴婕：总有人说您写出来的是“青春无悔”。我想是不是您的作品特别有激情而给了人这种感觉。

梁晓声：实际上是因为写了某些知青在品格上的高度。我想可能还有这样的情况，就是另外一些人因为当年自身品格的劣，所以当正面的、有独立思想的一些形象出来的时候，刚好映照出他们的问题，这让他们产生了抵触，觉得这样的人不可信。但实际上在当年，这样的人物是确实存在的，包括一些有独立思想的青年农民都站出来抵制“四人帮”，我就是写了这样的一些人罢了。

当写出现实的这一部分真相时，它可以引导人们想自己也能做到。如果一些人在当年表现很劣，多少年之后遇到同样的情况还是那么劣，那他们就没有进化。也许我只是在人的进化方面推进了一小步。但这个一小步也是需要文化起作用的。有独立思想、人格的人们，其实都是学着做的，没有谁天生是这样的。而向哪儿学？其实就是向好的文学作品中塑造的人物学。

朴婕：和您谈这些总会让我想起“人民文艺”那个时代文学的担当感，感觉真的是在那样的文化氛围中成长起来的。

梁晓声：今天的写作仅是职业，这是说只想着怎样通过写作挣更多的钱，极容易演变成市场要什么就写什么。但文艺本身还有它的“本能”，就像我们看电影，一些电影中一定会承载着编导们认为的价值和意义。文学尤其如此。一旦抽取掉这一部分的话，那么写作本身就变得没意思了。若是连这个都没有而只为钱来写，那只能说是一个只为钱的人选择了一个最笨的方法，用最笨的方法去赚无论如何也多不到哪儿去的钱。我主张“人的文学”。“人民”是众多的人。

所以我认为大多数搞文学或者文艺工作的，骨子里都还是想做出一些有价值观、有意义、有品相的东西。再进一步说，都想为文学和文艺本身的荣誉而进行创作。只是有时可能是离那目标很远，有时候可能禁不住所谓市场的诱惑，在种种限制之下，只能守着一个底线。

朴婕：《人世间》会改编为电影或者电视剧吗？

梁晓声：在写作的时候就和影视划开了界限。不划开界限，就不会是现在这个样子。因为它会让搞影视的人觉得这没法碰，我估计他们不感兴趣。现在大概定了要做成广播小说。我想可能是央广的年轻人看了很感动，可能从他们的工作来说，如果只播些武侠呀恋爱呀什么的也找不到太长久的工作乐趣，有这么一部书，他们也很愿意做。现在就是他们在加班加点地搞。有他们那样一些知音，我很欣慰。这里倒是也可以看到一个令人高兴的现象，就是现在的年轻人，他们其实很愿意接触这样的作品，几乎跟我对现实题材的想法是一样的。

朴婕：可能严肃也好、娱乐也好，文艺的发展总是一个波形，商业得太过了可能也会慢慢觉得想要内容、想要思想，又会转回来一些。

梁晓声：如果文学或者文艺只是为了钱，或者为了名，很快也就没意思了。写到后来的时候，我悟到一些点。如果我读书，从书中读出了任何取悦的痕迹，无论是取悦谁，哪怕是取悦“平民”，我也认为这不可取。这是我对自己写作的要求，我绝不取悦任何方面。我觉得最好的小说，就是明明是虚构的，但却像一片生活。

评　论《

论梁晓声的小说创作

朴　婕

一、“知青”书写与共和国的青春抒情

梁晓声自 1982 年以《这是一片神奇的土地》正式登上文坛，就和“知青文学”结下了难解之缘。此后 30 年他不辍地关注并书写知青，从富于抒情色彩的《今夜有暴风雪》《为了收获》，到全面展现知青返城后的社会问题并引起社会热议的《雪城》，到 90 年代后作为电视剧脚本创作的《年轮》以及新世纪以来的《知青》《返城年代》等，梁晓声在观察知青群体成长变化的同时，也以知青为抓手来回望历史、考察当下。纵观诸多有着知青经历或者就是因知青文学而闻名的作家，也再没有谁像梁晓声如此完整地描绘知青的生命历程。

对于知青与知青文学的界定，学界以及梁晓声本人都提出过质疑。首先，“知识青年”是个很广的概念，但凡接受过教育的青年人都可以称为“知识青年”，杨健在《中国知青文学史》中就曾将 1953—1966 年间的“回乡知青”“支边知青”都算在其中。不过当人们讨论知识青年特别是将它称为“知青”来作为专有名词时，通常指的就是 1968—1978 年间在“上山下乡”指示号召下前往兵团、农场、农村或边疆进行劳动的

城市知识群体。而关于知青的文学，也可以包含多个层次，梁晓声便提问"'知青小说'四字乃姑妄言之；从概念上说是模糊的——知青写的小说？写知青的小说？抑或曾是知情者写的知青小说？"[①]，也质询了知青文学到底可以包孕怎样的叙事立场、视点、表现对象和感情色彩。但若从读者对知青文学的阅读期待来说，它指的还是确有"上山下乡"经历的群体在返城后回顾这段生涯的写作，所以只要满足作品中要包含有知青经历这一最低要求，则"知青写"还是"写知青"就没那么大差别，因为书写这一经验的人基本都投入了自身经历。更重要的是，读者对知青以及知青文学的关注，目标并不在了解这段经历上，而是想从这段经历中反思共和国的探索。知青一代都是共和国的同龄人，比如梁晓声正诞生于开国大典前的第9天，他们与共和国一同成长，所接受的也正是社会主义文化或曰"人民文艺"的滋养，其精神与感觉结构与社会主义文化紧密相连，说他们是这一文化的道成肉身恐怕都不为过。共和国的文化精神透过他们的眼睛来审视自身遭遇了怎样的问题，探索怎样发展。所以知青书写向内抒发自己的情感与意志，展现动荡时代中个体的抵抗和顿挫；向外则可以成为对整个时代的写照和反思。

相对于多数知青写作着力批判时代对人的压抑和人性的扭曲、带着"伤痕"和"反思"色彩控诉，梁晓声则着重凸显乃至歌颂个体在这一时代的精神力量。让他享誉文坛的《这是一片神奇的土地》，以英雄史诗般的气魄展现知青对北大荒"鬼沼"的"征服"。在他书写"鬼沼"是"一片死寂的无边的大泽，积年累月覆盖着枯枝、败叶、有毒的藻类。暗褐色的凝滞的水面，呈现着虚伪的平静。水面下淤泥的深渊，沤烂了熊的骨骸、猎人的枪、垦荒队的拖拉机"[②]，以及知青队伍舍生忘死地对它的开拓时，洋溢出青春的野性生命力。知青文学正可谓梁晓声及其一代人，乃至共和国自身的"青春文学"，其中的沉郁与激昂，懵懂与鲁莽都与青春这一时期的个性本身有关。小说中闪烁华彩的形象往往是女性形象，比如《这是一片神奇的土地》中的李晓燕、《今夜有暴风雪》中的裴晓芸，乃至充满醋意有反面人物色彩的郑亚茹都不乏动人之处，而她们的光晕接近于欲望在她们身上的投影。征服"鬼沼"与征服这些女性在感觉上是相通的，开疆辟土与情欲都是力比多爆发的显影。他的小说有时更像是写作成小说样态的诗歌，若以小说标准来考量它们，则结构上往往缺乏锤炼，但它们凝聚了他的情感勃发，浩瀚宏大者有史诗，细腻缠绵者也有抒情小作，但无一不依赖于他的情感，仿佛一腔热忱直接摔在纸面上渲染出一幅磅礴画卷。若非生长在这样

① 梁晓声：《雪城》上册，中国青年出版社2016年版，第3页。
② 梁晓声：《今夜有暴风雪》，文汇出版社2009年版，第119页。

风云变幻的年代，这些情愫将会以更为日常的状态呈现，类似于王朔在《动物凶猛》中描摹出的情欲，那是动荡年代下的青春写照。只是置身大时代中，这些青春激情改变了走向，力比多转化为政治活动，以至于人们忽视了这些本是青春当有的悸动。

在梁晓声的书写中，虽然时代是需要批判的，但知青付出的信仰却体现出他们的正直与纯粹，对于这一代亲历者来说，他们是带着与先烈一样的牺牲精神和崇高精神来完成这些使命的，这就是他们的青春和荣耀。

知青的青春时代也正是共和国步入青春的时代，知青身上的懵懂与激情都是共和国自身的生长发育。所以他们的青春故事也应和着共和国的革命历史叙事，绽放出丰碑般的华彩。当冻僵的裴晓芸“挺立在哨位上，像‘六号坐标’一样。月光将她的黑色身影，投映在边疆大地银白色的底片上”[①]，便是英雄的光晕折射到了此刻；当政委说“四十一名知识青年，留在了北大荒这一片土地上。我要重新盖起我们农场的场史馆，那两份知识青年的档案，要放在场史馆，和为了开发北大荒而献身的烈士们的遗物摆放在一起……我还要建议，为两名知识青年修建一座碑，碑上要饰有石雕的象征，交叉的麦穗和枪，托举着一台拖拉机”[②]，也遥远地呼应着长征故事、抗日故事、抗美援朝故事中的丰碑。

不少评论者认为他的文章有“青春无悔”的意思，梁晓声则表示“需知‘青春无悔’，不过是同龄人中我们的某些知青伙伴的自言自语，一种更能安慰自己的自言自语，且不过十之一二的人常发这样的自言自语。对力图以史笔去记载什么的作者，是完全不必太当真的……这一种自言自语，并不妨碍我们想对历史尽我们想尽的责任”[③]，因此这种看似“青春无悔”的叙述实际上更是对自我的鼓励，让自我以及同一群体可以逐渐走出历史，而后立足当下。这并不必然是沉湎于过去，更应当注意到知青文学本就是一个整体，他们相互补足，从来不能孤立地看一个人的作品。梁晓声对知青激情的表现需要放在整体的批判和反思之中来看待，他填补了其他叙述中并不注意的昂扬的一面，使这个时代更加完整和丰富起来。就像是《雪城》中的知青教导员姚玉慧的弟弟姚明辉说他的同学们都以为知青是洪水猛兽，所以他希望通过让姚玉慧和他的同学接触来改变这种印象，“要让他们了解你！让他们知道他们耳闻的那些话不对！”[④]。尽管姚明辉的尝试失败了，但梁晓声借此质询：即便在大时代中存在着各种错误，但不得不置身这个时代中的人们难道就不能有自己的意志，不

---

① 梁晓声：《今夜有暴风雪》，文汇出版社2009年版，第94页。

② 梁晓声：《今夜有暴风雪》，文汇出版社2009年版，第116页。

③ 梁晓声：《关于知青文学的断想——兼评〈中国知青梦〉》，《当代文坛》1993年第2期。

④ 梁晓声：《雪城》上册，中国青年出版社2016年版，第285页。

可能出现任何的善和光芒吗？如实地批判并褒奖知青的情感和生活，正是对“人”的描画。如果因为历史批判而压抑了那代人的真实情感，反倒是对人性的压抑了。

而且在梁晓声这里，只有正视自己曾经真诚地相信这些理想这一现实，才能真正反思历史问题。如果只是摘清自己和历史的关系，反倒是在抹杀历史的存在，放弃自身在历史中的责任。这对于反思人性、反思历史，并在吸取教训的基础上推进发展毫无益处。批判应当批判的，坚守应当坚守的，才有利于中国也利于人类的发展。

在带有英雄主义色彩的《这是一片神奇的土地》之后，他的另一部代表作《今夜有暴风雪》就表现出在返城时刻到来之际知青的自私自利，而后在《雪城》中他又更加视野宏阔地写出返城后的知青因为个人青春被耽误而产生的负面情绪，七年后这些曾经志向远大的青年又有相当一部分在城市生活的浪潮中随波逐流而沉沦了，这些都表现出曾经的理想破灭后，人所进入的虚无状态。在痛心疾首地描摹他们的堕落时，梁晓声也在提示曾经的品性不应丧失。他创作《一个红卫兵的自白》，认为必须正视自身在历史中的问题，才能重整旗鼓再次出发。他在《我看知青》中表达“几乎全体知青，在长达三十年的时间内所尽的一切个人努力，可用一句话加以概括，那就是——有十条以上的理由垮掉而对垮掉二字集体说不”[①]。此时的梁晓声已经能明确地表达他心中理想的知青，他们需要在抵抗时代带给他们的堕落以及自身放任自流的堕落中进步，才能引导时代进步。在他心中，“上山下乡”正是历史带给这一代人的试练，锻造出他们至真至纯的精神，才能立稳身躯，不负先人也为后人做榜样，支撑起共和国。

二、“人”与“人民”的作家

由于梁晓声一代人的人生轨迹与共和国协奏，所以他们在此后遭遇的困境也是中国遭遇困境的序曲。“返城年代”的知青们在面临城市时的窘迫，看似只是一群理想主义者的故事，展现冷酷现实对他们的打压磨砺，但这种叙述更隐喻着步入全球化时代的中国，是中国本身面对不可把握的现实而迷惘。返城十年后的知青重新融入社会，这时社会出现了新的问题，只从知青经历来反思中国问题已经与时代脱节。正如汪晖所说，步入90年代的“中国的启蒙主义面对的已经是一个资本化的社会：市场经济已经日益成为主要的经济形态，中国的社会主义经济改革已经把中国带入全

① 梁晓声：《红磨坊》，中国物资出版社2009年版，第163页。

球资本主义的生产关系之中,在这一过程中,国家及其功能也相应地发生了虽然不是彻底的但却是极为重要的变化"[①]。乍看之下,此时的社会问题与"上山下乡"的时代正相反,知青面临的是一切秩序均被颠覆,乃至最基本的人伦都遭到挑战,也因此人们可以打破阶级或阶层而相互接触;"平民"的时代则是秩序日趋稳固,乃至阶层日趋固化,底层人越来越难以进入上层。但如果从叙事者所占据知识分子的批判立场来看,仍可看到内在精神的延续。

首先与这样社会的对抗正是以社会主义时代提出的问题来审视资本和官僚科层制,这是在捍卫他们在青春时代接受的社会主义理念。知青一代因为与共和国同步成长,他们的知识、伦理、思想都与社会主义精神相协,所以即便颠覆社会主义叙述,他们也不是完全抛弃了社会主义的精神和思想。无怪90年代的到来带给梁晓声巨大冲击,在共和国前30年养成的审美和文化视野让他无以面对90年代后巨变的中国,这一时期梁晓声的写作普遍存在荒诞的特征,比如《浮城》中魔幻现实主义般的空间想象,《泯灭》中子卿的疯癫与"我"的失语等。《浮城》中一个城市突然从中国断裂而漂向日本、继而漂向美国,正对应着中国在70年代开放的顺序,它极具象征性地表现中国如何被全球化裹挟。当得知可以进入日本乃至美国后,市民进入狂欢状态,乃至中国的救援船来接他们时他们拒绝救援,执拗地向西方世界漂流,便是梁晓声在撕破全球化过程中人们的丑恶嘴脸。而这样的浮城终究在漂流中消失无踪,也反映出他对这样狂躁的全球化时代的态度。《泯灭》中曾经拥有美好志向和高贵品格的子卿在90年代变成拜金主义者,最终家破人亡,展示出资本市场的骤然进入带来的人性沦落和扭曲。直到近作《人世间》中,梁晓声通过让主人公周秉昆入狱来跳过了90年代,也可看出他对这一时代的无声抵抗。

此时梁晓声的关注转到了"平民"身上,而知青和平民在社会地位上有所相似,他们都是突然被甩在发展潮流之外的群体,置身在秩序的边缘和变动的位置上而茫然无措。徐淑芳哭喊"我觉得生活它变成一个大怪物了!它咧着血盆大口要人拿钱喂饱它!你喂不饱它,它就张牙舞爪摆布你!吓唬你!用它的尾巴梢儿一扫,就不知把你扫到城市的哪一个旮旯儿里去了"[②]!30年后的《人世间》中,更表现出平民要想改变命运,亟须官员或巨商伸出援手,否则毫无翻身可能。为这种问题发声,仍是为遗落在时代潮流后面的人群发声,就此而言,关注"知青"与关注"平民"仍是相通的。

---

① 汪晖:《死火重温》,人民文学出版社2010年版,第66页。

② 梁晓声:《雪城》下册,中国青年出版社2016年版,第373页。

在为这些被潮流遗忘的人们发声时，梁晓声表现出了对社会具体问题的关注，他以接近“问题小说”的方式将当下正在发生的中国问题作为切入口，巨细无遗地表现中国现实困境，并在文学中提供解决方案。这种尝试让文学直接回应现实的理念，和当年的赵树理、柳青等人都是同调的，他们的文学创作“不是对国家政策的简单转述，也不是对社会变动的旁观写照，而是从马克思主义理论的基本命题出发，用文学形式来书写和论证这场运动的合法性、动力形态和可能的展开过程”[①]。始终强调“现实主义”并且要求文学有其担当的梁晓声，与其说是“平民作家”，不如说是承继“人民作家”的创作理念。评价者总是既指出他的理想主义浪漫主义，却又认为他采用现实主义的表达，而从未觉得这二者之间有任何的矛盾，这正是他在文学这个独特空间中来勾画现实问题，并为之提供想象性解决的结果。

梁晓声与“人民作家”的差异主要体现在他更强调个人需要锤炼自己的独立意志，来对抗时代的扭曲，他尝试展现人如何在这样的条件下仍然能保持自己的主体自觉和精神信仰，将反思的重点放在人性和自我叩问之上。他常常借由“我”为媒介来展示出人性中的卑劣。《泯灭》中描写“我”如何在不断抬高的价格中放下了身为作家的尊严而同意为企业家写宣传。同时，拜金的子卿就像是“我”的分身，在对他进行批判时像是将自我中的拜金意识拿出来审视批判。梁晓声以他身为作家的敏感和自省，去思考这种社会状态对人的精神的影响，通过迫使自己正视人性可以有多卑劣丑恶，而后重新看到人性浴火重生后的崇高。这与其说是他对人性抱有信心，不如说是始终保持着抵抗堕落的斗志。他要求每个个体都成为“大写的人”，拥有胡风所提出的那种“主观战斗精神”。由此可以看到，他一方面仍然体现出社会主义文化的延伸，另一方面要求将这种文化精神落实到每个个体的精神之中，要求以个人的主体意志为单位来形成“人民”的群体，而每个个体也应当反思自身可以在社会中承担什么。

但也不得不反思这种立场的局限性。他所认为的人性本善，终究是在他的阶层所能看到的人性；他的“恶”也有限度，通常只能反思人们如何道貌岸然、败絮其中，真正的大恶远在他想象力之外。《泯灭》中他借子卿之口自嘲所谓的“平民作家”其实没法真正深入到平民的立场：“你以为你写过某些似乎同情平民的东西，就足以证明自己是平民的代言人了？其实你只不过是在写你较为熟悉的生活而已。……如果某一天，平民们需要用战斗的方式解决社会分配不公时，你会为他们冲锋陷阵、赴

---

① 贺桂梅：《“总体性世界”的文学书写：重读〈创业史〉》，《文艺争鸣》2018年第1期。

汤蹈火吗？你不会的！”[①]这里虽然是指向知识分子的限度，但深究下去这也是他的“道德”的限度，因为“道德”终究是以社会中层阶级为适用对象的，下不到庶民。有评论者认为梁晓声是时代中的幸运儿：“短暂的下乡并没有妨碍他后来在城市中获得优越的地位。他很早就被推荐上了复旦大学，毕业后又来到了北京电影制片厂。正是因为处在城市的优越地位上他才能够以美好的心境回忆乡野，下乡对他来说成了一种浪漫，一次传奇经历，成了他后来城居生活的一种心理补充和印证；对乡野垦荒的回忆使他有一种冒险的满足和英雄的情怀。”[②]同时又由于这种“幸运”确实没有幕后操作，并且梁晓声也并非当时的孤证，也有一批在下乡后得到正常生活的“幸运儿”，这更让他相信教育可以平等地建立人的主体意志。所以他的洞见主要在于反思在大时代难以改变时，每个个体如何独善其身，并寄希望于个体的改善来推动社会发生可能的转变，但还需反思的是，这种对个体精神的要求是以启蒙为前提的，那么对于无法充分接受教育的群体，又当如何？

三、“东北”历史文化带来的伦理与信仰

梁晓声会有这种理想的社会想象，和他出身东北也密不可分。很多评论者会指出梁晓声是“北大荒”作家，而忽视梁晓声是“东北”作家，这二者的细微差异表现在“北大荒”突出了乡野空间，叙述强调了人对自然、现代对乡野的征服；而“东北”则还包括城市，也包括地域的历史文化。

梁晓声的绝大多数的作品以其故乡哈尔滨为背景和舞台展开，在最新一部横跨20世纪70年代直至当下的鸿篇巨制《人世间》中，开篇第一章就交代了所谓“A市”实际上也就是哈尔滨市。而东北城市在中国历史发展中有其独特之处。东北是在近代移民中发展起来的，所以不像北京、西安等古城，东北多数城市没有足以干扰到现代化发展的地域传统；平原地形地貌也决定了集体化农业和产业化工业可以广泛实现；东北作为重工业基地，也是单位体制最早普及开来的地域，其城市规划基本按照产业规划而建立，以工厂、单位为基准划分开来：这些都使得社会主义制度和文化极易在东北普及和深入。上面说如果共和国化身为人便是知青，若这段历史中的共和国投射为空间，则必成东北。或许可以说，正是因为梁晓声生长在东北，所以写出了他独特的“知青/青春”文学；梁晓声的创作表现为理想主义的文学，症结在于东北本身是理想化的。

---

① 梁晓声：《泯灭》，辽宁人民出版社2017年版，第208页。

② 李书磊：《〈这是一片神奇的土地〉文化测量》，《文学自由谈》1989年第3期。

梁晓声强调个体的对抗精神，但他的个体也总是需要亲情、友情、爱情等人伦情感来支撑的，比如他笔下父亲的威严与担当、母亲的慈爱与包容，以及邻里间的亲和、朋友间的友谊都是他常常抒写的对象。梁晓声一直警觉于社会出现的“他人即地狱”心态，虽然他批判的是这句话的表面义，反对以人性之恶为前提想象他人，但从他对人伦情感的信任乃至依赖来说，他也确实反对“他人即地狱”的深层义，即人与人全面切割开来，使自我变成绝对的孤独个体的状态。这种人伦情感，与集体化的体制密不可分。它们看起来只是传统乡土中国式的熟人社会关系，但这种乡土的熟人社会关系能够在城市中出现，有赖于单位体制在城市中建立起了一个个单元，让生产并生活在一起的人们形成了共同体情感。

他笔下所歌颂的人物也常常带有“人民文艺”时代的气质。《人世间》中的父亲周志刚形象便是一个代表。他一方面作为老工人刚正不阿，对待工友严厉公正而又亲切；另一方面作为父亲，对儿子充满无声的爱。且他作为老工人的形象与作为父亲的形象是相呼应的，他对工友的关爱有慈父之感；在家中的位置又有无产阶级主人翁的威严。这种“老工人＝父”的形象，仿佛从新中国成立初期《原动力》《火车头》以及电影《光芒万丈》《高歌猛进》直到60年代《千万不要忘记》中的老工人在80年代的现身。当《千万不要忘记》中的丁海宽最后告诫孩子不要为奢侈生活所腐化，他身为老工人的形象与身为父亲的形象合二为一，社会主义劳动的伦理就以父权的方式承载下来。周志刚这一形象仿佛这类老工人在当下的再次现身。这一方面可以归因于梁晓声对“人民文艺”的接受；另一方面则是“人民文艺”的影响渗透到了日常生活之中，深入形塑了现实中的人的精神。如果对照梁晓声对自己父亲的书写，则可看到周志刚身上有他父亲的影子，而梁父本身便有着丁海宽一样的“老工人＝父”的特质，可以说是集体化时代的文化塑造了父亲一代人，进而影响到梁晓声一代对家庭情感的理解。可见梁晓声虽然强调每个个体应当具有独立精神，但独立个体又是基于集体文化而出现，他们必须是集体中的一分子。

梁晓声也通过对城市兴衰的书写，呼应他对“人性”衰落与抵抗的思考。城市在梁晓声的写作中占据重要甚至可以说是核心位置。知青本就是从城市来到农村、兵团的群体，就算描写农村，也是城市视野映照下的农村，何况这还是他们回到城市后的写作，更有缅怀乡土的意味。同时在这些叙事中，城市成为他们亟待归去却又无法归去的家园与乐土。而随后在返城叙事中，又正是城市抛弃了他们，带给他们困境。《雪城》中的“雪城”便构成了一种象征，是知青们所抗争的负面形象。上册的主要对立表现为知青和遗弃了他们的城市之间的对抗，而叙述明显地偏向了知青的一边。尽管他解释城市在面对20万突然归来的待业青年时必须要维稳，但所有维持治安的举措都表现得十分有冒犯性。他写治安宣传车沿途播放广播宣传特殊治安令，“代表城市卫士者们的那个凌厉的女性的声音，像一位铁腕女王在对她的臣民们发表王室诏书。这声音也仿佛在向全市人民宣告——城市时时刻刻面临着某种威胁。它的敌人是存在着的、危险的、蔑视它的，正预备着对它采取什么对抗行动的”。并独立一段非常醒目地说道：“城市和她的长子长女们反目了。”[①]同时小说将一直在城市的人们，比如姚玉慧的弟弟和其女友倩倩表现得蛮横无理却又胆小怕事、骄纵过度且缺乏体谅。而到了市场化之后，城市成为罪恶的渊薮，从《雪城》下册到后来的《泯灭》《浮城》《欲说》等小说中，城市光怪陆离的生活正是刺激人发生扭曲的关键。城市的意义在此是多重的：它首先是知青生长和获得知识的土壤，在这个层面上，它和社会主义教育等同；返城时期，它是冷漠且不负责任的政治和市场的象征；90年代后，它是资本的显影。《雪城》中返城知青与城市的对立，可谓是五六十年代的城市与逐渐步入市场化的城市之间展开斗争，而不断取代五六十年代城市的当下城市，也是当下功利浮躁价值观对此前人伦和精神挤压的写照。当下观点一般认为50年代到70年代的文艺压抑了城市叙述，实际上这些批判关注到的只是对上海这种市民型城市，市民型城市要求保证私人空间，在私人空间基础上形成公共空间。而社会主义中国则是建立了一种集体化的城市，推广单位体制意味着人们首先隶属于一个组织之中，身为组织中的个人才能存在。所以并非这时没有城市叙述，只是它形成了另类城市叙述，当人们以市民社会的标准去寻找时，看不到这类城市而已。而当人们认为只有市民社会的城市才是城市，便是50年代到70年代集体化时期城市衰落的证明了。这类城市在人们心中的印象日渐边缘化，也反映了东北的衰落。

这种不断被挤压的状态再次激起了梁晓声的斗志，他不断挖掘城市底层中的人性闪光，以此作为抵抗。新作《人世间》对当下时代多有批判，但始终对亲人朋友肝胆相照的秉昆，仿佛集体化时代伦理道德在当下生活中仍然闪烁的光点。透过秉昆在底层的艰苦环境中仍然坚忍不拔地生活下来，梁晓声也在宣告希望仍在。《人世间》的最后，破败的“光字片儿”在曾为知青的大哥秉义手中翻新重建，也构成了一种隐喻：资本的不毛地带就仿佛当年知青面对的“鬼沼”，拥有独立精神的个体必能披荆斩棘、重建信仰。而待得城市重新恢复为友亲睦邻状态之日，其中的每个人也就达到了梁晓声对人性高度的期待。

---

① 梁晓声：《雪城》上册，中国青年出版社2016年版，第437页。

纵观梁晓声30余年的写作，他始终探索大时代中个人应当如何有所作为，可谓“天下兴亡，匹夫有责”的观照。这种观照让他一方面极具时代性，谨慎地把握每个时代的气息，即便有时并非如实展现时代事件本身，却更在虚构中抓住这一时代的精神特质。另一方面他作品的主旨又并没有本质变化，我们会在不同的时代中读出相似的人物和故事。也许在梁晓声的眼中，无论世事怎样变幻，故事其实没有太大的改变，一如人性总还是那样的人性，必须抱定逆水行舟的勇气和决心砥砺前行。

（载《小说评论》2019年第5期）

主要作品目录《

长篇小说

《雪城》，北京十月文艺出版社1988年版。

《一个红卫兵的自白》，四川文艺出版社1988年版。

《浮城》，花城出版社1992年版。

《泯灭》，春风文艺出版社1994年版。

《年轮》，贵州人民出版社1994年版。

《恐惧》，贵州人民出版社1995年版。

《尾巴》，陕西旅游出版社1998年版。

《红晕》，人民文学出版社2001年版。

《黄卡》，百花文艺出版社2001年版。

《伊人，伊人》，湖南文艺出版社2006年版。

《缪斯之子》，中国画报出版社2006年版。

《欲说》，东方出版中心2006年版。

《政协委员》，河南文艺出版社2008年版。

《生非》，百花文艺出版社2011年版。

《知青》，青岛出版社2012年版。

《懦者》，湖南文艺出版社2013年版。

《返城年代》，东方出版中心2013年版。

《斗士闻一多》，译林出版社2015年版。

《人世间》，中国青年出版社2018年版。

中短篇小说集

《天若有情》，北京十月文艺出版社1984年版。

《这是一片神奇的土地》，百花文艺出版社1985年版。

《人间烟火》，贵州人民出版社1985年版。

《白桦树皮灯罩》，北方文艺出版社1986年版。

《秋之殡》，华艺出版社1991年版。

《非礼节性的"访问"》，四川文艺出版社1991年版。

《黑纽扣》，浙江文艺出版社1992年版。

《梁晓声知青小说选》，西安出版社1993年版。

《梁晓声亲情小说选》，西北大学出版社1993年版。

《同代人》，中共中央党校出版社1994年版。

《鬼畜》，新疆人民出版社1995年版。

《大鸟》，春风文艺出版社1996年版。

《梁晓声'97作品系列之一：苦恋》，经济日报出版社、陕西旅游出版社1997年版。

《荒弃的家园》，中国文联出版公司1997年版。

《荒原作证》，长江文艺出版社1997年版。

《白猫之死》，山东文艺出版社1998年版。

《弃偶》，泰山出版社1998年版。

《司马敦》，中国文学出版社1998年版。

《女人心情》，中国青年出版社1999年版。

《带锁的日记：梁晓声电影作品选》，九州出版社2000年版。

《恐吓》，新世界出版社2002年版。

《走向诺贝尔·梁晓声卷》，文化艺术出版社2002年版。

《学子》，百花文艺出版社2003年版。

《毕业生》，文化艺术出版社2003年版。

《弧上的舞者(金木水火土五卷)》，南海出版公司2004年版。

《平民梁晓声》，北京广播学院出版社2004年版。

《撕裂与迷惘：梁晓声的短篇小说》，南海出版公司2004年版。

《表弟：梁晓声获奖作品选》，中国画报出版社2005年版。

《长相忆》,中国画报出版社2005年版。

《梁晓声自选集》,现代出版社2007年版。

《鹿心血》,中国物资出版社2009年版。

《白发卡》,中国物资出版社2009年版。

《红磨坊》,中国物资出版社2009年版。

《今夜有暴风雪》,文汇出版社2009年版。

《盗靴》,求真出版社2010年版。

《双琴祭》,求真出版社2010年版。

《回家》,湖南文艺出版社2011年版。

《私刑》,文化艺术出版社2015年版。

《复仇的蚊子》,文化艺术出版社2015年版。

《守望者》,鹭江出版社2018年版。

散文、杂闻、评论集

《从复旦到北影》,上海文艺出版社1987年版。

《梁晓声人生独白》,长江文艺出版社1993年版。

《万千说法》,贵州人民出版社1994年版。

《'93断想——谁是丑陋的中国人》,山西高校联合出版社1994年版。

《九五随想录》,新疆人民出版社1996年版。

《润心集》,吉林人民出版社1996年版。

《梁晓声自白》,经济日报出版社1996年版。

《中国社会各阶层分析》,经济日报出版社1997年版。

《凝视九七》,经济日报出版社、陕西旅游出版社1997年版。

《丢失的香柚》,湖南文艺出版社1997年版。

《梁晓声话题》,九洲图书出版社1998年版。

《心灵的花园》,中国妇女出版社1998年版。

《世纪末的证明》,九洲图书出版社1999年版。

《狡猾是一种冒险》,中国青年出版社1999年版。

《重塑保尔·柯察金》,同心出版社2000年版。

《我看　我想　我论:梁晓声答问集》,群言出版社2003年版。

《羞于说真话》,文化艺术出版社2004年版。

《梁晓声自白:站直了不容易》,文化艺术出版社2004年版。

《致青年》,华中师范大学出版社2004年版。

《沉默的墙:梁晓声散文集》,新华出版社2004年版。

《人性似水》,湖南文艺出版社2004年版。

《人性如水》,文化艺术出版社2004年版。

《错位恩仇》,文化艺术出版社2004年版。

《父亲》,中国画报出版社2005年版。

《未死的沙威》,上海三联书店2006年版。

《梁晓声语录》,中国青年出版社2006年版。

《我的人生笔记——你在今天还是在昨天》,时代文艺出版社2006年版。

《似梦人生》,中国文联出版社2008年版。

《雪地上的足迹》,中国盲文出版社2008年版。

《一只风筝的一生》,中国盲文出版社2008年版。

《弧上的琐思》,北京师范大学出版社2008年版。

《老师》,中国物资出版社2008年版。

《思想的盛宴》,中国文联出版社2008年版。

《上蹿下跳的人们》,文化艺术出版社2009年版。

《当代名家:梁晓声自述人生》,时代文艺出版社2010年版。

《三平方米的金融海啸》,中国物资出版社2010年版。

《歌者在桥头》,湖南文艺出版社2011年版。

《郁闷的中国人》,光明日报出版社2012年版。

《恰同学少年》,江苏人民出版社2012年版。

《倘我为马》,长春出版社2012年版。

《中国人,你缺了什么》,中华书局2013年版。

《原来》,中华书局2013年版。

《普通人》,首都师范大学出版社2013年版。

《忐忑的中国人》,光明日报出版社2013年版。

《国人辩论的表情》,中华书局2014年版。

《真历史在民间》,民主与建设出版社2014年版。

《我相信中国的未来》,中国青年出版社2014年版。

《中国生存启示录》,北京大学出版社2014年版。

《中国人的淡定从何处来》,北京大学出版社 2014 年版。

《故人往事》,文化艺术出版社 2015 年版。

《看客中国》,文化艺术出版社 2015 年版。

《前世今生》,文化艺术出版社 2015 年版。

《梦与醉》,河南文艺出版社 2015 年版。

《梁晓声散文:花儿与少年》,浙江文艺出版社 2015 年版。

《梁晓声人生感悟——我最初的故乡是书籍》,人民出版社 2015 年版。

《梁晓声:我们的时代与社会》,中国工人出版社 2015 年版。

《给自己的头脑几分尊重》,中国青年出版社 2015 年版。

《梁晓声:我们的时代与文艺》,中国工人出版社 2015 年版。

《生命,何以高贵》,广西师范大学出版社 2016 年版。

《我心灵的诗韵》,作家出版社 2016 年版。

《好女人是一所学校》,海天出版社 2016 年版。

《做立体的中国人》,长江文艺出版社 2016 年版。

《中国人的日常》,现代出版社 2017 年版。

《中国人的人性与人生》,现代出版社 2017 年版。

《我与橘皮的往事》,民主与建设出版社 2017 年版。

《家载一生》,中国民主法制出版社 2018 年版。

《我和我的共和国七十年》,中国民主法制出版社 2018 年版。

《微观天下事,不负案头书》,中国民主法制出版社 2018 年版。

《中国文化的性格》,现代出版社 2018 年版。

《狐鬼启示录:梁晓声说〈聊斋〉》,现代出版社 2019 年版。

《那些岁月……》,北京十月文艺出版社 2019 年版。

文　集

《梁晓声文集》,青岛出版社 2015 年、2017 年版。

林　白

女，原名林白薇，1958年生，广西北流人。

小 引《

在刚刚过去的上一个世纪末，中国文学最为引人注目的创作现象之一，是在90年代兴起的一股女性主义或女权主义的潮流。这股创作潮流的兴起，据说与一些外部因素的刺激有关（如联合国世界妇女大会在中国召开等），但我以为用一句老话说，还是中国文学自身发展演变的结果。现在许多人追溯一件事情的渊源，总喜欢从西方的历史说起，其实，无论怎么界定女性主义或女权主义文学，在中国文学的历史上都可以找到一些类似的东西。当然，说到底，就连女性主义或女权主义这些概念都是从西方舶来的，这就难怪追踪溯源要从西方说起了。事情既然这么复杂，在谈论中国文学中的女性主义和女权主义时，我们就不能不多留一个心眼，即不能简单地套用西方文学中的女性主义或女权主义概念，而要顾及中国文学中的女性主义或女权主义的历史实际。如同西方女性主义或女权主义肇始于近代文艺复兴运动一样，中国现代文学中女性意识或女权意识的萌芽，也是源于"五四"这一场文化复兴和文艺复兴运动。所不同的是，在我看来，现代中国女性所面临的一些紧迫的社会人生问题，大体与男性相当，故而在整个社会争取民族解放和民族独立的斗争中，诸如女性的解放和独立等诸多属于女性自身的问题，自然也就成了其中的一个有机的组成部分，甚至要以前者的胜利为前提。女性也就难免要再一次为此做出巨大的牺牲，以换取最终的解放和独立。而当这个民族解放和民族独立的时代真正到来之后，女性又因为一些历史习惯和文化传统的影响，未能进一步由"权力"到"性别"，真正从女性的意义上与男性社会相剥离。这些复杂的情况，也就决定了现代中国的"女性文学"，为何既激烈地争取女性的解放和独立，最终又不能不以整个民族的解放和独立为指归（如"五四"及其后一个时期的"女性文学"）；既激烈地反抗男权的束缚和压迫，最终又不能不自觉地屈从于男性社会的规范，甚至有意无意地放弃自身的性别特征而乐于为男性社会所同化（如新中国成立以后的一个时期的"女性文学"）。这种情况可以说一直持续到80年代，都没有太大的改变，故而有人极端地说，现代中国没有严格意义上的女性主义或女权主义文学。

这种极端的说法当然仍旧是依据西方的标准，这种西化的标准甚至也影响到对90年代兴起的女性主义或女权主义文学的阐释和评价。这种阐释和评价的一个重要特点，就是努力从这期间带有女性主义或女权主义倾向的创作中，去发掘那些带有鲜明的女性性别特征的描写和极端地反抗男性的社会权力和性别权力的艺术因素。结果，这股女性主义或女权主义的文学潮流在人们的印象中，也就成了性别和权力的合谋，即女性在以其性别的特殊性标志自身的独立和解放的同时，也以这种性别的特殊性反抗男性的权力，重建自身的一种性别的权力。用一句老话说，这种脱离了一定的社会政治经济文化条件，空谈女性的性别权力，实在也只能存在于文学这种想象性的活动之中，是不能代替也无法代替女性在现实中所真正拥有的性别权力和其他方面的权力的。好在文学本来就不是争取现实权力的工具，当然也不是争取女性权力的工具，故而考察这种按照西方的说法被我们称之为女性主义或女权主义的文学潮流，就不能不从它作为一种想象性的活动这一最本质的特征入手，看看由于女性隐秘的私人生活空间、女性微妙的心理状态乃至女性神秘的身体构造在艺术描写中的凸显，给现代中国文学带来了哪些新的艺术审美因素。如果从这个角度看林白在90年代兴起的女性主义或女权主义文学创作潮流中的地位和意义，我以为，她的作品在审美上的意义要远远大于在女性性别解放和争取女性权力（包括反抗男性权力）方面的意义。我甚至认为她也无意于在女性的性别和女性的权力方面做文章，她只是自自然然地在以一个女性的身份从事写作，她只是实实在在地在表达她作为一个女性的人生经历和生活体验，包括在成长和走向成熟的过程中的生理经验和心理体验。只是因为她是一个女性，故而她的作品的这种不加掩饰的真实，就难免要让人觉得惊世骇俗。但是，也正是这种不加掩饰的真实，不但使林白的作品对她的描写对象获得了前所未有的艺术穿透力，而且也显示了这种穿透性的叙事所特有的一种纤毫毕现精细入微的美学风格。这是自现代中国文学在疏离了自然主义之后荒废已久的一种叙事风格的历史再现，也是林白以她特有的灵性和敏感对这一注重感性经验的叙事风格创造性地扬弃的结果。只有在这个前提下，仿照俄国形式主义文论家的一句绕口令的话说，谈论那种女性之为女性的东西（或曰“女人性”）对林白的创作所起的作用，才符合作者的初衷和具有文学上的意义。我的这种看法也许与这一辑两位博士主笔的看法不尽相同，但我想这也只是看问题的角度的差别，就权当是读林白的另一维的参照系吧。

自　述《

在写作中安放自我

一、内心的故乡

很多年前，我从报上剪下了一幅川端康成的照片，他嘴角下垂，眼睛看着斜上方。那种孤冷、清寂和隐隐的惊恐和戒备，我从未在别的作家那里看到过。

川端康成从他的幼年时代起就生活在一条死亡的河流里，两岁丧父，三岁失母，七岁时外祖母病故，到了十六岁，唯一的亲人外祖父也撒手而去。我想，一个在凄凉中生活，并且总是想着自己是孤儿的人，大概脸上就会停留着这种表情吧。

我内心的表情是否正是如此呢?

那种隐约的惊恐不安，是我最熟悉的东西。

我出生在一个边远省份的小镇上，三岁丧父，母亲常年不在家。我经历了饥饿和失学，七岁开始独自生活，一个人面对这个世界。对我来说，这个世界几乎就是一块专门砸向我胸口的石头，它的冰冷、坚硬和黑暗，我很早就领教过了。

我不信任这个世界，怀疑一切人。八岁的时候，我的外祖母从乡下来镇上看望我，她给我买了我喜欢吃的叉烧包，但我却认为她在里面放了毒药。这种阴暗病态的念头一直折磨了我许多年。

面对现实，我是一个脆弱的人，不击自碎，不战亦败。对这样的一个人来说，写作不是一种选择，而是一种宿命。

我很早就开始记日记。文字就像我死去的父亲和远在别处的母亲，又像替我阻挡世界的厚厚的被子，它们从我的笔下，返回我的心脏，成为我黑暗内心中的光芒。现实被及时地忘记，人在幻觉中变得强大。文字们一个个手执剑戟，精勇突进，有多少凶恶的仇敌被它们一剑封喉；又有多少从未得到过的柔情，从自己的内心出发，经过文字，变成花瓣落回到自己的肩头。

从日记出发，到达诗歌，又从诗歌到达小说，二十多年来，写作已经成为我的生活方式。

不写作我会陷入抑郁，情绪低落、焦虑、烦躁不安，就像一个吸毒的人断了顿。写作则使我安静下来，重建信心，进入一种明亮的兴奋状态。写作顺利的时候我感到身体健康，人生美好，愿意活到一百岁。就这样，写作冲淡了我的恐惧感，它使我看到了另一个世界，这个世界并不像我生命早期所看到的那样处处黑暗。

我从版图最远的省份来到北京。我的家乡北流市，有着古代流放犯人的关口，叫鬼门关，民谣里说的“过了鬼门关，十去九不返”，指的就是这个地方。我成年以前并不喜欢自己的家乡，事实上我更不满的是自己的生活，我在成长中焦虑、烦躁、惊恐不安，时刻盼望着逃离故乡，到远处去。我从北流到南宁，从南宁到武汉，最后来到北京。

现在我在北京这座城市已经生活了 10 多年，就像我至今分不清它的东南西北，我同样无法洞悉这个城市的秘密。北京是一座伟大的城市，但它远在我的身外。“虽信美而非吾土”，有时我会想起古代诗人王粲面对一座壮美的楼阁时的感慨。

就这样，故乡在我离开它多年之后才最终来到我的心里，只是此刻它早已面目全非。三年前我回北流，我看到，它比七年前变得更加崭新和陌生，我认识的街道已经消失，熟悉的树木不见了，大片的田野变成了工地。尤其是，我的母语也夹杂了一些普通话和广东话，这使它变得奇怪。有一次，文联在一家宾馆里请吃饭，饭桌上全是本地人，但上菜的小姐每上一道菜都用普通话而不是本地话报出菜名。我想，如果今天我仍生活在故乡，一定也像一个异乡人吧。

我住在东城一幢高层建筑的八层楼上，我女儿从五岁起就在阳台上种玉米，至今已经种了几年了，因吸不到地气，又没有充足的阳光，结果每年都不抽穗，女儿总是白欢喜一场。我想我有一半像这玉米，既不是城市之子，也不是自然之子。

好在文学收留了我，我无根的病态和焦虑，以及与人隔绝的空虚感，都在文学中得到了安放。

我先后从事过多种职业，现在成为一个靠写作生活的女人。目前的情况是，我国有十几亿人口，即使只有一万人买我的书，我就能以最低的生活水准生存下去，而不必看市场的脸色。

我逐渐平静下来，这使我慢慢看到了他人的生存。

我愿意看得更多一些，自 2000 年的 5 月到 9 月，我一个人独自上路，四次进出北京，沿着黄河流域，旅行了两万华里。我看到了无数的田野和山脉，看到了乡村的集市和学校，老人和孩子，羊和牛，送葬的队伍和晒在马路上的麦子。我虽不擅长参与社会现实的写作，但我确信，对底层和弱势群体的关注会使我的内心变得健康一些。

把自己写飞，这是我最后的理想，在通往狂欢的道路上，我这就放弃文学的野心，放弃任何执着。我相信，内心的故乡将在写作中出现。

如果有一天，我不能再写作，就让文学像细菌一样潜伏在我的肌体里吧，让它们与我一起，与万物共生长，或者与万物同消亡。

我曾经如此畏惧这个世界，世界却以文学拥抱了我，我唯有感恩。

二、记忆与个人化写作

在我的写作中，记忆的碎片总是像雨后的云一样弥漫，它们聚集、分离、重复、层叠，像水一样流动，又像泡沫一样消失，使我的作品缺乏严密的结构和公认的秩序。我以前从未思考过记忆与我的写作之间的关系，我被包裹在语言的气流之中飞升和下坠，感受到某种快乐。

我领会到记忆其实有着两大类：一类是关于某年某月某日某时某个事件的起因、过程与结尾；另一类则是往事的某一个瞬间所携带的气味、颜色、空气的流动与声音的掠过。前一类记忆已经通过普遍的叙事进入了新闻报道、公众的传播以及某些以记载事件的过程为己任的小说中，它们是这个时代声势浩大的话语，是这个社会的主流叙事，就像构成我们这个星球的岩石和泥土一样众多，一样天经地义。报纸电视使我们很容易被这种集体叙述所充塞，这种集体记忆的标准化和概括性使每个人的记忆都变成同样的记忆。

在这种普遍的记忆中，我们丧失着自己的记忆，同时也丧失着自己。一件事情经过了条理化、秩序化、概念化的固定，呈现出真正的单一、枯萎和平面。这种记忆是沙漠，个人的经验和个人的记忆像水一样流失在沙漠中。它们又像一根绳子，将一个事物的根络、叶茎、枝杈、果核单个地提出来并且想当然地串联在一起，这种方式是残忍和丑陋的，它无视事物的水分，也无视个人的记忆。

这种集体的记忆常常使我窒息，我希望将自己分离出来，将某种我自己感觉到的气味、某滴落在我手背的水滴、某一片刺疼我眼睛的亮光从集体的眼光中分离出来，回到我个人的生活之中。只有当我找回了个人的记忆，才可能辨认出往昔的体验，它们确实曾经紧贴着我的皮肤。

我所指的个人记忆不是一种还原性的记忆的真实，而是一种姿势，是一种以个人记忆为材料所获得的想象力。现时段的、当下的事物总是使人缺乏想象的空间，一目了然，直来直去，因而无法达到审美。只有眺望记忆的深处，才能看到弹性、柔软以及缝隙。

个人记忆也是一种个人想象。

在我的写作中,回望是一个基本的姿势,这使我以及我所凝望的事物都置身于一片广大的时间之中。时间使我感怀、咏唱,心里隐隐作痛。在较长的时间长度中,一切事物可远可近,我可以从容看遍它们的各个角度并一一写出。我的回望有三种情况:看一件在时间中真实发生过的事情;看一件从未发生过的事情,它只在我的想象中发生,但我却觉得我看到了它,在凝望中感同身受;把自己置身于未来的时间中回望现在,这是一种使我能迅速找到表达感觉的最好方式。对现在现时态的书写往往具有一种日记性,或者叫作日记的姿势,当然日记也有种种不同,流水账与心灵的深入总是有着天壤之别,但是日记天然地缺乏时间的弹性。

如果我要写现在,我常常喜欢把自己放在未来的时间中,眼前的一切变成过去,它们与我之间的时间距离犹如某种神奇的光,使一切焕发光彩。不光是写作,在日常生活中我也常常有这种感觉,在一个普通的场合或者日常生活中,一下往前跨越许多时间,觉得眼前已经是消逝了的生活,里面的人也已经从这个世界消失了,或完全改变了,这使我产生一种目睹华丽的时光凋零的感受。浓缩起来的时间容易使我们看到它的凋零与衰老。凋零的时光总是华丽的,在凋零之中它的光影带有永逝不返的意味,它转动中呈现的每一个点都附带上了无与伦比的美。而平常的时光就在眼前,它们平白、单一,缺乏幽深感。

我对现实缺乏应有的感受力,因而也缺乏判断力。面对现实我经常头脑一片空白,所以它对我总是缺乏美感,即使最美好的时刻也还会有缺陷,那些缺陷一次次地使我感到美只存在于包含着想象力的记忆中。

现在的一切都将被写出,但那必须是在多年以后,或者假设在多年以后,“多年以后”这个词组将所有的事物都投入到巨大的时间之中,它们将不再是原来的样子。

对我来说,个人化写作建立在个人体验与个人记忆的基础上,通过个人化的写作,将包括被集体叙事视为禁忌的个人性经历从受到压抑的记忆中释放出来,我看到它们来回飞翔,它们的身影在民族、国家、政治的集体话语中显得边缘而陌生,正是这种陌生确立了它的独特性。

作为一名女性写作者,在主流叙事的覆盖下还有男性叙事的覆盖(这二者有时候是重叠的),这二重的覆盖轻易就能淹没个人。我所竭力与之对抗的,就是这种覆盖和淹没。淹没中的人丧失着主体,残缺的局限处处可见。个人化写作是一种真正生命的涌动,是个人的感性与智性、记忆与想象、心灵与身体的飞翔与跳跃,在这种飞翔中真正的、本质的人获得前所未有的解放。

访 谈《

虚构的记忆

——林白访谈录

叶立文 林 白

叶立文:您好。我记得您在创作谈中曾经特别强调了记忆和写作之间的关系。不过和许多当代作家不同的是,记忆在您那里几乎成为支配小说叙事的决定性力量。至于现实、历史等长期影响当代文学的“客观”因素,在您笔下都因为记忆的缘故而蒙上了一层心理色彩。这似乎意味着您的写作就是对个人记忆的追随,在这种追随中,写作行为完全指向了自我的内心,并因此和个人的命运相连。这种方式实际上是把个人的命运托付给了写作,并隐含着自我救赎的意味。我感兴趣的是,是什么心理因素促使您选择了这样的一种叙述方式?

林白:我最关注的主要还是个人的感受,最真实深入的那种感受。皮肤血液空气气味,这种感官的感受,对这个世界的感受。从小我就觉得这个世界很恐怖。任何东西对我好像都有一种压迫感。现在已经好多了,从容多了。以前真是打电话也会害怕,我现在摸铁的东西还害怕,不知道为什么?也许与我从小生活的环境有关,从小没有父亲,母亲也不在身边。自己面对一个世界,无边无际的世界——自然就非常害怕,没有安全感,就只能躲起来。我从小离开故乡,一直到现在这么几十年,就是想反抗这种恐惧,就是想怎么能让自己不害怕,但是最后还是失败了。我觉得活着有时候很困难。你怎样能够很放松地很自由地,能够真正像一个人这样活着?非常困难。我写作可能首先就是为了反抗这种恐惧,就是为了消除我个人自我和现实的这种紧张关系。那么它肯定也反映到我的作品里头。作品肯定表达了我的恐惧,恐怖的阴影不可避免地布满了我的作品,这是没有办法的。我觉得,人要写什么东西真的是与生俱来的,每个人生命的底色就在那里,你要改变,你只能从生命深处慢慢地生长,是内部的事情,而不是外在的。我想别人希望我写另外一种风格的东西,或者我自己硬要写另外风格的东西,这种东西我觉得都不是本质,都不是艺术创作的本质。其实这是从内心深处,就是从自己生命生长出来的。你的成长跟你小时候的环境，跟你吃的东西，跟你接触的人有关系，所有的一切变成一种血液，进入你的身体，然后你出来什么东西，你就是什么东西。

叶立文：看来反抗一种与生俱来的恐惧感是促使您写作的一个重要原因。似乎许多作家都或多或少地拥有类似的经验，这种经验就是焦虑。虽然缓解焦虑或反抗恐惧是很多作家共有的叙事意图，但像您一样将它作为超越日常生活的方式去叙述的却并不多见。您写作中隐含的对生活的超越，是不是也与您的这种心理经验有关？

林白：是的。我觉得日常生活对人是有侵蚀作用的，写作可以使人有所超越。生活本身就分为两种，日常生活和内心生活。我喜欢的生活既不是日常生活，也不完全是内心生活，好像是内心生活与意外生活的混合物，是一种真实与虚幻相混合的东西。或者是，日常生活过去之后，变得不真实了，在后来的日子里变成了一种幻觉。

叶立文：但这种幻觉就像记忆一样牢牢控制了您的写作。只有在这种对日常生活的想象中，您才能对现实进行叙述？

林白：日常生活在过了很多年之后，沉淀下来，时间带给你一种生活之外的感受。时间是一种距离，它把当时的生活隔开了。一切日常生活经过时间的过滤，经过10年、20年的距离它就不是原来的东西了，变成被叙述的、被记忆的、被虚构的、被想象的一种生活，它已经没有了生活在其中的焦虑。或者说，这种焦虑已经被叙述了，也可以叫升华，总之成了文学作品，这和真正的生活还是有很大距离的。

叶立文：所以您说自己的记忆"不是一种还原性的记忆的真实，而是一种姿势，是一种以个人记忆为材料所获得的想象力"。这种记忆其实是一种虚构的记忆。在写作过程中，记忆是否真实已不重要，重要的是想象力的获得。那么，这种虚构的记忆在您的写作中究竟扮演了一个怎样的角色？

林白：我对现实缺乏应有的感受力，因而也缺乏判断力。面对现实，我经常头脑一片空白，所以它对我总是缺乏美感，即使最美好的时刻也还会有缺陷，那些缺陷一次次地使我感到美只存在于包含着想象力的记忆中。个人记忆也是一种个人想象。在我的写作中，回望是一个基本的姿势，这使我以及我所凝望的事物都置身于一片广大的时间之中。时间使我感怀、咏唱，心里隐隐作痛。在较长的时间长度中，一切事物可远可近，我可以从容看遍它们的各个角度并一一写出。我的回望有三种情况：看一件在时间中真实发生过的事情；看一件从未发生过的事情，它只在我的想象中发生，但我却觉得我看到了它，在凝望中感同身受；把自己置身于未来的时间中回望现在，这是一种使我能迅速找到表达感觉的最好方式。对现在现时态的书写往往具有一种日记性，或者叫作日记的姿势，当然日记也有种种不同，流水账与心灵的深入总是有着天壤之别，但是日记天然地缺乏时间的弹性。如果我要写现在，我常常喜欢把自己放在未来的时间中，眼前的一切变成过去，它们与我之间的时间距离犹如某种神奇的光，使一切焕发光彩。

叶立文：也许只有对自己个人经历的记忆，才能够为您提供最大程度的想象空间。而这样的写作姿态，也使您的许多小说具有了“自叙传”的品质。那么，讲述个人的生命故事与您的性别之间有着怎样的关联呢？

林白：虽然我被认为是女性主义作家，但是我并没有什么女性主义理论。从感性来看，男性和女性肯定是两种动物，当然个体差异有时候会比性别差异更强。但是大致来说，女性有很多东西肯定是和男性不一样的，我不喜欢从理论上探讨那种问题，但是我作品里头所体现的，就是说比较浩瀚的很多很多的细节，非常多的感受，非常多的事情都是不一样的。人们觉着我对女性应该是最了解的，因为我的作品被认为是女性写作的一个代表吧，然后有那么多的作品都以女性为主人公，属于写得比较深入、女性心理写得非常细腻的那么一个人，但是我就是不会说女性是什么样的，就这么怪，真是就这么怪。女性跟男性的一个区别，就是女性把握世界的方式跟男性不一样，不过这个不一样也可能是后天加给的。一个男权社会认为女性必须就是感性的，就是没有逻辑的，就是很混乱的、情绪化的、神经质的这么一种人类。那么男性呢，就是比较理性的、比较有逻辑的、很理智的、很有条理的，非常能够控制自己的这么一种人类。这可能是外在的文化加给我们的一种暗示。当然大家谁都不知道本质的女性是什么，在没有男权社会加给的这个文化暗示之前是怎么样的？因为我们谁也没有生活在一个母系社会里，我们都不知道那个本质的女性是什么样。所以我就讲什么是女性啊，我讲不出来，我觉得这可能是女性和男性的差别之一。女性对世界的把握不是条理的，不是变成完整的句子的那种人。她是感性的，她通过皮肤接受这个世界，她通过眼睛看到这个世界的光芒，通过鼻子闻到这个世界的气味，她就这么感觉，那么我写出来的东西，也是我皮肤上的感觉。一个东西是冷的还是热的，摸起来是凉的还是热的，那么我就得到了一些很细微的具体真切的感受。

叶立文：正是这种感受使您在面对生活时拥有了个人化的叙述方式。但这种感受好像在更大程度上与您的童年经验有关。相比之下，您作为女性作家，在写作中为女性谋取权力的努力似乎并不那么突出。

林白:对我来说,个人化写作建立在个人体验与个人记忆的基础上,我作品中的所有人物都来源于我,包括一只狗或某棵树。通过个人化的写作,将包括被集体叙事视为禁忌的个人性经历从受到压抑的记忆中释放出来,我看到它们来回飞翔,它们的身影在民族、国家、政治的集体话语中显得边缘而陌生,正是这种陌生确立了它的独特性。这也许就是我们女性的现实,而写作就是用自己的语词来寻找现实,对于我来说,现实广大无边混沌一片,置身于现实之中我总感到茫然和失重。就让我找到一个词,就像找到一根丝,然后像抽丝一样把别的词抽取出来,再用它们构成一个我所能把握的现实。这个新的现实像房子一样把我保护着;或者像飞毯,瞬间把我带离物质的现实。文学就像是我的吗啡,以致幻的方式来抚慰我的人生。在这个意义上,我认为自己与女性主义相比,离个人主义更近。

叶立文:既然您更接近一个个人主义者,那么您在写作中表达的记忆只涉及自己的生命意识吗?如果是这样,一个作家的使命感又被置于何处?套用一个海德格尔式的问题,您认为诗人何为?

林白:我觉得作家的良心不是别的,就是把他的作品写出来。他没有太大的作用,振臂一呼,同不良倾向的坏人坏事做斗争,我觉得这不是作家最大的作用。他就是把他的良心体现在他作品的要求上。我很崇拜鲁迅和索尔仁尼琴这样的作家,我觉得有各种各样的作家,而且应该有各种各样的作家,有些作家可以那样,但是我肯定是永远成不了鲁迅,永远成不了索尔仁尼琴。我就是我这种作家,社会应该允许我这样的作家存在。现在社会已经很宽松了,已经允许我存在了,尽管我不是主流的作家,是边缘性的,也是受到排挤的,受到谩骂、诅咒等等很恶毒的攻击,但是我还是生存下来了。这个生存就是说能够出版自己的作品,能够拥有自己的读者。我觉得作为一个作家来说,我可以了。也就是说社会上有各种各样的作家,各种各样的作家都可以存在。当然他可以有伟大不伟大之分,杰出不杰出之分。我肯定不是一个伟大的作家,但我是一个很有特点的作家。我表达了我与生俱来的东西,从自己血液里流出来的东西。我的作品好像并不是一种涉猎社会问题的作品,它是从感受出发,从皮肤出发,就写一个人面对这个世界的各种感受。没有任何事先加进去的理念,没有为某种主义,没有为某种问题,也没有为种种外加的东西去努力过。另外,我觉得只要是真正的艺术品,遇到一个有艺术潜质的人,他就会受到召唤,主要看是什么样的人。那么我对自己负责的只能是我的东西是不是艺术。如果是,它会有一种点燃别人的功能,或者它百分之五十的程度可以点燃别人,那也可能是百分之八十、百分之二十。你如果是一个浑身都是火焰的读者,那么你与它就相通了。

叶立文:这也意味着您的记忆其实并不仅仅是表达了自我。在经过艺术化的虚构以后,记忆常常能借助叙述的力量唤起人们对于往事的怀念,过去的现实也许会在这种怀念中焕发出当时未曾有过的体验。那么,您怎样处理记忆中真实与虚构之间的关系?

林白:我用忆旧的方式写作,事实上很多东西都是虚构的,并不是我个人所经历的。譬如,《日午》中的姚琼、《回廊之椅》里的朱凉、《同心爱者不能分手》里的穿月白色绸衣的女人等等,都是一点影子也没有的,里面的故事和大量的细节都是虚构的,我用忆旧的方式,并不是我林白在回忆往昔的事情,而是喜欢那种语调和它所造成的意境。我若把现在的东西写入小说,也必须放在多年以后的某一时间里的回忆之中,才能马上找到感觉,比如说,描写我女儿此刻的神态,我肯定是写多年以来回想起我的女儿,她穿着小红棉袄,阳光从她身后的窗户照进来,棉袄上有一道金色的镶边,这样特别能够找着感觉。我要写我的女儿肯定是从这里开始,而不是从当下的情境写起。不光是写作,在日常生活中我也常常有这种感觉,在一个十分普通十分平常的场合中一下往前跳跃十几二十年的时间,觉得这已经是一个消逝了的场面,里面的人也从这个世界消失了,有一种目睹华丽的时光凋零的感受,这种感受使我心里隐隐疼痛。

叶立文:也许正是因为您对个人记忆的关注,所以您的写作在小说美学方面所做出的贡献,便远大于您对女性性别解放和争取女性权力斗争的叙述。毕竟,个人的人生经验被虚构的记忆过滤以后,所产生的美学图景会和现实生活截然不同。我感兴趣的是,您的美学趣味似乎与古典主义相去甚远?

林白:我并不具备经典美学的审美趣味,如果什么东西太优雅、太柔和、太对称、太和谐,我就会觉得它缺乏力度。我有时会本能地、情不自禁地美化经过我笔端的一切事物,但我的美化并不是把什么东西都写得很美,而是要使它们接近我的某种愿望。这个隐约的原则好像是要使事物或过程携带上激情、力度,或者使它们脱离日常生活的状态从而变得熠熠生辉,使平凡的事物变得不平凡,使不平凡的事物变得更加具有震撼力。只有这样,我才会感到心安理得。就像在对绘画的欣赏中一样,我不是特别喜欢那些包含了对称、和谐、柔美、优雅、温暖、舒适等公认的要素的画面,我会无端认为它们平庸,无法使我兴奋和激动。但我照样不喜欢那些过分夸张、恐怖、噩梦似的画,比如达利,他的画使我震撼,但同时使我头晕。如果我不是飞快地翻过他的画册,我相信我一定会因此做上几个晚上的噩梦。与他的画相比,我更愿意阅读《达利谈话录》,这本书比他的画有趣得多,虽然书中也同样充满了怪诞和令人毛骨悚然的东西(因为你在第一页就能看到他的房间里有一只令人畏惧的戴着口套的美洲猫不停地走来走去),但它并不是画面,而是变成了文字出现在我的眼前,于是我不但没有感到恐惧,反而获得一种由惊讶带来的快感。我无比喜爱文字这样一种中介,它能神奇地改变事物的性质。如果我承认自己的唯美倾向,那我所认为的最高的美一定是那种富有力度与激情的美。

叶立文:其实唯美的艺术追求也是热爱生活的另一种表达形式。尽管现实的缺陷使您感到美只存在于包含着想象力的记忆中,但反过来说,这种虚构的记忆恰恰为平庸的现实带来了光辉。在这个过程中,语言制造了记忆,并赋予记忆崭新的生命力,它唤回的不仅是隐含在记忆背后的涌动着的生命意识,也同样在现实的反面重新衡量了现实的价值。

林白:我说过,写作就是用自己的语词来寻找现实。语言有时是现实的回音,有时不是。语言在生活与生活之外穿行,穿越生活又悬挂在生活的表面,它被语言的操作者赋予各种各样的形体,在这里,上帝不是读者,而是作者。作者创造一个艺术品,一个另外的世界,在这个世界里,语言获得了独立的生命,它有自己的灵魂和自己的体态,它们之间不同的组合和置放造成了完全不同的生命,其中那些优秀的生命睁着它们美丽的眼睛向我们凝望,与它们相遇是我们在人世的福分。尤其在家园逐渐丧失的时代,语言就是我们的家园,它安置了我们的灵魂。所以我一直认为,生命与呐喊是至高无上的,如果有人因为饥饿,写出"桌子也能吃吗"这样的句子,我一定会被彻底打动,并且流下泪水。

评 论《

"她们"的命运

——林白小说中的女性人物

王均江 叶立文

在90年代的文学语境中,女性写作无疑是一个引人注目的文学现象。其特别之处,并不仅仅在于女作家对女性身体和隐秘内心的书写;更为重要的是,女性写作在有意无意中,主动疏离了当代文学无时或忘的"主旋律",这一主旋律常常被革命、启蒙等意识形态话语所把持，从而或多或少地远离了人的生命意识。特别是对于女性而言，她们在这种“被叙述”的命运中，不是被当作政治游戏的附庸，便是成为妇女解放的工具。她们到底在多大程度上经受了肖沃特所说的“文学虐待”其实已不重要，重要的是女性如何叙述了自己。90年代的女性写作虽然将叙述重心放到了女性自身，但是，她们的叙事就真的完全表达了女性自我的生命意识吗？本文试图通过对林白作品的研究，来考量女性写作的这一问题。

作为一个对语言相当敏感的作家，林白曾经幻想自己“就是语词隐秘的女儿，在很久很久的以前就与语词有着某种不为人知的亲和力，语词像云一样在我的头顶悬浮着，它们准确地掉落在我的面前，落到我的纸上”①。什么是“语词隐秘的女儿”？在林白的创作中，语言其实担当了指引作家通向内心去认识和创造自我的使命。在这个意义上，林白的叙述具有了一种极其隐秘的内在逻辑。这种叙述逻辑就是生命自身的逻辑。正如林白自己所说，那些语词“来自传统和文化，但它们最终要来自生命本身，从生命的深处涌流出来，表达生命本身”②。它与古希腊意义上的“逻各斯”有着某些共同的品质，即赫拉克利特所使用的富含暗示性魔力的语词，这种语词蕴藉了言说者的存在。在它的背后，涌动着的是人的现实的生命活动，亦即人在生命中自我认识和否定的矛盾，作家对这种矛盾的叙述，表达的永远是认识生命本真意义的渴望。写作对于林白而言，实际上是作家对女性自我生命意识的探询。

林白小说塑造的主要人物形象，基本上都是一些在生命的成长过程中寻求自我的女性。这些人物有着类似的性格特征：她们敏感孤僻、封闭自守，从小就表现得与别人格格不入。用《瓶中之水》中意萍的话说就是“问题儿童”。这“问题”的出现固然与残缺破碎的家庭环境有关，但更重要的原因恐怕是她们对性的意识与经验。《一个人的战争》中的林多米三岁丧父，母亲性格严肃，从而使她的童年缺乏亲人的关怀与抚慰，并造成了多米对世界的恐惧。这种恐惧感在一定程度上隔绝了多米和外部世界的接触。她害怕这个世界，不知该如何抵御世界对她的伤害。然而萦绕于心，始终挥之不去的恐惧感如果无法消除，那么多米的生命将如何存在？换句话说，如果只有恐惧，没有安慰恐惧的方式，多米的生命旅途必将步步维艰，无以自处。因此，多米对自我身体的抚慰（“皮肤的饥渴”），就成为她安顿支离破碎的生命的方式。她在五六岁就开始的“对自己的凝视和抚摸”，诱惑邻家女孩莉莉玩性游戏的举动，虽然隐含着性的潜在欲望，但这些行为本身却具有一种合法性。毕竟，依据个体的

① 林白：《林白散文》，浙江文艺出版社2001年版，第100页。
② 林白：《林白散文》，浙江文艺出版社2001年版，第99页。

生命感觉去编织完全属己的生命经纬，是现代伦理认可的行为方式。但是，童年的多米却在传统伦理的重压下疑虑重重，她“知道这是一件不能让人看见的事情，是一件不好的事”，特别是与莉莉玩性游戏，更是她幼年时期内心最大的秘密，也是她最大的负担和禁忌。这无疑加重了她性格的孤僻，并逐步形成了自闭和自虐共存的心理特征。相比之下，二帕的“问题”则来得较晚，当她十二岁时身体开始发生变化的时候，继父异样的眼神和“执拗的口哨声”使她觉得性是无比的可耻与可怕，而男人则成为威胁她安全的恐怖存在。于是，一种“忧郁注进了二帕的体内，这忧郁与她孩提时代的古怪和坚硬缠绕在一起，使她脸上落落寡合的神色越发根深蒂固”，“整个中学时代二帕像外星人一样从来不笑”。从这两个人物身上，我们看到了性作为禁忌的力量。在耻于言性的男权文化传统的压制下，女性生理、心理正常的发育过程，给少女的成长带来了巨大的困扰。一方面是不可抗拒的生命冲动，另一方面则是强大到恐怖程度的外界力量，在这两个敏感的少女内心中交战、冲突，她们只有用自闭去抵御外界的压力。对于多米等人而言，自闭虽然是一种病态的心理，但它却可以消解男权社会的伦理歧视。在自闭状态下，多米用自慰的方式安顿破碎的生命感觉，就变成了一种纯粹属己的个人行为，因为她无须在与他者的交往中承受传统伦理轻蔑的眼光。从这个意义上说，多米等人的自闭，其实是一种消极抵抗男权文化、以性的方式抚慰自我生命破碎感的方式。

但是，人毕竟也是社会的人。多米和二帕虽然经历了自闭的心理过程，但她们置身其间的社会现实却逼迫她们不得不走出自我，在与他人的交往中重新寻求自我生命的本真存在。然而，就像“娜拉出走”以后一样，她们在面对种种复杂的人际关系时仍然面对了一个“怎么办”的问题。因为一种与生俱来的性格，她们不可能像大部分人那样去“正常”地生活。所以，她们和别人的交往，也体现出了有别于常人的方式。

在面对亲情关系时，多米和二帕都表现得非常淡漠。多米害怕母亲、二帕与自己的姐妹形同陌路。作为传统伦理的核心因素，亲情是维系人与人交往的基本关系。但多米和二帕对亲情的淡漠，却表明她们融入社会的进度是何其艰难。如果连亲情也无法治愈她们的自闭症的话，那么其他的社会关系想必也难以令多米走出自我的精神牢笼。当她们考上大学时，生活为她们提供了一个新的契机。多米意识到她虽然是一个十分孤僻的孩子，但她需要一个全新的环境去改变自我，“帮她投入人群，使她成为一个正常的孩子”。但这个机会最终还是与她擦肩而过。从小形成的对男人的冷漠和蔑视，使多米感觉不到有交男性朋友的必要。而对女性身体的迷恋，又让她陷入了同性恋的境地。但是，男权社会根深蒂固的伦理观念令多米心怀恐惧，于是对同性的依恋便成了多米更大的心理负担。女性对她来说，既是一种诱惑，也是一种更深的恐惧。因为在自闭状态下的身体自慰，虽然也是离经叛道，但那毕竟是与人无关的行为。然而，现在对女性的依恋，却不得不建构在与“她者”的交往上，因此也必得承受男权社会更为强烈的刁难。这种恐惧感让多米更深地陷入了男性社会的话语霸权。

但是，多米就一直处在和男权文化对立的境地吗？其实，在多米的同性恋倾向中，已经出现了女性不堪重负，向男权妥协的迹象。尽管多米喜欢同性，但机会真的来临的时候，她却犹豫不决。当多米和一个叫南丹的女孩相遇后，虽然彼此爱慕，但多米却最终拒绝了南丹。隐含于其中的原因，便是多米对男权文化的深深畏惧。这种畏惧感使她害怕由此会和“正常的人群永远分开”，表明了多米向传统观念的臣服。同时，自称“最善于以男性目光欣赏女性”的南丹，总是令多米在恍惚之间觉得她正是自己的“保护人和男朋友”。这种将同性对象幻想为异性的心理，只能更加证明了传统观念的强大：即使在多米这样一个厌恶男性的女人身上，渴望男性的抚慰仍然是一个根深蒂固的生命欲望。换句话说，对于多米这样苦苦寻求生命本真意义的女性而言，永远逃不脱被男人叙述的命运，只有在对男性的心理依赖中，多米才能重新安顿自己疲惫已久的灵魂。

但是，这种灵魂的安顿在多米的人生旅途中却是困难重重。她对于男性的矛盾心理，决定了多米融入主流社会的艰辛。作为一个自闭症患者，多米如今已经害怕了孤独。她需要一种服从和压迫：“这是隐藏在深处的东西，一种抛掉意志，把自己变成物的愿望深深地藏在这个女孩的体内，一有机会就会冒出来。女孩自己却以为是另一些东西：浪漫、了解生活、英雄主义。”这是什么样的力量，迫使多米的内心充满被征服的渴望？实际上，这种力量就是男权文化的力量。多米为了它，甘愿被征服、被压迫，这种念头一旦涌现便不可遏止，甚至演化成了多米内心的受虐心理。在这种心理的驱使下，多米近乎病态地把自己的初夜轻易地交给了一个不相识的男人，这个男人提供给了多米服从别人的机会。实际上，多米外表的独立和坚强都是假象，“她是天生的柔弱，弱到了骨子里，一切训练都无济于事”。在她的内心深处，迫切地需要一个男人：“她常常不由自主地听从一个男人，男性的声音总是使她起一种本能的反应，她情不自禁地把身体转向那个声音，不管那个声音来自什么地方，她总是觉得它来自她的上方。”她就像向日葵追寻太阳一般地追寻男人。但是，这种源自内心深处的对于男性的渴望，又怎样和多米自幼就厌恶男人的心理相妥协呢？

对于多米而言，她的生活不能缺少男人。否则，“弱到了骨子里”的灵魂如何撑得起现实生活的重压？但她对男人的憎恨，使她在依赖男性的时候，总是在父亲身上寻找着男性的慰藉。尽管她的父亲已经过世，但她仍然无法忘记他。如果她能够选择，她“还是宁愿要一个父亲。谁不愿意要一个父亲呢?”。父亲是男性权威的象征。在没有父亲的前提下，丈夫便成为多米宣泄“恋父情结”的对象。于是，尽管多米在“30 岁之前竟没有爱过一个男人”，但她发誓“一定要疯狂地爱一次”，因为“我必得拯救我自己”“我的周围空空荡荡，我像一个幽灵在生活着，我离人群越来越远”。男性 N 在尚未出场的时候，就成了多米拯救自己的工具。难怪在这场“疯狂”的恋爱结束之后，多米开始怀疑“我想我根本没有爱他，我爱的其实是自己的爱情”。这就表明，爱谁其实并不重要，甚至 N 是否值得爱也不重要，重要的是 N 替代了父亲，让多米渴望男性抚慰的欲望得到了满足。但反过来说，也许正因为多米内心深处对男性的渴望，才会使她毫无保留地爱上了 N，甚至“哪怕他是个骗子，毫无真才实学，哪怕他曾经杀人放火强奸，我都会爱她”。这种盲目的爱情，与其说是爱情本身的力量，倒不如说是多米对男性的强烈依赖感使然。但是，也许正因为这种过于强烈的依赖感令 N 无法忍受，从而导致了爱情的幻灭。在多米的感情世界中，我们看到了一个女性寻找自我的悲剧。尽管她从支离破碎的生命感觉出发，妄图在对抗男权社会的行为中确认自我，但最终却因男权文化的权力过于强大，而不得不在一种隐秘的受虐心理驱使下，陷入了进退两难的生存困境。

当爱情的火焰熄灭以后，多米逃避孤独、融入社会的努力似乎正变得愈发渺茫。她喜欢写作，但写作仍然不能使多米的内心获得满足。也许多米有一天会借写作出名，但她自己知道，写作始终不能让她在男权社会的重压下寻找到自我的本真存在。从某种意义上说，写作就像 N 一样，是多米希望从男性的权力世界中搜寻自己身影的手段。抱着这种目的的写作，终将会像 N 一样离她远去。写作永远不会温暖她孤独寂寞的心。当多米在事业和爱情中再也无法辨认出自我的面目时，命运的结局就使她成为一个虽生犹死的幽灵。在精神死亡以后，多米和与她有过类似经验的女人终于没能真正地进入过男性统治的世界。

虽然如此，林白笔下的女性却仍不会放弃这种进入的姿态。只不过她们开始尝试着放弃那些曾经让她们深深失望的爱情和事业，转而以一种垮掉的人生态度，在调侃与游戏的生存状态中抹掉了自我的女性意识。也许只有彻底忘记自己是一个女人，林白笔下的女性才能有机会进入她们可遇而不可求的男性世界。

《玻璃虫——我的电影生涯：一部虚构的回忆录》中的林蛛蛛，在林多米未曾完成的旅途上继续前行。在她初到电影厂的时候，既没有后台，也没有势力和根基，感觉生活“密不透风，冰冷、残酷，像一台巨大的机器，在它面前，我只是一只蚂蚁，没有任何朋友可以帮我的忙，只有我自己”。在这种情况下，林蛛蛛要生活，就必须融入这个她完全陌生的社会，此外别无选择。于是，她把自己装扮成了一个无畏的革命者，同时也是一个“我是流氓我怕谁”的无赖，这两者在她身上合二为一，使她“既坚定无畏，又胆大妄为，一个新的林蛛蛛就诞生了！”。这种“流氓”“无赖”的表象，其实隐含了林蛛蛛试图进入男性社会的隐秘策略。这种策略就是剥去文明的伪装、回到原始的生存状态。在这种状态下，林蛛蛛可以无视男权社会的伦理法则，在犹如婴儿般的天真中为所欲为：谁能去责怪一个不守规矩的孩子呢？这种孩子气的天真掩饰了林蛛蛛对一切欲望的追寻，甚至连她无赖似的蛮不讲理都可以被男权社会所包容。这种策略表面上大获成功，林蛛蛛赢得了一大群男友，她看上去大彻大悟，不断地和男性玩着爱情游戏。但是，她却为此付出了一种怎样的代价？对于林蛛蛛而言，虽然她以她的孩子气赢得了男性的宠爱。然而，这种回归原始状态的生存方式，却抹杀了她的女性身份。在这样一种状态下，女性意识已被试图获得男性认同的自渎情结所代替。从林多米到林蛛蛛，林白讲述的女性故事始终未能替女性在男权文化中谋得属于女性自己的位置：她们无时或忘的，永远是男性的抚慰与认同。

由此想到当代女性写作的一个共同问题：尽管女作家的叙述早已深入到了女性的生命意识层面，但中国宗法制度编织的生命形式，却仍旧规划着中国女性的存在方式。即便她们竭尽全力，却仍然难逃被男性书写的命运。时至今日，“女人是谁”的问题，依然缠绕着那些关注女性人格独立和自我生命意识的作家的良知。也许冲破男权文化伦理霸权的叙事努力，不仅仅存在于对男性权力的颠覆之中，它还与女性如何认识自我密切相关。毕竟在没有真正了解女性独立的意义之前，女性写作始终无法真正地“让女人成为女人”。

（载《小说评论》2002年第5期）

主要作品目录《

长篇小说

《一个人的战争》，甘肃人民出版社1994年版。

《青苔》,华艺出版社 1995 年版。

《守望空心岁月》,花城出版社 1996 年版。

《说吧,房间》,江苏文艺出版社 1997 年版。

《玻璃虫——我的电影生涯:一部虚构的回忆录》,作家出版社 2000 年版。

《致一九七五》,江苏文艺出版社 2007 年版。

《万物花开》,中国工人出版社 2011 年版。

《北去来辞》,北京出版社 2013 年版。

中短篇小说集

《同心爱者不能分手》,漓江出版社 1993 年版。

《玫瑰过道》,湖北辞书出版社 1993 年版。

《子弹穿过苹果》,河北教育出版社 1995 年版。

《回廊之椅》,云南人民出版社 1995 年版。

《致命的飞翔》,长江文艺出版社 1996 年版。

《猫的激情时代》,中国文联出版社 2001 年版。

《日午》,时代文艺出版社 2001 年版。

《枪,或以梦为马》,华文出版社 2002 年版。

《大声哭泣》,江苏文艺出版社 2003 年版。

《红艳见闻录》,重庆出版社 2013 年版。

《年轻的骨头》,河南文艺出版社 2015 年版。

《米缸》,安徽文艺出版社 2015 年版。

《妇女闲聊录》,北京十月文艺出版社 2017 年版。

散文随笔集

《德尔沃的月光》,云南人民出版社 1995 年版。

《丝绸与岁月》,文化艺术出版社 1996 年版。

《死亡的遐想》,上海书店出版社 1998 年版。

《像鬼一样迷人》,陕西师范大学出版社 1998 年版。

《白银与瓦——林白少女时代日记》,海南出版社 1999 年版。

《在幻想中爆破》,安徽文艺出版社 2000 年版。

《林白散文》,浙江文艺出版社 2001 年版。

《枕黄记》,中国青年出版社2001年版。

《凋谢之美》,江苏凤凰文艺出版社2014年版。

《狐狸十三段》,太白文艺出版社2017年版。

文　集

《林白文集》,江苏文艺出版社1997年版。

《林白作品自选集》,漓江出版社1999年版。

林那北

女，原名林岚，曾用笔名北北，1961 年生，福建闽侯人。

小　引《

要攀扯名人，我跟林那北有缘。她的先生南帆，是我的老朋友。我以前虽然不认识她，但2009年却跟她一起得过一个奖。这个奖的名称很特别，叫“汉语文学女评委大奖”，发明人是作家刘醒龙，主办方是《芳草》杂志社。以前听说法国有个女评委奖，曾给贾平凹的《废都》颁过奖。就想，大约是仿法国的女评委奖设的。后来又听刘醒龙说，女性看文学的眼光特别，她们评出的作品一定更接近文学的审美特性，就觉得这个奖确实别出心裁。林那北不是评委，而是获奖人，她的获奖作品叫《发生在浦之上》。因为得了同一个奖，就格外留意同时获奖者的作品。等到通篇读完了林那北的这部作品，却发现在这篇作品“之上”，我的头脑里也“发生”了许多有关小说的遐想。

遐想之一，是小说可以像《发生在浦之上》这样写成长篇的“散文”。初读这篇作品，我确实把它当成一篇散文，但编辑明明把它放在长篇小说的栏目之内，就自我解嘲说，小说原本就是散体的文字，在中国古代本属于广义的散文文体。后来分出说部，也没人说它不是散文。何况在说部之中，除了正宗的小说之外，也有笔记、杂著之类的散体文字，可见，散文从来也没有把小说当作外人。直到西洋的文体分类法传进来之后，小说和散文才分门别户。但即使二者门禁森严，也免不了有小说家要追求小说的散文化，因而也就少不了有散文化的小说作品。只不过在历史上，散文化的小说以短篇居多，少有如《发生在浦之上》这样长的篇幅。就算有如废名、沈从文、萧红笔下的散文化长篇，那也是指一种叙述格调和风格类型，并不像《发生在浦之上》这样，由许多不同类型的散文组成。这些散文既可以独立成篇，又被作者连缀成网，因为可以独立成篇，所以就各有自己的生命，又因为连缀成网，所以又相互有了关联。就因为这关联，《发生在浦之上》中的这些不同类型的散文，才有了小说所需要的情节元素，才成就了一部可以被称作散文化的小说。

遐想之二，是小说可以像《发生在浦之上》这样写成形象的志书。方志属史书的一个类型，如今很多作家拿来写小说，较早较有名的是孙惠芬的《上塘书》。林那北也编过地方志，还以编地方志所得写过小说和电视脚本。因为有这样的经历，所以她的《发生在浦之上》在讲述一个宋朝的故事的时候，就免不了要把这个故事的发生地，一个叫濂浦的小村的方志材料，做了这个故事的叙述环境。在西洋传来的小说理论中，环境是小说之为小说不可或缺的一个重要的叙事元素，只不过一般小说的环境如同小说的情节一样，都是虚构的，《发生在浦之上》却是在濂浦的方志中嵌入一段宋朝的历史，或如作品的开篇所说"大宋王朝分崩离析之际，碎片四溅，其中一块落到了这个叫濂浦的小村"。这样，作品的情节和环境，就都成了方志的一个有机的构成部分。与情节和环境都是虚构的方志体小说不同，林那北只是用形象的方式，或曰合理的想象和虚构的方式，让方志中记载的人物和事件活动起来，连带这些人物活动和事件发生的环境，也都赋予它们一种活的生命。濂浦的方志也因此而得到了艺术的或曰形象的复活，这复活了的方志也就成了一部长篇小说。方志体的长篇小说可以这样写，这是林那北的一种创造。

遐想之三，是小说可以像《发生在浦之上》这样写成杂糅的历史。小说与历史本来就有很深的渊源，中国最早的小说，有一部分就是历史的边角余料，或套用一个拽点文的说法，是史之余，即那些不能或不便于写进正史，但又确有意味的材料，历史学家觉得弃之可惜，记录下来，就成了小说。所以后来的小说，大都与历史有些粘连。但历史又有正史和稗官野史之分，稗官野史无论作为杂著还是作为笔记，在古人眼里，早已把它看作了小说，可见小说和历史很难分家。从这个角度来看《发生在浦之上》，就觉得这部长篇小说，也是一部杂糅的历史。其中既有正史所载，也有野史所传，包括前面说到的，作为史乘一支的方志材料，和较有现代色彩的口述史中的民间传说，以及笔记杂录中摘引的有关内容等等，几乎囊括了历史著述的所有类型。这种杂糅的历史无疑增加了小说的容量，丰富了小说的叙事，在历史与小说之间找到了一个富有张力的艺术空间。

我一向不喜欢中规中矩的小说，觉得这样的小说，作家写得累，读起来也了无生趣。小说本来就是一种自由的文体，从最早装饰言词的段子，到后来取材于道听途说、街谈巷议，见诸文人的杂录笔记，都是极自由随意的文体，即使到了有意为小说的唐代，也是把小说当作文章做的，并没有专门为小说定个写法，明清小说虽有个章回的框框，但它的前身宋元时期的说话，却是极自由的，除了俗白的说道，还穿插有可以吟唱的诗词。这些说话人的底本，后来即使被文人分了章回，还留有这种借助诗词自由发挥的痕迹。更不用说像《红楼梦》这样的旷世经典，仅鲁迅的一句话，"自有《红楼梦》出来以后，传统的思想和写法都打破了"，就可见其创作的自由无拘。中国现代小说受西方小说规矩的约束太久了，是到了该解放的时候了。记得谢有顺在谈到林那北的《发生在浦之上》的时候，曾说“北北在小地方与大历史之间、在多种文体之间那种奔放的自由感，让人觉得好小说应该是野的、自在的”，我赞成这样的说法。有记者将这句话概括为“多文体之间自由奔放的野小说”，林那北的《发生在浦之上》就是这样的“野小说”。因为孟繁华先生已对林那北的小说做了系统精当的评论，我只就我插得上嘴的地方说了上面的一些话。

自　述《

虫子在茇茇草里哼哼

写下这个题目时，我不免断然一笑。一个人有胆自称虫子，说明老了，也说明试图年轻。曾几何时，大小虫子被我视为造物主最大的疏忽，小如跳蚤，大如飞蛾，这么恢宏的世界根本不需要如此丑陋的生物来充填，它们还总是不要脸地干扰每一个人的生活。年少在课堂上一边学《愚公移山》，一边暗想，神仙既然肯下凡帮愚公背走两座沉甸甸的大山，为什么不顺便把所有轻如鸿毛的虫子也一并带走呢？没有什么不能改变，从与虫子不共戴天到甘愿与它们为伍，中间几十年的光阴已经浩荡而过。

回头细望，几十年里的生活其实曾出现很多岔路口，向左向右的无限可能如春笋般一根根向上凸起，但最终我仍然像深山里的一块乌黑的老岩石，一直立在无人问津的山道旁，狠狠地立，不为任何外力所动。年复一年，似乎总在写字，字虫子般一个个又黑又小地到来，世界没有因此变沉，哪天消失了也无关痛痒。

我就是在这个层面上突然觉得可以把虫子视为亲人了，它们也有呼吸吐纳，也有生老病死，甚至也有恩怨情仇，生命的所有幸与不幸是如此的类似，只是彼此相隔，互不通融。

其实人与人之间的隔阂不见得一定比与虫子近，因为欲望的方向不一，虫子反而不会与人争夺锅里的同一口饭，因此也更容易就化了干戈而相安无事。“格里高尔·萨姆沙从不安的睡梦中醒来，发现自己躺在床上变成了一只巨大的甲虫……”即使卡夫卡这样不朽的作家，也只是把人与虫揳入寓言荒诞的情节里，靠隐喻折射精神的压抑与生存的沉重。还有比《变形记》更伟大的哪部小说写到虫子吗？我不知道。我想不起来了。

一直这么捏着虫子不放，我自己也已经觉得不对头了。其实我想说的是，有一天如果熬到能够体味虫子生存的艰难，那么我们对同类人的日子，似乎也已经慢慢学会了感同身受。感多受足了，再缓缓揉碎，一点点浸进字里行间，自然而然也就成为文学的质地了。

我并不是一个对自己有要求的人，换句话说，因为痛恨人生短促，我一向多么愿意百般宠爱着自己。三年前有家刊物访谈，问："除了写作之外，您最希望拥有哪种才华？"我回答得很无耻："以前课本上有《愚公移山》一文，我第一眼就被那两个背走太行王屋二山的神仙迷住了。那么累的活，愚公都已经做好让子子孙孙一直挖下去的打算，可是他们从天上轻轻松松下来，一下子就搞定了，非常酷。吃苦耐劳这个品质我始终缺乏，所以我渴望神仙般的才华。"

好吃懒做其实是生命的一种本能，得花力气自觉把自己往上拉扯，才能有所提升。有时见同行每天都能按时坐下来春风万里地写呀写，不免也羞愧地送自己一个轻蔑的大白眼。向他们学习吗？心里是猴急地想着的，行动却迟迟无法顺利抵达。在写作这件事上，我一直更像个任性的暴食暴饮者，平日游手好闲东游西逛，把两眼弄得又迷离又空洞，一脑袋都是糨糊，最多坐到书堆前，随手一翻又随手一扔。没有老师面露凶光的逼迫，读书这种游乐方式就顿时惬意而清朗，哪怕像《裹脚史》之类与文学毫不沾边的闲书，也能窥视到世界隐秘的一角。眼光从书中移到自己脚上，再从脚上移回书里，幸福轻而易举就从脚尖向上蔓延了。一个敏感的心灵，通常必须有足够的感知能力才能把幸福和痛苦同等纳入，前者可做肥料，后者可用于播种。

跳到书本以外，网络也是一个大世界。每天那么多世事纷至沓来，惊讶与惊叹杂芜迭生。人生的边界霎时被广阔拓展，无数陌生的面孔次第变得渐渐熟悉，这是时代送给我们的礼物，错过便是罪过。当然，并不是吃得越多就越健壮，如何消化这些完全是另一层面的功夫。能不能把眼前飘过的每一缕空气吸纳为有益的营养，就得看各自的造化了。

如果有天蓦地怦然一动，语言和意象仿佛蚂蚁窝被捅开，一下子纵横交错冲上心头，这时候多半就会像被神施过魔法般定定坐到电脑前了。如此美好的时刻太可遇不可求了，它无以言表地令人心旷神怡，冥冥中仿佛有谁在精密构思和汹涌表达，而我不过借出十个手指头，忙不迭地在键盘上笨拙敲击。

和早前相比，如今写作的速度已经越来越慢，曾经那股蛮牛般呼呼奔涌的气势越来越衰减削弱，一旦写多，写太顺，便霎时恐慌四起、疑心重重，犹如惊弓之鸟，不免停下来，四下环顾。顺势滑下去永远比往上爬坡容易，但惯性比陷阱更危机四伏。有没有其他更有难度、更有意味的路径可走？是啊，有没有？到了这种年纪，文章与衣服已经有非常接近之处，多一篇与少一篇、多一件与少一件，数量已经退至其次，而对品质的挑剔和讲究却不容置疑地摆在面前了。我觉得这是爱自己的一个重要方式。或者即使你非常在意与用力了，吭哧吭哧地耗掉很多脑汁，吃奶的劲儿都用上了，但写出来的却仍然是皱巴巴的像件地摊上的廉价衣服，甚至有讥讽从四面八方涌来，此时也会有痛，痛拂过胸腔外壳，却根本钻不进内壁，那里早已结结实实地充填满劳作者对自己和笔下人物的诚意，“问心无愧”真是一个美好的成语啊，它让人挺直了头颅。

有时会有另一种疑神疑鬼：向东走东面路面太油腻，向西走西面景色又太酥甜。电脑键盘依然噼啪作响，垒出来的字却仿佛一个个面相诡异的陌生人，虽貌似身高马大，又美目红唇，却无一触摸得到真实体温和肉感——它们大多并非从心底走来，不过是技术工人惯性操作罢了，如同置身异地，草木山川都狰狞刺目，格格不入，水火不容。推倒，再推倒，一次次重来不是半丝犹豫都没有，再走一趟不见得会有更好的境地，但有什么办法呢？必须从头开始，再试一试吧。

前一阵整理电脑，发现有十余篇写了一半就搁下的小说，然后坦然忘掉。当初因什么缘起，又因什么夭折？都毫无痕迹了，一概模糊一片。那天我独自对着电脑发呆许久，心情在沮丧与欢喜间左右徘徊。不是没什么可写，却不是什么都非写不可，是这样吗？这是职业性厌倦还是敬业性苛刻？想起之前也有过把已经搁下多时的小说重新捡起来，不管曾经什么思路、什么内核，只完全与当下脑回路无缝对接，演绎出全新的篇章，于是舒口气，似乎得到了安慰。

虫子们应该也总是这样善于谅解自己，并且善于不问未来、不顾结果地苟且努力吧？即使春天来了，到处花红柳绿，连芨芨草都已经鲜嫩了起来，而虫子们却仍然只是扛着微小的身子，缩在草丛中轻轻哼哼，哼出属于自己的小小骄傲。

访　谈《

“小说中每个人物的困惑与精神疑难都与我休戚与共”

——林那北访谈录

张　莉　林那北

张莉:《锦衣玉食》是很有影响的一部小说，这是一部非常有意味的小说，题目与内容之间构成张力。它写的是锦衣玉食，写的是生活富足的女性们。但是，这也是意在言外的一部作品。它关注的是锦衣玉食之外，也即物质之外的那个秘密。李荔枝那段内心独白很值得琢磨：“锦衣玉食，她们那时居然共同选择了这个词。其实两人的理解有差异，标准也不太一样，但这个词还是将她们一起罩住了。疯子才故意要生活在穷困潦倒之中哩，她们不是，她们与天下所有女人一样，向往的是一份无忧的、富足的、安宁的生活，这不是罪。但是，当这样的日子果真已经徐徐摆在眼前了，她却发现不对，滋味不对，差太远了，很多东西不能画等号，她以及柳静，以前都太天真单纯了。”读到后来读者会发现，活到后来的她们，发现了世间的秘密。我想，那个秘密是人心的秘密，是我们的物质生活和我们精神追求之间的巨大落差。这是有追求的作品，它触及了我们时代人的精神疑难。

林那北:“锦衣玉食”是世俗社会普通人实实在在的理想，也是极为脆弱的生活表象。小说的主人公经历几十年辛苦跋涉之后，似乎已经慢慢接近这个理想了，但某天她们突然一扭头，发现那个脆弱的表象背后却是一片精神空白。所有的人，当内心并未和物质财富共同生长之时，脚就踩空了，生活随时可能重重甩来几个巴掌，将貌似已经富丽的日子掀翻碾碎，余下一地鸡毛让人黯然神伤。现实中物质与内心世界相互脱钩的一系列细节每天都在上演，包括我、我们，它沉甸甸地撞击过来，让人内心分崩离析。这一切如何发生？又如何才能及时从欲望洪流般飞驰奔涌的惯性中抽身逃脱？当然，锦衣玉食未必都必须以内心沙漠化为代价，这得看各自的造化。这部小说以四个相关联的中篇小说集合而成，宛若从四个不同的方位审视同一段生活。写它们时，把我自己对生活的许多感慨与叹息都揉碎了装进去，一边是回望世事，一边也警醒自己。小说中每个人物的困惑与精神疑难都与我休戚与共，甚至能触摸到他们每一口呼吸的温度。写这样的小说，无论它在艺术品质上能抵达什么境地，在市场上又有什么样的反响，对于作者自身而言，我相信都是最大值的消耗与造就。小说结束时，觉得心空荡荡的，如同一部货车负重奔驰了几万里，然后卸了货，库存一下子空了，需要开始新一轮的储备、搬运和一路漫漫长途的行走。

张莉：就像很多研究者所提到的，你的小说有很多女人的视角，《锦衣玉食》《燕式平衡》等等都是，你喜欢由女人的心理而进入人的精神疑难，这是自然而然形成的，还是有意为之？

林那北：这个应该是自然形成的，是性别本身所提供的。现实社会中，女人因为需要更多地与生活握手言和，精神疑难无疑就比男性更多。许多时候，两性承担的社会事务相差无几，但是，女人还要特殊负担一些男人可以轻易逃避的东西。社会化之下，已经把两性放在同一平台上角逐竞争，但强大的传统力量却让女性天然处于劣势。天命如此，这没有什么可抱怨的。以平常心享受性别带来的一切，才是上策。凭借自身的敏感和所承受过的重力，女人的视角也能揭示一些通常更幽微隐秘的内容，这是上天对我们的回馈。

张莉：尽管从女人的视角出发可以解释为女性小说，但我认为你的小说不是典型意义上的女性主义小说，你从女人的感受出发，触及的是另外的命题，比如世情、人心，普泛意义上的爱和悲伤，既开阔又细微的东西。与其说关注女性，不如说以关注女性为切入口而关注普通人的故事，非常耐心而专注地书写那些繁荣表象背后的欢喜和沉痛，或者说喜怒哀乐，这是你诸多作品的共同内核。换句话说，就是穿越物质而精神，穿越表象而内核。你的小说中，这种“穿越”的过程特别迷人，层层冲突后直抵内核，特别有意思。

林那北：我很高兴你这么理解，事实上这正是我一直试图走的路径。我不算典型的女性主义者，在日常生活中始终有意无意地竭力保持着对生活感恩与愤慨的平衡感。在有限的物质条件下，我一向尽可能地善待自己，吃好穿好玩好，却又时时警惕被物质所虏获而丧失应有的理性。说白一点，就是一边想当个好女人，一边又想当个好作家而已。有一种观点将社会区分为两个领域，女性和男性各占一半，二者之间存在各种冲突和竞争。我不太想附和这种观点，它似乎简单了些，其实应该还有各种其他不同的区分方式，比如上流社会与底层、大起大落的英雄人物与终生平庸的普通人等等。相比较，我更关注普通人的悲欢离合，因为毫无疑问我自己就是普通人，每天为具体渺小的事情忙碌心焦，一口口喘着粗气，各种情感漩涡连绵起伏。这决定了我的叙述不是大开大合，而是更注重人间烟火。

张莉:我喜欢《燕式平衡》。这部作品有许多解释的路径。关于身体,关于隐秘关系的暴力,甚至也包括少年体操队里不为人知的“性侵”或“猥亵”。这是一个路径,是很好的解读角度。但是,我觉得这并不够,如果仔细想,它的内核远比这些要残酷。它写的是一种暴力如何内化于身体,如何内化于心灵,如何成为一个女人“美学观”的源起。我们看到,这个女人终其一生都是在以那个人的训诫为标准成长。“那人又说,容颜会老,气质永生!那人还说,肌肉也是有记忆的,今天决定未来!”“那个人让她把脖子挺直拔长,把腰身练柔软,甚至把脚弓也要尽可能练得高耸起来,那个人要求她以及她的伙伴们注意印象分,所谓印象分说白了也就是取悦别人。十一岁时她性别意识还迷糊不清,就已经被那个人抢先确认了。她那时只是孩子,却被当成了女人。”这些话让人难以忘记。这是一个有关性别意识如何被塑造的作品,也是有关一时暴力如何转化成终生精神暴力的作品,是关于一个女人如何由被动受害变成主动受害的作品。

林那北:这篇小说被很多人解读过,有意思的是褒奖几乎全部来自女性读者,而你的这种解读特别抚慰我。它是由一个真实事件衍生的故事,主人公就是我小时候体操队里的小伙伴和教练。因为父母的原因,我偶然得知了事情的全部内幕,那时不过十岁左右,还懵懂无知,于是震惊才加倍地到来,世界蓦然被撕开诡异而恐怖的一角,久久萦绕于心,并在岁月中不断咀嚼发酵。我知道终有一天会把它写成小说,只是没想到需要这么漫长的几十年之后才得以成形。你说得很对,它是关于身体,关于隐秘关系的暴力,还有极为复杂矛盾的内心挣扎与靠拢。许多突如其来的伤害,无论以爱的名义还是以恶的名义,都可能给对方带来终生无法抚平的剧痛,却又让人在一次次泪水滂沱中得以成长。女主人公华丽而破败地与生活共舞,她外表与内心的悬殊,其实也是我们很多人的写照。在这篇小说中我反复写她的痛,是因为我真切而具体地替她痛着,那是心灵上一道永难消弭的伤口。虽然这是几年前的一篇小说,但我至今仍清晰记得写作过程的情感波澜。没有谁是绝对好绝对坏,生活搅成一团,我们必须承担这样的苦涩。

张莉:很多研究同行提到你作品中的关键词是身体。但与其他作家关注身体不同,你关注的是我们的身体如何被塑造,进而关注的是我们的精神如何被塑造。比如《燕式平衡》里提到的体操训练对于一个女人由肉体到精神的塑造。被塑造的身体是意味深长的书写领域,我甚至觉得这是理解你作品时最为切实而有意味的通道。《燕式平衡》使我们看到,对一个人精神的打磨是从对肉体的打磨开始的,侵占与猥亵是以美的名义进行的。

林那北:女性身体的觉醒相对而言都比男性更早更充分吧?我可能算个小例外,身体和精神都迟熟,每天只顾着懵懂地玩,非常好动,根本停不下来。那时,精神的塑造被一系列空洞的大概念所覆盖,个性生长的空间极其有限,但身体和美之间却存在一个很小的缝隙,就是体育和舞蹈。因为机缘巧合,在长达十几年的时间里,我恰好进入宣传队和运动队这两个领域,虽然仅局限于学校内部,但身体姿态和力量速度都被反复提醒与锤打。其实我这一代有类似经历的人非常多,作为作家,把经历过的转化为写作资源是理所应当的。老农种一辈子地未必能把耕种的体验写出一二,但对写作者而言,经历就是财富。《锦衣玉食》里还有另一篇小说《雅鲁藏布江》,所写的故事也有类似的背景。男女主人公当年是舞蹈《洗衣歌》的主角,几十年后重逢,却已各自深陷于生活的尘土之中,他们的身体仍保留当年被打磨过的痕迹,年轻、优美、蓬勃,而精神却早已被世俗千万遍地侵占与猥亵了。事实就是这样,我们只要稍有松懈,精神就可能立即一泻千里,向下的力量永远那么强劲邪乎,终其一生我们的衣角都被其拉扯拖拽,与深渊仅有一步之遥。没有什么比活着更危机四伏了,午夜梦回,我常常被这种如履薄冰的恐惧所吞噬,却余生都能以逃脱升华。惰性与非理性那么顽固地如影随形,恍然间已见白头。

张莉:在你的非虚构作品《宣传队,运动队》中,这种对身体塑造的理解和关注也是有的,这是全书意味之所在。这种对身体的理解是从何时开始的,是你的宣传队经历使你很早就开始思考身体与精神关系的吗?

林那北:这本书的源起仅仅因为某个中午,我坐在办公室电脑前隐约听到远处传来《我编斗笠送红军》。这是当年红遍全国的芭蕾舞剧《红色娘子军》里最著名的一支曲子和一个舞蹈,我们小学宣传队也反复跳了又跳。其实之前也不时听过它,可是偏偏那天,当曲子响起时,我的手脚都霎时被唤醒,我能清晰地看到相应的动作,手怎么举,脚怎么抬,脚尖如何起落。一下子,整个身体被冥冥中一双大手拉扯着往时光深处飞去,恍恍惚惚,百感交集。我在电脑上打出"宣传队"这个词,居然显示"本条内容未见搜索",太震惊了。要知道,在我们当年,文艺宣传队是多么无所不在地耸立于生活中,它贯穿了我整个童年和少年时代,可是无所不能的网络却竟然"未见搜索"。就是那一刻,语言喷涌而出,它们好像早就急不可耐地等在那里许久了,自己列好队、整好装,只是借我的手写出来,摊给整个世界。这就是机缘到了。书中关于身体与精神的内容很自然就联系到一起,在这个问题上我们反复讨论过了,它特别有意味。人的身体可以靠外力的打磨而质变,精神的裂变却来自内心、来自顿悟。但一生中人的精神并不一定能够在身体的老化中得以优化,反而常常正相反，精神萎缩的速度甚至远胜于身体，这是作为人的最可悲之处。

张莉：“从 1998 年春天开始，我一直有意无意地重新阅读福州的历史，读它的内河，读它的榕树，读它古老年迈的一条条坊巷。我将此理解成‘接地气’……这一块土地有过怎样的悲喜哀乐？有过怎样的呼吸吐纳？有过怎样的飞扬与沉沦？其实读一读，会读出另一种意味深长的人生况味。”这段论述对理解你的地域写作特别重要。我看到一位学者在一篇文章里说，“《三坊七巷》《浦之上》即是‘接地气’式写作的结晶，这种写作方式凝结了作家的区域身份认同与文化探究兴趣。《三坊七巷》《浦之上》以宏大的体量正面介入了福州历史文化的探究、叙述、传播与意义生产，而许多福州文化细节则散落在林那北的中短篇小说中”。他还说，这种写作重新激活了福州的人文历史。这些看法于我心有戚戚焉。回过头看，《三坊七巷》和《浦之上》对你后来的写作意味着什么呢？

林那北：我曾在地方志办公室短暂工作过一年，却对我影响持续至今。那时我还在县里，一年的时间里几乎看遍县档案馆里的所有宗卷，这是什么概念？现在回头一想自己都有点惊讶。它与普通的阅读不一样，那是一种猛地往下开掘的阅读，时空交错更迭，几十年呼啸而过，感觉非常奇妙魔幻啊。比如某天我翻看一沓几年前一个案件的旧卷宗时，非常惊愕地发现案件当事人就是坐在我对面办公室里的那个熟人，每天抬头可见。卷宗中关于案情的叙述可恶可怖，可是坐在对面的那个熟人在我眼里及印象里始终是安分守己的好好先生，反差太大了，在抬头与低头之间，就这样猝不及防地看到两种迥异的人生。这件事我从没在哪篇小说里写过，但它却一直极具魔力地左右着我看世界的方式。这种影响是隐蔽又摧枯拉朽的。一样的天空，一样的大地，几千年来却承载着不一样的人生，悲喜哀乐层层叠叠，细想真是意味无穷。《三坊七巷》是出版社和电视台的登门约稿，《浦之上》则是我自己主动渴望表达。因为有之前在地方志办公室工作的经历，这两者完成起来都不难，反过来在写作过程中又让我对所置身的这块土地有更丰满全面的认识。《三坊七巷》之后，我写了长篇小说《剑问》，就是以福州三坊七巷作为背景的，而《浦之上》让我详细回溯了整个宋朝的兴衰冷暖史，虽还没转化为小说，但无数沉甸甸的感慨都垒在心头，这是另一种同样可贵的收获。当下社会信息如此缤纷，译著也如此丰盛，文学的流派与技术越来越轻易就跨过国界纷至沓来，怎样为自己的小说像种子一样找到结结实实的土壤与气质，肯定是许多小说作者所渴望的。熟悉地域的历史，并不见得因此就一定拘泥于此，其实还有另一种可能，在熟悉之后，我们也可以用文字为自己重构一个家乡。

张莉:从地域出发的同时,其实你也同时来到历史的内部。"历史感"是解读你作品的另一个关键词,从《三坊七巷》《浦之上》到《过台湾》《我的唐山》,你的作品越来越开阔,也带给人更多的惊喜。我好奇的是,你的历史感是被具体的人事风物激发的吗? 20多年来,你对历史的理解、感受和认识是否发生过变化?

林那北:地域和历史感似乎不是同一件事,前者比较静态,后者有连续性。怎样把静态的地域文化处理为动态的历史感? 这就上升到技术性问题,稍有不慎就可能跌入形而下了。非虚构常常来自我对土地和历史的兴趣,而小说则是以人物为枢纽,从一代人的悲欢离合之中发现历史的走向。个人的命运永远都逃脱不开历史的命运,在宏大的历史洪流里,一个人多么微不足道,挣扎、无奈、伤痛、哀鸣,常常还来不及喘一口气,一生就匆匆结束了。大时代与小命运,这是一个永远都书写不完的命题。"历史感"这个词我一直特别喜欢,无论是大历史还是个人的小历史,即使只写一天的生活,从白天到黑夜,但行文中有没有历史感的呈现,文字的气象与视野就完全不一样。我做得也不好,但这么多年我一直往这个方向靠拢,带着这样的企图去构建故事和叙写人物,动笔之前往往会先在心底为他们营造出历史的纵深度和宽阔感。比如正在写的长篇小说《每天挖地不止》,在开篇之前,我就先费力给小说里的人物写出简历和相互关系表,再相对应地列出这一年世界或中国发生了哪些可能左右他们人生走向的大事件。这如同砌了两道墙,或者戴上了镣铐,让人物在墙内戴着镣铐起舞,他们必须说那个年代的话,做那个时代的事,有那个时代赋予的结局。总之他们必须都带着历史感,款款出场与终结、腾达与落败,每个人的来龙去脉都是清晰可靠的。当然写的过程肯定会有新的意外和改变,甚至连气质都可能面目全非,但他们背后的那面历史墙体是不变的,他们的命运仍然与之相契合与照应。

张莉:从《过台湾》到《我的唐山》的转化很成功。非虚构作品是非虚构作品,虚构作品是虚构作品。但是,在很多人那里,非虚构写得像虚构,虚构呢,有时候又感觉像非虚构,我认为那种内在的转换很重要,也是有难度的。因此,我很好奇,同一个题材,你如何将所遇到的题材进行艺术性转化。我想,先前非虚构所做的那些调查和采访,会为你的虚构作品打下一个基础。

林那北:非虚构是大处着眼,小说虚构则是从小处着手。如果是历史类的非虚构那需要下硬功夫,史料的阅读与考据,实地的采访与探看,一点都马虎不得。这个过程中会触摸到一些非常精彩的生活细节,而且越熟悉那些事和那些人,想象力越容易长出翅膀,总是下意识地猜想如果……再如果……这多少算是职业性的思维习惯。《过台湾》是为一部大型历史人文纪录片撰写的脚本,从明末到1945年近400年台湾历史尽览。几百本厚厚的史书读下来，至少是沉重的体力活啊。这种高强度密集地与历史拥抱，唯有在这种情形下才不敢有任何懈怠，连边边角角都不放过。刚写完本子时，恍然真成了一位台湾史专家了，但过后很快又忘光了。趁着未忘光前，我写了长篇小说《我的唐山》。那时400年历史确实了然于胸，却仅截取其中的20年来铺展故事，但整个背景却是400年的体量，写时挺轻车熟路的，像一位成竹在胸的导演，面对一台演员阵容超级强大的演出，调度从容，内心笃定，这种感觉肯定比捉襟见肘愉快多了。

张莉：曾经是记者，后来写散文、小说，你有许多身份的交叉，既是小说家，也是非虚构作家，同时，你也是大型纪录片撰稿人、著名编辑，几乎在这几个领域都有所建树。多种身份融于一身，几个工种不互相牵扯而能互相促进，这是在当代作家中极为少见的，也是让人钦佩之处。我感兴趣的是，从写作技术上讲，你是如何平衡这些工作的？

林那北：不敢说建树，混饭吃罢了。年轻的时候精力过剩，每天兴高采烈地与生活狼狈为奸。当年甚至曾有过当战地记者的渴望，子弹贴着耳边嗖嗖飞过却永远不可能落到我身上的那种。现在慢慢消沉了，但仍然对世界保持一定的好奇心。可能是太笨了，比如为了写以漆画为背景的小说，我去学漆画；为了体验冰上运动的特殊性，我以老迈之躯登上了滑雪场；诸如此类。靠百度获取的知识永远不值得信任，小说家本来就应该是一种特殊的人群，他们知识面的宽广度一定会投射在作品里，厚积薄发肯定是一个不过时的词语。只是人生几十年真是太短暂了，我们还来不及按自己的心意拥抱这个世界，暮年就已经疾步迎面走来了。至于工作与写作，那是两个频道上的活儿，就如同我们会亲自吃饭，也会亲自上厕所一样，这没有难度，也互不干扰混淆。回过头来说，工作也是扎扎实实体验生活的一部分呀，保不准哪天，要是写一篇文学刊物如何在当下市场里挣扎存活的小说，每天工作中的困苦和喜悦又可以信手拈来了不是？

评　论《

林那北和她小说的表情

——评林那北的小说创作

孟繁华

林那北是各种文体比较全面的作家。日常生活中的林那北有人缘，走到哪里都受欢迎。作家金仁顺曾这样评价林那北："清醒的认识，冷静的判断，精致的细节，不多也不少的伤感，对理想的坚持，对诗意的追求，以及悲悯的情怀。做人，写作，办刊物，莫不如此。北北待人接物的线条清晰明快，但期间的起承转合一样不少，纤细而生动。是非一旦在她的心目中确立，便是板上钉钉，即使拔出钉子，留下的洞洞也是钉子的形状。"[①]批评家南帆说："机警、俏皮、调侃更像是林那北的生活姿态。这种生活姿态时常与逛街、购物、时装或者网上冲浪汇合成兴高采烈的日子。"[②]此外，据说她还画画，画大漆，还种花草树木。

至今林那北已经出版了长篇小说和其他作品集20余部，还写电视纪录片脚本《三坊七巷》《过台湾》等，可谓"著述颇丰"。现在出书容易，出书20余部的也大有人在。因此，我要说的不是林那北出了多少书做了多少事，重要的是她创作的综合影响力和与众不同的个人风格。就综合影响力而言，她无疑是当下的重要作家；其个人风格，是那别具一格的小说表情。我了解林那北的小说，大约是2003年，北京召开了"崛起的福建小说家群体"研讨会。会上针对林那北的小说创作，我提出了文学的"新人民性"的看法。林那北的《寻找妻子古菜花》《王小二同学的爱情》《有病》以及后来的《转身离去》《家住厕所》等，对底层生活的关注和体现出的悲悯情怀，作为一种"异质"力量进入了当时为杂乱的都市生活所统治的文坛。当代小说的世俗化倾向，使小说越来越多地呈现出快感的诉求，美感的愿望已经不再作为写作的最低承诺。因此，当下小说创作中，已经很难再读到诸如浪漫、感动、崇高等美学特征的作品。但是文学作为关注人类心灵世界的领域，关注人类精神活动的范畴，它仍有必

---

① 金仁顺：《北北和林那北》，《时代文学》2011年第3期。

② 南帆：《小说家林那北》，《文艺报》2009年3月3日。

要坚持文学这一本质主义的特征。林那北在她的小说中注入了新时代内容的同时，仍然以一种悲悯的情怀体现着她对文学最高正义的理解。我们在儿童王小二的经历中，在王大一的“现代愚昧”中，在陆多多惨遭不幸的短暂生涯中，在王二颂本能、素朴的“剪不断、理还乱”的人性矛盾中，在李富贵寻妻、奈月坚贞的爱情中，读到了久违的震撼和感动。林那北以现代的浪漫、幽默和文字智慧，书写和接续了文学伟大的传统。在全新的文化语境中，她所提供的文学经验以及持久坚持书写中国当下生活的耐心，已经成为中国文学经验的一部分。

文学的新人民性是一个与人民性既有关系又不相同的概念。人民性的概念最早出现在19世纪20年代，俄国诗人、批评家维亚捷姆斯基在给屠格涅夫的信中就使用了这一概念，普希金也曾对此讨论过。但这一概念的内涵，是由别林斯基表达的。它既不同于民族性，也不同于“官方的人民性”。它的确切内涵是表达一个国家最低的、最基本的民众或阶层的利益、情感和要求，并且以理想主义或浪漫主义的方式彰显人民的高尚、伟大或诗意。应该说，来自俄国的人民性概念，有鲜明的民粹主义思想倾向。此后，在列宁、毛泽东等无产阶级革命导师以及中国五四运动时期的文学家那里，对人民性的阐释，都与民粹主义思想有不同程度的关联。我这里所说的“新人民性”，是指文学不仅应该表达底层人民的生存状态，表达他们的思想、情感和愿望，同时也要真实地表达或反映底层人民存在的问题。在揭示底层生活真相的同时，也要展开理性的社会批判。维护社会的公平、公正和民主，是“新人民性文学”的最高诉求。在实现社会批判的同时，也要无情地批判底层民众的“民族劣根性”和道德上的“底层的陷落”。因此，“新人民性文学”是一个与现代启蒙主义思潮有关的概念。

新世纪初期，对底层人群生存状况和心理环境的关注，是林那北小说最动人的地方。这些人物，一方面表达了底层阶级对现代生活的向往和从众心理，另一方面也表达了现代生活给他们带来的意想不到的后果。王小二只有八岁就会写情书，王大一因现代资讯的影响怀疑王小二不是自己的儿子，为了报复妻子蓝彩荷而北上做生意，与肖虹、肖君姐妹同居，期待这两个如花似玉的北国姑娘给他生一个自己的儿子，结果酿出了一出让人啼笑皆非的悲喜剧。《有病》中的陆多多如果没有现代都市欲望的诱惑，她也不会得时髦的艾滋病。在小说中注入时代内容的同时，林那北仍然以一种悲悯的情怀体现着她对文学最高正义的理解。她的小说始终关注人的心灵苦难，日常生活的贫困仅仅是她小说的一般背景，在贫困的生活背后，她总是试图通过故事来状写人的心灵债务。《转身离去》叙述的是一个志愿军遗孀卑微又艰辛的一生。短暂的新婚既没有浪漫也没有激情，甚至丈夫参加志愿军临行前都没有回头看她一眼。这个被命名为“芹菜”的女性，就像她的名字一样微不足道，孤苦伶仃半个世纪，不仅没有物质生活可言，精神生活更匮乏得一无所有。她要面对动员拆迁的说服者，面对没有任何指望和没有明天的生活，心如枯井又浑然不觉。假如丈夫临行前看上她一眼，可能她一辈子会有某种东西在信守，即便是守着一个不存在的婚姻或爱情，芹菜的精神世界也不致如此寂寞和贫瘠。“转身离去”是对丈夫无情无义的批判，也是对社会世道人心的某种隐喻。

《唇红齿白》是她改名林那北后的第一篇小说。小说的秘密在当代家庭内部展开：一对双胞胎姐妹阴差阳错地嫁错了人，本来属于杜凤的男人娶了杜凰。这个名曰欧丰沛的人官场得意无限风光，但在风光的背后，杜凰与其分居多年，在杜凰出国期间，欧丰沛诱奸了有求于他的杜凤。杜凤因此染上性病，矛盾由此浮出水面。杜凤丈夫李真诚不问妻子问妻妹，妻妹杜凰平静地帮助姐姐治病。但此时的杜凰早已洞若观火掌控事态：虽然分居多年，但欧丰沛仍然惧怕杜凰，只能从实招来。对杜凤实施了“始乱终弃”的欧丰沛没了踪影，自惭形秽的杜凤只能选择离异。小说把当下生活的失序状态深入到了家庭内部，或者说社会结构中最小的细胞已经发生病变，欺骗、欲望几乎无处不在，任何事情都在利益之间展开，最亲近的人都不能信任，家庭伦理摇摇欲坠危机四伏。不仅杜凤走投无路，杜凰、欧丰沛、李真诚又有什么别的选择吗？林那北在不动声色间将弥漫在空气中的虚空、不安、无聊或无根的气息，切入骨髓地表达出来，特别是对生活细节的处理，举重若轻，不经意间点染了这个时代的精神际遇。

林那北的小说一直与当下生活有密切的关系，但《风火墙》与她此前作品的风格和题材却迥异。她离开了当下生活，将笔触延伸至民国年间，文字和气息古朴雅致，一如深山古寺超凡脱俗。表面看它酷似一篇武侠小说：突如其来的婚事，却隐藏着寻剑救人的秘密。那是一把价值连城的剑，然而一波三折寻得的却是一把假剑，几经努力仍没有剑的踪影。但在寻剑的过程中福州侠女新青年吴子琛一诺千金智勇过人的形象却跃然纸上。如果读到这里，我们会以为这是一部新武侠或悬疑小说。但事情远没有结束。新文化新生活刚刚勃兴，吴子琛寻剑是为救学潮中因救自己而被捕的老师。小说在隐秘的叙事中进行。李家大院不明就里，新婚多日李宗林听墙角也没听出动静，新人神色正常毫无破绽。表面越是平静，李宗林的内心越是波澜涌起。没有肌肤之亲的百沛与妻子吴子琛却情意深长心心相印。是什么力量使两个青年如此情投意合？李宗林当然不能理解。新文化运动虽然只是背景，但它预示了巨大的感召力量，形成对比的是没有生气、气息奄奄、即将瓦解的旧生活。李宗林与太太的关系，他一生都没有搞清楚究竟是一种怎样的感受。从这个意义上说，《风火墙》是一部女性解放的小说，但更是一部关于爱情的小说。有趣的是，北北将爱情叙述设定为一条隐秘的线索，浮在表面的是摇摇欲坠分崩离析的家族关系。父亲李宗林秉承家训，宁卖妻不卖房，但内囊渐渐尽上来的光景，使李宗林力不从心勉为其难，他急流勇退将家业交给了儿子百沛料理。一个日薄西山的家族喜从天降，大户人家吴仁海愿将千金吴子琛下嫁给百沛。但这个婚事却另有弦外之音。吴子琛处乱不惊运筹帷幄，虽然将李家搜索得天翻地覆，但芳心仍意属百沛。她心怀叵测，但百沛却毫无怨言"由着人家指东打西"。不入李宗林眼的吴子琛在百沛那里却是：

> 我自己没有遗憾，我自己觉得挺庆幸的，挺值得。子琛本来在北平上学，她就是假期时回福州也很难让我碰上面。但一把剑将她引来了。这辈子我不可能再遇到第二个这样的女子，我就要她了，别人就是天仙也入不了我眼……我可以重申一下的：我这辈子我只跟子琛相依做伴，她是我唯一的妻。

新文化新女性的魅力不著一字却风光无限。我惊异的是北北的叙事耐心，她不急不躁不厌其烦地描述着李家的外部事物，但内在的紧张一直笼罩全篇。没有信誓旦旦的海誓山盟，就是这样的新生活新爱情，连行将就木的李宗林也被感动得"鼻子一酸"。"这一刻，他真的在羡慕百沛。"精心谋划的结构和深藏不露的叙事，是《风火墙》提供的新的小说经验。

《校医杜常宝家》是一篇揭示人的窥视心理的小说。校医"杜医生老婆常与一个男人亲密出入，那男人不是杜医生，但也住在杜医生家里；杜医生老婆在家办舞会，没有请别人，在地动山摇的音乐声中，杜医生、杜医生老婆、那个外来的男人，就他们三个人跳来跳去跳一个晚上或者一个周末……"这个情况发生在20世纪80年代末期，而且是一所中学里。于是，书记华田为了校园秩序开始处理这个事件。这是一件让人兴奋又必须按捺的事件。隐秘的事件与隐秘的内心在小说中跌宕起伏，三人的同时消失又使小说在结束时扑朔迷离。林那北对人物隐秘心理的揭示和处理，提供了一种新的经验。

我注意到对林那北小说这样的评论。比如岳雯说：

> 林那北不大写怎么吃算"玉食"，但是对于怎么穿才叫"锦衣"是有提示的。柳静穿的是"藏蓝色的Levi's牛仔裤，本白的阿玛施圆领绒衣，正版阿迪达斯"，看上去是朴素，朴素里有一份好品味在。关于这一点，柳静有她

> 的心得:“关于‘特色’,柳静其实一直保持警惕,年轻时她不敢放胆乱穿主要由于职业的局限,对奇装异服确实也暗自动过心,但现在不会,现在心很淡,反映到外表上就是简练、纯净,却又品质蒸蒸日上。花哨是年轻人的事,而过了40岁,还在形式上下功夫,不免就透出傻气了。”因此,以柳静看李荔枝,当然会“暗叹了一口长气”。与柳静相比,李荔枝的改良式唐装确实不叫人提气。李荔枝当然也热爱锦衣华服,陷在物质里的她把自己装扮成了“一棵灿烂的树,被五彩灯细密缠绕,一脱下白大褂,就按亮开关,满树霎时艳丽闪烁,让别人目不暇接”。林那北果然够毒舌,可是焉知李荔枝这般华服缠身不是为了驱逐内心漫山遍野的荒凉呢。好了,你现在明白了吧?不是花团锦簇、云蒸霞蔚、锦绣万端就叫“锦衣”,在林那北看来,那是低段位的表现。内心安宁了,淡定了,又有足够的能力享受物质生活,那才叫“锦衣玉食”。

我也注意到林那北在一部小说后记中的自述,林那北在创作《锦衣玉食》之后说:“当世界偏于肮脏时,有精神洁癖的人总是活得局促,许多隐秘的疼痛起伏于世俗的庸常间,如果不握手言和,就必定格格不入。这就是柳静的命运。我对她感兴趣,是因为她宁可老公真心出轨,去干净地爱一个人,也不能为了往上爬而把美女部下当成礼物献给上司。作为一名普通的中学语文老师,她对错别字的不容忍,扩大到对一个人应该活得干净的渴望。她错了吗?每一个个体其实都担负着社会职责,如同一棵棵树都健康蓬勃,一整座森林才能显现美好。我很喜欢这个叫柳静的女人,她别扭得让人内心搅动不安。活了几十年,她始终娴静淡然,从不向世界争半分利,却把内心的城墙垒得坚不可摧;生活中她不具进攻性,骄傲地后撤是她唯一的进攻。她带着我走,把那股绝不屈尊的坚定丝丝缕缕注入文字,我看得见她的容颜以及举手投足,甚至闻得到她淡淡的气息,气味芬芳。”①

评论和自述都在讲述一个作家的内心和修养,表达一个作家对文学讲述方式的理解和实践。也有评论说林那北“写作如同瓦片打水漂一般轻松”,这个说法也有一定道理。“打水漂一般轻松”,应该是林那北日常生活中的表情。尤其她的散文,机智、俏皮,常有惊人之语让人忍俊不禁。这时用“文如其人”评价林那北是大体不谬的。但是,她的小说就不一样了。小说中林那北的表情似乎也轻松,但这个“轻松”,很可能是林那北不经意中对自己“姿态”的暗示——她对优雅和得体以及分寸的意

---

① 林那北:《后记:世界是扇形的》,《锦衣玉食》,百花文艺出版社2015年版,第303页。

属，使她即便讲述人间苦难时也不至于披头散发乱了方寸。于是，小说中林那北的表情是这样的——

> 她总是说，这个世界总体上是让人失望的，疤痕遍地，伤口累累，自私和残忍似乎从未减少，我们可以期待什么呢？但是，具体的事情上，她似乎又格外乐观，愿意一件一件事情去做——包括一篇一篇地写小说。在我看来，二者之间的张力很可能即是写作的动力。世事纷扰，人生百态，林那北有时会固执地表现出一种略为苛刻的精神洁癖。对于某些人物或者某些事件，她的判断简洁明了：肮脏。她的慷慨陈辞背后涌动着某种不无天真的社会学激情。这个世界必须是有序的，安全的，公正的，和睦的，因此，交通秩序、食品安全或者医疗职责等等都应当如此这般。这些主张通常合情合理，但是多半无法实现。至少在目前，这个世界隐藏了摧毁有序、安全、公正与和睦的强大冲动，这些冒险精神大部分来自高额利润的诱惑。现今，仅仅提出某种合理的秩序是不够的。完善的设计必须回答，合理的秩序应该坚固到何种程度，以至于可以有效抗御欲望的凶猛攻击？这个时刻，林那北显然已经丧失了理论的耐心。她移开了眼光，转身回到了作家的位置上。她更擅长也更乐意研究的是人性的复杂微妙、内心的幽微波动、情感的纠纷缠绕，甚至一个眼神、一句对白、一声叹息，如此等等。不言而喻，这才是小说驰骋的领域。尽管如此，我相信她的社会学激情仍然集结在小说的某一处。近几年，林那北的小说内涵愈来愈沉重厚实了。她如此热衷于众多小人物的故事，专注地考察贫贱表象背后动人的悲欢离合，这种兴趣怎么可能与公正的理念毫无关系呢？[①]

我之所以大段引用南帆兄的评论，是因为我实在难以比他写得更精准。这里，我最为欣赏的是南帆兄正确地指出林那北内心涌动的“社会学激情”，尤其她的中篇小说创作。

后来，林那北的小说创作发生了变化：她将关注当下生活尤其是底层生活的目光投向了历史。《我的唐山》就是她转型后的重要作品。小说从光绪元年（1875）写到《马关条约》签订的光绪二十一年（1895），这一年台湾人民组成义军，阻止日本人入台但惨遭失败。这段历史是真实的历史。但小说不是历史著作，而是以真实的历史作为依托或依据，通过虚构的方式，呈现或表达这段历史中人的情感、精神以及人

---

① 南帆：《小说家林那北》，《文艺报》2009 年 3 月 3 日。

与历史、人与人之间的关系。从这个意义上可以说，这类小说既是历史著作，又是艺术作品。《我的唐山》以陈浩年、陈浩月兄弟，曲普圣、曲普莲兄妹，秦海庭、朱墨轩、丁范忠等人物为中心，表达了作者对大陆移居民众和台湾的一腔深情，充分体现了台湾和大陆休戚与共的历史事实。

历史小说最困难的不是如何讲述历史，历史已经被结构进历史著作中。只要熟读几部与小说相关的历史著作，小说中的历史事实将大体不谬。历史小说最紧要处是虚构部分，比如人物，比如细节。这是考验一个作家有怎样的能力驾驭历史小说。《我的唐山》恰恰在虚构部分显示了林那北的才华和能力，她抓住了这段历史中人的颠沛和离散，抓住了人物命运的阴差阳错悲欢离合，使一段我们不熟悉的历史，因林那北的艺术虚构形象地展现在我们面前，而人物的命运、生存和情感的苦难，更是令人感慨万端唏嘘不已。可以说，“情和义”是小说表达的基本主题。其间，陈浩年、陈皓月和曲普莲、曲普圣和陈浩年、丁范忠和蛾娘等的情意感人至深。小说中的陈浩年是梨园中人，因唱戏和朱墨轩的小妾曲普莲一见钟情。曲普莲并非轻薄之人，她是为哥哥和母亲做了朱墨轩的小妾，但朱墨轩性无能，其景况可想而知。糟糕的是两人第一次夜里约会陈浩年便走错了地方。私情败露曲普莲误以为是陈浩年告密，便道出实情。县令朱墨轩大怒，误将陈浩年的弟弟陈浩月带回衙门。陈浩月和曲普莲到台湾后，陈浩年为了寻找曲普莲，也去了台湾，到台湾却发现曲普莲已为弟媳。陈浩年为情所累苦不堪言，曲普圣为解脱陈浩年跳崖而亡，妻子秦海庭难产而死。这种极端化的人物塑造方法，给人留下了深刻的印象。陈浩年在台湾再见到曲普莲时，我们看到了这样的情形：

> 陈浩年看到，曲普莲眼里也有泪光。她没有变，脸还是那样粉白，但瘦了，下巴尖出，不再圆嘟嘟的，眼眶因此显大了，显深了，显幽远了。“普莲！”他仍叫着，伸出手，走到她跟前。曲普莲却蓦地一个转身，钻出人群，小跑起来。陈浩年也跑，追上她，张大双臂拦住。他说：“普莲，认不出了吗？我是陈浩年啊，长兴堂戏班子的那个……”
>
> 曲普莲头扭开，不看他。“你认错人了，我不是普莲！”
>
> “你是普莲，曲普莲！”
>
> “曲普莲已经死了。”
>
> “你……没死，你就是曲普莲……”
>
> 一架车在不远处出现，是架牛车，曲普莲一闪身又小跑起来，然后上了牛车。车子启动，向镇外驰去。

陈浩年把趿在脚上的烂鞋子踢掉，跟着车跑起来。

见到曲普莲了，终于找到她了，他不能眼睁睁地再失去她。

对“情和义”的书写，对一言九鼎、对承诺的看重，从某种意义上说，是林那北对传统文化的怀念和尊重，是试图复活传统文化的努力。这不只是林那北个人的主观意图，同时更符合传统文化的核心要义。传统文化的核心不只是艰深的经典文献，它更蕴含在如此朴素的“礼义廉耻”中。

某种意义上，《我的唐山》有迁徙文学、离散文学的意味。在民间的传统观念里，“故土难离”“父母在，不远游”的观念根深蒂固。因此“怀乡”成为现代中国文学的一个基本母题或叙事原型。“怀乡”或“还乡”以及“乡愁”，是现代中国以来文学常见的情感类型。《我的唐山》继承了这一文学传统并在题材上填补了当代小说创作的空白。如果是这样的话，林那北的贡献功莫大焉。

林那北从事文学创作从“1983 年一则不足三百字的小文发在《福州晚报》副刊版上”至今整整 35 年了，“从艺”35 年完全可以说是一个“资深作家”了。但林那北自有自己的说法——

我一直在认真写作——这句话挺酸的，之前我从没这么表达过。所谓“认真”，指的是忠于自己的内心，而非有什么宏大理想指引推动。因为别无长处，唯有这事还可让我长久地关注与兴奋，便做了，可能还要再做多年。我讨厌计划，也反感目标，人生已经如此僵硬沉重，再额外给自己增加框框套套，必然更平添了几分不自在。在现实中这当然不可行，比如单位年初不计划上级怎么肯罢休？又比如国家五年不计划各行各业不就乱成一团？但个人在这些之外，写作更不在此列。还要写多久，决定着我能将“林那北”这个笔名用多久，但“还要写”与“还能写”是两个不同的概念，也许明天我就写不动了或者不想写了，那么，这个“林那北”在还没被人认可之时，就已经匆匆夭折了。即使这样，说真的，仍然没有关系。[①]

林那北还远远没有到“写不动”的时候。真实的情况是，林那北不仅仅仍在写作，重要的是她仍在求新求变。

2017 年，林那北相继发表了几部中篇小说。《双十一》中描述的生活我们应该耳熟能详。与其说网络改变了我们的生活方式，毋宁说它改变了我们的存在方式。青兵和亚静这对年轻夫妻，因生活窘迫，青兵让妻子当了“婚托”。亚静在和各种男人

---

① 林那北:《更改笔名:从“北北”到“林那北”》,《作家》2008 年第 15 期。

的接触周旋中，事态改变了事先设计的路径，渐渐变形并失去了控制。小说的外壳是写这对夫妻的金钱或情感困境，它是小说走向的基本线索。但是，亚静在其过程中一言难尽的复杂情感，才是小说要表达的题意或主旨。手机或网络让我们看到了当下世界的无奇不有，它陌生又新鲜。于是，人们的欲望不计后果地破门而出——人们当然也要为此付出代价。新生活开始是轻喜剧，焉知结果不是悲剧。从《双十一》描述的手机和网络中，我想到了当下热议的人工智能，科学技术的发展如果没有界限，人类或许就是自己的掘墓人。林那北对新生活的书写和其中隐含的意味的体悟，显示了她艺术触觉的敏锐和发达。

《镜子》中的人与事，也是发生在一个变革的年代。“当时是这样的，邓宏三来说要出大事了。邓宏三为此来了不仅一次，前后加起来五次，当然余多顺只见到两次，另外三次家里门关着，余多顺不在。房子要被收走，地也不留，家里的东西更不客气，总之都要充公。”

少不更事的余多顺在恐吓中以一百元钱的价格，将一屋子的古董卖给了穿着“四个兜”的解放军邓宏三。不久“土改”，余家大部分财产被瓜分，房子里也顿时住进了七八家人家。余多顺只好走了，他改名余剩并用一百块钱跟着汪师傅学到了修锁的手艺。在他看来：“多亏了邓宏三，他当时觉得邓宏三比他爹对他还好。”后来世道又变了，一个从台湾来的叫马宗圣的男人找到余多顺，开口便叫：“舅舅，您好啊。”马宗圣带来了两张照片，照片上若隐若现地可以看到余家昔日厅堂摆设的旧器物——

> 马宗圣深吸一口气，又慢慢吐掉。“舅舅，”他说，“我朋友怀疑那件绶带青花瓶是明永乐年间的。青花缠枝莲纹铺首尊可能是雍正年间制的，还有那个高足豆，应该也不会迟于乾隆年间。至于挂在厅堂上的那块‘六子科甲’牌匾……舅舅，我查过地方志了，是咸丰四年御赐的。您明白我意思了吗？我有两个哥哥一个姐姐，小姨也有三个子女。余家大厝里的东西远远不止照片里这些吧？您可以多继承些，但一个人独吞就不公道了。”

于是，余多顺的生活又起了波澜。当年是邓宏三用一百元钱抢走了这些古董，可这是一件说不清道不明的事情。后来马宗圣的兄弟姐妹或表兄弟表姐妹跟着他一起来，他们笃定余多顺私藏独吞了祖上的遗产。他们的不平、愤怒一览无余。余多顺只能找邓宏三，邓宏三却已不知去向。小说当然还有很复杂的情节。“镜子”是一件古董，也是整理仪容的器物，但这里镜子照出来的却是各种利欲熏心的丑恶嘴脸和灵魂。只有局外人陈菊花说了句公道话：“东西是谁的就是谁的，人不能贪心，贪心会有报应。”林那北的小说一直在人性和世道人心范畴中展开。这篇《镜子》如果同《南北货行》对比起来读，对作家的旨趣可能会有更好的理解。

《南北货行》写了一个40年代南方名曰陈酒月的只有16岁的小青年的故事。他木讷，貌不惊人。木匠铁匠都学不成，只好到一个货行当学徒。他事事小心，唯命是从，从伺候老板做起任劳任怨还感恩戴德。为了报答老板，他主动承担到桔州为老板追货款的“大任”。事情不大，但酒月历尽千难万险甚至险些没了性命。小说情节不复杂，除了结尾处与抗日有关的少许情节外，就是这些陈酒月的为人和品行。林那北在谈这部小说时也不免疑惑，想象他的举步维艰，他能在那个时代活下去吗？“老板有难，酒月想帮上忙。讨债这件事让他充满了成就感。被人信任总是格外愉悦的，尤其是他这样一个天生资质不好的人。长相平平，笨手笨脚，一路遭人嫌弃。一直崇拜的老板突然委予如此重任，酒月欢喜激动中就上路了，不料却险象环生，一切远远超出他理解的范围。万分震惊之余，他得以成长，但初心不改，他还是原来的酒月，忠诚、信义、仁慈、厚道。”①一个让作家纠结不已的人物最后还是站了起来，只因为“一个无害的、充满善意的人，他生活的质量不正是检验这个世界质量最好的标杆吗？”。因此，小说与其说是写40年代的陈酒月，毋宁说是对当下世道人心的担忧或失望。小说行文字正腔圆温润如玉，应该是林那北小说艺术成就的代表作。

林那北是一个积极、乐观、风趣也机警的作家，但她有自己的价值尺度，对有些事物她的批判之情同样溢于言表。这也可以看作是林那北小说创作的表情吧。

（载《小说评论》2018年第2期）

主要作品目录《

长篇小说

《蔷薇前面》，百花文艺出版社2003年版。

《娥眉》，云南人民出版社2004年版。

《浦之上》，人民文学出版社2008年版。

《我的唐山》，海峡书局2011年版。

① 林那北：《想念一个叫陈酒月的人——中篇小说〈南北货行〉创作谈》，《文艺报》2017年11月10日。

《剑问》，百花文艺出版社2014年版。

《锦衣玉食》，百花文艺出版社2015年版。

中短篇小说集

《北北话廊》，海峡文艺出版社1995年版。

《我的生活无可奉告》，新世界出版社2000年版。

《王小二同学的爱情》，群众出版社2003年版。

《寻找妻子古菜花》，春风文艺出版社2004年版。

《请你表扬》，文化艺术出版社2006年版。

《唇红齿白》，凤凰出版社2009年版。

《今天有鱼》，海峡书局2015年版。

《中国好小说·林那北》，中国青年出版社2016年版。

散文随笔集

《不羁之旅》，鹭江出版社1998年版。

《城市的守望——三坊七巷》，海潮摄影艺术出版社2002年版。

《三坊七巷》，时代文艺出版社2006年版。

《那一扇门永远无法打开》，浙江文艺出版社2013年版。

《宣传队，运动队》，作家出版社2014年版。

《屋角的农事》，海峡书局2015年版。

《蒲氏的背影》，华文出版社2017年版。

报告文学

《冲天而起》，海峡文艺出版社1998年版。

《过台湾》，海峡文艺出版社2012年版。

刘　恒

男，原名刘冠军，1954年生，北京人。

小　引《

在中外文学史上，有些作家是以处女作成名的，或一出道就有作品开始引人注目。这自然是一件好事。作品是写给人看的，谁都想及时得到读者承认或产生社会反应。但是，接下来也有不尽如人意的，是这些作家中有的人也就这么昙花一现地红过一篇或红过一阵子，然后就销声匿迹，不知去向。于是，文学史上也就萎谢了无数这样天才的萌芽。另有一类作家不同。这些人往往在文学的围场上搜寻、追逐了十几年甚或数十年，然后才有那么一篇作品在圈子内外“打响”。这样的作家，在有些人看来，是运道不济，或运气来迟了，殊不知，在搜寻、追逐文学猎物的这十几年或数十年间，他们练就了娴熟的本领，积聚了丰厚的经验，这一响击中，早已是意料之中的事了。我们的老祖宗也早已为这一类作家准备了一系列由衷的赞语：或叫厚积薄发；或叫一飞冲天；或叫不鸣则已，一鸣惊人……

刘恒的出现，就属于这后一种类型。

要说运道，刘恒在80年代末的中国文坛，还真的撞上了一个好的运道。其时，在闹过了各种新旧的“主义”之后，有人正在提倡一种杂糅了新旧中西的“新写实”。写了近10年小说的刘恒，在这期间的几篇小说，也就因为这“新写实”而获得了新的解释。人们普遍认为，他这期间的作品如《狗日的粮食》《伏羲伏羲》等，最能体现“新写实”的精神和风格，是“新写实”小说的代表作，于是大加推崇，人以文名，很长时间默默无闻的刘恒，也就顺理成章地成了“新写实”小说的代表作家之一。

说起这“新写实”，原本是一个至今也没有人能说得清楚的名词。中国人有在一些发生了变化的旧物前面加一个“新”字的习惯，由来已久，“五四”时期著名的《新青年》杂志就是如此。青年依旧是青年，只是已经发生了变化或将要发生变化，所以要加一个“新”字，与旧的以示区别。这样来区别新旧，标示变化，固然有创造和运用概念的无奈，但也不是玩弄文字游戏，而是确有一些本质性的变化包含在这“新”字之内，所以就用一个“新”字简洁明了地表达完事。这“新写实”的概念，大抵也是因了这种潜意识的支配而被创造出来的。由于概念本身的含混，也由于创作表现的多样，对这“新”字的解释自然难免有诸多的模糊和不确定，但涉及具体的作家作品，却又似乎是毋庸置疑，一目了然。就说这刘恒吧，略知新时期文学的读者，都不难看出，作为“新写实”的代表作，他的《狗日的粮食》并不是什么新鲜题材，70 年代末 80 年代初的“伤痕文学”，就有许多作品写到“极左”的农村政策对农民的伤害，造成农民缺吃少穿的悲剧。吃的问题或饥饿的问题，是这期间“伤痕文学”作家普遍关切的社会问题。但那期间这类题材的作品，也仅限于揭示伤痕，控诉“极左路线”的危害而已，此外，则别无深意。诚如本辑评论的主笔、我的博士生胡璟在文章中所作的分析，在《狗日的粮食》中，刘恒无疑将这个具体的社会学的或政治学的问题，通过他的艺术处理，提升到了一个普遍的哲学高度。从常识上讲，吃饭是为了活着，但活着不是为了吃饭。从经济学（政治经济学）的意义上讲，获得基本的生存资料，无疑是生存的需要，但这只是生存的基本条件和保证，并不是生存的全部意义和内涵。但在刘恒的这部作品中，对那位相貌丑陋的普通农妇来说，活着的全部目的就是为了吃饭，生存的基本条件和保证已经演变成了生存活动的全部意义和内涵。我不知道西方存在主义哲学是怎样阐释这个问题的，只要承认人的存在有异于动物的存在，除了活着，他还有比活着更高的意味，那你就不能不承认，当活着本身成为活着的全部意义之所在，这是人生的大悲剧，也是人的大悲剧。从这个意义上说，刘恒的小说在对人的存在问题表示终极的哲学关怀的同时，也深化了这个题材的悲剧含义。刘恒说他从《狗日的粮食》起，“开始有了一点思想”，大抵也是这个意思。

在这部作品以后，“思想”在刘恒的作品中起着愈来愈重要的作用，许多看似陈旧的题材、主题和故事，一经他的“思想”点化，就显出了别样的意义和价值。这种“思想”不是用某种现成的理论去“观察问题、处理问题”，也不是用自己的作品去演绎中西明哲、古圣先贤的思想成果，而是用自己的全部人生去对这些已近“俗滥”的题材主题和故事，重新感受、重新体验，经过反复咀嚼、再三涵泳，而有所发明、有所发现。刘恒的作品也因此而到达了一个新的思想和艺术高度。用古人评价“江西诗派”的说法，刘恒的这个本领，就叫作“夺胎换骨”“点铁成金”。变着法儿求“新”的人可能对此不以为然，但我却以为，在文学的题材和主题、故事和人物日渐“俗滥”的今天，刘恒的这一招，可是一样了不得的本领，真有古人所说的那种化腐朽为神奇的功效。

自　述《

我的写作道路

我属马，我是1954年的马，四轮已过，四十有九了。不存大的宏愿，唯望不紧不慢地再走几轮而已。那样的话，会有不少时间去锻造一些自以为有益而有趣的新的文字。

小时候，我在一所外国语学院附属小学和附属中学里待了6年，6年中的后3年交给了“文化大革命”。“文化大革命”期间，我实际上远离了学校，到太行山北麓的密林里去了。那里是我父母的家乡，也是我的“籍贯”。我与外祖父住在一起，他是老党员，但“四清”的时候被“劝其退党”了。他的祖父曾是体面人，父亲抽鸦片抽毁了家业，到他这儿碰上了革命和抗日。他应酬过八路军和皇军，应酬得不太巧妙，故而“文化大革命”时我读到某些村人写的大字报，很惊讶于他的“两面派”手法。这个人爱古诗，屋子外墙刷白灰，白灰上用墨涂满唐人的七律和他自己的七律。他还是村里唯一一个长期订阅《人民文学》的人。我在他那儿读了些1966年以前的刊物。老人家的学问没有施展开，最辉煌的作为便是逢年过节给人写春联。他的字并不太好，但求他的人很多。他病重时曾卧在炕上，从后窗户看蓝色的山峰前面飘摆的夏雨，以及雨后急速横移的白云。我陪他看过，此景刻骨难忘。我认为老人家心比天高，然而有些愿望毕生没有实现，他很伤感。我日后握起笔来涂抹文字，或许是在下意识地响应他在九泉下的召唤。我写的小说有许多是以这个村子为背景的，个别小说则涉及了外祖父。它叫洪水峪。他叫杨天保。小说用的是真名。

我热爱文学创作是从十六七岁开始的。现在回想起来，我的文学创作最直接的起源，是和我的外祖父的去世有关。我从小和他生活了很长时间，感情很好。当时我15岁，正在部队当兵，家里人怕我担惊受怕，影响情绪，就没有告诉我。半年之后，才在给我的一封信中轻描淡写地提了一句。外祖父的死对我打击非常大，收到这封信后，训练也进行不下去了，觉得活着也没有意思，总是考虑生死问题。现在回过头来看，这只是少年青春期的一种心理现象，但是我当时考虑了很长时间。觉得人在最后竟是这么一个句号，是这么一个终点，于是就开始怀疑人生的意义，怀疑活着的意义。正是在这种思考怀疑之中，我自觉不自觉地选择了文学。

选择了文学之后，年轻气盛，把自己的目标定得非常高，认为只要下苦功、出力气，肯定能写出好作品。但在60年代末70年代初，读书写作是很困难的事情。看《钢铁是怎样炼成的》，认为你是看黄色小说，再加上部队那种特定的环境与我的文学选择不太适宜，我就主动要求复员。复员后，我被分到历史博物馆，但我认为那与文学创作没有关系，就找到安置办，说我搞文学创作需要体验生活，要求给我找一个艰苦的地方。我当时选择了三种职业：一个是蒸汽火车的司炉；一个是炼钢的；一个是挖煤的。安置办的人说，你这个孩子想得太简单了，家里人也骂我糊涂了。可我当时认准了，非要到生活的底层去不可。正好有一个复员兵被分到汽车厂的冲压车间，他不满意，我就跟他换了。我被分配在组装车间，组装车间是流水线，工作非常枯燥，而且有时干12个小时，歇12个小时，第二天再干12个小时，月底还要加班赶进度。人累得晕头转向，还要看书，还要写作，我的时间、精力完全不够用。这时候，我才发觉自己做了一个错误的选择。到新单位没有一个星期，我马上又产生了相反的念头——怎么能从那里"逃"出来。后来一想，逃出去也没有别的办法，还是得写东西。这等于自己给自己找了一个麻烦，同时也是自己给自己找了一个动力。我不断给自己施加压力，是这种压力在推着我往前走。

我在车间待了4年，那4年是我学习最刻苦的4年，也是我业余创作最卖力气的4年，那4年为我后来的文学创作打下了一个好基础。因为那个时候的环境和自己未来的目标差距太大，逼着你要付出比常人更多的努力才能达到。所以说是环境帮助了我，使我得到意外的收获。再一个方面是那个时候的书非常少，文学的书就更少，不像现在，到新华书店你可以做各种选择。书多了，反而翻一翻就放下了。那个时候得到一本书，看得非常精细，吃得非常透，能吸收的全都吸收进去，这也是意外的收获。

4年的磨炼，使我的写作能力在不知不觉中得到了提高。我写了一篇稿子，寄给《北京文学》，编辑给发出来了，还把我叫来，一看我是个小工人，挺老实的，就借到编辑部工作了3个月。这3个月我工作非常努力。说起来还是王安忆救了我，她一直是写儿童小说的，不知为什么写了一篇成人小说寄给《北京文学》。我把它发出来，反响不错，大家认为是我把王安忆"挖"出来的，这就奠定了我在编辑部的地位，后来就把我调了过来。

到了编辑部之后，我又产生了新的问题。看稿子、排版、校对、出刊物，你所看到的只是机械化生产的过程。稿件很多，成千上万，要用麻袋装，但质量低劣的占

99%。看好作品是一种熏陶，鉴赏力会提高；看差稿件对鉴赏力是一种污染，久而久之对文学创作就没有了使命感的召唤。我从1977年发表第一篇作品，到1985年中间隔了好长时间，虽然断断续续写了一些东西，但一直没有太强烈的写作欲望。后来调整了自己，又扭回头做自己应该努力做的事情，这才开始了第二次爬坡，这才有了后来的一些受到好评的东西。其中包括中篇小说《狼窝》，得了全国煤矿文学乌金奖，《狗日的粮食》得了1985—1986年全国优秀短篇小说奖，中篇《伏羲伏羲》、长篇《黑的雪》也是那一段时间写出来的。

《黑的雪》使我和电影界发生了联系。谢飞导演看中了我的这部小说，要我把它改编成电影剧本。在工厂时我曾写过好多剧本，那只是锻炼自己的写作能力，这次又勾起了我对剧本的创作欲望。电影拍成之后，没想到还得了一个奖。这次合作，促使别的导演注意到了我写的其他小说。因《伏羲伏羲》，我开始和张艺谋合作，将这部小说改成电影剧本《菊豆》。当时张艺谋已是名满世界的导演，处于上升时期，这次合作也不失为我的一次机会。同时我还有一个想法，希望看了电影之后，大家能回过头读我的小说，利用电影为我的小说做一个广告。目的达到了，虽然不太理想，但比起许多埋头创作的作家来，这还是个两全其美的事情。后来又搞了一系列电影创作，包括改编别人的小说。这里面有根据《万家诉讼》改写的《秋菊打官司》，拿了第49届威尼斯国际电影节最佳影片金狮奖，巩俐拿了最佳女演员奖。写完电影剧本之后，给自己带来许多好处，但也产生了副作用。我个人认为电影创作对小说创作是一种干扰，甚至是一种伤害。在三四十年代，福克纳为生活所迫，为好莱坞写了好多本子，写完了电影剧本，再写小说，他的小说就没有好过。这说明另外一种文体，另外一种你不占主导地位的文艺方式对你的小说创作是一种消极影响。我自己是过了一段时间之后才认识到这个问题的。我一直以为只要坐下来，我想写还是能写好，这是一种盲目的自信。写完电影剧本，回过头再写小说，我发现文体产生了变化，写起来不如以前那么自如了。写剧本，笔头起了一个镜头的作用，你受到镜头的局限，虽然在跳跃、在移动，但毕竟被套在了框子里，妨碍了文字的表达。小说家文字的表达是上天入地、无所不能的。电影剧本写两页心理分析，导演准给你撕了，而在小说中你写10页心理分析都是正常的。电影里双方对话难以超过5分钟，而小说中整个一章可以都是对话，小说创作和电影创作是两种完全不同的东西。当然小说创作要吸收电影创作的长处，化作自己创作的财富。

跟电影的这段接触，对我还是有所收获的。但是自知之明告诉我，还是得努力在自己最熟悉的地方，做自己最熟悉的事情。王安忆说她在创作中总是受到小说与现实这种关系的困扰，我也深有同感。特别是最近，越写越觉得难写，越写越不知该怎么写了。前代人和你的同代人创作的小说很多，许多大师到过的领域，你都没有去过。钻来钻去到了一个新地方，发觉人家早已经走了，早已经从这儿经过了，觉得你怎么写也跳不出自己的那个圈子。小说总这么模仿现实，总是对现实的一种很理智的组织，寻找一个主题，按照人物的发展脉络，再加上技巧，完成一个十全十美的作品，最后有什么意思呢？我认为要写出好作品，还是得找出一种小说与现实的新型关系。当然，这种新型关系也是前辈们已经做过了的。从20世纪开始，各种各样的现代主义流派，把一个个很好的地方都占满了。你费了九牛二虎之力去开辟一个新园地，去培植一个品种，这个品种到底是不是一个新东西，自己仍然不清楚。但是，有那么多伟大作家的实践在前面照耀着道路，有着对文学虔诚之心的支撑，我觉得我有能力沿着自己的道路走下去。我也许达不到最好的程度，但我一定要达到自己最大的限度。因为偷懒，因为糊涂，没有达到，我死不瞑目。

访 谈《

把文学当作毕生的事业

——刘恒访谈录

胡 璟 刘 恒

胡璟：除了早期《小石磨》《心灵》《小木头房子》等一些作品稍有温暖和亮色外，您的绝大部分创作都带有一种极端痛苦和压抑的气氛，还因为您创作中的鲁迅式的精神主题，所以有的评论家把您和鲁迅相比，您的这种独特的创作风格是怎么形成的？是否真如有人猜测的一样，“您曾受到过某种伤害”，或者与鲁迅的生活经历一样？

刘恒：很荣幸能和鲁迅放在一块做比较。我觉得我的创作之所以会有和鲁迅相近的地方，和我早年的阅读有很大的关系。我开始写作，是在“文革”时期，那个年代，在部队里，能读到的书很少，解放前的作家作品，我只能阅读鲁迅的著作。再就是从战友手里借来的《高尔基中短篇小说集》，后来也能看到另一些苏联的作品，它们是作为内部资料过来的，像《多雪的冬天》等小说。鲁迅的杂文，我特别爱读，一遍一遍地读。这是件很奇怪的事,同龄的伙伴,觉得很难读,看不懂,我却非常喜欢,可能是冥冥之中的一种契合吧。至于说到伤害,每个人的生活都不可能是一帆风顺的,只是有些人比较敏感,我就属于这一类吧。

胡璟:您的小说特别注重对人存在意义的审问、宿命结局的解剖,这就使您的作品颇具哲学意味。这是否能够传达您对外在世界的看法?您曾经屡次提到您在创作中的使命感,在您的作品中有何体现?

刘恒:我在早年是一个非常认真、非常理想化的人,总希望这个世界能合乎我内心自己制订的理想和标准,但是在现实生活中一次次地受到打击,这就会让我思考,为什么会这样。随着年龄渐长,我觉得自己也在偏向于中庸,走向一种妥协。这种妥协,不仅仅是意识形态、创作手法上的,更表现在生活态度上的妥协。我开始认识到一件事物,你看它的角度不同,评判它的标准不同,就会有不同的评价。但无论如何,我是在认真地表达我对世界的看法。我不管是创作什么,都是源于一种职业化的召唤,希望能把文学当作一个毕生的事业来做。

谈到创作中的使命感,这应该说是源于一种朴素的想法,希望能够给别人带来益处,希望大家都能过得好。我是一个较为彻底的理想主义者,这就决定了我的创作必定是带有一定使命感的。

胡璟:您作品的取材对象很广,从农民(包括小生意人、窑主等)到城市平民和知识分子,您的作品都有非常独到的表现。因为您生活在城市,所以很多人惊叹于您对农民深刻的洞察。据说您的农村小说题材多来源于童年时代的北京农村生活和故乡太行山区洪水峪村,但这段生活经历是在"文革"之时。您的作品还有许多描写改革开放后农村小生意人、窑主的生活的,这又源自您的哪段生活经历呢?您认为哪一类题材更为贴近您的内心?您通常被归为擅长描写农村题材的作家,因为您的《狗日的粮食》《伏羲伏羲》都是写农民的。但事实上,您的作品更倾向写人,而不是注重他们的社会属性,您是怎样看待这个问题的?

刘恒:我的老家北京门头沟就有很多的煤窑,历史很悠久,最早的据说是英国人开办的。我小时候经常到那里去,跑到幽深的煤窑里,或者在窑口的大炕上玩。所以,我对窑工的生活非常熟悉。而且,我小时候的朋友、我的许多亲戚,现在都承包了煤窑,都是窑主。我在写小说的时候,自然而然地就想起他们。我小说中的很多东西,都是有真人真事作原型的,比如发生在洪水峪的故事。又比如说《天知地知》中的李来昆,就是我熟悉的一个人。有些人物的生活虽然我不熟悉,但我认为人的精神层面的东西是相似的,不管他们的身份如何。比如说《黑的雪》中的李慧泉,我并没有他的那种生活经历，但我完全可以想象得出他的那种心境，人与人在精神上是可以相通的。

胡璟：您是作为新写实作家进入大众视野的。现在回过头来再看新写实，您认为您属于这个被评论家划出的范畴吗？您觉得您和其他的新写实作家比如方方、池莉、刘震云等有何不同？

刘恒：新写实主义，其实就是现实主义，只是它比以往的革命现实主义要沉重得多一些，妥协得少一些。我从来没有思考过我到底该归属于哪一类。至于被划归于哪一类，我认为这是评论家的事，用不着我来考虑。一个作品，评论家使用的工具、方法和作家自己是不会一样的。至于和其他的作家有何不同，我觉得每个作家都有自己的特点，也会有自己的缺点。比如说，池莉就是个很聪明的作家，她非常知道一般的老百姓在想些什么。我自己的缺点我自己清楚，在创作中尽量克服吧。

胡璟：您的小说往往表现出一种强烈的孤独感，比如像我们在《黑的雪》《虚证》中看到的，您为什么会有如此强烈的孤独感？是与生俱来的吗？您的作品中为什么会出现如此之多的死亡？

刘恒：这可能与我的性格有关。孤独，源于对周围世界的某种愤怒。我小时候是个性格很拧的孩子，很暴躁，很激烈。十六七岁时又是个典型的理想主义者，但一接触社会，理想就容易破灭。比如说我15岁当兵进到部队，部队的人际关系复杂，不适应，就产生了悲观情绪，觉得很孤独。这种悲观情绪源于一种青春期容易产生的对社会的愤怒和不满。于是就想在作品中虚构一种理想，但后来发现，生活中没有理想世界，虚构的世界中也不可能有理想世界，用虚构的东西无法代替现实世界。孤独感也源于在现实社会中受到的某种伤害，比如说想成功，但成功的欲望不能得到满足；自己原来很看重某种东西，后来发现并不值得看重，总之都是在生活里受到某种东西的压迫引起的。可能，对我个人影响最大的是我突然面对死亡。我在当兵后，外祖父病故，家里人怕影响我的工作，一直瞒着我，我是在半年后才突然得知这一消息的。这件事对我的打击很大，甚至产生了一定程度的心理障碍。当时，我整天都在思考这些问题：人为什么会死，死是什么样子，人死了以后会到哪里去？中国人在面临死亡问题的时候，往往特别难过这个坎儿。我认识一个小男孩，他的父亲死了，他告诉我说，除了睡觉，除了看非常精彩的电视节目，会暂时忘记这件事，其他时候，他都在想：爸爸死了以后去哪儿了？妈妈会不会死？这无疑会对他的一辈子产生很大的影响。当一个生命考虑终结的时候，对生活就有自己的评价。有些年轻人，在对这个问题似懂非懂的情况下，往往就会变得自暴自弃、玩世不恭，想着反正人总是要死的,过一天算一天,于是就开始做坏事,犯罪。死亡有时实际上是一个衡量标准,它会决定一个人的行为方式。

胡璟:到了《贫嘴张大民的幸福生活》,在语言上您开始尝试一种新的幽默和调侃的口语化风格。《贫嘴张大民的幸福生活》取得了很大的成功,您曾经说试着往前走一走,把这种口语化的东西加入您将来的创作中。王朔也是个善用北京方言写作的作家,您和王朔的不同之处在哪里?

刘恒:我一直在思考口语化这个问题,我觉得,现在的评论界有种倾向,忽视口语化的写作,而认同书面语的写作。他们总觉得,像说话一样写文章,多省事儿,书面语则庄重高雅得多。所以,王朔不受主流重视,以前老舍也一样。其实,轻视口语化,重视书面语,是文人学者固守文学阵地的表现。但现在是网络时代,全国有几亿作家,你想垄断话语权是不可能的。其实,现在口语与书面语的对立有点像"五四"文学革命时文言与白话的对立,当时的老古董看见有人用白话写作,恨不得起而诛之,就像现在有人看见用口语写作一样。现在的文坛,似乎还在流行一种对繁复的欧化体的崇拜,欧化体实际上是由翻译体演变来的,句式很复杂,句子很长,好像不这样写就显不出一个作家有水平似的。当然,欧化体写得好,也非常好。无论是口语或欧化体,都只是一种工具,只要运用得当,都会有很好的效果。现在的文体受网络的影响太大,而网络文体又普遍追求一种夸张、刺激的效果。我想,鲁迅先生要是活到现在,他那金子般的文体也会被湮没在网络文学之中,或许还会被指责为落伍或别的什么。在这个时代,作家一味地孤芳自赏是不明智的,只有尽自己所能,不拘运用什么文体,能够尽量完美地表达自己想说的,就行了。

王朔的口语化写作非常地道,我认为他是一个很好的作家。但王朔运用的语言和我的不太一样,外地人可能很难区分。王朔的语言是以北京的胡同语言为主的,很"土",但很有特色,里头也难免有些粗俗的东西,这是地道的方言免不了的。我因为从小离开家,在外地生活过很长时间,我说的话和地道的北京人说的话还是有点区别,这在我的小说里也有表现。

胡璟:在"触电"的作家当中,您可以说是最成功的一个。从《本命年》《菊豆》《秋菊打官司》到《贫嘴张大民的幸福生活》《漂亮妈妈》,写一个,红一个。和一些同样"触电"的作家相比,您的不同之处不仅仅在于您的成功,而是在于您从不把写作视作个人游戏或谋利的工具,而是看成一场"悲惨的精神圣战"。从今天评论界的眼光来看,严肃的作家往往"叫好"而不"叫座",您是如何把这两者结合到一块的?您和许多著名的导演合作过,像谢飞、张艺谋、李少红、孙周、沈好放,您对他们有何评价?

刘恒:也许是有些好的作家不屑于写剧本吧。我认为,一部电影或电视剧成功与否,与很多因素有关,比如说,同样是一部好小说、好剧本,我有幸碰上一位好导演,可能这个戏就成功了,而别的作者遇上的却是一位平庸的导演,他面临的可能就是失败。我比较幸运,我的第一部小说《黑的雪》改编成电影,就遇上了中国第四代导演中的领军人物——谢飞,然后又有张艺谋——第五代导演中的佼佼者。我很幸运,总能与一些好导演合作。而且,演员也很重要,剧中某个人物由巩俐来演或别人来演可能结果又不一样。总之,我所能做的,就是配合导演把剧本写好,至于电影或电视剧的好坏,就不是我能决定的。

其实,我之所以会花大量的精力投入影视剧本创作,与我早年的兴趣有很大的关系。我在当兵的时候,就自己在本子上写剧本,当时只是喜欢,也不可能发表。现在既然写了,就一定要把这件事做好。我的愿望是做一个全面的作家,不管是写剧本、写小说,或是写别的什么,都想把它干好。

对导演们的评价,我只能说,导演与导演之间的区别就像作家与作家的区别一样大,各有各的弱点,我会在与他们合作的时候当面提出自己的看法和意见。

胡璟:《贫嘴张大民的幸福生活》是由您自己改编成电视剧的,却与读原著的感觉大相径庭,小说中张大民的幸福是忍痛觅趣、苦中作乐,是含着泪挤出的笑容,小说中写他的"幸福"是极具讽刺意味和悲剧色彩的;而在电视剧中,张大民却成为一个乐天知命的傻呵呵的欢乐英雄,小说的批判讽刺和痛苦意味荡然无存,这种倾向在续集《美丽的家》中表现得更明显。我们不禁怀疑,这个刘恒还是那个严肃的、使命感极强的刘恒吗?有人批评电视剧是"犬儒化,平庸化",您在电视剧剧本创作中有没有一种"媚俗"的倾向?

刘恒:电视剧与小说的确存在着不一致的东西。电视剧受意识形态的影响比较大,也可以看作是向大众的妥协吧,这一点必须承认。因为电视剧是拍给老百姓看的,那么在里面就必须加入一些与小说不一样的元素。

胡璟:您的许多作品被改编成电影、电视剧,您也创作了很多影视剧本,其中您最喜欢哪一部?有人认为,电影《菊豆》就没能表现出《伏羲伏羲》的本来意蕴。您觉得根据您原著改编的那些电影、电视剧能表现出您原著的宗旨吗?

刘恒:我自己创作的东西,我都是很认真去做的。我觉得写作和写剧本其实没有很大的界限。而且,我认为想要表达自己的东西,在现在这个社会大环境中,影视是最为方便、最为直接、能让自己的东西被大众所熟知的一种传媒手段。影视传媒也有它的局限性,它受商业化的影响很大,在把自己的作品改编成影视作品的时候,做一点妥协是正常的。文学作品与影视作品还是有许多不同之处：比如说文学作品能给人提供很大的想象的空间，一部好的作品，您今年看和明年看，可能感觉就不会一样，它可以给你一个很大的余地。而一部文学作品被搬上银幕后，它就已经死了，因为把想象固定下来了，人物的面目举止也不能任你自由去想了。

关于小说与剧本，我自己内心有一个划分标准：我的小说是写给那些真正的读者，也就是真正喜爱文学的人们看的。而影视剧本的创作面向的是大多数人，对他们不能作太高的要求。我只坚持一点，只要我的小说有人欣赏，有人爱读，足矣。

胡璟：能谈谈您对90年代长篇小说创作的看法吗？

刘恒：谈90年代的长篇小说，这个范围太大了，我可能谈不全，或者不完整。我个人觉得，有这么一两个顶尖作家的一两部作品是非常优秀的，也有十几个我认为非常不错的作家。在这些作家中，我最推崇的是王安忆。我特别欣赏她的思维方式和表达方式。我认为，她的写作既是职业化的，又是非常高雅的。我对她的欣赏是全方位的。一般的读者在阅读她的作品时的感受，可能与同样是写东西的人的感受不一样。写东西的人，看见她写的东西会非常佩服。她写的东西很地道，你能感到她的叙述是流动的，她支配文字的时候非常自如，就像水在流动，非常有自己的特点。10个作家当中往往有三四个作家在写作中采用的方法是一样的，至少是相近的，而且往往是静态的，但是她不同。你能够感觉出，她的笔下不存在静态的东西。她是个能力非常强的作家，这种能力，不光体现在技巧上面，你能够感觉出，在她的思维体系里，有一种非常强悍的东西存在着。总之，她是个非常优秀的作家。

胡璟：能谈谈您最喜爱的作家吗？他（他们）对您的创作有何影响？谈谈您的写作历程吧。

刘恒：喜欢王安忆可能与早年喜欢她母亲茹志鹃的创作有着某种联系。在我刚开始写作的时候，我买了茹志鹃的一本小说集，薄薄的一本，是“文革”前出版的，叫《静静的产院》。我非常喜欢，读了一遍又一遍，里面的文章，有些我都可以背诵了。我还把茅盾评论她作品的文章抄在一个小本子里，反复地看。她的文字里有些很纯美的东西，很有意境，很温情。比如说，我记得她小说里有这么一句描写，“没有风，却飘着雪花”，多么好，多么有特点。另外，像《百合花》里写的人物之间的那种纯净的东西，你是很难用语言表达出来的。我最早的小说像《小石磨》《热夜》那些作品，应该说是受她影响很大的。

因为我的写作主要是靠自学，我看到一些好的作品就会反复地琢磨，为什么会好，好在哪里。比如说看高尔基的“自传三部曲”，我很喜欢，而且发现，他对叙述的处理方式非常巧妙，非常好，我把它概括为“无章节的处理方式”。他写东西往往不分章节，在段与段，章节与章节之间，他能够在看似不可能的情况下加以转换，我就琢磨怎么把这个技巧运用到自己的写作中来。以前不像现在，有现成的小说创作技巧之类的书可以买着看。我学习到的一些创作技巧，完全是个人阅读时的总结。俄国有个小说家，也是教育家，叫马林科夫，他说过，“当一个小说结尾时，要用密度最大的句子”，这又能让我琢磨很久，并且给我不少的启发。

中国古代的作家我独赏苏东坡，他的文字给人的那种震撼力量，是他人难以企及的。此外，俄国的作家，比如说托尔斯泰，他对于世界的那种关注之情，以及作品里的宗教氛围，给我的影响都很大。

我觉得，影响小说创作并不是别的因素，而是一个思想上深刻与否的问题。经常有一些业余作者问我，怎样才能让自己的思想深刻起来，这个问题我无法回答。因为我自己都无法回想起我的思想是在什么时候有了一个突变。我有过这样的感受，现在回过头去看自己以往的作品，往往会产生一种自卑感，以前是多么浅薄、多么幼稚，这主要就是体现在思想上。

我也很难说清在什么时候开始有了一点思想，可能是从《狗日的粮食》开始吧。也就是这个时候，我开始有了一种自信，相信自己是有才能的。以前在部队的时候，一起写作的有几个小伙伴，我就觉得自己比他们写得都好，这时就在渐渐地培养起自信。到了写《狗日的粮食》时，我就有一种真正的写作的感觉，灵感喷涌而出，不可遏制。《黑的雪》《逍遥颂》《伏羲伏羲》《虚证》都是在这种状态下完成的，一稿而成，写完之后也几乎不用修改。在这个阶段里，根本不用担心灵感会消失，离我而去。我没有记笔记的习惯，一旦脑子里出现了什么好的想法、比喻或词汇，我也不用记在笔记本上，因为我知道即使几天以后再写，我也不会忘记，当时就是这么自信。但这种自信在40岁以后就逐渐消失了，是伴随着记忆力的衰退开始的。一旦有个什么想法，我就得冲去找纸笔，赶紧把它记下来，要不然一会就忘了。我觉得记忆力就像一个筛子，它把许多原本很好的作家筛了出去。我能做的，就是尽量避免被筛掉。幸好老天对每个人都是大致公平的，你失去了记忆力，别人也好不到哪去。只有比谁更勤奋，才能不被筛出去。人到了一定的年龄，就开始贪玩，我的一些朋友，就迷恋于上网、打麻将，这又筛出去一批人。幸而我自认为还是比较勤奋的那一种，但又受到了体力上的限制。年轻的时候，写个几天几夜都不觉得累，现在就不行了。所以说，要成为一个真正出色的作家，是件很困难的事，它受到很多因素的制约。

到了现在快50岁，我又重新自卑起来，我的自卑可以跟任何人比。比如说，我没有受过正规的早期教育；还有，到现在为止，我没能掌握一门外语，这就使我无法顺利地与外语的世界沟通。

缺乏正规的系统的教育，可能是我在目前写作中面临的最大的障碍。我以往的写作，一直是纯自然的发展，自己去学习、吸收，靠自己的能力（才能）去写作。但现在，我需要对世界有一个更深入的认识。当我要全面地分析社会问题，或者在作品中牵涉到人类的出路指向时，我以往靠自学掌握的知识就显得极为贫乏。当然，科班出身的也并不是没有问题，我们以前，是靠自己去获取知识，就像一匹饥饿的狼，一旦找到什么东西，会把它连皮带骨头统统消化成自己的东西。现在的教育，给你的好东西太多了，反而把你胃口给败坏了，变成一只羊了。但是，到了今天，快50岁的时候，我还是深感以往学的东西太少了，这种遗憾是难以弥补的。

胡璟：在《贫嘴张大民的幸福生活》之后，你似乎就没有别的小说创作，能否谈谈您最新的创作计划。

刘恒：确实是几年都没有写小说了，因为一直在写剧本，另一方面也与我父亲的病与去世有关系。我现在正在酝酿的有话剧和长篇小说。话剧已经开始动笔了，是带点荒诞性质的。这是我的又一个新的尝试，希望写出来后会有人喜欢。长篇小说的创作也正在思考当中，与我以前的作品在主题、思想上不会有太大的改变。

评　论《

对人生宿命的解剖与探询

——刘恒小说的宿命观

胡　璟

“最沉重的负担压得我们崩塌了，沉没了，将我们钉在地上。”生存之重是刘恒的作品永远关注的对象。在他笔下，生活是阴郁的、沉重的，有时甚至是了无生趣的。刘恒作品中的人物活着便是不断地与自然本能、生存本能，与人自身固有的弱点、缺陷相抗衡，此外，他们还不得不面对一个永远也不可能与自身合拍、和谐的外在世界。在刘恒看来，生存的困境是注定的，人身在其中永远也无法成为自身的主宰，这就是人类的终极命运。因此，人们所追求的希望和幸福到底在哪里，便构成了刘恒作品中一个个宿命式的疑问。但是,刘恒又不是全然悲观和无望的,“他骨子里是个顽固透顶的理想主义者,他不过是为自己的追求披上了一层痛苦的外衣,使他对美好事物的渴望以一种更剧烈的矛盾形式表现出来罢了”。刘恒试图以犀利的解剖、冷静的探询,对人的宿命加以细致入微的考察,从而为人类找到出路,承担起一个坚守启蒙立场的作家的职责。

刘恒的小说中的宿命结局大致可划分为四大类别:一,人的生物本能与其社会属性产生的悲剧性冲突;二,人自身的性格缺陷造成的人生悲剧;三,社会、环境导致的人类的生存困境;四,宿命的死亡结局。从对刘恒的小说加以综合考察时我们可以发现,刘恒的绝大部分作品都能归属到上述四类中。这四大类别也包括了他对人的生存宿命的思考与反省。

一

从1988年创作《狗日的粮食》起,刘恒便开始了对于人与周围世界不和谐根源的不懈探索,这也表明这时的刘恒已与前期创作《小石磨》《热夜》《小木头房子》时的刘恒彻底地告别了,创作由早期稚嫩但充满生命亮色的青春期步入了一个沉郁、多思的中年时期。刘恒在提及自己的这段写作心路时说:“偶尔写了《狗日的粮食》,听了几句好评,这才检讨以前的种种文字,发现自己中了理想主义的圈套,喝大粪水喝得太多了……幸好中途转向,自己救了自己的命,也救了这杆笔。”也就是从此时起,刘恒被归入新写实一派,开始了自己风格独异的创作,这表现为一种理想精神的消歇与现实的凸现。与早期颂扬无私奉献革命精神的《小石磨》、倡导正面理想追求的《热夜》《小木头房子》不同,《狗日的粮食》无意于承担任何理想主义的价值观念,小说只讲述一个真实的生存与吃饭两者关系的故事。我们都知道:吃饭只是人的一个生理基本需求。莫里哀有这么一句名言:人不是为了吃饭而活着,而是为了活着而吃饭。可是当我们在小说中看见吃饭成了瘿袋女人生命中唯一的目的,为此目的不惜去骂、去偷、去使坏,甚至为了“吃饭”而最终丧失了性命时,我们不禁发现,我们落入了一个可悲的悖论之中:活着,仅仅为了吃饭。但人生的意义被搁在了一边,生命也就失去了意义。是选择活着,还是死亡?任何一种选择都成了生的悲剧。

古人云:“食色,性也。”刘恒从人的这两个最基本的生物本能考察时,发现人类竟是处于这样一个尴尬的生存圈套之中:人类的自我超越将永远受制于自身的本能需求。

同样,从《伏羲伏羲》这个简单的家庭乱伦故事中,我们看到的不仅仅是由于叔叔杨金山的性无能，导致了侄儿与婶子王菊豆的偷情。在这个故事的背后，我们看到的是人的性欲望带来的悲剧。原始的欲望使杨天青与王菊豆步入了“充满幸福与罪恶的阴谋中”，又终于因为触犯了道德的禁忌而招致了杨天青的死亡和菊豆一生的耻辱。“它是源泉，流布欢乐和痛苦。它繁衍人类，它使人类为之困惑。”在理想主义者的笔下，《伏羲伏羲》或许会是一个大胆追求爱情的范本，但到了刘恒手下，他却把情欲和爱剖了开来，揭示给我们另一种残酷的东西：无可逃遁的情欲与伦理冲突之后产生的悲剧。

刘恒的《白涡》也写到了情欲的宿命。《白涡》讲的是一个婚外情的故事。但刘恒不相信爱情，他用解剖刀把通常附着于其上的“情”的成分彻底剥离后，我们所见到的只是“欲望”，就像小说中男主人公周兆路自己所说的：“那种事，没有爱也可以。”在周兆路被解剖成两个人——社会人与自然人之后，我们就愈加能体会出作品所表现的惶惑与悲哀了。作为社会人，周兆路有地位，重家庭，重事业，他还想要更多，比如名誉和权力；但作为一个自然人，他又贪恋华乃倩那美丽的肉体。如此看来，人的自然属性与社会属性不可避免会发生冲突，此时，人该何去何从？小说到底是对情的反叛，还是描写欲的悲哀？总之，作为情色动物的人的悲剧性存在是永恒的了。

在对刘恒小说中的感情世界作一考察之后，我们发现，刘恒似乎不相信世间有纯美的爱情的存在，他的笔下，没有甜蜜或完满的爱情故事，有的只是头悬情欲之剑的人们的痛苦与绝望的挣扎。像《冬之门》中的猥琐畸形的古世财，恋上颇具姿色的守寡回家的干姐顺英后，朝思暮想几近疯狂，为了想在她面前充一回男子汉，在日伪军的聚餐会上往汤里放了砒霜，自己踏入了日本人的雷区。一个英雄的故事竟被消解成情欲的悲剧。同样的，刘恒的长篇小说《苍河白日梦》在某种程度上，也可以看作是情欲的悲剧。

二

和某些先锋文本不同，刘恒无意预先在他的小说中设置一个宿命的圈套，但是出于一种敏锐的观察力和强烈的悲剧意识，刘恒总能发现他笔下的人性有着如此之多的弱点、缺陷甚至邪恶之处，也正是这些人性残缺导致了他笔下人物不可避免的悲剧性命运。这就是古典悲剧的一个重要主题——性格的悲剧，也是刘恒的性格宿命论的基点。刘恒试图在探索人物性格缺陷的时候，找到悲剧发生的根源。这时，刘恒采用了心理分析这个利器，深入人物内心，解剖人物最隐秘的心理流程、最细微的心理变化，并且不动声色地把它们展示出来。刘恒在心理分析方面展现出他独特的才能，描绘因性格造成的悲剧也成为他小说中最为出色的一部分。

刘恒作品取材极广，从农民（小手艺人、窑主、窑工）到城市市民、知识分子，都有所涉猎，而且都有其独到之处。因为《狗日的粮食》和《伏羲伏羲》的影响，刘恒往往被归为新写实一派中的农村题材作家，但我们发现，刘恒感兴趣的其实不是他所描绘的这些人物所属的社会层面（这是以往划分文学作品题材的一个重要标准），他关注更多的是这些人物作为人本身所具有的特性、共性，以及他们的存在所导致的冲突和矛盾。在这一类性格小说中，让我们记忆深刻的有窑主和窑工，如《萝卜套》中的韩德培、柳良地，《连环套》中的陈金标，《杀》中的王立秋、关大保；有农民，如《两块心》中的乔文政，《东西南北风》中的赵洪山；有知识分子，如《虚证》中的郭普云等。但令我们关注这些作品的原因不是因为作品发生的社会背景是农村或城市，故事发生的时代背景，或是小说主人公的身份，我们阅读刘恒的小说时往往会忽略这些。同样是农民，《两块心》中的乔文政显然远远比不上陈奂生更具有农民气质，但我们依旧会觉得刘恒笔下的人物真实得简直可以脱纸欲出。刘恒之所以能活灵活现地描绘出这许多不同社会阶层的人，是因为他能抓住这些不同阶层的人的共同的精神层面的东西，展示给他的读者们。

刘恒的小说往往能在常态的人身上“榨出皮袍底下的那个小”来。有人认为刘恒的小说是有意在审丑中表现生命的另一内涵，因为他的小说往往描绘人物肮脏的意识流、隐秘的性心理、狭隘的报复心等丑陋的心理活动。刘恒自己则认为：“人的那种自身弱点，就跟人的命运一样，对人的生活价值的影响以及人生道路的选择都起到一种说不清，道不明的那么一种作用。”性格即命运，而他笔下人物不健全的人格决定了他们的命运。如《东西南北风》中的赵洪山，狭隘、内向的性格，窘迫的家境，使他被麻将制造成一个心智癫狂的人。《杀》中的王立秋和关大保，《萝卜套》中的柳良地和韩德培，一个是窑工，一个是窑主，由于他们经济地位的不同导致了社会关系的变化，造成心理的失衡和变异，因而酿成了悲剧。王立秋杀了关大保，自己也被判处死刑；而柳良地在韩德培摔成白痴后，成为新的窑主，趾高气扬，不可一世，俨然是韩德培再现。原始的社会文化氛围造成的性格缺陷，又酝酿着新的悲剧。

《虚证》是刘恒探索性格造成悲剧性命运的最好的作品。小说在结构上模拟了侦探小说的结构方式，以主人公郭普云死因的推导为脉络。所不同的是，作者在小说中，是对死者——自己杀死自己的凶手展开了调查或心理分析。郭普云自杀了，是什么导致了他的死亡？是十八岁时一场不成功的恋爱？是考大学只差六分的失败？抑或是朋友在学画的过程中成功了，而他却处于劣势？是原本俊美的脸因车祸留下一块疤痕？还是女友向别人道出他的隐私“他的家伙不好使”？——刘恒像一名冷静的大夫，剖开死者的内心世界，试图找出导致郭普云死亡的病因。但死者已矣，种种的猜测只能确定一点：郭普云的性格具备了构成悲剧的所有因素，而其中的任何一种因素都有可能击垮他，把他推入万劫不复的绝境。作者最终没能找到真正导致郭普云死亡的原因，随着郭普云的死，这一切猜测都只是“虚证”，就像作者自己所说的：“自杀，是一个实践的课题，而不是一个玄想的项目，任何一位主动死亡的人，既是大部队里怯懦的逃兵，又是英勇果敢的孤军奋战者，你不可能透彻地清理这种矛盾。除非你有勇气担当同样的角色。”但有一点是可以肯定的，刘恒试图在死亡这个矛盾的命题中阐发一点东西：“客观的无限可能和主观悲哀的局限性，那里似乎是生存和死亡的共同基础。”宿命，又归结到宿命。

三

使命感和责任感让刘恒在探索由于人的自身因素产生的生存困境的时候，并未忽略由外在生存环境造成的人的困境。这也是他一直被看作是坚守启蒙精神立场的作家的重要原因。人无法选择自己的生存环境，这本身就是一种宿命，但无论在多么恶劣的环境中，生存的欲望始终是人最强烈的欲望，“我觉得我们最高尚的情操是，当命运看来已经把我们带向正常的消亡时，我们仍希望生存下去”。当社会和一些自身无法左右的力量将人推向困境或死路时，这是一种大悲哀。

刘恒的小说中就有这么一些人，他们有着极其旺盛的生命力，往往是民间的英雄或传奇人物，以他们的个性，决不会主动选择失败或死亡，可是因为外在的因素，他们却失败了，或走向了死亡，而这样的失败和死亡又是无可逃遁的，这更显出一种宿命的可悲。《力气》中的杨天臣就是这样的人。杨天臣有着与生俱来的力气，是“洪水峪的一尊小神”。三岁剜菜，四岁拾柴，十三岁就成了一个壮劳力。种庄稼他是庄稼强人，打仗时他又成了“地雷大仙”，“好几斤的铁瓜能甩成一门炮”。“大炼钢铁”时虽已年迈，“百多斤的红水包子一支楞就稳稳地端开，浇锭子就像给菜畦灌肥水，老腰不颤分毫”。这个传奇英雄一生善良真诚，不吝惜力气，无论在何种环境、何种状态下，都要将自己的自然生命力量最大限度地发挥出来。可以想见，如果给予他一个能彻底发挥能力的环境，他或许会是一个举重冠军、一个篮球前锋，或者是一个更了不起的人物。然而，刘恒的笔下不存在传奇，杨天臣的一生只是证实了这样一个结论：个体的人的力量不可能超越他的生存环境，人只能在命定的条件下做命定的事。这个力气能人，只因生在庄稼地里，长在动乱年代，力气往往被白白浪费，有时还成了自身的累赘。没日没夜地炼钢，“只炼出一堆叫不出名目的东西”；甚至在他最愿意发挥自己潜力的庄稼地里，杨天臣也成了失败者。大公社时起早贪黑种地，落得却是众人的白眼，还得吃返销粮来填饱肚子。八十七岁时，为了帮助儿孙忤逆不孝的杨天保老伴种地，他摔断了胯骨。一生神力，却躺在床上成了废物，杨天臣在临死前只能长叹：“力气，我的力气呢？”生平自己唯一能掌握的东西也将消失无踪，这种无所作为的悲哀让他用尚存的一点气力结束了自己的性命。

《天知地知》中的李来昆又是另一种形象。他是一个公认的死不了的人。“他的生命力根本不需要任何草料，随手一提闸门或一解笼头就可以了，他是老天爷故意放纵的一个人物。”李来昆刚出生时就被狗叼走，又落入鸡窝饱受鸡啄，谁知他竟不死。九岁时遇上泥石流，骑在一棵大槐树上漂了三十里地，人们都以为他这次是活不成了，他也没死。凭着天生的聪明劲儿，李来昆没念过什么书，却无师自通学会了吹口琴、写诗、演话剧，领着毛泽东思想文艺宣传队走街串巷去演出。这样一个聪明又富有生命力的人在生活中似乎没有对手。然而，他的厄运终究来了。在人人忙着挣钱的年代，李来昆承包了果园，却一年年的没有收成；养兔子，养蝎子，养土鳖，一次也没成功。“他跌倒了爬起来，再跌倒再爬起来，又他娘的跌倒了，他爬着就有点费劲了，有点懒得爬的意思了。”在养种驴失败后，李来昆活不下去了，他开始贪酒，终于醉醺醺地被叉死在煤厂的大铁门上。一个死不了的人被艰难的生存重负压死了。

和刘恒的绝大部分作品不同的是：这两部小说没有淡化故事发生的社会、时代背景，而是有意加强渲染了人物生活的时代、社会环境，以表现它们对于个体生命的巨大影响，以及在外在压迫下个人力量的无能为力。杨天臣和李来昆可以说是农村里少见的能人和聪明人，也是刘恒小说中难得一见的好人和正常人。以他们自身的力量，我们绝对无法想象他们会落入深渊之中。但是，人的能力实现的现实有限性和它发展的无限可能性之间，的确又存在着极其遥远的距离。局限于生存之境，杨天臣和李来昆成了牺牲品。

尽管深知生存的困境，人在面对主宰自身命运的力量时的惶惑和无能，刘恒仍在被小人物们竟然还好好地活着感动着。在无数次的沉重之后，90 年代末，刘恒改变了自己的文风，开始用调侃和幽默来显示生活。我们第一次在他的小说中看到了一个终日“贫嘴嘎舌”、嘻嘻哈哈的主人公形象——张大民，并且难得一见地看到被定义为“幸福生活”的人生。笑容和“幸福”出现在整部作品中，我们差点以为刘恒是不是已经改变了，大彻大悟了，从痛苦的现实主义走上了理想的彼岸。

可我们再细看时，会发现张大民的人生仍是“烦恼人生”，调侃、要贫嘴的背后是阴郁的生存的沉重和无奈。张大民的“幸福生活”只是含泪的强颜欢笑。刘恒的改变，只是在“新写实”的“琐屑的现实主义”或真实再现生活本相的镜头前，加了一块“哈哈镜”，变形、可乐的镜像仍是对真实的折射。小说中，生存的艰辛、穷困、屈辱、尴尬、病痛，使得皮实而油嘴滑舌的张大民照样有活不下去的冲动。当张大民与也要结婚的弟弟三民两人商量：怎样在一个只有六平方米的小屋摆下两张双人床，住下两对夫妻时，“在一瞬间产生怀疑，怀疑对方也怀疑自己是不是人。不是人，是什么东西呢？是人，又算哪路人呢？”物质的极度匮乏，艰难的生存条件，死亡似乎已经在门口候着了，张大民只能对自己，也对家人说“没意思，也得活着，别找死”；“有人枪毙你，没辙了，你再死，死了就死了。没人枪毙你，你就活着，好好活着”。

值得注意的是，在寻求让他笔下的小人物解脱困境的方法的时候，刘恒终于让他们摆脱了头上那沉沉的死亡的阴影。刘恒认为，当为人的尊严与价值被艰难的生存所取代，只要活着，就是“幸福”了。“每个人的能力是不同的，也是有限的，机会也不是每个人都能抓住的，当这些你都没有的时候，你还剩下了什么呢？只是一种精神的力量，张大民就是靠着它，把所有的困难都踩在脚下。”用精神的力量消解矛盾、忘却痛苦，这就是刘恒试图为无法摆脱苦难的人们找到的出路，但这里未尝没有认命的阴影——又是宿命。当然，在《贫嘴张大民的幸福生活》中，刘恒难得地动了“怜悯之心”，他让张大民叨城市建设的光，好歹靠拆迁分了一套住房，但这只是个机遇，并不是每个像张大民这样的小人物都会有这样的好运气的。何况，好的结局并不就是生活真实，刘恒面临着严肃的现实主义作家都要面临的难堪和危机。刘恒的下一步该怎么走，我们只有等待他的新作问世才知晓了。

四

其实，论证刘恒创作的宿命观还有一个最佳的佐证——他的小说中的死亡情结。因为人的终极宿命即是无可逃遁的死亡。生，是偶然的；死，是必然的。对生命和死亡的沉思从来都是文学与哲学交汇的一部分。在当代作家中，很少有作家像刘恒这样热心地在作品中写到死亡，他的绝大部分作品中都存在着死亡或以死亡为结局。刘恒在他的作品里解剖着人，探寻着人的死亡宿命。没有比死亡更具宿命意味，更让人难以琢磨的。而表现死亡，实际上是在对人的存在意义提出困惑的探询和思考，这使刘恒的宿命论具备了深刻的哲学意蕴。

死亡,是我们每个人都会面对的结局。如果是自然死亡或寿终正寝,那是一种必然规律,无须过分悲哀。但是,我们在刘恒的作品中能看到的是除此之外的各种各样的死亡方式。有自杀的,像《狗日的粮食》中的瘿袋女人曹杏花,《伏羲伏羲》中的杨天青,《力气》中的杨天臣,《虚证》中的郭普云;有被人杀的,如《杀》中的关大保、王立秋,《黑的雪》中的李慧泉,《东西南北风》中的外乡裁缝;有暴死的,像《陡坡》中的田二道,《连环套》中的三更,《冬之门》中的古世财;还有生不如死,虽生犹死的,像《伏羲伏羲》中的瘫子杨金山,《连环套》中被炸成白痴的兴来,《萝卜套》中摔成白痴的韩德培;等等。刘恒这样有意地安排死亡,就已经使它们具有了特定的宿命色彩。

从刘恒小说中人物死亡模式的变化中我们可以看到,刘恒在表现死亡的时候,实则在表达他的人生信念、道德准则,以及对于更大的范围中的人类的生存困境的关注之情,并借此表现他对于整个世界的看法。刘恒小说中人物死亡的原因和死亡模式归结起来,大致可分为三个层面:一,人作为生物因本能产生的悲剧性死亡;二,作为社会分子的人因违反社会伦理、道德规条而产生的死亡;三,因为人类的自身弱点和外在原因导致的悲剧死亡。我们可以发现,这三个层面的外延依次扩大,顾及了人的生物属性与社会属性,并囊括了人类几乎所有的死亡悲剧。

刘恒小说中存在的第一层面的死亡,源于人的生物本能与社会属性产生的必然冲突,如瘿袋女人曹杏花与杨天青之死。食与性的悲剧是刘恒小说的最基本的主题,也是生发其他层面悲剧的基础。刘恒向来被认为是以冷静的旁观者的姿态出现在作品中,但在冷静内敛的背后,刘恒没有忘记担负起沉重的道义职责。他发现,人类在满足了自己最基本的生存欲望之后,就会有更多的愿望需要满足,其中包括一些恶念,如无度地追逐金钱、权力等。人性之恶既然是永存的,就必须受到一定的道德规范、社会伦理的约束,作家也要表明自己的道德评判。刘恒描写农村题材的作品,很多可归属到这一类型,特别是那些对处于经济转型时期的农民在文化道德上的狭隘与滞后加以批判的作品。如《陡坡》中修车胎的田二道,将图钉、钢屑撒在路面上,以挣到更多的钱。最后,他也因钢屑而丧命。玩火必自焚,刘恒在命题之时,就已经宣判了这个在道德的陡坡上冒险的青年的死刑。因为玩弄权力与金钱,《萝卜套》中的韩德培摔成白痴也可以说是必然。除此之外,刘恒更着力探索人类因自身与外在因素造成的死亡根源,他的小说既关注人的生存欲望无法达成的悲剧,如杨天臣与李来昆的死;更着力探询人类自身的悲剧性宿命:死亡源于人自身的性格缺陷,或源于人与人之间的冷漠和仇视,如郭普云,他的死固然有自身的因素,但未尝不是人与人之间的隔膜造成的结果,小说中就屡屡提到人与人无法互相理解的悲哀。《黑的雪》中的李慧泉虽死于他杀，但他所面临的孤独境遇早就让他像“一只找不到港口的破旧的小船，船舱里已经进水，就要下沉了”，他身边的人，“方叉子、警察、罗大妈、赵雅秋、刷子……数不清的男男女女老老少少统统跟他没关系。别人都为别人活着。他为他活着。人人都为自己活着”！在周围的人群中，他无法找寻到温暖与慰藉，李慧泉的心，在他肉体未死之时，早已冻结了。或许，人与人的隔膜导致的死亡是令刘恒最伤痛的死亡模式，同时这也是他的作品中最具有哲学意味的死亡悲剧。

尽管如此，我们还是有理由相信：刘恒是出于对生存的热爱与渴望，才会如此淋漓尽致地表现死亡。对死亡加以如此深入的描绘与剖析，他的用意只有一个：透过众多的死亡，勇敢地面对并不完满的人生，并且能正当、合理、美好地活着，就像他在《虚证》中提出的人生企盼一样。

（载《小说评论》2003年第4期）

主要作品目录《

长篇小说

《黑的雪》，工人出版社1988年版。

《逍遥颂》，湖南文艺出版社1993年版。

《苍河白日梦》，江苏文艺出版社1993年版。

《贫嘴张大民的幸福生活》，华艺出版社1999年版。

中短篇小说集

《虚证》，中国友谊出版公司1989年版。

《东西南北风》，作家出版社1989年版。

《连环套》，江苏文艺出版社1990年版。

《白涡》，长江文艺出版社1992年版。

《刘恒自选集》，作家出版社1993年版。

《刘恒作品精选》，中国三峡出版社1997年版。

《小石磨》，山东文艺出版社1998年版。

《天知地知》,中国文学出版社 1998 年版。

《刘恒作品精选集》,时代文艺出版社 2000 年版。

《拳圣》,解放军文艺出版社 2000 年版。

《狼窝》,时代文艺出版社 2001 年版。

《狗日的粮食》,江苏文艺出版社 2003 年版。

《风筝飘带》,同心出版社 2005 年版。

《四条汉子》,人民文学出版社 2014 年版。

散文随笔集

《乱弹集》,春风文艺出版社 2000 年版。

剧本及剧本集

《刘恒影视作品集》,中国社会科学出版社 1993 年版。

《集结号》,人民文学出版社 2007 年版。

《刘三集》,长江文艺出版社 2014 年版。

《围猎》,长江文艺出版社 2017 年版。

刘继明

男，1963 年生，湖北石首人。

小　引《

20 世纪 90 年代初，我流落到海南，在海南省作家协会工作过一段时间。一天，在我住的小区楼下，偶然看到一个背着大背包的人在院子里踯躅徘徊，觉得好生眼熟，走近一看，原来是我的学生刘继明。这就是他在接受本辑主笔、我的博士生田甜的访谈中谈到的“我去了海南岛”的那一段经历的开端。此后，我们师生在一起搭伴住了一段时间，我每天在家看书、写作，他每天出去干他的事，我不问，他也不说。他原本就是一个不爱说话的人，但你感觉得到他的内心藏着一团火，无论对文学、对人，都是。

记得他大学毕业后分到湖北省歌剧团搞创作那会儿，曾下去挂职锻炼或深入生活，给我写过几封长信，诉说他在下面看到的种种现实，内中有深深的痛苦和忧患，还说了他自己的思想状况和精神蜕变，以及他对文学的热爱和追求。虽然我没有保存信件的习惯，也记不清这些信的具体内容，但它们给我带来的冲击，却至今在我的头脑里仍留有抹不去的印痕。以我当时的灰心论，刘继明的这些信，不啻是一团烈火，烧得你生疼。世界上竟还有这样死心眼地爱生活和爱文学的人，我当时想。同时也为我的学生在这种时候，对生活和文学还有这种万劫不摧、百折不回的精神而暗自庆幸。

刘继明的小说后来被《上海文学》包装成“文化关怀小说”，他的那些小说里写到的“佴城”，我就知道是由海南的那一段生活经历孕育的想象。其实他所“关怀”的，何止是书本上的“文化”，还有现实的人的生存，只不过拿“文化”作一架天平，来衡量人的生存价值罢了。所以后来刘继明在创作时写底层社会，实在不是什么“转向”，而是顺理成章的发展。虽然他自己也承认评论家的“转向”说，但那只不过是一些表面现象，扪心自问，从违背父亲让他做一个手艺人的意愿，“成为一个以写作为职业的人”以来，他对人生的关切，又何曾有过“转向”的时候。《诗》曰“我心匪石，不可转也”，其是之谓乎。

要说“转向”，其实是社会在“转”，不是刘继明在“转”。就说他在近作中写到的那些“底层”吧，无论工人、农民还是工农兼祧的“民工”，他们的身份、地位、价值、尊严，乃至生存境况，不都经历了一个由“主人”到被人“主”的巨变吗？在这样的巨变面前，号称“人学”的文学，号称人类良知(或人类灵魂工程师)的作家，站出来对这种“颠倒”的人生说几句“不平”的话，难道不是题中应有之义吗？细民尚知“不平则鸣”，况文人雅士乎。为这几句鸣不平的话，就给人家戴上一顶“新左派”的帽子，未免有失厚道。须知，在30年前，“左”是红的标志，如今言“左”，无异于将人置于“千夫所指”之下，古谚云：“千夫所指，无病而死。”这不是存心要人的命吗？

好在刘继明心气平和，既不在乎这些命名，更不计较其中的利害。他是湖北石首市人，石首是公安的近邻，也有古公安人的性情，为人为文，都喜欢像公安派那样“独抒性灵，不拘格套”，用今人的话说，就是有什么说什么，没有任何顾忌，是所谓“信腕信口，皆成律度”。但这“律度”，对刘继明来说，不是什么写作的方法、技巧和形式规范之类的问题，而是康德所说的“心中的道德律”。且这“道德律”，对刘继明而言，也不仅仅是指个人的私德，更重要的是关心天下生民的公德，亦即是今人所说的“人间关怀”。有了这份“人间关怀”，你就能从“无”德处看到“有”德，从“失”(“缺”)德处呼唤“立”德。刘继明的许多作品里的异乎常人的道德评价和道德批判的力量，盖出于此。

说到私德，刘继明也不愧为一个痴情男儿。他与他去世的前任妻子的恋情，虽然我不知其详，但他在这位年轻美貌的妻子去世之后的悲痛情状，我却有耳闻，且目睹他那一段时间几乎陷入绝望的精神困境的情况。他向上帝求助，也就是在这一段时间。然则上帝最后也没能救得了这一位东方“信徒”，救他的还是他自己的心灵。当他把对妻子的这一腔痴情“转向”底层民众，他又重新燃起了生活的信心。底层于是像多年前贾平凹所说的那样，成了“安妥”他的灵魂之地。

谁说这是一个无情的时代，偏偏就出了刘继明这样有情的男儿。只不过，作为一个作家，这有情也有有情的烦恼，不是为情所困，就是为情所恼。如今这世道，让人动感情的事太多，以区区一己之情，实在不知如何措置。就说刘继明写的这底层吧，让人揪心、要人关心的事太多，你再多情，管得了吗？就算你有这个能耐，也要做好在各种各样或软或硬的“道理”面前碰钉子的思想准备，甚至为人所恼，被斥为给什么什么“脸上抹黑”，结果常常要陷入“多情反被无情恼”的困境。难怪刘继明总是少言寡语、沉思默想，不知道的人，都以为他是性格内向，知道他的人才知道，这次第，又怎是一个“内向”了得？

自 述《

我的“创作转向”及其他

“小说家档案”要我写一个“创作谈”，我原本想用一篇旧文代替了事的，但一想又觉得不妥，因为主持这个栏目的是我的老师於可训先生，对老师交的作业敷衍塞责，终究不大礼貌。既然如此，我想还不如借这个机会，对自己这些年来的写作进行一次回顾或梳理吧。

对于我近些年来的写作，评论界似乎有“创作转向”的说法。比如贺绍俊先生的《底层写作中的“新国民性”——以刘继明创作转向为例》，李云雷的《先锋的“底层”转向——刘继明近期创作论》以及阳燕的《中国问题·精神境遇·人文情怀》等，都不约而同地提到了这个问题。他们觉得我从过去的那种先锋色彩很强的写作或者新生代写作转向了关注现实、关注底层，另外从体裁上也由单一的小说扩展到思想随笔以及报告文学。这样一种判断大致是符合我的创作实际的。而对于这种转向的前因后果，他们并没有做出具体的分析，这可能给人一种突兀的感觉。那么作为当事人，我可以谈谈这种转向是如何发生的。

大约10年前，由于个人生活中刚刚遭受了一场灾难，再加上后来一阵子身体状况又很糟，所以心里特别虚无，像独自一人在黑夜里走路那样，不仅是眼前，连内心里都被黑暗填满了，觉得什么都没有意义。就在那段时间，我差点儿也成了一个基督徒，经常参加基督徒的活动，想给自己的内心寻找一个依托、一个活下去的理由。我跟基督徒交往时有一个突出的感觉，即他们对人特别友善，而且特别愿意帮助别人，对凡是参加活动的人一律称“兄弟”或“姊妹”，比如刘兄弟，或者张姊妹，让人听了特别亲切。有一次我生病住院，独自躺在医院里，也没有人来看望，心里那种悲观和灰暗的情绪大家可想而知。这时就有个教友大老远地从汉阳来到武昌的中南医院看我，是个小伙子，惭愧的是，我现在连他的名字也记不得了。他虽然只是坐在床边陪我说说安慰的话，临了一起吃顿午饭，但让我感到无比的温暖，比见到自己的亲人还温暖。另外，那时我看的书也都是关于哲学和宗教的，还有探讨生与死等形而上问题的，比如《死亡哲学》《西藏生死书》《论灵魂》，甚至连奥修的书也看，特别希望人死后有灵魂存在。基督教就成了解决这个问题的最好一个途径，包括那阵子我写的一些小说如《火葬场的夏天》《饲养疾病的人》和《祈祷》，此外还写了不少诗，这之前，我已经很长时间不写诗了。我还记得其中的一些句子，如“我宁愿相信一捧泥土，也不愿意接受时代的馈赠”等，甚至还写了一部诗剧，叫《一个灵魂在寻找自己的躯壳》，听书名就知道是怎么一回事。但我最终之所以没有成为基督徒，这主要是因为我不愿意放弃我作为一个人的思考，不能彻底割断与这个世界的联系，将自己完全交给上帝。所以大概从那个时候起，我开始写作一些思想类的随笔，想为自己解开一些疙瘩，经常思考诸如“活着的意义”和“写作的意义”之类听上去很幼稚，但又觉得是很根本的问题。我逐渐意识到人仅仅解决了个人内心的信仰问题还不够，还得搞清楚支撑我们活下去的这个世界是怎么一回事才行。而要搞清楚世界是怎么一回事，就得保持一种对此岸世界的热情，包括承担必要的责任和义务。所以慢慢地，我开始把目光转到现实世界中来，同时渐渐地对自己的那类作品不满足了。因为那种写作都是在一个封闭的系统内进行价值空转，自我推演，跟现实是绝缘的。

就是从这时候起，我开始写一些随笔和评论，探讨的都是人与时代精神处境有关的一些问题。到后来，我关注的领域又延伸到公共和社会问题领域，写作了如《乔姆斯基或知识分子的道义承当》《公共知识分子：告别还是开始?》及《我们时代的恐慌》等等，与此同时，我也没有放弃小说写作，比如《请不要逼我》《被啤酒淹死的马多》《火光冲天》《父亲在油菜地里》等中短篇以及长篇《一诺千金》和《带黑猩猩回家》，也都是在那一时期写的。但这批小说与我90年代中期的那些小说已经有了明显的不同，比如不再只是以知识分子为表现对象，描写的都是普通人和平民的生存境况，基本脱掉了那种形式感很强的叙述风格，变得简单朴素了。

对于这种变化，包括文学界的一些朋友，评价都不相同，褒贬各异。比如对我的随笔写作，有的评论家就觉得我好像越来越跟文学以及小说没什么关系了。如果借用陈村先生的话，或许也可以叫作“捞过了界”；而对那些小说呢，也有人包括一些编辑朋友，觉得我在艺术上退步了，不如我以前那些形式感很强的作品，总之，他们不太能接受我的这种变化。对此我不是没有过困惑，甚至寂寞，但更多时候还是抱一种冷暖自知的态度。直到前几年“底层文学”出现后，有的评论家发现我的小说好像可以划到里面，甚至把我也当作了底层文学的代表作家，并提出了“创作转向”的说法。其实就我自己来看，我近几年发表的《放声歌唱》《我们夫妇之间》以及《茶鸡蛋(外一篇)》《两个朋友》等作品，不过是前些年那批小说的一种延续和发展，如果要说“转向”，好几年前就发生了，并非近几年才开始的。

坦率地说，对于我是否算是底层文学的代表作家，我一点也不在意。就像10多年前我被划到“新生代”或“晚生代”，甚至有人开玩笑说我一个人扛起了“文化关怀”这面大旗，这都不过是评论家或者编辑家们为了省事弄出的简易符号，不能太当真。不管怎么说，我也算是有了一些写作阅历，对文坛的潮涨潮落、起起伏伏乃至冷暖炎凉多少有所体验，早已过了那种凭借人多势众或标签获取名声的阶段，知道文坛上任何一种潮流或热闹的响动，都无法替代写作者只身挺进时所需要的勇气和能力。

不过，有一点倒是可以肯定，我跟底层文学的一些作家们在精神上是相通的，所以从一开始，我就对他们持坚定支持的态度。在这一点上，我可能跟评论界的一些朋友们看法不一样。因此，如果有人把我当成底层文学的“同路人”，我也不想赖“账”。

前不久，我在上海的一次演讲中表达过这样的看法：不管我们站在何种价值立场，秉持怎样的文学理念，但恐怕谁都无法否认，我们置身其中的这个世界正处于一种异常复杂的境遇当中。中国60年的历史演变和近30年来的改革，如此剧烈地触及和改变了我们的生活，它暴露出的矛盾和展示出的希望，都跟我们每个人的生活息息相关，作家不应该采取规避或者那种置身事外的姿态。也就是说，文学的生存和发展，不可能像许多人想象的那样，在一个封闭和静止的系统内单独完成，而是必须在与现实世界的互相缠绕乃至对峙的过程中共生共荣，不断前行。

在这种状况下，我觉得不仅文学本身，就是社会公众也都有理由要求作家对处于激烈震荡中的社会现实表达自己的认知，而不是充当一个闪烁其词的记录者或通俗故事的讲述者。所谓价值碎片化和多元化更不是文学在现实面前止步或者退缩的理由，真正杰出的作家，应该而且能够通过对这个世界的描述和发现，提供一种整体性的视野。这也是让文学参与到当代社会进程和公众精神生活的必要途径。

访　谈《

"我差点儿成了基督徒"

——刘继明访谈录

田　甜　刘继明

田甜:你能否跟我们谈谈你是如何走上文学道路的?个人生活对你的创作有什么影响?

刘继明:我中学时期开始喜欢文学,大约是1984年发表第一首诗歌,1985年发表第一篇小说《双管猎枪》,那时候,我还在家乡新厂镇文化馆工作。1987年,我离开石首,只身前往新疆,属于半谋职半流浪性质,几个月后来到武汉,1988年考上了武汉大学中文系的插班生。此时,我已发表了相当数量的诗歌和短篇小说,基本上是对当时流行的先锋文学的追随和模仿,还谈不上有自己的个性。大学毕业后,我分配到湖北省歌剧团工作,1992年,我去了海南岛,参与创办《海南法制报》和《特区法制》杂志。1993年返回武汉后,我陆续在《上海文学》《收获》《人民文学》和《钟山》等刊物上发表了一批中短篇小说,并被评论界誉为"新生代"的代表作家。从那时到现在,一晃十几年过去了。一个人的生活经历对其创作的影响当然是不言而喻的,但这种经历应该包括两个方面:一种是履历表上看得见的经历;还有一种是履历表上看不见的经历,即精神履历。二者并不一定是重叠的。我觉得,后一种经历比前一种更重要,它往往决定着一个作家的内在品质。

田甜:你出生于湖北石首,但你的作品只在《溯流而上》中出现过石首这一地名,其他地方多描写的是佴城,佴城成了你独特的世界,能否谈谈你心目中的佴城是怎样的?

刘继明:佴城是我从海南岛回来后写的大部分小说共用的一个地名。有人说佴城就是海口,但我更倾向将它看成是90年代中国城市的一个缩影。

田甜:你的作品中虽然没有更多地出现石首这一具体的地名,但是我感觉你将"石首人"这一身份融入了作品人物的血脉之中,如作品中随处可见的石首方言,石首人那种生活方式和精神状态,我都能在你的作品中真切地感受到。能否谈谈你作品中的石首方言，是你有意为之的，还是语言本身的力量所造就的？你能否谈谈对石首这一块土地以及这块土地上生长的人的认识？你如何看待石首人在生活中所表现出来的那种种面貌？

刘继明：你能够从我的某些小说中看到石首的影子，我很高兴。但我得说，我的作品并不着力于表现故乡和方言。从某种意义上说，我是一个用普通话写作的作家，即使在有的时候我试图将人物和故事放到石首那块土地上，但我还是很难传达出故乡特有的生活气味。青年时代，我曾经那么渴望逃离石首，对外面世界充满了想象和憧憬；而进入中年后，我也尝试过通过写作创造出一个精神的故乡来，但我发现我对自己的出生地的了解和认识并不深入，以至对于你说的"石首人的性格"，我很难说清楚。但这并不意味着我不热爱自己的故乡。90年代中期，我曾经雄心勃勃地计划写一部以故乡为背景的长篇小说，但最终失败了。

田甜：你的《我爱麦娘》是作为"文化关怀小说"而知名的，《中国迷宫》也被列入"西风古道后现实主义"系列丛书，你能否谈谈文学口号与你具体创作之间的关系？是主动去迎合还是客观地契合了这些口号？你是否赞同用文学来表现时代主题和口号？

刘继明：所谓文学口号是特定时期社会现实以及文化状况的反映，它跟创作的关系并不是简单的迎合。有时候，社会现实和文化思潮催生了某种创作潮流的勃兴；有时候，则是创作以某种先知先觉的敏锐走在了思潮的前面，理论界提出的口号只不过是一种追认和命名，这样的情形在文学史上屡见不鲜。所谓"用文学来表现时代主题或口号"是本末倒置的，甚至将复杂的问题简单化了。

田甜：我发现你的小说以中短篇居多，长篇所占比重不是太大，能否谈谈为什么你会有这样的选择？

刘继明：中短篇小说在我的整个创作中占据着主要地位，虽然我也发表和出版过几部长篇，但无论从内涵、格局和规模上，都比较小，只能算是中篇的放大，称不上严格意义上的长篇小说。

田甜：你作品中描写的几乎都是生活中的平凡小事，但这些日常生活又都是灰色的，让人窒息和绝望。你如何看待你自己生活的社会？为什么在作品中表现的都是这些灰色的角落，和你的私人生活有什么相通之处吗？

刘继明：是吗？如果真的是这样，只能说我偏重揭示生活中的不如意之处，包括人性以及时代的黑暗面。由于个人经历的原因，有段时间，我称得上是一个悲观主义者，这多少影响到我某些小说的色调。比较而言，我也许对人的精神层面的探究更感兴趣一些，而不是所谓私人生活或日常生活。当然，它们之间并非对立或者不相干的。好的小说也许是能够在两者之间达成某种平衡。当然，极端的例子也不是没有。

田甜：你的作品一般都是以男性作为作品的主人公，在男性的视角里面，女性好像并不是那么光彩照人，你如何看待女性？

刘继明：我的确较少写到女性人物；对于女性，我似乎喜欢用一种理想主义的眼光去打量或者描写她们。在我的内心深处，女性始终是完美无瑕的，具有一种艺术的品质。所以，我笔下出现的女性从外表到心灵都是美的，仿佛一件精致易碎的瓷器，在生活的残酷和狰狞面前不堪一击。

田甜：你如何看待爱情和性爱？在你的作品中，对性爱的描写缺乏一种鲜活力和真实感，带有很强的概念性，从总体来看，你的作品还是比较纯净的文本，你如何看待现在很多作家创作中的性爱描写泛滥的现象？

刘继明：我不擅长写性。我觉得爱情和性都是一种不可捉摸的东西。它们之间有时难分彼此，有时又互不相干，具有一种令人眩惑的品质。我宁愿将爱情和性放在艺术的范畴去讨论，而不是在茶余饭后或者当作商品去贩卖，而当前的许多小说以及影视作品就是这么做的。我过去很少在自己的作品中描写性，以后恐怕还会是这样。我倒不是主张某种写作的禁忌，而是觉得人应该有所节制，放纵固然能使人抵达一种自由的状态，但节制对于人以及文学来说，同样是不可或缺的。

田甜：在你的《中国迷宫》中，我发现有这样一种现象，那就是假如作品中出现的是真实的地名或者人名，那么与这些地名和人名相关的故事则是虚构的；如果作品中出现的地名和人名是虚构的，那么故事写的却又是极其仿真的，能否谈谈为什么要这么处理？

刘继明：你这个发现挺有趣，我自己都没意识到。如果非要从理论上解释，我想这大概出于对某种“间离效果”或者技巧上的考虑吧。你应该知道，对于小说来讲，太实了不好，太虚了也不一定好。

田甜：你作品里面即使有比喻，也是那种很实在，而不是很虚空的。

刘继明：也许吧。

田甜：所以我认为你的《小米》中的那些抒情性，其实反而淡化了你的小说艺术，不过觉得你很会讲故事，让人愿意被你牵着走。

刘继明：一般来说，我擅长写，而不擅长说，但如果碰上感兴趣的话题或场合，我讲得也还不错，呵呵。

田甜:你的语言很干净、干练,简约蕴藉,我觉得用你在《我们时代的恐慌》中对加缪作品风格的评价"简洁、准确、平淡、冷静、瘦硬,却包含着丰富的语义"来评价你的写作也很贴切。

刘继明:哦,加缪是我非常喜欢的外国作家之一。

田甜:爱伦·坡也是你很喜欢的作家吧?

刘继明:那是前些年,有一阵子,我特别迷恋神秘主义的作品,包括哲学、宗教方面的作品,现在有些变化,也许你感觉到了。

田甜:谈到神秘主义,好像人的年龄越大,越相信有命运的存在,我觉得你的作品也不是在宣扬神秘,只是把我们大家都感觉到了的某种存在用文学表现出来罢了。其实你的思想并不神秘,恰恰相反,我认为你是很关注现实的,以至于有人根据你的某些言论,给你贴上"新左派"的标签,我认为这样做是很不妥当的,容易把复杂的问题简单化。

刘继明:但既然有争议和分歧,就必然有派别,关键是不能简单化理解。我最近看了一篇关于陈映真的文章,他有一段话我觉得说得很好:"所谓的左翼,就是对所谓的经济发展,社会发展过程中我们不仅仅瞩目于进步,经济发展,东西多而已,而是我们关注到这个过程里面一些弱小者被当作工厂的报废品、不合格品一样被排除出去的那些人。为什么关心这些人,不是因为他们穷,我们才关心,穷人都是好人,不是这个意思。而是站在人的立场,人毕竟不是动物,不是靠森林的法律来生活。人固然有贪婪、欺压别人的行为,可是内心的深处也有一种需要去爱别人,去关心别人,去帮助别人。"[①]在当前语境下,左翼思想的活跃是一种不容忽视的文化现象,有其历史和现实的必然性。遗憾的是,很多人对此还缺少必要的认识。

田甜:有人说不要从作家的个人经历出发来研究小说,但是我觉得一个作家的作品跟他本身的气质和阅历关系是很大的,这点也是我欣赏你的地方,你有自己的思想,看待事物不是简单的好还是坏,而是一分为二。一分为二说起来简单,做起来难,就像你说的,在集体主义之下,我们还是要坚持自己的声音,这就是知识分子的良知。你作品里面表达的思想其实是很多中国民众的想法,改革不是只有好的,改革也有不好的一面,我们不能只唱赞歌,也应该有所反省。因为你写了改革的负面效应,所以别人会认为是宣泄苦难,夸大苦难,给改革开放抹黑。

刘继明:哦,这好像是针对底层文学的,不只是针对我。主流批评界不少人持这

① 李潽:《附:与陈映真的对话》,《真不容易》,西苑出版社2002年版,第377页。

种看法。

田甜:我记得你在一些文章中经常强调对任何事物不能简单化。对于底层文学,我觉得也应该这样。比如你的小说《送你一束红花草》也可以算作底层文学吧,有人认为是反映了乡村医疗设施的落后,我倒觉得,你是从更深的层面提出了一个值得深思的问题,肉体的堕落不一定比灵魂的堕落更卑贱,只是出卖肉体很显在,而出卖灵魂很潜在,所以把人们蒙蔽了。

刘继明:你这种解读我第一次听到,倒是蛮有意思的。

田甜:你是不是有一点信仰基督教?

刘继明:是啊,有一阵子我差点儿成了基督徒。

田甜:我觉得你的作品常爱反思一些我们习以为常的东西,如《小米》:按摩小姐不一定就从事色情活动,写底层的苦难不一定是给改革开放抹黑,凡事都应当辩证地看。习惯性的观念和看法,不一定都是正确的,正像鲁迅笔下的狂人所说,从来如此便对么?!

刘继明:个人往往屈从于变为常识的观念乃至生活方式,这就是我们时代的大多数人甚至包括许多知识精英的状况。

田甜:是的,而这样只会让人变得狭隘和愚昧。你对于诗人郎毛的评论,也算是言为心声吧。

刘继明:是啊,其实我们之间的分歧远远大于共同点。

田甜:但是你在为他说话的同时也是在为自己的思想正名。

刘继明:严格来讲,是借题发挥。

田甜:呵呵,这点我感觉到了,我看了你的那篇《"八十年代人",或不合时宜的痛苦》之后对于他的作品很有兴趣。

刘继明:简单划分,他是一个自由主义者。

田甜:郎毛在一篇文章里说:"刘继明常常提到他的南疆阿克苏之行。上大学之前,他在那里孤僻地晃荡了半年,这是他多年后一系列神秘主义小说的源头。当然,我的存在也是他的神秘主义小说来源之一。"他何以成为你的神秘主义小说的来源?

刘继明:这是他自己的理解。因为我把他改头换面写进了小说,他一直耿耿于怀,不过我们是无话不谈的朋友,是那种即使争论得面红耳赤也不会翻脸的朋友。

田甜:我觉得太相似的人反而成不了朋友,因为人难免互相攀比,性格大相径庭,但又有一些本质的相似,如你们都喜欢思辨,所以反而能够成为无话不谈的朋友,并且互相启发。

刘继明:也许吧。

田甜:你相信命运么?

刘继明:相信。

田甜:那你对命运是什么态度?

刘继明:我以前经常讨论这个问题,但现在我更倾向对一切不可言说之物保持沉默,这是维特根斯坦说的。

田甜:冒昧地问一下,关于命运的问题,是不是也有小鱼的原因?

刘继明:这对我影响很大,大得超出我的意料。小鱼离世后,我和母亲在一起度过了一段相依为命的日子,可惜时间太短暂,这也是我心里的一种遗憾,我为此写过一篇文章《论悲伤》,就是献给母亲的。

田甜:我看过你的不少思想随笔。我觉得它们的价值并不亚于你的小说创作。你的大部分随笔都触及当前一些重要的思想和文化命题,在中国当代文坛,除了韩少功、张承志等人,特别是在60年代出生的作家中,还很少见。我觉得你是一个很有良知和责任感的知识分子。

刘继明:哦,你过奖了。

田甜:你将思想不仅仅放在随笔里面,也通过小说传达出来。另外,我还感觉你好像是那种感情很内敛的人,即使诗歌这种形式,你也没有让感情恣意纵横,而是有节制的抒情、很有思想底蕴的抒情,而不是简单的煽情。另外,你的作品里面对于都市的描写很少,生活圈子里的人也很少,是不是因为你自己说的,与性格很内向有关,我觉得你很会讲故事,写了很多小说,也尝试了很多种叙事方式。你写的故事总是娓娓道来、慢慢展开,不是那种大开大合、大起大落的,但是很有吸引力。虽然你的作品很少有煽情性的景物描写,但是你的叙事技巧和叙事节奏创造了你作品独特的意境,多半都很清新,不是那种锋芒毕露的。

刘继明:是吗,我怎么觉得自己并不是那种特别擅长讲故事的作家?受先锋派影响,我以前的小说很注重叙事方式,但这些年有较大变化,不太爱在形式上花更多力气了。

田甜:另外,我发现你作品中的“父亲”形象总是脾气粗暴,和孩子在情感上往往很隔膜,这让我对你的父亲很好奇,能谈谈你的父亲么?

刘继明:我父亲不是那种安分守己的庄稼人。他年轻时在长江上当过水手,后来又热衷于做生意,做过那种走街串乡的货郎,即使在人民公社时代,我父亲也没放弃过那种靠做生意发家致富的梦想。他精力充沛、脾气暴躁,走起路来两脚生风,一般人小跑才能赶得上，直到晚年，他患着严重的血吸虫病，仍然经常乘坐来往于石首至沙市、宜昌的客轮，贩卖辣椒之类的土产。他希望我成为一个好的生意人或者手艺人，但我天生不是这块料，喜欢想入非非，整天读那些在他看来毫无用处的小说，所以常常遭到他的训斥，甚至被他夺掉手里的书。有一次，我父亲让我从宜昌挑一担柑橘单独乘船回家，轮船徐徐离开了码头，我趴着船舷，忽然在岸上看见了他的身影。他倒背着双手，站在拥挤的人群中，翘首向轮船上眺望着、寻找着我。那一刻，我蓦地想起在中学课文上读过的朱自清的散文《背影》。我感觉我的眼睛潮湿了。我记得父亲弥留之际，我在床榻边告诉他，我准备老老实实去学一门手艺。我这样说是想安慰父亲，以免他在离开这个世界时带有太多的牵挂。但我终于没有像他期望的那样做一个手艺人，而是成为一个以写作为职业的人。我不知道如果父亲地下有知，是感到失望还是欣慰。

田甜：你作品的取材多是来自哪里？采风对创作帮助大不大啊？

刘继明：走马看花，无甚大用。

田甜：谈谈你最近的创作情况，好吗？

刘继明：这几年，我主要在写一部长篇小说，最近刚完成，70多万字，从构思、动笔到完稿，用了整整5年时间。

田甜：能否谈谈德国科隆大学的汉语言学博士蒂洛·迪芬巴赫是如何解读你的作品的？

刘继明：2004年夏天，蒂洛·迪芬巴赫先生曾经到武汉访问过我，并将我的一部分小说和随笔翻译成德文，后来与张炜、刘庆邦的一些作品结集成一本书，以《大城市之外的中国——张炜、刘庆邦、刘继明的小说和散文》为题由欧洲大学出版社出版。西方汉学家解读中国作家的角度跟国内的评论家不同，这一点，你也许从这本书的题目就能感觉得到。

田甜：能否结合你的创作实践对年轻作家、作者提出一些建议和意见？

刘继明：每个人和每一代人都有自己的长处和短处，这是20多年前，韩少功先生在和我的通信中写的一句话。现在我把它转赠给年轻的同行们，不知道能否算是一种建议和意见。

评　论《

“背负着疑问写作”

——刘继明创作剪影

田　甜

一

为什么写作？写作的目的和意义何在？不少作家常常喜欢这样“扪心自问”。因为不弄清这个问题，写作就难免随波逐流、鹦鹉学舌、人云亦云。纵观文学史上的大家，都有非写不可、不吐不快的缘由，所以他们的文字经过历史的淘选，才得以流传下来，成为我们的精神财富。在当今这个时代，写作尤其是一件需要“严加拷问”的事。否则，就很容易流于大众文化和消费主义的时潮。

刘继明就是这样一位不断拷问自己的作家，他由“活着之必须”追问“写作之必须”，认为二者是同一个命题：不解决好“活着之必须”，就无法确认写作的意义；不解决好“写作之必须”，活着的意义便无从显现。如同一枚硬币的两面，它们是互相依存、互相阐释的，用一句时髦的术语来说，它们之间具有一种“互文性”。20多年来，刘继明的创作就是在这两者的“互文”关系中，探究人生和写作的奥秘的。

作为20世纪60年代出生的一代人，20世纪80年代的新启蒙思潮，是他们成长的重要思想背景，与执着信仰、眷恋故土的上一代作家不同，刘继明说，他们这代人“崇尚自由和个性，从不轻易迷信流行和权威话语”①。

他的创作是从“逃离”故乡开始的。

刘继明出生于湖北石首市。石首是明代“公安派”的发源地公安县的近邻，原本是一个风光秀丽、衣食富足的鱼米之乡。但对青年时代的刘继明来说，却是他要极力逃离的地方。在接受笔者的访谈中，他提到对于家乡的情感历程时说：“青年时代，我曾经那么渴望逃离石首，对外面世界充满了想象和憧憬；而进入中年后，我也尝试过通过写作创造出一个精神的故乡来，但我发现我对自己的出生地的了解和认

① 刘继明：《幸福的人与不幸的文学》，《天涯》1999年第2期。

识并不深入……但这并不意味着我不热爱自己的故乡。90年代中期，我曾经雄心勃勃地计划写一部以故乡为背景的长篇小说，但最终失败了。”

对故乡的这种矛盾心情，便促成了刘继明的一段漂泊流浪的“行者”生涯。20世纪80年代中期，他只身去了新疆。在新疆，他是一个外来的精神流浪者，体验着生活的辛酸和无奈，居无定所的流浪生活使他对存在问题思索得更加深入了。再后来，他又去了海南，在那里他有了一段相对惬意的生活。从海南回来后，他创作的大部分小说里有一个共名，即“佴城”。这一虚构的地方引起了德国科隆大学蒂洛·迪芬巴赫博士的强烈兴趣，并表示想对佴城做专门研究。

佴城在作家自己的心目中究竟代表着什么呢？刘继明说：“有人说佴城就是海口，但我更倾向将它看成是90年代中国城市的一个缩影。”佴城作为故事的发生地，作者对它的态度是矛盾的，一方面向往，一方面排斥，这固定的现实场域和他与生俱来的流浪气质互相挤对，最终也未能成为或替换他的故乡。“我的故乡只存在于内心，因此，我除了在内心的召唤下写作，没有别的选择。对于时代，我是一个格格不入的‘落伍者’；对于文学，我也没有许多同时代人那样的‘踌躇满志’。我总是被无穷无尽的疑问所缠绕；背负着疑问写作，也许是我难以逃脱的宿命。我经常对自己提出一些‘什么是幸福？什么是不幸？’之类的‘幼稚’问题。我最大的梦想也许是死亡来临时，仍然能够面对这个问题：作为一个写作者，你幸福吗？或者：作为写作者，你为这个日益不幸的世界提供的是获得幸福，还是不幸的‘话语证据’呢？”[①]

刘继明就是以这么一个自觉的写作者，一个有良知、有秉性的写作者的姿态，进入我们的视野的。在他看来，一个作家运用何种体裁来创作是次要的，“重要的是他能否通过自己的写作建立起与世界的独特联系，从而形成一个与众不同的精神世界和艺术世界”[②]。他强调“我谁也代表不了，只能代表我自己”[③]。在谈到什么是他心目中的好作品时，刘继明认为：“在这样一个价值暧昧紊乱、社会分层不断加剧，本土问题日益凸现，希望和危机并存的时代里，我们仍然企盼和呼唤一种能够直面现实困境，揭示社会痼疾和人性创痛，昭示未来的作品。好的艺术既不能为时代放弃永恒，也不能为永恒放弃时代，关键的是，我们以一种什么样的姿态潜入历史、现实和人性深处，是否能够或者有足够的勇气描写出我们看到的真相。对作家来说，这既

---

① 刘继明：《幸福的人与不幸的文学》，《天涯》1999年第2期。

② 刘继明：《内心的召唤与时代的催逼——答万松浦书院网站》，http://blog.sina.com.cn/s/blog_54c8d81601008ok0.html。

③ 刘继明：《写作需要对时代发言》，http://blog.sina.com.cn/s/blog_54c8d81601009opn.html。

是一种良知，也是一种责任。”①

证之刘继明20多年来的创作，无论是先前作为“新生代”“文化关怀小说”的代表作家，还是如今作为“底层叙事”的代表作家，贯穿他的创作始终的，是他对历史、人生和社会问题的独特思考，是对人的精神困境问题的密切关注，他的作品是他长期思考和关注这些问题的结晶。如果联系他的创作发展历程来看，他的早期创作是通过一个超验的世界，表达了他对社会人生的“文化关怀”，晚近的作品则以这种“文化关怀”来书写社会人生，尤其是“底层”社会的生存困境和“底层”民众的坎坷命运，他的创作因而始终在以一个知识分子的良知，不停地回答他的内心向历史和现实发出的“疑问”。

关于晚近创作的“底层文学”，刘继明有着自己独特的见解：“文学关注现实和社会问题在二十世纪的中国文学史上具有相当深厚的传统。别说三四十年代的解放区文学和五六十年代的文学，就是以‘文学现代化’和‘文学主体性’等探索著称的八九十年代，也没有间断过，如曾经产生广泛影响的‘改革文学’‘反思文学’和‘现实主义冲击波’等等，但现在的‘底层叙事’跟以往的社会问题小说具有明显的差异。八九十年代的那些现实题材创作基本上都是对当时主流政治的一种正面式表述，是以迎合和肯定主流意识形态的姿态出现的。而这一次却是逆向的、批判的，蕴含着对矛盾丛生的中国现实困境的深刻诘难和多年来被遗忘和压抑的社会阶层的痛切呼喊乃至抗争。”②底层文学是“在一个新的时代环境中激活和秉承了一度消失的20世纪左翼文学传统”，它“是一种批判的文学，是一种站在人民立场，呼唤正义和平等，反抗不义和压迫的文学”③。

二

刘继明早期的作品多以知识分子为主角，往往带有较重的形而上色彩。晚近一个时期“在个人内心召唤和时代催逼的双重作用力下”，开始把目光从居于城市上层的知识分子，投射到在城市和乡村之间辗转流徙、挣扎求生的底层民众身上。尤其是在城市化进程中，乡村社会所遭受的侵蚀和冲击，以及由此带来的农民的传统的生活方式和生存观念的艰难裂变，更是他侧重表现的主题意向。这些作品主要有

---

① 刘继明：《内心的召唤与时代的催逼——答万松浦书院网站》，http://blog. sina. com. cn/s/blog_54c8d81601008ok0. html。

② 刘继明：《主流之流》，《天涯》2006年第2期。

③ 刘继明：《内心的召唤与时代的催逼——答万松浦书院网站》，http://blog. sina. com. cn/s/blog_54c8d81601008ok0. html。

《请不要逼我》《被啤酒淹死的马多》《他不是我的儿子》《父亲在油菜地里》《回家的路究竟有多远》《我们夫妇之间》和《放声歌唱》等中短篇小说，和长篇小说《一诺千金》等。

这些作品中的人物大多是一些与城市格格不入的农村人，或虽流落城市但精神却属于农村，是城里人与乡下人的畸形结合体。城市对他们而言，是一个纯粹意义上的谋生的场所，为了生计，他们在城市使出浑身解数，挣扎苦斗，但他们的精神和肉体的最终归宿，还是生养他们的农村。他们与城市格格不入乃至剑拔弩张的关系，同时也是城市化进程中城市和农村的紧张关系在主体身上的一种文学的投影。

在作者笔下，城市和农村绝不是和谐共存的，而是互相排斥、互相挤对的。如《我爱麦娘》，面对城里人来农村开按摩院，村长老昌站在保守派一边，他内心满是疑惑："总不见得城里有什么我们村子里就得有什么吧。"村里那些年轻的男人出于对麦娘的盲目迷恋，心理上虽然全盘接受了麦娘的按摩院，但身体却依旧恪守农村传统的行为和道德规范，在行动上还是拒绝了按摩院，结果"村里人从未有一个人走进过按摩院"。以按摩院为代表的城市文化就这样在农村人的集体抗议中败下阵来。作品的结局是一把大火终结了以按摩院为代表的城市文化，城市对农村的进攻以失败而告终。

与此相映衬的是，《火光冲天》则警示我们农村对城市盲目妥协的可怕，城市人牺牲的是金钱，而农村人付出的是青年的血的代价。城市文明张开镶着满口金牙的血盆大口，吞噬了那些为了维持家庭生计而辍学在鞭炮厂上班的孩子们。连受教育的主体都失去了，又何来教育救人呢？"再穷不能穷教育，再苦不能苦孩子"的标语也就在现实的反差中，显得格外触目惊心。

城市与农村的这种对立的进一步发展，就是在《愚公移山》中，作者不仅反思了城市对农村的掠夺与侵蚀，而且表现了农村对城市的反抗，这种抗议虽然无力但依然执着。事实上失败了，精神上却胜利了。它将希望的种子种了下来，把希望的曙光留给了后世，同时告诫后人不要因蝇头小利而与城市同流合污。

如果说，在《愚公移山》中，农村对城市的反抗是显性的，那么，在《刀下》中，这种反抗就表现为一种隐形的心理趋向。作品中农村人的生活理想，是在城市攒钱，然后回农村盖房子、养孩子、种田。城市在他们眼中已经不是他们所向往的终极的人生目标，相反，却成了他们为实现人生目标的一个中间的驿站。这种反抗无疑已经从价值层面消解了城市在他们心目中的神圣和尊严，城市就像他们使用过的任何一件农具，在不需要的时候，就可以让它闲置起来，乃至永远弃之不用。

与从行动到心理的反抗相对的是，刘继明也写了作为这种反抗的精神后援的坚守。《父亲在油菜地里》写的就是父亲个人对农村生活方式的坚守，作为地道的农民，父亲有一个特殊习惯，他觉得在地里拉屎比在茅坑里拉屎舒服得多，在茅坑里拉屎，总是吭哧吭哧地拉不出来，遇到去镇上赶集，他肚子里憋得再厉害，也绝不把屎拉在别的地方，非赶回地里来拉不可。作者描写这种看似原始的生活习惯，却意在表明，吃喝拉撒作为人的最基本的生理需求，如果都不能得到自由的满足，还奢谈什么现代文明和现代生活方式？父亲在搬家问题上的拖延，只是他坚守这种传统的生活习惯的一种无声的抗议罢了。作者从农民与土地的情感出发，理性地反思了城市化进程对农民传统的生活方式的剥夺。既然一种生活方式和生活习俗是世代形成的，是凝聚了一种文明的历史和个体生命的历史的，剥夺了这种生活方式和生活习俗，带着空洞的身躯进入城市的农民，还会有他们世代传承的自由与幸福吗？

除了描写农村和城市的这种复杂而又紧张的关系外，刘继明在这期间的作品，也涉及一些观念问题，尤其是对一些“从来如此”的流行观念背后隐含的价值判断，大胆地表示了自己的疑问。如在《小米》中，作者打破了按摩女就一定从事色情服务的思维定式。在《送你一束红花草》中，作者质疑世俗眼里的美丽与丑陋，引人深思到底什么才是真正的美丽？职业本身与从业者个体能简单画等号吗？高尚的职业背后，有利益瓜分的肮脏；世俗眼中那些看似不干净的职业，从业者本身却纯洁无瑕。这样的反差人们往往习焉不察，但却误导了我们对事物的价值判断，遮蔽了我们本有的分辨能力，混淆了善恶美丑、真假贤愚的道德标准、审美标准，乃至真理的标准。为这些在人们看来是“低贱”职业的从业者辩护乃至正名，不是作者刻意要做“翻案”文章，而是出于对这些包括进城务工的农村人在内的弱势群体的一种悲悯情怀和一个知识分子所应有的道义与良心。

三

如同所有关注现实的作家一样，刘继明在这期间的创作，也将艺术的触角深入到社会发展的死角，对社会发展中的阴暗面予以大胆的暴露，如在现代化过程中被“化”掉了的个体，以及法律退场、金钱至上、彩票狂热等诸多社会病症。

如果说现代的“民主”对少数个体的剥夺，还是一种形式上的，即表现为一种程序性的专制的话，那么，在当今社会普遍存在的，对劳动者个体的剥夺，却是实体性的，表现为一种野蛮专横的血淋淋的现实。《回家的路究竟有多远》取材于一位被包工头打断了腿的山东民工的真实故事，触目惊心，发人深思：为我们构建了美好生活的民工自身却过着朝不保夕的日子，连回家都成了他们可望而不可即的梦想。《放声歌唱》不仅进一步揭露了包工头的残忍，也暴露了民工有冤无处伸的现实。包工头依仗自己的权势胡乱践踏打工者的权利，当民工将希望寄托在通过法律手段解决纷争时，却被司法者和包工头联手戏弄了，司法机关将民工拒之门外，在高耸威严的围墙内与包工头沆瀣一气，做着出卖民工利益的肮脏交易。这已经不是一个是否真正民主的程序问题，而是一种体制性的盲点和痼疾。

在暴露现实问题的同时，作者也把他的笔触伸向历史深处，从历史的蛛丝马迹中寻找现实问题的症结所在。《马船在1967年》从一个“误”入革命队伍的小兵的角度，反思革命者掌权后日益脱离群众，将自身不断贵族化的问题。《茶鸡蛋（外一篇）》则将这种历史的反思与现实问题结合起来，读来让人心酸不已。

当贫穷和富有颠倒了它的历史价值，穷人和富人错置了它的历史位置，穷苦人争取做人的主体地位，让位于发财致富的原始欲望之后，社会就难免要陷入俗谚所言“人为财死，鸟为食亡”的灭顶之灾。《我还能逃到哪儿去呢?》直指当今的彩票热：我们生活在一个亲富时代，快速发财致富成了广大彩民的梦想，也是传媒极力建构的神话。但这虚无缥缈的财富梦其实是以无数人的倾家荡产为前提和基础的，是一种非理性的原欲急剧膨胀的结果。我们所生活的这个拟像世界将真实搁在了云端，呈现给我们的却是被不断误读的黄粱美梦，这样使得人们在追逐金钱的道路上越走越远，在金钱迷狂的漩涡里越陷越深，最终成了金钱的俘虏，为了发财致富不惜一切代价。

除了彩票这种虚拟的发财梦，在我们的生活中，其实布满了无数有形无形的诱惑和陷阱。少数财富的拥有者利用人们急于摆脱贫困，尽快过上好日子的合理欲求，或期望进一步发家致富的美好愿望，驱使人们廉价出卖自己的劳动乃至身体，表面上换得了安居和温饱，过上了小康的日子，但这就是生活的全部吗？在满足这些基本的生存需求之外，还有亲情、爱情、精神、理想、礼义、文明等这些属人的品性，没有这些，能谈得上是完全意义上的人的生活吗？为了满足基本的生存需求，就需要以付出这些属人的品性为代价吗？打着先解决物质生活的问题，再解决精神生活的问题，先脱贫致富，再提升人性的旗号，就能心安理得容忍肉体的堕落和精神的毁灭吗？……背负着这样的疑问，刘继明在这期间的作品为我们展示了一幅幅异化的生活图景。

前述《火光冲天》写了一个普通农户家庭，妻子因为不能忍受穷苦的生活撇下丈夫和孩子离家出走，丈夫为了盖房子让孩子辍学去鞭炮厂上班，最终生活的大火将父亲和孩子都吞噬了。《被啤酒淹死的马多》写了以卖啤酒为生的马多，结果却被啤酒“卖”了自己的生活。被啤酒淹死的不仅仅是马多自己，还有他的良心、他的妻子，以及他的家庭。

《我们夫妇之间》写一对下岗职工的遭遇：丈夫下岗后做起了“麻木”（武汉俗语，载客三轮车摩托）生意，正当“麻木”生意刚有起色，他们憧憬下一步美好的生活前景时，政府为整顿市容市貌，取缔了所有“麻木”。不能公开蹬“麻木”了，就只能从事黑“摩的”（武汉俗语，摩托车的士）生意，但“摩的”刚开没两天又被警察没收了。儿子则因为没钱进重点班而变得性格孤僻，成绩直线下降。当生活试图吞没这个家庭时，妻子毅然挑起了养家糊口的重担，默默地走出家庭，当了“野鸡”。在妻子出卖肉体的过程中，丈夫经历了痛苦的心理蜕变，由起初的痛苦、嫉恨到逐渐理解、宽容，进而从旁协助，当起了事实上的“皮条客”，生存的无奈让这一对夫妇日渐变得冷酷和麻木。读过沈从文的小说《丈夫》的人，大约都不会忘记，为生活所迫的丈夫虽然打发妻子到码头上去做“接客生意”，但最后却将妻子“接客”所得的钱撒在地上，毕竟还不失人夫的尊严，但在刘继明笔下，却连这一点尊严都被生活本身和诸如“脱贫致富”之类的“合法”借口剥夺得干干净净。无须作更多的阐发，这样的事实本身，难道还不够发人深省？

四

刘继明的早期作品比较重视叙事技巧，在叙述上下了很多功夫，随着叙述功力的日见深厚，后期的作品则将先锋手法融入小说机理之中，使形式与内容达到了有机的结合。在这期间，刘继明仍然不忘形式的探索，如借助侦探小说的形式，来表达他在其他小说中也关注过的主题或事物。[①] 用科幻小说的模子，在虚拟空间中反思现实生活中的问题，或采用旧瓶装新酒的方式，把新故事“装”进旧题目，对旧题加以“新解”或“戏说”，如《放声歌唱》是贺敬之的一首政治抒情诗的诗题，《我们夫妇之间》是萧也牧的一个短篇小说的篇名，等等。这些旧题原作的故事情节和中心题旨，与用旧题创作的新作之间有很大的反差，容易造成一种带有反讽色彩的叙事效果。

与这种类似于历史上的江西诗派夺胎换骨、点石成金的方式不同，多重视角的交叉运用，仍然是刘继明热衷的叙事游戏。如《我爱麦娘》以城里女人麦娘来农村开按摩院为作品的情节主线，从阿荞、老昌、福奎、丹桂、海康、阿斗几个人的视角，讲述

---

① 刘继明：《答蒂洛·迪芬巴赫十二问》，《文艺理论与批评》2007年第6期。

不同人对同一件事情的反应：阿荞爱麦娘，因麦娘是她的老板，麦娘身上有她想拥有而未能拥有的气质；福奎爱麦娘，是出于男人对女人美丽容貌的欣赏，对美好事物的憧憬；海康爱麦娘，是出于征服白天鹅的渴望，对他来说是肉欲高于情欲；阿斗爱麦娘，则是出于一个孩子单纯的爱，纯洁而天真；如此等等。一个简单的故事，经过这些不同叙述视角的透视，也就具有了无限丰富的内涵和无限延展的可能性。如同作者在《中国迷宫》中，通过叙述视角的不断转换，让我们在叙事的迷宫里，茫然不辨归路，跌入了扑朔迷离的中国迷宫一样，刘继明这类叙事游戏，是马原在20世纪80年代叙事实验的一种深化和延续。

如果说这类叙事实验，是在制造了一种叙述的“迷宫”的话，那么，刘继明另有一类作品，就是在制造一种叙事的“悖论”或从事一种悖谬叙事的实验。如《我是反贪局长》，故事的上编讲了一个看似与题目完全不相干的故事：一个叫马酊的青年毫无准备地被推上政治高峰，在他刚满二十五岁的时候成了米罗县土地管理局局长，又毫无缘由不声不响地被拽下领导位置：“一颗眼看要在米罗的上空升起的政坛新星就这样过早地不明不白地陨落了。从那以后，人们甚至不清楚马酊去了哪儿，他不仅从土地管理局，而且从米罗消失得一干二净，仿佛他压根儿就没在米罗当过两年土地管理局局长，压根儿就不曾有过马酊这么一个人……”

故事的下编讲了一个快满六十岁的反贪局长罗旋的故事，这个“铁面包公”在他签署了最后一道逮捕令之后准备功成身退了，但就在他准备安享平静的退休生活时，却被他的两个原来的下属逮捕了，而据以逮捕他的逮捕令正是他签署的最后一道逮捕令，这道逮捕令的被捕人一栏上赫然地写着“马酊”两字，故事的上编和下编就这样被作者用这种“张冠李戴”“移花接木”的手法串联起来了。这样的结局虽然不能消除读者心中的疑窦，但却在一种看似无关联的事实（罗旋不是马酊）之间，预设了可能成为事实（罗旋就是当年的马酊）的玄机。而这种可能是否成为事实，又取决于隐含在上述事实之后的一种谁也无法把握的神秘力量，恰如马酊一夜之间成为土地管理局局长，罗旋没来由地被自己签署的逮捕令逮捕一样。存在的关系既然如此诡秘，人面对存在，还有能力撩开真实的面纱吗？作者通过独特的艺术手法再一次将生存的难题抛给了我们，却不给我们答案，让我们在事实与可能的悖谬之间陷入无限的迷茫与困境。

《玩具枪》中所用的悖谬叙事与《我是反贪局长》有相似之处，作者在整体叙述中不断向我们强调的是，他所讲述的是一个玩具枪的故事，从而打消了我们对这把枪是真是假的疑虑，消除了我们对枪的恐惧，让我们情不自禁地带着这种先入之见参与到故事的发展中去。这样,在歹徒手持这把玩具枪去打劫银行时,我们并不为邮政储蓄所职员的性命担惊受怕,相反却为那拿着玩具枪糊弄人的歹徒倒捏一把汗。最后,当歹徒走投无路,必须用开枪来证明枪的真假,兑现他的抢劫计划时,却意外地听到了一声刺耳的枪响。这样的结局同样是在事实与可能之间预设了一种逆转的玄机,以肯定式的叙述,导出了一个否定性的结果。这种结果事实上也打破了我们在现实中的一切坚信,让人觉得一切坚信不疑的事实,都可能有一种完全相反的结局。

与《我是反贪局长》和《玩具枪》以事实与可能之间的逆转构造的悖谬叙事不同,《重叠》在此基础上,又综合了多重视角参与叙事的手法。侦探柯克在飞机上为了打发无聊的时光,决定给他的邻座方卉讲一个他所经历的破案故事,这个案件直到讲述故事的时刻,还没有找到失踪的证人,因而事实上并没有被侦破。柯克接着让方卉用她的想象来接续这个故事,而方卉接续的故事,其实就是这个案件有待侦破的全部事实,同时也证实了柯克对方卉的怀疑:因为她的长相和嘴角上的痣,酷似这个案件中的被害人罗卉。尽管如此,柯克仍然无法证明这就是这个案件的全部事实,因而也无法让他已经确认的犯罪嫌疑人归案。这样的结局同时也表明,事实与虚构的区别,是没有什么意义的,我们也无法真正确定它们的界限何在。二者之间其实只有一纸之隔,有时候甚至可以互相替代。这同样也是一种存在的悖论,是无法克服的一种终极的困境。

与通过叙事技巧来表达一种隐秘的观念不同,刘继明的有些作品习惯于将故事置放在一种极限背景下,用无限夸大的手法来寻求其中隐含的绝对意义。如《我的旅行生涯》中,旅行成了“我”每年应尽的义务,这样一个让人羡慕的机会也就因为它的周而复始和强迫霸道桎梏了受惠者。整个故事的基调荒诞不经,好运的到来没有来由,也不能追问来由,在这种神秘气氛的笼罩下,好运与厄运之间的界限也就模糊不清了。当兴趣和爱好沦为一种应尽的义务,当好运只能被动地接受和占有,既定的程序让人难以呼吸、穷于应对时,原本应有的幸福感也就消失殆尽,相反,一种滑稽之感却油然而生,让人觉得已经身陷围城。虽则幸福,却实是不幸。作品道出了小人物在自主选择权缺失后的生存窘境,读来让人感慨良多。

《没有睡眠的人》讲了一个丧失睡眠的人的故事,睡眠的缺失一方面使得他的时间变得比常人充裕,视力比常人锐利;但另一方面,睡眠的缺失又让他鹤立鸡群,因背离社会常轨而被妻子和朋友抛弃。这同样又是一个人丧失主体选择权(被生理控制)以后的荒诞故事,人臣服于巨大的偶然力量,成了命运的弃儿,最终只能通过死亡来寻求解脱，从失眠的境地进入长眠的境地，通过绝望的主动选择——弃绝生命来抗议被摆布的命运。

与《没有睡眠的人》相近，《饲养疾病的人》讲了一个“以攻代守”的养生专家，他在药物中寻求健康，成了饲养疾病的人，从而弃绝了健康的根本，倒置了本末，但他的这种行为方式又通过传媒被广泛传播并被人们争相效仿，结果适得其反，让人啼笑皆非。

此外，又如《疯子们穿过城市》，作品中人人都成了疯子，成了互相躲避的对象，整个城市也就变成了一个由混乱与恐怖统治的世界，没有了亲情，没有了温情，也没有了信任，大家互相猜忌、互相攻击、互相怨恨。疯病不再是一种生理的或精神的疾病，而成了一种社会的病症，成了作者反思现代都市冷血现象的一种隐喻和象征，表现了作者对当今社会发展所带来的恐惧感和陌生感的反思。

《盯梢者》同样是指向现代都市病症，但将疯病置换成了人与人之间的相互窥探。作者在小说中设计了一个无所事事者，他每天穿梭于城市，仅仅是为了满足超强的窥私欲与好奇心。这种窥私欲也像传染病症，在人群中引起了连锁反应，窥视者被人窥视，盯梢者被人盯梢，整个城市于是变成了一个疑窦丛生、危机四伏的场合。人与人之间的裂隙愈来愈大，猜忌愈来愈深，这种分裂和隔膜，同样也是现代人生存困境的一种艺术的象征。

（载《小说评论》2009年第2期）

主要作品目录《

长篇小说

《飘泊南洋》（与阿涛合著），《青春丛刊》1989年第4期。

《仿生人》，江苏文艺出版社1998年版。

《柯克或我经历的9桩案件》，群众出版社1999年版。

《太阳照在天鹅洲上》，中国文联出版社2003年版。

《一诺千金》，花山文艺出版社2003年版。

《梦之坝》，云南人民出版社2004年版。

《江河湖》，长江文艺出版社2010年版。

《人境》,作家出版社 2016 年版。

中短篇小说

《刀下》,《山花》2006 年第 8 期。

《茶鸡蛋(外一篇)》,《天涯》2006 年第 5 期。

《放声歌唱》,《长江文艺》2006 年第 5 期。

《我们夫妇之间》,《青年文学》2006 年第 1 期。

《小米》,《清明》2007 年第 2 期。

散　文

《消失——两个人的三峡》(与宣儿合著),《中国作家》2004 年第 1 期。

《公共知识分子:告别还是开始?》,《天涯》2005 年第 2 期。

《主流之流》,《天涯》2006 年第 2 期。

《回眸五七干校》,《二十一世纪(网络版)》2006 年 9 月号总第 54 期。

《革命、暴力与“仇恨政治学”——从鲁迅先生谈起》,《天涯》2008 年第 3 期。

《走近陈映真》,《天涯》2009 年第 1 期。

选　集

《我爱麦娘》,中国华侨出版社 1996 年版。

《中国迷宫》,花山文艺出版社 2001 年版。

《尴尬之年》,大众文艺出版社 2003 年版。

《我的激情时代》,上海三联书店 2003 年版。

《送你一束红花草》,武汉出版社 2006 年版。

《刘继明诗选》,江苏文艺出版社 2013 年版。

刘庆邦

男，1951 年生，河南沈丘人。

小 引《

人说刘庆邦是“中国当代短篇小说之王”，这让我想起了短篇小说在当代中国文学中的命运。

在我的阅读印象中，十七年文学期间虽然也有许多长篇作品，尤其是被称作“革命英雄传奇”的长篇小说创作，更是高潮迭起，成为这期间文学的主打。但那毕竟是一种特殊的创作现象，皆因作者要记下革命年代所亲历的人事，或在亲历的基础上加以创造，总之都与“回忆”有关，是革命回忆录的一种变体。这样的长篇创作当然也有艺术上的讲究，也要有一定的文学功底，但更重要的是作者须有革命的经验和经历，凭空臆造、向壁虚构是断断写不出这种“革命英雄传奇”来的。

除了这些作家外，其他作家大多不敢轻易写长篇。一个典型的例子，是刘庆邦的乡贤、已故作家李凖，从 20 世纪 50 年代初开始文学创作，写出了诸多脍炙人口的短篇，却始终未见有长篇问世。直到“文革”结束后的 80 年代，才正式出版了他的长篇“处女作”《黄河东流去》。你当然可以说，李凖的这部长篇其实酝酿已久，他也有过写长篇的“前科”（“文革”中毁过一部未完的长篇手稿），但就是把这一切都算在内，这位以短篇名世的作家，也是在近 20 年后，始有意为长篇。

如今的作家，或用一个新词儿说“写手”，眼界都高，气魄都大，出手阔绰，令人咋舌。动辄数十万字的鸿篇巨制，或百余万字的多卷体，如“大河奔流”，滚滚滔滔，大有“卷帙不繁死不休”之势。早些年盛传现代生活节奏加快，人们无心也无闲读长篇，好事者于是仿效西洋、东洋的作家，造出了所谓“一分钟小说”或曰“微型小说”“小小说”“超短篇小说”，以应现代读者的阅读之需。可偏偏国人不领会这番好意，依旧愿意忙里偷闲、不厌其烦地读长篇，于是便催生出了年均千余部的产量，而且势头居高不下。至于销量是否能与产量持平，那就只有商家冷暖自知了。

说这番闲话，是想引出这么个意思：在这样纷纷乱乱的年头，刘庆邦还能守着短篇这个小说家族的祖业，诚属不易。中国小说从源头上讲，篇幅体制便小。众所周知，“小说”这两个字，最早是从庄子的口里说出来的，鲁迅说“案其实际”，是指“琐屑之言”，后来桓谭又说它是“残丛小语”，班固说它是“街谈巷语”，都含有篇幅体制短小的意思。证之早期的小说作品，应知此言不虚。就算是到了“始有意为小说”的时代，唐人传奇仍算不得中长篇，更不用说后来的拟话本和更后来的《聊斋志异》《阅微草堂笔记》，现代人早已把它们当作短篇小说来读了。从文人的笔记到民间的话本，中国古代小说从中剥离或翻拓出来的，除一些章回体的长篇外，多是一些短篇作品。这种多为“短制”的传统，甚至也影响到某些长篇小说的结构，如《儒林外史》，鲁迅就说它“虽云长篇，颇同短制”，如此等等，这都是与西洋小说大不相同的一种历史和传统。刘庆邦的好为短篇，无疑受过这种传统的影响。

刘庆邦所写的，当然不是传统意义上的短篇小说。他在接受本辑主笔、我的博士生杨建兵的访谈中就明确说过，受到现代作家的影响，尤其是鲁迅和沈从文。他说：“鲁迅重理性，沈从文重感性；鲁迅重批判，沈从文重抒情；鲁迅的小说读起来比较坚硬，沈从文的小说读起来比较柔软；鲁迅的小说更深刻一些，沈从文的小说则更优美一些；鲁迅小说的风格是沉郁的，沈从文小说的风格是忧郁的。”堪为确当之论。他自称“柔美”和“酷烈”的两类小说，就颇得这两位作家的真传。偏偏这两位作家的小说创作，也以中短篇取胜，这就难怪刘庆邦要爱屋及乌，钟情短篇了。但鲁迅的短篇和沈从文的短篇，已不是《世说新语》、唐人传奇，也不是“三言二拍”、《聊斋志异》，而是从西洋、东洋学来的新法。这法子已被现代中国作家用了一个多世纪，个中得失，也争了个不亦乐乎。虽然最终也没有争出一个结果来，但到了刘庆邦这一代，该有一个新的说法和做法，却是一件应分之事，也是当务之急。现如今都在讲“中国经验”，何谓“中国经验”，人类自从开始了相互交往的时代，就没有一个纯粹的何国、何族、何地之经验，但经验既以人为主体，毕竟有主体之别，这区别就是在主体身上所沉积的一国、一族之历史文化传统，或一地之风俗习尚，以这传统和风俗为主体，吸纳融汇他国、他族或他地之经验，始为自体之经验。从这个意义上说，刘庆邦的短篇小说创作，既受传统浸润于前，复受现代影响于后，剩下来的就该是那句套话说的，融汇古今中西，别开生面，另择新机了。这当然不是一件易事，但要做起来，未必就不可行，须知，在刘庆邦心仪的鲁迅和沈从文的小说中，就流淌着传统的血脉，灌注了传统的气韵，只是因为藏身于现代的躯壳，披上了一件现代的外衣，不为常人所见、所道罢了。要说“中国经验”，这便是现代中国文学的“经验”。我不知道刘庆邦对短篇的兴趣还能持续多久，他的写长篇不知是行有余力还是一时兴起，曹丕曾说“文非一体，鲜能备善”“能之者偏也，唯通才能备其体”。我倒觉得刘庆邦不必去做那个“通才”。在当代中国作家中，能独善一体，就不简单。更何况以一体而为天下王，那就更加牛气了。

自　述《

从写恋爱信开始

我1951年12月生于河南沈丘农村。1960年我9岁时父亲病故，母亲带着我们兄弟姐妹6人过日子，家境十分贫寒。此后不久，我祖父和小弟弟又相继死去。我是家里的长子，过早经历的亲人们的生死离别，给我的心灵成长罩上了一层阴影，养成了我压抑、向心、敏感、自尊和负责的性格。1967年初中毕业后，我回乡当了两年农民，1970年被招到煤矿当工人。9年的矿区生活，使我的人生经历更丰富，为后来的创作无意识地积累了大量感情和素材。

1978年，我由河南煤矿调到煤炭部新创刊的《矿工》杂志当编辑。从矿区到京城，环境的改变、生活经历的反差，使我能够拉开距离，站在比较高的立场对过去的生活进行回忆和反思。这时，各地的文学刊物如雨后春笋般纷纷办起来了，新时期的文学创作以汹涌澎湃的来势激动着人心，不少文学爱好者按捺不住创作的激情，也拿起笔来，投入文学创作的大潮。我当时面临两种选择：一是复习功课考大学；二是立足编辑岗位，在干好本职工作的同时，业余时间从事文学创作。由于家庭经济条件所限，加上自己不够自信，害怕失败，就放弃了第一种选择。我之所以选择第二条道路，是觉得自己生活底子厚，有可挖掘的创作资源。

我的小说处女作发表在《郑州文艺》1978年第2期。写这篇小说的时间更早一些，是1972年的秋天。从写出到发表，中间隔了6年。有朋友会问，一篇小说的发表怎么拖了这么长的时间？

那时，我在河南一座煤矿的支架厂当工人。因恋爱的事，闹出了一些小小的不愉快。我们的恋爱很正常，并没做什么出格的事。可当时的“气候”很不正常，人家说我们被资产阶级的香风吹晕了，掉到泥坑里去了，要拉我们一把。拉的办法就是批判我们。为了找到批判所需的材料，人家把我写给女朋友的信和诗也要走了。我和女朋友虽然在一个厂，但我愿意给她写信，愿意用文字表达我的心情。除了写信，我还给她写一些断开的短句，也可以说是诗吧。那些诗并不是直接赞美女朋友，主要是写山川的秀丽，表达对大自然的热爱之情。我们厂附近有高高的伏牛山，有深深的山沟。春天来时，残雪还未化尽，我们一起踏雪去寻访黄灿灿的迎春花。秋天，我们一起到山沟里摘柿子、摘酸枣，到清澈见底的水边捉小虾。初冬，我们登上山的最高处，聆听千年古塔上的风铃声，眺望山下一望无际的麦田。从山里回来，美好的印象还保留在脑子里，让人感到一种愉悦的滋味。突然想到，何不试着把美好的感受写出来呢？于是就趴在床上以诗的形式写起来了。那时脑子可真好使，出手也快，也就是人们说的文思如泉涌吧，一会儿就写了好几页，恐怕一百行都不止。写完了甚为得意，就拿给女朋友看。女朋友读得小脸通红，一再说好。她也说不出好在哪里，只是说好。得到第一读者也是唯一读者的赞赏，我来劲了，写得更多，多了就送给她邀赏。女朋友很珍视地一一收藏起来，时间不长就攒下了一大摞。

车间指导员在批判我时，说了一句使我深感惊异的话，以致把别的长篇批判的话都忽略了，只记住了这一句话。指导员说我写的东西充满了小资产阶级情调，加在一起简直就是一部黄色小说。当时我脑子里放光似的闪了一下，心想，我难道会写小说？他说我写的东西是黄色的，我一点也不在意，因为我心里有底，知道自己写的东西非常纯洁，连亲呀爱呀情呀这样的字眼儿都没有。不但格调不低，好像还很“革命”。我重视的是他说的小说这两个字。在此之前，我从没敢想过要写小说，从没有意识到自己有写小说的天赋，是人家批判的话从反面提醒了我，在我心里埋下了从事小说创作的种子。

批判我们毕竟是瞎胡闹，很快就过去了。但不能不承认，是批判巩固了我们的爱情，使我们的爱情经历了阻挠和波折，带有风雨同舟的意思。冷静下来后，我想得多一些。我问自己：你有什么可爱的？因你父亲的历史问题，你不能当兵，不能入党。你父亲早故，母亲领着你们兄弟姐妹几个过日子，家境很不好，你不过是一个穷人。我想到了自己的今后，想到了作为一个男人的责任。为了使自己在精神上胜过别的男人，为了不让自己所爱的人失望，自己应该有所作为。除了干好自己的本职工作，还应在业余时间为自己的生命派一些别的用场。于是我选择了写小说。以前我虽然没写过小说，但我写过别的。我在农村老家时给县里广播站写过几篇稿子，都广播了。在厂里宣传队，我还写过对口词和一个小豫剧。这些都为我写小说打下了一些基础。当时书店里没有小说卖，无从借鉴。我的破木箱里虽然藏有一本《红楼梦》，但和时尚相去甚远，一点也用不上，只好瞎写。写完一篇小说后我心里打鼓，这是小说吗？给女朋友看，她说真好。当时没有文学刊物，或许有，我们在山沟里看不到。小说没地方寄，我就敝帚自珍，存在箱子里。写了东西没地方发，积极性很难维持。我不写小说了，调到矿务局宣传部后，我就写通讯报道。通讯工作给我提供了广阔的天地，使我有机会走遍矿区各个角落，下遍全局各个矿井，有机会接触更多的人。我喜欢写人物通讯，写了不少，为后来的创作积累了不少素材。

到了1978年，各地的文艺刊物相继办起来了。我看到一本《郑州文艺》，上面有小说、散文、诗歌等。我马上想到了沉睡箱底的那篇小说，翻出来看了一遍，觉得和刊物上发表的小说比也不差。我稍微改了一遍，抄清，就寄走了。寄出后并没有整天挂在心上。那时，我正扑在新闻工作上，一心想当记者。不料编辑部很快来信，认为小说不错，准备采用。我把这消息赶快告诉我爱人(我们已结婚，并有了一个女儿)，她高兴得脸都红了。现在看来，这篇小说写得很一般。但6年前写的第一篇小说就发表了，而且还是当期刊物的头条，对我的鼓舞和推动之大是可想而知的。

1980年3月，我在《奔流》发表了第二篇小说《看看谁家有福》。因这篇小说描述了三年困难时期一些真实的生活情景，在读者中引起了很大反响，还有争议。几种不同观点的评论在刊物上连续发了两三期。此后，美国的一位汉学家把这篇小说翻译到了美国。《剑桥中华人民共和国史》还为这篇小说列了一条，称这篇小说的取材超出了"文革"十年的时间范围，直接描写了三年困难时期农村的状况。对这篇小说的批评，给我思想上造成一些压力，但并没有减少我的创作热情，反而激发了我的执拗的创作意志。紧接着，我连续在《奔流》《莽原》上发表了10多篇中短篇小说。其中，中篇小说《在深处》还获得了1981年河南省首届优秀文学作品奖。

同是当过矿工的、已成名的作家陈建功，鼓励我在创作道路上走下去，并给我往《上海文学》推荐稿子。当时在《北京文学》当编辑的作家刘恒，也给我打气，让我多给北京的刊物投稿。1985年，我在《北京文学》发表了短篇小说《走窑汉》。这篇小说得到了汪曾祺、林斤澜等前辈作家的首肯。林斤澜认为《走窑汉》是我的成名作。在上海，王安忆把这篇小说推荐给评论家程德培。程德培写了一篇评论发在《文汇读书周报》上，题目是《这活儿让他做绝了》。同年，程德培把这篇小说收入由他和吴亮主编的《探索小说集》。王安忆自己也写评论，从故事构成的角度分析了这篇小说。这篇小说还被编进了由李国文先生担任主编的《中国当代小说珍本》一书中。评论家雷达、何志云都在评论中认为，《走窑汉》的发表，标志着我在创作上进入了成熟期。得到这样多的关爱和鼓励，我在创作上更加自觉和勤奋，并逐步建立了自信。

从写第一篇小说开始，我从事文学创作已经36年了，共发表长篇小说7部，中篇小说32篇，短篇小说200余篇，合计500多万字。其中，长篇小说《断层》，获首届全国煤矿文学乌金奖。中篇小说《神木》，获第二届老舍文学奖，拍成电影《盲井》后，获第53届柏林国际电影节艺术贡献柏林银熊奖。中篇小说《卧底》，先后获《十月》文学奖、《中篇小说月报》奖和第12届《小说月报》百花奖，也被拍成了电影。短篇小说《鞋》，获第二届鲁迅文学奖。还有《谁家的小姑娘》《鸽子》《信》《不定嫁给谁》《小小的船》等20多篇短篇小说获《人民文学》《中国作家》《北京文学》《青年文学》《山花》等刊物奖项。王安忆认为："我甚至很难想到，还有谁能够像他这样，持续地写这样多的好短篇。"李敬泽撰文称："在汪曾祺之后，中国作家短篇小说写得好的，如果让我选，我就选刘庆邦。"

我的小说被译成英、法、日、德、俄、意大利等外国文字的有30多篇。中篇小说《神木》被译成法文后，在法国出了单行本。

除了写小说，我还写了一些贴近矿工的心灵的纪实性文学作品，在全国煤矿业产生了广泛积极的影响。如1996年平顶山十矿发生瓦斯爆炸后，我采访了部分遇难矿工的妻子儿女，详细记述了事故给他们精神上造成的痛苦。报告文学以《生命悲悯》为题发表后，原煤炭部一位副部长给我写信，感谢我写出了如此感人至深的好作品，并要求全国煤矿的安全管理干部都要读一读这篇作品，真正为矿工的生命安全负责。

我注意正确处理文学创作和本职工作的关系，不但不因创作影响工作，而是以创作学习不断提高自己的业务水平，促进工作的开展。我利用主编《中国煤炭报》文艺副刊和文学杂志《阳光》的方便条件，为煤矿文学事业的发展做了大量的组织工作，发现和推出了不少文学新人。我参与组建了中国煤矿作家协会，并被推选为煤矿作家协会主席。1997年10月，《新闻出版报》在"名编辑采风"专栏，介绍了我如何做好编辑工作的事迹。我还在国家实施的"百千万人才工程"中，被原煤炭工业部列为"全国煤炭系统专业技术拔尖人才"。

在我最需要集中时间和精力投入文学创作的时候，2001年年底，我调到北京作家协会，成为一名不用到单位坐班的专业作家。我不断听到对专业作家体制的质疑之声，但从我个人的体会来说，专业作家体制还是很有必要的。这首先使我的创作时间有了保障，可以写一些比较长的作品。在业余写作时，我多是写短篇小说，把零零碎碎的时间集中起来，一篇短篇一个月才能写完。成为专业作家后，我就可以集中大块时间写长篇小说。这六七年来，我已写出了四部长篇小说。时间的保障只是一个方面，更重要的是，它使我有了一种专业精神。这种专业精神促使我对自己提出更高的标准和更严格的要求，自觉担负起为国家的文化建设做贡献的责任，力争写出更好的作品。

我的小说多取材于农村和煤矿这两个领域，因为我对这两个领域的生活比较熟悉。这也说明我可能比较笨，想象力不够发达，只能从人生经验出发，只能写自己熟悉的生活。由于我对生活的依赖，每年我都要回到农村老家住一段时间，每年都要到煤矿走一走、看一看。我认为每个作家都有自己的根，这个根就是作家生于斯长于斯的老家。作家若深入生活，最好的去处就是回老家。回到老家，就找到了生活的源头，和自己有着血肉联系的生活就会迎面扑来。这时，不是你去找生活，是生活在找你，你想躲都躲不开。去煤矿，我不愿去现代化的大矿，愿意去比较落后的小煤窑。我对现代化不够敏感，对贫穷、苦难和原始的生产方式都比较敏感。有一年，我到某个用骡子拉煤的小煤窑住了几天，情感受到很多触动，回头写了好几篇小说。其中发表在《人民文学》的短篇小说《鸽子》，还获得了当年的"茅台杯"人民文学奖。

2007 年 9 月，我被中国人民解放军艺术学院聘为文学系的兼职教授。这促使我加强理论学习，对自己的创作经验进行总结。我曾给文学系的学员讲过短篇小说的细节、语言，以及文学与新闻的区别等专题，从理论上提高了对小说的认识。

我写作不是很拼，主张细水长流，持续写作。沈从文说过，走上文学创作这条路并不难，走到底不易。我对自己的文学才华时有怀疑，但我对自己的创作意志和耐心充满自信。我会在文学创作这条路上走下去，走下去。

访　谈《

"我的创作是诚实的风格"

——刘庆邦访谈录

杨建兵　刘庆邦

杨建兵：刘老师，您好！从您的处女作《棉纱白生生》到成名作《走窑汉》，再到《红煤》，您的创作经历已达 30 余年。在这期间，您为读者奉献了《鞋》《梅妞放羊》《神木》等一系列脍炙人口的名篇佳作，尤其是您每年十四五篇短篇小说的创作速度和上乘的创作质量，令许多作家都为之叹服。您能谈谈您写作的动力来自哪里吗？

刘庆邦：我在创作上没有什么大志，写作的动力主要是来自我的亲人。第一个促使我拿起笔来写作的是我母亲。我父亲 1960 年去世，母亲为养活她的 6 个子女受尽千般难，吃尽万般苦。为了替母亲争口气，也是为了改变自己的命运，我初中毕业回乡当农民时就开始了写作。不过那时不是写小说，是给公社和县里的广播站写广播稿。到煤矿参加工作后，在和妻子谈恋爱期间，我写了第一篇小说。此时写小说是为了向妻子示爱，以得到妻子的信任。我想让妻子知道，我不光会做工，还会写东西。我们有了儿子之后，儿子又给我的写作增添了不少动力。我要给儿子做出一个样子，用行动告诉儿子，他的爸爸很爱学习，也很勤奋。就是这样，我的一代又一代的亲人给了我一波又一波的写作动力，一波动力还没有消退，新一波动力又推过来了。这些动力是情感性的，也是持久性的。久而久之，它使我的写作成了一种习惯，也有了一定的惯性，我要是想偷懒，想停下来，恐怕惯性就不会答应。

杨建兵：在中国有一个流行的说法，就是中国现当代作家有一个通病，他们在成名之后，创作往往不是芝麻开花节节高，反而是每况愈下，一部不如一部，因此，成名之作常常也是顶峰之作。但从您的创作态势来看完全不是这样。您好像对创作有一种永不衰退的激情，不断地给读者带来惊喜。您能就这个问题谈谈您的看法吗？您有没有一种写作资源匮乏的窘迫感？

刘庆邦：作家不是植物，作家的写作也不像植物生长，不可能老是芝麻开花节节高。就算是芝麻开花，开到一定的时候，它也不会再开了，秋风一吹，花就蔫了，叶就黄了。从这个意义上讲，每个作家都有自己的局限，谁都不敢保证一部比一部写得好。一个人一辈子能写三五篇留下来的东西就不错了。我也写过一些平庸的小说，过后连自己看了都摇头。不过有一点，我写每一篇小说都很认真，从不塞责凑数，敷衍了事。我的体会是，想写好每一篇小说都很难，对自己都是一个新的挑战。但我知难而进，从不回避困难，越是别人认为无路可走的地方，正是我的小说开始的地方。在我的笔记本上多次出现这样的话：写这篇小说有些难。后面接着写道：写小说的过程就是不断克服困难的过程，没有困难，要你干什么呢！

我是凭人生经验写作，写作资源对我来说当然很重要。我的人生经历比较丰富，如“大跃进”、三年困难时期、“文化大革命”、大串连等，很多大事我都亲身经历过。我还种过地、挖过煤，参加过宣传队，并当了多年记者，跟多个阶层的人都打过交道。王安忆就对我说过，她说我的人生经历太丰富了，挺让人羡慕的。我目前虽然还没有写作资源匮乏的窘迫感，但我不会把自己封闭起来，靠吃老本写作。我每年都回农村老家住几天，也时常到煤矿走一走、看一看。除了发现新的生活，增加新的情感积累，我还要寻找现实与历史的联系，通过现实生活的触发点，激活我的记忆。

杨建兵:如果将您这些年的创作做一个总结,把创作分成几个阶段,您认为可以分成哪几个阶段?各阶段的代表作分别是什么?变化又在哪里?

刘庆邦:有评论家认为,我的创作没有什么明显的阶段性。我自己觉得,我的写作还是有阶段性的。在1985年短篇小说《走窑汉》发表之前,我的写作过于写实,虽然也发表了一二十万字的小说,中篇小说《在深处》还得过河南省首届优秀文学作品奖,但影响不大。从《走窑汉》开始,我比较注意虚构,注意发挥想象力量。林斤澜先生撰文说:《走窑汉》使刘庆邦走上了"知名的站台"。一些评论家也认为,《走窑汉》的发表,标志着我的创作进入了成熟期。

至于说变化,一个人的写作当然会有所变化,求变求新,也是作家的基本素质之一。但我觉得现在强调变化太多了,变化似乎成了一个强制性的标准。变化不是赶时尚,时尚都是肥皂泡泡,炫目得很,也易碎得很,我们永远赶不上。生活是在不断变化,不断给我们提供新鲜的感受,我们应予以关注。但变中有不变,文学更应该关注那些不变的东西。世界上有两样最美的东西,一个是太阳,一个是月亮,也就是阳光和月光,它们没有变,却始终是我们人类的审美对象。文学创作不是新闻写作,二者有着本质性的区别。小说与新闻一定要拉开距离。贴近生活、贴近实际、贴近群众的提法很好,作为一个真正的小说作者,对"三贴近"的理解要有所延伸,还要贴近人物、贴近心灵、贴近艺术。这个话题说多了不好,就不展开说了。

杨建兵:一个人童年和青少年时代的生活,往往会影响甚至决定这个人的一生。这句话放在您身上似乎也比较恰当。因为从您的创作题材来看,您一直执着于乡村题材和煤矿题材,这是您早期的生活经验馈赠给您的写作财富。我们先说乡村题材。在您的笔下,乡村是以两种对立的面貌出现的:一方面,您的大量的乡村题材小说散发着青草的气息,充满着一种田园牧歌情调,展示了一幅幅清新明丽的风情风俗画,如《梅妞放羊》《遍地白花》《春天的仪式》等,有"沈氏风"的流风余韵;另一方面,少量的这类作品又充斥着愚昧、野蛮和麻木,近似"鲁迅风",如《嫂子与处子》《外面来的女人》《平地风雷》等。可以看出,您其实对乡土有一种矛盾的情感。您同意这种看法吗?

刘庆邦:我的故乡在豫东大平原。我曾经说过,那块地方用粮食、用水,也用树皮和草根养活了我,那里的父老乡亲、河流、田陌、秋天飘飞的芦花和冬季压倒一切的大雪等,都像血液一样,在我记忆的血管里流淌,只要感到血液的搏动,就记起了那块生我养我的土地。我写乡村生活,难免会从家乡取材。如您所言,我对乡土的确有一种矛盾的情感,正如我对家乡怀有感恩之心,却要千方百计从家乡走出来。

好不容易从家乡走出来了，又和家乡保持着割不断的联系。我看到了乡村的美，也看到了乡村的丑；我看到了乡人的善，也看到了乡人的恶。我对家乡感到痛之深，也对家乡爱之切。我国的农耕文明源远流长，乡土文学有着浓厚的基础。每个作家都有自己的根，我的文学之根在乡土。

杨建兵：说到文学继承问题，沈从文和鲁迅应该对您的创作都产生过很大的影响。《沈从文小说选》和《鲁迅小说选》也在您最喜欢的十种书之列。您能具体谈谈这两位现代文学巨人对您的影响主要体现在哪些方面吗？

刘庆邦：在中国的作家中，我比较喜欢曹雪芹的小说，再就是爱读鲁迅和沈从文的小说。我把鲁迅的小说和沈从文的小说做过比较，他们的小说有着不同的风格。鲁迅重理性，沈从文重感性；鲁迅重批判，沈从文重抒情；鲁迅的小说读起来比较坚硬，沈从文的小说读起来比较柔软；鲁迅的小说更深刻一些，沈从文的小说则更优美一些；鲁迅小说的风格是沉郁的，沈从文小说的风格是忧郁的。这两位文学大师的小说都对我的创作产生了影响。在鲁迅的小说里，我看到了非同凡响的思想之美，并使我认识到作家对社会和人生的思考非常重要，一篇作品的高下，在很大程度上取决于作家的思想是否深刻和独特。沈从文的小说让我享受到超凡脱俗的情感之美和诗意之美，他的不少小说情感都很饱满，都闪烁着诗意的光辉。大概我和沈从文的审美趣味更投合一些，沈从文的小说给我的启迪更大一些。顺便说一句汪曾祺。汪是沈的学生，汪的小说最像沈的小说。但汪曾祺的小说太像沈从文的小说了，没有从沈从文的小说里脱出来。

杨建兵：您已经在城市生活了30多年，远离了现实的乡村，对乡土的书写显然来自一种回忆或者说反顾，这样不可避免地使您的小说染上浪漫抒情色彩。如果将您的乡村题材小说归入“乡土浪漫派”，您同意吗？

刘庆邦：我不愿让别人把我归为这个派、那个派。一把我说成哪个派，我就有些排斥。我就是我，一个不断学习写作的人，什么派都不是。

杨建兵：接着上一个问题，您早已是城里人，但似乎对城市还是有一种“偏见”，您是否也有沈从文的那种“城里的乡下人”的感受？您对城市和城里人有什么看法，还有中国的现代化进程呢？

刘庆邦：我1970年参加工作至今，在城里生活了将近40年。仅在北京，就整整生活了30年。说实在话，我对城市没有什么偏见，我对城市生活是向往的。“文革”大串连期间，当年15岁的我，穿着一身黑粗布棉袄棉裤，背着一个黄书包，第一次跑到了郑州、北京、武汉、长沙、南昌、杭州、上海、南京等大城市，知道了城里人吃得好、穿得好、住得好、玩得好，知道了城市是怎么回事。在城乡长期二元对立的情况下，城市代表着权力、高楼、汽车、金钱、美女和一切繁华与享乐；而一提农村呢，就意味着偏僻、贫穷、落后、饥饿和被压制与被剥夺。改革开放后，这种情况有所改变，但城乡差别依然很大。我选择城市、喜欢城市，因为城市能在生活方面给我提供许多方便，城市里的文化也发达一些。我在城市没有受歧视受排斥的感觉，特别是像北京这样的城市，包容性很强，五湖四海的人都可以来。北京的很多人都是从农村来的。比如我的一些作家朋友，他们大都是从农村来的。但是我们很少写城市生活，因为我们在城市里没有根，没有小时候的胡同生活和四合院生活。我们的根还是在乡村。至于中国的现代化进程，我个人觉得发展得太快了一些，有些操之过急。人不能一口吃成个胖子，也不能在短时间里吃成胖子。吃成胖子有什么好，到头来付出的代价会很高昂，甚至会把身体搭进去。

杨建兵：我们前面说过，一个人的童年经历常常会决定他的一生。您的童年很不幸，几岁就没了父亲，在母亲和姐姐的抚养下长大成人，因此在您的笔下，几乎所有女性都表现出伟大的母性，连尚在幼年的小姑娘(如《小呀小姐姐》《梅妞放羊》等中的主人公)都是如此。同时也表现出父亲的缺席。按照弗洛伊德的观点，文学创作是对现实缺陷的想象性的补偿，一个从小失去父爱的作家会在他的作品中不断地构建父亲形象。事实上这种情况在您的创作中并没有出现。您如何看待这一问题？

刘庆邦：有的评论家注意到了，我作品中的人物老年人比较少，多是青年和少年。而在青少年人物中，少女占的比例是大部分。青年评论家北乔写过一本专著，专门分析我的小说，专著的题目叫《刘庆邦的女儿国》。没看到他的专著之前，我不是太注意自己写了哪些人物，只是顺着自己的趣味来。看了他的专著，我稍稍有些吃惊，好嘛，原来自己写了这么多的女孩子。回过头想，这可能与我的成长经历有关。我有两个姐姐，小时候，她们成天带着我在女孩子堆里玩。我先后参加过中学、大队、公社、煤矿四个宣传队。宣传队里都有不少女孩子，我每天和她们在一起唱歌跳舞，脑子里装了不少女孩子的形象。不瞒您说，我的妻子就是我在煤矿宣传队时认识的。这也与我的审美趣味有关，我认为，青春生命之美，是人生最美的阶段。而少女之美，又是青春生命中的美中之美。我年轻时读《红楼梦》多一些，曹雪芹塑造了那么多美妙的少女形象，他的观点和审美趣味也对我产生了影响。我也写过一些父亲形象，父亲在我的小说里并没有缺席，只不过我写父亲的形象少一些。这是因为我对父亲不熟悉。我出生时，父亲已经40多岁，在我的印象里，父亲已经是一个老人。

杨建兵:新时期以来,中国乡土小说的发展呈现出比较明显的地域性。如陕西作家群(贾平凹、陈忠实、路遥等),山东作家群(张炜、莫言等),还有就是河南作家群,除您之外,还有阎连科、刘震云、周大新等。您如何理解这一现象?同为乡土小说家,您认为您的个人化的创作风格是怎样的?

刘庆邦:您提到的这三个作家群体里的作家,都是从农村走出来的。一个作家青少年时期的经历,对这个作家的成长几乎起着决定性的作用。而青少年时期的经历离不开一定的地域文化。从小耳濡目染,可以说地域性文化已渗入到每个人的血液里,他只要写到乡村生活,作品里必然弥漫着地域文化气息。生于淮南则为橘,生于淮北则为枳,表面上说的是植物,实际上强调的是地域文化对人类的影响。我在前面说过,每个作家都有自己的根。我们的根在农村,在土地里,在我们老家。要说深入生活的话,最有效的办法是回到我们各自的老家去。您问我个人的创作风格是什么,我自己也不太清楚,也许还没有形成自己的风格。如果非要我说一个风格,我愿意说,我的创作是诚实的风格。

杨建兵:评论家丁帆曾说过:"就乡土小说而言,'风景画''风情画''风俗画'不可缺失,它们是乡土小说根基性的魅力。"在您的小说中有大量的乡村风景、风情和风俗的描写。看来您和丁帆先生的认识是一致的。您认为是这样吗?

刘庆邦:我对这个问题很感兴趣。"三画"之说很美,认为"是乡土小说根基性的魅力",也有很强的概括力。我是不是可以这样理解,丁帆老师说的"风景画"是自然之美;"风情画"是情感之美;"风俗画"是民俗之美。我们写小说的过程归根结底是审美的,我对自然之美、情感之美、民俗之美的表现和赞美都很热衷。特别是在民俗中取材,这些年我是自觉的、下了力的,并写出了一系列关于民俗文化的小说,如《鞋》《灯》《尾巴》《走新客》《相家》《过年》《葬礼》《春天的仪式》《抓胎》《黄花绣》等等一大串,足够出一本集子的。可惜评论界和出版界没注意到我在这方面做出的努力。我认为,民间文化主要体现在民俗文化上,过年过节、婚丧嫁娶,是民俗文化的主要载体。经过几千年的积累,民俗文化有着深厚的根基和丰富的蕴藏,并具有根本性的民族文化特色,非常值得我们深入学习、很好表现。

杨建兵:我们再来谈谈煤矿题材。在当代文坛,很少有作家像您这样心系煤矿、情牵矿工。从您的处女作《棉纱白生生》到成名作《走窑汉》,从被改编为电影《盲井》的《神木》,到2006年出版的长篇小说《红煤》,煤矿题材一直是您创作的一大重心。如果说您赋予乡村题材小说更多的是柔美,那么您似乎把苦难都赋予了煤矿。不知道您是否同意我这种说法?

刘庆邦：从煤矿里走出了一批在全国有影响的作家，如陈建功、谭谈、孙少山、周梅森、谢友鄞等，他们都写出了有分量的关于矿工生活的小说，我不过是其中的一员。我的写作是从写煤矿生活起步的，处女作《棉纱白生生》是写煤矿生活；第一部中篇小说《在深处》，第一部长篇小说《断层》，也是写煤矿生活。我写的煤矿生活的小说和农村生活的小说大约是一半对一半。我为什么写了这么多煤矿生活的小说呢？道理很简单，就是因为我对煤矿生活比较熟悉，情感积累比较丰富。说我把苦难都赋予了煤矿，我不同意这种说法。煤矿的工作环境是危险一些，劳动是艰苦一些，矿难也多一些，但苦难哪里都有。不仅现在有，将来还会有。我除了写到了煤矿的苦难，也写了不少煤矿里美好和温暖的东西。苦难，是一种社会学的判断，是一种生存判断。我更愿意从存在的角度和文学的角度看待煤矿生活。

杨建兵：我在阅读《红煤》时有这样一种感受：它是中篇小说《神木》的延伸和拓展。因为二者在主题上是一致的，都是写煤矿工为了某种目的不择手段，揭示出人性的丑陋和阴暗；都属于"酷烈小说"的范畴。但从读者和批评家的反映来看，《红煤》似乎还没达到《神木》那样高的评价和认可。您能不能将二者做一个比较？

刘庆邦：《红煤》不是《神木》的延伸和拓展，二者的主题也不一致。两部小说的一个共同点就是写的都是煤矿生活，别的都不一样。《神木》从人性的角度挖掘较多，主要写人性的丰富性。《红煤》从历史的角度看问题较多，写历史转变时期青年农民进城务工的心灵史。如果把两部小说做一个比较，《红煤》似乎更广阔一些，也更厚重一些。如果拿煤矿作比，《神木》充其量只能算是一座中型煤矿，而《红煤》却像一座大型煤矿，它煤层多，煤层厚，煤质好，发热量高，且储存丰富，可开采的价值更大一些。《神木》受到较多的关注，原因在于它被拍成了电影《盲井》，《盲井》获得了包括银熊奖在内的十多个国际性奖项，影响就大了。人们看了《盲井》，回过头又看小说《神木》，电影对小说起到了推广作用。

杨建兵：到目前为止，您共写了 6 部长篇小说，但读者一提到您，首先想到的还是您的中、短篇小说。这似乎说明，您短篇小说的成就更大。您如何看待小说的长短体制问题？王朔在《我看鲁迅》中曾说过这样的话，大意是说一个作家靠短篇小说是立不住的。在他看来，长篇小说的创作更具挑战性。您认为呢？

刘庆邦：小说写作，篇幅长短不是衡量优劣的标准，不能以长短论英雄。衡量一篇小说的优劣，还是要看它的内在品质。长篇小说有品质优秀的，短篇小说也有品质优秀的。不能说写了长篇就可以在文坛立足，没写过长篇就立不住。拿酒作比，一杯酒，是好酒，味道醇厚绵长；而一缸酒，是劣酒，里面兑了好多水，喝起来寡淡无味。那，人们还是愿意选择那一杯酒。我是短篇、中篇、长篇都写，得到一块材料，适合写成多大体积，我就写成多大体积，不把小的做成大的，也舍不得把大的做成小的。

杨建兵：在当代文坛，像您这样以创作短篇小说为主攻方向的作家非常罕见。因为写短篇小说是一件吃力不讨好的事情，它不像写长篇那样容易成名，在收益方面又不能与电视剧相提并论。作为“当代短篇小说之王”，您能谈谈中国当前短篇小说创作的现状和发展趋势吗？对短篇小说文体本身，您又是如何理解的？

刘庆邦：我长期在一家报社工作，利用零碎时间写小说，只能写点儿短篇小说。几十年下来，我发表了200多篇短篇小说。这就给评论界造成了一个印象，说我专攻短篇小说。我调到北京作协当专业作家后，有时间了，写长篇小说就多一些。《远方诗意》《平原上的歌谣》《红煤》，还有一部将出的长篇，都是这几年写的。当然了，这些年短篇小说我也没少写，平均每年都写十一二篇。关于短篇小说的处境和发展趋势，沈从文在20世纪40年代就说过了，而且说得非常透彻，深合我意。请允许我引用沈先生的一段话，来说明这个问题。沈先生说：“从事于此道的，既难成名，又难牟利，且决不能用它去讨个小官儿做做。社会一般事业都容许侥幸投机，作伪取巧，用极小气力收最大效果，惟有‘短篇小说’可是个实实在在的工作，玩花样不来，擅长‘政术’的分子决不会来摸它。‘天才’不是不敢过问，就是装作不屑于过问。……似乎就与抄抄撮撮的杂感离远，与装模作样的战士离远，与逢人握手每天开会的官僚离远，渐渐的却与那个‘艺术’接近了。”

杨建兵：您在《红煤》后记中说，不愿意承认它是煤矿题材小说，因为这样会给人一种行业感，会失去一部分读者。一般说来，艺术成就的高低与题材关系不大，题材只是展示人物命运的一个舞台，人物写活、写深与否才是决定作品成败的关键，当然还有语言等其他因素。因此，我认为您大可不必强调作品的题材问题。无论选择哪一种题材，都会丧失部分读者。您同意我的说法吗？

刘庆邦：每一种题材都有它的局限性，如果在题材前面再冠以某个行业的名称，如铁路文学、石油文学、电力文学、航天文学等，就显得更窄化。文学似乎不可以这样分，这样分的确会失去一部分读者。比如说我不熟悉航天工业职工的生活，你说你写的是航天文学，我可能就不看。我怕看不懂。这也可能是一种偏见，造成这种偏见的原因是“文革”前工业题材的小说。那时一写到工矿生活，多强调某个行业的特殊性，写技术环节，甚至写工艺流程，把人当成了机器的附庸，读者当然不爱看。我在《红煤》后记里说我写的是人，是人情、人心、人性，首先是对自己写作的要求，也是希望能得到读者的理解。

杨建兵:从《红煤》后记中可以看出,您比较在意读者对您作品的评价。您有没有转向市场化写作的打算?您又如何看待当下市场化或者流行化的写作现象?

刘庆邦:我们的小说是写给读者看的,有读者看,小说的文本价值才会实现。从这个意义上讲,我们每个作者都要对读者保持应有的尊重。但我们在写作的时候,却不能把读者对象化,不可一味迎合读者。读者是具体的,又是抽象的,我们不可能圈定一部分读者,说我的小说是写给哪一部分读者看的。我历来认为,读者首先是我们写作者自己。只有找到了自己,才有可能找到读者。如果失去了自己,就有可能失去读者。

我没有转向市场化写作的打算。市场化写作已经对文学造成了很大伤害,看样子还会造成更大的伤害。以前的写作是由特定的意识形态掌控,现在的写作受市场掌控。不管由谁掌控,创作一旦失去自由,就难以写出什么好作品。市场与读者是两码事,读者读书,是为了寻求心灵的交流、艺术的享受、对人生的认识和精神上的慰藉。而市场的眼睛呢,盯的是读者的口袋,见谁想买书,见谁的钱包鼓,它就对谁吆喝。市场以把读者的钱掏出来为目的,以赚取利润为目的,它才不管自己卖的是不是垃圾呢!毫无疑问,每一个作家都希望自己的书卖得好,但真正坚持文学立场的人绝不向市场妥协。

杨建兵:在您的作品中,您本人比较偏爱哪几部?能说说您喜爱它们的原因吗?

刘庆邦:听有的作家说,小说发出来就完事儿了,就被它放到一边去了,再也不看了。我不是,我可能是敝帚自珍,我的小说,写完我要看,发出来我要看,收进集子里我还要看。有的小说常常看得我泪湿眼眶。您问我比较偏爱哪几篇小说,可以说,我对我的不少小说都很喜欢。仅拿短篇小说来说,我一口气可以列出几十篇。为了节省篇幅,避免王婆卖瓜之嫌,我就不列举了。这样吧,我只说一部吧。长江文艺出版社给我出过一部短篇小说集《梅妞放羊》,收进去的26篇小说,我篇篇都喜欢。

杨建兵:您现在有很多头衔,如“中国当代短篇小说之王”“新乡土作家”“煤矿文学旗手”“获奖专业户”等等。对这些头衔,您比较偏爱或者说愿意接受哪一种?您给自己的定位是什么?

刘庆邦:对哪一种头衔我都不愿意接受。

我给自己的定位是:一个热爱写作的人。我在北大百年讲堂做过一次演讲,讲的题目是《市场经济条件下的可持续写作》。主要意思是说,一个人要做到持续写作,需要有几个条件:一是真正热爱写作,二是以学习的观点对待写作,三是以劳动的观点对待写作，四是始终保持一颗平常心，五是保持对生活的敏感和激情，六是还要有一个好身体。写作对我来说不仅是一种心理需要，也是一种生理上的需要。每天能写点东西，我身心都很愉快，吃得好，睡得香，神清气爽。倘若几天不写东西呢，就心浮气躁，头脑昏昏，光想睡觉。我的习惯是早上起来开始写东西。这么多年来，每年的大年初一，我都起来写东西，一年都不落。除夕熬了夜，别人都在睡大觉，全城都静得很。我的意志让我起来，扭亮台灯，开始写作。我不是故作姿态，就是想战胜自己。

杨建兵：您在接受我采访之前，还在埋头创作，不久又有一批您的小说要和读者见面了。能谈一谈您下一步的创作计划吗？

刘庆邦：借机向您道个歉，我一直不愿意接受采访，这个访谈时间拖得有些长了。我只想写小说，别的事情都不大想做。写小说，一写几万字，甚至几十万字，我很有耐心。写别的东西，我的耐心就差一些。比如出国前要填一些表格，字数并不多，我就不想动笔，不想填。去年我写了一部新的长篇小说，内容是写“文革”期间地主富农子女的命运。小说签给了十月文艺出版社，书最近就会出版。关于这部书，写之前，我给自己定了四个标准：看了还想看；愿意送给朋友看；可以带在路上看；不论从哪里看起，都看得进去，并有所得。这些标准是内向的，是软标准，但标准很高。是否达到了这些标准，由读者和时间去判定。

评　论《

对底层的诗意抒写

——论刘庆邦的小说创作

杨建兵

从刘庆邦80年代开始发表小说到当下的近30年时间里，当代文学的变化颇有些让人应接不暇，文坛热浪高潮迭起，求新求变作为对相当长一段时间僵化文学的反弹，为当代文学的多向探索与发展，开启了多种可能性空间。但刘庆邦给人的一般印象似乎是，既不开风气，也不凑热闹，而是默默穿梭于乡村和煤矿之间，把写作当作了一种生活方式、一种习惯，于是就有了《走窑汉》《神木》《梅妞放羊》《家园何处》《卧底》等20余部中短篇小说集，有了《断层》《远方诗意》《平原上的歌谣》《红煤》等6部长篇小说。阅读刘庆邦的作品如喝陈年老窖，给人的感觉不是那种北京二锅头似的强烈的灼烧感，而像河南本地出产的高粱酒，香醇绵厚，回味悠长。

有研究者称刘庆邦是“一个让人‘走神’的作家，一个既关注农民又关注矿工的生存的作家，一个热衷于探究人的本体矛盾的作家，一个把创作的根子扎在民族人文传统土壤里的作家”①。这是确论。不过在我看来，刘庆邦还是一个充满迷惘和困惑的作家。他的创作风格与题材等的多样性，是他的迷惘与困惑的注脚和证明。

柔美与酷烈

童年的经历对于一个人的影响是终生的，对于一个作家来说，似乎有着更为重要的意义。刘庆邦出身于农民之家，直到19岁才离开乡土进入煤矿，从此故乡离他越来越远。但距离的拉长不仅没有割断他与乡土的联系，反而增大了他思念故土的空间。当刘庆邦成为一个作家，在稿纸上写下自己的生命体验时，乡村成了他最重要的创作意象。像大多数乡土作家一样，刘庆邦是以“侨寓”者的身份追忆或回望故乡的，因此，故乡在他的笔下不再是现实层面的山水田园和父老乡亲，而已幻化成无尽的乡愁，是他安放灵魂的栖息之地，也是他精神守望的温柔之乡。从这个意义上说，刘庆邦的乡村系列小说因远离现实的乡土而更接近于“浪漫乡土”或“梦幻乡土”。

“浪漫乡土”是20世纪30年代以沈从文为代表的京派作家的文学选择。对乡土的梦幻般的描摹是京派小说的一大特点。京派作家是在视艺术即梦、情感即真，也就是在朱光潜所谓“理想界”与“现实界”二元对立的观念中建构他们的乡土梦幻的。基于此，他们对宗法制的乡风民俗多取认同的态度，努力从中开掘纯朴的人性人情美，奇特的风俗美和静穆的自然美。沈从文的湘西世界、废名的鄂东山野、芦焚的河南果园城、汪曾祺的苏北乡镇、萧乾的京华贫民区等构成了庞大的“乡村中国”的身影。“师从”沈从文的刘庆邦自觉接受了京派小说的文学价值取向，以河南老家为基地，构建了他独有的“豫东平原世界”。

以刘庆邦笔下的乡村婚俗为例。自“五四”以来，作为封建毒瘤的包办婚姻一直是现代作家批判的焦点，但刘庆邦却对此采取了宽容认同的态度，不仅如此，刘庆邦笔下的包办婚姻还呈现出与自由恋爱迥然不同的生命质感。短篇小说《鞋》讲述的

① 雷达：《季风与地火——刘庆邦小说面面观》，《文学评论》1992年第6期。

是一个待字闺中的农家少女为她的未婚夫做鞋的故事。年仅18岁的守明由“父母之命，媒妁之言”定了亲，按照当地风俗，守明要为“那个人”做双鞋。但这不是普通意义上的做鞋，而是一种仪式，是男方对未过门的新娘子的考试，“人家男方不光通过你献上的鞋来检验你女红的优劣，还要从鞋上揣摸你的态度，看看你对人家有多深的情义”，而且“给未婚夫的第一双鞋，必须由未婚妻亲手来做，任何人不得代替，一针一线都不能动。让别人代做是犯忌的，它暗示着对男人的不贞，对今后日子的预兆是不吉祥的”。鞋，已不再是简简单单的一双鞋，还承载着沉淀了千年的乡村文化。于是，做鞋的过程，既是守明一次温暖而真实的情感旅行，也是一个农家少女心中最隐秘也最富诗意的情感记忆。然而，当守明在飞针走线中编织着动人的梦想，与“那个人”倾诉衷肠时，谁又能想得到，她与“那个人”只照过几面，连他的鞋码都是她间接获得的呢？但就是那普普通通的一双鞋，与古往今来的海誓山盟和黄金钻戒相比，似乎也毫不逊色。

在“工业文明参照下的‘风俗画描写’和‘地方色彩’”，被人认为是“乡土小说的重要特征”[①]。长期受中原文化熏染的刘庆邦通过《鞋》《相家》等系列小说向我们展示了豫东乡村的淳朴风俗。尽管这些小说对某些旧的风俗习惯的宽容和认同，在一定程度上削弱了对封建主义的批判，但丝毫也没有减弱刘庆邦在这些小说中所营造的诗意氛围。刘庆邦对“浪漫乡土”小说有一种自觉的亲和力，在上述小说中，他有意隐去了包办婚姻可能带来的消极后果，而大力渲染恋爱中的人对爱情的专注，对未来生活的憧憬。于是，在今人看来毫无“浪漫”可言的包办婚姻，在作者笔下却呈现出别样的“浪漫”情调，故事也常常在轻松甚至愉快的叙述笔调中完成。这种轻松愉快的叙述笔调，消解了乡村日常生活的沉重与苦涩，使这些沉重与苦涩也散发出一种温馨的日常生活气息。因此，有论者称刘庆邦的小说是90年代的田园牧歌是不无道理的。

但这只是问题的一个方面。问题的另一方面是，刘庆邦同时又是一个有着强烈社会责任感的作家。[②] 不幸的童年，又赶上多灾多难的岁月，历史留给刘庆邦的更多是充满苦涩的记忆。也许是所受的苦难太多太深，刘庆邦要借助“浪漫乡土”的翅膀来腾越现实的苦难。但与此同时，儿时的隐痛已化为一种“个人无意识”，时时奔突于他的胸间。更重要的是，刘庆邦置身于世纪之交这个风云变幻的时代，推土机的吼声打破了农业文明的均衡和诗意，固守田园的农民纷纷离开他们赖以生存、生命

---

① 丁帆：《中国乡土小说史》，北京大学出版社2007年版，第2页。

② 刘洋：《刘庆邦：作家要有责任心》，《河南日报》2007年5月16日。

得以舒展的土地，涌向城市寻找生计，传统的乡土中国正在走向瓦解。习惯遁入回忆的刘庆邦不可能对此超然物外，无视身边变动不居的现实世界。尽管他有意识地与现实保持一定的距离，但现实的足音终究要在他的作品中留下回响。于是我们看到，刘庆邦在“浪漫乡土”中遨游徘徊的同时，从来就没有离开过“现实乡土”。这就形成了他乡土小说的两种风格——“柔美”和“酷烈”。在一篇访谈录中，刘庆邦有一段夫子自道，他说：“我写小说基本上两个路子，简单归纳起来，就是柔美小说和酷烈小说。柔美小说是理想的，酷烈小说是现实的；柔美小说是出世的，酷烈小说是入世的；柔美小说是抒情的，酷烈小说是批判的；酷烈小说如同狠狠抽了人一鞭子，柔美小说马上过来抚慰一下。我就这样处于矛盾中，一直是自己跟自己干仗。我自己比较偏爱柔美小说。可写了两篇觉得不过瘾，又经不住现实生活的诱惑和纠缠，就得写两篇酷烈小说。我写了酷烈小说，觉得很紧张，很累，甚至觉得人活着特没劲，就回过头来再写点柔美小说。”[①]《嫂子和处子》《平地风雷》《美少年》《新娘》《外面来的女人》《金色小调》等便是“酷烈小说”的代表。

如前所述，在刘庆邦的记忆中，乡村并不是一泓纯净的清泉，时常泛起的污垢和尘渣在他的“柔美小说”的映衬下，显得更加刺人眼目。《嫂子和处子》讲述的是一个发生在“文革”时期的故事。在当地的乡俗中，有一条叔嫂无大小的规矩，也就是叔嫂之间可以任意取闹。二嫂和会嫂就是利用了乡俗赐予的权力，将处子民儿视为她们肉体欲望发泄的对象，并牢牢控制了民儿的身体。当然如果仅仅是乡俗的规矩，民儿是有机会逃出两位嫂子的掌控的。不幸的是，民儿是地主的孩子，是人民民主专政的对象，落在身强力壮又是贫下中农出身的两位嫂子手中，他既没有反抗的能力，也没有不从的权利。因此，民儿的不幸不仅源于沉淀了千年的乡村文化，更源于乡村文化与政治权力的合谋。尽管作者在结尾为民儿设计了一个充满希望的新疆之旅，但手握权力的嫂子们会放过他吗？

与《嫂子和处子》相比，《新娘》是一部更现实化和生活化的小说。新媳妇描的丈夫外出，坏种乌头盯上了描。乌头企图利用金钱换取描的身体，没想到遭到描的顽强反抗。公爹的适时出现吓跑了乌头，同时顺手“牵走”了乌头扔给描的一张票子。村长接受了乌头的贿赂，暂时压住了公爹的告状。然后在煞有介事地搞调查找证据的过程中，特意问到了那张票子的下落。描也由此认清了素有“耿直”之称的公爹的贪婪面目。作为一种宣战或报复，描主动向乌头示好，并理直气壮地以身体来换取

---

① 刘庆邦：《民间》，新疆人民出版社 2002 年版，第 357—358 页。

乌头的票子。描原本是对以身体换取金钱不齿的，但一张票子改变了她的人生态度。虽然描堕落的直接诱因不是自己的贪财，但爱财如命的公爹和村长“合谋”却将她推向了堕落的深渊。此外，如《美少年》中用人与人之间的相互伤害与仇恨取代了怜恤与关爱；在《外面来的女人》中，让“外面来的女人”肆无忌惮地出卖自己的身体；等等，都是发生在当下中国农村中的故事。

在这些作品中，我们不难看到，刘庆邦在继承以沈从文小说为代表的京派小说“浪漫乡土”的同时，也继承了鲁迅开创的“现实乡土”的传统。他一面不断地翻拣自己美好的记忆，并为这些记忆涂抹上梦幻的色彩；一面又密切地关注着当下的农村现实，以清醒的现实主义态度揭示乡村生活的沉重与苦难、乡民的愚昧与麻木。既想超越现实，又不可能不去关注身边的世界，刘庆邦在“浪漫乡土”与“现实乡土”之间来回穿梭，从而形成了他创作风格的两面。而在这种创作现象的背后，表现出的则是刘庆邦在文化立场和价值观念上存在着的深刻的矛盾与困惑，换言之，他的理性精神和文化情感始终处在难以弥合的紧张之中。他对乡土文化既鞭挞，又挽悼；他既看到传统的宗法文化是人性健全发展的障碍，又对传统乡土文化的魅力恋恋不舍。一方面是对那方“净土”的深刻眷恋，一方面是对乡村的深刻批判，这种精神上的矛盾和困惑同时也使刘庆邦的创作充满张力，是他的上述两类乡土小说的活力和魅力之源。

农村与城市

城乡差别是现代中国的客观存在，在现当代文学中，这种差别常常被转化为尖锐的城乡二元对立。在沈从文等京派作家笔下，城市基本上是作为农村的衬托物或补充物而存在的，它本身并没有独立的价值和意义。与沈从文有着相似背景的刘庆邦似乎也对城市心存偏见，尤其是当他站在道德立场上来叙述城市时，城市在他的笔下，几乎成了人性堕落的渊薮、欲望的化身和罪恶的陷阱。

尽管农村充满梦幻色彩和诗情画意，但摆脱传统乡土的禁锢，“到城里去”，过上现代化的城市生活，才是现代农村人共同的物质与精神诉求。中篇《到城里去》就是对农村人这种诉求的艺术表达。工人高于农民，城市胜过农村，宋家银的观念也代表了现代农村人的普遍观念。宋家银先通过婚姻完成了由一个普通农家女到工人家属的角色转变，尽管她的丈夫杨成方只是一个没有任何保障的临时工。当杨成方失去了工作，宋家银又逼迫杨成方到城里打工，以维持她工人家属的“高贵”身份。杨成方无奈地加入城市捡垃圾的行列，不仅在城里活得没有一点人样，最终还因偷窃被抓进了监牢。去北京领回杨成方之后，“宋家银对城市有了新的认识，那就是，城市是城里人的。你去城里打工，不管你受多少苦，出多大力，也不管你在城里干多少年，城里也不承认你，不接纳你。除非你当了官，调到城里去了，或者上了大学，分配到城里去了，在城里有了户口，有了工作，有了房子，再有了老婆孩子，你才真正算是一个城里人了”。基于这样的认识，宋家银又开始逼迫儿子考大学。承受着巨大压力的儿子高考前离家出走，加入了席卷全国的民工大潮，并发誓“不混出个人样儿就不回家”。宋家银没有张罗着去寻找儿子，因为“她相信儿子能混好”。她真的相信吗？与其说她真相信儿子能混出个人样，不如说宋家银在寻找另一种自我欺骗和自我安慰的方式。多年来，精神胜利法一直是她的制胜法宝：工人家属身份，村里第一个买自行车、买手表，甚至让从监狱出来的杨成方穿西装打领带……宋家银处处显示出“高人一等”的自我优越感，以此来满足已被严重扭曲的虚荣心，而她自己却自始至终都是一个梦中的清醒者。儿子进城打工的归宿其实她了然于胸：丈夫杨成方的命运也是儿子将来的命运，但宋家银却宁愿选择生活在梦中，而不愿意面对难以让她接受的尴尬现实。

如果说《到城里去》是以一个农村人的目光，表达了现代农村人对城市生活的想象，而真正的城市生活并没有向他们敞开，那么《城市生活》则是以一个城市人的视角，演奏了一段城市日常生活的小插曲。与杨成方式的城市打工族不同，田志文是真正的城里人。他有一份令人艳羡的工作，还有一个幸福的三口之家，住在一座二十五层住宅楼的第十三层，“是这座楼上正儿八经的住户，住的是上层建筑，是楼房的主人，也是有身份的人”。他称不上显赫，也够不上“小资”，只是一个普通的小市民，但绝对不会有乡下人随时都可能有的衣食之忧，在他身上找不到一点儿因经济的困窘而造成的生存压力。然而透过田志文的城市生活体验，我们发现他生活得并不幸福。田志文“在一家报社总编室上班”，“他们办的报纸说是登新闻，其实登的东西都跟表扬稿差不多，没一点趣味”，而田志文还不得不忍受着这种毫无趣味的人生。尽管他对这份工作早就厌倦了，但“报社给他发工资，报纸等于是他的饭碗，他不捧着饭碗不行”。而且，作为一个从农村进入城市的“城市乡下人”，田志文不喜欢当下城里人最为热衷的业余消遣方式。他不爱搓麻将、打扑克、下棋、喝酒，甚至看电视，工作和生活的单调与枯燥已将他挤到了一个非常逼仄的精神空间。但他并没有因此而丧失一个农家子弟的淳朴本色，面对如梦歌厅和洗浴中心的挑逗与诱惑，尽管田志文也有过情欲的冲动与挣扎，但他最终选择了道德上的持守。田志文已是宋家银拼命追求的城里人，但他的心灵却不无矛盾地漂泊在城市与乡村之间，城市对他来说，是“在”却“不属于”，他的心与城市始终是隔膜的。正如文中所言：“田志文在这个城市的生活是漂浮的，他没有深入进去。田志文的心是寂寞的心。城市是人多，但人多并不能改变他的寂寞，反而使他觉得更寂寞。”对此，刘庆邦没有对城市生活做全景式的观照与整体性的扫描，而是紧紧抓住一个与城市工薪族的日常生活息息相关的“自行车停放事件”，作为叙述的重心，并由此进入都市生活的深处，去体味它的喜怒与悲欢。存放自行车本是普通市民生活中微不足道的一件小事，但田志文却为此煞费苦心，甚至一度占据了田志文的大部分精神空间，并由此引发了一场“一个人的战争”，都市精神生活中的逼仄、荒诞和无聊可见一斑。

结合刘庆邦的人生经历来看，《城市生活》明显带有一种自叙传特征。因此，田志文城市生活的生存现实和精神体验既是田志文的，也是刘庆邦的。田志文这种“在而不属于”城市的生命体验似乎昭示着，田志文虽身为城市人，实为乡下人。当然，这里的城市和乡村已不是通常意义上的地域概念或社区概念，而是文化概念，在某种意义上，它们分别是现代城市文明与传统乡土文明的代表。而“城市人”与“乡下人”的指称，也不是通常意义上的社会身份，更主要的是一种文化身份。引发联想的是沈从文始终以“乡下人”自居：“在都市住上十年，我还是个乡下人。第一件事，我就永远不习惯城里人所习惯的道德的愉快，伦理的愉快。”[①]尽管刘庆邦清醒地看到了乡土中国的滞重与苦难，揭示了乡村人的愚昧与麻木，但从刘庆邦的总体审美倾向上看，刘庆邦对乡土文明的迷醉胜于对现代都市文明的关注。他在贬抑都市文明的同时，极力美化乡村，挖掘并张扬乡土中国的人性美、人情美。《城市生活》中有一个细节一直让田志文“耿耿于怀”，田志文女儿的同学欣欣的爷爷死了一个多月，作为欣欣爷爷的邻居，田志文竟然毫不知情。“他和欣欣的爷爷同住一个单元，一个人死了，竟这样无声无息，一点动静都没有，一点消息都没听到。田志文是从农村到城市来的，知道农村若死了一个人，三乡五里的人都会很快得到消息。举行葬礼时，又是放炮，又是吹响器，死者的子女又是大哭特哭，场面相当隆重。相比之下，农村对人的生和死是重视的。而城市，生一个人和死一个人，都不当回事。每一个人，只有对自己和自己的亲人有意义，对别人是无所谓的。”在都市灵魂孤独、无聊、漂浮的人情沙漠的参照下，乡土生命的质朴、热情、对生命的尊重显得更加令人迷恋。刘庆邦与前辈作家沈从文等一样，遭遇了前现代农业文明和现代都市文明的双重恐惧，面临着两种文化情感困惑的艰难选择。他无法摆脱“约定俗成”的城乡二元对立的

---

① 沈从文：《〈篱下集〉题记》，《沈从文文集》（第11卷），花城出版社1984年版，第33页。

评判标准，不断变换着“城市人”与“乡下人”的多重眼光去观照丰富复杂的人生世态。有时是用经过文明熏染的“城市人”眼光去看待“乡下人”和“乡下事”，有时是以“乡下人”的视阈去观照“乡下人”，有时又站在“乡下人”的立场去看取“城市文明”。这种多重转换的特殊表现视角，大大丰富和延展了刘庆邦小说的多义性，同时也将读者带入一种复杂莫名的情感天地。

底层的诗意

在当代文坛，刘庆邦享有“中国当代短篇小说之王”的美誉。提起“短篇小说之王”，我们自然会想到世界短篇小说三大巨匠：契诃夫、莫泊桑和欧·亨利。阅读刘庆邦的短篇，不难发现他学习的对象不是莫泊桑和欧·亨利，而是契诃夫。创造一种风格独特的抒情心理小说，被认为是契诃夫对短篇小说的一大贡献。在这一点上，刘庆邦有着与契诃夫同样的艺术追求。他虽然不乏杰出的讲故事的才华，但从不追求离奇的情节，也不以叙述故事为目的，而是以故事层面的叙事为依托，以揭示人物的心理流变为重心，将读者引入人物丰富复杂的内心世界。因此，在他的小说中很少看到莫泊桑的“突转”式结构和“欧·亨利式的结尾”，更多的是浓郁的抒情和淡淡的诗意。这种散文化的结构使刘庆邦的短篇称不上好看，但是耐看，初看朴素平常，仔细品读却意味深远，具有独特的审美品格和深长的艺术魅力。如前面我们分析过的短篇小说《鞋》，它的妙处就在于，作者在一个极其单薄的故事中注入了极大的心理容量，带领我们走进一个农家少女的内心世界，和她一起体验“爱”的温馨和沉醉，倾听她心如潮涌的感情诉说。透过故事表层的讲述，我们可以进入小说更为辽阔深邃、神奇迷人的心理空间。

刘庆邦的短篇大多取材于农村，因此有人称其为“新乡土小说”。是“乡土”还是“新乡土”姑且不论，但他继承了现代乡土小说的遗风余绪，并且将它发扬光大则是不容置疑的。尤其是他的短篇乡土小说注重于风景画、风俗画和风情画的描绘，获得了当代文坛的普遍称赞。有论者指出：“‘三画’即风景画、风俗画和风情画，它们是形成现代乡土小说美学品格的最基本的艺术质素，赋予了乡土小说区别于其他文类的美学风格，以及魅力四射的生命力度。”①

风景画是人物活动的背景，但又不是一个简单的背景。如《梅妞放羊》中有蓝蓝的天，暖暖的太阳，轻柔的风。从春天的“满坡青草满地花”写到夏天“大麦黄芒”，随

① 丁帆：《中国乡土小说史》，北京大学出版社2007年版，第24页。

着季节的转换，自然景色也在发生变换，而就在这季节的更替和岁月的流逝中，梅妞和她的羊在不知不觉中长大、成熟。作家写风景的目的是写人，而这里的风景，已作为一种文化隐含的精神结构的象征物，由背景而上升为与人物并置的叙述对象，获得了相对独立的存在意义。在那片优美的土地上，处处都流淌着美好的人性、人情和古朴淳厚的民风，只有在一尘不染的大自然中，才能生长出梅妞这样清澈通透的女孩，她是纯净的大自然的一部分，是自然风景中最亮丽的风景。显然，这里的天、地、人和羊都被充分地浪漫化了。

对于风俗画，从民俗中取材，刘庆邦坦言“这些年我是自觉的、下了力的，并写出了一系列关于民俗文化的小说”。他认为，“民间文化主要体现在民俗文化上，过年过节、婚丧嫁娶，是民俗文化的主要载体。经过几千年的积累，民俗文化有着深厚的根基和丰富的蕴藏，并具有根本性的民族文化特色，非常值得我们深入学习、很好表现”[①]。刘庆邦很擅长描写豫东平原的乡风民俗，浓厚的地方色彩也在这些乡风民俗中得到了呈现。如青年男女相亲必须经媒人撮合（《闺女儿》）；在相亲之前，女方先到男方相家，考察男方的家庭状况（《相家》）；定亲时男方要向女方送彩礼，女方要亲自给未婚夫做双鞋（《鞋》）；新女婿正月初二要拜新媳妇娘家（《走新客》）；还有办丧事要请响器班子吹吹打打（《响器》）；元宵节做笼灯，玩笼灯（《灯》）；三月三赶庙会（《春天的仪式》）；凡此种种，不一而足。当然，作家也不是为了写风俗而写风俗，而是以一种积极介入的姿态，以一种欣赏和敬仰的心态来展开对“人”的叙事，因此，刘庆邦小说中的风俗成分是一种自然的融入，他写风俗的目的是写“人”，那些与“人”无关的风俗都被有意悬置起来了。于是，守明将对“那个人”的爱全部融入做鞋的过程中，星采利用庙会与心爱的人秘密约会，高妮在大笛曲调的抚弄下走向成熟……

风情画与风景画和风俗画的不同，在于它更带有“人事”方面的内涵，是风景画和风俗画背景下人性和人情的呈现。染（《相家》）到了谈婚论嫁的年龄，母亲要为女儿找个婆家。媒人介绍了一个小伙子，按照乡俗，就该相家了。相家前，母亲向媒人再三打听小伙子家庭及小伙子本人的情况。走在相家的路上，母亲的心无时无刻不在为女儿跳动：路远，她担心女儿回一趟娘家不容易；一条条路过于相像，她担心女儿走错路；要过一条河，她又害怕女儿会掉进河里……读到这里，有谁不为母爱之博大和深邃感动？《夜色》中的周文兴，订婚后由一个无忧无虑的少年变成了成熟的男子，不仅在家事上变得勤快能干，而且在情感上也有了寄托。“高玉华已占据了他的

---

① 杨建兵、刘庆邦：《“我的创作是诚实的风格”——刘庆邦访谈录》，《小说评论》2009年第3期。

心，他没有一天不想念高玉华，每天都在肚子里念叨高玉华好多遍。一想到高玉华，他就像犯病似的，心里柔软得不行，愁得不行。”高家要盖房子，他趁着夜色去看高玉华，在暗中接连几个晚上帮她翻坯垛坯。高玉华白天脱坯，周文兴夜晚翻坯，“谁也不知道一对未婚的男女有这样美妙的配合”。一天晚上，他们相逢了，没有招呼，没有牵手，更没有拥抱，二人在浓浓的夜色中感受着彼此的存在和气息，一股柔情和感动在二人心中氤氲上升。

对风景画、风俗画和风情画的细致描绘，使刘庆邦的小说充满了浓郁的诗情画意。这是他的短篇小说最重要的特点之一。他的短篇叙述的其实都是极其简单的故事，但由于作者只把这些故事作为人物活动的时空背景，不借助外在的矛盾冲突来强化人物的悲剧性或喜剧性，也很少刻意将情节推向高潮，这样，我们收获的就不是故事情节的震撼，而是由这些乡风民俗所酿造的诗情画意的感动。

在中国社会发生急剧转型的现阶段，农民工问题、贫富分化问题、矿难事故问题等等，都是摆在我们面前的亟待解决的生活现实。以农民、民工、煤矿工等社会弱势群体为书写对象的底层文学，是对底层民众生活状态和情感世界的客观叙述，苦难无疑是他们生存状态的真实写照，因此也是底层写作的题中应有之义。刘庆邦的底层叙事与一般的苦难叙事之不同，在于它不回避苦难，但也不渲染苦难，而是将苦难用轻松甚或温馨的叙述笔调轻轻化解，从而达到从苦难中发掘出诗意的艺术目的。

煤矿是刘庆邦人生的一大驿站，煤矿题材也是他擅长的题材之一。《女人》就是一篇关于煤矿生活的日常叙事。女人是性别和生活单一的矿工经常涉及的话题。在工友的撺掇下，花图决定将自己的妻子弄到煤矿，“调节”一下单调的煤矿生活。不想回家没带来妻子，却带来了年仅四五岁的女儿杏枝。但就是这个四五岁的小女孩，也为矿工们的生活增添了无穷的乐趣，激发出他们粗粝而不失温柔的内心情感。小说略去了对井下恶劣工作环境的描述，将重心放在对矿工情感世界的表现上，但小说背后隐约透露的煤矿生活的苦难依然清晰可辨。刘庆邦巧妙地避开了这些苦难，从众多的日常生活场景中抓拍到这个优美镜头，生活的诗意便一下子从笔底漫溢开来。

对底层生活诗意的开掘不仅体现在刘庆邦的短篇小说创作中，也延伸到他的中长篇小说创作领域。《神木》《平原上的歌谣》《红煤》等虽然都触及了特殊情况下人性的恶，甚至写到恶的极致，但也表现出留存在底层和民间的人性美和人情美。如《神木》中专门以诱杀矿工来骗取“点子费”的王明君，在准备杀掉一个孩子时突然良心发现，最后用自杀完成了自己灵魂上的救赎。《平原上的歌谣》写饥饿对人性的扭曲和损害，但透过魏月明，我们看到了“她的坚强、善良、执着、博大，她的人性美与性格的力量却在这种种苦难的打磨与砥砺下显得更加熠熠生辉”①。《红煤》中几乎所有的男性都是作家批判的对象，而心理变态的宋长玉更是恶的化身，但杨师傅的存在却是地火深处一点人性的微光。可见，即使是在最丑陋、最坚硬的人性深处，依然保留着一份柔软的良知。正是这份良知，使充满苦难的底层生活也笼上了一层淡淡的诗意。

刘庆邦出身于农民家庭，对农民的苦难与疼痛有着切身的感受。丰富的乡村经历、质朴的乡村情感，使他始终保持着对题材的敏感和触角的广泛，密切关注着现代化进程给乡村带来的强烈震荡，关注着农民的命运沉浮和人性的变迁。尤其他对底层的“诗意”抒写，为中国当代乡土小说开启了一种新的观照视角，丰富拓展了乡土小说的审美空间。因此，刘庆邦在新世纪乡土小说中的地位是无人可以取代的。但刘庆邦也面临着文化情感选择的迷惘与困惑，面临着艺术表现失衡的困惑，面临着单一与丰盈的困惑……不过，在今天这个文化的批判和重建正在紧张进行的时代，没有一点迷惘与困惑的作家，是很难写出有深度和广度的作品的。也许刘庆邦更多的精品力作，将会在这种迷惘与困惑中孕育诞生，这是读者的期待，也是刘庆邦的宿命。

（载《小说评论》2009年第3期）

主要作品目录《

长篇小说

《断层》，中国文联出版公司1986年版。

《高高的河堤》，河北少年儿童出版社1998年版。

《落英》，花山文艺出版社2000年版。

《远方诗意》，长江文艺出版社2002年版。

《平原上的歌谣》，上海文艺出版社2004年版。

《红煤》，北京十月文艺出版社2006年版。

① 吴义勤：《“老中国儿女”的生存哲学——评刘庆邦长篇新作〈平原上的歌谣〉》，《北京日报》2004年11月14日。

《遍地月光》,北京十月文艺出版社 2009 年版。

《黄泥地》,北京十月文艺出版社 2014 年版。

《远方诗意》,安徽文艺出版社 2014 年版。

《黑白男女》,上海文艺出版社 2015 年版。

中短篇小说集

《走窑汉》,文化艺术出版社 1991 年版。

《心疼初恋》,京华出版社 1995 年版。

《刘庆邦小说自选集》,河南文艺出版社 1999 年版。

《神木》,北岳文艺出版社 2000 年版。

《梅妞放羊》,长江文艺出版社 2001 年版。

《不定嫁给谁》,时代文艺出版社 2001 年版。

《刘庆邦中短篇小说精选》,花山文艺出版社 2002 年版。

《民间》,新疆人民出版社 2002 年版。

《少年时代》,新疆人民出版社 2002 年版。

《遍地白花》,新世界出版社 2002 年版。

《胡辣汤》,北京十月文艺出版社 2003 年版。

《女儿家》,中国文联出版社 2003 年版。

《家园何处》,上海文艺出版社 2003 年版。

《响器》,上海文艺出版社 2003 年版。

《别让我再哭了》,上海文艺出版社 2003 年版。

《无望岁月》,中国工人出版社 2004 年版。

《河南故事》,昆仑出版社 2004 年版。

《到城里去》,中国广播电视出版社 2005 年版。

《红围巾》,春风文艺出版社 2005 年版。

《刘庆邦小说》,中国社会出版社 2006 年版。

《卧底》,四川文艺出版社 2007 年版。

《黄花绣》,作家出版社 2009 年版。

《神木》,电子工业出版社 2010 年版。

《闺女儿》,黄山书社 2010 年版。

《到城里去》,花城出版社 2010 年版。

《东风嫁》,海豚出版社 2012 年版。

《我们的村庄》,春风文艺出版社 2012 年版。

《风中的竹林》,求真出版社 2012 年版。

《刘庆邦短篇小说选》,作家出版社 2012 年版。

《麦子》,上海文艺出版社 2012 年版。

《黄花绣》(西班牙文),五洲传播出版社 2013 年版。

《神木》,北京十月文艺出版社 2014 年版。

《找不着北:保姆在北京》,北京十月文艺出版社 2014 年版。

《东风嫁》,河南文艺出版社 2014 年版。

《神木》,上海文艺出版社 2015 年版。

《清汤面》,上海文艺出版社 2015 年版。

《少男》,晨光出版社 2016 年版。

《神木》,文化发展出版社 2016 年版。

《幸福票——刘庆邦短篇小说选》,华东师范大学出版社 2017 年版。

《红围巾》,济南出版社 2017 年版。

《杏花雨》,人民文学出版社 2018 年版。

《神木》,人民文学出版社 2018 年版。

《送你一片月光》,人民日报出版社 2018 年版。

《刘庆邦短篇小说编年卷》,上海文艺出版社 2018 年版。

散文随笔集

《从写恋爱信开始》,国际文化出版公司 2004 年版。

《在雨地里穿行》,百花文艺出版社 2010 年版。

《大姐的婚事》,河南文艺出版社 2014 年版。

《月光记》,江苏凤凰文艺出版社 2016 年版。

《在夜晚的麦田里独行》,大象出版社 2017 年版。

《名家散文自选集·野生鱼》,民主与建设出版社 2017 年版。

《我就是我母亲——陪护母亲日记》,河南文艺出版社 2018 年版。

《怎不让人心疼》,人民文学出版社 2018 年版。

国家出版基金项目

湖北省学术著作出版专项资金

改革开放40年小说百家档案

主　编／於可训
副主编／朴　婕

第五卷

HAN BOOK 版
武漢出版社
WUHAN PUBLISHING HOUSE

(鄂)新登字 08 号

图书在版编目(CIP)数据

改革开放 40 年小说百家档案:全 6 册 / 於可训主编. — 武汉:武汉出版社,2020. 12

ISBN 978-7-5582-4061-4

Ⅰ. ①改… Ⅱ. ①於… Ⅲ. ①作家-人物研究-中国 Ⅳ. ①K825.6

中国版本图书馆 CIP 数据核字(2020)第 233368 号

改革开放 40 年小说百家档案(第五卷)

主　　编:於可训
副 主 编:朴　婕
责任编辑:明廷雄
封面设计:刘福珊
出　　版:武汉出版社
社　　址:武汉市江岸区兴业路 136 号　　邮　　编:430014
电　　话:(027)85606403　85600625
http://www.whcbs.com　　E-mail:zbs@whcbs.com
印　　刷:湖北新华印务有限公司　　经　　销:新华书店
开　　本:787 mm×1092 mm　1/16
印　　张:29　　字　　数:510 千字
版　　次:2020 年 12 月第 1 版　　2020 年 12 月第 1 次印刷
定　　价:880.00 元(全 6 册)

版权所有 · 翻印必究
如有质量问题,由承印厂负责调换。

改革开放40年小说百家档案

第五卷 [目录]

唐浩明

男，1946 年生，湖南衡阳人。

小 引《

在中国现当代文学史上，所谓“历史小说”是一个晚出的，也是一个稀有的品种。虽然今天与历史沾边的文字作品汗牛充栋，但真正算得上历史小说的，数量并不是很多，尤其是与非历史的文学作品相比，在整个文学家族中，所占的份额就更少了。

历史小说的概念，以前有过很多讨论，有许多不同的意见，还发生过激烈的论争。尺度宽的，宽到凡属从过去年代取材的，都算历史小说。所以，才有革命历史题材小说之说。其实，在革命历史题材小说兴起的20世纪50年代，所谓革命历史，无论是抗日战争还是解放战争，抑或更早一点的革命，都不过是几年前、十几年前或几十年前的事，对当时的作者和读者来说，都属“去古未远”。正如有的作者所说，就像昨天发生的事情一样。而且，他们中的许多人，也确实是刚刚脱下戎装就伏案写作，或穿着戎装时就在写作，写的都是他们经历不久的事情，不像在今人眼里，这些都是遥远的历史。持这种宽泛的尺度，历史小说的界限就不好界定，弄不好历史小说就宽泛无边，像“无边的现实主义”一样，也成了“无边的历史小说”。尺度严的，则主张只有真实地再现历史的，才能称得上是历史小说。而且这种历史，也主要是指古代历史。20世纪60年代关于历史文学的讨论，虽然主要是在历史剧领域，但其中涉及的问题，却颇具普遍性，对历史小说创作产生了深远的影响。这些问题主要是历史的真实与艺术的真实、事实的真实与本质的真实孰重孰轻、孰主孰从的问题。虽然最后没有一个统一的结论，但主张历史真实与艺术真实的统一，通过真实的史实反映历史的本质，却是后来大家都能够接受且都愿意付诸实践的创作原则。历史小说的创作，自然也不例外。

因为都不反对历史的真实，只在大的关节和小的细节上，各有讲究，所以历史小说家都注重搜集历史资料，都讲究现实主义的写法。甚者如姚雪垠写作《李自成》，所做资料卡片数以万计，所用的方法，也是严格意义上的再现历史的现实主义。又因为都想写出历史的本质，所以又都不能不屈从于已有的历史定论，尤其是政治性的结论。那时特别注意选择已有定论的历史题材。历史上的农民起义和农民战争，就成了历史小说尤其是长篇历史小说的首选。于是姚雪垠的《李自成》应运而生。很长一段时间，当代历史小说的取材，都与这种历史定论有关。直到“文革”结束后的新时期，刘亚洲的《陈胜》、蒋和森的《风萧萧》《黄梅雨》、杨书案的《九月菊》、凌力的《星星草》等历史小说，反映历代农民起义和农民战争，仍在这种历史定论的范畴之内。就连鲍昌的《庚子风云》、任光椿的《戊戌喋血记》，写义和团运动和戊戌维新，也未能脱出对这两段历史所作的结论。

到凌力《少年天子》的出现，情况才开始有所改变。这个改变的重要一点，是历史小说的主人公，由唱主角的农民英雄，一变而为长期以来被历史小说放逐的帝王将相。这样的变化，也不是回过头去为封建统治阶级大唱赞歌，而是为那些对国家民族作出贡献或有助于历史发展，锐意革新进取抑或人格特异的历史人物树碑立传。这样，便有后来二月河的“帝王小说系列”和熊召政的《张居正》等小说的出现。如果仅就主角的改变而言，同样是从明末那段历史取材，刘斯奋的《白门柳》由姚雪垠的关注农民英雄，转而措意于江南士子，也是这种变化的一个证明。此后，历史小说的选材，就门洞大开，加上影视改编推波助澜，宫廷题材尤其是清宫题材，竟呈一时之盛。近期虽有孙皓晖的《大秦帝国》这样的作品压卷，但毕竟写尽历朝帝王的历史小说，多为平庸俗滥之作，故历史小说的日渐式微，不在其数之多寡，而在其质之未优。

从这个历史的角度来看唐浩明的历史小说创作，就很容易看出他跟别人的不同之处。首先，是他的取材跳出了历史的定论，既不像前述历史小说家那样，专写农民起义和农民战争，也不是照着历史的结论去写，而是按照自己的想法，写了长期以来被认为是镇压农民起义的“刽子手”的曾国藩，被认为是维护摇摇欲坠的封建统治的张之洞，因拥护袁世凯称帝而被牢牢地钉在历史耻辱柱上的杨度。他这样取材，也不是像当年郭沫若写《蔡文姬》和《武则天》那样，刻意要为曹操、武则天翻案，而是看中了这些历史人物身上积聚的社会矛盾、文化矛盾和人格矛盾，包括他们独特的思想性格和行为特征，等等。他要剥去后人给他们的“包装”，披露他们的“本来面目”，使他们真正成为“一百多年前那个真实生活过的历史人物”。这样写来，他的作品就不能不接近现实主义，就不能不远离随意杜撰和随口戏说，也与刻意的通俗化和人性化有别。他笔下的这三个近代人物，因而也各有个性，各具气度。若论其风骨，则我以为曾国藩的老成持重，张之洞的雄才大略，杨度的奇才逸志，都是人中翘楚。用一句老话说，唐浩明笔下这些鲜活的艺术形象，丰富了当代文学的人物画廊，也为当代历史小说创作开辟了新的风气。

自　述《

创作让我内心喜悦

从四十岁动笔到五十五岁结束，十五年里我一直在没日没夜地创作长篇历史小说。这十五年是一个男人的黄金年代，我把自己的黄金年代奉献给了历史小说。

历史小说，既是历史，又是小说。换一个角度看，既不是历史，又不是小说。持前种看法的，多是普通读者；持后种看法的，多为专家学者。所以，历史小说为社会大众所喜欢，但在专家学者那里，通常会遭到冷遇，难以被他们认可。对于专家学者的态度，我偶尔也会有一点沮丧，但它常常很快就过去了，因为读者的喜欢，会成为我写作的强大动力。除开这个原因外，是我自己在写作时感到喜悦。这种发自内心的愉悦感，其驱动力似乎要更强大些。

少年时代读《三国演义》，真是到了如醉如痴的地步；稍长一点，读《史记》，也常常为太史公绘声绘色的叙述而倾倒。我不明白，后来的史书为什么不走司马迁的路子，而要那样一味刻板枯燥。20世纪80年代，我因工作的原因走进曾国藩的世界，进而对曾氏以及那个时代和那个时代中所活跃的人物产生了浓厚的兴趣，我有了一种重现历史的强烈冲动。在把这个冲动化为文字的时候，我几乎用不着思考，便选择了长篇历史小说的形式。

创作固然艰难，但现在回过头去想，那十多年里，其实内心的愉悦要远远超过艰难。最让我感到喜悦的是，我通过自己的创作，让人物的形象鲜活了起来。也就是说，我自认为在文学的长廊里，塑造了一批人物形象。要让笔下的人物鲜活，先得让它丰满，丰满的形象是立体的。之所以能成为立体，是因为它有精气神。精气神来自举止、言谈、音容笑貌以及活跃的内心世界。此外，还得将人物置于现场感浓郁的环境中去，这得想好故事、编好情节、设计细节等等。这些都是作者的文学创作，一切都摆弄好了，成就感就出来了。

当然，作者的文学创作，得建立在史料的基础上，不能胡编乱造，信口雌黄。比如说，咸丰二年冬天，曾国藩由一个为母亲守丧的前礼部侍郎转变为团练大臣。关于这个过程，《清史稿·曾国藩传》里有几句叙述："初，国藩欲疏请终制，郭嵩焘曰：

‘公素具澄清之抱，今不乘时自效，如君父何？且墨绖从戎，古制也。’遂不复辞。”

这几句话告诉我们：对于朝廷的新任命，曾国藩一开始是拒绝的，后来在郭嵩焘的劝告下接受了。郭嵩焘用什么来打动曾氏呢？他说，一是你素来有澄清天下的大志，现在正是施展抱负的时候了；二是时局危急，你有责任出来为桑梓扶危救急；三是墨绖从戎，古有明训，移孝作忠是好事，不要有顾虑。正史给了我几个关键词，这几个关键词就是创作的基础。在这个基础上，我来构筑自己的文字大厦，让这段历史活灵活现地复出。

又比如，打下南京后，在湘军吉字营中曾发生一次非比寻常的绝密事件，即以曾国荃为首的高级将领们，联合起来劝说曾国藩做赵匡胤，黄袍加身。这个事情，《清史稿·曾国藩传》里没有丝毫痕迹，但清末民初的许多野史都有记载。要不要在小说中写这个事件，我的决定是写。这出于两个原因，一是这种事是极有可能发生的。首先，带兵将领羽翼丰满时，推翻朝廷取而代之的事，在历史上司空见惯，不足为奇。其次，他们有恢复汉官威仪的传统观念为支撑，面对反叛朝廷的指责，心理上有安慰。二是写好这个故事，无论是对于更好地塑造曾氏这个人物，还是真实地再现那个时代，都极有作用。围绕这个事件，我写了整整一章，四万多字。写完后，我内心充满创作的快乐。

再则，通过创作让我对小说中的历史人物有了更深刻的认识。小说中的那些个主要人物，一旦提起，许多人都知道，但不知其详。这是很正常的事。因为一般读者缺乏对史料的多方面了解，更缺乏对其作深入的研究，但我要把他们写活，则必须先做好这些事。这些事情做到了一定的程度，深度的了解甚至于全新的认识，也便跟着出来了。比如说袁世凯这个人，我一直对他有浓厚的兴趣。在近代历史上，无论在学术界还是在民间，此人都是一个口碑很不好的人。他的确做过不少坏事，但他在晚清官场上纵横捭阖、呼风唤雨几十年，其志得意满之人生，少有几个能与他相比。他凭什么能如此枭雄横绝？凭才干，凭机巧，还是凭运气？

后来我读到一则野史。野史说，袁世凯在十四岁的时候，与嗣父袁保庆一起看戏，正看得入迷，嗣父指着戏台对他说：你长大后想不想做官？袁世凯说想。袁保庆说，做官是好事，但官不容易做。官场就像戏场。你看台上演的这些忠孝节义、生离死别，演得何等生动逼真，让台下的观众跟着戏子喜怒哀乐，但这一切都是假的。戏子之难，就在于要把假做成真。好的戏子，他的真本事就在这里。官场就是这个样子，最大的本事就是在做假的功夫技巧上。袁世凯天资极高，领悟力极强，一下子就把这番话吃透了，并牢记在心里。此后的一辈子，他奉行的都是嗣父的这番教导。

这段野史，让我心头一亮：原来，袁的飞黄腾达，除才干、机巧、运气外，更重要的原因是做假的功夫技巧远超别人。于是我依据这个认识，去用心塑造笔下的文学人物袁世凯。看到一个以高明戏子为榜样，并把舞台上的“做功”娴熟地运用到官场上的袁世凯出现在我的文稿上时，我心里有一种极大的欣慰感。

还有重要的一点，就是对晚清那个时代有了真实的、来自一手资料的认识。过去，我只是从历史书上知道晚清政治腐败、民生凋敝、国力贫弱，所以导致农民起义、外敌入侵，但不知它的细故。因为创作，我得自己去探究那个时代的真相。这一探究，倒真让我有身历目睹之印象。就拿曾国藩全集中所透露的信息为例。

道光二十三年，曾氏做了一届四川乡试主考，一次性收入六千两左右的银子。他寄了一千两回家，并指定从中拿出四百两周济亲戚。此事遭到诸弟批评后，他详细地说明为什么要即刻周济的原因：大舅陶穴而居，两个姊妹家运皆舛，自己的岳家宿债甚多，两个弟弟的岳家槁饿无策，楚善叔被债主逼得抢地无门，等等。曾氏亲戚的生计如此艰难，别人的生计也好不到哪里去，湘乡的乡村景况如此凄凉，别地的景况也自然好不到哪里去，怪不得太平天国要揭竿而起。但战争爆发后，却又将老百姓拖到更悲惨的深渊。曾氏在同治二年四月二十二日的日记中记载，多年战争之后，原来富庶的江南到处人吃人，人肉居然公开标价出卖，而且价格还在不断上涨。当时的中国，哪里还是人的社会！

朝廷的腐败，正是导致惨剧出现的主要原因。我读曾氏咸丰元年的奏折，其中竟然有这样的话：十多年来，朝廷的大臣也好，地方上的官员也好，没有一个人谈国事，谈民生疾苦，大家对风雨飘摇的时局一律保持沉默，这真是令人难以理解的怪事！他在日记中说，道光皇帝死后，分赏给大臣的遗物，太监居然可以从中调包，将好的东西拿出，以赝品替代。又说，朝廷颁发给他的王旗令牌均粗劣不堪，如同小儿玩具。

这就是晚清的政局与社会！我有一种感觉，觉得自己好像走进了历史的深处，甚至已经摸到了那个时代跳动的脉搏。曾国藩、李鸿章、张之洞这些想为国家办实事的政府大吏，在这种环境中怎么能有作为！这样的朝廷，又岂有不亡的道理！创作中的那种笔走龙蛇的厚实底气，由此而生。对于一个历史小说作家来说，这正是难得的属于自己的收获。

当然，创作中的内心感触还不止于此，以上只是略举几例而已。说起历史小说的创作，我已封笔十七年了。当时创作的艰辛早已烟消云散，而其喜悦感却长驻心头，温暖着我孤寂的书斋生涯。古人说“闭门著书真岁月”，这实在是亲历者的心声。

访 谈《

用文学的方式演绎历史

——唐浩明访谈录

梁小娟 唐浩明

梁小娟:唐老师好!非常感谢您能够在百忙之中抽空来接受我的访谈。与您结缘,细细算起来要回溯到20世纪90年代末期读大学的时候。那个时候,由于懵懂无知,读《曾国藩·血祭》《曾国藩·野焚》《曾国藩·黑雨》时,颇有点“少年不识愁滋味”的感觉,对小说中曾国藩的认识谈不上深刻,甚至还很肤浅。如今已是人到中年,再次细读《曾国藩》《杨度》《张之洞》,竟然别有一番滋味,深为唐老师笔下晚清重臣经世致用的文韬武略所感动。唐老师您的《曾国藩》出版后,在国内外引发了一股“曾国藩热”,效仿之作一时竞起。可以说,您也是国内研究曾国藩数一数二的学者。从20世纪80年代整理、编辑《曾国藩全集》开始,到呕心沥血二十多年的写作,再到如今的古稀之年,对于历史小说的写作,您现在会不会有更深一层的认识?

唐浩明:对于整个历史小说的写作,我的观念没有大的变化,还是像以前一样。对于个别我创作的历史人物,尤其是曾国藩,因为我后来一直在做曾国藩的相关研究,对他的认识更加深刻一些,所以前几年我做了一些修改,把我个人的一些新的认识用小说的形式来表述,具体体现在修订本里。对于整个历史小说的认知,应该还是和我三十年前的认知差不多。所以在《张之洞》《杨度》再版的时候,只是做了一些订正。对于“历史小说要怎么写”“什么才是我心目中的历史小说”,三十年后我回过头来看,在认识上并没有太大的差别。

梁小娟:唐老师,您可以更具体地谈一下您心目中的历史小说吗?

唐浩明:我认为历史小说,它是包括历史和小说两个方面的。我曾经说过,历史有很多种表述方式,用文学的、小说的方式来表述,可以说也是其中的一种方式。写历史小说,主要是历史与小说两个方面。对于历史来说,要尊重历史,大量阅读史册,也就是我们常说的要钻进历史的故纸堆里去,把历史吃透,把写作的那个背景时代、那些主要人物了解透彻,但这只是第一步。第二步是要从故纸堆里、从史料里跳出来，用文学的方式来叙说历史。我个人认为，第二步更难，也就是说属于文学的这个方面更难。我也曾经讲过，历史小说好比我们常说的史诗，要把史化成诗，写出诗化的历史，难的是诗这一部分。

梁小娟：也就是说，对待历史我们既要进得去也要出得来。

唐浩明：对，要跳得出来。

梁小娟：那在您看来，历史小说写作难度最大的地方在哪里？

唐浩明：用小说的方式演绎历史，这一步更难。作家的功力，就体现在这一步上。如果这一步没有走好，就谈不上是一部好的文学作品。

梁小娟：历史小说的写作比起一般小说来，对作家的学识修养有更高的要求。对于历史小说的写作，是重"艺术"还是重"真实"，已成为不少作家与评论家关注的焦点。对此，您怎么看？

唐浩明：我个人更看重艺术。因为历史小说的落脚点在小说，而不是历史。我写的作品归属于文学类，所以更要注重文学性、艺术性。

梁小娟：传统的历史小说写作，必然要涉及如何处理正史与野史的关系，您怎么看？

唐浩明：在我的眼里，正史和野史同样重要，我是把这二者摆在同等的位置来看待。就我个人的兴趣而言，我更喜欢野史。我们这个民族，正史如官修历史《二十四史》，当然也有私人写的规范史乘等，为我们提供的历史，重在真实的一面，而野史为我们提供的历史，则重在丰润的一面。小说更需要丰润，比如说故事、情节、细节、现场感等等，这些都是小说家很需要关注的东西。所以，我更喜欢读野史。野史更富有文学性、艺术性，提供了许多历史中的细微，帮助我们更深刻、更形象地感知历史。

梁小娟：但是有时候，正史和野史对于某一具体历史人物的评价或呈现会存在矛盾性，这种情况您在写作中是如何处理的？

唐浩明：这需要判断。在这一点上，小说家应和研究历史的学者一样，需要理性的判断，要判断它的可信度。对于野史，我个人更看重的是里面的故事性、情节性、场景性这些方面。比如说历史人物，野史里的不一定很准确，但是会提供很多正史不会去写的东西。正史写的是大事、要事，行文简洁、惜墨如金，不可能提供很丰富的东西，而野史提供的东西对小说家来说很多都用得着。很多野史的作者就是那个时代的人，或者离那个时代不是很远。野史会呈现一些正史里不曾呈现的历史现场，这对于我们来说，是非常值得珍惜的东西，因为我们没有生活在那个时代，我们需要借助这些来丰富我们对于那个时代的感知，这有助于我们去还原历史、再现历史。

梁小娟：您的三部长篇小说书写的都是清末民初中国遭逢历史巨变的大时代，选这一历史时段作为写作对象，是兴趣使然还是有其他原因？

唐浩明：第一，我对近代尤其是清末民初这一段历史特别感兴趣。第二，我之所以写历史小说，有一个重要的原因是曾国藩。我到岳麓书社工作以后，做《曾国藩全集》的责任编辑，面对的是一堆极丰富的史料、一个极诱人的历史空间。我对历史和文学都很有兴趣，就历史而言我更喜欢近代史，恰好我的工作又给我提供了这么好的便利条件，当时我就有一种不顾一切的态度，要走进这段历史时空中去。

梁小娟：您的"晚清三部曲"中大量涉及"道"与"器"、"体"与"用"这些重要命题，您如何看待？

唐浩明："道""器""体""用"在中国传统文化的语境中尤其是在学术语境中，经常会出现。在学术语境中，"道""体"在基本概念上是差不多的，指的是本源、实质、规律等等。"器"和"用"的基本概念也差不多，属于功能、才力、用途等等。对于一个文化体系，尤其是对于博大精深的中国传统文化体系来说，"道""器""体""用"都要具备，如果没有"道"与"体"的话，这个文化体系就没有根基，是会很肤浅的、不能长久的；如果没有"器"与"用"的话，那么整个文化体系就是迂腐的、空疏的，对于"道""体"也缺乏一个重要的检测方面。我写的是历史人物，这些历史人物都有深厚的历史文化素养，作为一个小说家，我虽然没有必要对"道""器""体""用"这些概念做深入的哲学研究，但是我必须要做到心里有数。我笔下的历史人物，他们的"道""体"是什么，他们的"器""用"表现在哪些方面，作为一个小说家，我心里都得有数。

梁小娟：洋务运动这一时期涉及的"中体西用""道""器""体""用"都与您的小说创作、与那段历史有很紧密的联系。您小说中所塑造的一系列知识分子中，我最喜爱的是王闿运和辜鸿铭，这两个人最纯真、最有才气。王闿运以经世致用、辅佐贤能为毕生追求，辜鸿铭以海外游子身份皈依传统文化，两个人虽个性不同，生活背景、文化背景各异，但我个人感觉，他们两个被您写活了，成为最富有个性色彩的知识分子。王闿运善于审时度势，一生都在寻找伯乐以辅佐君王，将自己所有的理想抱负都寄托在能人身上，代表了传统士人的人生追求；辜鸿铭精通西方文化，由西方文化转向东方文化寻根，体现出来的是中国传统文化的优越性。把王闿运和辜鸿铭放到中西文化大的体系来看，二者体现出"中上西下"的思想理路。不知道我的理解对不对？

唐浩明：王闿运、辜鸿铭这两个人物在我的小说中是作为知识分子形象出现的，我也喜欢他们，很多读者都很喜欢他们。他们具有很强的个体生命的特色，得到很多人的关注与欣赏。为什么呢？因为他们体现了人类本身两个重要的追求：一是这两个人物都有很高的才华、学问和本事，这是我们每个生命体都追求的，我们都希望自己有实力；二是他们的心灵、精神极度自由，这是人类尤其是知识分子追求的理想境界，我们每个人都希望自己的心灵有最大的自由空间。王闿运、辜鸿铭就体现了这样两个特色。作为个体生命而言，他们不仅在“硬件”方面很强大，有学识、有才情，而且在“软件”方面，他们的心灵和精神有极大的自由。这是人类所追求的两个重要指标，而读书人、知识分子更看重他们两个人身上体现的这样两个特点。至于说“中上西下”还是“西上中下”，具体到王闿运，他完全是中国传统文化培养、塑造下的产物，西方的学问根底他没有，尤其是他很注重帝王之学，这更是中国政治文化的精髓，所以在他身上不存在谁“上”谁“下”的问题。至于辜鸿铭，他是一个特例。他是个混血儿，父亲是中国人，母亲是西方人，生在西方，求学于西方，他是西方文化教育下的中西混血儿。后来他皈依并痴迷中国传统文化，这是他很特别的地方，像辜鸿铭这样的人有一些。我们由此可以看到，中国传统文化有多么强大的、无穷的魅力，它足以把拥有这样一种经历的个体生命完全吸纳进来而成为它的忠实信徒，这是很有趣的一个现象，值得我们深入研究。

梁小娟：对，传统文化确实有非常大的魅力。近些年来，“国学热”持续升温，在许多大学、中学、小学，甚至幼儿园以及媒体网络等，都相继开设了“国学堂”。对这一现象，您怎么看？

唐浩明：“国学热”是一个近些年来我很感兴趣、很关注的现象。“国学热”发起自民间，国家层面也很看重，上下同心，在这种情形下出现了这样一个热潮。什么是“国学”，很多学者都提出了自己的看法，意见分歧也较大。有的学者认为“国学”就是经学，也有的学者认为“国学”还可以放宽泛一些。在中国民众看来，“国学”就是中国传统文化，既包括孔孟之道、程朱之学，也包括《二十四史》、唐诗宋词、《红楼梦》《三国演义》，还包括中医、佛学等。所谓“国学热”，我认为就是中国传统文化的热潮，民众对中国传统文化的全面重视，也可以说是中华民族对传统文化的回归。中国的民族文化有着五千年光辉历史，传统文化是我们中华民族的血脉和灵魂。作为一个传统文化的守护者，我当然很高兴看到国家兴起“国学热”，这是很好的一件事情。我也尽自己的力量积极参与，比如到学校、机关、企事业单位、公益讲堂去讲与传统文化相关的课，这对于我来说责无旁贷，我多年来就一直在从事传统文化方面的工作。随着“国学热”的兴盛，我们也看到有很多“国学堂”“国学班”“国学院”在全国各地兴起，应该说绝大部分“国学堂”对于普及、弘扬国学有积极的意义，但也要警惕一些借着“国学”之名谋私利的现象。当然，出现这种现象也是不可避免的，整个社会泥沙俱下、鱼龙混杂嘛。一个东西如果搞得很热的时候，就往往可能会变味。我早些年就看到一些人借弘扬“国学”之名来牟利，打着“国学”旗号传播糟粕。甚至还有些人主张要全盘复活私塾，否定现代教育，我个人认为这种想法非常不妥。现代教育有一个培养人才的综合体系，尽管目前有这样那样的缺陷，但绝对比我们过去的私塾要科学得多。对于“国学热”“国学堂”，我个人认为是一件很好的事情，有利于普及、传承、弘扬我们的传统文化，对于增强民族文化自信、增强民族凝聚力、传承祖先所积累的人类智慧都很有帮助，这是很好的事情。当然，传统文化中也有一些糟粕的东西，要辩证对待，取其精华、去其糟粕。

梁小娟：唐老师，您刚谈到的其实就是如何对待传统文化的问题。您对古典文学情有独钟，从 20 世纪 80 年代在岳麓书社任职以来，经您整理出版的古典文献非常多，您最推崇的古典小说是哪一部？

唐浩明：我个人写历史小说，对《三国演义》比较看重，我觉得《三国演义》写得非常好。当然，如果全面地来看，中国的古典小说中，毫无疑问《红楼梦》是最好的小说。

梁小娟：那从您的创作来看，您有没有受到《三国演义》的影响？

唐浩明：应该会有些影响，我从小就喜欢这部书，有些潜移默化的影响自己可能都感觉不到。我个人认为在中国古代没有长篇小说这个概念，这个概念应该是来自西方。用小说的形式来写人性、社会性，来对人类社会精神、情感做深层次、有意识的探讨，在这方面西方的长篇小说比较自觉。我个人认为，中国古典小说这方面比较欠缺，做得最好的、可以与西方优秀长篇小说媲美甚至高过西方的只有《红楼梦》。《三国演义》是在“说三分”的基础上演绎来的，它并没有体现出西方作家那样强烈的文学意识。我个人觉得中国古典小说大多还不具备这种意识，《红楼梦》倒是体现出了这种自觉意识。

梁小娟：当下网络历史小说盛行，不少网络小说走与影视联姻的路子，搬上荧屏后在观众尤其是年轻的一代当中产生了很大的反响，如《后宫·甄嬛传》《琅琊榜》《海上牧云记》《芈月传》等等，但也不乏一些粗制滥造、随意杜撰、架空历史的低劣之作。作为一个非常严谨的历史小说家，您怎么看待这一现象？有没有考虑过把您的小说改编为连续剧？

唐浩明：网络历史小说我没有读过，我至今还不习惯上网。我的历史小说的观念是用文学的方式来表述历史。历史有很多种表述方式。我们今天来了解过去的东西时，会发现有很多东西都无时无刻不在展现出历史，比如说风俗习惯、民情民俗可以表现出我们祖宗的东西。用李泽厚先生的话来说，文化是一个历史积淀的过程。文字是表述历史的最好的媒介。文字有很大的局限性，但即便是这样，文字仍然是我们表达思想、表达情感甚至表述过往历史最好的载体。我个人觉得，文字里面最好的是文学文字，因为它是文字的艺术性呈现，它很适宜表达一个小说家对于历史的回顾。我写历史小说，包括《曾国藩》《杨度》《张之洞》，都有一种比较自觉的认识，就是用小说的形式或文学的形式来表述历史。具体来讲，我的小说创作继承的源头是由“说三分”再到《三国演义》，如果要追溯更早的源头的话，那么就是《史记》。我们读《史记》，总是会感叹为什么太史公能把《史记》写得那么好，因为里面加入了很多小说的或文学的元素。比如几十年来一直选入课本的《鸿门宴》，就是一部短篇小说，现场、氛围、人物、人的心理活动甚至悄悄说的那些话，这都是文学的东西，司马迁哪里知道，同时代人也不可能把《鸿门宴》讲得那么好。太史公就是以小说家的方式在表述一段历史。由《史记》到“说三分”再到《三国演义》，我个人认为这是历史小说的正宗源头，我遵循这样一个源头创作历史小说。我常常很遗憾，本来历史非常有趣，大家都喜欢读，就像我们都喜欢读《史记》一样的，但是后来，从《汉书》到《三国志》一直到《清史稿》，这些官修的历史离开了太史公开创的表述历史的手法，它们走的是严格注重真实的路子。而《四郎探母》等古装戏是用古代的形式来讲今天的故事，以古喻今。在我看来，《琅琊榜》《芈月传》等历史题材影视剧走的就是这样一条以古喻今的路子。它们是今天的古装戏，传统舞台换成了现代荧屏。如果是拍得好的电视剧，我也会坐下来好好看一看。至于我的历史小说的改编，早些年有不少制片人都很郑重地找我谈过，改编版权也卖过，但最后都没有拍成。《曾国藩》没拍成，一是因为对曾国藩这个人物的评价存在争议，二是因为现在的市场也不适合这种作品去改编，观众可能更喜欢的是反映权力斗争的宫廷剧。

梁小娟：唐老师，您看过《康熙大帝》《雍正王朝》吗？这两部电视连续剧就拍得很好啊！

唐浩明：《康熙大帝》《雍正王朝》确实拍得很好，我也喜欢看。但现在的文化市场已经改变了。说实话，放到二十年前，我很希望自己的小说被搬到荧屏，但现在我不这样想了，我更希望读者能够从文字中去领略小说的美、历史的美。

梁小娟：还有最后一个问题，您一直在岳麓书社担任文学编辑，您觉得编辑工作与小说写作冲突吗？

唐浩明:不冲突,恰恰相反,编辑工作给我的写作提供了很多便利。编辑工作要接触大量的第一手史料,我在80年代编辑《曾国藩全集》时就阅读了非常多的史料,这为我创作《曾国藩》打下了坚实的基础。

梁小娟:唐老师,您让我对您及您的历史小说创作有了更深入的了解,您不单单是一个有着深厚学养的作家,同时还是一个非常严谨的学者,谢谢您!

评　论《

唐浩明"晚清三部曲"的思想史议题

梁小娟　张建茹

唐浩明的"晚清三部曲"(长篇历史小说《曾国藩》《杨度》《张之洞》)自出版以来,在读者当中广受关注,产生了很大的反响,近些年来又多次再版,在图书市场一直长盛不衰。学术界对于"晚清三部曲"的探讨,大多是从湖湘文化、传统文化等视角对小说中的历史人物加以文本细读,虽然或多或少触及小说的思想价值,但很少有从思想史方面对小说加以清理的。本文拟对"晚清三部曲"呈现的思想史议题加以剖析,力求还原清末民初的社会历史现场,探究唐浩明历史小说的思想史价值,以期为当下历史小说的写作提供一定的启示。

一、"中体西用"与华夷之辨

在中国近代的历史发展格局中,清末民初这一历史时段被看作"两个世纪交接、两种社会制度交替的千载难逢的特殊历史时段"[①]。第一次鸦片战争爆发之后,古老的中华民族在遭遇"数千年来未有之强敌"(李鸿章语)后始从"天朝上国"的迷梦中清醒过来,在西方列强的轮番侵略与裹挟下,被迫开启中国的近现代化发展历程。在半个多世纪中,中国不断面临着被列强瓜分的危局,中国的对外关系也由朝贡体制转换为条约体制。内忧外患的困顿局势,迫使生活在这种危急情势中的知识分子,不得不思考环境变化给中国带来的政治变动与社会变动,开始寻求民族自救、国家富强的救世良方。洋洋洒洒三百多万字的"晚清三部曲"即以清末民初这一历史

① 昌切:《清末民初的思想主脉》,东方出版社1999年版,第1页。

时段为叙事背景，围绕太平天国运动、中日甲午战争、公车上书、戊戌变法、义和团运动、八国联军攻打北京、废除科举制、辛亥革命、袁世凯称帝、军阀混战、国共合作等历史事件，依托翔实的史料，以晚清名臣曾国藩、李鸿章、张之洞和知识分子杨度、康有为、梁启超、孙中山等的政治活动为主线，形象地勾勒出了一幅风雨飘摇的晚清中国奇诡多变的政治画卷。

在近代中国文明与西方文明两种异质文明的相遇中，帝国主义列强以武力侵略的方式用坚船利炮撬开中国大门后，如何看待"体"与"用"、"道"与"器"的关系是摆在晚清众臣与知识分子面前亟待解决的问题。这一问题至关重要，关涉如何看待中国文明在世界文明中的位置与秩序，关乎知识分子的身份认同与文化认同。在19世纪中叶的中国知识分子看来，历经数千年发展历史的、古老的中国文明具有无可比拟的优越性，在世界文明版图中只有中国文明才是名副其实的文明，因此，西方理所当然被视为夷狄。在这种华夷观的统摄下，中国文明与西方文明孰优孰劣一目了然。在两次鸦片战争中，中国虽然败给了西方列强的武力，但这种冲击力还不足以摧毁这一华夷观奠定的世界文明格局，因为在中国人的文化传统中，武力本质就是粗野的、非文明的。尽管随着中国与西方交往的增多，有关西方的知识与信息也大量输入中国，但知识分子内心深处仍然固守着传统的文明观。所以，在"体"与"用"、"道"与"器"的关系中，这一时期的知识分子看重与推崇的是中华文明的"体""道"，西方的科技文明只能屈居"用""器"，与中华文明的本体"体""道"相比，"用""器"只能算作中华文明衍生出来的"雕虫小技"，以"中学为体，西学为用"的"中体西用说"即是这一历史背景下的产物。既正视中国在器物上的落后与不足，大力引进西方先进的机械技术与自然科学，又固守中华文明的本源，不忘祖宗之法，"师夷长技以制夷"，这是"中体西用说"对待中西两种异质文明的思想理路。

晚清以来的洋务运动即是在"中体西用"这一指导思想下，开启了中国近代化的改革历程。诚如梁启超在《五十年中国进化论》中所言，晚清知识分子在"器物"上感觉不足，"这种感觉，从鸦片战争渐渐发动，到同治年间借了外国兵来平内乱，于是曾国藩、李鸿章一班人，很觉得外国的船坚炮利，确是我们所不及，对于这方面的事项，觉得有舍己从人的必要"。在"晚清三部曲"中，晚清名臣曾国藩、李鸿章、张之洞置身于两种文明的矛盾与冲突中，并没有因西方列强的强大武力与科技实力而产生一种文化上的自卑，相反，三人都体现出一种强大的文化自信。在他们看来，中华文明的优越性是不证自明的，只是在器物上暂时落后而已。只需假以时日，习得西方的自然科学技术之后，中华文明定然能够再次让世界臣服。使他们焦虑的与其说是列强带来的忧患与耻辱，不如说是如何在内外夹击的政治动荡中最大限度地实现自己的政治抱负。当然，从实际效果来看，曾国藩、李鸿章、张之洞对洋务运动的热心参与，在一定程度上推动了中国近代化的历史进程。

从文本来看，《曾国藩》的叙事重心放在曾国藩临危受命、创办湘军、镇压太平天国运动、裁撤湘军、处理天津教案等政治活动方面，以曾国藩的宦海沉浮为主线塑造出一个深受传统文化影响、集政治魄力与铁血手腕于一体的忠臣形象。小说虽然也写到曾国藩创办洋务，在镇压太平天国运动时就意识到西方列强在舟船、武器制造等自然科学方面技艺的精进，派人去欧美采购机器，于安庆设军械所，与李鸿章在上海设置江南机器制造局，并促成了中国第一批留学生去欧美学习先进的科学技术，为晚清培养了一批具有国际视野的知识分子，但总体来看，对于中西文明的冲突着墨并不多。《张之洞》截取张之洞四十三岁以后的政治活动，围绕出任山西巡抚、谅山大捷、试办洋务、策划并督建京汉大铁路、创办亚洲最大铁厂、与时维新、位及中枢等勾勒张之洞从清流名士到国家重臣的人生轨迹。文本叙事的时间大致从 1880 年至 1909 年，这一时期正是洋务运动开展得如火如荼，康有为、梁启超大力倡导改革维新的时期。在戊戌年间，政绩显赫的张之洞作为“中体西用”这种文化观的集大成者，为向慈禧太后等当权者表明“启沃君心，恪守臣节，力行新政，不背旧章”的立场，不失时机地写下了《劝学篇》。在《劝学篇·外篇·会通》中，张之洞强调：“中学为内学，西学为外学；中学治身心，西学应世事。不必尽索之于经文，而必无悖于经义。如其心圣人之心，行圣人之行，以孝悌忠信为德，以尊主庇民为政，虽朝运汽机，夕驰铁路，无害为圣人之徒也。”在他看来，中学固本、西学为用，中体与西用各司其职，“中上西下”二者方可并行不悖。

“中体西用”，究其实质只不过是传统华夷观在晚清历史背景下的一种变体，是以文化守成的姿态固守中学的本体立场，引进西方的技艺以期收到抵御外辱、富国强兵的功效。“中”“西”与“体”“用”并置，实则暗含着一种中心与边缘、正统与异端的文化等级结构。这一文化观折射出中国文化在西方文化最初的碰撞下所产生的一种应激反应，在晚清重臣看来，“中外冲突只是单纯的军事战争和政治对抗，还并不具有更多内外有别的‘文明冲突’的含义”①。

二、建构政治乌托邦的时代诉求

真正正视中国文化的落后、痛感中西文化冲突引发的文化危机、呼唤时代变革

① 刘复生：《从“新权威主义”到“文明的冲突”——当代历史小说的帝王形象谱系》，《小说评论》2018 年第 6 期。

的当属康有为、梁启超、谭嗣同、孙中山、杨度等变革者了。与曾国藩、张之洞、李鸿章的文化守成主义不同的是，这一批变革者接受了西方文化的洗礼，尤其是经历甲午中日战争的历史耻辱后，对中西文化的冲突有了更深切的认知，开始颠覆“中体西用”说，主张变政改制，以完成由学习西方的器物到变更社会制度的转变。

梁启超曾在《戊戌政变记》中指出，甲午战败赔款割地唤醒了“吾国四千余年大梦”。以康有为、梁启超为首的维新派谴责清政府的腐败无能，痛陈维新变革的必要。泱泱大国败于日本这样一个“蕞尔小国”。日本的明治维新与中国的洋务运动大抵同时进行，但一兴一衰截然不同的改革效果，引发了维新派对政体与国体的探讨。在洋务运动中，与“中体西用说”同时频繁出现的一对概念是“本”“末”。“本”指的是礼、道德或政治制度等关乎文明的本质的东西，“末”是指机械、技术等属于文明末端的东西。洋务运动基于中国文明的“本”优于西方各国的“末”这一假定的理论基础，在实际的变革中守“本”逐“末”，并未从文化根基上对封建文化加以反思。甲午战败后，维新派意识到只引进西方科技而无视西方社会制度的变革实则割裂了“本”“末”之间的关系，不可能使中国走向“本”“末”兼备的富强之路。

康有为起草万言书，向朝廷提出“拒和、迁都、变法”的要求，矛头直指专制主义的君主政体。“公车上书”之后，维新派在实践层面一方面立学会、办报纸、兴学堂，大力引进与传播西方文化思想，兴民权、启民智，另一方面上书光绪帝以达天听，借助皇权的力量来推行新政，天真地将维新变法的全部希望寄托在皇帝一人身上。康梁派打出了“托古改制”的旗号，以温和的方式推进政体改革而惨遭失败。在《戊戌政变记》中，梁启超将戊戌变法失败的原因归结为守旧与革新之间的矛盾：“凡改革之事，必除旧与布新两者之用力相等，然后可有效也。苟不务除旧而言布新，其势必将旧政之积弊，悉移而纳于新政之中，而新政反增其害矣。”变革势必触动保守派的利益，梁启超只看到光绪帝与慈禧太后之间的势力相差悬殊，并未从文化根柢上认识到戊戌变法失败的根源。《张之洞》以张之洞的政治生活为中心，以洋务维新为中轴辐射康有为、梁启超、谭嗣同等维新派的思想与活动，用文学的方式形象地讲述了这一段历史。康梁派的“托古改制”，假托孔子之名行变政之实，意在通过效法日本的明治维新，以自上而下的和平政变方式在中国建立资产阶级君主立宪制，最终建成一个人人平等、人人相亲相爱的乌托邦式的大同社会。激进派谭嗣同否定中国文化，呼吁全盘引进西方的制度和法规，改变世代相袭的那些陈旧、腐朽的思想，为实现政治理想、唤醒国人，不惜在戊戌变法中以身殉国。

与谭嗣同相比，杨度的政治理想与政治实践要复杂得多。选择杨度这样一个在清末民初正史记载中通常被忽略的知识分子来作为小说的主人公，这种写作本身就体现出一定的风险性。既要把这个人物写活、写好，又不悖于历史真实，唐浩明采取的叙事策略是将杨度编织进清末民初纷纭复杂的政治图谱，在保守与革新的历史冲突中书写他的人生理想。因而《杨度》对康有为、梁启超、谭嗣同、杨度、孙中山等清末民初一代知识分子政治理想的勾勒更为详细，文本叙事主要集中于废除科举制到袁世凯称帝后带来的军阀混战这一段政权更迭、战乱频仍的时期。杨度的人生经历可谓坎坷多变：早年参加科举，希冀以才华换取进身之阶；科举梦破碎后留学日本，亲历日本明治维新国力昌盛的社会变化，受梁启超的启发引导，形成了君主立宪制的救国思想，同时与孙中山结下深厚情谊；回国后为袁世凯奔走效力，被讥为帝制余孽；看破政治归隐佛家后仍时时不忘政治。康、梁、杨的君主立宪制与孙中山的民主共和制这两种政治制度之间的矛盾与分歧，在文本中都得到了很好的诠释，二者都存在超越经济基础，理论准备不够充分的问题，体现出理想追求超前的特点。康、梁、杨追求的“大同社会”也好，孙中山倡导的“五权宪法”也罢，他们反抗与改造现实的政治活动，无不体现了人类对于乌托邦的大同世界的真诚向往。

三、士人文化传统与经世致用之风

在 1905 年废除科举制以前，清朝沿用汉、唐以来的科举制度选拔官吏，主要考察应试者的文化能力与道德能力。文化能力侧重考察固定的诗文写作能力，在题目、韵脚、字数、篇章结构、韵律、典故等方面都有统一的体例要求；道德能力考察对儒教经书的背诵能力，要求能够一字不差地背诵超过四十万字的“四书五经”，并且要以朱子的解释为基准来记述其意义。而其他能力（法律、行政等）并不重要。这样一种选拔制度突破了身份、家世、年龄、财产、地域等的限制，对所有男子一律平等，为寒门士子提供了由社会底层晋升到上流社会的通道。苦读诗书、谙熟儒家经典成为士人必修的“内功”，“修身齐家治国平天下”“穷则独善其身，达则兼济天下”“学而优则仕”也被奉为人生信条。

活跃在“晚清三部曲”中的大部分知识分子（士人更准确些）都参加过科举考试，曾国藩、张之洞就是在科举选拔中脱颖而出，一步步成长为晚清重臣的。曾国藩作为一代理学名臣，严于修身律己，克勤克俭，以“主敬”“格物”“诚意”等德目来进行道德自省，同时酷爱诗书，诗文造诣极高。钱基博曾对曾国藩以高度评价：“晚清名臣能诗者，前推湘乡曾国藩，后称张之洞。国藩诗学韩愈、黄庭坚，一变乾嘉以来风气，于近时诗学有开新之功……国藩识巨而才大，寓纵横诙诡于规矩之中，含指挥方略于句律之内，大段以气骨胜，少琢炼之功。”曾国藩在生活上，饮食有节，起居有度，以圣贤为榜样；严格恪守儒家礼仪来教育子女，家书中经常教导儿子如何读书。张之洞幼年时期就已崭露诗词才华，入官场后重诗文唱和，成为一介清流，人到中年仕途才稍有起色。张之洞对有学问的人青睐有加，出任山西巡抚期间，选拔官员时会考察有无诗才；创办多家书院、学堂，多次到书院讲学，教授年轻士子如何读书，其《劝学篇》轰动一时；好与门生、幕僚诗词酬唱，把学问之事看得极重。与其说张之洞是一个官员，不如说是士大夫更贴切。

重视诗文、加强自我的道德修养，这是晚清大部分读书人的共同追求。道光以后，晚清国力逐步衰颓，经世之学开始兴起，“士大夫有忧之而不知所出，乃或托于先秦、两汉之学以图变革一切，然颇不循国初及乾、嘉诸老为学之成法”[①]。余英时在清理曾国藩的学术之路时指出：“道光以下的学术精神从古典研究转为经世致用，大体上说，有两个比较显著的趋向：第一是理学的重新抬头，第二是经世之学的兴起。”道光、咸丰年间，经世之学的内容已经相当复杂，礼制、史学、掌故、时务（如漕运、盐法、河工、兵饷等等）、边疆与域外史地等无不与“经世”相关。曾国藩在翰林院任职的时候，就“详览前史，求经世之学”，并手抄国史馆所藏的河渠水利史料，抄辑对盐课、海运、钱法、河堤等国计民生的实务有真知灼见的奏议。曾国藩深切感受到中国在器物制造尤其是军火方面已远远落后于西方，在安庆创办国内第一座以西方生产方式制造武器弹药的兵工厂，揭开了洋务运动的序幕。张之洞任湖广总督时，在湖北创办铁政局、汉阳枪炮厂、纺纱局、织布局、缫丝局、制麻局等洋务局厂；最先提议修建京汉大铁路，并督办该铁路南段的修筑。署理两江总督时，创建新式军队自强军，按照德国陆军的操典进行训练；重视新式人才的培养，大量派遣留学生出国学习。曾国藩、张之洞的洋务实践都体现出强烈的务实精神。

科举屡试不中后潜心著书讲学的王闿运，倡导“经世致用”理论，虽身处书院，远离政治中心，却一直关心政局大事，常以“议论砭当世”，激发学生关心国家时政，多次向弟子传授“帝王之学”。王闿运的“帝王之学”并非死读经书，而是要求“上知天文，下晓地理，集古往今来一切真才实学于一身”，尔后通过科举考取功名，辅佐天子，做一代贤相，或寻非常之人，出谋划策，以布衣取卿相。王闿运于湘军大盛之际曾劝曾国藩自立为王，但其“帝王之学”未被采纳。得意门生杨度视袁世凯为帝王，为其复辟帝制奔走效命。杨度的政治立场随着时局不断变化，由君主立宪转向封建

① 王国维：《王国维文集》，北京燕山出版社1997年版，第476页。

帝制，袁世凯复辟失败后又转向共和，归根结底，都是为借助他人之力以实现个人济世经邦的政治抱负。当个人抱负遭遇打击无法施展时，曾国藩选择像传统士人一样转向黄老之学，借老庄来自我慰藉。研习黄老之学不是为了放下，而是为了更好地调整自己，在失意与压力下寻找济世良方。杨度消沉后则一心参禅，但政治时局中一丁点儿风波就足以打破其内心的宁静，促使他重返政坛。看似个人的政治抉择，实则与经世致用之风密不可分。

四、晚清关怀与现实回应

自20世纪80年代初期以来，清朝这一王朝的历史已引起诸多历史小说家的关注。任光椿的《戊戌喋血记》、凌力的《少年天子》《暮鼓晨钟》《梦断关河》、二月河的《康熙大帝》《雍正皇帝》《乾隆皇帝》、唐浩明的《曾国藩》《杨度》《张之洞》，就是这些年来影响很大的代表之作。自第一次鸦片战争到辛亥革命的七十多年间，中国遭受了来自西方列强的强烈冲击，被强行卷入国际资本主义体系之中，从封建社会过渡到半殖民地半封建社会，被迫走向近代化的历史进程。回顾整部中国历史，没有任何一个朝代能够像清朝那样充满着历史的波云诡谲。清政府统治中国近300年，实现了大一统。到了晚清，国家被迫纳入整个世界文明版图中来。“清朝作为中国封建统治的最后一个王朝，它经历了由古代国家向近代国家的转变，特别是1840年鸦片战争之后的晚清历史，蕴含极为丰富的历史内容，与我们今天的历史在许多方面有着密切联系，它因此受到后人的特别重视。”①

克罗齐曾说过，一切历史都是当代史。也就是说，人们观照历史、研究历史的时候，面对的并非是已经丧失生命力的固化了的历史，而是在对历史的重新阐释中来回应当下的现实问题。如何看待晚清历史、怎样评价历史中的人物、如何应对中西文明的冲突与正确看待中国传统文化，如何回应传统与现代、中学与西学的对立与融合，这些都是晚清历史小说写作过程中需要认真思考的问题。历史赋予了晚清以独特性与丰富性，晚清也以其丰富性成就了历史小说的写作。

凌力、二月河的历史小说多选取清朝帝王如顺治、康熙、雍正、乾隆为叙事对象，唐浩明的“晚清三部曲”跳出了以帝王权力为中心的叙事套路，另辟蹊径，撷取曾国藩、杨度、张之洞这些带有争议的历史人物，以文学的方式进入历史，尽可能地还原复杂的历史风云，在历史情境中颠覆正史对人物的评价。曾国藩、张之洞被塑造成

---

① 崔志海：《晚清史研究百年回眸与反思》，《史学月刊》2017年第8期。

应该得到历史尊重与后世缅怀的国家重臣，他们虽然在思想上免不了带有时代的局限性，但作为洋务运动的倡导者，在中国走向近代化的进程中，确是力挽狂澜、承前启后的一代名臣。杨度在正史中很少被提及，评价也不高，但唐浩明却将他视为与时代共进退的典型代表，来书写杨度的成功与失败、血性与率真、复杂与多变，让正史中不起眼的小人物在历史小说中真正地活了过来。“晚清三部曲”流露出表彰先贤、还原历史本来面目的写作倾向，借历史人物的为人处世来传承人生智慧，以历史情境照进当下的社会现实，折射出唐浩明力透纸背的现实情怀。譬如，唐浩明在谈及张之洞这个极具典型性的士人形象时，就指出：“通过这个文学形象，或许能够更生动地了解中国封建末期的官场。这个封建官场的消失，距今不过百年，至于它的影响，不仅现在存在，很可能还要持续一段相当长的时期。如此看来，《张之洞》就不完全是一部闲书，它或许也能给当今读者以某些启迪。”与书写当下社会政治的官场小说相比，《张之洞》对政治场域的权力运作法则与生态图景的呈现，丝毫不会逊色。

从写作时间来看，“晚清三部曲”的时间跨度比较长。唐浩明自20世纪80年代开始搜集、整理曾国藩的文献资料到1990年写出《曾国藩》第一部《血祭》，1995年出版《旷代逸才杨度》，再到2001年完成《张之洞》的写作，前前后后历经二十多年，这期间中国社会的思想也发生了巨大的变化。80年代是改革的时代，呼唤大刀阔斧的改革。展现社会发展过程中保守与改革两种势力之间的对立冲突，成为文学叙事的主基调，历史小说也不例外。《曾国藩》将曾国藩置于晚清朝廷保守势力的对立面，在组建湘军、创办洋务、裁撤湘军等活动中凸显其政治魄力、开明思想与生存智慧，借助日常生活的节俭、治家的严格、政治的清廉来丰富其人格魅力，以此达到为曾国藩正名的叙事效果。《曾国藩》一改正史对曾国藩的评价，并引发了90年代以来持续至今的“曾国藩热”。“曾国藩热”既是文学叙事与史学研究的双重联动，也与“新儒学”的兴盛、“新保守主义”的盛行、“国学热”等社会思潮息息相关。《杨度》《张之洞》的写作，自然也脱离不了这一时代背景的影响。奉行帝王术的王闿运，总能够在关键时刻参透政治时局，为杨度指点迷津，看破袁世凯的复辟实质后叮嘱杨度“早日南归”“补上老庄之学”；从小接受西方文明的辜鸿铭，不远万里来到中国追根溯源，学习传统文化，对传统文化推崇备至；桑治平隐姓埋名、辅助名臣，只为有朝一日能够实现“治国平天下”的政治抱负，看透政治后悄然隐逸……这些人物形象，都从不同侧面呈现出中国传统文化的复杂性。从《曾国藩》到《张之洞》，读者不难从字里行间悟出作家对于历史的微妙态度，事实上，文本背后潜隐着新保守主义的影响。“新保守主义主张在尊重现存秩序的连续性的基础上，充分运用现存体制内的制度资源与传统文化资源，作为推进变革的杠杆，通过渐进的方式，逐步实现中国社会经济的蜕变与现代化转型。在新保守主义的主导下，建立在'个别翻案'基础上的局部突破逐渐演化为一套以'激进'与'保守'为价值尺度的'新历史观'。其衡量方法是，对于一切体制外的变革、革命，都以'激进主义'的名义予以否定，而对所有'体制内'的变革，都视为'稳健'而予以肯定。"[①]当然，任何按图索骥式的研究固然不可取，但草蛇灰线，伏脉千里，作家置身其中，不可能不受到这些社会思潮的影响，尤其是对于唐浩明这样一个酷爱传统文化的作家来说。

"晚清三部曲"叙述的晚清那段沉重的历史虽已尘封，但小说凸显的思想史议题，例如如何对待中西文明、如何处理改革与保守的关系、怎样复兴传统文化等等，这些都直接关涉当下的社会现实，具有强烈的指向性。当下消费主义文化悄然兴盛，部分网络历史小说以解构的方式戏说历史、消解文本写作的思想性与严肃性，并借助影视大行其道，向观众尤其是年轻观众贩卖廉价的历史虚无主义，其影响令人担忧。如何在历史小说中灌注思想关怀与现实情怀，这是唐浩明为当下历史小说写作尤其是网络历史小说写作提供的一个重要启示。

主要作品目录〈

长篇小说

《曾国藩·血祭》，湖南文艺出版社 1990 年版。

《曾国藩·野焚》，湖南文艺出版社 1991 年版。

《曾国藩·黑雨》，湖南文艺出版社 1992 年版。

《旷代逸才杨度》，湖南文艺出版社 1995 年版。

《张之洞》，人民文学出版社 2002 年版。

《曾国藩》(增订本)，湖南文艺出版社 2004 年版。

《曾国藩》(文史对照本)，长江文艺出版社 2004 年版。

《胡雪岩》，人民文学出版社 2004 年版。

《杨度》(文史对照本)，长江文艺出版社 2005 年版。

---

① 邵燕君：《"新保守主义"的集体无意识——解读〈走向共和〉》，《文艺理论与批评》2004 年第 3 期。

《大汉高祖刘邦皇帝》，人民文学出版社2006年版。

《张之洞》（文史对照本），长江文艺出版社2007年版。

《曾国藩》（注释本），岳麓书社2012年版。

《刘邦》，长江文艺出版社2012年版。

《曾国藩》（修订版），广东人民出版社2016年版。

《大清权臣张之洞》，北京联合出版公司2016年版。

《大清智囊杨度》，北京联合出版公司2016年版。

《杨度》，作家出版社2016年版。

《曾国藩》（讲解本），岳麓书社2018年版。

“评点曾国藩”系列

《唐浩明评点曾国藩家书》，岳麓书社2002年版。

《唐浩明评点曾国藩奏折》，岳麓书社2004年版。

《唐浩明评点梁启超辑曾国藩嘉言钞》，岳麓书社2007年版。

《唐浩明评点曾国藩语录》，岳麓书社2008年版。

《唐浩明评点曾国藩日记》，岳麓书社2014年版。

《唐浩明评点曾国藩书信》，岳麓书社2015年版。

《唐浩明评点曾国藩诗文》，岳麓书社2015年版。

“谈曾国藩修齐治平”系列

《唐浩明谈曾国藩修身之道》，中国文联出版社2019年版。

《唐浩明谈曾国藩齐家之道》，中国文联出版社2019年版。

《唐浩明谈曾国藩治国之道》，中国文联出版社2019年版。

《唐浩明谈曾国藩平天下之道》，中国文联出版社2019年版。

历史随笔集

《冷月孤灯·静远楼读史》，广东人民出版社2016年版。

田中禾

男，原名张其华，1941年生，河南唐河人。

小 引《

以前读田中禾先生的作品不多，这次读了他的《父亲和她们》，很受震动。一个好端端的人，而且是大家所钦慕的知识人，为了追求一个好端端的人生目标，这个目标，在个人，是美好的爱情，在社会，是伟大的革命，都是好得不能再好的事情。可是，偏偏好人不得好报，好事难结好果，虽然主人公最后也可谓功成名就，但毕竟与他当初的追求相去甚远，甚至背道而驰。这倒也罢了，古人不是早就说过，人生不如意事十有八九，也就是说，人生压根儿就没有什么称心如意的事。认识了这个“不如意”，还算一个明白人儿。不称心就不称心、不如意就不如意呗，中国人说这是“命”，西方人说这是人生的“悲剧性”；中国人说人的命天注定，西方人说悲剧是人的终极困境，都是无法改变的。既然人人如此，也就无须太过在意。中国人的解决办法是认命。西方人的解决办法，以前大约也是听天由命，要不，怎么普罗米修斯干了好事还得认宙斯的罚呢？后来抬出了另一个挨罚的神人西绪弗斯，要大家学习他推石头上山的精神，向命运抗争。这自然也不会有好结果，只不过求了一个心理上的安慰或平衡。凡此种种，这还都说得过去：人是有头脑有思想的动物，人生既注定充满悲剧性，没有什么称心如意的事，又想要活下去，就得找点理由，有个说道，要不，岂不是天天要睁着眼睛触霉头，坐等那个悲剧性的最后结局。最怕的是，已经不称心如意了，已经是悲剧性的了，尚不自知，反而心安理得。按理讲，有知识的人，都不应该是糊涂人，可偏偏这世界上的糊涂人，多数都是知识人，这就不能不让人胆战心惊。

田中禾说：“《父亲和她们》是一部对自由和人性被改造的思考的书。”“文革”结束后，思考这类问题的作家作品，为数不少。20世纪七八十年代盛极一时的所谓“伤痕/反思”文学潮流所涉及的诸多社会人生问题，大都与田中禾所说的“自由和人性被改造”有关。马克思说，人的异化，说到底，是自我意识的异化。田中禾把这个自我意识的异化问题，提到了人们面前，所以我说他的思考，与别人有所不同。先前的思考者，往往基于人道的立场，用中国人特别讲究的人情、人性去缓解痛苦，解救苦难，尤其是女性，更成了这种人道精神和人情、人性的化身。田中禾的作品，也写了

“娘”这样的女性,但在写了她的种种好处之后,却放下一句话说,“我认为……‘娘’用的是忍辱负重的生存哲学,几千年中国儒家教育的行为方式。”“父亲”最终没有挣脱“娘”有意无意编就的绳结。田中禾说:“这便是《父亲和她们》的结尾为什么会出现一个中国结——中国人的宿命。无论怎样绕来绕去,最终还是绕在一根绳上。”

因为田中禾先生在本辑自述中,谈到了文学创作的自由问题,我便借题发挥,说了许多不咸不淡的废话。我的意思无非是说,自由不是随便可以得到的:你以为自由了,其实并没有自由,你以为别人在帮你获得自由,其实让你陷入了更大的不自由。所以,自由,对于人类来说,也许只是个“永恒的梦”。在这个永恒的梦成为现实之前,也许人类能做的,只是好好地“珍视内心的自由”。这还是田中禾先生的意思,我只想就田先生的意思,最后再补上一句话:作家如果不“珍视内心的自由”,就永远也别想有创作的自由。

自　述《

21 世纪我在怎样生活?

21 世纪之初我退休了。本意是厌恶场面上的热闹,想要早点回归自己喜欢的状态。岂料由于提前了一点,反而受到组织照顾,享受了更好的待遇。这让我每每谈论知识分子的独立人格时感到碍口。一个跻身既得利益集团的人有什么资格高谈阔论,说什么作家应该自觉站在体制之外,站在民间立场,坚持边缘写作?这番高论对那些受了二十年寒窗之苦过着蚁族日子的一代后生青年,岂止是虚伪,简直是欺骗。于是我忽然想到那个寒冷的春天的夜晚,一群大学生提着行囊、网袋,簇拥着一个面目清俊的小伙子,走进兰州东站的货运闸口。他们沿着在黑暗中闪闪发光的铁轨,找到东去的列车,在车厢前喧哗,祝福。小伙子安放好行李,伏在车窗上与同学们挥手告别,满脸喜气,兴头十足,像一个仗剑远行的侠客,飞出樊笼的小鸟……这情景历历在目,仿若昨天。而今,那个为了追求自由毅然离开大学的热血青年,他在哪儿?二十年漂泊,走过贫困的乡村,叵测的市井,领略了苦难,享受了自己制造的牢狱的自由,曾几何时,追求自我价值的人生之路弯进某个办公室某把椅子,蓦然回首,五十年岁月像兜了一个圈子,“这个圈子,我兜得可真不小!”(这是《父亲和她们》

中某一章的章题，是这部小说主人公的感叹。）当年那个为了作家梦，想要逃避体制分配而离开大学的青年，不但回到体制之内，而且享受了某个职级的待遇（连那二十年流浪岁月也被补为工龄，使我比同届同学提前参加了工作），像一个富有讽刺意味的荒诞寓言，令人暗自嗤笑。这结局当初他肯定不曾想到。也许，这便是《父亲和她们》的结尾为什么会出现一个中国结——中国人的宿命。无论怎样绕来绕去，最终还是绕在一根绳上。

然而，现在我倒真可以让自己民间化、边缘化，不须花费当年那样沉重的成本，也无须承担那样难测的风险。出走的下场其实很难料。我的中国结也许最终结在爷爷生活的小村，父亲生活的小街。我在那里经历了难忘的岁月，领教过生产队和街道干部的厉害，深知一个身处底层的小百姓兼灰色人物的境遇。所以，我应该庆幸自己在很低的概率下演出了中国传统剧目里的喜剧结尾，对退休生活感到满意知足。21世纪让我体会到一种幸福——此前孜孜矻矻走过的几十年间从没有过的自由，让我懂得了自由是世间最奢侈的东西。自由不只是对必然的认识，它既要物质的保证又要精神的支撑。当衣食无忧，没有养老抚小的压力的时候，有没有自由，就决定于自己看待世界的态度了。

我平生讨厌开会，无奈中我常常带一个笔记本，看着讲话人的影子，打开笔记，用红蓝铅笔在上面勾画。那是我的读书笔记。我趁此工夫复习一下读过的书，巩固一下心得，也多少保护一点性灵。如果我讲话的时候别人这样对我，我会对他刮目相看。现在我不必这么作假了。我只需管好自己，不受虚荣的台面、饭局、礼品、红包的诱惑，就可以安心坐在书斋里。开始人们不太习惯一个经常在各种文学集会上抛头露面的人突然消失，后来他们发现这位先生上山了。谁想邀请他参加什么活动，他会客气地回答，很抱歉，我在山上，一时下不去。于是有人说，某某人退休后深居简出，淡出文坛了。

鸡公山是大别山的余脉，20世纪初被外国人发现，在海外大肆炒作，成为有名的避暑胜地，吸引了二十多国洋人来建别墅，建教堂，办教会学校。这里林木茂密，沟壑清幽，蝉鸣噪耳，异国风情的建筑在云雾中隐现，红色、绿色、蓝色、白色的屋顶从郁郁葱葱的山林间透出，把清凉世界装扮得浪漫、风雅。我租的这栋别墅是20世纪初一位美国传教士修建的，坐落在宝剑山口背后山脊上。仰脸走上一道高高的台阶，绿荫里突然闪出一栋红屋顶、长回廊的小房子，绿树环抱，一棵佶屈苍劲的枫杨树罩着门前石阶。为了不至于太孤单，我和墨白两家共住。墨白远没到退休年龄，当文人们都对职务、官衔非常在意的时候，他能和我一起远遁世外，毫不留恋城市的繁华、场面的热闹，让我对他肃然起敬。

清晨，两位太太提着篮子，沿石阶翻过对面山岗，到南街去赶早集。雨过天晴，云雾涌进回廊，掠过饭桌。我和墨白坐在廊下喝着小酒，在满眼绿树和云雾中聊天，谈文学，说最近读过的书。然后各自回屋，打开电脑，在窗外的蝉鸣声里写作。整个别墅只有风吹动纱门的嗍嗍声。晚饭后，两家人一起散步，逛山，到大东沟悬崖边赏月。夜雾从峡谷里升起，黑黝黝的谷底像洪水涌动的大河，雄伟的大别山渐渐融入夜雾，变成月光下的云层。那一刻，我的心像刚从山溪里打捞上来，洁净，鲜活，滴着晶亮的水滴，纤尘不染。原来人的心可以这样轻松、自在、无忧无虑，不必像弗洛姆所说的那样进入冥想，也不必像佛经里要求的那样历经九重天的修炼。偶有文友来访，楼前那棵大树下就会摆上一张大圆桌，小饭店的主人殷勤地泡上鸡公山毛尖，大家在山野的凉风里喝酒、划拳，滋味与山下完全不同。《父亲和她们》的主要章节都是在这儿完成的。如果你留心，定会在字里行间读出绿树、山风和蝉鸣的痕迹。

其实，“深居简出，淡出文坛”并不真实。淡出的只是主流社会的舞台，不淡出就不能更深地进入文学。尽管每年夏天都上山，热闹场合不再掺和，可朋友聚会并不少。小时候常跟母亲到戏园去看戏，对戏曲有一份特殊感情。在生活无着的岁月，一位亲戚曾介绍我到剧团去谋生，我装模作样给他们写戏，谱上曲子蒙人，可惜一直没能混进戏剧界(那时戏剧界是文人最能出人头地的地方，一炮打响说不定能混个部长什么的干干)，所以对戏剧耿耿于怀，多年不看戏，看了也是爱恨交织，语出惊人。“要振兴豫剧，必须首先振兴祥符调，振兴豫剧流派，制止戏曲歌谱化，粗俗化！自作聪明的音乐设计师们正在肆意破坏传统，败坏豫剧，用一道汤的歌谱代替演员的个性发挥，以粗俗代替艺术。”热爱豫剧的一批文化人以纪念豫剧大师陈素真冥诞为由头，策划了祥符调后继者的大聚会，在省会演了三天折子戏，反响热烈，盛况空前。我放下手头正写的长篇，一连三天去看戏，鼓劲，写文章叫好，于是博得了祥符调弟子、戏迷和研究者的支持，常有免费戏看，还特意去参加了桑振君的弟子苗文华的收徒拜师仪式。为祥符调摇旗呐喊，推波助澜，是退休后做的最惬意的事，让我体验到不含功利目的的民间活动的愉快，也更让我相信，艺术在民间，在边缘，不在主流。民间对艺术的再生和衍生能力远远胜过主流的金钱、权力的扶持。

两部长篇写了十年，不是太认真，不是太怠惰，只是太由心性。找不到感觉不写，缺乏激情不写，没想好不写，身体不适不写。还有一大毛病，忽然看到一本好书，打开必须看完，记了读书札记，才肯放下回到小说里来。小时候喜欢美术，流浪落难的时候，曾经靠画伟人肖像把一段困苦日子变得潇洒，而今对美术也像对戏剧一样难以忘怀。突然兴来，会对莫里迪阿尼、康定斯基、马克·坦西、奥尔芙等发痴，看了他们的画，不由得再翻查些资料，最终觉得不写点小文蛮可惜，就随手写上一些千字文，拿去发表，换几文零花钱（不需上交给家里的最高领导），同时也算聊慰寂寞。自由真的太奢侈了，它要以寂寞为代价。

于是，就不能不偶尔约朋友去唱唱歌，蹦蹦迪，喝喝咖啡。“唱歌的时候，人最纯洁。唱歌的时候，人最真实。”这不是谁的名言，是我自己的话，为了给自己的狂放装饰点文雅。其实本无须文饰，我一贯的人生哲学是：健康开朗地活着，人生才有意义，自由也才能被思考。无论怎样的生活，健康快乐总是第一位的。正如同小说，有趣、美，是第一位的。没有有趣和美，宏旨也无所依附。

访　谈《

在人性的困境中发现价值与美

——田中禾访谈录

李　勇　田中禾

李勇：田老师您好，非常高兴能采访您！首先祝贺您一年之内推出了《父亲和她们》《十七岁》两部长篇。读过之后，感触良多。两部小说叙事手法迥异，一个延续了您一贯的忧患写作，但是更老到、大气，形式更富于创新；另一个则非常不同，对时间和记忆的书写诗意而伤感、沉迷又超脱——我觉得，对您过去的整个创作，这两部长篇构成了新的爆发力，不但没有陈旧、乏力的迹象，而且更具现代性、更有活力。这里便有一个特别想问的问题：中国作家随着年龄的增长，创作力往往会日渐衰退，您现在看来却似乎相反，我想问，您写作的激情来源于什么？不断超越的创造力是怎么保持的？

田中禾：“因为好作品还没写出来，所以不敢老。”我常用这句玩笑话回答别人关于“老”的提问。今年总算把写了十年的两部长篇拿出来了，可文学对于我还像初恋的情人，我觉得自己依然是个初出道的文学青年，我所做的一直是在为写点好东西做准备，人生的准备，学养的准备，艺术的准备。转眼人就老了，人老了反而有更多优势。阅历多了，社会俗务少了，功利心淡泊了，不再有养家活口的压力，更有时间读书、写作。如果能保护好一份童心，人会更纯粹。也许退休后才是一个作家最好的时光。读书、写作本身就是激情的源泉。语言是一个浩瀚绚丽的世界，它激发你历险的激情。写作像玩电子游戏，无所谓超越，只是不想玩已经顺利通过的前几关。上一部小说用过的结构、叙述方法甚至热点词汇，下一部就不想再用，必须找点新鲜的，否则觉得没意思。所谓创造力，就是好奇心对新奇世界毫不厌倦的向往和追求。

李勇：您的确是个有浪漫冒险精神的人，青年时代就崇尚历险吧？20世纪60年代，为了自己的文学梦，您从大学退学，在社会底层过了二十年流浪生活，直到80年代才成为专业作家。当过农民，办过小厂，跟过剧团，坐过牢……那么多坎坷经历对您的人生和创作意味着什么？

田中禾：正如上面所说，二十年的漂泊与我现在书斋里的宁静一样，都只是为写作做准备。既然是主动选择，艰难困厄便被我当作了艺术准备的过程。进监狱那一刻的心情至今我还记得真真切切。我像个顽皮孩子似的东张西望，心里暗暗庆幸，终于捞到一个机会，能到这里来体验体验。这种玩忽人生的态度使我满不在乎地走过了最灰暗的青春岁月。这二十年，对我的思想、语言、看待世界的方法都有至关重要的影响。苦难给了我巨大的精神财富。从文学的层面说，底层社会丰富的故事、生动的细节不但给了我充沛的情感，也给了我来自民间的多彩的生活和鲜活的语言，收获超出了当初退学时的幼稚想象。

李勇：《五月》是您复出文坛后的第一篇力作，虽然写于20世纪80年代初，现在读来却仍觉精彩。好的作品是超越时代的。现在回头再去看这篇小说，您是怎样的感受？到今天为止，您自己最满意的作品是哪一部？

田中禾：现在看，《五月》还是很幼稚。《五月》能给当时的文坛带来一点新鲜感，现在读起来不算陈旧，大约因为我的文学观很清醒，从开始写小说就认定文学必须站在人性的、个人的价值立场，而不是社会的、意识形态的立场。当别人写穷村变富、光棍娶妻、农家女一夜变富这些改革开放的新气象的时候，我关注的是一代青年精神的迷茫。复出文坛之始我给自己选择了边缘位置，自觉地与主流文坛、主流价值观保持距离。这种选择贯穿了我三十年的创作，直至今天。我关注的是人的命运，使用的是人性的视角，我对社会层面的东西不感兴趣。也许这便是您刚才问到的保持创作活力的原因，也是《五月》的意义吧。我在自己认定的路上走，不受外在因素的干扰和诱惑。创作对于我是快乐的、幸福的。写到什么程度，得到什么，得不到什么，这些并不重要，重要的是创作过程让人充满激情。因此，现在我还无法回答我最满意自己哪一部作品，也许真正满意的作品还没写出来吧。

李勇:国内外对您影响较大的作家和作品呢?能不能回答?

田中禾:恐怕我也很难回答。中国作家我最崇敬鲁迅。他骨子里的反传统,对现存体制、秩序、道德的不妥协的批判精神,文字的辛辣、尖锐、幽默,艺术上的先锋,迄今无人超越。在精英向权势、金钱投降,向庸俗大众化靠拢的潮流中,鲁迅精神更加可贵。我是相信了鲁迅的话,从中学时代起就注重读外国作品,诗歌、小说、戏剧、哲学。俄罗斯诗人和作家,普希金、莱蒙托夫、托尔斯泰、屠格涅夫、肖洛霍夫、帕斯捷尔纳克、索尔仁尼琴都对我有很深的影响。最近十年获诺贝尔文学奖的作家,我比较喜欢奈保尔和库切,拉美作家中我更喜欢略萨。虽然我也读了不少冷僻的作家,一些另类的作家,他们给了我很多启迪,可我更喜欢历史感、人性感、忧患感强的作家和作品。这跟我的文学观有关,我不保守,也不先锋。我崇尚超然的、坦荡的自我状态。

李勇:从您的文章里可以看到,您对中国文化尤其是传统文化、中国人尤其是中国知识分子的人格和命运有非常深刻的认识。但作家的理性能力、批判意识对写作来说并不一定都是有益的,您认为呢?您觉得自己的创作偏于感性还是偏于理性?您又是怎么处理二者关系的?

田中禾:你提出了一个对于重视思想、理性的作家至关重要的问题。作家不能靠理性去创作。作家不能靠理论来支撑。文学作品不是政治、文化论文,如果不把思想融入情感,化为艺术,理性就成了作家的制约。我不很喜欢萨特,他作品里的思想驾驭了他笔下的形象;我也不怎么喜欢卡尔维诺,他美丽文字中哲理的闪光并不能掩盖他叙事艺术的乏力;中国作家大多崇拜博尔赫斯,可他的交叉小径的花园里的智慧,不如马尔克斯对拉美历史的奇幻讲述大气。然而,中国作家的确缺乏萨特的思想修养、卡尔维诺对表象世界的哲理表达、博尔赫斯对内心智慧的开掘。作家不靠理性写作,却不能忽视自身的学养建设。批判意识是文学的本质,是文学的价值所在,作家必须有批判意识,但不能靠批判、靠政治来支撑。像库切那样既有宏大的对人类、人性、现存世界秩序与体制的深刻理解力与批判力,又能把思想融入感性的生活故事,以形象与情感诉诸读者,他就是处理思想与艺术的成功的范例。他的近作《凶年纪事》胸怀宽广,批判人类体制和西方政治锋芒锐利,情感故事又很流畅,构思巧妙。我把一部好小说归纳为讲一个新鲜的、有趣的、有意思的故事;把一个故事讲得新鲜、有趣、有意思。尽管新鲜、有趣、有意思是一部好小说的基本元素,但我主张宁可没意思也不可乏味、落套。我认为,文学作品的感性是第一位的,美是第一位的。有趣,新鲜,比有意思更重要,虽然我更欣赏有思想内涵而又唯美的作品。

李勇:余华曾引述过别人的一句话:“看法总是要陈旧过时,而事实永远不会。”意思是对作家来说,遵从“事实”可能比遵从“观念”更重要,不管这观念是别人的还是自己的。您怎么认为?

田中禾:观念、思想是人类文明前进的动力。正因为“看法”总会过时,人类才会在不断否定“看法”中前进。第二次世界大战过去了六十多年,不光各代人看法不一,即使同代人,也有各自不同的看法,这就构成了文学的各自感受、各自表述,使同一段历史有讲不完的故事、诉不尽的发现。本哈德·施林克的《朗读者》由于选取了一个特殊视角,使二战中的战争罪行和战争罪犯呈现出一种别样的、也许是更深刻的价值判断。它以震撼人心的表现人性复杂性的故事颠覆了铁血写成的事实,使我们认识到,事实其实是不可靠的,事实经不起不同看法的探究。事实从产生的一刻起就丧失了它的真实性,无论怎样忠实的描述都不能还原事实的真相。事实和历史只存在于人们的讲述、记忆和认识之中。作家只能用思想和悟性去理解世界,以幻想去构建世界——已经发生的,可能发生的,不曾发生的。文学创作是一个感性过程,作家只能遵从自己的心灵和情感。

李勇:在《父亲和她们》中,您对“娘”是持批判态度的,说她代表着“传统”,但作品所表现出来的“娘”却是慈悲善良美好的,寄寓着强烈的情感认同。您否定“娘”,其实否定的也正是这种“情感认同”,也就是说,您在作品中实际上也在否定着自己。可以这样理解吗?

田中禾:批判,是一个思想者的知性;文学形象,是一个作家诉说历史的感性。“娘”的形象也许正好回答了你刚才的问题,我是怎样处理理性与创作的关系的。作为我在思想上的批判对象,呈现给读者的并不是一个理论概念。我们的传统文化有自己的人性逻辑、伦理原则、善恶是非,她是中国母亲的典型。在写作中我对她投入了深厚的感情,理性上却不能认同她的人生观、价值观。“娘”的感人之处正是传统文化的强大和不可战胜的力量所在。思想禁锢最终必然会被新一轮的思想解放冲决,传统文化却无法用革命来改变。传统深入我们的道德、行为,它的再生能力、衍生能力无法遏制,所以,“娘”是这部小说里唯一的胜利者,她始终占据着道德的制高点。

李勇:“父亲”马文昌左突右冲最终还是回到了“娘”身边,以致他忍不住感叹自己是在“兜圈子”。马文昌的处境是不是也是您的、我们大家的处境?我们都摆脱不了“娘”,摆脱不了传统——您是否感到了绝望,当您谈论“自由”的时候?

田中禾:人对自由的追求不会止于马文昌这一代。人的自由与个人价值的追求如人类文明史一样是一个混沌运动，它在旋转回荡中前进，看似轮回，其实是在前行。历代作家不断重复这个主题，因为人类面对现实从未绝望。揭示无奈、无望，是一种念念不忘的追寻。用一句流行歌词说，“至少我们还有梦”。自由，对于人类是个永恒的梦。

李勇：作为儿子的“我”和父亲其实是同一类型，他抛弃妻子和家庭，抛弃了“娘”立身处世的准则，去往美国。这让我想到了文化回归的主题。“娘”是传统的，却是感性的、宽容的，内心舒展、自足，可以说她是回归的力量和文化的象征，“娘”身上确实闪耀着一种人类应当肯定的价值力量。当儿子陷入西方文明的惶惑时，他回过头去行不行？当代小说确有这样一股“回头”的思潮，如迟子建的《额尔古纳河右岸》，您对这样的文学怎么看？

田中禾：“出走”与“回归”是现代人的两种精神选择，也是当代作家的两大梦境。回归自然，回归纯朴，回归传统，是疲于奔命的现代人在精神焦灼与物欲横流的世界里的梦想。“外面的世界很精彩，外面的世界很无奈”，出走后的漂泊感让现代人怀念精神家园，回归就成为自由的憩园。《父亲和她们》由身在异国的“我”来讲述，以一个美国小镇为讲述背景，“我”的怀旧、思乡的情调，的确就是对现代人宿命的隐喻，暗含了回归的情感。然而，对于现代人，出走和回归都只是白日梦，只能在文学里实现。连续多年，以写非洲、怀念非洲来批判西方现代文明的作家特别获诺贝尔文学奖评委们的青睐，戈迪默、莫瑞森、莱辛、克莱齐奥等都因对非洲饱含怀恋的描写而获得诺贝尔文学奖，可他们当中没有一位作家真正回归非洲。库切离开非洲，移民澳洲，然后又把澳洲批得一塌糊涂。随着全球化、城市化进程，我们不但丧失了精神家园，连物质家园也不复存在。我的乡土情结很重，回归情感很浓，每次回老家都会有一种揪心的痛惜。儿时的记忆被践踏，城市化进程使乡情变得淡漠，这种痛惜感写在我的短篇《姐姐的村庄》里。现代文明走的是不归路。所以，只有激情和幻想能拯救人，使人不至于沉沦于物欲、沉沦于庸碌、沉沦于现实的无奈。弗洛伊德说“文学就是白日做梦”，让人在文学里为自由出走，让人在文学里为厌倦回归，这正是文学的真正使命。

李勇：如果说《父亲和她们》是“出走”，您的另一部长篇《十七岁》是不是可以看作“回归”，故土家园的情感回归？全书在写您的个人记忆，非常个人化。小说对“时间”的描写非常动人，“过去”和“现在”相隔大半个人生，隔着这样大半个人生去回望青春和过往，它的写作过程和写作感受与《父亲和她们》肯定大不相同。读《十七岁》，有唏嘘，有感动，有说不出的哀伤，还有会心的笑……这样的作品是不是只有到了一定的年龄才写得出？这样的作品我不知道我是不是已经读懂。

田中禾：《十七岁》没什么深意，谁都读得懂。它是情感的吟哦，生命记忆的弦歌。我希望它能在喧嚣的社会潮流中构筑一片小小的清幽天地，让人的心灵能在这里找回温情和宁静。发表之前，我曾经把它命名为《乐园》，记忆的乐园，失落的乐园。我认为这种境界更接近文学本质。由于选取了一个特殊时期，《十七岁》的记忆不只是我个人的，它其实是民族记忆的一个切片，是大时代的个人印记。

李勇：《十七岁》和《父亲和她们》，一个温馨一个厚重，两种完全不同、甚至截然相反的风格，您更钟情于哪一种？以后会继续顺延着写下去吗？

田中禾：从《匪首》到《十七岁》，这几部长篇有着各不相同的结构手法和叙述方式，思想上却只有一个主题：人性在体制与传统力量作用下的境遇和困惑。艺术上也有一个共同风格：以饱含民间智慧和书卷气的叙事，充分发挥写实艺术的魅力，诗意地展现苦难人生。我一直在努力以文学手段在人性的困境中发现价值与美，这是我毕生的主题，我会沿着这个主题继续开掘。我认为写作应该跟着感觉走，我会不断变换结构和叙事方式，根据要讲的故事内容来决定怎么写，不会遵循固定程式。

李勇：您一直强调写作者的“慈悲感和怜悯心”，这似乎是您小说中总出现那些美好善良女性的原因，这好像也跟您的成长经历、母亲给您的影响有关吧？您的小说总透出一种多情、温暖的个性；而河南作家，相当多的却是笔力“凶狠”——这跟河南人的生存环境有关。您怎么看？

田中禾：每个作家都有自己的写作哲学和风格，这与各人的性格、经历、童年记忆有关。我对生活的理解是诗意的、多愁善感的，值得热爱和珍惜的。温柔敦厚之道，是中国传统写作的标准要求，我这个骨子里反传统的人，笔下的作品却大体符合这个要求。这与儿时的教育有关。《十七岁》可以看作我的自传。你可以从中看到我的童年，因而窥见我内心成长的经历和写作风格形成的精神因素。我三岁丧父，在母亲影响下长大，母亲性格刚强，精明能干，富于生活智慧，却非常尊崇故乡小县悠久的市井传统。讲诚信、宽容、自尊、尊人，《十七岁》里母亲的形象就是我儿时对母亲的真实记忆，情节、细节大都是真实的。我眼中缺乏残酷，不会“凶狠”。我笔下没有恶到极致、凶到极致、情感变态到极致的形象。这是我的弱点。每个人的所长就是他的所短，所短也是他的所长。我不想改变自己，也不可能改变。我的写作存在证明了“河南人”并不都只会凶狠，固然一个人性格和人格的形成与生存环境关系密切，但同样环境里的人仍然是千差万别的。

李勇：大家经常谈论“河南作家群”，您认为河南作家的共性是什么？有什么共同的优长、欠缺？

田中禾:我不赞成作家群的提法。文学艺术的灵魂是个性,什么“军”,什么“群”,有意无意抹杀了个性,给作家画地为牢。博尔赫斯曾经批判一些阿根廷作家的意识只属于地方,不属于人类,自甘于一个“地方作家”。这种情况我们中国作家和理论界尤为严重。我们不会把歌德看作“魏玛军”,把鲁迅称为“浙军”吧？正如我上面所说,同一个地域的人千差万别,同一个地域的作家更是千差万别。以比较文学的眼光,我们可以从地域的自然条件、历史文化传统找出一些作家背景研究的课题,在艺术上,我更重视各自的不同。正如上面所说,各人的优长、欠缺有各自形成的原因,不存在可比性。

李勇:您强调文学的“慈悲感和怜悯心”,对当下流行的“苦难叙事”“底层写作”,您有什么看法？忧患意识强,对作家不一定是好事,您似乎也这么说过。您认为,这样一种忧患意识下的写作,应该如何才能做到不让人遗憾？

田中禾:我的确曾经告诫一位朋友,不要让忧患意识拘泥了情感和视野,但忧患意识、批判意识是作家的基本品格,没有忧患意识的作家不过是一个文学投机者。即使是通俗文学,也应该以忧患和人道主义为基本精神。我的劝告是作家不可沉溺于苦难而使艺术的翅膀过于沉重,局限了想象力和激情的发挥。超越苦难才能审视苦难。用超越的态度去写苦难,苦难才能呈现出更深刻的意义。如果审美是第一性的,我们就应当在苦难中发现美。爱因斯坦说他反对宗教迷信,但他主张人应该有宗教意识。我觉得这个论述也可以用来论述忧患,我反对忧患遮蔽审美,但主张审美应该有忧患的底蕴。慈悲感和怜悯心,是鲁迅引用日本作家德田秋声的话,我记不起出处了。它比忧患更宽阔,忧患只是慈悲与怜悯的一个方面。我最近重读了法兰克福学派的一些论著,回头看马克思,觉得他是一个非常令人敬佩的知识分子,坚持站在利益集团的对立面,坚持为劳苦大众的利益写作。而我们中国知识分子大多已变为既得利益者,接受利益赎买,与利益集团沆瀣一气,甘做他们的吹鼓手和卫道者。作家的忧患写作就显得尤其重要,坚持清醒的边缘写作、民间写作、底层写作,更显得难能可贵。

李勇:您是否感觉到了有限——作为文学家的,以及文学的？您担任过河南省作家协会主席,有很多“文学”以外的经历,在这样一种人生经历的对比之下,您对文学的功能又有着怎样的认识？

田中禾:人的社会职务不应该影响他的思想。在体制内,在社会关系中,人没有绝对自由可言,因此,人应该珍视内心的自由。我的自由哲学是:不管我扮演什么样的社会角色，不管我身处什么样的环境，我都要努力保持思想自由，保护独立人格，保持独立发现、独立思考的能力。一个人思想的自由，与社会因素无关。文学的功能就是站在人性立场，为被社会异化的人性提供精神支撑，让备受社会挤压的人有一个寄托梦想、感受温暖、发泄焦虑与愤懑的酒杯。作为一个作家，社会角色能够使我更深切地体味到社会体制、社会运转的实际，因而更明白文学艺术对于人类社会的价值。

评　论《

思想者的苦恼和艺术家的逍遥

——论田中禾的小说创作

李　勇

新时期文学已历三十余载，保守地来看，我们仍如当初那样，在进行思想和艺术的拨乱反正。积极地看，则在拨乱反正的同时，那种自在、自为的文学表达也有迹可寻：余华在 20 世纪 90 年代“转向”后写出了《活着》；莫言甫登文坛便以“爆炸”式的灵感和语言创造了他独特的文学世界；及至当下，刘震云《一句顶一万句》对历史和农民意识的探索、李洱《石榴树上结樱桃》对新乡土经验的表达，也分别标志着他们从此前自己那种姿态性十足的写作中的走出。当然，不该忘记的还有迟子建《额尔古纳河右岸》对现代文明的反思以及贾平凹《秦腔》对乡土中国的忘情悲哭等等。但须注意的是，所提到的这些作家，从其创作历程来看，多有一种一贯的个性或能力——刘震云、李洱、余华等的怀疑精神，莫言的想象力和艺术通感力，迟子建对生命悲哀本质的深刻体验，贾平凹对形而下世界的超强把握等，从而使其保有对“自由”的亲近。但是，这种“一贯性”在有些作家那里是缺乏主体自觉的，“自由”仅仅是有限度地实现于对自我“天性”的某种展露，因而也是不稳定的。而在一些具有主体自觉的作家那里，“一贯性”又往往使其对“自由”的实现表现为对初始写作理念的固守或深化，缺少质变的轨迹。在这种情况下，那种具有较大幅度转变与跨越的、具有自我颠覆性和超越性的写作便格外引人注意，因为自我颠覆和超越的过程，必然包含了更为丰富和复杂的心理内容，因而也便有可能在文学“自由”的实现问题上提供更积极的启示。田中禾的创作便属此类。

一

田中禾于20世纪40年代生于河南唐河，高中时便出版过诗歌，60年代因不满大学中文教育的落后而主动退学，并立志在人间的“大学”实现自己的作家梦。此后做过农民、教师，办过工厂，在社会底层摸爬滚打了二十年后才成为专业作家。田中禾写作起步早，享有盛誉却是在80年代，短篇小说《五月》的发表与获奖，使其作为一个乡村小说家初闻于世。对转型期农村深刻而富有前瞻性的把握、对人性温暖和良善本质的体味与表达，使《五月》发表后广受称赞。但田中禾后来却没有一直沿着这条路走下去，他选择了不断挑战和突破自我。从《五月》到《明天的太阳》，到《落叶溪》《匪首》，再到《父亲和她们》《十七岁》，田中禾的自我挑战与突破是全方位的：从乡村到城市、现实到历史，从社会历史反思到文化人格批判，从写实、白描到意识流、“笔记体”、多角度叙事——既有题材上的，又有主题、艺术和语言上的。多变的风格体现着作家倾向于冒险的个性，但有一种较为恒定的东西在他身上却似乎一直没变，那就是一种强烈的社会责任感和担当意识：在《五月》等早期乡村小说里，它体现为对农民生存现实的观照和对农村出路的寻找；在《明天的太阳》等城市题材小说里，它体现为社会转型和文化冲突所造成的主体压抑和痛苦；在《落叶溪》《匪首》中，它体现为历史重构所暗含的文化忧思和人性透视；在《父亲和她们》中，则体现为对现代中国知识分子文化人格的批判性审视。

可以说，《十七岁》之前，田中禾小说显现出来的作家主体精神气质一直是深沉的、富于担当的，而《十七岁》却发生了明显的变化，它完全取材于作家的自我家族史和人生经历，以“自传”和“回忆录”的方式记述了作者的祖辈、父辈和自己一代家庭成员的生长经历，尤其对姐姐、哥哥和“我”的青春成长作了浓墨重彩的记叙。小说充满了对往事的深情回忆，回忆中灌注着作者对时间流逝的感慨，对人世生存的苍凉而温暖、诗意又伤感的生命体验。将《父亲和她们》与《十七岁》进行对比就会看出明显的不同：前者是写“他人”，后者是写自我；前者寄寓社会担当，后者是生命诗意的挥洒与流淌；前者苍茫滞重，后者轻盈洒脱。二者的差异是鲜明的，借用前面的话来说，《父亲和她们》（及田中禾此前的创作）更看重“文学与外部世界的联系”，《十七岁》则更体现着文学言说的“自由”和“有限”。如果把田中禾《十七岁》之前的创作看作一条连续的河流的话，那么《十七岁》便像是一次突转，但突转并非中断，它不是无迹可寻的。对田中禾来说，《十七岁》变异的背后必定隐藏着某种一致性。那么，这种一致性是什么?

就中国文学的传统而言,“言志”也好,“载道”也好,总是希望作品有所发言、有所承担,这是中国作家意识或潜意识里一种普遍的愿景。田中禾似乎也不例外。在《十七岁》之前,一种内在的焦虑和对焦虑的抵抗始终主导着他的表达。在《五月》中,焦虑来自一系列社会现实问题:卖粮难问题、农民负担问题、青年农民的人生出路问题、主人公香雨的人生和事业忧郁所折射出的社会分层问题,等等。作品对焦虑的表达主要借助于主人公香雨,以这个对家乡、亲人饱含深情的“返乡者”和“外来者”的所见所感呈现作者的内心,而对焦虑的化解同样也是借助于香雨——以她对“个人苦难”和“人民苦难”进行对比而激发的一种献身精神和担当意识来实现对苦难的超越和战胜。但以个体的道德自觉和精神境界的升华来超越苦难、缓解焦虑其实并无助于实际问题的解决——焦虑缓解了,苦难却仍然存在,而随着社会现实的恶化、苦难的加剧,焦虑势必会卷土重来。《姐姐的村庄》便标志着焦虑的升级,甚而进一步转化成了某种失败和绝望的宣告:村庄随着“姐姐”的离去而变成了不毛之地,“我”宁愿逃离!但是,逃离“乡村”的田中禾并不能获救,《明天的太阳》《诺迈德的小说》和《杀人体验》对城市肮脏、混乱、残酷、冷漠的一面的展示,让我们看到了一种更切肤、更无从逃避的焦虑正将他紧紧包围。

现实的焦虑无从化解,于是便祈求于深层的文化寻找,希冀在“文化”和“历史”的向度上觅得精神的拯救。这是20世纪80年代“寻根文学”的逻辑与方式,也是田中禾在《匪首》中的努力。但是,和起于希望终于失望的“寻根文学”一样,《匪首》对于作者的文化寻找和精神拯救来说同样毫无建树:兼之、有申身上找不到真正有建设性的文化价值,他们“要么被事业或文明异化,要么被本能变为野蛮”,季之的文明理性“使他更软弱”①,荞麦和母亲的完美也只证明了理想的美丽与虚空……小说万般俱灭的结局再明白不过地表明了作者的失望。历史与文化的寻找,是反抗焦虑的升级,反抗的失败则意味着焦虑的进一步膨胀。约写于同时期的“笔记体小说”《落叶溪》,其钩沉历史、品味民俗的悠游闲适未始不是对焦虑的暂时纾解,但焦虑的不能根除却注定了他要继续抗拒、寻找。

二

新近发表的《父亲和她们》,据作者说经过了“长达二十年”的思考,这说明他一

---

① 田中禾:《超级玛莉的历险——〈匪首〉创作札记》,《小说评论》1995年第1期。

直没有摆脱焦虑，也没有放弃抗拒的努力。从主体的道德自觉，到历史文化的价值寻找，田中禾企求的是对现实的批判和改变，这一次他将希望寄托于对中国现代知识分子的文化人格省视。小说主人公“我”的父亲马文昌是在革命年代成长起来的知识分子典型，从意气风发的革命青年，到抑郁苦闷的中年干部，再到老年安享荣誉和回忆的布道者、人生导师，作品表现的更是一种超出“革命”的强大的社会性外力对所有叛逆个性的改造。小说引人注目的是“娘”这一形象，“父亲”在爱情、事业上的每一次“出走”，都以回到“娘”的身边为终了，以致“父亲”忍不住感叹他的人生不过是在“兜圈子”。“娘”像大地般仁厚宽广，但正如作者说的：“她对父亲的改造深深植根于传统观念之中，它渗透于我们的日常生活、伦理道德甚至我们的潜意识，以人本主义为中心的现代思想找不到向它进攻的突破口。”[①]“娘”所代表的是一种强大的、具有历史性和社会性的“传统”，任何生于、长于其中的人都难以逃避。“父亲”选择了妥协和活着，邹凡作为与“父亲”形成鲜明对照的理想知识分子形象，他抗争、叛逆——象征了“父亲”心中那个被压抑泯灭的自我，但他却被早早地安排了死亡。

《父亲和她们》是对中国知识分子一种普遍的生存处境的发现，从《五月》到《父亲和她们》，由对社会现实问题的发现，到历史文化反思，再到文化人格批判和自我批判，从中可以清晰地分辨出一条由焦虑/抵抗焦虑到走向绝望的路。焦虑起源于担当，最终收获的却是绝望，这是田中禾作为知识者和思想者的苦恼，也是田中禾作为一个作家在理智与观念层面遇到的苦恼。

《十七岁》却似乎摆脱了这样一种苦恼，小说从内容和写法两方面都表现得十分明显。从内容上看，它讲述的完全是个人史和成长史，“十七岁”是个特别的时间点，因为“十七岁”的生命还没有完全融入社会和历史的过程，饥荒、战争、革命、运动……历史在波澜壮阔地进行，“十七岁”的生命们却在出嫁、夭亡、躲在阁楼里烤疥疮，抑或刚刚打点好离家远去的行囊，他们此后将参加革命、被打成“右派”、上山下乡，但在“十七岁”的时间点上，他们只有初恋、升学、离家和感伤。所以，“十七岁”的“历史”是更为私人化的历史，对“十七岁”的回望看不见家国、责任和担当，而仅仅是对昨日的一种眷念，对青春的缅怀，衬以发黄的历史底色，让人唏嘘，让人感慨。而在写法上，作者用的是最朴素的写实手法：人物脱胎于现实，事件遵循时间的自然流动，第一人称叙事者拥有实际上的全知全能。田中禾一贯重视小说的语言和形式：

---

① 墨白、田中禾：《小说的精神世界——关于田中禾长篇新作〈父亲和她们〉的对话》，《文学报》2010年10月14日第7版。

“讲一个有意思的、有趣的、新鲜的故事，首先不是故事本身，而是故事的讲法。”[①]“讲法”往往包含了丰富的理智和意图，《十七岁》这一次却似乎是对所有智性操作的放弃，它率性而为、自由自在。

那么，为什么会发生这种变化？《十七岁》的这种个人化叙事是否意味着作者对焦虑和绝望的逃避？

三

整体的阅读会发现，田中禾作品中其实一直隐现着两个不一样的作家自我：思想者的自我，艺术家的自我。思想者的自我介入、担当、焦虑、忧愤，但对这个思想者的自我，作家本人却始终有所警惕——他没有否定过作家的社会责任感，但对功利主义的文学态度却极为嫌厌。他说：“中国的读者似乎早已忘却了文学对于人的性灵的温柔、愉悦和美的享受。”田中禾有一种艺术的自觉——“对于人的性灵的温柔、愉悦和美的享受”也好，或者其他别的也好，田中禾相信，文学有且应该有一种属于它自己的、与生活和世界建立联系的方式。也就是说，文学可以表明“态度”和“思想”，但前提是以文学自己的方式——这是一种文学的自觉，而这样一种自觉也便造就了田中禾作为艺术家的另一个自我。

“艺术家的自我”首先（也是最明显地）表现于田中禾对文学情感本质的守护。他说“文学的关注焦点应该是人的命运，人性的状态”，由此引发的作家的“悲悯”是文学的真正触发点：“从内心深处，我更认同文学是苦闷的象征，是慈悲感和怜悯心。”[②]所以在《五月》中，他才选择了一个刚毕业的乡村女大学生作为小说主人公，因为她“不属于乡村”的身份和“属于乡村”的情感以及那种温柔、善良、易感的女性心智最能体味苦难，也最能传达“慈悲感和怜悯心”。善良美好的女性一直是田中禾小说中引人注目的人物类型：保山媳妇（《椿谷谷》）、爱弟（《坟地》）、荞麦（《匪首》）、“母亲”和“娘”（《父亲和她们》）……她们都是那种淳美、善良的传统女性，绝少叛逆张扬的个性。按性别心理学的说法，女人比男人更富于感情，也更偏重感情，田中禾小说中的女性便以这种慈悲善良的女性特质与追求理智、冒险的男性形成了鲜明的映照，她们以一种醒目的情感力量对男性主导的理智世界构成了有效的滋润和缓冲。对“情感”的突出和侧重，使田中禾始终贴紧的是人性，而不是“观念”和社会性，这使他的小说始终表现出一种温柔敦厚的品格，也使他的作品在自身内部形成对“焦虑”

---

①② 田中禾：《田中禾小说自选集》，河南文艺出版社 1998 年版。

的抗拒。

除此之外，艺术家的田中禾还有另外一种自觉——追求创造的自觉。在《匪首》创作札记中，田中禾这样说过："一个有出息的作家不是靠生活阅历和学识积累，尽管这二者都是至关重要的，对一个作家来说，更重要的是激情与幻想。阅历生活，积累学识，都是为了丰富、建设直觉智慧，而不是框限它、磨钝它。作家的佳势状态是天马行空，他一生能达到的高度就是张扬自己的激情与幻想的程度。"倡扬"激情与幻想"，一方面可能与其叛逆、冒险的性格有关，但另一方面却更源于他对中国传统文化和民族性格的一贯体认与反省。文化传统及其构成的生存"现状"是中国知识分子追求"自由"的最大障碍，这是田中禾在《父亲和她们》中得出的结论，而艺术通过"创造""激情与幻想"却能够破除这种障碍、实现"自由"。也就是说，田中禾在此已经发现：其艺术家自我的充分实现便是对陷入绝望和苦恼的思想者自我的有效拯救。

思想者田中禾的绝望和苦恼，现在成了艺术家田中禾确证自身价值的理由，而其所依凭的就是艺术通过"创造""激情与幻想"对"自由"的实现。当然，这种"自由"只是一种心灵的自由，田中禾明确地表示，"我是个很看重心灵自由的作家"，只是这种心灵的自由在《十七岁》之前却一直是被压抑的，介入、担当导致的"悲悯"纠结于心(田中禾当年在给友人的信中说："我曾如你一样在这样一条路上满怀热情地走。今后也许仍不会丢弃它。但我觉得我们的忧患拘泥了我们。"[①])——那时，"自由"仅仅表现为对"情感"的守护和对外在"观念"的远离，"激情与幻想"也只能在语言和形式的创造中获得暂时和有限的满足。然而艺术家的自我终究渴望更充分的实现，而思想者自我亦能借此实现对苦恼和绝望的摆脱，于是对一种更充分的"自由"的实现也便成为必然，而这种"更充分的自由"势必是自我的、内敛的、排斥任何心灵负累的，《十七岁》便是它的直接产物。田中禾谈到《十七岁》时这样说道：

> 我的稿子没什么卖点。说穿了，它不过只是满足了我自己的述说欲。我写作唯一的好处是让我自己逃避了尘世的喧嚣，在沉溺于文字中让自己的心不随浮躁的时代起舞。谁来读它，也只能无奈地以平静的心去读。没什么宏旨，仅仅是个人的述说，个人的家事。所以，我要说，在文学中，个人高于一切。不过是为自己的平淡造一点声势吧。[②]

"个人高于一切"——这是田中禾作为艺术家的自知，也是他借《十七岁》对"更

---

① 田中禾、墨白：《人性与写实》，《文学自由谈》1993年第2期。
② 田中禾：《个人——文学至高无上的主人公》，《作品》2007年第4期。

充分的自由”的实践。

从渴望自由，到自由的充分实现，这便是田中禾从《十七岁》之前的创作到《十七岁》的“一致性”。不过，这里留下的唯一的问题是：艺术家田中禾所实现的“自由”是否是思想者田中禾所企望的“自由”？

从艺术的角度来看，一个逍遥的艺术家是对自由的最高实现，这应该是没有问题的——艺术家通过创造、激情和幻想所打开的是通往“无限”和“可能”之路，而这也正是艺术实现“自为”的根本路径。所以，田中禾通过对艺术家自我的充分实现而获得了自由，这是他作为艺术家的荣耀与自豪。

（载《小说评论》2012 年第 2 期）

主要作品目录《

长篇小说

《匪首》，上海文艺出版社 1994 年版。

《父亲和她们》，作家出版社 2010 年版。

《十七岁》，江苏文艺出版社 2011 年版。

中短篇小说集

《月亮走　我也走》，作家出版社 1993 年版。

《印象》，上海文艺出版社 1996 年版。

《轰炸》，华夏出版社 1997 年版。

《落叶溪》，河南文艺出版社 1997 年版。

《田中禾小说自选集》，河南文艺出版社 1998 年版。

中短篇小说

《遥远的彼岸》，《百花园》1983 年第 7 期。

《槐影》，《上海文学》1985 年第 1 期。

《五月》，《山西文学》1985 年第 5 期。

《山这边》，《奔流》1985 年第 10 期。

《剑峰之雾》,《百花园》1985年第10期。

《无花泉》,《莽原》1985年第6期。

《春日》,《奔流》1986年第3期。

《泥路》,《躬耕》1986年第2期。

《椿谷谷》,《奔流》1986年第7期。

《秋天》,《山西文学》1986年第10期。

《娃娃川》,《奔流》1987年第6期。

《最后一场秋雨》,《人民文学》1988年第12期。

《南风》,《当代》1989年第1期。

《枸桃树》,《十月》1989年第1期。

《明天的太阳》,《上海文学》1989年第6期。

《流火》,《莽原》1989年第2期。

《轰炸》,《收获》1990年第5期。

《坟地》,《当代》1990年第1期。

《河滩》,《莽原》1990年第1期。

《青草地》,《莽原》1990年第1期。

《天界》,《小说家》1992年第1期。

《印象》,《小说家》1992年第6期。

《一样的月光》,《黄河》1993年第2期。

《浪漫种籽》,《莽原》1994年第4期。

《杀人体验》,《人民文学》1996年第3期。

《不明夜访者》,《天津文学》1996年第4期。

《诺迈德的小说》,《莽原》1996年第3期。

《姐姐的村庄》,《山西文学》1996年第11期。

《进入》,《中国作家》1999年第1期。

《白色心迹》,《莽原》1999年第2期。

《倏忽远行》,《莽原》2000年第5期。

《黄昏的霓虹灯》,《青春阅读》2002年第6期。

《来运儿,好运!》,《长城》2003年第2期。

《何家沟的星星》,《天津文学》2008年第7期。

散文集

《故园一棵树》,海燕出版社2001年版。

《在自己心中迷失》,河南大学出版社2012年版。

《同石斋札记》,大象出版社2019年版。

散文随笔

《巴尔扎克对理想形象的塑造》,《文学论丛》1985年第4期。

《我写〈五月〉》,《文学知识》1986年第4期。

《文学的乡土性、世界性和哲理性》,《奔流》1986年第12期。

《短篇小说与门杰海绵》,《山西文学》1991年第8期。

《在自己心中迷失》,《小说家》1993年第4期。

《文学的领域和作品的定位》,《小说家》1993年第5期。

《在绅士的客厅里聊天》,《世界文学》1993年第6期。

《高雅而潇洒的遁逃》,《随笔》1994年第3期。

《超级玛莉的历险——〈匪首〉创作札记》,《小说评论》1995年第1期。

《享受人生(三题)》,《金潮》1995年第3期。

《花儿与少年以及春天》,《热风》1995年第6期。

《钟摆·树叶·人性的磁极》,《随笔》1995年第6期。

《任怪圈继续旋转》,《时代文学》1996年第2期。

《读音乐(二题)》,《随笔》1996年第4期。

《获诺贝尔文学奖的戏剧家》,《河南戏剧》1998年第3期。

《写作与激情》,《四川文学》1998年第5期。

《重读苏金伞》,《莽原》1998年第6期。

《美术与文学》,《莽原》2000年第1～6期。

《造访马克·吐温》,《热风》2001年第2期。

《圈外说戏》,《东方艺术》2001年第5期。

《从〈沙恭达罗〉到〈第二十二条军规〉》,《世界文学》2001年第6期。

《关于礼仪之邦之瞒和骗》,《随笔》2002年第5期。

《眷念皇帝》,《随笔》2003年第2期。

《关于诚和信》,《随笔》2004年第4期。

《康涅狄格寓言》,(美)《环球彩虹》2005年第4期。

《博尔塔拉(新疆三题)》,(美)《环球彩虹》2005年第5期。

《画说东西》,《世界文学》2005年第1～6期。

《走过阿坝》,《四川文学》2006年第10期。

《窗外风景》,《莽原》2006年第5期。

《与中学生谈写作》,《中学生阅读》2007年第1～6期。

《1978:历史的瞬间》,《随笔》2008年第4期。

长　诗

《仙丹花》,河南人民出版社1959年版。

铁　凝

女,1957 年生于北京,祖籍河北赵县。

小 引《

提到铁凝，人们自然会想到她的成名作《哦，香雪》。如果说，在中国现当代文学中，有一种可以称作诗化的小说叙事传统的话，那么，这个传统就是由如下一些作家成梯级联结而成的一个线阵，即鲁迅、废名——沈从文、萧红——孙犁、茹志鹃——汪曾祺、铁凝等。他们各自所处的时代不同，个人的经历与遭遇有别，但有一点却是共同的，即都善于把人心中的那一点欲望、期待和希冀，或人性中的那一点对于真、善、美的向往，点化成一种诗意的画面。而且饶有意味的是，这一传统又总是与中国社会的现代化进程和现代性生长密切相关，甚至是这一进程在小说叙事中的具体呈现。就拿上述作家中几个比较典型的例子来说吧，首先是处于20世纪初的废名，人们提到他的诗化小说，总爱说他受到佛教禅宗的影响，这诚然不错，但废名笔下所描画的那些几乎是处于自然状态下的生活和人性，又何尝不是他对于未来社会和理想的生活与人性的一种向往。而这种向往又恰恰体现了"五四"启蒙思潮对于人的解放和个性自由的提倡。如果说现代化的发展也应该以人为中心的话，那么，这一切又构成了中国社会的现代化进程和现代性生长的起点。在废名之后，是处于20世纪三四十年代的沈从文。中国社会的现代化进程，造就了一种畸形的都市文明，相对于沈从文心目中的乡土而言，这种都市文明是有害于人性的发展和完善的，因而就出现了为众多论者所说的，沈从文的创作表现出对抗都市文明的"反现代"倾向。这种"反现代"倾向，实质上仍然是属于社会的现代化和文化的现代性范畴，是以一种"反现代"的方式所表现出来的现代性。因为他所对抗的毕竟不是现代化作为一种文明形式本身，而是现代化的历史进程在一个东方古国所造成的畸形的都市文明，或如有的论者所说的现代化的负面效应。但他所追求的仍然是一种完美的生活和人性，这无疑又是符合现代化和一切文明形式所追逐的终极目标的。

与上述作家不同，20世纪末的铁凝置身于其中的历史文化语境，既不是现代化发动之初，也未曾遭遇畸形的都市文明，而是处在一个激进的现代化进程所造成的历史断裂之后，重续现代化的历史所激起的向往和追求之中。因此，铁凝的《哦，香雪》的诗化叙事，就多了一层社会性的因素，而少了一点抽象的人性色彩。香雪有如废名笔下的三姑娘和沈从文笔下的翠翠一样的天真未凿、朴素清纯，但不像三姑娘那样安于田园牧歌般的乡村生活，也不像翠翠那样固守古老的生活形式，而是对山外的文明充满着热切的向往，对改变自己的人生处境饱含着强烈的渴望。于是，封闭的乡村环境，就不再是寄寓桃花源式的理想和构造乌托邦想象的生活场景，而是窒息人的生活理想，阻碍社会发展进程的精神壁垒。人与环境的冲突便由此产生，铁凝在这其中撷取了一朵冲突的火花，用以点燃人心中那一点隐秘的愿望，让人类某种“原始的美德”，在对现代文明的向往中，幻化出一片诗意的辉光。在重续现代化历史的 20 世纪 80 年代，铁凝的作品又重新唤起了人们对于现代文明的信心和希望。

如果套用鲁迅“娜拉走后怎样”的问式，对铁凝来说，或许也有一个“香雪走出大山以后怎样”的问题。在本辑的作者自述中，铁凝有一段饶有深意的回答。这段回答的意思，我想不外乎是说，现代文明不像古老的农业文明那样，是以一种渐进的方式在中国乡村社会内部逐渐发展起来的，而是以一种外来的强力的形式，介入古老的乡村社会和传统的农业文明。她把这种介入称为“温柔的暴力”。结果自然是推动了社会的发展，也给人们带来了富裕和满足，包括改变了香雪们固有的生活方式和人生道路，但与此同时，也给乡村社会带来了许多负面的问题，包括香雪们所受到的现代文明的“污染”等等。一方面是现代化带来了物质文明的巨大进步，另一方面是现代化的发展造成了无穷无尽的社会和人性问题，这也许就是社会学家和现代化学者所说的现代化的矛盾和悖论。在人类现代化的历史进程中，无论是在西方还是在中国，以关注人类的精神和心灵为己任的作家，就注定得面对这种矛盾和悖论。“作为一个写作者，我更愿意关注火车以后乃至现在的磁悬浮列车以后的人类的精神动向；关注怎样阻挡人在物质引诱下发生的暴力——比如富裕起来的某些香雪的坑骗旅客之行为即是一种新的暴力；关注怎样捕捉人类精神上那最高层次的梦想：唤醒这些梦想或者表达这些梦想，并且不回避我们诸多的焦虑与困惑。”——铁凝在她的“自述”中如是说。我想，从这个意义上说，铁凝也许正是一个用“梦想”来调和现代化的矛盾和悖论并在“梦想”中写作的作家。

当然，在《哦，香雪》之后，铁凝并没有沿着“香雪走出大山以后怎样”的问式去写作，因为在大山之外，她要遭遇更复杂的社会，在香雪之外，她要面对更复杂的人性。关于此后的写作历程，我的博士生赵艳在她的访谈和评论中，都做了详细的辨析和评论。但无论如何发展变化，铁凝的创作都离不开一个中心的题旨，即她自己所说的“对人类的体贴和爱”。而在这种种的“体贴和爱”的梦境中，读者都不难看到徘徊其间的香雪的身影。

自　述《

文学·梦想·社会责任

一

很早以前，我看过卓别林主演的一部电影《舞台生涯》，电影讲述了一个喜剧演员和一个芭蕾舞女演员令人心酸又不乏温馨的故事，卓别林扮演那位喜剧演员卡菲洛。我记住了这电影里的一句话：当卡菲洛历尽艰辛终于以他精湛的技艺博得观众的狂热喝彩时，卡菲洛的女友激动地对他说，他的表演使与他同台的那些演员都成了票友，卡菲洛却答道：“不，也许我们都还是票友，要在艺术上真正有点造诣，人生是太短暂了。”

当写作变成我的一种生活方式时，我老是想起这句话。这句话令你气馁令你无可奈何——在如此短暂的人生里，你这种生活方式当真是最佳选择？然而正是这句话又使你不再气馁不再无可奈何——也许你就是要追寻你永远达不到的境界，这永远的无法达到便是你这种生活方式最独特的魅力。

月满则亏。得到即失去。

艺术是什么？写作又是什么？它们是欲望在想象中的满足。它们唤起我心灵中从未醒来的一切宏大和一切琐碎，沉睡的琴弦一条条被弹拨着响起来，响成一组我从未知道然而的确在我体内存在着的生命的声音。日子就仿佛双倍地延长，绝望里也有了朦胧遥远的希望。

这使我不能不认可，绝望在想象中的满足比欲望在现实中的满足有着更扰人的诱惑，有着更强悍的挑战意味。

我渴望迎接这吓人的句子，就仿佛我自幼就企盼着看见鬼这个我终生也不会与之谋面的东西。

那么，最吓人的原本就是最诱人的。

写作是诱人的，也是不容易的，作家通过自己讲述的故事，不仅要让读者感受他们所熟知的种种气息，还须要引领读者发现他们没有能力发现和表述的一切陌生的熟悉。作家的理想应如出色的捷克画家科普卡常常告诫自己的那样："如果人们在去画展的路上能看到更好的树，我画树又有什么意义呢？"

任何一个刻意取悦读者的作家都不会是一个能有好的发展的作家。因为刻意取悦读者的作家的精神必然缺乏必要的集中，写作时的情态也定然缺少必要的忘我。写作需要忘我。根本就无视读者的作家也不会是一个朴素的作家，这样的作家，思维无论怎样宏远高深，恐怕都免不去几分做作。

丰子恺先生的《家》谈及作者在外做客的种种心情，以此对比身在家中的种种自如和自然。比如遇到热情过火的主人：吃饭时夺你饭碗强行添加饭菜，告辞时藏你行囊令你无法动身。先生把这统称为"优待的虐待"。

有时候我觉得作家与读者的关系有点像主人与客人的关系，假如作家是主人，一个诚挚的主人总是希望通过自己的努力使客人满意的，有时这种努力还能影响客人与主人共同创造出一个理想的氛围，使客人不至于尴尬，不至于打算尽快逃脱，在这里起重要作用的恐怕是分寸的把握。一个好的主人，当他摒弃奉承和迎合客人的意念时还能造就他的客人，如同好的作家有力量去造就他的读者。

什么是"优待的虐待"？把明晰的东西又费很大劲弄得含混诡谲是不是？

什么是"优待的虐待"？将不属于小说的东西拼命塞进小说是不是？

小说不是玄学，事实上小说赖以活跃的思想圈是非常狭隘的。小说对读者的进攻能力不在于诸种深奥思想的排列组合，而在于小说家由生命的气息中创造出的思想的表情以及这表情的力度、表情的丰富性。我以为这是一件不能性急的事情。好比斯坦尼斯拉夫斯基说那些性急的演员只注意怎样发展他们的"舞台肌肉"，而不注重去营养自己的心灵。我相信假如各式各样的小说技巧（或曰功夫）相似于演员的舞台肌肉，那么这种舞台肌肉绝对有强化和发展的必要。但我以为营养灵魂比营养舞台肌肉更为紧要，或者说二者同样地要紧。

你无法从思想里获得那思想的表情，于是你的神情再优越也只是茫然的优越。面向或者背对复杂纷乱的时代，小说家该做些什么呢？我觉得小说家必得有本领描绘思想的表情而不是思想本身，小说才有向读者进攻的实力和可能。小说可以如苏加诺对革命的形容那样，是"一个国家宣泄感情的痉挛"，小说家更应该耐心而不是浮躁地、真切而不是花哨地关注人类的生存、情感、心灵，读者才愿意接受你的进攻。你生活在当代，而你应该有将过去与未来连接起来的心胸。

我想我很愿意研究一下小说的进攻性,也许这是出于职业作家的功利考虑,特别是在我尚无别的职业的情况下。不过我相信大部分职业的和非职业的小说家都希望自己的文字能渗进读者的心,而不仅仅热闹他们的眼。这里有一个前提,我万不可因性急,因目前读者对小说的不买账,就拿自己的文字去虐待读者,特别是以优待的方式。

要避免上述现象还有一点或许同样地要紧:小说家首先不要虐待自己和小说,特别是以优待的方式。

二

20世纪80年代初期,我写过一篇名叫《哦,香雪》的短篇小说。1985年在纽约同美国作家的一次座谈会上,曾经有一位美国青年要我讲一讲香雪的故事,我毫不犹豫地拒绝了他。因为在我内心深处,觉得一个美国青年是无法懂得中国贫穷山沟里一个女孩子的世界的。但是拗不过他们的一再要求,我用三言两语讲述了小说梗概,我说这是一个关于女孩子和火车的故事,我写一群从未出过大山的女孩子,每天晚上是怎样像等待情人一样地等待在她们村口只停一分钟的一列火车。出乎我的意料,在场的人理解了这小说。他们告诉我,因为你表达了一种人类的心灵能够共同感受到的东西。也许这是真实的。

这篇小说来自我在山区农村的一段短暂的生活。我记得那是一个晚秋,我乘火车在北京与河北交界处的一个贫穷小村苟各庄下了车。土地的贫瘠和多而无用的石头使这里的百姓年复一年地在困顿中平静地守着日子,没有怨恨,没有奢求。这苟各庄的生活无疑是拮据寒酸的、滞重封闭的,求变的热望似乎不在年老的一代身上,而是在一群女孩子的眼神里、行动上。我在一个晚上发现房东的女儿和几个女伴梳洗打扮,更换衣裳。我以为她们是去看电影,问过之后才知道她们从来没有看过电影,现在她们是去看每晚七点钟在村口停留一分钟的一列火车。这一分钟就是香雪们一天最宝贵的文化生活了。为了这一分钟,她们仔细地洗去劳动一天蒙在脸上的黄土,她们甚至还洗脚,并穿起本该过年才拿出来的家做新鞋,也不顾火车到站已是夜色模糊。这使我有点心酸——那火车上的人,谁会留神车窗下边这些深山少女的脚和鞋呢?然而这就是梦想的开始,这就是希冀的起点。火车带来了外边的一切新奇,对少女来说,它是物质的,更是精神的,那是山外和山里空气的对流,经济的活泛,物质的流通,时装的变迁,乃至爱情的幻想……都因这火车的停留而变成可以触摸的具体。于是就有了女主角香雪用一篮子鸡蛋换来火车上乘客的一只铅笔盒的“惊险”。为了这件带有磁铁开关、样式新颖、被香雪艳羡不已的文具，她冒险跳上火车去做交易。交易成功，火车也开动了，从未出过家门的香雪被载到下一站。香雪从火车上下来，怀抱铅笔盒，在黑夜的山风里独自沿着铁轨，勇敢地行走三十华里回到她的村子。

以香雪的眼光，火车和铅笔盒就是文明和文化的象征，当火车开进深山的同时也冲进了香雪的心，不由分说地打破了她那小小的透明的心境。而她怀抱铅笔盒的三十华里的夜路便也可看作是向外界文明进军的行动了。这样的解释虽说浅陋，到底也还是不错的。但作为写作者的我总觉得事情不是这样简单。火车不由分说地带来了洋溢着工业文明气味的物质气息，还带来了什么呢？二十年之后，香雪的苟各庄已是河北省著名旅游风景区野三坡的一部分了，火车和铁路终于让更多的人发现这里原本有着珍禽异兽出没的原始森林，有着可与非洲白蚁媲美的红蚁，有着气势磅礴的百里大峡谷，有着清澈明丽的拒马河，从前那些无用的石头在今天也变成了可以欣赏的风景。而从前的香雪们也早就不像等待情人一样地等待火车，她们有的考入度假村做了服务员、导游，有的则成为家庭旅馆的女店主。她们的眼光从容自信，她们的衣着干净时新，她们的谈吐不再那么畏缩，她们懂得了价值。在这些富裕起来的村庄里，也就出现了相互比赛着快速发财的景象，毕竟钱要来得快，日子才有意思啊。就有了坑骗游客的事情，就有了出售伪劣商品的事情，也有个别的女性，因了懒和虚荣，自愿或不自愿地出卖自己的身体……在这时，倘若我们跳出香雪当年仰望火车的一片深情，我们是火车上的一名乘客或者我们就是火车，也许我们会发现火车它其实也是一种暴力。雄壮的火车面对封闭的山谷是有产生暴力的资格的，它是一种强制的不由分说的力量，虽然它的暴力意味是间接的，不像它所携带的文明那么确凿和体面。但它带给我们的积极的惊异永远大于其后产生的消极效果。

火车的到来，火车“温柔的暴力”使未经污染的深山少女的品质变得可疑。没有这些机械文明的入侵，贫苦的香雪将永远清纯透顶地可爱。可我想说，这种看似文明的抵抗其实是含有不道德因素的，有一种与己无关的居高临下的悲悯。贫穷和闭塞的生活里可能诞生纯净的善意，可是贫穷和闭塞并不是文明的代名词。谁有权力不让香雪们走出大山富裕起来呢？而当初她们跳上火车，正体现了那压抑不住的活力。对新生活的希望也许就埋藏在这样可笑的活力里。也许人类都或多或少地滋生着这样可笑的活力，人类才可能有不断的梦想。在今天，我们对世界的理解不断加深，我们的生活水准不断提高，我们的物质要求也一再扩大，写作者原本无话可说。我愿意拥抱高科技带给人类的所有的进步和幸福，哪怕它天生具有一种不由分说的暴力色彩。但我还是要说，巨大的物质力量最终并不是我们生存的全部依据，它从来都该是巨大精神力量的预示和陪衬。而这两种力量会长久地纠缠在一起，互相依存难解难分，交替作战滚动向前。作为一个写作者，我更愿意关注火车以后乃至现在的磁悬浮列车以后的人类的精神动向，关注怎样阻挡人在物质引诱下发生的暴力——比如富裕起来的某些香雪的坑骗旅客之行为即是一种新的暴力，关注怎样捕捉人类精神上那最高层次的梦想：唤醒这些梦想或者表达这些梦想，并且不回避我们诸多的焦虑与困惑。

为什么许多读者会心疼和怀念香雪那样的连什么叫受骗都不知道的少女？为什么处在信息时代的我们，还是那么爱看电影里慢跑的火车上发生的那些缠绵或者惊险？我不认为这仅仅是怀旧，我想说，当我们渴望精神发展的速度和心灵成长的速度能够跟上科学发明的速度，我们必须有放慢脚步回望从前的勇气，有屏住呼吸回望心灵的能力。我想，即使有一天磁悬浮列车也变为我们生活中的背影，香雪们身上散发出来的人间温暖和积极的美德，依然会是我们的梦。我们梦想着在物欲横流的生存背景下用文学微弱的能力捍卫人类精神的健康和心灵的高贵。这梦想路途的长远也就是文学得以存在的意义。同时这也是文学的魅力——梦想使我们不断出发，而路上的欢乐一定比到达目的地之后的满足更加结实。

三

文学是负载着责任的。依照《现代汉语词典》的解释，责任就是分内应做的事。我想，当一个作家能够被称为作家的时候，当他(她)准备把作品公之于社会，而不是只写给自己的时候，在他的情感、他的故事、他的梦、他对人类和世界的窥测和探究里，已经有了社会责任的成分。这责任可能是他随时随地用于勉励自己的，也可能是他不自知的，还可能是他厌恶并反感提出的。这责任却不在乎他的认可与否，它带着一种与生俱来和文学艺术共生的意味，或隐或显地伴随着他的创造过程。文学是这样，艺术也是这样。

现在我想提及北欧表现派的先驱、挪威画家爱德华·蒙克。他的尽人皆知的《嚎叫》《思春期》……他的画面所传达出的毁灭性的热情，浪漫的恐惧，对性的渴求与无奈，嫉妒、死亡以及生命的诡谲的眩晕感，给我以永不衰竭的震撼。但我深深感动的还是他那名为《病中的孩子》的主题性绘画。人们对疾病的无助之感通过这幅画克制而又强烈地表现出来了。蒙克特别强调《病中的孩子》是他创作中的一个里程碑，他告诉观众，画中那靠在病床上的孩子不是一个人，而是“我所有爱的人”。他的确画出了他对生命无以言说的同情和忧伤，画出了凄凉和暖意，画出了鲜活的死亡经验，画出了心灵的表情。他通过一个柔弱的小女孩来承载这一切，更有一种动人心魄的力量。这里有什么？毫无疑问，有艺术家的责任，有他的良知和不安。他认定这是他分内应做的事，他为之着迷。在蒙克那里，社会责任和他的艺术主张并不矛盾，那是他艺术主张的一部分，是他诚实的内心要求，是他作为艺术家蒙克的影子。

责任的高低贵贱、轻重大小并不依照艺术家所选取的题材和他的艺术个性来划分。俄国的列宾并不能因为画了题材宏大的《伏尔加纤夫》，就占据了道德优势和在为人类负起的责任上高人一等；中国可爱的画家齐白石一生只画些大白菜和小虾，我们也不能就此断言他是一个对社会没有责任感的老头。他们都做了分内应做的事。蒙克贡献给我们心灵深处大的碰撞，齐白石让我们品味生活的有趣。表现有趣，获得灵性和智慧的欢乐，难道不也是文学和艺术理应承载的一种责任么。

有时候我想，或许责任这个词过于严肃和沉重，以至于让人望而生畏，以至于它常常被曲解，被孤立，或被有意地夸大和有意地抹杀。夸大者乐观地认为，只要我们不断地宣布我们是充满生活责任感的角色，我们的精神的发展便会一日千里；有意抹杀者则唯恐“责任”的绳索扼制他们的创造天赋，阻隔他们的梦想空间。对责任的曲解甚至造成一些作家的懒惰和另一些作家的反叛心理。但是，所有作家的小说，不管你愿意不愿意，只要你下笔，必然会依附于一个道德系统，你的笔下必然会有你责任的影子。其实，社会责任对于作家、艺术家来说是一种强大的创作驱动力，尽管它只强大到仅仅让你想要画好一只有趣的虾。

文学可能并不承担审判人类的义务，也不具备指点江山的威力，它却始终承载着理解世界和人类的责任，对人类精神的深层关怀。它的魅力在于我们必须有能力不断重新表达对世界的看法和对生命的追问，必须有勇气反省内心以获得灵魂的提升；还有同情心、良知、希冀以及警觉的批判精神。文学也可以像蒙克那样对生活表示深深的失望，强烈的失望本身就蕴含着希望，正如同我们有时候对生活不恭敬是渴望生活更神圣。责任的确让人不安，歌德的话总是响在耳边：灵魂永远骚动着企盼安宁，肉体永远劳作着寻觅休息。无论文学从哪条路出发，似乎都能碰见这句话。

在新的世纪里，人类仍然是我们这个星球上最重要的物种。尽管自然科学的拳头对人类这个朴实的自恋早已有过重大打击：天文学认定了我们的家园只是缩在无数颗星星组成的银河系角落里的一颗小小的行星；生物学把我们从作为上帝凭想象创造出来的尤物位置上赶了下来；地质学又使我们认识到地球历史的漫长，并且告诉我们，我们这个物种占据的时间很短。可我仍然要怀着这朴实的“自恋”庆幸作为人类的一员我能够写作，并感谢上苍赐予我无法逃避的好运——作家的社会责任感。它让我不断仔细打点我心灵和意志的储备看是否够我所用；它让我在浮躁的世纪末尽可能敛心默祷，以写作的方式为我们赖以生存的这个星球奉献敏锐、明净的爱心。假如这真是我们恳切的内心要求，我们当中有谁愿意让文学对我们说再见呢，我们当中又有谁愿意让读者对文学说再见呢。

（赵艳整理）

访　谈《

对人类的体贴和爱

——铁凝访谈录

赵　艳　铁　凝

赵艳：很多读者对你的认识是从《哦，香雪》开始的，这是一篇意境和文字都非常优美的文章，可以说是当代文学中诗化小说的代表作之一。读起来觉得很有青春的诗意和激情，一气呵成，像是从生命中活泼泼地流淌出来的东西，很感性，也很朴实。你自己如何评价这篇作品在你所有创作中的地位和价值？

铁凝：它在我整个创作中不是价值高或低，分量轻或重的问题，而是它本身具有一种不可替代性，后来的小说在叙事上更成熟，更像一个自觉作家的写作，但《哦，香雪》焕发出来的对人生、对情感、对生活、对希望那种透明的激情是不可替代的。一个年轻的作家，如果有本领，写出那样的作品并不难，但是岁月过去了，我们经历了很多，如果还持有那样的爱和希望，还拥有那种透明的心境，那就真是不容易的。我想，《哦，香雪》对我的意义就在这里。现在，香雪的时代好像已经过去了，我歌颂的也的确不是封闭的处于蒙昧状态的大山里的人和事。生活在变，生活里的人也在变，但是我们依然需要香雪。孙犁说过：“在少女的内心埋藏着人类原始的多种美德。”我认为，发掘我们内心的多种原始美德是任何作家在任何时代都不应该放弃的，哪怕是在经历了人生的苦难之后，外在的形式变了，内部那个坚硬的核应该还在。

赵艳:我注意到很多作家,尤其是女性作家都有一个与你相似的创作起点,比如王安忆的《雨,沙沙沙》,池莉的《妙龄时光》《月儿好》等等,你认为与她们的作品比较,你早期的小说有哪些属于你个人的特点,或者说你的写作起点有哪些特色?我感觉是一种纯净。

铁凝:是有纯净的成分在我的很多小说中存在,但大家都是变化的,一个希望自己写得更好的作家应该有不断变化、不断打倒自己的勇气和能力。我写《孕妇和牛》的时候,很多人说香雪又回来了,纯净又回来了。实际上,细读起来,《孕妇和牛》表达的感动更内在、更深厚一些,不是简单意义上的回归。

赵艳:中间走过了很长的路,不再是那么澄澈,有很多复杂的东西沉淀在其中。

铁凝:很复杂,一些说不清楚的东西,搅和在一起,很模糊的。有的读者不太习惯我的变化,接受不了《玫瑰门》那样把生活的惨烈面撕开给人看的作品,但也有的人说铁凝成熟了。我自己对这个问题的看法是一个好的作家应该非常敏锐地看到时代和生活的变化。敏锐地捕捉,快速地表达,把千变万化的生活在作品中表现出来,这无疑是智慧的,这需要有多方面感悟生活的能力和敏锐洞察生活的眼光,这是问题的一个方面。问题的另一面是在生活的千变万化中能够发现和保持那种不变的珍贵的东西也需要同样大的智慧。我希望两者兼而有之,但这很难,甚至可以说是一个终生的难题。

赵艳:你想保持不变的东西是什么呢?

铁凝:是我的文学的底色。我想每个人的生活和灵魂里都有一个底色,文学也有底色。这不变的底色其实就是我最初对文学的认识。我心目中的文学是什么样子?是对人类大的体贴和爱。说起来似乎很简单,但真是很难做到的。这种对人类的大的体贴和爱,这种永不疲倦的激情,不一定是如香雪那样的体现。很多人读《玫瑰门》不寒而栗,忍受不了那样不美好的、扭曲的女性,其实这里面仍然是对生活不倦的体贴和爱,才有了作品里的愤懑、失望、忧伤和拷问。如果连爱和希望都没有了,那就谈不上失望,更谈不上把它们表现出来。

赵艳:无论是美还是丑,无论外壳怎样变换,内在的核始终如一地朝向对人类美好情感、珍贵品性的追求。

铁凝:是的。我的作品中前后的人物和故事都有鲜明的不同,中间还有一些起伏。文学可以而且应该有多种途径,有时是这个故事触动了你,有时是那个人使你有倾诉的愿望,但最终我将这些人和事融合在一起,通过他们想要实现文学温暖世界的功能。汪曾祺说过“人是孤儿”,人真的是很孤独的,所以人需要文学的世界,希望的世界，虽然也许那最美好的境界我们永远实现不了，但愿望在那儿，我们就会有向前走的勇气。对生活有所期待，这就够了。文学应该给人们提供期待，应该温暖这个世界。

赵艳：这是文学存在的理由，也是香雪的意义所在。

铁凝：我是这样想的。生活不可能完全是香雪那样的，也不应该有这样的要求。但香雪是什么呢？她是人的灵魂中最柔软的部分，是那个最宝贵的存在，以后可能不是香雪，是其他人。比如司猗纹，她的灵魂的某个微小的不为人察觉的角落里有没有香雪的部分？肯定有。所以说，香雪的精神，香雪所意味着的人的灵魂中清澄柔软的部分应该被文学唤起。

赵艳：被提醒。

铁凝：对。尤其是在这种物欲横流的社会更应该有她的位置，不然，我们的追求、生活、物质究竟是为了什么呢？我们最终的点在哪里？目标在哪里？我中间部分的小说有很强的失望情绪，但文学的希望可以通过失望来获得。我的起点是从香雪那里开始的，底色的东西一直在。

赵艳：《没有纽扣的红衬衫》也是你早期创作中一部影响很大的作品，现在我们回头来看，安然这个形象之所以征服了广大读者的心是因为在改革开放、思想解放的时代环境中她正契合了人们对率真、自由的个性的向往，你这种对于时代、生活的敏锐感知在以后的很多作品中也鲜明地表现出来。我感兴趣的是，什么样的生活细节和个人经历促使你创作了这部作品？由这个问题出发，我也想知道你从生活到创作的过程是怎样的？

铁凝：这个过程很复杂，不是一两句话能说得清楚。我的写作一般都是生活中有人和事触动了我，而不是从概念出发。在创作《没有纽扣的红衬衫》的时候有生活中的原型，也有自己的生活体验在里面，经历过一段精神的蒙昧时期以后有一种强烈的要表达、要喷射出来的愿望，虽然作品写于80年代，但那种愉快表达的基础是早就有的。我十七岁的时候在农村，穿着不分男女的衣服，努力想要挖掘自己灵魂里面的错误，带着一点真诚也带着一点做作。

赵艳：你有一篇散文就叫《真挚的做作岁月》。

铁凝：就是那样的生活。所以看到现在的孩子能够随心所欲地打扮自己，自由地展示自己的喜爱，真是令人羡慕。安然那一代的少女比我小，她们身上有很多我们已经失去了永远没有了的东西，我写她们实际上已经有了旁观的意味。安然的反叛、安然的特立独行反衬出了社会集体的麻木，反衬出了人们的精神世界还没有跟上时代的变化，反衬出了过去的黑暗禁锢在人们身上留下的后遗症。她们那一代人有不被束缚、不被塑造成一种模式的可能，我在人物身上寄托了我们这一代人在反省自身时的遗憾和希望，也是被我们的集体无意识所错过的东西。从她们身上我想表达的是人怎样发展自己，怎样成为一个健康的人。我羡慕她们的诚实和可以诚实。

赵艳：我注意到在你的创作中农村题材的小说占了不少比重，从具体的作品来看，你的乡村记忆的感情因素是非常复杂的，有怀念，如《村路带我回家》；有黯然，如《闰七月》；有反思，如“三垛系列”(《麦秸垛》《棉花垛》《青草垛》)；也有善意的反讽，如《埋人》《他嫂》。而且，看得出来，你对乡村生活的表现也是得心应手的。那么，乡村对你而言有什么特别的意味吗？

铁凝：当然有。我四年的农村生活对我的小说创作有很重要的意义。当时年龄很小，接触到的人给我的关切，女孩子之间单纯的友谊点点滴滴渗透到我的生活和记忆里，我永远都不会忘记，他们的质朴本身就能够给我很深的触动，让我很难产生居高临下的感觉。我的视角是平视的，从未想过他们很无知或者自私或者我要去解救他们什么的。因为农民身上真正有大的智慧，非常狭隘的和非常开阔的东西极端地纠结在一起。我对农村的、对农民的兴趣将来也不会轻易放弃。

赵艳：不少作家都有自己比较固定的、擅长的创作领域，有的专注于乡村，有的热衷于城市，而一旦离开自己熟悉的写作领域，面对新的写作对象时往往容易发生认识和表达上的偏颇和困难。比如贾平凹在进入城市题材的写作时就很有隔膜感。城市和乡村也的确是两个差异很大的空间，其地缘氛围、生活节奏、人物心态和性情，包括感觉、气息等很微妙的因素都有很大的不同。而你在城市与乡村这两个领域里都能够自如地思考和言说，它们成为你创作中并行发展、各有所长的两个重要部分。你是如何处理二者之间的关系的？

铁凝：我一直认为我们中国、我们民族的根就在农村，这是一个抹杀不掉的背景和现实。我们的故事环境、语言环境、生存环境和人的精神发展环境跟有着几百年城市历史的西方文学的环境很不同。我们的本土资源很丰富。只有了解了农村的过去和现在才能真正了解中国的人和事。当然，并不一定非得写与农村有关的作品，但至少应该了解。笔下可以没有，但心里有，就会感觉生活得更扎实一些。这也许是我的偏激和保守吧。就是现在我有机会也很愿意到农村去，对我来说在那里有所谓根的东西。中国的城市和乡村不是截然划分的，我常常在一个城市人身上突然看到农民的影子，虽然他从未在农村待过。在农民身上我也看到非常大气的，既不属于城市也不属于农村,而是属于中国人的、民族的东西。而且在农村打量城市和在城市回望乡村都会有新的收获,获得身在其中不解其味的新感受。像我的《对面》就写在农村,《孕妇和牛》写在城市。当然具体到故事里,就有了具体的环境、不同的气质,但我强调的还是骨子里的共性的东西。

赵艳:不论是哪一种,叙述上的成功是很明显的,读起来是两套笔墨,都很传神。

铁凝:这是我努力的方向,两种资源对我来说都不可或缺,可以交替感受,互补营养。至于说到有的作家写作的领域比较固定,我想,这是无可厚非的。因为作家只能写他深有感受的生活,有的作家一辈子只写一个地方,只写一点很小的人和事,也不妨碍他成为一个伟大的作家,题材不决定一切。只是具体到我自己,我的敏感区域在那里,我有表达的要求,也获得了表达的愉快。

赵艳:我对你的《何咪儿寻爱记》和《永远有多远》印象非常深刻,虽然何咪儿和白大省是两个个性气质很不相像的人物,但她们对于爱的单纯坚定的信念、热情执拗的找寻却同样让人心生敬意,虽然对这一切她们不一定清醒自知。我的最清晰的感觉就是感动,世间还有这样的男人和女人,还有这样带着一点蛮横味儿却很真切的情感。那种寻找真的自己,寻找对方的过程,懵懂的、有点盲目的,但又是死心塌地、全心全意的,很温暖的感觉。你怎样看这两个人物在当代生活中的意义?

铁凝:我也很喜欢《何咪儿寻爱记》,可惜评论界对这个人物不太重视。何咪儿是我心里很爱的一个文学形象,很有光彩。你把这两部作品摆在一起很有意思,你认为她和白大省之间是一种什么样的关系呢?

赵艳:我读的时候很直观地感受到二者之间有一种共同的东西,应该是执着吧。在这样一个不断变化的,一切都处在流逝之中的时代里,她们还在执着地寻找着什么,这本身就很让人感动。

铁凝:执着,在何咪儿身上是当然的,如你所说,她蛮横、不讲理,可她的魅力就在这里。她的方式、她的死心塌地可以覆盖她一切的缺陷。这个女孩的身上有着势不可挡的力量,我觉得很可贵。用执着来形容白大省我也认为贴切。有的评论认为白大省善良、仁义,是"当代东方女性的硕果仅存",但仅仅这样,仅仅一个好人的故事,不能成为一篇好小说。我通过白大省这个人物想探讨的是人要改变自己的内心诉求。白大省绝不想成为她现在的样子,她的偶像是小六儿,一个很俗气的角色。她渴望像小六儿一样招惹人的眼光,整天被男孩子包围着,很潇洒。这样的希望不算过分,是合理的,不该被嗤之以鼻。她执着地要改变自己,这才是她的积极性和意义。但她的本性决定了她行为的惯性,她已经成为不可改变的了。

赵艳:可能性与合理性之间是存在矛盾的。

铁凝:所以其中的感动和暖意都是稍带凄凉色彩的,因为有大众的冷漠在里面。但你依然觉得人生是美好的,因为从宽广的意义上来说,人类整个都有一定的悲剧性。

赵艳:这也是永远有多远这个问句的意义。

铁凝:我希望是这样。因为她是悲剧,所以显得执着,因为她如此执着,所以更显得凄凉。《何咪儿寻爱记》是悲剧里面蕴含着喜剧,《永远有多远》是喜剧里面蕴含着悲剧。

赵艳:你的作品很多以女性作为主要对象,而且,你也塑造了很多个性独特、富有人性深度、栩栩如生的女性形象。所以,在谈到女性文学时,你是常被提起的一位代表作家。但是很多作家反对这种提法,像王安忆、张抗抗就很直白地说自己的创作与女性文学的关系不大。你自己认为你的创作与女性文学是一种什么样的关系?

铁凝:我自觉没有受到这方面的影响。我的态度是淡然。我想重要的还是文学本身,人本身。当然,由于我是一个女性作家,写作的时候会有性别的体验在里面,但我也写男性,《对面》就是以第一人称男性角度写的。只要是触动我的人物,不论性别我都会去认真地表现。

赵艳:《玫瑰门》被认为是你的女性文学创作的典范之作,我认为它还是一部透视人性的力作,其内涵远远超出了女性文学的范畴。有着超越女性关怀的更深远的社会关怀。司猗纹这个形象大家已经谈得很多,但人们对姑爸这个形象似乎重视不够。我个人认为,你对这个形象是倾注了不少心力的。不仅有同情,还有喜爱和赞扬。请你谈谈姑爸这个人。

铁凝:这也是我很爱的一个文学形象,虽然她活得不久,在作品中所占的篇幅也不长。姑爸这个人不是我编出来的,生活中就有,有读者来信说在老北京或老天津对那种一辈子没出嫁,但在家里还有一点分量的老处女,就称之为姑爸。这个称谓本身就有很强的文学色彩而且个性十足。小说中的这个人物本身也是个性十足的。她始终纠缠着司猗纹,她们互为反衬。她是一个悲剧人物,新婚之夜她的形象吓跑了新郎,成了被遗弃的新娘,她要颠覆这个身份,就给自己扣上姑爸的头衔,于是,她就钻了时代的空子,肆无忌惮,我行我素。她是一个时代的另类,也是一个时代的奇迹,因为她居然还凑合着活了那么一段,她肯定是短命的。她的光彩在于她的磊落。司猗纹骨子里肯定是很羡慕姑爸的这份磊落的,但姑爸得以生存还多亏了司猗纹的不磊落,实际上,她给姑爸提供了很多变相的保护。如果说司猗纹不光明,我觉得有点委屈了司猗纹。在生活里，她可能很猥琐，但作为一个文学形象，我在她身上倾注了非常重的心力，一想起她，我的灵魂就有深深的钝痛。姑爸是无所谓的，不要社会承认。司猗纹是另一个极端，一定要社会承认。她在自己岌岌可危的位置上挣扎，明天就要被踩在脚下，可今天还要扭转它，就凭着一个家庭妇女、一个小市民、一个手无寸铁的只有坏的社会背景的老女人要反过来迎合社会，给自己找一条出路，这何尝不需要一种超出常人的力量，所以她也是一个另类，一个在那样的社会里的奇特的存在。

赵艳：在那样一个打的打、散的散、死的死的年代里，司猗纹还能游走于其间。

铁凝：是呀，在缝里钻来钻去，咬紧牙关以巨大的生命力和韧性挺住，她要活下去而且不比别人活得差。在她的灵魂里有巨大的屈辱，可是她得忍。姑爸就是司猗纹一个很好的反面教材，她的惨烈、另类对司猗纹来说一直是一个心惊肉跳的提醒、一个活生生的死亡。她必须运用她所有的小计谋来求生存，所以她可以活得那么久。

赵艳：所以身体烂了，头脑还是完好的。很惊心动魄的隐喻。

铁凝：是的。直到最后，她还要挣扎着用头指挥无能的躯体。她的一生就是不甘心，决不甘心。就算与这个社会碰撞得头破血流还是不甘心的。顽强的常人所不及的生命力和生的欲望贯穿了这个女人一生。这个人我不是为女性写的。有个评论家说："在某种意义上我们都是司猗纹。"他说得很残酷，但却是事实。我们从整体上当然不是，但我们的身上我们的灵魂里我们漫长的一生当中有没有司猗纹的瞬间和片断，当然有。

赵艳：在她身上寄托着超越的人性关怀。

铁凝：我不知道有没有那么崇高，但的确是很惨烈的。

赵艳：也有很柔软的部分。

铁凝：对。比如对她的初恋情人，在她八十岁瘫痪的时候还要去看他最后一眼，在"文革"那样一个年代里对于他也有过瞬间的守口如瓶，所以她的复杂性也是一言难尽的。最接近真实的地方往往是最模糊的，人是这样，生活是这样，艺术也是这样。

赵艳："三垛系列"中有一些性意识方面的描写，大芝娘(《麦秸垛》)，米子、小臭子(《棉花垛》)，十三苓(《青草垛》)等人物在性意识方面都各有特点，可以说，性意识是一个切入点，是从身体的层面进入生命层面的桥梁，我想请你就"三垛系列"中的性意识谈谈相关的问题。当然，也可以兼及其他的作品。

铁凝:我想,性的意义可以是很开阔的,有大的母爱的母性的东西在里面。我更愿意把十三苓换成大模糊婶,我在她和大芝娘身上强调更多的是母性的一面。土地、庄稼和女人之间的紧密联系在于亘古不变的母性,她滋养着我们,哺育着我们,我们在最危难的脚步不稳的时候感到她们踏实和可以依靠。就像"一早"一挨打就钻到大模糊婶的乳房下面,那儿就是他的避风港。如果说那是他最初的性意识,我想更多的是母性的,更宽广的被吸引、被爱和去爱。像大芝娘,她在爱情婚姻方面的坚持就是要生养,可以说她是没有觉醒的,但在危难的时候她又接纳了离开自己的丈夫和他的妻子、孩子,还很真诚地把他们的相片放在自家的像框里。这难道不是一种更博大的更具有包容性的爱吗?《棉花垛》和前面两者不同,我是以战争为背景,写在战争或者其他背景下的女人和男人的关系到底是什么样子,可能是不愉快的或者不尽如人意的或者有其他非常意味的。

赵艳:在我的印象里,你对性的描写很唯美,有曲笔的精致。

铁凝:在这个问题上,我的态度是只要是作品中的人物必须经历,不经历不足以表达其精神深处的微妙层面,我就坦然地面对,不忸怩也不回避。性可以写得很污秽,但对严肃文学来说,它与人的精神生活应该是相通的,它可以而且应该写得很干净很美。

赵艳:你在 90 年代的创作比较集中地反映了你对某些问题的思索,《对面》《午后悬崖》《大浴女》等都有相似的情节动因,通过这些作品,你想对一个怎样的问题进行探讨和表现呢? 我的体会是,你似乎是要探讨人如何面对内心的隐秘的罪恶感,并通过几部作品的主人公提出了你的理解,就是说,要勇敢面对,要由恶向善。如果说对《何咪儿寻爱记》《永远有多远》和《孕妇和牛》是感动,那么,对以上提到的作品则是心灵的震撼了。我想,这里面就有所谓"全人类的心理的阴影"在里面,包括怎么对待灵魂的不安宁,怎么在良知与罪恶感之间寻求出路等等问题。

铁凝:80 年代的时候我更多是关注个性的张扬,但是生活在变,自由表达的空间越来越大,自己在变,看人生的心态也在变。如果以前更多是抱怨他人和社会,我想现在更多是关注自身内在的东西。我们现在的物质生活在飞速向前,但精神生活是萎缩的。原因在哪里我不知道,可能有很多种原因,但有一点就是我们缺乏反省自我灵魂的能力和勇气,我们不自知这种能力的可贵和必要性。人是需要不断清理自己的灵魂不断抛弃一切垃圾的,这样才可以继续往前走,我想这对整个人类都是有意义的事情。我在这样一些作品里面没有写什么惊天动地的事,它们与社会生活的中心事件无关,但的确是关乎人自身的重大问题。我愿意做这样的梳理。说起来提升灵魂是一个很虚幻的东西,但勇于反省本身就是提升灵魂,可以挽救沉沦,有时这种沉沦甚至是不自知的。以前的作品多一些明快,但真正的明快是什么呢?真正的清澄绝不是单纯的明快,真正对生活的体贴和爱是从最初穿越了很多苦难、毁坏,甚至是地狱的某一段,仍然没有沉下去,而是一再地上升。最后达到的境界才是澄明。要直接从一点到达另一点,是虚伪、轻飘、不可能、不真实的。

赵艳:《午后悬崖》中的韩桂心、《对面》中的“我”、《大浴女》中的尹小跳处于一个人物心灵净化飞升的递进序列中。韩桂心说出自己的过失有很大的利己动机;“我”则是经过反省由心理阴影中走向“清明”;尹小跳更进一步,走向“心灵的花园”——博大的包容的爱。但尹小跳这个人物却有点理想化的痕迹,陈在对于真的罪魁祸首唐菲的揭示实际上是洗脱了她的罪名,她对自己和陈在感情关系的处理,以及她自己对自己行为的认识和感叹都有为了受难而受难的嫌疑,由此,人物流露出某些自恋的情绪,你是如何看尹小跳这个人物的,她是你人格理想的代表吗?

铁凝:我可以肯定地说,不是。在她身上我是有所保留的。比如她对朋友的态度、对爱的态度都还不彻底,她很怕毁坏自己的完美形象。她的忏悔也是想要卸掉灵魂里一些复杂的东西,所以有很大的局限性,还要继续反省,我对这个人物是有挑剔感的。但我想通过她唤起的是更多正面的东西,她有这种自觉反省的意识已经是很不容易了,至少比其他的人要真诚,所以她还是体现了我理想的一部分。

赵艳:我认为你是一个既得市场,受大众欢迎,也受主流意识形态肯定的作家,在你的作品里既可以看故事,也可以读思想,要做到在同一文本中满足不同的阅读需求,或者说使不同层面的因素和谐共处是很不容易的,你怎么看这个问题?

铁凝:任何一个不做作的作家都不希望自己没有读者,我也希望很多人喜欢我的作品。但是在写作的时候,我很少考虑迎合读者,我只考虑怎么把故事写好。我特别欣赏一句话:有两种人做事情,一种人关心的是我做得怎样,一种人关心的是我看起来怎样。二者的不同就是集中精力与左顾右盼的区别。我在写作的时候心境是单纯的,虽然写的故事可能很沉重,我关心的是我做得怎样而不是我看起来怎样,我想这也许才是心里有读者的最好方式。而且,我对自己的作品有一个基本的要求,就是第一应该好看,第二应该耐看,我一直努力做到二者的融合。当初写《玫瑰门》的时候没想这么多,就是司猗纹领着我往前走。1993年“布老虎丛书”策划的时候,我们力图把长篇小说写得好看,就有了《无雨之城》,它是我的游戏之作,一个大问题就是太简单,单纯的好看,缺乏内在的沉厚的核。但我喜欢《无雨之城》的叙述方式和语言,它对我以后的《大浴女》的结构和叙事起到了很好的练笔作用。写《大浴女》综合了两者的某些因素，有《玫瑰门》的思想的含量、人物在作家心目中长期培育的结实程度和《无雨之城》的叙述的流畅简洁。其实结构本身也是很大的力量，二者的完美结合是我一生所追求的。

赵艳：我想和你聊一聊写作资源的问题。

铁凝：我父亲是画家，母亲搞音乐，所以对音乐和绘画我都有一些耳濡目染，但这是营养的底子，还不是资源。我注重并无疑地相信的是中国土地上的人和事，本土的资源，这是更结实的泥土里的东西，西方作家对我的影响就像空气里的东西，虚飘一些，但也不可缺少。我认为我们的本土资源是不可穷尽的，我非常珍视。我希望在写作中获得的是本土资源、个人感受、世界眼光和母语精髓的融合。

赵艳：你最近新出了一本《遥远的完美》，可以谈一谈吗？今后还有什么创作打算？

铁凝：《遥远的完美》是对一百幅画的评论，可以自由选画，不一定要世界名画，也不必都是自己喜欢的画，我感觉这种方式很自由，而且我也对绘画有兴趣，所以花了一些精力去做，感觉是一种快乐写作吧。现在在做一个纪实性的东西。

赵艳：与你前一时期出国有关吗？

铁凝：有，但不是游记，希望有新的东西在里面。

赵艳：有写长篇的打算吗？

铁凝：在构思，有一些准备，不过还没有动笔。

赵艳：现在重新审视你过去的创作，你认为自己最成功的地方在哪里？你最喜欢的作品和人物是哪个或哪些？为什么？有什么遗憾吗？

铁凝：是《玫瑰门》和司猗纹。这部作品倾注了我太多的心力。至于遗憾，那是经常会有的，尤其是回过头看以前的创作的时候，但我在文集里收录作品的时候不会作大的改动，因为就是这样一路走过来的，有成长的轨迹在里面，这也是真实的自己。

评　论《

罪与罚

——关于铁凝小说的道德伦理叙事

赵　艳

在当代文坛上，铁凝上是一位并不寂寞的作家，从最初的《哦，香雪》《没有纽扣的红衬衫》到后来的《玫瑰门》《永远有多远》《大浴女》等作品都引起了学界和大众的热情关注。凭借着对生活和时代变动细致敏锐的感知、把握和严肃认真的表现，铁凝的作品在新时期以来文学发展的各个阶段都留下了鲜明的足迹。纵观其创作：既有青春的诗意、成熟的热情、睿智的幽默，也有冷峻的反思、严厉的诘问、深入的剖析，其渐进演化展示了作者丰富、灵动的表现力和创造力，也反映了作者在创作的不同阶段思考重心的转移。在20世纪90年代，铁凝坚持了她开阔的视野和多样化的风格，同时展开了她对于道德伦理问题不懈的思考和言说，可以说，道德伦理叙事已成为她近期叙事的主旋律，《对面》《午后悬崖》《玫瑰门》《大浴女》是其典型代表，在这些作品中，她提出了何谓罪、罪如何形成、罪如何罚等基本问题，并做出了形象化的诠释。

一

与我们通常定义的、法律维度上的罪不同，铁凝小说世界中的罪是一种道德归罪。《对面》中的主人公由于偶然原因住到了一个废弃的仓库里，并且意外地发现对面住着一位美丽神秘的女性，很长一段时间里，他默默地窥视着女人的生活，发现了她与两个男人的亲昵关系，感到自己对这个女人的美好信念受到了欺骗和打击，于是，在一个深夜，当矮个子男人又来与女人幽会之时，他突然制造出惊人的声响和光亮，导致女人心脏病猝发而亡。主人公的行为固然造成了一个生命的消亡，但并没有构成一个直接的他杀事件。它带来的后果也并不是主人公被绳之以法，而是他在道德上的自我归罪及负疚。《午后悬崖》和《大浴女》中的“犯罪”者都是幼童，五岁的韩桂心将小朋友陈非推下滑梯使他落在一堆废铁上死亡；幼年的尹小跳在亲眼看到妹妹尹小荃走向死亡时，本可以救她却没有采取任何行动；《玫瑰门》中的眉眉在小玮还在妈妈肚子里时就对她发起了进攻。由于当事人都是幼童，而且对于旁观者而言事情的真相并未被揭示出来，所以，这些行为无论是否造成灾难性的后果，都不会受到来自外界的审判和惩治，这仅仅是当事人个人的问题。如果说前者都是一些有意识、故意为之的罪，其结果是主体自愿或被迫拘囿于事件造成的心理阴影的话，那么《玫瑰门》中的司猗纹则是一个特例，她为了个人那一点跻身主流意识形态群体的狭隘私心，不惜逢迎、欺骗、无情地践踏他人的生活、安全和尊严，她的一生就是一个巨大的破坏。虽然在某些时候，她也会有些歉疚和不安，但她善于转移情绪，安抚自己的良心，她从未严肃地对待过她的行为对他人造成的伤害，甚至没有丝毫的反省，所以她的一生也只能是一个腐烂的过程。小说的结尾部分，司猗纹全身除了她那充满欲望的头颅，已经腐坏殆尽。作者在这里对她进行了道德的审判和惩治。面对这样一个形象，我们当然可以说她反映了一个特定时代造成的人格扭曲，也可以说这是一出女性的悲剧及其对悲剧的反思，而铁凝本人在《玫瑰门》的《写在卷首》部分如是说："写作本是自我审判之一种。……当年写作《玫瑰门》，我的确怀着这样的心境。""《玫瑰门》并不是一部旧事重提的书，我想要讲给读者的，也并不是中国那个特殊时期的妇女生活史。"那么，我们似乎可以这样理解：在某种程度上这是一部"审罪"的小说，至少，"罪"与"审罪"是其重要质素。如上所述，我们可以看出铁凝的道德伦理叙事具有这样一些特质：首先，它剥离了主体所要承受的来自外界的压力，如法律制裁、他者的道德谴责等等；其次，正因为切断了与外界的联系，于是就只剩下孤绝的个人，在人与罪的对峙之中，人对罪的承担是无援手的、无分担的；第三，"罪"这一事件本身是终身性的，是永远的心理阴霾。这样，铁凝向我们启示了：在她的道德伦理叙事的范畴里何谓"罪"？她所真正要探究到底的就是基于这种罪之上的纯粹的自我心灵事件。无论是主体的自我归罪还是作者通过小说人物进行的所谓"自我审判"，都是一场惊心动魄的心灵风暴，这是铁凝的高明之处，她迅速地突击到了人的内心深处，甚至是潜意识层面；但也是她的不易之处，这需要作者有拷问自我的勇气和胆识以及透视人类灵魂的睿智和才情。正如鲁迅所说："灵魂的深处并不平安，敢于正视的本来就不多，更何况写出？"铁凝写出来了，关于罪与罚她给出了自己的理解和描述。

二

根据现象学的原则，在关注人的内心作出的存在判断，亦即对世界和人生的认识及其采取的态度之前，我们应该首先考察作为存在判断的根据的意向性结构，[①]即人物态度和行为的心理动因。于是，我们遇到了铁凝道德伦理叙事的第二个问题：罪如何形成？

《对面》中的“我”在窥视到对面（女人）与一高一矮两个男人的暧昧关系时，感到“对面和这男人一道欺骗了我”，所以有意惊吓对面导致了她的死亡。他在反省自己时认识到：“我是什么？我不过是在那一高一矮两个男人后面，对她充满欲望的第三个男人罢了。那个深夜，我采取的那貌似光明的‘措施’本身不也是一种假象么。”也就是说，他在窥视行为中经历了被欺骗、忍耐到由于自身无法跻身于对面的情人之列而心生怨恨这样一个心理过程。《午后悬崖》中成年的韩桂心在追述往事时说：“我在三四岁的时候就体味到了嫉妒的滋味，它是那么强烈，那么势不可挡。”她嫉妒生活条件比她优越的小朋友，她感到受了伤害，因为无法与他们在物质和家世背景方面站到同一平台上而不能遏制自己的怨恨情绪，造成了不可挽回的过错。《玫瑰门》当中司猗纹有一个终其一生都没有战胜的敌人——齐小姐，庄绍俭因为对齐小姐的爱才终生漠视、欺侮司猗纹，“他愿意把一切肮脏一股脑都倒给司猗纹。在他看来她就是他的垃圾桶，有什么肮脏尽可随意抛掷”。这势必埋下嫉妒和怨恨的种子。文中有一个精彩的细节：齐小姐将庄绍俭的骨灰送来之时，司猗纹故意将茶杯放在桌上远离齐小姐的一角，使她在端茶喝时向自己微微弯下了腰，“司猗纹要的就是这个由她制造的他人卑于自己的瞬间”，为什么？因为在情感关系中的无能而激发出热切的“能”的愿望。由此，司猗纹的人格扭曲可见一斑。她以后对于各种事物“能”的渴望，她强迫自己去爱灵魂厌恶的一切行为，她对于安全感的寻求，她对别人人格、尊严、独立的极端蔑视和践踏，都是一种怨恨心理的变相发泄。同样，《大浴女》中尹小帆的行为也是出于情感受到伤害后所产生的无法改变现状、无法挽回已然事实的无能感以及由之引起的怨恨。舍勒在《道德建构中的怨恨》中对“怨恨”这一心理症候做过深入的剖析，他指出怨恨的特征是针对他者的一种反应性情感。怨恨心态与报复感在实质上最为相近：一、在这种情绪产生之前，必须曾经受过一次他人的伤害；二、对他人的伤害不能立即做出相应的反击，必须隐忍；三、隐忍因于一种至少是暂时的“无能”感或“软弱”感。概括说起来就是：怨恨涉及生存性的伤害、生存性隐忍和生存性的无能感，因此，怨恨心态在本质上是一种生存性伦理的情绪。凭借对怨恨情绪的这样一种认知我们再反观铁凝的小说世界，对她笔下人物罪行的心理

---

① 刘小枫：《拯救与逍遥》，上海三联书店2001年版，第139页。

动因就能够看得更清楚，这种因无能反应而隐忍受伤害以伺机报复的情感还不仅仅是嫉妒感或报复感（嫉妒感、报复感或厌恶感还不足以引起攻击性或杀伤性的行动），而是经由这些复杂的情感而上升的、在程度上更为激烈的怨恨。这才是铁凝文本中的“罪”在根底上的成因。“我”、韩桂心、司猗纹、尹小跳，虽然遭遇各异，但在各自的生存环境中都经历了自我感知到被伤害、由于无能而不得不隐忍、隐忍不住而直接或变相地发泄出来这样一些心理的轨迹。应该说，铁凝对这种生存性伦理情感的揭示反映了一种特殊样式的人之共在于其间的关系，在向人的意识领域开掘方面达到了一定深度。

值得注意的是，舍勒在对怨恨情绪进行现象学还原的同时，还对其进行了价值评判，他说“怨恨是一种有明确的前因后果的心灵的自我毒害”。可是非常遗憾，人往往无法摆脱这种心灵的自我毒害，而是沉迷于其中不能自拔，成为破坏和报复意志的牺牲品。“意志是它自己的拯救者与传递喜讯者吗？它忘却了报复之精神和切齿的愤怒吗？”[①]没有。在自己的怨恨情绪发泄出来之前，对人性弱点的宽容和谅解是不被记忆和实施的。“意志解放一切：但是它自己如何从痛苦里自救，而嘲弄它的囚室呢？”[②]这就涉及我们在分析铁凝的道德伦理叙事时需要面对的第三个问题：罪如何罚？或者说有罪的个体如何从罪中实现自我的救赎。

三

尼采在《查拉斯图拉如是说》中写道：“万物是依照正义与惩罚而道德地安排着的。”有罪就有罚，由于铁凝笔下的“罪”的特殊内涵和形成根由，其随之而来的“罚”也必然呈现出不同于常态的特质：罚是个体隐秘的心理事件。之所以强调隐秘是因为这一事件本身是纯粹个体的，不被分担的，这是一场自我对自我的战争。村上春树在《挪威的森林》里面说得好：“死并非生的对立面，而作为生的一部分永存。”同样，罪及其造成的后果也不会消隐，对于有良知的人来说，它也会作为生的一部分永存。在铁凝的笔下，罪感是伴随了人的一生的，她一再言说：“从前的一切我可以不再提起，但我却永远不会忘记。”这就是罚的力量以及它的惊心动魄之处。罪如何罚？个体如何面对自己内心深处的罪感？这是铁凝提出的严峻问题，也是铁凝关涉道德伦理文本的核心所在，也就是说，她不但要揭示个体隐秘的罪感对灵魂造成的压迫，更要揭示、或者说想象并演绎在罚的过程中个体灵魂的质变以及由之而引起

① [德]尼采：《查拉斯图拉如是说》，文化艺术出版社 1987 年版，第 169 页。

② 同上，第 168 页。

的主体的态度和行为。

我们首先要说到司猗纹。她的特点在于她虽然是一个罪者,同时她还是一个受害者,庄绍俭、庄家老太爷、罗大妈等人以及她所处身的时代氛围和文化氛围都是造成她心灵戕害的罪魁祸首。但这并不能成为她开脱对他人造成伤害的借口。作为一个被伤害者,她不谅解也不饶恕伤害者的在体性欠缺(即人性本身不可避免的脆弱),她通过转移自身的生存性伤害情绪来寻求心理和情感的平衡,来确保自己的安全感。一个简单的道理:自身的受苦不能成为迫害他人的理由。所以,无论司猗纹是否意识到,是否愿意,她都必须受到来自道德的惩罚,其结果就是她成为一个扭曲的人、破碎的人、腐坏的人。

与司猗纹不同,韩桂心的罪感意识牢牢盘踞在心中,成为她一生走不出去的心理阴影。与司猗纹相似的是她也可以算得上是一个受害者。从她出生之日起,妈妈张美芳就在不休地述说着对她父亲的怨恨,她的遭遇与陀思妥耶夫斯基的小说《被欺凌与被侮辱的》中的小涅莉非常相像。小涅莉降临人世所听到的最初的话就是母亲对于欺骗了她的那个人的怨恨、蔑视和高傲的唾弃,她在成长过程中所感受到的环境形成了她深层次的心理活动:对外界事物的敌意、多疑、敏感和神经质。同样,在妈妈的反复唠叨中,韩桂心的性情必然也受到了影响。她的敏感、她对于怨愤情绪的天然习得使其对优越于己者的怨恨很快地落实为具体的报复行动。对于自己所犯下的罪她是清醒自知的,但对于如何释罪却盲目无知,她所受到的惩罚也是一定程度上的性格扭曲:对于目睹了她的罪行但出于母亲对子女偏私的爱而隐瞒了真相的妈妈,韩桂心反复地施以精神折磨;当她由丈夫过去的历史发现"这世界上不为人知的事件太多"的时候,感到"一种前所未有的轻松",这就是在道德价值判断上将他人拉到与己同等的水平而获得的虚假安慰;当她认为自己无法怀孕是上帝对她的惩罚时又要不顾一切说出当年的秘密而无视这将对他人造成的巨大伤害。她的一切行动的依据都是自己,而一颗自私的灵魂是没有力量去赎罪、并且从"罚"当中开释的。

在否定性形象序列中,还有一个带有黑色幽默意味的人物——章妩,她在逃避农场艰辛劳动的"努力"中背叛了她的家庭和丈夫。章妩的过错是其一时意志软弱的结果,为此,她付出了终生的代价。在晚年,她与尹亦寻争吵中的思维混乱以及对整容莫名其妙的狂热实质上是一个鲜明的隐喻。她的悲剧就在于她一辈子都没有勇气说出并承认自己的"罪"。思维的混乱和对自我的面目甚至对自我的一切的模糊是她难逃的厄运。可以说,作为人的形象,章妩不是清晰明白的,而是一个模糊和混乱。

如果说以上是铁凝告诉我们不可为之的，那么，下面，铁凝告诉我们的是应该如此的。《对面》中的“我”在“有时被深夜的光亮偶尔惊醒时，回想起那个被我扼杀的女人，一种久违了的让自己变得好一些的愿望，在这时犹如远空的闪电嚓亮地划过我的心胸。”这就是负疚和由之而生的向善的信念和行动。什么是负疚？“负疚是个人对自己生命的欠缺的道德承负。”[①]主体勇敢地承担了他的罪，并在生活中以自己的行动珍惜了美，尊重了他人自由的生命空间。以一颗向善的心面对生活和自己内心深处的罪感，即使这罪感须臾也不曾忘记，但终究，“对面一片清明。”无论这“对面”和“清明”有多少种内涵，它首先必定是孤绝的自我处在“内心的罪感”这样一个对面时灵魂的安宁与澄静。

从“我”出发，尹小跳这个形象是铁凝的道德伦理应对“罪与罚”的进一步申发。让我们看这样一段文字：“是谁让你对生活宽宏大量，对你的儿童出版社尽职尽责，对你的同事以及不友好的人充满善意，对伤害着你的人最终也能粲然一笑，对尹小帆的刻薄一忍再忍，对方兢的为所欲为拼命地原谅拼命地原谅？谁能有这样的力量，是谁？尹小跳经常这样问自己。……那是尹小荃。”[②]由己及人，她认为优秀的人的可贵不在于生来优秀，而在于他们愿意付出终生的努力去撕毁去埋葬心底曾经有过的阴暗。她没有在“善”这里止步，而是将其发展为“忍”：一种受苦或受难。不错，尹小跳勇敢地承认了自己的罪，并在实际行动中一再地忍让、宽容他人。她似乎已经做得很好，我们对她没有指责，反而是满怀着敬意。但是，问题的性质并不一目了然。为什么她的某些善行隐约让人感到有些无力牵强和不尽人意呢？同样，我们要对尹小跳的意愿和由之而来的行动进行意向性的还原。如果说，她对于他人的隐忍和体谅是基于这样的认识——人的病弱、穷苦、丑恶都是人之为人不可避免的在体性欠缺，是世界恶的自然结果，我也曾犯下过不可饶恕的错，所以，我不该指责生命体“恶”的裂伤，而是应该谅解他们，那么，尹小跳的一切善行可以说是爱的承担，这当然是令人感佩的。但是，人物由对罪感的严肃的承担和艰辛的自我救赎突然滑到了诗意化的人格礼赞和自我陶醉。小说的最后部分，当尹小跳对陈在袒露内心深处的隐秘罪恶时，陈在突然为我们引出了真正的罪魁祸首——唐菲，这样的解释与唐菲那样一个性格张扬、敢做敢当的形象极为不符；更糟糕的是，由最开始就推动人物进行无休止的灵魂自审的动因在结局部分突然失去了存在的根据，所有内心的挣

---

① 刘小枫：《沉重的肉身》，上海人民出版社 1999 年版，第 313 页。

② 铁凝：《大浴女》，春风文艺出版社 2000 年版，第 196 页。

扎、难言的痛苦、隐忍的向善都沦落于无力的、没有根基的漂浮状态之中。而且，她的自我牺牲到最后成为为牺牲而牺牲的行动，她拒绝了陈在对她的爱，同时，也拒绝了她对陈在的爱，难以想象，这样真的会使彼此和他人幸福。一个经历了灵魂的生与死的人却没有力量爱自己，又遑论对他人的爱的承担？在这样一种状态下如何能够抵达“内心深处的花园”？尹小跳对她自己的认识和判断是：“是这个死去的孩子恐吓着她又成全了她。她想象不出一个死的孩子，能养育她的活的品格。她这品格是无人能够说出不好的，那应该是人类的文明所向。”[①]这不能不说是尹小跳在盲目乐观地为自己唱赞歌。铁凝是想用“玉成”这个字眼，但是人类的文明竟要靠一种生长于恶的善来推动？也许，在面对尹小跳这个人物时，铁凝仍然是有所保留的，在她的心里，尹小跳也还是过程中的人物，并未到达终点。

通过她笔下的人物，铁凝向我们展示了她对于人性深处的罪感意识的清醒认识和孤绝的个人如何面对的尝试性解答。当然，我个人认为其中有未尽之处，但是选择“罪与罚”这样一场隐秘的、惊心动魄的心理事件作为自己思索和言说的对象，本身就是一件弥足珍贵的事情。而且，由于这样一个对象的选取，小说的相关部分成为凝重厚实的心理大写意，围绕着一个具有丰富饱满的生命力和生长力的起点展开，层层推进，演绎出一场心灵的冒险和净化。王安忆在《心灵世界》一书中曾经说过：“我们常说‘彼岸’，如何到达彼岸？就要靠有力的东西把我们渡过去，越是有力越是可能渡得远，这个有力的东西就是动机。好的动机还有再生能力，它生出果来，果又成了因，因果相承，环环相扣，直到遥远的彼岸。”铁凝关于“罪与罚”的道德伦理叙事正是这样一个有力的动机。它虽然隐秘，但并不狭隘，正如昆德拉所说：“什么是内心的隐秘？是不是一个人的存在中最个人的，最独特的，最神秘的东西都在那里？……不。秘密是那些最共同的，最凡俗的，最千篇一律并且为一切人所有的那些……如果我们公开地隐藏这些秘密，不是因为它们非常地属于个人，相反，是因为它们十分可惜地不是个人的。”[②]无论程度轻重，每个人心中都有存在关涉道德伦理的心理事件的可能。铁凝道德伦理叙事的意义在于她不粉饰人生和人性，而是把真实揭开给我们看，要我们警醒。在这样一个琐碎的、轻慢的、急躁的、缺乏想象和沉思的时代里，铁凝把我们带入了自己已经不在意的道德伦理的迷离处境，让我们记起了自己在道德行为中的脆弱。她告诉我们：人不仅不应该、也不可能规避自己的道德欠缺，而且要勇敢地面对并由此生出善的信念和行动。至于再进一步，如何从

① 铁凝：《大浴女》，春风文艺出版社2000年版，第196页。

② [法]米兰·昆德拉：《认》，辽宁教育出版社2000年版，第64页。

尹小跳那种受难式的爱的承担再出发，也许是铁凝一个未尽的思考和言说的对象。

最后需要说明的是，由于在“罪与罚”这样一个空间中展开我的探讨，所以非常遗憾，本文没有涵括铁凝小说中的一部分极具人格魅力的人物形象，如姑爸、唐菲、唐医生等，但是仔细想想，有着巨大内心隐痛的姑爸对大黄那样一份拼死的捍卫，先是“电影”而后是“病”的唐菲一直坚守的纯洁的吻，烟囱顶上的唐医生临死的形象，都给人以持久的心灵震撼。也许，铁凝由他们身上会获得如何面对罪之罚的另一种理解，谁又知道呢？

（载《小说评论》2004 年第 1 期）

主要作品目录《

长篇小说

《玫瑰门》，作家出版社 1989 年版。

《无雨之城》，春风文艺出版社 1994 年版。

《大浴女》，春风文艺出版社 2000 年版。

《笨花》，人民文学出版社 2006 年版。

《美洎门》，春风文艺出版社 2012 年版。

中短篇小说集

《夜路》，百花文艺出版社 1980 年版。

《没有纽扣的红衬衫》，中国青年出版社 1984 年版。

《红屋顶》，宁夏人民出版社 1984 年版。

《铁凝小说集》，花山文艺出版社 1985 年版。

《哦，香雪》，中原农民出版社 1987 年版。

《遭遇礼拜八》，华艺出版社 1991 年版。

《麦秸垛》，作家出版社 1992 年版。

《没有纽扣的红衬衫》，时代文艺出版社 1992 年版。

《甜蜜的拍打》，长江文艺出版社 1994 年版。

《对面》，河北教育出版社 1995 年版。

《告别伊咪》,作家出版社1996年版。

《秀色》,云南人民出版社1997年版。

《银庙》,山东文艺出版社1998年版。

《午后悬崖》,百花文艺出版社1998年版。

《铁凝小说精粹》,四川人民出版社1998年版。

《铁凝小说选》,中国文学出版社、外语教学与研究出版社1999年版。

《永远有多远》,解放军文艺出版社2000年版。

《中国当代作家选集丛书·铁凝》,人民文学出版社2000年版。

《B城夫妻》,群众出版社2001年版。

《甜蜜的拍打》,群众出版社2001年版。

《铁凝小说精选》,太白文艺出版社2001年版。

《永远有多远》,时代文艺出版社2001年版。

《马路动作》,中国文联出版社2001年版。

《谁能让我害羞》,新世界出版社2002年版。

《何咪儿寻爱记》,花山文艺出版社2002年版。

《第十二夜》,江苏文艺出版社2003年版。

《小嘴不停》,北京十月文艺出版社2005年版。

《安德烈的晚上》,春风文艺出版社2005年版。

《有客来兮》,人民文学出版社2006年版。

《永远有多远》,人民文学出版社2006年版。

《午后悬崖》,人民文学出版社2006年版。

《巧克力手印》,人民文学出版社2006年版。

《铁凝自选集》,海南出版社2006年版。

《铁凝精选集》,北京燕山出版社2006年版。

《棉花垛》,人民文学出版社2006年版。

《巧克力手印》,明报月刊出版社、新加坡青年书局2009年版。

《铁凝小说选》,人民文学出版社2009年版。

《第十二夜》,河南文艺出版社2010年版。

《与陌生人交流——铁凝寄小读者》,二十一世纪出版社2011年版。

《青草垛》,重庆出版社2012年版。

《哦,香雪》,外语教学与研究出版社2012年版。

《对面》,人民文学出版社 2013 年版。

《蝴蝶发笑》,辽宁人民出版社 2013 年版。

《秀色》,河南文艺出版社 2014 年版。

《铁凝六短篇》,海豚出版社 2014 年版。

《没有纽扣的红衬衫》,晨光出版社 2015 年版。

《火锅子》,文化发展出版社 2016 年版。

《飞行酿酒师》,人民文学出版社 2017 年版。

《永远有多远》,河南文艺出版社 2018 年版。

散文随笔集

《草戒指》,百花文艺出版社 1991 年版。

《女人的白夜》,上海文艺出版社 1992 年版。

《长街短梦》,上海知识出版社 1993 年版。

《共享好时光》,群众出版社 1994 年版。

《河之女》,春风文艺出版社 1994 年版。

《铁凝散文自选集》,百花文艺出版社 1995 年版。

《温暖孤独旅程》,珠海出版社 1996 年版。

《罗丹之约》,吉林人民出版社 1996 年版。

《大街上的梦》,河北少儿出版社 1997 年版。

《心灵修炼》,江苏人民出版社 1998 年版。

《想象胡同》,云南人民出版社 1998 年版。

《铁凝人生小品》,花山文艺出版社 1999 年版。

《生活在坏话里》,西苑出版社 2000 年版。

《铁凝散文》,浙江文艺出版社 2001 年版。

《遥远的完美》,广西美术出版社 2003 年版。

《铁凝日记》,人民文学出版社 2004 年版。

《护心之心》,新华出版社 2005 年版。

《一千张糖纸》,江苏文艺出版社 2006 年版。

《会走路的梦》,人民文学出版社 2006 年版。

《像剪纸一样美艳明净》,人民文学出版社 2006 年版。

《铁凝散文精品赏析》,学林出版社 2006 年版。

《从梦想出发》,湖南文艺出版社 2007 年版。

《回到欢乐》,河南文艺出版社 2009 年版。

《铁凝散文》,人民文学出版社 2009 年版。

《惊异是美丽的》,作家出版社 2009 年版。

《回到快乐》,河南文艺出版社 2009 年版。

《桥的翅膀》,商务印书馆国际有限公司 2010 年版。

《农民舞会》,线装书局 2012 年版。

《你在大雾里得意忘形》,山西教育出版社 2014 年版。

《我画苹果树》,河南文艺出版社 2014 年版。

《山中少年今何在》,山西教育出版社 2014 年版。

《铁凝经典散文》,山东文艺出版社 2014 年版。

《一千张糖纸》,江苏文艺出版社 2015 年版。

《以蓄满泪水的双眼为耳》,生活·读书·新知三联书店 2016 年版。

《心灵的牧场:铁凝经典散文》,山东文艺出版社 2017 年版。

《让我们相互凝视》,东方出版中心 2018 年版。

《为什么要把时光留住》,人民日报出版社 2018 年版。

《相信生活,相信爱》,山东文艺出版社 2019 年版。

影　集

《铁凝影记》,河北教育出版社 1998 年版。

文　集

《铁凝文集》(5 卷),江苏文艺出版社 1996 年版。

《铁凝自选集》(4 卷),作家出版社 1997 年版。

《铁凝城市小说》(5 卷),河北教育出版社 2002 年版。

《铁凝自选集》,海南出版社 2006 年版。

王安忆

女，1954 年生于江苏南京，祖籍福建同安。

小 引《

我不想在这里系统地论述王安忆创作的独特性，我只想说一说在我的阅读记忆中，有关王安忆创作的一个重要的文学转变。这个文学转变，就是王安忆的创作从以《雨，沙沙沙》为代表的“雯雯系列”，突然转向《小鲍庄》的创作变化。这中间遭遇了一个文学“寻根”浪潮，因而与“寻根”的旨趣相近的《小鲍庄》，自然就成了“寻根文学”的代表作。但究其实，王安忆在这一阶段似乎并没有明确的“寻根”意识，相反，倒是大讲特讲这期间的美国之行对她创作的影响。我想，这个影响除了属于文学自身的一些观念和方法上(包括某些作家作品)的启示外，更重要的恐怕还是因为一个异样的世界的刺激，引发了作家一种内在的创造一个新世界的冲动，于是就有了“小鲍庄”这个孤悬于“文革”的汪洋大海中的宁静村落，在向人们显示道德和人性的古老以及一种生存方式的凝重。“小鲍庄”因而也就成了王安忆在雯雯的生存经验之外所创造的第一个有关人类生活的童话。读王安忆的作品，人们常常感到从“雯雯系列”到《小鲍庄》，两者之间的跨越实在是太大了，写前者的王安忆，给人的感觉是一个不谙世事的小姑娘，单纯柔弱，有那么一点羞涩，有那么一点惊恐，也有那么一点忧郁，有那么一点感伤。写后者的王安忆，给人的感觉则是一个见多识广的长者，老成持重，有无穷的经验、无穷的智慧，也有无尽的忧患、无尽的沧桑。一个作家在一个很短的时间内创作发生了如此大的变化，显然不是由于人生阅历的增长，而是意味着她对文学的理解和对创作的追求发生了某种重要的变化。这个变化证之于王安忆此后的创作，可以看出，从“三恋系列”，到《叔叔的故事》，尤其是晚近的《纪实和虚构》《长恨歌》等，与她的“雯雯系列”创作相比，有一个显著的特点，就是她此后的作品，不再仅仅取材于个体经验，而是同时也借助于某些间接的经验事实或超越经验的想象与虚构，继续营造她的有关人性和人类生活的童话。所以，王安忆此后的作品，虚虚实实，真真幻幻，你实在弄不清其中哪些是经验事实，哪些是心造幻影。这时候的王安忆才真正从她的作品中剥离出来了，从她作品中的人物身上剥离出来了，你在王安忆的作品中，再也看不到类似于雯雯和雯雯的世界那样完整的王安忆的影子和她完整的生活经历，所见的只是一些马赛克一样的经验的碎片，点缀在她所构造的那一座座虚幻的楼宇之间。这时候的王安忆俨然成了一个在真实与虚构之间建筑她心灵大厦的建筑师，她的作品也因此而成了一种心灵世界的创造物。

也许是因为这一次重要的转变，王安忆的创作才超越了个体的经验，包括作为一个女性的性别经验的局限，而走向了一个更大的关注人类悲剧性生存境况的哲学境界，因而当90年代以强调女性性征和性别经验为特点的女性主义文学兴起之际，王安忆却特别强调作为一个作家关注人性和人类生存状况的普遍性。她的作品也因此而愈益走向一种廓大而澄明的境界。这种境界不是靠历史或人生的故事建筑起来的，也不是靠理智或观念的逻辑演绎出来的，更不是某种性别或性格特征的“寓言式的抽象品”（黑格尔语），而是在参透了历史与人生、在消弭了理智与观念，同时也熔铸了性别与性格之后所进入的一个圆融通脱的化境。她的《长恨歌》就是进入这种化境的一个产品。读《长恨歌》，如读《红楼梦》，既不能坐实了看历史和人生，也不能抽象了看哲学和观念，而是要细细地咀嚼作者对历史和人生的静观默察、妙悟熟参，从中去体味历史和人生的那一点终极的大悲剧和大虚空。本辑周新民博士的评论文章，是从另一个角度讲王安忆的创作中个人书写的历史性维度，意在说明个人如何在与历史的纠葛中，将历史内化为个人的生命体验，以此来揭示生命与存在的哲学意味。

需要特别加以说明的是，本辑的访谈因故不能做现场采访，只能通过间接方式，依靠间接资料加以整理。但所辑录内容皆有原始出处，未曾更改和变动作者原意。在此，我们也要感谢王安忆在百忙之中给予的配合和帮助。

自　述《

小说人生

一、我为什么要写作

我为什么要写作？有时我问自己，却发现这不是一个答案能解决的。

似乎，那动机萌发得很晚，起初又十分地卑微。

我并没有从小就想过要当一个作家。父母教导我们，好好读书、升学，当一名医生，或者其他科学工作者。这期望是出自父母那甜酸苦辣五味俱全的经验。父母都是搞文学艺术的，经历过诸多的风险。这些是以后才知道的，当时并不知道这些，只是知道自然科学是一门极崇高的职业。这观念影响了我直到现在的三十年。因此，我发奋读书，对各门学科都有着浓厚的兴趣和良好的成绩，自认为升学不成问题。学校里开展思想教育运动，要我们说出自己的理想。我毫不犹豫地说道："当一个农民。"其时正当学邢燕子，农村既艰苦又充满希望，充满了神奇的色彩，呼应着我那一点小小的罗曼蒂克。农村对于我，像一个遥远的梦。大约也是因为我心中从不曾真实地认为，我会去当农民，所以我就这么毫不犹豫地说出了。

不料，在我诸多的梦都破灭的时候，这个空泛而缥缈的当农民的梦却陡然地实现了。"文化大革命"开始，我糊里糊涂地从小学毕业，又糊里糊涂地从中学毕业，插队落户去了，在安徽淮北当一名农民。

我数学的程度只达到四则运算。物理、化学、外语、生物等等，一无所知。和那当科学家的目标，遥遥无望地相隔着，其间没有桥也没有路。在所有的知识当中，超越了我所受的五年教育的，唯有文学了。那是得益于家中的书和读书的习惯。家里有许多的书，家里的人都是与书为伴的。我很小的时候，已经习惯用书催眠。书对于我奇怪地亲近着，它对于我，从一开始就是不难理解的。看多了，有时也学着写，写在日记里。于是日记也伴随着读书，成了另一种习惯。

在农村那些艰苦而又寂寞的日子里，书和日记又加倍地与我亲近着，成为我生活中的一部分。当农村遥遥地相隔着时候，它是那么神妙。而一旦走入了它，我立即就明白了，我是不能甘心做一名农民的，首先是因为，我养不活自己。我想找一条出路。手中的武器唯有这一门半生不熟的文字了。我写了一些小说，明知没地方发，可还是写了。记得有一篇是写一名知青在农村成长的故事，违背自己真实的心情颂扬了一番，颇觉得写小说是一门枯燥的功课。这便是我当一个作家的想法最初的萌芽。而之后又很快熄灭了。大学开始招生，是由基层推荐入学。我等着被推荐，而终没被推荐。在这长达一年的等待中，我开始自学数学。学到高次方程时，那上大学的愿望终于不能实现了。我便想着别的出路。

后来，我以从小消遣时学习的手风琴，考入徐州地区文工团。最初的两三年里，我是十分平静地生活着，自以为得到了归宿，可以休息。

文工团的生活十分悠闲，心里便也留出了许多空处。用什么填满它，自己也不知道。渐渐地，又觉出了苦闷。在这些空闲的日子里，看书和写日记更加成为生活不可分割的部分。而书是越发难以找到，日记也越发没什么可写。那时我不知道周围的一切足有价值上日记的，我只注意自己的生活，而把生活的范围划得很小。那日复一日，月复一月，就越发显出了枯燥无味，我愈发地苦闷，而又愈发地要看书，要写日记。在这不断加深的寂寞和苦闷里，我又感到要找一条出路的迫切。

多年下来手中仍未多出一般武艺，还只有那略为成熟一点的文字，于是又想着写东西。写了一篇散文，写的是一个牺牲小集体为大集体的农村知识青年。不料一发即中，被上海文艺出版社收入一本知识青年散文集。这集子由于印刷缓慢，从1975年拖到1977年才印刷成书。而这两年中，我们经历了大的变化，书中许多观点已不合时宜，于是便捣为纸浆，只给每位作者送了一本纪念。而不管如何，我自以为是有了作文章的天才，忙着写起来。虽未写出什么东西，倒是充实了不少，多余的精力和心情有了去处。

说来说去，我写作的初衷只是为了找一条出路，或是衣食温饱，或是精神心情，终是出路。我以为是找着了，便这么源源不断地写了下去。其实，我的日记是不再写了，我将小说当日记写了起来，写出许多心中的哀与乐。我这才从写作中得着了乐趣，写作对于我不再是一门枯燥的功课，我才真正地爱上了写作。我用我整个真实的心情去写，写作成了我的习惯，我生活中的一部分。多年来的彷徨不定终于得到了解脱。

当我写出我的哀乐时，便有人向我呼应，说我写出了他们的哀乐。我感到了人心的相通，并且自以为对人们有了一点责任。因此便想着要把小说做得更好一些，内容更博大一些，担负的人生更广阔一些。这时候，我第一次开始检讨自我。我感到了自我的狭小和封闭，我试着拆除圈住自我的围篱，透过自我那么一点小小的悲欢哀乐，极力与世界万物沟通、牵连，使它能够包容、折射更多更大的历史、社会和诸多人生的映象。在我努力做这些的时候，我的心情豁然开朗，少了许多哀怨，而变得更加明澈，我觉出了生活的无穷乐趣。假如有人问我："为什么写？"我便回答："为了生活得更好。"假如有人问我："为什么生活？"我便回答："为了写得更好。"这颇像一条追着自己尾巴跑的狗。可是，历史是由地球无穷的周转而延长的，那么人生的意义，也可以存在于无穷循环之中。

我力图写着广博的人生，于是便遇着了许多的幸与不幸，面对这么多的幸与不幸，我感到我自己那一点悲欢的渺小，甚而觉出了自我的渺小。我再一次检讨着自我，从我自身的悲哀中找出自己应负的责任，我写着这一世界的幸与不幸中，人自己应负的责任。每当我对自己的文章有所不满，想着要写得更好的时候，紧接下来的行动必定是回到自我里来做一番省察、检讨、扩充、提高，然后再忘我地埋头于文章，周而复始。当我越来越成为一个名作家，越来越被人所知道、赞扬或者批评，我便越来越深地和无可奈何地感到，我应对更多的人生负有责任。我想着：要使我的人生、我的生活、我的工作、我的悲欢哀乐、我的我，更博大，更博大，更博大。

从此我便有了一种奇怪的感觉，觉得我的小说和我的人生贴近着，互相参加着。我的人生参加进我的小说，我的小说又参加进我的人生。于是，我便再也回答不出，我终究是为什么写作了。

二、我的小说观

回顾我十年的写作小说的过程，我发现这是一个逐步明确小说的二元化的道路。在最初的时期，我写小说，只是因为有话要说，我倾诉我的情感，我走过的人生道路里获得的经验与感想。在这个阶段，我不承认小说是有思想与物质两部分内容的。因为在那时，我写小说正处于一个类似童年时期的协调一致的情境之中，我要倾诉的情感带有自然的形态，好比瓜熟蒂落。但是，我渐渐地感到了不满足。其实在我选择写小说作为我的倾诉活动的时候，就潜伏了另一个需要，那就是创造的需要。这时候，自我倾诉便无法满足创造的需要了。而一旦承认小说是要创造一个存在物，自己个人的经验便成了很大的限制。要突破限制，仅仅依靠个人经验的积累和认识，是不够的，因为任何人的经验与认识都是有限的。还应当依靠一种逻辑的推动力量，这部分力量，我就称之为小说的物质部分。在这个阶段里，我常常为形式的问题所困扰，物质部分落实到小说具体的写作过程中，便是叙述方式的面貌。所以，我常常想的是：我要选择一个什么样的叙述方式。而我以为最高的境界，应当是思想与物质的再次一元化。就是说，故事降生，便只有一种讲述的方式。但这在目前对我来说，还只能是一种审美的观念，我只可能叙述和描绘这一种观念。并且，我还只能从否定的一方去表述，就是说，我知道不要什么，却还不知道要什么。但这种观念，已成为我写作小说的理想了。

一、不要特殊环境特殊人物。将人物置于一个条件狭窄的特殊环境里，迫使其表现出其与众不同的个别的行为，以一点而来看全部。这是一种以假设为前提的推理过程，可使人回避直面的表达，走的是方便取巧的捷径，而非大道。经验的局部和全部都具有自己固有的外形，形式的点与面均有自己意义的内涵。我怀疑它会突出与夸大偶然性的事物，而取消必然性的事物。它还容易使人纠缠于细枝末节，潜心于构思的精致与巧妙，使人忽略了大的悲恸与大的欢乐的情节，陶醉于趣味之中，而趣味性也是我所不要的。

二、不要材料太多。经验性的材料之间，其实并不一定具备逻辑的联系。它们虽然有时候表面上显得息息相关，但本质上往往互不相干。它们往往这个具有这样的动机，那个却具有那样的动机。它们放在一起，不仅不会共同走向纵深，还会互相拉扯与消耗，使事情变得模糊、含混，非但不前进，还会后退。所有一切有力量的东西都具有单纯的外形。材料太多会使人被表面复杂、实质却简单的情节淹没，而忽视了具有重要意义的情节。贝多芬的《命运交响曲》第一乐章，以一个主要的简单的材料，即 0 3 3 3 |1 — |1 — |，而发展为如此激动有力的篇章。首先，这个材料具备发展的动力；其次，使用了调性、结构、和声、配器的武器。在小说里，什么标志材料具备动力，什么又是推动发展的逻辑武器，这就是我们的难题所在。

三、不要语言的风格化。风格性的语言是一种标记性的语言，以这标记来代表与指示某种情景。它一旦脱离读者对此标记的了解和认同，便无法实现。所以，风格性的语言还是一种狭隘的语言，它其实缺乏建造的功能，它只能借助读者的想象来实现它的目的，它无力承担小说是叙述艺术的意义上的叙述语言。它还是一种个人的标记，向人证明这就是某人，它会使人过于强调局部的作为特征性的东西，带有趣味的倾向。

四、不要独特性。走上独特性的道路是20世纪作家最大的可能，也是最大的不幸。20世纪是个能源危机的时代，小说的思想部分与物质部分已被一代一代作家几乎消耗用尽，剩下的可能性已经很少。20世纪作家已成为一种普遍的职业，区别与其他人不同，便成为强烈而迫切的要求。作家们绞尽脑汁，要独辟蹊径，就好像在地面上圈出自己的领地。然而，他们无法抵制被侵略的命运。因为，独特性是极易被模仿被重复的，所以，也是极易被取消的。它也具有使人迷恋、强调、发展与扩张局部的危险，它忽略了要总体性达到效果，而使之更上一层楼。它容易把个别的东西无限制无根据地扩大，忽略了经验的真实性和逻辑的严密性。任何无法被人仿效的作家全不以独特性为特征，他们已高出地面，使人无法侵略。

这四点其实是互为关联，与它们所相对的我认为要的那四点，正是我现在和将来所努力追寻的。有些事情要想明白了再做，另外有些事情则是做起来才能明白。所以，我就只有边想边做。于我来说：写小说是“做”和“想”的。

访 谈《

好的故事本身就是好的形式

——王安忆访谈录

周新民 王安忆

周新民:王老师,您好!首先我想问一个大家都很关心的问题。您从事文学创作到今天,已经20多年了。这么多年以来,中国文学已经有了很大的变化,文学风潮迭起,作家的新面孔层出不穷,但很少有人能像您这样一直保持着这么旺盛的创作生命力,在涌动不息的文学潮流里,总占据着惹眼的位置。在您的创作史上,人们历次把您归为知青作家、寻根作家等,称您的作品总是把当时的文学潮流推向一个新的高度。那么,您在写作时,是否自觉地、刻意地与当时的文学潮流保持一致?回首您的创作历程,我们发现您的创作风格、主题、艺术主张变化较大,有评论家认为,从总体上看,这种变化甚至是戏剧性的,您也是这样看待这些年来创作上的变化吗?

王安忆:在创作上我觉得这是比较自然的,没有一点特别例外的。以前一些评论家对我的定位也不是那么准,在我开始写作时说我是儿童文学作家,其实我也只是写了几篇儿童题材的作品,根本算不上儿童文学作家;然后,评论家又说我是知青题材作家,其实我也是极少写知青题材。我觉得我的作品是随着自己的成长而逐渐成熟。如果说有变化,那就是逐渐长大逐渐成熟。我并没有评论家说的那样戏剧性的转变。

全都不是自觉的,也不是清醒的。某个文学潮流把我归纳进去是他们的事,我不能为他们负责,也没办法阻止。这些变化都是非常自然的过程。事实上,一个作家,只要他是一个上进的作家,如果想把作品写好的话,他就必然有所变化。没有大家所期待的那种戏剧性的思想的飞跃。就像一个人的成长,他想长大就必然地一天一种变化,这是一个非常自然的状态。当然批评家想要做题目的时候会把我的这种转变典型化,那也是他们的工作需要。对于我而言,创作是一件非常自然有时甚至乏味的事情,就是坐在那里不断地写啊写。但是写的时候总希望自己写得好,这个要求是一贯的。

周新民:您的早期小说所关心的是对主题的传达,而到了《小鲍庄》《流水三十章》《叔叔的故事》《纪实与虚构》里,您更多关心的是叙述本身,《小鲍庄》还被评论家们看作80年代中期小说形式革命的典范之作;《叔叔的故事》中叙述方式成为小说叙述的中心,因而它被认为是90年代重要的先锋作品;《纪实与虚构》的板块结构把小说结构上的探索推向了一个新的高度。这些作品的诞生,体现了您对小说艺术特别是形式上的探索,您能谈谈您的想法吗?

王安忆:《小鲍庄》惹得纷纷扬扬,对其结构生出许多说法。而我当初并非有意识地考虑结构这个问题,只是觉得,《小鲍庄》的故事,本身就是这样发生,同时地、缓慢地进行着。如果说有一点成功的话,那便是我终于接近了《小鲍庄》故事本来的形成构造和讲述方式。我对自己最大的妄想,便是与一切故事建立一种默契,自然而然地,凭着本性觉察到每一个故事与生俱来的存在形式,什么是多余的,要去掉的;什么是有用的,应该存在的。

事实上小说的形式是不能单独谈的,可以说小说本身就是形式。对我来讲小说就是人和人、人和自己、人和世界之间关系的形式。就像《纪实与虚构》,大家都觉得我在形式上很创新,很奇持,其实我根本没有想到去创造什么,实验什么。我考虑的只是人和这个世界是什么关系。我觉得人是处在一个坐标的点上:纵向的历史和横向的社会关系,也就是时间和空间交叉的点上,这种关系本身就很具有形式感。很难想象一个小说家在头脑中首先产生一个故事,然后再考虑用什么样的形式去表现这个故事。当一个故事来到我的头脑里的时候,它本身就带有特定的形式。好的故事本身就具有很好的形式。

有的时候觉得无从着手,能够着手的时候我觉得我是一直在寻找一个好故事。好故事很难找,有些事情天生具备这种特征,像我写的《悲恸之地》,这完全是一个真事情,是我从报上剪下来的,背景稍微换了一下。我说不出这个故事到底好在哪里。它是一个如此真实的事件,但里面包含着那么一个奇特的世界,这个世界太痛苦了,这里的痛苦已经不是现实的痛苦。好故事有时候说来就来。

周新民:好的故事本身就是好的形式,您的这个观点中包含了一个十分有意义的话题。长期以来,特别是在新时期以来的文学中,故事包括故事的讲述方式——情节,一直是被排斥的对象。在人们的印象中,从中国文学传统中继承过来的散文化或诗化,以及从西方文学中借鉴过来的意识流、时空结构、荒诞手法,才是文学的最具有革命性意义和最具有革命性价值的东西。您受到称赞的几篇小说,例如《小鲍庄》《叔叔的故事》,被人所称道的地方常常是和文学传统及外来文学中所重视的形式因素，而非您所强调的故事。看来，您的故事观和一般意义上的故事观有所不同，谈谈您的故事观吧。

王安忆：我们曾经非常醉心于寻找不凡的故事。那些由于阅历艰深而拥有丰富经验的作者使我们非常羡慕，并且断定我们之所以没有写出更好的小说，是因为“没有生活”。于是我们漫山遍野，或者走街串巷地收集起故事来。我们的历史很长，地方又大，民族众多，风俗各异，且又多灾多难，只要作者努力，是一定能够找出很多很多美妙的故事的。然而，在大多数的时候，生活非常吝啬。它给予我们更多的仅是一些妙不可言的片断，面对这些片断，我们有两条道路：让片断独立成章，或者将片断连接起来。让片断独立成章，是一条诗化和散文化的道路，常常受到高度的赞扬。这些赞扬是从对我们传统文化的反叛出发的。他们认为，中国小说的传统是从话本而来，以讲故事为重要，而这一类小说则走向了诗化，是一种高度的进步。我的小说也常常荣幸地被列入这些表扬的名单之中，而我至今才发现是大大地出了误会。问题在于，中国的文化中究竟有多少小说的传统。纵观中国文学史，小说的地位轻而又轻。直到20世纪20年代，鲁迅的《中国小说史略》之前，并无一本中国小说史。

在中国文化中小说的传统极弱，中国的小说其实并没有真正进入文学的殿堂，而是在台阶下面。在“五四”以后所发生的小说，才是我们今天所说的小说的传统。

到了高度现代化的美国，才明白了西方现代派的作品，并不是用意识流、结构现实主义等等莫名其妙的手法表现故事，而是那生活本身给了一个时空颠倒、错综交叉、断断续续、重重叠更、无头无尾、莫名其妙的故事。于是，便明白了他人国度里稀奇古怪故事的真实，也明白了自己国度里稀奇古怪故事的虚假。记得马尔克斯在一篇文章中写道，他所写的一切故事全是真实的，没有一点魔幻。其实，拉丁美洲的现实本身就充满奇花异草，奇闻怪事，事情本身就是魔幻而又真实的。一个故事带着它的模式存在了，它的模式与生俱来，并无先后。而最大的困难同时也是成功最重要的秘诀，便在于如何去寻找那故事里唯一的构成方式。好比爱斯基摩人的雕刻，他们不说雕刻，不说塑造，只说将多余的那部分石头去掉。去掉多余的、累赘的，只留下应该有的、本来就有的。什么是本来就有的？这便有了艺术家的劳动和工作。

事情就在“本来”这两个字上。

周新民：看来，您所认为的“故事”观念与一般意义上的故事有很大的差别，在您刚才所说的话中，故事不仅仅是事件的发生发展，即我们通常所说的“本事”，它本身还包括讲述故事的方式。同时从您刚才所谈的关于故事的涵义的一段话中，我发现，在您的思想意识中，您否定了中国传统小说例如章回小说是中国现代小说的传统的论断,您认为它本身不具备现代小说的因素,您把中国现代小说的传统放在“五四小说”那里。我们都知道,“五四小说”受外来文化特别是西方文化影响很深。在20世纪80年代,中国小说又一次深受西方文学的影响。这一时期的小说在许多方面把西方的影响发挥到了极致,例如“感觉”,这一时期的小说特别推崇感觉。但是我发现您的小说《小鲍庄》,包括后来的小说《纪实与虚构》,并没有向“感觉”靠拢,相反它们都具有强大的穿透力与逻辑力量,看来您的故事观是排斥“感觉”而包容逻辑的。您是怎样看待20世纪80年代小说所推崇的“感觉”?贯穿您小说中的“逻辑”是现代小说必备的因素吗?

王安忆:我们的文艺创作往往以思想内容的新锐取胜,而因缺乏严格的逻辑推理,我们无法将此新锐思想壮大、深入、发展,检验其真伪高低,使之具备说服力。我们常常讲究“感觉”。“感觉”这个词在近些年越用越甚,在门户开放,西方新旧思潮涌入的这些年里,我们吸收最快最多的其实是与我们最接近的东西,比如“感觉”。我们没有去细想,西方目前追寻东方的神秘主义的感觉,是在他们将科学发展到了一个尽头,第二次陷入茫然的绝境,而到东方来求援。而我们尚在第一次的绝境里,也跟着神秘兮兮地大谈“感觉”。“感觉好”被认为是艺术家的天赋,而再仔细追究“感觉”究竟是何物,便支支吾吾,不知所云了。当我们讨论起来,也充满了诸如“感觉”这样的含混不清的词,我们总是缺乏思辨的态度,尽管我们有饱满的热情和聪敏的头脑,可也避免不了搁浅的命运。

现代的艺术已放弃了秩序,可是放弃的是旧有的秩序,新的秩序实际上是建立在更严格的逻辑制度之上。那些时空颠倒、荒诞不经的小说与戏剧,他们放弃的只是事物表面的秩序,而要表达内部的或者主观的秩序;失去了事物表面的时间与地点的联络,如没有更严密、合格、高级的逻辑强有力的联络,便无法集合起那些风马牛不相及的片断,以此互动和推进。而我们在一些当代的中国荒诞小说或荒诞戏剧里,却扫兴地发现其间无论是放弃的还是建设的,都是漫无边际,随心所欲,不知要使其达到什么目的。如请求解释,得到的回答便是“感觉”。这就像是一个没有做好准备就匆匆开幕的舞台,演出着一些编者不懂观众更不懂的杂乱的篇章。为了摆脱“浅薄”的嫌疑,于是,大家齐声叫好,人人充当革命派。在这样一个时候,当使自己冷静下来,寂寞地做一些工作,努力将一切不懂的弄懂,说不清的说清。这已是题外话了。说到底,还是最前边的那个问题:我们对我们所要背叛的东西究竟了解还是不了解,甚至我们嚷嚷着要挣脱的东西,究竟是不是确实地背负在我们身上,而不是背负在人家身上。

周新民:现在,我想总结一下您的故事观了,您的故事观里,除了“本事”及讲故事的方式外,它应该还包括逻辑因素。但是我认为,您的小说观除了故事的观念外应该还有别的内容。毕竟对于小说来说,仅仅去追寻好的故事,还是不够的。您的小说观中应该还包括其他的因素。我们常说文学是人学,小说和人又有什么关系?从这一角度,您如何命名小说?它和现实世界又有什么样的关系?我们就这些问题来谈谈吧。

王安忆:那我对小说的命名是什么呢?我命名它为“心灵世界”,很简单。我为什么叫它“心灵世界”呢?因为我觉得它的产生是一个人的,绝对是一个人的。它不像别的东西,比如电影,联合了很多很多因素,不可避免地要受到社会、大众、市场等的要求。我觉得小说是一个绝对的心灵的世界,当然指的是好的小说,不是指那些差的小说。我是说小说绝对由一个人,一个独立的人他自己创造的,是他一个人的心灵景象。它完全是出于一个人的经验。所以它一定是带有片面性的。这是它的重要特征。它首先一定是一个人的。第二点,也是最重要的一点,它是没有任何功用的。它不是说,最早这世界上没有椅子,人为了坐的需要就发明了椅子,然后在使用过程中,检验它的合理性使其越来越合乎使用的需求。而小说绝对是一个没有功用性的东西,它没有一点实用的价值。

这个心灵世界和我们这个现实世界的关系是什么?我想道理上是可以说得清的。道理上是什么呢?就是材料和建筑的关系。这个写实的世界,即我们现在生活在其中的世界,实际上是为我们这个心灵世界提供材料的,它提供一种蓝图也好,砖头也好,结构也好,技术也好,它用它的写实材料来做一个心灵的世界,困难和陷阱都在这里。我们的现实世界是为那个心灵世界提供材料的,这个材料和建筑的关系,我想是确定了。而很重要的一件事情是说这个材料世界是一堆杂乱无章的东西,在我们眼睛里不是有序的、逻辑的,而是凌乱孤立的,是要作家自己去组合的,去重新构造一个我所说的心灵世界。

周新民:看来,您的小说十分强调“个人”,对个人的心灵世界的孜孜不倦的描绘成为您的小说的中心主题。怎么去理解您的小说这一中心问题?您的创作跨度这么大,风格变化也较大。例如早期的作品“雯雯系列”流露出比较强烈的个人化的情感,90年代的《长恨歌》叙述了个人与历史间特殊的关系,这些小说对个人的关注都很明显也很好理解。但是,您的其他作品“三恋系列”、《伤心太平洋》《乌托邦诗篇》,还有《纪实与虚构》,从题材和风格这些表面的东西看,它们和“雯雯系列”差别比较大,它们和“雯雯系列”一样都是围绕着个人来展开的吗?它们又怎样地体现了个人问题？结合您的小说创作实际谈谈这个问题吧。

王安忆：有一点也许大家都没有认真去读，那就是“雯雯系列”跟我后来的作品有本质的不同，这不同在于“雯雯系列”是写非常个人化的东西。“雯雯系列”以后我好像从主观世界定向了客观世界，我去写我眼前的他人的故事。而“三恋系列”是我走过了一大段客观世界之后又回到主观世界，又开始写极其个人的事情。这个“个人”并不是指我个人。很多人以为“雯雯”就是王安忆，其实不是的，她是一种个人化的情感。“三恋系列”里又出现了这种个人化的东西。李陀曾说，“三恋系列”把我中断的东西又开始延续下来了。他说得很准确，但我不喜欢用“中断”这个词。“雯雯系列”写的是个人化的东西，但它是极浅的“个人”。如果说地有九层的话，“雯雯系列”是我在第一层的耕作。到了《本次列车终点》《尾声》，我人走开去了，好像周游一圈之后又成熟了些。写“三恋系列”时，我开始挖掘地的第三层了。“三恋系列”我很重视，它们是我的一种非常好的状态，即始终保持饱满的个人情绪，这是创作最重要的东西。

《纪实与虚构》也是不断地挖掘的结果。实际上人是不能多挖的。照刚才的思路讲下去，如果地分九层的话，挖到第九层之后下面是空的，你就到了一种极其虚无的状态。

周新民：进入 90 年代，您的小说出现了两个非常引人注目的变化，其一，您的小说开始关注个人的日常生活，但是，这里所讲的日常生活肯定和其时盛行的“新写实”小说有着根本的不同。在您的小说里，日常生活意味着一种审美状态，它体现了您的小说观念的新变化，例如《富萍》，小说对普通人的日常生活做了精细入微的描绘。其二，您的小说开始关注农村，《富萍》《文工团》《开会》《喜宴》等作品将目光投向农村。您这是否在祭奠插队时期的生活？这里折射出了您对小说怎样的思考？您能谈谈您写这些以农村为题材的作品的想法吗？

王安忆：我不知道今天的读者发生了什么巨变，但我觉得有些东西是恒定的，不会有太大的变化。因为事实上我们看小说，都是想看到日常生活，小说是以和日常生活极其相似的面目表现出来的另一种日常生活。这种日常生活肯定和我们知道的日常生活不同，首先它是理想化的精神化的，还是比较戏剧化的，但它们的面目与日常生活非常相似。人的审美一定要有桥梁，就是和日常生活非常相似，所以我不担心没有读者。

我现在写农村，并不是出于怀旧的目的，也不是祭奠插队时期的日子。而是因为农村的生活方式在我眼里日渐让审美的性质上升为形式。小说这东西，难就难在它是现实生活的艺术，所以必须在形式中寻找它的审美特质，也就是生活的形式。

在我的近作里，淮北乡土文明是守分寸的、理性的，是隔着一点距离的，它背后是分析和理解的态度。

周新民：在对您的二十余年的创作做了一个纵向的了解后，现在我想换一个横向角度，来讨论一下您的文学创作上的一些问题。20世纪40年代张爱玲以其对上海社会生活及上海人的生存体验的精细入微地描写而赢得广泛的声誉；20世纪末，您的《长恨歌》在对王琦瑶的近半个世纪的命运的叙述中，对上海近半个世纪的社会风情做了精细的描绘，从而获得了广泛的赞誉，并获得了国内长篇小说的最高奖——茅盾奖。人们认为您和张爱玲同是20世纪非常著名的小说家，并且认为您是张爱玲之后20世纪著名的海派文学的集大成者，您同意这样的评价吗？您能谈谈您和张爱玲之间的联系吗？

王安忆：关于这一点，我想说几句。首先我不认为张爱玲是这个阶段最杰出的作家，我对她的评价没高到这种程度。把我和她往一起比，可能因为我们都是写上海生活的。张爱玲与我真正关系不大，别人把我和张爱玲放在一起对照，都是好意，都是捧我嘛，没有一个人是为了贬我才这么说，我不承认，好像也挺不识抬举的。但事实上，真正关系不大。我们这一代基本是看着苏俄文学长大的。我们内心里都有一种热的东西，都有一种关怀大众的人道主义的东西。我不是说张爱玲没有人道主义，她也有。她就是自我主义者，她就"哗"一下走到虚无去了，她就非常虚无，她对自己以外的东西关心是不多的。她也有对人世的无奈的感叹，但这都不是热切的关怀。其实从根源上，我跟她真的不是一样的，人家把我跟她对比——这话我已谈过无数遍了：第一是因为我们都写上海。《长恨歌》就是有一段，写到40年代的上海，就认为我专门在写它，这是个很大的误会，可能跟目前的时尚潮流有关系。第二是因为我们都写实，都是写实派的，这使人们认为我们很像。

我和她有很多不一样，事实上我和她世界观不一样，张爱玲是非常虚无的人，所以她必须抓住生活当中的细节，老房子、亲人、日常生活的触动。她知道只有抓住这些才不会使自己坠入虚无，才不会孤独。在生活和虚无中她找到了一个相对平衡的方式。我不一样，我还是往前走，即使前面是虚无，我也要过去看一看。我认为我的情感范围要比张爱玲大一些，我不能在她的作品中得到满足。我与她的经历、感受没有共同之处。

周新民：是的，从深层次的文化观与文学观来看，您和张爱玲的确有很大的不同，把您和张爱玲联系在一起来谈，除了因为你们都在写上海这一共同点外，也许还因为你们都是女性作家吧。谈到女性作家，我们都注意到了，除了张爱玲等现代女性作家斐然的文学成就外，在新时期二十多年的文学进程中，女性作家的创作也取得了相当大的成就，她们的创作也在一直激起人们的强烈兴趣。您认为作家的创作和作家的性别有关吗？

王安忆：现在文坛上女性作家非常活跃，在写作上女性作家对语言的把握、表现和叙事方式上比男作家做得更好，而且是特别轻松。女作家比男作家写作更勤奋一些更认真一些。但在写作上我认为没有具体的性别之分。现在有些评论家的观点是从作家自己的谈创作的文章中得来的，这是要上当的。创作过程是说不清楚的。现在的作家性别意识不是很强，女作家和男作家很像。现在两性作家在写作上并没有太大的差别。她们很现实，拼命把形式世界的面目表现出来，尤其是“新写实小说”那一派。两性作家极其相似，他们的作品、理论不是文学很好的理想和表现目标。不过那些评论家把方方也归纳到“新写实”里去，这不正确。我觉得方方比“新写实作家”都要好。对于“新写实小说”，我觉得缺少一种诗意，写作能力很强，语言非常利落。这批作家的差别很大，笼统归为一派不太科学，这同评论家的想法有关。

周新民：您的“三恋系列”，还有《岗上的世纪》，常常被评论家们阐释为女性文学的典范之作，您是否认为您是一个持女性主义立场的作家？

王安忆：我不太喜欢从性别角度看问题，这样会带来很多麻烦。其实人性中有些东西好，有些东西坏，有些东西深刻，有些东西浅薄，就这么简单。

《岗上的世纪》，我是在描述一幅男女对称平衡、很有装饰感的优美画面。这个世界就是一个男人和一个女人的世界。我要探求的是在这样一种状态下一个男人和一个女人的关系，他们是怎样达到平衡的。对于杨绪国和李小琴而言，他们都有可供对方利用的东西：李提供给杨的是女色，杨提供给李的是招工的机会。当他们两人（应该说很不顺利地）有了肉体关系之后，他们就从这种功利目的中解脱出来，获得一种无功无用的快乐。而一旦脱离这种自然状态，他们又会很恨对方，因为这一状态使李和杨背离了自己的初衷：“性”对于李而言本来只是达到招工目的的手段，而对于杨而言仅仅意味着传宗接代。但他们又特别不能摆脱这种快乐。人都是社会的人，都有自己的生存方式，我想寻求的是拥有不同生存方式的男性和女性在获得这种无功无用的人性的快乐时，他们是怎么对待的。尽管当时的很多想法已记不起来了，但这一点我还是很清楚的，即我想寻找一种平衡，两性的平衡。

周新民：虽然您不同意作家的写作同作家的性别有关，但是人们常常以“女性化”来描述女性作家的作品，并把它作为女性作家与男性作家的创作相区别的一个重要特征，您认为男性作家与女性作家的文学作品在风格及形式特征上有这样的差别吗？

王安忆：我不喜欢大家所给予的“女性化”的定义，譬如细腻、清新、纯情、情感丰富等等，大家所定义的这些女性的特点我不太喜欢。但我绝不反感“女性化”。我觉得“女性化”有一个非常好的特点，即“温柔”。最好的男作家也一定具备这种“女性化”的温柔。这个“温柔”我很难表达，它是一种很温暖的情感，绝不同于我们所说的“温存”。我喜欢的几个男作家的作品中都有这种情怀：张炜、张承志，台湾的陈映真等。米兰·昆德拉也有，我最喜欢他早期的作品《玩笑》，里面有一种女性才有的痛苦而温暖的情感；他后期的作品，像《生命中不能承受之轻》，这种情怀已经没有了。最好的作家都会具有这种情感，无论男女。所以我觉得最好不要用性别特征去定义它们，这不是性别特征，是人性特征，是人性最好的东西。

周新民：作为一个女性作家，您的许多小说，例如“三恋系列”、《“文革”轶事》《流逝》《长恨歌》《富萍》《妹头》《米尼》等都是以女性作为小说的主人公，这样做，您有什么想法？

王安忆：我喜欢写女性，她有审美的东西，男性也写，但写得很少。

周新民：虽然您认为您不是女性主义者，但是您以您近二十年的文学创作实绩向人们证明了新时期以来的文学与女性作家有着不可分割的联系，许多像您一样的女性作家为中国文学的繁荣和发展作出了不可或缺的贡献。作为新时期以来文学的同路人，作为一个女性作家，您能就女性作家与新时期文学谈谈您的看法吗？

王安忆：抑或是由于社会性的原因，抑或更是由于生理性的原因，女人比男人更善体验自己的心情感受，也更重视自己的心情感受，所以她们个人的意识要比男人更强，而男人则更具有集体性的意识。一个失败的男人才会沉溺于爱情，而女人即便成功了，也渴望为爱情作出牺牲。女人比男人更有个人情感的需要，因此便也更有了情感流露的需要。文学的初衷，其实就是情感的流露，于是，女人与文学，在其初衷是天然一致的。而女人比男人更具有个人性，这又与文学的基础结成了联盟。因此，在新时期的文学中，涌现了大量的女性作家。这些女性作家一旦出现总是受到极大的欢迎。她们在描写大时代、大运动、大不幸和大胜利的时候，总是会与自己那一份小小的却重重的情感联络。她们天生地从自我出发，去观望人生与世界。自我于她们是第一重要的，是创作的第一人物。这人物总是改头换面地登场，万变不离其宗。她们淋漓尽致地表达个人的一切，使作品呈现出鲜明而各不相同的世界观、哲学观、情感与风范。也许这一切在中国表现得尤为特异，因中国的女人比别国的女人更长久地被禁锢在狭小的天地里，而中国的男人又比别国的男人更具有为政为道的人生理想。于是，中国女人的自我意识越加强烈，而男人也更强化了集体意识。然而，接下来的问题却是，女性作家赖以发生并发展的自我，应当如何达到真实。我们都知道，唯有真实的才是可贵的，完美的，真理性的。我们大约都读过鲁迅的《幸福的家庭》，尚记得文中的作家是如何描绘他想象的幸福家庭：自由结婚的夫妻，男着洋装，女着中装，一人一册《理想之良人》。餐桌上铺了雪白的布，厨子送上菜——"于是一碗'龙虎斗'摆在桌子中央了，他们两人同时捏起筷子，指着碗沿，笑眯眯的你看我，我看你……"然后说出一串洋文，同时伸下筷子。那贫寒交迫的作家所设计的幸福家庭，纵然很幸福，却谬误得可笑。有些作品中的自我表现，会使我想起这个幸福家庭。

我应当说，在我们新时期文学的初期，女性作家们是下意识地在作品中表达了自我意识，使自我意识在一种没有完全觉醒的状态中登上了文学的舞台，确实带有可贵的真实性。同时也应正视，在这一时期里的自我意识，因是不自觉的状态，所以也缺乏其深刻度，仅仅是表面的，问题是发生在觉醒和深入之后。

评　论《

个人历史性维度的书写

——王安忆近期小说中的"个人"

周新民

在20世纪50年代至70年代的中国当代文学中，个人的价值仰仗历史意义与价值的播撒。因而，从根本上讲，个人只是历史的载体，作为生命意识存在的个人，并没有受到关注和重视。这种现象一直延续到了新时期文学。虽然个人话语是新时期以来的文学最为重要的主题话语，由"伤痕文学"始，个人一直是文学关注的中心问题。但是，在作家们的想象与叙述中，个人价值的源头仍然在历史价值那里，当新的历史时期来临后，个人所体现出来的人生感受与新的历史价值趋向保持着相当的一致。在"伤痕文学""反思文学"里，个人对新历史的幸福体验同国家意识形态对新历史的幸福许诺也是一致的。在小说叙述中，个人由痛苦到幸福的情感体验的决定性力量，仍然是历史。在个人与历史的一致性中，个人依然难以摆脱历史的摆布。

这种个人与历史的关系一直延续到“改革文学”。在“改革文学”叙述中,个人所表现出来的新的价值与新历史所倡导的价值仍然是一致的。由“伤痕文学”到“改革文学”,个人价值叙述法则最终仍归依于历史叙述法则。而稍后的“新历史小说”则常常把个人当作解构历史的锐利刀刃。在这里,历史成为不关乎个人生存体验的外在力量与背景,个人冷漠地面对历史,并成为击碎历史铁律的绝对力量。由于历史与个人的绝对分离,在这些小说中,个人成为一个没有历史记忆与历史体验的、超离生命意识的个体。总之,在新时期的文学中,个人与历史之间的这种绝对的同构与截然的分离关系,抹杀了个人作为生命意识的个体在面对历史时的独特体验。

与“伤痕文学”“反思文学”“新历史小说”所表现出的历史与个人的关系不同,王安忆的小说则从另一个层面表现了个人与历史的关系。在她的小说里,当个人与历史相遇时,历史成为个人生命存在的一个重要维度,它镀亮了个人复杂褶皱的每一个角落,与个人生命体验浑然一体。而当历史以事件、时间的名义发生变更时,与历史相联系的个人的生命体验,并不因为时间的消逝而消失,也并不因为事件的变更而更替。这样,在王安忆的小说里,个人不再只是纯粹的现实的物体,而是交融着历史体验与历史记忆的生命个体。她的小说《叔叔的故事》《纪实和虚构》《长恨歌》表现了个人的生命中历史性体验的存在及意义,从不同层面汇聚成个人的历史性维度的书写主题。这些小说描述了历史与个人的纠葛,并由此出发,展示了生命的独特性,昭示了生命的意义。分析这些小说中蕴藏的个人的历史性维度状态,我们可以对王安忆的小说有一个全面深入的了解,同时,也可以看到在中国文学中个人话语的崭新特质。

《叔叔的故事》是由叙述者“我”讲述的一个饱经历史沧桑的上辈人的故事。叔叔在反右斗争中,被打成“右派”,在“文革”中被下放到农村。这是一个在“伤痕文学”“反思文学”中常见的故事。这些故事的主要情节,无非是书写“右派”在错误的历史时期里,遭受了不公正的待遇;而在新的历史时期,“右派”的冤案被平反,命运得到根本性的改变。小说在对“右派”沉浮命运的描绘中,其实暗含着一个这样的观念:历史是外在于个人的。但是,在《叔叔的故事》中,王安忆并没有去叙述一个“右派”的命运沉浮史,也没有去讨论在个体生命与历史的紧张关系中二者的合法性的问题。她所关注的是这样的一段历史对个体生命的掣肘:历史不是外在于个体生命的,而是个体生命内在的一维。《叔叔的故事》要探讨的不是个人在历史事件中的命运,它所关注的是历史由生命体验作为中介,开始镶嵌在叔叔的人生历程里。在小说叙述中,我们可以看到,在“文革”之后,成名的叔叔无论是和异性在一起,还是面对自己的孩子，他所表现出来的生命体验，都和那一段当“右派”的历史有着不可分割的联系。叔叔年轻的时候，因一篇小说而获罪，“文革”中被下放到农村改造。身在农村的叔叔的人生呈现出特殊的生命状态：他的肉身与灵魂相分离，肉身在现实中得到安息，并且最大程度地获得满足；而灵魂却呈现出虚无。这段历史造就了叔叔特定的人生体验。在他平反昭雪之后相当长的一段历史时期里，叔叔的人生都与这段历史所造就的生命状态休戚相关。进城之后，他为了斩断与旧历史的联系，迅速地和妻子离了婚。作为旧历史时期的象征物——婚姻——是解除了，但是那段历史所造就的生命体验却并没有消逝。他和大姐、小米的关系，呈现出历史刻下的清晰的痕迹。在大姐那里，他表现出灵魂的需要；肉身则寄托在小米那里。他对待儿子大宝，也鲜明地体现出了灵魂与肉体分离的倾向。他十分不喜欢大宝，因为大宝不是叔叔内心幻想的、寄托着灵魂的女儿，而只是一个具有血缘关系的肉身。灵魂与肉身分离的生存状态，使叔叔常常沉浸于肉身的欢娱，灵魂则虚妄为谋求肉身欢娱的手段。即使时间和空间大幅度变换之后，历史刻下的印记也没有消除。在德国，当他以惯用的手段接近一个女孩而遭到拒绝后，他彻底地暴露出了镶嵌在自己生命深处的历史体验，他的作态完全回到了小镇上曾经的岁月。时间和空间，对象和方式都无从改变深深嵌入他生命的历史之维。《叔叔的故事》彻底地改写了新时期以来小说中个人与历史之间的关系。在这里，历史不再是外在于个人的事件，而是和个人纠结在一起，成为个人生命体验中无法消除的一部分。个人生命的物质空间的变更，并不能抹去个人生命中那重重的历史划痕。在个人的生存中，历史成为个人无法剔除的部件，顽固地参与个人的生命活动。

王安忆在《叔叔的故事》里，开始注视历史与个人间的独特关系。在这里，历史不再是外在于个人的事件，它成为个人生存的境遇。在这独特的个体生存境遇里所形成的生命体验，蛰伏在个人生命的深处，成为个人生命的历史性维度，随着个人的存在而存在，无法消失。在《纪实和虚构》里，这种个人生命的历史性维度，被提高到一个更加抽象的高度。如果说在《叔叔的故事》里，个人生命的历史存在境遇所造就的特定的生命状态，与具体的历史事件相联系，那么，在《纪实和虚构》里，王安忆则通过对家族神话的编造，显示了个人生命历史性存在的深度与广度。诚然，《纪实和虚构》是对家族历史的书写，但它与 80 年代后期家族历史小说有着根本性的区别。在 80 年代后期的家族历史小说——如莫言的《红高粱家族》、苏童的“枫杨树系列”中，个人以局外人的角色参与小说的叙事，家族的历史并没有构成个人生存体验的维度，它只是叙述者个人的叙述对象而已。而《纪实和虚构》则不同，在这里，家族的历史是个人生命的一翼。把"我"和家族联系在一起的血缘，成为个人生命的历史性维度的物质化形式。在王安忆看来，个人的人生和生命存在具有纵向和横向两个维度。在谈到《纪实和虚构》的写作时，王安忆这样说："我虚构我的历史，将此视为我的纵向关系，这是一种生命性质的关系，是一个浩瀚的工程"，"我还虚构我的社会，将此视作我的横向关系，这是一种人生性质的关系"。从王安忆对个人生命的理解中，我们可以看到，她虚构家族史的目的，其实是展示个人生命的历史性维度的深广。在这里，家族史是作为个人生命存在的一个维度，也是个人生命存在的昭示，它延伸的深度与广度，其实是对个人生命深度与广度的形象性隐喻。

《纪实和虚构》中的母亲是一个忘却历史，只认同生命横向关系的人，母亲用一切可能的方法消除与家族的历史纠葛。在上海这座移民城市里，母亲总是坚持讲普通话，从来不讲方言，虽然她的上海话讲得比普通话还要标准；母亲只是和同志往来，她从不承认在这座城市里有亲戚，虽然她至少还有一位嫁入大户人家的姑母。她把亲戚看成只是纯粹的物质化关系，她说："亲戚算什么？过年的时候我奶奶带我到姨母家去，我在楼梯下磕三个响头，上面就扔下一块钱，这就是亲戚。"她甚至对自己母亲的记忆也十分模糊，感情十分疏远，连去上坟，也当成节日旅游。母亲就这样斩断了同家族的任何联系，表现出强烈的"孤儿"习气。母亲对家族、对家族史的漠视，代表了一种生命观，这种生命观拒绝历史，只认同现世及现实社会关系，并把它作为生命的全部内容。但是，在"我"看来，生命无法避开历史维度。母亲对亲戚对血缘的否定与抛弃，让"我"的生命感到压抑、自卑和孤独。因为，血缘、家族、亲戚，以及家族的神话传说，从根本上讲，都与我们的生命息息相关。在"我"看来，"没有家族神话，我们都成了孤儿，栖栖惶惶，我们生命的一头隐藏在伸手不见五指的黑里"。同时，在"我"看来，家族神话传递的过程，本身就是一个生命盎然的过程，"这世界是一个后天的充满选择性的世界，使人摒除崇高的观念。而家族传说超越了人们的认识，它将世界置于'知'之上的渺茫境界之中，使敬仰之心油然而生。家族传说那种代代相传接力式的传播方式充满了欢乐的生命之情和庄严的责任感……家族神话像黑夜里的火把，照亮了生命历久不废的行程"。

因此，在《纪实和虚构》中，王安忆对"茹"姓家族历史的追寻，并不是简单地编造家族神话，而是显示个人生命历史性维度的存在。家族史，在"我"眼里，从根本上讲，是生命勃发、昂扬的历史。"茹"姓的家族史上第一人木骨闾，让家族的历史有了开端。木骨闾马术高超，精于射术。在逃跑中，他得到神秘力量的帮助而脱身，并建立起了自己的部落，因此有了"茹"姓的开始。"茹"部落经社仑又得以中兴，他虽被囚禁，但是历经艰辛，终于取得政权，让“茹”家族发扬光大。随后，“茹”姓部落虽然有渐渐衰落并几乎被人灭亡的历史，但是在“我”看来，这种生命的沉寂，其实是为了孕育更大的辉煌。成吉思汗的横空出世，让“茹”姓家族辉煌天际。家族历史由一“茹”姓状元接续，最终抵达外祖父。外祖父与英雄的祖上不同，他是一位破坏欲望特别强烈的男性，是他把祖上的家产挥霍一空。但是，“我”却认为，破坏与创造一样，都是生命张扬的形式。这样，在王安忆那里，家族史其实就是个体生命蒸腾的历史，它构成个人生命存在的一个重要维度。虽然它成了历史，但是，通过姓氏这一象征化物质形式，最终与个人的生命相接续。由于个人维度的介入，王安忆对家族神话的追溯，与一般寻根小说大相径庭。寻根小说对“史”的依赖，其目的是思考民族与历史的关系。《纪实和虚构》则将个人与历史的关系，放在生命存在的角度上来思考，勘探出了个人存在的新的维度。当王安忆把《纪实和虚构》看作“创世纪”时，她实际上认为生命的创世纪的结构与小说的结构一样，存在着历史与现实两翼，对历史性维度的重视，是生命自身的需求。

《叔叔的故事》和《纪实和虚构》显示了个人与历史之间不可抹杀的关系，同时它们也显示了作为生命的个人面对时间时，所表现出来的特性。这种特性，在《长恨歌》那里得到了更鲜明的表现。在《长恨歌》中，历史与个体生命相交融，与历史相联系的个人生存体验，具有不可再现的特性，当个人生存的外在时空发生变化时，这种生命体验并非随之变更；与外在时空及个人生存环境的可复制性相比，个人生命体验具有无法复制的独特性。

《长恨歌》叙述了王琦瑶四十余年的生活。在这四十余年里，王琦瑶由少不更事的女中学生，成长为上海“三小姐”，到年老时被人杀死。其间，她的生命历经了旧上海时的繁华，被人包养的生活，也经历过上海困难时期的生活。她爱过人，但被权势所虏；她也被人爱过，却不能如人所愿。她人身自由后，也在毛毛舅、老克蜡身上寄托过自己的情感，但最终这些都成过眼烟云；她生养过一个女儿，女儿却从没有继承过自己的一丁点儿什么。在时间的流逝与人事的纠葛中，王琦瑶深深地感到，她在旧上海所经历的生命体验再也没有重现过。诚然，历史场景、人事关系都曾重新显现，但是，镶嵌在她生命深处的历史切片折射出的生命的光彩，从此再也没有闪现过。《长恨歌》正是通过个人的历史性生命体验的书写，展现了人的生命体验的独特性。在王琦瑶的生命历程中，旧上海的少女时光，是她人生中最富有独特意味的生活。那时，她放射着一个优秀、出众少女的人生风采。女伴吴佩珍、蒋丽莉从内心深处崇拜她、呵护她、追捧她，她们都以是王琦瑶的朋友而自豪。在王琦瑶成为上海淑媛和上海三小姐这些事上，她们起着决定性的作用。和她们在一起，王琦瑶过着十分惬意的少女生活。王琦瑶的少女生活中，还有一个十分重要的人——程先生，他是王琦瑶人生的一道独特的风景。是他拍的照片，让她成为上海淑媛；是他的怂恿与策划，让她顺利地成为上海三小姐。程先生爱着王琦瑶，他让王琦瑶领略到少女的初恋，享受到初恋的激动与幸福。王琦瑶的旧上海生活中还有重要的一翼，那就是李主任。王琦瑶虽然被李主任包养，但是，李主任对王琦瑶确实负起了责任。在历史将发生巨变的时刻，他负责任地为王琦瑶安排了以后的生活，为她留下了生活保障。王琦瑶的旧上海生活，都具体化为在这些人事中的生命体验。从王琦瑶的整个生命历程来讲，它构成了王琦瑶生命的历史性维度。当岁月的脚步悄悄地移动时，它漠然地注视着岁月的流逝，静静地龟缩在王琦瑶生命的最深处。对王琦瑶来讲，岁月流逝、空间流转、人际更替，这些只是个人生命的外壳，而生命的内核——个人历史性存在——仍如磐石，蛰伏在生命的深处。在王琦瑶以后的人生中，相似的人事关系仍在出现，但是，那独特的生命体验却从此再也无法重现。

在新的历史时期，王琦瑶曾两度面临过相似的人事，但是，其中所蕴藏的生命体验，却大相径庭。第一次是在20世纪50年代，那时，上海刚解放不久，王琦瑶的生命中，出现了同解放前相似的人事关系。严家师母代替了吴佩珍、蒋丽莉的位置，康明逊取代了李主任的位置，萨沙成为另一个程先生。但是，在相似的人事中，藏匿着的生命体验却是不同的。严家师母对王琦瑶的情感无法像吴佩珍她们那样热烈与真挚。她对王琦瑶，是有距离的关心与交往，她远没有吴佩珍她们那般无私与倾情，而带有一定的世故与圆滑。康明逊取代了李主任的位置，但是，他对王琦瑶，远不及李主任那般负责任。他给王琦瑶留下了一个孩子，却让王琦瑶独自承担抚养责任。王琦瑶把萨沙当作康明逊的替罪羊，她对萨沙的功利，与她和程先生之间的赤诚有着根本性的差别。在20世纪50年代，王琦瑶的人生中，人事关系虽然重现了，但是，在这一次的人事中，她所体验到的不是幸福，更多的是无奈，是人世的沧桑。20世纪80年代，围绕王琦瑶，也出现过同前两次相似的人事关系。王琦瑶在老克腊那里找到了上海怀旧的气息和梦幻般的情爱生活。但是，对王琦瑶来说，老克腊只是把她带回到四十年前去的道具，而不是和王琦瑶一起上演四十年前戏剧的男主角。张永红对生活的感悟与见地，像年轻时的王琦瑶。但是，她绝不是自己的复现，她身上的张狂与轻佻，难以让王琦瑶接受。张永红的男朋友长脚，在王琦瑶的人事关系中，复现了配角的位置。但是，他不像程先生和萨沙那样，给自己的人生带来值得回味的东西，恰恰相反，他是王琦瑶走完人生历程的终结力量。《长恨歌》正是通过对围绕王琦瑶的人事关系状况的描写，浮现出王琦瑶的历史性生命体验的独特性。虽然，围绕王琦瑶的人事关系能一次再一次地重现，但是，她在四十年前的生命体验，却再也没有重新出现过，生命中历史性体验成为个人在岁月长河中的磐石，标示着生命曾经的状况。在《长恨歌》中，随着时间的流逝，历史场景与人物关系可以再现，但是生命体验深处的历史性，却不可能再现。个人的历史性体验具有不可再现的特征。

小说的叙述者由"四十年的故事都是从片厂这一天开始的"展开小说叙事。王琦瑶在吴佩珍的带领下来到片厂观看拍照。在拍摄现场，王琦瑶看到一个拍摄镜头。小说这样叙述王琦瑶的感受："最后终于躺定了，再也不动了，灯光再次暗下来。再一次亮起的似乎与前几次都不同了。前几次的亮是那种敞亮，大放光明，无遮无挡的。这一次，却是专门的亮，那种夜半时分外面漆黑里面却光明的亮。那房间的景好像退远了一些，却更生动了一些，有点熟进心里去的意思。王琦瑶注意到那盏布景里的电灯，发出着真实的光芒，莲花状的灯罩，在三面墙上投下波纹的阴影。这就像是旧景重现，却想不起是何时何地的旧景。"当时光的脚步移动到王琦瑶被长脚杀害的地方，在她死亡的最后一瞬间，王琦瑶的眼里最后的景象就是四十年前的这幅景象："王琦瑶眼睑里最后的景象，是那盏摇曳不止的电灯，长脚的长胳膊挥动了它，它就摇曳起来。这情景好像很熟悉，她极力想着。在最后的一秒钟里，思绪迅速穿越时间的隧道，眼前出现了四十年前的片厂。对了，是片厂。"王琦瑶在死亡的最后一刻，她所感受到的、所体验到的，却是四十年前在片厂的所见所感。在这里，历史性沿着时光的隧道，最终抵达王琦瑶的生命体验。四十年前与四十年后的重叠，源于个人生命历史性维度的存在，对个人生命存在的历史性维度的凸现，最终又显示了生命的宿命与悲凉。在王琦瑶临死的瞬间，她充分地感受到生命的超越性力量，原来，自己几十年的风雨人生历程，却为的是给生命的宿命、超越性存在作一个具体、生动的注脚。

正是因为历史镶嵌入个人的生命，成为个人生命的一翼，个人的历史性生命体验才呈现为不可重现的独特意味。同时，由于个人生命的历史性维度的存在，个人当下的生命被历史性生命情景注视着、制约着，历史性生命体验相对于当下的生命而言，具有超越性、形而上的生命意味。于是，王安忆从个人历史性生命的独特性出发，昭示了生命的形而上层面。与王安忆同时代的北村、张承志、张炜、史铁生等作家也在小说中关注人的形而上层面，开始追寻形而上的生命存在。只不过在他们那里，形而上的生命体验都无一例外地表现为神性。在北村那里，人的神性维度体现为基督教。在张炜那里，这种超越性力量寄托在"大地"意象中。在张承志那里，人的神性之维表现为哲合忍耶。在史铁生那里，人的神性则体现为各种宗教的力量。在他们那里，神性是人的彼岸，是人的生命理想状态。而在王安忆这里，生命的形而上体现在个人的历史性维度上，是生命的此时感受，也是人的“此岸”体验。在她的作品中，个人的历史性维度，以超然的姿态凝视个人的具体的、琐碎的生活。它以强大的力量，超越时空的阻隔和纷繁复杂世事的侵扰，它的源头，最终直抵个人的生命存在。当从现世回溯到遥远的过去时，个人的生命存在的历史之维，清晰地傲然屹立在个体的天空，像透过云彩的阳光，照亮着个人的生命旅程。

王安忆的小说改变了新时期以来文学中历史与个人之间的关系，这种关系的改变建立在她把个人当作生命个体的基础之上。她的小说显示了作为生命体的个人与历史间坚固的关系。由于生命中历史性维度的存在，生命才具有独特性；也正是历史性维度的存在，对生命的形而上的探询也显示了独特的文学史意义。

（载《小说评论》2003年第3期）

主要作品目录《

长篇小说

《黄河故道人》，四川文艺出版社1986年版。

《69届初中生》，中国青年出版社1986年版。

《流水三十章》，上海文艺出版社1990年版。

《纪实与虚构》，人民文学出版社1993年版。

《米尼》，江苏文艺出版社1994年版。

《父系和母系神话》，江西科学技术出版社1994年版。

《长恨歌》，作家出版社1995年版。

《一个故事的三种讲法》，明天出版社1997年版。

《处女蛋》，台湾城邦出版社1998年版。

《我爱比尔》，南海出版公司2000年版。

《妹头》，南海出版公司2000年版。

《富萍》，上海文艺出版社2000年版。

《天佑爱人》，云南人民出版社2001年版。

《上种红菱下种藕》,南海出版公司 2002 年版。

《欲罢不能》,文化艺术出版社 2003 年版。

《桃之夭夭》,上海文艺出版社 2003 年版。

《遍地枭雄》,上海文艺出版社 2005 年版。

《启蒙时代》,人民文学出版社 2007 年版。

《月色撩人》,云南人民出版社 2009 年版。

《天香》,人民文学出版社 2011 年版。

《流水三十章》,人民文学出版社 2014 年版。

《匿名》,人民文学出版社 2016 年版。

《考工记》,花城出版社 2018 年版。

中短篇小说集

《雨,沙沙沙》,百花文艺出版社 1981 年版。

《黑黑白白》,少年儿童出版社 1983 年版。

《王安忆中短篇小说集》,中国青年出版社 1983 年版。

《流逝》,四川人民出版社 1983 年版。

《尾声》,四川人民出版社 1983 年版。

《小鲍庄》,上海文艺出版社 1986 年版。

《海上繁华梦》,花城出版社 1989 年版。

《神圣祭坛》,人民文学出版社 1991 年版。

《逐鹿中街》,麦田出版有限公司 1992 年版。

《荒山之恋》,长江文艺出版社 1993 年版。

《中国当代作家选集丛书·王安忆》,人民文学出版社 1995 年版。

《伤心太平洋》,华艺出版社 1995 年版。

《变奏》,春风文艺出版社 1995 年版。

《王安忆》,人民文学出版社 1995 年版。

《姊妹们》,华夏出版社 1996 年版。

《人世的沉浮》,文汇出版社 1996 年版。

《屋顶上的童话》,山东友谊出版社 1997 年版。

《王安忆短篇小说集》,明天出版社 1997 年版。

《隐居的时代》,上海文艺出版社 1999 年版。

《王安忆小说选》,中国文学出版社1999年版。

《歌星日本来》,北岳文艺出版社2000年版。

《剃度》,南海出版公司2000年版。

《岗上的世纪》,云南人民出版社2000年版。

《妄情酒吧》,内蒙古文化出版社2001年版。

《王安忆作品精选》,长江文艺出版社2001年版。

《三恋》,浙江文艺出版社2001年版。

《弟兄们》,上海文艺出版社2001年版。

《文工团》,文化艺术出版社2001年版。

《流逝——王安忆代表作》,春风文艺出版社2002年版。

《风吼林的娘们》,远方出版社2002年版。

《苦果》,陕西旅游出版社2002年版。

《王安忆作品精粹》,广东人民出版社2002年版。

《忧伤的年代》,新世界出版社2002年版。

《现代生活》,云南人民出版社2002年版。

《酒徒》,江苏文艺出版社2003年版。

《毁灭人生》,延边人民出版社2003年版。

《阁楼》,台湾INK印刻出版有限公司2003年版。

《叔叔的故事》,中国电影出版社2004年版。

《锦绣谷之恋》,中国电影出版社2004年版。

《王安忆中篇小说精选》,上海社会科学院出版社2004年版。

《稻香楼》,春风文艺出版社2005年版。

《悲恸之地》,文汇出版社2006年版。

《冷土》,台湾INK印刻出版有限公司2006年版。

《王安忆小说集》,台湾INK印刻出版有限公司2008年版。

《采苹采藻》,新加坡青年书局2008年版。

《陆地上的漂流瓶》,中国盲文出版社2008年版。

《王安忆精选集》,北京燕山出版社2009年版。

《王安忆短篇小说编年》(四卷),人民文学出版社2009年版。

《王安忆精品集》,人民文学出版社2009年版。

《王安忆小说选》,人民文学出版社2009年版。

《骄傲的皮匠》,海豚出版社 2010 年版。

《麦田物语》,人民文学出版社 2013 年版。

《众声喧哗》,上海文艺出版社 2013 年版。

《爱向虚空茫然中》,上海文艺出版社 2013 年版。

《大刘庄》,上海文艺出版社 2013 年版。

《王安忆》,中国青年出版社 2013 年版。

《放大的时间》,明天出版社 2013 年版。

《今夜星光灿烂》,新星出版社 2013 年版。

《“文革”轶事》,上海文艺出版社 2013 年版。

《临淮关》,江苏文艺出版社 2014 年版。

《安忆六短篇》,海豚出版社 2014 年版。

《发廊情话》,北京燕山出版社 2015 年版。

《黑弄堂》,上海文艺出版社 2015 年版。

《天仙配》,上海文艺出版社 2015 年版。

《打一电影名字》,上海文艺出版社 2015 年版。

《本次列车终点》,上海文艺出版社 2015 年版。

《伴你同行》,上海文艺出版社 2015 年版。

《老康回来》,上海文艺出版社 2015 年版。

《爱情的故事》,江苏凤凰文艺出版社 2016 年版。

《谁是未来的中队长》,人民文学出版社 2017 年版。

《红豆生南国》,人民文学出版社 2017 年版。

《众声喧哗》,人民文学出版社 2017 年版。

《姊妹行》,华东师范大学出版社 2017 年版。

散文、随笔、纪实、文论集

《扬起理想的风帆》,中国青年出版社 1983 年版。

《蒲公英》,上海文艺出版社 1988 年版。

《旅德的故事》,江苏文艺出版社 1990 年版。

《故事和讲故事》,浙江文艺出版社 1991 年版。

《乘火车旅行》,中国华侨出版社 1995 年版。

《漂泊的语言》,作家出版社 1996 年版。

《重建象牙塔》，上海远东出版社 1997 年版。

《心灵世界——王安忆小说讲稿》，复旦大学出版社 1997 年版。

《独语》，湖南文艺出版社 1998 年版。

《接近世纪初》，浙江文艺出版社 1998 年版。

《王安忆散文》，华夏出版社 1999 年版。

《男人和女人，女人和城市》，云南人民出版社 2000 年版。

《我读我看》，上海人民出版社 2001 年版。

《寻找上海》，学林出版社 2001 年版。

《窗外与窗里》，沈阳出版社 2002 年版。

《茜纱窗下》，上海文艺出版社 2002 年版。

《塞上五记》，吉林摄影出版社 2003 年版。

《王安忆说》，湖南文艺出版社 2003 年版。

《我和我的母亲茹志鹃》，广东人民出版社 2004 年版。

《街灯底下》，山东画报出版社 2005 年版。

《乘公共汽车旅行》，中国福利会出版社 2005 年版。

《小说家的十三堂课》，上海文艺出版社 2005 年版。

《华丽家族：阿加莎·克里斯蒂的世界》，安徽文艺出版社 2006 年版。

《王安忆读书笔记》，新星出版社 2007 年版。

《王安忆导修报告》，新星出版社 2007 年版。

《王安忆散文》，人民文学出版社 2008 年版。

《上海女性》，中国盲文出版社 2008 年版。

《情感的生命》，中国文联出版社 2008 年版。

《疲惫的都市人》，中国文联出版社 2008 年版。

《海上》，华东师范大学出版社 2008 年版。

《七月在野　八月在宇》，解放军文艺出版社 2010 年版。

《什么是幸福：战争与和平》，文化艺术出版社 2010 年版。

《王安忆散文》，人民文学出版社 2010 年版。

《雅致的结构》，上海书店出版社 2011 年版。

《乌托邦诗篇》，华东师范大学出版社 2011 年版。

《空间在时间里流淌》，新星出版社 2012 年版。

《波特哈根海岸》，新星出版社 2013 年版。

《剑桥的星空》，北京十月文艺出版社 2013 年版。

《面对自己》，湖南文艺出版社 2013 年版。

《王安忆的上海》，生活·读书·新知三联书店 2014 年版。

《丰饶与贫瘠》，上海人民出版社 2015 年版。

《放大的时间》，人民文学出版社 2017 年版。

《仙缘与尘缘》，人民文学出版社 2017 年版。

《小说与我》，广西师范出版社 2017 年版。

《麻将与跳舞》，人民文学出版社 2018 年版。

《旅行的印象》，人民文学出版社 2018 年版。

《成长初始革命年》，译林出版社 2019 年版。

《女生们》，青海人民出版社 2019 年版。

《旅馆里发生了什么》，河南文艺出版社 2019 年版。

《心灵世界》，浙江文艺出版社 2020 年版。

讲　稿

《小说课堂》，人民文学出版社 2012 年版。

《小说家的第十四堂课——在台湾中山大学的文学讲座》，河南文艺出版社 2016 年版。

谈话录

《谈话录》（与张新颖合著），广西师范大学出版社 2008 年版。

《对话启蒙时代》（与张旭东合著），生活·读书·新知三联书店 2008 年版。

自选集

《米尼》，作家出版社 1996 年版。

《香港的情与爱》，作家出版社 1996 年版。

《海上繁华梦》，作家出版社 1996 年版。

《漂泊的语言》，作家出版社 1996 年版。

《小城之恋》，作家出版社 1996 年版。

《长恨歌》，作家出版社 1996 年版。

《喜宴》，辽宁人民出版社 2013 年版。

《王安忆自选集》，天地出版社 2017 年版。

王　蒙

男，1934 年生，河北南皮人。

小 引《

先说一点闲话。乾隆皇帝曾自诩为“十全老人”，说他一生有十大“武功”，所以又称“十全武功老人”。假如去掉皇帝这个身份，又不单论武功，且取其约数，则在中国当代作家中，王蒙可当此名。说王蒙是当代作家中的“十全老人”，还有一个很重要的原因，是当代文学各阶段的历史，他都经历过，当代文学各种重要的文学潮流，他也都参与其中，有时还站在潮头。而且，他擅长各种文体写作，小说、诗歌、散文、文学研究和文学评论，也可谓“全”。中国人喜欢以“十”表“全”，以“全”为“美”，所谓“十全十美”是也。从这方面说，王蒙也可以当“十全老人”之称。前些年，常听王蒙说，明年我将衰老，或明年我将老去，谁知过了这么些年，他还像前人的诗中所说的那样“老去心还竞，春来花又新”，仍在不断以新的创作延续他的“十全”历史。要想在一个专辑里说“全”王蒙的人生和创作，诚非易事。好在此前已有许多评论、研究王蒙的论著问世，笔者也曾写过一部《王蒙传论》，详论王蒙的人生和创作。现将我那本书的“前言”中，对王蒙的一些论断，摘录如下，供阅读这个专辑的读者一哂：

作为一位当代中国知识分子，这位怀有很深的少共布尔什维克情结的当代作家，从少年时代就开始投身无产阶级革命和祖国的解放斗争，是现代中国知识分子走向革命道路的一个特定时期的缩影。同样具有这种“微缩”特征的是，他在20世纪50年代中期所遭受的政治厄运，以及在70年代末的复出和此后所走的人生道路，对于当代中国知识分子来说，也都具有相当的典型性。这种典型性不仅仅是通常我们所说的人生道路的坎坷和革命信念的坚定，还有在这坎坷的人生途中，为着坚守这种革命信念而付出的身心代价，以及在这种“坚守”和“付出”中，20世纪在世界范围内发生的革命和社会主义运动在他们的心灵深处所激起的复杂的精神回响。

作为一位当代作家，王蒙的创作和文学活动，也如他的人生和命运一样，充满了无穷的变数。50年代，当他凭着一个“少共”单纯的理想和热情，挟带着一篇在艺术上还远未成熟的短篇小说，在百花竞放的文坛初露锋芒的时候，无意间却冲击了一个文学信条。这个文学信条同时也联系着在整个中国现代文学，尤其是在20世纪

40年代的抗日民主根据地(解放区)的文学中被赋予了新的阐释同时也被新的文学实践改造过的现实主义文学传统。这一新的现实主义文学传统的滥觞和发展演变，同时还联系着一个更大范围的国际共产主义运动和社会主义文学的历史背景，包括当时的苏联、东欧和中国正在经历的激烈动荡又复杂多变的微妙“形势”。这样，一个不见经传的小人物，和一篇无足轻重的短篇作品，无意间也就闯入了一个高墙深院、门禁森严的政治和文学的禁宫。王蒙自然要为此付出沉重的代价，同时，也让他成了50年代中期兴起的这股渊源复杂、影响深远的文学潮流的代表人物。

如果说，50年代的王蒙，是以他对生活的善良愿望和善意批评，因为强化了现实主义文学对于现实的“批判性”，而无意间冲击了某种业已形成的新的现实主义文学信条的话，那么，在70年代末复出以后，乃至整个80年代和90年代以来，他对于长期以来被尊奉为中国现代文学的伟大传统和主导潮流的现实主义原则的冲击，就是有意识的和逐渐自觉的。这种有意识的自觉性虽然是他个人对于生活和文学的深刻反思的结果，但同时也顺应了这期间在政治和文学上的拨乱反正、解放思想和改革开放的历史潮流和趋势。从70年代末到80年代初恢复和重建现实主义文学的真实性和批判性原则，到80年代初革新现实主义表现方法的艺术实验，乃至此后在文学的体裁和样式，尤其是小说的文体、语言和叙述方式等方面所进行的种种革新和实验，都是王蒙在这期间为更新现实主义文学传统和推进文学变革所作出的不懈努力。而且这些革新和实验又因其具有相当的先锋和前卫色彩，也因其取得了众所公认的实绩而具有独特的代表性，他在这期间的文学革新和实验，因而也就成了新时期新的文学革新历史的一个重要组成部分。

无论是作为一位知识分子，还是作为这个知识分子群体中的一位作家，王蒙都是20世纪下半叶激烈动荡、复杂微妙的时代和社会的产物，因而时代和社会也就不能不在他身上打下许多深刻的烙印。这种烙印除了在政治和文学上对他的人生和事业造成的直接影响外，也见于他所特有的一种思想性格和精神气质。王蒙是一位有着丰富的人生智慧和文学智慧的作家。他的人生智慧不仅表现在应对日常生活包括一些重要的政治问题方面所显示出来的灵活和机敏，以及由这种灵活和机敏而生发出来的灵动感和幽默感，同时也表现在他凝聚了自己的人生经历和中西哲学的生存智慧所形成的独特的人生哲学。他的文学智慧同样不仅表现在他的创作在文体、语言和手法、技巧等诸多方面的复杂多变，同时也表现在他结合自己的创作经验融合中外古今文学思想所形成的独特的文学观念。这种丰富的人生智慧和文学智慧，也使得王蒙无论是在生活中还是在文学中，都变得异常复杂和多面，是佛斯特所说的那种充满着多样的矛盾统一体的“圆形人物”，而不是单一的平面化的“扁平人物”。王蒙曾用一段戏谑性的文字归纳“评论者”对他所下的“互相矛盾的断语”说：

> 王蒙是“现代派”的风筝。王蒙是停留在50年代的古典。是幽默。是象征。是荒诞。是始终坚持现实主义。是永远的少共布尔什维克。是乡愿。是尖酸刻薄。是引进了西方的艺术手法食洋不化。是党官。是北京作家群的“哥们儿”。是新潮的保护人。是老奸巨猾。是智者。是意识流。是反官僚主义的先锋。是一阔脸就变。是儒。是老庄。是魔术师。是非理性。是源于生活。是“三无”(无人物、无情节、无主题)……

自 述《

小说永远是实验性的

文学追求的是可能性，我们写的东西如果是现实的，有充分的事实根据，那就是对再现这种现实的可能性的一种探索。因为即使是同样一个事实，都可能有一千种说法或者更多。如果说这里头还加了你的许多想象，那更是一种可能性的探索。小说则是文学样式当中以最接近人生的那种形式出现的。诗歌是文学里的一种奇葩，但它和人生本身的样式有比较明显的区别，它是浓缩了的，更感情化、更抽象，等等。戏剧呢，没有小说那么人生化，因为戏剧演出有很多特殊要求与安排，比如怎么抓住人，等等。小说则是最接近人生的，所以小说就是对于人生可能性的一种追求，一种探索，一种实验。在现实中，我们人生受到的限制太大了，不仅是指社会的限制，还有时间、空间、生命、健康、个体、经验等等的局限。正因为存在限制，人们就追求可能。把这种可能写得淋漓尽致，就是很好的小说。可能性是小说的关键词。

这从中外“小说”的观念都可以看出来。中国最早出现“小说”是在《庄子》里。《庄子》说，“饰小说以干县令，其于大达亦远矣”。“饰”，就是修饰，修理，也包含了编辑的意思，编一个小说。“县”就是古代的“悬”字，就是高雅的、高尚的、抽象的、概括的意思，高悬着的。“县令”，不是一个官职，它的意思是主旨、意义、原则、道德。所以“饰小说以干县令”，就是说用这些小言小语想表现、干预这种高高在上的道理，“难以哉”，也很难。那么英语里有没有能够把小说的特点概括起来的词呢？也有，就是 fiction。Fiction 的原义是虚构的、编造的事。如果你在叙述一件事情,我说“This is a fiction”,那我的意思就是你说的全是假的,是编造出来的。但是同时它又指小说。也就是说,对于小说,外国人注意的不是大小的对应,而是虚构与写实的对应。小说是可以虚构的,小说的特点、小说的特长恰恰在于它的虚构性,这是外国人的一个小说观念。

中国人的小说观念,演绎出了一个可能性,就是以小见大的可能性,选择题材的可能性,确立小说主旨的可能性。而每一种可能性又能分裂出互相矛盾着的无数可能性来。从外国人尤其是英语世界对小说的理解来看,小说的可能性又形成了一个大的悖论,就是真实性和虚构性。我们都很珍视小说的真实性,看到某个地方写的和我们的经验相契合,会感到非常愉快、非常亲切,说这简直就跟写我一样。说某人写恋爱的心情特别令人激动,特别感动人,都是因为它真实。但是小说又是讲虚构的,光真实和虚构这一个问题就够你做一辈子的文章。今天强调真实性,过两天强调无边的真实,然后再强调肮脏的真实。我看过一些作品,我认为里面就充满了肮脏的真实。

不过我们有时候看完一篇作品批评说,这写得太不真实、太虚假了,虚假得令人作呕,可是我们看神话和童话反倒没有这种感觉。没有任何人看完《西游记》说这太虚假了,说一个石头里面怎么可能蹦出猴来呢?没有人较这个真。也就是说,那些最明显的虚构的东西能够和读者达成默契,不被认为是不真实的。而读者最不能接受的是,假装描写的是当代现实生活,假装描写的就是你身边的事情,但是它不合乎情理,它过度夸张或者它过于遮掩等等。

至于虚构的可能性呢?无边无际。你说怎么样虚构能够成为一篇好的小说,谁能回答得上来呢?有时候虚构的可能性到了极致。比如果戈理写的《鼻子》,他写一个人的鼻子跑了,穿上一个几等文官的服装就变成了某一级的干部,而且架子还挺大,到处威风凛凛。我看着觉得非常过瘾,为什么是鼻子跑出来了呢?为什么不是脚指头跑了?为什么不是性器官跑了呢?这个我弄不清楚,这就是虚构。这种虚构的可能性是双重的:第一层,它表现了作者在创造这种作品的时候的可能性;更深的一层,它表现了他所书写的这些对象,很多时候是他的同时代人或者过往的人的虚构的可能性。拉美魔幻现实主义就是后一种虚构的可能性的表现。我们看《百年孤独》,会知道拉美当地的老百姓是非常能虚构的,他们幻想着人与世界、人与人、生与死、动物与动物、植物与植物或者动植物、矿物、植物与人之间的各处稀奇古怪的关系,从中得到无限的创造灵感。

能不能说真实也有双重性？一个是客观的真实，一个是主观的真实。客观真实就是写什么像什么，合乎情理，合乎生活逻辑，合乎当时当地或者各种职业的特点，一直到遣词造句、对话都栩栩如生，这点许多小说是做得到的。但还有一种主观真实，是为了表达你的某种感情、某种感慨，为了表达你的爱憎而编出来的作品，这样虽然在客观上不可能，但是读者不怀疑你的真诚性，他们就能接受。我有时候就用这个方法来说服我自己。为什么童话人们并不认为它不真实，而某某某的小说人们就认为它不真实？原因就在这儿。

从小说的功能上也可见其可能性。我们谈到文学的功能，尤其小说的功能的时候，会提出三点：它的认识功能、教育功能和审美功能。一部小说能提供多少可以认识的知识、对象、材料或者学问呢？这里有各种各样的说法。比如恩格斯说，巴尔扎克的小说给他的经济学知识超过了当时全部的经济学著作。比如列宁说，托尔斯泰的小说是俄国革命的一面镜子，俄国的社会、俄国的革命通过托尔斯泰的小说就掌握了。比如毛泽东说，《红楼梦》是中国封建社会的百科全书。小说是有这种认识作用，但这些具体结论未必经得住推敲。我就不信恩格斯那个时期所有的经济学著作还不如一个巴尔扎克小说，这不可能。人家经济学就是研究经济的，问题是经济学著作不好看，巴尔扎克的小说好看。有一些学者研究小说，从小说里面研究出各种具体的知识。比如中国哪年发生过地震，没有从历史文献里找到相关资料，但是从民间故事里找到了。民俗更不用说了，婚丧嫁娶的制度、方法，当时的生活方式、生产方式，都可以从小说里找到。

从教育功能看，可能性就比较麻烦。小说是有思想的。《三国演义》有思想——分久必合，合久必分，提倡忠义，反对倒戈。所以吕布虽然武艺超群、相貌一流，最后还是不得好死，因为他老是变，靠不住。写诸葛亮写关公也体现了它的道德观念。《水浒传》复杂一点，它歌颂这些造反的“土匪”——算不算农民起义有争论，因为有人做了考证，说里面没有几个农民，大部分都不是农民。鲁迅当然更明显了，他说要拯救我们的民族，要鞭挞国民身上的劣根性，要疗救国民的灵魂。可是我们有的主题就比较含蓄、比较隐讳。这样的作品非常耐人咀嚼，给人一种久久不能忘怀的感觉。比如高晓声，他写了许多作品，写了陈奂生系列，写了农民在政治运动连年不断时候的生活、改革开放初期的生活，写得都挺有意思的。他有一篇作品我至今不能忘怀，就是《绳子》。他写的就是“土改”时期下去锻炼的青年干部，第二天要对当地的一个恶霸地主开斗争会，而且斗争会要公开宣判对他处以死刑，然后拉出去枪决。枪决已经做好各种准备，就缺一条绳子，起码应该把这个地主的两只手绑上，才能显示出他是罪犯,但是其实不绑他也根本跑不了。到处找不到绳子,忽然发现年轻干部有一根绑行李的绳子,但这年轻干部就不愿意借这根绳子。他也不是立场不稳,他跟那地主没有亲戚关系。但是他一想到这捆行李的绳子让他们拿去捆一个地主,他就不大愿意。而且人家告诉他,送到刑场后就把你的绳子解下来,不会说一枪打过去把你绳子染红了然后再还给你,不会的,不要害怕,也别受刺激。可他就是觉得别扭。但是他要不交这个绳子呢,就是太落后了,不但落后而且弄不好被怀疑为同情地主阶级、有反革命情绪,所以他把这个绳子交了。最后开斗争会的时候大家光忙着斗地主了,忘了用这个绳子,根本没捆他。这地主三斗两斗就吓瘫在那儿了,不需要捆绑了,无形的捆绑早已把他击溃。地主枪毙了,"土改"也过了,绳子又还给了小伙子。小伙子拿了绳子以后很高兴,觉得自己成长了。高晓声写这个《绳子》到底是什么意思啊?我到现在也不明白,但我觉得他这《绳子》写得好,比那个漏斗户主陈奂生上城——漏斗户,是说吃的问题,因为给他的粮食他老是不够,多少粮食都从他嘴里漏出去了,所以叫漏斗户——比那些写得还好一些。但这有什么教育意义,或者它的主题思想到底是什么,起码它含蓄,不明确。我有些东西写得很明确,但是我也有一批写得不明确的作品,我觉得我的那些不明确的作品比那些明确的作品还可以看。比如说《室内三乐章》,是具体地写物质的,其中一章叫《晚霞》,写的是夫妻俩已经结婚很多年了,好像是快到银婚了吧,忽然间想起一件事来。他们结婚的时候买了一个紫色的毛毯,那是他们新房里最讲究最气派的东西。经过几十年的动荡,这个毛毯已经找不着了。而且越找不到就越可爱,就像晚霞一样美丽。后来妻子去世了,有一天晚上他漫无目的地翻动着妻子的床铺,忽然发现妻子的褥子底下垫着一块紫色的毛毯。但是这块毛毯不像晚霞也没有诗意,它没有生命也没有魅力,颜色也变成了壁橱里灰尘的颜色了。这是现实的小说。

还有一种小说,它的教育意义、主题思想不止一条,几乎怎么解释都解释得通,最明显的就是《红楼梦》。毛泽东是政治家、革命家,他说《红楼梦》是描写阶级斗争的。还有的说《红楼梦》是讲色空,是宣扬出世、宣扬超脱,所谓一僧一道,色即是空,空即是色,是封建社会必然灭亡的预言和挽歌,是怀才不遇的自觉自叹,是贾宝玉的忏悔录等等。还有从女权主义角度说《红楼梦》是替女人说话的书的……怎么解释都行。现在越解释越多,越解释越离奇,批判封建、反封建的、追求个性解放的、表现资本主义萌芽的、反清复明的、刺杀雍正皇帝的、清朝内部宫廷斗争的、研究宇宙史的……可以想一想,从它的教育功能、主题思想出发,得有多少种可能。特别明确的教育性小说,比如老李準的《不能走那条路》,它的教育意义非常明确,就是一定要走合作化的路，不能单干，他已经告诉你了：不能走那条路。刘心武的《我爱每一片红叶》，主题就是小说的题目；《醒来吧，弟弟》也非常明确，也很好。但是也有许许多多的不同的情况，许许多多的选择的可能。至于审美的可能那就更多了，在此就不展开了。

从小说的元素也可看出它的可能性。我指的是小说的人物、小说的环境、小说的情节、小说的结构等等。古往今来的小说浩如烟海，似乎各种可能性都用尽了，实际上还远远没有穷尽。比如说为了刻画一个人物的性格而把这个人物写得非常极端，古往今来这样的小说太多了。英雄们可以盘肠大战，可以钢筋铁骨、不吃不喝，性情急躁时可以抡起两把大斧砍瓜切菜，见一个砍一个，血流成河、尸横遍野、头颅满地滚。写赖皮呢，比如写到阿Q那种程度。写“多余人”，比如冈察洛夫写旧俄时期的“多余人”奥勃洛摩夫，先就主人公早晨醒来之后要不要起床写上几十页，都写了几十页了他还躲在床上没动呢！情节进展也太慢了，等到他起来见到一个姑娘再跟她拥抱再上床，要按他的节奏的话，得十年以后了。这个对人物的个性钻研得太厉害了。

又有所谓现代或者后现代的关于人物已经消失的这种理论、说法，所谓不同的人物、不同的性格实际上都在一个平面上的说法。那么这种结构的可能性，是人们更感兴趣的事情，比较古典的小说往往就是所谓有开头、有结尾，而且最好结尾要扣上开头。有许许多多的小说而且是好小说，都是主人公历尽艰难最后得到了美满的结果，中国古代小说绝大部分都是这样，除了《红楼梦》《金瓶梅》这么几部。狄更斯的全部长篇也都是这样。不只是中国人这样写，大团圆的结局大家都需要。但是现在越弄越乱了，现在是一条线的、两条线多条线的，不同视角的都有。其实中国人早就有人这样写，外国就更早，都以第一人称叙述，但实际上是四个人、五个人在那儿写，或者来回反复地写。

从小说的取材方面也可看出小说的可能性。中国最早的小说有两个来源，一是历史故事，往往是先取材于口头传说。演义体小说特别多，如《三国演义》《两汉演义》《说岳全传》等等。它们不是正史，但这些东西深入人心，它造成了你的思维定式，以至于你不愿意接受正史。取材于历史故事的特别多，《左传》尤其是《史记》里面都有小说因素，它太完整了，太夸张了。《左传》里头的故事是真感人，太感人了就显得不真实。真实是杂糅的一种东西。比如好的、坏的、平庸的、有道理的、没有道理的、碰巧的、一脑门子撞上的、事后也不知道怎么回事的，这样的事情太多，可是到了《左传》却都那么鲜明。《左传》记载，齐国的大夫崔杼杀了他的国君齐庄公，太史记下：崔杼杀了他的国君。崔杼就杀死了太史。太史的弟弟接着这样写，崔杼又杀死了太史的弟弟。太史还有一个弟弟，又这样写，崔杼就没再杀了。这个故事非常感人，但过程能这么戏剧化吗？请大家帮我分析，是不是这反映了我这人太胆小啊。我一看人要被砍脑袋就一声也不吭了，我没有他们的勇气。说师旷为了音乐，用针把眼睛扎瞎了，这样好集中力量搞音乐。这个故事也感人至深，但也像小说，说不定他是白内障的可能性更大。为什么现代的小说浪漫主义、英雄主义的色彩淡了？因为现在的人太精了。

中国古代文、史和小说是不大分家的，我总觉得它们有小说的因素。这是取材于历史故事，也有各种加以渲染的可能。还有一种是取材于民间文学的，就是口头传说和民间故事，比如《唐宋传奇》。我们今天的小说有大量取材于个人经历。有一位老作家跟我说过，他写的一切都是他自己的经历，他说，我没有经历过的事情我写不了，我写得也不放心，虽然我里面用的名字是假的。个人的经历显然是每个人写作的极其宝贵的资源，但是也确实有人专写自己没经历过的东西的。苏童的一大批作品都是这样，尤其是他写《妻妾成群》的时候，他连媳妇都没有娶呢！现在当然老婆孩子都有了。一般说，我们提倡应该有更多生活经验，这绝对是对的。深入生活，深入人民群体的火热的斗争，都是对的，但是取材于自己的幻想，取材于自己虚构的故事确实也有，我们不能不承认。

最后，从风格看小说的可能性。风格如人，有多少个人就有多少种风格。风格可以从强调主观与强调客观的不同这个角度来看。有的风格更强调客观，作者基本上是隐藏的，但是他在那儿刻画世态人情，刻画音容笑貌，刻画荣辱浮沉，比如说王安忆的作品就很难找出王安忆来，但是铁凝的作品就常让人感觉到作品里头有一个铁凝，觉得铁凝活在她的作品里头。强调客观就有精雕细刻的可能性，有非常精确的描绘的可能性。我记得有部苏联电影曾经在20世纪50年代风靡一时，叫作《托尔斯泰的手稿》。它讲托尔斯泰怎么描写聂赫留朵夫公爵看到当时已经更名为玛斯洛娃的喀秋莎沦落以后被诬告杀人的情景，很像《窦娥冤》和《苏三起解》，原来一个纯洁少女，被生活逼迫走上了、陷入了沦落的境地，然后又被诬告杀人。玛斯洛娃的形象托尔斯泰几易其稿，每易一次稿就由苏联的画家画一幅肖像，按照这个稿子是这个像，按照那个稿子是那个像——有点像咱们警察根据当事人的叙述画的肖像——七易八易其稿，这是一种精雕细琢的要求。

也有的不强调精雕细刻，更多是强调主观，表达主观的激情，说你好就尽量往你好里说，说你坏就尽量往你坏里说。比如说雨果，在雨果的《悲惨世界》里，冉·阿让本来是一个小小的犯人，其实也就是盗窃犯，他受了主教的感动，就像受了天使的感动一样，他在一个晚上完全换成了另外一个人，变成了一个圣徒，变成了耶稣的信徒。然后，雨果通过他的善良，高尚的心，来反衬这个社会的罪恶和可悲，他的情绪非常强烈，表现在小说里头就是大量的旁白——作者只要是急了就跳出来，在小说里头干脆自己说话，该骂的骂，该夸的夸，该哭的哭，该叫的叫，该闹的闹，在小说里淋漓尽致地发挥出来，再发展到小说里头发议论。托尔斯泰是注重精雕细刻的，但是《战争与和平》快结束的时候干脆变成论文了，《复活》快结束的时候干脆变成了《圣经》的学习笔记了，一边读《圣经》一边忏悔，一边在那儿回想人生、社会的种种问题，变成一种学习心得了。又如在中国影响很大的昆德拉。有人说昆德拉的作品最善于取巧，"取巧"这个词带有贬义，我想找一个中性的词，把"取"去掉变成"巧"，就是说昆德拉的作品很巧。巧在哪儿呢？第一，在夹叙夹议，他的那些情节和议论，只要有议论就有情节，只要有情节就有议论。第二，他一会儿能这么说，一会儿又那么说，一会儿议论这一面，一会儿又议论那一面，一会儿讽刺东欧政权的共产党，一会儿又讽刺所谓的民主派别和西方的一些异议分子，他什么都讽刺，什么都嘲笑，这么说一下，再那么说一下，堪称"摇曳多姿"，看完了一头雾水，但这也许就是他的魅力所在。这种主观色彩特别的夸张的极致的表现甚至干脆把小说和抒情散文混起来，有时候作家是忍不住一吐为快的，我就有这个感觉。但是我个人感觉有时候少吐一点更好，虽然这么说，但是我并没有做到。这是客观与主观。

风格也有高雅和从俗之别。我说的是"从俗"，因为光说"通俗"有点把它和高雅对立起来，从俗有可能是所谓的大雅若俗。大雅若俗是什么意思呢？就是当你的胸怀、你的精神资源、你的学识经验，你对文学对小说创作的掌握程度已经有了十足信心的时候，你根本不需要在作品中做一种悲天悯人的、高高在上的、俯瞰众生的姿态。比较起来，高雅的、精致的更容易经典化。有的人写得非常精致，契诃夫的有些作品写得非常精致，屠格涅夫的长篇写得非常精致，梅里美的作品写得非常精致，美国的约翰·契弗很多作品都写得非常精致。精致就是最好的风格吗？也有的恰恰不是以精致而是以粗糙、以囫囵成就了他的风格，我说的就是陀思妥耶夫斯基。陀思妥耶夫斯基是一个爱赌的人，他喜欢轮盘赌。我读过陀思妥耶夫斯基夫人的回忆录，他的夫人是他的速记员。他跟出版商订了一个合同，大概六个月的时间，要交一部新的长篇小说，然后出版商给了他一笔钱，用于偿还他兄长生前的债务。如果到期他不交这个小说，他可能被判入狱，可能被送到西伯利亚去做苦力。这个时候他雇了一个速记员来，然后开始讲他的小说。他讲的时候真跟电影里的疯子一样，抓着自己的头发从屋子的这个角走到那个角，又拍桌子又喊又哭又嚷这样讲一天，夜里接着又讲。我注意到一个形式上的问题，我觉得陀思妥耶夫斯基绝了：他的作品是不分段的，他能一连二十四五页不分段，他分不出来。分段分得最多的是我国台湾的作品，恨不得一句话一段，还有一个是朝鲜，金日成的讲话稿每一句话就是一段，每一个句号就是一段。台湾地区主要是为稿费方便。陀思妥耶夫斯基不考虑稿费，"唰唰"几下就一气呵成连起来了。这是他的第一个特征。第二个，他被沙皇陪绑过，上过刑场。第三，他有羊痫风，就是我们平常所说的癫痫。这几个加起来，他就是怎么让你难受怎么写，真是对人的折磨，但是他真是天才。

这种风格不同我们还可举很多。风格是没有定论的。你要真是陀思妥耶夫斯基，你怎么写都行，怎么写都对。可是话又说回来，咱们常常有一个悲剧，你自己写不好但你又觉得自己是陀思妥耶夫斯基，谁的话都不听，这种悲剧在艺术上是永远无法解决的。

以上种种小说的可能性，实际上就包含了人生的可能性，包含了精神世界的可能性，包含了精神现象的可能性。在这个意义上说，小说永远是实验性的。

访　谈《

在矛盾与复杂中度过

——王蒙访谈录

董　晴　王　蒙

董晴：王老师，您好，我们还是从您的早年说起。您出生、成长于北京，但您常将河北南皮认作故乡。您怎样看待这样一个您并不曾生于斯、长于斯的故乡对于您的文学生涯的影响？

王蒙：我是出生在北京沙滩的，那时我的父亲王锦第正在北京大学读书，母亲也在北京上学。但是我很认真地每次都强调自己是河北省沧州市（原地区）南皮县潞灌乡龙堂村人，我乐于用地道的憨鲁的龙堂乡音说："俺是龙堂儿的。"我一有机会就要表明，我最爱听的戏曲品种是"大放悲声"、苍凉寂寞的河北梆子。我不想回避这个根，我必须正视和抓住这个根。它既亲切又痛苦，既沉重又庄严，它是我的出发点、我的背景、我的许多选择与衡量的依据。它，我要说，也是我的原罪，我的隐痛。我为之同情也为之扼腕：我们的家乡人，我们的先人，尤其是我的父母。可以说，故乡何处的问题不是一个可以用“为什么”来讨论的合乎逻辑推理的问题。故乡就是命运，就是天意，就是先验的威严。故乡一词里包含着我的悲哀、屈辱、茫然与亲切、热烈，我要说是蚀骨的认同。

董晴：从您的作品尤其是《活动变人形》可以看出，您早年的家庭构成您文学创作和文学观的重要前提，《活动变人形》中的倪吾诚甚至有您父亲的影子。您能为读者介绍一下您的家世或家庭情况吗？

王蒙：《活动变人形》的确有我的家庭记忆。我的父亲是个大高个儿，国字脸，阔下巴，风度翩翩。说话南腔北调，可能他是想说点显阅历显学问的官话，至少是不想说家乡土话，却又没有说成普通话。他喜欢交谈，但谈话思路散漫，常常不知所云。他热爱新文化，崇拜欧美，喜欢与外国人结交。惠我甚多的一个是反复教育我们不得驼背，只要一发现孩子们略有含胸状，他立即痛心疾首地大发宏论，一直牵扯到民族的命运与祖国的未来。一个是提倡洗澡，他提倡每天至少洗一次，最好是洗两次澡。直到我成年以后，他最喜欢做的一件事就是邀我们包括我的孩子们他的第三代人到公共浴池洗浴。第三则是他对于体育的敬神式的虔诚崇拜，只要一说我游泳了爬山了跑步了，他快乐得浑身颤动。他的这些提倡虽然常常脱离我们的现实条件而受到嘲笑抨击，但仍然产生了影响，使我始终认定挺胸洗澡体育不但是有益卫生的好事，而且是中国人接受了现代文明的一项标志。

董晴：那您母亲又是怎样一种情形呢？从《活动变人形》看，倪吾诚夫妇矛盾是很大的。不知现实中您父母关系如何？《活动变人形》反思传统文化、反思国民性的重要契机是否与您在现实中的感受与判断有关？

王蒙：写这篇小说时确实时时引起我对父母的记忆。我的母亲也读书，冰心、巴金、张恨水、徐志摩她都读过。她知道了许多“五四”带来的新思想，她直到很老了还多次说过，越懂得一点新思想，她就越是痛恨痛惜痛苦，她恨得咬牙切齿，为什么人家就能过那样的人生，而她的人生是这样倒够了血霉，她的人生只有痛苦、屈辱、恶劣……她不喝牛奶（老年后喝了），不吃奶油，不喝茶，当然，不吸烟也不喝酒，不吃馆子。所有上述享受她都认为太浪费，与父亲的习惯完全不同。她的生活尤其是精神相当紧张，一个是一直经济困难，无保证；一个是她感觉她常常被人攥（骗）了。父亲对于家庭的财政支撑有时是灵感式、即兴式的，他声称给过家里不少的钱，但他也会无视家庭的固定需要而在毫无计算计划的情况下一高兴就把刚领到的月薪花掉一半去请客。父亲适合过富裕的生活，为此他习惯于借钱与赊账，有时是不负责任的赖皮式的赊账。我见过他怎样地对付来要账的小伙计，令人汗颜。而只要他富裕，他就优雅绅士，微笑快活，吃馆子，吃西餐，结交名流，请客，遇事慷慨解囊。

董晴：这是不大好理解的逻辑啊……

王蒙：但他对俗务和他最缺少的银钱一万个瞧不起。他说过只要他的潜力发挥出来了，钱算得了什么？他说过自己适合当老板，不适合当雇员，适合有钱，不适合没钱。就是说，如果他当了有钱的老板，他会很宽厚，很仁德，说话行事都极漂亮。而作为一个贫穷的雇员，他简直就是一无可取，白白浪费嚼裹（消费品）。他极喜欢花钱，却拒绝考虑如何挣钱与还债，更不要说节约与储蓄。然而，他面对的是一个常常吃了上顿没有下顿的妻儿与亲戚。这并不是戏剧场面。我的记忆里不止一次，到了吃晚饭的时候，母亲、姥姥、姨坐在一块发愁："面（粉）呢？没面了。米呢？没米了。钱呢？没钱了……"可以说是弹尽粮绝，只能断炊。然后挖掘潜力，巧妇专为无米之炊，找出一只手表、一件棉袄或是一顶呢帽，当掉或者卖掉，买二斤杂面（含绿豆粉的混合面粉）条，混过肚子一关。这样母亲就对父亲极端不满意。她的精神紧张的更主要的原因是她无法与王锦第相处，不能信任她的丈夫。她同时渐渐发现了父亲的外遇，至少是父亲希望能有机会结识更多的年轻貌美新派洋派的女性。尤其是在父亲的校长职位被炒，我的外祖母董于氏（新中国成立后报户口时起名于静贞）、姨妈董效到来之后，她们三个人经常做的一件事就是聚在一起，同仇敌忾地研究防范和对付父亲的办法。我当然无法做出判断，究竟是谁更加伤害了谁。我只记得从小他们就互相碾轧，互为石碾子。他们互相只能给予伤害和痛苦。这样的感受我后来较多地写进了《活动变人形》，你的理解有一定根据。

董晴：这种复杂的一言难尽的生活持续了多久？在您最早的一批作品中我们似乎读不到这样的信息。相反，如同您第一部长篇小说《青春万岁》所显示的那样，您的青少年时代似乎并没有过深地陷入这种不愉快的记忆，而明亮的青春和信仰构成了您青少年时期生活的主色调。这种转变或者克服是怎样发生的呢？您能否就此谈一谈呢？

王蒙：那还是拜革命胜利之赐。新中国成立了，社会整个地发生了巨大的变化。我们的生活中出现了世界、和平、生活、幸福、岁月、日子这些字眼，这些字眼令我感动莫名。我在新恢复的杂志《译文》上看到的头题小说是安东诺夫的《第一个职务》，描写新从大学毕业的女建筑师尼娜怎样在建筑工地上体验到了艰难与幸福，所谓走向生活，所谓和平建设，所谓城市与人的崭新的前途。我学会了在夏季喝冰镇的啤酒，就上炸花生米，使我美得像上了天。我常常在夏季的周日去什刹海游泳池，我想不到自己已经活得这样滋润。我与姐姐还购买了旧货留声机。那时的苏联唱片八角钱一张，虽然转速常有快慢的差别，我们还是从这个留声机上听到了尼基丁唱的《春天的花园花儿好》，米哈依洛夫唱的《沿着彼得大街》，尤其是聂恰耶夫唱的《列宁山》："穿过朝霞太阳照在列宁山，峻峭的山岭使人神往……当我们加快少年的时光，当年的歌声又在荡漾……世界的希望，俄罗斯的心脏首都，我们的首都，我的莫斯科！"它的抒情和阳光，赞美和纯净，标志着我们青年时代的福气，青年时代大唱《列宁山》样的歌曲的人是幸运的，即使我后来发现列宁山毫无峻峭，莫斯科大学的斯大林式建筑显得傻气，但还是感谢上苍，感谢历史，让我在少年青年时代经历了那么多崇高、危险、浪漫、胜利、激情和阳光。

董晴：是不是这种时代氛围让您产生了文学创作的冲动？在20世纪50年代初，阅读的整体状态怎样，有没有哪位具体的作家或作品触动了当时年轻的您，那时您对文学是怎样理解的？

王蒙：当时苏联文学很受欢迎，我在《译文》（即现今的《世界文学》）上读到爱伦堡的一篇文章《谈作家的工作》，他的文字如诗如歌，他把文学创作的美丽与神奇写得出神入化，他嘲笑那些文学教条主义教师爷主义入木三分，他的文章让我感动得喘不过气。原来作家的工作是这样美好，创造，构思，风格，设计，夸张，灵感，激情，个性，想象，神秘，虚构，朦胧……所有这些平常要慎之又慎的用语，对于文学都是最起码的素质。如果你从事文学，如果你在文学上有所作为，你就整天是创造和灵感，神秘和想象了。再往高里要求呢？文学是真正的永远，文学比事业还要永久。谁那么清晰那么缅怀汉唐皇帝的文韬武略？谁能为几千年前的一场战役或一个工程而激动不已？但谁又能不为楚辞、乐府、汉赋、唐诗而拍案叫绝？什么都怕时间，除了文学。突然，一个想法像闪电一样照得我目眩神迷：如果王蒙写一部小说……长篇小说，长篇小说……

董晴：对啊，您1953年完成的第一部小说就是长篇小说《青春万岁》！那时您完全缺乏创作经验，而且年龄很小，只有十八九岁。这部小说命运多舛，没能及时出版。但随后几年是您创作的高峰期，《组织部新来的青年人》在今天被文学史家视为"干预文学"或"百花文学"的代表作。您是在怎样的形势和背景下展开这种青春性质的写作的？

王蒙：更多是一种情绪的迸发。我不会演奏任何乐器，然而我的写作是真正的乐器演奏。写《青春万岁》，我的感觉是弹响了一架钢琴，带动了一个小乐队，忽疾忽徐，高低杂响，流水叮咚，万籁齐鸣，雷击电闪，清风细雨，高昂狂欢，不离不即。而写《组织部新来的青年人》是一架小提琴，升天入地，揉捻急拨，呼应回环，如泣如诉，如歌如诗。我不懂表演艺术，然而我的写作就像是在舞台上演出一部话剧，写到哪个人物的心情与话语，我就不由得默默地乃至出声地学着那个人物的腔调，念念有词，自我导演，自我欣赏，自我评判，入梦难眠。

董晴：划右派的时候，您只有二十三四岁，您是如何坚持下来的呢？

王蒙：我的情况还好。我当时最喜欢读的书就是狄更斯的《双城记》。书中没有描写苏联，也没有描写中国。但是，它却让你看到了在一个激烈的历史风云之中，人们的命运是怎么样地无法掌握，又是怎么样地突然之间化险为夷，或是陷入深渊。突然之间就让你欲哭无泪，又突然之间云开日出了。当时，我就发现了这本书给了自己很大的鼓舞，就是要认识这多变的历史。历史有时候往往是严峻的，风雨又是激烈的，人就必须学会坚强，应该能够经得住、经得起磨难，不要随随便便地丧失信心，也不要随随便便地忘乎所以。而且，我的父亲也鼓励我去参加劳动（改造）。他反复引用俄苏科学家巴甫洛夫的名言："我爱脑力劳动也爱体力劳动，但是我更爱体力劳动。"

董晴：您参加劳动（改造）没多久，就主动提出了去新疆。新疆是一个您从未去过甚至也不大了解的少数民族地区，您怎么想到这个地方？对您的这一想法，您周围的朋友是否理解？

王蒙：韦君宜支持我去新疆，并说去新疆一个是可以写一些少争议的题材，民族团结啦，伟大祖国啦，美丽的边疆啦什么的；一个是，她说，我可以改变一下那种比较纤细的风格。这正是我所想的，我不能只有北海白塔和西单大街的灯火，我更需要的是茫茫大漠，雪峰冰河，天山昆仑山，绿洲草原，胡杨骆驼刺，烽火边关。黄秋耘则叹息良久，劝我至少先不要带家属去，以留退路。他吟诗相赠："文章与我同甘苦，肝胆唯君最热肠……且喜华年身力健，不辞绝域作家乡。"我想的则是没有金刚钻就别揽瓷器活，敢于全家一举赴疆，就一定有信心做出成绩，做不出成绩就自己负一切责任，不会吃后悔药，也无颜怨天尤人。

董晴：您在新疆一待就是16年，同新疆当地维吾尔族人民结下深厚的友谊，后来还据新疆生活写出了《淡灰色的眼珠》等令人难以忘怀的小说。一般来说，长期的"流放"处境可能会极大地毁损一个人的文学观念和文学能力，但您更像是一个例外。您怎样看待别人眼中的这种"例外"？

王蒙：的确，有些外国朋友就不理解我怎么可能在那种条件下在新疆一口气生活了16年，没有发疯也没有自杀。他们询问我在新疆16年做了些什么，言外之意那么长的时间，你的生活将会是怎样地空虚和痛苦。我半开玩笑地回答说："我是读维吾尔语的博士后啊，两年预科，五年本科，三年硕士研究生，三年博士研究生，再有三年博士后，不是整整16年吗？"不过任何表述都不是面面俱到的，我无意用这样的说法来掩盖我与很多同命运的人士在那个年代的经历的悲剧性，也无意提倡阿Q式的精神胜利法。然而我以为确有真正的精神真正的胜利，不是仅仅用一种类似儿子打老子的谵语欺骗与麻醉自己，而善于在一切逆境中学习，通过学习发展和壮大自己，憧憬着准备着未来，为最后的不仅是精神的而且是全面的胜利打下基础。这样的学习同时也是对于制造苦难、制造不义、嫉贤妒能、动不动欲置人于死地的坏人的最好回答。

至于为什么没有疯狂也没有自杀，当然还因为我的"不可救药的乐观主义"，我的对于生活对于人众的爱，还由于正是我自己从童年和少年就选择了革命，包括革命的曲折和艰难，是我自己选择的，它并不完全是外来的强加的灾难，这样思考就会舒服一点，我的心理承受能力就会强一些。有一些激烈的批评者总是责备我没有像他们希望的那样采取对历史和现状无情的决绝态度，对不起了，道不同不相为谋，我的起点、出发点、思考的角度就是有所不同，我不打算迎合。我也不喜欢那些欺世盗名的大言。

董晴：那么"文革"结束，从新疆重返北京，您又是何种心情？又是在怎样的心理准备下重续您的文学事业？

王蒙：我觉得自己已经活完了一辈子，从1934年到1978年，享年44岁（我与一批同龄作家所迷恋与崇拜的契诃夫就只活了44年，留下了那么多精致与忧伤）。现在，1978年开始，我正处于重生过程，我正在且喜且虑、且惊且赞、且悲且决绝地注视着四周，是"乍暖还寒"还是欲擒故纵？不是陷阱？不是阴、阳谋？最后导致的只能是头破血流，益发无望？我在1978年的清明节这一天，（由于1976年的"四五"，清明节又有了新的意义）写了《最宝贵的》。当时，我还有两个"思想问题"。第一，抓文学是不是能不只注重题材，以题材取胜？第二，把这两年的文学潮流命名为"现实主义"回归，是不是太狭窄，乃至会作茧自缚呢？我不完全理解茅盾老师早年关于文学史上贯穿着现实主义与反现实主义的斗争的提法。为什么现实主义与别的不那么现实的主义不能双赢、共赢、互补、齐放、交融，而一定要是谁战胜谁呢？再说中国的文艺观念是另一种体系，另一套语码：写意，写实，工笔，泼墨，神思，气韵，意境，风骨，似与不似之间……一个现实主义，够用吗？

董晴:现在看,您的“思想问题”实际上是当代文学“思想解放”的强烈症候,与比您更年轻一辈的“今天派”的感受是接近的,但与您的前辈,譬如延安来的那一批同样在“文革”饱经患难的老理论家、老领导就未必完全一致了。这是“80年代文学”至今尚未被充分发掘的一段。

王蒙:存在这种情况,那段时期,我的最重要的作品其实是《夜的眼》,苏联和美国,都把《夜的眼》作为首先介绍过去的后“文革”作品之一。赵玫说,正在上大学的她,读了这篇短篇小说,甚至觉得文学与生活都不同了。但是我们作协的几位可敬与可畏的老师,包括冯陈林刘,没有谁看得懂《夜的眼》。还有人干脆说这篇作品写得“很不好”。呜呼!

董晴:20世纪80年代,是当代文学的,也是您个人的“黄金时代”。甚至今天多数已经人到中年的读者对您的“认识”,还集中在《布礼》《蝴蝶》《风筝飘带》等小说上。您的名字,也与文学史上一个特定概念——“意识流”——紧密联系在一起。您怎么评价自己在这一时期的努力与实验?

王蒙:这一时期我有一系列实验小说:《布礼》《蝴蝶》《夜的眼》《海的梦》《风筝飘带》与《春之声》,实际影响不小。但包括我自己的关于“意识流”的谈论是绝对皮相的与廉价的。我至今没有认真读过例如乔伊斯,例如福克纳,例如伍尔芙,例如任何意识流的理论与作品。对于意识流的理解不过是我对于这一汉语词汇的望文生义。意识,很好,写到了心理活动的细部。流,更好,它像溪水的流动,闪闪烁烁,明明暗暗,淅淅沥沥,隐隐现现,风风雨雨,飘飘荡荡。啊,这将是怎样摇曳多姿的文字!关键在于,第一,我注意写人的内心世界。而我们这里一直嘲笑所谓“心理描写”。第二,我的这些作品难以归纳到一个简单明了的主题与题材。第三,我的这个文体太自由随意,太散文化乃至诗化了。第四,不符合典型化的标准。第五,甚至在篇幅不大的一个短篇中,我也写着不只一条线,多线条与快节奏,这使一些人感觉受不了。

董晴:在这批实验小说之外,您80年代最重要的作品恐怕还是前面已提到的《活动变人形》。它在文学史上一直享有盛誉,您自己怎么看待这部作品,怎么看待您与小说中那些人物的关系?这样问,当然是因为他们与您真实的家庭、真实的自己存在千丝万缕的联系。

王蒙:这部小说,我最初想命名为《空屋》,空屋的意象对于我来说十分惨痛刻骨,然而不贴切。我想命名《报应》(后来白帝社出的日语版用了这个名字),也不入榫。我最后命名《活动变人形》,我明明记得这是我小时候玩日本玩具的名称,所有的日本友人却都说日语有“人形”(玩偶)而没有“活动变”。那么“活动变”三个字是从哪里出来的呢？它只能从来处来到去处去了。结尾也不理想，我已经无法结尾。然而我毕竟审判了国人、父辈、故乡、我家和我自己。我告诉了你们，普普通通的人可以互相隔膜到什么程度，误解到什么程度，嫉恨到什么程度，相互伤害和碾轧到什么程度。我起诉了每一个人，你们是多么丑恶，多么有罪，多么愚蠢，多么不幸，多么令人悲伤！我最后宣布赦免了他们，并且为他们大哭一场。

董晴：《活动变人形》在某种程度上可以说是您的一次"告别"。从1986年到1989年，您还出任了文化部部长，此后按照惯例还享受"部长级待遇"。这在当代作家中是极少能够遭逢的人生际遇，也使您有机会对当代文学与政治之间的复杂关系有另一重视界下的体验，能够兼容看待此问题的不同立场。那么，在此背景下，您觉得我们应该怎样理解文学与政治的关系？

王蒙：这个问题至为复杂，非一言可尽。但此时至今，我还相信一个道理，对于执政党来说，对于一个社会来说，某一类文学作品起着一个安全阀门的作用。文学毕竟是允许虚构、允许夸张的精神活动方式，文学的批判、愤懑、讽刺毕竟不具有太直接的杀伤力，交通规则是人人必须遵守的，而莎士比亚的戏剧并没有要求人们必须遵守什么。相反，有些我们并不否认的社会不公正现象，人生的痛苦现象，等等，在文学作品中有所表现，它既可以提醒我们的注意，又可以为众人说几句牢骚话、气话，冒冒烟，出出火，像高压锅上的限压阀，气大了顶起来响两声，呲两下，对于一个健康的与没有丧失自我调节能力的社会来说，应该是有益无损的。

董晴：由此看来，从政丰富了您的文学观察，却并没有改变您作为作家的基本观念。进入90年代，您的创作进入了一个新的高潮，"季节系列"(《恋爱的季节》《失败的季节》《踌躇的季节》《狂欢的季节》)的出版，使您再度成为一个讨论和争论的中心。"季节系列"具有较强的自传色彩，明显有您个人"故国八千里，风云三十年"的深刻历史内涵，但是不是也有您对当代中国史的某种观察与反思呢？

王蒙：经历那么多，凡人皆有所见、所思。作家更是情种，揽月思飞，望洋兴叹，赏花欲醉，观叶知秋，思人生之悲不胜悲，诉男女之怨而又怨，爱有爱的理由，如胶似漆，如诗如梦，叹有叹的说辞，似痴似恨，似妄似魔，把桃花说得盛开，把荷叶描得凋落，趋革命如牛虻扑火，做名士似阮嵇再世，整个一帮子贾宝玉林黛玉，赵括谈兵，猴儿弼马；偏偏逢此盛世，北伐没完社会已经分裂，土地革命没有完又抗上了日，新中国刚成立又出现了复杂的局面，上山下乡的锣鼓远未止歇已经是上市下海，全民皆兵远未完成已经是全民皆商，全民办公司了，而批林批孔言犹在耳，已经在五大洲建起了孔子学院。面对雄伟壮阔，面对光怪陆离，面对哭哭笑笑，面对正正经经，面对年年讲月月讲天天讲与讲完了再不见下文，你已经十年生聚十年教训，你已经舍弃一己奉陪一生，你应该拿出点什么感想——记录一一见证来呢？我想写的是“季节系列”。春夏秋冬，天道有常，这命名的本身已经包含了一种理性的从容与客观了。

董晴：您说的这种“理性”是否体现在对革命的反思上？“季节系列”大量涉及新中国成立后的历史经验，我们该怎样理解您的观察与“告别革命”的潮流的关系？

王蒙：革命很复杂，不是一句“告别”可以打发的。再现那时的真实，这是我的愿望，它带着幼稚，带着夸张，带着浮躁，带着虚妄，同时，它成就着中国历史的天翻地覆，世界历史的崭新一页。有的人认为它是灾难，当然，对于他们岂止解放是灾难，辛亥革命也是灾难。我则是欢呼历史的行进与大手笔。解放带来了多少新意，多少新名词，新用法，新人名，新书名，新讲法，新刺激……使人耳目一新！哪怕是老区的套话，对于刚解放的人民也是新鲜的，魅力无限的。

而且这些都是自觉自愿。把这样一个时代的特色说成组织的安排，连恋爱也是组织的安排，至少是不全面的。我在50年代的经验就少有组织来安排恋爱的，但是更可惊异的是，自己选择安排的恋爱，甚至比组织的安排还“左”得不近情理。这里并不需要做定性定量的分析，王某只是把真实发生过的一切告诉你。动人与夸张同在。简单与爽气同在。积极与迎合同在。雄心与牛皮同在。热情与无知同在。悲情与喜剧同在。必然与偶然同在。灾难与伟大同在。理解与超越同在。怀旧与自省同在。戏弄与叹息同在。

董晴：明白您的意思了，复杂性是我们面对当代历史和现实的一个基本维度，我们不应该也不可能用一种概念或话语去裁断一个时代。谢谢您给我的启发！此外，在最近十多年，我发现您涉及的领域大为扩展，读《庄子》，谈人生哲学，研究中国文化，出版自传，丰富多层而又精彩纷呈。无论对于读者还是对于文学史研究者，您和您的作品都是当代文学的“见证”和不可绕过的重要的存在。这是外人对您的认识与评价，如果站在您自己的角度，您怎么看待自己的历史位置及其丰富性？

王蒙：回望过去，我这一生始终是在矛盾与复杂中度过。我的为官冲淡了我的地地道道作家身份。我对于王朔的“躲避崇高”的评论冲淡了我的主流意识形态的最后一个理想主义者的形象感。我的荒诞冲淡了我对于现实的关注。我的不放弃进言冲淡了我的飘逸潇洒。我的飘逸潇洒与灵活冲淡了我的执着与愚勇，还有我的敢为天下先的食蟹胆量。我的政论、学论与杂文冲淡了我的小说。我的小说冲淡了我的诗歌。我自己的活人故事冲淡了我构筑的文学故事。我的头衔冲淡了王蒙的真身。我的幽默与恶搞冲淡了我的感动。我的谈笑风生冲淡了我的眼泪。我的古典文学研究冲淡了我的翻译。我的周游列国冲淡了我的老土情深。

董晴:这是我听到过的最复杂、最深刻的自我总结,我想它也是读者、研究者整体把握您的人生世界和文学世界的一把钥匙,非常感谢!

评　论《

智者王蒙及其晚年写作

董　晴

如果将60岁视作王蒙晚年写作的开始的话,那么读者不难发现王蒙越来越少兴趣为读者讲述一个精彩的故事,但这样一个王蒙仍是当代文学史上常论常新的"这一个"。"新",大多在于王蒙作品体现出的对差异性价值观的兼容并包,对生活复杂性理解的淡定从容,以及通达的生命观、创作形式技巧探索,等等。这其间,无疑包含着巨大而深刻的历史/人生智慧,然而这种智慧却又是难以把握的。王蒙曾如此"自白":"我的一篇小说取名《蝴蝶》。我很得意,因为我作为小说家就像一个大蝴蝶。你扣住我的头,却扣不住腰。你扣住腿,却抓不住翅膀。你永远不会像我一样地知道王蒙是谁。"[①]这段自白可谓精彩。对于王蒙来说,它不但表达了自身的创作理念,更表达了对研究者某种判断性结论的不屑,使笔尖才华横溢纸面;而对于研究者来说,它不仅提示了切近王蒙及其文学作品的多种角度和多条途径,更增加了研究对象本身的魅惑之感,使人欲罢不能。

作为王蒙晚年写作的开端,四卷本"季节系列"(《恋爱的季节》《失态的季节》《踌躇的季节》《狂欢的季节》)呈现的是"故国八千里,风云三十年"之历史记忆。然而这不是简单的个人记忆,同时也是长长的共和国历史(或曰共和国知识分子史)篇章,在某种程度上亦属集体记忆。在其命运起伏、世间百态之上,凸现的是作家对生活的深刻认知和不再单纯的"赤诚之心"。新世纪以后,当读者以为王蒙将投笔从"歇"的时候,他却新作频出:《青狐》(2004)、《尴尬风流》(2005)、《这边风景》(2013)、《明年我将衰老》(2013)、《奇葩奇葩处处哀》(2015)、《女神》(2017)。此外,还有一系列解读儒、释、道思想的文化随笔。这些晚年近作,不但"不再单纯",而且更令批评者频生

① 王蒙:《蝴蝶为什么得意?》,《王蒙文集》第7卷,华艺出版社1993年版,第704页。

“雾里看花，水中望月”之感。其中，“形式”显现于舞台之前，而意义渐隐，作者“说话的精神”[①]在前，而讲述的故事在后。当论者不断地关注王蒙作品的叙述内容和表现形式，意欲“捕捉”的时候，却发现这只“蝴蝶”翻飞的舞姿越来越令人眼花缭乱，难以捕捉。

对王蒙晚年写作的变化，评论界往往从世俗化转变的角度去理解。赞誉者认为王蒙作品的世俗化是从书写“集体记忆”转入描摹“个人记忆”，为历史观之改变，然而个人正是历史的建造者，因此益见其珍贵；批评者则从中看到文学精神的丧失和“聪明反被聪明误”，看到作者写作的疲惫乃至犬儒心态。这种争论表明，王蒙晚年写作的确难以定性解读，恰如他自己所言：“第一，我注意写人的内心世界。而我们这里一直嘲笑所谓‘心理描写’。第二，我的这些作品难以归纳到一个简单明了的主题与题材。第三，我的这个文体太自由随意，太散文化乃至诗化了。第四，不符合典型化的标准。第五，甚至在篇幅不大的一个短篇中，我也写着不止一条线，多线条与快节奏。”[②]那么，这是否意味着王蒙晚年写作“无以名状”了呢？答案是否定的。实际上，“智者王蒙”或是一个可取的入口。王蒙曾表示：“人老了，应该成为一个哲学家，不习惯哲学的思辨，也还可以具备一个哲学的情怀，哲学的意趣，哲学光辉笼罩下的微笑、皱眉、眼泪，至少有可能获得一种哲学的沉静。”[③]这意味着，王蒙的晚年写作是一种“智者”的写作：他不再会落入某种价值观念的圈套，也不会再去做“振臂一呼”的英雄式人物，他的写作，必然包含广博的生活智慧与叙事智慧。

一

晚年王蒙参透历史，兼之游走于庄老佛禅之间，相信多元、通达，而不再执着于凝固的意义和意识形态系统。而这表现于他的晚年写作，最为突出之处便是对文学语言的重新认识与定位。事实上，在晚年写作中，睿智的王蒙对于语言的驾驭已经不仅仅是运用，而达到了游戏于心而无滞碍的境地。王干指出：“在当代作家中，王蒙的叙述语言绝对是独一无二、不可再得的，他的小说充分暴露了他极大的语言扩张欲，他恨不能用一句话将事物的所有可能性和所有不可能性全部都穷尽，这便构成了他叙述语言的非语法、非逻辑、非修辞及至反语法、反逻辑、反修辞的思维特征。矛盾性的毫无节制的修饰使其定语状语变得像旋转的魔方一样呈现出多种情调、多

---

① 郜元宝：《“说话的精神”及其他——略说“季节系列”》，《当代作家评论》2003年第5期。

② 王蒙、郜元宝：《王蒙郜元宝对话录》，苏州大学出版社2003年版。

③ 王蒙：《王蒙自述：我的人生哲学》，人民文学出版社2003年版，第208页。

种结构和多处色彩。"[1]这可谓精辟之见,但王蒙非逻辑、反修辞的语言思维显然不止于语言层面的表现欲,而更多是对各类刻板化了的价值观念的戏谑与反讽。

这种针对凝固意义而展开的语言游戏,显现在两个方面。一方面,是程式化语言的异样用法。王蒙曾说:"文学是革命的脉搏,革命的讯号,革命的良心,而革命是文学的主导,文学的灵魂,文学的源泉。"[2]在王蒙的文本世界里,极其强调文学的革命意义。可以说,"革命与文学的统一"成就了王蒙。故在较早的90年代作品——如《铃的闪》《话,话,话》《调试》《来劲》《一嚏千娇》《莫须有事件》《风息浪止》等等中,王蒙经常套用、改用或者异用一些革命年代的通行词汇、惯用风格和相对固定的表达方式和特征。这些通行的和惯用的表达具有极强的时代氛围和意识形态色彩,且以口号式的、公文化的程式化语言自然地进入人们的日常口语之中。譬如,形容一个人可以是"马列主义老太太",聊天的时候要求"用党的语言说话",甚至恋爱时考虑的是"不喜欢他身上的小资产阶级情调"。在《恋爱的季节》中,洪嘉经过劝导决定在"七一"党的生日那天结婚,"咱们互相祝贺让大家给咱们祝贺让……美帝国主义在咱们的幸福面前发抖。"祝正鸿与束玫香是已经有所隔阂的青梅竹马,但是幸亏有了"革命"这一新鲜话题让他们重燃激情,但这激情无关爱情。赵林在与林娜娜确立关系后想到的是,每次见面他能给林娜娜介绍点什么新闻、知识,阐释点什么学问、道理,提出点什么意见、建议,仿佛赵娜娜并不是他的恋人而是学生。李意向袁素华表白时,说的也是:"没有党的领导,没有共同的革命事业革命理想,没有革命同志的感情,无产阶级感情……哪儿来的我们的爱情、我们的幸福?"这种用法在"季节"系列中可说比比皆是。更重要的是,诸多身份各异、思想不同的人物可以操持同一套话语体系而表达出完全属于个人色彩的含义:或严肃认真,或理直气壮,甚至油滑贫嘴。

在这些语言套用、改用和异用的背后,是口语和书面语界限的模糊。于此,王蒙在晚年写作中还原了革命年代私人空间与公共空间界限消失的事实,也还原了那个年代的特殊景象:私人空间无法讲情,公共空间无法说理。界限的模糊和分割的消失,还进一步意味着所有人都被置于无处可藏的"政治广场",恐慌与小心可想而知。政治即生活,生活即政治,即便新时期到来,也难以从根本上融化思想的冰川。于是,在王蒙笔下,政治敏感像幽灵一样漂浮,空气中紧绷的神经敏感而脆弱,陷于某种"狂欢"之中:所有的语言都是意义,所有的意义都是语言,套套循环皆为空洞。这

---

① 王干:《关于王蒙的八个问题》,《王蒙作品评论集萃》,崔建飞编,中国海洋大学出版社2003年版,第120页。

② 王蒙:《我在寻找什么》,《文艺报》1980年第10期。

难道不是王蒙最独特的发现吗？

挑战凝固意义的语言游戏，另一方面的表现则是王蒙醉心于大篇幅的排比句。排比句是王蒙文学创作一直以来的特色："不论叙述，描写还是议论，王蒙的表达喜欢采用一种排比的、铺张的词语和句式，常常是几个、十几个、几十个同义词、近义词、反义词、名词、动词、形容词排列组合在一起，有时连标点也没有，像奔腾的江河、汹涌的潮水、直泻的瀑布，汪洋恣肆，排山倒海。"①不过到了晚年写作，随着他的"说话"欲望的大幅提升，这种现象更见突出。其排比句的使用，历来被王蒙本人和研究者视为"说话的一泻千里"。这种排比并非是准确的修辞手法上的运用，而更多是意义所指层面上的掌握。王蒙笔下的排比有时候是同义延伸到极致，有时候是极致的反义延伸，有时是对一种明确意义的反复强调，有时又是对明确意义的消解。矛盾往返，极尽复杂，游戏之味，尽在其中。

以排比为游戏，可以消解凝固的意义与意识形态系统。有些涉及名实乖离的词语排列，则可见王蒙面对"后革命"时代新的生存景观而秉有的睿智与超脱。在《名衔》篇中，老王连续做着怪梦，梦见自己被叫做王局长，而后是王博士，再然后王老板，后来又变为王主任、王老师、王教授，从此便开始了"名衔之旅"，"王半仙、王大傻、王毒蛇、王十三点……"等等荒诞不经的名衔接踵而至，最后，"老王打算把余生放在研究自己的名衔的可能性上了"。其中实在多有无奈、荒诞之感，而这荒诞，又多少是王蒙对当今时代"新意识形态"的讽刺。在《手机（续篇）》中，老王因不堪忍受手机之扰而停止使用，却招来了孩子的大怒："0 电话也是电话的一种，就像 SARS 的 0 报告也是重要的疫情通报。错误信息更是信息的变种……"孩子发表了一顿对信息的理解之后，说，"尤其当我找您的时候，我能够随时了解您的即时情报，我能够得知您是不是犯了脑血管、心血管，腹外科、脑外科、脑外科急症……"一系列医学专用名词的排列，在滑稽的同时消解了某种确定指向，为新的"技术管制"的生活平添了后现代主义底色。

此外，在"改革开放"急剧变迁的背景下，语词之变也隐喻着思想的变化，但智者王蒙独醒于万变中的不变。中篇小说《奇葩奇葩处处哀》讲述了沈卓然与六个女人的故事，其中词语古今杂糅、雅俗并陈，充满狂欢气息，"太阳落山明朝还会爬上来，花儿谢了明年还是一样地开，我的青春一去不回来"，是时光不再；"渔阳鼙鼓动地来，源源奇葩动地来，黄尘清水三山下，更变奇葩如走马。奇生奇，葩生葩，奇葩还将

① 长学正：《跨越世纪——王蒙代表作修订本前言》，《王蒙代表作》（修订本），人民文学出版社 2002 年版，第 13 页。

扣响沈卓然的家门”，是尴尬无奈。在这些新鲜用语的交响齐奏中，有似曾相识的场景再现，而于新新人类的奇葩事件中却时时闪现古韵悠长的词句。这一切似乎都在宣告着“从来如此”。王蒙极其善于在古今之间、书里书外的不同事和不同人中发现相近之情和相通之理，其通达、包容、不泥守着某种意义和意识形态系统的特征也于此充分体现。

二

在语言游戏与狂欢之外，王蒙对于凝固意义的怀疑还体现在他对多元混杂的人群与事件的捕捉与再现之上。在一位成功的作家的笔下，往往会有某个让人印象深刻的人物，这人物有时候甚至会脱离开孕育他/她的作品和作家，拥有独立的生命，他/她不断得到读者和研究者的解读、阐释甚至改写，逐渐成为不可忽视的经典人物，而这经典人物反过来也会为作家“代言”。细数王蒙笔下的人物，会发现他们穿梭于不同的小说之中，钱文孕育于“季节”，生发在《青狐》；杨巨艇并非始现于《青狐》；甚至王蒙自己也不断出现在小说之中。

王蒙的笔聚焦于复杂且不确定的特定人群。在王蒙文学长廊中曾走过形形色色的人物，其中一类人物非常引人注目，可说被作者着笔甚多：他们有《组织部新来的青年人》中的刘世吾、林震、韩常新，《如歌的行板》里的周克，《蝴蝶》里的张思远。到晚年写作中，则有“季节系列”小说中的钱文，《青狐》中的杨巨艇，《尴尬风流》里的老王，《奇葩奇葩处处哀》里的沈卓然，等等。他们有些是刚刚步入政坛的青年，有的是如鱼得水的政客，有的是身不能至心向往之的知识分子，有的是不在其位亦谋其政的闲人。但这些人均与两个字形成的场域有着千丝万缕的联系，那就是——政治。“政治人”可以说是王蒙为当代文坛作出的重要贡献。郜元宝敏锐地指出，王蒙早期作品中的人物“都不是带着‘伤痕’来‘反思’的普通公民与知识分子，而是生活即政治、政治即生活的中国社会中特殊的一群”①。“生活即政治、政治即生活”，这种特别的思想与生活特征，不仅与王蒙个人的经历有关，也与他多年来思考问题的领域有关。而这，在其晚年写作中有更明显的体现。钱文、青狐、沈卓然等人物形象都多多少少带上了王蒙人生经历的轨迹。钱文几经波折的政治生涯，不就是王蒙生命历程的真实写照吗？

在创作早期，作为一名党组织的干部，他更是将政治斗争作为自己的信念和使

---

① 郜元宝：《当蝴蝶飞舞时——王蒙创作的几个阶段与方面》，《当代作家评论》2007年第2期。

命。王蒙首先是一名革命战士和党的组织干部，然后才是一个作家。在当时的时代环境中，创作也是革命和建设新中国的工作，王蒙的创作也是在歌唱新中国，号召和建设新中国。这样就不难理解在王蒙前期作品中政治化的思维方式。而后远走新疆，回京“复出”，经不同政治气候，身居高位，为中国文化的海外传播奔波，几十年复杂的经历和深邃的思考都被投射入他晚期作品中的人物身上。钱文、青狐、沈卓然等虽然也是“政治人”，但较之早期作品中的人物，则更见纷杂。“青狐们”为着文学理想而舍弃世俗生活，也为着谋官谋职而置理想于不顾。这些人物的精神面向是复杂的多元的，因而也发人深省。他们虽然仍活动在政治场域中，但不再是当年的少年布尔什维克，而更多是云淡风轻，充满睿智、包容的人物。在他们身上，更多是时过境迁、革命退潮以后对革命欲割而不舍、对新兴话语与生活方式欲拒而拥抱的复杂姿态。他们告别了旧的意识形态，然而并非投身于新的意识形态。相反，优游万物，穿越古今，兼容左右，成了这些“政治人”新的多元性特征。

与刻画多元、缺乏明确意识形态立场的“政治人”相应，晚年王蒙还集中描绘了诸多与“政治人”密切关联的缺乏内在意义的特定事件。人物总需要放在一系列事件中才能见其性格，塑其形象，而王蒙似乎并不喜欢“一系列”，他更喜欢某些特定的政治化的事件或者说场景。《青狐》的背景是“思想解放”前后文艺界的拨乱反正，此时政治空气已经开始放松，主角是文艺界特别是文学界纷纷“复出”的精英们，他们经常聚集在一起讨论文学的解放和新的可能性。然而作家的笔并没有去写主人公们如何阅读古今中外的文学作品，如何在文学作品中获得思想的激荡，如何去构思去写作文学作品。而是大量写到开会的场景，小说的场景就是一个又一个文学的聚会，一次又一次文学的会议。从两三人的小型座谈，到十几个人几十个人的大型代表会。而且，作者不单单写开会现场，还要写开会的前前后后，主人公们如何筹备参加会议，以什么样的心态出现，又带着怎样的思考离开。由于缺乏内在的意义关联，这些政治化场景如同无始无终的“生活流”，带有强烈的平面化、无深度的特征。譬如，当青狐(卢倩姑)接到文学大刊的开会请柬之后，她去理发厅做了头发，在大众浴池和“阶级姐妹‘赤诚相见’”，为了穿衣而绞尽脑汁，最后却打扮得不伦不类。因文学创作而被邀请参会，参会却并不是为了文学创作。这一次的聚会让青狐对自己有了全新的身份认知，也拉开了以她为代表的一众文艺工作者的舞台剧的序幕。会议在你方唱罢我登场中进行，也在“亲切的结尾”中无定论地结束。文艺工作者们这些开会、聚会的主题原本是“文学要不要解放，怎样解放，解放到何种程度，由谁来解放，以及由谁来主宰被解放之后的文学”[①]，无疑，这是一个有深度的主题，但在《青狐》中则更多成为众声喧哗与自我表演的背景。事件的表演化、游戏化，与“政治人”的混杂、无中心形成相互适配的关系，共同呼应着晚年王蒙对固定价值体系的疏离。

与此相应，不确定性也是晚年王蒙力图通过人物而传达出来的生命感受。在小说《秋之雾》中，浓雾、归程、桃花调，碧云、桃花、女儿的缠绕，这一切都与“我”有关，但也都远离于“我”。桃花调的或存或亡与“我”有关，却不会因“我”而改变；碧云的或来或走受“我”影响，却不会取决于“我”，更不必讲那经久不散的浓雾，看不到前路的归程，不知去向的桃花和最熟悉的陌生的女儿。于是，主人公时常跳脱出故事情节的发展，只由他的思想意识一直在流动，从桃花调起经由一生所见所闻终于桃花调落。王蒙没有着笔于人物的性格成长甚至懒于刻画人物性格，而只是让人物引领其人生感悟的流淌。

王蒙对不确定、众声喧哗乃至游戏化的人和事的描写，与他个人纠结的双重身份有密切的联系。王蒙有很多身份：政治家、文学家、批评家、思想家等等，虽然说能否成名成家是见仁见智，但也确实说明了王蒙涉猎领域的广泛。王蒙的双重身份指的是王蒙的政治身份与文学身份，换句话来说王蒙的双重身份探讨的是作为政治家的王蒙和作为文学家的王蒙。王蒙在自传中对自己的身份变化有这样的感叹：

从一个青年团干部变成青年作者，再变成另册分子，再变成“专业作家”，再变成中央委员，再变成内阁成员——文化部部长，真的无不辛苦和尴尬，也不是没有“青云直上”的得意。

这是王蒙整个生命历程的概括，也是王蒙政治身份与文学身份的交替融合的展现。在对晚年王蒙进行思考和探究时，不得不关注王蒙的这两种身份，也必须明确王蒙的一生经历着这两种身份的交替或者融合，恰如论者所言：“把王蒙单纯看作一个作家或文学家，失之简单化，无法从根本上解释王蒙——当然，也无法解释王蒙身上的许多矛盾的方面。”[②]王蒙的政治身份与文学身份，随着王蒙的生命历程的起伏波折而转换变动，构成了王蒙的身份标签，涵盖了王蒙的心路历程。

更重要的是，双重身份为他笔下的文字留出了更多的发挥和阐释空间。王蒙从文从政的双重身份，敏感于生活又抽离生活，北京和新疆都是他的家乡，诗人和“少年布尔什维克”都是他的精神原点，离开回来再出发再归来。王蒙切换于不同的身份和地域中间，往返于不同群体的历史记忆中间，对人与事的思考视角就不会固定

---

① 郜元宝：《当蝴蝶飞舞时——王蒙创作的几个阶段与方面》，《当代作家评论》2007 年第 2 期。

② 温奉桥：《王蒙文艺思想论稿》，齐鲁书社 2012 年版，第 129 页。

于一隅，而是在交叉与互动中不断发生视角叠换。这使他的政治化的事件与人物的再现，不再指向某种预设的讲述模式（如启蒙或革命），而呈现为开放的、意义无限延宕的状态。当然，这种不确定的、游动的精神姿态，也多少削弱了晚年王蒙之于当代社会的资源价值。

三

晚年王蒙对于凝固的意义系统的怀疑，很自然地，还会从语言、事件、人物延伸到叙事之上。较之早年的意识流小说，晚年王蒙小说“更为狂恣，更为放任，将心理、情感、意识和感觉等等情绪内容完全搁置于人事和情节的顶层，打碎了人物的性格和行为状态及其所构成的情节和细节逻辑对自我情绪的可能制约”①。这种小说往往让读者觉得庞杂，但它既是王蒙有意为之的文体创新，也是他的怀疑论与多元主义的艺术体现，同时还是他在混杂之中重建生命诗学的努力。

这种“有意为之”，最明显体现在小说中不断变化的叙事视角。通常在叙述故事的时候，说话人和听话人的位置关系决定了读者所在的位置和所能知道的内容，诸如“我”“你”“他”“她”这样的人称代表着语言为人类交流活动设定的主体位置。“你”能知道的事经由“我”所说，而“他”“她”之事，“你”“我”皆为外人。若说话主体自称为“我”，那么听话主体就被成为“你”，“你”之外的所有被谈到的人成为“他”。而如果这个“你”或“他”以“我”的口吻开始说话，那么上述主体位置间的关系就相应发生变化。晚年王蒙经常在自己小说中改变“你”“我”“他”的位置，这种主体位置间关系的变化造成阅读过程中的卡顿，阻碍了不假思索的叙事逻辑。这种“阻碍”可以展现应然和实然间的对立，并形成作者剖析内心的场域，成为心灵重建的开始。譬如，在新作《明年我将衰老》中，王蒙进行了高难度的视角转换：

> 这样的月夜里你数得清每一株庄稼与草，你看得清每一块坑洼与隆起，你摸得着每一枚豆粒大的石头，你看得清远方的山坡与松峰。你可以约会抱月的仙人与丢落棋子的老者，你可以孤独地走在山脚下，因为孤独而带几分得得，你已经被美女称为得得。我想守在你的碑前，你会悄悄地与我说闲话，不再是团结紧张严肃活泼，而是如诗如梦如歌如微风掠影。这时我听到了六十年前的那首歌曲，从前的从前，少壮的少壮，面对海洋的畅想，我们一起攀登分开了大西洋与印度洋的好望角的灯塔。我们看到了

---

① 朱寿桐：《王蒙文学存在的文学史意义》，《中国现代文学研究丛刊》2015年第10期。

蓝鲸,我们看到了河马,我们看到了飞逐的象群,我们看到了猴子与鸵鸟的密集。河水在地上泛滥,女人生育了许多孩子,她们的皮肤像绸缎。

“我”与“你”在这里构成了说话者与听话者的关系,但其实听话者为假想对象,且具体所指时刻在变化。在这样的“对话”中,其实是作者的自说自话,那过去的岁月映照今时的当下,而从现在回望曾经,过往也有了今日的颜色,展开的画卷并非真的是昨日之图,而是作者自己内心的歌声。

与视角转换相呼应,王蒙还往往在叙事中使用独特的“榫卯结构”。有研究者分析王蒙小说的结构,认为这是一种“连串插入”,即在框架结构上借用了“大故事套小故事”这种古典长篇小说经常使用的结构形式。一部小说是一个整体,但是其中的各篇小说又分别作为独立的相对闭合的整体而存在。这种结构就被称为“连串插入式”:“意思就是,全书有一个总故事,贯穿始终。每一卷各有一个骨干故事,贯穿全卷……就这样,大故事套中故事,中故事又套小故事,错综复杂,镶嵌穿插,形成了一个像迷楼似的结构。”[①]直观来看,这个说法没有什么问题,也很好地解释了王蒙叙事方式的跳跃,比如在《青狐》中,开篇写青狐如何写作《阿珍》,如何投稿以谋求发表,直到母亲在收音机中听到播音员播送的《阿珍》,而几章之后转入对钱文的叙述,后转入讲述米其南的故事,而后又转回青狐,再至其他人物,的确很接近古典长篇小说。但是这种阐释其实无形中是对王蒙作品整体性的割裂。在这种观点下,一部完整的小说可能就成了“连环话”,而其中的逻辑关系、人物关系全是无须考虑的。这显然有些欠妥。王蒙的晚年作品虽然读来内容庞杂,线索模糊,但仍然有一股串联始终的“精神”存在。

其实,王蒙并非不会写故事,《青狐》中关于“遥远”的故事,一张丢失的照片连接的山桃与画家的故事,农家姑娘因唱歌而得的不知是福是祸,这些“文中文”的构想令人拍案叫绝。然而,王蒙不满足于“规规矩矩”地写小说,或者说相比于讲故事,他更愿意诉说思想。这就像古代建筑中的“榫卯结构”,连结而独立、坚固而灵活,王蒙的小说结构可以视为,一个思想为榫,一个看法为卯,相互拼接而成,且是你中有我,我中有你,看似相互独立,实则水乳交融,共成一体。“青狐们”虽然看起来各自独立,但是更可以看成一个整体的不同侧面,解冻后的文学作品、文学家、文坛样貌都不会只有一个面向,随着文学复苏的还有那些可能并不属于文学范畴的种种生态。

在这种结构之上,王蒙搭建了属于自己的多元主义的思想大厦。这种“榫卯结

---

① 季羡林译:《五卷书》,人民文学出版社2001年版,第398—399页。

构”意味着王蒙并没有选择传统的叙事方法，他忽略编造情节，而任凭自己的观点游荡于时空与人物之间，情节打碎，思想流过。郜元宝将其视为“说话的精神”：“这种混合型精神主体的‘说话的精神’是任何别的作家作品所没有的，它寓于王蒙独有的一心一意要将话说足说透说绝的排山倒海层峦叠嶂的文体。王蒙的精神表达和王蒙的独特文体联系在一起，‘季节系列’又是王蒙文体最成熟最极端的呈现。王蒙的文体一直颇受怀疑。那种幻灯式、碎片式和漫画式的旧人旧事的交代、讲解、感慨、评论的杂糅，难道可以作为小说叙述的主要手段吗？这甚至已经不成其为叙述，至多只能叫做‘不完全的叙述’，它可以随时被打断又可以随时被接续，它只是以议论和交谈为主的一种无拘无束的‘说话’——也许称之为‘讲述’更适合。”[①]而这“说话”的内涵，也就是王蒙回应他所在的时代而形成的流动的包容万物、混杂并存的思想。

“榫卯结构”也好，政治化的事件与人物也好，语言游戏也好，都是作家身份与思考的复杂投射。在王蒙身居高位、生活相对稳定和绰余的时候，文学家与政治家的双重身份带给他无穷新鲜的生活经历和写作资源，他的思维在闪现，他的笔尖在跳跃。语言与叙事在他那里，与其说是艺术形式的探索，不如说是他找到了更适合表达其思想的形式——王蒙小说是他思想世界的艺术投射。晚年王蒙的思想多元并存。与其说是某种学说，不如说是庄子的“和之以天倪”的思想的体现。《庄子·齐物论》云：“何谓和之以天倪？曰：是不是，然不然。”“化声之相待，若其不相待，和之以天倪，因之以曼衍。所以穷年也，忘年忘义，振于无竟，故寓诸无竟。”此段意思是说，什么是以天道自然来调和的意思呢？回答是：是，包含不是；这样，包含并非这样。对不同心声同等待之，若仍不能相待，就用天道自然来调和，用自然变化来因循。如此享尽人生，忘掉年龄忘掉是非，振奋于无穷尽、无竞斗的境界，最终也就把自己寄托到了悠然不息之中。这种“是不是，然不然”“振于无竟”的境界，的确是晚年王蒙意之所在。他的“说话”囊括相互矛盾的对象，他的“政治人”游走于各种立场之间，他的语言与叙述则多有游戏与狂欢的气息，不拘一隅，游于万物，如此种种，使晚年王蒙确实有着某种智者特有的“哲学的沉静”。不过，过度的睿智，也使他在“信”已流失的年代，勤于写作而警惕于“立言”。对于小说写作，这或许是一点遗憾，然而“智者王蒙”总会有人预想不及之处。

---

① 郜元宝：《“说话的精神”及其他——略说“季节系列”》，《当代作家评论》2003年第5期。

主要作品目录

长篇小说

《青春万岁》,人民文学出版社1979年版。
《活动变人形》,人民文学出版社1987年版。
《蝴蝶》,远景出版事业公司,1989年版。
《恋爱的季节》,人民文学出版社1993年版。
《失态的季节》,人民文学出版社1994年版。
《踌躇的季节》,人民文学出版社1997年版。
《狂欢的季节》,人民文学出版社2000年版。
《青狐》,人民文学出版社2004年版。
《中国天机》,安徽文艺出版社2012年版。
《这边风景》,花城出版社2013年版。
《闷与狂》,北京联合出版公司,2014年版。
《青春万岁》,人民文学出版社2019年版。
《笑的风》,作家出版社2020年版。

中短篇小说集

《冬雨》,人民文学出版社1980年版。
《相见时难》,中国青年出版社1982年版。
《深的湖》,花城出版社1982年版。
《淡灰色的眼珠》,作家出版社1984年版。
《妙仙俺剪影》,百花文艺出版社1984年版。
《木箱深处的紫绸花服》,上海文艺出版社1984年版。
《沼泽地旁的部落》,四川人民出版社1984年版。
《王蒙中篇小说集》,湖南人民出版社1985年版。
《夜的眼及其他》,花城出版社1985年版。
《王蒙集》,海峡文艺出版社1986年版。

《加拿大的月亮》,作家出版社1987年版。

《王蒙代表作》,黄河文艺出版社1990年版。

《球星奇遇记》,人民文学出版社1990年版。

《王蒙》,人民文学出版社1991年版。

《我又梦见了你》,华艺出版社1991年版。

《坚硬的稀粥》,长江文艺出版社1992年版。

《来劲》,中共中央党校出版社1995年版。

《王蒙幽默小说自选集》,漓江出版社1995年版。

《白衣服与黑衣服》,中国华侨出版社1996年版。

《春堤六桥》,河南文艺出版社1999年版。

《玫瑰春光》,中国华侨出版社2001年版。

《越说越对》,文化艺术出版社2002年版。

《新疆精灵》,上海文艺出版社2002年版。

《神鸟》,青海人民出版社2002年版。

《尴尬风流》,作家出版社2005年版。

《明年我将衰老》,花城出版社2013年版。

《奇葩奇葩处处哀》,四川文艺出版社2015年版。

《明天文学馆:黄昏里的男孩》,明天出版社2015年版。

《女神》,四川文艺出版社2017年版。

《歌声好像明媚的春光》,作家出版社2018年版。

《生死恋》,广西师范大学,2019年版。

《页页情书》,广西师范大学出版社2020年版。

中短篇小说

《小豆儿》,《人民文学》1955年第11期。

《组织部新来的青年人》,《人民文学》1956年第9期。

《向春晖》,《新疆文艺》1978年第1期。

《队长、书记、野猫和半截筷子的故事》,《人民文学》1978年第5期。

《最宝贵的》,《作品》1978年第7期。

《布礼》,《当代》1979年第3期。

《悠悠寸草心》,《上海文学》1979年第9期。

《夜的眼》,《光明日报》1979 年 10 月 21 日。

《说客盈门》,《人民日报》1980 年 1 月 12 日。

《蝴蝶》,《十月》1980 年第 4 期。

《春之声》,《人民文学》1980 年第 5 期。

《风筝飘带》,《北京文艺》1980 年第 5 期。

《海的梦》,《上海文学》1980 年第 6 期。

《深的湖》,《人民文学》1981 年第 5 期。

《杂色》,《收获》1981 年第 3 期。

《温暖》,《上海文学》1981 年第 6 期。

《心的光》,《新疆文学》1981 年第 11 期。

《湖光》,《当代》1981 年第 6 期。

《相见时难》,《十月》1982 年第 2 期。

《惶惑》,《人民文学》1982 年第 7 期。

《春夜》,《文汇月刊》1982 年第 9 期。

《听海》,《北京文学》1982 年第 11 期。

《莫须有事件——荒唐的游戏》,《上海文学》1982 年第 11 期。

《青龙潭》,《人民文学》1983 年第 1 期。

《风息浪止》,《钟山》1983 年第 1 期。

《黄杨树根之死》,《花城》1983 年第 1 期。

《木箱深处的紫绸花服》,《花城》1983 年第 2 期。

《深渊》,《小说界》1983 年第 3 期。

《淡灰色的眼珠》,《芙蓉》1983 年第 5 期。

《色拉的爆炸》,《上海文学》1983 年第 6 期。

《灰鸽》,《人民文学》1983 年第 9 期。

《苦恼》,《北京文学》1983 年第 12 期。

《光》,《上海文学》1983 年第 12 期。

《妙仙庵剪影》,《山花》1983 年第 12 期。

《高原的风》,《人民文学》1985 年第 1 期。

《无言的树》,《小说导报》1985 年第 1 期。

《临街的窗》,《小说家》1985 年第 4 期。

《轮下——系列小说〈新大陆人〉之一》,《人民文学》1986 年第 4 期。

《海鸥——系列小说〈新大陆人〉之二》,《小说家》1986 年第 3 期。

《卡普琴诺——系列小说〈新大陆人〉之三》,《上海文学》1986 年第 5 期。

《画家“沙特”诗话——系列小说〈新大陆人〉之四》,《中国》1986 年第 6 期。

《温柔——系列小说〈新大陆人〉之五》,《雨花》1986 年第 7 期。

《来劲》,《北京文学》1987 年第 1 期。

《吃》,《小说界》1987 年第 4 期。

《庭院深深》,《人民文学》1987 年第 8 期。

《要字 8679 号——推理小说新作》,《十月》1987 年第 6 期。

《选择的历程》,《花城》1987 年第 6 期。

《虫影》,《收获》1987 年第 6 期。

《十字架上》,《钟山》1988 年第 3 期。

《组接》,《北京文学》1988 年第 9 期。

《夏之波》,《文汇月刊》1988 年第 9 期。

《球星奇遇记》,《人民文学》1988 年第 10 期。

《初春回旋曲》,《人民文学》1989 年第 3 期。

《神鸟》,《上海文学》1989 年第 4 期。

《纸海钩沉——尹薇薇》,《十月》1989 年第 4 期。

《蜘蛛》,《花城》1991 年第 3 期。

《寻湖》,《北京文学》1995 年第 1 期。

《没有》,《芙蓉》1995 年第 1 期。

《春堤六桥》,《上海文学》1996 年第 4 期。

《秋之雾》,《收获》2005 年第 2 期。

散文随笔集

《当你拿起笔》,北京出版社 1981 年版。

《德美两国纪行》,浙江人民出版社 1982 年版。

《漫话小说创作》,上海文艺出版社 1983 年版。

《王蒙谈创作》,中国文联出版公司 1983 年版。

《桔黄色的梦》,百花文艺出版社 1984 年版。

《王蒙谈创作》,中国文联出版公司 1985 年版。

《创作是一种燃烧》,人民文学出版社 1985 年版。

《访苏心潮》,上海文艺出版社1986年版。

《文学的诱惑》,湖南文艺出版社1987年版。

《在翡冷翠即佛罗伦萨一个著名餐馆吃夜饭的经历》,中国华侨出版社1989年版。

《风格散记》,人民文学出版社1991年版。

《红楼启示录》,生活·读书·新知三联书店,1991年版。

《欲读书结》,海天出版社1992年版。

《一笑集》,内蒙古人民出版社1992年版。

《永远的美丽》,花城出版社1993年版。

《轻松与感伤》,广东旅游出版社1993年版。

《忘却的魅力》,中国华侨出版社1994年版。

《王蒙杂文随笔自选集》,群言出版社1994年版。

《四月泥泞》,春风文艺出版社1995年版。

《随感与遐思》,甘肃人民出版社1996年版。

《从实招来》,北京图书馆出版社1999年版。

《精神食粮》,华东师范大学出版社1999年版。

《王蒙:不成样子的怀念》,人民文学出版社2005年版。

《老子的帮助》,华夏出版社2009年版。

《庄子的快活》,中华书局2010年版。

《庄子的享受》,安徽教育出版社2010年版。

《王蒙的红楼梦》,湖南文艺出版社2010年版。

《中国天机》,安徽文艺出版社2012年版。

《读书解人》,贵州人民出版社2013年版。

《庄子的奔腾》(修订本),贵州人民出版社2013年版。

《与庄共舞:人生的自救之道》,生活·读书·新知三联书店2014年版。

《守住中国人的底线》,北京联合出版公司,2014年版。

《王蒙执论》,人民出版社2015年版。

《天下归仁:王蒙说〈论语〉》,北京联合出版公司2015年版。

《游刃有余:王蒙谈老庄》,北京联合出版公司2016年版。

《得民心　得天下:王蒙说〈孟子〉》,浙江人民出版社2016年版。

《诗酒趁年华——王蒙谈读书与写作》,商务印书馆2016年版。

《别有风光》,北京联合出版公司2016年版。

《王蒙谈文化自信》,人民出版社2017年版。

《中华玄机:我要与你讲传统》,天地出版社2017年版。

《我的另一个舌头》,东方出版中心2017年版。

《不烦恼:我的人生哲学》,北京联合出版公司2018年版。

《不争论的智慧》,陕西师范大学出版总社2019年版。

《写给年轻人的中国智慧》,北京联合出版公司2019年版。

《王蒙谈列子》,浙江人民出版社2019年版。

《得到:极简老子》,北京联合出版公司2019年版。

《精进:极简论语》,北京联合出版公司2019年版。

《原则:极简孟子》,北京联合出版公司2019年版。

《个性:极简庄子》,北京联合出版公司2019年版。

《散文精读:王蒙》,浙江人民出版社2019年版。

《有无之间》,江苏凤凰文艺出版社2019年版。

《散文随笔》(上中下),人民文学出版社2020年版。

《王蒙散文:难得明白》,浙江文艺出版社2020年版。

《天下归仁:说〈论语〉》,人民文学出版社2020年版。

诗　集

《旋转的秋千》,四川文艺出版社1988年版。

《恍若前尘》,知识产权出版社2019年版。

自述、访谈录及对话录

《王蒙王干对话录》,漓江出版社1992年版。

《我的处世哲学》,中国青年出版社2000年版。

《王蒙自述:我的人生哲学》,人民文学出版社2003年版。

《王蒙自传第一部:半生多事》,花城出版社2006年版。

《王蒙自传第二部:大块文章》,花城出版社2007年版。

《王蒙自传第三部:九命七羊》,花城出版社2008年版。

《一辈子的活法》,北京联合出版公司2012年版。

《王蒙八十自述》,人民出版社2013年版。

《文化掂量:王蒙最新演讲录》,花城出版社 2015 年版。

《文学这个魔方》,北京联合出版公司 2017 年版。

《永远的文学》,人民出版社 2019 年版。

《争鸣传统:王蒙赵士林对谈录》,人民出版社 2019 年版。

《睡不着觉?》,长江文艺出版社 2019 年版。

《王蒙妙语录》,人民出版社 2019 年版。

文 集

《王蒙选集》(4 卷),百花文艺出版社 1984 年版。

《王蒙文集》(10 卷),华艺出版社 1993 年版。

《王蒙文存》(23 卷),人民文学出版社 2003 年版。

《王蒙文集》(45 卷),人民文学出版社 2014 年版。

王十月

男，本名王世孝，1972年生，湖北石首人。

小　引《

我念中学的时候，听历史老师讲英国的圈地运动，说那是羊吃人，暴露了资本主义的罪恶，心里就有一种很中国式的想法，觉得这有什么不好呢，这些从土地上被赶出来的农民，进城当了工人，吃上了商品粮，由农村户口变成城市户口了，这该是一件多好的事。后来书读多了，又知道他们就这样成了无产阶级，成了革命的主力，进而成了革命的领导阶级，就更觉得美气了。何况羊吃人只是那个叫莫尔的英国人的一个比喻性的说法，并不是真的就把人吃进了羊的口里。关于羊吃人的圈地运动，历史学家包括马克思有过许多经典的评价，我就不在这里饶舌了。我要说的是，无论圈地运动在客观上对大英帝国的工业革命和资本主义发展有多少进步意义，它对那些从土地上被赶出来的农民来说，都是不仁的，或不人道的。都不是善举，而是恶行。

说到恶行，让我想起了恩格斯引用黑格尔说的一句话。恩格斯说，“在黑格尔那里，恶是历史发展的动力借以表现出来的形式。”这句话说白了，就是推动历史发展前进的动力是以恶的形式表现出来的。恩格斯明明白白地对这句话作了既合乎历史又合乎逻辑的解释。他说，“一方面，每一种新的进步都必然表现为对某一神圣事物的亵渎，表现为对陈旧的、日渐衰亡的、但为习惯所崇奉的秩序的叛逆，另一方面，自从阶级对立产生以来，正是人的恶劣的情欲——贪欲和权势欲成了历史发展的杠杆。”这前一方面的意思是说，你要向现存的秩序和特权这些神圣的事物提出挑战，想革命造反，人家就会说你大逆不道，就要骂你是魔是匪，把你说成是恶的化身。这个容易理解，我们的革命前辈在历史上就这样被人骂过。这后一方面的意思则是说，在阶级对立的社会里，一些人（往往是那些有权阶级和有钱阶级）为了满足一己的贪欲和权势欲，巧取豪夺，杀伐争斗，弄得家国不宁，民不聊生，造成了许多灾难性的后果。这自然不是善举，而是一种恶行。但事后一想，这样做似乎也有一个积极的后果，就是因此而打破了旧的平衡，撬动了停滞不动的历史车轮，结果便成了推动历史发展前进的杠杆。这是说做这些事的人主观动机是为己的，所作所为多系恶行，但客观上却对历史发展起了有利的作用。大英帝国当年的圈地运动如此，后来西方列强的海外殖民如此，中国历史上的改朝换代和西方历史上的权力更迭，甚至也包括现代技术市场和商业市场上的一些扩张活动，大抵都与此相类。

这就要说到王十月的小说所写的打工者的生活了。用一句带日本味的话说，打工族的出现，是改革开放以来中国社会日渐城市化的产物。很多人把中国的打工族与英国当年在圈地运动中失去土地流浪进城的农民作了类比，认为二者性质相同，有的甚至仿照羊吃人的说法，造了一个新词叫“房吃人”。意思是说政府的财政要靠房地产支撑，就得圈卖土地，失去土地的农民就不得不进城务工，于是就有了打工族的出现。从表面上看，这话也许合乎事实的逻辑，但仔细想想，又不尽然。且不说中国今天启动的现代化与大英帝国当年实行的现代化，从理念到方法都有诸多不同，就拿圈地一项来说吧，中国的地方政府圈卖土地固然确有其事，但农民离开土地进城务工，却不完全是因为无地可种，恰恰相反，倒是农民承包的许多土地长年撂荒，无人耕种，可见农民进城务工并非地方政府圈卖土地造成的直接后果。既然如此，一向安土重迁的中国农民为什么要背井离乡，放着好好的田地不种，要跑到城里去打工呢？我自认回答不了这个复杂的社会学问题，但近三十年来中国作家似乎把这个问题都写进了自己的小说。从对城市的向往，到变身为城里人，从农民变身为企业家，从偏居一隅到走向世界，这里面既有被迫和无奈，也有期待和向往，似乎并不完全像当年的英国农民被人撵着赶着那样狼狈。我孤陋寡闻，不知圈地时期英国农民的命运在何种文学作品中留下了记载，但在近三十年的中国文学中，不论何种原因，进城务工的打工族的命运，却受到众多中国作家的热切关注，更有像王十月这样专注于打工族的生存和命运的作家。这是进城务工的中国农民之幸，也是以农民为主体的中国文学之幸。

我无意说王十月就是一个打工文学作家，但王十月从打工一族切入急剧变动的中国社会，却是一个事实。中国社会近三十年来的巨大变动，莫过于以城市化为标志的现代化进程，这一进程最终自然也要像当年的大英帝国一样，将传统的农业社会，变成现代的工业社会和信息社会，中国农民的身份和命运，自然也将随之发生改变。但相对于当年的大英帝国而言，这个过程似乎比较温和，也比较平缓。其中虽然也充满了恩格斯所说的贪欲和权势欲，但对于进城务工的农民而言，又不乏从上到下的关切和温情。处在这种温水煮青蛙的历史进程之中，王十月下笔也就不可能有那么痛快。他既不能像批判现实主义作家那样，一味地揭露和批判，也不可能像某些惯于阿谀逢迎的作家那样，一味地赞美和歌颂，他得面对错综复杂的社会矛盾和社会问题，处理错综复杂的人欲、人情和人性。他不能站在完全的道德立场，说为富者皆不仁，也不能站在完全的历史角度，说农民理应为现代化作牺牲。他得调和道德和历史，在不可避免的城市化进程和不容忽视的打工族命运之间，找到一种情感和理智的平衡。他无须做这个转型社会的判官，却可以做它的书记员，像巴尔扎克那样“编制恶习和德行的清单、搜集情欲的主要事实”，为后人留下一份关于我们这个时代打工族的特殊的人生记录。这是我读王十月的作品的一些感受，也是我对王十月的创作的一点期待。

自　述《

一些寻常话

1.我十六岁师从王子君先生习画，二十来岁师从傅泽南先生。以为这辈子可以靠绘画吃饭的。出门打工，东混西混，也没有混出名堂。写作，实在是生活中有太多的话要说，于是就写了，开始只是写点身边的人事，在工友间传看。不曾想，就走上了写作这条不归之路。

2.对于一个写作者而言，永远有十万个为什么，但我觉得，最重要的是弄清楚为什么要写，具体到一部作品，为什么要写下它，写下它的理由是否充分。这是大问题，是我们写作的合法性所在；每写一部作品之前，我会这样问自己。

3.我的写作，无非是因为我经历过、思索过，有话要说，对生活，对世道，对人心，有了自己的发现、想法、感受，通过文学这样一个载体来表达。

4.我很看重情感积累，每写一篇作品，都会在心中经过长时间的酝酿，人物、结构、故事……都在心中成熟了，只差打开电脑把它敲出来，但是我不会轻易动笔，我要酝酿情感，在情感积累到一个最佳的点才动笔，而不是有了想法就急不可耐地写下它。

5.弄清楚了为什么写，接下来就是写什么的问题，对这个问题，一千个人有一千种回答，我认为，发现、揭示、直面所处时代的主要问题，是文学永恒的主题。

6.怎么写从来都不是孤立的，也不是先于为什么写、写什么而存在的，怎么写是服务于内容的形式，有些作家把怎么写放在第一位，我觉得这是本末倒置，为什么写，写什么，怎么写，这里有一个递进关系。

7. 当你描写一朵花时，你的心要体会到这朵花的情感；当你描写一只鸟时，你的心里，要体悟到这只鸟的悲欢。沈从文先生说，要贴着人物写，我觉得，要贴着你笔下的万物写，草木有情，当你的心游离于你笔下的事物，读者也就游离了你的心。

8. 文以载道，而这个道又是什么呢？大抵每个人心中，都有着自己的道和道道罢。道有小道，有大道。前者重的是自我修炼，度的是自己，而后者，讲的是对苍生的感化，度的是他人。我希望，我的文学载的是大道，而不是道道。

9. 马蒂斯曾评论米罗说："能够不带偏见地观看事物的这种努力，需要勇气这类东西。他应该像孩子时那样去观察生活，假如他失去了这种能力，他就不可能用独创的、个人的方法去表现自我。"这种不带偏见的状态，孩子一样观察生活，是我所追求的。我们中国人说的赤子之心，大抵就是这个吧。

10. 文学是需要赤子之心的。但在文学，光有这赤子之心，却又是不够。汪曾祺说，好的小说家，一定是世故到天真。说的是什么？好的小说家，要对世道人心、人情人性、社会百态，有其深刻洞见，但同时，还得保持赤子之心。这说法，和马蒂斯异曲同工也。不带偏见地观看事物，即是世故，孩子那样去观察生活，说的是天真。

11. 我不认为我写的是纯文学，也不认可纯文学这个概念。我认为，纯文学这个概念是一块遮羞布，为作家逃离社会现实找到了最好的借口。

12. 我们都知道要反对媚俗，殊不知，媚雅更值得警惕。鲁迅先生曾说过：说到"为什么"做小说罢，我仍抱着十多年前的"启蒙主义"，以为必须是"为人生"，而且要改良这人生。我深恶先前的称小说为"闲书"，而且将"为艺术的艺术"，看作不过是"消闲"的新式的别号。为艺术的艺术，就是媚雅。

13. 文学可以是政治的，也可以不是政治的。我们要宽容看待各种各样的文学主张。比如写《1984》的乔治·奥威尔就说，当你认为文学与政治无关的时候，你就在表达一种政治观点。现在的问题是，太多的人以为自己掌握的是文学的真理，过于自信了。我从来就不那么自信，对于自己坚持的东西，也会先去怀疑我是否错了。

14. 我们太多的人，心里都有一把顽固的尺子，并拿了这尺子去量这个世界，所有不符合其标准的，皆是别人的问题，而从未曾反省自己的尺子是否有问题。

15. "在外打工多年，总是在不停地漂泊，从异乡走向异乡，打工人没有家的感觉，也普遍缺少安全感。无论是黑道上的烂仔，还是警察，或是工厂里的老板、管理员，都可以轻易地把挣扎在最底层打工人的梦想击得粉碎。然而正是这么一群最卑微的打工人默默无闻地建设着这个城市。生命的脆弱与坚韧，在这片土地上是如此地矛盾而又统一。"写下这段话时，是2000年。

16.那些生活在非洲大草原上的狮子、大象们，它们是草原上的强者，它们从来不用去警惕突如其来的攻击。哪怕一头病入膏肓的狮子，在面对猎狗包围时，依旧是那么从容。而那些弱小的食草动物，总是会练就特别灵敏的触觉，能及早发现危险的存在，哪怕是一点风吹草动。我突然发现，我们这些打工者，其实就是草原上的那些食草动物。

17.优秀的作家，总是会想着与别人不一样，思考别人不曾思考的问题，使用别人不曾使用的表现手法。无论绘画还是写作，莫不如是。

18.汪先生说：我所追求的不是深刻，而是和谐。其实，我以为，和谐也是一种深刻，是更深的深刻。是绚烂之极而归于平淡。是大境界。

19.我们每个人看世界，都会有自己的立场和局限，这种立场和局限，就是我们的精神胎记。我写了众多描写打工者生活的文学作品，这是我的生活使然，在外漂泊二十余年，我所经历的，看到的，所思所想的，自然会带有我的立场，也有我的局限，这是我的精神胎记。这一胎记，决定了我看问题的眼光和角度，决定了我会对底层有着天然的同情与悲悯，也有着来自底层内部的批判与反思。

20.我的童年是灰色的，虽然有着山野孩子的那种无拘无束，但童年时体弱多病，长期被一些奇怪的梦魇和经常性的梦游所困扰，心情阴郁而悲观，满脑子都是稀奇古怪的想法，是一个沉浸在自己世界里的怪孩子。钓鱼是我童年时最大的乐趣，我在家乡钓鱼是很有名的，比许多大人都会钓，没有别的技巧，因为我打小喜欢寂寞，坐得住。

21.我小说中的许多人物，都是一些理想主义者，他们的人生虽然是悲剧的生存，却都曾有过不甘认命的反抗。这是我体悟到的大多数底层人的精神之所在。

访　谈《

飘荡在城乡间的离魂

——王十月访谈录

曹晓雪　王十月

曹晓雪：王老师您好，首先谢谢您能接受这次采访。不少读者发现您作品中的人物很多都遵循着您自己的生活轨迹，即一个从乡村走出来的初中毕业生从工厂的普通工人到后来成为一名记者、编辑，您让自己的身影不断地进入到作品中，是有意而为的吧？您这样做是想让读者产生一种真实感，还是有什么其他的原因？

王十月：你仔细一琢磨就会发现作品中的我是一个面目多样的我，读的时候，读者可能会感觉是不停地把我自己写进去，但事实上，那不是我的经历，散文除外啊。小说中我的故事可能是很多人的故事，是我工友、同事的故事，我故意处理成似我的亲身经历，如，我喜欢把作品中的人物命名为王十月、王端午、王中秋、王九月……事实上，我是想要达到一种效果，让读者产生一种更真实的感觉，读到的时候会去想这是王十月的事，其实是一代人的真实，并不是我一个人的真实。小说是以假乱真的艺术，我用一切手段达到这种目的，用我似是而非的经历，达到这样一种效果。真正的我哪有那么多的故事。

曹晓雪：阅读您的作品让人体会到一种毛茸茸的质感，使人觉得亲切，这种亲切不仅仅是由于您的作品有很强的真实性，更重要的是有一种情感的力量。您说您每写完一部作品都要大病一场，是不是同您在创作的时候与人物同喜同悲、全身心的投入有关？

王十月：我写作很看重几样储备，其一是生活储备，这个大家都会说。还有就是思想储备，你对这个事情的思考，是不是思考清楚了再写作。我还看重情感储备。情感的饱满度很重要。一个作品就算思考成熟了，如果情感积淀没到，我不会去写，情感饱满度对我这样的写作者很重要，一定是全身心地写，我不写触动不深的题材，一定是这件事情让我寝食难安，让我纠结，觉得不吐不快才会去写，所以才有你说的那种力量吧。我喜欢有热度的写作，如果作家都没有这种情感，没有这种悲伤，怎么会去打动别人。我追求饱满、诚挚。

曹晓雪：您的很多作品如《出租屋里的磨刀声》《纹身》等等，都在描写打工者的一种恐慌不安感，我甚至认为如果说贾平凹《浮躁》中的“浮躁”是对80年代一个时代精神的整体把握，那么这种“不安”亦是您对近几十年中打拼在底层的人，其真实心理的整体呈现。他们没有了守在家乡田园时的坦然，取而代之的是在时代大变革中所产生的恐慌不安。在这方面，很想听听王老师您自己的看法。

王十月：你看得很准。贾平凹的《浮躁》概括了一种精神的症候，我也在试图做这样的事。以我这些年的经历、思考、观察，当下中国最突出的问题不再是贫困，如果用一个最准确的词，我想应该就是恐惧，我们的国民没有逃离方方面面的恐惧。比如说打工者，面临来自各方面的恐惧；还比如说中国人喜欢存钱，这是对未来的恐惧。所以，我的小说都在写一个关键词——恐惧。或者说因为恐惧而产生的对安全感的渴望。我有一篇小说叫《战栗》，就是写恐惧，还有《出租屋里的磨刀声》《纹身》《隔梁上的黑柜子》等，都是在不同程度、不同向度、不同角度地写恐惧。我的中篇《寻根团》《人罪》也是在写恐惧。很多作家，一生都在写一个问题，你看莫言，一直在写饥饿，托尔斯泰一生都在写伟大的救赎。我最近的小说《收脚印的人》，开始拟定的书名是《我要给你看恐惧在一把尘土里》，是编辑看书名太长，建议用了现在这个。

曹晓雪：您的第一部长篇《烦躁不安》曾一度被评价为打工文学中的《废都》，您认可这一说法吗？

王十月：我曾经是贾平凹迷，特别喜欢贾平凹的作品，我对国内当代作家的阅读是从贾平凹开始的，他的《废都》对我影响很大。把《烦躁不安》评价为打工者中的《废都》，显然是不恰当的。《废都》是伟大的作品，如果让我选择中国当代作家的几部传世之作，我肯定会选贾平凹的《废都》。他很准确地写出了那一代中国知识分子从理想主义到颓废的精神脉络。这是非常了不起的。《烦躁不安》是我的第一部长篇，是我早期不成熟的作品，只是学习了《废都》的一些手法而已。属于得皮毛之类。我觉得它的价值，更多在我抓住了烦躁与不安这两个词。

曹晓雪：在一些打工作品那里，当描写打工者的苦难时，往往把批评的矛头直指工厂主，可在您的作品如《国家订单》《无碑》中，无论是工厂主，还是打工人，其实都只是一张无形之网上盲目挣扎的小虫，无法掌控自己的命运。您没有把这一代人的苦难归咎到个人，那么您认为我们该如何看待这一代打工者的苦难？

王十月：早期我的作品也会有简单粗暴的地方，比方说老板天生就是剥削的、资本的、万恶的，打工者就是愚昧的，是弱者。我的看法真正发生转变是在“底层文学热”的时候，那时出现了一大批这样的作品。我读他们的作品，反观自己，发现这是一种通病，大家都在简单想象底层，想象劳资关系，我有那么多年的经历，我的经历告诉我，不是这样的，不能简单地看问题。我们要撇开道德审判，撇开善恶判断，把这一切归结到人，归结到时代，把这一切放到一个大的时代下去考量。我更关心是什么东西造成这些问题，为什么会这样。这样的写作更有意义。一些人的作品中，打工者就是倒霉蛋，不停地遭遇各种各样的苦难。我不这样写。我觉得如果这样写，人的主体性就被忽略了。中国的问题很复杂，这样写是过于简单地思考问题。改革开放之初，我们唯一的优势资本是人口红利，时代要发展，总是要牺牲一代人的利益。从这个意义上来说，我们每个人，包括你，包括我，每个享受着现代成果的人都是有原罪的。现在的这一切是那么多人在非人的环境下换来的，我们对他们的付出有没有认知？没有他们，有这一切吗？对于这些打工者来说，其实全国人民是欠他们的债的，这个债没有人还，没有人提这个债。

曹晓雪：在《无碑》中，有一个情节很是值得玩味，当老乌逐渐认识到自我价值和独立人格后，您没有让他再继续当一名普通的打工者，而是让他当起了二房东，这里面是不是有一种假设，就是在您看来打工和自我的独立尊严本身就是一组悖论？

王十月：也可以这样说。但对我来说，老乌这个人物是要成长的。我在小说中为老乌设置了两个导师。第一个导师是李钟，带他罢工。第二个导师是画家。两个导师，一个导师告诉他，要有法治意识。第二个导师告诉他怎么才能成为一个高贵的人：要有知识，内心要仰望星空。老乌没有上过什么学，他在两个导师的指导下成长。还有，我在这个小说中，不仅要写打工者，还试图写更广阔的社会。首先是工厂，然后是做二房东，老乌由此进入到一个鱼龙混杂的底层社会。再然后是和别人一起搞艺术区，这样写可以让小说的空间更加丰富。老乌成长的觉醒有两个阶段，第一次，老乌作为告密者让罢工流产，到后来他一个人的罢工。这是他的第一次觉醒，这次觉醒是他的自我意识的觉醒。老乌对体制是抱有幻想的，但当他在墙上写下"不拆"，飘然而去的时候，是他第二次觉醒。老乌从一个懵懵懂懂的只想赚点钱回家娶老婆盖房子的打工者——这是大多数普通打工者的初衷——最后变成一个有思想的人，自己去判断世界，所以他写下"不拆"。这部小说也可以看作是一部成长小说，中国改革开放下一个农民的成长史。

曹晓雪：您的创作除了要让世人了解到一个特殊群体的生活，是否还有要为打工者代言，为他们争取某种权利的成分？您认为一个人是否可以为另一个人或者是一群人代言？

王十月：我从来警惕代言，我曾经在《我是我的陷阱》这篇文章中专门说了这个问题。我没有为一个群体代言的权力。想为一个群体代言是可笑的。我会为这个群体感到不公，会发出一些声音，希望通过我的小说，让没有打工经历的人了解打工者的生活，为自己所拥有的一切多一些思考。我是很悲观的。在我们这样一个时代，我这样一个写作者，大概没有什么能力为他们争取什么。我能做的就是把这一代人的生活呈现出来，记录下来。

曹晓雪：通常来说，打工文学这一类题材本身有着较强的社会功利性，而艺术的审美非功利性则必会在一定程度上消解作品中所呈现出来的这种功利性的诉求，您是如何看待这个问题的？

王十月：我刚才说我没有能力为他们争取什么，不代表不应该去做。我只是说我没有做好，我的作品没有能够做到我想要的——为他们争取些什么。我更看重作品的功能性。我一直都认为文学本身都是有功能性因素的。现代所谓的“纯文学”去掉了这个功能性,中国文学就死掉了。我曾经在现代文学馆讲座,“纯文学不死,真文学不生”,“纯文学”是个害人的东西。文学从来没有那么纯粹。为艺术而艺术,不是我想做的东西。当然有人去做那也是好事,毕竟艺术要百花齐放,但一定要有人不为艺术而艺术。我们可以往前看,司马迁写《报任安书》时,有想过他要写一篇散文吗?诸葛亮写《出师表》,有想这会是个散文作品吗?韩愈他们为什么要搞古文运动,就是因为那个时候骈文一统江山,“为艺术而艺术”,把文学带到了死胡同,所以韩愈才说“文以载道”,文章要于这个世界有所作为。“纯文学”很像当时的骈文,讲究艺术性,形式感,华丽而空洞。我喜欢托尔斯泰、陀思妥耶夫斯基这样的作家。我觉得这些作家更了不起。

曹晓雪:当历史继续前行,“入城打工”这一特殊的历史现象也终将会成为历史,到那时,当人们在阅读您的作品的时候,您希望他们在您的作品中得到些什么?

王十月:我一直有个小小的野心,希望很多年后,有人能看到我的文字,能从中看到我们这个时代,我们怎样生活,有什么样的困惑、纠结。他们能从我的作品中看到这个时代的一些真实。我不敢说我做到了全面地去写这个时代的真实,但我写出了部分的真实。后人能从我的作品中打开一扇门,看到我们这个时代。如果说野心更大一点,两百年后,后人能够在我的文字中,看到他们的祖先当年是这样过来的。假设我们这个时代的作家,都不去写这个时代最直面的问题,两百年后、三百年后、五百年后,后人想通过文学了解我们这个时代,他们会很失望。在这个意义上,有些作家是了不起的,如贾平凹、阎连科、莫言、余华,他们进到了我们时代的中心。余华去年在一次采访中说,“作家要做时代的书记员”。一个先锋作家说他要做时代的书记员,颇值得人去思考。在二十岁、三十岁,我们可能会迷恋一些华丽的东西,到了四十岁,迷恋的东西会不一样,余华写作发生了根本性的转变,阎连科也发生了转变,其根本原因就在这里。但对他们的转变,有些人就说他们的作品艺术性不行了,但这些作家心里清楚,他们想要什么。相对于想要的,他们宁可牺牲一些所谓的艺术性。

曹晓雪:您在《31 区》《活物》《米岛》等多部作品中都创作了一个亦真亦假、亦虚亦幻的世界。您对鬼魅世界的描写是不是受到了家乡楚文化中巫鬼文化的影响?而您不断地把鬼魅世界带入您的作品中又是基于怎样的考虑呢?

王十月:其实巫鬼文化,是浸到了我骨子里的东西。我从小在这样的氛围中长大,所以对我来说,这也是一种真实,对我的童年产生了极其重要的影响。当我成年开始写作后，它自然而然地就进入我的作品了，就像马尔克斯，人们说《百年孤独》是魔幻的，他说这就是拉美的真实。我的这类小说给我们荆州那边的人看，他们就会说，这就是我们那边的事，是真实的。

曹晓雪：您在《米岛》扉页中写的是"此有故彼有，此生故彼生；此无故彼无，此灭故彼灭"。您自己也提到过，您阅读过大量佛经。您是如何看待佛教文化传统的？

王十月：大量阅读谈不上，喜欢而读过一些。在我的骨子里，可能更喜欢儒家多些。这与我的写作是一脉相承的。我喜欢儒家所讲的"修身、齐家、治国、平天下"。但是，我在荆州乡下地方长大，那里道家文化很兴盛，自然而然对我也有些影响。我一方面是一个入世的人，一方面也希望自己有佛家道家所说的那种修为。说到佛教，我也不认为佛是消极的、遁世的。佛教入中国，与儒道混合了。佛家所说的度己就如儒家的修身齐家，度人就如儒家的治国平天下。我读佛经，更多是修炼自己的内心，佛家说的末世、轮回，佛家对世界宇宙时间的理解，和现代的理论物理建立的宇宙模型、量子力学，也有许多相通的地方。我迷恋这些，它们提醒我们，在浩瀚的宇宙前，我们是多么渺小。但我这个人的欲望太多了，所以做不了佛教徒，我只是从佛经中汲取智慧。

曹晓雪：在您的很多作品中都有一种对普遍人性之恶的描写。有的评论者认为这种描写是对鲁迅批判国民性的一种继承，您认同这样的判断吗？而您的《收脚印的人》则开始了从审视别人的恶到审视自我之恶的旅程，想问一下您是如何看待"恶"这个问题本身的？

王十月：我写了很多人性中的恶，但我写得更多的是人性中的善，我写恶的同时，一定会写善。你看《31区》，这里面我确实写了各种的恶，但我也写了玻璃、银珠这两个善良甚至是至善的人。我喜欢鲁迅，也主动继承鲁迅对国民性的批判，但我的问题是我不像鲁迅那么决绝，先生目光如炬，能看到我们这个民族最劣根性的东西。我要温和很多，这可能与我的性格有关，我甚至不愿意我喜欢的人有不好的下场，不忍心把他们写得很惨，就算是死，总想留点希望给他们。这是我的弱点，是我小说不够极致的地方。我作品中男性多是恶的，但女性基本上都是善的。你看我作品中的女性，宽容、慈爱、隐忍，有着伟大的人性光辉，我把不好的品质都给了男性，大约我是男性，生活中见过了太多男人的丑陋吧。虽然有些偏激，但我也就这样偏激任性一把了。

曹晓雪：中篇《人罪》的创作，可以看作您从"罪与救赎"的角度进行写作的一个开端，您可否谈一下这部作品？

王十月:《人罪》相对而言,在我的写作里是一部冰冷的小说,写得比较绝望悲观,这部小说实际上是对托尔斯泰《复活》的反写。《人罪》的故事大家不陌生,我写了一连串新闻事件,这个事件很多人都知道,但没有人去追问,没有人出来忏悔。为什么我们完成不了救赎?《人罪》中写的这些人,他们也是善良的,也想去救赎,也有良心的不安,但当他们的这种不安与他们的现实利益得失发生冲突,他们都选择了苟且。我写的是不能救赎,是反着托尔斯泰写的,他写救赎,我写不能救赎。到了《收脚印的人》,我对这个问题继续进行了深入思考,为什么完成不了救赎?我读到有评论家批评我这个小说,说应该让文中的法官陈责我如涅赫留朵夫一样去完成救赎,说我这个小说因此失去了人性的高度,我不能认同。其一,如果我写他完成救赎,人们为什么要读你的小说,你和《复活》有什么区别?其二,如果完成救赎,也不符合中国的国情和我借这个小说对中国人劣根性揭示的初衷。我想这个问题我还会再继续思考下去。

曹晓雪:您多次提到汪曾祺先生,说喜欢他的从容平淡与“和谐”的大境界,而您在《文学的小乘与大乘》中则表示希望自己用文字去构建一个和谐的世界。“烟村系列”应是您对这一艺术追求的一种实践吧,有的评论者认为您的这一创作是向“主流文学”的一次主动靠拢,您自己如何评价“烟村系列”创作?

王十月:哈哈,我这样没上过多少学的写作者,从写作一开始就面对各种偏见:你是一个没有读过多少书的人,是政府包装出来的,你所谓追求都是向主流靠拢。当年北大有位学者,要研究“打工文学”,于是到深圳找我访谈,他问我读过什么书,我就和他说了我正在读的几本书。他听后很惊讶,说:“你怎么会读这些书?”那意思,好像说这书应该是他们读的,而我就应该读地摊文学,他就有这样的偏见。有次我问一位老师借钱穆的《国史大纲》,他鄙夷地说:“这书很难读啊,你能读下去吗?”我说我读读试试看。他终究是没有借我。写作也是,我在《国家订单》里写小老板不是那么坏,有人就写文章说我背叛了自己的阶级。我像汪曾祺一样写了人性中一些美好的东西,就有人写文章说我是向主流价值靠拢。这种偏见一直都存在。事实上,对于写作者来说,我在思考些什么,就写什么。一段时间,我写“烟村系列”,有人读了我的小说要到我家乡去看,他们被烟村的生活吸引了。我觉得作家一生要做几样事:我们曾经怎样活,正在怎样活,可以怎么活。“烟村系列”不是真实的乡村,是我建构的乌托邦式的乡村,我渴望可以这样活。不是像他们说的向谁靠拢。甚至有人在说向主流靠拢的时候,在前面还用了“急吼吼”三个字,说我急吼吼地向主流靠拢。哈哈,有什么办法?

曹晓雪:那您是否可以顺便谈一下您对一个作家需不需要进入到“主流”有怎样的认识?

王十月:首先,什么是主流?我们可否用潮流这个词,因为我们对主流的定义可能不太一样。我是比较反潮流的。我从来都是一个潮流之外的作家。当大家谈论70后的时候,基本上不会谈论我,因为我的写作气质与他们谈论的70后不一样,没法归类。当大家谈论“底层写作”的时候,也不谈我,因为“底层写作”是指陈应松他们这些身在书斋心系底层的作家的作品。谈“打工文学”,经常也把我开除,因为我写了好多非“打工文学”的作品,而且我还为老板们说了好话。我是一个不好归类的作家,我享受这种状态。我害怕被归类。我的创作计划,有时也有意识地不让别人对我归类。我写了《无碑》,有人评论说是真正的“打工文学”,认为我应该在这条路上走下去。可接下来,我写的是《米岛》,于是马上有人写文章说,王十月在洗白自己的路上一路狂奔。哈哈,我偏不一路狂奔,接下来写了《收脚印的人》。

曹晓雪:近几年,您的创作呈现出了一种历史性的建构,您在最近的访谈中也不断地提到托尔斯泰,称赞他作品中的史诗精神,从汪曾祺到托尔斯泰,我们是不是可以看作是您在文学追求上的一次转型?如果是的话,这种转型产生的原因是什么?

王十月:原因就是我对文学认知的转变。当我迷恋汪曾祺的时候,在我的心中,还是有“纯文学”概念的,我那个时候也想在艺术上做得漂亮一点,认为这是很值得夸耀的事。而我现在已经抛弃“纯文学”这个概念了。我现在追求的是真文学,我要面对真实的我,和我观察到的真实社会与人性。

曹晓雪:知识分子在您的很多作品,特别是后期的一些作品中占有重要的位置,在《烦躁不安》《寻根团》等作品中,您都讲到了知识分子打工者对底层普通打工者的救赎,您能谈一下您如此设置人物和情节的缘由吗?

王十月:其实《烦躁不安》是我的第一部长篇,出版于2004年,是我早期的作品,其中就有了大量的知识分子。当然,后来知识分子在作品中出现得更多了。这也与我的文学认知有关。我是一个有强烈问题意识的写作者,带着观察社会、思考社会的视角进入写作。就像胡传吉女士所说的,我的笔头上力量飘忽不定,但看问题的眼光很独特。早期我写了很多关于底层生活之苦的作品,因为那个时候我看到的是这一层面的苦,肉身之苦。当我的作品中出现了有一些思考能力的打工者时,我已经由关注肉身之苦转向精神之苦了。当然还有一个现实的原因,当我写了大量的肉身苦难后,我会试图做些转变。我自己也是个遭受各种磨难的打工者,到现在成了一个精神之苦大于肉身之苦的人。我觉得肉身之苦过去了就忘记了,但精神之苦过去了并不意味着过去,自然,我这样的选择,有人会误解,认为我现在进入主流了,觉得“打工文学”不上档次,要急于转变,这样就把我看得太低级了,是以己之心度人。在《寻根团》中,我对王六一也是带有讽刺的,这部作品中,我还写了马有贵,一个被社会抛弃的人。在我的作品中,所有被社会抛弃的人都叫马有贵,所有的作恶者都叫黄德基,这是我的故意安排。《寻根团》中真正正面写的是王中秋,不过这个乡村最后的理想主义者也屈服了,也逃离了乡村。

曹晓雪:记得您曾转发过一篇评论余华的文章《看理想》,文章认为,同大多数的作家一样,余华没有接受过太多的正规教育,依赖于自己的直觉经验和个人感受来写作,但缺乏掌握理性分析的能力。您认可这种评价吗?您是如何看待理性分析在创作中的地位的?

王十月:这是一个问题,作家须要看透社会本质,看得比别人更透。虽然我们常说小说家只提出问题,不负责开药方,但有开药方的能力不是更好吗?我这方面的储备少,是短板,所以我要尽量地弥补这个缺失。你看鲁迅、托尔斯泰的作品,他们的理性思考是构建他们伟大作品的重要构成部分,他们对社会的思考非常深刻。了不起。

曹晓雪:沿着这个问题,我还想问一下很多人都关心的一个问题,就是您从一个普通的打工者到今天颇有影响力的作家,您认为自己凭借的是什么?

王十月:作为一个写作者,我是比较幸运的,中国这三十多年的发展,我们社会的变革西方经历了一百多年。对于中国的作家而言,把握这几十年是一个重要课题。很多作家在做这样的事,如贾平凹写了《高兴》,阎连科写了《炸裂志》。有雄心壮志的作家都认为这个命题很重要,问题是,他们出生在五六十年代,最重要的几十年,他们已经进了书斋,对这段生活相对隔膜。这是他们没办法弥补的。就像贾平凹的《高兴》,有人认为就有点想当然,而另外有这种生活经历的人,如普通打工者,命运没有让他们去从事写作,也有从事写作的打工者,却没有从这生活中走出来,站在更高、更客观的角度去写。我相对幸运,有了这种生活,有相对清醒的认知与追求。这就让我有了一点独特性。我想我凭借的就是这一点吧。

曹晓雪:您在《我是我的陷阱》中说,您打工二十年,努力做的一件事就是脱离打工阶级,努力融入身处的城市。不过阅读您的作品,我总有一种感觉就是城市在您的作品中始终是一个作为他者的存在,在《大哥》中,城市显然是作为使“大哥”灵魂产生异化的场所而存在的。请问您是如何看待城市的?

王十月:我说过“我是飘荡在城乡之间的离魂”。在我的写作中从来没有城市恶、乡村美这样的判断。乡村美，但也有像《米岛》《寻根团》这样的乡村。我从不认为城市是恶的，我喜欢城市。要不我就不会离开乡村。但我无法融入城市，我的基因是乡村基因，又没有受过正规教育，我是野路子出来的。我渴望融入城市，每个人都有权力享受现代化、享受城市化。如果我们不这样看问题，而总是纠结乡村如何美好，哀叹已经逝去的美好，人类就不会进步，说不定到现在还住在山洞里。相对于山洞，人类住的第一个草棚，就是进步，那时的祖先们，是否也会说我们要保护我们住过的山洞，那里有我们的文化与诗意啊。我甚至觉得人为地去保护一些所谓的传统，比如，广州人为地保护一些骑楼，我觉得没多少意思。我们现代的高架桥也是诗意的。500年后，我们用了另外一种材料，人们都在空中飞，高架桥就成了文物，承载着文化，承载着人类文明进化的痕迹。

曹晓雪：对于自己的家乡，您曾说过，并不想回去，因为那里已经满是人和人之间的相互攀比和算计，而且环境也遭到了严重的破坏，那对于您而言，故乡究竟是一个怎样的存在？

王十月：在我的笔下，哪些是我真实的乡村呢？《米岛》《寻根团》是我真实的故乡，而“烟村系列”是我所想象的、所渴望的乡村。真有那样的乡村，我当年为什么要跑出来？我的另外一部小说《少年行》，写出了我要走出乡村的真实缘由。在这部作品中，我写出了乡村的贫穷、落后和人的压抑。而现在的乡村比起那些年，环境污染了，人相对美好的品质也没有了，所以现在的乡村是更加让人失望的。当年，我的家乡，如果一个人穷得有骨气，大家会羡慕你，财产来路不明，大家会鄙视你。现在大家没有这个概念了。只要有钱，管你这钱怎么来的，大家都膜拜你、羡慕你。我回老家，邻人就会问我，你赚了多少钱，几千万吧？我只能说我写了几百万字，邻人就会说，你怎么混得这么差。

曹晓雪：在您的作品中有一个重要的意象——漂泊，您很多作品中的主人公往往都是一个漂泊者，您觉得漂泊对您而言，意味着什么？

王十月：漂泊是我现在进行时的一种状态，肉身在漂泊，灵魂也在漂泊中。之所以我要写恐惧，就是这种漂泊感带来的。在我这里，漂泊感和恐惧感是相依为命的。《31区》《活物》就像你所说的，写的是一种意象，漂泊的意象。这两部书更接近寓言，是我内心漂泊感的一种呈现。在这两部作品里，我抽离了生活中的肉体漂泊，直接地去写内心的漂泊。《活物》的章节都是用“逃离与恐惧”这样的小标题，我就是要写一个相对抽离生活的漂泊感。

曹晓雪：和很多的打工文学不同，您在描写打工的作品里，并没有把苦难充分地玩味和渲染,苦难在您的作品中更像是氤氲在小说中的空气,并不强烈刺目却又无处不在,您为什么要做这样的艺术处理?

王十月:我很少让小说人物成为倒霉蛋。我也会写肉体上的苦,像我写《关卡》,但我写得更多的是我们这代人灵魂上的缺失。我不是有意选择写这些,人的本性不一样,我可能更关注这类问题,不喜欢去写那种生活上的苦,我自己觉得写那些意义不大。我在打工时,经历了很多苦,但那些苦我印象都不深,真正让我印象深刻的是我心灵上的那种苦,我在《收脚印的人》里,对这苦的根源写得很明白。正因为这样,我很少去写肉身苦难的具体故事,而写的是那样的一个充满了苦难的场,也就形成了你所说的并不强烈刺目却又无处不在。

曹晓雪:提到苦难,就会很自然地会让人想到救赎,您似乎也在不断地探寻着救赎之路,而对您自己而言,您是否认为写作本身亦是您自己对苦难救赎的一种方式?

王十月:我写救赎,但是救赎不能实现,我写理想主义者,但所有的理想主义者都是向现实妥协的。《寻根团》里的理想主义者王中秋最后也逃离了乡村。这是基于我对中国现实的判断,理想主义者现在是稀有物种了。《收脚印的人》中的王端午也不是坚定的理想主义者,他开始救赎,是因为他老婆离婚了,情人跑掉了,他又快要死了,没有后顾之忧,才去救赎。对于我自己而言,写作是我虚伪的救赎,真要救赎就不通过写作了。甚至,在写作里,我也没做到百分之百的真诚,我还是藏着掖着了很多东西,不彻底。这种救赎,只是我在寻找一种虚假的安慰罢了。

曹晓雪:您曾说过要建立自己的文学理论——"野兽理论",野兽理论作为一种画派理论,是要力求用鲜明、粗犷的色块来表达主题。那作为您的一种文学创作理论,您可否详细地解释一下?

王十月:那是十多年前的事了。那段时间,我创作了《31 区》《活物》。我以前学过画,想把野兽派、印象主义的理论与文学相结合,写了一系列野兽派风格的小说。现在看来,那种思考还是太小格局,注重的还是文本的艺术性,是技术性的东西多过本质性的东西,那时我更注重怎么写,现在更注重写什么。这一点,好像与许多人是相反的,许多写作者,一开始就知道写什么,然后一直在解决怎么写的问题,而我反过来了。所以,野兽理论是我写作过去式的东西,有一些想法,但不太完整,我现在不关注写出来的东西是文学或者不是文学,因为现在我内心更强大了,而当时不那么强大,就想通过《白斑马》等一批作品告诉别人,你们玩的花招我也会玩,并且也玩得挺好的。不过,我就写了《安魂曲》《白斑马》,后来再也不那样写了。《安魂曲》我很少收进集子里,《白斑马》收过一次还是两次。有评论家认为《白斑马》是我最好的小说。呵呵。

曹晓雪:您在自己的第一部长篇小说《烦躁不安》中不断地提及主人公的惶恐、烦躁不安,在这部作品的后记中,您说“希望四十岁时,自己已不再惶恐,不再烦躁不安”。不知道现在的您是不是已经平和了很多?而随着自己的写作环境和心境的不同,当您回过头来重新看自己最初的创作时,您自己如何评价?

王十月:这两年也不平和了,这两年乱七八糟的事情、咄咄逼人的压力扑面而来。有些想法的人,还说自己很平和,那是没良心,我曾经写过一篇文章,说我们都是一群假寐的人,真是看不见也无可指责,问题是明明个个心里明镜似的,却都装睡着了。这也是源于我前面所说的我写作的关键词:恐惧。现在很多的写作确实是没有良心的写作。回头看我自己的作品,当时很多优秀的品质,现在已经丢掉了,比以前成熟,却少了那种毛茸茸的东西。写作总是这样两难。既要保持质朴,又要成熟起来,汪曾祺说好的小说家是从世故到天真,世故到天真,难啊,现在世故的人一大堆,天真的也一大堆。我现在也多了世故,少了天真。

曹晓雪:您曾经说过《国家订单》《寻根团》《人罪》这三部作品代表着您的精神发展史,您可否解释一下?

王十月:这是我最重要的三部中篇,都是在追究“我们的罪”。所以我新编了一部中篇集子,就收入了这三篇,书名就叫《我们的罪》。这三部作品是在三个时间段写的。这三个时间段,我各有关注点。创作《国家订单》时,我关注“蝴蝶效应”下中国现代化进程。关注的是一种外在的生存状态,打工者的生存状况,他们的定位,他们该何去何从?有宽度,开阔但不够深刻。到了《寻根团》,我从面向世界的关注往回撤,去寻找我们的根。80年代寻根文学代表作家往往把“根”看作原始的、值得崇拜的,代表生命、力量。《寻根团》是我对故乡的致敬,是“当代版的《故乡》”。我写的是当下的迅哥儿回到故乡的故事,已经没有了闰土,他看到了一个王中秋,还有一同回去的马有贵。《寻根团》关注我们的退路,可我们还有退路吗?到《人罪》,我从世界撤回到故乡再撤回到我们的内心,当我反观内心时,发现内心的荒原野草疯长,罪恶横行,我们面对自身之恶束手无措,没有信仰,只有利害。我们完不成救赎,没有出路。这三部书,分别是对《子夜》《故乡》《复活》的重写、反写,他们思考的问题,在今天依然有意义。而我的精神脉络,也从这三部小说中清晰得见。

曹晓雪:有的评论者认为您已经拿到进入主流文学的“入场券”,应从打工文学中走出来继续前行,而有的评论者却认为您应该保持自己的本色。您如何看待这些来自评论者的声音,您接下来有什么样的创作打算?

王十月：那样说的人，一定认为“入场券”是由他所发，他决定给谁不给谁。说得狂妄一点，说这话的人都是没脑子的。一个作家写什么，不写什么，有自己内在的驱动，而他们把这看作一种外在的、功利的驱动，因为他们心中只有功利。我从来不会被评论家的声音所左右。说我固执也罢，狂妄也罢。什么是我的本色，子非鱼，安知鱼之乐？我知道，这样说的人，大约觉得，我的作品风格不统一，不是说我写作笔力飘忽不定么。殊不知，我是一个反风格化的作家，我认为所有风格化的作家都是小作家。马尔克斯的《霍乱时期的爱情》《百年孤独》就不像一个作家写的，这才是伟大作家该有的。我接下来准备写一部长篇，当然，还是会有打工者，有苦难，但肯定不只是这些。

曹晓雪：谢谢您，期待能尽快看到您的新作！

评　论《

游走在现代的边缘

——论王十月的农民书写

曹晓雪

“现代”视野下的农民书写，最早可追溯到鲁迅及其后的“乡土小说派”。但由于新中国成立前中国乡村的现代化主要限于理论思考，而新中国成立后，乡村的社会主义改造虽在所有制层面取得巨大进展，可日出而作、日落而息的传统生活方式仍然强势存在。因此在20世纪80年代以前，现代的幽灵虽然不断地出现在对农民的叙事中，却主要是一种游离于传统农民生活根本的异质性存在。文学中真正出现与现代话语发生激烈碰撞的农民主体，是在改革开放之后。在我国全面实施改革以来，现代神话混杂着关于欲望、财富和现代生活的奢侈梦，在乡土中国一路呼啸而行，势不可挡，农民终于被裹挟到时代剧变的转折点上。然而他们并没有顺势进入“现代”，而是在现代与传统的夹缝之间，与自己被撕裂的命运不期而遇。王十月作为这剧变时代的亲身体验者和忠实记录者，其作品因真实书写改革开放以来农民在时代漩涡中的沉痛与悲苦，而逐渐地被读者和文坛所接受。从早期的《出租屋里的磨刀声》(2001)到稍晚的《大哥》(2009)、《无碑》(2009)、《米岛》(2013)，王十月写得最多、最好的作品，皆以这一代游走在现代边缘的农民为出发点和落脚点。他的这类作品，若按描写空间的差异可分为两部分：其一，对故乡农民的书写，其中弥漫着农民生存根基被动摇后的惶恐、迷茫与躁动；其二，对进城农民的书写，其中无时不纠缠着困苦、挣扎与屈辱。无论是“无以为继的乡村生活”，还是“痛苦无助的城市挣扎”，王十月都以最直接、最深沉的体验记载着在“时代的列车轰轰地往前开”的过程中那些被卷入、被改变和被抛弃的命运。

一

王十月对“故乡”农民的书写，集中在两个相互牵连的群体，一是离开故土随打工潮而拥入城市寻求新的路途的人群，二是在裂变着的故土上挣扎而纠结着的人群。尤其后者，更因系有乡愁而呈现复杂形态。在此方面，王十月主要描写的是现代事物进入乡村之后给徘徊未去的农民带来的现代性诱惑与无限困扰，《米岛》《大哥》《寻根团》等小说都是很具代表性的作品。在《米岛》中，现代化最初进入米岛是从标语和传说开始的，“据说到了 2000 年就要实现四个现代化，到那时，每家每户都是楼上楼下，电灯电话”。电灯、电话这些概念让祖辈生活在米岛的人感到既兴奋又困惑。后来，“春天来临，米岛的变化天翻地覆”，“第一件，米岛通电了”。米岛人为此欢腾雀跃、欣喜若狂。随后电视机等现代事物也涌入米岛，人们开始以看电视的方式度过自己的闲暇时光。王十月细致地描写着现代事物逐一向米岛的迈进及给米岛人生活带来的变化，但《米岛》更着力讲述的，是以化工厂为代表的另一种现代事物的出现。何以会对化工厂大费笔墨？王十月回忆：“一次回乡，坐在大哥家的堂屋，听父亲讲村里的人事，许多我童年的玩伴已死去，死于癌症。化工厂正在改变着乡村的生态。”这其中所包含着的切肤之痛恐怕是长期生活在都市里的作家无法体会甚至无从知晓的。《米岛》中，在马挖苦把化工厂建到米岛之后，米岛人开始了拿工资过生活的日子，而米爱红则成为村子里唯一还种菜、养鸡的人，“她是现在村里唯一一户还种菜的人家，也是唯一一户养鸡的人家”。但化工厂并没有给米岛人带来他们梦想中的现代生活——宽广的马路、闪烁的霓虹、喧哗的街市等等。相反，却是意想不到的彻底没落与荒芜。米岛的空气中开始飘荡着刺鼻的味道，接踵而至的是患癌死亡人数的不断增多和孩子出生人数的不断减少。然而马挖苦的企业还在不断扩大，农民手中的耕地则在慢慢地减少。逐渐失去土地的农民开始大量地外出打工，留在村子里的人除了少数在村工厂打工外，更多的则是每日无所事事地聚在屋里打麻将。荒芜与破败成了乡村的“时代景观”：“在白天走进岛东村，路上根本见不到人”,“每个村都现出了荒芜的迹象,岛东村这样偏僻的村子,就越发荒凉,到处都是疯长的野草”。化工厂作为王十月展示现代“入侵”乡村的重要意象,在《寻根团》《无碑》《浮生记》等作品中都有不同程度的叙述。在这些作品中,化工厂就如一面现代魔镜,折射出了乡土中国的疼痛与荒凉。

20世纪80年代以来,现代化进程中的乡村一直为众多作家所关注,但很少有作家将引起农民生活巨变的化工厂纳入写作视野之中。对此前的许多作家而言,乡村存在的意义,或者是作为他们表现自我文化情怀的场地,或者是用以阐释某种高蹈意义的符码,工厂在其中皆无存在的必要。譬如,贾平凹的《商州》《浮躁》《秦腔》《带灯》等作品,其着眼点始终都未离开对乡间传统文化失落的关注;阎连科的《受活》《日光流年》等作品,注重的则是政治话语的霸道及其对人性的扭曲,而陈忠实创作《白鹿原》亦是为了实现他在官方话语之外“重写”现代史的勃勃野心。王十月与这些前辈作家不同,他的写作不是以乡村现代化为依托进而呈现自己的某种价值诉求。他要写的,恰是乡村现代化过程本身,以及在此过程中世相和人心的历史变迁。他试图以自己的笔记录现代化入侵过程中乡村不可避免的衰败。自然,这并不意味王十月的写作优于前辈,而是说,“乡村死亡”在王十月所处的阶层和时代正在成为残酷而逼真的事实。这使他不能不面对并走入乡村世界的另一面,并和那些被抛弃的历史“贴面”相遇。的确,王十月曾通过“烟村系列”呈现旧式乡村的平静宁和之美,然而他很快就揭开了这个温情脉脉的谎言,恰如他的自陈:“有读者读了‘烟村系列’,想去我笔下的烟村远足,我惶恐了,我知道,烟村并不存在,只是我一厢情愿的梦想。”实际上,“乡村死亡”作为必然的事实,不仅因于现代事物的进入,亦因于城乡二元对立格局下,农民对死水一潭的乡村已无留恋。他们一批批义无反顾地奔向城市,并寄望于“生活在别处”。

在《大哥》中,烟村即已开始变得毫无活力。村中青年在上课、农忙之余,所为无非是拎着框子拾狗屎、赶鸭子、打群架以及无所事事地闲逛……这种生活无疑极度乏味。此种农村,不但生机不再,而且更意味着对生命与青春的“谋杀”。小说中的四毛每日被父亲强迫着去放鸭子。鸭子如果稍有闪失,他就会招致一顿毒打。最终,四毛因每日只能和鸭子生活在一起而精神分裂、溺水而亡。在死水般的烟村,唯一能使其泛起波澜的就是现代化的到来。在80年代,“大哥”王中秋为了获得一条代表潮流和现代的牛仔裤会绝食数日,直到父亲卖掉粮食为他买来才肯罢休。刘小手的理发店里来了一位骑车男人,且他居然去过岳阳,刘小手为能给这样一位进城见过世面的人理发而受宠若惊,甚至说话都开始结巴起来。而《外来妹》等电视剧的播放为这群乡间孩子想象另一种生活（这种生活美其名曰“现代”）提供了可能。作品主人公王红兵如此评价四毛的死：“四毛没有赶上打工潮，没能遇到乡村青年可以自由选择自己生活的时代，他的悲剧，让我对后来的漂泊生活心存感恩：如果没有改革开放，没有后来的打工生活，四毛的结局，也许就是我的结局。”[①]这其实也是作家王十月的认知，同时也是这一代乡村青年的共识。为了将此认知进一步强化，王十月还屡屡书写进城农民的返乡之旅。《寻根团》中的王六一，在外打工近二十年，他想念家乡门口前的老树，想念老房子里海碗粗的竹子，兼之梦中爹娘的催促，他决定同几个在南方打工的楚州商人一起返乡探望。但返乡后的王六一却彻底失望了。他的家已破败不堪，生锈的锁、四处张结的蜘蛛网、扑面而来的潮湿气息，无不在向王六一这个漂泊的归乡人诉说着荒凉与衰落。在小说结尾，作者这样写道：“我的古琴镇，我的烟村，我要再一次逃离你了。”这般描写，颇易让人想及鲁迅的《故乡》。作为在外漂泊的游子，王十月和鲁迅都渴望在故乡寻找精神归属，但得到的却是更大的失落，只能再次逃离。不过，鲁迅是以启蒙视角书写麻木而停滞的乡村，王十月或亦有此意（如有研究者认为《寻根团》讲述的是启蒙者面临重重困境的故事[②]），但他更用意呈现的应依旧是他对乡村的绝望之感。

王十月通过对乡村农民真实生活状态的描写，有力地回答了很多人（包括学者）的疑问：这些在城市中尝尽人间辛苦的打工者“为什么不愿意回去了”[③]？乡村在现代围困之下，早已经失去了以往的生机和活力，仅剩下荒芜和衰败，这迫使“他背着一个破蛇皮袋离开家乡，那是一个清晨，天刚蒙蒙亮……”[④]这种逃离的场景是无数中国农民离乡进城的一个缩影。离乡农民当然不再是传统意义上的农民，但入了城的农民是否因此就走上现代的康庄大道？这就涉及王十月农民书写更为重要的方面。

二

相对于颓败的乡村，城市和异地是否能够承担无数进城青年新的路途和梦想呢？这一疑问，构成了王十月小说的农民书写的又一方面。在他笔下，无数的农村青年满怀憧憬来到城市，但城市接待他们的不是绚丽多姿的现代生活，而是杂声刺耳的生产车间、拥挤潮湿的集体宿舍、四壁毫无遮拦的烂尾楼和城里人的嫌弃与冷

① 王十月：《大哥》，中国社会出版社，2009年版，第240页。
② 李德南：《城乡的纠葛与启蒙的困境——〈寻根团〉的“双重故事”》，《创作与评论》2013年第6期。
③ 胡传吉，《未知肉身的痛，焉知精神的苦——王十月小说论》，《当代文坛》2009年第3期。
④ 王十月：《国家订单》，《人民文学》2008年第4期。

漠。对于刚刚进城的农民来讲，他们首先要面对的就是巨大的肉体之痛：《烂尾楼》中进城找工作的四川女孩每天睡在水泥板上，半夜还会时不时被保安队追得四处逃窜；《收脚印的人》里的马有贵在工厂中辛苦劳作，却拿不到该得的薪水；《厂牌》中的李梅因丢失厂牌而失去工作，无处落脚的她被扭送至派出所，面临着被关入收容所的命运……所有这些沉痛，都源于王十月多年打工生涯中的历见，其内含的细节刻画与真挚情感令人震撼。当代文学中并不缺少对进城农民苦难的讲述，如“底层写作”，不过它被指责存在“不断将苦难叠加、堆积，推向极致”[①]的消费苦难的嫌疑。更多见的则是一度引起学界关注的“打工文学”。王十月亦属其中。不过与多数“打工作家”仅将苦难书写限于发泄不满、博取同情不同，王十月在一定程度上超越了这种“诉苦”式的写作模式。苦难只是王十月文学创作的出发地，他要细细考量在乡间魅影般的“现代”变成三寸大小的厂牌、冰冷的机器及无尽的折磨与困苦时，究竟对脱离传统生活、进入到都市的农民意味着什么？

正是以身体磨难为起点，王十月开启了他对进城农民的书写。对于祖祖辈辈生活在乡间的农民来说，生活中的一切都是他们所熟悉的。他们按照祖辈流传下来的生活方式活着，毫无考虑如何适应环境的必要。而一旦离开自己熟悉的环境，生活完全进入到另一种轨道，并没有在思想上做好充分准备的他们必然会方寸大乱。兼之打工生活的朝不保夕、种种莫名灾难的不期而至，无不让他们时时刻刻都生活在惊恐之中。在《出租屋里的磨刀声》中，打工者天右对生活唯一的期盼就是能够找到一个安全的住处，可以让自己和女友平安度日，可隔壁的磨刀声却总是在夜间准时响起，使得天右夜夜惊魂，恐慌不已。最后，天右在冲入隔壁的房间之后，也开始了夜间磨刀。其实隔壁的磨刀声与其说是隔壁邻居对他的骚扰，倒不如说它是天右恐慌心理的一个投影，是他毫无安全感的体现。《纹身》中的少年因恐惧于每天烂仔的骚扰，决定要纹身，好为自己壮胆，但他的纹身给他带来的不是安全感的增强，而是周围人的非议和更大的不安，最终少年也因纹身被扭送到了派出所。从乡村无望的生活中走出来的农民，并不被他们所在的城镇所包容，“他们竟然掉入到了两种文明中间，哪一个都不能认同，哪一个都无以立足，哪一个也沾不上边”[②]。因而，他们的恐慌不安其实是一种无可奈何的心理反应，是时代变革中必然会出现的结果。贾平凹在《浮躁》中，把改革开放伊始中国人的情绪定位为浮躁，而王十月给进城农民的

① 李云雷：《底层写作的误区与新“左翼文艺”的可能性——以〈那儿〉为中心的思考》，《海南师范学院学报》2006年第1期。

② 张泉：《农民工的身份焦虑：两种文明的冲突》，《探索与争鸣》2013年第9期。

情绪定位是惊恐。应该说这一定位十分准确恰当。张颐武认为，不少有关进城农民的书写“仅仅看到了生活的苦和难，看到了无助和无奈，除了简单地呼唤关切他们之外，并没有他们自己灵魂的表现”①，而王十月对进城农民的情绪把握，无疑是对此困境的有力修正。

农民离开自己传统的生活方式进入都市，在理性不足的情况下，很容易会把物质利益的获得作为自己的全部目标。有时，他们为了金钱甚至不惜以生命为代价。在进城农民面对金钱的态度上，王十月是为数不多的能准确把握的当代作家。《一路惊慌》中沙的儿子铁在建筑工地意外身亡，而沙和建筑公司的谈判一开始就聚焦在对这个生命的讨价还价上，最后沙与公司以三万元达成协议。对这种看起来极度自私的行为，王十月并没有流露出半点嘲讽和批判，而是通过对沙和他老伴种种生活艰辛的描写，使这种道德缺失在读者的共鸣中得到化解。《寻根团》中的马有贵在一家工厂打工，由于长期暴露在粉尘之下，最后得了肺痨，在选择是进医院治病还是直接拿钱时，他毫不犹豫地选择了后者。对此，王十月亦未流露出丝毫不耻与不解。对于农民的此种选择，曾有不少学者以现代的伦理标准予以生硬的衡量，认为进城农民法律意识淡薄、自省意识缺席，而且人性冷漠、有严重的拜金主义倾向，等等。如此评价并非毫无意义，可问题是如此衡量真的恰当么？沙在儿子死亡后选择拿钱回家真的就是人性冷漠？马有贵不知该为自己讨回公道，难道只可归因于法律意识的淡薄？他要钱不要命的做法，除了拜金主义就无其他解释？在这些问题上，现实吊诡的一面再次彰显，多数进城农民虽然身体进到都市之门，但他们的思维方式还是传统的，他们没有时间也没有能力去适应现代文明的逻辑法则。而掌握着话语权的知识分子却拿着一套现代逻辑来衡量农民的行为。对此，阿尔都塞曾言：“一切人道主义的意识形态全都求助于道德，而道德对于解决真实问题只能起到自欺欺人的作用。”②王十月正是看穿了这套自欺欺人的把戏，才用沉重笔墨写出了进城农民为保卫自己最后一点所得的辛酸与无奈，因为他十分清楚，对于多数进城农民来说，他们所有的付出，唯一收获就是那一沓并不厚实的金钱，他们有权利捍卫自己这点可怜的回报。王十月说：“谁也无权指责我们的这种行为，谁都有过上幸福生活的权利。所有的谴责，都将被钉在历史的耻辱柱上。”正是在对金钱的描写上，王十月把脱离了土地的农民在城市生活中的荒诞性呈现了出来，他们在现代化推力下进城，却被现代文明排挤到边缘，承受着无尽苦难。由于自身思想的局限，他们只能把金

---

① 张颐武：《在中国梦面前的回应》，《中关村》2006 年第 8 期。

② [法]路易·阿尔都塞，《保卫马克思》，顾良译，商务印书馆 2006 年版，第 245 页。

钱本身看作进入现代的方式，看作现代世界和现代生活带给他们的唯一馈赠，但他们却又为此付出了太过沉重的代价。如果不能深刻地理解农民对待金钱的态度，恐怕很难真正读懂王十月的小说以及数以亿计站在传统与现代断裂处的中国农民。

王十月对进城农民的书写，始终都是在宏大的现代化进程中展开的，所以他的作品几乎从来不会把农民所承受的痛苦归结到某个个人，如良知丧尽、贪婪无度的黑心老板身上。王十月清楚地知道，对于终结了传统生活的农民来说，他们所背负的一切，绝不是哪个具体的个人可以承担的。何况在很多时候，雇佣者也只是现代社会中并不自由的那一个，如《无碑》中老乌的老板黄叔，不但不是一个迫害者，反而对老乌有过救命之恩，而他所承受的痛苦也并不比老乌少；在《国家订单》中，“9·11”事件让濒临绝境的小厂有了转机，为此张怀恩付出了生命代价。张怀恩的死固然可悲，可小老板及其家人同样经历了五天五夜的不眠不休。被逼无奈之下，甚至小老板自己也爬到了高压线上。在《九连环》中，王十月令人信服地指出，无论是六指、小工厂老板林小玉，还是掌管着号称全球最大的玩具厂的经理郑九环的死，都不过是资本全球化运作所引起的一系列“蝴蝶效应”。

传统农民以土地为本的生活已经一去不复返，王十月及其他笔下的人物虽然承受着时代转变过程中的巨大痛苦，但依然希望能够成为一个真正的现代人。他说：“其实不用讳言，打工近二十年，我一直努力做的一件事，就是脱离打工阶级，努力融入身处的城市。我并不觉得城市代表恶乡村代表美，处处有恶，处处也有美。我喜欢城市胜过乡村。”步入到城市，成为名副其实的现代人，是王十月的梦想，也几乎是所有农民的梦想。虽然这一梦想符合时代发展的必然趋势，但农民等到真正实现由乡村进入城市、从传统走向现代究竟还需要多久，到目前为止还是无法预知的。《无碑》中的主人公老乌在他打工的瑶台逐步由荒芜的小镇变成高楼参天、车水马龙的热闹城市之后，却突然消失，没有人知道他的去处。王十月把老乌最后的结局安排为人间蒸发，既是无奈也是一种叙事策略。而这一策略的运用应该说是恰当的，因为当前农民走向问题仍是一个无解之谜。王十月这样处理的巧妙之处在于，他没有借助文学可以虚构的权力为仍然挣扎在传统与现代之间的农民指出一条出路，而是把这个问题留给了读者和社会来思考。

三

对于两个相互牵连的身处传统与现代夹缝中的农民群体，王十月怀有深厚的情感。这既源于他作为这一群体中的一员，本身具有的与之难以割舍的情感纽带，又源于他作为一位秉有良知的作家所背负的人文情怀。而由于这种情感的存在，王十月很难接受当前社会主流话语对这一代农民的评价与定位。因此，他要通过自己的小说，为这一代农民寻找更加贴切、恰当的评定，为他们的生存与付出寻找更加本源意义上的解释。

目前学界对进城农民的评价与定位大致可归纳为两类。一是依从于主流官方意识形态的评价，如认为"打工潮是农业文明走向工业文明的步伐"，"打工者就是弄潮儿"，"是民族振兴的表现。打工者开辟的这条道路会有很大影响。我们应该站在这样一个高度来给打工文学以历史的定位和评价"。[①] "弄潮儿"这类具有阳光、积极、活力等含义的时代话语，显然忽略了这一代农民作为个体的苦痛的一面。对于这类评价，王十月是不以为然的。在《收脚印的人》中，作者写到官方要建一座打工博物馆，于是找"我"来提点参考意见。"我"希望把博物馆建到南关头，而官方最终却选择了一个废旧厂房，对此"我"发出了这样的感慨："官方找了一处旧厂房改造成了打工博物馆。他们认为工厂更能代表中国制造的光荣历史，而我提出的南头关，代表的却是中国制造背后的伤口。"在王十月看来，这一代农民的"伤口"才应该是要被世人永远铭记的。还有一类源于精英意识话语的评价，一些知识分子依旧简单地把这一时代的农民看作狡黠、愚昧的化身，是需要被悲悯和关爱的对象。如尤凤伟《泥鳅》中的蔡毅江是可悲可怜的，而陈应松《太平狗》中的程大种在各种想象的苦难面前亦只能逆来顺受。对此，评论家江腊生敏锐地指出："这类农民工书写大都用简单的二元对立的思维方式来处理复杂的社会问题，似乎正好继接上左翼文学的传统。进城打工农民群体一方，是需要被拯救的苦难承受者，而代表城市的一方则是苦难的施予者。"[②]此种对农民的定位，王十月亦是不能认同。他认为，农民不仅仅是需要被关注的可怜虫，他们也有自尊自爱、自强不息的一面，在他的笔下，很多农民形象都闪烁着人性的光辉，如《无碑》中的老乌性情淳朴、为人秉正，在打工岁月里虽历尽坎坷，却始终不改初衷。虽然老乌这个人物多少有些"状诸葛之多智而近妖"之嫌，但这个带着传统农民胎记来到南方的打工仔，整体上还是给读者留下了深刻的印象，让人觉得可亲可敬。

对这一代农民的书写，王十月不仅仅是要世人看到他们在时代巨变中承受的剧痛，看到他们在痛苦挣扎中对人性的守候，他还要为这一代农民惨痛的付出寻找某种带有哲学意味的依据。最终，他找到的是"原罪"。"原罪"是基督教的重要概念，

---

① 刘斯奋等：《为打工文学立言》，《打工文学备忘录》，杨宏海主编，社会科学文献出版社2007年版，第47页。

② 江腊生：《当下农民工书写的想象性表述》，《文学评论》2008年第3期。

本意是指每个人都有生而俱来、无法洗脱的罪行。虽然王十月在他的作品中使用“原罪”这一概念时，有时也会刻意强调每个人都有罪这一最初的意指，但更多指向的是现代或者说享有现代成果的人对于这一代在时代巨变中承受巨大苦痛的农民所负有的“罪”。

中篇小说《人罪》是王十月把原罪意识纳入自己思想体系的开始。在这部作品中，作者设置了两个“陈责我”：一个法官陈责我，一个进城卖水果的农民陈责我。随着故事的推进，两个“陈责我”的关系随即铺展开来。原来当年的法官陈责我没有考上大学，却通过舅舅的关系代替了本来已经考上大学的小贩陈责我。于是他开始用陈责我的名字读书，工作，娶妻生子，并在城市中过上了体面生活；而小贩陈责我由于没有拿到城市的准入证只能靠进城卖水果来勉强维持生计，并因一时的愤懑杀死了城管而被捕入狱。两个陈责我本来都是农民出身，且彼此身份互杂，难分你我，而其中一个被城市所认可，过上了体面的生活，另一个却只能每天被城管追赶，不能安命。这篇小说，透露出王十月对现代神话的一种解读，即现代文明的建构和维系，需要建立在对传统农民的责难之上。这一思路在随后的作品中更见明显。在长篇《收脚印的人》中，《约翰福音》中的一句话被反复提及：“你们中间谁是没有罪的，谁就可以先拿石头打她。”而托尔斯泰的《复活》也多次被讲到。两者共同指向的问题就是原罪。在《约翰福音》的记载中，没有人有权力去打那个行淫的妇人，因为在基督看来，一切的人都是有罪的。而《复活》讲述的是聂赫留朵夫因敢于承担自己的罪孽而“复活”(获得新生)。当然，王十月并不是要宣扬基督教精神，而是通过一面讲述进城农民所承受的种种痛苦，一面“指责”他的读者“你们都是有罪的”，来为享有现代文明的人该以怎样的姿态去面对进城农民这一问题寻找答案。王十月无疑是希望通过“原罪”这一概念唤醒享有现代文明的人对“改革开放”以来农民的敬意，并希望他们能够怀着谦卑和救赎之心，去牢记农民曾经和正在为整个社会所付出的一切。王十月的这种意愿是真诚的。

王十月把“改革开放”以来的农民放置在广阔的时代脉络中，饱含深情地写出了在现代巨浪之下农民传统生活的无法持续，和他们进城后的种种困苦与迷茫，并意图用“原罪”为农民在现代神话建构中的作用寻找一种说法。他所有的作品几乎都在“直击”这一代农民生活最本真的一面，而不带有任何既定意识形态的主导观念。在此意义上，谢有顺认为：“王十月是一个真正的现实主义者，他的小说和散文，无不饱含着他对自身经验的确证，以及他对现实的观察、对他人的同情。”[①]无疑，写出时代“主要的真实”、做一个“真正的现实主义者”是王十月重要的艺术追求，但作为一位追求宏大历史叙事的作家，他的诉求又不止于此。在谈及长篇《无碑》时，他曾表示：“历史是无情的，时代进步的步伐也是无情的，我不想让一代人的奉献就这样随着历史和时代的前行而湮灭，于是用一部《无碑》为这一代人的青春立碑。”[②]这种为农民“立碑”撰史的叙事诉求，可见于他的大部分作品。这使王十月的农民书写具有了宽阔的社会视野和对人物时代命运的把握，亦使读者从中感受到了切身的历史感和人间命运的浮沉。不过，作为一位写作历史并不长和“科班经历”欠缺的写作者，王十月未来的写作之途也存在挑战。这表现在两点。一是过于依赖自身经验，存在写作资源耗尽的隐患。他的作品，不少故事情节出现重复，如住烂尾楼夜间被袭击、与自己的亲人同在一座城市而不得见、为拿到赔偿款而不去治病，等等。可以说，“打工文学”的“停留在简单的、直接的个人经验”“浅层次重复，大量的雷同”[③]等问题，王十月并未能完全避免。二是情绪时常会越过理智的边界。或许由于打工经历留下的印记太过深刻，王十月在创作中往往会深陷其中，情绪激烈、观点偏颇之处时而可见。他甚至经常情不自禁地在叙述之外发表评论，这不但多少破坏了叙事的完整性，也削弱了作品内在的蕴藉。不过整体而言，瑕不掩瑜，王十月对游走在现代边缘农民的反思与忖量，对那些被摔出“时代列车”灵魂的关注与记录，都使他在现实主义被“告别”的今天成为独立而丰富的文学存在。

（载《小说评论》2018年第5期）

主要作品目录《

长篇小说

《烦躁不安》，花城出版社2004年版。

《31区》，北岳文艺出版社2006年版。

《大哥》，中国社会出版社2009年版。

---

① 谢有顺：《现实主义者王十月——主持人语》，《当代文坛》2009年第3期。

② 穆肃：《王十月：打工文学遮蔽我也彰显我》，《东莞日报》2010年10月26日。

③ 杨宏海、李云雷：《关于打工文学与底层写作的对话》，《文艺争鸣》2010年第15期。

《无碑》,花城出版社2009年版。

《米岛》,作家出版社2013年版。

《收脚印的人》,花城出版社2015年版。

《理性时代:活物》,江苏凤凰文艺出版社2017年版。

《如果末日无期》,人民文学出版社2018年版。

中短篇小说集

《国家订单》,中国社会出版社2009年版。

《成长的仪式》,吉林出版集团有限责任公司2010年版。

《安魂曲》,香港文汇出版社2010年版。

《开冲床的人》,海天出版社2012年版。

《浮生记》,江苏凤凰文艺出版社2016年版。

《人罪》,中国言实出版社2016年版。

《我们的罪》,江苏凤凰文艺出版社2017年版。

《荒野》,文化发展出版社2019年版。

散文集

《父与子的战争》,新疆美术摄影出版社、新疆电子音像出版社2014年版。

中短篇小说、散文

《出租屋里的磨刀声》,《作品》2001年第6期。

《采花帖》,《小说选刊》2004年第5期。

《战栗》,《当代小说》2004年第8期。

《厂牌》,《延河》2005年第9期。

《隔梁上的黑柜子》,《福建文学》2005年第11期。

《魇鼠》,《厦门文学》2005年第12期。

《骑猫的女人》,《厦门文学》2005年第12期。

《印花床帘》,《鸭绿江》2005年第9期。

《还俗》,《都市小说》2005年第6期。

《失声尖叫》,《当代小说》2006年第2期。

《纹身》,《山花》2006年第4期。

《在南庄》,《作品》2006 年第 2 期。

《成长的仪式》,《作品》2006 年第 3 期。

《烂尾楼》,《人民文学》2006 年第 4 期。

《寻亲记》,《人民文学》2006 年第 5 期。

《冷暖间》,《人民文学》2006 年第 6 期。

《一路惊慌》,《星火》2006 年第 6 期

《示众》,《天涯》2006 年第 6 期。

《口琴獐子和语文书》,《鸭绿江》2006 年第 6 期。

《底色》,《特区文学》2006 年第 5 期。

《关外》,《清明》2006 年第 5 期。

《有风吹过》,《星火》2006 年第 10 期。

《在深圳的大街上撒野》,《江南》2007 年第 4 期。

《落英》,《中国作家》(小说版)2007 年第 5 期。

《问题中年》,《文学港》2007 年第 4 期。

《少年行》,《小说月报》2007 年第 12 期。

《开满鲜花的梦境:湖乡纪事》,《鸭绿江》2007 年第 6 期。

《短篇四题:湿地、梅雨、子建还乡、驯牛记》,《小说界》2007 年第 1 期。

《大鱼》,《雨花》2007 年第 3 期。

《短篇四题:蜜蜂、绿衣、透明的鱼、夏枯》,《芳草》2007 年第 4 期。

《郁无忧的忧虑》,《作品》2007 年第 10 期。

《声音》,《散文》(海外版)2007 年第 6 期。

《短篇二题:汛、水中央》,《广州文艺》2008 年第 6 期。

《短篇二题:杀人者、还头记》,《大家》2008 年第 1 期。

《有约》,《百花洲》2008 第 4 期。

《小民安家》,《作品》2008 年第 9 期。

《总有微光照亮》,《文学界》2008 年第 3 期。

《国家订单》,《人民文学》2008 年第 4 期。

《二人转》,《青年文学》2008 年第 4 期。

《拯救伍中华》,《江南》2008 年第 4 期。

《活物》,《中国作家》(小说版)2008 年第 4 期。

《白斑马》,《十月》2008 年第 5 期。

《变形记》,《特区文学》2009 年第 1 期。

《浮生记》,《鸭绿江》2009 年第 3 期。

《安魂曲》,《芙蓉》2009 年第 3 期。

《秋风辞》,《作品》2009 第 8 期。

《开冲床的人》,《北京文学》2009 年第 2 期。

《墙》,《红豆》2009 第 5 期。

《九连环》,《人民文学》2009 年第 6 期。

《不断说话》,《青年文学》2010 年第 17 期。

《我是我的陷阱》,《天涯》2010 年第 1 期。

《父与子的战争》,《北京文学》2011 年第 1 期。

《寻根团》,《人民文学》2011 年第 5 期。

《人罪》,《江南》2014 年第 5 期。

《喇叭裤飘荡在一九八三》,《中国故事》2018 年第 11 期。

书画集

《王十月书画作品》,岭南美术出版社 2013 年版。

王跃文

男，1962 年生，湖南溆浦人。

小　引《

在20世纪90年代兴起的一股“官场小说”创作潮流中，王跃文被称为“官场小说第一人”。这个称号虽然有点“雷人”，却表明王跃文在这股官场小说创作潮流中，有一种举足轻重的作用。称其为开风气、领潮流的人物，实不为过。王跃文可谓文坛俊杰。

但话又说回来了，这顶帽子戴在王跃文头上，又似乎有点大，原因是，第一个写官场小说的，历史上似有其人。如果说，往远了数要费心思去考证，那咱们就拣近一点儿的、容易一点儿的说，晚清有篇很有名的小说，叫《官场现形记》，不用专家学者给它命名，它天生就该是一部官场小说。可不，写的是官场，还要让它现出原形来，不是官场小说，又是什么。照这样说来，它的作者李伯元，就该当是官场小说第一人。至少是以官场二字命名小说的第一人。这当然只是就常识立论，再往远了说、往古了说，就要请专门家出场了。但据我这个并非专家的外行看来，在中国古代小说史上，像李伯元这样直接把官场二字写在小说标题上的，似未曾得见。至少是不见于名著名篇，否则，像我等靠常识吃饭的人，也应略知一二。但问题是，李伯元的这篇打着官场牌号的《官场现形记》，对中国小说史研究有素的鲁迅先生，在他的《中国小说史略》中，偏偏不把它叫作官场小说，而以谴责小说名之，可见鲁迅先生对以官场为小说这件事，并不特别在意。

也许今人以官场名小说原本是一件不经意间的事，你想想看，那么多人读小说、评小说，谁不经意间拈出官场二字，把它作了某类小说的名称，这名称便如此这般地流传开来，也不足为怪。但细细想来，这其中似乎又有些曲折幽深的心结，需要疏通。人说中国是一个官本位的国家，自古以来就没有哪一件事与官家脱得了干系，写小说自然也不例外。虽然在中国古代，很长的时间内，小说在文学中的地位很低，写小说、编小说的人，地位也高不到哪里去，不是落第秀才，就是失意文人，不像正统诗文的作者，多半是官家出身，或有官员的身份。但地位归地位，身份归身份，小说中所写的人、事，却大多离不开官场。就拿中国小说的大宗史传类小说来说，从前有个说法，叫帝王将相占领文艺舞台，这句话如果用在这类小说头上，也可以叫帝王将相占领说部。这样的小说，自然离不开庙堂，即官场，而且是上层官场，亦即最高等级的官场。即使是被鲁迅称作人情小说或世情书的《金瓶梅》《红楼梦》，和《三言》《二拍》之类的市人小说，又何尝少了官员的身影在其间晃动，又何尝不与官场有着千丝万缕的联系。甚者是依托官场、从官场衍生出来的一脉生活之流。其他如《世说新语》记魏晋间逸闻轶事，虽托名士大夫，亦多属官人之列。唐人传奇艳遇，也多与官家有关。《西游记》讲神魔故事，天上仙班、洞府魔界，俨如官场。《水浒传》说江湖侠义，天罡地煞，座次森列，与朝堂无异。甚至连记录灵异之事的《搜神记》，也要写梦中荣华富贵。专写狐魅花妖的《聊斋志异》，也忘不了要捎带上一笔吏治黑暗和官民冲突。到了清代中叶，直至接近李伯元的时代，又有《儒林外史》叹仕途艰难于前，《老残游记》"揭清官之恶"于后。与《官场现形记》同时代的小说，则有侠义公案，写侠客助官、明公断案。亦有狭邪小说，言官员猎艳，挟妓招优。《二十年目睹之怪现状》虽写官师士商各界，然以写官界之"怪现状"为著。《孽海花》虽写才子佳人逸事，然亦多杂官场见闻。乃至谴责小说流于专揭黑幕之黑幕小说，所揭者也多为官场污垢。可见，官场于中国小说影响之深。

晚清以降，社会巨变，渐次以民为主，由改革旧政到推翻旧朝，旧式的官场渐灭，但新式的官场却杂糅旧迹，变得愈加复杂，斑驳陆离。张恨水早期的小说，多取材于这时期的官家，虽多偏于男女情事，亦可见官场风气变化之一斑。五四新文学起来后，主张民主自由、个性解放，小说也不受官的约束，细民百姓、红男绿女，纷纷登场。到了革命文学兴起的年代，则新旧官场皆在扫荡之列，以至于官僚作风、官场习气，亦属讽刺对象。小说界之"贬官""罢官"，未有如此之烈者。不独小说如此，革命队伍、新式社会，亦绝去官称，而以外来之名词"干部"代之，"文革"中更代之以"勤务员"之说，于是去官愈远，中国似乎从此进入了一个无官的时代。然则，官的存在毕竟是一个事实，你可以改换一个名称，但事实却无法更改。近二十年来，因为中国融入世界渐深，要与国际接轨，"官方"之称复萌，"官场"浮出水面，"官员"卷土重来。小说涉官，亦无须避讳。当今官场小说，皆因这一变化促成。官场小说的名称，不论言者有意无意，都经历了这一番历史的曲折。

因为指导一篇写官场小说的博士论文，我读了当今流行的一些官场小说。觉得多数官场小说虽写当今官场，却未跳出古人的窠臼。古之写惩戒贪官者，今之为反对腐败；古之写歌颂清官者，今之为提倡廉政；古之写官场倾轧者，今之为帮派斗争；古有座师者，今为老上级；古谓裙带者，今为小圈子；古称护官符，今为关系网，如此等等，总之是换汤不换药，亦可见古今官场同为一理。但在众多官场小说中，王跃文是一个例外。他不太喜欢官场小说这个概念，也不太愿意人们把他的小说纯粹看作写官场的小说，他说他表面上写的是官场，“实质上写的是国民性”，是对国民性的解剖和批判。他是把官场中人作为解剖的对象，从中发掘和批判国民的劣根性。从这个意义上说，在当今这个官场化的社会，王跃文的小说无异于照见国民灵魂的一面镜子。

自　述《

二十年小说创作之检讨

一

我的处女作发表于1990年，为一个短篇小说，叫《无头无尾的故事》。小说发表于《湖南文学》。这篇小说的主人公叫黄之楚，一个市政府机关的小干部。所谓市，其实就是县。我当时正是某县政府的小干部，同黄之楚的级别相去不远。为了避嫌，故意写市，而不写县。当时官场中人只叫做干部，还没有公务员的说法。干部最低级别是二十四级。黄之楚大概二十三级，是一个成天想着自己前途的年轻人。但是，黄之楚又是个读书人，骨子里有些清高，看不惯别人蝇营狗苟，却又为自己的不得志而郁愤。过久了这种日子，神经变得格外敏感，常为锱铢小事计较，常为鸡毛蒜皮烦恼。小说写的不仅仅是黄之楚这样一个人，而是写了黄之楚浸染其间的环境和氛围。此类小说，先后有了《很想潇洒》《望发老汉的家事》《花花》《蜗牛》《无雪之冬》《旧约之失》等等。里面的主人公都是官场小人物，他们仰人鼻息，任人宰割，无可逃遁，欲哭无泪。他们有时会用自命清高聊以自慰，但这种精神慰藉相当脆弱，稍不留神就被强大的现实摧毁。他们要么因学会卑鄙而飞黄腾达，要么因自甘颓废而失意消沉，坚守某种底线而走得稳健者实在是命运的宠儿。

如果说上面这些小说，写出的只是官场无奈的表象，那么后来的《朝夕之间》《秋风庭院》《今夕何夕》《夜郎西》《夏秋冬》和《结局或开始》等六部中篇小说，则注重往生活深处开掘。2002年5月，这六部中篇首次以《朝夕之间》的书名，集结为一部长篇小说出版。因某种技术性原因，此书停印两年后，又于2004年5月更名《西州月》再版。这部小说里的主人公关隐达，已让读者们印象深刻，评论界也多有论及。这个人物正如他的名字，内在是矛盾和冲突的，包含着隐与达。正如一位评论者所说，关隐达作为一个内心质朴优雅的读书人，他本能地追求一种隐的生活美感；但血性男儿的功业抱负，必然又使他向往着达。达与隐，不可兼得。关隐达便总是身心尴尬。他慢慢领悟了现实的生存智慧，似乎寻求到了达与隐的微妙平衡。然而无论是隐是达，都不可能是他的自主选择。他的命运沉浮，全凭一只看不见的手。他只能在无可奈何的喟叹中顺应那只手的操纵，他所能做的不过是尽量调整好自己在这只巨掌中的姿势而已。

关隐达早已不再是个单纯的文学形象，他真实地活在众多读者朋友的关切中。很多人建议我继续把他写下去，还嘱咐我给他一个好的命运。这的确是一个叫我心头隐隐作痛的人物，就像自己的亲兄弟。我期盼着他一路走得顺畅，然而心里早就知道他的命运不会太好。关隐达从小干部做起，他在小说里的结局看似不错，意外地被推上了市长位置。我不惜逃避真实的生活逻辑，固执地用所谓艺术真实来开脱。祈愿这不仅仅是艺术的真实，而是某种意义上的预言。关隐达是现行秩序的受益者，同时也是受害者。他有时是秩序的反抗者，有时是秩序的运作者，却始终是秩序的观察者和思考者。每个官场中人都是一只蜘蛛，大家心照不宣地在织造一张网。谁都在这张网里爬行，谁都被这张网粘住，谁也别想轻易逃走。关隐达看得清楚，想得明白，却无可奈何。现实缘何如此，关隐达似有所悟，读者也似有所悟。但是，终究谁也弄不明白。这是小说，也是生活。

二

书犹如人，也是有命运的。1999年5月《国画》出版，三个月内重印五次，此后再也没有印行。市面上却是盗版蜂起，曾有出版业界人士估计，盗版总量应在两百万册以上。中国最偏僻的县城，都可以看到各种面目的《国画》盗版。随之泛滥的还有各种盗名小说，不下百种署我名字的伪书，充斥于各地的小书摊。一家著名淘购网上有署我名字的书籍四千多种，皆为盗版书和盗名伪书。我原本拒绝为盗版书签名的，但有年夏天在南方某海滨城市，我宣布从此给盗版《国画》签名，直到它再版为止。我想借此表达自己对读者的敬意。自那以后，我见了卖盗版书的小贩也不再生气，他们多是无以谋生的升斗之民。也有单靠卖盗版《国画》发了大财的，如今已悠然地在加勒比海岸晒太阳去了。十年间，没有太多关于《国画》的正式评论或说法，人们在堂皇的话语空间里对此讳莫如深。但作为民间话题，一直没有停止过这本书的传说。正版《国画》无处可寻，盗印版本却广为流布。

命运如天，高高在上，无可逃避。但倘能叫人忘记命运的存在，这人间便是美好的。所谓遇上了好命运，必是先历经过太多的苦难；所谓交上了恶命运，则是陷入了深深的困厄。命运之神总在头顶盘旋的地方，终究不是乐土。中国人敬畏命运，原是命运之神太强大了，而人往往是渺小和无助的。我却又是个顽固的无神论者，并不相信命运之神真的高在云天。他其实就在地上，他同我们呼吸同样的空气，沐浴同样的阳光，吃着同样的五谷杂粮。此类所谓的活神仙们，倘若只掌管文字的死活，倒也不算太大的不幸。人死不能复生，文字却是不会死的。时间足可敬畏，希望总在潜滋暗长。

2010年4月，《国画》终于再版。我借机对此书做了些文字上的润色和修订。重读此书，我仍禁不住热泪盈眶。这超乎我的心理准备。十年过去了，我早该变得淡泊和平静。但是，书中的人和事，常常撩拨起我心中的火焰。《国画》里的保龄球需人工计分，如今电子计分的保龄球都已不再时髦，高尔夫成为贵人们的日常娱乐。当年的手机是奢侈品，如今豪宅和名车是贵人们私下收受的常见礼品。匍匐大地的众生仿佛越来越认命，愤怒已经是件很没有意思的事。我承认，这是一部孤愤之书，也是一部忧患之书。然而，它却又是一部叫某些人深深误解的书。我想，误解此书的人，绝不是因为其心智，而是某种极不诚实的故意。指鹿为马的人，并非真的不认识马。

此为我首部长篇小说，充其量只能算是习作。十年间，关于这本书的说法很多，或褒或贬，兼而有之。我不是个喜欢听奉承话的人，反倒更珍惜那些批评。金玉良言，若能弥补的，我愿借以斧斫之。但我十年间在文学上仍未能有所长进，知道《国画》尚有明显的瑕疵，却没有办法把它弄得更好些。今后写小说还须惜墨如金，不可太汪洋恣肆了。我写作《国画》的心境，确实有些按捺不住。也许再冷静些，平和些，放达些，小说会更加雍容大气。下笔如放野火，不顾格局和节制，与其说是逞才使性，不如说是撒野偷懒。全书不分章节，更无回目，苍茫而下，混沌一片。我的原意是把生活状态本身的模糊，直接投射到文本形式上。我的想法也许是幼稚的。

我听不少年轻朋友说，他们大学或研究生毕业的时候，老师郑重建议他们读《国画》。我闻之暗觉悲凉。中国古代的君子，胸怀修身齐家治国平天下的理想，必读之书是《论语》，他们相信半部《论语》足以治天下。若生逢乱世，想要出人头地，便只读《战国策》和《孙子兵法》之类，乱世中要生存下来，非用策与计不可的。然而策或计越用得多，人心便愈加险恶狡诈。中国人却偏要把心机曲折美化，叫做“城府深”，或曰“心思缜密”。

策或者计，确都可用。但人若把不择手段只求成功的策或计当作信仰，那是非常可怕的。我常想，中国的年轻人现在能够信仰什么？什么可以作为他们的生活教义？捡数之下，似觉一片荒寒。犹太教有部圣典叫《塔木德》，犹太人的孩子七岁便开始修习，终生遵奉。那是一部可以培养出一个民族高贵灵魂的书。而我们中国的所谓圣贤之学到了寻常百姓手里，也不过是世故庸俗的生存之道。哪怕是这些古人的余唾，也被我们抛弃百余年了。我深明那些老师嘱咐自己的学生读《国画》时的良苦用心，可我不愿意这本书被误读成策与计之类的东西。我更有自知之明，知道《国画》也并非一部了不得的书。如果年轻人涉世之初真的必读《国画》，我愿诅咒它速朽！

三

《苍黄》是我最新的长篇小说，2009 年 8 月出版。小说的主人公李济运，一个县级官场的领导干部。这是一个看上去很平淡的角色。我的小说一向没有极端的形象，他们就像身边随处可见的各类人物。我也不喜欢写大开大合的大事件，看上去波澜壮阔、风起云涌。我觉得这些都是很表面的。生活多是常态，小说写常态，更能反映生活的本质。但是，写生活的常态，而又要写得耐看，写得有韵味，这是很有难度的。我的长篇小说从《国画》《梅次故事》《西州月》，一直到《苍黄》，都保持了这种风格。如果在小说中写惊天大案，没有哪部小说中的案子大过现实生活中的。假如热衷于写大案，只需把腐败案件的新闻报道现成拿来。很多大案的深度报道故事曲折，情节生动，且多有情色内容，只需串连起来，改改人物名字，稍做文字衔接，就是某类小说。但是，这不是文学，这是故事会。

《苍黄》同《国画》类似之处，就是没有一以贯之的中心事件，也谈不上什么主要人物。李济运不是中心人物，他很多时候是叙述者和看客。生活本身正是如此，生活并不以某个人为中心演进。生活的逻辑，应该就是文学的逻辑。我刻意选择李济运这样一种身份的人物，作为似是而非的中心人物。作为县委常委、县委办主任，李济运同种种事件都有联系，却又未见得身处漩涡中心。如此，他就能观察、能思考、能判断。这可以说是一种结构方式，或者一种叙事方式。小说技法，或者苦心孤诣，或者妙手偶得。

四

过去十年间,我有几年写了《龙票》《大清相国》之类远离现实的电视剧,之后都改作小说出版。与其说这是某种偶然机缘,不如说是我故意逃避现实题材。我此前有《国画》《梅次故事》《西州月》等三部小说遭遇出版障碍,使我不得不把笔从现实中抽出来。所幸的是这些都成为过去。

值得说说的是《大清相国》。曾有人质疑这部小说的史实,认为它不算严谨的历史小说。写这部小说之前,我是认真读了相关史料的。可我从来就不知道历史小说中,历史与小说该如何配方,史实应占几成,虚构只准几成。小说是需要故事、现场和细节的,只能去虚构。司马迁《史记》中的本纪和列传,处处可见虚构,与其说是史书,不如说是小说。史书可以像小说,那么历史小说呢?历史小说不必还原历史,也无法还原历史。

康熙朝名臣辈出,但宦海风高,沉浮难料。明珠罢相削权,索额图身死囹圄,徐乾学去官之后郁郁早逝,高士奇备受尊荣却被斥退回籍。满朝勋功少有善终者,这部小说的主人公陈廷敬却驰骋官场五十多年,历任工、吏、户、刑四部尚书,官至文渊阁大学士,晚年乞归之后仍被召回,七十三岁老死相位。

小说初版时,我写过几句话:清官多酷,陈廷敬是清官,却宅心仁厚;好官多庸,陈廷敬是好官,却精明强干;能官多专,陈廷敬是能官,却从善如流;德官多懦,陈廷敬是德官,却不乏铁腕。

陈廷敬曾被康熙皇帝赞为完人,但我并不相信世上真有这样的人。不过世人好为尊者讳,隐恶扬善又是古风,陈廷敬即便真有瑕疵,也无史料可供探觅。我们的祖宗并没有那么好,祖宗的家国也并没有那么好。可面对现世红尘,人很容易沉溺于古往。

古人评价历史人物,多流行朴素的民间思维,不是大忠大善,就是大奸大恶。中国古典小说就惯用这种民间思维,刻画人物多走极端,曹操大奸,诸葛大智,张飞大勇,关羽大义。我写所谓的历史小说,不自觉地就落了这个窠臼。我其实是自愿陷入这种古典审美范式的,与其说是写了历史上真实的陈廷敬,不如说我希望历史上真有这样的人物。

孔子说:“郁郁乎文哉!吾从周。”周真的那么好吗?夫子知道周朝真实的景象吗?我看未必。文献和传说会把前人美化,后人也靠追忆前人而寄托现实抱负。中国古今的读书人,多患有这种历史依赖症。当然,不能完全说是读书人史识蒙昧,更多的缘故应是活生生的现实叫人无奈。知道历史未必那么美好，但仍要从古人那里寻求救赎。历史小说如此，史学亦是如此。

访　谈《

美好的东西永远在彼岸

——王跃文访谈录

梁小娟　王跃文

梁小娟：王老师，您好！感觉您一直以来都是一个沉稳低调的作家。您大学毕业后曾经在政府部门工作过，也在《湖南文学》任过编辑。中国现在的公务员招考被誉为“国考”，招录比例有的职位高达几千比一，可每年报考的人数只增不减，用千军万马挤独木桥来形容，一点都不为过。这可能会让今天的读者觉得很纳闷，很难理解您当年为什么会辞掉铁饭碗来靠写作为生。是什么原因或者说契机促使您离开官场而从事文学创作呢？

王跃文：先纠正一个误传：我没有在《湖南文学》做过编辑。我知道这是网上的信息。网上有关我的信息，多有错误。网络是个很丰富，很喧哗，也很浮躁的地方，这也似乎是目前人们生存状态的写照。

我不认为做官员不好，相反官场需要更多的明白人进去。正像早年胡适先生说的，让好人进入官场，让政府成为“好人政府”。传统中国的好人大多自命清高，不愿为官。胡适先生这个观点看似幼稚，但在大环境一时难以改变的情况下，不失为良好愿望。我离开官场，只因自己虽是“好人”，却不具备适应目前官场的各种素质。简单地说，我没有能力做官。如果只把官场谋职当作饭碗，或碰碰运气兴许也做到官了。但我不是凡事都能苟且的人，何况人一辈子安身立命，兹事体大。所以，离开官场是我最理想的选择。当然，我离开官场的具体原因是2000年的机构改革，我从某政府机关里分流出来。这只是外在原因，内在原因是我自己想离开。其实，我的精神气质与官场一直是格格不入的。

梁小娟：正如您说的，我犯了一个错误，对网络上的信息未加甄别就信以为真。您最早是从什么时候开始写作的？写作对于您来说，意味着什么？

王跃文:我是80年代中期在某县政府工作时开始写作的,先写散文,后写小说。写作是我发自天性的爱好。我的人生态度注定我必然会关注现实,这又成为我后来的写作态度。我不会为了某种不纯粹的目的而改变写作立场。我因写作而存在,写作的质量就是我的生命质量。

梁小娟:从您的作品也可以看得出来您对待写作的态度是非常真诚的。您的小说多以现实官场为题材,只有《大清相国》是写历史中的官场,您对官场似有特别偏好,这是与您的工作经历有关,还是有其他深层原因?

王跃文:《大清相国》尽管是历史小说,但我承认它其实也是现实意义很强的小说。我写的很多小说都同官场有关,但不是因为我对官场题材如何感兴趣,而是在这样一个以官场为主导的社会,生活的方方面面都挣脱不了官场的影响。我是个现实主义作家,关注现实就离不开官场。试想,我们的生活还有什么同官场没有关系?想没有关系都做不到。

梁小娟:可以说,现实是您写作的起点,也是解读您作品的核心符码。您在《国画》中写朱怀镜时提到人要有敬畏之心。在《苍黄》中您提到一幅油画,画框很不起眼的地方写着一个小小的"怕"字,"菩萨怕因,凡人怕果。心里有怕,敬畏常住"。我想,这与您在《国画》中提到的敬畏之心是一个意思。这个我觉得对于浮躁的国人是非常适用的,现在中国人缺得最多的就是"怕"字了,什么事情都敢想敢做。整个社会风气亦助长了这种歪风,从这个意义上讲,《国画》的再版对国人来讲倒不失为一味清醒剂。在您的小说里,好人很多时候都得不到好报,如《国画》中的曾俚、李明溪,《苍黄》中的舒泽光、刘大亮、差配刘星明等人,给他们设置这样的结局,您当时是怎么考虑的?

王跃文:因果报应是中国人对佛教最朴素的理解,也是对世人的劝谕。中国虽然不是纯粹的宗教国家,但过去因为佛教、民间泛神观、迷信因素,人们在道德上还是有约束的。近六十年,中华大地上所有神祇都被打倒。信仰被颠覆很容易,重构起来却很难。为什么现在中国人什么事都敢做?就是因为不怕。凡事强调大无畏的精神,危害深远。

一个没有道德障碍的社会,越是善良,越是正直,越是理想化,就越是命运不好。所以,简单地说,我小说里好人少有好结果。

梁小娟:谈到信仰,姚明参加博鳌论坛时说过:"信仰是我们现在缺失的东西,信仰中包含道德。在某个时候,我需要某些依靠。但是在我的文化背景里找不到。"将道德与信仰相联系时,我们往往可以挖掘更多平时被遮蔽的官场真相。从这个层面来讲,您的小说更具启发意义。您的书非常畅销,盗版也非常普遍,在您博客上只曝光了一小部分盗版书。许多读者读到的是您小说中所披露的权力运作与官场潜规则,把您的书奉为官场入门宝典,而忽略了您对现实的强烈批判。您在再版后记中说:"如果年轻人涉世之初真的必读《国画》,我愿诅咒它速朽!"对于一个作家来讲,您肯定不希望被大家误读,您是怎么看待这一现象的?

王跃文:误读是文学欣赏的常态,不必奇怪。但是,我真不希望读者们把我的小说误读成官场宝典。事实上,我接触到很多读者,他们并不认为我的小说有宝典意义。说我小说或可作为官场教科书用的,也许是我在小说中反映现实太过逼真,也太过典型。当然,也不排除别有用心者,以此为借口打压此类关注现实的小说。

梁小娟:在《国画》里,围绕朱怀镜您塑造了曾俚、李明溪、梅玉琴、卜未之四个人物形象,这四个人从不同层面折射了朱怀镜对人生的理想与感悟,曾俚是否寄托了您对知识分子的人格理想?

王跃文:朱怀镜这个人,正像他的名字,心怀明镜。世上善恶,他心里有数;简单地说,他也渴望做一个好人,做一个好官。他喜欢同曾俚、李明溪、梅玉琴、卜未之四人交往,正因为内心需要某种纯粹的情感。朱怀镜的人格是严重分裂的,他在官场上会按现实游戏规则行事,但同朋友们相处会流露难得的真诚。但是,现实利益最终高于情谊,倘若友情同现实利益相矛盾时,他会选择服从现实利益。道德约束永远服从于现实需要。朱怀镜那里,美好的东西永远在彼岸,他会时不时站在此岸眺望,但没有可能游到彼岸去。

梁小娟:这让我想起米兰·昆德拉的小说《生活在别处》,朱怀镜经历的恰恰就是这样一种尴尬人生。在《梅次故事》中,朱怀镜与王莽之的矛盾是通过王莽之的意外身亡来解决的;《苍黄》中四大常委联名检举揭发县委书记却先后遭到"贬斥",给人的感觉似乎是邪不胜正。您怎么看?

王跃文:作家听从内心的呼声,听从现实的暗示。我没有能力虚构美好的东西。文学有责任带给人们理想,但不能虚构希望。

梁小娟:虽然读者大多习惯"大团圆式"的结局,但现实性的悲剧往往更具震撼力。您在《苍黄》的扉页引用了《墨子·所染》中的一段话:"子墨子言见染丝者而叹曰:染于苍则苍,染于黄则黄,所入者变,其色亦变。"您也曾经在一次会议上提到过,《苍黄》能够为您所有的小说做注解,您可以就这句话详细谈谈吗?

王跃文:《苍黄》写的是一个县级政府,这个层次的政府具有很强的代表性。首先它是个完整的官场,中国政治所有的特征在县级都具备了。其次它联系着最广大的民间，包括城镇和乡村。写好一个县，就至少写好了大半个中国。我在《苍黄》里力图真实再现目前中国社会的实际状况，由此探讨中国社会面临问题的症结所在。作家不可能在小说里作逻辑推演，而是靠形象去表现。小说里的感触也是我平时真实的生活体验。我在很多堂皇的场合，听到很多堂皇的高论，只要联想到我熟悉的基层和乡村，立即会觉得很多高论都是苍白无力的。

梁小娟：《亡魂鸟》应该算是您小说中较为私人化的一部作品吧？小说扉页写着“谨以此书封存我的初恋，并献给几位素昧平生的女人”，在自序中您强调作品不是通常意义上的知青小说，我个人觉得这部作品是您跳出官场小说叙事的尝试之作。您有意识地注重叙事视角与人称的转换，注重讲故事的方式，是不是受到先锋小说的影响？

王跃文：不能说这部小说很私人化，只能说里面的故事和人物同自己熟悉的人有关。至于叙事方式，《亡魂鸟》并无新意，更不先锋。人物在今昔之间跳跃，也不是刻意为之，只是讲述的需要而已。《亡魂鸟》把“文革”悲剧同当下悲剧连结起来，意义就不同了。

梁小娟：您塑造了这么多的官场人物，如《国画》《梅次故事》中的朱怀镜、《西州月》中的关隐达、《苍黄》中的李济运等等，您最喜欢哪一个？您最满意的作品是哪一部？为什么？

王跃文：如果就自己的感情来说，我最喜欢的人物是关隐达。他身上寄予了我对官员美好的意愿，尽管他也算不上严格意义上的好官员。他能够自守，做人做事干净，富有正义感，不愿同流合污。但可以在不顺的时候急流勇退，而绝不为了升官而违背人生原则。这样的官员生活中也不少，但在仕途上鲜有发达的。我最满意的小说也是以关隐达为主人公的《西州月》，写得从容不迫，行云流水。看上去水波不惊，暗中处处刀剑，处处玄机。

梁小娟：感觉您小说中的主人公都不由自主地进入了一个奇怪的场域——官场，人一旦进入官场，言行就会发生巨大的转变。权力就像一支无形的指挥棒，指挥着官场中人围绕着权力中心人物旋转，各自在场域中寻找生存的空间。从这个层面来讲，您的小说揭示的不仅是官场的生存法则，更多地揭露的是一种体制的悲哀，可以这样理解您的创作意图么？

王跃文：表面上看，是体制悲哀，实质上我写的是国民性。中国人的国民性有很多劣根，我以为最大的劣根就是趋利避害。鲁迅先生终身都在批判国民性，他选择的对象是农民和知识分子，我选择的是官场中人。目前的官场中人，如果仅仅拿学历作标准，都是知识分子。但是，这些知识分子一旦进入官场，官场游戏规则让他们身上利字当头的国民劣根性完全赤裸裸地暴露出来。所以，往深层次说，我的小说与其是批判官场体制，不如说是批判中国人的国民性。

梁小娟：您的小说大多有这样一个叙事模式：主人公因某种机缘进入权力场并依附于场中的权势人物，他们的命运转折往往也与所依附的权力人物息息相关。对于这样一种依附性人格，您怎样看待？

王跃文：官场人身依附关系靠种种人缘关系维系，如上下级关系、同事关系、同学关系、同乡关系、战友关系，等等。官场中人会寻找和利用种种关系，尽可能发展成对自己有利的人身依附关系。我们看清代满臣心甘情愿在皇上面前自称奴才，看重的就是这种奴才对主子的人身依附关系。

梁小娟：您对官场看得非常通透。从1999年的《国画》到2009年的《苍黄》再到2010年《国画》《梅次故事》的再版，您这一路走来，创作上收获最大的是什么？

王跃文：我不敢说自己在文学上取得了多大成就，我的小说尽管发行量和影响面都大，但也许掺杂很多社会层面的原因。往后五十年或一百年还有人看的小说，才是值得称道的小说。但是，这些年的小说创作对我个人来说，意义是十分重大的。我的人生立场决定了我的文学立场，而反过来文学创作又令我思考，坚定着我的人生立场。可以概括两句话：一是我的文学立场就是我的人生立场；二是我创作了小说，小说也创作了我。

梁小娟：一提起"官场小说"，肯定要提到您。我知道您不喜欢"官场小说"这个概念，尤其反感用机关名、职务名来做书名。但有时候为了评述方便，评论界往往习惯用概念来给作家贴标签。这也可以说是评论界对您的"误读"吧！对于官场小说，您是如何看待的？评判官场小说好坏的标准是什么？

王跃文：这个问题应该由评论家们去回答。我创作此类小说的简单想法，一是不按所谓的惯性思维看待官场，而是相信自己的眼睛和良心；二是不虚构光明和理想，冷静地呈现真实状态；三是不一味地写黑与恶，正视人性应有的温暖，尽可能弘扬正面价值。总之，真诚负责地写作。这样的小说，我认为就是好的官场小说。至于艺术层面，高下容易分辨。

梁小娟：您赞同"文以载道"吗？小说是否应该承担一定的干预现实的责任？

王跃文："文以载道"是中国的文化传统，尽管后来受到某种批判，但我是认同这个传统的。关键是看载的什么道。文学是精神产品，不可能没有价值取向。所以，文学不可能不载道。现实主义的文学，只要本着诚实的创作态度，不可能回避现实矛盾。

梁小娟:您的家乡溆浦是一个非常美的地方,民风淳朴。屈原曾被贬流放至溆浦,有学者也考证溆浦方言中仍保留着几千年的上古楚音,在《国画》中您也写到,卜未之去世时儿媳的哭丧中就夹有上古的语气助词。作为湖南人,您的创作或者思想受到楚文化的影响么?

王跃文:楚文化对我来说肯定是有影响的。屈原“长太息以掩涕兮,哀民生之多艰”的情怀,我是十分敬重并愿意努力继承的。这也决定了我文学写作的现实主义态度。地方文化对作家的影响虽是无形,却想摆脱都摆脱不了。我觉得一个作家,有乡村生活经验是很幸福的。中国很多传统的东西,都存留在乡村,民俗、民间生活习惯甚至俚语间,都有传统文化的影子。可以说,乡间生活状态,是古风的活化石。这些东西,在城市就荡然无存了。城市生活,都被现代生活方式和普通话格式化了。我庆幸自己是个乡下人,可以让我的文学从地里长出来。

梁小娟:说到“乡下人”,我想起湘西另一位现代知名作家——沈从文先生。在现代作家中,您最喜欢哪一位?为什么?

王跃文:现代作家中,我永远都会热爱鲁迅先生。目前有种忘却鲁迅的逆流,我很不以为然。中国任何时候都需要鲁迅,不但需要他的文学,更需要他的精神。鲁迅先生对国民性的批判,我们应该坚持下去。鲁迅先生对邪恶的不低头,他的硬骨头精神,都是目前很多中国作家所缺乏的。

梁小娟:您在大学期间阅读了许多外国文学作品,从您的杂文、随笔中也可以看出您在文学方面的修养较深,哪些外国作家对您的影响较大?

王跃文:我读书并不算太多,谈不上多深的文学修养。但我喜欢阅读。我年轻时喜欢外国文学,尤其是20世纪以前的经典作家,如巴尔扎克、雨果、托尔斯泰等。越到后来越喜欢中国古典文学,从《诗经》到明清文学,都极其热爱。

梁小娟:正如您前面谈到的,您的小说更多是在批判国民的劣根性,这与鲁迅先生的写作精神一脉相承。从微博中得知您近期主要从事电视剧本的写作,以后还打算写官场小说吗?

王跃文:我不喜欢写剧本,偶尔为之只是盛情难却。我会不断地写作小说,但未必就是官场小说。

梁小娟:您陷入与北京新华先锋出版科技有限公司的出版官司,网络上声援您的人特别多,您也准备上诉,可以说这一事件已不再是简单的个人事件,而是上升到了作家群体与出版集团之间的利益纠纷了。这让我想起了90年代中期湖南另一位作家韩少功先生的《马桥词典》出版后所引发的“马桥风波”，尤其是在今天这样一个网络舆论盛行的年代，这一事件可能会给您带来无法预料的反响。能谈谈您是怎样看待网络对文学的影响吗？

王跃文：作家同出版商之间之所以时有冲突，一则是有些出版商不厚道，二是法律上缺乏保护作家利益的有效手段，三是作家在同出版商博弈中处于不利地位。作家维护自身利益的路还很长。目前社会上有种奇怪说法，看见作家打官司说怪话，要么说作家炒作，要么说作家把利益看得太重。我认为这些观点都是对作家利益的不尊重。作家敢于打官司的不是多了，而是少了。往深处说，这也是旧的封建观念作怪。自古把老百姓维护自己利益而同人对簿公堂的行为诬为“喜讼”。古代官员不愿意看到老百姓打官司，为的是造成天下太平的假象，落个牧民有方的美名。这种陈腐的观念早该抛弃了。

所谓网络对文学的影响，我是持非常平和的心态的。有人说网络文学尽是垃圾，我并不认同这种看法。网络上有高手，年轻人中间有高手。网络只是写作手段和发表空间而已，同作品质量并无关系。我曾说过一句调皮话：好的作家不论用什么写作都能写出好作品，不好的作家在竹简上写作也写不出《史记》。

梁小娟：好的，谢谢您，期待您的下一部小说！

评　论《

权力场域中的人生浮沉

——论王跃文官场小说中的空间叙事

梁小娟

享有“中国官场小说第一人”美誉的王跃文，自 1999 年《国画》问世以来，相继出版《梅次故事》《亡魂鸟》《西州月》《大清相国》《苍黄》等长篇小说，十多年来在文坛一直保持长盛不衰的创作潜力。2010 年《国画》《梅次故事》修订后以精装本的形式再版，使得读者对王跃文官场小说的热情再度升温。目前对于王跃文小说的研究，多从题材选择、主题意蕴、人物性格、价值指向、叙述风格、美学品格等方面对其创作加以细致解读，大多关注小说对于当代官场现状的描摹，挖掘其官场小说的社会文化价值，有论者指出“王跃文的文学成就，在于他艺术地再现了当代的一个特殊群体——官员——他们的政治伦理、行为方式和心理特征”①，研究者很少从空间角度来挖掘其小说的叙事内涵。小说不仅是时间的艺术，更是空间的艺术。王跃文的小说较为典型地体现了官场中人穿梭于公共空间、私密空间和虚拟网络空间中的生存现状和不同心态。从小说描写的主要内容来看，《亡魂鸟》侧重书写作家陆陀与维娜的凄美爱情，《大清相国》以虚构而又不失真实的笔法重构了历史中的官场，《国画》《梅次故事》《西州月》《苍黄》则以现实官场作为人物活动的场域，绘制一幅幅官场百态图，展现主人公在权力场域中的人生浮沉与精神苦痛。本文拟以《国画》《梅次故事》《西州月》《苍黄》为例，从空间视角对官场人生进行解读，以期透过人物的行动与心理来把握权力场域中人的精神困惑与自我认同的缺失，深刻剖析人的自由伦理与官场现实法则间的矛盾冲突，并对各种空间中权力的分配与制衡加以探究，以此来把握王跃文官场小说的社会学价值。

福柯曾明确指出：“空间是任何公共生活形式的基础。空间是任何权力运作的基础。”②福柯认为，从地缘政治的大战略到住所的小策略，从教室、监狱到医院的设计，空间的定位体现的是一种必须仔细研究的政治经济形式。在空间概念中，公共空间是指一个不限于经济或社会条件，任何人都有权进入的地方。私密空间是相对于公共空间而言未经许可不得入内的个人活动性较强的私人空间，包括家庭中的客厅、起居室、餐厅、厨房等，尤其是卧室、梳妆间、衣帽间、浴室。人的生产与生活都离不开一定的空间，无论是公共空间还是私密空间，都承载着人的主体性行为，空间毫无疑问已经成为社会生活的经验事实，构成了经验现象的表征和知识系统。《国画》《梅次故事》《西州月》《苍黄》以现实官场为表现对象，将追名逐利的芸芸众生置入官场这一独特生存空间中，生动描摹了官场中人穿梭于公共空间与私密空间时言行间的巨大反差，通过这种反差来浓缩与聚焦现代官场的各种生存图景。

《国画》中的主人公朱怀镜出场时为荆都市政府办公厅综合处副处长，作为官场中人，为改变自己的生存地位，不得不放下自尊攀附皮市长，鞍前马后，成为市长面前的“红人”，在皮市长的荫庇下官运一路顺畅，41 岁就成为副厅级干部。朱怀镜跟随皮市长出入各种公众场合，小说以朱怀镜的视角近距离地刻画皮市长穿梭于大大小小的会场讲话作指示，在镁光灯前视察民营企业，到宾馆套房会情人，在酒桌牌桌上指点江山激扬文字，大谈管理之道。在公共空间，皮市长温文尔雅，抬头挺胸地踱

---

① 邢小群：《官场生态演变的三部曲——谈王跃文的〈国画〉〈梅次故事〉〈苍黄〉》，《文艺争鸣》2010 年第 4 期。

② 包亚明：《后现代性与地理学的政治》，上海教育出版社 2001 年版，第 13—14 页。

着方步，不失绅士风度。一旦摆脱了公众的目光进入各种私密空间，皮市长则成了另外一个人，如小说中写到向市长遇空难后，皮市长在追悼会上一脸戚容、悲痛万分，可追悼会一散就在家里摆起酒筵收受红包。市秘书长柳子风同样如此，在公共场合会为了政府工作报告中的“人员”还是“人士”而字斟句酌，在表彰“五好家庭”的晚会上与瘫痪多年的妻子恩爱无比，下班后却与情人在茶座包厢亲昵地幽会，在家里与认作干女儿的保姆暗度陈仓。皮市长、柳子风都是荆都市数一数二的政治人物，他们在私密空间的言行恰恰颠覆并解构了其公共空间的形象，他们在两种空间中截然不同的表现，恰恰确证了私密空间更贴近他们真正的本质面貌，出入公共空间的只是假面躯壳而已。

朱怀镜自从跻身皮市长的圈子后，小说费了不少笔墨描写他下班后频繁出入各种娱乐场所吃饭、喝酒、唱歌、幽会情人，并透过这些生活折射出朱怀镜生活圈子里的游戏潜规则。朱怀镜第一次去桑拿房时，曾为无法把持自己而悔恨不已，与情人幽会后再面对妻子时也会良心难安，而一旦官运渐入佳境，朱怀镜就能轻易地找到各种理由来应对自我的反省与苛责，很快重拾内心的宁静。在官场这样一个复杂的隐喻空间中，作为个体的朱怀镜一步一步地融入官场圈子中，知识分子的良知渐渐泯灭，一次次地违背原则帮张天奇“了难”，对触目惊心的官场现实持认同态度。而朱怀镜与曾俚、李明溪、卜未之的交往，却从另一个层面折射出他内心的人格分裂。抨击现实的曾俚、不谙世事的李明溪、隐逸超脱的卜未之、重情重义的梅玉琴，恰恰弥补了官场中世俗的朱怀镜所缺乏的人格素质，朱怀镜在他们身上寻找到了在官场中久已坠落的灵魂。与曾俚、李明溪、卜未之、梅玉琴的结交，既体现了潜伏在他身体里的另一种精神元素，又可以说是一种心理上的情感补偿。小说中描写的且坐亭，地处荆都西郊，远离尘世喧嚣且人迹罕至，朱怀镜、曾俚、李明溪、梅玉琴四人也是因缘际会偶然闯入这块荒废已久的古地。从地理空间来看，且坐亭虽离繁华世俗的荆都市区不远，但从文化景观来看，且坐亭里荒凉破败的石亭、石阶、怪石、水潭以及石柱上的对联、鬼琴石上的碑刻，实则隐喻了人类失落已久的质朴与纯真。且坐亭的郊游经历在朱怀镜脑海里挥之不去，梅玉琴被关押后，朱怀镜再次寻访且坐亭却不得。且坐亭作为一个另类的“文化隐喻空间”，象征着朱怀镜所经历的精神困境与人格危机：“有时独自面对漫漫长夜，他会突然发现自己的灵魂其实早就沉沦了，可在世人眼里，他依然体体面面、风风光光。他只能把自己的灵魂包裹在保养得很好的皮囊里,很儒雅、很涵养地在各种庄严场合登堂入室。”[①]朱怀镜在公共空间的人生得意与私密空间的独处反思,恰恰是他人格分裂的症候,朱怀镜整日戴着面具在官场中以伪装的形式进行人格性的表演,压抑自我的本真顺应官场这一权力场域的运作规则。正如福柯所言:“肉体是驯顺的,可以被驾驭、使用、改造和改善。但是,这种著名的自动机器不仅仅是对一种有机体的比喻,他们也是政治玩偶,是权力所能摆布的微缩模型。”[②]朱怀镜踏入官场之后,自觉剔除自身不适应官场的种种性格因子,按照权力场的运作法则对自己实行驯顺,从而失却了“自我”。周旋于各种权力之间的朱怀镜,其个体的精神世界已被权力体制所规范、制约、要求与定义,面临现代性自我认同的缺失,对人生中的重要性问题缺乏明确的方向感,处于深刻的混乱之中。皮市长出事后,朱怀镜的仕途也随之转折,调离实职岗位而被派往党校学习。失势后的朱怀镜,不再出入各种娱乐场所,而是整日蜗居书房看闲书。仕途由处级到副厅级的升迁给朱怀镜生存空间上带来的唯一改变只是多了一间书斋而已,这一顿悟让朱怀镜对于官场的一番苦心经营顿时化作心灰意冷。朱怀镜最后因手中握有张天奇的把柄而摆脱困境,调往梅次地区任地委副书记。

《梅次故事》中刚赴任的朱怀镜,暂住梅园宾馆五号楼的总统套房。每天下班后来房间拜访探望、行贿送礼的人络绎不绝。搬进新家后各色人等也是陆续登门造访。拜访者都深谙空间的奥秘,相对于办公的公共空间而言,居住空间更容易产生人情,家居环境的温馨场景更易拉近人与人之间的距离。朱怀镜整日游走于办公室、会议室、宾馆、家这些空间中,公事与私情间却无明显的分界。朱怀镜厕身于地委书记缪明与专员陆天一权力斗争的漩涡中,竭力寻求有利于自己的平衡点,既对二人的斗争圈子保持一定的距离,又在一定程度上对二人的权力形成某种制约。“权力场作为可能性力量的场,其可能性力量作用于所有能进入场的人,因此权力场也是一个斗争的场……”[③]朱怀镜即是身处权力场中,周璇于不同权力持有者之间,为觅得自己在权力场的一席之地,通过同学介绍攀上北京的李老部长而得到荆都地委书记王莽之的提拔,由梅次地委副书记跃居为地委书记。朱怀镜官运亨通的关键在于,他能够在权力分配的空间地图中,寻找到至关重要的人物,并在北京—荆都—梅次这一权力链条上,攀附手中握有权力资源的人士而实现升官捷径。坐上地委书记这把交椅后,朱怀镜因高速公路的承包权而得罪王莽之,打破了权力场的运作规

---

① 王跃文:《国画》,华文出版社2010年版,第495页。

② [法]米歇尔·福柯:《规训与惩罚》,刘北成、杨远婴译,生活·读书·新知三联书店1999年版,第154页。

③ [法]皮埃尔·布迪厄:《艺术的法则:文学场的生成和结构》,刘晖译,中央编译出版社2001年版,第15页。

则而遭到恶意报复。小说的结尾颇富戏剧性，朱怀镜一家为躲避恶意骚扰的电话由梅次赶往荆山寺过年，恰逢王莽之也去寺庙烧头炷香因车打滑而坠身山崖。在荆山寺的法乐声中，朱怀镜重新寻回与官场腐败作斗争的勇气，相对于《国画》中朱怀镜的"在世"的沉沦与"非本真性"存在的成长而言，他在人格上完成了一次蜕变。

《西州月》以地理位置偏僻的西州官场为摹写对象，主要刻画了陶凡、关隐达两个富有文人气质官员的仕途。陶凡任西州地委书记期间，在招待所后山为地委领导建平房，将满山的柑橘树砍掉并种上桃树，后山便被称为桃岭。因住着地委机关的首脑们，桃岭渐渐便被看作西州最高权力的象征之地，每到夜晚就有不少钻营之徒直奔桃岭。陶凡卸任后，继任地委书记张兆林下令将桃树全部砍掉，转栽柑橘树，桃岭已名不符实。围绕桃岭这一空间上演的砍柑橘树种桃树、砍桃树栽柑橘树这一富有戏剧性的一幕，实际上是西州官场权力更迭的物象化表现。桃岭栽种何种果木，已不是一件单纯意义上的小事，而是掌权者权力的隐喻。机关大院的大树，与桃岭同样具有象征意味，成了西州官员们"早朝"之地。大树是西州大小官员上班的必经之地，每天上班前树下都会聚集不少小人物，对领导曲意奉承、暗送秋波。小人物们能够随时捕捉官场中微妙的人事变动信息，并在"早朝"中对权力中心人物采取最适宜的姿态，树下的"早朝"也是西州权力更替的晴雨表。《苍黄》中银杏树下的"早朝"亦可作如是观。桃岭、大树，早已超越单纯的人类可感可触的物理实体空间，它们"还生产出人们看不见摸不着但又弥漫于空间各个角落的社会关系、权力运作乃至人的思想观念等形而上的意识形态内容"①。正如亨利·列斐伏尔在《空间的生产》中所指出的："空间是一种社会关系吗？当然是，……空间里弥漫着社会关系；它不仅被社会关系支持，也生产社会关系和被社会关系所生产"，"空间从来就不是空洞的：它往往蕴含着某种意义"。桃岭、大树、会场、办公室等诸如此类的公共空间，不仅是各色人等自由出入的公共场所，而且还是社会关系演变的"平台"，并与意识形态间形成一种互相生产、互为表征的密不可分、有机结合的关系。只有透过桃岭、大树等空间的物理表象，才能够抓住这些空间的本质："只有当社会关系在空间中得以表达时，这些关系才能够存在：它们把自身投射到空间中，在空间中固化，在此过程中也就产生了空间本身。因此，社会空间既是行为的领域，也是行为的基础。"② 把握住了官场生活中公共空间的文化隐喻，才能够更好地理解权力对社会空间的分配与生产，进而对空间中的社会关系有更透彻的阐释。

---

①② 余新明：《小说叙事研究的新视野——空间叙事》，《沈阳大学学报》2008年第2期。

与《国画》《梅次故事》《西州月》中的空间相比，《苍黄》描绘了一种随社会生活发展而出现的新空间——网络空间。网络空间是随着互联网通信技术的成熟而伴生的一种虚拟空间，这一空间以开放式的形式在网络进行信息获取、信息交换、信息发布，从而形成一个方便快捷的庞大的信息平台。网络空间减弱了物理时空对人类社会的各种限制，极大地拓展了人类的空间意识。网络空间从物理意义层面来讲是虚拟的，但从其对人类现实世界的影响和干预来看，它又是真实的，也就是说，网络空间不仅仅是传统意义上的传播工具或媒体平台，更是一种社会行动的酝酿与运作的虚拟的"真实"空间。《苍黄》从县委宣传部部长朱芝的视角为读者展现了网络空间这一新兴事物对公众社会生活的影响以及对政府执政能力的考验。小说中主要写到三件事：一是"差配"刘星明选举精神失常后，用真名开博客，将县里政治选举的暗箱操作、物价局长舒泽光被陷害为"嫖娼"的黑幕公之于众，在网络引发网民们的热议，点击率居高不下，引发县委书记的极度反感，以致宣传部不得不发动各方力量身披"马甲"来削弱刘星明博文的影响力，甚至关闭网站的留言功能、封杀 IP 地址、请刘星明妻子陈美发帖澄清事实等策略都一一上演。二是县委宣传部为应对记者成鄂渝的敲诈勒索，将其"天价披挂"公布于网络，并组织人手对该帖进行舆论引导，在网络世界掀起轩然大波。其影响波及现实世界，以致《中国法制时报》的副主编陈一迪亲自赶到乌县来和解。三是小说的主人公李济运和公安干警刘卫在回城的路上遇到两货车司机发生争执，刘卫劝阻无效后两人离开了事发现场，事后得知两个司机发生斗殴，造成一人死亡。在网络上立即就出现"公安干警挑起事端，县委常委见死不救"的混淆是非的帖子，在民众中造成恶劣影响。在网络空间中，因这一空间的匿名性与虚拟性，社会舆情与网络谣言并生，网络暴力与事实真相共存，网络传播的无限性、无边界性从一定意义上改变了人们认识世界的方式。毫无疑问，在当今信息化时代，互联网已成为网民利益表达、情感宣泄与思想碰撞的重要渠道，也成为党和政府了解民意、汇集民智、治国理政的新平台。在网络这样一个监管难度较大的开放空间，民众可以通过论坛、博客、微博、QQ 等途径发出自己的声音，并在最短的时间内达到信息传播的最大化。《苍黄》书写了网络时代下政府宣传工作所面临的困境，还有政府权力部门对于网络舆情的监控与干预，"三毛党""五毛党"这些应运而生的新群体对于民众而言已不再陌生。虽然网络空间是以互联网为载体，以各种符号为传播媒介，由网站、网民共同对信息进行处理和结构化而形成的虚拟空间，但作为现实空间的延展，权力的触须仍然延伸到网络空间，只要对网络空间的知识传播加以考察，对知识"按照区域、领地、移植、置换、过渡来加以分析，人们就会捕捉到知识作为权力形式及其权力效应的传播过程”①。

由是观之,王跃文的官场小说展示了公共空间、私密空间、网络空间下官场中人的现实生存法则与权力运作机制。空间既是具体的物质形式,又是可以被分析、被解释、被建构的观念形态的符码。王跃文笔下的空间,不仅是解读小说人物生存心态的一把钥匙,也是官场权力分配的表征。通过对权力资源的分配,官场产生了“一种支配人体的技术,其目标不是增加人体的技能,也不是强化对人体的征服,而是要建立一种关系,要通过这种机制本身来使人体在变得更有用时也变得更顺从,或者因更顺从而变得更有用”②,而这种关系就是通过空间来实现的。小说中的权力人物穿梭于公共空间、私密空间之中,言行间呈现巨大的悖反;在官场夹缝中求生存的各色人物所经历的人格分裂与自我认同的缺失,更是确证了官场这一特殊场域给人性带来的异化,正如王跃文所言:“从《国画》到现在的《苍黄》,我其实更多的是写有关官场人生的孤愤与彷徨、痛苦和救赎”,“我想在官场中观照的是人性,是官场人性的异化与挣扎”。哈贝马斯认为公共空间蜕化的结果是真正意义上的“大众舆论”的消失。在一个被操纵并已经完全商业化的公共空间里,舆论已经不再是公众意见的结果,取而代之的是“民意调查结果”“公开宣传”,甚至是“公共关系运作”。从这一层面来看,《苍黄》中所描绘的网络空间实际上也在一定程度上体现了公共空间中公众民意的蜕化。网络空间作为一个新的社会环境和生活空间,通过技术、社会、经济、文化与政治之间的相互作用,消弭了想象与真实之间的界线,重新塑造了我们的生活场景。

空间是人类进行各种认知的基础,人类也对空间进行各种形式的生产与再生产。权力不仅作用于公共空间与私密空间,权力的边界还蔓延到网络空间,影响着身处其间的每个个体。个体在公共空间、私密空间中无时无刻不受制于权力的规训,即使是在虚拟的网络空间中,个体虽享有较大的言论自由权利,但仍难逃权力制辖的宿命。从空间叙事这一视角来看,王跃文的官场小说不仅谱写了当代官场的运作规则与人生百态,“显示出从‘亚文化’角度对官场生态进行审视和概括的艺术自觉”③,还超越了一般官场小说的审美范式,深刻剖析了权力分配与空间生产之间的关系,为读者走进当代官场这一特殊场域提供了一种富有启发性的视角。

(载《小说评论》2013 年第 4 期)

---

① 转引自周和军:《论空间叙事的兴起》,《当代文坛》2008 年第 1 期。

② [法]米歇尔·福柯:《规训与惩罚》,刘北成、杨远婴译,生活·读书·新知三联书店 1999 年版,第 156 页。

③ 刘起林:《官场小说的价值指向与王跃文的意义》,《南方文坛》2010 年第 2 期。

主要作品目录《

长篇小说

《国画》，人民文学出版社 1999 年版。

《亡魂鸟》，中国电影出版社 2001 年版。

《梅次故事》，人民文学出版社 2001 年版。

《朝夕之间》，陕西师范大学出版社 2002 年版。

《龙票》，长江文艺出版社 2004 年版。

《西州月》，长江文艺出版社 2006 年版。

《天问色官》，远方出版社 2006 年版。

《大清相国》，花山文艺出版社 2007 年版。

《苍黄》，江苏人民出版社 2009 年版。

《落木无边》，群言出版社 2009 年版。

《国画》(修订本)，华文出版社 2010 年版。

《梅次故事》(修订本)，华文出版社 2010 年版。

《朝夕之间》，湖南文艺出版社 2012 年版。

《爱历元年》，湖南文艺出版社 2014 年版。

中短篇小说集

《官场春秋》，百花文艺出版社 1998 年版。

《官场无故事》，中国电影出版社 1999 年版。

《王跃文自选集》，陕西师范大学出版社 2002 年版。

《王跃文作品精选》，长江文艺出版社 2003 年版。

《没这回事》，湖南文艺出版社 2003 年版。

《官场王跃文》，北京广播学院出版社 2004 年版。

《今夕何夕》，时代文艺出版社 2006 年版。

《天气不好》，长江文艺出版社 2006 年版。

《漫天芦花》，长江文艺出版社 2006 年版。

《平常日子》,群言出版社2009年版。

《蜗牛》,群言出版社2009年版。

《也算爱情》,工人出版社2010年版。

《人事》,工人出版社2010年版。

《无雪之冬》,湖南文艺出版社2012年版。

《漫水》,湖南文艺出版社2012年版。

《人事官事》,群言出版社2012年版。

散文随笔集

《有人骗你》,中国工人出版社2004年版。

《我不懂味》,同心出版社2005年版。

《胡思乱想的日子》,中国海关出版社2008年版。

《拍手笑沙鸥》,江苏文艺出版社2011年版。

《幽默的代价》,湖南文艺出版社2012年版。

《读书太少》,广东人民出版社2014年版。

魏　微

女，原名魏丽丽，1971年生，江苏沭阳人。

小 引《

最近几年，文坛上在闹“80后”。“80后”是一个特殊的文学群体，它的主要代表人物，像韩寒、郭敬明、张悦然等，基本上都是“新概念”作文大赛赛出来的，因为这帮少年（当然现在都是青年）英雄的来路不同，所以对他们的文学身份，就得“另眼”相看。我说的这“另眼”相看，不是歧视的意思，而是说，他们不是或不全是从一开始就是冲着文学来的，即不是或不全是为了热爱文学而学习写作，就像多数走上文学道路的文学爱好者那样，而是在接受基础教育的阶段，受着某种社会力量的推动，作为反抗长期以来的语文教学，尤其是作文教学的某些刻板程式的一种投枪和匕首，从社会各界尤其是教育界人士期望的窗口投射出来的。因而他们后来的走向文学，就不能不带有这种先天的反叛（包括文体和思维）意识和色彩。

在这之前，文坛上还闹过“60年代出生的作家群”（那时候还不兴叫“60后”）和“70年代出生的作家群”（当时已有人称“70后”），虽然小说界以代际的区别来标示作家群，肇始于此（诗界早就有“第三代”“第五代”之说），但却与而今闹“80后”有所不同。那时的直接前提，不是教育问题和其他社会问题，而是基于文学内部不同年代的作家创作的不同取向和特征，由此推及其出生的时间，对一个文学群体作出的断代概括。

从总体上说，我和很多人一样，不大同意用这种方法来区分和标示作家群，虽然它也能部分地说明一些问题，但毕竟不是一个比较准确有效的概括方法，因而这种名称，也不应当作为一种文学史学科或文学批评的理论术语和概念。如果说同一个年代出生的作家，创作上就一定有共同性，因而就可以看作同一个文学群体，那么，扩而大之，一个时代出生的作家，比如说整个20世纪的中国作家，也可以作如是观。既然所有的作家都这样了，那这样的区分还有什么意义呢。你如果要说这是一种咬文嚼字的瞎抬杠的话，那么，实际的情况，却可能比这种字面上的辨析，还要复杂得多。

就拿本辑“小说百家档案”的主角魏微来说吧，如果论出生时间，她应当是一个货真价实的“70 年代出生的作家”，同时也是这个“70 后”群体的有代表性的作家。相对而言，她在魏天真博士的采访中，多次提到的女作家林白，虽然是出生在 20 世纪 50 年代末，但通常都把她归于“60 年代出生的作家群”。从某种不成文的逻辑上说，或者根据某种发展进化的观点，至少在文学观念上，属于后一个年代出生的作家魏微，要比属于前一个年代出生的作家林白，更显“进步”，更加“开放”。但事实似乎并非如此，至少不全是如此。比如谈到文学与生活的关系问题时，魏微说：“我是想把小说写得跟生活一样，就是照着生活的原貌写，生活是什么样的，我的小说也想是什么样的。”虽然她同时也说过，“其实生活是没有原貌的”，她所写的是她眼中的生活，因而带有较强的主观性，但她在这个问题上的基本观点，却与我们讲了大半个世纪的那句“按照生活的本来面目描写生活”（据说是契诃夫的话）的现实主义创作原则，没有什么两样，就是她说的那个主观性问题，在胡风的理论中，也是早已有之，与她的出生年代似乎并无直接关系。相反，根据她的说法，林白的创作却有更多内省的倾向。众所周知，中国当代文学由外而内，即由反映客观现实转向表现主观情感，亦即是魏微所说的主观性问题，是经过了一个漫长而又曲折的过程的，为此，80 年代还发生过一场文学“向内转”的讨论。如果说林白的创作的内省倾向，是这一转变的逻辑结果，那么，在她之后出生的魏微，就应该继续发展这种内省倾向，但魏微的主张和创作，刚好相反，似乎又要转到反映客观现实的方向上去，只不过已不是过去那样机械刻板的反映，而是要从个人的主观视角看将过去。这当然也是一种时代的进步，只不过不完全合乎某种理论所预设的逻辑罢了。

我很欣赏魏微的坦率和勇气。她说，她不是那一类内省的或很个人化的作家，她喜欢这些作家，但她也不遗憾：“我就是要老老实实地去写生活，写时代，写人……好比在我们的文学传统里，她们是大胆的越轨者，我是平庸的守成人；你画个圈给我，我就在这圈里走路，一般不会越雷池。”唯其如此，她才是一个被读者和评论家称道的特立独行的或曰“特异”的魏微。我说这话的意思，并非表明我是现实主义文学原则的忠实信徒，也不是说，我一定就相信某种现实主义回归的理论，而是说，一个作家如果没有自己的艺术操守，如果在文学的时潮中不能把持住自己，就不可能是一个好的作家。从这个意义上说，我只承认有好的作家或欠好的作家或更次等的作家，不承认哪一个年代的作家优于另一个年代的作家。王国维有一句很有名的话说“一代有一代之文学”，同理，一人有一人之文学，倘无这“一人”之文学，则“一代”之文学，“无论是古是今，是人是鬼，是三坟五典，百宋千元，天球河图，金人玉佛，祖传丸散，秘制膏丹”（鲁迅语），都不会兴旺发达起来的。

自 述《

“我们的生活是一场骇人的现实”

这是凡·高的一句话，我在这里引用一下，简略谈谈我这些年的创作心得。

有一年我在武汉，跟几个朋友聊天，听来这么一件事——广西一个小山村的村民们，集资买了一辆卡车，往广州贩卖水果蔬菜。因路上关卡林立，所挣无几；又听说沿途关卡只对军车放行，他们情急之下，便把卡车漆成绿色，村民们也穿上军服，戴上军帽，是否配备了枪支弹药不得而知。两年间，他们慢慢认同了自己身份的转变，全村实行军事化管理，村主任成了团长。事情的败露起源于一件小事儿，一个村民犯上，村主任一怒之下，喝令手下人：把他拉出去毙了！

我确信，这故事一定能迷倒很多人。我把它转述给父母和妹妹听过，他们喜欢；我把它讲给作家朋友们听，他们的反应则是激动。是啊，生活原比小说精彩，村民们也远比作家有想象力。但凡我们聊起文学，总会涉及以下一些概念：现实、想象力、荒诞、时代精神……都是些大而无当的词汇，多年来，我们的文学在这些词汇面前变得小了，被压倒了；而广西的村民们只是灵机一动，已代“文学”走出了一大步。

我确信我所身处的这个时代是疯狂的，即便我偏居陋室，从每天呆坐着的书房窗口，能看见广州灰色的天，一群鸽子从低空飞过；对面小区的高楼大厦，阳台的晾杆上有各色衣衫在飘飞……即便我身处日常，也能感知我周围有一股奇怪的力量在蠢蠢欲动，就如含苞待放的花，或如破土而出的笋，总有一天，它孕育成的传奇会使我们惊叹不安！

我们的生活中，每天都有传奇发生，那些惊天动地的大事，或有一些小的欢乐和伤悲，都可以视为我们时代的注脚。我喜欢“时代”这个词，也喜欢自己身处其中，就像一个观众，或是一个跑龙套演员，单是一旁看着，也自惊心动魄。某种程度上，我正在经历的生活——看到或听到的——确实像一部小说，它里头的悲欢，那一波三折，那出人意料的一转弯，简直超出凡人想象。而我们的小说则更像“生活”，乏味、寡淡，有如日常。

我不能解释这是为什么。一味指责我们的文学缺乏想象力、表现力，或是指责小说家不深入生活，我想并不恰当。文学与生活的关系，其复杂程度就如一团剪不断、理还乱的麻。在广西的村民们把运输卡车漆成绿色、在中国就连最普通的农民也开始狂想的时候，我们的文学是否也需静下来沉思，即：我们的生活到底怎么啦？我们的文学到底怎么啦？

访 谈《

照生活的原貌写不同的文字

——魏微访谈录

魏天真 魏 微

魏天真：当我读《在明孝陵乘凉》《一个年龄的性意识》《一个人的写作》以及后来的《化妆》《大老郑的女人》的时候，我觉得我可以想到、能够理解你为何要写作又是怎么做起小说来的，但恐怕不是所有的读者都知道，所以，很想请你就这个问题谈谈，也就此验证一下自己的感觉。

魏微：嗯，可能是有话要说吧。对过去二十年，1970—1990年，我是真正生活过的。我在其中摸爬滚打，投了很多感情，可能我就是想对那段生活说话。

魏天真：在你的写作中，"记忆"很重要吗，关于童年、青春期的记忆？我觉得，想象在你的小说中也很重要，但想象好像都是附着在记忆上的。因为你的许多作品都给我留下了一个特别的印象，就是，有一个成年的"我"——二十八九或者三十岁的女子在回忆，当然有时也可以是一个年龄相当的男子，比如《拐弯的夏天》就是。回忆中的"我"又记取了两个重要的年龄段——十六七岁和四五岁——的事情。半大女孩又站在这个十六七岁的位置，想着五六岁时做小女孩的光景。这个印象的特别之处就是，我看到一个快成年的人在这里看她的少年时代，看到的是少年的她在回望她的童年，这很像两面对照的镜子形成了一个无穷的长廊，很清晰也让人觉得有点隔膜。总之，这些与时间有关的年纪、与年纪有关的时间给我印象很深，特别是在《乡村、穷亲戚和爱情》《大老郑的女人》《储小宝》《姊妹》里头。还有一些小说不会同时出现这些时间，或者说没有这么明显完整，但给人的感觉，还是你在回望过去，那个过去的你也在回望过去。你能说说这个话题吗？

魏微：这个说法有意思，就是我小说里的两面镜子，一个成年人在回忆她的少年时代，这个少年又在回忆她的童年时代，其实他们都是一个人。你说的是这个吗？我没有刻意这样写，要是刻意，我是写不出来的，这个技术难度挺大的，两面镜子对照，这怎么写啊？我写小说，虽然磨得厉害，但基本上还是自然而然流露的，不去考虑章法、结构那些抽象的东西，就是凭直觉。我其实很看重直觉的，虽然这一路写下来，直觉也慢慢消磨殆尽了，挺可惜的。

我是想把小说写得跟生活一样，就是照着生活的原貌写，生活是什么样的，我的小说也想是什么样的。你上面提到的几篇小说，都有这个意思。“回忆”是我的一个重要组成部分，天性使然，我从小就恋旧。我也意识到这一点，就是80年代的时候，我开始回望70年代。90年代的时候，又开始回望七八十年代。这是我生命中最重要的二十年，有点“浓缩人生精华”的意思。

想象力我是不行的，可能有一点，但绝不是天马行空。这是我的一个弱项。我偶尔有点想象力，也仅限于对一个场景的设置，其实这都算不上是想象力。你一个写小说的人，总归要设置一些场景，虚拟一些人物关系吧。我呢，差不多是那种很写实的作家——我希望自己是这样，当然也没做好。

魏天真：你说的这些其中也有是我一直在琢磨的，在重读你的小说的时候，我过去曾纠缠不清的问题又冒出来了。比方说你说自己是照着生活的原貌写，写得跟生活一样，可不久以前不是有“新写实”啊、“零度写作”啊、“原生态”啊等等，人家也是说照着生活的原貌写的，为什么你和他们的大不一样呢？为什么我会怀疑自己对你的小说有偏私的嫌疑呢？我在说服自己的时候就想，那可能是作者看待生活的方式不一样，同是生活原貌，到了他们的笔下也就随物赋形了。一个人可能沉醉于生活中，可能跟生活亲近，亲近到狎昵的程度，也可能自认看破红尘或者天生优越而睥睨众生，那你呢，我感觉你的态度不是这样子的。你说自己想象力不行，但读者可能感到你的小说有浪漫怀旧的诗意；你以为自己在浓缩人生，大家可能读着觉得闲散飘渺得很呢。那么你对生活是什么态度，我只能凭阅读印象，推测生活的原貌为什么成了你笔下的样子。也许，你对过去的生活就好像对待一个站在面前的人。不论是一个熟人还是一个陌生人，还是一个现在陌生了的故人，他那样来到你跟前，你得认真地看他、听他或者回避他，总之是不得不认真对付。是否可以说你在写作中把生活重历了一遍，这一遍你是小心翼翼地、狐疑地，也是虔敬地甚至是感激地重新经历的？

魏微：可能是这样。我说照着生活的原貌写，其实生活是没有原貌的，因为每个人眼中的生活都不一样，那么这里就有一个视角的问题。我仔细想了一下，大概我跟新写实的区别就在于，他们用客观视角，我呢，主观性多一些，就是以一个孩子的眼光来看世界，这个孩子比较敏感，也通人情世故，她就想要把她所看到的世界写出来。

说到对生活的态度，我其实也没什么态度的，我不太懂生活。我把我的经历跟你讲一下。我是 1994 年开始写作，1997 年在《小说界》发表作品，后来就辞职写作，一个人住。这十多年来，我差不多就是一个人待在小房间里，偶尔写点东西，写不下去就读点书，其实跟社会是隔离了。我对社会上的事不是很懂，对生活也不懂。这十多年来，我就没生活过，就是度日。我真正的生活是在什么时候呢？是在我写作之前，在七八十年代，我的家乡小城，和家人在一起……就是这段时间。到了 90 年代中期，我就不在生活里了，也不是刻意的，就是感觉渐趋麻木，对一切都不太起劲，好像被什么东西排斥了，就是站在外围，进不去。当然我也没想进去，属于站在一旁看热闹的那种。其实也挺好的，就是你不再投入感情了，不像前二十年，我是把自己放进去的，那不一样。

魏天真：我觉得你是一个与众不同的作家——这是句废话，我已经看到不少人说你的与众不同了。我是指你投射在小说里的一种内省的意识，你笔下的人物不论是哪种性格气质，总有一种明显的剖析自我的倾向，包括最近的《家道》里的这个“我”。我想请教你的是，赋予这些人物以不断反省的特点，这是你写作时无意识的习惯还是一种自觉的意识？

魏微：内省我还是有的，另外我对人心也很感兴趣。这个不单在我的小说里，在我的生活中也是这样。我看人待事没什么是非观念，唯一感兴趣的就是人心，就是你心里是怎么想的，你是怎样的一种性格，你能做出什么事来……你把人心吃透了，不管生活中发生了什么，你也不会觉得奇怪。比如一个老实人，他偶尔也会撒谎的，他瞒天过海，这有什么好奇怪的呢，这是人之常情。不能一写到老实人撒谎，动不动就是脸红，他为什么要脸红！你这等于把人给看扁了，你瞧不起人家！你作为写小说的人，必须要具备这样一种素质，就是尊重你笔下的人物，要跟他平等对话，哪怕他是文盲。人心太深不可测了。

魏天真：是啊，你也说到尊重。我喜欢你的作品最重要的原因大概就是读到了尊重。对人事万物也包括自己的尊重。

魏微：可能是，你把自己看得低一点，就容易有尊敬。我就觉得写作的人吧，可能真要把自己放低，否则的话你怎么写啊，你把自己放在一个俯瞰的位子上，这是神的位子,不是人的位子啊。

魏天真:最近几年我一直在做女性写作的研究,我也许有点偏颇但还是忍不住一再批评女性作者缺乏内省。其实,一般男性作者未必不缺少内省,也许因为对同类总会抱有幻想和希望,难免更苛刻些。这也是我一直不敢也不能在自己的文章中讨论阁下大作的原因。我读了你写的《一个人的写作》,觉得非常认同你的一些看法。但在现实生活中我也有个比较悲观的看法,即,真正的内省(为了在精神上得到净化和提升的)很少很少,出于算计的自我审视倒是很多。想请你说得更具体些,你说的写作要负的责任,以及纯正的写作,是指什么?

魏微:内省我还是有一点的,可能每个人或多或少都有点爱自己,但我一直在克制这种情绪,就是觉得自恋自怜挺傻的,可能自己不觉得,外人看着就觉得肉麻。我有一次读杂志,读到一个成功女人的访谈,她很自信,觉得自己很优秀,一切都是最好的,倘若男人不爱她,那是男人的损失,诸如此类。真的挺傻的,这样说话的女人,她的智商一定有问题。

其实男人女人一样自恋,女人的表现形式低级一些,善于自己造幻觉,相信自己生得美,有魅力,穿一件新衣服也要顾影自怜,就是狂热地跟自己恋爱上了。男人隐蔽一些,但也好不到哪儿去,假若他的肉体不怎么可爱的话,他爱的一定是自己的精神和思想。这个你想想,挺有意思的,人性弱点吧,只要不过分就行。

魏天真:就《一个年龄的性意识》来说,在这个小说里头,两个年轻女士(70后)谈论上一代(林白她们)的女性写作,那种态度耐人寻味。我很好奇,你真的相信她俩是真的认为自己比那些大她们十岁左右的女士更老,还是你自己在以一种文雅的态度表达对前辈的否定,甚至是怜悯?

魏微:我跟林白是很好的朋友,她这个人其实非常单纯,就是她不在现实里,没有社会经验。她比我有激情,容易相信一些东西,容易被蒙蔽——当然也就这么一说啊,生活里她也未必真这样。你读她的小说就会发现,尤其是早期的小说,她很敏锐,身上有一种天然的东西,对人情世故不是很在行。她比我大十岁,可是心理年龄比我小得多。我呢主要是心老,就是心里什么都明白,可是行为不太配合,常常会做些傻事。这个其实也是不成熟,但是相比林白,我觉得自己是老了。

我这也是瞎说啊,不一定准确。我就觉得吧,她们那代人其实很单纯,从80年代走过来的吧,身上普遍有一种理想主义的东西,相信人心是善的,可能她们的文学启蒙一开始是俄苏文学,后来才是现代派小说,就是身上有一种情怀。我们这代人则非常世故。我是1989年参加高考的,然后才接触社会,不一样了,时代变了。我现在读俄苏小说，像屠格涅夫那一代的，根本读不下去，为什么？心境变了，身上没有那种古典情怀。我从一开始就相信人心是复杂的，你叫我回头去相信那种单纯的东西，不可能了，回不去了。这个，算是回答你的第一个问题了。

第二个问题也有点道理，但不是基于对前辈作家的否定，而是想写出一点不同的文字，以区别于她们那代人。其实林白、陈染、徐晓斌的文字，我都集中读过，那还是十年前，我刚开始写作的时候，一读就觉得炫目，她们的文字太漂亮了，情绪饱满，意境迷离。我当时就想，小说写到这种份上，真是有点写疯了，就是你获得自由了，天马行空，兴之所至，怎么写都对。就是你再怎么挑剔，挑来挑去还是才华，太奔放了，藏不住啊。

我呢，不属于这一路的，我天生就不是奔放的人，有点拧巴，对自己很克扣。我要是有一样好东西，比如一件漂亮衣衫，必定藏着掖着，不让人看见，必定要等到满大街的人都穿上它，我才会穿，这样我走在人群里，就觉得自己是自由的。我喜欢沉着一些的文字，像博尔赫斯、卡夫卡他们，我读他们的文字就满心欢喜；我读女作家的文字呢，虽然也很漂亮，可是我心里会发慌，好像有点喘不过气来。我一开始以为自己是嫉妒，就是你嫉妒人家的才华，因为你写不出这样的文字。后来我发现不是这样的，因为有一次我读林白的《米缸》，这是她中期的作品，我就非常喜欢。为什么呢？因为她开始写生活了，她的文字里有日常，有一些很普通的小市民，日子过得很艰难。我喜欢这个东西，就是她的小说触到地气了，读这样的小说，我心里就不慌，觉得很踏实。

这是个人趣味吧。其实杜拉斯也有这个问题，就是太个人化，远离世俗生活，文字美得叫人眩晕。但你不能说杜拉斯不是好作家。她是好作家，林白她们也是好作家，她们创造了一种特立独行的风格，很自由，很奔放，就像跳舞的邓肯一样，非常风格化，这对一个搞创作的人来说，其实就成了。我不是这一类的作家，但我也不遗憾，我就是要老老实实地去写生活，写时代，写人……好比在我们的文学传统里，她们是大胆的越轨者，我是平庸的守成人；你画个圈给我，我就在这圈里走路，一般不会越雷池。呵呵，我跟林白没聊过这个话题，但愿她看到了别生气。

魏天真：不会那么容易生气吧。不过你这么说我也得考虑考虑了，碰巧我刚刚完成的两篇论文——几乎是同时——就是关于你的和林白的作品的解读，是我“最近十年女性写作问题研究”的组成部分。“问题研究”嘛，自然就一个劲谈问题，我岂不是要引发林白女士的雷霆之怒了。当然，我这样说不免抬举了自己。不是说过尊重吗？抱着真诚和尊重，是可以讨论问题的。顺便问一下，你觉得批评家或同行们的意见重要吗？对你有无影响？

魏微：可能有影响，但我又不希望受影响。理想状态是，我写我的，不管外界的评论。我有自己的一方世界，那么我就要把这个世界表达出来，好坏权且不顾。写作是为了什么呢？可能就是我要说话，我想找到一种自由的表达，通过这种表达我能得到某种释放，当然这是理想状态。一般是，表扬话在我身上不太会有影响，也就那么一听，听了挺开心，到此为止；批评话呢，就不太好说了，假若众口一词都说我写得很差，我该怎么办呢？那样写下去，还是放下来想想？我想可能是后者。所以批评的意见对写作还是会有影响的，有的人不承认，我觉得这不诚实。不可能没影响的，肯定有，谁也没法活在真空中。

魏天真：我觉得有一个小说与其他小说很不同，跟你自己的其他小说完全不一样：《校长、汗毛和蚂蚁》。起先的一部分，像一个寓言、一个模仿的现代派小说，读着读着就很"现实"了。那个当校长的没有名字的主人公从玻璃窗的一个固定小框格看天，让人揪心；特别是到了那个细节——他为了掩饰自己数汗毛的行为，宁愿让妻子误以为在自慰。我想这会让读者的心里产生寒苦、痉挛，似乎呕出了胆汁一样的感觉。你觉得是什么使你相信自己能写好、写活一个男人？或者，要塑造一个男性形象，你觉得有什么障碍没有？

魏微：噢，这是我早期的东西，基本上被我否定了，我现在都不敢读。这篇小说是我写作的一个异数，写这篇小说的一个直接原因，是当时正在读图森的小说，就是那个比利时作家，后来去了法国，被称为是继承了"新小说派"衣钵的。我当时迷图森迷得一塌糊涂，现在也很迷，就是他的细节描写，全是细节，不动声色的，很冷静，可是通篇读下来，你就读出了人的无聊和绝望。太绝望了。我就想，图森怎么能把小说写成这样，没有情节，没有故事，没有心理描写，就是一个无所事事的年轻人，躺在浴室里，一待就是大半天，或者摆弄摆弄照相机，或者去冰箱里取点东西吃吃。我们无聊的时候差不多也是这样，但是图森把这个状态写活了，写得很迷人，全是靠细节撑着的。我觉得这是很了不起的。

我这篇小说完全是模仿之作，之所以否定它，也是这个原因，就是觉得小说里没有自己的东西，不是"原创"。我是从这篇小说之后，悟出了一些问题，就是觉得不能再这样写了，再写就是死胡同。其实我很感激这篇小说，必须要走这样一条弯路，我才能服气。

我现在对小说的理解就是，写作必须要真诚，写作要有自己的"生命轨迹"，比如图森写这类小说就是真诚的，我写就是"东施效颦"，因为这不是我的题材。我现在就是这样一个想法,就是要找到自己的题材。当然你读这篇小说时,能读到揪心,这个还是给了我信心。我写这篇小说时,其实还是动了点脑子的,就是贴着人物的内心写。我对男人当然不了解,但是我对“人心”有点了解,这就够了。人心的差别其实并不大的,你写一个人物,不拘男女,只要你钻进他的内心,把他当作“人”来写,写得慢一点,多琢磨几下,这个其实也不难的。

魏天真:虽然你我都是女性,虽然一直都有“女性写作”话题的鼓噪,虽然我就是在做女性写作的研究,但我向你提问时,一直在努力撇开这个话题——我真的很执拗。现在我要问的是,你怎么看萧红的写作?她对你有无影响?以前读你的小说,有时会觉得像张爱玲啦、萧红啦、王安忆啦,或许根本没等到我这样觉得,已经有人这样评价你了。现在我也不太清楚真是我自己得出的这种印象,还是人家的评价影响了我的感觉。

魏微:是,我受张爱玲、萧红影响很大。张对我的影响主要是技术上的,她的小说技法太娴熟了。她是那种不可及的作家,学也学不来的。精神上我离萧红更近一些,她身上有一种很朴素的东西,很本色。她一生追求温暖,其实活得寒凉,她的小城背景,对穷人的态度,对日常的书写……这个也是我感兴趣的东西,也不是刻意学她吧,其实萧红也是学不来的。精神这种东西你怎么能学得来呢,这是你天性里就有的东西啊!

魏天真:你的小说中有一些专属于你的词汇,麻钝、荒远、荒冷、灰败、不很有感情、(人脸的)含糊,(身体的)尖叫,等等。你是不是非常在意小说的语言?

魏微:是,非常在意。语言是最基本的东西,其实小说是有门槛的,语言是第一道门槛,你不过这个门槛,你写的“小说”就不能算是小说,充其量就是一故事。我读我们当代的小说,发现很多作家都是在讲故事,而不是在写小说,这个太遗憾了。其实有的人连故事也讲不好,就是你连最基本的东西都没过关,就在那儿急就章,写完了就拿出来发表,这种状态其实是很疯狂的。我自己的情况是,我对小说的技艺,包括语言、叙述、描写这一类的,从很早就意识到了,但是我的技术也不行,越写到后来越发现自己不行。为什么呢?就是自小没受到完备的文学训练,属于半路出家,没做童子功。

我前阵子读凡·高书信集,就是他跟弟弟的通信,洋洋五十万字,我从头看到尾,真是看呆了。凡·高太了不起了,他若不是画家,也会成为一个出色的作家。你看他的风景描写,很多古典文学大师都比不上。简单的几句话,就把他那个时代的街道、房屋、风俗人情全写出来了,而且写活了。凡·高太刻苦了,他发疯前几天,还在临摹伦勃朗的画。技艺这东西其实是无止境的，这对画画和写作来说都一样。

魏天真：你说的凡·高书信集我早些年读过，书名好像叫《亲爱的提奥》。当时也觉得很好，很感动，也许那时我没能真正理会它的妙处。你现在提起来，倒从我心里拎出了一种模糊的感觉并且把它理清了，就是你说的追求温暖而活得寒凉。现在想起那些信，只记得他说了那么多话，讲了那么多事，到末了总得开口向他弟弟要钱。我仿佛又看到他又愧疚、又期待的样子，现在还难过得不行。

魏微：是叫《亲爱的提奥》，我是真喜欢，比读小说叫人感动。比如有一段，讲他异地而居，他父亲千里迢迢来看他，父子两人在屋子里坐了一会，后来他送走父亲，回来的时候看见父亲坐的凳子还在那儿，他用手摸了一下，捂脸就哭了。凡·高实在太迷人了，可能是个性原因，我对一切潦倒的艺术家，像凡·高、卡夫卡他们，都心存敬意。

魏天真：不拘哪种情形，一般地说，在你落笔写一个小说之前，语言、故事或者事件、情感或者说心理，其中的最直接的驱动力是什么？

魏微：贴着生活写，把它写得跟真的似的，就像生活本身一样。这个标准就看你怎么看了，你可以说它很低，因为这里我们先不谈想象力、思想、情怀这类很吓人的东西。但是从另一方面来说，这个标准又是挺高的。生活是什么呀，这个你细细想想，会把每个作家都吓倒的。我倾向于以为，这是一个很高的标准。我这样说，但愿不要被误以为野心太大，搞不好就想写名著，其实不是，我做不来那种事。我差不多就是那种手艺人，假若我是石匠，想雕出一个仕女来，我一定会照着生活中的仕女，她的神情，甜蜜蜜的微笑，她被风吹起的裙裾，我不会想着要把全人类的负荷都压在她身上，这个很有思想啊，但是我看到的仕女不是这样的。我的理想就是做一个手艺人，忠实于生活，在一刀一斧中得到一点小乐趣。

魏天真：再比如"尖叫"，虽然是你常用的一个词，但显然，它不仅仅是一个词，你的好多篇目里都写到"尖叫"，身体的尖叫或者来自意识不到的某处的尖叫；有时代表欲望，有时代表震撼，有时又代表对自己的否定。那些特有的语汇是不是意味着特有的感悟或者体验呢？

魏微：有意思，我是经你提醒，才意识到"尖叫"也是我小说的关键词。按说这不该是我的词，因为风格不符；但细细想来，好像又是我的词汇。因为我的小说多写日常，日常虽平静，内里却有大波澜，你不克制，它就会掀起滔天巨浪；你一克制，人心必有压抑，尖叫是很符合这种压抑的状态的。嘿，我这叫不叫自圆其说？

魏天真：我觉得了不起呢。因为我也觉得，你的小说除了在《化妆》里头很少几处有稍显尖锐的语气和坚硬的情绪，其他大多与“尖叫”不搭界。但是，尖叫就是在文本世界的某些地方若有若无地隐现着，你的说法很是提醒了我哦。

魏微：我这也是瞎说说，平时很少想这些的。

魏天真：在关于《家道》的创作谈里，你说到谋求改变，因为担心自己写不出来了，是这样的吗？能否再具体谈谈你说的“改变”？需要改变的仅仅是说话的腔调吗？

魏微：是，问题挺大的。我也搞不清问题出在哪儿，就是写不下去了；不是题材的问题，题材我是有的，手里有五六个，还包括一个长篇。这些题材挨个挨个都想得很清楚，可能是想得太清楚了，反而不知如何落笔。我以前写小说不是这样的，心里有一个模糊的印象，就开始写，虽然写得慢，但基本上还是顺畅的。我写过几篇我觉得不错的小说，这都是在早期，那时我对小说的理解还很混沌。我觉得那是写作的最佳状态，就是很混沌，有点懂，但又不是很清晰。我觉得好作品都是无意间得来的，是在你没准备的情况下写出来的。从这个意义上说，写作是不难的。一个作家的一生，偶尔写出几部好作品，这并不难，只要你认真。

写作真正的难处，是在后期。就是你要坚持写下去，形成自己的风格，你还要打破这种风格，以激活对写作的热情。这时候你脑子里已形成了对小说的基本认识，很清晰，人在清晰的情况下是不能写小说的，但是写作写到后来，是必定要清晰的，这是规律，每个作家都躲不过去的。那么我觉得这里头就有一个写作的命数，就是有的人过了这个坎，有的人过不去。

我现在正在这个坎上，很难受，已经两三年了。我一年只能写一个短篇，像蜗牛一样爬，苟延残喘。一点办法都没有。只有静等，另外就是读书。我偶尔也会跟人说起，写作是件多痛苦的事，但私下里呢，我也不以为我这痛苦就值得一提。每个作家都会经过这一关，我们必须要学会承受，写作就是难受的事。什么是好作家呢？就是他一生不断为自己设置障碍，他再越过障碍，往上爬。王小波好像也说过类似的话，写作就好比登山。人为什么要登山呢？王小波的回答是：因为山在那边。

我现在自然算不得好作家，因为我连一个山头还没爬过去，我还没写出我最好的作品，我正在等。写作是需要等的，使蛮劲没用处。写作是需要光的——我一个朋友这样说过。那么我现在就在等那束光。

我清楚我现在的问题，不是题材，是表达上出了问题，所以我说要重找“说话的腔调”。题材是没问题的，这几年我想得挺多的，我以前写作，是有一搭没一搭，那么写了十年，有些东西就串起来了，知道哪一块是自己生命里最重要的东西，我想找到一个更确切的方式来表现这些东西。

魏天真:你在等,你的读者也在等啊。并不着急,是静待分享那种心灵的快乐。

魏微:是,不着急,慢慢写吧。

评　论《

魏微:异质的和纯粹的写作

魏天真

魏微开始写作时,“前辈”者如林白、陈染等已是金身塑就,有了相当的“历史”地位;同代人如棉棉、卫慧等正横空出世,进行着震撼文坛乃至整个世界的哗变。在写作者以叛逆和前卫自诩,竞相标新立异的潮流中,魏微似乎显得很不起眼。但你绝不能说她是驯顺、正统或者保守的。她也并不就是沉静的。不如说她很执拗。读她的小说,你会感到,她心思的激烈至少不亚于那些动辄使众人错愕或者愤怒的人;可她却在美女、美男作家辈出的时候偏安一隅,固守着自己的声音、自己的生存方式,使人不由得揣摩她的韧劲、悟性和思维方式是否都异于常人。有文字为证。在早期作品《一个年龄的性意识》里,她让主人公——两个文学少女——讨论林白、陈染的小说,让她们一面同情地理解这些女性小说家,一面分析自己如何“比前辈更老”,为何没有那种少女的叛逆。在创作谈《一个人的写作》中,魏微又直接批评女性小说写作者,“她们没有责任心”,“我不能原谅‘女性小说’的另一点,还在于写作者的自私和放纵,她们只从‘自我’出发,她们病态地自怜。诚然,我们每个人都是自私的,我们活在这个世界上,对于自己的关爱要超过任何人,我几乎认为这是人的天性,是不可避免的……但我以为,即使是一个普通人,也应该节制这种情绪,因为对于这广漠的世界,我们每个人都是微小的,我们是一粒尘埃,我们自身是不足挂齿的”。这段中肯的言辞向我们显示了魏微小说与其他女性小说分野的动因。说实话,面对大多数的女性写作,笔者常怀不敢言明的疑窦和绝望,仿佛看到蓝图中美轮美奂的殿堂落成为现实里晦暗的囚笼,或者那些采自天国的材料铺就了通往地狱的道路。但面对魏微的小说,私心里却视之为女性写作的不期然的成果。理由是,“人的天性”与“责任心”交互作用于写作,使她的小说在获得独特的审美品质的同时,也丰富了文学中所谓女性视角、女性意识和女性声音的内涵。

普通的“你”和特别的“你”

魏微的小说虽然不能作“身体写作”或者女性主义的“性别政治学”读解，却使本土女性文学别开生面。这首先缘于她打量世界、表现人物的方式迥异于他人。这种方式可称为“位移观照”法。

许多女性主义者强调差异，其中一部分甚至自我标榜“永远在边缘”。在文学创作中，女性文学从来便立志于描写真实的女性、真实的自我。但是，怎么可能在自居他者、书写女性欲望和情怀、固守边缘的同时不落入虚无？如何在发出自己的声音的时候避免另一种专断的产生？这始终是一个问题，一个初衷与结果背谬的死结。在魏微的小说中，我们感受到这个死结松动的迹象。比如，她的小说中的人物，包括讲述者和受述者的身份和位置，无不具有奇异的变动不居的特性。有时同一个主人公，在故事中的身份常常既是“我”又是“他”。以《拐弯的夏天》为例，少年的“我”在故事的一般进程中是“我”，这个一般进程讲述的是“我”和一个比自己年龄大一倍的女人的关系。在某些特殊场景中，比如讲述在游荡途中的火车站二人结伴而行的身姿和神态，在一个商场作案后逃到胡同里的惊险过程等等，这个“我”就以“他”的形象出现。“我”在向读者说话的此时，将过去的“我”置于对象或他者的地位，放在讲述者和读者的共同视野之中。这时的“我”虽然主动站在读者的这一边在审视另一个“我”，但读者也会因为“我”的在场而对“他”投注关切。有时小说中的一个叙事人，身份也会突然转变。在《姊妹》里，叙事人“我”在讲述三爷及其两个妻子的故事，“我”一直没有出现在故事里，读者只听到她介绍、分析、评价故事人物的声音。当读者以为她不会出现在情节之中时，她却出现了：这个“我”是那时的“我”——十六岁，面对弥留的三爷，回想着、感慨着。这个“我”的突然现身，使读者产生一种异样的感觉，因为此前讲述的语气一直很笃定，使我们相信叙事人是以一种成熟的眼光和观念审视和评判人物，可是现在，十六岁的女孩的出现打乱了故事结构，也破坏我们对叙事的信赖。读者不免要考虑第一人称的叙事中何以出现全知视角中才有的情景（比如温姓三娘半夜独自走在路上的荒冷感受，黄姓三娘的内心情怀以及其他诸多场景细节），不免要考虑这个讲故事的老到的全能的“我”，与这个涉世未深、局促不安、视野单纯的“我”，以及文本作者之间是何关系，依据成见或许会判定其中存在着某种叙事技术的故障，但不如说它是某种叙事方式的本然状态，是现实世界和文本世界原有的种种歧义、繁复、缺憾的交相呈现，多于我们常说的“多元”，深于我们习惯的“深刻”。

这个判断更适合《化妆》，也许是因为它比《姊妹》在叙事上更自然圆熟一些。这篇小说赋予那逐世而变的女主人公一种天真、随俗而敏感的气质，让她在成长的过程中，在眼睛后面长出眼睛，在灵魂深处生出灵魂，让她似乎满怀期待又不抱希望，似乎了悟世事又执迷不悟。因此，那种疲惫、散漫、低沉的声音所讲述的个人际遇，却能在读者心中激荡风雷。特别值得注意的是，那个化妆后的主人公，她的过去的“我”、现在的“我”以及此刻化了妆的“我”之间的关系；我们可按照自己的理解，究诘在小说中回顾遭遇的“我”、在一系列遭遇中经历着的“我”和写作的“我”的位置，这种种的“我”的声音的层次、功能和意义。

最特别的是“你”的所指。同样的一个“你”在魏微的同一个小说中会指向不同的人：主人公、读者、叙事人等等，但它的主要功能是维系作者和读者的当下关系。我们知道，大多数情况下，写作者在文本叙事中可以不考虑读者，或者把读者看作一个不确定的存在；但在魏微的小说中，叙事人非常看重读者，并且常常有意使读者的身份和位置不断变化，比如，由一种泛泛的自在状态变为一个特定的对象，又由这个特定的对象变成一个和主人公对话的文本中人，而后又被作者放走，回归普通的不确定的读者行列。如《乡村、穷亲戚和爱情》的例子：

风从村庄深处吹过来，是阳春三月的风，带有麦田青草的气息。虽是丧日，我的眼泪也让我觉得汗颜、吃力。我不愿意承认，我对这片土地有了感情。它从来就躺在我的身体里，它是我血脉的一部分。很多年来，它睡着了。

你没有到过乡野，你也不是乡村子弟的孩子——假如你的爷爷奶奶没有葬在这里，你就很难理解这种感情。它几乎是一触即发的，不需要背景和解释，也没有理由。你只需站在这片土地上，看见活泼、古老的世风，看见一代代在这里生长的子民，你就会觉得，有一种死去的东西在你身上复活了。

它来得如此突然，你竟没有准备。你的躯体平静地支撑着，在晌午的阳光底下，也会觉得阵阵寒冷。你在田野里跪下了，衣衫和身体沾着青草的汁。你看着村人掘坟，把爷爷奶奶的骨灰撒在一起。坟被填上了，连同棺材，连同几件贵重的衣衫和物品也烧了，一起埋了。

只在这时，你才能感觉到，你身体的一部分也跟着走了。你和死去的亲人一起，把一些东西留在了这片土地上。

你跪在荒落的原野里，拉都拉不起。你哭了，不发出声音。拿牙齿咬住嘴唇，咬得疼，咬出血来。你蓬头垢面。在眼睛的余光里，你看见血脉相连的一家人：父母和弟弟，弟弟的儿子——他才三岁，也跪在原野上，向空中“咕嘟咕嘟”地吹气泡。还有叔叔和姑姑一家，还有那些穷亲戚们。

那些窘迫的、饱尝岁月和贫穷磨难的穷亲戚呵，那一刻，他们也跪在原野上，呈一字排开。他们悲戚，也平静。有一瞬间，他们的眼睛是看到阳光里去了，那眼睛里有老实和平安，有慈善，也有忠诚。——只在这时，你才会懂得，你和他们是骨血相亲的，你和他们“在一起”。

仔细品味引文中的“你”，我们发现读者既是她需要唤起的倾听者，也是一个她信赖的尊重的表现对象。但其意义还远不止此。引文的第一段，只有作为讲述者同时也是主人公的“我”在诉说，读者是未被顾及的通常的读者。第二段出现了“你”，这个“你”是假设的某个人（读者）此刻正在听“我”诉说。从第二段“你只需站在这片土地上”的“你”开始，“你”的指称悄然移位，它从单指“你”过渡到“你”中有“我”，而后专门指代“我”了。这种转变借助于假设某件事情（假如爷爷奶奶葬在乡下），而这个假设显然只针对读者，因为对主人公而言确有其事。最后一段的“你”则再次将主人公和假定读者糅为一体。在这一系列指称转变的过程中，读者对主人公的态度也被牵引着，由看（旁观）转化为体验（有如切肤之痛），而后变成体谅（同情但有距离）。不少评论者注意到魏微的小说既感性又理性，既朴素浅显又复杂深邃的风格。为此，她是采取了一些具体的措施的，叙事人让主人公进行自我审视（把“我”当作“她”）、自我表露（“我”就是“我”）都很普遍，但是将“我”变作“你”却是特别的。在什么情况下才会出现“你”呢？是在“对话”的时候。我们不一定在情感态度上认同对方，但一定是认真地注意对方，才有“我”“你”之称。“你”意味着一个人在“我”面前，“我”注意、承认这个人；“你”是一个具体的、独立的、相对于“我”、与“我”不同的存在。人物身份的挪移，为人物处境设置不同的观察视角，将叙事的“我”从作为主人公的“我”身上剥离开来等等，其作用，一是避免叙事人对人物的偏私，二是将主人公无以控制的激情纳入叙事人的理性观照之中。我们知道，文艺作品中有观察和表现客观世界的散点透视之法，在描写人物和刻画心理时有所谓设身处地、换位思考等等，魏微的做法与这些皆有牵连又大不相同，她仿佛在浑然不觉间，实现着与世界、与他人的呼应、理解。

“自传体”与“黑暗传”

《姊妹》是魏微的近作。我们可以方便地将它视如观念化的文本，那真是一个诠释女性主义“姐妹情谊”的典型范例。“姐妹情谊”从来就不是一个单纯温暖的话题，却一直被简单化、抽象化，即使在许多自觉的女性写作者那里也是如此。《姊妹》则向我们呈现了其原有的复杂性。

小说写两个“三娘”，黄姓三娘和温姓三娘，分别是“三爷”的妻子和情人，分别为三爷养育了三个儿子和一个儿子一个女儿。小说先写“三爷”何以一直都讨女人喜欢，再写这两个女人在跟他久了以后，特别是当她们为他而殊死搏斗时，他太“软”，靠不住的一面终于显现出来。于是两个女人撇开了“三爷”，但彼此之间依然不共戴天，族人们也都习惯和接受了她们的恶斗。但这些只是两个女人的关系的序曲。三爷病逝，标志着她们斗争的目标消失。她们表面上仍然是一对有着深仇大恨的冤家，却彼此牵挂起来，有时还暗中互相帮衬、体恤。就是这样一种关系，其深远、密切、牢固的程度非姐妹、夫妻可比。在一个短篇小说中写出这么繁复微妙的关系，所倚重的是一种陈述和分析性的叙事，也是经由这种陈述和分析，作者把这两个女人的关系变成了一种含义丰厚的象征，人类情感、命运、情谊的象征：

> 她们的记恨从来不曾消失，她们的同情从开始就相伴而生，对了，我要说的其实是这两个女人的“同情”，在多年的战争中结下的、连她们自己都没有意识到的情谊；命运把她们绑在了一起，也不为什么，或许只是要测试一下她们的心里容量，测量一下她们阔大而狭窄的内心，到底能盛下人类的多少感情，现在你看到了，它几乎囊括了全部，那些千折百转、相克共生的感情，并不需要她们感知，就深深地种在了她们的心里。

这个象征所囊括的全部内容有哪些呢？按照女性文学的解释方式，我们可得到如下答案：(1)通过两个女人的遭际透析一个男人而解构了男性形象。(2)通过两个女人的行为演绎重构了女性气质。比如包容，比如视男性如同孩童，以及母性特有的母鸡护雏式的暴虐、阴毒、偏执等等。(3)表达了对两性关系的绝望的觉悟。三爷和两个女人的关系，各有不同，但都经历了由幸福、快乐到痛苦再到无趣的过程，表面上的结局是回复了平静，达到“彻底的自由”，实际上是在纠缠不休中完全丧失了生的意趣。(4)通过这对“姊妹”之间的仇恨赋予“姐妹情谊”以更严格的定义。叙事人向我们介绍她们因何而恨、恨在何处时说：“我们不妨这样说，温姑娘的下半生已经撇开了三爷，她是为三娘而活的。事实证明她活得很好，她一改年轻时的天真软弱，变得明晰冷静——她再也没有男人可以依靠，心里只有一个目标，那就是活着，要比黄脸婆更像个人样。随着小女儿的出生，她身上的担子重了许多，她在家门口开了间布店，后来她这店面越做越大，改革开放不久，她就成了我们城里最先富起来的人。”与这些介绍形成对照的是那些具体细节展示，表明她们之间没来由、不自知的相互理解和怜惜，可以说，两个女人的“仇恨”代表的是一种超乎仇恨的东西，那是一种意志或精神的较量：为自己的存在赢得承认，或者说是确立自己的地位和他人对这种地位的尊重。可是，俗世生存中的男性之间、两性之间的关系不也是这样的吗？所以，这个象征事实上突破了女性或两性之间的关系，而象征着人类的同一性和差异性同在的状况。考虑到女性写作中曾有过的女性团结被绝对化、理想化，个体差异性被无限放大，对女性或母性气质的无条件崇奉诸种现象，《姊妹》在将其归位于人性的反思或人心的烛照方面，可谓弥足珍贵。

但不能就此断定魏微是一个客观现实主义的写手，和《姊妹》一样，她的小说都有一个第一人称的叙事人；如果不是第一人称，则有一个女性的叙事声音，她更接近于作者。她也不会像新写实小说那样“将视点移到生活之下”，更不会标榜什么“零度写作”；相反，她的小说大多有一个“自传体”式的相当主观的讲述方式。由此看来，魏微的小说实属“女性小说”无疑；但从故事内容和叙事态度上看，又与“女性小说”大异其趣。

《校长、汗毛和蚂蚁》中的主人公是一个重点中学的校长。他在小说里没有名字。他兢兢业业恪守应该恪守的一切，因此非常成功地扮演着校长的角色。他像任何一个无名的但是有名有姓的人一样，有时会停下来看自己，想一下自己究竟是怎么回事。他走不出自己制定的规矩，摘不下自己戴上的面具，说不出心里的话，听不见自己的声音，理解不了目睹的平凡琐事。一个冬天的午后，他赤条条坐在床上，就着窗口射进的阳光，数自己身上的汗毛，这举动被妻子撞见了。妻子误以为他在自慰，他默认了。这个误会使他和妻子感到同样的屈辱。作者选取这个场景折射了校长那无以复加的精神孤寂和困顿，实际上，这样一个场景也是对庸常人生中无数类似场景的清晰的显影。

《姐姐和弟弟》写幼小的姐弟俩一起经历的童年。姐姐从爷爷奶奶家回到父母身边，初识弟弟时，她怀有浑然深厚的感情。相处日久，怜悯和亲情中生出厌恶憎恨，而后演化成无来由的虐待。小说写姐姐的残忍的举动，也写她心中深藏的亲情，写出了暴戾乖张和敏感多情交织的状态。魏微用清晰的文字摹写亲人之间混沌莫辨的关系，从阅读经验看来显得突兀，从生活和内心体验出发又觉得真切。和《校长、汗毛和蚂蚁》一样，她把人们不去究其所以、也万难理清头绪的事情进行细诉和评析，让读者重新看见一种熟视无睹的生活状态，不可思议而不得不思议。

《尖叫》(《石头的暑假》)写一个十六七岁的少年和一个八岁女孩之间发生的事

件，简单地说是起因于性意识觉醒和本能冲动。这个故事在读者心里激起的反应，与这对男女间的情愫一样可能是歧异万端、无以命名的。二人为他们的荒唐付出了代价：石头因强奸罪坐牢，出狱后过着行尸走肉般的生活；女孩直至成年，再也不能回到家乡，从此失去身份——那种未及确认即已抹杀的身份。他们在各自的生存艰难中还在等待，特别是石头，还在守望、寻找、期盼。读者不免会想，那是他们应受的惩罚吗？那是不公平的苦难吗？那是忠贞吗？那是邪佞吗？……之所以激起这种种疑问，正是因为作者是以疑惑、追思和怜惜的语气在叙写。而《拐弯的夏天》写的是一个少年在他十六岁的暑假遇上一个三十二岁的女人，此后两年之间，二人——一个是诈骗犯一个是问题少年——在肉体、心灵上的互相依存互相慰藉。小说在描写他们的生存状态时，仿佛颠覆了孽因和业报的次序，又仿佛洞穿了文明话语惯于编织的人性的假面。

《回家》是魏微小说中少有的反映当下社会问题的小说，也是少有的采用第三人称客观叙事的作品。小说里那些女孩子从事色情业，虽然都是被逼无奈，但也是一种自我选择。她们选择这个行当，是因为不想待在闭塞无聊的乡下种地；到城里也不想做那发不了财又催人衰老的力气活。在她们被遣送回家的场景中，全知的客观叙事使读者直接看到这些女孩的处境和心理，产生足够的同情和共鸣，但是叙事立场和态度的隐匿，也催生和默许读者的思考和想象。这些女孩因为不能在乡下立足，所以一定会去重操旧业；然而，如果乡村开化乡民宽容，她们大概会更无顾忌地更顺畅地走上这条路。小说结尾写李霞坚定地追随小凤即是一个迹象。读者甚至可以借助其他阅读经验找到参证，比如我们在孙惠芬的《天河洗浴》中就看到在那个北方乡村，乡民重利，会鼓励甚至胁迫自家女孩去做这一行。女性作者并不急于解答问题究竟出在哪里，对是非的评判亦非那么笃定，也许她更希望读者在浮世浮生以及各自漂浮的欲望中，能有那么一刻安静下来，扪心自问。

《父亲·来访》写女儿得到父亲即将来访的消息后的种种活动。女儿小玉住在离家车程三四个小时的另一座城市。父母极其关心女儿，这种关心，使她大学毕业之后未能北上。女儿与双亲固守着写信的方式彼此问候和汇报（因为写信比打电话更迂回、从容，便于掩饰），四年来父母一再允诺探望女儿却一直未兑现。这最后一次，为了等待父亲的到来，女儿花了许多心力做准备。这个准备就是“为父亲打造一个新女儿”，让父亲以为“她几乎没有私生活，然而恋爱过，最纯洁的精神恋，仅仅限于开着窗户说话，站在阳台上看风景”。女儿为什么要维护、塑造这样一个透明单纯的形象来迎候父亲？父亲需要、相信这样的女儿形象吗？是什么阻止了他见到女儿的脚步？是否因为不愿面对心中透明的女儿形象破裂的现实？女儿对父亲的再次失约，是感到失落或者解脱？抑或只是同一个包袱被挪移到以后？一切似乎不言而喻，其实又那样的暧昧，那种被笼统地称为亲情的东西再次在作者笔下得到恰切的传神写照。

在表现对象无一不为她的主观经验和个人感悟所浸透的文本世界里，我们看到，客观世界的秩序构件，比如确立人的万物之灵地位的理性，在理性基础上建立和塑造的伦理道德，由伦理道德规范许诺和描绘的幸福生活，这一切似乎都出人意料。作家将我们不曾言说、无从言说的东西进行显影、放大，使我们感到亲切又隔膜。我们通常所说的男人、女人，爱情、友情，嫉妒、仇恨，记忆、希望，等等，在魏微的笔下，转化为那些质感清晰的实景。我们从中看到，人和人的相处，有多少心照不宣和默契就有多少犹疑不定和隔膜，有多少爱和温暖就有多少怨尤和生涩，有多少关怀就有多少挤兑和压迫，一切交融无间。我们可以把魏微的小说看作我们人性的"黑暗传"。这个黑暗，并非负面的价值判断，是对一种状态的概括：混沌、晦暝、潮涌、暗流。这是人类的日常生活图景和内心世界的图景，对它的观照和表现，是在麻木和痛苦之外的一种勇敢的态度。因此，魏微的写作无疑是个人化写作，而她写出的"黑暗传"则标示了个人化写作所能达到的境界。

对于魏微的小说特质，可以讨论的还有许多，比如，有节制的放纵，带着悲悯的讥诮，举重若轻的语气，淡漠与怅惘交织的情绪，等等。说魏微是一个讽喻家大致不错的，当评论家正想把握魏微的腔调时，她已经解构了自我："以前我很爱说话，用一种平静的、漫不经心的腔调，它其实也是我小说的腔调。我用这种腔调写了十年小说，现在厌倦了，不想再说了。"[①]这依然是魏微的腔调。实际上她的厌倦恐怕是源于对既往写作经验的依赖感，或者说是写作的某种惯性。她需要改变也可以改变。这世界是通过语言向我们呈现的，心灵也要通过语言向世界敞开。变换一种腔调就是变换一种语言方式，变换语言方式就意味着打开又一扇门，经由这扇门，我们会进入一个新的世界。

（载《小说评论》2007 年第 6 期）

① 魏微：《〈家道〉及其他》，《小说选刊》2006 年第 11 期。

主要作品目录《

长篇小说

《流年》,花山文艺出版社2002年版。

《拐弯的夏天》,春风文艺出版社2003年版。

《拐弯的夏天》,中国工人出版社2010年版。

《一个人的微湖闸》,安徽文艺出版社2015年版。

中短篇小说集

《情感一种》,中国对外翻译出版公司2000年版。

《到远方去》,花山文艺出版社2001年版。

《越来越遥远》,新世界出版社2003年版。

《暧昧》,中国文联出版社2004年版。

《回家》,春风文艺出版社2005年版。

《姐姐和弟弟》,山东文艺出版社2005年版。

《成长1984》,广东人民出版社2009年版。

《在明孝陵乘凉》,金城出版社2010年版。

《家道》,二十一世纪出版社2012年版。

《十月五日之风雨大作》,人民教育出版社2012年版。

《薛家巷》,新疆美术摄影出版社、新疆电子音像出版社2012年版。

《暖与凉》,中国言实出版社2014年版。

《姐姐》,山东文艺出版社2014年版。

《沿河村纪事》,花城出版社2016年版。

《大老郑的女人》,花城出版社2016年版。

《化妆》,江苏凤凰文艺出版社2016年版。

《魏微六短篇》,海豚出版社2017年版。

《魏微十三篇》,北京十月文艺出版社2018年版。

《家道》,河南文艺出版社2018年版。

《在旅途》,四川人民出版社 2019 年版。

散文随笔集

《今晚你不留下陪我吗》,天津人民出版社 2000 年版。

《既暧昧又温存》,安徽文艺出版社 2001 年版。

《我的年代》,百花文艺出版社 2005 年版。

《1988 年的背景音乐》,昆仑出版社 2013 年版。

《坐公交车的人》,当代中国出版社 2015 年版。

晓　苏

男，1961 年生，湖北保康人。

小　引《

晓苏是我熟悉的作家，也是我的老朋友，与许多作家朋友不同，他就生活在我附近。我们供职的两所大学脸对脸，门对门，用一句俗话说，是兄弟院校，我们因公私事务，平时也有很多交往。按理，主持这个专辑，应该有很多话可说。但不知为什么，打开电脑，却又不知从何说起。本辑主笔金立群说，晓苏是“一个孤独的写作者”。虽然他说的是晓苏的写作，不属于哪一群、哪一派，或哪一种潮流，而是一个特立独行的探索者，却让人觉得晓苏似乎是一个离群索居的人，一个哲学家，或一个思想者。而事实恰好与这句话可能引起的印象相反，生活中的晓苏不光是一个有情趣的人，而且还是一个很风趣的人。他的风趣不是插科打诨式的搞笑，而是直达事物本质的幽默感。在与晓苏的日常交往中，有时候一个普通的生活细节或生活场景，他用一句极普通的话，看似无意地一点染，就能说出它的意味之所在，就能让它意趣横生。这是晓苏的绝活，也是晓苏招人喜爱的地方。晓苏因而在生活中处处能发现有趣味的事物，他在生活中因而也是一个极快活的人。这样的人当一个小说家，是再合适不过的了。小说原来的意义，不过是要帮助人把事情说清楚，把道理说透彻，让听的人既明白意义，又感到有意思。解释小说的人，往往喜欢引用庄子的话“饰小说以干县令”，这句话就含有这样的意思。有学者说，小说与先秦诸子百家的学说有关，他们就善于运用诸如寓言、故事之类的小说来陈述事实、说明事理。信哉斯言。

恰好晓苏的小说观念，正切合小说的本意。他理想中的小说，是既有意义又有意思的小说。他说他现阶段的小说只能做到写出一些有意思的小说来，还没有达到既有意义又有意思的境界。这句话，自然是晓苏的谦虚之词。其实，所谓意义，也就包含在意思之中，它们不是重叠在一起的两张皮，而是相互涵泳渗透的血与肉。以前的中国小说，其实是很有意思的。这意思，就是五四时期批判鸳蝴派所说的游戏的、消遣的艺术旨趣。用晓苏的话说，也就是好玩的艺术旨趣。这样的艺术旨趣，何止鸳蝴派有，孕育中国古代小说的民间说话艺术，不就是为着消遣、娱乐的目的吗？所以由它培养出来的话本、拟话本和长篇章回小说，也都是有意思的小说。至于它的意义，不能说当初的说话艺人和后来的整理者、创作者心里没有，而是说这样的意义，是通过有意思的故事表达出来的。而且这意义也不是由作者说了算，还得由读者去揣摩，所以，有意思的小说，其意义总是多义的。要不，鲁迅怎么会说，一部《红楼梦》，“单是命意，就因读者的眼光而有种种：经学家看见《易》，道学家看见淫，才子看见缠绵，革命家看见排满，流言家看见宫闱秘事”。可见这意义是由读者看出来的，不是由作者说出来的，虽然作者有时候也会越俎代庖地站出来说意义，但那多半是不着数的，顶多只能算“种种”中的一种，否则，全由作者包办了，还要读者和批评家的“眼光”干什么。

这让我想起了恩格斯的一个著名论断，他在评论英国一位女作家的小说时说，“作者的见解愈隐蔽，对艺术作品来说就愈好。”联系他在评论另一位德国女作家的小说时所说的一句话，“我认为倾向应当从场面和情节中自然而然地流露出来，而不应当特别把它指点出来”，可以看出，即使是马克思主义的老祖宗，也不主张用小说去表现一种政治见解或思想倾向，而主张把它隐蔽在作品的场面和情节之中。对隐蔽这种倾向或主张的情节，则要求有莎士比亚的戏剧情节那样的“生动性和丰富性”，而不要席勒式地让他笔下的人物成为时代精神的传声筒。换句话说，也就是要隐蔽在一些有意思的情节之中，而不要特别地把它说出来，更不能为了宣传某种主张去写小说。说起来这都是一些老话，如今已没有多少人愿意听了，原因大约是它反映的是19世纪西方现实主义小说的艺术经验，而不是今人喜欢的20世纪以来的现代派或后现代派小说。其实，西方20世纪以来的小说，用晓苏的话说，也有一种意义化的倾向，现代派小说尤甚。但这意义与中国不同，不是要表达一种政治理念，而是要表现一种哲学思想。像萨特这样的作家，干脆就把小说作了他的存在主义哲学的传声筒。其他现代派、后现代派小说家，也在不同程度上受了存在主义哲学影响。如同20世纪中国小说的主导意义是启蒙和革命一样，20世纪西方小说，尤其是现代派、后现代派小说，其主导意义，则是生命和存在，即生命哲学和存在主义。对小说表达一种政治理念，人们多有诟病；相反，对小说表现一种哲学思想，近三十年来，已成为中国作家学习的榜样和追求的目标，结果就使得中国小说，刚刚从政治理念中挣脱出来，一转身又掉进了哲学思想的泥淖。从这个意义上说，中国小说已到了解脱意义的重负的时候了。在这样的时候，晓苏在写着一种有意思的小说，也就别有一番意味。至于他所追求的那个小说的理想，我以为他是从俄国作家契诃夫那里得到了启示，同时也把他作了学习的榜样。也许今天回过头去向一位19世纪的作家学习不够时尚，但又有谁能说这些经典作家的经验已经过时了呢。我曾经在一篇评论中说过晓苏受了契诃夫的影响，这当然主要是指他的前期小说，他后来的小说虽然有了许多变化，但契诃夫的精神和灵魂还在。就连他的这个既有意义又有意思的小说观念，不也是契诃夫式的或受契诃夫影响的结果吗？

自　述《

有意思与有意义

我这里所说的有意思的小说，是相对有意义的小说而言的。有意义指的是有思想价值，有意思指的是有情调有趣味。

最好的小说，无疑是既有意义又有意思的那种。在我看来，这是一种完美的小说。在这种小说中，意义和意思这两个元素不仅都有，而且两者是水乳交融的，是严丝合缝的，是浑然一体的。打个比喻，它们有点像一对情人正一丝不挂地缠绕着，如胶似漆，难舍难分，割都割不开。然而，令人遗憾的是，这种完美的小说却少而又少，不但在中国罕见，就是在世界范围内也不是太多。

我想，任何一位小说家，毫无疑问都希望自己能够写出既有意义又有意思的小说。但是，这种小说不是想写就能写得出来的！它的诞生需要足够而苛刻的条件，除了生活的积淀，思想的指引和艺术的支撑，还要依靠情感的渗透与智慧的照耀，更为重要的是，恐怕还要等待天赐良机，或者说灵感来袭。总之，这种完美的小说往往是可望而不可即的。

许多貌似完美的小说，包括一些所谓的优秀小说，粗看上去似乎意义和意思都有，但不能细看，一细看就会发现，其中的意义和意思并没有达到完美的融合。它们经常是两张皮，要么牵强附会，要么生拉硬扯，要么风马牛不相及。老实说，我不喜欢这种小说。它们很像蹩脚的裁缝师傅缝制的衣服，虽然两块布连在了一起，但针脚线头都能看出来，让人觉得刺眼。这种小说很不自然，读起来别扭，让人难受，有时候还感到肉麻，甚至起鸡皮疙瘩。

既然完美的小说一时半会难以写出来，那小说家们就只好退而求其次了。因此，我们经常读到这样几种小说，一种是有意义没意思的，一种是有意思没意义的，还有一种是既没意义也没意思的。既没意义也没意思的，显然是最差的小说了，如果我们还把它称为小说的话。这种小说不写也罢，也不值一读。至于另外两种小说，我们见到最多的是有意义没意思的这种。毫不夸张地说，这种小说差不多占据了小说的大半个世界。但是，就我的审美趣味而言，我也很不喜欢这种小说。原因是，这种小说过于追求所谓的思想价值，有的故作高深，总是削尖脑袋往哲学的象牙塔里钻；有的则假装激进，笔锋一转就溜上了政治的跑马场。说实话，这种小说没什么读头。如果仅仅为了获取某种思想，我们还不如直接去读那些哲学原著和政治文件。

相对来说，我比较喜欢那种有意思的小说。有意思的小说是从情调和趣味出发的，它不求宏大，也不求深刻，或者说，它不怎么重视意义的建构，只求渲染一种情调，传达一种趣味。这种小说不端架子，不板面孔，也不怎么作秀，更不装神弄鬼，往往显得很低调，很平实，有时候还有点世俗，因此让读者感到亲切，轻松，好玩，换句话说就是有意思！

我之所以喜欢有意思的小说，还有一个原因是，我们的现实生活太没意思了。正是因为我们的生活没意思，所以我们就特别需要有意思的小说，希望这种小说给读者带来一点情调和趣味，让人们的心灵得到一丝放松与抚慰，从而使没意思的生活变得稍微有意思一些。

上面可能扯远了点，现在还是集中到文学上来。从文学与生活的关系上来看，我认为有意思的小说比有意义的小说更接近文学的本质。有意义的小说虽然也写生活，但它往往只把生活当作材料，目的在于从生活中提取意义，这有点像那些磨豆腐的人，他们并不看重黄豆，眼睛只盯着豆腐，一旦豆腐磨出来，那黄豆就没用了，成了一包不值钱的豆渣。而有意思的小说则不同，它更看重生活本身，至于能不能从中发现意义并不重要，重要的是要让这生活本身显出情调和趣味来，这又好比那些热爱黄豆的人，他们虽然没把握从黄豆中磨出豆腐，却能够把黄豆处理好，或者炒，或者煮，或者泡，将它变得光彩夺目，有滋有味，香气扑鼻。文学说到底还是为生活服务的，它有责任让生活变得更有意思。所以我说，有意思的小说离文学的本质更近。

再从美学上来讲，我觉得有意思的小说代表了一种独特的美学追求。如果说有意义的小说属于理性审美主义范畴的话，那么，有意思的小说就应该归为感性审美主义了。与传统的理性美学相比，当下流行的感性美学更加关注人们的日常生活，尤其是人们在日常生活中的情感体验。出于对感性美学的崇尚，有意思的小说开始重新梳理文学与生活的关系，特别看重生活本身的审美价值，从而将文学的兴奋点和着力点转移到了日常生活的感性层面上，尽力去发现、捕捉和传达潜藏在人们日常生活中的微妙情调和独特趣味，进而彰显出了感性生命的无限丰富性与多种可能性。

本来，我不想因为自己喜欢有意思的小说就去故意贬低那些只有意义的小说。但实话实说，有意思的小说的确比有意义的小说更有审美价值。我这么说是有道理的。首先，意义是理性的，意思是感性的，感性的东西肯定比理性的东西显得直观，因此更具审美性；其次，意义是大同小异的，意思则是千差万别的，千差万别带来的美感显然比大同小异更加丰富多样；第三，意义一般是从内容中生发出来的，而意思却来自内容和形式两个方面，所以与意义相比，意思就多了一种形式感，而形式感正是美感的一个重要来源。

基于上述一些认识，作为一个热爱小说写作的人，在我没有足够把握写出既有意义又有意思这种完美的小说之前，我希望自己能够写出一些有意思的小说来。

访 谈《

一个孤独的写作者

——晓苏访谈录

金立群 晓 苏

金立群：晓苏，你好！你的小说似乎和当下主要的写作潮流都有些距离，所以给人一种特别的感觉。你的小说虽然有两大显性的题材：乡村与校园；虽然涉及底层生活与知识分子的精神空间，但是和通常的阅读预期有所距离而难以归入相应的写作潮流中。我想今天就和你一起探讨，你小说中这种特别的感觉究竟是什么？为什么它无法归类？这种“无法归类”的状态又意味着什么？我模糊地感觉这似乎和你的写作姿态有关。所以我想我们不妨另辟蹊径，先不谈你的小说，而是先从你的读者说起吧。因为写小说和写诗的一个重要区别似乎是诗歌可以完全个人化，可以是独白，小说却总是要讲给别人听的，是讲述。小说家心中潜在的读者在很大程度上会影响小说家创作的面貌。你有没有想过，自己的小说是要写给谁看的？

晓苏：我读中学时就开始练笔写作，最初的潜在读者就是我身边的人，乡亲、同学、亲人等等。他们看了以后会猜这个人写的是谁，那个细节说的是哪回事。日常生活中他们互相看不惯却不一定能面对面地挖苦讽刺，而通过我那些纪实与虚构兼而有之的东西，他们可以相互调侃、求证、猜来猜去，也可以讽刺、申辩，浇一浇心中的块垒。有人生气也有人高兴，他们从我的作品中得到了宣泄，得到了满足，同时也得到了乐趣。可以说，我当时的写作给我身边沉闷的生活增添了不少情趣。我就好像是他们的代言人。后来念了大学，才知道小说要源于生活而又要高于生活。我从1985年开始正式写小说，心里想的还是要写给身边的人看，写给熟悉的人看，没想过写给评论家看，更没想过写给文学史看。这是一种朴素的、原始的写作动机，完全凭着自己的爱好。至于有意识地希望自己的小说被评论家关注，有意识地想让自己的小说被有话语权的人认可，从而能够在文坛上有一个自己的"位置"，还是新世纪的事情。20世纪完全没想到这些，尽管那时许多小说是不断地重复自我，好像没有什么长进，但是自己也乐此不疲，觉得很好玩。这在别人看来是重复，在我来说却是一段时间完全沉浸在一种趣味之中。所以要说读者意识，那时完全是自发的读者意识。比如我的"人性三部曲"中的《苦笑记》，写作动机就是出于对那些民间的笑话，包括荤段子感兴趣，周围的人也喜欢听。我有意识地搜集了一些，本来想编个笑话集，后来觉得太浅，才将它们串成一个长篇小说。在"人性三部曲"的研讨会后，我的老师王先霈先生说，你应该好好反思了，自己的兴奋点究竟在哪里，不能完全停步于自己的爱好上。于是从新世纪开始，我才有了自觉的读者意识。具体地说，我自觉的读者意识是从写《金米》开始有的。在这个小说中，我有意识地将文学从个人生活的经验中超越出来，融入更多的集体经验、社会经验、历史经验，以期在小说大格局中有自己一些独特的东西。可以说，《金米》是我具有转折意义的作品。在产生了自觉的读者意识的同时，我还尝试着运用了诸如死亡视角、叙事转换这样一些比较现代的小说技巧。在读者意识转换以前，我的思考都是比较单一的、平面的，实有余而虚不足。文学应该是虚实相生的。所以我现在开始有点瞧不起我以前的作品了，对那些半荤半素的、好玩的、搞笑的、巧合的东西有点讨厌了。我后来的小说，调侃的东西少了，意义的东西多了一些。这样的转变使我收获了更多的好评，《金米》获得了湖北文学奖和屈原文学奖；获得蒲松龄短篇小说奖的《侯己的汇款单》，也是我读者意识转换以后的作品。

但是不久之后，我却发现这种转换给我带来了一些新的问题。有的读者认为我的小说没有以前好读了。我自己也觉得写得没有以前那么畅快。这时我又开始了反思。我觉得，我的特长还是幽默。我认为幽默是一种智慧，是一种看待生活的角度，是一种应对问题的姿态和策略。于是我又将转换后放弃的一些东西重新捡起来，比如幽默，比如反讽，比如影射等。经过再次调整后，我写了《桃花桥》《松油灯》《住在坡上的表哥》《麦芽糖》《我们的隐私》《四季歌》《花被窝》等作品。从读者的角度来讲，这些作品普通人读得懂，觉得有意思；专业读者包括评论家又能从这些有意思的小说中读出一些有意义的东西。有个评论家说，我后来的小说既保存了现实主义的元素，同时骨子里又增加了一些现代主义的因子。

金立群：从你刚才的谈话中，我似乎有这样的感觉：你的写作在骨子里还是一种“任性”之举，任自己的性——而很多作家的写作，似乎都有一个明确的目标和价值，也有明确的计划，比如人性的善与恶、精神家园的问题、底层的问题、生命关怀的问题等等。但是你好像更看重自己写作时的舒服与畅快。

晓苏：你说得很对。我写作从来不是先有理念，很少由理念出发。很多作家喜欢思辨，先接受了思想，然后编一个故事来说明这种思想。这样，我是写不下去的。推动我写作的，首先是生活中的故事。生活中的故事很多，并不是每一个故事都能推动我写作。什么样的故事能推动我呢？我觉得是那些与人性有关的故事，尤其是那些很微妙的，很暧昧的，很诡秘的，很幽暗的，带有人性颤音的故事。这类故事往往真假难分，善恶难辨，美丑难言，有时甚至让人无法做出有关道德与伦理的判断。老实说，我对这样的故事情有独钟，如痴如醉，流连忘返，有一种难以抑制的言说欲望，从而产生一种强烈的写作冲动。我进而还感觉到，那些关乎人性的故事不仅有意思，而且有意义，它们意味深长。这类故事含蓄，深沉，内在，杂糅，含混，充满歧义，充满矛盾，充满诱惑，最能体现出我们精神生活的广阔。所谓生活的广阔，就在它是不能用任何模式、标准、范式去描述的，它总是要突破那些明晰的边界，就好像漫过堤坝的河流。我就是要写那种“漫过”的感觉，“漫过”是一条河流最感人、最动人、最迷人的状态。比如我的《松油灯》，写的是一个双目失明的光棍，三十六岁了还没和女人睡过。满三十六岁的那个生日之夜，一个神秘的女人默默无闻地来到家中和他睡了一觉，从头到尾连半句话也没说，临走时却遗留下了一盏松油灯。从过生日的第二天起，光棍就拎着那盏松油灯去四处寻找那个给他送来特殊生日礼物的女人。这个故事既让人觉得好笑，又让人感到心酸。这样一个大真大善大美的女人究竟是谁呢？这就是小说的“意思”。可是，瞎子光棍拎着松油灯走遍了全村，也没有一个女人承认这盏松油灯是她的。村里有三个同情光棍的女人，她们有可能“献礼”，但面对松油灯，她们一个个都毫无反应。到最后，瞎子光棍也没能找到那个让他无限感激的女人。这是一篇没有结局的小说，它与我 20 世纪写的那些乡村小说有很大的不同,虽然故事性也很强,虽然也设置了悬念,但它不是那种一目了然的、首尾呼应的、完整自足的小说,而是一个被我故意掏空了的,隐去了许多内容的,超越了故事本身同时也超越了道德和伦理的人性寓言。我特意让瞎子光棍找不到那个女人,从而留下一个迷惘的空间,象征了人类生活的某种矛盾与困境。我自己十分喜欢这篇小说,它既是现实主义的,又是现代主义的。

金立群:你上面说到人性寓言,我觉得这个提法很新颖。事实上,你的很多小说都有一种寓言化的色彩。无论是你的乡村小说,还是你的校园小说,寓言化特征都十分明显。一般来说,寓言化小说与具体的题材书写,或者说地域书写,往往是不同的两个方向的写作路径。有意思的是,你为什么会想到把这两者结合在一起呢?

晓苏:首先我要纠正你的一个词,就是"结合"。这个词让人感觉好像是要用胶水粘一下,是一种人工的刻意为之。我并没有"想到"寓言化,而是"感到"寓言化。当你从一个具体的题材中发现它背后超越了题材形式的广阔的生活时,你就会感到题材其实只是一件外套。而题材背后广阔的生活中最动人的地方在哪里呢?其实这也正是人与动物的最大区别,就在于人是矛盾的。正是种种的矛盾和纠结才焕发了人性的魅力,彰显了人性的开放,拓展了人性的空间,丰富了人性的内涵,才让我们有探索和发现的欲望和冲动。在这里我可以感到某种普遍性的存在。这也就是文学的价值。文学的价值不是去解决问题,不是去定规矩,而是去发现,去探索。所谓寓言化,按我的理解正是对那种有形的生活形式背后无形的、丰富的生活意味的发现和感悟。

金立群:不过在一些批评家、理论家的笔下,寓言化似乎意味着一种抽象化,是一种形而上的高深的东西,从写作上来讲可能会意味着更多的隐喻与艰涩。

晓苏:我并不认为只有形而上才具有什么普遍性。喜怒哀乐没有普遍性吗?寓言化绝对不是像有的理论家、批评家所认为的那样是一种晦涩的抽象。伊索的寓言小孩子也喜欢读,怎么是抽象呢?寓言化不是抽象掉血肉后的骷髅,而是一个更完整的更丰满的有血有肉有情有欲的生命;这样的生命,这样的人性,这样的暧昧与矛盾,最能够唤起人与人之间的共鸣。我近期发表的《花被窝》和《看稀奇》,其实都属于这样的人性寓言。《花被窝》写了婆媳之间,本来有解不开的疙瘩,但是花被窝的出现却让这两代人实现了沟通。婆婆的丈夫是为公去远处修铁路,媳妇的老公是为自己去外地打工,这是时代的不同特征,但是他们都留下了性苦闷的妻子。因为花被窝的出现,她们感到了人性中共同的矛盾、共同的纠结、共同的渴望,因此她们真心理解了,沟通了,默认了,这就是一种温暖。这对婆媳在别的方面无法沟通,只有在人性的最深处才能实现沟通。人性是不分年代的。物质元素变了，交流方式变了，心仍然是可以相通的。人生的价值也正在于此。像这样的故事，虽然题材是乡村的，写的是乡村的婆媳关系，但是因为写到了人性的深处，有了深厚的生活感，所以也就自然有一点普遍的意味，也就自然表现出寓言化的色彩。这篇小说还上了2011年的年度小说排行榜，排在短篇小说第四名，得到洪治纲教授、李遇春教授等许多评论家的肯定。这是我感到很自豪的一篇小说。《看稀奇》也是如此。在这篇小说中，我写到了人性的一种激活。小说中的几个主要人物已经老了，没有能力焕发生命与性的活力，但是心中还是有这样的渴望。正是通过看稀奇，这样的活力又被激发出来并得以重温，而且还以此为纽带化解了夫妻矛盾和邻里矛盾。这里还是说的人性的沟通。欲望与人性在生活中的表现是丰富的、多样的，在你想不到的地方会有惊人的样式，既在意料外，又在情理中。我以前的作品没有寓言化色彩，太直白，主题往往是单一的，主要是一个方面，只是可读，而这几年的小说，在真实客观、具体生动的场景和细节中蕴含了某种带普遍性带规律性的东西，而且这里面的意义可以从不同方面去解说，这也正是寓言的价值所在。所以我说我的寓言化不是我事先刻意去"想"的，而是我在写作过程中同时也是对生活的探索中逐渐感到的、悟出的。我觉得正是这样的寓言化，才使得我的小说既是现实的，也是现代的。

金立群：也就是说，你的小说所要表达的，甚至包括形式上的，不是一种建构，而是一种生成。建构与生成的不同就在于建构是事先有图纸有预案的，而生成是内在的自然成长，是不可预料的。

晓苏：你说得太对了！的确，前面我也说了，正是生活中的暧昧、含混、矛盾、神秘引发了我写作的欲望和冲动。这样，意义从中自然生成，而不是由外部强加的。它是生成的，怎么舒服怎么写。因此我的小说虽然从题材上来讲可以算做什么什么，但实际上是不能归类的。新写实也不是，新纪实也不是，底层叙事也不是，现实主义冲击波也不是。我一直是一个孤独的写作者。很多作家会分析最近的热点是什么，要抱成团，制造或引发一种潮流、现象，也有人拉过我，搞捆绑上市。但我觉得这也不过是过眼云烟而已。实际上中国有很多写作团伙，评论家也容易偷懒，只要对个号，按图索骥，发挥一下就是了。我当然希望我的小说获得更多的关注，但是我不会去揣摩，去迎合流行的需要。我还是要揣摩生活中那些真正让我不安过、疼痛过、酸楚过，从内心深处触动过我的东西。从这个角度来说，我觉得自己是一个真诚的写作者，是一个善良的写作者，是一个纯正的写作者。如果没有真正激动过我的东西，我不会去写。生活素材其实很多，可供填空的素材其实也很多，但是，只有那些能在我内心成长、膨胀、发酵、非写不可的东西我才会去写。那种感觉就好像是和一个情人的交往，从神秘的心仪，到逐渐的了解、相互的默契，但还是不很了解对方，而又渴望了解，经过慢慢试探，几番邀请，终于决定约会，好像是去冒险，又怀着羞怯——我的每次写作就好像这样的约会一般。

金立群：听了你上面这番话，我感到其实很多时候我们误解了你。你与你笔下的题材之间是一种邂逅，这里有偶然性。因为你生长在油菜坡，工作在大学城，于是就有了这样两个题材系列的小说，这其实是生活的偶然造就的结果。如果你生在城里，在银行上班，或许会有别的系列。其实题材并不是你关注的核心。你是要穿越题材发现背后的东西。

晓苏：是这样的。对我来说，小说的题材、人物的身份其实只是外套。有人说我的小说，乡村小说写得不像乡村，校园小说写得不像校园。比如《卖豆腐的女人》，里面的那个郑之教授就不太像教授，除了简单交代他研究鲁迅，侧面介绍他带研究生，我主要写的是他的隐秘心理，或者说，我写了一个人的意淫。因为身份的、物质的、性格的等等局限，一个人往往不可能满足自己的欲望，尤其是性方面的欲望。怎么办呢？只有意淫，也就是通过想象来满足自己的欲望。郑之教授为卖豆腐的女人的大乳房所吸引，于是想入非非，沉溺其中，乐此不疲，通过意淫经历了一次又一次的肉体冒险，同时也获得了一次又一次的欲望满足。从人物身份上来说，郑之是一位"大学城"的教授，但教授只不过是他的一个外壳，从骨子里来看，他其实更像一个"油菜坡"的农民。所以说，我的小说与地域，与人物身份并没有太大的关系。

金立群：你的油菜坡系列和大学城系列，虽然故事的环境、背景、主角完全不一样，但是背后却有着某种同质性。

晓苏：这个说法我赞同。其实生活的丰富性，不在于有人卖菜有人卖飞机，他们出入的场合，说的话，穿的衣服，吃的东西怎么不一样，这是表面的也是有限的，生活的丰富性在于背后的东西。寓言化也不是拿腔作调，故作深沉，而是要通过穿越表面的卖菜卖飞机，发现背后的含混和暧昧，而达成对人性的普遍性的感悟。当然这样的普遍性不是一个概念，而是一系列的矛盾，是开放的，流动的，丰饶的。

金立群：这"背后的东西"该如何传达呢？

晓苏：传达的方式很多，但我认为主要靠语言。说话，就是要调动人的感觉和体验。有的人的语言能刺激思想，而我追求用语言调动一连串的生活画面。小说的语言首先是生活化的，有生活的实感，同时里面又有修辞。日常生活的语言经过修辞处理，就有可能传达出生活的哲理。小说语言就是要将合情理合逻辑的东西用非情理非逻辑的方式表现出来。比如薛荣小说《回家》中有这样一句话:“全村的女孩加起来都没有我姐姐漂亮。”这个句子真好,简直把姐姐的漂亮写到了极点。但是从逻辑上来说,这句话又是说不通的。小说的语言往往就是这样,要有修辞。比如我的《两个人的会场》,其中有一个场景,写老别和小寡妇调情。老别说:“妹子,你裤裆的那块田又干了吧?”像这样的话又直接,又含蓄,它经过了修辞处理,“田”在这里显然是双关的。如果老别直说,那女的肯定面子上挂不住,说不定要破口大骂。小寡妇明白了老别的意思,回一句:“死老别,我打你的臭嘴!”这句回应包含了很多意思,既显得义正词严,又有点心领神会。老别接着说:“要是干了,我夜里来给你抽水抗旱。”这又充满了双关。小寡妇又回一句:“死老别,我打你的嘴!”这句重复表现出了半推半就的心态。老别接着说:“我自己带抽水的管子来,我的管子又粗又长。”这些人物语言都来自生活,带着鲜活的泥土腥气,同时又经过了修辞处理,充满了人性的暧昧味道。不仅人物语言要有修辞,小说中的叙述语言也应该有修辞。如上面提到过的《花被窝》,其中有一段叙述语言,我自己十分欣赏。秀水偷情之后晒花被窝,晒好花被窝又去晒花生。这时我写:“这些花生是秀水自己种的,都是三颗米的长花生。秀水喜欢这种花生,种子还是秀水托人从外地买的。本地的花生都只有两颗米,秀水嫌一个花生才两颗米太少了,就托人买了外地的花生种。秀水也不知道,她为什么要喜欢有三颗米的花生?”“三颗米的花生”就是一种修辞,这里运用的是暗喻,它要表达的意思是多义的,是晦涩的,是若隐若现的,是似是而非的,是令人玩味的。要说,这就是一种寓言化的语言。

金立群:从你以上的回答,我不禁想到沈从文在《边城》序言里说的一句话:“我的作品没有这样也没有那样。你们所要的‘思想’,我本人就完全不懂你说的是什么意义。”虽然许多读者将你的小说看成某种“名义”,但在内心深处,你没有将那些“名义”放在心上,也并不是为了这样的“名义”而创作。我觉得我在访问开始提出的那些问题,已经可以从你的回答中找到答案。我相信读者的智商,所以就不再来一番画蛇添足的总结了。最后祝愿你用小说将更多生活深处的暧昧与矛盾呈现给我们,让我们多一点惊奇,多一点会意,多一点叹息。

评 论《

打乱世界 不再排序

——论晓苏的短篇小说创作

金立群

晓苏曾多次说过要写有意思的小说，因为生活是如此的没意思，所以小说应该有意思，“有意思”比“有意义”更适合拯救我们。不过“有意思”和“有意义”的区别究竟在哪里呢？为什么“有意义”多半不那么“有意思”呢？那我们就不妨从晓苏自己的创作中去品味一番他所追求的“意思”吧。

一

晓苏的小说，往往有着表面的情节的趣味，而且取材往往带点“色”。比方说，《钟点房》就讲述了一个既令人啼笑皆非，又可使人想入非非的故事。“我”的表哥杨官，40多岁了还没结婚，欲望无处发泄，偷看女人上厕所，被人揍了一顿。“我”心生怜悯，遂花钱开钟点房，想给表哥找小姐，聊以满足，却不料接连两次都失算，表哥面对风尘女子，竟然不解“风情”。难道这就是晓苏的“有意思”吗？正人君子完全会对这样的故事嗤之以鼻，并联想到“反三俗”、世风日下、子女不仅给过世的父亲烧纸钱，而且还烧纸小姐之类。应该说，这样的题材和情节，确实会让人感到有点低级趣味。但问题是我们千万不能把题材和情节当作小说的全部。它们其实只是小说的一个“由头”，或者说“凭借”，小说的真正主体乃是语言和细节。当然读者或许可以反驳，既然题材和情节只是小说的“由头”或者“凭借”，那么又为什么非要找这些有“三俗”嫌疑的原材料呢？别急，我会慢慢道来。

回到这篇《钟点房》，当我们从语言和细节处去寻找“意思”时，我们马上就会满载而归，因为真正的“有意思”是不用找的，它会主动“撞”你。小说写到，当“我”了解表哥杨官因偷看赵必为媳妇被赵必为打破额头后，“忍不住骂了一句粗话”，但这粗话却并非骂表哥缺德活该，而是骂赵必为：“杨官一点也不缺德，他一个四十几岁的光棍，看一下女人屙尿缺什么德？缺德的倒是赵必为，饱汉不知饿汉饥，连起码的同情心都没有!”正是在这样的理解万岁的氛围下，杨官终于打破羞涩和腼腆，“脸一下子涨得通红”，“低着头小声说”，提出了“找个女人跟我睡上一觉”的不情之请。在我看来，这段描写就很有意思。这种“意思”固然不必上升为“人性”这样的意义高度，但是显然也不同于感官刺激的简单趣味。再比如小说结尾处，“我”为杨官找的小姐黄花因为没让杨官睡成，于是提出让“我”来睡，小说在这里又有一段描写：“我说过，我不是一个品质多么高尚的人，也没有完全脱离低级趣味。实话实说，在黄花主动提出陪我睡觉之前，我的确没有想过要和她睡觉；但是，她一主动提出来，我就马上有点想了。”这段描写也很有意思。那么这究竟是怎样的“有意思”呢？或者说为什么“有意思”呢？还是别急，我会慢慢道来。

再来看《光棍们的太阳》，这篇小说的情节核心说白了就是出轨和偷情，但是小说的“意思”同样也不在这情节模式的感官趣味与刺激上。小说最有意思之处就在于将这不道德的事情用一种道德赞美的叙述语调进行描写，从而产生了一种特别的阅读效果。“假如没有黄娘，油菜坡的光棍们真不知道该怎么活下去”——黄娘当然不是红娘，她不是靠给光棍们介绍对象来拯救光棍的，她是靠和光棍们“风流”来拯救光棍的。按说这样的风流是对某种既定道德秩序的破坏，但黄娘的风流却偏偏有规矩，有原则——“她从来没和有老婆的人睡过……油菜坡还没有哪个女人恨过黄娘”“黄娘从不当着丈夫的面和光棍们风流”“丈夫活着的时候，黄娘是不让光棍们动不动朝她那儿跑的。她不想让丈夫看到他不喜欢看到的人”；而她风流的动因也绝非情欲——“黄娘呢，一方面觉得那个光棍怪可怜的，另一方面觉得在油菜花丛中做那种事情肯定很有意思”“黄娘顿时就傻眼了，同情心油然而生”——总之，出轨偷情的背后居然是同情和审美。丈夫死后，黄娘每晚都在家中接待光棍们。而这样充满暧昧、荒诞与情色的场景，晓苏却将它处理得庄严而亲切，又是发零食，又是倒茶，简直让我不禁想起小时候邻居们一块在外乘凉聊天的情形。小说结尾，黄娘的爱慕者向黄娘求婚，黄娘表示立志不再嫁人了——“黄娘说，我嫁人了，油菜坡这么多光棍怎么办?”偷情居然偷出了境界，偷出了品格——这小说，写得真有意思。

接下来的问题是——为什么这些描写与细节“有意思”呢？因为读起来有点怪。为什么怪呢？因为与我们的阅读习惯、期待视野不太一样。我们的阅读习惯和期待视野又是怎样的呢？我想那就是泾渭分明：要么给我看一部文艺爱情片，要么给我看一部通俗色情片，要么给我看一部声明了就是恶搞的片子也成。如果你上身穿着西装打着领带，下身就不能只穿一个三角裤，甚至是丁字裤。每一个生活的场景都必须搭配既定的生活价值和意义。比如一个有钱的老板的婚外情必然搭配欲望与堕落;一个知识分子的婚外情则多半适合搭配自由与精神的契合,或是虚伪做作;而一个普通的小人物的婚外情通常搭配无尽的烦恼,用以暗示凭小人物的身份是不配有这样的双重生活的。这样的泾渭分明意味着世界的秩序。这个世界看起来是自由的,你可以穿着保守,也可以穿着暴露,但是你要分场合。“场合”就是这个世界的终极秩序。

小说也是如此,小说家们忙于搭建自己的“场合”,构建自己的秩序——你是新写实,我是新历史;你是生活之荒诞与无聊的叙述者,长于揭示生活的残酷和惊讶;我喜欢于无声处听惊雷,于无花处找到一些星星点点的小花,然后把它们写成天上的星星。所有的小说似乎都要经得住一问:你写的是什么?而这个问题的潜台词不正是:你要表现的那个“场合”是什么?比如王安忆的《长恨歌》,写的是什么?对某种优雅之逝去的缅怀、向往、陶醉、伤感之情吧。小说的语言、情调,乃至于小说的题目,均共同体现出为某种既定价值所主导的“场合”与秩序。但是如果我们开个小小的玩笑,设想一下王安忆这篇小说的题目叫“长粪歌”呢?然后再来问:这小说写的是什么?我想会有人顿时傻了眼,喃喃地说:乱了,全乱了。

而晓苏,如果要拿一个形容词来形容的话——我宁愿说他是一位“不安分”的小说家,是一位把小说写“乱了”的小说家。他的小说的阅读效果往往就类似以“长恨歌”的内容加“长粪歌”的标题的那种感觉。你要问他的小说写的是什么?当然你可以回答写的是油菜坡,写的是知识分子卑俗的灵魂,写的是底层生活的苦中作乐,当然可以这么说。但是这样的回答却和这些小说读起来的“有意思”没有太大关系。因为他的小说不是那种构造“场合”与秩序的小说。而“有意义”和“有意思”的区别在这里似乎也微微初显了。

二

“有意义”是一种建构,是一种“一体化”,是语言、情节、细节、态度、视角、题材等等小说要素的高度一体化,它们之间彼此协调,相互配合,是一个有序世界的符号再现。而“有意思”往往是一种解构,是写作游戏,比如在《钟点房》里,晓苏给荒诞的行为配上了一本正经与义正词严的辩解——“他一个四十几岁的光棍,看一下女人屙尿缺什么德?”而且这种辩解来得如此自然、真诚、尖锐,使我们不能不承认其有理;但同时,这种辩解又并非拿另一种道德来抨击我们通常所认同的道德,这种辩解在其言辞之外并无任何超越性的价值理念,它只是刹那涌出的出乎意料的反应,因此我们也无法接受四十几岁的光棍可以看一下女人屙尿的理所当然。这句辩解到底写了什么？是“我”的无知，还是可怜，还是值得赞美的同情心？我们进也不是，退也不是——而这正是晓苏小说需要的效果，他拒绝判断，他只希望你看了以后感到惊讶，感到“有意思”，而正是在这样的“有意思”中，晓苏的短篇小说为我们打乱了一个旧世界，从而也就在乱中触摸到了一个新世界。

这个新世界的主要特点就是异常的坦诚、天真。人们没有任何掩饰，没有装模作样，几乎所有的主人公都认同自己的所作所为，而且这种认同是真正的“自我”认同，不需要从外部寻找任何价值、理念来支撑。或者说，晓苏小说中的人物总是处在这样一种状态：想做就做，做了就做了，只想怎样做，而从不去琢磨、权衡、回顾做与不做的价值和理由，从来不去考虑和“场合”有关的任何事情。比如《麦芽糖》，尽管算是比较符合主流道德评价的作品，但是在我看来，支撑“我”每天都要早起给父亲挠痒，总是要讨爹高兴这些“温暖”行为的，却绝非什么传统美德、孝道之类的价值观，而恰恰是一种个人化的生活习惯和本能。正因为“我”是“没有出息的”，所以“我”不会像那三位有出息的同学一样将父亲放置在一个价值的天平上进行衡量，“我”根本就不懂这些。“我”之所为完全是因为我觉得生活就该是如此的，不如此还能怎样生活呢？因此“我”对这样的状态尽管也会有小小的不满、抱怨，却绝不会有价值观层面上的权衡与矛盾。再如《光棍们的太阳》里的黄娘，甚至在自己丈夫还活着的时候，她就成了油菜坡光棍们的公共情人。这样一种在某种价值标准看来是如此畸形的生活，对于黄娘和那些光棍们来说，却是那样的自然、快乐，毫无任何扭曲；甚至黄娘的丈夫，在一定程度上，也能对自己的妻子加以包容。原因何在呢？因为“黄娘的丈夫是个老实人”。其实我们不妨说《光棍们的太阳》里的所有人都是老实人。所谓“老实人”，和“聪明人”比起来，最大的不同就是他们始终活在自己最本真自然的感受中，而不是活在任何外在的观念意义中；他们不让任何外在的观念意义来指导他们的生活，因此他们的所作所为对于我们这些浸透了各种“意义”的读者来说是那样的新鲜、奇特，甚至可能前后形成巨大反差，可是他们自己却觉得一切是那样自然、普通。如杨官一方面“卑琐”，偷看女人“屙尿”，想找小姐“睡觉”；同时又很“高尚”，听信两个妓女编的故事后被激发出最纯真的同情心而完全忘却了情欲。但不论是“卑琐”还是“高尚”，在我们看来区别巨大，在杨官自己看来，其实并没有什么分别。

当然这样的坦诚、天真并不意味着这些老实人的精神世界就只有一根弦，简单、驽钝。其实恰恰因为祛除了外在观念意义的包裹，才使得主人公内心世界的复杂性最本真地呈现出来，读来是那样丰富、微妙、传神。比如《我们的隐私》里“我”给老婆买衣服的一段叙述:“事先还是打算给老婆买一件混纺毛衣的,但我在商店选衣服时,一抬头看见了不远处的麦穗,心里陡然就颤了一下,突然觉得买混纺的对不住老婆。我马上改变了主意,毫不犹豫地给老婆买了一件全羊毛的。”如此干脆地直面感情的矛盾和纠结,没有任何的弯弯绕,却在给读者以冲击的同时也留下了更悠长的余味。正因为如此,晓苏笔下的“老实人”显得那样可爱,没有一丝一毫的做作。我们对此真是久违了,所以读起来简直有点不适应。

如果没有这样一种特别的“老实人”的坦诚、天真的风味,就不会有晓苏小说特殊的阅读魅力。比如《给李风叔叔帮忙》,从大致情节上来看,似乎是“我”应李风叔叔之请,三次为李风叔叔的年轻老婆周蜜帮忙,结果每次费劲帮忙成功后却被告知这个忙不用帮了,从而形成一种情节结构上的错落和对比。这是晓苏小说一直以来所擅长的,不少评论都详加探讨过,我就不再多说了。但是这篇小说特别的味道除此之外,更在其中蕴涵的张力:“我”一次又一次被李风叔叔开涮,却一次又一次不吸取教训,继续为李风叔叔帮忙,然后继续被涮;而李风叔叔呢,虽然一次又一次得罪了“我”,甚至在“我”明白告知“从今往后,你再也不要找我给你帮忙了”之后,依然是有什么麻烦“拼着这张老脸不要”,还会找上门来。正是这样一种非常态的“扭结”赋予了小说以吸引人的“意思”。而这样的非常态的帮忙之所以能够持续,全在于“我”和李风叔叔都是老实人、实在人。且看李风叔叔求“我”帮忙说的话:“说句难以启齿的话,为了这五百斤香菇,蜜蜜已有七天不跟我同房了。昨天晚上,我厚着脸皮要和她同房,你猜她怎么说?……蜜蜜把我放在她身上的手一掀说,你不想办法把五百斤香菇卖掉,就别想碰我……看来,我必须找人尽快帮忙把香菇卖掉,不然我这日子真是没法过了!可除了你,我想来想去,也想不出第二个可以给我帮忙的人。所以,我就硬着头皮来找你了。”——李风叔叔这番表白简直好像一个透明人,没有丝毫的拐弯抹角和应酬虚文。这在我们的日常阅读经验与生活经验中是多么的罕见!看了这段话,再想想那些流行的、热播的影视剧里的对白,顿时就明白了什么叫做戏。李风叔叔和“我”其实都很可爱,因为他们活得都很投入,尽管他们被周蜜这个聪明的女人折腾得团团转,我还是觉得他们活得有意思,他们活得不累,至少没有看上去轻松的周蜜累。

晓苏的小说有两个发生地:油菜坡和大学校园。从题材上看,这两者自然也是泾渭分明。但是这两个世界却有着内在的契合,契合点也正在其笔下主人公的“老实人”形象。比如《天边的情人》,讲述了一个大学老师锄禾借出差找情人的事。大学老师找情人,题材不新鲜。这样的大学老师,要么是道貌岸然,要么是真的在追求真正的知音。总之,他们或真或假地为自己寻找各种各样的理由。而这篇小说的特别味道在哪里呢?就在于锄禾作为老实人的坦诚、天真上:“我很早就听说锄禾想找一个情人,他要找情人的想法可以说是众所周知。”锄禾要找情人,居然人尽皆知,看来他说起自己的这个想法,就和说自己喜欢吃什么口味的菜一样随便、自然。显然,锄禾是一个情绪外露、喜欢对人倾诉的人,而且什么都说,毫无隐瞒、避讳的意识。锄禾曾经追求过一个情人,失败了,原因就在于“在锄禾看来,情人应该以情为主,不能把物质层面的东西看得太重”,结果因为太过吝啬而被抛弃。当他终于吸取教训决心为“天边的情人”大方一次,花了千把块钱买礼物时,“锄禾接下来叹了一口长气说,唉,我总觉得有点儿对不住我老婆呀,她一天到晚烤红薯卖那么辛苦,平时连一只鸡都舍不得买了吃;而我为了情人,又是买武昌鱼又是买北京烤鸭的,一想起来心里真有些不安啊!”这段告白说明了什么?是锄禾的忏悔?还是不知羞耻?无法回答,锄禾的坦诚出乎意料,让我们猝不及防,乃至于外部世界传统的评判标准用在晓苏笔下的主人公身上似乎全然失灵。如果我们非得将锄禾归于某类“不好”的知识分子之列,那么这篇小说就真的被评论的解剖刀弄得索然寡味了。但我们读来兴味盎然,我们在依据既定的种种理念觉得锄禾讨厌的同时,又会觉得他真的蛮可爱。这就好像动画片《猫和老鼠》里的那只猫,虽然算是反派角色,但是也真的可爱。

三

当人们不满于日常生活的时候,通常有两种态度。或者是通过意义来“超越”,或者是借助娱乐来“忘却”。但是这两种方法对于大多数的普通人来说多少都有些奢侈。因为他们既非精神的贵族,也非物质的贵族,连日常生活都过得紧巴巴,又如何能去追逐流行与时尚呢?而晓苏的小说,却带给我们另一条道路,那就是通过“意思”来重新回到日常生活。其实日常生活的无趣和卑微并非由日常生活本身造成,恰恰是由日常生活之外的种种“意义”、秩序、规定,乃至于所谓的放松和娱乐所带来。前者限制了日常生活的丰富性,后者则分裂了日常生活的完整性。晓苏的小说,从题材来看,大多可以算作底层叙事,大多涉及各种各样的困境。那么多光棍找不到媳妇不是困境?四十岁了没尝过女人的滋味不是困境?李风叔叔与“我”没有身处困境?《天边的情人》中的锄禾和老婆无法沟通,和情人难有真情难道不是身处困境?还有《陪读》中的“我”身处困窘的生活中,还要操心青春期叛逆的女儿不要出事,难道没有身处困境?还有《花被窝》中的秀水,身处婆媳矛盾、夫妻分隔、偷情又似被婆婆发现这样的多重窘迫中,简直可以说是遇上了一个媳妇所能遇到的所有困境。等等等等。可是他们并不痛苦,他们有自己的快乐,尽管这些快乐未必持久,但是真实生动,绝非麻木的快乐。这快乐的源头在哪里呢?就在于他们在一种类似“无知”的状态中摆脱了各种“场合”、秩序、利益给世界、自我带来的羁绊,从而以一种新的视角、新的方式重新回到和诠释日常生活的丰富与生动。就拿《花被窝》中的秀水来说,真正让她摆脱困境获得快乐的不是她讨好婆婆的心机,而是婆婆年轻时候居然也有相好这样的“有意思”的爆料。一般小说写到此处,或许会让秀水以此来要挟婆婆:你也不过如此,凭什么管我。但是晓苏笔下的秀水不懂这些!秀水不懂“利用”这个机会,她本能地为这样的“有意思”所激动、所兴奋,因为从此“婆婆”不再是一个冰冷的身份标签,而成了和她秀水一样的女人!正是这样一种借由“摆脱”所收获的“意思”将使得秀水的生活掀开新的一页!“花被窝”在这里不是时下流行的那种所谓婆媳政治、办公室政治的权谋与算计,它就是一床花被窝,虽然一时成为一个麻烦,但终究还是回归为温暖,并且还出乎意料地给生活带来改变和惊奇。

接下来,必须回答文章开头提出的问题了:既然题材和情节只是小说的“由头”或者“凭借”,那么晓苏为什么喜欢找这些有“三俗嫌疑”的和“性”相关的原材料加以演绎呢?因为“性”正是观念世界强加给日常生活的最大枷锁之一。弗洛伊德在其著作《文明的缺憾》中通过对人类文明发展进化过程的挖掘与回顾,深刻地指出各种性道德形成的根本理由其实都是文明的效率法则,也就是要衡量投入产出的效益。比方说同性恋、口交之类为什么长期被认为是变态行为?很简单,因为这样不能生孩子。一切超出生育需要的性行为都被认为是多余的,为了遏制这样的性行为,于是就产生了有关性的种种禁忌、法则以至于道德。而性的本来面目乃是一种未可预料的快乐、新鲜,是自我生命力的自然彰显。在晓苏的小说中,性既重要,又普通,就如同旅游、打牌、吃喝、工作一样,对于我们的生活很重要,但同时也是我们生活中的普通一环。正是通过将性置于这样一种位置而对其祛魅,晓苏笔下的性才可能生动和丰富起来:性可能如同“天边的情人”,始终让你可望而不可即;性的缺失可能会让那“留在家里的男人”把老丈人当成媳妇又抱又啃;性可能在你付出巨大努力后突然开个玩笑将你抛弃,如李风叔叔的遭遇;性可能是一种温暖和拯救,如《光棍们的太阳》《我们的隐私》;性也可能意味着一种对平等交流与被尊重、被欣赏的需要,如《陪读》中的“我”与余老师的一夜情;性也不妨作为一种交换,既然体力和脑力可以交换,性为什么不可以,只要自己愿意,尽管付出未必值得(其实普通人对体力和脑力的大部分交换付出就值得吗),这种交换同样值得尊重和同情,如《姑嫂树》《人住牛栏》等;对性的窥视可以让人激动,激发自己对生活与情感的热情,就好像看别人吃东西很香自己也会很有胃口一样——为什么看别人吃东西可以,看别人亲热就是下流呢?《看稀奇》正是这样一篇小说,几个农村老人正是从看时髦男女亲嘴、拥抱这个"稀奇"中重拾了情感和友谊;而且彼此相似的性体验还可以成为交流的契机,居然让一对本来敌对的婆媳捐弃前嫌,萌生了真正的亲情,这正是《花被窝》告诉我们的故事。天涯论坛上一位署名"大方客"的读者说得好:"婆媳两辈偷情故事的呼应,竟彰显了一种情欲之美,人性之美,偷情并不让人觉得丑恶,反让人感到温暖和理解,甚至美好。这番主题的宣示颇具新意,又贴情入理。作者称得上是一位不俗的巧手。"

总之,在晓苏的笔下,性真正回归了日常生活,其中同样包含着喜怒哀乐,既摆脱了道德的束缚,也绝非单纯的欲望刺激而与日常生活分裂。

应该说,晓苏的短篇小说以其对"意义"的悬置和对"意思"的追求,以其对"老实人"的创造性表现与诠释,帮助我们重新发现了生活,更为我们提供了一种新的生活态度。

(载《小说评论》2012 年第 6 期)

主要作品目录《

长篇小说

《五里铺》,珠海出版社 1996 年版。

《大学故事》,长江文艺出版社 1998 年版。

《成长记》,花城出版社 2001 年版。

《苦笑记》,花城出版社 2001 年版。

《求爱记》,花城出版社 2001 年版。

中短篇小说集

《山里人山外人》,长江文艺出版社 1990 年版。

《黑灯》,漓江出版社 1993 年版。

《狗戏》,中国文学出版社 1994 年版。

《重上娘山》,长江文艺出版社 1997 年版。

《麦地上的女人》,武汉出版社2000年版。
《中国爱情》,长江文艺出版社2003年版。
《路边店》,长江文艺出版社2004年版。
《金米》,百花文艺出版社2005年版。
《吊带衫》,山东文艺出版社2007年版。
《麦芽糖》,花城出版社2009年版。
《我们的隐私》,湖南人民出版社2010年版。
《暗恋者》,上海文艺出版社2012年版。
《花被窝》,长江文艺出版社2014年版。
《松毛床》,江苏凤凰文艺出版社2016年版。

中短篇小说

《金米》,《长江文艺》2002年第4期。
《爱猪的女人》,《长江文艺》2002年第4期。
《黑木耳》,《长江文艺》2002年第4期。
《老板还乡》,《山花》2002年第5期。
《一朵黄菊花》,《春风》2002年第8期。
《你们的大哥》,《青年文学》2002年第6期。
《花梅》,《芳草》2002年第6期。
《婚外飘流记》,《江南》2002年第6期。
《看望前妻》,《花城》2002年第5期。
《金银花》,《福建文学》2002年第8期。
《雨季奇案》,《广西文学》2002年第12期。
《跪地求饶》,《广州文艺》2002年第12期。
《母猪桥》,《作品》2003年第3期。
《娘家风俗》,《山花》2003年第4期。
《春天的车祸》,《芳草》2003年第4期。
《草屋》,《长江文艺》2003年第4期。
《村里出了个打字员》,《春风》2003年第4期。
《被炒了鱿鱼的人》,《春风》2003年第4期。
《哭笑不得》,《山东文学》2003年第6期。

《米共的苦乐年华》,《广西文学》2003年第6期。

《姑妈》,《岁月》2003年第8期。

《爱情地理》,《安徽文学》2003年第8期。

《误诊》,《长城》2003年第2期。

《表姐呀表姐》,《长江文艺》2003年第11期。

《书虹医生》,《山花》2003年第12期。

《给父亲过生日》,《芳草》2004年第1期。

《三座坟》,《芳草》2004年第2期。

《侯己的汇款单》,《芳草》2004年第3期。

《人情账本》,《芳草》2004年第4期。

《乡村母亲》,《芳草》2004年第5期。

《光棍村》,《芳草》2004年第6期。

《替姐姐告状》,《芳草》2004年第7期。

《嫂子改嫁》,《芳草》2004年第8期。

《没有孩子的母亲》,《芳草》2004年第9期。

《九味酒》,《芳草》2004年第10期。

《粪王传奇》,《芳草》2004年第11期。

《糖水》,《芳草》2004年第12期。

《穿吊带衫的情人》,《春风》2004年第1期。

《三年前的一个吻》,《春风》2004年第2期。

《过去的爱情》,《春风》2004年第3期。

《教授与乞丐》,《春风》2004年第4期。

《摇头苦笑》,《春风》2004年第5期。

《冯椿的情况》,《春风》2004年第6期。

《与床共舞》,《春风》2004年第7期。

《交杯酒》,《春风》2004年第10期。

《黄雀》,《春风》2004年第11期。

《我的导师路明之》,《春风》2004年第12期。

《生日歌》,《山花》2005年第1期。

《龙洞记》,《长城》2005年第2期。

《怀念几件衣服》,《朔方》2005年第2期。

《到什么山上唱什么歌》,《花城》2005年第2期。

《往事重提》,《长江文艺》2005年第3期。

《老讲师》,《四川文学》2005年第4期。

《丑事》,《安徽文学》2005年第5期。

《从前的单相思》,《百花洲》2005年第6期。

《做复印生意的人》,《长江文艺》2005年第12期。

《吊带衫》,《延河》2005年第12期。

《夫妻之歌》,《作品》2005年第12期。

《背黑锅的人》,《收获》2005年第5期。

《绕床起舞》,《福建文学》2006年第1期。

《走回老家去》,《朔方》2006年第1期。

《秋天的老虎》,《红豆》2006年第3期。

《两个窥视者》,《长城》2006年第3期。

《土妈的土黄瓜》,《长江文艺》2006年第4期。

《侄儿请客》,《作家》2006年第4期。

《谢客老师》,《滇池》2006年第5期。

《农家饭》,《钟山》2006年第4期。

《抓阄的前前后后》,《飞天》2006年第5期。

《为一个光棍说话》,《山花》2006年第5期。

《城里来的前夫》,《百花洲》2006年第4期。

《击鼓传花》,《延河》2006年第8期。

《碰头会》,《作品》2006年第9期。

《坦白书》,《大家》2006年第5期。

《疙瘩和疙瘩》,《芒种》2006年第12期。

《堵嘴记》,《长江文艺》2007年第3期。

《我们应该感谢谁》,《收获》2007年第2期。

《主席台》,《星火》2007年第3期。

《我的丈夫陈克己》,《百花洲》2007年第3期。

《帽儿为什么这样绿》,《福建文学》2007年第6期。

《送一个光棍上天堂》,《花城》2007年第5期。

《怀旧之旅》,《江南》2007年第5期。

《住在坡上的表哥》,《长城》2007 年第 5 期。

《天边的情人》,《钟山》2007 年第 6 期。

《松油灯》,《作家》2007 年第 11 期。

《四季歌》,《上海文学》2007 年第 12 期。

《油渣飘香》,《福建文学》2008 年第 1 期。

《麦芽糖》,《青年文学》2008 年第 2 期。

《嫂子调》,《长江文艺》2008 年第 3 期。

《寡妇年》,《山花》2008 年第 4 期。

《挽救豌豆》,《广州文艺》2008 年第 4 期。

《劝姨妹复婚》,《文学界》2008 年第 5 期。

《麦子黄了》,《江南》2008 年第 3 期。

《去南方》,《延河》2008 年第 6 期。

《陪周立根寻妻》,《钟山》2008 年第 4 期。

《甘草》,《花城》2008 年第 4 期。

《金碗传奇》,《滇池》2008 年第 9 期。

《穿牛仔裤的表嫂》,《山东文学》2008 年第 11 期。

《桃花桥》,《作家》2008 年第 11 期。

《两个研究生》,《百花洲》2009 年第 1 期。

《光棍们的太阳》,《长江文艺》2009 年第 3 期。

《钟点房》,《文学界》2009 年第 3 期。

《粉丝》,《花城》2009 年第 3 期。

《人住牛栏》,《岁月》2009 年第 4 期。

《姑嫂树》,《长城》2009 年第 3 期。

《红杏是怎样出墙的》,《芳草》2009 年第 7 期。

《我们的隐私》,《收获》2009 年第 4 期。

《风流老婆》,《福建文学》2009 年第 7 期。

《等冯欠欠离婚》,《作家》2009 年第 8 期。

《红丝巾》,《广州文艺》2009 年第 11 期。

《乡村车祸》,《滇池》2009 年第 12 期。

《村口商店》,《长江文艺》2010 年第 1 期。

《坐了一回主席台》,《满族文学》2010 年第 1 期。

《姓孔的老头》,《山花》2010 年第 3 期。

《名叫柳幺的乡亲》,《福建文学》2010 年第 3 期。

《陪读》,《花城》2010 年第 3 期。

《吃回头草的老马》,《作家》2010 年第 8 期。

《老师的生日庆典》,《红岩》2010 年第 5 期。

《给李风叔叔帮忙》,《小说界》2010 年第 5 期。

《暗恋者》,《天涯》2010 年第 5 期。

《水边的相好》,《辽河》2010 年第 11 期。

《留在家里的男人》,《钟山》2010 年第 6 期。

《祝寿》,《广西文学》2010 年第 12 期。

《花被窝》,《收获》2011 年第 1 期。

《村里哪口井最深》,《福建文学》2011 年第 1 期。

《幸福的曲跛子》,《北京文学》2011 年第 2 期。

《我的三个堂兄》,《长江文艺》2011 年第 2 期。

《死鬼黄九升》,《广州文艺》2011 年第 2 期。

《看稀奇》,《作家》2011 年第 4 期。

《卖豆腐的女人》,《作家》2011 年第 4 期。

《师娘》,《芒种》2011 年第 5 期。

《电话亭》,《红岩》2011 年第 3 期。

《唱歌比赛》,《小说界》2011 年第 3 期。

《卖卤菜的李学乖》,《清明》2011 年第 4 期。

《提前退席的人》,《长城》2011 年第 5 期。

《保卫老师》,《花城》2011 年第 5 期。

《三层楼》,《作家》2012 年第 1 期。

《镇长的弟弟》,《山花》2012 年第 1 期。

《剪彩》,《福建文学》2012 年第 1 期。

《打捞记》,《红岩》2012 年第 1 期。

《矿难者》,《广西文学》2012 年第 3 期。

《有个女人叫钱眼儿》,《长城》2012 年第 11 期。

《回忆一双绣花鞋》,《钟山》2012 年第 6 期。

《让死者瞑目》,《福建文学》2013 年第 1 期。

《花嫂抗旱》,《作家》2013 年第 2 期。

《桠杈打兔》,《花城》2013 年第 5 期。

《皮影戏》,《广西文学》2014 年第 1 期。

《最后一次卖糖》,《红岩》2014 年第 1 期。

《养驴的女人》,《作家》2014 年第 1 期。

《日白佬》,《福建文学》2014 年第 1 期。

《传染记》,《天涯》2014 年第 2 期。

《挖坑》,《文学界》2014 年第 8 期。

《三个乞丐》,《天涯》2015 年第 2 期。

《天坑》,《福建文学》2015 年第 6 期。

《道德模范刘春水》,《钟山》2016 年第 3 期。

《两次来客》,《福建文学》2017 年第 1 期。

《推牛》,《天涯》2017 年第 1 期。

《看病》,《花城》2017 年第 2 期。

《妇女主任张开凤》,《鸭绿江》2017 年第 5 期。

《撒谎记》,《长江文艺》2017 年第 7 期。

研究论著

《文学写作系统论》,湖北人民出版社 2006 年版。

《当代小说与民间叙事》,湖南人民出版社 2015 年版。

熊育群

男，1962 年生，湖南汨罗人。

小 引《

对于现代中国文学乃至整个中国文艺来说，抗日战争是一场特殊的战争。从它发生之日起，就有以它为题材的文艺作品出现，其间还孕育了一些重要的文艺思想，成为影响日后文艺发展的一种重要的精神资源。随着战争不断深入和发展，以这场战争为题材的文艺作品的影响也在不断深入扩大，乃至成为整个战争期间动员民众、鼓舞民众，帮助民众同心同德地与敌人作斗争的一支重要力量。到了战争结束之后的和平时期，亲历者回首往事，壮怀激烈，发为小说，“抗日英雄传奇”竟如井喷之烈，在20世纪五六十年代成一时之盛。这场井喷虽因历史的变化而暂有消歇，却又因影视媒介的刺激而有再度的喷发。这次喷发除作为“红色经典”的上述“抗日英雄传奇”的影视改编，也有浪漫夸张的“抗日神剧”的创作。以至于有人说，凡剧必抗日，无(抗)日不成剧，影视从业人员几乎都成了八路军、新四军、游击队的新编。这种状况虽然屡遭诟病，但毕竟也让人见识了一种文学题材所造就的空前的文艺创作盛况。以陋见所及，就算是对卫国战争题材情有独钟的苏联文艺，似乎也没有出现过如此繁盛持久的局面。

说到苏联卫国战争题材的文艺作品，大家很容易想起西蒙诺夫的小说《日日夜夜》，这是一个亲历者以纪实的手法描写那场战争的作品，主旨自然是爱国主义和英雄主义，与20世纪五六十年代那场井喷期间的作品主旨大体相同，只是写作的时间略有差别，前者写于当时，后者写于事后。但从50年代初苏联文学“解冻”之后，作家看这场战争就有了不同的角度，对这场战争也有了不同的写法。先前是歌颂英雄，赞美牺牲，后来是诉说苦难，感叹人生。再后来到了所谓“战壕真实派”的作者出现，这场战争就成了展示恐惧求生等心理症状的黑暗深渊。这样的变化，是逐步把为国牺牲的英雄、冲锋陷阵的勇士，还原成一个个普普通通的人，又把这普普通通的人所具有的七情六欲，还原成一种纯粹的动物求生本能。

吾生也晚，未能亲历现代中国的诸多战争，对战争状态下人的生存状态和心理状态，没有切近的经历和体验。但从逻辑上推演，如果把人的生活分为常态和非常态,则和平时期的生活应为常态,战争时期的生活应为非常态。对一个战士来说,这非常态的生活,又可称为战斗的生活。一个时代,不论享受和平生活是长是短,也不论战争是否"频仍"发生,人总不免要留恋和平时期的日常生活。这是因为,人之为人的七情六欲,其功能虽与生俱来,但须经日常生活的培育,才能具体成形,因而是在日常生活中养成的,也是通过日常生活体现出来的。从这个意义上说,人是由日常生活塑造的。但战争却是对这种日常生活的一个巨大的破坏,所以说,战争所摧毁的不仅仅是和平时期人的日常生活,而是人本身。人起而捍卫这日常生活,不仅仅是为了和平,而且是捍卫人本身。用国人的话说,是过上太平的日子。所以但凡写战争的文学,末了总是在做还原反应。先是将英雄还原成普通人,这是人的身份的还原;进一步是将战争还原成人性的较量,这是战争本质的还原。苏联的战争文学是这样,中国近半个世纪的战争文学也是这样。以抗日战争为题材的文学作品也不例外。

但这样的还原,也有一个难度。这难度就是度的把握,也就是我们常说的艺术的分寸问题。从人的身份来说,英雄也是人,这是大家都认可的道理,但英雄之为英雄,自然有他不同于常人之处,要把英雄还原成常人,又让他保持英雄本色,谈何容易。所以余占鳌在英雄和常人之间,始终隔着一个匪字,他既非常人,也不是真的抗日英雄。从战争的性质来说,人们早已做了政治的和道德的区分,要撇开政治的和道德的判断,不论正义和非正义的,侵略的反侵略的,只着眼于人性,也难免凿空。所以历史上的战争文学,都是各走一个极端。也因为前面的人走了一个极端,才给后面的人留下了这种极端的表现未曾顾及的一些艺术空间,战争文学才能反反复复代有传承地写下去。倘若一种看法管总了,一种写法穷尽了,岂不就走上了穷途末路。

熊育群写抗日战争,也在寻找这样的极端。只不过他不是沿着上述路线的还原,而是把这还原架设在交战双方之间。这就不免要承担许多风险,风险之一是他把敌对的一方日本人也作为主角,容易招致颠倒主次、突出坏人(反面人物)的指责。风险之二是他从普遍性的角度表现中日双方士兵的人情人性,难免要被人指为敌我不分。风险之三是他不加批判地描写日本民族的民族性格、文化传统和风俗习惯,有美化侵略者之嫌。最后是他写中国人对日本人的身心救赎,按今天某些流行的说法,不用上纲上线,就是典型的汉奸行为。如此等等。除此之外,可能还存在其他潜在的危机和风险。放在"抗日英雄传奇"的时代,熊育群的看法和写法自然大成问题,就是后来的身份还原、人性还原,也走不到他这个地步。可见他是下了一着险棋。所幸的是，熊育群的艺术处理恰到好处，且有充分的学理依据和充足的调查实证材料的保障。以这样的眼光和看法叙写己卯年发生在自己家门前的那场战役，既非西蒙诺夫和“抗日英雄传奇”甚至“战壕真实派”的作者那样的经历，也不是像后来的还原叙事那样的反其道而行之的逆袭，而是在敌与我的纠缠，杀戮与人性的撕扯，毁灭与救赎的抉择，情感与理智的拷问中，反思这场战争，追问这场战争的真相，“找出真正的缘由与罪恶，揭示战争的根源，看到战争的本质，看到战争对人类与每个个体生命的伤害，写出和平的宝贵”。最终要进入的，是这场战争“最幽深的部位——人心的毁灭与救赎”。从这个意义上说，熊育群的抗战题材的文学创作，是在传奇和还原叙事之外，开了一个新生面，也为当代战争文学的发展开启了一个新阶段。

自　述《

人心的毁灭与救赎

记得 14 年前的一幕：童年熟悉的村庄与集镇，它们的名字突然出现在战史上——在互联网上我无意中读到了一场大战，它们竟然是部队包围、防守、攻击的地标。我深为震动，在那个大空间办公室里，所有的声音仿佛都安静下来了。我反复看着这些村名，感觉熟悉又陌生，它们就像我前世的亲人，我在一片神秘的地域寻觅着，迫不及待，一路顺着文字往下走，一次次与它们相遇，看见它们的遭遇，为它们的安危担忧。这些名字带着我发现了——长沙会战——我已进入了海峡对岸的网站。我无法相信连天的战火会与这些偏僻宁静的村庄联系在一起。想到爆炸与浓烟就在这些连片的房屋中发生，那悲惨的情景简直不能想象！

这是真实发生的一幕：己卯年秋天，一场日军投入兵力 10 万、国军 30 万参战的大规模战争就在这里打响！我看到村庄的方位那么准确无误，进攻与反击，过程不但准确地写在文字里，也标注在地图上，这是以前的湘阴县地图。

真实的事情总有一种气息，事件如此巨大，我竟然没有半点疑惑，相反，我感觉战争瞬息间走近了，凭着那些我熟稔的沟沟坎坎，它正在我脑海里复活……我的震惊越来越强烈，发生在我出生和成长之地的战争我竟然不知道，它离我出生的时间还不到 20 年！

我冲动着，想做点什么。想到田野调查，想到写点什么，我要赶在亲历者还没有全部离世之前，把这份灾难的记忆留存下来。

最早进入我视野的便是营田惨案。上村干男支队偷袭营田，一百多艘快艇晚上从岳阳出发，穿过洞庭湖，于拂晓前向营田发动攻击。

战火在人们的睡梦中降临。他们还不知道战争的残酷，许多人听到枪炮声跑出家门来看热闹，看红绿两色的信号弹划破夜空，机枪的子弹交织成火网，有人觉得像烟花一样好看，为看得仔细，有人爬上墙头，有人跑上山坡，直到战火越来越近，逃难的人群哭的哭叫的叫，这才感觉到了害怕……

这一天如此血腥，用血流成河不足以说明人的惊悚、恐怖与沉痛。远处的灾难总是不能给人切身的感受，总是遭到忽略。当我走近营田，走近亲历者记忆里的这一天，我的心开始颤抖开始哀痛，这是多么残暴的生命之殛！

我动员屈原管理区的朋友易送君对“营田惨案”做田野调查，二十多个人历时一年，寻找到了一百多个幸存者，记录了那一天他们的经历。我曾跟着易送君走村串户，听那些年过七八十白发如雪的老人手指屋前的地坪或是水塘，说起自己当年如何躲藏如何逃难，他们学着飞机俯冲时的轰响和机枪扫射的嗒嗒声，所有人对“己卯年八月十一日”这个日子记得死死的，仿佛那是一个魔咒，是一个黑色的灾星！

十多年来我带着这份沉痛的记忆，总是在反复问自己：日本军队为何如此凶残？这一场战争是如何发动起来的？这个一衣带水的近邻是怎样的国家？为何至今我们都缺乏了解它的愿望？

痛定思痛，我开始注意日本这个大和民族，从美国人鲁思·本尼迪克特的《菊与刀》开始，我读一切研究日本的书籍。我进入日本的历史文化，寻找着缘由，渴望了解它的国民性。正如“菊”与“刀”两种相互冲抵的东西一同成为大和民族的象征，它代表的是日本民族好斗与和善、野蛮与文雅、尚武与爱美、顺从与抗争、忠诚与叛变、保守与喜新、傲慢与自卑……相互对立又统一且极端的国民性。极端性还造就了日本浪漫民族主义的虚妄。

几年前的那个春天，我在大理街头闲逛，在一家旧书店，无意间从旧书中发现了日本女人近藤富士之写的《不堪之回首》的内容。1939年中秋节，她踏上了我老家的土地，作为慰问团一员前来慰问皇军。没想到真的见到了她新婚后参军出征的丈夫。历经千辛万苦，一对夫妻在战场见了面，虽然部队给他们放了两天假，但打仗部队没有驻地，他们还得跟着部队走。他们坐在最后一辆收容车上，十指相扣，难舍难分。没想到收容车抛锚了，前面的车都走远了，这时，树林里面响起了枪声。

她的丈夫近藤三郎拿着枪跳下了驾驶室，与车厢上的两个士兵一道还击。枪战中近藤三郎被打死，近藤富士之把他抱在怀里，轻轻呼唤着他的名字，要他跟她回家……

这篇充满了痛悔的文章让我震动、深思。第一次看到一个日本女人真实的思想感情流露，我在想，作为一个人，我们之间究竟有多大的区别呢？它让我回到了日常的生活，回到了常识。这个时候我有了新的写作冲动。我觉得自己有了进入人物内心的能力。我要写一对日本恋人和一对家乡的恋人，在这场战争发动之前，他们的生活与生存状态其实并无多大区别，真挚的爱情，待人接物的友善，日常生活里的温情。战争来临，这一切急剧变化，这个出征的日本青年怀抱报效天皇的忠诚，告别亲人，远赴征途，从一个正常人一步步变成杀人魔王。

从人变成杀人魔王的历程最值得探究，这里既有深奥的人性，也有政体、权力与国家运作的踪迹。许多日本士兵写了日记，写了他们怎样来到中国，怎样投入战斗，怎样杀人，一天又一天怎么度过。我寻找这样的日记，《东史郎日记》《荻岛静夫日记》和太田毅写的《松山——全军覆灭战场的证言》，每一本得来都不容易。《己卯年雨雪》中几乎所有日军杀人的细节和战场的残酷体验都来自这些真实的记录，我并非不能虚构，而是不敢也不想虚构。我要在这里重现他们所经历所看到所制造的灾难现场。

我又找到了日本防卫厅防卫研究所战史研究室写的《一号作战之二·湖南会战》、台湾“国防部”史政编译室编印的《国军抗日战史专辑》，还有当年湘阴县县长谢宝树写的《守土日记》。酝酿了十年的小说终于找到了一条路径，他们的现身说法让我进入了故事现场，创造和还原一段历史终于成为可能了。主人公的苦难命运与精神困境开始浮现，在大灾大难中，我希望能看到人性的光辉。毕竟，我们是从灾难中走出来的，正义战胜了邪恶。

中国作家写抗战题材小说鲜有以日本人为主角的。这一场战争是两个国家间的交战，我们叫抗日战争，日本叫日中战争，任何撇开对方自己写自己的行为，总是有遗憾的，很难全面，容易沦为自说自话。要真实地呈现这场战争，离不开日本人。

中日两对毫不相干的恋人终于变成了不共戴天的仇敌，这是荒诞的现实，却是战争的逻辑。从国家到民族到个人，悲剧开始在每一个个体身上发生，无人可以幸免。这就是战争！在这场战争中，日本人的遭遇，他们的处境、感受和想法是怎样的？他们怎样看待这场战争？他们回想起残暴的一幕会有怎样的思考？

我需要去日本，去探寻这个民族与战争有关的心理与隐情。壬辰年春天我去了日本的九州和关西，甲午年冬天又去了东京、房总半岛、伊豆半岛和北海道，一个月里我仔细地体验着、观察着、思索着。

在房总半岛千叶县鸭川市江见町，我见到了冈部喜一，他的父亲就是侵华士兵，是步兵第二一二联队第一机枪中队的机枪手。从昭和十四年到十九年，他参加了鲁东、鲁西、鲁南、鲁中作战，作战之多时间之长都是令我惊讶的。他在高龄去世。他家佛堂神龛中立着他的照片——清瘦之脸上深深的八字纹分开了两颊与人中，一副憨厚的老农形象。他的法号为喜翁全徹居士。法号写在牌位上，摆放在神龛右侧，正中供着佛祖的铜像。按日本人的宗教信仰，人死后无论善恶，灵魂都能与神佛同在。它的灵魂已跟佛祖在一起了。这就是当年以机枪扫射杀人无数的士兵?！是“双手沾满中国人民鲜血的刽子手”?！

冈部喜一的父亲从不谈他在中国的经历，一提起他就感到难受。冈部喜一说不知道发生了什么。但是，客厅显眼的位置挂着一个镜框，里面是毛笔写的中队歌、参加的战役和时间，中间是三个伏在机枪上的士兵线描像，大号字的部队名称写在上面，两边各饰有一颗五角星。冈部喜一说他父亲是在家被强行征兵走的，当时不去就要坐牢。

这是一栋百年老宅，巨大的坡屋顶从四面倾斜而下，翠竹树木长满山冈，墓地与神社在山坡下彩幡飘扬。冬日的稻田之上，群鸦鸣叫，鹰在低空翱翔，来自海上的风托举着它的双翅。屋内百年火塘仍燃着红红的炭火，取暖、烤鱼、烧水，宾主围炉而坐，晏晏笑语。一个人在这里出生、成长、远征、归来、耕作、终老，看不见他的一生与罪恶有染，秘密全在他的缄默里，带入了坟墓。即便是罪恶，这里的人也早已忘却，一切就这样翻过去了。没有真相，没有反思、反省，一颗灵魂也许曾经痛苦过，也许只是麻木、遗忘。而时间已经往历史的深处走去了……

找人翻译，中队歌唱的是：黄河的流淌/为杨柳新芽带去青葱/春天里/聚集在军旗下/我们是第一机枪部队/啊，战友呀/骑上我们的爱马/奔走在鲁西无边的泥泞里/借手中的缰绳传递给它一个永恒的信念/留存在那马蹄下的/是崇高的丰功和伟绩。

在满田清家我看到了一套十六卷本的《昭和日本史》，第三卷是《日中战争》，打开来，图文并茂。我看到了当年他们准备庆贺武汉沦陷的照片：圆柱形的大灯笼上写着大大的“祝汉口陷落”。接着是学生参加陆军垦荒训练的队伍，少年们举枪向校园里的天皇照片致敬，幼儿参加军队体验活动，小女孩用红萝卜喂马，表示对军队战马的慰问，幼儿的剑道训练，儿童军小队的选拔，妇女支前集体劳动的场面，市民排队购买“支那事变报国债券”，炸毁的街道上行进的军队，欢送参军上前线的人潮与旗帜的海洋，城市里各种群众活动，各种行军打仗的场景……对于战争，只有过程与技术性的描述，所有的屠杀都看不见了。

一有机会我就询问日本人对中日战争的看法，他们全都讳莫如深，就连二松学舍大学年过花甲的教授源川彦峰也说不知道，他说自己出生于二战之后，但政府从没有说出过真相，他所受的教育也没有这方面的内容。

我留意日本人的行为，在奈良东大寺，有捐款者在泥瓦上留言，这些留言的瓦烧制后寺院翻修时将嵌入屋顶。一个壮年男子用毛笔认认真真写下：世界和平。

源川彦峰教授带领一个班的学生，以《论语》为题材，在鸭川町的一个渔村进行创作，学生们以篆书刻写了“礼乐”“忠恕”“德不孤，必有邻”……对儒家文化，学生们十分喜爱，他们真诚地向我请教。

每到一地，凡问路，他们必热情指引，有的亲自带路。睡在鸭川的晚上，大门、卧室都不用上锁。各地神社的绘马，写满了家人平安、学业有成、良缘成就、无病息灾的祈愿……他们与那残酷的一幕风马牛不相及了。

但是，在东京成田机场，在书店我仍然看到了新渡户稻造的《武士道》，还有《日本刀知识》。靖国神社当年锻打日本刀的匠人还在铸刀。东京日本武道馆，第三十八回日本古武道演武大会开始，这天，旧江户城田安门的古城道上，伞若长龙，人流如鲫。年轻人对演武的热情不减。在明治神宫至诚馆，练习剑道、射箭的人也都是年轻人。这些能否证明武士道精神，至少是尚武精神，仍然保留在大和民族的血液中？一如浪漫民族主义的精魂不死？

从掩盖开始的这一段历史，前路迷惘，不知道它会走向何方。一个民族集体的迷失，他们不明白自己从前的错误，谁又能保证同样的错不再重犯？

反思这一场战争，必得追问真相。有真相才有立场。我想找出真正的缘由与罪恶，揭示战争的根源，看到战争的本质，看到战争对人类与每个个体生命的伤害，写出和平的宝贵，这对一个作家不仅是良知，也是责任。我要从仇恨中抬起头来，不仅从自己国家与民族的立场出发，从受害者的立场出发，写出战争中跳动的人心与心灵历程，写战争之痛——那种无法抚平无法想象的痛，即使活着心灵也永无宁日，正如营田那个黑色的日子，它是亲历者一生也走不出的噩梦；还要写仇恨与宽恕，写人类之爱，写战争中的人性与命运，战争对人血淋淋的摧毁，人类道德的大崩溃，广泛的恶行，悲剧性的生存，爱情的悲惨……我希望这一切不只是激起普遍的悲悯，还有对于人性与现实的反省。

因此，我愿意将这部书视为和平之书，希望它永远给世人以警示。

而民国时期的洞庭湖，那个远逝如同梦幻般的世界，有着奇异又魔幻的生存图景，远不只是动荡与悲壮，它从战争的硝烟间正朦胧又清晰地呈现出来……

于是，一个个人物走出来了，他们以自己的感受与伤痛来言说。我以第一人称亲历的方式，带入现场，把每个人的内心感受与体验呈现出来。战争对人最大的伤害不在肉体而在心灵，那种心灵的灾难如坠地狱，我要进入的正是战争最幽深的部位——人心的毁灭与救赎。与第一人称不同的是，我只是采用第一人称的感觉，同时混合了第三人称的全知全能视角，我需要更广阔的时空来呈现，让善良与邪恶、安宁与残暴在对比中，刻画战争最狰狞的内核。

访　谈《

潜入历史的深海，抵达人性的深处

——熊育群访谈录

王雪瑛　熊育群

王雪瑛：新春期间，阅读这样一部长篇不免犹疑：我难道要将自己温暖的节日沉浸在黑暗与沉重、血泪与战火、压抑与叹息中吗？看完之后是思绪万千，最想做的是和作家开始一场深入的对谈。为什么将此书命名为《己卯年雨雪》？为什么以雨雪的意象来展开跨越世纪的追问？

熊育群：小说取名一直犹豫不决，面对沉重的主题觉得不能再取过于“重”的名字，正如我要表现战争对人的伤害，不是简单的残暴的肢体伤害，心灵的伤害无声无息，却更加惊心动魄。我愿意用一种形象化的、能指丰富的、绵绵不绝的、凄冷的意象。我们说血雨腥风，小说中有一场肉搏战，迸溅的血与雨不分了。我查史料，当年的一场大雪下了6天6夜，天地都冻住了。我在小说中写道：“轻轻的雪花其实是泪，是眼泪开出的一朵朵素色花束。”这足以象征那个地狱般寒冷的世界。

现在，战争仍在世界各地肆虐，它的寒意有时是逼人的，我们稍一疏忽，它就像个瓶中的魔鬼跑了出来。我要向世人指认魔鬼的身影，认清它的本性。有人说《己卯年雨雪》是本和平之书，正如表达光明要靠黑暗，抒写和平同样离不开战争。身处和平环境的人恰恰不懂得和平的可贵。

王雪瑛:你以自然的严寒隐喻战争的冷酷,战争对人性与人心的侵害,就是对人间爱与温暖的掠夺。珍惜和平当然离不开揭示战争,警醒、认识和反思战争的本质。

汨罗江、营田是滋养你生命与血脉的河流与土地,这些也是曾经被战火炙烤,血水流淌的山河,是什么契机让你在和平的阳光下看见了70年前那燃烧的火光、流淌的血水,听到了反抗与不屈,悲愤与哭喊?

熊育群:这得感谢互联网,16年前在网上无意中发现"长沙会战",汨罗江防线就是我家门前的河,这仗就在我家门口打的！这让我非常吃惊。那时,亲历者有的还健在,走近他们,就走进了那个血与火的岁月。

王雪瑛:是什么让你决定用小说的方式,去认识那段历史,去探究那个巨大的伤口和惨烈的梦魇。小说的方式当然是虚构,但收集大量的资料,踏访当年的战场,展开田野调查,对话当年战争的幸存者,出访日本查阅资料访谈人物,对你创作这部小说来说一定是至关重要,也是你曾经从事专业新闻工作中的强项。从你以文学的目光凝视那段历史,到你开始全面收集资料,以多种方式直面70年前的历史真实,营田惨案,长沙会战……你有什么特别的感觉和心灵的震撼?在创作《己卯年雨雪》的过程中,你如何思考真实与虚构的问题?

熊育群:小说是虚构的艺术,但历史题材仅凭想象能够写好吗?中国作家就是太过于相信想象力了,缺少西方作家的实证与认真精神。收集资料与田野调查的过程首先还是对于真相的叩问与挖掘,这是做事情的一个基础。其次也是思考与酝酿的过程,发现的过程。

面对这样一个巨大又残酷的事实,你会觉得虚构的小说特别没有力量,尤其是现实生活中的人越来越偏爱非虚构的东西,小说面对现实正在失去它的力量。我尝试走一条虚构与非虚构结合的路子,那就是细节、大的事件、背景、环境力求真实,但人物与故事可以虚构,人物能够找到原型的我尽力寻找。我希望读者可以根据小说内容去与现实世界对应,甚至寻访小说主人生活与走过的地方。我自己写作时就已经沿着小说主人的行动轨迹行走过了。小说因此拥有一股真实的气息,它能够对现实发言,就像一个人站到了大地上,它是能够发力的。

王雪瑛:我想虚构与非虚构结合,是你找到的处理这个题材和创作这部作品的有力方式。对一个历史题材,一个你没有经历没有体会的战争题材,你如何把握?

这还是一个需要有强大的心灵力量来处理的题材,这是一个需要有极大的勇气去正视的题材,而作为一个小说家这又是一个需要找到独特的角度,才能深入挖掘,抵达人性深处的创作，这对于一个作家的心灵能量、认识历史和人性的能力、小说创作的手法都提出了真正的挑战。

熊育群：没错。这是一个写了70多年的老题材，但至今我们都觉得没有特别满意的作品出现，战争题材似乎还不能与世界对话。寻找原因，我们受害者的意识太深了，无法超越仇恨，对施害方又缺乏了解的愿望，导致在自己的圈子内循环——自己写自己，写给自己看——还在一种抚慰与疗伤之中不能自拔。事实是抗日战争是两国间的战争，离开另一主角又如何能够全面认识这场战争、抒写这场战争？要说战争中的人性，日本士兵更能提供丰富的例证。但我们只是非常简单地把他们当作一种符号——魔鬼——脸谱化的写作。

任何事情都有机缘，若不是我遇到了自己家乡如此惨绝人寰的暴行，我也许不会去写这个题材，毕竟战争离我遥远，是我最不熟悉的事物。但走近事发现场，特别是亲历者的指认，令我有了最切身的感受。我曾在创作中陷入巨大的绝望之中，有时一个人忍不住哭泣，全身发冷，非常抑郁。这种情感体验是切实的。我在进入一个地狱一样的世界，看到了那么巨大深广的灾难与伤痛。我想，伤害人最深的莫过于心灵的创伤，这是我采用第一人称视角的原因，我要进入人的内心世界。虽然我有所改变，只是以第一人称的感觉来写，因为我还得跳出来，事件成因、背景等更宏观的世界需要交代。

如果不是见证了亲历者内心的痛苦，如果不是对这场战争有新的发现与认识，如果没有超越，如果找不到好的形式，想要写好一部小说几乎是不可能的。

王雪瑛：你倾注了巨大的心力，你曾经一年在营田组织田野调查，两度赴日寻访，多次修改，经过14年的准备与写作，才成就《己卯年雨雪》，创作这部作品可以说是你生命中的重大情节，你在写作的过程中，有过困顿、迷惘和纠结吗？你曾经想过放弃这个题材吗？你在写作过程中碰到的最大困难是什么？你的小说经过重大的修改吗？

熊育群：真的有过放弃，因为写了五万字不知道如何往下写了。放了很长时间也没有找到感觉，觉得写不出来了。这五万字中有很多精彩的内容，丢了可惜，但它又不是一个完整的东西，我便从中挑了一万字出来，作了一些修改，这便是2006年4月发表在《人民文学》上的《春天的十二条河流》。想不到这篇文章反响很大，还引起了争议，说它几不像，是散文还是小说在选刊就有争议，《散文选刊》把它当散文转载，《小说选刊》当新小说来转，但业务会上争议大没有通过。第四届鲁迅文学奖终评时有评委说它是小说，不能参评散文奖。很多人是把它当作我散文的代表作的。

这让我觉得不能随便就放弃了。

我的困难很多，一是不熟悉民国时期的生活，二是对抗日战争特别是长沙会战了解十分有限。我把握不了吃不透的东西又如何能够独立思考，进而去感受去发现去表现？我的立场与情感又如何建立？

随着我的阅读，特别是相关资料的获得，一点点的积累，就像拼积木似的，真相似乎在慢慢复原。譬如当年湘阴县县长谢宝树的《守土日记》的发现，那场战争每一天发生的事情他拣重要的记录下来了。我在地摊上找到了《岳阳百年大事记》《岳阳文史》《湘阴文史资料》等旧书，还有搞收藏的朋友把日本防卫厅防卫研究所战史室写的《湖南会战》译稿等大量资料给了我，一位朋友从一个台湾将军那里要到了台湾"国防部"史政编译室编印的《国军抗日战史专辑》，我自己在大理的旧书店无意间发现了《湘水潇潇——湖南会战纪实》，在这本书中我看到了一个日本女人近滕富士之的档案材料，一个真实的日本人的内心世界令我感叹，她让我回到了常识——我们是一样的人。正是她引出了小说的女主角之一武田千鹤子。我又读陈存仁的《抗战时代生活史》《银元时代生活史》《1937 年：战云边上的猎影》等，感受到了那个时代的生活气息。

这时候我认识到要写好这个题材不能缺少日本人，离不开日本人的视角。第二次开始创作，有了一对日本恋人。那时我没想到遇到了更大的挑战：你如何写好日本人，尤其是昭和时期的日本人与他们的生活。日本人的视角必定有他们对这场战争的理解，他们自己认为的战争史与真实历史的区分，他们如何思考如何行动，他们真实的内心世界……这些牵涉日本的历史、地理、文化、国民性、起居生活环境等等，写好了这些，一场真实的立体的中日战争是能够浮现出来的。

这时期我开始看鲁思·本尼迪克特的《菊与刀》、新渡户稻造的《武士道》、小泉八云的《日本与日本人》、内田树的《日本边境论》、网野善彦的《日本社会的历史》、尾藤正英的《日本文化的历史》、奈良本辰也的《京都流年》、妹尾河童的《窥视工作间》等，看他们拍的电视剧《坂上之云》和众多电影，读日本作家田边圣子的《源氏物语》、川端康成的《雪国》、村上春树的《挪威的森林》、柳美里的《声》等小说。

侵华日军的战地日记开始出现了，大和民族是一个喜欢写日记的民族，我找到了《东史郎日记》《荻岛静夫日记》，还有太田毅《松山：全军覆灭战场的证言》、小熊英二《活着回来的男人》，这些书有的是我从台湾找到的，有的是朋友惠赠，有的是民间抗战博物馆的高价影印件，它们对我帮助特别大，让我有如亲历。小说主角之一武田修宏立即获得了灵魂，他的每一个行为都有了依据，特别是恶行细节我无一虚构，它们全部来自这些日军日记。

王雪瑛:写作是一个理性和感性相互交织、协同合力的过程,你不但要在理性上认识战争,认识人性,还要以充沛的感性、丰富的细节来呈现场景、人物、故事,完成血肉丰满的小说。你不但要大量阅读,还要实地踏访、深入交流、不断了解,来完善充实自己的感性体验。

熊育群:当然,光有书本是远远不够的。我第一次去日本是随团去的,不到十天,第三次投入写作,几乎是推倒重来,大约写到14万字,感觉写日本人的生活仍然有些无力感,生活的细节仍然缺乏,没有日本人原型也让我感觉有些隔膜,于是我放下写作,从天津滨海国际写作营回来,第二次去了日本。

这次自由行将近一月,我不但找到了侵华士兵的家,找到了昭和时期生活的真实环境,还找到了千鹤子的原型,再次投入创作时就顺利多了,几乎是一气呵成的。

但第二稿写得非常苦,反复地修改,估计有二十多遍,一方面是一些地方不太满意,另一方面恰逢国家纪念抗战胜利七十周年,不断有新的史料出现,改得自己都想吐了,到后来,只要一打开电脑我就忍不住要去改,都变成习惯了。可以说,这是我写得最苦的一部书,把头发都写白了不少。

王雪瑛:力作难得,挑战的难度往往成就作品的力度。对于一部成功的长篇小说来说,人物的塑造至关重要,阿列克谢耶维奇在谈到自己的创作时说:"我不选用某些特殊的英雄人物。著名的将领和获得'苏联英雄'称号的人。我的书,仿佛是人民自己写的长篇小说,是普通人意识的反映。"读你的《己卯年雨雪》让我想到了这段话。

熊育群:战争的受害者当然是人民,写战争的伤害自然笔头要落到他们的身上。阿列克谢耶维奇的非虚构与我小说还是不同,她访问一个个士兵,记录他们战场的经历与感受,以士兵的眼睛来呈现战争场景,真实又震撼。她的关注点是战争现场中的人。

王雪瑛:当然,你们是全然不同的创作手法,我是从战争题材和选择人物角度产生的联想。

熊育群:《己卯年雨雪》要去塑造人物,揭示人性,写出人物的命运与战争的残酷,还原真实的历史环境,还要写出这场战争的真相与相关的历史,写出民族性、国民性,仅有普通人的视角是不够的,什么样的人带来什么样的视角,县长左太平就能带来当年湘阴县抗战的宏大画面。日本人则带来了岛国当年的意识形态,战争另一方的视角。写什么人完全根据小说的需要,我这里普通人多是因为我要表现战争的残暴，这一点与阿列克谢耶维奇是相同的，自然与她一样，人民成了主体对象。如果她能同时呈现受害方阿富汗人的视角，那她的作品会完全不一样，将更加震撼，更具启示力。

王雪瑛：在小说中，你以中与日，受害者和施害者两大叙述视角来展开情节，在情节的不断推进中，深入人物的内心，呈现人物的命运，完成人物的塑造。小说设计了两组人物，一组是左太平与左太乙两兄弟。弟弟太平是战火乱世中的县长，他有着儒家的积极入世，处变不惊地安排运筹、布置撤离、组织运粮。哥哥太乙是家乡的守夜人，他有着道家的淡泊出世，倾听鸟语专研周易痴迷于观天象看地理。弟弟更多的是介入当下，哥哥更多的是沉思冥想。这一组人物中蕴含着你对历史与人生怎样的思索？

熊育群：入世与出世是中国文化人的两种典型的人生选择，本身内含有他们对世界的认识与态度，如同道家阴阳两极世界。这种人生选择跟儒与道对应，都拥有自己行为的理论依据。在一个乱世里，这两种人生会表现得更加明显更加极端，更凸显出儒道两种本土传统文化的对比。特别是左太乙把道家的人生态度推向了一种极致，以此来表达他对人对世界极端的失望心情。他们两个相反的相互排斥的人生态度你会发现都是对的。恰如太极的阴阳世界，是一种对立统一。

王雪瑛：左太乙对战争的冷酷、现实的黑暗极度痛心疾首，他隐居湖泊洲滩，但是他没有放弃自己的坚守，战争可以摧毁他的生命，但不能毁灭他内心的爱和文化。小说的主要情节线索由另一组重要人物展开：一对中国恋人，主人公祝奕典和左坤苇；一对日本恋人，武田修宏和武田千鹤子。千鹤子参加慰问团，从日本来到中国，慰问新婚丈夫武田修宏的部队。祝奕典刺杀日军成功自救，逃离敌人的追杀后，找到了自己多年青睐的恋人左坤苇。他们开始战火硝烟中动荡不安的生活。左坤苇的父亲就是左太乙。这样两组人物关系就紧密地连接了起来。与祝奕典青梅竹马的王旻如被日军残忍地杀害了，而千鹤子的容貌酷似已经死去的王旻如。祝奕典等人伏击了武田修宏和千鹤子乘坐的车，他的子弹击中了武田修宏。这些人物的命运，随着小说情节的推动，紧密关联彼此影响编织出整部小说的引力场，使得那段历史不是沉睡在已经消失的时空中，而是有了血液的温度、生命的呼吸和人物的心跳。

熊育群：他们生活在两个国度，过着彼此相近又不同的生活，上学、恋爱、结婚，日常的起居、礼貌与情谊，本来毫不相干的人走到了一起，彼此产生了深仇大恨，都无法释怀，七十年过去了，这仇恨的阴影仍然挥之不去，这就是战争的逻辑。这是一种民族的仇恨，让每个人都不能幸免。由此也可以看出人类的不智与理性精神的缺失，把利益高高置于生命之上，这是一种自我践踏。千鹤子能够活下来，正是中华文明儒家与道家文化救了她，儒道在与野蛮对峙时显现了文明的高度：良知与正义超越了仇恨与冷血的杀戮，人道情怀超越了种族与国界。一场战争的胜利绝不仅仅是冷血杀戮的结果，一定有文明感召的力量。

王雪瑛：小说直面宏大的抗战题材，但小说更加关注普通人被卷入战争后，内心的纠结和冲突：千鹤子面临着是复仇还是感恩，要杀祝奕典吗？祝奕典面临的是复仇还是宽恕，要杀千鹤子吗？武田修宏面临的是杀人还是不杀，是盲从命令，成为杀人的工具，还是唤醒内心的良知？他和千鹤子之间的爱让他内心的良知在血腥的杀戮中还没有完全泯灭。而祝奕典也渐渐清醒地意识到：千鹤子没有杀害中国人，他应该和左太乙一样帮助她，这种超越个人恩仇的正义与大爱，闪烁着人性的光芒。而这种人性的光芒，爱的温暖，唤醒了千鹤子受到蒙蔽的理性，让她认识到日军侵华的真相与罪恶。

你如何找到了这样的角度去切入真实的历史，深入人物的内心展开的战争？正是从个体，从人物真实的内心冲突中，你深入反思，一个民族为什么将刀对准另一个民族；一个正常的人如何变成了杀人的机器，一个有亲人和情感的人怎么变成了冷酷的杀人魔鬼。

熊育群：你概括得很好，战争让所有人内心冲突、纠结，是良知泯灭、人性沉沦，还是坚守最基本的人性与理性。战争无非是杀人，但无缘无故杀人却是对人心人性最大的考验，战争把生与死推到了每个人的面前，每个人都面临着选择。既有欺骗，也有环境的逼迫，人性的扭曲、异化，战争的残酷就表现在这里。大和民族具有两面性，好极端，这种冲突更加突出。生死关头，不同的选择表现人性善恶，表现人性的光辉与邪恶，表现生命境界的高下、文化的优劣。正是这里见证了人类的文明之光，正如黑暗见证光明，野蛮显现文明。侵华士兵大都有一个感受——中国人的心是温暖的。

王雪瑛：你设计了小说的叙述视角在不同的人物之间转换，更加深入人物的内心，更加深切地呈现人物内心的冲突，心理的起伏与转变，使得小说的叙事丰富而多元。

熊育群：战争伤害最深的是人的内心，深入人心的写作才能表现末日的地狱般的风暴。第一人称的视角能进入人的内心。不同的人出场，都以接近自我独白的方式来处理。但小说还有宏观，有历史、文化与国民性的因由，有太多的背景，它必须跳出第一人称视角的限制，这是一个很大的挑战。我解决这一问题的办法就是以第一人称的感觉来写，而不是真正的第一人称，转到第三人称全知全能的视角就十分自然顺畅。

王雪瑛：君特·格拉斯一生的写作几乎都与二战相关，他在《我的世纪》前言中写着，“我不得不再一次地埋头在历史的进程、杀人的战争、思想的迫害的故事堆里，把那些通常很快就会被遗忘的东西昭示于众。”而在《己卯年雨雪》中，你揭示不能被遗忘和被掩盖的真相，你追问着民族文化、社会生活、价值认同对人性的影响：从日本民族的文化心理上，探讨日本军国主义的精神源头，从脱亚入欧、“丛林法则”的强权理论，到对极度盲从，沦为天皇意志的工具，从“大东亚共荣”“解放支那人”的思想灌输，到个人丧失理性判断力，开始毁灭人性的“圣战”。

保罗·康纳顿说过，“控制一个社会的记忆，在很大程度上决定了权力等级……这是至关重要的政治问题。”我想说，对于一个竭力掩盖历史真相，控制集体记忆的政治选择，揭示侵华真相和战争罪恶尤为重要，而追问日本军国主义的精神起源，及其对生命的践踏，对人性的毁灭，更是重要。

你看过《铁皮鼓》吗？世界反战文学中，有哪些作品让你印象深刻？

熊育群：很早就看过。《铁皮鼓》不是直面战场的写作，他通过一个长不大的有特异功能的小孩的视角来写那个时期人们的生活。要说对我影响大的战争小说无疑是托尔斯泰的《战争与和平》。我在写这个二战历史题材时总感觉是在写现实的问题，这一点与君特·格拉斯完全不同，他是战争的亲历者，他有一种自我反省。而我还在追问真相，似乎仍有阴云笼罩在头上，国家的矛盾民族的仇恨并没有随着战争的终结而终结，还有人在掩盖与欺骗，篡改历史，叫嚣战争。《己卯年雨雪》着眼的是现实，具有很强的现实意义与现实针对性。正是这一点，它被人称为一本和平之书。

王雪瑛：作为一个当代中国作家，你以小说形式来潜入历史的深海，抵达人性的最深处。你历时 14 年之久，倾尽心力完成这部长篇后，对你最大的改变是什么？你对生命的认识，对自我的认识，对文学的认识，对自己创作的认识有什么改变？你对自己的作品满意吗？

熊育群：每完成一部长篇对作家都是一次成长，他经历了那个世界的历程，与小说中的人物共同走过了他们的人生，回望这个世界，新的感受新的认识新的视角，会让人看得更深更远更丰富。在完成《己卯年雨雪》创作之后，我看世界的眼光的确变了，我感到害怕，有一种力量似乎人类还不能控制，这在我小说中追问战争灾难的责任时，竟然追究得十分困难，跳过了那么多的人，很多人都自我原谅了。正如战争机器的发动,有那么多必然与偶然的因素交织成一团,有时让人辨识真相都很难,如同一千个人来凌迟一个人,到底是谁杀死了他?这其中人性的恶更令人心寒,我时时感觉到寒意,我是因为绝望才去追求希望,人世间没有希望人是没有办法活下去的。我能理解张纯如的自杀。几千年来,社会变化如此巨大,人性却一点没有变化。人类只有自己筑墙自我设限自我警戒,建立重重机制,困住心中的兽性,也许才能够得救。

至于这部作品我是否满意,我只能说我把那些难题都解决了,我已经尽力了,我有一种精疲力竭的感觉。我希望读者满意。

王雪瑛:这部长篇向世界表达了当代中国作家对战争的认识,对日本军国主义的认识,对战争真相和人性的揭示,对中国人民的苦难与宽容,不屈与抗争,生生不息的顽强生命力与源远流长的文化的生动呈现,饱含着和平的心声。

我的眼前总是呈现出蹁跹的鸟群,银白的翅膀在随着他左右飞舞,肩上的黑布袋和油纸伞与他左右相伴,一场大火烧毁了他的家园,从此他选择荒洲茅舍、湖泊渔舟为家,他是左太平的哥哥左太乙,他在乱世的血光里看尽了人世的险恶,他在中国诗歌中寻找慰藉,他心归道教,沟通此岸与彼岸,连接人和自然。左太乙是你心目中理想化的形象,他主动承担责任,坚持保护千鹤子,他们以爱的温暖和力量治愈千鹤子心灵的创伤,让她在迷惘中看见真相,恢复理性,认识到日本发动战争的罪恶。他的悠然离世,你处理得很诗化,他就在云水之间,他也在亲人的心间,他结束了有限的生命,获得了一种无限的人生境界。

左太乙的道,左太平的儒,祝奕典的侠,他们心中的良知与大爱超越了个人恩怨和民族矛盾,他们的人格力量让他们在战火与苦难中的人生有了坚韧不屈的苍凉与浑厚,他们的身上承载着中华美学的风范。你在人物塑造的过程中不仅设计了紧密关联的情节,相互冲突的张力,还考虑了美学上的相互映衬。

小说的叙述视角是双重的,小说的叙述空间也是双重的,一边是战争的火焰、生命被毁的血泪流淌,一边是自然的日月、四季流转的风霜雨雪;一边是枪炮声里的生离死别,一边是江河湖泊的绵长恒久;一边是硝烟弥漫,一边是植物清香;一边是街市村落的满目疮痍,一边是芦苇洲滩的飘逸风韵。如果说惨烈的战争将人的生命囚禁在死亡的危险中,那么你用心描绘的自然,日月、雨雪、山水、湖泊、鱼鸟,向悲苦压抑的心灵敞开了宽阔的胸怀,你笔下的自然,承载着历史与文化,汨罗江、洞庭湖流动着中国文化的苍劲和柔韧,正是自然生生不息的顽强,文化源远流长的生命力穿越了黑暗与绝望,照亮了人物的内心,那是良知正义、坚忍不拔生长的土壤。所以虽然面临着战火纷飞中的生与死，流离失所中的伤与痛，血泪苦难中的仇与恨，但是人物的内心依然有着爱与良知的光芒，人物的身上有着文化的浸润，整部小说在战争的硝烟之上，有着文化的云霞，使得整部小说有着丰富的文化意蕴和诗的境界。

熊育群：你能感受这种诗意化的追求我很高兴，战争在这样的诗境中恰如电影以慢镜头来展示某种残酷的东西，变得特别凄凉、悲伤。小说浸淫着《诗经》的风雅，远古的神韵在召唤着生魂。我的小说写了道家文化，小说本身也贯穿了道家的精神与风骨，它如云中之笛，有如天籁，这才是生命的境界，是超越生死的大悲咒大悲悯。写两个国家两个民族的大题材，我们一定要看到文化。这是最初的出发点也是最终的归宿。

王雪瑛：是的，人物的成功塑造与自然风物、文化血脉一起构成了小说深邃诗化的意境：荆楚风韵。整部小说血肉丰满，而不是概念化地直奔主题，追问和理性的反思融于对人物的内心的挖掘和情节的展开过程中，所以我看完整部作品后，没有被淹没在压抑与黑暗中，而是感到在战争对人的考验与摧毁中，人性中依然蕴含着爱与良知的光芒，文化与文明不屈的力量。

熊育群：这是我体验到的希望展示的中国人的心灵世界，所谓文明，最终将内化为人格，这是文明的最高实现与最终呈现。中国老百姓哪怕不识字，他（她）在这种文明之中成长，其人格也一样被塑造，因为文明不只是文字，它还是一种生活形态，一种价值观、伦理观、生命观。在中国广大的乡村，那种慈悲与善良，对他人的关爱，随处可见。尤其是那个年代，待客远胜于待自己。我去日本，家乡的老人竟然担心我们杀了那么多日本人，日本人会不会恨我们。

王雪瑛：在《己卯年雨雪》中，你以现代的小说语言与中国文化的融合，塑造了善良而坚韧的中国人形象，营造了小说诗情润泽的深远意境，我相信，你的心血之作，随着时光流转，而熠熠生辉！

评　论《

《己卯年雨雪》的小说技术与文体跨界

郭冰茹

《己卯年雨雪》记述了发生在己卯年（1939 年）秋天，侵华日军突袭湖南汨罗营田,并在随后制造的一起持续多日烧杀淫掠的惨案。在单行本的后面,附着作者熊育群一篇长长的后记,谈这本书的源起,谈这本书的写作经过和目的,谈他为了写作所做的阅读、走访和各种田野调查,也谈他的感受、困惑和思考。作家的主旨并不仅仅是想在亲历者们仍健在的时候,记录下这场惨绝人寰而今却为人们所淡忘了的战争,也不仅仅是呈现出战争中无辜平民的苦难和伤痛,侵略者的残暴和疯狂,而是想写出战争中的仇恨与宽恕、人情与人性、道德与良知以及大历史与小命运。因此,小说以虚(虚构)写实(现实),以实(人物情节)衬虚(情思义理)的文体特点使之成为处理这一宏大主题、实现这一写作抱负的不二之选。

一

熊育群深谙小说技术,《己卯年雨雪》在情节设置、人物设计、叙事人选择、叙事视角转换以及叙事时间拼贴等方面都显现出作者的良苦用心。

在情节安排方面,《己卯年雨雪》大致是由三条相对独立却也互相交织的情节线串联而成。第一条情节线由日本士兵武田修宏牵引,分前后两段,写他在中国战场上的经历。前一段写作为一名普通士兵,武田修宏已经参加了三次大的会战,满心以为可以回国了,但在己卯年的中秋节,火车又把他带到了湖南,参加登陆营田的战斗。在营田,武田修宏和前来中国慰问的妻子有了短暂相聚,随后两人搭乘的运输车遭遇当地抗日武装的伏击,武田修宏中弹与妻子失散,这条线索因此停顿,但并未中断。后一段从武田修宏死里逃生开始,写他在战地医院养好了伤,又随特务班重新潜回营田寻找妻子,一路上风餐露宿装聋作哑,蒙骗过守军和村民,最终在见到妻子的那一瞬被当地老百姓刺死。前后两段线索均是通过武田修宏的所见所闻,所思所感来直接书写战争:在战场上,他非常恐惧死亡,虽然他从小受到的教育是应该为了天皇、为了家族的荣誉慷慨赴死;对于杀人,无论是看别人杀还是自己杀,都渐渐变得麻木,虽然他也因此担心神灵不再保佑他;他越发相信命运,特别是在战友接二连三地阵亡之后;战争带给他无边无际的虚无感,对抗这种虚无感成为他死里逃生之后重回战场寻找妻子的最大动力。从某种意义上说,恐惧、麻木、虚无和宿命感既是武田修宏的战争感受,也是成千上万和他一样背井离乡,受战争裹挟的普通士兵的感受。

第二条情节线围绕武田千鹤子展开,写她与丈夫失散后的经历。武田千鹤子随慰问团来到中国,看望新婚不久就应征入伍的丈夫,两人在营田短暂相聚后,因搭乘的运输车遭到伏击,丈夫中弹自己被俘,两人从此失散。千鹤子被俘后差点被仇恨日本人的当地百姓乱棍打死，但她幸运地遇到了好心的左太乙一家。此后，她一边躲避当地村民，一边养伤，一边寻找丈夫。她最后产下一个男婴，也终于再次与丈夫相聚，只是那时两人已是阴阳两隔。这条情节线借助千鹤子牵连起中国和日本两个国家，两个普通家庭，写彼此之间在文化传统、风俗习惯、观念信仰、习性品味以及生活习惯等方面的相同和相异。如果说第一条情节线是对战争的正面书写，那么第二条线索则试图呈现战争背后所蕴藏的东西，比如国民性、战争中的人性、大历史中个体的命运等。

第三条情节线的主人公是祝奕典，写他抗敌和救助日本女人千鹤子的经历。祝奕典在汨罗江上跑水运，在船被日本人扣留后杀了扣船人，拉了一支队伍进入芦苇荡开始打日寇。他伏击了日本运输队的汽车，击中了武田修宏，俘虏了武田千鹤子，此后却一直在杀了她或是丢弃她的内心挣扎中帮助她。祝奕典最终在帮助千鹤子找到丈夫后以窝藏日寇罪被捕，判处了10年监禁。这条情节线同时串起了血腥的战场和敌后百姓的日常，是从不同视角和立场对前两条线索描述过的事件进行的再叙述。由是，三条情节线在不同主人公的牵引下交错缠绕，从而形成了对战争、对人性、对历史、对个体命运、对文化冲突相对全面的书写和思考。

在人物设计方面，《己卯年雨雪》大致是通过三组对应的人物来体现其创作主旨。第一组人物是千鹤子和王旻如，作者将她们设计成两个长相酷似的女人，从而为千鹤子走入当地百姓的生活做好了铺垫。千鹤子出场的时候曾被一个小女孩误认成自己的妈妈，作者似乎在此希望通过孩子纯净的尚未沾染仇恨的眼睛来说明大和民族与汉民族的共通性。祝奕典在看到千鹤子的第一眼时也震惊于她与王旻如的酷似，因为他对王旻如怀有一份特殊的感情，使他在面对长得几乎和王旻如一样的日本女人的时候总是处于矛盾纠结中，所以他在可以杀掉她的时候救了她，在冒险帮助她的时候却抛弃了她，而在抛弃她之后又再次选择救回她。左太乙和左坤苇初见千鹤子也将她认成了王旻如，她与王旻如酷似，又身受重伤，父女俩因此对她少了几分敌意，多了同情和怜悯。王旻如这一形象在故事中虽然戏份不多，但意义重大，她的存在旨在说明两个交战民族的同源性。

第二组将武田修宏与祝奕典相互参照，作者想借此说明，作为参战者都有对战争的恐惧，对家的依恋，对弱小者的怜悯，战争中有仇恨也有同情，有勇敢也有怯懦，有杀戮也有救助，这些无关民族而关乎人性。武田修宏并不愿参战，他的理想是当个作家或者哲学家；祝奕典也不愿拉队伍打游击，他只想跑跑船，守着家过安稳的日子。武田修宏第一次杀人，充满了恐惧，他对一个无辜的毫无抵抗能力的人下不了手，但无形的气场迫使他必须开枪，他必须在这样的气场中学会适应，并且越来越熟练；祝奕典第一次杀人则完全是在无意识中完成，像做梦一样，之后他被恐惧和幻听占领，雪夜奔逃，直到他能够冷静地将这一切理解为反抗和复仇。武田修宏为日军的滥杀无辜所困扰，祝奕典也一直纠结于该如何对待无辜的日本女人千鹤子。武田修宏恋家，记日记写家信，为了寻找千鹤子，在本可以伤愈回国，彻底脱离战场之际执意留下；祝奕典亦重情，得知日军进攻的消息，急急地赶去王旻如家送信，身在外，却一直心焦气躁地记挂着家里的妻儿。所有这些行为举止、感受反应也早已超越了民族，而是人性的一部分。

第三组是以上野千鹤子的父亲、武田修宏的父亲与左太乙相对应。上野和武田两位长辈都是汉文化的仰慕者和追随者，他们学习儒学，阅读《史记》，喜欢唐诗，给孩子们讲《三国演义》《水浒传》和《红楼梦》。在他们的影响下，孩子们从小学习汉语，千鹤子喜欢孟子，武田修宏则喜欢庄子。左太乙是湖上的隐士，沉浸在老庄和《周易》的世界里，心归道家。浸淫在中华文明的伟大传统中，使两个民族容易在精神上产生的共鸣，从而超越了外在表象，从内在精神层面凸显了两个民族的同源性。但两个民族毕竟有各自的历史、文化、信仰和立场，在上野和武田看来，这一文明经历了异族入主、列强入侵已经辉煌不再，他们支持自己的孩子参军，在他们眼中，战争既是为天皇效忠而战，为家族荣誉而战，也是为中华文明的重新振作而战。左太乙则在遍读古史，经历种种世态乱象后，看尽了人世的险恶，痴迷于天象地理、占卜冥想，并希望通过冥想找到那个没有时空分隔，在一切人力之外的灵魂共生的世界。也正因如此，他参悟了中华上古文明，超越了国家民族，也超越了生与死。

情节和人物是小说叙事的两大核心元素，除此之外，叙事人、叙事视角、叙事时间的安排和布局也是体现作家审美追求和创作功力的重要手段。《己卯年雨雪》选择第三人称全知叙事，叙事人如上帝般无所不知，既宏观把控事件的发展过程，了解情节走向，又能深入每个人物的内心，知晓其所思所想。因此，上帝般的叙事人最大限度地贯彻了作家的创作理念，呈现了作家的主观意志。通过全知叙事，战争的全貌、战争中个体生命的感受、不同国族之间的文化差异与联系以及超越民族国家的人性中的善与恶都得到了相对全面的展现，从而使作家的写作目的得以实现。

与叙事人相关的是叙事视角。由于第三人称全知叙事人不参与故事，文本与读者之间便存在着一个固定的距离，如果要调整这一距离，则必须依赖叙事视角的协调转换来实现。《己卯年雨雪》在从宏观角度展现战争的残酷，描述两个民族的文化渊源和风俗习惯等方面使用全知叙事人的视角，一旦进入具体情节，则往往转换成人物的视角，通过人物的见闻和感受来推进。比如武田千鹤子随慰问团到中国，与丈夫短暂相聚，两人乘坐的运输车遭到伏击，武田修宏中弹，千鹤子被祝奕典俘虏这一事件是三条情节线的交汇点，由于三条情节线分别由武田修宏、千鹤子和祝奕典牵引，所以这一事件通过三个不同人物的视角进行叙述，呈现出三个不同身份、不同立场的人物的情绪、情感和体验，这样的处理拉近了文本与读者之间的距离。

从某种意义上说，小说是时间的艺术，叙事过程中对时序的调整既能改变叙事节奏，也能有效地扩充叙事容量。《己卯年雨雪》中的时序存在顺叙、倒叙、插叙、中断等多种形式，可以说时空的拼贴构成了这部作品非常鲜明的叙事风格。小说开篇第一句即是"第二天，武田千鹤子穿上军装"，这个"第二天"的标识为故事从顺叙和倒叙两个时间向度上展开做好了铺垫。武田修宏中弹导致他牵引的那条情节线在时间上中断，但与此同时，千鹤子与祝奕典作为主人公的两条情节线却在武田修宏中断的地方渐次推进。而在故事演进的同时也大量插入武田修宏和千鹤子的回忆，从而将日本国民的风俗习惯、观念看法融入故事主体，从而增大了叙事的容量。

不过，频繁的时序转换和时间拼贴多少会影响叙事的节奏，妨碍叙事的流畅性，也容易给读者造成一定的阅读困扰。如前所述，由于《己卯年雨雪》的故事是由三条情节线交织推进，每条情节线由不同的人物牵引，这样的情节安排形成了一个比较复杂的故事结构，当不断改变的时序叠加其上，无疑会增大阅读的难度。比如从大的时间轴上来看，前三节顺叙武田修宏中弹，千鹤子被俘；第四节倒叙武田修宏的战场见闻；第五节从祝奕典的视角出发，接续第三节推进故事，但同时又倒叙他九天前到营口街所见的惨状；第六节视角转回到千鹤子，但事件并未向前推进，时间在此中断，呈现的是她在昏迷中意识的流动；第七节是三天前，主要讲县长左太平的备战……这样的视角转换和时空拼贴对读者而言是一种阅读的挑战，不大容易让读者跟上叙事人的节奏。

二

《己卯年雨雪》是一部描写战争以及战争中人物命运的长篇小说，但作者同时也叠加了其他文体的表现手法，从而完成了一次文体跨界的写作实践。

己卯年，即 1939 年，文本以明确的时间标识为题，既是要凸显作品的写实性，也为熟悉中国现代史或抗战史的读者提供了一个故事语境的预设。在虚实关系的处理上，小说的文体特点是以实写虚，以虚证实。《己卯年雨雪》的情节和人物是虚构的，但承载这一虚构故事的背景和语境却是写实的，在处理"实"时，作家以"实录"式的修史态度，通过三种方式呈现。

其一是将田野调查所获得的第一手材料融入作品。作者在后记中详细记录了这项工作：“我动员屈原管理区的朋友易送君对‘营田惨案’做田野调查，二十多个人历时一年，寻找到了一百多个幸存者，记录了那一天他们的经历。我曾跟着易送君走村串户，听那些年过七八十白发如雪的老人手指屋前的地坪或是水塘，说起自己当年如何躲藏如何逃难”，“壬辰年春天我去了日本的九州和关西。甲午年冬天又一次去了东京、房总半岛、伊豆半岛和北海道，一个月里我仔细地体验着、观察着、思考着”。[①] 经过田野调查，作者对营田惨案幸存者的采访笔录化作了祝奕典在营田的见闻，作者在日本的走访和感受成为作品中对日本、日本人、日本文化礼俗进行描摹和书写的基底。

其二是将阅读积累的相关知识融入作品。《己卯年雨雪》中有相当一部分篇幅是写日本、日本人、日本文化礼俗，并以此进一步探讨日本人的国民性和国家观。这些内容无法借助田野调查完全获得，必须通过深入学习完成相关内容的知识积累。在后记中，作者提及自己阅读的日本研究著作，包括《菊与刀》《日本与日本人》《日本边境论》《日本社会的历史》等；日本进入现代以后关于国家和自身民族独特性的论述，包括《文明论概略》《脱亚论》《武士道》《典型的日本人》等；以及日本近现代的作家作品，比如川端康成和村上春树。这些知识积累丰富了作者对日本的了解，从而勾勒出武田和上野两个日本家庭。比如千鹤子对结婚仪式、拜神仪式、中秋节礼俗的回忆；武田修宏的父亲对日本历史、中华文明的理解。通过后记，我们知道千鹤子父亲对近代中国的看法基本脱胎于明治维新后对日本民族独特性的论述，而武田修宏对于学校教育的回忆也基本出自作者对日本教育史的研究。这些出自实证研究的成果成为小说细节的必要的概述性的补充。

其三是将收集整理的相关文献融入作品。作者坦言关于长沙会战的历史文献和一些战争亲历者的日记、回忆录是他进入历史现场的一条途径。《一号作战之二·湖南会战》《国军抗日战史专辑》《松山——全军覆灭战场的证言》以及《东史郎日记》《荻岛静夫日记》《守土日记》等文字记录用于书写战场，而日本女人近藤富士之的回忆录《不堪之回首》中的往事则成为小说中千鹤子故事的一部分。作者说：“大和民族是一个喜欢记日记的民族，很多士兵写了日记，写了他们怎样来到中国，怎样投入战斗，怎样杀人，一天又一天怎么度过。……长篇小说《己卯年雨雪》中几

---

① 熊育群：《己卯年雨雪·后记》，《己卯年雨雪》，花城出版社2016年版，第365页、第378页。

乎所有日军杀人的细节和战场的残酷体验都来自这些真实的记录，我并非不能虚构，而是不敢也不想虚构。我要在这里重现他们所经历所看到所制造的灾难现场。”

在《己卯年雨雪》中，作家想要“创造和还原一段历史”。那么，同为叙事的文体，小说与历史的联系与区别何在？如何以小说的方式书写历史？这一直是作家思考的问题。石昌渝在《中国小说源流论》中讨论了史传与小说的关系，他认为小说来源于史传，两者的区别仅在于实录和虚构，而当小说宣布自己是虚构的，小说才是彻底摆脱了附庸史传的自卑心理，即所谓“史统散而小说兴”。从这个意义上说，小说之所以成为小说而不同于历史，恰恰在于它足够的“虚”，并且能以这足够的“虚”写出足够的“实”。《己卯年雨雪》对战争、命运、人情、人性等的思考足够“虚”，对背景、场景、感受的书写也足够“实”，只不过，当这些通过田野调查、阅读研习和文献整理得到的“实”的材料借助人物的回忆、感知、追问直接进入文本，进入那些对于战争场面、文化礼俗、感受思索的全知叙述时，作家“重现历史”的主观诉求会造成人物形象一定程度的虚化，从而使文本的叙述风格更近于“史”。

营田惨案发生在作者的故乡，离他出生的时间不到20年。《己卯年雨雪》想要留存这份苦难的记忆，想要探讨战争背后的人情与人性，因此，这部作品在描写场景、叙述事件以及剖析人物内心等方面都常常能清晰地感受到作家的情感、立场和态度。从写实的角度上说，小说这一文体并不要求作家强烈地主观介入，有时甚至是相反，希望作家能从故事中完全隐退。《己卯年雨雪》在处理作家与文本的关系时则表现出明显的主观介入，这种处理方式在当代小说创作中并不常用。

西方叙事学理论习惯将作者和叙事人当作两个概念来使用，就一般意义而言，叙事人是某个文本的具体叙述者，而作者并不与该文本产生直接的联系，他只是一个活生生的有血有肉的人。作者与叙事人之间的关系若限定在某个具体的文本中，则可以理解成叙事人是作者在该文本中的代理。小说脱胎于史传，史传在叙述事件时常采用第三人称全知视角，这一视角意味着上帝般的叙事人只是一个旁观者和记录者，在叙述中并不将自己的眼光和立场赋予文本中的人物和事件。这种相对客观的叙述态度保证了史传的“实录”精神，也直接影响了小说的写作方式，中国古典小说在描摹事态、状写人物时便多用白描写实而鲜有断语。现代小说中限知视角比较常用，叙事人往往扮演故事中的人物，直接参与事件，但即便如此，作家对叙述的主观介入也是有限的。西方叙事学理论推崇作者从故事中隐去，是希望故事中的人物和情节完全依照自身的逻辑展开，不管是上帝式的叙事人，还是借用故事中人物的眼睛来观察和讲述，故事似乎是无中介地进入读者的意识，从而达到一种“似真幻觉”。

小说文体希望作者从故事中隐去，以营造一种客观真实的效果，散文文体似乎恰恰相反，作者主导叙事，直抒胸臆，具有绝对的权威性。有学者曾比较过小说和散文在表达情感时的不同：“小说、戏剧的作者，往往把自己强烈的感情倾注在典型形象的塑造上，作者对生活的感受，一般是通过间接抒情的方式表达出来。散文则不一样，它往往把直接抒情作为一个重要特征。为了把作者的所见所闻写得更为真切，同时也为了便于作者直接抒发感情，散文通常采用第一人称的写法。这种写法，就像同读者面对面谈心一样，使人感到格外亲切，不知不觉地受到作者情感的感染和熏陶。”[①]因而，就作者、叙事人、文本三者的关系和距离而言，在散文文体中，叙事人与作者的距离最近，叙事人的视角、眼光、立场、态度与作者构成最大限度的重叠，也正是为了能够更直接地表达作者的主观意图，散文文体的叙述过程常有议论和抒情相伴生。

《己卯年雨雪》是第三人称全知视角。叙事学理论在讨论叙事视角时首先要区分叙事声音和叙事眼光，所谓“叙事声音”是指叙事人的声音，而“叙事眼光”是指充当叙事视角的眼光，它既可以是叙事人的眼光，也可以是人物的眼光。在《己卯年雨雪》中，作者常常通过叙事人和人物的眼光转换，来实现其写作意图。由是，作家不仅仅是一场战争的旁观者和记录者，同时也能将自己的主观情绪、思考疑问通过人物带入文本。比如作者以全知视角写战争：“舰艇从上荷叶湖开过来，舰艇上的炮开火了，仿佛要把这个世界炸碎，轰成一团齑粉。这是个屠宰场，不是你死就是我活，从来没有妥协的余地，摧毁了再摧毁！工事摧毁，城镇摧毁，人体摧毁，全都破碎不堪。生命何其渺小又何其悲壮。他突然涌出一股荒诞感：为什么非要置对方于死地？人类为何要自相残杀？”这段文字在写景观的同时也辅以议论和抒情，声音是叙事人的，眼光却是“他”的，即武田修宏的。叙事声音和眼光的分离方便作家将自己的主观情绪、感受追问通过人物的眼光有效带入。

除此之外，语言选择也颇能体现出作家对待文本的态度和主观介入的程度。如果将作家在后记中对营田惨案的描述，对日本明治维新后历史、文化、国民性的讨论，对日本近代化以来的思想教化和行事逻辑的追问，与《己卯年雨雪》的相应内容对照来读，我们不难发现两者在语言使用上的重合之处。后记是作家用以说明写作过程、目的、感受的文字，是作家情绪、情感、思考、追问最直接的表达，当这种直接抒

---

① 孙景阳等：《散文理论与鉴赏》，海南出版社1998年版，第4页。

情的表达方式在小说中呈现的时候，读者会非常清晰地感受到作家本人的主观感受。从某种意义上说，就作家对文本情感介入而言，《己卯年雨雪》的处理方式比较接近直抒胸臆的散文。

《己卯年雨雪》有鲜活的人物和繁复的故事，有来自田野调查和文献整理的历史材料，有作家浓烈的主观情感，从而在小说文本中呈现出散文和史传的叙述风格，构成了一定程度的文体跨界现象。

三

文体跨界现象在文学创作领域并不少见，散文化小说、诗化小说、新闻小说、散文诗等概念的提出，即是对这一现象的概括和描述。

文体跨界之所以成为可能，一是由于文学创作自身的特性。写作本身是个体精神劳动的呈现，萧红曾说："有一种小说学，小说有一定的写法，一定要具备几种东西，一定要写得像巴尔扎克或契诃夫的作品那样。我不相信这一套，有各式各样的作者，有各式各样的小说。若说一定要怎样才算小说，鲁迅的小说也有些就不是小说，如《头发的故事》《一件小事》《鸭的喜剧》等等。"[①]如果我们将小说视为作家个体精神情怀的自由表达，那便不应囿于一种固定的标准和格式。换言之，从阅读者或研究者的眼光来看，小说、散文、史传是不同的文体，它们有不同的表现形式、审美风格和意义内涵，但是对于作家来说，写作很可能是情绪和思想的突破口，他会不由自主地选择那种最擅长的、最能满足他的写作诉求的表达方式。

二是由于不同文体之间存在着共性。在西方文学理论中，"文体"是指借助叙事方式和语言选择而形成的意义形态和美学效果，文体呈现的方式之一是作品的体裁。在通常意义上，文学作品依照描写对象和表达形式分为小说、散文、诗歌和戏剧四种类型，它们在长期的文学实践中逐渐定型，各自形成了有别于其他类型的规范、要求和准则，这是它们之所以成为自己而区别于其他的本质特征，比如散文的直抒性灵，小说中鲜活的人物形象和故事性，诗歌对韵律和节奏的强调等。但文体之间的边界又是相对模糊的，比如散文与诗歌的抒情性追求，散文与小说的叙事性特征，小说与戏剧在人物塑造和情节设计方面的表现力等等，这些共性使文体本身具有了一定的开放性，从而使文体之间的渗透和跨界成为可能。

从某种程度上说，文体跨界对文学创作本身具有一定的积极意义。文体跨界一

① 聂绀弩：《回忆我和萧红的一次谈话》，《新文学史料》1981 年第 1 期。

方面拓宽了文学作品的写作空间，一方面也增加了作家创作的自由度和表现力。关于这一点，我们不难从文学史中的成功个案中看到，比如鲁迅的《野草》、萧红的《呼兰河传》、沈从文的《边城》、汪曾祺的《受戒》等等。《己卯年雨雪》想要为那段蕴藉已久的痛苦记忆寻找一个写作的突破口，想要“创造和还原一段历史”，并在探求历史真相的同时追问其缘由，因而作者以小说丰富的表现力，辅以散文的抒情性和史传客观严谨的实证材料来实现其写作目的，是一种必然且自觉的选择。此外，熊育群积累多年的诗歌、散文的写作经验，以及类似《无巢》这样被称为“新闻小说”的跨文体实践，也使他形成了自己在文体意识上的个性和风格，《己卯年雨雪》正是这种个性和风格的表现。

小说、散文、诗歌、戏剧，虽各有各的体制，但彼此之间的边界却是流动而开放的，即所谓“定体则无，大体则有”。《己卯年雨雪》在人物形象塑造，情节结构布局，叙事时间转换等方面都显示出作家对小说文体的把控，同时也将文献实证材料与散文的抒情性融入小说创作，并使整部作品在氛围、气息、基调上协调一致，从而在小说的文体跨界方面做出了诸多有益的尝试。

不过，文体跨界虽然在理论上具有可操作性，也有不少成功的个案，但是相关的一些技术问题仍有进一步讨论的空间。由于体裁的相对稳定性，无论创作还是评论，“文章以体制为先”的辩体论观点都是核心和首要的原则，因而，文体跨界的前提是体制之间的异中有同。如何使相异的部分不矛盾，相同的部分更协调，是文体跨界的基本原则，涉及写作过程中“度”的把握。比如，作者从文本中隐退是小说“崇实”“写真”，营造“似真幻觉”的一种方式，那么在讲故事、写人物、描摹场景、表达态度时，该如何处理作者的主观感受；饱满鲜活的人物形象是小说的灵魂，那么在借人物的感官来陈述某些场景，表达某种观念时，该如何将严正方冷的文献材料融入人物有温度有态度的感知与思考；长篇小说是结构的艺术，如何在作品中包含人物、情节、环境，叙事、抒情、议论，纪实、虚构、思考等不同层面的内容，同时又能维持结构的紧凑和平衡等等。《己卯年雨雪》的文本实践提供了一个很好的个案，帮助我们从理论上推进对这些问题的思考。

（载《小说评论》2017年第5期）

主要作品目录《

长篇小说

《连尔居》,作家出版社 2013 年版。

《己卯年雨雪》,花城出版社 2016 年版。

中篇小说

《无巢》,《十月》2007 年第 1 期。

《无巢》,《小说选刊》2007 年第 1 期。

散文集

《随花而起:笔尖下的流浪》,广东人民出版社 2000 年版。

《灵地西藏》,时事出版社 2000 年版。

《罗马的时光游戏》,中国青年出版社 2004 年版。

《春天的十二条河流》,贵州人民出版社 2006 年版。

《走进西藏》,花城出版社 2007 年版。

《怒江　澜沧江:给我一双目光》,花城出版社 2008 年版。

《路上的祖先》,百花文艺出版社 2008 年版。

《奢华的乡土》,花城出版社 2009 年版。

《田野上的史记》,海天出版社 2014 年版。

《僭越的眼》,山东人民出版社 2017 年版。

诗　集

《三只眼睛》,湖南文艺出版社 1991 年版。

《我的一生在我之外》,花城出版社 2018 年版。

文艺对话录

《一直在奔跑——艺术大师对话》,中国文联出版社 2003 年版。

《把你点燃——与当代艺术大师对话》，光明日报出版社2007年版。

摄影散文集

《探险西藏》，广东旅游出版社2001年版。

长篇纪实作品

《西藏的感动》，湖南文艺出版社1999年版。

《走不完的西藏》，湖南文艺出版社1999年版。

《走进西藏：雪域神灵》，花城出版社2007年版。

熊召政

男，1953 年生，湖北英山人。

小　引《

“文革”后期，我还在铁路上干苦力，熊召政就在报纸上连篇累牍地发表楼梯体的政治抒情诗。一个名不见经传的小人物，在当时的政治形势下，要在报上发表一篇文学作品，还是要够得上那个水平的。何况是占着整版整版的篇幅，更何况是在省委的机关报即党报上。照这样说，没有一点能耐恐怕不行。以熊召政当时的身份论，虽然供职于县文化馆，吃的也是商品粮，但按照当时对业余作者的分类习惯，毕竟还只能像本省的王英、王老黑、张庆和那样，算是个年轻的农民诗人。这当然都是我后来对熊召政的了解，在当时，则除了艳羡之外，就是想着哪一天，自己也能写出一篇在报上发表的作品。于是竟以熊召政为榜样，可着劲儿鼓捣了一阵，结果虽然没有成为熊召政，却真的在报上接二连三地发表了一些诗歌作品，到我上大学那会儿，报纸的编辑竟隔三差五地约我写点应景的作品，居然也把我看作是业余的工人诗人。如此说来，我之走上文学道路，竟受了熊召政的影响。

后来因为都是道上人，我跟召政自然就成了朋友，但交往依旧不多。记得有一次，他跟一位当时比较活跃的小说家，来我们的学生宿舍闲聊，那位小说家照例是口若悬河，滔滔不绝，他则多在一旁静听，显得比较文静。其时，他因发表《请举起森林般的手，制止！》一诗，一举成名，已由英山县文化馆调到省作协当了专业作家。但我观他那神情，依旧比较谦恭、拘谨，多少还带点腼腆，不像当时常见的那些文坛骄子那样指点江山、纬地经天。后来又听说召政改写小说，但在读者中，仍以诗名。这时，他已到了我主其事的武汉大学作家班，是这个班上的一名学员。一次，同往河南的鸡公山参加一个笔会，茶余饭后，常听他讲些他正在写的或从书上读到的、从他人口中听到的抑或是他自己亲身经历的故事。这些故事常常把我们弄得抚胸跌足，前仰后合，他自己却不动声色，安之若素。我当时就惊讶于他的事无巨细的记忆力，惟妙惟肖的模仿力，和有条不紊、不急不徐的叙述能力，心想，难怪召政要改行写小说，他天生就是块小说家的料子！

但召政当小说家的道路，却没有做诗人走得顺利。从作家班毕业不久，他就遭遇了一次重大的人生挫折。这人生挫折使他由当年的文坛骄子，一落而为布衣黔首，这其中的况味，自不足为外人道。但在外人看来，召政却因祸得福。据说他先是下海经商，积有万贯之财，而后则挟商从文，得遂平生之愿。等到我在20世纪90年代中后期再逢召政，则召政已然由一介书生，一变而为经世致用之才。当是时也，与朋友聚，召政已不再津津乐道于他的那些个胡编乱侃的故事，而是天下国家、政坛商海，上则高官政要，下则贩夫走卒，举凡世事变迁，人情易态，无一不精，无一不晓。且如数家珍，娓娓道来，仿佛耳闻目见，身历心受。谈吐之间，那满腹经纶、饱经沧桑，直让你觉得此公既可经商，亦可为官，就算是为一顺民，也会是缙绅耆宿，绝非等闲之人。

然而召政此后既未成为富商大贾，也未曾谋得一官半职，更未如今天某些有钱的主儿那样享受人生，以所聚之财尽享声色犬马之乐，或优游林下，高卧书榻，颐养天年，而是转回头去再作冯妇，重操旧业，积十年之功，数易其稿，成就了皇皇四卷大著《张居正》。这四卷作品，凝聚了召政的半生心血和阅世经验，不但活现了历史上的一个锐意革新的首辅张居正，而且同时也暗含了召政作为一介布衣，对当今社会变革的殷殷关切之情。此作获得茅盾文学奖，也算是老天对召政的一种奖赏。

司马迁曾把中国古代一些重要典籍文字，归结为“大抵贤圣发愤之所为作也”，我不敢以召政比古之“贤圣”，也不敢说《张居正》就一定是传世之作，但其“发愤之所为作”的著述精神，却可以承古“贤圣”之余绪，继一脉之薪传，是所谓“意有所郁结，不得通其道也，故述往事，思来者”。从这个意义上说，四卷《张居正》，亦可谓是道尽胸中“隐约”，成其志意襟抱之书。在“发愤著书”这一点上，召政是直接承袭了中国文化的精神传统的。这使我想起了长篇历史小说《李自成》的作者姚雪垠，尽管人们对《李自成》褒贬不一，极尽臧否，但作者当年以戴罪之身潜心创作，且历数十寒暑，其志不夺，这种精神，虽不可妄比古人，但若论“发愤之所为作”，则其志一也。召政所师，远则古之“贤圣”，近则今之姚氏。人说湖北有历史小说创作的传统，此一传统，则自姚氏而召政，皆源出于古圣先贤之精神浸润，实则中华文化博大渊深之传统也。

关于《张居正》，自第一卷出版后，评说的文字已是连篇累牍，本辑主笔、我的博士生李从云，又有比较系统的采访和研究，自然无需我再来饶舌。我要说的是，读此书者，不可不顾及此人。孟子曰：“颂其诗，读其书，不知其人，可乎？”知其人，则不可不知召政写作此书之“忧愁幽思”。唯知于此者，则庶几可论召政其人，亦借此可论《张居正》其文。

自 述《

小说的正脉

人的强烈的表现欲，本属于动物的本能。人之所以不同于动物，在于人的表现欲，不仅仅表现身体，更能表现思想。

我个人认为，文学艺术一定是先于哲学，而成为人类最先表达思想感情的方式。因为最初的人类，尚不具备敏锐而深邃的思辨能力，他只能对周围的一切做出直接的反应。从“啊”“噫”之类的语气助词发展成诗歌，从模仿狩猎的动作与树在风中的姿态产生舞蹈。所以，最初的文学艺术，是“天人合一”的完美体现，是人的本能的宣泄与怡情。

近两年来，我一直在研究春秋战国时期的历史，发现一个很有趣的现象。在公元前550年至公元前470年之间，在中国这片古老的大地上，先后出现了孔子、老子、孙子、伍子胥、范蠡、文种、子产、申包胥等一大批闪耀着智慧光芒的人物。他们的思想和谋略成为中国文化的重要发端。可以说，在那八十年间所产生的文化现象，是中国历史上唯一的奇观。儒家也好，道家也好，谋略家也好，英雄也好，美女也好，其思想道德观及行为规范，莫不对后世产生了深刻广泛的影响。可以说，这八十年定下了中国文化的基调，规范了中国文化的发展方向。尽管后世经历了无数次思想的变革以及文化的求新，但没有哪一种思想，更没有哪一个人有着如此神奇的力量，能够改变那八十年间一批文化巨匠所创立的中国文化的本质。

可以说，那八十年是中国文化的分水岭。此前的中国文化虽然也充满生气，但并没有产生汪洋恣肆的局面，也没有让人景仰的大师。在孔、老之后，中国文化的正脉出现了。一俟正脉出现，就意味着混乱局面的结束。

有人说孔子文化思想的核心是“礼”，礼就是秩序。他的“三纲五常”便是以君王为核心的秩序的建立。孔子删定辑录的《诗经》，其断语是：“诗三百，一言以蔽之，思无邪。”我想孔老夫子所说的“邪”，即人的兽性的一面，是原始的冲动。一个有教养的人，应该压抑这种冲动。否则，这个世界就没有“礼”，也就没有秩序了。但人的特性在于：凡有一观点出现，必求这观点的完善、精致、发展、开拓。这么一弄，咱们的文学艺术，便发展到后来的“非礼勿视，非礼勿听”。由此可见，“礼”用于社会管理，极有用处；若用之于文学艺术，则似可斟酌。

说了这半天的空洞理论，似乎与小说无关。究其实，应有内在的联系。小说与文化的关系，犹如花卉与气候的关系。牡丹花只能在春天开放，若牡丹花突然在秋天绽开，则肯定不是牡丹花变成了菊花，而是那个秋天变成了春天。

中国的小说，自有其发展的源流，从汉乐府中的叙事诗，到唐人传奇，宋人小品，元人杂剧，发展到明人的话本，可以说脉络相当清楚。不假以西方，自有其传承。至少在“五四”新文化运动之前，小说家是没有地位的，被正宗的文人们讥为“小说稗官者流”，稗即野史，扯野棉花，野狐禅，都是贬义。但不屑归不屑，从元杂剧到明话本，文学实实在在从文人的小圈子走向了老百姓的大社会。

在小说出现之前，中国的文人中，有两种职业受人尊敬：一是史官，二是诗人。写作《史记》的司马迁与写作《离骚》的屈原，都高居上游，后代文人竞相仿效。若强为分类，则史官重在叙事，诗人重在抒情。兹后，举凡有好的小说出现，则以“史诗”誉之。誉则誉矣，实际上“史诗”二字，亦可视为中国小说的定义。

小说的本质是叙事，因事而写人，因事而抒情。让人活在故事里，此一优势，在电影电视没有出现之前，则非小说莫属。在古代，小说另有一个副名，称为传奇。我认为这副名甚好，称小说为史诗，是其精神气象；称为传奇，是其不二之选的功能。

人是有好奇心的，曲折奇特的故事，恰好能满足人的好奇心，我想这也应该是小说存在的理由，亦是其长盛不衰的原因。由此可以说，讲故事是一个小说家必备的素质。

近年来，随着文学的边缘化，小说的读者也在大量减少。这一方面，虽然因为是电视剧的冲击；另一方面，亦是因为一些小说的故事讲得不好，不能引人入胜。电视剧之所以能夺走小说的读者，其重要原因之一，也在于电视剧是戏剧与小说的结合，永远把好看的故事放在第一位。

我常常困惑，为什么现在的小说家，讲故事的功能正在萎缩呢？想来想去，这大约还是小说家太聪明的缘故。既然小说是讲故事的，我们何不突破这藩篱，让小说来表现观念，表现人物，甚或表现一些抽象的东西？如此一来，便花样翻新，各自追求一些最时髦的东西。此一情势一旦成为主流，传统的小说观念便会像“瘟疫”一样，让小说家们避之唯恐不及。说来说去，这还是人的强烈的表现欲的体现。小说家们把充沛的才情用于思辨能力，对讲故事的追求，反倒觉得不重要了。

尽管这样，我依然觉得，小说要想生存，要想从电视剧中抢回观众，首先还是要有曲折动人的故事。不但是传奇,更应该是史诗,这应该是中国小说的正脉。

访 谈《

寻找文化的大气象

——熊召政访谈录

李从云 熊召政

李从云:熊老师,您好!在《张居正》问世以前,您以诗人著名。您是如何完成从诗人到小说家的身份转换的?

熊召政:我最初的确是以诗走上文坛的,70年代末80年代初,我的长诗《请举起森林般的手,制止!》获全国首届中青年新诗奖,由于这首诗对当时诗坛的冲击力很大,一下子把我从比较摇摆性的文学样式的选择推向诗坛,甚至一进来以后,就没有办法谢幕。在此之前,我总是在小说、诗、报告文学之间摇摆,因为我内心深处很喜欢小说。我总是在摇摆过程中想把这几首诗写完了,再不写了,来进行小说结构。可是,心中也有许多无法止息的诗歌冲动,加上许多刊物的约稿,因此,从获奖以后,我在诗歌创作道路上走了将近十年。现在回头来看,这十年是我小说创作必不可少的准备。一个诗人最重要的素质是什么?是火一样的激情。一个小说家最重要的品质是什么?是冷静思考与分析,是同生活、同社会保持着思想上的联系,而在审美的角度上,在截取生活方面,又应该保持一定的距离,这是小说家与诗人不同的一点。但因为我写了十年的诗歌,所以我动笔写小说的时候,立刻就有火一样燃烧的激情在涌动。到这时我才感觉到,激情不仅是诗人的生命,也是文学的生命。因此,这十年诗歌创作的实践,让我始终保持着一种比较饱满的精神状态。如果一个小说家过于冷峻,过于理智,他的作品往往缺乏一种鼓舞人的、吸引人的大气磅礴的东西,所以,我说史诗性的作品,是理智与激情结合的产物,两者不可偏废。

李从云:《张居正》给文坛带来了新的冲击波,但多少有点横空出世的感觉,因为读者对您的小说创作了解并不多。请简单描述一下您的小说创作历程。

熊召政:在《张居正》之前,我在1989年出版过一部长篇小说《酒色财气》,今天来看这部小说,非常单纯和幼稚。幼稚的主要原因,一个是没有与生活保持距离,没有距离感,导致我为现实生活所牵制,没有办法对生活进行浓缩和提炼。《酒色财气》是对当时生活的克隆,而不是塑造。但是它是我从诗人到小说家之间的一座桥梁。在这期间,我还写了很多中短篇小说,这些作品今天来看,依然充满着浓郁的生活气息,也闪现出一种文学上的灵气,但构思方式是诗的,而非小说的,总让人感到它们是一个小品似的东西。从 1985 年到 1989 年,我集中发表了六七个中篇,一二十个短篇,这些作品连我自己都遗忘了,它们只是我小说创作的练习本。1989 年以后我既停止了小说,也停止了诗,整个停止了我的文学创作。

从那以后,我花了很长一段时间来研究历史,重新阅读很多的作品。在这一阶段,我用一种方式来保持与文学的联系,那就是写散文。散文是小说和诗的中间部分,我用它记录了很多精神上的思考,你从中会发现我的人生转型:从一个热血青年变成一个偏重于思考的人。我开始从一个旁观者的角度来观察我们的时代,然后回溯过去,对中国传统文化的儒、释、道三家进行了研究、分析。

李从云:的确,从散文集《千寻之旅》中可以发现您的心路历程。您在散文《朗吟飞过洞庭去》中说:"很长的时间里,我也一直摆脱不了'忧'字的困惑,直到现在,它仍是我一触即痛的心理情绪。虽然,我用了整整四年的工夫,把自己的儒家人格改变成释家人格,每年挤出时间来进行佛教旅游,只要一有空就焚香诵经,把搁在心中的一个'忧'换成一个'寂'字。但是,一来到岳阳楼这样特定的地方,仍免不了当一回忧国忧民的泫然之士。"您这样一种矛盾人格在张居正这一人物形象身上有所体现吗?

熊召政:我喜欢他就是因为他有两重人格:儒家人格和佛家人格。中国知识分子的人格从来都是按照儒家人格来塑造的,"先天下之忧而忧,后天下之乐而乐"的忧乐观,"齐家治国平天下"的政治抱负,这些在张居正身上表现为富国强兵的理想。他说只要能实现理想,"愿以其身为蓐荐,使人寝处其上,溲溺之,垢秽之,吾无间焉",这正是释迦牟尼成佛的方式。这在有关文献和他的书信中有记载。他所说的"万箭攒体,不足畏也"引起我的思考,是我在九华山上拜佛的时候。地藏菩萨是普度众生之人,他的一个誓言"众生度尽,方证菩提;地狱未空,誓不成佛",使我想起张居正。只要地狱里面还有一个魔鬼,我就不能成佛,我要拯救他;只有众生都到极乐世界,才证明我的大乘佛教是救世的。所以我说没有慈悲为怀这样一种心胸,是没有办法当救世主的,也没有办法当伟大杰出的政治家。张居正的墓园重修以后,我题诗道:"大悲心不灭,方为楚狂人"。楚狂人的前提是要永远怀有大悲之心。英雄救世,菩萨救心,你想当一个政治家,既要救世,又要救心。

李从云:您在小说中塑造了两个狂人形象,一个是张居正,另一个是何心隐。何心隐代表的是一种什么类型?何心隐说张居正代表的是官心,自己代表的是道心,如果张居正既要救世又要救心,他们之间的矛盾说明了什么?

熊召政:这个问题提得很好。这牵涉文化的归属感。两个人都是狂人,但为什么水火不容?张居正是要建立一个世界的秩序,是立;何心隐是在毁坏一个世界的秩序,是破。张居正有很多破的东西,但他是为了立,何心隐立了很多东西,但他是为了破。道一定要把它纳入秩序的范畴,这是政治家的任务。这就是官心与道心不能兼容的地方。譬如佛教,张居正属于大乘佛教,何心隐则属于小乘佛教。何心隐自称为圣人,但在人类社会的发展过程中,对圣人是有一个客观标准的,那就是你对人类建设了什么东西,而不是毁灭了什么东西。但对这两个人物,我丝毫没有褒谁贬谁。

李从云:我一直很想探究一个问题,那就是您是如何把文化这种抽象的东西转化为小说艺术的,您刚才所说的大乘与小乘的关系,就很明白地揭示了您在人物塑造上的匠心。

熊召政:每个人物的构思、定位都代表了一种哲学观念,代表了一种文化。大乘着重利他,小乘着重自己解脱,一个是普度众生,一个度我自己,二者是利他与利我的关系。我把这个思想灌注到人物身上去,使人物活起来。作为一个小说家,我关心的是他有没有把思想作为整个故事的依托,为什么你读有的小说也会觉得好看,但读完了就不愿再读第二遍,原因在于它只有故事。就是说这样的小说尽管有皮、骨头、肉,血液也在流,可是你看不到它的灵魂,看不到它的神经系统,我就是要恢复人物的神经系统。

李从云:《张居正》给人的印象是点点滴滴都在写文化。您在小说中还写了大量的道教文化现象,譬如炼丹、风水。

熊召政:最难把握的是道教。道教稍一不慎就会落入邪教,因为组成它的文化资源太复杂。比如方术、斋醮、炼丹等等,它既体现了中国古文化的灿烂,也把我们国人的文化观引入歧途。我在小说中写出了佛教的纯粹性和道教的复杂性。比如王真人以童男童女的方式炼丹就纯属无稽之谈。道教如果落入邪教,它会把最简单的问题复杂化,而佛教从头至尾都是把最复杂的人生简单化,它们是对着走的。所以,哪怕是一般智商的人、文盲,都可以进入佛教,而只有根器很锐利的人才能掌握真正道家的精髓。一般人进入道教的方式全是迷信,如占卜、打卦、风水,但是每一个道家的分支里面都蕴含有真正的文化精髓。

李从云:您在小说中贯穿这种文化的自觉,意图何在?

熊召政:应於可训先生主编的《文艺新观察》之约,我曾写了一篇名为《让历史复活》的文章,算是拙著的创作谈。文章里我论及历史的真实主要存在三个方面:一是典章制度的真实,二是风俗民情的真实,三是文化的真实。我还说到,前两个真实是形而下的,比较容易做到;后一个真实,是形而上的,很难做到。但是只有复活了一个时代的文化,当然不是文化表象,而是文化心理,才能把抽象的文化真实转化为小说艺术的真实。我在小说中写到玉娘与高拱、张居正的关系。今天我们大家骂一个人是贪官,其中有一条罪状就是包二奶,这是今天的道德观,今天的文化真实。在明代,最好朋友之间买姑娘相送,那叫朋友情义,没有任何一个人说这是道德败坏的表现。邵大侠买玉娘,调教得那么好,送给高拱,就是因为高拱没有儿子,这在今天是大逆不道的。而明代那么多攻击张居正的人,也没把它与玉娘的关系作为理由,说作风不好,乱搞女人。这在当时是一种为世人认同的风俗人情。黄仁宇先生在《万历十五年》中,用戚继光买胡姬送给张居正来说明张居正的腐败,这在明代其实根本不是腐败,而是一种文化真实。我在小说中还写到曲流馆风波,朱翊钧作为皇帝,一件风流事为什么引起李太后的震怒?这又牵涉李太后的心理真实。李太后的丈夫隆庆皇帝因为酒色过度,三十六岁就死了,她很害怕儿子短命,而且自己好不容易才挣下太后的地位,正是出于母爱和自身的利益考虑,她不允许儿子像丈夫一样,走上一条让人失望的道路。这恰好就是李太后的心理真实。而且,历史上记载她真要废朱翊钧。所以我认为一个最优秀的小说家的特点,就是能把每一个人的文化身份确定下来,而且找出他的合理性。我认为每一个小说家笔下的人物一定有属于他的文化身份。

李从云:您创作《张居正》时的心态是否与您对文化真实的追求有关?

熊召政:是的。做人不要患得患失,把个人的名利看得淡一点,但是要把你的事业看得浓一点。太入世的人,他必定走不远,太出世的人,他必定缺乏激情,所以我说,任何一个大的东西的产生,都是理智与激情双重作用的产物。别人要在张居正的老家给他修牌坊,他立刻派人拆掉,这是真有的事。他说我自己拆,比我死了别人拆好,他对自己是有一个基本估价的。因为辽东大捷,很多人得到封赏,只有张居正一个人坚持不受。可是在杀降冒功真相大白后,有人说上了张居正的当,其实他当时确实不知事实真相。我是要在创作中通过真实的历史事件,呈现出每个历史人物的文化心理真实,而不是用现在的道德观去评判历史人物。这就是我的心态。所以,高拱看起来也不是一个坏人。我这里面没有纯粹的好人和纯粹的坏人。

李从云:您在散文《猿啸中的乡愁》中说,“屈原不但不回避命运的泡漩,反而纵身一跳,让越旋越紧的泡漩给他壮丽的生命画上了一个完整的句号。他这么做,按今人的观点,追求的是人格美而非人性美。人格是凝固的,而人性,则如眼前的江水,是流动的,不可遏止的,一旦投入就注定要生活在漩涡的中心。”您在塑造张居正这一艺术形象时,是侧重人格美还是人性美,或者说两者兼而有之?

熊召政:对张居正我更多地感念他的人格美,而对玉娘我感念她的人性美。就是说,一个女人爱一个男人的时候是没有条件的,而一个男人爱一个女人是有条件的。

李从云:可是张居正在人性、人情方面似乎弱一些。

熊召政:是弱一些。我犹豫过,要不要把张居正写得过分儿女情长?后来我省略了一些他更多的人性的一面,自然流露的一面,让他尽量克制自己。比如说邵大侠的问题,他始终不愿意点明,一方面他没把玉娘放在对等地位,张居正是玉娘的生命,而玉娘只是张居正整个生命中一个不是非常重要的部分。我想的是,一定要把玉娘人性的单纯刚烈全部展现出来。如果张居正堕入情网,他在国事上就会非常糊涂,所以在历史上爱情成功的政治家很少。衡量政治家的标准,不是要他有成功的爱情,而是希望他身边有爱他到死去活来的女人。

李从云:这是您在人物关系上的整体布局?

熊召政:我是想用玉娘的人性美来反衬张居正的人格美。

李从云:这种人物关系使人想到了《红楼梦》中的林黛玉与薛宝钗的性格反差。而且第一卷中玉娘唱的《木兰歌》,使我马上联想到《红楼梦》中的《好了歌》,您的创作是否受到《红楼梦》的启示?

熊召政:很大的启示。《好了歌》就是我在散文《朗吟飞过洞庭去》中所说的从“忧”到“寂”的思考。中国文化是一种以阴克阳的“软弱的强势文化”。出现一个强势力量以后,所有的人都退避三舍,但最终败的是谁呢?是强势人物,文化的蚕食性是非常强的。《好了歌》中“好就是了,了就是好”是道教思想,道教救不了中国,最终只落得“白茫茫一片大地真干净”,这是一种历史被虚无了的宿命论。我就想,有没有可能开创出像灿烂的春秋战国时期那样一种东方文化的生气出来。张居正代表了一股生气。而我们的民族最终是用什么方式接受它,又用什么方式去毁灭它,我的思考在这个地方。

李从云:这是张居正悲剧的真正意味所在。

熊召政:是的。第四卷《火凤凰》最后的那首歌,寄托了我对整个文化的无奈感。

李从云：您在《张居正》中创作、引用了大量的诗词歌赋，传统的诗词文化对您的影响颇深。您各卷都用词牌名来命名，这里面有什么讲究？

熊召政：我个人从小的文化资源就是传统文化，诗词歌赋是我小时候的童子功。中国历代按五行来划分，明代属于土，朝代的代表是土。而土是由金、木、水、火四种原素组成的，这就是我的四部小说，这里面充满了东方的哲学观念。中国哲学最厉害的是春秋战国时期，五行的观念就是那时产生的东方智慧，而唐诗宋词是中国文学的巅峰，所以我用带这种特殊文化胎记的词牌来命名四卷小说，既展现中国文化的华瞻之美，也展现它的深邃之美。我是在用金、木、水、火来写中央政权的方方面面。

李从云：您的创作受到哪些外国作家作品的影响？

熊召政：雨果对我的影响很大。今年的《长江文艺》第二期上有我的一篇文章《雨果式的忧患》，雨果是由诗人转变为小说家的，我阅读过他的《悲惨世界》《巴黎圣母院》《九三年》《笑面人》，他的小说情节非常奇特，叙述节奏非常快。我反复琢磨过他的文化背景，我们的气质有很多相似之处，又都是诗人出身，我想我完全可能写出一个中国的雨果式的作品。《张居正》是传统的章回体小说，我在每一章里都写了两件事情，一阴一阳的转换产生了小说的叙述节奏，这种节奏感受到雨果小说的启示。另外，托尔斯泰的《战争与和平》让我明白了什么是大气、雄浑的史诗性的作品。我当时一直在想，你是在写一个国家，是把中国的一段历史搬到案头来写，因此首先得选取一个人物，他必须能够承载这个时代的全部，无论是文化，还是政治、经济，他一定得有这种承载的能力和容量。张居正有这个容量，这个时代的代表人物不是万历皇帝，而是张居正。有了这样一个人物以后，我得选择叙述语言，硬朗的、大气磅礴的语言。然后是场景的选择，我写北京二月二龙抬头，写的是整个北方的春天是怎样来的，我没有选取院子里的一棵树。“其实这时整个北国的地气还很薄，黄河以北的天空上充满了无尽的冻云。”你一定要用这样一种语言来描述这些场景，不能弄成小品似的东西。在读《战争与和平》《静静的顿河》这样的作品时，我感觉到大作家和优秀作家之间的区别在什么地方。所以，那时候我不看小景。登山，我就要爬到山顶上去；观海，我就要到汪洋大海中间去；要么就开着吉普车到塔克拉玛干沙漠狂奔，我一定要看到真正的长河落日是什么样子，要寻找那种大气象、大格局，文化的大胸襟、大风范。

李从云：您怎样评价当代历史题材小说，尤其是近二十年历史小说的创作？

熊召政：总的看来中国当代历史小说，主要是长篇历史小说，是中国长篇小说领域里的一个比较有成就的分支，出现了几个非常优秀的历史小说家，其中影响最大、读者面最广的有高阳、唐浩明、二月河、凌力等。在他们之前，姚雪垠是最出色的。这与我们五千年的悠久文明有关，只有丰富的历史土壤才能培育出这样的树林来。我相信历史小说不会萎缩，还会有新的发展。

李从云：您认为当代长篇历史题材小说创作在哪些方面可能有新的突破？

熊召政：我觉得，首先要有新的历史小说观。我把自己的历史小说定位为文化历史小说，你也看出来了，点点滴滴写的都是文化，我的创作谈也是这样谈的。有的事件写得很真，你觉得很假，有的事件是假的，反而你觉得很真。为什么？这就涉及文化的真实。

其次，还是要有新的创作方法和新的认识历史的方法。如何解读典籍是进行历史小说创作的关键一环。比如朱翊钧决定清查张居正，历史上是说朱翊钧贪好钱财，听说从冯保家中查抄了几百万两银子，他想张居正作为直接柄政者，贪污的钱财会更多，于是决定抄张居正的家。但我经过对相关典籍及明代文化心理的解读，发现问题并不那么简单。第一，张居正将相权用到了极限，而皇权极度萎缩，作为皇权的代表人物，他长大以后想单独柄政，但他妈妈说他三十六岁以前不要提这个事，这对历代皇权来说是根本不可能的，他因此对相权产生了憎恨，对皇权的萎缩感到了危机和恐惧。第二，他的妈妈那么喜欢张居正，他作为隆庆皇帝的儿子，有一种自己的父亲受到某种污辱的感觉，这样一种血缘上的关系也使他产生了憎恨。这最突出地体现在太后要废他，他怎么哀求太后都不同意，最后太后说了一句，要看张先生他愿不愿意。他就想，我是太子，我是隆庆皇帝的儿子，皇权神授，天生我就是皇帝，今天我妈妈居然说让这个人决定我能不能当皇帝。从那一天起，他对张居正的仇恨心理就形成了。

李从云：这涉及您对外国文化资源的利用，也就是说，您是在用西方心理分析的方法来重新解读明代典籍。您对朱翊钧的心理分析非常精彩，尤其是“见门生苦心猜圣意”一节。我开始觉得您把张居正与高党、皇亲国戚、士林的斗争写得从容大气，但似乎缺少感情、心理方面的开掘，读到这里，它彻底改变了我的看法，您是另有考虑。

熊召政：对，我是在用西方心理分析的方法来解读典籍，寻找更令人信服的理由，怎么当年那么信任的元辅张先生，到最后竟然如此仇恨他。对于张居正这个人物，我是想在行动中展现他的执政能力和智慧。如果用大段的心理描写，我怕像巴尔扎克的心理描写一样，让读者烦，从而影响叙事的情节节奏。同时，我要吸取托尔斯泰的教训,《战争与和平》中大段大段哲学上的议论,读者看了非常枯燥。因此,我要把思想和文化点点滴滴地渗透到正在发展的情节中,而不要孤立地告诉读者我多么有思想。其实,在大隆福寺,李太后召见张居正那一场戏我很满意,几个人的心态都活现出来了。

李从云:您在外国文化资源方面还有其他的借鉴吗?

熊召政:还有就是对中国皇权的反思。西方的君主立宪,比如英国,皇帝是董事长,首相是总经理,我在研究张居正时代的政治权力关系时,受到了君主立宪的某些启发。我写到那时的所有大事都向皇帝汇报,而实际操作却由内阁完成,这是一种很好的君主立宪制。李太后、张居正、冯保形成互相制约的"铁三角",只有在张居正时代,相权才有可能制约皇权,我认为这是一种好的治理结构。没有任何一个人说话算数,大家的意志必须是统一的。张居正的思想必须变成皇帝的圣旨才行,皇帝自己不能下圣旨的,你的意图必须传到内阁,由内阁拟票,皇帝如果不同意,可再发回重审。这样就构成了相权、监权、皇权的鼎立局面,皇帝只是象征。张居正柄政实际上就是君主立宪的搞法,这就是我对张居正时代政治权力结构的重新解读,这当然不是简单的比赋,而是对历史存在的一种展现。但一旦张居正去世,明朝又回到了皇权独揽的局面。这就是万历新政最终不能推行下去的主要原因。

李从云:可不可以说《张居正》是您对万历新政及其前后的文化地图的一种想象性重构?

熊召政:可以。这样说,我是把小说当作历史论文来写,用学者的方式来写小说,这样吃力不讨好,因为它不容易让人明白你想说什么,这需要阐释。

李从云:您在1975年读到姚雪垠先生的《李自成》时,就有了创作历史小说的想法,您创作《张居正》时在哪些方面受到《李自成》的影响?

熊召政:我接受了姚雪垠先生的治学方式、创作态度对我的影响。但当我开始写《张居正》时,我就纯粹不读《李自成》,我不愿意我的小说生活在他的小说的阴影之中。在选取人物的方式上,他是他那个时代的选择,以阶级斗争为纲,因此他选取农民起义的领袖李自成。而我处在以经济建设为中心的时代,我选择了一个治理国家的首辅。所以,我们在人物的选择上,各自打上了时代的烙印。

李从云:这一点给我的印象很深。《李自成》写李自成在商洛山中积蓄力量以图东山再起,以及对反围剿的描写,其思想背景是中国现代革命史。而《张居正》所关注的财政问题、体制问题显然是当下社会现实的投影,因此人物的选择可能受到现实环境的影响。

熊召政:也不叫影响。你对历史的忧患,必须要在今天的读者中引起共鸣。读者不可能离开自己生活的环境去思考社会、历史,你在作品中投入的关注要引起他们的兴趣,你写的很多事件就必须是当下社会所关注和关心的。我认为任何一个作家都会这样做的。

李从云:最后,请谈谈您今后的写作计划——

熊召政:目前,由我亲自动手改编的45集电视剧《张居正》已进入投拍阶段,预计明年下半年可以与观众见面。我现在手头上还有两本历史随笔要编撰,从明年下半年起,我就会重新封闭起来,写作我的第二部长篇历史小说《春秋》,这部小说同《张居正》一样,仍然是文化历史小说。

评　论《

走向《张居正》

——熊召政的精神之旅

李从云

从长诗《请举起森林般的手,制止!》获1979—1980年全国中青年诗人优秀诗歌奖到长篇历史小说《张居正》问鼎茅盾文学奖,熊召政走过了25年的人生历程。同许多50年代出生的作家一样,他先后遭逢了理想主义的激情与世俗化的浪潮。坚守、转向或在两者之间徘徊,每位作家都有自己的经历与体验。熊召政的文学创作是他人生经验的升华与结晶,其中蕴含了时代精神变革的气息。

一

对熊召政来说,长诗《请举起森林般的手,制止!》的发表不仅是一个文学事件,引发了关于真实性与倾向性的关系、写阴暗面与生活本质的关系的讨论,奠定了他在诗坛的地位;它更是一个精神事件,由此强化了诗人的自我意识。让我们先来重读其中的一节:

呵!我的亲爱的/苏区的人民哪,/难道你们当年,/用仅有的一根线/缝补红旗的弹洞,/用仅有的一把米/挽救饥饿的革命,/就只是为了/换回这千古不移的/——贫困?！/难道当年/苏维埃主席/讲述过的幸福,/你们用土铳和梭镖/从大地主噬人的/狼斗里,/从资本家吸血的/酒杯中,/抢出来的幸福,/竟变成了:/镜中之花、/水底之月、/天上之云?！

这首一共257行的长诗就这样以屈原式的“天问”向“苏区学大寨”发难,即使在今天读来,仍不免被它充沛的激情、悲愤的情怀、为民请命的勇气震撼。诗集《在深山》里有一组名为“三峡行草”的诗延续了《请举起森林般的手,制止!》的风格。诗人的精气神在凭吊屈原的吟诵中显露无遗:

是谁,造出这一条汨罗江,/淹灭你烈火般燃烧的生命?/如果你心中没有装下祖国的忧患,/人民败叶一样飘泊的命运,/岂不还是驷马高车、终日宴饮,/在飘飘仙袂中昏花你的眼睛?/如果你任良心腐烂,/用杜鹃花一样的语言谄媚昏君,/自己也受着卑鄙者的奉迎,/你肯定能够华栋巍峨、美妾成群,/死后有一片辉煌的墓地葬你尸身。/可是,楚王宫青烟袅成的厚重雾瘴,/不能遮蔽你锋利的眼睛。/击穿晦暗,用正义把它击穿！/你要挽强弓,射天狼;抽长剑,抉浮动。/但你的强弓、长剑被人焚毁,/仅留下孑然一身,形容枯槁,泽畔行吟……/悲歌耗尽心血,希望化为灰烬,/屈夫子呵,你纵身一跃——/南楚烟波,竟敢鲸吞一座昆仑！

——《汨罗之祭》

显然,在熊召政心目中,屈原是良知、正义与忧患的化身。这首诗的精神气韵与《请举起森林般的手,制止!》何其相似！不同的是,前者是针对现实生活直接发言,后者则是面对人文山水的沉思。综观熊召政收入《在深山》《瘠地上的樱桃》两部诗集中的诗,十有八九是抒情短章。这些诗蕴涵的山林之趣固然与他在深山里诞生并成长有关,但也与包括李白在内的历代在深山居住或生活过的诗人诗作的熏陶不无关系。在翻阅发表《请举起森林般的手,制止!》的《长江文艺》1980年第1期时,一个编辑细节引起了我的注意。这期杂志的封二印有一幅名为《诗人李白》的中国画,并配有画作者题写的四句诗:“我本楚狂人,凤歌笑孔丘”“五岳寻仙不辞远,一生好入名山游”。这四句诗摘录自李白《庐山谣》。无论是编辑的匠心还是纯属巧合,这四句“为李白写像”的题诗大概很投合年轻的诗人熊召政当时的心境。据李长之分析,《庐山谣》作于李白“假若说有的”政治生涯的尾声:“诗人之成为诗人固然确定了,事业终于陷在模糊的幻灭中了。”与李白的幻灭不同,熊召政的“干预生活”虽招惹了一场风波,但最终还是为他带来了好运:诗人之成为诗人的地位确定了,并从县文化馆调到省作协。此时,志存高远的年轻诗人对发表长诗《请举起森林般的手,制止!》、使自己一举成名的《长江文艺》心怀感激，并认同李白的“我本楚狂人，凤歌笑孔丘”，在内心以“楚狂人”自我期许，应该是极有可能且无可厚非的，只是还体味不到李白诗中蕴涵的幻灭感罢了。

如果上述分析可能的话，我们可以进一步说，是屈原式的忧愤与李白式的狂放熔铸成了熊召政精神世界中的“楚狂人”形象。这一形象几十年后出现在《张居正》中：“落日千山风浩荡，金戈铁马楚狂人。虞姬伴我轻生死，一回执手一阳春。”除了张居正这一“楚狂人”之外，何心隐、邵大侠也在狂人之列。熊召政对“狂人”的推崇，应当与这种忧愤精神和狂放心态息息相关。

二

熊召政有很深的小说情结，即使是在他的诗歌创作的爆发期，他也不忘怀于小说创作，甚至每写一首诗，就想到这首诗完成之后，就去从事小说创作。早在80年代初，他就开始了小说创作。小说在文体上与诗歌的本质区别之一，就是小说中的叙述者不可能像诗歌中的抒情主人公那样直抒胸臆。因此，在小说创作中，熊召政就不得不调整自己言说忧愤精神的方式，从主观抒情转向客观叙事。在言说方式转变的背后，是文学潮流的变化。新时期文学是从对极“左”政治的揭露、批判开始的。随着国家政治秩序的恢复、经济改革的推进，文学在关注现代化进程的同时，逐渐转向对传统文化的再审视，力求从历史文化传统深处，去寻找现实生活进程的症结之所在，于是，文化和文学“寻根”，蔚成风气。熊召政有很深的传统文化和文学修养，以他的这种修养，来观察、透视现实生活中的问题，对其中隐含的诸如国民的根性、社会的痼弊，就看得更为真切。他的创作因此便从诗的直抒胸臆、锋芒毕露，转向小说的沉潜思考、深入解剖。虽然一样的忧愤深广，但这回抒发这忧愤的武器，已不是直刺极“左”路线的丈八蛇矛，而是解剖国民灵魂的手术尖刀。

熊召政此期的小说大致可以分为两类。一类是反映改革开放的春风在乡土中国“吹皱了一池春水”，活现新旧交替之际的世态人心。短篇小说《吃飘饭的人》写一个喜欢抓阶级斗争的生产队长在包产到组的新形势下的悲哀，《赛阳春》则剖析了责任制给贫苦农民家庭带来的变化与挑战，而发表于1986年的短篇小说《红嘴绿鹦哥》《官岭街趣事》和中篇小说《翡翠姐儿》则反映商品经济在乡村激起的传统伦理与现代观念的矛盾。另一类是文化反思与文化寻根小说。短篇小说《老屋》《门向》透过愚弱农民的卑微心理，烛照陈旧的文化观念对当代农民的精神束缚。中篇小说《鬼火》则在寻找祖父生命踪迹的过程中，对深受封建儒教忠君思想束缚的祖父的悲剧进行了反思。这些小说体现了熊召政关注生活的两个视点，一是他对传统文化的兴趣。比如《翡翠姐儿》中对饮食文化的津津乐道，《门向》《檐老鼠》对阴阳风水的如数家珍。二是注重发掘小说主人公的良知、责任心以及承担责任的勇气。比如《女人与狗》中一个被视为社会渣滓的风烛残年的老人使恶魔般的李大桑发现了自己的良心，《鬼火》中所表现的驼子二爹的赎罪与自焚以及对死者生命的敬畏之情。1989 年出版的长篇小说《酒色财气》集中体现了熊召政在这两方面的探索。

《酒色财气》仿佛是“酒仙”“色鬼”“财迷”“气篓子”四幅人物速写。熊召政通过他们之间的对比来折射自己的精神指向。刘百彩与何自宽夫妇，一个财迷心窍，为一分钱可以吵得面红耳赤，一个沉浸在艺术的天堂里，不食人间烟火。刘百彩衡量一切的价值标准是钱，而何自宽所鄙视的正是她这种“唯钱是瞻”的世俗气。何自宽除了绘画色彩之外，对任何东西都不感兴趣。然而，何自宽所坚守的唯美主义艺术理想受到世俗生活的干扰，被商人、官员利用。何自宽是一个唯美主义的呆子，这本身就昭示了艺术在商品化时代的尴尬处境。如果说刘百彩与何自宽夫妇的对比，体现的是世俗与唯美之间的矛盾，那么，刘干壳与“气篓子”夫妇的对比，则呈现了传统文化的两种不同处境。在刘干壳身上，我们欣赏到了中国酒文化的风采。他因丰富的品酒经验被聘为雷公酒厂的技术顾问。传统文化在商品经济中找到了自己的位置。而“气篓子”上山拜神求签，则作为封建迷信活动受到嘲讽。刘百彩与丰满连的对比，则体现了她们不同的价值标准与情感态度。刘百彩瞧不起何自宽，因为何自宽的作品不值钱。而在丰满连眼中，何自宽是活着的凡・高，是色彩的魔术师。不同的价值标准，自然导致不同的情感态度。刘百彩不愿与何自宽离婚，是基于我得不到的也不能让别人得到的心理，而丰满连在何自宽因犯重婚罪主动投案坐牢后，独自面对世俗眼光时却说：“我不怕人家奚落我，就是朝我身上吐痰我也不怕。”两人的精神境界不言自明。但是，由于受作者对人物身份定位的束缚，人物性格的复杂性没能充分展开。刘百彩本来是一个很有潜质的文学形象，但因为过分张扬她泼辣的一面，对刘百彩作为荷花街上的一个普通女人，如何维持家计、抚育儿女这一面发掘不够，致使其“阴阳失调”，从而削弱了小说结尾部分所写的刘百彩的绝望与痛苦的分量。

熊召政 80 年代的小说创作，无论是对时代与人情变革的把握，还是对传统文化的反思，其精神向度仍然是他在诗歌中表现出的忧患意识。儒家的积极入世精神使他紧跟现实生活的潮流。他力图融入生活，成为时代的弄潮儿。因此，在小说创作中，他轻世俗重境界。《酒色财气》一方面将拜神求签作为封建迷信活动进行道德批判，一方面又对“我不怕人家奚落我，就是朝我身上吐痰我也不怕”这种精神进行肯定。丰满连“朝我身上吐痰我也不怕”与张居正“愿以其身为蓐荐，使人寝处其上，溲溺之，垢秽之，吾无间焉”两者在精神实质上是一脉相承的。由于熊召政此时所秉持的是唯物主义一元论的进化历史观，他只能将阴阳风水、拜神求签等活动斥之为当代人精神生活中的毒素，自然不能从宗教的角度来解读丰满连的精神内核。因为缺乏一种历史的沧桑感，缺乏宗教文化视野，他对文化的反思，主要集中在对宗教、伦理的道德批判。因此，他关注生活的两个视点还无法取得深层次的统一。

三

1989年的那场政治风波改变了熊召政的生活轨道。随后的十年，熊召政下海经商，游历名山，也读史参禅。他在回答《南方周末》的记者专访时说，商人生涯对自己写作《张居正》帮助很大，“任何一个社会都有其中心地带。80年代初思想解放，作家处于社会的中心。90年代经济是中心，身处其中可以及时地、准确地把握社会发展的节奏，看到旁观者看不到的趋势和暗流。文人看社会，很容易将个人好恶作为公共标准。比如，有人不喜欢喝酒，看到全社会都在喝酒，就得出了社会不正常的结论。只有参与到社会当中，人才会知道社会多复杂，做成一件事多么艰难。”[①]商人生涯有助于他洞明世事，练达人情，但曾经的理想主义激情又使他难以忘怀为民族思考的责任。因此，即便经商，他也坚持每天读明史。世事沧桑、人生历练拓展了他的文化视野，散文集《千寻之旅》记录了他上下求索的心路历程。阅读《千寻之旅》，不禁使人想起李白的《庐山谣》，它似乎成了熊召政的人生预言。

在散文《桃花冲寻胜》中，熊召政说：“近几年，步入中年的我，在自我的道德世界有了多样性的选择之后，特别是经历过三年前的那次夏日的劫难之后，我的深埋于心灵中的宗教意识忽然觉醒了。中国人活得很苦，中国知识分子为了真正承担起‘社会良知’的责任，生活得更苦。由于忧患意识的强烈，我得到屡遭挫折的回报。挫折，即是佛家认为的苦。苦是厌世的源头，亦是宗教存在的理由。由挫折触发的宗教意识打开了熊召政精神世界的另一扇大门，80年代他从对宗教迷信的道德批判转向了对宗教精神的认同。但这种精神认同并没有使他耽于佛事，忘情于山林。在散文《朗吟飞过洞庭湖》中，熊召政写道：“很长的时间里，我也一直摆脱不了‘忧’字的困惑，直到现在，它仍是我一触即痛的心理情绪。虽然，我用了整整四年的工夫，

---

① 陈一鸣：《儒者从来作帝师——专访茅盾奖得主熊召政》，《南方周末》2005年5月12日。

把自己的儒家人格改变成了释家人格，每年挤出时间来进行佛教旅游，只要一有空就焚香诵经，把搁在心中的一个'忧'字换成一个'寂'字。一来到岳阳楼这样特定的地方，仍免不了当一回忧国忧民的泫然之士。"由此可见，对历史的参与感、忧国忧民的情怀即忧患意识，早已渗入熊召政的潜意识，一经触发，便浮出水面。宗教意识一方面平息疏导忧愤情绪，一方面又使熊召政试图压抑的忧患意识得以复活与转化，使他从现实回望历史，在历史情境中探究现实的问题与出路。《张居正》的精神内涵就是在这两种意识所孕育的文化场域中得以充分展现的。

张居正有匡时救世之心、富国强兵的愿望，当伊尹、霍光那样的名臣良相是他毕生的政治抱负。刚入阁不到半年的张居正，在当时内阁四名辅臣中位居末次，就向隆庆皇帝上了一道《陈六事疏》，无奈隆庆皇帝毫无励精图治富国强兵的念头。隆庆帝宾天，权力之争白热化，城府颇深、智慧过人的张居正进退自如，暗中掌控着局势。在天寿山勘探陵寝时，何心隐的一番话正中张居正下怀："顺上之为，从主之法，虚心以待令，有口不私言。让天下黎庶万民，怀志者得志，怀土者得土，无苛政、无酷吏，国泰民安，疆土永固。国家有此中兴之象，必是太平宰相之作为。""如此少年君父懂得什么，治国安民，还不是依靠首辅？所以，这一任首辅，尽可把满腹经纶用于指点江山，激浊扬清，开创太平盛世。"[①]这即是宋代哲学家张载的"为天地立心，为生民立命，为往圣继绝学，为万世开太平"的理想，这一理想契合了张居正做太平宰相的夙愿。他不仅有政治抱负，而且有肩担道义的精神。在《张居正·火凤凰》的卒章，金学曾给玉娘看了几段摘录自张居正在担任首辅之后给一些官员的信：

二十年前，不谷曾有一宏愿，愿以其身为蓐荐，使人寝处其上，溲溺垢秽之，吾无间焉。有欲割取吾耳口鼻者，吾亦欢喜施与。

万历元年　答阅边总督吴尧山

天下事，非一手一足之力。仆不顾破家沉族以徇公家之务，而一时士大夫不肯为之分谤任怨，以图共济，将奈何哉？计独有力竭行之而死矣！

万历五年　答总宪李渐庵论驿递

既以忘家殉国，遑恤其他！虽机阱满前，众镞攒体，不之畏也。如是，才可建立国事。

---

① 熊召政：《张居正·木兰歌》，长江文艺出版社2003年版，第325页、第462页。

万历六年　答词道林按院

不谷弃家忘躯以徇国家之事，而议者犹或非之，然不谷持之愈力，略不少回。故得失毁誉关头打不破，天下事断无可为。

万历八年　答学院李公

这些信件呈现了张居正“弃家忘躯以殉国家之事”“众镞攒体，不之畏也”的担当精神。这种担当精神已不再是单纯的儒家“天下兴亡，匹夫有责”。熊召政在与笔者的谈话中曾说，在九华山朝拜金地藏菩萨时，看到宝塔两侧悬挂着的金地藏的宏愿誓言“众生度尽，方证菩提；地狱未空，誓不成佛”，使他想起张居正所说的“愿以其身为蓐荐，使人寝处其上，溲溺垢秽之，吾无间焉”。大乘佛教的普度众生与儒家的“先天下之忧而忧，后天下之乐而乐”在张居正身上豁然贯通。也正是在这一点上，张居正的“楚狂人”本色与宗教精神互为表里：“宗教展示了人类精神生活的深层，使之从日常生活的尘嚣和世俗琐事的嘈杂中显露出来。宗教向我们提供了对一种神圣之物的体验，这种神圣之物是触摸不到的，令人敬畏的，是终极的意义和最后勇气的源泉。”[①]在张居正身上，我们不难发现这种令人敬畏的精神和勇气。

四

熊召政是这样理解禅宗的：“禅，作为人与宇宙冥合的智慧，虽然源自印度的瑜伽，但在体现精神活力方面，更有其显著的独创。禅的目的是要洞开人的‘心’眼，实现‘心’的解放。它让人摒弃物质世界中的世俗判断，而进入静寂、安详的氛围中冥想。突破具体的人和事的障碍，然后又从人们视而不见的事物中发现远非哲学意义上的高能的自由。人通常是语言和逻辑的奴隶，唯有禅，才能使人重新获得精神的主宰地位。”“禅对于社会的进步也许是消极的，但对于医疗个人的精神创伤却有着不可替代的功效。所以，这两年来，我养成了坐禅的习惯。”禅之所以具有医疗个人精神创伤的功效，就在于它让人“突破具体的人和事的障碍”，“使人重新获得精神的主宰地位”。这一感悟来源于现实生活中的世俗判断和诸多不自由。特别是那次夏日的劫难，它成为熊召政与张居正心灵相通的媒介。

张居正秉政之时，基本上没有遇到什么挫折。即使在改革过程中遇到了来自高拱旧党、皇亲国戚、士林清流的重重阻力，他都能审时度势、进退自如、化险为夷。但

① ［美］保罗·蒂利希：《文化神学》，陈新权、王平译，工人出版社1988年版，第9页。

是在精神上，张居正受到了“夺情事件”的冲击。他在《张居正·金缕曲》中抒发了对这一事件的感叹：“我为人子遭诋毁，望江南，烟水茫茫，徒然泣血。以身许国真难事，进退关乎名节。恨不能，远离帝阙。只是明君难割舍，扶社稷，要创千秋业。功与过，且抛却！”为人之子，因为政局所囿，不能回家奔丧，反被士林清流误解、诋毁，这无疑是张居正遭受的深度精神创伤。张居正与皇室既得利益者之间苦心孤诣的周旋，向士林清流所代表的道德舆论力量的公开挑战，其出发点就是扶大厦之将倾，实现富国强兵的政治抱负。正因为他致力于开创太平盛世的千秋功业，为社稷苍生谋福祉，所以这误解与诋毁就不仅仅是个人的际遇。在动笔写《张居正》之前，熊召政只身前往拜谒张居正的陵墓。他身处满目荒芜的墓园，了解到陵墓在“文革”期间遭受摧毁之后一直得不到修缮，苍凉之感油然而生：“这苍凉中，既有为张居正死后数百年来所遭受的不公正待遇而悲哀，更有为我所置身的这个民族的后代子民对先贤的麻木不仁而痛苦。”①反观张居正身前的显赫政绩与身后的悲惨境遇，就会发现个体生命的精神创伤并没有穿透历史的雾霭，直到今天我们似乎仍然不愿、不敢正视伟大历史人物的道德乃至时代局限。从这一角度看，作者已经将个体生命的精神创伤转化为民族文化的创伤记忆。正如鲁迅当年做小说一样，熊召政是想借“夺情事件”来揭出民族文化的病苦，引起疗救的注意。

熊召政的忧患意识植根于他早年的入世精神。但是，因为宗教意识的觉醒，他在创作中将入世精神转化为对政治文化的“出世”之思。宗教风俗如道教的炼丹扶乩、风水符卦、燕九节，佛教的佛珠佛像、还愿礼佛、超度祈福，等等，使整部《张居正》都沐浴在浓郁的宗教氛围中。表面看来，风俗意义上的宗教只是“万历新政”的文化背景之一面，但实际上宗教与政治在这里休戚相关。譬如高拱与张居正为自己的政治命运都借王真人大做文章，高拱同时还与冯保为假佛珠的事剑拔弩张。当李太后不知如何处理“宫府之争”时，一如和尚的一段禅宗公案——“造假佛珠的人是隔山打牛，献佛珠的人是骑牛找牛”——使她顿悟天机，于是高拱的首辅被拿掉。可以说，禅宗公案与张居正的学问、身份是开启“万历新政”的两把钥匙，而打开这扇历史大门的人就是每天抄录《心经》、一心礼佛的李太后。十年以后，万历皇帝为了向李太后禀报冯保被革职一事，将南京紫禁城中收藏的一尊纯金制作的九莲观音大士坐像作为礼物送给李太后，并借题发挥，引出抄家的话题。“万历新政”就这样在李太后的一声“阿弥陀佛”中降下了围幕。玉娘的一曲《木兰歌》道尽了这政治的“黑幕”、

① 熊召政：《谒张居正墓》，《孤山踏雨》，上海古籍出版社2005年版，第193页。

世道的轮回:“世上事一半儿荒唐一半儿险恶,皇城中尔虞我诈,衙门内铁马金戈。”“今日里拳头上跑马抖威风,到明日败走麦城,只落得形影相吊英雄泪滂沱。只可叹,荣辱兴衰转瞬间。”从高拱的离职到张居正的陨落,历史画了一个圆圈。不仅人物的政治命运、政局的开合与宗教胶合在一起,人物的精神、情感归宿也向宗教聚会。李太后看抄单悟透了沧桑,冯保也在“回头看,名利场上多少痴迷客,扰扰攘攘,可叹无止休。直羡他,野草溪边老钓翁,踏月归来,却道天凉好个秋”的凄凉琴音中黯然退场。纯情女子玉娘在一曲《火凤凰》的弹唱中追随张居正而去:“凤凰在,天空毁,凤凰去,国有殇。先生啊,只道人间不可住,奴家且随你,黄泉路上诉衷肠……”而“火中诞生,火中涅槃,疫障为甘露,忧患为酒浆”,则将佛教凤凰涅槃的传说与儒家的忧患意识奇妙地融合在一起。

由此可见,宗教意识与忧患意识一起构成了熊召政还原历史的精神支点。宗教意识赋予忧患意识“终极意义与最后勇气的源泉”,使他的精神境界得到提升。同时,宗教意识对物质生活中的世俗判断的扬弃,使他在经商与读史中走出了精神困境。诚如张之洞所强调的,“读书宜读有用书。有用者何?可用以考古,可用以经世,可用以治身心。”熊召政在商海沉浮中坚持研读明代典籍,自然能将“经史之学”与“经世之学”结合起来思考历史与现实中的问题。此时的熊召政,祛除了凌厉之气,既“经世”又兼“治身心”。他是在把握张居正这一历史人物的过程中理解了现实,也是在用文学的方式担当“为民族思考的责任”。

(载《小说评论》2006年第1期)

主要作品目录《

长篇小说

《酒色财气》,四川文艺出版社1989年版。

《张居正》(四卷),长江文艺出版社2003年版。

《万历首辅张居正》,江苏人民出版社2010年版。

《大金王朝:北方的王者》,长江文艺出版社2016年版。

《大金王朝:降龙的骑士》,长江文艺出版社2016年版。

《大金王朝》(四卷),北京十月文艺出版社2019年版。

中短篇小说集

《醉汉:熊召政中短篇小说集》,四川文艺出版社 2006 年版。

《醉里挑灯看剑》,人民文学出版社 2013 年版。

中短篇小说

《吃飘饭的人》,《艺丛》1980 年第 3 期。

《归去来兮》,《长江丛刊》1981 年第 1 期。

《赛阳春》,《布谷鸟》1982 年第 5 期。

《财政局长选拔记》,《萌芽》1986 年第 4 期。

《68 叔》,《芳草》1986 年第 1 期。

《老屋》,《奔流》1986 年第 5 期。

《门向》,《长江文艺》1986 年第 1 期。

《小桥》,《滇池》1986 年第 4 期。

《红嘴绿鹦哥》,《百花园》1986 年第 3 期。

《官岭街趣事》,《三峡文学》1986 年第 1 期。

《山深闻鹧鸪》,《中短篇小说》1986 年第 12 期。

《檐老鼠》,《长江文艺》1987 年第 6 期。

《嘎扎嘎扎》,《小说创作》1987 年第 5 期。

《翡翠姐儿》,《长江丛刊》1987 年第 2 期。

《古画》,《中国法制文学》1987 年第 6 期。

《女人和狗》,《小说》1987 年第 4 期。

《鬼火》,《特区文学》1987 年第 1 期。

散文随笔集

《禅游》,作家出版社 1995 年版。

《溪边的小牧童》,青岛出版社 1998 年版。

《千寻之旅》,广东旅游出版社 2002 年版。

《孤山踏雨》,上海古籍出版社 2005 年版。

《青山自在红》,四川文艺出版社 2005 年版。

《水墨江南》,长江文艺出版社 2006 年版。

《灯花带梦红：熊召政短文精选》，四川文艺出版社2006年版。

《看了明朝不明白》，广东人民出版社2006年版。

《熊召政作品精选》，长江文艺出版社2006年版。

《问花笑谁：熊召政美文精选》，重庆出版社2007年版。

《去明朝看风景》，中华书局2008年版。

《廿八年访禅记》，紫禁城出版社2008年版。

《中国小记》，中国海关出版社2009年版。

《明朝帝王师》，紫禁城出版社2010年版。

《文明的远歌》，长江文艺出版社2011年版。

《读了明朝不明白》，中国国际广播出版社2011年版。

《闲庐谈艺录》，西安出版社2012年版。

《千古风流》，北京十月文艺出版社2013年版。

《踏遍青山人未老》，东方出版中心2014年版。

《闲庐序跋集》，武汉大学出版社2015年版。

《闲庐赋记》，陕西师范大学出版总社2015年版。

《明朝大悲咒》，陕西师范大学出版总社2016年版。

《明朝帝王师》，陕西师范大学出版总社2016年版。

《历史的驴友》，陕西师范大学出版总社2016年版。

《山自在，水如来：熊召政生活随笔集》，中国友谊出版公司2018年版。

诗　集

《在深山》，长江文艺出版社1983年版。

《瘠地上的樱桃》，四川人民出版社1984年版。

《为少女而歌》，中国文联出版公司1987年版。

《魔瓶》，香港金陵书社1990年版。

《南歌》，作家出版社1995年版。

《召政诗》，四川文艺出版社2005年版。

《闲人诗稿：熊召政旧体诗词精选》，四川文艺出版社2006年版。

《拥抱北方：熊召政诗选集》，崇文书局2013年版。

《闲人诗稿：熊召政诗选集》，崇文书局2013年版。

《闲庐诗稿：熊召政诗选集》，崇文书局2014年版。

《故国山河集》,武汉大学出版社 2015 年版。

讲稿集

《让历史复活:在大学里演讲历史》,作家出版社 2009 年版。

《文人的情怀》,陕西师范大学出版总社 2015 年版。

《历史的乡愁》,陕西师范大学出版总社 2016 年版。

《汉语的世界》,陕西师范大学出版总社 2017 年版。

《文人的贵族精神:熊召政文化讲谈录》,中国友谊出版公司 2018 年版。

其 他

《闲庐文钞》,陕西师范大学出版社 2010 年版。

《楚人入秦记》,西安出版社 2011 年版。

《老槐树:熊召政诗文书法作品集》,陕西师范大学出版总社 2014 年版。

《本焕长老年谱》,陕西师范大学出版总社 2016 年版。

熊正良

男，1954 年生，江西南昌人。

小 引《

早就读过熊正良的作品，也听说过他这个人，就是没亲眼见到过这只“下蛋的母鸡”。虽然钱钟书先生说过“假如你吃了个鸡蛋觉得不错，何必认识那只下蛋的母鸡”之类的话，但我还是觉得，吃了母鸡下的蛋，又见了下蛋的母鸡，毕竟是一件全美之事。

西北大学给了我这个机会。20 世纪 80 年代中期，我供职的武汉大学首创作家班，招收已有成就的青年作家入学深造，熊正良的家乡江西省先后来过陈世旭、徐锋等人。后来，一些大学也相继开办了作家班，如北大、复旦、西大等，作家上大学，竟成一时之盛。熊正良大约就是在这个时候进入西北大学作家班学习的。去年，西大举行“大学教育与西北大学作家群现象研讨会”，邀我参加，在会上，与熊正良有一面之缘。后来在另一个会上，又见过一面，才把作品与人对上号。这回真的是既吃了鸡蛋，又见了生蛋的母鸡，果然比吃蛋不见鸡有意思。

熊正良给人的印象，是个文雅(不是文弱)书生。岂止外表如此，这种书生气质，似乎也及于他的内心。说到书生，很容易让人想起“白面书生”的讥语和“百无一用”的贬词。前者出自刘宋时期的一位名叫沈庆之的将军之口，后者则是清代乾隆年间一位落魄文人黄仲则的自叹之词。领兵打仗的武人瞧不起读书写字的书生，自是情理中事，落魄文人的自贬之词，却当不得真。就拿黄仲则的这个叹词来说吧，原句“百无一用是书生”，出自他的一首自叹身世的《杂感》的诗，但在同诗中，又分明有“只知独夜不平鸣”和“春鸟秋虫自作声”的句子，说明他并不认为书生真的是百无一用。换言之，书生的作用就在作“不平”之鸣，发“自作”之声。这个黄仲则后来被郁达夫写进了小说，也是因为达夫先生心有“不平”，要借他的身世和遭遇一泄胸中之愤，结果引起了一场人事纠纷。这是后话，按下不表。

说熊正良有一种内在的书生气质，或曰书生气，自然也是因为他常爱为他笔下的人物发不平之鸣。最有力的证据，便是他的小说《我们卑微的灵魂》。虽然为他赢得普遍赞誉，同时也显示了他的创作所特有的“先锋性”的，是人们所熟知的“红土地系列”，但我仍然要说，《我们卑微的灵魂》带给我们的情感冲击和心灵的战栗，在当下创作中，是极为罕见的。

灵魂的有无，本是一个未决之论，所以，《祝福》中的“我”，面对祥林嫂的发问，只能采取回避的态度。但对灵魂作等级或性质的区分，却是古已有之。那是因为，在肉身的等级被一些强者用强力区分出来以后，掌握这种区分权力的人，还要进一步证明自己的灵魂也高人一等。于是便编出了许多谎言，来区分灵魂的等级，灵魂也就有了高贵和卑贱之分。但问题是，肉身的等级是可以通过诸如名分、地位、权力、财富、荣誉、影响等外在的东西包装起来的，灵魂却是一种把捉不住的精神，在理论上，虽然大家都认为它是附着于肉身（或曰肉体）的，但因为无法确证，所以也可以认为它能与肉身分离，或与肉身对立。这样一来，不管肉身装饰得多么高贵，灵魂却不一定也跟着高贵起来，相反，有时候会更显卑贱和低下。正因为灵肉可以分离，或者像学者们说的那样灵肉二分，所以，卑微的灵魂，也就有可能蔑视、反抗高贵的肉身。就像熊正良的作品中写到的那样，老扁的飞扬跋扈、欺男霸女，无非是因为他拥有一种为当今社会所看重的身份和财富，但在这个自觉高人一等的肉身之下，包裹着的却是一个丑陋、卑劣的灵魂，相反，马福和站在马福一边的那一群看似身份低下、地位卑微的人们，他们的灵魂却是真正高贵的。虽然这高贵不过是一点起码的做人的尊严和社会正义，但它所拥有的力量却是任何自命高贵的肉身所无法战胜的。

这使我想起了《战国策》中一段广为人知的故事，说的是秦王嬴政要“以五百里之地易安陵”，安陵君不许。于是秦王便威胁安陵君的使者唐雎说，“天子之怒，伏尸百万，流血千里。”那意思说白了，也就是要你们的命。但唐雎却说，有天子之怒，也有布衣之怒，布衣之怒虽然没有天子之怒那么厉害，但眼前便要“伏尸二人，流血五步”，令“天下缟素”。秦王没有吓倒唐雎，最后只得“长跪而谢之”。虽然暴发户老扁比不得高贵的秦王，但马福这一介布衣，在作品结尾的那番作为，也颇有“伏尸二人，流血五步”的气概。有论者说这是阿Q式的“精神胜利”，但所谓灵魂也者，原本就是精神，精神的胜利，也就是灵魂的胜利。熊正良在作品中让一群“卑微的灵魂”取得了“精神的胜利”，对我们这些灵魂同样卑微的普通读者来说，岂不快哉。

但话又说回来了，熊正良也不是一个精神万能论者，他在接受本期主笔、我的博士生江磊的采访时，曾说：“我们什么时候才能不卑微，或者说不会下意识地感到自己的卑微，不再受‘卑微’的煎熬，从精神面貌上真正做到不卑不亢？”他认为要做到这一点，有赖于“在一个足够大的范围内给出这样的养分和条件”，即整体的社会环境的根本改变。而这种改变，无论古今中外多少自命高贵的灵魂作过承诺，创为理想，或者也曾付诸实践，但都是一件“绝无可能”之事。从这个意义上说，熊正良似乎又回到了他创作“红土地系列”时的宿命。人以为宿命是悲观的，私意以为，对这种宿命的意识，正是熊正良的清醒之所在。有了这份清醒，熊正良的创作庶几真的能够在“命运的漩涡中”，实现精神的“超越”和灵魂的觉醒。

自　述《

小说这玩意儿

小说是什么？以前只管写，没怎么想过这事，现在一想，却吓了一跳。按理我不该这么想的，我别无所长，靠了它才得以安身立命，我怎么能说它不过是个玩意儿呢。就是先前那拨写写话本的落魄文人大约也不敢如此轻薄，试想一个穷愁潦倒的人，夹着一沓书稿辗转瑟缩于坊间，好不容易乞得几个小钱，他不得感激世间还有这等不要一文本钱的好营生，让他这个一无用处的下九流不至于成了饿殍？虽然历来权贵与正统皆轻小说，诲淫诲盗，骂声从来不断，可到了梁启超，小说忽然发达了，先生几乎是独尊小说了：“欲新一国之民，不可不先新一国之小说。故欲新道德，必新小说；欲新宗教，必新小说；欲新政治，必新小说；欲新风俗，必新小说；欲新学艺，必新小说；乃至欲新人心，欲新人格，必新小说。何以故？小说有不可思议之力支配人道故。”看看，小说这事多大？不仅道德风俗，就是庙堂社稷也靠它了。

可是且慢，须先听明白了，先生缘何出此言？原来，小说“已如空气如菽粟，欲避不得避，欲屏不得屏”，人人都与小说相关，且深受其害。“其未出胎也，固已承此遗传焉。其既入世也，又复受此感染焉。”难怪他会死盯住这个从前最不入流的玩意儿，力陈其利弊，甚至亲自操刀做小说，欲为“新一国小说”之表率。

先生说的在理，我就可以现身说法，虽难肯定“其未出胎”便“承此遗传”，但“既入世”，确实是受到了“感染”的。我在赣抚平原上的乡间长大，那时候还有些从前读过几年私塾的上辈人在，我经常会听到他们讲“古”。所谓“古”，也就是“三国”“说唐”“说岳”和“三侠五义”之类。而上过学的年轻人则表现了“新人”的一面，他们倒也听“古”，但从不讲“古”，他们偶尔会读读小说，章回小说或现当代小说在他们那儿都一样。女的读了《青春之歌》，便会谈论一下“林道静”，男的喜欢《林海雪原》里的杨子荣,女的却喜欢小白鸽。他们有时还互相借借书。因为白天要劳作,没时间读,晚上点灯熬油又惹家里责怪,所以他们一本书几乎要读半年。其实他们是难得有一本书的,一本书借来借去,最后一定面目全非,书皮早掉了,最后的书页皆破损残缺,颜色黑黄,书角一律翻卷且纰毛。在这借来借去当中,我也有份的。至今想起来,我甚至还能闻到书页间弥散的汗味。假如某人拥有好几本书,便有了可以骄傲的资本,仿佛与众不同,自然也有人讨好他。印象很深的,是驻扎在我们那儿的养路队里的一名年轻的养路工,叫小周,小个子,面皮偏黄,有好几个青年男女经常往他那儿跑,因此他有些神气,有些高傲,不苟言笑。他的书一般人是借不到的,只有几个读过初中的人能借到。书也保管得很好,看起来很新,封皮都好好的,几乎没有缺损和纰毛的现象,这在乡间流转的书中,算一个特例。那时候我也喜欢看书,但只能看懂《烈火金刚》和《铁道游击队》之类,不喜欢看他的那些书。他的都是外国书,以苏联的居多,比如《安娜·卡列尼娜》《战争与和平》,还有法国的《红与黑》,这在当时乡间那些爱读读小说的人里头,他算是很有些品味的。

忘了我最早的阅读是从什么开始的,是连环画还是《少年文艺》。如果是《少年文艺》,那一定是我妈从学校带回来的。大约九岁时我奶奶逝世了,父亲在远处,我只好跟着母亲住在学校里,学校虽然在乡间,却是当时江西省五年一贯制的试点小学,师资和设施都很完备。除了订有《少年文艺》之类的报刊,还有一个图书馆,内容也还丰富。母亲是学校的教导主任,我理所当然地拥有了某种特权,借书比一般人方便。大约从小学四年级开始,我便一本一本地借小说了,《水浒》《红楼梦》都读了。所以,我几乎是从头到脚都被"感染"了的,只是这"感染"是好是坏,不好说。参照物是有的,即我周围那些年龄与我差不多的、没读什么小说的人,可他们好也比我好不到哪儿去,坏也比我坏不了多少,这种参照说明不了任何问题。而且我还昧过别人一本书,是巴金的《家》,硬壳的,本来是下放在我们那儿的一个上了年纪的女"五七战士"的,我借了没还她,舍不得还,她居然也没问我要。那时候我十四五岁吧,真对不住她。我读的那些小说,大都是经过了严格审查才得以出版的,应该是很干净的小说,只会教人单纯,教人革命,决不会教人做坏事的,所以我昧别人的《家》的无耻不能赖到小说头上,只能把账算在自己头上。

尽管小说没有把我"感染"成一个完美无瑕的好人,但无论如何,小说于我是有恩的。不说靠了它我今天如何如何,单说我的少年时代,假如没有小说,我的那些日子一定是干瘪的,无味的。那时我比较尴尬,身份不大确定,生长在乡下,却与土地和耕作无关,父母拿国家工资,自己也跟着吃商品粮。对于一个不纯粹的乡下小孩,或者说伪乡下小孩，别人一定是要另眼看待的，多多少少的，会有那么一点生分和隔阂。久而久之，这个伪乡下小孩便不自然了，总觉得自己哪儿有问题，有点落落寡合了。其实我是没有责任的，我并不觉得我比他们过得更幸福更快乐，所以不可能表现优越感，哪怕一点点，相反只有自卑，心想我们家为什么跟人家不一样呢？好在我爱读小说，《铁道游击队》《说岳全传》，只要我看得懂，都能使我入迷。手上捧了一本书，便一切都忘了，吃饭时也不放手，筷子伸偏了，在饭桌上夹一下，空空地送进嘴里，再扒一口饭，什么滋味不知道。

寒暑假时学校小食堂不开伙，我妈便带着我们从学校回老家，这时候我的主要任务就是负责家里烧的柴。买煤不容易，那条小街上唯一卖煤的生资公司门市部是经常见不到煤的。本来买不到煤还可以买柴，但母亲就是不买。她节俭，很会计划，在她的计划中没有买柴这一项。于是我就常常被催促着，挽一个破筐，筐里放一把父亲探家时专门从垦殖场带回来让我砍柴的小斧子。小斧子没开过刃，很钝，还生了许多锈。那时候生态环境好，村前村后有不少老樟树老枫树，都是要几人合抱的，它们连成一片，罩着小村子。碰到树上掉下的枯枝或枫球，我便捡到筐里。枯枝枫球捡不到了，只好寻找枯树蔸，用那把钝口的锈斧子一点一点地砍。冬天大雪，手上裂着口子，斧柄一震就出血。把砍下来的碎木片子和枯草梗子松垮垮地架在筐里，看起来满了，实际上只有大半筐，这时我便会找一个背风向阳的坎坡或凹处，斜躺着，把出门时偷偷塞在裤腰里的一本书抽出来，这时候真是一种享受。

我写小说的时候晚，都三十岁了。有个说法叫“三十不学艺”，张爱玲说成名要早，现在有十三岁的就出砖头厚的一本书了。所以说起来很惭愧。就算三十岁了，还是懵懂，什么也不知道，也不作准备，手边只有一本字典和一本高尔基的《在人间》（昧来的《家》不知啥时丢了）。假如彼时知道梁启超先生是如何谈小说的，知道小说是一件极为重大的事情，知道不光有吃肉的，还有挨打的，甚至要披枷戴锁，是否还敢提笔？幸好不知道，否则就与这个行当失之交臂了。后来知道也晚了。不过此时文学也日渐边缘化了，影视、网络、娱乐、流行文化成了主要的文化消费形式，已经没有几个人还在读小说了。即使用当下最畅销的小说印数除以十三个亿，得出的读者比率大约也就在万分之一左右，如此稀薄的读者，小说就算真有神力，能“支配人道”，也是莫可奈何，难建寸功了。对此我多少有些释然，可见我是个溜肩膀，担不得大事。就算还有那想担大事的，以为小说能经邦济世的，也只好收煞英雄气，叹一声生不逢时了。人家又不是没什么可玩的，看看影视，上网聊聊，到歌厅唱唱歌比比谁是麦霸，再要不约一帮“驴友”去户外疯一把，为什么非要读你的破小说？小说有什么呢？不外乎饮食男女，悲欢离合，演绎些人间俗事，描摹点世态生相，整一个俗玩意儿，弄得好人家说还像那么回事儿，弄得不好人家骂你歪着心思瞎编，连那万分之一的读者都懒得睬你一眼。即便吧，小说还是“如空气如菽粟”，可谁读小说不是凭兴致，觉得有趣的好看的就看，无趣的不好看的就撂一边？这跟从前人们听戏时的喝彩有何两样？喜欢的彩头不断，不喜欢的给你一个倒头彩，叫你下不来台。这么一件供人茶余饭后消遣的玩意儿，如何当得了“新国新民”的大任？梁启超先生此言实出于忧患，出于无奈。先生莫非不知道小说只是个玩意儿？真要靠它“新国新民”，不好比叫一只羊去拉一辆又破又沉的大车，如何迈得了一步？虽然你急得要命，将马鞭子抡得噼啪作响，可你抽死它也白搭。

如今人们对小说的态度也颇值得玩味，尽管写小说的还不愿倒架子，以为自己的工作跟意识形态相关，很自觉地把自己当成上层建筑，但大家似乎不这么看，比如有些当红的小说家，其名其事其作品就经常被人拿去填充了小报小刊的生活娱乐版面。虽然有人对此不满，甚至忿忿然，以为低了小说，怎么能这样作践小说呢？文学是多么高尚的事情啊。但人家照放不误，报纸早已没有文学版了，你叫人家把你放哪儿？其实静下来想一想，倒是应该坦然的：你凭什么就不能上娱乐版面？你以为你是谁？人家这是看得起你，才让你占了版面，别不知好歹。如今版面多金贵，你知道你旁边那位的身家吗，说出来吓死你。

虽然我靠小说安身立命，小说对我有恩，但我不愿意小说承受难以承受之重，小说也应该有一个与它身份匹配的恰如其分的位置。假如大家都把小说看得太重要，尤其是意识形态方面，那么一定是哪儿出了问题，要么是时代的病态，要么是社会不健全。我们有过这样的经验。以为一篇小说，天下就当如何，那么，古今中外有过多少了不起的小说，而不该发生的一切还不是照样都发生了？20世纪人类的大悲剧还少了？小说到底能改变什么？回答是肯定的。所以，小说也就只能算是文化娱乐的一种，能给人消闲怡情，让少数还在迷它的人，比如像我老家的那些青年男女，或者少年时的我那样，好好地享受一番，也就功德圆满了。至于给人家的是一种怎样的享受，是甜是苦是涩，或者是别的其他的味道，全在写小说的人。这玩意儿要弄好也不易啊！

访 谈《

“与红土地相遇”

——熊正良访谈录

江 磊 熊正良

江磊:熊正良老师,很感谢您在繁忙的工作中抽空接受我的采访。请问您是什么时候开始写小说的?您是否还记得您发表的第一篇作品是什么?内容是什么?

熊正良:这事说起来挺有意思,我写作之前没有准备的,不像人家热爱文学好多年,做足了功课。我练笔都谈不上。有点像站在街边看人家跑,忽然也想跑,就跟着跑了。具体情形是看到《青春》上有一篇王蒙写的评价别人小说的文章,当时既不知道王蒙是谁,也不知道他评得怎样,倒是文章中“青年作家”几个字很撩人,心想写这么个东西就是青年作家了,那我为什么不试一试,也弄个青年作家当当?这大概是1983年初冬,就费神费力地试了三个短篇小说,分别寄出去了。寄了,又不敢作指望,以为不会有结果,谁知道《攀枝花》来信了,说稿子要用了。看着信发蒙,心里直发颤。这就是《攀枝花》1984年第2期发的《冬日》,写了一个老头。《攀枝花》的信之后,《青春》也来信了,说是要改一下,争取发今年的处女作专号,于是等到1984年9月份,《青春》处女作专号上就有了我的处女作《蔫嫂》。其实,真正的处女作应该是《冬日》。

江磊:您的文学创作起步阶段的作品我看的不多,但是有一个深刻的印象就是您的这些作品风格比较清新,我觉得有着一种舒缓的诗意,似乎没有后来的作品那么沉重。这阶段的作品尽管写的也是农村题材,但是与后来的“红土地系列”在风格上有较大差异。如果把您的小说创作当成一个整体,能不能谈谈您这些起步阶段的作品有没有什么阶段性的特点?

熊正良:一个完全没有文学准备的人,能写出什么好东西?不过是文从字顺,且符合当时意识形态方面的要求,主要是出于扶持新人,人家才给你发了。过了两三年,自己都不好意思看,哪像三十岁的人写的东西?如今十三岁的都比我那时水平高。好在那时候文学热闹,刊物也多,都要扶持新人,若是放到现在,恐怕没那么便当了,就算你敢厚着脸皮往网上贴,也得被板砖拍死。

江磊:您曾经在创作谈中谈到过这样一个带有传奇性的事件:“八六年春来的那一天,准确地说最后只剩下了一幅色彩强烈却又苍凉忧郁的画面。我在画中的一条路上走着,红土地的颜色和它的宽阔坦荡以及它柔滑起伏的岭坡,我当时就觉得异常亲切,觉得自己似乎就是在这块土地上长大的,而且已经生活了很多年。……由此我想到红土地的诞生,想到了神话……”从此,您的创作风格有了巨大的改变,您突然转向了沉重的历史反思和理性审视,真的就是这么一个偶然性的因素让您“顿悟”了吗?还是您的创作观发生了转变?

熊正良:大约开始意识到一些问题了吧。有一点我还是比较自信的,就是自省能力或悟性,所以与红土地相遇时我才会有那样的感动和震撼。所谓红土地,其实就是江西的红土丘陵,从鄱阳湖南岸开始,大片赤赭向远处铺排,偶尔看见人畜活动于其间,简直就是一幅油画。至于后来被人引为具有意识形态寓意的“红色的土地”,则与我无干。虽然我的老家离鄱阳湖不远,但此前我没见过红土地,我的老家在赣抚平原,那是一片冲积平原,土地含沙量大,哪怕大雨滂沱,只要雨一停,你就可以穿着布鞋出门,绝不会因为泥泞湿了或脏了你的鞋。这里河网交错,田园秀丽,村庄密集,几乎每个村庄都有一幢甚至几幢侥幸逃过日寇的焚毁而留存下来的高头大屋,明代的或清代的,旧时代的遗风处处可见。而红土地是一种陌生的景象,陌生又熟悉——人事,包括乡俗俚语,所以她给我的就不仅仅是经验或审美上的反差,关键在她的气质。她与我内在的一些东西,比如对苍凉和厚重的独特感受与迷恋,同时又与我以前喜欢的印象派油画,尤其是早期的枫丹白露派的作品,如米勒的《播种者》《晚钟》,甚至莫奈的《日出》,总之这一类作品,都有了某种形式乃至精神上的契合。尽管对于自己今后要写什么、怎么写还不是很清楚,但内心已有了冲动,而且比较强烈了。后来的情形是我把赣抚平原和红土地重叠了,融为了一处。

江磊:80年代中后期您以“红土地系列”小说迅速崛起于文坛,学界普遍认为您的“红土地系列”小说具有浓厚的现代小说意味并将这些作品划入了“先锋小说”的行列,您自己对这样的“标签”是否认同?如果认同,您认为“红土地系列”小说的“先锋性”主要体现在哪些方面?如果不认同,您现在如何评价自己当时的这些作品,这些作品中有哪些地方是值得重视的?

熊正良:这好比做一只柜子,一只传统的柜子的做法应该这样或那样,但那时我根本不想要做一只传统的柜子。反之,它会是一只怎样的柜子,是不是有所谓的“现代”意味或“先锋性”,我也不知道。但我知道要改变,不能再写以前那样的小说。首先在叙事风格上，我追求类似印象派绘画的效果，这一套我熟，我把它从画面感觉转化为文字感觉，强调主观色彩，强化夸张、突出和铺陈某种感受，注意什么地方该留白，什么地方要浓墨重彩。在情感上以主体感受为主，遵从内心，寻找另一种真实，即真实之下的真实。那时作品在形式上基本是块面的，线性叙述不多，整体感觉像莫奈的那颗太阳，印象深刻，淋漓尽致。

江磊：“红土地系列”充满了神秘的色彩和浓郁的地方乡土风情，请问您的这类小说是否受到了诸如拉美魔幻现实主义等外国文学浪潮的影响？能谈谈您同外国文学的关系吗？哪些外国作家、作品对您影响比较大？

熊正良：事实上写“红土地”时我还未接触到拉美文学，当然知道马尔克斯，因为《百年孤独》名声太大。《无边红地》是1986年底写的，1987年春去上鲁院，有同学拿去看了，说很魔幻主义。那时人人都在谈拉美。其时我还在南昌县，暑假回去，便叫朋友从县图书馆里借了《百年孤独》，结果翻了30几页，便不翻了。虽然他是线性，我是块面，他宏博，我单薄，但中国南方的一丝巫气却与拉美世界的魔幻相通。

外国文学读得比较多的时候是刚写小说的那几年，因为欠缺太多，所以要恶补。主要是现当代的欧美文学，批判现实主义、现代派、自然主义、魔幻现实主义，等等，都读过一些。这种阅读完全出于功利，为读而读，内心基本上不受感染，也就不好说具体受了谁的影响。大致情形是拿人家来比照自己，然后否定自己，再思考一些问题。这种恶补式的阅读的好处在于开了眼界，知道了小说是怎么回事，什么是好小说，还知道自己以前所写的都是垃圾。或许这就是影响，是极为重要的影响。

不知道别人读书是怎样的，但我摆不脱这一点，只要读小说，国内的国外的，必然带了功利，他哪点好哪点不好。所以后来我读得很少，我甚至觉得这种阅读很伤人，想知道某某大师怎么回事，翻一翻是必要的。假如翻着翻着读下去了，能真正阅读了，那就享受它。硬着头皮读没好处，耽误脑子。

江磊：“民间记忆”是近些年来学界的热门词汇，它主要是指民族、民间文化中的各种丰富的经验，您在“红土地系列”小说中传达了强烈的民间意识和乡土情结，您的“民间记忆”主要来自哪里？是否与您的个人经历、成长环境等因素有关？您的文学启蒙教育情况如何？

熊正良：我在乡村生、在乡村长，我父母刚解放那阵从南昌搬回了乡下老家，然后他们又出去工作。我父亲离家远，母亲就在家乡当老师，但也不在家，在离家五六里的一所学校里，据说我快出生时她才匆匆忙忙往家里赶，差点就把我生在路上。生了，她也不管，扔给我奶奶。她很积极，要求上进，那时已当了教导主任。我奶奶只好给我在邻村找了奶娘。我在奶娘家过了一年，那一年奶奶隔三差五地跑过去，去了先不说话，往她孙子裆里摸一把，是湿的，说明奶水足，她孙子吃饱了。奶奶逝世时我九岁，是1964年春天。头几天晚上，老人家听见了一种咴咴的声音，叫我听，我也听见了，类似小鸡叫，但很瘆人，感觉尖锐、阴森。第二天老人家就感觉不舒服了。然后是一个傍晚，我正在红花田里抓蟋蟀，别人跑来告诉我：你奶奶死了！我一听，头发就炸起来了，立马想到了那种诡谲森怖的咴咴声。

九岁以后我跟着母亲，对她我很陌生，她对我大约也是如此。奶奶在时她很少回家，有时她远远地来了，玩伴看见了告诉我，你妈回来了，我不会迎上去，也不叫她，就站在那儿看着她由远而近，再看着她从身边走过去。但奶奶没了，我只好跟着她了，在方圆十几二十里的乡间，从这所学校到那所学校。也正因为这样，我的乡村比一般的乡村小孩的大，也相对宽泛。我毕竟吃着商品粮。现在回想起来，我那时的形象有点怪异，上不着天下不着地，有一种飘浮感。没有群落，缺少朋友，不敢也不愿亲近母亲。好在小学五年内所待的那个学校不错，是一个搞五年一贯制试点的完小，有一个对我而言较为丰富的图书馆，不但有《铁道游击队》《红旗谱》和《艳阳天》之类，还有《水浒》和《红楼梦》，我在小学毕业以前连《红楼梦》都读了，当然是瞎读，一知半解都谈不上，勉强读到了一点影子和轮廓。假如要说文学启蒙，不知道这算不算？

江磊：有评论家认为，您是在用一种油画般的笔触、视角表现我们这个世界。我读“红土地系列”的时候，最直观的感受就是发现了一种浓墨重彩铺天盖地的“红”，到处充斥着红色的意象。您对于景物环境的渲染有一种独特的天赋，在您的一些创作谈中我了解到，您在当知青的时候就有绘画爱好，从事写作之前也曾经在电影院当过美工，这些是否影响了您后来的创作？而这些影响体现在哪些方面？

熊正良：不是当知青时有绘画爱好，从小就有，拿块“火屎”——在炉子里烧过却未化成灰的柴炭——在墙上板壁上乱画，我奶奶居然很欣赏，指着这些鬼画符般的黑线对别人说：我这个孙子将来怕是有些出息的。至于铺天盖地的红，若你到过红土地就知道了。《无边红地》是《钟山》发的，但最早，是《青年文学》的李景章拿去的，他很喜欢，可因为当时的特殊原因，约一个半星期后，又跑来鲁院把稿子还给我。大约又过了一年多，我在西大读作家班时，李景章还来过一封信，说他到了江西，看到红土地了，他说被他那片无边无际的红色震惊了。除了这个，当然还有一层，或许更深广些，那就是我们都无可逃避的大背景大环境，现实的和历史的，尤其在精神和文化方面，都透着这种粗粝沉重的颜色，与之相比，每个人都显得极为渺小，我们的生存就像在大片红色中蠕动着的一群蝼蚁。对此我们习以为常，甚至还怀着一种宗教般的感情，这似乎是我们的宿命，同时又是一个极大的意象，比红土地大得多。

谈及这个忽然有些伤感，因为景章兄已不在了，给我写了这封信之后不久就没有了。那是个很感性很率真的人，我们那一届，好多人都是他的朋友。可惜那封信没留住，丢了。我们丢了太多的东西。

江磊：我个人觉得您的文学语言深受绘画艺术的影响，极富抒情语调，同时又有绘画的质感，能谈谈您对文学语言的看法吗？

熊正良：语言的重要性是毋庸置疑的，没有语言就没有一切。语言跟一个人自身的许多东西相关，比如阅读、观察、悟性和感觉，等等。不能想象一个事理不清话都说不明白的人能写小说，读一个不讲究语言的作家的作品是一种灾难。同样，读一部刻意雕琢语言的作品也是灾难。总之，我以为语言应该是恰到好处的，应该是感性的，有血有肉有气味的，甚至还有温度。该淡时淡该浓时浓，该实不虚该虚不实，疏密有致，韵味十足。朴实要朴实得有意味，华丽要华丽得不腻歪，有弹性有张力有个性。腻歪要不得，雕琢要不得。退一步讲，即使笨拙，即使直白，也强于没有节制的语言秀。当然，太过于白开水，显然不是好语言。

好作家是受语言制约的。他与语言的关系是制约与被制约的关系，有时候语言制约他，有时候他操控语言。但大多数情况下是他受制于语言，语言一旦成其为语言，便有了生命和灵性，自己解放了自己，他只好屈从。

江磊：在一封写给别人的信中，您提到："我的红土地已经不是那块具体的红土地了，而是悬在心中的红土地，我把我的诸多感觉、想象放在上面，让它们在那里表演。"如同莫言在创作时把"高密东北乡"作为自己的文学疆土一样，您也把"红土地"当作自己的王国，您和您的故乡是怎样的关系？作家写作的宗旨是"源于民间，高于民间"，您怎样在写作中超越故乡，超越自己固有的"民间记忆"？

熊正良：其实这个问题给谁都行，相信所有的文学写作者都一样。只不过我曾经想构筑一个关于红土地的个人精神世界，后来又发现那样其实也是在局限自己，或许应该有所调整。你脚下的土地不会跑掉，你的目光尽可以放开去。

至于说到与故乡的关系，就有些复杂了，起码在我这里，故乡早已不是具体的原乡，而是一种文化情怀，是放置你所有苦痛和温情的地方。故乡是影影绰绰的，村头那棵老树大约还在，某条逼仄的青砖小巷也在，但她无论如何不是那个小村子了，你生命的感悟和你经验过的一切使那个小村子变得很蒙太奇了，亦幻亦真了。这在我的大部分小说里都能看到。从没有过一个太过具体的村庄。借用别人的一句话比较合适，是谁的忘了，叫做“纸上故乡”。这样更真实些，这个“故乡”永远都在摹写和勾画之中。或许可以这样说，当你的故乡已不知不觉成了“纸上故乡”时，你恐怕已经超越了许多，挣脱了许多，在获得一个更大空间的同时，却又背负了更多。也就是说你在被孕育成长的过程中，“故乡”已和你的生命中最深邃的部分连成一体，真正超越或挣脱是不可能的，你能获得的只是一个高度，一个相对大一些的空间。

江磊：“人”和“土地”的关系是一个永恒的命题，二者之间一直存在着复杂、丰富的联系，您的作品也涉及了这个问题。以作品《红河》为例，小说中的主要叙述人——“我”充满了对于红土地的依恋和厌恶，作品也出现了“离乡”和“归乡”这两种价值选择，“我”和作品中的许多人物都有逃离故乡的尝试和经历，但是他们却永远都没有走出这片红土地。值得注意的是，连他们自己都知道自己“再也走不出红土地”，但他们仍然在漫无目的地四处游荡。从某种程度上说，这是一种“西绪福斯神话”。这些人到底在寻找什么？为什么红土地上的人们走不出红土地？是因为他们在内心深处的潜意识里对于这片土地有着一种难以割舍的眷恋，还是因为他们在逃离的过程中才真正认识到了红土地的魅力？您认为人和土地到底是怎样的一种关系？

熊正良：乡土是一种情结。刚才我们说故乡，现在具体到土地，意思一样。我们在逐渐长大的过程中，一个想离开想远走高飞的念头也在逐渐长大，是不是这样？走也是一种情结，或者说宿命，在你的生命深处，跟着你长大，不是宿命是什么？为什么会这样？除了觉得自己年轻的生命充满力量，不甘愿继续待在这个一切都熟悉得令人生厌地方，想去冒险，去闯荡世界，去看外面的人世，还有没有更深层的东西？比如来自血脉中的某种记忆？

可是你真能走出去么？你已经被一种久远的文化给塑造过了，打好了底色，无论你走到哪里，你的骨子里的一切都难以改变。你的思想、情感、血脉、文化归属，决定了你的行走只是一种徒劳。何况中国还有一句老话，叫叶落归根，用一种既充满世俗文化色彩又庄重肃穆如仪式般的东西，像一个公式吧，将你的生命形式固定下来，你也会自觉遵守着这种几乎是被规定了的生命演算过程。即便客死他乡，你还是要回来入祖坟的。家家都有一座祖坟山。小时候我就常跟着大人去祖坟山祭拜，清明冬至都要去，大人会说，这个是我们的第几代祖宗，那个是第几代祖宗，但我从没搞清楚谁是第几代祖宗。那几个小土堆在我心里不亚于一座大山。现在我偶尔回去，还会去“山上”看看，假如小孩也在，我便会含糊着说，这个，还有那个，都是我们的祖宗。我一边说一边想，我说这些干吗？可还是会说，不可能不说的。小孩不在场，祭拜也许会马虎一些，若小孩在，则绝不敢马虎。就像有群众在，领导都要绷着一样。所以走不出也是宿命。这就是我们与故乡与土地的关系，很复杂很深刻，但也很简单，说依恋也罢，厌恶也罢，倒不如说无奈更合适，彼此都是，很深刻的无奈。就像话本或戏曲里的那一句：你这个冤家呀！带一点拖腔，什么滋味都有，寸断柔肠。

江磊：具体谈谈“红土地系列”中的主要叙述人“我”，小说中的“我”既是故事的直接参与者，是小说中的一个重要角色，同时又不时地跳出正在发展的情节，转而对过去的往事加以追述，甚至有时还如“先知”一般对故事的发展趋向与结局做出预言，或者以超验的感觉方式对作为“小说角色”的“我”所根本不可能知道的事件与行为进行叙述，您这样的处理应该不仅仅是出于一种小说结构或者叙述方式上考虑，您到底试图传达一种怎样的主题？

熊正良：不光红土地系列，我的绝大部分小说都用第一人称。这是一种习惯。我不大喜欢全知全能的小说，感觉隔得厉害。假如我用第三人称，我也尽量不用散点透视，用散点透视我往往会找不到感觉，变得茫然和犹豫。

在我以“我”作为叙述人时，我喜欢正在叙述的“我”和小说中的“我”的那种既重合又有某种游离的状态，这可以让我找到许多与小说本身关系并不大的若隐若现若即若离的大小空间，然后我会抓住它们，将叙述的枝蔓伸展开来，或者由此而进入另一层叙事，总之是要在这些若即若离的大小空间内做文章，让它们长出东西来，且与小说融合为一个有机的严丝合缝的整体，成为小说本身。至于讲故事的人，再使尽浑身解数，也不好弄出另一个主题，“我”的任何感觉或某种类似超验的预兆，都应该是为小说服务的，为主题服务的，前提是要应用得当。假如因为这些手段使小说在主题之外还有了某种歧义，可视着意外收获。我喜欢这样的小说。当然我理解你所说的主题是指向另一层面的，即写作者的主观意图，并由此传达什么。说实话这件事在我这里是令人失望的，而且我以为小说就是小说，你想要表达的只有通过小说去表达，若你的小说做不到，再想求诸形式，你已经失败了。这么说不是以为形式不重要，是觉得本末倒置了。

江磊：“红土地系列”中写了各种各样的“苦难”，但是与其他许多作家不同，您并不是一味地在渲染“苦难”，您笔下的“苦难”似乎只是红土地上的一种独特的生命体验和生存境况，这里不涉及人与社会、人与现代文明的冲突，只有人与自然的对抗，世世代代生活在红土地上的人们的命运似乎被沉重的历史和环境所操控，我感觉这里面有一种深刻的对于历史和人性的反思与凝视，你是否同意我的这种看法？您认为这块神奇的红土地到底塑造了一种怎样的文化心理结构?

熊正良:你刚才说的"凝视"很好,写小说的能做什么呢,除了凝视还是凝视。你的生活,别人的生活,历史上曾经发生过的,现在正在发生的,往深里凝视,你就一定会有发现,会有感悟。你会知道最痛的地方在哪儿。我写那些被批评界命名为"红土地小说"的作品时,大约就是一种凝视的状态,但现在我认为我做得还不够,不够专注,不够深入。我觉得我尚且停留在她的表象,就算有发现,也较为浅显。我只看到土地是厚重的,文化是古老的,生存是艰难的,人性是被压抑的,但生命是有激情的,这是造物主给予的,于是就有暗流涌动,有偶尔的猝不及防的喷发。整个红土地小说所呈现的应该还只是群相,一群坚韧、凝重、隐忍、拙朴的面孔,虽说这也不错,这些面孔毕竟是千百年来的艰难生存和古老文化所濡染和塑造出来的,但我想如果我再回红土地,一定是一种另外的写作。

江磊:您会再写红土地吗?

熊正良:不知道。

江磊:下面我想跟您聊聊您的另两部作品——《老鱼》和《卧槽马》。如果说阅读您的"红土地系列"可以让人联想到凝重的"油画"的话,我读您的这两部作品就可以立即想到清淡写意的"水墨画",您将历史事件极力弱化为依稀模糊的写作背景,而将关注点下移,由沉重的反思转向了对于人自身的关注,注意发掘人性,在这样的创作意旨下,这两部作品叙事风格显得平实、琐细,节奏舒缓。对我个人而言,这两部小说是我最喜欢的作品,您怎么看这两部作品?您是否在作品中寄寓了什么?

熊正良:《老鱼》和《卧槽马》都是1990年前后的作品,其实这段时间我还写了《匪风》和《霉斑》等,都将故事背景放在民国。这些作品与此前作品的最大区别在于我开始认真讲故事了,扎扎实实地写人物了,开始线性叙述了。基本的想法大约是没变的。你可以写这类或那类小说,但只不过一个载体而已。刚才你说你喜欢这两部作品,我很高兴。那时我就这样想,看看我能不能写出让人喜欢的小说,这几个小说之后,我知道我可以写好看而且耐看的小说了。

江磊:我觉得这两部作品在艺术上的成就很高,但是学界和读者似乎很少谈及这两部小说,我个人感觉到有些不解。引起我注意的是,《老鱼》《卧槽马》中也有悲剧性的命运和结局(曹氏老太太、康伯龙、陈家英、倪九章、十一叔、红鼻子官人、邵志等人的命运都是悲剧性的),您认为是什么造成了他们的悲剧?是不是与历史、时代和人性有关?《卧槽马》中的红鼻子官人至死也跳不出那步"将军"的"卧槽马",这里面是不是有种隐喻?

熊正良:谢谢你对这两部小说如此评价,而且你的解读相当到位。

造成小说人物悲剧的原因,你说的那些因素都有的,小说里也看得见。小说里看不见的,大约在我这儿。我不是一个乐观主义者。

"卧槽马"说是隐喻,其实很明白,谁没有一步逃不掉的"卧槽马"等在那儿?而且这"卧槽马"就蛰伏在你自己心中,最折磨人的,是你不知道它什么时候会跳出来将你的军。

江磊:从《苍蝇苍蝇真美丽》开始,越来越多的学者把您当作底层写作的主要作家,对此您是否认同?

熊正良:其实我们大多数作家写的都是底层,这是先天决定的,作家几乎都出身底层,例外的情况极少,这似乎应了一句老话:穷文富武。一个底层出身的人,即使他能想象人家的日子如何披金戴银,可他毕竟没见过,没经验,没体悟,他只熟悉底层。就算现在有人"挂职"锻炼,他也挂不到高层,高层的日常是什么样,他无从体验。

《苍蝇苍蝇真美丽》是1993年下半年写的。一次回老家,在我奶娘那儿,听她说的,说是为了计划生育的事,干部要抬猪,还爬上房去揭瓦,我奶爷把他们的梯子搬掉,自己把房子点着了,好在很快就被人扑灭,没烧着干部。我就开始琢磨这件事,怎么去表现农民当下的生存以及他们内心深处的疼痛?结果弄出了《苍蝇苍蝇真美丽》。当时许谋清还在《中国作家》,把稿子要去了。他们跟我说想放头题又有顾忌,读来读去都觉得"太灰了"。那时候不像现在,还能容忍"灰",也提倡写"底层"了。不过后来情形又变了,几年后一大帮人开始写这一类小说,批评界也凑上来了,有影响了,也有获大奖的,一下子便成了潮流了。其实成了潮流倒不见得就好,一哄而上是中国文学的一贯毛病。所以从2003年的《我们卑微的灵魂》之后,我懒得再写这类小说了。

江磊:其实我认为您的"红土地系列"从某种程度上来说就是一种"底层叙事",因为您一直都站在底层的角度关注农民,但也许是这些作品与您个人的感性经验和民间记忆联系太深,在其他方面的"实验特征"过于引人注目,才使人忽略了这一点。且不论您是不是从《苍蝇苍蝇真美丽》才开始转向"底层叙事",一个不争的事实是从90年代末至今,您的作品愈来愈多地将目光投向普通人的底层生活,对底层民众倾注了更多的人间关怀,您有意识地拉近了与当代社会生活的距离,这是否意味着您的文学观念的再次变化?有没有什么因素促使您的创作产生了这种转变?

熊正良:简单地说,想"贴近"。一个人写了一部小说,而这部小说没人愿意读,总归不是好事，不论这部小说多么了不起。你虽然用了力，很认真，好像艺术上也过得去，还有极为少数的“小众”们喜欢，但绝大多数人都看得味同嚼蜡，说明什么？有隔，隔得厉害。你的书写似乎远离当下。“当下”是一个重要的问题，作为身处“当下”的人，你在写什么，“当下”的人漠不关心，这样的写作比较可疑。总的来说，我的姿态没变，只是在凝视的角度上和叙述方式上做了些许调整。

江磊：《我们卑微的灵魂》反映了您对普通小人物的一种深情关注，您自己怎样看待现实社会中的小人物？您在他们身上发现了什么可贵之处？我个人认为，您在小说《我们卑微的灵魂》中表达的实际上是卑微的生存现状与崇高的精神世界的一种“错位”，在人格受到损害之后顽强的反抗和挣扎，在无情的命运面前仍然坚持以卑微的姿态梦想幸福，底层小人物接受了“卑微”的地位却仍然在骨子里保持着灵魂的闪光。这种“卑微”的灵魂实际上是真正崇高而不灭的灵魂，因此读者在小说中看到的正义、勇敢和骨气完全不是“卑微”的，实际上反而是“高贵”的，您是不是想表达这样的意思？

熊正良：卑微与高尚在哪个阶层都有，卑微的身份并不一定就是卑微的灵魂，高贵的人群里也不全是闪光的灵魂。说白了就是好人坏人哪儿都有，决不会这一圈全是好人，那一圈全是坏人。我想说的“卑微”，是千百年来平头百姓们的恭顺本分的生存姿态，只要日子还能过下去，只要缸里还有米，下顿还有饭吃，亲人无病无灾，生活中或多或少还有点希望和企盼，就心满意足谢天谢地，感恩戴德，再苦再累也心甘情愿。你甚至可以不尊重他，他不会怪你，他觉得是应该的；如果一种尊重来得猝不及防，他反而手足无措。我们常在电视上看见偌大的某人物握住一双失措的手，再看这双手的主人，那种惊慌强笑的样子简直让人不忍再看下去。仔细审视一下我们自己，内心是不是同样卑微着？卑微其实是一种很普遍的现实。幸好我们还有自尊。越是卑微的人，他的自尊所受到的刺激和煎熬越是强烈，表面上或许你看不见，你可能以为他很麻木，但你别触及他的底线，他的抗争一定是决绝的，表现为最后的退无可退的必须坚守的所谓正义。

说到这儿我倒更愿意谈论另一话题：我们什么时候才能不卑微，或者说不会下意识地感到自己的卑微，不再受“卑微”的煎熬，从精神面貌上真正做到不卑不亢？成为一个不卑不亢的人所需要的养分和条件是什么？我们能不能在一个足够大的范围内给出这样的养分和条件？

当然，我知道我在谈一件绝无可能的事。

江磊：您认为真正的“底层叙事”“底层写作”需要坚守什么？

熊正良：高尔基——我曾经很喜欢他——说文学即人学，总体不错的，管它写什么，文学都要保持她应有的品格和气质，否则只是一般性纪事。把人丢了，文学成了空房子；把文学丢了，人便成了电灯柱子。再说“底层叙事”“底层写作”指的是“写什么”，与别的某某叙事某某写作是一回事，关键在于怎么写，写得怎么样。无论你写哪个社会层面，你都逃不掉这两点：怎么写，写得怎么样。

江磊：面对世俗化浪潮的冲击，当今的文学呈现出两种不同的面孔，一种是喧闹浮躁的，一种是深邃而沉静的。我认为您的创作反映的是那种深邃而沉静的面孔，有许多评论家都认为，您的实际创作水平和已有的创作成就同您在文坛上获得的关注、肯定以及在普罗大众中的知名度是极不相称的，但是您似乎并不为之所动，仍然扎实而勤奋地创作，力作频出，一方面这也许与您的个人性格有关，因为我感觉您是个“低调”、安静的人，但是另一方面我确信您肯定在创作中发现了某种乐趣，那么请问您认为小说是什么？您创作的动力是什么？写作给您带来的最珍贵的东西又是什么？对于判断小说好坏的标准，您曾经说过好小说就是要写出“文字的骨头”，能不能具体谈谈您的这个观点？

熊正良：深邃和沉静都是应该的。刚才说过，文学即人学，人心可不简单，深得很，大得很，你浮皮潦草抓得住什么？再说沉静，写作本身就是一件需要沉下心来安安静静地去做的事，你能够想象一个一天到晚疯疯癫癫的人趴在那儿写小说？一个喜欢安静的人，假如他又喜欢写小说，那么他一定能够享受写作的过程。反之，不能享受，以为那是受苦，那么他最好去干别的。写作给人的愉悦是深层次的，是充盈在身心里的，是无以名状的，同时也是“养人”的。这无疑是一件会让人上瘾的事，而且没法戒。你可以戒赌戒烟戒毒，但这个瘾怕是难戒的。功名利禄当然谁都想要，我不是不食人间烟火，青灯黄卷寡欲无求，但你已经上了瘾，没法再去计较了。我们知道，有很多这样的作家，写作本身就是他存在的全部意义，假如有一天江郎才尽，觉得自己不能写了，那就是他的末日到了。生命的火焰熄灭了，黑暗笼罩了他，他会感到一种巨大的恐惧，比死还可怕。这大约也是不少声名显赫的作家最后自杀的原因。

判断一个小说够不够好，有很多标准，这些标准都在读者那里。当然批评家那里也有，不过批评家也是读者，这话等于没说。在我这里，“文字的骨头”指的不是那种硬邦邦的冒充冷峻小生的文字感觉，也不是你非得梗起脖子跟谁过不去，而是作者的立场和态度，当然还有必要的思考和应有的风骨。在此有必要说明的是，“骨头”之说并非我的版权，版权所有者是陈晓明，他在谈我的小说时用到了这个词，我只是借用了一下，多少有些顺竿爬的意思。

江磊：在当今这个纷繁复杂的社会，我们该如何坚守文学的本真，怎样在文学中寻找精神和感情的寄托？

熊正良：抱歉，我真没想过这个问题。刚才好像说了，我是一个写小说上了瘾的人，所以我没有"坚守"之类的问题，我是一片真心对文学——这听起来会不会起鸡皮疙瘩？

江磊：同样是关注人的灵魂问题，《别看我的脸》侧重于观照人的生存状态，小说表现了人的灵魂在当今这个物欲社会里的无归属感。西方存在主义哲学关注的焦点同样在于人的存在处境问题，它强调"他人即地狱"，并把孤独、荒谬、焦虑、虚无看作人类实际的生活景观，精神分析学家弗洛姆就认为现代人格最深处展示出来的是"归属感的缺乏引起的极度焦虑"，这是一种"人性的异化"。具体到这部小说，主人公徐阳的一生实际上是一个灵魂漂泊的劫难史，小说通过审视个体生命状态和生存方式来观察生活、深入生活，进而发现现实生活深处那无比残酷的实际景观和欲望的泛滥是人性异化的根本原因。您认为当今人类的困境到底是什么？人类该怎样摆脱这种困境？

熊正良：我觉得首先是失重。不知你是否也有这种感觉：今天大家都显得有些轻飘飘的，脚下无根似的。我们从一个封闭的空间和时间里走出来，一下子茫然失措。短暂的不适，都是正常的，思想和行为发生变化也是正常的。既然异化是现代化进程中一个普遍现象，我们又缘何得以避免？失重之后的遭遇与选择都是即时性的，内心不断地发生着变化，结果一路跌跌撞撞地走来，发现原有的一切都丢得差不多了，只剩了本能和欲望越来越膨胀。这或许是一种困境，也或许是一种新的内心秩序的重建过程和再生之地。具体到徐阳，则是一个典型的小知识分子在当下的茫然和失落，还有深刻的下意识的不甘。

江磊：我认为这部小说还有一个可贵之处，在于徐阳实际上总是在现实困境中努力地"寻找自己"，他自己并没有完全被欲望所征服，或者说他在放逐自我灵魂之后又艰难地选择了回归。我个人认为，徐阳最后的命运（死亡）实际上就是以宗教式的"布道者"身份向被欲望雍闭的现代人类指明解脱方式，那就是"真诚地面对自身，通过自我选择勇敢地成为自己"，这又是与西方存在主义哲学基本观点不谋而合的。您认同我的这种解读方式吗？

熊正良：你解读得非常好。作为作者，我应该认同所有的解读方式，并在此向所有读过这部小说的朋友表示感谢。

江磊：去年，您在《收获》上发表了小说《残》。“文革”是中国历史上一个极其特殊的时期，您在这篇小说里也以自己的方式诉说和反思“文革”。有评论家认为，对于所有亲身经历过“文革”的作家而言，有关“文革”的经验和记忆是他们创作中始终存在的、或隐或显而无法摆脱的大背景，对此您是否认同？您个人对于“文革”怀有怎样的感情？

熊正良：“文革”是我十二岁到二十二岁的经历，人生最重要的十年，一个人各方面的长成，全在这十年，这是多么深刻的感情。但这部小说却不特别针对“文革”，但不可否认那是一个特殊年代，将一个人、一个家庭的命运放置在这样的年代里，便于我们看清自己。实际上，在写作中我甚至有意淡化当年浓酽的政治的色彩，老老实实地写最为日常的生活以及这种生活在内心投下的一切。

江磊：您在这部反映“文革”的作品中一开始就涉及了一个“人性与政治”的问题，主人公李玖妍在一次正常的恋爱中失去了贞操，这个事件事实上成了她日后悲剧命运的“导火索”。正因为此，她才在日后的招工、推荐上大学等人生转折点处处受挫，最终渐渐滑入万劫不复的悲惨境遇。我认为您这部作品是以人为中心，反思了那个时代的人性与悖离人性等具有人类意识的重大命题，您同意我的这种看法吗？

熊正良：人性这东西，平常不大看得见，但在生存条件极为恶劣的时候，它就凸现出来了。我在写作时，分明看见了许多手，苍白失血，有意的或无意的，你推一把，他推一把，都在往一个深渊里推着李玖妍。这时候人性的底线是在脚下的，所作所为都是为了保全自己，甚至只是在做本职工作。没有谁刻意要害她，置她于死地而后快。但是，我们却不能因此就说这不是一次集体谋杀，更为可怕的是，这还是一次无意识的集体谋杀。谁有罪呢？谁都没有。

一个病人从未得到过认真的恰当的诊治，那病就一定还在他身上。毛泽东说，扫帚不到，灰尘不会自己跑掉。时间在抹平甚至装扮表象的同时，并不会带走你骨子里东西，自私、冷漠、虚伪、怯弱、不义、贪婪、唯权是从、媚上欺下、崇拜特权、没有起码的是非观、没有公平意识，等等，还在你的骨子里。时间不会变法术，不会乾坤大挪移。

江磊：我们知道，随着文学观念的激变和社会商业化的转型，大多数作家纷纷选择了逃避政治，有意悬置历史，您为什么会在这样的大背景下选择进行“文革叙述”？您自己怎么看这部作品？值得注意的是，您在这部小说中还是在写小人物，是“文革”中的小人物，有人说您对小人物有一种“悲悯”之心，对此您怎么看？

熊正良:政治如空气,无所不在,怎么逃得掉呢?而且逃避政治本身就是一种政治——这话不是我说的,是一位批评家说的。这话说得很在理。其实只要你心态正常,不包藏祸心,从人性的角度,尽量叙述得客观些实在些,挖掘得深一些,写写也没什么吧?“一切历史都是当代史”,历史与现实之间的关系,链接的情形,都是我感兴趣的,所以我就写了。也是酝酿了很久,梗在心里,就像一个障碍物,不越过它我就没法往前走。

至于为什么还是写小人物,一是这个小说就该写小人物,二是我不认识大人物,无缘。再说我自己也是小人物,小人物写小人物,体验起来有切肤之感是不是?将心比心,说是悲悯别人,自己何尝又不在其中?

江磊:虽然您说过您从不做计划的,可作为您的忠实读者,我最后还是十分想要了解一下您在近期的写作计划和创作情况,是不是有新的作品正在酝酿之中?谢谢!

熊正良:计划是真的没有,但确实在酝酿。写什么还不知道,气场好像有了,人物和故事放置的地方也隐隐约约有了个轮廓。至于最后会是个什么,只有天知道。假如照李渔的说法,“结构为先”,而不是什么气场,那就什么都谈不上了,八字还没一撇呢。

评　论《

在命运的漩涡中寻求超越

——熊正良小说的心灵探索

江　磊

熊正良是一个很难被贴上特定“标签”的作家,试图从概念上给他的创作进行某种归类划分无疑是困难的,因为他从不愿归顺于某种精神或主义,拒绝在一种既定的文学范式下去图解生活和建构作品,因此他的创作总是与时代的文学潮流保持着一定的距离。正是这种创作与文学潮流的错位注定了熊正良必定是一个“身不逢时”的作家。尽管有许多评论家不断地为其“鸣屈喊冤”,认为文坛一直忽略了他的存在,但时至今日,他的实际创作水平和已有的创作成就同他在当今文坛上获得的关注、肯定以及在普罗大众中的知名度仍然是极不相称的。李敬泽曾慨叹,“熊正良一直是寂寞的、不走运的作家。从80年代末到现在,此人踽踽独行。在他前边、后边和旁边,风云聚散,人事几度翻新……”[①]这或许不是一种个人的悲哀,而是一种时代的悲哀。熊正良当然不是在故意与文坛较着劲,他只是顽强地以自身独特的艺术感悟力和思想穿透力去反思历史、观照现实、超越苦难,表达着他的忧患之情,书写着他的精神理想和人文情怀。正是这种执着,使熊正良始终走在一条创新的道路之上,一次次地挑战自我、突破自我。

从“红土地系列”(《无边红地》《红河》《红锈》等)到《苍蝇苍蝇真美丽》《城市麻雀》《谁在为我们祝福》《别看我的脸》《我们卑微的灵魂》,再到《残》,熊正良将自己饱满的创作热情熔铸到心灵探索这一精神领域,或对人物灵魂进行冷峻的逼视,或对底层小人物身上体现的“民族精神脊髓”加以深刻挖掘。他的心灵探索常常在生命存在、人性异化等维度上展开,并内化为一种对于苦难命运的追思。在他看来,挥之不去的“苦难意识”实际上是一种宗教式的受难方式,它不仅源于历史和自然环境所带来的精神重负,源于人性的罪恶和欲望的极端膨胀,源于生命的不可知性,也源于弱势群体所处的社会地位。在这个精神探索者孤独掘进的背后,是熊正良对于人生及其生存意义的不懈思索,他试图唤醒人们沉睡的心灵以及心底那真正不灭的灵魂,使得人们可以在命运的漩涡中超越,并实现对于苦难的精神救赎。

一

从80年代后期到90年代前期,熊正良以“红土地系列”小说迅速在文坛上崛起,这些作品由于沉重而神秘的生命意识和超前的艺术创新手法引起了学界相当程度上的关注,还有评论家将其称为“熊正良现象”。到底是“红土地系列”成就了熊正良,还是熊正良成就了“红土地系列”?古罗马时期的希腊哲学家普洛丁认为不是艺术家创作了艺术,而是艺术创作了艺术家。毫无疑问,生于斯长于斯的熊正良深谙红土地上的一切,他多次提到了这样一个带有传奇色彩的事件,“八六年春来的那一天,准确地说最后只剩下了一幅色彩强烈却又苍凉忧郁的画面。我在画中的一条路上走着,红土地的颜色和它的宽阔坦荡以及它柔滑起伏的岭坡,我当时就觉得异常亲切,觉得自己似乎就是在这块土地上长大的,而且已经生活了很多年。那一天我没有说话。太阳很好,草还没怎么钻出来,地面占领有稀稀拉拉的经了冬天的枯草。

---

① 李敬泽:《前往什么地方?:不是在谈熊正良》,《南方文坛》2000年第4期。

鄱湖就在后面，直上直下的红色断层(壁坎)上镶嵌着细小的蚌壳，白白的，在大牛红色中连缀成一条醒目的白线，由此我想到红土地的诞生，想到了神话……到动笔的时候这一切已经不是作为一个实际存在物了，而是充满了神话色彩。换言之，红土地已经不在脚底下，而是悬浮在空中，悬浮在心里……”

熊正良的创作是难以归类的，同时他的作品也是难以解读的，曾有学者试图将“红土地系列”归于现代派或先锋派的范畴加以考察[①]，且不论这种评析是否可以彻底阐释这些作品的全部意义，单就作家本人的意见而言，他对此是不认同的。关于“红土地系列”的所谓“先锋性问题”，评论家朱向前在《〈红锈〉编后记》中这样写道：“熊正良小说的现代作风大部是从他的生命深处和经验世界里生长出来的，而主要不是依赖于对某一种域外观念或技巧的借鉴、模仿乃至生搬硬套。这大概也就是人们往往只能模糊笼统地指认熊正良为‘先锋’却无法把他和哪一路哪一派甚至哪一位‘先锋’挂靠，而只能最终承认‘熊正良就是熊正良’的根本原因所在吧。”每个时代都有每个时代的精神追求和文化流向，笔者在这里无意进行“先锋与否”的知识考古，只是当我们沿着心灵探索的轨迹重新回顾这些作品时，我们可以发现在“红土地系列”中，熊正良将审美视角和文化反思深入到了封闭、贫瘠的红土地土壤深处，进入到国民性、文化批判的思想深度中，开始了心灵探索的旅程。

荣格认为艺术创作是一种不由自主地传达集体无意识的行为，从这个意义上说，熊正良在“红土地系列”中以凝重的油画笔触展示的那片混沌的乡野大地无疑是他为展示生活在此的生民之“心灵史”而建立的想象空间。在这个由他自己主宰的文学世界里，熊正良对红土地上沉重的历史和自然环境带给人类的精神重负——宿命的死结进行了理性的审视。

小说《无边红地》和《红河》里面的时间仿佛是停滞的，在这块与外界绝对隔离的生存地域中充满着各种各样的苦难，但这里的苦难似乎只是红土地上的一种独特的被限定了的生命体验和生存境况，不涉及人与社会、人与现代文明的冲突，只有人与自然的对抗，世世代代生活在红土地上的人们的命运似乎被一种神秘的宿命力量所操控。就女性的命运而言，“红土地系列”呈现了一个典型的“男权”世界，小说中的女性只是作为男性的附庸和陪衬而存在的，是受抑制的。尽管在原始欲望的驱动下她们可以勇敢地追求爱情并短暂地绽放生命的绚烂光芒，但终究无法逃脱悲惨的结局。在《无边红地》中，“我”(秋芥子)的母亲荞麦花与父亲细仁子的婚姻生活压抑得

---

① 俞小石：《熊正良：先锋是思想的先锋》，《文学报》2002年7月25日。

像一潭死水，渐渐淹没了荞麦花对生活的激情和美好念想。但她在与五义叔的偷情过程中尝到了爱的滋味，在那片空旷寂寥的野地里，荞麦花充溢着前所未有的生命活力，秋芥子便是两人偷情的产物。然而，偷情的最终结果是二人的双双暴毙(荞麦花上吊而死，五义叔则遭遇车祸身亡)。《红河》里的野狸子有着跟荞麦花极其相近的遭遇，她们都有着失败的婚姻，而野狸子的命运则更加曲折。在第一段婚姻中，由于生下“葡萄胎”，野狸子成为不祥之人而遭到丈夫残忍的抛弃，只能无奈地嫁给从小就丧失了性能力的莽长。尽管莽长“没有男儿身，却有一颗男儿心”，但野狸子无法忍受性欲不能满足的煎熬，她一次次地与油倌野合，最终导致莽长的自杀。命运似乎是一个永远解不开的绳套，在嫁给油倌之后，野狸子仍然没有获得幸福。油倌长了一颗毒疮而无法行房事，并很快地离开了人世，野狸子在寻医问药的过程中又与一个走方郎中有了感情纠葛，一种深入骨髓的悲哀和愧疚感无时无刻不在啃噬着她的心灵，这无疑比肉体上的伤害有着更加撕心裂肺的痛。同样，红土地上的男人们也大都不能摆脱悲惨命运的无情拨弄。秋芥子的父亲——以捕猎黄鼠狼、狐、狸为生的细仁子深受妻子荞麦花的变节之痛，并在一次捕杀红狸子的过程中被自制的炸药炸成三截。莽长小时候因为被牛角撞击要害而失去性功能，从此他“专干杀牛的勾当”，最后在无力阻止妻子偷情的绝望中用杀牛的那把钝斧结束了自己的生命。作为大地之子的生民世世代代在红土地上演绎着近乎相同的生命故事，而这些生命故事无疑是悲剧性的，在宿命面前他们束手无策，只能浑浑噩噩、混混沌沌地在命运的漩涡中轮回。

《无边红地》一开始就涉及了有关宿命的隐喻，“记得我从那层腥热的、像稠酽厚实的弱皮子一样的胎衣里挣脱出来，把羊水未干的眼皮启开一条缝，看到的就是这样一片辽远无边的红土地。我一点也不惊讶，显得习以为常，好像我从另一片红土地上转徙到这块红土地上，一切都再熟悉不过……”与之相对应的是，《红河》的开篇也有这样的叙述，“我没见过这种浊红的浅浅的流不动的河，但我觉得很熟悉，像熟悉在红土地上噗啾噗啾啃瘦草的牛和迟缓的却不停地忙碌着的人。我又一次觉得自己的的确确几千年以前在这里生活过。”作为这两部小说主要叙述人的“我”(秋芥子)，从一出世就洞悉红土地的过去和现在，他深知所有这一切悲剧都是从几千年前的远古时代开始绵延至今。同样，熊正良也深知，愚昧、麻木的红土地子民一直承载着这种宿命死结带来的巨大精神重负而愈来愈无法自拔。在对苦难进行深情凝视的同时，他没有选择回避，而是提出要借助精神还乡融入红土地，在形而上的层面获得灵魂超越，实现苦难救赎。在这里，熊正良与海德格尔的“大地”哲学取得了某种心灵的沟通，与此相应，他在“红土地系列”中为叙述人“我”（秋芥子）设置了一个“回归大地”的寓言故事，讲述了一个有关逃离的“西绪福斯神话”。

“人”和“土地”的关系是一个永恒的命题，二者之间一直存在着复杂、丰富的联系，“红土地系列”也涉及了这样的主题。《无边红地》《红河》《红锈》中的“我”（秋芥子），对这片红色故土充满了又依恋又厌恶的复杂感情，作品出现了“离乡”和“返乡”这两种价值选择。天地间的自由流浪成为“我”（秋芥子）以逃离的方式实现自我超越的初步尝试，这首先表现为一种身体的放逐。在《无边红地》中，秋芥子仿佛是一个“多余人”，作为偷情孽果，他一出生就注定要受尽歧视和虐待，没有权利与父亲兄弟住在一起，而是单独住在牛棚里，从来感觉不到来自家庭的温暖。在血缘至亲那里找不到亲情的归宿，在红土地上又寻不到心灵寄托，秋芥子是一个无依无靠的孤独者。他整天的生活就是边放牛边四处游荡，在天地间遨游，时而默默冥想，时而“躺在红土地上，浸在秋天热烘烘的日头光里”，听着端占伯爷不厌其烦地讲述他似乎早就熟悉却又记忆模糊的红土地“神话”。端占伯爷是一个极其神秘的人物，他似乎比秋芥子更能与大地通灵，他更像是红土地上的精灵，充当着秋芥子的精神导师。端占伯爷经常短暂地离开生民世代生活着的这片地域去感受红土地的幻化之谜，并试图向秋芥子传达某种隐秘的生存密码。“他（端占伯爷）说的南边我没去过，可我好像熟悉。红石，层层叠叠的，一个坡就是一整块，青苔，直上直下的壁和光身子的男人和女人，还有九十九个日头。而一点也不觉得陌生，我确确实实像在哪里见过。这世上没有让我觉得陌生的东西……”端占伯爷以自己的出行向秋芥子启示了“离乡”的可能，最终秋芥子义无反顾地离开了自己的村庄，“我脱得赤条条的跳下河，把衣服缠在头上，朝对岸游去”。

在红土地上进行身体的放逐是困难重重的，正如《红河》开篇叙述的那样，“我再也走不出红土地”，秋芥子虽然熟悉红土地上的一切，但他无法穿透红色所象征的宿命死结。秋芥子遇到了深爱自己的女人并无法抗拒她的性爱诱惑，只得停下跋涉的脚步，在红土地上的另一个角落继续生活。（“我就留了下来，我想反正我也走不出红土地……”）然而，秋芥子并不甘心就这样随遇而安，不愿被命运的车轮再次碾压，他选择以心灵流浪的方式实现精神的坚守。欲罢不能的秋芥子无意让爱欲和家庭羁绊自己，在恋爱和婚姻的事情上总显得心不在焉，他的心又始终处于躁动之中。于是，秋芥子在新婚之夜“发了疯”，他“又哭又叫又踢又咬”，“挣开人群赤裸着鲜血淋漓的上身在红土地上狂奔”，“蹚过红河又蹚回来然后又跑”……当然，他依然跑不出红土地，只能一次次地用尽全身力气去榨坊撞榨，似乎要将自己全身的精力耗光熬光以切断自己逃离的念头。但是心灵的流浪也是失败的，他在油坊里同样找不到生活的目标和存在的意义，因为撞榨的声音将他的灵魂带向了远方——“我觉得那响声仿佛是一道白色的弧光，这弧光载着我的一颗心悠悠远去，飘出红土地，去到一个陌生的地方……”秋芥子的岳父油倌也曾有过逃离红土地的尝试，但与《无边红地》里的端占伯爷试图启示秋芥子主动“离乡”不同，他以自己的失败经历告诫秋芥子：逃离是徒劳的，人必须“返乡”，隐忍地在红土地上接受苦难的磨砺才是生之正途。（“我那几年跑呀跑呀，可睁开眼还在这块地上。红红的，红土地太大了，你就是跑到天边也是一样。后来我就死心了，不跑了……”）

如果说《无边红地》和《红河》只是以寓言的方式隐秘地传达回归红土地的召唤，那么《红锈》则以秋芥子“返乡”的艰难历程强化了回归的主题。《无边红地》《红河》写的都是纯粹的乡土故事，红土地以自身独特的自然的原始状态存在，实际上是与现代文明隔离的，而《红锈》则开始出现了一些现代工业的新质。“我”（秋芥子）同母异父的兄弟冬芥子不满于红土地上世代重复、亘古不变的自给自足的生产方式，决心“用他蒸杀乳狗的狠心来办榨油厂”。冬芥子利用恶意囤积原料等方式使原始的榨坊经营难以为继，以秋芥子为代表的家庭作坊主只好去他的榨油厂打工。这里显示了乡土中国发生的某种现代转型的变化，然而向现代文明靠拢是不是可以成为红土地上的生命实现超越的契机呢？答案是否定的。榨油作坊并非秋芥子一家唯一的收入来源，他也不需要以此来维系生计，撞榨只是秋芥子心灵流浪的一种方式。离开自己的榨坊而前往陌生的工厂，秋芥子实际上是在进行身体和心灵的双重放逐。尽管冬芥子试图对秋芥子委以重任，想让秋芥子帮他监督厂里的工人，但秋芥子还是找不到“自我”，他似乎失去了灵魂，整天行尸走肉一般懵懂度日，不仅烧掉了曾经不肯撒手的木制油榨，还稀里糊涂地犯下了强奸罪而被捕入狱。在刑满释放之后，他最终“离开了城市，回到了长满丝毛草的土地上……”

红土地子民的生命源于这片故土，却被宿命的死结所迫，不得不选择逃离。然而身体的放逐和心灵的流浪都无法实现对命运的超越，厚重的心理积淀时刻将他们的灵魂指向回归的道路。这彰显了熊正良在“红土地系列”中心灵探索的最终指向：人必须在生命的本源大地寻找心灵的归宿，并借助大地实现对于命运的超越。

二

进入90年代，随着改革开放的深入，我国市场经济迅速发展，社会结构也进入了转型阶段，物质生活的提高也带来了一系列社会问题。一方面，社会分化现象日益严重;另一方面,人们的思想观念也呈现出多元化趋向。由于传统的价值观念已不适合时代的发展,而新的价值观念还没有建立起来,在此过程中,随着“金钱”“享乐”等因素在人们心目中的地位不断上升,消费主义、拜金主义思想开始泛滥,奔涌而来的经济大潮使我们进入了物质越来越丰富,精神却越来越匮乏的时代。在这样的大背景之下,许多作家开始远离80年代的主流精神,放弃精英写作,放弃启蒙主题,进入到商品写作的“批量生产”活动之中。但是熊正良不为所动,依然坚持着一个真正的作家对现实世界的质疑。可能是意识到“红土地”上的“大地精神”由于缺乏一种现实和生活的依托而容易成为抽象玄幻的文化符号,秉承作家精神操守的熊正良在这个时期的创作中愈来愈多地将目光投向普通人的日常生活。从90年中后期开始,熊正良的作品始终都贯穿着他对现代化进程中人的命运和人性异化等问题的思索,这标志着作家的心灵探索已经进入了一个新的阶段。

以1997年出版的小说《城市麻雀》为起点,熊正良开始了对都市普通人群、生活际遇的关注,他也被越来越多的评论家拉入“底层作家”的阵营。然而,“底层文学”究竟是什么?有学者认为:在内容上,底层文学主要描写底层生活中的人与事;在形式上,它以现实主义为主,但并不排斥艺术上的创新与探索;在写作态度上,它是一种严肃认真的艺术创造,对现实持一种反思、批判的态度,对底层有着同情与悲悯之心,但背后可以有不同的思想资源;在传统上,它主要继承了20世纪左翼文学与民主主义、自由主义文学的传统,但又融入了新的思想与新的创造。[①] 如果说《城市麻雀》以及稍后的《你是一条虫》《谁在为我们祝福》《追上来了》等作品确是在真实地记录社会底层的生活现状,有着极端的个人遭遇和命运磨难,可以算是传统意义上的“底层文学”作品的话,那么《我们卑微的灵魂》和《别看我的脸》则注重表现小人物在受难过程中显示出的坚韧灵魂以及在物欲掩盖下艰难寻找自我的精神力量,似乎又不能简单地放在“底层文学”的框架内概而论之。如何实现超越现实苦难的生存突围?如何恢复在世俗人生中应该坚持的尊严和意志?如何寻找现代人急需的心灵支撑,给物化的生命存在以精神救赎?这是熊正良在以上两部作品中思索的核心问题。而正是由于在创作中体现了这种永恒的精神追求和始终如一的心灵探索,熊正良才在当今文坛发出了自己独特的声音。

《我们卑微的灵魂》发表在2003年第10期的《人民文学》上,后来又获得了该年度人民文学奖优秀中篇小说奖,是熊正良这阶段文学创作的一个高峰。小说虽然写

---

① 李云雷:《“底层文学”在新世纪的崛起》,《天涯》2008年第1期。

的也是底层小人物，但是作品并不着重于讲述社会底层悲怆的生命故事，它关注的是小人物身上所体现的一种卑微生存现状与崇高精神世界的"错位"，熊正良试图在世俗化的底层生活中发掘真正的"民族精神脊髓"。

小说主人公马福生活在城市底层，是社会弱势群体中的一员。他曾经是国营煤矿里的一个挖煤工，在暗无天日且危险重重的"鼠洞似的巷道"里"战战兢兢"地挖了好几年煤，后来好不容易调到地面上来管装卸，马福以为自己再也不用"提心吊胆地过日子"了，却不料煤矿随即倒闭了，辛苦了大半辈子的他到头来连生活费都没有着落，只得进省城为生计奔波。在城里，马福始终抱着"手挣嘴吃"的生活信念，他认为"低人一等有低人一等的活法"，于是他"不挑不拣"，什么脏活苦活都抢着干，苦苦地支撑着残破的家(妻子早就离开了他)，含辛茹苦地拉扯儿子长大。在其他人眼中，马福的生活是充满苦难的，但是马福本人却对自己在城里的生活有一种满足感："说实话我对我目前的日子挺满意，我觉得我过得不错，什么都不缺，还有一个打联的女人，多好。"从某种程度上来说，这多少有点"精神胜利法"的影子，而马福经常退回内心寻求某种精神的慰藉，无疑也带有一些传统的国民劣根性遗存——他麻木、平庸，对外部世界漠不关心，时时不忘提醒自己"低人一等"的地位。认命的心态使他接受了"卑微"的生活现状。熊正良在这里无意批判这些潜存的民族传统根性，也并非要对世俗化的庸常生命加以某种道德指引，更不是试图表明底层人物在物质生活之外的精神之域依旧饱尝苦难。表层的社会批判和苦难展示只是作家思想的载体，熊正良致力于表现出支撑底层小人物生命的那种坚忍顽强的精神力量。于是，尽管马福平时都保持一种凡事退让三分的处世态度，唯唯诺诺、谨小慎微地度日，但是一旦自己的尊严受到了侵犯，他便爆发出惊人的勇气和正义感，显示出他内在灵魂的强度。马福的"准儿媳"李美芳是个按摩小姐，起初他对李美芳的这个身份极为不满，可是当他得知儿子马文之所以持枪杀人就是因为老扁强奸了这个"准儿媳"的时候，他对李美芳的芥蒂荡然无存，并在心里原谅了儿子鲁莽的行为，他从传统道义的层面上认为儿子是在"惩恶扬善"。在得知老扁还在继续骚扰李美芳时，马福毅然站到了李美芳的身边，庄严地承担起保护的责任。即将步入老年的他忘记了力量对比的悬殊，也忘记了自己一直坚持的隐忍哲学，不顾一切地与老扁搏斗，最终以自戕的方式战胜了嚣张的老扁，读者瞬间发现了马福身上闪耀的人性光辉，一种崇高的价值取向跃于纸上，因为"庄严真是一种让人想流眼泪的东西……"

在这个无比神圣的抗争过程中，我们看到马福身边还有一群像他一样身份卑微但坚持正义的人。按摩小姐这个职业可以让人马上联想到那些肮脏、污秽的字眼，但是小说中的李美芳却是个有情有义的“烈女子”:“他(老扁)要再敢动我,我、我就一刀捅了他!我捅不了他就捅……捅自己!马文敢为我杀人,我……就敢为他死!”还有曾经夺走马福妻子的仇人刘成、马福现在的“准妻子”王秀梅,以及李美芳的父母、干爸、干叔,他们都义不容辞地加入了这支捍卫尊严的队伍。正如李敬泽在评论这部小说时说的那样:“我们看到那些卑微的人们的灵魂光芒。他们默默无闻,他们辛勤劳作,他们梦想着幸福,他们无助地承受命运的播弄,但是,当一个父亲英勇地捍卫他的家庭,当一群老人英勇地捍卫他们的孩子,某些至关重要的基本价值突然变得简单夺目:正义、尊严、勇气和善良……”面对底层小人物的生存苦难,熊正良没有也无力给出具体的解决方案,因为这些本就不是作家所能决定的,但他依然在作品中体现着作为人文知识分子的良知和使命感,从精神层面提出了人类超越命运的可能。这种超越的指向是回到人类自身的灵魂深处,发掘世俗生命之下的精神力量,寻找永恒的支撑。

同样是关注人的灵魂,《别看我的脸》侧重于观照人的生命存在及人性异化问题,小说表现了人的灵魂在当今这个物欲社会里的无归属感,揭示了由商品化经济所带来的当下人类精神家园的荒芜。在这个人性欲望不断膨胀的时代,怎样超越个体生命中挥之不去的“灵与肉”的冲突悖论?熊正良的心灵探索深入到了人类灵魂的最深处。在西方的哲学和宗教观念中,“灵与肉”的性质和关系问题一直占据着重要的地位。犹太教教义强调两者的一体性和整体性,即认为人是有灵的肉体,是有肉体的灵。希伯来《圣经》中有这样的描述:“耶和华上帝用地上的尘土造人,将生气吹在他鼻孔里,他就成了有灵的活人,名叫亚当……”对于“有灵的活人”而言,灵魂显然不是可以与肉体分离而独立存在的实体,也不是外在地附着在肉体之上的,而是作为“生命之根”化在肉体之中的,与肉体浑然一体。因此从宗教意义上来说,“灵与肉”的冲突与分离自然就是一种受难过程。《别看我的脸》设置了这样一个宗教受难的母题,努力呈现着“寻找肉体的灵魂”和“寻找灵魂的肉体”的人文寓言,贯彻前后的是主人公“我”(徐阳)一生中所经受的“灵与肉”的纠葛。

徐阳是南城群艺馆的一名青年画家,一次偶然的机会,他认识了年轻美丽的剧团女演员余小惠。后来,徐阳为余小惠作了裸体艺术画并与她发生了性关系。虽然两人事实上是在偷情(余小惠已经有了未婚夫),但此时的徐阳无疑还是一个“有灵的活人”,因为他还能以自身的主体意识支配行为——他从一开始便对自己作画过程中出现的某些“邪念”加以自我谴责:“我(徐阳)在卫生间对自己说,徐阳你真是在画画吗?狗屁!你骗谁呢你?你不能再往前走了,就到此为止吧,到此为止,你听到吗？你赶紧回头吧你！……这之后我就再也没有画过她了……”发生性关系之后还对余小惠产生了真挚的感情。但是过了不久，由于被人陷害，徐阳成了南城市内家喻户晓的流氓，他为余小惠所画的裸体艺术画也成了流氓的罪证被联防队员拿到街上“游行示众”。余小惠从此无法在南城立足，只得悄悄地背井离乡，最终堕落沉沦，而徐阳则开始了灵魂与肉体的受难之旅。吊诡的是，正是因为有着“流氓”的身份和画裸体画的经历，徐阳反而成了色情娱乐行业中的一块“金字招牌”，被老同学洪广义聘为绿岛娱乐城的总经理。徐阳极尽所能将生意打理得井井有条，在金钱的攻势下，媒体也为他推波助澜，当年那个臭名远扬的大流氓很快成了如今受人尊敬的青年企业家、政协委员。表面的辉煌并不能掩盖徐阳的灵魂正向深渊坠落的事实，他迷失在绿岛娱乐城这个藏污纳垢的地方，陷入对欲望的追逐中去。

在作品的前半部分，徐阳演绎着“追逐肉体的灵魂”的故事。他沉迷于糜烂的生活，不断与别的女人偷情。然而迷恋于肉体享乐的他却有着清醒的自省，“灵与肉”的冲突使他不断地进行自责，不断地唾弃自己：“我（徐阳）看到荧屏上那个油光水滑的家伙不像是自己，而是一个陌生人，一个不要脸的皮条客，他的做作的笑就像一张印在铜版纸上的招贴画，俗气得让人想朝他吐唾沫……”然而这样的自省却无法阻止徐阳陷入更深的欲望泥潭，他的内心开始充斥着“恶魔性”因素，这种恶魔性因素实际上就是由欲望的膨胀带来的一种人性异化，它使徐阳的灵魂承受着苦刑，一种无归属感深深刺痛他的心灵。对徐阳而言，家庭不是他真正意义上的栖息之地——母亲对他的爱只出现在他事业辉煌的时候，而妻子冯丽的爱则更多地表现为一种女人的占有欲。在与冯丽离婚之后，徐阳遇到了毛兰，这个单纯的女子曾经给予了徐阳某些“幸福的幻觉”，但仅仅是幻觉而已，他已经彻底沦为肉体的奴隶和欲望的附庸，在与毛兰筹备婚礼的时候还在与一个有夫之妇鬼混。此后，徐阳的命运急转直下，一场大火把徐阳刚刚建立起来的事业烧得一干二净，他不仅被大火毁了容，还沦为精神病人和乞丐，生活困窘的他甚至被人软禁起来给妓女作裸体画，成为别人的生财工具。就是在这样的环境中，徐阳还是不能抗拒女性肉体的引诱，他想尽一切办法满足自己的性欲，甚至还打欠条嫖妓。徐阳似乎是无药可救了，但宗教不会抛弃有罪之人。徐阳在艰苦的生存环境中开始了肉体的受难，越来越清晰地听到了自己内心的召唤，他开始试图寻找自救，作品也转入了对于“寻找灵魂的肉体”的讲述。主人公徐阳最终醒悟过来，并获得了真爱……

所有的悲欢离合本该就此谢幕，但事实上故事并没有就此结束。熊正良的独特之处在于，他并没有为徐阳设计一个大团圆结局，因为他不认为灵魂的得救就必然预示着光明的未来。在小说的结尾，徐阳遇到了一个曾经收过他欠条但是没有拿到钱的妓女，他被这个妓女纠缠着无法脱身，并被一个没盖的窨井夺去了生命。灵魂虽然重新主宰了自己，但肉体却必须为过去的恶行赎罪，从这个意义上说，作品无疑又超出了“受难——救赎”的宗教式布道。熊正良在质问：到底是社会导致了人的虚无迷茫，还是人自己导致了精神的沉沦？作为故事背景的南城是一个“最琐碎最平庸”的地方，它到处弥散着欲望的升腾和拜金之气。普通市民大都热衷于维持虚伪的道德表面，内心深处却满是欲望，就连作为“社会良心”的知识分子也不例外：《南城晚报》的副主编江南生曾经开设专栏发起了关于余小惠裸体艺术画的讨论，实际上他是在打着“精神文明建设”的旗号满足人们对于余小惠肉体的窥视欲，南城的各色人等怀着不可告人的目的在讨论中粉墨登场。南城实在是一个滋生罪恶的温床，但我们是否能够将人的堕落简单地归结为社会氛围的影响呢？熊正良给出了否定的答案。柏拉图曾有一个著名的论断：“人是使用肉体的灵魂。”他认为灵魂是人体的主宰，就像舵手主导船只一样。亚里士多德进一步提出了理性灵魂的概念，他认为人的灵魂包含植物性灵魂、动物性灵魂和理性灵魂三部分，其中理性灵魂是人的主宰，因此他称人是“理性的动物”。熊正良在小说中冷峻地撕去了人类虚荣修饰的假面，残酷地拷打着人类的灵魂，他想强调的是“每一个人，尤其是知识分子，在堕落的时候，在背离基本的道德准则和理想的时候，很多情况下不是什么一时糊涂，他其实是非常清醒的……”[①]在熊正良看来，整体社会氛围当然会在某种程度上影响人们的个人选择，但这不能成为人类特别是知识分子用来粉饰道德沦丧的“遮羞布”，只有真实地面对自己的灵魂的阴暗面，勇敢地正视由这灵魂阴暗面带来的“惨淡人生”，才可能实现对于“灵与肉”悖论的超越。

三

如前所述，从90年代中后期开始，熊正良有意识地拉近了自身创作与当下社会之间的距离，并逐渐找到了自己独特的接触现实、考察现实的方式。如果说这一阶段他的心灵探索已经与当今人类的精神世界顺利地取得了对接的话，发表于2008年的《残》则意味着熊正良开始打破历史时空的限制，并试图将他的心灵探索贯穿过去与现在。在这篇小说中，他不再寻求为人类寻找精神家园，而只是近乎残忍地展示心灵的真实。

---

① 俞小石：《熊正良：先锋是思想的先锋》，《文学报》2002年7月25日。

小说从“追溯过去”和“叙述现在”两个层面展开故事，叙述人“我”（李文兵）一方面以姐姐李玖妍的遭遇为中心讲述着“文革”的“过去”，另一方面又以自己对那些与姐姐有关的人和事的寻访为中心讲述着“现在”。

“我”（李文兵）因幼时患小儿麻痹症而成了一位残疾人，身体上的缺陷使李文兵不能像正常人一样成为“文革”运动的参与者，也无法在思想上接受“文革”时期意识形态话语的教化。他仿佛是游离于“文革”之外的存在，是被“边缘化”了的，因此他可以客观地追溯当时发生的一切。在他的讲述中，我们看不到漫天飞舞的大字报，看不到充满暴力意味的革命运动，看不到个人、历史、时代激烈的冲突与碰撞，看到的只是一些零碎的日常生活场景，但正是这些生活片段真实地展示了“文革”时期的“众生相”。

姐姐李玖妍在一次正常的恋爱中失去了贞操，而正是此时，全家竭尽全力为其争取到了一个招工指标，这个让全家都欢呼雀跃的消息却让李玖妍陷入了深深的焦虑之中，她深知那次婚前性行为会让自己无法通过体检，为了蒙混过关，她开始了“欺与瞒”。李玖妍想尽一切办法试图将这解释为一种意外，结果却失败了，而这个事件事实上却成了她日后悲剧命运的“导火索”。在这件事情传遍金竹之后，人们都在表面上展示着愤慨和不齿，但在内心深处却都感到一种莫名的新鲜和刺激，“他们几乎是带着一种考究的目光盯着李玖妍的屁股”，并加以研究。这类“口是心非”的行为表明人们都在畸形地表达着自己的欲望，性欲被压抑着，却又以这样一种“欺与瞒”的方式潜在着。真正把李玖妍推向万劫不复深渊的还是恋人詹少银和她的家人。詹少银在与李玖妍短暂恋爱之后就入伍当了军人，为了自己的政治前途，他不仅否认了曾与李玖妍发生过性行为，还主动向组织提交了一些李玖妍写给他的信件，里面有许多李玖妍对于“文革”的反思内容。在那个特殊的年代，这样的文字无疑就意味着灾难，李玖妍很快就以“现行反革命罪”被捕入狱。有讽刺意味的是，李玖妍的父母曾有意销毁了她的一些信件，在被有关领导得知后，他们被迫反复书写交代材料，申明他们是为引燃煤炉才无意间烧毁了这些信件，这种略带戏谑的文字却展示了触目惊心的悲剧。在“欺与瞒”的展示中，熊正良将他的心灵探索切入“文革”时期个体的精神世界，他没有将悲剧单纯地归结于历史时代。

值得注意的是，在李文兵对现在的叙述中，我们仍然看到了“欺与瞒”的阴影。在这一层叙事中，李文兵对“文革”期间与李玖妍有关联的人和事进行着寻访，他惊讶地发现，这些人都无一例外地选择了遗忘。当时与李玖妍一同下乡的女知青魏红现在已经是小学校长，李玖妍曾经在信里提及魏红为了弄到大学指标而无所不用其极，但当李文兵当面向她求证的时候，她予以坚决否认。曾经审问过李玖妍的乔冬桂在她的回忆录中也只是强调自己如何在“文革”中遭受迫害，对李玖妍事件只字未提。回望这段历史悲剧，熊正良深知最重要的不是控诉和再现，而是立足于现实进行深刻自省，基于此，他揭示了这样一个事实：过去的“精神残疾”如今依然存在，只有及时疗治，才能走出悲剧的漩涡。

陈晓明说：“他（熊正良）在以他的方式书写着远离文坛中心的小说。”①诚然，从事写作二十余年，熊正良总是执拗地在文坛的众声喧哗中保持着深邃沉静的姿态，平心静气地进行扎实创作。这种“沉潜”也许是寂寞的、“不走运”的，但从另一个角度来看，又何尝不是作家个人之幸，文坛之幸？

（载《小说评论》2010年第1期）

主要作品目录《

长篇小说

《闰年》，《收获》1990年第4期。

《死亡季节》，漓江出版社1992年版。

《疼痛》，时代文艺出版社2001年版。

《别看我的脸》，华夏出版社2004年版。

《残》，《收获》2008年长篇专号（秋冬卷）。

《美手》，百花洲文艺出版社2011年版。

中短篇小说集

《红锈》，百花文艺出版社1995年版。

《谁在为我们祝福》，时代文艺出版社2001年版。

《我们卑微的灵魂》，华夏出版社2004年版。

中短篇小说

《无边红地》，《钟山》1988年第6期。

① 陈晓明：《跨越红土地——评熊正良的小说艺术》，《南方文坛》2000年第4期。

《红河》,《收获》1989 年第 2 期。

《红薯地》,《北京文学》1989 年第 4 期。

《乐声》,《收获》1989 年第 3 期。

《老鱼》,《收获》1991 年第 3 期。

《卧槽马》,《花城》1992 年第 1 期。

《匪风》,《收获》1993 年第 5 期。

《苍蝇苍蝇真美丽》,《中国作家》1994 年第 5 期。

《无题》,《十月》1998 年第 3 期。

《谁在为我们祝福》,《人民文学》2000 年第 2 期。

《追上来了》,《人民文学》2000 年第 11 期。

《沙米的陈大林》,《收获》2001 年第 3 期。

《姐夫》,《花城》2004 年第 6 期。

须一瓜

女，本名徐苹，1960年生，福建厦门人。

小　引《

在本辑自述中，须一瓜用富于想象力的诗意的语言，向我们讲述了许多有关故事的故事。须一瓜是小说家，她说的这些故事的故事，自然与小说有关。偏偏中国的小说就喜欢讲故事，在许多研究小说的学者们看来，这似乎就是我们的传统。所以她讲的这些故事的故事，又与中国的小说有关。说与中国的小说有关，并不是说别国的小说就不讲故事，或不喜欢讲故事。事实是，别国的小说也讲故事。推而广之，全世界的小说都讲故事。只要是小说，就会讲故事。其实这都是些常识，是大白话，是不需要我来讲的，就权当是一个故事蹩脚的开场吧。

接下来，我要说的是，不同国家的小说，讲故事有不同的缘由，也有不同的讲法。中国的小说喜欢讲故事，与世界各国一样，最初自然也是受神话、传说的影响。文学最初在民间口传的时代，讲的就是这些神话、传说，这些神话、传说中有人格化的神，有“神化”了的事，也就有了故事的基本要素，就具备了故事的基本形态。后来历史参加了进来，强化了这种讲故事的萌动。中国的史家虽然讲究客观真实，秉笔直书，但既用文字表达，诉之于一定的文体（如纪传体、编年体、纪事本末体等），自然也就有言不尽意、体不容事的时候，或者说也就有它的束缚和局限。那些写不进史书，但又确是生动有趣的人、事，就被史家或旁人拿来做了小说的材料，后人辑录的汉代的小说，大抵都是这个情况。所以小说也可以称为“史余”，即史家修史所剩下的边角余料。这自然也是讲故事，而且因为挨着历史的边，是接近真人真事的故事。再后来，就是大家都知道的文人的笔记和市井的说话，讲的都是或人或神，或僧或俗的故事，其中篇幅较长的，就成了人们后来熟知的长篇小说。就是到了社会人情小说出现的明清时代，包括鲁迅说的“传统的思想和写法都打破了”的《红楼梦》，还是少不了讲故事。如此等等，中国的小说家经过了这千百年的传承修炼，自然对故事情有独钟，也极善于讲故事。所以小说要有故事，要把故事讲得好听，好看，那也就是一件天经地义的事。

但近代以后，情况似乎有了一点细微的变化。这变化便是受西洋小说的影响，现代中国小说的故事被情节化了。在现代小说理论语汇中,故事情节常常是连在一起说的,因此在人们的印象中,故事就是情节,情节就是故事,是不分家的,即使是在那些爱咬文嚼字的学者看来,也不过是析言和混言之间的一点区别,是并不特别当作一回事的。但上个世纪初,俄国却有一帮人,即大家都熟知的那个形式主义文论派别,却对此严加区分,把故事看成是“作为素材的一连串事件”,它要写进小说,成为小说的“情节”,是必须经过陌生化的手段加以创造性变形的。所以情节就成为“陌生化”了的故事,或经过“创造性变形”了的故事。英国小说家佛斯特也说:“故事与情节不同;故事可以是情节的基础,但情节则是一种较高级的结合体。”故事“是按时间顺序安排的事件的叙述”,情节虽然也是事件的叙述,“但重点在因果关系上”。他还具体举例说,“国王死了,然后王后也死了”是故事,“国王死了,王后也伤心而死”,则是情节。如此等等,这自然都是学者的讲究,或如佛氏这样爱讲究的人的说法,但证之现代中国小说,你会发现,这些说法不但有一定的道理,还有很多事实上的依据。简言之,也就是说,现代中国小说较之古代小说,人为加工或虚构想象的成分,毕竟要重一些。这也就让中国小说的故事脱出了历史和依托(包括假托)真人真事的模子,变得更加光怪陆离,更加变幻莫测。虽则这些小说仍旧是在讲故事,但对故事的要求和故事的讲法,显然与以前大不相同。

我说这些话,不是有意炫耀和卖弄,而是有感于须一瓜在自述中所谈的问题。她对故事的看法,显然是本于自心,但又显然是感于外物的。即针对当今小说创作,有感而发。以我粗浅的观察,在今天的小说家或喜欢写小说的人当中,确实不乏讲故事的高手,但真正对故事的讲法有追求,对故事的质地有讲究者,却为数不多。尤其是长篇小说创作,虽已蔚为大观,酿成热潮,但也多属故事的丛集而已,不过是将平生阅历,社会见闻,稍做安排,如实道来。真实固然真实,亲切固然亲切,然则也仅止于真实亲切而已,却不能像须一瓜所期待的那样,生出一双翅膀,让它“在我们的灵魂领空翱翔”起来。有鉴于此,我才配合着发了以上的议论,不管你同不同意我的看法,也不管你赞不赞成我拉来的那些学者的意见,我都觉得须一瓜对故事的讲究和期待,是值得重视的。为此,我在这里特意抄下须一瓜在自述中的一段话,与喜欢听小说家讲故事的人一起咂摸咂摸、切磋切磋:

> 我一直渴望故事像鸟类一样,骨头是中空的,它能飞。我希望所有的小说都有翅膀。只有那样,它在时空中的停留要更久长,更辽远。但是实际上,我们面临的问题是——小说往往有私心,写的人、编辑者和看的人,大致都希望小说的肉身要好看一点,奇崛一点,甚至口味Q一点,你不能累

我们的眼睛。于是,那样的肉身往往是滞重的:血肉、筋骨、下水、淋巴、眼泪、鼻涕、神经、皮肤,诸种阴阳冲突与谐和,拖泥带水、兜兜转转、磕磕绊绊,如果有人陷得太深,连呼吸的气眼都找不到,它怎么能飞呢,一展翅就是匍匐,一出发就是坠落,所以,我们可能需要警惕故事的诱惑。

自 述《

如果这个世界没有小说

很多年前,陪孩子读过一个故事。故事细节和主角都有点模糊了,大概说的是勤劳的蚂蚁们,日日忙于工作,努力囤积冬粮、冬暖物质。邻居螳螂呢,成天游手好闲、游山逛水、游东荡西。很多蚂蚁都替它的冬天着急。冬天终于来了,大雪封山,黑夜漫长。蚁穴中丰衣足食的蚂蚁们渐渐精神倦怠,这个时候,螳螂来了。螳螂带着他在春秋夏积累的全部见闻,带着它满肚子的故事,开始为饱食终日、无聊至极的蚂蚁们讲述。蚂蚁原来以为自己是螳螂的施主,没想到,最终,螳螂成了蚂蚁的救星。

我想,有一只螳螂肯定是小说家。那只螳螂,会和蚂蚁讲述什么故事呢?

它可能讲述它见过的远方一个纵队的军蚁,如何浩浩荡荡吃掉了一头黄牛;可能讲述一只雌蚁如何挖空心思地奋斗成为蚁后的故事;可能是一只交配后反常不死的雄蚁,如何孤独而没有尊严地度过一生;也可能是一个传说:一亿年前,恐龙灭绝时,蚂蚁祖先是如何存活下来的。螳螂也可能讲述一只辛劳的工蚁,因为计步器失灵,来到蝴蝶的王国,和一只褐小灰蝶成为朋友。它守护这小蝴蝶幼虫成蛹,当它发现自己完全爱上灰小蝴蝶的时候,这只褐小灰蝶却破蛹成蝶,翩翩上天。漫天的小灰蝶,蚂蚁认不出自己的爱人,而天上的小灰蝶再也看不清地面的小蚂蚁。还有蚂蚁蓄奴,奴隶造反的故事;放牧蚁对蚜虫的复杂情感;还有三只蚁后是如何勾心斗角、倾轧诡谲,最终蚁穴崩溃的故事;还可能讲述一只孤独胆小的兵蚁,临阵脱逃,又如何向蜜蜂学习,成为一代名医,最后思乡心切,返回家乡,接受死亡宣判,等等等等。

螳螂被蚂蚁需要。身怀不同故事的螳螂,可能被不同的蚂蚁需要着。总之,漫漫长夜，蚂蚁们明白，仅有粮食、泉水和温暖被窝是不够的。螳螂的黑夜讲述，让它们找到丰富的自我，让世界和它们连接，让它们看到蚁穴外面的风土人情，也看到他人内在的纠结万象。螳螂的讲述，让蚂蚁们第一次看到自己的内心沃野千里、春暖花开或沟壑纵横。它们看到了五光十色、万花筒一样的情感天地，那是一个熟悉而陌生的崭新世界。

这个世界，有太多的故事、太多的心思可以诉说，谁是被选择的螳螂呢？你又是一只关注哪一类别事物人心的螳螂呢？有些螳螂是弦乐手，它精准地弹拨你的精神弦丝的高音区；有些螳螂喜欢在人的内心放火烧山，告诉你千姿百态不一样的个人真理；有些螳螂是灵魂的讨债鬼，它勒索人生的各种破绽、尴尬、别扭，雕刻人们的脆弱与摇晃，显影你以为别人不知的叹息之后的曲折与幽微；有些螳螂是情绪猎手，捕捉你沉默的裂隙与黑暗的潜流；有些螳螂是预言家，是魔术师，是催眠师；有些螳螂擅长穴位按摩，提供慰藉；也有些螳螂，像印度飞饼师一样，只负责抡甩希望与梦想的大饼，脆弱的、芳香的。

我想，那个寓言告诉我们，蚂蚁知道，如果这个世界没有螳螂，那么，它们只有辛苦的春季、忙碌的夏季与劳累的秋天，它们只有千里冰封的莽莽雪地，只有潮湿黑暗的漫漫长夜，或者生命休克的冬眠。我想，如果这个世界没有小说，我们听不到星星的耳语，我们可能面临的是生命休克的冬眠，面临精神混沌的永夜，我们可能就永远不能对这个世界心领神会，我们的上半身，可能不会发出呼应神祇的光芒。是的，小说，也许不能使我们摆脱孤独，但至少会使我们在孤独中，看见别人的孤独，看见孤独的真理，看见真理后面的力量。

顺便说一句，蚂蚁与螳螂，还有一个在中国更为普及的版本，说的是那只不被需要、饥寒交迫的螳螂，最终被冻死在路边枯叶堆中了。蚂蚁们的训子诫世代相传：淫慢不能励精，险躁不能治性。好好做一只面地背天、脚踏实地的蚂蚁吧。

我想可能还有一个普适的版本，那就是全球蚂蚁都有电视和电脑了，抵抗黑暗长夜，它们有了新的依靠。所以，螳螂还是冻死在路边枯叶堆中了。

故事的重力加速度

故事和诗，一起从比萨斜塔上向下自由落体的时候，是同时落到地面上的。亚里士多德认为，物体越重，下落得越快，但是，伽利略在比萨斜塔上证实，它们是同时落地的。物体下落的加速度与物体重量无关，也与物体的质量无关。但奇怪的是，我就是一直认为故事会先落地，我甚至认为，若遇上好风，一些诗，可能就会直接飞走了，像飞鸟、像蒲公英、像一缕烟云。而故事就是那样直坠而下，呼呼带着风声，噼里啪啦、丁零当啷、乒乒乓乓地轰然而坠。

可是，其实我一直渴望故事像鸟类一样，骨头是中空的，它能飞。我希望所有的小说都有翅膀。只有那样，它在时空中的停留要更久长，更辽远。但是实际上，我们面临的问题是——小说往往有私心，写的人、编辑者和看的人，大致都希望小说的肉身要好看一点，奇崛一点，甚至口味 Q 一点，你不能累我们的眼睛。于是，那样的肉身往往是滞重的：血肉、筋骨、下水、淋巴、眼泪、鼻涕、神经、皮肤，诸种阴阳冲突与谐和，拖泥带水、兜兜转转、磕磕绊绊，如果有人陷得太深，连呼吸的气眼都找不到，它怎么能飞呢，一展翅就是匍匐，一出发就是坠落，所以，我们可能需要警惕故事的诱惑。

小说为什么要有翅膀呢？你为什么希望小说能飞呢？

因为它是小说，它可以寄托我们无处安放的东西；因为我们的灵魂疆域辽阔无际、浩渺幽深，因为我们孑然无依；因为精神天堂的大门方向，可能在左、在右、在上，总归不可能在下；因为它有耐心、有力量准确回应生命的每一个缝隙、每一个断裂、每一个回转、每一个空洞；因为我们一世纪又一世纪的意识流，可能想穿越所有的宇宙岛。

比如，有个小说说的是，一死囚在行刑队执行命令的子弹即将射出的那一瞬间，让时间整整停留了一年。这是上帝和他的约定，上帝同意给死囚一年时间写完他的三幕诗剧："细致、静止、秘密地在这段时间里构筑他那巨大的、看不见的迷宫。他两次重写了第三幕、抹掉了某个过于明确的象征，他删改、压缩、扩充。"这个上帝给的时间里，举枪的行刑队一动不动，一只蜜蜂在院子的砖地上，留下固定的影子，一滴雨珠久久停留在死囚的面颊上。当他写完最后一个字，雨珠从他面颊上滑落，行刑队枪响了。这个飞出了时间之外的小说，释放了多少被禁锢在时间之内的人类梦想。

还有一个小说是这样的：一名在地狱苦海中吞咽血水挣扎的罪人，因曾经的一星善念，释迦牟尼向他头上垂下一缕蜘蛛丝。罪人欣喜地抓着蛛丝，拼命往上爬。无意间，他低头发现他身后蛛丝上，无数的罪人像蚂蚁串一样，也抓着蛛丝往上攀爬。这不是要把救命的蛛丝弄断？这名罪人低头大喝：这是我的蛛丝！你们统统滚下去！话音刚落，蛛丝从他那里断开了。天上，极乐净土的莲花池旁，释迦牟尼面带愁容地看着那罪人像一块顽石，再次沉入了血池底。我想，读到这里，所有的人心都会飞弹起一根惊心的蛛丝。

一个新转学来的少年，受到班上全体同学的欺负排斥。女老师用心良苦地帮助他，但是，最终他以侮辱的方式，伤害了这个唯一对他好的人。这个结局逆转令人震骇。可是，小说的强大的气场牵引，每一步都让你悬浮在我们熟悉的感觉中。是的，我们的内心比我们的头脑更早地认可并允许了逆转的残忍发生。它的轨迹，本来就在我们心里。

福楼拜的鹦鹉到底是哪一只？三份年表是不是都是福楼拜的真实人生？是的，它都是，无论乐观的观察，还是悲观的记录，还是他自说自话。同一段人生，从不同角度观察，会得出真实的不一样的结论。小说的空间如此自由，是的，小说可以比章鱼的触须还要缜密、有黏性，也可以像章鱼触须一样轻逸腾挪。我们需要警惕的是，我们会不会被故事生发的物质动能挤压？会不会被故事的重力加速度、被沉重的故事物质肉身淹没？我们会不会被故事的吸盘钉死在一个无法转身透气的境地？而灵魂的战栗、精神的激光，都需要空间。

又想起一个小说，说的是爱尔兰的清晨，一个女孩将要离开家乡、远行纽约。她的眼睛像扫描机一样，让母亲、家乡、屋子、哥哥、草场，都有了平静的关注，我们感到了难以忽略的重。临别的女孩“努力回忆幸福的感觉，一个美好的日子，一个夜晚，一句友善的话。应该寻找某种快乐的东西，让分离变得艰难，可是脑子里什么也没有”。最后，小说揭底了。爸爸一直在性侵这个女孩，妈妈无可奈何或者说放任，哥哥无力保护她。哥哥开着车送女孩进了候机楼。过了安检，独自一人的女孩走到卫生间，到隔间里，她终于哭了下来——如果小说的发轫，只沉溺在故事口味里，它会有一堆笔墨要用在父亲对小女孩的性侵害上，故事的“下水”要占很大的体量，那么，它直击我们灵魂深处的势能，怎么积蓄？如果再碰到一个恶俗的写手，那小说通篇，可能就像一只叮着一口浓痰猛吸的绿头苍蝇。

要说明的是，我不是故事反对派。相反，我喜欢故事。我只是警觉故事的拉力。好小说固然不排斥故事，但我们需要警惕故事的重力加速度，你要有升空的能力。否则，它会把我们淹没。写的、编的、看的，无一幸免。我想，好小说需要腱子肉，更需要强壮的神经、中空的骨头，它需要轻质的肉身，需要“气功”，在我们灵魂的领空翱翔。

最可惜的是，有些小说已经在跑道上跑很久了，可就是一直没能起飞。它的句子多么富有意味，它的跑道多么漂亮，你一直被暗示它能飞的，你充满期待，最终，它却没有。因为它没有强大的动力系统支持，它可能不知道自己最终要去哪里，他只是凭聪明、凭混沌的直觉，走到了这个充满暗示的境界。有一些小说，被自己的故事的物质肉身层层缠绕，结果，当然一出身，就是自由落体垂直死亡，读者几乎留不下什么念想。

访 谈《

在灵感的护翼下书写

——须一瓜访谈录

梁小娟 须一瓜

梁小娟：您曾多次获奖，如第二届华语传媒文学大奖、《小说月报》百花奖、人民文学奖、《上海文学》奖、《小说选刊》奖并入围郁达夫小说奖、第五届鲁迅文学奖。这些奖项是对您小说创作的肯定，至少说明您的作品里有能够打动读者的东西存在着。您的小说标题都特别有诗意，如《淡绿色的月亮》《第三棵树是和平》《鸽子飞翔在眼睛深处》《雨把烟打湿了》《穿过欲望的洒水车》《毛毛雨飘在没有记忆的地方》等等，感觉您是一个想象力特别丰富的作家，是什么带给您源源不断的写作爆发力和想象力？

须一瓜：谢谢。希望你这么看我以及我的小说名字。我想，对一个作家来说，没有想象力是致命的。没有爆发力一切都可能无法实现。就我过去和现在的写作状态，我想我是在灵感的护翼下书写。比如，《淡绿色的月亮》，原型是两个歹徒跟随夜班女子入室抢劫。女子在周旋中，机智地把歹徒关在客厅，她自己反锁在卧室后向窗外呼救。警察在介绍案情的时候，我就开了小差。灵感告诉我，它应该有另外一个样子。另外一种的开始和结局，它应该有一个更有代表性的故事。写完新闻稿之后，我把我的故事写了出来。结果是，那个新闻消息，随着报纸发黄，早就被人们遗忘，或者被更多的新闻故事覆盖，而《淡绿色的月亮》，在十年过去后的今天，仍然在和它有缘的人心怦然相遇，仍然在拷问愿意被它拷问的人。所以，我认为，灵感造就了这一切。当然，可能有人认为，我不过是抄袭了一个新闻消息。

梁小娟：说到新闻，马上就让我联想到您现在的身份与职业。记者的身份对您的写作有什么帮助？当然，写作与职业不可能划分得一清二楚，可能写作的灵感就来源于新闻线索，来源于每天接触到的大量社会的阴暗或负面报道。有不少作家倾向揭示社会的黑暗和灵魂的阴冷，将人性的恶血淋淋地展示出来，但您的小说总对人性保持一种善良的信任与和解。可以说您对生活、对人性抱有一种理想主义的激情么？

须一瓜：有不少帮助。这个帮助不是人们以为的素材多。现在资讯如此发达，谁比谁看得少呢？我觉得，这个职业最大的好处是，很多人容易向你敞开。比较诚实地敞开或者非常坦率地敞开。这有助于我认识和把握形形色色的人。这也使我明白人性的丰富，使我明白，解剖任何一个走过你身边的人，他的恶念与善意，都是汁液充沛的，只要碰到大动脉，不论善恶，他都可能喷血如泉。

至于你说对生活、对人性是否抱有理想主义的激情，我想有。我有趋光性吧。明亮的、光芒的、敞开的、温暖的，都总是令我舒适。

梁小娟：新闻追求的是真实，小说则是虚构的艺术，在写作中，您是如何解决二者间的矛盾并寻求一种相对平衡的？

须一瓜：这是两个系统。真实性是新闻的生命。而想象是小说的道德。在不同的系统里，遵循的准则不同，谈不上需要平衡的矛盾，就像飞机与汽车的关系，都是驾驶，但一次只能驾驶一种交通工具，哪来的矛盾呢？

梁小娟：您的小说较多地关注社会底层的边缘群体，如摩的司机、保姆、小偷、自闭症患者、留守孩童、同性恋者、轻度智障者、自杀者、先天性残疾、心脏移植者、被子女抛弃的老人、在逃犯、杀人犯、肝炎病人等。当今社会贫富分化极为严重，底层人物的真实生存很多时候被淹没在貌似绚烂的繁华背后。您的小说一直以来都非常关注底层人物，您能够敏锐地呈现草根大众在生活的夹缝中努力追求生活的希望与生命的尊严。这一点，在《火车火车娶老婆没有》中给我的感触最深。一定程度上，作家的写作视角与选材本身就已经昭示了作家对生活、对社会的某种态度。与某些沉湎在一己之私我的狭小生活空间的女性作家而言，你给我的感觉是更为中性化或者说是带有一点点男性化的力度。是什么促使您对底层边缘群体如此关注？

须一瓜：我还真没意识到我对底层有特别关注。我只是顺着感觉写了。突然对什么有感觉，我就写什么。我写到了底层，也写到了非底层。成分比较杂。我永远不会刻意地写哪个阶层，我只会对我有感觉的东西非常尽心。我并不会考虑它的阶层属性，更不会在意是否去做那个阶层的代言人。关注人本身，思考人的本质，就是我的写作态度了。

对于你说沉湎于自己狭小生活空间的作家，只要她们就那一私人小天地，写得好，写得认真，也令人尊敬。我尊敬她们诚实的写作态度，诚实的付出。我想，写自己关注得到的，把握得住的，永远是值得肯定的写作伦理。

梁小娟：您很会讲故事，往往开篇第一句话就能够抓住读者。您的小说写得很有张力。当然，这也与个人的功底与才华有关。中短篇小说比长篇小说对作家写作功力的要求要高得多，如何在相对短小的篇幅中讲述一个个精彩的故事，是最能见出作家写作能力高低的。在我看来，您的小说在结构设置上非常有意味，如《穿过欲望的洒水车》以何欢在丈夫失踪后寻夫的现时态和倒叙相互穿插的形式，巧妙推进叙事的节奏。写作时您是如何设置小说结构的？小说中的时间与空间关系如何处理呢？

须一瓜：有时候，我觉得我真的不合适做访谈。我经常对自己想脱口而出的话，感到害羞和歉疚。比如这个问题，我就有点不安。因为我觉得我就像一只蜜蜂，我无法回答我为什么把蜂窝造成六边形。我不知道别人是怎样写作的，说实话，我经常是没有先期考虑的，最多考虑一个大致，有时细一点，有时很粗放，甚至有了一句话我就开始了行程，当然，这句话是奠基石。我就那么上路了。我顺着自己的感觉，按照心目中的模糊地图，飞快地走。跟蜘蛛结网一样吧，我想小说家都会自然地去处理时间和空间关系，因为你很清楚，你心里要表达什么，你要干什么。

梁小娟：您非常谦虚啊！把写作比作蜜蜂造窝、蜘蛛结网，让我再一次领略到您的诗意。每个作家都有自己独特的叙事语言。您非常擅长在小说中设置各种惊心动魄的悬念，营造出一种真实但又诡异的氛围，如《4 点 22 分，是谁打出的电话》《乘着歌声的翅膀》《穿过欲望的洒水车》《前面是梨树，后面是芭蕉》《回忆一个陌生的城市》《西风的话》《红痣》等等。我感觉诡异只是您小说叙述的一种方式，能谈谈诡异背后蕴含的东西吗？

须一瓜：世界太复杂，而我们如此脆弱无力。

梁小娟：您的回答就像您的写作一样，总是能够在最简练的地方见出功力来。您的小说我最喜欢的是《淡绿色的月亮》，小说将人性道德的拷问与风险最小化原则并置，在理性与道义的天平拷问爱与婚姻的质量，揭示了生活中不同价值取向的差异与冲突。您总是将生活的各种可能性与复杂性展现在读者面前，引导读者去思索，这也是您的高明之处。读您的小说，总是让我忍不住会想象您有一双锐利的眼睛，在悲悯地俯瞰着芸芸众生。作为一个小说家，您是如何给自己定位的？

须一瓜：谢谢你这么看。我没有想过给自己定位。你这么问，我停下想了想，我想，我只是比较敏感脆弱吧。

梁小娟：敏感，我想，这应该是所有作家必须具备的写作素质。脆弱？我倒觉得您是一个内心非常强大的女子！您在描写童年经验时，与其他同为 60 年代出生的作家如余华、苏童、陈染、林白等等有很大的不同。您的童年虽然也是在“文革”期间度过的，但在您笔下很少看到其他作家笔下的荒诞与性别化的童年，您更多地从心理层面强调童年经历对个体成长的重要影响。能谈谈童年记忆对您写作的影响吗？

须一瓜：“文革”中，我父母都被关起来了。我是家里最小的孩子，三四岁，记忆也糟糕。姐姐哥哥们说的父亲在批斗台上挨打、海外来信、造反派到我家挖特务电台什么的，我都没有记忆，我不知道我当时在哪里，也许大人把我抱开，不让我看吧。那个城市不大，我父母戴着高帽子、涂着黑手游街，比较著名。留给我最大的外号，就是“四眼狗家的”，后来我去上学时，连小学生也这么叫唤我。再大一点，发现大院里玩伴的很多人家里，都有我父亲盖章的书。我知道我不能拿回来，那不是我家的了。可能这就是我这样一个笨孩子的童年记忆吧。所以，我可能更容易去表达心理层面的东西。

梁小娟：童年记忆与经历有的时候给人带来的影响是非常深远的。可能在写作的时候，您自己都不会意识到这一点。时下微博、博客非常流行，大部分作家都开了自己的博客。您经常在微博里和大家交流自己对文坛、对创作、对生活的看法。我很欣赏您说的博客是“事先张扬的日记案”，而且对于网络泄露人的隐私您还是持担忧心态。虽然现在的通讯日渐便捷，微博、博客可以将时空加以压缩，但仍然无法改变都市人与人之间的深度冷漠。都市人心灵的孤独与寂寞，信任的匮乏，亲情的缺失，尤其是主人公成长过程中父爱、母爱的缺失，在您的作品中被反复书写，如《地瓜一样的大海》《城市亲人》《茑萝》《有一种树春天叶儿红》等等，置身都市的您，是如何看待与表现现代都市人的情感世界的？

须一瓜：你提问题，还真是纵横捭阖啊！

梁小娟：您这样一说，我还真有点不好意思了。近两年您开始涉足长篇小说的创作，《太阳黑子》《保姆大人》《白口罩》在读者中的反响非常好。以后会将创作重心转向长篇小说么？写作长篇小说，在您看来，最难处理好的部分是题材、结构、叙事还是语言？

须一瓜：都不好处理，它们本来就是有机的一个整体。对于我来说，长篇写作是个更值得用心的学习过程，因为写得少，想去琢磨的东西更多。

梁小娟：您的长篇《保姆大人》充满生活趣味，您的定位是“生活读物”，并认为这个作品并不能实现您的小说理想。能谈谈您的小说理想吗？

须一瓜：《保姆大人》完全可以被一个电视剧取代。一个好的电视剧去表现它，会比我做得更饱满、更直观、更充分有趣。在我看来，一个能被电视剧完全取代的文本，就不是小说。小说有自己的价值场。小说给阅读人提供的是精神宇宙的翱翔，它满足我们内心最细微的悸动与颤抖，让我们和外界心领神会，无论抵抗还是期待。记得看过阿特伍德对卡佛说过这样一句话：（卡佛小说）所有发生的故事，都藏在字里行间。小说，我说的是好小说，它是有翅膀的，它之所以能够飞翔，飞翔在人们的精神领空，因为一切都藏在了“字里行间”。

梁小娟：有时候小说写得多了，会不会也有困扰？想突破平铺直叙讲故事的方式，尝试各种叙事方式？您在写作中感到最困扰的问题是什么？

须一瓜：我想想……懒惰算不算？

梁小娟：勤奋，确实能够给作家带来较大的写作收获。但我更宁愿相信写作依靠的是个人的天赋与灵性。问您一个程式化的问题，到目前为止，您自己最满意的作品是哪一篇？

须一瓜：最满意的？很多满意的，正如也有不少不满意的。有一些作品，一开始非常满意，随着时间推移，发现了遗憾。所以，我希望我能写下两百年后、五百年后我自己再读时，仍然有暗自叫好的东西。

梁小娟：文学作品与影视的联姻是现在文学界一个较为普遍的现象。您的小说其实有不少适合改编成影视剧的，故事性强，结局往往出人意料。现在很多优秀的影视剧脚本大多来自作家的小说创作。您的长篇小说《太阳黑子》现已被改编为电影，在以后的写作中会有意识地朝这方面发展么？

须一瓜：很多人这么问我。但看起来是的，不一定就真是。我的小说触电的很少。我按着老天给我的车道走，走到哪儿算哪儿，给什么风景看什么风光。凡事随缘，一切都是最好的安排。

梁小娟：问您最后一个问题。您和舒婷的私交很好。您喜欢诗歌吗？对于当代诗坛，您如何看待？

须一瓜：一本综合杂志在手，我一般会去读小说，比较少去读诗。但碰上喜欢的诗或者喜欢过的诗人的诗出现了，也会停留。我非常尊重诗人，对于能用诗表达人生的人，我很羡慕。有一次和舒婷聊天，我谈了我的感想，就我自己的认识，我感到诗人都是烟囱，而小说家都是下水道。诗人是轻盈向上的，小说家是浑浊滞重的。前一段时间在非洲有个文学交流活动，一个非洲女子在诗朗诵。我们听不懂她的语言，我看着她的表情、身姿、手势，一下子被触动。在上帝眼里，恐怕最美的人类，就是朗诵诗歌的人。

对当代诗坛没有观察与研究，不敢妄谈更多想法。

评 论《

生命的柔韧与坚忍

——论须一瓜小说中的"边缘人"形象

梁小娟

须一瓜是近年来在小说创作方面持续受关注的作家之一。自2001年以来,须一瓜发表的中、短篇小说已有几十篇,在读者中留下深刻印象的也不乏其数,如《淡绿色的月亮》《蛇宫》《穿过欲望的洒水车》《地瓜一样的大海》《有一种树春天叶儿红》《第三棵树是和平》《茑萝》等等,长篇小说《太阳黑子》《保姆大人》《白口罩》则显示了须一瓜在长篇创作方面的尝试与实力。须一瓜以自己独有的敏感与睿智,在小说中想象与演绎对生活与生命的理解,抒发人生理想抑或揭示人类的道德困惑与精神困境,以一种宽容与悲悯的心态拥抱人世间的种种丑恶与阴暗。正是源于"背对世人,背对身后一切,我们转过身去,只面对自己和自己意图创造或正在创造的世界"[①]这样一种创作心态,须一瓜用女性特有的细腻与柔韧营造了一个属于自己的小说世界,在这个世界里活跃着各色人等,诸如杀人犯、肝炎病人、保姆、小偷、自闭症患者、留守孩童、同性恋者、智障者、先天性残疾、心脏移植者、被子女抛弃的老人等。这些"边缘人"角色集中进入某一作家的视野实属少见,但在须一瓜的笔下却熠熠生辉。这些"边缘人"虽置身于被遗忘与遮蔽的角落,处于社会的边缘境地,不被媒体和主流社会所关注,但须一瓜却用艺术化的方式为我们呈现出大千世界的纷繁复杂,从这些"边缘人"身上剥离出人性中的善与美,敏锐捕捉到这一群体的社会价值与美学价值,并引领读者走近这一群体来叩问我们做人的良知与道义。

一、都市寻梦的异乡人

自"五四"以来,随着西方现代文明对传统宗法制封建社会的冲击,乡村经济逐渐崩溃,由乡村流入都市的异乡人形象越来越多地出现在文学作品中。从《山雨》中的进城农民奚大有到《骆驼祥子》中因农村破产而沦为人力车夫的祥子,从《庆云里

---

① 须一瓜:《独自在自己的世界里行走》,《文艺争鸣》2008年第2期。

中的一间小房子》中因生活所迫沦为娼妓的阿英到《丈夫》中靠出卖肉体养家糊口的老七，从《人生》中以跻身城市为生存目标的高加林到《城的灯》中通过当兵实现都市梦的冯家昌，现当代小说作品已为我们提供了一系列的都市异乡人形象。这些形象游走于乡村与城市的两极，徘徊在传统农业文明与现代都市文明之间，为求在都市谋得一席栖息之地而不得不承受肉体与心灵的双重炼狱。描写乡村与都市间的剧烈冲突，塑造都市异乡人的灵魂蜕变，已成为当下不少作家写作的重要资源。须一瓜笔下同样不乏此类都市异乡人，他们生于传统乡村，在物质丰裕的现代都市寻梦，为摆脱与生俱来的乡村气质，竭尽全力像于连一样拼搏，但由于种种际遇的影响，大多都无法扎根于都市，以致在都市与乡村间进退维艰，灵魂漂泊无依。

《地瓜一样的大海》中，12 岁的乡村留守儿童“我”，从小被亲生父母亲抛弃，与 73 岁的爷爷奶奶共同生活。养父母在深圳当建筑工人。养父母的“疼爱”化作一张张少得可怜的邮寄回来的人民币，“我”在爱的严重匮乏中成长。为逃离无聊的学校、乡村生活，“我”离家出走，只身一人来到城市，在遣送站认识了吸毒的坐台小姐爱弥丽。从此“我”便融入爱弥丽的生活当中，为她买毒品，近距离地接触夜总会的复杂生活，在爱弥丽的引导下完成了对成人世界的认知。“我”学会了用谎言和欺骗来掩盖真相，在警察的帮助下进了一家条件不错的福利院。但精明的女记者拆穿了“我”的谎话，“我”在城市短暂四个月的童话生活就此画上了一个并不完美的句号，带着无限遗憾与失落被遣送回乡。小说讲述的是一个关于成长的故事，但更是一个农村少女摆脱乡村进城的故事。“我”在灯红酒绿的暗区目睹了城市的种种毒瘤——金钱与性、毒品与性之间的各种肮脏交易，短短的四个月已经为“我”揭开了都市的神秘面纱，“我”过早地领略了都市生活的糜烂与现代人的心灵坠落。离开时的“我”早已告别了天真、烂漫、单纯的童年，心态已然成熟。都市童话的破碎，昭示着“我”的进城梦是如此不堪一击，“我”虽极度留恋都市但最终未被都市所接纳，只能回到土生土长、以地瓜为主粮的蔡村。小说的独到之处在于选择了一个处于童年期的“我”的视角来展现成人世界的种种丑恶与荒诞，都市对“我”的拒斥恰恰也揭示了现代都市与传统乡村间不可弥合的巨大鸿沟。

与“我”借谎言栖身都市不同的是，更多的乡村人选择以婚姻或劳动来获得进入都市的通行证。在劳动无法改变乡下人身份时，女性更倾向于以婚姻这条捷径来拥抱都市。《二百四十个月的一生》中的乡村姑娘荷洁嫁给城市底层居民文仔，日子虽然普通而清贫，但每个日子都浸润着都市的味道，恬淡而充实。可平静的日子并不长久，文仔车祸而亡是荷洁生活的转折点，二十万元的赔偿买断了文仔的一生。生命的贵贱最后换算为一天二块七，荷洁一度心理失衡，浑浑噩噩地度日，幸福安定的小日子一去不复返。小说虽侧重表现的是城乡、社会各个阶层间巨大的贫富差距，但一次偶然的事故却毁掉了荷洁幸福的人生梦。荷洁虽以城里人媳妇的方式居留都市，身居闹市却无法感受到生活的宁静，热闹繁华的都市无法抚平她心灵上的创伤，人在都市而心无所依。

《火车火车娶老婆没有》以生活在社会底层的“摩的”司机童年贵与交警间的智力较量来刻画“摩的”司机这一群体的艰难生存。政府公共交通设施的不完善客观导致了城乡结合部“摩的”泛滥，为了生计，“摩的”司机穿行于大街小巷非法载客，与交警“斗智斗勇”。童年贵凭借高超的车技与交警周旋，令执勤交警头疼不已。“摩的”的收入维持了童年贵和已残疾的哥哥两家人的生活，钱虽然来得辛苦，租住条件虽然极差，但童年贵和哥哥肥老倌一大家子人却对生活抱着无限乐观的心态，每次火车轰隆而过时，他们都会冲着火车大声呼喊而自得其乐。童年贵们就是以非法载客这样危险的职业来维持城市最低的生活标准，在城市寻觅一己的栖身之所。对于童年贵们而言，都市生活永远与自己的真实生活隔着千山万水，只能雾里看花、水中望月，在艰辛与苦难中自我抚慰，像无根的浮萍一样在都市中寻梦，不可避免地会遭遇“梦醒了无路可走”的尴尬。

同样是靠出卖劳动力为生，保姆这一群体与童年贵们相比，有更多便利近距离地走进城市的千家万户，在城市的心脏地带俯瞰都市人每日上演的世俗生活。《保姆大人》以保姆的视角揭开都市人的私密生活，展现了都市中各种家庭的真实场景，有被包养的脾气古怪、身患绝症的二奶家庭，有身居高位却吝啬不已的公务员家庭，也有通情达理、尊重保姆的教师家庭……小说中着重刻画了两个保姆，一个是重情重义、心地善良堪比“观世音”的暖被，为照顾东家而不惜倒贴自己的积蓄；另一个是自尊自强、有上进心的天晴，几年来一直坚持自学参加自考。众保姆合力解救暖被东家的儿子，虽违反了法律，但却合乎人情。这些年轻的保姆带着五彩的生活梦想扎根于都市，虽或多或少带有各种缺点，但都体现出真情、正义、公道与善良这些优秀的品质。在须一瓜笔下，保姆与东家间或紧张或融洽的关系，关键取决于人与人之间能否相互尊重、相互关爱。小说最后的完美结局可以看作须一瓜对保姆与东家关系的理想化，对重建美好人际关系的尝试，借此弥合城乡间二元对立的矛盾，实现人与人之间的和谐共处。

须一瓜敏锐地发现并捕捉到了一张张在都市寻梦的异乡人生动的面孔，深入挖掘他们被遮蔽与被扭曲的真实生存状态，并以平等的视角还原了他们生存的尊严。

这些异乡人试图在都市坚韧而顽强地扎根，却被无处不在的现代文明所裹挟，在都市中进退两难，无法真正融入都市。都市宛若一座迷宫，异乡人虽置身其中，却永远找不到出口，只能在寻梦的过程中寻求生存的意义。对于他们而言，城市永远都是“他者”的，他们只是“钢筋水泥森林里的一个‘闯入者’、一个‘城市的异乡客’、一个‘陌生的侨寓者’、一个寄人篱下的栖居者，他们既是魂归乡里的游子，又是都市里的落魄者”①。

二、寻求灵魂救赎的罪犯

与其他作家相比，法制记者的身份为须一瓜的创作提供了大量涉案素材，她在小说中塑造了各种类型的罪犯。但须一瓜并未以猎奇的笔法来描写罪犯的凶狠毒辣，而是将这些因各种原因走向歧途的罪犯置于道德与人性双重考量的天平上，探究犯罪的动因及其犯罪后的补偿与救赎心理，为我们剖析人性的复杂面提供了富有价值的探索。

并非所有的罪犯都带着与生俱来的犯罪天性与基因，更多的是由于社会现实的逼迫与内心压抑导致的心理失衡所致。《鸽子飞翔在眼睛深处》中的惯偷粽子邂逅戎马倥偬、孑然一身的老太婆后，因同情而经常去照看老太婆。老太婆那把来历不凡的马首刀让粽子和夭夭九着迷，在老太婆死前和死后两人有多次机会拿到刀，但都被忽略了。这种忽略并不是无意的忽略，而是在与老太婆的交往中粽子和夭夭九被老太婆辉煌而凄凉的身世打动了，人性中柔软的那一面被激发出来。夭夭九从小父母离异，叛逆的她走上偷窃这一条道路，虽性格古怪、出言不逊，但与粽子一样，内心中的善良、美好并未丧失。粽子因为家贫不得不放弃读书去靠偷窃养家糊口，夭夭九为摆脱无爱的家庭而在偷窃中寻求生活的意义与满足，两人各有各的生活无奈与辛酸，但本质上都不坏。粽子、夭夭九对老太婆的悉心照料，处处洋溢着人世间的美好温情与感动，小偷的身份与经历并未泯灭二人的良知，小说实际上是以二人与老太婆间的忘年交来谱写人性的至善与至美。须一瓜曾经说过：“有时候，我相信我们的高尚、责任感、纯真、友爱，甚至善良，都是相对的，在不同的外在条件下，在人的内心就有不同的阐释。也就是说在不同的坐标点上，都是真实的，甚至是难以否定的。”善良与邪恶、美与丑有的时候界限并非泾渭分明、截然两分的。

《雨把烟打湿了》以一个彬彬有礼的知识分子因非理性的冲动而沦为杀人犯的

---

① 丁帆：《“城市异乡者”的梦想与现实——关于文明冲突中乡土描写的转型》，《文学评论》2005年第4期。

故事，来揭示生活中的善良人与罪犯间的距离仅仅只有一步之遥。长相丑陋的农家子弟蔡水清念了大学后，凭借自己的执着打动了高干子女钱红，并自觉用钱家知识分子的修养来克制、约束、改造自我，转变成一个体贴、温柔、顾家、能干的好男人。但在一个暴雨之夜，因与的哥发生争执而持刀杀人，锒铛入狱。的哥粗鲁的言谈、暴躁的脾气、毫无修养的举止，就像一面镜子映照出了另一个自己一直以来都竭力排斥着的蔡水清的模样，所以蔡水清毫不犹豫地捅了的哥一刀。犯罪的动机很偶然，只因天降暴雨，人脾气暴躁而已。实际上，真正的动机还是蔡水清对于自己镜像中的改造不彻底的反抗。蔡水清仍有着透骨的自卑。多年来，蔡水清一直活在钱家人的期望中，完全失去自我，他的奋斗、他的生活、他的喜怒哀乐，全都是为了迎合钱红这样一个高干家庭的期望。家人极力以精神病人为借口把他救出来，但蔡水清选择了放弃，以淡然的方式选择伏法。对于蔡水清来讲，死亡恰恰是实现解脱与救赎的最好方式。须一瓜以颇为冷酷的笔触剖析出这样一个真理：善恶仅仅存在于我们的一念之间，在作恶的背后还有着更复杂的隐秘的心理因素。简单的、二元对立式的善恶判断永远都无法诠释出人性的复杂。

在关注犯罪动机的同时，须一瓜更注重考察人在犯罪后的心理煎熬与自我救赎。《蛇宫》中的他为了让妻儿过上好日子，与另外两个同伴铤而走险抢劫银行，在疯狂逃离的途中导致九人无辜死亡。三人在逃亡中发生内讧，老三赔上了性命，钱不知所踪。他从此踏上逃亡之路，与老大邂逅后又误杀老大，陷入万劫不复的深渊中。内心的孤独驱使他天天来蛇宫和印秋、晓菌聊天，以虚构的方式隐晦地将自己的经历编织成一个通俗的警匪暴力故事，以舒缓内心的焦虑与悔恨。他无法承受背负九条人命的重压，悔恨始终噬啮他、撕裂他，让他永无宁日。最后，他深入蛇宫营救印秋和晓菌，被毒蛇咬伤后拒绝注射血清，以这种决绝的方式来完成自我心灵的救赎。《太阳黑子》中的三个男人杨自道、辛小丰、比觉在年轻时因一时糊涂而杀死一家五口，逃亡到都市后隐姓埋名十多年，因负罪感而收养了弃婴尾巴。尾巴的出生日期恰恰是三人失手杀死受害女孩的日子，三个男人将生活的全部都寄予在尾巴身上，希望能够以这种方式求得心安。每年案发的那一天，三人都会沉默地忏悔，向死者一家祭拜，随时等待审判和惩罚的降临。三个人怀着敬畏之心、愧疚之心、悔恨之心度日，用尽一生来赎罪，在当年的凶杀案真相大白、接受注射死刑之际，三人坦然面对死亡，赎罪这才正式告终。须一瓜用三个男人的一生来诠释罪与恶、有罪感给人心灵带来的重压以及法理与情理间无法调和的矛盾，为失去信仰的芸芸众生树立活着的标杆与尺度，引导人类重回善良的坦途。罪与罚不依赖于法制，不在乎人情，而根植于人心。对生命和生活存有敬畏之心，听从自我内心的召唤，善良地生活，宁静地度日，这才是我们应持有的生活态度。

三、身与心的“智障者”

与生存在都市的异乡人和因各种原因走向歧途的罪犯相比，须一瓜笔下还有一类人让读者不由自主地将关注的目光投向他们，那就是在身体或者心灵上存在种种缺陷的“智障者”。这些“智障者”要么先天性地患有某种疾病而引起身体与心灵上的双重缺憾，要么虽四肢健全却因爱的匮乏而引发心理的变态，严重影响他们对生活、亲情、爱情与婚姻的正常判断，这些非正常的思维障碍阻断了他们通向常人生活的路途，往往幽闭在自己主观臆造的内心世界里，使他们迥异于常人，但在某些方面却能给人以超乎寻常的启迪与感悟。

《在水仙花心起舞》塑造了一个轻度弱智但对美的事物情有独钟的阿丹。阿丹有一手剪发的绝活，同哥哥一起去邻县时，因偶然机缘与五个年轻漂亮的舞蹈演员在月光下轻舞飞扬，17 岁的青春开始被唤醒，阿丹学会了欣赏身体的婀娜多姿、妙曼曲线和悠扬唯美的提琴声。自此阿丹每年都要养五盆水仙，呵护备至，以暗暗纪念那个夜晚中的五个舞蹈演员。结婚后妻子的假肢让他备受刺激，阿丹只接受美的东西，永远活在 17 岁记忆中那个美丽的夜晚。茄子的死让阿丹非常痛苦，阿丹表面的弱智背后，仍持有一颗追求美、热爱美的细腻而丰富的心。阿丹就靠听哥哥讲述“茄子她们”的故事来追忆时光。42 岁的阿丹患病住院后，“茄子她们”中的四位来看望，并像多年以前那样跳起了舞，但岁月却早已无情地改变了她们的容颜与身姿，阿丹记忆中的美梦随之破灭，禁不住刺激而死亡。对于美、对于美好的东西，人都有着追求的天性，弱智的阿丹也不例外。但阿丹对美的执着与坚守却非常人所能及，阿丹将美视为自己生命的全部，一心追求完美、与美共存亡的这份心性，让久居俗尘中的芸芸众生唏嘘不已、望尘莫及。

与轻度智障的阿丹相比，先天性心脏病人金河的经历更让人觉得匪夷所思甚至是带着一丝丝诡异（《乘着歌声的翅膀》）。患有遗传性心脏病的金河，为抚慰年迈的双亲，在重病之际逃离家乡，孤身一人来到都市等待死亡的降临。幸运的是，金河得到了医生和社会的救治，成功接受了心脏移植。可移植后金河总出现幻听，眼前总是浮现前主人的影像，性情、性格也与前主人极其相似。心脏的原主人薛淦因患有先天性残疾、肋骨错位而被父母抛弃，整日流浪偷盗，一次入室盗窃因失手杀害女大学生，薛淦因自己的罪行而受到了应有的制裁。金河查清了心脏原主人的经历后，内心苦恼不堪,为原主人的苦难与孤独所困扰,最后选择自杀来结束自己可贵的生命。薛淦从小就被生活所遗弃,不知亲情为何物,渴望得到他人的信任与尊重,失手杀害女大学生也是源自女生对他的信任缺失。同样是患有先天性疾病,金河却幸运地得到了社会的广泛关注,改写了自己的命运。薛淦那颗饱受苦难的心,伴随着手术在金河的体内得以复活,金河为薛淦的罪恶不断忏悔甚至是寻求救赎,为薛淦的悲惨遭遇而寝食难安,最终撕裂了金河那颗柔弱不堪的心。在这篇小说里,须一瓜试图告诉我们:人可以超越物质性的存在,身体与心灵是可以一分为二的,一旦肉体的健全与心灵的千疮百孔形成一对无法调和的矛盾时,心灵带来的罪恶感与忏悔感比肉身的折磨更能摧毁一个人的生存意志。桥梁设计师小齐(《忘年交》)选择自杀亦是如此。小齐将孪生弟弟的意外身亡归结于自己而彻夜失眠,在对妈妈与弟弟的思念与忏悔中选择了做生活的弱者,用自杀来结束年轻的生命。

心灵的不健全有的时候比身体的残缺更容易将个体推向生存的绝境。生活在爱的不完满、亲情缺失的家庭环境中的个体,通常在性格上较偏执,心理上或多或少留有阴影,对亲情与婚姻持某种偏见,这种偏见有时甚至会在个体的生活中产生致命的毒瘤。如性格偏执的陈阳里(《有一种树春天叶儿红》),为了证实同事杨鲁芽所倾诉的爱情的不堪一击,主动诱惑杨鲁芽年过六旬的丈夫童大柱,与童大柱发生性关系后后悔不迭,对爱情彻底失望,对肉欲与情感间的分裂深感厌恶,于是选择自杀。细究其原因,不难发现陈阳里对于爱情有着自己独特的标准——跟着感觉走,超越世俗的现实因素,以两人间的心灵沟通为最重要的因素。童年期父亲对母亲的背叛,给陈阳里以沉重的心灵伤害,总感觉男人靠不住,爱情难以抓牢,但她又不愿意过没有爱情的婚姻生活。所以,才会执着于杨鲁芽与童大柱之间的"美满婚姻",才会寻找各种机会、创造各种条件来摧毁二人维持了三十多年来的坚固婚姻,用自身的肉体来证实婚姻的脆弱与男人的轻易出轨。陈阳里死后,童大柱仍然能够保持自己原初的生活轨迹,并以"神经病"的结论来与她告别。陈阳里的自杀是死于对爱情、对婚姻、对男人的彻底绝望。在她看来,在杨鲁芽对自己美满婚姻的娓娓道来中,他们二人的婚姻是最忠贞的。但外界任何一点诱惑的契机同样可以撕毁美满婚姻的假面,竟连三十多年来牢固的婚姻也会有裂缝与暗区,那还有什么值得这个年轻姑娘去坚守、去追寻、去向往与憧憬的呢?对爱的极度渴求导致陈阳里走向了生命的极端。有的时候,死比绝望地活着更容易。

童年期残缺的家庭生活在陈阳里的心里播下了怀疑与绝望的种子,这颗种子在适宜的土壤中茁壮成长,但开出来的却是人性之中的恶之花。陈阳里的心理已经发展到了变态的境地，对杨鲁芽婚姻的艳羡竟演变为病态的嫉妒，在对他人婚姻的考验中，陈阳里内心中那点破坏欲与恶欲远远占据了上风，以致连带着葬送了自己。《茑萝》中的小冈同样也是在爱的匮乏中成长起来的“问题少女”。8岁以前的小冈是父亲溺爱的宝贝，孪生姐姐却是父亲施暴的对象。姐姐为报复父亲跳楼而亡，这件事给小冈带来永远都无法抚平的心灵创伤，小冈感觉8岁以后的自己实际上是在为死去的姐姐复仇，一切的叛逆与屈辱，都源自父亲。在父亲的暴力下，小冈一再隐忍，门牙被磕落，耳朵被打聋。高考落榜、与有妇之夫谈恋爱、与鳏夫“我”恋爱，这一切都是为了让父亲难堪与失望。父亲的死，让小冈开始静静地回忆与讲述自己曾经所经历过的身体与心灵的双重戕害。在接到父亲死讯时掩饰的平静与悲哀背后，蕴含着一个少女在成长期间所遭遇的极致的暴力与爱。父亲王卫国在小冈的叙述中，有着截然相反的两面：一面是细致、体贴、温柔的慈父；另一面却是暴戾、乖张、凶残成性。双面父亲在小冈的成长中，刻下了难以磨灭的伤痕。父亲的爱与恨，父亲的暴力，极度扭曲了少女小冈的心理，改变了小冈预定的成长轨迹。父亲的死亡，让小冈彻底放下了对他的痛与恨，放下了心中的屈辱，回归到正常人的情感轨道，完成了自己人格的健全成长。在这对父女关系中，在这个家庭中，父亲对孩子的爱以极端的方式呈现，父亲的爱与爱的施予方式让人窒息，母亲为迎合父亲不惜将女儿推向绝境，女儿对父母的情感只能以一种愤懑的方式来发泄与转移。茑萝作为孪生姐姐喜爱的一种植物，在小说中寄予了一种非凡的寓意：花期短暂易凋谢，却生命力强盛，是否也在意味着小冈与姐姐、父亲间纠葛不清、剪不断理还乱的亲情呢？小冈在父亲死后，离开了年龄上可以充当她父亲的“我”，说明她终于摆脱了家庭的梦魇，开始卸下沉重的心理包袱，过上正常人的生活，回复到心灵的平静。父亲这一重要角色，在陈阳里与小冈的成长中，都承担了负面的效应，陈阳里的死与小冈的重生，这两种不同的结局恰恰也是个体成长过程中心智发育的差异所致。从心理层面来讲，陈阳里与小冈可以看作是心灵的智障者，家庭的影响导致她们对爱、对亲情有所保留，内心的残缺使她们无法像正常人一样感受爱的温馨与甜蜜，只能在心灵的困境中挣扎度日。

都市异乡人也好，罪犯也好，身心“智障者”也罢，这些“边缘人”虽远离世俗生活关注的焦点，但在他们身上体现出来的梦想与执着、爱与恨、善良与高贵、心灵的忏悔与救赎，却实实在在地不应被置于边缘，而应成为我们大多数人灵魂自审的参照物。来自社会底层的异乡人，他们穿梭于茫茫人海，怀抱着梦想在现代化的都市中过着卑微的生活，用自己的血汗诠释了生存的苦与乐、活着的艰辛与幸福。那些因过失而步入歧途的罪犯，用虔诚与忏悔书写着人性的善良，用生命来寻求灵魂的救赎，将罪与恶之间的差异演绎到了极致。身心“智障者”同样拥有易被他人所忽略的细腻情感，在他们的内心世界里，对美、爱、恨、罪恶的衡量有着属于自己的标准，生或者死对他们而言都只不过是遵从自我的内心而已。感谢细腻、悲悯的须一瓜，是她重新唤起了我们对这些被边缘化了的群体的关注，唤醒了我们对生命的尊重与敬畏，激发了我们对生活的热爱与追求，让我们在俗世红尘中能够驻足倾听内心的声音，善良、宁静地生活，重寻人世间已失落了的美好。

（载《小说评论》2015年第4期）

主要作品目录《

长篇小说

《太阳黑子》，上海文艺出版社2010年版。

《保姆大人》，译林出版社2011年版。

《白口罩》，北京十月文艺出版社2013年版。

《别人》，作家出版社2016年版。

《双眼台风》，浙江文艺出版社2018年版。

中短篇小说集

《淡绿色的月亮》，春风文艺出版社2004年版。

《蛇宫》，华艺出版社2004年版。

《你是我公元前的熟人》，群众出版社2005年版。

《提拉米酥》，北京航空航天大学出版社2007年版。

《火车火车娶老婆没有》，重庆出版社2013年版。

《第五个喷嚏》，重庆出版社2016年版。

《老闺蜜》，北京十月文艺出版社2016年版。

《国王的血》，长江文艺出版社2017年版。

中短篇小说

《太田母斑》，《福建文学》2004年第1期。

《毛毛雨飘在没有记忆的地方》,《人民文学》2004年第9期。

《我的兰花一样的流水啊》,《钟山》2005年第3期。

《一个魔性切片》,《海上文坛》2005年第6期。

《SS—7导弹穿越12朵红菇》,《中国作家》2005年第5期。

《前面是梨树后面是芭蕉》,《上海文学》2005年第11期。

《老的人,黑的狗》,《作家》2006年第1期。

《回忆一个陌生的城市》,《收获》2006年第3期。

《西风的话》,《人民文学》2006年第11期。

《贵人不在服务区》,《晚报文萃》2007年第6期。

《它在灿烂的阳光里过来》,《青年文学》2007年第8期。

《乘着歌声的翅膀》,《山花》2007年第8期。

《少许是多少》,《收获》2007年第4期。

《一次用心筹备的邂逅》,《上海文学》2007年第1期。

《大人》,《人民文学》2008年第8期。

《二百四十个月的一生》,《上海文学》2008年第1期。

《灶上还有绿豆羊肉汤》,《北京文学》(原创版)2008年第2期。

《红痣》,《伊犁河》2009年第1期。

《四面八方,菱菜芬芳》,《天涯》2009年第2期。

《黑领椋鸟》,《上海文学》2009年第4期。

《火车火车娶老婆没有》,《人民文学》2009年第11期。

《我的太阳》,《中国作家》2010年第3期。

《海鲜啊海鲜,你怎么那么鲜啊》,《小说界》2010年第6期。

《义薄云天》,《人民文学》2010年第9期。

《毛毛虫》,《上海文学》2010年第9期。

《小学生黄博浩文档选》,《人民文学》2011年第3期。

《丰满的一天》,《上海文学》2011年第4期。

《茑萝》,《北京文学》2011年第6期。

《豌豆巅》,《芒种》2011年第10期。

《忘年交》,《人民文学》2012年第1期。

《国王的血》,《收获》2012年第3期。

《寡妇的舞步》,《天涯》2012年第2期。

《智齿阻生》,《时代文学》2013 年第 9 期。

《第五个喷嚏》,《长江文艺》2013 年第 10 期。

《灰鲸》,《花城》2016 年第 2 期。

散文集

《打败时间的不只是苹果》,河南文艺出版社 2017 年版。

徐 坤

女，1965 年生，辽宁沈阳人。

小　引《

在徐坤进入文坛之前,中国当代女作家还没有多少性别意识。岂止是当代,在“五四”以后的整个现代文学中,女作家的性别意识,似乎都比较淡薄。这一来是因为旧中国的女儿们,受压迫、受禁锢太久太深,不是一下子就能够觉醒,要有一个“慢慢来”的过程。就算是后来有一个新文化运动,从西方输入了女性解放和女权主义之类的理念,也只让这些旧中国的女儿们经历了一番灵肉的躁动。在这个过程中,女性也确曾获得了翻身和解放,但这种翻身和解放是与男性一起共享的,并没有特别的性别方面的权益。现代中国女性争取经济和政治的权利,也许不像西方女性那样,主要是冲着男性去的,而恰恰相反,是与男性一起并肩战斗,去争取他们所共有的翻身和解放的权利,这权利一旦到手之后,男女也便分享了。所以中国就不像西方那样,有过独立的女权运动。因而也就没有在这个运动中形成的思想——女权主义或女性主义。

说是西方的女权主义或女性主义的发展经历过两个大的阶段,第一个大的阶段,主要是争取经济和政治的权利,通称女权主义。第二个大的阶段,则主要是争取性别的权利,通称女性主义。这当然都是学者们的一些区分,实际的情形可能要比这种区分复杂得多。就说这第二个阶段争取性别的权利吧,在西方又往往与性别之间的关系即性的问题联系在一起,偏偏在中国,性的问题始终是一个讳莫如深的敏感问题。因此,在这一个阶段,尽管西方的女性同样闹得沸沸扬扬,中国的女性却依旧无动于衷。现代中国文学与西方的女权主义或女性主义绝缘,大抵是因为这些原因。

尽管如此,在国门大开之后,西方的女权主义或女性主义毕竟都传进了中国,加上世界妇女大会在中国的召开,女性似乎一下子明白了许多道理,女权主义或女性主义于是也便成了当代中国女性的一个新的想象和阐释的空间。借助西方的这种女性文化理念,学者们开始研究女性的存在和女性的历史,作家们尤其是一些女性作家,则把女性的生命和女性的生活包括女性的身体,作为自己想象的对象,女性主义文学潮流于是勃然兴起。

当是时也，正是徐坤在文学上的出道之日。根据她的“自述”，她起先在作品中“反串”男性角色，是刻意回避女人的“小”（即所谓“小女人”文学）。而后很快就意识到女人的“弱”，于是就有了《狗日的足球》等作品的无力的抗争。再后来进一步发现了女人的“弱”和“小”，皆缘于女人自身的困惑和矛盾。这困惑与矛盾，换一个中国式的词语来表达，就是“懦”。于是便有了《厨房》等作品的两难处境。这个线索，本辑主笔，我的博士生易文翔已经梳理得十分清楚。稍知近十年女性文学状况的读者，就不难看出，徐坤的这些表现，与其说是张扬女性的权利和性别特征，不如说是对张扬女性权利和性别特征的一种自觉的反省。因而就其创作的种种表现而言，与其说是属于女性文学的范畴，不如说是在对标榜女性主义的女性文学的一种颠覆和解构。

这种颠覆和解构，在现代中国文学中，说来也是有传统的。现代文学的祖师爷鲁迅的那个经典的提问“娜拉走后怎样”，无疑是对“五四”时期女性解放思潮的一种质疑和挑战。按照鲁迅的说法，娜拉从那个金丝鸟笼般的“傀儡家庭”出走之后，只有两条路可走：“不是堕落，就是回来”。他的那篇独白体的小说《伤逝》，就用一对年轻人的婚姻悲剧，证明了他的这个判断的确凿无误。这无疑给当年渴求个性解放和婚姻爱情自由的男女青年，泼了一瓢冷水。但这冷水，反过来也证明了这泼水人的清醒和冷静。

我不敢拿徐坤来比鲁迅，但证之她的创作，你不觉得佩茹与她的下属发生的一夜情，对于这样的知识女性来说，也是一种道德和人性的“堕落”？而枝子的渴望回到“厨房”，不管成功与否，难道不是出走了的娜拉的一次想“回来”的表现？从这个意义上说，徐坤至少是在学习鲁迅，向热衷女权和张扬“女”性的“主义者”们，作一次严峻的挑战。这挑战，首先表明徐坤不是一个女性主义者，其次则表明，徐坤作为一个知识人，也有她所特有的一份清醒和冷静。

徐坤的创作当然是很丰富的，但她在作为女性解构了女性主义的同时，又作为知识分子，解构了知识分子的精英意识，因而不断地进行文化的“解构”，就成了徐坤创作的一个基本特征。这特征就使得徐坤作为一个女性作家，却有一股男性的气质；作为一个知识分子，却更加接近大众的趣味和心灵。这对徐坤来说，也许是一种矛盾和悖论，但正是这种矛盾和悖论，让徐坤从初登文坛以来，就一直不合流俗，在男人和女人之间，在大众和精英之间特立独行。

自 述《

关于文学的光荣与梦想

一、创作历程

处女作中篇小说《白话》发表在《中国作家》1993年第1期。随后又在《中国作家》上发表《斯人》和《一条名叫人剩的狗》。当时主持《中国作家》工作的是章仲锷先生，正是由于他的力荐和拍板决定，中国作协的机关刊物《中国作家》才打破常规，在一年之内连续发表一位新作者的三篇小说，从此使我顺利走向文坛。

1994年，在我28岁之时，不知是受怎样的激情和热力的支撑，以一口气连续发表六个中篇的速度，完成了在文坛的首次亮相。这些作品都是描写我所熟悉的知识分子生活的。那时的写作，追求和遵从的是纯粹文学史的理想和尺度，不考虑“性别”以及“市场”因素。更有甚者，我那时还因为惧怕被当成“女作家”“小女人”品头论足，便故意在《白话》和《呓语》两篇小说中反串男性角色出场，其他作品也都刻意将自己的女性性别隐匿，唯恐因本身是女人而惹来闲话遭殃。

1995年发表的小说被《小说月报》频频转载，《小说月报》那时的发行量有四十多万份，正是它使我的小说为众多的读者所熟识和接受。本年度，第四次世界妇女大会在中国北京怀柔召开。这是一次对中国妇女命运尤其是对中国的女性作家写作产生决定性影响的会议。从此，“性别”这个因素堂而皇之地被提到宪法法律、科学研究、政治经济以及文学艺术领域里来，诉诸表现和表达。这一年参加了女作家“红罂粟”丛书系列，中短篇小说集《女娲》出版。

《狗日的足球》发表后，被当成女性主义的代表作，影响之大，超出了我的意料。其一可能是因为这之后的一些年里“女性主义”在中国泛滥；其二是因为中国足球开始职业化，联赛制实行以及一次又一次艰难地向世界杯冲击，使得一大批职业和非职业的球迷疯狂涌现。“女性＋足球”无意间成了这篇小说的最好看点。但是写作它的时候，却多少有点游戏色彩，它只是缘于我在1996年7月去北京工人体育场观看的马拉多纳率领阿根廷足球队来北京跟国安队踢的一场商业比赛。一睹偶像风采之后,就想写篇东西赚回球票钱。

1997年,是发表作品比较多的一年,有七篇作品。1998年,也是创作丰收的一年,发表了八篇作品;6月,世界杯开战,写下了许多足球文章;7月,应《西南军事文学》之邀去西藏,这是一生当中最难忘的体验。

2001年10月,开始写作长篇《春天的二十二个夜晚》,12月10日写完;2002年1月由春风文艺出版社出版。

2004写第二部长篇《爱你两周半》,从选题的构思到出版有将近一年的时间,小说的背景是"非典",我觉得活这么大,头一次赶上这种灾难性的东西,以前一直都是一帆风顺地成长,突然老天爷降临这么大的灾难,就很想把它记录下来。尤其是书中写的女教授梁丽茹去云南,她一路上因为是从北京去,一路上挨打受骂。书中写了特别真实的生存状态,我就想把它记录下来。就想了怎么安排整个故事、人物情节。我从祖国的西南端走到最北端,等于是从疫区的中心到外围,上上下下、里里外外都经历了一下。我想别的作家没有这份幸运,我突然间就看到了很多的东西。我也看到外省的作家以"非典"为背景写的电视剧、小说。我觉得有很多虚构的东西,封闭了一栋楼,相互之间还串门、跳、乐。其实,根本不可能。在那时候,所有的人都对自己生命有潜在的威胁。包括那时候导师、学生,都戴很厚的口罩。如果不是经历了那种生活,那肯定是想象不出来的。

二、创作谈:光荣与梦想

成为一名作家,一直是我儿时的梦想。从童年开始一直到往后十几年的漫长求学过程里,每走一步,似乎都在朝着这个方向进行着坚韧不拔的努力。就像梦想着成为贝利那样伟大球星的小球员一样,他深深知晓自己童年训练时的每一次颠球过人和盘带射门,都是在给未来踏上球场辉煌之路铺着基石。

看一看在我们出生之前,那些名垂青史的伟大作家是如何论述他们所从事的职业的,就能明白我们这代人胸中对于成为作家的激情和热度的思想来源。我所敬佩的美国作家威廉·福克纳在1949年诺贝尔文学奖受奖辞里就曾说过:"人之所以不朽,不仅因为在所有生物中只有他才能发出难以忍受的声音,而且因为他有灵魂,富于同情心、自我牺牲和忍耐的精神。诗人、作家的责任正是描写这种精神。作家的天职在于使人的心灵变得高尚,使他的勇气、荣誉感、希望、自尊心、同情心、怜悯心和自我牺牲精神——这些情操正是昔日人类的光荣——复活起来,帮助他挺立起来。诗人不应该单纯地撰写人的生命的编年史,他的作品应该成为支持人、帮助他巍然挺立并取得胜利的基石和支柱。”

正是诸如此类的伟大的声音召唤着我们，使得在我们先前的那个年代里面能够优秀作家辈出，他们用自己的笔，尽着帮助人类去追求和框定美并孜孜不倦探索真理的职责。

尽管在我们出生之后、及至我们成长起来、在年龄和阅历上有资格成为作家时，“作家”这一概念正面临着不断被修订、被改写的危险，然而，就在那场解构和颠覆运动中所剩无几的、传统观念的坚守和保卫者却令我们见到了力量和希望，他们用强大稳固的世界观关照着我们在这个摇摆不定的世界里紧紧把定文学的方向。正是他们让世人树立起对“作家”这一古代流传下来的、居于主流、而今却正濒于文化边缘的人类群体的信心。

成为一名伟大的作家是我毕生努力的目标。尽管这在当今21世纪以经济全球化为旨归的复杂多变的文化现实里显得有些过时和可笑，但是，我知道，这是在我有生之年以我的生存技能和体力来说唯一可以为之实实在在奋斗和努力的事情。我希望在我写作的每一个个体化的情感故事背后，都能发掘出人类内心里最本质的东西，因为那才是人的真实所在。今天，当我们不再去动辄宣称那些伟大的理想，也不再将探究真理挂在嘴边时，作家的使命，最能够简单平易达到的使命，就是在人类的心灵与心灵之间搭筑起一座桥梁，以助人们之间的相互沟通和理解。

梦虽醒来，而光荣尤在。

访　谈《

坚持自我的写作

——徐坤访谈录

易文翔　徐　坤

易文翔：从1993年开始创作，至今有十来年时间，您觉得最大的感触是什么？

徐坤：内心白发苍苍。

易文翔：初次接触您的作品，就能感觉到与一般女性写作的很大区别。从一开始，您是有意识地这样进行创作的吗？

徐坤：我并没有特意做过什么准备，1989年从辽宁大学研究生毕业分配到北京，在高校教了一年书，然后到社科院，正赶上下乡，待了一年，回来后就开始写小说了。那阵子国家的形势发生了很大的变化，我和许多人一样，一时难以适应，可以说切身感受到知识分子的失落，原来做学生时的一些想法、抱负、理想之类的，在现实面前碰得粉碎，人心里感到很灰，不知道前面的路该怎么走。那时候比较多地读米兰·昆德拉等人的东西，同时也开始了我的小说创作。

易文翔：您曾经拥有作家和学者双重身份，这在中国当代文坛比较少见。学术研究以理性为主导，文学创作更倾向情感性，二者思维方式存在差异。两方面做得出色的也有先例，如萨特、米兰·昆德拉，但他们的小说创作似乎更多是作为其哲学思想或学术研究的注解。读您的小说时，没有这个感觉。小说创作和学术研究在您那里似乎是两条平行线，分别有条不紊地前行。这种身份的转换，您是如何把握的？在这两种身份中，哪一个更是您自己？

徐坤：我一直在为摆脱这种"双重身份"而努力。事实上，人的安身立命，只要有一种身份就足够了。我觉得一个人的身份越单纯越好。如果自己在写，又在评论别人的东西，就觉得稍微有点拧着，就像球场上的黑哨，自己踢球又当裁判。所以就要把握好自己写作的尺度和评价别人的尺度。现在，我只是一个作家。"作家"，对我来说，已经足够。它代表着至高无上的光荣。

易文翔：您在初登文坛时就展现出泼辣、无所顾忌的文风，总能发掘事物可笑的一面，比如《招安，招安，招甚鸟安》，同样是对小学教育的审视，在您那里，不见那种"救救孩子"的沉重反思，而是犹如一个顽童将旧式的教育方式拆解、调侃，让人在轻松阅读的同时领略其中的讽刺意味。您是如何把握这种写法的？

徐坤："举重若轻"是我孜孜以求的写作境界。

易文翔：早期创作的叙述流露出来的机智、谐趣、调侃与反讽，让您被人称为"女王朔"。我觉得，较之王朔带有"痞气"的"侃"，您的小说语言更有知识分子智性的成分；读王朔的小说，多多少少总感觉有点沉重，而在阅读您的小说时，不时能领略到某种叙述的快乐。对于这个问题，您如何看待？

徐坤：小说语言上的特点，我没有特意模仿和练习，也不知道是怎样形成的，写着写着就觉得该那么写。也许与生活在北京这个地方有关系。北京人特能"侃"，说话逮住一个话题能漫天雾幛地"侃"起来，冷不丁地"噎"你一下，让你觉得又有趣又难受。至于"女王朔"的说法，也只能表明当时情境下媒体包括评论家们对于"王朔"的认可和期待，跟我个人倒是没有太大关系。

易文翔:我觉得您是一位对生活感觉敏锐的作家,日常生活中的事件都能成为您小说创作的素材。最开始的《白话》源自下放生活,对足球和上网的爱好让您写下一批有关足球和上网的小说,创作源自生活是您的创作理念吧?另外,写作中的细节是否也是创作灵感之一呢?比如《鸟粪》中,思想者顶着一脑门子鸟粪,寂寞地坐在广场中央,这个意象给我有触目惊心的感觉,这个意象在《热狗》中曾出现过,我想它也一直萦绕在您的脑海里,促成《鸟粪》这篇小说的形成。

徐坤:是。

易文翔:您写了一批知识分子题材的小说。《白话》《先锋》《呓语》《斯人》等小说将知识分子置入带有戏剧性的境遇之中,我们看到了90年代知识分子的生存状态:失落中心位置之后的无所适从。迷失了自我的知识分子在小说中变得滑稽可笑。另一方面,我们也能感受到"先锋们"的无奈与悲凉、尴尬与落寞,《先锋》中撒旦站在麦地里孤独地守望似乎展示了某种庄严,与其行为的放纵形成强烈的反差。作为一名知识分子,您是否也感受到了这种矛盾性?您如何看待这种矛盾性?

徐坤:没有矛盾就没有知识分子。

易文翔:后来的《含情脉脉水悠悠》为解决这个矛盾开了一个药方:以善意的调侃和嬉戏释放心中的郁结。而且这似乎成了知识分子之间的一种默契,知识分子不必承担什么重任或大义,图得一时的口舌之快也其乐融融。这种方式让人读出了更多的无奈和颓废的倾向。您如何看待这一问题?您认为知识分子应该如何面对当下?

徐坤:重新给自己定位。

易文翔:在最开始的创作中,您反串男性叙述者的口吻,是否属于有意为之?《狗日的足球》讨论了语言上的男女不平等,男性掌握话语霸权,女性没有话语空间,是男性语言暴力的指向。您的反串是否是进入这种话语的一种方式?是否也是对于文学过于注重性别区分的一种反驳?

徐坤:当时是因为害怕,想成为"伟大作家"而不愿意被说成是"女作家",所以才反串男性角色出场。

易文翔:您是什么时候开始女性话语创作的?

徐坤:这可能与那时候"世妇会"召开前国内整体的大氛围影响有关。开始我也没想到刻意用女性话语来写作,后来发现一旦转移了视点,便能发现一些新的问题,有些东西只有在女性立场上才能传达出来并被接受和理解。

易文翔:对女性的关注是您的小说创作的另一个重点。在您的笔下,不时看到女性在生活中展露机智，《离爱远点》中的女编剧巧妙地摆脱了男性的困扰，《含情脉脉水悠悠》中的女记者恰如其分地处理各种关系。这些应该是融入了您自己的一种智慧？这种斡旋于复杂关系之中而游刃有余的能力，是您赞赏的一种能力吗？是否应当是当代女性立足于社会的一种本领？

徐坤：那是当时受了一些女权思想的蛊惑，写的比较不成熟的作品。

易文翔：您现在如何看待女权主义？

徐坤：女性主义的观念在90年代作为一批女作家的自觉意识，反映了女性的进一步觉醒，它与西方女权主义的影响有密切关系。至于自己是不是一个女性主义者，应该说我是女性，还没有主义。是持一种比较客观的态度对待这个问题的。

易文翔：《遭遇爱情》中的梅在与岛村的较量中，最终还是白费功夫。我想，这是您出于现实考虑的结果。也就是说，在您看来，女性想真正地游刃有余其实是相当困难的？

徐坤：男性也一样。如果不是把两性当成“共存”而一味当成“战争”，其结果，就是两败俱伤，谁也不得安宁。

易文翔：您在小说中探讨了女性的命运。《出走》讲述的是女人走出家庭后，最终只有回家的故事；《厨房》则是一幕“欲返围城而不能”的女性悲剧；《游行》中林格与三个男人的故事演绎了女性对于男性从崇拜到失望到最后绝望的心路历程。那么，您认为在现代社会中，女性的归宿到底在何处？

徐坤：自我的内心。

易文翔：《厨房》中的枝子，曾经为了事业放弃家庭，在商场获得成功后想做回一个传统女人，结果费尽心机也未被松泽接纳，她的处境让人想到“鱼与熊掌不可兼得”，这是您对“女强人”的一种认识吗？可以说，枝子的悖论体现了女性的集体无意识，您认为面对这种悖论，女性应该如何自处？

徐坤：那是1997年的作品。我估计到了2007年，游戏规则也许会改写，一个人的厨房也是一个很像样的厨房，吃起饭来也很香。不管是男还是女。

易文翔：您如何看待女性文学？对于当代女性文学，您的评价是什么？

徐坤：当代女性文学创作，我感觉是鱼龙混杂，泥沙俱下。

易文翔：婚外情是您笔触较多的题材，在您的笔下，男女结局完全不同，《橡树旅馆》中的女记者伊玫因为一次流鼻血的突发事件迷途知返，从情人那里回到丈夫身边；《如梦如烟》的佩茹最后还是理智地将情人调离了自己的身边。男性则似乎有些自食其果的意味，《热狗》中的陈维高为婚外情付出惨痛代价：家庭破裂、事业受挫，而且中风住进了医院;《洗脚》中的老疙瘩更是鸡飞蛋打,情人带着孩子和巨款消失了。二者的态度、结局不同,是不是说明您对女性更为理解或宽容?

徐坤:时代变了,许多规则都在变。“婚外情”已经成为社会有机体上的一部分活细胞。对它的评价也不断在变。至少,目前状态下,就变得比从前宽容。

易文翔:您的长篇处女作《春天的二十二个夜晚》讲述的也是关于爱情、婚姻的故事。这是一部带有自传性质的小说,您曾说写这部小说是为了自我拯救。写完之后,您有过“一把辛酸泪”“谁解其中味”的感觉吗?

徐坤:书出版后,许多打电话和写信来的多半是中年女性,她们纷纷在书中找到了自己。这让我意外。原以为写的是自己遭遇到的问题,却原来也是一个社会问题。

易文翔:您的第二部长篇小说《爱你两周半》又一次对身边的事件做出迅速反应,写非典时期的爱情,是否觉得更加得心应手了?是什么促成了您写这部小说?

徐坤:就是想写,有感而发。这本书从选题的构思到出版有将近一年的时间,最初有一个大致的构想,考虑成熟以后,首先希望它应该是一个都市的、爱情的、好看的小说。它的背景是借助了“非典”这样的非常时期,有可能这本书写的不是非典,而是其他的,像战争、其他的瘟疫、其他灾难。把人放在一个特定的环境里面,有一个相对集中的时间,写每个人的性格,彼此之间发生的变化。

易文翔:从“二十二个夜晚”到“两周半”,爱情在您这里似乎越来越短了,媒体也评论说您的这部作品是“拷问短命爱情”,这个数字是对速成又速朽的爱情的讽刺吗?

徐坤:我自己倒没有想到所谓“把社会百态、人性世相浓缩在短短两周半的时间维度里”的概念,只是想表达当前存在的一种真实状态。小说写好之后,很自然地写出了这个书名,顺嘴、具象。

易文翔:现在“非典”已经过去,人们对“非典”的记忆会逐渐模糊,您的这篇小说应该是帮我们这个民族记录一些东西。

徐坤:我在最初写这本书的时候就想到这个问题,我们是一个特别容易遗忘的民族。当瘟疫来的时候就避它如瘟疫一般,当瘟疫走的时候也是避它如瘟疫一般。我就觉得想把这段心路的变化记录下来,我觉得大家不应该忘记,值得去记取。

易文翔:您的文风从辛辣、犀利转向平和、舒缓,这是否说明写作的成熟?

徐坤:说明我已经不知不觉上了年纪。

易文翔:我想这也是考虑到读者接受吧。

徐坤：是的。以前写出什么就是什么，根本不会去想别人看得懂看不懂，能不能接受，那时是初生牛犊不怕虎，被说成“有才气”就是最大的褒奖。像《先锋》这样的小说，当时只在很小的圈子里引起关注。现在就不同了，在写东西时，先考虑一下读者定位，这篇东西是想写给谁看的。这里边有区别。比方说，写一篇论文，当然考虑的只是给同行和同道看，要按照业内规矩写；而写一本畅销小说，也会考虑到市场和读者群，在遣词造句的时候，考虑到那一部分读者群的接受和认知能力。

易文翔：早期的创作以知识分子题材为主，后来的创作比较偏重个人情感，尤其是两部长篇，这也算是一种写作转型吧？

徐坤：没转。早期是“男知识分子”唱主角，后期是“女知识分子”做主角。不知为什么，人们一见到主角是女性，就不再把她当成知识分子看待。

易文翔：近几年您的目光似乎较多关注日常生活。

徐坤：每个人观察生活的角度不一样，写作的出发点也就不一样，得出的结论往往也不一样。作家的职责不是表面化的，不是说看他穿什么衣服，吃什么东西，而是要从更深层次探究他的内心。这是作家的一个责任。作家就是要在日常生活中挖掘出人性最本质、最内在的东西，不是表面的轻微划伤，而是内心深处的感受和震撼。我基本上是把目光放在人物的内心描写上。

易文翔：评论界将您作为“新生代作家”中的一员，您认为“新生代”的作家，除了在时间上的代际概念，还有哪些共性？

徐坤：没有。就像“女”作家，除了出门都要上女厕所之外，彼此之间，并没有太多共性。伟大的作家，从来都力求自己是独一无二的。

易文翔：现在身为专业作家，您感觉如何？能否谈谈您的创作计划？

徐坤：以前是专业学者，业余作家，一边工作，一边分出心来搞创作，一个人干两份工作，压力很大也很累，很辛苦。现在可以专心致志写小说了，感觉当专业作家很幸福，身份和工作性质都变得单纯。接下来，我会给文学杂志写一些中短篇，同时，也为下一部长篇积蓄力量和资料。

评　论《

智者入世的游戏

——论徐坤小说的智性叙事

易文翔

徐坤是20世纪90年代崛起的一位颇具个性的新锐女作家，她初登文坛时反串男性角色，随后又以女性话语写下一批不同于“私人体验”的女性小说，90年代后期转向对世俗生活的关注，这些都呈现出与一般的“女性写作”不同的风格。但无论是通过游戏和狂欢的方式关注知识分子和世俗人生，探索人、历史、现实的内涵，还是对女性心灵的观照，徐坤采取的都是一种主动“入世”的姿态，以其自身的智慧阐释现实与人生。

一、“戏说”知识分子的存在

创作之初，徐坤是从她所熟悉的知识分子入手的。在20世纪90年代商业社会的文化语境下，知识分子不仅失却了文化精英的中心地位，而且在铺天盖地的“大众文化”包围中迷失了自我，甚至出现“失语”的状况。徐坤迅速捕捉到了知识分子这种生存处境，并机智地以“反题”的策略[①]介入，写下第一篇小说《白话》。

《白话》从语言的角度来表现当代知识分子的存在境遇。小说讲述一群社科院的硕士、博士下放到农村锻炼改造，知识分子的自省让他们意识到，知识分子与大众结合不起来的关键是因为双方使用的语言不同，一方用书面语交流，一方用白话说话，二者无法在同一基准上对话。所以，知识分子要改造，与大众打成一片，首先必须改造语言，放弃书面语，改用白话。于是，硕士、博士们决定像“五四”新文化运动那样“掀起一场白话运动”。在这里，徐坤从语言的角度指出了知识分子与农民大众的某种根本性差别。在哲学意义上，人源于语言而存在，语言是存在的家园(海德格尔语)，人的存在就是他的语言的存在，放弃或丧失自己的语言，就会出现存在意义上的缺失。正因为如此，《白话》中的知识分子陷入一种困境：他们为了“与大众打成

---

① 邵建：《知识分子写作——徐坤小说的读解之维》，《作家》1996年第2期。

一片”，放弃自己存在的根基——书面语，也就等于放逐了自我，放逐了自我的人在“大众”那里更找不到自己。“躁动的灵魂在原野上流”正是这种困境的表现。最后，“白话运动”不了了之，博士的被迫提前离开揭示出知识分子的尴尬境遇：“我们是既结合不进去又抽身不出来的流浪的一群。”这正是当代知识分子被“悬置”的存在处境：没有传统，失去信仰，对现实生活既不能彻底超脱又无法完全融入、适应，“躁动的灵魂”失去家园，只能在“原野”上“流浪”。

1997 年发表的《含情脉脉水悠悠》可以说是《白话》的延续。徐坤又一次将一群文化精英放置到一个特定的环境之中——一艘去往三峡的游船。小说从游船的“命名”开始。这些昔日风光无限的文学批评家、作家以及记者、影视制作人、歌星等文化明星，不满于“长江 168”即“一路发”这一名称的俗气，决定重新为它命名。在开篇，徐坤巧妙地通过一艘轮船身份的变更，隐喻一个时代的结束，而“精英们”为船重新命名的冲动暗示着精英知识分子确立自己话语权的欲望。然而，经过 80 年代的短暂光辉之后，进入 90 年代的文化精英面对物欲膨胀，消费主义盛行的大众社会，他们根本无法确立自己的话语权。被“无名”的焦虑缠绕着的精英们，困惑于自己想象力和语言的匮乏，就连表达自己的内心感受也只能像鹦鹉学舌般模拟艾略特“四月是个残酷的季节”，反复咏叹“五月真是个忧郁的季节”。最后，他们为轮船取了一个比“一路发”更俗的名称“东方猎艳号”，“这样一个诗意命名和猎艳队人员的基本组成就这样落实了下来”，暂时逃离了无法自我确认的尴尬，于是，一次精英的文化聚会演变为一场追逐异性的游戏，当代精英文化的完全溃败呈现出来。

《白话》《含情脉脉水悠悠》触及的都是知识分子存在境遇这一沉重话题，然而徐坤却以游戏、闹剧的方式表现，这便是徐坤睿智之处。张爱玲曾经说过，唯有以欢乐作底色，悲剧才会显得更苍凉，苍凉比悲剧更贴近人生的悲剧。作为“局内人”的徐坤，对于当代知识分子的“苍凉”之境，想必是“心有戚戚焉”，以“反精英”的姿态面对，也许更能切入问题的实质。

正是对知识分子生存处境的清醒认识，徐坤更多的时候以揶揄和反讽发掘人生的可笑之处，甚至将游戏发展到极致，用狂欢精神的“脱冕”将知识分子“降格”，打回“原形”。如《斯人》以“诗人——斯人——死人”指涉先锋诗人三段人生经历：写诗的人——憔悴的人——心死的人，这原本是一个关于知识分子存在悲剧的故事，然而我们在小说中看到的是一场场闹剧：校园广场上众人狂歌热舞，齐声大吼“哈哈，涅了一把槃”，第二天诗人就消失了；在办公室中，诗人受老姜的猥亵，将同事们幻化为大司命、少司命、山神、山鬼的群魔组合；在“托福气功报告会”上，各路人马群情激昂,振臂齐呼"ABCDEFG,要为中国争口气","HIJKLMN,做人就做美国人"……整个文本洋溢着欢乐的情绪,与文本的深层意义之间构成反讽。再如《梵歌》,整篇小说就是游戏之作,拍电视是游戏,开国际学术会议是游戏,博士论文答辩也是游戏,整个文本充斥着游戏的机趣和快乐。在游戏之中,徐坤借王晓明之口将历史与知识分子联系起来,历史"就是卢舍那大佛嘴里的两颗虎牙,我想安就安,说拔就拔","需要儒的时候就祭孔,需要佛的时候就推玄奘"。通过"戏说",徐坤在机智地破除"历史神话"的同时,也破除了"知识分子神话"。

就是这样,世间事物在她的笔下原形毕露,《先锋》中撒旦、鸡皮、鸭皮、屁特们对西方后现代派艺术拙劣的模仿;《轮回》对托尔斯泰《复活》的戏拟;《传灯》对"费厄泼赖"的新潮解释;《鸟粪》中"思想者"雕塑被当成废铜卖钱,最后淹没于鸟粪当中;《竞选州长》中的约翰为了当选州长阉割自己……这些都是游戏的体现。可以说,徐坤以"游戏"的姿态戏拟与反讽,点石成金,在文本意义的构成上形成张力,彰显一种叙事的智慧,从而获得了独特的艺术效果。

二、"另类"的女性体验

20世纪90年代以陈染、林白为代表的"私人化"女性写作,对于女性命运的观照是以一种拒绝男性的姿态出现的。她们笔下的女性几乎都是在对男性彻底失望后,就像蜗牛触到外界事物一样蜷缩进了自己的蜗牛壳,诉说着心灵的"私语"。作为一名"具有自觉的女性意识的作家,同时又是一位才气横溢的女学者"①,女性的命运自然是徐坤关注的另一重点,而学者的睿智与犀利使她注重与上述"女性小说"不同的女性体验,在批判男权中心的同时,更着力呈现一种女性的自审意识。

当徐坤把目光投向女性的那一刻,她就发现了女性生存境遇的一种宿命。《遭遇爱情》中的女人梅与男人岛村的交易是一场智慧的角斗,梅以温柔的声音和可人的仪态,使岛村在商业交易中做出了巨大的让步,当岛村在情感上的进一步深入遭到梅的拒绝时,他便利用合同上一个有意的疏漏狠狠地报复了梅。在这场男女斗智的游戏中,最终获胜的是男性。这应该是作者对于世界的一种理性认识,即这个世界一直就是属于男性的。这一点在《狗日的足球》中有着更为集中的体现。小说的女主人公柳莺,是一个非常平常的女子,她从未意识到自己需要什么性别立场,就连爱好足球也是因为受男友的影响。就是这样一个女子,在一次观看足球比赛中被男

---

① 徐小斌:《走近徐坤》,《当代作家评论》1996年第6期。

性狂欢宣泄深深刺痛了，因为那整齐划一的咒骂都是对女性最具侮辱性的词汇。柳莺想反抗，却发现“这个世界根本没有供她使用的语言，所有的语言都是他们(男性)发明来攻击和侮辱第二性的，所有的语言都被他们垄断了”，她所喊出的“狗日的足球”是那么孤单和微弱，最后她拼命地吹喇叭，但感到“自己的反抗力量正在一点点被耗尽，被广大的、虚无的男权铁壁消耗殆尽”，“一颗优柔善感的心也最后断裂了”。徐坤的高明之处，就在于她以一个先前并无性别意识的平凡女子被男权壁垒的围困而激发出来的愤怒来揭示男权中心的霸权，而柳莺反抗的脆弱和无力，则体现了她对于女性生存处境的清醒自审意识。

徐坤不仅指出了女性在男权社会中无法取得主动的宿命，而且更为深入的是，她揭示了源于女性自身性格矛盾的宿命。《游行》中的女记者格林正是这种矛盾的体现。格林是现代知识女性的典型代表，她热爱诗、散文、摇滚，对“诗人”和“艺术家”有着无限崇拜和追求，因此，她爱上了所谓的“诗神”——程甲，但很快发现这个“诗神”其实只是一个“穿着象征革命者一辈的大花裤衩”的伪君子。结束这段“诗意”之爱后，她又爱上了归国学者黑戊，然而黑戊发现格林意外怀孕后，马上逃开了，这让格林看到了其“假洋鬼子”的本质。这是一篇女性对男性彻底绝望，结束对男性崇拜的小说。徐坤的批判锋芒不仅仅是指向男性，她进一步深入格林的心灵世界。“他的自私和孱弱格林早就看明白了，可她为什么还不尽早抽身离开?”也许是因为“有一种过失不能弥补，不断忏悔又全心投入，委身成蛇一样彻骨的虚无，心动之后，再没有圆寂的净土”。可见，知识女性内心是充满矛盾的，一方面是对理想男性精英的诗意追求与向往，另一方面是对男权价值中心的彻底绝望与批判。因此，她们一时是“委身成蛇”的温情小女人，一时又是“颠覆一切”的女权主义者。这充分体现了作者作为知识女性的强烈的自审意识。女性心理的这种矛盾在女性同盟中则以另一种形式出现，试看《相聚梁山泊》，题名戏拟《水浒传》的男性结义，小说中各类职业女性对男性失望后，在女性同盟中寻找慰藉，一个个像“变了性的鱼”，称兄道弟，进行着同性的狂欢。然而，当她们其中一位的男友出现时，满场的女权人士立刻“柔软如初”，每个人都用崇拜和讨好的眼光注视着这个男人的一举一动，相互之间甚至开始了献媚的较量，此前那种“壮士断腕的姐妹豪情……顷刻之间就烟消云散，片甲不留，体无完肤了”。在这种“嬉笑”的文字中，徐坤冷静而客观地指出所谓女性意识高涨、女权运动兴起只不过是肥皂泡，经不起现实的一丁点儿触动。

如上所述，徐坤在“拆解”中体察和审视现代职业女性对男权中心反抗的虚弱及决绝的虚伪，同时她通过对成功女性的考察，进一步揭示女性命运的悲剧。《如梦如烟》中的女主人公佩茹就是这样一个典型。她的事业很成功，“距副局级的位置只有咫尺之遥”，又是“机关里最年轻的有处长头衔的人”，然而她家庭生活却是另一番景象，丈夫对她漠不关心，甚至对她主动的示爱也不予回应，家庭的温馨和女人的幸福对她来说荡然无存。于是，感到“格外压抑”的她与下属马悦发生了“一夜情”。尝到久违的情感体验后，她做出了“清醒”的抉择，坚决调走马悦，以牺牲个人感情换取仕途的平坦，即使这意味着回复以往死水般的生活。在这里，徐坤塑造了一个被“雄化”了的像男性一样“始乱终弃”的女性形象。这个形象展露了一个社会现实，那就是众多的职业女性为了事业的成功，不断克服女性的柔弱，为了取得社会的认可，不断丧失着女性的情趣。这实际上是一种“异化”，女性的这种存在已经成为继遭受男权社会歧视后的又一可悲的人生际遇。

佩茹尚有选择，而《厨房》中枝子所面临的则是没有选择的悲剧。“厨房是一个女人的出发点和停泊地”，小说的第一句话就暗示了文本涉及“娜拉出走”和“女性回归”两大女性叙事主题。在众多女权主义文本中，我们都能看到女性抛弃厨房、走出家庭的决绝和气魄，而“出走”后的她们很快在残酷的现实面前感到反抗的疲惫与无力，对未来困惑、迷茫，如果不像佩茹那样变成“中性人”，那么她们就会萌生“回归”的意愿。枝子便是这种女人，这个商界中的女强人，很渴望男人的疼爱和家的温馨，于是，她在男友松泽生日这一天，到松泽家亲自下厨，意欲用“做饭”这一女性拿手本领捕获男人的心，重新找到家的感觉。然而，领略了枝子用心的松泽，不愿将逢场作戏变成假戏真唱，他与枝子调情、做各种爱的游戏，但将枝子“完整”地保留到最后，送枝子回家。枝子忙乎了一晚，最后换来的只是从男人家里带出来的一袋垃圾。这最后的点睛之笔将女性人生的悲凉展现得淋漓尽致。枝子的失败说明“出走”成功的女性不可能“回家”的尴尬，她们在“二难”和“背叛”中不断地挣扎、漂泊。在当代的社会，女人这种不能“回归”比“出走”更具有现实意义。

女人为什么回不了“厨房”？现代社会的婚姻、家庭为何如此脆弱？徐坤的第一部长篇《春天的二十二个夜晚》给出了一个答案。这部小说是徐坤根据自身经历写成的，她在书写个体痛楚的同时，思考着这一病症的原因。小说通过一对夫妇的婚变揭示都市生活对人性的异化，个体在都市生活的“打拼”中逐渐耗尽。徐坤曾说，这部小说“一点也不‘私人’，而是一代人，或者说一群人的共同体验和生存遭际，就是那群带着80年代精神文化理想和文化资源走进北京、走进90年代的一群年轻人，他们面临这个巨大的历史和社会价值观念转型时所面临的困惑，以及向上行走时所付出的精神和肉体的代价”。在这部小说中，徐坤反思了现代人的婚姻，她认为在失败的婚姻中，其实没有真正的胜利者。这似乎昭示着她创作的某种转变。

三、在精英与大众之间穿行

徐坤早期创作具有鲜明的精英立场，表面“游戏”的背后隐藏着理性的自信，嬉笑怒骂的调侃中呈现自觉的批判意识，无可奈何的悲凉宿命中透露对人生及存在的思考。90年代后期，徐坤的小说出现了一些变化，有人从《沈阳啊沈阳》《小青是一条鱼》《厨房》《含情脉脉水悠悠》等小说中读出了她对普通人生的理解以及对普通人心灵世界的认同或同情，由此认为她不再以“精英”的姿态面对现实，而是更多地与世俗人生趋于认同[①]。对于这一点，我更愿意用徐坤笔下的一个人物作比，她写过一篇《行者妩媚》，小说里的孙悟空穿行于当代社会闹出种种可笑之事。我觉得，徐坤也有如孙行者，她穿行于精英和大众之间，以她的“火眼金睛”，暴露世相的“原形”。

如前所述，徐坤早期创作精英立场明确，除了对知识分子与女性两类人生存境遇的理性追问，其他作品，如《女娲》对历史的关注，《猫知道》《一条叫人剩的狗》等对人性的拷问，都呈现出理性批判色彩。另一方面，也如前所述，徐坤在早期创作中采取了游戏乃至狂欢的叙事，而游戏与狂欢正是贴近大众的一种方式，根据巴赫金的狂欢理论，狂欢源自民间，面向大众。在这个意义上，《白话》《先锋》《梵歌》等小说已经具备了这种大众的“狂欢性”，以《先锋》中一段关于“废墟画派”的解释为例：

> 《中华大百科全书·文艺卷·F类》：
>
> F：废；废都；废墟；废墟画派；崛起于二十世纪八十年代中期。代表人物：撒旦、鸡皮、鸭皮、屁特。代表作：《存在》，《我的红卫兵时代》，《人或者牛》，《行走》。影响或者贡献：唱念做打俱佳，呈前卫状，做先锋科。在纯洁绘画语言方面开创了中国后现代艺术的先河。
>
> （跨世纪出版社，2001年版，第1999页）[②]

这段文字不仅混合了戏剧用语、艺术用语、生物术语，而且在整体形式上也是对辞书文体的戏仿。这种以戏拟和杂糅话语消解宏大话语就是典型的狂欢化叙事。可以说，徐坤在早期创作中就开始以她的机智穿行于精英和大众之间了。

在90年代后期，徐坤的这种穿行更为自然。《含情脉脉水悠悠》中的调侃与嬉戏成为知识精英们释放心中郁结的方式；《招安，招安，招甚鸟安》以一个顽童的口吻揭示传统教育的弊端；《沈阳啊沈阳》《三月诗篇》《乡土中国》等小说显示了徐坤以感性

---

① 王光东：《徐坤小说论》，《小说评论》1998年第4期。

② 徐坤：《先锋》，《一个老外在中国》，新世界出版社2002年版，第210页。

体认的方式关注世俗社会中凡夫俗子的生存状况。

可见,徐坤是以一种积极主动的姿态介入现实生活的。近几年创作的有关足球和网络的小说,既是她个人兴趣爱好使然,也是她以写作的方式贴近当下生活。她对世俗生活的靠近,可以说是一种紧跟时代步伐的努力。一个无视社会潮流的人会变成时代的落伍者。《一个老外在中国》写的就是一个这样的落伍者。富有诗人气质的洋教师尼尔斯十年前第一次到中国执教,不仅享受着极高的经济待遇,而且被无数小姑娘的景仰和崇拜包围。他"是被高看的,具有很强的外国人在中国的优越感"。为了"理想"中的爱情,他与"加拿大的老婆离了婚,孩子也不要了",娶了一个喜欢他"shy"的女生。然而,这个女生嫁他的目的就是想跟着他出国。尼尔斯因此到韩国去教幼儿园。"两年后,女孩跟着一个老外去了美国",尼尔斯和韩国一样,充当了跳板。尽管如此,诗人尼尔斯依然对中国充满浪漫的憧憬,经过多番辗转,他重新回到中国,试图找回自尊,重温昔日旧梦。然而世纪之交的中国已经不再是尼尔斯所熟悉的十年前的中国了,"2000年的中国,需要关注的是环保,全球经济一体化,CEO,因特网,WTO,申办奥运,城市化,治理大气污染,打击盗版,知识产权保护,婚姻法修改……",小说所概括的2000年热点,反映了时代的变化。对于尼尔斯,他"诗人"的身份被视为"不务正业";蹩脚的发音、上课时不厌其烦地讲述他所热衷的乔伊斯的作品,令学生们难以接受;以往受师生多称赞的外教工作被新千年的博士们嗤之以鼻;生活上也不可能享受到十年前的那种热情周到的关怀……最后,他不得不带着破碎的梦离开了中国。尼尔斯的结局昭示了时代落伍者的命运。从另一个层面来看,小说通过一个老外的中国遭遇在展示世纪之交中国社会巨大变化的同时,对于当下国人的精神状态进行了冷静的审视,经济的腾飞的确带来了惊人的发展,然而当我们狂热地追逐物质时,某些精神上的东西正逐渐失去。"诗人"尼尔斯的落寞以及他走的时候"小心翼翼"地抱着"一对景泰蓝瓶",都蕴涵某种意味:对当代中国社会人文精神失落的反思,对人精神家园的追问……小说所体现的人文关怀不言而喻。

所以,徐坤走进世俗生活,并不等于完全放弃她的精英意识。她最近出版的长篇小说《爱你两周半》仍然是她穿行于两种意识的结果,网上评论说"这是一部严肃的作品,包裹了畅销书的外衣",这句话也说明了这一点。小说结合了各种时尚因素,如网络、房地产、大款、媒体主持人等等,尤其融入了2003年最大的"时尚"——"非典"。小说以"非典"为背景,讲述两段爱情故事:一是房地产大亨顾跃进与电视台主持人于珊珊的逢场作戏,因为"非典",顾跃进的一次留宿,使得他们不得不一起被“隔离”两个多星期；一是顾跃进的妻子——大学教授梁丽茹与年轻男教师董强的婚外情，两人共赴云南旅游，前前后后也是20来天。小说前半部分的描写保留了徐坤文风中固有的辛辣讽刺与调侃，尤其对于表面上在商场如鱼得水、踌躇满志，在情场上游刃有余、春风得意的顾跃进，通过他的呼噜以及种种陋习，撕下其“伪装”，暴露其“原形”。顾跃进与于珊珊在“隔离”期间共处一室，使他们将对方的缺陷尽收眼底，互相无法忍受，“隔离”解除的那一天，顾跃进立刻像“兔子一样跑掉，连声‘再见’都没扭回头来说”，于珊珊也感觉自己终于“解放”了。顾跃进与于珊珊这种无奈的两周半“爱情”所指认的无疑是人无法真心交流，无法以真面目坦然示人的生存现状。在梁丽茹身上，除了那段短命的爱情，还有身为“家乡人眼中的北京人，北京人眼里的外地人”的尴尬处境以及“非典”期间因来自北京而遭受的歧视。小说的后半部分是另一番场景——“非典”这场瘟疫使正常的生活失态，反而让迷失了自我的人们找回了自己：顾跃进在感冒发烧痊愈后大彻大悟，向“非典”医护人员捐款1000万元，并且得出一个沉痛的结论——没有亲人的房子不是家；在极度烦闷中走上“非典”的报道前线的于姗姗，在“庄严异常的送别”中“变得严肃了”，“一切轻佻和戏谑都不复存在，只有庄严，肃穆，惊心动魄”，“非典”将她的生活“洞穿了一个出口，让她看到了生命的本相和生存的本质”；梁丽茹舒缓了自己压抑的心性，对人生更有了自信，把自己的目标定在了书房这“一方小小的乐土”，并毅然决然地向顾跃进递上了离婚协议书……这些人经历了“非典”的“生死场”后，都不同程度上得到了自省与自审，找到了新的人生目标。与前半部分相比，后半部分流露出作者对人间的温情依恋以及对未来的希望。

孔子有云：“知（智）者乐水，仁者乐山；知（智）者动，仁者静；知者乐，仁者寿。”（《论语·雍也》）智者对于水的热爱有其独特的精神内涵，即对错综复杂的社会生活的深刻洞察，对流动不居的时间（人生）的体悟。徐坤的小说创作包含着这种洞察与体悟，因此才能如此自如地穿行于精英与大众之间。但精英和大众始终存在一定程度的对立，这就是她的小说被人认为存在矛盾或存在“媚俗”倾向的原因。如何在二者之间找到平衡点，写作更加游刃有余，或者选择其一为基点，也许是徐坤下一步写作需要思考的问题。

（载《小说评论》2005年第1期）

主要作品目录《

长篇小说

《春天的二十二个夜晚》,春风文艺出版社2002年版。

《爱你两周半》,作家出版社2004年版。

《野草根》,湖南文艺出版社2007年版。

《八月狂想曲》,北京十月文艺出版社2008年版。

中短篇小说集

《先锋》,北岳文艺出版社1995年版。

《女娲》,河北教育出版社1995年版。

《热狗》,中国华侨出版社1996年版。

《游行》,云南人民出版社1996年版。

《遭遇爱情》,长江文艺出版社1997年版。

《行者妩媚》,中国文学出版社1998年版。

《含情脉脉》,百花文艺出版社1999年版。

《小青是一条鱼》,中国文联出版社2001年版。

《白话》,时代文艺出版社2001年版。

《厨房》,华文出版社2002年版。

《一个老外在中国》,新世界出版社2002年版。

《橡树旅馆》,中国文联出版公司2004年版。

《午夜广场最后的探戈》,作家出版社2010年版。

《敬老院的春天》,新疆美术摄影出版社2012年版。

《一醉方休》,河南文艺出版社2014年版。

《徐坤精选集》,北京燕山出版社2014年版。

《金银花》,中国文史出版社2016年版。

《早安,北京》,华东师范大学出版社2016年版。

《遭遇爱情》,江苏凤凰文艺出版社2017年版。

散文随笔集

《我的日记》,河北少年儿童出版社 1999 年版。

《亲爱的自己亲爱的你》,明天出版社 2000 年版。

《坐看云起时》,辽宁人民出版社 2000 年版。

《网上有人》,百花洲文艺出版社 2000 年版。

《我的人生笔记》,时代文艺出版社 2006 年版。

《蛇仙驾到》,海天出版社 2017 年版。

文学研究

《双调夜行船——九十年代的女性写作》,山西教育出版社 1999 年版。

译　著

《泰戈尔诗歌的意象》([印]艾加·辛格著),沈阳出版社 1992 年版。

文　集

《性情男女》,中国青年出版社 2001 年版。

《狗日的足球》,中国青年出版社 2001 年版。

《中国作家经典文库·徐坤卷》,光明日报出版社 2002 年版。

《北京以北》,昆仑出版社 2004 年版。

《徐坤文集:八月狂想曲》(长篇小说),安徽文艺出版社 2015 年版。

《徐坤文集:春天的二十二个夜晚》(长篇小说),安徽文艺出版社 2015 年版。

《徐坤文集:热狗》(中篇小说),安徽文艺出版社 2015 年版。

《徐坤文集:厨房》(中短篇小说),安徽文艺出版社 2015 年版。

《徐坤文集:春上明月山》(散文随笔),安徽文艺出版社 2015 年版。

徐则臣

男，1978 年生，江苏东海人。

小 引《

因为曾经参与过创办武汉大学作家班，所以，这些年来，常常有记者采访这件事，或有报刊约我写点相关文章。我总是说，现在的大学体制不适合培养作家；我们办作家班，有经验，也有教训。这当然是就事实而论，如果要谈一点我的理性认识，恰好相反，我要说，未来的中国作家应该接受高等教育，需要大学培养。读宁肯、徐则臣这两位北京作家的作品，更坚定了我这样的想法。就这两位作家的长篇代表作《天·藏》《耶路撒冷》而论，用一句老话加套话说，它们的思想深度和艺术创新，都有赖于这两位作家从大学所获得的知识储备和思想训练。徐则臣在谈到近些年一些诺贝尔文学奖得主时说，他们“大多都兼善理论，都有自己鲜明独特的看待世界的方式，或者说，都能形成一套自己的美学体系。而且，其中大部分都在高校做过教授。他们的宽阔和精深都得益于他们的理论修养，他们有足够高超的能力把大问题说透”。言外之意，要当作家，尤其是要当个好作家、大作家，就得有较系统的知识储备、理论和思想的训练。这些东西，固然通过自学也可以习得，但就人类在当今社会所创造的传授知识、训练思维的场所而言，大学无疑是一个最好的去处。

不知从什么时候起，流行一种说法：大学中文系不是培养作家的地方，或培养不出作家来。这种说法虽然流传很久，却不知是谁说的，要考证出处，恐怕很难。其实，这个说法也无须考证，因为它原本就没有一个出处，只不过是在人们的头脑中流行的一个印象。问题是，这印象因何而起，却是一个需要探究的问题。在我看来，这起因有三，一是以往在有些大学的中文系，确实流行大学不是培养作家的，中文系培养不出作家来之类的说法，甚至在新生入学教育中，还要重点强调，以明确认识，端正态度，免得以后误入歧途。二是以前有一段时间，一些很有名的作家，主要是一些主流的革命作家，也确实没有上过大学，外国最有名的如高尔基，中国当时也很有名的，如被称为“中国的保尔”的吴运铎，写过《半夜鸡叫》的高玉宝等。还有如陈登科那样的，从学习识字开始，一步一步走上写作道路，当上作家的，也不在少数。就是有些初通文墨，读过旧式的私塾，或新式的小学、初中、高中，具有一定文化水平的，上过正规大学的也不多。所以那时节想当作家的年轻人，多半以他们为榜样。三是在很长一段时间内，文学理论特别强调生活的重要，尤其是有特定政治含义的工农兵的生活实践。要求作家要长期地、无条件地深入工农兵的生活，从生活中吸取创作的素材。为此，许多作家长期在基层单位挂职，有的作家甚至从大城市举家外迁，以接近生活这个唯一的创作源泉。这样的理论绝对是正确的，这些作家的精神，也绝对是可嘉的。但是，对于有了生活以后，怎么变成文学作品这一面，当时的文学理论却说得不多，或者说一点，也无非是对从生活中所得的素材进行加工、改造的一些基本的方法和手段，包括一些形式、技巧等方面的问题。至于对作品思想的深浅雅郑、艺术水平的高低优劣发生决定性影响的，作家所应该拥有的其他方面的条件，如上面说到的作家的知识储备和思想能力等，并不特别讲究。这样，无形中就造成了一种印象，仿佛生活与文学之间，是一种直线因果关系，生活只要借助一定的形式，通过一定的方法和手段，就可以变成文学，就像从园子里摘来一束花，放在一个篮子里，编织一下，就可以变成一只漂亮的花篮一样。这种看法自然与长期以来对文学的一种现实主义的理解有关，即文学是反映生活的，所以在文学创作中，生活是第一性的。有了生活，就有了文学。极端的情况是，有人甚至因此而模仿高尔基外出流浪，以为高尔基成为作家，是有赖于他的流浪生涯。这种极端的理解再往前跨出半步，你就可以说，流浪汉最有条件成为作家，这自然要陷入荒谬的境地。但这荒谬的另一面也说明，流浪汉之所以不能成为作家，是因为它缺少徐则臣所说的“鲜明独特的看待世界的方式”，没有“足够高超的能力把大问题说透”。或者，往高处说，缺少获得这种方式和能力的“理论修养”，没有“形成一套自己的美学体系”。

我引用徐则臣的话来说明这个问题，并不是说，要当作家就得成为学者或大学教授，而是说，20世纪以来的文学发展趋势，对作家的知识和学养的要求，似乎越来越高。这其中的原因，也不难理解。往大了说，当人类需要从文学中获得知识，多识草木鸟兽虫鱼之名，文学自然要重视知识的传播。当人类进一步要求从文学中看到自己，说一句理论一点的话，是将自己的生活对象化，作为自己的审美观照物，文学自然要努力反映生活。现在似乎到了这么一个阶段：已经有很多比文学便捷得多的方式获得知识，也有很多比文学更真实的方法反映生活，文学固然依旧可以传播知识，反映生活，但除了守住这点本分之外，或在干这点分内活儿的同时，似乎还应该，或更应该帮助人们想想与自己的存在和心灵有关的“大问题”。文学要表达徐则臣所说的这样的“大问题”，自然离不开知识和学养。因为要想这样的“大问题”，你就不能限于你的见闻，你个人的身之所历、心之所受，还要综合前人的见解和别家的经验，即人类此前和当下所创造的文明成果，这样你才能有大胸襟，大见识，才能高屋建瓴把这些“大问题”说透。我仍然坚持，这样的知识和学养，需要接受高等教育，需要大学培养。从这个意义上说，徐则臣和宁肯等作家的创作，代表了中国文学的一种未来方向。

自 述《

写作从神经衰弱开始

往回数，让我觉得跟写作有点关系的事，应该是高二时的神经衰弱。那时候心悸，一到下午四五点钟就莫名其妙地恐惧，看到夕阳就如履薄冰，神经绷过了头，失去了回复的弹性，就衰弱了。完全陷入了糟糕的精神状态中，没法跟同学合群。那种自绝于人民的孤独和恐惧长久地支配我，睡不着觉，整天胡思乱想，恍恍惚惚的，经常产生幻灭感，写日记成了发泄孤独和恐惧的唯一方式。从高二开始，一直到1997年真正开始写小说，我写了厚厚的一摞日记，大概就是在日记里把自己写开了。日记里乱七八糟，什么都记，想说什么说什么，怎么好说怎么说。后来回头看看，很多现在的表达，包括形式，在那些日记里都能找到差不多的原型。高二时写过一个几千字的短篇，模仿的东西，名字也学生腔，都想不起来为什么要取那样的题目了。接着高三，压力大，情绪更加低落，看张爱玲、苏童解闷，好像又写了一个中篇一个短篇，还给一家杂志寄去其中一个，当然是石沉大海，眼巴巴地盼了一些天，就老老实实去看书了。

我一直想当个律师，高考的志愿一路都是法律，只在最后的一个栏目里填了“中文”，填得很随意，觉得若是落到了这个地步，学法律大概也没什么意思了。哪壶不开提哪壶，就这么一个“中文”，还是进来了，所有的“法律”都不要我。进了中文系我颇有点悲壮，整天往图书馆跑，看了一大堆小说，但到底想干什么，心里没数，小说也写，那更多是习惯，觉得应该写点东西而已。

正儿八经开始写小说是在大一的暑假，1997年7月。那个夏天，我读完了张炜的长篇小说《家族》，穿着大短裤从宿舍里跑出来，很想找个人谈谈。我想告诉他，我知道自己要干什么了——我要当个作家。当时校园里安静得只有树上的蝉在叫，宿舍楼周围的荒草里飞出来很多小虫子。夕阳半落，西天上布满透明的彩霞，水泥地上升起看不见的热气，这个世界热烈但安宁。如果当时有人看见我，一定会发现我的脸和眼睛都是红的，跟晚霞没关系，我激动，非常激动，找不到人说话，我在宿舍楼前破败的水泥上转来转去，想大喊几声。当一个作家竟如此之好，他可以把你想说的都说出来，用一种更准确更美好的方式。刚开始读《家族》，我就发现我的很多想法和书里的很像，读到后来，越发觉得这本书简直是在替我说话。一个作家竟然可以重现一个陌生人，我感到前所未有的神奇，这个行当突然对我充满了不可抗拒的诱惑，为什么不当个作家？此前的文学阅读和启蒙，以及作为文学爱好者经历的诗和小说的写作训练，在合上《家族》的那一瞬间共同促成了我的决定：当一个作家。

就这么简单，1997年夏天我有了明确的未来，此后的12年里不曾中断和放弃。现在回头想那个黄昏，也许不乏矫情，但你若能理解一个心高气傲的年轻人像困兽一样失去方向地绕了一年的圈子，并且一直摆脱不掉梦想破灭的失重感，你就能理解他在获得一种深深契合他的方向时的激动和真诚。《家族》不是张炜最好的小说，那之后我也再没有重读，但它对我很重要。

我是那种喜欢一条道走到黑的人，既然要把小说当成事来做，那就心无旁骛，做得很认真。那时候的阅读量现在看来，几乎是可怕。看完了就写，很受马尔克斯影响，大二开始写一个长篇，年少轻狂，打算揭示鸦片战争以来整个民族的心路历程，并为此激动得常常睡不着觉，半夜想起来一个好细节，没有灯光，就趴在床上摸黑歪歪扭扭地写，第二天誊抄。没写完，只有几万字，现在还保存着，依然喜欢那个题材，以后应该会接着写出来的，因为现在回头看，还觉得挺有点意思。后来到了南京念大三大四，所有时间都用在读书和写作上了，写了不少，也开始发表小说，慢慢就上路了。不过也仅仅是上路，小说是个跟年龄有关的艺术，像巴尔加斯·略萨说的：没有早熟的小说家。2002年我到北大读研，开始"悔少作"，觉得24岁之前写的东西实在不值一提，那些小说还很虚弱，现在重读，总觉得当时没使上劲，也不太知道怎样才能使上劲，完全是稀里糊涂地写，"写"成了最重要的事。写作的速度也比较快，除了发表的，现在手里还堆了二三十万字的旧稿，前些日子我把它们翻出来，有的还有点意思，但是懒得修改，只能废了。

在北大的三年，学到了很多东西，北大给我的，北大的先生们给我的，我的导师给我的，还有一些作家朋友给我的，不仅对深入理解文学大有裨益，更重要的是找到了自己面对世界的方式。我的写作慢下来，慢得心里踏实，一步一个脚印，逐渐体会到了创造的乐趣，而不是车间生产的快感。

此外，也解决了一直折磨我的问题，就是理论和创作之间的矛盾，这是两种不同的思维路数，刚进北大的那一年，我很为此痛苦。写小说和散文，要感性，要形象和细节，睁开眼你得看到大地上一片鲜活的东西；但是搞理论却不是，你要逻辑，要推理，要论证，那东西本来就不是个好啃的骨头，而且理论更替的速度又比较快，要跟着大师跑，想着他们是怎么把这个结论捣鼓出来的，再考虑怎么把它化为己有。刚开始我真不适应，觉得自己的眼光放出去都是直的，干巴巴的，脑子也是，一条直线往前跑，整个人都有点侧身走路的味道，反正从里到外都被抽象过了。大概一年半后，情况有了改观，在两种思维和文体之间的转换相对轻松和容易了，想写小说就可以写小说，该写论文就写论文，基本上感觉不到有多大冲突，说到底它们不过是面对世界和表达自己的两种不同形式而已，基本上解决了两者的对立状态，生活又重新好起来。写一段时间小说，停下来看看理论、做做批评，既是休息和积累，也是补充和提高，接着再写。创作和理论之间有了一个不错的互动，逐渐进入了一个良性的循环。

很多人认为作家主要靠感性和想象虚构能力，不必看什么抽象的理论书籍，其实是个误区。作家只是长于感性和想象，并非不需要逻辑思辨能力，必要的理论修养和思辨能力对作家非常重要。它能让你知道你想干什么，你能干什么，你能干到什么程度，它能让你的作品更宽阔更精深，更清醒地抵达世界的本质，能让你高屋建瓴。这些年的诺贝尔奖得主，大多都兼善理论，都有自己鲜明独特的看待世界的方式，或者说，都能形成一套自己的美学体系。而且，其中大部分都在高校做过教授。他们的宽阔和精深都得益于他们的理论修养，他们有足够高超的能力把大问题说透。小说不仅是故事，更是故事之外你真正想表达的东西，这个才决定一部作品的优劣。当然，进去了出不来的不可能是好作家，最好的作家一定是感性和理性都擅长，并且能互动相长。

前面说到写作的慢，《耶路撒冷》写了六年，就它四十余万字的篇幅，这时间不能算短，可见，我写得很慢。写作之慢到了一定程度，当然让人恐惧，你会觉得你在从事一项永远也干不完的工作；那种孤筏重洋、茫无际涯之感，会让你生出彻骨的孤独和恐惧。谁也帮不了你。所以，小说写完，朋友问我关于此小说最得意之处是什么，我总是说：写了六年。六年的冷板凳我坐住了。在这个凡事效率为上的时代，朋友们禁不住要赞叹我的慢性子和执着的血型与星座，我只好继续解释：想快也快不了，这小说有点复杂。

《耶路撒冷》里的故事也不是像一阵风那样跑得飞快，人物多半都是走走停停、愁肠百转，过去、现在和未来，任何一个时间段都可能让他们沉溺其中。《箴言录》里有一段话：如果你能看，就要看见；如果你能看见，就要仔细观察。为了让他们看见进而看清楚——其实是让我自己看见和看清楚——我不得不对他们做加法；的确，我几乎是不厌其烦地深入到他们的皮肤、眼睛和内心，我想把他们的困惑、疑问、疼痛和发现说清楚，起码是努力说清楚。就三五天的事，我讲了五百多页，同样在这个讲究效率的时代，这显然不是一日看尽长安花的节奏。但我不得不动用如此纠结、缓慢的节奏讲述这个故事，因为，这一代人的事情的确比较复杂——慢是因为复杂，能有多复杂，就得有多缓慢。

我试图尽可能地呈现生于20世纪70年代的同龄人的经验。以代际划分人群和文学多年来饱受诟病，但多年来似乎也并未有更高明的方式更好地界定出中国现当代历史中显在的阶段性差异。1949年以降，大事频仍，多可以十年计。事实上，这些一个十年又一个十年的确每每都有翻天覆地、翻云覆雨之变化，且每一个十年似乎都可能在中国的历史上留下沉重的一笔。历史不会规矩地匀速、均质前进，我们所见之历史的轨迹显然取决于那些有效的拐点：有些拐点相距十万八千里，有些拐点触目惊心地挤作一团。所以，谈历史可以几百年云淡风轻、弹指而过，“一夜无话”；也可以钜细靡遗、分秒如年，得耐着性子地把那几天、那几年角角落落都说到，实在太重要。我不敢妄言生在70年代的一代人就如何独特和重要，但你必须承认，他们的出生、成长乃至长成的这四十年，的确是当代中国和世界风云际会与动荡变幻的四十年。人创造历史，历史同样也造人。如果这一代人真的看了，真的看见了，真的仔细观察了，那么，我可以大言不惭地说，这一代人一定是有看头的，他们的精神深处照应了他们身处的时代之复杂性：时代和历史的复杂性与他们自身的复杂性，成正比。如果你想把这个时代看清楚，你就得把他们看清楚；如果你承认这个时代足够复杂，那你也得充分正视他们的复杂。而看清楚是多么艰难和缓慢：有多复杂，就有多艰难；有多艰难，就有多缓慢。这还只是认识论上的复杂、艰难和缓慢，我要用文字呈现出来，还面临了小说艺术上的难度。这个难度同样导致了缓慢。

实话实说，我并非在六年里每天都写，甚至在前两三年里除了做越来越详细的笔记，正文一个字都没写，写不出来。我几乎看见了小说里的每一个细节，但我就是无法将它们行诸文字。那感觉特别像有一肚子话要说，张开嘴，发现失了声，我找不到自己的声音。这声音是小说的腔调，也是小说的结构，我没办法把一部分在我看来十分重要的东西和谐有效地纳入要讲的故事中。因为后者，我已经在构思中推翻了三四次小说的结构。它们的确貌似与小说主体故事无关，但是它们对于这一代人、这一代人的故事却有着撕扯不清的关系。它们确证了他们的复杂性，它们也增益了他们的复杂性。假如不能同时把它们呈现出来，这小说于我就不能成立；我不能有悖于自己对当下长篇小说这一文体的理解。

2010 年 10 月，在美国衣阿华州立大学参加国际写作计划，到了后半夜还在床上翻烙饼，突然头脑里一亮，仿佛烟花盛开，我找到了小说的结构：分奇数章和偶数章。奇数章是小说的主体故事，偶数章是初平阳写的专栏，总题目为《我们这一代》，以期全方位、多层次地勘察生于 70 年代的这代人；所有无法有机地揉进故事里的重要问题，得麻烦主人公初平阳用专栏一个一个地写出来。绕了很久的鬼打墙终于突围出去，我赶紧从床上跳下来找纸和笔。这些专栏要和小说的主体故事若即若离：太近了它们就没有存在的必要，适当的间离感要在；太远了跟故事八竿子打不着，要它何用？必须拿捏好那个度。哪个问题重要，哪个问题更重要，哪个问题用哪种方式呈现出来更合适，那个美国的后半夜，我在桌子上留下了一堆画满图形和文字的纸张。

奇数章和偶数章确定下来，事情还不算完，奇数章故事的结构我还得解决。大框架有谱了，小说的形象就越来越清晰，我几乎能看见它一天比一天长得具体。在奇数章里，根据不同章节的叙述任务，采用了严格的对称结构：以第 6 章为中心，第 5 章和第 7 章对称，第 4 章和第 8 章对称，第 3 章和第 9 章对称，第 2 章和第 10 章对称，第 1 章和第 11 章对称；相对称的两个章节里，叙述的重心落在同一个人物身上。

然后是人称的问题。以我对这小说的理解，三种人称全操练了一遍。因文体需要，专栏大多采用第一人称；故事部分，第 6 章采用了第二人称，以期更好地实现追问与自我质疑之效果；其余章节则采用了相对客观、全能的第三人称叙述视角——上帝或许不在，但上帝的眼必定在。

到这个时候，小说的前写作阶段才算真正完成。接下来才真正进入三年同样漫长的写作过程。但构思和预设是一回事，真刀真枪地干起来又是另一回事，你遇到的困难和障碍只会比前三年更多，而不是稍有减少。繁复曲折的结构固然解决了一部分小说的复杂性，但当你深入到细部，发现更具体、更可怕的才刚刚来临：构思是以大见大，写作是以小见大。如同建造宫殿，立起几根柱子固然不易，垒加砖石更加困难，你得掌握好每一块砖石的尺度和分寸。你垒下的不仅仅是一块块砖石，你垒下的是这座宫殿的四十五万分之一；每一个四十五万分之一不单是四十五万分之一，还是四十五万这个整体本身——你必须让它以具体而微的精确之身呈现出整座宫殿的雄浑的、自然的开阔和复杂。开阔、自然、复杂，是我对长篇小说这一文体的期许，如同莫言对长篇小说尊严的定义：长度、密度和难度。

所以我慢。所以我让小说也慢。我不畏其慢，我相信，有了复杂和难度你就不得不慢。慢也许是长篇小说必要的好品质：你能有多复杂，你就可以有多缓慢；你能有多复杂，你才可能有多缓慢。

访 谈《

到世界去

——徐则臣访谈录

游迎亚　徐则臣

游迎亚：先谈谈您的新作《耶路撒冷》吧。

徐则臣：这小说出版已经半年多了，大大小小接受了几十次采访，边边角角差不多都谈了一遍，就简单说点吧。小说的接受情况比我预想的要好得多。已经加印了三次，获了腾讯书院文学奖、老舍文学奖等奖项，也进了一些好书榜或排行榜。当然，这些荣誉本身不能证明它就是一本好书，还需要时间去检验，但从虚荣心的角度，对我的确是个安慰。小说写了六年，漫长的时间里我不可避免会猜测它悲惨的命运，因为这小说的确跟我们习见的长篇不同，做了很多尝试，不管是结构还是叙述方式，它对我们常规的审美和接受还是有些冒犯的，而且篇幅比较大。所以，我不能说这些肯定和鼓励对我不重要。我希望在这本书里探讨70后一代人的精神困境和可能性，当然是我一个人眼中的70后，不是要为谁代言。关于这个代际的讨论，其实也面临了一定的非议。不过无妨，文学要做的就是寻找某种可能性。

游迎亚：虽然您说您写的是个人眼中的70后，并不欲为谁代言，但是个人都多少带着群体的印记，您又是如何理解作家的群体性和个人性的？

徐则臣：共性和个性都是相对的，也是一代作家“是其所是”的根本，既一体两面，也互为表里。生活在同一时代，世界呈现出相同的图景，它对作家们生活和内心的规约，必然让作家们具有某些共性，即你说的群体性；但文学的意义在更重要的维度上体现为个人性，即一个作家得以确立自我的前提是他要尽力跟别人区别开来，提供只有你才可能提供的对世界的独特见解。一人一世界，一人一种写作，一人一种“文学”，唯其如此，每一个作家才有存在的价值和意义，文学的生态才可能多元、丰富和健康。

游迎亚:那么就您个人而言,您在谈论你们这代人的时候,最想谈论的是什么?

徐则臣:就像《耶路撒冷》里探讨的,我更关心这代人的精神困境和可能性。这也是我写作此书的初衷。这些年,各个行业中,因为种种缘故70后一代人似乎都颇受质疑;文学界尤甚,可能是因为我身处其中,体会更深刻吧。照年龄算,三十而立,四十而不惑,这一代人到了堪当大任的时候了,但事实是,这个社会50后依然是定海神针,60后是中流砥柱,80后屡屡成为社会和娱乐新闻的主角,而70后基本是沉默的一群,好像在这个社会上集体消失了。文学界的各种点评和总结里,大家也习惯于谈完了50后、60后直接跳到了80后,70后这一代作家空缺。为什么会这样,我很想知道原因。他们现在集体地面临了怎样的问题?他们的物质和精神的双重困境究竟在哪里?是否有突围的可能性?《耶路撒冷》写得慢,跟这些问题有很大关系,我得尽力把它们想清楚。我觉得我基本想明白了,至少我觉得我看到了他们精神深处那个坚硬的核还在,他们的理想主义还在。有这些东西在,其他的都不足惧,只要他们持守、尽力,困境和质疑终将烟消云散。每一代人都不会被忽略,尤其是这一代人,他们处在了一个极其丰富和复杂的时间点上。

游迎亚:这些思虑都或多或少反映到您的作品中了吧,我看您的几部长篇小说,像《午夜之门》《夜火车》,以及最新的《耶路撒冷》,都涉及一个主题,即"到世界去",您自己对"到世界去"也曾有过相关阐释,"所谓到世界去,指的正是,眼睛盯着故乡人却越走越远。在这渐行渐远的一路上,腿脚不停大脑和心思也不停,空间与内心的双重变迁构成了完整的'到世界去'"。那么与前作相比,《耶路撒冷》中的"到世界去"是否又增加了新的含义?

徐则臣:"到世界去"是我很多作品中都贯穿的主题之一,这些年我也在自身的写作中持久地探讨这个问题。我对"到世界去"充满了探究的欲望。如果说此前的作品中,我对"到世界去"的理解是远离故乡的"空间与内心的双重变迁",那么在《耶路撒冷》中,我突然意识到,"回故乡之路"同样也是"到世界去"的一部分,乃至更高层面上的"到世界去"。我们总认为世界在故乡之外,但当我们心智成熟到一定程度,当我们的阅历和见解上升到更高的层次,对故乡,尤其是心灵之故乡,有了全新的认识之后,世界为什么就不能在故乡之中呢?于坚守故乡者而言,世界在故乡之外;对身居世界的游子,故乡可能就成为真正的世界。故乡和世界并非二元对立、格格不入。所以,你看到初平阳他们多少年来一直在"到世界去",但有一天他们在世界上四顾茫然时,一转身,发现世界也在故乡。所以,对他们来说,远离故乡渐行渐远是“到世界去”，回首故乡、返回原点同样也是“到世界去”。

游迎亚：主题或题材的重复有时会造成写作的困扰，您之前在《通往乌托邦的旅程》的自序中就曾提及，写过的东西对于作家来说是路障，重复在某种意义上比站着不动更痛苦，那么您如何看待您作品中那些反复出现的主题和人物——比如花街和假证从业者，这些题材相似的作品是否存在一种连续性，后面的作品又是否有对前面作品的回答？

徐则臣：一个作家的作品序列中，肯定会反复出现一些地标性、符号性的要素，比如福克纳的约克纳帕塔法县，比如马尔克斯的马孔多，比如托尔斯泰的19世纪俄罗斯的贵族和农奴，比如君特·格拉斯的奥斯卡，因为这样便于作家建构一个相对完整的世界，也容易在某些感兴趣的题材和问题上深入地掘进，而这其中必然包含了一种创作和思考的连续性。我所谓的路障，是指同义反复式的写作，或者称为重复写作或套路化的写作。要完全克服这种路障对作家来说难度并不小，一不留心你就可能回到既有的思维上，所以，若非时刻保持警醒和艺术的自律，重复很难避免。一个人写作的惯性实在是太强大了。多年前我没能及时地意识到，有些作品现在看来的确存在挺大的问题，意识到后，在选择上就谨慎多了，重复出现的，要么是非它不可，要么是我可以在它们身上找到可持续发展的有效性。对我来说，写作本身就是思考的过程，有些问题不反复思考，我就没法得到答案。伪证制造者的一系列小说即如此，在这同一类人物身上我不断地往下挖，关于身份认同，关于城市与人的关系，关于社会转型和城市化进程中的众多病相和问题，一点点得到了廓清，没有这种持续、反复的书写，我肯定弄不明白。当然，现在也不敢说就整得有多透辟。

游迎亚：就您目前的小说创作而言，您的小说题材大体可分为京漂、故乡和谜团三个创作谱系，您自己怎么看待这三类题材？

徐则臣：这是批评家的划分。我不太喜欢“京漂”系列这个命名，但大家都这么说，姑且用一下吧。“花街”系列其实写得比“京漂”早。在《啊，北京》之前，2003年4月，我已经写完了短篇小说《花街》，断断续续不断地扩展和建造这条“街”。这系列的小说可能不是很当下，但它富含的古典、丰润和悠远、暧昧的气息，便于我天马行空地发挥想象力。一回到这条街上，我就觉得“文学”就在眼前，对小说的信心和把握一下子也就来了，比如《午夜之门》《人间烟火》，写到哪个程度我很清楚。“京漂”系列跟当下生活比较近，影响相对大一点，这些小说是我近些年的用力方向，因为它们与我息息相关，有我日常生活中最切身的体悟和思考，在这些小说里，我有强烈的问题意识。“谜团”的说法最先源于何志云老师。2005年，我的小说集《鸭子是怎样飞上天的》入选“21世纪文学之星”丛书，何老师给这本书写的序中把一部分有探索意味的小说划到“谜团”的旗下。此类小说重心在对小说意蕴空间及可能性的开掘，处理的主题跟日常生活有点远，相对暧昧、复杂，比较个人化和形而上，可能没法一打眼就看明白，何老师顺手就让它们“谜团”了。这三个系列我一直都在写，在《耶路撒冷》中，你会看到三个系列交会在一起。

游迎亚：的确，《耶路撒冷》可以说糅合了您之前的小说题材。坦白讲，我个人更偏爱“故乡”系列，比如长篇《午夜之门》，这可能是我的女性角色使然，原因之一是我喜欢这部小说的温润气息，原因之二即其中的人物形象令我动容。说到人物形象，有评论家曾提到，在您的“故乡”系列里是女性人物较为出彩，而在“京漂”系列里则是男性人物较为出彩，您是否同意这种说法，您又是怎么看待这个问题的？

徐则臣：这说法我倒是头一次听说，好像很有些道理。可是我在两个系列的小说里，是没有任何性别歧视的，都尽力要把他们写好。假如说事实如此，那我尝试找找原因。是不是因为在“故乡”系列，那个呈静态的相对稳定的社会结构中，女性更具行动力？在日常生活中，女人肯定是这个世界的主宰。而在“京漂”系列小说中，瞬息万变的、动荡的、非常规意义上的日常生活中，男人才是真正的行动元？他们风风火火东奔西走，焦虑、反思、担当、拼搏，与天斗与地斗与人斗，他们站在了舞台的最前沿。起码对我写的这一类人物来说，城市只能是男人的战场。不知道这个解释是否过得去。

游迎亚：我猜城市女人听到又该颇有微词了，不过您的解释倒是令我有豁然开朗之感，可能就是一种天然性的区分。比起人物形象，我更感兴趣的是人物的名字，比如《夜火车》中的陈木年，会让我联想到树木的年轮，《午夜之门》里的木鱼，有一种古朴感和时间意味，另外像花椒、茴香等，以食物佐料命名，充满了民间气息，而《跑步穿过中关村》中的敦煌、保定等，以地名作人名，也有一种历史感和沧桑感，这些名字都给人一种渺远的历史气息，您是不是尤其偏爱一些富于历史感的事物？除了人物的名字，这种历史气息在您的小说中还有哪些表现？

徐则臣：很高兴你注意到我选取人物名字时的精心。一部小说，当在各个向度上用尽全力，包括人物的姓名。我尊重小说中的人物，所以我必须慎重地为他们命名。这慎重，意味着他们的名字不仅仅只是个代号，还要附加上一定的意义，让姓名本身参与人物的角色建设；当然要做得自然，本色当行，不能矫情，也不能让人物不堪重负。我的确喜欢一些悠远的、有历史感的事物，这可能源于我对历史的兴趣。我对很多古老的东西满怀好奇，念大学时，一度想进考古专业，我也正在准备一部跟考古有关系的小说。虽然这几年我写的多是当下题材，但这种对历史的偏爱依然渗透在小说里，人物名字除外（还有两部中篇干脆就用“西夏”和“居延”做人物名字和小说的标题），我希望有种历史感弥漫在小说中，让小说和小说中的人物能够沉下去，有根基和来路，而非一不留心就浅薄、随意地浮起来；我希望人物的内心和小说的意蕴有某种沉甸甸的纵深感。

游迎亚：我想正是这种对小说深度的追求使得您的小说既能引发人的阅读兴趣，又能让人掩卷深思，换言之，我觉得这些作品在有意思的同时又能做到有意味，您自己怎么看？您个人又是如何理解有意思的小说和有意味的小说的？

徐则臣：承蒙夸奖，我可以理解为既叫好又叫座吗？呵呵，很高兴你能喜欢。小说写出来是给人看的，我希望能有更多的读者来阅读和喜欢它，这是小说、也是一个作家实现自身价值的方式。所以要有意思，让看到的人有兴趣。这个有意思不仅是故事好，还得让读者觉得这故事讲得真诚，讲得漂亮，讲得跟他产生某种关系，能动之以情、晓之以理。这一点能胜任的作家很多，但小说要在意思之外，再讲出意味，尤其是讲出大意味，则能者寥寥。我不敢说自己就是其中之一，“意味”意味着你讲出了他们需要伸手才能够到的东西，或者是伸手也够不到但能感觉到的东西，意味着你讲出了他们没见过的故事、感觉、艺术和道理，或者见过了，但你讲得别人好出一大截子。否则，读者不会对你的小说念念不忘，觉得唇齿留香、三月不知肉味的。尽管这里的“有意思”和“有意味”都以他者的立场观之，但不意味着一个作家就得无限地取悦读者，而是要忠实于自我对文学和艺术的理解，充分、有效地自我表达。我想，一个好作家，能够真正过得了自己这一关，“意思”和“意味”都不难有，因为你是干这行的，只要你干得好，肯定是走在这门艺术的前沿，你的作品的营养是看得见的。而那些总以揣摩读者之“意思”与“意味”为写作目标的作家，只能跟着读者的喜好跑，跑着跑着很可能就跑丢了。

游迎亚：所以读者因素虽不容小觑，作家首先还是为自己的内心写作。您曾经谈论过关于作家在作品中提供的世界观和方法论的问题，能不能就您自己的小说简要地谈一谈？

徐则臣：对一个作家来说，世界观就是方法论，或者说，有什么样的世界观，就有什么样的方法论，反之亦然。你要把你对世界的看法负责任地表达出来，必然会寻找与之契合的方法论，就像在一部作品中内容和形式不可分离，乃至形式本身即内容一样。经得起推敲的作品中，世界观和方法论肯定是浑然一体的。在《耶路撒冷》中，很多人疑惑我为什么在形式上下那么大的功夫，既有奇数章和偶数章之分，奇数章内部又呈现对称结构，有必要这么花哨吗？我不觉得花哨，我觉得很有必要。我想在这个小说中尽可能表达出我对70后一代人的看法，小说主体故事里容纳不下的想法，必须采用新的形式来解决，所以有了偶数章的十个专栏。在我看来，在眼下这个科技和网络高度发达的时代，世界已经由历时的线性结构变成了共时的、复杂的网状结构，所谓世界是平的，是透明的；要把这个世界和人心瞬息万变、纷繁复杂的现实及物地表现出来，就不该像传统小说一样，为了保留一条自圆其说的强悍的逻辑链，人为地把旁逸斜出的、众多我们一时难以甄别的那些看似偶然性的因素全部删掉，去削足适履地对这个世界建立某种整体观，而是要尽可能地呈现出这个世界的复杂性与可能性。如果这个世界的真相就是如此复杂，那我们就不应该人为地简化它，事实上传统的、逻辑井然的线性叙事就是简化为手段才得以成立的。在前网络时代，一个作家没有能力发现如此浩瀚的复杂性，我们可以这么干。现在我们完全有能力、有可能看到这种复杂性，你就不能视而不见，或者装作看不见，你得正视它，并且要寻找相匹配的叙述方式让这种复杂性有效地进入你的作品中。所以，《耶路撒冷》的奇数章里，我用了对称的方式，网状的叙事，把故事平摊在桌面上，让读者看见其中交叉跑动、盘根错节的复杂关系。在这个时代，故事的确呈现出了一部分共时性的特点。唯有这样的表现形式，才能恰切地体现出我对世界的认知。世界观和方法论就是这么一种关系。

游迎亚：所以您很看重小说的技巧和形式感？

徐则臣：有志于把活儿干好的作家都会在意技巧和形式感，很在意。结构要与内容相契合，比如我想在《耶路撒冷》这部小说里对我所理解的一代人做个彻底的清理，想法很多，如果全塞进故事里，故事和人物将不堪重负，得爆掉，而我又不愿放弃，就找到了现在的这个结构：奇数章讲故事，偶数章作专栏，两者若即若离，互为补济，形成某种内在的张力；此外，奇数章中又以《景天赐》一章为中心，保持严格的对称关系，初平阳、舒袖、易长安、秦福小、杨杰围绕十九年前自杀的景天赐，展开各自独立但又彼此交织的过去和现在，如此设置，是希望在梳理每个人的来龙去脉时探察到他们内心最幽深的隐秘，找到这一代人精神深处的“执”与“信”。如果没有偶数章的专栏，这样对称和循环的故事很可能导致一个闭合的结构，会大大地限制小说的意蕴和阐释空间。有了专栏，一则起到间离的效果，二则可以生发出对故事多角度理解的更多契机。在当下的小说中貌似一种新东西，其实卡尔维诺、巴尔加斯·略萨也做过类似的尝试。补充、阐释和生发实际上也是一种叙述。

游迎亚：谈到小说的意蕴和阐释空间，我注意到您的小说经常会有一些留白，并不会把故事情节都交代完全，比如《午夜之门》里对木鱼的经历有一些省略的部分，又如您的一些短篇像《最后一个猎人》和《养蜂场旅馆》都是在高潮处戛然而止，可以说是没有结局的结局，小说也因此产生了更多的解读维度和阐释空间。您喜欢对您的故事保持适当的沉默，是否是对小说不确定性的一种有意追求？

徐则臣：有些留白是因为必须“详略得当”，有些留白源于我对小说的认识，尤其是短篇小说。对一个短篇小说来说，故事的确切结局不重要，重要的是意蕴的结局。我们习惯把短篇小说的完成度等同于小说中故事的完成度，故事讲完了我们才同意小说可以结束了。事实上，现代小说以降，我们更看重小说的意蕴，就是我们想要在小说中表达的那个东西，那个东西出来了，小说就可以结束了。也就是说，短篇小说的完成度取决于小说意蕴的完成度。所以，你可以在小说意蕴结束的时候结束小说。就故事而言，如你所说，我可以在故事的高潮处戛然而止，我可以对故事保持必要的沉默。而这必要的沉默与终止，也正为小说的不确定性提供了诸多可能。

游迎亚：对小说形式感以及不确定性的追求总令我想到先锋文学，您自己也多次谈论过先锋文学，那么先锋小说对您的文学创作产生了哪些影响？

徐则臣：先锋文学在当下的言说中，经常被置于两个极端：要么根本不搭理，好像20世纪80年代的那股文学思潮从来没有存在过；要么无限地夸大其意义和成就，尤其是后者。我觉得应该辩证地看待先锋文学，既要看到一群人在文学和思想的荒漠之后如饥似渴地拥抱外来的文化和文学思潮之真诚与迫切，看到这一思潮为中国当代文学进入一个相对正常的轨道做出的贡献，同时也要看到先锋文学在很大程度上还处在世界观和方法论、大脑和身体的脱节与分离状态，先锋的思潮更多是一种反抗先前的文学和意识形态的工具，是一种借鉴来的思辨的操练，没有真正内化到我们的内心和发肤血肉里。真正的先锋是发自内心且可以坚定地身体力行的。但后来，你会发现先锋作家们纷纷转向，向后退，向现实主义退。不是说现实主义不好，而是说，他们写着写着突然发现无所依傍，不能一味地凌空蹈虚。他们很快就不能“凌空蹈虚”了！这也许说明，开始的“凌空蹈虚”只是权宜之计，而非从身心内部积郁已久自然生发出来的。现在重读先锋文学，你也的确能看见喧嚣、虚弱和装腔作势的成分，像水面上的油花，彼此没有很好地交融。这股文学思潮很快式微，大概也正源于它的“不接地气”。但我依然高度看重这股思潮，看重先锋文学的作家们精进的艺术姿态，看重他们“起义造反”的自觉和胆识，看重他们哗啦一声打开的那扇当代文学通往世界的窗子，没有这扇窗，中国当代文学开眼看世界的时间会更晚、更艰难和缓慢。大风吹进来，我们的文学被刺激得一个大激灵。我看重这个大激灵，如果说对我影响最大的，可能就是这个大激灵，阅读、写作和思考文学时，我时时会想到这个大激灵，以此自勉，要有精进的艺术姿态，要有宽阔的视野，要有区别于众人从而自我确立的勇气，以及一意孤行的胆识。

游迎亚：一方面，您推崇先锋文学执着精进的艺术创新和进取精神，但另一方面，您又希望回到最朴素的小说写作上，这两者之间是否存在矛盾的地方？

徐则臣：可能会有很多人认为先锋精神是钻偏僻的羊肠小道，是剑走偏锋，要艰奇险怪，其实不是。真正的先锋精神应该是正大的，既有它的前瞻和前卫性，又要有它的巨大的包容性，否则这样的先锋精神难以传承、融会到后来者的创作和阅读中去。过去我一直希望能写出偏执、偏僻和陡峭的小说，现在不这么看。考验一个作家的能力，你对偏僻、陌生经验的认知和表达固然是一个重要的指标，更重要的，也许是你对人类的最基本的情感和内心世界的挖掘和拓展，你不是单纯求新求异，而是在同中求新求异，从正面强攻人和世界的关系。像托尔斯泰那样，托尔斯泰作为例证已经被举滥了，但依然需要拿他说事，因为他的确给我们树立了“正大”的典范。也就是说，在态度和方法上，我们力求寻找到最新最恰切的表现途径，但落实到写作上，我们要面临的必须是人类最基本也是最重要的疑难和问题。

游迎亚：那么您认为当下的文学如何实现先锋文学精神与日常生活题材的对接？

徐则臣：先锋文学精神与日常生活一点都不矛盾。先锋不是花哨，不是虚飘，也不是与现实格格不入的形式主义或者形而上。先锋从来都是泥水里生长出来的莲花，它的艰辛和难能可贵仅仅是因为冲破泥水、新鲜地来到阳光底下很不容易，因为你得时刻保持一种警醒和不妥协，时刻心心念念不被日常生活的浊泥污水吞没。我们的日常现实十分丰富，但也有着难以抗拒的懈怠的裹挟力，一个作家选取日常题材时，必须坚守自身纯粹的艺术标准，任何细节和问题都须尽力地实现艺术转化，寻找与题材相契合的形式与表达，准确地找到这一题材卓尔不群的意蕴，耐心地写，直到那朵文学的莲花高高地开放出日常生活的水面上。

游迎亚：小说创作之外，您也写作散文，甚至一些人认为您的散文比小说更出色。您自己怎么看？

徐则臣：对一个小说家说他的散文写得好，你还真搞不清是夸你还是批你。在很多人看来，散文谁都能写，因为散文没有固定的格式，文体特征是各种文体中最为淡薄的，不像诗歌、小说、戏剧那样有相对清晰和严格的文体界限。所以有人说，什么都不会写，就写散文吧，囫囵出一些成篇的文字，就算文章了。我不这么认为，作为一个不会写诗的小说家，我对散文抱有的慎重和敬畏几近于诗歌。我以为散文应该有感而发，在所有文体里，要让我挑一个跟作者本人最近的文体，我选散文。诗歌我不懂，小说是可以围着自己转圈子的，可以让一个故事十万八千里地离开自己，远距离地自我衍生。散文不行，我必须有话要说、有情要抒、有见解要与人商榷和分享才能写出来。我不会刻板地要求这文章里的每一个字都跟我血肉相关，但它们必须带有我的体温，在尽可能近的距离上，这一个个字是我的，而且尽可能都是干货。翻过去的文字，看某个小说的片段，我可能记不得是不是我写的，但随便挑出一个散文片段，我一眼就知道是不是姓徐。写小说有点像从自己身上拿取一点颜料，到纸上去渲染、图绘，它可以部分地自我生成；写散文却像拿汤匙一勺勺从自己身上挖，挖完了堆抹在纸上。我必须保证它的浓度、厚度、温度和重量，否则我过不去自己这一关。所以，我的散文写不长；所以，我的散文写不快；所以，尽管我已经很勤奋了，我的散文依然写不多。

游迎亚：您在散文《从一个蛋开始——重读卡夫卡》中提到，卡夫卡在小说中反复描绘的，正是一个蛋面对一座高墙时的图景，那么您在自己的小说创作中是否描绘过类似的生存图景？

徐则臣：我对卡夫卡的深入理解是在三十岁以后。在你提到的这篇文章里，我说，“我突然要面临工作、家庭、亲人、朋友、领导、权威、体制、社会关系、欲望、发展、伸张、绝望、犹豫、决定、决绝，等等，其琐碎复杂和利害关系让我越发体会了一个人的无奈、惶恐和急欲隐遁的冲动”。“三十岁之后我不仅看见伟大的作者和他的人物，更看见了他们面前咫尺之遥的黑魆魆的世界，庞大、高耸，连绵不绝，这个世界只需要沉默就可以让你喘不过来气，它黑暗、冷漠地压迫你，直到你承认了自己之小，直到你退守到消瘦的躯壳里，退守到在内心掘出的地洞里”。我还写道，“人类越强大，人就越渺小；因为更大的、全人类的意志的集合体已经有能力主宰、扭曲和异化作为个体的意志。在卡夫卡这里我们看得十分清楚，他恐惧的并非是一个自然的世界，而是一个人造的世界。对他来说，所有的人共同设置了一个叫‘世界’的坚硬的庞然大物，作为个体的人，生来就是孤独的、脆弱的、无力的，像一个岌岌可危的蛋”，“世界正是那‘高墙’，而这‘墙’毫无疑问是由无数的‘蛋’打造出来的。也就是说，其实是无数个蛋堆积成了高墙。蛋成了墙，作为个体的蛋依然只能是蛋，如果它撞过去，结果可想而知”。抱歉，我大篇幅地引用了那篇小文，我想表达的基本在这里。我的小说里有不少这样的“蛋”，比如长篇小说《午夜之门》里的木鱼、《夜火车》里的陈木年、《水边书》里的女主角郑青蓝，以及《耶路撒冷》里的初平阳、吕冬、杨杰他们，不管他们最终成功了还是失败了，其实都是失败者，他们都是覆巢中的危卵，这是我们注定的命运。

游迎亚：散文集《把大师挂在嘴上》有很多您对经典作品的解读，而您认为经典的作品都是以实写虚的，并且说自己可能面临以实写实的危险，能不能具体谈谈这个问题？

徐则臣：几年前写过一个中篇小说《居延》，在这小说的创作谈中我说到自己可能正面临以实写实的危险。在我看来，好的作品都该是以实写虚，通过扎实的日常细节和叙述，写出超越生活和现实的某种意蕴，让我们最终能够面对形而上意义上的精神世界。但因为过多关注现实和日常生活，思路和问题意识容易沉溺于琐碎的烟火世俗中，看上去细节也鲜活丰沛，故事讲得也顺溜好看，但旨趣不高，故事讲完了，小说的意蕴飞不起来，只能委顿在日常的尘埃里。写多了很没劲儿，小说写完了，觉得自己身上也落了一层土。所以自我提醒，可以让细节和叙述沉下去，但不能让腰杆和姿态沉下去，从日常生活中来，到日常生活中去，必须寻找到能够让小说飞翔起来的力量。其后开始进入《耶路撒冷》的写作，这个长篇里，应该是比较满意地解决了虚实问题。

游迎亚：接下来有新的写作计划吗？

徐则臣：正在写作一部以北京西郊为主题的短篇小说集，断断续续写了好几年，刚获鲁迅文学奖短篇小说奖的《如果大雪封门》即为其中一篇，已经写了六篇。还在准备一部长篇小说，不会太长，基本成熟，现在需要的是有大块的时间去完成它。

游迎亚：那就希望新的作品能尽快跟读者见面。最后，您的不少小说都已被翻译成英、德、韩、荷、日、蒙等文字出版，您对自己的写作是否也有一个“到世界去”的目标？

徐则臣：作品的翻译走出去这事儿，只能顺其自然，人家不要，你捧着猪头也未必能找到庙门。当然，嘤其鸣矣，求其友声，能被更多的读者以他们的母语阅读到，也是件高兴事。在全球化的今天，一个写作者肯定要立足本土，但视野、趣味以及探讨的问题，却是可以甚至必须“到世界去”的。“越是民族的，就越是世界的”，不能狭隘地理解。二者是朋友，不是敌人。

评　论《

通往乌托邦的旅程

——徐则臣论

游迎亚

若单以作家群体而论，70 后作家似乎是地位略显尴尬的一群，徐则臣就曾言，“把我们和 60 后作家比，比的是质量和成就，但和 80 后比，比的却是市场，于是我们都是败军”。此种评价标准当然有失公允，事实上，与前后两者相比，70 后作家并非相形失色的一群，只不过因为处于“历史中间物”的特殊境地，在受关注度上似乎总是略逊一筹。但无论外界评价如何，作家仍会笃守“自己的园地”，偏安一隅笔耕不辍。作为一名 70 后作家，徐则臣致力于表达的是他们这一代人的生命感受，用他自己的话说是，“我想写我们这一代人的经验、理想、困惑和焦虑”，其最新的长篇《耶路撒冷》即写了一代人的心灵史，力图梳理他们的生命经验和精神脉络。

《耶路撒冷》以奇数章写故事主体，偶数章穿插形式各异的专栏文章的形式结构小说，小说文本也因此获得了更多的阐释空间和解读维度。不过，此作仍然延续了之前作品的出走主题，这一主题在徐则臣的小说创作中是一以贯之的，无论是他的京漂小说，还是他的花街系列，都或多或少地涉及这一主题。事实上，徐则臣在创作之初就显露出了对出走主题的情有独钟，他“十八岁写过一个小东西叫《出走》，二十岁左右写《走在路上》，二十三岁写《沿铁路向前走》”[①]，而这些“仅仅是能够从题目里看见‘出走’的小说，还有躲在题目后面的更多的出走”——后来的《午夜之门》《夜火车》《水边书》和《耶路撒冷》即印证了这一点。对于出走情节的一再设置，徐则臣如此解释：“有评论者问我，为什么你的人物总在出走，我说可能是我想出走。事实上我在各种学校里一直待到二十七岁，没有意外，没有旁逸斜出，大概就因为长期规规矩矩地憋着，我才让人物一个个代我焦虑，替我跑。”作品是作家的“白日梦”，徐则臣借对象世界来感受自我的生命，在真实与虚构之间安放个体的想象，搁置现实的失落。

---

① 徐则臣：《夜火车》，花城出版社 2009 年版，前言第 1 页。

在诸多出走故事的背后，徐则臣试图表达生命历程中的欲望、迷惘与疼痛，并以此投射他对个体归属感和自我安全感的追寻。如果不同类型的出走故事建构的是出走的题中之义，那么石码头和慢火车作为人物出走的外在意象也一并丰富着这一主题的内涵，同时它们所反映出的人物内心世界又共同印证了70后一代的矛盾与困厄，徐则臣正是通过对这些矛盾和疑难的追问与探寻建构了他个人的文学乌托邦。

一

虽然出走在徐则臣的创作中是一以贯之的主题，出走的故事却不尽相同，《午夜之门》和《水边书》里的出走有关成长，《夜火车》里的出走隐含着世界的荒诞，《耶路撒冷》里的出走则反映了一代人的焦虑，其中既有少年时期的骚动，也有成人世界的困惑，而这些人物的个人遭际，他们面对世界的复杂感受以及由此带来的内心冲撞共同构成了“出走”的题中之义。

《午夜之门》将出走嵌入陈木鱼的成长历程，其出走之路印证着他的生命轨迹。陈木鱼的出走是没有目的的流浪——从花街到蓝塘，再从蓝塘到左山，最后回到花街，他不过顺着生命的长河直流而下，命运将他推向远方，他便由此开启了一段漂泊之旅。于陈木鱼而言，他是用出走安放青春的骚动与痛楚，以流浪抵御无所依附的孤独感。

与《午夜之门》相似，《水边书》中的出走也与成长有关。陈千帆的“出走”源于少年的冲动，虽则遥远的梦想是刀光剑影与武侠江湖，现实的目的却只是安坐校园和免受欺凌。不过，也正因为是“少年不知愁滋味”，陈千帆们的出走多是孩童心性，即使天高心远，也抵不过身随意转，一旦遇到现实的龃龉便会选择知难而返。所以，无论是心系少林欲求学，还是渴慕武当盼习艺，最终都只能化作他们的南柯一梦。与陈千帆们的去而复返不同，小说的另一主角郑青蓝的出走就多了点一去不回头的悲壮。为了躲避周围的蜚短流长，郑青蓝选择远离原有的生活，跟随他人逃往别地。虽然陈千帆与郑青蓝出走的结果有所不同，但两者的出走都是为了获得现世的安全感，是自我保护的一种方式。

如果说陈千帆和郑青蓝的出走是及物的，指向的是现实生活，那么《夜火车》里陈木年的出走则是不及物的，它指向的是世界的荒诞。陈木年因为一次虚拟杀人事件失去了保研资格，并被学校暂扣了毕业证和学位证。为了等待两证的发放以便考取研究生，他沦为学校的临时工，而这一等就是四年。若是引用一个隐喻来说明，小说描绘的其实是“一个蛋面对一座高墙时的图景”——陈木年正是那颗“蛋”，而他所面对的世界即那座高墙。高墙没有门窗,无路可穿行,倘若这颗“蛋”不能过去,就会陷入绝境,而若是义无反顾地撞过去,又只能悲壮地接受毁灭。陈木年只能立在原地等待希望,而这等待又因为时间的漫长消磨而显得意义不明。每当他问及证件的发放问题,校领导便开始打太极,不是说“还要再观察观察”,就是说“需要跟其他领导商量”,陈木年遭遇了西绪弗斯般的困境,问题没有答案,只有绝望的重复。对于生活,他束手无策,所以在火车通车的欢迎仪式上,他扒上火车,只因为“想出去走走”。陈木年的出走是对生活的逃遁,在周而复始的等待里,惟余出走以解忧。但他又终究不能一直停留在火车上,这种“在路上”的状态不过是对现世困境的暂时悬置,并不能解决根本的生活问题。

《夜火车》写出了世界的荒诞,陈木年的生活一直按部就班,但不知何时就出现了旁逸斜出的部分,让他措手不及。世界驳杂而未知,充满了无数可能性,而他微如蝼蚁,既无法控制生活,又无法左右自己,即便想从他人,譬如许如竹、沈镜白、秦可等人身上寻求慰藉,最后却发现要么是他人的消逝,要么是无法被理解,甚至是被欺骗,总之是徒劳无功。在一系列的失望之后,陈木年只好躲回自己的世界,却又偏偏掉进了生活的陷阱里。生活的陷阱不可逃脱,世界的荒诞亦是无解——故事最后,陈木年惊讶地发现一直阻挡他的“墙”并非学校的领导们,而是他一直敬畏有加的沈镜白,而与此同时,他失手杀了魏鸣,虚语变为谶言,他开始了真正的逃亡之路。

与《夜火车》里“绝望地向死而生”不同,《耶路撒冷》中的出走虽也有疼痛的部分,但最终指向的是“自我安妥和从容放松”,是“精神和生活的返璞归真”。《耶路撒冷》刻画了一代人的“出走”故事——初平阳、秦福小、易长安、杨杰,他们曾共儿时明月,又各自奔向不同风景。出走,意味着偏离既定的生活轨道,到世界去,徐则臣把故乡之外的地方统称为世界,而“所谓到世界去,指的正是,眼睛盯着故乡人却越走越远。在这渐行渐远的一路上,腿脚不停大脑和心思也不停,空间与内心的双重变迁构成了完整的‘到世界去’”[①]。对于初平阳等人来说,从故乡到他城,改变的不只是地理位置,还有心灵坐标,但无论如何改变,选择漂泊还是停驻,都是为了寻找个体的归属感。

作为《耶路撒冷》的核心人物,初平阳“从十二岁时出门,读书,工作,再读书,又工作,一晃二十三年”,时间把他变成了故乡的局外人,而他依然在继续着“到世界去”的路途。与徐则臣之前的小说人物相比,初平阳的“出走”指向了更远的地

---

① 徐则臣:《〈耶路撒冷〉的四条创作笔记》,《鸭绿江(上半月版)》2014年第5期。

域——耶路撒冷。为什么选择耶路撒冷，这其中当然有作家的私心，徐则臣从不讳言他对于这座城市的偏爱，“很多年里我都在想，我一定要写一部题为《耶路撒冷》的小说，因为我对这个城市、对这城市名字的汉语字形和发音十分喜欢，很小的时候就着迷”，所以就有了小说里初平阳对耶路撒冷的执念和追寻。不过有意思的是，整篇小说直至末章也未出现初平阳到达耶路撒冷的情节，换言之，小说的叙述进程始终停留在其准备去耶路撒冷的“路上”。于是，小说里的耶路撒冷成了一个将要到达而尚未到达的地方，它暂时还只存在于初平阳午夜梦回的场景里——“沿着沙漠里生出的第一条石头小路进入耶路撒冷，云在天上堆积，层层叠叠的白云遮住阳光，石头变幻着形状逐渐长大，像庄严的阴影大军开进了城市”①。初平阳对耶路撒冷的追逐寄托着作家对一种理想之境的向往，它“意味着自我安妥和从容放松，意味着精神和生活的返璞归真”②。

与初平阳的一路远走不同，小说的另一主角秦福小在历经漂泊之后选择回到故乡。十七岁远走他城，秦福小为的是扔掉回忆与乡愁——弟弟天赐的死是她不能承受的生命之重。事实上，对于《耶路撒冷》里的多个人物而言——无论是初平阳、易长安，还是杨杰和吕东，天赐都是他们不能忘却的记忆之痛，每个人都把天赐的死归咎于自己，也因而生出“我不杀伯仁，伯仁因我而死”的负罪感，而其中又以秦福小的负罪感最为强烈。一方面，她试图抽离原有的生活以忘却往日之殇，另一方面，她又领养了一个酷似天赐的男孩并取名为天送。不论是天赐还是故乡，于秦福小而言都如同蜗牛背上的壳，是不能丢弃的生命存在。当秦福小带着天送回到花街，打算长居于斯时，她已经找到了自我救赎的最好方式——把丢掉的重新捡起来。所以，即便大和堂可能面临拆除的变故，她的语气里也只有豁达和坦然，“能住一天就让天送看一天运河，能住两天就让天送看两天运河”。出走和停驻都只是生命的不同形式，历经漫长的十六年漂泊之后，秦福小已然找到了心灵的栖息之地，“相对于焦虑、茫然、孤独和恐惧，相对于阴影、噩梦、黑暗和不安”，宁静与安妥才是她所希冀的最终归属。

二

人物的出走故事建构了出走主题的各中含义，而慢火车和石码头作为出走主题的外在意象同样丰富着这一主题的内涵。石码头是故乡的象征物，火车则是故乡与

---

① 徐则臣：《耶路撒冷》，北京十月文艺出版社 2014 年版，第 193 页。

② 徐则臣：《〈耶路撒冷〉的四条创作笔记》，《鸭绿江（上半月版）》2014 年第 5 期。

世界的联结体。对于徐则臣笔下的出走人物序列而言，故乡是他们“进入世界的起点”，是他们“身心动荡的最恒久的参照和坐标”。

徐则臣在诸多小说中都写到了一个名为“花街”的地方，它是作家为其笔下人物所设置的故乡，而石码头作为“花街”的标识之一，是这个故乡的重要象征物。早在《午夜之门》里，徐则臣就以陈木鱼的视角对石码头有过诸多描述——“北边就是石码头，和我所站的这颗槐树很近。偶尔的几条夜航船从运河里经过，船桨搅动黑蓝色的水面，能看清船夫的两条赤裸的粗壮胳膊，也闪着油亮的蓝光。他们和漆黑的船舱里的人一样，一声不吭。码头的水淋淋的台阶整整齐齐，还没有早起的人站在上面，一会儿就该出现了。每天都有人在石码头上上下下各种船只，不明白他们忙忙活活的到底有什么事要在运河上跑来跑去”。小说里的少年木鱼经常爬上槐树张望石码头，运河、航船以及来来往往的人群构成了他想象世界的起点。从这个意义上，石码头不再是故乡的自在之物，而构成了故乡之外的“世界”的一部分。值得注意的一点是，石码头在徐则臣的笔下并非是一成不变的，以早期的《午夜之门》和最新的《耶路撒冷》作比，《午夜之门》里的花街充满了人间烟火气，不见田园牧歌式的勾勒，也难有奇风异俗的描摹。也正因为如此，小说中的石码头不是作为故事的背景或幕布，而是人物生活的日常，它具体可感，赋形有声，譬如其中木鱼对石码头的一番描述就极具生活气息——“我喜欢夏天，夏天的石码头才是真正的石码头。我可以去运河里洗澡，晚上去石阶上吹风，或者拿一领破席子铺到石阶上睡到半夜，等石头的清凉浸透骨头再迷迷糊糊地拎着席子回家。石码头上风势浩大，风从北岸空旷的野地里刮来，像一匹匹连绵不绝的灰色绸布，耳朵里灌满了风吹过水的声音。码头上聚满了人，说说笑笑一直到回家或者睡着”①。而到《耶路撒冷》里，石码头则少了些野性蓬勃的自在之感，多了人工斧凿的痕迹——“城市的万家灯火次第点亮，从河北岸大兵压境而来，正在跨越运河；运河被两岸的灯火照耀，水面犹如一张起伏荡漾的画布，泼满了细碎癫狂的油彩；石码头上有人走动，影子被路灯从一边拉到另一边，胖瘦不等，忽短忽长”。此番刻画已不见石码头的天然情态，而有了都市风景的意味。

从最初的创作至今，石码头的变化暗合了花街的变迁，花街正在向世界靠近，又或者是正在成为世界——它已经从一开始的只有“几十米长，十来户人家”到而今的“什么铺子都有，现代化的、时髦的、高雅的、堕落的一应俱全”，并且在徐则臣的预设

---

① 徐则臣：《午夜之门》，山东文艺出版社2007年版，第60页。

里，“它还会变，越来越长，越来越复杂，越来越包罗万象，直到容纳整个世界，实现‘文学的世界旅行’”[①]。徐则臣并不想通过花街的变迁来渲染乡土中国的感伤主义，又或是表达文化保守主义的立场，相反，他倒是对于一成不变带有疑虑，因为毫无变化就意味着贫瘠、落后和封闭，他所写作的变化正是对现实中“不变”的反观与弥合，“小城市正跑步奔向小康，大都市早已在筹划小资和中产阶级生活，而乡村，多少年来依然没有多少起色”[②]。田园牧歌在现实的泥地之中是不具审美性的，所以《耶路撒冷》中的西哥才会说，“那些田园牧歌的美誉，那些关于大自然的最矫情的想象，加在乡村干瘦的脑袋上是多么的大而无当”。当故乡已游离于西哥们的审美视线之外，甚至无法成为他们的安栖之所时，出走的焦虑便代替了留守的静美，他们开始马不停蹄地赶往火车，踌躇满志地奔向世界。

火车作为故乡与世界的联结物，在人物的“出走”历程里添上了浓墨重彩的一笔。徐则臣喜欢写火车，而且是慢火车，即那种“大人物的列车经过得停，给快车让道得停，有时候错个车还得诡异地停一下”的火车，这类火车常年不准点，“它与天气预报一样，一旦准确无误那多半是巧合”。慢火车在徐则臣笔下出现的频次之高，不可胜记，譬如《夜火车》即以火车作为小说篇名，《耶路撒冷》的开头也写的是初平阳坐火车返乡的情景——“从傍晚五点零三分开始，十一个小时十四分钟，黑暗，直到急刹车，火车猛然停下”。徐则臣为什么喜欢写火车，并且尤其青睐慢火车？在速度成为现代性标志之一的当下，“慢”已然成了奢侈品，每个人都在“忙着生，忙着死”，忙着追赶一切，所有人都是来不及的状态。“快”是城市的标志，“慢”则是故乡的特质，“外面的世界一天一个样，故乡却像是脱离了时光的轨道，固执地守在陈旧的记忆里，生活仿佛停滞不前，一年一年还是老面孔”。“慢”在一定程度上意味着原始、朴素、安宁与平和，故乡是慢的，但在现代性呼啸而来的时候，这“慢”已不能使年轻的一代获得安宁，所以初平阳等人选择用出走来安放躁动，在颠沛流离中寻找心之所向。不过，故乡之“慢”的审美性却在火车上找到了生长点，火车既是故乡和世界的联结物，又是暂时独立于两者之外的存在，而正是在这个意义上，慢火车成为故乡与世界之间的缓冲地带，并因其“尚在路上”的中间性质，它同时容纳了古典的审美与现代的焦虑，调和了两者的悖反状态。

徐则臣对火车的青睐还因为它的“穿过”性质，野地里火车的穿行与城市中人物的穿过是同质的，正如其在散文《跑步穿过中关村》里描述的那样，“一个人在北京，

---

① 徐则臣、张艳梅：《我们对自身的疑虑如此凶猛》，《创作与评论》2014 年第 6 期。

② 徐则臣：《耶路撒冷》，北京十月文艺出版社 2014 年版，第 105 页。

就是穿过，孤零零地、明亮地穿过北京城，就像一列火车穿过空旷的黑夜”。出走是自我寻找的过程，它是对自己的追问，也是对自己的追问而不得。“穿过”不仅指向外在的地理空间，也指向内在的灵魂场域，它意味着“表达自身，发现疑难，照亮那些幽暗未知的角落，深入我们自身可能具有的复杂性”①。同时，它也“意味着在标识出自己的时候面临巨大的被淹没和吞噬的危险”，因为世界驳杂而未知，人心幽微且不可洞明，所以自我体认的过程常常带着飞蛾扑火的悲壮，有时追求的憧憬甚至会在到手的瞬间就改变面目，所以要“一遍遍地穿过，不懈地把轨迹擦亮，就像一辆飞驰在高速路上的车，快得车灯在夜里拉成一条闪光的线”。不断地穿过连缀了行走的轨迹——在乡村到城市的路上，在城市与城市之间，在各个城市的内部，它们共同延伸着人物的出走之路。

慢火车和石码头联结着故乡和世界，而在故乡和世界的两端并立着出走的一代和留守的一群。当年轻的一代“像中子一样，在全世界无规则地快速运动”时，安土重迁的老一辈生出了疑虑——“世界究竟有多大，能让你们一年三百六十五天马不停蹄地跑?”对年轻人来说，“世界意味着机会、财富，也意味着开阔和自由”，前者指向物质条件的丰厚，后者指向精神生活的丰盈，虽然他们也无时无刻不生出类似吕韦甫“北方固不是我的旧乡，但南来又只能算个客子”的夹缝之感，并且时常被无所归依的孤独所侵蚀——“一个人在这浩瀚无边的城市里待了无数年，还将再待无数年。一个人像一只蚂蚁。像沙尘暴来临时的一粒沙子”②。他们是故乡的局外人，同时又是城市的边缘人，但即便如此，“到世界去”的念头依然在酝酿、发酵和成型，因为它不仅仅是一种物质需要，更是一种精神追求，就如京漂一族对北京的感受——“北京不宜人居，但它宽阔、丰富、包容，可以放得下你所有的怪念头”，当他们说要出去“透透气”的时候，“谈论的对象不是两叶肺，而是大脑”③。

三

慢火车与石码头意象包含了人物出走之路的两个指向，一是“张望世界”，一是“回首故乡”，这是人物的分裂，也是作家的自我矛盾。徐则臣就说他“一方面向往那种古典、安妥、静美的‘故乡’，一方面又不停地弃乡、逃乡、叛乡，去寻找激烈动荡的‘现代’生活和思考”，他既不能让“审美”容纳“焦虑”，也不能让“焦虑”变得“审美”，

---

① 徐则臣:《跑步穿过中关村》，花城出版社2010年版，第132页。

② 徐则臣:《天上人间》，新星出版社2009年版，第166页。

③ 徐则臣:《耶路撒冷》，北京十月文艺出版社2014年版，第30页。

所以“只好在这两极之间辗转纠结，边审美边焦虑”①。这种分裂与矛盾既是徐则臣个人的，也是他所代表的一代人的。虽然徐则臣一再强调写作是自我表达，不欲代言，但他又的确在尽力梳理一代人的生命经验和精神脉络，表达一代人对自身的疑虑，而“出走”首当其冲地成为其表达这代人的一个关键词。出走本身意味着逃离既定的生活轨道，预示着不安分与动荡，而出走的终极意义又指向自我安妥与平和，这两者的相悖相合正印证了70后群体的矛盾与困厄。

正如徐则臣在《耶路撒冷》中谈到的，对于生于20世纪70年代的人来说，他们“并没有可供无数次反刍的大历史”，但他们又听到了“历史的袅袅余音”。这就使得他们与五六十年代生的人具有一种同构的“理想主义”，而“这‘理想主义’是凉的，是压低了声音降下了重心的出走，是悲壮的一去不回头，是无望之望，是向死而生”②。同时，与80后90后相比，70后群体身上又缺乏那种足够的物质感和现实感。这种“历史中间物”的状态使得70后生出了类似于五四知识分子的那种矛盾心态，不时有“旧时代的弃儿，新时代的伴郎”之感，于是“无力地跨在两个时代之间的门槛上”，举步维艰，进退失据，无论是面对新的版图，还是回望旧的疆域，似乎都找不到自己的位置。又因了这“找不到”，才用出走来颠覆无意义和不可能，寻找个人的归属感和自我的安全感。

70后的这种矛盾不仅反映在其对历史和时代的感触上，也反映在他们的爱情观上，参照《耶路撒冷》里的“一半是海水，一半是火焰”一章，其中谈到70后女性喜欢的武侠人物是杨过和乔峰一类，因为这类人物亦正亦邪又独具个性，“既满足了而立之年脚踏实地的实干期待，又鼓舞了不惑之前人生中那一部分神采飞扬的浪漫跳跃；以务实为主，济之以必要的务虚，虚实相生，宽阔、果决、柔韧、丰厚、沧桑又有弹性，人生无憾矣”。70后们既想要切实地拥抱生活，又忍不住时时仰望星空，但大多数人不仅“缺少对某种看不见的、空虚的、虚无之物的想象和坚持”，也“缺少对现有生活的持守和深入”，所以“既不能很好地务虚，也不能很好地务实”，于是只好成为《耶路撒冷》里的舒袖，“嫁一个人活在现世，爱一个人藏于诗意”。

“虚实相生”既可以说是70后理想的爱情观，也可以说是徐则臣理想的写作观，在他看来，好的作品都是以实写虚的。徐则臣惯写现实题材，但他写的虽是烟火人间，又都染了点虚无之境，即使是在务实最为强烈的“京漂”小说系列中，也有这种务虚，譬如其对假证从业群体的刻画就是如此。他写了一群城市的边缘人，却不欲作

---

① 徐则臣、张艳梅：《我们对自身的疑虑如此凶猛》，《创作与评论》2014年第6期。

② 徐则臣：《夜火车》，花城出版社2009年版，前言第1页。

苦难叙事，相反，他感兴趣的是“他们身上那种没有被规训和程序化的蓬勃的生命力”，那种逐渐被人们“忽略乃至遗忘的‘野’东西”。在徐则臣看来，这一群体在面对生活时“可能有很多不太美好的表现，但他们基本上保留了本色，在生命形态上，相对更及物一些”。所以，不论是《啊，北京》里的边红旗，《耶路撒冷》里的易长安，还是《跑步穿过中关村》里的敦煌、保定、旷山、七宝和夏小容，他们都随性惬意，活得恣肆洒脱，即使四处碰壁而屡屡受挫，也相信山重水复自有柳暗花明，他们生活在城市的底层，却有浪漫主义的情怀，可谓“身为蝼蚁而有困兽之志，尘土衣冠而有江湖心量”[①]。徐则臣的“京漂”小说以现实题材切入，而着重表达的是个体生命力的张扬，体现了其写作的“务虚”维度。但是，这种“务虚”的程度又是有限的，虽然徐则臣对人物的生命原色颇多赞誉，但并未给他们以善终——从现实的伦理道德层面，这些人物也不可能有完满的结局。不过，这些小说的结尾又往往是于高潮处戛然而止，换言之，人物的结局处于一种悬置的状态，作者并未交代他们最终的走向。悬置打破了传统小说的完整结构，意味着不确定性和多义解读，文本也因而显示出一定的复杂性。米兰·昆德拉曾言，“小说的精神是复杂的精神。每一部小说都对它的读者说，‘事情并不像你想的那样简单’，这是小说的永恒真谛。不过越来越听不到了；它被淹没在信口作答的喧嚣中并遭到封锁，而后者简直来得比问题还快。在我们时代的精神中，不是安娜正确便是卡列宁正确，而塞万提斯的古老智慧——它告诉我们认识的困难和真理的难以捉摸——似乎成了累赘和无用之物。”徐则臣的文学创作显示了其对小说复杂性的追求，尽管这种复杂性的深广内涵还有待进一步开掘。

与明白无误地表露平易、温情和良善相比，徐则臣更愿意展现对“正大与美好的求解过程”，求解的过程即追问的过程，而求解的结果则可能是多解甚至是无解。所以，徐则臣几乎不在小说中提供非此即彼的善恶观或是非观，而是将笔触深入人物内心的困惑、焦虑、动荡与不安，以此来表达“他对这个世界产生的深重的疑难”，以及他对人与世界之关系的审视与思考，譬如人与故乡的关系、人与城市的关系、人与回忆的关系以及人与自我的关系等等，这其中寄托了他个人的文学乌托邦，同时也是他矛盾和困厄的所在。

写作是自我反观的过程，徐则臣以其笔下的出走人物序列构筑了自我的文学世界，也开启了个人通往乌托邦的旅程，正如他自己所言：“写作本身就是在建构我一个人意义上的乌托邦，我之所见所闻所思所感所困惑所回答，尽在其中。”然而，既为

---

① 付艳霞：《小说是个体想象的天堂——徐则臣论》，《当代文坛》2007年第6期。

乌托邦，就意味着无法到达，如同理想主义，是心造的幻影，是“在而不属于”，是可望而不可即，但他看重“那个一条道走到黑、一根筋、不见黄河不死心、对理想敬业的过程”，并“希望人人有所信、有所执，然后真诚执着地往想去的地方跑”[①]。因而，“通往乌托邦的旅程”是鲁迅式的朝着地平线走去，它是目的的虚无，是未完成的抵达，是身之所累，也是心之所向，而徐则臣正在并将一直在这条通往乌托邦的路上，因为追逐的过程即无限趋近的过程。

（载《小说评论》2015 年第 3 期）

主要作品目录《

长篇小说

《午夜之门》，山东文艺出版社 2007 年版。

《夜火车》，花城出版社 2009 年版。

《天上人间》，新星出版社 2009 年版。

《水边书》，上海文艺出版社 2010 年版。

《耶路撒冷》，北京十月文艺出版社 2014 年版。

《王城如海》，人民文学出版社 2017 年版。

《北上》，北京十月文艺出版社 2018 年版。

《天上人间》（修订版），作家出版社 2018 年版。

中短篇小说集

《鸭子是怎样飞上天的》，作家出版社 2005 年版。

《跑步穿过中关村》，重庆出版社 2008 年版。

《人间烟火》，春风文艺出版社 2009 年版。

《居延》，金城出版社 2010 年版。

《古斯特城堡》，新星出版社 2012 年版。

《通往乌托邦的旅程》，昆仑出版社 2013 年版。

---

① 徐则臣：《夜火车》，花城出版社 2009 年版，前言第 1 页。

《这些年我一直在路上》,山东文艺出版社2014年版。

《石码头》,海豚出版社2014年版。

《我的朋友堂吉诃德》,花城出版社2015年版。

《啊,北京》,安徽文艺出版社2015年版。

《苍生》,长江文艺出版社2015年版。

《六耳猕猴》,上海文艺出版社2016年版。

《如果大雪封门》,北京十月文艺出版社2016年版。

《古代的黄昏》,花城出版社2016年版。

《紫米》,作家出版社2017年版。

《这些年,我》,四川文艺出版社2018年版。

《一号投递线》,四川文艺出版社2018年版。

《日月山》,四川人民出版社2018年版。

《花街九故事》,北京联合出版社2018年版。

《最后一个猎人》,四川人民出版社2018年版。

《莫尔道嘎》,四川人民出版社2018年版。

散文随笔与评论集

《把大师挂在嘴上》,上海文艺出版社2011年版。

《到世界去》,长江文艺出版社2011年版。

《我看见的脸》,浙江文艺出版社2012年版。

《别用假嗓子说话》,河南文艺出版社2015年版。

《跑多远才能回到家》,四川文艺出版社2018年版。

《孤绝的火焰》,四川文艺出版社2018年版。

《去额尔古纳的几种方式》,漓江出版社2018年版。

《一意孤行》,北京联合出版公司2018年版。

许春樵

男，1962 年生，安徽天长人。

小 引《

在评审第八届茅盾文学奖的时候，读到许春樵的小说《男人立正》，感到里面既有托尔斯泰式的灵魂救赎，又似乎隐含了莫泊桑的《项链》结构，觉得这位作家的文学功底颇深，对小说的写法颇为讲究，他的小说不是单凭经验和直感讲故事，而是十分注重作品的精神内核和结构方式。等到读了他在本辑的自述和访谈，方知在这个问题上，他早已有了清醒的自觉。对于他在自述中所说的大学中文系出不出作家的问题，我尤有同感。因为与他的创作理念有关，就想借此机会，多说几句话。

在我读中文系的时候，系里进行入学教育，有一句对历届新生都要说的话，说是打招呼或打预防针也可，说是警告一声也行，张教授这样说，李教授这样说，王教授也这样说，总之是不论哪个领导、老师代表讲话，都要说这句话，都要表达类似的意思。这句话或这个意思就是：打消当作家的念头，堵死搞创作的路子。这倒不是中文系的领导、老师与作家有仇，也不是他们怕学生搞了创作，就接不了革命的班，而是说，中文系是培养学者的，不是培养作家的，是教你如何做学问的，不是教你如何搞创作的。说白了，就是读了中文系，也搞不成创作，当不了作家。这句话虽然让那些真爱文学、想搞创作的同学，颇感沮丧，但后来的事实却证明，领导和老师说的都是实话。我现在也做了中文系教授，说句不怕人见笑的话，中文系的教授绝大多数不会搞创作，也没有搞过创作，三十年前更甚。叫这些不会搞创作也没有搞过创作的人，去教学生怎么搞创作，让学生将来当作家，不光是勉为其难，简直就有点滑稽。关于这个问题，我有一个老师说，我们这些人都是没炒过鸡蛋的，要我们去教人家鸡蛋怎么炒，叫我如何教法。言下之意是，莫怪为师的不义，实在是没这个本事。

我的这位老师的话，既是实情，但又不全是如此。说是实情，是因为他说出了现代中国大学中文教育的一个不成文的传统，这个传统就是，只负责传授文学知识，和研究文学的方法，却不教你如何创造文学、如何当作家。虽然搞创作、当作家也需要文学知识作铺垫，需要研究文学的心得作参照，但毕竟不是立竿见影、立马生效。说不全是如此，是说事实上，现代中国大学在过去的年代，也出了不少作家或作家群，甚至成为某些文学派别创作的大本营。众所周知、耳熟能详的，如五四时期的北京大学之于《新青年》《新潮》作家群，抗战时期的西南联大之于“九叶派”诗人群等等。甚至直到20世纪五六十年代，大学中文系还时不时要冒出几个作家来，更不用说“文革”结束以后的新时期以来，校园作家或从校园走出来的作家，更如雨后春笋，一拨接一拨地拔地而起。岂止如此，本人所供职的大学中文系，还在20世纪80年代，率先办起了专供作家学习提高的作家班。凡此种种，这些都说明，即使大学中文系不负有培养作家的责任，不教人如何搞创作，也阻止不了在这块知识的沃壤上，生长出文学创作之材或作家的苗子来。

中国古代虽然没有严格的学历教育，但作家、诗人却大都是文人出身，无论进过官学与否，也无论是否科举及第，金榜题名，虽然不一定都称得上是学富五车、满腹经纶，但也大抵都有比较完备的文史知识。从他们作品的取材、立意和用典等等，大体也可以看得出来。即使到后来比较通俗化、大众化的话本、拟话本和章回小说出现，整理和拟写话本，创作章回小说的，毕竟还是一些有才学的文人。直到近现代，从事文学创作、成了文学作家的，依然是一些有旧学功底或受过新式教育的文化人，有的还是喝过洋水的留学生。即使是革命的左翼作家，也并非都是工农出身。工农兵作家的出现，虽然是萌芽于抗战期间的根据地和后来的解放区，但真正有意识地强调和培养工农兵作家，毕竟还是新中国成立以后的事。这期间的文学，因为要为工农兵服务，为工农兵而创作，为工农兵所利用，就不能不追求明白如话、通俗易懂。太多的知识、太深的学问，显然有碍于这一目标的实现。更何况通俗化、大众化，也是“五四”以来中国新文学的一个崇高理想。但中国新文学对通俗化、大众化的追求，也有一个弊端，就是文学的通俗、大众与否，往往是由知识分子作家说了算，真正的工农兵群众，对这种自以为是的说法，不一定认账。这样一来，最理想的办法，就只有一个，让工农兵也参与到文学创作中来，由他们自己来写他们所喜闻乐见的作品。这就是“由工农兵创作”一说的由来。工农兵自己参与文学创作，不但从根子上解决了通俗化、大众化的问题——自己写给自己看的作品，总不会为难自己，还有一个好处，就是政治方向正确，思想感情健康，加上已有吴运铎、高玉宝等成功的范例作榜样，有“新民歌运动”和“三史”写作等群众性的创作热潮推波助澜，以及诸如反映现实生活，配合中心工作，向工农兵学习，进行脱胎换骨的改造等等理论思想作观念的后援，结果就使得文学创作，越来越远离书本知识。虽然工农兵要搞创作、要成为作家，也得读书认字，学习书本知识，但那多半只是为了文学表达的需要，在思想感情上，除了革命理论和革命知识，其他古今中外的文化知识，则因为有封资修的嫌疑，避之唯恐不及。而大学中文系所教习的，又恰恰主要是这些有嫌疑的知识和学问。所以，说“以前”的领导和老师反对学生搞创作、当作家，除了上面说到的那一点自知之明外，与长期受这些因素的影响，认为文学创作主要靠正确的立场观点和直接的生活经验，不能说毫无关系。因为许春樵说“以前说中文系出不了作家，是因为以前中文系分析文学和评价文学时，都是把主题、立意、思想当作最高标准，而根本无视是文学的技术才得以让主题和立意存活下来”，就想起了这些故事，不惮啰嗦，说与读者诸君参考。

自　述《

我写小说

写小说需要一个理由

我相信，不只是人与人之间有缘分，人与职业之间也有缘分。

有人适合当官，有人适合经商，有人适合做学问，有人适合跑江湖，还有人适合做骗子，我适合写小说。

这是一种缘分，像是命中早已注定。对我来说，除了写小说，没有更适合我的饭碗，要么是没碗端，要么是有碗端不动。

小时候在乡下读书，课本上挤满了青面獠牙的坏人和似是而非的标语口号。很无趣，冬天还没来临，家里揭不开锅了，大雪封门的时候，坐在门边发呆，漫天飞舞的雪花全都幻化成了纷纷扬扬的粮票和饼干。天上当然掉不下饼干来，于是就接着想象着生产队的猪得了瘟病全死了，猪一死，家家户户就能吃上红烧肉。

胡思乱想成了少年时代生活中的口粮，信马由缰的想象填满了画饼充饥的日子。认多了字后，接触到了小说，发觉小说比白日做梦更加神奇，而且固执地认为字要是不变成小说，字就没必要存在。于是少年的我就一头栽进了小说，不能自拔，可好看的小说全都是毒草，乡村中学本来就藏书不多的图书室也锁死了，我们几个小伙伴在月黑风高的夜里撬开窗子爬进去，偷出了《桐柏英雄》《敌后武工队》《水浒传》《三侠五义》之类的书，轮流看，看完了再偷偷地送回去。为了一本小说，常常会披星戴月跑几十里路去借。有一次，我的一个同学说二十里外的一个亲戚家有一本《林海雪原》，我就跟他一起去了。可是他的亲戚说没有而且也不留我们吃晚饭，赶到家时，已是夜里十点多钟了，天上挂着一轮又圆又冷的月亮，肚子饿得咕咕直叫，心里很是酸楚。

那时候，我认为世界上最幸福的事只有两件，一是吃红烧肉，一是有小说看。如果能看上小说又有肉吃，这就是共产主义。

为了有小说读，我考大学填的志愿全是中文系。我在中文系四年，除了上课，几乎所有时间都用来读小说，觉得只有读上小说，那才是人过的日子。研究生的攻读方向是“文学批评学”，平时也是以读小说和分析小说为主。这就是说，我从认识字的少年时代起，几乎就没离开过小说，我是读着小说长大的。弗洛伊德说童年经验影响一个人一生的价值取向，此后的岁月里，我发觉自己离开了小说就好像失去了活着的理由，离开了小说就像被掏空了灵魂，成了一片飘浮在空中的羽毛。

我当过教师，做过报社的编辑、记者、出版社副社长，惭愧的是，没有一个职业能让我激情澎湃和全力以赴，二十年前我是全厅最年轻的处级干部，然而我在各种会场和酒场上却是麻木不仁浑浑噩噩，一点感觉也没有，既没有职业热情，也没有职业成就感。三年后，我固执地撤退，调到省文联文学院做了一名专业作家。出入的小车换成了叮当作响的自行车，吃喝的大酒楼改到了街边小酒馆和大排档，但读书写作让我内心安静、专注和自由，时常竟有一种劫后余生的感动。我终于意识到，我只适合过一种简单而朴素的生活。

滚滚红尘暗藏杀机。我出生于农家，自小跟土地和庄稼朝夕相处，像土地和庄稼一样朴素的父母从来就没教给我如何察言观色、左右逢源，如何溜须拍马、投机钻营，如何撒谎作假、坑蒙拐骗，这种背景性的缺陷注定了我与当下的社会生活貌合神离、相互拒绝。坦率地说，我写小说除了热爱和痴迷于小说，还有就是害怕受到现实的伤害，是对当下生活的逃避；与其说是我选择了小说，还不如说是我逃到了小说中避难。写小说很独立，不需要与人周旋和合作，我在写小说中不仅获得了精神自由，更获得了心灵安全。

从事专业创作十多年来，我对小说充满了感激和感恩，我没觉得我为小说做出了什么贡献，反而是小说拯救了我。

小说态度

小说给了我属于自己的生活。

小说不是我的亲戚，而是我的亲人。谁都不应该把自己的亲人当作谋生的筹码，或攫取利益的敲门砖，所以我对小说的感恩之情、敬畏之心从没改变过。在我的生活中，亵渎小说跟亵渎神灵一样是有罪的。为了警惕自己写作的功利性，我给自己定下的写作纪律是，千万不要马虎动笔轻易出手，千万不能写违背自己内心情感和意志的小说，忍住诱惑，坚持不报“鲁奖”和“茅奖”，不是我不想要“鲁奖”和“茅奖”，而是我不愿为获奖去写作，也怕自己得不了奖受伤，所以就不报。不报等于就没有这回事。我的小说也进过“鲁奖”“茅奖”第二轮和第三轮，但那都是友好善良的杂志社、出版社为我报的，我除了对他们表示感谢不会有太多的关注。我也得过好几次非国家级的文学奖，那都是人家评给我的，给我我就拿着，不给我我也没意见，这让自己很轻松，而且最大可能地保持了写作的纯粹性。鲁迅茅盾自己都没获过国家奖，曹雪芹连县级奖都没获过，我们凭什么要获奖。我觉得，一个作家必须对你写下的文字负责，除此之外，你无法负责，也不需要负责。

我写小说是因为找到了一种适合自己的活法，所以我对小说确实没有什么强烈的名利追求和功利性欲望，说多了像是说假话，我有时候都觉得写小说名气不能太大，太大了日子就过不安稳了。约稿太多，活动太多，社交太多，压根就过不上简单朴素的生活。我一直认为，作家不应该是明星，也不应该是公众人物，作家是在孤独和寂寞中审视着这个百孔千疮的世界，并在洞穿人性的黑暗和苦难中，拯救和唤醒一个个无家可归的灵魂。与灯红酒绿贴得太近，与世俗欲望纠缠得太深，最后你是既救不了别人，也救不了自己。

后来，我发现自己写小说不够勤奋，对小说的世俗化价值认识不到位。其实，小说一旦走出电脑公开发表出版后，必然与功利挂钩，稿费、版税、评奖、影视改编无一不流淌着哗哗作响的银子，文场本来就是名利场。我写小说的功利心不强必然导致小说的事业心也不强，缺少摧城拔寨的攻击性欲望，我读小说和思考小说的时间比写小说的时间要多得多，我愿意生活在小说的状态中，而不愿意强迫自己不停地写小说，不愿意给自己定小说写作计划。

我大多数时候都交不了刊物和出版社的约稿，想起来很对不起人，人家相信你，你却拿不出稿子来，我当然没什么谱可摆，可我没有写作冲动的时候强行捏造一篇小说交出去，对刊物、对小说都是不负责任的。我写长篇更是如临深渊、如履薄冰，根本不敢出手，我想，写出来的几十万字被出版社一枪崩了，写作的信心有可能就被摧毁了。2000年夏天的时候，我收到了人民文学出版社编辑李建军博士的一封信，他说看过我不少中篇小说感觉不错，问我有没有长篇计划，我回信说没有，没多久我去北京开青创会，李建军与我第一次见面，在人文社邀请的饭局上，他说你能写好长篇。两年后我拿出了第一部长篇小说《放下武器》，责编就是李建军。当初如果没有李建军的鼓励和督促，我肯定不会写长篇，至今想起，仍感激不已。第二部长篇是早就答应中青社出的，同时答应出书前先给《当代》发表，由于《小说月报》(原创版)邀我去参加了云南笔会，欠人家的情，所以第二部长篇《男人立正》给了《小说月报》(原创版)发表，又等了三年后，我才将第三部长篇《酒楼》给了《当代》发表。第四部长篇《屋顶上空的爱情》是作家出版社预签了合同的，不得不写，不得不给，他们在八年前就跟我约一部长篇小说了，可我一直兑现不了，很是内疚。不是我的小说多么抢手，而是我写得太慢，在三个月就能写一部长篇的今天，我没有三年是拿不出一部长篇来的，这样就拖欠了下来。不过有一点我是很自信的，我的小说可能不比其他人写得好，但我肯定比其他人更认真、更用心。

写小说毕竟是一个业务活，业务活是有技术标准和专业尺度的，来不得半点虚假，行家一出手，就能看出深浅，看清门道，像我这样半路出家做小说的，我必须对自己苛刻，我觉得自己写出来的小说必须要让杂志社和出版社无话可说，不能有一点勉强，这样我们双方才都有面子。

要做到这一点，我必须比别人更加专注、更加投入。

小说的技术和发现

“文学批评学”主要是研究20世纪现代西方文论，实际上就是“形式主义文论”，也就是通常所说的“文本批评”。在华中师大读研时，我对叙事学、俄国形式主义、英美新批评、神话原型批评极度迷恋，我们在宿舍里抽着劣质香烟彻夜探讨福克纳、普鲁斯特、罗兰·巴特、罗布格里叶、马尔克斯以及各种形形色色的文学文本，并且确认了“写什么”并不重要，重要的是“怎么写”。于是我尝试着用学到的技术写不同叙事形式的小说，后来我用先锋叙事写出了《从此出发》《悬空飞行》《对会议的一种把握方式》，以及用新写实手法写了《请调报告》《夏时制四季》《过客》，分别发表在《花城》《上海文学》《小说家》《青年文学》《芳草》等刊物上。让我们全宿舍同学感到振奋的是，两种叙事方式的小说确实看不出是一个人写出来的，而且小说的稿费确实换来了不少啤酒香烟，改善了宿舍里日益穷困的生活。

至今我仍然坚持认为，小说写作中，技术不是万能的，但没有技术是万万不能的。再高的立意，再伟大深刻的思想，没有技术支持，那都是空的，都是不成立的。以前说中文系出不了作家，是因为以前中文系分析文学和评价文学时，都是把主题、立意、思想当作最高标准，而根本无视是文学的技术才得以让主题和立意存活下来。所以中国作家大多数靠感觉写作，靠经验写作，靠主题写作，而不是靠文学技术写作，作品写砸了，不知道栽在哪儿。

就长篇小说而言，其技术构成是全方位的，体系性的，中国的长篇小说只是篇幅上的长篇小说，而不是技术上的长篇小说。长篇小说首先是结构技术，相当于盖房子先搭框架，框架搭不好，再好的砖头、水泥、门窗也会让一幢房子歪斜甚至倒塌。比如《三国演义》《水浒传》《儒林外史》首先在结构上就是支离破碎的，根本没有形成一个圆整、封闭的自足的系统，也就是说连架子都没搭好。《红楼梦》地位稍高，是因为《红楼梦》有了长篇小说的架子，结构完整，但依然无法跟欧洲19世纪的长篇小说平起平坐，像哈代的《德伯家的苔丝》、勃朗特的《简·爱》、托尔斯泰的《复活》、司汤达的《红与黑》这些长篇小说在技术上极其成熟。都说长篇小说写命运，命运靠跌宕起伏的故事来演绎，跌宕起伏的好故事首先取决于整体上的戏剧性结构，除此之外，还得在人物关系的戏剧性、情节的戏剧性、细节的戏剧性，包括叙述语言张力的戏剧效果上进行充分设计和精心谋划。整体的戏剧性结构垮塌，意味着整部小说报废；就算整体的架子搭好了，如果人物关系、情节关系、细节捕捉、语言叙事上缺少戏剧性效果，一部长篇同样是苍白和空洞的。

俄国形式主义学派提出艺术的本质是“陌生化”，这个“陌生化”的一个基本要求就是经验的故事和人物必须要提供出非经验的阅读感受和审美体验。要实现这一目标，最根本的一点就是作家对所写的故事和人物要有独到的发现和判断，即个人化的精神视角，这是评判小说优劣高下的一个重要的价值尺度。奥地利小说家布洛赫说：“没有发现过去始终未能发现的那一部分存在的小说是不道德的，认识是小说存在的唯一理由。”在日常化和经验化的故事与人物中，我们有没有能力发现什么，我们究竟又发现了什么？小说的深度价值就体现在这里。我写《放下武器》是基于我对当时官场小说几种模式的质疑，即要么揭示官场的黑暗与丑陋，相当于揭露官场隐私；要么就是简单化地设计成腐败分子的利益与国家的利益、正义的力量和邪恶的力量尖锐冲突，最后是国家的利益战胜了腐败分子的利益，正义的力量战胜了邪恶的力量。一个是满足了读者的窥视欲，一个是作了肤浅的主流意识形态下的主流价值尺度的判断，毫无作家的个人立场。所以我在《放下武器》没有把郑天良进行简单化处理，而是从他的腐败堕落与毁灭中，试图提出一个全新的命题。对于官场来说，少掉的只是一个官吏，对于郑天良来说，却是整个命运的沦陷和人性的毁灭。我在写中篇小说《来宝和他的外乡女人》时，我没有把放鹰女骗婚当作一个法制故事来写，我让放鹰女在来宝被骗得倾家荡产且卷入一桩官司后，在来宝家门前的河边上吊自杀了。当下现实中的人作假无愧、作恶无罪，我只好让小说中的人物去忏悔和赎罪，“放鹰女”肉体毁灭了，灵魂却得救了。

我把切入小说题材的精神视角和独特发现也作为小说的技术部分。当然这一技术与作家的学识、境界、修养有密切相关，但同样也是可以进行训练和完善的。小说中没有孤立的技术，也没有悬空的立意，这是一个相辅相成的共同体，形式主义文论中一个重要观点就是“形式是完成了内容”，我写这么多年小说，有一点是终于弄明白了，技术可以弥补思想的苍白，但思想如果没有技术支持，最后是既没有了思想，也没有了小说。

访　谈《

救世的妄想

——许春樵访谈录

汪　杨　许春樵

汪杨：我注意到在你的小说中，笔墨更多是关注小人物和边缘人物的命运，在小人物的命运中寄存着你的生活判断和文学立场，你曾经在创作谈中多次提到过“救世”的概念，有意无意地流露出了托尔斯泰的精神立场。

许春樵：是的。我每次写长篇小说前，要读一遍托尔斯泰的小说，比如《复活》《安娜·卡列尼娜》等。“为灵魂活着，按上帝说的去做”，这是《马太福音》中说的，也可看作托尔斯泰小说的价值立场和精神核心，而我们恰恰生活在一个不为灵魂活着的时代。

汪杨：你的长篇小说《男人立正》、中篇小说《来宝和他的外乡女人》《艳遇》很明显地能看出你在向托尔斯泰靠近。将好友骗得倾家荡产的刘思昌在暴发后跳楼了，放鹰女李丽红上吊了，假征婚的女骗子杨晓雯准备去投案自首了，在精神结构的层面，他们与聂赫留朵夫跟着玛丝洛娃踏上流放西伯利亚的征途是一样的。

许春樵：是的，他们承受不了灵魂堕落的压力和折磨，最终选择以肉体的毁灭，去兑换灵魂的获救，与托尔斯泰不同的是，聂赫留多夫活在一个举头有神明的宗教背景中,我们活在一个敬畏缺失信仰幻灭的天空下,所以对堕落灵魂的拯救就显得更加迫切,也更加困难。我在《上海文学》的一篇创作谈中提到过,在一个“作恶无罪,作假无愧”的年头,我只好让我小说中的人物去忏悔和赎罪。

汪杨:这是不是可以看作你们这一代作家的“救世”理想。

许春樵:应当说“救世”妄想更准确些。如果一个时代处于集体无意识的堕落状态,非道德的道德化,反价值的价值化了,拯救就是徒劳的。我们写作的意义在于,虽然徒劳,但我们从没放弃。

汪杨:不仅小人物和底层社会寄予了这种理想或妄想,在知识分子身上,你似乎更在意他们的精神向度,我觉得你想从他们的灵魂挣扎中企图守住这个时代最后的底线。他们在你的笔下活得很努力、很分裂、很痛苦,也很悲壮,他们是生活的失败者,却是操守的捍卫者与执行者。比如,《一网无鱼》中的诗人陈空,丢掉了工作、丢掉了女友,但他还是不愿与世俗生活全面合作;《知识分子》中郑凡为了对得起网上赌来的女人,他尝试着与不道德的现实进行合作,但他最终只能在梦境中看到未来;《生活不可告人》中的二叔许克己干脆就采取了完全不合作的态度,最后以“失语”跟这个世界彻底决裂。

许春樵:由于身份的相近,所以我在写知识分子时,更多像是在写自己。知识分子不是活在真空中的,他们与这个时代貌合神离的合作更多是为了生计,而不是为了理想。因为生计不是知识分子的理想,所以他们的合作必然失败。许克己用自己一生的固执抗拒着世俗社会的收编和修改,他就是一个以性命为代价的徒劳的“救世者”。这种徒劳也许没有现实价值,但肯定有文学价值。

汪杨:读你的小说,会发现一个很独特的形态,就是日常化和世俗化的生活中弥漫着无处不在的荒诞,烟花三月乱云飞渡,歌舞升平杀机暗藏,生活在眼前,真相在别处。

许春樵:小说的基本价值就在于揭示出被遮蔽起来的生活真相。作家要写人,但作家不是人贩子,而是精神的引领者,引领读者质疑现实、弃恶向善、发现真相。在当下的现实中,我的理解是,荒谬不是一个手法、一个手段、一个技术,而是生活的事实,是事实的本身,比如我们现在面对假药、假酒、假文凭、假论文、假发票、假爱情、假玉器、假黄金、假酱油、假羊肉、假招商、假考察,没有人会觉得奇怪,没有人会觉得如临大敌,因为这些东西已经成为我们生活的一种常态,成为我们活着的一部分。所以我们现在写小说,不需要像卡夫卡、加缪那样通过荒谬把生活进行变形。我们只要把生活本身不加修饰地呈现出来,就是文学中的荒诞。《找人》中瘸腿的老景为儿子上大学到省城去“找人”，找了一个夏天，找的全是莫名其妙的对儿子上大学无济于事的人，但他越找越觉得要找。

汪杨：老景找人可以理解成人与人、人与秩序、人与制度之间的信用破产。老景的儿子考的是重点大学的分数，本来不需要找人，可县长家儿子也是重点大学分数，县长都去省城找人了，酱菜厂看大门的老景没有那么多自信，所以也到省城去找人了。这就是“荒谬”。“找人”成了这个时代的关键词，升学、评职称、当兵、就业、提拔、贷款、评劳模、当先进、判刑、坐牢、闯红灯，没有哪样不需要找人。在这样一个集体无意识的荒谬时代，公共知识分子的力量就显得重要了，所以我格外关注你小说中知识分子的人生选择，因为知识分子有能力也有义务去对抗这种荒谬。

许春樵：是的。前面我说过《生活不可告人》中的许克己，他就是用一个人的坚守来对抗整个社会的荒谬，好多读者包括我弟弟也对我说，“许克己如此迂腐固执，老婆孩子跟他受够了罪，他是对家庭不负责任的男人。”大家都觉得许克已不正常，其实是我们自己不正常，但我们已经习惯了现实的荒谬，不正常的正常化了，正常的也就不正常了。

汪杨：我觉得你的长篇小说《放下武器》中也有类似的写作立场，郑天良正直、善良、负责、清廉，但他在官场处处遭遇陷阱和暗算，当他和这个世界全面合作后，他在灵魂的堕落中如鱼得水，你没有让郑天良坚守到底，是不是因为他是官员，而不是知识分子？

许春樵：不完全是。郑天良的底线失守，是因为当欲望和权力纠缠在一起时，人更容易堕落，郑天良是被现实绑架的人质，他在官场上要想获得生存权的话，除了合作，别无选择，堕落成了他活下去的口粮。

汪杨：所以我看到你对郑天良这个腐败分子充满了同情和悲悯，这与那些以揭露官场黑暗与曝光政治内幕的小说完全不同。你的着力点不在揭露，而在反思，这是这部小说独特的视角。

许春樵：小说虽说写的是日常化、经验化的生活，可当它成为小说的时候，它就必须成为被作家发现的生活，被作家判断的生活，所以腐败分子郑天良枪毙前留在这世界的最后一句话竟然是对不起老婆，而不是对不起组织。腐败分子在小说中是血肉完整的人，作家拿出的不是法律判决书，而是人性判决书，作家对腐败分子的判决，法律上是拿不出来的。

汪杨：郑天良的灵魂是分裂的，他没有自救的努力和勇气，但他有堕落的挣扎和痛苦，在救世的妄想中，知识分子无疑是你的精神代言人，但我发现在小人物和边缘人物身上你却不止一次地让他们成了“救世者”和“自救者”，比如《来宝和他的外乡女人》，我将它与《艳遇》放在一起比较，发现放鹰女李丽红和女骗子杨晓雯，他们都是社会的边缘群体，她们以自绝的方式，以毁灭自己的方式，让自己的灵魂上岸，看了后很是震撼。《男人立正》的陈道生却担当起了“救世者”。

许春樵：在中国传统的价值伦理中，“刑不上大夫，礼不下庶人”，陈道生本来是一个需要被“教化”和被“拯救”的底层小人物，可恰恰是这个“被拯救者”担当起了对这个灯红酒绿世界进行道德教化和灵魂拯救的使命。这一角色的反讽性也是现实荒诞的一次实证。

汪杨：尽管徒劳，但我注意到你对礼崩乐坏后的道德重建的意志依然是非常强烈的。我觉得陈道生是最典型的代表。

许春樵：写小说的目的就是在现实的根基上，建造一个与现实完全不同的世界，这个完全不同的世界就是一个道德苏醒、灵魂获救、人性向善的世界。我们现在都被扔在了水里，我们和小说中的人物都需要上岸。

汪杨：你要让小说中的人物涉水而过。

许春樵：不是涉水，而是就在水里。我在《来宝和他的外乡女人》的创作谈里曾说到过集体的不道德问题，都在水里，指的就是集体不道德状态，这种集体不道德不是理性的道德背叛，而是集体无意识后的麻木。比如说“找人”，个人为了办成事“找人”，政府为了办成事，也得去“找人”，但如今没有人觉得不正常，找不到人是你没本事。集体无意识的精神沦落是我们和托尔斯泰时代不一样的地方，而我们根本意识不到自己已经在堕落了。

汪杨：所以，文学干预这种集体无意识的堕落在今天显得尤其迫切，然而，面对这强大的生活现实，文学的力量究竟有多大呢？

许春樵：其实文学的力量还是很强大的，但这个时代人们正在远离文学，人们被消费文化和公共娱乐所控制，因此文学“美教化，厚人伦”功能就被弱化了。有评论文章认为我写的陈道生是一个道德神话，这就很能说明问题，欠债还钱、杀人偿命，这是天经地义的事，陈道生只是做了他该做的事，但为什么又被看作道德神话，是因为现实生活中已经遇不到陈道生这个人了，所以大家就认为这种人是不存在的。

汪杨：但我觉得你小说的结局都很悲观啊，郑天良被枪毙了，陈道生也死了，来宝和陈林最终也没有过上他们期待的幸福生活，他们还得在生活中继续去寻觅生存的出路。也有读者认为你的小说太灰暗了。

许春樵：这牵涉生活与艺术的关系问题，日本的厨川白村说“文学是苦闷的象征”，和卡夫卡说的“文学的目的是为了缓和与现实的紧张关系”是一个意思，恋爱成功大办婚礼就没什么值得写的，只有失恋了才能进入文学，“杨柳岸，晓风残月”才是文学。从古希腊戏剧，到 18 世纪、19 世纪欧洲的小说，还有中国的戏剧和小说，能留下来的都是悲剧，艺术在本质上就是悲剧。艺术是在对现实的毁灭中重建一个新世界，文学的悲剧结局恰恰是凤凰涅槃后新生活的开始。朱光潜的《悲剧心理学》中提到了“悲剧快感”一说，审美过程中的压抑、痛苦、伤心、流泪是一种宣泄和释放，走出小说或剧场，哭得浑身发抖不能自已了，审美的目标就实现了。

汪杨：鲁迅好像也说过悲剧是把美的东西毁灭给人看，以引起“疗救的希望”。

许春樵：就像汶川大地震，只有毁灭，才会有重建。

汪杨：你在小说创作中，有没有遇到过瓶颈阶段？比如你写了边缘人物、小人物，但小说的阅读者却是知识分子和白领精英，你虽然是站在底层人物的立场上来写的，但写出来的文字又是给非底层的人来看的，这是很多关注底层的创作者面临的问题。

许春樵：现在的小说阅读更多是文人阅读、专业阅读、精英阅读，不是底层人物看不懂我的小说，而是看不到我的小说，因为现在这个时代的小说阅读已不再是主流阅读了，有人认为这是小说衰落，我认为这恰恰是回到了它应有的位置上，小说从街头说书的形式固定成纸质话本后，它就不属于大众了，就是给少数人看的。20 世纪 80 年代全民读小说，那时候的小说不仅是艺术，还是思想启蒙的炸弹，一篇小说可以让全国的人拍案而起。再说那时候没网络、歌厅、舞厅、桑拿、麻将，电视也不普及，除了读小说，没地方可去。

汪杨：你如何看待如今读者的流失，作家要承担什么责任？

许春樵：最近有媒体发布了一个权威的统计数据，近二十年，文学期刊和文学图书萎缩了百分之九十，要不是中国人多，这几乎就是一个全军覆没的数字。我不认为作家要承担什么责任，现在的小说比 80 年代艺术水准和精神品质要高得多，是这个时代文化形态发生了巨变。读者不是作者培养出来的，他是时代、文化氛围造就出来的。现在的人们不需要审美，需要刺激；不需要感动，需要好玩；不需要灵魂洗礼，需要身体放纵；不需要永久的情感，而需要一次性消费。那么作家的作品只在有限的圈子里跟有限的知音进行交流，这没什么不好。

汪杨：能说一说你创作的困惑吗？

许春樵：我从事专业创作比较晚，2000 年以前，一直在摸索，不知道创作中怎么走。一是我用什么样的方式去写作，用什么方式去叙事；二是我的小说应该关注什么,我的精神立场是什么。2000年以后困惑就少多了,对我来说,饱满的写作状态和准确到位的情感体验是写作的前提,是品质的保证。我写小说是有冲动的,我肯定是情绪情感上受到了刺激和伤害后才开始写作,这样在人物把握和情感体验上容易到位。

汪杨:说到小说的技术问题,像沈从文、汪曾祺这样的作家,他们的创作理念是创作时要贴着人物来写,作家是隐掉的。还有一派作家,比如路翎、胡风主观派的,他们强调要用文学创作第二种现实,在创作中要重视作家的立场,作家要去主导和影响社会现实。你的小说文本精神指向是"拯救",那你在写作技术处理时,是倾向后一种吗?

许春樵:我以前确实更倾向于后一种,但我现在是以第一种方式进行写作,"立意在天上,故事在地上",小说与读者首先是生活经验和人生情感的交流,其次才是思想与灵魂的碰撞与共鸣,生活经验与人生情感是世俗化、日常化的,是有烟火气息的,过于明确和清晰的理性指向都有损于小说审美意韵。我早年在写《找人》《放下武器》等小说时,我自己创作意图非常明确,但到写《酒楼》《屋顶上空的爱情》时就慢慢变过来了。我在将《酒楼》改编成电视剧的时候,与导演、制片人、投资方有过深入的接触,他们的术语是剧本要"贴着地面写",这对我写小说启发很大。

汪杨:你觉得现在已成功落地了吗? 这种落地也是小说技术吗?

许春樵:是的,落地是小说的基本技术。小说中的情节和细节必须是"做出来的",而不是"讲出来的",写小说就跟做人一样,要"多做少说",早年的先锋小说就是重在讲述、重在感觉,而缺少"做"的能力,"做"就是还原和复活生活中弥漫着的烟火气息。

汪杨:是烟火气息把读者带进小说中,也只有烟火气息才会唤醒读者的生活经验,激活读者的情感共鸣。

许春樵:小说呈现的是世俗化的生活,世俗化的生活是有烟火气的。其实小说在本质上就是世俗的,小说在唐代叫传奇,明清叫话本,茶楼酒肆说书艺人的脚本,它是很民间的一门艺术。小说在成为一门独立艺术门类并进入文人创作后,才拥有了与传统的"因果报应、善恶轮回"所不同的价值目标。

汪杨:刚才你提到了小说的影视改编,我们知道,不是所有的小说都适合改编成影视的,它的基础前提是:世俗化,有故事脉络。因为图像和文字的观感是不一样的。你的小说在改编成影视剧本的过程中,你原有的作家创作立场有无改变? 小说写作中"写什么""怎么写""给谁看"这三个问题,在影视作品也同样存在,小说的读者和影视作品的观众群体显然是有区别的，你在改编的过程中，这种跨界叙述，是不是会放弃一些，还是重新坚守一些，它和小说的再创作有何关系？

许春樵：我在将自己的长篇《酒楼》改编成剧本之后很是恐慌，我担心我不能写小说了，因为剧本曾经折腾了前后三年，今年《当代》第二期发表的长篇《屋顶上空的爱情》就是我写过电视剧后写的长篇，包括在《小说月报》（原创版）发表的中篇《知识分子》和《表姐刘玉芬》，我发现没有受到破坏性影响，这里面主要是如何驾驭两套话语系统的问题，看你能不能很快地进行切换。其实我上学的时候也尝试过用两种方法写作，一是写实性的，新写实的零度叙事，一是先锋的叙事，所以我再写小说后发现我以前的小说感觉还在，要说有变化，这个变化我觉得是有正面意义的。我的《知识分子》和《屋顶上空的爱情》，节奏快，追求叙事效率，注重对话质量，强化和突出情节与细节处理的戏剧性。我在改编剧本前曾写过一个中篇小说《不许抢劫》，后来拍成了电影，电影一上来就是杨树根报案说老婆跟人跑了，而我小说里却用了3000字的铺垫来交代人物关系、情节关系，叙事气氛出来了，叙事很讲究，但从情节推进上来说，节奏比较慢，这是我写剧本后发现的问题，我写《知识分子》的时候，第一章节只用了1400多字，从郑凡小时候写起，到他本科生、研究生毕业，到找工作到最后在网上跟女网友打赌，节奏很快，叙述的对抗性很强。

汪杨：成为一个好作家，能够写出好作品，一般需要作家具有丰富的生活阅历和个人化的生活体验，良好的思想、观念、感情和技术，这几个东西你都不缺。就我的阅读来看，目前中国作家的小说技术已经很先进，哈金就说中国现在的小说家在技术上非常成熟，明显不足的是思想和观念的落后。但有这些东西，不一定就能保证你一定会写出好的作品，当然，没有这些条件肯定是不行的，到底是什么样的东西，能把这些要素组合在一起，能使作家写出好作品？

许春樵：这个问题现在我想得比较清楚，前两年不是很清楚。首先我认为小说的技术很重要，我觉得现在小说创作的最大的问题不是思想和观念问题，而是技术问题，尤其是长篇小说，对技术的依赖度很高。比如说，长篇小说必须要有一个好故事，好故事首先取决于整体上的戏剧性结构。除此之外，还得在人物关系的戏剧性、情节的戏剧性、细节的戏剧性，包括叙述语言张力的戏剧效果上殚精竭虑。做好这些，足够你一辈子努力的。

汪杨：但是，技术也不是万能的，虽然小说的文本创作要有技术的支撑和保证，但技术是可以训练的，是可以教出来。技术要素中，最难的是什么？

许春樵：前面我说过，最难的是对小说中人物情感的体验是否到位和准确。作家其实就是演员,演你小说中的人物,关键不在于你演得像不像,而是在于演得真不真。真就是真性情、真质地,是真实、真相。我们写小说的全部努力就是为了当一个成功的演员,作家比演员难在不是演好一个人,而是要演好小说中的所有人。要把人物演真,就要求你对各色人等有本位性的体验,那样写出来的人物才是准确的,才是有艺术表现力的。对于大多数技术成熟的作家来说,对小说人物情感体验能否到位是他们面临的最大的困境。

汪杨:这确实是一个新鲜的命题,从某种意义上来说,小说就是造假的艺术,当作家的情感到位时,假的就是真的;作家情感不到位,真的也变成了假的。你如何评价你作为一个"演员"的演出经历?

许春樵:我一直努力地在演,很显然,写得不太好的人物,就是我对人物情感把握没有到位,比如《放下武器》中的女性人物,就颇多微词,说我不会写女人;我觉得我的长篇《男人立正》中的陈道生的人物情感和心理把握是准确到位的,陈道生说什么做什么都是自然而然流露出来的,写的时候,好像不是我在写,而是陈道生在写,我只是在替陈道生把他该做的事做了,该说的话说了。当作家和人物合二为一了,小说就好写了。情感体验到位,说起来简单,做起来太难了,我看电视剧的时候,一眼就能看出演员演出的角色是否到位。文学的第一个层面接受的是故事信息,第二个层面是接受情感信息,如果作家提供的是假情感、伪情感,对读者和作者都是灾难。

汪杨:长篇小说是讲究结构的,但西方20世纪下半叶以来,长篇小说有个趋势,是越写越短,比如《朗读者》,十万字多一点,还有余华的小说,哈金的小说,严歌苓的小说,都没超过二十万字,这些小说跟我们理解的长篇小说在结构上有很大差距。

许春樵:这主要和现代阅读有关,现在生活速度快了,阅读节奏也跟着快了,人们不太愿意接受鸿篇巨制,也失去了阅读耐心,后现代文化的潮流和消费文化的风行在不断地修改着公众的阅读趣味,也在修改着长篇小说的写作立场,小长篇,实际上是中篇的结构,这并不可怕,可怕的是当小说的故事与情节价值成为阅读的终极目标的时候,我们是不是把长篇小说当作"故事会"来写了,是不是把长篇小说当电视剧本来写了,是不是因为过于迷恋和陶醉于故事本身而忽视了小说作为语言艺术的叙事品质和文学感觉了。这才是值得警惕的。

汪杨:我在做文学评论时,清楚地知道自己喜欢或不喜欢哪一类作家和作品,擅长或不擅长解读哪一类作家和作品。我也大致知道自己的学术长处和短处,知道自己的学术长处我可以尽量以长补短,以美遮丑;知道自己的短处,有的我能改变,但有的我不可改变，这里面元素很多，不纯粹是学养原因，更多是习惯原因。你认为你小说创作的长处与短处在哪里？

许春樵：我的短处是小说的理性目标过于明确和清晰，容易被破译，这都是与自己文学研究的背景有关。我一直在修正自己，这几年的中长篇小说有了明显的改进。一般说来，作家不宜多谈自己的长处，非要说长处的话，我觉得我对小说的技术研究得比较深入，长篇写作上的技术运用比别人更加自觉。其次是我在小说叙事上已经形成了自己个人化的叙事经验和表述，这种类型化了的叙事是有一定认同度的，这对作家是很重要的。很多人说一看这部小说的叙事，不看作者就能猜到是我写的，我的小说有清晰的个人叙述特点，这个特点不是传统的小说叙事，也不是先锋的小说叙事。

汪杨：你的小说语言是被先锋漂洗过的，是介于传统和先锋之间的个性化叙事，很有特点，如果小说在叙事上没有特点，文坛上很难让人家给你位置。你早期的“季节三部曲”，就有这两种语言的对接。你小说中的比喻用得很好，一般的比喻是用一种形象来说另一种形象，你的比喻有的用事件来比喻，有的用感觉来比喻，很新鲜，很陌生。

许春樵：这叫异质比喻，英美新批评专门研究过异质比喻带来的独特的审美体验，钱钟书《围城》带给国人的激动就是他大量地使用了异质比喻。然而一个作家个性化叙事光吊在比喻这棵树上是远远不够的，比如反讽性叙事就有很多种类型。

汪杨：今天我们谈了很多小说技术性的问题，但文学的技术最终还是要落实在作家的精神立场上，也就是说小说最终以思想价值来确定小说的分量和重量。我认为你的小说，一方面在坚持自己的技术努力，一方面通过可靠的技术支持来实现你对人生、对社会的理性解剖和人文关怀，贯穿你创作的核心价值取向就是“救世”，许多评论者认为这正是你小说极具穿透力的特质所在。

许春樵：创作就是白日做梦，梦想有那么一个理想中的世界能安放人们的灵魂，我是一个杞人忧天的人，总想带着读者一起越狱，一起冲破丑陋的现实，做不成，就只好写小说。确实“救世”是我小说基本的价值取向，尽管徒劳，但手中的笔不停，这一努力就不会停，无论是质疑、批判，还是悲悯，最终都是指向拯救，拯救一个个无家可归的灵魂，拯救我们已经失守的道德底线。

评 论《

文学探索者的现实阐释

——许春樵小说论

王达敏

许春樵，1962年生。1991年开始发表小说，其创作大致以2002年为界，在这之前，以创作中短篇小说为主；在这之后，则以创作长篇小说为主。主要作品有中短篇小说《季节的景象》《找人》《请调报告》《谜语》《一网无鱼》《生活不可告人》《知识分子》等，长篇小说有《放下武器》《男人立正》《酒楼》《屋顶上空的爱情》等。

在当代作家中，许春樵是一位具有先锋气质、先锋精神和思想深度的作家。他是在先锋小说退潮之际的20世纪90年代初登上文坛的，但这并没有影响他依然用先锋观念参与新时期文学的构建。与激进、实验性的先锋小说不同的是，他是在获得了先锋文学资源的充分支持后进入文学的，经过短暂的纯粹的先锋性的艺术探索后，便扎入中国现实坚实的大地，用先锋思想、先锋观念探索文学，阐释现实和人性。

在探索之中探索

1991年至1996年，是许春樵创作的探索阶段。其探索在三种写作之间进行，三种写作对应着三种小说。

第一种小说：乡土叙写与先锋性的语言实验重合的乡土小说。1991年至1996年，许春樵发表了三篇乡土小说：《季节的景象》《季节的情感》和《季节的背影》。有意思的是，三篇小说均以“季节”称名。由此，三篇小说正好组成一个系列，可名为“季节系列小说”或“乡土系列小说”。三篇乡土小说在四季景象的变化中叙写的生活故事却是苦涩伤感的：乡村的温馨与季节的变化掩饰不住乡村的贫穷、艰辛，少女荷子挣脱无爱的婚姻，在结婚的前一天离开家乡（《季节的景象》）；季节有情人无情，为娶素子，外出烧窑数年的秋槐一身风尘赶回家时，素子已经成为他人之妻之母（《季节的情感》）；贫穷弱小的少女穗子在苦难中编织着幻想，但她的幻想很快被现实粉碎，生活的艰难迫使她在不该嫁人的年纪却成了人妻人母，瘦弱的身躯承受着不能承受的生活之重(《季节的背影》)。这三篇小说是地道的乡土小说,它们的探索主要表现在叙述形式上,具体地说,是表现在叙述语言上。三篇小说的叙述语言是现代汉语言和欧化成分较重的先锋性语言相交替,相比较而言,1996年发表的《季节的背影》的先锋性的叙述语言较前两篇要少得多轻得多。由于两种叙述语言反差大,它们在并行中形成鲜明对比。一种是现代汉语言组构的叙述语流,另一种是欧化的先锋性语言组构的叙述语流,尽管这种叙述语言在整个叙述中所占的比例不大,但它的陌生化和奇特性一下子就把自然朴素的现代汉语言流畅的整体性给分解了,造成了叙述的内在分裂。看得出来,作者在叙述中运用现代主义文学的叙述语言,其本意是想利用这种陌生化叙述造成先锋性叙述的效果,以便把经验性的形象抽象化,或者把抽象性的形象具象化,扩大叙述空间和语义空间,增强叙述的力量。但他没有想到这两种反差很大且相互抵触暗暗较劲的叙述语言的不合作会产生分裂叙述的效果。但从1997年开始,许春樵的小说几乎不再运用这种实验性很强的叙述语言了。

第二种小说:客观化叙述的新写实小说。新写实小说多从两个方面展开写作,一是叙写城市普通市民和知识分子的庸常生活、烦恼人生,以及庸常生活和世俗权力对人的任意摆布;二是写权力系统消极运作现象及人的异化。许春樵也是以否定性的态度来指认这些现象的。《礼拜》是日常生活的一个插曲,写三个研究生在大都市一次尴尬的经历。他们利用礼拜天光顾城市,可城市并不欢迎他们。他们是物质的匮乏者,因而在城市处处遭遇白眼、嘲笑和戏谑。面对城市的浅薄、庸俗和无情,三个物质匮乏者想极力维护住自己的尊严和人格,可缺少金钱支撑的尊严和人格显得苍白无力。在金钱独大的时候,尊严和人格没有地位。《我的亲戚们坐在椅子上》由三篇故事构成,均以披揭权力系统运作的秘密为指向。

第三种小说:客观化叙述与现代主义意蕴营构的小说。此类小说有《过客》《从此出发》《天灾》等。这是许春樵1991年至1996年最有探索性创新性的小说。第一种小说只是在乡土小说的形式上架构了一部分先锋性叙述,还不能算开"新路"之作。第二种小说属于新写实小说。第三种小说与第二种小说在外表上很相似(如《请调报告》与《天灾》就非常相似),因为它们都遵循客观化叙述的原则。不过,这两种小说的叙述显出的特点是不同的,前者的叙述专意指认现实,在指认现实中直接达到对现实消极现象的否定。后者的叙述严格遵循客观化叙述的原则,但其中又隐含着现代主义的先锋叙述,在指认现实中营构现代主义意蕴,表现出跨界叙述的特点。这种在温和平稳之中伸展创新冲力的小说,实际上是现实主义与现代主义的异形同构，若发展得好，它会有杰出的表现。许春樵1997年以后的创作，基本上是在这种写作中向前推进的。为了论述的方便，索性将《过客》《从此出发》《天灾》放到下面，与《找人》等小说一并论述。

先锋叙述中的现实阐释

1997年以来，许春樵的小说创作沿着《过客》《从此出发》等小说的路子而有了更充分的发展，对跨界叙述——现实性的客观化叙述与现代性的先锋叙述(此时的先锋叙述包含着一些后现代主义的解构性叙述)作了更好的发挥，其跨界叙述在思想层面上的创构尤为突出，特别是那些着力表现荒诞、异化、信任危机等主题的小说，在思想倾向上显出与现代主义文学的精神情绪相契合的特点，但它们实为面对现实的所思所创，自成格局。

其一，表现现实的荒诞。表现现实的荒诞是许春樵小说创作的主向。直接叙写荒诞现实的《犯罪嫌疑人》《悬空飞行》《推敲房间》《一网无鱼》《生活不可告人》等小说和偏于描写异化现象的《天灾》《谜语》《缴枪不杀》等小说自然要表现现实荒诞的本质，即使是表现信任危机的《跟踪》《找人》及表现人与历史关系的《过客》也充满着荒诞感。

荒诞通常通过夸张变形，将现实非现实化，即将现实进行变形改装，使其充分地荒诞化，以便在艺术的置换中抵达现实的深度或现实的本质。而由现实本身构设的荒诞，则是“本本分分”的荒诞，仿佛与真实的现实一般，它从现实表象或现实现象中浮出，因而更多地体现为内在性。《生活不可告人》和《一网无鱼》直指荒诞现实的真相。《生活不可告人》中，当做假论文、考假外语、弄假文凭、编假档案、评假职称这些不道德行为成为集体无意识而被制度化后，反而道德化了。而独善其身、拒绝与恶俗为伍之举，则表明个人公然对抗一种制度，结果只能以失败而告终。当学高德高的中专教师许克己坚守职业道德而“克己”时，无形中与一种隐形的现实力量产生对抗，使自己及家庭陷入无边的困境，尊严全无。当他被现实所迫违心地为自己的职称出卖了仅有的一次尊严之后，他承受不了事情败露后给他带来的精神刺激和道德谴责，致使人格分裂而失语而死亡。《一网无鱼》中，城市的漂泊者陈空与荒诞、虚伪、庸俗的城市格格不入，便到网络上的虚拟世界寻找精神慰藉，结果仍然是“一网无鱼”，一无所获。人注定难逃荒诞现实的定义，他逃到哪里，荒诞就追到哪里；荒诞已经成为现实的宿命、人的存在形式。

其二，表现异化。异化是新时期小说经常表现的一个主题，《谜语》《天灾》《缴枪不杀》等小说从人的异化推及权力异化、社会异化，在权力异化、社会异化中表现人的异化，由异化现象直抵异化本质。读过这些小说，我从中获得了两个结论：异化是存在的，不是被表现的；异化是产生的，不是给定的。

《谜语》是许春樵最好的小说之一。12年前，年轻气盛、春风得意且目中无人的县财政局局长王根业坚持原则公事公办，没给统战部换轿车，统战部部长吴涛当县长后以“根据工作的需要”为理由将他调到无权无势的地震局任局长，一干就是十多年。从此，他灰面委顿，渐渐被人们遗忘。最近，县级干部换届选举，最没希望的王根业却出人意料地当选为副县长。故事简单，意蕴却扑朔迷离不确定。题名“谜语”无疑是个提示：小说构设的是一个谜语。谜语由谜面和谜底构成，根据谜面就可猜出谜底。小说给出的谜面非常明确：“根据工作的需要”。小说的全部叙述确实都是在演绎“根据工作的需要”。这些叙述似乎显示了某种暗示性，引诱读者深入其中去破译谜底。等到读者真的进入文本，叙事者却并没有给出谜底，反而丢给读者一个无解的诱惑。谜语不设谜底是不符合游戏规则的，但现实构设的谜语常常不设谜底，于是解谜就成了无底的运作。作者也承认这篇小说根本就没有谜底。没有谜底，又作谜语，只能对其作别种理解。作者用“谜语”来为小说命名，同时又明设谜面，目的可能是声明这样一个前提，现实构设的谜语永远是个“谜”。因此，叙述成为谜面的自我演绎，叙述不再关注谜底，叙述在自我指涉、自我演绎中成为目的。不过，作者还是给了我们一个说法，他说我们可以根据自己的生活经验和审美理想去设计谜底。

我从《谜语》中读出的则是一个更为重要的意义：权力系统的消极运作、权力异化与人的异化。权力系统的消极运作是权力被异化的结果，换言之，权力异化导致权力系统的消极运作。《谜语》中的人物命运“根据工作的需要”而发生种种变化，均是权力系统消极运作与权力异化的表征。同样是表现权力系统的消极运作、权力异化与人的异化的《缴枪不杀》则出新意，写权力的边缘人对权力的向往与对权力的逃遁。默默无闻的县图书馆管理员陈根林因发表了一篇小文章，被急于想提高县政府接待处人员文化素质的周县长相中，立即被调到接待处工作。突然被抛进官场的陈根林，由于不谙权力场中的规则，又不会见风使舵，加之有时还使些文人好较劲的脾气，致使自己常常碰壁。最可悲的是，无意于权位的他偏偏掉入权力之争的漩涡之中，不明不白地充当了权力者们所利用的工具。他不仅把自己弄得身败名裂，而且还使有恩于他的周县长丢官丢职。吃尽了苦头的陈根林终于省悟，在官升之时毅然退走官场，从而给异化了的权力系统与权力以一个深刻的嘲讽。

其三，表现信任危机。表现一般社会现象、社会问题中潜含的人与人、人与社会秩序、制度的信任危机，是一个极有价值的探索。《跟踪》写一对感情已去婚姻快走到尽头的夫妻，彼此暗地里进行一场跟踪与反跟踪的较量，意在表现物质世界的信任危机。《找人》表现的则是另一种信任危机，普通百姓对社会秩序、制度的怀疑乃至不信任而产生的信任危机。县城酱菜厂看大门的老景的儿子小毛高考成绩达到重点大学分数线，老景和街坊们一致认为，要想小毛被重点大学录取，非得到省城找人通关系。于是，身患绝症手头拮据的老景怀揣着街坊们提供的写满18个人名单的纸条来到省城。不谙世事的老景在省城东碰西撞，但他所找到的城里人都帮不了他的忙，而当他在省城经受了种种离奇荒谬的遭难身陷困境病倒躺在医院里还念念不忘"还有一个人没找"时，小毛已收到了录取通知书。《找人》令人心酸心颤且意味深长，于喜剧的观照中映现出悲剧性的生活内容。高考招生是被制度化的国家行为，其过程规范严肃，但它也有种种不规范的地方，正是这些不规范之处致使人们对它产生不信任。不信任初起于情绪化的疑惑，然而，一旦它对对方形成否定性认识，人与社会秩序、制度之间就会出现信任危机。

最后，有必要提及《过客》。《过客》是一篇让人叫好又为难的小说，好是因为它写了一个"什么都是"又"什么都不是"的人物刘五爷，难也出在他身上。因为当我们试图用种种现成的理论去分析他时，发现这些理论都难派上用场。他使阶级的、政治的、历史的和道德的种种决定论的理论纷纷失效。是的，他鄙视日本人又为日本人请他喝酒感到荣幸；他杀死日本鬼子并不是因为他对日本人有什么深仇大恨，而是为了钱和女人同侯老板打赌；他拿了日本人的赏钱去五桥镇西乡为日本人打探抗日队伍"模范队"的活动情况，但他给日本人报的却是假情报；大地主常桂棣是他舅舅，当他得知舅舅被王振山率领的模范队吓死后，懊悔当初没有把王振山出卖给日本人，一气之下，他放火烧了模范队的营地。抗战结束后，他被当作汉奸给枪决了；40年后，他又被当作抗日英雄写入县志。其实，他既不是汉奸，也不是抗日英雄，他只是一个匆匆而来又匆匆而去的"过客"——一个既醒世又混世的历史过客。如果我们抛开种种先入为主的观念而用民间观点去看刘五爷，一切都变得清晰可辨可解了。许春樵作《过客》，无非是要表现他的一种历史观，人与历史的关系，(有时)是一种不确定的假定性关系。历史是人们根据现时的观念和需要而书写的，历史文本与历史真相互相纠缠互相拆解。历史常常误读人，人不能被历史框定。

现实和人性的深度阐释

经过十年的中短篇小说创作，许春樵善用现代思想和先锋意识探析现实的创作个性基本形成。随着创作渐入佳境，加之所作又产生了越来越好的影响，他的自信心也与日俱增。这种自信心与写作激情一拍即合,一个新的目标自然而然产生。他要用自己的眼光去捕捉、用自己的思想去发现当下现实中国高速旋转过程中发生的裂变、新生与重组,倾听从现实深处发出的声音。这样,中短篇小说就显得力不从心了,唯有长篇小说才能承载他的想法。于是,他在新世纪来临之际开始营构长篇小说,并且很快于 2003 年出版了第一部长篇小说《放下武器》,接着又于 2006—2007 年和 2008—2009 年发表、出版了《男人立正》和《酒楼》。

三部长篇小说,两种思想走向和两种叙事立场。《放下武器》和《酒楼》沿着《谜语》《缴枪不杀》《天灾》《一网无鱼》和《生活不可告人》等中篇小说的思路,对荒诞的现实与异化的人性构成的互为互存的现状作现代性的深度阐释,而《男人立正》则一反许春樵一贯的批判现实的态度,从正面温情地抒写善的人性精神。

一眼看去,《放下武器》似乎也是一部官场反腐小说,实际上它深含着与同类题材小说迥异的思想。小说的叙事交替使用了第一人称和第三人称两个视角,一方面是"我舅舅"郑天良在官场权力斗争中的种种遭遇,另一方面是"我"为了生存而以写贪官舅舅的腐败故事去换钱。在整部小说中,"我"和郑天良都在现实的种种压力下,发生了一次"蜕变"过程。所不同的是,郑天良身在官场,为种种欲望、权力所诱惑所挤压而被异化,"我"虽然陷入生存的困境,却保证了对自己人格的负责。相同的是,"我"和郑天良都试图以道德的自律在社会黑洞的吞噬下做灵魂的挣扎。

因此,不能把《放下武器》视为反腐小说。因为,它不仅在叙事结构和叙述视角上,而且在人物塑造、特别是在思想指向上,都与反腐小说有着质的区别。一般的反腐小说,二元对立的双方,即正面人物与反面人物、"清官"与"贪官"的分别泾渭分明,双方通过激烈的较量,揭示出令人痛心疾首的腐败现象以及反腐斗争的复杂性和尖锐性,最终以腐败分子被严惩而告终。《放下武器》中也有两个在官场上较量了一辈子的人物:黄以恒和郑天良。但他们之间不是正面和反面的对峙,因为这两个形象都无法承当传统正面人物对其的定义。郑天良年轻时艰苦朴素、干劲十足,清正廉洁到即使是陪上级领导吃饭,也要坚持付自己的那一份饭钱,然而却晚节不保,不但受贿还索贿。黄以恒虽然没有让人抓住把柄,但他也不是一块无瑕之玉。他为了政绩,大搞面子工程,在贷款极其紧张的情况下,他通过各种办法为自己提出的项目贷来几个亿。事实上,小说对官场中的每一个人物都没有作一味批判,甚至对腐败分子郑天良亦如此;而是写郑天良在堕落中人格的分裂与自我异化的本质,追问和破译他灵魂的巨大落差。这种人道主义的情怀,使小说的批判思想不再单纯地指向个人,而是指向社会和权力。当反腐小说还在痛心疾首地揭示腐败现象和腐败的危害性时,《放下武器》则对道德的个人与不道德的社会之间发生的冲突进行社会学和政治伦理学的探索,这一创新性的思想在当前无疑具有超越性与突破性。

郑天良是道德和政治相互冲突的牺牲品。在小说的上半部,郑天良是以人的本真面目出现的,他身上"有许多农民的习性和乡村兽医的拙朴,他习惯于在一条直线上思考问题,在一条直线上解决问题。所以,他在当官十几年后,还是那般容易让人看透,就像一桶透明的水"。他不懂官场的游戏规则,不谙为官之道,不仅是"官场上的糊涂虫",还是人情世故的"糊涂虫"。这样,个体道德要求的廉洁公正和集体道德追求的经济发展,就这样冲突起来了,而他的力量在强大的群体和社会面前显得微乎其微。集体是在推动经济发展的名义上采取不道德手段的,又是被整个社会默认的一种扭曲的意识所控制的。郑天良即使能与所属的群体对抗,又怎么能对抗得了更广大的社会力量呢?

黄以恒巧用"压担子"的方式将郑天良调到了"爹不疼娘不爱"的综合经济实验区,郑天良没看透这明升暗降的内在玄机反而感激涕零,倒是旁观者都看清了,这是黄以恒不动声色地将他这颗"钉子"给拔掉了。他在失去权力后,终于悟透了两个道理:一个人对抗一种制度是不可能的;只有个人适应社会,而没有社会适应个人。于是,他开始背叛自己,开始学会不道德。他无师自通地学会了官场上的阿谀奉承、迎来送往的整套学问,用心运作官场的游戏规则,巧妙地让权力在打击对手的同时,使自己获得更大的权力。他堕落了,反而被社会接受了。这是现实的荒谬,更是社会的悲哀。游离于集体之外的郑天良是痛苦的,为了重归集体,他付出了背叛灵魂的巨大代价更是痛苦,这精神上的双重灾难在他心中形成了强烈的补偿和报复意识。为了捍卫自己,他拿起来的武器就是权力和腐败。郑天良失去权力后,越来越充满着对权力的极度渴望,为了从副职转为正职,他不仅时时刻刻表现出拥护黄以恒的姿态,甚至不惜出卖自己的尊严和女儿的婚姻向黄以恒"讨官"。倚仗着市委书记的器重而权力在握的时候,他对黄以恒"以其人之道还治其人之身",先将黄的亲信田来有以受贿罪查办,继而将标志着黄以恒政绩的啤酒厂卖出,接着再把最早由自己一手创办的酱菜厂回迁至啤酒厂旁边。这种明目张胆的报复虽然激起同一集团中其他成员的憎恨,却没有遭到集体的排斥。腐败是以拥有权力为前提的,郑天良一而再、再而三地收受贿赂之后,"发觉他从来不花钱也不需要钱",腐败因而成为他手中一种极端的报复武器,在报复中他甚至都没有清醒地意识到贪污已经不仅仅是一种不道德,更是违法的行为。

《酒楼》继续发挥了许春樵善于编织故事和精心结构复杂现实内容的能力,善于在现实和人性的激荡中发现当下现实和人性深处发生的新变化。齐家酒楼由盛而衰，形式上是市场经济和齐家老大齐立功观念落后、经营不当之结果，实际上是齐家兄弟间由利益唤起的欲望、由非人性激起的敌视乃至复仇所致。齐立功仗着是齐家酒楼的当家人，小人得志，张狂傲慢，对陷于困境之中的弟弟齐立言不仅不伸出援手，反而对其蔑视、侮辱；齐立言心藏恶念，伺机报复，复仇成为他发展事业的主要动力。他在事业发展上的一个个设计，同时也是为齐立功、齐立德设下的一个个陷阱。当他事业达到巅峰状态之时，正是齐家酒楼消亡及齐立功、齐立德失败之时。齐家兄弟间的相互敌视、相互残杀，隐含着人性之恶的本源性和残忍性。《酒楼》的这种非人道描写，显然不是肯定人性之恶的必然性与合法性，而是洞悉人性的复杂性，在描写非人性、非人道之时达到对其的否定，表现了作者对现实和人性的深度思考，其中蕴含着人道主义思想。

《男人立正》则从正面描写善的人性精神及自尊自救的人道主义思想，叙写下岗工人陈道生为救女儿而筹集巨资，又为还债而残酷地“变卖自己”，进而自我拯救的故事。

在这部叙写“活着”的故事里，陈道生像《活着》中的福贵一样，也是一个屡遭厄运袭击、倒霉透顶之人：人到中年偏偏被工厂下岗，尽管他多年来一直是双河机械厂的优秀工人，市劳动模范；下岗后给欧亚公司打工，因不能与商场上的流弊合谋而惹了许多纰漏，只好辞职；借钱开服装店，由于他坚决不卖假名牌，不干缺德事，服装店在亏损中坚持一年多就倒闭了；女儿陈小莉吸毒贩毒，又为吸毒卖淫被逮捕；为了救女儿，他听从好友刘思昌的建议，向三圣街三百多户人家借来30万块钱，没想到这是刘思昌为他设下的一个陷阱、一个骗局，钱一到刘思昌手里，人和钱就消失了，陈道生由此陷入了绝境。

这时的陈道生处在两难之境，法院开庭审判女儿小莉的日子在即，律师忠告他，最好在开庭之前为女儿搜集到无罪或减罪的证据，而他此时心里想得最多的是如何还街坊们的钱。在他看来，两者都重要，但还钱更重要，街坊们的钱比小莉的判刑重要得多。从此，陈道生开始了为期八年的艰苦悲凉的卖命还钱的历程。这八年，他卖过糖葫芦，卖过血，到医院当过男护工；代医生照看病人出了事故被开除后，又到快件公司送货；无奈之下，他还到火葬场当过背尸工，遭受过死者家属的侮辱；他甚至还决定卖肾还钱，因不符合移植条件而落空；后来，他在农民企业家的表弟的开导与帮助下，到乡下养猪三年，终于还清了所有的欠债。不幸的是，还清了债务的陈道生被查出胃癌晚期扩散，一个星期后就去世了。他把他的善良诚实留给了大家，然后带着尊严离开了人间。

《男人立正》所写的“活着”的故事，其蕴含的思想和人性精神显然不在活着本身，它也写了陈道生抗争苦难、抗争命运的坚忍顽强，但它的思想和人性精神的走向明显在彼不在此。那么，它的创获究竟在哪里呢？

《男人立正》出示的第一个最直接最显在的命题，显然是“承诺守信”的道德命题。不过，它却是从社会道德沦丧和诚信缺失的视角入题的。小说叙写的故事发生在1994年至2003年的双河市三圣街。1994年的双河市伦理颠覆、浮躁纵欲、诚信缺失，而败坏社会道德风气的坑蒙拐骗反而成为时尚。三圣街上，“卖假的就是卖真的，卖真的反而相当于卖假的”。道德失去了它严肃的规约性，而不道德却合法化了。许春樵要表现的，是社会群体的诚信缺失与个人坚守诚信之间构成的冲突在伦理学、社会学上所具有的现实意义。

而陈道生并未因此而装傻，街坊们的仁义大度更坚定了他还钱的决心，他向街坊们承诺：“刘思昌能把钱还给我更好，不还给我我也绝不装孬赖账，我陈道生再也不寻短见了，只要我还有一口气，我挣一分钱还一分钱。”“只要我活着，当牛做马，一分钱也不少还。”心有诚意，必有信语善行。从此，他玩命般地挣钱，干最苦最累的活，终于用八年的时间，耗尽了生命之力而信守了一个承诺。由此可以这么说，陈道生是卑微的，又是伟大的。卑微者，身份地位也；伟大者，人格精神也。不说卑微者必伟大，至少可以说卑微者也伟大。

诚信虽然是一个大命题，但它毕竟是一个一般意义的道德命题，十多年来的小说创作已经对它作了连篇累牍的叙写，其中不乏优秀之作。许春樵的目的，显然是要从一般意义的道德命题进入更深层次的人性命题，探寻并表现人性觉悟与人性升华的路径及其丰富性。研读作品，不难发现这人性的命题，便是“赎罪—报恩”。

欠了邻居们30万块钱，陈道生心中有一种深重的犯罪感，觉得对不起大家，连累了大家。在他人都不归罪于他的处境中，陈道生居然还能清醒地产生“自我归罪”意识，正是人性觉醒的开始。自我归罪就要赎罪，通常情况下，赎罪是以忏悔方式来实现的，确切地说，是以忏悔意识的产生并跟进忏悔行为来实现的。忏悔是对自己所犯的错误或罪行表示悔过，请求宽恕。也就是说，忏悔的目的是赎罪，但《男人立正》中的陈道生无须对他的所作所为——借钱救小莉，以及借钱本身这件事赎罪，这就决定了他的赎罪不是忏悔式的，而是报恩式的；报恩的唯一方式是还钱。

陈道生之所以要真心诚意地报恩邻居们，是因为像他一样贫苦的邻居们在他有难之际均伸出了无私的援手，奉献出了一份善心，且不要他任何回报。这份超功利超世俗的纯粹出于爱与善的情感让他承受不起，无论如何也要报答，而报答的方式就是还钱。他一再向邻居们表白:"我对不起你们,我欠你们最多的不是钱,而是恩,所以你们相信我,钱没还尽,恩没报答。"甚至在他还清了全部债务,然后在酒店宴请三圣街三百多位债主时,他仍然含泪感谢大家对他情深似海,义重如山,"你们都是我的恩人,我还清了钱,但还不了恩,我只能备几杯酒,敬你们,敬我的恩人"。

对陈道生的人性精神做这种人道主义的开掘,显示出许春樵的思想及其文学创作的新变化,即从处于生存绝境中的卑微者陈道生身上提升出自我拯救和维护尊严的人性力量。这是《男人立正》最有价值的创构,由此而与单纯叙写苦难一类的小说拉开了距离,并且由此而通向世俗人道主义新思潮之中,从卑微的小人物身上发掘出高尚的人性精神。如果《男人立正》仅仅写诚信,那它还是在传统道德的圈内打转,而进入赎罪报恩的命题,特别是进入自我拯救、坚守尊严的命题,才是将传统道德作了现代性的处理之后的人性升华。

这篇小说真正让我的心灵产生深深震撼的,却是看似不经意实则有深意的结尾部分:陈道生去世一个月之后,刘思昌从南美的多米尼加给陈道生汇来 50 万人民币——刘思昌当年逃到泰国后,借道又逃到南美小国多米尼加,从做小生意开始,最后成立"加华国际商贸公司",专门从中国进口轻工纺织产品,公司很快成为多米尼加共和国十大国际贸易公司之一,他自己也因此而成为多米尼加家喻户晓的富豪。2003 年 10 月 28 日,也就是在陈道生死后一周年的祭日,刘思昌跳楼自尽。

我揣想,刘思昌主动汇款给陈道生,既是还钱,更是赎罪。这八年来,他除了躲避追捕、承受苦难之外,来自心灵的谴责也一定让他备受煎熬吧?他与陈道生是最亲近的朋友,我想,他当初做梦也没有想到要去骗陈道生。他是在走投无路的情况下才出此下策的,而且仅是说说而已,并没有当真。没想到"一根筋"的陈道生竟然将此事当真了。他更知道骗走了陈道生借来的这 30 万块钱,等于杀了陈道生,也杀了自己。这么多年来,他一定是在自责、忏悔中度过的;想必他也经常默默地发誓,一定要偿还陈道生这笔钱,不偿还这笔钱,就无法消除灵魂的煎熬。当他得知陈道生为还钱积劳成疾而去世后,良心受到了沉重的打击,他承受不了,只能以死谢罪。这实际上是小说中没有展开的另一个通过赎罪而自救自尊的故事。

许春樵是一位创作意识很强的作家,他既不缺乏思想和激情,也不缺乏天赋和自信,目前处在写作的高峰状态,正向当代文学的高地冲刺。高峰写作状态是最有创造力、最有自信的状态,同时又是最缺少定力、最容易产生盲目的状态。处在这种状态中的作家,易受到各种诱惑,稍不留意,就会从高峰写作状态中跌下来。作家进入文学高峰状态不容易,一个作家一生很难遇到几次高峰写作状态,尤其是像许春樵这种凭状态写作的作家,更要把握好高峰写作状态。创作的高峰状态可遇而不可求,一旦从高峰状态上滑下来,就不知道下一个高峰状态何时再来。如今的文坛,出一个好作家不容易,我真诚地希望许春樵一直保持高峰写作状态,以取得更高的文学成就。

(载《小说评论》2012年第5期)

主要作品目录《

长篇小说

《放下武器》,人民文学出版社2003年版。

《男人立正》,中国青年出版社2007年版。

《酒楼》,人民文学出版社2009年版。

《屋顶上空的爱情》,作家出版社2012年。

中短篇小说集

《谜语》,华夏出版社2000年版。

《一网无鱼》,合肥工业大学出版社2011年版。

《城里的月光》,安徽文艺出版社2012年版。

散文随笔集

《重归书斋》,人民日报出版社2004年版。

其　他

《生活不可告人——方维保点评许春樵中篇小说》,安徽文艺出版社2018年版。

雪 漠

男，原名陈开红，1963年生，甘肃武威人。

小 引《

文学与思想的关系，是一个很复杂的问题，也是一个很现实的问题。说它复杂，是因为没有人能说得清楚，说它现实，是因为大家都感兴趣。作家的创作，要表现一点思想，批评家的评论，要在作品中挖掘一点思想性，读者阅读作品，也想得到一点思想的启示。总之是都要让文学与思想发生一点关系。某些时候，有无思想和思想的深浅，甚至成了衡量文学水平和艺术质量的一个重要标尺。比如今天这个时代就是。

但在历史上，文学与思想，又常常格格不入。有一种理论说，思想要妨害形象。理由是，思想是抽象的，文学是形象的，抽象的思想要靠作家的议论或人物的言论来表达，而文学只能借助具体生动的形象描写。俄国人甚至创造了一个新词儿，叫“形象思维”，从思想方法或思维方式的根本上来捍卫文学的形象性权威。中国人喜好中庸，虽然在20世纪五六十年代和80年代讨论形象思维问题时，也编了一些不排斥抽象思维（或叫逻辑思维）之类的说辞儿，甚至还挖空心思地让抽象思维在创作的某些阶段起支配作用，就像领导总要在关键时刻出来指导工作一样，无奈作家和批评家依旧不买账，一边听着理论家在摆着这类龙门阵，一边把文学中太多太露的思想戴上“概念化”之类的帽子痛加批评。就连后来当作新潮理论家引进的巴赫金，在他的论著中，似乎也在反对“思想小说”的提法。可见这事儿不好弄。

这当然只说了问题的一个方面。问题的另一方面是，这个不好弄的事儿，偏偏就有人弄得好。历史上很多了不起的思想，就是一些作家通过文学作品表达出来的。比如雪漠提到的托尔斯泰，又比如大家都熟悉的曹雪芹。当然还有卢梭和萨特，等等。鲁迅甚至说《红楼梦》“单是命意，就有种种”，其中包含的思想竟不止一种，而是复杂多样的。当然，你会说，这都是读者和批评家总结出来的，作家未必有这个意思。那我就要反问你一句，如果作家没有种下思想的种子，作品会开出思想的花朵吗？或作家下的是别样的思想的种子，作品会开出这样的思想的花朵吗？所以文学中的思想，虽然少不了批评家“翻译”（别林斯基说批评家要把文学作品“从艺术的言语，译成哲学的言语，从形象的言语，译成论理学的言语”）的功劳。但归根结底还是作家的思想或思想的种子在起催生、发酵作用。

当然，要把这事儿弄好，也真的不易。这是因为，人类在发明文学的同时，也发明了表达思想的工具，这就是后来说的哲学。虽然在中国古代文史哲是一个不分家的混成体，但毕竟各有侧重，后来这侧重就成了不同的社会分工，文史哲于是分道扬镳，各走各的路。但尽管如此，就像兄弟分家一样，家是分了，毕竟还有先前的一层血缘关系，所以，分家之后，依旧少不了相互的影响和联系。文学为了深刻庄重，常常需要运用哲学的思考，哲学为了说理透彻、平易近人，也常常需要借重文学的形象，这一来二去的，有时候就很难分出明确的界限。当然这也要看什么时代，是什么文学派别和作家个体。有的重视文学中的思想，有的则取排斥的态度。比如大家常说的宋代的诗歌喜欢说理，那大半是因为宋代理学盛行。它前面的唐代就不这样。唐诗不仅讲究抒情，而且提倡用形象把感情暗示出来，反对在诗歌中直接表现思想。张中行先生说，这大半是因为唐代禅宗影响很大，所以诗境也要到象外去体验。这当然都是一些文学史的常识问题，与今天的文学关系不大，至少是不太直接。与今天的文学关系较大，影响较为直接的，则是西方文学的讲究。重形象的理论是从西方来的，重思想的理论也是来自西方，而且都有经典的作家作品在后面撑腰作证。恩格斯在要求文学作品要有“较大的思想深度”的同时，又说“作者的见解愈隐蔽”愈好。如此等等，说什么的，怎么说的都有，就看你是什么态度，有什么样的需要。

这就要说到今天我们这个时代了。今天我们正置身于一个缺乏思想的年代，而思想这个东西，又是买不来、换不来，自己也不容易生产出来的。专门供应思想的哲学，又都卖的是一些陈年旧货。唯一挨自己近一点又愿意光顾的，只有文学这家店铺，所以那些好这一口儿的读者便只有到文学中来寻摸思想。然则文学失却造血功能已久，又怎能向亲爱的读者输送血液、供应思想呢。从这个意义上说，在今天的作家中，像雪漠这样确有思想又精于表达的作家，就显得难能可贵。

要弄懂弄通雪漠的思想很难，除非你有他那样的经验，有他那样的学问。就算有了，也不行，除非把他的脑袋嫁接到你的脑袋上面。因为所谓思想，是要靠自己独立地去思去想，在思、想的过程中，熔铸诸多的学问和个体的经验才能成就。不是杂拌一盘水果沙拉那么简单。好在领会一个人的思想有各种各样的途径，不一定要有雪漠那样的经验和学问。否则佛祖就不会说人人心中有佛，人人都能成佛。如果你读雪漠的作品，包括听雪漠说教，认为雪漠的思想真是一种大智慧，你心中实际上就已经有了雪漠。剩下来的就是你对他的作品更加用心的阅读和体味，等到有一天你在不经意间油然一笑，也就是你真正领会了雪漠、懂得了雪漠的时候。

自　述《

创作要建立自己的规则

——从《无死的金刚心》谈起

雪　漠

一

我的长篇小说《无死的金刚心》出版后，引发了很多争议。它远远超过了人们对小说的理解，但它却是雪漠的小说中，最应该看的"小说"——其实，它更应该称为"大说"。所以，你不要按"小说"的标准来要求它，你应该按"大说"的标准来欣赏。在我写的"大说"中，有大量的一般小说没有的智慧、思想和"说法"。它有时虽也有言情小说的缠绵，但更多的章节，却像用斧头劈下的根雕，非常粗砺，但有力量。

一家出版社的编辑也读过此稿，他用修忍辱的耐性读完此稿之后，说小说不能这样写，说里面不该有许多他没法理解的智慧。还有一些对我很好的朋友，甚至劝我悬崖勒马，紧急刹车，马上回到《大漠祭》《猎原》和《白虎关》上去。但我想，要是真的回去了，那我的写，不就是在重复自己吗？与其那样，我还不如扔了笔和电脑，去干一些更有意义的事呢。

还有些有见识的朋友，也在善意地向我传递一种信息：小说不能这样写。我当然知道他们是为我好。因为，在我的创作之初，许多编辑就这样调教我。

是的，小说是不能这样写，但雪漠的"大说"偏偏要这样写；小说不能大段议论，但雪漠的"大说"偏偏要议论；小说不能写一些宗教智慧，但雪漠的"大说"偏偏要写；还有许多"小说"不能的，但在雪漠的"大说"中，偏偏都能。我想写的，便是这样的"大说"——是除了"雪漠"之外，别人写不出的那种。

于是，我就有了自己的标准。

比如，契诃夫说，小说开始时出现的枪，要是在后来的情节中不能打响的话，那它就是多余的。他的意思是小说一定要有照应。

雪漠却说，那枪，为什么一定要打响？那情节，为什么一定要有照应？我偏偏要写一堆在后文没有照应的人物和情节——只要它们是我“说话”时需要的材料或营养。在我的规则中，不是我要照应它们，而是它们要照应我。在我们的人生中，许多事情，其实是没法设计和照应的。许多时候，我们根本不需要“匠心”，但仍然不影响我们人生的精彩。许多时候，有为的“匠心”反倒显出了匠气和狭小。大道是朴素自然的，它没有说这不行，那不行，而是随缘而为，顺势而作，浑然天成，毫不造作。像李白的诗歌中，就有着许多一气呵成的意外“天趣”。它虽然不像杜甫那样推敲锤炼，但我们喜欢李白的地方，也许正是那一股自然喷涌无拘无束的“气”。小说亦然，有时的精雕或设计，反倒显出了虚假。像陀思妥耶夫斯基的小说中，就有许多没有照应的情节和人物，虽然被屠格涅夫斥为“痢疾”，却一点也没有影响作者的伟大。不精致的陀思妥耶夫斯基，甚至比强调“精致”的契诃夫更伟大。因为我们从陀思妥耶夫斯基的所有文字中感受到的，是他喷涌的天才、思想和大爱。

《无死的金刚心》就是我这种思想的产物。

《无死的金刚心》粗糙得十分有力，简朴得像块陨石，粗砺得像猿人用石斧劈出的岩画，神秘得像充满了迷雾的幽谷，要不是其中的爱情还算得上缠绵的话，读者会以为作者是个修了千年枯禅的干瘪罗汉。但只要你耐了性子读完，肯定会发现雪漠笔下的风景，真的是“无限风光在险峰”的。只要你认真读完它——要是读不懂，你为啥不多读几遍呢？——你定然会长舒一口气，说，我没有白读它。它确实有着一般小说绝不能给你的东西，这就够了。

所以，我从来不想拿腔作态地写一部四平八稳、循规蹈矩的小说。世上到处都有这种东西，要是想看它们，您可以走进任何一家书店，随便抽一本小说，它们都能迎合您的期待。

但要是想看《无死的金刚心》这类“大说”，对不起，您一定得先看看作者是不是“雪漠”？

二

这几年来，对我的创作，说啥话的都有。有说我是大作家的，有骂我不会写小说的，还有其他说三道四的。其实，若是按时下流行的那些标准去衡量，我真不知道自己算不算作家。对我的小说，爱的爱死，恨的恨死，虽然不合时宜，却有了很多铁杆“雪粉”。正如对待我，或说我是佛，或说我是魔，其实我只是一面镜子，每个人看我时看到的，其实总是他自己。我的小说亦然，喜欢者总能从中找到自己需要的东西。

《无死的金刚心》是我的小说中最不像小说的“大说”,也许它犯了很多小说不能犯的忌——比如充溢于字里行间的真理和思想。对于传统的小说规则来说,写思想是犯忌的,都说思想会腐朽,生活之树却可以常青。但我的书中那些思想,却正是我着力想宣扬的东西。要是不犯那些“忌”,我也就不写作了。因为,在我眼中,那些“忌”,正是我作品的“魂”。要是没有那些“魂”,我就找不到写作的意义了,还不如扔了笔或电脑去晒太阳呢。我写的东西,一定要对人的心灵有用,甚至有大用。无论啥规则,要是做不到这一点,我便要打碎它。

再说了,对于某些思想来说,当然很快就腐朽了。但有些思想,却应该能伴随人类存在下去,如老子的,如庄子的,如佛陀的,如基督的,要是哪天它们腐朽了,人类也该没了。

思想或是智慧,在我眼中,正是这种死不了的东西。以是故,我的文字定然会比我的肉体长命。雷达老师甚至认为,我的“光明大手印系列”(中央编译出版社)的影响,定然会比我的小说大。嘿,还真叫雷老师说准了,那书一出,真的是好评如潮。我应邀去国家图书馆、中国科学院、中央民族大学、中央财经大学讲大手印时,那种热烈的场面,是我以往的小说带不来的。有许多读者,从外地赶往北京,为的是听我的大手印演讲。我的“光明大手印系列”,也真的为我赢得了更多的“雪粉”。它甚至还改变了许多读者的心。要知道,许多时候,能改变心,就能改变命。

对写作,我有自己的标准。我不愿意浪费自己的生命去遵循别人的标准,哪怕这种标准已得到举世公认,已成为文学不得不遵循的规则,我还是想建立自己的规则。我眼中的小说,它必须是我说话的一种方式。哪怕这个世界不认可它,但只要它能让我快乐或是充实,我就愿意写它。

陈彦瑾曾在《中华英才》杂志撰文说,雪漠在文坛是个“异数”,因为他总是“不合时宜”——不能和时代“合拍”。她说:“1988年路遥的《平凡的世界》出来时,雪漠刚在《飞天》杂志发表第一篇小说《长烟落日处》,获甘肃省优秀作品奖。获奖后,雪漠就想为西部贫瘠大漠里的父老乡亲好好地写一部大书,于是开始了‘大漠三部曲’的创作,没想到,这一念想,耗去了他二十年的生命。《大漠祭》出来时,已经是2000年了,而第三部《白虎关》写完时,已经是2008年了。20世纪80年代一度引领文坛和影视歌曲创作的西部风和乡土风,到了21世纪,早已是被都市化和商品化大潮冲刷而去的明日黄花了。而《西夏咒》的创作,雪漠拾起的是90年代的先锋叙事,于是有评论家指出,《西夏咒》是‘中国的《百年孤独》’,是‘东方化的先锋力作’;直到《西夏的苍狼》,雪漠才第一次正面写都市,而《无死的金刚心》,雪漠又回到了《西夏咒》式的'梦魇般的混沌'叙事。——要知道,先锋叙事在90年代中期即已没落。随着市场化进程的突飞猛进,如今,文坛盛行的早已是欲望混合着猎奇的商品化写作。雪漠在这样的环境下仍坚持先锋式的纯文学创作,尤其是在全民唯经济论、唯世俗享乐的时代,将目光投向被大多数人遗忘的西部贫瘠土地上的农民,书写他们'牲口般活着的'存在,探讨他们从泥泞中倔强升华的'灵魂',甚至探讨整个人类对世俗欲望和历史罪恶的'灵魂超越'——这一追求,无疑是与时代潮流格格不入的。"

是的,我承认,我的写作,确实"不合时宜",因为我从来不在乎"时宜"——"时宜"便是这世界的好恶和流行规则。这世上,已有了那么多符合规则的作家,也不缺我一个。我写的,并不是好些人眼中的小说,我只写我"应该"写的那种。它也许"不合时宜",但却是从我心灵流淌出的质朴和真诚。这世上的一切,从本质上看,都是一种游戏。不同的群体建立不同的游戏规则,再由不同的人去遵循它。小说创作也一样。那么,我为啥要去迎合别人的规则呢?

我的"大漠三部曲",虽然在题材上吻合了曾经盛行的"乡土风",但写法上却远离了评论家眼中以故事情节取胜的小说规则。曾经有一位编辑读我的《大漠祭》时,读到十万字,说我还没有进入正题。我说:"小说一开始,就进了正题呀!"原来她想找的,是一个故事;而我想写的,是一种存在。我的《猎原》和《白虎关》,想定格的,同样是马上就会从人类的视野中消失的生活。我的《西夏咒》《西夏的苍狼》《无死的金刚心》也一样。这三部作品,因为都涉及了灵魂和信仰,人们称之为"灵魂三部曲"。它们让人们看到了一个新的雪漠。它们不是时下评论家眼里中规中矩的小说,它们只是我想说话时,从心中喷出的另一个生命体。

《西夏咒》出版后,引来很多的争议,有叫好的,也有骂的,《西夏的苍狼》和《无死的金刚心》亦然。不要紧,对于它们,骂者骂,夸者夸,各随其缘,我也没时间去在乎了。生命太短了,我们没必要太在乎世界对你的看法。我说过,哪怕这世上所有的人都在乎和赞美你,等这一茬人死后,你仍是下一茬人的陌生。重要的,是你是不是真的能留下让下一茬人也能记住的东西。——当然,我甚至也不在乎"留下"了。因为我最在乎的,是当下的快乐和明白。

我说过,我写"大漠三部曲",只是想定格一些正在飞快消逝的存在,只是想对那块远去的土地说一些我想说的话——但是,写完《白虎关》之后,我却忽然想说另一种话了,于是就有了"灵魂三部曲"。一些明眼人从这三部小说的创作中看出了象征和寓言,也有人看到了时下流行的叙述和"穿越"——但对于我自己来说,脑中其实是没那些概念的。它们只是从我心中喷出的话而已。写作时,我的心中并没有那些小说规则。我只是享受那份喷涌的快乐，仅此而已。

在第二届香巴文化坛论上，我在北京大学中文系与一些学者进行了对话，我谈到了大手印文化对我写作的影响：

“我的小说不是编出来的，而是在与某个更伟大的存在相融为一体的清明中间，让文字从我的自性中自个儿喷涌出来。喷涌的时候，我心如明空，指头虽在跳舞，但脑袋里却没有一个词。我不知道啥时候会流出哪个情节，只感到有无数生命、无数激情向我涌来、压来，文字自己就流出来了——仿佛不是我在写，而是有一个比人类更伟大的存在，通过我的笔在流淌出另一种‘生命’。北京大学的陈晓明教授说得非常好，他说我的写作是一种‘附体’。当然，我不一定认为那是‘附体’，但我确实感到有一种力量从我的生命里向外喷。那力量涌动着，激荡着，喧嚣着，从我的生命深处涌出，带给我一种巨大的快乐。那是从内向外喷涌的一种大乐，整个宇宙、整个世界都在跟我一起狂欢，但同时，我却是心似明镜，如如不动，却又朗照万物。你想，在这种状态下写作的时候，我怎么能够考虑主题、结构、人物、情节……没有这些的，一切都在往外喷。我的大漠三部曲和灵魂三部曲，就是在这种快乐中流淌出来的。”

简而言之，我写字和作文的要诀，便是“去机心，事本觉，任自然，明大道”。

我研修大手印的目的，也为的是消除自己的欲望，让自己没有任何心机，没有任何功用，只是让文字质朴地流淌出自己的灵魂。当你把欲望、贪婪、仇恨，以及外界对你的束缚打碎之后，让自己心灵的光明焕发出来，不受世间流行的各种概念、理论的束缚时，你就会进入一种自由境界。

真心光明的写作，是能够“以心换心”的，即能用我的真心去激活读者的真心。所以，很多人读我的作品时，总是会感到非常清凉。

我的所有文字，其实是一条通向读者心灵的数据线，我想传递的，便是那份清凉和智慧。我说过，语出真心，打人便疼。从真心里流出的文字，丢到读者的心上，会引起共振的……你不妨试试，只要你有颗真诚的心，你就能在阅读我的作品时，触摸到文字后面正在激昂跳动的那颗真心。

需要说明的是，我说的作品，甚至包括了小说。复旦大学的一位博士在丢了证件和钱物后，心情很糟糕，但读了我的小说，他感到清凉无比，所有不快一扫而光，所以他说：“向雪漠致敬！”还有许多读者也是这样。我的文字，总能给他们提供心灵的滋养。所以，源于真心的文字，不一定非要有宗教的名相。那文字本身，就能承载智慧和精神。无论它的标签是“宗教”“文化”，还是“文学”，都掩盖不了从文字中迸溅而出的真心之光。

近些年，老是接到读者电话，他们希望我能将那些同样出自真心的、有着不同名相的文字出版，以期为更多的人带来清凉。

这需求，便成了我的后两部著作的缘起，因为它们同样承载了光明大手印的智慧，我便起名为《光明大手印：参透生死》和《光明大手印：文学朝圣》。

三

正是因为大手印智慧能打碎概念对人的束缚，所以，在创作中，我从来不在乎啥“主义”。我不想让任何枷锁，束缚住我真心的光明。

怪的是，我不要主义，反倒像是有了许多“主义”。比如，对我的《白虎关》一书，不同的专家有不同的看法。复旦大学文学院副院长、著名评论家陈思和认为它是象征主义小说，雷达老师称之为现实主义小说，《文艺报》副总编木弓先生认为是浪漫主义小说。在第三届“甘肃小说八骏”北京论坛上，中国作协副主席高洪波先生说我是“神性写作”，李建军说我是“咒语叙事”，还有人说是“通灵叙事”。一些批评家也针对我创作的巨大变化发表了不同看法，艾克拜尔、胡平等先生也为我出谋划策，期待我有新的突破。选载于《中国作家》杂志上的《无死的金刚心》成了那次研讨的热点话题，或褒或贬，争论不休。在中国作协创研部举办的《白虎关》《西夏咒》研讨会上，评论家也分为几派，北京大学中文系教授陈晓明先生说我是被“严重低估”的大作家，有人却说我“文化犯罪”，其争论的激烈程度，充满火药味，为近年来少见。

虽然我理解并感谢那些批评我的人，也明白他们主观上是为我好，但我还是不想轻易放弃自己的追求。

因为我明白，一切规则、一切话语的本质都是游戏。游戏短命，真心永存。世界本来就是一个戏论。所以，我并不在乎世界的价值体系——当我们在乎世上流行的价值体系时，就会被它所“控”。当我们洞悉那些游戏、并能保持心灵独立时，就能远离戏论，得到自由。我有两句话表达了这种远离：“静处观物动，闲里看人忙。”我的所有作品，也是为了享受和传递那份快乐和明白。

陈彦瑾在发表于《中华英才》的那篇文章中写道：“正是这份‘不合时宜’，使雪漠略显孤独的写作姿态，成为当今文坛不可忽视的一种存在。‘不合时宜’的当然不仅仅指题材和写法，其背后，是雪漠自踏上文学道路以来从未更改的文学信念……雪漠的写作从不考虑世界的脸色，他只想贡献出他的所有，唱出最美的歌——他说，‘世界，我不迎合你’，因为，‘在乎世界的人，就会被世界所束缚’。而当他不管别人的脸色写作，只在乎自己是否给世界带来了明白和清凉的时候，他反而赢得了世界。

雪漠作品不但在文学评论界日益受到重视，更赢得了他生活的那块土地的尊重、认可，赢得了一大批铁杆粉丝。在凉州，《大漠祭》家喻户晓。当时，他年少的儿子和同学上街的时候，好多次，同学一说他是《大漠祭》作者的儿子，开车的、卖冰棍的就不收他的钱。雪漠也是中国作家里拥有网页最多的作家，这些都是铁杆粉丝们自发建立的。在这些读者看来，读雪漠作品也是一种'救心'之举，许多人的心灵、灵魂、人生、命运，都因为雪漠作品而升华、而改变、而获救，他们想让更多的人与雪漠作品相遇，于是建网页、办读书会，还自愿购买所有雪漠作品，捐赠给全国各大图书馆。所以，有学者叹道：雪漠的影响，不仅仅在西部，也不仅仅在文学，'雪漠'已成为一个文化现象，他影响的是世道人心。正如《百年孤独》的作者马尔克斯所说：'一个作家能起到的真正的、重要的影响是他的作品能够深入人心，改变读者对世界和生活的某些观念。'雪漠作品的确超越了一般文学意义上的影响。在价值观混乱、写作过度商品化的今天，在大多数作家都为经济利益驱动而写作的时候，雪漠坚持的'救心'的写作，无异于在文坛高唱'灵魂的清凉'之歌。"

信然。

我确实想走一条我想走也定然能走通的路。

访　谈《

灵魂、信仰与文学创作

——雪漠访谈录

王　庆　雪　漠

王庆：雪漠老师您好！感谢您在百忙之中抽空接受访问。您曾说过上初中就开始想当作家了，您第一篇正式发表的作品是什么？

雪漠：我正式发表的第一篇小说就是《长烟落日处》。《长烟落日处》的创作状态和我后来的创作状态是一样的，我的好的作品都是自己流出来，《长烟落日处》就是我的第一次喷发，是饱满的情感、饱满的人物，饱满到我不能再容纳的情况下，自己喷涌出来的。

王庆：在《热血厚土》中，您谈到《百年孤独》对您的启发很大，这种启发究竟是什么？

雪漠：读完《百年孤独》后想说话。《百年孤独》是一个开关，读完《百年孤独》我的灯就亮了，把一些东西吐露出来了。在这之前我是不会写小说的，没有经过作家真正意义上的练笔。读完《百年孤独》，我就突然会写出不错的东西来了。但《百年孤独》仍然不能和托尔斯泰的作品相比，读完托尔斯泰以后我就不满足于《百年孤独》的写法了，我开始重新练笔，苦练了5年才开始写《大漠祭》。

王庆：25岁，1988年，您发表了《长烟落日处》，这篇小说的确很优秀。也就是这个时候您开始写《大漠祭》。您曾说过自己那个时候在写作上遇到了很大的困难，您所熟悉的创作方法和已有的文学观发生了很大的变化。时隔多年，您重新回想那段写作历程，认为这是从什么到什么的变化？您以前的写作笔法和文学观是什么？您要变成的是什么？

雪漠：我要达到的是一种“无我”的写作状态，以前写《长烟落日处》的时候，我是“小我”，是一只杯子，只能容纳一杯水。我所要做的就是把杯子打碎，使自己变成大海。我的六部长篇小说每一部都独具特色，是现在文坛上所不多见的。文坛上许多作家的作品都是前半部分精彩，后半部分显得力不从心，而我的作品却是越往后越精彩，因为这是智慧打开以后不住喷涌，越喷越有激情。我所要达到的目的就是打碎自己，将自己的生命和创作融合在一起，融入一个巨大的世界巨大的存在。实现这个打破之后，作家才能写出好的东西，才能自由地驾驭灵感。

王庆：您的前三部作品出现后受到瞩目，可以说是现实主义的胜利，虽然我国文坛一直提倡现实主义，但我们一直没有把现实主义做足做透，先是受制于意识形态，80年代又兴起了现代主义，现实主义似乎过时了，所以，当您的带有批判色彩的现实主义作品出现后，就引人关注。

雪漠：我的《大漠祭》《白虎关》《猎原》是现实主义，但我后来的《西夏咒》《西夏的苍狼》《无死的金刚心》仍然是现实主义，是心灵和灵魂的现实主义，是从现实的世界上升到心灵的世界。我的前三部长篇小说和后三部是统一的，没有分割开来。《大漠祭》中的人物必然升华为《西夏咒》中追求灵魂自由的琼，写《大漠祭》的雪漠必然升华为写《西夏咒》的雪漠，只要有追求，必然从现实的世界上升到心灵的世界、灵魂的世界，否则，只能重复自己。

王庆：您的作品《白虎关》写到了现代化语境下西部农民的生存状态，写到了工业文明对农业文明的冲击。您认为当前中国乡村最大的问题是什么？在许多农民进城打工的现实中，我们最应关注的是什么？

雪漠:事实上,中国的乡村已经被打碎了,中国千年来的传统农业文明被打碎了,但打碎之后没有建立新的价值体系,这不仅仅是现在农村所面临的问题,更是整个国家、整个时代所面临的问题。我们最应该关心的仍然是心灵问题、灵魂问题,换句话说就是信仰问题。这些进城打工的农民,甚至一些城市白领,他们大部分都是打碎之后的失去家园的农民,想追求但不知道追求什么,他们没有真正的城市精神。城市精神就是人文精神。目前中国许多大城市虽然有城市的表象,但它们是在农村的废墟上建立起来的,没有城市精神,中国有人文精神的城市寥寥无几,它们仅仅是农业文明打碎之后的碎片。但我并不否认这种打碎,传统的乡村文明固然有它美好的地方,但更有其落后之处。就像我从广东回到武威就感觉突然失重了,虽然我还可以正常地活动,但有一种寸步难行的感觉,总感觉很多东西都在制约着我,每个细节上都在制约我,很多不可捕捉的制约,像空气一样,形成一团胶着状态,这已经形成一种巨大的惯性。我认识一个农民,他的字写得非常好,但周围的人并不认为他有多么优秀,没有人认为他是书法家,家里非常清贫。我如果不走出去,就会像他一样,要么被同化,要么潦倒,要么被憋死,这个土地上就有这么一种可怕的东西。这就是中国农村必须打碎的理由。打碎乡村不是坏事情,如果不把这些东西打碎,把美好的东西保留下来,中国会更加落后。站在人类的角度上就会发现,传统乡村固然有它美好的地方,有很多优秀、伟大的东西,但更多的是制约。如果始终怀念乡村,敌视城市文明、敌视工业文明,他不是一个大作家。一方面我们留恋过去的美好,一方面必须明白落后必然要被取代。

王庆:对,这是一个世界性的问题,美国的福克纳、我们国家的沈从文、贾平凹都写过这个问题。全世界各地都会遭遇工业文明对农业文明的冲击,都会有痛苦的体验,您觉得我们西部作家在这种历史转折中最痛苦最尖锐最有价值的体验是什么?

雪漠:信仰,西部优秀的地方就在于这片土地上有信仰。西部固然很贫穷,但这里的人们幸福指数一点也不低,他们很知足,原因在于他们有信仰,有灵魂的满足。无论是西藏、青海,还是甘肃的人们,他们都有信仰,有灵魂的滋养,他们活得很自如很快乐。落后的制约的东西在外来文化的冲击下保留不住。但是,“活着”,“为什么活着”,“活着的意义”,这是西部文化中灵魂层面的东西,是西部文化的博大厚重之处,也是西部能向这个时代所提供的一种非常珍贵的体验。我们一定要把这种营养汲取下来。我的雪漠文化网在十年前就敏锐地发现了这个问题,网络是现代文明的东西,但我没有丢失西部文化中博大厚重可以作为灵魂标杆的部分。

王庆:西部文化中宗教成分是很明显的。许多评论家、理论家都推荐您的《猎原》，它提到了在工业文明冲击下人类的生存问题，沙漠吞噬良田，干旱缺水问题等，这些问题非常尖锐，不是甘肃作家写不出来。

雪漠：《猎原》的读者最多，《猎原》刚出来就在畅销书排行榜上。《大漠祭》《白虎关》没有盗版，《猎原》有大量的盗版。

王庆：您的前三部作品中，最鲜亮的是女主人公，她们在精神的境界、在感情的细腻程度上都超过了作品中的男性形象。您也专门写过一篇文章《凉州女人》，乡村女性的生活实际上是很暗淡的，为什么女性更有潜质升华成那么美好的形象？

雪漠：我为什么写得这么好，是因为向往。凉州的女人，她们作为母亲、妻子的形象都很好，但是当地的文化把女性身上最美的东西都扼杀了。

王庆：陈晓明先生曾评论您的《西夏咒》有先锋小说的流风遗韵，还有人说它是中国的《百年孤独》。《西夏咒》不太好理解，您帮读者们理解一下吧。

雪漠：事实上《西夏咒》不是我想直接这样写，而是我感受到一个巨大的存在，巨大的世界，是一团混沌的，包罗万象的世界，用现实主义很难把它表达出来。后来我理了一下，《西夏咒》有这两条线：作为强盗的父亲和作为佛教信徒的母亲，互相争夺儿子琼的过程，父亲希望他当强盗作恶，母亲希望他向善，这是善与恶的斗争，是人类千年来的主题；另一条线是琼与女飞贼雪羽儿双修实现超脱的故事。还有几个层面：一个现实的层面，包括干旱问题、饥饿问题等；另一个层面就是我在作品中写到了西夏的历史，通过阿甲几千年来的目光写了土地的历史；还有一个层面我称之为梦魇世界，是现实世界和信仰世界的纠结。从这几个层面来看，《西夏咒》就清晰了。事实上，伟大的思想是说不清道不明的，剪不断理还乱的，《西夏咒》里有无穷的话题。

王庆：陈晓明先生评论您这是附体写作，我看您在《无死的金刚心》后面提出了"神性写作"。

雪漠：有一次中国作协在北京开会，与会的学者总结我的写作是神性写作，我觉得这个提法很好。实际上是佛性写作，佛性写作也是神性写作。这个神性是人格的升华超越。附体写作，这个说法也很好，附体写作没有信仰是写不出来的，是不可复制，不可超越的，圆满的。也是不可理解的。没有生命体验，没有信仰层面的超越是写不出来的，每一个文字都是从灵魂中喷出来的，不是轻飘飘的。《古兰经》就是这种状态下流出来的，西方的神性写作很多，神性写作是人类非常重要的一种写作体验，柏拉图专门谈过这个问题。这种状态我找许多人印证过，我任何时候都可以进入，那里像有一个大海，有求必应。

王庆:《西夏咒》的形式带有先锋性、魔幻性,又是本土化的。

雪漠:还是内容决定形式的,不是模仿,没有这个内容就没有这个形式。

王庆:我国80年代的先锋作家非常强调形式,您在写了这多作品以后,对形式的意义是不是体会更深了?

雪漠:我刚开始是不追求形式的,我经常说如果是个狮子就能生下狮子,如果是个老鼠只能生下老鼠。一个作家最重要的是修炼自己,使自己变得强大,先练内功。后来到《西夏咒》我才追求形式的。时代变了,我的经历变了,《大漠祭》只能是那个时期写出来的,一旦我的生存状态一变,那个东西就写不出来了。中国作家对形式的探索远远不够,花招很多,内功不够。《西夏咒》中我对形式的追求比较强,寻找合适的形式负载内容。后两部作品因为特殊的原因,形式服从了内容。

王庆:我把您的创作道路总结为"从现实主义的胜利到超越精神的高标"。您的精神追求是一些作家望尘莫及的。90年代以来,一些作家在创作中也坚持精神追求,但不敢或羞于大声地提倡崇高精神,但是您站出来大声提倡。

雪漠:原因是什么?原因是这个时代是个堕落的时代。如果有一个人站出来呼唤崇高,别人都像看怪物一样看他。

王庆:一个作家的文学积淀、文学启蒙、文学阅读经验都对其创作有无形的影响。您三十岁前读的都是中国作家的作品,对哪些作家作品有感触?

雪漠:许多代表性的作家,我基本上都读过,像鲁迅、周作人、朱自清、沈从文、贾平凹我都读过,而且都读透了,这也是我为什么自信的原因。比较喜欢的就是沈从文、汪曾祺的作品,像我的《长烟落日处》有一部分就和他们的风格很相似。但我还是更受俄罗斯的托尔斯泰、陀思妥耶夫斯基的影响。我的《大漠祭》《白虎关》等直接秉承的就是托尔斯泰、陀思妥耶夫斯基这条线,还有《红楼梦》这条线。后来的《西夏咒》就纯粹是我的东西,是没有重复模仿的东西。《无死的金刚心》也是我的。我根本不在乎小说的规则,把自己心里的东西流出来就行。

王庆:您说过,要读懂托尔斯泰的作品是有条件的,这个条件是什么?

雪漠:得有这个资格,你和他差不多,才能读懂他。

王庆:您盛赞托尔斯泰的作品,他的作品什么地方打动了您?让您受到什么滋养?

雪漠:有几个方面:第一,他的作品是写实的,反映的是一个时代的生活,一幅幅生活的画面,是对现实的记录。当我完成写实的功力后,觉得自己可以写长篇小说了。第二,他所有的人物都是活的,都有饱满的灵魂,这一点是很多作品都不及的,它们只有角色没有人物。第三,是巨大的悲悯和人道关怀、人文关怀。第四是灵魂的厚度,宗教的关怀。他的作品像一座山峰一样笼罩着我们,这是中国许多作家缺乏的。我读不下去现在的许多作品,即使勉强读下去,也不会留下任何痕迹。现在许多作家他们一边写作一边想着如何畅销、如何拉拢读者。他们没有自信。这个时代好作家太少。

王庆:现在,每年出很多长篇小说,许多小说有注水的方法,有拉长文字的办法。您还读过巴赫金的诗学研究,巴赫金专门谈过作者和主人公的关系,这和您的创作吻合吗?

雪漠:巴赫金的全集我都读过,他的复调理论很著名,在巴赫金看来,陀思妥耶夫斯基创造出一个全新的艺术思维类型——复调型。我和陀思妥耶夫斯基作品的套路是一样的。我的《西夏咒》中很多地方有对话,是另外一个生命个体和作者我的对话,这不是我在写他,因为他本身就是一个饱满的生命体。在我的作品中主人公和作者是平起平坐的主体,人物有他自主的声音。

王庆:您的文化积累非常深厚,精神资源也非常广博。关于宗教信仰人们已谈得很多,请您谈谈中国传统文化包括老子、庄子、王阳明等对您的影响。

雪漠:我十八岁时就读过庄子的《逍遥游》《齐物论》,还有老子的《道德经》,我对中国传统的道教、儒教文化都很熟悉,儒释道的经典作品我都读过,都能把其精髓讲出来。国外著名的思想家的作品我也都读过,包括苏格拉底、柏拉图、尼采、萨特、海德格尔等。可以说我汲取了中国传统文化和西方文化的营养,我的自信来源于这种深厚的文化积淀。庄子和海德格尔他们的许多思想其实是相通的,海德格尔和庄子、禅宗、大手印追求的最高境界有相似之处,在道理上境界上他们是相通的,区别在于海德格尔没有去亲身实践这一思想。海德格尔没有把思想和生命状态、人格境界融在一起,他的现实生活有许多地方为人们所诟病。而中国的庄子却做到了,他真正和大自然融合在一起。我和别人不同的一点也在这里,我说到的就肯定能做到,我不在乎的就不在乎。

王庆:您读过国外的《百年孤独》《追忆似水年华》等等,您觉得这些小说和曾被您认为是中国的伪现代派的差别是什么?

雪漠:一些很难读的外国现代派小说很吸引我。外国现代派作家和中国的区别就是,外国现代主义作家他们有着巨大的内功,有那个思想的深度和灵魂信仰的追求,有强大的生命经验和信仰,有人格的力量。因为有内功,他们自然而然就要出那种招数,而中国现代派作家却是模仿别人,是花拳绣腿,是伪现代派。猴子是不能和孙悟空比的。

王庆:因为有宗教背景,所以您勇于倡导精神的超越、心灵的自由、人格的高尚。您的超越精神已获得广泛的影响和认同。不过,我也注意到一些异声。例如您提出要克服欲望,但有人也提出欲望能促进人奋进,您怎么看?

雪漠:欲望有两种,一种是动物性的生理需求,生存的物质需求;另一种是向上的信仰,精神的向往、理想的追求,这也是一种欲望,佛教称为发愿、发心,这是我所提倡的东西。我倡导的欲望是向上的欲望,反对的是堕落的动物性的贪欲。

王庆:您以前身居西北小城,现在定居广东东莞,这是中国经济最发达的地区,现代化最迅猛的地区。一个西部人到东部,一个精神朝圣者到了一个世俗化欲望化的世界,您可能对现代化的万丈红尘看得更清楚了。如何在这个不可阻挡的现代化、世俗化的喧嚣中去滋养、清凉众生的心灵呢?

雪漠:我在广东有很多学生,而在凉州很少。原因是人类是在没有生活之忧、没有生活困境的情况下才去追求精神。物质发达的地区更需要信仰,在广东我有很多学生放弃原有的良好的工作和物质生活,专门去追求信仰,而凉州没有,因为他们忙于如何吃饱饭,如何活下去,所以在凉州有很多人流于动物性的生存,即使有信仰也是低层的,仅仅是希望佛能保佑他们。像北京、上海、广州等经济越发达的地区,宗教就越发达,因为吃饭问题解决了,衣食无忧了,他们的信仰是真正的精神追求。广州很有包容性,那种包容性绝不是甘肃能比的,那里的人们文化精神素质都很高,他们很包容我这个外来人。在凉州你如果很优秀的话可能会成为众矢之的,而广东认可有才的人。

王庆:您对终极关怀的解释与众不同,当人们面对人的有限性去探索人的超越性、永恒性时,就已经是终极关怀了,而您对它的诠释是"关怀当下"。

雪漠:终极关怀包括两个方面:一是相对于死亡的个人终极关怀,一是相对于人类的终极关注。人类能把握的只有当下,每一个当下构成了终极,没有当下就没有终极。大手印就是当下的明白,明明白白地做事,不要被世态所控制,放下烦恼,不要去看与生命本体没关系的东西。能做到这一点人们生活就和谐了,世界就和谐了。做事情不要计较后果,享受做事过程的快乐,积极地把握当下的生活,把握生命本有的快乐。佛教讲"缘起性空",世事一直在变化的,这会儿我们在这里谈话,过一会儿这个场面就消失了,我们能把握住的只有当下。未来取决于当下,未来是由无数个当下点构成的。心一变,世界就变了。这就是大手印所提倡的,保持当下心灵的明白、清凉、快乐。

王庆：您的信仰、超越精神，直接催生了“灵魂三部曲”，这三部作品都是写信仰的，我发现一个有趣的现象，许多读者并不反对您对信仰的坚持，但大家很纠结信仰和爱情的关系。我看到您有三篇博文中谈到这个问题，其中有一篇标题就叫《当爱情和信仰纠结》，为什么会有这样一种纠结？

雪漠：事实上，在传统的佛教中，爱情和信仰就几乎是对立的，尤其是小乘佛教中提倡绝欲，所以信仰一旦遇到爱情就最容易纠结，因为爱情是红尘中最纠结的情感。爱情升华以后可以变成信仰，但在没有升华之前，爱情是影响超越解脱的一个因素。爱情是排他的，而信仰是利他的，爱情是执着的，信仰是破除执着的，这之间必然产生冲突，但没有爱情绝不会有信仰，因为信仰是升华后的大爱。这是千年来没有解决的问题。我的“灵魂三部曲”中都表现了这个问题，《无死的金刚心》中的沙尔娃蒂的情感是貌似爱情的信仰，《西夏的苍狼》中紫晓是貌似信仰的爱情，而在《西夏咒》中琼和雪羽儿的爱情就和信仰完美地结合在一起。这个还没写好，我以后还要写，专门写一本书。

王庆：您修改长篇小说的方法非常辛苦，不是在底稿上修改，而是一遍一遍地重写，这种方法有什么独到的好处吗？

雪漠：我不在乎写出来的东西能否发表，或者说，我不急于发表和出版。在写作过程中，不考虑发表，我是在不停的重写和写作中修炼，我享受的是写作的过程。我的作品中你看不到媚俗的东西，始终有强大的精神力量。我很自信也很谦虚，不在乎文坛怎么看我，评论家怎么评论我，我在乎的是雪漠的作品在这个时代是不可替代不可复制的。在农业文明即将消融于历史的暗夜之中，我想为未来的历史保留农业文明时代的最后一个生存范本。我希望的是在飞快地消失的岁月中，我的作品能够在虚无之中，建立一种岁月毁不掉的价值。

王庆：我注意到您在写一部长篇小说的过程中，有时前面的没写好，后面的就已写好，然后再组织安排。您专注于写长篇小说，长篇小说内容多，含量大，在叙事节奏的快慢、详略安排、线索交织、结构布局等方面，自有特点，谈谈您在这方面的创作经验吧。

雪漠：我在创作《大漠祭》《白虎关》《猎原》时，不要所有的文学概念和写作方法，如果有这些概念的话，流出的东西就不对。我写作时就像一个母亲生孩子，你不能决定孩子长什么样。写《大漠祭》《白虎关》时，我很少看文学理论书。人物已经是活的，到什么时候他就该做什么，作家干预不了。我是后来才考虑形式的，写《西夏咒》时，发现一般的形式容纳不了内容，才开始寻找形式。我是写作之前先寻找好形式的，写作时是不考虑形式的。当然这个形式是不清晰的，但写着写着一切就会水到渠成。我从没想过一定要写出好作品，我所做的只是要完成自己。

王庆：我注意到您在《西夏咒》中一些细节叙述了很长时间，比如"雪羽儿被压断腿"这一节，将细节放大，写了很长，我们称之为叙述速度慢。

雪漠：对，我在作品中有许多这样精彩的细化的描写，例如我在《猎原》描写豁子死了被火化的画面，别的作家可能一笔就带过了，我写得就很细，写得很饱满。不是其他作家不想这样写，而是许多作家进不去，他们感受生活的力度不够，灵魂深度不够，达不到这个层次。我有当作家之前多年的训练，和深厚的生命和灵魂经验。

王庆：您在《西夏咒》中描写了许多人类的罪恶，例如活剥人皮、将人活活煮死等等，这些血腥的场面，在您写来就没那么血腥恶心，没有让读者感到不舒服，您是怎么做到的？

雪漠：我是怀着悲悯心来写的，我并不欣赏血腥。一般作家在写时仅仅是为了展示罪恶，而我在写血腥时是用巨大的悲悯心来观照的。

王庆：文学家一般来说都会谈到文学观，有的是"为艺术"的，有的是"为人生"的，有的是"为载道"的，您的文学观是什么？

雪漠：都是，我的文学观就是将艺术、人生、载道融合在一起，"载道"体现在"灵魂三部曲"上，"人生"体现在"大漠三部曲"中，"艺术"体现在《西夏咒》上。我没有将这些分开，是一个水晶柱的三个侧面。没有人生就载不得"道"，没有"道"人生就不丰富不饱满，没有很好的艺术这些东西就不能得到很好的体现，这些在我的身上得到了和谐的统一。

王庆：您的作品被翻译、发表在国外的有哪些？被发表的原因是什么？

雪漠：法国翻译过《新疆爷》，还被编入法国学生学习中文的教材。后被翻译成英语，发表在英国《卫报》上。这是我1993年写的，也就是20年前写出来的，1999年别人约稿，才发表的。原因是他们认为《新疆爷》写出了人类最伟大的爱情。20年过去了，一代人过去了，《新疆爷》仍然被认为是很好的作品，我的小说都有这种品质，我写的是当下存在。我的作品耐读，读者每次读都有新的体验，可以一直读下去。因为生活本身就是很丰富多彩的，很饱满的，每个生活画面都是很鲜活的。托尔斯泰就是在这一方面有过人之处，我修炼的就是能够有他那样的笔，能够写出当下的生活。

王庆：您在招聘人翻译"光明大手印系列"？

雪漠：在雪漠文化网上搞了个英语频道，视频的，很多文章点击量很高，几十万的点击量。很多人自愿翻译"光明大手印系列"。我的大量的读者是这个系列吸引来的,《大漠祭》《白虎关》曾是长销书,“光明大手印系列”出版后,又带动了文学书的销售,有很多出版社想出我的作品。我的创作总比时代慢一拍,乡土文学过去20年了,我的《大漠祭》出版了,现代派小说过去20年了,我的《西夏咒》出版了。唯一和时代合拍的是“光明大手印系列”,时代需要,引起的反响很大。

王庆:这说明人们确实需要心灵的慰藉。作为一个知识分子,您认为知识分子应该具有哪些精神品格?在我们当代生活中应该发挥什么样的功能?

雪漠:知识分子首先要有独立的人格,这是独立于任何势力之外的一个存在,保持精神自主,没有这一点就很可能被当作宣传工具,这是对外在社会而言的。对内要有自由的精神,不受任何限制和制约的自由完美的人格,保持自身内心灵魂的强大。知识分子应该说话,说话有两种,一种是关注现实的说话,就像我在《大漠祭》中说出农民的苦难一样,说出时代中的苦难。当然单纯只对现实中的东西发言还是不足的,还要有心灵的提升和超越,所以另一种说话就是要进行精神发言,佛家称为普度众生,我说类似于精神启蒙、人文启蒙。当一个人精神实现超越以后,会向社会投入不为世俗裹挟的一缕阳光,不说话的知识分子不是知识分子。

王庆:您能不能结合您多年的体会,谈谈文学和宗教的关系。

雪漠:《无死的金刚心》发表以后,一个出版社社长说,用小说阐教布道是雪漠的一大发明,这个评价有意思。《无死的金刚心》形式是文学,内容是佛教的精神。在其他五部小说中宗教是我的营养,是我的精神钙片,是我的一双眼睛。

评 论《

雪漠的文学超越

王 庆

审美活动是一种超越性活动,它的超越性来自人的特殊需求。人之为人是不幸的,因为只有人才能深刻认识到自己的有限性和不完美,然而人又渴望达到无限完善。雅斯贝斯的生存哲学深刻地揭示了人的超越性是之所以为人的本质特征,“生存”与“超越存在”密切相关,“生存”意味着对生命最真实的把握,对真实而完整的自我的获得。人只有同那无限的神圣存在相联系,才能破除有限的绳缚,才能得到现实行为的依据，才能得到自由、尊严和价值①。而在人类的各种活动中，只有审美活动能达成这个强烈的愿望。生产实践意味着对现实的修改，理论活动意味着对现实的认识，而审美活动涉足于有限，却并非着眼于有限，更不是为了一个有限的创造，而是通过这有限而达到无限的境界②。审美活动象征性地解决了有限和无限、现实与理想的矛盾，它从理想出发，构筑一个虚拟的世界，来弥补世界的缺憾，它是对人类最高目的的“理想实现”。审美活动是一种本体意义上的生命存在的最高方式，是人的自由本质的实现，具有批判性和彼岸性，是对终极意义的关注。

审美活动是生命痛苦的产物，世界越是粗糙、苦难、无意义，人就越需要审美超越。雪漠的生长地甘肃武威，西邻祁连雪山，东毗腾格里沙漠，干旱、偏远、落后。在严酷的环境中，文学既是生命的呐喊，又是人生意义的实现。张承志在《心灵史》的开篇描写了回族居住区的极端贫瘠后，说在这里信仰就是一切。同理，在贫困的西北内陆，文学创作之于雪漠就具有高尚的意义。他的创作主要是六部长篇小说，《大漠祭》《猎原》《白虎关》《西夏咒》《西夏的苍狼》和《无死的金刚心》，前三部被称为“大漠三部曲”。我们的论述主要围绕这六部长篇展开。

一

雪漠小说创作的超越性首先表现为批判性，对有限性的克服即为劈开各种人生枷锁。雪漠小说不但批判愚昧黑暗，而且有力地挑战所谓的合理成见，对世界的审美评判也是追求理想价值的表现。

“大漠三部曲”中，他着重于现实批判。在西北乡村，贫困依然徘徊，愚昧的阴霾还没有散尽。《大漠祭》中，兰兰和莹儿为各自的哥哥换亲，造成了两人的婚姻悲剧。五爷的儿子患有精神病却无钱医治，到处闯祸，五爷无奈之下只能把他推下悬崖。乡村青年白福听信神婆胡谄，认为女儿“克”住了儿子，竟然将女儿领向大漠活活冻死。在这样贫穷落后的乡村，一旦现代来临便一派狼藉。《白虎关》和《猎原》中，人们疯狂地破坏自然掘金致富，酒楼歌厅迅速林立，乡村女孩出卖身体，乡村干部勾结商人出卖土地，地方政府为了GDP增长，猎杀野生动物，致使生态失衡。

现实批判之后，他转入了更深广的批判。《西夏咒》以“修炼心性”“慈悲为怀”的佛教义理为价值立场，时时烛照出人性的阴影和这阴影制造出的无数人间惨剧。小说中的瘸拐大为金刚家制法器剥人皮，一开始还不忍下手，但有人告诉他，不杀掉敌

---

① 郑朝阳：《试探人的终极关怀真谛》，《学术研究》2001年第12期。

② 潘知常：《诗与思的对话》，上海三联书店1997年版，第161页。

人，敌人便会来抢夺财物霸占妇女，他立刻就下得了手了，甚至还想多剥几张敌人的皮。吴和尚是仁慈的代表，遭到了金刚家的集体“修理”，原因仅是吴和尚情怀悲悯，洁身自好，让庸人感到了人格上的压力。人们对人性的残缺习以为常，久成风气，竟成规矩，互相影响，互相煽动，形成了佛义上的“共业”。金刚家的羊群发生瘟疫便是“共业”所致，但人们不愿反省自己，因为看清自己的缺陷会让人不快。阿甲让人们忏悔正心，但顽劣的人们不愿清醒，宁愿盲从“怙主”。“怙主”说瘟疫是阿甲放了咒，他们也便认为是这样，放火烧死了阿甲。更有甚者，人性的洪水猛兽还常常与统治者的统治纠结在一起，或推波助澜，或为其利用。雪羽儿的妈以莫须有的罪名被抓，金刚家的头领谝子要将其煮食以树立淫威，吴和尚力阻，妇女们却跳出来说要煮，因为她们嫉妒雪羽儿的妈漂亮风流招男人喜欢，谝子便以“群众不同意”的名义煮死了这位可怜的妇人。

《西夏咒》亦痛斥专制统治的种种罪恶，专制统治以维护自己的统治为最终目的，政治行为往往是愚弄民众、逃避责任的流氓行径。金刚家和明王家为争夺水源大打出手，金刚家的谝子暗中指使瘸拐大杀死母亲，以尸讹诈，抢得了更多的水。在饥荒中，统治者更是卑劣之极，有人向上级汇报凉州发生了饥荒，“安爷”却说这是造谣，给凉州抹黑，反而枪毙了报告的人。在金刚家，谝子为了制造没有饥荒的假象，不许饥民逃荒，有战备粮也不发给饥民，致使饿殍遍地。残暴亦是专制统治的特点，雪羽儿的妈被活活煮死，抓住敌人剥皮等等，其血腥残暴触目惊心。专制统治的权柄握在个人手中，个人的癖好往往导致统治行为随心所欲，荒唐之至。小说中的“骑木驴大赛”就是一场疯狂的闹剧，这场丑剧的初衷是为了掩饰饿死人的罪恶，为了转移注意力，将雪羽儿的妈当淫妇抓起来。在窥私欲的操纵下，雪羽儿的妈被裸体绑上木驴游街示众，没想到观者如潮。明王家不甘示弱，选择了更年轻的妇女骑木驴。这场以正风纪为名的惩罚行为演变为裸体女子大游行，直至变成无法控制的群交。一场丑剧将统治者的荒谬和中国人的性压抑鞭辟入里，刻画得入木三分。

《西夏咒》还从佛教的慈悲观、利众观出发，批判了由来已久的历史观、民族观和正义观。小说的批判标准是生命至上，凡予老百姓福祉的为善，反之则为恶。由此观之，成吉思汗、忽必烈、李元昊等君王的所谓“英雄业绩”实为“杀人的罪恶”，所谓的民族大义往往是一个民族对另一个民族举起屠刀时的嚎叫。从爱人类的高度出发，小说认为，朝廷可以不忠，民族大义的虚名可以不要，百姓没有必要为那些凌空蹈虚的政治大义献出生命，生命的存在高于那些空洞的理念。因此，率众向成吉思汗投降的萨迦不是投降者，劝阻清人不要屠城的洪承畴不是贰臣，甚至秦桧不拿百姓的性命换取两个无能皇上的决断也受到肯定，同理，陆游让百姓拼死同九州的遗愿遭到质疑。

二

凡是真正追求文学超越性的创作者，绝不会满足于打碎现有世界，不负责任地把精神废墟留在世间，他会更重视精神的建构和神性的追求。只有对现实具有建构意义和影响作用的艺术活动，才能在更大程度上实现人的超越性追求。这样的建设不是所有作者都能贡献出的。追求超越就必须站在现实的对立面上，必然要有一个价值的立脚点，这个立足点只能是宗教性的、神性的立场。雪漠的追寻、信仰和超越皆来自佛教，他有完备的光明大手印佛教义理。佛教的奠基理论是"缘起性空"，宇宙间没有永恒的本体，万事万物都是因缘的聚合，忽生忽灭，幻化无常，其本质是空的，所以空才是宇宙的本体。万物的诸多色相，其实是人的觉性心性的妙用功能。当人们悟了这个道理后，就会明白世上的一切都是自性的体现，他人和外在世界，都是从人的觉性中升起，它们不是源于外部，而是源于每个人的心性。正因为如此，雪漠的小说特别强调心的作用，既然一切都是心的幻影，那么心就是万物之本。《西夏咒》里，世人都认为"怙主"是最高的神，都愿意遵循他的意旨，主人公琼和阿甲也曾追寻过怙主，最后却发现怙主是信则有疑则无的，神应该在自己的心中，不是造出来的。怙主由佛陀定，佛陀由心定，所以怙主最终由心定，心才是我们最后的依怙。

雪漠认定，生存问题解决后，快乐取决于心灵的明白和自主，当人的心灵强大到外物不能左右时，才可能真正拥有幸福和快乐。《西夏的苍狼》就是现代人追寻精神达到心灵满足的故事。主人公紫晓美丽聪慧，她的教授父亲用刻板的理性知识教育她，用严厉暴躁的戒律制约她，致使她产生了强烈的逆反心理。冲动之下，她与小混混私奔而去，常昊领引她过着混乱放纵的生活，以爱情的名义控制她，又为了金钱出卖她。两种生活都没有使她获得真正的快乐。黑歌手告诉她，娑萨朗是能证得万世不毁的幻身的净土，能给人以安静和永恒。那是一个传说中的乌托邦，当代人不能从空间上寻觅，只能从心灵上寻觅，只要对人间有大爱，就能进入这个秘境。有了这个启示，紫晓才算是找到了一条通往快乐幸福的路。该小说的另一个人物少女奶格玛出生于北俱芦洲。在古印度的传说中，这个洲的人非常安逸快乐，没有人生苦难，而且长生不老，但是由于活着没有意义，人们活够几千年后对生命厌烦至极便自杀而终。只有少女奶格玛寻找到了永恒，这永恒不是爱情，不是立功立言，而是大手印佛义，即心灵的宁静圆满。奶格玛超越肉身、物质、现实和经验世界，才找到庇身之所,那是一片心灵的安宁和思维的澄明。

雪漠的佛义继承了大乘佛教积极入世的一面,他传承的藏传佛教香巴噶举派在这点上非常突出。雪漠反对“顽空”,“顽空”意味着堕入虚无泯灭慈悲。消极避世只会导致佛教完全变成个人的理念,印度佛教衰落就是深刻的教训。雪漠强调带着出世之心入世,利益众生。按照佛的空性理论,我佛不分,人间和净土无二,所以,永恒的光明净境并不在尘世之外,就在当下的世界中。《西夏的苍狼》中凉州黑歌手也曾苦苦寻觅过娑萨朗净境,最终发现,他找到的娑萨朗是另一个凉州,那儿也有唱曲的瞎贤,世俗多金的商人,追求梦想的女孩,一切都与镜子折射图像一样,甚至也有一个唱娑萨朗的黑歌手。小说中的终极信仰大光明瑜伽,既重智慧,又重方便。如果只重智慧,大光明瑜伽就会变成潜藏于个人心中的伏藏,日久必定失传,只有身体力行,利益众生,大光明瑜伽才能永生。

雪漠是佛教信徒,但宗教在当下的意义和魅力并不在于神秘的天界,而在于人类灵魂的皈依和飞升。佛教不是偶像崇拜的宗教,原本具有人本主义特征,特别是肯定人的主体性。雪漠以现代人的智慧把宗教信仰变成意义信仰,努力把握人的自由本质,赋予人类生存以终极关怀。雪漠至少从三个方面把佛教义理转化成现代的精神超越。

其一,把明心自证转化为自我超越。佛教推崇人的心性,促进了中国唯心主义思想的发展,历来就是中国人自我超越的精神资源,这一点上雪漠继承了前人的成果。大手印佛义以内在超越为特征,隐隐地透露出儒道哲学、禅宗、陆王心学的影子,他的义理中既有道家哲学所追求的精神上的自由,也有儒家学说所追求的道德上的理想人格,更见禅宗的流风遗韵。六祖说,“本性是佛,离性无别佛”,“我心自有佛,自佛是真佛”,将佛教的神秘主义化为尊崇人的精神的唯心主义。禅宗认为解脱只能靠自己的本心,而且不能在平常的生活之外去刻意追求,以非宗教的形式引导人们在现实中实现超越现实的目的。禅宗虽有世俗化倾向,但其最终目的还是出世。雪漠的贡献是进一步提出“娑萨朗在人间”,把人的现实性和超越性联系在一起。这一见解暗合了存在主义的超越观,人的生存本就是一种超越性生存,人无时无刻不在现实中,又时时刻刻地超越着,离群索居、摒弃现实的超越是虚假的超越。

其二,雪漠将佛教的不受外物影响的明空心性转化为现代的心灵自由。佛教认为觉性心性也是空性,是不增不减,无生无灭的。这个根本观点让我们认识到分别心和执着心都是空的,分别心的消解使我们视万物平等,无好坏高下之分,执着心的消散则使我们安于当下,行动而不强求结果,既不渴求成功亦不担忧失败,永远处在平稳、恒定的状态，荣辱生死皆不动摇这种状态，这就是心气自由的境界。从人完全摆脱目的性，不为外物所困这个角度看，佛的大自由与康德的人自由本质是有相通之处的。雪漠多次表达过，当心灵博大到吸收这个世界的诸多营养，却不受这个世界的诱惑时，自由就获得了。经过这样的现代转化，把佛教的解脱涅槃转化为现代意义的自由的实现。

其三，雪漠还把宗教膜拜转化为精神朝圣。从《大漠祭》开始，他的女主人公莹儿就矢志不渝地追求爱情，此后几乎每部小说都蕴含"追求"主题，渐渐地，又必然地，"追求"主题升华为"朝圣"主题。《无死的金刚心》第八章里写道：任何事物，只要能给我们带来智慧和醒悟，便可名之为"圣"，而"朝"就是敬畏和向往。"我总是在敬畏并向往某种精神，我的向往和敬畏同样也在朝圣"，也就是说对任何崇高精神和伟大灵魂的向往，既是人的灵魂飞升的方式，也是人的超越性的表现。《西夏的苍狼》和《无死的金刚心》就是两部"朝圣"的书，所有的主人公都在向往着，黑歌手向往"娑萨朗"，少女奶格玛向往永恒，琼波浪觉向往女神奶格玛。在现代生活中的焦躁不安的紫晓，看到黑歌手的身影时，立刻被他的高贵、野性和"佛慢"所吸引，踏上了千里迢迢的追随之途，这追随就是人的应然状态。《无死的金刚心》中，琼波浪觉苦苦寻找女神奶格玛，女神也幻化成火海、悬崖、麻风病女子来考验他，当他决定为女神牺牲肉身时，才发现奶格玛就在身边。琼波浪觉的上师司卡史德告诉他，当他追寻了奶格玛的那一刻起，奶格玛就如影相随了。这个朝圣的过程，就是摆脱有限的过程，就是自由和超越的实现。

雪漠依据宗教达成他的精神超越，小说中的确是有宗教信仰的，不过已被作者锻炼成人类具有共性的精神现象，是对超越人类自身有限的力量或价值、目标的信奉与崇拜，他把"圣"扩大到所有具有意义的事物上，用宗教式的绝对认同的态度去敬仰崇拜他们。宗教信仰显然没有意义信仰深刻，而意义信仰的灵魂是超越性，它激发我们的生存自觉，使人获得精神寄托，给生活实践带来坚定性确定性。[①]

三

雪漠强大的主体性精神促使他不断超越已有的创作，成为非常有创作活力的作家，他不受文坛大王旗变换的影响，听从心灵的召唤，沿着自己的精神脉络，走出了一条特立独行的道路。他最开始的创作具有魔幻现实主义的特点，1988 年发表的

---

① 孙铁骑、王晶：《信仰的生存论解读》，《内蒙古社会科学》，2010 年第 6 期。

《长烟落日处》相当成功。但是，他很快放下了这种创作方法。因为他想描绘父老乡亲痛苦艰辛无奈的生活，而现实主义创作方法最能表现生活的质感和切身的情绪感受。在现实主义受冷落的情况下，连续写出了《大漠祭》《猎原》和《白虎关》三部现实主义小说。然后为了释放他的跨时空的文化政治人性认知淤积，写下了时空一片混沌的《西夏咒》，颇具先锋色彩，而这时先锋创作已走向衰落。随着他宗教精神的弥散，又写下了《西夏的苍狼》和《无死的金刚心》，这个时代缺乏的浪漫主义小说。六部长篇看似不同，实则都贯穿着作家的主体性和超越精神。

现实主义小说并不新鲜，但是，《大漠祭》和《白虎关》却获得了一致的好评。新时期以来，现实主义并没有像人们期望的那样走上广阔的道路，反而踏上了日常个人的泥泞之途。20世纪80年代以后的小说大幅度地"向内转"后，创作主体虽然不再可能被强大的"现实"吞噬，但蜗缩于一己心腹之内，得不到有力的张扬发挥。人们希望重建现实主义传统，复燃主体对于现实的介入，但新写实小说却热衷"零度情感"状态下的写作，喜好描写"纯粹客观"的生活原生态[①]。在世俗化这个问题上，虽然避免了政治领域，但把世俗生活狭隘地理解为一己之私的生活，对世俗合理秩序和公共领域不予关心。"现实主义冲击波"虽然把眼光从蝇营狗苟的生活转向公共生活领域，但它的价值取向令人质疑，童庆炳指责其缺乏人文关怀，缺乏价值理性，李扬指责其追随政治意识形态。但是，雪漠的小说却是充满了生命质感，有强烈的主体性和价值判断的创作。在对"日常生活"态度上，新写实小说和"现实主义冲击波"都屈服于日常生活，无论"冷也好，热也好，活着就好"，还是"分享艰难"，都是让步顺应的态度。人的主体性主要是通过人内在的精神上的自我完善确立的，"如果皈依日常生活意识形态也叫'精神上的自我完善'的话，那么动物也可以是一个价值主体了，因为它们也不过就是受动于自然因果规律而已"[②]。事实上，原生态的日常生活并不具备彻底的革命性，那种只顾私人生活和物质生活的日常生活不但不是健全的生活，而且对主流意识形态并无多大的杀伤力，反而很容易被收买。而且，纯粹的日常生活并不存在。雪漠写的也是农民的日常生活，但这日常生活本身就与公共领域千丝万缕地牵扯着，父亲冻死女儿，交公粮被压等级，没钱而不得不忍受疾病的折磨，做手术时没有给麻醉师送红包而白白挨了一刀，村干部和商人勾结起来高价卖出土地低价补偿农民，植被减少井水枯竭，还要发展畜牧业褫夺本已脆弱的自然资源，农民日常生活的桩桩件件都折射出社会的落后不公和危机丛生。作者不但旗

---

① 於可训：《小说界的新旗号和人文现实主义》，《文学评论》1996年第2期。

② 樊国宾：《主体的生成——50年成长小说研究》，中国戏剧出版社2003年版，第228页。

帜鲜明地批判谴责，而且全力塑造理想人物。在不谈爱情怀疑爱情的时代，《白虎关》中莹儿、月儿两位主人公都为爱情殉身。特别是月儿，进城后很快失身并染上严重的性病，但她的女儿心反而因此觉醒了，更加珍惜爱情，最后她主动投身大漠结束生命，用爱情完成了精神对现实的超越。

从现实主义到先锋探索，看似跨度很大，实则仍然贯穿着主体性、超越性的线索，只是眼光从现实生活转向人性、历史和文化。先锋文学的终极目标，如同现代性一样，都是为了最大限度地满足现代人的精神自由。先锋文学的核心动力来源于创作主体的自由意志和超越精神，这本来是所有文学艺术的动力，但先锋艺术尤其如此，先锋文学特别强调作家的独立思考，强调其精神的开创性、反叛性和犀利性。雪漠的终极关怀离间了《西夏咒》与后现代主义的关系，因为后现代主义不追求深度目标，主体失落，文本内部的语言因素互相颠覆、互相分解，永远得不出终极意义。洪治纲说："在中国的先锋文学中，这一点不值得推崇和效仿，因为我们的作家对自身精神深度的开掘还远未形成气候，甚至还无法抵达许多西方现代主义作家所能展示的深度，根本谈不上形成了所谓的'深度障碍'，所以也无须进行反叛。"[①]《西夏咒》有现代主义艺术品格，现代主义文学普遍具有超越平庸现实、表现心理现实的特点，它所描绘的超现实是一种精神现象。尽管西方各现代派作家文学见解各不相同，但都认为文学应该追求某种超越现实的永恒意义。《西夏咒》虚拟了明王家和金刚家的你争我夺，夸张变形，甩开具体现实，力图使人们体认中国历史政治文化深处的真实内容，用抽象化的方式，把真知从变化不定的存在中抽离出来。小说的主人公琼被两种力量撕扯着，他的舅舅是活佛，他的父亲谝子却是个千年不变的残暴政客，杀人抢水、砸断雪羽儿的腿、煮食雪羽儿的妈都是在他的主持下进行的，他要琼行恶，但琼一直追随舅舅向善，他想办法拯救要被烧死的阿甲，煮食雪羽儿的妈时他放声大哭，帮助要被剥皮的雪羽儿逃跑，借助佛教的慈悲观，在万重罪恶中拔地而起，牢牢地把握住了善的最高原则。

以雪漠从宗教升华来的自由意志和灵魂追求，他自然而又必然地走上了浪漫主义的创作道路。浪漫主义的许多原则与雪漠的精神追求不谋而合，或者说，雪漠的精神追求本身就是浪漫主义的。文学上的浪漫主义来源于现代性的自我确认、自我张扬，自我创造的主体精神，是浪漫主义的根本精神，因而浪漫主义具有深刻的自由本质。这是一种内心的自由，对人的解放、对障碍的超越首先都是一种内在精神的

① 洪治纲：《守望先锋——兼论中国当代先锋文学的发展》，广西师范大学出版社2005年版，第50页。

超越和解放。《白虎关》中莹儿月儿对爱情的执着具有浪漫色彩,《西夏咒》中经历了无数苦难的雪羽儿和琼遁入深山,求得自我的完善,也具有浪漫色彩。到了《西夏的苍狼》和《无死的金刚心》,作者从批判中解放出来,全力来展现自己的理想人生,使这两部小说成为21世纪以来少见的浪漫主义小说。

《西夏的苍狼》的紫晓从世俗世界走向信仰世界,把自我的小宇宙和宇宙精神结合起来,把人生变成了审美诗意的人生。终于恢复了本真的我,至纯的我。佛义以为觉性是自然圆成的,本来清静的,只是万丈红尘蒙蔽了人心,使这自性的智慧散发不出来,修炼使人的心性自然呈现。佛的主张和卢梭的主张在这里产生了共鸣,所以当紫晓聆听了黑歌手的诉说之后,散发了她本真的笑容,那种天然的快乐明净就是浪漫主义推崇的最高人性。《无死的金刚心》展示的是对完美精神的追求和对"绝对精神"的信仰。主人公琼波浪觉——藏传佛教香巴噶举派的创始人,原本是藏族苯教的传人,但他发现苯教教义来自佛教,决心探索最高最圆满的生命境界。他本来拥有荣耀、爱情和财富,但在这些之上,还有绝对正确的上师奶格玛,他舍弃一切,无条件地认同,终于分享到永恒。

20世纪90年代以来,王朔不遗余力地嘲讽理想、精神和崇高,理论家们又批评了"唯道德主义"的种种病状,再加时代风气,使很多作家不敢或羞于无限崇敬地写灵魂写神圣。雪漠依托着宗教的坚定性厚重性,再次追求灵魂的飞升,神往崇高的境界,他没有习惯性地拯救道德,也没有止步于宗教信仰,而是直接切入人的存在本质、自由本质,对蒂利希所说的"决定我们存在还是不存在的那个东西,即我们自身参与其中的,超越主客体关系的并无限地高出一切存在的客体或对象东西",贯注了无条件关怀,寻找与生命息息相关又带有彼岸性的终极价值,这就是他的创作的价值所在。

当然,雪漠的小说也并非无懈可击,比如说,相对于宗教人物,我们更喜欢有宗教气质宗教情怀的人物,而强大的主体精神和辉煌的自律自由更多地表现在雪漠的创作精神上,还没有转化成生动的形象,还没有体现在对现实的冲撞上,他的人物还受到宗教神秘主义的负累,还没有在现实中产生巨大的魅力。另外,大段的佛教义理,也的确形成了阅读障碍。这种话题就不属于本文的论述范围了。

(载《小说评论》2016年第6期)

主要作品目录《

长篇小说

《大漠祭》,上海文化出版社2000年版。

《猎原》,北京十月文艺出版社2003年版。

《凉州令》,《小说界》2006年第3期。

《白虎关》,上海文艺出版社2008年版。

《西夏咒》,作家出版社2010年版。

《西夏的苍狼》,作家出版社2011年版。

《无死的金刚心》,中央编译出版社2012年版。

《野狐岭》,人民文学出版社2014年版。

《凉州词》,人民文学出版社2019年版。

《母狼灰儿》,广东人民出版社2020年版。

中短篇小说集

《狼祸》,中国文联出版社2004年版。

《雪漠的小说》,甘肃文化出版社2014年版。

《深夜的蚕豆声——丝绸之路上的神秘采访》,人民文学出版社2016年版。

《雪漠小说精选》,中国大百科全书出版社2018年版。

散文随笔集

《让心属于你自己》,海南出版社2012年版。

《世界是心的倒影》,海南出版社2012年版。

《智慧风暴:世界是调心的道具》,中央编译出版社2013年版。

《特别清凉》,中央编译出版社2014年版。

《一个人的西部》,人民文学出版社2015年版。

《凉州往事》,中国大百科全书出版社2017年版。

《前言后记》,中国大百科全书出版社2017年版。

《见信如面:莎尔娃蒂的情书》,中国大百科全书出版社 2017 年版。

《慧心》(上、下),中国大百科全书出版社 2017 年版。

《真心》(上、中、下),中国大百科全书出版社 2017 年版。

《匈奴的子孙》,人民文学出版社 2017 年版。

《给你一双慧眼》,中国大百科全书出版社 2018 年版。

《活着就要发声》,中国大百科全书出版社 2018 年版。

《堂吉诃德在北美》,中国大百科全书出版社 2019 年版。

《山神的箭堆》,人民文学出版社 2020 年版。

诗 集

《拜月的孤儿:雪漠的情诗或道歌》,中央编译出版社 2015 年版。

研究专著

《江湖内幕黑话考》,上海文艺出版社 1991 年版。

《空空之外》,中国大百科全书出版社 2016 年版。

《黑话江湖》,中国大百科全书出版社 2017 年版。

《老子的心事:雪煮〈道德经〉》(第壹辑),中国大百科全书出版社 2017 年版。

《老子的心事:雪煮〈道德经〉》(第贰辑),中国大百科全书出版社 2018 年版。

改革开放40年小说百家档案

主　编／於可训
副主编／朴　婕

第六卷

HAN BOOK 版
武汉出版社
WUHAN PUBLISHING HOUSE

(鄂)新登字 08 号
图书在版编目(CIP)数据

改革开放 40 年小说百家档案:全 6 册 / 於可训主编. — 武汉:武汉出版社,2020. 12
ISBN 978-7-5582-4061-4

Ⅰ. ①改… Ⅱ. ①於… Ⅲ. ①作家-人物研究-中国 Ⅳ. ①K825.6

中国版本图书馆 CIP 数据核字(2020)第 233368 号

改革开放 40 年小说百家档案(第六卷)

主　　编:於可训
副 主 编:朴　婕
责任编辑:李艳芬
封面设计:刘福珊
出　　版:武汉出版社
社　　址:武汉市江岸区兴业路 136 号　　邮　编:430014
电　　话:(027)85606403　85600625
http://www.whcbs.com　　E-mail:zbs@whcbs.com
印　　刷:湖北新华印务有限公司　　经　销:新华书店
开　　本:787 mm×1092 mm　1/16
印　　张:28.75　　字　数:505 千字
版　　次:2020 年 12 月第 1 版　　2020 年 12 月第 1 次印刷
定　　价:880.00 元(全 6 册)

版权所有・翻印必究
如有质量问题,由承印厂负责调换。

第六卷 [目录]

严歌苓

女，1958 年生，上海人，现居美国。

小 引《

在世界或全球华文文学圈内，严歌苓是个“异数”。我说的这个世界或全球华文文学圈，当然也包括中国大陆的华文文学，也就是我们习称的中国当代文学。刘艳对华文文学的范畴作了详尽的辨析，我只想用这个粗略的说法，说明严歌苓作为一个“异数”，所处“众数”的范围。在现代文学史上，朱自清曾说过有两个人是崛起的“异军”，一个是郭沫若，一个是李金发。这两个人崛起的时候，像严歌苓一样，恰好也在海外，一个在日本，一个在法国。国内也有人说过张爱玲是个“异数”。这“异数”的意思和“异军”略有不同，一个是泛指，一个是特指。说你跟大家都不同，这是“异数”。鲁迅用过“众数”这个词，与“众数”不同，自然就是“异数”。这是指一般与个别、普遍与特殊的关系，是泛指。说“斜刺里杀出一标人马”，这是“异军”，也就是奇兵，这是指行军打仗的事，是特指。无论如何，总之是与众不同，或出人意表。如果要把这两个意思综合起来，也可以这样说：严歌苓是海内外华文作家中的“异数”，是海外华文作家中杀出来的一支“异军”。

说严歌苓是海内外华文作家中的“异数”，是海外华文作家中杀出来的一支“异军”，是说她与别的华文作家不同，能自由出入海内外华文文学。一般说来，国内的作家只把“吾土吾民”的故事写给“吾土吾民”看，写作者的观点和视角，包括写法，虽然也受一点外来影响，但多半也是属于“吾土吾民”的。即使是后来翻译到了国外，给外国人看，得了外国的奖，那初衷还是如此。一般的海外华文作家，其实也是这样，不同的只是他们身在海外。除了极少数用外语写作、在国外发表作品的作家，是把“吾土吾民”的故事写给彼邦彼国的人民看，绝大多数用汉语或华文写作的，还是写给“吾土吾民”看的。有一段时间，他们的作品，甚至只能拿到台港地区的刊物发表。虽然这些作品中也夹杂着他们身在彼邦彼国的经验和感受，甚至写法和语言也受彼邦彼国影响，但讲的还是“吾土吾民”的故事。只不过，这故事大都属于过去时，是真正意义上的“故”事，而于“吾土吾民”当下的情形，则不甚了了。这样一来，国内的读者（先前主要是台港澳地区的读者）读这些海外华文文学作品，虽然也读出了他们的忆旧和寻根、漂泊和打拼，但却总有些许的隔膜。就像与回娘家的女儿叙家常，虽然其中也夹杂了婆家的一些琐事，免不了要听她吐吐苦水，诉诉委屈，但说的大半还是打小儿经历的那些人和事。因为跟出嫁后娘家的事没有多大关系，也不知娘家人的冷热痛痒，娘家人也就拿它当故事听了。这当然说的是一般的情形，而且主要是20世纪中叶的情况，现在虽有变化，但后来的海外华人作家，似乎离“吾土吾民”愈来愈远，甚至连母语也日渐生疏，只能用别人的语言写作。李黎说，这类作家，“是下定决心要说故事给外国人听的”，所以，他们的作品，也就算不得严格意义上的华文文学，只能说是海外华人作家的文学创作。也因为这些原因，海外华文文学在人们眼里，永远都是客，虽然也有学者想把海外华文文学融入当代中国文学的有机整体之内，但嫁出去的姑娘泼出去的水，再收回来做从前的乖女儿，怕是不那么容易。

但在严歌苓这里，这些似乎都不是问题。论在国外生活的时间，三十年也不算短了，貌似还拥有某国国籍。论写作者必需的语言能力，李黎说她既能用中文写，又能用英文写，说她是双语作家，也该是名副其实。论写作的家法和路数，人家是在美国接受的创造性写作科班训练，自然是本色当行，不是误打误撞，半路出家。加上还有家学传承垫底，舞蹈艺术滋养，如此等等，这些条件，都足够使严歌苓成为一个跨文化、跨语际的作家。事实上，严歌苓也是这样的一个跨文化、跨语际的作家，只不过她的跨文化和跨语际写作，与我们常说的跨文化跨语际研究有所不同罢了。常说的跨文化跨语际研究，只是“跨过”，是“跨”的过程及其结果，即从此一文化到彼一文化，从此一语言到彼一语言所发生的变化，故多见于文学的传播与接受，包括翻译过程中的问题。严歌苓的跨文化、跨语际写作，却是自由出入于两种不同的语言和文化，是“跨在”两种不同的语言和文化上的写作。我说严歌苓“能自由出入海内外华文文学”，就是这个意思。具有类似条件的海外华人作家，也许还有，但愿意做且能做到“自由出入”者，却极为罕见，所以严歌苓才是个“异数”。不用更多的证明，熟悉严歌苓创作的读者，只要想想近三十年来，严歌苓用她兼有中西的跨文化眼光，从多种敏感而又不失现实性的领域取材，以高度技术化、颇具后现代风格、变化多端又不失穿透力的叙事技巧，频繁切入当代中国社会，又以其情节和叙事所蕴含的大众文化元素，频繁被影视媒体所改编，收获一次又一次的“热映”和“热播”，产生了强烈的社会效应，就不难看出这一点。刘艳在本辑的评论中，已有系统的论说和证明。我曾说严歌苓的创作是“雅俗兼擅”，也与她能自由出入海内外华文文学有关。在中国当代文学语境中，所谓雅者，即论者所言之纯文学者，取其审美义也。所谓俗者，即见之于大众文化传播之文学者，取其通俗义也。从这个意义上说，严歌苓无论是融通中西，还是兼领雅俗，她同时也是一个两栖的海外华文文学作家。

自　述《

心太软

我从来不知道，心软是不是个毛病，是好毛病还是坏毛病。我小时外婆常说："这孩子心软得跟糍粑一样。"她这样说，抱怨是假，炫耀是真。我四五岁时，有时吃着饭就会莫名地长叹，外婆玩笑地说，又不知想起哪个可怜人了。我经常挂在嘴上的话也是"×××好可怜哦！"街上碰到乞丐，我总把自己仅有的零花钱给出去。其实外婆也常犯心软的毛病。阴雨连绵的天，她就会愁，喃喃地说："老天爷，别下了，再下稻子都要烂在田里了，乡下人就可怜咯……"阳光灿烂的日子多了，她也愁："老天爷，下点雨吧！不然要旱了，乡下人又要逃荒咯……"那时候逃荒的人真多，外婆常常隔着木栅栏递出去剩饭菜或旧衣物。外婆家的门总是打开的，门内装了一扇木栅栏，高度到我肩膀，为了阻拦我往外跑，却不妨碍我间接参与大院小朋友们的游戏。我记忆里，木栅栏就是外婆的私人赈济窗口。有一次栅栏外来了个背婴儿的年轻女人，手里拎着一个木盆，盆内外都雕了花，她说自己和孩子就是乘坐这个木盆从洪水里逃生的，现在打算用这个木盆换十斤米。外婆告诉她木盆是好东西，该去市场寻个好价钱，然后用海碗装了一碗米倒给了逃荒女人。很久过去了，外婆还会唠叨：那是个好人家的女人，看看那个木盆的工料就晓得咯。有一次外婆带我去吃早点，餐桌摆在街边上，我刚拿起大饼夹油条，就被横空里出来一只手夺走了。外婆在一边端豆浆，看见劫匪是个衣衫褴褛的少年，转眼间已经窜到马路对面，外婆把豆浆往这边马路牙子上一顿，指着豆浆与他隔空喊话："呐，这也是你的！讨饭的好好地讨，看你把我孩子吓的！"说完她拉着我走了。外婆对自己很省，买早点只买一份，没她自己的份。那天早上我那份就全给了乞丐少年。

心太软在我母亲那儿，绝对是坏毛病。那时她和父亲不宽裕，所谓家道中落，大概就是那个局面。父亲在"文革"中被削减了工资，有时月初和月底的开销衔接不上，母亲还羞答答地向我和哥哥借过钱。我的钱包是个大号擦手油盒子，记得那擦手油当时很有名，叫"百雀羚"，我总是在盒子里装几个硬币。祖母每月给我和哥哥各一元钱，总是一张抖落起来“咔咔”响的崭新钞票，哥哥总是把它夹在大本子里，月复一月，几年后就成了不小的小金库。我呢，拿到钞票立刻换成零钱，每天带几分出门，假如在我买零食之前碰到乞丐，我的零食就牺牲了，把小盒子里的分币悉数倒在向我展开的手掌上。我对伸向我的手掌来者不拒。那些手掌都是怯懦的，自卑的，理屈的，我从小觉得拒绝这样的手掌是人生大难题。母亲在这种场合很不给乞丐面子，也不给我台阶，硬是扯开我，脸很严厉。事后她会委婉地教育我：将来家里还不知会怎样，你们长大起来，我们老辈能不能帮上你们，都是未知数，你应该像哥哥那样学会存钱，不能做“脱底棺材”（上海话：流氓无产者，或者败家子），钱到手就乱花。跟外婆比，母亲的忧患意识更有现实感，因为父亲和她的境遇似乎就是一夜间恶化的，邻居的孩子们就是一夜间离开家去当农民的，当了农民，自己都难喂饱了，谁能保证你和向你伸手的那个人会不会对调位置。在三五分钱能买一斤蔬菜，几毛钱能买全家一天副食的年代，我每次施舍出去的钱，累积起来，真不能算少。妈妈还似乎在教我一种人生哲学：你一生最大的善行，就是永远不求助任何人，不需要任何人（包括父母）对你施舍。而要确保自己一生不祈求他人施舍，就要从不随便施舍别人开始，从珍惜自己手里的每一分钱开始。

我没有很好地接受母亲的教育，从外婆那里继承的好毛病抑或坏毛病在我身上一再发作，哪怕在我人生最艰辛的年代。刚到美国留学的时候，我其实比街上向我伸手求得一个硬币的穷人还要穷。我去学校上课要走的马路，是芝加哥市中心一条热闹大街，走在上面的都是美国的主流人物：律师、银行家、会计师，还有附近两座大学的教授、讲师，因此乞丐们选这里作为他们捕猎善心的重要地带。其实这是乞丐们的误判，美国的主流人物都跟我家莱瑞一样，理直气壮地拒绝直接施舍，因为他们觉得按时按法规交税，就已经是对这个人群施舍了。他们交纳的税款其中一部分会通过社会福利部流向一个个户籍——只要他们保持户籍并保持一个相对固定的邮政地址，就可以按月收到五六百元。而当时我除了学校支付给我的全部校内消费，包括学费、书费，其实不名一文，房租和饭钱要靠日间餐馆打工、夜间写小说挣来。那条芝加哥金融区的大街到了冬天真是严酷，因为它南北贯通，全市的北风似乎先排灌到这里，再向其他各条街道疏散。所有律师们会计师们都把大衣围巾捂得严严实实，根本看不见那一张张伸向他们的赤裸手掌，似乎这些伸着手掌的人属于另一类生命，跟主流人物的物质密度不同因此不被看见的一类生命。偶然的，那些空手掌上会落下一两个硬币，来自我们学校的老师或学生。这个小极了的施舍人群里有我。我每次路过这个悲惨世界的边缘，总是让一两个伸手的人满足。我会预先准备好硬币，放在羽绒服口袋里，给出去硬币时，我会眼睛和记忆登记一下他(她)的面容，为了下一天换一个人去施舍。可是我连他们一月几百元的低保也没有啊。有一次我发现开了空头支票，遭银行罚了款，欠了银行一百多元的债。我恍恍惚惚地走在同一条马路上，一只手向我伸过来，伴随着一句嗫嚅："Spare me a quarter.(给一个角子，即二十五美分)。"我觉得我好委屈，他是钱不够，而我彻底归了零，比零还要少一百多块！于是我悲愤向他伸出巴掌，大声说："You spare me a quarter!"

可是当我收到一两百块的稿费后，立刻就做"脱底棺材"，口袋里装那点儿薄财，让乞丐们不再失望。我的心软没有原则，没有理性，没有逻辑，在我的心软面前，我可以是非不分，包容无限。一个闺蜜斥责我姑息养奸，我想这大概是我成为小说家的重要原因。心软的人无疑是敏感的，对伤害比别人要更知痛。我从小到大遇到的所有向我伸出手的人，我都能感觉到他们在生命的某一阶段受到过伤害。有时朋友笑话我，说你在北京大街上遇到的每一个乞丐可能都腰缠万贯，他们在骗你的钱。我对这类提醒从来不反驳。对于我，他们把自己放在那么卑贱的位置，向人们伸手，忍受绝大部分人的斥责和白眼，做这件事本身就是他们在自找伤害。自伤多了，自尊心麻木了，对来自别人的伤害渐渐失去痛感，这恰恰是最大的伤害。可是大多数人不这样想，他们都认为乞丐都是被我这种烂好心惯出来的，恰是我这种人要对乞丐越来越高明的骗术负责。他们指责我的烂好心是无原则，也是自我滥情。我无言以辩，暗暗断定，我的敏感近乎病态。

正因为又具有这种敏感，所以我对别人的倾诉永远怀有浓厚的兴趣和同情。倾诉欲强烈的人都是心里有痛苦的人，我的许多女朋友，也包括少数男朋友，都很爱跟我倾诉。在倾听他们倾诉时，这种病态的敏感使我跟他们产生了一种我称之为"共感"的东西。这种共感让我能设身处地地感觉他们所经历的，所感觉的，所谓之痛苦的。"Co-feeling"这个词是昆德拉发明的，我觉得它跟"共鸣"不完全相同，共鸣包含认同，但我倾听到的大部分倾诉在道德伦理上我都无须认同，这却不能阻碍我能感觉他们的痛苦。为了写《小姨多鹤》，我两次去日本山区采访，给我讲她经历的日本女人们跟我不仅隔着种族，隔着文化，隔着辈分，并且讲述的语言是我不懂的，但我懂她们的痛苦，那种遥远的痛苦由于我的敏感变得很近，近得切肤，于是我掉了许多泪，为父辈的敌人的女儿们掉了泪。于是在写作多鹤这个日本女人时，我企图延续在那些日本老婆婆身边建立的共感力，把这个人物塑造出来了。写作《陆犯焉识》之前，我采访一个在青海劳改营呆了二十七年的老人，他的讲述是含笑的，轻描淡写的，但那痛苦是真切的，深刻的，我能与他共感他当时的冤屈之痛，妻离子散之痛，饥饿寒冷苦役之痛。我在写作这部小说时，那些二手的痛苦变成了我可以切身体味的心灵肉体之痛。这些都要归结到我的敏感上，归结到我心太软的毛病上。

没有心软的毛病，我不会在一九七九年中越边境冲突时由舞者变成写作者，这个变化几乎发生在一夜之间。我没有看到战士们英勇出征的样子，我看到的都是痛苦的、流血的、伤残的年轻躯体。他们中没有几个人向我倾诉，但他们眼里、姿态中的痛苦我懂的，共感力几乎立刻就建立了，就从那一刻，我想表达的太多地超过了我的肢体舞蹈。到底我要表达什么，那时我还不清楚，现在我也不十分清楚，写下去，就是在认识清楚的过程中。认识什么呢？认识自己，认识人，天地，万物，还有自己和人、天地、万物究竟发生了怎样的关系，终究会怎样。也许认识永远在过程中，但小说写作除了过程还有什么是更有趣的呢？难道最后一页是目的地吗？最后一页是已知，而已知多么乏味。

访　谈《

多重况味的青春记忆

——严歌苓访谈录

刘　艳　严歌苓

刘艳：在正式聊《芳华》之前，先向您致以诚挚的祝贺，祝贺您和《芳华》获得“第十六届华语文学传媒大奖”的“二零一七年度小说家”和“二零一七年度优秀长篇小说”大奖。《芳华》的授奖辞中，称“严歌苓是讲故事的人。纯熟的叙事语言，严密的命运剧情，伟大的母性光辉，是她小说风格化的重要标记。”除了“伟大的母性光辉”可能因不同作品而多少有些差异，这个评价是切中肯綮的。尤其对《芳华》的评价：“回忆了一个时代的美好与善良，荒谬与薄凉。被压抑的欲望，被错待的善良，无疾而终的爱意，无法说出的歉疚，不过都是青春散场之后的余绪。”在众多《芳华》的评价里，这个是比较准确的。而我自己将《芳华》归结为“隐在历史褶皱处的青春记忆与人性书写”。

这里，想请您谈一下您的感言，听一下您自己怎么看待您的《芳华》？在众多《芳华》的评论里，作家本人认为什么样的解读和评论角度，是最能理解您和理解《芳华》的？

严歌苓：你是一个研究严歌苓的专业的、学者式的评论者，我知道，你的《严歌苓论》很快就要出版了，是作家出版社出的。其实对我自己的评论，我读得很少，但是读过你的评论，我觉得你写得非常好，非常用功，非常透彻。

当然，讲起《芳华》来，我想它属于我一系列的穗子小说——穗子是一个小姑娘，是从我七八岁开始。大概有的同学读过一些穗子的故事，包括《灰舞鞋》《爱犬颗韧》，从小到大一个叫穗子的小姑娘，或者是主角，或者是一个旁观者，或者是一个龙套，在各种故事里。《芳华》可能是穗子最后一个故事，如果我没有再想到穗子还有什么可说的。我借着穗子，穗子是一个形而上的严歌苓，她肯定是基于严歌苓的，是从严歌苓的点点滴滴的童年到少年再到青年的经历，有严歌苓的恋爱和严歌苓的失恋，有严歌苓被批判，甚至被一个集体抛弃的所有的经历。这些经历是真实的，但不是小说。她变成一个小说人物有一个虚构的过程，要把这些经历提纯，然后再抽象，使她成为带有形而上意味的一个故事。所以，这是我和萧穗子的关系，也是我的真实的青春经历和青春记忆和现在的《芳华》以及前面那一系列穗子的故事的区别。

刘艳：是的，我可能对您的作品了解比较多，您最初写到穗子应该是2005年出版的《穗子物语》，里面有很多中短篇以穗子为主人公，但最后以长篇的体例出版的，我觉得那也是您一部非常优秀的代表作（注：2005年由广西师范大学出版的小说集《穗子物语》，CIP录入为长篇小说，亦可分章节作为中短篇集）。

严歌苓：谢谢。

由"命题作文"到"自发写作"的《芳华》故事

刘艳：我知道您有个特点，您每天都要写五千字，几乎免去一切应酬，这也是为什么您能够持续地高产，而且在高产的同时又保持优质。有同行的评论家说，严歌苓的写作会不会是一种创意写作的产物？我跟他们说不是。你们不要因为她高产，就认为是创意写作，我觉得这与她的勤勉和努力是分不开的。这也同时激励了我，我在写评论的时候，也是以严歌苓、贾平凹这些天天都在写作的人为榜样。勤奋写作的人，是能够让人心怀敬意的。

在我们这个对谈里，希望您能更多透露一些我们先前所不知道的事情。第一个方面，能否谈一下电影与文学的问题？我们都知道，电影《芳华》也是非常轰动的，我想就这个电影和小说原著，请您谈一些话题。据我了解，您好像是受冯小刚导演的邀约，然后写作《芳华》，原名是《你触摸了我》，冯小刚导演原来希望您写的文工团的故事，跟您写的《芳华》的故事是不一样的。我在一个评论中也说过，严歌苓这样的写作其实是体现了她是一个小说家的自觉，她写的不是命题作文。下面请您讲一下，您是怎么把冯小刚的命题作文转化为属于严歌苓的《芳华》故事的？

严歌苓：很有意思，大概4年多以前，小刚约我去中国大饭店，我去了以后就发现大包房里有王中军、王中磊（华谊兄弟传媒集团的老板）。还有冯小刚，他说，歌苓，我觉得现在不知道该拍什么，我觉得很彷徨。因为他刚出了《一九四二》，他拍的时候觉得真不是人干的，太苦了。但是出来以后，好像很多观众不怎么领情，所以觉得都不知道下面该拍什么，而且他好像跟王朔说了，王朔说你不是对文工团的那段经历老是特别有激情吗，你让严歌苓给你写。反正你们两个都是文工团的，可能写出来的东西会比较真切。

然后，他跟我讲了一个大致的故事，这个故事可能想要我去完全的虚构。我说小刚，这样吧，我想一想，我能写成什么样我给你看，能用就用，不能用就是一部独立的文学作品。我希望它首先是在文学上获得一次诞生，一次生命，再把这个生命嫁接给电影。我觉得我只能走这样一条"由真实而小说而电影"的路，所以要换一个走法我走不了。

其实我也有三四年的思考和酝酿，确定拿出我在文工团里经历的哪两个人物来做这个小说的主人公，最后我选择了刘峰和何小曼——这是我们一群人里的两个极端，一个是最开始被大家拥戴的雷锋式的"在平凡中见伟大"的英雄式人物；另一个是人群里经受了屈辱，经受了各种各样不公正的对待，但是她自身也是因为她的成长过程而成为这样一种"小耗子"性格的一个人。怎么把这两个人的命运编结在一起？这个小说我用了这样的方式，用了"我"和"我们"。这个"我"和"我们"有的时候其实是那个时代、那个集体的一个非常虚化的我们，并不是说具体的张三李四王二麻子，实际上就是那个时代，也不仅仅是那个时代，在任何有人的地方，集体会发现一个另类，一个可以承受集体的各种各样负面情绪的这么一个人，他们会把身心当中所有的负面的东西发泄到他身上，把这个人变成这个集体的一个对立面和牺牲品。

所以这就是我为什么写这个故事，其实我就想找到人性当中的迫害性，人性在形成集体的时候、在迫害一个人的时候，它找到一种安全感，这是从抽象的意义、宗教的意义上说。为什么迫害总是不断发生？人在迫害某个人的时候，和集体达成一种默契，得到一种安全感。

刘艳：刘峰和何小曼在这一点上是相通的，他们实际上都受到群体的一定的挤压。

严歌苓:对,我写完这个故事以后很忐忑,我觉得这可能不是导演要的故事,我不敢直接发给他,是通过文学策划杨劲松发给他的,导演说很喜欢。导演那个时候准备拍《手机2》,他要体验一种没有手机的生活,所以他不发微信,停止短信和种种手机带来的便利和麻烦,他要一个礼拜不用手机,他这个圈里都不用手机。后来杨劲松联系上他,他说我要跟歌苓马上通下电话。他很喜欢这个小说。这样的话,既没有让我跟导演妥协,也使他能够看到一个电影的取材和小说变成电影的巨大的可能性。

刘艳:您保持了您对文学的真诚的热度,这很难得,所以才带给我们不一样的《芳华》。我们也能看出来,能接受小说家自己所坚持的故事和叙事的《芳华》,导演也要不同于一般的导演,对文学也是要有着十足的热爱,也是要能够读懂严歌苓的。

电影《芳华》里被剪掉的部分

刘艳:我本人也看过电影《芳华》,最初读过小说的原著,我们都知道,这个电影跟小说有很多地方不一样,结局也不一样。虽然电影把小说的重要情节设计都放在里面了,冯小刚导演的电影原来有三个小时左右,尽量把小说的主要情节都搁在里面了。但是拍完之后慢慢剪,又把原来拍好的都剪掉了,就呈现出来我们在影院里看到的那个电影的样子。您觉得您印象较深的,您觉得原来拍好又剪掉的那些小说的情节,有哪些您印象比较深的?

严歌苓:小说结束在刘峰的追悼会,刘峰60多岁,小刚觉得很难找到和黄轩长得比较像的演老年刘峰的演员。作为电影来说,观众对一个人物的情感投入已经非常非常多了,你忽然换了一张脸,这个时候观众是不能接受的,会觉得在电影里面跳戏,这是作为电影剧作非常忌讳的。小说跨度有40多年,其他人物也有这个问题,小刚导演还想出一个办法,让每个女演员的妈妈把视频或者照片都寄来,看这个母亲是不是可以演,比如苗苗的妈妈和钟楚曦的妈妈能不能演老了的人物。后来发现也不行,好多孩子长得像父亲,所以后面的戏就干脆放弃了,就没有拍。

还有一场戏比较可惜的是,拍的军车载着文工团员在大雪山上走,走到山顶的时候,地方的车辆全都停在那里,为什么等,等什么呢?他说我们要等军车开道。因为下山更危险,很窄的川藏路,拐弯非常陡,这是我当年遇到过的情况。没有一道车辙,山上山下全是这样白茫茫的,很可能就会滑下山里面了。

刘艳:这是当时拍完又剪掉的吗?

严歌苓:是的。文工团员们虽然都是很年轻的战士,男兵女兵,但他们会为地方的车开出一道车辙。这是能够体现当年的军人确实是很有英雄主义情结的,他们能做到这一点,做到这点的时候觉得非常荣耀,给老百姓树立一个榜样,给老百姓带出一条安全的路。也是由于它跟主要剧情不大有关系,只是表现当年军人的那种气概和老百姓对他们的佩服的程度,就剪掉了。但也是由于剧情太长,当时剪到大概是倒数第二个版本的时候,还有两个多小时。

刘艳:剪掉较多,还是挺遗憾的,对比小说还是挺遗憾的,因为总是有心理预期,希望电影能够尽可能多地把小说展现出来。

严歌苓:那比起《归来》和《陆犯焉识》,咱们就偷着乐吧。

刘艳:我们同行也有交流,《归来》那样做也挺好的,《陆犯焉识》变成了一个"矢志不渝始终错过的爱"主题,那样表达的主题也是挺贴合小说的。

严歌苓:对,那个体量实在是很大,将近 40 万字。我自己之前还删掉了 10 万字,最后是 36 万字。

刘艳:有点可惜,将来出个全本的。

严歌苓:可是我那个电脑都不知道哪去了。(注:《陆犯焉识》是电脑打字完成的。)

刘艳:您一向对小说、电影、电视剧本创作都非常擅长。将《芳华》的电影和小说做比较,我更喜欢小说,因为文学的力量是最强大的,小说的文字具有能够抵达人内心深处的力道和力量。当然跟很多人对电影的评议(指各种挑剔)——我跟他们不一样,我对电影《芳华》也持好评态度。但不得不承认,电影和小说有很大的差别。比方在小说中,有些地方,您没有做非常大的叙事比重的处理,比如战争场面,然后被冯小刚导演做了耗费巨资、非常轰动的场面和画面的表现,所以想请您谈谈在做电影《芳华》剧本的时候,在情节、角度、叙事方面做了哪些调整,使剧本更加适合电影艺术的表现形式。

严歌苓:我写第一稿的时候,还是像小说里那么写的战争。因为当时就知道越战是不可以拍的,就尽量写个体的行动,不要写集体的行动。一写"接上火了,打起来了"就不能拍,所以我想就写一个汽车兵刘峰的故事,比较容易躲过,这个到审查的时候不会引起很大的麻烦。

刘艳:这个战争叙事,其实也写在您的处女作长篇里——1984 年写作、1986 年出版的《绿血》。

严歌苓:对。

刘艳:《绿血》虽然只是您的长篇处女作,但已经拥有较为成熟、圆融的叙事结构的嵌套技巧,显示了您当时作为一个"早熟"的青年小说作家的叙事能力。

严歌苓:是解放军文艺出版社约稿的长篇小说。

严歌苓长篇处女作《绿血》

刘艳:您25岁的时候写了《绿血》,27岁的时候就出版了,那个长篇其实是被以往的研究所忽略了的。其实您在出国前写过三部长篇,"女兵三部曲"(《绿血》《一个女兵的悄悄话》《雌性的草地》)都非常好。

严歌苓:谢谢谢谢,我现在都不敢看那部小说,不知道该怎么钻地缝。

刘艳:您谦虚了。《绿血》作为长篇处女作,有30.4万字的小说体量,喜欢严歌苓的读者有机会真的可以读一下,尤其是对文学有热爱的年轻人。想初试写作,那这个小说文本其实可以给初试写作者尤其是青年小说作家提供很多经验,有参阅的价值。《芳华》电影当中被删减掉的小说情节,您觉得特别可惜的还有吗?

严歌苓:小说情节我特别可惜的是,何小曼当兵前在家里,那件红色的毛衣在姐妹俩形成争端的时候,母亲偏袒了妹妹,然后她(小曼)把这个毛衣拆了,让曾经的三口人之家(父亲、母亲、何小曼)的唯一留下来的东西"毁尸灭迹"。

刘艳:那是他父亲娶她母亲时的嫁衣,这个特别能表现出何小曼的悲剧,有种黑暗的人格力量。这个情节删了比较可惜,但是可以理解,电影肯定是不能把人物的前史全都表现出来的,因为篇幅不够。我在评论当中也多次认真、细致地解读这段情节,认为这段文学书写确实是达到了人性书写的极致。

孩子们喜欢,对我来说是最大的奖

刘艳:电影《芳华》放映之后,微信自媒体及各种媒体载体,出现了很多只看了电影就来评论小说《芳华》的评论。我们都知道小说和电影本来就是两种不同的艺术形式,小说的很多情节和韵味是电影无法表现出来的,仅看了电影就做评论,这算不算一种不负责任的文学批评呢?仅仅通过看电影就对严歌苓的小说《芳华》做出评论,这其实是我们当前文学阅读和文学批评的退步。

写这种评论的人,我觉得他们在借严歌苓的名气来蹭热点。可以很清楚地看到,很多人仅仅是在借评《芳华》浇自己心中的块垒。而真正能够尊重作品,读懂作品,回到小说《芳华》和文学本身的评论,还是比较少的。所以我一直强调和呼吁,希望更多的人能够去细读小说。

严歌苓：我最近读了三个高中生写的《芳华》的评论，不知道他们怎么找到了我的邮箱，写得非常好。我把微博激活以后，因为我很久不弄微博，我这个人面子薄，看微博上出现骂人的人赶快就不敢再跟他们对垒了，所以好几年没弄。现在我想如果再收到这种小读者和小评论家的（评论）——他们真的非常认真，而且他们非常独到，将来这种评论会放到我的微博上，大家可以进去浏览一下。很多大学生和高中生，因为他们心地单纯，他们看事情很少用社会上的种种杂音影响他们，他们反而是非常直接地进入小说，非常直观，第一感觉地写出来了。对我来说最大的奖励，就是孩子们喜欢读我的书，对我来说这是最大的奖。而得到小朋友的信，十六七岁孩子写的信，这就是我的得奖证书。

《芳华》：严歌苓“穗子系列”的极致

刘艳：您在写作上成绩斐然，不光是得到了社会上读者们的广泛认同，学界、评论界对您的创作也非常认可。我记得武汉大学的资深教授，也是当代文学研究专家、著名文学评论家於可训先生，他曾经讲过，严歌苓是非常难得的一位“雅俗兼擅”的作家。这是非常非常难的，我甚至觉得，现代时期我们有张爱玲，当代时期有严歌苓，而且非常不一样，严歌苓有她的“严歌苓体”，很多热爱写作的人也是深有体会的。

对谈开始时，您说可能要有新的想法才会写与萧穗子有关的故事，这个很了不起，因为您没有破灭我们心中的希望，但是您说要找到新的角度。《芳华》在我看来，其实是严歌苓对于她青春芳华的故事达到一个巅峰状态的书写——也可以说是对于青春故事的一个极致的书写，我不敢说是顶点，是怕说是顶点之后，您就不再写“芳华”故事了。其实您关于青春芳华、文工团的故事，在长篇处女作《绿血》、第二部长篇《一个女兵的悄悄话》和《穗子物语》中短篇里面都有相近的情节、人物设计。海外华文文学研究专家、南京大学的刘俊教授问过我：“那会不会有一种自我重复的可能？”他是开玩笑说的，我当时果断地否定了，我觉得不是这样的。为什么呢，严歌苓的青春芳华故事，本身就可以作为叙事学的分支，题材演变学的生动例证。古今中外文坛包括很多伟大的作家都是这么做的。您能够在现阶段又写出《芳华》这样一个故事，是您在创作上实现的更大的跃升。正是因为认真读过严歌苓几乎所有的作品，我也更加能够深刻体会，小说《芳华》的叙事艺术和写作才华在文学性和艺术性上的继续的跃升。《芳华》是经过多次书写抵达青春芳华极致的故事。想请您谈谈，您一路写来，不断重写“芳华”故事，仍然能够用青春芳华深深打动我们，为什么能不断地写，不断写得更好，不断跃升？

严歌苓：我总有一种 Fantasy，就是不一定能够实现的，有时候会忽然跳出来觉得，是不是可以试一试，它如果被实现会是个什么状态呢？我就想一个故事每十年写一次，就是同样的角色，比如文工团的这些人物，因为你的人生阅历和你又读了更多的书，又走了更远的路，然后你更成熟了，你对自己更坦然，不怕。比如卢梭写《忏悔录》时候的年纪，你再来写自己曾经碰到的人和你对这个人造成的伤害、给他使过绊子的时候，能写成什么样。人随着年纪和阅历的增长，会越来越诚实，这个诚实就是他不再惧怕对自己的反省和悔罪而造成别人对自己的仇恨和鄙视，这都不怕了。这是一种很有意思的方式，等到最后，在不同的年龄和成熟度，或者到他最老的时候，可能就很简单了。就像马蒂斯去做剪纸一样（注：亨利·马蒂斯，法国著名画家、雕塑家、版画家，野兽派创始人和主要代表人物，其晚年仍和在野兽派时代一样激进），一路写下来，我想可能是一个非常有意思的事情。

刘艳：很了不起，《芳华》的小说体量没那么大，但就像您刚才所说的，反省的力度是前面所有关于《芳华》故事的书写所不具备的。

严歌苓：人随着年纪和阅历的增长，会越来越诚实，对自己的反省和悔罪，都不怕了。刚才跟你说，《芳华》之后可能不会写穗子了，我突然想起来不对，后来我马上就想到穗子还有可写的（余地）——穗子碰到父母离异，又遇到爸妈都结婚，有很多问题，还有穗子初为人妻，碰到的种种问题。我觉得还是有可写的，因为穗子的整个成长到成熟，都是一个很有意思的过程，都是很痛苦的，也是很失望的。我觉得每次失望都让我更多地接受一点人性的弱点，每多接受一点，也就是更成熟了一点。所以成熟是失望带来的，成熟也是更全面的接受。我现在已经不跟任何人说你应该这么做、你不该那么做了，我觉得这是没有用的，应该全盘地接受一个人，谁就是谁。

刘艳：谢谢您，也解答了我心中的疑惑，我本来觉得《芳华》的叙事艺术达到这样一个极致状态后不太好写了，当然我心里有遗憾，不写的话我会很难过。但是刚才您又给我们广大的读者和研究者开启了新的希望，希望您能够继续带来《芳华》的后续小说。

《芳华》，人性书写极致的力量

刘艳：我很想跟读者和评论者、研究者说一个问题，您的出国前的三部长篇小说，理应受到重视。《芳华》的故事，可以溯源到您 1981 年发表的短篇小说《葱》那里。而只要读过您长篇处女作《绿血》的人，会知道刘峰的人物原型有一点点《绿血》杨燹的影子，像在《绿血》当中，田巧巧那个女兵对一个男兵表示爱情却不被接受，包括《一个女兵的悄悄话》，陶小童和女兵都不会爱团支书那么一个人。其实我们都可以看到，丝丝缕缕的关于刘峰这个人物形象的影子。但是《芳华》当中却达到人性书写极致的力道，刘峰因为向林丁丁表白爱情不被接受，被处分，最后在战争当中造成残疾。您给大家说一下，您想通过刘峰这个人物来怎样反思青春，反思人性？

严歌苓：是的，从非常抽象的性格和人物行为命运的角度来说，像刘峰这样无私的人其实在最最心底，他自己最潜意识的 bottom（底部）是有求死欲望的，因为这种求死可以使他最后冲上去。像何小曼这样的人也是有的，这种求死的情结，他们自己意识不到，他们对自己的狠，对自己这种无底线的牺牲，使这两个人最终会相互达到最大程度的默契。有一阵我抑郁症非常厉害，我对人类的心理学、行为学、各种派系的心理学非常感兴趣，甚至对治疗心理疾病的药物，每次发明什么药物我都非常感兴趣。我的爷爷在 40 岁就自杀了，他有一种躁狂型抑郁症，很多大天才都得过的，比如伍尔芙、海明威，还有凡·高，因为他的创作力每天像井喷一样，但是没有办法抑制这种状态。走向极致以后，这种兴奋不可抑制，很多天不能睡觉，就造成了直接掉进地狱。我看了很多很多书，人类的心理学的和行为学的分析。我就刚刚讲到这两个人的内心，我想是不是日本人很多都有这种病。

刘艳：《妈阁是座城》里的老史也这样表现过，确实是很多大艺术家共同的气质，共同的禀赋。“何小曼”是小说当中的名字，电影当中是“何小萍”，我觉得您这样的设计是有意图的，电影和小说的表现差异蛮大，我自己猜，您特意在电影中以一字之差，来表现电影当中的何小萍和小说中的何小曼是有差别的，不知道我理解得对不对。

严歌苓：对。

刘艳：这个何小曼很像《绿血》当中的黄小嫚，又像《穗子物语》中的耗子，叫“黄小玫”。这些人物虽然跟何小曼都有相通的地方，但是我觉得都没有达到您在《芳华》当中书写的力道。我在评论里写道，由于您在《芳华》当中对何小曼的书写，达到了这样的叙事效果：“枝节胜主干：旁逸斜出的人性书写”。在何小曼这个人物身上投入的人性书写，已经让何小曼似乎，不能说超过吧，但至少是达到了像刘峰那样的叙事比重和力道，不知道是您原先就设计好的，还是写完就突然产生了这样的效果？这个人物形象确实是非常值得大家关注的，我特别想了解，您是怎么写出这么一个让人入心入髓的人物形象？比如何小曼与母亲之间种种的在继父家庭的成长叙事；比如刚才您也讲过的何小曼跟母亲之间的冲突，那件红毛衣被她拆掉染成了黑色，然后在黑色里借衣还魂。

严歌苓：我觉得这个人物就因为我一直没写好，所以我才（不断写），我写到何小曼，才觉得写好了，才把这个人物的里里外外写好了。其实在我的部队里面，这个人物是最早离开我们的，在她腿坏了以后。我记得有一次托举，不知道怎么没托好就掉到地上了，然后髌骨受到损伤，她就去医院的洗衣班去了。这个女孩子是……我觉得我们这个集体是非常残酷的。但是她有讨厌的地方，比如她是一个现代隆胸的先驱者（两块搓澡的海绵），那个东西很扎眼的，下雨也没人来收，就在风里飘来飘去，露在外面。最后我们就要搞清楚是谁干的。我们那个年代就恨不得含着胸，整天害怕的，居然有这么一个“不要脸”的人。过去我不忍心把一个被集体欺凌和迫害的人写进书里，现在我可以把她写进去，而且人可以写得可爱，值得大家同情，值得刘峰最后走向她，托举她。所以我现在把她不讨人喜欢的地方也写尽了，反过来我把她又拉回来了。

刘艳：您写她吃零食的情节也是，既有不讨人喜欢的方面，像小耗子一样，但是又有让人同情和可爱的地方。因为母亲对她其实是一种抛弃。

严歌苓：嗯，所以像他们家阿姨说她的那样，像狗找到一个东西，先把它埋起来，她有一块肉会先放到米饭底下，等人没了再扒拉出来，把那块肉安安心心地去享受。这就是拖油瓶到人家家里，她养成这些不招人待见的习惯也是有她的历史根源的。

《芳华》的多重叙事

刘艳：您说这些的时候，我一下子就在脑子里浮现出这些小说情节，以及它们在我心里的留痕——这就是《芳华》的文学的力量，让人心里纠结。您多次对文工团故事的书写，每次又都有不同，依然都这么打动人心，在《芳华》当中体现了这么高的文学性和艺术性，在小说的叙事艺术上是非常讲究的。您曾经讲过，您借助几个女兵的视角形成视角的盲区。您是怎么做到这种多重叙事的。

严歌苓：我觉得我是一个最不懂理论的人，我就为它选择了一个方式，最自由的，我想做严歌苓就做严歌苓，想做萧穗子就做萧穗子，想做集体就做集体，想钻到人物内心就钻到人物内心。我觉得我打开了所有过去写作当中的忌讳，比如我们传统经典写作当中要很注意的视角转换，要不然读者就被你带到坑里了，会不明白会糊涂啊，我这篇作品中没有在意。我在芝加哥读书的时候，教授就说，你看，一个好的作品是怎么把一个视角从这里转到那里，怎么从他的主观视角转到他对面，这种切换是怎么换的，怎么样变成一个神的视角，就是全方位的视角。这种转换学不来就是非常生的，一会儿怎么到他心理，一会儿变成全方位的视角。我在《芳华》里面，我觉得把这些统统扔掉了，想怎么叙述就怎么叙述。有的时候叙述完了，比如讲完刘峰的故事，何小曼出现，但我说“小曼出现，但现在还不该她出场”，说现在不该她的，她再等会儿，还没出场。就是这样，既是看起来非常任性的一种写法，其实是结合了布莱希特的“离间式”的，不断让读者看到严歌苓在说话，严歌苓在讲往事，实际上是一种离间的办法，但很快又让读者感受到这是萧穗子在讲故事，是剧中人在叙述故事。所以我这次就把老师教的这些扔掉，来一次非常任性的、自我的，既主观又客观的写法。

刘艳：是的，您写《芳华》，是达到了以前小说当中不具备的叙事的自由度和灵活度的。刚才您描述的这个，我就特别有体会，主观的，客观的，任何的叙事视角都掌控自如，比如您能同时用现在的回溯性的眼光和视角来叙事，又能同时用当时事件正在发生时的视角和眼光来叙事，这样就形成各种不同叙事视角和眼光的互补。复调叙事，多声部，达到最真切地表现当时的人，当时的情境、情节。能够让文字最深刻地抵达人内心的力量，其实就这样写成。我的理解对吗？

严歌苓：是的，谢谢你刘艳。

刘艳：我们虽然在《芳华》当中已经看到一种关于自己青春故事、关于文工团故事的极致书写，但您没有浇灭我们的希望，我们期待严歌苓能够给我们带来新的萧穗子的故事，新的“芳华”的故事。

评　论《

新世纪海外华文写作的中国想象：现实想象

——以严歌苓《赴宴者》《妈阁是座城》《上海舞男》为例

刘　艳

笔者在此前的研究当中提到过，2001 年，张错提出的“华文文学区域”，可视为“华语语系文学”前身，2004 年，他又提出“华语圈”的概念。史书美为最早明确提出“华语语系文学”并大力提倡者，“华语语系文学宣言”则被认为是王德威的杰作《文学行旅与世界想象》，王德威近年成为最为积极和活跃宣扬华语语系文学的学者[①]……对于“什么是华语语系文学？在此时此地，我们为什么要提倡，或者是提请大家注意华语语系文学呢?”这个问题，王德威解释是为了对传统观念加以延伸。什么样的传统观念呢？王德威解释这个传统观念是：“通常我们把在中国，尤其是中国大陆所写作、传播、阅读的文学称之为中国文学，我想这是没有任何异议的。以中国文学为坐标，在政治疆域范围以外，不同的地区，不同的国家，甚至不同文化的场域里面，以华语作为沟通的方式，以华语作为创作的媒介，华侨文学、华文文学、世界华文文学、海外华文文学、汉语文学，这个不免有了中央和边缘，主和从的分别。中国大陆有一个正统的中国文学的基地，他们发散出去的各种影响或强，或弱，在不同的国家和地区得到了这种信息，得到了相对不同的回应。”[②]（尽管如此，“海外华文文学”仍然是习用和被广大范围内认可的概念和范畴。但我们不妨看取王德威所做思考的一些有价值的层面。）王德威在他那篇有名的演讲《何为中国？何为华语语系文学》的最后说道：“我们看到在全球各地的，各种各样的语境里面，有不同的作家以汉语来书写，来传播他们对于华文和华语的想象”“这些作家以不同的场域，甚至实验着不同的语言，来想象着他们心目中的话语，他们心目中的中国，他们心目中的中国历史。”“华夷风”这个词的确是值得我们进一步思考，不必过早下“是”或者“否”的定论。但王德威的说法，的确是引发了我对“新世纪海外华文写作的中国想象”的思考——海外作家如何在新世纪以他们的写作，来想象他们心目中的话语，他们心目中的中国，他们心目中的中国历史，还有他们心目中的中国的现实。海外华文写作的中国想象当中，“现实想象”——也就是对于中国现实的文学书写，应该是海外华文作家写作时最难也最有挑战性的部分。

不难发现，“新世纪海外华文写作的中国想象”是一个非常值得研究的命题。当然，对于严歌苓、张翎、陈河等海外作家来说，写作他们心目中的中国历史——“历史中国想象”是较受到作家青睐的题材。严歌苓1989年出国，差不多是在新世纪，全面开启她的中国想象的文学写作。《花儿与少年》(2004)，晚江离婚再嫁给海外的老瀚夫瑞，与国内的丈夫一直联系并次第把前夫和儿女迎到国外。小说不止描写了20世纪80年代中国社会如晚江夫妇者，他们居住的逼仄、下岗、下海等种种生活现实，对此后的现实也有丝丝缕缕的反映。在那本名为长篇、实为中短篇小说集的《穗子物语》(2005)里面，更多“历史中国想象”的书写。《第九个寡妇》(2006)、《一个女人的史

---

① 刘艳：《新世纪海外华文写作的中国想象》，《广州文艺》2018年第9期。

② 王德威：《何为中国？何为华语语系文学》，“楚尘文化”微信公众号2017年6月10日。

诗》(2006)是严歌苓开启女性视阈中历史与人性书写的长篇之作，更多“历史中国想象”的文学书写，小说故事差不多都是结束在20世纪80年代的样子。《第九个寡妇》小说结尾处，农村已经开始实行“计划生育”，二大还在给平说着故事，声音弱了，字字吐得光润如珠。“葡萄用袖子抹一把泪。谁说会躲不过去？再有一会儿，二大就太平了，就全躲过去了，外头的事再变，人再变，他也全躲过去了。”《一个女人的史诗》是关于一个女人“田苏菲”的革命史和爱情史，小说结尾应是恰处于那段特殊历史时期刚刚结束之时，小菲却希望再来一场运动，那样就不会有欧阳萸身边一众喊“欧老师”的女人了。严歌苓长篇小说《小姨多鹤》(2008)、《寄居者》(2009)和《金陵十三钗》(中篇版2007，长篇版2011)，其实都是涉抗日战争叙事的“中国想象”，是一种“历史中国想象”。《小姨多鹤》结尾，多鹤接张俭去日本治病，张俭病逝在日本，孩子们都大了……对现实和当下其实仅仅是蜻蜓点水一般掠过，小说故事略微触及当下便很快收束结尾了。长篇小说《陆犯焉识》(2011)讲述了“我”的祖父陆焉识以及祖母冯婉喻的故事，堪称一部20世纪中国“知识分子的成长史、磨难史与家族史”，也书写了陆焉识与冯婉喻那“始终错过的矢志不渝的爱”。小说行近结尾是：“1990年初春，一个年轻汉子(邓指的儿子，笔者注)找到我家来，说是要找陆焉识老师。”然后陆焉识失踪了(根据语境推断，他应该是回到了他劳改过的大荒漠)，小说最后一句是：“他把他的衣服带走了，还带走了我祖母冯婉喻的骨灰。”《芳华》结尾，刘峰和何小曼相依为伴，刘峰病逝，那匆促的葬礼，似乎也喻示了所有的芳华都将逝去，小说中逼近当下的现实书写也是占了很少的部分。

考察严歌苓在新世纪长篇小说写作当中，有关“中国想象”尤其“现实想象”的文学书写，有三部作品是尤为值得重视和加以研究的，那就是《赴宴者》(中文版2009)、《妈阁是座城》(2014)和《上海舞男》(《花城》2015年第6期首发，上海文艺出版社2016年版，更名为《舞男》)。

一 《赴宴者》：直击现实的中国想象

《赴宴者》在严歌苓所有作品当中，是需要被特别地加以重视和对待的一个长篇小说，为什么这么说呢？首先，它是严歌苓英文写作的一个小说，然后才经译者(郭强生)翻译成了中文小说。严歌苓在《赴宴者》后记中这样说：“用英文写作也许是我一生中最后一次跟自己过不去。”“然而我必须逼自己最后一回，否则对我在美国学了好几年的英文文学创作没个交代。”其次，它是严歌苓所有小说当中，最为贴近当今中国当下现实的作品，说它是为了反映当时一个特殊的社会现象——社会中存在

“宴会虫”这样一类人和现象这样的现实，一点也不为过。像严歌苓所有的长篇小说一样，《赴宴者》也有一个故事核。故事核是“宴会虫”董丹，以假记者的身份，即自由撰稿人的假身份吃宴会、拿车马费，却因为自己不泯的良知和正义感，差点成了真的自由撰稿记者的故事，最后以被警方抓获而告终。

令人不由得惊诧的是，身居海外（1989年即已出国），严歌苓是如何选材写作这样一个直击现实的“现实中国想象”的作品呢？笔者就《赴宴者》的写作缘起，特地向严歌苓本人作了访问和求证。对此，笔者提出了两个问题：第一，《赴宴者》的“故事核”——有关“宴会虫”的现象，她是从哪里听到的？还是得自于新闻材料？第二，身在海外，又是英文写作，要驾驭如此贴近生活、现实的素材，写作之前有无顾虑（现实题材不好驾驭）？写作当中是否感觉有难度（处理文学与现实的关系）？很快，严歌苓即以语音答复：“宴会虫”在2000年或者20世纪90年代末是一种现象，中央电视台的《焦点访谈》谈了这么一个“宴会虫”，他被判了十年刑。他说，他每到一个宴会，他就能发现大概三四十人——三四十个人是像他一样的“宴会虫”。他说，同类，很容易彼此发现，他们是跟他一样混吃混喝的“虫子”。就这样吧，我看了他的访谈，然后又把这个VCR从中央台要来了，然后就常常看。后来跟他（宴会虫，笔者注）联系上了，他出狱以后联系上的。又：当时是陈冲先看到这个访谈节目的，她说歌苓你赶紧去看这个节目，把这个节目找来看，特别有意思，可以做一个很好的电影。然后我就通过我的经纪人，把这个节目的VCR从中央台要过来了，当时就经常看。他（宴会虫，笔者注）也很幽默，虽然当时他已经在监狱里了，但是他还是非常幽默。再又：后来我就找了一个人，介绍我去找一个专门给人家办这种会的——办新闻发布会和这种宴会的公司。他带我跑了一些会，我当时用了一个名片，就装着（作）是一个“记者”，就去吃。① 严歌苓的这些话，正好印证了《赴宴者》开篇不久的一段话：“直到二〇〇〇年五月的这个将要在他生命中出现转折的早晨，吃宴会成了他的正经营生，日子过得挺滋润。”——小说在开篇即预叙了主人公“宴会虫”董丹出事（被捕）的时间点，这与《焦点访谈》所提供的新闻材料的时间点，大致是相近的。

以新闻、纪实性材料所提供的故事，作为长篇小说的“故事核”，这在严歌苓的长篇小说当中是较为罕见的，但在2000年以来国内的长篇小说写作当中并不罕见。比如有研究者已经注意到，2000年之后出现了不少根据新闻报道改写的小说，作者包括李锐、刘继明等名作家，甚至闹出了雷同或抄袭之事：刘继明在2004年第9期《山

---

① 2019年2月9日严歌苓与笔者的联系。

花》发表的小说《回家的路究竟有多远》,李锐于《天涯》2005 年第 2 期发表的《扁担》,讲述了高度雷同的农民工断腿后爬回家乡的悲惨故事,以致掀起了抄袭风波。后来从作家的辩解中才明白,两位知名作家的素材居然都来源于中央电视台《今日说法·千里爬回家》,其中李锐还是诺贝尔文学奖评委马悦然很看好的作家。还有更著名的作家贾平凹的《高兴》,也是根据农民工千里背尸回家的新闻报道改写的小说①……处理与新闻高度相同或者说相类的新闻素材、新闻题材,从纪实性的新闻材料到文学虚构故事的转换,是文学写作的难点和重点。严歌苓在处理这样的新闻材料时候,秉持了她一以贯之的很职业、很认真地对待写作的习惯——她自己也亲身尝试去做一下"宴会虫"。这样的写作,还是让严歌苓与那种仅仅根据新闻材料、闭门造车式虚构故事的小说家,拉开了距离。她可以把"宴会虫"所常常出没的这样的新闻发布会、宴会的种种细节,写得真实生动而不是凭空杜撰。连下岗工人董丹想做"宴会虫",先要印名片,印什么样的名片——这样的细节,严歌苓都认真考虑和加以研究。董丹吃过一千个螃蟹爪尖的肉做的菜"千蟹指",吃过几百只鸽子舌头做成的菜:

> 这个站在门边,全身紧绷,眼里噙着泪水却还试图挤出一个颤抖微笑的女孩,也可能是老十。董丹收回眼神,盯着盘子里的几百只小舌头,不知是清炒还是酱爆,配上鲜红的辣椒丝,还有白色野菊花的碎花瓣洒在这些小小的器官上。这些三角形的小肉屑在水晶碟子上也组成了一朵菊花。很费事的一道菜。②

除了这些,爱鸟协会的"孔雀宴",包括各式新闻发布会和宴会的种种细节,没有作家切身地、实地地体验,是无法了解到的;而如果仅仅靠凭空杜撰,难免会在细节上左支右绌,首先是会伤害小说艺术上的真实感。通过《赴宴者》,可以看到严歌苓对于她所书写对象的了解与考察、探究。比如,写董丹和妻子小梅居住的车间楼——机器不定时开动的厂房的楼上,几乎是白住:房租低不算,还可以偷电烧饭、偷水洗澡,厂里检验不合格的肉制品也低价卖给他们。公共厕所的距离需要远足,但偷来的水能让他们解决紧急跑厕所的麻烦:打开下水道一蹲,事后再一冲就完事。水真是好东西,几秒钟内就把污秽和洁净分隔开来。董丹在真正的自由撰稿记者高兴这个女人的引领下,来到按摩室,认识了老十,与老十的关系竟然让他几乎忘记了自己假记者、真"宴会虫"的身份,他甚至想着为老十那被判了死刑已经死去的姐姐

---

① 刘旭:《文学莫言与现实莫言》,《文学评论》2017 年第 1 期。

② 严歌苓:《赴宴者》,陕西师范大学出版社 2009 年版,第 167 页。

讨个说法。他忍不住要为了农村里那些不好的现象和屈死的人，伸张一下正义。在这些情节所依附的细节描写方面，一点也不用怀疑严歌苓曾经对“按摩室”里按摩女、对那些工资被拖欠的建筑工人的生活，都有着认真的考察和现场体验、观察。董丹想去帮那些被拖欠了工资的工人，工人们却已被老板送来的羊肉和一点点钱给笼络住了，并不领他的情，他们怕得罪老板。他们最后对董丹表现了他们人性里甚至有些猥琐的一面：“有个家伙推了他一把。董丹站不稳朝前一倾，两只手在空中抓了几下，又被一只伸出来的脚给绊倒。接着是一阵笑声。”

董丹的落网，其实也是因为他想让妻子也能分享一下那些宴会，导致被跟踪和被揪出来的。《赴宴者》小说结尾，用的也是近乎《焦点访谈》的一个访谈节目——主持人对董丹的采访来结尾的，整个访谈的对话和气氛，很有点像严歌苓所说的，她看过的那个“宴会虫”主题的《焦点访谈》节目。就像《焦点访谈》中那个“宴会虫”主角，人物已获罪却不失幽默感，《赴宴者》也做了这样的情节设计，几乎是对那个《焦点访谈》节目的情景还原。

> 主持人告诉董丹，他自己也曾经乔装混进那些宴会。他戴着假发、假胡子，或者戴不同式样的眼镜。从某种程度上说，他也是一只宴会虫。董丹笑了，问他印象最深刻的菜是哪一道。主持人说，他反对大吃大喝，所以他从来没注意自己吃的是什么……笑什么？没笑什么。这可是一个访谈节目，所以必须有问必答哦。行，一定有问必答，董丹表示服从。[①]

在这段文字的最后，有几句：“笑什么？没笑什么。这可是一个访谈节目，所以必须有问必答哦。行，一定有问必答，董丹表示服从。”可以见出“严歌苓体”的一点端倪，也就是严歌苓非常善于不同人物视角和叙事声音的自如拼接。“笑什么？”是主持人的话。“没笑什么。”这是董丹的话。“这可是一个访谈节目，所以必须有问必答哦。”又转为主持人的话。“行，一定有问必答”，这是董丹的原话，但加了一句“董丹表示服从”，就把直接引语变成了没有引号等规约性标志的自由直接引语。或者说，是把“行，一定有问必答”这样的董丹的原话，与叙述人的客观叙述“董丹表示服从”衔接在了一起。这段文字最后这几句，加上前面的几句，也统统没有引号等规约性标志，这是严歌苓小说叙事的典型特征，可以形成比较快的叙事节奏。

尽管有以上所述的种种严歌苓小说和严歌苓小说叙事上的优点，但也不能不忽视一些潜在的问题，作为阅读者和研究者如果能够细心，会觉得《赴宴者》是最“不严

---

① 严歌苓：《赴宴者》，陕西师范大学出版社2009年版，第276—277页。

歌苓”的一个小说。对此，笔者特地询问了严歌苓本人。笔者：“您的《赴宴者》中文版，在国内的，只有郭强生的译本吗？我手头的2本，都是陕西师范大学出版社出版的，2009年版，标明了郭强生译。2012年版本，未标译者。”严歌苓答复：“都是郭译的，文体有点奇怪吧？”“你真是个有心人。”笔者：“是的。语感最不像您的作品，最缺少‘严歌苓体’的感觉……能感觉出，它就应该是一个英文小说。”①

行文至此，笔者想引入毕飞宇所讲的一个故事：

> 给你们讲一个故事，是聂华苓的故事。聂华苓六十年代就去了美国，在美国待了五十多年了，用英语写作一点问题都没有。可是，她一直用汉语写。有一天我问她，为什么不直接用英语写作呢？用汉语写还要翻译，多麻烦哪。聂老师说不行，她尝试过。用英语去描写、去叙述一点问题都没有，但是，一写到人物的对话，穿帮了，美国的读者一眼就知道不是母语小说，而是用外语写的。②

《赴宴者》中，有着大量的人物对话，从中似乎可以看到严歌苓对于自己英文写作的自信。但是，经过译者翻译过来之后，反而是令《赴宴者》给人感觉是非常“不严歌苓”的一个小说。严歌苓的小说，很少直接用有提示语和引号等规约性标志的人物对话，“严歌苓体”的典型特征，恰恰是将人物对话血肉交融于描写和叙述当中，让阅读者完全不会有“隔”和人物对话阻滞小说叙事节奏的感觉，这是一个优秀小说家的杰出之处。正如毕飞宇接下来所说的，“对话是难的”：

> ……这里头有一个小说人物与小说语言的距离问题。描写和叙述是作家的权力范围之内的事，它们呈现着作者的语言风格，它离作家很近，离小说里的人物反而远。对话呢，因为是小说人物的言语，是小说的人物“说”出来的，这样的语言和小说人物是零距离的，它呈现的是小说人物的性格，恰恰不是作家个人的语言风格，作家很难把控，它其实不在作家的权力范围之内。你很难保证这些话是小说的人物说的，而不是来自作家。许多作品如此热衷于对话，并不是因为作者的对话写得好，而是因为作者在叙事与描写方面不过关，没才能，怕吃苦，想偷懒，回头一想，嗨，那就用对话来替代吧，多省事呢。这样的对话其实不是对话，而是规避描写与叙事。老实说，我至今都看不上从头到尾都是对话的小说。从头到尾都采用对话，写写通俗小说是可以的，纯文学肯定不行，纯文学有它的难度要求，对

① 2019年2月8日严歌苓与笔者的联系。

② 毕飞宇：《小说课》，人民文学出版社2017年版，第79页。

对话也有特殊的要求。在这个问题上我们一定要有数，千万不要因为自己的无知就以为对话很好写。[①]

毕飞宇一再申说对话难写，实际上是说人物的对话，应该是用人物的限知视角和限制性叙事的叙述方式来写，写人物的对话应该是贴近人物来叙述的，应该是采用人物的视角而不是作家和隐含作者的视角来叙述。聂华苓则强调了非母语写作在处理人物对话方面的难度。而《赴宴者》有着大量的人物对话，或者表明了严歌苓驾驭英语的自如，或者还反映了一个问题：译者在将英文版的《赴宴者》翻译成中文时，我们毫不怀疑，信、达、雅肯定是译者所追求的；但是译者翻译英文成汉语时，恐怕很难做到严歌苓在用母语写作时，所呈现的"严歌苓体"的文体特征——能略去绝大部分的"某人说""某人道"和引号、冒号等规约性标志，及严歌苓在汉语写作中几乎总是能够将人物对话与叙述天衣无缝地拼贴、衔接和糅合在一起。如果想让《赴宴者》更加呈现"严歌苓体"一贯的语感和语体特征，恐怕非得严歌苓本人来译英文为汉语才行。当然，英文版翻译成汉语版的《赴宴者》，可能隐隐还潜藏了一个问题：海外华文写作的作家，用英语、外语写作，浅尝辄止即可。聂华苓的态度是对的，海外华文作家创作，宁可全是汉语写作，可以再把汉语翻译成其他语言，坚持母语写作是海外华文作家的根基和福祉所在。我们不妨做个假设，设若《赴宴者》先是一本汉语小说，然后再翻译成英文，又有何不可呢？尽管严歌苓本人非常钟爱她的英文版《赴宴者》——在笔者为《青春》杂志纪念创刊40周年(2019年)的系列栏目，即《大家访谈》栏目的严歌苓专辑，所提供的严歌苓《作家小传》，严歌苓特意加了一句："严歌苓于2007年出版的第一部英文小说《赴宴者》受到国际主流媒体好评，并由BBC选为'每晚一本书'，而进行小说连播。"可见严歌苓本人对于英文版《赴宴者》的重视和喜爱。但是，笔者依然坚持如上的主张。如果严歌苓写作时即为汉语版《赴宴者》，会比英文版翻译成汉语版的《赴宴者》，更具"严歌苓体"的典型特征和更加富有小说叙事艺术的魅力。

二　空间叙事与现实中国想象

孟繁华在肯定和评价石一枫的小说创作时曾经特地讲道：社会问题小说，是自新文学以来最为重要的文学流脉，也是自1978年以来文学成就最大、最具影响力的文学现象。并认为即便经过"欧风美雨"的沐浴之后，这个文学流脉仍然焕发着巨大

---

① 毕飞宇：《小说课》，人民文学出版社2017年版，第79—80页。

的活力，这与中国的社会环境和作家对文学功能的理解有关。孟繁华评价石一枫作为当下最年轻的作家之一，他的创作经过一段时间的“率性而为”之后，迅速地选择了这一文学方向并取得了令人欣慰的文学成就。并且认为他的创作，为讲述“中国故事”、积累文学的“中国经验”，提供了新的可能性[①]。从社会问题小说的意义上讲，严歌苓的《赴宴者》是地地道道的社会问题小说，小说叙事艺术方面虽然有些留有遗憾的地方，但小说文本为我们保存了一个有关“宴会虫”的社会问题，以及这个社会问题所辐射和反映的当时诸多的、更多的其他社会问题。即便“宴会虫”这个问题已经消失、不会再出现，但是小说的可贵之处在于，它为我们记录了当时时代和社会生活的诸多面向，是一份有关社会问题的可贵的“文学资料”。

《赴宴者》在小说叙事上，遵循了线性时间顺序的叙事法则。叙事结构和叙事策略方面，既不像严歌苓出国前的“女兵三部曲”那三部长篇小说——《绿血》《一个女兵的悄悄话》和《雌性的草地》，或者是讲究不同的叙事结构的嵌套（如《绿血》），或者是颇具先锋叙事手法的叙事结构的新尝试和叙述手法的自如转换（像《一个女兵的悄悄话》），或者是从电影叙述的借用方面进行叙事结构探索，令对话语的议论、人物的开放性与小说的虚构性相映成辉，小说的叙事结构可以从核心与从属的层面加以阐释（如《雌性的草地》）；也不像严歌苓后来的小说那样，比较讲究不同的叙事序列的自如转换，或者不同的空间叙事结构的嵌套、缩合——像《妈阁是座城》《上海舞男》，尤其是像《上海舞男》。《赴宴者》选择了董丹生活的城市，根据小说情节所提供的一些细节，可以推测这个城市应该是北京。北京对于严歌苓来说，并不是她土生土长的地方，所以《赴宴者》的小说叙事在细节的丰赡和具象、生动以及感人程度上，远远不及以上海为主要空间、四川成都为次要空间来展开小说叙事的《上海舞男》，甚至有点不及以妈阁、海外（拉斯维加斯、温哥华等）、海南和北京等几处地方，作为小说空间叙事展开的《妈阁是座城》。原因当然是作家对于一个地域、对这个地方的熟悉程度，与空间相关的小说叙事尤其是不同的空间叙事结构而成的小说叙事，对于空间——也就是这个地方的依赖度是很高的。空间从来就不会是一个简单的地点的提供，空间是复杂的，关及其间的种种人与人的关系，甚至可以说是生命、时代和历史均溶蚀于其中，直接就影响到小说呈现出什么样的情节和话语的呈现方式。在福柯那段广为被征引的话里：“我们所居住的空间，把我们从自身中抽出，我们生命、时代与历史的溶蚀均在其中发生，这个紧抓着我们的空间，本身也是异质的。换

---

① 孟繁华：《当下中国文学的一个新方向——从石一枫的小说创作看当下文学的新变》，《文学评论》2017年第4期。

句话说，我们并非生活在一个我们得以安置个体与事物的虚空中，我们并非生活在一个被光线变幻之影渲染的虚空中，而是生活在一组关系中，这些关系描绘了不同的基地，而它们不能彼此化约，更绝对不能相互叠合。”[①]清晰可见空间的复杂意蕴和这个繁复空间的重要性。

作为海外华文作家，如果选择不是自己非常熟悉的地方，作为小说叙事展开的空间，是有难度和冒一定的风险的。《赴宴者》这里，能够感觉得到严歌苓作家本人、小说的隐含作者，与小说人物董丹所处的空间所在地——北京的“地气”并不是很能相融。幸运的是，到了《妈阁是座城》，严歌苓“现实中国想象”对小说叙事所非常依赖和倚重的空间，做了调整——她选择了妈阁、海外（拉斯维加斯、温哥华等）、海南和北京等几处地方，作为小说空间叙事能够展开的地方。对于北京和海南，严歌苓即便不能像对上海和四川、像对海外那样熟悉，但她将北京和海南两处空间叙事的展开，控制在了她自己能够掌控的范围之内。比如梅晓鸥追债房地产老总段凯文到北京，来到段凯文的公司写字楼时，叙述人这样展开小说细节化叙述：“晓鸥在跟小姐对话的时候打量了这个公司的地理位置，公司坐落在朝阳门内一座新办公楼的三十八层上，圈下了一整层楼的地面。办公室和所有办公室一样，毫无特色，被透明或不透明的玻璃隔成小空间，一种工业化的、无人情味的工整，让所有进入此地的人发现，此地没有比上班更好的事可干，所以就只能一心一意上班。”[②]我们有理由相信，严歌苓见识过北京这样的写字楼，所以她拿来放进自己的小说里，一点也没有显得“隔”。与生活和现实的“不隔”，才能带来小说细节的真实和小说艺术上的真实感。而梅晓鸥与段凯文共进晚餐的一段重要情节，被严歌苓安置在“大董烤鸭店”这样一个地方和空间。来看他们抵达大董烤鸭店时的一段细节化叙述：

> 到达大董烤鸭店天已经黑了，车在三环上蹭了一个小时。路上段总指点着这一群那一片的高层住宅，他盖的或者他参与盖的。一座座插入初冬阴霾的高层住宅楼亮起密密麻麻的灯，窗口摞窗口，人摞人，假如说曾经以四合院为典型建筑的北京是平面的，那么现在是立体几何的，多重立体，楼中楼，马路上架马路，几何的北京把若干北京摞在一起，设想把这若干北京再折成平面，摊开来……实际上每天早晨，每栋高楼里释放出密密麻麻的人的时候，便是多重叠摞的北京被折成平面的时候。每天傍晚你又一次看

---

① ［法］福柯：《不同空间的正文与上下文》，《后现代性与地理学的政治》，包亚明主编，上海教育出版社 2001 年版，第 21 页。

② 严歌苓：《妈阁是座城》，《人民文学》2014 年第 1 期。

见摊开来的北京，堵塞的人和车成了摊不开的疙瘩。天黑之时，就像此刻，若干北京又叠摞起来，被段总这样的人叠摞成立体的北京。深夜后北京将成为一堆复杂的几何，楼摞楼、人摞人地睡去，除了夹角里的流浪汉们，对于他们，复杂的几何般的北京是下十八层地狱上十八层天堂。①

这段文字之后，便是大董烤鸭店里面与段凯文共进晚餐的梅晓鸥与段凯文之间的一段对手戏，其间还有三千公里之外的老史（史奇澜）不断地短信她："五千块钱你不能不借，是救命的钱呀！""可怜可怜老史吧！"老史不断催她借钱给自己、救自己的命。在大董烤鸭店这样一个小的空间里，小说家可以自如地展开她一向擅长的描写、叙事，包括对话。"她瞟一眼正在为她卷下一块鸭肉和荷叶饼的段总，眼泪啪嗒啪嗒地滴落在桌子上。她侧过脸，在自己肩膀上蹭掉泪水。这种时候都没有一副男人肩膀让她蹭一把泪。段凯文看她一眼，没说什么。她特别希望他别说什么，就当没看见她。她大大小小的不同的麻烦和委屈被装在抽屉繁多的中草药柜子里，打开一个抽屉面对一份麻烦，忍受一份委屈，最好别把几个、几十个抽屉的麻烦弄混，混了她命都没了。""她在卫生间洗了把脸，从手袋里拿出粉盒和唇膏随便抹了抹。女人哭一场老一场，这样一想她眼泪又出来了。"当面对段凯文的询问："你没事吧？""晓鸥摇摇头。汤很鲜美，润物细无声地浸入她的脏腑。跟段凯文她有什么苦可诉？一诉苦就把药柜上多个小抽屉都打开并弄翻了。"②在大董烤鸭店这个小小的空间里，严歌苓可以很自如地展开小说叙事，不只是可以把一个女人梅晓鸥的内心世界表达得淋漓尽致，而且在颇呈现"暧昧"特征的人物心理与小说叙述当中，靠人物的限知视角和限制性叙事，以及彼此交流的错位，给读者造成和带来种种不确定的叙事推断，种种的"暧昧"也就产生了小说的种种悬念。这段大董烤鸭店的空间叙事，既让读者对梅晓鸥接下来的故事，有着种种不可预知；又令读者对梅晓鸥与段凯文之间接下来的故事走向，感到种种的不可预知。这种种的不可预知，反过来也产生并加强了"暧昧"的美学特征。种种不可预知所能造成的大大小小的悬念，环环相扣，由之也产生了《妈阁是座城》暧昧复杂的叙事特色和审美特征。

而在北京这个地域空间之外，严歌苓选择的海南，是《妈阁是座城》里另外一个主要的内地小说叙事空间。梅晓鸥追债度假的段凯文一家，到了三亚，严歌苓选择的地方是三亚的丽丝卡尔顿酒店——这是小说家可以很熟悉并能掌控自如展开小说叙事的空间。如果不是在自己非常熟悉、熟稔的空间里，梅晓鸥与段凯文、梅晓鸥

---

① 严歌苓：《妈阁是座城》，《人民文学》2014 年第 1 期。

② 严歌苓：《妈阁是座城》，《人民文学》2014 年第 1 期。

与段太太的对手戏，不会展开得那样生动、真实和富有戏剧化冲突的味道。即便是在激烈的戏剧化冲突当中，严歌苓仍然可以犹有余裕、非常从容地展开涉及人物心理和微妙情绪变化的细节化叙述："晓鸥从来不是口讷之人，但段太太的惊人语速让她一个字也插不进。余家英的脸凑近看是微微生了一圈胡须的，红润的嘴唇被淡黑的唇须衬得越发红润。她的相貌和生命都那么浓墨重彩，跟她相比小了十多岁的晓鸥无论形象还是健康，都比段夫人显得久经风雨褪色显旧了。"[①]而对于海外的地方，比如拉斯维加斯，小说第五章在内部倒叙中，写到当年梅晓鸥的第一个男人卢晋桐的赌友，一位姓尚的商人请梅晓鸥去拉斯维加斯时，设置的故事发生的空间就是拉斯维加斯的总统套房——这样一个小说家比较熟悉和可以自如展开小说叙事的地方。在拉斯维加斯总统套房这样的小说空间里，Tiffany礼盒中的礼物、套房里有游泳池，姓尚的商人竟然暧昧地邀请梅晓鸥裸泳，梅晓鸥只能以自己嘎头嘎脑的孩子气化尴尬为平常。然后卢晋桐追了来，卢晋桐与姓尚的赌友之间的争情吃醋，梅晓鸥与卢晋桐的情尽，与姓尚的短暂的一段，梅晓鸥怎样带了儿子到澳门定居，繁复的情节借着拉斯维加斯总统套房、澳门这样的空间，在一个短短的第五章里面悉数呈现。《妈阁是座城》的尾声，为了防止儿子染赌，当年夏天，儿子该期终考试升大学二年级的时候，她卖掉了妈阁的公寓，在温哥华租了一个两居室的公寓。为什么是温哥华呢？"一到温哥华她就爱上了这座城市。温哥华住着史奇澜，光这一点就让她感到风物景致都多情。"[②]温哥华也是严歌苓熟悉的地方，将小说结尾在这个地方，也很合小说叙事的情节逻辑。

到了《上海舞男》，严歌苓选取了她最为熟悉的两个地方——上海和四川成都，作为小说叙事展开的空间，也让小说叙事具备了更多更为丰赡的细节。土生土长（上海）的熟稔和自己文工团时期曾经生活过的地方（四川），是任何其他地方的空间所不能替代的。历史中国的想象——石乃瑛与舞女阿绿的故事，与现实中国的想象——开律师楼的海归张蓓蓓与舞男杨东的故事，都是在那个有着80多年历史的老上海舞厅展开的。这个老上海舞厅是两个不同时代、两对不同男女的情感故事所形成的两个叙事结构，能够彼此嵌套和绾合的连接点和钮结——没有这个舞厅，两个情感故事无法彼此关联和彼此映照，而且由于常常采用"在场"的石乃瑛（20世纪40年代已经死去）的第一人称"我"的叙述，不止两个叙事结构和情感故事天衣无缝地彼此嵌套与绾合。而且，也令严歌苓的好友、也是作家的范迁，认为严歌苓不止具备

---

① 严歌苓：《妈阁是座城》，《人民文学》2014年第1期。

② 严歌苓：《妈阁是座城》，《人民文学》2014年第1期。

理顺三度空间、四度空间的能力,他还认为好的小说应该有五度空间甚至六度空间,显然严歌苓的这个小说显示她具备这个能力。范迁认为严歌苓的《上海舞男》达到了这样的叙事效果:“看完严歌苓的新作小说《舞男》,如醍醐灌顶,恍然明白我们所谓的‘空间’,其实是道没扎紧的竹篱笆,里厢的人可以看外面,外面人也可以看里厢。庄子化身为蝴蝶,飞进飞出。故人世人眼光自由穿梭,隔墙相看两不厌。佛经上倒也讲过;此身非身,此界非界,此境非境。”[①]这个80多年历史的老上海舞厅如此重要,所以笔者才会曾经这样强调这个舞厅作为小说叙事空间的重要性:“这个至少有着80多年历史的老上海舞厅,是不同人物之间、两套叙事结构之间发生关联的空间形态、纽带,两段不同寻常的情感故事、人物的生命存在以及与之配套的时代和历史均溶蚀在其中。”[②]

老上海舞厅作为重要的空间叙事的关键所在,串起了石乃瑛与阿绿(20世纪三四十年代)、张蓓蓓与杨东(当下现实中国)这两个不同时代的情感故事。老上海舞厅不仅融蚀了生命、时代和历史,而且负载了生命存在的虚空与孤独,还让张蓓蓓杨东的情感故事褪去了贴地的现实性,有了“此身非身,此界非界,此境非境”的叙事效果。借这个老上海舞厅,张蓓蓓还寻回了出走一年多的杨东。“舞厅是她千里寻夫的最后一站”,“翻修归翻修,八十多岁老舞厅的气味还在。老了的东西都是气味大,老人老家具老房子,一样的。生命力的体现改变了,一些方面的生命力丧失了,如吃喝、求偶、生殖,变成另外的生命力,如气味、脾性,凡是老了的生命,气味和脾性一样强烈,也都很臭。老舞厅也是生命啊。”[③]这难道不是严歌苓以小说语言,对老舞厅的溶蚀与负载功能的最为形象的描绘么?老上海舞厅所在的更大的空间是——上海,土生土长于上海带给严歌苓小说叙事的,是如鸟归巢、如鱼得水的自在,所以《上海舞男》里对于现实中国的想象(书写),才达到那么形神兼备的境界。

> 听了蓓蓓的哲学总结,杨东的酒杯举在嘴边,定着看她,抑或她是镜子,他通过她看他自己。然后他把酒慢慢喝下去放了杯子,说他确实是个幸运者。谁能跳跳舞就有饭吃呢?他笑了,有些傻气。喝酒到这程度免不了几分傻。何况这个东西本身不是聪明东西。说到家里地址,不免顺着问下去。还跟父母住吗?买了一套房,两个睡房的,租出去了,等付清贷款再收回来自己住。一个月租四千块,明年租约到了,想法子把老房客赶出去,

---

① 范迁:《严歌苓〈舞男〉:五度空间的上海霓裳曲》,上海文艺出版社“新文艺”微信公众号2017年2月27日。

② 刘艳:《叙事结构的嵌套与“缩合”面向——对严歌苓〈上海舞男〉的一种解读》,《文艺争鸣》2017年第5期。

③ 严歌苓:《舞男》,上海文艺出版社2016年版,第85—86页。

可以再涨一千租金。住在父母家总不那么方便的。怎么会方便？蓓蓓笑笑。原先还有两个哥哥住在家里，也住了几十年，没啥不方便。喏，屋子三十平方米，东南西北是扩不开了，只能往空中发展，天花板两米八高，对吧？好，就在一米八的高处搭块板，美称阁楼，下面摆饭桌，灶台，上面哥哥弟弟三只光浪头睡觉。父亲下夜班回来，坐在“阁楼”下的饭桌上吃泡饭和早晨剩的冷油条，数一数阁楼上一排光浪头，三个，一个不少，他就放心洗脚睡觉去了。

她看着他。脖子喝得又红又粗。遮掉他的脸和肩膀以下，完全就是个拉架子车的。不过蓓蓓更喜欢他了，自己也说不清。他的哥哥们都对他好，先后结婚搬出去了。他于是有了间四平方米半的小屋，门是一块布帘，过去里面睡的是父母。现在父母夜里不做需要帘子遮挡的事了，拆掉了阁楼，老两口搬进大屋，换他住进四平方米半。开始他和电视机还有立体声音响加上他所有细软都搁得下，后来他个子长啊长，一米八之后，就是人睡在自己小屋，脚睡在父母大屋。①

这两段文字，是张蓓蓓杨东刚刚认识不久一起晚餐时的交流。两个人一起共进晚餐，仅仅对话的交流，就已经把杨东在老旧的工人新村的家庭境况，交代了个清清楚楚。如此地形象、生动和接地气，是有着鲜活质感的对于上海旧居和人的生活境况的书写，生动可感而又可读性很强，这也要归功于典型的“严歌苓体”的叙事特征。上面所引文字，基本上全是张蓓蓓杨东两个人的对话，但是几乎没有提示语和引号等规约性标志，这是自由直接引语与叙述人一般性叙述的自如转换，又有点像有的学者在分析张爱玲小说的文体特征时所概括的“自由转述体”。“自由转述体，又叫自由间接引语，是现代小说形成过程中的伟大革新之一，即运用时态人称的变化、主语的省略等方法，把人物行为和心理、叙述人对叙事的各种干涉行为、全知描述等各种视点的叙事片段，混合为一个难以分辨发出者的整体。”②但需要注意的是，小说家如果没有十分的功力，擅用“自由转述体”的话，并不会取得很好的叙事效果，很可能仍然是感情毫无节制的作家主体情绪宣泄型写作，也可能给人感觉是不同的人物都呈现相近的叙事声音。“自由转述体”只有做到了凡是人物的对话或对这个人物所关涉的物事，叙述人都能够分别以这个人物的视点，也就是以人物的限知视角来进行叙述，要能够很好地采用限制性叙事手段，才会产生文学的真实性以及艺术的感

---

① 严歌苓：《舞男》，上海文艺出版社2016年版，第20—21页。

② 刘旭：《赵树理文学的叙事模式研究》，北岳文艺出版社2015年版，第64—65页。

染力，尤能产生一种让读者身临其境的现场真实感。

“谁能跳跳舞就有饭吃呢?”这是杨东的话，不无自觉幸运的味道。“他笑了，有些傻气。喝酒到这程度免不了几分傻。何况这个东西本身不是聪明东西。”这是叙述人贴着张蓓蓓的视角来叙述的。“还跟父母住吗?”这是张蓓蓓的问话。“买了一套房，两个睡房的，租出去了，等付清贷款再收回来自己住。一个月租四千块，明年租约到了，想法子把老房客赶出去，可以再涨一千租金。”这是杨东跟张蓓蓓说自己已经贷款买了一套房，但租出去了，想付清贷款再收回来自己住——上海人一贯的算盘精。“住在父母家总不那么方便的。怎么会方便?”这是张蓓蓓的话。接下来，从“原先还有两个哥哥住在家里，也住了几十年，没啥不方便”，一直到三十平方米的屋子如何格局、兄弟三个如何睡觉，父亲下夜班回来，如何“坐在‘阁楼’下的饭桌上吃泡饭和早晨剩的冷油条，数一数阁楼上一排光浪头，三个，一个不少，他就放心洗脚睡觉去了”，全是杨东的阐述。她看着他，张蓓蓓眼里的杨东是：“脖子喝得又红又粗。遮掉他的脸和肩膀以下，完全就是个拉架子车的。”“他的哥哥们都对他好，先后结婚搬出去了”后面的文字，可以看作杨东说给张蓓蓓听的话，也可以视为叙述人采取贴近杨东这个人物的视角所作的叙述。

接下来，杨东和张蓓蓓在杨东四平方米半的小屋，有了他们的第一次“lovemaking”。第二天杨东醒来时，枕头下是张蓓蓓留给他才开了三千里程的 BMW 的车钥匙，而司机已经把张蓓蓓接走了。“他（杨东，笔者注）想到夜半来接女老总的司机。一定是在一点钟左右到达这个弄堂的。各家炒小菜的气味在凌晨一点还没有完全散尽。因为都是些气味浓郁的穷人小菜，臭的这个，糟的那个，不超过嗅觉味觉极限的不解馋。臭佳肴是大烟，这里的老人都中了它的瘾。几十栋一模一样的老房子烧炒的气味常常就像打开下水道。”[①]此后的小说叙事中，读者会发现，上海的商店（张蓓蓓和杨东在那里购物，张蓓蓓为杨东一掷千金）、张蓓蓓和杨东的新居楼房、后来搬去的闵行别墅、丰小勉打工的咖啡厅、老上海的舞场、写字楼，等等，都是严歌苓可以很熟悉的空间和可以自如打开空间叙事的一些地方。而显然，对于现代化的上海，是好触摸和描绘的，所以《上海舞男》里写现代化的上海，会有如《妈阁是座城》中写现代化的北京的文字。比如，张蓓蓓和杨东搬进公寓新居，为展示杨东的“有用”和厨艺，请客到家里来用餐，客人们迟到了。小说写到这里，关于客人迟到的原因，很像《妈阁是座城》中对于段凯文和梅晓鸥抵达大董烤鸭店时候的一段细节化叙述。

① 严歌苓：《舞男》，上海文艺出版社 2016 年版，第 25 页。

“六点半钟，客人迟到半小时了。上海高楼摞高楼，于是大家就人摞人地居住，周末等于把高楼摊平，摞起来的住的人家也就都摊开来，全潽出到同一地平线上，因此人和车黏稠地成了酱，当然是准时不了的。”[①]写现代化的上海的“高楼摞高楼”，可以像写北京“窗口摞窗口，人摞人”“多重叠摞的北京”一样，具有通约性。

但是，一旦写到了老上海的弄堂、老上海的舞厅等“老上海”或者上海特色的地方，写到了阿亮及其老婆所居住及其言行，写到了本地闵行阿姨的言行心理等这里，严歌苓便写出了独具上海特色的“上海味道”。小说家的天赋才华之外，既要感谢沁入严歌苓骨血的上海气息和上海味道，也要感谢如今国内外往来的频密和方便，严歌苓轻易、很平常地就可以回到上海故里，这令她的“现实中国想象”能够如此地贴近我们的生活，与我们几乎是息息相关。小说可以自如地摹写现实，而毫不丢失小说的文学性和艺术性。对于杨东逃掉一年半时间，和丰小勉在她家乡四川一个小城镇先开了“巴黎玫瑰”又改为“夜上海饼家”的西饼店；对于蓓蓓寻杨东乘飞机到成都换长途汽车再去小城镇一路的所见所闻，小城有条大江，“小城以这条江和江上古老的大坝著名”，对于这个小城镇的人，如何挡不住地到小勉的西饼店里来寻锅盔；对丰小勉那个厉害角色的母亲，怎样打着麻将看孩子(杨东和小勉的儿子许堰)，以及给孩子睡成了扁头“后脑勺就磨成了青石板”，等等。如此细致入微贴近现实的文学书写，当然要部分归因于严歌苓对于四川风土物事人情的熟悉和了解，近40年前严歌苓曾经作为文工团团员生活在那里，近年也可以有机会再度回到故地……这些，都是令海外华文作家，比如严歌苓，能够书写好“现实中国想象”的一个重要因由。

三　现实中国想象如何抵达现实

笔者在此前的研究当中，曾经提到过新闻事件被以“景观”的方式植入小说叙事的问题。有研究者在谈到余华的《第七天》时就提到过，小说家直接将现实事件乃至新闻事件“以一种‘景观’的方式植入或者置入小说叙事进程”、以现实“植入”和“现实景观”的方式来表象现实[②]。“这种新闻事件以‘景观’式植入小说叙事的方式，让人似乎再度重温先锋文学曾经的叙事游戏态度，新闻事件的无深度拼贴当中，后现代主义的戏谑情调再度浮出字里行间。”[③]严歌苓的《赴宴者》虽然没有将新闻事件以“景观”方式植入小说叙事，但是，要通过“宴会虫”董丹反映当时的假记者吃宴会的

---

① 严歌苓：《舞男》，上海文艺出版社2016年版，第44页。

② 徐勇：《以象征的方式重新介入现实——论苏童〈黄雀记〉的文学史意义》，《文学评论》2014年第2期。

③ 刘艳：《无法安慰的安慰书——从北村〈安慰书〉看先锋文学的转型》，《当代作家评论》2017年第3期。

现象、反映当时诸多的社会问题，仅仅通过主要人物“宴会虫”董丹和线性时间顺序的小说叙事，试图将包罗万象的生活现实、社会现实转换为一种小说叙事和文学书写，难度可想而知。很多时候，小说叙事只能停留在董丹视角的观察和近乎客观的记录式书写，很难进入细部以及人物心理幽微之处、进入人的幽微心理对现实的一种反映。比如董丹请老十吃饭，因身上没多少钱，以此借故离席去寻取款机，公园门口的提款机取不出钱，董丹只好朝反方向走，再去寻找。路遇卖棉花糖的老人：

> 风力开始增强。一个看上去有一百岁的老人，有一张风干的木乃伊脸，推着一辆插满棉花糖的手推车，摇摇晃晃穿过马路。一张肮脏破旧的塑料纸飞过，正好落在一球棉花糖上，被紧紧粘住，色拉作响地狂舞。老人把它从棉花糖上往下扯，一不小心绊在路上一块突起的水泥上。手推车翻了过来。老人于是消失在色彩缤纷、软绵绵的一堆棉花糖下面。董丹朝他跑过去，中途却刹住脚。那老人在放声哀号，一面忙着把粘在糖上的落叶、糖纸、香烟头清理干净。天啊，真是人间惨剧。[①]

后文是董丹将自己身上仅有的一百元给了这个老人，以及接下来又落入路上有人设好的圈套试图讹诈他……这段文字，其实已经是严歌苓在以文学的笔触来书写当时董丹路遇的现实，已经很注意细节化叙述的书写方式；但是由于是另外的译者译自严歌苓英文小说《赴宴者》，以及《赴宴者》本身即是取自新闻素材和小说所取是“社会问题小说”的路数，会让读者觉得《赴宴者》里关及现实方面的文学书写，时现作家和隐含作者有点按捺不住主观情绪而略有直抒胸臆和辞气浮露的地方。

海外华文作家进行现实中国想象的文学书写，要想抵达中国当下正在发生着的现实，是难度很大的。当然，小说的现实书写，即便是对于生活于斯的国内作家而言，难度也是不小的。到了《妈阁是座城》，小说叙事最为主要的空间、故事发生的地方，被小说家设为妈阁——澳门，以及拉斯维加斯、北京、海南三亚、北京等，都是小说故事发生的空间。令人欣喜的是，小说却能够在更深维度和更文学层面，抵达现实中国的现实层面。《妈阁是座城》序的部分，主要是对梅晓鸥家族前史的叙述。但是，序的主体虽然是家族前史的叙述，中间仍不忘短暂穿插一笔梅晓鸥候机等人的现实实存，然后笔锋一转再重回对家族前史的叙述。整个家族前史是这样的：梅吴娘溺死三个男仔、丈夫梅大榕在妈阁城外赌档输个精光投海而死……序之后的整个小说叙事，隐含作者在现实和当下的书写当中，不断地回溯家族前史，令现实的书写

---

① 严歌苓：《赴宴者》，陕西师范大学出版社2009年版，第135页。

冥冥中对应着遗传基因和宿命般的命运，现实的书写也因此氤氲着不可测的命运困厄和一股神秘的气息……正如《妈阁是座城》首发时，《人民文学》的卷首语中所说："祖上梅大榕的家族恶习，形成无法革除的遗传基因；老祖母梅吴娘的性格传说，连着深不可测的命运围困，这一切几乎是推送着梅晓鸥在金钱和感情的漩涡中冲浪。"——这就是小说主体叙事中，不断回溯和插入或长或短的一笔家族前史所产生的叙事效果。"赌场百科全书"式的《妈阁是座城》能够在无比具象、现实的书写当中，显现人的心地和人性的繁复，的确是可以将梅晓鸥视为："她本身就是一座人性之城。""这座城扯开了人生之真的帷幕，这座城垂挂着人性之怜的灯火。"也才会有着这样的小说叙事的效果和力道：

> 《妈阁是座城》，是一部有赌场百科全书般繁复味道的小说。在一个以赌码为街道、以贪欲为楼群、以大款为能源的地方，严歌苓正视这铁硬的场域，逼真映现偶然性的刺激及其必然性的结果，但也丝毫不回避碎裂在铁硬的格局中重重叠叠的心地。让冷酷的世界，留有温热的血泪和柔软的目光；让矜持扫地的沙场，暗存人寰犹在的风度。①

一部现实题材的小说能有这样的叙事特征和艺术魅力，说明小说家在现实中国想象的文学书写当中，获取了更深、更文学层面抵达现实的能力和途径。即便是"赌场百科全书"般的小说，严歌苓也不忘在其中嵌入最日常化、生活化和会让读者产生带入感的细节。梅晓鸥是单身母亲，独力抚养儿子的艰辛自不必说，严歌苓把这其中的艰辛和母子相处中的和谐与不和谐，都以文学的方式来表现了。

> 回到家儿子居然没睡。这个时分母子团聚十分难得，她就不说"游戏机玩太多"的话来扫儿子和自己的兴了。她觉得饿，在厨房拿了一包速食面泡到碗里。儿子闻到那股假惺惺的鲜味马上要求母亲分他半碗。十一岁的孩子是这类速食的牺牲品，工业化的配方滋味把他的味觉养得简单而粗暴，一切东西不达到人工的鲜度和浓度都是没有滋味。
>
> 她和儿子热乎乎地分食一包六块八毛钱的面条。儿子对于跟母亲一块犯规——迟上床，吃速食面是母亲不允许的——而受宠若惊。这就值了，假如吃工业化滋味的速食面能深化母子感情，那就好好地吃吧。儿子十一岁的脸蛋由白而红，卢晋桐的鼻子长在梅晓鸥的两只眼睛下，再往下是卢晋桐姐姐的嘴，略薄的嘴唇显得敏感而苦相，往里扒拉那些弯弯曲曲

---

① 《妈阁是座城》编者按，《人民文学》2014年第1期。

的速食面条时苦相显著了。[1]

无法更日常化的细节，叙述人作出了恰如其分的叙述，还不忘与小说主体叙事关联——对孩子的长相与梅晓鸥及卢晋桐家族的相似度的叙述。而单身母亲抚育儿子的看得见的看不见的日常与艰辛，那就不只是发生在妈阁、发生在梅晓鸥和儿子身上，这样的日常生活叙述，会或轻或重地触动读者的内心。这里面暗含的情愫和情绪，会发生在我们周围、发生在相似的母亲和孩子身上。这样，这样的细节化叙述，就已经超越了身为赌场叠码仔的妈妈和她的儿子日常生活的层面，在更广泛和更深广的意义上抵达现实。而小说行近结尾，梅晓鸥目睹儿子在赌场里赌赢了钱，儿子以为赢了钱可以报效含辛茹苦的母亲了，母亲却在主卧室的浴室里，点燃火柴，把七万多钞票变成了钞票的尸体，送进了马桶……这段小说叙事，细节充盈，更是写得跌宕起伏，动人心魄，触动和揪着每个做母亲或者为人父母者的心——没有人会希望自己的儿子涉赌。这样的现实，是会给读者惊心动魄的阅读感受的。

到了《上海舞男》，现实中国想象的文学书写，在现实抵达层面，隐含作者的叙事能力就更加成熟、也更加圆融。不止石乃瑛和阿绿的故事，令张蓓蓓和杨东的故事氤氲出更多"此身非身，此界非界，此境非境"的魅惑气息和文学性、艺术性。"夜开花"的故事，有关杨东年少时与同伴一共六人，在夜开花身上犯下了掐扁她的喉管、差点要了夜开花性命的过往，被叙述人不断地引入小说叙事，不要说还有小说后半部分，在阿亮、丰小勉的挑唆下当年的"夜开花"来找杨东"指认"他、寻仇的险况……"夜开花"的故事序列，勾连起曾经的现实和当下的现实，让当下的现实呈现一种更加繁复的气质和意义维度，而且很多时候，有加强阐释当下景况、辅助当下现实叙事的功用。比如："小勉从来没见过这个面目的杨东。从来没听过杨东这副音调。她于是看出来杨东身上有另一个杨东，干过恶事，见识过大恶。"杨东对待蓓蓓、对待丰小勉、对待那个里外流氓气的阿亮，偶尔会浮现出当年对待"夜开花"的那个杨东的面貌——这才是真实的和性情复杂繁复的杨东，而不仅仅是一个被女大款包养的"小白脸"式人物杨东，是一个内心天平不断地在张蓓蓓和丰小勉之间游走，想选择张蓓蓓却又几度变卦，最终吃尽苦头想带儿子投奔张蓓蓓时却已与蓓蓓错失、失之交臂——这样一个小说故事的结尾。

过于贴近现实、贴地的书写，并不是一种理想的对现实应该采取的文学书写的方式。在 20 世纪 80 年代末至 90 年代初的几年间盛行的"新写实"小说，小人物陷于

---

① 严歌苓：《妈阁是座城》，《人民文学》2014 年第 1 期。

“一地鸡毛式”生活，人物对现实无来由地一味妥协，和人在现实挤压下凑合而无奈地活着——文学在一种弥漫和蔓延的无奈中向现实投降。文学因向现实妥协而丢掉文学本该具有的虚构性、艺术性和审美性。当时的有识学者像刘纳就已经清醒地意识到：“新写实”的“原生态”概念包含有纪实的导向，一些“新写实”作家已经踩在虚构文学与纪实文学的门槛上。[①] 严歌苓的《上海舞男》在一种对现实的入骨入髓、细致入微的书写当中，完全没有丢掉小说的文学性和艺术性，这是难得和可贵的。笔者注意到了严歌苓在《上海舞男》当中，写外来人口与上海本地人尤其是富人阶层的龃龉乃至阶层对立，都是通过人物比如丰小勉、通过非常形象生动的文学书写，来表现这一愈来愈不容我们忽视的现实的。“很多的当代小说，关注或者想书写城市外来人口与本地人尤其是富人（本地富人和海归富人）之间的龃龉乃至阶层的对立，由此产生了很多的‘底层书写’文学样式。《上海舞男》当然不是专事底层书写的小说，但它信笔带出、所写出的这种阶层的隔阂乃至对立，其真实感和深刻性，已经不是寻常底层书写所能够达到的程度，其文学性当然也远远高于一般的底层书写。杨东在蓓蓓和丰小勉之间的感情游移和变化以致最终的彼此错过，其实根源都在于阶层的隔阂与对立——杨东在感情上是同情和倾向于选择弱者的。”[②]叙述人在小说叙事中，不断插入这样的文学性叙述。比如：“这么泼的女孩，蓓蓓根本不是对手。女孩之所以厉害，因为她不是一个人，她只是亿万失去村庄的人流之一滴，那是什么人流啊？底部黑沉沉的全是对上海的仇恨，对蓓蓓这样上海富婆富翁的仇恨。”

对于拥有四个不同名字身份证的打工妹“丰小勉”，严歌苓和隐含作者很好地拿捏和掌握着叙事的分寸。丰小勉身上始终有着令读者、包括令小说中人物杨东所不可探知的谜一样的存在和复杂。杨东初识丰小勉时候，曾经希望自己能更加早些认识丰小勉就好了：“最好是早到丰小勉刚到上海的时候。她十六岁，刚下火车，跟每天一车皮一车皮卸到上海站的外地男孩女孩一样，走出检票口，面对他们也许多彩也许灰色的前程。就要在丰小勉那一段灰色历史发生之前，那么早，就对了。一个有点长相的女孩，从十六岁到二十二岁，这一段灰色历史，里面藏着她的辛酸和耻辱，藏着她上当和让人上当的故事。现在统统成了她那种老江湖的飒利。想跟我捣糨糊吗？愿意奉陪，谁怕谁啊？我就是糨糊的一部分。”[③]这样的小说叙事，可以令读者获取与生活现实之间能够离地三尺的文学性和艺术性，文字背后蕴涵可以让预期

---

① 刘纳：《无奈的现实和无奈的小说——也谈“新写实”》，《文学评论》1993年第4期。

② 刘艳：《叙事结构的嵌套与“绾合”面向——对严歌苓〈上海舞男〉的一种解读》，《文艺争鸣》2017年第5期。

③ 严歌苓：《舞男》，上海文艺出版社2016年版，第99页。

受众产生无尽的想象力的东西，以及包含着解读不尽的内容和现实。

从《赴宴者》《妈阁是座城》到《上海舞男》，让我们看到了严歌苓是如何以不同的方式，做着她对于现实中国的想象——亦即身为海外华文作家的她，如何在新世纪以小说叙事书写着中国的现实，获取严歌苓自己所独具的抵达中国现实的路径和通道。

（载《小说评论》2020 年第 4 期）

主要作品目录《

长篇小说

《绿血》，解放军文艺出版社 1986 年版。

《一个女兵的悄悄话》，解放军文艺出版社 1987 年版。

《雌性的草地》，解放军文艺出版社 1989 年版。

《草鞋权贵》(《霜降》)，三民书局(中国台湾)1995 年版。

《扶桑》，天地图书有限公司(中国香港)1996 年 1 月首版，内地中国华侨出版社 1996 年 2 月初版。

《人寰》(《心理医生在吗》)，时代文化出版(中国台湾)1998 年 2 月首版，内地上海文艺出版社 1998 年 10 月初版。

《无出路咖啡馆》，百花文艺出版社 2001 年版。

《花儿与少年》，昆仑出版社 2004 年版。

《第九个寡妇》，作家出版社 2006 年版。

《一个女人的史诗》，湖南文艺出版社 2006 年版。

《小姨多鹤》，作家出版社 2008 年版。

《寄居者》，新星出版社 2009 年版。

《赴宴者》，英文版 2006 年，陕西师范大学出版社 2009 年 11 月首版。

《铁梨花》(萧马原著，严歌苓改编)，陕西师范大学出版社 2010 年版。

《陆犯焉识》，作家出版社 2011 年版。

《金陵十三钗》，长篇版：陕西师范大学出版社 2011 年 6 月首版。中篇版：中国工人出版社 2007 年 1 月首版。

《补玉山居》，陕西师范大学出版社2012年版。

《妈阁是座城》，人民文学出版社2014年版。

《老师好美》，天津人民出版社2014年版。

《床畔》（首发于《收获》2015年第2期，原名《护士万红》），长江文艺出版社2015年版。

《舞男》（首发于《花城》2015年第6期，原名《上海舞男》），上海文艺出版社2016年版。

《芳华》（原名《你触摸了我》），人民文学出版社2017年版。

中短篇小说集

《少女小渔》，尔雅出版社（中国台湾）1993年版。

《海那边》，时代文艺出版社1995年版。

《海那边》，九歌出版社（中国台湾）1995年版。

《倒淌河》，三民书局（中国台湾）1996年版。

《白蛇·橙血》，春风文艺出版社1998年版。

《风筝歌》，时报文化出版公司（中国台湾）1999年版。

《白蛇》，九歌出版社（中国台湾）1999年版。

《也是亚当，也是夏娃》，华文出版社2000年版。

《谁家有女初养成》，三民书局（中国台湾）2000年版。

《谁家有女初长成》，中央编译出版社2002年版。

《密语者》，三民书局（中国台湾）2004年版。

《穗子物语》，三民书局（中国台湾）2005年版。

《太平洋探戈》，三民书局（中国台湾）2006年版。

《吴川是个黄女孩》，成都时代出版社2006年6月版。

《吴川是个黄女孩》，陕西师范大学出版社2009年版。

《角儿》，长江文艺出版社2017年版。

剧　本

电影剧本《天浴》，九歌出版社（中国台湾）1998年版。含“导演日志及其他”，严歌苓、陈冲合著。

原创电视剧剧本《四十九日·祭》（上、下），人民文学出版社2014年版。

散文随笔集

《波西米亚楼》，三民书局（中国台湾）1999年版。

《波西米亚楼》，当代世界出版社2001年版。

《波西米亚楼》，陕西师范大学出版社2009年版。

《波西米亚楼》，天津人民出版社2015年版。

《非洲手记》，人民出版社2016年版。

《穗子的动物园》，人民文学出版社2019年版。

传　记

《陈冲前传》，三民书局（中国台湾）1994年版。

《本色陈冲》，春风文艺出版社1998年版。

阎 真

男，1957 年生，湖南长沙人。

小 引《

对普通读者来说，阎真已经不是一个陌生的名字，因为他的长篇处女作《曾在天涯》，曾在他们中间流行过、畅销过，在一定程度上也引起过“轰动效应”。对专家、学者或文学评论家来说，阎真则是一个有研究个案价值的名字，因为接下来他的第二部长篇《沧浪之水》，就介入了当今社会知识分子的精神困境。然后是他不久前出版的第三部长篇《因为女人》，虽然我们无法也不能预测一部文学作品的接受效应，但对于关心阎真的创作的读者和评论家来说，不可能不关注他在这部作品中所表达的“悖论式”的生活情境。因为这“悖论式情境”虽然是为作品中的人物所设，但作者却意在揭示它的普遍性，因此对于我们每一个人来说，就具有不同寻常的意义。按照本期主笔、我的博士生余中华的说法，“阎真对于世界的基本理解主要体现为‘悖论式情境’的设置。在他的小说世界中，所有的人物都面临着无法解决的生活难题。阎真在三部小说中分别考察了三种不同语境中的人物命运，以及他们在‘悖论式情境’中所做出的选择。”我想，在今天这个文学英才辈出的年代，读者选择了晚出的阎真，也许就因为从他的作品中，有意无意地读出了自身在现实中所处的这种“悖论式情境”。

对这个问题，余中华的专文有集中的讨论，读者自己可参照着看。我要说的是，在阎真的艺术观点和创作实践中，似乎同样也存在着与他的小说所表达的意思相类似的“悖论式情境”。我所指的是他的“崇拜经典”和“艺术本位”的说法。在这样一个时尚流行、物质本位的时代，还有人这么善待经典，膜拜艺术，这本身也许就可以称作一种时代的悖论。在这种“悖论式情境”中，阎真对经典的崇拜和艺术的虔诚，还真有那么一点“知其不可而为之”的儒者精神。但问题是，在这样的时代，何谓“经典”，何谓“艺术”，这本身就是一个问题。更不用说是否有更多的人像阎真这样，去崇拜经典，以艺术为本位了。

我不想在这儿讨论高深的理论和繁琐的定义，就阎真在“自述”中所列举的许多古代的和现代的经典而言，它们的经典地位似乎并非完全是由古人或前人决定的，今人或后人的意见似乎也不可轻视，有时候甚至还起了决定性的作用。就以他提到的《卖炭翁》为例，游国恩等人主编的文学史，说“此诗不发议论，更没有露骨的讽刺，是非爱憎即见于叙事之中，这写法在白居易的讽喻诗里也是较独特的。”分明说它的艺术手法是高明的。有这样高明的写法作支撑，在编者的心目中，自然也就可以跻身于经典之列了。否则，又如何进得了文学史，成为文学史叙述的典型个案呢。这样说，当然不是说这一代文学史编者没有见识和眼光，恰恰相反，这些人都是学富五车、博通古今的饱学之士，他们的选择之不合今人的口味，实在是因为选择的标准受时代所限(即所谓民主性和人民性)，而不全是他们个人的原因。同理可知，今人选择经典的标准，无论专家学者、普通受众，既有个人的尺度，也会有时代的影响。《卖炭翁》的不再经典，就是一证。只不过这标准与先前的时代，刚好颠了个个儿就是。这其中也可见艺术性的标准，也是在不断变化的。王国维说“一代有一代之文学”，大抵也包含有“一代有一代之经典”的意思在内。在今天这个自由的多元的时代，说极端一点，甚至“一人有一人之文学”“一人有一人之经典”也不为过。

我不是对阎真所推崇的经典和艺术有什么非议，我只想借此说明一个事实，即不管阎真对经典和艺术怎样理解，持何态度，似乎都是很个人化的事。他既无法让专家学者和普通读者接受他的经典观和艺术观，甚至也无法让他所教的学生完全同意他的看法。如果是一个普通的教书先生遭遇这样的情境，倒也罢了，前者无关乎饭碗，后者顶多影响一点教学效果。问题是，阎真同时又是一个作家，他既选择了这样的经典观和艺术观，就得在创作中有所体现，否则会落下个口是心非的骂名。但如果真的以经典为范本、以艺术为本位地去创作，又可能不招当今众多读者待见。我说的这读者，自然不是与阎真持同样观点的学院派的读者群，也不是恪守古道、崇尚高雅的专业的研究家或评论家，而是被称作大众的普通读者。这些占人群大多数的读者，在当今社会，被时尚的、流行的饭食糙了口味，已经不爱吃或吃不惯精致的点心、精美的菜肴，所以经典和艺术，在这个时代就注定要遭遇冷落的命运。除非你改变了经典的形式，把它由纯粹的艺术品变成了一样时尚、一样流行的大众文化产品，像四大古典名著、现代红色经典改编成的电视剧，既顾全了经典的面子，又满足了大众的口味，岂不皆大欢喜。我不知道阎真在探讨知识人“悖论式”的生存情境这个经典的人生问题的同时，是否同时也考虑过将自己的艺术多多少少向大众靠拢一点，否则，在这个大众文化主宰世界的时代，岂不是要使自己的创作终身陷入一种“悖论式情境”。

自 述《

崇拜经典 艺术本位

崇拜经典，艺术本位。我的文学观可以用这八个字来描述。我是一个具有学院背景的作家，1984年北京大学毕业，20多年来一直在高校当老师。我不但写小说，而且由于职业需求，还要研究小说。我研究的对象大多是经典作品，考察这些小说为什么能够成为经典，感觉到主要的支撑力还是来自艺术。这使我逐渐形成了艺术本位的价值观。崇拜经典和艺术本位，这两者很大程度上是一回事，为了表述的方便，我把它们分开来谈。

一

职业背景培养了我执着的审美理念，那就是对经典的崇拜。对文学史的审视让我看到了这样一个事实，即一部最好的作品的价值绝对要超过一百部次好作品的价值，正如一部《红楼梦》的价值绝对要超过一百部《镜花缘》。这就是经典的意义。在这样一种文学的天平面前，数量的意义是非常有限的。乾隆皇帝一生写了四万多首诗，抵得上张若虚一首《春江花月夜》吗？抵得上陈子昂二十二个字的《登幽州台歌》吗？鲁迅的全部小说加起来只有十几万字，不到张恨水的十分之一，两者的价值又相去多远啊！用“发表了多少”评论一个作家，我总觉得有一种讽刺的意味。对文学史来说，数字的意义非常有限，只是历史垃圾的堆积。对一个作家来说，质量绝对是第一位的。从战略上来说，毛泽东的军事思想“伤其十指不如断其一指”，对我们的创作也具有极大的指导意义。对一个作家来说，数字并不是一件值得夸耀的东西，毕竟，文学史是以质量来确定一个时代、一个民族和一个作家之创作的地位和分量的。

抱着这样的审美理念和文学史观，多年来我在课堂上反反复复讲的是《红楼梦》，是《孔乙己》和《祝福》，是《骆驼祥子》和《围城》，是《白鹿原》与《长恨歌》。我对时尚的东西抱有警惕，有心理距离。为了这种理念，我有时也会跟学生发生冲突。他们被时尚的东西牵引、迷惑，信念也很执着，不容易说服。我的任务就是竭力摧毁他们心目中的既定偶像，把他们引导到经典崇拜的审美道路上来。有时候，我对自己的理念也会有一定的动摇。比如20世纪90年代，《曼哈顿的中国女人》一书风靡全国，发行上百万册，这么强大的声势让我对自己的审美观念产生了怀疑。是不是在新的时代背景下，经典的标准发生了变异，而自己却跟不上这种时代的步伐？幸而后来的事实让我看到，经典崇拜的文学观在时代潮流的荡涤中依旧巍然屹立，而时尚的东西来得快退得更快。以后类似的文学现象，如前几年《幻城》的风靡，我就再也没有对自己的文学观念产生过动摇。

我就是在这样的文学观念引导下进行创作的。当然，我的小说离经典还有很远的距离，但我在写作中还是竭力向经典靠拢，使自己的文学理念渗透到创作之中去。在我看来，一部经典作品首先应该具有精神和艺术上的原创性，这种原创性是对作者精神力度的检验，也是对其艺术才情的检验。如果一部作品没有提出对生活对历史的一种新的理解和认识，没有一种艺术的开拓性，就不能够成为经典。从原创性角度来看，一部作品有缺点并不可怕，可怕的是说不出什么缺点但却也说不出什么特点。用这样的观点来看当代小说，许多名气很大得了大奖的作品是不具有经典品格的。其次，经典作品首先是一种艺术存在，艺术性是其第一品格。文学不是哲学历史学社会学，其核心价值观应该从自身的特质即艺术性而不是从其他方面衍生出来，这是由文学之所以成为文学的内在规定性所决定的。一部文学作品，如果缺乏艺术的支撑，缺乏在语言经营、形象建构方面的创造性，不论其表达了怎样强烈尖锐以至深刻的思想，在文学的意义上都是苍白的。跨越艺术而直接面对思想的文学批评，在我看来是有着重大缺陷的。第三，我是一个艺术本位论者，但又不是一个纯艺术论者。在强调艺术性作为评价一部作品的前提性标准的同时，我也非常看重作品的精神表达。鲁迅是以一个纯艺术作家的姿态屹立文学史的吗？当然不是。对于经典性作品的思想表达，我有一个想法，就是除了创意性之外，还需要有深厚的哲学文化背景，需要有超越具体历史氛围的普遍意义，这就是经典性所需要的超越性追求。我们正是凭着这种普遍意义与《诗经》与屈原和曹雪芹，与莎士比亚和托尔斯泰沟通的。在现代和当代文学史上，许多作品因社会思潮的原因轰动一时，但生命力难以久远。《呐喊》《彷徨》还有许多读者，但还有几个人去看《班主任》《乔厂长上任记》《许茂和他的儿女们》和《沉重的翅膀》呢？精神背景的宏大和狭隘，决定了这些作品的不同命运。因此，在我的创作中，精神背景是首先要考虑的问题。我从来没有赶潮流、追热点的冲动，而是考虑在一种比较具有历史感和普遍人性的背景之下，来构筑自己的艺术世界。

很多人都注意到了，我的写作周期很长，要五六年才能出一本书。这种状态是由我的文学观念决定的。在动笔之前，我要经过长期思考来选择一个多少有点思想创意的方向，这个方向需要有比较大的精神背景，比较鲜明的历史因素，还需要很多鲜活的细节来支撑。方向选定之后，还不能马上动笔，还需要思考再思考，把问题想深、想透，用笔记的形式把这些思考记录下来。我觉得笔记非常重要，思想的闪光，生活中精彩的语言、对话，我如果不在那个发生的瞬间把它记录下来，就再也追不回来了。有时候身边没有纸和笔，我就把关键词输在手机上，回家再记录下来。

我用这样一种认真的态度对待写作，是由自己崇拜经典的文学观决定的。对于文学经典，我的态度是“高山仰止，景行行止，虽不能至，心向往之”。

二

我在高校教授本科生和研究生的“小说艺术”和“小说理论”课程已经很多年，这种经历使我对小说的艺术细部非常重视。我给学生讲课也主要是讲艺术细部。如语言我讲对话、潜台词和想象力，形象我讲人物造型、道具的运用、非逻辑情感，还有氛围的营造，等等。在这个过程中，我不知不觉就成了一个艺术本位论者。

使我成为艺术本位论者还有一个因素，就是我对中国文学史的考察。从《诗经》到曹雪芹，古人是按什么标准来选择的呢？艺术标准。中国文学史的主流线索，是严格地按照艺术标准来选择的。流传下来的经典作品，绝大多数是艺术精品，经得起反复咀嚼。有没有例外？有，少。白居易的《卖炭翁》是大白话，没有经得起品咂的艺术含蓄与悠长韵味，其成功主要在于思想表达。但这样的例子不多。《诗经》《楚辞》、唐诗宋词、明清小说的代表作品，都是能够反复品读的，人们不会因为了解了其中的思想、故事后就永远离开。就小说而言，不是讲一个故事就可以了。侦探故事看一遍就可以了，《红楼梦》要反复多次阅读。经典是以经得起反复品读为特征的，这是由其审美潜力决定的。这是审美的力量，也是艺术和非艺术的分野。

基于这种文学观，我在讲课中提出了四项基本原则：第一，艺术标准是前提性标准。这是谈作品的艺术与其他因素如思想表达、历史背景的关系，谈艺术性在作品价值判断中的地位和作用。第二，超越公共空间。这里讲的是艺术创造性问题。太阳底下没有新的事物，但可能有新的认识，更能够有新的细部表达。《因为女人》在故事框架上也许没有新的因素，我也不能因为追求新意而扭曲生活，把生活写成非人间的故事，但我竭力去提供一种新的认识，更竭力把一个细节写好，写出创意，写出遍地鲜活。小说一百多小节，每一节多多少少都有点创意性表达在其中，如果没有展开创意的空间，我就会放弃。第三，用具体超越具体。这是谈思想表达和艺术的关系。文学不是写出一个故事就够了，记者可以这样做，作者不能这样做，以经典性为追求的作者更不能这样做。文学要表达思想，即超越故事的具体性。但这种超越是通过艺术具体性来完成的。也就是说，文学的使命是经过艺术的通道走向思想。第四，只有艺术能够面对历史。这是我的文学史观。依据这种文学史观，我觉得中国现代文学的格局还有很大的重构可能性，当代文学史更加处于不成熟的状态。举例来说，巴金先生的《家》我就很难特别欣赏，语言太标准化，心理描写太逻辑化，人物对话太方正而缺乏弹性。简言之，小说缺乏叙事艺术的色彩。历史的因素使小说有了很高的文学史地位，这种因素在人们的文学史观念中是不是占有了过大的比重？又比如，当代一些获得大奖的作品如《许茂和他的女儿们》《沉重的翅膀》《钟鼓楼》《抉择》等，对它们的历史地位我都心存疑虑。

艺术本位是中国古代文学源流主脉，古人就是按照这种标准去选择的。今天在我们面前呈现的古代文学史，其基本格局不是我们现代人选定的，而是古人选定的。我们不得不感叹他们目光的准确而富于历史感，以至今天我们尽管有了种种新的批评理论体系，都无法将古人选定的格局移易哪怕小小的一步。古人并没有今天这么多的职业批评家，他们一代又一代是凭什么能够如此完美地在历史稳定性上完成这一伟大的文化工程？在我看来，答案其实非常简单，这就是，以文学的眼光看文学，把艺术的标准作为文学史的标准。只有坚定不移地坚持这一标准，才可能在历史稳定性上建构文学史格局。

我不无遗憾地看到，中国新文学发生以来，这一标准受到了动摇。政治（意识形态）的、社会的、历史的标准对古代艺术本位的价值观有了极大的冲击。中国新文学是在意识形态使命强烈的条件下发生的，在其诞生之初就确定了意识形态意义优先的文学价值观，在很大程度上中断了古代文学艺术本位的价值观。从五四开始到“文革”为止的六十年中，文学与政治的关系大致经历了一个由主动参与政治到主动性逐渐丧失的过程。直到今天，我们的文学史格局在很大程度上仍然是在这样一种思维惯性的影响下建构起来的。

当政治对文学的扭曲在20世纪80年代得到初步矫正，文化作为核心价值走上了文学舞台，形成了对艺术本位价值观的另一种压抑。性心理学、社会批判理论、女权主义、后现代文化理论、后殖民理论等，在中国文坛大行其道。我并不想否认这种种理论的局部深刻性和有效性，但我也要追问：这种种理论在什么意义上能够成为文学史的标准呢？古人并没有这种理论，为什么能比今天的职业批评家更具眼光确定一个时代的代表作家作品，更有能力在历史稳定性上建构文学史格局呢？这不是从反面说明了，这种种文化理论对文学来说，还不如艺术标准重要吗？我对这种种文化理论抱有警惕，还有一个重要原因，就是这些理论把作品当作泛文化文本，当作信息源，从作品中寻找建构理论体系所需要的信息，却不能也无意对作品的艺术品格给予更多关注，不能也无意区别作品艺术优劣的分野。

作为一个艺术本位论者，我坚信艺术性是文学作品价值的起点和终点，它既是对作品经典性最严酷的考验，也是对其价值的最终确认。

访　谈《

“我表现的是我所理解的生活的平均数”

——阎真访谈录

余中华　阎　真

余中华：您正式登上国内文坛应该是1996年《曾在天涯》出版之后。大多数读者对您之前的创作不甚熟悉，可以谈谈您之前的创作吗？

阎真：我曾经写过一个短篇，一个中篇。短篇是1979年参加庆祝新中国成立30周年举行的湖南省青年文学竞赛的作品《菊妹子》，当时得的是三等奖。那时我在株洲拖拉机厂当铣工，正准备考大学理科专业，记得当时的目标是湖南大学的碳素专业，其实碳素是怎么回事，我一点都不懂，至今也一点不懂。这次获奖对我的意义，就是使我回到了正确的人生轨道，回到了文学。我马上决定改考文科。历史和地理没上过一节课，从零开始，半年后考上了北大中文系。中篇是北大作为毕业论文的《佳佳啊，佳佳》，是一篇情爱小说，马振芳教授为我推荐到辽宁的《春风》杂志上发表了。

余中华：作家创作都有其动因，或者是因为某种外在利益与权力的驱使，或者是源自内心世界表达的需要。那么，驱使您创作小说的动力机制是什么？

阎真：动因比较复杂，首先是爱好。我在“文革”中，十一二岁，读《红楼梦》读得唉声叹气，热泪盈眶，这是内心的一颗种子吧。爱好为一个人暗示最正确的人生方向。其次，文学有超越时空的魅力，在一个自己不存在的世界上，还有人在读自己的作品，这种想象令人迷醉，因此比成为一个亿万富翁更能够激发人的创造力。这也是我写小说特别认真的原因。

余中华：一般而言，大多数小说家都是从中短篇小说的训练开始，积累到一定程度后才转向长篇小说的创作，因为长篇小说在思想厚度、篇幅构造、结构处理、节奏设计等方面显然要难于中短篇小说。当然这并不是说中短篇小说不能产生大的作家，鲁迅和博尔赫斯都没有长篇传世。就目前您的写作而言，三部作品都是采取了长篇小说这一难度很大的文体，这在一定程度上是不符合所谓写作规律的；但是您在作品中又充分显示了对于长篇小说的把握能力。试问您如何跳过中短篇的锤炼而直接向长篇进发？我想这跟您的文学积累应该有着紧密的联系，谈谈您的文学积累过程吧。

阎真：写长篇对我来说是自然而然的过程，在结构和节奏方面我没有感到特别的障碍。我是一个教授，在某种程度上也是一个思想者，长篇才能容纳我对生活的思考。要说积累，也许在“文革”中读《红楼梦》时就开始了。当然，后来也看了许多古今中外名著，读得多了更加感到创新和突破的艰难。比如最近的长篇《因为女人》，为了开头一句话我思考了大概四个月，翻看了几十部名著，怎么能够精彩而不落窠臼，这是令人痛苦的。

余中华：长篇小说这一文学体式对于您有着什么特别的意义吗？

阎真：最大的意义在于有更大的思想容量。因此，以后我如果还写小说，肯定是写长篇。

余中华：我们知道，您引起文坛注意的是描写留学生生活的《曾在天涯》，这个作品的海外版《白雪红尘》在国外留学生中受到热烈欢迎，但是《曾在天涯》在国内出版之初反响并不强烈，只是当《沧浪之水》走红之后才重新引起注意。这似乎出乎您的意料。您觉得是什么原因导致这种情形的出现？

阎真：我可以坦然地说，《曾在天涯》怎么说也是海外文学中最好的作品之一。但小说出来时，潮流已经过去了，因此没有引起广泛关注。这曾使我非常失落，也让我体会到，文学跟时代氛围和社会心理背景是有着很大关系的。虽然我是个艺术本位主义者，但也认识到，作品的命运也不完全是由艺术品级决定的。

余中华：您出生于20世纪50年代，亲历过“文革”、上山下乡等历史事件，自己也曾一度在工厂里从事体力工作。这样的经历在50年代出生的小说家那里是被一再言说的对象，是属于他们写作的特殊的优势资源。您觉得这是您写作的优势资源吗？换一个提法，您如何看待这一人生经历在写作中的意义？

阎真:我把自己定位为一个写知识分子的作家,这是我写作的资源优势。以前的经历,比如“文革”中,或者在工厂等,对我来说知识分子的色彩不浓,因此没有成为我的写作资源。

余中华:《沧浪之水》给您带来了巨大的声誉,同时也确立了您在文坛的位置,在过去不久的新浪读书频道等制作的“中国作家实力榜”上,您也榜上有名。评论界将您划入“知识分子写作”这一严肃的、带有浓厚批判意识和责任担当的范畴。这是您的写作追求吗?

阎真:我还不知道自己上了榜,谢谢你提供的信息。站在知识分子的立场上写知识分子,这是我的写作状态的基本定位。这并没有特别的安排和追求,都是很自然地发生的。下岗工人,农民工,我想写也把握不了,会写出怪胎。

余中华:您如何定义“知识分子”这一概念?这一源自西方的术语与中国本土的“士人”有何区别?

阎真:没有仔细地去思考过这个问题。但有一点是很明确的,知识分子也好,“士人”也好,都是有承担精神的人,也就是说,他们要去思考与自身的生存利益无关的事情。我不无遗憾地看到,这种角色定位在市场经济背景下已经淡化了。

余中华:我注意到您将池大为对于权力、金钱的退让与对于体制的归顺处理成了一个迫不得已的合理性过程。这种迫不得已的力量主要来自家庭生活中出现的困扰以及困扰在体制外的不可解决,比如孩子生病、入学等现实问题的出现。亲情、爱情等世俗幸福的追求与维系,在此成为池大为投降的内在动因。您没有将他设计成在反抗的道路上态度决绝的、班达所说“绝对主义者”,这当然是具有浓厚人道主义精神的、宽容的写作。那么,世俗生活的幸福与知识分子的责任,二者之间必然是对立的吗?

阎真:二者之间在很大程度上是有天然的对抗性的,在市场经济背景下尤其如此。我特别能够理解池大为式的小人物,他们不在体制内有所发展,一辈子就没有出头之日,所以不得不服从游戏规则,再痛苦也要服从,别无选择。这是痛苦的强制性同化。

余中华:鲁迅的《在酒楼上》《伤逝》等小说也写了知识分子因为爱情、亲情的困扰而在前进的道路上止步、退步。鲁迅当时的处理也是很模糊的,也没有给出明确的方向,从文学的角度来说,正是这样的模糊处理打动人心。但作为知识分子的作家必须思考的问题是:知识分子如何在现时代中安身立命?他需要做出妥协吗?在多大的程度上做出妥协?您能谈谈自己的理解吗?

阎真:鲁迅没有给出明确方向,是他看不到方向。更典型的是《孤独者》中的魏连殳。我觉得在我们的社会中有权力和市场两个超级话语体系,任何人不妥协,就无法生存下去。我要说的,就是希望年轻一代的知识分子不要越过最起码的人道和良知的底线,这已经非常不容易了。

余中华:对于池大为的退让与投降您持理解的态度,但理解并不就意味着认同。困扰池大为的问题是否也曾困扰着您自己?您是如何处理的?

阎真:对于池大为,用“投降”这个词可能重了一点,适者生存,他的转变有人性意义上的合理性。困扰他的问题对我来说并不强烈,毕竟我更主要的还是凭知识凭技术生存。如果我是池大为,我肯定会比他做得更差。

余中华:《曾在天涯》写了东方文化在西方世界中的尴尬遭遇,《沧浪之水》写了传统文化在现时代的崩溃,《因为女人》则考察了女性在男女性别文化中的艰难处境。您从文化的多个角度探究了知识分子在异域、异时代的精神苦痛。这似乎暗示出您的写作有着很大的雄心,您是想将自己的写作面向知识分子的整体心灵史吗?

阎真:与许多作家在同一题材领域反复耕耘不同,我总是在不断地转移写作阵地。在一个写作领域,我要表达的东西都表达得差不多了,我就没有勇气再写下去,更怕自我重复。转移阵地当然是非常困难的,即意味着开辟一个陌生的领域。所以我写得很慢,一部长篇至少要5年。“整体心灵史”问题没考虑过,你提示了我,也许我要向这个方向努力。

余中华:新作《因为女人》的开头,您将西蒙娜·德·波伏娃女权主义的论点作为自己批判的靶子,认为女性的命运首先是由其生理事实决定的,“性别就是文化”。这一观点也许会遭受女权主义者的强烈反对。您在写作之初做好了应对的准备吗?

阎真:我觉得自己是在表明一个事实,而波伏娃“文化决定论”的观点是有明显缺陷的。女权主义者如果她同时又是一个理性主义者,我想她会冷静地思考这个问题。如果她持一种绝对的女权立场,那我也无话可说。一个人如果不承认最基本的事实,你只能无话可说。我的本意在于,女性要认识到,上帝对她有着更多的制约,因此她应该“认识你自己”,生活得更加理性、智慧和机智。

余中华:女性的命运首先是由其生理事实决定的,这一观点的提出是您的写作意图。那么,女性的生理特质是什么?本能的欲望?柔弱的气质?柳依依的一夜情、婚后的出轨等等,您用这些事实向读者表明,她并不是一个冰清玉洁的圣女,她具有一切女人具有的复杂性。您认为这样一个女性能代表我们这个时代的普遍事实吗?

阎真:女性的生理特质很多,奥运会为男女运动员设置了不同的比赛标准,就是由生理特质决定的。我们能够想象将男女运动员放在同一组跑、跳、投吗?对我表现的情感主题来说,女性除了感情更脆弱,身体更容易受伤之外,最大的制约就是年龄。很多女性读者,特别是中年或走向中年的女读者不高兴我如此鲜明地表现这一话题,我请她们原谅。年龄对她们有更多的制约,这一现象在生活中触目皆是,我只是如实地描写了生活,目的是表现在一种欲望的社会背景下,女性的情感生存遭遇了严峻的挑战。小说中关于女人年龄的话,没有一句是我杜撰的,全部来自生活。难道我不写出来,这个挑战就不存在吗?表现这种挑战是小说的主题,我不过是以文学的方式把生活表现得更集中更鲜明了,意识到挑战才能对应挑战。我是站在女性立场上,批判欲望化社会对她们的伤害。从小说开始到最后,我都坚持了这一立场。我表现的是我所理解的生活的平均数,柳依依作为第一主人公,大概地表现了这样一个平均数。有人说我写得太灰色太残酷了,我的回答是,柳依依的命运不是一个灰色和残酷的极端,她只是我所理解的平均数。

余中华:柳依依生命过程中出现的男人,夏伟凯、郭博士、秦一星等,他们的欲望中当然也夹杂有爱的成分,但是肉体的欲望却占据上风。而柳依依的丈夫宋旭升一开始确实很爱她,但是随着他事业的上升,他也包养了小蜜。可以说《因为女人》中的男性基本上被处理成有着处女情结的、从肉体欲望出发的动物,这是不是过于偏激了点?

阎真:是不是我的小说把男人和女人都得罪了?我写的是适合我表现的角度的生活局部,好男人好女人有,但在我的主题之外,一部作品无法表现全部的生活。鲁迅写阿 Q,我们能说他太偏激了吗?文学选择某个主题来表达的时候,它天然就是偏激的。因为它只能表现生活的局部。

余中华:关于女性以及女性命运的话题,其实在之前的作品中您已经显示了比较明显的态度。《曾在天涯》中高力伟因为林思文说过“Husband(丈夫)说的都是对的,因为他是 husband”而决定与她结婚,来到加拿大之后因为夫妻地位的逆转而离婚;《沧浪之水》中池大为与高干子女许小曼分手是因为受不了她的绝对命令,选择董柳是因为她认为他“说什么都是真的对的”。一句话,在爱情与婚姻中,您的作品中或多或少表现了一定的男权夫权观念,男人在两性关系中天然地想占据支配地位。这是您自己的态度吗?我们应该如何理解?

阎真:我承认自己对柔顺的女性可能比较容易产生亲近感,这可能是天下百分之九十以上男人的心态。难道真的有很多男人喜欢野蛮女友?这种心态难道一定要用“夫权观念”来定位吗？性心理有天然的差异，为什么不能承认这种差异的天然性？既然是天然的，就是有其存在的合理性的，这也是我不同意波伏娃的“文化决定论”的原因之一。在此我还要表明，我并不是一个“生理决定论”者，我想说的只是，生理的因素非常重要，与文化因素一起构成女性生存的基本要素。

余中华：作为一个男性作家，女性的心理您如何去把握？在对女性身份的认知、对女性隐秘内心的描写上，您自己认为《因为女人》做得如何？

阎真：我认为自己在小说中相当准确而细腻地把握了女性的隐秘内心，这构成了小说的艺术焦点之一。一个男作家也可以写好女性形象，甚至比女作家写得更生动，更到位，比如托尔斯泰。这需要生活，更需要细致的艺术想象力。

余中华：从高力伟、池大为、柳依依等人心理变化的角度，您的小说叙述常常体现出“信仰——反抗——失望——绝望——妥协/逃避”这样一个过程，对您而言这是不是一种人生或人性的悲剧？我从您的三部小说中读出的是对人世的失望，对一切价值的怀疑。高力伟等人所谓“悬浮的人生”让我们无法看到希望，而《因为女人》结尾处由欲望、文化等种种不可逃避的存在因素构成的“黑色的漩涡”，要将所有的人都吸进去。浓重的悲剧意识笼罩着您的小说世界，意义已经虚无，我们将如何安身立命？

阎真：“黑色的漩涡”是一个隐喻，暗示着女性生存环境的险恶。市场经济造就了普遍的欲望化思维方式，表现在两性关系上就是身体的升值和爱情的贬值。这种历史语境使女性生存环境变得日益恶劣。对很多事物的前景，我是比较悲观的，包括两性关系。要寻找一份不带菌、无须消毒的爱情越来越艰难了，也就是说，女性的情感生存越来越艰难了。毕竟，爱是她们生命的第一主题。

余中华：您小说中对于细节的描写十分精彩，以至于有的读者读完后对某些片段一再咀嚼，津津乐道。小说也因为有了这些精彩的细节而格外生动。但是，从文本接受的角度来看，过于注重细节是否也会影响到非专业的大众读者对文本深层主旨的把握，使您的写作意图在一定程度上遭到误解或者忽视？换个提法，您写作的预设读者是什么？

阎真：我认为小说首先是艺术，然后才是思想。没有艺术的支撑，思想表达再有力度，也是沙滩上的楼阁，在文学的意义上是很苍白的。所以，细节的鲜活对我来说是要首先考虑的问题。我觉得《因为女人》在这一点上做得还算可以，把一个并不新鲜的故事写出遍地鲜活，这是我的追求。小说就是往小处说，艺术的细部最能考验一个作家的艺术功力。这部小说人物对话的韵味和弹性，语言想象力与心理表现的细腻准确一起，构成了它的艺术看点。我希望读者体会到，这部小说并非只是以思想冲击力取胜的。我觉得这部小说在思想传达和艺术表现方面还是结合得比较好的，应该属于那种专业读者看了不浅、普通读者看了不深的作品吧。

余中华：另一个关于叙述技巧的问题是，您在小说中不断地以人物心理独白的方式对事物发表看法。这些大段的议论性文字，其实质是作者的参与意识的强烈表露。昆德拉的小说也总是出现大段的议论，甚至是学术性的文字。您觉得自己的处理方式与昆德拉有何异同？或者，如何处理故事叙述的流畅性与理性思辨力的有机融合？

阎真：昆德拉我不知道。我用这种方式向读者传达自己的生活感受，应该说，这还是牺牲了一点艺术追求的。艺术应该更加含蓄。这个问题我在写作中有所犹豫，但还是选择了向普通读者妥协。毕竟我的小说主要不是写给专家看的。

余中华：在小说的形式、结构、技巧等方面，您主要得益于哪些作家？您的阅读世界主要向哪些作家敞开？

阎真：首先是《红楼梦》吧。我把《红楼梦》当作保持敏锐艺术感觉的磨刀石，感觉迟钝了，就去磨一磨。这主要是在人物的性格和对话方面。语言想象力方面，向《围城》学习了。心理表现，我的主要导师是茨威格，屠格涅夫等。我读的中外名著不少，广泛地向他人学习，形成自己的风格。我的三部小说有统一风格，不想改了。

余中华：目前有一些高校教授学者从事虚构创作，许多名作家也纷纷进入高校担任教师职务。教授学者与作家的二者合一已经成为一种潮流。作为其中的一员，您如何看待目前出现的这种现象？谈谈您的双重身份：学者，小说家。

阎真：我觉得这是一个很好的现象。外国不养专业作家，很多作家都是教授。我觉得自己还是能够把这两者有机结合起来，形成互补。我从来没有感到两者之间有什么冲突。除了小说创作，我也写过高水平的论文在专业顶级刊物发表，还出版了理论专著。当然，我的主要成绩还是在小说方面。

余中华：作为一个湖南籍作家，湖湘文化对您的小说写作有什么明显的影响吗？

阎真：没有。

余中华：有人说，小说分为两种：可读的和可写的。可读的大概指比较畅销的、受众面很广的小说；可写的大概指更为精英的、流传圈子很小的那些作品。从这个角度出发，我很难将您的小说进行归类。首先，您的小说以情节性、人物个性命运等获得了读者的广泛认同，是畅销的；其次，您的小说又得到许多学院内知识分子的认可，是精英的。在两个方面您都获得了成功，而这对许多小说家而言是很难达到的目标。能谈谈您的成功经验吗?

阎真:我写小说没有“可读”和“可写”的区别。既能够面对大众读者,又能够面对专业读者,这是我的追求。要达到这个目标,当然需要更多的投入,我下笔之前要对所表现的问题进行长时间地思考,至少两年,记很多笔记。写《因为女人》我记了两千多条笔记。下了这种功夫,写出来的东西才有厚实感。如果说经验,我的经验就是沉住气、不浮、慢慢来,下笨功夫。写完《因为女人》,我现在脑袋空空,不知道下一个目标在哪里,很迷茫。也许两年后会找到一个新方向,也许永远也找不到新方向。

评　论《

面对虚无的写作

——阎真论

余中华

阎真不是一个高产量的小说家,到目前为止只有三部长篇小说问世。他的写作虽然在1979年便开始,但进入文学批评视野是在1996年人民文学出版社出版发行《曾在天涯》之后。因此,阎真文学意义上的写作是从20世纪末开始的,而且他的写作一开始便瞄准了长篇小说这一文学体式,并不旁涉其他。90年代长篇小说的兴盛是引人注目的文学现象,年产量上千部的事实使人误以为是文学虚拟的泡沫神话。在巨大的长篇小说群体即将压垮读者接受神经的时候,阎真进入长篇创作大军难免遭人诟病为攀附潮流与追随时尚。

但是,阎真的写作是严肃的写作,作为一名高校的文学教授,长期的理论训练与经验积累使作家对自己的写作有着清醒的认识和清楚的定位。阎真认为,“长篇小说创作在世纪之交成为当代文坛关注的焦点,这不是一个偶然现象。”[①]“世纪之交选择了长篇小说作为这个时代的代表性文学体式,是这个时代情绪氛围和心理氛围的必然结果,历史偶然地选择了某些作家执行着自身的必然使命。”它是被历史所规定或者潜在的力量所引导的。在庞大的长篇小说海洋中,“只有经典性的作品,才能够

---

① 阎真:《长篇小说在世纪之交的使命》,《理论与创作》2001年第1期。

具有超越时空的力量，在历史细部背景模糊之后，在社会沧海桑田的变化中浮出历史的水面。”[①]阎真将之称为具有“超越性”的长篇，并且以这样的高标准来要求自己的写作。

悖论式情境

“也许所有的小说家都只是用各种变奏写一种主题。”[②]昆德拉曾如是说。这个主题就是小说家对世界的基本理解。他们通过作品对自我、对世界不断进行提问，执拗而且步步紧逼，不达目的誓不罢休。小说家的写作就是回答对自我和世界的提问的过程，因此他们的作品中总是隐含着作家对世界的基本态度；同时作为小说写作这一特殊行当的产品，作品也隐含着作家关于小说是什么的看法。

阎真的写作有一个重大的主题，我将其概括为“相对主义世界中人的存在”。作为寓居高校的学者型作家，阎真用他那富于理性的写作气质和执拗深刻的追问精神传达了这样的信息：小说家如何面对意义的虚无？在任何一个时代，面对虚无进行写作都是一项严肃的事业；尤其在中心消弭、价值飘零的今时今日，面对虚无更需要巨大的勇气和坚忍的意志，他将承载的是身心灵肉上的高度折磨。阎真用三部长篇小说表达了他巨大的决心，他的写作是正在进行中的写作；追问没有止境，探询越陷越深。

成功的小说家总是具备对世界的独特理解，其独特性在于它一定程度上区别于他人：或者是否定他人，或者远离他人。如果这种理解的独特性能挣脱时代的限制，具备超越性，那么他至少在思想上拥有了成为伟大小说家的可能。当然，这种理解首先应该是有深度的，是对世界真相的逼近；这种理解不应该或者不主要来自书本与阅读，而应该或主要来自自我跟世界的对话，源于自我在世界中的实践经验和深切体验。

阎真对于世界的基本理解主要体现为“悖论式情境”的设置。在他的小说世界中，所有的人物都面临着无法解决的生活难题。阎真在三部小说中分别考察了三种不同语境中的人物命运，以及他们在“悖论式情境”中所做出的选择。

第一，以《曾在天涯》书写异质文化或异域语境中人的命运。高力伟来到加拿大，他所赖以安身立命的价值追求遭受一系列的打击，终至毁灭。首先是作为男人的尊严与价值在女性面前的轰毁。在与林思文的婚姻关系中，他原有的男性强势地

---

① 阎真：《长篇小说在世纪之交的使命》，《理论与创作》2001 年第 1 期。

② ［捷克］米兰·昆德拉：《小说的艺术》，董强译，上海译文出版社 2004 年版，第 172 页。

位瞬间滑落；他之所以能够出国完全依靠妻子在加拿大读书这一事实，他是作为陪读者的身份出现的。其次是民族尊严的丧失，作为黄种人的民族身份受到歧视，在找工作中无法取得与白种人平等的机会；不但要饱受外国人的歧视，还要忍受同胞之间的自我歧视与钩心斗角。其三是理想主义爱情的毁灭。如果说他与林思文离婚主要是因为两者之间早已经没有了感情，那么他与张小禾之间的爱情从一开始就染上了悲剧色彩。留在加拿大和张小禾长相厮守能得到真爱，但永远不能进入白人文化的事实让他明白自己将一辈子无法获得自尊；离开加拿大回国，拥有人格的尊严，就必须放弃张小禾。在这里，爱情与人格的尊严之间产生了奇怪的对立。婚姻破碎，无用的学业难以为继，辛劳的工作令人身心俱疲，爱情忍痛割舍，他将自己在加拿大的存在意义简化为五万块加币。当所有理想、尊严、人格都被悬置之后，金钱成为全部的意义。然而，我们不能用一句金钱拜物教简单地概括，在高力伟向金钱的转变背后，他其实是将所有的希望寄托在回到自己的祖国之后重新获得尊严、价值、认同等等高贵的品质。因此，高力伟选择了离开，毅然决然地逃离加拿大这个悖论式的生活情境回国了；但是，他在国内的生活是否必将符合自我的期许呢？

第二，我认为阎真的第二部小说《沧浪之水》是对《曾在天涯》的续写，是对这一问题作出的回答。池大为和高力伟在文化背景和精神实质上有着同一性，知识分子的身份决定了他们必将陷入永恒的困境。池大为秉承父辈崇高的人格进入卫生厅工作，但“平民的高贵”在冰冷的官僚机构中无法获得坚守的理由；他对“人活那一线阳光”的坚持导致了自身被抛弃的命运。当他遭受冷遇沦落为中医学会的闲人后，现实生活又向他提出了一系列平民难以解决的难题。孩子的出世和出事、住房的窘迫等等使他意识到做一个大隐隐于市的忍者是如此艰难，那所谓的审美的人生又是多么浅薄。他领会到，要获得价值和尊严，必须付出自己的价值和尊严。于是，池大为痛苦地杀死过去的自己，重新回到体制的虚伪和扭曲中。当他在体制中步步高升当上卫生厅的厅长，曾经一再压抑的知识分子的良心开始复苏，他进行改革，厅政公开，清理小金库，等等。但事实证明，即使他是一厅之长，也不能违反游戏的规则，他的改革在体制的禁锢中举步维艰，最终不了了之。他如同陷入了无物之阵，看不见的对手无处不在，强大到不可战胜。阎真在此提出了一个更为深刻的悖论：一旦价值和尊严被自己抛弃，它将不可能再被找回。这是残酷的，又是真实的。

第三，在对异域语境、时代语境中的男人进行了充分的考察之后，阎真的新作《因为女人》将目光锁定在中国女性身上。故事在性别语境中展开，描写了柳依依如何从一个对爱情有着崇高追求和坚定信仰的女孩在生活的磨砺中一步一步远离自己的初衷，成为对世界不再抱有幻想的女人。女权主义者在谈到女性的悲剧命运时，将敌人设定为男性，将所有的悲剧根源归结为菲勒斯中心。阎真显然对此并不认同，他认为，“女性的气质和心理首先是一个生理性事实，然后才是一个文明的存在；……生理事实在最大程度上决定了女性的文化和心理状态，而不是相反。”[①]女性的悲剧首先源于女性的生理性构造，女性在男女性关系中天然地处于弱势地位；女性无法像男性那样轻松面对性交，男性可以在获取生理上的愉悦之后扬长而去，女性则要独自承受恶的后果：怀孕、流产。男性总是要求爱情与性一同进行；当女性出于爱（当然也有自身的生理要求）满足了男性的这一要求之后，她的价值却在逐渐下降。而每一个男性又无一例外地要求他的恋爱对象是一个“纯洁的处女”，所以当女性展开她的第二、第三段感情生活的时候，她的残破的躯体使她在与男性的角力中节节败退。这便是女性生存中的悖论。伴随着柳依依与几个男人故事的展开，她在两性关系中遭受的苦痛日日增大，终于压垮了她对爱情的古典式信仰，从柏拉图式的精神之爱降格为掺杂了肉欲的世俗之爱，到最后终于丧失了爱的能力。

阎真的写作可以纳入日常生活叙事这一概念，拒绝传奇故事的同时是对现实生活的细腻表达。他笔下的人物高力伟、池大为、柳依依等既不是启蒙知识分子与革命知识分子，也并非文化英雄，只是世俗生活中的小知识分子；由于小知识分子在现实社会中的存在具有普遍性，对其被权力、金钱、欲望等等世俗性问题困扰而难以超越的存在事实进行书写便反映了大多数人的真实处境。小知识分子的日常生活叙事使阎真对于这种“悖论式情境”的一再描摹具有了某种深度模式的意义，它是被作为知识分子的根本性处境而进入叙述的，是作家对时代的基本理解。

我们的时代是价值多元的时代，是“相对主义”的时代，理想主义式微，终极价值消弭，曾经的绝对主义中心流离失所。如果说绝对主义建构的二元对立价值结构过于简单化处理纷繁复杂的现实人生，遮蔽了在二元之外的其他丰富的真实存在，那么至少这种绝对的中心如真理、价值、正义、尊严等也为在迷蒙的生命旅途中辗转的人们指引了明确的方向，使那些被巨大的时间之流冲刷的卑微生命有所依附。从某种意义上说，对彼岸与天堂无限崇拜的宗教信徒活在上帝无所不在的拯救中，相对于失去信仰的庸碌之众，信徒自为的存在方式显示了通往幸福与自足的意义。“相对主义”的价值观念说明，面对选择之时，这样亦可，那样亦可，任何一端都有令人信服的理由；反过来说，则是任何一端的理由都不那么充分。

---

① 阎真：《因为女人》，《当代》2007 年第 6 期、2008 年第 1 期。

那么，在“相对主义”的精神困境中，人作何选择？毕竟人总是要选择，要么选择上帝，要么臣服于魔鬼。当然选择上帝并不意味着一定得救，而投向魔鬼的怀抱也并非万恶不赦。池大为固守“平民的高贵”沦落到中医学会担任闲职，却时刻被抛弃感折磨；当他杀死自己的过去重新回到卫生厅的钩心斗角中，他在步步高升中所获得的尊严和满足也未必就是虚假的施舍。

相对主义世界中人所处的悖论式情境，导致了人的分裂和精神的变形。高力伟、池大为、柳依依都不是完整的个体，他们人格的转变和价值的扭曲并非一蹴而就。在残酷的现实挤压下，一切都非如此不可。在承认了现实残酷性的基础上，阎真的写作没有简单地对残酷的现实和扭曲的人格予以批判，正如他自己所说：“对当代中国知识分子予以嘲讽以至批判是容易的，但予以解析，特别是对复杂的历史情境作出比较透彻的解析，却有相当难度。这也是我为自己的小说定下的一个目标。在我的体验中，知识分子的历史处境有了根本性的改变，我们在精神上遭到了严峻的挑战，这种挑战动摇了我们的生存根基，使我们在不觉之中失去了身份。这是历史的大变局。转折是陡峭的，却又是平静的。如果不对新的历史处境作出说明，不回应这种挑战，却只是展开道德上的批判，那不但是苍白的，而且是在逃避。”①

小说写作作为一种文学艺术，并没有义务和权力为读者提供所谓“正确”的道路；小说最大的权力不是做道德判断，不是为知识立法；小说的出发点是考察与提问，是细腻剖析现实人生的复杂性，至于读者在小说中得到怎样的启示、找到什么样的解决问题的方法，都不是小说的本意。所以，当我们进入阎真的小说世界，我们无法从中找到作家清楚的立场和态度，他将自我隐藏在了叙述之流中。当然，作为知识分子的阎真，他的价值立场是不言而喻的。我所说的是作为小说家的阎真在写作中的特殊性，即对人物命运的关注和理解。小说家的道德就是在残酷剖析真实的同时，尽最大的可能去理解和包容它，而不是粗暴地加以否定与批判。

悖论式情境中人的根本处境是悲剧性的，阎真的三部长篇小说《曾在天涯》《沧浪之水》《因为女人》讲述的都是悲剧性故事。在权、钱和性的压迫中，个体的人实在没有足够的力量进行抵制与抗衡。但是个体并非一开始就主动放弃了坚守，个体的投降与退缩是一个漫长而复杂的过程；真正的写作就是要挖掘这一过程中的细微而巨大的变化。在此意义上，《沧浪之水》比《曾在天涯》显得更为成功。就人物塑造而言，高力伟是一个静止的形象，他在来到加拿大之前与离开加拿大之后并没有质的

---

① 阎真：《为当代知识分子写心——〈沧浪之水〉写作随想》，《文艺报》2001年12月11日。

变化;他一开始来到加拿大就打定了逃离的主意,加拿大只不过是展示他精神苦痛与演绎爱情故事的场景设置。而池大为则是一个动态的形象,从违反游戏规则受到惩处,到经历痛苦的转变"觉醒"爬到"那个位子",阎真写出了转变过程中微不足道的但是对池大为来说是惊心动魄的人格扭曲史。

对人物的理解与悲悯不仅表现为对复杂的心路历程做详尽的描述,还表现在正视当下的现实语境,试图寻找个体安身立命之途。在"悖论式情境"中个体注定无法依靠他人得救,他唯有自救。价值毁坏之后,还剩下什么可以继续维系我们的生存?在这样的问题面前,任何强作镇定的高调宏论都是故作姿态的自欺欺人。当弱小无依的张小禾身处陌生的加拿大,她选择了一个她不爱的但是却有足够经济实力的男人;当池大为面对强大的官僚体制和潜在的游戏规则,他选择归顺和招安;当柳依依经历了一个又一个令她失望的男人,她选择了不爱。阎真赋予他们充足的理由做出此类选择,并将一切的罪恶归结为"世界变化了",正如夏伟凯写给柳依依的分手总结,"不是我的错,也不是你的错,是命运的错。"但是,"悖论式情境"并非现时代特有,从屈原李白开始便存在了;不同的不过是现时代的个体选择了丧失身份地活着。那么,更深刻的问题是,在不可抗衡的异化力量挤压下,以死亡的方式逃避与以就范的方式苟活,二者之间孰轻孰重?阎真没有回答,读者也无法回答。这是我们共同的精神困境。

心理叙事与对话艺术

当我们关注作家写作的主题内涵以及小说中对世界的理解时,往往忽视作家为表现这种理解所采取的方式。一个作家被认为是深刻的,往往是因为其思想在某种程度上达到了对世界本质的逼近;至于作家采取的艺术表现形式是否恰如其分地契合了思想,则被有意无意地忽略了。在哲学思想与小说文体之间存在怎么样的关联,小说家应该如何将自己的思想有效地嵌入小说这一特殊文体形式中?

作为区别于哲学著作的小说,尤其是能承载更广阔的历史内容与更深厚的历史意识的长篇小说,思想的表达不是赤裸裸的,它不应该被作家直接说出。过于直露的表达,不加掩饰的宣扬,观念性的操纵皆是写作中的等而下之方式,这样的小说无法够得上艺术的标准,遑论其经受时间的考验。粗糙的写作不但暴露了作家急切的功利心态,也无助于小说艺术的发展。但是,一门心思地进行形式实验,钻研奇技妙术,而没有个人真挚的生命体验沉淀其中,其实也是另一种旁门左道。

思想有深刻浅薄之分,但形式没有高下优劣之别。虽然我们也可以将形式作为另一种意义上的思想，即“有意味的形式”；但总的来说，形式是属于“器”的，它的主要角色定位是容纳思想这个“道”。当殚精竭虑的先锋小说家在形式的高地上开创了无数炫目的技巧，他们的工作自然值得尊敬；后世的小说家完全可以从容地从先锋小说家的形式“宝库”中挑选写作的“武器”。我们说形式与形式之间没有高下之分，是指诸如倒叙、顺叙、插叙三者之间并不存在谁比谁更先进的等级座次；伟大的小说家在于他总是能够将选取的叙述形式与自己的深刻体验有机结合，使二者相互渗透，产生血肉联系。

在此意义上考察阎真的长篇小说写作，我们可以发现他对长篇小说结构的独特建筑能力。阎真的小说中没有宏阔的历史场景，也没有重大的社会事件，完全依靠对人物内心世界的剖析隐蔽地传递自己的哲学观念，获得叙述的深度。另外一个显著的特点是，阎真的小说并不依赖情节出奇制胜，那些故事本身对已经见怪不怪的当代读者而言其实已没有多大的吸引力。阎真用以攫取读者心神的是密不透风的人物对话。那么，作家如何将心理叙事与对话艺术这两种小说传统中屡见不鲜的形式与他的“相对主义”理论在叙述中成功地结合呢？

首先是对人物身份的设置。就现实主义的写作原则而言，人物的身份必须与他的言谈举止相吻合，所谓“什么人就说什么话”。任何有经验的写作者都不会让一个文化水平低下的人物展开无比痛苦的、直逼生命本质的心理独白，也不可能在处理人物的对话中引经据典、佶屈聱牙。因此，黑旋风李逵只有直接的行动和简单的语言，而焦大也不可能像林黛玉那样说话。阎真是一个以小知识分子为主要描摹对象的现实主义作家，选择小知识分子作为写作对象首先源于他对这一群体的熟悉；更重要的是，小知识分子特有的某些性质更方便作家对世界的理解的表达。小知识分子敏感多思，内倾性的行为和思考方式使其对现实的压抑和逼仄有更深刻的理解；相对于非知识分子心灵感受上的麻木停滞状态，小知识分子面对残酷的现实生活时，个人理想与灰色人生之间的对立更为尖锐，内在灵魂的分裂状态更为严重，精神苦痛也更为震撼人心。

阎真笔下的人物有着无比敏感的内心世界，他们浑身布满了触须，时刻准备捕获任何细微的信息，一个手势或者一句话都能引发广泛的想象与思考。大量的自我反省、灵魂解剖、内心独白，这些热烈的心理活动无一例外地着上了强烈的理性色彩。联想与想象并非随意散发式的意识流，它们在一个较小的范围内流动，有具体的方向，有明确的中心。这个中心与方向根源于知识对人的建构，即知识分子在接受知识时被给定了这样的价值系统：世俗的现世生活之外有一个更为超越的精神世界,那里才是永恒的彼岸和完整的真实。知识分子的痛苦或者扩大一点说是整个人类的痛苦,都源自对现世与此在之超脱的不可达到。高力伟和池大为的人格尊严、柳依依的爱情理想,是他们展开心理活动的出发点与归宿。对于权力、金钱、性欲等世俗性命题的反思与批判就像从树干上生长出来的枝丫,无法离开对永恒意义的执拗依附。

其次是心理叙事与时间意识的结合。阎真小说中的最大特色就是在心理叙事中织进对宇宙、命运、人生等大命题的思考,而这些思考主要是基于对“人在时间之流中”这一事实的认识。在《曾在天涯》中,对人的时间性存在的书写是小说的深层主题,小说的“引子”开篇第一句,“多少年来,我总忍不住想象自己将在某一个遥远的晴朗早晨告别这个世界”,生命的偶然性和死亡的必然性形成巨大的反差,死亡意识奠定了整篇小说的灰色基调。时间意识的苏醒是人的主体意识的自觉,同时也是人的现世精神苦痛的根源。高力伟时刻感到“自己在时间中凝望,它正迅速离我而去”,时间的漫长与生命的短暂,二者相形之下,所谓的终极意义、生命价值统统消弭殆尽,时间的背后一无所有。作为阎真的第一部长篇,《曾在天涯》对于生命、死亡、时间等本体性问题的拷问是非常深刻的,它使作家的写作甫一开始就达到了一个较高的程度,同时也耗尽了作家的心力。

如果说作家的哲学之思在《曾在天涯》中的表达稍显直露,那么《沧浪之水》《因为女人》对时间意识的书写则被有意地隐藏了,但我们仍然能捕捉到些许蛛丝马迹。池大为的时间感主要通过《中国历代文化名人素描》与“星空”意象连接起过去与未来,柳依依则必须面对自我容颜的逐渐衰老,丧失在情场上的竞争力。既然意义的虚无是不可抗拒的宿命,既然人无法在时间之外存在,那么唯有接受平庸的现在;在此层面上,池大为与柳依依的选择就让人不难理解了。

现实主义小说的叙述要往前推动,往往是依靠人物的行动展开的,以自然风景的描写、情节的分叉与旁逸等手段变更叙述的节奏。阎真笔下的高力伟、池大为、柳依依们是耽于想象、缺乏行动的人物,这样静止的人物如何承担起结构长篇小说的任务?此外,阎真小说中的物理环境描写非常少见,对事件铺展与人物活动的描述性文字也十分稀少,在去除了小说传统中的常见技巧之后,阎真能依赖什么使叙述流畅地进行下去?

我认为是他的对话艺术。对话是日常生活中人与人之间实现思想交流、感情传递的一种方式,同时也是一种哲学、美学的思维方式。本文谈论阎真的对话艺术,仅仅指作为交流方式的日常对白。海明威是运用对话艺术的大师,在《乞力马扎罗的雪》《一个明亮干净的地方》等短篇小说中以对话代替叙述，展示了惊人的技巧。阎真也似乎有这种特殊的能力，能在长篇小说中将宏伟的结构建立在简单的人物对话上。人物的出场、个性的展示、背景的描述甚至事情的起因、发展、结局，都可以通过人物之间的对白向读者透露他们想知道的信息，而不需要作者做阐释性的讲述、说明、议论。阎真的三部长篇小说充塞其间的是密不透风的“某某说”的直接引语句式，他将人物对话演绎到如此极致的地步，以至于可以说是“剧本式”的写作，成为其标志性的写作手法。

从叙述学的角度看，对话可以达到消除作者介入的目的，使小说文本在阅读中显示真实客观性；同时也可以缩短叙述距离，控制叙述角度。阎真运用对话艺术形式，将叙述视点牢牢控制在一个人物身上，任何一次对话都由主人公与其他次要人物完成；他始终将目光聚焦于核心人物，以第一人称作为叙述视角，如《曾在天涯》《沧浪之水》;《因为女人》虽然采取的是第三人称视角，但是由于叙述由始至终围绕着柳依依展开，也可以视为是变形了的第一人称。作为一种外部聚焦方式，对话使主人公时刻占据着叙述的中心，从而赋予小说强大的凝聚力；并以之串联起其他次要人物，展示了一个较大的叙述场景。《曾在天涯》中其他留学生如林思文、张小禾、周毅龙等人的精神构型，《沧浪之水》中其他官场角色如丁小槐、马垂章等人的形象塑造，正是在这一叙述场景中完成的。

同时，次要人物是作为主人公的“他者”而出现的，在主人公与次要人物之间，对话的特征主要表现为对抗。《因为女人》中有两种类型的对话，一是柳依依与夏伟凯、郭志明、阿裴等之间的女性与男性的对话；二是柳依依与苗小慧、阿雨等之间的女性与女性的对话。前者主要表现为对抗与斗争，后者既是对抗也是合作。男性在阎真这里被执拗地设定为浑身充满性欲的动物，从侵略者的角度肆虐着柳依依那简·爱与罗切斯特式的优雅爱情理想；而苗小慧等女性“他者”比柳依依更早地窥见了男女之间爱情的卑劣本质，作为“女性觉醒者”现身说法，从另一个角度破坏她的坚守并为其信仰降格的过程进行辩护。柳依依爱情立场的转变就是她与男性、女性对话的结果，从决绝的坚持到一点一点地退缩、最后的缴械投降，都是在对话中完成的。而上述所说的心理叙事，其实也是对话的一种形式，即自我与自我的对话，只不过不是以直接引语的句式出现，更为隐蔽罢了。

写作的可能性

从某种意义上说，重复是一个小说家不可逃脱的宿命，写作就是对自我的不断书写，不断重复。阎真的三部长篇小说，虽然各自书写的故事和塑造的人物迥异，但贯穿其中的不变内核是作家对世界的基本看法，即写作的“基脚”。这是他的重复之处，也是我们理解他的基本出发点。但是，阎真对世界的理解始终建立在小知识分子这个特定群体上，并且始终在时代语境下展开。那么，“相对主义”仅仅是对一个时代精神的描述还是所有时代的特征？“悖论式情境”仅仅是知识分子的遭遇还是整个人类的处境？阎真的写作要解决的问题是如何完成从具象写作到抽象写作的升格，从对知识分子的关怀走向对整个人类的关怀。

小说家的重复方式大概有两种。有的小说家只用一部作品便表达了他全部的观念，建立了一种属于他的世界模式，之后的作品都是在重复书写这一模式。有的小说家则用不同的作品各自表达他的观念的一个或几个部分，而最终所有的作品聚合起来才能形成一个较为完整的观念，构建起他的整个世界。前一种小说家如果想要突破自我，则必须从根本上推翻之前对世界的基本理解，另辟一个新的基脚，建筑一栋新的大厦；而后一种小说家的写作则可以说是时时刻刻都在对自我进行超越，他的写作总是不断转移重心，犹如建筑师在同一个基脚之上平行建筑多个承重的栋梁，但那个能够覆盖所有栋梁的最后的封顶仪式迟迟不来。前一种小说家的写作指向过去和已定，是封闭式的写作，也是完整的写作；后一种小说家的写作则指向现在与未知，是开放式的写作，同时也是破碎的写作。

阎真的写作属于后一种开放式的写作。在“相对主义时代观”这个基脚之上，阎真从金钱场、权力场、性别场三个维度构建故事，对不同的人群、不同的存在进行考察和询问，从而建立起了他的小说世界的三根栋梁。综观阎真的写作，他大致经历了三个阶段：从经历经验写作（《曾在天涯》）到类想象经验（体验式）写作（《沧浪之水》），再到纯虚构写作（《因为女人》）。从文化意识形态层面来看，阎真的创作也相应地经历了两个转变，从东西文化的碰撞这一外在角度，转到文化内部不同时代境域下的蜕变：从屈原李白变身为池大为，从简·爱堕落为柳依依。贯穿其中的是强烈的批判意识；但阎真的批判并不指向池大为、柳依依等个体，他将知识分子个体品格的下降归因于“相对主义”时代，从而使时代的病症浮出水面，使自己的批判染上了浓厚的理性色彩。

小说从本质上说是虚构，对每一个小说家而言，虚构的程度高低是指创作文本与自我实际生活的距离大小。阎真的写作正是一步步将文本与私人生活的距离越拉越大。阎真曾有加拿大留学经历，《曾在天涯》某种程度上是他的“夫子自道”。他说，“1996年我出版了长篇小说《曾在天涯》，有一种被掏空的感觉。”[①]由此可见，过于依赖具体生活材料的写作容易耗尽心力，唯有从材料上生发强劲的想象才能葆有持久的创作力。《沧浪之水》远离了作家相对简单的高校生活环境，涉足官场这一不甚熟悉的题材。如果说《沧浪之水》以男性为叙述人，在心理活动、内心世界的体验上仍然与作家有着性别上的共通性，那么《因为女人》则完全转换为女性叙述人，进入到作家更加陌生的领域。阎真在写作中有意识地加大了难度，为自己设置障碍，将每一次写作都看成对自我的挑战。显然，这是自觉的写作。

阎真既是优秀的小说家，也是浸淫学术研究多年的学者。学者的身份赋予小说以理性批判色彩，彰显了作者内在的精英意识。同时，在当前的市场经济体制中，学者身份很大程度上解放了作为纯粹的小说家的压力——不但是经济方面的压力，更是精神方面的压力。在学者身份的保护下，小说家写作的态度可以更为从容，打磨更为精细。阎真大约五年左右的时间出版一部长篇小说，保持了一个较为稳定的节奏。时间的充裕有助于作家对写作素材的积累和生活经验的咀嚼，从而穿透现实的迷雾达到对内质的体悟与升华；也有助于作家寻找到最恰当的形式，达到形神合一。

虽然阎真的作品十分有限，却成绩斐然，不但得到了文学批评界的认可——《曾在天涯》被评价为呈现了“域外文学新质”的“第二代”留学文学代表作品[②]，《沧浪之水》被认为“超出一般官场小说的格局了。”[③]同时也备受大众读者的青睐，《曾在天涯》和《沧浪之水》出版之后，都曾应市场需求多次再版。如何将高雅精英化的创作追求与通俗大众化的市场获得达成一致？阎真的写作也许能提供给当代小说家以某些启示。也正因为他在思想与形式之间达成的密切协作，使我们有理由对他未来的创作充满期待。

（载《小说评论》2008年第4期）

主要作品目录《

长篇小说

《曾在天涯》，人民文学出版社1996年版。

---

① 阎真：《为当代知识分子写心——〈沧浪之水〉写作随想》，《文艺报》2001年12月11日。

② 杨经建：《〈曾在天涯〉：域外文学新质的呈现》，《小说评论》1997年6期。

③ 雷达：《追问迷失的根因》，《中华读书报》2002年1月9日。

《白雪红尘》(《曾在天涯》海外版),加拿大明镜出版社 1996 年版。

《沧浪之水》,人民文学出版社 2001 年版。

《葬魂》,人民文学出版社 2003 年版。

《因为女人》,人民文学出版社 2007 年版。

《活着之上》,湖南文艺出版社 2015 年版。

理论专著

《百年文学与后现代主义》,湖南教育出版社 2003 年版。

文 集

《阎真文集》(5 册),人民文学出版社 2012 年版。

杨显惠

男，1946 年生，甘肃东乡人。

小 引《

1957 年的“反右”斗争，犯了扩大化的错误，这些错误留下的阴影，不是轻易可以消散的。因为历史阴影挥之不去，成了一个难解的心结，所以，最近三十年来，与这场历史错误有关的文学作品，层出不穷。尤其是在 20 世纪七八十年代之交的伤痕及反思文学潮流中，对“反右”斗争的暴露、反思，甚至成了一个热门的题材和主题。本辑“档主”杨显惠和他的《夹边沟记事》，就是这种作家作品。

20 世纪 50 年代的“反右”斗争虽然离我们不远，但它的身影却已模糊不清。原因是它自身太过复杂，人们对它的认识反复太多，很难确知它的庐山真面目，因此，追寻历史的真实，就成了当代作家一个无法拒绝的诱惑。窃以为，与其费力不讨好地强说历史的真相，还不如守住文学的本分，专在一个人字上做文章。历史无论真假，总是人经历过的，只要人的经历是真的，这历史就假不了。从这个意义上说，杨显惠用“记事”的方式写诸多“右派”个体的真实经历，是把着了历史这棵大树的根根须须、枝枝叶叶，如果历史也有生命的话，在这些根须枝叶中，就流淌着它的生命汁液，潜藏着它的生命基因和生存密码。佛家有一种说法，叫“一花一世界，一叶一如来”，不也包含有这种以小见大、以个别见一般的意思吗。

这让我想起了一种叫作“截取横断面”的短篇小说构思法。据说，这种构思法，最早是胡适从西方引进的，有论者因此就说中国古代的小说喜欢讲故事，无论长短，都是从头说起，依次道来，颇有点技不如人的味道。虽然这并非确当之论，但这种“截取横断面”的构思法，把社会生活（包括历史）看作一个具有紧密内在联系的有机整体，截取这个整体的任一个断面，都能透视它的全体的观念，却是发人深省的，正好拿来给杨显惠的这种以小见大、以个别见一般的写法，作一个理论的注脚。杨显惠说他不会写大历史，我以为这不是什么憾事，恰恰相反，这倒是他的长处所在。须知，大历史从来就是留给大人物的，与芸芸众生、纤芥小民无关。就连当“右派”这类事，大人物和小人物的当法，也有不同。杨显惠在接受访谈中，就对此做了具体的区分。这种区分岂止涉及一个待遇问题，更重要的是这场灾难的性质。大人物（或用杨显惠的话说“大右派”)因为尚有基本的物质生活保障,所以他们的痛苦多表现为精神性的;在这个精神高于肉体的现代文化语境中,精神性的痛苦是高等级的痛苦,是被罩上了神圣的光环,受人膜拜的。所以,暴露“文革”伤痕的“伤痕文学”,重点写的是心灵的创伤,即精神的痛苦,而悬置肉体的痛苦,或视肉体的痛苦为无谓,套用鲁迅的话说,颇有点“掊肉体而张精神”的味道。尽管当时肉体的痛苦并未完全消失,但人们宁可捂着伤口,忍住疼痛,也要把这份痛苦的光荣让给精神。但问题是,精神再高尚、再尊贵,仍得要有所附丽,其所附丽者,依然是或只能是低等的或低贱的肉体。马克思有一句话说,人只要是感性的,就是肉身的。也就是说,只有肉身,才是人的存在包括精神性的存在真正真实的寄寓之所。杨显惠的作品虽然也写了精神性的痛苦,但在我看来,他关注的重心,却在肉体的或曰身体的、肉身的痛苦经验,有些经验甚至堪称人间惨剧,他用不加掩饰的“记事”笔触,挑开了覆盖在受难者尸身上的精神的遮羞布,让他们狰狞的肉身裸露在我们面前,永远警醒人们的历史记忆。从这个意义上说,杨显惠不啻是一个历史的敲钟人。

自　述《

回答两个问题

自从《夹边沟记事》和《定西孤儿院纪事》出版之后,读者和媒体常常问我这样的问题:为什么要写这两本书?您写的是小说还是纪实作品?遇到这种提问,我经常是哑然无声。现在可以略微系统地回答一下了。

先回答第一个问题:为什么要写这些书?

有人说《夹边沟记事》和《定西孤儿院纪事》,包括后来的《甘南纪事》,不是当今文坛的主流。这话我是同意的。就个人的阅读经验和视野来说,我认为目前的文坛和作家们叙写的题材和格局很好,写什么题材的都有,天上地下国内境外他人自己客观世界主观心灵,无所不包,无所不有,真是百花齐放,百家争鸣。理论家们也为各种写作提供着理论支持。主张写重大主题的理论认为,作家应该走出个人生活的小圈子,投入时代的洪流,走到时代的最前沿,在人民创造历史的洪流中感受生活,获得灵感,创作出不朽的作品;主张写身边事物的认为,生活处处有,作家身边就是生活，写自己就是写生活，自己的生活也折射着时代的脉搏，就像一滴水也折射着太阳的光芒。前一种主张自古就有，这是中国文学的传统，文以载道。三国时期的魏文帝曹丕在《典论·论文》里就说过这样的话："盖文章，经国之大业，不朽之盛事。"曹丕说的文章，就包括文学。到了近代，中国社会由封建社会向现代社会转型，改良主义的革命家梁启超等人提出了"新民说"与"文学救国论"，认为"新国必先新民"，而"欲新一国之民，不可不先新一国之小说"。他还说："日本之变法，赖俚歌与小说之力。"梁启超等人的话太过偏颇了，似乎小说真有救国的神力了，但他们的历史功绩不可抹杀，他们的呼喊催生了中国文化的一场深刻的革命：五四新文化运动随之就到来了。后来的抗战文学，也是这一传统的继续。从这条线上数下来，有了一部中国文学史，有了像杜甫、白居易、龚自珍、鲁迅、丁玲这样的大文豪。到了当代，出现了像陈忠实、阿来这样的重要作家，他们的《白鹿原》和《尘埃落定》写出了中国社会历史性的进步。主张写自我写身边事的文学也是早有渊源的，像陶渊明、李清照、张爱玲。但这种文学主张在中国文学传统里不是主流，它只是在历史发展到20世纪80年代以后，甚嚣尘上，并且成为当代文学的主流。这种写作在当代的代表作家是王安忆，《长恨歌》写出了市民社会的上海。

尽管描写身边的事物、描写小人物和自我，成为当代文学的时尚和潮流，但是我的写作还是选择了文以载道的传统道路，选择了重大题材的写作。这是因为我的写作开始于"文革"结束后平反冤假错案和改革开放的时代，和许多那时候开始写作的同行一样，心里有许多有关国家、民族的重大问题的反思和诉说。后来，当我的写作逐渐深入的时候，知青生活的经历又深刻地影响了我的写作。我是1965年就上山下乡的知青，我从兰州的一所中学毕业之后就到了甘肃省生产建设兵团，在河西走廊最西端的瓜州县小宛农场当农工。而我们的农场又接收过50年代的两个劳改劳教农场，这两个农场里留下来的一些"右派"分子便分散到了我们农场的各个连队。我逐渐地接触到一些"右派"，听到了不少他们的故事，内心十分震撼。"情动于中而形于言"，就很坚定地写下了这些故事。

我的主要作品写的都是重大题材，但重大题材又都不是我熟悉的生活，要想写好就要深入生活。定西孤儿院调查了三年。不光是去那个连队访问孤儿，我还往定西跑了三四趟，每一趟都是两三个月，访问了孤儿、孤儿亲属和孤儿院工作人员一百四五十人。写《夹边沟记事》之前也是跑了三年，访问了近百人。深入生活和闭门造车是不一样的，深入生活搜集素材之后的写作得心应手，写作时心里很踏实。

现在回答第二个问题：《夹边沟记事》和《定西孤儿院纪事》是小说还是纪实性

作品。

《夹边沟记事》中的《探视王景超》《许霞山放羊》《告别夹边沟》《饱食一顿》《逃亡》是纪实作品,而其他的篇章都是小说。这几篇写的是真人真事,我在采访的时候,主人公明确告诉我要写他们的真实姓名。既然写真名真姓,那故事就一点儿也不能走样,连他们的工作单位都不能虚构。《定西孤儿院纪事》中的《院长和家长》是纪实作品,院长是真名真姓。我在访问孤儿的过程中,所有的人都谈到了这位老人,他是在自己不被组织信任和重用的情况下,忍辱负重地把专区孤儿院办起来了。在孤儿院初创阶段,孤儿中蔓延的伤寒病击倒了他,但他没有回家养病,他的家就在县城里。他和孤儿们同住同吃,日夜操劳。他救了很多孩子的命,并且像父亲和保姆一样地关心他们的生活。他在孤儿院里办起了学校,叫孤儿们受教育。他还办了个护士班,叫兰州的几家医院来挑选护士。当孩子们长大一些的时候,他又竭力地和各地各机关和企业联系,尽可能多地安排孤儿们走上工作岗位,脱离贫困的农村。我写出他的真名真姓,是想叫他名垂后世。

其他孤儿和"右派"们的故事,由于多多少少写到了他们的一些隐私,或是写到了与他们有关的一些人的"不光彩"的行为,我都要虚构一些细节,因为那些人还活着或是他们还有后人,真实的描写会伤害他们,也会给我招惹麻烦——可能会吃官司的。还有,孤儿们现在都是五十多岁六十出头的人,他们中的大部分人内心受到了伤害,他们认为父母饿死、自己在孤儿院长大是丢人和耻辱的事情,他们不愿意被人知道自己的身世,甚至对自己的儿女也隐瞒不露。我要尊重他们的意愿,在写作中改变他们的某些经历,改变他们的出生地,或是改变他们的生活环境,以防在现实生活中被他人对号入座,对他们的生活带来不利的影响。还有一个原因,我是写小说的作家,我要把采访来的素材写成小说,这就必然对故事和细节进行整理和加工,或是给不完整的故事添加一些细节。严格意义上来说,只要有一个细节是虚构的,一篇文章就不能说是纪实作品了,所以《夹边沟记事》和《定西孤儿院纪事》我把它们定义为小说。但我也不反对人们说它们是纪实作品,因为两本书里描写的故事和细节都来自生活,不是我杜撰的。

我认为有些评论家把这两本书定义为纪实小说是正确的。

访　谈《

为时代立心　为生民立命

——杨显惠访谈录

吕东亮　杨显惠

吕东亮:我看了您的简历。您是西北师范大学(当时叫甘肃师范大学)数学系毕业,学的是数学,后来怎么搞起文学了?

杨显惠:我是兰州人,1965年从兰州二中高中毕业上山下乡做了知青,在甘肃省生产建设兵团农建十一师瓜州县小宛农场当农工。1971年,停办了几年的高校开始招生,招的是工农兵学员,我被录取了。那时候学什么专业,不是你个人选择的,是上边指定的,你不喜欢这个专业,不去上,你就失去上学的机会了。五年前,为了当农民我放弃了考大学;这一次为了改变生活的道路,数学专业我也去读了。

吕东亮:你在那里学了四年。那时就开始文学创作了吗?

杨显惠:我在那里是学了四年,但这是特殊情况。那时大学学制是三年,因为进来的工农兵学员文化程度参差不齐,学历从小学到高中都有,所以需要补课。补课的时间大概是半年。这样一来,学制就变成了三年半。还有一个特殊原因,甘肃贯彻毛主席"大学还是要办的"的最高指示坚决快速,招生比其他省提前了几个月,所以学制就变成四年了。我在大学虽然读的是数学专业,但我对数学没有兴趣,花了大量时间读文学书。那时我只是看书,研究文学,没有写什么东西,再说那时也不是写作的时代,是大批判的时代,我一个数学专业的学生写什么呢!但我没有虚度时光,开始了漫长的写作的准备阶段,一边读书,一边思考将来写什么,怎么写的准备。我的写作开始得比较顺利,写的第一篇东西就发表了,发在《甘肃文艺》1980年1月号。这篇小说是《七月里》,我的第一本小说集里没有收,因为出版的时候出版社不敢收。《七月里》这篇小说的创作和发表有一些故事。1975年夏天,我在师范大学快要毕业的时候,有几个同学的档案中有些问题,系党总支派我和班党支部书记搞外调,跑了天水、定西等地区。一到那里,强烈地感觉到那里极端的贫困,很多人出去讨饭,印象很深。七月了,麦子熟了,外出讨饭的人回家乡收麦,汽车站和班车上挤满了回家乡收麦的农民。我就写了这样一个故事。这篇短篇小说是在酒泉地区举办的文学创作学习班创作的。当时酒泉地区办了一个文学创作学习班，我们兵团里两三个人坚持搞创作，和地区文联的人熟悉，他们推荐我进入创作学习班。学习班一个月，我在那里写了《七月里》。写好后拿给文联的人看，他们评价还不错，但是不敢在他们办的杂志发表，因为太敏感了，写的是乞丐和贫困。于是我又赶着写了一篇，写兵团领导干部的，就在地区的杂志上发了。第一篇小说《七月里》我是很看重的，用一个月时间写成的，不甘心它发表不了，就寄给《甘肃文艺》。没想到的是一个编辑私下把稿子拿去在一个非法出版物上发表了。这在当时可是个了不得的事情，甘肃省公安厅立案并开始侦察。我的好朋友诗人林染从兰州回到兵团，专门找我通风要有思想准备，省公安厅要找我呢。结果公安厅没找我，因为没过几天这篇小说很快就在《甘肃文艺》上正式发表了。接着，1981年《甘肃文艺》又发了我一个短篇。

吕东亮：这么说，您在创作开始阶段还是很顺利的，也算得风气之先了。您是在什么样的情况下开始着手创作的？您的创作在甘肃引起注意，对您的人生道路和文学创作影响大吗？

杨显惠：我的创作在甘肃没有引起什么注意，在甘肃发表了两三个短篇之后，我就在1981年调到河北省大清河盐场工作了。到了盐场，领导知道我业余写作，就把我放在党委办公室当秘书。干了两年秘书，我在《萌芽》《长城》和《天津文学》上发了几篇短篇小说，当时的河北省作协注意到我了，河北省作协的副主席尧山壁亲自跑了一趟大清河盐场，和盐场说定我做河北省作协的合同制作家。干了一期三年合同制作家，第二期又干了一年，也就是1987年，我的工作又调到了天津塘沽盐场。一年后的1988年，我成了天津作协的专业作家。值得一提的是，我到天津塘沽后，尧山壁先生还来我家里找我，劝我到河北作协去，家可以安在塘沽。当时我很感动，也同意了，后来因为家庭的原因和当时手续上的麻烦，又没有成行。

总的来说，我的文学之路还是较为顺利的。当时都说业余作者很苦，作品不易发表，我倒没觉得。我那时候写的作品几乎都发表了，没多少退稿。那个年代是文学取得轰动效应的年代，人民娱乐不丰富，就把情感抒发的需要寄托在阅读文学作品上，文学几乎成了全国人民都要阅读的圣经。当然，我的创作也没有取得什么成就，一般化。

吕东亮：您太过谦了，80年代您还是有很大成绩的。您的短篇小说《这一片大海滩》获得1985年全国短篇小说奖，这是很有影响的。《妈妈告诉我》被多个选本收入，好像也获得了一个什么奖。应该说，80年代是您创作上的一个丰收期，作品多，影响也很大。

杨显惠:《妈妈告诉我》获得《上海文学》奖。

吕东亮:从您开始创作的70年代末期到今天,文学的内部和外部环境已经发生了深刻的变化,您的创作肯定也要面临这种环境。从1985年获得全国奖的《这一片大海滩》到2000年开始引起关注的《夹边沟记事》,这中间有相当长的时间,您的创作应该是较为平静和沉寂的,这中间您做了什么具有探索性的工作,从而最终使您开始写作《夹边沟记事》?面对如此剧烈的文学转型,您是如何确立自己写作的方向的?又是如何确立写作的立场和姿态的?

杨显惠:80年代我先是写知青生活,后来到了海边的大清河盐场就又写了关于渔民生活的一些作品,尽管我所在的盐场和渔民几乎没有关系。到了90年代,就面临着下一步怎么走的问题。我们的社会面临很大很激烈的转型,1989年以后文学也有一个萧条期,作家们都面临着调整创作方向的问题。要么主旋律,要么市场化,还有现代文艺思潮的层出不穷。那时知青文学已经到了很高水平,也很难出新了,所以关于知青生活我就不愿意再写什么东西;大海和渔民呢,我也不真正熟悉,也不愿再写。我进入了一个苦恼的时期,探索的时期。这样的状态持续了七八年之久。其间读读书,写一点小说,主要是思考创作道路问题。思考的结果,我决定写甘肃。我在探索思考期间,一是思考要写什么,还要思考怎么写。思考的结果是既不走主旋律,也不走市场化,我就回过头来写我熟悉的甘肃,我生活了三十多年的甘肃,写历史题材。在写作方法上我决定走现实主义的路。80年代中期以来文坛上流行的是纯文学、先锋派、意识流,等等,代表性的作品我都读过一些,包括一些西方大师们的作品。感觉那些写法不适合我,不适合我对生活、世界的表达需要。我要表达我这几十年生活的体会、思想感情,现实主义的方法最适合我。这个现实主义还要加上“批判”两个字,批判现实主义,这是我好几年思考之后做出的决定。然后我就去了夹边沟,去了河西走廊。

吕东亮:当年是否有批评家把您的创作归为知青文学?

杨显惠:当时,我的文学创作在批评界并不引人注意,因为我的创作还不成熟,我还没找到自己创作的道路,和自己在文学上的位置,所以关于我的评论很少。只有雷达先生认真关注着我的写作,写过一万多字的长篇评论,发在《长城》上。他称赞我的小说表达了“酷厉环境下的人性美”。回忆我写作的历程,我始终对雷达先生心怀感激。他是最早评论我的大评论家,几次评论我的作品,评论我所有的作品。他的评论温暖着我的心。后来,我的《夹边沟记事》发表,评论也是极少,仍然是雷达先生首先写了评论。还有魏威,我也很感激他。他是《萌芽》杂志的理论编辑,在《小说家》杂志发过关于我的评论,两万字的评论。但是,不论哪个评论家,都没有把我归类为知青作家,因为我自己就没有把自己归为哪个类。我在写作上始终有一个想法:要跟上时代,但绝不跟流、跟风。

吕东亮:您现在如何评价您80年代的创作?您今天的创作与80年代的创作有哪些精神上的、艺术上的联系?

杨显惠:我80年代创作主要的内容和主题是劳动和爱情,重点在人性的问题上做文章,写永恒的主题。我写知青的生活,写渔民的生活,都是如此。我想80年代是我在表达自己对生活、世界和时代认识上必经的阶段。现在来看,那是一个学习写作的阶段,是寻找写作风格寻找自己位置的过程。我真正的创作开始于"夹边沟",然后是"定西孤儿院"。这是写历史题材,写我们民族的历史、我们民族的苦难。我的写作自此进入了表现时代精神的阶段。这一段的写作也并不很满意,写得并不好的原因是我没有那么深厚的学养和能力,写不出大历史来,只能选几个体会较深的点来切入。但我觉得应该去反思那段不堪回首的历史,进而去审视、批判我们国家曾经走错的路,从而使悲剧不再重演。但这样的主题很难表达,我也常常感到自己这枝"秃笔"的无力。

吕东亮:您所要创作的"命运三部曲"是不是指《夹边沟记事》《定西孤儿院纪事》和正在《上海文学》连载的《甘南纪事》?

杨显惠:我并没有"命运三部曲"的创作计划。我从来没说过这个话。"三部曲"的说法好像是天津古籍出版社出了我的中篇小说选《夹边沟记事》之后,策划者贺雄飞先生在一篇评论中说出来的。我记得好像在他出版了这本书之后,他说要去一次夹边沟农场。我们一起走在路上,他问我今后还有什么打算,我说下边想写一下1960年的困难,想写一下"文化大革命"。不知怎么的,他就在他的文章中说我有个"命运三部曲"的计划。实际上我要写的东西很多,不局限于三本书。记得与贺雄飞聊天时我就说过,在我们共和国的历史中,50年代还有很多空白需要我们的文学去反映,譬如说土地改革,譬如农业合作化,譬如人民公社。当然,这些题材十七年的文学已经出过很多书了,但那些书的作者因为历史的局限大都留下了缺陷,需要我们今天的作家站在新时期的门槛上重新审视那段历史,要重新去写,把真实的历史告诉读者,要还历史以真面貌。所以我的写作不是"命运三部曲",而是要写第四第五部。

吕东亮:"命运三部曲"是贺雄飞提出来的,那么您个人对命运又怎样理解?

杨显惠：我认为命运是一种客观存在，总的来说个人逃不出时代的限制，有一些幸运者能够超越大环境的限制，改变自己的命运，但这是极少数。整体上来说，命运是由时代和社会制度决定的。

吕东亮：我阅读您的新作《甘南纪事》，感觉很特别。您笔下的藏民生活不是那么神秘，宗教信仰也不是特别强，特别是年轻人，和汉族几乎没有什么区别，也要面临现代生活的问题，比如一夫两妻的现实需要和伦理困境，比如关于财产的冲突，比如他们对牛仔裤、保暖内衣、打工、出国等现代事物的态度等！

杨显惠：我就是想写出甘南藏民在当今时代目前环境下是怎么生活的，告诉人们一个真实的境况。一般的情况是，汉族作家写西藏愿意把它写成一个很神秘的地方，很落后；藏族作家则往往把它写得很明朗，很现代，扎西达娃就写得很明朗，阿来也写得很明朗。我觉得这两种写法都有点片面，藏民并非那么神秘，也没有那么现代。他们有自己的价值观，有自己的传统习惯和解决问题的智慧，发生了矛盾，或者打了仗杀了人，不找公安局，不找法院，而是民间自己解决，赔命价。这就和法院、公安局等现代司法机关相冲突相矛盾。实际上，这是传统生活和现代生活的冲突，不仅仅是藏族，是中华人民共和国的各个民族都面临的问题。我认为，目前藏民的生活在汉族化，汉族的生活在西方化。这是我对现实生活的观察和认识。

吕东亮：关于"反右"题材，有很多历史性著作，很多回忆录，很多写大人物、大事件的作品，但写小人物的作品非常少，小人物作为受难者的声音没有发出来。一些较大"右派"在新时期往往被称赞为"文化英雄"，获得了很大的荣誉和话语权。您笔下的小人物，出来以后也没有英雄的感觉，而且羞于提及这些往事，也没有话语权，也没有倾诉苦难的激情。您的作品赋予其机会，为他们讲述自己的经历和存在提供了话语场。您的《夹边沟记事》在这一点上可以说是空谷足音。

杨显惠：大"右派"大部分可以不去农场劳教。他们只是失去了出头露面的机会、生活的特权，工资标准降低，但还有足够的生活费，还是生活在城市，或是下了农场，也不是劳改劳教，只是劳动锻炼改造思想。小"右派"就惨了，叫你劳教你就得去劳教，不去就押着你去，逃跑了抓回来改为劳改。劳教结束了，接着又下放农村当农民，监督劳动，生活很艰难。我书中写到过的小学教员，机关和企业的小职员，一经被划成"右派"，就什么都没有了。

吕东亮：我特别欣赏具有抗争精神的人物，比如《夹边沟记事》中的"贼骨头"俞兆远，《定西孤儿院纪事》中的蔓蔓，非常形象，非常具有生命力，还有一些敢于逃亡的人。但我也注意到一个人的品质在大灾难面前可能会起一个决定性的作用，比如陈天堂,比如梁善人。

杨显惠:是的,几斤炒面可能会决定一个人的生死。一个人的家属送来了炒面,去了一趟厕所就被人偷掉了,这个人可能就死到临头了。就是这么残酷。

吕东亮:为什么没有多花些笔墨写写这些人被打成“右派”的具体过程?

杨显惠:“反右”的过程很多“右派”都写过,很多书写过了,我不应该重复他们。我倒是想写这些“右派”从夹边沟遣返城市后再怎么熬过那十八年的,怎么熬到1978年改正“右派”的。但是我写完《夹边沟记事》后就立即去写《定西孤儿院纪事》了,没顾得上。等我写完目前的《甘南纪事》我可能就要去写它了,这可能会成为《夹边沟记事续集》。

吕东亮:那一定是一本有价值的书,我期待着。您还写了“右派”的生存可能性及其外围亲人的处境和反应,比如《李祥年的爱情故事》《这就好了》,也很令人震惊。

杨显惠:当时的社会,城市的街道办事处、居民委员会乃至邻居,警惕性都非常高,跑掉的“右派”们几乎无处可以存身,只有跑往新疆等地或边远农村才能生存下来。

吕东亮:您小说中写到的人物都是真名吗?

杨显惠:有几个是真名,其他是化名。用真名就不容易写成小说,就成了纯粹的报告文学了。在我的采访过程中,有很多人的故事是大致相似的,也有的比较奇特,我写到的故事大部分都是真实的,只有少数几篇有虚构的成分。还有就是用化名可以减少麻烦。他们当中有些人还活着,写出他们真名来会影响他们的生活,尽管这些事都是真实的、不可否认的。尤其是那些孤儿,他们现在五六十岁,他们很多人至今把自己进过孤儿院当作是自己的丑事,不想叫人知晓。《院长与家长》中定西孤儿院的院长李毓奇是真名。因为这个人在当时的环境下作了很多努力来救助孤儿,我觉得应该表彰他,给他树碑立传,我用真名有这个目的。

吕东亮:在《上海女人》《李祥年的爱情故事》《梦魇》等篇目中,包括早期的中篇小说《黑戈壁》,您还特意写了苦难生活结束后的一些故事,比如,这些“右派”或知青后来重逢的场景。这些故事从内容上来说并非必要。您写这些故事的考虑是什么?想通过生活的对照表达什么?特别是《李祥年的爱情故事》中,两个人再次相遇后恣意欢爱会给人一种道德上的不适感,但可能也是对感情强度、补偿冲动的一种极端表达。您是不是不喜欢那种“温柔敦厚”的美学表达,喜欢极端情境?

杨显惠:我写作时并没有特别的考虑,没有你说的那么复杂。我写这些细节主要是为了故事的完整,小说要求故事的完整性,没有其他的考虑。小说主要是写人,写人的七情六欲，否则就会感到人物的苍白和不完整。该写情的地方一定要写出来，写出情感的内容和力度，否则就成为报告文学了。整体来说，我觉得我对爱情的描写还是干净的，性的描写很少，很克制。

吕东亮：在您早期的小说《野马滩》《不知道他是谁》等篇目中，小说主人公总是有对一种即将发生而终究未发生的另外一种可能性的遗憾。重逢之后还是很纠结，总有一种重来或者说重温旧梦的冲动。这是为什么？

杨显惠：这是对知青那一代人爱情观的表达，那一代人的爱情就是那样，有很多遗憾。

吕东亮：“夹边沟”“定西孤儿院”这两个题材，您原来都打算写成长篇的，怎么突然改成短篇小说集了？

杨显惠：这个改变有很多因素。一个长篇需要长时间的构思，构思很难，很费事，还不好把握。还有出版的问题，长篇不易发表，不易出版，出版不了就没有社会效益。写成短篇，容易发表一些，一个一个地发，发成一个系列。事实上，我也没有时间长期进行构思，因为当我进行了一段时间的调查后，强烈的写作的冲动，促使我很快地进入写作，一边写，一边发表。还有一点，我喜欢短篇小说的写作，写作起来很自由，很顺手，不受构思的限制，也不会伤害我所要表达的内容和感情。如果写成长篇的话，很多人物、故事放不进去，会留下遗憾。

吕东亮：鲁迅先生评析吴敬梓的《儒林外史》的结构时说“虽云长篇，颇同短制”，您的作品也是一样，或者倒过来说更合适“虽云短制，颇同长篇”。吴敬梓通过同时代同背景的几个士人的行为出处来表达他对封建末期士人文化的反思和士人新出路的探索，虽然其间没有情节上的联系，但精神主旨是一贯的。您的小说也可作如是观。现在看来，系列短篇小说的形式是非常成功的。我注意到，您的作品有些是直接进入故事，采用的是第三人称；有的是采用第一人称和第三人称交互使用的手法，以质询和回答的方式来讲述、补叙故事的。两种方式都很有魅力。您是怎么决定选取何种手法的？不纯粹是材料多少的制约吧？第二种叙述方式所产生的间离效果似乎意蕴更复杂些，您以为呢？

杨显惠：我主要考虑的是叙述的方便，更能表达我的感情和思想。有些事情非常平淡，直接记录下来太乏味了，换个角度讲述，插进来一些其他人的故事，起伏跌宕就多一些，更有味道一些，读者有兴趣读下去。写小说就是让人看的嘛。

吕东亮：您的语言非常值得关注，其价值一点也不逊于您所讲述的故事本身。节制、冷静、简练、遒劲，是另外一种典雅和精致。这种语言您早期的作品中有，但多是温情的传神的诗意，今天的诗意更加峭拔。特别是对话和结尾，含蓄蕴藉、耐人寻味。您的艺术品位确实是很高的。您能否具体说一下这种语言特色、艺术品位的形成过程？语言和故事本身的联系又是如何建构的？

杨显惠：语言风格是个很复杂的问题，一句两句说不清楚。它是长期写作的过程中逐渐形成的，包含着我的美学方面的追求。我喜欢那种朴素自然的文风。根据我多年的读书经验，发现大凡那些经典作家的语言，都是自然朴素的，我就向他们学习，向着朴素自然的文风看齐。前几年我又读到一本书，美国《普利策新闻奖报告文学卷》，它的文字切入主题直截了当，是新闻语言，却有很强的文学性。我喜欢这样的语言，这样的风格。我认为这种直接性正好切中文学的奥妙和本质，有点海明威语言的味道。有人问我是否喜欢美国文学，整体上我是不喜欢的，我更喜欢俄苏文学，但美国作家我喜欢海明威的作品，很简洁、很漂亮。我的写作当中，海明威对我有影响，还有契诃夫，他的短篇小说对我影响很大。你说的典雅和精致我做不到，我没有那个修养，这和我受到的教育有关，和我的生活经历也有关系。语言技巧就是这样，生活经历使我喜欢一些作家的语言和风格，我就学习他们的语言风格进行写作。我们读台湾文学的作品，或者三十年代作家的作品，会感到一种典雅，一种文学腔。大陆1949年以后的作家的文学语言，典雅的不多，这可能是与知识分子文学腔在长期思想改造过程中的丧失有关。你说我早期的语言有诗意，那可能是我那时受苏联文学影响较深的原因吧，早期我读苏联作品较多，托尔斯泰的作品，肖洛霍夫的《静静的顿河》、艾特玛托夫的《白轮船》等作品，我都很喜欢。

吕东亮：您80年代都读了哪些对您有影响的书？现在都读哪些书呢？有没有您自己特别喜欢的当代作家作品？

杨显惠：80年代读书主要是赶潮流，读流行的文学作品。80年代，经济上放开，思想文化方面也是西风东渐，西方文学思潮潮水般涌来，文坛一天一个样子。我当然不能落后，便读了一些外国现代派作品。象征主义呀，表现主义呀，存在主义呀，未来主义呀，意识流呀，魔幻现实主义呀。卡夫卡、福克纳、索尔·贝娄、辛格、普鲁斯特、乔伊斯，等等。但是我要告诉你的是这些主义和大作家并没有对我形成什么大的影响，因为我有我的生活经历，有我对世界和生活的认识。我读书是为了找到表达我的思想感情的方法。读来读去，觉得还是俄苏文学对我影响大，肖洛霍夫、索尔仁尼琴、契诃夫对我影响大，鲁迅对我影响大。现在我要做的事情已经很确定了，写作方法也不会再变来变去了，所以不再像八九十年代那样发疯般读书了，那个阶段已经过去了。我现在主要是读些闲书、杂书。由于生活经历的原因，受教育的缺陷，历史呀、经济呀、政治呀，各方面知识不足，所以现在补这些方面的知识。再就是看看读书报和评论杂志，了解有哪些有定评的书籍，找来读一读。当代作家的作品，我不知道索尔仁尼琴算不算当代作家，他去世才两年吧，应该是当代作家。今年我读了他的《红轮》第一卷，三部，一百万万字。第二卷第三卷听说也翻译出来了，但我没见到，如果见到了也要买来读。严歌苓的《第九个寡妇》我认为是一部好书，写了几十年的中国农村史。国内的当代作家，我喜欢张炜的作品。《中华读书报》说他出了一部《你在高原》，十卷，450 万字。我一定要读的。陈忠实的《白鹿原》是六十年来最好的一部书，怎么评价都不过分。王安忆的《长恨歌》，奇美。最近的这几年，我的确读文学书不多。我写历史题材，写甘肃，我把大量的时间用来在甘肃游走和调查上，读大量的县志、地方志和文史资料。你看，我的书架上那么多县志，都是大厚本。我需要把甘肃的历史搞明白，这要花很多时间和力气的，是很难的。

吕东亮：是呀，非常的不容易。现在很多作家都不愿意花这些力气了。您为什么这么执着呢？是不是和您对文学价值的理解有关呢？

杨显惠：我对文学价值的理解的确和过去不同了。我认为文学最重要的本质是要表现时代精神，应该从时代精神里表达永恒性的主题。如果都去写抽象的东西，写永恒的主题，但却忽视了时代精神的展现，那么读经典作家的书就够了，只读李白杜甫就行了，只读外国古典作家的作品就够了。因为那些永恒的主题他们都写过了，并且是不可逾越的，现代作家就没有写作的理由了。

吕东亮：您的《夹边沟记事》《定西孤儿院纪事》《甘南纪事》都是写甘肃的，甘肃可谓您的文学故乡、精神故乡。就像绍兴之于周氏兄弟、湘西之于沈从文、陕北之于路遥，甘肃这片土地在很大程度上支撑了您的文学创作，您的创作也在很大程度上建构了"文学甘肃"这一文化景观，对人们了解那片土地是有很大帮助的，特别是在目前甘肃本省文学创作不景气的情况下，具有特殊的意义。您在作品中有意保留了甘肃方言，有意描绘了甘肃的自然景观和生活习俗，给人留下了非常深刻的印象。您认为甘肃的环境究竟给人们和您笔下的那些人一种什么样的性格？您怎样看待风土、人、命运之间的关系？

杨显惠：甘肃近些年来文学创作的水平还是比较高的，如《甘肃日报》社的叶舟，小说就写得不错，还有武威的作家雪漠，《大漠祭》在全国影响很大。还有甘肃的邵振国、张从学、马步升。尤其是甘肃的诗歌创作，涌现了一批全国著名诗人，如像李老乡、林染、娜夜、高凯、徐兆寿、人邻、古马等人。他们的诗作和当下国家级的其他省份的诗作相比毫不逊色。我在说完这个问题后再来回答你的问题：甘肃的环境与文学的关系，风土、人情和命运之间的关系。我从内心里认为，一个地方的文学与环境——自然环境和社会环境，与风土、人情没有必然的关系。文学作品里写到了风土、人情，写到了地理环境，这仅仅是文学的外衣和载体。决定文学水平高低和品质的是作家思想的高度，是作家对社会生活——人生——的观察和思考的深度。我举个例子来说，路遥写出的小说《人生》感动了一代农村年轻人，因为它写了出生在陕西黄土地上的一代年轻人通过个人奋斗走出黄土地的辛酸。你能说这是黄土地成就了路遥吗？不是。在那个时代，南方红土地，北方的黑土地、西部的黄土地和戈壁大漠上都有这样动人的故事发生。为什么红土地、黑土地和西北的戈壁大漠上没有诞生《人生》这样的作品？还是要从作家的思想世界去找原因，不要从环境、风土、人情上去找原因。茅盾先生在一篇论述乡土文学的文章里说过，乡土文学要致力表现的，除了独特的风土人情之外，应该给予读者的还有普遍性的、与读者共同的对于命运的挣扎。如果不表现普遍性的共同命运的挣扎，这样的乡土文学就变成了一幅异域的图画。茅盾先生在那篇文章里还特别指出：必须是一个具有一定世界观与人生观的作者，方能把这种共同命运的挣扎给予读者。我很赞成茅盾关于乡土文学的论述，所以我在写甘肃的时候，并不把甘肃风土、人情、地理环境作为表现的主题，而是把甘肃人民的苦难与欢乐作为核心来表达。甘肃人民的苦难和欢乐、希望和追求与全国人民是一样的。

吕东亮：有人把《夹边沟记事》称誉为中国的《古拉格群岛》，您怎么看？

杨显惠：没有可比性。索尔仁尼琴是全景式地描写俄罗斯人民的生活状态，我只是描写了中国的一个角落，一个邮票大的地方。

吕东亮：您现在还是天津作协的专业作家吗？和天津文学界交往多吗？

杨显惠：现在退休了。我和天津文学界交往不是很多。我是个甘肃人，四十多岁到了天津生活，四十几岁进天津作协搞专业创作——那时候我在塘沽盐场宣传部当个小干事，是蒋子龙把我调进了作协，他改变了我的生活道路，我真诚地感谢他，感谢他一辈子。虽然进了作协，但我跟天津的作家们交往并不很多，文学是个寂寞的行当，交友再多也代替不了你的写作。还有就是我住在塘沽，离天津市几十公里，只有开会时见到市里的作家们，会一开完我就回塘沽了。另外就是性格使然了。

吕东亮：在我跟您的联系中，我感到您太谦虚了。

杨显惠：不是谦虚，我确是很笨拙，摸索着写作，至今也没写出引以为傲的作品。

评　论《

在历史边缘沉思存在

——杨显惠论

吕东亮

在当代文坛，作家杨显惠是一个静悄悄的存在。即便是2000年之后，他的《夹边沟记事》引起轰动，也仍然被有的批评者称为“一个远离当下生活的当代作家”[1]。寂寞对于杨显惠来说，已经成为习惯，这未尝不是一件好事。甚至可以说，恰恰是这种与当代文坛的疏离，成就了杨显惠的创作，赋予他的作品以深沉浑厚的品格，一如他所挚爱的甘肃大地。

生存的诗意：早期写作论略

杨显惠的创作开始得颇为顺利。1979年他写的第一篇小说就在《甘肃文艺》1980年第1期发表，题目叫《七月里》，写的是一个大学生毕业前夕随班长一起出去外调，路遇班长讨饭的父亲和妹妹的故事。这是一篇作者内心酝酿很久的小说，也是作者的亲身经历。小说的结构在当时堪称精巧，语言则非常的老到，看不出来是新手所为。小说的主题则不令人振奋，格调也“不光明”，以致后来作者的小说集都不方便收入。但小说所写的贫困景象成为杨显惠的“震惊体验”，深深地刻入他的心中，成为他挥之不去的一个情结。但在“团结一致向前看”的80年代，这样的题材显然不适合再写。如火如荼的改革开放进程、轰轰烈烈的生活状态也为文学酿造了更多的诗情，杨显惠在文学的黄金时代里迎来了自己创作的第一个丰收期。

在80年代，杨显惠的创作主要是中短篇小说，按题材可以分为三个系列：知青小说，渔民小说，轶闻小说。

知青小说以《野马滩》《黑戈壁》《不知道他是谁》《刻在河西的土地上》《在沙漠边缘》《河西恋》等为代表。《野马滩》写劳动生活中人的成长、心灵的成熟，洋溢着对劳动的诗性赞美；《黑戈壁》《不知道他是谁》写知青生活中的爱情，懵懂而又纯真。这

---

① 党艺峰：《一个远离当下生活的当代作家：杨显惠论》，《小说评论》2010年第2期。

样的爱情在冲破压抑之后却没有获得美满的结局，留下了永远的怅惘。值得一提的是，两篇小说的女主人公在情欲燃烧之际都喊出了“我的前途”的清醒警示，也留下了难言的创痛。作者还写了知青生活结束后男女主人公对这段爱情的回忆和彼此的抚慰，表现了对已经消逝的可能性的感怀。《刻在河西的土地上》《在沙漠边缘》写知青返城所引起的情感风波。男主人公在矛盾和痛苦中勇敢地抉择，舍弃来之不易的返城机会，坚持留下来继续青春时代的梦，重新面向大地踏出自己坚实的脚步。这些知青小说以作者亲身经历为基础，真挚的情感和浓郁的诗意是其显著特征。知识青年上山下乡运动由于历史和现实的原因失败了，但其携带的美好理想和真切热情并没有消逝，也不应该受到嘲弄。杨显惠在知青小说中对纯真梦想的执着，既有自己切身体验在内，也充盈着80年代理想主义的激情，或许还有在急速变革的时代寻找永恒的坚韧的精神支点的努力。需要说明的是，杨显惠所描写的知青是“文革”前第一代知青，他们对于上山下乡道路的选择带有很大的自我价值实现的色彩，也含有浓郁的真诚的改天换地的激情。这是我们理解杨显惠的知青文学创作独特性时所特别需要注意的。

渔民小说以《爷爷·孙子·海》《爷爷，我自己下海》《海上，远方的雷声》《这一片大海滩》《在海上》《在大海的上空笑着》为代表。前三者是系列小说，人物、主题是一贯的。爷爷和孙子还有潜在的爸爸三代人以捕鱼为主要生计，在险象环生的大海中艰辛劳动，同时充满了对未来幸福生活的信心。不畏艰险的劳动者在劳动中成长，和劳动生活、劳动对象建立了难以言喻的感情。《这一片大海滩》获得了1985年全国短篇小说奖，这是一篇生活的抒情诗。小说写了母子在抢鱼过程中的心灵冲突，展现了在生活重压之下的美好希望的光辉。艰辛的劳动及其蕴藏的劳动者对美好生活的追求是这些小说的共同主题，这无疑具有不可亵渎的正义的诗意。这样的主题在80年代中期的文学界也是一股潮流，以王润滋的《内当家》《卖蟹》《鲁班的子孙》、贾大山的《花市》《取经》为代表的一些作品致力于描写改革开放初期人们生活的变化和心灵的涟漪，字里行间充满了乡土的诗意。此时在河北的杨显惠的创作，或许可以归到此种创作潮流中。

轶闻小说以“听来的故事”为主，代表性作品有《妈妈告诉我》《朋友的妈妈告诉我》《故乡沉没》《感恩》《阿爷的核桃树》《洗个不停》《我心中的芨芨草》《贵妇人》《小赤佬》。这些小说不再讲述平凡生活的故事，但内容并不离奇；主题比较含蓄，具有多义性；人物的存在状态较为特殊、耐人寻味。《妈妈告诉我》1983年获得萌芽文学奖，讲述的是一个弱小生命的故事：新中国成立前夕兰州国民党部队里的一个回族新兵娃子饱受老兵的欺侮，旅店的老板娘可怜他，给他设计了两种逃跑的方案，但他对此无动于衷，最终被气急败坏的连长毙掉。新兵娃子的存在状态令人印象深刻但似乎难以明确阐释，是恐惧中的迷茫还是对母性温情的留恋，是对前途的麻木无知还是对回族随遇而安的哲学的持守，总之让人欲说还休，心情难以平静。《朋友的妈妈告诉我》写的也是新中国成立前夕兰州国民党部队里的一个回族人，一个军官，面对注定被打败极可能被打死的命运，他不想逃脱，而是在临死之前从容地洗净自己身体换上干净衣服，最后果然战死沙场。作者在平静的叙述中展现了一个平凡人的生命风度。《感恩》写的是感恩者为了报恩被恩人误杀的事，感恩者的父亲宽恕了恩人，结果恩人变成了感恩者。虽然带有巧合的色彩，但让人感慨不已。《洗个不停》写了一个行刑者心灵所受到的戕害，《我心中的芨芨草》写了一个青年在饥饿岁月中遇到的温情。《贵妇人》和《小赤佬》写的是大西北的上海移民中两个美丽高贵的女人在困境中被侮辱被损害的故事，小说既描写了她们高傲的气质，也写了这种气质在生存逼迫下的扭曲和堕落，人性审视的力度是很强的。《故乡沉没》则写了刘家峡水电站大坝对故乡肥沃土地的淹没以及热爱土地、劳作终生的老人在现代文明力量冲击下无奈而又悲欣交集的感情。总的来说，这些小说平静地书写了以沉重、苍凉甚至残酷为底色的存在之微妙，显现了作家人生经验和创作心理的成熟。

杨显惠的早期小说主流是知青文学和渔民文学，主导性的风格是单纯明朗，充满诗意的。在这些作品中，作者的情感态度是明显的，抒情话语也较为直率。逼真如画的风景描写、细腻敏锐的心理体验随处可见，这有力地营造了作品的诗意氛围。这种诗意是深沉的、博大的，散发着俄罗斯文学的气息。但现在看来，更值得注意的是第三类小说，我在前面把它称之为“轶闻小说”。之所以如此命名，是因为这些小说的题材、主题和情调明显逸出了80年代文学的园囿，作者的情感倾向也是模糊的、微妙的，所以很难对这些小说的内涵作本质性的概括。相对于改革进步、传统现代等宏大叙事，这无疑是小叙事，即使引起文坛的注意，也难以评价它的价值所在。著名批评家雷达先生在80年代的一篇综论杨显惠创作的文章《酷厉生存中的生命美感》中曾评论过《故乡沉没》[①]，说是没有像外国经典作家作品那样写出这种题材所蕴含的文明冲突等宏大主题。这显然代表了80年代文学的精神追求，即写出深刻的、宏大的精神性作品。而杨显惠这些作品中所表露出来的对生存本身的关切和注视则被视为有待开掘的。在那个年代，生存本身不足以成为一个主题。这类小说可谓

① 雷达：《酷厉生存中的生命美感》，《长城》1988年第1期。

被意义遗忘的角落。但如果把这些小说，还有不被80年代文学场接纳的《七月里》和后来的《夹边沟记事》《定西孤儿院纪事》《甘南纪事》联系起来看，我们就会发现其中蕴藏着的超越时代的文学火种。当时代的背景和文化气息远去时，这些小说对于存在的关注和描写仍然令人难以释怀。历史边缘处的存在状态和人性展现，在祛除时代的遮蔽之后，重新发出耀眼的光芒。于是，有了《夹边沟记事》。

《夹边沟记事》的魅力

80年代后期，杨显惠的创作遇到了严重的困境。这种困境批评家雷达当时已经敏锐地觉察到了。他在评论文章中指出杨显惠创作中的"重复"："这是一种固守型的精致的艺术……不能说与他正在寻觅处于变革时代中的自己灵魂的故乡没有关系。"[①]而事实上，此时杨显惠已经做出了"重返大西北"的表示，遗憾的是这种表示并未获得80年代文学场的有力支持。当时的文坛充满了"喧哗与骚动"：一方面，流行的先锋文学裹挟着以"纯文学"为核心的强势文化力量，主导着人们的文学现代化想象；另一方面，文学市场化、通俗化的浪潮甚嚣尘上。此时的杨显惠刚刚依靠自己的艰辛创作，获得了一些赞誉，却紧接着面临不知所措的创作状态。写什么，怎么写，成了杨显惠必须要回答的问题。他感到自己的生活经验不适合以"现代派"的文学技法去表达，但又不愿意放弃自己真诚的文学理想而投向市场。他所擅长的知青文学此时已经达到较高的水平，不再容易创新，读者也似乎感到审美的疲倦。渔民生活他并不真正了解，也写不出新的感受和体验。这种创作上的焦灼感一直持续到90年代后期。1997年，杨显惠决定写《夹边沟记事》，开始了对河西走廊的访问。

为什么要写《夹边沟记事》？杨显惠本能地觉得，甘肃是他的家乡，他在那里生活了三十多年，那里有他的青春记忆和成长经验，有他最初对于社会人生的震惊。"夹边沟的'右派'死完了"，农场场长的一句话震动了他，激发了他对苦难和生存的想象，连接了他在第一篇小说《七月里》所表达的"震惊体验"。这种体验终于在长达十年的煎熬中冲出内心，化为震惊文坛的《夹边沟记事》。我认为，除了杨显惠的自我探索，十年来文学话语场的变化也是一个潜在的力量。90年代中后期，文坛开始出现无主流、无风潮的多元化状态，有的学者称之为从现代主义到后现代主义的"大转型"。现实主义的写作方法不再背负"落后"的文化标签，个人化的生存体验也有了表达的权利，文学写作的自由度有所增强。一只看不见的文化之手玉成了《夹边

① 雷达：《酷厉生存中的生命美感》，《长城》1988年第1期。

沟记事》的诞生。

《夹边沟记事》虽然书写的是“右派”题材，但其写作姿态却和相同题材的写作判然有别，尽管这种差别被一些解读者有意忽略了。《夹边沟记事》描写的人物都是小“右派”，中学教员、医生、大学生，等等，这些人并没有所谓的知识分子自我意识，在有幸活下来得到安置之后，也并没有所谓“文化英雄”的意识，很多人羞于提及那段痛苦的经历，也无法给予其一个崇高的解释。他们承受了比大“右派”严重得多的历史苦难，却又长期存在于历史之外，成为一个沉默无声的受难者。《夹边沟记事》的首要意义是描写了这一群被历史遗忘的人们，让他们发出自己的声音。

《夹边沟记事》的主要笔墨不是写这些人被打成“右派”的过程，而是写他们在农场劳教时的情景，写他们在一个共同的背景和确定的命运下的存在状态。“右派”只是一个历史的背景，作者关注的则是在这样的背景下人性的展现。《夹边沟记事》最让人震撼的是，“右派”们在面对饥饿和随之而来的死亡时的所作所为，有的苦苦挣扎，有的无奈放弃，有的竭力逃亡，有的出卖人格，作者用冷静质朴的叙述把他们穷形尽相地书写出来。

《驿站长》《饱食一顿》写“右派”们遇到食物猛吃而撑破肚子死掉的故事，让人在情感转换的同时平添一层悲哀。《憎恨月亮》中的“右派”想把自己变为刑事犯而转到生存条件好些的监狱，但屡次犯错都被好心人遮掩过去，生存的荒诞性直逼人心，文本的字里行间仿佛回响着含泪的笑声；《自由的嘉峪关》写的是几个“右派”暂时摆脱繁重的劳动和致命的饥饿在嘉峪关积肥的事情。《夹农》《在列车上》《许霞山放羊》《坚持到底》则写了“右派”之间或相濡以沫或互相伤害的故事，写了他们人性的变异过程。《走进夹边沟》《逃亡》《贼骨头》则写了一些面对死亡顽强挣扎的“右派”形象，他们爆发了生命中的全部能量，从一丝可能性上获取最大的生存资源，展现了生命的强度。《上海女人》《这就好了》《李祥年的爱情故事》《探望王景超》则写了夹边沟外围“右派”家属们的状态，有的家属挂念自己的亲人，执着寻找但无能为力；有的害怕受牵累，不敢给自己的亲人送东西，不敢接纳逃跑的亲人。《医生的回忆》则写了夹边沟农场存在的权力和黑暗的心灵相结合所造成的毁灭性的人道灾难，读来令人义愤填膺。在作者的笔下，小小的一个夹边沟成为人展示自己生命本真和心灵强度的舞台。这是一种极端化的展现，却具有惊心动魄的真实感。

和以往的“右派”叙事不同，《夹边沟记事》关注的不是关于国家权力和知识分子责任的整体性的大叙述，而是注目于“右派”们具体的生存情境，拷问的也是个体对于历史责任的承担。在《夹边沟记事》中，一个人品质的好坏、良心的状态常常会对一个生命起着决定性的作用。场长刘振宇的麻木、书记梁善人的善良、管教员的冷漠、医务所长的贪婪、某些“右派”的自私、个别“右派”的揭发，等等，甚至一个偶然性的事件都会决定一个人的生死。这固然是由于政治环境对人心灵造成的影响，但个体责任也值得提出来审视。这可能是以往的“右派”叙事中最为匮乏的。

《夹边沟记事》还有意描写了夹边沟体验对于这些“右派”劫后余生的影响，作者在许多小说中有意设置了多重时空环境，通过有意无意的对比让我们感慨存在的微妙和复杂。《上海女人》写了一个大城市的女人千里寻夫的故事，一个弱女子的坚韧和顽强令人动容。而在小说的结尾，又设置了故事讲述者在上海的一些经历。世事的变迁似乎埋藏着许多让人纠结的往事，也在丰富着一个人的存在。《逃亡》中的高吉义在落实政策后死活不愿意当官，宁肯做一个逍遥自在的花匠，安贫乐道、与世无争，以一种平静的生活态度让人感受到“柔软”的力量。《李祥年的爱情故事》在描述李祥年逃亡的曲折经历之后又写了这对恋人在重逢之后的恣意欢爱，写了他们生命和爱情的热度，故事多姿，笔墨饱满。《贼骨头》描写了俞兆远通过各种各样的偷窃来维持生命的故事。小说末尾又写了这种做贼的经验内化为他的心理定式和行为习惯，很长时间内给家人的生活带来了困扰。这种对苦难所造就的扭曲人性的书写是入木三分的。

作者是讲故事的高手。表面上他的语言质朴而又平淡，但却让人很容易地走进小说所创设的环境，感同身受地体味着人物的心境。他的小说看似不讲求结构，顺着叙事者的讲述推进情节，但正是在这种自然而然的推进中，作者的笔墨随物赋形，串联起一个个小故事，描绘出一幕幕场景，这些故事和场景纷至沓来，气势饱满，紧紧攫住阅读者的心魂。故事的传奇性、人物存在的况味就在这种平静的讲述中蔓延开来，让读者欲罢不能。读杨显惠的小说，就好像几个人冬夜围炉而坐，聆听并询问一个神奇老人的自信满怀、不紧不慢的讲述。

《夹边沟记事》中的小说，有的采用第一人称叙事，有的采用第三人称叙事，都有力地烘托出一种真实感。在一些小说中，杨显惠还有意识地采用了双重叙述的方法，设置了两个叙述人。一个讲述自己的夹边沟经历，一个叙述这个讲述者讲述时的表情和心态，并不断地进行追问和质疑，故事也就在一步一步地补充。一个人在注视自己过去的生命，另外一个人则在注视这个人现在的生命。生命存在的意义就在这种双重注视中获得了丰富。典型地体现了双重叙事魅力的篇章是《饱食一顿》和《逃亡》。我们姑且把采访者作为第一叙述人，把被采访者作为第二叙述人。在两个故事中，第二叙述人在第一叙述人的合理质询下，游移不定地讲述了埋藏在自己心底、折磨自己内心的故事，从而在一个故事结束时另外一个故事又浮现出来。在《饱食一顿》中，第二叙述人饱食者高吉义讲完了他阻止牛天德捡拾吞食自己呕吐物和粪便中的粮食后，又情不自禁地问自己、问采访者第一叙述人“我做错了还是做对了”。《逃亡》中的逃亡者高吉义在讲述了自己艰难曲折的逃亡过程之后，在作者的追问下，又讲述了自己无奈丢下逃亡的同伴以致同伴被狼吃掉的故事，末了又说“一辈子也想不通呀，我师傅之死是怪我呢还是不怪我呢”。这样的带有被迫色彩的讲述同时带有倾诉的冲动和内心的拷问，是极端痛苦的发泄。而第一叙述人对第二叙述人讲述状态的刻画则从直接可感的方面描述了历史对人灵魂和性情的塑造，让人感慨系之。这样的双重叙述也营造了一个追问者和回答者之间的情感交流场域，同时也是一个供读者感情参与的场域。在这个场域中，我们拥有的只是“无言以对”背后的无限悲凉。

在杨显惠的最初设想中，《夹边沟记事》是作为长篇小说来写的。但由于写作方式和发表方式等一些实际原因，特别是长篇小说对结构的讲求成为作者表达的一个障碍，作者选择了他所擅长的“系列短篇小说”来作为苦难叙事的文体承载。但这些系列小说无疑具有长篇小说的容量。《夹边沟记事》描写了夹边沟的上上下下、里里外外，在作者的笔下，夹边沟场部、新添墩作业站、木工队、基建队等作业队、明水农场、嘉峪关积肥站、医务室等环境交代得清清楚楚，夹边沟场长、书记、队长、管教人员、医生、拐棍、各种来历的男“右派”和女“右派”等人都如在目前，种粮种菜、放羊积肥、拉锯磨面等各种劳动场景也都跃然纸上。作者还特别写了和夹边沟相联系的外部世界，省委地委内的“左倾”势力、新中国成立初期的社会政治环境、“右派”家人的压力和苦痛、逃亡者生存的可能性、历尽劫难后的生存状态等都让人印象深刻。这些描述，在作品中常常以情节之外的闲笔或细节的状态存在着，但却不可等闲视之。闲笔不闲、涉笔成趣，负载着深厚的社会历史内容，也赋予《夹边沟记事》一种浑厚的整体感。

关于长篇小说和短篇小说之间的文体互动，最有名的论述莫过于鲁迅对于《儒林外史》的评述：“时距明亡未百年，士流盖尚有明季遗风，制艺而外，百不经意，但为矫饰，云希圣贤。敬梓所描写者即是此曹，既多据自所闻见，而笔又足以达之，故能烛幽索隐，物无遁形，凡官师，儒者，名士，山人，间亦有市井细民，皆现身纸上，声态并作，使彼世相，如在目前，惟全书无主干，仅驱使各种人物，行列而来，事与其来俱起，亦与其去俱讫，虽云长篇，颇同短制；但如集诸碎锦，合为帖子，虽非巨幅，而时见珍异，因亦娱心，使人刮目矣。”①而杨显惠的《夹边沟记事》则可称为“虽云短制，颇同长篇”，其同样彰显着“自所闻见”“烛幽索隐”“物无遁形”“声态并作”“如在目前”“集诸碎锦”“时见珍异”“使人刮目”的创作特征。杨显惠化长篇为系列短篇的文体策略是成功的，它有效地避免了长篇小说结构的“机巧”对于历史本真和故事基调的伤害，最大限度地实现了作者的情感传达。作者由此也找到了最适宜自己心性的文体。

执着前行：《定西孤儿院纪事》与《甘南纪事》

《夹边沟记事》的成功给予多年歇笔的杨显惠以充足的自信，他义无反顾地在河西走廊继续前行，为我们奉献出了《定西孤儿院纪事》与《甘南纪事》两部系列短篇小说集。前者所涉及的社会经验，杨显惠在《七月里》《我心中的芨芨草》和《故乡沉没》中都已经描写到，但由于主题和年代的原因，这些描述并没有得到展开。时过境迁，在《故乡沉没》中被叙述人按下不表的1960年等困难时期在《定西孤儿院纪事》中得到了正面表现。

书写历史对于作家来说，既是一个宏大的抱负，也是一个艰巨的挑战。对于重大历史事件的表现，如果不流于一般性报告文学式书写的话，那么角度的选择和题材的收缩是一个关键问题。杨显惠独具匠心地把目光投注到“定西孤儿院”这一特定的时间和空间中，由此连接定西的原野和村落，他从有限的幸存者的经历入手，讲述困难时期人在濒临绝境时的生存情状，透视了灾难的发生机制和内在的人道主义困境。和《夹边沟记事》一样，《定西孤儿院纪事》采用的也是“虽云短制、颇同长篇”的结构，在叙事方式上也同样灵活。《父亲》写了一个绝望的父亲放弃了养育儿女的责任，在看到希望准备振作之时死去，历史的悲剧和个人的悲剧交织在一起，令人唏嘘；《蔓蔓》则讲了一个受到饥饿和虐待等多重戕害而残疾的女孩在孤儿院好心人帮助下站起来并能生活自理的故事，蔓蔓那种自尊自强、充满爱心的形象让人过目不忘；《独庄子》《黑石头》则讲了一家人在灾难面前生死相携的故事，其中展现的为亲人自我牺牲的精神和安排完后事从容赴死的风度，催人泪下；《炕洞里的娃娃》《黑眼睛》则以让人刻骨铭心的生命形象写了孩子们在来到孤儿院之后的饥饿后遗症，或死去或幸存，牵动着看护人员的心灵，也牵动着读者的心灵。《姐姐》《华家岭》《走进孤儿院》《顶针》《俞金有》《打倒“恶霸”》《梦魇》等篇则以孤儿“拴拴”的回忆为线索，讲述了死亡面前的亲人离散，要饭途中的屈辱经历，意外获得的粮食被人抢走而抢

① 鲁迅：《中国小说史略》，人民文学出版社2006年版，第227页。

夺者贪食撑死，为了生存千方百计去孤儿院，一个孤儿路遇过劳致死的母亲的尸骸，疾病缠身的孤儿意外落水而死，在孤儿院中打倒剥削别人的恶霸，为自己辩诬所形成的情结等故事，让人不忍释卷、荡气回肠。小说对“大跃进”中错误上马而最终失败的引洮工程的记述、对困难时期人性的变异和求生的顽强意志的描写，对在孤儿心中滋生的压迫他人的权力意识的揭示都是触目惊心的。《在胡麻地浇水》《算账》《陈孝贤》《老大难》《为父报仇》《寻找弟弟》《守望殷家沟》等篇则写了困难时期无奈的生存抉择带给孩子们心灵的创伤，以及这种创伤得到抚慰后的心理状态，作者的笔致在沉重中蕴藏着细腻，对人物情感转换的描述十分到位，看似不动声色，实际上是在一步步的逼近中积蓄心理的力量，直到情感决堤般的爆发。

在对那个年代情景再现的同时，杨显惠还着意写了这些孤儿长大成人后的生活状态。在作者的笔下，这些孤儿后来虽然经济条件、社会地位不一，但都安于自己的生活现状。这种对安稳人生、对骨肉亲情的怜惜本身就是对那段困难时期的最好的纪念。

《甘南纪事》讲述的是甘南临夏回族自治州的藏民在现代社会和文化的冲击下生活所发生的变迁。在题材上，《甘南纪事》的冲击力显然没有《夹边沟记事》和《定西孤儿院纪事》强。《一条牛鼻子绳》讲述的是在淳朴的乡情渐趋淡化的背景下两家藏民为一条牛鼻子绳而起的流血冲突。一条牛鼻子绳引发的是关于生存尊严的问题，而对尊严的守护又是发生在藏民生活受经济大潮冲击的时期，小说意蕴是耐人寻味的。《恩贝》写的也是一个关于尊严的故事，受害者的妻子没能让行凶者判死刑，也没有获得“赔命价”的补偿，尊严受到极大伤害，于是唆使自己的孩子杀掉出狱后的仇人，自己的孩子又被判刑。一个为捍卫尊严不惜代价的妇人的形象让人久久难以忘怀。《狼狗》《图美》《沉默的柴垛》写了藏民传统智慧和现代文明碰撞的故事，雄心勃勃的村长带领村人找牛，却遇到重重阻碍，一次次陷入窘境，关于传统智慧的信心被击溃了。在边境地带谋生存的图美历经艰险，他的游踪为我们展现了一幅别样的生活图景。《乃干果村》《小妹的婚事》《娘乃节》《白玛》《连手》《措美峰》则写了甘南藏民生活习俗、宗教信仰、情爱伦理等方面深刻而又复杂的变迁，尤为值得注意的是小说还具体细腻地描写了和变迁同步的心理过程，饶有意味。

杨显惠笔下的藏民，不再是一个神秘的存在。他们的生活、情感、心理和我们并没有本质的区别，一些古老的风俗和信仰也并不是难以理解、难以发生变革的，他们对传统尊严的坚守也并不都是义无反顾的，我们似乎很难给这种生活下一个定义。这可能正是杨显惠藏民叙事的一个特点，我们或可称之为“反本质主义”叙事，即反对概括，反对以知识分子的视角和文化权力赋予其定义，这样的写作祛除了附加在藏民身上的一层神奇的光魅，向我们展示出一幅亲切的、令我们感同身受的藏民生活画卷。

杨显惠的意义

在大众文化的视野中，杨显惠写作的意义似乎主要表现在题材方面。的确，“反右”“三年困难时期”这些题材一度为他赢得了广泛的赞誉。但“题材决定论”显然不足以解释杨显惠的成功，有时对于杨显惠的创作思想和艺术甚至是一种误导。作为一个小说家的杨显惠，他的不可忽视的创作至少在三个方面彰显了启人深思的意义。

其一是在短篇小说的文体地位方面。就目前杨显惠的创作来看，可以毫不夸张地说，他是中国一流的短篇小说作家。他的短篇小说在平静的叙述中蓄满张力，对人物的刻画简约传神，对细节的点染笔笔不虚，对结构的营造大巧若拙，叙述语言与叙述对象、作品情调氛围完美融合。雷达先生曾以“简”“拙”“硬”“粗”四字来形容杨显惠80年代的创作风格，到今天这四个凝练饱满的字仍未失效，只不过“简”“拙”“硬”“粗”背后又增添了生命的热力和韧性。但尽管如此，他在文坛上还是没有得到足够的重视和充分的评价，在80年代如此，在今天依然如此。这种状况，除了文坛潮流风尚变换的因素之外，与他所选择的短篇小说文体有关。他到目前为止，还没有出版过一部长篇小说，几乎全是短篇小说。短篇小说这一文体在五六十年代备受重视，而在新时期以来却光彩黯淡、饱受冷落，在文坛的冲击力不强，在文学史上的地位不高。甚至有一段时间，没有长篇小说似乎不能称之为作家，连鲁迅也未能幸免。这种“长篇崇拜”遮蔽了短篇小说的光彩，也遮蔽了短篇小说作家的存在。乔典运、段荃法、王润滋、贾大山、邹志安、吴若增等一大批短篇小说作家走进了被历史遗忘的角落。这些作家还有影响较大的汪曾祺、林斤澜等人，继承了五六十年代对短篇小说的探索，以对生活精深透辟的理解和巧妙浓缩、韵味醇厚的书写，创造了中国短篇小说的新辉煌。在我看来，杨显惠是可以加入这一行列的。

其二是在作家对精神故乡和创作姿态的坚守方面。杨显惠的《夹边沟记事》《定西孤儿院纪事》和《甘南纪事》所书写的地域都是他的故乡甘肃，早期的知青小说和逸闻小说写的也都是甘肃。甘肃的贫瘠和荒凉赋予杨显惠作品以深沉苍劲的美学品格，也赋予他执着顽强的创作姿态。杨显惠在他的作品中着意描绘了甘肃的风土人情，人物对话也有意采用甘肃方言，这些描写既营造了场景的逼真感，又使人领略了文学甘肃的魅力，为中国文学地理版图上增添了色彩深重的一笔。杨显惠的创作方法是传统现实主义式的，观察生活、体验生活、深入采访、抽取典型、加工提炼，一步步杨显惠都做得一丝不苟，不计代价。这种创作方法以及与之相辅相成的“为时代立心、为生民立命”创作姿态，在充满虚浮夸饰之气的当代文坛显得弥足珍贵。

其三是在作家和文坛风潮的关系方面。杨显惠的创作虽然不丰，却跨越了两个时代。时代风尚像大浪淘沙一样猛烈地冲击着作家。如今，在 20 世纪 80 年代初中期和杨显惠一道崛起的那些作家，许多人早已没有作品问世，被时代彻底忘却了。杨显惠也很可能面临这样的命运，而且也一度中断过自己的创作，但他终究没有屈服于时代的淘洗，而是依然决然地寻找自我内心深处的感动，坚守自己的创作理念，向历史深处开掘，在历史边缘沉思存在，为我们奉献出了震撼人心的作品，在年近花甲之际重新崛起于文坛。杨显惠的成功也让我们反思作家与批评家之间的关系。在当代文坛，批评家常常是文学风潮的鼓吹者和营造者，他们对作家的批评也常常决定着作家的文坛地位和创作走向。如前所述，杨显惠在 80 年代后期提出的“重返大西北”的创作宣言并没有得到以雷达为代表的批评家的支持，而当时雷达所代表的显然是 80 年代的创作风尚，即一定要给存在一个确切的深刻的答案。[①] 而今天，同样有一些批评家把杨显惠的写作纳入“底层文学”“反思文学”等文学潮流中，过分强调杨显惠作品的题材意义，有意误读并利用其作品的思想价值，批评家的概括自然有着特定的诉求，但对作家的不够体贴却是依然存在的。我真诚地希望，杨显惠不要过多地受文学批评的影响，继续擦亮自己那双“时代的冷眼”，奋然前行，执着地书写存在这部大书。

（载《小说评论》2012 年第 1 期）

主要作品目录《

长篇作品及作品集

《这一片大海滩》，百家出版社 1990 年版。

《夹边沟记事——杨显惠中短篇小说精选》，天津古籍出版社 2002 年版。

《告别夹边沟》，上海文艺出版社 2003 年版。

《定西孤儿院纪事》，花城出版社 2007 年版。

---

① 这里无意苛责雷达先生的批评眼光，事实上很少有人能超越时代。雷达先生是当代最值得尊敬的批评家，他的《酷厉生存中的生命美感》一文相当出色也相当体贴，他也最早地给予《夹边沟记事》以崇高评价。

《夹边沟记事》,花城出版社 2008 年版。

《甘南纪事》,花城出版社 2011 年版。

未结集作品

《他看见了春天》,《飞天》1980 年第 1 期。

《七月里》,《甘肃文艺》1980 年第 1 期。

《啊,疏勒河》,《阳关》1981 年第 4 期。

《河西恋》,《飞天》1982 年第 12 期。

《三月十八潮》,《长城》1983 年第 4 期。

《在大海的上空笑着》,《莽原》1984 年第 1 期。

《在海上》,《青年文学》1984 年第 8 期。

《疏勒河静静流》,《长城》1985 年第 5 期。

《疏勒河迷失方向》,《飞天》1985 年第 10 期。

《黑河》,《长城》1986 年第 5 期。

《在沙漠边缘》,《萌芽》1987 年第 7 期。

《阿爷的核桃树》,《萌芽》1987 年第 7 期。

《滚滩》,《萌芽》1987 第 7 期。

《故乡沉没》,《长城》1988 年第 1 期。

《电子游戏机》,《河北文学》1991 年第 4 期。

《上海移民旧事二则》,《萌芽》1995 年第 2 期。

《胃痛・心灵荒漠・痒痒》,《长城》1996 年第 1 期。

《苁蓉》,《飞天》1996 年第 7 期。

《彭振江和彭自俊》,《上海文学》2002 年第 8 期。

姚鄂梅

女，1968 年生，湖北宜昌人。

小　引《

大约是在21世纪初，我参加湖北的屈原文艺奖评审，读到一篇名叫《马吉》的中篇小说，内容是写一个叫马吉的外国女人，因为追求自由、热爱自然，跑到中国农村，与当地的一个普通农民生活在一起，后来又结了婚，过起了农家的小日子。但这个外国女人最后还是离开了那个地方，原因是她追求的自由，受到了种种世俗生活的限制，她热爱的自然，面临种种渴望现代的威胁。这部中篇当时给我留下了很深的印象，获得了那一届评出的屈原文艺创作奖。这部中篇小说的作者就是姚鄂梅，一位生活在宜昌的女作家。我自认对湖北的作家比较熟悉，但姚鄂梅这个名字我还是第一次见到。我惊讶于作者取材的特别和文字的爽利，还有对两种文化之间的抵牾和冲突，描写得如此精到，拿捏得如此得体。后来就较为留意她的创作。但过了几年，这个姚鄂梅又淡出了我的视野。个中缘由，除了我的近视，就是她的远走。现在，这个再度进入我的阅读视野的姚鄂梅，已不再是一个地域性的而是一个有全局性影响的当代作家了。

因为要做这个专辑，我读了姚鄂梅《马吉》以后的一些作品，也勾起了我对评审《马吉》的回忆。对照后来的作品，我觉得姚鄂梅的创作，不管走多远，心里都怀着一个永远的马吉。这个马吉既是理想的化身，又是追求理想而不得的象征。理想和现实，是一对矛盾，这是一个众所周知的事实。但对待这一对矛盾的态度，处理这一对矛盾的方法，却各有不同。《论语》中有，知其不可而为之，是说明知道理想是不可能实现的，却依旧要勉力追求。这是孔子的精神，也是他的精神为后人所景仰的地方。庄子说，人对幸福、也就是理想生活的追求，有两种类型，一类是追求一种相对的幸福，一类是追求一种绝对的幸福。追求相对的幸福要有所依凭，也就是今天说的物质条件，追求绝对的幸福则无所依凭，无须任何物质条件，你只要按你想要的、也就是你的理想去做就行了。庄子虽然很欣赏这种态度，很向往这样的境界，但却也清醒地知道，这种绝对的幸福，在现实中是不可能有的，所以它只能是一种精神性的存在，对这种绝对幸福的追求，在现实中也是不可能实现的，所以它只能是一种想象性的满足。孔子和庄子的想法，在现实生活中很有代表性。如果要以他们的想法为标准进行分类，我们绝大多数人无疑都分属这两种类型。用现在的话说，一种叫永不放弃，或不轻言放弃，一种叫理想是理想，现实是现实。当然，也有另外的态度和另外的处理方法，就是在对明知不可得的理想的追求中，体味追求过程的价值和意义。这就有点接近存在主义哲学家加缪借西绪弗斯的神话所表达的观点。加缪的观点既有孔子所主张的知其不可而为之的一面，又不像庄子那样，把这不可为的理想完全交给看不见的精神和摸不着的想象，而是放在追求的过程中去细细体味。人们总说中国人想问题喜好中庸之道，我看加缪的这个想法就很有点中庸的味道。真正像姚鄂梅的小说中所写的人物小西那样，能够调和理想和现实的矛盾，可能本身就是作者的一种理想，在现实中同样是不能实现的。就算是像小说中所写的那样实现了，其实已经不是先前的理想，而是理想与现实妥协的产物。有人以隐逸题材为例，对姚鄂梅笔下的人物进行了分类，认为一类是“有心无力的隐逸者”，一类是“中途折回的隐逸者”，还有一类就是像上述小西这样“成功的隐逸者”。如果我们把隐逸看作是某些人心目中一种理想的生活状态的话，那么，我要说，在姚鄂梅笔下，没有一个“成功的隐逸者”。

我这样说，不是指作品的艺术描写，而是指作品人物的隐逸理想。从来的文学作品，涉及理想与现实的矛盾，总爱把它置放在一个二元对立的格局中，要么赞美理想精神，歌颂对理想的执着和追求，要么赞美世俗生活，张扬现世的欲望和感觉。或以各自所赞美者相互否定。其实，理想与现实的关系，远不是二元对立的逻辑这么简单。就算你要简单地说吧，那也是你中有我，我中有你，很难截然区分。这原因其实原本就不复杂，如果要抽象一点说，人有血、肉，是物质的实体。人又有情、欲，也是精神的实体。有血、肉，就要有供养，就不能脱离现实。有情、欲，就会有向往，就要滋生理想。就拿姚鄂梅笔下所写的隐逸人物具体一点来说吧，隐逸固然是一种精神理想，但隐逸者的肉身同样需要供养，这就不能仅靠隐逸的理想过生活，同时还要现实地获取油盐柴米，所以聪明的隐逸者并不一定躲进深山，而是在生活条件优裕的朝市。所谓“小隐在山林，大隐于朝市”就是这些聪明人的说辞。还有更聪明的，如我们所热爱的诗人白居易，觉得小隐的山林“太冷落”，大隐的朝市“太喧嚣”，不如折其中者而用之，隐在一个闲散的官位上，“似出复似处，非忙亦非闲”，“唯此中隐士，致身吉且安”。问题是，这话说起来容易做起来难，真要把这“出”和“处”、“忙”和“闲”的关系处理好了，真正做到像陶渊明那样“结庐在人境，而无车马喧”，实在是一件万难之事，所以古往今来，这样的隐士便少。

因为姚鄂梅的作品一向关注理想与现实的关系问题，所以引我发了这一通议论。目的只在说明，姚鄂梅的创作写了许许多多以各种方式追求各种理想的人物，但最后都未让他们到达真正理想的境界，而是让他们在追求理想的过程中，尽显理想与现实之间纠缠不清的复杂关系，和人对理想与现实暧昧不清的态度。从这个意义上说，姚鄂梅的创作无疑在二元对立的格局之外，为我们开辟了一个处理理想与现实的关系问题的一个新的思维向度。

自 述《

源于创伤

对我来说，写作源自或远或近的记忆，而记忆又只钟情于创伤。生活浩大无边，注定被一一埋葬，星星点点的收获都是残骸之上缓缓冒起的磷火，那些黑夜里冒冒失失进行的暗写作，很长时间里都在被我改头换面一再重写。

最初，我是那么冲动，急于诉说一切事情，随便哪里起头，便能嘈嘈切切说个不休，或者被某个冷不丁跑出来的念头所驱使，受不了它在脑子里反复击打，为了安抚，一笔一画，一段一章，使之冷却凝固，渐渐显出念头后面的冰山和阴影。我至今不能拿出完美的提纲，或者拿出来了也不能用来指挥后面的写作，只能搁在那里，变成几条或几十条可笑而无用的罗列。奇怪的是，在没有任何企图或设计的情况下，最后竟也自圆其说了。有时我想，如果我有一个短促而平顺的青年时期，如果我在规定时间里完成了规定的任务，很可能我根本不会走上写作这条路，但我恰恰在这段时间里从大路上走失了。一度走失始终是无法抹杀的心灵微创，它让触觉系统多了一些除不尽的沙砾，这些沙砾一不小心就触痛神经。就这样，我很长一段时间里都在描述这些粗糙的突起物。这样的写作简直就是野蛮收割，太多的摩擦力，太多的素材，太多的感悟，俯首即拾，这个拾起来还没消化，下一个又自动来到脚下。

第一轮收割结束，才开始有意识地看书，看那些有名的作家们是怎么写的，没有系统性，也没有计划性，碰到什么书就读什么书，逮到谁就是谁。有意思的是，在我这里，每看一个作家，就把前一个作家清洗掉了，加西亚·马尔克斯被海明威清洗掉了，海明威很快又被卡夫卡清洗掉了，后来，卡尔维诺清洗了卡夫卡，福楼拜清洗了乔伊斯。有一段时间，艾·巴·辛格在我这里清洗了所有人。再后来，他们又统统被雷蒙德·卡佛几句简单无聊的老实话彻底清洗掉。再再后来，卡佛也被清洗掉了，不知是被谁清洗掉的，似乎是被他自己清洗掉的。他像一种显影墨水，时间一长，就自动挥发，消失不见了。有时，同一个作家，不同篇幅的作品也被互相清洗，比如有一段时间，《星期二午睡时刻》这样一个小小的短篇甚至清洗掉了马尔克斯好几个长篇，而辛格的长篇《冤家，一个爱情故事》则把他所有的作品都清洗了。也许我的看法不对，但有什么关系呢？就像榴梿这个东西，有些人喜欢得要命，有些人却恶心得要死，每个人都有喜欢或是厌恶榴梿的自由。

我最喜欢葡萄牙诗人费尔南多·佩索阿的那首《还有一些疾病》：还有一些疾病，比疾病更坏／那没有痛在灵魂深处的疼痛／比别的疼痛更加疼痛／有些梦幻的苦闷比生活带给我们的苦闷更加真实／有些感受／只在想象中才能触及／比我们的生活更加属于我们……

很奇怪，每次读到这首诗，总能透过那些分行依稀看到一篇小说，里面的苦难和疼痛仿佛加了某种制剂，处于分层的状态，钝的如铁，尖的如刺。很长时间以来，我一直这样理解小说的光芒，既有沉重如铁的现实构造，也有尖如芒刺的无形之痛。

毫无疑问，小说中的现实是虚构的，是想象中的现实，但不是天马行空般的曲折想象，而是很直观的、毫不费力的想象，甚至可以说是直觉意义上的现实，乃至下意识的反应，如同右脚迈出，左脚必须紧紧跟上一样。从这个意义上说，想象并不神秘，它与真正的现实仅仅隔着一个出离或腾空而起的距离，类似于森林上空的瘴气，运动之后的咸汗，或是感冒过后的虚弱与自怜。正因为想象有其强大的产生基础，读起来才令人信服。

听过太多关于小说对现实而言具有明显滞后性的理论，我开始怀疑，那种严重滞后于现实的小说到底是不是真正的小说，小说难道不应该是我们赤着脚陷于泥沼不能自拔时内心在大地上的呼号与行走吗？难道不应该是当我们盯着一件事物时，后脑勺不受控制地跑出来的关于这件事物的一些窃窃私语吗？只要感觉系统还有一定的敏锐性，作家的眼睛最擅长的就是从一件事看到另一件或几件事，作家的耳朵最擅长的就是从一件事听到另一件或几件事，作家的手指最擅长的就是从一件事写到另一件或几件事。一篇好的小说，有时甚至能创造出一种新的价值观，新的生活方式，新的时代潮流。这样的小说，显然不是跟在季节后面收割，而是超拔于现实之上的合理预言。

现在，庄重而又艰难的时刻到了，野蛮收割后的田野一片荒芜，著名作家们纷纷离开，我心里装满了他们的创伤——我宁肯这样称他们的作品，每一部好作品就是一道永不愈合的大伤口，文学书店里永远血腥扑鼻，充满痛苦幽灵的呓语。但这不是我的创伤，通过书本永远得不到新鲜的让人颤抖的创伤，它顶多只能算是二手货，必须去体会自己的创伤，否则就只能通过阅读收获二手创伤，再去创造三手创伤、四手创伤，那样的创伤一点都不疼，不够疼的创伤留不下痕迹。

而读我自己的作品，症状一目了然。那些看上去通畅流利的文字里，布满太多臃肿不堪的句子，太多平白无趣的描述，太多多余的“永远”“好像”“似乎”“仿佛”“一样”“感觉”，等等，这些东西多得像海里的垃圾，多到海洋动物已经不能呼吸，多到读者快要找不到落下视线的缝隙。要不就是永远停在一个点上倒腾脚步，地上都快捣出两个坑来了，还看不到前进的方向。也许我们该把自己全都清空，从一篇最短最短的作文开始，重新训练自己，怎样写出传神的句子，怎样写出活灵活现的人物，怎样把读者牢牢抓住，怎样传达出自己内心最真切的创伤，直到最后一句话，直到最后一个字。

我的一位责编退休前语重心长地对我说过一段话，大意是这样的：写到一定程度，不要忘了回头去看看你最初的作品，看看当初令你站起来的特质还在不在。现在我的体会是，也许我真的要回头打量打量，揭开那些老伤疤，看看它们是否已经愈合，还是怨气未消，已然凝结成仇，再来看看我是善于记录外科创伤还是内科创伤、神经创伤还是骨科创伤。

访　谈《

像天空一样高阔　像白云一样自由

——姚鄂梅访谈录

方　越　姚鄂梅

方越：姚老师您好，非常感谢您接受采访。首先想请您谈一谈您的文学启蒙。

姚鄂梅：方越你好！其实，我不太能确定自己的文学启蒙源于何时何地，我觉得每个走上文学创作道路的人，都很难准确地说出这一点，我更愿意把它表述为一个人的文学觉醒。这种觉醒也许跟大学有关，也许跟某个朋友有关，也许跟借阅的书籍有关，更可能跟某种气氛有关，或者上述各种因素都有。回顾之前的生活，我觉得我的文学启蒙跟一个时期的书刊借阅有关。我没有读中文系，我学的是财务，但我的专业成绩始终平平，这跟我在校期间不分白天黑夜的阅读绝对有关。经历了十年贫瘠单调的寒窗之苦后，我就像一只饥饿的老鼠掉进了米缸里。那时的学校图书馆还是人工管理的，书籍卡片串在一个个长方形的盒子里，文学类的几大盒子，全是响当当的名著，我有种吞咽不及快要噎死的感觉。不可否认，那种阅读有囫囵吞枣之嫌，尽管如此，那种惊讶和惊喜至今仍历历在目。不知什么原因，我那时只对外国文学感兴趣，我像个超级挑食者，目光滑过中国文学的分类卡，直奔外国文学而去，那种决绝和怠慢，真是莫名其妙。

方越：这么说来您的文学萌芽还是由广泛的阅读逐渐积累起来的。但是我看过您的一些创作谈，我注意到，您在20世纪90年代有过一些在外游历的经历，这段经历对您日后走上文学创作的道路有没有产生什么影响呢？您是在什么情况下开始文学创作的？

姚鄂梅：阅读和游历，人世间最美好的两种经历。

好的阅读要靠机缘，天时地利，让你正好遇上你喜欢的书，不可避免地对你产生影响，你一生都会从它身上汲取营养。游历也一样，机缘正好才能让你的游历在你的人生中产生化学反应，让你的身心走出方寸之地，局限之地，再也回不到原来的尺寸。我那时候还很年轻，还没有从学生时代那种无忧无虑的状态中恢复过来，也融不进工作，融入不了正常的社会生活，手上有了一点收入，就会忍不住想到外面去。我记得米兰·昆德拉的《生命中不可承受之轻》就是在游历途中看的，后来，安定下来后，我又重新看过，跟在路上看的感觉完全不同。对我来说，那个时期的游历有个至关重要的结果，那就是让我爱上了诗歌，旅行途中断断续续地读诗真是妙不可言的感受，如果说文学作品也有心跳的话，那么诗歌的心跳跟游历途中的人的心跳是一致的，二者非常具有唱和性。另外，游历也把我朝边缘人的方向推了一把，这是很自然的，没有哪个集体喜欢一个游历在外心不在焉的人，集体就是要同一方向同一节奏。现在回头看看，所谓“文青”，不正是从被边缘化开始的吗？也就是说，我还没开始写作的时候，已经开始像“文青”那样生活了。

方越：我想这种在外漂泊游历的经历，这种文学青年的生活方式，也是您文学心灵的一个成长历程。最初的写作总是源于对创伤的体验，因此您最初发表的两篇小说《脱逃》《马吉》一开始就着意于表现某种对现实生活的逃离，对理想世界的探索。

姚鄂梅：每个人都有想要逃离的东西，每个人都在等待逃离的机会。从小到大，我最熟悉的就是以逃离为主题的故事和歌谣。女人试图通过嫁人逃离，男人打着外出谋生的大旗逃离，孩子以上学来完成逃离，在职人员通过争取出差来达到短期逃离的目的。有段时间，我认识的某个女人成了众人羡慕的对象，她通过相亲嫁给了一个军人，婚后立即随军，军队给她安排了体面的工作，令她学会了一门新的谋生技能。过了几年，她丈夫转业了，她又随丈夫去了一个陌生的城市，他们在那里开枝散叶，繁衍生息。而她最初的身份，不过是个小得不能再小的企业临时工。每个女人都在羡慕她，每个女人都想过她那种一步一个脚印，一个脚印就是一个新开始的生活。她是唯一一个借着名正言顺的理由完成了逃离任务的人。

方越：逃离主题在您早期创作中的确表现得比较明显，那早期的小说中您比较看重哪些作品？为什么看重这些作品？

姚鄂梅：虽然之前我写了很多中短篇，但我其实更看重我的长篇。以绣花来比喻，我觉得长篇是整幅绣品，不光考验手上功夫，还考验布局、色调、意境。中短篇有点像从整体中裁取一角，不光要精致、紧凑，还要巧取。不像长篇，你可以从从容容设计出一个新世界，你可以开创一切，揭露一切，毁灭一切，又让你中意的在废墟中萌芽，缓慢生长。这是个呕心沥血的过程，也是个迷人的过程。

方越：那您觉得把短篇写好和把长篇写好，哪个更容易一些？

姚鄂梅：这要看写到什么程度。我觉得写出那种让人读过就永远不会忘记的短篇小说更难。长篇你只要积累到足够的素材，把故事说完整，有时候就觉得写长篇其实挺简单的。我写长篇的时候我觉得我也没有那么多细节，可能每个人习惯不一样，我只要自己写作的时候有一个大致的方向，像走夜路一样，有很多小径分叉的地方，就顺其自然地往下走，是水到渠成的结果。我一般写作的状态都很平静，微微的平静中有一点莫名的愉悦，这是我最享受写作的时候。

方越：您的长篇，如《像天一样高》，的确非常具有代表性。我注意到，在《像天一样高》等长篇之前，您还创作了《黑色》《死刑》《黑键白键》等一批中短篇作品。这是一些有些残酷的文字，我想写出这样文字的人是非常有勇气、力量和人生阅历的。您一定是对人生，对生命有了真正的思考，才可以参悟得如此透彻。《黑键白键》也是一篇充满诗意、幻想和理想主义的小说，理想主义情怀是否一直贯穿在您后来的创作中？

姚鄂梅：在我看来，《黑键白键》写得流畅简单，但我没想到，喜欢它的人那么多。最近有个年轻姑娘找到我，说要改编这篇小说，说她是在小学时读到这篇小说的，这么多年过去后，仍然惦记着，以至于大学毕业进入影视领域后，立志要将这篇小说改编成电影。这事让我很感动，也更加自律，要认真写好每一篇作品，争取每一篇都不留遗憾。

关于理想主义情怀，一方面，我的人生阅历其实非常有限，我也不是一个有勇气、有力量的人，写作大约是一种补偿，正如爱情不顺的人才能写出娓娓动人的爱情一样，这正是文学的奇异之处。我懦弱、顺从，所以我爱写力量，爱写一切矛盾、撕裂、决绝的东西。我被俗务所困，所以我无时无刻不对前方充满向往。另一方面，作品是否诗意，是否具有理想主义情怀，我觉得是作者内心的呈现，体现的是作者的气质类型。

方越：《像天一样高》是您的长篇小说代表作，我觉得也是最能体现您创作气质的一部作品。我在读这部小说的时候非常感动，因为您在作品中描述了一种大家都非常向往的诗意的生活。您在“作者寄语”中说道，把这部作品献给80年代。中国历史上的80年代是一个充满理想主义情怀，激情四射的年代，也是诗歌的黄金时代，从这部作品中我读出了您对20世纪80年代诗意生活的回望与怀念。您现在能否回忆一下当时的写作状态，谈谈这部作品在创作时的一些设想？

姚鄂梅：写这部小说的时候，80年代已经被我们远远地抛在身后，往往是这样，回望让人心生惆怅，回望也让逝去的一切变得美丽起来。初稿写得很粗糙，是在一种原始的冲动下写成的，因为种种原因，一放就是很多年。正式修改第一稿时，我人在南京，跟写初稿的地方截然不同，修改出来后的稿子跟初稿也有很大差别，所以我觉得写作地点也应该列入写作要素之一。多年以后，当我在南京回望那些过去的岁月时，一切都像画一样挂了起来，我看到了写初稿时没有意识到的东西，可以说是这本书的灵魂，比如我把初稿里一笔带过的虚幻的“陶乐”变成了实实在在的生活，而原本真实的生活则用戏谑和夸张的手法变成了似是而非的存在。

方越：我注意到，与您的其他长篇小说相比，《像天一样高》这部作品在写作时没有采用全知视角，而是用第一人称进行写作，消解了作品与读者之间的隔膜和疏离，使作者、读者及小说中的人物形成直接的对话。您刚才也谈到这部小说的初稿和修改稿有很大的区别，那您选择第一人称进行叙述，是有意还是无意？与您希望借此作品传达的主题思想之间有怎样的联系？

姚鄂梅：现在我已经知道什么情况下该用第一人称，什么情况下该用全知视角，但当时，作为一个初学者，一个首次写长篇的人，我是不可能有任何理性的选择的，借用一个非常不恰当的比方，人们说，并不是莫扎特在作曲，而是上帝借莫扎特之手在作曲。我当然不是天才，但我，以及任何一个有写作热情的人，当他动笔写某部作品的第一个字的时候，一种内在的和谐已经在体内达成，采取什么视角，营造什么语感，等等，一切都在瞬间自动生成。时至今日，比较而言，我更喜欢用第一人称来写，不是为了消解与读者之间的隔膜和疏离，而是为了拉近与人物的距离，将自己更深地代入到作品中去，似乎这样能让我更好地了解和触摸到我的人物。

方越：非常感谢您详细的解释，现在我想具体谈一谈《像天一样高》这部作品。您在小说中主要描述了三类人生样态，展示了三种理想与现实产生矛盾时的应对方式。阿原、晏子选择将诗歌作为人生的工具，当想象的理想生活与现实产生冲突时，他们选择把诗歌作为达到功利目的的手段，价值理性异化为工具理性。康赛则将诗歌作为自己的全部精神需要，完全与物质生活脱节，只追求理想的精神世界，最终走投无路选择自杀，演绎了一幕“诗人之死”的悲剧。阿原、康赛的命运是带有悲剧性的，阿原是一个物质和精神、内心和行动上彻底的分裂者，康赛则是一个极端缥缈、理想化的纯粹的诗人。您认为，这两种悲剧化的人生和我们的社会、历史有怎样的关联？

姚鄂梅：我不认为阿原是悲剧化的人生，我甚至也不认为阿原是分裂的，我认为他是一个兼顾者，一个天生拥有兼顾物质与精神能力的人。阿原、康赛、小西他们三个都是我喜欢的人物，代表了三种简单的分类状态，而且我没有厚此薄彼。与其说康赛是纯粹的，倒不如说他没有很好地将两者融合起来，不管社会物化得多么厉害，精神世界的追求永远不可能与物质世界的追求割裂开来，它们有时甚至是相互扶持协同前进的。就康赛而言，与其说他纯粹，倒不如说他偏执。偏执是个斗争的姿态，偏执到底，意味着绝尘而去，遗世独立，那是偏执的成功境界，问题是，谁能最终偏执到底？如果不能，中途自行妥协，那才是悲剧。

方越：嗯，您的解释让我对这两个人物和他们的人生又有了新的认识。小说描述的第三种人生样态，是小西的生活。我想她应该还是达到了理想情怀与现实生存之间的和解，寻找到了契合人自身的生存方式，我将之理解为一种有现实基础的理想主义生活。您在作品中呈现的这三类诗歌人生，并没有简单地将其进行比较评判，而是意在借80年代的精神与生存样貌反思当下社会现状。21世纪以来，物质生活的迅速丰富带来的是人们精神世界的日益匮乏，如今已鲜有人谈论诗歌，谈论理想主义的诗意生活。您以这部作品回望80年代，是否也是将80年代的理想主义情怀作为反思当今物质社会的价值尺度，意在提醒人们寻找自己精神世界和现实生活的平衡点？

姚鄂梅：小西也没有达到一个非常理想的状态吧，她还在寻找。其实这部小说里的人物是有原型的，现实里的康赛最后并没有进国家机关工作，他在那里待了一段时间还是出来了，后来去了一家文学杂志社工作，也算是一个比较好的结果。其实我有时候在想，在现在的时代语境下看我的这部作品，这里面传达的价值观会不会已经过时了？这里面刻画的人物，他们追求的理想，在现在的人看来大概是很过时的。不过，说到小西的人生，那是我非常向往的一种纯粹的状态，我没有这样的经验，所以落笔到小西身上，就天马行空，随心所欲。现在想想，这正是我后来应该发扬的，起码我没有偷懒，我原创了一个没有丝毫雷同的人物。

至于反思当今物质社会的价值尺度，写作时我没有这样的初衷，也不可能在写作的同时，展示写作背后的抱负。事实上，写作只是一种无为之为，我只是想写出那样一段生活，那样几个人物，让人知道，在那段时间里，有那样三个人，他们选择了一种与众不同的生活，这种生活将如何影响他们后来的人生。我认为作家只有制造事件和现场的义务，而没有解说的义务。

方越：在这部长篇发表之后，您又陆续写了一些中篇小说，继续讨论着理想与现实间的矛盾，也就是您刚刚说到的，制造事件和现场，比较受大家关注的就是中篇小说《穿铠甲的人》了，不如我们来谈谈这篇小说。您在作品中叙述了一个痴迷文学的农村“文学青年”郁郁不得志的一生，主人公杨青春生长在乡村，却因为读过一些书而在心中怀有了梦想，他想成为作家，被左邻右舍讥讽为“文疯子”，而在现有的文学体制下，他的梦想却无法实现。杨青春对文学充满理想，对继子无私关爱，对去城里打工自甘堕落的妻子一往情深，这让他的人生境界远远超出村人。正是因为这个人物是一个执着的理想主义者，他的感情才超出了世俗偏见，他的理想情怀才构成了坚硬的“铠甲”。杨青春这个人物让我想起鲁迅笔下的孔乙己，他的人生际遇仿佛是孔乙己的命运在当下的延续，随着现实生活的不断幻灭，最终走向悲剧的结局。您在这一阶段的创作中好像着意于揭露现实生活是如何一点一点击垮平凡人的梦想的，比如后来的一些中篇作品《大路朝天》《摘豆记》《一只蚂蚁的现实》等，这些故事是怎么出现在您的脑海中的？您想借这些作品表达什么？

姚鄂梅：那段时间我的确在专注于某一类小人物，他们活得不好，郁郁不得志，微不足道，内心却有所秉持，像一粒星火，支撑他们在艰难人世辛苦跋涉。比如《大路朝天》写了一个姿容平凡的女子，如何鼓动、指导她漂亮的女工朋友去实现人生的跨越和飞跃。《摘豆记》写了一个天生矮小者为了实现长高的目的，接受算命师给她的提议，在规定期限内做满七七四十九件善事。《一只蚂蚁的现实》写一个被烧伤毁容的女孩子，如何因陋就简铺展她的人生之路。这是我唯一一个创作上有原型的时期，这些人物原型都曾匆匆掠过我的生活，我们谈不上了解，有时甚至只是一瞥，但已足够，了解太多反而妨碍创作。他们都有一个特点，他们不是乐观的人，但也不是对一切撒手不管，无论如何，缰绳还在自己手里，总得做点什么。

方越：我们刚刚对您作品中浓厚的理想主义风格做了一个比较详细的了解，除此之外我还关注到，女性视点在您的创作中也表现得十分明显。小说创作伊始，您便塑造了一系列的女性形象：《白话雾落》里的三代女性，麻姑、阿山、阿水、小鱼；随后《大路朝天》里的吴树、小妹；《妇女节的秘密》里的丽杨；《一只蚂蚁的现实》里从小被烧伤的兰。到后来的几部长篇，《真相》里有一双慧眼的姐姐，《一面是金，一面是铜》里在理想的梦幻和现实的泥淖中挣扎的安娜，以及尤为典型的塑造了一系列女性人物的长篇小说《西门坡》。在您的长期创作历程中，女性主义视角是否从您创作之初就一直受到关注？

姚鄂梅：是的，我更加关注女性，这是无意的选择，也是必然的选择，我得承认我对男性的世界感到很陌生，但我不是一个女性主义者，我只是对分析女性更加有把握。有时我觉得这是懒惰导致的局限，也许有一天我应该说服自己，去挑战一下男性视角。顺便说一下，我不喜欢任何关于主义的划分，任何划分都只会导致狭隘。

方越：我理解您绝对不是一个女性主义者，您只是对女性这个角色更加熟悉，更有把握，而且通过阅读您的作品，我发现您在小说中塑造的女性人物形象与您对理想主义的表述有同样阶段性的特点。《白话雾落》里带有神性色彩的麻姑，为爱情耗尽一生的阿山阿水，单纯而偏执的少女小鱼，三代人四个女性，都有各自的理想坚守。小说最后写道，麻姑全家都放弃迁居，选择留在雾落，看长江大水涨起，淹没她们的家园，平静地等待死亡，这是用生命在捍卫理想尊严。《大路朝天》里的两个女性人物吴树和小妹，身份背景迥异却殊途而同归，平淡生活里的刺一点一点蚕食了她们的道德理想价值。而《一面是金，一面是铜》里在理想的人格和现实的泥淖中挣扎的年轻女性安娜，以及《西门坡》中西门坡的背后负责人安旭、白小姐，在这些人物身上，人性的美丑善恶的界限没有之前的作品中表述得那么清晰了，理想主义与物质生活的关系复杂化。您是否同意我这样的概括呢？

姚鄂梅：是的，我同意，我们活得越久，就越是容易发现，邪恶的天才之光偶尔会闪过善良者的脑际，善良者也跋涉过邪恶的泥沼，长远来看，美丑与善恶其实是共生的。

作为一个写作者，我常常会有意无意地提醒自己，你没有判决一个人的权利，你只能把一个人往宽阔里写，往博大里写，往深邃里写，甚至往模糊的方向去写。你可以写得不成熟，但决不可以把人物写得很简单，很明晰。每个人都是一个小宇宙，一个教授对某件事的看法可能很周全很正确，但也可能很庸俗，而一个小鞋匠对同一件事的看法可能有些偏颇，却自有尖刻生动之处。

方越：您在作品中一直对女性的生存困境加以关注，从《白话雾落》到《西门坡》，男性及以男性为中心的社会秩序是这些女性人物苦难的根源，女性支配自己命运意志的自由，沦陷在物质消费的强大诱惑之中。您又是如何看待女性在现代社会，现代家庭婚姻关系中的地位和角色？这种理念是怎样体现在您的作品中的？

姚鄂梅：这方面最极致的表达应该在《西门坡》里面，那里有一个女性乌托邦，她们汇集在一起，过着女性公社的生活。即便在今天，世界仍是属于男性的，原因有很多，很大一部分是女性自身的各种条件决定的，很难说这种状态是好还是不好，有些东西不一定完美，但去改变它似乎也没有必要，甚至不可能，比如气候。很难说某种气候对人类是最好的，最终是人去适应它，实在不行，还可以逃离它。说到逃离，我觉得女性是最擅此道的，自古至今，无论东西，那些受到过分挤压的女性无一例外都是采取逃的方法，无可奈何之下，一走了之，即便因此带来更大的悲剧，也在所不惜。这就是女性，她既坚硬又软弱，既执着又善变，她的逻辑纷乱，直觉却格外准确。

方越：您塑造的女性人物非常有代表性，现代女性生存发展的困境并不能完全归因于外部世界的压抑，比如《西门坡》里，企图通过逃离现实的方式到达理想的女性“乌托邦”，获得精神上的补偿，注定劳而无功，也无法达成理想与现实的和谐。我想您是希望通过作品反映这样一个事实：当代女性至今仍然缺乏走出生活困境，建立独立自由的生存境界的眼力与能力，所以阅读您的小说，我总有一种沉痛感，同时又能在字里行间感受到挣扎的力量，感受生命的激情与鲜活。

姚鄂梅：一个人擅长写哪一类作品、哪一类人、哪一种故事，其实还跟写作者自身的气质息息相关，我觉得我们往往忽略了这一点。一个人的内心底色和成长经历，往往会影响到他正在进行的工作，何况是我们这种以文字为锄头，向自己的内心拼命挖掘，不到血如泉涌不罢休的人。我觉得我就是比较擅长写这类压抑沉痛的东西，我无法做到诙谐、轻松，即使偶有流露，也要赶紧纠偏，往轻松的那一头加上一枚砝码，压下它高高翘起的尾巴。我不能容忍我的人物没有个性，没有独特的想法，没有失败和挣扎，即便他(她)是一个微不足道的小得不能再小的小人物，在我看来，那好像才是世界的真相。

方越：能谈谈外国文学对您的创作有何影响吗？有没有比较欣赏的西方作家？

姚鄂梅：我首推福楼拜，他的《包法利夫人》我几乎每年都看一遍，我看的是李健吾翻译的那个版本，我心中的经典。然后是卡尔维诺，我觉得他是最难改编的作家，你无法想象他的小说改编成影视后的样子，比如他的《分成两半的子爵》，电影技术发达的今天，不一定做不到，我只有祈祷，电影人千万不要把他们的目光转到卡尔维诺身上来。另外还有门罗，门罗获得诺贝尔奖我感到格外高兴，用带着洗涤剂味道的手在餐桌上写小说的女人终于被全世界注意到了。

方越：您的作品意在揭露个人理想尊严与现代物质社会交融又冲突的两难境地，表现了现代人的通病：孤独、虚无，对理想主义的疏离，对现实生活的无力。20世纪80年代以来，中国的大部分作家或多或少都受到了现代主义文学的影响，您的许多作品也流露出对80年代的回望与怀念。您是如何看待现代主义文学的？这对您的文学创作有没有产生一些启发？

姚鄂梅：我觉得，关注文学流派那是评论家的事，教授们的事，作为一名写作者，与其关注文学流派，不如去关注社会变革，以及社会变革下个人命运的变迁，甚至某个自己感兴趣的学科。文学派别从来没有影响过我的写作，我喜欢的作品只有那么多，喜欢的作家更有限，何况拒绝影响也是一个写作者应有的姿态之一。

方越：是的，我赞同您的观点。那您有没有比较欣赏的中国作家？

姚鄂梅：前面说过，我的文学启蒙于借阅，而借阅，由于当时的条件以及种种原因，我借阅的多是外国文学，中国作家的作品我是80年代末才开始接触的。有段时间我非常喜欢韩少功，他的《马桥词典》我读过多遍，是一本随便从哪里打开都能津津有味读下去的小说。苏童的小说总能在第一页就深深地抓住我，他的语言对我来说有着无法抗拒的魅力。

方越：在您二十余年的创作生涯中，您对自己的哪些作品比较满意？这种满意和偏爱的程度与小说的题材有什么关联吗？

姚鄂梅：我总是羞于提起自己的小说，也从来不看自己已经发表和出版的小说，我觉得我的作品，没有哪一本是让我真正满意的，每当我写完我就不忍再看了，我所有出版的书我都没有仔细看过。《像天一样高》我现在看来觉得很幼稚。《西门坡》可能是我相对来说比较满意的一部作品，写出了我的理想。《陈情书》是我根据一些材料虚构出来的一部作品，我喜欢虚构。现在不是流行非虚构文学吗，有时候看多了觉得似乎都是一个语调，用同一种语调说尽世间各种事情，我还是喜欢虚构故事。

我希望下一本还没写出来的书，是我最好的。

方越：能否请您谈谈您的小说观？在您心中，有没有一个好小说的艺术标准？

姚鄂梅：当然有。一部好的小说，应该是关于人性的某种激动人心的发现。

方越:最后,我想了解一下您接下来在创作上的计划或者想法。

姚鄂梅:我的计划是能写出一部令自己自豪的书。

评 论《

向五四女性写作致敬

——姚鄂梅小说创作论

方 越

中国现代女性写作发展至今已有80余年,在最初写作时,如冰心一辈受过高等教育的女性写作者们便已天然具备了社会人的自觉性与责任感,《斯人独憔悴》《两个家庭》中饱含的社会关怀引领了五四时期"问题小说"的写作潮流,这给后来的女性写作者们树立了良好的借鉴与典范。经历新时期、90年代以来的私人写作、身体写作之后,21世纪以来,姚鄂梅一代的女作家们秉持五四文学传统,自觉自己身上背负的书写社会问题的责任:"我希望我的小说主题是深邃而质朴的,我不喜欢将小说艺术的丰富内涵缩减成生活的片段和人生的慨叹。在我看来,小说艺术恒久的魅力在于它具有面对、洞察和提升整个世界的能力。"[①]因此,姚鄂梅在其创作实践中,逐渐跨越了性别意识,摒弃了曾经叙述的单向度、一元化,而逐渐将"我"放置到社会现实之中,表露出对人性深邃的细致观察,对价值理想的执着追求。将姚鄂梅的小说创作放在新世纪女性写作的背景下观照,我们惊叹于她对人性,对社会细致入微的体察和感悟。从发表的第一篇中篇小说《脱逃》到最近出版的长篇小说《1958:陈情书》,姚鄂梅完成了自己创作上的转折与蜕变。阅读姚鄂梅的作品,使人印象深刻的不是她作为一个女性写作者独特的生活体验和创作视角,反而是字里行间跨越了性别意识,表露出的对人生理想的坚守,对社会现实的洞察。这种对人性细致的探索和表达,使姚鄂梅不仅在同代女作家中独具一格,更让她展示出身为一个时代的记录者,所具备的社会道义和良知。

① 姚鄂梅、马季:《在疼痛的理想中不停地奔跑——姚鄂梅小说创作访谈录》,《朔方》2009年第6期。

一

关注当下作家们的创作，往往需要我们思考这两个问题：我们是怎样生活的；我们应该怎样生活。姚鄂梅的创作开端起于“逃离”，在她开始从事小说创作之初，“逃离主题”在她的作品中就有非常明显的表现。无论是《脱逃》中的女主人公刘佳，还是中篇小说《马吉》里逃至深山、委身农妇的“我”的外国继母马吉，姚鄂梅在创作伊始就着意于表现某种对现实生活的逃离，对人生理想的关注。这种写作情怀源于作家自身的人生经历，从1986年毕业到2003年之间很长一段时间里，姚鄂梅悄无声息地生活在一个狭小闭塞、与文学毫不相关的小城。据她自己描述，“虽然生活安定，可总觉得心灵荒芜，想得到滋润”。20世纪90年代开始，姚鄂梅开始了自己的“逃离”之路，用她的话说，“那些年，我的魂魄掉在了路上”。这种在外漂泊游历的经历，也是作家文学心灵的一个成长历程。作品是作者内心的呈现，体现的是作者的气质类型，对现实生活的逃离以及行走途中体验到的别样人生，使姚鄂梅的作品从此贯穿着一种难得的理想主义情怀。结束游历的姚鄂梅最后选择放弃自己曾经固化的生活，潜心进行文学创作，在随后的几年中，陆续发表了一些中短篇小说，《黑色》《死刑》《黑键白键》等，这是一些读来有点残酷沉重的文字。彼时的姚鄂梅大概还没有完全从昔日凌乱的旧生活中彻底抽身，字里行间透露出对生命、对人性灰败失落的情绪。写出这样文字的人是非常有勇气的，积淀了一定的人生阅历，却还未对生活丧失理想与热望。果然，2005年姚鄂梅推出了最能代表自己当时创作气质的作品：《像天一样高》。不可否认，这部长篇小说也许不是姚鄂梅十几年创作生涯里最好的作品，但一定是最能体现她创作气质的作品。我们可以从这部小说中看出青春小说的影子，它带有强烈的个人理想主义色彩，塑造的人物都渴望理想的诗意生活，他们往往单纯、浪漫而易于满足。较之新时期大量的成长小说，我们看到了太多关于主人公成长的故事。这些所谓的“成长”，从某种程度上也可以说是理想的放弃，是人们精神世界的退避，是同现实生活的妥协。故而，当我们看到《像天一样高》这样的作品出现的时候，惊喜之外，还有十足的感动。《像天一样高》的出现亦可视作姚鄂梅一个创作阶段的结点，这是向五四崇尚自由、独立精神的致敬，是对逝去的80年代的诗意回归，是姚鄂梅对人性本质的初步探索，也是她对自己青春岁月的漫长告别。

我们知道，五四时期的中国社会无疑是各种思想碰撞最为激烈的时期，传统价值体系遭遇崩溃，而新的价值尺度却得不到认定，对人生意义和价值的终极追问无法确证，于是苦闷、彷徨成为笼罩一个时代的精神氛围。在这种时代背景下，五四时期的冰心接连写出了《两个家庭》《斯人独憔悴》《去国》《最后的安息》等问题小说，表达了对家庭问题、婚姻问题、妇女问题等一系列社会问题的广泛关注。而1921年发表的《超人》，标志着冰心开始由对社会问题的关注，转向思考当时年轻人普遍感到苦闷和焦虑的人生问题，试图以独立的个体将做“人”与做一个“女人”进行统一，意欲实现“为人”“为女”的双重解放。与五四时期女作家们的创作观念一脉承接，姚鄂梅于创作之初就自觉将探讨人生理想与生存价值渗透进作品之中，表达自己对人生的关注。《像天一样高》主要描述了三类人生样态，展示了三种理想与现实产生矛盾时，人性之间的差异带来的不同应对方式。阿原、晏子选择将诗歌作为人生的工具，是物质和精神、内心和行动上彻底的分裂者，当想象的理想生活与现实产生冲突时，他们选择把诗歌作为达到功利目的的手段，价值理性异化为工具理性。康赛是一个理想化的、纯粹的诗人，将诗歌作为自己的全部精神需要，完全与物质生活脱节，只追求理想的精神世界，最终走投无路选择自杀，演绎了一幕“诗人之死”的悲剧。小西在经历了现实、情感上的种种磨砺之后，寻找到了契合自己的生存方式，虽然还在执着寻找，但也达到了理想情怀与现实生存之间的某种和谐，可将之称作一种有现实基础的理想主义生活。《像天一样高》中呈现的这三类诗歌人生，姚鄂梅并没有简单地对其进行比较评判。这是一部打破叙事常规的作品，我们可以将其视为一种精神指向，一曲挽歌。姚鄂梅在作者寄语中说，“把这部作品献给80年代”，透过它回望80年代的精神与生存样貌，怀念既往的诗意生活。罗兰·巴尔特在《写作的零度》中说：“小说是一种死亡，它把生命变成一种命运，把记忆变成一种有用的行为，把延续变成一种有向度的和有意义的时间，但是这种转变过程只有在社会的注视下才能完成。”[①]

近年来，回望80年代的文化语境是思想界热议的话题。20世纪80年代，一个从荒诞中突围的时代，社会渐渐摆脱贫穷，人们也逐渐释放人性中一些真实的东西，漫谈理想与自由，重构精神的乌托邦。查建英就在《八十年代访谈录》前言中谈道：“二十世纪八十年代是当代中国历史上一个短暂、脆弱却颇具特质、令人心动的浪漫年代。”[②]而21世纪以来，物质生活的迅速丰富带来的是人们精神世界的日益匮乏，大众普遍追求的，是物质利益的最大化，如今已鲜有人谈论诗歌，谈论理想主义的诗意生活。因此，姚鄂梅在作品中所要表现的不是对80年代的概括和总结，而是通过作品表达自己对日益没落的纯真人性、价值理想的关注。虽然诗意、激情、理想、纯

---

① [法]罗兰·巴尔特：《写作的零度》，中国人民大学出版社2008年版，第33页。

② 查建英：《八十年代访谈录·前言》，生活·读书·新知三联书店2006年版。

真这些字眼在当下似乎已不再是时代关键词，但对80年代的回望，对80年代人们生存方式的探讨，却可以作为我们反思现实生活中物质主义、功利主义盛行的价值标尺。正如哲学家海德格尔倡导诗意的栖居生活是契合人性的生存方式："只要善良、纯真尚与人心同在，只要这种善良之到达持续着，人就不无欣喜，以神性度量自身。这种度量一旦发生，人便根据诗意之本质而作诗。这种诗意一旦发生，人便人性地栖居在这片大地上。"①没有贫瘠的年代，只有贫瘠的诗人，"《像天一样高》之所以能获得一些好评，最关键的有两点：一是它的真实性，包括它的情感的真实性，理想的真实性；二是它的讲故事的方式，在物质气息无处不在的今天，关于理想，关于激情，关于梦想，其实并没有变得不合时宜。我们以为这些名词不属于当下，事实上恰恰相反，任何时代都需要它，因为任何人都需要超越现实，需要找到一个安置精神世界的地方。"②与当代其他作家相较，姚鄂梅在这部作品中创造了一批不可多得的人物形象，他们热爱诗歌，热爱文学，把文学作为自己生命中不可分离的东西，是他们精神的乌托邦。诗歌是康赛的理想，自由写作是小西的理想，可这种看似简单的文学梦想却都如此难以实现，当20世纪80年代语境中的信仰、传统、梦想等词语逐渐在当下陷落之后，在这个物质化世俗化的时代里，我们的生活场景里只剩下旧时代道德伦理的幻影。对精神世界的渴望，对纯粹理想的追求，像天一样高远，如此崇高，也如此虚无。而作为一个现实生活的敏锐观察者，姚鄂梅以她独特的笔触对当下社会的精神面貌进行了反馈：现实中的人们是怎样生活的，而我们又应该如何生活，如何看待我们的人生。借助文字的表达，姚鄂梅展现了自己对自由、诗意生活的体会和想象，以及对人性不同侧面的初步体察。

二

在新世纪当代中国文学中，底层写作是一个非常重要的文学现象，尽管对这个概念的理解有着不尽相同的阐释，但有一点却是达成共识的，即底层写作是指对一切有关底层平民生活状态的书写。底层文学的兴起对应着我们整体的社会生存危机，为社会底层写作，成为每一个有良知的作家的自觉行为。21世纪以来，湖北作家方方、刘醒龙、陈应松、晓苏、姚鄂梅、刘继明、张执浩等人相继投入到底层小说的书写之中，以其创作实绩对新世纪底层文学潮流做出了重要贡献。在这其中，姚鄂梅对于当代中国底层图景的书写，值得我们关注。《像天一样高》问世后不久，姚鄂梅

---

① [德]海德格尔：《海德格尔谈诗意地栖居》，中国工人出版社2011年版，第114页。

② 姚鄂梅、马季：《在疼痛的理想中不停地奔跑——姚鄂梅小说创作访谈录》，《朔方》2009年第6期。

紧接着发表了她另一篇代表作,《穿铠甲的人》。在随后的几年里,先是发表了又一长篇力作《雾落》,随后陆续创作了《妇女节的秘密》《大路朝天》《摘豆记》《一只蚂蚁的现实》等一批优秀的中篇小说。较之以前的作品,《像天一样高》之后的姚鄂梅在作品中对理想主义的表述不再那么直白热切,虽然这种创作气质仍然贯穿于小说的灵魂,但很明显我们可以看出,这一阶段,她将写作重心转移到了对底层社会的关注上。关于底层文学,姚鄂梅的看法是,"所谓底层关怀,并不是说写底层题材的就一定是底层关怀,底层文学作品首先要在文学上站得住脚,要有最充分的文学性和艺术性,才具有文学作品所特有的震撼人心的力量,否则,它的力量甚至不如专题调查或是社会新闻来得直接有力。另外,一个作家的底层关怀意识要出于自己的良知,要有发自内心的悲悯和批判,而不是为了某种目的,硬把自己的创作与底层扯上关系。这种硬扯出来的底层,往往是粗糙的,浅薄的,既伤了底层,也伤了文学"。[①] 故而,读姚鄂梅这一阶段的作品,我们感受最强烈的不是她所描绘的尘世浮世绘,而是其中流露出的对社会现实问题的激烈关注和悲悯情怀。当我们重读冰心的《最后的安息》《六一姊》《冬儿姑娘》,石评梅的《董嫂》,庐隐的《一封信》《灵魂可以卖吗》等书写底层的作品的时候,不免联想起姚鄂梅在其创作中的呼应。五四女作家们对旧时代底层妇女受封建伦理秩序压迫奴役的描写与想象,站在女性立场上真实还原底层百姓生活的原色,人性的本色,思考的深度令人称叹。姚鄂梅秉承前辈传统,她对当代底层社会冷峻的注视,对人性进一步的探索,没有怀旧和哀悼,也无意于尖锐的批判,我们看到的,是一个写作者立此存照似的难得的清醒与透彻。

在《穿铠甲的人》中,姚鄂梅描述了一个痴迷文学的农村青年郁郁不得志的一生。主人公杨青春生长在乡村,因为读过一些书而在心中怀有梦想,他想成为作家,被左邻右舍讥讽为"文疯子"。而在现有文学体制下,他的梦想是不可能实现的,最后的结局只不过是编了一本谁也不会去翻的《乡村谚语全集》。杨青春对文学充满理想,对继子无私关爱,对去城里打工自甘堕落的妻子一往情深,这让他的人生境界远远超出村人。正是因为这个人物是一个执着的理想主义者,他的感情才超出了世俗偏见,他的理想情怀才构成了坚硬的"铠甲"。所谓穿铠甲的人,一定是对自我一直充满怀疑和虚无感的,杨青春的遭遇揭示了现实世界的残酷,如同鲁迅笔下的孔乙己,他的人生际遇仿佛是孔乙己的命运在当下的延续,随着现实生活的不断幻灭,最终"杨青春"们的理想被一点一点蚕食殆尽。《穿铠甲的人》这篇小说的可贵之处

---

① 姚鄂梅:《关于底层文学的一点看法》,《黄河文学》2007年第2期。

就在于，虽然写出了现实中残忍泥淖的一面，可“杨青春”依然坚定地要从泥泞中抬起他高贵的头颅。姚鄂梅于描写底层的同时挖掘出人性中几乎快被我们忽略的一点，在麻木的现代社会，我们都是杨青春，疲于奔命的人们其实都拥有杨青春式的铠甲，每个追求理想的人也都需要这层铠甲，只看我们是否能克服人性的弱点，从疲惫的现实中坚持向前。而在讲述了乡村底层男青年“杨青春”的故事之后，姚鄂梅将叙述的重点放在了她较为擅长的女性角色上。“曾经有人说过，我笔下是一片女性的世界，偶尔携带几个男人进来，也都是些不成器的小人物……我从小便像惧怕野生动物一样对男性充满畏惧，后来理所当然地发展成不擅跟男人打交道，直到现在，对男人的世界仍然感到深深的隔膜。相对而言，跟女性相处就容易多了，所以，关于我的作品中出现的所谓女性话题，恐怕不是思考过后的选择，而是无意中流露出来的一种病态。”[①]在长篇小说《雾落》里，一个闭塞的小村庄，老少三代女性，命途多舛，各有各的辛酸人生。阿山阿水为爱情耗尽一生，单纯而偏执的少女小鱼为爱同归于尽，有着如冰心笔下的《冬儿姑娘》一般的坚忍与胆识，却又平添了一股浪漫理想的人文主义色彩。在经历了生离死别的种种之后，麻姑一家选择留在即将被长江吞没的雾落，看大水涨起，守候最后的家园，等待死亡，犹如等待一种新生。对永恒精神家园的执著追寻，对生命本真的最后坚守，在饱受生活的苦难之后依然有如此选择，这是姚鄂梅理想主义气质在创作中的一种体现，亦是她在揭露底层生活的灰暗后对人性保留的一丝温情。

在讲述完《雾落》的绵长故事之后，姚鄂梅几乎有两年时间都在进行中篇小说的创作，持续关注底层平民的日常生活，不断加深自己对底层文学的理解。在同地域的湖北作家中，陈应松、刘醒龙等作家以深刻冷峻的现实主义笔法如实记录了底层乡村社会严峻的生活境况。陈应松以神农架边远山区底层的生活为写作基础，将苦难进行了极致书写，表达了对边远山区底层生活的忧虑和对城乡二元对立现状的思考，《马嘶岭血案》即为典型代表。观之姚鄂梅对底层社会的书写，在表现底层乡村生活的同时，姚鄂梅似乎更注重对城镇底层世界的描摹。《大路朝天》《一只蚂蚁的现实》等作品，故事的背景皆发生在小城镇，用作家的话说，“底层是一个巨大的范围，是金字塔最宽广的底座，除了农村，还有城市这块巨大的底层，比如文化底层，商业底层，等等。而时下文学作品所关怀的底层似乎有厚此薄彼之嫌，写农民进城打工的多，写发廊餐馆的多，却忽略了那些出入办公大楼看似鲜亮的小人物，卡夫卡式

---

① 姚鄂梅：《在文学这条路上我给自己鼓掌》，《西湖》2014年第2期。

的小人物，尽管他们受过程度不低的教育，但他们仍然挣扎在社会的底层，为生计苦苦煎熬，他们才是城市底层的代表，他们的艰辛才是推动城市这个巨大车轮前进的润滑剂。”[①]姚鄂梅以丰富的人生经验及独到的文学认知，为扩充当代底层文学书写版图做出了贡献，用贴近生活的观察和口吻，忠实记录了城市底层人群的各种生存困境。《大路朝天》里的吴树和小妹，两个年轻女人的身份、背景截然不同，本应大路朝天各走一边，然而走着走着，两人的命运仿佛殊途同归。当我们品读着冰心《六一姊》中知识女性“我”与普通底层劳动者六一姊之间温馨美好的友谊，为六一姊的淳朴坚毅所打动的时候，姚鄂梅讲述了《大路朝天》里两个不同文化背景的女性的生活经历。从乡村少女到下岗临时工，从南方工厂女工到餐馆服务员，从临时坐台小姐到代孕母亲……小妹希望一步步摆脱命运的泥潭，却不得不越陷越深；知识女性吴树在鼓励小妹改变命运的同时又鄙夷她改变的方式，然而无奈又讽刺的是，最后她自己也即将走上为了前途利用、依附男人的道路。对于底层女性尤其是农村进城女性来说，无论是不是知识分子，人生的道路都异常艰辛。姚鄂梅敏锐地把握了当下社会底层女性生活的命脉，在不同的时代对类似的故事作出不一样的注解。同样，《摘豆记》里的小锐和阿珠，《一只蚂蚁的现实》里的兰、燕、静，故事的背景都发生在小城镇，这些小城里平凡普通的女性，她们对自己的人生并没有很大的野心，只有一些简单的梦想，然而即使这样，现实中巨大的生存压力却还是让每个人无路可走。面对来自底层社会的复杂书写对象，姚鄂梅有心表现人生中的残缺，然而在所有故事的最后，我们亦无法明确得出关于底层最终的出路。对于姚鄂梅来说，她只要通过自己的艺术描写，对当下提出问题，引起读者的思考，就已经完成了作为一名时代记录者所应承担的艺术使命。

可姚鄂梅并不止步于此。值得注意的是，作为一个女性作家，姚鄂梅并没有在她的小说中呈现一个温暖柔美的感性世界，在她的笔下，我们感受到的是沉重如铁的情绪。现实世界的残酷和对人性本真的碾压，是姚鄂梅书写底层的这些作品给读者展示的深沉底色。在同代女作家中，魏微的《化妆》、金仁顺的《彼此》、盛可以的《缺乏经验的世界》等书写爱情的小说吸引着读者的阅读视野。而与同时代的女作家们相较，姚鄂梅的独特性在于，我们从她的文本中，读到的关于价值理想的坚定追求，对社会现实的深刻体认，使人感受出某种超越了性别意识的写作样态。姚鄂梅对底层社会深刻冷峻的观察与书写，不难让人想到五四女作家们对旧时代底层百姓

---

① 姚鄂梅：《关于底层文学的一点看法》，《黄河文学》2007 年第 2 期。

生活的真实反馈。如果说《像天一样高》更多地完成了姚鄂梅写作阶段必要的“向内转”，以作品审视自己的内心，那么，这一阶段的姚鄂梅开始了她“向外转”的转变，正是这样的宝贵转型，将自己的创作与社会现实紧密结合在了一起。“新世纪女性写作在‘社会性别自觉’与‘文学自觉’的双重意义上开始了一个新的格局——深具社会性别意识的女性写作姿态和书写样式，是新世纪女性写作的珍贵收获。”[①]姚鄂梅自己也说过，不喜欢被划分为一个女性主义作家：“女性视角是我的小说所无法避免的，因为我的生活经验完全是一个女人的经验，我的思维方式也注定与男性迥然有别。既然小说是诉诸感性的艺术，那么无论我的叙述方式如何改变，也无论我所关注的是什么问题，本质上我的声音只能是一个女人的声音。但我很少思考和刻意追求女性文学的独特性，我也不赞成用女性视角这个概念来谈论女作家的作品，我觉得这不是一个写作者应该关注的问题，也没有必要把女性视角作为一个特殊的视角来分析……我并不喜欢强调自己在写作中的性别意识，虽然我的写作无可避免地带有性别特征。我想，每一个有着远大理想的女性写作者，她们都没有在自己的作品中刻意显露或隐藏自己的性别意识，她们都希望站在人的立场上，关注世事沧桑与人生无常，都希望有一个冷静客观的立场，来表达自己的文学思想。”[②]与20世纪90年代陈染、林白等人的“私人化写作”，卫慧、棉棉等人的“身体写作”截然不同，我们从姚鄂梅的作品里，看不到女性对于自己的自怜自艾，不是俯视底层的精英人群，而将自己视作体验人间疾苦的平凡一员。姚鄂梅在作品中的立意与格局已经表明，她的创作不再只是有关女性知识分子生活的写作，亦不是20世纪末风靡的“中产阶级趣味”写作，她对底层生活真切的关注，对人性幽微的细致洞察，意味着姚鄂梅从感悟人生价值，回望理想主义情怀，过渡到将“我”真实地放进社会现实之中，从而彰显出了自己的社会性别意识。

三

五四新文化运动对中国传统文化、道德、伦理的彻底否定，动摇了中国数千年封建统治的根基，拉开了由传统走向现代的序幕。五四女作家们故而将她们的人物从旧社会的泥淖中解放出来，赋予其现代性的人性特征，体现了新旧文化交替时作家们在思想文化意识层面的思考。否定封建男权意识下女性封闭、麻木的生活状态，探寻新型的女性人生方向，是五四女作家自觉担负的创作使命。米尔斯说：“人们只

---

① 张莉：《社会性别意识的彰显——论新世纪女性写作十年》，《文艺争鸣》2010年第8期。

② 姚鄂梅、马季：《在疼痛的理想中不停地奔跑——姚鄂梅小说创作访谈录》，《朔方》2009年第6期。

有将个人的生活与社会的历史这两者放在一起认识，才能真正地理解他们。”[①]21世纪以来，随着物质社会的飞速发展，女性写作者以她们特有的性别视角，创作出大批反映女性生活的作品，表达自己对当下社会独特的艺术感受和生活体验，成为文坛不容忽视的文学景观。在探寻了人生价值，关注底层现实生活之后，姚鄂梅也将自己的视野拓展到了文化性别意识上，探讨新时期女性在个人生存、思想观念上的矛盾与出路。虽然姚鄂梅表示自己并不喜欢被划分为女性主义写作一脉，但不可否认，她的作品中塑造最成功的还是女性人物。对于女性而言，人性的争取首先在于主体意识的觉醒。2010年姚鄂梅推出了自己的又一长篇《一面是金，一面是铜》，2013年受作家自己较多肯定的作品《西门坡》问世。其间笔耕不辍，陆续发表了《辛丽华同学》《十八岁那年你过得怎样》《一辣解千愁》等一批优秀的中短篇小说，将对女性的人文关怀及社会角色的定位进行了全面的思考。较之《像天一样高》中对于人性明净、清澈的透视，《穿铠甲的人》《大路朝天》等作品对现实生活冷峻的表达，我们发现近几年来姚鄂梅的小说中渐渐更多的探讨了人性的两极，对好与恶，真与假的界定似乎没有之前的创作中表露得那么清晰，精神理想与现实生活也不再那么二元对立。作品体现的是作家的创作气质，从姚鄂梅小说中感受到的变化不单表明作家的创作思路、创作心态发生了细微改变，亦说明姚鄂梅对现实人生的感悟，对人性的思考又加深了一个层次。

长篇小说《一面是金，一面是铜》讲述了廖明远和马三翔两人及两个家庭之间的恩怨故事，围绕其中的矛盾姚鄂梅给我们展示出了人性的深度与复杂性。从这部小说的名字上我们就可以看出，作家想探讨的，是现实生活的不同侧面。主人公马三翔的身上无疑展现了现代社会被物质名利所异化了的人性特点，在此我们不多加赘述。当大家的关注都集中在马三翔和廖明远二人的纷争纠葛上时，往往忽视了这部小说中最能体现人性矛盾复杂特点的人物，安娜。在各种利益漩涡中，安娜沦陷其中却又没有丧失她的理想情怀。她和马力每个星期约定来酒馆聊天，互不询问个人信息，不谈世俗利益，不问过往，不问将来，只在一起交流自己的日常生活感受，这是一种超现实的、纯粹的精神层面的交往，带有强烈的理想主义光环。而事实上，马力不知道的是，安娜其实是父亲马三翔的情人，也是马三翔安插在廖明远身边的暗探。她一面行走在阴谋算计中不见天日，一面为自己这种行为痛苦万分，是一个典型的在现实的泥淖与理想的梦幻中挣扎的人物。不得不说，安娜身上鲜明地体现了人性

---

① ［美］C·赖特·米尔斯：《社会学的想象力》，生活·读书·新知三联书店2001年版，第3页。

中善恶的两面。一面是金，一面是铜，理想与现实是生活的两面，金钱名利与人格尊严亦是交叉融合的两面，而所谓真实的人性，正是在这种矛盾复杂中，表现出其丰富的层次感与厚重感。

我们知道，20世纪80年代以来，伴随着西方译介的大量涌入，女性开始以新的眼光审视自身，以家庭为中心的传统女性角色不能再满足自我意识觉醒后的中国女性，她们大部分处于个人人生价值的实现与家庭生活的和谐难以两全的状态，挣扎于现实和传统的矛盾之中，这种夹缝中的窘境亦是女性写作的现实基础。然而，这一困境在某种程度上可以说是女性意识觉醒所带来的：由现代化进程所带动的女性解放运动在许诺给女性一个新世界的同时，又使其陷入更深的泥淖中难以自拔。将《一面是金，一面是铜》里的安娜继续深化发掘，我们随后便看到了《西门坡》中一群特立独行，与世俗格格不入的女人们。西门坡是一个女人国，一个与世隔绝的不幸女人的避难所，在西门坡生活的女人们，都是遭受过现实生活沉重打击的人。西门坡的创建者安旭，一个女权主义的践行者，出于自己同为女性的人道主义关怀建立了西门坡，希望能给那些不幸的女人一个可以栖息的庇护所，建立一个城市中的“世外桃源”。她与西门坡的管理者庄老太联手设计了一系列事件，自私地引诱“我”一步步迈入西门坡，企图使“我”安于西门坡现状，成为它的继承者。安旭创办西门坡的初衷是善意的，然而它的理想主义色彩过于浓重，忽视了当今社会的现实环境，以及最重要的一点，驳杂的人性。西门坡的家规，以近乎强迫的方式要求这些没有出路的女人接受它的管理，上交所有财物，一切从简，从物质、精神上压缩她们的基本需求，远离现实，企图建立一个女性的“乌托邦”，这既不符合现代人的人性特征，也悖逆了社会现状，小福的不断出走已然说明了它的问题。我们知道，物质社会的高速运转必然使人被异化变成非人，日益功利的现实环境使人的精神趋向分化，这种分化最终让现代人的精神分裂，也最终造成了现代人的复杂和人性的深邃。《西门坡》渗透着姚鄂梅对女权主义的思考，她试图探讨现代女性走出男权，建立只有女人和孩子的“公社式”集体生活模式在当下社会是否可行。故事的结局，一场大火将一切化为灰烬，鲜活的生命香消玉殒，西门坡一号不复存在，我想这是姚鄂梅在经过对生活，对性别文化的深切思考后给出的必然结局。现代社会女性文化一个有意思的征候，在于它一方面表明这个社会的多元化特征，另一方面又充分显示出这是一个密不透风的社会，它有着非常强大且难以更改的以男性为主导的社会价值观。“在大众传媒的喧嚣之下，在广大的中国南方，是几十万上千万的自动化流水线的女工，她们每天都有可能遇到的是被机器‘断指’的命运；而广大的农村，是数以万计的家庭两地分居，空巢空村现象普遍；从南到北的一线二线大城市里，许多人近中年的企业女工面临下岗、失业、失婚和老无所依的命运……这是并不乐观的文化生存环境背景，只有在此背景下，中国当代女性写作者的精神气质才会获得显现。从她们的作品里，我们看到了那些大众传媒文化中所没有的女性形象，看到了讨生活的劳动者们的疾苦，看到了朴素的人的尊严和价值——王安忆、铁凝、迟子建、孙惠芬们书写出了一批值得尊敬和铭记的作品，也使'不可见的女性和她们的生活'浮出现实地表。"[①]作为一个有良知、有觉悟的写作者，姚鄂梅在她十余年的创作生涯中始终坚持自己对社会的关注与考察，在写作中不断加深对广袤人性的思考和对女性角色定位的理解。"永远存在这样一种比例，写作者的内心厚度达十分，作品的高度才二三分。这是个令人沮丧的比例，但它确实存在着，而且很难逾越。幸好作家不必在一部作品里全方位展示他内心的丰厚和广袤，这正是作家们为什么会接二连三不停地推出新作的原因，他必须依靠不同的作品，站在不同的角度，以不同的视角，来表达他内心纵横交错的复杂体会。"[②]较之《雾落》等长篇作品，姚鄂梅在《西门坡》中摆脱了过去单纯地观察社会现实，书写人性的单向度视角，她努力将西门坡里每个女人复杂的性格、心理一一呈现，探讨现代社会的人文症候与性别文化，在不动声色的叙述之中，我们可以看出她对人性冷峻观察之后产生的悲凉。在读罢《西门坡》结局的失落之余，作为新时期的时代女性，我们也难免陷入对自身未来出路的思考。冰心在《两个家庭》中，曾提倡一种新型的贤妻良母的妇女观，在这里她对女性角色的定位是一种平和、宁静，拥有女性温柔，受过新式教育，有文化，有主见，亦能够在家庭中相夫教子的淑女。冰心从女性自身主体性的角度加以阐释，将"个性"和"女性"的完美结合作为理想中的女性生存境界，试图使女性的社会价值和自我价值在家庭中得到实现和统一。《西门坡》亦倾注了姚鄂梅对现代女性命运和出路的思考，对她来说，女性的命运受到男权社会的影响，但始终掌握在自己的手中。为此首先是成为一个真正有独立意识的"女人"，其次才是作为一名"妻子"和"母亲"，外部环境、社会境况，女性对自身的定位和认知，对当下女性的生存境遇都是至关重要的。在当代诸多优秀女性作家的不懈努力探究下，我们期待着，也许不日便有一批符合时代特色，在"社会的人"和"家庭的人"的双重身份中达到和谐统一的女性形象呈现于大众视野之中。

从《脱逃》《像天一样高》《黑键白键》到《雾落》《大路朝天》《摘豆记》，以及后来的

---

① 张莉：《社会性别意识的彰显——论新世纪女性写作十年》，《文艺争鸣》2010年第8期。

② 姚鄂梅：《在写作中觉悟》，《青年文学》2006年第23期。

《辛丽华同学》《一面是金，一面是铜》《西门坡》等作品，姚鄂梅与自己的作品一同成长，一同触摸冗杂的社会人生，在自觉与不自觉间，以丰富的作品向五四新文学女作家们致敬。如她所言："从无知到有知，从有知到觉悟，这是人从出生到死亡要跨越的三个阶段。我不知道一个不写作的人在用什么方法觉悟，就我自己而言，我在我的作品中渐渐觉悟。当我写到一个男人，写到一个孩子，写到一个在我出生前就已死去的人，写到某种超出我经验的生活，我感到我和我的人物一起，在虚构出来的经历中浮沉，在想象当中收获现实给予不了的体会。一句话，我以我的写作为杖，执著于向人性深处的东西靠拢。"[①]不可否认，作为一个活跃在当代文坛的女作家，姚鄂梅对社会、历史、现实、人生的观察不可避免地带有现代女性的独特视角与体验，也难免会被简单划入女性主义写作之中。而当我们仔细回顾她从创作之初到最近的作品之后，便不难发现她在自己作品中对理想、现实、人性的不懈探索，对女性性别意识在当下社会层面、文化层面的不同方式的表现。在当代复杂的社会形势下，文学创作不单单对作家的文学素养提出了较高的要求，还需要我们以一种博大的胸襟，宽广的视野去深入到现实生活内部。在一个社会学与文学越来越混淆，越来越合为一体的创作大背景下，写作不再只靠简单的个人经验和想象，如何重新思考文学与社会的问题，如何用有限的笔触更深入地挖掘无限的人性，不单单对像姚鄂梅这样的女性作家，也对广大青年作家们都提出了严峻的挑战。

（载《小说评论》2017 年第 6 期）

主要作品目录《

长篇小说

《像天一样高》，漓江出版社 2006 年版。

《白话雾落》（首发于《钟山》2006 年第 4 期），河北教育出版社 2007 年版。

《雾落》，江苏文艺出版社 2008 年版。

《真相》，上海文艺出版社 2009 年版。

《一面是金，一面是铜》，《收获》2010 年第 3 期。

---

① 姚鄂梅：《在写作中觉悟》，《青年文学》2006 年第 23 期。

《融》,上海文化出版社2010年版。

《西门坡》,上海文艺出版社2013年版。

《我是天才》,中国少年儿童出版社2015年版。

《1958:陈情书》,上海文艺出版社2016年版。

《贴地飞行》,北京十月文艺出版社2018年版。

《衣物语》,原载于《收获·长篇专号》2019年夏卷,《长篇小说选刊》2019年第6期转载。

中短篇小说集

《摘豆记》,长江文艺出版社2009年版。

《倾斜的天空》,中国少年儿童出版社2010年版。

《中韩青年作家短篇小说选》,上海文艺出版社2015年版。

《一辣解千愁》,安徽文艺出版社2018年版。

《红颜》,百花文艺出版社2018年版。

《老鹰》,上海书店出版社2019年版。

《两棵花椒树》,北岳文艺出版社2019年版。

中短篇小说

《脱逃》,《作品》1996年第12期。

《马吉》,《大家》1999年第6期。

《寻亲记》,《山花》2003年第2期。

《女儿结》,《人民文学》2003年第9期。

《黑色》,《花城》2004年第2期。

《死刑》,《钟山》2004年第5期。

《无墙之城》,《人民文学》2004年第5期。

《婚纱》,《收获》2004年第6期。

《致乡村少年》,《芳草》2004年第7期。

《隐形眼镜》,《山花》2004年第9期。

《黑键白键》,《当代》2005年第2期。

《穿铠甲的人》,《钟山》2005年第5期。

《大约在冬季》,《收获》2005年第6期。

《忽然中年》,《人民文学》2005年第7期。

《玫瑰》,《山花》2005年第9期。

《我见过依沙朵拉·邓肯》,《芙蓉》2006年第2期。

《妇女节的秘密》,原刊《芳草》2006年第2期,《中篇小说选刊》2006年第6期。

《远逝的琴声》,《小说月报》2006年第6期。

《那个被称作父亲的男人》,《青年文学》2006年第23期。

《大路朝天》,《中国作家》(小说版)2006年第7期。

《黑眼睛》,《山花》2006年第9期。

《索道》,《山花》2007年第1期。

《浮生三日》,《花城》2007年第2期。

《一只蚂蚁的现实》,《上海文学》2007年第5期。

《秘密通道》,《人民文学》2008年第1期。

《罪与囚》,《收获》2008年第1期。

《在王村》,《钟山》2008年第1期。

《喜事临门》,《山花》2008年第2期。

《户口往事》,《小说界》2008年第2期。

《讨债鬼》,《中国作家》2008年第22期。

《出山记》,《十月》2008年第5期。

《身世》,《红豆》2008年第5期。

《演出》,《西部华语文学》2008年第16期。

《捡宝》,《青春》2008年第11期。

《骄傲的拇指》,《山花》2008年第16期。

《少年之家》,《上海文学》2009年第1期。

《初痕》,《山花》2009年第8期。

《面红耳赤》,《山花》2009年第15期。

《净身》,《钟山》2010年第1期。

《一线天》,《北京文学》2010年第8期。

《量身定制》,《山花》2010年第15期。

《心肝宝贝》,《中国作家》2011年第1期。

《你们》,《人民文学》2011年第4期。

《良心之旅》,《花城》2011年第5期。

《狡猾的父亲》,《人民文学》2012 年第 2 期。

《爱的教育》,《十月》2012 年第 3 期。

《在人间》,《钟山》2012 年第 1 期。

《漫长的瞬间》,《中国作家》2012 年第 19 期。

《心理治疗师》,《长江文艺》2012 年第 11 期。

《辛丽华同学》,《人民文学》2013 年第 1 期。

《青梅》,《大家》2013 年第 3 期。

《一次出轨》,《芒种》2013 年第 7 期。

《冤家》,《长江文艺》2013 年第 12 期。

《东方披萨》,《钟山》2014 年第 1 期。

《蜜月期》,《山花(A 版)》2014 年第 4 期。

《预备役》,《天涯》2014 年第 5 期。

《老鹰》,《收获》2014 年第 6 期。

《天际花园的私房菜》,《十月》2015 年第 1 期。

《傍晚的尖叫》,《花城》2015 年第 2 期。

《红颜》,《长江文艺》2015 年第 12 期。

《十八岁那年你过得怎样》,《小说界》2016 年第 1 期。

《止痛令》,《钟山》2016 年第 1 期。

叶广芩

女，满族，1948 年生，北京人。

小 引《

在我的印象中，叶广芩不但是一个大器晚成的作家，而且也堪称“最后的贵族”。这印象自然是来自阅读她的那些让她声名鹊起的所谓“家族小说”，而不是翻过叶氏（原叶赫那拉氏）的家谱，或查过叶广芩的生平事迹之类的资料。虽然这小说写的不一定全都是、甚或全都不是她的家族成员的经历，但我相信那感受一定是真切的。这真切也不是非要亲身经历了不可，而是仅凭家族血统和精神传承，就足以让她在意识深处亲近她的先人，或先人所在的那个阶层。这在以往就叫作阶级本性，理论上可以归于血统论，或出身论、唯成份论的范畴。当然，今天讲血统，不是遇罗克当年反对的那个“老子英雄儿好汉，老子反动儿混蛋”的极端政治化的血统论，而是指通过血统传承的那么一点精神气脉和文化积淀。

叶广芩其生也晚，未曾过过那种钟鸣鼎食的贵族日子，未曾要过那种诗礼簪缨的贵族派头，更遑论继承什么贵族家庭的祖业遗产。她出生和成长的年代，中国已经经过了好几轮各式各样的革命，所谓贵族，就像旧时代那颗癞子头上几根罕见的稀毛，被去除净尽了，咋的也不会再风吹草长。到后来，它既不长，更没人去想，甚至连文学这个恋旧、忆旧的行当，也把它扔进了爪哇国，忘得干干净净。在中国现代文学史上，写旧家、大家的固然不乏其人，以至于成就了今天家族小说研究这门新兴的学问。但那所谓家族，不但大都称不上贵族，而且作家写作的用心，套用鲁迅的一句话说，也大都是立意在批评，旨归在反叛，是谁也不愿沾上旧家族的那一点腥膻的。“文革”后，有京中作家邓友梅写了个那五，虽不是什么了不得的天皇贵胄之后，但总算换了一种态度，不是一味地丑化、批评，而有那么一点哀其不幸，怒其不争（气）的意思，也算是天地翻转，让人记起历史上还有这么一种人活过。这事儿说话间就过去了三十来年，大家眼瞅着一些发迹变态的新贵，渐渐地又忘了原本就不待见的旧贵族，偏偏这时候在西京古都（贾平凹的小说这么说），出了个写小说的贵族后裔（叶广芩似乎颇不愿意被人称为“格格作家”），写了那么一些反映前清贵族后裔生活的小说，让人再度记起了中国在现今当家作主了的劳动人民之外，还有一些曾经也当过家、做过主的贵族阶层。而且这阶层不但留下了一些从前为我们所不齿，现在为我们所珍爱的生活器物和生活方式，而且也留下了一些从前为我们弃之如敝屣，现在却为我们视之若珍稀的文化精神。叶广芩的小说写的就是这精神，这精神或许也可以称之为贵族精神。有人说，在中国的文化传统中，贵族精神原本就不多，而且还把国人今天的某些缺少文明、教养的表现，也归结为贵族精神的匮乏，如果这话有几分可信的话，那叶广芩的这些小说就更加弥足珍贵。

叶广芩说，她是到了国外后，换了一个视角，才想到要写她的家族小说的。这使我想起了一个人，这就是现在定居美国的白先勇。白先勇的小说虽然写的不是自己的家族，不能归入家族小说之列，更与真正的贵族沾不上边儿，但他也是到了美国以后，才想起了要写他所熟悉的那些落魄的国人和他们的后代。这些人或他们的先人原本是革过前清贵族的命的，成功后建立了民国，自己也成了新的革命“贵族”或准“贵族”，没想到这回民国也被人革了命。结果是，不但这份原本就非真的贵族的“贵族”身份没了，而且在当年贵族生活过的父母之邦，竟连个落脚的地儿也找不着了，只好仓皇出逃，栖身一个弹丸小岛或流落异国他乡，让人觉着凄惶，也让人顿生感叹。白先勇的《台北人》和《纽约客》写的就是这凄惶和感叹。用他自己的话说，写的就是那么一点兴亡感和沧桑感。谢晋还把《纽约客》中的一篇叫《谪仙记》的小说，拉来拍了个电影，取名《最后的贵族》，算是给白先勇笔下的人物正式“赏”了一个象征性的贵族身份。我想，白先勇写这些小说的时候，他的头脑里该没有他老子的那些个党派意识，更不会想到要效忠谁家王朝的问题，要不然，他不会拉上陈子昂和刘禹锡这两个不相干的古人来凑热闹，把《登幽州台歌》和《乌衣巷》诗，分别作了上述两部作品集的题词。所谓世事难料，人生无常，不管你处在哪个时代，属于哪个阶级，为了何种目的，因了何种原因，遭遇了何种起落沉浮，到头来，所得的感慨，大体都是一样的或相近的。究其实，除去了阶级、政治之类的人为标签，还原了的，古今中外就是个人。叶广芩和白先勇都写了这人的事儿，人的变化，尤其是从“旧时王谢”到今日“寻常百姓”的人生巨变，怎的不叫人念天地之悠，独怆然涕下。虽然所写和写法有诸多不同，但在这一点上，二者确有异曲同工之妙。从这个意义上说，称这两位分住海内外的新老贵族的后裔为文学的双璧，似不为过。

叶广芩的创作成就，当然不止于此，本辑主笔李春燕、周燕芬二位教授已有详论，我不过是借此机会发了一点莫名其妙的感慨罢了。

自　述《

少小离家老大回

全国第七届作代会在北京召开，我随着陕西团的十几名代表乘火车北上，车声隆隆，同伴们在车厢内串门聊天，我坐在窗前望着沉沉落下的夕阳心内竟是有些感慨，北京的女儿作为“陕西”的代表回京，心头难免夹裹着剪不断理还乱的情愫，让人一言难尽。车窗外的景致于我是熟悉又陌生，当年我是坐着这趟车在绵绵的秋雨中，夹着铺盖凄凄惶惶离开的。送别我的只有不满十四的妹妹和她用回去车票钱买的两个烧饼。到西北去，伤痕累累，惊心未定的我，不敢问命运，不敢谈前程，只希望活着，平平安安地活着，以告慰家乡同样伤痕累累的老母亲。

一晃三十八年。

落魄的时代没想过当作家，目光所及是如何在一次次批判会上做到脸不变色，如何用锄头准确对付玉米地里脚下的杂草，如何背着人用车床车出小榔头，如何无声地记忆外语单词……生活由此变得丰富多彩。80年代开始写些个小短篇，登了也无人理睬，有些失落。后来弃文从史，研究司马迁，想的是当个学者型的作家，结果仅一篇《天官书》便使我陷入“狗看星星一片明”的混沌境界。又出国去研究“太平洋战争”，也似蜻蜓点水，不像专业人员那样深入踏实，回国后对研究蜀道又产生兴趣，出傻力气，横穿秦岭，追着唐德宗唐僖宗的脚印走傥骆道……

陕西给予了我辗转腾挪的空间。

年轻，常常以为自己的体验是独特的，对生命的理解是深刻的，有意无意地给自己的写作加了载道的严肃与使命的庄重。人便变得有些别扭，自己跟自己较劲，为老大不小，学问一无所成而愧赧焦虑。活得外在而张扬，有时还爱作秀，像鲁迅先生说的“将自己的照片登载在杂志上，但片上须看见玻璃书箱一排，里面都是洋装书，而自己则作伏案看书，或默想之状”。这样的傻帽之举实在是做了不少，现在想想总是浅薄。

这两年将写作舒缓下来，徜徉于秦岭山林之中，混迹于豆架瓜棚之下，知道人生还有另一种活法，“昼出耕田夜绩麻，村庄儿女各当家”，喝了一肚子柴锅熬的苞谷豆粥便想到人的诸多问题,想到文的诸多问题。泡于油腻腥膻之中总不如“一箪食,一瓢饮,在陋巷”舒展长久。文学和人一样,淡泊相处,可以维持久远,用不着急赤白脸地半月一个中篇、一年一个长篇地推出。读者的眼睛要紧,自己的身体要紧,不轻诺,不急就,已不是风风火火的小青年。天地有大美而不言,民间有很多我们在热闹与喧嚣中感悟不到的真谛,保持正常的生活态度,保持性情的平淡、文章的平淡,那才是将人做到了极致,将文作到了极致。

不要在乎什么传世与不朽。谁也不能不朽。

俗话说,人有双重父母,两处家乡,我便常想自己,想我来西安以后的几十年,在农场种地,在工厂做工,在市文联搞创作,回顾来路,三十八年的脚印无不与这片水土的步履相合,这是我的福气和幸运。北京恢宏的帝王之气与厚重的文化内涵是任何地域都无法替代的,凄美醇净的亲情更是上天得天独厚的馈赠,这也是我走到哪里都不能忘却故土的原因。陕西华清池的温柔,老孙家羊肉泡馍的醇美,秦腔戏曲的苍凉,城墙城楼的古远,同样也深深地刻在了我的骨子里,成为生命的一部分。海纳百川的长安,自汉唐起,气势便包容了整个世界,包容了天下,自然也包容了我……“丈夫重知己,万里同一乡”,这是一种精神上的认可与融入,不是户口簿上的简单迁入迁出,是一种难以说清的对这片地域的爱,包括它的进步与不足。同样,一种责任也重重地压在肩头,那是作家的责任,是赤子对于家乡的责任,无论北京还是陕西,这责任直到永远。

火车的隆隆声中,北京越发地近了,想必作协接站的同志已等在站台,那是家乡人的等待,一种亲情油然而生,我想,无论是谁,我都会拥抱他。

访　谈《

行走中的写作

——叶广芩访谈录

周燕芬　叶广芩

周燕芬:叶老师您好。您的创作引起文坛和读者越来越大的关注,您拥有一个稳固的读者群,您的作品转载率很高,不少作品被改编为电影电视剧,评论界和学院对您的研究也持续升温,您如何看待自己的创作影响?

叶广芩:说实话我不大注意这些。我是一个写作者,我的注意力集中在写作,带着作品一直朝前走,身后留下什么样的足迹,有何种反响和评价,这是评论家关心的事情。但我写作会考虑到读者,我要用心写出读者喜欢的作品,让他们读得轻松愉悦并有所回味,我写作的时候想象面前坐一个读者,我在跟他聊天,我要时刻抓住他,让他听我说。作家一定要有抓住读者的本领,要轻松地把他拉进到你诉说的这个环境当中来,把他从繁杂的生活当中,从焦虑的状态引导到一种平静安然的状态。这是一个作家应该具备的能力,让读者的心灵得到慰藉,我认为这是文学的天职。当然,文学作品也有它战斗的激昂的一面,那是文学的另一种功能,是另一些作家写作的长处,而我的长处就是慰藉心灵。作家应该是读者心灵的按摩师。我知道自己不是"特火"的作家,而且我也惧怕这种"火",很早以前我就说过,我写作追求中庸之道,最好。

周燕芬:这正是您创作的特点,也是您作品的魅力所在。那种娓娓道来、不动声色的叙述,很让人沉醉,一旦喜欢上了,就放不下。您的读者对您作品的忠诚度很高,尤其是您的家族系列小说,在当代文坛上是独一无二、不可替代的。

叶广芩:家族小说是我从事写作以来最重要的一部分作品,是联系着我生命根底的作品。也巧,这个系列的小说几乎每一篇都受到读者欢迎,常有读者来信谈他们的阅读感受,这种阅读热情很令我感动。

周燕芬:但是您并不是一上手就写家族小说的,早期创作题材比较杂,写农村,写城市平民,还写历史小说,比如《岸边》《退位》《孪生》等。是什么原因促使您走入了家族题材?

叶广芩:我从80年代开始写小说,我写得很游离,是自己跟自己的游离,也就是说没有写进去自己生命的体验。那时候我虽然写了不少作品,但以北京文化为背景的作品从未进入过我创作视野的前台。这可能与各种条件的限制有关。我回避了个人家族的文化背景,不光是不写,连谈也不愿意谈,这甚至成为我的无意识。

周燕芬:不愿再碰触生命中最痛苦的记忆?

叶广芩:是的,现在人们感兴趣的"贵族出身",实际上在我是最不堪最痛苦的记忆。我的家给我一种什么感觉呢?就是落魄、冷漠、贫穷、苍凉、另类,这是我对我家的几点归纳。人家说你贵族家庭,贵族家庭的生活想象起来是无比优越,其实我们知道,辛亥革命以后贵族后裔的生活只剩了落魄和辛酸。很长时间以来,我们家基本是靠变卖东西来维持生活。我很小的时候就和寄卖商店打交道,卖各式各样的东西。我父亲1956年就去世了,我们没有生活来源,老是这种状态。这种状况下长大的孩子,一个是敏感,再一个是自卑。这些东西渗透到我的骨子里边去了。虽然今天在县里边当个什么书记,当这个、当那个,但是我实在是觉得,我是进入不了这些角色的。本真的我,其实是内向和忧郁的。

周燕芬:为什么旅日归来您开始写家族小说了?

叶广芩:我第二次到日本是1990年。1990年中国刚刚改革开放一段时间,邓小平还没有视察南方,大家的思维模式还是处于"文革"后期那种比较保守的状态,更注意在政治上不要出什么岔子。无形的条条框框的束缚还存在,我自己心理上的阴影也没有完全消除,思路就打不开。到日本后,是一个完全不同的环境,边读书学习边思考,进入了一种无拘无束的状态,思想一下就打开了,视野扩展了,思路也宽阔了。我从国外回来以后,国内的情形也有了很大的改变,当然主要是我个人的观念变了。1994年从小说《本是同根生》开始,那种自我封闭的无意识被冲破了,家族生活、个人体验以及老北京的某些文化习俗,就不由自主地进入笔端,这似乎不是我的主观意志所能左右的。

周燕芬:日本经历起了催化剂的作用?

叶广芩:是这样。回国以后,我就思考我的家国,我是在这样一个家族背景上成长起来的,这个家族联系着我们国家我们民族的什么东西呢?联系着这些思考,一直潜藏在我内心深处的那种所谓自卑的孤寂的情绪和想法,就和别人不一样了。整个来说,我是很忧郁很孤独的人,尤其在人多的时候,热闹的时候感到孤独。但是外表总表现得很快乐很随和,性格和作品都是两面的。内心深处的这种东西一直潜伏着,到日本去实际上就是一个催化剂,保留了我身上生活化的入俗的东西,开发了内心深处沉默的悲凉的东西,家族小说就是在日本的生活和思考催化而来的。

周燕芬:随和快乐和忧郁孤独,正反映出一个普通人和作家的一体两面。作家的孤独是超越了个人的孤独,是一个作家面对家国面对人生油然而生的孤独感,您的家族小说内蕴的悲悯意识,您创作的不可复制的个性就来自这里。其实您90年代以来的创作不只限于家族题材,还有一系列的战争反思小说和平民生活题材的小说,还有不少影视剧的创作和改编,可以说是遍地开花了,评论家一般认为这是您创作的一个大的转折和深刻变化时期。

叶广芩:我在日本进修的时候,研究课题是二战期间残留中国的归国者回到日本后在法律经济上存在的问题及改进办法。由于拉开了距离,有了文化比较,再去审视历史,看待人生,无论是对自己的家国历史,还是对战争影响下两国文化和人性的思考，都有了新的感触新的认识。

日本也是一个受儒教影响很大的国家，但两国思想文化的差异也很明显。我们是将仁放在第一位的，他们是将忠放在第一位，“忠”字时刻体现在它的历史中，也体现在它的现代生活中，即所谓武士道的精神，是它的民族性格。那么一个弱小的国家它敢向世界宣战，靠什么呢？这种有关文化差别和国民性的思考是我以前所没有的。我们以往总是从正义非正义、从民族主义上来思考战争，站在人类的高度去思考的时候，境界就完全不同了。我早年曾写过长篇《战争孤儿》，后来几个中篇《风》《雾》《雨》《到家了》等，就是再行思考、视点高移的结果。

周燕芬：那么平民题材呢？您写老百姓的风格入俗的小说也很受欢迎呢。

叶广芩：我从日本回来以后写的第一篇小说是家族小说，就是那篇《本是同根生》，另一篇《学车轶事》写了社会上三教九流各等俗人，一同发表在《延河》杂志，一雅一俗形成鲜明对照。因为两篇小说风格相距太远，给评论家出了一个难题，哪一个是真正的叶广芩？叶广芩就是一个两面多变的叶广芩，在日常生活中我是一个俗人叶广芩，别人不理解贵族是怎么一回事，其实在我就是一个久远的家族背景，而且是那种带着隐痛、自卑情绪的，不愿意去碰的，很敏感的东西。我自己从小生活在市民社会，接触的大多是普通百姓，经历了中国社会的风云动荡，遍尝底层生活的苦甜酸辣。我生活的动力和快乐，包括我小说中的人物和故事，都是世俗生活给予我的。最初去日本打工，也是和下层老百姓混在一起，饭店打工时接触的都是日本老大妈，和她们成天泡在一起，说的话都很粗野，不入大雅之堂，但很鲜活。我对日本老百姓的生活方式非常感兴趣，后来写的不少小说就是表现日本的平民生活的。

周燕芬：雅俗两类，从你主观来讲，更愿意写哪一种？

叶广芩：更愿意写大俗人，愉快，而且在文字上更接近口语化，生活化。《全家福》就是大俗，俗极了的老百姓的语言，有评论家说这部小说整个就像一个单口相声。这其实是我的生活和我本质的一面，我就是一个这样的人，平时生活当中，和朋友的交往当中，我都是一个大俗的人，说话也招人笑，张嘴就来几句调侃。这种很俗的东西，占据了我生活的大部分，包括我在工作单位和同事们相处，都是很俗的。但是写作中那种很雅的东西，就要调动我生命里思想里很深很深的东西，回想小时候生活的苦难，家庭所给予我的那些其实是很悲凉的东西。大概是在上小学的时候，父亲刚刚去世，和三哥住在颐和园，记得一个人在颐和园里逛游，孤零零的，没有人管，没人担心你会不会掉进水里，那种孤寂的心态，和颐和园豪华的景观形成鲜明的对比，这种豪华不但和你没有关系，反而愈发反衬出你的孤单，这样就形成多愁善感的性格，儿时的经历会影响你的一生，而且特别是会渗透在你的写作中。作品中那种隐隐的悲凉感就是来自这里吧，带着这种情绪写家族小说，其小说的格调气氛就可想而知，把这种家族的很深的影响写出来，这就是我的个性吧。这和《全家福》这样的小说是完全不同的两个世界，我进入这两个世界都游刃有余，进入那个大俗的世界，真像说相声一样，非常放松、痛快，张嘴就来，这样的写作真是一件快乐的事情。有意思的是，家族小说喜欢的人却更多，因为它神秘，打开了普通人不熟悉的生活领域。今年初我发表过一个中篇《豆汁记》，写一个老太太在御膳房做饭的故事，新写法，写的还是老故事，读者很喜欢。我在想，现在的人还这么喜欢这些东西啊，有些读者是和文学行业毫不搭界的，就是喜欢。这些东西能被读者喜欢、接受，这是令我高兴的，我也想人们喜欢它的理由，家族小说为什么大家觉得很好读，是不是人们想了解过去那种生活，也想体验我内心曾经有过的那种感觉，所以就读下去了。是不是因为小说中的故事情境和大家相隔有距离，距离产生美呢？或者感觉新鲜、离奇，所谓艺术的陌生感吸引人呢？无论如何，我希望我的小说能够雅俗共赏，读者越多越好。

周燕芬：其实不可以割裂开来看您的雅与俗。所谓大俗大雅，雅俗之间贯通着一种精神气脉。您写家族历史，并不是写通俗历史小说，不是猎奇，喜欢您的读者品味也都较高，他们喜欢作品的意蕴和气息，被作品独有的审美氛围所吸引。

叶广芩：可能是这样。一个人的作品，无论怎么变换写法，总是有内在的共通的东西。

周燕芬：您创作将近30年的历程中，也在不断地求新求变。2000年挂职周至县委副书记以来，随着您行走的脚步深入到秦岭山区，随着您自己角色和生活体验的更新，敏感的读者和评论家发现您的创作发生了又一轮深刻的转折和变化。您如何看待这一变化？

叶广芩：作家生活方式的重复，会导致创造力的萎缩。作家得寻找新的生活领域、生活素材，这个很重要。我相信一个作家应该具备对生活的审视能力和对素材的选择能力，如果不具备这个，他成不了一个好作家。如果说90年代出国留学对创作的催化和推动作用是不期然中发生的话，那么这一次算是作为一个作家的积极主动的追求吧。

我2000年7月到周至县挂职，开发另外一个生活领域，带动了创作上的一个新变。如果没有这8年多的周至生活，我写家族小说，大俗或大雅，这个创作的矿藏也会枯竭的。我选择周至老县城作为我的生活基地，在崇山峻岭中开始新的人生体验，这里没有电，没有现代化的通信设施，与外界的联系全凭“捎话”。这个陌生的环境启动了我新的思考，给了我创作新的素材和新的视角，我拥有了完全不同于以往生活的另一个丰富的资源库，有了新的抑制不住的创作冲动，于是才有了近几年这些个新的作品的问世。

周燕芬：您觉得新一轮创作与以前作品比较，联系和变化表现在哪里？

叶广芩：新的体验新的素材一定带来了以往不曾有的思考和表现，这是我第一次集中关注秦地文化和关中风情，以此为题材进行创作，创作中出现了一些新的命题，比如生态、自然、动物等方面的问题，还有从陕西人文地理入手，叙写中国现代历史的风云动荡和当下乡村社会的变动转型等，这些都是以往不曾或较少涉及的东西。有一批中篇如《熊猫和“碎货”》《山鬼木客》《老虎大福》《猴子村长》《对你大爷有意见》，还有长篇《老县城》和《青木川》，都算是新的生活领地赐予我的创作成果。

周燕芬：您创作的题材领域确实是越来越宽广了，您涉笔“动物世界”，倾力于人与自然关系的现代性思考，也是从新的角度深化了您一贯坚持表达的人类情怀和生命关怀，从一个作家的创作系统来看，内在的联系和行进中的超越还是能把握到的。

叶广芩：呵呵，那又是你们评论家研究的问题了，我只管写，边走边写。

周燕芬：看得出您很喜欢行走，也真是尝到了深入生活的甜头。

叶广芩：是的，我喜欢四处走，四处看，只要能去的地方，我都千方百计去看看，不要依赖“听说”，一定要亲身经历。比如写《青木川》，我完全可以不去，这些资料我都收集到了，我可以在家里写(编)。小说嘛，并不一定要那么符合历史，又不是写报告文学，要一个一个采访，但我还是要求自己必须一个一个采访，包括写杨贵妃这样一个最浪漫的故事，我会把有关杨贵妃传说的地方都亲自跑到，有关的人要亲自采访，亲眼看到第一手的资料。作为我来讲，我一定要让我的小说写得尽量真实，也许真真假假我是在“骗”读者，但是我要求我真的部分必须是真的，我虚构的部分要附着在真实上面，而不是真的附着在虚构上面，这个是不一样的，这是我创作的一个最基本的东西。因此我的写作都做过大量的调查，比如写《老虎大福》，我亲自访问了杀害老虎的人和地方；写《熊猫和“碎货”》，就去到佛坪自然保护区，和救助小熊猫的工作人员一起，还和小熊猫接触；《老县城》是纪实的，我走过的地方都写到了。我喜欢走，喜欢逛，行走也是一种文学，你不到那儿去，没有亲身的感受，你感动不了自己，也感动不了读者，编出来的就是编出来的，一看就知道。

亲历也是人生最快乐的事情，生活赋予了我太多太多的东西了。这次汶川大地震，我去了灾区青木川，受到了太大的冲击。我在想，我们老说援助、给予灾区人民什么，实际上我下去后却得到更多，就是说，灾区人们给予我的东西，这是我所思考的。我挨个采访了青木川的老人，我小说曾写到的人物，一个个都找到了。在采访这些受灾老人的过程中，我所感觉到的绝不是我们的给予和援助，我们几乎没有给予他们什么，只是些苍白无力的问候而已。而他们给予我们的是什么？他们在大难面前的淡定、从容、乐观的态度，处变不惊的状态，是我们所做不到的。从这些老人身上我们学到了很多，危难之时，倒是他们在安慰我啊。我从灾区人民身上学到的就是这种坚韧乐观的精神，笑看人生的心态。不光是我们给他们支援了多少帐篷，多少食物，而是他们给予我们的鼓励和信心。从作家的角度去看，你就可以吸取很多东西，是对于人生休养对于写作都非常有用的东西啊。生活在随时教育着你，修正着你，那么你就在这种生活中成熟起来，这些东西也会走入你的作品，成为文学的思想和智慧。读万卷书，行万里路，这个行万里路对一个作家来讲是太重要了。人生经历决定着你是一个什么样的作家，什么样的艺术个性。

周燕芬：现在有些年轻作者似乎并不注重生活积累了，似乎更看重才气和机遇，还有所谓的宣传运作，您如何看待青年作家这种急于求成的心态？

叶广芩：才气和机遇是重要的，但仅靠才气和机遇是不够的。创作的后劲还是来自作家的文化底蕴、生活积累和艺术积累，好作家大都是一步一个台阶。我觉着，对一个作家来说，文化的浸润、人格的操守、心态的宁静是以写文化作为背景而衬托小说的必备条件。这不是一朝一夕所能达到的，这是一个长期积累与修炼的过程，唯此才能在世事的变革中对生活有独特的发现和开掘，才能写得有滋有味儿。

周燕芬：常有人说您大器晚成、后发制人，所谓后发制人或大器晚成者，大都是厚积而薄发，迈向文学的自由王国是一种偶然中的必然，您认可这样的看法吗？

叶广芩：我是行走30年，写作30年，前面的路还很长，目标依然遥远。

周燕芬：您是一位陕西作家，但您的创作显然是陕西文学界一道别样的风景，可否说说您和陕西地域文学的关系呢？

叶广芩：我是北京人，但我生活和工作更长时间的地方是在陕西，我写家族历史、写老北京文化，我也写陕西、写秦地文化，这是我最重要的两个创作策源地。陕西的传统和地域文化也给了我深厚的滋养，而且现在正在发生越来越大的影响。但我的家世背景我的人生经历和我的个性气质又决定了我与陕西本土作家有很大的不同。同样写陕西农村，陈忠实和贾平凹笔下的农村情景与我写的不是一个样子，他们比我看得更深，他们对农村太熟悉了，农村生活是浸泡他们的汪洋大海，是他们深厚的文学背景、创作之源。而我不行，对这一切我常以城里人的眼光来思考，来认识。他们是背靠，我是面对，角度的不同或许给生活以新的解释和理解，正如生活本身就是一个多棱镜，色彩斑斓，五光十色。

周燕芬：同样的生活题材在不同作家的观照下呈现出不同的艺术景象，也内含着不同的思想意蕴，这就是创造主体的作用和价值。我的学生在讨论您的长篇小说《青木川》时，就看到您对中国现代历史的观照角度，您的叙述姿态和言说方式，都与当代文学中的"史诗性"写作风格完全不同，也和陕西作家对同类题材的处理完全不同。您通过小说传达出的历史思绪，完成的历史人生反思，确实是别样的动人，有同学说《青木川》好就好在它不是史诗呢。

叶广芩：如果一样了，我还有存在的必要吗。

周燕芬：最后一个问题。最近的写作如何？您不同阶段创作的调整和变化，是更随机呢，还是有计划性的？

叶广芩：短期的计划还是有的，没有完全无计划的作家吧。但长远来看我还是追求一种轻松的写作状态，想写了就写，想怎么写就怎么写，创作题材时有交叉变化。最近又在写家族故事，是一个长篇，小说内容不只局限在家族，已经走向社会了，视界更为扩大了，很多东西都融汇在一起了，和以前的家族小说相比，写法上也有些变化。已经写了五六篇，也已经发表了一些，最终会成为一个长篇，相信会比《采桑子》更好看。

周燕芬：这个作品准备在西安完成吗？还要走出去吗？

叶广芩：是准备在西安完成。在周至的任职年底结束，到年底就9年了。以后会自己有选择性地出去走走。我是爱动的人，停不下来。

周燕芬：期待您的新作。谢谢您。

评　论《

行走与超越

——叶广芩创作论

李春燕　周燕芬

女作家叶广芩，在20世纪90年代至今的中国文坛上，一直是一道独具魅力的文学景象。她以不同时段的实力性创作，构筑出别样的小说精神世界，不断为我们提供着新鲜而有意义的文学话题，从而形成颇富言说价值的“叶广芩现象”。

文学行走30年

叶广芩是一个自由自在的写作者，从事文学创作30年来，她的写作吻合着她的人生行走的轨迹。她是个喜欢四处走、四处看的作家，于是她的笔墨也涂抹出一个流动的四方世界，从多种人生形式的观察和体验中，采撷多姿多色的世态人情，传达出独到的个人感悟和写作的深度意义，这就使得叶广芩既紧密贴近时代生活，又始终处于当代文学的潮流之外。

叶广芩最早的作品面世于20世纪70年代末，正式起步于新潮迭起的80年代初期。当时，许多青年作家横空出世，几步跨越文学变迁的缓慢过程，从观念到写法站在时代前沿，尽显文学的先锋意识。叶广芩无意追赶炫目时髦的文学新浪潮，她背负着沉重的家族历史和自己苦痛的生活经历，执着地面对自己的生存境遇，短篇小说《远去的凉风垭》和《岸边》就是作家经验世界的状写。小说的故事情节浸染着作家凄苦、酸涩的主观情绪，渗透着“我”在苍凉孤寂的生存背景中对于人生的深切感悟，让读者领略到人生别样的欢乐与沉重。

叶广芩曾有长达七年的记者生涯，这让她成为一个行者，接触到生活的别处和深部，那些不同于浮泛生活表象的生存和生命真实曾深深打动叶广芩，也激发了她写作的欲望。所以，叶广芩早期的写作既没有打上特定时代的特殊标记，也不趋同于女性的个人化写作。虽然同其他女作家一样迷恋自己的经验世界，但她从一开始就把自我情感体验与社会大众的情感融为一体，以参与者和体验者的姿态潜入生活底层民众，摹写出他们的生存状态与喜怒哀乐，并给以充分的理解与体恤。她的早期作品虽感单薄，稚拙却绝无闺秀味和脂粉气，她没有刻意追求表面化的女性写作，而是在注视、拥抱生活的过程中，表现出知识女性的爱心与宽容。1990年的《岸边》是作家创作历程中值得注意的界碑性作品。《岸边》渐渐跳出作家个人经历本身，把“我”的社会生活、人生百态当作审美对象进行观照，在主观与客观、情与理间建立审美距离，初步显示出作家冷静剖析和驾驭生活的潜力。尽管《岸边》本身还不能说是成熟之作，但作家创作动向显示出从拘谨走向从容，从创作上的刻意雕饰向浑成自然演化的良性趋势，其创作姿态与笔法透露出舒展洒脱、返璞归真、睿智大气的审美追求。

1990年到1992年，叶广芩在日本千叶大学进修，这两年的学习给叶广芩带来思想观念的深刻变化，使她的创作有了一次很大的突破和超越。因为时代和观念的限制，80年代叶广芩虽然也写了不少作品，但却一直回避个人家族的文化背景，那些负荷着作家心灵隐秘和痛楚的家族记忆从未进入过她创作的前台，而走出国门，则使作家冲破了无意识当中形成的心理禁忌。她说过："我到国外去留学，那完全陌生的领域又使我与中国文化彻底拉开了距离，从另一个角度来审视我们的民族与文化，这些无异于给我开辟了一个更为广阔的视野。"①拉开距离，打开心灵，从1994年创作《本是同根生》开始，家族生活题材成为作家的审美对象，一系列家族小说蜂拥面世，及至系列长篇《采桑子》出版，作家创造的独具魅力的小说艺术世界，为她赢得巨大的声誉。随着艺术视野的拓展和对中日两国历史文化的深度思考，同时期叶广芩的旅日小说也迎来一个飞跃性进步，她推出系列战争反思小说《风》《雾》《雨》《到家了》《注意熊出没》等作品，大胆挑战惯性思维模式，对历史的检讨，对战争与人性的反思，都表达出人类终极关怀的人文精神。叶广芩这两部分创作所达到的艺术境界，使人们通常认为90年代是叶广芩文学创作真正的起点。

进入21世纪，叶广芩挂职陕西周至县委，行走的脚步深入到秦岭山区，伴随着全新生活领域的展开和认知角色的转换，叶广芩迎来了创作上的又一次新变。作家视点高移，她以广博的生命关怀意识追踪考量人与自然的生态关系，关注动植物的生存状况，她的《熊猫和"碎货"》《山鬼木客》《老虎大福》《长虫二颤》《猴子村长》等生态系列小说和长篇纪实散文《老县城》，就是开掘新的题材资源而结出的丰硕创作成果。当读者和评论界还沉迷于她的家族小说，津津乐道于她所营造的没落皇室贵胄的文化气息时，叶广芩的小说已经充满了秦岭的草木青气和动物身姿而焕然一新了。作家洒脱地跳出人类中心主义的认识层面，实现再次超越，文学创作攀升到生态伦理发展和宇宙生命关怀的高远境界。

新的生活体验也成为叶广芩叙述中国现代历史变革和观照当下乡村社会变动的入口。中篇《对你大爷没意见》中的故事，就是作家在秦岭这一生活基地采撷而来。长篇《青木川》中的历史传奇，深藏于山野丛林之中，相传于山民的口耳之间，在这块神奇的土地上，叶广芩探险、挖掘而获取了又一方丰富的创作资源。文化底蕴、生活积累和艺术积累的优势，使叶广芩创造着愈来愈宽广和深厚的艺术世界，从而成为当代文坛大器晚成、后发制人的典范作家。

---

① 叶广芩：《风也萧萧　雨也潇潇》，北京出版社1999年版，第474页。

传统、现代与雅俗之间

20世纪90年代叶广芩创作的腾飞，得益于走出国门开阔视野和唤醒久远的家族记忆。作家在历史和现代的交汇处落笔，言说空间得到极大拓展，深远悠长思想意蕴与历史和现实的故事场景相伴而生。

翻开叶广芩的家族小说，扑面而来的是浸润传统文化因素的京剧、古玩、中药、箫、古典诗词等意象，这些“有意味的形式”是作家结构家族小说的枢纽，读者不由自主地追随这独特的意象和氛围进入钟鸣鼎食之家的昨天，咀嚼大格格金舜锦戏剧似的恍惚人生，惊叹金舜锖品鉴古玩的高超魔力，倾听金舜铨月夜箫声中如泣如诉的心语，……这些小说不同于流行的家族小说停留于诗礼簪缨贵族世家生活情调的把玩欣赏，而是更多地将笔力聚焦于时代暴风雨来临时人物精神世界遭遇的冲击。

金舜铨与金舜锖两兄弟是一组互相对立又互为映衬的文学形象。在民族文化构建过程中，他们也是作家着力塑造的一组象征性人物。金舜铨——满族文化精神的坚守者，在形式上他无力与世俗力量抗争，虽然穷困落魄却孝义当先。《本是同根生》中金舜铨在夹墙中偶然发现父亲留下的楠木匣子，他妥善收藏直至诸兄妹在场方才打开；与大哥金舜锫数年后重逢，拒绝“轻亲情，薄孝悌”的大哥赠予的两万美元；《祖坟》中他即使身染重病无力医治，谢绝商人李成志的赞助，却将珍贵文物“绿菊铁足凤罐”捐给国家。金舜铨一生失意落魄，但却一身浩气，坚守清王朝留给他的那份思想气韵与人格操守。由于他在精神世界乃至于道德价值理念上坚守得异常执着，人物形象散发出令人荡气回肠的悲壮之美。这类人物身上所葆有的思想方式与行为方式，不只代表了满族文化的精神意蕴，同时也代表了根深蒂固的中国传统文化精神。另一相对应的人物形象金舜锖，是满族文化精神的背叛者。《雨也潇潇》中金舜锖经受不住物欲诱惑而失去操守，步入晚年，为牟取暴利，他与儿子串通“唱双簧”故意混淆真假文物，无耻之程度远远超过他自已年轻时瞧不起的商人。

叶广芩对金舜铨这些文化的坚守者予以褒扬，对诸如金舜锖这类传统文化的背叛者予以尖锐的批判，表现出作家的文化价值取向。“中国几千年建立起来的道德观，价值观像一把无形的尺度，深入到我们每一个的骨髓之中，背叛也好、维护也好、修正也好、变革也好，都是一种状态，唯不能堕落。”[①]作为一名满族作家，遥望远逝的没落王朝，渐已稀落的家族人影，难免唏嘘长叹。然而她没有沉湎于低回哀婉的情

---

① 叶广芩：《采桑子》，北京十月文艺出版社1999版，第435页。

绪，而是力求淡化家族残留给她的满族血统，带着“攫心自食”的彻骨之痛，不时地拷问、敲击着那些贵族子弟飘荡在时代暴风雨中的灵魂，以锋利之笔剜刻出家族文化的丑恶之花，同时萃取出可以传承的精神结晶体。考察叶广芩的家族小说，不能不注意作家独到的文化视点，文学创作的思想和艺术个性，很大程度上取决于创作主体的立足点。叶广芩背负曾经显赫也曾经落魄的家族历史，以贵族后裔的身份写作，创作中的身份认同感明显存在，但更重要的是，脱离家族生活的人生体验和知识分子的自省批判意识，又造就了叶广芩与家族文化之间的疏离乃至相向的姿态。既可以置身其中而又自觉置之度外，这就取得了一种文化审视和文学审美的最佳距离。既非缠绵眷恋也非决然背离，而是在传统和现代的引力场中，穿透中华民族文化体系的深层结构，感性的叙述中潜藏着理性的评价和批判，这使得叶广芩的家族小说区别于当代其他历史、家族书写，具有了另一重思想情怀和艺术韵致。

叶广芩自己曾经说：“拉开距离审视历史，审视两国民族精神和文化，那是一个新的视觉角度。”[①]于是，中日战争反思小说同样在传统和现代的双重参照系下获得突破。80 年代，叶广芩曾经创作《在清水町的单元里》《在平民百姓的中间》和长篇旅日小说《战争孤儿》，及至 90 年代《风》《雾》《雨》《到家了》《注意熊出没》等作品面世。作家不仅揭示中日两国的文化和国民性差别及其冲突，更凸显战争给两国百姓的生存和灵魂带来的巨大创伤，作家越过正义与非正义以及民族主义价值立场，上升到人类学的高度，反思战争与人性、历史与个人等重大命题，以普遍的人类情怀批判中日两民族人性中共存的冷漠与残忍，对战争中饱受摧残的生命与灵魂投注深切的哀悯与关怀。

《雾》中的人物慰安妇张高氏原名张英，抗战期间曾接受过中共培训，她在奔赴工作的路途中与日军狭路相逢，不幸落入魔爪沦为发泄兽欲的工具。从此以后，张英一生被彻底改写为慰安妇张高氏。作家冷静地状写张高氏屈辱而艰辛的生存境遇，除了老孙目睹过日军暴行尚能体恤这位不幸女子外，其他村民、当地基层干部乃至张高氏的丈夫，都没有给予她心灵的慰藉和关怀。更有甚者抓住张高氏的屈辱身世，视其为助己跻身议会的政治筹码。作家以女性特有的细腻和敏感、温良和爱心体悟张高氏内心世界的惊恐无助，借助“雾”这个具有象征功能和意义的物象，传递出对人物多舛命运的哀叹，同时揭示人性中共存的冷漠、残忍、贪婪。作品反思忧愤意识浓郁，批判锋芒直指同胞姊妹和异族日本人，显然，叶广芩挣脱民族、国家意识

---

① 叶广芩：《拉开距离》，《小说月报》1996 年第 2 期。

的限制，在人类文化的批判层面上实现自己对战争的全新思考。《到家了》同样揭示战后中日两民族的文化心理，与《雾》不同的是，作家努力在中日文化的差异缝隙中寻求相互融合的可能。残留孤儿李养顺回归故里后，因与日本民族文化和生活习惯诸多方面不能相融，灵魂常常处于撕裂分割状态。母亲的死，却将李养顺与弟弟次郎紧紧联系在一起，或者说，是两个不同国籍的母亲以她们超越族群的伟大母爱将两国人民的心融合在一起。“高领的中式棉袄套在无领的和服里面，使停在灵床上的婆婆别有了一番风度”，这好像是一种融合的象征，它来自人性的力量。作家把超越国家民族之上的闪射着真善美的人道主义渲染得异常动人。

日本文学评论家秋野修二在《中国文学的改革开放》一书中特别探讨了叶广芩的《风》和《注意熊出没》等表现中日关系的小说创作，他说作家“选取了一个危险的题材，通篇贯穿着对这一历史细部的再检讨，以及向旧有价值观挑战的大胆尝试，能从中听到时代深处的声音”。[①] 在国内，读者和研究界更多关注叶广芩的“家族系列小说”，表现中日关系和战争反思等小说却没有得到应有的重视。其实，这是叶广芩90年代栽培的文学大树上结出的同等分量的文学果实，是同样独到的一种文学精神视域，值得我们深入其中反复回味。

很早以来，叶广芩就显露出一个艺术多面手的创作风范。这不仅指她创作上题材的宽泛多样，譬如历史、现实题材交织融汇，也涉笔战争和域外生活题材，既善写清朝宫廷内幕和贵族子弟鲜为人知的故事，亦钟情平民百姓庸常的琐事。而且在美学风格上悲喜兼容、雅俗并举，写作路数多富变化。《采桑子》诸篇目以纳兰性德的词巧妙连缀，充满书卷气息，作家揭开沉寂于心底的家族记忆，书写我们民族文化的前世今生。小说中一个世纪艰难多舛的民族历史，贵族后裔们穷困潦倒却依然坚守传统文化精神的孤苦人生，使得叶广芩的家族小说氤氲着一种哀怨伤悼的悲剧气氛，这是作家内在情感气质的自然流露。而另一方面，叶广芩的写作又是非常通俗和喜剧化的，作家熟悉平民阶层的生活和情绪，也养成了平易、朴实、亲切、热忱的平民性格，这就为她平民艺术世界的构筑提供了可能。《学车轶事》记录城市中三教九流人物的日常琐事以及他们的喜怒哀乐，打动读者的是作品中流淌着的平民温情与民间道义。长篇小说《全家福》纯然一幅北京市民生活风俗画，它将叶广芩创作中民间的通俗的和喜剧性的风格呈现得淋漓尽致。表现异域生活文化的小说中，对战争历史的惨烈描述会令人压抑得喘不过气来，一旦走入日本百姓生活当中，感受的却

① 叶广芩：《景福阁的月》，陕西旅游出版社1998年版，第92页。

同样是平民那种俗气而鲜活的生存方式和情绪状态。阅读叶广芩很容易让人联想到老舍先生，老舍文学世界中我们经常关注的东西：他的满族家庭背景，平民生活资源，域外经历构成的文化比较视野，他创作中的家国忧患意识和国民性反省批判精神，乃至戏谑调侃、苦中作乐的平民性格，俗白生动的“京味儿”口语等，似乎都在叶广芩的创作中得以血脉承传。难怪老舍《茶馆》的电视剧改编，首选叶广芩执笔，那种亦喜亦悲、悲喜交加和大俗大雅、雅俗共赏的艺术品格，那种属于民族、属于世界也属于自己的艺术个性，分明也是叶广芩所奋力追求的理想艺术境界。

贵族意识与平民意识其实在深层和本质上是相通的。王安忆在分析《约翰·克利斯朵夫》时曾谈到法国平民精神与贵族精神的关系：“这种平民精神是以贵族精神做底的，所以它有一种永远不会堕落的性质，再难，再挣扎，也总是立着。”[①]贵族精神与平民精神共同凝聚为一种优秀向上的民族精神，是法国的生机与希望。我们可以从同样的思路来理解叶广芩创作中并存的贵族意识与平民姿态，作家把平民生活看作生活的馈赠，而蕴藏于血统中的贵族意识在与现实碰撞的过程中，就融合表现为作家包容、体察大众民生的情怀，使艺术作品从精神内涵上散发出优美、庄严的人性光芒。这是人类精神的精华，引领读者向往和追求健全高尚的民族精神。艺术作品形式风格上的雅俗之分，实际上是精神气韵流变的不同形态，雅俗之间始终存在着贯通一体的精神气脉。

天地、生命与人文历史

叶广芩虽非土生土长的陕西人，但她从 1968 年由北京来到陕西插队至今，一直生活和工作在这块三秦厚土上，陕西的传统和地域文化也给了她深厚的影响，但对于家族小说的创作来说，更直接的和构成性的影响，应该还是作家拥有的家世背景和青少年时期北京的生活体验，家族小说的京味京韵魅力也源于此。2000 年到陕西周至县挂职，长期蹲点秦岭腹地，潜心调研陕西人文地理和自然保护区，这使她的小说有了一个全新的表现领地，以此为契机，叶广芩开始调动几十年陕西地缘文化的积累，引领自己的创作走向新的开阔地。

一个引人瞩目的动向是作家开始关注生态、自然、动物方面的问题。生态系列小说如《熊猫和“碎货”》《山鬼木客》《老虎大福》《黑鱼千岁》《长虫二颤》《猴子村长》等取材于秦岭山地以及关中风情，作家艺术视点高移，由对人类自身的关注放眼观

---

① 王安忆：《心灵世界——王安忆小说讲稿》，复旦大学出版社 1997 年版，第 201 页。

望天地万物，考察其他生命形式的存在状况。其实，叶广芩对“动物世界”的关注由来已久，她钟爱老虎豹子这类威猛的动物，尤其喜欢狗熊，曾经以秦岭的一只小熊为背景写过中篇小说《狗熊淑娟》，以日本青森的熊为题材写过长篇小说《注意熊出没》，还写过日本北海道的熊《狗熊横泰君》，爱熊之心，可见一斑。彼时写动物重心还在写人，而此时生态小说中的动物则已荣升为小说的主角。在动物主体的立场上，人类是它们的对立面，是它们取得自由生存权利的最大障碍。

《黑鱼千岁》中的儒，面对嘎嘎鸡、竹鼠、獾、野兔等飞禽走兽，充满血腥的捕杀兴趣。渭河涨水，搁置于浅滩的黑鱼成为儒的猎物，儒以游戏般的心理享受着人鱼较量的乐趣，捕杀过程中娴熟的技巧调度成为儒咀嚼不尽的生命享受。当儒把杀手伸向第二条黑鱼时，体力衰竭的猎物却凭着自身的重量将捕猎者拉入死亡的陷阱，结果是人鱼双亡，但第二条黑鱼却为它的同伴狠狠地报复了人。这个人鱼较量的故事写得惊心动魄，令我们联想到海明威的《老人与海》，捕鱼老人与拖拽在船尾的巨大鱼骨架艰难归来的景象，充满了震撼人心的力量，小说寓言式地肯定和赞美了不服输的硬汉子精神，同时我们也读出了自然法则的不可抗拒性。《黑鱼千岁》结局则不同，人与黑鱼殊死搏斗中展示的不再是永不言败的精神力量，人类和自然对抗搏斗后“双输”，非常荒诞地呈现着人与自然共同面临的生存困境。叶广芩的小说同样具有寓言性，但却指向反思现代性的精神视域，作家呼唤我们善待自然，与自然和谐共处，是对人本身的更深切的关怀。“儒”这个命名本身就意味深长，儒学是中华民族的元典文化，而“儒”的行为又与杀生以及由此祸及“儒”自身的毁灭相关，捕杀者极尽享受杀生之乐，暗示着人类文明异化的危机。

《山鬼木客》的构思也别出心裁，以远离人居的地质考察队员的经历揭示人类与其本源生活理想的背离。地质考察队员“他”因婚姻失败的沮丧而遁入山林考察野人木客，过着与山外世界隔阂和隐居的生活。“他”渴望吃到一碗热乎乎漂有葱花的面条，下山采买必要的生活用品，被小镇上的人们以野人相待，遭到侮辱、殴打险些丧生。他作为人类的一员再次痛楚地感到人类世界的冷漠与丑恶，怀念起山里熊猫三三、岩鼠岩岩、黑熊壮壮、云豹、血雉、羚羊和木客，他再次回归山林，找到家的感觉：“一种亲切感油然而生，那里是家，是的，那里是家，是他的归宿。他从来没有过现在这般轻松，这般舒展，他深深地吸了一口气，肺泡里顿时充满了薄荷清香，那香来自涧的底部。”[①]小说的独特之处在于作家将人与动物进行换位思考，“我们不妨置

---

① 叶广芩：《黑鱼千岁》，中国广播电视出版社2005年版，第93页。

换一下位置，把自己设想为一只野兔，一头鹿，我们不妨以它们的眼光来看待世界，看待人类，那么，世界将是水深火热，人类个个是青面獠牙。”①我们惊奇地发现，“动物世界”对人性中的丑恶和残忍，几近血泪控诉了。

长篇纪实散文《老县城》是叶广芩对天地自然与生命关系的集中展示和深入思考。作家用朴素的笔墨，将老县城的山水、生灵及百姓们的古今故事细细密密地写出来，字里行间流溢着鲜活的感觉和智慧的思索。“老县城人的心是和大自然相通的”，“在他们的潜意识里，植物、动物都是有感情，有生命的，是和他们一样生长在太阳月亮底下的‘人’。”老子提出“道法自然”这个大命题，就是“将天地自然，天人宇宙连接成一个不可分割的整体。一个环节出了问题，世界便要出毛病。”②由老县城，到我们民族的古往今来，乃至整个人类的生命历史，因为人对大自然毫无顾忌地破坏，已经付出了多少惨烈的代价，留下多少沉痛的教训？“人类不是万物之灵，对动物，对一切生物，我们要有爱怜之心，要有自省精神。”③爱万物即是爱自己，人类的命运，世界的希望，其实就在我们自己手里。可以看出，叶广芩创作生态小说和生态文化散文，不是一个简单的题材扩展和视点转换，而是精神视域的又一次提升。她将动物植物视为生态圈内的有机组成部分，强调它们的“高贵和庄严”和应该得到的“理解和尊重”，体现出作家对人类赖以生存的大自然的当下关怀，这种人与自然关系的现代性思考，既从新的角度深化了作家一贯坚持表达的人性命题，也自觉越过人类中心主义的伦理观念，倡导着具有宇宙生命情怀的和谐共存的现代伦理发展观，这是叶广芩文学精神和艺术境界的再次攀升。

在《老县城》中，作家为我们呈现出一个天、地、生、人组成的大自然，它们之间是一种联系的、互动的、循环变化的生命关系，于是，对这一方土地的人文历史的考察，也成为这个大自然中的一个有机组成部分。《老县城》第三章“土匪们”和第四章“老百姓”就集中记述了老县城及其周边的历史故事和现实人生情状。这一方圆土地上曾经发生的历史事件过于传奇和惊险，后人们口耳相传下来则更显神奇生动和扑朔迷离，叶广芩毕竟是个小说家，她不会放过这等天赐的小说素材，也不满足于《老县城》的纪实性叙述，在深入研究青木川土匪历史的基础上，她多次实地采访积累素材，完成了长篇小说《青木川》。

《青木川》是叶广芩对青木川历史进行的文学生成。小说文本的视角和叙述方

---

① 叶广芩:《老县城》，中国工业出版社 2004 年版，第 231 页。
② 叶广芩:《老县城》，中国工业出版社 2004 年版，第 252 页。
③ 叶广芩:《老县城》，中国工业出版社 2004 年版，第 231 页。

式与纪实散文完全不同，从某种程度上说，《青木川》带给我们的阅读撞击和深刻思考，是作家独到的叙述方式带来的。《青木川》采用了一种复调的叙事模式，小说回响着两种以上异质的叙述声音，类似于巴赫金分析陀思妥耶夫斯基小说时提到的复调小说模式。巴赫金借用音乐中复调的概念，指文学创作中众多人物互不相融合的声音叠加组合形成的多声部奇特的声响。这种多重声音的共响与多重对话的交锋，有别于传统叙述的单一视角，使叙述空间得以扩大，故事充满弹性与张力。复调叙述下的《青木川》的历史形态丰富复杂、斑驳陆离，加之诗情化的人性书写融合其中，使中国社会半个多世纪的风云动荡和当下乡村社会的变革转型，多侧面多角度地也更真实更生动地呈现在读者面前。

小说的第一个声部是冯明视角下的红色经典叙事。老干部冯明临近退休携女儿踏上曾经战斗过的青木川访旧寻梦，而事实并非如他所愿，欢迎他的座谈会难以召开，大家忙着“带孙子”、上“电脑班”。冯明带着单纯的热爱皈依青木川，潜藏于内心的是对于自我以及相关的那段革命战斗历史的坚执认同，这是红色经典叙事的常规视角。冯明不能接受青木川人至今把“土匪”魏富堂尊称为“魏老爷”，因为这直接质疑到了他的革命历史观，冯明感觉刺耳的怪音也是与政治主旋律极不和谐的，但不可扭转的是历史将再一次被改写，价值也将待重估。与冯明声音相左的除了当地各色人等，还有自己女儿冯小羽的声音，几种对立的或游离的声音干扰着冯明，使曾经的红色经典叙述听起来不再嘹亮悦耳，透露出一代人的无奈。小说的第二个声部围绕着魏富堂是匪还是绅的争论展开。根据档案资料以及冯明的判断魏富堂是称霸一方、杀人如麻的土匪，而当地村民记忆中的魏富堂则曾修桥建校，造福一方百姓，功德无量。此外，乡村人生内容和乡村社会变动的诸多信息从乡民们的口中传出：老百姓今天过上了幸福生活吗？妇女主任青女住进了三层小洋楼，生产委员赵大庆依然蜗居在没有院墙、破烂的草屋里。这些问题蕴藏在多重声响的叙述中，历史的和当下的，政治的和经济的，道德的和生存的等等纠缠在一起，既互相映衬又互相颠覆，共同构成一个复杂万端的青木川世界，也折射着百年来中国社会的风云变幻。

巴赫金认为，生活的本质是对话，思想的本质是对话，艺术的本质是对话，语言的本质是对话，人们通过对话来探讨自身存在的本质与方式。《青木川》对话形式多样，可以分为作品内部和作品外部的两类对话。作品内部对话分为四组：一是外来人冯家父女之间的、冯小羽与钟一山之间的对话，二是外来人与当地人之间的对话，三是当地人之间的对话，四是作品人物自身展开的对话。作品外部的对话包括作家、读者与作品人物之间的多向度对话。而作品中的人物主体则以其自主行为而成为“自由的人”,“这自由的人能够同自己创作者并肩而立,能够不同意创作者的意见,甚至反抗他的意见。”[①]魏富堂就是这样具有独立的生命意识与思维品格的“自由的人”。作家倘若赋予了人物主体以独立性,而不是简单地当作可以操纵的玩偶,人物与其赖以生存的世界就构成多元对话的可能性,显示出人物及其内涵的未完成性,这是优秀文学作品所具备的一种特质。《青木川》的复调对话方式造成了小说的未完成结构,提供给读者开放式解读空间:何为历史的真相?魏富堂是匪是绅还是匪绅一体?这个另类土匪的另类人生中包含着何种文化和人性的复杂命题?而迁延变化的时代脚步又是如何模糊着碎裂着和简化着人们的历史记忆?

可以将《青木川》视为历史题材的小说,但叶广芩对中国现代历史的观照角度和言说方式,与传统的“史诗性”创作有很大的不同。作家并不着意史诗品格的建构,而是从自我半个多世纪以来独特的生命体验入手,努力揭开被宏大历史叙述所遮蔽的历史场景,捡拾起每一块流落民间的文化碎片,重新搭建时空的桥梁,弥合历史的缝隙,从而质疑和挑战着我们惯性思维中的合法性历史观。叶广芩的《青木川》对历史和历史人物的重新考量,与她的自然生态写作有着内在精神的一致性,同样吻合着传统的天人合一的自然生命观。即是说,自然是在多样生命的和谐共生中存在,历史也是在人类文化的多声部合唱中演进,任何强势的扼杀和专制的裁断,最终会伤及人类自己和文明自身。从这个意义上说,《青木川》也属于叶广芩新世纪艺术创造系统中的优秀之作。

叶广芩说她喜欢18世纪法国启蒙思想家狄德罗的一句话:“艺术所要争取的真正喝彩,不是一句漂亮诗句以后陡然发出的掌声,而是长时间静默压抑后发自心灵的一声深沉叹息……”[②]叶广芩近三十年来的创作积累和不断超越的过程,其作品愈来愈醇厚的审美意蕴和日渐深入人心的阅读效应,以及正在行进中的创作状态,都使我们有理由对她有更高远的期待。

(载《小说评论》2008年第5期)

---

① [俄]巴赫金:《陀思妥耶夫斯基诗学问题》,白春仁、顾亚铃译,生活·读书·新知三联书店1988版,第28页。
② 叶广芩:《风也萧萧　雨也潇潇》,北京出版社1999版,第476页。

主要作品目录《

长篇小说

《乾清门内》,未来出版社1986年版。

《战争孤儿》,华岳文艺出版社1990年版。

《注意熊出没》,山东文艺出版社1998年版。

《采桑子》,北京十月文艺出版社1999年版。

《全家福》,北京出版社2000年版。

《青木川》,太白文艺出版社2007年版。

《小放牛》,中国工人出版社2011年版。

《状元媒》,北京十月文艺出版社2012年版。

《太阳宫》,太白文艺出版社2015年版。

《耗子大爷起晚了》,北京少年儿童出版社2018年版。

《花猫三丫上房了》,北京少年儿童出版社2019年版。

中短篇小说集

《风也萧萧雨也潇潇》,北京出版社1999年版。

《梦也何曾到谢桥》,华文出版社2002年版。

《谁翻乐府凄凉曲》,新世界出版社2002年版。

《老虎大福》,太白文艺出版社2004年版。

《黑鱼千岁》,中国广播电视出版社2005年版。

《日本故事》,昆仑出版社2005年版。

《逍遥津》,文化艺术出版社2007年版。

《对你大爷有意见》,西安出版社2010年版。

《山鬼木客》,西安出版社2010年版。

《醉也无聊》,浙江文艺出版社2011年版。

《黄连厚朴》,北京十月文艺出版社2015年版。

《月亮门》,长江文艺出版社2015年版。

《去年天气旧亭台》，北京十月文艺出版社 2016 年版。

《豆汁记》，百花文艺出版社 2017 年版。

《黄金台》，太白文艺出版社 2018 年版。

剧本话剧集

《茶馆》，北京十月文艺出版社 2015 年版。

散文随笔集

《景福阁的月》，陕西旅游出版社 1998 年版。

《我本是散淡的人》，西苑出版社 2000 年版。

《琢玉记》，人民文学出版社 2001 年版，

《老县城》，中国工人出版社 2004 年版。

《颐和园的寂寞》，西安出版社 2010 年版。

《老县城　精美全彩图文版》，西安出版社 2010 年版。

《贵妃东渡》，作家出版社 2016 年版。

《琢玉记》，北京十月文艺出版社 2015 年版。

《张家大哥》，太白文艺出版社 2015 年版。

《一别两乡关》，西安出版社 2018 年版。

《我爱这热闹的生活》，江西人民出版社 2019 年版。

《我喜欢通透的人生》，江西人民出版社 2019 年版。

长篇纪实

《没有日记的罗敷河》，吉林人民出版社 1998 年版。

《秦岭无闲草》(与党高弟合著)，长春出版社 2011 年版。

全　集

《叶广芩文集》，北京十月文艺出版社 2015 年版。

叶 辛

男，原名叶承熹，1949年生于上海，祖籍江苏昆山。

小 引《

我写《王蒙传论》时，曾认为自己找到了一个撰写作家评传的合适对象，即在王蒙身上，不但凝聚了当代社会变迁的历史，也浓缩了当代文学变化的历史，所以这部书出版后，有论者说，你这写的是“一个人的文学史”。由此，我想到了作家叶辛。如果有人要写一部知青史，或知青文学史，叶辛无疑也是一个历史的活化石。在一代知青中，能有几人像叶辛这样经历了知青历史的全过程，又有几人像他这样经历了知青文学发展的全过程。尤其是在知青文学发展的各个阶段上，叶辛的创作都有独特的代表性。就冲这一点，说叶辛的创作是知青文学发展的标志，似乎也不为过。

知青是一代人的共同经历，也是一代人共有的记忆。这个记忆怎样变为文学，变为怎样的文学，却各有各的讲究。我们现在读到的知青文学的代表作，基本上都是“知青的”文学作品，即从知青的角度看过去的作品，简言之，也就是写知青经历的作品。但知青的经历既是一种社会性的经历，而不是纯粹的个体经验，那就必然会有与之相关的其他社会元素加入其间。这其中，与知青关系最为直接的，无疑是知青上山下乡的接受者——农民。知青怎么讲上山下乡的感受，看“山上”“乡下”的人事，属于知青的角度，知青的眼光。农民怎么看城里来的知青，对他们有什么想法，是农民的眼光，农民的感受。他们的眼光和感受，也是知青经历的一个维度，而且这个维度在当时对知青的际遇和命运，往往起着举足轻重的作用。在下放的村子，就因为对知青有不同的态度和看法，而给我们的生活和劳动，带来了不同的影响。同情者处处维护，反感者处处刁难，甚至迫害知青的事件也有发生。虽然已有的知青文学也捎带着写了与农民的关系，但却不是站在农民的立场，用农民的眼光，取农民看人看事的角度。这样，知青文学无论写的是光荣还是梦想，是沉重还是悲壮，是激情还是感伤，都不过是自说自话。也就是说，你说是这样的，别人可不这么看。例如有作家就从农村孩子的角度写知青，用他们的眼光去看知青，你说下乡苦呀，可我们一直都是这样苦，你下乡才几天，就觉着亏得慌，我们祖祖辈辈都在乡下，难道就不亏？如此等等。如果就这样说说而已，也就罢了，问题是这种看问题的角度和眼光，作为一种社会心理，也会潜在地影响对知青文学的看法和评价。结果是当事人写得轰轰烈烈，涕泗横流，读者却不以为然，或不屑一顾，觉得这有什么，人家农村从来就是这样，农民从来就是如此，有什么值得大惊小怪的。换了今天不知当年实情的读者，免不了还要说作家矫情。用类似于上述农村孩子的角度和眼光写知青的文学，因为与自说自话的知青文学不同，于是就被人称作另类知青文学，或反知青文学，其实，这也应当是知青文学的一个看问题的角度，这样的想法，也应当是知青文学的题中应有之义。离开了这个角度，失去了这个题中之义，知青文学就永远是"知青的"文学，而不是"社会的"文学。

我这样说，并不否认已有知青文学的社会性，而是说其社会性的范围还可以扩大。在这个问题上，我以为叶辛的创作是在走着逐步扩大的路。他的《蹉跎岁月》固然是取知青的角度，到了《孽债》，这角度就发生了变化，就变成了知青的下一代。虽然知青的下一代也有知青的血脉，但却与知青自己看自己不同，他们的下一代看知青父母的角度和眼光，基本上是当地农民看知青的角度和眼光，至少代表了当地农民对回城知青的看法和要求。再进一步到《客过亭》，就是一个多维的角度和多元的眼光了。用这样的角度和眼光来写知青一代的历史，就超出了知青文学的边界，而进入到一个普遍的文学范畴。从这个意义上说，叶辛又是知青文学疆土的开拓者。

现在都说知青上山下乡，是为了解决城市青年的就业问题。从当年的实际情况看，也许有这样的考虑。但我宁可相信，这样的举措，依然是出于让这些城里的孩子经受锻炼的考虑。至少后来所起的效果是如此。且不说这些知青下放前在"文革"中的幼稚表现，是不是被人利用的问题，就说我们所学的那一点可怜的书本知识，尤其是主导我们参与"文化大革命"斗争的阶级理论，到了农村以后，一接触实际，就发现对不上号。笔者感受最深的是有一次生产队的谷子失盗，我们的第一反应是地主、富农分子干的，队长却不置可否，结果是在一户贫农社员家里搜出了失盗的公物。所以，学会用复杂的眼光看问题，是我当知青的一个收获。关于这个问题，叶辛在接受访谈时已谈得很多，我特别欣赏他的，是如下的一段话，"上山下乡使我学会用两副眼光来观察当代中国的社会，一副是刚刚插队落户的城市青年的自以为是甚至居高临下的目光看待农村的落后与贫穷；而一旦在农村生活久了，像我在农村生活了十年之多，我逐渐学会用农村人的目光来观察生活，观察气象，观察农事。"既然看中国社会需要"两副眼光"，看知青问题仅有一副眼光，显然也是不够用的。从这个意义上说，我以为知青文学的新开拓，还是叶辛给我们的启示：多用几副眼光，多取几个角度。

自 述《

好的作品能让社会变得温暖

十年知青生活是人生宝贵经历

46 年前,我 19 岁,从上海到贵州农村插队。虽然去之前我做了各种思想准备,但到了那里,还是觉得自己准备不足——艰苦的条件让我有些措手不及。我举三个细节:第一,住的是泥墙茅草屋,没有窗户,我们在墙上凿一个洞,在洞里嵌一块玻璃就是窗户。男知青还好,女知青生活很不方便。泥墙茅屋干裂以后,裂出一条条的缝,她们只能将报纸塞在缝隙里,再贴一张报纸来阻挡墙面透光。第二,上海是一个平原城市,几乎没有山。云贵高原就不一样了,有句话叫"开出门来就爬坡",随时要准备上坡和下坡。我们每天干完活,不管男女都要扛着锄头走很长的山路,而这对于我们这些城里长大的孩子来说,是非常辛苦的。第三个细节就是生活习惯的不同。当地有句俗话叫"贵州人怕不辣",在几个吃辣的省份中最不怕辣的就是贵州。初到贵州,跟当地老乡说做饭不要放辣椒,结果炒出来的菜还是辣的,老乡说不放辣椒他就不会做菜。由于水土不服,很多人皮肤都长出黑块,很痒。刚去的第一年最厉害,春、秋季节高发,到了第二年稍好一些,三到四年才能消除。

我在贵州农村插队一共 10 年 7 个月,从最开始号召"知识青年上山下乡"到结束我都经历了。那十年的蹉跎岁月给我的人生带来了很大的改变。从创作的角度来说,这 10 年 7 个月是我人生一段宝贵的经历,我的作品如《孽债》《蹉跎岁月》等都与这段经历有关。

用作品呈现历史、警示后人

在写《蹉跎岁月》这部长篇小说时,我有三个想法:一是想通过这部小说表达我们这一代人的思想;二是想写出不同知识青年的不同命运;三是这段岁月虽然过去,但希望我们能正视并认真对待,吸取教训留给后人。小说出版和电视剧播出后,引起了特别大的反响,我想原因就是作品反映了我对那个时代的深刻思考。

对于此，我有一件亲身经历的事情。我们公社有位知识青年，表现非常好。我们每天劳动有一项工作是做砖坯。像我这样的劳力，一天从早干到黑能打80块砖，一般农村劳动力能打300多块，300多块可以得12个工分，而这位青年一个人从早到晚能打600多块，说明他是非常用心在做事。每次厂矿招工人，我们大队书记都会把他推荐到公社，但每次到县里就会被退回来，前后退了3次。后来，大队支书不服气，带他到县知青办问个究竟，得到的回复竟是因为他家庭出身不好。这让这位青年很压抑苦闷，一天要抽两包烟，搞得手指都被熏成了蜡黄色。

人们对当年那段知青岁月的回忆有说青春无悔的，有说青春有悔的，有说整个青春都荒废的，我都能够理解，而且我觉得都特别真实。当年知青大约有两千万人，怎么可能要求这两千万人对这个问题有一个共同的看法？但在那段艰苦的生活里，每一个人都有一个共同的认识：就是要生存下去，这是对这一代人的磨炼。经历过那段岁月的人，无论后来从事什么职业，在遇到困难的时候，我相信都能坚强地面对。

我前后写了十余本和知青有关的书。2008年，天津百花文艺出版社出版了一套“叶辛知青文学总集”八卷本。知青这段岁月虽然过去了，但是我想让下一代人知道我们曾经走过这样的弯路，这也是我这么多年来一直以“知青”为题材进行创作的初衷。

作家要关注社会现实问题

我写过一部反映农民进城务工的小说叫《问世间情》，主要讲的是在上海的农村进城务工人员组建临时夫妻的现象。我最早关注这个社会现象是在1998年。先在广西南宁，后在广东，再后来在上海近郊，我都发现了这样的现象，哪怕到了现在情况依然存在。进城务工人员在改革开放过程中，在我国城镇化进程中，发挥了重要作用，没有他们的辛苦付出，就没有这么多高楼大厦和中国经济的快速发展。我们之前关注进城务工人员更多是从经济层面来看，但是设身处地想一想，进城务工人员收入提高了，天天接触的是北京、上海、广州这样大城市的生活圈子，肯定也会羡慕大城市的生活。而作为一个正常的人，肯定也会有个人精神层面的需求。

对于社会现实的关注，让我开始着手创作关于他们的小说。但是当我真正开始写的时候，就碰到了麻烦。因为我不熟悉这个群体，要写好他们，就要走进这个群体。后来我深入到一个合资工厂里，和工人们交朋友。在那里，我和工人一起在食堂吃饭，还去了他们住的地方。他们的最低工资每月有三千多元，每天在流水线上工作8个小时，收入还可以，但是他们的感情世界、精神需求却存在无法弥补的空白。

《问世间情》这个作品所反映的是临时夫妻现象，应该算是一种灰色婚姻，介于道德行为和不道德行为之间，介于应当和不应当之间，存在合情的可能但又是一种不合法的行为。新时代的进城务工人员不但希望物质生活得到改善，而且有更多的精神需求。社会应该考虑到他们这方面的需求。在写《问世间情》的时候，我希望能通过我的笔触让更多人关注这个群体，关注进城务工人员的精神需求。文艺工作者处于社会舆论的前沿，反映基层民众的呼声，我们艺术工作者责无旁贷。

好作品能让社会变得温暖

2014年，我参加了习近平总书记主持的文艺工作座谈会。会上习近平总书记强调：人民是文艺创作的源头活水，一旦离开人民，文艺就会变成无根的浮萍、无病的呻吟、无魂的躯壳。

我认为，习总书记提到的"人民"应该是一个广义的概念。对于作家来说，就是要带着一颗热爱人民的心深入到生活当中，怀有深切的感情对待我们的生活、我们的国家，对待生活在这片土地上的人民，想他们所想、视他们所视，用自己真实的感受创作出人们喜爱的文学作品。

要接触生活中的真实，不是说你到城中村去走一遭、到工人当中走一遭就能了解的，你需要长期深入并和他们交朋友，他们才会把故事告诉你。记得，我的小说《问世间情》里写到一位24岁的小伙子住的是200元一个月的房子。当时有位同志给我提意见，认为现在上海没有200元一个月的房子。其实，他不知道，城中村里很多房主，自己搬进了楼房，就把老房子分成二三百元一个月的小间租给单身打工者。这个细节如果不真正深入到生活中是根本不能发现的。

好作品永远来自人民当中。优秀作家应该将作品写在读者的心上，用自己的感受去体验生活、亲近生活，发掘出能够让我们这个社会感到温暖的东西，这样写出来的作品才是好作品。

访 谈《

用两副眼光来观察当代中国的社会
——叶辛访谈录

杨建兵 叶 辛

杨建兵：叶老师好！非常荣幸您能接受我的访谈。一些作家不太喜欢“××作家”的说法，认为这种说法把他的创作窄化了，遮蔽了他创作的丰富性和复杂性。您一直致力于知青题材的写作，自然也被冠以“知青作家”的称号，但您几十年持续不断的创作，显然已超越了“知青文学”这一概念的概括。您是如何看待“知青作家”这个称号的呢？

叶辛：对“知青作家”这一称呼没有特别的感觉，因为一开始我的作品被世人所知就是写知青的作品。记得《收获》1979年第5期和第6期发表了我的《我们这一代年轻人》以后，我才逐渐被大家所认识和认可。实质上，《我们这一代年轻人》并不是我第一个作品，在这之前，我已经发表了七八部小说，主要写的是儿童文学，比如处女作《高高的苗岭》等。当初写这种作品也是一种无奈。对于我们这一代作家，包括比我们更早的一代作家而言，即使你很愿意写，很想写，也是不能写的。那个时代有一种说法，叫创作上的“禁区”。我上山下乡的年月正是“文革”年代，“文革”年代所宣扬的全部都是“三突出”“三陪衬”“英雄人物”等等。我既不处在与“走资派”斗争的前沿，也没有这样的生活体验，我的生活体验就是上山下乡，但那个时代还不允许反映，当时反映的都是高歌猛进。在这种情况下，我宁愿去写《高高的苗岭》这样的儿童文学。“四人帮”被打倒后，我意识到知青生活可以写了，我就写了《我们这一代年轻人》。差不多从《我们这一代年轻人》发表和出版开始，我的头上就被戴上知青作家的“帽子”。客观上，我这些年也写了十多本关于知青题材的小说。2008年，天津百花文艺出版社出版了一套“叶辛知青文学总集”八卷本。因此，说我是知青作家，我是可以接受的。因为我们这一代人的生活体验主要是上山下乡。上海这座城市的知青数量是一百一十多万人，当时上海的总人口是一千万人，郊区人口三百万，城区七百万，上山下乡的主要是城区的青年，也就是说七个人中就有一个是知青，这个比例是相当大的。我是在上海长大的，周围的人很多都有知青经历，很自然就写到知识青年这一代人的命运。当然，我的创作并不限于知青，也并不是痴迷于知青题材，我也写城市，写纯粹的农村，如《三年五载》长篇小说三部曲。但为世人所知的主要是关于知青的作品。

杨建兵：知青运动改变了成千上万人的生命轨迹。作为一名知青运动的亲历者，您当时如何理解这场运动？几十年后，这段历史业已淡漠，过去的伤痕早已抚平，您对这段历史是否又有新的理解？

叶辛：这个话题说起来很长。我在2005年调到社科院当文学所所长之后，曾写了两篇论文，一篇是《论中国大地上的知识青年上山下乡运动》，一篇是《论中国知识青年上山下乡运动的落幕》，可以看作是我对这个问题的回答。简单地说，有三层意思：第一层，我当年上山下乡纯粹是随大流，并不像某些先进人物那样咬破手指写血书，用红墨水写保证书，下决心书，这种意识我并不强烈，只是觉得这是一种命运使然。当时也有些“落后分子”，不愿意参加上山下乡运动，但在办学习班等变相强迫下，最后也不得不去。不过，我们在口头上，或者写文章、写大字报的时候，还是说上山下乡干革命、扎根农村什么的，其实心底深处的意识是不强的。第二层，真正上山下乡之后，即便有些知青只上山下乡一两年，也和今天下去当村干部，或者干部下乡体验生活不一样。他们是身临其境，和当时的老乡真正打成一片，和他们一起劳动，评工分。因此，知青只要有一点思想，都会对当时农村有切身的体会。对我自己而言，一方面在思考知识青年一代人的命运，一方面在与城市生活的对比参照中思考农民的命运。后来我在日本参加一个国际笔会的时候，我把它总结为，上山下乡使我学会用两副眼光来观察当代中国的社会，一副是刚刚插队落户的城市青年的自以为是，甚至居高临下的目光看待农村的落后与贫穷；而一旦在农村生活久了，像我在农村生活了十年之多，我逐渐学会用农村人的目光来观察生活，观察气象，观察农事。《孽债》就是两种目光来关注中国的现实。第三层，既然“文革”遭到彻底否定，那么作为“文革”一部分的上山下乡运动也应该一并遭到否定。但对于我本人而言，作为当年全国1700多万城市青年的一分子，亲历了那场运动，它带给我无尽的沧桑的同时，也让我感受到了中国农民的生活，体验了中国基层的生活，让我在思考中形成了自己的世界观、价值观和人生观。这是我人生经历中最大的一笔财富。可以这么说，如果没有上山下乡的经历，我可能不会成为一个作家，至少不会成为现在这样的一个作家。

杨建兵：1970年代末和1980年代初期，当代文坛曾掀起了一股“知青文学”的热潮,您也是这股热潮的参与者。随着这股浪潮的退去,那批“知青作家”基本上都改变了题材路向,只有您还在坚持写知青题材。是什么支持着您“将知青文学进行到底”?

叶辛:知青这一代人还有一个巧合,就是我们是和新中国一起成长起来的,像我是1949年10月出生的,也有比我年长的,像1966、1967、1968届高中生,当时在上海这座城市,哪怕是1968届高中生,也能上“一片红”(即上山下乡)了。因为当年的分配“老三届”是积压下来的,1966、1967年没有分配,到1968年夏天,城市所有的学校都面临一个很现实的问题,就是如果这批中学生再不离开中学,中学的教室就坐不下了。当时全国各地都在想办法。1968年12月22日,《人民日报》以“我们也有两只手,不在城里吃闲饭”为题,报道了甘肃省会宁县部分城镇居民奔赴农业生产第一线,到农村安家落户的消息。在报纸的编者按中发表了毛泽东的指示:“知识青年到农村去,接受贫下中农的再教育,很有必要。要说服城里的干部和其他人,把自己初中、高中、大学毕业的子女送到乡下去,来一个动员。各地农村的同志应该欢迎他们去。”据说这是毛泽东为安置分流老三届毕业生采取的无奈之举。当年“文革”带来的负面效应全面兑现,大学不招生,工厂不招工,商店不进人,几百万老三届城市初高中毕业生无所事事,安置分流他们成为亟须解决的社会问题。过去曾提出四个面向,后来发展成为只有一个面向,即面向农村,就是说从此以后,所有的毕业生都要走上山下乡这条道路。即使工厂要招人,也要从在农村锻炼过的知识青年中选拔。上大学,也是从知青中推荐。这样,这一代知识青年基本上都要走上山下乡的道路,而这一代青年正好伴随着共和国的脚步成长,我们这一代人,走过的所有的道路都和共和国的命运联系在一起。我曾经说过一句话,1977年,共和国的列车从隧道里开出来,我们这一代人的命运也随之发生变化。也就是说,整个一代人的生活,和共和国的步伐是非常合拍的。我觉得,写好这一代人,无论你承不承认,实际上它折射的是这一个波澜跌宕的时代。我的小说写的都是普通人,正是这些普通人的命运,牵扯出时代的痕迹。

杨建兵:《孽债》可以说是您“知青题材”创作中具有转折意义的一部作品,感性的倾诉开始让位于理性的反思,从知青生活过渡到知青下一代的生活。代表乡村文化的子女与代表城市文化的父辈产生的碰撞,远远大于当年知青下乡城乡两种文化的碰撞。因此,有论者将“知青叙事”分为“知青时代”和“后知青时代”,《孽债》就是“后知青叙事”的代表,您同意这个说法吗?

叶辛:实质上,我写《孽债》的时候,已经不想再写知青题材,我的一些在大学当教授的同学也建议我不要再写知青小说，对于我自己而言，十年插队，写了五本知青小说，已经对得起自己了。但是当我听说过一些因为知青回城而留在乡村的孩子稍稍长大一些，到北京、上海或杭州寻找亲生父母的故事，每听说一次就撞击我一次，我就觉得这是一个很有小说的故事。我作为一个小说家，最早抓这个故事，是我和云南电视台的一个编导谈起，他就盯着我写，他说这个故事写出来肯定好看。你想，西双版纳的风光和城市的风光反差很大，城乡文化的反差也很大等等，这些就足以吸引人。也是在他的促导之下，我创作了《孽债》。当时写作的时候，我把侧重点放在孩子身上，我也读过很多小说，像前妻生的孩子与家庭的矛盾，无论在中国还是在外国，我们见得太多了。而我开始在构思这个故事的时候就已经想到，这个故事和我们这代人的命运是紧密联系在一起的。它和我们常见的婚外情不同。不可否认，婚外情的故事也可以写一个动人的中篇小说，但它的社会意义和我这个故事是不一样的。《孽债》的故事是由上山下乡运动造成的。在《孽债》之前的知青小说中，我也曾关注到知青下一代，在上海这个对户口要求比较苛刻的大城市，关于知青下一代的问题特别大，知青子女要在上海落户，有种种的条件限制。因此，你对《孽债》的上述说法我是赞同的。

杨建兵：《孽债》续集虽然也涉及知青，但知青一代已退隐到幕后，主要表现的是成年后的知青子女的命运遭遇，他们进入都市后价值取向和爱情观念的变化，有一种揭示“城市文明病”的意味，由此也标志着您创作上的另一个转变，创作题材由贵州农村转向上海都市。您同意我的观点吗？

叶辛：我同意你的观点。《孽债》出版之后，有一段时间，很多人都建议我写《孽债》续集，上到上海市委书记，下到街道老大妈都在催促我写。其实写知青下一代在当下社会的生活，是我在20世纪90年代中期就开始产生的想法，一直隔了将近十年我才动笔。但我一直在思考这个题材，也很留意观察我孩子那一代人，当孩子的大学同学来我家做客时，我会有意识地跟他们聊天。我特别喜欢跟他们班上来的外省市的孩子聊一聊，聊的时候我就感觉到，改革开放以来，大量农村子弟走进城市，成为城市的一分子，这反映了社会的变化。我插队时，中国有10亿人口，9亿是农民，我们现在是13亿人口，共8亿农民，换句话说有5亿是城里人，改革开放以来有4亿人走进了都市。他们或者是来城市打工的农民工，或者是通过参军转业、上大学来到城市。当然，一个农家子弟走进都市的过程，不是他脱下农民的装束，换上一双皮鞋就可以的。另外，写上海题材一直是我的一个心愿，因为我是上海人，我成长的青少年时期正是讲“千万不要忘记阶级斗争”的年代，特别重视家庭出身，用这种眼光观察社会，社会就呈现出一种斑斓的色彩。“知青文集”十卷本有一篇叫《恐怖的飓风》就是写上海，后来出版的《华都》也是写上海，还有《缠溪之恋》《上海日记》等等也全是都市题材。《上海日记》里面写到一个细节，就是沈世杰的父亲来拜访到报社工作的全小良，全小良很自然地拿一次性的杯子给他倒了一杯大麦茶，但是老人喝完大麦茶以后，很舍不得丢掉这个一次性的杯子，全小良看他想要，又拿了一个没有用过的一次性杯子给他带在路上用。但是他还是很舍不得地望着那个被丢掉的杯子。为什么，千百年来，我们农民的观念是很节俭的，他对城里人使用这个一次性的杯子很不习惯，就说明他在观念上要经过一个很大的变化。当然这也是一种危险的写作。我为什么这样说？这跟我的写作习惯有关，因为我的以往作品写的都是我同时代的人，我对他们相当熟悉。但是当我写到这代人时，不能用我50多岁人的眼光去写20多岁的年轻人，我必须从他们的角度出发，这也正是我取《上海日记》这样一个书名的原因，也正是我必须要用日记体的形式来展示全小良内心世界的原因。《孽债Ⅱ》《上海日记》的创作也让我感受到，我是不太同意知青文学已经没落的说法的。知青题材的东西，一旦调整了角度，还可能会有人写，甚至我还可能去继续写这样一个题材。文学题材只是作家的一个素材，作家是通过这些素材，通过这些人物、故事来表现自己要表达的思想，这才是最关键的。

杨建兵：《孽债》续集的笔触已转向上海，知青生活只是一种背景或点缀。长篇小说《华都》也是如此。小说出版后，很多读者认为您在创作上可能要放弃知青生活，彻底转向都市题材，但随后创作的《客过亭》又一次写到知青生活。能谈一谈写《客过亭》的动因吗？

叶辛：关于写《客过亭》的动因，我在这本书的后记里也讲到了。回到上海的一百多万知青这些年都在搞活动，知青聚会、联谊会接连不断。在参加这些活动的时候，我常常会听到很多稀奇古怪的、在书斋里永远也编不出来的人物和故事。比如，一个上海知青要嫁给当地的农民，父母听说后，来到农村想把她捉回去，她想方设法躲藏起来，有些父母用断绝家庭关系相威胁，但她丝毫不为所动，最终嫁给了当地的农民。正好我妹妹和一起插队的一批知青重游曾经上山下乡的地方，回来后她给我带回了一本“修文县上海上山下乡知识青年花名册”，名册对上海远赴修文山乡插队落户的每个知青的简况都有记载，包括他们的姓名、性别、家庭成分、政治面貌、所毕业的学校、文化程度、在上海的家庭住址等等，都标注得清清楚楚，最有意思的是还标明了今天的动向。面对这个名册，我有很多感慨。仅就这个也可以写一个不错的长篇，但一想到就这么些老头老太太，既没有什么爱情故事，也没有什么情感纠葛，现在的读者不一定喜欢看的。后来有件很偶然的事情,《重庆晚报》报道了一个重庆知青和一名傣族女子埋藏了31年的纯真爱情故事,这件事直接触动了我,我把它作为小说的开头,很快就写出了《客过亭》。

杨建兵:您的创作可以分为农村题材和都市题材,从情感取向上看,您似乎对贵州农村一直满怀深情,一写到上海,就立刻换了一种笔调,明显带有一种批判的口吻。您在农村和城市都待过不短的时间,您如何看待城乡之别,尤其是农村人和城里人的差别?

叶辛:城乡差别,包括农村人和城市人的差别,我一直是有这个感觉的,这种感觉是不由自主的。我从小在上海长大,对这个城市很有感情,但是我更多的感受生活、体验生活是在农村的土地上。客观地说,贵州农村的生活实在是太苦了,我看过一些写湖北农村生活的小说,湖北农村和贵州农村有点像,但总体上看比贵州农村要好。我一直觉得,中国最苦的是农村,是农民。我前面也提到,我更多的是用两副目光来观照农村和都市。虽然现在的中国在积极地寻找一种城市和农村的和谐,但城乡差别还是非常明显的,这就为小说家的创作提供了很多素材。

杨建兵:上海是您出生和成长之地,是真正的故乡,但人生最美好的十年却是在贵州度过的,可以说贵州是您的第二故乡,更是您文学创作的精神故乡。上海和贵州在您心目中的位置是怎样的?

叶辛:我常对人说,我是半个贵州人,半个上海人。栖居黔北的砂锅寨10年的日子,是我一生中难以磨灭的印记。现在,当年的老乡家都安了电话,他们经常给我打电话,讲一点山寨上的趣事,唠一点他们的烦恼。我们刚去插队的时候,青年点是一栋黄泥房,后来被山水冲塌。当时,知青点里只剩下我一个知青。我找到村长,村长张罗给土地庙砌上一道墙,安上一个门,就成为我的新家。那个土地庙位于寨子的中间,平时是不住人的。我在土地庙里住了很长时间,一直到离开山寨。离开山寨之后,我的生活发生了很大的变化,后来还做了全国人大代表,但我的心从来没有离开过贵州。几十年来,我多次前往贵州走访乡亲,并将群众的呼声在全国两会等相关会议上反映出来。2005年9月,由我和几位上海企业家共同捐建的"春晖小学"在我当年插队的砂锅寨落成,我也荣幸地担任了"春晖小学"的名誉校长。2013年5月,我出了一本散文集,取名《叶辛的贵州》,这是我献给贵州建省60周年的一份薄礼。2015年7月,我还出了一本历史小说叫《圆圆魂》,创作的灵感源于多年前一场关于"陈圆圆墓是否在贵州岑巩县"的争论。总之,我对贵州有一种斩不断的情缘,一种挥不去的情结,这种感情不是几句话甚至几篇文章就能说清楚的。

杨建兵:说到《圆圆魂》,这应该是您创作的第一部历史题材小说。在我们的阅读经验中,您的创作基本是关于现实题材的,写历史小说应该是一次自我挑战。可以谈一谈创作这部小说的背后故事吗?

叶辛:实际上,我写这个小说跟我插队的生活有关,我到贵州去插队后发现,在贵州民间,后来到了云南,在云南民间,都有很多跟陈圆圆和吴三桂有关的民间传说。我就很奇怪,按说陈圆圆是常州人,苏州、常州这一带关于她的传说很多,为什么到了西南也会有这么多?我后来知道,清朝打败明朝,建立了清王朝后,曾经封吴三桂为平西亲王,吴三桂带着陈圆圆在昆明城里,过了很长一段荣华富贵的日子。后来二人来到贵州,在离我插队不远的天台山上建了一个很大的楼阁,据说陈圆圆曾经在这个楼阁上住过等等,这是一个原因。更主要的一个原因,20世纪80年代初新华社贵阳分社发了一条消息,说在黔东南岑巩县的马家寨发现了陈圆圆的墓。谁知道这条很小的豆腐块一样的消息引起中国史学界的一片哗然。中国史学界纷纷写文章来调侃贵州人,你要发展旅游你就好好发展旅游,你不要乱编一些故事,人家争西施的墓地在哪里,争李白出生在哪里,争诸葛亮是哪里的人,你找不到这样的正面人物,却找一个妓女来说事。史学界就有人写这样的文章调侃贵州。贵州人一看也很生气,就写了很多文章来反驳这样的观点,搞得很热闹。那时我在贵州省文联工作,文联干部觉得外省人太看不起我们贵州人了,我们要写文章反击。我那个时候正好在《山花》杂志当主编,听到他们的反应这么强烈,我就做了一点工作,把报纸上发的所有的跟陈圆圆有关的争论都保存下来,我这本小说之所以写得比较顺利,跟我那个时候搜集了不少的争论材料有关。第三个原因是2003年我给《新民晚报》写十日谈,我就写了《陈圆圆归隐之谜》,这篇文章于2003年9月连续十天在《新民晚报》登载。一登出来,就有很多人来跟我探讨这件事。那时候谢晋导演还在,他把我找去,说从你这个角度写陈圆圆,创作一个剧本,我来把它拍成电影或电视剧。以后凡是开会遇到我,他总要跟我说这件事。我想导演都跟我讲了,我就很认真地写了。这本书的第一章实际上就是那个时候写的,刚写了一章谢晋导演就去世了,我也就此搁下。2011年至2014年贵州省黔东南州做了一件事情,他们多次到北京,邀请了中国社科院历史所的清史专家、明史专家二十余人,到贵州,到岑巩县去考察论证。2014年春天,经我们的明史、清史专家一致认定并对外发布,陈圆圆的墓就是在岑巩县。我2014年夏天又去了一次,后来就提笔写了这部小说。

杨建兵:前面谈的是评论界将您的作品分为"知青时代"和"后知青时代"两个阶段。如果将自己的创作分为几个阶段,您打算如何划分?标准是什么?

叶辛:关于我创作年代的划分,我大致把它分为四个阶段。最早是起步阶段,创作《高高的苗岭》等时期,我出了书,成了一个作家。第二个阶段和知青创作很有关系,代表作品就是《蹉跎岁月》。你提到我从《孽债》开始反思,实际上,我在创作《蹉跎岁月》的时候,国家还没有明确地提出批“血统论”。“文革”时期包括“文革”前,把人进行等级划分,分成“红五类”“黑七类”等等,我看得太多了,它给所有的中国人打上的烙印是很深的。《蹉跎岁月》被拍成电视剧播出时,反响极大,我在贵州收到了一千多封读者和观众的信,中央电视台收到的书信堆了半间屋子。这些书信很少谈文学问题,绝大多数都和作品所涉及的题材有关。这部小说可能不是最好的,但为什么始终作为代表作,就是因为它反映了一个时代的印迹。中国人容易遗忘,现在不大有人提了,但它给我们,还有比我更大的人的影响是非常深的,因为你的家庭出身,影响你一生的命运,注定你必然走这条道路。第三《孽债》也是一个阶段。我自己觉得《华都》,包括“叶辛新世纪文萃”三卷本,是另外一个阶段。从题材上说,有儿童文学题材、少数民族题材、知青题材、城市题材,大致是这么划分。

杨建兵:您的作品在叙事上有一个显著的特点,就是一个叙事套着另一个叙事,当下的生活和过去的生活交替叙述,《蹉跎岁月》《孽债》和《客过亭》都是如此。您为什么执着地坚持这种叙事方法?

叶辛:我之所以喜欢用交叉叙事的方式,可能与我自身喜欢的作品有关。我从小就喜欢读小说,而且喜欢读长篇,不知不觉就喜欢上了这种形式。比如普希金是一个诗人,他曾写过一个中篇小说叫《杜勃洛夫斯基》,我非常喜欢。又比如屠格涅夫的小说,大家都推崇他的《父与子》,我更喜欢他的《贵族之家》。还有泰戈尔早期长篇小说的代表作《沉船》,我也很喜欢。正是受到这些文学的影响,我自己创作的时候,自觉不自觉借鉴了交叉叙事的叙述形式。

杨建兵:说到普希金和泰戈尔,您觉得在您的创作生涯尤其是创作的起步阶段,哪位作家或作品对自己的影响最大?

叶辛:除了上面提到的普希金的《杜勃洛夫斯基》《贵族之家》和泰戈尔的《沉船》,还有俄罗斯作家冈察洛夫的小说《奥勃洛莫夫》对我影响也比较大。奥勃洛莫夫是俄国农奴制后期的一个地主,作者写他从醒来到起床,总共用去了一百多页。它不是文学影响,而是人生观的影响。奥勃洛莫夫作为一个农奴主,过的是一种饭来张口、衣来伸手的生活,后来在吃吃喝喝无忧无虑的生活中死掉了。这种生活看起来似乎很幸福,但是非常乏味。我读这本书的时候只有16岁,我想人总应该有点追求,像奥勃洛莫夫这样生活有什么意思。当然很多书,尤其是文学名著都是有养料的,具体说起来就太多了。

杨建兵:“知青文学”兴盛于20世纪80年代中期,后来成为当代文学史上一个约定俗成的概念。2009年前后,文坛上又出现了一大批知青题材的作品,导致一种知青文学的泛化现象,有人称之为新一轮的知青文学热。您如何看待这股热潮及知青文学的“泛化”问题?

叶辛:当年的知青和我年龄差不多,2009年前后,绝大多数知青都退居二线。退下来之后,只要身体允许,常常参加一些知青的聚会。这些聚会使很多老知青产生了创作的冲动。奇怪的是,他们无论后来从事什么职业,最想写的还是年轻时插队落户的那段生活。还有一个原因,可能是这一届领导集体也是知青一代,他们基本上都有过上山下乡的经历。于是知青又一次成为大家关注的焦点。现在出书的门槛比较低,这样就出现了大量关于知青题材的作品,也就是所谓的“知青文学热”。写出来的都可以称为“知青文学”,但“知青文学”和任何文学题材一样,也是有高下之分的,“知青文学”首先应该是文学。市面出现的一些所谓知青文学,其实大多数不是文学,只能是纪实或者回忆。我曾经说过,《客过亭》是一部关于知青的小说,它更是一部关于人生的大书。我通过写一群知青重返第二故乡的形式,实际上要反思这些人的一生。在他的一生当中,知青岁月只是一小段,但这一段给他的人生造成了刻骨铭心的影响。

杨建兵:“知青生活”是您创作的主要题材,在您看来,“知青”题材在中国当代文学史上有什么特殊的意义?

叶辛:知识青年一代人正好是伴随着共和国一路起来的一代人,写好这一代人,无论在主观上还是客观上,都写好了六十多年来中国人的情感、中国人的生活、中国人的命运。当然,每个时代都会有一些反映这个时代的作品,但最终能不能留下来,还要看这些作品对于时代的意义。正是基于这一点,我觉得一千六七百万人的上山下乡运动曾经掀动过社会,那么,反映这个时代的作品,必然会有一些作品留下来。当然,我并不是想把我的作品留下来,而是想把我们这一代人感受到的生活写下来,《蹉跎岁月》《孽债》都是这样。

杨建兵:能简单谈谈今后的创作打算吗?“知青生活”还会进入您的创作视线吗?

叶辛:我听到的关于知青的故事还有很多很多,但仅仅是故事我是不会去写的,我在等待一个触动我的契机,能够引发更深的思想。

杨建兵:好!我们期待您能创作出更多更优秀的作品!谢谢您!

评　论《

一代人的梦与痛

——论叶辛的知青题材小说

杨建兵

1968年，成千上万的知识青年开始离开城市，涌向山区和农村，“接受贫下中农的再教育”。这场波及全国的上山下乡运动，不仅打破了城乡的生态格局，也改变了一代人的生活和命运。随着“文革”结束，知识青年又陆续返回城市，这场轰轰烈烈的上山下乡运动渐渐落下帷幕。

运动结束了，它给我们带来的思考和反省却刚刚开始。在文学领域，20世纪80年代，一批“知青作家”曾掀起了一股强大的“知青文学”热潮，他们对上山下乡运动有批判，有怀念，有歌颂，但反思才是“知青文学”的基本主题。相比“知青文学”这一概念的确定性，“知青作家”略嫌模糊，我们可以把它分为广义和狭义两种理解。广义是指所有经历过上山下乡运动的作家，“知青作家”只是一种身份的标识。50年代前后出生在城市里的作家大都可以归入此列；狭义是指这些作家不仅做过知青，而且发表过产生一定影响的知青题材作品。王安忆、韩少功、史铁生、梁晓声、叶辛等都属于这种意义上的“知青作家”，其中又以叶辛最为典型。他不仅在70年代末80年代初推出《我们这一代年轻人》《风凛冽》《蹉跎岁月》等几部影响广泛的知青小说，而且在“知青文学”热潮冷却，几乎所有的知青作家都纷纷转向其他题材领域，他还在知青题材这口深井里打捞挖掘。90年代写出具有寻父和审父情结的《孽债》，21世纪又创作出充满忏悔意识的《客过亭》，在实现自我超越的同时，不断将“知青文学”引向深入。

一、梦与痛

叶辛19岁(1968年)时离开上海，到偏远的贵州农村插队，在贵州农村生活长达十年之久，是上山下乡运动整个过程的亲历者、见证人和记录者。他的知青小说不仅向我们展示了一代知青的生活史和心灵史，而且从一个侧面反映了几十年来中国社会发展的思想史。这些小说接缀起来，构成了一部知青一代的命运编年史。

1979年，叶辛发表了他的第一部知青小说《我们这一代年轻人》，随后又相继推出《风凛冽》《蹉跎岁月》等四部知青小说。由于这些作品反映的生活与社会历史基本同步，真实再现了一代知青从初入农村到艰难回城的一段相对完整的生活、心理和情感历程，在当时引起了强大的反响，叶辛也被冠以“知青作家”的称号。这几部知青小说虽然表现的是不同阶段的知青生活，在内容和主题上也各有侧重，但在小说情节和结构模式上具有共同性，大致可以概括为“寻梦——梦碎——再寻梦”的基本模式。

《我们这一代年轻人》讲述的是一群初离城市走进农村的知青的生活和爱情。“广阔天地，大有作为”，铺天盖地的舆论宣传，给一代青年人编织了一幅令人神往的画面，知青们正是带着虔诚和狂热、梦想和激情走进了农村。但梦想很丰满，现实很骨感。贫困的物质生活、单调的精神娱乐、繁重的体力劳动、农村的派系争斗、知青内部的钩心斗角、青春期的爱情幻想和迷茫……使很多知青产生了悲观绝望甚至怀疑情绪，他们既无心劳动，又无望回城，每天得过且过，在抱怨、消沉和无聊中消磨时光，有的知青甚至染上抽烟喝酒、打架斗殴、赌博偷盗等恶习。《蹉跎岁月》所揭示的生活背景已进入回城潮的初期，但知青生活并没有明显的改观，不同的是，国家为了安抚知青们躁动不安的情绪，出台了招工和推荐上大学等政策。这一政策的出台，让知青们看到了回城的希望，一度破灭的梦想又一次被点燃。虽然招工和上大学的名额极少，条件近乎苛刻，但相比扎根山区，回城的诱惑是难以抗拒的。为了极有限的招工和上大学名额，知青们使出浑身解数，甚至不择手段。有的知青（如陈家勤、郭仁秀）千方百计地与当地革委会拉关系，以期获得公社或大队实权人物的青睐；更多的知青选择了“踏实劳动”，与当地农民打成一片，以实际行动来赢得民心。有些女知青甚至“以身饲虎”，靠出卖身体来获取一个上大学的名额。上山下乡运动给知青提供了一个人性展示的舞台，各色人物在舞台上一一亮相，社会和人性的种种丑陋毫无保留地在一群风华正茂的青年身上得到呈现。也许，我们可以把它归因于运动，是疯狂的政治运动让知青们也变得疯狂。但如果仅仅是这样，我们不仅会对一代青年失去希望，也会对整个国家失去希望。这时，我们迫切地期待一些正直善良的知青的出现，为这个疯狂的时代点亮人性的烛光。《我们这一代年轻人》中的程旭和《蹉跎岁月》中的柯碧舟就是这样的知青。他们虽然身受家庭出身的拖累，处处受到歧视和排挤，但依靠勤奋好学和倔强的个性，成功地开发出优良稻种、建成小型水电站，造福于当地的农民。有意味的是，只有他们真正在向贫下中农学习，“接受贫下中农的再教育”，但知青运动的切实践行者，却被看作是知青中的“异类”。

事实上，能够安抚知青们躁动不安情绪的，不仅有招工、上大学这些虚无缥缈的回城梦，还有真实可触的爱情梦。程旭、柯碧舟、郑璇、高艳茹等是作者倾心塑造的人物，之所以能在极度艰难的生活环境中坚强地生活下去，与他们受到的爱情滋润密不可分。程旭和柯碧舟在知青群体中属于性格孤僻、受到排斥的“怪人”，在遭受一次又一次的误解和羞辱时，一个少女的理解和安慰，不仅会抚平他们心中的伤痛，而且会给他们的人生注入强大的能量。对于二人来说，慕容支、邵玉蓉和杜见春的关心体贴，无异于他们人生低谷中的一根救命稻草。爱情不仅温暖着程旭和柯碧舟，也温暖着慕容支、邵玉蓉和杜见春。杜见春在父亲平反后本可以留在城市，最后却选择与柯碧舟一起返乡，她的行动让我们看到了爱情的巨大魔力，也看到了人性在她身上的复苏。

但另一个问题又接踵而来，这些知青的前途尚不可知，他们的爱情可靠吗？当慕容支的母亲听说女儿与程旭谈恋爱时，亲自从遥远的上海赶到乡村山寨做慕容支的思想工作，谁还会相信两个年轻人的爱情坚不可摧？尤其是爱情一旦与家庭出身挂钩，就不再是单纯的爱情问题，而是政治立场和命运选择问题。柯碧舟的爱情也是如此。不明柯碧舟家庭出身的杜见春曾给过他爱的幻想，但知道真相后马上就给了他沉重的一击；当地少女邵玉蓉医治过他身体的创伤，也给过他精神上的慰藉，但邵父的坚决反对、玉蓉后来的惨死，使他的爱情又变成了一场虚幻的梦。在历经曲折之后，杜见春与柯碧舟又重燃爱情之火，但在杜父的强烈反对下，他们的爱情到底能走多远？相对而言，《爱的变奏》中矫楠与宗苏玉的爱情之路比较平坦，但女儿小玉的意外“问世”，完全打乱了他们的恋爱节奏，草率的结合注定要仓促地分手。宗苏玉先矫楠一步回到上海，在同学陈谷康的暗中帮助与苦苦追求下，她的心逐渐向家庭富有的陈谷康倾斜，她熄灭了的爱情梦又被重新点燃。但爱她的陈谷康可以忽略她的婚史，陈的父母能谅解和容忍她有一个女儿的事实吗？在封建余毒远未退去的 1970 年代，他们的恋爱也蒙上了一层厚重的阴影。《风凛冽》中的高艳茹与叶铭爱得如痴如醉，但在经历了艳茹被骗失身、叶铭考上大学的现实之后，连艳茹对他们的爱情都不自信，作为读者，我们的自信又来自哪里？“人必生活着，爱才有所附丽”（鲁迅语），知青的生活前途未卜，他们的爱情也注定是南柯一梦。他们也许短暂地品尝过爱情的甜美，但最终吃下的是一颗甜蜜的苦果。而其中的苦涩，有时要等到十几年后才能品出。《孽债》讲述的就是这样一个故事。

随着“文革”的结束，知青回城政策也逐步落实，知青们陆陆续续回到生于斯长于斯的城市，终于圆了他们的回城梦。但是，与当初上山下乡不受当地农民欢迎一样，城市也不欢迎他们的归来。政府面临安置知青就业的巨大压力；普通家庭无法容忍原本拥挤不堪的住房更加拥挤；对于知青个人而言，结婚、住房和工作都是他们迫切需要解决的问题。上山下乡时，他们还是十八九岁的毛头小伙子，十年后回城，他们已变成名副其实的大龄青年，除了在乡下练就的一身蛮力，大多知青一无所长，除非有特殊的家庭背景，成家立业成为他们回城后的最大难题。在这种情况下，恋爱、结婚、生子，有一个比较稳定的职业和一处狭小但不乏温馨的住房，平平淡淡地生活，成为他们回城后的最大梦想。过于现实的梦想总是容易实现，但对于一些知青而言，情况远没这么简单。他们在插队落户期间，因为响应“扎根农村”的伟大号召，与当地的农民结婚生子，在知青大返城的浪潮中，为了赶上回城的末班车，他们选择了抛妻别雏，独自回到城市。回城后，他们又恋爱结婚，建立新家，斩断了与农村妻儿的联系。但藕虽断丝却连，他们插队落户时结下了孽缘，欠下了孽债，必然要为这段孽债付出代价。

《孽债》发表于90年代初，其时，一首关于知青的歌曲《小芳》在城乡的大街小巷广为传唱，它的流行不仅仅因为它是一首内地乐坛较早的音乐民谣，更在于它叙说的故事开启了一段尘封的历史，引起了很多人的共鸣。当然，作为一部长篇小说，《孽债》所讲述的故事远比《小芳》复杂，容量内涵也更为丰富。小说讲述的也是一个寻梦的故事，但叙述视角不再是知青，而是几个从西双版纳来上海寻亲的孩子。十几年前，当这群孩子还在襁褓中时，他们的父母为了回城将他们抛弃；十几年后，他们已是十五六岁的中学生，带着对亲情的期盼，也带着对大城市的向往，一行六人呼朋引伴到上海寻找他们的知青父母。他们带着梦想而来，但是上海，包括他们的亲生父母并不欢迎他们的到来。虽然他们的父母也看重这份亲情，但现实的窘境让他们不敢或不愿接受这个孩子，最后他们只能梦碎而归。当然，寻亲梦的破碎并不代表亲情的再次割断，孩子们的心中已升腾起另一个梦想：勤奋学习，几年之后填报上海的大学，以大学生的身份重回上海。这是《孽债》续集讲述的内容，与知青主题关系不大，在此不述。

随着岁月的流逝，21世纪第一个十年即将结束的时候，与共和国基本同龄的知青们也进入了花甲之年，在回首几十年来的人生道路时，最让他们刻骨铭心的还是上山下乡的那段经历，于是，重访故地成为许多老知青的心梦。《客过亭》讲述的就是年过半百的老知青，重游当年上山下乡山区故地的故事。不过，他们的故地重游不仅仅是回忆逝去的青春，更不是简单的游山玩水，他们每个人都怀揣着一个特殊而又隐秘的目的。汪人龙要在朋友沈迅宝墓前忏悔,同时割断与沈迅宝妹妹沈迅凤之间的情人关系;应力民想彻底查清当年的徐眉失踪案,为一辈子都身背犯罪嫌疑人的岑达成平冤昭雪;安康青去捡拾一段纯洁的爱情,祭悼一个纯美的恋人;罗幼杏希望找到曾被遗弃的儿子,为自己的后半生找到一个依靠。然而,几十年后,沧海桑田,物是人非,汪人龙的真诚忏悔,果真能完成对自己灵魂的救赎?应力民可以还岑达成人格的清白,但谁来为他这么多年来的苦难买单?安康青的祭悼除了徒增自己的痛苦,进一步加大与妻子丘维维的矛盾,还有什么?罗幼杏则更为悲惨,她一度十分接近儿子,最终却付出了生命的代价。一段旅程以寻梦开始,以梦碎结束。这或许是对知青一生命运的最好概括。但一个梦想的结束,也意味着另一个梦想的开始,“心若在,梦就在”,知青梦还会继续下去。

二、寻父和审父

美国学者卡伦·荷妮曾说:“在谈到我们时代的病态人格时,我不仅指的是存在着具有基本的共同特性的神经症患者,而且指的是,这些基本的共同性根本说来是由我们时代和文化中的现存的困境所产生的。”[①]一般来说,一个缺少父爱的孩子在人格形成中极易导致“病态”,这种“病态”被心理学家概括为“恋父”情结(不同于弗洛伊德的理论)。在叶辛的知青题材小说中,“恋父”情结演变成为寻父和审父意识,这种意识在《孽债》中表现得最为鲜明。《孽债》讲述的是几个在西双版纳山区长大的孩子,到上海来寻找自己的亲生父母的故事。其深刻之处在于,在叙述寻找血缘父亲背后,还隐含着寻找精神父亲的主题。

《孽债》中的几个孩子(除了盛天华)都是来上海寻找父亲的。在西双版纳生活的十几年中,因为父亲的缺席,他们不仅生活比普通家庭更艰难,而且经常受到他人的侮辱和嘲笑,在内心深处,他们极度渴望得到父亲高大身躯的庇护。也因为父亲的缺席,父亲的形象是通过母亲的叙述建构起来的,经母亲充满感性的描述后,他们的父亲雄伟而又神秘,何况他们的父亲还生活在中国最繁华的大都市——上海。这些都刺激着孩子们不顾一切地来上海寻父。但他们的父亲早已不是当初那个与母亲爱得死去活来的知识青年,他们有了新的家庭,有了另外的妻子和儿女,他们不希望有人来破坏这得之不易的“幸福”。因此他们不仅不欢迎孩子的到来,而且似乎从未想过要认养、收留这个孩子。如果用自私、狠心来形容他们,显然过于简单了,因

① [奥地利]卡伦·荷妮:《我们时代的病态人格》,陈收译,国际文化出版公司2001年版,第17页。

为每一个家庭都有自己的难言之痛。

沈美霞和梁思凡的境遇比较相似，他们的父亲沈若尘和梁曼诚从内心里愿意收留他们，但“像螺蛳壳一样”的房子几乎不能再容下一个大活人，而且沈美霞和梁思凡的到来，完全打乱了他们的正常生活秩序，家庭矛盾不断升级，甚至一度面临解体的危险。在物质和精神的双重压力之下，沈若尘和梁曼诚只有委曲求全，两面讨好。他们的懦弱无能让孩子们既同情又看不起。作为父亲，他们呈现出来的形象与孩子们先前的想象大相径庭，美好的形象逐渐坍塌。虽然后来矛盾有所缓和，但已看清父亲真实面目的沈美霞和梁思凡还是选择了离开。沈美霞宁愿以一个孤儿的身份回到橡胶农场，这无异于给沈若尘一记响亮的耳光，也是对父亲极度失望的表达。梁思凡则更加不幸，还没有离开上海，就被一辆摩托车夺去了年幼的生命。梁思凡似乎在以一种极端的方式告诉梁曼诚，在上海，生不如死。相对而言，盛天华比较幸运，他是唯一来上海寻找母亲的，也是唯一在上海生活得如鱼得水的。他的幸运并不是来自母亲俞乐吟对他的特别关照，而是继父马超俊的“大度”接受。相比于生父盛加伟的打骂虐待，继父马超俊更像一个称职的父亲。从这个意义来看，表面上来上海寻母的盛天华，实际上也是在寻找一个给他安全和温暖的父亲。最幸运的孩子是卢晓峰。因为父亲卢正琪的“单身”身份，晓峰被卢家接收没有遇到任何阻力。但卢晓峰来上海之时，父亲还在监狱服刑。虽然他是被雅妮诬告而被捕入狱，但他的所作所为已超出常人的行为方式。卢晓峰最终接受了父亲，并与母亲依荷一起留在了上海，与其说是出于对父亲的感情，不如说是贪恋上海的繁华。从依荷对这段婚姻的悔恨且强烈要求与卢正琪离婚可以看出，依荷不可能真正原谅卢正琪。而卢晓峰知道父亲曾犯过“强奸罪”后，他又如何看待父亲呢？

如果说上述几个孩子因为只有父母一人在上海，必然面临是否被新父母接纳的问题，那么，吴永辉的寻亲前景理应比他们光明。他的父母都是知青，为了返城，他们办了假离婚手续，又将儿子送给本地的安文江和陈笑莲夫妇。但回到上海后，吴观潮和杨绍荃的假离婚演变成了真分手，吴观潮建立了新家庭，依靠后妻的背景，事业飞黄腾达；杨绍荃被吴观潮抛弃后，一心想再成立一个新家庭，却先后又被两个男人抛弃，寂寞失意。当然，这些是吴永辉所不知道的。吴永辉幻想着来到上海新家会得到亲生父母的万般宠爱，却不料成了一个受气的皮球，被父母踢来踢去。吴永辉的一封告状信改变了吴观潮包括后妻对永辉的态度，却改变不了儿子离开他们的决心。杨绍荃的一场急病也改变了她对儿子的态度，但永辉早已在心里把她看低。在永辉看来，他们愿意收留他，不是出于血缘上的亲情，而是源于保护他们自身的利益，云南乡下的养父母对他的爱远远超过了亲生父母（事实也是如此）。因为永辉经历了梦和痛的最大落差，他对父母的质疑和批判也最尖锐："坐上火车的那一刻，我的心头是多么欢喜啊！我要去找亲生的爹妈了，我想象着阿爸阿妈见到我时会是多么欢喜不尽，会是多么的亲热，会是……会是……我有多少多少话要对你们讲啊，我憋了多久了啊！可我见到的你们，是咋个样呢？""你们是啥子？为了回上海，为了回老家，你们把亲生的儿子卖了比车费钱还多得多的五百块，你们扔下儿子就跑了，以后再不想他管他了，死活全都不管了！阿爸你当上了大经理，听说还要升官，你这样的官能当得好吗？连亲生儿子都不要的人会当好官吗？稀奇哩！"这是一个年幼的儿子对父亲的审问，虽然难脱稚嫩，却已升至道德层面，触及灵魂深处。诚然，知青一代是时代政治的受害者，他们需要理解，也值得同情，但他们不是没有过错，他们在乡下造的孽债需要自己来承担，不能一句"孽不是我一个人做下的"，就把一切责任都推给时代，把自己推脱得干干净净。

如果联系 90 年代的时代语境就会发现，知青后代对父亲的审问，还包含着"70后"一代对上辈人的批判和质疑。众所周知，自 90 年代起，中国开始进入一个急剧转型的时代，随着新思想、新事物的不断涌现，人们对红色年代表现出两种截然相反的态度，一方面，当时的中国掀起了一股重温红色经典的思潮，"红太阳"歌曲在中国的大街小巷再度流行；另一方面，重温的过程也是一个批判的过程。知青一代是红色时代的直接经历者，他们也是有信仰的一代，对红色时代有一种特殊的感情。面对 1990 年代的价值失范等诸多社会问题，他们很难快速地调整和适应，不可避免地会产生对红色时代的怀旧情绪。知青的子女则不同，他们生长在一个快速转型的时代，伴随着一股解构主义思潮的涌动，对于远去的红色年代，他们不理解，与之相应的是对世俗幸福生活的追求。表现在文学创作领域，是新历史小说、新写实主义、先锋派等几种新兴的文学思潮的勃发，不仅对传统的创作手法构成了强大的颠覆，而且对革命时代所推崇的精神性、超越性都实现了反叛。《孽债》虽然采用的是传统的现实主义手法，但它描写的父子矛盾，凸显出两代人在精神和价值上的巨大分歧。

知青是伴随着新中国成立起来的一代人，他们所受的教育依然是革命教育。在这种教育体系中，父亲不仅仅是个人小家庭中的一个角色，还是祖国大家庭的一员，在革命需要的时候，他们必须舍弃小家而顾全大家。因此，在知青看来，他们上山下乡，后来又离乡回城，都是响应革命的号召。他们个人是没有错误的，所有的错误都是时代造成的。而在子女一代人的眼中，父辈们逃避责任的做法是彻底错误的。正是在这个意义上，《孽债》具有了审父意味。

如果说叶辛七八十年代的知青小说和九十年代的《孽债》都将批判的矛头和所有的问题都归因于时代，那么《客过亭》则是一代知青自我心灵的解剖，一次精神上的自我审视和忏悔。从时间上看，知青大多是共和国的同龄人，十八九岁时开始上山下乡，2009年前后正值花甲之龄，大都从繁忙的工作岗位上退了下来。回首人生经历时，他们对那段刻骨铭心的上山下乡经历颇有感触，想在有生之年，记录下那段痛苦却不乏温馨的往事。在这种背景下，一股书写知青回忆的浪潮再次兴起，涌现了一批知青回忆录式的作品。而真正称得上文学之上乘者，非叶辛的《客过亭》莫属。与叶辛的其他知青题材小说一样，《客过亭》的内容与现实社会也具有同质同构性。小说讲述的是一群年届六十的老知青，重游当年上山下乡的山区故地的故事。他们故地重游，不仅仅是回忆逝去的青春，而且是对知青时代个人所作所为的一次反省和自剖。这群老知青有的功成名就，富贵显赫，有的潦倒落魄，孤独困苦。他们身份地位不同，生活状态迥异，但他们在做知青时，都犯过或大或小的错误，藏有鲜为人知的秘密，这种错误或秘密对自己和他人都产生过重要的影响。于是，他们这次的返乡之旅，实际上变成了一次自审和忏悔之路。从审父到自审，这是一个从怨怼到忏悔的过程。基督教认为，世间每个人都是有罪的，但只要经常反思和忏悔，就能获得灵魂的拯救。知青晚年的反思和忏悔，作者向我们传达了他关于灵魂拯救的另一种思考，尽管这种思考仅停留在历史层面，没有上升到基督教的高度，但不得不说，忏悔正是我们这个民族最欠缺、也最重要的一种精神心态。

三、城市与乡村

20世纪以来，中国小说的乡村叙事一直是文坛的热点话题，从启蒙到后启蒙，从现代性到后现代性，批评家们不断地变换着概念，尝试去解读乡村叙事这一迷人而眩惑的文学显现。90年代以后，随着中国城市化进程的加快，城市叙事也受到广泛关注，城乡二元对立构成了城市和乡村叙事的基本模式。从某种意义上看，90年代的城市和乡村叙事并不是立足于绝对的城市或乡村：描写城市，大多以乡村作为参照；描写乡村，总是将城市作为叙事的“他者”。表现城市的灿烂与糜烂、繁华与罪恶，或还原乡村现实的穷困、沉重与痛苦，或回望乡村世界的宁静、优美和纯真，都是以现代化为视角展开的叙事。而无论是城市叙事还是乡村叙事，创作主体大多是从乡村进入城市的“乡村都市者”，他们的童年和青少年时代大多在乡村度过，进入城市后，自然以乡下人的眼光打量城市，城市生活在他们的眼中呈现出异样的色彩：灿烂与糜烂共存，繁华与罪恶同在。

知青作家则不同，他们生在城市，长在城市，“久入兰室而不闻其香”，也经常抱怨现实中诸多的不如意，但一旦置身于一个完全陌生的乡村生活环境中，城市一下子变成他们的精神的温柔乡、灵魂的栖息地，幻化成心中无限的美好。而当他们上山下乡若干年后再次回到城市，无论城市还是乡村，在他们的心中又被赋予新的内涵和意义。叶辛在回顾自己的创作之路时，曾经用简洁精辟的语言来总结其特点：早期是“用上海人的眼光看乡村”，代表作是《我们这一代年轻人》和《蹉跎岁月》；后期是“用乡下人的眼光看上海”，代表作即《孽债》[①]。而事实上，叶辛的知青小说叙事视角远不是这么简单，既有用城市人的眼光看乡村，也有用乡村人的眼光看城市，既有用城市人的眼光看城市，也有用乡村人的眼光看乡村。

正如叶辛所言，他早期的作品，如《我们这一代年轻人》《蹉跎岁月》，基本是用城市人的眼光，即“我”的眼光来看待乡村，这样常常会导致一种悖论。一方面，作为知青运动的亲历者，叶辛看到、听到、感受到的故事不胜枚举，他有太多的故事想与人分享，压制太久的情感需要倾诉，再加上历史的烟尘还没有散去，他很难超脱于事外，对这段历史进行冷静的远距离的审视。主观的情感过分投入，必然导致他早期的作品激情有余而反思不足。但另一方面，只有亲身经历了运动的全过程，才能真实地展现知青生活，表达知青的真实情感。在这个方面，叶辛的小说与同期其他的知青小说相比，表现出明显的“中性”，即他既不像一些作品把知青生活写成了一部“血泪史”和“控诉书”，也不像某些作家高举理想主义的大旗，大呼“青春无悔”。一代风华正茂的城市学生，在人生最美好的岁月不是在学校接受正规的教育，而是在乡村繁重的体力劳动中消耗生命，错过了上大学、恋爱和成家立业的最佳时机，对绝大部分知青来说，他们的青春不可能无悔，“蹉跎岁月”可能是对知青生涯的最好概括。而乡村虽然荒僻、贫穷、落后，但并非一无是处。相比城里来的知青，乡村人普遍善良淳朴，热情坚韧，尤其是乡村姑娘温柔多情、善解人意，不少知青在乡村找到了他们的爱情。叶辛的小说真实地还原了知青生活的本来面目，主观情感的投入也没有妨碍他对知青生活的真实书写，因此具有很强的可信度和动人的艺术魅力。

相对于《我们这一代年轻人》和《蹉跎岁月》，《孽债》的叙事视角更为复杂。小说采用了交替叙事的方式，使正在发生的故事和过去发生的故事形成交错，叙事视角也随之不停地变化。几个孩子到上海来寻找父母的过程，是用乡村人的眼光来看城市。对于大上海，他们既爱又恨，他们爱上海都市的灿烂和繁华，恨上海人的自私和

---

① 叶辛：《孽债》，江苏文艺出版社 1992 年版。

冷漠；爱上海有一个亲生父母，恨父母并不希望他们留在上海。虽然他们最终选择离开上海回到西双版纳，但他们内心深处也接受了城市的诱惑，因此相约几年后再来上海。这种叙事在20世纪90年代的文学中并不鲜见，流行一时的“打工文学”讲述的就是乡下人进城的故事，他们的遭遇与这几个孩子可谓异曲同工。虽然饱受歧视，虽然憎恨城市人的精明和市侩，但他们依然无法抵御城市的诱惑和魅力。从这个意义上看，孩子们来到上海，与其说是源自寻父的冲动，不如说是出于对城市生活的向往。

那么，城市人是如何看待乡下人的呢？小说借一个浦东阿婆之口道出了上海的世态人情：“上海人，哪个真正看得起乡下人？在实际利益面前，只有把良心啊、人情道义啊看得淡泊些。”因为从内心里看不起乡下人，总觉得自己高乡下人一等，因此，回城的政策一旦松动，他们就义无反顾地返回城市，不惜抛弃妻子和亲生儿女。回城前，他们都曾许下过美丽的诺言，最后证明这些诺言不过是自欺欺人的谎言。回城后，他们忙于新一轮的恋爱、结婚、生子，甚至无暇回忆知青时代的生活。对于孩子的到来，他们的惶恐远甚于喜悦。作为亲生父母，他们见到孩子的第一反应是，怎样说服孩子尽快离开上海。他们害怕现有的家庭遭到破坏，自己的名声受到影响，害怕乡村子女会成为他们生活中的定时炸弹。总之，他们担心自己的生活再次与乡村发生联系。

在叙述过去发生的故事时，作品借几个老知青的目光重新审视了乡村。与叶辛早期的知青小说不同，《孽债》叙述的知青生活采取的是一种回望的姿态，在远距离的回视中，上山下乡时的艰难困苦被过滤掉了，呈现出来的是一幅幅温馨浪漫的画面。在这些画面中，乡村的女子热情大方，温柔可人，她们对知青的爱，真挚、大胆、热烈、毫无世俗之气。面对即将回城的丈夫，纵然万般不舍，纵然面临独自承担抚养孩子的重任，但她们最终选择了成全丈夫、牺牲自己。在作者的笔下，乡村幻化成为一片纯净、优美的净土。

同时，作品又通过孩子们的视角重新审视乡村。西双版纳固然贫穷落后，但那里的人重情重义。沈美霞来上海时，为父亲沈若尘带来当归和他最喜欢吃的东西，提到母亲韦秋月最喜欢唱的歌是《望夫云》，多年过去，乡村的妻子对丈夫依然痴情不改。吴永辉在上海遭到亲生父母的冷遇后，感到乡村的养父母才是真正疼爱自己的人。在城乡的强烈对比中，他们感受到，乡村才是他们温暖的家园，因此他们最终选择回到乡村，但城市的诱惑已经像一颗种子，栽种在他们心中，等待今后的生根、破土和发芽。

所有这些都表明,《孽债》是用现代的眼光在看待城市和乡村,虽然视角错综复杂,不断变换着“城市人”与“乡下人”的多重眼光去观照丰富复杂的人生世态,但一个基本的结论是:城市是罪恶的渊薮,乡村才是人性的净土。与同时代大多数作家一样,叶辛遭遇了前现代农业文明和现代都市文明的双重恐惧,面临着两种文化情感困惑的艰难选择。叶辛终究没能摆脱“约定俗成”的城乡二元对立的评判标准,这与其说是作家创作思维上的局限,不如说是现代化进程中中国城乡现实的“规定”。

对于知青生活的那段历史,我们可以借用《客过亭》中白小琼的一幅知青抽象画所包含的寓意来概括:知青当年都是风华正茂的一代,充满了憧憬和理想,而五光十色的理想被社会无情地掩埋之后,这些人或多或少自觉不自觉地在荆棘和炼狱中艰难地寻找和修复自我。直到今天,在旅程中,几乎所有人仍在继续感知和忏悔,修补心灵上那一道或深或浅的青春之殇。

每个人都是历史的过客,知青一代亦是如此。作为一个特定历史时期的群体,他们即将退出历史舞台,历史给这代人的影响也随着时间的流逝而将烟消云散,但这代人给历史的影响远没有结束。翻阅历史,我们可以了解上山下乡运动给一代人的生活和命运带来的转变,但历史给予我们的更多是一堆堆的材料和数字,它很难深入到一个个普通知青的具体生活和心灵深处。叶辛的知青小说,不仅写出知青上山下乡时的生活状态,而且写出了知青回城后及知青人到老年时的心灵情感,正是在这个意义上,叶辛的小说构成了中国当代知青生活的编年史。

(载《小说评论》2017 年第 1 期)

主要作品目录《

长篇小说

《岩鹰》(与忻趵合著),上海文艺出版社 1978 年版。

《我们这一代年轻人》,中国青年出版社 1980 年版。

《峡谷烽烟》,人民文学出版社 1980 年版。

《风凛冽》,中国青年出版社 1981 年版。

《蹉跎岁月》,中国青年出版社 1982 年版。

《绿荫晨曦》,人民文学出版社 1983 年版。

《基石》，人民文学出版社1984年版。

《在醒来的土地上》，北京十月文艺出版社1985年版。

《拔河》，人民文学出版社1985年版。

《虎的年》，少年儿童出版社1985年版。

《新澜》，人民文学出版社1985年版。

《三年五载（上）》，贵州人民出版社1985年版。

《家教》，中国文联出版公司1986年版。

《遥远的山谷》，上海文艺出版社1986年版。

《三年五载（下）》，贵州人民出版社1987年版。

《爱的变奏》，中国青年出版社1988年版。

《家庭奏鸣曲》，中国文联出版公司1988年版。

《私生子》，中国文联出版公司1989年版。

《省城里的风流韵事》，北京十月文艺出版社1990年版。

《孽债》，江苏文艺出版社1992年版。

《眩目的云彩》，江苏文艺出版社1995年版。

《飓风》，青海人民出版社1995年版。

《巨澜（上、下）》，贵州人民出版社1996年版。

《烦恼婚姻》，江苏文艺出版社1998年版。

《记忆中的白鸽花》，广东旅游出版社1999年版。

《生死呼唤》（与赵福莲合著），群众出版社2002年版。

《华都》，上海人民出版社2004年版。

《商贾将军》，群众出版社2004年版。

《缠溪之恋》，上海文艺出版社2005年版。

《上海日记》，上海人民出版社2007年版。

《孽债（Ⅱ）》，上海文艺出版社2008年版。

《客过亭》，作家出版社2011年版。

《问世间情》，上海文艺出版社2014年版。

《安江事件》，东方出版社2014年版。

《圆圆魂》，安徽文艺出版社2015年版。

《古今海龙屯》，新星出版社2017年版。

《上海·恋》，安徽文艺出版社2018年版。

《五姐妹》,贵州人民出版社 2019 年版。

中篇小说

《高高的苗岭》,上海人民出版社 1977 年版。

《深夜马蹄声》,上海人民出版社 1977 年版。

《发生在霍家的事》,贵州人民出版社 1985 年版。

《家庭的阴影》,《红岩》杂志 1990 年第 6 期。

中短篇小说集

《叶辛中篇小说选》,贵州人民出版社 1983 年版。

《带露的玫瑰》,重庆出版社 1984 年版。

《发生在霍家的事》,北京十月文艺出版社 1985 年版。

《恩怨债》,四川文艺出版社 1985 年版。

《闲静河谷的桃色新闻》,贵州人民出版社 1987 年版。

《恐怖的飓风》,浙江文艺出版社 1991 年版。

《凶案一桩》,上海文艺出版社 1994 年版。

《月亮潭情案》,华夏出版社 1996 年版。

《叶辛中短篇小说自选集》,内蒙古人民出版社 1997 年版。

《华尔街来客》,贵州人民出版社 2000 年版。

《爱也无奈》,上海人民出版社 2004 年版。

《叶辛中篇小说选》,东方出版社 2013 年版。

《泛滥的樱桃湾》,百花文艺出版社 2008 年版。

《叶辛自选集》,百花洲文艺出版社 2019 年版。

散文随笔集

《我的生命环》,上海人民出版社 1995 年版。

《曼谷姑娘的眼睛》,学林出版社 1993 年版。

《叶辛散文随笔自选集》,内蒙古人民出版社 1997 年版。

《半世人生》,上海画报出版社 1998 年版。

《叶辛散文》,华夏出版社 1999 年版。

《生命的眼光》,上海远东出版社 1999 年版。

《若有似无的城市》,上海书店出版社1999年版。

《我生命的两极》,上海人民出版社2004年版。

《我和共和国:我的人生笔记》,时代文艺出版社2007年版。

《一支难忘的歌:叶辛散文选》,上海社会科学院出版社2009年版。

《岁月不是空白的》,江苏文艺出版社2012年版。

《叶辛的贵州》,东方出版社2013年版。

《爱神花园笔记》,武汉大学出版社2014年版。

《我的山乡情》,大象出版社2017年版。

《上海传:叶辛眼中的上海》,新星出版社2018年版。

《打开贵州这本书》,贵州人民出版社2019年版。

《我和祖国70年》,吉林人民出版社2019年版。

《与共和国同行——叶辛散文朗诵读本》,安徽文艺出版社2019年版。

书信集

《往日的情书》,吉林人民出版社1998年版。

诗　集

《叶辛山水情韵》,武汉大学出版社2015年版。

纪　实

《解密黔台酒》,上海文艺出版社2011年版。

传记小说

《风云际会宋耀如》,江苏文艺出版社1997年版。

《紫砂巨匠王寅春》,上海三联书店2014年版。

评　论

《叶辛谈创作》,学林出版社1999年版。

《叶辛文学回忆录》,广东人民出版社2019年版。

文　集

《叶辛文集》(10册),江苏文艺出版社1996年版。

叶兆言

男，1957 年生，江苏苏州人。

小　引《

如果说在现代中国也有某种文学世家的话，那么，叶兆言就可算得上是世家子弟。他父亲的作品一般读者可能读得不多，但他祖父的某些作品，凡受过中等教育的晚近几代中国人，就没有人敢说不知道的，更不用说吃文学饭的专业人士和教文学、学文学的先生、学生，大约都该如数家珍、耳熟能详吧。按说像这种文学世家出身的子弟，在文学创作中理当传承乃祖其父的遗风，以见其文脉久远、渊源深厚，但从叶兆言的创作中，却似乎看不出这种遗传的影子。岂止如此，在他学习古今中外包括他的祖辈、父辈的名篇名作的过程中，还逐渐萌生了一个固执的观念，即认定“写作是一种反模仿”。既不模仿别人，也不模仿自己，当然也就不模仿既是别人也是自己的祖辈和父辈了。听起来，这颇有一点中国人所说的欺师灭祖的味道，但究其实，盖因叶兆言开始写作的年代，正是模仿大于创造、崇人大于崇己、媚俗过于媚心的年代。在这样的年代投入写作，确实是要多一份创造的警惕，包括警惕自己的血脉中与生俱来的那一点文学遗传，以免落入外人或前人包括祖辈和父辈所造的窠臼。就凭这一点，叶兆言就称得上是独特的“这一个”。观察叶兆言的创作，也就得从这个独特的“这一个”开始。

往大了说，在叶兆言开始写作的20世纪80年代，正是中国新文学的现实主义传统开始恢复的年代，而创造这个传统和为这个传统奠基，就有叶兆言的祖父的劳绩。但叶兆言却没有被这股恢复的浪潮吸附到这个传统中去，他的创作虽然也有某种现实主义的意味，但又有别于他的祖父参与创造的这个现实主义传统。那么，是20世纪50年代他父辈参与变革的那个传统吗，仔细一想，似乎也不是。因为那场变革不但是短命的，而且也是、同时还不能不是短视的，它只是从表面上局部地改变了那种不敢正视矛盾和问题的弊端，却没有从根本上让文学真正回到中国新文学传统所主张的人的本位。后来，复兴这股被称之为“干预生活”的文学潮流的“伤痕文学”，虽然向人的本位靠近了一步，但毕竟故事和讲故事的方式大体相近，陈陈相因，亦为他的“反模仿”的理念所不容。既然如此，剩下来的那就只有叶兆言的朋友们，例如苏童等正在热衷的，叶兆言本人也有可能、有条件热衷的现代派，然而偏偏叶兆言自己站出来说，这也不是。且不说他在本辑的访谈录中再三表白的，他在学习西方现代派作家的同时，也在刻意回避模仿他们的创作。就是证之叶兆言的全部作品，也确实没有哪一篇与现代派沾得上边，更遑论模仿某一家或某一派的现代派了。接下来，我也就只能说，叶兆言就是叶兆言，他不属于哪一家哪一派，也不属于哪一个主义哪一种传统，他就是他。在近二十年中国文学眼花缭乱的变幻中，他始终如丁帆早年在一篇评论中所说的，“鹤立于当代小说家之林”。

这种“鹤立”姿态自然有它的长处，这长处就是，高瞻远瞩，伸缩自如。所以高者如哲学义理、清客雅趣，远者如古代典籍、西洋小说，都悉数“拿来”，融入自己的创作，所以读他的作品，可咀嚼涵泳，摩挲把玩，自有绕梁余音、无穷韵味，此则“夜泊秦淮”可证。亦可直接置身其中，喜怒哀乐、吃喝拉撒，皆可与作者共“想”。此则“现代生活”系列作品可证。这类作品虽不一定有言外之意、韵外之致，但却更加贴近当下生活，与读者也有更多的亲和感。当然他的这些作品都十分注重想象和构思，有的甚至还谈得上是善用机巧，如《枣树的故事》等。这就使得他的作品伸则上天入地，纵横捭阖，缩则乾坤在掌，蛟龙成寸，真个是腾挪变化，摇曳多姿。这样的叶兆言在最近二十年来，虽不属一门一派，但却览尽天下风光，入其辇毂之内。这该是何等惬意的一件事呵。

话虽这么说，可叶兆言从文这二十多年来，其实并不十分风光。有时甚至像一个做了好事的老实孩子，没有人知道，更没有人想到要去表扬表扬。说到底，这也属时运不济，谁叫他这种不入门派，杂糅各家的打法，不是如今当红的路数呢。这也正如其祖圣陶老人，倘若生在今天，像他的《潘先生在难中》和《倪焕之》这样的作品，没准儿要被某位批评家联系上存在主义的“尴尬”和“困境”之类的大名词呢，可偏偏他那个时代时兴现实主义，也就眼睁睁地失去了一次做现代派的机会。如此说来，叶兆言到底还是没有逃脱他的家族的背运，他虽不想模仿，可命运却偏偏要让他与先人一个样子。好在正如本辑的主笔周新民博士的文章中所写的，这都是被我们这些文人书写的历史，没准儿在真的历史中叶兆言完全不是这个样子，或者干脆就是另外的一副样子呢。

自　述《

我的文学观与外国文学

我想我的世界观，我的文学标准和尺度，都是外国文学作品给的。

对于外国作家，中国的读者一向是有一种“全球化”的眼光，不同的时代，不同的国家，一个外国文学的概念就可以概括。外国文学是一面巨大的书橱，就在你面前，你像检阅军队一样地浏览着它们。我读得很乱，站在这个巨大的书橱前，不经意地抽出一本，又抽出一本，用的是蚂蚁啃骨头的精神。要说影响的话，可以分成自己开始写作前后这么两段，时间不同，影响也不同。

中国的小说家，好多是喝外国小说的奶长大的。我开始接受外国作家影响很早。这种影响分为自发的起初阶段和功利性阅读两阶段。

雨果和高尔基可以算初级阶段，都是在读中学的时候，印象很深的就是读《笑面人》和《九三年》，我对《九三年》简直是如痴如醉。现在想起来都很好笑，一面流眼泪，一边在抄。我现在做梦，仍然还会梦到那个辉煌的最后场面，郭文高傲的头颅被按在断头台上，痛苦不堪的西穆尔登拔出手枪，用一粒子弹洞穿了自己的心脏。那是一个让孩子可以放声痛哭的壮丽场面。

我不喜浪漫派，凡调门高一些的作家作品都排斥。我喜欢雨果，这跟年龄绝对有关系。年轻时阅读，需要那种带点浮夸的作品。不过，我现在依然怀念那份激情。大学毕业以后，我伯父曾经有一个计划，要把一些世界名著弄成缩写本给孩子们看，让我也弄一本，我就说我来搞《笑面人》吧。可是重新看了一遍以后，只好决定放弃，我突然发现这书已经没办法看了，文风那么夸张，思想那么幼稚。我无法理解过去怎么会那么激动。结果，我选了另外一本，是安娜·西格斯的《第七个十字架》，这本书是林疑今翻译的，他翻译过海明威的《永别了，武器》，因此这本书颇有些海明威的文风。我缩写了一万多字，手稿到现在还在，当时是读研究生的时候，说停也就停了。《第七个十字架》给我留下很深的印象。

在这个自发阅读阶段，我想书对人的影响可以分成两类，一种是道德文字，它让你产生一种崇高感。在中学时代，有些作品是特别有魅力的，譬如说《牛虻》，譬如

《复活》。看了《复活》以后，你会产生一种犯罪感，你会发现人原来是天生有罪的，然后你就会产生赎罪的要求。我记得中学时代，老是做这种梦，老觉得自己负了谁谁谁，莫名其妙地有一种赎罪感，而后总觉得要以自己的一生去赎罪。

土耳其的小说《我们心中的魔鬼》给我印象也很深，可以说，有一段时间，我颇喜欢这本书。《牛虻》最初打动我的是牛虻和他父亲之间的关系，迷恋得不得了，我觉得最让人咀嚼的人物，应该是蒙泰里尼神父。这是一本英国人写的长篇小说，可是很长时间里，我都把它当作了意大利作品。这可能也是全球化的特点，在阅读的时候，我们的心目中没有世界地图，无论哪个国度，只要能打动我们，我们就可能身临其境。作为读者，我们的国籍身份是暧昧的。高尔基早期的流浪汉故事，也让我激动，在《红头发瓦西卡》中，一个妓院中的作恶多端的坏男人，和一个妓院中长得不漂亮的好女人之间的爱情，写得真是很有情趣。这些大约都可以算作道德影响，看这样的书能让孩子变坏，一定是瞎说八道。

除了道德，故事好也是很吸引人的。譬如我看过两个版本的《斯巴达克斯》，一个是意大利的，一个是美国法斯特的。我不觉得美国的差，当然并不是因为它被拍成了好莱坞电影。另外还有《基度山伯爵》，类似这种传奇性的故事，对我很有吸引力。包括《第七个十字架》，让你紧张，这样故事性强的作品我读过一大批。道德文字和传奇色彩这两种东西，也许在年纪小的时候，都是最能吸引人。此外还有名著情结。名著大多是在比我懂一些的人指导下看的。比如我祖父说《战争与和平》好啊，而后我就会去看《战争与和平》，说巴尔扎克好，也就去看。像这样的阅读，也能得到乐趣，因为人总有“向上”之心，总要武装自己嘛。这心态很奇怪，当时也没上大学，这种武装说白了，也就是武装嘴皮子。不过这种阅读细想想还是有好处的。

读世界名著，在当时对于我而言，也有一点附庸风雅的味道，二十岁，也许不到二十岁，读了一大堆东西，可以到处卖弄。我到处和别人说，父亲不让我看书，他一度对我严加防范，其实我只说了一面，我读书还是得到鼓励的，这当然是指名著。父亲的禁书标准也是随风气而变，一般来说，喜欢读书，家里人便会觉得这是不太坏，总比到外面闯祸好。

功利性的阅读是在上大学之后。对我写作产生最大影响的是海明威。他对我来说，曾经是太重要了。当我的外语能读一些原著的时候，最初读的就是《丧钟为谁而鸣》。我最初写小说，有不少地方都是模仿海明威，包括一开始瞎写的一组小说，都用一个人名，这就是学海明威，“狄克·亚当斯”的故事，让我获益匪浅。

初学写作时非常轻松，以为模仿海明威，就可以无穷无尽地写下去，总有东西可写。而且这样的东西在当时发表的困难很大，太大了，也就索性不受发表的困扰。

海明威让我明白，话得一句一句地说。他的小说还提供了许多尺度。叶三午曾对我说过，你看海明威，什么都说了，什么都没写，这话我印象很深。很长一段时间，包括到现在，在写到性爱场面时我都会想到海明威，想他会如何处理。我以为他在写性爱场面上非常典雅。后来我渐渐地不喜欢海明威了，但作为启蒙，作为写作方面的老师，他给我的影响要超过其他所有作家。他是给你的写作打底子，教你如何行文，如何点题。海明威不太考虑主题，不说大话，他喜欢似是而非的对话，上句下句的关系，总是不很紧密，我一直想弄明白他的这句话到那句话之间有多大的空间。

除了海明威，也许是家庭的影响，我脑子里面总有个概念，要写短篇，就该学契诃夫。一开始我很混沌，对契诃夫的小说怎么也喜欢不起来，像《变色龙》《小公务员的死》之类，至今也不认为是好小说。契诃夫是从一个三流作家，靠自己的努力，逐渐成为一流作家。他让我明白写作不一定要很急，不一定非要一下子就达到什么样的高度。一个有信心的作家，大可不必为自己写得不好过分羞愧，当然要意识到自己写得不好。契诃夫和沈从文给我的启发是一样的，他们的共同点，是写作姿态都很低，这对我有利，了解这一点会感到很亲切。还说契诃夫，读多了我觉得他的好东西是剧本，《樱桃园》《万尼亚舅舅》《三姊妹》，当然还有《草原》等等。

人家也许会问，一个三流的契诃夫对你有什么意义？我认为，不是说想写三流的东西，契诃夫并不想写三流之作，可是，刚开始写东西就是这样。可以说是契诃夫帮我建立了自信，我小时候很不自信，一直觉得自己很笨，现在我仍然怀疑自己是不是非常笨。读了契诃夫，我觉得能不能发表问题不大，写得好不好问题也不大，只要好好写，就有意思，就有意义。这种想法最初是契诃夫给我的，后来是沈从文也凑了个热闹，沈从文无非再次印证了我从契诃夫那里得到的启示。在作品发表不了的那段时间他给我一种信心，说来也可笑，我觉得总有一天别人会承认我的。就为这，有一段时间我很迷契诃夫。

对我的写作影响较大的除了海明威、契诃夫，还有索尔·贝娄和辛格。索尔·贝娄和辛格获得诺贝尔奖也就相差两年，而且时间对新时期文学非常重要，是1976和1978年。他们流行是合情合理的，这样的阅读对我自然很重要。一个喜欢阅读的人，绝不会轻易放过他们，特别是已开始写点东西，我已经知道一些写作的甘苦，与过去读小说的态度有点不一样的时候。过去是狼吞虎咽，现在知道品味。读辛格大概是大学二三年级，还记得当时在《外国文艺》上读过一个短篇《女巫》，不知为什么，后来他的集子里都没收这篇。我对他的作品有很长一段时间一直注意搜集的，他的译文真不算少，当时也无所谓版权，他只能是对中国文学做无偿的奉献了。我记得的有小说集《辛格短篇小说选》《卡夫卡的朋友》《傻瓜吉姆·佩尔》，长篇更多，《卢布林的魔术师》《冤家，一个爱情故事》《童爱》，只要有他的作品，肯定要买。完全是有意识追踪，凡能找到的，都会看，总看了有一百万字。索尔·贝娄也是必须要看的作家，《赫索格》《挂起来的人》《洪堡的礼物》。

我很喜欢福克纳，福克纳是个很“可恶”的作家，因为读了他，我就对海明威“忘恩负义”。为此我还和苏童吵过一架。原先海明威差不多是偶像，后来因为福克纳，我宣称海明威不算好作家了。苏童听了忍无可忍，说你凭什么说海明威不算好作家，说时很激动。福克纳的《献给艾米莉的玫瑰》我看了不下二十遍。我觉得阅读有时候就像学书法读帖。

提到对福克纳的迷恋，真有意思——好像有了福克纳，便要与海明威“离婚”了。这真是地道的忘恩负义，海明威对我的影响其他人是没法比的，那等于是童年的启蒙，那是儿时的老师。

除了福克纳，马尔克斯算是对我具有“长效”意义的。

他的《百年孤独》，读十遍都是必要的。因为要搞懂中间的两个体系，就很要费点脑筋，就像要弄明白《红楼梦》的谱系一样，不下工夫还真不行。《百年孤独》和《霍乱时期的爱情》，我都读得很细，这两部书的结构在我脑子里非常清晰。

我早就接触过博尔赫斯，那时他并不火爆，后来一直有意识地保持距离，原因是出现了那么多的模仿者，我不该再凑那份热闹。从短篇小说来讲，博尔赫斯无可挑剔。怎么说呢，像你讲的，写短篇我愿意跳开莫泊桑，尽管莫泊桑不管怎么说在短篇上算是一个里程碑，但我愿意从他这儿跳开。我喜欢的短篇小说，下来应该是契诃夫，还有毛姆和吉卜林，这两人其实应算是一个，可以归为一类，都是异国情调，接下来是海明威，然后是博尔赫斯，我觉得这些人的作品都是经典的，不读他们的名篇是不对的。

读了这些人的名著，人家会问我，那写作不就成了模仿？我认为，与其说是模仿，不如说是在反模仿。绝对不能像他们那样写。博尔赫斯的东西可以当课本一样读的，读了不知道遗忘，就会出事。我读到那些克隆小说就忍不住会心一笑，有些人，自己明明是在做小偷，却自以为最好，最有来头。这些人都以为小说只有一种写法。

阅读和写作受影响是两回事。写作的游戏规则一定是这样，最喜欢的东西一定要回避。福克纳的最大好处是他给你一种启迪，他告诉你可以不要考虑好读还是难读。你得自己去悟，如果谈具体作品，还是短篇比较好讲，譬如《献给爱米莉的玫瑰》，它非常有力，你就要去琢磨它为什么会这么有力——这些地方是可以学的。学不是让你当贼。我一向最反对欧·亨利，我坚决提醒自己不要学他，欧·亨利是最容易学的，其实，往透里想，学博尔赫斯有时也是特别好学的，他是现代版的欧·亨利。学起来不仅可以乱真，而且很容易让人误以为不错。所以，真正一流的大师都是“但开风气不为师”，不能学的，能学就一点意思也没有。譬如博尔赫斯的《沙之书》，我看到至少有三篇都是学它的，有人穿了一套蹩脚西装，就自以为已经是外国人。所以一个人多阅读，不是想学，而是想不学。有些作品看上去与某个外国作家很像，他未必是抄袭，也许是他无知，没有回避——当然有的就是抄袭。

（周新民整理）

访　谈《

写作，就是反模仿

——叶兆言访谈录

周新民　叶兆言

周新民：非常感谢您在百忙中接受我们的采访！我们的提问从《枣树的故事》开始。您有近二十年的小说创作生涯，在这段不短的岁月里，《枣树的故事》应该是您的成名作。有许多人似乎都有这样的一个认识，那就是，在您的小说创作历程里，这篇小说很注重叙述方法，因此，它被称之为实验小说的代表作。但是，您后来的小说似乎不再注重叙述方式，因此它和后来的小说之间有着非常大的沟壑。人们普遍认为，您以后的小说似乎并没有去注重这个问题，您在创作这篇小说时，是否有着一个非常明确的小说创作主张？它是什么？后来的小说您认为是坚持了这个小说主张，还是放弃了，为什么？

叶兆言：经常有人问我这个同样的问题，我没有你的这种感受。我倒不觉得《枣树的故事》和我以后的小说有着什么明显的不同之处。我觉得这个小说和我以后的小说有着很一致的地方。在《枣树的故事》中，我用了几种不同的叙事方法，通俗地说，就是有很多变化。变化总是一个作家愿意追求的，小说之所以有趣的一个重要原因，就是因为它能够有变化。《枣树的故事》之后的小说，有很多就是这篇小说某一点的放大。它可以成为我小说的一个标本，长篇小说也好，中篇小说也好，都是这篇小说的某一点或某一个叙事方式的放大，这些小说叙事方式放大之后，就成为某一个中篇小说，或长篇小说。

周新民：我明白您的意思，您是说，从小说的整体艺术精神上讲，您以后的小说与它保持着一致。我同意您的这种概括。那我想进一步问的是，您的《枣树的故事》体现了您怎样的小说艺术精神？

叶兆言：《枣树的故事》体现了这样一个精神，那就是追求小说艺术的多变。而且在这个小说中，多种叙事方式是同时出现的。这在我以后的小说中，都有着非常明显的表现。比如我前年发表的小说《没有玻璃的花房》，我就用了两种叙事语调：主观性语调和客观性语调。我希望用这两种语调来更好地表达我的思想和情绪。电灯的电源，是由两根线组成的，两根线绞合在一起，电灯就亮了。我用两种叙述语调，希望能达到理想的表达效果。对于一个作家来讲，两种语调分别出现在不同的作品中，是常见的；但是，在同一篇小说中，同时运用两种语调还不多见，当然也有。我在《没有玻璃的花房》中，同时运用了第一人称和第三人称，这并非是我的独创，但是我希望读者能读到一些和别人不一样的东西。细心的读者在阅读时，应该可以注意到我的努力。

周新民：我明白了您的意思。您是说，《枣树的故事》的每一部分之间都在变化，这种变化预示着您以后的创作一直在寻找变化。我以为，这种变化体现在您的某一部小说之中，同时，也是存在于您的小说创作的历史联系之中的。我想了解在您的小说创作历史里，如何追求小说的艺术变化？

叶兆言：其实我的每一部小说都在寻找变化，只是评论界对我的这一点并不十分注重。例如《花煞》，就是想在小说中体现出汉语小说叙事的变化。

《枣树的故事》预演了我的小说的叙事追求。比如我有一个系列小说《挽歌》，四篇小说都用一个共同的名字，都讲了一个面对死亡的共同故事，在世界上，死亡是人类必须要面对的问题。母题是一样的，但是四个故事的叙事方式是不同的。四个小说讲了不同的死亡，这个系列小说中，按照常规应该是四个中篇，实际上，是三个中篇小说，外加一个短篇小说。我觉得这样更像是一个完整的整体。事实上在写作时，我是把它当作一个长篇小说来写的，这几篇小说是可以互读的，它们之间有一种互文的关系。

《夜泊秦淮》也是一个系列小说，它同样可以看作是个长篇小说。四个小说都有一个共同的母题，四个小说中对夜泊秦淮的感觉是一致的，对河的感觉是一样的。

《枣树的故事》引起反响的可能是它的“异”，但是，我在写作时，更多的时候，是把它统一起来。我想做的一件事是，把许多不同的东西统一起来，把许多不可能的东西、异质的东西联合起来，让它们读上去很顺。要尽可能把许多丰富的东西揉在一起。一个作家总是在尽可能地追求丰富，当然，丰富的同时，一个共同的主题是难免的。这样追求艺术的变化，对于一个写作者来说，要有宽阔的心胸。

周新民：您这样描述了您的小说创作之后，我对您的小说有了一个总体上的印象。现在，我想结合具体的小说来了解您小说创作涉及的一些问题。首先，我想知道，您在写《夜泊秦淮》时，是否有一个主观意图？

叶兆言：写作是一个综合的东西，它不能简单地回答写作是为了什么，我常常无法解释我为什么要写作。在写作之前，我只想倾诉，想表达。我从来就不认为文学仅仅是用来教育人什么的。我认为，文学就是写作者的倾诉，它只是对想听的人起作用，对那些不是读者的人根本就没有用。

周新民：《夜泊秦淮》系列在您的小说创作里程中有着重要的意义，同时，在近二十年小说史上，它也十分重要。《夜泊秦淮》按照一般的文学史的归类，是“新历史小说”。我以为与一般意义上的“新历史小说”相比，它显得更加丰富。在这个系列中，您对文学史定规进行了一个比较全面的审视，当然，这种审视更多的是对现代文学史而言的。

叶兆言：是的，这些小说的确体现了我对现代文学史上的文学成果进行了一次比较全面的重新审视。

《追月楼》更直白简单一些，它其实就是一个当代人重新写的《家》，表现了当代人对“家”的重新认识。“家”是20世纪文学的重要母题，巴金的《家》、老舍的《四世同堂》等都是写“家”的代表作。我的这篇小说，其实就是对现代文学上的家族小说的模仿。在模仿中，我对它们做了一个修正。

《状元境》是对鸳鸯蝴蝶派小说的反讽。《十里铺》是对革命加恋爱小说的重写。《半边营》是对张爱玲式的小说的重写，对她小说中的那种绝望的、病态的情绪的重写。有了这样的意识，在写作的时候，我就有可能按照她的小说的样式，特别是按照她的小说人物关系来进行摹写和调侃，写出这些人物的生存状况。

家的叙事是现代小说的重要母题，鸳鸯蝴蝶派的小说是现代文学史上的重要小说流派，革命加恋爱是现代小说的重要情节模式，张爱玲的小说在现代小说史上也有着重要地位，所以我拿它们作为戏仿的对象。在写这些小说的时候，我正在读现代文学研究生，在写硕士论文，通过这些小说来调侃一下现代文学，这是一件很有趣的事情。

周新民：其实，您的小说除了对一些陈规性的东西的戏仿之外，也有一些表现恒定性的主题。您曾说过，“好的小说永远是现实生活的一面镜子。好的小说永远试图表现那些永恒的东西。”在您的小说创作中，《挽歌》表现了人类的永恒主题之一：死。您说过，您写死亡是礼赞生命的。我以为，《战火浮生》是否表现了生与死的一种辩证关系。您是怎样思考这一问题的？

叶兆言：我觉得死亡是一个简单的问题，根本用不着去分析。我的这几篇小说，简单地看，就是围绕死亡这个主题，不断地变奏。小说把死亡当作写作的原点，通过变奏，表现了死亡的永恒。整个小说表现了一个氛围、意象，它就像北村所说的，原野上飘着一面黑色的旗帜。这是我这个系列要追求的效果。

周新民：在这个系列中《殇逝的英雄》是最重要的小说，它震撼人心地表现了死亡气氛与情调。我想知道的是，您试图怎样表现这个死亡的情调的？

叶兆言：《殇逝的英雄》曾是我十分喜欢的小说，这是一部关于父爱的小说。整个小说就是在反复地变奏父亲没有办法弥补丧失儿子的痛苦。这个情感用一篇散文来表达也可以，但是，我的这篇小说，用了三万多字来表现这个情绪。

周新民：您的小说有几个系列十分重要，它包括《夜泊秦淮》《挽歌》系列和以写犯罪主题为主的小说集《古老的话题》。我发现您的小说创作跨度很大。《夜泊秦淮》是历史叙事，《挽歌》表现人类的死亡意识，到了《古老的话题》，您的创作兴趣转移到了犯罪意识的表达。我想知道，您这样频频转换写作表现的题材与关注点的用意何在？

叶兆言：我认为作家的写作范围最好能够大一些，我这样不断地变换写作关注点，目的只是想扩大我的写作半径。

周新民：作家在创作时，注重创作范围的扩大，这是好事，这是作家创作生命力的表现。也许因为这种原因，我们在研究，对作家进行归类时，就会遇到一些困难，如果把 1990 年代的小说家大致地分为新历史小说家和新写实小说家时，就很难把您归为某一个类型。

叶兆言：这两种分法，本身就有一定的局限。作家在创作时，有自己的逻辑。从一定的理论背景出发概括出来的新历史小说、新写实小说，遇到具体的作家必定会碰到困难，这很正常。不论是新历史还是新写实，都没法准确地把我给罩住。这种尴尬同样体现在，无论是用先锋小说还是现实主义小说，都无法把我的作品归纳完全。

谈到先锋小说时，人家问我是不是先锋小说作家；谈到新写实小说时，人家思索我是不是新写实小说作家。作为作家，我希望自己千万不要被某一种理论预设所限定，一个作家要飞得更远点，飞得更高点，尽量地不要作为某一个流行集团中的一员。理想的作家应该是作为单数出现的，他是独立无二的，是一个个人，永远发出自己的声音。在写作时，我总是提醒自己，不要被人家简单地归类了。

周新民：就您的写作所涉及的题材而言，您的创作可以非常明确地看出大致有历史题材和现实题材。对于这两种题材，您有没有偏好？

叶兆言：对题材我没什么偏好。人们常常谈论的新历史小说、新写实小说，我觉得它们其实只是一个东西，写实只不过是一个技法，而历史就是历史。给它们命名为“新历史”“新写实”，只不过反映了人们对“新”的崇拜。这种对命名的追求，充分显示了当下人们的浮躁心态，作家大可不必在意。

周新民：您面对这两种题材时，有什么想法？

叶兆言：在面对这两种题材时，我有一种游戏感，我是游离于这两种题材间的。对于我而言，历史和现实之间没有区别，历史就是现实，现实就是历史。

周新民：近年，有些作家在关注“文革”，写了一些反思“文革”的作品。您的《没有玻璃的花房》也是表现“文革”时期的生活的，您想借这个作品表现什么样的思想？

叶兆言：我并没有把它定位为“文革”小说，它只是一篇成长小说，描写我们这一代人的成长。它之所以和“文革”有关，只是我们这一代人成长在“文革”之间。

其实每一个作家都有一个梦想，就是要把他自己的成长表现出来。成长是作家们念念不忘的母题。“成长”是《没有玻璃的花房》这篇小说的重要主线。当我把这篇小说的主题定位为成长之后，小说所涉及的现实也好，历史也好，都不重要，这些无非为表现作家要写的成长服务，无非是为了表现成长这个母题。

周新民：小说中的木木是在“文革”这个特殊年代成长起来的，在这样时代里成长起来的人身上，您发现了什么特殊的东西？

叶兆言：木木身上有着我这一代人的影子，他表现了我们这一代人独特的成长历程。小说用主观和客观的叙述语调交错地叙述木木的成长。我这样写的目的，是要写出外界对他成长的影响。影响个人成长的因素非常驳杂，小说中的木木的成长离不开各色人等的影响。

在人成长的岁月里，受到各种影响，这很正常。但是，木木成长的特殊性在于，他成长的年代很特殊，这个特殊的成长环境，在小说中是用“没有玻璃的花房”这个象征来表现的。为什么小说叫《没有玻璃的花房》，因为花房是成长的地方，但是，玻璃已被打碎，而我们就成长在这样的恶劣环境中。

周新民：《没有玻璃的花房》是写成长的，您说过在木木的成长中，每个人对他的成长都带来了不同的内容、不同的影响。我想了解一下具体到每一个人对木木的影响。

叶兆言：那很多啦，他恨他的父亲，他父亲给他带来羞辱。我小说中有一笔，写小孩对死亡的恐惧。小说中写到了小孩第一次看到枪毙人这个细节，人家看得很淡，其实那是很重要的，也是我自己的经历。我第一次看到枪毙人，我几天睡不着觉。我对这样的细节记忆犹新，那感觉就跟世界末日到来一样。我很恐惧，我很害怕，父亲就安慰我，让我睡到他的脚跟头。父亲告诉我别害怕，说他也很恐慌。就这样一句话，他化解了我对死亡的危机。

周新民：张晓燕在小说中是个在性上比较乱的女孩，在小说中她对木木的成长有什么样的影响？

叶兆言：在一个男孩的眼里，她是非常美丽，非常有活力的，像一朵盛开的花。对这种美丽、狂野，有两种不同的眼光：一种世俗的眼光，是认为她坏，堕落；还有一种目光，是男孩子的目光，这是真实的眼光，可能会想到她坏，她堕落，可是同时又会觉得她是那样美丽。事实上，张晓燕所处的时间段，是她人生中最为美丽的一段时间。作为女孩，她只有这段最美丽的人生，这是一段灿烂的岁月。我想写的是，任何女性，哪怕是人们认为她是最糟糕的女性，她也有人生的灿烂和辉煌。因此，我在写的时候，有两种叙事语调，其中之一的叙事语调就是赞美的语调，赞美她的生命的活力，她的美丽对男孩的吸引。还有一种是客观的叙事语调，这体现在张晓燕的性爱上。我们不得不承认，她的人生像鲜花一样地怒放，她在小说中的这一段岁月，仍然是异性的花样年华。

周新民：小说中有一个被张晓燕父亲误杀的青年，叫马大双，这是个有个性的，能独立思考的青年。我想知道，您在小说中这样写，是否有自己的寓意存在？它是否寄寓着您对“文革”的反思？

叶兆言：写这个情节和人物，当然是有寓意的。故事里，“文革”只留给我们一个好的东西——马大双。但是，这个好的东西却被谋杀了。

在小说中，还有一个寓言，那就是小说中的一个私生子，这个私生子到底是木木的还是他父亲的，这并不重要。我想说的是，“文革”改变了一代人，也造就了一代人。私生子就是“文革”的遗产，他是“文革”的生命的体现，他在今天仍然还活着，成为今天生活中的一部分。“文革”留下了两个东西,一个是孽子,他到今天还生气勃勃,还活着。另一个是那个被误杀的小伙子。

周新民:最近,您发表的《我们的心多么顽固》,让人感受到您的创作活力,您对小说叙事的探索又到了一个新的阶段。您一改以往的叙事方式,用第一人称来讲故事。

叶兆言:从《我的心多么顽固》开始,我就充分地发挥叙述的功能,汪洋恣肆地讲“我”的故事。我发现我以往的小说几乎没有用过这种叙述语调。

周新民:您说过《我们的心多么顽固》化解了您心中的兄长情结。我想了解的是,在小说中,您是怎样化解兄长情结的?

叶兆言:这要从我为什么写这样的小说说起。我是独生子,小时候,我非常孤独,我周围的人都有兄弟姐妹,我感到非常孤独。我的成长经验来源于许多朋友的哥哥。我总是听他们讲和别人打架,下乡等等之类的故事。在我的记忆中,下乡是一件美丽的事,它代表我的未来。我总希望我快快长大,有一天好下乡、当知青。当然,现实生活中,知青下乡并不是一件好事。

周新民:这么说,这篇小说实际上描写的是别人的哥哥给您讲的一个故事。

叶兆言:对。小说有两种角度,一种就是小时候倾听别人哥哥的故事。这是一个角度,还有一个角度就是我在模拟他讲这个故事,模拟他说话的那种神态。虽然他的故事中肯定有假的,因为他是在吹嘘给一个比他小的人听。他卖弄着,他炫耀着,这才是我这篇小说所要表达的,这就是我所讲的兄长情结的放射。因为我小时候特别熟悉这样的东西,所以我在写作的时候,一会儿在扮演倾听者,一会儿又在扮演叙述者。

周新民:这么说来您在这个小说里是双重角色?一种角色是倾听者,一种角色是讲述者。

叶兆言:应该说,我所期望的读者,对我所写的“我”有一种认同感。

周新民:我开始不太理解您这篇小说所说的要化解您心目中的兄长情结,但是听您这样一说,我明白了。

叶兆言:现在独生子女很普遍,大家都这样,都习惯了。但,就我来讲,在那时候,我确实感到特别寂寞。我那时候,家里普遍都是有几个孩子。独生子女一点都不好,你被别人欺负了,没人保护你。我有时候被别人欺负了,就特别希望我有一个哥哥,这时我就假想同学强壮的哥哥是我的哥哥。

周新民:除此之外,您还有没有其他含义想要在小说中表达?

叶兆言:当然,也有一些。我熟悉的这一代人。这一代人让我很感动。这些人现在已经五十几岁了,他们在"文革"中革命,然后上山下乡,上大学。现在别人都开始挣大钱了,他们下岗。我想写的就这一代人。

周新民:但是,我觉得您这个小说与您以前的小说有一种很重要的差别,您以前的小说,在读的时候,从历史意识的角度来讲,有一种虚无感,而在这个小说里,体现出您对一种精神的强调。

叶兆言:不同的人读我的小说有不同的阐释。就我而言,没想这么多。作为一个真正的写作者来说,已经完成的作品对他而言,并不重要,它只不过是写作者身体上的一个部分,它只是我走的一步棋。既然完成了,就失去了意义。对他来说,他想的是下一步棋该怎么走。已经走了,就定性了。写时,可能会有一些想法。写完了以后,就像一个不负责任的父亲一样,孩子生了就生了,管不了什么。

周新民:提到下一步棋,那么,您的下一步棋,是什么?

叶兆言:我很难说。我肯定是始终在想下一步棋,我习惯于对下一步尽量少说,因为写作就是你想写却未必能写。但是,有一点毫无疑问,起码从目前来讲,我还能写下去。

周新民:人们现在对处于经济大潮中的文学创作很担心:在这个年代里写作如何能坚持下去?但是,从《没有玻璃的花房》到《我们的心多么顽固》,这两个小说之间时间间隔很短,在您身上,我感觉到一个作家旺盛的创作生命力。我想了解一下,在这个经济时代里您怎样调适自己的心态,去坚守自己的理想?

叶兆言:搞评论的人和实际写作的人想法不一样。比如说我们这些作家会被问到一些问题:你对下海,对经商有什么看法?对于我来说,这些问题都不存在,因为我没去想这样一些问题。这些问题没有提出来以前,对我来说,它根本不是问题。

谈到创作力,如果创造力真是一种力的话,它有旺盛的时候,必然也有消退的时候。所以,这也是我自己最担忧的一个问题。我想的更多的是这样的一个问题。因为我是知道一个人的创造力不会一成不变的,它会慢慢地消亡。所以,对我来说,是如何珍惜,如何更好地使用。一个时代真正适合于一个作家写作的时间很短。写作就像女人的青春一样,你会感到她很美,觉得她像鲜花一样开得很旺盛,其实这都是假象,它其实很脆弱。从我个人来讲,我有过这样旺盛的时期,在这时,写作对我来说,实在是太容易了。但是我也相信一个人不可能永远年轻。有很多东西都可能成为你的障碍:荣誉,得奖,对金钱、权力的追逐等。各种各样的东西,很多东西可能刺激你写作,但是更可能阻碍你写作。从我个人来讲,我最大的愿望,是保持创作能力。写作很痛苦的一点就在于你得老是和自己过不去。更多的时候，你并不是受这样那样的影响，而是对自己黔驴技穷的挑战。你咽不下这口气，就像海明威《老人与海》中那个固执的老人一样。

周新民：您这一代作家成长在改革开放年代，在您开始写作时，外来文化已成为您写作时的重要文化背景。我想了解一下，外国文学对您的影响。

叶兆言：读了很多作品。小时候因为寂寞，在书堆里长大，受到了潜移默化的影响。对于巴尔扎克，佩服他的野心——建立一个自己的文学世界。我读雨果的作品，经常痛哭流涕。高尔基，我欣赏他的浪漫情结。

周新民：我在您的小说中总能看到一些后现代的思想：如解构一些庞大的东西，历史的虚无意识等等。不知道在您的内心世界里，您是否受到这些文化思潮的影响？

叶兆言：这个很难说。从我个人来讲，我觉得是没有。也许无意之间看过一些。写作也许是要受到外界的一定影响。但是，写作确实是一种自由。写作是一种反模仿，也就是说，别人这么写了，我就应该那么写。这次这么写了，下次就得那么写。我对我自己都要反模仿，更何况是对别人。模仿分两种，一种是别人都这样做，我也这样；还有另外一种是别人都这样，我应该那样。我的思路是习惯于反过来，希望能和别人不一样。所以，你想我跟自己都不愿意一样，还愿意和别人一样吗？

周新民：1980 年代末，您在一篇文章中写道：要提倡汉语小说。那么能不能谈谈您的汉语小说观，它主要包括哪些内容？

叶兆言：谈到汉语小说，当然应该有些基本的东西：汉语有固定的传统，有习惯的表达方式，有特定的韵律等。显然它和普通的翻译小说不一样。这中间，如标点符号应该怎么用，语气还有节奏应该怎么表现。汉语确实有自己的表达特色，每一种语言都有自己的特色。作为一个作家来说，当代创作应该把汉语的特点表达出来。从文学史来看，汉语本身也是一种历史，它在演变。如现代汉语，20 世纪 20 年代的现代汉语，也就是鲁迅那个时代的汉语，并不好，当然鲁迅的语言很好，鲁迅是佼佼者。但整个 30 年代的现代汉语水准比 20 年代好。我因为研究现代文学，很关注现代汉语，我认为最高的是 40 年代，就是钱钟书、张爱玲的小说，傅雷的翻译等。在现代文学史上，他们这些人把汉语提到一个很高的高度。对于当代写作者，责无旁贷，我们应该比他们做得更好。现在有些观点不对，认为五四作家的文笔多么漂亮，这很荒谬。其实，只要用心去比较的话，从现代汉语的角度来看，今天的作家在现代汉语的使用上超过了前辈作家。

周新民:您自己是否有意识去做呢?

叶兆言:那倒不是。我只是在谈一种现实。20 世纪 80 年代,一个人的故事比较好,他就可能成为一个作家。但是在 90 年代,如果你的汉语特别差的话,你就很难立足。这本身就是一个很有说服力的例子。汉语的进步其实非常直观,在 80 年代初,很多作家的文字可以说根本不通。到了 90 年代,如果文字还有很多问题的话,就很难被人认可。这种文字水准的变化,也就是我讲的汉语小说的变化,指汉语小说的整体水平。换一个角度,其实这个汉语小说和英语、法语小说是相对应的。

周新民:您在文集《殇逝的英雄》谈到您的系列小说,您的小说作品,参照了一些音乐作品。像您的《挽歌》是否参照了音乐作品,它的主题是否有一定的音乐性?

叶兆言:确实有。我就想到鲍列罗舞曲那样,它非常简单,就那么几个曲调,总是在简单地演奏着,变来变去,演奏了半个小时。我觉得简单并不意味着说不下去。其实,只要你能够变化——有变奏和发展的话,简单的东西也会很有意思。

周新民:欧·亨利说好的小说要有一个美好的结尾。对于这个论断,我记得,您说过,您不同意。

叶兆言:对,我不同意。

周新民:您说过:“好的小说应该是一只充足气的轮胎,带着读者驶向想象的彼岸。”那么,好的小说,您认为有哪些要素?

叶兆言:很难说清楚。起码也是最最简单的,要好看,要有一种意犹未尽的感觉。它不仅仅是有一个可以欣赏的结尾,不是玩一个简单的智力游戏,欺骗一下读者。我觉得一个好的短篇小说,就像 个建在风景区的小亭子,站在这个位置上,能够看到天下最美的风景。所以,一个好的小说,每一个小部分都应该是好的,都是它的整体的一部分。

周新民:具体的要素,有吗?

叶兆言:没什么,达到整体的一个效果就行了。

评　论《

叶兆言小说的历史意识

周新民

叶兆言的小说，给人印象最深的是他的那些被称之为历史小说的作品，《状元境》《十字铺》《追月楼》《半边营》等。这四篇小说，连同《枣树的故事》，以及新近发表的《没有玻璃的花房》，有着独到的艺术特色。而其中最具有特色的，我以为是他对“历史”这一重要的话语所做的独到的思考。在这些作品中，《枣树的故事》《追月楼》《没有玻璃的花房》，都透出对“历史”这一话语的深刻的反省。在中国现当代文学史上的相当长的一段时期里，“历史”是一个实体概念，它不仅有着清晰的时间界限，确实的事实，而且还具有相当确定的价值意义。这些事实所体现出的价值，被认为具有无法怀疑的正确性，并且被认为是当下现实的价值源头。在这种历史观念的支配下，人们确信，这一实体的历史真实地存在着，而且对现实确实产生着相当的作用。在20世纪80年代后期以来，许多作家都对这种历史意识进行了深刻的反思。80年代，叶兆言的《枣树的故事》，也对上述历史观开始了反思。他对这种传统意义上的历史意识的反思，一直延续到90年代写作的《追月楼》，延伸至21世纪初期的《没有玻璃的花房》中。在这些作品中，被尊称为神圣的历史被叶兆言所解构，历史的威权被支解为虚妄的存在。被历史所遮蔽、隐藏的叙述特性、空虚的意义、虚无的目的被叶兆言的小说呈现得异常清晰。围绕这些话题，本文尝试对叶兆言《枣树的故事》《追月楼》《没有玻璃的花房》中所表现出的独特的历史意识，展开一些分析和探讨。

叙述的历史

在人们的观念中，历史就是曾经发生的某件具体的事件，这件事情的真实性往往是不容置疑的。但是，这些被称作为历史的、在时间上已发生过的事件，其实都是以叙述的方式——无论是以口头方式还是文字的方式——被人们感知到它的存在的。因此，在一定意义上，人们所感知到的历史，并不是实际上发生的事件的本原面目，而是被语言和文字叙述出来的。但是，由于人们对叙述方式的选择具有随机性、偶然性;而且在叙述时,都有自己的价值标准。因此,人们所看重的历史的面目,其实已经失去了唯一性和权威性。实质上,历史的神圣性,建立在忽略叙述历史的叙事方式的基础上,如果注意到叙述方式对历史面貌呈现的制约性,我们所“看到”的历史,只不过是真实发生的事件的幻影。叶兆言的《枣树的故事》,就显示了历史是如何被叙述出来的。

《枣树的故事》解构了历史的神圣与威严,在这里历史的面目是模糊的、捉摸不定的,甚至呈现出虚无状态。在西方后现代文化语境中,历史被称之为写在羊皮纸上的文字,它只是文字游戏而已,是不确定的,更谈不上价值上的范本功能了。《枣树的故事》所体现的历史意识与西方后现代语境中的历史意识,有着惊人的相似之处。

从表面上看,《枣树的故事》是描写岫云在不同的历史阶段,与几个身份不同的男性之间的故事。岫云在战争动乱年代嫁给尔汉,后来尔汉被土匪白勇杀死。成为寡妇的岫云,在相当长的一段时间内,和白勇姘居在一起。白勇死后,她给老乔家带小孩,又和老乔有了暧昧关系,并且有了一个儿子。这大致就是岫云的人生历程。但是,《枣树的故事》看重的并不是个人的生命历程的记叙,而是在对个人命运的演绎中,展示历史与叙述之间的纠葛。历史所呈现出的面目与叙述历史的叙述方式紧密相关,这是叶兆言在《枣树的故事》中所要告诉我们的主要含义。在以往的历史叙述中,我们过分地相信在叙述中所呈现出来的历史,而忽视了叙述对历史的制约,把叙述出来的“历史”当作真正发生的历史。

《枣树的故事》首先揭示了历史怎样地被叙述语法的编码所制衡。在以往的历史叙述中,叙述的线形与情节的编排的逻辑,以及隐藏在叙述逻辑背后的目的,被当作历史自身的逻辑,被人所接受和认可。《枣树的故事》在叙述岫云的历史时,并没有遵循历史的线形秩序,在这里,历史并不是以时间的先后顺序呈现的。如果从叙事的时间上看,《枣树的故事》开始叙述的,只是关乎岫云人生命运的一个重要情节:白脸被歼。而在岫云的人生历程中,在自然时间序列上处于“白脸被歼”之前的事件,诸如岫云出嫁、尔汉被杀等,在叙述中被后置。这样处理的目的在于表明,在时间序列中的历史,并不是以因果关系为编码的逻辑动力。小说在开篇即以“选择这样的洞窟作为藏匿逃避之处,尔勇多少年以后回想起来,都觉得曾经辉煌一世的白脸,实在愚不可及”作为叙述的起点。这样的叙述语式,打破了历史叙述的线形时间规范性,这样被叙述出来的历史,充满着宿命感和偶然性。这应该是小说传递给我们的重要信息。事实上,在《枣树的故事》中,历史,被叙述成充溢着宿命和偶然性。岫云父母在战争的动乱中急于早点将岫云嫁人,一次偶然的机会碰见了尔汉,岫云才嫁给他；尔汉的死也很偶然，白脸曾在一闪念中想给尔汉一条生路，只是尔汉没有抓住这个机会；岫云后来和老乔在一起，也只是要试一试，她是否有魅力拉他下水的一闪之念。在岫云的一生中充满变数和宿命，这就是历史自身的特征。小说在叙述历史时，以宿命和偶然作为历史编码的逻辑动力，因此，小说在叙述时，以充满宿命的叙述语句作为叙述历史的基本叙述语法。这种和常规的叙述历史的顺序不同的叙述方式，在暗示我们，叙述顺序的排列本身就是和一定价值观相联系的。那种按照线形关系呈示的历史，同样是受一定价值观所制约的，是在这种价值观的指导下编码的。

《枣树的故事》中透露出叙述历史的动机和语法，同时，它还彰现了叙述历史可能性。我们不应该忽视，历史的客观性取决于历史叙述的客观性。这种客观性建立在历史叙述以排他性的面目出现。在一次具体的叙述中，叙述的展开是唯一的，它只具有一次性。叙述的这种排他性决定了历史的客观性。但是，《枣树的故事》以多维的叙述方式，瓦解了历史的唯一性、客观性，这也是《枣树的故事》向我们展示历史与叙述之间纠葛的又一重要的方面。《枣树的故事》这篇小说，其实是表现了历史叙述的多种可能性。它至少昭示了历史叙事的三种可能性。第一种可能性，历史以常见的客观冷静的面目出现。这是《枣树的故事》所体现的一种叙述方式。小说追叙岫云与白脸的纠葛、尔勇追杀白脸的事实与经过，基本上是采用这种叙述方式。这种叙述方式貌似纪实的笔法，客观地叙述着一段历史。但是，随之，这种记述方式，貌似客观的面目被揭穿。历史仅仅是事实吗？当历史被看作事件时，它是否仅只有一种叙述方式。不，绝不是这样的。在叙述岫云的人生历程和尔汉追杀白脸的历史事实时，小说所关注的是岫云的人生的偶然性和宿命。然而叙述历史的可能性绝不只是这些。例如那位深入生活，立志创作以尔勇复仇为题材的电影的作家，他所采用的叙述历史的视角又是一番模样。作家对这段历史的关注焦点是尔汉的复仇的故事。当以尔勇为事件的主角时，历史也就呈现为另一种面目。尔勇与白脸成为这段历史的主要角色，而在这段历史中处于重要角色的岫云，则被置于历史的边缘，同时，岫云与尔勇之间的一段故事，则被叙述所忽略。正是这样，小说中才出现这样的叙述语句：

> 尔勇几次想和作家谈谈岫云的故事。
>
> 作家对这个话题，始终不是太用心。
>
> 作家后来和岫云见过几次面，都是偶然的原因。

作家对历史关注的独特之处在于，他不仅关注历史，而且关注以何方式出现的历史。对尔勇的重视和对岫云的忽略造成了历史的另一种面目，这样的历史是尔勇复仇的历史，在这样的历史中，重要的是白脸和尔勇，而处在历史中重要一维的岫云被忽视。

在小说中还出现了另外一种叙述历史的方式：由“我”叙述的历史。“我”对历史的叙述在一定程度上是对上述两种历史叙述方式的补充。“我”对历史的关注不是玄念的，也并不注重历史中的人物关系，“我”对历史的叙述更多依仗的是生活中岫云的细节。作为生活在岫云身边的“我”，掌握了大量别人所不能拥有的细节，这些细节构成了对岫云人生里程的历史面貌。而且更重要的是，“我”对岫云儿子勇勇的生活状况的叙述，补充岫云的人生完整的面貌，从而完整了岫云的人生里程。

小说通过对不同叙述历史片段的拼贴，显示了叙述历史的奥秘：历史不可能是完整的和连贯的，它在本质上是片段的、零碎的。岫云的人生历程，缺乏统一的叙述视角和叙述方式。第一种叙述历史的方法，瓦解了历史的线形叙述方式，历史的时间序列被叙述所中断，历史时间被叙述时间所代替。在这其中隐藏着深厚的宿命色彩和生与死的偶然性。而第二种叙述方式，显示了历史叙述的另一层玄机，历史不仅仅是对事件的叙述，而且是对事件中人物关系的叙述，对人物关系的不同倾向性，历史叙述所呈现出来的形象也是不同的。换而言之，历史所表现出来的面貌只是被称某一种关系的表现，而不是所谓事实的呈现。而第三种叙述方式，则告诉我们，在被叙述出来的历史背后，还深深隐藏着大量被忽视的细节和情节，这些细节和情节应该是历史本身的一部分，只是被历史叙述所忽略而已。《枣树的故事》要告诉我们的是，历史本身就是被叙述出来的，在一定意义上讲，我们所知道的，不是历史本相，而是叙述中的历史，或者是叙述在一定程度上代替了历史，成为我们所感知的对象。

在《枣树的故事》中，叶兆言显示了叙述对历史的制约性，把历史看成叙述符号的所指，从而抽空了历史的内涵。当历史只是符号的指涉对象时，它也就消解了历史的价值尺度。以往历史所体现出的价值建立在历史的客观、公正、实在的基础之上，当这一切都被符号化后，历史价值也就被虚幻为空洞的符码，对历史价值的坚守，也会成为喜剧色彩。《追月楼》中的丁先生，不幸就成为这样的人。

图腾的历史

由于叙述的参与，历史不再是一个实在的存在，而是被符号所呈示的能指。因而，附丽于历史的价值，也就成为一个可以质疑的对象。人们有理由质问，历史价值是客观的吗？它是有效的吗？它真能对现实发挥作用吗？叶兆言在《追月楼》中，拷问了历史价值的有效性。从他在小说的叙述中，我们可以看到，历史价值本身就是虚妄的，相对现实生活而言，历史的价值的功能被抽空，成为空洞的、虚拟的存在。当这个空洞的能指被悬置在现实中时，它就成为现实生活的人们的图腾。

《追月楼》叙写了抗日战争时期，南京陷落时，丁家各色人等的生活状况。《追月楼》实际上是一个双重文本。小说的潜文本是顾炎武等人恪守儒家伦理，在乱世中体现出来的气节与操守；小说的显文本是，丁先生在抗日战争期间，南京失守的岁月中，以顾炎武等人的文化操守为楷模，对“节”“义”的坚持。小说中的丁先生为前清翰林，也是同盟会老会员，在学术界享有相当声望，他是传统文化价值的传承者和代言人。小说叙写了丁先生历史价值的形成，在这种形成的过程中，我们可以看到历史价值自身的某种脆弱性。他的人生历程，实际上，也就是作为历史价值的代码形成的过程，小说是这样叙述的：

> 丁先生平生的得意，都显在了科举上，虽然不曾连中三元，也是场场得胜。廪生的资格不去说他。乡试举人，会试进士，都是一锤定音。按说进士就算正途出身，大观小吏总以为吃稳了俸银，偏偏他一再赋闲，大官没份，小点的官，又不肯将就。加上他老先生天字号的榆木脾气，对上不懂得如何迎合，对下不知道怎样敷衍，硬是一辈子官运不佳。也一生不买别人的账，别人也不买他的账。到了百日维新事败，也不知道哪个乌龟王八蛋多事参了他一本，冤枉他是新党。新党时髦时可以做大官，倒霉了却得杀头。丁先生于是仓皇出走，避祸上海，又避祸日本。清朝末年，日本是中国革命的大本营。丁老先生人到了日本，他不去找革命，革命送上门来找他。有不少人看中了他的进士出身。他糊里糊涂地入了同盟会，宣了誓。掷炸弹，搞起义之类的事，他做不来，武不过参加了两次留学生的集会，文只是写了篇四六体的《驱虏檄文》，除此之外，依旧埋头傻做学问，教弟子。他那本《春秋三传正义》的初稿，就在那时完成。

在小说的叙述中我们看到，丁先生对儒家的历史价值承传更多的仍体现在文字层面——写作《春秋三传正义》《驱虏檄文》上，而并没有延伸到现实生活层面。在生活与实践上，丁先生的所体现出来的历史价值，对节义的坚持，在他的人生里程中，并不具有历史价值形成的必然性，更多的是历史的某种偶然性。因此，在日后的岁月中，丁先生所表现的历史价值，在多大程度上能和现实生活存在着关联？

小说叙写日本人侵南京时丁先生的生活，但是小说的深层意思并不是单纯的叙写丁家的日常生活。对作为价值体现的历史在当下生活中的功能与境遇展开思考，才是小说的主要内容与中心所在。丁先生作为历史价值的代言者，他所看重的是顾炎武身上所体现出来的节义情操。作为历史人物，顾炎武的价值的体现是《日知录》。《日知录》把顾炎武的价值以文字的形式表达出来而作用于丁先生。丁先生对历史的价值形式的表达与实践，同样寄寓于文字这一符码形式。他对顾炎武的价值继承的方式，是在追月楼上书写《不死不活庵日记》，在日记中，记叙在南京陷落时的所思所想。在这里，历史，无论是作为事实还是作为价值，它的流传与存在，都只能以文字与符码的形式进行。在小说中，丁先生就是一个作为价值的历史的符码生产者，他以符码的生产的形式继承、彰显、实践历史。他书写《不死不活庵日记》是如此，与弟子少荆绝交写作《与弟子少荆书》，同样也是以文字的形式实践历史上对志不同道不合的亲近人的绝交。

小说在此基础上阐发了一个十分重要的话题：以文字形式传播历史价值的方式是有效的吗？长期以来我们对历史意义与历史价值深信不疑，相信历史价值在现实生活的作用，把历史价值看作最高的价值源头。对以文字形式表现出来的历史价值具有深厚迷信感。历史以文字形式成为我们现实生活中一个看不见的、而又对社会与生活具有重大影响的力量。但《追月楼》粉碎了我们心中长期存在的心理定势。《追月楼》深刻地思考一个问题，历史价值在现实中是能对现实产生影响的吗？换言之，历史是有效的吗？丁先生对历史价值的生产能对现实产生作用吗？在小说中我们看到丁先生对历史价值的仿效，在以下两个方向上受到质疑。其一，丁先生的历史价值受到来自现实生存的威胁。丁家在战争年代，生存受到极大的挑战。金钱的缺乏是以丁先生为表征的历史价值在现实中无法立足的重要原因。战争爆发，使已经败落的丁家更加窘迫，变卖家产已不足以维持丁家的日常开销，丁先生的后人不得不暗地里接受丧失气节的俸银。其二，丁先生的后人在处理个人情感问题时，也无法接受丁先生的价值规范。丁先生的女儿爱上了他的弟子少荆。然而少荆接受了伪职。这与丁先生对节义的看重是相违背的，因此丁先生拒不接受少荆，并与他绝交。但是丁先生并不能断绝女儿和少荆的结合，就在他刚刚死后，还没有安葬，他们就举行了婚礼。最终，丁先生的死预示着他所代表的历史价值的崩溃。他对历史价值的坚守，与现实生活的实际状况是分离的。他的一切作为对现实生活丝毫不能发挥作用。虽然住在追月楼上的丁先生经常受到后人的请安和问候，但是，这只是一个仪式，这并不意味着他们认同丁先生的所坚持的历史价值。丁先生，连同他所坚持的历史价值，对处在实际生活中的后人那里，只是仪式完成的一部分，它和生活是分离的。丁先生，连同他居住的追月楼便成为历史价值的图腾。丁先生对历史价值的实现，也只是在追月楼上书写《不死不活庵日记》。文字最终拯救了丁先生，使丁先生的价值得以实现。丁先生对历史价值的认同、坚守，从文字开始，并以文字的形式最终结束。而在现实社会生活中，对于他的后人们来说，它们只是日常生活中的图腾而已。

游戏的历史

叶兆言新近创作的长篇小说《没有玻璃的花房》，是一篇描写“文革”的长篇小说。但是，叶兆言的目的并不是去反思“文革”这场历史运动发生深层次原因，而是通过对小说中各种人物在“文革”中的表演，表现了一种历史意识。在小说中，“文革”参与者摈弃了崇高的革命目的、意义，专注于个人的快感的享受。“文革”中的政治斗争变成了游戏的环节与道具。

游戏的表现方式在李道始的身上表现得最充分。在“文革”中，李道始被抓、被批斗，被红卫兵要求写交代罪行的材料。李道始在政治上的“认罪”并不能让红卫兵感兴趣。他们感兴趣的是李道始的生活作风问题。但是，李道始在生活作风上，原本的确没有什么可交代的。最后，在红卫兵的拷打下，李道始发挥出自己的文学才华，特别是编造小说的才华，以小说的笔法，编造了自己的风流史：

> 李道始把认罪书当作爱情小说来写，他写自己如何爱上了唐韵梅，如何坐立不安，如何睡不着觉。每写完一部分，他便把认罪书交上去，倾听造反派的意见，如果他们满意，他就继续编造下去。情况的发展正像李道始预料的那样，年轻的造反派果然被认罪书的内容所吸引，他们脸上虽然还会作出愤怒的表情，但是显然都急着想知道后面的细节。李道始故意写得很细腻，尤其是那些心理描写，他运用了十九世纪欧洲经典小说中的爱情笔法。
>
> ……在李道始的认罪书中，一开始还只是些思想动机上的不健康，渐渐地便升级有了行为描写。如果说李道始叙述自己与唐韵梅的故事，用的是言情小说的笔调，他接下来描述的与保姆美芳之间的关系，便很有些色情文学的味道。在一开始，李道始坚决不承认自己与保姆有什么出格的事情，但是在连续遭遇了两顿实实在在的挨揍之后，他开始动摇，开始怀疑自己是否还能坚持得住。很快，他对坚持说老实话究竟有没有必要产生了疑问，既然革命群众都认为他与美芳有一腿，他也就觉得自己就应该有一腿。
>
> 李道始具有非凡的编造故事的能力，尤其是听说林苏菲已准备和他离

婚，他开始变得更加肆无忌惮，想怎么发挥就怎么发挥。红卫兵小将们很想在认罪书中读到一些货真价实的东西，他便投其所好地编织了一个与保姆通奸的故事……

在这里对李道始的批斗不再具有政治意义，批斗转化为对李道始私生活窥探的借口和手段。而在李道始那里，对风流生活史的编造，则只是逃避红卫兵拷打的方式。李道始编造的风流史给红卫兵们带来了快感，最终对李道始的政治批斗变成对李道始私生活的窥探，批斗的政治含义、价值被对李道始所编造材料的快感所取代。但是，这场游戏还并不停留在文字层面，当李道始的处境缓解之后，他把在文字之中的快感变成了现实与实践。这场文字游戏带来的快感，在李道始的日后生活中成为现实。当李道始的政治处境有所好转，政治地位渐渐回升的时候，他在游戏中的被动局面与角色开始发生变化。原来游戏的内容——性幻想，在生活中变成实践，李道始主动地在实践中开始了他的游戏。他从在认罪书中被动地编造色情故事与情节开始，到以一种主动的姿态接受来自文字的色情故事所带来的快感。当学员秦艳看黄色小说《曼娜的回忆》被他发现后，他以教育者的身份批评她，并收缴了这本书。但在背后，他抄写了这本书，并以极其巧妙的手段，蒙骗了秦艳，公开烧毁了《曼娜的回忆》。他貌似革命地教育偷看色情小说的学生，只不过是掩盖自己真实行为与目的而已，“教育”这一庄严的行为，最终被李道始抽空了本来的意义，变成了堂而皇之的游戏。李道始的游戏，在“文革”中后期已不再满足与停留在游戏的层面上。对性的追逐，开始成为李道始生活的重要方面，他所掌握的权力，也不过是用以追逐性的手段。这时的李道始正式地从“文革”初期政治游戏的被动角色变成主动的参与者、组织者、快感的享受者。李道始利用手中的权力，与李无依等女性保持着性关系。这时李道始对性的攫取才能从文字层面，转移到实践中。

在这场革命中心的李道始，由游戏中的戏谑角色到游戏组织者，历史的目的，自始至终被性的快感与欲望所取代。在这场历史运动中，被宣称为庄严的历史目的和意义，被游戏所抽空。在“文革”的场景中，无论是红卫兵对性的偷窥，还是李道始的性文字编造，抑或是他对性的主动参与与实践，性都是这场游戏中的媒介和道具、组织元素，它没有任何实际意义。这个游戏的道具、组织元素在游戏中的功能，在张小燕身上得到最为迅速的扩展与实践。这主要表现在，为“挽救”张小燕，居委会为张小燕组织了学习班，而且热情高涨。然而这些又和免费午餐有着必然的联系，午餐的实际性内容，实质上把这场政治活动，变成了一场享用午餐的游戏。

在《没有玻璃的花房》中，张小燕与马延龄之间的性生活，并不具有情感上的爱情意义，也不具备道德含义。事实上，在张小燕那里，性并不具有任何意义，它只是游戏而已。即使当人们追问张小燕所怀孩子的父亲时，张小燕供出的是自己的继父张延庆，而没有把马延龄交代出来。这并不是她出于情感原因保护马延龄，她这样做的目的，不过是有着游戏的想法："张小燕当时最简单朴素的念头，就是不让张素芹（马延龄的妻子——笔者注）的阴谋诡计得逞。凡是张素芹拥护的，张小燕就要反对，凡是张素芹反对的，张小燕就要拥护。"从这样的判断方法着眼，张小燕只是为了不让张素芹起诉丈夫马延龄而已。小说对张小燕为何狂热地爱上马延龄并没有做出描述，张小燕与马延龄之间性关系的价值判断，成为他们之间的性生活的盲点。这场性关系，在价值上是虚无的。甚至在伦理上，张小燕的性也不具备任何伦理意义。小说叙写了两对父子与同一女性的性关系。一是李道始与儿子木木同李无依之间存在性关系；二是马延龄与儿子马小双同张小燕之间也存在性关系。这样，在小说中，张小燕的性关系的意义与价值被抽空，她成为一个道具，在游戏中，被扮演不同角色的人抛来抛去。

叶兆言在《没有玻璃的花房》中，通过对"文革"这场历史行动的叙写，透射出一种历史观：历史本身是一场游戏，它自身并没有意义和价值，在历史场景中，个人快感等琐碎的心理取代了历史所宣称的崇高的性质与内涵。

叶兆言在《枣树的故事》《追月楼》《没有玻璃的花房》中，从不同层面思考了历史这一重要话语的诸种特性。在相当长的一段时期中，历史这一重要的话语形式，被赋予神圣的色彩，甚至成为压制个人的强制性力量。叶兆言的这几篇小说，从不同的方面反思了停留在我们思维深处的历史意识。在小说中，他认为历史是被叙述出来的；认为历史价值对现实生活中的人们来说，只是图腾而已；甚至认为历史只是一场游戏。这些观点剔除了束缚在个人身上的枷锁，让"人"的本色显示得更清晰一些。在《枣树的故事》中，历史的叙述因素被挖掘出来之后，历史的神话色彩也就被粉碎，这构成了对"人"的命运给予关注的前提。实际上，当历史的面目被语言的叙述所模糊之后，岫云的命运与人生遭际越来越成为关注的中心。这个女人的一生，总是被宿命和偶然所摆布，悲剧性的生存，成为小说叙述的中心。小说中的枣树，成为这个女人命运的象征化表述。在《追月楼》中，我们看到，生命个体的现实生存法则，总是构成了历史价值的解构力量，当我们执拗于历史法则时，历史价值的内涵被抽空。《追月楼》实际上显示了在历史过程中，个人生存的尴尬状况。《没有玻璃的花房》在披露历史的游戏本质时，也就显示了个人与历史间的角力。个人以自身的力量将历史的意义、目的等逼得落荒而逃，来自个体本身生命活动在推动、改变着历史。叶兆言的这几篇小说,让我们对历史与个人的关系,展开了新的思索。

(载《小说评论》2004 年第 3 期)

主要作品目录《

长篇小说

《死水》,江苏文艺出版社 1986 年版。

《花影》,南京出版社 1994 年版。

《花煞》,今日中国出版社 1994 年版。

《走进夜晚》,春风文艺出版社 1994 年版。

《一九三七年的爱情》,江苏文艺出版社 1996 年版。

《别人的爱情》,华艺出版社 2001 年版。

《没有玻璃的花房》,作家出版社 2003 年版。

《我们的心多么顽固》,春风文艺出版社 2003 年版。

《别人的爱情》,上海文艺出版社 2005 年版。

《后羿》,重庆出版社 2007 年版。

《走近赛珍珠》,大众文艺出版社 2008 年版。

《成为和平饭店》,上海文艺出版社 2012 年版。

《一号命令》,江苏文艺出版社 2013 年版。

《驰向黑夜的女人》,江苏文艺出版社 2014 年版。

《叶兆言长篇小说系列·花影》,人民文学出版社 2018 年版。

《叶兆言长篇小说系列·花煞》,人民文学出版社 2018 年版。

《叶兆言长篇小说系列·死水》,人民文学出版社 2018 年版。

《叶兆言长篇小说系列·别人的爱情》,人民文学出版社 2018 年版。

《叶兆言长篇小说系列·苏珊的微笑》,人民文学出版社 2018 年版。

《刻骨铭心》,人民文学出版社 2018 年版。

《很久以来》,人民文学出版社 2018 年版。

中短篇小说集

《夜泊秦淮》,浙江文艺出版社 1991 年版。

《去影》,长江文艺出版社1992年版。

《路边的月亮》,江苏文艺出版社1992年版。

《五异人传》,中国社会科学出版社1993年版。

《采红菱》,华艺出版社1993年版。

《绿色陷阱》,北方文艺出版社1993年版。

《叶兆言文集·绿色咖啡馆》,江苏文艺出版社1994年版。

《叶兆言文集·殇逝的英雄》,江苏文艺出版社1994年版。

《叶兆言文集·枣树的故事》,江苏文艺出版社1994年版。

《叶兆言文集·古老话题》,江苏文艺出版社1994年版。

《叶兆言文集·爱情规则》,江苏文艺出版社1994年版。

《叶兆言文集·作家林美女士》,江苏文艺出版社1997年版。

《叶兆言文集·风雨无乡》,江苏文艺出版社1997年版。

《魔方》,山东文艺出版社1998年版。

《烛光舞会》,泰山出版社1998年版。

《叶兆言精品文集》,北岳文艺出版社1999年版。

《走近赛珍珠》,云南人民出版社1999年版。

《纪念少女楼兰》,解放军文艺出版社2000年版。

《叶兆言·中国当代作家选集丛书》,人民文学出版社2000年版。

《五月的黄昏》,时代文艺出版社2001年版。

《叶兆言·当代中国小说名家珍藏版》,文化艺术出版社2001年版。

《叶兆言作品精选》,长江文艺出版社2001年版。

《叶兆言读本·中国当代名作家读本书系》,花山文艺出版社2002年版。

《夜来香》,江苏文艺出版社2003年版。

《叶兆言小说自选集·艳歌》,广西师范大学出版社2001年版。

《叶兆言小说自选集·挽歌》,广西师范大学出版社2001年版。

《叶兆言小说自选集·儿歌》,广西师范大学出版社2001年版。

《艳歌》,台湾远流出版公司1991年版。

《枣树的故事》,台湾远流出版公司1992年版。

《悬挂的绿苹果》,台湾远流出版公司1993年版。

《最后一班难民车》,台湾远流出版公司1993年版。

《爱情规则》,台湾远流出版公司1995年版。

《绿色陷阱》,台湾麦田出版公司 1992 年版。

《殇逝的英雄》,台湾麦田出版公司 1993 年版。

《红房子酒店》,台湾麦田出版公司 1994 年版。

《今夜星光灿烂》,台湾麦田出版公司 1995 年版。

《夜来香》,江苏文艺出版社 2003 年版。

《陈小民的目光》,北京十月文艺出版社 2004 年版。

《叶兆言中篇小说选》,上海社会科学院出版社 2004 年版。

《小春天的歌谣》,云南人民出版社 2005 年版。

《捕捉心跳》,人民文学出版社 2006 年版。

《左轮三五七》,人民文学出版社 2009 年版。

《雪地传说》,人民文学出版社 2009 年版。

《我们去找一盏灯:叶兆言短篇小说编年(1997—2009)》,人民文学出版社 2009 年版。

《马文的战争》,北京十月文艺出版社 2009 年版。

《枣树的故事》,作家出版社 2009 年版。

《悬挂的绿苹果》,黄山书社 2010 年版。

《榆树下的哭泣》,新华出版社 2010 年版。

《玫瑰的岁月》,海豚出版社 2010 年版。

《写字桌的 1971 年》,上海文艺出版社 2012 年版。

《关于厕所》,人民文学出版社 2012 年版。

《重见阳光的日子》,人民文学出版社 2012 年版。

《日本鬼子来了》,人民文学出版社 2012 年版。

《成为和平饭店》,上海文艺出版社 2012 年版。

《美女指南》,重庆出版社 2013 年版。

《白天不懂夜的黑》,人民文学出版社 2015 年版。

《艳歌》,上海文艺出版社 2015 年版。

《十一岁的墓地》,长江少年儿童出版社 2015 年版。

《追月楼》,安徽文艺出版社 2015 年版。

《不坏那么多,只坏一点点》,人民文学出版社 2015 年版。

《王金发考》,人民文学出版社 2015 年版。

《余步伟遇到马兰》,人民文学出版社 2015 年版。

《中国好小说：叶兆言》，中国青年出版社2016年版。
《去雅典的鞋子》，人民文学出版社2016年版。
《名家少年说之叶兆言》，二十一世纪出版社集团2016年版。
《大作家写给小读者：哭泣的小猫》，人民文学出版社2016年版。
《紫金文库中国书籍文学馆关于饕餮的故事梗概》，中国书籍出版社2018年版。
《人类的起源》，文化发展出版社2020年版。

散文随笔与评论集

《流浪之夜》，江苏文艺出版社1995年版。
《流浪者之夜》，天津教育出版社1995年版。
《又绿江南·语丝画痕丛书》，上海书店出版社1996年版。
《南京人》，浙江人民出版社1997年版。
《失去的老房子》，陕西人民出版社1998年版。
《录音电话》，湖南文艺出版社1998年版。
《旧影秦淮·老南京》，江苏美术出版社1998年版。
《闲话三种》，百花文艺出版社1999年版。
《叶兆言绝妙小品文》，时代文艺出版社1999年版。
《道德文章·中国当代名人语画书系》，西苑出版社2000年版。
《叶兆言散文》，浙江文艺出版社2000年版。
《不疑盗嫂》，文化艺术出版社2001年版。
《杂花生树》，人民文学出版社2002年版。
《烟雨秦淮》，南方日报出版社2002年版。
《午后的岁月·访谈录》，广西师范大学出版社2002年版。
《文学少年》，台湾一方出版公司2002年版，人民文学出版社2017年版。
《江南印象》，河北教育出版社2005年版。
《直面人生》，上海三联书店2005年版。
《想起了老巴尔扎克》，华东师范大学出版社2005年版。
《生活质量》，文汇出版社2006年版。
《名与身随》，时代文艺出版社2007年版。
《陈旧人物》，上海书店出版社2007年版。
《水乡》，华东师范大学出版社2008年版。

《叶兆言自述人生》，时代文艺出版社 2009 年版。

《江苏读本》，江苏人民出版社 2009 年版。

《看书：叶兆言的品书笔记》，江苏文艺出版社 2009 年版。

《群莺乱飞》，上海书店出版社 2010 年版。

《南京人·续》，南京大学出版社 2011 年版。

《美人靠》，中国华侨出版社 2012 年版。

《马放南山》，中国华侨出版社 2012 年版。

《父亲的话题·叶兆言寄小读者》，二十一世纪出版社 2012 年版。

《陈年旧事》，中信出版社 2013 年版。

《动物的意志》，重庆出版社 2013 年版。

《纪念：叶兆言散文》，浙江文艺出版社 2014 年版。

《现实生活》，文汇出版社 2014 年版。

《桃花飞尽东风起》，万卷出版公司 2016 年版。

《南京人》，南京大学出版社 2016 年版。

《永远的阿赫玛托娃》，河南文艺出版社 2016 年版。

《乡关何处》，大象出版社 2017 年版。

《大家读大家·站在金字塔尖上的人物》，人民文学出版社 2017 年版。

《燕子来时》（叶兆言原著，贾龙弟、柯萍编著），东方出版中心 2017 年版。

《叶兆言散文集》，江苏凤凰文艺出版社 2017 年版。

《无用的美好》，江苏凤凰文艺出版社 2018 年版。

《唱情歌的季节》，山东人民出版社 2018 年版。

《红沙发》，山东人民出版社 2018 年版。

《枕边的书》，山东人民出版社 2018 年版。

《婚姻证明之痒》，山东人民出版社 2018 年版。

《一片归心拟乱云》，山东人民出版社 2018 年版。

《叶兆言文学回忆录》，广东人民出版社 2019 年版。

《诚知此恨人人有》，译林出版社 2019 年版。

历史著作

《南京传》，译林出版社 2019 年版。

余　华

男，1960年生于浙江杭州，祖籍山东高唐。

小　引《

余华在这一辑“小说家档案”的《自述》中，谈到他从巴赫的《马太受难曲》中所得的感受时说：“我明白了叙述的丰富在走向极致以后其实无比单纯。”这正应了中国的一句很有哲理的名言“绚烂之极归于平淡”，这句话说的是作文的规律，也是做人和做一切事情的规律。新时期以来的先锋小说在20世纪80年代中期经历了一个“丰富”和“绚烂”的“极致”之后，到了90年代乃至进入21世纪以来，却在日渐走向“丰富”之极的“单纯”，或“绚烂”之极的“平淡”。作为80年代有代表性的先锋小说家之一的余华，进入90年代以后的创作就是一个证明。尤其是他的长篇《活着》和《许三观卖血记》，更是这种转变的一个样品（不是样板）。从这个意义上说，余华的创作在整个新时期小说的发展中，自有它不可替代的典型性。选择余华作这一辑“小说家档案”评说的主角，这也许是一个重要的原因。

在现代中国文学语境中，先锋文学几乎是西方现代派文学的同义语，这当然主要是因为这种前卫性的文学实验的思想和艺术资源，主要不是来自本土的文化和文学传统，而是来自西方现代派文学的影响。当然，也还有一个重要的原因，就是现代中国文学在接受西方现代派文学影响的时候，自身却置于一个与西方现代派文学完全不同的社会和文化语境。有人说，现代中国没有西方现代派文学产生的土壤，因而断言不可能产生现代派文学，这话有可能说得过于武断，但是，说二者之间有着不同的社会文化语境，应该是可以成立的。正因为如此，所以，20世纪80年代中期的先锋作家在进行现代派文学实验的过程中，自然而然地就只能从西方文化和西方文学中去寻求精神支援，其结果也就导致了这期间的先锋文学从观念到艺术的全面“横移”；在短短数年时间内，先锋文学几乎把西方现代派文学在近百年时间内所走过的历史都匆匆忙忙地“经历”了一遍，真可谓“丰富”之极，“绚烂”之极，但这种“丰富”和“绚烂”又似乎只在证明西方现代派文学生命力和繁殖力的强大，并没有留下多少真正属于自己的创造实绩。进入90年代以后，当年从事先锋文学实验的作家几乎都发生了创作的转向。有人说这种转向是由学习西方转向重新审视本土传统，诚哉斯言。但我认为，这种转向的一个更具实质性的表现，是由对西方现代派文学观念和艺术的被动模仿，到以西方现代派文学看取世界的方式对生存现实的独特感悟和经验。余华的近期创作似乎也是一个证明。以他近期最具影响力的三部长篇小说而论，尽管从中也可以找到一些存在主义的观念的痕迹，但无论是孙光林式的成长还是福贵和许三观式的“活着”，都深深地植根于个体的生命体验和生存感悟，而不是作者的某种理念的外化。这种生命体验和生命感悟，也许与存在主义哲学有某些共通之处，但绝不是对存在主义哲学的演绎和图解，而是对人的生命和存在问题的关怀所达到的一种境界。正因为如此，叙述这种体验和感悟，也就无须刻意去构造某种“陌生化”的形式，只需让这种体验和感悟混合着生命过程和生存本身自然呈现就是，余华的创作因此便由“丰富”走向丰富之极的“单纯”，由“绚烂”走向绚烂之极的“平淡”。

余华的创作既有变的一面，也就有它一以贯之的地方。这个一以贯之的地方，就是叶立文博士在这一辑的评论文章中所说的，余华是由80年代的创作“正视个体的生命体验及伦理处境”“颠覆历史理性，重构历史叙事”出发，到90年代疏离对历史理性的宏大叙事后，全面关注人的个体生命和存在状况的。这也是作为作家余华的创作历史。这个历史甚至比整体的文学历史更为重要，因为它要能让我们接近感性的真实。20世纪80年代中期从事先锋文学实验的作家，大都经历过如余华这样的一段历史，他们大都是从反对一种长期以来束缚文学的理性规范（包括一种同样高度理性的艺术规范）出发，最终走向对人的个体生命和存在问题的全面关注的。因为他们当时被人们称之为“反传统”的极端姿态，全然是因为这种“传统”（亦即理性的历史）对人的个体生命和存在的压抑，而不是因为天性要与传统作对。他们在经历过这样的一个“反传统”的极端“绚烂”之后，在一个更高的同时也是原初的层面上，回到人的个体生命和存在问题，原也是先锋文学实验的初衷和题中应有之义。从这个意义上说，余华的创作历史似乎也有它独特的代表性。

自 述《

文学与音乐

一、我为何写作

二十多年前，我是一名牙科医生，在中国南方一个小镇上手握钢钳，每天拔牙长达八个小时。

在我们中国的过去，牙医是属于跑江湖一类，通常和理发的或者修鞋的为伍，在繁华的街区撑开一把油布雨伞，将钳子、锤子等器械在桌上一字排开，同时也将以往拔下的牙齿一字排开，以此招徕顾客。这样的牙医都是独自一人，不需要助手，和修鞋匠一样挑着一副担子游走四方。

我是他们的继承者。虽然我在属于国家的医院里工作，但是我的前辈们都是从油布雨伞下走进医院的楼房，没有一个来自医学院。我所在的医院以拔牙为主，只有二十来人，因牙疼难忍前来治病的人都把我们的医院叫成“牙齿店”，很少有人认为我们是一家医院。与牙科医生这个现在已经知识分子化的职业相比，我觉得自己其实是一名店员。

我就是那时候开始写作的。我在“牙齿店”干了五年，观看了数以万计的张开的嘴巴，我感到无聊之极。当时，我经常站在临街的窗前，看到在文化馆工作的人整日在大街上游手好闲地走来走去，心里十分羡慕。有一次我问一位在文化馆工作的人，问他为什么经常在大街上游玩？他告诉我：这就是他的工作。我心想这样的工作倒是很适合我。于是我决定写作，我希望有朝一日能够进入文化馆。当时进入文化馆只有三条路可走：一是学会作曲；二是学会绘画；三就是写作。对我来说，作曲和绘画太难了，而写作只要认识汉字就行，我只能写作了。

现在，我已经有近二十年的写作历史了，我已经知道写作会改变一个人，会将一个刚强的人变得眼泪汪汪，会将一个果断的人变得犹豫不决，会将一个勇敢的人变得胆小怕事，最后就是将一个活生生的人变成了一个作家。我这样说并不是为了贬低写作，恰恰是为了要说明文学或者说是写作对于一个人的重要。因为文学的力量就是在于软化人的心灵，写作的过程直接助长了这样的力量，它使作家变得越来越警觉和伤感的同时，也使他的心灵经常地感到柔弱无援。他会发现自己深陷其中的世界与四周的现实若即若离，而且还会格格不入。

然后他就发现自己已经具有了与众不同的准则，或者说是完全属于他自己的理解和判断，他感到自己的灵魂具有了无孔不入的本领，他的内心已经变得异常的丰富。这样的丰富就是来自长时间的写作，来自身体肌肉衰退后警觉和智慧的茁壮成长，而且这丰富总是容易受到伤害。

就像伟大的但丁在那部伟大的《神曲》里，一切奇妙的想象和比喻，温柔有力的结构，从容不迫的行文，都使我对《神曲》的喜爱无与伦比。但丁在诗句里表达语言的速度时，这样告诉我们：箭中了目标，离了弦。另一位伟大的作家叫博尔赫斯，是阿根廷人，他对但丁的仰慕不亚于我。在他的一篇有趣的故事里，写到了两个博尔赫斯，一个六十多岁，另一个已经八十高龄了。他让两个博尔赫斯在漫长旅途中的客栈相遇，当年老的博尔赫斯说话时，让我们看看他是如何描写声音的，年轻一些的博尔赫斯这样想："是我经常在我的录音带上听到的那种声音。"多么微妙的差异，通过录音带的转折，博尔赫斯向我们揭示出了一致性中隐藏的差异。伟大的作家无不如此，我在这里可以列出一份长长的名单，我相信这份名单长到可以超过我们中国没完没了的菜谱。

因为一个众所周知的原因，像我这一代人是在没有文学的环境里成长起来的，当我成年以后，我开始喜爱文学的时候，正是中国对文学解禁的时代。我至今记得当初在书店前长长的购书人流，这样的情景以后我再没有见到，这是无数人汇聚起来的饥渴，是一个时代对书籍的饥渴。我置身其间，就像一滴水汇入大海一样，我一下子面对了浩如烟海的文学，我要面对外国文学、中国古典文学和中国的现代文学。我失去了阅读的秩序，如同在海上看不见陆地的漂流，我的阅读更像是生存中的挣扎，最后我选择了外国文学。我的选择是一位作家的选择，或者说是为了写作的选择，而不是生活态度和人生感受的选择。因为只有在外国文学里，我才真正了解写作的技巧，然后通过自己的写作去认识文学有着多么丰富的表达，去认识文学的美妙和乐趣，虽然它们反过来也影响了我的生活态度和人生感受，然而始终不是根本的和决定性的。因此，作为一个中国人，我一直以中国的方式成长和思考，而且在今后的岁月里我也将一如既往。然而作为一位中国作家，我却有幸让外国文学抚养成人。除了我们自己的语言，我不懂其他任何语言，但是我们中国有一些很好的翻译家，我很想在这里举出他们的名字，可是时间不允许我这样做。我就是通过他们的出色的翻译，才得以知道我们这个世界上的文学是多么辉煌。

我真正要说的是文学的力量就在这里，在但丁的诗句里和博尔赫斯的比喻里，在一切伟大作家的叙述里，在那些转瞬即逝的意象和活生生的对白里，在那些妙不可言同时又真实可信的描写里……这些都是由那些柔弱同时又是无比丰富和敏感的心灵创造的，让我们生离死别后还是互相热爱。因为但丁告诉我们：人是承受不幸的方柱体。在这个世界上，还有什么物体能够比方柱更加稳定可靠？

二、音乐影响了我的写作

二十多年前，有那么一两个星期的时间，我突然迷上了作曲。那时候我还是一名初中的学生，正在经历着一生中最快乐的时光，我记得自己当时怎么也分不清上课和下课的铃声，经常是在下课铃响时去教室上课了，与蜂拥而出的同学们迎面相撞，我才知道又弄错了。那时候我喜欢将课本卷起来，插满身上所有的口袋，时间一久，我所有的课本都失去了课本的形象，像茶叶罐似的，一旦掉到地上就会滚动起来。我的另一个杰作是，我把我所有的鞋都当成了拖鞋，我从不将鞋的后帮拉出来，而是踩着它走路，让它发出那种只有拖鞋才会有的漫不经心的声响。接下去，我欣喜地发现我的恶习在男同学中间蔚然成风，他们的课本也变圆了，他们的鞋后帮也被踩了下去。

这大概是 1974 年，或者 1975 年的事，“文革”进入了后期，生活在越来越深的压抑和平庸里，一成不变地继续着。我在上数学课的时候去打篮球，上化学或者物理课时在操场上游荡，无拘无束。然而课堂让我感到厌倦之后，我又开始厌倦自己的自由了，我感到了无聊，我愁眉苦脸，不知道如何打发日子。这时候我发现了音乐，准确的说法是我发现了简谱，于是在像数学课一样无聊的音乐课里，我获得了生活的乐趣，激情回来了，我开始作曲了。

应该说，我并不是被音乐迷住了，我在音乐课上学唱的都是我已经听了十来年的歌，从《东方红》到革命现代京剧，我熟悉了那些旋律里的每一个角落，我甚至都能够看见里面的灰尘和阳光照耀着的情景，它们不会吸引我，只会让我感到头疼。可是有一天，我突然被简谱控制住了，仿佛里面伸出来了一只手，紧紧抓住了我的目光。

当然，这是在音乐课上的时候，音乐老师在黑板前弹奏着风琴，这是一位儒雅的男子，有着圆润的嗓音。不过他的嗓音从来不敢涉足高音区，每到那时候他就会将风琴的高音弹奏得非常响亮，以此蒙混过关。其实没有几个学生会注意他，音乐课也和其他的课一样，整个教室就像是庙会似的，有学生在进进出出，另外一些学生不是坐在桌子上，就是背对黑板与后排的同学聊天。就是在这样的情景里面，我被简谱迷住了，而不是被音乐迷住。

我不知道是出于什么原因，可能是我对它们一无所知。不像我翻开那些语文、数学的课本，我有能力去读懂里面正在说些什么。可是那些简谱，我根本不知道它们在干什么，我只知道我所熟悉的那些歌一旦印刷下来就是这副模样，稀奇古怪地躺在纸上，暗暗讲述着声音的故事。无知构成了神秘，然后成为召唤，我确实被深深地吸引了，而且勾引出了我创作的欲望。

我丝毫没有去学习这些简谱的想法，直接就是利用它们的形状开始了我的音乐写作，这肯定是我一生里唯一的一次音乐写作。我记得我曾经将鲁迅的《狂人日记》谱写成音乐，我的做法是先将鲁迅的作品抄写在一本新的作业簿上，然后将简谱里的各种音符胡乱写在上面，我差不多写下了这个世界上最长的一首歌，而且是一首无人能够演奏，也无人有幸聆听的歌。这项工程消耗了我几天的热情，接下去我又将语文课本里其他的一些内容也打发进了音乐的简谱，我在那个时期的巅峰之作是将数学方程式和化学反应也都谱写成了歌曲。然后，那本作业簿写满了，我也写累了。这时候我对音乐的简谱仍然是一无所知，虽然我已经暗暗拥有了整整一本作业簿的音乐作品，而且为此自豪，可是我对着音乐的方向没有跨出半步，我不知道自己胡乱写上去的乐谱会出现什么样的声音，只是觉得看上去很像是一首歌，我就完全心满意足了。不久之后，那位嗓音圆润的音乐老师因为和一个女学生有了性的交往，离开学校去了监狱，于是音乐课没有了。

此后，差不多有十八年的时间，我不再关心音乐，只是偶尔在街头站立一会，听上一段正在流行的歌曲，或者是经过某个舞厅时，顺便听听里面的舞曲。1983 年，我开始了第二次的创作，当然这一次没有使用简谱，而是语言，我像一个作家那样地写作了，然后像一个作家那样地发表和出版自己的写作，并且以此为生。

又是很多年过去了，我的写作还在继续。我经常感到生活在不断暗示我，它向我使眼色，让我走向某一个方向。我在生活中是一个没有主见的人，所以每次我都跟着它走了。在我十五岁的时候，音乐以简谱的方式迷惑了我，到我三十三岁那一年，音乐真的来到了。

我心想;是生活给了我音乐。生活首先要求我给自己买一套音响，那是在 1993 年的冬天，有一天我发现自己缺少一套音响，随后我感到应该有。几天以后，我就将自己组合的音响搬回家，那是由美国的音箱和英国的功放以及飞利浦的 CD 机组织起来的，卡座是日本的，这套像联合国维和部队的音响就这样进驻了我的生活。

接着CD唱片源源不断地来到了，在短短半年的时间里，我买进了差不多有四百张的CD。我没有想到自己会如此迅猛地热爱上了音乐，本来我只是想附庸风雅，让音响出现在我的生活中，然后在朋友们谈论马勒的时候，我也可以凑上去议论一下肖邦，或者用那些模棱两可的词语说上几句卡拉扬。然而音乐一下子就让我感受到了爱的力量，像炽热的阳光和凉爽的月光，或者像暴风雨似的来到了我的内心。我再一次发现人的内心其实总是敞开着的，如同敞开的土地，愿意接受阳光和月光的照耀，愿意接受风雷的降临，接受一切所能抵达的事物，让它们都渗透进来，而且消化它们。

我那维和部队式的音响最先接待的客人，是由古尔德演奏的巴赫的《英国组曲》，然后是鲁宾斯坦演奏的肖邦的《小夜曲》，接下来是交响乐了。我听了贝多芬、莫扎特、勃拉姆斯、柴可夫斯基、海顿和马勒之后，我突然发现了一个我以前不知道的人——布鲁克纳。这是卡拉扬指挥柏林爱乐演奏的第七交响乐，史诗般叙述中巨大的弦乐深深感动了我。尤其是第二乐章，使用了瓦格纳大号乐句的那个乐章，我听到了庄严缓慢的内心的力量，听到了一个时代倒下去的声音。布鲁克纳在写作这一乐章的时候，瓦格纳去世了。我可以想象当时的布鲁克纳正在经历着什么，就像那个时代的音乐正在经历的一样，为失去了瓦格纳而百感交集。然后我发现了巴尔托克，发现了还有旋律如此丰富，节奏如此迷人的弦乐四重奏。匈牙利美妙的民歌在他的弦乐四重奏里跳跃地出现，又跳跃地消失，时常以半个乐句的方式完成其使命，民歌在最现代的旋律里欲言又止，激动人心。巴尔托克之后，我认识了梅西安，《图伦加利拉交响曲》这部将破坏和创造、死亡和生命，还有爱情熔于一炉的作品让我浑身发抖，直到现在我只要想起这部作品，仍然会有激动的感觉。不久之后，波兰人希曼诺夫斯基给我带来了《圣母悼歌》。我的激动再次被拉长了。有时候，我仿佛会看到1905年的柏林，希曼诺夫斯基与另外三个波兰人组建了“波兰青年音乐协会”。这可能是世界上最小的协会，在贫穷和伤心的异国他乡，音乐成了壁炉里的火焰，温暖着他们。

音乐的历史深不可测，如同无边无际的深渊，只有去聆听，才能知道它的丰厚，才会意识到它的边界是不存在的。在那些已经家喻户晓的作者和作品的后面，存在着星空一样浩瀚的旋律和节奏，等待着我们去和它们相遇。让我们意识到在那些最响亮的名字的后面，还有一些害羞的和伤感的名字，这些名字所代表的音乐同样经久不衰。

然后，音乐开始影响我的写作了，确切的说法是我注意到了音乐的叙述。我开始思考巴尔托克的方法和梅西安的方法，在他们的作品里，我可以更为直接地去理解艺术的民间性和现代性。接着一路向前，抵达时间的深处，路过贝多芬和莫扎特，路过亨德尔和蒙特威尔第，来到了巴赫的门口。从巴赫开始，我的理解又走了回来。然后就会意识到巴尔托克和梅西安独特品质的历史来源，事实上从巴赫就已经开始了，这位巴洛克时代的管风琴大师其实就是一位游吟诗人，他来往于宫廷、教堂和乡间，于是他的内心逐渐地和生活一样宽广，他的写作指向了音乐深处，其实也就指向了过去、现在和未来。如何区分一位艺术家身上兼而有之的民间性和现代性，在巴赫的时候就已经不可能，两百年之后在巴尔托克和梅西安那里，区分的不可能得到了继承，并且传递下去。尽管后来的知识分子虚构了这样的区分，他们像心脏外科医生一样的实在，需要区分左心室和右心室，区分肺动脉和主动脉，区分肌肉纵横间的分布，从而使他们在手术台上不会迷失方向。可是音乐是内心创造的，不是心脏创造的，内心的宽广是无法解释的，它由来已久的使命就是创造，不断地创造，让一个事物拥有无数的品质，只要一种品质流失，所有的品质都会消亡，因为所有的品质其实只有一种。

这是巴赫给予我的教诲。我要感谢门德尔松，1829年他在柏林那次伟大的指挥，使《马太受难曲》终于得到了它应得的荣耀。多少年过去了，巴赫仍然生机勃勃，他成了巴洛克时代的骄傲，也成了所有时代的骄傲。我无幸聆听门德尔松的诠释，我相信那是最好的。我第一次听到的《马太受难曲》，是加德纳的诠释，加德纳与蒙特威尔第合唱团的巴赫也足以将我震撼。我明白了叙述的丰富在走向极致以后其实无比单纯，就像这首伟大的受难曲，将近三个小时的长度，却只有一两首歌曲的旋律，宁静、辉煌、痛苦和欢乐地重复着这几行单纯的旋律，仿佛只用了一个短篇小说的结构和篇幅表达了文学中最绵延不绝的主题。1943年，柏辽兹在柏林听到了它，后来他这样写道：

“每个人都在用眼睛跟踪歌本上的词句，大厅里鸦雀无声，没有一点声音，既没有表示赞赏，也没有指责的声音，更没有鼓掌喝彩，人们仿佛是在教堂里倾听福音歌，不是在默默地听音乐，而是在参加一次礼拜仪式。人们崇拜巴赫，信仰他，毫不怀疑他的神圣性。”我的不幸是我无法用眼睛去跟踪歌本上的词句，我不明白蒙特威尔第合唱团正在唱些什么，我只能去聆听旋律和节奏的延伸，这样反而让我更为仔细地去关注音乐的叙述，然后我相信自己听到了我们这个世界上最为美妙的叙述。在此之前，我曾经在《圣经》里读到过这样的叙述。此后是巴赫的《平均律》和这一首

《马太受难曲》。我明白了柏辽兹为什么会这样说:“巴赫就像巴赫,正像上帝就像上帝一样。”

此后不久,我又在肖斯塔科维奇的第七交响乐第一乐章里听到了叙述中“轻”的力量,那个著名的音乐插部,侵略者的脚步在小鼓中175次的重复压迫着我的内心,音乐在恐怖和反抗、绝望和战争、压抑和释放中越来越沉重,也越来越巨大和慑人感官。我第一次聆听的时候,不断地问自己:怎么结束?怎么来结束这个力量无穷的音乐插部?最后的时刻我被震撼了,肖斯塔科维奇让一个尖锐的抒情小调结束了这个巨大可怕的插部。那一小段抒情的弦乐轻轻地飘向了空旷之中,这是我听到过的最有力量的叙述。后来,我注意到在柴可夫斯基,在布鲁克纳,在勃拉姆斯的交响乐中,也在其他更多的交响乐中“轻”的力量,也就是小段的抒情有能力覆盖任何巨大的旋律和激昂的节奏。其实文学的叙述也同样如此,在跌宕恢宏的篇章后面,短暂和安详的叙述将会出现更加有力的震撼。

有时候,我会突然怀念起自己十五岁时的作品,那些写满了一本作业簿的混乱的简谱,我不知道什么时候丢掉了它,它的消失会让我偶尔唤起一些伤感。我在过去的生活中失去了很多,是因为我不知道失去的重要,我心想在今后的生活里仍会如此。如果那本作业簿还存在的话,我希望有一天能够获得演奏,那将是什么样的声音?胡乱的节拍,随心所欲的音符,最高音和最低音就在一起,而且不会有过渡,就像山峰没有坡度就直接进入峡谷一样。我可能将这个世界上最没有理由在一起的音节安排到了一起,如果演奏出来,我相信那将是最令人不安的声音。

访 谈《

叙述的力量

——余华访谈录

叶立文 余 华

叶立文:您好。我记得您曾经认为中国的先锋派出现在文学叙述的缺陷上。在一段相当长的时期内,当代文学对于历史的叙述兴趣远远大于文学叙述。这种历史叙述关心更多的是历史规律、社会面貌等等远离个体生命的外部现实。而您早在80

年代就十分关注人物内在的心灵现实，所以具体的历史事件在当时的作品中并不多见。90年代的《活着》《许三观卖血记》等作品则很明显地出现了许多历史背景。这是否意味着您的文学观念的变化？或者如评论界认为的那样，这是您从先锋派向写实转变的一个标志？

余华：中国的一些历史事件作为背景在我的小说中出现，是因为福贵或者许三观这样的人经历了这些事件，而不是我想表现中国的现代历史。我只是一位作家，我的兴趣和责任是要求自己写出真正的人，确切地说是真正的中国人。我的立场十分简单，对于一位优秀的作家来说，是应该关心政治和社会价值，还是应该关心大众消费的潮流，这并不重要。重要的是作家应该关心真正的人，不管他是政治社会中的人还是大众消费中的人，只要他是一个真正的人就行。这是涉及了"自我意识"这个问题，或者说就是人的内心。现在中国有很多作家都在声称他们表达了"自我意识"，也就是他们表达了所谓的内心世界，可是他们并不知道内心有多么宽广。很多年以前，法国作家维克多·雨果有一首诗在中国非常流行，他这样说："世界上最宽广的是海洋，比海洋更宽广的是天空，比天空更宽广的是人的内心。"我很喜欢雨果的这首诗，任何一个人都无法了解到自己内心的一切，给他再多的时间，他也只能理解自己内心的一个角落，然后闭上眼睛去世了。因为一个人内心的力量就是所有人积聚起来的力量，内心就像笼罩我们的天空那样无边无际，它属于我们所有的人。这就是为什么我认为只要写出一个真正的人，就是写出了广阔的人群。

对于作家来说，他的生理年龄不能说明什么，重要的是作家的心理经历，有时候一声钟响都会给一个优秀的作家带来极大的冲击，甚至不亚于坐牢的冲击。80年代，我在写作那些"先锋派"的作品时，我是一个暴君似的叙述者，那时候我认为小说中的人物不应该有自己的声音，他们都是叙述中的符号，都是我的奴隶，他们的命运掌握在我的手里。因此那时的作品都没有具体的时间和空间描述，因为这些人物并没有特定的生活环境。可是到了1990年，我在写作自己的第一部长篇小说《在细雨中呼喊》时，我发现笔下的人物开始反抗我叙述的压迫了，他们强烈地要求发出自己的声音，我屈服了，然后我的文学世界出现了转变，我成了一个民主的叙述者。我此后的写作就是不断地去聆听人物自己的声音，我不再去安排叙述中的人物，而是去理解。理解福贵或者许三观的一言一行，让他们走自己的人生道路，而不是我指定的人生道路。这时候我才发现自己写下了一个活生生的中国人。

叶立文：这就是说，叙述仿佛有自身的命运，您对它的追随往往身不由己？如果您写作上的这种变化并非源于某种预设的文学观念的改变，那么叙述本身的力量又来自何处呢?

余华:事实上作家都是跟着叙述走的,叙述时常会控制一个作家,而且作家都乐意被它控制。《活着》就是这样,刚开始我仍然使用过去的叙述方式,那种保持距离的冷漠的叙述,结果我怎么写都不舒服,怎么写都觉得隔了一层。后来,我改用第一人称,让人物自己出来发言,于是我突然发现自己的叙述里充满了亲切之感,这是第一人称叙述的关键,我知道可以这样写下去了。当我写一部长篇小说的时候,我只要知道开头一万多字怎么写就行了,后面肯定会出来。要是一万字写完了,后面还不出来,那就不应该写了。这和我早期的写作已经很不一样了。我以前小说里的人物,都是我叙述中的符号,那时候我认为人物不应该有自己的声音,他们只要传达叙述者的声音就行了,叙述者就像是全知的上帝。但是到了《在细雨中呼喊》,我开始意识到人物有自己的声音,我应该尊重他们自己的声音,而且他们的声音远比叙述者的声音丰富。沈从文先生说过,写小说就一个字:贴。就是说贴着人物写。这个字说得多好!贴——其实就是源源不断地去理解自己笔下的人物,就像去理解一位越来越亲密的朋友那样,因为生活远比我们想象的要丰富得多,就是我自己也要比我所认为的要丰富得多。因此,我写《活着》和《许三观卖血记》的过程,其实就是对人物不断理解的过程,当我感到理解得差不多了,我的叙述也该结束了。

叶立文:在您的早期作品里,对于现实的批判经常建构在人物的内心体验之中。就像《四月三日事件》里的那个少年,他用内心体验告诉我们,在现实的背后,还有比现实更加令人不安的对现实的恐惧感。而《活着》《许三观卖血记》却在叙述中体现出了包容一切不幸现实的豁达态度,现实在人物的无奈生存中被坦然接受——活着似乎成了生命的唯一要求。从对现实的愤怒到坦然面对生活,这中间经历了一个怎样的过程?

余华:作家要表达与之朝夕相处的现实,他常常会感到难以承受,蜂拥而来的真实几乎都在诉说着丑恶和阴险,怪就怪在这里,为什么丑恶的事物总是在身边,而美好的事物却远在海角。换句话说,人的友爱和同情往往只是作为情绪来到,而相反的事实则是伸手便可触及。正像一位诗人所表达的:人类无法忍受太多的真实。因此我一直是以敌对的态度看待现实。随着时间的推移,我内心的愤怒渐渐平息,我开始意识到一位真正的作家所寻找的是真理,是一种排斥道德判断的真理。作家的使命不是发泄,不是控诉或者揭露,他应该向人们展示高尚。这里所说的高尚不是那种单纯的美好,而是对一切事物理解之后的超然,对善和恶一视同仁,用同情的目光看待世界。正是在这样的心态下,我听到了一首美国民歌《老黑奴》。歌中那位老黑奴经历了一生的苦难，家人都先他而去，而他依然友好地对待这个世界，没有一句抱怨的话。这首歌深深地打动了我，我决定写下一篇这样的小说，就是《活着》，写人对苦难的承受能力，对世界乐观的态度。写作过程让我明白，人是为活着本身而活着的，而不是为了活着之外的任何事物所活着。

叶立文：这么说，写作就是让作家真实地面对生活，并且把自己托付给命运的方式。如果写作能够使作家的内心面向现实敞开的话，那么通常所谓的生活经历对您的写作意味着什么？

余华：我记得很多年前，那时候我刚开始写作，我曾经为自己的不多的生活经历而担心，后来我读到了阿城的一篇文章，他说生活经历对一个作家不太重要，重要的是心理经历。我觉得他说得非常好，当时阿城的这句话对我是很大的鼓励。写作是创造，不是记录。曾经有人问我会不会有一天才华枯竭了，我说只会有生命枯竭，而不会有才华枯竭。一位真正的作家永远只为内心写作，只有内心才会真实地告诉他，他的自私、他的高尚是多么突出。内心让他真实地了解自己，一旦了解了自己也就了解了世界。很多年前我就明白了这个原则，可是要捍卫这个原则必须付出艰辛的劳动和长时期的痛苦，因为内心并非时时刻刻都是敞开的，它更多的时候倒是封闭起来，于是只有写作，不停地写作才能使内心敞开，才能使自己置身于发现之中，就像日出的光芒照亮了黑暗，灵感这时候才会突然来到。马提亚尔说："回忆过去的生活，无异于再活一次。"写作和阅读其实都是在敲响回忆之门，或者说都是为了再活一次。

我生活在一个不平常的时代，在我二十岁以后，中国开放了，今天的中国人可以说是获得了很大程度上的自由。我常常觉得自己这四十年的生活像是两次人生，巨大的生活反差有利于我的思想和写作，能够帮助我更深入地去理解人生和社会。另一方面，一个作家的童年决定了他此生的写作方向，最初来到他生命中的印象构成了世界的形象，成年后对世界的印象只是对童年印象的补充或者修改。因此即使是发生在北京的故事，我也把它想象成海盐那一带的。在中国，作家有语言方面的困难，比如我可以写南方的故事，可是我无法用南方的语言写，写出来北方人就读不懂。但在我想象中或在我的感觉中，这个场景是发生在南方的，我这样写了，让南方的气息渗透到叙述之中，而不是漂浮在语言文字上。

叶立文：在您的小说中，人物对外部现实细微敏感的触觉时刻表达着内心无与伦比的丰富体验，而您对他们心理体验的捕捉就建构在人物的行为、言谈等真实的细节叙述当中。这种叙述方式与直接表现人物内心的心理描写相比，您认为它更强有力的地方何在？您对细节描写异乎寻常的关注影响着您的语言和叙述方式吗？

余华：像卡夫卡这类伟大的荒诞作家，他们作品中的细节都非常真实，这是很重要的。如果细节不真实，那作品中就没有一个地方是可信的了。而且细部的真实比情节的真实更重要，情节和结构可以荒诞，但细部一定要非常真实。我认为能表明一个作家洞察力的，其实就是对细部的处理。荒诞作家都如此，现实的作家更应如此。这就对语言只有一个要求：准确。一个优秀的作家应该像地主压迫自己的长工一样，使语言发挥出最大的能量。鲁迅就是这样的作家，他的语言像核能一样，体积很小，可是能量无穷。作家的语言千万不要成为一堆煤，即便堆得像山一样，能量仍然有限。叙述上的训练有素，可以让作家水到渠成般的写作，然而同时也常常掩盖了一个致命的困境。当作家拥有了能够信赖的叙述方式，知道如何去应付在写作过程中出现的一系列问题时，信赖会使作家越来越熟练，熟练则会慢慢地把作家造就成一个职业的写作者，而不再是艺术的创造者了。这样的写作会使作家丧失理想，他每天面临的不再是追求什么，而是表达什么。所以说当作家越来越得心应手的时候，他也开始遭受到来自叙述的欺压了。我个人的写作历史告诉我，没有一部作品的叙述方式是可以事先设计的，写作就像生活那样让我感到未知，感到困难重重。因此叙述方式，或者说是风格，那些令人心醉神迷的风格不会属于任何人，它不是大街上的出租车招手即来，它在某种意义上是一个拳击手，它总是想方设法先把你打倒在地，让你心灰意冷，让你远离那些优美感人的叙述景色，所以你必须将它击倒。写作的过程有时候就是这样，很像是斗殴的过程。因此，当某些美妙的叙述方式得到确立的时候，所表达出来的不仅仅是作家的才华和洞察力，同时也表达了作家的勇气。

叶立文：谈谈您的阅读吧。在您的阅读中，川端康成似乎是您最早喜欢的作家吧？

余华：是的。1980年，我在宁波的时候在一个十多个人住的屋子里，在一个靠近窗口的上铺，我第一次读到了他的作品，是《伊豆的舞女》，我吓了一跳。那时候中国文学正是伤痕文学的黄金时期，我发现写受伤的小说还有另外一种表达，我觉得比伤痕文学那种控诉更有力量。后来，有五六年的时间，我一直迷恋川端康成，那时候出版的所有他的书，我都有。但长期迷恋一位作家，对一个想写作的年轻人来说，肯定是有害的。接下来是卡夫卡，我最早在《世界文学》上读过他的《变形记》，印象深刻。过了两年，我买到了一本《卡夫卡小说选》，重新阅读他的作品，这一次时机成熟了，卡夫卡终于让我震撼了。我当时印象很深的是《乡村医生》里的那匹马，我心想卡夫卡写作真是自由自在，他想让那匹马存在，马就出现；他想让马消失，马就没有了。他根本不做任何铺垫。我突然发现写小说可以这么自由，于是我就和川端康成再见了，我心想我终于可以摆脱他了。

叶立文：接下去还有普鲁斯特、博尔赫斯、福克纳、布尔加科夫，等等。您迷恋的作家好像基本上是外国作家，他们给予您的创作遗产在我们中国作家那里能否找到？中国文化对您的影响何在呢？

余华：什么是文化？是知识吗？对我来说，中国的文化就是我全部的生存，我的形象，我的身体结构，我的语言，我的人生态度，我的饮食习惯和我的性格，等等等等。中国文化对我不是影响，也不是榜样，而是生存，是供我可以活下去的血液。

鲁迅是我至今为止阅读中最大的遗憾，我觉得，如果我更早几年读鲁迅的话，我的写作可能会是另外一种状态。我读鲁迅读得太晚了，虽然我在小学和中学时就读过，但鲁迅是不属于孩子们的。我非常惊讶地发现，我小时候都背诵过的《孔乙己》《从百草园到三味书屋》等作品，当我前年重读时，就像是第一次阅读，读完了才有些似曾相识的感觉。可见那时候我其实是没有阅读鲁迅，或者说只是旅游而已，现在我的阅读是在鲁迅的作品里定居了。

叶立文：您在什么情况下开始真正走进鲁迅的？

余华：重读鲁迅完全是一个偶然。几年前，我的一位朋友想拍鲁迅作品的电视剧，他请我策划，我心想改编鲁迅还不容易，然后我才发现我的书架上竟然没有一本鲁迅的书，我就去买了人民文学出版社的《鲁迅小说集》。我首先读的就是《狂人日记》，我吓了一跳，读完《孔乙己》后我就给那位朋友打电话，我说你不能改编，鲁迅是伟大的作家，伟大的作家不应该被改编成电视剧。我读鲁迅读得太晚了，因为那时候我的创作已经很难回头了，但是他仍然会对我今后的生活、阅读和写作产生影响，我觉得他时刻都会在情感上和思想上支持我。他可以说是我读到过的作家中叙述最简洁的一位，可是他的作品却是异常的丰厚，我觉得可能来自两方面。一方面鲁迅在叙述的时候从来不会放过那些关键之处，也就是说对细部的敏感。要知道，细部不是靠堆积来显示自己的，而是在一些关键的时候，又在一些关键的位置上恰如其分地发现，这时候你会感到某一个细部突然从整个叙述里明亮了起来，然后是照亮了全部的叙述。鲁迅就是这么奇妙，他所有精彩的细部都像是信手拈来，他就是在给《呐喊》写自序时，写到他的朋友金心异来看望他，在如此简洁的笔调里，鲁迅也没忘了写金心异进屋后脱下长衫。看上去是闲笔，其实是闲笔不闲。用闲笔不闲来说鲁迅的作品实在是太合适了。在《孔乙己》里面，当写到孔乙己最后一次来酒店时,他的腿已经断了。如果孔乙己腿没有断,可以不写他是如何来的,可是他的腿断了,就必须要写,这是一位优秀作家的责任感。鲁迅先是让他的声音从柜台下飘上来,然后让小伙计端着酒从柜台绕过去,看到孔乙己从破衣服里摸出了四文大钱,这时候叙述就看到了他满手的泥,鲁迅这样写:原来他便用这手走来的。鲁迅的交代干净有力。鲁迅作品有力的另一方面,就应该是鲁迅的宽广,像他的《从百草园到三味书屋》。他在写百草园时的叙述是那么的明媚、欢乐和充满了童年的调皮,然后进入了三味书屋,环境变得阴森起来,孩子似乎被控制了,可是鲁迅仍然写出了童年的乐趣,只是这样的乐趣是在被压迫中不断渗透出来,就像石头下面的青草依然充满了生长的欲望一样。这就是鲁迅的宽广,他没有将三味书屋和百草园对立起来,因为鲁迅要写的不是百草园,也不是三味书屋,而是童年,真正的童年是任何力量都无法改变的。这就是一个伟大的作家。

叶立文:伟大的作家总是时刻关注着人类宽广的内心世界。在我们的谈话结束之前,请您为您的读者说几句话。

余华:我知道自己只是写下了很多故事中的一部分,另外更多的故事我一直没有去写,而且也不知道以后是否会写?这就是我成为一名作家的理由。我对那些故事没有统治权,即便是我自己写下的故事,一旦写完,它就不再属于我,我只是被它们选中来完成这样的工作。因此,我作为一个作者,你作为一个读者,都是偶然。如果作为读者的你,在读完我写下的故事后,发现当书中的人物做出选择,也是你内心的判断时,那么,我们已经共同品尝了文学的美味。

评 论《

颠覆历史理性

——余华小说的启蒙故事

叶立文

在20世纪80年代社会思潮的嬗变过程中,启蒙主义作为一种知识精英的文化理念,始终潜藏于中国作家的文学实践中。即使到了以书写个体存在问题为主的先锋文学阶段,这种启蒙精神仍如薪火相传,不绝如缕。但问题在于,与五四时期便已形成的改造国民性、呼唤建构现代民族国家的启蒙文学相比,先锋作家告慰个体生命破碎感的叙事呢喃,如何可能与启蒙主义争取国家富强、民族解放的宏大话语相勾连?

在余华的小说创作中,启蒙叙事主要指向的是对遮蔽启蒙自身的历史理性的颠覆。这种历史理性以历史规律为名书写了一部压制个体生命感觉、规范个体伦理自由的主流历史,在这一传统历史叙事中,个体生命的世俗价值取向和伦理处境都不是个体依据自身生命体验的自我决断,而是一种先验历史理性的存在规定。因此,正视个体的生命体验及伦理处境,便成为余华小说颠覆历史理性,重构历史叙事的基本方法。而这种植根于个体生命故事的启蒙叙事,虽然是对个体存在问题的书写,其中却仍然隐含着五四启蒙文学批判国民性的基本主题。

在余华笔下,历史理性书写的主流历史展现了阴郁和冷酷的一面,是暴力、欲望等个体存在的生命体验让主流历史的这一侧影浮出了水面,而暴力与欲望也是余华重构历史叙事的核心语码。简要地说,在余华的历史叙事中,历史理性织就的历史是“暴力的历史”,文化则是欲望的温床。当血腥的暴力场景与贪婪的人类欲望共同现身时,余华对于历史理性的颠覆也悄然出场。这种颠覆性构成了余华小说启蒙叙事的主要内涵。

“历史”在余华笔下首先以人格肉身的形式呈现,颠覆行为就是对历史这一人格肉身的暴力刑罚:“他将1958年1月9日撕得像冬天的雪片一样纷纷扬扬。对1967年12月1日,他施予宫刑,他割下了1967年12月1日的两只沉甸甸的睾丸,因此1967年12月1日没有点滴阳光,但是那天夜晚的月光却像杂草丛生一般。而1960年8月7日同样在劫难逃,他用一把锈迹斑斑的钢锯锯断了1960年8月7日的腰……”(《往事与刑罚》)。“历史”的人格肉身在余华笔下鲜血淋漓,各种残酷的刑罚让“1958年1月9日”“1967年12月1日”等历史时间伤痕累累。在这种暴力的展示中,“颠覆”行为被最直观和触目惊心的暴力场景所指认。《一九八六年》呈现了与此相似的文本特征。这部小说的主人公是一个热衷于研究古代刑罚的教师,但他却在“文革”之中深受刑罚之苦,当他多年以后以疯子的形象重返故乡时,自残便成为他重演自己“文革”记忆的方式。疯子悠然自得、慢条斯理的自残行为,将已然逝去的历史场景骤然之间拉回到“现在”。疯子身在现实,心在历史。他用自残这一疯癫的病理证候展示了一段血腥暴戾的“文革”历史:疯子在一九八六年的暴力演出其实是他“文革”记忆的延续。“颠覆”可以在这一层面中被简单地理解为余华对“文革”的批判。但是,疯癫还有另外的含义。在《一九八六年》中,疯癫具有沟通历史与现实的话语功能。对于疯子来说,线性时间已烟消云散,他自残的快感与他过去的历史紧密相连，疯子将历史和现实的差异在时间维度内抹去后，“历史”便再度以人格肉身的形式出场：疯子就是历史的化身，他在现实中的暴力表演其实是历史场景的现实回放。因此，疯子的自残仍然体现着余华颠覆历史理性的文本策略；疯子的形象实则是历史的隐喻，他的自残依旧是暴力刑罚解构历史肉身的方式。同时，暴力与疯癫的结合，令《一九八六年》显得格外地意味深长。当疯子以暴力行为（自残）展现他的疯癫证候时，一种五四式的革命话语已初现端倪。因为“疯癫属于这样一类统一体；在这种统一体中规律受到损害、歪曲和破坏，从而表明这种统一体既是明显的和确定的，又是脆弱的和已注定要毁灭的。”[①]在疯癫的暴力展示中，历史理性的“规律”受到了“损害、歪曲和破坏”，它的确定性在暴力中被摧毁。《一九八六年》在此层面拥有了与五四启蒙话语相似的功能，即在疯子的自残场景中，表达了以“暴力”这种革命的激进方式颠覆历史理性的文本策略。从五四以来的启蒙传统看，当启蒙主义的劝诫无法颠覆蒙昧主义时，激进的革命话语便成了启蒙主义的最后选择，似乎唯有暴力革命，才能最终摧毁旧道德和旧伦理。可以说，余华对暴力的“痴迷”在某种程度上就是这种启蒙传统的延续。但是，如果余华小说的启蒙叙事仅仅停留在这一层面，就不会有《一九八六年》中疯癫的隐喻式表达。更进一步说，余华虽然以暴力的形式摧毁了历史理性，但在这种激进的革命话语之外，他还继承了五四文学“批判国民性”的启蒙主题，这种批判不是道德批判，而是在现代性伦理层面中的人性批判。

对于《一九八六年》中的疯子而言，他的生命体验是以“疯癫”的形式展开的，这种“疯癫”既是疯子的现实存在状况，也是他独立于周围人的标志。当疯子以自残的方式在人群面前批判历史时（即对历史施加暴力刑罚），一种启蒙主义的布道场景已横亘在了我们面前：疯子其实是一个启蒙者的隐喻，他以自身肉体的毁灭为代价，展示着用暴力颠覆历史的启蒙仪式，而周围人的兴高采烈，又昭示了一个蒙昧群体的存在。这一自残场景中的“围观”现象，与鲁迅笔下人们观看夏瑜被杀的场景（《药》）有异曲同工之处。在“看/被看”的场景中，启蒙者与愚昧者的处境居然历经一个世纪仍未改变：无论启蒙者做出何种牺牲，招来的都只是看客们心满意足的“欣赏”，启蒙仪式成了娱人耳目的表演行为。《一九八六年》首先在此层面上获得了与鲁迅小说相似的启蒙主题。同时，余华小说中人物的存在状况，即人物个体的自由伦理又令批判国民性的启蒙主题获得了现代性品质。就《一九八六年》中疯子的存在状况

---

① [法]米歇尔·福柯：《疯癫与文明》，生活·读书·新知三联书店 1999 年版，第 8 页。

而言，当“疯癫”被余华用作颠覆历史理性的核心语码时，它已不再具备道德意义上的价值判断。疯癫并不是人性恶的表征，它仅仅是疯子在现实当中的伦理处境，疯子的自残首先是这一个体生命体验的现实回放，颠覆历史才是自残行为的隐喻意义。如果把疯癫视为疯子个体生命体验的表征时，疯癫就不再具有道德意义。对于疯子来说，疯癫既是他的存在状况，也是展现他个体生命体验的“自由伦理的个体叙事”。由于现代性伦理就是个体偶在决然属己的生命感觉，那么，“疯癫”对于疯子的伦理处境而言，就是一种正常的存在状态：疯子在现实中的病理证候，实际上是他“文革”记忆的现实再现。余华通过“疯癫”把疯子的生命体验，或者说他的伦理处境完整地呈现了出来，自残行为在疯子的生命体验中，是合乎他这一个体偶在的生命逻辑的。现代性伦理的特征在此十分明显，它“不探究生命感觉的一般法则和人的生活应遵循的基本道德观念，……而是讲究个人经历的生命故事”①。它想讲述的只是“一个人的生命感觉曾经怎样和可能怎样”②。在这种漠视历史理性规定的普遍道德的现代性伦理叙事中，“疯癫”实际上是疯子这一自由个体的伦理叙事。因此，在现代性伦理看来，疯子生命体验的表征，即疯癫与自残具有合法性。可是，在围观的“群众”看来，疯子的自残行为又的确是疯癫的表征。那么，如果从现代性伦理的角度去窥探“群众”的存在状况时，又会出现什么局面呢？从表面上看，群众才是清醒的大多数，他们围观疯子自残的场景，似乎表明了自身理性的健全。可是，如果疯子的存在状况在现代性伦理中是合法和正常的话，那么，群众在“围观”行为中展现的惊讶、兴奋和恐惧就是不正常的，换言之，群众对疯子正常生命体验的无法理解，恰恰表明了他们自身的疯癫（不正常）状态，这是另一种形式的疯癫。在《疯癫与文明》的开篇，福柯说：“帕斯卡（Pascal）说过：‘人类必然会疯癫到这种地步，即不疯癫也只是另一种形式的疯癫。’陀思妥耶夫斯基（Dostoevsky）在《作家日记》中写道：‘人们不能用禁闭自己的邻人来确认自己神志健全。’……人们出于这种疯癫，用一种至高无上的理性所支配的行动把自己的邻人禁闭起来，用一种非疯癫的冷酷语言相互交流和相互承认。”③从福柯对疯癫史的知识考古中可以看到，在古典主义时代对疯人的禁闭，实际上展现了正常人“另一种形式的疯癫”，在我们这个时代，疯癫体验在历史理性的普遍道德中保持了沉默。

医学的昌明将疯癫当作一种精神疾病，从人们对于疯癫的日常体验中，传统伦

---

① 刘小枫：《沉重的肉身》，上海人民出版社1999年版，第4页。

② 刘小枫：《沉重的肉身》，上海人民出版社1999年版，第5页。

③ [法]米歇尔·福柯：《疯癫与文明》，生活·读书·新知三联书店1999年版，前言。

理道德就借助医学这种知识力量压制了疯癫体验。古典主义时代对疯人的肉体禁闭在今天已转换为伦理意义上的另一种“禁闭”，即人们用怜悯、歧视、窥探等行为将疯人从理性的大多数中排除了出去。因此，这种禁闭仍然展现了福柯所说的人类的“另一种形式的疯癫”。在《一九八六年》中，当观看疯子自残的群众，表现出惊讶与好奇的心理状态时，“群众”的存在状况便属于“另一种形式的疯癫”。在这里，疯子与群众的存在状态发生了微妙的对调：疯即是不疯，不疯即是疯。这是由现代性语境中自由个体的伦理处境所造成的。在这一层面中，《一九八六年》的启蒙主题显然具备了五四文学批判国民性的启蒙主题：当疯子以启蒙者的形象出现时，以自残为表征的启蒙仪式却遭到了一群疯人的耻笑。群众自身疯癫形式的表现，既是对于启蒙者的不理解状态，也是愚昧的国民性表征。余华从叙述个体生命感觉的现代性伦理出发，大大深化了五四文学批判国民性的启蒙主题，并使其获得了一种现代性品质。在这里可以看到，余华小说的启蒙叙事始终依附于对人物个体生命感觉的叙述，这其实已经意味着先锋作家关注启蒙问题的视域转换：不是从民族国家的角度，而是依据个体的生命体验，在生存论的维度去颠覆历史理性书写的主流。

此外，余华的小说在颠覆历史理性的时候，还继承了五四启蒙文学的许多核心意象。诸如“疯癫”“狂人”“吃人”等意象在《四月三日事件》《现实一种》《古典爱情》等小说中比比皆是。这些作品几乎可以看作是鲁迅部分作品的当代演绎。而两者的区别仅在于余华对这些意象冷静的叙事态度，这种余华式的叙述令他颠覆历史理性的启蒙主题获得了锐利的批判锋芒。在《现实一种》中，余华对山岗兄弟相残的暴力场景冷静叙述，使得这部小说人物的伦理处境别有深意。当山岗与山峰为儿子的死亡事件相互怀恨在心时，人物的疯癫证候似乎并未出现。但是，复仇的欲望彻底冲决了传统伦理的阈限，余华对于兄弟相残的暴力场景手术刀式的解剖，将这种种病态的暴力行为在历史理性的伦理视界中演绎得无比疯狂和残酷。而余华如局外人般的冷漠，又无疑放弃了对人物的道德评判：兄弟相残已不再是一个道德事件，确切地说，这也不是一个历史理性规范下的伦理事件，而仅仅是一次现代性叙事中的伦理事件，它彻底颠覆了“亲亲”“爱仁”等历史理性认可的传统伦理。在这里，余华的批判锋芒无疑指向的是历史理性。他所借助的小说意象，正是鲁迅的《狂人日记》《药》等作品中隐含的“吃人”意象，只不过鲁迅笔下臆想性的吃人变成了现实——《古典爱情》便是明证。而在《四月三日事件》中，余华将鲁迅笔下的“狂人”意象赋予了新的生命力。

这部作品充满了许多“预见性”的叙事。与鲁迅的狂人一样，《四月三日事件》里的那个少年在性格方面具有典型的疯癫证候，他与狂人同样对外界充满了敌意，时时揣测和提防着他人的暗算，这种具有受虐倾向的妄想证候，在余华笔下却以理性的叙事呈现。少年和狂人的臆想不同，他在冷静的判断中预见到了未来岁月里他人的企图。每当少年想象未来的情形时，现实果然都如其所料。这种准确而诡异的预见，令少年惊愕不已，但他依然不动声色，在猜想逐步得到证实的过程里等待着“四月三日”这个特殊的日子，因为所有的细节都预示着那将是一个阴谋付诸执行的时刻。然而，“四月三日”在小说结尾时仍未到来，“事件”最后变成了一个悬念重重的虚拟时态。这篇小说因此具有余华先锋文本的一个基本特征，即细节真实与整体虚幻的悖谬。这种文本悖谬的意图何在呢？首先，余华确认了个体存在的真实。当少年危机四伏的存在状况以“疯癫”的形式展开时，他者的威胁其实来源于一种少年生命体验的真实。危险并不一定以具体事件为标志，即便现实并未对个体构成威胁时，个体的生命体验都会告诉自我，世界是一个充满了他者敌意的世界，不论个体的肉身是否受到损害，他的生命体验都是惶恐和紧张的。这意味着个体生命感觉的恐慌，实际上比现实的危害更加让人感到害怕。对于少年来说，自我生命感觉的恐慌才是真实可信的。可见，个体的生命体验比现实存在更为真实，是前者的揣测与预见才造成了现实存在的惶恐与不安。这样看来，现实其实是不真实的。余华说过：“我觉得生活实际上是不真实。生活是一种真假参半的、鱼目混珠的事物。我觉得真实是对个人而言的。比如说，发生了某一个事件，这个事件本身究竟是怎么一回事，并没有多大意义。你只能从个人的角度去看这个事件是怎么一回事。”①那么，什么才是真实的呢？“比如一种愿望，一种欲望，那些很抽象的东西”等等。② 所以，“四月三日事件”是怎么一回事并不重要，余华只关注少年作为孤单个体的生命体验。对于少年来说，不管现实如何出人意表，只有他的感觉，他那些预见本身才是真实的。这意味着什么呢？现实真实，用余华的话说就是“生活真实”其实并不像它的表象那样真实。而现实真实正是历史理性的真实观念，一切传统历史叙事针对的都是如何真实地反映这种现实的真实。当《四月三日事件》以细节描写生活表象时，当“四月三日事件”变成一个虚幻的整体意象时，余华实际上已经颠覆了历史理性，标志着启蒙主义的渐趋成熟。

（载《小说评论》2002年第4期）

---

① 余华：《我的真实》，《人民文学》1989年第3期。

② 余华：《我的真实》，《人民文学》1989年第3期。

主要作品目录《

长篇小说

《在细雨中呼喊》,花城出版社 1993 年版。

《活着》,长江文艺出版社 1993 年版。

《许三观卖血记》,江苏文艺出版社 1996 年版。

《兄弟》,上海文艺出版社 2005 年版。

《第七天》,新星出版社 2013 年版。

小说集

《十八岁出门远行》,作家出版社 1989 年版。

《偶然事件》,花城出版社 1991 年版。

《河边的错误》,长江文艺出版社 1992 年版。

《余华作品集》,中国社会科学出版社 1995 年版。

《黄昏里的男孩》,新世界出版社 1999 年版。

《我胆小如鼠》,新世界出版社 1999 年版。

《世事如烟》,新世界出版社 1999 年版。

《鲜血梅花》,新世界出版社 1999 年版。

《现实一种》,新世界出版社 1999 年版。

《战栗》,新世界出版社 1999 年版。

《走向诺贝尔当代中国小说名家珍藏版·余华卷》,文化艺术出版社 2001 年版。

《余华精品文集》,北京文艺出版社 2001 年版。

《黄昏里的男孩》,台湾麦田出版公司 2003 年版。

《朋友》,江苏文艺出版社 2003 年版。

《余华作品集》,北岳文艺出版社 2004 年版。

《余华精品集》,人民文学出版社 2005 年版。

《余华精选集》,北京燕山出版社 2006 年版。

《古典爱情》,人民文学出版社 2006 年版。

《一九八六年》,花城出版社2013年版。

《我没有自己的名字》,人民文学出版社2017年版。

《河边的错误》,时代文艺出版社2018年版。

散文随笔集

《我能否相信自己》,人民日报出版社1998年版。

《内心之死》,华艺出版社2000年版。

《高潮》,华艺出版社2000年版。

《读与写》,西苑出版社2000年版。

《灵魂饭》,南海出版公司2002年版。

《说话》,春风文艺出版社2002年版。

《温暖和百感交集的旅程》,上海文艺出版社2004年版。

《没有一条道路是重复的》,上海文艺出版社2004年版。

《音乐影响了我的写作》,上海文艺出版社2004年版。

《余华散文》(3册),作家出版社2008年版。

《间奏:余华的音乐笔记》,江苏文艺出版社2009年版。

《十个词汇里的中国》,城邦文化事业股份有限公司2010年版。

《余华随笔》(3册),作家出版社2014年版。

《文学或者音乐》,译林出版社2017年版。

《我只知道人是什么》,译林出版社2018年版。

《活出生命的本真》,九州出版社2019年版。

《没有一种生活是可惜的》,陕西师范大学出版总社2019年版。

文　集

《余华文集》,作家出版社2012年版。

张 楚

男，1974 年生，河北唐山人。

小　引《

提到张楚，就会想到他写的小镇。提到他写的小镇，就会想到以前许许多多写过小镇的作家，和许许多多作家写过的小镇。有学者给这些作家写小镇的作品冠以一个总的名称，就叫小镇文学。张楚是小镇文学的翘楚。

小镇文学中的小镇，在学者眼里，是一个文学地理学的概念，在小说家笔下，则是一个文学叙事的空间，就像一座城市，一个村庄一样。但小镇在文学中的意义，又不同于城市和村庄。据说中国最早的城市，除有些封国是有意识地建立的都城外，其他大多起于集市。繁华的集市，也就是小镇。所以，说城市是由小镇发展壮大而来，大约也不为错。但这小镇一旦变了城市，就不复是原来的样子。你想想看，先前分散在不同村落的农户，经由频繁的物物交易或钱物交易活动，最后在某一个交易点上定居下来，结成集镇，这其间该有多大的变化。往大处说，首先是生活来源和生活方式变了，由以务农为生，到以买卖为生或以为买卖创造条件提供服务为生，用政治经济学的术语来说，是由直接获取生活资料的劳动，变为间接获取生活资料的劳动。其次是人际关系和交往关系变了，由主要是血缘宗亲组成的家族关系和主要是家族内部的交往，变为不同个体组成的社会关系和家族之外的社会交往。有这两个方面的变化，也带来了生活观念、伦理观念和价值观念之类的意识上的变化，小镇于是就以一种新的社会结构形态与村庄区别开来。随后的改变是在进入近现代社会以后，普遍的商品交换和扩大的交换市场，进一步拓展了小镇生活的规模，也改变了小镇生活的方式和小镇生活的性质。从物质层面到社会层面进而到观念层面，都有许多新的东西在不断滋长，买卖和交易开始有了规则，在买卖和交易之间，出现了许多中间阶层，日常生活开始出现一定的程式，信息和交通代替了口耳相传和步履交接，与此同时，商业化的消遣娱乐随之兴起，学校教育在造就人的理性，思想和文化成为人之为人的标志，如此等等，小镇于是逐渐脱离了村庄的原型而具有了城市的形态。

比较学者讲的和书上写的，这当然是对小镇变为城市的一种最简单的描述，但就是在这种极简化的描述中,我们也不难看出,小镇在村庄和城市之间所处的特殊的历史位置。因其位置特殊,所以,无论是作为一种文学地理空间,还是作为一种小说叙事空间,它都具有一种特殊的意义和价值。中国古代虽然没有专写村庄的乡土文学,但却有从村庄中出来的田园诗,城市文学则纯属现代的产物。作为从村庄向城市的过渡,小镇文学也是产生在一个从古典向现代过渡的时代,至少在中国迹近如此。在中国现代文学中,最早体现这种过渡性质的小镇,是鲁迅创造的鲁镇。今天有好事者为了地方利益和商业利润,把鲁迅在文学中虚构的鲁镇,在现实中又做了一次虚构,开辟为一个旅游景点,供游人观赏。鲁迅当年的虚构,却是为着承载他对于过渡时代的社会由旧变新的观察和体验,在鲁迅笔下,与鲁镇这个小镇社会有关的人物,无论是拖着断腿沽酒的孔乙己,还是捐了门槛赎罪的祥林嫂,抑或是临到砍头还要把圈儿画圆的阿 Q、被城里的革命搞得惊惶不安的土场上的村人们,都留下了这个过渡时代的精神文化印记。此后,在相当长的一段时间内,凡写小镇者,必以这新旧过渡为特征。学者和批评家则由此看出了小镇文学的价值,这价值便是表现中国社会由传统走向现代的嬗变。直到陕西作家路遥写一门心思想走出农村、走进城市的知识青年高加林,依旧把他安排在一个城乡接合部,即由传统向现代过渡的地带。可见小镇文学自鲁迅以来,至少是在一个相当长的时间内,已趋于定型。

张楚的写法似乎不是如此。他也写传统向现代的过渡,而且是比以往更加激烈更加迅捷的过渡,但这过渡已不仅止于器物层面的由旧变新,也不仅止于制度层面的由计划变市场,而重在观念或精神心理层面的变化。此前虽有作者也写这种变化,但大抵不出留恋旧物或囿于旧制而不舍割弃或不得挣脱的痛苦,或写处于新旧之间的矛盾与冲突,但张楚所写,却大多是在已拥新物,已成新人,即已完成由旧向新的过渡,却于这新有诸多不适和矛盾的人事。这不适和矛盾有时竟至于逃离和反抗,不是逃离旧物,而是逃离新境,不是反抗旧制,而是反抗新俗,于是张楚笔下的小镇人物,就有许多超越小镇的梦想,这梦想有人间的温情,有浪漫的恋爱,有清新的自然,有浩渺的星空,甚至有让人恐惧又不无诱惑的死亡,如此等等。在学者和批评家看来,这些描写已不完全属于小镇这个文学叙事的空间,而是超越小镇达于整个社会的现代化进程,是这个走向现代和已经现代的社会文化进程中出现的问题和矛盾。从这个意义上说,张楚的小镇叙事无疑又具有极强的现代性。

自 述《

我和我居住的县城

1983年从大同迁徙到这个叫作“侉城”的县城,已足足二十八年。二十八年里,除了在大连上大学的几年,除了偶然的公差私差,我一直不舍昼夜地住在这里。有时想,也许这辈子都会在这个县城住下去了吧?犹如我在小说《地下室》里借主人公所言:“我很轻易就预见到了我的将来:我从税务师事务所退休,拿着不多也不少的养老金,同时患上形形色色的小毛病:气管炎、咽喉炎、高血压、风湿、肩周炎、老年痴呆症或心脏病。晨起会到街心花园跟一帮面孔模糊的老人打太极拳,或者跟穿着艳丽绸缎的老太太打安塞腰鼓,白天则坐在这座老房子里,继续看着退休后的小学老师不慌不忙地织着毛衣、毛裤、袜子或手套……最后我或她,在床上或者在别的什么地方,或先或后地离开这世界,我们的孩子会从外地回来奔丧,将我们燃烧成一捧尘土。从此我会在桃源镇彻底消失,留不下一点痕迹,就好像,我从来没有来过这世界一样。”

这样描述似乎有些悲观,而无论悲观与否,我的命运或许和这个叫“马文”的主人公并无二异。从我到达这个县城后,多年来,它并没有什么显著变化:弯弯曲曲的主道,郁郁葱葱遮人眼的柳树,主道两旁低矮的门市,理发的开川菜馆的开一元店的开门诊的售熟食的,这些操着不同职业的人,每日将门脸敞开,让平原上平铺直叙的阳光打进,在他们或清爽或油腻的脸上,投下或明亮或黯淡的影。这些年,那些门市里的商人换来换去,门市里的商品也换来换去,然而不变的,是我每天都要经过这些街道,经过这些或陌生或熟稔的小镇人。这是有意思的事,即便参加陌生的饭局,看到那些应是陌生的人,你也会觉得他们那么眼熟。只因这些年里,没准你就在什么地方碰到过他或她:破旧的电影院里、接送孩子的学校门口、县政府的某个会议上、医院里的某个病房,卖安徽板面的破房子里……总之,那些你以为你从来没有遇见过的人,其实早在多年之前就已与你擦肩而过。就像前几天,我骑着破自行车撞到一辆宝马上,分不清谁对谁错,于是两人争执起来,然而,那些路过的人,有的认识他,有的认识我,有的还互相认识,于是在说和下,我继续骑着我的破自行车上路,而他开着他的宝马车去了修理厂。

在刚开始写作那些年，小镇上平朴的人们成了我小说里的主人公。我一个朋友是残疾人，因文字认识了一个桂林姑娘，姑娘比他小十多岁，可还是跑到小县城嫁他，生儿育女。那天，我碰到他抱着小女儿在路旁玩耍。他女儿的头发比麦芒还黄，瘦弱的小胳膊小腿犹如新藕……我是个厚道人，我也不多愁善感，可那片刻，我的心柔软到酸楚，于是我写了《草莓冰山》，后来发表在《人民文学》上。李敬泽老师说，里面有种森冷的怜悯。或许就是这样，小镇总是灰扑扑的，干燥的，凛冽的，即便是热烈和腥甜的气息，到了这里都蒙上一层油腻、粗糙、冷漠的味道，先天性的缺乏那种棉花的软与暖、蜜的甜与香。譬如我弟弟那个小学女同学，胖到令人眩晕，没有父亲，且缺半截手指。我常听弟弟说她，说她给鞠萍姐姐写信，鞠萍姐姐竟给她回信了，她就拿了信让人看。人说是假的，她就把手指割开，用血写封战书，翌日怀里揣了菜刀决斗。我见过那孩子，这是我见过的最丑的女孩子……多年后我眼前还经常浮现她的影子，就写了《樱桃记》。这篇小说发表在《中国作家》，并被很多朋友喜欢。又过若干年，我又碰到她。她因生得丑，嫁给了一个种地的农民，这在县城里很是罕见。那天她穿着军大衣，不停在雪地里打手机，间或大声吵嚷。我观察了她很长一段时间……后来我就写了《刹那记》，或许出于怜悯，我给这个少女时期的樱桃安排了一个还算和暖的结局……也许，日后我还会在小镇上遇到她，也许以后我还会写一些关于她的文字。谁知道呢？这个县城这么小，可是，这个县城又那么大。很多小学同学，一晃二三十年不见，而我们，每天就在四五条街道上走来走去。这是多么奇妙而诡异的事。

县城发生变化是近十年的事。之所以变化，是因为这里开了几家私营钢厂。每个钢厂都很大，都有很多工人，闹哄哄的，热腾腾的，空气里的粉煤灰落在他们脸上，让他们的神情显得既骄傲又落寞。慢慢地高楼越来越多，而且前年，县城终于出现了超过20层的高楼。这在以前是不可想象的，因为我们这里还经常地震，人们都怕住高楼。而现在，人们似乎什么都不怕了，不但不怕了，有了点钱还专门买好车。我的很多小时候时常蹲级的同学，现在都是这个公司的老板那个公司的董事，坐在一百多万的车里朝你亲切地打招呼。就像《百年独孤》的马孔多小镇一样，这个县城越来越光怪陆离越来越饕餮好食，空气中的味道也发生了质的变化：以前虽灰扑扑、干燥，但骨子里却有种干净的单调和明亮，我相信那不是气候的缘由，而是人心的缘由。如今，小镇上虽有了肯德基，有了各样专卖店，有了各种轿车，可人却越来越物质化和机械化，谈起话来，每个成年人的口头都离不开房子、金钱、女人和权力，似乎只有谈论这些，才能让他们身上的光芒更亮些。

我想，或许不单单是这个县城如此，中国的每个县城都如此吧？这个步履匆忙、满面红光的县城，无非是当下中国最普通也最具有典型性的县城。在这样的县城里，每个月都会出现一些新鲜事，当然，所谓新鲜事，总是和偷情、毒杀、政治阴谋、腐败连接在一起，归结到底，是和俗世的欲望连接在一起。可是由于这种欲望如此明目张胆又如此司空见惯，我总是忍不住去关注一下，于是，我发现了很多有趣而悲伤的故事。今年《收获》一期发表的《七根孔雀羽毛》，就是在某条县城新闻启发下写的。这个小说和我以前的小说不太一样。我似乎是漫不经心地写了小县城精神上的异化，以及道德底线被撕扯后的痛楚。当然，小说里的人物和以前的人物不太一样，不再单纯是那种不起眼的小人物。我希望我的眼神是清澈的，我的思想也是清澈的。我看到了暖，于是写了暖，我看到了悲凉，于是也写了暖，只不过这种暖，是悲凉后的暖。

从去年开始，我一直想在朋友们中间组织一个“读书会”，每个月和朋友们携妻带子，到郊外或者到茶馆，一起读读书，谈谈生活和理想，让我们过于绷紧的精神和焦躁的情绪有一个小小的缝隙。我想让我们的精神世界丰沛一些、充盈一些，神圣一些。也许臆想中的此举，只是我妄图反抗县城粗俗生活和旺盛欲望的一种姿态？这种姿态在我的朋友眼里也许是可笑的。或许真的就是可笑的吧？这种活动只适合798的艺术家和大城市的文艺青年。在小县城里，是无所谓神圣、无所谓精神的。西蒙娜·薇依说：“神圣在尘世中应是隐蔽的。”那么，我尽管让我小小的愿望隐藏起来好了。我该做的，是应该和小县城大口吃肉大口喝酒，然后在午夜时分，让我腰椎间盘突出的身体回归书房，静静地与另一个我，另一个纯净的世界，开始漫无边际的对话、旅行和嬗变。

访　谈《

生活深处的残酷与温暖

——张楚访谈录

金赫楠　张　楚

金赫楠：为什么写作呢？

张楚:我的写作受到很多前辈作家的影响。我喜欢的作家非常多。我觉得一个写作者在青春期的时候一定要大量阅读,找到契合自己气质的作家,然后和这个作家的所有作品谈恋爱,感受这个作家的气息、温情、胸襟。那是种很幸福的事情。我大学时特别喜欢卡夫卡和余华、苏童、格非。

金赫楠:我猜到你是喜欢苏童的,那种绵软的坚硬,精致,隐秘和华丽。

张楚:大学时我买了苏童几乎所有的作品,那个时候,觉得他的文字异常华美。而华美的文字对文学青年来讲,杀伤力是很大的。

金赫楠:阅读者,选择自己喜欢的作家与作品,其实往往就是那种与自己内心气质契合的东西。我也曾经喜欢阅读苏童的小说,我以为,这一类风格的作品,那种对于微妙的情感与心理的探究,其实就内含着一种对于生命的悲悯和尊重。

张楚:是的。就我自己来说,无论阅读或者写作,我都喜欢探究微妙的情感和心理,在探求的过程中,痛苦和欢欣并存,那是一种奇特的感受。我那时还非常喜欢三岛由纪夫,把《春雪》里喜欢的段落大段大段地抄到笔记本上。抄写那些文字的时候,感觉是非常奇妙的。对了,还喜欢过一段张爱玲,不过,她的文字里那种尖酸刻薄,我不是很喜欢,也许这就是男人和女人的区别。

金赫楠:你看得很准。女性作家文字的精巧和细微,往往都隐藏着一些阅世的苍凉感和刻毒。你的文字,内含一种感伤和悲悯。

张楚:谢谢你的感受和理解,确实是那样。很多朋友和老师说过,我的小说偏于忧郁感伤。我有时候也很警惕这一点。不过,我生活中遇到的人,大都是生活在最底层的人,我在小说里描摹的他们的生活片段,其实不是他们最灰暗的片段。

金赫楠:一个作家,是否具有悲悯之心,非常重要。我发现一个很有意思的现象,尽管你小说中几乎都是小人物,但是在底层叙事铺天盖地流行的时候,却很少有人把你归并进底层作家。有没有想过这是为什么?

张楚:你提的这个问题非常有意思啊。

金赫楠:带着这种疑问进入你的小说,解答疑问的过程也是感受你小说美妙的过程。我说一下我的理解。首先,选择书写小人物我猜测可能是一种不自觉的选择。因为作为一个普通人,接触最多的就是小人物。对一个作家来说,熟悉的生活和人作为写作资源至关重要。这生活和人群,不仅为写作提供故事内核、人物原型,还塑造了作家的审美倾向与情感方式。然后就是,怎样面对那些小人物的困顿与苦难?渲染苦难,展陈艰辛,不是高明的选择,也不是最贴心的进入。

张楚:我喜欢这句话——“渲染苦难,展陈艰辛,不是高明的选择,也不是最贴心的进入。”也许是我的叙事方式和态度，或者说，审美的途径我跟那些底层作家有所差别。现在很多流行的底层小说，只是借助底层的人物，讲一个类似新闻采访的故事，很多作家不注重人物的精神内核。或者说，他们对人物的理解往往停留在表象，没有用刀子将人物的脉络纹理割开。当然，这只是认识的不同。

金赫楠：这种表面的认识，会携带一种想当然的优越感和拯救欲，那种同情很苍白。恰恰最需要的就是我前面说到的悲悯情怀，这里头，包含着心疼、理解、懂得。你选择的角度，在我读来，更多是关注人物在现实世界中的精神困境。

张楚：的确，我很关注人物在现实世界中的精神困境。我觉得盲点和困境是人类普遍存在的。我之所以写小人物的故事，是因为我就是小镇上的小人物，我的同类也都是小人物。但是我晓得他们的困苦和顽疾不单单是因为物质的匮乏，有时候，面对这个混沌的世界已然建立的精神秩序和道德制约，人会觉得非常渺小和困苦。

金赫楠：比如《曲别针》初读我是惊讶的。虽然也有不满，但我还是惊讶于一个陌生作者在写作上表现出来的成熟与老练——于小说技术上的、于世情人心把握上的。主人公刘志国，他所面临的难题，我理解是一种撕裂感，他是内心很分裂的一个人。小说里头时不时地在他似乎堕落的、物质的当下生活里头插入曾经的理想、追求，曾经的诗情画意，这使得人物有一种幻灭感。如果稍微粗粝一些的话，刘志国的那些悲伤，似乎都可以不成立。他的困顿，更多不是来自外部世界的挤压，而是内心深处的逼仄。展示给我们看的，不是现实的艰辛，而是灵魂的灾难。这部小说也比较集中地包含了诸多张楚式小说的元素——比如对于形式美的追求和对华丽语感的迷恋，比如对世道人心的深入探究和对精神困境的关注，等等。这篇小说的毛病，坦白说，也影响着你之后几篇小说的创作，就是有些太刻意，作家用力的姿态太明显。叙述上稍嫌有点赶。

张楚：在写《曲别针》之前，我已经写了几十万字，但是鲜有发表。也许可以说，在这个小说发表之前，我已经很自觉地进行了十多年的文字训练。现在看来，这个小说的语言确实有点疯，缺乏节制——大抵和年龄有关吧。里面的故事是我根据现实生活中的故事嫁接的。一个人之所以痛苦，除了外界的压榨，更多的是这个人在反抗压榨后发觉自己无能为力，这种徒劳会让人产生空虚感和幻灭感。

我自己也感觉到了小说的毛病，呵呵，那个时候，总以为越用力，小说就会越有力量。但是，事实恰恰相反。

金赫楠：这是作家创作上必经的一个阶段。尽管如此，你那种似乎很天然的小说禀赋还是经由这篇小说展露得很充分。前面我们说过，你的小说在对小人物的关注上主要着力于挖掘人物的精神困境，而不仅仅是现实层面的困顿与实际生活的困难。我在你的小说中，读到灵魂的灾难。在那一系列小说中，有两个关键词贯穿始终：一是困境，一是挣扎。我们可以看到，《曲别针》中的商人刘志国困于灵与肉分裂的痛苦焦灼之中，《草莓冰山》中的拐男人、《长发》中的王晓丽困于底层社会精神与物质的双重缺失之中，《樱桃记》中的樱桃困于逃跑与追逐焦虑里的艰难成长之中，《火车的掌纹》中的丁天和他的同学们困于未来无所着落的漂泊感之中，《关于雪的部分说法》中的颜路，困于身体麻木地穿梭于庸常的生活而内心却又游荡于幻想的矛盾之中，等等。这些身陷不同困境中的人们，却都做着苦苦的挣扎：有的人用谎言来同苍白的现实困境较量，企图靠语言来堆积成理想的生活状况；有的人尖叫着使劲跳跃，想要逃离困境；还有的人在重压之下俯下身去，向尘埃谋求着最后一点苟活的空间。

张楚：其实在我的理解中，人的幸福感和人的幻灭感总是相辅相成的。因为人就是矛盾的动物。当然，一个人的内心世界越丰富，他的幸福感和幻灭感就越强烈。有时候我想，文学其实不是用来描写日常人物的日常生活的，而是描写日常人物的非正常状态的，用你的话来说，就是用来描写日常人的灵魂灾难的。那些伟大的经典小说，无论是《包法利夫人》还是《复活》，无论是《药》还是《金锁记》，他们描述的都是那种人类灵魂的挣扎、反抗和反思，当然，这些伟大作家总是把他们对人性和人生的疑虑带上自己的哲学思考，从而获得更广泛也更普世的价值。我觉得如果纯文学还有出路，那就是要继承古典文学、现代文学的那些优点，写出人的复杂性，而不是单纯的人的境遇。我的小说《草莓冰山》《长发》等作品，写的都是底层人物，但是我并没有单纯地把他们的艰辛生活做简单的描摹，在我看来，写出他们的灵魂世界，写出他们灵魂世界的灾难，远比讲一个催人泪下的故事更为重要，也更为真实。要知道，大部分人总是向尘埃谋求着最后一点苟活的空间。

金赫楠：卢梭说过，人生来是自由的，却无所不在枷锁之中。从某种意义上说，每个人其实都挣扎在自己的困境当中，这和生活方式无关，也并不取决于身份的高低与财富的多少。作家，就是要有这种敏锐，观察到当下人们普遍存在的生存困境，并通过展示不同阶层、不同性格的人的生存状态，发出自己对于存在的某些真相的追问与思考。

张楚：我读《追忆似水年华》的时候，跟你有同感。那些法国贵族，过着优雅的、有品位的生活。但是他们似乎都不幸福，每个人都有自己的困境，都挣扎在自己的困境当中，就像投入罗网的蜜蜂，越挣扎痛苦就来得越强烈。主人公总是为自己心上人而焦灼，那个老公爵总是为自己追求不到那些俊美男人而焦灼，贵夫人们总是为自己的沙龙是否办得成功而焦灼，如你所言，这些都与人的身份高低和财富多少无关。作家就是要写人的生存状态的，并就这种状态发出自己的声音和思考。

金赫楠：你是一个喜欢不断发问的小说家，但是却不急着宣布标准答案。我在你的小说中，常常是感受疑问，却看不到答案。看完张楚的小说之后，我也没能知道，《惘事记》中的凶手究竟是谁，《火车的掌纹》中的中年男女是不是夫妻。没有答案，只是观察和发现。

张楚：确实，我不太喜欢宣布标准答案，而只是客观地发问，有时候甚至连发问都没有。写《惘事记》的时候，我的脑中总是出现那个跟我祖母一起打牌、有五个儿子却没有人赡养、只好自己抚养脑瘫儿子的可怜老寡妇。写《火车的掌纹》的时候，我脑中出现的是在火车上碰到的那对中年男女，我无从得知他们的关系：是情人还是亲人，但是我知道，他们之间肯定有很多不能为外人所知的故事……如果我把答案写出来了，那么小说就失却了它应有的意义。你说呢？

金赫楠：没错。我甚至认为，好的作家，好的小说，其实与题材没有太大关系。写作，或者干脆说文学，为什么要有这个东西存在，它就是要透过表象，深入内里，就是要摒弃那些想当然的评判与认知，去挖掘那些隐秘的、微妙的真相。

张楚：好的小说确实与题材没有简单的对应关系，而是与挖掘人性的深度有关系。文学为什么存在呢？现在网络和电视那么发达，而且这些媒介拥有更锐利的武器：精美的画面、资讯传达的及时性、娱乐性……但是文学跟这些更现代的媒介相比较，却拥有自己的美学价值和现实价值：那就是写出人的复杂性和多面性，用优美准确的文字表达出更深刻的况味。如果文学失却了思考和优美，失却了悲悯心和怜惜，那么文学还有什么意义呢？

金赫楠：我曾经在一个评论里面这样表述为：张楚善于发现那些平静外表下的暗潮涌动，以及不动声色背后的万马奔腾。

张楚：这两句话我喜欢，夸到我心里去了，呵呵。其实，这也正是我小说写作期冀达到的高度。我有一个问题，我的小说，你最喜欢哪篇？呵呵，我有些好奇。

金赫楠：我喜欢《刹那记》。喜欢《刹那记》的原因，一是因为已经很长一段时间里厌倦了小说中的阴晦，很期待温暖。更是因为，《刹那记》的叙事本身很吸引我，那是一种很有耐心的娓娓道来，舒缓却有力量，行文比较圆润，也自然。让我感觉，不经意间，人物形象、故事情节、表达的主题渐渐清晰起来，小说的温度也慢慢升腾起来。不是那种突兀的、有伪造嫌疑的人为的高温。

张楚：写《刹那记》那段时间，自己内心很安详，老和尚一般，呵呵，生活中的每个有点闪光的细节都会让我感慨和感动。写的时候也没有急躁。我在这篇小说里面用了很多生僻字。我想，那么美好的字好多年没有用了，就让我来让它们重新散发它们自己的光芒吧——这个想法是不是很矫情？

金赫楠：很好啊，文学创作在背负使命感的同时，也需要游戏心态的。

张楚：一个作家内心的成长可能和自己的经历也有关系，比如做父亲。当了父亲的男人，感觉肯定和单身时不一样，他内心里的那种善、暖、静，可能会被一个肉乎乎的孩子唤醒并且放大。写《刹那记》的时候，我的头脑里一直有种油画的感觉。一个有点笨、有点残疾的女孩，在黑夜里行走，那种幻象，让我有种欲哭的感觉。如何在繁琐的、鸡毛蒜皮的生活中捕捉到让我们心灵悸动的细节？就像是在海底寻找珍珠一样。等我有精力了，我想把这个《刹那记》和《樱桃记》放在一起，拍个小成本的文艺片，你觉得如何？

金赫楠：好主意。就是这么一个不起眼的小女孩，她身上的戏剧感是稀缺的，那么一个作家，如果选择她做人物，怎样进入她？表现她？又或者干脆说，选择这样一个女孩来写小说，这本身就关乎一种文学价值观。

我的印象中，《刹那记》之前，你的小说基本上都是短篇。而这之后，你创作的更多集中在中篇小说。我自己并不写小说，没有实战经验，呵呵。只是从阅读的感觉来看，我认为短篇小说的写作难度是挺大的，它其实是非常考验作者能力的文体，其篇幅短，字数少，所能容纳的人物和情节都是很有限的，但是读者期望从短篇小说中获得的，却不一定就比长篇和中篇更简单。也就是说，短篇小说的写作者必须有本事在有限的篇幅内容纳足够的丰富与复杂。

张楚：其实写中篇我是有私心的，那就是在四十岁之前，写出一部自己满意的长篇。以前好像听铁凝老师说过，要写长篇，先要经过短篇和中篇的训练。短篇是写感觉，中篇是写故事，而长篇就是写人生。大家都说短篇难写，可能就是感觉难在语言和意境。但是我觉得相对于中篇来讲，短篇还是很好控制的，因为只要有那种氛围，一蹴而就还是很容易的。但是我觉得中篇就难多了，要想故事，要谋篇，要在三万多字里讲一个与众不同的故事，而且要恰到好处……以前写短篇我从没写过提纲，但是写中篇的时候我通常会列一个简单的提纲，也许是我思维太感性，在写中篇的时候，我总是遇到这样或那样的问题，而这些问题，大都与小说技术有关。我希望我能把中篇写好，然后储备够了，写一个我梦想中的长篇。

金赫楠:你的小说有一个特点,就是往往喜欢将支离破碎、片段性的原生态生活碎片,以自己的方式粘贴成一个又一个景象。时间和空间在作者的笔下或长或短地缩短或者延伸,生活碎片被巧妙地依照叙事的逻辑需要拼接成事件的前因后果,拼接成人们在困境中陷入和挣扎的种种景象,并在景象中呈现出自己对于生活与心灵的发现。这种拼接,显示了作者成熟的小说写作功夫,更构成了小说的精致、细腻的风格。你的短篇小说,故事不明了,情节也不曲折紧凑,细节繁复而精致,习惯使用细节来塑造人物。我以为,品质好的短篇小说都是难以被复述的。

张楚:我喜欢片段性的生活碎片可能和我喜欢电影有关系。上大学时,除了读小说就是泡东北财经大学的"镭射电影厅"。1994年到1997年那几年,我几乎每周都看三场电影,而且都是最新的片子,比如《肖申克的救赎》《情欲空间》《人生交叉点》《野兰花》《美国往事》《黑色小说》《十三猴子》《费城故事》什么的。尤其是《美国往事》,我看了有四五遍。我觉得我的小说注重细节,可能与电影有关。电影的特写镜头不就是小说里的细节描写吗?在我看来,一部电影只要有五个美好的镜头,就是一部好电影,一篇小说如果有两个动人的细节,那么它就是一篇好小说。前天碰到作家程青,她还记得《曲别针》这个小说名字,但是内容忘记了,她说她只记得一个男人总是不自觉地摆动着曲别针。

金赫楠:一路写来,直到现在,你觉得自己的写作现在面临的最大困境是什么?

张楚:最大的困难就是在写作过程中,突然自卑起来,觉得写得很烂,没有必要继续。这是很让人头疼的事啊,很多小说写一半就扔掉了。我不知道别的作家是否也有这样的想法。

金赫楠:我好像听很多作家表达过类似的焦虑。有人说,现在是最好的时代,也是最坏的时代。这样的时代,原本是最能成就文学的。因为它足够磅礴,也足够庞杂,很多元,但也因此似乎更难以把握。面对这样的外部世界,以及随之愈加复杂的内部世界,作家的确容易兴奋,也容易迷失。曾经有一个作家和我说,最怕逛书店,因为看到书架上太多的作品,所以就会怀疑,这个时代,这些读者,在这么多的书籍面前,是否还需要自己的那一本书。

张楚:但是从没有作家能写出这个时代真正的精神境遇。其实每个人都很困惑,只不过有的人不去多想。

金赫楠:其实,每一个时代的作家,在面对当下的时候,都容易眩晕。沉淀和过滤,是需要心境的沉潜和时间的行进才能很好完成的。阅读也是。很长一段时间里,我喜欢华美的悲伤。所以,我喜欢阅读文本华美的悲剧。内容是悲伤甚至惨烈的，生离死别、欲罢不能，而形式却是华美的、精巧的。于是二者之间纠葛着、拧巴着，释放出一种独特的韵味。我的这种偏好里头，自己理解除了审美上的习惯等，也掺杂了很多为赋新词强说愁的少年心绪，呵呵。不过这一两年来，我开始渐渐感受到平实里头所蕴含的更大的力量和瑰丽。很有意思的是，你的小说写作，似乎也正沿着这样的轨迹显出变化来。

张楚：我现在比较喜欢平实的小说。那种形式上的探索很少有了。哈，我觉得一个作家的写作经历其实就是他自身生活经历的复写。二十多岁的时候，我也喜欢写那种惨烈的、疼痛的东西，那个时候的感觉就是，要把体内的荷尔蒙转化为文字里的汁水。《曲别针》《长发》《U 型公路》就是那个时候写出来的，现在看来，里面弥漫着某种体液的味道——不知道这么说准确不准确。到了结婚生子后，心境似乎就慢慢发生了转变，看待世事的角度更趋近于平角，而不是锐角，写小说的心态更趋近于平和，而不是暴戾。我不知道这是好的一面，还是坏的一面。从《大象》《刹那记》《小情事》开始，我的写作更趋近于"日常生活中的诗性"，也就是说，在繁琐的、卑微的、丑陋的甚至让人绝望的目测中，提炼出让你心中陡生暖意的那部分，当然，不夸大暖意，而是让暖意重现它本来的样子。

评 论《

望远镜中的风景

——张楚小说论

李建周

张楚的小说，给人一种既熟悉又陌生的修辞可信感。这种修辞可信感并非来自故事的传奇性和事件的轰动性，而是来自作家对民众熟知生活的戏剧性处理，来自隐藏于作家内心深处的空洞感，以及这种空洞感带来的残酷的诗意。日常生活的戏剧化处理使得张楚的小说带有某种程度的先锋性。这也是很多人在私下里讨论张楚小说时经常谈到的。但是细究起来，在先锋写作已经成为文学史常识的今天，仅凭这个概念标签无法确切表述作家的真正创作内涵。那么，张楚的小说到底"先锋"在什么地方呢？在笔者看来，这个秘密隐藏在文本的结构张力和作家的情感张力之中。

一、作为“认识装置”的望远镜

初次在张楚的小说中读到望远镜，是在《七根孔雀羽毛》的开头。当“我”在阳台上向对面楼房窥探时，蓦然发现对面那个经常开着浴霸洗澡的女人，正在“裸着乳房驾着一台望远镜四处鸟瞰”。这个“胖得像头刮了毛的荷兰猪”的窥视者，恰恰出现在“我”兴致勃勃的窥视中。如此精妙的一个看与被看的场景，自然让人联想到视觉文化中的权力关系。有经验的读者会不由自主猜想，这个场景很可能是作家在为之后不同寻常的情节做铺垫，可是张楚的兴奋点却很快发生了转移，这一看似别有用心的场景倏忽一闪而过，除了使“我”远离阳台之外，并没有暗藏更为隐秘的叙述动机。其实这种不经意间“浪费”的细节，在张楚的小说中还有很多，一方面可以看出作家在叙事策略上还有很大提升空间，另一方面也可看出作家捕捉日常生活细节的功力。

张楚对日常生活细节的异常敏感，很多时候不仅体现在编织故事上，而是体现在对物象的捕捉上。对日常生活具体性的体悟，张楚有着诗人的敏感和精细。曲别针、长发、蜂房、孔雀羽毛、野薄荷等等，这些看起来毫不起眼的平常物象，经过作家的精心打磨，在文本中获得了自足的生命和自由的生长空间。它们或者是日常生活道具，负载着作家对个人经验的感性捕捉；或者是作为“物自体”出现在小说文本中，具有了自身的本体意义。而那些经过作家类似现象学还原式处理的“事物”，成为文本的重要支撑点，与人物的命运发生隐秘的内在关联，同时负载着作家对自我意识的探究。进而，这些有着很真确的具体性的小道具有可能成为张楚小说的重要装置，起到关联文本结构层级的作用。在我看来，《夏朗的望远镜》中的“望远镜”，就具有这种结构性意义。对我而言，“望远镜”是进入张楚小说世界的一个重要通道。

作为《夏朗的望远镜》中的核心物象，望远镜在小说中具有某种支撑作用。小说很容易让人想到清代李渔的《夏宜楼》。我无法断定张楚是否读过《夏宜楼》，但可以肯定的是，望远镜在两部小说中同样具有支撑性作用。李渔把故事放在元朝末年，仅为极少数人所知的望远镜，在小说中成为超越世间的“神物”，在结构上成为故事发展的重要推手。偶得望远镜的书生瞿佶，跑到高山寺租下一间僧房，终日以读书登眺为名窥视大家院户，搜寻意中佳人。竟然真的在炎炎夏日发现乡绅詹笔峰的幼女娴娴的住处，并且看到众女伴趁主人午睡时一起裸身荷池戏水的香艳场景。等观察到娴娴不仅端庄貌美，而且对有伤风化的诸女教诲有方，瞿佶赶紧请媒婆说亲。

因瞿佶屡次借助望远镜发现小姐的个人隐私，使得小姐惊为神仙，并坚信两人有夙世缘分，心中暗自决定非瞿佶不嫁。虽然詹父屡次推托阻拦，但终究败于望远镜的“神威”。在《夏朗的望远镜》中，先后出现三十多次的“望远镜”，不但是作品矛盾的纠结点，同样也是主人公夏朗精神生活的解穴点。

如果说李渔把望远镜的实用功能发挥到极致的话，那么张楚则把望远镜的非实用功能发挥到了极致。在西方各国用望远镜四处开拓殖民地的时候，书生瞿佶对它的中国式使用，读来不免让人唏嘘。在《夏朗的望远镜》中，那架更为高级的天文望远镜的意义，恰恰在于它的实用功能在夏朗现实生活中的“无用性”。这个关于日常生活微观政治的故事，并无大喜大悲的离奇情节，却让人看到隐藏在日常生活表象下的令人震惊的精神处境。夏朗与方雯是同一单位的公务员，一个老实厚道，一个通情达理。双方父母同样为子女辛勤操劳，算得上和谐；两家也都是县城里的“中产阶级”，算得上门当户对；两人恋爱既偶然又平常，算得上美满。但就是这样看似和谐幸福的家庭，却在上演着惊心动魄的日常生活微观权力的斗争。因方雯的父母买下的婚房，所以与小两口婚后同处一室。慢慢地，姑爷在方雯父母眼里由心头肉变成了眼中钉，于是他们对夏朗由嘘寒问暖变成处处刁难，由近乎谄媚的讨好变成满脸威严的训斥。一心想摆脱方家控制的夏朗，想自己买房，结果还是不得不和岳父家买了对门。同时由于孩子的出生，夏朗也一直在方家“优雅的蔑视”中和岳父母居住在一起，由座上宾变成了一个真正的陌生人。“望远镜”这个在夏朗庸常生命中至关重要的精神性存在，在岳父方有礼眼里只不过是个让人“玩物丧志”的破玩具。它的“无用性”隐喻夏朗的精神追求在现实世界的无用性。这种精神生活的“无用性”，正如艺术在现代社会实用意义上的“无用性”一样，成为反思现代性危机的重要切入点。

张楚在夏朗身上，设置了一个“出逃——返回”的结构，呈现出日常生活令人震惊的事实。夏朗种种抗争的失败，预示这是一个新时代“娜拉出走”的故事。夏朗这个新时代的“娜拉”，终于没能逃脱家庭政治的笼罩，违心地过上了并不想过的小日子。这种妥协和无奈很像池莉《不谈爱情》中的庄建非。不过，张楚并不满足于此，于是在这个现实的逃亡结构之下，还设置了一个精神逃亡的结构。在精神压制和反抗的斗争中，那架看似无用的天文望远镜，让夏朗在几乎窒息的现实精神处境里找到了灵魂的出口。通过“望远镜”这一窗口，看到的是奇妙而又广袤的太空：一条条奇妙幽暗的星河，一片片美妙绝伦的星云，一个个色彩斑斓的星星。神奇的外太空又与一个神秘的“外星人”陈桂芬联系在一起。只有这个在“被劫持者论坛”的网友聚会中出现的神秘人物，才发现夏朗的眼睛“还是一条干净的河流”，没有被酒色财气所熏染。而对于夏朗而言，陈桂芬的存在不过是一种近乎绝望的冲动。自己被日常生活团团包围，逐渐蚕食，逃无所逃，陈桂芬的存在只留下“空洞的、难言的哀伤”。

作为“窗口”的望远镜，让夏朗发现了生活的另一面。换句话说，望远镜在小说中是夏朗的“认识装置”，通过它，一个高于刻板的现实生活的另一个生存空间的大幕徐徐拉开。在这个意义上，看似无用的望远镜和《夏宜楼》中的望远镜，甚至和艾特玛托夫《白轮船》、王小波《寻找无双》中的望远镜，就有了本质上的区别。这里的望远镜不单单是小说的道具，而且是启开文本深层结构的一个开关。通过这样一个“认识装置”，呈现一个如梦境般虚假和飘忽的世界，从而为千疮百孔的日常生活找到一个对称域，在既承受又抗辩的结构中呈现了欣悦与酸楚的内心张力。

如果说《夏朗的望远镜》中的“望远镜”具有结构意义的话，那么在其他多数作品中存在同样的结构。在隐喻的意义上，张楚小说中呈现的日常生活，正像“望远镜”中变形的“风景”。作家借助自己的“认识装置”提炼“风景”时，将日常生活进行了变焦。正如张枣《望远镜》一诗所呈现的那样，在作家的主观视距中，世界有可能缩小了，但生命景观却更为浩大。张楚在聚焦日常生活时，以极大的耐心发现时代生活的另一面，在文本结构上增加了崭新的一层。这一层是其他社会科学研究无法进入的，只能由艺术家发现和命名。这样，在叙述日常生活故事时，扩展了文本的审美空间，呈现一种更为审慎的结构和情感的张力关系。

二、结构张力:“细菌”与“羽毛”

借助“望远镜”式的认识装置，张楚笔下的日常生活发生了耐人寻味的变形。这种变形在当代文学谱系中的意义是显豁的。作家将目光聚焦日常生活的具体性，曾经是80年代后期的一种小说写作策略。这一文学策略集中体现在新写实小说家身上。问题是这一叙述指向在新写实作家那里并不是自明的。当他们将自己的笔触转向具体生活时，和内心的理想主义形成一种尖锐的冲突，所以流水账式的生活背后流露的是作家对自己所写生活的抵制和抗拒。在之后大量的仿写者那里，这种具体性的叙述策略滑向了简单的经验主义，甚至连基本的个人审美乌托邦都被扫除一空。在当下，面对爆炸式网络信息的现场感和时效性，日常经验书写的有效性显得十分可疑。在此背景下，张楚的探索显现出了不寻常的意义。

张楚小说呈现的日常具体性严谨精准，掺杂着细微的社会观察，以及阶层的分化而滋生的复杂心态。作家并没有仅仅满足于对日常生活细节的还原，而是对这种具体性有着某种程度的反拨与抗衡，形成一种隐秘的内在张力。小说试图呈现一种基质性的情境，将琐屑、矫饰与残酷、忧郁的东西放在一起，使得日常琐事与内心的绝望相结合，通过并置构成小说的戏剧性。借助此，张楚一方面在经验描述上精准地放大细部，显示出日常生活令人惊心动魄的一面；另一方面在不同的结构层面努力发掘探究精神救赎的可能。

张楚小说到处有令人震惊的“细部”，这些地方真实可感、精确鲜明，让人念念不忘。《七根孔雀羽毛》中李浩宇对宗建明讲的“玩具上的细菌”非常典型：

> “有谁会跟玩具过不去呢？我们这些人，不过是依附在玩具上的细菌。或者说连细菌都不如，只是一个个原子那么大的物质。外星人肯定也不是以我们通常认为的方式存在，他们可能是气体，也可能是液体，更有可能是透明的非物质。他们干吗非得以人类肉体的方式存在呢？”

这个被宗建明认为是基督徒或者疯子的李浩宇，本来有着显赫的家庭背景，父亲是远近闻名的大款丁胜，自己在县城当公务员，无论是物质生活还是社会地位都有明显的优越性，但是富二代的身份并没有给他带来内心的幸福安乐。相反，精神上不断积累的伤痕使他极力渴望摆脱污浊的现实，而宁愿把心灵寄托在遥远的外太空。“宇宙恐惧症”表明其内心深深渴望心灵的依靠。他的“细菌理论”不仅是对自己生活基本状况的描述，更是对当下现实生活真相的洞察，甚至是中国走向现代过程中启蒙现代性和审美现代性自我纠缠的显影化和具相化。

在我看来，李浩宇的存在对于小说来说是非常重要的。他的“细菌理论”令人痛心地反拨了经济指标堆砌的幸福幻象。他是高歌猛进的现实逻辑的一个反面例子。他的个人经验与宏伟的现代化预设机制毫不相干。90 年代以降特别是 21 世纪以来，幸福常常被定义为最大限度地满足人们的消费需求，然而商品对人的压抑出现了严重的社会后果，虚无主义在人们的精神世界快速蔓延。现代科技允诺的进步神话无法被具体生活中的个人有效吸收内化，反而在内心积累了大量无意义的废品，心灵深处的精神危机屡屡浮现。李浩宇的清醒显得那么触目，在人们眼里他成了异类，成了一个徘徊在时代边缘的孤独者。面对现实无法承受的压抑的苦痛，李浩宇发出了自己的追问：“细菌没了道德底线，细菌的儿子为什么还要有道德底线？”这一追问，再次印证了他有着自己“细菌的道德底线”，只不过对这一底线的坚守似乎也成了无地的彷徨，让人感到其心灵体验的无告悲悯。

如果说“细菌”印证了人们在残酷的现代化进程中的无助与伤怀，那么“孔雀羽毛”则是对个人审美空间的诗意挽留。如同李浩宇的“细菌”一样，宗建明对羽毛的珍爱同样让人感到不可思议。宗建明十分小心地把那七根孔雀羽毛放在已经破了口子的，上大学时买的棕色皮箱内。与之相伴的是开胶的乒乓球球拍，散发着霉味的奖状，干掉的野花。这些物象构成一种挽歌式的回忆："我已经忘记了这是我多少次打开它，在冬日昏暗的光线里欣赏这些羽毛了。屋子里没有开灯。羽毛色泽黯淡，密集的绒毛上长着一只沉郁的蓝眼睛。"这种个人回忆与80年代的理性主义氛围是相互交融的。张楚的作品中时不时出现对80年代的眷恋与怅惘，但是历史已经将两个时代拦腰斩断。在伯林看来，"对过去岁月的浪漫渴望，实质上是一种取消事件'无情的'逻辑性的欲望。"[①]现实的逻辑是无情的，如同被人抛弃的理想主义一样，这些宗建明个人记忆中神圣之物，在他的同居情人李红看来不过是毫无用处的"破羽毛"。也只有在丁丁这样不懂事的小孩子眼里，羽毛才莫名其妙具有了非要得到的重要意义。而那些"懂事"的大人，已经无法看到羽毛的诗意光泽。小说中七根孔雀羽毛"无意义"的意义，一如艺术作品之于物质现实。

"细菌"同"羽毛"在小说结构上是对称的，就像李浩宇和宗建明是对称的一样。宗建明的坚守和李浩宇的彷徨形成一种对应，共同拓展了文本的精神空间。或者说，这两个人和周围的人形成一种对峙与张力，提示着小说中另一审美空间的存在。从这两个人来看，他们有着不同的生活经验，在叙述进程中又各自走向自己的反面，在文本结构上形成一种反向呼应。这种呼应的背后体现的是作家的一种询唤，对日常生活逻辑"另一面"的询唤。它不是意识形态抗辩似的"旷野呼告"，却是一种更为内在的忍耐与坚守，虽然这种坚守在遭遇冰冷的现实时往往是失败的，但是小说人物的失败恰恰促成了艺术上的成功，一种在高速飞驰的时代列车上产生的眩晕感和揪心感油然而生。

现实的残酷与内心的诗意如果纠结于一个人身上，会让人骨子里感到黑暗的虚无，这样的时代紧张感简直是难以承受的。《曲别针》中的李志国，一个现实生活逻辑中司空见惯的成功者。他适应现代生活，不择手段赚钱，因欲望膨胀与妻子感情淡漠，和妓女纠缠不清。不过这个兼具商人、嫖客和杀人犯多重身份的人，却曾经是个爱写诗的文艺青年。虽然诗意的梦想逐渐被现实生活碾碎，但是李志国并没有完全被强大的现实逻辑所淹没。为了缓解内心的紧张和焦虑，他迷上了路易斯·裘德的曲别针艺术。由于和妓女的纠缠，他没能接到病中的女儿打来的电话。当妓女想抢走女儿送给他的水晶手链作为报酬时，对妓女的愤怒和对女儿的愧歉终于在一瞬

---

① [英]以赛亚·伯林：《现实感：观念及其历史研究》，潘荣荣、林茂译，译林出版社2011年版，第5页。

间爆发了。掐死人后的李志国，接到女儿再次打来的电话后却一句话没说，内心的紧张和纠葛也达到了可以忍受的边界。曲别针这一封闭的回环式几何图形，与李志国内心的纠缠互为印证。生存困境、心灵扭曲、道德危机、良心发现等等多重时代意涵共存于一身。沉浸于欲望洪流中的李志国，在心灵不堪重负的折磨下付出了死亡的代价。尽管小说的结局略显简单，但人物的内心紧张感却清晰可见。

如果没有李志国的悲剧，这个厂长嫖娼的故事很可能成为一种生活轻喜剧，成为人们茶余饭后的谈资。张楚极力渲染李志国嚼曲别针自杀的悲剧场景，试图寻找一种隐在的救赎的可能性。在社会矛盾激化、生存环境恶化、人欲肆虐的当下，这种审美乌托邦显示出自身可贵的一面。作家对人物命运的悲剧性处理，背后隐含的是当下人和自己的物质世界之间的矛盾。在当代工业社会对人的控制和高压之下，探索个人在审美方面消除压抑的自由空间的可能性成为现代艺术应有之义。个人审美乌托邦不是以构想美好的社会理想为特征，而是从个人理想出发，试图维护人的自然属性和拯救人性。它可以冷静测量理想与现实的距离，也可以自由拉近幻想世界与现实世界的距离。虽然张楚并没有刻意强调个人审美乌托邦，但文本结构上有意进行了探索，试图在乌托邦和反乌托邦之间建构某种张力的平衡。在乌托邦审美救赎被无限推延的时代，这一做法显得尤为可贵。

文学解决现实的能力是有限的，让文学回到文学，这其实也是当代作家的一个隐秘的叙事传统。对于小说艺术来说，试图以喧闹吼叫凸现自身价值仅仅是自欺欺人的艺术幻觉而已。对于时代夹缝中溢出的“不可推脱的恐惧”，文学的精神意义恰恰在于对恐惧的反驳和拒斥。比起精神的超脱和升华，张楚更愿意直面那些直逼现实的精神困境，挽留住生活的尴尬和问题，而不肯轻飘飘地滑过去。张楚有意将生存场景与背后的多重精神幕布进行深层勾连，在沉静下来的情感模糊地带勘探真正的精神密码，因为精神变得过分清晰的时候，恰恰是精确的算计取代了复杂的情感。

三、“风景”的冷与热

“望远镜”中变形的“风景”是有温度的，这一温度负载着作家的自我意识及其美学评判。张楚小说呈现的日常生活“风景”，多是处于乡村和都市两个极端之间的小城镇，这里几乎集中了当代中国的社会综合征。作家描摹“风景”时，不经意间会透露出民众秘而不宣的内心风景。当张楚以一种波澜不惊、从容不迫的语调叙述时，还是能让人很容易感到“风景”背后作家温暖隐痛的内心情感。读者在“风景”中蓦然发现作家的心灵投影，在严峻的生活背后感到一种忧伤的抚慰。风景之冷和内心之暖的对比，预示着作家强烈的内心挣扎。隐藏在“风景”背后的作家自我意识的纠缠给文本带来令人震惊的戏剧性。

在张楚的小说中，文本表面呈现的是一幅幅“冷风景”。在阴霾笼罩的华北平原，在处于乡村和城市之间的小城镇上，从街头到家庭，从工地到工厂，从酒吧到网吧，只要深入人物内心，就会发现一种沉浸在时代喧嚣背后的不安和焦虑。这从普通民众时时显露出来的戾气中可见一斑。冰冷的现实以及人们各自的生命轨迹交错混杂。底层民众的内心生活与精神疑难，被各种形形色色的叙事不断删改和编纂，每一种叙事背后都是一种或宏大或微观的权力关系。只要稍微留意从各种叙事的缝隙流露出来的真实的侧影，就会发现当下生存境遇的严峻和精神的大面积溃败。这一斑驳的现实图景在《地下室》中以一个梦境的形式出现：

> 梦里有个肮脏的地下室，几条鱼穿着蓝色竖条西装，正襟危坐在豪华的餐桌前，手里拿着银制刀叉，有板有眼地吃餐具里的水草、莲花、浮萍、盖子虫、水蚊、蝌蚪、蜉蝣或者水蛭。它们吃得香甜沉迷。后来水草吃完了，莲花吃完了，盖子虫也吃完了，它们就把镶着蓝色花纹的光洁盘子塞进嘴里，同时发出牙齿咀嚼瓷器的“嘎嘣嘎嘣”的脆响。

在这样一个画面感十足的装饰性场景中，张楚为自己笔下的“冷风景”画了一幅肖像，成为一个时代的缩影和寓言。阴暗的地下室里，既堆砌着大白菜、红薯、破鞋烂碗、老鼠药等等杂物，同时也是欲望与偷情、悲愤与忏悔轮番上演的场所。在全亚洲最大的钢锹生产基地寞村，虽然家家户户都开奔驰，但人们的生活境遇却并没有因为财富的积累而有所改观，依旧是低矮的平房，泥泞的乡土路，被浓烟熏染的天空。更可怕的是小镇人内心的龌龊与焦躁，贫瘠和悲凉。北京人小柔以一个外来人的眼光，看到了平静生活外表下的破旧与丑陋，看到了表面上的欣欣向荣和内里的破败不堪。小说借叙述人之口写道：“一个人在一个地方待得太久，会一点点腐烂，即便不腐烂，身上也会长满绿色的老苔藓。”小镇上的人无法像小柔那样可以随便离开，只能在掺杂着恐惧和噩梦的“冷风景”中无望地生活，默默地承受。

这样的“冷风景”几乎贯穿张楚大多数小说。经济的飞速发展，现实的快速变化，似乎与这些人的关系并不太大。《长发》中的国有手套厂的女工王小丽，四个月领不到工资却坚持每天骑十里路自行车上班，坚持在午夜的车间里嚼搪瓷缸里的剩咸菜和凉馒头。这种坚韧丝毫不能改变她的境遇，当她因想要孩子与结婚六年性无能的丈夫离婚后，发现自己一无所有。为了给即将结婚的男友买一辆二手摩托车，她不惜卖掉自己唯一值得骄傲的长发，又遭遇买发南方人的强暴。她唯一可以托付的男友小孟，却和前妻保持着不正当关系。更加令人痛心的是她的精神困境，在几乎陷入了绝境的时候，却发现根本没有一个人能给自己安稳，无论是两个姐姐、患脑出血瘫痪的父亲，还是前夫、男友小孟。外甥女的一句“一个和我说话的人都没了”，恰恰道出了王小丽的伤痛之深。《刹那记》中的樱桃，一个只有三根手指的丑姑娘，在母亲的情感阴影中顽强地活着，唯一的女友刘若英不断奚落和利用她，唯一惦念的男友罗小军一直追打和羞辱她。被强奸却连真相都没有人可以诉说。即使九十多岁的老人，也无法逃脱步步紧逼的“冷风景”：“苏玉美缓缓坐进铲车里。她那么小，那么瘦，坐在里面，就像是铲车随便从哪里铲出一个衰老皮肤皲裂的塑料娃娃。这个老塑料娃娃望了望众人，然后，将老虎鞋放到离眼睛不到一寸远的地方，舔了舔食指上亮闪闪的顶针，一针针、一针针地绣起来。”这是《老娘子》中出现的令人震惊的场景，坚持要给曾孙做虎头鞋的老太太，面对拆迁的铲车却稳如泰山，不动声色地抗衡拆迁者的蛮横和霸道。张楚小说中像羔羊一样忍受煎熬的底层民众，一直默默地咬牙在夹缝中生存。这些“冷风景”是普通民众真实的生活境遇的历史见证，同时也是他们心灵伤痛的无望呼告。

在一路高歌猛进的现代化高速公路上，很容易忽视道路两旁那些灰烬般的底层人群。他们常常要面对精神的溃败与物质的匮乏，他们想尽办法逃离却一次次陷入困境，他们有的用谎言来与现实困境抗衡，他们有的苦中作乐以期谋求一点点生存空间。对于关注底层生活境况的人来说，这样的现实图景并不陌生。值得注意的是，这些地下室式的“冷风景”，在张楚小说中并不是用来展示的，这使得张楚的小说和底层叙事区分了开来。张楚虽然写到底层，但是并不愿意刻意展示底层的伤口，也无心像经典现实主义作家那样，为时代提供历史精确性的模拟图景。作家意识到历史的精确或准确并不能保证小说的品质，艺术真实有着更高的要求，所以试图把小说的真实提升到生存的普遍性的层面，并与具体个人的个性生活融为一体。与模仿或复制现实相比，张楚的小说更像一个象征世界，通过对日常生活忧郁感伤的体验，深入到多重人性的暗道，为人们提供思考当下精神处境的契机。

同样是地下室式的“冷风景”，安德烈耶夫的《在地下室里》探讨了救赎的可能。一无所有的希日尼亚科夫生活于令人毛骨悚然的死神的注视中，荒诞可怕的噩梦和强烈的内心痛苦交织在一起。娜塔丽雅，一个没有出嫁的姑娘手里抱着出生才六天的婴儿，独自行走在刮着彻骨寒风的冰天雪地里，却不知道自己唯一可去投靠的妓女姐姐卡佳刚刚去世。然而正是在这样绝望的令人窒息的场景中，女房东玛特莲娜老太太接下了娜塔丽雅的孩子，给婴儿洗澡时孩子的哭声使得整个世界都变了。无论是小偷、妓女，还是孤独者、垂死者全都伸长脖子，脸上焕发出惊讶、幸福、灿烂的笑容。这个脆弱的小生命像草原上的一星火光，逐渐照亮了人们内心仅存的希望，就连垂死的希日尼亚科夫也获得了新生，“破碎的胸膛里滚起热泪的新浪花”。这并不是作家的天真烂漫，也不是简单的理想主义，而是文学中发生的“事实”。在有着浓郁宗教背景的俄罗斯，故事中的婴儿恰如隐身的上帝，负载着救赎的希望和信仰的力量。

在没有严格宗教背景的当下中国，张楚不会像安德烈耶夫那样处理作品。尽管张楚对自己笔下的“冷风景”有着不满，但却并没有直截了当给人救赎的力量。在书写自己并不愿意看到的“冷风景”的时候，与之对话和抗争就成为张楚的必然选择。张楚的对话姿态不是横眉冷对，有时候更像一个天真的大孩子，让“冷风景”发出淡淡的诗意的光泽。看似“弱”的回应，却显示了更为内在的坚忍和耐心。张楚当然知道这样处理是“弱”的，但是正如上帝之爱的“弱”一样，尽管是微茫的，但却是作为时代良心的作家不得不真正面对的。于是，就有了《大象》中温暖的双线结构：孙志刚夫妇寻找救助过患病养女孙明净的恩人，病友劳晨刚帮助孙明净寻找亲生父母。就有了《刹那记》结尾的七星瓢虫，《地下室》中突然出现的凤尾蝶，《细嗓门》中不断闪现的粉红色乌鸦，《七根孔雀羽毛》中反复渲染的长着眼睛的“羽毛”。这种诗意的光泽渐渐开始照亮地下室式的“冷风景”。或者说，它们和地下室式的“冷风景”构成一种结构上的对话。

在柄谷行人看来，作品中的风景是和作家孤独的内心状态紧密联系在一起的。可见，风景不是自在的，对风景的发现和描摹与作家对内心的强烈关注是同时发生的，所以内心生活越是繁复和纠结，越有可能发现别人不能发现的风景。这样，风景也就成了现实的一部分：“我们称之为‘现实’者，已经成了内在化的风景，也即是‘自我意识’。”[①]在这个意义上，张楚小说中有两个风景：外在的“冷风景”和内在的“热风景”。而“风景”的冷热正是张楚自我意识的两面。尽管希望是微茫的，但是作家并没有放弃在内心深处以审美之热抗衡现实之冷。

张楚观察世界的眼光和情绪，决定了小说如话家常式的叙述语调。和先锋小说非人格化的叙述语调相比，张楚的小说对读者没有强烈的压迫感，作者与读者的情感交流是充分的和内在的。这种忧郁唯美、敏感羞涩的内敛气质被张楚自谓“傻乎乎的抒情性”。这与作家身处中间状态的小城可能有一定关系。或者说张楚为小城

---

① ［日］柄谷行人：《日本现代文学的起源》，赵京华译，生活·读书·新知三联书店2003年版，第24页。

书写找到了与自己精神状态对称的恰当语调。在先锋作家笔下，非理性行为在人物面临绝境时经常会被放纵，进行充满恐惧感和荒诞感的实验，这种实验在当下的现实情境中，很容易演变成新的苦难奇观和酷烈表演。同时，日常琐碎生活书写中世俗形象持续发酵，小说中人物成为欲望的符号和化身。作家往往仅仅拘泥于现实经验或感官感受，对之进行直接的演绎书写，将深层的心灵悸动悬置。这两种叙事策略在张楚身上，开始保持一种微妙的平衡。

在这个不断被物化的社会，人对自我的认识在不断丧失。张楚小说对新的生存情境和情感状态的描绘显得十分可贵。小说中屡屡出现的对于看似“无用”事物的热爱，其神秘性意味着拒绝理性逻辑的解释。在放慢了文本实验的同时，张楚有意对生活保持了恰当的克制与忍耐，并试图寻找冷酷后面的悲悯，阴影背后的温暖。自我意识中暖色调的存在，使得张楚的小说有着内在的理想主义色彩，但这种理想基于对当下生存“冷风景”的洞察之上，并且在“冷”与“热”的强烈对比中，呈现一种忧伤的紧张感。

（载《小说评论》2016 年第 5 期）

主要作品目录《

中短篇小说集

《樱桃记》，作家出版社 2006 年版。

《七根孔雀羽毛》，上海文艺出版社 2012 年版。

《夜是怎样黑下来的》，花山文艺出版社 2014 年版。

《野象小姐》，山东文艺出版社 2014 年版。

《穿睡衣跑步的女人》，敦煌文艺出版社 2016 年版。

《梵高的火柴》，花城出版社 2016 年版。

《夏朗的望远镜》，上海文艺出版社 2017 年版。

《草莓冰山》，山东文艺出版社 2017 年版。

《新世纪作家文丛 · 第 3 辑 · 七根孔雀羽毛》，长江文艺出版社 2017 年版。

《风中事》，百花文艺出版社 2018 年版。

《中年妇女恋爱史》，北京十月文艺出版社 2018 年版。

中篇小说

《U型公路》,《莽原》2002年第2期。

《疼》,《人民文学》2005年第3期。

《细嗓门》,《人民文学》2007年第7期。

《刹那记》,《收获》2008年第4期。

《地下室》,《山花》2008年第14期。

《多米诺男孩》,《大家》2008年第2期。

《大象》,《人民文学》2008年第7期。

《梁夏》,《中国作家》2010年第2期。

《小情事》,《十月》2010年第3期。

《七根孔雀羽毛》,《收获》2011年第1期。

《夏朗的望远镜》,《上海文学》2011年第5期。

《夜游记》,《青年文学》2011年第4期。

《献给安达的吻》,《百花洲》2011年第4期。

《在云落》,《收获》2013年第5期。

《因恶之名》,《十月》2013年第6期。

短篇小说

《火车的掌纹》,《山花》2001年第7期。

《旅行》,《长江文艺》2002年第10期。

《一棵独立行走的草》,《青春》2002年第10期。

《关于雪的部分说法》,《今天》(美国)2002年冬季号。

《草莓冰山》,《人民文学》2003年第10期。

《曲别针》,《收获》2003年第4期。

《长发》,《人民文学》2004年第5期。

《蜂房》,《收获》2004年第4期。

《樱桃记》,《中国作家》2004年第6期。

《穿睡衣跑步的女人》,《长城》2004年第6期。

《安葬蔷薇》,《长城》2004年第6期。

《人人都说我爱你》,《当代》2005年第3期。

《声声慢》,《青年文学(上半月版)》2005 年第 4 期。

《惘事记》,《上海文学》2005 年第 11 期。

《我们去看李红旗吧》,《芙蓉》2005 年第 6 期。

《苹果的香味》,《人民文学》2006 年第 5 期。

《你喜欢夏威夷吗》,《中国作家(小说版)》2006 年第 7 期。

《关于雪的部分说法》,《文学界》2006 年第 4 期。

《赵素娥》,《文学界》2006 年第 9 期。

《被儿子燃烧》,《天涯》2008 年第 6 期。

《水之底》,《山花》2007 年第 10 期。

《雨天书》,《中国作家》2009 年第 9 期。

《夜是怎样黑下来的》,《收获》2009 年第 3 期。

《冰碎片》,《文学界》2009 年第 9 期。

《骆驼》,《天南》2011 年第 2 期。

《光明情史》,《青岛文学》2011 年第 12 期。

《老娘子》,《绿洲》2012 年第 2 期。

《梵高的火柴》,《文艺风赏》2012 年第 3 期。

《良宵》,《天涯》2012 年第 6 期。

《邱涛二》,《芒种》2012 年 3 期。

《野薄荷》,《江南》2013 年第 1 期。

《关于我朋友的一切》,《作品》2013 年第 5 期。

《野象小姐》,《人民文学》2014 年第 1 期。

《直到宇宙尽头》,《作家》2014 年第 9 期。

《伊丽莎白的礼帽》,《青年文学》2014 年第 7 期。

《简买丽决定要疯掉》,《新民周刊》2014 年第 31 期。

散文随笔集

《秘密呼喊自己的名字》,当代中国出版社 2015 年版。

张庆国

男，1956 年生，云南昆明人。

小 引《

张庆国的作品，我以前只读过他在《芳草》上发表的《如风》，印象很深。这一次，又读了他几篇有代表性的作品，觉得这个作家的创作，确有一种与众不同的追求。他一路走来，从早期的刻意务虚，到后来的以虚写实（以轻写重），到再后来的亦虚亦实，亦实亦虚，不是投机取巧，也不是逐浪跟风，而是有一种属于他自己的哲学在起支配作用，有一种他所坚守的创作理念在贯穿始终。

这种哲学把人生看作一种虚幻的存在，因而艺术包括文学，也就不可能表现一种终极的实在（或者也可以叫作本质的真实）。这样的思想虽然古已有之，如道家的虚无，佛家的万法皆空，或大家所熟知的色空观念，今天仍被某些现代哲学作为立论根据的存在的荒诞性和虚妄感，等等。但张庆国却不是把这种哲学作为一种人生信条，更不是把它作为一种精神信仰，而是从一个更高的意义上，作为理解艺术问题的前提和条件。他的创作追求过程，都可以从这个角度去理解。

这很容易让人想到中国人的一种传统的文学观念，就是避实而就虚，得意而忘言。既然在终极意义上不能表达一个真实的世界，那就借这个世界来表达一己的意念。这种观念虽然在中国文学史上，主要见之于诗词等抒情的文类，但在叙事的文类如小说中，其实也有所体现。读中国古代小说，都有这样的感觉，就是无论状物拟人，都不写得太满，一句纷纷扬扬，让你想起一场大雪，一句虎背熊腰，让你想起一条大汉。这大雪的景象和大汉的形象，其实已不是真实的场景和真实的人物，而是倾注了你的主观经验的精神幻象。从前说中国古代小说偏重叙述，不擅描写，其实不然，只是它的描写过于简约，寥寥数语，传神足矣，不像西洋小说那样，硬要把人、物的模样照葫芦画瓢地描摹出来。在这个问题上，中国古代作家也像主张均贫富的中国农民一样，有一种均劳逸的观念。就是说，他在写着，也不让你闲着，也要留点事给你干干，这事就是日后你在读他写的小说时，也要动动脑筋，想想他写的样子，否则就什么也得不到。这也就是张庆国所说的："小说全靠读者去想象。"

如果要掉一点书袋的话，张庆国的这个说法，与曾经风行一时的接受美学或读者反应批评一派的观点,可谓“英雄所见略同”。再往远了说,中国古代虽然不像西方那样,有成套的理论,但对读者想象的作用,却有很早的“觉悟”。古人认为“书不尽言,言不尽意”。语言文字不能完全彻底地表达人的意思是一种宿命,所以陆机在《文赋》中才说,“恒患意不称物,文不逮意”,但圣人却可以通过“立象以尽意”来解决这个问题,即通过确立某些具象的东西达到“尽意”的目的。但这种通过“立象”的方式以“尽意”的做法,又显然不是直接的表达,而是一种间接的暗示。这种由“象”暗示的意思,没有读者想象的配合是绝对领会不了的,所以,当一个合格的文学读者又是断断不能偷懒的。

绕了这半天,我最终要说的,其实也就是张庆国所强调的文学语言问题。之所以要这样绕,目的是为了说明,文学语言的重要,不是因为在常识范围内它能做什么,如状物拟人,表情达意,而是因为在终极意义上它不能做什么,即古人所说的“书不尽言,言不尽意”,或陆机所说的“文不逮意”。正因为文学语言存在这种终极的或曰宿命的局限,但文学又不能不通过语言文字来完成状物拟人,表情达意的目的,要解决这个矛盾,别无他法,就只有发挥它所特有的暗示作用。

关于文学语言的“暗示”作用,周明全在本辑专文中转述了张庆国的一个说法:“文学最重要的特点是,它只为读者提供思想暗示,不提供实物。一匹马,画家的办法是画出来让人看见,音乐家的办法是让人听到马蹄声,作家的办法是,用文字告诉读者有一匹马,读者看不到也听不见,只能根据语言文字的描写,去想象一匹马。所以,作家的语言处理不好,写作就会失效。”

我见过许多作家谈文学语言的重要,从这个意义上去认识文学语言问题,并非人人如此。张庆国的意见,因此就显得尤为重要。因为有这种认识上的自觉,所以张庆国的小说语言,除了周明全所总结的“简约”和“优雅”外,我觉得是这种“简约”和“优雅”之下隐含的“暗示”。因其“简约”,所以能以少胜多,因其“优雅”,所以能含蕴无穷,都是文学语言所不可或缺的一种品质,也是文学语言的暗示性在修辞上的重要表现。

当代小说不讲语言修辞久矣,梁启超说,小说有“熏”“浸”“刺”“提”四种力,这四种力的发挥,都有赖文学语言所暗示(烘托、渲染)的一种情境和气氛,倘无这种情境和气氛,只有直白的指示和说明,那无异于是在读一段故事,一则新闻,无奈当今许多小说,常给人这样的阅读感觉。这样的小说读完以后,自然无须你费脑筋去想象,也无须你动心思去感觉,你的所得只有皇帝老儿批奏折常用的那三个字:知道了。从这个意义上说,张庆国对小说语言的追求弥足珍贵,他的小说语言在修辞上所到达的境界和高度，在当代小说家中，也可谓屈指可数。惜乎这一点，并不为更多读者和评论家所认识。周明全说，张庆国是一个“被严重低估了的”作家，我同意他的看法。但这低估与名字无关，而是当今文坛的盲目所致。

自　述《

小说之路

小说艺术不是说一个事，是要把事说得特殊。这样讲有些唯方法论，好像题材不重要，题材当然是重要的，唯一性的特殊题材，可以成为小说独创性的重要条件。但高级厨师的本事不在好食材，也不可能拥有多少好食材，还是因为做菜的本事大。所以，写出好小说的关键是方法，更关键的是认识。作家有了正确的小说认识，找到下手的好方法，才有可能写出独一无二的高品质小说。

前几天再看纳博科夫的《文学讲稿》，其中谈到普鲁斯特，欧洲现代文学推崇的大师。他那巨著《追忆逝水年华》完全没有什么特殊题材，就是吃饭睡觉、亲戚来访、邻居怎么样、办家宴、少年睡觉前焦急地等待母亲来亲吻问安什么。用中国新写实前几年流行的一个用语，那叫十足的一地鸡毛。

中国在十九世纪也出过一本巨著，《红楼梦》，同样内容琐碎，一帮姑娘，今天算起来大概也就十四五岁，整天说说笑笑，赌气流泪，睡觉做个梦，也被曹雪芹大写特写。但是，相比《追忆逝水年华》，《红楼梦》里的内容够多，够复杂，普鲁斯特的那个小说，连纳博科夫也承认，有很多读者头痛，不知所云。

但纳博科夫说，你把那些内容当小事是因为读错了，那些事可不是真事，是幻想、幻觉。《追忆逝水年华》那部巨著，是一个少年的幻觉，所有伟大的小说都是幻觉，不等同于生活的真事。幻觉是小说作为艺术之一种，有必要存在的重要理由。纳博科夫接着说，一个孩子从山谷里跑出来，大叫狼来了，他的身后果然跟着一只狼，不是小说，孩子大叫狼来了，他的身后并没有狼，才是小说。

小说跟生活中的真事有关，但并不是真事。小说也许在生活之下，也许在之上，它跟生活事实有联系，更跟作家超越现实的幻想贴近。把小说事件搬到生活中，基本上行不通，人物不会那样行动，事件不会那样发展。小说就是作家独创的一个隐秘世界，它写的不是人，是人的影子，变形、扭曲、晃动。

我说如上话，不是为了阐释文学，是为了解释自己的写作。最初，从80年代读大学时的小说写作开始，我就想入非非地写。那时读卡夫卡、法国新小说、现代诗和荒诞派戏剧，认为想象力到达哪里，小说就到达哪里。我最初在《花城》发的一些中篇小说，就那样写，梦幻得很，飘逸，来无踪去无影，写得快，感觉很好。

后来我对此产生怀疑，小说写得如此轻率和为所欲为，我要是读者，看不看就没有必要了，都是作家乱编的。事实上卡夫卡也这样怀疑过，从卡夫卡的书信集里可以看出，他对自己的写作吃不准，死前请朋友将来把自己的作品烧毁，原因之一，就是不知道那样无所顾忌地写，价值何在？后来证明那样写不错，很正确，他已在天国，看不到被追捧的盛景了。但写作时的独行一路，身边空空荡荡，没有人，嗖嗖发冷，很正常。卡夫卡的小说后来拍成电影，就那样空空荡荡，孤魂野鬼乱跑。

我做出痛苦的调整，从想象中神鬼出没的闭塞小城，转到直接面对现实，写众所周知的城市生活。我很小心，不会把事件写成社会问题，写的是人心的慌张，同样虚幻并来路不明，说起来还是幻觉，只是场景和人物换到了现实事件中。但这个转变让人踏上不归路，后几年我的部分作品，有些贴生活太近。

我赶紧再调整，就不细说了。只说小说的独创性，不在材料的客观性，在作家的主观表达。作家无论使用什么材料，都要安排出独一无二的叙事策略，控制好小说跟生活的足够距离。

但有一个问题，我一直耿耿于怀，就是云南生活。作家有关世界的主观表述策略，不完全来自书本的指导，还来自生活启发，真正的神，最伟大的叙事力量，是生活本身。某些自然地理环境、文化环境、族群及其不可思议的生活，能让人领悟到世界的奇异和非同寻常。比如马尔克斯，他的小说《百年孤独》写的就是家族生活记忆，当然有小说家鬼斧神工的手艺，但连妓女都说听说过马尔克斯先生的小说，可见其作品的手艺，跟哥伦比亚生活关系很大。

马尔克斯青年时代苦苦写作，追寻欧洲的大师，写来写去，始终感觉似曾相识，意思不大。后来他幡然猛醒，认识到南美洲生活的神奇，一刀扎进去，流出了鲜花般绽放的血，才发现文学的创造力就在身边沉睡，等着被唤醒。好比《一千零一夜》里的那个乡下人，追着梦境的指示，跑去远方的王宫里挖金子，最后才发现，金子埋藏在自家门口的树下。

在云南，东南西北挑一个方向，走出几百公里，就是完全陌生的世界。自然面貌、气候、民族、吃喝拉撒、生死观和价值观，都很独特。云南怒江州我去过两次，无比生疏和遥远，不是距离的遥远，是文化心理很远，非常陌生。连绵高耸的群山，奔涌的江流，空寂雄壮，几万年前的样子，现在也差不多。政府要发展旅游，还没有搞上去，经济不理想，自然原貌基本还在，我很高兴。村子散乱零落，山上有，山腰有，山谷的江边也有，一些低矮的土屋，错落地卧在山上，各自隔着空旷的风声对望，互不相干。村民喝酒吃肉睡觉，漫不经心。

云南南部的亚热带深山我也去过，挖金子的地方，气候热，知了的叫声很古怪，突如其来，像子弹射击。男人挖金子、打架、抢矿，女人来矿区住下，穿村里的花衣衫，白天绣花消磨时间，晚上在床上干活，接待男人。那些男人一窝蜂跑来，挤进女人的小房间，大声说笑，推推搡搡，最后留下一两个愿意付钱的，其他一哄而散，出门越走越远，在黑夜里消失。

这些真事，也是伟大的幻觉，包含了世界的独创性意义，有朋友说，在云南写小说很荣幸，就是这个意思。但要把云南生活在小说中写好，写出奇异的人类生活幻觉，非常难。

前几天我去北京，办完事很晚了，坐地铁返回。4 号线下来，换 10 号线，突然发现站台上空空荡荡，没有乘客、没有广播、没有地下有力的震颤，只有遥远微弱的什么声响。我沿空无一人的站台循声寻找，走过好长一段路面，一团黄衣服从电梯旁的墙后倒退出来，吓我一跳，是清洁工，正在弓身扫地，问她，方知末班地铁已经驶过。

那是非常特殊的体验，我被埋在北京城的地下，无人知晓。地铁站台悠长虚幻，寂然无声，远处有人，躲在暗处不动声色，我忽然觉得可以写一篇小说。

平常的生活事件，也能为作家指示出文学的发现之路。普鲁斯特、卡夫卡、马尔克斯、曹雪芹，都这样，关键看人。好作家心明眼亮，能把家门口的熟悉街道写得惊心动魄，极具陌生的原创力。所以作家有独特思想和眼光，才能发现世界的复杂与奇异，才能从真实中发现虚幻，然后，写出独一无二的好小说。

访 谈《

作家要写出善的坚韧

——张庆国访谈录

周明全　张庆国

周明全：我一直很关注你的中篇创作，像90年代创作的《钥匙的惊慌》《黑暗的火车》一直到近年的《如风》《如鬼》等“如字”系列，都是相当优秀的中篇小说，在中国当代小说的体系中毫不逊色。但遗憾的是，“张庆国”这个名字，在当代小说圈却没有成为一个响当当的名字，没有和你的创作成就形成正比。我跟半夏、胡性能等好友一起聊天时，他们经常开玩笑说，这是因为你名字没取好，建议你取个笔名，考虑过取笔名吗？

张庆国：你问到点子上了，这是我的一个心结，充分体现出我个人的矛盾性。我从小喜欢写作，小学二年级，就对作文课充满期待，星期六上午有两节作文课，星期三我就心跳加快了。8岁时，我在家里读《三国演义》如痴如醉。我从小考虑得最多的一件事就是时间不够，在家里，我是长子，要承担好多家务，可我要看书。稍有空闲，就躲起来看书去，经常挨骂。

我把奶奶床上的书一本本找去看，那是我的姑妈从大学借来，给中风瘫痪在床的奶奶看了解闷的书。什么民间故事集、苏联小说、三国等等，都看。我家人不是体力劳动者，我父亲那一辈全部是大学生，爷爷那一辈的男人琴棋书画皆通。我奶奶的学生，是我读的那所小学的校长。父亲告诉我，他的姑爹，我的三姑老爹，油画画得非常好，家里收藏了很多古玩字画，“文革”时，全部被抄走。我家后来从祖上的老院子搬到公家的小屋，曾用家藏的几百册字帖糊墙。一间小屋的四面墙，全部糊满黑底白字的书法字帖，想起来真是雄伟，也魔幻。父亲用字帖的厚纸打底，再糊报纸，墙就很平整，结实耐用。我写过一篇小说叫《如鬼》，用了一点家世生活的素材。

“文革”刚到那年，我家才把陪奶奶十几年的女佣辞退。“革命”使我这样的家庭相当害怕和自卑，所以都给下一代取了简单朴实、积极向上的名字。不然的话，我家取名字很讲究的，父亲那一辈，男孩的名字，都有单人旁，表示男人要事业成功，顶天立地。女儿的名字，都带三点水，有似水温柔之意。

我从小喜欢写作，整天就趴在桌上写作文。上初中，家里着急了，反复警告我，你叔叔，谁谁谁，写文章成右派了。但是，这种事无法反对，爱好是天生的，是命，反对没有用，也由不得我。家里孩子多，顾不过来，爱学习嘛，反正不算坏事，父亲说说也就过了。

我不喜欢自己的名字，一点也不喜欢，想过很多笔名，在纸上划来划去，什么石头啊，树啊山啊，乱七八糟。直到四十岁，还在想该取个笔名，秦国，也想过秦始皇什么，利用谐音来取，有些恶心。已经晚了，很晚。

但是，我告诉你，从很小的时候起，我就相当自信，我不是认为自己可以发表作品，而是认为自己一定可以写出人类的伟大作品，如果没有写出来，就是发生了意外。另一方面，我又非常谦虚、自卑，认为取得成功很难，至于伟大的成功几乎不可能。在笔名的问题上，我就觉得，伟大的作家，将使一个平凡的名字变得响亮，这叫考验。伟大的作家不能庸俗，取些做作的笔名，太不自信了，没那个必要。另外呢，我又绝望地想，既然不会成功，取笔名有什么意思？哈哈！这就是我的悲剧。我是应该有一个笔名，笔名无所谓好坏，能让人记住，好奇，就行了。

晚了，关于笔名，我已经没有机会。但你想想，孙国庆、韩红，这些名字，有什么好的？人家还不是出大名了？所以，关键是，我的小说，应该写得更好，还是应该检讨自己的写作。

周明全：你在《我的生活一成不变》中也写道：写小说是我的生活。我不是写了玩的，不是可写可不写，是非写不可，就像吃饭睡觉和做爱。这个表述是很强悍的，从你这些年的创作成绩来看，也的确能看出你的勤奋。但这样会不会给自己巨大的压力，由此给自己的小说创作带来伤害？

张庆国：我不喜欢“勤奋”这个词。杜拉说过，什么叫作家，作家就是二十四小时写作，这样做了，就是，没这样做，就不是。我只是想做一个作家，做作家是我的命，阅读和写作，让我享受到无上的快乐。我写过这样的话，在社交热闹场合，我常常体会到孤独和冷清，在书房，我能感受到世界的繁华。我每天最喜欢待的地方就是书房，我还喜欢一个人旅行，像读书或写作一样，静静地观察和体验人生。我走在路上经常是恍惚的，看街上的人，感觉是书中的角色。

27 岁时，大学毕业，我去参加云南省的笔会，在最北边的中甸藏区。笔会结束，所有人走了，我一个人留下，带着一纸作协证明，到处乱跑。在小镇上住五块钱的旅馆，扒卡车，一个人住德钦县的老招待所。木头的大院子，晚上只有我一个人住。半夜来了一个人，从二楼走廊老远的地方，脚步声就有力地传来，一直传到我的房门口，停下，然后敲门。进来一个男人，是第二个旅客，地质队员。你想想，那份生活体验，能给我多少文学的想象！

写作，对我来说只有快乐，但是，写得太快和太多，图高兴地写，会对写作造成伤害。就是说，有了写作冲动，压住，按下，等等，想好了再写，会更好。大学毕业时，我抱着一纸箱小说，有四十来篇吧，都是稿纸誊写好，订成一本一本的，去楼下烧。我是大学学生会的校刊主编，有单独的宿舍，很宽大，床前一张大书桌，一个大书架。晚上不熄灯，还可以烧电炉。我每天写，写完就投稿。有的写完改好，准备投，发现不好，就不要了。

我从第一次投稿，投的就是中国最热火的杂志，80年代的《青春》杂志，在中国相当火，一天要收到几麻袋来稿。我就投那里，用不用不要紧，我只投那里。后来的第一部中篇小说，发的是《花城》。

周明全：既然你如此看重小说创作，那小说创作带给你的最大的乐趣是什么？

张庆国：为什么我最后没有取笔名？其中一个原因，是写作对我来说，不是为了出名，是爱写，想写，读书是为了写，到处跑是为了写，写是我的正常生活，不写，就反常了。发表啊，写作带来的功名啊，无关紧要。有的人写作是为了谋生，比如找到好工作，从农村调进城市。我没有这份需要，相反，为了写作，我放弃了很多现实利益。

有一件事，我从未说过，作为小说内容，将是一个重大秘密。中学时，我家已经从祖宅大院里搬走，住在公家四合院楼上一个18平方米的小房间。一家6口人，那么一个小房间，拥挤就不用再解释。我们动用了祖宗遗传的全部智慧，整理那个家，还是住下来了。但有个问题一直让我苦恼，就是写作没有桌子，只有靠窗的一张饭桌啊，一张家里唯一留下的老式大桌子，再摆第二张桌子，没有地方了。

高中那两年，刚好恢复教育的正常，我在昆明第二十八中读书，晚上有自习，我非常高兴，天天去。九点钟晚自习下课，全部同学走了，我留下，独自在教室，写作。那时写什么作嘛，没有地方发表，只是写作文，给老师看了表扬。

每天晚上，整个学校一片漆黑，只有高中部二楼一间教室，亮着灯光，灯光下，就是我一个人。晚上十二点，门卫上楼，一个中年男人，说要关门了，我才关灯，锁上教室的门，一个人穿过楼下漆黑的院子，出校门走路回家。整个高中期间，除了假期，天天晚上，1972年和1973年，昆明二十八中那间教室，一年到头夜晚的灯光，就那样为我照亮。

需要解释的是，为文没有功利心，是事实，不是在表扬我自己。相反，对我来说，那是缺点。一个人,要真正把事情做好,做到位,是需要功利心的。功利是什么?那叫目标,叫不达目的,誓不罢休。只图身心的愉悦,放纵某种天注定的召唤,没有相应的写作策略,会浪费才情和生命。

周明全:小学二三年级时,你就开始对文字迷恋,梦想成为一名作家。对于很多作家而言,童年经历是其重要的写作资源。但至少目前,我很少在你的作品中读到你童年这一段经历,你是有意回避还是觉得童年没有什么值得书写的?

张庆国:有各种作家,有的写自己,有的写别人,我属于写别人的作家。我也写过自己,比如《如鬼》,有些家世生活,但那样的作品在我来说很少。要说我不想暴露隐私,也许有点。我习惯通过观察别人来写作,第一篇小说就是这样写的。

想起来了,我写过一篇小说叫《一只猫穿过黑夜》,那是童年生活,写我养过的一只猫和那个荒凉的时代,那样的小说也只有一篇。

我认为,童年跟作家的关系,根本意义上,不在写作内容,而在作品中的某种气息和思想。一个作家,他写别人,不写自己,是习惯使然。不写自己的童年,对任何作家来说都非常正常。但是,怎么写,文中透出什么精神,一定跟这个作家的成长有关,关系极大。

周明全:在一个早年的访谈里,你说上大学时正值西方思潮大规模涌入国内,当时也了解了五花八门的西方小说技巧,风格上受到一些西方大师的影响。另外,你通过多年的阅读和实践,知道传统小说写作不吸引也不适合你,但跟随西方小说潮流来写,又觉得不太踏实。西方的不适合你,中国的传统写作也不适合你,那你觉得什么样的路才适合?

张庆国:我这一代作家,70 年代末进大学,是在思想解放运动中正式开始写作的,之前,我是写了很多年,中学时趴在家里写,趴在教室写,练笔,等待历史转折的时刻。我们进大学,读卡夫卡,读荒诞派戏剧的剧本,读艾略特和庞德的诗,很过瘾。传统写法我不喜欢,西方现代派写法,很多人模仿,我也不喜欢。

我想摸索一条自己的路,脑袋里却一团乱麻。我 80 年代发在《花城》杂志上的小说《灰色山岗》和《巴町神歌》,有西方现代小说的技术运用,有对历史、自然和人生的神秘认识。后来我转向北京,在《十月》和《当代》发表小说,作品多写现实。但我是通过现实来写虚幻,通过地理名称上的故乡昆明,来写文学意义上的远方,我的现实题材作品从来不解释社会,写的是人空虚的精神世界。

很长一段时间,我对人生的理解是虚无的。我认为,世界的本质就是虚无,看上去嘈杂繁华,其实什么也没有。爱得生死难离,终要分离,生命是过眼烟云。三十岁左右的相当长一段时间里，每到冬天，看着灰色天空，我就很忧郁，非常难受，像要死一样。这种感觉现在没有了，什么时候消失的，我不知道，就那么无影无踪地消失了。现在我喜欢冬天，认为冬天的风景相当干净和单纯。

有个说法，叫爱上这个残破而美丽的世界。福克纳说，如果人类生命的大船注定沉没，我也爱它，会歌颂它，差不多这个意思，我同意福克纳的说法。

2014年发在《人民文学》的小说《马厩之夜》，可能代表我的一个写作思路，叙事方法丰富些，能体现自己的人生认识，注重事件和人物的独特性，注重作品的陌生化。我想，这样的小说会好。

周明全：在当代作家中，你是一位格外注意语言打磨的作家，连在复旦大学带写作研究生的王安忆都曾充分肯定过你的小说。你是如何看待语言之于小说的重要性的？

张庆国：语言对于文学来说，是它的本质。文学，就是语言的艺术。文学作品其实什么内容也没有，只有一堆文字。文字是思想的符号和暗示，只是暗示。小说全靠读者去想象，这跟绘画和音乐等艺术，是多么不同啊！绘画，毕竟画了一个人或一个果子，看得明明白白。一首曲子再神秘，看不见摸不着，可听得见啊！是明明白白的声音啊！文学，写一个人大怒，纸面上并没有一个人，只有文字。文字暗示有人发怒和场面混乱，如此而已。

语言，是一堆麻将牌，洗好，理整齐，就成为作品。打得好，赢了，作品就成功。麻将牌只是一堆符号，却无比重要，生命的意义通过麻将牌符号，得到充分的体现和表达。

打麻将，就是写作，语言文字非常重要，但读者需要的，是语言文字之后人的情感和生命。打麻将不是为了赢麻将牌，是为了赢钱和赢来好心情。

最好的语言，应该有文体意义，是作品形式的成分之一，要有扑面而来的新奇感，作家应该深入研究到词语属性的文学效果。

周明全：你曾认为，"长篇小说应该重视故事，还应该坚持艺术的发现，语言也好，结构也好，人物关系也好，应该不忘文本的品质，它不应该只是一部书。"那你觉得长篇小说应该是什么？

张庆国：长篇小说体积大，各种手法都会用上。但它跟中篇和短篇，有本质的不同。我跟刘庆邦聊过一次，他的比喻很好，他好像说短篇像一道瀑布，中篇像一池水，长篇像一条江。都是水，但完全不同。长篇小说，应该有作家对世界的一个重要认识，有时间感，更重要的是，它应该是一个独特的故事。

比如写抗日战争的长篇小说，从语言、结构、人物、思想，都要有完全陌生化的感觉。想想莫言的小说，就行了，就是那个意思，它粗糙些，却有开创性的意义。

周明全：在6月份昆明作协和你们《滇池》文学杂志搞的第一届昆明文学年会上，贺绍俊在讲座中说，当下的文学创作是唯长篇为大的时代，但他认为，中短篇小说才真正代表了一个时代最主要的文学成就，文学性保留在中短篇小说中，而长篇小说却正在消解小说的文学性。德国汉学家顾彬也表示过类似的观点，他亦认为，长篇小说的时代已过时。你搞文学创作30多年来，只创作过三个小中篇，是你在创作之初就觉得中短篇更能代表一个时代的文学成就，还是你在不停地通过中篇的训练为长篇小说的创作做准备？你积累了那么多年，接下来是否有长篇的创作计划？

张庆国：贺绍俊认为中国的长篇小说不太理想，是一个准确的判断，对于中国作家的长篇小说整体而言，做得是不如中短篇小说好。写好长篇小说太难了，顾彬说长篇小说过时，也许在德国或欧洲美洲是那样。在中国，长篇小说写好了，还是会有人看的，中国不是欧洲，中国有深厚的文学传统。

我只写了三个小长篇，原因是时间不够。我编杂志，还有作协的工作，时间紧些，但更主要的原因，是我没有找到合适题材。我认为，长篇小说的题材很重要，尽管说伟大的作品不在乎题材，窗户上的一只苍蝇，也可以写成几十万字的好作品。但是长篇小说，选材是关键的一步。写一部长篇小说不难，写一部这个世界需要的，必不可少的长篇小说，很难。我不会为了出一部书去写长篇小说。

周明全：在2008年出版的中篇小说集《黑暗的火车》中的后记《我的生活一成不变》中，你写道：我有意把沉重的生活写轻，把世俗人生的困难写得与世俗概念关系不大，把落在地上的石头写成浮在空中的烟云，把实有其名的城市写成并不存在的梦境。把有写成无。这是2000年前我的小说观的体现。这是不是有点故意回避现实的苦难？那你2000年后的小说观又是什么呢？为什么会发生这样的变化？

张庆国：2000年以后，我的小说观是发生了变化。以前，我面对中国现实，无所适从，所以回避它，躲开。我是90年代中后期才开始写现实的，但也经常绕开关键问题，把痛苦的事写成玩笑什么的。我现在写现实有些经验了，不回避痛苦，不回避社会问题，却依然保持化重为轻的习惯。眼前发生的事，我会写，会尽力写得具体。我认为，任何社会现实生活，在文学的终极意义上，都是个模糊的遥远传说。任何有，本质上都是无。

周明全：在你的小说中，可以看到很多熟悉的昆明场景，这些场景，有很强的现场感，你为什么特别热衷于在小说中加入昆明的元素？

张庆国:写作不能总是虚无缥缈,应该有地理或情感上的具体场景或出发点,它可能成为作家心灵的依托,还可能形成特定环境,成为民俗规定下的人物行为依据。作家们不是写过上海、北京、绍兴、巴黎、纽约、伊斯坦布尔、东京?昆明当然也可以写。

周明全:你的小说中,经常有一些专业性很强的术语,比如在《黑暗的火车》中写到的牙医,在《卡奴亚罗契约》中写到的开采金矿等,是不是在有了小说的创作冲动后,会花很多时间去了解相关的知识背景?这样写小说累不累啊?!

张庆国:小说中,会涉及相关生活知识,知识是小说内容之一,不是装饰。导演要制作一百年前的碗和剑,用来拍电影,就因为那份历史知识,让世界具体化并体现出了特殊性。没有生活知识的支撑,艺术只是一团空气。中国大陆作家写小说,现在好多了,以前提笔就写,差不多就得了。国外,或者说以前,民国时,作家写作没这么简单。

帕慕克为了写街景,用摄像机把一条真实的街拍下来,在家里仔细研究,才发现自己的生活知识很缺乏,街道的结构并不是作家猜想的那个样子。小说是虚中做实,以虚向虚,作品立不起来。

《黑暗的火车》中的牙科知识,来自我的好友,他是牙医,我早有这种知识。长篇小说《卡奴亚罗契约》中的采矿知识和金属冶炼,来自我的研究。我读了相关的大学教材,研究好久,在小说中只写了一点点。那个知识,对于我写挖金子题材的小说,很重要,否则,很多情感我不理解。

只要是跟写小说有关的事,外出行走啊,住小旅店啊,向陌生人请教,研究相关资料和学习其他的专业知识等等,我都不会累,只觉得快乐。

周明全:之前聊天中,你曾说,小说创作远远不是这些要素的问题,有比语言、故事等更为重要的东西。那你觉得小说更为重要的东西是什么呢,或者说,什么才是你心目中的好小说?

张庆国:昆德拉的小说再怎么写,还是故事。那个叫顾彬的德国人说,故事是十九世纪的小说写法,就是说现在的小说非故事。我认为顾彬不懂小说,真的不懂,他研究中国文学,未必懂小说,在中国顾彬就是一个普通学者。

问题是,非虚构作品也可以是故事,甚至是好故事,小说何为?小说不只是故事,小说也不是哲学,不要神秘兮兮。一般的故事,追求的是结果,好的小说,讲的是故事进展中的语言过程,从中体现出人的命运感,情感的纠结,欲罢不能。形式上,相比一个故事,小说更讲究推进故事的方法和对事件的思想认识。同样的素材内容，很多人写过，好的小说家都可以再写。赵氏孤儿，天下人写遍，我拿来，再写一遍，照样让人泪流满面，这叫高手。好小说写出了人心深处的幽光，原因不止在内容，还在艺术创造力、作家的智慧和思想。

周明全：前不久我在北京和年轻批评家杨庆祥聊天，他说，当下是最能出伟大作品的时代。当然，对中国当代文学的批评声也是从来没有停止过的。作为一个小说家，你是如何看待中国当下的小说创作的？

张庆国：根据今天的中国现实，似乎可以说有写出伟大作品的足够材料，但文学作品不完全由材料来决定，还决定于作家的心。作家的心如果不自由，伟大的作品无法产生。我相信有不止一个中国作家，不为名不为利，正在埋头写中国最伟大的小说。但是，那部小说，一时发表不出来，它就不存在。可以说，今天中国作家的外部写作自由度是高了些，但我们都知道，作家的心灵自由度，还远远不够。作家的情感深度，爱所有人的那种伟大情感，还欠缺，作家的智力和艺术发现的深度，也有限。你看我们现在的教育，从小学开始，文学就是空白，人的心灵像这样一级级训练出来，会是什么结果？真让人着急。

周明全：你又是如何评价自己的小说的？

张庆国：我从中学毕业，决定此生一定要写小说起，就认为写作的成功，在于写出了无人可比的作品。我搜罗了当时能找到的所有伟人传记来读，大学时，我读大师的小说，正式写作，像海明威说的，以史上留名的作家为榜样。

这样说来，你就知道了，我做得并不好。我对自己不满意，我在心里一直无情地批评自己。我的写作标准始终没变，就是要写到最好，做不到，就不要说话，沉默。

我清楚，我的写作一直在接近目标，一步步接近。我大学刚毕业时发表的小说，现在看来，也不错，当时就在圈里引起关注。那些年，于坚、朱小羊、吴文光，我们天天在尚义街6号玩。我们目空一切，理所当然地认为，这个地方，以后“孩子们要来参观”。

我的写作有徘徊的时候，但总的是在前进。我写很多，也发了很多。现在我放慢速度了，很慢地写，非常谨慎，轻手轻脚。我从少年时代起，就盯紧树梢的那只鸟。它有些老了，但还站在树梢，等着我，也许我可以逮到它，老天保佑吧。

周明全：今年以来，《文艺报》搞了一个“新观察”栏目，专门讨论作家如何书写现实，很多意见很中肯。作为一个有长时间创作积累的作家，你认为对于一位写作者而言，现实感究竟是什么？一个作家应该如何书写现实？

张庆国：现在的中国作家，有一个重要问题需要面对，就是思想的清晰。写作的成功，最终决定于作家的心灵，说的就是思想。爱什么？为什么爱？什么叫善？什么叫恶？基督教的爱，我们不懂，不属于那种文化。仁义礼智信？似乎也乱，理不清。那么是什么呢？在这种思想混沌，人生认识矛盾重重的环境中，作家如何面对现实？如何面对文学？我只能尽力写出现实的残破与美丽，写出善的坚韧并挖掘出恶的根须。

周明全：你的小说，题材基本上都属于都市题材，而且大多是在书写当下情感。但在你笔下，几乎所有情感都是以悲剧收场，无论是《钥匙的惊慌》《黑暗的火车》，还是《无事生非的雨季》，给人以压抑感，为何热衷于如此写？

张庆国：前面说过，青年时代相当长一段时间，我是忧郁的，害怕冬天灰色的天空，也许因为这个原因，我的小说结尾都不太好。现在有些改变了，《马厩之夜》尽管结尾也死人，还死几个，但不是那种单纯的灰暗了，死变成了一种善。

周明全：当下的文学批评，备受批评。作为作家，你是否关注对你的批评，你又如何看待当下的文学批评？

张庆国：当下中国，很多行业都乱，批评界有些问题不奇怪，写小说的作家，有毛病的也不少。有批评家评论我当然好，表扬和批评我都感谢。但重要的问题是好好写，目标明确又不为名不为利地写，作家如此，批评家也应该如此。可以把文学理解为一种世界观，把这件事做好，要拒绝一切干扰。住在现代小楼里写，要有在寺庙的感觉，心要静到那一步。我在寺庙里住过，感觉不错。

周明全：我每次出去开各种会，遇到不少人，他们一谈起云南，就认为云南是出大作品的地方，是能出有神性作品的地方。但遗憾的是，云南作家在中国作家版图上，却很少得到主流的认可，你认为这主要是什么原因？和云南没有好的批评家有关吗？

张庆国：云南一定可以产生大作品，于坚的作品不错，已经够大。云南的自然、地理、文化，有足够分量，足够的陌生化，看看怒江峡谷，那么宽阔和不动声色，就会觉得自己的写作有多浅薄和轻巧。大作品可能是云南作家写的，也可能是外地人写的，无所谓。中国大陆作家，写作大多是体验式，云南人写云南，山东人写山东，河南人写河南。可是，严歌苓，上海女人，从美国来，写了一个东北的小说《小姨多鹤》。我们的国家体制，文学机构，衍生出地方性文学的思维，感觉有些画地为牢。

云南有一批作家写作理想很高，出了不少好作品，有一些云南作家早就引起了国内外的关注。但是，国内对云南作家的整体，关注是不够，有些遗憾。说是傲慢与偏见什么，都可以，但我觉得无所谓。如果云南有了国内重量级的批评家，推广起云南作家来，应该会方便些。但重量级的批评家，就像重量级的作家一样，他的目光是世界性的，跟地方文学无关，而且律己很严。你写得不好，他就不会开口。所以，云南作家写出了砸得响的小说，批评家不提，只能说他没有眼光，慢慢来吧。千山鸟飞绝，万径人踪灭，写到四顾无人的境地，把对手都甩开了，你说了算，还怕什么？写得不怎么好，就认命吧。

周明全：最后一个问题，你自己是作家，又是颇有影响的《滇池》的执行主编，从你创作和编辑的角度，给年轻作者一点建议吧。

张庆国：把小说写好，唯一的前提是热爱它，不为名不为利，就是爱。然后，研究怎么把这件事做好，研究怎么产生影响，怎么用文字为人类的心灵点一盏灯。心灵之灯，是作品的最高评价。我们自己，就是在那些伟大的心灵之灯的照耀下，穿过无数寂寞的暗夜，一步步走来的。

向圣人学习，去俗，安静和坚强，目标远大，年青一代，会把文学做得更好。黄庭坚论书法，解释过怎样去俗，他说："书中有道义，广之以圣贤之学，书乃可贵。"

评　论《

张庆国：小说迷宫中的虚实人生

周明全

张庆国是我们云南的作家，不张扬，我一直将他当老大哥看。私下里喝酒，头脑飘然的时候，我对庆国大哥说，我认为他是一个被严重低估的作家。他不以为然，他说，他在家里的书房写作，就跟进到寺庙的感觉一样。这就是张庆国的态度，他心中有底，不在意别人的评价，只专心写作。

金子不会跳出来说自己是金子，挖不到只说明掘金者没运气，作家张庆国就是这样的金子。他确实写过一部掘金者生活的长篇小说《卡奴亚罗契约》，挖到了金子，却不动声色。

张庆国有 30 年的创作经历，稳定并步步向上的近 400 万字作品量。他的小说几乎全部发表于《人民文学》《十月》《当代》《钟山》《花城》等所有国内重要杂志，被国内的选刊多次转载，入选过年度选本和"中国小说排行榜"。其实，有关张庆国创作的评论和研究文章，已多次见诸《文艺报》《文学报》《小说评论》《南方文坛》等报刊。早在15年前，就有中国最重要的作家在谈及当年的国内小说时，把张庆国与莫言、陈应松并列，推介过他的小说《黑暗的火车》。

但他的文名一直不怎么彰显。也许是人在云南，偏僻的缘故。

张庆国的理解是：只能说明我做得不够好。

我认为这不是谦辞，是信心。

一、张庆国小说的语言特征

文学的“文”，有一层重要意义是文字，也就是语言。语言之于文学，不是外壳，而是灵魂。张庆国在为云南作者讲课时，多次表达过这样的观点。他说，文学最重要的特点是，它只为读者提供思想暗示，不提供实物。一匹马，画家的办法是画出来让人看见，音乐家的办法是让人听到马蹄声，作家的办法是，用文字告诉读者有一匹马，读者看不到也听不见，只能根据语言文字的暗示，去想象一匹马。所以，作家的语言处理不好，写作就会失效。

早在2011年，著名批评家贺绍俊就撰文呼吁，当务之急是建立中国当代文学的优雅语言。他指出，中国现代汉语文学正面对语言这道坎，迈过这道坎，也许就风光无限。在贺绍俊看来，文学语言不同于思想语言，不同于实用语言，不同于日常语言。文学语言是用来承载民族精神内涵和永恒精神价值的。因此，语言问题并不是一个形式问题，建立起优雅的文学语言，也许是中国当代文学得以发展和突破的关键，也是中国当代文学走向世界的关键。①

缺乏语言功夫，再好的主题也没有承载支架。严峻的事实是，语言的浅薄和粗俗化，已使近年的许多中国文学作品变得平庸，很多作家直奔主题，文本干瘪无力。语言是小说存在的家园。汪曾祺作为当代较有影响的小说家，历来重视语言，小说成就颇高。他曾说，“语言不只是技巧，不只是形式。小说的语言不是纯粹外部的东西。语言和内容是同时存在的，不可剥离。”②

在我的视野中，老村、金宇澄、李洱、张庆国等为数不多的几位作家，对语言很有准备。我说的准备，是经年累月的对语言的琢磨提炼，也就是说，作家应该先找到适合自己表述的语言，再去找故事、人物。但现在的作家，大多数先从故事和人物入手，忽视了语言准备。语言过剩和语言紧缺并存，是当下中国文学的危机之一。

---

① 贺绍俊：《建立中国当代文学的优雅语言》，《文艺争鸣》2011年第3期。

② 汪曾祺：《关于小说的语言》，《小说选刊》1988年第4期。

在一次访谈中，张庆国透露了自己对语言的长期准备过程，他说："中学时我一度疯狂迷上遣词造句的研究，那时我做得最多的事是查词典，在家里找到一本'破四旧'遗漏的老式'四角号码'词典，里面的旧式词汇很多，觉得太丰富了，太好了。所以我最初的语言训练不是在大学里学的，很早就开始了。"①作家老村的语言把握也甚为到位，他写作《骚土》前，也是天天看《辞海》，搜罗陕西语系中的古字、古词。《骚土》使用《辞海》中的词汇也就百十来个，但这百十来个经历岁月淘洗的词，像盖木头房子使用的铆钉，使《骚土》站住了，具有了稳定性、经典性，与传统中国小说接轨。

张庆国小说语言的第一个特征是简练，单刀直入。

应该说，这是张庆国近几年小说的语言特征。早期张庆国写的小说，比如 90 年代初期发表于《花城》的中篇小说《巴町神歌》(《花城》1991 年 5 期)，语言是较为繁复的。语言由繁复转向简练，说明张庆国的文学观点发生了变化，从青年时期的先锋派学习，改变为另取一套的镇定自若。

20 世纪八九十年代，中国的先锋小说探索风起云涌，张庆国作为刚从大学毕业不久的作家，其写作经历与西方现代派文学在中国的风行同步，正如他在相关文章中自我介绍的那样，西方现代派文学为他所钟爱，从卡夫卡到马尔克斯都很熟悉。但熟悉是一回事，正确理解和运用是另一回事。张庆国在 2009 年发表于《山西文学》的一篇读外国小说的长篇随笔中，曾对自己的那段文学经历进行检讨，认为早年包括自己在内的中国作家的西方现代派文学研究，只欣赏语言的壳，未能准确领会语言的魂。②

语言不只是形式，也是作品的内容，小说中涉及的生活事件，跟作家采用的语言形式同为一体，不可分割。作家对人生有所理解，发现了主题，就会寻找相应的语言形式。早期张庆国的小说有先锋实验色彩，语言繁复，是因为他喜欢西方现代派小说新的语言表达形式，他用那种语言形式描述了人生的神秘，却不太明白外国作家为什么那样写。不清楚那种新锐语言后面的西方文化背景及其精神意义，他的语言繁复，某种程度上反映了其思想在迷茫地绕圈子。

这不是张庆国的问题，是一个时代的文学通病。当时的中国文学急于寻找新的出路，青年作家对西方现代派文学花样翻新的技巧有所迷恋，剥了其语言的壳，穿到自己身上。他们只能这样做，但这样做是错的，语言不是作品的外衣，是重要内容。西方现代派文学选择的语言形式，出于他们自身的处境和由此产生的作品。两次世

---

① 贾薇：《文学只是一种消遣与作家张庆国对话》，http://blog.sina.com.cn/s/blog_5672e40d0100ij56.html。

② 张庆国：《冬天的树和树上暴露的鸟巢》，《山西文学》2009 年第 5 期。

界大战的惨痛经历之后，面对"上帝已死"的孤独和恐慌，19世纪的浪漫主义和巴尔扎克式的外部写实传统，无法解决西方人巨大的内心困扰，于是催生出他们的新思考及文学形式的现代性突破，并产生相应的文学语言。

中国文学在改革开放以后大踏步前进，同样面临传统革命文学不再适应历史转变后的中国经验困扰，但这个困扰跟西方人的宗教信仰文化相去甚远。我们面对的问题是物质困难、精神贫乏、思想空洞。思想空洞导致我们无法回答自己的问题，从西方作家的作品中，我们也找不到自身问题的答案，因为西方作家的写作只能解释他们的生活。所以，我们借用他们的语言，为自己的作品暂时取暖。

正如张庆国后来著文所说，"中国有中国的问题，外国有外国的问题，乌鸦解决乌鸦的麻烦，老鼠享受老鼠的欢乐。中国作家写爱情，也许为的是表达生的喜悦，外国作家写爱情，可能恰恰是解释死的无奈。"①20世纪八九十年代的中国青年作家，包括当时的张庆国，很难认识到这个深度，只为读到崭新的语言而惊喜，他们用那种语言创作自己的中国生活小说时，难免徘徊迷茫。

现在，张庆国的小说语言简练明确，直截了当，是因为心里有底。当西方现代派文学成为常识，融会在中国作家的生活观察中，融会在作家的中国方式表达中时，张庆国也清楚地找到了自己想要描绘的人生，以及相应的语言方式。他知道自己为什么要这样写，对自己作品中的人物及其命运有明确认识，对安排出的相应情节心中有数，语言方式就很果断，直接挑明，一针见血。

张庆国的这个语言特色，最为鲜明地体现在其最新发表的小说《马厩之夜》(《人民文学》2014年第3期)中。这部中篇小说讲的是老故事，叙事方法却很新颖，人生认识独特而明确。小说中的桃花村，在日本人的威逼下，把几个村里的女孩送给日军做慰安妇，战后为隐瞒羞耻，引出了更大混乱。如此复杂的伦理故事，张庆国在小说开头，表达得简练有力：

"我母亲六岁那年，被赵木匠从缅甸领回来。原来她有一个印度人的名字，……她跟着赵木匠走进桃花村时，连中国话也不会说，对赵木匠要把自己养大做儿媳的事不懂，也没有兴趣搞懂，只想再活几年，活厌烦了就上吊，去找早就死去的印度父亲。"

短短数十字，就把小说中的几个叙述者摆出来，也把人物国籍与身份的混乱摆出来，同时亮出其生死态度。叙述者多，是因为人生的隐瞒，国籍和身份的混乱出于

① 张庆国：《冬天的树和树上暴露的鸟巢》，《山西文学》2009年第5期。

时代混乱，生死不知，来自战争危险。信息容量很大，令人赞叹。

简练的语言容量最大，也最有力。金圣叹就曾感慨道：不会用笔者一笔只作一笔用，会用笔者，一笔作百十笔用。[①] 莫言虽获得了诺贝尔文学奖，成为中国首屈一指的大师，从莫言的小说看，他的语言是很不节制的，肆意汪洋，少了韵味，多了泥沙俱下的土味。张庆国不同，他的语言谨慎用心，有很多玄机。在他的中篇小说《钥匙的惊慌》(《十月》1995 年第 4 期)中，迷茫时代中的恍惚人物李正，为家里准备做防盗笼的事，心乱如麻，无所适从。价格高了不行，便宜也不行，安装怕麻烦，不安装又恐慌。他最后决定做防盗笼，交付定金，制作人老田却失踪，受到致命一击。这里，张庆国只用一个短句，就把李正的心态写了出来：没有老田，小店已经在昆明城的早晨死去。“早晨”充满希望，但“早晨”后面的“死”字，写尽了李正的万念俱灰。

语言的优雅，是张庆国小说的第二个特征。

这个特色，也许跟作者个人的出身有些联系。我和张庆国有个谈话，他介绍说，自己出身书香世家，直到父亲那一代，家族也全部是大学生，他奶奶的女佣“文革”开始那年才辞退。我知道他自小阅读《三国演义》这样的经典著作，其小说语言，早在传统文化的感染中养出了优雅的风度。

张庆国的小说《黑暗的火车》(《十月》2000 年第 2 期)，就体现了语言优雅的特点。雾、火车的摇晃，目光的潮湿、夜色的疑惑、房间中的慌乱、床上的凹印，等等。众多俯拾即是的优美短句，使得《黑暗的火车》色香味俱全，醇厚，很有嚼头，层层推进，让火车驶入读者内心，回味无穷。

优雅来自恬淡，以及对事物细微的体察。在小说《如鬼》(《钟山》2011 年 4 期)中，张庆国写鸽子，表现出细微而深刻的洞察力。

“那些神奇可爱的鸟，羽毛光滑，眼睛明亮，骄傲优雅而相亲相爱。公鸽向母鸽求爱，是那样彬彬有礼，不慌不忙。它绕着母鸽点头，一遍一遍地点，用力点，深深地点，乞求它赐给自己爱情。母鸽不同意，表情冷淡，它就再努力，咕咕咕地唱歌，我认为是唱歌。父亲说，不是唱歌，它是在念情诗。”

张庆国的语言优雅，还来自他对比喻的应用和掌控。在小说《桃花灿烂》(《人民文学》2003 年第 12 期)中，张庆国将街上的乘客比喻成豆子，形象且特别有味。他写道：散落在街上的乘客是大豆、小豆，虫吃过的豆子和金豆，开着出租车满城捡豆子。小说《水镇蝴蝶飞舞》(《花城》1996 年第 2 期)，更能体现这方面的特色，这部发表于

---

① ［清］金圣叹：《第六才子书》，转引自叶朗《中国小说美学》，北京大学出版社 1982 年版，第 114 页。

90年代初的中篇小说，写得仓皇迷离，纯净唯美。江边的小镇、神秘的纸花店、寂寞的招待所、黄昏中飞舞的金属蝴蝶、琴师与美女、医生和杀手，惟妙惟肖，读来恍然若梦。

在小说《如鬼》中，张庆国写道：关于二叔的传说，像树上落下的鸟窝，干枯散乱，轻飘飘的一点重量也没有。在小说《如风》(《芳草》2011年1期)中，张庆国把警察陈刚比喻成猎狗，将马局长比喻成狡猾的野猪。明喻、暗喻、借喻交叉，巧妙运用，有绅士品质，机智俏皮。

张庆国语言的机智俏皮，跟其他作家有明显区别。文学语言不是俏皮话，语言的力量不体现在表面的花哨，表面的俏皮话只是小水花，张庆国的机智是大海本身，出于其对生活和艺术的独特理解，跟小说内容融为一体。这让我想起了作家刘震云的小说，刘震云的小说中亦有很多看似精彩的俏皮话，但他的俏皮话显得游离，未能融入小说的整体语境，来路不明。

此外，反讽与幽默，语言的生动性和感染力，亦是张庆国语言的特征，张庆国常把严峻的事件表述得轻描淡写，把痛苦表述得不以为然，把惨烈的现实描绘得虚幻神秘。他的词语研究非常细致，语言中很少虚词，大量使用动词、名词，大量做形象比喻与具体描绘，很少抽象表述。

作为生活在云南这块神性土地上的作家，张庆国还对语言的地方性挖掘很重视。地方性是现代性的一种，做到更高意义的地方性表达，才能言之有物，体现最实在的世界性。刘恪在《中国现代小说语言史(1902—2012)》中说，我特别相信语言是地方性的，因为每一个人都会诞生于某一个地方，由那一个地方赐予他语言，及一种语言的情感、地方性知识、个人所拥有的地方语言经验与表达方式。刘恪相信，只有地方性的语言才是最独特个性的语言表达。①

张庆国的小说中，很早就出现大量昆明及云南的地理名称，他在多年前就对小说的地方性表达做出尝试，力求运用差异化的地方知识，写出特殊人生，实现文学的创造力。但我认为，有关地方知识及相关语言的挖掘，张庆国还做得不够。

中国文学的普通话写作，抹平了地域差异，把不同地域间特有的文化资源、传承、习俗等烙印消灭，十分可惜。但是，只注重地域差异，不研究交流的有效，也会造成重大遗憾。众多中国作家对此已有认识，正开展各种探索，张庆国是其中之一。

云南文化种类繁多，体现出多种多样的差异性，艺术资源很丰富，作家用心琢

---

① 刘恪：《中国现代小说语言史(1902—2012)》，百花文艺出版社2013年版，第12页。

磨，可以写出体现神性的大作品。作为云南最优秀的小说家，张庆国应该再做努力，继续深入民间，淘洗出云南最有文化魅力、最有地域特色的词汇，创作出伟大的作品。

二、人生的虚妄迷茫

张庆国作品很多，题材繁杂，手法多样，他的小说类似迷宫，仔细分析，可看出其经历了三个阶段的蜕变。

第一个阶段是非现实，对人生虚妄与空疏的描绘，即把有写成无，迷恋纯想象的虚构叙述。第二个阶段是关注现实，却常常绕开现实疼痛，把重写成轻，如他所说，“把痛苦的事写成玩笑”。第三个阶段，以近期刊发在《人民文学》的《马厩之夜》为转折点，张庆国的小说创作，保持着现代叙事的多样化与复杂性，注重作品的陌生化，却脚踏实地，对选择的题材有清醒认识，所写事件和人物也有深入分析，做到了言之有物，目标明确。

张庆国在中篇小说集《黑暗的火车》“代后记”中说：我有意把沉重的生活写轻，把世俗人生的困难写得与世俗概念关系不大，把落在地上的石头写成浮在空中的烟云，把实有其名的城市写成并不存在的梦境，把有写成无，这是2000年前我的小说观。①

我推测，张庆国早期的这个小说观，主要基于两个层面形成，一是他的家族1949年前是传统士族，1949年后旧历史被革命摧毁，全家人搬出世代居住的宅院，挤在十几平方米的公家小屋中艰难度日。童年时，爱写作文的他被反复警告，说写文章会成“右派”，这对其早期的心灵产生过影响。上大学时，西方思潮涌入，写作风格受影响，思想迷茫。

两者叠加，使张庆国在很长一段时间里，人生理解很虚妄，认为世界的本质就是虚无，看上去嘈杂繁华，其实什么也没有。他在接受我的访问时回答：“爱得生死难离，终要分离，生命是过眼烟云。三十岁左右相当长的一段时间里，每到冬天，看着灰色天空，我就很忧郁，非常难受，像要死一样。”

所以，张庆国的早期作品，充斥着大量人生的虚幻与神秘。《水镇蝴蝶飞舞》和《巴町神歌》，发表于20世纪90年代初，两部小说都明显受到先锋思潮影响，有一望而知的现代意识，写世界的不可知和作家自己内心的迷茫。

① 张庆国：《我的生活一成不变》，《黑暗的火车》，云南人民出版社2008年版，第357页。

水镇是一座缥缈之城，镇上的男女行踪可疑，善恶莫辨，危险突如其来，死亡无可抗拒并原因不明。《巴町神歌》非常超现实，用想象中的云南深山生活，写不可能存在的奇异世界和人生。闭塞的小县上，躲藏着一位自命不凡的歌舞团团长，他是艺术天才，骄傲自大，举止神秘，手下的弟子也行踪诡异。歌舞团所在的旧宅子式样古怪，非中非西，阴森可怖。狗偶尔说人话，鹦鹉能背诵很多外国诗歌，团长排练的作品，出自意外获得的失传古籍，时光积尘里鬼影幢幢，演员登台时神奇升空。小说最后，剧场倒塌，神话消失，回归世俗，平淡无奇。

《巴町神歌》的所有描写都很具体，环境、人物及其行为非常逼真，故事却很虚妄，没有现实根据。张庆国杜撰了美丽的梦和遥远传说，描绘其背后的阴森黑影，内容安排很大胆，叙述上旁逸斜出，枝蔓横生，语言探索有诸多尝试。这部小说是张庆国非现实题材小说中最重要的作品，体现出张庆国对生命和文学的深层思考。

之后的《水镇蝴蝶飞舞》，跟《巴町神歌》一路，小说叙事却有清晰线索。张庆国在一次接受访谈时说，“原先我认为故事不好，怕沿着故事下去，会使小说变得枯燥、单调。后来，我认为故事在小说中还是很重要的，一旦写好故事，小说同样完美。”①

重视叙事性，强调故事的完整清晰，并非为了解释现实人生。《水镇蝴蝶飞舞》写得复杂多变，却跟现实毫无关系，只是一个梦。张庆国发表于《当代》另一部小说《意外》(《当代》2004 年 1 期)，看上去是农村现实题材作品，也跟现实无关，只是小说家无中生有的想象尝试。张庆国祖辈生长于城市，并不懂农村，这个小说，以玩笑似的纯粹想象文字，把虚幻的猜测，写成当下社会的具体人生，借以表现混乱现世中人的孤独无助。

值得注意的是，《意外》尽管虚幻，却是一个信号，张庆国从虚妄的想象中，走进了现实生活，开始反省并研究沉重的现实社会。

2000 年后，张庆国的小说发生变化，转向对现实的书写。这个转变当然是有限度的，具有明显的张庆国特色。他的小说叙述，仍然重在艺术表达，不以揭露现实困难为目的，他经常绕开现实中的人生障碍，把小说中出现的人生痛苦当玩笑写，化重为轻。

当下的中国文坛，对现实的书写大多呈现正面强攻之势。余华的《第七天》，恨不得直接用新闻体写现实，以荒诞回应荒诞，以不可承受之重，写命运的不可承受之痛。另外一路，如张庆国，以轻盈来写沉重。米兰·昆德拉曾以“极端轻薄的形式来

---

① 贾薇：《文学只是一种消遣——与作家张庆国对话》，http://blog.sina.com.cn/s/blog_5672e40d0100ij56.html。

书写极端严肃的主题”，伊塔洛·卡尔维诺在《美国讲稿》中，第一讲就是“轻逸”，他说，重量轻的软件智能通过重量重的硬件来施展力量，但发号施令者乃是软件。[①]

张庆国不愿面对现实困难，并非其不知道现实困难的沉重，也并非其冷漠无情，而是文学观不同。不少优秀的中国作家，也对现实书写保持着警惕，阎连科的不少作品，书写惨痛现实，却放浪形骸，极尽夸张，这样做的目的，是为了回避简单的现实重复，更强烈地描绘荒诞人生。

把重写成轻，以虚向实，有意拉开文学与现实的距离，以强调文学的审美意义，是张庆国小说的重要特点。张庆国认为，“纯粹的现实故事是生活的重复，如果这种重复还显得有意思的话，应该交给记者或新闻电视去做。文学家要在生活之上展开描述，它是现实的，又是非现实的。”[②]所以，张庆国小说写厚重的社会事件，从不追查原因，更不去判断社会是非。

张庆国20世纪90年代中期发表于《十月》杂志的中篇小说《钥匙的惊慌》(《十月》1995年第4期)，在化重为轻的意义上，也有代表性。首先，小说名就奇异，钥匙是常见的实物，不可能惊慌。其次，内容荒诞。公务员李正担心钥匙丢失，在安装防盗笼的问题上拿不定主意，患得患失，谨小慎微，却处处出错。妻子精打细算，一再吃亏，姑妈莫名胆怯，求助气功大师，甘心受骗上当，其中还穿插姓花的女同事的爱情乱码。最后，李正勇于揭发气功大师的骗局，却被警察误抓。

人生很沉重，麻烦不断，演化出的事件像一场玩笑。故事很具体，细节来源于现实，小说中的人物谁都熟悉，类似事件处处可见，它们组合在这部小说中，却不再真实，荒诞不经。实有的钥匙以虚幻假象出现，写出了现实人生中的空虚无助。张庆国着力于具体现实，却无意做现实表达，只想通过“钥匙”这一贯穿始终的意象，写时代的慌张和严峻人生中的不安全感，以触及人心深处永恒的空虚。

《意外》是张庆国的另一部优秀中篇。这部小说开篇，就在人名上给读者留下深刻印象，一连串物品名，竟然就是小说中人的真名，教师叫土豆、校长叫板凳、乡镇书记叫钢筋、镇长叫柜子，女学生叫树叶。

现实人生被不可能存在的人名虚化，作品获得了最初的陌生化原创力，其中故事及人物命运，也就与现实保持距离，表面的玩笑，大有深意。《意外》中才华出众的青年教师土豆，得到学校和学生的认可，梦想升迁，忽然杀出一个叫板凳的人，阻断他的人生，让他经历一系列打击，被迫走上逃亡之路，最后，戛然死于公安大院内的

① [意]伊塔洛·卡尔维诺：《美国讲稿》，萧天佑译，凤凰出版传媒股份有限公司2012年版，第8页。
② 贾薇：《文学只是一种消遣——与作家张庆国对话》，http://blog.sina.com.cn/s/blog_5672e40d0100ij56.html。

车祸。小说绕开了可能出现的社会问题解释，以荒诞始，也以荒诞终结。

类似化重为轻的荒诞故事，还有张庆国的小说《错字案》(《十月》2011 年 4 期)。其中马师傅孤独出征，只身破除城中大量错字，令人感慨，啼笑皆非。这个印刷厂老工人，颇有堂吉诃德风度，他是校对师傅，视整座城市的错别字为仇敌，奋力作战，走火入魔，永远痛苦，在喧嚣的城市里形只影单，以至引火烧身。

张庆国与传统的现实主义作家不一样。传统的现实主义作家以实写实，把沉重的现实写得更重，他则化重为轻，以虚写实，构思独特。无论是《钥匙的惊慌》《黑暗的火车》以及后来的《错字案》和《如风》等，均不以再现生活为目的，也不解释现实困难，只写生命的狼狈与仓皇。

张庆国说："我的小说，叙述中均隐约透出不可知的神秘力量，也就是说，总有一只黑手把人推向绝路或死路。"[①]《黑暗的火车》就是这样的小说：牙科医生赵明，为见初恋情人马晓红，去成都参加口腔正畸会议。在驶往成都的列车上遇到另一个女人，上演一出"黑暗中摸索的故事"，在阴差阳错中丧命。这部小说十五年前发表时，广受称赞，小说中的"虚"，通过丰富饱满的"实"完成，张庆国做到了专业，也做到了精确。写足了可见的爱情错乱，也给黑暗的精神世界留下空间，有效避免了作品的简单化。

三、行走、救赎和转变

张庆国勤于思考，却不是书呆子，他的很多小说都是行走的结果。青年批评家杨庆祥一直批评当下的中国小说缺乏"野性"，他认为我们现在被一种伪中产阶级写作所束缚。这种伪中产阶级写作，有一个明显特点，就是规矩，在审美、伦理、人物的塑造上都中规中矩，小情小趣，被禁忌所困。[②]

杨庆祥提到"野"，其实就是要求突破禁忌，审美的禁忌和伦理的禁忌。没有突破，写作就会停在一个地方不走。解决这个问题的好办法，是让作家走动，跟历史和他人互动交流，深入别人的内心。

杨庆祥认为，张承志就是一个有"野性"的作家，一直在真正行走，《心灵史》也一直在修改。2011 年，他又修改了一个新版本。所以作家一定要动，让思想动起来，身体也动起来。如果停滞不动，写作的新格局，就很难打开。

张庆国深谙此道，一直在"走"，行走使他保持激情，思想活跃，接连创作出新的

---

① 黄毅：《张庆国小说的虚与实》，《边疆文学文艺评论》2011 年第 8 期。

② 参见杨庆祥与周明全对话《"中国当下是最有可能出伟大作品的时代"》，《都市》2014 年第 9 期。

作品。早年的《水镇蝴蝶飞舞》，是他远走云南东北部，独自客居陌生的江边小城的收获。《如风》的创作来源于他前往云南某县，跟随当地人进山打猎的经历。长篇小说《卡奴亚罗契约》，是他一年中多次往返云南南部的亚热带深山，研究当地疯狂掘金史的结果。

《卡奴亚罗契约》(《十月》2008 年 4 期)，最早出于张庆国在一个饭局上听别人讲的轶事。说者无意，听者有心，之后，张庆国立即着手准备，出门行走。他不开车，也不坐朋友的车，是去客运站买票，像一个真正的乘客，坐长途客车，辗转数百公里，直奔传说中的荒凉之地，进入埋藏着淘金秘密的深山。他一年之中六次前往被叫作金矿的偏僻山沟，住在金子河边简陋的小旅店，跟当地人交朋友，同吃同住，最后，写成了亦真亦幻的掘金故事。

张庆国认为，《卡奴亚罗契约》不是在写金子，是写时间历史[①]，他的这个自我总结很到位。小说中的事件发生在改革开放之初，当地的掘金历史，可理解为改革开放以来的社会演进史。张庆国写出了改革开放历史，也写出人心的成长史与财富混乱史。但是，他的小说叙述与常见的现实主义作品有区别，这部小说不是单线推进，是复式发展，城市、乡村、历史、现实并存，融会交叉。边远的马峰镇从贫困到富裕，从快乐到痛苦，从宁静到喧嚣，从纯洁到淫乱，触目惊心。他在写历史的混乱时，不忘生命的迷乱，不忘夸张和荒诞的表达，不忘深山原始宗教的神秘幻象，写了现实之重，也写出虚弱的生命之轻。

行走也使张庆国的小说创作获得救赎，发生了重大转变。

小说以假写真，张庆国面对是非难辨的复杂世界，不敢大意，不敢随便开口，就把更多的目光投向艺术审美。他的做法没有错，人生不完美，古代如此，现代如此，未来也如此。艺术面对现实，常常表现得“无用”，也无奈。小说无论怎么写，都是一件艺术品，失去了审美价值，小说就难以立足。

文学有为人生的意义，完全回避现实人生的解释，再好的小说也会有缺憾。张庆国的写作避实就虚，化重为轻，是其艺术追求，也是其思想的困惑。

张庆国的这种困惑，在 2014 年发生了根本性改变。

这一年，张庆国发表了最新的小说《马厩之夜》。小说写得复杂，却干净利落，再次获得好评。为此，《南方文坛》刊载了中国九位青年博士评论家对《马厩之夜》的讨论，有人在讨论中认为，张庆国的《马厩之夜》，代表了他个人写作风格的转变，一定

---

① 姚霏：《张庆国：我写了一份时间的历史》，《说吧，云南》，云南人民出版社 2012 年版，第 42 页。

程度上，也代表了中国先锋文学转型的一种“命运”。[①]

这种“命运”就是落地，中国作家的现代叙事探索，落到了中国的土地上，与中国生活、中国情感、中国问题、中国人种甚至中国古典艺术传统，产生了血肉联系。这种联系当然是现代性的，是三十年国际文学思潮深入研究的结果，是对几千年中国历史和文化重新思考的结果，并非旧式现实主义的简单复活。

这种转变中，人生的虚妄迷茫当然有，因为从绝对意义上说，生命就是一场迷梦，来无踪去无影，但小说中的具体事件，却有了明确意义，疼痛就是疼痛，背叛就是背叛，任何错误，都要承担后果。

《马厩之夜》揭示了复杂的伦理困难，小说在《人民文学》发表后，接连被《小说月报》《中篇小说选刊》《长江文艺·好小说》选刊头条转载。霍俊明、张莉、金理等著名批评家，为此展开了专题讨论。

《马厩之夜》这部小说，同样萌发于张庆国听来的两句话，根据两句话提供的线索，他出门行走，前往一千公里之外的事件发生地，在小村子里居住，四处走访观察，实地感受时间的气息，为找到小说的最佳叙述方向苦苦思索，费尽心机。

这部小说写抗战，却没有战争，更没有抗日行动。桃花村的王老爷为维护村庄不被摧毁，同意给日军送慰安妇，战争结束，重金赎回女孩，又与她们一同服毒自尽。小说将人性的复杂，历史的复杂，时间的混淆以及战争的罪恶等，隐而不露地表现出来，是近年抗战题材中，将人性在战争残酷下自我博弈的表现书写得最充分的作品。

四、惊人的小说掌控力

评论家张莉在《2011年中国小说年鉴》中，评介张庆国的小说《如鬼》时，有过这样的表述：通过《如鬼》，看出张庆国小说在叙事的推进，节奏的控制、人物的设计、人物关系的安排、结尾的处理等，都有恰到好处的表现，表现出小说叙事的惊人掌控力。[②]

新疆作家董立勃，对张庆国的小说也很赞赏，他说，“庆国的小说，叙述技巧很独特，每一篇小说都有一个故事的核心，这个核心情节如同强有力的黏合剂，词语被自由组合在它的周围，故事的每一次推进，都给语言留下一个想象的真空。”[③]

---

① 2014年4月8日，霍俊明、张莉、金理、房伟等九人在中国现代文学馆会议室开展了张庆国《马厩之夜》的讨论。稿件参见《“时间马厩”中的罪与非罪——关于张庆国中篇小说〈马厩之夜〉的讨论》，《南方文坛》2014年第4期。

② 著名批评家张莉在《2011年中国小说年鉴》中对张庆国的概括，转引自《“时间马厩”中的罪与非罪——关于张庆国中篇小说〈马厩之夜〉的讨论》，《南方文坛》2014年第4期。

③ 董立勃：《藏在字里行间的金子》，《文艺报》2009年3月3日。

有了行走和各方面的思考，才有良好的小说掌控力。

张庆国在发表于《中篇小说选刊》的创作谈《解套》一文中，这样阐述：表面的叙述之后藏着暗流，小说家大写特写之处，也许恰恰不是重点。①

我最近和著名作家老村交谈，他提出，中国传统小说的叙述，是一个浑然的螺旋形结构，比西方的小说叙述更高级，借此分析张庆国的小说，也可看出，他重视小说技术，在语言选择、叙述安排、人物设计、结构组织等方面，都有仔细研究，并取得了很好的效果。比如小说《马厩之夜》，这部小说采用多角度叙事手法，和当下很多小说的单线叙述有本质区别。

《马厩之夜》有“我”的寻访、母亲的追忆、神秘老头苦菜的叙述，以及村中各色人的历史表现。母亲的含混表述，将整个事件聚焦于残酷，拉近了叙述与事件的距离。苦菜老头“像个鬼，来路不明”，他的叙述看似补充，其实是使事件虚化。小说中的“我”，作为叙述者和当事人的“儿子”，也似是而非，鬼影幢幢，在事件中徘徊穿行。诸如此类的叙述安排，使《马厩之夜》丰富有力，故事回旋发展，历史与现实时分时合，完成了逼真的写实表现，也留下混沌的想象空间，既引导读者进入痛苦的历史场景，又不断脱离原发地，返回几十年后的现实。

在有关《马厩之夜》的讨论中，深圳批评家赵目珍，对张庆国的这部小说做了叙述的技术分析。他说，《马厩之夜》中的叙事主题“我”，并未参与母亲“小桃子”人生经历的全过程，故事的演绎，无形中变成了“讲述＋转述”双层结构。这种多重叙述，使读者能一步一步抵达历史现场，抱着理解与同期之心态，回望那场战争中各种人在历史和命运挟裹下的百态人生。②

张庆国在这部小说的创作谈《黑夜背后的黑夜》中说：小说叙述也是一个等待穿越的黑夜。小说家也许会有事实传闻的写作出发点，可经常性的处境是，传闻查无对证，支支吾吾，并不能支撑小说空间。……穿越叙述的黑夜更难，作家在文本的黑夜中摸索，身边遍布蚁虫般密密麻麻的文字。如果指挥不当，成千上万的文字蚁虫等不及找到黎明，就可能在夜晚的寒风中冻死。③

他说的指挥得当，就是小说的掌控力。

这种掌控力，在张庆国的中篇小说《如风》中，另有突出表现。《如风》2011 年第 1 期发表于武汉的《芳草》杂志后，引起广泛关注，被中国的五家选刊全部转载，创造了

① 张庆国：《解套》，《中篇小说选刊》2011 年第 2 期。

② 此为深圳职业技术学院人文学者赵目珍的发言，参见《“时间马厩”中的罪与非罪——关于张庆国中篇小说〈马厩之夜〉的讨论》，《南方文坛》2014 年第 4 期。

③ 张庆国：《马厩之夜》创作谈，《小说月报》2014 年中篇小说专号 3 期。

中国小说的“大满贯”转载奇观。它引人注目的一个重要原因，就是多重结构的叙事特色，《如风》包含了三层意义：猎狗奔跑如风、爱如风而逝、生死转换如风，并由此生出猎物与猎手相互混淆的悖论。张庆国让一个普通的社会事件，上升到人生的多重意义高度，使中国的社会事件小说，获得艺术和思想表述上的重要开拓。

《如鬼》的掌控力，与如上小说不同，它的叙事策略看似平实，清楚明白，并无花哨设计。但从开头到结尾，小说的严密讲述，均被一个巨大的历史鬼影所笼罩，那是时代之痛，也是人心之痛，是骄傲，也是空虚。近四万字的有限篇幅，写出了一个家族几户人家的半生岁月，其中有亲人的牵挂与吵闹，历史的虚弱和现实的坚硬，父辈的狼狈不堪与下一代的奋起直追，生的悔过与死的降临。种种冲突巧妙穿插，一泻而下，不可阻挡地汇合，在结尾的深夜里，突然发出尖锐回声。

张庆国是一位成熟的小说家，若不为名累，不为利诱，不断探索，相信他能创作出更多优秀小说。

（载《小说评论》2016年第1期）

主要作品目录《

长篇小说

《玫瑰的翅膀》，北京十月文艺出版社2002年版。

《昆明，春光无限的温柔》，世界知识出版社2004年版。

《天高地远的温柔》，群众出版社2005年版。

《卡奴亚罗契约》，《十月（长篇小说）》2008年第6期。

《掘金记》，中国友谊出版公司2019年版。

《老鹰之歌》，《十月（长篇小说）》2019年第4期。

中短篇小说集

《水镇蝴蝶飞舞》，云南人民出版社1999年版。

《伤心之城》，云南民族出版社2004年版。

《黑暗的火车》，云南人民出版社2008年版。

《如风》，敦煌文艺出版社2014年版。

《如鬼》,云南人民出版社 2014 年版。

《马厩之夜》,中国友谊出版公司 2019 年版。

中短篇小说

《灰色山岗》,《花城》1989 年第 5 期。

《巴町神歌》,《花城》1991 年第 5 期。

《月光如梦》,《青年作家》1992 年第 5 期。

《金钱游戏》,《十月》1993 年 4 期。

《钥匙的惊慌》,《十月》1995 年第 4 期。

《水镇蝴蝶飞舞》,《花城》1996 年第 1 期。

《生意人马波》,《十月》1995 年第 4 期。

《伤心之城》,《大家》2001 年第 1 期。

《黑暗的火车》,《十月》2000 年第 2 期。

《弹钢琴的鼠县女孩》,《大家》2002 年第 3 期。

《无事生非的雨季》,《十月》2003 年第 5 期。

《布莱克之谜》,《广州文艺》2003 第 5 期。

《完美的爆炸》,《福建文学》2003 年第 12 期。

《桃花灿烂》,《人民文学》2003 年第 12 期。

《意外》,《当代》2004 年第 2 期。

《子弹》,《当代》2005 年第 4 期。

《暗箭》,《大家》2005 年第 5 期。

《疾风缠绵》,《人民文学》2006 年第 4 期。

《黄金画家》,《人民文学》2007 年第 6 期。

《菊花堂》,《钟山》2007 年第 3 期。

《如风》,《芳草》2011 年第 1 期。

《羞耻》,《当代》2011 年第 2 期。

《如鬼》,《钟山》2011 年第 4 期。

《错字案》,《十月》2011 年第 4 期。

《如戏》,《中国作家》2011 年第 1 期。

《杀牛迷局》,《中国作家》2012 年第 13 期。

《马厩之夜》,《人民文学》2014 年第 3 期。

《看见你》,《大家》2017年第6期。

《一只猫穿过黑夜》(短篇),《天涯》2004年第1期。

散文随笔集

《乌蒙会馆的发现》,云南民族出版社2000年版。

《乌蒙会馆的发现和重访》,云南美术出版社2007年版。

《云之歌》,云南民族出版社2009年版。

《身体在歌唱》,新疆美术摄影出版社2012年版。

《百年拓东》,云南人民出版社2013年版。

张 炜

男，1956 年生，山东栖霞人。

小　引《

在这个专辑的“自述”和“访谈”中，张炜对孔子以及与孔子有关的一些人事的议论，引起了我的特别兴趣。他对孔子以及与孔子有关的一些人事的理解，确有过人之处。比如他说孔子最懂得欲望的创造力和破坏力之间的微妙关系，以及它们的运用方法；鲁迅身上有很多孔子的东西，是从孔子的路上走来的思想家，等等，确实发人深省。也许因为孔子是诞生在山东的思想家，与张炜之间有一点地域文化的渊源关系，所以张炜对孔子的思想，也就有更多的会心之处，恰如他在“自述”中所说：“我们北方人，特别是山东人，坐在泰山脚下读圣贤书，会渐渐深入一点地理解孔子。”也许孔子这位思想家从诞生之日起，就受到了太多的误解，加上他的后学在他的思想中，掺进了太多的“杂质”和“私货”，所以就更容易招致物议，到了现代的文化革新运动(尤其是五四和“文革”)中，竟至于成了被批判和“打倒”的对象，所以张炜要站出来为他的这位乡先贤辩诬。总之，张炜的读圣贤书，热爱孔子，既不是因为偶像崇拜，也不是文化跟风，其中有一点乡谊的成分，又有一点抱不平的江湖豪气，所以他对孔子的思想，也就有许多不同于常人的理解。我相信，这些非同寻常的理解，都对张炜的创作产生过积极的影响。

这使我想起20世纪90年代，文学界对张炜这期间的创作和思想的一些阐释和评价。因为张炜这期间在《九月寓言》中有“融入野地”之说，在《家族》中表现了一种“牺牲”和“殉道”的精神，在《柏慧》中又营造了一个“葡萄园”的意象，于是，人们就理所当然地把他与当时颇为热闹的人文精神的讨论联系起来，把他的创作也作了“重建人文精神”的阐释和评价，仿佛张炜的创作是为纠正市场经济的时弊而起，是为“反抗现代”的现代性而发，于是，张炜也就自然而然地成了一个坚持文化保守主义立场的作家。虽然笔者在有些时候也持此说，但细细一想，尤其是证之张炜的创作实际，你会发现，这样的作品，其实还有一个更符合“知人论世”的批评原则的阐释的方式和可能性。这种阐释的方式和可能性，就是从张炜已日渐成熟的一个儒者的心灵和价值立场出发，去寻找张炜作为一个信奉儒学的现代知识分子，隐含在这些作品包括他前此时期的创作中的精神轨迹和心路历程。如果是这样的话,那么,你就会发现,张炜的“融入野地”之说,其实与他初期创作中的纯化乡村、诗化自然、净化人心的题旨是一致的,都意在把自然本性和人的本性,作为一个儒者的心灵起点,同时,也把自然伦理作为一个儒者的最终的价值归宿,因为只有在自然的本性和人的本性中,一个儒者才能找到生之欢乐,儒家所提倡的乐生主义才能得到现实的体现。诸如此类,用这样的方式来阐释他的“牺牲”和“殉道”的精神,难道不正是儒者“虽九死其犹未悔”的理想主义精神的表现吗,他笔下的“葡萄园”难道不正是儒者心目中的理想国桃花源的又一种实现形式吗。至于贯穿于他的创作始终的,由“秋天”系列对人性恶的思索,到《古船》对因人的原欲导致的苦难和杀戮的历史的反省,乃至到《家族》《柏慧》等作品对人的精神理想的追寻,等等,都较为集中典型地反映了一个儒者由应对社会人生到反躬自省进而到追逐人生理想的心灵成长历程。在这个过程中,张炜集中思索的是情、理、欲的问题,亦即儒家学说所要解决的一些核心问题。对此,本辑主笔张均博士在他的评论文章中,通过对“仇恨美学”的分析和讨论,集中体现了张炜的创作对这个儒学的核心问题所作的思考和探索,我以为是颇能说明张炜的创作的一点精神特征的。

我这样阐释张炜,并不是想要把张炜弄成一个什么新儒家,而是说在我们多年来所习惯的西方化的意义结构和价值判断之外,应有中国文学自身的阐释和评价系统。这个阐释和评价系统,就张炜而言,是他的乡村生活经历,让他深入地领会了儒家的自然伦理。同时,他的坎坷的人生历程,又让他经验了一个儒者所必须经历的身心两方面的历练,包括一些内省的经验。而后,才是他的人格理想与社会现实之间的矛盾和冲突,这种矛盾和冲突,有时候是见之于一种政治斗争的历史(如《古船》阶段),有时候是见之于一种欲望化的现实(如 20 世纪 90 年代的创作),总之是心与物的一种无法调和的关系。迄今为止,张炜的创作大体上都没有逸出这条路线,这条路线既是一个儒者修身的路线,也是一个儒者察世的路线。从这内外两条路线的交合点上去看张炜的小说,我觉得可能要比套用几个西方的概念,包括文化保守主义之类套上中式长衫的概念,要管用得多。不知读者以为然否。

自 述《

匆促的长旅

一

《山花》和《贝壳》

现在回想起来还心存感激:我们初中时的校长喜欢文学,他倡办了一份叫《山花》的油印刊物,并且制作漂亮到了无法言说的地步。我们于是在他的鼓励下起劲地写稿。这种热气腾腾的文学生活幼稚而纯洁,一生难忘。有时想——现在想,那时的文学才是真正的文学吧。反正我们的文学创作就是从此开始的。“我们”,即六七个初中同学。后来我们当中的三个没有接着上高中,就带着一种怀才不遇的劲头,凑在一起更起劲地搞起了“文学”。主要是写诗。我们还模仿着写了被禁读的诗,包括徐志摩哼哼呀呀的爱情诗等。

我的第一篇小说《木头车》就是没有上高中的这一年写的,1973年春天又改了一遍。后来这篇小说收在我的短篇小说集《他的琴》中。1973年我终于上了高中,继续写作,不知深浅,戏剧、诗、小说、曲艺,简直什么都敢写。

1975年发表了一首诗,最初收在一个红皮集子中,欣喜传看中弄丢了,很可惜。

我们初中和高中的文学气氛极浓,如今想一下,我是参与最多的几个人之一。

1978年考入大学,最值得回忆的事情是组织了一个文学社,并且办起了《贝壳》文学杂志,当然是油印的。第一期发了我和另一个同学合写的一首秋天苹果园的长诗。它有顺口溜的倾向,但不知为什么,今天读起来让人觉得有一种非常丰腴的感觉。

孔子,程朱理学

孔子不是单向的商业和金钱思维,他对于世界的存在有立体的、全局的把握,所以他是极懂科学治理社会的人。人的欲望用来创造是力,用来破坏也是力,孔子知道这两种力的微妙复杂关系,以及它们的运用方法。包括程朱理学,我只学了一个皮毛，但仍然感到里面有极科学的东西，有极伟大的思想。我们现在不愿细究，只凭道听途说去判断和批评，所以有太多的曲解。

人类的进步就是通过对欲望的种种把握，如限制和反限制的过程去实现的。中国古人比现在的外国人，即比西方商人更懂得其中的微妙。中国古代哲学家们是大处着眼的人，是治理国家生活的高手。仅仅是很痛快的发泄，在他们看来既不光荣，也不伟大。发泄没有什么难度，而在今天一些人看来，好像只有发泄才成了世上第一伟大之事业。这既是很肤浅的、又是很怪异的认识。

“万恶淫为首”的提法，对于人类的生存之道而言，仍然得说是很科学的一种理解。只是现代的人将其曲解了。现代人没有勇气承认这句话的深刻性，既不直爽，也缺乏信心。中国人不明不白地信了某些西方学说，模仿了西人习惯，所以才格外厌弃了程朱理学。

当然再好的学说，再深刻的洞见，推行到了极端也就有了问题，比如程朱理学。不过，我们今天将其从极端推回到一个适当的位置，正是应该做的。

读孔子，是在后来才有了一点心得的，从 1984 年至今，对照商业主义在中国和世界造成的损害，逐步对儒学向往起来。那时几乎天天读中国典籍，主要是儒家。我们北方人，特别是山东人，坐在泰山脚下读圣贤书，会渐渐深入一点地理解孔子。

剥削阶级，特别是中国皇室对儒学的推崇，弄得后来人对其倒了胃口。其实真理既不怕被利用，也不怕被歪曲。真理如同黄金，有时可以埋葬在土里，甚至是脏土里埋葬，但它出来后仍是灿灿闪光。我们因为一些不好的人和势力喜欢过儒学，因而就滋生出厌恶，其实是大可不必的，这种情绪是靠不住的。这种厌恶与儒学本身没有什么关系。

现代的美国有好的东西，比如他们的单纯和天真，多民族性，对世界都有很大贡献。但他们的消费文化、不给精神留空间的纵欲文化，最终还是要毁了这个世界。我们可以问一句，今天谁最大地污染了这个世界？谁扔下了第一颗原子弹？谁用掉了地球上大半的能源？谁让财阀统治和左右了国家？还不是美国吗？中国和世界要寻找前途，怎么非要全盘学美国不可？应该兼收并蓄，比如学学欧洲也比单单学美国好啊。

单纯讲国民生产总值，讲商业竞争，在单位时间内没有什么可以战胜消费文化占主导的美国，现在如此，将来恐怕也是如此。但是这与真正的人类幸福无关。美国道路的可怕，在于这样下去人类将不能持续地发展，更不能拥有自己的明天。

现在正学美国的发展模式，一切都试图让欲望开路。这是可怕的短视行为，是自毁之路。我们就是不信美国式的野蛮要比其他的野蛮好，因为我们知道，凡野蛮都是不好的，都是文明的敌人。许多现代的致命疾病都是西方式的野蛮催生的。这里说的疾病既指精神也指肉体。走纵欲之路就是走一条垂死之路、没有希望之路。

现实生活培养了一大批学美国的小儿科人物，这部分人往往是危害至深的，无论他们从事什么。美国文化中也有好的东西，它与中国文化中好的东西也有相通之处，但奇怪的是有人认为那根本不是美国文化。

鲁迅，反潮流精神

鲁迅的伟大，在于他的不以时尚潮流为标准的理性。这是极难得的。前后一致的反潮流精神，这正是他最伟大之处。一个思想家只有反潮流的勇气，才会最终贯彻理性。独立精神，理性，仁慈，这就是我理解的鲁迅。现在是推崇纵欲的文化，这是今日世界之主潮。看看现代的一些时新人物，再看看他们的所作所为，就知道是这种纵欲文化的应声小虫，怎么能指望他们？他们是毁灭和击溃中华文明的罪人，也是所有文明的敌人。

不管潮流如何，始终坚持思考怎样于人类有益，这就是鲁迅。

学鲁迅，就是学他的仁慈和理性，不随便跟风。这看起来是很简单的事情，但真要做到却是极难。我看到有许多“倔强”的人，其实不过是最能跟风的人而已，不过是以“倔强”的姿态来跟随而已，他们对真正的个性化坚持既没有自觉，又没有认识，而且会产生直接的抵触。这是没有办法的事。这其实也是认识能力的差异，甚至是先天的、血脉的问题。

初中看《野草》，非常震惊。因为第一次看到这样的文章，发现世上还能如此作文。这是使人解放思想的一种阅读，从此文学之路就有了门径。我当时朦胧感到，《野草》中跳动的，是一颗有别于所有人的心，无论多么美丽和忧伤的心，都比不上这颗心给我的触动更深。

也许就从那时起，我这一生都要阅读鲁迅了。我注定会一生阅读鲁迅，并从中吸收不绝的力量。在我眼里，鲁迅是一个完人，他清晰而又高大地走在前路上。鲁迅是文学的字典和辞源，当代的全部精神问题，我们几乎都可以从鲁迅这本大书里查到答案。

二

河与林

“芦青河”是我作品中的一个指代，它实际上指了所有的北方河流或胶东的河流。但最早的印象只是龙口的泳汶河。这条河发源于莱山，那是龙口境内最有名的山，秦始皇三次东巡都去祭过上面的月主祠，当时算是天下名山。莱山上直到现在还有月主祠的遗址。泳汶河流入渤海湾。到了春天，莱山可真是美，瀑布，山花，古树，到处青藤披挂。

泳汶河近海的一片茫茫荒野，往东的几十里是龙口林场，再往东是龙口园艺场。二场之间的林子里，则是我的出生地。我出生前五年，我们家才从外地搬来。这片林子简直就是我的全部童年，它的大和美，它的隐秘，不仅让我抒写不完，而且也没有别的办法可以表达得清楚。我为此甚至学过画画，想将其逼真地画出来，让它的面目更直观一些。不然，我想后来的人就全不明白这里是怎么一回事了。

从今天龙口海滨的面貌来看，人们是无论如何也想象不出还有那样一片林子。因为没有了过去的痕迹。现在的人要破坏过去的痕迹，有多大力量，有多么彻底，看看这里的变迁就知道了。那些参天大树都哪去了？潮湿苍茫的林子哪去了？我印象中过去大海边上几十里的地方都是被林子包裹的村庄，村子里的人都有一种对荒野的敬畏和惊奇。这是我当时能够清晰地感觉到的。现在这一切消逝得可真干净。

对这片林子，我有一个梦想，就是在未来的一天里，能出现一些伟人让其复活。复活的办法就是先找出它原来的样子，然后再对照着去做。所以真实地描述它原来的品貌，就成了我的一件大事。我在这三十年里未曾停止过这种工作。林子的模样以及林子四周的人的生活情状，都被我自然而然地记录了下来。我记忆中，在我十几岁的时候，这片林子就开始被毁坏；不，在我出生之前一些年里就毁坏了不少。不过可能是因为它太大，也可能是当年人的毁坏力远不如后来的人大吧，反正这片林子在我当年看起来还是无边无际的。

关于这片林子，我写过的一个最真实的记忆性的东西就是短篇小说《问母亲》(《青年文学》)。这篇作品从我们居所的东南西北四个方向如实记录了林子。我的目的就是在将来的一天有人会恢复它。当然这是个永久的梦想。我总是认为，毁坏这个地方的人是会受到惩罚的。

我们一家原来在外地居住，尚且如此热爱这里。我不理解那些当地人为什么对毁坏林子没有发起猛烈的反抗。更可怕的是，有的当地人直接就是参与毁坏的人。

我在林子中长到十六岁，而后回了栖霞原籍，那是山区。我记得只在那片大山里待了一个星期，然后就走开了。我后来差不多是在整个胶东游荡起来，一直混到1978年。那时我看上去是一个失去了希望的、非常不安分的人，但内心深处还有许多幻想。

后来我又回到了龙口，那是1987年底。从那时到现在，我又在这里徘徊了近二十年。

今天我们修筑的万松浦书院就在河东残存的一片林场里，这片林场仅余两万六千亩松林，而且大部分是人工林。原来的自然林，那些蓊郁的大树，都没有了。好在书院离我的出生地不远，大约只有十几华里。这肯定也是梦想的一部分。

《古船》

这是我的第一本长篇。从二十五六岁打谱写，一直准备了三四年，于三十一岁这一年写完并出版。这之前主要是资料的准备，还有蓄力。有大量的阅读。

我当时想写一部“包含自己全部积累、用尽心力”的作品。我那时面对一般长篇小说的形式，也想有所改变。

我这之前的作品，现在看都是不可缺少的磨炼。伴随我那些中短篇小说的创作，当然有漫长的阅读和刻苦的训练。我还为第一部长篇小说的写作而走访了许多地方。总之心灵里贮备了很多东西，技法上也做了不少探索，只想在未来的一天动用它们。

这个机会算是来了。《古船》既是一次完成，又是一次开敞。从此我朦胧觉得，将有无数的贮备经由这个出口而出。就像一条船找到了一个港湾一样，以后要有无数次的出航。这只是一个宏愿，能否实现还要看后来，也许还要迎接一生的考验。从青年到中年，这个考验果然很多，几乎从未间断过。但我没有屈服。

我每次写作的准备几乎都是精心的。我往往不写没有思考成熟的东西。但是我在平静如初的惯常写作中，另一些探索也从未停止过，它们的成果还会在后来出现。

第一部长篇出版了。马上有了各种评价，对我来说它的影响超出了自己以往的所有作品。有些争执是没有多少文学意义的，比如关于书中写到的土改部分。今天看这种争执的理由更是不足道的。

有个朋友今天谈到这部长篇前前后后的一些事情，引用了一位西方诗人(不记得是谁了)的诗：“胜利的钟声敲响了，嫉妒的钟声比胜利的钟声敲得还要响。”

果真如此吗？但后一种钟声对我有什么用呢？我如果真的写出一部值得敲响这种钟声的作品，不是比什么都好吗？

《九月寓言》：“先锋问题”

《九月寓言》是我那些年里最好状态下的产物。那是我刚回龙口的日子，心中有一种奇特的、真正的冲动。我好像游荡了二三十年，一朝归来，心情可想而知。我多么怀念自己的出生地！这里的每一点变化都让我动心。我对这里的一切总也不能无动于衷。于是，长长的回忆也就开始了。这部书成了一个归来游子的最动情的吟唱。

不断有人与我讨论“先锋”问题。其实我对这样的问题一窍不通。我对表面上的“文本先锋”总是怀疑的。我觉得真正的先锋是更内在的，由内到外，逼迫了文本，这才是真正的先锋。我知道许多作家的文学志向一开始就是做一个先锋，虽然这个目标对于所有作家往往都是遥不可及。谁都很难说自己已经是先锋了，但优秀的当代作家不可能不是先锋。从另一方面讲，也完全可以不做假先锋。

先锋可能不光是学学外国，比如学学翻译作品；先锋大概是一个时期文学大格局中全新的表达和表现，是最新的文学因素和思想因素，是一次次最大限度的文学自觉。

都学外国，争当“先锋”，弄不好也是一种庸俗。文学最忌庸俗。但学外国又是必要的和不可避免的，不过总要适度。先锋说到底还是一个民族内部的事情。我们很难看到脱离了自己民族的所谓“先锋”。

如果仅仅是学文学理论、学写作，弄不好会越学越痴。有人认为真正的好小说要怪得可怕（先锋），要有一种现代叙述和描写模式。其实文学（小说）是多种多样的。我们可能更习惯于那种较传统的描述，问题是要写出一个时期最需要的文学，就要有一种新的特质。但这显然不仅仅是一个形式问题。

《柏慧》

《柏慧》前前后后的作品，也许是我一个时期里重要的、成功的作品。它们产生在一个特殊的时期，所表达的激愤让人不太习惯。其实仅仅是激愤也还不够，对应一个时代，那时的人会有什么心情，只有当事人才会知道。

真正的激愤总是好的，因为它毕竟还不是那么浮浅和廉价。人变得没有激愤了，这多么可怕！

我眼里真正优秀的作家，是必定走在许多人的认识前边的。我们不一定是优秀者，但我们懂得这个道理。那些批评《柏慧》的文字，在我看来并未得什么文学要领。这样的批评文字一丝都打动不了我。

三
所受的影响

我从19世纪的作家那儿发现,他们关心的往往都是一些“微不足道的小事”。这些事使他们痛苦不堪,揪心。比如托尔斯泰。我写《古船》时受他影响很大,我的面前常常闪动着他朴素而高大的身影。

其次受《卡拉马卓夫兄弟》影响很大。

真诚的力量长久而永恒,向善的力量是最有感召力的。这是我对《复活》的看法。在一个消费文化盛行的时代,一个作家多看托尔斯泰,特别是《复活》,会让灵感和良知一起复活起来。

托尔斯泰的影响被50年代出生的作家接收了。今天不是一个接收大作家的时代。我们往往把微不足道的小伎俩小聪明看得太大,而把真正伟大的心灵忽视掉。我们把给这个时代贡献了新思想和新艺术的作家忽略了,却把一些用心媚俗的小聪明夸大了。

看一个作家是否重要、有个性、有创造性,主要看这个作家与其时代构成了什么关系。是一种紧张关系吗?是独立于世的吗?比如现在,物质主义、消费主义、发泄和纵欲,是一个潮流,在这个潮流中,我们的作家扮演了什么角色?是抵抗者吗?是独立思考者吗?

不,许多人,包括我们自己,大量的仍然还是唱和,是在自觉不自觉地推动这个潮流。

而真正的作家,优秀的作家,不可能不是反潮流的。

庙堂和江湖都是一样坏的——有人这样说。但我认为许多时候,表现在文学艺术方面,江湖气往往比庙堂气更坏。“江湖”一般是流氓无产者在文化上的代表。

学托尔斯泰,学鲁迅,就是不做潮流的应声小虫。现在要紧的不是学现代派之流,因为这种潮流,在今天已经沦落了,大多成为美国金钱文化的共谋者。回过头来,我们学学鲁迅,学学俄国19世纪那一批思想家和文学家,大概才是最受用的。

马尔克斯

马尔克斯是独创性极强的一个艺术家,他永远有感召力。他的才华迷人,而且不分国度和时代。但我80年代只看了他的几部中短篇小说,后来才看了《百年孤独》。这个时期福克纳是我最常读的作家之一,尽管他的可读性差一些。

马尔克斯的《霍乱时期的爱情》《异乡客》真好！可以说百读不厌！

我想模仿总是不可怕的，可怕的是永远自得其乐。最后还是要走向自己的灵魂。马尔克斯是几十年中译过来的最优秀的作家，在中国，最后谁的影响也没能超过他。但就我自己的情况来说，他仍然比不上俄罗斯19世纪的大作家们更重要。我这人比较落伍。

村上春树这一类在我看来是无聊的。他们在中国有大量读者，说明这些读者不值得更好的作家为他们写作。一个作家为谁写、满足谁，很大程度上决定了他是否大器。为迎合"大众"而写，只为了让他们"喜闻乐见"，没有一个是有才华的作家。

意识流

福克纳的意识流可能是真正的、高明的，这是我自己读翻译作品时的感受。究竟怎样，还要问翻译专家，向他们请教。我喜欢他的，主要不是他的意识怎样"流动"，而是他自我沉迷的深度。他很倔强。他几乎从来不管什么"大众"，一般情况下并不迎合谁，这个品质了不起。好作家从来不怕"大众"冷落。想尽办法去取悦"大众"的，常常是一个行当里的混子。"大众"的要求是需要折中的，作家把全部个性都搭上，还是难以让那么多人满意。

不少人将福克纳与海明威做了比较，因为他们都是影响中国读者很大的、同时期的美国作家。喜欢其中一个的，往往对另一个就讨厌。我觉得海明威的内力强大，节制。我们也许应该永远感谢他教给的节制。这种节制与商业时代是反着来的。商业时代是张扬和发泄。

福克纳内敛，沉迷，是南酒，有后劲。海明威是烈酒，但味道也好。

四

几部作品的情况

我是1984年7月调离机关，开始专业创作的。这之前在档案局与他人合编了《山东历史档案资料选编》，有二十八卷之多，每卷三十余万字。可以想见这是多么浩大的工程。这个工作使我耗去了许多精力，因为差不多是我一个人从数量惊人的历史资料中选取篇目。除此而外，夜晚和星期天往往还要校读清样。那时候的创作主要是在每月空出来的寥寥可数的几个晚上进行的，一般都要写到深夜两点。

那时候的写作之苦，使我觉得在从事专业创作之后的所有辛苦都算不了什么。深夜两点以前不记得睡过觉。从1980年到1984年，这是我大量阅读和刻苦写作的年头。《秋天的愤怒》之前，我的稍有一点意思的作品都是这时候写成的。

这部中篇之后就是《古船》的写作了。它当然也得益于我长期做档案工作。

1987年底我回到了龙口。那时候在龙口，我的主要任务就是写作。我差不多将所有时间都放在了写作上，根本顾不上做其他事情。

《九月寓言》是这个时期最主要的收获。它的面世并不顺畅。《当代》终审通过，马上就要发表时，有人看了稿子，说书中的农民只吃红薯太苦，还要加上五谷。后来又与我通电话，让我抽掉最满意的《黑煎饼》一章。但这会给小说造成很大的损伤。我于是寄给了《收获》。

可能《九月寓言》之后的十几年里，我写出的更有分量的作品就是《外省书》了。这是我长期积累——许多方面积累的结果。这本书在他人看来也许是不足道的，但对我确是很重要的写作。它的完成，使我感到对得起这么久的文学操练，没有白白荒废十余年的时光。

《能不忆蜀葵》及《丑行或浪漫》仍然是我从龙口大地上汲取的力量。有了这力量，我就不太受时尚之约束了。

它们与《九月寓言》仍有不同。它们可能更结实内在、也更朴素一些吧。

《丑行或浪漫》比较集中地写了一两个人物，在以前很少这样试过。

万松浦书院

这个书院费去了我许多精力，因为它前后搞了有近十年。现在书院已基本建好，细部也大致整好了，可以投入使用了。我们当时建它，是想继承中国古代书院的三大功能：游学、讲学和藏书。除此，现代书院还要筹办一个网站等，还要接纳几所大学的科研机构。

这座书院建在商业发达的山东东部半岛，而没有选在儒家文化的腹地，如曲阜和邹县等。这样也许更好。它在半岛上，面对的东西可能要更多一些，也更有敞开性。仅仅是复古，这在今天既不可能也无必要。我们的书院要迎接这个时代崭新的、汹涌的水流。

（此文系张炜先生据一次访谈改写而成，略有删节）

访 谈《

“劳作使我沉静”

——张炜访谈录

张 均 张 炜

张均:张老师,您好!从最初的试笔之作《木头车》(1973)到最近的《丑行或浪漫》(2003),实际上您的创作经历已逾30年。在这期间,您为读者奉献了《古船》《九月寓言》《融入野地》等经典之作,您自己也成为声誉卓著的当代作家。您是否还能回忆起当年是怎样走上创作之路的吗?

张炜:感谢你的鼓励……时间在写作者这儿是很快的,30年就这么一晃过去了。然而我至今仍处在辛苦的揣摩阶段。常常有人问我是怎样走上文学之路的,其实这并不能算是一个问题。因为想写作的要求最初在学生时期是非常普遍的,只不过到后来有人坚持下来了,有人没有。

童年的经历是重要的,这关系到他能否坚持下来,更关系到他今后将走一条怎样的文学之路。

张均:您早期的“芦青河系列”,以优美淳厚的旋律、散发着青草气息的诗意赢得了读者的普遍喜爱。但同为远离乡土的回望之作,您的诗情倾诉与莫言、刘震云早期那些充满绝望与沉痛的作品(如《白狗秋千架》《爆炸》《新兵连》等)很不相同,有评论家认为这是因为您作为农村的“外来人”对农村生活有着巨大心理优势所致。您是否认同这种看法?

张炜:人的心中也许有不同的“房间”,有时打开了这一间,有时又会打开了那一间。也有的人可以同时打开几间。

我与自己当时的环境血肉相连,不过我最初主要是写了林子和野地。到后来写得多了,展得开了,“沉痛”“绝望”之类的也就更多了。可是我觉得自己原来的那些作品已经很“沉痛”了——甚至是过分地“沉痛”了。也可能是这些年读者的要求不同了,他们需要更大的刺激才好。我觉得这可不是什么好事。

我对农村生活从来没有什么“心理优势”。我说过,我与当时的生活环境血肉相连。

张均:《秋天的愤怒》《古船》是您在80年代引起轰动的作品,您笔下的芦青河也突然从轻逸美妙转向了沉重的历史反思与理性审察。这一转变是怎样发生的呢?

张炜:我个人认为自己的写作大致还是自然而然发展过来的,并没有什么突兀的转折。后来的一些沉重的内容,都是以前的作品中出现过的,只是读者不太留意罢了。以前作品中极痛苦的东西,是更加含在内处的,所以往往不被人注意。

当然,随着年龄的增长,有一些东西会让作者更加正视它们。人的心底也许埋有几根不同的弦,那些粗重一点的弦总要慢慢弹响的。这也是一个发展的过程。

张均:《逝去的人和岁月》等作品似乎涉及了一些您的家族和家庭的历史,您是否介意给热爱您的、关心您的读者介绍一点这方面的情况?这一历史是否在某种程度上构成了您自《古船》以来的写作立场与思考资源?

张炜:我基本上没有写过自己的家族史或家庭史。小说是虚构,是故事,更是想象。个人经历是虚构的强大动力,但还仍然不是小说,更不是虚构本身。

第一人称有时是一种冒险,它会过分扯近了作者与读者的关系。

张均:《古船》《秋天的愤怒》等作品对当代文学的巨大贡献之一,在于它们重新叙述了左翼文学的根本主题:仇恨。您如何看待《白毛女》《暴风骤雨》等作品对仇恨的正义性与合理性的描写?

张炜:文学中的"仇恨"和"爱"同样重要。它们说白了只是一种东西。有人常常号召作家要更多地写"爱"啊,不要写"恨"啊,实际上这样讲本身就是误解了。恨之深才能爱之切。

我没有看到不会爱的人就一定会恨,反过来也是一样。

但是我们这里说的"仇恨"并不是冷漠或冷酷。现在的文学中也许冷酷多了一些。那些没有什么固定方向的恨,特别是因极度的自私而滋生的阴暗,都不是我们正在说的"仇恨"。

张均:《古船》在当代文学中第一次打碎了正义对仇恨的建构,令人震惊地将它的话语性还原到人的原欲之上。同时,这篇小说还对仇恨的产生、发展和化解的可能作了非常深刻的思考。在这方面,隋见素的濒临死亡与隋抱朴的重新出山是否具有不同的象征内涵?

张炜:现在谈自己二十年前的作品,有点不知从哪里说起的感觉。因为当时的心境今天已经离远了,对许多东西也就变得难以把握了。不过你对作品如此理解是让人感动的。

谈作品中人物的“出山”，或者用另一种说法叫“站起来”，却是我不能同意的。我在书中是写了一个彻底的悲剧。有的人面临一种境况，只能“知其不可为而为之”，即走向自己的悲剧。这才是真正的悲剧。

听了《二泉映月》，知道阿炳在处理绝望时，是积极的。因而它才是真正的悲剧。

如果消极地处理绝望，不能自己走向悲剧，极有可能是次一等的悲剧。

张均：如何化解以暴易暴的仇恨，隋抱朴在老磨坊面壁十年的思考为我们带来了一线曙光，但在《古船》中您还未充分展示这新的可能性。《我的田园》中的宁伽在某种程度上可谓发展了抱朴的理想。他英俊能干，他创建了一个财源滚滚的葡萄园，他还对鼓额、拐子四哥这样的弱者给予了巨大的爱与怜悯，给予了幸福。但在现实中，我们知道，弱势群体若想靠着强势群体的“好心”而获得幸福，恐怕无异于与虎谋皮。您如何看待您的理想与现实之间的这一差距？

张炜：你说的《我的田园》并不是完全独立的书，它是《你在高原》的一部。因而它的总体色调要等到全书结束后才看得清。其中的主要人物不是“强势”，而是真正的弱势种子。他是一个煎熬的人，一个不存奢望的人，一个彻底的悲观主义者，也是一个仇恨者。

这本书出版后又改写了两次，最后的定稿在漓江出版社出版了。

张均：《九月寓言》是您创作中的一个新的高峰，但它对欢乐的书写与《古船》对于苦难的凝视是多么地不同呀，简直是完全相反、不能共存。有人认为这是您思想前后变化的体现，但我觉得你不是用后者否认前者，而是这两者同时并存于您对乡村、对生命、对传统文化的理解之中，既矛盾又统一。二者理当是姊妹篇，而非否定式的发展。不知这样理解是否接近您内心的想法？

张炜：《九月寓言》不是对于苦难的否定，而是另一种方式的续写。它写出的欢乐也是真实的。作家的不同的创作，正是多种感受和心绪的并存。你对于两本书的看法再好也没有了。

张均：《九月寓言》建立了一种大地诗学，因此有评论家将它与德国哲学家海德格尔的“诗意地栖居”一说联系起来分析。您认为这种分析贴近《九月寓言》对于生命的体验吗？

张炜：我对哲学、对海德格尔的书读得不多。生在林野和山区平原的人，可能会渐渐生成一种“大地感”。那可能是一种苍茫无边的生命背景吧。

张均：《九月寓言》充满了象征与隐喻，时时使人感受到生命隐秘的律动，但要说清楚却又不太容易，您能给读者再谈一谈“鲅鲅”这个词的意思吗？我记得在《古船》

中它是指一种毒鱼,张王氏还用它自杀呢。

张炜:书中出现的这种毒鱼是实有的,当地人都这样叫。因为是一种毒鱼,所以当地人认为必须速速丢弃它,远离它。他们以这种鱼的名字给外来人命名,表明了他们的轻蔑和不解,当然也有恐惧。

张均:90年代中期,您的创作发生了较大变化。这与90年代知识语境的改变有着怎样的关系呢?

张炜:我对于这种变化没有多少感受。我说过,这是一个自然而然的过程。回头看看,我不过是一直在说那么几句话而已。我有时声音大一些,有时小一些。到了90年代中期,我还在说以前的话,不过我的音质不可能是一成不变的,谁也不能。

当然,男人需要浑厚的声音。

张均:《我的田园》《柏慧》等作品的发表,引起了很大的争议,这些争议还使您作为"文坛二张"之一被人列入90年代的文化保守主义潮流。您怎样看待文化保守主义,又是怎样看待知识分子在今天社会应有的立场与价值?

张炜:我90年代的书对于别人是一回事,对于我自己却是很重要的。它们起码记录了我在这个时期想了什么做了什么。

当年的那些争议我并未特别在意,因为我当时在龙口海边林子里埋头写作。"文化保守主义"作为一个概念,在我这儿是相当陌生的。我虽然不懂,但我知道自己或许比那些不保守的人更激进呢。

张均:与您以往的作品不同,《能不忆蜀葵》的面世多了一些不满意的声音。这当然与评论界和读者对您长期而热情的期待有关。有评论家提出,您对理想的固守姿态已经在成为您的局限,在妨碍您对当下生活的发现与洞见。不知这种说法您是否感同身受?

张炜:《能不忆蜀葵》起码与《柏慧》是差异很大的。我怎么固守?比如说,这两种姿态差异这样大,我固守哪一个更好呢?

还有,我固守"理想"好,还是固守"姿态"好?说到理想,我发现连那些深刻的绝望者,也是因为有理想才走到了这一步。没有理想就不会有"洞见",只会有"洞",只会让人像老鼠一样生活,像它们那样可怕的吞食和繁殖。

《能不忆蜀葵》是我个人最满意的作品之一。我因为进步、因为专注地修炼才有可能写出它。我这样说不是因为冲动,因为我知道我的话需要时间来证明。

张均:您刚刚出版的《丑行或浪漫》一书,出现了一些新的东西,比如乡村自然在某种程度上开始丧失"家园"的意义,而城市也逐渐呈现出可以接受的一面。这是不是暗示着您的立场在发生新的调整与变化？您可以给读者透露一点您新的创作计划么？

张炜：我的新书像过去一样。我一直这样写乡村。我对城市的看法也没有变。有些结论的简单让我吃惊，因为一个写作者尽可能让作品像生活一样复杂，某些论者手中却只有"二元"。

我今后还是这样写乡村和城市。

张均：回顾您的创作历程，我们发现您不是一个技术至上主义者，但毫无疑问，您在叙述上的突进与"冒险"使您始终在当代作家中保持了一流的水准。您能谈谈外国文学在这方面给予您的有益经验吗，比如拉美作家，比如福克纳？

张炜：技术不是用来谈的，而是工作中自觉不自觉的流露。好的作家大概会厌恶谈论技术。这样的时代，有许多重要的事情要谈，技术暂时还挨不上号。技术既然要一直伴随作家活下去，他为什么还要谈呢。拉美作家，还有福克纳，他们不太谈技术。因为他们知道技术仅仅是不言而喻的东西。

托尔斯泰的书我在中学就开始读，后来读得多了。80年代初我把所有能找到的关于托尔斯泰的书全都读了。俄罗斯时代的作家，译过来的书我几乎全读了。他们对我的影响不可能是小的。俄罗斯作家真是了不起。那种横跨欧亚大陆的精神，是任何国家的作家也没有的。所以我想，俄罗斯作家是除了中国古典文学之外，对中国作家影响最巨的一种文化和艺术力量。

索尔·贝娄和马尔克斯、福克纳，都是80年代初读的。索尔·贝娄读得稍晚，但读得很多——译过来的几乎全读。约翰·契佛、舍伍德·安德森、凯瑟琳·安·波特等全读了，受益很大。

我不得不说多次，我喜欢《复活》。托尔斯泰的执着寻求，雨果的浪漫，是19世纪对我影响最巨的两人。道德是文学家和所有知识分子最基本的东西。当然它不是一种僵死的概念。它是很具体的。

优秀的作家从来不是简单的模仿者。当然每个时期真正优秀的作家会比通常认为的要少一些。文学是长跑，能跑下来的，大概不会靠模仿。

受他人影响的情况是存在的，但作为一个作家，首先就要像托尔斯泰和现代的索尔·贝娄一样，紧紧盯住自己。他们的一生都在写一部"长篇"，那是很长的一部书。

张均：那么中国的文学与文化呢？

张炜：我从很早起就接触孔子和屈原，还有鲁迅。在中学时，在我们《山花》文学社，那时就开始传看鲁迅的书了，《野草》给读得烂熟。孔子和屈原也读过，但不系统，所受影响主要是思想方面的。后来上了大学中文系，才慢慢深爱上他们。苏东坡也让我喜欢。《诗经》我当时能背许多。中学时读中国白话小说极多，《红楼梦》“三言两拍”等一批全读了。

孔子的思想对山东人影响深远。现在我觉得他是人类最宝贵的精神资源。他的有些思想，原以为不对，后来才知道是理解错了。孔子的思想错的不多。孔子的思想对于可怕的商业主义时代，可用做最伟大的疗救。比起四大发明来，孔子的思想可能是中国对世界做出的更重要的贡献。时间会越来越证明这一点。中国的文学青年和中年们如果不读孔子，我不信会有大的成就。

鲁迅看起来反孔，其实是个真正的大儒。他身上孔子的东西最多。他有儒家的入世和正气，有思辨性。他是从孔子的路上走来的思想家。而当时的胡适林语堂一类，也许是从老庄之路走过来的，或者受老庄影响较大。鲁迅身上最少的是庸俗社会学那一套。而许多时候，从五四前后到现在，中国的知识分子不以这种庸俗为耻反以为荣。

张均：作为新时期文学自始至终的重要见证人，您对文学在当今社会中的价值是怎样看待的呢？

张炜：文学的价值从来没有变过，作用也没有变过。有人惊呼它们的改变，是原来就不理解的缘故。它们将来也不会改变。

文学是最伟大的生命现象之一，就像人类本身一样重要。

张均：非常感谢您接受我们的采访，也非常感谢您在过去的20多年里给我们提供的那些有关生命的美好事物！您能对热情期待着您的读者说一句什么吗？

张炜：作家不是靠某一部作品创造奇迹的人，作家是靠一生的艰辛来完成自己的人。

评　论《

张炜与现代中国的仇恨美学

张　均

作为一位成就卓著的小说家与知识分子，张炜挑战并经受当代思想语境、写作经验的急剧变化已近二十年。二十年的时间，在使张炜自身由愤怒而趋平静的同时，亦使研究者获得了对其思想与叙事经验予以重新分梳的可能。十年以前，曾有论者据《九月寓言》《融入野地》赞许张炜及其作品为当代文学“一个基本的尺度”①。今天看来这一评述已不甚确切。这并非因为近年评论界对张炜《外省书》《能不忆蜀葵》诸作出现了一些争议，而是因为“尺度”之说置之五四至今的现代中国写作这一较大参照体系内较之当代文学更见清晰。那么，在五四以来的文学中，张炜凭借何种独异经验而足以成为“尺度”呢？根据并不在于他“表达上的自由、流畅、丰厚、圆满”②，而在于另外两点：一、张炜小说游离、挑战并拆解了现代中国的仇恨美学，进而有效地引发了现代文学传统的“雪崩”；二、张炜小说在超越仇恨美学的同时，更为现代写作开辟、接通了两个博大深广的精神境域，一是以罪感意识为基础的现代知识分子良知系统，一是长期被他者化叙事所掩盖的与传统士大夫人生哲学同源异构的，以悲欢同体、苦乐同构为特征的民众生存精神。这两方面的尝试与探索，造就了张炜在五四以来的中国文学中不可替代的价值与意义。当然，这个游荡于“故地”的、甘愿自我放逐的“行吟歌手”，也因为对原野与劳作的坚守而受到了快速变化着的时代的误解与质疑。

一

张炜之所以能够成为张炜，很大程度上是因为他在现代写作中第一次将长期隐秘存在的仇恨美学公开化，并彻底瓦解了它，从而有力推动了这一现代文学传统在20世纪80年代后期的终结。

“仇恨美学”系指源起于五四文学而在左翼文学中逐渐达到绝对形态的一种叙事美学。它倡扬仇恨，以文化/政治的仇恨关系进行文学解释并希望借之解决社会问题。这一美学形态具有三个连续的特质。一、它通过对黑格尔或马克思历史主义的改写，将世界解释为历史正动力量与反动力量之间（即新旧之间、先进与落后之间、革命与反革命之间）不可通约的对立关系：五四文学倾向于以愚昧对文明的文化扼杀来解释世界（如《狂人日记》），左翼文学倾向于以压迫者对被压迫者的政治经济迫害来解释世界（如《暴风骤雨》）。二、在寻求正义的名义下，对立更被上升为仇恨。五四后国人普遍认为新与旧、先进与落后“根本相违，绝无调和折中之余地”“旧者不

① 张新颖：《栖居与游牧之地》，学林出版社1994年版，第111页。

② 张新颖：《栖居与游牧之地》，学林出版社1994年版，第111页。

根本打破，则新者绝对不能发生”[1]，故对立双方不是在差异中求共识，而是势不两立铲除异己以求同质，所以，新之于旧、先进之于落后的关系更主要表现为文化弃绝与政治仇恨。现代文学内的对立关系实际上演化成了仇恨结构，仇恨的形成、展示、展开或解决相应地提供了最强劲的叙事推动力。仇恨结构还是功能性的，它在殊异的语境中又衍生出启蒙者与庸众、革命与反革命、农民与地主等一系列的冲突性故事。三、这种仇恨结构还产生了社会间、个体间的相互关系，并为它们提供了不同的美学表述原则与伦理处境。因为旧亡新生的关系被视为历史的必然，闪耀着正义之美，所以，新（文化与人）得以凸显而旧（文化与人）被遮蔽是必然的，这使道德反推方法[2]在现代文学中极为普遍，即新人在叙事中被人为地附加上很多优良品质，诸如正直、勤劳、朴实、富于献身精神等，旧人则被附以种种不良品性。人新则德性亦正，人旧则品质亦反，而且正面人物必以其献身历史而得到正义的酬答，反面人物必以其朽败见证历史无坚不摧的力量。

作为五四文学与左翼文学共同结构原则的仇恨美学，它的斗争式的、不可与共的、必除旧（反封建、反黑暗统治）以布新的叙事结构，极大地适应并满足了中国现代民族解放的现实需要。但它在释放出巨大族群动员能力的同时，也直接造成了自身悲剧。这主要表现在它在想象“反动”的社会与个人时不得不利用“去声音化”的叙事暴力。什么意思呢？《阿Q正传》为彻底反封建，不得不剥去阿Q内心真实的声音而附以鲁迅所理解的诸种愚昧特性，《暴风骤雨》为彻底反黑暗并论证革命暴力的合法性，不得不让地主“沉默”，《青春之歌》为维护革命的神圣权威，不得不褫去叛徒戴愉灵魂争辩的机会，使之以“不正常的人”的怪异姿态奔赴死亡。这种种方法都在剥夺或扭曲“反动”个人与社会的声音。这严重影响了现代文学的人性深度：在生命被“遗忘”的地方，真正的人类感必然沦丧。这样的文学不可能抵触伟大的境界，它甚至还会滑向正义的反面制造新的悲剧。

张炜的意义在这种背景下凸显出来。可能是作为被“遗忘”家族子弟的坎坷际遇，可能是对于那永远游荡于乡村的背枪民兵的痛苦记忆，张炜较同代人更敏感地感受到了并记述了现代文学传统背后的肉体暴力与语言暴力。他对仇恨美学的挑战始于早期“愤怒”系列与《古船》，90年代《家族》《丑行或浪漫》等作品也集矢于这一主题。对于革命的仇恨美学产生的历史情境，张炜是承认的。在洼狸镇上，是饥饿、贫困与“躺下来死”的现状使暴力和杀戮成为万劫不复之物：受压迫的农民批斗地

---

① 汪树潜：《新旧问题》，《回眸〈新青年〉·哲学思想卷》，河南文艺出版社1997年版，第292页。

② 张鸣：《乡村社会权力和文化结构的变迁（1903—1953）》，广西人民出版社2001年版，第149页。

主，而还乡团又反过来血腥报复，“镇上的人就这么撕来撕去，血流成河”。刻骨铭心的仇恨在一代代人中间传染着，“如果听了看了，一辈子都在心里，会压得你喘不过气来。”但正因为“喘不过气来”，张炜决意拷问仇恨，而非以正义名义重新制造仇恨并最终事与愿违走向对生命与灵魂的暴力控制。《古船》《家族》《丑行或浪漫》等作品揭开了历史正义虚幻的表象，第一次带来了“革命”之下更为丰富的真实。这使仇恨美学在其对“革命”的拟想性解释与个人表述两个基本方面皆告瓦解。

一、如果说典范的仇恨美学（如《暴风骤雨》）显示了革命使用仇恨关系解释世界并以之动员、引导民众走向历史正义的过程的话，那么张炜则以大量叙述显示了正义其实只是仇恨这一纷繁事件中的一个面相，是杜赞奇所谓“复线历史”中不甚重要的一条线索，而在其下，乡村自有的权力运作正在收编、盗用正义。在《古船》与《丑行或浪漫》中，表面上是革命的仇恨美学将洼狸镇和小村导向了正义，但实际上却是赵炳、赵多多和伍爷等旧的宗族势力与流氓无产者盗用正义实现了自己的目的。史学研究支持了张炜的这类叙述，“（革命）并不是一旦确立了阶级观念之后，农村原来的权力结构就全盘瓦解了，一切都以阶级界限来安排秩序和等级。原来的家族统系，地缘观念还会以另外的形式体现出来，家族和地域的权力纷争也依然会在农村党、军队和苏维埃内曲折地得到反映。”[①]因此仇恨美学对革命的描写多属拟想，张炜则剥去了它对于仇恨的正义建构，裸露了正义的泡沫之下乡村社会围绕着权力、性与声望的复杂博弈。那里缺少革命，缺少信仰与献身，“老百姓对于‘村干部’的印象是：‘从前那一批人得势，今天是这一批人得势。’”[②]张炜打碎了仇恨美学对于革命与历史的牵断性拟想，将之还原到人的原欲之上。二，仇恨美学对于正义的叙说既然多为拟想，那么它对个人与社会的控制性表述也随之坍塌，尤其人物描写方面。仇恨美学以道德反推方法分别为个人配置了正义与不义的分裂本性，张炜则击碎正义与不义的表壳，在涌动的原欲背后发掘了所有人的共通性：罪性。《古船》中陷身于革命旋涡中的每个个人都是有罪的。当然，此“罪”不同于仇恨美学附加给“反动”者（地主、资本家等）的剥削之罪，它是一种人人出于原欲皆卷入其中致使悲剧代代相袭的原罪。隋迎之谓“我们欠大家的”，抱朴谓“让人最害怕的绝不是天塌地陷、不是山崩，是人本身”，皆就此而言。“反动”者有罪，而正义者其实陷得更深，更令人绝望。在反叛如履薄冰的80年代中前期，张炜令人愕然地推出了肖万昌、赵炳、赵多多等深深陷于罪孽中的革命者。90年代作品中的殷弓、柏老、伍爷、小油锉亦是此类

① 张鸣：《乡村社会权力和文化结构的变迁（1903—1953）》，广西人民出版社2001年版，第157页。

② 张鸣：《乡村社会权力和文化结构的变迁（1903—1953）》，广西人民出版社2001年版，第176页。

“罪人”。他们甚至不是人而是兽,“我最怕的人就是断咬别人的人。因为他们是兽不是人。”这些人皆具兽形兽性。赵炳臀部巨大且腹中小蛇盘绕,赵多多嗜吃蜥蜴、花蛇与癞蛤蟆,小油锉“不喝血没法活”,伍爷嘴有獠牙腹部巨大似有水狸鼠游动其中。他们被诅咒为“一个快要断根的族类”。张炜如此想象摧垮了仇恨美学。在原欲的裹挟下,有关正义与不义的分野毫无意义,其道德反推技术对正面、反面人物的人为制造也暴露无遗。张炜在重新书写革命之罪的同时,以更内在的热情照亮了那些在革命中被剥夺了声音的无数卑屈灵魂。茴子拒绝向穷人“还账”而敲断手指,她亲手烧掉自己的正房并服毒自杀,“美丽的眉梢上全是刚强和仇恨”。她以宁为玉碎、不为瓦全的决绝行为明确宣布了“剥削之罪”背后的个人伦理正当。《家族》中的地方名绅宁周义屡与革命的八一支队为敌,但他并非反面人物,他对孙子宁珂的革命劝说表示,“你要记住:那只是你自己的,任何时候都不要强加于我。”另一名绅曲予也强调自己“拒绝一切强加的名分,也拒绝一切强加的方式”。张炜呈现了每个人选择自己生活的权利,每个人都可以发出自己响亮饱满的声音。仇恨美学那种看不见的暴力被打碎于地。

张炜在现代写作中第一次以原欲的真实挑战了仇恨美学对于世界的正义拟想及其相应的个人想象方式。这使现代文学传统面临了致命的威胁。

二

但我们也不得不承认,揭露仇恨美学及其个人想象原则,其实《古船》之后即成新的潮流,“从《古船》到《故乡天下黄花》到《白鹿原》”,几成浩浩荡荡之叛逆道路。与刘震云、陈忠实等后来者相比,张炜在冲击仇恨美学方面虽有创新之功,但并不足以使之成为“尺度”。“尺度”云者,更主要的根据在于他对仇恨美学的精神超越。在《古船》,尤其是《九月寓言》《融入野地》《家族》《柏慧》诸作品中,这主要表现在两个方面。

一、张炜通过引入托尔斯泰式的罪感精神,重建了现代知识分子自我审判与普遍之爱的良知系统。张炜笔下的原罪意识,在拆解仇恨美学的同时,也指向了传统良知系统的重构。儒家良知系统先天地存在偏枯。一方面,它所依持的自足圆融的“良知”与“本心”,由于以个体本性为基础,缺乏超验与绝对的标准,颇易在监督、审查人之内在罪恶的时候,滑向世俗王权,以具体道德规范(王权礼治)代替真正良知,所以其良知系统中内向性的自审较难落实,至多只能是道德反省式“就范既定的道德秩序的自我修正与调整，其中没有灵魂的挣扎与叩问”。[1] 另一方面，儒家良知系统中外向性的爱，也因其“亲亲长长”的等差之爱观念而只能局限为小圈子的封闭性的爱，而不能发展出普遍性的博爱与大爱。这类偏枯为仇恨美学的产生提供了最好的文化土壤：缺乏自审则易自居为正义，缺乏大爱则易罔顾对方的正当性而必除之而后快。以暴易暴、以仇恨对抗仇恨的法则由此成为集体无意识。这严重地制约了现代文学的发展，鲁迅、曹禺等虽有破围之举但未得广泛理解。一心要“把事情想明白的”隋抱朴无疑提升了现代写作的灵魂品质。他在老磨坊里长久沉思，最终找到了一条“托尔斯泰式的‘勿报复’‘勿以恶抗恶’的道路——宽恕一切、了结一切旧账的道路”，并以“同情和理解”的“共负罪责”的方式承担起了深重的民族苦难[2]。这种方式在抱朴及随后的曲予、宁珂等人身上导致了强烈的自我审判、自我拷问。这催生了现代文学中罕见的悲悯博爱的境界，它超越了仇恨美学。仇恨美学以正义为许诺，但因欠缺对生命普遍的温爱与同情，在实践中往往沦入以正义名义施暴、不惮于以复制仇恨的方式重新制造苦难的境地（如赵多多、伍爷乃至见素的行为）。张炜“害怕回想那样的日子”，赵多多与见素皆罹凶症，明确显示了他对仇恨美学的决绝。与此同时，张炜也重构了传统良知系统。“共负罪责”意识带来了“自己折磨自己”的审判，而在以仇恨对抗仇恨的传统背后，张炜提出了普遍之爱的概念。他仍通过仇恨来谈论爱。与仇恨美学将仇恨目标指向“反动”者不同，张炜的仇恨指向整个人间世的苦难。抱朴对燃烧着仇恨之火的见素说，“不对，不是这样。我没有那股劲吗？不，我有。我不是恨着哪一个人，我是恨着整个的苦难、残忍……”张炜仇恨整个苦难以及传染苦难的人。这种源于鲁迅先生“一个都不宽恕”的决绝精神的“大恨”，是以“大爱”为支撑的，只有淡然于小我私利而与贫弱者共呼吸、胸怀悲悯的人方能做到。所以宁珂说，“我懂得了仇恨是一种了不起的本领。只有真正的人才会仇恨。仇恨不是嫉、不是怨，而只是仇恨。永远也不忘记，不告饶，不妥协，不后退……这场延续了几千年的仇恨，靠的是一根链条衔接、扣住，然后传递下去。我将告诉我的朋友、妻女、远方的人。只有真正的人才会听见我的声音，只有人。”一个真正的人可以超越仇恨美学局限于阶级（阶层）的小爱私恨，他的自我拷问与博大之爱，暗示着现代知识分子良知系统的重构。

二、张炜还接通了一种长期被他者化叙事所掩盖的与传统士大夫人生哲学同源异构的，以悲欢同体、苦乐同构为特征的民众生存精神。这种精神，芦青河系列略有

---

[1] 刘再复、林岗：《罪与文学》，牛津大学出版社 2002 年版，“导言”，第 80—81 页。

[2] 张炜：《关于九月寓言答记者问》，《当代作家评论》1993 年第 1 期。

表现，而在对抗《古船》那种沉重与压抑时才清晰凸现。我想，张炜在某个暗夜一定长思过，中国的民众，比如洼狸镇上的人，在一代一代的相互杀戮与仇恨中是如何坚持过来的？他们中间并没有抱朴这样理想的知识分子，他们靠什么得以支撑到今天？作为一个在乡村生活过很久岁月，被土地、树林与河流所养育的作家，张炜自然不会认为是麻木愚昧（五四仇恨美学的阐释）或持续的暴力反抗使乡村得以存续的。一种新的从未被知识分子所揭示过的精神，一个伟大的词语，随着张炜的暗夜长思渐次浮现：大地。在现代写作中，《九月寓言》《融入野地》以及《我的田园》《柏慧》《外省书》《丑行或浪漫》等作品，第一次呈现了大地的母性与本源性。它包含两层意思。其一，大地生生不息，人源出于大地且归属于大地。大地在张炜笔下有着“泥土扑扑的脉动”“满泊野物吱吱叫唤”，而人（尤其那些善良温爱的女性）由于“对于土地的敏感与迷恋”，与野地、野物又是亲近、相通的，闵葵“能轻而易举地与那些动物沟通”，刘蜜蜡“好像与全村的生灵有约似的”，那些农人“常常半夜了还要守着他的烟棵。有人跟自己的狗和猪说话，后来跟锅灶、跟锹柄也说，再后来跟烟棵也说。……说啊说啊，无休无止，这就组成了村庄的声音、生活的声音。”在这“满地薰香的秋野”，“人啊，就像刺猬、鼹鼠，在泥土上找来找去，找上一辈子”。人与各种活物一样，是大地生生不息的一个元素，其生与死，其欢喜与悲伤，都是大地自身流转的一个部分。“田野上有很多劳作的人，他们趴在地上，沾满土末。禾绿遮着铜色躯体，掩成一片”，他们“用手掌去抓去拍打，一遍遍抚摸热乎乎的土地。这就是通向收获之路，从泥土、种子、再到成熟，到田野上万千生命与四季与时光的奇特关系”。拐子四哥、响铃、鼓额和护林老人这样的人，在土地上奔走，累了，就息下来了。这就是生命。它是大地的节奏与诗歌。二、作为大地节律的一部分，人对其命运认识与承受的方式是独异的，与现代世界迥异。人由于“与土地以及周围的生命结为一体”，他看待世界、事物与自身的方式自然不局限于仇恨美学。张炜在此第一次引入了作为价值之源的自然维度。此前中国文学并非没有自然描写，但其“自然”是纯粹的附属于人的，张炜的“大地”则是召唤性与本源性的，它赋予了土地上众多生灵新的生命境界。什么样的境界呢？当我们从大地的生生变换去看待人的生死时就会发现，没有纯粹的苦难，所有苦难与所有欢乐一样，皆是大地之咏唱，皆是时光的自然流转与生命的循环。这是远高于人世间纷争仇怨的法则。借此观之，人与獾与鼹鼠与刺猬本质上是没有区别的，人间仇怨爱恨乃至政治与战争，皆是大地生长的声音，皆是随着土地脉动而展开的生命旋律，是千百年不变的大地之歌唱。具此眼光，人会听见生命真正的声音，会对大地的包容与生产满怀感激。故《九月寓言》内容与《古船》之黑暗与罪恶实颇相似，但它呈现的却是“万千野物一齐歌唱”的欢悦景象。这使被仇恨美学规训过的读者殊难理解：为什么明明是苦难却写成欢乐呢，“好像作者是为了让人觉得他们愚昧才写他们的欢乐吧？”张炜则表示，“我是在写‘真正的’欢乐。那种欢乐让我真实地感到了，我才会写。比如劳动与爱的欢乐，在小村人那里同样真实”，而且他强调，“你也只有在那样开阔的一片秋野上才感受得更深刻一些”[①]。什么意思，张炜是说，我们只有使用生活在土地上的人的眼光，才能理解何为苦难何为欢乐。《九月寓言》中最善于诉苦的金祥和他那些死去活来的听众，承受着苦难又留恋着苦难。他们不断咀嚼和回忆它，从中叙说出一种地久天长的欢乐，“大雪盖住了昏沉沉的土地和村庄。长长的没有故事的冬夜啊，火绳冒烟的冬夜啊，听金祥忆苦的冬夜啊！”这里流动着奇异的生活：人们并不把苦难看成一桩意外，更不把它看成一种可以通过战争或别的什么方式予以消除的东西。苦难即是生活，苦难即是欢乐，苦难与欢乐哪里有界限！只有受过五四或革命训练的“现代人”才视二者为水火不容。在土地上的人看来，水能生火，火能生水，苦难为欢乐之源，欢乐为苦难之本。人生哪里分得出苦与乐、悲与欢，而更多的是悲欢同体、苦乐同构。而这些，是土地咏唱的巨大秘密，生命最幸福事莫过于感恩土地并谛听它的咏唱的节律。《我的田园》也好，《柏慧》也好，张炜最钟爱的知识分子主人公最终都投向了故地，他们就是想听一听大地内部的声响。而这声响，正是《九月寓言》里肥所聆听到的，“她听到了一部完整的乡村音乐：劳作、喘息、责骂、嬉笑和哭泣，最后是雷鸣电闪、地底的轰响、房屋倒塌、人群奔跑……所有的声音被如数拾起，再也不会被遗落在田野。”沐浴到这万千声音的人，可以于战争与灾难中感受到劳动与欢爱的沉醉。

这种“大地”精神是农人对自己生活的咏叹。作为一种特异的中国生命经验，它不但与仇恨美学对世界的阐释很不相同，而且与更宽泛意义上的知识分子经验亦有区别。一、它不同于评论家所附会的荷尔德林、海德格尔“诗意地栖居”的“大地”。后者反映的是“上帝死了”之后西方人以绝对审美世界替代“上帝”的努力与焦虑，而张炜所揭示的“大地”乃中国民众亘古如斯的生存经验，两者毫无干系。二、它虽为当下知识分子“乡愁”之对象，却是独立于知识分子之外的精神。张炜对此解释得很明白，“我跟紧了故地的精灵，随它游遍每一道沟坎。我的歌唱时而荡在心底，时而随风飘动。精灵隐隐左右了合唱，或是和声催生了精灵。我充任了故地的劣等秘书，耳听口念手书，痴迷恍惚，不敢稍离半步。”在现代文学中，“乡愁”是普遍主题，

---

① 张炜：《关于九月寓言答记者问》，《当代作家评论》1993年第1期。

“大地”却是新异文学经验。三、它与古代士大夫的人生哲学亦有不同。悲欢同体、苦乐同构的生存经验，由于根源于为中国有无互生的宇宙哲学，故在士大夫文化中实也存在，但由于处境的不同，士大夫对此精神的体验更偏重于欢中之悲（如《红楼梦》“悲凉之雾，遍披华林”），而民众更倾向于苦中作乐。两种人生哲学同源异构，是一枚硬币的两面。但张炜，是现代写作中最早涉及这一深刻领域的作家之一。这得力于中国传统士大夫文化的瓦解，得力于现代文学传统（仇恨美学）的破碎。在没有他者化的公共阐释模式的年代，土地给予张炜的丰美馈赠得以自在地淌出他的笔下。

以宗教式情怀拷问自我良知，以大地之子的感恩心境记述故地的秘密节律，构成了张炜小说中现实与超越两个层次，二者的交织使之始终保持着丰富张力。

余　论

作为现代写作的“尺度”，张炜对于仇恨美学的挑战与超越，尤其是《九月寓言》等作品作为经典农事诗的价值，会随着岁月的流逝而获得日益清晰的凸显。这将是时间对于这个“倾诉不停、用歌声迎送时光的人”（《柏慧》）的最好酬谢。但是，正如张炜所言，“作家不是靠某一部作品创造奇迹的人，作家是靠一生的艰辛来完成自己的人”，在这些独异价值之外，张炜更为关心的是如何在今天这个意义破碎的年代继续“完成自己”，继续拓展自己的精神探索之域。在此方面，张炜事实上也面临着一些困惑。有两点较为明显：一是他在新作（如《丑行或浪漫》）中对“革命者”渐趋漫画化与兽化的描写，令部分对（革命）历史复杂性保持尊重立场的读者不能接受；二是他对现代文明下的城市经验的相对疏离，也使大量久居都市并深切体验着其悲欣际遇的读者不免抵触。当然，如果读者这样阅读张炜也是遗憾的，因为张炜近年写作象征色彩较浓，他所讲述的人性善恶冲突并不宜于给予直接的现实索解，他也无意在所谓二元模式（如工业文明/农业文明）中给出现实的孰是孰非之答案，他要诉说的永远是一个内心皈依与安定的超越故事。但遗憾的确存在。因此，怎样应对自身精神守望与部分读者经验之间的疏离局面，应该是当前张炜的一个待解问题。

（载《小说评论》2005年第3期）

主要作品目录《

长篇小说

《古船》,人民文学出版社1987年版。

《我的田园》,江苏文艺出版社1991年版。

《九月寓言》,上海文艺出版社1993年版。

《柏慧》,北京十月文艺出版社1994年版。

《家族》,上海文艺出版社1995年版。

《怀念与追忆》,作家出版社1996年版。

《远河远山》,明天出版社1997年版。

《外省书》,作家出版社2000年版。

《能不忆蜀葵》,华夏出版社2001年版。

《你在高原·西郊》,春风文艺出版社2003年版。

《丑行或浪漫》,云南人民出版社2003年版。

《刺猬歌》,人民文学出版社2007年版。

《你在高原》,作家出版社2010年版。

《半岛哈里哈气》,上海文艺出版社2012年版。

《少年与海》,安徽少年儿童出版社2014年版。

《寻找鱼王》,明天出版社2015年版。

《独药师》,人民文学出版社2016年版。

《狮子崖》,山东教育出版社2017年版。

中短篇小说集

《芦青河告诉我》,山东人民出版社1983年版。

《浪漫的秋夜》,中国青年出版社1986年版。

《秋天的愤怒》,人民文学出版社1986年版。

《秋夜》,中原农民出版社1987年版。

《张炜中篇小说集》,中国文联出版公司1987年版。

《童眸》,北京十月文艺出版社1988年版。

《他的琴》,明天出版社1990年版。

《美妙雨夜》,上海文艺出版社1991年版。

《中国当代作家选集丛书·张炜卷》,人民文学出版社1991年版。

《秋天的思索》,天地图书有限公司1992年版。

《如花似玉的原野》,人民文学出版社1995年版。

《激动》,中国少年儿童出版社1996年版。

《张炜小说精选》,太白文艺出版社1996年版。

《远行之嘱》,长江文艺出版社1996年版。

《致不孝之子》,山东友谊出版社1997年版。

《芦青河纪事》,山东文艺出版社1997年版。

《瀛洲思絮录:张炜中短篇小说新作集》,华夏出版社1997年版。

《鱼的故事》,时代文艺出版社2001年版。

《走向诺贝尔·当代中国小说名家珍藏版·张炜卷》,文化艺术出版社2001年版。

《怀念黑潭中的黑鱼》,北岳文艺出版社2001年版。

《蘑菇七种》,南海出版公司2001年版。

《葡萄园中篇小说集》,山东文艺出版社2003年版。

《海边的风》,山东文艺出版社2003年版。

《庄周的逃亡》,江苏文艺出版社2003年版。

《风姿绰约的年代》,昆仑出版社2005年版。

《头发蓬乱的秘书》,中国社会出版社2005年版。

《射鱼》,中国社会出版社2005年版。

《黑鲨洋》,春风文艺出版社2005年版。

《张炜作品精选》,长江文艺出版社2005年版。

《张炜精选集》,北京燕山出版社2006年版。

《张炜小说》,吉林文史出版社2006年版。

《紫色眉豆花》,青岛出版社2010年版。

《梦中苦辩》,青岛出版社2010年版。

《中国当代作家·海边的雪》,人民文学出版社2010年版。

《生长蘑菇的地方》,作家出版社2012年版。

《张炜中短篇小说年编》,安徽文艺出版社 2012 年版。

《钻玉米地·张炜短篇小说经典》,上海文艺出版社 2012 年版。

《唯一的红军》,甘肃人民出版社 2012 年版。

《品咂时光的声音》,人民文学出版社 2013 年版。

《中国好小说·张炜》,中国青年出版社 2014 年版。

《鸽子的结局》,安徽文艺出版社 2015 年版。

《张炜少年书系·林子深处》,作家出版社 2015 年版。

《名家自选经典书系·山水情结》,辽宁人民出版社 2015 年版。

《名家小说集·魂魄收集者》,作家出版社 2016 年版。

《张炜少年小说书系·父亲的海》,长江文艺出版社 2016 年版。

《张炜少年小说书系·小河日夜唱》,长江文艺出版社 2016 年版。

《茅盾文学奖获奖者小说丛书·问母亲》,江苏凤凰文艺出版社 2017 年版。

《冬景·张炜短篇小说选》,华东师范大学出版社 2017 年版。

散文随笔集

《周末对话》,江苏文艺出版社 1991 年版。

《散文与随笔》,山东文艺出版社 1993 年版。

《忧愤的归途》,华艺出版社 1995 年版。

《生命的呼吸》,珠海出版社 1995 年版。

《期待回答的声音》,明天出版社 1995 年版。

《纯美的注视》,上海远东出版社 1996 年版。

《精神的魅力》,群众出版社 1996 年版。

《精神的丝缕·张炜的倾诉与欣悦》,上海人民出版社 1996 年版。

《激情的延续》,湖南文艺出版社 1996 年版。

《心仪·域外作家:肖像与简评》,山东画报出版社 1996 年版。

《时代:阅读与仿制》,中央编译出版社 1997 年版。

《心仪》,山东画报出版社 1996 年,法国 Bleu de Chine1996 年版。

《最美的笑容》,陕西人民出版社 1998 年版。

《凝望》,山东画报出版社 1998 年版。

《流浪的荒原之草》,浙江文艺出版社 1998 年版。

《张炜散文》,华夏出版社 1999 年版。

《心灵的飞翔》,学苑出版社 1999 年版。

《流动的短章》,作家出版社 2000 年版。

《楚辞笔记》,江西教育出版社 2000 年版,台湾时报出版公司 2001 年版。

《我跋涉的莽野》,春风文艺出版社 2001 年版。

《张炜读本》,花山文艺出版社 2002 年版。

《纸与笔的温情》,春风文艺出版社 2002 年版。

《人的魅力》,文汇出版社 2002 年版。

《世界和你的角落》,昆仑出版社 2003 年版。

《守望于风中》,上海三联出版公司 2003 年版。

《张炜王光东对话录》,苏州大学出版社 2003 年版。

《艾略特之杯》,华东师范大学出版社 2004 年版。

《旅行笔记》,山东画报出版社 2004 年版。

《书院的思与在》,广西师范大学出版社 2004 年版。

《遥远的我——张炜散文集》,新华出版社 2005 年版。

《批评与灵性》,文汇出版社 2005 年版。

《绿色的遥思》,文汇出版社 2005 年版。

《永恒的自语》,文汇出版社 2005 年版。

《我选择,我向往》,山东画报出版社 2005 年版。

《生命的刻记》,文汇出版社 2006 年版。

《诗性的源流》,文汇出版社 2006 年版。

《存在与品质》,文汇出版社 2006 年版。

《回眸三叶》,中国社会出版社 2006 年版。

《秋天的大地》,中国青年出版社 2007 年版。

《匆促的长旅》,中国海关出版社 2008 年版。

《张炜散文(插图珍藏版)》,人民文学出版社 2008 年版。

《张炜散文精选集》,新世界出版社 2008 年版。

《在半岛上游走》,作家出版社 2009 年版。

《芳心似火:兼论齐国的恣与累》,作家出版社 2009 年版。

《夜思与独语》,人民文学出版社 2009 年版。

《筑万松浦记》,青岛出版社 2010 年版。

《绿色遥思》,生活·读书·新知三联书店 2010 年版。

《葡萄与靴》，广东教育出版社2010年版。

《午夜来獾》，作家出版社2011年版。

《新百花散文书系·张炜散文选集》，百花文艺出版社2012年版。

《告诉我书的消息》，新华出版社2012年版。

《游走——从少年到青年(自传)》，广西师范大学出版社2012年版。

《葡萄园畅谈录》，上海人民出版社2012年版。

《纸与笔的温情——张炜寄小记者》，二十一世纪出版社2012年版。

《张炜散文随笔年编》(20卷)，湖南文艺出版社2013年版。

《精神的背景》，华中科技大学出版社2013年版。

《疏离的神情——万松浦讲稿》，作家出版社2013年版。

《谈简朴生活》，作家出版社2013年版。

《莱山之夜》，湖南文艺出版社2013年版。

《古镇随想》，东方出版社2014年版。

《描花的日子》，明天出版社2014年版。

《张炜少年书系·歌德之勺》，作家出版社2015年版。

《陶渊明的遗产》，中华书局2016年版。

《李白自天而降》，河南文艺出版社2016年版。

《我的自语打扰了你》，万卷出版公司2016年版。

《北国的安逸》，大象出版社2017年版。

《张炜野趣散文》，文汇出版社2017年版。

诗 集

《皈依之路》，东方出版中心1997年版。

《家住万松浦》，时代文艺出版社2005年版。

《寸心吟》，作家出版社2010年版。

《夜宿湾园》，上海文艺出版社2009年版。

评 论

《小说坊八讲：香港浸会大学授课录》，生活·读书·新知三联书店2011年版。

文 集

《张炜作品精选》(5卷)，山东友谊出版社1993年版。

《张炜自选集》(6卷),作家出版社1996年版。

《张炜文集》(6卷),上海文艺出版社1997年版。

《张炜散文集》(4卷),东方出版中心1997年版。

《张炜文库》(10卷),山东文艺出版社2001年版。

《张炜文集》(48卷),作家出版社2014年版。

《张炜文存》(16卷),山东教育出版社2016年版。

张悦然

女，1982 年生，山东济南人。

小　引《

提到张悦然，人们自然会想到韩寒、郭敬明等“80后”的“三剑客”。在这三个人中，人们通常认为张悦然走的是一条比较内敛、比较沉稳的路线。这或许也是一条跟所谓传统挨得更近一点的路线。张悦然之所以会在人们的头脑中形成这样的印象，也许是因为她既没有韩寒那样强烈的反叛意识，和极端的反传统倾向，又不像郭敬明那样，走一条追逐时尚的路线，热衷于制造各种各样的青春偶像，而是在两者之间折中而用：既不想受传统束缚，又自知告别过去之难；既追求一种新的创作理念，又唯恐变成个人的一厢情愿。她在自述中说，“怎么样处理‘自我的表达’和‘故事’的关系”，使两者之间达成一种“平衡”，就是一个证明。这样的选择，说哲学一点，是对人的能动与受动的关系，有深切的知解，说具体一点，也是基于一种实际的考虑，即她所说的中国文学的历史与现状。张悦然的这个选择，无疑与她对“80后”一代的整体认识有关。她说：“‘80后’一代或者正处于从集体到个人的转变过程”，“‘80后’是没有完全从集体中解脱出来的群体，他的写作或许还不是一个完整的个人化表达。”这种说法，有点接近鲁迅所说的“历史的中间物”的意思。虽然从广义上说，我们每一个人、每一代人，都是“历史的中间物”，但张悦然用这个眼光来看整个“80后”一代的创作，说明她对包括自己在内的这个新的创作群体，有一个清醒的认识。我认为这个认识很重要。往小了说，比那些一味吹着捧着、把别人弄得晕头转向，把自己也弄得不辨东西的传媒舆论强；往大了说，有这样的认识，并付诸切实的努力，也许正是这一代，乃至整个中国当代文学的希望之所在。

至于说到“80后”一代所处的“历史的中间”状态，是否就是“从集体到个人的转变过程”，却是一个十分复杂的问题。我同意张悦然的说法，中国文学受集体观念的控制，由来已久。追根溯源，是基于我们的传统，古人讲文以载道，这个道，就是一种集体的观念。照这个道或为这个道去写作，自然就是一种集体的表达。虽然同时也有周作人理出的一条言志的路线，可以看作是个人的表达，但因为在中国古代历史上，治世毕竟多于乱世，所以如果按周作人的治世载道、乱世言志的说法，文以载道的日子，还是要多于言志的日子，也就是说，集体的表达要多于个人的表达。后来，这个道统被推翻了，被新的道统所取代。这个新的道统，先是启蒙，后是革命，文学的表达，又要承载和传播这些集体的观念。而且在相当长一段时间，只能传达这种观念，不能有别的声音。就连文学最不可缺少的日常生活细节，和人物的个性特征，也只有与这种集体的观念发生联系，进入这个观念系统，才能获得意义，才有表现的价值。所以日常化在那个年代是庸俗的代名词，个性只能为表现共性服务。这种表达模式甚至一直延续到所谓新时期文学之中，以至于包括“80后”一代作家，如张悦然所言，也未能从中“解脱”出来。而且由此还可以断言，此后倘有集体的要求，仍会有作家入此彀中。正如鲁迅预言阿Q似的革命党：“此后倘再有改革，我相信还会有阿Q似的革命党出现。”可见中国文学“从集体中解脱”之难。

还是鲁迅的问式：“娜拉走后怎样”——“从集体中解脱后怎样”？对此，张悦然是有比较清醒的认识的。她说“个人化表达同样有很多问题，这些问题并不比宏大叙事少”。但她所注意的，似乎主要是一己的表达与公众的阅读的关系，即她所说的“‘自我的表达’和‘故事’的关系”问题。这个问题诚然重要，但另有一个问题是，这个“自我的表达”，到底有多大可能，或者在何种程度上，能够表达“自我”或“个人”。倘作者自以为是“自我的表达”，但骨子里却依旧是集体的观念，那情形是与集体的表达没有两样的。记得多年前，有所谓“美女作家”，写了一部很“自我”、很“个人”的小说，主人公的生活方式，堪称惊世骇俗，被读者视作另类。但细细读来，你会发现，在作者笔下，主人公尽管放浪形骸，自由开放，但其内心深处，还是渴望历代女子都向往的真爱、真情。这就又把作者带入了一种集体的观念，可见集体的观念之“顽固不化”。你可以说，这种集体的观念也没有什么不好。我要说的是，从一种集体的观念中解脱之难。这在西方的理论家看来，是“集体无意识的积淀”太深，在中国的学者看来，则是我们常说的文化传统太厚。就拿张悦然在自述中所举的一个例子来说吧，何以写恶者会害怕读者说他就是这个恶人，“认为这个邪恶的念头是源自他自身”，往深处追，我不敢说是何种集体的观念作祟，但往近处说，我却分明见过，“文革”前的当代作家，是不大敢让自己作品中的反面人物说太露骨的反动言论，有太邪恶的反革命念头的，那原因大抵也是怕人怀疑就是自己的意思，被认为是自己的反动思想或罪恶本质的自然流露，在“文革”中还可能招来杀身之祸。久而久之，也便坐下了一个左顾右盼的毛病。张悦然的这位同行，大约就因为这点旧病的根子未曾除净，所在在写作时就不免有太多的顾忌。这样说来，还是屈从一种集体的观念保险，所以也就有张悦然的另一位同行笔下的农民和摄像机的故事。不能说今天的农民面对摄像机都如面对枪口，但让一个农民面对摄像机惊慌失措，则既合农民的“土气”，又为日后的转变留下了契机，岂不两全其美。倘换了很个人化的写法，说这个农民面对摄像机，如对农具，则既不合国人对农民的看法，也没有留下转变的余地，难免要招致物议。鲁迅说“中国太难改变了”，中国文学的改变，自然也一样不易。倘不彻底，出路大抵也只有鲁迅给娜拉们指出的两条：不是堕落，就是回来。我辈所能见过的中国作家，从前诸多改变的结果，似乎多是选择或归于这后一条“回来”的路。从这个意义上说，我期望于“80后”及其后的作家的，是既抱定了从集体出走的决心，就不要再走这条“回来”的路。

自　述《

雅各的角力

雅各的角力，这个看起来有些奇怪的题目，或者可以表达我对写作的理解。

从事写作，与我的个人经历有关。我大学的时候在新加坡读计算机，而写作只是藏在心里的一个爱好。新加坡对那时年轻的我来讲，或许是一个十分乏味的国家，并且缺乏文化的滋养。这样一种匮乏的环境，却唤起了我对文学的感情。正巧我写作的条件非常方便，因为每天都要对着电脑。只是在打开写程序的那个 program 时，我一般是写不出来的，可切换到这边的 word 文档时，写得就很顺利。在这两者之间来回转换的过程中，因为牵涉太多的心力，最后终于没有办法并行前进。于是我放弃了计算机，义无反顾地投身到写作之中，好像是着魔了一样。那时，我并不知道自己能够在写作的道路上走多远，甚至不知道写作是什么样子。

雅各的角力，其实就相当于写作中自己内部的、内在经验发生角力的过程，它如同我面对写作时所做出的抉择。这个典故来自《圣经·旧约》，讲的是雅各在很多年后返回故乡，重返他多年之前逃亡的那条道路。他听说，为了以往的恩怨，他的哥哥以扫召集了四百多人要找他复仇。他回忆起很多事情，也觉得很有负疚感。这天晚上，他一个人过河到对岸去，独自思考这些问题。他思考的不仅仅是自己大难临头该如何自处，还有一些内疚，关于他们兄弟之间的关系等一些旧事。随后，这个篇章里便出现了非常神奇的一幕，《圣经·旧约》里面是这样描述的：雅各与一个人角力一整夜。

这一个人是谁？没有说明。这个人可能是一个外在的人，也可能是内在的，是雅各的想象或者他内心的分身。他与这个人角力了一整夜，大腿甚至受了很重的伤，却仍然不肯放他走。而那个人，其实是上帝派来的，他后来赐给了雅各新的名字：以色列。这就是以色列名字的由来，我们可以将这个名字理解为：与神角力可以获胜的人。雅各通过一个晚上的角力、意志的对抗，获得了一个全新的命名，这多少带有些重生的意味。

文学创作的过程就是一次雅各的角力。不仅是文学创作，我们所做的一切创造性工作，都与雅各的角力相似。这其中，我们会不可避免地受伤，但作为一种交换，我们最终会获得重生。曾有一个说法，人们写作是因为他对人生有某种不适应，他跟这个世界不是一个非常融洽的关系。如果一个人有一种紧张或者不和谐的感觉，却又不能通过外在行动去改变，这个过程就可能变成内在的创作，一个必须在自身内完成的探索。写作和艺术创造都要经历一个过程——一个超越的过程。超越，其实就是要逾越意识的界限，深入潜意识的海洋。

也许写作的过程，并非如我所说的这般玄妙，每个人都可以进行写作。有一个建议，如果有人想写作，最好的时间是早晨初醒来时，趁着潜意识还在，什么事情都不要做，首先冲到书桌旁去写作。实际上，很多人都会有这种体会，写完一个东西再去看，会感觉有些奇怪：这真的是我写的东西吗？觉得彼时所写的和现在的自己无法做一个很顺畅的沟通。很多东西都来自潜意识，写作就特别需要这种潜意识。因为在有意识的环境下，人会有很多外界因素的束缚，这种束缚可能会影响到写作的自由，甚至影响到写作中人物的自由。

一个写作的朋友曾有一个苦恼，他没有办法展现人物的恶，无法展现人物坏的念头。一旦写到主人公的恶，他就想到读者会认为这个邪恶的念头是源自他自身。他一直都有这种障碍，所以只能写春光明媚、和风细雨。他认为这个“恶”不健康，与他自身的形象不吻合。他意识里面有很多束缚，使他不能够进入一个灵活的，用笔写作的顺畅过程。如果他进入一个潜意识的层面，他可能就不会去考虑这些。因此，潜意识对于写作或许是很重要的。

作为80年代出生的我，和我的同代人，有一个好处，那就是在写作中，可以坚持一种个人化的表达。个人化的表达是一种自由的声音，一种不受意识牵绊的个人表述。宏大叙事与个人化表达并不对立，也没有优劣之分。在文学里面，或许不存在那种“现在这个一定优于之前那个”的马克思主义的历史发展观。由于我们这代人所带来的改变，宏大叙事很难再维系。即使很多人在提倡并且期待那种完整的画卷，但这种表述在年轻一代中已经很难出现。集体的概念已经被解散，随即出现的，是更小的自我。

文学的创造发生于人的内部，更接近雅各的角力。《圣经》中所展现的，不是雅各和以扫，及以扫带来的四百人进行的战斗，而是雅各自我的战争。这带来的变化是无可挽回的，却通向一条更加合理的道路。我们的国家、我们的文化和一个集体捆绑在一起的时间太久了，而所谓的宏大叙事就是向集体的价值观、趋向、道德标准看齐——我并不同意这些。比如，对所谓底层群体以及对于乡村描述的文学，它们都属于一种集体式的捆绑。这种集体式的捆绑，对于一个研究文学的人来说可能没有较大的影响，但是对于一个创作的人来说，如果这种捆绑凌驾于自我之上，那就会损害自我的创造力。必须回到个人，让个人去自由地运筹帷幄，而不是把集体的价值观强加给他。

记得有一个很受关注的年轻作家曾经写过一个片段，是一位农民第一次见到摄像机的经历。他写出了一个农民第一次看到摄像机对着他的时候那种好奇、懵懂、张口结舌，那种像对着枪口的感觉。但是却不能不说，他是把一个预先设定好的价值标准放到里面的。有没有可能，这个农民看到摄像机时并不是这样一种感觉？他对这个摄影机没有任何障碍，也没有想象中的对这种东西的惊奇？

所以，写作要回到个人身上，不要被集体的价值取向以及预先的设想捆绑。写作不是一种简单的连线，而是无时无刻不在发生变化的过程。一个作品的主人公可能有很多摆荡。如果是报仇，他这一路上一定不只想的是要把那个人杀掉，他还可能想到很多和杀那个人有关的，或者完全无关的事情。只有展现出情景的丰富性，展现出角色本身在做重大选择的时候，也像角力的雅各一样有对立的两面时，人物才可能变得丰满。

现代文学在拿托尔斯泰和陀思妥耶夫斯基进行比较的时候，更多地会去强调陀思妥耶夫斯基的文学理念，认为他作品的现代性以及其他层面会比托尔斯泰的意义大。我并非意欲以此比较二人优劣。托尔斯泰的写作并不容易，他有强大的意识控制，比如他的道德感、他的身份（他在很早的时候就获得了声名）、他为拯救某个群体所表露出的强大悲悯心和责任感。虽然他的意识很强大，但是在很多时候，还是会有一些东西超越他的意识，比如说安娜·卡列尼娜之死。这个情节或者可以说是托尔斯泰超意识进入潜意识的一个伟大创作。安娜的死亡不是必然去寻死，而是出于一个偶然的时机，但在冥冥中，她仿佛又必然会去死。其实在那个过程中，安娜·卡列尼娜不断地跟自己说了很多话，很像一个人在跟自己角力。托尔斯泰并不想把安娜·卡列尼娜写死，这跟他之前对自己的要求和他意识的束缚是有所违背的。而在这个时候，这个角色决意卧轨，他已经没有办法控制他的人物，他的人物因而获得了一种强大的能量，冲破了他意识的束缚范围。所以毫无疑问，《安娜·卡列尼娜》是托尔斯泰最伟大的作品，也因为安娜·卡列尼娜之死，托尔斯泰也获得了某种程度的超越，完成了一个更高层面的创造。实际上，很多作品都是如此，福楼拜写包法利夫人之死的时候也非常痛苦。其实创作中最让人着迷也最让人痛苦的部分，莫过于这样的部分，那就是不断探索。

写作，其实是引领读者与你一同走一条路，你并不知道进的是怎样的入口，也不知道哪个地方才能出得去，因为你也在寻找。无论是成功，还是失败，创造本身都会令你完成一种超越。

当然，个人化表达同样有很多问题，这些问题并不比宏大叙事少。“80后”是没有完全从集体中解脱出来的群体，他们的写作或许还不是一个完整的个人化表达。如果回忆一下，我们这代人跟集体的关系大概很有意思。我们多数人都是独生子女，小时候家庭的格局都很小，都是一个单独的“我”，而没有“我们”。可是我们的父辈却是对集体强调很多的一代人，他们会把很多跟集体有关的观念灌输给我们。相信不少人肯定都有这样的经验：父母会教给你在集体面前应该怎么表现。在所谓的“外面”，其实就是指一个集体，一个公众场合，包括在学校里、在班里的时候你应该怎么做。这个怎么做，其实就包含父母的一种希望：他们希望你在集体面前表现好。因为对于父母他们那代人来说，他们觉得这个事情尤其重要。这种希望对我们这代人不可能没有影响，我们很想在集体面前做好，但又因为是独生子女式的成长模式，对集体没有天然的感觉，我们认同父母的说法，认为自己应该做好，却不知道怎么做，这正是因为我们缺乏跟集体的联系。于是，我们这一代人跟集体形成了一种关系：我们在确立自己的时候，需要依赖一个集体，却没有办法真正地过集体生活。

“80后”一代或者正处于从集体到个人的转变过程，年轻一代的创作也是在进行如此的探索。个人化表达将会带来的一个问题，可能是对故事的创造的影响。如果我们追溯到故事的起源，故事的发展，会发现，实际上故事是需要集体的。比如编排一个情节，别人可能会参与评判离奇与否。很多的判断标准是依赖于一个他者的经验，这个经验实际上附带着集体的烙印。当彻底地摆脱一个集体，故事情节的发展只是需要尊重你自己的路径，不需要管周围的人怎么办的时候，可能这个故事就不再是一种能够引起广泛共鸣、内心获得巨大触动的故事。所以说，怎么样处理“自我的表达”和“故事”的关系，是现在创作的一个问题。

村上春树在访谈里谈到《1Q84》，也有讲到这两者之间的平衡，即自我表达和故事之间的关系。他选择了故事。他认为过于个人化的表达最后会导致小说缺乏可读性。也许我们可以举个例子，沃尔夫的《海浪》。读完这本书，人们可能会对这个人产生了解，知道她的所思所想，却不能对这个人有一个清晰的印象。因为它更遵循内心的动态变化，并不把一个人塑造成雕像，让人们看到清晰的轮廓。读乔伊斯也有这方面的困扰，他的作品中有那么多精彩的细节，但是在那么厚的一本书中，人们是否能够抓住它们、记住它们？

在村上春树看来，个人化表达在之前的19世纪、20世纪已经探索了很多，确实也让小说走到了一个被很多人质疑的“小说死了”的境地。当小说不再好看，创作应该回到，至少要结合19世纪的小说传统，也就是故事的传统。当然他也认为故事肯定是一种全新的讲述方式，不过因为大家现在的阅读时间等等各方面都与当时不同，巴尔扎克的小说形式肯定不能够被直接挪用。但是他还是讲了对故事复兴的追求。村上春树的小说，之所以有那么多的读者，肯定和他的故事本身是分不开的。所以，故事确实是一个小说复兴，或者说，小说获得广泛读者的非常重要的入口。

我们确实需要故事。但是在个人化表达和集体问题的解决上，却没有近路，也不能跳跃性地走，我们必须考虑国家的现状，文学必须得先完成集体到个人的转变。经历这个过程，我们才有可能甩掉陈腐的故事，甩掉跟我们的集体相关的诉求，比如说陈腐的形象、已经模式化的农民形象、一个下岗工人的故事，或者是一个大学教授的故事。我们需要把这样的陈腐的事项先通过个人化表达剔除、清洗，然后作家才能够去找得到更好的故事，更自由地撰写故事。村上春树编故事的自由度，也许比一个中国的作家大很多。中国有特定的现实主义传统，而村上春树却可以漫溢出现实主义的边界，在更自由的领域里编故事。

我们还有很漫长的路要走，那就先从集体中解脱，然后再从考虑故事的复兴开始吧。

访　谈《

“我们这一代作家是由特写展开的”

——张悦然访谈录

王　琨　张悦然

王琨:能谈谈您最近的状况么?

张悦然:我现在正在写一个长篇。已经写了很久。下个学期或许会在大学开设一门小说鉴赏的课。

王琨:以现当代作品还是以外国文学作品为主?

张悦然:都有,偏于外国小说吧。因为我们这一代主要的阅读资源是外国小说。

王琨:在您的阅读过程中,如何对待外国文学里面翻译跟原著的落差?

张悦然:我们主要的阅读来源还是外国文学。所以翻译的问题一直都是无法忽视的。翻译会使很多东西失去,这是必然的,比如在这种语言内部完成的一些修辞以及涉及地域文化的内容,可我始终认为,好的作品可以穿越翻译的墙壁抵达另一种语境。当然,必须承认,翻译影响着我们的阅读,每个译本也会有不同的读者。举个简单的例子,《包法利夫人》,之前我们读的是李健吾老师的译本,这也是流传度最广的译本。最近我读了周克希老师的译本,比较了它和李健吾老师的译本。有人认为周克希的译本很文艺腔,我反倒觉得,他的文体风格更容易被年轻一代的读者接受,他们会觉得读起来更自然流畅,没有任何被时代淘汰的词语出现。很多从前翻译的外国文学作品,或许现在都需要重新修订或者翻译,不是因为从前的译本不好,而是因为里面有些语言的说法已经陈旧和过时了,这对新的读者来说是一道屏障,他们会觉得很难沉浸其中。

王琨:外国作家里面哪些对您的创作产生过影响?

张悦然:在不同的时期有很多。比如说契诃夫、纳博科夫、卡波特、雷蒙德·卡佛、理查德·耶茨、托尼·莫里森、安吉拉·卡特、克莱尔·吉根这些都是我喜欢的作家。

王琨:您在豆瓣上推荐的《焚舟记》非常惊艳,感觉安吉拉·卡特的小说中有您的痕迹。同是作为女作家，是不是有一些共通的地方？

张悦然：安吉拉·卡特是独一无二的，难以模仿。她的文体的复杂性，真是一个绚烂的谜。那种无时无刻不存在的戏谑和反讽，使她的女性主义不是一种狭隘的女性主义。女性主义如果停留在一个较低的层面上，就是带有些许自恋的因素，即她无法停止关注自己，无法停止完善和修补自我的形象。安吉拉·卡特显然超越了这一层。比如她重写美女与野兽的故事，一直都在嘲弄那个又美又蠢的女人，野兽只是作为一个男性符号化的存在。

王琨：后来您的创作转向了更加宽广的领域，对人性也有了更为深入的探寻。您作为一个女作家，觉得能够在文字里构建一种属于自己的文字王国么？

张悦然：我不太清楚什么是"属于自己的文字王国"。如果是指文字的风格化，我觉得这是很难的，当然也是一个作家必须面对的事。最近一段时间，我的确在思考关于"书面语"和"口语"的问题。对于香港、马来西亚以及海外华人来说，他们大多是在用书面语写作，通常使用更繁复的词语，更复杂的句式，甚至在对话中。因为他们的口语和书面语有很大差别，所以在使用书面语的时候，有一个转译的过程，在写的时候势必是要思考的，经过了有序的整理，以更优美的形式呈现出来。他们所运用的书面语的词库，是固定的，不流动的。但是我们的语言是活水，口语和书面语离得很近，互相入侵，没有明确的界限。我自己先前的语言是非常书面的，有时候甚至会下意识地选择离口语更远的词汇。这样的语言很有局限性，充满失真的危险。比如在处理对话时，很多人的对话都会看起来出自同一人之口。所以我试着让更多的日常语言和口语进入写作，但是它们有时候会是一种对语言风格的妨碍和牵绊。

王琨：您觉得一个作家最打动读者的是什么？或者说您打动读者的是什么？

张悦然：我不清楚我最打动读者的是什么。也许是一些词语，一些比喻，一些意象，一些人物形象。应该很少是因为情节，我并不是一个很会说故事的人。

王琨：对于"80后"的创作，有没有您欣赏的作家？

张悦然：有很多，像周嘉宁、张怡微、蒋峰，等等。

王琨：问一个您一定被问过很多次的问题，您怎么看待"80后"创作群体？

张悦然：我觉得我们这一代是处在摸索和重建的过程中。我们的小说背景，更多的是设置在城市。我们眼中的城市，不是一幅完整而宏大的画卷，而是一些光怪陆离的碎片，并且，它可能是趋同的。碎片是因为城市是如此复杂和难以把握，趋同是因为，城市与城市的确更像。如果比作电影语言，上一代作家更像是舒缓的慢镜头，掠过诸多某地的风貌，从远处慢慢拉近，落在某个人物的身上。而我们这一代作家则是由特写展开的，对着某个人物的脸，能看到嘴角的牵动，眉毛的挑起，然后逐渐拉开镜头，让人看清他周遭的环境。上一代作家总归是有一种全局观，他们在描写一个人物的时候，首先确立了这个人物在世界上的坐标，很清楚他是属于什么阶级的人，具有什么样的社会身份。我们这一代人，仅就我个人来说，我似乎并没有这样的全局观。至少在一开始，不会首先想到这个人的阶级和社会身份。我首先想到的是这个人非常具体的处境和所面临的困难。

王琨：更人性化个体化，可以这样说么？

张悦然：不，这只是两种不同的出发点，真的没有什么优劣之分。

王琨：您觉得这种创作上的改变跟作家的成长环境有关系么？

张悦然：我觉得有。上一代人的全局观来源于他们对集体的了解，他们更在意一个人在集体中的位置。到了我们这里，我们的集体概念瓦解了。

王琨：您之前的作品，关于成长的解说，您现在创作还专注这方面的探寻么？

张悦然：如何去定义所谓的“成长”？事实上，“成长”是大多数小说的主题：主人公在小说中完成某种意义上的改变。那些改变，都可以视作一种“成长”。在我先前的作品里，“成长”可能是更加外化的东西，一些戏剧性的事件带来的冲撞和挤压。而现在，它会更加内化，更像是一种缓慢的氧化。我应该始终从“成长”的角度去看待一个人物，可以说，在死亡的前一刻，我们都还在“成长”。

王琨：在北京的地铁里看到面无表情赶着去上班的“80 后”，觉得这可能不是他们之前梦想过的生活。您觉得“80 后”融入社会，无论是出于自我失守还是主动贡献，担当起社会和家庭的责任，您怎么看待“80 后”的这种生存现状？

张悦然：对于很多“80 后”来说，从毕业到工作，到结婚生子，就好像一条机器的流水线，没有什么选择可言。不过，我其实还是很尊敬那些选择留在大城市的人，因为他们还有梦，如果放弃了梦想，其实也可以去一个小城，生活会更简单和舒适。虽然留在大城市，随后也未必能实现他们的梦，可是毕竟有梦就有希望。在大理那样的古城，我也见过一些看透都市生活的人，过得很悠闲，开一间咖啡馆或者书店，每天有足够的时间晒太阳，关心天空中云朵的形状。这两种生活很难比较，究竟哪一种更可贵？是这些执着于梦的人，还是看透了离开的人？我个人觉得，无论选择哪种生存状态，都无法改变生活本身带来的乏味和空虚。

王琨：你出版上一本书的时候是在七年前，在读者期待与自我步伐之间有没有过焦虑？

张悦然：的确很焦虑。或许因为早年一些书真的是出得太早了，早在我懂得小说究竟是什么之前。现在回头再看，那些书出得或许有些草率。在现在的我看来，那两个短篇小说集或许应该出版，至于三个长篇，都需要做更多的修改。这几年我一直在写，却没有出版，我只是希望给自己留出一点时间，回头去看一看，再整理一下，让作品不再留下那么多的遗憾。

现在在写的长篇根植于一桩我父亲目睹的真实事件。此前我从来没有写过离我那么近，又那么远的事。我花了很多时间在调查和采访上，因为它的真实令我敬畏。而从前我其实都是在天马行空地杜撰，非常自由和任性。我记得张爱玲曾在一篇小说的开头，情不自禁地说"这件事是真的"。小说家虽然有无边无际的杜撰的自由，却还是会执迷于"这件事是真的"。真实事件就像一个天然存在的生命，它的蓬勃生机吸引着你。

不过，既然"这件事是真的"，就要遵从它的逻辑，了解它的来龙去脉。这一切比处理纯粹的杜撰要复杂和困难很多，至少对我而言。

王琨：会因此去实地了解、深入生活么？

张悦然：我会去了解它涉及的人，经历过、看到过的人。

王琨：您作为一位作家，后来又担任了《鲤》主题书的主编，主编与作家身份之间会不会有冲突？

张悦然：还好，《鲤》更像同人同志的杂志，让写作者可以自由地沟通和交流，所以对我而言，作者和编辑身份没有那么鲜明的对峙。每一期《鲤》都会关于某个主题展开，而我自己也会因为编辑的工作，对于这个主题有更深入的思考。比如说，《因爱之名》那一期，探讨的是我们这一代人与父辈之间的关系，这个主题同样也是我在自己的小说里要去思考和面对的话题。

王琨：父亲的形象在您作品中有些暧昧，从文字看您是一位从小被关爱备至的孩子，有着很健康优渥的成长环境，但为什么会塑造这种父亲的形象呢？您应该不缺乏安全感吧？

张悦然：父亲的形象在我的成长中有一种缺席感，父亲当然一直都在，可是我们之间的交流很少。似乎还是生长在具有男权气氛的家庭里，父亲和女儿很难有亲密的感觉。我想得到父亲的爱，但是我们之间始终不能够达到令我满意的程度。在写作中，我似乎在通过一种极端的方式引起父亲的注意。

不过我觉得这是很普遍的，对于很多同代人来说，父亲是很容易缺席的角色，因为原本顽固的父权形象受到冲击，变得支离破碎。

王琨：您在作品中常常会提到一些亲密无间的女性之间的友谊，很难得的非血缘的亲密与真诚，很令人羡慕。在现实中，您怎样看待女性之间的情谊？

张悦然：我觉得有时候女性互为彼此的镜子而存在。与女性的交往过程中，我们在寻找一部分自己，或者看到自己的某些缺失。我们是在同性身上完成对自己的调整和修改。

王琨：您小说里的女孩子在爱情中很容易成为跟随的一方，但是这种跟随即使是低到尘埃里了，所开出的花朵最终成全的是自己的俗世生命，感觉她们有着非常坚强的生存信念。您怎样看待女性生存？

张悦然：很多人在我的小说里读到某种女性主义的倾向，但我并不是一个女性主义者。我只是信奉任何一个人都有独立和自由的意志。或许因为很多时候选择了女性视角，所以就去处理她所面对的困境。可能因为自己是女性，所以对那些妨碍女性自由意志的东西有更多的观察和了解。但是事实上，我并没有那么强烈的性别立场。

王琨：在现实生活中，您会在情感关系中甘于舍弃一部分自己么？

张悦然：会。对我个人而言，任何情感关系（包括亲情、爱情和友情）的稳定和长久，都是一种自我的磨损。我并不把自我的完整看得很重要。我认为一个人在这个世界上，势必会受到外力的冲撞和挤压。缺损会造就新的形状，有时候，它也是一个完善和更新的过程。

王琨：少年成名至今，您的生活作态一直是很低调的，您一定也抵制了很多名利的诱惑，您怎样看待物质欲望？

张悦然：我对物质生活有要求，不过并没有太贪婪的欲望。

王琨：您认为作家的创作中的表达能够将过往的郁结倾吐么？

张悦然：不能。很多作家一直都在用自己写作去面对和解决一些过往的伤害，但很难彻底完成。很多时候，表达只是一种和解：你感觉到你可以和那些伤害平和地相处了。

王琨：您觉得一个作家在表达时，能否做到真正的诚实？

张悦然：诚实是一个作家必不可少的品质。在我看来，诚实包括两层含义。一层是诚实地面对现实，对于他所看到的世界不掩饰，不粉饰。另一层是诚实地面对自己的情感，必须做到足够真诚，启动自己的情感。

王琨：在文学史上，或者在读者眼里，您希望自己成为一个什么样的作家？

张悦然：我希望在读者眼里，我是一个以某个句子、某个段落、某个篇章或者某个小说打动他们的作家。

王琨:在践行这种创作理想时,会不会疲惫?

张悦然:会。有时候连呼吸都令人感到疲惫。

王琨:您怎样协调写作与日常生活之间的关系?

张悦然:这的确是个难题。规律的生活对我来说,始终是奢侈的。

王琨:您好像喜欢熬夜,是不是在夜里更有利于创作?

张悦然:可能因为那时醒着的人比较少,所以感觉到个人分到的夜晚更多一些,好像因此获得了更广阔和自由的疆域。

评　论《

宿命的飞翔

——张悦然小说创作论

王　琨

虽然身为"80后"代表作家,"张悦然不同于那些少年作家,她所讲述的不仅仅是青春放纵、反叛传统,而是在成长的迷惘中,小心翼翼地梦想和求证,思索和感悟",这是作家莫言在张悦然的首部长篇小说《樱桃之远》的序言中所说的话。那时是2004年,是青春文学风头正劲的时候,很难有人能够预测那些正意气风发的"80后"作家,三五年后的路会是怎样。在宣传媒体的造势下,当时还远在新加坡读计算机专业的张悦然,虽然与郭敬明共同被并称为"金童玉女",却并没有在众人的捧杀中迷失自己,她谨守着对文学虔诚的热爱,一步一个脚印地走出了"80后"创作群体所编织的虚幻迷障。

如今,回看张悦然的作品,从《葵花走失在1890》到《樱桃之远》,张悦然不仅"记录了敏感而忧伤的少年们的心理成长轨迹,透射出与这个年龄的心理极为相称的真实",而且"她的思考总使我感到超出了她的年龄,涉及人类生存的许多基本问题",这些当初被莫言所预感到的"基本问题",在张悦然后来的创作中均得到了延伸。在某次关于长篇小说《誓鸟》的一次专访中,张悦然曾说,可能每个人都是一只誓鸟,像精卫一样,为着自己微薄的事情而不断努力。作为一位写作者,在文字的世界里,张悦然所孜孜执著的主题是对于女性命运的书写。

也许同为女性，张悦然在作品中孜孜不倦地描述着女性个体在爱情这种二元模式中的生存姿态。从起初的小说集《葵花走失在 1890》到后来的长篇小说《誓鸟》，以至近年来陆续发表在《鲤》书系中的几个中短篇小说，作者文字里的女子，从《葵花走失在 1890》里的一株葵花，到《誓鸟》中大航海背景里的明朝女子春迟，再到都市光影里的现代女性，如《嫁衣》中的绢，作者总是不忍将她们的生命付诸荒芜的孤独与守望，同时又深知唯一能令她们重生、有能力来涂抹她们苍白生命的是男人。当她们投身于一位男子时，那种忘我与全情，所体现的是一种极致的生存观，即使不被对方所爱，甚至这份爱可能永远不被感知，她们也宁愿葬在自织的茧里——哪怕不能幻化成蝴蝶。“偏执、癫狂、有着穷其极限的耐力，却注定毁灭在自己营造的一厢情愿中。”那种让旁人看来绝望的爱，却被作为当事人的女子拿来作为生之汲养。“痴情的女人是天下最美丽的动物”，在爱情里，她们就是一只只誓鸟，用专注填筑着属于自己的爱情之海。但这种飞翔，又因为过于专注而染上了宿命的意味。本文将以时间顺序，在还原作者创作历程的基础上，揭示作者对这种宿命的书写。

一

在最初的小说中，作者耽于幻想的禀赋就已被发挥得淋漓尽致，那单属于少女的柔情与对外在世界的单纯期待，一一展露在对爱情的幻想里，作者早期的作品大多被收录在小说集《霓路》（明天出版社）中。在作者少年时创作的小说《残食》里，我们就可以略略看到女性将牺牲自己以成全心爱的人视作宿命。《残食》写的是水族箱里的两条鱼，作者将它们的关系定义为夫妻，鱼妻子深爱着鱼丈夫，小小怯怯的新娘，总是默默躲在鱼丈夫的身后。但是鱼丈夫的嗜杀本性胜过了昔日同欢乐共患难的夫妻之情，在吃完水族箱里的最后一条异类后，他将视角投向了自己的妻子。她伤透了心，却也并没有对这种命运进行反抗，在被咬死的过程中，“她好像没有挣扎过，她是顺着他的”。到死，她的心愿都是下辈子可以与他有一段相濡以沫的感情，她的死也是在为此做着努力。这是一篇充满幻想的残酷童话，其中所透露出的女子痴情不惜用死来为爱情殉葬的思想主题，在之后作者的创作中，以不同的面貌得到了不同程度的诠释。

小说《葵花走失在 1890》以第一人称叙述，讲了葵花的爱情心路，这是一条寂寞的心路，从来不被对方察觉，却也隐藏着自给自足的甜蜜。葵花这一意象，取自凡·高的《向日葵》。在小说中，葵花是一株植物，株秆冰凉，却痴情地恋慕着自己的创造者——眼睛里有火的画家。“我觉得身躯虚无，消失在他的眼睛里”，男人像一座开满山花的悬崖，奔向他的过程，是沦陷的仪式，葵花却欣然追随。为了能够变身为一具女子之身，以便于接近画家，她不惜与女巫订立协约，为此她愿意再次变回葵花，将来被献在女巫所爱之人的葬礼上。葵花所赋含的女子柔性，在文字的世界里是亘古就有的，为了爱，她们不惜牺牲自己，哪怕付出生命。作者对葵花寄予着一种身为女人的执著，这种执著在爱情世界里被发挥得淋漓尽致。她对于自我性别意识的寻找，使她自然而然地处于恋情中的臣服地位。

在作者笔下，女性的爱情寄存处即男人有着多面性，他们有时像《誓鸟》中淙淙所理解的："他们都是自私、霸道、凶残的，他们和暴力、杀戮连在一起。"但是鱼丈夫的凶残，画家的冷漠，都不足以概括作者笔下的全部男性形象，作者时而也会将男性刻画成一道温存静默的月光，因为借着它，女主人公才能从中看到自己温婉驯顺的女性影像。如在《毁》中，作者将所爱的男孩命名为"毁"，寓意他的出现对她原有的生活是一场毁灭和否定，作者以第一人称叙说对毁的爱情："我"是一个交过几个男朋友的现代时尚女孩，但是他们都被现实玷染得污浊不堪，他们的欲念令她无所适从。而毁净化了"我"的世界，在对他近乎柏拉图般的仰望里，毁就像"我"的一个伤口，那样贴近"我"。"他像一株在水中不由自主地哽咽的水草，那样的阴柔"，但就是这样美好的爱情对象，却没有影子，"我发现毁没有影子，真的，他的身后是一片皎洁的月光，因为他没有人的丑恶的灰垢。他干净得不会结痂。"由此可见，作者笔下的男性并非全是不堪、冷酷的存在，他们亦可以是温存的救赎者，但却往往因为太过美好与明亮而无法承担起现实之重。

在作者的首部长篇小说《樱桃之远》里，作者塑造了两个性格截然不同的女孩，家境优渥的杜宛宛叛逆、孤独而骄傲，同时缺乏安全感，但是纪言的爱情却可以在瞬间将她的刚烈融化殆尽。纪言是现实中一个真实的存在，是作者对男性美好幻想的化身，面对杜宛宛的纵情任性，他如一位天使一般地用爱守候着她、引导着她归向善的正途。在他面前，她乱了阵脚，与从前的自己告别，他成为她的领袖。在教堂里，在他们共同面对的上帝面前，也许是借着零星的神性，杜宛宛的爱情皈依在纪言的存在里，他成了她的信仰。与杜宛宛相对应的是段小沐，段小沐从小生活在教堂的福利院，她生性驯服、温良，尤其是在所爱的男孩面前，这种秉性更是以宗教般的虔诚散发着令人扼腕的气息。男孩小杰子虽然与段小沐有过童年生活的交集，但二人并非青梅竹马，段小沐先天心脏缺损，且残疾，在童年游戏中一直是小杰子他们嘲弄的对象。小杰子对段小沐是残忍和无止境的剥夺与索取，他总是在困难时才想到段小沐，段小沐辛苦积攒的用来做心脏手术的钱，大部分用来为小杰子所做的坏事买单了。但是段小沐无论如何都不拒绝小杰子的要求，不管多么非分的要求，她从来不拒绝。在她并不守旧、并不封建的内心里，却一直坚持她是小杰子的媳妇。自始至终，小杰子都是以一个暴君的形式出现在段小沐的生活里。他对她巧取豪夺，不知感恩。纪言与小杰子是两种类型的男性，前者温柔，充当女性绝望世界的救赎者，后者暴戾无度，永远以索取者的姿态出现，这两种类型不同程度地分别存在于作者的其他文本中。但无论哪一种类型的存在，只要对其投注了爱情，女性总是能够以一位爱情虔敬者的姿态面对她们的这位神祇。

二

在爱情这种二元模式中，作为其中一元的女性甘于将自己放低，试图在低到尘埃的角落里，找到自己完备的女性特质。而这种特质因为专情，彰显的是对自我生命的执著。作者的第二部长篇《水仙已乘鲤鱼去》，将女主人公对自我生命虔诚的姿态诠释得淋漓尽致，它更像一部励志的少女小说。璟从小多灾多难，生活在底层，最疼自己的奶奶离世后，她被母亲百般虐待，后来随母亲改嫁入陆逸寒家里。陆生性善良，宽容地接纳了璟，并给她很好的生活环境。但是精神上的压力令璟摆脱不去暴食的恶习，因此从小就胖胖的。进入青春期，璟开始节食，同时坚持练习写作，凭着坚强的意志，一点一滴地改变自己的体貌与人生轨迹，完成了丑小鸭变天鹅的现实神话。成长的过程中她目睹了一个个所爱之人的到来与离去，而最终留下来陪伴自己的只有执著而艰辛的写作，她只将生命寄放在文字里。从小说的名字中“水仙”意象的择取来讲，就隐约能够品出自恋的意味，希腊神话中叫 narcissus 的美少年，因为太沉迷于自己水中的影子而与之同归于尽，化身为水仙花，水仙花情结即自恋情结。璟在对腹中“女儿”的寄语中，展露了她看似虚空实则执著的生存信念，她希望“女儿”懂得爱自己，赞美自己，在独处中找到乐趣。因为没有人能够一直相伴，没有谁真的能够陪自己翻山越险，彼此不过是人生长长短短的段落。而璟在世生存的寄托，是写作，“写作是我永远的情人”，至于其他，在这轻浮的人世，对于璟来说实在谈不上还有什么可贵。璟对自我主体性的把持是女子在男权社会的一场自我放生，在经历了一个个至亲的死亡后，璟的生命虚荒得仅剩下写作，在写作的陪伴中，她感受到的是最彻骨的孤独。在孤独中自守，对于一个女性来说，究竟是对她坚守自我主体性的奖赏，还是惩罚？在男女二人关系中，有没有一种互动的存在，从而既可以装点女性生存，同时又使女性在这种二元模式中不会显得太凄凉被动？

我们在《誓鸟》中可以看到作者对于答案的努力探寻。《誓鸟》以明朝大航海时代为背景，女主人公春迟是明朝一位官员的女儿，与母亲漂洋过海远嫁给马来首领的儿子，在途中遇到海盗，与母亲死别，海啸也夺走了她的记忆。在潋滟岛上，春迟被一位叫骆驼的男子掠走，与他相守七日，在他身上燃尽了自己最后的爱情能量，却招致抛弃。骆驼给她的理由是她把他们之前的事都忘了，临走前给了她一项寻找失去的记忆的使命。春迟自此被这个使命驾驭住余生。她虽辗转流离，历尽万难，所唯一执著的，就是从贝壳中找寻失散的“记忆”（一次偶然的相遇，疯婆婆为春迟揭示了从贝壳中可以获取过往记忆的秘密），因为“记忆如此之美，值得灵魂为之粉身碎骨”。春迟刺瞎自己的双眼，以达到寻找时的心性专注，因为只有这样才可以更好地感受贝壳的回声和纹路所透露出的记忆。在小说的结尾春迟在锋利如匕首的阳光下，在士兵的嘲笑下如获至宝地拣拾贝壳，那些士兵“又怎么会懂得她呢——这个天底下最富有的女人。”春迟将寻找记忆作为自己的存在方式，看似在用行动践行对骆驼的爱情誓言，但寻找的过程因为专注而稀释了骆驼存在的实体性，对于记忆的寻找单纯化为春迟的生命形式。将生之牵系孤悬在对一个男子的爱情上，看似悲怆，在这个过程中，升华的是奔赴中的女性生命。

三

发表在主题书《鲤》上的《嫁衣》，是作者回国后将所描写对象转向现代都市成熟女性的一篇代表性作品。现代生存空间的促狭，人与人之间相处时的小心翼翼，并没有使张悦然所钟情的“女主人公的舍身情结”，因为时空的转换而被移植。作者紧密地把握住了这种时空的转换，在现代叙述空间里，女子对于旧我主体性的抛掷，依然是为了迎接一个更好或者尚不自知的新我。

绢与乔其纱是外界所认为的闺蜜，她们曾经在彼此的成长里有过交集，乔其纱热烈奔放，而绢则外表温顺，但精神上总是空虚。在共同成长的日子里，绢更多地从乔其纱那里获取给养。这份给养，一开始在其身上彰显得并不突出，它像一剂毒素，暗暗地在绢的成长过程中蔓延滋长。为了摆脱乔其纱罩在自己成长过程中的阴影，同时也为了试炼自己的女性魅力，她与乔其纱的丈夫偷情，而对方不过将她视为一个窒闷夫妻关系的出口，待在她这里稍事喘息后，依然甘愿再次投身对乔其纱的付出。绢是一个人生的失落者，无论是作为女性，还是作为个体人，她都没有为自己而活，在她的上方，是无所不在的乔其纱，她的一举一动，都是循着乔其纱的步履。

而对于男人，绢像作者之前小说中的很多女子一样，在爱情里依然是付出多于索取。随着创作背景的现代化，在近期的小说中，作者笔下的男子形象生动了许多。

这种生动，因所沾染的现代气息，而在一定程度上损毁了女子的爱情期待。她们无法再像葵花那样舍命付出，因为在现实里，女子能够倾情付出，同时又不被视为累赘的用武之地太少了。她们所最能够，也是最为男人所取悦的，便是在双方行房事时能够做到隐忍，为了令男人尽情享有自己，绢给自己找了个理直气壮的理由，便是讨厌避孕套的橡胶味。作者对于女子性生活过程中细节的描写，曲笔时而畅达，时而隐曲，毫无浮薄之感，只为了与女子的爱情心态相映照，其不变的宗旨都是在为人物性情服务。在现代促狭的感情空间里，女性唯一能施展自己爱情理想的地方，狭小得仅剩一张床的二分之一。而这看起来似乎悲怆的现实，却恰恰迎合了性别歧视者所认为的：女人只有在异性恋性交行为里——在其中臣服成为她的快感——展现女人性（从女人被性化的臣服中散发并获得肯定的一种本质）。

需要提及的是，对于“性”的着意刻画，成为作者近期创作的一个显著突破。在传统的男性文本中，性作为禁忌，是男性中心论者维护其在两性关系中权威地位的有效手段，体现了父权制社会秩序下赤裸裸的权力关系。作者在文本中用具体而切近人类共同肌体记忆的性描写，看似在附和男权，实则更接近于表现女性主体意识，在看似被动的附和中，女性以羸弱的躯体去争取成为被男人悦纳的爱情祭物，进而在焚烧的仪式中达成自身生命的完善。

四

作者并非一个女权主义者，甚至对男女双方关系模式的解读，乍看上去，还打着鲜明的男权烙印。女子在男女关系的二元模式中，甘于放弃原本的自我主体，屈居他者地位，看似主体性的丧失，实则主动的贡献，这一点也无形中印证了作者所喜欢的作家安吉拉·卡特在《萨德式的妇女》中发表的激烈言论：主动出卖自己的女孩至少不是伪君子。女子在看似被动的两性关系中取得了主导的地位，从而使其处境看上去卑微，实则从容。

在作者这里，女子与男子最融洽的相处方式应该是追随与被追随，至少在女子这里，应表现出甘愿与仰望的心理期待，而女子之所以甘于屈就于男子——无论对方是怎样一番模样：哪怕他没有影子，哪怕他不曾温存，在屈从中，女孩所完成的是另一个新的自我，沉迷的过程是向新世界获取存在感的涅槃。借由男性，女子成全了自己的个体完整性。也因由男性，她们令自己一路携带的爱情种子有了寄养的归处。她们在付出一切哪怕是生命之时，仍心存感恩于那场令自己的生命繁盛起来的遇见。归根结底，女孩在爱情里的舍身奉献，最终的命题只有一个，就是达到个人的飞翔——哪怕以肉体陨落的方式。

作者大部分小说中的男性形象是暧昧模糊的，但是在女主人公的爱情信仰里，男性的地位被无限地抬高了，他们如同神祇一般，不需费吹灰之力，只需一个姿态，甚至于一个眼神，便可操纵女性的一切活动。作者在小说中对于男人形象过于苍白的建构，使得在很多情况下，他们呈现的只是一张“侧脸”。但即使是侧脸，他们仍以主导性的姿态左右了女性的生命活动，不过仍改变不了的是他们在小说中的“他者”身份。作者在文本中所能够给男人提供的言语空间是狭小的，作者宁愿将他们圣化成静默的神龛，也不愿把他们化身为一具有着肉体凡胎的生灵。

作者无论将男子形象圣洁化还是恶俗化，都源于作者对父权制社会的渴望与对真实男性世界的遐想。有一篇关于《誓鸟》的评论，题目就叫作《她对男人一无所知》。该文评论作者对于男性的了解并不真切，作者坦承它说中了自己，这与作者的恋父情结不无关联。作者虽然不似厄勒克特拉那般极端（厄勒克特拉是阿伽门农的女儿，希腊神话中阿伽门农死于妻子之手，厄勒克特拉便诱使弟弟杀死了母亲为父报仇，自己终身未嫁。弗洛伊德将厄勒克特拉情结指称为一种恋父情结），但作者并不讳言自己的恋父情结，“我的小说，至少最初一些，都是写给父亲的。那些小说中，总有一个雷同的父亲，他有时高尚，有时卑琐，他有时是信仰，有时是魔鬼，但不管怎样，这些故事都是因为他而发生。”处女作中包含一生创作的大部分要素，米兰·昆德拉说，所有小说家也许都只是用各种变奏写一种主题（第一部小说）。作者在早期的文本中着意用女性牺牲主体性来维护“男人”的主体性地位，借此表达的是对父权的敬重。但在小说中，恋父有时也被变相地表现出来，这更为集中地体现在小说《小染》《红鞋》中，死亡、仇恨的气息弥散在字里行间，《小染》里小染用刀杀死父亲后，用血涂抹自己的嘴唇，只因爱慕的男孩说她的嘴唇如果涂上颜色会更好看。《红鞋》中的女孩急于跟男孩约会，情急中杀死了养父，这些对“父亲”的摆脱方式，虽残忍极端，所体现的是作者对自己恋父情结的无能为力。“恋父也充满了杀气，于是变成了弑父”，而这种试图摆脱恋父情结的努力，作者也承认是徒劳无功的，“不管看起来多残忍，骨子里都是无助的，无助而天真”。

写作是记忆的出口，通过写作，以往的一些情结和心绪会不会就此停驻在了文字里？写过《吉诺的跳马》后，作者再也没有被从跳马上跌下来的噩梦缠绕过，那么被作者像压岁钱一样藏了又藏的爱，会不会也因为被写尽了，而令作者终于释怀于对它的寻找？我们拭目以待。

（载《小说评论》2013 年第 6 期）

主要作品目录《

长篇小说

《樱桃之远》,春风文艺出版社2004年版。

《红鞋》,上海译文出版社2004年版。

《水仙已乘鲤鱼去》,作家出版社2005年版。

《誓鸟》,光明日报出版社2006年版。

《茧》,人民文学出版社2016年版。

中短篇小说集

《葵花走失在1890》,作家出版社2003年版。

《是你来检阅我的忧伤了吗》,上海译文出版社2004年版。

《飞一般的忧伤》,新世界出版社2004年版。

《十爱》,作家出版社2004年版。

《以右手开端的爱情》,作家出版社2004年版。

《霓路》,明天出版社2007年版。

《昼若夜房间》,明天出版社2007年版。

《竖琴,白骨精》,新星出版社2012年版。

《我循着火光而来》,北京联合出版公司2017年版。

《大乔小乔》,作家出版社2017年版。

主编《鲤》书系

《鲤·孤独》,江苏文艺出版社2008年版。

《鲤·嫉妒》,江苏文艺出版社2008年版。

《鲤·谎言》,江苏文艺出版社2009年版。

《鲤·暧昧》,江苏文艺出版社2009年版。

《鲤·最好的时光》,江苏文艺出版社2009年版。

《鲤·因爱之名》,江苏文艺出版社2009年版。

《鲤·逃避》,江苏文艺出版社2009年版。

《鲤·上瘾》,江苏文艺出版社2010年版。

《鲤·荷尔蒙》,上海文艺出版社2010年版。

《鲤·来不及》,上海文艺出版社2011年版。

《鲤·偶像》,上海文艺出版社2011年版。

《鲤·变老》,上海文艺出版社2012年版。

《鲤·文艺青年》,上海文艺出版社2012年版。

《鲤·写信》,上海文艺出版社2012年版。

《鲤·旅馆》,上海文艺出版社2013年版。

《鲤·与书私奔》,上海文艺出版社2013年版。

《鲤·宿命》,上海文艺出版社2014年版。

《鲤·一间不属于自己的房间》,北京十月文艺出版社2014年版。

《鲤·不上班的理想生活》,北京十月文艺出版社2015年版。

《鲤·像空气一样的理想伙伴》,北京十月文艺出版社2015年版。

《鲤·猫知道一切》,北京十月文艺出版社2017年版。

《鲤·匿名作家》,北京日报出版社2018年版。

《鲤·时间胶囊》,九州出版社2018年版。

《鲤·写作课》,九州出版社2019年版。

《鲤·我去二〇〇〇年》,民主与建设出版社2019年版。

张执浩

男，1965 年生，湖北荆门人。

小　引《

见过张执浩的人，都知道，他有一副诗人的天生“丽质”：单薄的身材，齐耳的披发，忧郁的目光，略显苍白的面容，时而专注、时而游离的神情，有时还透着几分狡黠和嘲讽。但他看人的时候很和善，总是拿一双小眼笑眯眯地对着你。

好多年前的某一段时间，总听我的一个同事在说张执浩，似乎是一个很有才华的年轻小说家。但一直无缘得见，后来见到了，还读了他送给我的作品，才觉得果然不同凡响。又知道他是由写诗改行写小说的，就引起了我更多的联想。那时候的湖北文坛，由写诗改写小说的人很多，这似乎也是一个全国性的现象。有的说，这是因为诗写不下去了，才改写小说，有的说，写诗不容易出名，写小说容易吸引人的眼球，还有的干脆说，写诗赚的稿费少，写小说相对赚得多。总之是众说纷纭，莫衷一是。但细细一想，这几条又似乎都与张执浩挨不上。要说名吧，他已经在诗坛上有名气了，回过头去写小说，不是存心让人们忘了他这个已经有名的诗人吗。再说，改写小说后，能不能出名还是两可的事，放着现成的名不出，去干“莫名”的事，说句不好听的话，那不是有病吗。要说利吧，他当时似乎是在武汉的一所音乐学院供职，这年头学艺术的行情看涨，又说大学的老师工资高，大约也不缺钱花，犯不着点灯熬油地编故事挣那几个小铜子儿。剩下的就是还写不写得出来诗了，换句话说，就看张执浩这个诗郎是否才尽了。

据我所知，张执浩改写小说后，似乎旧情难忘，依旧在写诗，而且还在不停地发表诗作，有时也出个诗集什么的，在诗坛仍占有一席之地。这样说，他似乎又不是因为写不出来诗，才去改写小说的。如果要盯住这个问题问，自然一时很难有一个满意的答案。如果暂时放下这个问题，想想别的事情，原也不难理解。但凡一个人，爱上了一件事情（也包括一个人），总有多种多样的表达方式，不会只用一种方式来表达。譬如这爱文学，写诗是，写小说是，诗和小说都写，又何尝不是。你如果还行的话，再加上写散文、写戏剧，“全武行”地，谁又敢说不是呢。只要你写得好，表达得尽善尽美，你对文学的那一点爱，也就算得上情真意切了。我想，张执浩大约是属于这一类。有人说,这叫“两栖”作家,也行。但张执浩又似乎不同意。他说,他始终在“用一只手写作”。这意思当然不是指“左右开弓”的书法表演之类,而是说,他的写作,无论是写诗也好,写小说也好,都是指向一个共同的目标,亦即本辑主笔魏天无先生所说的:“解决写作者所遇到的问题:人与自身、与他人、与时代、与世界的关系”,“越过浮华世界、芸芸众生的层层迷障,直指人与世界的根基的问题:人如何生存”。

这样说,似乎又有点深奥,其实诸如“人如何生存”之类的问题,不仅仅是文学家所面对的问题,而是人人都要回答的问题。只不过文学家有一点不同的是,他要把人在生存活动中所遇到的所有世俗问题,都转变成一种“诗意”。凭着这“诗意”,他才能活得自在,活得惬意,活得像个文学家。但据张执浩说,这“诗意”又有古今之别,古之所谓“诗意”,“一般着眼于语言的修辞技巧”,往往“与空灵、澄净、幽远、缥缈这样的传统审美情绪联系在一起”,而现代的“诗意”,则“强调紧张、突兀、极端”等等状态。大约是他觉得古人活得比今人滋润,今人处在这种“紧张、突兀、极端”的状态中,自然就没有古人的那份闲情。不管这话你同不同意,你都不难看出,追求存在的“诗意”,是张执浩的全部创作的一个中心的题旨,不论是写诗也好,还是写小说也好,都是为了回答人与世界的这个“根基的问题”。这似乎又容易让人联想到海德格尔的那个“诗意地栖居”的著名命题。写诗与写小说,都是为了表达这个命题,说“两栖”,这也是“两栖”,说不是,则其指归一也:即都是为了他心中的这一点“诗意”。所以张执浩说他“用一只手写作”,其实不过是在说,他是用一颗饱含“诗意”的心灵在写作。

这就又牵涉到另外的一个问题。据张执浩的理解,“诗意”既有古今之别,则古人的“诗意”,该是已老的“诗意”。而今人的“诗意”,毫无疑问,就是未老的“诗意”,或曰新的“诗意”。然则“诗意”毕竟是人为的东西,老与不老,旧与新,横竖都是这两个汉字。关键就看这盛载“诗意”的人心老与不老,是旧还是新。这心老了,连带着“诗意”也就老了,心是旧的,这心中装着的“诗意”也新不了。所以张执浩的写作,无论是写诗还是写小说,又怀着一个极大的恐惧。这恐惧,就是他所说的“心灵的钝化”。他要用写作来抵抗这心灵的“钝化”,不管成与不成,他都得像西绪弗斯那样在诗和小说中山上山下地来回折腾。从这个意义上说,张执浩又注定是个宿命的小说家和宿命的诗人。

自　述《

传统及其变异

很多写作者面对既有的文学传统都经历过这样两个不同的阶段：反对与声援。前者往往视自己为“孤儿”，视自己的写作是对文学传统的背叛，即所谓“如果我写的是诗歌（小说），那么你们的则不是”云云；而后者往往视自己为“长子”，视自己的写作为对文学传统的全面继承，于是乎，就在某种当仁不让的情感力量的驱使下，将自我毫无保留地纳入到了声援传统的队伍里。从“孤儿”到“长子”，看似两张面孔迥异的“身份证”，其实只是写作者不同时期的“工作证”。因为并不存在与生俱来的文学孤儿，也不存在天经地义的文学长子，两者之间的身份转换其实就在一念之间，而此“念”的关键就在于我们该怎样去解读传统。传统的内核究竟在哪里？应该说，这早已不是一个新鲜话题，但它仍然是困扰着一代一代写作者的问题，因此才会常谈常新。

艾·巴·辛格在与理查德·伯金的长篇访谈中，曾经猛烈抨击过一些作家在从事着“歪曲现实”的写作，他说：“我感到当今的文学有一种歪曲事情本来面目的趋向，它不是为了创作伟大的艺术品，而是通过歪曲去求‘新颖’。歪曲和新颖已经变成了同义语，然而事实上两者相差十万八千里。”他还指名道姓地指出品脱“就在这么干，他只会歪曲现实……”辛格是我极喜爱和信任的作家，在阅读这篇谈话时我比照了一下自己的写作，发现也有过一段热衷于“歪曲”的经历。不独我，包括我们这一代所谓的“新生代作家”都有过类似的经历，且以此为乐。但我不以为这是什么不光彩的经历。设若没有当初的“反对”，我现在的“声援”还会如此坚定么？我想不会。只有当写作不再是一种姿态，不再需要某种“身份”来给自我定位时，或者说，当我们无须再借助任何策略、手段而直接面对文学本体时，当我们真正是赤手空拳的时候，写作的意义和文学的力量才终于体现出来。

接下来的问题是，是否有一种永远无法被歪曲的“现实”存在呢？

对这个问题的追问贯穿了我近几年来的写作与生活。为了找到一个相对可靠的答案，我重新阅读了一遍那些存活在自己心目中的大师们的作品，我相信，答案是现存的，现在我不过是在用一颗平实的心灵来感受它们罢了。这些无法歪曲的现实应该是我们人性里面公共的那部分情感，比如说恐惧感、嫉妒心，当然还有怜悯、向善之心，等等。上帝给予我们每个人大致相同的肉体，同时也在我们每一具身体里埋下了这样一些精神的“种子”。但是由于土壤有别，这些种子在我们身体里将遭遇不同的命运，有的会生根发芽，开花结果，有的则无端夭折；有的尽管长势茂盛，却因为处在僻静的角落，而被忽视；还有一种情况是，某类种子可能会一直沉埋在某个地方，耐心地等候着阳光和雨水，等待你去发现……种子们的不同境遇造成了人与人之间的千差万别。尽管如此，我仍然相信上帝是公平的，而不公平的恰恰是我们自己，是我们对待体内的种子的态度出了偏差，存在着厚此薄彼的行为。辛格曾经写过一篇脍炙人口的小说《傻瓜吉姆佩尔》，塑造了一个被谎言包围的小人物充满戏剧性的一生，最后，作者借用老年吉姆佩尔之口说出了他本人对命运的真实发现，他写道：“……我越来越懂得实际上是没有谎言的。现实中没有的事情晚上会在梦中遇见。这个人遇到的事，也许另一个人不会遇到；今天不遇到，也许明天遇到；如果来年不遇到，也许过了一个世纪会遇到。”连“谎言”这粒被我们视为邪恶的种子尚且这般生机盎然，何况其他的呢？我想，这就是文学的现实，它源于生活，源自我们的血肉之躯，从来不会消失，也难以因被“歪曲”而被抹杀掉。我们这些写作者的工作就是要不断清理日渐杂芜的内心世界，发现这些种子的下落，尽可能准确地预见它们的长势、趋向和结果。

事实上，对于一个写作者而言，真正复杂的工作还在于，当这些种子在不同的时代发生变异后，你是否还有能力去清晰地把握它们。譬如，当爱与恶交织在一起时，当一个人被这两种完全不同却又几乎对等的力量同时撕扯、扭曲时，你还能否辨认出他（她）的出处呢？譬如，当道德的底线被公众的趣味不断僭越，底线不断下滑时，我们又该如何做出相应的反应，而且既不随波逐流，又不是隔岸观火？我们的知识（文化）大都来自已有的阐释系统，而时代的风尚总是以求变求新为手段，因此，我们每一次与新事物的遭遇就构成了一次挑战。为了安全起见，更多的写作者会选择那种貌似永远正确的写作，即，返回到阐释系统之中，以“长子”的身份占据有利地形。可是，仍然会有另外一些人勇敢地选择被贬谪的命运，他将自我放逐进时代的洪流中，以一种感同身受的方式来理解这个时代，来观察上帝撒下的那些种子在这个时代里结出的奇花异葩。我想，一个真正优秀的写作者就应该是这样一类人：他抱定了玉石俱焚的勇气和信念，也理所当然地承担起了这样一种新的传统，一种真正“在场”的传统。如同我在一首诗中所写：“现实越来越近似于水母，一种/黑暗与光明同在的生物/我不否认我怕它，也不承认它强大/我藏在一块礁石的背后，试着把它举起来/好些天了，我时而膨胀/时而干瘪。因此，你们看见的/这些波涛/都由我制造，由我平息”（《现实一种》）。如斯，网破了，鱼不死。

访　谈《

“写作是抵抗心灵钝化的武器”

——张执浩访谈录

魏天无　张执浩

魏天无：我们从一个老问题开始：为什么要写小说？我知道许多“诗人小说家”都被问到这个问题，你也多次回答过。我想知道的是，除了当时在诗歌写作中遇到了瓶颈，或者，想尝试一下多种写作的可能等等，有没有一些更具体的，或者说更世俗的原因，比如，作为“诗人”的影响毕竟只在圈子里，“小说家”则不同；再比如，你当时与一些小说家的个人交往对你是否有影响；或者，写小说纯粹是一次偶然的机缘的触发？

张执浩：我写小说其实应该算是一种自发的行为，那时候（1995年）我才30岁，按道理，正处于“诗情勃发”的年龄，事实上也是这样：我写了很多诗，在《诗刊》《人民文学》等杂志上频频发表，先后获得了不少大大小小的奖项，还参加了被圈内人士认为规格很高的“青春诗会”。可是，就在那一年，我突然写出了第一篇小说，以后就越写越多。现在回过头来看，一个写作者的成长并不是他个人所能左右的，譬如，一棵树长到一定的时候，必然会有旁枝斜出，如果那些斜出的枝丫越长越茂盛，那么，这棵树的性质也许会发生改变——由笔直的木材型转向蓬松型的景观类的树，而你很难在这两者之间做出好与坏的取舍和价值判断。之所以会有这些旁枝斜出，肯定与它所置身的环境有关。我当时的写作环境究竟是怎样的呢？你知道，我在大学念的是历史学专业，写诗只是一种业余爱好，和那时候所有的“校园诗人”没有什么区别。由于专业的局限，我在文学方面缺乏正规训练，阅读也是杂乱无章的。其实我那时候对哲学的兴趣更大于文学。我的意思是，在写小说之前，我对小说的理解和当代小说的走向都缺乏理性认识，甚至我对小说的传统的认识也非常有限。因此我说自己走上小说创作之路只是一种自发的行为。

1994 年我在五台山参加《诗刊》社的“青春诗会”，与会的诗人中有邹静之、叶舟等，那时候他们俩好像都已经开始了小说创作。回来后有一次和诗人南野闲聊，他告诉我写小说很有意思。那年我买了第一台电脑(那种 386 的兼容机)，开始将过去写的诗歌往硬盘里录入，觉得用这种昂贵东西写诗有些滑稽啊。那时候我在武汉还没有结交到写小说的朋友，在一起玩的基本上都是诗人。第二年开春后我被学院派到咸宁艺术学校“支教”，课不多，很无聊，于是在车上构思了一个故事，回到家里后写成了我的第一篇小说《谈与话》。当我在电脑上断断续续地敲打这篇不分行的、平生最长的文字时，我才开始感觉电脑没有白买。小说写完了，我已经成了一名比较熟练的“打字工”。我毫无把握地将这篇小说寄给了《山花》的主编何锐，当时这个杂志正在改版，有很多“新生代小说家”助阵，其办刊倾向很合我的胃口，所以我就给了它。不久，何锐来信说留用发表。这就是我的小说处女作的出炉经过。至于我是否曾考虑过别的什么“世俗”原因，我想当时还真没有。你知道，那时候的文学风气不像现在，很少受功利方面的影响的。

魏天无:《谈与话》是你的小说处女作，此前还有其他的小说草稿吗?《谈与话》中所涉及的问题，即一个完美主义/理想主义者在时光击打下的软弱感——不知道这样的理解对不对——是你当时写作中思考的主要问题吗? 小说中说，“既然我不能在写作中到达它，我就应该在生活中到达”，你现在还这样理解写作与生活的关系吗?

张执浩:没有了。我在很多场合都说过自己是一个运气很好的作家，在我身边有不少比我更有才华的写作者，但由于各种原因，都没有得到应有的“名声”。但是，我从一开始写作就遇到了许多良师益友，除了上面提到的何锐外，还有《人民文学》的李敬泽、《青年文学》的李师东、《上海文学》的厉燕书、《作家》的宗仁发、《花城》的文能等，我与他们素昧平生，但他们严谨的编辑态度对我小说创作帮助很大。

《谈与话》这篇小说没有摆脱当时盛行的“先锋派小说”的意味，它是一个很虚的短篇，讲述的也是一个很虚幻的故事，包括“谈”和“话”这两个人物的所指，都显得如梦似幻。不过，你从中提炼出来的这个主题比较准确地切中了我当时的想法，即，生活与写作、现实与理想的对应关系。我那时候是用一种对立的眼光来处理的，的确有“理想主义”的东西存在，我早期的很多小说都有理想的失落和破败之后所产生的感伤、追怀，这也是我们那一代人都共同面临的困惑吧。但我现在不会这样看待这个问题了。我现在是一个“平行者”，是一个将生活与写作置于对等状态下的人，寻求并培育这样的对等能力是我目前最为关注的事，如同我曾经宣称的那样：写作既不高于生活，也不低于生活，写作与生活是一种平行的关系。这个观点并不新鲜，但体现在创作中就显得难度颇大。

魏天无：你前期小说的一些特点，在这篇处女作中已露端倪。最主要的，是你一开始就将写作定位在对乖谬生活和荒谬世界的究诘上——这似乎也是你诗歌的一以贯之的主题。另外，你比较倾心于类型或扁平人物的塑造，人物往往成为某种观念的符号，而并不讲究所谓的丰满形象，像《谈与话》，以及后来的"马太"系列小说。这可能是导致有人认为你的小说是"观念写作"的主要原因。你怎么看这个问题？

张执浩：至今我依然认为"观念写作"并不意味着落后，尤其是在我们这样一个并不理性的时代，缺乏观念的写作，或放弃必要的价值判断，都会削弱作品的内在力量。问题的关键在于，你是用既成的"观念"来解释这个世界，还是带着疑惑从纷乱的现实中获得观念支撑。我当然会倾向于后者。我始终不是一个真理在握的作家，我把自己定位为一个疑惑者或矛盾体。如你所言，我前期的小说基本上都是对"乖谬生活和荒谬世界的究诘"，之所以会那样，与我当时对生活的认识有关。以"马太"为代表的都市边缘人构成了那一时期我几乎所有小说的主人公，他们受惠于城市文明的熏陶，却在城市文明的缝隙中找不到实现自我价值的机遇与途径——这种现象在20世纪90年代中期表现得非常突出，他们是"一群不合群的群体"，受过良好的教育，可是空怀一腔抱负，只有没完没了的白日梦，却没有把梦想变为现实的能力。我曾经戏谑地称我们是另外一类"知识青年"：从农村或小城镇出发，到都市接受大学教育，然后滞留在都市，靠微薄的薪水度日，有爱情没有婚姻，有事业心却没有事业……最主要的是缺乏融入市民生活的能力，甚至根本就不愿接受市民文化的"再教育"。所以，他们游走，奔突，酗酒，是一群貌似文化人的可疑人物。马太就是其中的一个代表。我曾经在小说和诗歌中都多次写到过他。我觉得，每个作家都有阶段性的写作兴奋点，你提到的"类型化"大概就是那段时间我小说的问题所在。

魏天无：有一位诗人认为写诗和写小说在创作心理上有很大的不同：如果说写小说自己就是上帝，是主宰者，是在稿纸上自己创造一种生活，如米兰·昆德拉那样，那么写诗则是心灵同自我之外的一个冥冥之中的上帝或主宰者对话，是聆听圣乐，是领悟和净化。你觉得呢？

张执浩：这样的说法有些道理，但我不怎么同意小说家是"主宰者"的说法。事实上，当你在写作小说时，表面上看似乎是在"创造"生活，其实未必。因为小说中的人物有自己的命运，作为写作者，你只不过是在用自己对命运和生活的理解来引导他(她),绝不是给予他(她)命运和生活。好的小说总是在为自己作品中的人物寻找存在的合理性,并用作品中人物的命运来试探或僭越作者的心理承受力。当然,也不排斥小说家在创作时会产生这样沾沾自得的权力感来,可是,如果你将这样的权力当成特权,粗暴地使用,那么你就成了暴君。这一点,在诗人那里截然相反。我总觉得诗人首先必得是一个谦卑者,是一个时刻带有问题的人,所以优秀诗人总是在发问,而不是解惑。反过来想,好的小说家难道不同样是提问者么?所有的艺术门类在某种高度上其实都保持着精神指向的一致性。

魏天无:我曾在《试图与生活和解》的书评中反驳过有关“诗意小说”的说法。我觉得一位“诗人小说家”如果把小说写得像诗歌一样,只能说明他在小说写作上的低能。当然最主要的,是那些使用“诗意”概念的人,无意识当中都把“诗意”等同于“古典诗意”,看看他们赞叹的那些段落或语言就一目了然,而诗歌已不是过去的诗歌。我想把“诗意”界定在对人的存在本质的刨根问底上,但似乎太宽泛了,还是没有抓住那一点。想听听你的意见:你怎么看待“诗意小说”的提法?你的小说有“诗意”吗?什么是小说中的“诗意”?或者,你觉得你与其他的小说家在写作上有什么不一样的地方,这些不一样与你的诗人角色(你一直在两栖写作)有什么关系?

张执浩:我非常赞同你对“诗意”的阐释。批评界长期存在这样的误解或曲解,以为“诗意小说”就是诗人写的小说,或者,用诗歌语言写出来的小说。我自己也经常被人问到这个问题:你是诗人啊,但怎么从你的小说中反映不出来呢?言外之意是,你的小说语言远不如你的诗歌语言漂亮。究竟什么才是好的小说语言?它与诗歌语言的区别在哪儿?我觉得这是一个值得探讨的问题。从我个人的角度来讲,从一开始写作我就没有考虑过一定要把小说写得像诗。这是两种不同的文体,它们之间的分野是显而易见的,它们分属于两个全然不同的话语系统。那么,为什么我们要把小说写得像诗,才会被人承认是诗人写的小说呢?反过来讲,那些优秀的小说家难道真的是靠语言的诗化来实现的吗?肯定不是。所谓“诗意小说”应该是一种具有绝对指向的小说,这里的“绝对”是指对存在本体的极端体验性,譬如卡夫卡的一些小说,卡尔维诺的《祖先三部曲》,纳博科夫的一些小说,以及萨拉马戈的《失明者日记》,包括施奈德尔的《睡眠兄弟》等等,都具有这样的极端性。这样的小说似乎并不谋求人类已有的存在经验,而是将笔触毫无顾忌地伸展到了那片晦暗不明的精神领域,具有对未来的强烈暗示性。这样的小说才是真正的“诗意小说”,它与作者的想象力紧密关联在一起。

现有的文学史告诉我们,只有极少数优秀的诗人能够同时在诗歌、小说两个领域取得同等重大的成就，也就是说，杰出的诗人并不一定能够创作出杰出的小说。相反，我们看到，往往是那些写出了杰出诗篇的人并没有写出特别杰出的小说，像歌德、叶芝等诗人，都有写作小说的强烈愿望，但他们写出的小说远不如他们的诗歌那样强大。那么，这样的诗人为什么会写小说呢？我也经常问自己类似的问题，答案是，我需要这样做，我这样做是为了写出更好的诗歌，使自己变得更为强大有力。

我们只有把诗歌与小说放到这样的高度上来理解，才似乎可以厘清小说的“诗意”。

魏天无：你对“诗意小说”的界定很有说服力：“晦暗不明的精神领域”“对未来的强烈暗示性”“作者的想象力”……显然，你是在现代小说的意义上理解“诗意小说”的。韦勒克、沃伦曾在《文学理论》中评述说，现代小说追求的是“自我反映”，而不再像传统小说那样着眼于外部世界；现代小说家的“世界或宇宙”的中心是“自我”。也就是说，非时间性、凝神静思、自我反映即是诗的精神——当然，是现代诗歌、同时也是现代小说的精神，而这自然会给人以“观念写作”的印象。你觉得呢？

张执浩：诗意的描写、诗意的语言即使再多也并不等于“诗意小说”。我揣摩，为什么我们现在很多批评家、读者都喜欢谈论“诗意”一词，大致是因为中国的现代小说一直缺乏“诗意”，缺乏那种极端的扩张力；另外一个原因是，中国文化又是极具古典诗意情怀的。当我们谈论古典时，似乎更乐于谈论你提到的那些“审美情绪”，却往往忽略了古代文人们在精神上的偏执和极致，因为古代中国文化的传承在很大一个层面上都是由诗词所负载的，而这些诗词走的也大多是空灵、飘逸的那一条路子，读者在惯性的审美过程中，逐渐弃绝了审美背后的决绝气质——癫、痴、狂——而这些在中国古代都曾得到过充分的发育。就像你对现代小说的分析一样，它更追求作者内心中的那个“自我”，现代小说的侧重点在于，告诉读者“我在这样做，”或“我在这里”，而不是传统意义上的阅读，告诉读者“我为什么要这样”。这种区别使现代小说更像一座座隐秘的地下通道或宫殿，如果你找不到进入的方法，你就永远只能在外面打转。这种特点非常近似于现代白话新诗，不再是审美层面上的传达，而是诗人内心的诉求。

魏天无：也就是说，即使是比较传统的、以反映“外部世界”为主的、注重故事情节的小说，其中的诗意也不一定指空灵、飘逸的语言或意境，我们毕竟是在谈小说。你提到了“扩张力”，“癫、痴、狂”，让我想到《灯笼花椒》这部中篇。我觉得它最富诗意。这不仅是因为“灯笼花椒”这个意象形神兼备，魔幻十足，也不仅是因为它与“癫、痴、狂”的青葱岁月之间的隐喻张力，而且自始至终与每一个事件、场景有着奇妙的联系。更重要的是你叙述时的冲动和激情,有一股逼人的气势——这与你写诗的状态非常接近。可以这样说吗?

张执浩:《灯笼花椒》可以纳入“成长小说”的序列,它讲述的是一个人为挣脱地域(家乡)的束缚所付出的高昂代价。“花椒”是一个隐喻,具有魔幻的光亮。我在写作这部小说时,的确有一种写诗的状态,即注意力完全被“花椒”的色泽、气味,乃至形状所吸引,直至它砰然爆炸,才蓦然惊醒。我个人觉得这部小说具备“诗意”的素质,它也有极端的一面。

魏天无:从 1995 年发表处女作开始,大约到 1997 年,你这个时期的诗歌写作和小说写作有着太多的、无法割舍的联系,它们互为文本,构成折射时代生活的双面镜:诗歌让我们窥见悄然逝去的“抒情时代”的背影,让我们保留着美好回忆和浪漫怀想;小说则让每个人与他们置身其中的庸常生活迎面相撞。小说对于你来说,似乎可以容纳诗歌中不能容纳的那一部分:不洁的、怪癖的、恶俗的……不知道是不是这样? 我有时想,对于“诗人小说家”而言,小说出自右手,可以是习惯性的;诗歌出自左手,看似偶然的一击,却可能是致命的。

张执浩:抒情必然是诗歌永远不可能回避和弃绝的要素之一。我早期的诗歌基本上走的都是抒情的路子,简明、纯粹,也有沉痛的一面。但到了 1994 年以后,我蓦然感觉某种说不清道不明的厌倦,所以我写过一首比较长的诗歌《场景》,总共由十二个片段构成,全诗发表在广州的一本刊物《面影》上,后来被《诗神》(即现在的《诗选刊》)选载了部分片段。这首诗可以看作是我谋求某种变化的开始,即增加诗歌中的叙事性成分,故意制造一些不和谐的声音,使澄净感削弱,变得浑浊、杂乱。现在看来,这首作品仅仅处于尝试阶段。随后我写了《内心的工地》《时光问答》,然后才有《美声》《乡村皮影戏》等。

循着我诗歌创作的变化,可以部分了解我写小说的原因。在你提到的那几年里,我尽管创作了大量的短篇小说,但我始终没有放弃诗歌写作,它们是并行不悖的。我多次尝试过用同样一个标题分别创作诗歌与小说,这样做的目的是为了让自己的写作能够保持阶段性的一致。每一个写作者都有一个越撑越大的胃,因为作者的成长不是在温室里展开的,他必须与迎面而来的生活较量。我曾在一篇文章中说,年轻的时候,“生活”可能是个名词,但到了一定年龄后,“生活”无疑就变成了动词。我固执地认为,没有任何人是生活中的成功者,他可以是一个成功的商人、政客、学者、写作者,也可以是一个某件重大事情的成功领袖或执行者,但他不可能由此就断定自己就是一个成功的生活者。生活是一个反复失败的过程,之所以失败,就因为我们必须面对一个难题:死亡总是在所难免。因此,我们每个寄居在这个尘世中的人才会有那么多的情感:喜悦、悲伤、恼怒、忏悔、恐惧、绝望……这些情感汇合成了困扰我们内心的洪流和波涛。而这片情感的领地就是文学的沃土,写作者应该在这里展开与自我的反复厮杀和较量。从体裁的角度来看,那些叙事性强的文体可能更容易获得读者的响应,这同样与我们这个时代的趣味变化密切相关。小说的优势也就在这里吧。

魏天无:马太是你前期小说的一个标志性人物。他不断变幻着角色出没于你的小说中,但总体来说,是一个城市的蟹居者,时光迷宫里的过客,白日梦患者,拙于言辞而敏于幻想,在自我幽闭的生活中不断生发出各种虚妄、荒唐的念头;一旦付诸实施,结局常常既出人意料,又令人震惊。其他的人物如安(《春天在哪里呀》)、朴(《盲人游戏》)等也都是这样。怎么会想到写这样一个人物,而且是连续性的?其中有没有受到本雅明笔下巴黎街头的"游手好闲者"("浪荡子")的影响?

张执浩:我大约是在1990年读到本雅明的《发达资本主义时代的抒情诗人》的,乍读之下非常震惊,他笔下所描摹的那群"游手好闲者"与我当时的处境有着惊人的一致。你知道,从20世纪80年代中期的大学校园里走出的那拨人都是有理想主义情结的,但随后就很快经历了理想破灭后的荒凉与沮丧,然后就是商业经济大潮的疯狂席卷。我在前面已经对马太做过注解,这个人物不是凭空杜撰的,他身上有我个人的影子。从马太身上所体现出来的荒诞感其实是那个时代对我们这群人挤压的结果。本雅明曾在他的书中讲到那群啸聚在巴黎街头小酒馆的人一个个看上去如同"革命前夜的密谋者",那么,我们当时那群人的每次聚会何尝不像是一场场未遂的政变呢?只不过,我们"政变"的对象已经由早期对政治的敏感转向对商业的谋求了。然而,那就像是在用拳头使劲击打海绵一样,未遂是注定的。万事皆在计划中,而"变化总比计划要快"(侯德健歌词)。

魏天无:以马太为主角的这一系列小说,比较集中地反映了你追求现代艺术小说"自我反映"的特征——如果说它们有诗意,就在这里。"马太"本身是个空洞的符号,但很像诗歌中的"隐喻",从不同的方位影射都市文明对"知识青年"内心残存的一丁点"自我"的压榨和掠夺——他也是写作者个人城市生活经验的外化,他是一直追逐着你奔跑的那团阴影。像《没有生活》这篇,明显流露出你自己的生活痕迹。可不可以说,他是你那段挫败——不知道这个词用得对不对——的城市生活的"自我反映"?

张执浩:马太肯定是一个有"诗意"的人物,这个人的身上经常会出现极端性的表征，譬如他一次次计划去桂林，为此阅读了大量有关桂林的书籍，但总是有各种原因让他延宕这趟行程。当终于有一天他可以去的时候，却突然发现自己“仿佛已经早已去过了”。与此同时，那个在桂林靠画老虎谋生、翘首等待他的朋友也已经葬身虎口。马太就是这样一个生活的“延迟者”，耽于想象，止于行为，当他终于准备动起来的时候，等候在他面前的往往是一场危机。我在《毛病者也》中专门“研究”过马太的问题，我写道：这是一群每个毛孔里都有病兆的家伙，经常浑身酸痛，却不知疼在何处。所以，他们的命运就是在城市的肠道里蠕动，最后在郊外的垃圾场被排泄出来，而那座高山一般的垃圾场看上去多么像那座“田纳西的坛子”……可以说，我在这个人的身上寄寓了太多自己当时的思想，倒不完全是挫败，更多的是一种自我嘲弄吧。

魏天无：追问时光是你小说和诗歌写作中的一个母题，时光在你笔下总是带有残忍的意味：它催人心比身先衰；它让曾经信以为真的东西化为齑粉，让生活变得千疮百孔而又无以弥补；它让人生活在恐惧之中。写作是不是可以稍许化解这种恐惧，还是被这种恐惧推动着？

张执浩：记得我们大学的时候都喜欢引用里尔克的那句话自勉：“何谓胜利？挺住就意味着一切！”事实上，在后来经历了很多事情以后，我们发现，至少我个人感觉到，“胜利”可能永远只是我们对自己的奢望，而“挺住”不仅不能意味着一切，而且还可能给自己造成毁灭性的打击。在“胜利”与“挺住”之间，时光是唯一的见证者，同时也是最强大的施暴者。因此，追问时光的过程是强迫我们去面对伤痕的过程，它给我们带来的不仅仅是哀叹、齑粉和恐惧，还有一种拨开尘埃的勇气，以及吞咽和消化苦果的能力。我一再说，写作不是靠勇气和信念所成就的，写作者如果缺乏对生活的吸纳能力，不具备把吸入内心中的那种种粗粝之物转化成可以释放的能量，那么坚持和挺住就没有必要性。对时光的追问，其意义在于不被时光抛弃。带着时光一起朝前走的写作是一种真正有勇气的写作。我们写作或阅读过那么多沉睡在时光深处的美好的、宁静的东西，但那不应该是乌托邦，而应该成为我们今天依然不惧怕、不怯懦的源泉。

魏天无：你的小说似乎在解答你在《朋友在桂林画虎》中提出的问题：“为什么我热爱乡村，却最终在这座城市里安家落户？”很明显，城市与乡村在你的诗歌和小说里代表着情感倾向的两个端点，一个是热爱的，一个是厌倦、甚至可以说是深恶痛绝的；一个是过去式，但你总想再度进入，一个是现在式，但你总想拔腿而逃。现在还是这样吗？你是不是更偏爱写乡村题材的那些小说？从写城市到写乡村，这个变化是从什么时候开始的？

张执浩：在整个90年代，中国社会的格局总体上依然是两极对峙的局面，尽管城市化的进程已经加快，但延续多年的城乡冲突仍然是社会最突出的矛盾体。作为生活在都市中却又无法与都市生活兼容的知识青年，我们每个人内心深处都有浓厚的“怀旧”情结。严格说来，我们怀念的还不是地域意义上的那个家乡，而是一座文化意义上的精神家园，但在乱糟糟的现实生活中，这不过是一厢情愿罢了。无论是“进入”，还是“逃亡”，其实都是没有出路的。反映在我那时的小说中，主人公身上所体现出来的“游离”本质上可以看作是一种抵抗，因为他既无法“进入”，又无法“逃亡”，所以就只有用这样一种方法将自己悬置起来。但进入21世纪以后，这样的状况得以改变或纠正，也就是说，随着城乡冲突的减弱，以及我们生活阅历的增长，早期的那种精神焦灼感慢慢减缓了下来，取而代之的是对贫富冲突加剧的关注。每一个写作者的“变化”都是时代与生活变迁合力的结果，也是个人内心冲突使然。譬如，我早期写了大量的“马太”之类的人物，但从我开始写作第一部长篇小说《试图与生活和解》后，面貌就有了变化，题材选择已经不再对我有意义，我更关注的是一些大的命题，比如爱、命运和个人在日常生活中的耐心，等等。总体上来看，我不是一个“题材型”的作家，我只写过少量的以纯粹乡村为背景的小说，大多数人物是穿行于城乡之间的，包括第二部长篇小说《天堂施工队》也是这样。

魏天无：读了你这么多的小说，好像只有《马义的泪水》让我感动了一把。虽然你还是在探索小人物生活的无奈和生存的挣扎。这篇中的马义及其母亲，都是处于各自生活环境的底层人物。而且，他们的前途和未来在你眼里也并没有太大的区别：除了从这个世界消逝，其他的都是未知之境。但是，马太们是在无经济之虞的前提下，把生活当成一场好玩的游戏，变着花样去玩。马义们则是在不堪忍受的贫穷中，变着花样寻找生存下去的方式。与此相应，对前者你是抱着戏谑、嘲讽的心态。对后者，则满怀悲悯和哀怨。由此我想，小说不应该只是好玩、有趣，还应当触动人的灵魂，你说呢？

张执浩：《马义的泪水》是我听来的一个故事，就发生在我家乡荆门，一个真实的凄惨的故事。后来我讲给许多人听，每讲一次就添油加醋地临场发挥一次，后来枝蔓越来越多，逐渐偏离了故事的原型。当我感觉到差不多了时，就动笔写成了这样一篇小说。发表后，被《小说选刊》转载，又被收入了陈思和主编的“21世纪新文学大系之短篇小说卷(2001)”中。这个小说与我以前写的小说有很大的差别，如你所说，它增加了“悲悯和哀怨”的力量。我是这样看待你所提出的问题的：如果说我以前的小说毫无“悲悯”之情，可能说不过去，这要看我们对“悲悯”如何理解了。究竟是自悯，还是悯人？马义与马太的差别就在于，马义是被生活逼到角落里的，而马太则是主动放弃或撤离生活现场的。作为写作者，我认为出现这种变化不仅是视觉上的，而是对生活的认识发生了转变。我注意到，我们那拨同时出现在文坛上的所谓“新生代”小说家，都在世纪之交前后不约而同地出现了转变，开始关注一些文学的母题，诸如爱、悲悯、苦难，等等，对技术的迷恋和依赖逐渐减弱，对日常生活越来越重视起来。我想，这篇小说就是我重新调整自己对文学的理解的结果。文学究竟需不需要担当？这个问题只有在反复的自我诘问后，才会慢慢清晰起来。

魏天无：最新的这部长篇《穷途纪》似乎还是在探讨你在第一部长篇中的问题：“试图与生活和解”。当然，仅仅是“试图”，“和解”是不可能的。“试图”中还有幻想，“穷途”则直截了当。你引用了卡夫卡的话，“道路是用来绊人的”。生活就像本雅明所说的“单行道”，禁止调头。人的“穷途”不在于他走到无路可走处，在于他公然违反禁忌，沿路返回。可以这样理解小说吗？

张执浩：“试图与生活和解”，这句话可以视为我们每个人内心深处的吁求，拿我自己来说，这么多年来，我一直在努力使自己成为一个真正的生活者——脚踏实地进入生活的现场，而非一味地沉迷在想象的空间内。我曾经在另外的场合中提到过每个写作者的“限度”问题，我认为，一个自觉的作家（无论诗人还是小说家），终其一生都是在探询个人的限度究竟在哪里，是否存在逾越的可能性，从这个意义上来讲，写作者从来不存在完全的“断裂”，而是在做衔接、修补、伸展的工作。个人的方向一旦确立，剩下的事情就是向前，再向前。一部作品与另一部作品的区别在哪里呢，我觉得就在于精神深度和广度上。《穷途纪》这部小说最让我振奋的地方是，我经过几年的摸索和试验，终于找到了与这个热气腾腾的时代之间的对话通道，即，通过写作这部作品，我终于理解了“当下”这样一个长期困扰着我们的词根。我觉得你对这部作品的理解是从隐喻的意味出发的，的确，主人公“张望”回返的过程肯定含有我预先设定的、对这个时代人们精神状况的一些反思，他迫于一封来去无踪的“匿名信”的压力，独自驱车踏上了一条满是荆棘和陷阱的忐忑之途，这是一条不归路吗？我最终让他回来，其实是为了让他获得自我救赎。大而言之，我们遭逢的这个时代何尝不是张望所接受的命运呢？

魏天无：前不久在“平行诗歌”论坛上看到一位网友说你们的诗中频繁地出现“虚无”“虚空”这样的词。这其实是你的一个词根。不光是诗，你的大部分小说也给人以生活的虚无之感，包括《穷途纪》。你好像说过，虚无是一种力量，是虚无在支撑着写作。能不能结合《穷途纪》,再说下这个词?

张执浩:对于一个写作者来讲,“虚无”并非无意义,恰恰相反,它是磨砺写作者自身的一种力量,尽管可能不是唯一的,但绝对是每一个人都不得不正视的。所以,我一再说,我从来不信任那些真理在握的写作,作家不是超人,没有具备真理优先权。我写作,是因为我困惑,我需要通过写这样一种行为来和我的肉身一道承受时光的击打、爱意的逃遁、激情的消亡,等等。写作是一种抵抗心灵钝化的武器。在《穷途纪》中,主人公就陷入了虚无的困境,他通过出走找到了消逝的爱。尽管爱已不在,但他得到了另外一种精神的补偿:他将那些沉睡的情感重新唤醒,并且赋予了崭新的形式,他得到了怜悯、诚实、正直、原宥和和解,他得到的远大于他的失去。换句话说,张望从虚无之境出发,到达的却不是虚无。

评　论《

诗人小说家笔下的“观念”与“诗意”

——张执浩的小说写作

魏天无

自1995年在《山花》杂志发表小说处女作,十年间,已在诗歌界成名的张执浩陆续发表中、短篇小说八十多篇,出版长篇小说三部。与此同时,他的诗歌写作不仅没有终止,而且随着时间的推移,赢得了越来越多不同背景的读者的推崇和喜爱,甚至改变了一些极少读诗的人对当代诗歌的成见,先后荣获“中国年度诗歌奖”(2002)、“人民文学诗歌奖”(2004)、第三届华语文学传媒大奖2004年度诗人提名奖等。在张执浩的身上,凸显着“诗人小说家”这一写作群体的一些独特质素:两栖写作但从未失去诗人的抒情气质,试图在多种写作领域展现个人创造性才能的雄心壮志,对写作之于世界的终极意义的持续思考……

不过迄今为止,人们更习惯把他当作一位优秀的诗人,而将小说视为他诗歌写作的“副产品”。“他的小说不如他的诗歌”,这种模棱两可、似是而非的“比较”与评价,几乎是每一位“诗人小说家”都曾遭遇过的尴尬反应。从一开始,张执浩的小说就面临着很大的争议:有人说他的小说是“观念写作”;有人则把相同类型的小说列入“直面现实的写作”的行列；更多的批评家，则习惯从他的诗人身份出发，探讨他如何将诗歌语言转化或融入小说语言中去，使小说变得富有“诗意”……虽然作者的写作不是一成不变的，在不同的阶段有着不同的尝试和探索，但这些争议，一方面说明不同的阅读者可以从各自的角度诠释文本，另一方面则表明，人们在对待“观念写作”“诗意小说”，进而，在对待小说这种文体上，所存在的认识的差异。

“观念写作”与“直面现实”

《上海文学》2002 年第 4 期“编者的话”中说：“张执浩的《亲爱的智齿》仍秉承着往日的习惯，以观念见长，这也是一种写法。”言下之意，以观念见长是张执浩小说的一个特征。观念写作是小说的一种写法。我们还可以从中揣摩出编者暗含的意思，即：通常的或传统的小说写作是以展现世态人生的复杂性取胜的，读者的感觉也往往是难以言喻的；经典的小说更是如此。而观念写作则常常很容易让人看出小说家所要表达的意图。甚至，让读者清晰地看出意图，也可能正是这类小说家所要追求的写作效果。

当然，观念写作并不一定意味着小说家是以诠释自己的某种观念为写作的出发点的，另一方面，任何小说总是要传递出写作者的某种理念，或隐或显。中外文学史上，存在着不少以观念见长的优秀小说家，比如加缪、萨特，比如陀思妥耶夫斯基、卡夫卡等。不过，一位一向视观念为写作之敌、以擅长表达爱与恨的情感著称的抒情诗人，当他进入小说写作后，却被认为是以观念见长，这确实是一个饶有兴味的话题。如果真是这样，这一切是怎样发生的？

《亲爱的智齿》讲述一对人到中年的夫妻对偶然的爱情、荒诞的婚姻的失望和绝望，但又虚与委蛇地相濡以沫。小说的时间被安排在离婚的前夜，地点在两人的居室，故事是在他们的对话中展开的对过往岁月的回忆和调侃。但是，无论是罗玛、“我”在大学恋爱时的三心二意、心猿意马，还是结婚后各自与他人的污秽性爱，都还不足以支撑起这篇小说。小说最有意味的，是“智齿”这个意象，是它将整篇小说串联在一起。毋宁说，作者写作的初衷不是为了传达某种观念，而是借助诠释智齿的含义，它的偶然性和突发性，使之与爱情、婚姻形成紧密的隐喻关系，继之使小说在平淡无奇的叙事中获得某种张力——这正是诗人之所长。如同作者明确告知我们的，人们以为“智齿”是“稚齿”，是幼稚、不成熟的象征。恰恰相反，它出现在人到中年之时，出现在一个人的心理和生理的成熟期。而就在这时，他开始多疑和反思，从前合情合理的一切现在对他来说变得不再那么有把握。表面上，痛苦、烦躁、狐疑、恼怒是由智齿的发作带来的，实际上是“我”对生活、对情感的认知有了很大的改变。智齿充当了“我”对现实生活不满意的最恰如其分、最冠冕堂皇的借口，成为“我”、当然也成为作者将小说敷衍成篇的泄闸口。因此，把这篇小说附庸在“婚姻是爱情的坟墓”的世俗观念上，至少是不确切的。因为在小说中，“我”对婚姻的不舒服，并不是一开始就有的，也不是时时刻刻都有的。即使我们承认作者有很强烈的观念欲望，那也应当表述为：“婚姻是埋藏在爱情里的智齿。”你不知道它会在哪一刻发作而摧毁了爱情。更为微妙的是，正如口中的智齿，它发作时令人痛不欲生，但疼痛过后，人就会忘却了曾经的疼痛，生活似乎又回复到了正常的轨道。而这种表面上回复的正常，又暗暗积蓄着制造更大危机的力量。所以，拔去还是留下智齿，是一个重大的人生问题。是继续忍耐婚姻的痛苦还是彻底解除婚姻，这也是如“我”一样的中年男人面临的重大人生抉择——

我确实没有想到罗玛竟然不知道“智齿”二字的含义，就像那些医生只知道拔牙，却不知道为什么非拔不可。在拔与不拔之间必然存在着一个黑洞，你把剪刀、凿子或探头伸进去，你永远看不见疼，只看见埋藏在肉里的一块坚硬的物体。那是我的智齿，却不仅仅是智齿。那是我的疼，却并非疼痛的根源。

小说结尾，罗玛邀“我”共舞一曲《SAY YOU SAY ME》，“我”忍着口中的剧痛欣然接受，并使自己“焕然一新”，“我磨磨蹭蹭，希望时光驻足于此时此刻。我心跳得厉害，脸鳃也变得通红起来”。作者越是描摹“我”接受邀请的激动，越是暗示我们，这不过是婚姻的回光返照。但是，回光返照之后即刻死亡的不会是婚姻，而是“我”对庸常婚姻的疼痛之感。生活还将继续，智齿仍会捣乱，拔还是不拔，再度作为一个巨大的问题被悬置起来。因此，揭示纯真、美妙的爱情是如何在日复一日的乏味的婚姻中丧失的，并不是这篇小说的旨归。作者的敏锐、深刻在于，他洞察了当爱情销声匿迹之后，两个人是怎样维持着貌似正常的婚姻生活，而这种维持因为以掩饰双方心灵、情感的越来越大的裂隙为前提，其中的艰难和痛苦又是怎样的让人既难堪又无奈。“亲爱的智齿”，“我”能拿你怎么办？作者的这种对爱情与婚姻的复杂、有意味的体验和传达，是很难用抽象的观念来涵盖的。

在《亲爱的智齿》之前，张执浩创作了一系列以马太为主人公的小说。在这些小说里，作者极少对主人公进行外貌描写和心理刻画，也不在意人物形象是否丰满，而是刻意凸显人物身上各种不可理喻的怪癖，其观念写作的痕迹似乎更为显著。但是，以不同的符号出现、寄寓着不同象征意味的马太，实际上是一代知识青年离开校园、沉浮社会，在生活重创下苦苦思索生活的意义何在的缩影。因此，其中之一的

《没有生活》被《东海》杂志放在卷首的“直面现实的写作”专栏推出，也在情理之中。“什么生活不生活的，没有生活也是一种生活方式嘛……强劲的想象可以产生甚至取代事实嘛。”小说里的“我”如是评价、亦是嘲讽在精神上近乎偏瘫的马太重提“出去走一走”的念头。当然，一个大活人不可能没有自己的生活，不过按“我”的看法，“生活”这个词的重音不在“活”，而在“生”。如同苏珊·桑塔格所言：“活着和有生命不大一样，有些人就是生命本身。而另一些人……只是寄居在自己的生命里，他们像惴惴不安的房客……”（《死亡之匣》）而马太，是一个丧失了行动能力，甚至丧失了行动意愿的人。他的所谓偏瘫，不是一种身体的疾病，而是生命力残缺、终至瘫痪的表征。但这不是他的错，是城市这个无限扩张、无远弗届的大染缸长期浸泡的结果。准确地说，马太是一个没有生活的“人”，寄生在城市松垮、浮肿的肉体上，类似一个不痛不痒、可有可无的赘疣。而且，马太和“我”共同的朋友们力图挣脱城市的束缚、四处折腾的结局，也不过是失败。因此，按照马太的哲学，与50年代上山下乡的知识青年相类似，马太及其朋友们实际上是90年代的知识青年，“从农村来到城市，接受市民文化的熏陶……可悲的是，我们明知道自己永远不能融入城市生活中，却依然要死皮赖脸地赖在这儿，它不给我们权利、金钱和爱情，但我们就是离不开它……”没有生活，对于马太们而言，即是没有属于自己的天空。城市没有严格意义上的屋檐，却有的是囚笼，它放人出去，然后让他们在生活的打击面前乖乖地回来，直至丧失自己的生活，成为寄生虫一般的动物。这是异化，但因为普遍，没有被异化的人反而显得像怪物一般。或者，异化的无处不在可以让人丧失对异化的感觉，而视其为生活本身。某种意义上，以马太或与之相近的人物为主人公的系列小说，是全新意义上的90年代的“知青小说”。

张执浩的小说，特别是早期小说，之所以给人比较强烈的观念写作的印象，是因为他一开始就将写作定位在对乖谬生活和荒谬世界的究诘上，而不太在意人物形象的完满塑造。一般来说，越是不正常的、有某种怪癖或罕见嗜好的类型化的人物，越是能得到写作者的青睐。加之，作者体现在小说叙事中的超强的控制欲，也使得人物和故事必须按照他设定的思路走下去，很少能摆脱叙述人的掌控而获得独立的生命。张执浩的小说大多采用第一人称叙述视角，正是作者“控制欲”的典型表征，“我”代表作者随时干预故事的进程、调动人物的命运。不过，我们也能看到，这种观念写作既揭橥了现实中不易为人觉察的隐秘、诡异的一面，也获得了现代小说的诗性特征。

“诗意/诗性”与现代小说

诗歌与小说本是两种独立的文体，但是，由于20世纪90年代国内有一大批诗人“转行”写小说，由此引来很多比照他们的诗歌与小说的批评文章，似乎更多地想挖掘两者的贯通之处——因此有了“诗意小说”的提法。作为60年代出生作家中的代表者，作为“诗人小说家”中的一员，张执浩的小说自然也面临着同样的批评方式和评价体系的衡量。不过，令有些批评者感到失望的是，在他的小说中似乎看不到与诗歌的密切关联；或者说，批评者更强烈地感受到的是他的诗歌语言与小说语言的反差，而不是前者向后者的渗透或移植。他们对此的困惑和疑虑，实际上反映的是对“诗意”概念的双重误解：一方面，与古典诗歌相比，现代诗歌的“诗意”已具有很不相同的内涵；另一方面，现代小说中的“诗意”，也不能再简单地用具有古典主义、现实主义风格的“诗化小说”来比附。

在面对如何看待“诗意小说”的问题时，张执浩认为：“所谓‘诗意小说’应该是一种具有绝对指向的小说，这里的‘绝对’是指对存在本体的极端体验性，譬如卡夫卡的一些小说、卡尔维诺的《祖先三部曲》、纳博科夫的一些小说，以及萨拉马戈的《失明者日记》，包括施奈德尔的《睡眠兄弟》等等，都具有这样的极端性。这样的小说似乎并不谋求人类已有的存在经验，而是将笔触毫无顾忌地伸展到了那片晦暗不明的精神领域，具有对未来的强烈暗示性。这样的小说才是真正的‘诗意小说’，它与作者的想象力紧密关联在一起。”“晦暗不明的精神领域”，“对未来的强烈暗示性”，“想象力”……显然，作者是在现代小说的意义上理解“诗意小说”的。古典诗意并非不好，但当移用于评价现在的小说时，一般着眼于语言的修辞技巧，而且，与空灵、澄净、幽远、缥缈这样的传统审美情绪联系在一起，与现代性审美方式——强调紧张、突兀、极端——关联不大。这种诗意往往出现在小说的景物描写或直抒胸臆的地方，是片段性的点缀，只能称之为“小说中的诗意”。这与写作者是不是诗人没有什么关系，任何一个小说家都可以在他需要或兴之所至的时候，去敷衍一段诗化的语言。我们确实应该从现代诗歌、特别是现代小说的角度，重新审视什么是小说中的“诗意”。对此，韦勒克、沃伦在《文学理论》中评述说，现代小说追求的是“自我反映”，而不再像传统小说那样着眼于外部世界；现代小说家的“世界或宇宙”的中心是“自我”①——以“自我”为世界或宇宙的中心，不着眼于外部世界而倾心于凝神静思，

---

① [美]勒内·韦勒克、奥斯汀·沃伦：《文学理论》(修订版)，刘象愚等译，江苏教育出版社2005年版，第251页。

这正是诗人的本色，是他能够打通诗歌和小说文体隔膜的优势所在。因此，当面对访谈者有关“一手写诗歌，一手写小说”的说法时，张执浩十分明确地回答自己一直是在“用一只手写作”，这种写作一以贯之的宗旨，是解决写作者所遇到的问题：人与自身、与他人、与时代、与世界的关系。诗歌与小说，包括其他文学样式，不过是写作者尝试破解这些问题的不同方式。也正是在这个意义上，英国诗人伊丽莎白·布朗宁认为：“诗人是谈最主要问题的人。”[1]所谓“最主要问题”，即指越过浮华世界、芸芸众生的层层迷障，直指人与世界的根基的问题：人如何生存。而现代小说的“诗意”，也应当从这个角度得到解答。

对人如何生存的描摹，对乖谬生活和荒谬世界的究诘，在张执浩的处女作《谈与话》中就有鲜明体现。谈与话是大学同窗，一个是书蠹，一个讨厌读书；一个因为埋头古书而对现实缺乏兴趣，一个因为知道读书对现实无用而保持着“理智”。人在人生的某一阶段，可能都会被某种奇异的、明知不会有结果的念头所吸引，而做出一些徒劳无功的事情，他们往往被称为“完美主义者”。谈正是这样的一个人，在写作毕业论文期间，偶然从古书上得知有一座“森林”，于是前往古书所说的“廿山”去寻找。自然，读者很清楚，“森林”是悬隔在现实之外的一个久远的传说，谈不可能找到它。但是，谈的宿命在于，他所接受的知识教育和人生信念，使他必须为寻找某种毫无现实依据的东西而耗尽一生，而寻找“森林”的艰险过程成了这种人生的绝妙象征：他在其中反思自我，“只有瞎子才能认清自我的心灵”；他感到了从未有过的虚弱，“对了，是虚弱，是一个年轻人在时间的打击之下的无力还手，是目的在一再到达和推迟之间的若隐若现”；以及旋生旋灭的对人生的虚无感乃至荒谬感。谈倒在了寻找的途中，而另一个主人公话又因为同一本古书的诱惑步其后尘。结局虽然突兀，却也显示着必然。这是这个时代完美主义者的挽歌，他们是一群冥顽不化的人，是作者诗歌中所一再抒写的“扑火的飞蛾”。小说使人想起现在流行的一句广告词：知识改变命运。但作者警示我们，这种改变不一定是使人适应了现实，成为自我命运的主宰者，也可能让人疏远了现实，成为另类——另类，即不同于正常人，有某种妄想症或强迫症的人，是作者后来小说中的主要人物类型。换言之，知识可能改变了一个“现实人”，而塑造了一个“想象人”，迫使他胶着于一己的妄念，而在现实中落入了步步似陷阱的危险境地。

在最新出版的长篇小说《水穷处》中，张执浩再度把笔触伸向他熟悉的都市，伸

---

① [法]彼埃尔·让·儒夫《一个诗人的辩解》，见《法国作家谈创作》，王忠琪等译，生活·读书·新知三联书店1984年版，第330页。

向都市中的人，伸向都市中人的心灵和情感的最隐秘处。在这部小说中，我们看到的是人性的错综与诡异，生活的无情与有义，爱的逝去与追索。这是一部类似于“在路上”的小说，但却是以“倒退”的新颖方式，让人回到他不该遗忘的角落。小说在一连串的悬疑中展开：一位过着平静富足生活的广告公司老总张望，接二连三接到出自同一人之手的匿名信。写信者自称是“一个你曾经拥有过的女人”，当年忍受着巨大痛苦和种种非议，为他生下一个儿子，并抚养至今。那么，这个女人是谁？她真的为他生养了一个儿子吗？她写匿名信，难道只是为了提醒他“我们曾经爱过，并因爱而痛苦过”，并非另有所图？……一封封匿名信就像一条条鞭子，抽打着张望不得不上路。他首先进入回忆，经过一系列的摸排、推理之后，确定了三位最有嫌疑的对象。他侦查的其实是他自己风流史中的蛛丝马迹，而所有的线索，最终必然汇聚到他的身上。张望，这个曾经爱过、恨过、痛苦过、挣扎过，并且在后来想尽一切办法要把这一切压抑、遗忘的人，现在心不甘情不愿地返回过去，面对他不想面对的一切，而初衷无非是尽快平息这场“闹剧”，使生活恢复平静。当然，他几乎是在完成一项不可能完成的任务。匿名信仅仅指示了冰山的一角，当他在心灵和精神深处搜寻记忆库中五光十色的碎片，当他潜入既往生活的海洋，他会发现令人眩晕的混沌和复杂。因此，似乎是命运的安排，他刚刚上路，找到第一个嫌疑对象朱鹃时，就不幸患上急性阑尾炎，而被迫在她的精心呵护中，一面重新体会她一如从前的体贴和温情，一面再次感受她的神经质，她的歇斯底里，她的因爱生恨，因恨而做出的超乎常人想象的举动：把砍断的手指埋在花盆里，把儿子的骨灰藏匿在一层又一层的盒子中。他要寻找的第二个女人马莉莉，则让幻想中的“时光倒流”演变为现实：她让急于同她见面的张望，重走了一遍当年他们来到这个城市的路线，逼迫他再度目睹和触摸那点点滴滴既熟悉又陌生的爱的印痕。经过一场虚拟的绑架案，原本已对眼前这位曾让自己下过炼狱的男人冷漠无情的马莉莉，又不由自主地陷入了疯狂欲望的深渊。如果说，对这两个女人，张望当初确实付出了真实的情感，那么，对于覃虹这个当年幼稚淳朴、未经人事的小女孩，他一开始就抱着游戏的态度，因为那时他的身份和地位都发生了变化，已经视逢场作戏为生活的一部分，为这个时代在商场中摸爬滚打的男人不可缺少的素质或资本之一。他习以为常，所以张口即来，闭口即忘。只是没有想到，自己的一句戏言竟被当真，竟改变了一个人的生活轨迹。也许在覃虹面前，张望有着太多的无辜的理由，但每一条理由都在加速着覃虹对于这个世界的无法置信。问题是，如果世界不是这样，如果不是张望们活灵活现、趾高气扬地出没在这个世界，俨然生活的主宰者，那又该怎样，又该是谁呢？是的，没有答案，就像张望在寻找了一圈之后并没有找到写信者，也没有找到信中提到的儿子。就像在命运面前我们不要企图找到破解命运的密码，而只需做出自己的选择。在经历了这一番激情与悔恨、勇气与怯懦的情感折磨和拷问之后，如果要张望重新选择他的生活，他会怎样？不知道。张望不可能找回已经逝去的爱，找到的只是爱的空壳，爱的虚无，但是，寻找的过程却唤醒了他身上沉睡已久、隔膜已久的种种难以言说的情感。

表面上，《水穷处》糅合了都市情感类小说的诸多元素：匿名信、私生子、欲望、爱与婚姻的破裂与和解、商海沉浮，等等。但实际上，在当下消费一切的都市，在男性与女性之间，普泛化的不是情感/爱情/婚姻危机，而是“危机意识”的消逝或强行取消。如前所言，在今天的城市文明中，人的异化已经成为一种常态，而使人失去了对异化过程中痛苦、噬心的感受。作家以虚拟的荒唐、离奇的故事，掐断了张望们生活的“进行时”，让他在寻找不可能找回的爱的过程中，找回爱的能力，爱的欲望。可以说，作家公然违反了现代社会关于“生活是条单行道，禁止掉头”的准则，而给予我们这些依然以惯性的方式在生活轨道上滑行的人以善意的忠告：时间到了，请掉头。如果我们要在这样的小说中去寻找“诗意”，显然有些南辕北辙，不得要领。但是，对人的生存状态何以如此的刨根问底，对人的心灵与情感世界混沌之处的反思逼问，却赋予小说以鲜明的诗性特征。或许，我们可以更进一步地将小说的“诗意”与“诗性”区分开来：诗意往往与小说选择的题材，与写作者运用的语言修辞方式有关，这类小说不太注重复杂的情节性、故事性，而长于意境、氛围的塑造与渲染，给人以言有尽而意无穷的阅读快感；诗性则相反，甚或可以说，越是在没有诗意的地方，写作者依凭他的敏锐的观察力和充沛的想象力，越是能够体现出文学所具有的穿透现实、逼近真实的魔力，而给人以非同寻常的震惊感。诗性不是“诗化”的代名词，更接近于“文学性”这个诗学概念。由此也不难理解，为什么在小说写作中，张执浩更多地将目光投向在都市文明中沉浮飘荡的那些丑陋、诡异、乖张的小人物，而甘愿冒着被指摘为“没有诗意”的危险。

“我想抒情，但生活强迫我叙事。”这句发自诗人小说家内心的独白，表明他不能无视日日新、日日异的现代社会生活对文学、对写作者提出的律令，而使写作成为一种自慰、自赏的玩意儿。当叙事的冲动超越了抒情的欲望，或者，当诗性的追求放逐了对诗意的精雕细刻，我们看到的是一位自觉的、成熟的写作者：主动地去生活，去体验，去介入，而将写作当作“被动”的事业。写作不是为了向生活索取额外的犒赏，而是为了与生活对峙。

（载《小说评论》2007 年第 3 期）

主要作品目录《

长篇小说

《试图与生活和解》,《小说家》2001年第6期;《小说月报》2002年长篇小说增刊秋季卷;漓江出版社2002年版。

《天堂施工队》,作家出版社2004年版。

《水穷处》,长江文艺出版社2006年版。

中短篇小说集

《去动物园看人》,湖北教育出版社2000年版。

中篇小说

《像一只气球》,《时代文学》1997年第6期。

《没有糖吃的日子》,《小说家》1998年第4期。

《灯笼花椒》,《长江文艺》1999年第1期。

《毛病者也》,《上海文学》1999年第2期。

《黄鹤楼》,《黄河》1999年第5期。

《我们干吗来这儿》,《时代文学》1999年第6期。

《马路上什么都有》,《莽原》2000年第1期。

《浮现》,《花城》2000年第1期。

《亲爱的泪水》,《东海》2000年第2期。

《徐小婷的故事盒》,《山花》2000年第2期。

《一路抖下去》,《青年文学》2000年第7期。

《安亦静的梦魇史》,《花城》2001年第3期。

《一个人的全家福》,《作家》2002年第11期。

《我们都有忧郁症》,《花城》2003年第5期。

短篇小说

《谈与话》,《山花》1995年第10期。

《形容词》,《青年文学》1996年第1期。

《在黑暗中闭上眼睛》,《山花》1996年第4期。

《沉重的竹篮》,《长江文艺》1996年第5期。

《生活题材》,《作品》1996年第8期。

《前往长安》,《山花》1996年第10期。

《一生能穿多少双鞋子》,《人民文学》1997年第4期。

《在人海中垂钓》,《花城》1997年第2期。

《我摸到了你的心》,《花城》1997年第2期。

《盲人游戏》,《山花》1997年第5期。

《太阳照在我的脸上》,《长江文艺》1997年第5期。

《牵手》,《十月》1997年第3期。

《用土语交谈》,《湖南文学》1997年第7期。

《春天开什么花?》,《长江文艺》1997年第9期。

《春天在哪里?》,《长江文艺》1997年第9期。

《车轮滚滚》,《芳草》1997年第10期。

《一亩三分地》,《芳草》1997年第10期。

《介绍一位清道夫》,《延河》1997年第10期。

《被邮寄的人》,《延河》1997年第10期。

《朋友在桂林画虎》,《延河》1997年第10期。

《散步的瘫子》,《作家》1997年第11期。

《替我生活》,《作家》1997年第11期。

《露天之歌》,《湖南文学》1998年第1期。

《欲说还休》,《当代小说》1998年第2期。

《气球照样可以把人炸死》,《山花》1998年第3期。

《倒叙》,《芙蓉》1998年第2期。

《寻人启事》,《芙蓉》1998年第2期。

《梦幻加工厂》,《当代小说》1998年第4期。

《让我做梦》,《漓江》1998年第2期。

《我们的澡堂》,《上海文学》1998年第5期。

《赌一赌这世上还有没有爱情》,《当代小说》1998年第8期。

《干旱的青蛙》,《小说》1998年第5期。

《为梦所困》,《小说》1998 年第 5 期。

《黄金小鸡》,《人民文学》1998 年第 10 期。

《表哥脖子上的家蛇》,《山东文学》1999 年第 1 期。

《莫须有的人或事》,《湖南文学》1999 年第 1 期。

《去动物园看人》,《青年文学》1999 年第 3 期。

《纸》,《作家》1999 年第 4 期。

《失陷的肉体》,《时代文学》1999 年第 2 期。

《没有生活》,《东海》1999 年第 4 期。

《哀歌一曲》,《作品》1999 年第 7 期。

《查无此地》,《当代作家》1999 年第 4 期。

《我爱草坪》,《湖南文学》1999 年第 9 期。

《给自己打电话》,《时代文学》1999 年第 5 期。

《耷拉着》,《当代小说》1999 年第 10 期。

《演员之死》,《天涯》1999 年第 6 期。

《怎么了》,《作品》2000 年第 7 期。

《捉拿气球》,《红岩》2000 年第 4 期。

《报丧人之死》,《小说家》2000 年第 5 期。

《马义的泪水》,《母语》2001 年第 7、8 期合刊。

《你为什么在早上生气》,《山花》2002 年第 1 期。

《请问刀子》,《钟山》2002 年第 2 期。

《换张床睡觉》,《花城》2002 年第 3 期。

《亲爱的智齿》,《上海文学》2002 年第 5 期。

《吹灰的人》,《青年文学》2002 年第 6 期。

《长寿的人》,《山花》2003 年第 1 期。

《拔牙者起义》,《当代小说》2003 年第 2 期。

《醉着》,《上海文学》2003 年第 3 期。

《一缕黄昏》,《广西文学》2003 年第 6 期。

《小谢啊,小谢》,《作品》2003 年第 7 期。

散文集

《时光练习簿》,北岳文艺出版社 1997 年版。

《神的家里全是人》,江苏凤凰文艺出版社 2017 年版。

《一只蚂蚁出门了》,花山文艺出版社 2019 年版。

诗 集

《苦于赞美》,武汉出版社 2006 年版。

《动物之心》,唐山出版社(中国台湾)2009 年版。

《撞身取暖》,重庆大学出版社 2010 年版。

《宽阔》,长江文艺出版社 2013 年版。

《欢迎来到岩子河》,长江文艺出版社 2016 年版。

《给你看样东西》,作家出版社 2017 年版。

《高原上的野花》,江苏凤凰文艺出版社 2017 年版。

钟求是

男，1964 年生，浙江温州人。

小　引《

刚刚写过蔡东专辑主持人的话，谈到蔡东笔下被刘悠扬称作“自甘退步”的一群人，又遇到钟求是的作品中的“边缘化”问题。“退步”自然是由前面退到后面，由中心退到边缘，所以，就大的范围而言，“自甘退步”，也就是自己站到边缘，也与“边缘化”问题有关。可见，这个问题，在当今中国，的确十分普遍。因其普遍，也就成了中国作家集中关注的对象。钟求是在他的一本小说集的后记中说，他的这些小说“共有的脾性和特征”，是这样的三个词：“日常、边缘、受困”。如果要把这三个词所表达的意思串到一起的话，那就应该是“边缘小人物的日常生活困境”。这是钟求是这本小说集的特点，也是钟求是的创作的独特追求。徐勇说他是“站在边缘的位置打量生活”，是确当之论。

现在有一句流行的话，叫政治站位。我理解这句话的意思，就是以前说的政治立场，包括阶级立场、党性立场等等。俗话说“到什么山上唱什么歌”，站在什么立场说什么话，政治如此，文学也是这样。君不见，20世纪五六十年代，作家都是站在社会的中心位置或主导立场“打量”生活的，取材主要是工农兵的斗争生活，工农兵是国家政治生活的主体，是处在社会的中心位置的。主题是反映那个时期的革命和建设，当然也是占据社会主流位置的观念。创作方法是革命现实主义和革命浪漫主义，或两者的结合，也是主潮的，甚至连艺术风格也是整个社会普遍流行的热烈明朗的色调。到了“文革”结束以后的新时期文学，虽然表面上看起来，有很大变化，但在相当长的一段时间里，还受着这种趋向的支配。从伤痕文学、反思文学到改革文学，都是反映社会的中心问题，都是傍着社会生活的主流走的。直到今天，仍有主旋律的提倡和主题性创作的提法，如此等等，说明站在社会生活的中心位置和主导立场“打量”生活，本身也是当代中国文学的核心观念和主导趋向。

不能说这样的站位，就产生不了好的作家作品。恰恰相反，占据当代文学史主流位置的，正是这些中心站位的作家和他们的创作。当然，这样的站位，也有一个问题，就是作家与自己的创作对象贴得太近，甚至基本同一，没有间隔，不分物我，有许多问题看不分明，也缺少文学创作所需要的审美距离，所以写出来的作品，就不免跟着对象打转。他们干什么就写什么，他们怎么干就写他们怎么干，连他们的想法，他们这样做的意义和价值，都迁就主流的意识对他们的阐释和评价，这就难免出现公式化和概念化的倾向。就连一些进入文学史的作品，也不例外。正因为如此，边缘的文学站位，就显得弥足珍贵。

以上的话，不过印证了中国的一句俗语，旁观者清。除了这层意思外，边缘站位，还有一层意思是，作家一旦站到了生活的边缘，就不仅只用旁观者的眼光"打量"生活，还会遇到许多站在生活边缘或正想着要站到生活边缘的人。不同于站在中心位置的英雄模范、社会精英、明星大腕，这些站在生活边缘的人，大都是一些普普通通的芸芸众生，他们所求的，不是建功立业、升官发财，立万扬名，而是同样普普通通平平淡淡的日常生活，这就又与钟求是所说的"日常"二字联系起来了。中国有民粹主义的传统，虽然皇帝老儿不把黎民百姓放在眼里，历代文人却把民间疾苦放在心上。所谓世上疮痍诗中圣哲，人间疾苦笔底波澜，说的多半是处在边缘位置的乡野小民的艰难困苦。到了近代以后，小民的地位逐渐上升，最后成了当家作主的人民群众，在文学中，也便由同情怜悯的对象，到成为叱咤风云的主人公。中心和边缘的位置于是便发生了转换，那些先前和这些叱咤风云的主人公处于同一位置，而今却置身于时代风云之外的乡野小民和从来便与时代风云无关的市井细民，这时候便站到了边缘位置。于是就有了沈从文和张爱玲的边缘叙事。这样的边缘叙事不去鼓荡时代风潮，歌颂流血牺牲，而是汲汲于生老病死、爱恨情仇和身边琐事，让后来的读者从当中看出了人生的别一种样相。这样人生样相虽然十分日常，看似无足轻重，但与那种叱咤风云改天换地的人生放在一起，却可以相互发明，以至相反相成。或许后者的流血牺牲正是为了换得一个新的日常，让人的生老病死、爱恨情仇和身边琐事，更能自主，更有意味。学者们说，沈从文和张爱玲的作品，都有一种反现代性因素。如果真有的话，我觉得，他们的这种反现代性，正是为了让现代性更接近一种诗意的存在。存在主义以日常为存在的本真状态，如果不拘泥于道德化的价值判断，我觉得，钟求是的创作追求日常，也是在努力接近存在的本真状态。洪清波说，钟求是关注底层的边缘人物，不是把他们当作表达某种革命要求的工具，而是"回归到关注人性本身"，这种"回归"，无异于说也是回归到人性的本真。

钟求是所处的时代，当然不同于沈从文和张爱玲，也不同于同样被认为是站在边缘"打量"生活的汪曾祺。处在这样的时代，钟求是既要像沈从文一样，站在乡村的边缘"打量"现代，也要像张爱玲一样，站在市井的边缘"打量"革命，还要像汪曾祺一样站在人性的边缘“打量”政治，所以，会更多地“受困”，他的创作因而会比上述作家更为丰富复杂，对于正在进入现代的中国来说，同时也具有更大的现实性。

自　述《

文学如何面对这个世界的精神障碍

前些日子，我在自己脑子里百度韩国文化元素，细一搜索，跳出来的东西居然不少。那首神曲《江南 style》连同动感舞步在 2012 年风行中国，即使五音残缺者也会哼着曲子做一个骑马动作。由面目相似的少男少女组成的演唱组合强势登陆中国，人气曾经一路飘红。韩国电视剧不断挤占中国荧屏，追看韩剧一度成为许多家庭客厅里的夜晚景象。随着《大长今》的播出，韩国饮食带着文化的味道在中国街道上飘香，使我也有机会享用这种异域料理。当然，我还很多次享用过韩国电影，只要稍一调动，贮存已久的情节故事和特写镜头就能呼应而出。但不好的是，在记忆搜索过程中我几乎找不到文学的信息，我甚至未阅读过一部韩国小说。作为一位写作者和阅读者，我因此感到不安和好奇。不安的是，在我的文学视野里，竟然存在一块盲区，而这块盲区属于距离很近且交流很密的邻国。好奇的是我想知道，在汹涌的韩流文化生态中，有着怎样的韩国文学。我相信，一个国家在通俗化和表层化的流行文化之外，一定积淀着深度的文化认知和人性思考，这些东西或许只有优秀的文学作品才能承担。

借着这种推力，我阅读了韩国女作家韩江的长篇小说《素食主义者》。虽然是译本，虽然是面对残酷的描写，但作品中散发出的文字气息和文学气味并不让人觉得陌生。我甚至认为，小说对人物内心困境的重度拷问，对俗世秩序的抵抗与逃离，几乎有一种相熟的感觉，因为在中国，也有一些作家在沉着地探究人性，试图从人的内心困局中突围。从这一点说，现在的中国文学和韩国文学在当代性和关注点上是同步的，并同样在喧闹的流行文化和通俗文学之旁，保留着沉静和勇敢的纯文学性格。

如此看来，现代人内心的精神障碍，是两国作家都绕不过去的写作难点。当然，文学的眼光不能仅仅向内。扩展开来看，内心困境往往来自外部现实的射照，就是说，我们生存的这个世界其自身便有很大的问题。

在很长一段时间里，我差不多每天都去留意与韩国有关的新闻。我关切的不是整容、综艺、手机、旅游这些生活细事，而是由总统更迭、抗议示威、核试验、军事演习这些主题词衍生出来的各种事件。在过去一百多年中，韩国人民曾经历过殖民统治和数次战乱，而在眼下，战争的乌云又在半岛上空长久飘游，这种从天穹投射下来的阴影无疑暗淡了人们的日子。在中国，则存在着快速发展中的问题。人们一边享受经济增长带来的各种福利，一边又不得不去应对生活中的负向变化。同样在天穹之下，空气中的阴霾，让人不放心的食品，无厘头的房价，无法停下来的忙碌，科技产品导致的人情冷漠，这些东西让人们的日子变得很不舒服。

世界的发展，原意是给人类带来物质的滋润和心灵的轻松，但现在，负能量的事物也源源不断地制造出来。这个世界有点病了。这个世界往前走的时候，明显出现了精神障碍的症状。这同样是个绕不过去的问题，写作者们必须思考跟眼前这个世界如何相处。

面对这个患病的世界，文学不提供治疗药方，但需要拿出自己的态度：

文学需要诚实。在当下，我们的眼睛往文学书页上一放，能撞上太多媚俗的文字和应景的文字。这些文字有着媾和的脸色、撒娇的姿势，并散发出虚假的气息。不少作家放弃了写作的初心，丢开了该有的警惕，目光变得迷离和暧昧，不再愿意去确认现实中的难题和病症。他们把生活中学会的周旋态度搬到文学中来，于是失去了文学的诚实。对一个作家来说，诚实是最基本的底线，但这个底线已被不断撕破。

文学需要受难。在这个思考弱化的年代，网络文学应声而出，揽下了娱乐休闲和按摩松骨的任务，并拿到大量的消费账单。但纯文学不能这样，因为纯文学已经看到，这个世界的快速发展和精神障碍构成了一个巨大的矛盾。面对这个矛盾，真正的作家不会选择绕过去，而一定是向前靠上去，与难题短兵相接。这是一个困斗和受难的过程，文字里一定浸泡着挣扎的痛感，就像《素食主义者》里英慧所遭遇的一样。只有受过难的文字，才能显得可靠，才有脱俗复活的质地。

文学需要赎救。文学赎救之力总是通向生活的隐秘之处，譬如文学不能更改人的死亡，但可以解释死亡的意义，从而减免恐惧、供给安慰。同理，文学无法阻挡这个世界的精神病变，但可以说明此精神病变意味着什么，以及世界发病时人们生活的态度，进而获得活着的意义。在此过程中，写作者通过文字不仅把小说人物从心理泥潭里拉出来，也能在现实中自赎，让自己的内心变得平安和宽广。

十多年前，中国著名作家余华游走韩国，写下了《韩国的眼睛》一文。他通过自己的观察，发现了韩国人的眼睛——那是激情之后的眼睛，目光里藏着平静与深邃。

许多年过去了，中国和韩国的社会经济都在往前发展，但也受到了快速竞走中的伤病困扰。在这时，文学应当站出来发言。写作者要敢于做出这样的表达：真诚的文学能借给人们一双清醒的眼睛，看清这个世界的丑陋和高尚，阴影和光芒，受困和希望。

访　谈《

站在边缘的位置打量生活
——钟求是访谈录

钟求是　徐　勇

徐勇：钟老师您好！我们都知道，您有过三重身份，一重是所谓的“间谍”，一重是杂志（《江南》杂志）主编，一重是作家。曾经有人就“间谍与小说家”的题目探讨过您如何在“间谍”和“小说家”之间来回转换和穿梭的问题。我现在关心的是，作为杂志主编，对您的小说创作有无影响？如果有，影响在哪方面？

钟求是：在涉外隐蔽单位我确实干了很长时间，可以说把最好的青春留在了那里。我珍惜那段时光，但我现在必须扎紧封口，存在心里慢慢发酵。九年前开始，我干起了编辑，先是副主编后是主编。在这个岗位上，我能了解全国当下的文学创作动态，视野也能打开，这是好处。负向影响是看稿子不仅眼累，慢慢地也造成阅读疲惫，削弱了对文字的敏感性。随着年头的增加，后一种影响会不断叠加，所以我要求自己保持警惕。实际上，全国有相当数量的作家待在编辑位置上，有些年轻写作者还在奔向编辑岗位的路上。比起整天写公文材料的公务员或者开吊车的司机，编辑岗位对写作者还算不错的。当然啦，当编辑和当主编又是两回事，当主编的需要付出更多心力，也等于付出了更多的写作机会成本。

徐勇：最近几年来，学者从事文学创作或小说写作，似乎是一个热门话题，但终究两个角色或身份之间总是存在转换和接轨的问题。作为杂志主编，与您的小说家身份之间，有没有冲突？

钟求是：你知道，我是个做事认真的人，岗位事务不会掉以轻心，但在自我定位上，作家是第一位的。所以在白天，我是主编，不仅看稿，还处理不少杂事。到了晚上和周末，我便返回写作身份。自打写小说起，我基本就是这么个状态，从来没有痛快地搂着一大堆自由时间。如何从白天的繁杂中很快切换到晚上的小说里，这是个问题。以前我会用音乐过渡，譬如写《谢雨的大学》，我会在提笔前听几遍《白桦林》，写《未完成的夏天》则听《忧愁河上的金桥》，效果挺好。音乐是个好东西，会带人进入小说语境。现在我已经习惯了，晚上回到家休息一会儿就能把昨天的写作思维接上。

但事实上，主编和小说家的身份矛盾仍然是明显的，一是时间，二是思维频道。我特别羡慕不少作家拿着大把的时间晃晃悠悠地消费。这两年，我一直等着自己也成为拥有自由时间的人，这不是虚话。我甚至想，这么多年我都是白天上班晚上写作，一旦改变此状成为闲人，或许会有解放的感觉，对自己的创作没准儿也是一种更新。

徐勇：我记得您在多个地方表达过这样一种意思，即写作是一种逃避，而用哲贵的话，通过写作您“是在寻找人生的另一种可能”。这种可能，我把它理解为一种出世或避世。作为杂志主编，则很大程度上需要您积极入世，因为毕竟，面对竞争日益激烈的文学杂志出版市场，要想把杂志办好，消极避世是难以达到的。因此，我的问题是，您是如何处理两者之间的关系的？

钟求是：是的，我曾经说过写作是一种逃离。当年在涉外部门一干十五年，虽然还算脱俗，可总归不能在一个模式里一直走下去。后来转到文联，我侥幸自己没有成为夹着个文件包、整天说着自己也不相信的虚话的公务人员。说到底，我一直在逃离规定，逃离束缚，逃离俗世。但活在布满各种约束的生活里，是很难做到洒脱不羁的。在这个时候，我只能让自己在小说里勇猛一些，放肆一些。在生活这个维度上，我已经基本看到了行程前方的每一站。但在小说里，还有一段长路可走，路上也许会遇到各种有趣或稀罕的东西。这种不确定性，会让我在陷于固化的现实时稍稍心安。

回到你的问题，我虽然是个淡心的人，不屑于也不善于人际公关，但正常的杂志运营大体还是能打理好的。这主要是因为纯文学杂志眼下并不需要满头大汗地吆喝甩卖。中国的纯文学人口比例很小，但绝对数也不算少，他们是相对比较成熟的阅读者，只要通过一定的渠道去动员便可以了。当然，如果换一个更“入世”的主编，或许能在市场营销方面做得更好。在这方面，我从来不是个高手。

徐勇：我从您的小说中读出了中国现代小说传统中京派一脉及汪曾祺的味道，甚至从中感受到李杭育的《最后一个渔佬儿》的感伤和无奈，因此，我感兴趣的是，您是否受到过他们的影响？是否有过向他们借鉴或靠拢的想法？

钟求是：在一个作家的作品里，不同的评论家和读者会读到不同的味道，这是有意思的事情。我当然读过沈从文、汪曾祺的作品，并在心里保持着对他们的敬意。不过从影响来说，我从余华和阿城的作品里获益更多。余华是南方作家，后来跑到北京生活。阿城是北京作家，曾经跑到南方生活（三王的小说背景都是云南）。他们的身上都有北方和南方的双重生活体验。我年轻时也在北京待过几年，虽然离京腔差着一丈远，但到底呼吸过京城的空气。所以我从写作起，就是用北方普通话建造南方的文学场景。你从我的文字中读出一些京派味道，这种感觉也许是对的。为此我要暗喜一下。

不过我从来没想过向谁的叙事风格靠拢，这会弄巧成拙的。在写作时，我只寻找自己感觉舒服的叙述腔调和小说气息。经过这么些年的演化，我觉得慢慢形成了自己的叙事风格。我的小说识别度还是比较高的。当然，我的小说腔调仍可能变化，有时还会随着题材的不同而调整。我怂恿自己这样去做。

徐勇：您的小说抒情风格的形成，是基于一种什么意识或考虑？或者说什么样的美学追求？

钟求是：抒情不是我的小说风格，而只是行走在我小说里的气息之一种。呵呵，你之所以形成这样的判断，可能是最近刚好阅读到我比较催泪的几部作品。如果你读较早的《未完成的夏天》《你的影子无处不在》《远离天堂的日子》，或者近期的《我的对手》《愿望清单》，也许就会觉得抒情这个词根本包不住我的作品。十多年前，一位编辑用一句话点评我的小说：不动声色写残酷。这也是当时不少阅读者的感觉。其实残酷也好，抒情也好，都只是我小说棱面中折射出来的不同光色。往底色说，我觉得我的小说里更多的是孤独，一种带点儿旧色、带点儿朴拙的孤独。

少年记忆是一生记忆的基础，我说说小时候的小镇吧。我的母亲在新中国成立初期进入温州市公安局工作，后来因为“托派”问题坐过牢，又遣送下放到那个县城小镇，当时她才二十多岁。在以后漫长的岁月里，她不断进行无效的申诉，内心一直是痛苦和挣扎的。不用说，她的精神世界老下着阴雨，她身上散发出的伤郁几乎笼罩了我的少儿时代。因为这个原因，在我后来所写的关于儿童记忆的小说里，常常会出现“一个掩盖在雨水和低语下的残酷的南方”。许多年过去，由母亲遭遇带来的记忆，成了我心中很难抹去的一块灰色。当然，小镇的阴郁只是一面，在许多时候，小镇又是快乐的好玩的，是一个经常发生稀奇故事的地方。但我知道，小时候的愁郁会经常潜入我的小说，在人物喜形于色的时候站出来提醒一句，也让小说里的喧闹气氛安静下来。我想,这可能是我的小说调子不鲜艳、人物容易孤独的原因之一吧。

徐勇:当代中国,从事抒情写作的还有迟子建。她的作品喜欢把背景放在城乡之间的乡镇,这是一种“中间地带”,既便于观察和表现,同时也是退守的基点。您的作品,虽然也有部分以乡镇作为背景,但您更倾向于以热闹的城市作为背景。我感觉您采取的是闹中取静式的写法,您为什么会这样设置故事的背景或前景?有没有您的某种考虑?或者说,您为什么想到要在一个相对热闹的背景,比如说温州或杭州,写出那种精神返乡式的乌托邦田园体小说?

钟求是:刚才说了,我从小生长在一个叫昆阳的小镇,十六岁才离开去北京上学。小镇的记忆是我一生记忆的基础,我以小镇为根据地写了一批小说,不久前还做了一本小说集《昆城记》。大学毕业后,我都是在城市里待着,但从人生的轨道看,我的城市时间再多,也是从小镇时间续接过来的,这跟从小在城市长大不一样。我的意思是说,小镇气味是一直存在我心里的,即使写作与小镇没关系的城市题材的时候。

当然,你在我的城市小说中看到精神返乡,更可能跟我的心境有关。城市快速的发展,一方面给人带来更多的享受和满足,另一方面又让人觉得嘈杂和疲累。城市的人际关系貌似简单,其实仍有强大的世俗力量。我讨厌世俗,也不善于在体制内外进行可以获益的周旋。另外你会发现,在城市生活许多年,熟人很多朋友很少,城市人其实是孤独的。对着热热闹闹的城市,我有时会有一种苍茫之感。这个时候在作品里自然会表达出逃离意向。逃离眼前,逃离热闹,逃离日子里堆积起来的复杂。有时逃离不了,虽不能至,心向往之。

徐勇:作为读者,我读您的小说有一种身处闹市之中而无喧嚣之感的奇怪体验。您的作品给人一种长久的感动,但我也感到,您的作品越是让人宁静,越是让人不安。因为我觉得您是在“白日做梦”,就像《零年代》中的赵伏文和林心喜欢白天看电影一样,您是在喧嚣的尘世让人暂时忘掉烦恼。看过您的作品,只会让人对尘世更加失望更加焦虑。我想问的是,您有没有想过这个阅读接受过程中的悖论?因为像赵伏文那样的人,在当下实际上几近绝迹了。

钟求是:在生活中,像赵伏文这样的人当然极少,但心里存着“归隐”念想的人还是不少的。有些人去乡间买别墅,有些人去西藏旅行,都是为这种念想找个暂时兑现的机会。还有一些人因为特别的推力,譬如情变、病患,反正在遭遇大的失落之后,就会真找一个远的地方给自己疗伤。但事实上,这个世界逃无可逃。只要你不是“闭关”状态地活着，就会有社会属性，就难以逃脱生活中的各种羁绊。

在生活前面，小说很多时候是无力的。小说若能反照出当下生活的不安和焦虑，这是我所希望的到达之处，因为它肯定触碰到了阅读者内心的某一个开关。同时我还想说，小说有时候就是搭建梦境，用现实材料搭建的梦境。这种梦境不是让人忘记烦恼，而是让人步出烦恼。用句好听的话，小说不能挽回死亡，但能解释死亡的意义，小说不能涂改生活，但能让人在焦虑中变得宁静。

徐勇：我们知道，对于现代小说而言，越是表现出抒情传统的一面，越是显示出其内在的焦虑和紧张。这与古代抒情传统决然不同，可能这就是现代抒情小说现代性的表征吧。沈从文是如此，汪曾祺是如此。作为读者，我从您的作品，特别是《零年代》中也读出了这种内在的焦虑和不安来。您选择创作作为自己的职业，或者说把创作视为逃避“主流现实”的方式是否源于这样一种焦虑？

钟求是：前面已简单讲过逃离或逃避，再往细里讲一讲吧。大学毕业后的许多年，我一直在政府机关上班，做着对外联络的事儿。在这种正儿八经的单位待着，平时比较严肃，时间一长，就没有了自我。但按照常理，我将依着这条路径走下去，好歹混个一官半职。周围的人都认为，我正走着一条不错的道儿。但我心里明白，自己是不愿意就这么一条道走到底的。

后来一起死亡事件改变了我的想法。在一个冬天，我的一位朋友夜行在匈牙利中部的公路上，由于路滑，他的车子不小心陷在路旁的雪堆里。当他下车察看时，另一辆打滑的车向他撞来，将他抛到空中，又摔下来。半小时后，他死在附近的一家医院里。几天后，我和他的家人来到这家医院的太平间，一位搬尸工将他的尸体从一个大抽屉里拉出来，揭开白布，露出一张苍白而消瘦的脸。在那一刻，我的脑子有些恍惚。我弄不懂一个人怎么可以死在万里之外的一个毫不相干的一家小医院里；我猜不透对某个生命来说，死亡到底有着怎样的秩序和命定。我突然想，相对于死亡这个大归属，自己整天做的说的是多么无聊呀。过了不久，我决定逃离所谓的仕途正道，去做自己喜欢的事。这喜欢的事就是写作。

进入写作轨道以后，也并非就找到了安静之地。生活的嘈杂、世俗的偏见、文坛的不正、市场的引诱、新媒体的冲击等等，都会给人带来新的焦虑和不安。这时的我只能让心继续逃离，或者说让心保持一种朴素的定力。当然，我这里说的逃离是生活姿态，而不是写作态度。我对自己的要求是，当在生活中不安无奈时，在小说写作中要勇猛一些。

徐勇：确实，一个作家的创作，如果其在内在心理机制层面上没有焦虑、矛盾或困惑,他的作品就会显得平实、平淡甚至波澜不惊。某种程度上可以说,一个内心不丰富的作家,是不可能要求他的作品也丰富多彩的。现在换一个角度说,在您的作品中,既能看到文学传统的深度影响,也能见出当下各种复杂思想的折射。文学传统的价值观基本是单向的,容易与眼下的多元思想形成冲突。您是怎么看待这两者关系的?

钟求是:中国传统文化有着顽强的生命力,几经劫波从未中断,以儒家学说和道家学说为核心的传统思想,贯穿岁月与日常生活缠在一起。这反映在文学作品中,便是对世界的价值认定、对世人的道德判定有一个相对稳固的公约值。无论是写作者还是阅读者,都按照既定的价值规则去创作作品和解读作品。在《三国演义》《水浒传》里,英雄和奸臣、善士和歹人、大义和背叛、美好和悲情,等等,即便是儿童也能区分出来。在现代文学作品里,狂人日记中的"吃人"、婚姻"围城"的进出,其价值评判仍是明白的。以这样的眼光去读早期的外国作品也是如此,《巴黎圣母院》的敲钟人,尽管外表丑陋、行为突兀,但其善良在读者眼中很容易识别。就是说,由于价值观和道德观的稳定,文学作品中的人性挖掘有着一定的线路。

而到了当代,因为经济和科技的奔跑式发展,数十年的变幅超过了之前的数百年。在此过程中,人们的思想活泼而多样,价值理念和道德辨别不断更新,变得非常的多元化,对与不对已不能简单划分。这射照到文学作品中,人物的内心变得更加复杂,善恶纠缠一起,阴阳相互争夺,人性深处的幽暗之地需要不断地探险。因此,写作者一方面要承接文学传统,保持一颗善心,守住情怀,留住情义,准确捕捉生活中的人与事,对世界有稳定的认识立场,同时呢又要拓宽视野,更新思维,善于探究人的深度和多样。说一句不新鲜但又不过时的话,只有超越单一的价值和道德认定,在人性的复杂性和隐秘性上取得新的发现,才有可能在写作上有所突破。

徐勇:当下的人们因为思想的焦虑和多元,在行动上也会脱离以前的生活规则,做出不可思议的离奇事情,而文学无论是故事的推进还是人物的塑造,都有自己的内在逻辑。这是一个新出现的矛盾,您认为如何处理呢?

钟求是:文学作品搭建的是心灵世界,但所用材料来自现实生活,所以需要逼真,而且越逼真越好。要做到这一点,小说情节就必须符合生活逻辑,这种逻辑是建立在人们长期培养的公共经验之上的。在传统文学中,公共经验比较稳固,叙事也就有条不紊,内在的逻辑支撑着小说的行走。眼下,传统的公共经验受到了冲击和瓦解。在生活中,大量超出经验的事情真实地发生,譬如过去的文学作品中,两个人的情爱需要双方情感的酝酿,从初次见面到爱意暗发,从内心波荡到痛感生成,一步步添热，一节节推进，构成合理的心理演化。又如杀死一个人，需要矛盾不断累积，情绪不断变恶，再有一个重要的激化情节来点燃，才顺理成章地出现杀机。而在当下生活里，视情爱为儿戏的事到处都是，搭几句话就可以上床，大众场合可放肆各种滥情行为。杀人见红也经常显得草率而直接，一言不合便会拔刀刺砍，似乎非常的无厘头。过去认为的无耻无理之举，过去以为的神话般可疑事物，现在会见怪不怪、不再称奇地发生。生活中的离奇事情常常超过了我们的想象。

这照射到文学中，的确让我们不得不认真去思考和应对。我觉得，一方面，需要写作者坚持传统文学中的逻辑支撑，不为周围的失序现象所乱，丢掉叙述的合理节奏。另一方面，需要写作者对过去的传统逻辑进行调整，对新的生活常识和伦理秩序进行辨认，捕捉和熟悉新的公共认定与集体经验。就是说，我们需要持开放的态度，更新小说经验中的滞后部分，让文学逻辑变得更有弹性和宽度。

徐勇：我记得您曾经说过您的创作很慢，所以至今您都还只有一部长篇和不多的中短篇。这固然与您的创作习惯有关。但我的理解则是，这可能与您的创作风格和态度关系更大。即是说，您是在追求一种古典的和典雅的写作风格，这种风格必定是一种精致和相对“滞后”的状态，您并不是一个趋时和“与时俱进”的人。但是您有没有想过，这也可能造成您的小说直面现实的力度和广度的不够？您的作品，诚然“优美”，但并不“崇高”；诚然精致，但不生气蓬勃；诚然动人，但烟火气不足。

钟求是：我创作的量确实不大，这与我的创作风格有关，也与我没有充分的写作时间有关。我说过，我一直是一边上班一边进行业余创作的，从没有痛快地拥有大块的时间。这一点是无奈的，可以不说。

现在说说创作风格与写作的关系。我不认为写得慢有什么不好，追求精致的叙事风格更没有不好。我曾经很喜欢过钱钟书，他写《围城》是每天五百字的速度，写了两年，很讲究艺术性。与此相对应的是巴金的作品，写得速度快，可以说直接切入时代的洪流，有一种呼喊的声音。这两种风格的文学作品在现代文学史上各有地位。你能说《围城》不贴现实吗？没有生气吗？事实上，《围城》切入了生活的内部和人物的细部，获得了久远的艺术寿命。

所以，我不怕自己写得慢，也不怕与生活“热闹”保持一定距离。我相信自己在捕捉生活深处的一些东西，同时也在人的内心不断行走。我告诫自己，生活的热闹一个接一个，看似不一样，其实是相似的，只有人的内心是宽阔之地，那里才有不一样的资源。就是说，我会关注生活事件，但更关注生活事件里的人。我喜欢对其中的人进行内心追踪和解剖，只有这样，才能让生活事件得到更立体的呈现。我从来不认为自己小说切入现实的力度不够。

徐勇：而这，某种程度上也会带来您的作品与文学主流若即若离。您是否是在以一种边缘的姿态看待现实，从事写作？这是否可以理解为一种“边缘写作”？

钟求是：细想一下，自己还真是那种脱离中心的边缘化性格。往小的说，如果找出集体照片，我一般会站在旁边的位置；如果几个人合伙散步，我一般也走在最旁侧。往大的说，当碰到各种文学主流或文学潮流时，我也会选择不混入其中。我这算边缘写作吗？好像也不是。我只是习惯在边缘的位置打量生活，与生活的喧闹处保持一定距离。也因为这个原因，我的作品中自然出现了许多边缘人。

徐勇：对于很多作家而言，“边缘立场”或态度会使得他们的作品走向批判现实主义一脉，但您的作品却并不是如此，您的作品始终可以放在浪漫主义抒情传统看待，因此，我的问题是，您是如何看待边缘立场和现实审视两者之间的关系的？“边缘立场”对您而言，意味着什么？或者说您是基于一种什么考虑选择“边缘立场”的？

钟求是：我说过了，我对“边缘立场”并没有事先的预谋，我只是习惯性选择了边缘的站位和边缘的目光。而我对边缘人的关注也没有什么计划，我只是听从内心的指引一路走去，然后遇到了一个接一个平淡又特别的人。这些年中，我写过背尸工、酒徒、聋哑人、残疾卧床者、同性恋者、乳房切除女、自闭症孩子、抑郁症女人、口吃者、相貌丑陋少女、阳物不举男、先天智障者、小偷、乞讨者、绝症患者、失独老人等等，当然还有更多身份普通的小人物。有人认为我是中国作家中很擅长写边缘人的。

我想说的是，这些人物散布在社会的各个角落，在生活中经常处于边缘。因为边缘，他们容易与生活的墙碰撞，碰得内心受伤。他们身上呈现出的更多是残酷而不是抒情。作品中之所以还有抒情的气息，那是因为我视他们为平等的朋友，然后我在他们心里看见了正常的浪漫色调。

徐勇：但读您的作品，我又感觉您是一个内心平和而安静的人，这与您的作品带给人的内在焦虑和紧张并行不悖共存于小说之中？您有没有想过这个问题？或者说这是否就是您所追求的写作观或文学观？

钟求是：平和与焦虑，安静与紧张，这种矛盾的气息若能纠缠于一个作品中，那该多好呀。我不知道我的作品能不能真正达到这个效果。这种效果其实是不能去追求的，而是在小说推进过程中生发的。对我来说，目前要努力的，就是去捕捉日常生活中的隐秘，去探秘人的内心地域。尽精微致广大，深度切入生活细部，深度勘探人的内心，能形成大的气象。

徐勇：我最近在读安徽作家李凤群的《大野》(《人民文学》2018年第10期)。这部长篇小说在风格上与您的作品截然不同。其语言粗粝不羁,不似您小说语言的精致典雅,其人物野心勃勃内心躁动不安,不似您小说的主人公笃定娴静。但读完两部小说,我的感动却是相似的,那就是,虽然两部作品代表了两种不同的写作风格和针对现实的态度,但在表现作者内心的困惑和对时代的质询时,却是高度一致的。两部作品都给我以长久的感动。因此,我想,只要是与时代保持一种审视的距离,不论你是在直面现实还是处于边缘姿态,都能写出好的和让人感动的作品。这可能就是一种矛盾吧。我一方面希望您"与时俱进"写出"正面强攻"现实的作品,一方面又希望您一直保持这种风格。不知道您自己是否会有这样的犹豫?您是如何看待这两类作品两种风格的?

钟求是:当然不会犹豫,我是坚持的人。而且边缘只是站位和目光,这并不妨碍有时对"现实"发起近身一击。

为了说明我的坚持,讲一件事吧。《当代》杂志是现实主义的大本营,喜欢刊发你说的"正面强攻"的作品。我的小说其实跟他们的风格算不上很贴。十几年前,我给《当代》投稿,他们发了我不少东西,包括《零年代》。同时编辑老师们又老想改造我、收拾我,但最后发现根本动摇不了我。在一次《零年代》北京研讨会上,《当代》主编洪清波老师讲了一段话,我很愿意引用一部分。洪清波说:我们最初的感觉,他是天生的很好的作家,但又好像老背负着一个南方作家的负担。因为妨碍南方作家进步的一个共性问题,就是特别细腻化、特别情绪化的这些东西。所以我们经常跟钟求是打来打去。为这些事,有一年我们还跑到温州去收拾他。我现在慢慢地体会了钟求是的坚持,这是我在别的作家身上没有体会到的。我看《零年代》的时候,觉得这个小说叙述的事情本身似乎并没有太多的特殊之处,但是很感人。感人的原因是什么?后来想了想,想到了钟求是隐藏得比较深、与众不同的东西,即钟求是不仅特别关注边缘人,关注底层的小人物,而且他的思考是多么与众不同。从五四文学以来,中国文学的传统就关注劳动人民,关注被压迫人民,但是现在我发现钟求是与别的作家都不同,与中国文学传统关注的底层都不一样。以前我们关注底层的时候,关注的是他们整体的命运,是一个集体的东西。换句话说,我们关注底层是有目的的,关注底层是为了革命家,为了文化精英,是寻找反对不合理制度的工具,我们不关注底层的个体命运。钟求是不是这样。钟求是关注底层,完全没有这个目的,完全回归到关注人性本身。应该说,我还没有看过第二个中国作家能做到这样。

洪清波还说:因为自己的一些行为,沦为了一个不幸的人,或者说一个时代的失意者。这些人该不该关心,怎么关心?该不该尊重,怎么尊重?我们看外国小说的时候，这个问题都解决了。我们看伊朗一些电影，看欧洲一些小电影，其实关心的都是这些东西。但是在我们自己的文学里，好像还没有作家像钟求是这样去关注这些人，关注小人物命运的本身。从这个意义上说，钟求是让我知道了什么叫小说的文学含量和文学价值。应该说，在中国文学高度同质化的今天，钟求是这个作家的出现，改变了我们的一些观念，也让我们体会到了坚持个性的宝贵。

徐勇：我感兴趣的是，您的下一步长篇是否着手在写？大概什么时候能够面世？

钟求是：是的，我在写一个长篇，大背景小人物。呵，不能太慢，大约明年能出来吧。

徐勇：期待您的下一部长篇。谢谢！

评　论《

语词的乌托邦：在文字搭起的世界中徜徉

——钟求是论

徐　勇

钟求是的小说总能给人以持久的感动，但是感动之余又让人茫然。因为我们都知道，越是美好的事物，越是脆弱不堪，越是粗野的反而可能生机勃勃。这些故事虽然“静美”“悠空”（《零年代》），毕竟与粗犷的现实生活或“公共现实”“现实主流”[①]隔着几层。想从他的小说中找出生活的热闹与惊奇的读者，定会大失所望。因为，钟求是用文字搭起的是现实生活的热闹之外的另一个世界，这一世界与现实表象彼此隔膜，即是说，他并不是要去直面现实生活的坚硬，或者以传奇笔法聚焦现实问题，他是想在生活的喧嚣浮躁与热闹之外另觅和重构一个纯粹的或者康德意义上的“优美”的世界。钟求是的小说，让人想起汪曾祺和他之前的京派传统。汪曾祺曾被誉为最后的京派，但是，这“最后”之“后”，还有钟求是。他们同属于中国抒情传统一脉，就浙江作家而言，20世纪80年代寻根文学时期的李杭育和他的《最后一个渔佬儿》也属于此一类。“最后”之“后”，其实不是终结，而是未来的诸种可能。虽然说这样的抒情写作，在今天的中国并不多见。

① 钟求是：《写作是一种逃离》，《谢雨的大学》，花城出版社2010年版，第119页、第120页。

二

而说钟求是属于中国抒情传统，是说他的小说自风格稳定且成熟以来，通过文字和叙事搭建起来的是一个“有情”“有义”的世界。他的主人公可能对社会理想或宏大叙事淡漠消极，行止散淡疏懒，对世俗意义上的成功漠不关心，比如说树井(《愿望清单》)、赵伏文(《零年代》)、李约(《最童话》)和作者常用的第一人称主人公“我”(《两个人的电影》《第二种诉说》《练夜》《皈依》《请你过来一下》)，甚至于“钟求是”自己(《水下的村子》)，但他们的内心却始终怀有一股特有的柔情和执着。一方面是外表的淡漠，一方面是内心的坚守，两者间的张力结构和反讽关系构成了钟求是小说的鲜明风格和独特魅力。他的小说之所以让人感动或唏嘘，某种程度上正在于这种对照和对这种张力结构的把握。作为淡漠的结果或者说前提(两者之间常常难以区分)，他的主人公们会采取自我放逐的方式同社会保持距离：赵伏文平白无故丢掉公职，树井为了“愿望清单”毅然扔掉工作；或者甘于生活的“每况愈下”或者甘于被社会遗忘。但另一方面，他们又相当执着，一旦在内心有了自己的认定或确认便又显得“执迷不悟”。赵伏文最初对林心并无多大兴趣，可一旦发现对方在对世界的态度上与他十分契合，便会在“殉情”的名义下不管不顾地走向废弃的空心村。树井最后从楼上的纵身一跳，与他身处繁华都市杭城但内心却始终倍感荒芜的异乡感息息相关。一旦寻找丢失的故乡的努力宣告失败，他的纵深一跳就不可避免。这一纵身一跳对他而言，完成的其实是对无情世界的抗拒和对大地的深情拥抱。抗拒的是这一世界的冷漠与无情(他的被抱养是其鲜明象征)，拥抱的则是他对逝去或失去的故乡的深深怀念。

对钟求是而言，他的小说世界是一个有情的世界，还因为他表现了另一种特别的善。比如说他的主人公带瞎子去按摩和嫖娼，也是一种行善。因为，瞎子一直无从得见女人，但又渴望女人，这种所谓的性的苦闷和矛盾，在钟求是那里却是一种向善的力量。瞎子所渴望女人的并不是简单的性与欲，而是一种自然本性，本性得以张扬，或者说得到满足，在他是变得更加自律和纯净(《练夜》)。比如说延续了 28 年之久的固定在某一天的男女两个人的电影之约，其看似不伦或有违道德，但那心与心之间的交流和一直陪伴到老的誓约，相比今天大多数的爱情却更让人动容与动情(《两个人的电影》)。比如说“我”把经常喝醉酒惹事而又暴怒的父亲关进棺材，看似大逆不道，但其中的深情以一种扭曲的形式表现出来仍让人唏嘘不已(《远离天堂的日子》)。

可以说，正是因为其有情，带来了钟求是小说的抒情风格和特有的诗意，他的小说呈现出一种特有的时间上的“静慢”和迟缓来。抒情和“静慢”之间构成某种互文关系。抒情使得他的小说格外注重情绪的连贯、坚定和对具体时空的超越。即是说，他的小说格外漠视或者说通过抒情过滤掉了时间的流逝，比如说赵伏文，为了悼念亡故的林心，在与林心同名的林心村一待就是8年(《零年代》)；比如说昆生和若梅，他们的约定持续了28年直到一方的去世(《两个人的电影》)；比如说式其，32年的时空并不能滤去他记忆中一个撑着纸伞的年轻女子飘然而去的模糊背影(《街上的耳朵》)。透过时间的迷雾，某些坚固的东西，并没有随快速变化的社会烟消云散。在钟求是那里，时间是缓慢而又有着诗意的线索，它能改变一个人的容颜和处境，却不能改变一个人的心性和柔情。这可能就是钟求是小说独有的诗意和感人至深的地方。虽然说有情带来了钟求是小说的抒情风格和特有的诗意，但若把这种抒情风格孤立看待则又是误解了作者。就像前面分析，有情是相对于社会的无情和冷漠而言。抒情之于钟求是不仅是一种叙事风格，还是方法论。即是说，钟求是以一种静态的、稳定的和温暖的抒情抗拒动态的、变化的和浮躁的“现实主流”。

但钟求是也清楚，这终究是一厢情愿。因为，社会的发展是不以个人的意志为转移的，时间的流逝和社会的快速发展，终究会昨是而今非，曾经美好的一切必将烟消云散。《零年代》中一个细节很有意思。当赵伏文得知林心的身世之谜后，尝试通过故事讲述的方式想象还原她被遗弃的多种可能。事情起因于他的巴梨镇之行，巴梨镇是林心被遗弃前的故乡，他漫无目的地走在巴梨镇的大街上，只是“一厢情愿地来嗅嗅气息”，尽可能地感受一下林心的“压着”的“心事”。但走着走着，在那里的一个茶馆里，他突发灵感，尝试通过文字想象“还原”林心被遗弃的“可能的真相”，然后把这些故事写下来寄给林心。林心当然知道这是虚构，但她还是被深深感动和温暖着。因为在虚构中，事情有了多重起源和多种走向，她的被遗弃也就可能有了美丽而忧伤的合理解释。正是这虚构，温暖和感动了林心。这就是虚构的力量。其意义在于亦真亦幻的想象性，人在其中获得了安慰，和面对生活的勇气。即是说，虚构是钟求是也是他的主人公们对抗现实世界的“装置”，透过这个装置，钟求是可以悠闲而诗意地打量这个社会，想象其各种可能。透过这一装置，同样也可以看出钟求是的“情感结构”。钟求是曾用“温暖而伤心”[①]来形容他面对自己小说时的感受。“温暖”是因为他创造了一个有情的世界，“伤心”则源自他作为作者的无奈与困惑。他知道或清楚这只是他的一种创造，世界就其本质而言是冷漠的或异己的。这种感受

---

① 钟求是:《街上的耳朵·后记:日常的边缘和受困》,《街上的耳朵》,北京十月文艺出版社2018年版,第327页。

的由来，有理由认为与“快速奔跑的时代”造成的“焦虑和不安”这样一种“现代人内心的精神障碍”有关。[①] 这既是作者的主人公们存在的问题，也在同样困惑着作者自己。对于快速变换的外部世界，钟求是选择了从“内心”的表现入手，即是说，钟求是寻求的是一种同现实的间接关系，或者说，他需要获得同社会的某种距离，以此可以从容打量或勘探这个世界并获得前行的力量。装置的意义正在于个人同世界审美关系的获得和距离的制造。在钟求是这里，这一装置除了叙事虚构之外，还有诗歌（《愿望清单》）和电影（《零年代》《两个人的电影》），甚至钟求是的间谍身份。

即是说，诗歌和电影在钟求是这里只是在象征的意义上显示其存在：虽看似具体但被高度抽象化。比如说《两个人的电影》中若梅所列的长长的电影名单，只是在放映时间点的对应上显示其意义，三十多部电影象征着三十多年的坚守和约定，这些电影篇名的并列，彼此之间并无任何逻辑关系。这一象征意义，在钟求是那里体现为相互关联的两个方面，即现实日常的暂停和再造上。就像贺绍俊所说：“钟求是把自己的文学世界建构在电影院里，是因为他要从现实中逃离出来。”[②]看电影的意义在于，这是日常生活的暂停和休止，让人放松自己，生出许多遐想的空间。电影提供了现实日常之外的另一种可能。就像赵伏文对林心说“看电影也是做梦，爱白日做梦的人，已经不多了”（《零年代》）。钟求是特别推崇大白天看电影，赵伏文正是因为林心白天看电影而深深爱上了对方。众人都在奔波忙碌，为俗事烦恼，她却躲在电影院里，可见这是一个特别的女孩，正是这一点说明他们心意相通：他们都是对“现实主流”保持距离的散淡之人。诗歌也是如此。它能让人在日常生活的轨道上停下来驻足片刻，让你产生一种现实生活的偏离和例外，一个小小的惊喜，或者说旁枝逸出（《愿望清单》）。换句话说，这些都是逸出的力量和事物。不难看出，钟求是所倾心的正是这种现实日常之外突然的小小逸出。可以让人驻足片刻，休息，或者思考。同时，诗歌和电影的意义还在于，借此打开通向世界的另一种可能，比如说《零年代》中赵伏文在林心村给孩子们放的那场虚拟电影就格外具有象征意味。它让从未走出乡村的孩子们充满了对城市的无限想象。可见，装置之于钟求是具有双重意义，其既能让人逃避现实，同时也是在想象性再造。对于生活在林心村的赵伏文的孩子们（《零年代》）和若梅昆生们（《两个人的电影》）来说，通过电影的观看，他们对外面的世界或日常现实之外的世界有了极大的好奇。而对于赵伏文和林心（《零年代》）而言，通过电影，则能完成对现实的逃避和内心的安慰。

---

① 钟求是：《街上的耳朵·后记：日常的边缘和受困》，《街上的耳朵》，北京十月文艺出版社2018年版，第329页。

② 贺绍俊：《从时空上追寻文学的踪迹——读钟求是的小说》，《文艺报》2014年2月14日。

不难看出,钟求是和他的主人公对他们身处其中的世界是充满了警惕、厌倦和怀疑的。他们都是内心“孤独”的人,用钟求是的话说就是:“写小说的孤独在于游离当下”[①],内心“孤独”和“游离”使得他们对时间流逝的快或慢,既敏感又“迟钝”。赵伏文之所以“远未喜欢上这个城市”,是因为其“无处不在的商品气息,华丽而粗俗的民风”(《零年代》),这让他生出一种异己感,“觉得自己是这块生活地的局外人”。“局外人”这个词对理解钟求是的小说十分关键。与这一概念家族相似的说法还有“多余的人”“没用的人”(《零年代》)等。他的小说主人公大都是一些“局外人”形象——中国式的“局外人”。说其是中国式的“局外人”,只是表明他们与这个社会的若即若离:不脱离社会,但也进取不足;既不排斥,也无心融入。但另一方面,他们内心又有自己的执着和坚守。即是说,钟求是的这些局外人形象,都是相当固执的人。他们所表现出来的只是对“现实主流”或“公共现实”的不满。为什么不满?从前面的分析可以看出,赵伏文所不满的是这个社会的浮躁和艳丽,这些都是变动不居的存在,是变,是时代的浮躁和时间的“加速”让人不安。他所倾慕的是那些沉潜的可以让人心静的事物,也就是说某些让人温暖的具有恒久价值的东西。钟求是之所以喜欢写出主人公的那种“慢生活”“慢节拍”和进取心的不足,正是源于对那种变动频仍的快速发展的不满,所以作者采取的策略是虚化背景,淡化时代和时间,凸显十数年如一的不变(《两个人的电影》),都是想抵制时间的“加速”给人带来的压迫感和紧张感。他身在杭州或温州那样的城市,明知现代社会的快速发展,却无比怀念32年前的旧梦(《街上的耳朵》)和36年前的约定(《两个人的电影》)。这是一种典型的怀旧写作,是对时间的快速发展的拒绝。他的小说越是表现出古典主义的怀旧风,越是让人感到加速时代的压迫感。这是必须弄清楚的。没有这个背景的参照和对照,就不能真正理解钟求是的“慢生活”和审美文学风格的营造。

二

这样一种古典风格,使他的小说格外明净、纯粹而质朴。有点像汪曾祺及之前的京派一脉。但这只是表面,表现在他小说的内在肌理部分,则是一种张力结构,即体现为一系列二元结构的对比和对照上。比如说枯寂与生动、淡漠与热情、惯性与例外、热闹与虚静、城市与乡村、现实与想象、无奈和执着、悲与欣等等对照和对比上。钟求是的小说,正是在这种鲜明的对立中,建立起其明确的立场和判断。这样

① 钟求是:《在孤独中回望》,《文艺报》2014年2月14日。

一种对立和对照，表现在钟求是的小说语言风格上，是外在迂曲明净与内在紧张焦虑的映照。这是钟求是不同于汪曾祺和沈从文前辈的地方。钟求是无意追求意境的悠远，或者说突出风景风俗描写，钟求是追求的是一种叙事和语言风格的独特性，即是说，钟求是是想通过语言的雕琢和搭配，搭建起其虚构和想象中的另一个世界。语言的古典追求和古典气质是钟求是区别于汪曾祺等人的地方。下面将以《零年代》为例集中探讨钟求是小说的语言风格。

虽然《零年代》（人民文学出版社 2009 年版）创作于 2008 年，这一作品在钟求是小说中的分量之重是不言而喻的。这是作者目前仅有的一部长篇，对于理解作者的美学追求和创作倾向具有标志性意义，某种程度上是理解作者的钥匙。就语言风格而言，钟求是小说风格的独特性体现在三个层面。第一层次，是与动词有关的句型喜好上，集中体现在“让字句”和“把字句”两种句型上。“让字句”有“让淡蓝色离开了她的身子”（32 页）、“让忙乱赶着走”（41 页）、“让自己点了点头”（120 页）、“让声音在教堂里撞来撞去”（130 页）、“让数字从脑子里走开”（194 页）“让运气向自己挪了一步”（227 页）等。“把字句”则有“把高兴收起”（38 页）、“把自己丢进水里”（44 页）、“把脚步拍出声响来”（126 页）、“把电筒的光往上送去”（127 页）、“把问号拿到樟树下一说”（127 页）、“把肚子撤了”（202 页）、“把肚子里的孩子留住”（202 页）、“把身子滑进被窝”（202 页）、“把日子划给了公司”（227 页）等。

钟求是之所以喜欢这种句型，就其效果而言，是想表明一点，即，一个“局外人”或者说生活中的“失败者”，同样可以把握世界，做生活的主导者，具有自己的主体性。“让字句”“把字句”的使用正表明了这点。比如说“让数字从脑子里走开”，像这样的句子，存在两个主语（后一个主语同时也是宾语）和两个动词，两个主语分别是“云琴”和“数字”，动词则分别是“让”和“走开”。“数字”是不可能走开的，这里通过“让字句”的使用，其实是采用了一种拟人化的方法，但这种拟人化出现在第一个主语云琴之后，因此，其拟人的效果就是为了表现云琴的主动性和主体性。比如说“把脚步拍出声响来”，“把”的主语是赵伏文的儿女清明和夏子，脚步不可能拍出声响，这里使用“把字句”是想制造出一种动感和热闹。即使是孩子，也具有一种动能和主体性。再比如说“把日子划给了公司”。一直以来，赵伏文靠云琴在 KTV 上班养活自己和全家，现在，他好不容易找到了一份临时工作。这里用了“把”字，似乎表明是他在主动支配自己的日子，而其实是公司在雇佣他，他是被动的。这里的“把”字让他有了一种主人翁的感觉，生出一种豪迈来。

在钟求是这里，“把字句”和“让字句”的区别似乎只在于语气上的强弱不同。

“把字句”比“让字句”更能凸显句子主语的主体性和主动把握能力。相比之下,“让字句”则显得更为生动活泼,更具有动感。另外,就主客之间的关系论,“把字句”显示的是主体和客体的主从关系,而“让字句”显示的则是主体同客体的和谐关系。比如说“让声音在教堂里撞来撞去”“让数字从脑子里走开”“让运气向自己挪了一步”,这里,其实有三个名词,其中一个主语,一个宾语,一个与介词组合。“让”在这里起着连接主语和宾语的衔接功能,同时也使得三个名词之间处于一种协调的关系。这里体现出来的,是人与自然和世界之间的和谐,个体在其中始终是具有主动性的存在。这与小说的主人公那种“局外人”和失败者角色形成一种鲜明对照。即是说,我们虽然生活在一个异己的世界,一个被异化的关系中,但通过语词的使用,却可以再造一种个体与世界的和谐关系。从这个角度看,钟求是其实是在用语词搭建一个语词的乌托邦。

第二个层面即语言风格的矛盾对立与和谐统一上。这种追求在他的《零年代》中有完美而几近苛刻的呈现。说其几近苛刻,是因为这部小说一方面惜字如金,能用一个字的时候,绝不用两个字,一方面又故意把一个动作能表现的事情拆分为两个甚至三个连续的动作。这看似矛盾,但其实正是钟求是风格的表征,即语言使用上的简洁和繁复的鲜明对比。

这种惜墨如金,主要体现在动词的使用上。他在动词使用上喜欢用单字,比如说“攒”“扑”“收”“丢”“搁”“携”“弹”“戳”“蹿”“捎”,单字的使用意在制造一种文风上的简洁干脆的效果。与动词使用上的简洁相对照的,是在形容词的使用上,作者却喜欢用叠字,如“虚飘”“静淡”“空寂”“悠空”“怯静”“稀弱”“瘦长”等。这些形容词,其实都是两个同义词或近义词的重叠而成,因此,在钟求是那里,他其实是自造了很多新词。这可能是钟求是对现代汉语的贡献。但这种自造并不让人感到生硬。因为这种自造,是与钟求是小说语言风格和谐且相统一的。这种简洁和繁复的对比说明了什么?作者为什么喜欢把形容词上的同义词和近义词叠合起来使用,却倾向于单个动词?形容词的叠合使用会有什么效果呢?这种简洁表明了钟求是对动词的态度:即简洁明快或表现动作即可。同义或近义形容词的重叠,则表明他对气氛的营造和环境的渲染与语气上的强化。一方面是语气上的强化,一方面是动作表现的简明,这样一种风格的对比说明,钟求是追求的是叙事和语言风格上的疏密得当与错落有致,和他对古典白描手法的继承和发展。即是说,在气氛的营造上下足工夫,然后在动词的使用上采用单字,其结果就显得气韵生动而活泼热闹了。这是钟求是用词上的特点,通过动词和形容词的对照,营造一种具有对比鲜明的具有层次感的叙事风格，其核心和重点是在动词上，这样一种风格还表现在形容词动词化和动词名词化两个方面。前者有比如说“新鲜起来”(129 页)、“朦胧起来”(85 页)、“天空是淡的……静着几片云”(86 页)、“淡下来”(126 页)等。后者有比如说“脸上摆着犹豫”(169 页)等。

虽然钟求是在动词的使用上喜欢用单字，但有时候他又喜欢把一个动作分解成两个动作，比如“林心说：‘赵伏文，你要是这么想了，就把这些想法捆起来丢到梦里’”(30 页)，“他抬起脑袋找云琴，找到了”(85 页)。这种拆分的好处是，可以使用两个动词(字)。其既凸显出了动词使用者的主动性和能动性，也显示出了叙事的层次性。就前面那个句子，可以改写为“就把这些想法收起来”，后面的可以改写为“他找云琴，找到了”而不影响意思的表达，但这样一改，韵味就没了，以至于显得干巴巴。比如说“赵伏文……突然梦醒似的一甩脑袋，转身乱着步子蹿出门外”(92 页)。这里后半句，连续用了三个动词“转”“乱”“蹿”，是为了表明赵伏文第一次看到云琴胴体时反应上的忙乱和紧张。显然，用一个或两个动词是无法达到这种效果的。

第三个层次体现在环境描写的动静对比上。其表现有三。一是，钟求是喜欢在一种对比中表现环境，即越闹的环境越要显出其静，而越静的环境则要显出其闹来。比如说赵伏文，在喧闹浮躁的城市，他的心态和行为却是懒懒的。这是性格和环境的对比。再比如说在林心村，这是一个空心村，只有赵伏文一家和耳朵爷几口人。为显示这个村庄的生动、热闹，钟求是使用了大量的拟人化手法。比如说“收音机的声音蹿到月光里，变得好听起来”(70 页)“歌声止住，脚步声从教堂里淌出来”(71 页)，“两人脸上跑出了快活”(126 页)等。二是，无生气事物的拟人化手法和形容词静态化的对比效果上。作者一方面喜欢用拟人化手法，这无疑会使得无生气的事物显得生动、活泼；但另一方面，他却又总是使用带有静态意味的形容词，以制造环境静的效果。比如“静慢”(11 页)、“静淡”(71 页)、“空寂”(20 页)、“悠空”(14 页)、“虚飘”(64 页)、“阴淡”(46 页)、“虚空”(37 页)等。三是，拟人化手法在钟求是小说中被普遍使用，但其效果是双重的。一种是为凸显被表现事物的喧闹，而使用拟人手法。比如说赵伏文因为林心来到巴梨镇，叙述者用了“商店们和男女们凑出了喧闹景象”(10 页)，车辆和人“它们和他们都显得骚动”；一种是为显示被表现事物(静物)的生动或生气而使用拟人手法。比如说“天气深一脚浅一脚往冷里走”(72 页)，“故事是从这个山村出发的”(80 页)等。

拟人手法当然能带来生动、活泼和动感，但就其效果和上下文语境而言，其意义却是不一样的。比如说“阳光从窗帘上方的空隙里跳进来，在他脸上形成一块光斑”

(3页),这里是表现主人公闲极无聊的状况,所以用了“跳”字,以形成无聊和跳的对比。而在另一种情况下,作者又这样写道:“一缕阳光透过窗帘的缝隙投进屋子,在床上形成一块光斑。”(231页)这里用了两个动词“透过”和“投进”,这里形成的对比是阳光和床,与前面的阳光和主人公赵伏文的对比不同。床是静止的无生气的,而阳光是生动的,这里的动静对比,是为了表现阳光的调皮、固执和可厌了,小说接着前面的话写道:“光斑慢慢移过来,逗留在云琴脸上。云琴的脸因为湿着,被映得一闪一闪的——原来她早已哭了。”这里连续用了数个动词,都是为了突出阳光的不解风情,此时就不是可爱而是调皮。

三

可以说,这样一种对语言风格上对比效果的追求,反映出两个方面的问题或症候。首先是主人公的内心冲突和矛盾。也就是说,这是赵伏文对热闹环境的厌倦和对宁静生活向往的表现。对赵伏文而言,他的懒只是外表,内心却是极固执。即是说赵伏文是一个懒散但却很固执的人。为什么要这么固执呢?我们不得而知,我们只知道,他对于传统意义上的事业或进取心都无兴趣。我们也知道,他不喜欢闹的环境。即使是在林心被遗弃的小镇巴梨镇,在他眼里,与一般的南方县城,甚至和他生活的城市也并无不同之处。走在街上,他“觉得太闹”。不难看出,赵伏文所不喜欢的,是现代的那种眩晕和带给人的陌生感,即“局外人”体验。他在城市里找不到认同感。而一旦与他很对心的林心跳楼身亡后,这种感觉更是强烈,所以他才会来到被遗弃的空心村——林心村。

这样一种体验,有必要把《零年代》放在快速变动社会的背景下加以讨论。其中赵伏文和云琴在林心村的经历即是这样一种状况。林心村从空村变成被遗弃的村庄的过程,体现出来的就是快速变动社会的发展形态:社会加速发展,城市化进程加快,农村人口向城市靠近和转移,社会的快速变动带来了越来越多空心村的出现。而赵伏文和云琴,却反其道而行之。别人是离开村庄走向城市,他们则是从城市回到农村:一个是被城市伤害,受伤而回,一个是因为对城市快节奏(即所谓喧闹)的生活心生厌倦。他们回到林心村,其实就是回到了慢生活中。

其次是作者的矛盾反映。卢卡契曾指出:“每一部文艺作品正是在它的结构的基本原则上,最深刻地为作者的世界观所支配。”[1]作者之所以倾向于拟人化的手法

① [匈牙利]卢卡契:《叙述与描写》,《卢卡契文学论文集》,中国社会科学出版社1980年版,第70页。

和对形容词的选择上下工夫，某种程度上基于他对世界和个人关系的认识。“日常生活”是其关键词。钟求是说“我是个平淡的人……但正是这种日常的优势让我干了十五年特殊的涉外工作。同理，文学的目光可以盯住大苦大难，也可以打量日常生活。但平淡之下，又潜伏着复杂的悲欢情感”①，这段话虽然讲得“平淡”，但可能潜藏着钟求是小说的秘密。即是说，“日常生活”既是一种生活状态——作者个人和主人公的生活状态——也是一种视角。结合作者接下来的话，这样一种生活状态，并不是通常意义上的普通大众的生活，而是那些“生活中处于边缘的人”②的生活状态，也就是说，钟求是表现的是那些处于边缘的日常生活，借此以表现个人与世界的关系和他对这两者关系的认识。换言之，这是从世界的“边缘”“打量”世界：我们虽然不能掌握世界，虽然常常不免沦为失败者，但我们同样有一种便利，一种可能。我们同样也是生活的主人，我们同样有我们的主体性，这种主体性表现在主人公那里，就是对生活之外世界的执着和对“现实主流”的反抗和拒绝上。这就是自由，最大的而最为广阔的自由。就作者而言，则是想象和构造的自由。

当然，也是词语的构造和搭配的自由。通过对词语的选择和使用，钟求是构造了一个生动充沛水汽淋漓的主体性的世界。我们虽不能掌控世界，但可以通过词语搭配构筑起一个世界。就像《零年代》中赵伏文的孩子们，他们虽然没有到过村子外面的世界，但通过赵伏文的讲解，为他们打开了一种新的可能。这种形象，虽然是由一个个词语构成，像中国、城市、楼房等，但这些词却激起了孩子们无限的想象和憧憬。这就是词语的力量。通过词语搭建的世界，虽抽象，但极具想象力和能指性。钟求是是在用词语搭建起一个另外的世界，一个与现实世界不同的想象的世界。其虽让人觉得不实或不可实现，但能让枯燥的现实充满亮色。钟求是所做的工作，正是为了给现实日常的暗色之外，构造一个亮色的世界。这是一个充满各种可能的想象的诗性的世界。

如果说钟求是的小说是通过词语搭配构造起来的一个诗意充沛的世界，这一世界有的只是“怨而不怒，哀而不伤”，而没有“大苦大难”。即是说，语言上和叙事上的节制，反映出来的是作者的中庸思想和平和的心态，或者说同现实的妥协与不妥协。表面看来，他的主人公大都有着针对现实的不妥协态度，但这种不妥协其实是最大的妥协。就像树井，跳跃后终究还是要回到地面。这可能是最大的悖论：一个时刻想离开土地的人，最终还是要回到土地（《愿望清单》）。毕竟，他的主人公的不妥协

①② 钟求是：《街上的耳朵·后记：日常的边缘和受困》，《街上的耳朵》，北京十月文艺出版社2018年版，第328页。

或者“边缘”姿态只是一种抽象的和模糊的情绪，一种针对日常的惯性的旁支逸出。他很清楚，这只能是暂时的和发生在另一个层面的存在，与现实日常并不冲突，也不构成重叠关系，就像若梅和昆生，他们的“两个人的电影”只发生在距离他们生活的城市之外的另一个陌生的空间（《两个人的电影》）。就像“我”的倾诉和表达的愿望，只发生在某一偏远山村的哑巴那里，与现实日常终究两隔（《第二种倾诉》）。就像冬媛夫妇，失去爱子后的晚年生活的全部希望只存在于旅途中和另一个城市的星期二咖啡馆里（《星期二咖啡馆》）。或者另一个遥远的和逝去的时空，与当下终究隔着千重万重，只能遥遥相望或想望（《街上的耳朵》《水下的村子》）。这应该说是钟求是小说的最大贡献，他创造了一种针对现实日常的审美的和诗意的表现。若即若离带来了他的小说的诗意充沛，但同时也带来了小说的“无力感”。他不是针对现实的正面强攻，是侧面出击（即“边缘”），因而显得秀美有余而气势不足。他的小说终究距离美学上的“崇高”还有一段距离。而这，似乎也是京派小说及其抒情传统向来存在的问题。当你在某一方面向世界敞开的时候，也可能关上了另一扇门。这就是世界的辩证法吧，既如此，我们又怎能去苛责某一个作家呢！

（载《小说评论》2019年第2期）

主要作品目录《

长篇小说

《零年代》，人民文学出版社2009年版。

《等待呼吸》，北京十月文艺出版社2020年版。

中短篇小说集

《我的逃亡日子》，中国文联出版社2003年版。

《谢雨的大学》，花城出版社2010年版。

《给我一个借口》，浙江文艺出版社2011年版。

《两个人的电影》，春风文艺出版社2012年版。

《昆城记》，作家出版社2018年版。

《街上的耳朵》，北京十月文艺出版社2018年版。

周大新

男，1952 年生，河南邓州人。

小　引《

南阳是一个盛产作家的地方，坊间于是有南阳作家群之说。各地都有作家群，如果要像奥运会入场式那样列队出场，南阳作家群堪称人数众多、品类齐全、实力雄厚。真要“拉出来遛遛”，在赛场上比试比试，恐怕与那些号称甲级队的作家群也不相上下。这原因虽有种种，但既以南阳这个地域的名称命名，地域原因自然就占有绝大的比重。所谓一方水土养一方人，“山林皋壤，实文思之奥府”（刘勰语），有南阳这块土地上独特的人文自然资源的滋养，自然就有这个不同凡响的南阳作家群。我不想在这儿重复南阳这块地方的独特性种种，有个例子，颇能说明问题。记得某个时期，社会上曾有迁都之议，有人认为南阳应为新都的最佳之选，而且持这种说法的专家学者还不在少数。兹事体大，自然不能由这些专家学者来定，但这些专家学者既言之凿凿，亦可见南阳这地方确属人杰地灵，有别的地方所不能比及的独特性。

南阳的独特性，自然在南阳作家的创作中都打上了烙印。但这烙印的打法却并不完全一样，所烙下的印记，也不完全相同，或完全不同，因而同为南阳作家群的作家，其地域特色，在创作中，却有不同的表现。通常看一个作家创作的地域特色，主要关注他作品中所描写的自然景物、生活方式、风俗习惯和方言俚语，等等，认为这些东西是最能体现作品地域特色的一些生活元素，这自然不错。但要深入仔细地想一下，你难道不觉得，一部作品，把这些东西写得逼真，尽管也加强了它的文学性，增加了它的地域特色，但仅以这些生活元素相标榜，夸耀它对于文学的意义和价值，岂不是把文学当成了地方志或风俗志。当年高尔基讲文学是人学，就是针对方志学说的。他说，你们研究的是方志学，我研究的是人学。人学和方志学虽有相通之处，但却是两种不同性质的学问。所以追求文学的地域特色，不能让文学变成方志学或民俗学，而要以人为本，保持它的人学本色。在南阳作家群中，如果说周大新作为一个南阳籍作家，与别的南阳籍作家比较，有什么独特性，这独特性就在于，他的创作在保持南阳地域特色的同时，始终不忘文学的人学本色。

就我的阅读印象而论，这本色的表现，我以为有如下几个方面：

其一是不拘泥于复写童年记忆中的具体人事，而是着眼于这些人事所体现出来的爱与善的品性。童年记忆总是重视地域特色的作家的文学创作之源，周大新也是如此。他特别看重原型的作用，就是因为这个原因。但周大新所谓的原型，不一定是西方理论家所说的，从集体无意识中生发出来的原始意象，而是童年记忆在他的心灵深处所留下的情感烙印。这种情感烙印虽然也附着于某些人事，但一旦这些人事成为他的创作对象，这种情感烙印就由最初的感动，升华成了作品或向善或求爱的价值取向，这种价值取向因为是源于对故乡人事的童年记忆，而不是来自某种抽象的理念，因而总保有具体人事的友爱和温情，有很重的人情味。

其二是把故乡经验中的人事与人的普遍本质联系起来，努力透过具体人事的印象挖掘人的本性。何弘先生在本辑的评论中说，周大新很喜欢托尔斯泰和沈从文，受这两位作家的影响很深。而这两位作家所表现的爱与善，在我看来，都不仅是某个具体个体的德行和品性，而是人的普遍本质的表现。如果说托尔斯泰的这种普遍本质，是来源于他所持的宗教观念，那么，沈从文就是来源于他对人的自然本性的观察和体悟。周大新把这两位作家所表现的爱与善，都灌注到他笔下的人物身上，让他笔下人物的个人品德，弥散为人人心中所有的那一点爱欲和善根，所写虽属具体人事，却能触摸天良，直指人心，因而具有超越作者一己经验的普遍性。

其三是由个体而及于社会，由个体的善恶美丑、爱恨情仇，而及于社会众生的情感和欲望，“走出盆地”，出离南阳，展现一个更大的表现乡土经验的空间。周大新的创作题材迭经变化，由军旅到都市，而后回归乡土，经历了一个否定之否定的辩证发展行程。但无论题材怎么变化，都离不开他所拥有的独特的南阳经验和乡村视角。就像一个人透过太空望远镜观察浩渺的太空，在你眼前展开的虽然是一个陌生而又遥远的太空，但对这太空的印象和感受，却源自你所熟悉的过去经验。周大新就是这样带着他的独特的过去经验和人生视角，辗转于军旅，出入于都市，爬梳家族历史，描画乡村变革，写尽了世事沧桑变幻，人生悲欢离合。如果要把这些创作整合起来，称之为社会人生的百科全书也毫不为过。

中国有悠久的乡村文明，所以乡土作家格外招人待见。但从现代的观点看，作家的经验和视野宜乎广阔，所以，称一个作家为乡土作家，听起来亲切，却未必一定就是高名令誉。周大新自然不是一个纯粹的乡土作家，因而也不能把他局限在一个地域的作家群内。我之所以从这个角度来谈他的创作，是因为我觉得在现代文学史上，有过乡土经验的作家很多，把这种经验写进作品，成就各种文体的佳作，更不在少数。但像周大新这样，始终怀着深厚的乡土情结，却又时刻不忘面向社会人群，注目历史时代，让这份乡土情结在更广大的社会人群、更宽阔的历史时代结胎，却不多见。从这个意义上说，周大新似乎更像总说“我是一个乡下人”的沈从文，而不是虽有农庄却身为贵族的托尔斯泰。区别只在于，沈从文是把这话说在口头上，写在文字中，周大新却让它流淌在血液中，镌刻在心碑上。就冲这一点，我要说，了不起的周大新。

自　述《

人与社会

人是一种群居动物，必须通过社交相会才能提高自己的文明水平，也因此组成社会成为人类发展的一种必须。一个人若是一出生就将其完全隔绝于人群和社会之外，他就会褪变成一个完全的动物。一个人若是成年之后远避人群和人类社会，他就会尝到孤独的全部之苦。大约是本能地意识到了这一点，故我在写作之初，就开始关注人与社会的关系。

我想写写人是以怎样的姿态进入社会的。在当今，人进入社会是被动的，是带有强迫性的。人类社会发展到今天，几乎不再存在完全孤立于社会之外的人了，也因此，每个人一出生就等于被父母带进了社会，他在对社会还一无所知的情况下，就以被动的姿态进入了社会，开始来适应社会的要求。把一个人适应社会要求的过程写出来，会很有意思，在这个过程中，人身上的动物性会越来越少，文明程度会越来越高，但这个过程并不是呈直线上升的状态，它时常往复回还，既带有欢乐，还伴有痛苦，痛苦的重量有时还非常大。因为它有时是对人本性的改造。

我想写写进入社会的人，各自走进的社会层级是不一样的，也因此，他们的命运曲线也大不相同。自从人类组成社会之后，迄今为止，不管实行哪种制度，都对社会进行了分层。最基本的分法是三层：一是上层社会，也叫上流社会；二是中层社会，也叫中间等级社会；三是底层社会，也就是普通百姓组成的社会。一个人若生在上流社会家庭，他享受到的物质生活水平和接受教育的水平，会大大好于生于低层社会家庭的人。这是一种天然的不公平，是人在现阶段不得不接受的一种不公平。但作家对这种不公平应该给予展示。

我想写写人进入社会后，是怎样与社会已存制度打交道的。我们知道，人类社会的不同阶段，因社会形态不一样，实行的制度也不一样。一个人进入社会后，必须与已有的社会制度打交道。人们在与社会制度打交道的时候，通常会出现三种情况：一种是表示喜欢和接受；另一种是表示不满和妥协；再一种是表示反对和反抗。对这三种情况进行表现都有意义，它可以展示人类在社会制度的设计上曾经走过一条怎样曲折的路，展现人类在社会制度变革方面曾做过怎样的努力。

我想写写进入社会的人，因进入的时代不一样，其享受到的权益是有很大不同的。同一种社会制度下，时代不一样，人们所享有的东西也不一样。在中国的“文革”时代，人们所享受到自由发展的空间非常少；而在改革开放时代，人们生活的自由度就有很大扩展。在农业集体化时代，农民被死死地限制在乡村，即使去一趟县城，也必须拿上在生产大队开的证明；在工业和信息化时代，农民可以天南海北地外出打工，还可以用自己的手机随时与家里通电话。时代不一样，人们享受到的东西差别很大。作家对这种时代间的差别进行表现，能使人生出无限的感慨。

我还想写写人类社会中的战争，写写战争中的军人和百姓的生活。战争是在人类社会发展进程中反复出没的一种怪物。它以鲜血和尸体为食料，能够给人们带来彻骨的痛苦，但有时，它也可以将人类社会推向一个新的发展阶段。对战争中军人和百姓的生活进行表现，可以帮助我们认识战争的本质，也可以帮助我们认识人类自身。对战争的表现会让我们意识到，人类身上还有太多的动物遗存，人在自我完善上还有很远的路要走。

在人与社会的关系上，我还有很多想写的东西，只是不知道上帝还能给我多少写作的时间，是不是还允许我写下去。

访 谈《

与一颗简白、慈柔之心的对话

——周大新访谈

孔会侠 周大新

从南阳盆地出发

孔会侠：周老师，很感谢您接受我的采访。记得之前你说过这样的话：“故乡是作家生命和灵魂的根。她，永远是我创作的乐土，永远的精神栖息地。”事实上，作家与故乡的“童年经验”间的重大关联已经被许多作家和评论家反复强调过。我想，“故乡”成为您“生命和灵魂的根”的原因，就在于您珍贵的童年经历中。记忆中您的童年生活是怎么样的？有什么人事至今难忘并影响了后来的创作呢？

周大新：人的记忆是有选择性的，在我的童年记忆里，欢乐的事情记得比较清楚。最深刻的是两类：一类，是跟着大人们去田野里，在大人们劳作时我与小伙伴们一起玩闹游戏。田野里太好玩了，有太多可以吃到肚子里的东西，有太多可以找来当打仗武器的材料，有太多可以捉迷藏的地方，有太多可以追逐的小昆虫小动物。总之，那是一个太有诱惑力的去处。另一类，是母亲和村里其他女性对自己的爱和善意关照，我病后被远房姑姑背着上学，非年非节时婶子们送来的饺子，嗓子疼时二娘用土法为我治疗……让我觉得这个世界很美好。对田野和女性的这种记忆对我此后的创作很重要。

孔会侠：前几天在网上看您以前在央视《小崔说事》的视频，你说你童年时也曾全身浮肿，连续18天没吃过粮食。但相比你们同时代的作家，比如莫言、阎连科关于饥饿记忆的表达，您的文字好像很少表现这些煎熬和痛苦，也没有由此而产生与外在世界强烈而紧张的情绪力量，为什么呢？

周大新：我对痛苦的事情好像本能的不愿回忆，每当它要翻涌到记忆的表层时，我都想把它再按下去。这大概与我这一生遇到的苦难太多有关系，如果我不强迫自己忘记，如果我常去翻腾我遇到的苦难，我可能就活不下来了。也因此，我和别人不太一样。

孔会侠：您的家乡属于楚地了，那里的地理、文化与河南大部分地区不一样，有什么独特特征呢？在那里的成长，与您以后认识世界的方式、价值体系的构成、精神气质的形成间，有什么内在因缘吗？

周大新：楚人多信鬼神，对命运的不确定性心存怕意，也因此，喜占卜算卦者多，神灵鬼怪的传说遍地都是。过去因为楚地水多，人的性格中强悍的一面也没有北中原的人多。过去因为战争频繁发生，物质的东西损坏太快，人们自然选择活命第一，对物质的东西包括居屋的重视程度都不像北中原的人。这些，可能对我都多少造成了影响。

孔会侠：余华曾经说过，他每次写作都是一次还乡，即便是身在北京，也要放灵魂回到海盐的土地上，将人事虚构放进海盐的背景下。您对此有什么看法？

周大新：我认同这种说法。我写人，只有写出生于南阳这块土地上的人，才能写得自如和自信，也因此，我作品中的人物，虽然在北京和其他大城市生活，但我会让其出生于南阳，这样我写起来方得心应手。每次写作，都需重新回望故乡。故乡，其实是我的写作资源存放处。

孔会侠：将人物放进故乡后去写，还有没有困难的地方呢？

周大新：我一般写一个东西就是开头最难。一旦这个语感找到或者进入了角色状态，写起来就非常顺了。有时我好像自己给自己还设定了一些标准，内心深处预先有所警戒，可能是特殊的军人身份的限制，也或许是性格上的顾忌，有时写作的时候我觉得不太合适，别人看了会怎么样呢？就使我无法写下去。我能感觉到有些题材我没有禁忌的话肯定会写得更好，因此有些东西不能写到极致。

"原型的力量特别巨大"

孔会侠：周老师，您是劳动模范了，我在《乡土守望与文化突围》那本书的后边，看到编者总结的您的创作年表，作品实在是太多了。您早期写了很多军事小说，后来开始写故乡人事，这期间是 7 年的摸索期。我觉得《汉家女》这个短篇意义非凡，内容上写的是汉家女当兵后的部队生活，可这个人物的骨血却是农村妇女味儿十足。这个人物有没有经历上、性格上的原型？

周大新：汉家女这种性格，我熟悉的很多女性身上都有。我是把好多乡间女性包括后来我在军中认识的女性的言行集中到一个人身上，才有了汉家女。我的一个远房嫂子，就有这种敢作敢为的脾性，我在想象中把她送上战场，让她经历一番血与火，她就变成了汉家女。

孔会侠：《汉家女》发表在《解放军文艺》1986年8期上，然后1987年您就集中地将写作放回了故乡，一系列后来颇受好评并代表您风格的作品陆续写出。“汉家女”的写作是不是顿开了记忆之门？或者开启了一种写作方式？另一个写作世界被打开的同时，您表达的视角和基调由此形成。

周大新：你这样认为有道理。《汉家女》的写作让我一下子意识到，除了我当下生活的军营和军人可作为我的写作对象之外，我还有更熟悉的乡村世界、有更熟悉的乡亲可写，我还库存有另一种写作资源。当这个资源库被打开之后，我觉着写得更顺心了。

孔会侠：我最喜欢您的作品是两部，一个是《香魂塘畔的香油坊》，这部小说后来被改编成电影《香魂女》，获得了柏林电影节大奖，由此改编的河南豫剧也成了百唱不厌的经典曲目。二嫂这个形象是有原型的，您对这个原型既熟悉又充满深情。这个原型是什么样的？其他人物是不是大多也有原型？

周大新：村里有个远房嫂子，长得漂亮，心地善良，可惜很年轻就得病去世了，她给我留下了很深的印象。我小时候端个面条碗去她家门前吃饭时，她会拎出香油瓶，用筷子蘸一下瓶里不多的一点油，然后抽出筷子，让筷子上沾的油珠滴到我碗里。那时香油极其金贵，她的这种举动令我感到温暖，难以忘怀。当我写《香魂女》时，已经去世的她成了二嫂的原型。当然，小说中二嫂身上的故事大部分都是虚构的，是许多做小磨香油的女老板的形象集合体。

孔会侠：尽管小说创作是作家由着自己的性情、价值观、理想而虚构出的完整世界，但这个世界的砖砖瓦瓦一定还是从现实生活中来，这个世界的搭建还是扎根在作家现实经验夯下的基石上。由此，原型的力量就十分强大，它对小说世界的渗透是决定性的。原型不仅是熟悉的人，还有熟悉的生活场景和必然的情感倾向及价值判断趋势。您在写作过程中，原型的作用也挺大吧？您是如何将原型生活的某些虚构进小说世界的？

周大新：原型在我的写作过程中，最初是真人站在那儿，然后我开始用笔朝她身上涂抹各种颜色，开始用文字当化妆品来打扮她，给她穿上各种衣裳，直到把她打扮成我喜欢的模样，让她立体地活灵活现地出现在读者面前。这时的人物与原型人物，已相差八千里了。原型活动的场所最初是真实的，然后我让其逐渐模糊，在我的想象中不断变化，直到变成一种符合小说美学要求的场景，并在读者的头脑里呈现出来。

孔会侠:我喜欢的另一部作品是《银饰》,这个中篇也被改编成了电影。《银饰》是您作品中非常独特的一个,它涉及同性恋。那个爱穿女人服装、追着长工哥的少爷,呈现出人性的宽阔和驳杂,质地坚硬,张力弥漫。当时您怎么这么写起来?

周大新:很小就听大人们说到"二刈子"——乡间对同性恋的一种蔑称,听过许多关于这种人的故事。长大了,也亲眼看到过这种人,看到过他们的悲惨遭遇。于是就有了写这种人物的冲动。《银饰》中的人物和故事都是虚构的,但我对这种人的深切同情是真的。每个人只要来到这个世界上,就有活下去的权力,其他人和社会不能因为其性取向有异就剥夺他们的生命。所以把故事放在银饰铺子里展开,是因为南阳当年的银饰业很繁盛,把故事放在那儿有趣。

"十分温暖地爱着"

孔会侠:周老师您是特别让人敬重的一个人。无论生活给过什么,您都矢志不渝地坚持投射给世界和他人以爱。我知道您最喜欢的作家是托尔斯泰和沈从文,我想,托尔斯泰对您的作用是让您感受并延续了他爱的精神,沈从文的作用却是更多感受和态度上的契合。沈从文曾经在《湘行散记》中提到最多的一个词语是"感动",他有一段话这样写:"山头夕阳极感动我,水底各色圆石也极感动我,我心中似乎毫无什么渣滓,透明烛照,对河水,对夕阳,对拉船人同船,皆那么爱着,十分温暖地爱着。"这是如何似水柔肠的一个男人!您和他一样具有一副慈柔心肠,也善感地稍一动情就流泪,也对周围世界的万事万物"十分温暖地爱着"。"爱"是您与世界的关系方式,也是您创作的态度和动机。您能不能具体谈一下您从写作上逐渐接受托尔斯泰、沈从文时的过程和体会。

周大新:最早看列夫·托尔斯泰的作品是在当战士时,看的是他的《复活》。后来把他的《安娜·卡列尼娜》和《战争与和平》及其他作品都找来读了,他书中弥漫的那种对人的爱意令我感动。他关于"要爱一切人"的主张被我逐渐接受。他对我的影响主要是思想和精神上的。读沈从文的作品是在我开始写作之后,他写的湘西乡间、小镇、小城里的人物,所表现的湘西那块土地上的生活,与我所熟悉的底层社会的人物及豫西南南阳盆地里的生活非常类似,他对小人物的那种同情和悲悯态度非常契合我的心思,我一下子就喜欢上了他和他的作品。他对我的影响主要是教会了我该去写什么。后来读别人写的关于他的文章,方知道他也是一个感情丰富极易被感动的人,这一点的确与我比较相像。

孔会侠:您心怀善意地写作着,让人感受到您温情脉脉地不断传送的"爱"的讯息。在作品世界中，您常常让女性担负起“爱”的体现者，比如《步出密林》中的荀儿、《香魂塘畔香油坊》中的环环、《湖光山色》中的暖暖、《汉家女》中的汉家女、《第二十幕》中的云纬等。而这些女性常常通过自然人性的质朴和美善来诠释您心中的“爱”，它是您自然人性中的本能。我觉得您价值体系的核心是“自然”，您将自然人性、自然物性、自然关系置于超越社会人性、社会物性、社会关系之上。您常常让女性在“爱”的自然本能中去保护和奉献，从而形成一种感染力量和价值归向，却让男人在趋名逐利的生存中日渐异化而成为您对人性理解的反证。这种反差与对比是故意如此设置的吧？

周大新：不是故意设置的，是不知不觉间就这样写了。这大概因为我是男性，对男性太了解了，对男性的人性异化状况太清楚了，所以就写成了这样。在这方面，母亲的影响也起了作用，母亲一生都在无怨无悔地辛苦劳作，她让我觉得，女性一生所从事的建设性活动远比男性多，值得去赞美。

孔会侠：您是男作家，却好像有着天然的“母性”情怀，特有意思。在日常生活中，您跟女性的接触还是要少于与男性，您还去过前线见过战争，这种经历与您文字性情的反差挺大的。您怎么看自己的这一点？

周大新：这大概与我认识到了人的生存真相有关系。这世上的每个人，不管他出生于什么样的家庭，生活在什么地域与国度，一生干过什么，有多么不得了，他在这个世界上的生存周期也就百年左右，而且都要经历自身健康方面的、家庭的、族群的、社会的和自然界加诸的各种折腾、折磨、痛苦、烦恼，没有一个人是活得轻松、容易的。收破烂的人有烦恼，可英国查尔斯王子的烦恼和痛苦就少吗？你站在高处看人间，你不能不对每个人都心生怜悯。你只要一级一级地走到人生真相这座山的高处，耐心向下看，你就会看到太多的人生无奈，看到太多的人生烦恼，看到太多的人生苦痛，你就会不由得在心里悲叹，你就会生出一种母性情怀：这些孩子们，哪个都活得艰难呀……

孔会侠：您曾经多次表白自己的文学观点：“作家该用自己的笔对人类的完美状态做出自己的描述，指出什么是完美的人，什么是完美的人类社会，什么是完美的人类生存状态，从而去吸引人们向那个完美的境界迈进。”您将写作理想当成了文学使命。那您有没有担心过对理想的过于执着会限制了对作品意义空间的开掘，从而局限了一个作家的可能性？

周大新：那大概是我一个时期的想法。时值今天，我的想法是：让读者读了自己的作品后，能有助于他们认识到，人活着的最大动力和最后目标，是爱和被爱。爱和被爱的感觉与记忆，也是人在与人间告别的最后一刻能唯一拥有的东西。

孔会侠：但我发现，您也正视了人性的复杂和时代变化带来的负面，这已经被许多人在论述《21 大厦》《湖光山色》《安魂》等的时候着力阐述过。这些复杂的负面现象的认识，会带来对理想的怀疑或放弃吗？

周大新：人性是极其复杂的，我在写作的过程中一直在对人性的奥秘进行认识和探索，我过去认为人性是一个洞穴，现在觉得它是一个立方体。它本身就有阴暗的、可怕的、丑陋的内容，人类也因此处于不断完善自己的过程中。这些东西当你明白之后，你就不会慌乱，不会对人类的未来失去信心，不会放弃改造社会的理想。

孔会侠：在您的研讨会上，李国平老师用一句话概括您的写作，他说您的作品"暖色是主调，底色却是忧伤"。这让我感到一种共鸣。因为我觉得您从《汉家女》一路写来，凸显出的主题令人感动一路了然，但您内心深处有种来自命运感的忧伤，这种忧伤看似浅淡，实际上却始终没有被您有意追求的"爱"或"意义"所化解，它附着在您许多人物的身上，使他们或她们的故事在延展中有种无可奈何的凉意。您笔下人物的酸甜苦辣其实都是命运底板上的不同着色，这着色反衬出那底板的灰暗和质地的冰硬。可有意味的是：反过来，这命运的体验加强了您"爱"意的坚韧和贯彻于文本的信念。您自己如何看待命运？

周大新：命运是一只看不见的手给我们划定的生命轨迹曲线。那只手是谁的手？造物主吧。一个人面对命运所能够做的，只是抓住命运给提供的一些修改机会罢了。即使你抓住了修改机会，命运的基本走向是难以修改的，能修改的，只是那条命运曲线的某些弧度。

一个态度分明的世界

孔会侠：您文本意志态度分明，作品也相应是一个态度分明的世界。有些作品像是"一个刻意劝善的世界"，尤其是您最近的三部作品：《湖光山色》《安魂》《曲终人在》。您作品的主题趋向是有些单一化，但实际上您也并不回避地直面和关注着社会变化引起或恶化了的种种问题，人性的，生态的，精神的，文化的，道德的。先来跟您探讨一下《湖光山色》，是您回乡的耳闻目睹激发出了这部小说吗？您对作品表现出的乡村多方面的变化如何看？

周大新：如今的乡村在整个社会的变革背景下，发生了翻天覆地的变化。外在的变化是水塘、水渠少了，水体脏了；耕地少了，土地被污染了；年轻人少了，村子变成空壳了；垃圾多了，村子逐渐被垃圾包围了……内在的变化是人们觉得生活在农村没希望了,人们对土地和田野的感情越发淡了,种粮食的真正热情没有了,原先支撑乡村社会的伦理和规矩逐渐消失了,农民的精神之厦坍塌了,他们的心里有了一种惶恐感,原来的那种自给自足的安宁感不复存在了……我在乡间的走动中生出了深深的忧虑,于是有了这部小说。我想通过这部作品,让读者感受到,乡村系着我们民族的精神根脉,要关注这里的变化了。乡村的这种变化,是在向现代生活迈步过程中必须经历的阵痛吗?我说不清楚。

孔会侠:您写暖暖为了救丈夫而被詹石蹬玷污,写汉家女为了成全要上战场的小战士而主动献身,写二嫂与任实忠偷情,这些都是超逸出传统伦理道德的行为,但是却那么动人那么美。一方面,您在一些老人身上寄寓了对传统文化良性因子的钟情,另一方面也并不拘谨于此,让这些女性的魅力在社会伦理道德之外熠熠闪光。您写这些情节的时候,并无顾忌地随着故事发展和性格的自然流淌吧?

周大新:是一种自然流淌。生活中究竟该发生什么,有生活的逻辑;小说中该发生什么,有小说美学的逻辑,我按小说美学的逻辑来做选择。人的哪种作为最美,哪种作为最能引起我的心灵悸动,我就怎样写。当那些女性的作为被我写出之后,首先会感动得我自己热泪盈眶。

孔会侠:说到《安魂》,您用了对话体。这点我觉得挺特别。对话确实是打通生死两界的最好选择,但这样的表达也是思念的迫切延续和倾诉的缓解吧?

周大新:对。儿子生前我们经常对话,书中的对话是生活中对话的继续,只有这样才能把心里的话全说出来,才能把对儿子的思念表达出来,才能安慰儿子的灵魂和我自己。每部不同题材小说的叙述方式,都有一种是最合适的,我觉得《安魂》这部书这样叙述最合适。

孔会侠:《安魂》中处处写虚有世界,但处处有实际社会行为的身影。你将生前善业或罪业与死后享域或惩域进行一一的因果对应,您通过民间伦理来让死者的世界秩序警示生者,是超越了一己之悲的人类大关怀。这部作品贯彻了您对生命、生命的意义集中而深刻的思考,辐射面空前辽阔,写作过程中,前半部分和后半部分叙述不一致,出于什么样的构想而改成这样的结构了呢?

周大新:前半部的内容全部来自真实生活,但只有这部分内容不行,它安慰不了我,也让我的有些话无法说出来。所以有了后半部,这部分内容全部来自想象,我想通过这个部分把我对人来自何处、人活着何为、人最后去往何处等问题的看法写出来。有了这个虚构的天国,我才觉得心里真得了些安慰。但谁又能证明那个天国真的不存在?如今,在我的头脑里,它真的就在那儿,在等待着我过去。

孔会侠:《曲终人在》这部小说,为何取这样一个名字?欧阳万彤这样一个人物,寄托了您什么样的社会政治理想?

周大新:最初的书名叫《曲终》,出版社的朋友觉得这个名字太沉重,后来就改成了《曲终人在》。它大概有两层含义吧,一是生命之曲终了,听众其实没有走远;二是生命之曲终了,逝者的精神还在。社会不管采用哪种制度运行,总是需要社会管理者的,这部分人的素质和境界,关系到社会上所有人的利益,我们有理由对他们进行关注和监督。不管哪种制度下的官员,如果他不自设做人底线,其实是都可以贪贿的。欧阳万彤这个人物,由于多种原因,算是中国社会里活得清醒的一个官员,与我心目中的政治家有些接近了。人们组成社会推出社会管理者的目的,是为了让所有人活得更好收获更多的幸福,一个人一旦不再承担社会财富的创造而只是进行管理,就应该倾其全力为众人谋福祉,而不是利用管理平台只为个人谋利。

孔会侠:周老师,刚刚我在想,现在作家面临这样一个时代,面临这样一种生活,它超出了作家的想象,怎么写呢?

周大新:这就是为什么我的《曲终人在》二十多万字却写了两三年的原因,就是要考虑该如何恰当处理这些五彩缤纷的东西,生活有时比人的想象精彩得多。现在的生活这么丰富,该怎么写也是我很困惑的一个问题,想了很久。其实写生活是最好写的,不用怎么样就可以写。写成小说弄不好反而变成假的。大家会觉得你想象的没有真实生活精彩。我这次写的东西就是想写一个有关高层腐败的问题。书中记录的是人在社会中的管理变迁,它经历几个大的阶段,最初是氏族和部族,主要靠血液来建立威信和管理的权威。范围很小,管理的人也很少。随着社会生活范围扩大,人数增加,社会管理开始有一些靠强势力量发展,从部族长老到氏族长老夺过来的权利,皇帝、奴隶主都是这样的。这种靠单个家族来管理的是世袭管理。它的弱点和缺陷很快就被人们意识到,在中国就是一两千年的事,太不符合社会发展的需要,然后开始进展到由一群社会精英或大家来推举,这样管理和精英人物的素质联系在一起,如果这些管理者的素质不行,就会影响到整个民族的生活质量。生活和这部分人是紧密联系的。从一个国家来说,联系会更紧密。中国现在这种管理层面,如果上层好,还有90%的可能性好,他们如何会影响到每个人,影响到国家和民族的前途与未来。我希望通过他能呼唤更多的高层管理者,能以国家和民族利益为重,能从老百姓的前途命运考虑,呼唤这种意识,改善这种社会管理水平,大家都在这个社会中生存,谁也无法逃脱这个社会,那么社会管理者的水平和我们每个人息息相关。大家都想远离政治,但是政治其实你离开不了它。那怎么来改造和完善这种东西,我自己也拿不出更多的主意,我只是把现在,我理想的、想象中的东西表现出来,希望引起人们的关注和重视。这里面写了好多官员,万彤是相对理想的,他的处世方法我还能接受、认同,是希望大家能够成为我能接受的官员形象。

孔会侠:有时候会有一种感觉,读您的作品,真的像读一篇篇真诚的劝善书。书中生动的情节、感人的人性,都默默而不断地输送一个信息,这信息里是您的人群社会理想——如果人人心向善良该多好。在写作过程当中,您其实一直就特别看重小说被接受之后所产生的那种社会效果。

周大新:当然,如果别人读过我的小说之后能明白一些事情,那我就很高兴。我希望他看我的作品,不仅仅看重纯粹的阅读享受同时会有一种顿悟,能一下子明白一些什么,实现些精神层面上的启发。

孔会侠:有人说您是真正的"文如其人",是"好人"写出了"好文"。但2012年在南阳开文鼎中原颁奖会的时候,行者说作家在年轻的时候要不怕犯错误,要敢于做坏事,我想他其实是在强调丰富甚至芜杂的生命经验的重要性。您对这点怎么看?

周大新:我不赞同"文如其人"这种说法。为人要谦谨,为文可放荡。不要把人和文画等号。人写作时应该完全施放自己的想象力和生命经验。我也只是一个普通人,我这一辈子经历的、体验到的东西,我再写几本书也写不完,只是有些东西不愿写罢了。

孔会侠:梁鸿在她写您的文章中说:"你的做人原则在某种程度上可能已经妨碍了你的文学探索和思想的维度,这将是一个极大的陷阱和误区。"这就牵涉到一个特别有意思的问题:作家的成就与局限性的统一关系。常常让作家成为如此的那些因素,反过来又是限制作家无法突破的束缚。您在写作中有没有这个困扰?

周大新:每一个人都在束缚中生活,每一个作家都在束缚中写作。束缚的样式是各种各样的,正因为这样,才出现了脾性、追求不同的人,才出现了写作风格不一样的作家。一个作家不可能挣脱所有的束缚,你只能做你自己。只有这样,我才能成为我,而不是与某个作家相类似的作家。

评 论《

周大新论

何 弘

周大新的小说写作始于1979年,就目前所见资料,他的小说处女作应该是1979年3月25日发表于《济南日报》的短篇小说《前方来信》。此后,他的写作基本以中短篇军旅题材的小说为主,有《第四等父亲》《军界谋士》等,这个过程一直持续到1986年[①]。1986年8月周大新在《解放军文艺》发表了短篇小说《汉家女》,并以此获得全国优秀短篇小说奖。《汉家女》对周大新的创作具有重要意义,这篇让他荣获全国短篇小说奖的作品确立了其在文坛的地位,更重要的是,这部小说蕴含着他早期创作的基本主题,使他此后的创作能在一个正确的方向行进。《汉家女》虽属军旅题材的作品,但作品明显具有浓郁的乡土气息,作者虽然将主要笔墨都集中在军营生活上,但隐藏在背后的却是对努力走出农村、走出盆地者奋斗与抗争的书写,这成为他此后创作的一个重要主题,并开启了"盆地"系列作品的创作,这时期的作品主要有《伏牛》《走出盆地》《向上的台阶》《香魂塘畔的香油坊》《银饰》等。后来,他以《第二十幕》赢得广泛声誉,并以《湖光山色》荣获第七届"茅盾文学奖"。

谈到周大新,更让人津津乐道难以忘怀的是他的人品。这个以良善之心书写着对这世界走向美好的热望的人,在日常生活中,他总是用点点滴滴零零碎碎的举动,不断温暖着身边的每一个人。

对周大新其人其文,是那么的熟悉,但当我决定好好写写周大新时,发现自己遇到了难题:对周大新,想说的话很多,但就是不知道从何说起,就是找不到一个好的切入点。

于是,我只好反复阅读周大新关于文学的随笔,以期更好地理解周大新对文学的理解。忽然,我发现周大新多次在不同场合,比如在创作谈中,在演讲中,在答记

① 胡平也早就注意到了1986年对周大新的特殊意义,他在《神话的复归——周大新盆地小说原型分析》一文中说:"仿佛受到神的启示,1986年的秋季,回乡省亲的周大新站在那块黑色的土地上,闻到成熟了的秋庄稼散发出的新鲜香气,望着乡亲们在田间劳作的情景,忽然意识到,自己最熟悉和最应该写的还是脚下的故土。"

者问中，在聊天中，谈到自己非常喜欢两个作家，一个是俄罗斯作家列夫·托尔斯泰，一个是中国的沈从文。有一天，在翻阅读周大新的散文集《看遍人生风景》时，再次看到周大新谈到他喜欢的两个作家，就有了追问下去的念头：周大新何以喜欢的是这两个风格差异如此巨大的作家呢？这似乎是个很简单的问题，但深入思考这个问题时，我觉得对周大新及其创作的研究似乎可以从这里开始，搞明白了这个问题，其实就真正理解了周大新。

托尔斯泰创作最明显的特点是它的社会指向，而沈从文创作最明显特点却是它的自然指向；而二者却又有着共同的特点，就是对女性细腻、准确、深刻的描写。事实上，周大新的文学启蒙正是来自托尔斯泰，或者说托尔斯泰是他创作的启蒙导师。他在《读〈复活〉》这篇短文中，描写了“文革”期间在兵营中读到一本残破的《复活》时给自己带来的震撼，并发誓一定要弄到一本新的再好好读。“六年之后，我的这个愿望得以实现，我在济南的一家小书店里，买到了一本新版的《复活》。也就是从这时开始，我开始学写小说。”[①]受托尔斯泰的影响，对社会问题的思考成为周大新写作中关注的重点，对爱的呼唤与对拯救的渴望成为作品的精神主题。对女性的特别关注也是托尔斯泰创作的一个重点特点，这也许使他进一步喜欢上了沈从文。沈从文是“凭一颗诚心”，希望作品能“影响人，总是引起爱和崇敬感情”，[②]而周大新的写作是“为了人类的日臻完美”；沈从文认为“生命哀乐实在群众中”，“群众哀乐实在我生命里”，周大新也是将自我深情与人们生活命运中的悲欢离合不自禁地融合一处；尤为重要的是，这两位爱哭的男性作家，那一副慈爱柔软的心肠，时常显示出宽和柔善的女性的光辉来。

意义追求和责任担当

“不少人写小说是为了好玩，也有人将小说视为一种作秀的工具，而周大新写小说却纯粹是自觉自愿承负起一种天然的使命。他要用自己手中的笔，描绘出‘密林’里丛生的荆棘，以及走出‘盆地’的艰难跋涉。”[③]林为进对周大新写作的概括是非常准确的，至少对其早期的写作是如此。

周大新早期的写作主要是描写军营生活的中短篇小说。统观这些小说，会发现周大新对战争的认识是在不断深化的。他前期的不少作品重点是歌颂战争的正义

---

① 周大新：《读〈复活〉》，《看遍人生风景》，河南文艺出版社2014年版。

② 沈从文：《沈从文谈艺术》，江苏人民出版社2014年版，第10页。

③ 林为进：《以平民视角写平民——周大新印象》，《人民日报》2002年9月15日。

与神圣。比如发表于1979年的《前线来信》以家书的形式讲述了当时中越边境战争中被俘的解放军战士江波的正义之举，是对我军正义性的歌颂；而《走廊》则重点描写了战争中军人的成长及战争对军人的神圣意义；《第四等父亲》重点写的是军人职责与家庭义务间的矛盾，突出了军人的牺牲精神。随着对战争描写的深入，他又把表现的重点放在了对战争残酷与血腥的描写上，比如描写台儿庄血战的《铜戟》。然后，他则重点描写战争给军人带来的心理创伤，如《白门坎》《瞬间过后》等。更进一步，他的《世事》《猜测历史》等重在揭示战争的荒诞；《左朱雀右白虎》等则揭示战争对文化的戕害，而《旧世纪的疯癫》《关于战争消失那天庆贺仪式的设计》等则揭示了战争的反人类本质。

在所有与战争有关的中短篇小说中，发表于1986年的《屠户》和《汉家女》对周大新来说更有着特别的意义。这两部作品的主人公都是女性，一位是屠户家的普通姑娘珠儿，一位是女护士汉家女。这两部作品的特别之处倒不在于作者对战争的反思多么深刻，而在于他深入到了作为人的女性的内心，关注到了与她们的性格、价值观等密切相关的文化背景。实际上，仔细分析周大新的军营小说就会发现，他描写的很多人物都是“穿军装的农民”。这固然与他自身的经历密切相关，但从另一个意义上讲，周大新关注的并非仅仅是军营中的事件，而是作为军人的这些人，他关注这些人成长的背景对其性格、行为方式等产生的影响，以及他们的性格、行为对军营、对社会的影响。也许正因如此，周大新描写军营生活的小说反倒多了一种别样的韵致，有了更多的文化内涵和社会意义。

1986年，在描写多年“穿军装的农民”之后，周大新关注实实在在生活在故乡土地上农民的愿望愈发强烈，他意识到，他生长的南阳才是他的根之所在，可以为他的创作提供源源不断的人物、故事和文化资源。于是，他开始了对“盆地”的书写，而这种书写的重要主题则是“走出盆地”，这在他更早描写军营的小说中已有体现。这些作品包括《泉》《泉涸》《汉家女》《武家祠堂》《家族》《老辙》《小诊所》《紫雾》等等，当然也包括他的第一部长篇小说《走出盆地》。

周大新认为“写苦难是小说的一个基本任务”，他说：“作家写人不写苦难，甚至有意避开苦难，那就对不起自己的良心。”他把苦难分为个人的苦难、民族的苦难、人类的苦难三类，并把苦难的产生归因于自然、人自身和命运。[①] 与苦难抗争，就是要寻找幸福。周大新的写作实际上大多就是在描写不同人寻找幸福的过程。在他看

---

① 周大新：《小说与苦难》，《创作与评论》2013年第8期。

来，“寻找幸福，表现这种寻找过程是作家们的义务”。① 在当时中国城乡二元严重对立的社会背景下，“走出盆地”即“逃离土地”，也就是“寻找幸福”。周大新这些描写“盆地”农民逃离土地的作品，反映的正是当时中国乡村社会变革的现实。

周大新的写作虽然总体上说以现实主义为基调，实际则高扬着理想主义、浪漫主义的色彩。正因如此，他虽然描写了不同人的逃离，但同样浓墨书写了回归。他的第一部长篇小说《走出盆地》，描写了主人公邹艾走出盆地的种种努力，但最终却落脚在回归上。邹艾首先努力走出盆地，在学习掌握了现代医药知识后又回到了盆地，建起了医院和药厂，带领家乡开始了现代化进程。从这个意义上说，周大新心中的“走出盆地”，实际上是走出落后的生产和生活方式，融入现代化的进程中。由此，周大新前期的大量长中短篇小说作品，确实对当时中国的社会现实做了深刻而全面的表现。

周大新对南阳盆地历史文化有意识的表现很早就有。在《走出盆地》中，他就引入了神话传说作为辅线，在增强作品地域特色的同时，使作品具有了更深刻的文化内涵。而《伏牛》《左青龙右白虎》等则是对南阳历史文化更集中的表现。周大新在现代化变革的背景下表现历史文化，着眼于对传统历史文化、价值观念进行反思与重估，发现其局限所在，以期对未来产生积极的意义。带着这样的理想，周大新对盆地的书写就绝不仅仅停留在“走出”或“逃离”的层次上，随着写作的深入，他在不断探究传统历史文化对盆地的塑造和影响，及其带给未来的可能。比如《玉器行》揭示的是固守传统的邱爷对创新的压制，寓意改革的艰难；《老辙》揭示的是在历史的变迁中由于人性的、文化的种种因素的影响，人物的命运却走向了新的轮回。正是由于对盆地文化的深入开掘，周大新塑造出了许许多多生活在盆地中的鲜活人物，比如《香魂塘畔的香油坊》中的郜二嫂等。

对南阳现实及历史文化的深入思考，最终促使周大新创作完成了一部全面表现20世纪中国社会变革的皇皇巨作《第二十幕》。作品名字“第二十幕”正是20世纪的象征。而20世纪是人类历史上变动最为剧烈的一个世纪，对中国来说情况更是如此。这个世纪，中国持续了数千年的封建制度走到尽头，被共和政体取代，历经军阀混战、抗日救亡、国内革命战争等，终于在世纪中叶建立了中华人民共和国。此后半个世纪中国的发展同样曲折艰难，但中国最终还是在20世纪末以一个经济高速增长、正在崛起的负责任大国的姿态屹立在了世界的东方。周大新的长篇小说《第二

① 周大新：《我写〈湖光山色〉》，《人民日报》2006年5月25日。

十幕》就是通过中原古城南阳一个丝织世家在20世纪的兴衰沉浮，向我们展现了作为中国缩影的一个小城百年间的世相，记录了中华民族在20世纪所走过的波澜壮阔的历程。《第二十幕》是最能体现周大新创作水平的代表作。作品总体的故事虽然是围绕南阳的丝织业展开的，但它其实包含了尚家振兴祖传丝织业的家族物质文化追求，晋金存、栗温保等人追逐权力的官本位文化追求和以卓远为代表的传统知识分子承继道统的精英文化追求三方面的内容，并通过这三种文化形态的交错、碰撞、融合，表现了20世纪中国政治、经济、文化、社会各方面的剧烈变化，传达了作者对中国文化重建的深入思考。

写完《第二十幕》之后，周大新自觉把目光从农村、军营转向了都市，创作了《21大厦》。如果说“第二十幕”是20世纪象征的话，“21大厦”则是对21世纪的隐喻。由此我们可以看到周大新自觉的责任感和担当意识，他是立志要对中国20世纪以来社会的巨大变迁进行全面表现的。《21大厦》以一座大楼象征整个社会，试图对处于时代交替中的中国社会进行全面反映和深刻剖析。实际上，尽管描写的是现代都市生活，周大新并没有放弃农村这个巨大的背景，他在以农村的眼光观察城市，作品通过在大厦做保安的乡下人小谭的视角，观察大厦形形色色人的情感、婚姻和家庭生活，洞察到了都市人的情感和精神困境，对都市有了别样的发现，这使作品不仅保持着鲜活的时代气息和生活气息，同时有着一种特别的幽默感和韵味。

周大新不仅在书写现代都市时隐含着城乡对立的视角，他在书写历史、战争时同样隐含着这样的视角。且不说他前期作品中描写了许多“穿军装的农民”，即使《战争传说》这部以明代土木堡之变和北京保卫战为背景的小说，实际上仍然隐含着这样的视角。《战争传说》写的是一个游牧民族的女子进入北京色诱大宦官以图影响战争进程的故事，从本质上说描写的仍是城与乡的对立，是从个人的角度对战争做出的深入思考。

在对部队、农村、都市、历史等不同题材进行全面思考和表现之后，周大新重新把目光收回到农村，于是有了新的发现，创作出了荣获茅盾文学奖的长篇小说《湖光山色》。对这部作品的创作，周大新说：“创作《湖光山色》这部小说的初衷之一，是想把当下乡村变革中的真实境况表现出来，引起读者们对乡村世界的关注。”①《湖光山色》以周大新故乡南水北调水源地丹江口水库边上的楚王庄为描写对象，来表现中国乡村变革的真实状况，并由此来反映中国传统文化、伦理对发展的影响。事实上，

① 周大新：《对乡村世界一腔深情》，《光明日报》2011年4月11日。

《湖光山色》描写的不只是“乡村变革中的真实境况”，周大新是带着理想主义的热情和理性的思考，试图在乡村的真实境况中，发现影响着乡村的深层权力结构、社会伦理和文化背景。因此，孟繁华称：“这不是一部兴致盎然虚构当代乡村爱恨情仇的畅销小说，不是一个偏远乡村走向温饱的致富史，也不是简单的扬善惩恶因果报应的通俗故事；在这个结构严密充满悲情和暖意的小说中，周大新以他对中国乡村生活的独特理解，既书写了乡村表层生活的巨大变迁和当代气息，同时也发现了乡村中国深层结构的坚固和蜕变的艰难。”①

《湖光山色》之后的周大新，可谓功成名就，但他探索的步伐并未停止。很快，他创作出了一部似乎有些特别的长篇小说——《预警》。《预警》描写的是我军某机密部队作战局长孔德武被恐怖分子利用其人性的弱点一步步引诱威逼就范，最后又毅然觉醒的故事。《预警》的故事固然精彩，但这并不是周大新表现的重点，他探索的是重要人物人性的弱点被人利用后可能给国家与社会带来的巨大灾难，向当今世界发出了预警。尽管周大新以其一向理想主义的精神为作品设置了一个让人欣慰的结尾，但作品对当今世界的反恐形势所做的思考，使作品具有了巨大的现实意义，体现了作家的责任感和担当精神。

周大新的创作，题材广泛，紧贴时代与人心变迁，对当今社会做了全面而深刻的表现，充分体现了他作为一个作家对作品社会价值、意义的追求以及自觉的责任感和担当精神。

《安魂》更是一部独特的作品。周大新的儿子因病英年早逝，当时他已年近60，这个打击是无比巨大的。忍着巨大的悲痛，周大新把他的痛楚、他对儿子的思念写了出来。但不仅如此，这部作品并没有止于对儿子怀念和个人伤痛的书写，而是以差不多三分之二的篇幅构建了一个天国世界，使天人永隔的事实以文学的方式得到改变，使有限的生命由此得到拯救。周大新的这种努力，显然超越了个人的伤痛，是在人类的意义上去思考生死，并积极寻找获得拯救的方式。

2015年出版的《曲终人在》，是周大新面对目前广泛开展的大规模反腐行动创作的一部长篇小说。周大新在总后工作，《曲终人在》创作的缘起与总后的谷俊山案有关。但周大新并没有把笔墨放在案件本身，而是从人生成长的角度去深入揭示案件发生的社会和人性背景。这部小说涉及一个重要的话题：官员的职业素质，“这看上去古老，甚至显得有些陈旧和落伍，但是在价值混乱和道德失序的今天，作家对道德

---

① 孟繁华：《乡村中国的艰难蜕变》，《文艺报》2006年5月16日。

的拷问和张扬，并且为之引入基于时代变化而产生的新的思考，读来却有一种崭新的价值和意义。”①

通观周大新的创作，可以看到，他一步步把握着大众的关切，描写社会现实和时代变迁，题材及于军营、乡村、都市、历史、国际反恐、反腐以及生命伦理等各个方面，应该说是对当今社会做了全面而深刻的表现，这充分体现了他作为一个作家对作品社会价值、意义的追求以及自觉的责任感和担当精神。

女性书写与人性开掘

周大新喜爱的托尔斯泰是一位关注社会问题的作家，而在写作中又总是从具体的个体特别是女性入手，描写一定社会背景下个体的行为和心理，从而在表现社会问题的同时，对人性也进行深入的开掘；当然也可以反过来讲，表达在一定社会文化影响和挤压下人性的变化。周大新很好地继承了托尔斯泰的这一传统，因而成为一位反映社会现实、记录时代变迁、揭示社会问题的优秀作家，同时也是一位善写人性，特别是善于写女性的优秀小说家。周大新曾说：“一部书只要把主要的女性角色写好了，这部书就有了黏合剂，就能使书的各个部分紧紧地黏合起来，使书具有了引人阅读的魅力。”②由此可见，他着力书写女性完全是一种自觉的选择。事实上，在书写女性的时候，周大新并非完全让人物服从于其社会属性，或服务于社会性的主题，而是让这些人物特别是其中乡村的女性，依自然属性自由生长，从而使他笔下的人物焕发出别样的魅力。这一点又与他喜欢的沈从文颇为相似。

《汉家女》是周大新众多军旅题材中短篇小说中最为突出的一篇。作为反映军营生活的小说，作品并没有把重点放在对所谓军人特质、使命等内容的表现上，而是重点表现了一个女军人作为一个自然女性的性格特征，包括形成这种性格的文化背景和由这种性格导致的行为方式。汉家女有其大胆泼辣的一面，甚至性格中也有因为急于摆脱贫困而带来的自私狡黠，但她内心深处有着更为宽阔深邃的善良，有在关键时刻担当的精神。这部短短的小说之所以获得成功，在于很好地把这些看似不协调的东西融合在了一起，很好地塑造出了一个真实、自然的女性形象。

《走出盆地》中的邹艾可能多少带有一些汉家女的影子。当然，作为一部长篇小说，作品以更大的篇幅描写了盆地女性对命运的抗争，以及她们通过改变自然以求最终改变盆地的理想和奋斗。如果说《汉家女》更多描写的是一个从盆地走出来的

① 付如初：《从周大新的〈曲终人在〉说起》，《经济观察报》2015年7月5日。

② 周大新：《认识娜塔沙——读〈战争与和平〉》，《看遍人生风景》，河南文艺出版社2014年版。

女性的自然状态的话,《走出盆地》则更多表现了社会现实对人性的挤压和伤害。汉家女的那些行为尽管从政治层面讲是不当的,但她从未对他人造成实际伤害,她的性格中其实并没有真正的瑕疵;而邹艾的抗争与奋斗中,则有着有意识的欺骗和对他人的伤害,应该说是有瑕疵的,这是理性对人性伤害的具体体现。因此,如果说《汉家女》更多表现的是一种沈从文式的自然的理想的状态的话,《走出盆地》则有着明显托尔斯泰式的通过女性剖析社会和人性的特征。

《屠户》描写的是屠户家的女儿珠儿因未婚夫在战场上牺牲而毅然生下所怀的孩子的故事,简单看是一曲对忠贞爱情的颂歌。实际上,作品所开启的是周大新对女性爱情、婚姻悲剧书写的序幕。此后周大新的一系列中短篇小说,如《香魂女》《蝴蝶镇纪事》《向上的台阶》《世事》《银饰》等,基本都以女性爱情的悲剧性命运为主题。

《香魂女》描写的是郜二嫂、环环婆媳两代人不幸的婚姻和命运悲剧。作品以朴素的笔触,不仅深刻地揭示了不幸的婚姻带给她们的屈辱感,以及她们内心生出的仇恨心理,更重要的是,作品通过贫困对女性命运的影响,对男权文化进行了深刻反思。在此后的不同作品中,周大新着力对造成女性爱情婚姻悲剧命运的原因进行了多方位的探索。《蝴蝶镇纪事》《向上的台阶》描写的是两位家庭出身不好的女性豆荚和姁姁对纯洁爱情的追求、奉献与牺牲,作品以此对极"左"路线对人性的摧残进行了深刻的反思。同时,作品也对男女不同的爱情观进行了深入的思考,从某种意义上说,可能正是男性对爱情之外诸如权力、地位、金钱、名誉等东西的追求,使女性在不同的时代会因为不同的原因而遭受伤害。如果说前面这些作品所揭示的造成女性命运的悲剧都有相对明确的原因的话,《世事》中四婶莜儿的遭遇则显示出在世事变迁中人的命运之难以捉摸、无法把握,呈现出一种更为宏阔的命运感。而《银饰》中碧兰的悲剧,则缘于封建观念对人性的压抑,是从自然爱欲与社会伦理的角度对女性爱情和婚姻悲剧的深入开掘。

《第二十幕》是一部描写20世纪中国民族工业发展历程的长篇小说,这类史诗性的作品,通常会把男性作为描写的重点,尚达志就是周大新在这部作品中着力塑造的一个人物形象。但在作品创作之初,周大新就期望通过作品搭设起一座座人性的花园,呈示出一个个灵魂的标本,为此,作品在塑造一批为实业、权力、知识等奋斗的男性的同时,更是发挥其擅写女性人物的特长,塑造了像盛云纬、曹宁贞、王文蕊等成功的女性形象。《第二十幕》基本延续了周大新以前中短篇小说中对男性的认识,为了事业,爱情、亲情、友情都是可以牺牲的,而男性的这种观念,又进一步给很多女性带来了悲剧。尚达志深爱盛云纬,但为了他的祖业,爱情可以牺牲,女儿可以牺牲，孙子的梦想可以牺牲，在他复杂人格的背后，我们看到的是中国20世纪复杂的政治、经济、文化关系。盛云纬一生深爱着尚达志，欣赏他执着的创业精神，却又对他的无情带着深深的恨意。作者通过盛云纬很好地揭示了人物内心世界的复杂性，使之成为一个内涵异常丰富的人物形象，从而很好地通过她个人的命运悲剧表现了20世纪这个复杂的时代。整个20世纪，中国社会经历了来自经济、政治、文化等各方面的巨大变迁，其中还有相当长一段时间处在战火的笼罩中，栗丽、草绒、绫绫、宁贞等众多善良的女性，性格各不相同，却都因不同的原因承受了巨大的精神磨难。仔细分析这些女性形象，就可以发现，周大新其实是要通过这些女性以不同的方式，去除掉权力、金钱、文化等给人性中带来的恶的成分。比如曹宁贞甘愿为理想而牺牲；栗丽希望通过性和血缘，以伦理的方式弥合信仰之争和权力之争。她们要努力使人性还原到作为人本身的自然纯真状态。同时，周大新也在积极探索通过佛教、基督教等宗教方式来抑制人性中的恶，比如草绒就是在基督教中找到了心灵的安慰，并努力以此使丈夫也放弃恶念。由此可以看出，周大新笔下的女性形象，实际上是对被权力、金钱等污染了的人性之恶的对抗和抵制，女性是对自然人性的张扬，代表着原始的生命力，有着对服从于社会属性的男性法则的矫正作用，因而都闪耀着人性的光辉。

周大新对女性有特别的理解、认可和偏爱，他尤其依恋女性意识中的母性情怀。他曾说："出于我对女性形象的偏爱。我认为在男女两性中，男性从事的破坏性活动多，女性则是柔和的，包容的，从事的建设性活动更多。因此，我对未来人类社会发展中女性的作用看得比较重。如果一个社会不断地呼唤母性，保养它，它就会变成社会深厚的营养，然后反哺社会。我希望把女性的这种东西呼唤出来。"[①]因此，在周大新看来，人性得到救赎、社会得到改善的途径，就是要通过女性善良、倔强的人性之光的照亮。《湖光山色》里的暖暖同样是一个闪耀着人性光辉的女性，暖暖身上所闪现的这种光辉，或者毋宁说是类似于雨果所表现的那种人道主义的光辉。暖暖是一个对自己的情感生活有着明确追求的女性，她走出盆地掌握了知识，但怀着改变家乡落后面貌的愿望回到家乡。在回到家乡开展商业活动的过程中，她看到了过度商业化带来的负面影响，经历过精神和肉体的磨难以及爱人的背叛，但暖暖最终却努力用超越现实恩怨和情感的方式化解一切。从中可以看出周大新对社会现实的深度思考，他在看到乡土文明无可奈何崩溃的同时，又积极用理想主义的方式期望

① 周大新：《反思乡村的命运》，《京华时报》2008年11月5日。

使坍塌的一切得到拯救。这是周大新对于女性从自然和人性角度赋予的美好愿望。

《21 大厦》表现的是乡村伦理与城市法则的对立。小保安和地下二层的打工者丰嫂、余太久、崔发等因来自农村，寄居在城市“很难见到阳光”的角落中，主人心态的丧失使他们带有明显胆小怕事、自卑怯懦的性格特征；而对成功的渴望，又使他们行事不择手段，凶狠计较。但是，这些离开故土进入城市的人，却仍然保持着互相体谅、有福同享、有难同当的温情和亲情，保持着人性的优美和崇高。相对而言，生活在高层的城市人却对物质生活有着难以遏制的追求，情感丧失，倾轧和欺骗成为生活的常态。周大新的很多作品其实都有一个共同的主题，即表现经济生活和社会变迁对人的内心世界以至人性产生的影响。《21 大厦》表现的即是在现代世界中来自城乡不同人的精神世界。在这些作品中，周大新一方面表现了农村人改变自身命运、拥抱现代社会的渴望，另一方面又表现了现代社会对人们固有美好人性的戕害。周大新所表现的这对矛盾其实也正是他在当下社会变迁中自己内心的矛盾。

作为一名军旅作家，思考战争、描写战争可以说是职责所在。周大新同样在思考战争，思考战争对人的伤害，但他更是思考人，他要把人放在战争这个特殊的背景下进行更深入的表现。《战争传说》的特别之处在于，他思考战争但不直接描写战争，他写战争对人的影响，写的是仇恨、阴谋、情欲、人性这些与个人存在密切相关的东西，这就与传统的战争小说大异其趣了。虽然不直接写战争，但对战争的思考其实更深刻，对人性的表现也更深刻，作品通过一个普通的女性，揭示了战争的发生与人性中的权力欲望的密切关系。就这部作品而言，周大新是在历史的缝隙处进行开掘，这才是小说应该做的事。

《预警》普遍被作为谍战小说看待。但与一般谍战小说不同的是，这部小说没有把描写的重点放在惊心动魄的故事和让人脑洞大开的机变上，而把重点放在了对人物内心世界的描写上。这与周大新一贯注重开掘宏大社会背景中人物性格和内心世界的做法是一致的。《预警》的整个故事基本上是围绕孔德武内心的矛盾冲突展开的：潘金满利用人性的弱点，不断为孔德武设置各种陷阱。比如美女方韵的诱惑，就利用了孔德武作为人之常情的爱美之心和他助人为乐的情操以及军人的正义感。这里我们看到，人类那些高尚、正义的情操和信念，同样是可能被利用以服务于邪恶目的的。至于，潘金满安排对孔德武及其家人的诸如股票贿赂、资助孩子留学到后来的道德要挟等，无不是对其人性的考察，是欲望与理性的博弈。《预警》最后，在孔德武身上，人性的光辉也闪耀了出来，使他最终做出宁可牺牲自己的名誉、地位等也不能牺牲国家利益的决定。

而《曲终人在》作为一部反腐小说，则与当前流行的反腐小说、官场小说大异其趣。这部作品很好地表明了周大新写作的着力方向，他总是努力通过不同的社会事件和人物，从人性的角度去探索事物发展变化的根本原因。欧阳万彤并非一个完人，周大新并没有回避他人性中复杂幽暗的成分，也描写了他多年来对魏昌山发展的谋略，其中自然也包含着他的私心。但在根本的问题上，在为社会发展、为百姓做事等根本问题上，欧阳万彤是令人敬仰的，他无疑是寄托着周大新社会理想的人物。

周大新通常被认为是一个善于书写善的作家，他也确实把大量笔墨集中在对善的歌颂上，但这并非是他对恶缺乏认识。从他的整体创作来看，周大新对善的歌颂正是建立在对恶的认识和抵制上。1995 年，他专门撰写文章谈写作的意义，认为作家写作的根本目的就是“为了人类的日臻完美”①。能够在认识到恶之后而能以宽容之心对待它，并努力以善来引导它，这才是真正的大慈悲情怀。

文学探索与文本表达

尽管大家基本把周大新看作一个带有理想主义倾向的现实主义作家，但周大新的写作却并非局限于传统现实主义描摹现实的写作模式中。实际上，周大新在小说创作过程中，对文本表达不断进行着自己的思考，并持续寻找、探索新的有效的表达手段。应该说，对于小说创作，周大新有着清晰的文本意识，新的表现形式一直是他小说创作探索的一个重要方面。在《卡尔维诺的启示》一文中他明确谈道：“卡尔维诺用他的创作实践告诉我这个文学上的后来者，你要想成为一个优秀的小说家，你就一刻也不能停止向前寻找，寻找的东西主要是两个：一个是新的表现形式，另一个是新的表现内容。”②

象征是周大新小说创作使用最为广泛的一种表现手法，他的大多数长篇小说和很多中短篇小说都是如此。象征在文学表达中有着广泛的运用，不论是中国古典文学还是西方文学，象征都有着绵长的运用史，甚至说它与文学的发展相始终也并不为过，因为从本质上讲，象征确实与文学自身的表现特征有着内在的一致性。但周大新对象征手段的如此厚爱，我以为与 20 世纪拉美文学的影响有着密切的关系。20 世纪 80 年代，以马尔克斯为代表的拉美文学传入中国，迅速以迥异于中国新文学特别是“十七年”至“文革”时期中国文学的表现特征，征服了广大刚踏入文坛不久的作家，中国新时期文学的代表性作家，特别是“50 后”作家，几乎没有不受其影响的。周

① 周大新：《为了人类的日臻完美》，《海燕》1995 年第 2 期。

② 周大新：《卡尔维诺的启示》，《看遍人生风景》，河南文艺出版社 2014 年版。

大新文学创作走上相对成熟的道路,正在此时。所以周大新对文本的重视,对象征手段的执着坚持,应该都与此有关。当然,影响周大新的包括但肯定不止于拉美文学,俄罗斯文学早期对他的影响不用赘言,欧美现代主义文学也应该有着重要的影响。这从他在众多散文、随笔中谈到的作家、作品就可以清楚地看出来。

其实深入分析的话,不仅是周大新,也包括其他作家,几乎每一篇文学作品都可以分析出其中的象征意味。但这种泛象征主义的解释是没有意义的。周大新对象征手段的有意识使用,我以为可以从他在《走出盆地》等作品中引入神话开始,当然实际可能更早。《走出盆地》引入了三则神话,并贯穿在整部作品之中,与描写现实的内容构成内在的互文关系,是一种现实的隐喻。可以说,三则古老的神话是南阳人的宿命,是其现实生存和奋斗精神的象征。稍早于《走出盆地》的中篇小说《伏牛》即引入了南阳关于牛的传说和对牛的崇拜,并作为人们生存处境的象征,对作品主题的表达发挥了积极作用。而典型象征手段的使用在中篇小说《步出密林》中则表现得更为充分。《步出密林》以原始森林象征人的现实生存环境,对人与自然的关系进行了深入的思考和表现。《步出密林》整体象征手法的使用,应该是魔幻现实主义影响的痕迹。其实,问题可以进行更简单的理解,"步出密林"即"走出盆地",是周大新表达的现实主题的象征性表述方式。

如果说以上这样的作品在总体上使用了象征手法的话,局部的、具体的象征在其作品中可以说比比皆是。比如《铁锅》中反复被打碎又重铸的铁锅作为人类面对灾难生生不息的象征,《银饰》中黑云里的黑色幽灵、《泉涸》里白黑手、《老辙》中的怪火等作为命运的象征等等,都是用具体的象征物来表现作者对人类命运的深度思考。在周大新最重要的几部长篇小说中,象征手法同样被反复使用。比如,《第二十幕》书名本身就是20世纪中国社会的象征。作品中,"方格网"是一种图腾式的象征物,象征着自然规律、人类命运。其他如炫目白光的出现、恐龙蛋的排列等同样具有各自的象征意义。而《21大厦》则是21世纪社会现实的象征,作品中"展翅欲飞的雏鸟"形象反复出现,成为当今社会现实和大众心理的象征。《湖光山色》则描写了楚王庄边水面上的"迷魂三角区",其中升腾的雾气同样成为人类现实及命运的一种象征。象征手法的运用,不仅强化了作品的主题,更重要的是,它使作品的叙事张力明显增强,并带有一丝神秘感,增强了作品的内在意蕴。

复线叙事是周大新结构长篇的重要方式。其第一部长篇小说《走出盆地》引入了三则神话,并作为与现实故事推进并行的线索贯穿了整部作品。周大新最重要的长篇小说《第二十幕》,则是三条线索交织并进:主线是20世纪中国民族工业发展的历程，辅线是纠缠始终的权力斗争，另一条线索则是追求自由的知识分子的精神史。《21大厦》描写的是生活在大楼上下两个阶层的生活，作品以小保安的视角展开，而城市人和打工者的生活得以很好平行展开。复线叙事对于周大新来说是重要的结构长篇的方式，但同时他对这种方式的认识和把握又是不断推进的。统观周大新的小说创作可以发现，早期的小说写作，他基本走的是写实的路子，用全能视角线性展开故事。之后，随着20世纪80年代先锋写作的兴起，周大新也自觉接受了新的写作观念，开始有意识地探索新的创作方法和技巧。他的探索首先是从叙事视角的变化开始，他这一时期的作品，已不再采用全能视角线性展开叙事的方法，而是第三人称、第一人称、多重视角、内外视角都有所使用，使作品的表现力大为增强。

应该说从这个时候开始，周大新对小说创作开始有了明确的结构意识，而且由此开始对小说新的表现形式的探索从未停止。在先锋小说兴起时先锋作家对文体的重视基于故事，而此时的周大新开始重视文体但并不放弃故事；后来先锋小说退潮，多数作家开始拼写实、讲故事能力的时候，周大新仍不离故事却坚持文本探索。

纵观周大新的小说写作，他对文体结构探索的脚步从来未曾停止。他的第一部长篇小说《走出盆地》，全书不仅引入神话作为辅线，更是以一步、两步、三步来结构作品。虽然现在看来这种做法多少显得有些生硬，但可以看出周大新创新文体结构的用心。再比如他1993年在《作家》第10期发表了一篇名为《14、15、16》的中篇小说，以几个阿拉伯数字做标题，对周大新这样性格的作家来说，肯定不能仅仅用搞怪吸引眼球来解释，它显然表明了周大新对文体表现的思考。此后的小说创作，周大新对文体结构的把握渐趋自如，不同作品不同的文体结构都能很好地为作品主题服务，比如《第二十幕》多线索交织平行展开的结构，就增强了作品的厚重感和史诗感。《21大厦》则以小保安的视角展开叙事，使各种互不相干的人很好地被联系在一起，并使不同文化背景的人的行为方式和观念在巨大的反差中得以更好地表现。其他作品的结构同样讲究，《预警》分“上阕”“下阕”两部分，前者写现象，后者揭谜底，使小说充满悬念，非常可读。《湖光山色》则以“乾”“坤”命名上下两卷，两卷又各分为水、土、木和金、火、水三部分，既是中国传统文化的体现，又很好地以“水”勾连起上下卷。《安魂》则以干支纪年的方法排列30个章节，既是主人公生命的时序，也代表了作者对轮回中生命的思考。《曲终人在》则以采访手稿的方式展开叙事，在反腐小说已经类型化的时候将此类小说写出了新意。

总而言之，周大新是一个有着明确社会责任感和担当意识的作家，努力反映社会变迁和重大社会问题，是他写作重要的出发点。在作品的具体表现中，他坚持对人性进行深度探索，并以理想主义精神坚持对善的张扬和追求，以期对人类发生积极意义。在文学表现上，他对文学性的探索和执着富有成效，对一个以现实主义写作著称的作家来说，其文本表现形式的丰富性，着实令人惊叹。

（载《小说评论》2017年第2期）

主要作品目录《

长篇小说

《走出盆地》，百花文艺出版社1990年版。

《有梦不觉夜长》，人民文学出版社1993年版。

《格子网》，人民文学出版社1996年版。

《第二十幕》（上、中、下三卷），人民文学出版社1998年版。

《21大厦》，昆仑出版社2001年版。

《战争传说》，长江文艺出版社2003年版。

《湖光山色》，作家出版社2006年版。

《预警》，北京十月文艺出版社2009年版。

《安魂》，作家出版社2012年版。

《曲终人在》，人民文学出版社2015年版。

《天黑得很慢》，人民文学出版社2018年版。

《消失的场景》，人民文学出版社1998年版。

《呼啸的炮弹》，中国文联出版社2018年版。

中短篇小说集

《走廊》，昆仑出版社1988年版。

《汉家女》，长江文艺出版社1988年版。

《蝴蝶镇纪事》，黄河出版社1990年版。

《人猴大裂变》，华艺出版社1993年版。

《捧给你们的都是爱》，黄河出版社1993年版。

《香魂女·周大新小说选》，中国文学出版社1993年版。

《香魂塘畔香魂女》,河南人民出版社 1993 年版。

《左朱雀右白虎》,北京师范大学出版社 1993 年版。

《香魂女》,台湾洪范书店 1993 年版。

《红桑椹》,华艺出版社 1993 年版。

《女人不是水》,济南出版社 1993 年版。

《银饰》,中国文学出版社 1994 年版。

FOR LOVE OF A SILVERSMITH(英文),中国文学出版社 1995 年版。

《瓦解》,长江文艺出版社 1996 年版。

Der Fiuch des Silbers(德文),中国文学出版社 1996 年版。

《平安世界》,明天出版社 1996 年版。

《伏牛》,百花文艺出版社 1997 年版。

《紫雾》,北京出版社 1998 年版。

《明天进入夏季》,山东文艺出版社 1998 年版。

《周大新小说自选集》,河南文艺出版社 1998 年版。

Les marches du mandarinat,法国 STOCK 出版社 1998 年版。

《国际短篇小说选入选中国作品·香魂女》(美国)中国文学出版社、外语教学与研究出版社 1999 年版。

《同赴七月》,作家出版社 2000 年版。

《中国小说 50 强个人选集·周大新卷》,时代文艺出版社 2001 年版。

《中国当代作家选集丛书·周大新卷》,人民文学出版社 2002 年版。

《中国作家档案书系·周大新卷》,新世界出版社 2002 年版。

《走向诺贝尔·周大新卷》,文化艺术出版社 2002 年版。

《银饰》,文化艺术出版社 2004 年版。

《明宫女》,朝华出版社 2008 年版。

《香魂塘畔的香油坊——周大新作品选(英文)》,外文出版社 2009 年版。

《周大新中篇小说典藏》,河南文艺出版社 2009 年版。

《周大新短篇小说典藏》,人民武警出版社 2010 年版。

《平安世界》,西苑出版社 2012 年版。

《地上有草》,人民文学出版社 2013 年版。

《玉器行》,江苏文艺出版社 2013 年版。

《向上的台阶》,湖南文艺出版社 2013 年版。

《命运样本》,百花洲文艺出版社 2015 年版。

《生之景观》,百花洲文艺出版社 2015 年版。

《牺牲》,文化发展出版社 2016 年版。

JOYAS DE PLATA(《银饰》西班牙文版),西班牙 MIR AD AS2016 年版。

《紫雾》,人民文学出版社 2016 年版。

《金色的麦田》,人民文学出版社 2016 年版。

《香魂女》,人民文学出版社 2016 年版。

《人间》,安徽文艺出版社 2019 年版。

《军界谋士》,安徽文艺出版社 2019 年版。

散文随笔集

《没有绣花的手帕》,黄河出版社 1994 年版。

《村边水塘》,文心出版社 1996 年版。

《世纪遗产清单》,百花文艺出版社 1999 年版。

《去看战场》,解放军文艺出版社 2001 年版。

《历览多少事与人》,作家出版社 2005 年版。

《我们会遇见什么》,江苏文艺出版社 2010 年版。

《长在中原十八年》,中国文史出版社 2012 年版。

《你能拒绝诱惑》,解放军文艺出版社 2013 年版。

《摸进人性之洞》,安徽文艺出版社 2013 年版。

《看遍人生风景》,河南文艺出版社 2014 年版。

《回望来路》,大象出版社 2017 年版。

《呼唤爱意》,民主与建设出版社 2017 年版。

《自在》,中国文史出版社 2019 年版。

电影剧本

《飞鸟》,人民文学出版社 2016 年版。

文　集

《周大新文集》,吉林人民出版社 1996 年版。

《周大新文集》(20 卷),人民文学出版社 2016 年版。

朱文颖

女，1970 年生，上海人。

小 引《

以出生的年代划分作家群，不知始作俑者谁。不论这个人是有意的，还是无意的，这种方法，都容易让人想到土改时划分阶级成分的做法。以解放前三年的经济状况来划分阶级，决定一个人的阶级属性，这本身就是一件匪夷所思的事。存在决定意识，经济基础决定上层建筑，当然也包括人的思想意识和政治态度，用这条马克思主义的基本原理来衡量，以三年论“存在”，未免也忒短了些；以过了三年的好日子或孬日子，来认定一个人的思想意识和政治态度，或曰阶级本质，而且还要延及子孙后代，这似乎也超出了经济基础决定论的范畴，而近似于遗传基因的作用。结果，就不免要闹出余华作品中的故事来：那个本属富家子弟的福贵（《活着》的主人公），因为一番豪赌，输光了家产，成了赤贫，结果被归入了无产阶级；相反，那个本该是流氓无产者的龙二（同书人物），却因为赢了福贵的家产，倒成了地主分子，最后还搭上了自己的性命。如此等等，像这种荒唐事虽属少数，但也足证当年的那个阶级成分划分法的不十分靠谱。

以年代划分作家群，自然不同于划分阶级成分，不涉及个人财产和身家性命，但在我们这个重名分之教、名称之教（也可以叫“名教”）的国度，却有类似的麻烦。但凡一件事，或一个人，一旦有了一个名头或名分，不管这名头或名分是你自己挣来的，还是别人给你栽上的，都有人要对这名头或名分，作定性分析。目的是让人更清楚地了解这事是怎样的一件事，这人是怎样的一个人。这样的定性分析往往是高度概括的，还是简单明了的。例如地主阶级本性的贪婪，资产阶级剥削的残酷，劳动人民品质的勤劳、纯朴、善良，等等。因为不如此，便不通俗化、大众化，便不简单易记，便难广泛普及，说厉害一点，也便是思想方法有问题，不能透过现象看清本质，或是政治立场有问题，缺少应有的群众观点。但问题是，这样一来，在这名头或名分之下具体个别的人事，也就模糊不清，或则湮没无闻。例如，上述各阶级的定性，固然都达到了本质化的程度，但具体到个别地主、资本家或劳动人民身上，他们的所作所为，却不尽然。笔者当年下放农村的时候，满脑子装的都是这些老师教的、书上看来的阶级概念，总觉得破坏生产，损害集体利益的，一定是地主、富农分子，但不久便发现，事情满不是那么回事，甚至恰恰相反，好几次抓到偷盗队里的粮食、柴草的坏人，竟都是贫下中农出身的社员。这给笔者的震动很大，从此便对阶级的定性发生了怀疑。这怀疑不亚于鲁迅当年目睹青年的分化，“轰毁”了自己向来相信青年胜于老年的进化论。由此我也便想到了西人对本质论的批判，确有它的道理。

因为有这样的经验，所以，我对以年代划分作家群的做法，始终抱有一种莫名其妙的警惕。尤其是对某些论者言之凿凿的定性分析，更觉惶惑莫名。一个年代，算起来总共不过十个年头，如果是这个年代之初出生的作家，受这个年代的影响，好歹还有个说头，如果是这个年代末出生的，他要接受影响，也只有等到下一个年代。总不能说尚在襁褓之中的婴儿，在这个年代接受了两三年的母乳喂养，便决定了他以后如果成为作家，就一定有这个年代的影响元素吧。如果是这样的话，那岂非与划分阶级成分用的三年标准无异。即便是该年代初出生的作家，一个年代，对一个年方二五或不足二五的孩子，又能有多大影响呢，更不用说这种影响会决定他将来可能成为一个作家的性质。或许有人要说，他在此后的年代将要继续接受的影响，也会不同于前此年代，或后续年代出生的作家群。试问，在这种情况下，你又如何把不同年代出生的作家，在他们后来共同经历过的年代里所接受的影响区别开来呢。比方说，50 年代出生的作家群、60 年代出生的作家群和 70 年代出生的作家群，他们共同经历过 80 年代及其后的年代，你怎么区别这些年代在他们身上打下的不同烙印呢，又怎么解释这些年代连同他们自己出生的年代，是如何决定他们会成为性质不同的作家群呢。如此等等，我实在不是在这里有意抬杠，而是说，这种命名的方法，确实不得要领，更不能用来观察、说明具体个别作家的创作特征。虽然被这种命名“70 后”过的朱文颖，在接受本辑主笔的访谈中，也谈到过一个年代对作家的影响，和这个年代的作家的总体特征，但她同时也说，“对于人这种复杂的个体而言，70 后、80 后或者 90 后这样的划分多少有些简单和粗暴，就像简单地凭借血型的不同来划分人群一样。”

一个时代，包括一个具体年代的社会文化环境，对一个作家的成长和他的创作，诚然会发生影响。但这并不等于说，这个时代或这个具体年代出生的作家，他们的成长和创作，就全由这个时代或这个具体的年代来决定。否则，还讲什么天赋、才情，智愚贤不肖等主体条件，还有什么思想艺术和个性风格上的差异可言。就像从同一个娘胎里爬出来，在同一个锅里搅马勺的亲兄弟，长大了也不会是一个样子一样。这原本是一些尽人皆知的道理，但一旦被归类命名，便不由你我分说。历史上，被人强归入这群那派的作家，不知凡几，除个别拉大旗作虎皮、借以唬人者外，有几人真正承认过这群那派的身份。这实在不是这些作家不受抬举，而是他们深知，文学创作是极个人的事业，最忌拉帮结伙，标门立派。所谓派别群体者，不过是文学批评家或文学研究者图方便省事，弄出的分类归纳的把戏而已。好在这种分类归纳，终究不是划分阶级，可以允许朱文颖保持特立独行的个性，和她的独特的思想艺术追求。也因此，无论从哪方面说明，朱文颖的才华和成就，都不是她出生的年代能够说明的。事实上，她早已凭借她独抒性灵、不拘格套的创作，出离了“70年代出生的作家群”，成了这个大转型的时代的一位重要作家。用瞿秋白评价鲁迅的一句话说，朱文颖也算得上是一个背叛她所属的那个作家群体的“逆子贰臣”。

自　述《

十年十一章

一、岁月

“二十出头的时候，觉得三十岁是个可怕的年龄。三十岁的女人太老了。老得都不知道该怎么活下去了。”

这个曾经非常真实的想法，在三十岁真正到来时突然忘记了。而且很长时间不再想起。然而四十很快就在眼前了。就像有谁说过的——我知道衰老有一天也会减缓下来，按它通常的步伐徐徐前进——我突然明白，其实岁月已经停下来了。在某一个我并没有特别在意的时刻。有些东西已经不再让我担忧或者恐惧。而那个曾经非常真实的想法，也不仅仅成了一个笑话——我明白，它其实并不是说的这个。还有其他的意思。它存在在那里，并且另有深意。

深夜与从事写作的女朋友聊电话。你一言，我一语。我们突然都意识到一个问题：现在写东西的时候，怎么就只能看到人性的阴暗面了？怎么就完全看不到古典精神呢？以前古板而有道德自律的人，怎么就成了现在这个样子？蝴蝶成了标本了……

我喜欢这种有趣的、突如其来真诚的谈话。我也喜欢这种爱恨交织、纠缠不清的状态。

一片沉默里的宽广。

要么潜入深流。要么可能会有重要的事情发生。

一位异国的艺术圈朋友写信给我："我认真看过你给我的文本，其实最大气的文字：朴素，不卖弄，没有多余的字。看你小说不入，是人有意为文，看看官眼色呢。别有心思能不乱怀么。不为朱文颖写，为朴素的心和热爱。无私说出来有力呢。"

十年前听到这样的话我会不高兴的。因为十年前毕竟还是年轻。十年后的今天我大致可以知道他在说什么。

除了岁月教会我一些博大精深的沉默以及小如细微颗粒状的智慧，老天保佑，我还没有完全麻木。我突然警醒起来。会不会不知不觉地，我正在渐渐成为一个僵化的、在写作上循规蹈矩的作家？就像城里人长期缺钙一样，就像某些从童年一脚跨入成年的人群一样？

一个从没有经历过青春期种种危险的人，是多么可惜。而一个失去了比自我更为强烈、贯穿在表现中类似于青春期冲动的创作者，又是多么可怕呵。

真实的写作，其实是需要失去理智的。需要失控。真正的失控。只有这样，人才有勇气道出真伪，写出如履薄冰的东西……这和恋爱其实是一样的。没有这个基础的东西，华彩的部分，生命的极致永远都不可能出现。

所以说，我渴望危险。渴望那种类似于已经逝去的青春期的危险。我等待那种支撑生命与写作的饱满的情感、真挚的危险……我等待它们，归来。为了更好地活着，而不仅仅是写作。

有时我甚至想，为了找回那种生命的感受，我甚至可以放弃写作——归根到底，写作只是从生命年轮中生长出来的一枝花草。只是岁月脸上长出的小小斑点、是欢颜以及渐渐老去的深刻的纹路。如此而已。

皮之不存，毛将焉附？

二、是什么把你带到这里来？

"我不断劝告那些跟我学编剧和导演的年轻人，必须去审视他们自己的生活。不为写书或剧本，而是为他们自己。我常对他们说，试着想想你的生活中发生了些什么重要的事情使得你会坐在这里，在这张椅子上，在今天，在这么多人中间，发生了什么？到底是什么把你带到这里来？你必须知道这些，这是起点。"

"我试图领悟是什么把我带到了人生的这个点上，因为没有这种真诚、彻底及无情的分析，就没有故事可讲。如果你不懂自己的生活，那我想你也不会明白故事中那些人物的生活，不会明白别人的生活……”

我的阅读很不系统。我曾经很想让它系统起来。但我很快发现，对于我来说，有些知识与话语，任凭努力却仍然过目就忘。它们完全不能进入我的心里。而另外有一些，像天边的风一样，不知不觉它们就来了，不知不觉就落到了我的心里，再也不走了。

比如上面那两段话是波兰著名导演基耶斯洛夫斯基说的。我觉得就像一个多年不见的朋友，在某一天的下午或者黄昏……他就坐在我的对面，就那么随意地说了两句，然后又说了两句，我甚至能看到当时光线的波动以及窗外细微的风声。

所以我觉得我有点想明白了。我不怕成为一个没有太多知识的人。因为我只学习与我生命有关的那一部分知识。

从某种意义上来说，它一定是窄的。

那些一路走来的朋友，十年后的今天，我们再次谈起写作。不像当年那样意气风发，志得意满……知道了生活与写作的艰难，知道了自身的限制，知道了难以言明、甚至自己也还理解不了的人情世故……但其中隐约却有一种生命在不知不觉中给予的质感，它更沉着，更扎实，更让人信服，因此它也更接近写作最为本质的粗粝坚硬的状态。

对于它的爱，我们不再轻易说了。

不思量，自难忘。

有个写诗的朋友，他说过一段让我难忘的话——

“我相信真正的诗歌写作，不是表达了什么，而是一种什么东西的秘密到达，这种到达，绝不是诗歌到达了写作，是你到达了你生命本身。”

对于写作，我们有时候真是想多了，想复杂了，想得自己都不知道该怎么办了。或许写作归根到底其实是简单的。

写作，其实就是你到达了你生命本身。

所以这十年里面，有很多小说其实是不必要写的。没有激情，出来的文字必定一塌糊涂，必定是与生命擦肩而过甚至背道而驰。但是这十年或许另有秘密……它是艰难而曲折地寻找起点与自我的过程。或许，就在不远的前方，我们终于与真正的自己相遇。

而在创造中——

你什么时候遇到自己

什么时候你就站直了。

还要什么呢？这就足够了。

三、走一场夜路

这个春天，太湖边去了不下七八次，看到春天一点点浓烈起来，看到了久已不见的风景。

我一直很喜欢《情人》里的这一段：

“她上了黑色的小汽车。车门关上。恍惚间，一种悲戚之感，一种倦怠无力突然出现，河面上光色也暗了下来，光线稍稍有点发暗。还略略有一种听不到声音的感觉，还有一片雾气在弥漫开来。”

我留意过坐在宽大密闭的车身里的感觉。音乐从车的内部升腾起来。整个城市或者乡村的景致，在前窗玻璃那里慢慢打开。

有些疏离的。君临城下的。是我热爱的、无以言说的黑夜的景致。

多年以前，很多人坐在一个富丽的宾馆大堂。背景音乐轻细而尖锐。其中一个人突然说：“你们等一等，等一等……我要听一听，我要听完这首曲子。”

我天生地知道这是怎样一种人。那个瞬间他沉到自己的黑夜里去了。没有别人，没有自己。没有整个的其他的世界。

我天生地喜欢这种内心有着黑洞的人。

还有一个朋友。每年油菜花黄成一片的时候，她便食宿不宁，忧郁狂躁。我总想着但老是忘记告诉她——我是那么喜欢那个时候的她。

我曾经有一个疯狂的想法。在一个月黑风高之夜，一个人，在午夜时分独自接近月影中的埃及金字塔。那种神秘的、狂乱的、会让人死的力量。

我从来都不惧怕这种力量。我真正惧怕的是日常性的消磨。惧怕去安慰一个病中的老妇。去陪着别人哭。去谈论一桩注定连挣扎都无法挣扎的情事。

那些都是没有用的。我从不怜悯这些。就像我从来都不怜悯软弱时的自己。

我更热爱冷若冰霜以及泪雨滂沱的自己。

写作……终究是孤独的。让我们回到孤独的属于人类的深夜。经过黑暗，独自走一场夜路。

四、我的常识

我终于不再要求自己回到常识了。

我发现我对别人的常识常常手足无措、小心翼翼——别人的常识就是我的睡眠，而我的常识则是别人的异端。

我迷恋过旗袍。

现在它们束之高阁。有一种阴森而隐秘的美。

前几天，在一个朋友的私家园林里，大家看一盏清朝的夜灯。青花，上半部是雕空的，闪出幽暗的烛光。穿着旗袍，熄灭所有的灯火，我捧着它走向月光下的花园。

我迷恋世间一切病态的、不真切的事物。只有它们，抛开常规，才留住了那一份极致的美。

有一天，一位搞艺术的朋友对我说：

“我希望你穿得越来越休闲，越来越简洁。把白衬衣、牛仔裤穿出品质来的才是高贵。”

我想我知道他的意思。但我还想，那套白衬衣、牛仔裤的背后，仍然还应该是那一份阴森而隐秘的美。

澄澈、明亮、绝对的欲望。

坚硬、顽固、无比宽阔的偏执。

这就是现在我想要的——我的常识。

五、技术是什么

我曾经那么担心自己的技术。风景的描写、人物的对话、讲述故事的能力以及结构、词汇……我几乎一度以为自己都不会写小说了。或者说以前写的那些都不是纯正的小说……

我曾经一度深深地忘了，写作其实只是要说出生命里的肺腑之言。

我有一个女朋友，平时是个开朗健谈的人。但只要她一进入恋爱状态，立刻就像换了个人。沉默、羞涩、恍惚、敏感……若有所思。所以说，人到深情、真情以后，往往是朴素的。并不能玩弄绝技杂巧。

今晚被 Diamanda Galas 的歌声深深打动。

《忧郁的星期天》。这首据说是世界上最抑郁的曲子。它的曲调无疑是抑郁的。更有传说157人的自杀与这首曲子有关，甚至其原作者匈牙利作曲家鲁兰斯·查里斯自己和未婚妻也是自杀的。据说查里斯死前曾后悔地说：“我真没想到这首曲子让如此多人走上不归路。让我的灵魂到另一个世界去接受上帝的惩罚吧。”

这首曲子被称为“魔鬼邀请书”，在二战期间曾令全世界恐慌，并遭到了禁播。

我听过三个版本。

莎拉·布莱曼天籁般的嗓音，让人觉得这世间的凄婉忧伤仍然让人心有不舍。

……这样的声音是不太会让人自杀的。

BILLIE HOLIDAY，人称爵士女王的比莉·哈乐黛，要沧桑和荡气回肠很多了。

听得出这样的声音是有思想的。而她的个性也是桀骜不驯的。

但 Diamanda Galas 无疑是最惊世骇俗的。这位希腊人的后裔，世界知名的歌唱家、钢琴家、作曲家和诗人，我们这个时代最令人吃惊的艺术家之一，她从小就接受正规的古典音乐教育，她的音域可以跨越 4 个八度，同时她那独一无二的足以让人肝胆俱裂的破坏性的演唱方式也为她赢得了“高音女妖”的称号。她的第一张专集是用法文来演唱的，而且没有一点伴奏，她的声音就像女巫对末世纪人类的诅咒，人们在她的声音中恐惧，紧张并为之震惊。

“她演奏钢琴如同急雨涂抹在混凝土上，她唱起歌来如同魔鬼即将投入战争，像蜥蜴女王向死去的人寻求报复……她如此深邃，严酷，无限，可怕和强迫，聆听她就是冲刷你自己的灵魂。”

这是我第一次听到她的歌声。我承认我给惊呆了——我听到了情感，我只听到了情感。强烈以及无耻到——已经完全掩盖了她那无与伦比的演唱技巧的情感。

六、何处惹尘埃

我在报上看到一条新闻。一次类似于文学讲座或者创作座谈会的时候，我的一位朋友在会上发言。他说了大致这样的话——

“这些年我也一直在思索文学的精神究竟是什么？年轻的写作者还能为生活中的点点滴滴所感动，这样的东西也只属于年轻人，因为我感觉自己心灵上落了不少尘埃。”

他还说了这样的意思——有的写作者正在成为文坛“老江湖”的过程中，身上的尘埃越来越厚，他们也就丧失了最初的那种“何处惹尘埃”的朴素真挚。

我看得有点感动。心里突然有种澄澈干净的感觉。

想起一句书里面的话——如同一个大人，到了成年，没有恶念，但具有一种令人恐惧的智能……

是呵，这世间之人事，有哪一件经得起细细推敲，慢慢琢磨。临到头来，又哪一个不是千疮百孔、遍体鳞伤。但是且慢，到底从什么时候起，我们被渐渐地、一层一层地蒙上了尘土？看不见、听不到，成了聋子、瞎子和周身麻木的人？

我们的本心……它到哪里去了?

七、情到深处

和女朋友们会谈到爱情。在爱的时候你是不知道什么是爱的。后来谈到的爱是另外一种东西。

前面是一种雾气。后面的是有形状的,或者窄,或者宽,并且看得见边缘和界限。

“爱着的时候,心里种了水果、雾、河流、鹿和大面积的舍弃。”它掩盖了很多本来的面目——生活的面目、他人的面目、你自己的面目……

我有很多有才华的女朋友,要么为情所困,要么心灰意冷……或许正如桑塔格所说的,回忆的伤害性质似乎专属于女人——越是有才华的女人,杀伤力越大。女人竟会因为回忆而重复生命的苦难,有时候还因此互相抚慰,“分享别人的记忆是一种愉快。记忆中的一切都亲切、可爱、动人和珍贵。至少过去是安全的——尽管那时我们意识不到这一点。现在我们意识到了。因为它属于过去,因为我们挣扎过来了”。而男人,即便是与女人有很多共通处(比如才华和敏感)的男孩,自小也已具有将痛苦转嫁于外部世界的能力。对于他们,这是天性使然。

所以有时我会觉得爱情太窄了,太小了。对于创造者来说,我们需要的是深情。那种汪洋恣肆、但又不着痕迹的深情。爱情会削弱一个创造者的力量,但深情不会,因为它广阔而没有边际,因为它从来没有错误。

罗丹说得多好呵——你要有非常深刻的、粗犷的真情。真情,比技术更接近艺术。

罗丹一定不是在单纯而狭隘地诉说爱情。

八、让我深深震撼的一句话

每次不把各种事物混成一团,归结为唯一的极坏的本质性的东西,那么写作除了可以是广告以外,就什么也不是了。

九、怎样的邪恶

我发现我喜欢邪恶的事物。或许十年前我还不曾、不敢、也不会说出这样确定的话。但现在我又想了想,我还是要说——我喜欢邪恶的事物。

这应该并不是抱着一个危言耸听或者希望惊世骇俗的想法。其实我只是想说另外的一层意思。我想说的是，我天生就理解这种荒诞的行为。这是长在我血液里最为顽固无耻的事物。它们与我心心相印、心照不宣——没什么了不起的。没什么大不了的。没有任何东西是不可以理解的……

是的。没有任何东西是不可以理解的。

最近我又重新热爱起邓肯和杜拉斯来。因为她们自由、精彩、极端、肆无忌惮……更让我反观到自己近期的麻木与迟钝。

杜拉斯。她总是反潮流，对世界和事件的态度模棱两可，感情捉摸不定，说话与别人不一样。她最想说的，是谁也不能对别人有偏见，谁也不能指责别人生活失控、冲动和产生命中注定、不可避免的欲望。

这或许并非一个完全正常的生活的态度。但这一定是一个艺术家、一个创造者正常的态度。

在生活中她或许是魔鬼。但在艺术的天堂里，她是插满翅膀在祥云里飞的天使。

才华是有很多种类的。才华与才华之间的区别，有时甚至要比天与地的区别还要大。

自己和自己也是有很多区别的。我今天说的话，很可能就会遭到明天的我的强烈反对。

但这些基本都不是真诚与否的问题，善与恶的问题……真正的问题是找你性情里最能表达你的感觉(像每一个人不同的体味那样的东西)，直到炼出金子来。如果艺术有捷径的话，这就是一条。

即便那是一条通向邪恶的窄路。

十、赤子之心

人近中年还谈什么赤子之心，似乎是可笑而矫饰的。

然而写作其实真是需要天真的。没有对人性的信念，没有对存在之秘密的好奇之心，漫长而持续的写作是难以想象的。需要很大很大的天真，大到把自己都骗过去、把张爱玲说的那些“丝缎上的虱子”都骗过去的天真。

前几日夜宴，微醺而归，在车上突然听到一首熟悉的英文歌，完全记不清这是首什么歌了，它的名字、内容、歌者……但仿佛这些年我一路走来，这熟悉的旋律一直伴随左右，从未稍离——

那冬雾里带着小饭盒上学的女孩；那些青涩之路；那些哭泣、欢笑；那些现在看来微不足道或将铭记一生的生离死别……它一直都在那儿。它们忠实、赤诚，只要内心清明安静或者有什么东西触动心灵的时候，我就能无比真切地触摸到它们。它们一直就在那儿。

就如同一只带着温度、却常常被我们忽视的手。

后来我还是找到了这首歌——《斯卡布罗集市》。1968年奥斯卡获奖电影《毕业生》中的主题曲。有意思的是，网上还有人用诗经体的格式将它翻译了出来，与英文相对照的时候，几乎看不出哪个是原创，哪个是译文：

问尔所之，是否如适。
蕙兰芫荽，郁郁香芷。
彼方淑女，凭君寄辞。
伊人曾在，与我相知。
嘱彼佳人，备我衣缁。
蕙兰芫荽，郁郁香芷。
勿用针砧，无隙无疵。
伊人何在，慰我相思……

其实我们生而长大，大都会由纯真而变得世故。然后如果修得好境界，反而可能拥有“更加纯真”的心态。这就是具有创意的心态，也是生而快乐的心态。

我很赞同一个朋友说的话——在创作中，通常不是由于聪明，而是由于我的天真让我高兴。

但我也知道这其实是件大难之事。

就如同成年人是很难达到一个初恋者的境界的——穷尽所爱，不过一吻。

十一、最好的时光

没有什么更多的要说了……

把生命里的肺腑之言说出来。把任何一个罗丹和毕加索都不能给予的经验说出来……把一个绝不完美、然而真实可感的自己亮出来。

甚至并不需要与别人一样的成功。

这就是现在、此刻。沉着，充实，坚定，圆满……这是生命里最好的时光。

访 谈《

渴望更真实、勇敢、宽阔的生命与创作

——朱文颖访谈

李 雪 朱文颖

李雪:朱老师,您好,让我们就从这个时代开始谈吧。现在是个意义混乱的时代,各种善恶标准非常矛盾,原本清晰、简单、安稳的东西都已经变得模糊、复杂、摇晃甚至崩塌了。您是如何认识这个时代的?

朱文颖:时代是个非常庞大的问题。变化是肯定的,是我们每个人最切身感受到的。但变化的背后有很多相当复杂的东西。比如说经济发展了,人的价值观突然变得极其单一。贪欲在膨胀。有些还算清醒的人,意识到自己内心需要依靠与支撑,但在我们的文化背景里又找不到这个东西。作为一个作家,我比较敏感的,还是文化。虽然我们仍然被称为文明古国,但我们的传统正在割裂,我们的文化正在渐渐变得劣质,甚至堕落。

李雪:大部分现代知识分子对于现代文明都是持批判态度的,那么多举世闻名的哲学家、文学家、艺术家往往不是自杀就是发疯,如凡·高、尼采、海明威、茨威格、普拉斯、叶赛宁、川端康成、海子等。卡夫卡临死前还嘱咐朋友要烧掉他的所有手稿,其实也是一种自杀。您如何看待作家与现代文明之间的关系?您自己如何处理写作与现代生活之间的紧张关系的?如果您觉得与现代生活之间没有紧张关系,而是一种非常融洽的关系,那么您认为这种融洽的关系会如何影响您的文学创作?

朱文颖:这个问题其实有很多层次。首先你举的这些艺术家、哲学家和文学家,他们自杀或者发疯的原因各不相同,其中就有艺术家特有的个性、战争背景、种族背景、民族性甚至某种岛国心态,等等。

至于谈到作家和现代文明的关系,这里面有个前提,就是我认为现代文明是人类社会得以进步的巨大收获,我并不否认它。

另一方面,我认为你说的“作家与现代文明的关系”,其实指的是现代化进程中,知识分子对可能产生的人的“物化”所应该保持的警惕与对抗。以中国人最熟悉的

《红楼梦》为例，贾宝玉原是大荒山青埂峰下的一块顽石，“却因锻炼通灵后，便向人间惹是非”，终于在文明的驯化中，敏感到他在红尘繁华中失却原真人性的恐怖，他的顽劣乖张便是对文明社会的“大拒绝”。

文明的进步和人的物化，是一种两难，也是一种悖论，而知识分子的意义也许就是在参与某一方面时又揭呈此一对峙，并对每一方面都怀有警惕。至少在西方主要国家，社会经济领域文明现代化的过程中，其精神文化领域却一直涌动着反抗现代的力量。而一个作家，如果一直与现代生活没有紧张关系，没有对抗性，他的写作生涯是走不远的。

李雪：以前大家都曾经说，作家是时代的良心。您还赞同这种说法吗？您有那种充当这个时代良心的冲动吗？若有，您是如何让这个良心发挥作用的？若没有，您又是如何看待作家这个职业的？

朱文颖：我当然赞同这种说法。我有冲动，但有时候仍然勇气不够。但话如果说得缜密而理性一点，仅仅拥有“冲动”“良心”以及“勇气”，对于这个复杂的时代也是远远不够的。但如果完全没有“冲动”“良心”以及“勇气”，那作为一个作家则太单薄甚至有些不够资格。还有一个方面，每个人表现自己“良心”以及“勇气”的方式是不同的。

李雪：您出生于1970年，能否简单地介绍一下您的成长历程？您现在认为，对您成长过程影响最大最深的人和事是什么？为什么？

朱文颖：我生在上海，母亲是上海人。少年时代来到父亲所在的苏州。我成长以及接受教育的历程和我们这一代人中的普通人没有太大的差别。大学学的是经济。我不是个表面上很出格与叛逆的孩子。有些力量与倔强可能深藏在心里，不知道什么时候会突然爆发出来。人永远无法判断诸如“最大最深”。有时候它可能早已远去，有时候或许即将到来。人仅仅处于此在。

李雪：您认为用出生年代来划分不同的人群具有何等样的意义，如70后、80后、90后等？抑或完全没有什么意义？

朱文颖：年代对人是会产生烙印的，因为中国这些年的变化可以称得上是“三千年未有之大变局”。每一代人生存的背景都是独特甚至割裂的。但对于人这种复杂的个体而言，70后、80后或者90后这样的划分多少有些简单和粗暴，就像简单地凭借血型的不同来划分人群一样。

我倒是看到过这样一段文字，关于中国汉语知识共同体的论知，“中国20世纪30年代曾经非常有希望产生一个学术的共同体，当时中国的学术共同体的雏形已经可建了,但是很可惜被日本侵略中国这个历史事件打断了。这样的话100年中国的汉语知识的重建工作非常的困难。困难在哪呢?首先就是大家没有依托了,其次中国的知识界没有勇气对生活和事物进行命名了,也没有信心去反抗社会和我们每个人受到的异化了。1949年以后这个学术共同体更没法建立,可能在80年代以后又有了一点萌芽,但是90年代的发展又把线索打断了,所以现在中国的知识人门派比较多或者说圈子比较多,很难互相沟通或者说互相承认。"我觉得这种思路还是比较有意思的。

李雪:您认为大学教育对您的人生成长重要吗?抑或给您留下巨大的遗憾?可以谈谈您的学习经历吗?

朱文颖:我当时学的是经济管理,是一种框架式的教育。现在回想起来,我当时的态度是心不在焉的。我一直认为我们的大学教育存在很大的问题。去年我去了次德国,在柏林自由大学的一次交流中,一位"媒体与文化管理研究系"的负责人说了这样的话:"或许你们会感到奇怪,这个看起来类似于管理类的系科,实际上却是隶属于哲学与人文学科的。"接着她又说:"因为在这个学科中,需要很多哲学与人文的素养,才能把很多方法和管理用人文态度呈现出来。所以我们希望学生能够成为艺术家,这是我们一直坚持的培养学生的重要方式。"我羡慕这样的教育理念,我们的大学教育几乎很少把激活人的创造力以及培养独立人格放在重要的位置。

李雪:您最早是什么时候从事文学创作的?在中国期刊网上能够查询到您最早发表的作品是一篇叫《老谷》的文章,发表在1994年的《雨花》上,这真是您最早发表的文学作品吗?您觉得最早发表的文学作品对您随后的文学创作产生了什么意义?

朱文颖:正经地把写作当成事情来做,要在20世纪90年代后期。《老谷》是我最早发表的一篇被称作小说的作品,其实它几乎是篇散文,它是我写作懵懂的开始。

李雪:您早期发表了好几个历史题材的小说,如《广武山》《重瞳》《浮生》等,具有浓郁的古典趣味,颇受学界好评。您现在如何看待这些小说?

朱文颖:这些小说里的趣味是我血液与骨子里的东西。现在,我想寻找血液与骨子里另外的一些东西。没有人的成长变化,就不会有创作的延续。

李雪:2001年,您从小长篇《高跟鞋》开始较早完成了向现实生活的转型,随后还于2002年推出了小长篇《水姻缘》。这些作品由春风文艺出版社在红月亮丛书中推出,是很畅销的。您现在自己回头去看看这些作品,认为它们能够反映您创作中哪些新的追求?

朱文颖:它们是一种过程里的东西,对于现实我产生了敏感度,但还没有完全找到表达它的框架与结构,但那种表达时的新鲜感还是迷人的。

李雪:您在创作小说之余还从事散文、随笔创作,现在已经出版随笔集《我们的爱到哪里去了》和《避免受到伤害的途径》。您认为散文、随笔创作和小说创作之间构成什么样的关系?

朱文颖:就像我一个朋友说的,随笔比的是思想、识力和才情,能够体现一个作家在思想上的宽度和深度。而小说写到一定的时候,比拼的也是思想与境界。

李雪:您好像认为性别视角对于作家而言是一种限制,您试图超越性别视角。但您毕竟是个女作家,若看到您身着旗袍的照片,大家也肯定会认为您是非常女性化的。那么在您看来,女性性别因素对您的小说创作产生过影响吗?

朱文颖:我骨子里的视角当然还是个女人,即便我在小说里使用男性视角的时候,仍然是一个女人在使用男性视角。这个不用颠覆,也无法颠覆。

李雪:您愿意批评家把您归入"70后"一代的作家来批评吗?请您谈谈您对其他"70后"作家的看法,如魏微、卫慧、戴来等人。

朱文颖:不管我愿不愿意一切已既成现实。对于我来说,更重要的是开阔视野,寻找方法,以及持续写作。很多"70后"作家其实都很优秀,他们的写作各不相同,极有特色。他们还没有得到真实充分、认真而中肯的评价。

最近这段时间我一直在北京,作为中国的文化中心,北京有一个好处,那就是它的文化格局和学术资源是很丰富的,每天都有巨大的信息量冲击着你的头脑,迫使你更新和补充自己的知识储备,拓展眼光。在很多交流里,我发现有一个问题越来越多地被提及,那就是中国所谓的"70后"作家——这整整的一代人,他们怎么了?用评论界的话来说,"70后"是被遮蔽的一代人,这是奇怪的一代人,没有声音,没有领军人物,甚至也没有过多的抱怨,在"50后""60后"早已写出重要作品的年龄,他们依然是缺少一把火力的温水;他们也不像现实主义的"80后",强调不可侵犯的个性和自由,旗帜鲜明、光明磊落地奔向市场。"70后"就像整整一代的"哈姆雷特",永远在犹豫、永远在寻找自己的位置,永远缺少抛开一切大步向前的决心。对于强大的扑面而来的现实,他们既没有足够的力量去阻止和破坏,但也不是急不可耐地投身和认同。这是历史夹缝里尴尬的一代人。

从年龄上来说,我也是20世纪70年代出生的,在我刚刚开始写作的时候,娱乐文化对于这个时代的介入还远没有现在这样普遍和深刻,我们这代人赶上了一个黄金时代的尾巴,头脑里其实依然有着理想主义的渊源。但理想主义还没成熟强大到支撑自己内心的信念,时代却早已变得天翻地覆。这一代人是中国商业大潮巨变的见证人,因为这个时间段正是他们对社会和生活产生判断的青春时代,不像“80后”,一成人就面对一个彻头彻尾的商业社会。他们不存在内心的回忆、寻找、纠结与分裂。

我虽然出生在20世纪70年代初期,从生活经历和精神气质上当然更接近“60后”。还有一个地方觉得和“60后”亲近,那就是当年新生代作家出现时最鲜明的标签,就是“精神的叩问、灵魂的探访和心灵的安妥”,我觉得我的小说气质里多少有点形而上的部分,而这个部分在今天的中国小说叙事里力量变得越来越微弱。

大概是在2000年左右吧,上海的著名编辑出版家魏心宏先生给我们几个“70后”作家写过一封信。“你们应当是有思想能力的人。你们迟早都会摆脱只关心自己的生活态度,而渐渐走上对文化和人类生存有兴趣的境界。一旦你们获得这样的境界,你们就仿佛戴上了一副有色眼镜,会对生活有一种全新的看法。就像很多西方国家的科学家那样,他们来到空气潮湿人口拥挤的亚洲之后,会对亚洲人所有的生活都感兴趣,去仔细观察例如一个用竹子搭建起来的窝棚是如何可供人们居住同时还能防止蛇之类的爬行动物侵袭的。对于真正的民间生活而言,你们只能算作是一个外来者,即便你自己也在其中生活了将近二十多年。好的作家往往同时具有人类学家、社会学家、民俗学家的眼光。”“我选择你们几位,还因为你们都是生活在中国最有民间色彩的地区的。我自己也是在这个地区生活了几十年,但我也是在走了很多地方后,才逐步看到这一点的。问题的意义还在于,你们恰恰又是在这样一个古老而浓郁的民间成长起来的新的一代。这一点,前面已经论述到了,这里就不再重复。我希望在你们还年轻的时候,能写出一些真正有价值而不是让人只感到热闹的文字,能写出一些能够为历史记取的东西,只有这样,才是有意义的。”这封信我一直保留着,不时会拿出来翻阅,就如同一种可信的回忆与精神的旗帜。

李雪:您曾经说,“每一种真正的写作都来源于一个伤口”,您现在还赞同这种看法?您认为真正的写作是展示伤口,还是疗伤?

朱文颖:这是很多年前我在一个创作谈里说的一句话。这句话的本身没有问题,但我现在认为它只是一个巨大的背景,我比说这句话的时候长大了一些,现在觉得无论“展示”还是“疗愈”都有点单薄了。写作,不仅仅为了这些。

李雪:昆德拉曾说,小说的精神就是复杂性,您也曾经认为小说就是要展示不确定性。您是如何理解这种不确定性的?您认为您的小说是如何展示这种不确定性的?

朱文颖:前些天我在国家大剧院看了小剧场的《哥本哈根》,整个场景就是三个已入天堂或者已下地狱的灵魂在清谈，在辩论。他们谈1941年的战争，哥本哈根9月的那个雨夜，挪威滑雪场的比赛，纳粹德国的核反应堆，同盟国正在研制的原子弹；他们谈量子、粒子、铀裂变和测不准原理，还谈贝多芬、巴赫的钢琴曲；他们谈战争时期个人为自己祖国竭尽全力的权利，炸弹扔下后城市里扭曲的尸体……他们谈这谈那，其实最想说清的却是两个影响了世界物理学进程的诺贝尔奖获得者海森堡和波尔在1941年的哥本哈根会见——谜一样却影响了整个二战史进程的会见。他们不断地叙述着会见的“真实”，结果却依旧不定……这个话剧是“不确定性”的很好的例子，但它其实有一个确定而坚硬的核心，这个核心可能三言两语说不清楚，甚至永远说不清楚，但它一定存在。如果没有它，不确定性就没有任何意义。

李雪：《人民文学》2010年7期刊载了您的新长篇《莉莉姨妈的细小南方》，我觉得它的质地和您其他的作品有点不一样，对家族故事的叙述让它具有非同一般的历史感，对人性的探索也较为深入。我想问问，它是不是最接近您心情的作品呢？能说一下您的创作缘起吗？

朱文颖：写这个小说时，我正处于对于自己前面的小说重新审视以及思考以后的道路应该怎么走的时候。我想回到自身，重新寻找一个起点。这或许也是人至中年的一种心境，就像小说里常常出现的运河的意象——

“我的外公出生在京杭大运河苏杭段的一艘木船上。在中国最美丽富裕地区的一个大雾之夜，外公哭叫着来到了这个漆黑一片、景色不明的世界上。多年以后，我乘坐夜航船穿越这一段并不漫长的航程。当熟悉的城市景致已经被清理归类变得毫无个性以后，我发现，夜航船上的午夜仍然漆黑一片。运河两岸的田野、村庄，散落在田野和村庄中间的草丛树木，即便在安静迟缓的月光下面，它们仍然显得面目不清、景色不明。仿佛正有一种难以辨明的危险和忧伤藏匿其中。”

我喜欢这个有点诗意而沧桑的意象，它是这篇小说真正的缘起。

李雪：有评论家把《莉莉姨妈的细小南方》和王安忆的《长恨歌》比较，认为《莉莉姨妈的细小南方》构造了当代史中的苏州。您写这部小说的时候有这样的目的吗，通过一个家族几代人的经历构造当代史中的苏州？

朱文颖：评论家的阅读是包含了个人的知识参与、心灵参与以及个人见识的归纳与提炼的，所以一百个评论家或者一百个读者可能就会有一百种不同的阅读体验。当然，我非常感谢这样的比较。

这部小说整体是一种回忆式的叙述，它是有比较长的时间跨度的，一个家族的三代人为主线，有的人是一生，有的人是半世，当赋予小说这样的长度时，人物的命运感和沧桑感就有些出来了。这或许就是历史遗留下来的痕迹。这部小说涵盖了20世纪50年代到21世纪头十年的中国社会生活，这样长的时间跨度在我以前的小说创作里是没有过的。或许，在不知不觉之中，我开始正面自己身处的社会和历史。或许，真正意义上的中年写作已经开始了。

李雪：评论家王尧说，当你在键盘上敲出“细小”两个字时，其实想说的是“宏大”；又说“《莉莉姨妈的细小南方》解构了朱文颖既往的南方，她现在最想做的事大概是想颠覆这个南方”。请谈谈您想在小说中构建什么样的南方？这部小说中的“南方”和您以往小说中的有什么不同？

朱文颖：首先我想说的是，我理解的这里的“颠覆”并不仅仅是“破坏”或者“推翻”的意思，在某种意义上它更是一种强力的补充。因为汉语有时是有它的文字编码和特别语义的。当一个词被长期使用的时候，它就获得了特定的含义。就像一头已经被驯化的动物，而不再具有自身更大的内涵和野生的创造力。一般来说，当我们讲到南方的时候，往往就会联想到细雨、温和、暖阳、垂柳……一切优美的、慢吞吞的、甚至有些含蓄的东西，以前我也表现过这样的南方，它们确实也是南方表层意义上重要的构成部分。但在这部小说里，“南方”具有决然不同的意义，它是在地域环境里生长出来的另外一种具有破坏性的力量，粗鲁，是看似漫不经心的呐喊，是看似柔软里的强硬到底的反抗。

就如同一个具有分裂人格的个体，这次我想赋予南方截然不同的性格。当然，这种性格是在历史的强力下面爆发凸显的。当“渺小的个人内心不肯违抗自我，去屈就庞人的时代及其背后各种机制的自我选择”时，南方终于用不同的音符唱出了一曲挽歌。

李雪：您的写作似乎有意避开宏大叙事，您的“细小南方”，是不是也包含了这样的文化表达？您即使写到宏阔的时代，也不会选择宏大的题材，仍然是从个人的心灵入手？

朱文颖：这里首先有作家个人气质的原因，我并不是一个长于宏大叙事的写作者，当我希望赋予笔下人物以命运感的时候，这种“细小”的方式是我熟悉并且可以把握的，对于我来说，这是天性给予我的感知世界最敏锐真切的部分。

但事情还有另外一个方面，当要处理一个长篇文本，搭建一个长篇的框架时，仅有“细小”与“自我”的感知是支撑不起来的。一个具有命运感和长度的小说需要宏大的框架。那么如何处理细小和宏大就是一个问题了。我最终采用的是一种“私人场景”与“宏大历史”之间迎面相遇又迅速躲开的交错方式。就像有些评论家说的，这是小说叙事的态度，也是人物的态度。从农耕文明到革命，再到现代性的全面介入，历史和社会不由分说地演化与变革着。在小说里有很多时代的编码，比如说童莉莉填写成分，潘先生抄写语录，公私合营，“大跃进”，“文革”，直到改革开放时代的一切，细小善感的个人并不是在里面横冲直撞，所有的南方的敏感、柔软、身段，以及南方式的“粗鲁”“呐喊”和“反抗”，它们都是一面面由南方看似波澜不惊的水面构成的镜子，宏阔的时代从那里面反映出来时，我们看到的是真实可触的心灵，以及稍稍有些变形、然而质感仍在的历史现场。

李雪：苏州作家的写作大都有这样的取向，避开宏大叙事，而喜欢写日常生活，这应该和苏州人的性格和审美有关吧？在我们的文化语境中，时常有“小苏州”的说法，似乎略带贬义。您的小说让我想到，这个“细小”中包含着对“小”的重新诠释。这种小应该是小中见大的，以柔克刚的，是细小同时也是深邃而博大的，是这样吗？

朱文颖：我一直认为，苏州是个有秘密的城市，它的深层的内核远远不是表现在外的那样简单。而苏州人的性格和审美也不是那么简单的，只是现在我们常常把一些事物概念化了，取消了它更有质感的那一部分。

比如说什么叫小？什么叫大？什么叫柔？什么叫刚？这里面有非常复杂多样的层次感和多义性。据说胡适思想上一次大变化，也是因为对于柔软与刚强的理解而起。他曾有一段时间深信老子说的“天下之至柔，驰骋天下之至坚”。后来他在美国，有一次去大峡谷，看到大瀑布，就对韦连司说：“你看，水的力量多大呵，因为水在我们中国人心中是特别柔弱的东西。”然后韦连司就以典型的美国人精神告诉他说：“你错了，水绝对不会因为柔弱才有力量，水的力量是因为有势能。”

李雪：您以往的小说题材有当代的有历史的，但是很少写到新旧社会交替的这段历史。对于一个70后作家，这可能是很难把握的一段历史，写作的时候觉得有困难吗？

朱文颖：我写过一些和古代历史有关的、具有互文性质的小说，因为时代背景久远，可以构筑一个天马行空的虚构世界。但新旧社会交替的这段历史确实是比较难把握的，是我的经验和知识都比较难以到达的部分。写作过程中我做了不少功课，翻阅了很多资料。其实这是写作长篇小说时必不可少的一个过程。国外有很多作家写作长篇时案头工作的时间会是一年、两年，甚至更多年，不像我们恨不得一个月、两个月就弄出一个长篇来。我们的写作常常太简单容易了，所以显得单薄也是很正常的事情。其实做点田野调查，研究一下文化人类学，深挖一下地方志，和说不定在哪里就冒出来的穷亲戚多走动走动，这些都是应该开始做的，是一个作家应该具有的积累和储备。

李雪:苏州和上海对你的写作来说是很重要的两个地方。这部小说中的故事发生在苏州,上海也依然与人物有特殊的联系。您怎么看待上海和苏州这两个城市?它们对您有怎样的影响?它们在您小说中的位置又是怎样的?

朱文颖:在很多年前我就说过,我的小说肯定是和苏州有关的,它是我的"无底之底"。那时我更强调作为南方的典型化意义,就像我早期的小说《浮生》,在光明与黑暗、悲凉与欣悦的不断交织中,时光流逝了。就像与生命打一次仗,高手过招,兵不血刃。那种姿态是向后退的,有某种东方的智慧在里面。而在《莉莉姨妈的细小南方》里,向后退只是一种屈身而就的姿态,我强化了其中的力量、粗鲁、呐喊和反抗。

至于上海,就像评论家王尧所说的,"如果没有上海,可能就不是朱文颖的小说。上海,在小说中是往昔生活的场景,是一种生活方式的隐喻,不论对童家还是潘家。冒险、幻想、厄运、繁华,都来自这个叫上海的地方。"如果说苏州是无底之底,上海就是一餐美酒后行动力开始的地方,它具有人性走向绮丽或者灾难的双重可能。

李雪:您笔下的苏州有非常特殊的个性,很多人提到苏州会想到评弹、昆曲、琐碎而优雅的日常生活,而您写到这些的时候,似乎还包含了一些深层的秘密?您似乎更想挖掘苏州人艺术化生活背后的文化心理,比如说这些艺术和生活方式与时间的对抗,与现实的某种疏离?

朱文颖:我喜欢这个问题。我也喜欢这几个词:秘密,对抗以及疏离。其实这个问题也可以换成另一个问题来回答,那就是——苏州这个城市,为什么在革命的年代也产生了陆文夫那样的作家?

王安忆的《长恨歌》里,写王绮瑶海上繁华梦破碎以后,紧接着的就是邬桥一段。虽然王安忆说,邬桥只是江南的一个小镇,但我总觉得,其实邬桥就是苏州。"邬桥这种地方,是专门供作避乱的。这种小镇,在江南不计其数,也是供怀旧用的。动乱过去,旧事也缅怀尽了。整顿整顿,再出发去开天辟地。""它是有些佛理的,讲的是空和净。但这空和净却是用最细密的笔触去描画的。""这类地方还好像通灵,混沌中生出觉悟,无知达到有知。"每句话讲的都是苏州,都是关于苏州的寓言。它是古老宽松的,有很多民间世界和传统生活方式被秘密地保存了下来,即便在革命与暴力的时代也延续了一个城市的文化气脉。而陆文夫就是其中最为典型的一个例子。

李雪:您笔下的人物往往和时代格格不入,或者说不太合拍,童有源、童莉莉以及叙述者"我",每个人物都既普通又不平常,我感觉您就是要写一种执拗的,和世俗对抗的人格。您似乎很赞赏这些人物？和您自己的性格或者说追求有关吗？

朱文颖：对这样的人物我好像确实比较敏感。“个人在强大的时代、功利的社会、世俗的生活面前无能为力的一曲挽歌。”挽歌唱是唱了，又不太屈服，这就比较有意思。这样的人物现在有一个时髦的词，叫另类。另类其实是个相当高级的词，我们错用了它。我觉得我们现在的文化，特别是都市文化，有一种非常不好的东西，那就是买椟还珠，不知道什么是真正好的东西。这就产生了整个文化的一种浮躁病。其实哪有那么多真正的另类呵，就像有个什么人说的：别看那么多人在写东西，真正的作家是稀有的，有的人一辈子不写东西，他也是作家。这句话讲的是事物的本质。另类也是这样，一个染了黄头发、红头发，会出几句惊人语的人就是另类吗？这只能说明我们文化的苍白。一个另类、一个不那么一样的人，他和人群不能投合绝不是表现在非常浅层的地方，这是一个致命的错误。真正的另类有种非常强硬的东西，因为他不投合的原因在于他的本质，他不是不想投合，他是真的没法投合，他用不到一天到晚去大叫大闹：我没法投合没法投合呵。他一站出来，事情就在那里了：他就是没法投合。

李雪：这部小说有一个关键词“孤独”，小说中弥漫着一种孤独的情绪。您怎么看待这些人物的孤独？他们的孤独感来自何处？

朱文颖：孤独，那是因为人一直在寻找自己心灵的故乡。这个故乡不是我们平时所说的那个简单意义上的故乡，而是一种安放他们心灵的“文明”。上个月我参加一个北师大的中国文学海外传播会议。我发言的题目叫——从苏州庭院到马戈的堡的黄昏，里面就讲到“故乡”这个问题。马戈的堡是德国中部的一个小城镇，它其实是欧洲最重要的中世纪城市之一，神圣罗马帝国皇帝奥托一世大部分的统治时间都居住在那里，死后也葬在那里的大教堂；在二战时期，它是德国被盟军轰炸毁坏程度仅次于德累斯顿的第二大城市，美国和苏联的军队占领了该城。在两德统一之前，它是归于民主德国，两德统一以后它现在是萨克森州的首府。

我是第一次去德国，所以对我来说，马戈的堡的这个背景是完全陌生的，对它我完全没有任何共同性的认识。我们是在黄昏的时候到达那里，然后看了一个德国最古老的哥特式教堂。这个教堂在二战的时候被毁坏得非常厉害。德国人后来用一种专门的砖来重建这个教堂。这种砖据说是用特殊材质制成，被雨淋湿以后，这个教堂的墙面就会呈现一种非常古老的灰黑的颜色。那天我们到达的时候正好教堂的钟声响起来了，很多鸟飞了起来，街上没有人。突然之间，我觉得这个地方比我的故乡更像我的故乡。我从骨子里亲近并且理解这个地方。为什么在完全的异文化空间我会有这种感觉？后来我想，其实还是因为我是一个中国的南方人，我是江南人，我出生并且生活在中国的南方，骨子里流着南方的血液，这影响着我看待世界以及与它相处的方式是曲折的、缓慢的、有着忧郁幽深的内里的。而在马戈的堡的那个黄昏，一定有什么东西触动了我，而它的某种氛围也正好契合了我这样一种认知。所以，我觉得“故乡”这个概念其实也是很广泛的，有时候并不如同人们所说的那么狭隘。

李雪：您怎么看待爱情？您的小说中很少有美满的爱情，恋爱中的男女往往都是各怀心思，互相较劲的，我还记得您早期的一篇小说叫《两个人的战争》。就这一点，您对您的人物一向是冷眼旁观的，这部小说，似乎多了些悲悯？

朱文颖：《莉莉姨妈的细小南方》当然不是一本纯爱小说，它甚至并不是书写爱情的。它写的是南方底色里的种种人生以及命运。爱情只是其中的一个载体。当然，或许是最重要的一个载体。虽然它最重要，但却是最不可把握的——这才是我想书写的东西，虽然听起来有点像一个悖论，但在这样的悖论里面，人生的意味才可能真正显现。你说的这个悲悯或许可以从这个意义上来理解。

李雪：您目前为止对您哪部小说最满意？为什么？

朱文颖：我还是愿意套用一句俗话：下一篇。

李雪：您心目中好小说的标准是什么？您是如何去企及这种标准的？

朱文颖：每个阶段有每个阶段不同的标准。目前来说，我更喜欢那种准确、庞杂、具有坚硬框架感的小说。这是一类和我以前的小说截然不同的小说，我愿意尝试着去接近它。

李雪：您最初开始创作小说的时候好像对现代派、先锋派文学的技巧颇感兴趣，如《广场》《卑贱的血统》等。您喜欢先锋派小说吗？您如何接受20世纪80年代中国先锋派文学的？

朱文颖：现在对于我来说，先锋，更多的是一种精神而并非技法。对于小说家而言，保持这种精神是重要的。

李雪：众所周知，您对张爱玲非常感兴趣，您认为她的文学道路带给您对文学什么样的启示？您受到她哪些影响？除了张爱玲，您还喜欢哪些中国作家？

朱文颖：我喜欢张爱玲幽暗而准确的气息，她的文学道路是特定的时代造成的，所以谈不上启示。我现在觉得，她要是能更宽一点会更好。当然，如果那样就不是张爱玲了。我喜欢的作家太多了，很多人能让我从中汲取营养。

李雪：您好像对法国作家杜拉斯的作品也很感兴趣，您受她何种影响？除了杜拉斯，您还喜欢那些外国作家？

朱文颖：她的宽阔、盲目和极端我都喜欢，但中国的社会文化环境很难出现这样的作家。

李雪：您目前在读一些什么样的书？能够介绍一下您的读书经验吗？您认为读书和文学创作之间的关系如何？

朱文颖：现阶段我很少看小说，对一些大文化类的书更感兴趣。比如说文化人类学、一些田野调查的案例，还看了几本张宏杰的历史方面的书，视角和书写都很有意思。一位中文名叫何伟的《纽约客》驻北京记者的书——《寻路中国》，写出了我们已经麻木而看不到的中国，它们都让我触动与震撼。对于作家而言，有质量的阅读与思考是写作的双翼。

李雪：您好像对黑泽明、法斯宾德等导演的电影也很感兴趣，您平常喜欢看电影吗？您认为您的小说受到电影艺术的影响吗？

朱文颖：我喜欢电影，但现在很少进影院，偶尔看影碟，多数是朋友推荐的有口碑的片子。我没想过有没有受到电影的影响，如果有，应该也是潜移默化。

李雪：您能否展望一下您今后的创作？您将会给我们带来什么新的惊喜呢？

朱文颖：无法展望。我希望自己真实、勇敢、宽阔。

李雪：您曾经说写小说首先是慰藉自己，您现在认为您从小说中找到这种慰藉了吗？面对这个世界和人生，您能够做到“在痛苦中相信，在失望后信仰”吗？

朱文颖：这也是比较早的时候说的话，是被动的，现在更想做的，是主动去寻找某种力量感。

李雪：最后非常感谢您接受我的采访，祝您能够创造出更能慰藉人心的文学作品！

朱文颖：谢谢。

评　论《

论朱文颖小说的叙事伦理

李　雪

面对当下的物欲化时代，爱慕者为之高歌狂呼，憎恶者为之疾首蹙额，更多的是被其汹涌大潮裹挟而去，不知反省也无力反省。生当此世，有担当的作家无疑要沉静身心，撩拨开物欲化时代的表层装饰，透视人的心魂，审察物欲繁华底下人的生存状态，看看他的梦想是否实现，他的心灵是否在虚荣与虚空中绝望沉沦，他的生存困境与前人的到底有何异同，他的救赎之路在何方。毫无疑问，朱文颖就是有此担当精神的一个作家。她出生于1970年，成长生活于物欲化大潮所向披靡之时，以长篇小说《高跟鞋》《水姻缘》《戴女士与蓝》《莉莉姨妈的细小南方》等，短篇小说集《龙华的桃花》《两个人的战争》《禁欲时代》《花杀》等，随笔集《避免受到伤害的途径》等，深入探寻着物欲化时代中人的生存境况，书写着他们的梦想与失落，反思着他们的聪明与困惑。她的小说更多的是对甚嚣尘上的物欲化浪潮的质疑，是对时代精神的主动疏离和反省，是对存在本质的勘探与追寻。她试图揭示物欲化时代的虚荣本质，展示浮生的孤独境况和爱之艰难，直面世界和人性的不确定性，从而展示她独特的叙事伦理。

一、物欲化时代的虚荣世相

精神与物质的双重需要是人性的终极密码，两者之间的平衡是所有文明的理想。但要做到此平衡又难于登天，古典时代的人大体上是牺牲物质欲望的满足成就心灵、情感和精神，而以工商为本的现代文明则反其道而行之。正如许纪霖所说的，到了现代，“人们考量生活和行动的重心，不再是衡量其有何终极性意义，而是作为达到特定世俗目的之手段，是否有效和合理。……当代人精神生活的意义、个人认同的建立，无不依赖于欲望的满足、物欲的占有和无穷的消费基础之上，社会彻底世俗化了。”[①]这种世俗化、物欲化的推动力造就出表面上极为繁荣的、豪华的现代景观。

朱文颖绝大部分小说的展开背景就是这种物欲化的时代。她的长篇小说处女作《高跟鞋》就以20世纪90年代末上海的两个少女和几个年轻商人之间的情感纠葛为题材，展示了物欲化浪潮是如何把没有反思能力的人裹挟而去的过程。朱文颖写道：“那将是90年代的中后期，真正的世纪之末，一些概念正在变得越来越清楚，比如说：物质与精神；也有一些概念正在变得越来越不清楚，比如说：究竟要走过多久，物质才能抵达精神的边缘，或者换句话讲，精神要付出怎样的代价，才能得到它赖以生存的基础。”[②]不过需要指出的是，《高跟鞋》展示的是物质世界对精神和情感的全面

---

① 许纪霖：《世俗社会的中国人的精神生活》，《天涯》2007年第1期。

② 朱文颖：《高跟鞋》，春风文艺出版社2001年版，第12页。

放逐，而不是通过物质抵达精神，也不是精神寻找自己的生存基础。这倒是对那个时代非常精准的揭示！于是，像《高跟鞋》中那样的十宝街开始盛装亮相，安弟和王小蕊、王建军、老魏、张治文等人次第登场，到处只有物质的闪光，人的所有情感也都围绕着物质展开，虚荣、焦虑、扭曲、空虚、孤独也就成了人心的常态。

因此，朱文颖小说中消费主义文化的大都市物质场景绝不是可有可无的，正是它们主宰着活跃其间的各色人物的情感与灵魂。《高跟鞋》中十宝街上的古玩店、咖啡馆、高级商场，《水姻缘》中吃花宴的米园和天下第九楼，《戴女士与蓝》中的上海红房子西餐厅和日本海洋生物博物馆等等，都是物欲化时代的典型场景。在《高跟鞋》中，朱文颖如此描写高级商场："色泽在变化。并且无从把握。丝绸、白金、动物皮毛、女人的歌喉。橱窗里悬挂着的衣物。它们出奇的宁静，出奇的自然。微微闪现一些光芒。它们的占领，是一种铺天盖地的占领。一个物质世界突然到来了。强悍，单纯。因此也显得相当无辜。它要求简单的事物。简单，明确。并且不喜欢伤感。至少需要看起来简单、明确、毫不伤感。"[①]可以想见，出没于此类场所的人物无疑与鲁迅笔下出没于咸亨酒店的人物，乃至与张爱玲笔下出入旧式大家庭、十里洋场的人物，都迥然相异了。

首先登场的是那些深深习染物欲化时代的虚荣之风的女人。这个时代，虚荣最容易被激发的地方无疑是那些富丽堂皇的高档商场，尤其对于那些物质化的女人而言。《高跟鞋》中，安弟和王小蕊到高档商场去，"她们惊讶地看着商厦里的那些女人。看着她们优雅地从皮包里取出钱夹。她们的手上涂了荧光指甲油，淡色的，细致的。她们买下了一个不那么起眼的小东西。一枚胸针，或者一小管口红。用那样昂贵的代价！而它们仅仅只代表了那样小的一个生活细节呵！"[②]消费文化时代，人的欲望都是从他人那里模仿来的，安弟和王小蕊们对一枚胸针或者一小管口红本身兴趣不大，真正让她们感兴趣的那些展示欲望的有钱女人们，是模仿她们的欲望。王小蕊希望过上简单的生活，别人有的东西自己也能有，别人能享受到的自己也能享受。法国思想家基拉尔曾说："虚荣人不向心底寻找自己的欲望，而是向他人借。"[③]所谓向他人借欲望，就是模仿他人的欲望之意。没有自发的欲望，而是模仿他人的欲望，这是现代人最典型的虚荣，也是现代人的本质特征。当然，这归因于现代人丧失了对超越价值的信仰，不知道自己是谁，无法自我确认，于是以他人为上帝，

① 朱文颖：《高跟鞋》，春风文艺出版社2001年版，第75页。
② 朱文颖：《高跟鞋》，春风文艺出版社2001年版，第42页。
③ [法]勒内·基拉尔：《浪漫的谎言与小说的真实》，罗芃译，生活·读书·新知三联书店1998年版，第5页。

模仿他人的欲望，试图通过占有他人的欲望对象来取代他人，从而确立自我地位。

《水姻缘》中的沈小红和徐丽莎也是物欲化时代的虚荣之人。沈小红的生活理想是被电视广告塑造出来的，“沈小红对自己的婚姻有过一些想象。她的这些想象多半是从电视广告里得来的。很大的房子，雪白的窗帘被风吹起来。身穿白裙的漂亮主妇笑着忙里忙外。然后楼下传来了汽车喇叭声，是成功的西装革履的丈夫，手里拿着一件礼物。”[①]正是因为广告的巨大煽动力量，沈小红毅然抛弃了第一个没有“钱途”的男朋友，找上有“钱途”的康远明。社会学家曹锦清曾说：“当前中国意识形态的领导既不在官方手中，也不在知识分子手中，而在先富者的集体无意识之中，即通过享受与攀比形成的消费标准与消费方式中。”[②]这种享受与攀比塑造出来的是生存高度外在化、物质化的人，也就是高度虚荣的人。在沈小红眼中，婚姻就是一件物品，结婚就是把这件大物品买回家。而徐丽莎更是没有灵魂的人，为了得到电影《红白喜事》中的女主角之位，就不惜对姚先生出卖色相，当知道能够从康远明那里得到好处时便马上与康远明打得火热。对于她来说，没有原则，只有如何利用既有的一切条件得到最大的实惠。

此外，朱文颖小说比较喜欢塑造物欲化时代中的商人形象。传统中国是乡土中国，农民是主体，而现代社会是工商社会，商人是该社会的主宰和成功人士。朱文颖笔下的商人更是物质化的虚荣之人。《高跟鞋》中，王小蕊的情人是个房地产商，自己包养情人的消息不慎被老婆知道了，他为了保住好不容易到手的一栋楼盘毅然与王小蕊分手。王建军为了得到商人老魏的帮忙，不惜把喜欢自己的女朋友拱手相让。非常有意味的是，无论是商人老魏，还是商人大卫，最初都是带着心灵的创伤，怀着对现实社会的敌意，投入商场，随后获得成功的。《水姻缘》中的康远明，《莉莉姨妈的细小南方》中的四舅等人，无不如此。其实，现代人并不是对物质多感兴趣，真正的原因还是在于现代人越来越发觉自己没有能力获得情感与精神的满足，因此所有具有强烈的物欲冲动的人都是带着很深的心灵创伤的人，都是对现实世界怀着仇恨的人。理解了这一点，我们就不必惊慌于朱文颖小说展示的物欲化时代的内在虚空了。

内在世界的匮乏与外在世界的虚荣构成了朱文颖小说景观最鲜明的对照。在中篇小说《世界》中，朱文颖塑造了一个成功的商人范思德。他富有、成功、健康，孩子、女人（不仅仅是一个女人），什么都有，但没有生活的快乐，感受不到生活的意义。

---

① 朱文颖：《水姻缘》，春风文艺出版社2002年版，第8页。

② 曹锦清：《黄河边的中国》，上海文艺出版社2000年版，第193页。

《高跟鞋》中的老魏最后灰心绝望，大卫一脸颓废，王建军变成像个密码箱一样的标准而空虚的人；而王小蕊在艾温公寓里住着差点发疯，最后草草嫁给丹麦人，离乡去国，安弟则随风飘摇。《水姻缘》中的沈小红使尽浑身解数终于和康明远结婚，但没有信任的婚姻到底该如何进行下去，实在也是前景堪忧。《万历年间的无梁殿》中的商人吕明最后发现自己倾慕的汪琳琳竟然是个高级妓女，不得不黯然泪落。《戴女士与蓝》中，男主人公原本以为到日本去赚钱回来后就能摆脱贫困，就能好好生活，但当钱赚到时，他才发现生活已经无法如常展开了。关键的是，在赚钱的过程中，人心遭受了现代文明极其可怕的摧残，人被彻底物化，人的尊严被彻底剥夺。因此当男主人公回到国内后甚至都不能正常恋爱，而戴女士也只能在遗忘中得过且过。

物欲化时代终于显现出了彻底虚无的本质。乔伊斯曾说："与文艺复兴运动一脉相承的物质主义，摧毁了人的精神功能，使人们无法进一步完善。……现代人征服了空间、征服了大地、征服了疾病、征服了愚昧，但是所有这些伟大的胜利，都只不过在精神的熔炉里化为一滴泪水！"[①]特雷莎修女访问美国后，也曾感慨万千，叹息道，这是她此生到过的最贫困的地方。这是物质极度繁荣遮盖下的灵魂的极度贫困，就像朱文颖在《水姻缘》中写到的花宴，鲜花本是大自然的最精粹之物，是美的象征，是提升人的精神世界的，而在物欲化时代里，鲜花却被一群表面上很优雅实质上非常粗俗的人吃掉了，被纳入彻底物质化的便便大腹中。因此，剩下的只是虚空！

二、难以面对的孤独境遇

物欲化时代中的人是被异化的人，其最显著的心理特点就是难以面对的孤独。朱文颖小说对此捕捉得非常准确，孤独是她的核心词汇，是她的挥之不去的生命体验。如果说苍凉是张爱玲的审美情态，那么可以说，孤独则是朱文颖的审美情态。在较早的短篇小说《阿三与猫》中，朱文颖就写到阿三的孤独体验，这大概就是朱文颖的童年经验，幼小生命总是渴望与别的生命交流，冲破孤独，但交流又谈何容易，最终只能伤心而孤独。其实，《广武山》《浮生》《重瞳》等历史题材小说中，朱文颖着重叙述的也是诸多历史人物，如苏轼、沈复、李煜的孤独体验，那种细腻的古典趣味中流露着对孤独生命的悲悯之情。

长篇小说《高跟鞋》中，物欲化时代汹涌而至，置身其中的灵魂同样孤独莫名。小说开篇就说到高跟鞋的孤独，当安弟和王小蕊在社会中初步获得成功后，"走在安

---

① [爱尔兰]乔伊斯：《文艺复兴运动的普遍意义》，《外国文学报道》1985年第6期。

弟、王小蕊后面的任何一个女人，只要她走在她们身后，走上几分钟、几秒钟，她都会非常明显地感觉到：其实，这两个女人，她们仍然都很孤独。”[①]那些在商场拼搏成功的男人都留下了浓重的孤独身影，安弟初见大卫就品味出了他的颓废和孤独，“这是一个孤独的男人。更重要的是，很少有人——能够真正体会到他的孤独。”[②]安弟还自以为只有自己才能理解大卫的孤独，但曾经沧海的、遍身伤痕的大卫早已无法接受安弟的理解，也不可能冲出孤独之城了。

而长篇小说《戴女士与蓝》干脆就是一部关于现代人的孤独的小说。男主人公在日本打工，没有任何人可以交流情感与思想，每个人都只为工作和金钱而活着，和“女室友”之间只有放纵的肉体关系而没有情感，和扮演成雌白鲸的“星期五”之间彼此连真面目都不能相见，互相说着被机械设备变了声的话，现代人终于被彻底地隔绝，陷入无法摆脱的孤独中。回国后，男主人公参加一次电视访谈节目，秃顶教授曾说：“所有现代人都是孤独的。有一首歌，叫作《亚细亚的孤儿》，它讲的也是现代人的这种孤独。当一个人远在他乡的时候，就像漂泊在海上的一叶孤舟。”[③]现代人就是离开故乡的人，就是孤独的异乡人。最后，男主人公开始意识到，“孤独，就是一个人，他穿着一条鱼的衣服，但后来当他把这衣服脱掉时，发现自己其实还是一条鱼。”[④]他没有办法冲出孤独，在女友陈喜儿跳楼自杀之后他常到游泳池去游泳，想起陈喜儿临死前的惨状，就沉入蓝色的水底，在无边的寂静中悄悄地流泪，泪水融入四周无边无际的水里。这才是刻骨铭心的孤独，是所有现代文明的繁华都无法弥补的心灵惨痛。

朱文颖的长篇小说《莉莉姨妈的细小南方》再次把现代人的孤独境遇浓墨重彩地渲染出来。小说中，每个人都像一颗颗孤独的棋子，被生活的棋步遥遥隔绝。外公和外婆是一辈子的怨偶。潘先生和潘太太也是面和心不和。莉莉姨妈爱的是潘菊民但却嫁给了吴光荣，结果到了六十岁就与他离了三次婚。潘小倩和常德发的感情不错，但先是常德发因工作问题两人聚少离多，后是潘小倩年纪轻轻撒手西去，幽冥永隔。叙述者“我”和秋先生、白先生之间就像难以交叉的线条一样，擦不出情感火花。每个人都是孤独的，外公童有源放荡不羁的背影是孤独的，莉莉姨妈是孤独的，秋先生是孤独的。潘菊民曾经说，他发现自己从出生那天起就注定了要失败，注

---

① 朱文颖：《高跟鞋》，春风文艺出版社 2001 年版，第 82 页。

② 朱文颖：《高跟鞋》，春风文艺出版社 2001 年版，第 107 页。

③ 朱文颖：《戴女士与蓝》，《长篇小说选刊》2004 年试刊号，第 233 页。

④ 朱文颖：《戴女士与蓝》，《长篇小说选刊》2004 年试刊号，第 253 页。

定要孤独的,“每个时代都会有孤独的人。”①更可怕的是,每个人既不愿面对自己的孤独,也不愿接受他人的孤独,于是孤独境遇就势不可挡。

朱文颖小说书写的孤独是一种情感性的孤独,是常人被既有的世界成规牢牢束缚但又无法从既有世界获得情感满足的孤独。朱文颖小说中的绝大部分人物的心灵特征都是狭隘的,唯我主义的,沉湎于个人得失之中,对时代和国家更为宏大的问题不感兴趣,对外在的社会问题不感兴趣,对内在精神的超越性也不感兴趣,更不用谈什么奉献精神和牺牲精神。他们都是物欲化时代中的庸常人物,没有高远的理想,没有坚定的信念,被时代浪潮、社会大势推荡着前行。他们没有能力反思既有的文明,也不可能真正地展开超越的精神之旅。因此可以说,当他们都感到挥之不去的孤独时,他们就是物欲化时代的牺牲品。

许纪霖曾说:“世俗时代的原子式个人,既没有历史,也没有精神,只是一个充满了物欲和追求的经济理性人。他孤独地面对整个世界,而这个外部世界,是一个以利益为轴心的市场世界,缺乏温情,也没有意义。”②的确,在传统的乡土中国中,绝大部分的人生活在地域共同体和血缘共同体中,那是个生于斯死于斯的血缘伦理化的熟人社会,人与人之间的关系是被血缘伦理亲情深深浸润着的,每个人可能会感到无所不在的束缚,但不会感受到难以面对的孤独。而世俗化物欲化的时代里,人脱离了地域共同体和血缘共同体,进入陌生人组成的都市,成为原子化的个人,单独面对计算、功利的世界,孤独就成为现代都市人的宿命。朱文颖小说的人物大都是功利主义的原子化个人,像《高跟鞋》中安弟、王小蕊、老魏、王建军、大卫,《水姻缘》中的沈小红、徐丽莎、康远明,《戴女士与蓝》中的男主人公、戴女士、陈喜儿,等等,无不是家庭关系简单得几近于无、只按照现有社会成规考虑得失的、没有历史也没有精神的个人主义者。

更有意味的是,大批的此类个人主义者恰恰是物欲化时代为了保证自身的成长与繁荣而有意图地生产出来的。在《高跟鞋》中,朱文颖写道:“王小蕊也不是很相信情感。王小蕊只相信简单的东西,简单,明朗,准确。比如说,女人年轻漂亮时的年轻漂亮,和男人有钱时的钱。王小蕊从来只相信现在时。她不需要历史,历史对她这样的女孩是不起作用的,它只能误事。王小蕊天生是这个时代的尤物。时代现实,她比时代更现实。但有一件事情她还是在乎的:既然看不到大的宏阔的事物,那

① 朱文颖:《莉莉姨妈的细小南方》,《人民文学》2010年第7期。

② 许纪霖:《世俗社会的中国人的精神生活》,《天涯》2007年第1期。

么，细小到局部的准则便成了她的提纲挈领。”[①]王小蕊不相信情感只相信简单明确的物质化的东西，看不到宏阔的事物只注意细小的局部，这样的生活观念正是物欲化时代所需要的，它把人都引入到物欲狂欢中。当然像王小蕊那样越是进入物欲狂欢，就越是感到孤独和空虚，于是就反过来越是投身物欲狂欢中。如此一来，物欲化时代就制造出了一个非常精美的铁笼，把所有认同于它的人就像小白鼠一样囚禁其间，并从小白鼠的恐慌和急遽的脚步中汲取转动自身的力量。朱文颖小说中所有深感孤独的人就是物欲化时代催生出来的小白鼠，只要他们不能跳出物欲化时代的铁笼，就看不到自己的出路。

三、发现爱的艰难和可能

面对难以忍受的孤独境遇，现代人自然渴望交流，渴望爱，尤其是男女之间的爱情更是激荡着多少人的心潮，让他们以为从中能够找到天堂的方向，找到神的足迹。然而爱是艰难的，爱情尤其艰难，而在物欲化时代里，美妙的爱情更是空谷足音。朱文颖曾说她写小说在根源上就是为了表达一种爱情观，其实也就是人性观，“在我们生活的这个时代里，或者说，在所有的时代中，爱都是一件注定艰难的事情。我觉得在情感世界里最能体现出人性的一些致命弱点，比如说：自私，软弱和背叛。”[②]虽然她意识到爱的艰难，但她仍然相信这世界上有真正的爱情，“我坚信这个，一定有爱这种东西存在，但是它注定艰难，它存在于某种核质的深处。”[③]在物欲化时代，朱文颖能够有此信念，自然是令人钦佩的；在某种程度上说，若没有这种信念，朱文颖恐怕就很难持之以恒地叙述那么多或失败或哀婉的爱情故事，并对爱与人性进行愚公移山式的探索。

物欲化时代里，爱情总显得虚无缥缈，总显得脆弱而空灵，面对气势汹汹的物质主义大潮，它显得不堪一击。朱文颖曾说：“爱情的特质，说到底就是浪漫主义。……人们重的是现实，是道理，是逻辑和安全感，看待浪漫主义的态度，就如同看待一场找不到任何意义的虚无的战争。”[④]的确如此，《高跟鞋》中，王小蕊曾经爱过穷画家张治文（大卫），但大学毕业后她离开张治文，去了南方，因为她不能忍受所爱的人的贫穷。王小蕊后来也正是为了金钱才嫁给房地产商，当上富人的金丝雀。《水姻

---

① 朱文颖：《高跟鞋》，春风文艺出版社 2001 年版，第 86 页。

② 朱文颖：《迷花园・生活和写作的碎片（代后记）》，珠海出版社 1999 年版，第 222 页。

③ 朱文颖：《迷花园・生活和写作的碎片（代后记）》，珠海出版社 1999 年版，第 222 页。

④ 朱文颖：《避免受到伤害的途径》，广西师范大学出版社 2004 年版，第 124 页。

缘》中，对于沈小红来说，爱情本身没有意义，意义全在于它能够引导到物质化的婚姻，康远明也如此。他们都拒斥爱情的浪漫主义，就像张爱玲《倾城之恋》中的白流苏和范柳原那场真真假假的情感游戏最终尘埃落定于平凡夫妻的平凡日子。物质主义原则就是如此粗暴蛮横地长驱直入，把超越于自己的势力范围的爱情击溃。

当然，更为可怕的是，物欲化时代对人的生存构成全方位的异化，从而让爱变得不可能。《戴女士与蓝》中，男主人公在日本和"女室友"同居，曾听朋友戏谑道，性是皮爱是毛，有了皮才能长出毛。但是他和"女室友"有了非常充分的性关系，却根本看不到爱的踪迹。后来他和戴女士在海洋馆中化装成白鲸只能表演动物的"我爱你"的闹剧，结果心灵受到极大的伤害，最终与陈喜儿的爱情也魂归无处。现代人害怕孤独，但又不信任人，不敢付出，并且总是从功利角度来衡量人我的存在，因此发现不了自己的精神中心，也发现不了别人的精神中心，如此爱又如何可能？日本哲学家今道友信曾说："在机械性的机能替代中，并不会有反省因素，所以爱也就濒临危机了。因为爱本来就不执着于机能，而看重实体。"①的确，高度功利主义化的现代人已经缺乏看取实体的能力了，从而也就缺乏爱的能力了。就像都市的水泥地里长不出麦苗一样，物欲化时代里的都市人心中也很难滋生出爱了。

不过，对于爱情而言，真正的艰难不是发生在爱情的诞生之时，也不是爱情受到外在阻力干扰的时候，而是在看似美满的爱情实现之后，那时真正的问题才会产生，才会对人性构成严厉的拷问。别尔嘉耶夫说："可以说人类生活的纯粹的内在悲剧还没有被揭露出来，因为在以往的悲剧中，有社会制度和与这种制度相联系的种种偏见所造成的冲突起的作用太大了。如果爱者不能与被自己所爱的人结合，原因是他们属于不同的阶层，或者各自的物质状况相去甚远，或者父母为他们设置了无法克服的障碍，那么这可能是一种非常具有悲剧色彩的事，但这不是人的生活的纯粹的内在悲剧的表现。当不依赖于人们不得不在其中的社会环境而根植于爱的本性自身之中的找不到出路的爱的悲剧显示出来时，就会出现纯粹的内在悲剧。悲剧性冲突的外在缘由可以被更为公正自由的社会制度以及对以往各种偏见的克服所消除。但这个时候，也正是在这个时候，人将会被置于纯粹的生活悲剧面前。"②这种纯粹的生活悲剧就是人性的内在悲剧，对这种悲剧的关注往往能够显示出一个作家的深度和勇气。非常值得嘉许的是，朱文颖对这种爱情的内在悲剧是较有感触的，并勇于面对。她曾经评价李修文的长篇纯情小说《滴泪痣》，"在纯情以后，我希望能看

---

① [日]今道友信：《关于爱和美的哲学思考》，王永丽等译，生活·读书·新知三联书店1997年版，第8页。

② [俄]别尔嘉耶夫：《精神王国与恺撒王国》，安启念译，浙江人民出版社2000年版，第112页。

到修文写出更为困难更为复杂的人生境遇、情爱境遇，我希望能看到，在更为复杂与困难的处境中，人的悲伤与欣悦是如何表达的……”①朱文颖几乎不写纯情，她更愿意写爱情的艰难。

朱文颖的中篇小说《天仙配》就试图展示爱情得到之后的内在悲剧。林小雨是个护士，欧阳在一次阑尾炎住院时认识了她，两人一见钟情，很快就结婚，被人视为天仙配。但欧阳从小生活在单亲家庭，带有很深的心理创伤，非常孤独，也不信任人。他不能容忍林小雨上班时与其他男人打交道，便让她辞职回家当全职主妇。林小雨出于对欧阳的爱同意了，但孤独依附的生活也让她很快感受到烦恼和忧伤。生活的意义受到威胁，天仙配般的爱情与婚姻还能继续吗？在朱文颖绵密的叙述中，读者时时可以感受到不知从哪里来的阴风随时都有可能把他们的爱情和婚姻吹散的危险。问题的关键在于，人性中根深蒂固的占有欲随时都威胁着爱情。欧阳就是从占有欲这个角度来体验爱情的，他无法体验到爱的内在本质，他的爱是依赖性的，他会用自己所谓的爱毁灭掉林小雨。当林小雨无法独立体验生活的意义时，爱情也就寿终正寝了。林小雨的爱情的终结在小说里其实是有暗示的，就是林小雨梦到欧阳要从阳台上跳下去时自己竟然一动不动，这意味着潜意识里她甚至希望欧阳真的消失，不再完全占有她。不过，朱文颖最后笔下留情，没有追根究底。

朱文颖深深理解爱的艰难，相对于生活的悠长，爱往往是电光石火，相对于生活的广袤，爱往往是吉光片羽。不过，关键时刻，朱文颖也会像张爱玲一样展示爱的转瞬即逝的灿烂光华。《莉莉姨妈的细小南方》中，莉莉姨妈觉得自己一生是因为潘菊民而毁掉了，但最后回忆年轻时到运河上去寻找潘菊民的一个月，“真是，我觉得那三十几个像疯子一样没日没夜、没天没地的日子，它们突然美丽了起来，再次流动了起来，它们改变了模样，那几乎就是我生命里最充满力量、也是最美好的时光。”②但这种关键时刻关于爱的顿悟真的能够照亮晦暗的生活吗？就像乌云满天，整日昏昏沉沉，到了傍晚时分，西天忽然裂出一道缝隙，闪出万道金光，这与其说给世界带来光明，不如说让世界顿感昏暗。因此，朱文颖笔下爱的可能归根到底也是反衬出爱的艰难。

四、直面世界与人性的不确定性

在对物欲化时代中人的虚荣、孤独、爱的书写中，朱文颖小说的叙事伦理最鲜明

① 朱文颖：《避免受到伤害的途径》，广西师范大学出版社 2004 年版，第 43 页。

② 朱文颖：《莉莉姨妈的细小南方》，《人民文学》2010 年第 7 期，第 112 页。

远的漠然与孤独。”[①]朱文颖在此展示了一种超越善恶、超越是非的宏阔视角。朱文颖就是从此视角出发，塑造出那些小说人物的，他们中几乎没有大善也没有大恶之人，有的只是充分展示人性的复杂性的人物。这其实是70年代出生的人一些较为通行的特点，也是他们视野中世界与人性的真相，像卫慧、棉棉等人的小说所展示的在城市酒吧里吸毒、浪荡、放纵的人毕竟是70年代出生的人中的极少数例外。

当然，直面世界与人性的不确定性，并不意味着朱文颖就会永远安于不确定、模糊性、暧昧性。“我们需要的是回望过去，重新探求那些教导我们如何生活、最简单、最基本、最原始的生活原则。我始终认为，我们还是没有历史的一代，我们的历史因为还未成型，所以无法过早地对它下以定论。它定会再加发展。在这个艰难的过程中呼喊是容易的，放弃也并不困难，艰难的是中途，是在痛苦中相信，是在失望后信仰。这一切全都来自我们自身的力量。而在极致与极致之间，我相信仍然存在着一条坦途。”[②]朱文颖说得非常好，真正重要的是在痛苦中相信，在失望后信仰。从外在看，世界与人性的确是不确定的，是复杂多变的；但从内在看，世界与人性其实又是确定的，又是终极性的，那就是对无限的渴望，对爱的渴求，对神的追寻。从某种角度看，若没有确定性与终极性，就不会有不确定性。而且只有人心中的终极性确定性生成了，人有可能真正地直面世界与人性的不确定性，就像耶稣基督心中怀着神的确定性、爱的终极性才能真正直面世界的不确定性与人性的多样性，就像阳光的终极性笼罩着参差多态、蓬勃繁荣的万物。张爱玲曾说：因为懂得，所以慈悲。但懂得的人之所以能够慈悲，最关键的是他能够发现自己生命中不死的神，能够发现自己内在生命的终极性。理解了这一点，我们也许可以寄希望于朱文颖，希望她能够进一步穿越物欲化时代的虚荣表象，真正地把这个时代更为宏阔的心灵场景带给我们，让我们“在痛苦中相信，在失望后信仰”。若如此，善莫大焉！

（载《小说评论》2013年第5期）

① 朱文颖：《迷花园》，珠海出版社1999年版，第56页。

② 朱文颖：《避免受到伤害的途径》，广西师范大学出版社2004年版，第112页。